LAROUSSE

DICIONÁRIO POCKET

PORTUGUÊS
INGLÊS

INGLÊS
PORTUGUÊS

LAROUSSE

© Larousse/VUEF 2003

Todos os direitos reservados. Esta obra não pode ser reproduzida, no todo ou em parte, por fotocópia ou qualquer outro processo, sem autorização prévia da editora.

All rights reserved. No part of this publication may be reproduced or transmitted in any form or by any means, or stored in a retrieval system, without the prior written permission of Larousse.

ISBN 2-03-542040-7

Distribution/Sales: Houghton Mifflin Company, Boston
Library of Congress CIP Data has been applied for

LAROUSSE

POCKET DICTIONARY

PORTUGUESE
ENGLISH

ENGLISH
PORTUGUESE

LAROUSSE

Project Management/Direção da obra

LUZIA ARAÚJO   VALERIE GRUNDY

Editors/Redação

ALISON AIKEN   MARIA INÊS ALVES
LAURA BOCCO   SHIRLEY BROTHERTON-PINNIGER
SALETE CECHIN   KAROLL FERREIRA
JOSÉ A. GÁLVEZ   DANIEL GRASSI
MIKE HARLAND   BILL MARTIN
VIVIANE POSSAMAI   JULIA RICE
CHRISTINE ROBINSON   SERGIO TELLAROLI

Publishing Manager/Direção Geral
JANICE MCNEILLIE

Prepressión/Diagramação

KIRSTEEN WRIGHT   SHARON MCTEIR

A nossos leitores

Este Dicionário POCKET é a ferramenta de consulta ideal para toda uma gama de situações que vão da aprendizagem de uma língua estrangeira, em casa ou na escola, até a rapidez e a praticidade exigidas no trabalho e em viagens ao exterior. Ele foi desenvolvido para responder com eficiência às dificuldades com que nos defrontamos na leitura do inglês contemporâneo, bem como na redação de cartas e trabalhos escolares.

Com suas mais de 55 mil palavras e expressões – e um número de traduções superior a 80 mil –, este dicionário permitirá ao leitor compreender com clareza toda uma variedade de textos, desde artigos jornalísticos até obras literárias, possibilitando a realização de resumos e traduções com eficácia e apuro.

Dentre as muitas características desta obra, cabe ressaltar que ela contempla não apenas o inglês britânico, mas também aquele falado nos Estados Unidos da América. A atualidade das siglas e abreviações, bem como dos termos de informática e tecnologia da informação aqui incluídos, é outro fator a atestar a abrangência e contemporaneidade deste dicionário.

Valendo-se do tratamento claro e detalhado dado aqui ao vocabulário básico, dos muitos exemplos de construções gramaticais e de uso mais atualizado da língua, assim como de indicadores de contexto a conduzir à tradução mais adequada, o usuário deste Dicionário POCKET poderá expressar-se em inglês com precisão e segurança. Especial atenção foi dedicada também à apresentação de cada entrada, tanto do ponto de vista de sua estrutura quanto da tipologia empregada, visando a facilitar a consulta e o entendimento.

Aliando precisão e praticidade, propriedade de conteúdo e facilidade de consulta, o Dicionário POCKET é obra ideal para os estudantes da língua inglesa, desde seus níveis básicos até os estágios intermediários, oferecendo-lhes no dia-a-dia de seu aprendizado – na escola, em casa ou no trabalho – uma ferramenta prática, abrangente e abalizada.

A EDITORA

To our readers

The POCKET dictionary is ideal for all your language needs, from language learning at school and at home, for use at work and for travelling abroad.

This handy dictionary is designed to provide fast and practical solutions to the various problems encountered when reading Portuguese. With over 55,000 references and 80,000 translations, it enables the user to read and enjoy a wide range of texts and to translate everyday Portuguese quickly and accurately. This new dictionary also features up-to-date coverage of common abbreviations and acronyms, proper names, business terms and computing vocabulary.

Writing basic Portuguese accurately and confidently is no longer a problem, thanks to the POCKET's detailed coverage of essential vocabulary, and helpful sense-markers which guide the user to the most appropriate translation. Careful thought has gone into the presentation of the entries, both in terms of layout and typography. The POCKET is the ideal reference work for all learners from beginners up to intermediate level.

THE PUBLISHER

ABREVIATURAS

abreviatura	*abrev/abbr*	abbreviation
adjetivo	*adj*	adjective
adjetivo feminino	*adj f*	feminine adjective
adjetivo masculino	*adj m*	masculine adjective
advérbio	*adv*	adverb
anatomia	*ANAT*	anatomy
automóvel	*AUT*	automobile, cars
auxiliar	*aux*	auxiliary
comércio	*COM(M)*	commerce, business
comparativo	*comp(ar)*	comparative
informática	*COMPUT*	computers
conjunção	*conj*	conjunction
contínuo	*cont*	continuous
culinária	*CULIN*	culinary, cooking
economia	*ECON*	economics
educação, escola	*EDUC*	school, education
esporte	*ESP*	sport
interjeição	*excl*	exclamation
substantivo feminino	*f*	feminine noun
familiar	*fam*	informal
figurado	*fig*	figurative
finanças	*FIN*	finance, financial
formal	*fml*	formal
inseparável	*fus*	inseparable
geralmente	*ger/gen*	generally
gramática	*GRAM(M)*	grammar
familiar	*inf*	informal
informática	*INFORM*	computers
interjeição	*interj*	exclamation
invariável	*inv*	invariable
jurídico	*jur*	juridical, legal
substantivo masculino	*m*	masculine noun
matemática	*MAT(H)*	mathematics
medicina	*MED*	medicine
substantivo masculino e feminino	*mf*	masculine and feminine noun
substantivo masculino com desinência feminina	*m, f*	masculine noun with a feminine inflection
termos militares	*MIL*	military
música	*MÚS/MUS*	music
substantivo	*n*	noun
termos náuticos	*NÁUT/NAUT*	nautical, maritime
numeral	*num*	numeral
	o.s.	oneself

Abbreviations

Abreviaturas

pejorativo	*pej*	pejorative
plural	*pl*	plural
política	POL	politics
particípio passado	*pp*	past participle
preposição	*prep*	preposition
pronome	*pron*	pronoun
passado	*pt*	past tense
marca registrada	®	registered trademark
religião	RELIG	religion
substantivo	*s*	noun
alguém	*sb*	somebody
educação, escola	SCH	school, education
separável	*sep*	separable
singular	*sg*	singular
algo	*sthg*	something
sujeito	*suj/subj*	subject
superlativo	*sup(erl)*	superlative
termos técnicos	TEC(H)	technology
inglês britânico	UK	British English
inglês americano	US	American English
televisão	TV	television
verbo	*v/vb*	verb
verbo intransitivo	*vi*	intransitive verb
verbo impessoal	*v impess/v impers*	impersonal verb
verbo pronominal	*vp*	pronominal verb
verbo transitivo	*vt*	transitive verb
vulgar	*vulg*	vulgar
equivalente cultural	≃	cultural equivalent

Os Compostos Em Inglês

Em inglês, os compostos são expressões formadas por mais de uma palavra, mas contendo um único significado: **point of view**, **kiss of life** ou **virtual reality**, por exemplo. Uma das características deste dicionário é o fato de os compostos terem uma entrada própria e seguirem rigorosamente a ordem alfabética. Assim, **blood poisoning** figura depois de **blood group**, que, por sua vez, sucede a **blood**.

Marcas Registradas

O símbolo ® indica que a palavra em questão é uma marca registrada. Este símbolo, ou a sua eventual ausência, não afeta, no entanto, a situação legal da marca.

English Compounds

A compound is a word or expression which has a single meaning but is made up of more than one word, e.g. **point of view**, **kiss of life** and **virtual reality**. It is a feature of this dictionary that English compounds appear in the AZ list in strict alphabetical order. The compound **blood poisoning** will therefore come after **blood group** which itself follows **blood**.

Trademarks

Words considered to be trademarks have been designated in this dictionary by the symbol ®. However, neither the presence nor the absence of such designation should be regarded as affecting the legal status of any trademark.

TRANSCRIÇÃO FONÉTICA

Vogais portuguesas

[a]	pá, amar
[ɛ]	sé, seta, hera
[e]	ler, mês
[i]	ir, sino, nave
[ɔ]	nota, pó
[o]	corvo, avô
[u]	azul, tribo

Ditongos portugueses

[aj]	faixa, mais
[ej]	leite, rei
[ɛj]	hotéis, pastéis
[ɔj]	herói, bóia
[oj]	coisa, noite
[uj]	azuis, fui
[aw]	nau, jaula
[ɛw]	céu, véu
[ew]	deus, seu
[iw]	riu, viu

Vogais nasais

[ã]	maçã, santo
[ẽ]	lençol, sempre
[ĩ]	fim, patim
[õ]	onde, com, honra
[ũ]	jejum, nunca

Ditongos nasais

[ãj]	cãibra, mãe
[ãw]	camarão, cão
[ẽj]	bem, quem
[õj]	cordões, leões

Semivogais

eleito, maio	[j]
luar, quadro	[w]

PHONETIC TRANSCRIPTION

English vowels

[ɪ]	pit, big, rid
[e]	pet, tend
[æ]	pat, bag, mad
[ʌ]	run, cut
[ɒ]	pot, log
[ʊ]	put, full
[ə]	mother, suppose
[iː]	bean, weed
[aː]	barn, car
[ɔː]	born, lawn
[uː]	loop, loose
[ɜː]	burn, learn, bird

English diphthongs

[eɪ]	bay, late, great
[aɪ]	buy, light, aisle
[ɔɪ]	boy, foil
[əʊ]	no, road, blow
[aʊ]	now, shout, town
[ɪə]	peer, fierce, idea
[eə]	pair, bear, share
[ʊə]	sure, tour

Semi-vowels

you, yellow

wet, why, twin

Consoantes		Consonants
beijo, abrir	[b]	bottle, bib
casa, dique	[k]	come, kitchen
dama, prenda	[d]	dog, did
dia, bonde	[dʒ]	jet, fridge
faca, afinal	[f]	fib, physical
grande, agora	[g]	gag, great
gelo, cisne, anjo	[ʒ]	usual, measure
	[h]	how, perhaps
lata, feliz, cola	[l]	little, help
folha, ilha	[ʎ]	
mel, amigo	[m]	metal, comb
novo, mina	[n]	night, dinner
linha, sonho	[ɲ]	
anca, inglês	[ŋ]	sung, parking
pão, gripe	[p]	pop, people
cura, era	[r]	right, carry
rádio, terra	[x]	
cima, desse, caça	[s]	seal, peace
noz, bis, caixa, chá	[ʃ]	sheep, machine
tema, lata, porta	[t]	train, tip
tio, infantil	[tʃ]	chain, wretched
	[θ]	think, fifth
	[ð]	this, with
vela, ave	[v]	vine, love
zelo, brisa	[z]	zip, his

[ʳ] só se pronuncia quando é seguido de uma palavra que começa por vogal.

O símbolo fonético [(x)] em português indica que o 'r' no final da palavra é apenas levemente pronunciado, exceto quando seguido de palavra iniciada por vogal: nesse caso, pronuncia-se [r].

O símbolo ['] indica que a sílaba subseqüente é a tônica, sobre a qual recai o acento principal; [,] indica que a sílaba subseqüente é a subtônica, sobre a qual recai o acento secundário.

As regras de pronúncia aplicadas ao português refletem a língua falada no Rio de Janeiro.

[ʳ] is pronounced only when followed by a word beginning with a vowel.

The symbol [(x)] in Portuguese phonetics indicates that the final 'r' is often barely sounded unless it is followed by a word beginning with a vowel, in which case it is pronounced [r].

The symbol ['] indicates that the following syllable carries primary stress and [,] that the following syllable carries secondary stress.

Portuguese phonetics reflect the language as spoken in Rio de Janeiro.

Chave: A = presente do indicativo, **B** = pretérito imperfeito do indicativo, **C** = pretérito perfeito do indicativo, **D** = pretérito mais-que-perfeito do indicativo, **E** = futuro do indicativo, **F** = futuro do pretérito, **G** = presente do subjuntivo, **H** = futuro do subjuntivo, **I** = pretérito imperfeito do subjuntivo, **J** = imperativo, **K** = gerúndio, **L** = infinitivo pessoal, **M** = particípio passado.

ANDAR: A ando, andas, anda, andamos, andais, andam, **B** andava, andavas, andava, andávamos, andáveis, andavam, **C** andei, andaste, andou, andamos, andastes, andaram, **D** andara, andaras, andara, andáramos, andáreis, andaram, **E** andarei, andarás, andará, andaremos, andareis, andarão, **F** andaria, andarias, andaria, andaríamos, andaríeis, andariam, **G** ande, andes, ande, andemos, andeis, andem, **H** andar, andares, andar, andarmos, andardes, andarem, **I** andasse, andasses, andasse, andássemos, andásseis, andassem, **J** anda, ande, andemos, andai, andem, **K** andando, **L** andar, andares, andar, andarmos, andardes, andarem, **M** andado.

chover: A chove, **B** chovia, **C** choveu, **G** chova, **H** chover, **I** chovesse, **M** chovido.

COMER: A como, comes, come, comemos, comeis, comem, **B** comia, comias, comia, comíamos, comíeis, comiam, **C** comi, comeste, comeu, comemos, comestes, comeram, **D** comera, comeras, comera, comêramos, comêreis, comeram, **E** comerei, comerás, comerá, comeremos, comereis, comerão, **F** comeria, comerias, comeria, comeríamos, comeríeis, comeriam, **G** coma, comas, coma, comamos, comais, comam, **H** comer, comeres, comer, comermos, comerdes, comerem, **I** comesse, comesses, comesse, comêssemos, comêsseis, comessem, **J** come, coma, comamos, comei, comam, **K** comendo, **L** comer, comeres, comer, comermos, comerdes, comerem, **M** comido.

conduzir: A conduzo, conduzes, conduz, etc., **B** conduzia, etc., **C** conduzi, conduziste, etc., **G** conduza, etc., **I** conduzisse, etc., **J** conduz, conduza, etc., **M** conduzido.

conhecer: A conheço, conheces, etc., **B** conhecia, etc., **C** conheci, conheceste, etc., **D** conhecera, etc., **I** conhecesse, conhecesses, etc., **J** conhece, conheça, etc., **M** conhecido.

conseguir: A consigo, consegues, consegue, etc., **C** consegui, conseguiste, etc., **D** conseguira, conseguiras, etc., **E** conseguirei, conseguirás, etc., **J** consegue, consiga, consigamos, consegui, consigam.

dar: A dou, dás, dá, damos, dais, dão, **B** dava, etc., **C** dei, deste, deu, demos, destes, deram, **D** dera, deras, etc., **E** darei, darás, etc., **F** daria, etc., **G** dê, dês, dê, demos, deis, dêem, **H** der, deres, etc., **I** desse, desses, etc., **J** dá, dê, demos, dai, dêem, **K** dando, **L** dar, dares, dar, darmos, dardes, darem, **M** dado.

dizer: A digo, dizes, diz, dizemos, dizeis, dizem, **B** dizia, dizias, etc., **C** disse, disseste, disse, dissemos, dissestes, disseram, **D** dissera, disseras, etc., **E** direi, dirás, dirá, etc., **F** diria, dirias, etc., **G** diga, digas, etc., **H** disser, disseres, disser, dissermos, disserdes, disserem, **I** dissesse, dissesses, etc., **J** diz, diga, etc., **K** dizendo, **L** dizer, dizeres, dizer, dizermos, dizerdes, dizerem, **M** dito.

dormir: A durmo, dormes, dorme, dormimos, dormis, dormem, B dormia, dormias, etc., C dormi, dormiste, etc., H dormir, dormires, etc., J dorme, durma, durmamos, dormi, durmam, M dormido.

escrever: A escrevo, escreves, etc., B escrevia, escrevias, etc., C escrevi, escreveste, escreveu, etc., D escrevera, escreveras, etc., I escrevesse, escrevesses, etc., J escreve, escreva, etc., M escrito.

ESTAR: A estou, estás, está, estamos, estais, estão, B estava, estavas, estava, estávamos, estáveis, estavam, C estive, estiveste, esteve, estivemos, estivestes, estiveram, D estivera, estiveras, estivera, estivéramos, estivéreis, estiveram, E estarei, estarás, estará, estaremos, estareis, estarão, F estaria, estarias, estaria, estaríamos, estaríeis, estariam, G esteja, estejas, esteja, estejamos, estejais, estejam, H estiver, estiveres, estiver, estivermos, estiverdes, estiverem, I estivesse, estivesses, estivesse, estivéssemos, estivésseis, estivessem, J está, esteja, estejamos, estai, estejam, K estando, L estar, estares, estar, estarmos, estardes, estarem, M estado.

fazer: A faço, fazes, faz, etc., B fazia, fazias, etc., C fiz, fizeste, fez, fizemos, fizestes, fizeram, D fizera, fizeras, etc., E farei, farás, etc., F faria, farias, etc., G faça, faças, etc., H fizer, fizeres, etc., I fizesse, fizesses, etc., J faz, faça, façamos, fazei, façam, M feito.

ir: A vou, vais, vai, vamos, ides, vão, B ia, ias, íamos, etc., C fui, foste, foi, fomos, fostes, foram, D fora, foras, fora, fôramos, fôreis, foram, E irei, irás, irá, iremos, ireis, irão, F iria, irias, iríamos, etc., G vá, vás, vá, vamos, vades, vão, H for, fores, for, formos, fordes, forem, I fosse, fosses, fosse, fôssemos, fôsseis, fossem, J vai, vá, vamos, ide, vão, K indo, L ir, ires, ir, irmos, irdes, irem, M ido.

ler: A leio, lês, lê, lemos, ledes, lêem, B lia, lias, etc., C li, leste, leu, etc., G leia, leias, etc., M lido.

nascer: A nasço, nasces, etc., B nascia, etc., C nasci, nasceste, nasceu, etc., D nascera, etc., G nasça, nasças, etc., H nascer, nasceres, etc., I nascesse, etc., M nascido.

negociar: A negoc(e)io, negoc(e)ias, negoc(e)ia, negociamos, negociais, negoc(e)iam, B negociava, etc., C negociei, negociaste, etc., G negoc(e)ie, negoc(e)ies, negoc(e)ie, negociemos, negocieis, negoc(e)iem, J negoc(e)ia, negoc(e)ie, negociemos, negociai, negoc(e)iem, M negociado.

oferecer: A ofereço, ofereces, etc., B oferecia, etc., C ofereci, ofereceste, ofereceu, etc., D oferecera, etc., G ofereça, ofereças, etc., I oferecesse, etc., J oferece, ofereça, ofereçamos, oferecei, ofereçam, M oferecido.

ouvir: A ouço, ouves, ouve, etc., B ouvia, etc., C ouvi, ouviste, ouviu, etc., D ouvira, etc., G ouça, ouças, etc., H ouvir, ouvires, etc., I ouvisse, ouvisses, etc., J ouve, ouça, ouçamos, ouvi, ouçam, M ouvido.

parecer: A pareço, pareces, parece, etc., B parecia, etc., C pareci, pareceste, etc., D parecera, etc., G pareça, pareças, etc., H parecer, pareceres, etc., I parecesse, parecesses, etc., M parecido.

PARTIR: A parto, partes, parte, partimos, partis, partem, B partia, partias, partia, partíamos, partíeis, partiam, C parti, partiste, partiu, partimos, partistes, partiram, D partira, partiras, partira, partíramos, partíreis, partiram, G parta, partas, parta, partamos, partais, partam, H partir, partires, partir, partirmos, partirdes, partirem, I partisse, partisses, partisse, partíssemos, partísseis, partissem, J parte, parta, partamos, parti, partam, K partindo, L partir, partires, partir, partirmos, partirdes, partirem, M partido.

passear: A passeio, passeias, passeia, passeamos, passeais, passeiam, B passeava, passeavas, etc., C passeei, passeaste, etc., E passearei, passearás, etc., G passeie, passeies, etc., J passeia, passeie, passeemos, passeai, passeiem, M passeado.

pedir: A peço, pedes, pede, etc., C pedi, pediste, pediu, etc., G peça, peças, etc., J pede, peça, peçamos, pedi, peçam, M pedido.

perder: A perco, perdes, perde, perdemos, perdeis, perdem, C perdi, perdeste, perdeu, etc., F perderia, perderias, etc., G perca, percas, perca, etc., H perder, perderes, etc., I perdesse, perdesses, etc., J perde, perca, percamos, perdei, percam, M perdido.

poder: A posso, podes, pode, podemos, podeis, podem, B podia, podias, etc., C pude, pudeste, pôde, pudemos, pudestes, puderam, G possa, possamos, etc., H puder, puderes, puder, etc., I pudesse, pudéssemos, etc.

pôr: A ponho, pões, põe, pomos, pondes, põem, B punha, púnhamos, etc., C pus, puseste, pôs, pusemos, pusestes, puseram, D pusera, puséramos, etc., E porei, porás, etc., F poria, porias, etc., G ponha, ponhas, etc., H puser, pusermos, etc., I pusesse, puséssemos, etc., J põe, ponha, ponhamos, ponde, ponham, K pondo, L pôr, pores, pôr, pormos, pordes, porem, M posto.

querer: A quero, queres, quer, queremos, quereis, querem, C quis, quiseste, quis, quisemos, quisestes, quiseram, D quisera, quiséramos, etc., G queira, queiramos, etc., H quiser, quisermos, etc., I quisesse, quiséssemos, etc., J quer, queira, queiramos, querei, queiram, K querendo, L querer, quereres, querer, querermos, quererdes, quererem, M querido.

rir: A rio, ris, ri, rimos, rides, riem, B ria, ríamos, etc., C ri, riste, riu, rimos, ristes, riram, D rira, ríramos, etc., G ria, rias, etc., H rir, rires, etc., I risse, ríssemos, etc., J ri, ria, riamos, ride, riam, K rindo, M rido.

saber: A sei, sabes, sabe, sabemos, sabeis, sabem, B sabia, sabíamos, etc., C soube, soubeste, soube, soubemos, soubestes, souberam, D soubera, soubéramos, etc., G saiba, saibas, saiba, saibamos, saibais, saibam, H souber, souberes, etc., I soubesse, soubesses, etc., J sabe, saiba, saibamos, sabei, saibam, M sabido.

sair: A saio, sais, sai, saímos, saís, saem, B saía, saías, etc., C saí, saíste, saiu, etc., D saíra, saíras, etc., G saia, saias, saia, saiamos, saiais, saiam, H sair, saíres, sair, etc., I saísse, saísses, etc., J sai, saia, saiamos, saí, saiam, K saindo, M saído.

sentar-se: A sento-me, sentas-te, senta-se, sentamo-nos, sentais-vos, sentam-se, B sentava-me, sentavas-te, sentava-se, sentávamo-nos, sentáveis-vos, sentavam-se, C sentei-me, sentaste-te, sentou-se, sentamo-nos, sentastes-vos, sentaram-se, D sentara-me, sentaras-te, sentara-se, sentáramo-nos, sentáreis-vos, sentaram-se, E sentar-me-ei, sentar-te-ás, sentar-se-á, sentar-nos-emos, sentar-vos-eis, sentar-se-ão, F sentar-me-ia, sentar-te-ias, sentar-se-ia, sentar-nos-íamos, sentar-vos-íeis, sentar-se-iam, G me sente, te sentes, se sente, nos sentemos, vos senteis, se sentem, H me sentar, te sentares, se sentar, nos sentarmos, vos sentardes, se sentarem, I me sentasse, te sentasses, se sentasse, nos sentássemos, vos sentásseis, se sentassem, J senta-te, sente-se, sentemo-nos, sentai-vos, sentem-se, K sentando-se, L sentar-me, sentares-te, sentar-se, sentarmo-nos, sentardes-vos, sentarem-se, M sentado.

sentir: A sinto, sentes, sente, sentimos, sentis, sentem, B sentia, sentias, etc., C senti, sentiste, sentiu, etc., D sentira, etc., G sinta, sintas, etc., H sentir, sentires, etc., I sentisse, sentisses, etc., J sente, sinta, sintamos, senti, sintam, M sentido.

SER: A sou, és, é, somos, sois, são, B era, eras, era, éramos, éreis, eram, C fui, foste, foi, fomos, fostes, foram, D fora, foras, fora, fôramos, fôreis, foram, F seria, serias, seria, seríamos, seríeis, seriam, G seja, sejas, seja, sejamos, sejais, sejam, H for, fores, for, formos, fordes, forem, I fosse, fosses, fosse, fôssemos, fôsseis, fossem, J sê, seja, sejamos, sede, sejam, K sendo, L ser, seres, ser, sermos, serdes, serem, M sido.

TER: A tenho, tens, tem, temos, tendes, têm, B tinha, tinhas, tinha, tínhamos, tínheis, tinham, C tive, tiveste, teve, tivemos, tivestes, tiveram, D tivera, tiveras, tivera, tivéramos, tivéreis, tiveram, E terei, terás, terá, teremos, tereis, terão, F teria, terias, teria, teríamos, teríeis, teriam, G tenha, tenhas, tenha, tenhamos, tenhais, tenham, H tiver, tiveres, tiver, tivermos, tiverdes, tiverem, I tivesse, tivesses, tivesse, tivéssemos, tivésseis, tivessem, J tem, tenha, tenhamos, tende, tenham, K tendo, L ter, teres, ter, termos, terdes, terem, M tido.

trazer: A trago, trazes, traz, trazemos, trazeis, trazem, B trazia, trazias, etc., C trouxe, trouxeste, trouxe, trouxemos, trouxestes, trouxeram, D trouxera, trouxeras, etc., E trarei, trarás, trará, traremos, trareis, trarão, F traria, trarias, etc., G traga, tragas, etc., H trouxer, trouxeres, etc., I trouxesse, trouxesses, etc., J traz, traga, tragamos, trazei, tragam, K trazendo, L trazer, trazeres, trazer, trazermos, trazerdes, trazerem, M trazido.

ver: A vejo, vês, vê, vemos, vedes, vêem, B via, vias, etc., C vi, viste, viu, vimos, vistes, viram, D vira,viras, etc., E verei, verás, etc., G veja, vejas, veja, etc., H vir, vires, vir, virmos, virdes, virem, I visse, visses, visse, verdes, verem, M visto.

vir: A venho, vens, vem, vimos, vindes, vêm, B vinha, vinhas, etc., C vim, vieste, veio, viemos, viestes, vieram, D viera, vieras, etc., E virei, virás, etc., G venha, venhas, etc., H vier, vieres, vier, etc., I viesse, viesses, etc., J vem, venha, venhamos, vinde, venham, K vindo, L vir, vires, vir, virmos, virdes, virem, M vindo.

ENGLISH IRREGULAR VERBS / VERBOS IRREGULARES INGLESES

Infinitive	Past Tense	Past Participle
arise	arose	arisen
awake	awoke	awoken
be	was/were	been
bear	bore	born(e)
beat	beat	beaten
begin	began	begun
bend	bent	bent
bet	bet/betted	bet/betted
bid	bid	bid
bind	bound	bound
bite	bit	bitten
bleed	bled	bled
blow	blew	blown
break	broke	broken
breed	bred	bred
bring	brought	brought
build	built	built
burn	burnt/burned	burnt/burned
burst	burst	burst
buy	bought	bought
can	could	-
cast	cast	cast
catch	caught	caught
choose	chose	chosen
come	came	come
cost	cost	cost
creep	crept	crept
cut	cut	cut
deal	dealt	dealt
dig	dug	dug
do	did	done
draw	drew	drawn
dream	dreamed/dreamt	dreamed/dreamt
drink	drank	drunk
drive	drove	driven
eat	ate	eaten
fall	fell	fallen
feed	fed	fed
feel	felt	felt
fight	fought	fought
find	found	found
fling	flung	flung
fly	flew	flown
forget	forgot	forgotten
freeze	froze	frozen
get	got	got (*US* gotten)
give	gave	given
go	went	gone

Infinitive	Past Tense	Past Participle
grind	ground	ground
grow	grew	grown
hang	hung/hanged	hung/hanged
have	had	had
hear	heard	heard
hide	hid	hidden
hit	hit	hit
hold	held	held
hurt	hurt	hurt
keep	kept	kept
kneel	knelt/kneeled	knelt/kneeled
know	knew	known
lay	laid	laid
lead	led	led
lean	leant/leaned	leant/leaned
leap	leapt/leaped	leapt/leaped
learn	learnt/learned	learnt/learned
leave	left	left
lend	lent	lent
let	let	let
lie	lay	lain
light	lit/lighted	lit/lighted
lose	lost	lost
make	made	made
may	might	-
mean	meant	meant
meet	met	met
mow	mowed	mown/mowed
pay	paid	paid
put	put	put
quit	quit/quitted	quit/quitted
read	read	read
rid	rid	rid
ride	rode	ridden
ring	rang	rung
rise	rose	risen
run	ran	run
saw	sawed	sawn
say	said	said
see	saw	seen
seek	sought	sought
sell	sold	sold
send	sent	sent
set	set	set
shake	shook	shaken
shall	should	-
shed	shed	shed
shine	shone	shone
shoot	shot	shot

Infinitive	Past Tense	Past Participle
show	showed	shown
shrink	shrank	shrunk
shut	shut	shut
sing	sang	sung
sink	sank	sunk
sit	sat	sat
sleep	slept	slept
slide	slid	slid
sling	slung	slung
smell	smelt/smelled	smelt/smelled
sow	sowed	sown/sowed
speak	spoke	spoken
speed	sped/speeded	sped/speeded
spell	spelt/spelled	spelt/spelled
spend	spent	spent
spill	spilt/spilled	spilt/spilled
spin	spun	spun
spit	spat	spat
split	split	split
spoil	spoiled/spoilt	spoiled/spoilt
spread	spread	spread
spring	sprang	sprung
stand	stood	stood
steal	stole	stolen
stick	stuck	stuck
sting	stung	stung
stink	stank	stunk
strike	struck	struck/stricken
swear	swore	sworn
sweep	swept	swept
swell	swelled	swollen/swelled
swim	swam	swum
swing	swung	swung
take	took	taken
teach	taught	taught
tear	tore	torn
tell	told	told
think	thought	thought
throw	threw	thrown
tread	trod	trodden
wake	woke/waked	woken/waked
wear	wore	worn
weave	wove/weaved	woven/weaved
weep	wept	wept
win	won	won
wind	wound	wound
wring	wrung	wrung
write	wrote	written

PORTUGUÊS-INGLÊS
PORTUGUESE-ENGLISH

a¹, A [a] *m* [letra] a, A.

a² [a] ⬦ *artigo definido* ▷ **o.** ⬦ *prep* **-1.** [introduz um complemento indireto] to; **mostrar algo a alguém** to show sthg to sb, to show sb sthg; **diga ao Zé para vir** tell Zé to come; **peça o chapéu ao Paulo** ask Paulo for the hat. **-2.** [relativo a direção] to; **fomos à praia** we went to the beach; **vamos ao cinema** we're going to the movies; **cheguei a Salvador ontem** I arrived in Salvador yesterday; **ele percorreu o país de norte a sul** he travelled the country from north to south. **-3.** [relativo a posição, lugar, distância]: **é à esquerda/direita** it's on the left/right; **fica na saída do teatro** it's on the way out of the theatre. **-4.** [introduz um complemento direto]: **amar a Deus** to love God; **ele criou o menino como a um filho** he raised the boy like his own son. **-5.** [relativo a quantidade, medida, preço]: **aos centos/às dezenas** by the hundred/dozen; **a quanto estão as pêras?** how much are the pears?; **a quilo/metro** by the kilo/metre. **-6.** [indica modo, maneira]: **feito à mão** handmade; **bater à máquina** to type; **ir a pé/cavalo** to go on foot/horseback; **viajar a trabalho/passeio** to go on a business/pleasure trip; **à moda da casa** house style; **sal a gosto** salt to taste; **pagar à vista/a prazo** to pay cash/on time; **a olho nu** with the naked eye. **-7.** [relativo à velocidade]: **dirigir a 60 km/h** to drive at 60 kph; **ela ia a 100km/h** she was doing 100 kph. **-8.** [indica frequência]: **três vezes ao dia** three times a day; **estou lá às terças e quintas** I'm there on Tuesdays and Thursdays. **-9.** [introduz complemento de tempo]: **as lojas abrem às nove horas** the shops open at nine (o'clock); **eles chegam daqui a 2 horas** they're arriving in two hours' time; **fica a dez minutos daqui** it's ten minutes from here; **à noite** at night. **-10.** [indica série]: **de ... a** from ... to; **façam os exercícios de um a dez** do the exercises one to ten. **-11.** [seguido de infinitivo para exprimir momento]: **ele começou a falar** he started speaking; **ele tropeçou ao subir no ônibus** he tripped as he was getting on the bus. **-12.** [seguido de infinitivo indicando duas ações]: **ela saiu a cantar** she went out singing; **ele nunca aprendeu a assobiar** he never learned to whistle; **começou a chover** it started to rain. **-13.** [em locuções]: **a não ser que** unless; **à exceção de** except for; **a partir de** from; **a respeito de** regarding.

à [a] = **a + a.**

AA (*abrev de* **Alcoólicos Anônimos**) *m* AA.

AACC (*abrev de* **Associação de Assistência à Criança com Câncer**) *f Brazilian association for assistance to children with cancer.*

AACD (*abrev de* **Associação de Assistência à Criança Defeituosa**) *f Brazilian association for assistance to disabled children.*

aba ['aba] *f* **-1.** [de chapéu] brim. **-2.** [de casaca] tail.

abacate [aba'katʃi] *m* avocado.

abacaxi [abaka'ʃi] *m* **-1.** [fruta] pineapple. **-2.** *fam* [problema, dificuldade] difficulty; **ter ~s para resolver** to have some difficulties to sort out; **descascar um ~** to get out of a fix.

abade, dessa [a'badʒi, desa] *m, f* abbot (*f* abbess).

abadia [aba'dʒia] *f* abbey.

abafado, da [aba'fadu, da] *adj* **-1.** [ar, sala] stuffy. **-2.** [pessoa - sem ar] suffocated. **-3.** [som] muffled.

abafamento [abafa'mẽntu] *m* **-1.** [sufoco] suffocation. **-2.** [de som] muffling.

abafar [aba'fa(x)] ⬦ *vt* **-1.** [sufocar] to suffocate. **-2.** [cobrir] to cover. **-3.** [apagar] to smother. **-4.** [amortecer] to muffle. **-5.** [ocultar] to cover up. ⬦ *vi* **-1.** [sufocar] to suffocate. **-2.** *fam* [fazer sucesso] to steal the show.

abagunçado, da [abagũn'sadu, da] *adj* messed-up.

abagunçar [abagũn'sa(x)] *vt* to mess sthg up.

abaixado, da [abaj'ʃadu, da] ⬦ *pp*

▷ **abaixar.** ◇ *adj* **-1.** [pessoa] stooped. **-2.** [persiana] lowered.

abaixar [abaj'ʃa(x)] *vt* to lower; ~ **o volume** to turn down the volume.

➡ **abaixar-se** *vp* [curvar-se] to crouch down.

abaixo [a'bajʃul] ◇ *adv* **-1.** [posição] down; **mais** ~ lower down. **-2.** [direção] further down; **escada** ~ downstairs; **ladeira** ~ downhill; **rio** ~ downstream. **-3.** [em texto] below. ◇ *interj* down with; ~ **a opressão!** down with oppression!

➡ **abaixo de** *loc prep* **-1.** [em posição inferior] below. **-2.** [em número inferior etc] under.

abaixo-assinado [a,bajʃuasi'nadul (*pl* **abaixo-assinados**) *m* petition.

abajur [aba'ʒu(x)l (*pl* **-es**) *m* **-1.** [pantalha] shade. **-2.** [lâmpada] table lamp.

abalado, da [aba'ladu, dal *adj* **-1.** [pessoa] shaken. **-2.** [saúde] impaired.

abalar [aba'la(x)l *vt* **-1.** [prédio, fundações] to rock. **-2.** [pessoa] to shake. **-3.** [saúde] to impair.

➡ **abalar-se** *vp* [comover-se] to be moved.

abalizado, da [abali'zadu, dal *adj* **-1.** [profissional] skilled. **-2.** [opinião] expert.

abalo [a'balul *m* **-1.** [tremor] tremor; ~ **sísmico** earth tremor. **-2.** [efeito ruim] setback. **-3.** *fig* [comoção] uproar.

abanar [aba'na(x)l *vt* **-1.** [com leque, jornal] to fan. **-2.** [com mão, lenço] to wave. **-3.** [rabo] to wag. **-4.** [cabeça] to shake.

➡ **abanar-se** *vp* [ventilar-se] to fan o.s.

abandonado, da [abãndo'nadu, dal *adj* **-1.** [desamparado] abandoned. **-2.** [descuidado] neglected.

abandonar [abãndo'na(x)l *vt* **-1.** [desamparar] to abandon. **-2.** [negligenciar] to neglect. **-3.** [deixar - estudos, profissão] to give up; [- cônjuge] to leave. **-4.** [renegar] to reject.

➡ **abandonar-se** *vp* **-1.** [desleixar-se] to let o.s. go. **-2.** [entregar-se]: ~**-se a algo** to surrender o.s. to sthg.

abandono [abãn'donul *m* **-1.** [ato] abandonment. **-2.** [estado] neglect. **-3.** [relaxamento] shabbiness. **-4.** [entrega] surrender.

abarcar [abax'ka(x)l *vt* **-1.** [abranger] to comprise. **-2.** [alcançar] to cover. **-3.** [monopolizar] to monopolize.

abarrotado, da [abaxo'tadu, dal *adj*: ~ **(de)** packed (with).

abarrotar [abaxo'ta(x)l *vt*: ~ **algo (de)** to pack sthg (with).

abastado, da [abaʃ'tadu, dal *adj* well-off.

abastecer [abaʃte'se(x)l *vt*: ~ **algo (de)** to supply sthg (with).

➡ **abastecer-se** *vp*: ~**-se (de algo)** to stock up (with sthg).

abastecimento [abaʃtesi'mẽntul *m* supply.

abatedouro [abate'dorul *m* [matadouro] slaughterhouse.

abater [aba'te(x)l *vt* **-1.** [matar - animais] to slaughter; [- pessoa] to kill. **-2.** [diminuir] to reduce. **-3.** [enfraquecer] to weaken. **-4.** [desanimar] to shatter.

abatido, da [aba'tʃidu, dal *adj* **-1.** [pálido] drawn. **-2.** [enfraquecido] weakened. **-3.** [desanimado] downcast.

abatimento [abatʃi'mẽntul *m* **-1.** [palidez] paleness. **-2.** [fraqueza] weakness. **-3.** [desânimo] dejection. **-4.** [redução] reduction; **fazer um** ~ to give a discount.

abaulado, da [abaw'ladu, dal *adj* convex.

abdicação [abdʒika'sãwl (*pl* **-ões**) *f* abdication.

abdicar [abdʒi'ka(x)l *vi* to abdicate; ~ **de algo** *fig* to forgo sthg.

abecê [abe'sel *m* **-1.** [alfabeto] ABC. **-2.** *fig* [rudimentos] fundamentals (*pl*).

abecedário [abese'darjul *m* alphabet.

abeirar [abej'ra(x)l *vt* to bring near.

➡ **abeirar-se** *vp*: ~**-se de** to draw near to.

abelha [a'beʎal *f* bee.

abelha-mestra [a,eʎa'mɛʃtral (*pl* **abelhas-mestras**) *f* queen bee.

abelhudo, da [abe'ʎudu, dal *adj* nosy.

abençoar [abẽn'swa(x)l *vt* to bless; **(que) Deus te abençoe!** God bless you!

aberração [abexa'sãwl (*pl* **-ões**) *f* aberration.

aberto, ta [a'bɛxtu, tal ◇ *pp* ▷ **abrir.** ◇ *adj* **-1.** [ger] open. **-2.** [registro, torneira] turned on. **-3.** [sem cobertura - terraço] open-air; [- carro] convertible. **-4.** [céu] clear. **-5.** [embrulho, pacote etc] unwrapped. **-6.** [camisa etc] undone. **-7.** [sincero] frank. **-8.** [liberal] open-minded.

abertura [abex'tural *f* **-1.** [ger] opening; **cerimônia de** ~ opening ceremony. **-2.** [orifício] gap. **-3.** [início] start. **-4.** [de golfo, enseada] width. **-5.** [em roupa] neckline. **-6.** [em idéias] openness. **-7.** *FOT* aperture. **-8.** *MÚS* overture. **-9.** [*POL* - democrática] liberalization; [- de aeroporto, porto] deregulation.

abestalhado, da [abeʃta'ʎadu, dal *adj* moronic.

ABF (*abrev de* **Associação Brasileira de Franchising**) *f* Brazilian franchising association.

ABI (*abrev de* **Associação Brasileira de Imprensa**) *f* Brazilian press association.

abismado, da [abiʒ'madu, da] *adj* dismayed.

abismo [a'biʒmu] *m* -1. [precipício] abyss. -2. *fig* [grande diferença] chasm. -3. *fig* [situação difícil]: **estar à beira de um ~** to be on the brink.

abjeto, ta [ab'ʒɛtu, ta] *adj* abject.

ABL (*abrev de* **Academia Brasileira de Letras**) *f Brazilian academy of arts*.

abnegado, da [abne'gadu, da] *adj* self-sacrificing.

abnegar [abne'ga(x)] *vi* [renunciar]: **~ de algo** to renounce sthg.

➡ **abnegar-se** *vp* [sacrificar-se] to sacrifice o.s.

ABNT (*abrev de* **Associação Brasileira de Normas Técnicas**) *f Brazilian body overseeing technical standards*, ≃ BSI *UK*, ≃ ANSI *US*.

abóbada [a'bɔbada] *f* vault.

abóbora [a'bɔbora] *f* pumpkin.

abolição [aboli'sãw] *f* abolition.

abolir [abo'li(x)] *vt* to abolish.

abominação [abomina'sãw] (*pl* -ões) *f* abomination.

abominar [abomi'na(x)] *vt* to loathe.

abonado, da [abo'nadu, da] <> *adj* [rico] well-off. <> *m, f* [rico] well-off person; **os ~s** the well-off.

abonar [abo'na(x)] *vt* -1. [gen] to back up. -2. [afiançar] to guarantee. -3. [aprovar] to approve. -4. [dar] to grant. -5. [adiantar] to advance. -6. [relevar] to excuse.

abono [a'bonu] *m* -1. [aprovação] approval. -2. [fiança] collateral. -3. [pagamento extra] bonus -4. [relevação] pardon.

abordagem [abox'daʒẽ] (*pl* -ns) *f* approach.

abordar [abox'da(x)] *vt* -1. [ir a bordo de] to board. -2. [pessoa] to approach. -3. [assunto] to broach.

aborígine [abo'riʒeni] *adj* -1. [indígena] native. -2. [da Austrália] aboriginal.

aborrecer [aboxe'se(x)] *vt* -1. [amolar] to annoy. -2. [entediar] to bore.

➡ **aborrecer-se** *vp* [amolar-se]: **~-se com alguém** to get annoyed with sb.

aborrecido, da [aboxe'sidu, da] *adj* -1. [amolado] annoyed. -2. [enfadonho] boring.

aborrecimento [aboxesi'mẽntu] *m* [amolação] annoyance.

abortar [abox'ta(x)] <> *vi* [MED - espontaneamente] to have a miscarriage; [- intencionalmente] to have an abortion. <> *vt* [plano, greve, etc] to abort.

aborto [a'boxtu] *m* [MED - espontâneo] miscarriage; [- intencional] abortion.

abotoadura [abotwa'dura] *f* cuff-link.

abotoar [abo'twa(x)] *vt* [roupa] to button.

abr. (*abrev de* abril) Apr.

abraçar [abra'sa(x)] *vt* -1. [com os braços] to hug. -2. *fig* [seguir] to embrace.

➡ **abraçar-se** *vp* to hug each other.

abraço [a'brasu] *m* hug; **dar um ~ em alguém** to give sb a hug.

abrandar [abrãn'da(x)] <> *vt* -1. [dor] to ease. -2. [lei, palavreado] to moderate. <> *vi* -1. [ger] to soften. -2. [dor, ira, calor, vento] to die down.

abranger [abrãn'ʒe(x)] *vt* -1. [incluir] to include. -2. [entender] to grasp. -3. [conter em sua área] to comprise.

abrasar [abra'za(x)] *vt* -1. [incendiar] to set alight. -2. [esquentar muito] to scorch.

abreviar [abre'vja(x)] *vt* -1. [pôr em abreviatura] to abbreviate. -2. [resumir] to abridge. -3. [tornar breve] to shorten.

abreviatura [abrevja'tura] *f* abbreviation.

abridor [abri'do(x)] (*pl* -es) *m*: **~ de garrafa** bottle opener; **~ de lata** can opener.

abrigar [abri'ga(x)] *vt* [albergar] to shelter.

➡ **abrigar-se** *vp* [albergar-se] to take shelter.

abrigo [a'brigu] *m* -1. [refúgio] shelter; **~ anti-aéreo** bomb shelter. -2. [cobertura] cover. -3. [asilo] home.

abril [a'briw] *m* April; *veja também* **setembro**.

abrir [a'bri(x)] <> *vt* -1. [ger] to open. -2. [pernas, braços] to stretch out. -3. [camisa etc] to undo. -4. [mapa] to open out. -5. [registro, torneira, água] to turn on. -6. [túnel] to bore. -7. [estrada] to make. -8. [exceção, precedente] to create. -9. [apetite] to whet. <> *vi* -1. [ger] to open. -2. [sinal de tráfego] to turn green. -3. [tempo] to clear up.

➡ **abrir-se** *vp* [confidenciar]: **~-se com alguém** to confide in sb.

abrolho [a'broʎu] *m* thorn.

abrupto, ta [a'bruptu, ta] *adj* -1. [súbito] sudden. -2. [áspero] abrupt.

ABS (*abrev de* antilock braking system) *m* ABS; **freios ~** ABS brakes.

absolutamente [abso,luta'mẽntʃi] *adv* -1. [completamente] absolutely. -2. [de modo nenhum] absolutely not.

absoluto, ta [abso'lutu, ta] *adj* absolute; **em ~** not at all.

absolver [absow've(x)] *vt*: **~ alguém (de algo)** *JUR* to acquit sb (of sthg); *RELIG* to absolve sb (of sthg); [inocentar] to clear sb (of sthg).

absolvição [absowvi'sãw] *f* -1. *JUR* acquittal. -2. *RELIG* absolution.

absorção [absox'sãw] *f* **- 1.** [de água, vapores, gases] absorption. **- 2.** [de valores, cultura] absorption.

absorto, ta [ab'soxtu, ta] *adj* [concentrado] absorbed.

absorvente [absox'vẽntʃi] *adj* **- 1.** [substância] absorbent. **- 2.** [pessoa, leitura, trabalho] absorbing.

➤ **absorvente** *m*: ~ **higiênico** sanitary towel.

absorver [absoxve(x)] *vt* to absorb; ~ **energia** to use up energy; ~ **tempo** to take up time.

abstêmio, mia [abʃ'temju, mja] ◇ *adj* abstemious. ◇ *m, f* teetotaller.

abstenção [abʃtẽ'sãw] (*pl* -ões) *f* **- 1.** [de prazeres, de fumo] abstinence. **- 2.** [do voto] abstention.

abster-se [abʃ'texsili] *vp*: ~ **(de algo/de fazer algo)** to abstain (from sthg/from doing sthg).

abstrair [abʃtra'i(x)] *vt* **- 1.** [afastar] to keep away from. **- 2.** [isolar] to separate out.

➤ **abstrair-se** *vp* **- 1.** [alhear-se]: ~-**se de** to distance o.s. from. **- 2.** [concentrar-se]: ~-**se em** to absorb o.s. in.

abstrato, ta [abʃ'tratu, ta] *adj* abstract.

absurdo, da [ab'suxdu, da] *adj* absurd.

➤ **absurdo** *m* absurdity.

abulia [abu'abu'dabi] *f* apathy.

abundância [abũn'dãnsja] *f* **- 1.** [grande quantidade] abundance; **em** ~ in abundance. **- 2.** [riqueza]: **ele vive com** ~ he is a man of means.

abundante [abũn'dãntʃi] *adj*: ~ **(em/de)** abundant (in/with).

abundar [abũn'da(x)] *vi* to abound.

abusado, da [abu'zadu, da] *adj* forward.

abusar [abu'za(x)] *vi* **- 1.** [aproveitar-se, exceder-se] to go too far. **- 2.** [praticar excessos]: ~ **de algo** to abuse sthg. **- 3.** [aproveitar-se]: ~ **de alguém/algo** to take advantage of sb/sthg. **- 4.** [sexualmente]: ~ **de alguém** to abuse sb.

abuso [a'buzul] *m*: ~ **(de)** abuse (of); ~ **sexual** sexual abuse.

abutre [a'butril] *m* vulture.

AC (*abrev de* **Estado do Acre**) *m* State of Acre.

a.C. (*abrev de* **antes de Cristo**) *adj* BC.

acabamento [akaba'mẽntul] *m* finish.

acabar [aka'ba(x)] ◇ *vt* **- 1.** [terminar] to finish. **- 2.** [rematar] to finish off. ◇ *vi* **- 1.** [terminar] to finish, to end; ~ **de fazer algo** to finish doing sthg; [há pouco] to have just done sthg. **- 2.** [ter como consequência]: ~ **em algo** to end up in sthg. **- 3.** [abolir]: ~ **com algo** to put an end to sthg. **- 4.** [destruir]: ~ **com algo** to destroy sthg. **- 5.** [tornar-se] to end up.

➤ **acabar-se** *vp* **- 1.** [terminar] to finish, to end. **- 2.** [desgastar-se] to wear o.s. out.

acabrunhar [akabru'ɲa(x)] *vt* **- 1.** [desanimar] to dishearten. **- 2.** [envergonhar] to embarrass.

academia [akade'mial] *f* **- 1.** [escola] school. **- 2.** [sociedade] academy. **- 3.** *ESP* school.

acadêmico, ca [aka'demiku, ka] ◇ *adj* academic. ◇ *m, f* academic.

açafrão [asa'frãw] *m* saffron.

acalentar [akalẽ'ta(x)] *vt* **- 1.** [ninar] to lull. **- 2.** *fig* [nutrir] to cherish. **- 3.** [aconchegar] to cuddle.

acalmar [akaw'ma(x)] ◇ *vt* [pessoa, ânimos] to calm. ◇ *vi* **- 1.** [pessoa] to calm down. **- 2.** [ventania] to abate. **- 3.** [mar] to become calm.

➤ **acalmar-se** *vp* [pessoa, ânimos] to calm down.

acalorado, da [akalo'radu, da] *adj* [discussão etc] heated.

acamado, da [aka'madu, da] *adj* bedridden.

açambarcar [asãnbax'ka(x)] *vt* **- 1.** [apropriar-se de] to appropriate. **- 2.** [monopolizar] to corner.

acampamento [akãnpa'mẽntul] *m* **- 1.** [atividade] camping; [lugar] campsite. **- 2.** *MIL* encampment.

acanhado, da [aka'ɲadu, da] *adj* shy.

acanhar-se [aka'ɲaxsil] *vp*: ~ **(de fazer algo)** to be shy (about doing sthg).

ação [a'sãw] (*pl* -ões) *f* **- 1.** [atuação] action. **- 2.** [feito] act; ~ **de graças** thanksgiving. **- 3.** [capacidade de agir]: **sem** ~ helpless. **- 4.** [efeito] effect. **- 5.** [enredo] plot. **- 6.** *JUR* legal action; **mover uma** ~ **contra alguém** to bring a legal action against sb. **- 7.** *FIN* share; ~ **ordinária** ordinary share; ~ **preferencial** preference share. **- 8.** *MIL* action.

acarajé [akara'ʒɛ] *m* bean fritter.

acarear [aka'rja(x)] *vt* to confront.

acariciar [akari'sja(x)] *vt* to caress.

acarretar [akaxe'ta(x)] *vt* to cause.

acaso [a'kazul] *m* chance; **essa descoberta foi um** ~ it was a chance discovery.

➤ **ao acaso** *loc adv* at random.

➤ **por acaso** *loc adv* by chance.

acatamento [akata'mẽntul] *m* **- 1.** [respeito]: ~ **(a)** respect (for). **- 2.** [cumprimento]: ~ **(a ou de)** deference (to).

acatar [aka'ta(x)] *vt* **- 1.** [respeitar] to respect. **- 2.** [cumprir] to obey.

acautelar [akawte'la(x)] *vt* to caution.

➤ **acautelar-se** *vp*: ~-**se (contra)** to guard (against).

acebolado, da [asebo'ladu, da] *adj* cooked with onions.

aceder [ase'de(x)] *vi*: ~ **a algo** to accede to sthg.

aceitação [asejta'sãw] f -1. [anuência] acceptance. -2. [admissão, aprovação] approval. -3. [receptividade] acceptability.

aceitar [asej'ta(x)] vt -1. [anuir a] to accept. -2. [admitir, aprovar] to approve.

aceito, ta [a'sejtu, ta] <> pp [> **aceitar**. <> adj -1. [pessoa, produto] well-received. -2. [proposta, solução] accepted.

aceleração [aselera'sãw] f -1. FÍS acceleration. -2. [de processo etc] progress.

acelerador [aselera'do(x)] (pl -es) m accelerator.

acelerar [asele'ra(x)] <> vt -1. AUTO to accelerate. -2. [apressar] to hurry. <> ví AUTO to accelerate.

acenar [ase'na(x)] <> vt -1. [sinalizar] to indicate. -2. [fazer movimento com - cabeça] to nod; [- mãos] to wave. <> ví -1. [sinalizar - com cabeça] to nod; [- com mãos, lenço] to wave. -2. [prometer]: ~ algo (a alguém) to offer (sb) sthg.

acendedor [asênde'do(x)] m [de bico de gás] lighter.

acender [asên'de(x)] <> vt -1. [cigarro, fósforo] to light. -2. [lâmpada, luz] to switch on. -3. fig [ânimo] to excite. <> vp [lâmpada, luz] to be turned on.

aceno [a'senu] m -1. [gesto] gesture. -2. [com a cabeça] nod. -3. [com a mão] wave.

acento [a'sêntu] m -1. [gráfico] accent. -2. [intensidade] stress.

acentuação [asêntwa'sãw] f accentuation.

acentuar [asên'twa(x)] vt -1. [palavra, vogal] to stress. -2. [enfatizar] to emphasize. -3. [realçar] to accentuate.

acepção [asep'sãw] (pl -ões) f sense.

acerca [a'sexka] ➡ **acerca de** loc adv about, concerning.

acerola [ase'rɔla] f fruit similar to Barbados Cherry, commonly drunk as a fruit juice, rich in vitamins and minerals.

acertado, da [asex'tadu, da] adj -1. [relógio] correct. -2. [medida, decisão] sensible. -3. [combinado] arranged.

acertar [asex'ta(x)] <> vt -1. [relógio] to set. -2. [combinar] to arrange. -3. [contas] to settle. -4. [igualar] to even up. -5. [endireitar] to put right. -6. [encontrar] to find. -7. [fazer atingir]: ~ algo em algo to land sthg on sthg. -8. [aplicar] to strike. <> ví -1. [em adivinhação, jogo] to guess correctly. -2. [atingir]: ~ em algo/alguém to hit sthg/sb.

acerto [a'sextu] m -1. [em decisão, escolha] right decision. -2. [acordo] agreement. -3. [de contas] settling.

acervo [a'sexvu] m [patrimônio] collection.

aceso, sa [a'sezu, za] <> pp [> **acender**. <> adj -1. [cigarro, fósforo] lit. -2. [lâmpada, luz] on. -3. fig [pessoa] excited.

acessar [ase'sa(x)] vt COMPUT to access.

acessível [ase'sivɛw] (pl -eis) adj -1. [de acesso fácil] accessible. -2. [que se pode obter] available. -3. [tratável] approachable. -4. [inteligível] comprehensible. -5. [módico] affordable.

acesso [a'sɛsu] m -1. [ger] access. -2. [aproximação] approach. -3. [ímpeto] fit. -4. MED attack. -5. COMPUT access; ~ **discado** dial-up access.

acessório, ria [ase'sɔrju] adj accessory. ➡ **acessório** m accessory.

achado [a'ʃadu] m -1. [coisa encontrada] find. -2. [descoberta] discovery. -3. [pechincha] bargain. -4. [coisa providencial] godsend.

achaque [a'ʃaki] m ailment.

achar [a'ʃa(x)] vt -1. [encontrar - procurando] to find; [- por acaso] to come across. -2. [descobrir, encontrar] to find. -3.: ~ graça em algo to find sthg amusing. -4. [supor, opinar] to think; ~ que... to think that ...; acho que sim I think so. ➡ **achar-se** vp -1. [estar] to be. -2. [considerar-se] to consider o.s.

achatar [aʃa'ta(x)] vt -1. [aplanar] to flatten. -2. [rebaixar] to lower.

achegar-se [aʃe'gaxsi] vp: ~ (a/de) to get closer (to).

acidentado, da [asidên'tadu, da] <> adj -1. [terreno] rough. -2. [viagem, vida] turbulent. -3. [pessoa] injured. <> m, f [pessoa] injured person.

acidental [asidên'taw] (pl -ais) adj -1. [fortuito] accidental. -2. [secundário] incidental.

acidente [asi'dêntʃi] m -1. [desastre] accident; ~ **de carro** car accident. -2. [eventualidade] circumstance; **por** ~ by chance. ~ **geográfico** geographic accident. ~ **de trabalho** accident at work, industrial accident. ~ **vascular cerebral** MED stroke.

acidez [asi'deʒ] f acidity.

ácido, da ['asidu, da] adj -1. QUÍM acid. -2. [bebida, fruta, sabor] acidic. ➡ **ácido** m -1. QUÍM acid. -2. fam [droga] acid.

acima [a'sima] adj -1. [ger] above; **mais** ~ higher up. -2. [em direção à parte superior]: **morro** ou **ladeira** ~ uphill. ➡ **acima de** loc prep -1. [em posição superior] above. -2. [quantia, quantidade] more than.

acinte [a'sîntʃi] m provocation.

acintosamente [asîntoza'mêntʃi] adv deliberately.

acionar [asjo'na(x)] vt -1. [mecanismo, medidas] to set in motion. -2. JUR to sue.

acionista [asjoˈniʃta] *mf* shareholder.

acirrado, da [asiˈxadu, da] *adj* **-1.** [luta, discussão, ânimo] tough. **-2.** [ódio] bitter.

aclamação [aklamaˈsãw] *f* **-1.** [ovação] ovation. **-2.** [proclamação] proclamation.

aclamar [aklaˈma(x)] *vt* **-1.** [ovacionar] to applaud. **-2.** [proclamar] to proclaim.

aclive [aˈklivi] *m* slope; **um caminho em** ∼ an uphill slope.

ACM (*abrev de* **Associação Cristã de Moços**) *f* ≃ YMCA.

aço [ˈasu] *m* steel; ∼ **inoxidável** stainless steel.

ações [aˈsõjʃ] *pl* ▷ **ação**.

açoitar [asojˈta(x)] *vt* **-1.** [com açoite] to whip. **-2.** [suj: vento, temporal] to lash.

açoite [aˈsojtʃi] *m* whip.

acolá [akoˈla] *adv* over there.

acolchoado, da [akowˈʃwadu, da] *adj* [forrado] quilted.
- **acolchoado** *m* quilt.

acolchoar [akowˈʃwa(x)] *vt* [forrar] to quilt.

acolhedor, ra [akoʎeˈdo(x), ra] *adj* welcoming.

acolher [akoˈʎe(x)] *vt* **-1.** [ger] to welcome. **-2.** [hospedar] to put sb up. **-3.** [admitir] to receive.

acolhida [akoˈʎida] *f* **-1.** [hospedagem] hospitality. **-2.** [recepção] welcome.

acometer [akomeˈte(x)] *vt* **-1.** [atacar] to attack. **-2.** [suj: doença, desejo, sentimento] to strike.

acomodação [akomodaˈsãw] (*pl* **-ões**) *f* **-1.** [alojamento] accommodation. **-2.** [aposento, instalação] room. **-3.** [arranjo, arrumação] layout. **-4.** [adaptação] adaptation.

acomodado, da [akomoˈdadu, da] *adj* **-1.** [alojado, instalado] settled. **-2.** [conformado] reconciled.

acomodar [akomoˈda(x)] *vt* [alojar, instalar] to accommodate.
- **acomodar-se** *vp* **-1.** [alojar-se, instalar-se] to settle o.s. **-2.** [conformar-se] to reconcile o.s.

acompanhado, da [akõnpaˈɲadu, da] *adj* accompanied.

acompanhamento [akõnpaɲaˈmẽntu] *m* **-1.** [de processo, doença] monitoring. **-2.** *MÚS* accompaniment. **-3.** *CULIN* side order, side dish.

acompanhante [akõnpaˈɲãntʃi] *mf* companion.

acompanhar [akõnpaˈɲa(x)] ◇ *vt* **-1.** [ger] to accompany. **-2.** [processo, doença] to monitor. **-3.** [suj: problema, preocupações] to stay with. **-4.** [margear] to run parallel to. **-5.** [compreender] to keep up with. **-6.** *CULIN* to go with. ◇ *vi MÚS* to accompany.

aconchegante [akõnʃeˈgãntʃi] *adj* cosy.

aconchegar [akõnʃeˈga(x)] *vt* **-1.** [nos braços] to cuddle. **-2.** [na cama, nas cobertas] to tuck up *ou* in.
- **aconchegar-se** *vp* **-1.** [nos braços] to snuggle. **-2.** [na cama, nas cobertas] to tuck o.s. up *ou* in.

aconchego [akõnˈʃegu] *m* warmth.

acondicionamento [akõndʒisjonaˈmẽntu] *m* packaging.

acondicionar [akõndʒisjoˈna(x)] *vt* **-1.** [embrulhar] to wrap. **-2.** [embalar] to package.

aconselhar [akõnseˈʎa(x)] *vt* **-1.** [dar conselho a]: ∼ **alguém (a fazer algo *ou* a que faça algo)** to advise sb (to do sthg). **-2.** [recomendar] to recommend.
- **aconselhar-se** *vp* to seek advice; ∼ **-se com alguém** to seek the advice of sb.

aconselhável [akõnseˈʎavew] (*pl* **-eis**) *adj* advisable.

acontecer [akõnteˈse(x)] *vi* to happen.

acontecimento [akõntesiˈmẽntu] *m* event.

acoplado, da [akoˈpladu, da] *adj* [conectado - peças] connected; [- naves espaciais] docked.

acordado, da [akoxˈdadu, da] *adj* **-1.** [desperto] awake; **sonhar** ∼ to daydream. **-2.** [combinado] agreed.

acordar [akoxˈda(x)] ◇ *vt* [despertar] to wake. ◇ *vi* [despertar] to wake.

acordeão [akoxˈdʒjãw] (*pl* **-ões**) *m* accordion.

acordo [aˈkoxdu] *m* agreement; **chegar a um** ∼ to arrive at an agreement; **de** ∼ **agreed; de** ∼ **com** [conforme] according to; **estar de** ∼ **(com alguém/em fazer algo)** to be in agreement with sb/to do sthg; **de comum** ∼ with common accord.

acorrentar [akoxẽnˈta(x)] *vt* to chain.

acossado, da [akoˈsadu, da] ◇ *adj* [perseguido] persecuted, hounded. ◇ *m, f* victim.

acossar [akoˈsa(x)] *vt* **-1.** [perseguir] to pursue. **-2.** [acuar] to corner.

acostamento [akoʃtaˈmẽntu] *m* hard shoulder.

acostumado, da [akoʃtuˈmadu, da] *adj* **-1.** [habitual] usual. **-2.** [habituado]: **estar** ∼ **a algo com algo** to be used to sthg; **estar** ∼ **a fazer algo** to be in the habit of doing sthg.

acostumar [akoʃtuˈma(x)] *vt*: ∼ **alguém/algo a algo** to accustom sb/sthg to sthg; ∼ **alguém a fazer algo** to accustom sb to doing sthg.
- **acostumar-se** *vp* to accustom o.s.; ∼ **-se a algo/a fazer algo** to accustom o.s. to sthg/to doing sthg.

acotovelar [akotove'la(x)] vt -1. [para chamar a atenção] to nudge. -2. [empurrar] to elbow.
👉 **acotovelar-se** vp [empurrar-se] to elbow one's way.

açougue [a'sogi] m butcher's.

açougueiro, ra [aso'gejru, ra] m butcher.

acre l'akri] adj -1. [ácido, amargo] acrid. -2. fig [áspero] harsh.

acreditar [akredʒi'ta(x)] <> vt -1. [crer] to believe. -2. [abonar] to confirm. <> vi -1. [crer]: ~ em algo/alguém to believe in sthg/sb. -2. [confiar]: ~ em algo/alguém to have confidence in sthg/sb.

acrescentar [akresẽn'ta(x)] vt to add.

acréscimo [a'krɛsimu] m -1. [adição] addition. -2. [aumento] increase.

acrílico [a'kriliku] m acrylic.

acrobacia [akroba'sia] f acrobatics (pl).

acrobata [akro'bata] mf acrobat.

acuado, da [a'kuadu, da] adj [acossado] cornered.

açúcar [a'suka(x)] m sugar; ~ mascavo brown sugar.

açucareiro [asuka'rejru] m sugar bowl.

açude [a'sudʒi] m dam.

acudir [aku'dʒi(x)] <> vt to run to help. <> vi to rush to sb's aid.

acumular [akumu'la(x)] vt -1. [ajuntar] to accrue. -2. [amontoar] to accumulate. -3. [reunir] to collate. -4. [cargos] to combine.

acúmulo [a'kumulul m accumulation.

acusação [akuza'sãw] (pl -ões) f -1. [incriminação] accusation. -2. [promotoria]: a ~ the prosecution.

acusado, da [aku'zadu, da] m, f [réu] defendant.

acusar [aku'za(x)] vt -1. [gen]: ~ alguém (de algo) to accuse sb (of sthg). -2. JUR : ~ alguém de algo to charge sb with sthg. -3. [mostrar] to reveal.

acústico, ca [a'kuʃtʃiku, ka] adj acoustic.
👉 **acústica** f FÍS acoustics.

AD (abrev de Anno Domini) AD.

adaptação [adapta'sãw] (pl -ões) f adaptation.

adaptar [adap'ta(x)] vt -1. [fixar] to fit. -2. [peça teatral, música, linguagem] to adapt.
👉 **adaptar-se** vp [ambientar-se] to adapt o.s.

adega [a'dɛga] f cellar.

ademais [adʒi'majʃ] adv [além disso] moreover.

adentro [a'dẽntru] adv: casa/noite ~ into the house/night; mar ~ out to sea.

adepto, ta [a'dɛptu, ta] m, f: ~ (de) follower (of).

adequado, da [ade'kwadu, da] adj appropriate.

adequar [ade'kwa(x)] vt: ~ algo a algo to adapt sthg to sthg.

aderente [ade'rẽntʃil <> adj [substância] adhesive. <> mf [adepto] adherent.

aderir [ade'ri(x)] vi -1. [colar-se] to stick. -2. [a partido, campanha] to adhere. -3. [a moda, estilo de vida] to follow.

adesão [ade'zãw] (pl -ões) f [a partido, campanha] adhesion; documento de ~ petition.

adesivo, va [ade'zivu, va] adj adhesive.
👉 **adesivo** m Sellotape® UK, Scotch tape® US.

adestramento [adeʃtra'mẽntul m training.

adestrar [adeʃ'tra(x)] vt to train.

adeus [a'dewʃl <> m farewell. <> interj goodbye!

adiamento [adʒia'mẽntul m [prorrogação] postponement.

adiantado, da [adʒiãn'tadu, da] adj -1. [trabalho] ahead of schedule. -2. [relógio] fast. -3. [pagamento] advance (antes de subst). -4. [aluno, povo] advanced.
👉 **adiantado** adv: pagar ~ to pay in advance; cheguei ~ ao encontro I arrived early for the meeting.

adiantamento [adʒiãnta'mẽntul m -1. [progresso] progress. -2. [de quantia, salário] advance.

adiantar [adʒiãn'ta(x)] <> vt -1. [trabalho] to get ahead with. -2. [relógio] to put forward. -3. [quantia, salário] to advance. -4. [dizer antecipadamente] to anticipate. <> vi -1. [relógio] to be fast. -2. [trazer benefício]: ~ fazer algo to be worth doing sthg.
👉 **adiantar-se** vp [em trabalho, estudos] to get ahead.

adiante [a'dʒiãntʃi] adv -1. [na frente] ahead; mais ~ [no espaço] further on; [no tempo] later on. -2. [levar algo ~ [obra, plano] to go ahead with sthg.

adiar [a'dʒia(x)] vt to postpone.

adição [adʒi'sãw] (pl -ões) f -1. [acréscimo] addition. -2. MAT sum.

adicionar [adʒisio'na(x)] vt -1. [acrescentar] to add. -2. MAT to add up.

adido, da [a'dʒidu, da] m, f [em embaixada] attaché.

adivinhar [adʒivi'na(x)] vt -1. [presente, futuro] to predict. -2. [resposta, causa, intenção] to guess. -3. [enigma, mistério] to solve.

adivinho, nha [adʒi'viɲu, ɲal m, f fortune-teller.

adjacências [adʒa'sẽnsjaʃ] fpl neighbourhood.

adjacente [adʒa'sẽntʃil adj adjacent.

adjetivo [adʒɛ'tʃivul m adjective.

adjudicação [adʒudʒika'sãw] (*pl* -ões) *f* JUR adjudication.

adjudicar [adʒudʒi'ka(x)] *vt* JUR : ~ algo a alguém to adjudicate sthg for sb.

adjunto, ta [ad'ʒũtu, tal ◇ *adj* [assistente] assistant. ◇ *m, f* -1. [assistente] assistant. -2. GRAM adjunct.

administração [adʒiminiʃtra'sãw] (*pl* -ões) *f* -1. [ger] administration; ~ de empresas [curso] business studies. -2. [pessoal] management.

administrador, ra [adʒiminiʃtra'do(x), ral (*mpl* -es, *fpl* -s) *m, f* administrator.

administrar [adʒiminiʃ'tra(x)] *vt* -1. [gerir] to manage. -2. [dar] to administer.

administrativo, va [adʒiminiʃtra'tʃivu, val *adj* administrative.

admiração [adʒimira'sãw] *f* -1. [respeito] admiration. -2. [surpresa] surprise.

admirado, da [adʒimi'radu, dal *adj* [respeitado] admired.

admirador, ra [adʒimira'do(x), ral *m, f* admirer.

admirar [adʒimi'ra(x)] ◇ *vt* -1. [respeitar, contemplar] to admire. -2. [surpreender] to surprise. ◇ *vi* [surpreender] to be astounding; **não é de ~ (que ...)** it's no wonder (that ...).
◆ admirar-se *vp* -1. [mutuamente] to admire each other. -2. [surpreender-se]: ~-se (de algo) to be surprised (at sthg).

admirável [adʒimi'ravɛwl (*pl* -eis) *adj* -1. [excelente] admirable. -2. [assombroso] amazing.

admissão [adʒimi'sãw] (*pl* -ões) *f* -1. [ger] admission. -2. [contratação] employment.

admitir [adʒimi'tʃi(x)] *vt* -1. [ger] to admit. -2. [aceitar] to tolerate. -3. [consentir em] to permit. -4. [contratar] to take on. -5. [comportar] to allow.

admoestação [adʒmwɛʃta'sãw] (*pl* -ões) *f* -1. [advertência] warning. -2. [reprimenda] reprimand.

ADN (*abrev de* ácido desoxirribonucleico) *m* DNA.

adoçante [ado'sãntʃil *m* sweetener.

adoção [ado'sãwl (*pl* -ões) [-õjʃl *f* adoption.

adoçar [ado'sa(x)] *vt* -1. [café, chá] to sweeten. -2. *fig* [velhice, vida] to ease.

adoecer [adwe'se(x)] ◇ *vi*: ~ (de) to fall ill (with). ◇ *vt* to make ill.

adoidado, da [adoj'dadu, dal ◇ *adj* [amalucado] mad. ◇ *adv fam* [muito] madly.

adolescência [adole'sẽnsjal *f* adolescence.

adolescente [adole'sẽntʃil ◇ *adj* adolescent. ◇ *mf* adolescent.

adorar [ado'ra(x)] *vt* -1. [divindade] to

adore. -2. [gostar muito de] to love.

adorável [ado'ravɛwl (*pl* -eis) *adj* lovely.

adormecer [adoxme'se(x)] ◇ *vi* -1. [dormir] to fall asleep. -2. [ficar dormente] to go numb. ◇ *vt* [causar sono a] to make sleepy.

adornar [adox'na(x)] *vt* to adorn.

adorno [a'doxnul *m* adornment.

adotar [ado'ta(x)] *vt* to adopt.

adotivo, va [ado'tʃivu, val *adj* adoptive.

adquirir [adʒiki'ri(x)] *vt* -1. [comprar] to buy. -2. [conseguir] to acquire.

adro ['adrul *m* churchyard.

aduana [a'dwanal *f* customs (*pl*).

aduaneiro, ra [adwa'nejru, ral *adj* customs (*pl*).

adubar [adu'ba(x)] *vt* to fertilize.

adubo [a'dubul *m* [fertilizante] fertilizer; ~ orgânico/químico organic/chemical fertilizer.

adulação [adula'sãwl *f* flattery.

adular [adu'la(x)] *vt* to flatter.

adulterar [aduwte'ra(x)] *vt* -1. [texto] to falsify. -2. [alimento, medicamento] to adulterate.

adultério [aduw'tɛrjul *m* adultery.

adúltero, ra [a'duwteru, ral ◇ *adj* adulterous. ◇ *m, f* adulterer (*f* adulteress).

adulto, ta [a'duwtu, tal ◇ *adj* adult. ◇ *m, f* adult.

advento [adʒ'vẽntul *m* advent.

advérbio [adʒ'vɛxbjul *m* adverb.

adversário, ria [adʒivex'sarju, rjal *m, f* adversary.

adversidade [adʒivexsi'dadʒil *f* adversity.

adverso, sa [adʒi'vɛxsu, sal *adj* [difícil] adverse.

advertência [adʒivex'tẽnsjal *f* -1. [aviso] warning. -2. [repreensão] reprimand.

advertir [adʒivex'tʃi(x)] *vt* -1. [prevenir, avisar] to warn. -2. [repreender] to reprimand.

advir [adʒ'vi(x)] *vi* [resultar]: ~ de to result from.

advocacia [adʒivoka'sial *f* advocacy.

advogado, da [adʒivo'gadu, dal *m, f* lawyer.

advogar [adʒivo'ga(x)] ◇ *vt* -1. JUR to advocate. -2. *fig* [defender] to defend. ◇ *vi* [exercer a profissão de advogado] to practise law.

aéreo, rea [a'ɛrju, rjal *adj* -1. AERON air (*antes de subst*). -2. [pessoa] absent-minded.

aerobarco [aɛro'baxkul *m* hovercraft.

aeróbico, ca [ae'rɔbiku, kal *adj* aerobic.
◆ aeróbica *f* aerobics (*sg*).

aeroclube [aɛro'klubil *m* flying club.

aerodinâmico, ca [aɛrodʒi'nãmiku, kal *adj* aerodynamic.

aerodinâmica f aerodynamics (pl).

aeródromo [aɛ'rɔdromul] m airfield.

aerograma [aɛro'gramal] m aero-gramme UK, aerogram US.

aeromoça [aɛro'mosal] f air steward-ess, flight attendant.

aeronáutica [aɛro'nawtʃikal] f -1. [ciência] aeronautics (sg). -2. MIL air force.

aeronave [aɛro'navil] f aircraft.

aeroporto [aɛro'poxtul] m airport.

afã [a'fã] m -1. [ânsia - por sucesso] long-ing; [- de agradar] eagerness; [- para fa-zer algo] urge. -2. [entusiasmo, vontade] enthusiasm.

afabilidade [afabili'dadʒil] f affability.

afagar [afa'ga(x)] vt -1. [person] to ca-ress. -2. [animal, hair] to stroke.

afamado, da [afa'madu, dal] adj famous.

afanar [afa'na(x)] vt fam [roubar] to nick, to steal.

afastado, da [afaʃ'tadu, dal] adj -1. [praia, terras] remote. -2. [casa] isolated. -3. [parente] distant. -4. [pernas] apart.

afastamento [afaʃta'mẽntul] m -1. [dis-tanciamento] withdrawal. -2. [de cargo] removal.

afastar [afaʃ'ta(x)] vt -1. [tirar do caminho] to push out of the way. -2. [apartar] to put aside. -3. [pôr de lado] to part. -4. [distanciar] to keep away (sep). -5. [de cargo] to remove. -6. [frustrar] to thwart.

◆ **afastar-se** vp -1. [distanciar-se - no espaço] to move aside (sep); [- de amigos etc] to part. -2. [sair] to leave. -3. [de car-go] to take leave from.

afável [a'favɛwl] (pl -eis) adj affable.

afazeres [afa'zeriʃ] mpl affairs; ~ do-mésticos housework (sg).

afeição [afej'sãwl] f affection; sentir ~ por alguém/algo to feel affection for sb/sthg.

afeiçoado, da [afej'swadu, dal] adj at-tached.

afeiçoar-se [afej'swaxsil] vp: ~ a al-guém/algo to become attached to sb/sthg.

afeito, ta [a'fejtu, tal] adj: ~ a accus-tomed to.

aferir [afe'ri(x)] vt -1. [conferir] to check. -2. [avaliar] to estimate. -3. [cotejar] ~ algo/alguém por algo to judge sthg/sb by sthg.

aferrado, da [afe'xadu, dal] adj [apegado] attached.

◆ **aferrar-se** [afe'xaxsil] vp [apegar-se]: ~ a algo to cling to sthg.

afetado, da [afe'tadu, dal] adj affected.

afetar [afe'ta(x)] vt to affect.

afetividade [afetʃivi'dadʒil] f -1. affec-tion. -2. PSIC affectivity.

afetivo, va [afe'tʃivu, val] adj -1. affec-tionate, kind. -2. PSIC affective.

afeto [a'fɛtul] m -1. affection. -2. PSIC affect.

afetuoso, osa [afe'tuozu, ɔzal] adj affec-tionate.

afiado, da [a'fjadu, dal] adj sharp.

afiançar [afjãn'sa(x)] vt -1. [réu] to bail out. -2. [dívida, empréstimo] to guaran-tee.

afiar [a'fja(x)] vt [faca, tesoura] to shar-pen.

aficionado, da [afisjo'nadu, dal] m, f enthusiast.

afilhado, da [afi'ʎadu, dal] m, f god-child.

afiliar [afi'lja(x)] vt to affiliate.

◆ **afiliar-se** vp: ~-se a algo to join sthg.

afim [a'fĩ] (pl -ns) adj -1. [objetivos] similar. -2. [almas] kindred.

afinado, da [afi'nadu, dal] adj -1. [instru-mento] tuned. -2. [pessoa]: ~ com attuned to.

afinal [afi'naw] adv -1. [por fim] finally, in the end; ~ , ele vem ou não vem? so is he coming or not?; ~ (de contas) in the end. -2. [pensando bem] all things considered.

afinar [afi'na(x)] <> vt [voz, instrumento] to tune. <> vi -1. [emagrecer] to slim down. -2. [concordar]: ~ com alguém em algo to see eye to eye with sb over sthg.

afinco [a'fĩŋkul] m perseverance; com ~ assiduously.

afinidade [afini'dadʒil] f [semelhança] affinity.

afins [a'fĩʃ] pl ⊳ afim.

afirmação [afixma'sãwl] (pl -ões) f -1. [declaração] assertion. -2. [auto-afirma-ção] self-assertion.

afirmar [afix'ma(x)] vt -1. [declarar] to declare. -2. [confirmar] to assert.

◆ **afirmar-se** vp -1. [estabelecer-se] to establish o.s. -2. [sentir-se seguro] to assert o.s.

afirmativo, va [afixma'tʃivu, val] adj af-firmative.

◆ **afirmativa** f assertion.

afivelar [afive'la(x)] vt to buckle.

afixar [afik'sa(x)] vt [aviso, cartaz] to affix.

aflição [afli'sãwl] (pl -ões) f -1. [sofrimen-to] distress (U). -2. [ansiedade] anxiety. -3. [desconforto]: dar ~ a alguém to unsettle sb.

afligir [afli'ʒi(x)] vt -1. [fazer sofrer] to distress. -2. [causar ansiedade a] to trou-ble. -3. [suj: mal] to torment.

◆ **afligir-se** vp: ~-se (com) to worry (about).

aflito, ta [a'flitu, tal] adj distressed; es-tar ~ com algo/para fazer algo to be desperate about sthg/to do sthg.

aflorar [aflo'ra(x)] *vi* **-1.** [vir à tona] to come to the surface. **-2.** [surgir] to surface.

afluência [aflu'ēnsja] *f* **-1.** [de líquido] flow. **-2.** [de pessoas] flood. **-3.** [riqueza] affluence.

afluente [aflu'ēntʃi] <> *adj* [rico] affluent. <> *m* [curso de rio] tributary.

afluir [a'flwi(x)] *vt*: ~ **a** *ou* **para/de** to flow into *ou* towards/from; [pessoas] to flock to *ou* towards/from.

afobação [afoba'sãw] *f* **-1.** [agitação, atrapalhação] turmoil. **-2.** [pressa] haste. **-3.** [ansiedade] anxiety.

afobado, da [afo'badu, da] *adj* **-1.** [ger] flustered. **-2.** [ansioso] upset.

afobamento [afoba'mẽntu] *m* = **afobação**.

afobar [afo'ba(x)] *vt* **-1.** [ger] to fluster. **-2.** [deixar ansioso] to perturb.
➡ **afobar-se** *vp* **-1.** [ficar agitado] to get flustered. **-2.** [apressar-se] to fret. **-3.** [ficar ansioso] to worry.

afogado, da [afo'gadu, da] *adj* **-1.** [pessoa] drowned. **-2.** [motor] flooded. **-3.** [em dívidas] weighed down. **-4.** [em trabalho] swamped.

afogador [afoga'do(x)] (*pl* **-es**) *m* AUTO choke.

afogamento [afoga'mẽntu] *m* drowning.

afogar [afo'ga(x)] <> *vt* **-1.** [pessoa] to drown. **-2.** [motor] to flood. **-3.** [pensamentos, sentimento] to quell. <> *vi* **-1.** [pessoa] to drown. **-2.** [motor] to flood.
➡ **afogar-se** *vp* [pessoa] to drown o.s.

afoito, ta [a'fojtu, ta] *adj* in a hurry (*depois de subst/de verbo*).

afônico, ca [a'foniku, ka] *adj* silent.

afora [a'fɔra] <> *adv*: **pelo mundo** ~ throughout the world; **mar** ~ across the sea; **pela vida** ~ throughout life; **sair** *ou* **ir por aí** ~ to go off; **porta** ~ out the door. <> *prep* apart from.

afortunado, da [afoxtu'nadu, da] *adj* fortunate.

Afoxés [a'foʃɛʃ] *mpl* traditional groups who parade through the streets during Carnival.

afresco [a'freʃku] *m* fresco.

África ['afrika] *n* Africa.

africano, na [afri'kãnu, na] <> *adj* African. <> *m, f* African.

afro-americano, na [afrwameri'kãnu, na] <> *adj* Afro-American. <> *m, f* Afro-American.

afro-brasileiro, ra [afrobrazi'lejru, ra] *adj* Afro-Brazilian.

afronta [a'frõnta] *f* affront.

afrontar [afrõn'ta(x)] *vt* **-1.** [ultrajar] to outrage. **-2.** [atacar] to confront.

afrouxar [afro'ʃa(x)] <> *vt* **-1.** [soltar] to loosen. **-2.** [relaxar] to relax. <> *vi* **-1.** [soltar-se] to come undone. **-2.** [pessoa] to give up.

afta ['afta] *f* mouth ulcer.

afugentar [afuʒẽn'ta(x)] *vt* to chase away.

afundar [afũn'da(x)] <> *vt* **-1.** [fazer ir ao fundo - pessoa] to force to the ground; [- âncora] to drop. **-2.** [aprofundar] to deepen. <> *vi* to sink.
➡ **afundar-se** *vp* **-1.** *fam* [em exame] to fail. **-2.** [embrenhar-se - em afazeres] to become engulfed; [- no matagal] to go deep. **-3.** [imergir] to sink. **-4.** [perder-se] to lose o.s.

agá [a'gal] *m* aitch.

agachar-se [aga'ʃaxsi] *vp* **-1.** [acocorar-se] to squat. **-2.** *fig* [aviltar-se] to grovel.

agarrado, da [aga'xadu, da] *adj* **-1.** [preso com força]: ~ **a** *ou* **em algo** clinging to *ou* onto sth. **-2.** [apegado]: ~ **a** *ou* **com alguém** clinging to *ou* onto sb.

agarrar [aga'xa(x)] <> *vt* **-1.** [segurar com força] to grasp. **-2.** [capturar] to catch. <> *vi* **-1.** [segurar com força]: ~ **em** to hold on to. **-2.** [goleiro] to defend.
➡ **agarrar-se** *vp* **-1.** [segurar com força]: ~-**se a** *ou* **em** to hold on to. **-2.** [abraçar-se fortemente] to cling to each other.

agasalhar [agaza'ʎa(x)] *vt* to wrap up warmly.
➡ **agasalhar-se** *vp* to wrap o.s. up warmly.

agasalho [aga'zaʎu] *m* **-1.** [casaco, manta] warm clothing. **-2.** [suéter] jumper.

ágeis ['aʒejʃ] *pl* ⊳ **ágil**.

agência [a'ʒẽnsja] *f* **-1.** [empresa] agency; ~ **de viagens** travel agency. **-2.** [sucursal] branch; ~ **de correios** post-office branch.

agenciamento [a'ʒẽsjamẽntu] *m* **-1.** [negociação] negotiation. **-2.** [representação] representation. **-3.** [obtenção, busca] recruitment.

agenciar [a'ʒẽsja(x)] *vt* **-1.** [ger] to manage. **-2.** [servir de agente a] to act as agent for.

agenda [a'ʒẽnda] *f* **-1.** [de compromissos] diary. **-2.** [programação - de reunião] agenda; [- de semana] schedule.

agente [a'ʒẽntʃi] <> *m, f* [pessoa] agent; ~ **secreto** secret agent. <> *m* **-1.** [ger] agent. **-2.** GRAM subject.

ágil ['aʒil] (*pl* **ágeis**) *adj* agile.

agilidade [aʒili'dadʒi] *f* agility.

ágio ['aʒiu] *m* interest.

agiota [a'ʒjɔta] *m, f* [usurário] usurer.

agir [a'ʒi(x)] *vi* to act; ~ **bem/mal** to act properly/wrongly.

agitação [aʒita'sãw] (*pl* **-ões**) *f* **-1.** [movimento - de garrafa] shaking; [- de líquido] stirring; [- de braços] waving. **-2.** PSIC [excitação] agitation. **- 3.** [inquietação] restlessness. **- 4.** [rebuliço] agitation. **- 5.** [política, social] unrest.

agitado, da [aʒi'tadu, da] *adj* **-1.** [excitado] agitated. **- 2.** [inquieto] disturbed. **- 3.** [tumultuado] unsettled. **- 4.** [mar] rough.

agitar [aʒi'ta(x)] ⟷ *vt* **- 1.** [movimentar - garrafa etc] to shake; [- líquido] to stir; [- braços] to wave. **- 2.** [excitar] to unnerve. **- 3.** [inquietar] to worry. **- 4.** [sublevar] to agitate. **- 5.** *fam* [fazer, organizar] to organize. ⟷ *vi* [movimentar]: *'agite antes de usar'* 'shake before use'.

◆ **agitar-se** *vp* **-1.** [inquietar-se] to become agitated. **- 2.** [movimentar-se - na cama] to be restless; [- na rua, no trabalho etc] to run around.

aglomeração [aglomera'sãw] *(pl* **-ões)** *f* **- 1.** [de coisas] stack. **- 2.** [de pessoas] mass.

aglomerado [aglome'radu] *m* **- 1.** [de coisas] pile. **- 2.** [de pessoas] mass.

aglomerar [aglome'ra(x)] *vt* to mass.

◆ **aglomerar-se** *vp* [pessoas] to swarm.

aglutinação [aglutʃina'sãw] *f* **- 1.** [fusão] agglutination. **- 2.** [combinação] almagamation.

ago. (*abrev de* agosto) Aug.

agonia [ago'nia] *f* **- 1.** [ger] agony. **- 2.** [de moribundo] death throes *(pl)*. **- 3.** *fig* [declínio] decline.

agonizante [agoni'zãntʃi] *adj* dying.

agonizar [agoni'za(x)] *vi* to be dying.

agora [a'gora] ⟷ *adv* **- 1.** [neste momento] now; ∼ **mesmo** right now; [há pouco] just now; **até** ∼ until now; **de** ∼ **em diante** from now on. **- 2.** [atualmente] nowadays. **- 3.** [doravante] from now on. ⟷ *conj* [mas] now.

agosto [a'goʃtu] *m* August; *veja também* setembro.

agourar [ago'ra(x)] ⟷ *vt* [pressagiar] to portend. ⟷ *vi* [fazer mau agouro] to bode ill.

agouro [a'goru] *m* omen; **mau** ∼ bad omen.

agradar [agra'da(x)] ⟷ *vt* [causar prazer a] to please. ⟷ *vi* **-1.** [satisfazer]: ∼ **(a) alguém** to please sb. **- 2.** [aprazer]: ∼ **a** to delight. **- 3.** [ser agradável] to please, to be pleasing.

agradável [agra'davɛw] *(pl* **-eis)** *adj* pleasant.

agradecer [agrade'se(x)] ⟷ *vt*: ∼ **algo** to say thank you for sthg. ⟷ *vi* **-1.** [dizer obrigado] to say thank you; ∼ **a alguém por algo** to thank sb for sthg. **- 2.** [ficar grato] to be grateful.

agradecido, da [agrade'sidu, da] *adj* grateful.

agradecimento [agradesi'mẽntu] *m*

[gratidão] thanks *(pl)*, thank you; **carta de** ∼ thank-you letter.

◆ **agradecimentos** *mpl* thanks.

agrado [a'gradu] *m*: **fazer um** ∼ **a alguém** [presentear] to give sb a present; [acariciar] to be affectionate with sb.

agrário, ria [a'grarju, rja] *adj* agrarian.

agravamento [agrava'mẽntu] *m* worsening.

agravante [agra'vãntʃi] ⟷ *adj* aggravating. ⟷ *m* [o que piora a situação]: **o agravante é que ...** the annoying thing is that ...

agravar [agra'va(x)] *vt* [piorar] to worsen.

◆ **agravar-se** *vp* [piorar] to worsen.

agravo [a'gravu] *m* JUR appeal.

agredir [agre'dʒi(x)] *vt* **- 1.** [atacar] to attack. **- 2.** [insultar] to insult. **- 3.** *fig* [afetar] to offend.

agregado, da [agre'gadu, da] ⟷ *adj* attached. ⟷ *m, f* [hóspede] guest.

agregar [agre'ga(x)] *vt* to add.

agressão [agre'sãw] *(pl* **-ões)** *f* aggression.

agressivo, va [agre'sivu, va] *adj* aggressive.

agressor, ra [agre'so(x), ra] *m, f* aggressor.

agreste [a'grɛʃtʃi] ⟷ *adj* rural. ⟷ *m* stony, unfertile area of north-eastern Brazil.

agrião [agri'ãw] *(pl* **-ões)** *m* watercress.

agrícola [a'grikola] *adj* agricultural.

agricultor, ra [agrikuw'to(x), ra] *m, f* farmer.

agricultura [agrikuw'tura] *f* agriculture.

agridoce [agri'dosi] *adj* **- 1.** [comida] sweet and sour. **- 2.** [emoções] bittersweet.

agronomia [agrono'mia] *f* agronomy.

agropecuário, ria [agrope'kwarju, rja] *adj* mixed-farming *(antes de subst)*.

◆ **agropecuária** *f* mixed farming.

agrupar [agru'pa(x)] *vt* to collect.

◆ **agrupar-se** *vp* to be grouped together.

água [a'gwa] *f* **- 1.** water; ∼ **corrente** running water; ∼ **doce/salgada** fresh/salt water; **peixe de** ∼ **doce** freshwater fish; ∼ **mineral/gasosa/sem gás** mineral/sparkling/still water; ∼ **oxigenada** hydrogen peroxide; ∼ **sanitária** chemically purified water; **com** ∼ **na boca** watering at the mouth. **- 2.** *fig* [plano]: **ir por** ∼ **abaixo** to go down the drain.

aguaceiro [agwa'sejru] *m* downpour.

água-de-coco [ˌagwadʒi'koku] *f* coconut milk.

água-de-colônia [ˌagwadʒiko'lonja] *(pl* **águas-de-colônia)** *f* eau-de-Cologne.

aguado, da [a'gwadu, da] *adj* watered-down.

água-furtada [ˌagwafux'tada] *(pl águas-furtadas)* f garret.

aguar [a'gwa(x)] *vt* -1. [diluir] to water down. -2. [regar] to water.

aguardar [agwax'da(x)] ⋄ *vt* to await. ⋄ *vi* to wait.

aguardente [agwax'dẽntʃi] f brandy; ~ de cana cachaça.

aguarrás [agwa'xaʃ] f turpentine.

água-viva [ˌagwa'viva] *(pl águas-vivas)* f jellyfish.

aguçado, da [agu'sadu, da] *adj* -1. [ger] sharp. -2. [apetite] keen; [interesse] lively.

agudo, da [a'gudu, da] *adj* -1. [ger] acute. -2. [penetrante] sharp. -3. [nota, voz] shrill.

agüentar [agwẽn'ta(x)] ⋄ *vt* -1. [ger] to bear; ~ fazer algo to be able to bear to do sthg. -2. [tolerar] to put up with. ⋄ *vi* [resistir] to support; não ~ de algo to be unable to bear sthg.

águia ['agja] f -1. [ave] eagle. -2. *fig* [pessoa] talented person.

agulha [a'guʎa] f needle.

ai [aj] ⋄ *interj* -1. [de dor] ouch! -2. [de cócegas] eek! -3. [suspiro] oh! -4. [lamento] oh dear! -5. [gemido] oh no! ⋄ *m* [de dor] groan.
➠ **ai de** *loc adj* damn.

aí [a'i] ⋄ *adv* -1. [ger] there; espera ~ ! wait there! -2. [em lugar indeterminado]: por ~ around. -3. [junto, em anexo] herewith. -4. [nesse caso, então] then.

AIDS (*abrev de* Acquired Immunodeficiency Syndrome) f AIDS.

ainda [a'ĩnda] *adv* -1. [ger] still; ~ não not yet; ~ (assim) still. -2. [um dia] one day.
➠ **ainda agora** *loc adv* just now.
➠ **ainda bem** *loc adv* just as well.
➠ **ainda por cima** *loc adv* still; ele não ajuda, e ~ por cima reclama he's not helping, and on top of that he's complaining.
➠ **ainda que** *loc conj* even if.

aipim [aj'pĩ] *(pl -ns)* m cassava.

aipo ['ajpu] m celery.

ajeitar [aʒej'ta(x)] *vt* -1. [endireitar] to straighten. -2. [arrumar] to tidy up. -3. [acomodar] to tuck up.
➠ **ajeitar-se** *vp* -1. [arrumar-se] to tidy o.s. up. -2. [a emprego] to adapt. -3. [acomodar-se] to settle down.

ajoelhado, da [aʒwe'ʎadu, da] *adj* kneeling.

ajoelhar [aʒwe'ʎa(x)] *vi* to kneel.
➠ **ajoelhar-se** *vp* to kneel down.

ajuda [a'ʒuda] f -1. [auxílio] help; dar ~ a alguém (em algo) to help sb (with sthg).

-2. *ECON & POL* aid; ~ de custo financial assistance.

ajudante [aʒu'dãntʃi] *mf* assistant.

ajudar [aʒu'da(x)] ⋄ *vt* -1. [auxiliar]: ~ alguém (em algo) to help sb (with sthg); ~ alguém a fazer algo to help sb do sthg. -2. [facilitar] to help. ⋄ *vi* -1. [auxiliar] to help; ~ a alguém to help sb; ~ em algo to help with sthg. -2. [facilitar] to help.
➠ **ajudar-se** *vp* to help each other.

ajuizado, da [aʒwi'zadu, da] *adj* sensible.

ajuntamento [aʒũnta'mẽntu] m -1. [de pessoas] gathering. -2. [de objetos] pile.

ajuntar [aʒũn'ta(x)] *vt* -1. [reunir] to assemble. -2. [acrescentar] to add.

ajustável [aʒuʃ'tavew] *(pl -eis)* *adj* adjustable.

ajuste [a'ʒuʃtʃi] m -1. [acordo] agreement. -2. [de peça - encaixe] fitting; [- aperto] tightening. -3. [regulagem] adjustment. -4. [acerto]: ~ de contas settlement of accounts; *fig* settling of scores.

AL (*abrev de* Estado de Alagoas) *n* State of Alagoas.

ala ['ala] f -1. [ger] wing. -2. [de escola de samba] group; a ~ das baianas *the section of the carnival parade made up of women wearing typical Bahia costumes.*

Alá [a'la] m Allah.

alagar [ala'ga(x)] *vt* to flood.

ALALC (*abrev de* Associação Latino-Americana de Livre Comércio) *f Latin-American free trade association.*

alambique [alãn'biki] m still *(for making alcohol).*

alameda [ala'meda] f avenue.

alarde [a'laxdʒi] m -1. [ostentação] ostentation. -2. [bazófia] boastfulness; fazer ~ de algo to brag about sthg.

alardear [alax'dʒja(x)] *vt* -1. [ostentar] to parade. -2. [gabar-se de] to brag about.

alargar [alax'ga(x)] *vt* -1. [estrada] to widen. -2. [roupa] to let out.

alarido [ala'ridu] m [gritaria, algazarra] uproar.

alarmante [alax'mãntʃi] *adj* alarming.

alarmar [alax'ma(x)] *vt* to alarm.
➠ **alarmar-se** *vp* to become alarmed.

alarme [a'laxmi] m alarm; dar o ~ to sound the alarm.

alastrar [alaʃ'tra(x)] *vt* [propagar, espalhar] to spread.
➠ **alastrar-se** *vp* to spread.

alavanca [ala'vãŋka] f -1. [peça] lever; ~ de mudanças *AUTO* gear lever. -2. *fig* [meio de ação] lever.

Albânia [aw'bãnja] *n* Albania.

albergue [aw'bɛxgi] m -1. [hospedaria]

hostel; [para jovens] youth hostel. **-2.** [asilo] refuge.

álbum [ˈawbũ] (pl **-ns**) m album.

ALCA (abrev de Área de Livre Comércio das Américas) f FTAA.

alça [ˈawsa] f [de mala, vestido] strap.

alcachofra [awkaˈʃofra] f artichoke.

alçada [awˈsada] f **-1.** [competência] competence; **ser da ~ de alguém** to be sb's responsibility. **-2.** JUR jurisdiction.

alcançar [awkãnˈsa(x)] vt **-1.** [ger] to reach. **-2.** [pegar] to catch. **-3.** [entender] to grasp. **-4.** [conseguir] to attain.

alcance [awˈkãnsi] m **-1.** [de arma, míssil] range. **-2.** [de pessoa]: **ao meu/ao teu ~** within my/your reach; **ao ~ da vista** within sight; **fora do ~ de** [objeto, pessoa] out of reach of; [entendimento] beyond the grasp of.

alçapão [awsaˈpãw] (pl **-ões**) m **-1.** [portinhola] trapdoor. **-2.** [armadilha] trap.

alcaparra [awkaˈpaxa] f caper.

alçar [awˈsa(x)] vt **-1.** [levantar - carga, viga] to lift; [- braço] to raise. **-2.** [voz] to raise. **-3.** [vôo] to rise.

alcatéia [awkaˈtɛja] f [de lobos] pack.

alcatrão [awkaˈtrãw] m tar.

álcool [ˈawkow] (pl **-óis**) m alcohol.

alcoólatra [awˈkɔlatra] ⟨⟩ adj alcoholic. ⟨⟩ mf alcoholic.

alcoólico, ca [awˈkwɔliku, ka] adj alcoholic.

Alcorão [awkoˈrãw] m Koran.

alcova [awˈkova] f dressing room.

alcunha [awˈkuɲa] f nickname.

aldeão, deã [awˈdʒjãw, dʒa] (mpl **-ões**, **-ãos**, fpl **-s**) m, f villager.

aldeia [awˈdeja] f village.

aldraba [awˈdraba] f [de bater] door-knocker.

aleatório, ria [aleaˈtɔrju, rja] adj random.

alecrim [aleˈkrĩ] m rosemary.

alegação [alegaˈsãw] (pl **-ões**) f allegation.

alegar [aleˈga(x)] vt to allege; **~ que** to allege that; JUR to allege that.

alegoria [alegoˈria] f allegory.

alegórico, ca [aleˈgɔrikul] adj allegorical; ▷ **carro**.

alegrar [aleˈgra(x)] vt to cheer up.
◆ **alegrar-se** vp to be happy; **alegre-se!** cheer up!

alegre [aˈlɛgri] adj **-1.** [pessoa] cheerful. **-2.** [festa, bar, voz] lively. **-3.** [cor] bright. **-4.** [embriagado] merry.

alegria [aleˈgria] f **-1.** [qualidade] cheerfulness. **-2.** [satisfação] contentment. **-3.** [júbilo] joy.

aleijado, da [alejˈʒadu, da] ⟨⟩ adj crippled. ⟨⟩ m, f cripple.

além [aˈlẽj] ⟨⟩ m [o outro mundo]: **o ~**

the beyond. ⟨⟩ adv **-1.** [em lugar afastado] over there. **-2.** [mais adiante] further on; **mais ~** further.
◆ **além de** loc prep **-1.** [mais adiante de] beyond. **-2.** [do outro lado de, acima de] beyond. **-3.** [afora] apart from.
◆ **além disso** loc conj besides.
◆ **além do mais** loc conj furthermore.

Alemanha [aleˈmaɲa] n Germany.

alemão, mã [aleˈmãw, mã] ⟨⟩ adj German. ⟨⟩ m, f German.
◆ **alemão** m [língua] German.

alentado, da [alẽnˈtadu, da] adj **-1.** [animoso] brave. **-2.** [volumoso] bulky. **-3.** [corpulento] stout.

alento [aˈlẽntu] m **-1.** [ânimo] courage. **-2.** [fôlego] breath.

alergia [alexˈʒia] f MED allergy; **ter ~ a algo** to be allergic to sthg.

alérgico, ca [aˈlɛxʒiku, ka] adj MED : **~ (a)** allergic (to).

alerta [aˈlɛxta] ⟨⟩ adj alert. ⟨⟩ adv alert. ⟨⟩ m warning.

alertar [alexˈta(x)] vt : **~ alguém (de/sobre algo)** to alert sb (to sthg).

alfabético, ca [awfaˈbɛtʃiku, ka] adj alphabetical.

alfabetização [awfabetʃizaˈsãw] f **-1.** [ato] teaching to read and write. **-2.** [estado] literacy.

alfabetizado, da [awfabetʃiˈzadu, da] adj literate.

alfabeto [awfaˈbɛtu] m alphabet.

alface [awˈfasi] f lettuce.

alfaiate [awfaˈjatʃi] m tailor.

alfândega [awˈfãndega] f **-1.** [administração] customs (pl). **-2.** [local] customs house.

alfandegário, ria [awfãndeˈgarju, rja] adj customs (antes de subst).

alfazema [awfaˈzema] f lavender.

alfinetada [awfineˈtada] f **-1.** [picada de alfinete] pin-prick. **-2.** [dor] sharp pain. **-3.** fig [dito] stinging remark; **dar uma ~ em alguém** to make a stinging remark to sb.

alfinete [awfiˈnetʃi] m **-1.** COST pin. **-2.** [prendedor]: **~ de fralda** nappy pin; **~ de segurança** safety pin. **-3.** [jóia] pin.

alga [ˈawga] f seaweed.

algarismo [awgaˈriʒmu] m number.

algazarra [awgaˈzaxa] f shouting; **fazer ~** to make a racket.

álgebra [ˈawʒebra] f algebra.

algébrico, ca [awˈʒɛbriku, ka] adj MAT algebraic.

algemas [awˈʒemaʃ] fpl handcuffs.

algo [ˈawgu] ⟨⟩ pron **-1.** (em frases afirmativas) something. **-2.** (em frases interrogativas) anything. ⟨⟩ adv somewhat.

algodão [awgoˈdãw] m cotton; **~ (hidró-**

filo) cotton wool; **uma camisa de** ~ a cotton shirt.

algodoeiro [awgo'dwejru] *m* cotton plant.

algoz [aw'gɔʒ] *m* **-1.** [carrasco] executioner. **-2.** [pessoa cruel] cruel person.

alguém [aw'gẽj] <> *pron indef* **-1.** [alguma pessoa] someone; ~ **quebrou este vaso** someone broke this vase; **tem** ~ **lá embaixo** there's someone downstairs **-2.** [em frases interrogativas] anybody, anyone; ~ **me telefonou?** did anybody phone me?; ~ **quer mais café?** does anybody want more coffee?; **tem** ~ **aí?** is anybody there?; ~ **mais** anybody else. **-3.** [determinada pessoa] somebody; **ele sabia que haveria** ~ **à sua espera** he knew there would be somebody waiting for him; **você é** ~ **que admiro muito** you are somebody I admire greatly. **-4.** *fig* [pessoa importante] somebody; **se um dia eu me tornar** ~, **lembrarei dos velhos amigos** if one day I become somebody, I'll remember my old friends; **ele é** ~ **na empresa?** is he somebody in the company?; **ser** ~ **(na vida)** to be somebody in life. <> *m* [uma pessoa]: **esse** ~ that person; **um** ~ a person.

algum, ma [aw'gũ, ma] (*mpl* **-ns,** *fpl* **-s**) <> *adj* **-1.** [indeterminado] some; **ela morou** ~ **tempo em Londres** she lived for some time in London; **me dê** ~ **dinheiro** give me some money; ~ **dia vamos te visitar** some day we'll come and see you **-2.** [em interrogativas, negativas] any; ~ **problema?** any problems?; **de jeito** *ou* **modo** ~ in no way; **não há problema** ~ there's no problem, there aren't any problems; **em parte alguma do país** nowhere in the country; **coisa alguma** nothing; **não há melhora alguma** there is no improvement, there isn't any improvement. <> *pron* **-1.** [indicando pessoa] somebody; **alguns preferem cinema, outros, teatro** some people prefer the cinema, others the theatre **-2.** [indicando coisa] one; **abra a caixa de bombons e prove alguns** open the box of sweets and try some **-3.** [em interrogativas: pessoa] anybody **-4.** [em interrogativas: coisa] any; ~ **dia** one *ou* some day; **alguma coisa** something, anything; **alguma vez** sometime.

➤ **alguns** *pron pl* some.

➤ **alguma** *f* [evento, feito]: **deve ter lhe acontecido alguma** something must have happened to him; **esse menino aprontou alguma** that boy has been up to something.

alheamento [aʎea'mẽtu] *m* [indiferença] indifference.

alheio, alheia [a'ʎeju, a'ʎeja] *adj* **-1.** [de outra pessoa]: **um problema** ~ somebody else's problem. **-2.** [afastado, abstraído]: ~ **(a)** unaware (of).

alho [ˈaʎu] *m* garlic.

alho-poró [aʎupo'rɔ] (*pl* **alhos-porós**) *m* leek.

alhures [aˈʎuriʃ] *adv* elsewhere.

ali [a'li] *adv* **-1.** [naquele lugar] there; ~ **dentro/fora** in/out there; **logo** ~ right there; **por** ~ around there. **-2.** [naquele momento] then.

aliado, da [a'ljadu, da] <> *adj* allied. <> *m, f* ally.

➤ **Aliados** *mpl*: **os Aliados** the Allies.

aliança [a'ljãsa] *f* **-1.** [pacto] alliance. **-2.** [anel] wedding ring.

aliar [a'lja(x)] *vt* [qualidades] to combine.

➤ **aliar-se** *vp* [nações] to become allied.

aliás [a'ljajʃ] *adv* **-1.** [a propósito] as a matter of fact. **-2.** [diga-se de passagem] incidentally. **-3.** [ou por outra] or rather.

álibi [ˈalibi] *m* alibi.

alicate [ali'katʃi] *m* pliers (*pl*); ~ **de unhas** nail clippers (*pl*).

alicerce [ali'sɛxsi] *m CONSTR* foundation.

aliciamento [alisia'mẽtu] *m* [sedução] seduction.

aliciar [ali'sja(x)] *vt* **-1.** [atrair, seduzir] to entice. **-2.** [convocar] to recruit. **-3.** [subornar] to bribe.

alienação [aljena'sãw] *f* **-1.** [falta de consciência, participação] lack of awareness. **-2.** *PSIC*: ~ **mental** mental illness. **-3.** [de bens] assignment.

alienado, da [alje'nadu, da] *adj* **-1.** [não participante] alienated. **-2.** [louco] insane. **-3.** [bens] assigned.

alienígena [alje'niʒena] *mf* alien.

alijar [ali'ʒa(x)] *vt* **-1.** [carga] to jettison. **-2.** [isentar]: ~ **alguém de algo** to free sb of sthg.

alimentação [alimẽta'sãw] *f* **-1.** [ato] feeding. **-2.** [dieta] diet. **-3.** [de máquina, impressora] feeding. **-4.** *ELETR* supply.

alimentador [alimẽta'do(x)] *m*: ~ **de papel** paper feeder.

alimentar [alimẽ'ta(x)] (*pl* **-es**) <> *adj* alimentary. <> *vt* **-1.** [ger] to feed. **-2.** [nutrir] to feed. **-3.** [esperança] to feed. <> *vi* [nutrir] to provide nourishment.

➤ **alimentar-se** *vp* to feed o.s.; ~ **-se de algo** to live on sthg.

alimentício, cia [alimẽ'tʃisju, sja] *adj* **-1.** [qualidades] nutritious. **-2.** [pensão] maintenance.

alimento [ali'mẽtu] *m* **-1.** [comida] food. **-2.** [nutrição] nourishment.

alinhado, da [ali'nadu, da] *adj* **-1.** [posto em linha reta] in a row. **-2.** [elegante] elegant. **-3.** [correto] correct.

alinhar [aliˈɲa(x)] vt -1. [enfileirar] to line up. -2. [estrada] to straighten. -3. TIP to justify.

alinhavar [aliɲaˈva(x)] vt COST to tack UK, to baste.

alíquota [aˈlikwota] f tax rate.

alisar [aliˈza(x)] vt -1. [tornar liso - cama, cabelo] to smooth; [- tábua] to plane. -2. [acariciar] to caress.

alistamento [aliʃtaˈmẽntu] m -1. [em partido] enrolment. -2. MIL enlistment.

alistar [aliʃˈta(x)] vt -1. [em partido] to enrol. -2. MIL to enlist.

➡ **alistar-se** vp -1. [em partido] to enrol. -2. MIL to enlist.

aliviado, da [aliˈvjadu, da] adj -1. [pessoa - tranquilizado] relieved; [- folgado] slackened. -2. [consciência] relieved. -3. [embarcação] lightened.

aliviar [aliˈvja(x)] ⬦ vt -1. [gen] to relieve. -2. [folgar] to slacken. -3. [desafogar]: ~ alguém de algo to unburden sb of sthg. -4. [embarcação] to lighten. ⬦ vi -1. [diminuir] to ease. -2. [confortar] to comfort.

➡ **aliviar-se** vp to be relieved; ~-se de algo to be relieved of sthg.

alívio [aˈlivju] m relief; que ~! what a relief!

alma [ˈawma] f -1. [essência humana] soul. -2. [espírito desencarnado] spirit. -3. [pessoa]: não ver viva ~ not to see a living soul. -4. [caráter] heart. -5. fig [de negócio, empresa, partido] essence.

almanaque [awmaˈnaki] m almanac.

almejar [awmeˈʒa(x)] vt to long for; ~ fazer algo to long to do sthg.

almirante [awmiˈrãntʃi] m admiral.

almoçar [awmoˈsa(x)] ⬦ vt to have for lunch. ⬦ vi to have lunch.

almoço [awˈmosu] m lunch; na hora do ~ at lunchtime; ~ de negócios business lunch.

almofada [awmoˈfada] f cushion.

almôndega [awˈmõndega] f meatball.

almoxarifado [awmoʃariˈfadu] m warehouse.

alô [aˈlo] ⬦ interj [ao telefone] hello! ⬦ m hello.

alocar [aloˈka(x)] vt to allocate.

aloirado, da [alojˈradu, da] adj fair-haired.

alojamento [aloʒaˈmẽntu] m -1. [ger] accommodation. -2. MIL billet.

alojar [aloˈʒa(x)] vt -1. [hospedar] to accommodate. -2. MIL to billet. -3. [armazenar] to store.

➡ **alojar-se** vp -1. [hospedar-se] to stay. -2. [acampar] to camp.

alongar [alõˈga(x)] vt -1. [ger] to lengthen. -2. [perna, braço] to stretch. -3. [conversa] to prolong.

➡ **alongar-se** vp -1. [corpo] to stretch. -2. [conversa] to prolong. -3. [sobre assunto] to expand.

aloprado, da [aloˈpradu, da] adj fam crazy.

alourado, da [alowˈradu, da], **aloirado, da** [alojˈradu, da] adj fair-haired.

alpendre [awˈpẽndri] m [telheiro] porch.

Alpes [ˈawpiʃ] npl: os ~ the Alps.

alpinismo [awpiˈniʒmu] m mountaineering.

alpinista [awpiˈniʃta] mf mountaineer.

alpino, na [awˈpinu, na] adj Alpine.

alqueire [awˈkejril m measure for land area = 4.84 hectares in Rio de Janeiro, Minas Gerais e Goiás and 2.42 hectares in São Paulo.

alquimia [awkiˈmia] f alchemy.

alta [ˈawta] f ⬆ **alto**.

altar [awˈta(x)] (pl -es) m altar.

alta-roda [ˌawtaˈxɔda] (pl altas-rodas) f high society.

alta-tensão [ˌawtatẽsãw] (pl altas-tensões) f high voltage.

altear [awteˈa(x)] vt -1. [construção] to build. -2. [preço, voz] to raise. -3. [posição]: ~ sua posição numa firma to move up within a company.

alteração [awteraˈsãw] (pl -ões) f -1. [modificação - em gosto, clima, programação] change; [- de texto, roupa] alteration. -2. [perturbação] worry. -3. [tumulto] commotion.

alterar [awteˈra(x)] vt -1. [modificar] to change. -2. [perturbar] to worry.

➡ **alterar-se** vp [perturbar-se] to be worried.

altercar [awtexˈka(x)] vi: ~ (com) to quarrel (with).

alternar [awtexˈna(x)] ⬦ vt: ~ algo (com) to alternate sthg (with). ⬦ vi: ~ com to alternate with.

➡ **alternar-se** vp [revezar-se] to alternate; [pessoas] to take turns.

alternativo, va [awtexnaˈtʃivu, va] adj alternative.

➡ **alternativa** f alternative.

alteza [awˈteza] f: Sua Alteza Your Highness.

altissonante [awtʃisoˈnãntʃi] adj -1. [voz] booming. -2. [orquestra] majestic.

altitude [awtʃiˈtudʒi] f altitude.

altivez [awtʃiˈveʒ] f -1. [arrogância] presumption. -2. [dignidade] dignity.

altivo, va [awˈtʃivu, va] adj -1. [arrogante] presumptuous. -2. [digno] dignified.

alto, ta [ˈawtu, ta] adj -1. [ger] high; [forte] loud; ler em voz ~ to read aloud. -2. [em estatura] tall. -3. (antes de subst) [superior] high. -4. (antes de subst) [importante - cargo] top; [- negócio] big. -5. (antes de subst) [grave - risco] high; [- perigo] grave. **- 6.** *GEOGR* upper. **- 7.** [*MÚS* - tom, nota] high; [- voz, saxofone] alto. **- 8.** *fam* [embriagado] high.

➤ **alto** ◇ *m* **-1.** [topo] top. **- 2.** *MÚS* [saxofone] alto. **-3.** [mando, poder]: **do ~** from above. ◇ *adv* **-1.** [falar] aloud. **- 2.** [voar] high. **- 2.** *interj*: **alto!** stop!

➤ **alta** *f* **-1.** *MED* discharge; **dar/receber ~** to discharge/to be discharged. **- 2.** [de preços] rise. **- 3.** [de cotação] rise; **estar em ~** [cotação] to be rising; *fam* [reputação] to be in favour; *fam* [moda] to be highly fashionable.

➤ **por alto** *loc adv* roughly.

alto-falante [ˈawtufaˈlãntʃi] (*pl* **-s**) *m* loudspeaker.

alto-mar [ˌawtuˈma(x)] (*pl* **altos-mares**) *m* open sea.

altura [awˈtura] *f* **-1.** [ger] height; **a dez mil metros de ~** at an altitude of ten thousand metres. **- 2.** [de som, volume] level. **- 3.** [momento] time. **- 4.** [localização]: **na ~ de** close to; **a loja fica na avenida principal, mas em que ~?** the shop is on the main road, but how far up? **- 5.** [nível]: **à ~ de** equal to.

alucinação [alusinaˈsãw] (*pl* **-ões**) *f* hallucination.

alucinado, da [alusiˈnadu, da] ◇ *adj* **-1.** *PSIC* hallucinated. **- 2.** *fig* [apaixonado]: **~ por** crazy about. **- 3.** *fig* [desvairado] frantic. ◇ *m, f PSIC* lunatic.

alucinante [alusiˈnãntʃi] *adj fam* **-1.** [enlouquecedor] maddening. **- 2.** [ótimo, incrível] amazing.

aludir [aluˈdʒi(x)] *vi*: **~ a** to allude to.

alugar [aluˈga(x)] *vt* **-1.** [tomar de aluguel - carro, traje] to hire; [- apartamento] to rent. **- 2.** [dar em aluguel - carro, traje] to hire out; [- apartamento] to rent out. **- 3.** *fam* [incomodar] to annoy.

aluguel [aluˈgɛw] (*pl* **-eis**) *m* **-1.** [ato - carro] rental; [- apartamento] renting. **- 2.** [pagamento] rent.

alumínio [aluˈminju] *m* aluminium *UK*, aluminum *US*.

alunissar [aluniˈsa(x)] *vi* to land on the moon.

aluno, na [aˈlunu, na] *m, f* pupil.

alusão [aluˈzãw] (*pl* **-ões**) *f* allusion.

alvejante [awveˈʒãntʃi] ◇ *adj* bleaching. ◇ *m* bleach.

alvejar [awveˈʒa(x)] *vt* **-1.** [mirar em] to aim at. **- 2.** [branquear] to bleach, to whiten.

alvenaria [awvenaˈria] *f* masonry; **de ~** stonework.

alvéolo [alˈvɛwlu] *f* **-1.** [cavidade] cavity. **- 2.** [*ANAT* - do pulmão]: **~ pulmonar** alveolus; [- de dente] cavity.

alvo, va [ˈawvu, ˈva] *adj* white.

➤ **alvo** *m* **-1.** [mira] target; **acertar no ~**

to hit the target. **- 2.** *fig* [objeto]: **ser ~ de** to be the target of.

alvorada [awvoˈrada] *f* dawn.

alvorecer [awvoreˈse(x)] ◇ *m* [alvorada] daybreak. ◇ *vi* [amanhecer] to dawn.

alvoroçar [awvoroˈsa(x)] *vt* **-1.** [agitar] to stir up. **- 2.** [entusiasmar] to excite.

➤ **alvoroçar-se** *vp* **-1.** [agitar-se] to be startled. **- 2.** [entusiasmar-se] to get excited.

alvoroço [awvoˈrosu] *m* [agitação] commotion.

alvura [awˈvura] *f* **-1.** [branqueza] whiteness. **- 2.** [pureza] innocence.

AM ◇ *f* (*abrev de* **Amplitude Modulation**) AM. ◇ *m* (*abrev de* **Estado do Amazonas**) State of Amazonas.

amabilidade [amabiliˈdadʒi] *f* **-1.** [delicadeza, cortesia] courtesy. **- 2.** [de gesto, palavra] kindness.

amaciante [amaˈsjãntʃi] *m*: **~ de roupas** fabric conditioner.

amaciar [amaˈsja(x)] ◇ *vt* **-1.** [tornar macio] to soften. **- 2.** [bife] to tenderize. **-3.** [motor] to run in. ◇ *vi* [motor] to run in.

ama-de-leite [ˌãmadʒiˈlejtʃi] (*pl* **amas-de-leite**) *f* wet nurse.

amado, da [aˈmadu, da] ◇ *adj* **-1.** [ger] favourite. **- 2.** [person] beloved. ◇ *m, f* beloved, love.

amador, ra [amaˈdo(x)] (*mpl* **-es**, *fpl* **-s**) ◇ *adj* amateur. ◇ *m, f* amateur.

amadurecer [amadureˈse(x)] ◇ *vt* **-1.** [frutar] to ripen. **- 2.** *fig* [pessoa] to mature. ◇ *vi* **-1.** [fruta] to ripen. **- 2.** *fig* [pessoa] to mature. **- 3.** *fig* [idéia, projeto] to come to fruition.

âmago [ˈãmagu] *m* **-1.** [cerne - de madeira] heart; [- de questão] heart. **- 2.** [essência] essence. **- 3.** [alma, interior] heart.

amaldiçoar [amawdiˈswa(x)] *vt* to curse.

amálgama [aˈmawgama] *m* amalgam.

amalgamar [amawgaˈma(x)] *vt* to amalgamate.

amalucado, da [amaluˈkadu, da] *adj* crazy.

amamentar [amamẽˈta(x)] *vt* & *vi* to breastfeed.

amanhã [amãˈɲã] ◇ *adv* tomorrow; **~ de manhã** tomorrow morning; **~ à noite** tomorrow night; **~ de tarde** tomorrow afternoon/evening; **depois de ~** the day after tomorrow. ◇ *m* tomorrow.

amanhecer [amãɲeˈse(x)] ◇ *m* dawn; **ao ~** at dawn. ◇ *vi* **-1.** [dia] to dawn. **- 2.** [pessoa]: **hoje amanheci com dor de cabeça** today I woke up with a headache.

amansar [amãˈsa(x)] ◇ *vt* **-1.** [animal] to break in. **- 2.** *fig* [pessoa etc] to calm down. ⬦ *vi* **-1.** [animal] to become tame. **- 2.** *fig* [pessoa etc] to relent.

amante [a'mãntʃi] *mf* lover.

Amapá [ama'pa] *n* Amapá.

amar [a'ma(x)] ⬦ *vt* **-1.** [sentir amor por] to love. **- 2.** [fazer amor com] to make love to. ⬦ *vi* [sentir amor] to be in love.
➡ **amar-se** *vp* **-1.** [mutuamente] to love each other. **- 2.** [fazer amor] to make love.

amarelado, da [amare'ladu, da] *adj* yellowish.

amarelo, la [ama'rɛlu, la] *adj* yellow.
➡ **amarelo** *m* yellow.

amarfanhar [amaxfa'na(x)] *vt* to crumple.

amargar [amax'ga(x)] ⬦ *vt* **-1.** [tornar amargo] to make bitter. **- 2.** *fig* [fazer sofrer] to embitter. ⬦ *vi* [tornar-se amargo] to go bitter.

amargo, ga [a'maxgu, ga] *adj* bitter.

amargor [amax'go(x)] *m* **-1.** [sabor amargo] bitter taste. **- 2.** [sensação de desgosto] bitterness.

amargura [amax'gural] *f* **-1.** [ger] bitterness. **- 2.** *fig* [sofrimento] bitterness.

amarrado, da [ama'xadu, da] *adj* **-1.** [atado] tied up. **- 2.** *fig* [cara] glowering. **- 3.** *fam fig* [comprometido] committed.

amarrar [ama'xa(x)] *vt* **-1.** [atar] to tie. **- 2.** *NÁUT* to moor. **- 3.** *fig*: ~ **a cara** to glower.

amarrotar [amaxo'ta(x)] ⬦ *vt* to crumple. ⬦ *vi* to be crumpled.

amassado, da [ama'sadu, da] *adj* [tecido, roupa, papel] crumpled; [carro] smashed up.

amassar [ama'sa(x)] *vt* **-1.** [massa] to knead; [bolo, pão] to mix. **- 2.** [roupa] to crease. **- 3.** [papel] to crumple. **- 4.** [carro] to smash up.

amável [a'mavɛw] (*pl* **-eis**) *adj* friendly.

amazona [ama'zona] *f* **-1.** [mulher que anda a cavalo] horsewoman. **- 2.** [mulher guerreira] Amazon.

Amazonas [ama'zonaʃ] *n* **-1.** [rio]: **o** ~ the Amazon. **- 2.** [estado] Amazonas.

AmBev (*abrev de* **American Beverage Company**) *f* ≃ AmBev, *Brazilian drinks manufacturer.*

ambição [ãnbi'sãw] (*pl* **-ões**) *f* ambition.

ambicionar [ãnbisjo'na(x)] *vt* to set one's sights on.

ambicioso, osa [ãnbi'sjozu, ɔza] ⬦ *adj* ambitious. ⬦ *m, f* go-getter.

ambidestro, tra [ãnbi'deʃtru, tra] *adj* ambidextrous.

ambiental [ãnbjẽn'taw] (*pl* **-ais**) *adj* environmental.

ambientalista [ãnbjẽnta'liʃta] ⬦ *adj* environmental. ⬦ *mf* environmentalist.

ambientar [ãnbjẽn'tar] *vt* **-1.** [filme, enredo] to set. **- 2.** [adaptar] to acclimatize.
➡ **ambientar-se** *vp* [adaptar-se] to mingle.

ambiente [ãn'bjẽntʃi] ⬦ *adj* ambient. ⬦ *m* **-1.** [gen & *COMPUT*] environment. **- 2.** [em sala, boate] area. **- 3.** *fig* [atmosfera] atmosphere.

ambigüidade [ãnbigwi'dadʒi] *f* ambiguity.

ambíguo, gua [ãn'bigwu, gwa] *adj* ambiguous.

âmbito [ˈãnbitul] *m* [campo de ação] field.

ambivalente [ãnbiva'lẽntʃi] *adj* ambivalent.

ambos, bas [ˈãnbuʃ, baʃ] ⬦ *adj* both. ⬦ *pron* both.

ambrosia [ãnbro'zial] *f* *a sweet dish of eggs and milk.*

ambulância [ãnbu'lãnsja] *f* ambulance.

ambulante [ãnbu'lãntʃi] ⬦ *adj* **-1.** [vendedor, pipoqueiro - na calçada] street (*antes de subst*); [~ de porta em porta] door-to-door (*antes de subst*). **- 2.** [biblioteca, posto médico] mobile. **- 3.** *fam fig*: **ele é uma enciclopédia** ~ he's a walking encyclopedia. ⬦ *mf* [vendedor ambulante] street vendor.

ambulatório [ãnbula'tɔrjul] *m* outpatient department.

ameaça [a'mjasal] *f* threat.

ameaçar [amja'sa(x)] *vt* to threaten; ~ **fazer algo** to threaten to do sthg.

ameba [a'mɛba] *f* amoeba *UK*, ameba *US*.

amedrontar [amedrõn'ta(x)] *vt* to frighten.
➡ **amedrontar-se** *vp* to feel afraid.

ameixa [a'mejʃa] *f* **-1.** [fresca] plum. **- 2.** [seca] prune.

amém [a'mẽ] *interj* amen!

amêndoa [a'mẽndwa] *f* almond.

amendoeira [amẽn'dwejra] *f* almond tree.

amendoim [amẽn'dwĩ] (*pl* **-ns**) *m* peanut; ~ **torrado** roasted peanut.

amenidade [ameni'dadʒi] *f* **-1.** [suavidade] mildness. **- 2.** [delicadeza] gentleness.
➡ **amenidades** *fpl* [futilidades] trivialities.

amenizar [ameni'za(x)] *vt* **-1.** [abrandar] to reduce. **- 2.** [tornar agradável] to make pleasant. **- 3.** [briga, conflito] to settle. **- 4.** [facilitar] to lighten.

ameno, na [a'menu, na] *adj* **-1.** [brando - sabor] mild; [- repreensão] quiet; [- pena] light. **- 2.** [agradável] pleasant.

América [a'mɛrika] *n* America; ~ **Central** Central American; ~ **do Norte** North America; ~ **do Sul** South America; ~ **Hispânica** Spanish America; ~ **Latina** Latin America.

americanizar [amerikãni'za(x)] *vt* to Americanize.

americano, na [ameri'kãnu, nal ◇ *adj* American. ◇ *m, f* American.

amesquinhar [ameʃki'na(x)] *vt* [tornar mesquinho] to demean.

◆ **amesquinhar-se** *vp* **-1.** [tornar-se avaro] to become mean. **-2.** [humilhar-se] to demean o.s.

ametista [ame'tʃiʃtal *f* amethyst.

amianto [a'mjãntu] *m* asbestos.

amido [a'midul *m* starch.

amigável [ami'gavɛwl (*pl* **-eis**) *adj* friendly.

amígdala [a'migdalal *f* tonsil.

amigdalite [amigda'litʃil *f* tonsillitis.

amigo, ga [a'migu, gal ◇ *adj* friendly. ◇ *m, f* friend.

amistoso, osa [amiʃ'tozu, ɔzal *adj* friendly.

◆ **amistoso** *m ESP* friendly.

amizade [ami'zadʒil *f* **-1.** [relação] friendship; **fazer ~ (com alguém)** to make friends (with sb); **~ colorida** *fam* casual relationship. **-2.** [estima] friendliness; **ela o tratou com ~** she treated him in a friendly manner.

amnésia [am'nɛzjal *f* amnesia.

amolação [amola'sãwl (*pl* **-ões**) *f* [incômodo, aborrecimento] hassle.

amolar [amo'la(x)] ◇ *vt* **-1.** [faca] to sharpen. **-2.** [incomodar, aborrecer] to annoy. ◇ *vi* [causar incômodo] to be annoying.

◆ **amolar-se** *vp* [aborrecer-se] to get annoyed.

amoldar [amow'da(x)] *vt* [adaptar, ajustar]: **~ algo (a)** to adapt sthg (to).

◆ **amoldar-se** *vp* [adaptar-se, ajustarse]: **~-se (a)** to adapt (to).

amolecer [amole'se(x)] ◇ *vt* **-1.** [tornar mole] to soften. **-2.** *fig* [abrandar] to mollify. ◇ *vi* **-1.** [tornar-se mole] to soften. **-2.** *fig* [tornar-se brando] to relent.

amônia [a'monjal *f* ammonia.

amoníaco [amo'niakul *m* ammonia.

amontoar [amõn'twa(x)] *vt* to pile up.

amor [a'mo(x)] (*pl* **-es**) *m* love; **fazer ~** to make love; **pelo ~ de Deus!** for God's sake!; **ser um ~ (de pessoa)** to be a gem (of a person).

amora [a'mɔral *f* mulberry.

amoral [amo'rawl (*pl* **-ais**) ◇ *adj* amoral. ◇ *mf* unscrupulous person.

amora-preta [a,mɔra'pretal (*pl* **amoras-pretas**) *f* mulberry.

amordaçar [amoxda'sa(x)] *vt* to gag.

amornar [amox'na(x)] ◇ *vt* to warm up. ◇ *vi* to cool down.

amoroso, osa [amo'rozu, ɔzal *adj* [pes-

soal loving; **um caso ~** a love affair.

amor-perfeito [a,moxpex'fejtul (*pl* **amores-perfeitos**) *m* heartsease.

amor-próprio [a,mox'prɔprjul (*pl* **amores-próprios**) *m* **-1.** [auto-estima] self-esteem. **-2.** [orgulho] conceitedness.

amortecedor [amoxtese'do(x)] (*pl* **-es**) *m* shock absorber.

amortização [amoxtiza'sãwl (*pl* **-ões**) *f* **-1.** [pagamento parcial] part payment. **-2.** *FIN* [de ações] amortization.

amortizar [amoxti'za(x)] *vt* **-1.** [pagar parte de] to repay (in part). **-2.** *FIN* [ações] to amortize.

amostra [a'mɔʃtral *f* sample.

amotinar [amotʃi'na(x)] *vt* to lead into mutiny.

◆ **amotinar-se** *vp* to mutiny.

amparar [ãnpa'ra(x)] *vt* **-1.** [escorar, segurar] to hold. **-2.** [ajudar] to support.

◆ **amparar-se** *vp* [escorar-se, segurarse]: **~-se (contra/em)** to lean (against/on).

amparo [ãn'parul *m* **-1.** [apoio] hold. **-2.** [ajuda] support.

amperagem [ãnpe'raʒel *f* [eletr] amperage.

ampère [ãn'pɛril *m* amp, ampere.

ampliação [ãnplia'sãwl (*pl* **-ões**) *f* **-1.** [aumento - de forma, imagem] enlargement; [- de ângulo] widening. **-2.** [extensão] extension. **-3.** [desenvolvimento - de estudos] broadening; [- de negócio] expansion. **-4.** [*FOT* - processo] blowup; [- exemplar] enlargement.

ampliar [ãnpli'a(x)] *vt* **-1.** [aumentar - forma, imagem] to enlarge; [- ângulo] to widen. **-2.** [estender] to extend. **-3.** [desenvolver - estudos] to broaden; [- negócio] to expand.

amplificação [ãnplifika'sãwl (*pl* **-ões**) *f* **-1.** [aumento - de forma, imagem] enlargement; [- de ângulo] widening. **-2.** [de som] amplification.

amplificador [ãnplifika'do(x)] (*pl* **-es**) *m* [de som] amplifier.

amplificar [ãnplifi'ka(x)] *vt* **-1.** [aumentar - forma, imagem] to enlarge; [- ângulo] to widen. **-2.** [som] to amplify.

amplitude [ãnpli'tudʒil *f* **-1.** [espaço] spaciousness. **-2.** *fig* [abrangência] scope. **-3.** *TEC* amplitude.

amplo, pla ['ãnplu, 'plal *adj* **-1.** [espaçoso] spacious. **-2.** [abrangente] broad. **-3.** [lato]: **no sentido mais ~ da palavra** in the broadest sense of the word. **-4.** (*antes de subst*) [ilimitado] ample.

ampulheta [ãnpu'ʎetal *f* hour-glass.

amputar [ãnpu'ta(x)] *vt* to amputate.

Amsterdã [amiʃtex'dãl *n* Amsterdam.

amuado, da [a'mwadu, dal *adj* [aborrecido] sulking.

amuar [a'mwa(x)] *vt* [aborrecer] to annoy.
  ➤ **amuar-se** *vp* [aborrecer-se]: ~-se (com *ou* contra) to get annoyed (with).

anã [a'nã] *f* ⊳ anão.

anacronismo [anakro'niʒmul *m* anachronism.

anafilático, ca [anafi'latiku, ka] *adj* ⊳ choque.

anagrama [ana'grãmal *m* anagram.

anágua [a'nagwa] *f* petticoat.

anais [a'najʃ] *mpl* annals.

anal [a'naw] (*pl* -ais) *adj* anal.

analfabetismo [anawfabe'tʃiʒmul *m* illiteracy.

analfabeto, ta [anawfa'bɛtu, ta] ⟨⟩ *adj* illiterate. ⟨⟩ *m, f* illiterate.

analgésico, ca [anaw'ʒɛziku, ka] *adj* analgesic.
  ➤ **analgésico** *m* [remédio] painkiller, analgesic.

analisar [anali'za(x)] *vt* -1. [examinar, avaliar] to analyse. -2. PSIC to put through analysis.

análise [a'nalizi] *f* [ger & PSIC] analysis.

analista [ana'liʃta] *mf* -1. [ger & PSIC] analyst; ~ de sistemas systems analyst.

analogia [analo'ʒia] *f* analogy.

análogo, ga [a'nalogu, ga] *adj* analogous.

ananás [ana'naʃ] (*pl* -ases) *m* pineapple.

anão, ã [a'nãw, ã] (*mpl* -ões, *fpl* -s) *m, f* dwarf.

anarquia [anax'kia] *f* -1. [ausência de governo] anarchy. -2. *fig* [bagunça] shambles.

anarquista [anax'kiʃta] ⟨⟩ *adj* [partido, sociedade] anarchist. ⟨⟩ *mf* -1. [militante] anarchist. -2. *fig* [bagunceiro, agitador] agitator.

ANATEL (*abrev de* **Agência Nacional de Telecomunicações**) *f* Brazilian state telecommunications regulator, ≃ Oftel *UK*, ≃ ODTR *US*.

anatomia [anato'mia] *f* anatomy.

anatômico, ca [ana'tomiku, ka] *adj* anatomical.

anca [ˈãŋkal *f* -1. [de pessoa] hip. -2. [de animal] haunch.

ancestral [ãn'seʃtraw] (*pl* -ais) ⟨⟩ *adj* ancestral, age-old. ⟨⟩ *mf* ancestor.
  ➤ **ancestrais** *mpl* ancestors.

anchova [ãn'ʃoval *f* anchovy.

ancião, ciã [ã'sjãw, sjã] (*mpl* -ões, *fpl* -s) ⟨⟩ *adj* aged. ⟨⟩ *m, f* venerable person.

ancinho [ãn'siɲul *m* rake.

anciões [ã'sjõjʃ] *pl* ⊳ ancião.

ancoradouro [ãŋkora'dorul *m* anchorage.

ancorar [ãŋko'ra(x)] ⟨⟩ *vt* -1. [fundear]

to anchor. -2. *fig* [basear] to base. ⟨⟩ *vi* [fundear] to base.

andaime [ãn'dãjmi] *m* scaffolding.

andamento [ãnda'mẽntul *m* -1. [prosseguimento] progress; **estar em** ~ to be under way. -2. [direção] direction. -3. *MÚS* tempo.

andança [ãn'dãnsaʃ] *f* [viagem] travel.

andar [ãn'da(x)] (*pl* -es) ⟨⟩ *m* -1. [jeito de caminhar] walk. -2. [pavimento] storey *UK*, story *US*. ⟨⟩ *vi* -1. [caminhar] to walk. -2. [usar como transporte]: ~ de bicicleta/a cavalo to ride a bicycle/horse; ~ de avião/carro/trem to go by plane/car/train. -3. [movimentar-se] to go. -4. [errar] to wander. -5. [progredir, funcionar] to go. -6. [passar] to go, to pass. -7. [conviver]: ~ com alguém to get along with sb. -8. [estar] to be; ~ em *ou* por to be travelling in; ~ fazendo algo to be doing sthg. -9. [ir-se]: ir andando to be on one's way. -10. [apressar-se]: anda (com isso)! get a move on! ⟨⟩ *vt* [percorrer] to do; andamos 50 quilómetros em um dia we did 50 kms in one day.

Andes [ˈãndiʃ] *npl*: os ~ the Andes.

andino, na [ãn'dinu, na] ⟨⟩ *adj* Andean. ⟨⟩ *m, f* Andean.

andorinha [ãndo'riɲa] *f* swallow.

Andorra [ãn'doxa] *n*: (o principado de) ~ (the principality of) Andorra.

anedota [ane'dota] *f* joke.

anel [a'nɛw] (*pl* -éis) *m* -1. [ger] ring. -2. [de corrente] circuit. -3. [de dedo] lock.

anelado, da [ane'ladu, da] *adj* curly.

anemia [ane'mia] *f* anaemia *UK*, anemia *US*.

anestesia [aneʃte'zia] *f* -1. [efeito] anaesthesia *UK*, anesthesia *US*. -2. [anestésico] anaesthetic *UK*, anesthetic *US*; ~ geral/local general/local anaesthetic.

anestesiado, da [aneʃte'zjadu, da] *adj* [paciente] anaesthetized.

anestésico, ca [aneʃ'tɛziku, ka] *adj* anaesthetizing *UK*, anesthetizing *US*.
  ➤ **anestésico** *m* anaesthetic *UK*, anesthetic *US*.

anexado, da [ane'ksadu, da] *adj* COMPUT attached.

anexar [anek'sa(x)] *vt* COMPUT: ~ um arquivo to attach a file.

anexo [a'nɛksul *m* COMPUT attachment.

ANFAVEA (*abrev de* **Associação Nacional dos Fabricantes de Veículos Automotores**) *f* Brazilian association of automobile manufacturers.

anfíbio, bia [ãn'fibju, bja] *adj* amphibious.
  ➤ **anfíbio** *m* amphibian.

anfiteatro [ãnfi'tʃjatrul *m* amphitheatre *UK*, amphitheater *US*.

anfitrião, triã [ãnfi'trjãw, trjã] (*mpl*

-ões, *fpl* **-s**) *m*, *f* host (*f* hostess).

angariar [ãŋga'rja(x)] *vt* to attract.

angina [ãn'ʒina] *f*: ~ **(do peito)** angina (pectoris).

anglicano, na [ãŋgli'kanu, na] <> *adj* Anglican. <> *m*, *f* Anglican.

anglo-saxão, xã [,ãŋglosak'sãw, sã] (*mpl* **-ões**, *fpl* **-ãs**) <> *adj* Anglo-Saxon. <> *m*, *f* Anglo-Saxon.

Angola [ãŋ'gɔla] *n* Angola.

angorá [ãŋgo'ra] <> *adj* angora. <> *m* [tecido] angora. <> *mf* [gato] angora.

angra ['ãŋgra] *f* bay.

angu [ãŋ'gu] *m* **-1.** [ger] ≈ porridge. **-2.** *fam fig* [confusão, problema]: **um ~ -de-caroço** a tough nut to crack.

ângulo ['ãŋgulu] *m* **-1.** [ger] angle. **-2.** [canto] corner. **-3.** [de mira] angle (of vision).

anguloso, sa [ãŋgu'lozu, lɔza] *adj* angled.

angústia [ãŋ'guʃtʃja] *f* anguish.

angustiante [ãŋguʃ'tʃjãntʃil *adj* harrowing.

angustiar [ãŋguʃ'tʃja(x)] *vt* to cause anguish to.

◆ **angustiar-se** *vp* to become distressed; **~-se com algo** to be distressed by sthg.

anil [a'niw] *m* [cor] blue.

animação [anima'sãw] *f* **-1.** [entusiasmo] enthusiasm. **-2.** [alegria] jollity. **-3.** [movimento] hustle and bustle. **-4.** *CINE* animation.

animado, da [ani'madu, da] *adj* **-1.** [entusiasmado] spirited. **-2.** [alegre, movimentado] lively.

animador, ra [anima'do(x), ra] (*mpl* **-es**, *fpl* **-s**) <> *adj* encouraging. <> *m*, *f* animator.

animal [ani'maw] (*pl* **-ais**) <> *adj* **-1.** [ger] animal. **-2.** *fam pej* [pessoa] brutal. <> *mf fam pej* [pessoa - bruto] brute; [- ignorante] ass. <> *m ZOOL* animal; ~ **doméstico** [de estimação] domestic animal; [de criação] livestock.

animalesco, ca [anima'leʃku, ka] *adj* animal.

animar [ani'ma(x)] *vt* **-1.** [ger] to liven up. **-2.** [encorajar]: ~ **alguém (a fazer algo)** to encourage sb (to do sthg). **-3.** [entusiasmar] to enthuse. **-4.** [fomentar, estimular] to stimulate. **-5.** [dar animação] to animate. **-6.** *RELIG* [dar vida a] to bring to life.

◆ **animar-se** *vp* **-1.** [tomar coragem]: ~-**se (a fazer algo)** to resolve (to do sthg). **-2.** [entusiasmar-se] to become enthusiastic. **-3.** [debate, conversa, festa] to liven up. **-4.** [alegrar-se] to cheer up. **-5.** *RELIG* [ganhar vida] to come to life.

ânimo ['ãnimu] <> *m* **-1.** [coragem] courage. **-2.** [entusiasmo] enthusiasm; **perder o ~** to lose courage. **-3.** [estímulo] life; **representar um novo ~ para** to give a new lease of life to. <> *interj*: ~! come on!

animosidade [animozi'dadʒi] *f* animosity.

aniquilar [aniki'la(x)] *vt* **-1.** [anular] to rescind. **-2.** [esgotar] to exhaust. **-3.** [destruir] to annihilate. **-4.** *fig* [arruinar] to ruin.

◆ **aniquilar-se** *vp* **-1.** [esgotar-se] to be exhausted. **-2.** *fig* [moralmente] to destroy o.s.

anis [a'niʃ] (*pl* **-es**) *m* aniseed; **licor de ~** anisette.

anistia [aniʃ'tʃia] *f* amnesty.

anistiado, da [aniʃ'tʃiadu, da] <> *adj* amnestied. <> *m*, *f person granted amnesty.*

aniversariar [anivexsa'rja(x)] *vi* **-1.** [pessoa] *to celebrate one's birthday/anniversary.* **-2.** [cidade] *to celebrate its anniversary.*

aniversário [anivex'sarjul *m* **-1.** [de acontecimento] anniversary. **-2.** [de nascimento] birthday. **-3.** [festa] birthday party.

anjo ['ãʒul *m* angel; ~ **da guarda** guardian angel.

ano [ãnul *m* [período] year; **no ~ de 1969, o homem foi à Lua** in 1969, man went to the moon; **os ~s 70** the 1970s; ~ **bissexto** leap year; ~ **fiscal** tax year; ~ **letivo** academic year; **há ~s ou faz ~s que** it's years since; **faz ~s que não o vejo** it's years since I saw him, I haven't seen him for years; **(no) ~ passado** last year; **(no) ~ que vem** next year.

◆ **anos** *mpl* [idade]: **tenho vinte ~ (de idade)** I'm twenty (years old); **quantos ~s você tem?** how old are you?; **ela faz nove ~s em outubro** she'll be nine in October.

anões [a'nõjʃl *pl* ➤ **anão**.

anoitecer [anojte'se(x)] <> *m* nightfall; **ao ~** at nightfall. <> *vi* **-1.** [cair a noite]: **quando anoiteceu, acendemos as luzes** when it got dark we turned on the lights. **-2.** [estar em algum lugar ao anoitecer] to be somewhere when night falls; **anoitecemos na estrada** night fell while we were on the road.

ano-luz [,ãnu'luʃ] (*pl* **anos-luz**) *m* light year.

anomalia [anoma'lia] *f* abnormality.

anônimo, ma [a'nonimu, ma] *adj* anonymous.

ano-novo [,ãnu'novul (*pl* **anos-novos**) *m* **-1.** [período] new year. **-2.** [festa] New Year.

anoréxico, ca [ano'reksiku, ka] ◇ *adj* anorexic. ◇ *m, f* anorexic.

anormal [anox'maw] (*pl* -ais) ◇ *adj* -1. [ger] abnormal. -2. [incomum] unusual. -3. [extraordinário] extraordinary. -4. [deficiente] retarded. ◇ *m* -1. [pessoa excepcional] abnormal person. -2. *fam pej* [idiota] cretin.

anormalidade [anoxmali'dadʒi] *f* -1. [anomalia] abnormality. -2. [situação] abnormal situation.

anotação [anota'sãw] (*pl* -ões) *f* note.

anotar [ano'ta(x)] *vt* -1. [tomar nota de] to note down. -2. [apor observações a] to annotate.

anseio [ãn'seju] *m* desire; **no ~ de fazer** algo in one's eagerness to do sthg.

ânsia ['ãnsja] *f* -1. [desejo]: **ter ~ (por algo/de fazer algo)** to be longing for sthg/to do sthg; **~ s de vômito** nausea. -2. [ansiedade] anxiety.

ansiar [ãn'sja(x)] *vi*: **~ por algo/por fazer algo** to long for sthg/to do sth.

ansiedade [ãnsje'dadʒi] *f* -1. [ger] anxiety; **com ~** anxiously. -2. [desejo] longing.

ansioso, osa [ãn'sjozu, ɔza] *adj* [angustiado, desejoso] anxious; **o presidente aguarda ~ o resultado das eleições** the president is anxiously awaiting the election results.

antagonista [ãntago'niʃta] ◇ *adj* -1. [candidato, partido] opposing. -2. [opinião, idéia] conflicting. ◇ *mf* [rival] opponent.

antártico, ca [ãn'taxtʃiku, ka] *adj* Antarctic.

◆ **Antártico** *n*: **o (oceano) ~** the Antarctic (Ocean).

Antártida [ãn'taxtʃida] *n*: **a ~** Antarctica.

ante ['ãntʃi] *prep* -1. [diante de] before; **jurar ~ a Bíblia** to swear on the Bible; **jurar ~ o juiz** to swear before the judge. -2. [em conseqüência de] as a result of.

ante- ['ãntʃi-] *prefixo* ante-.

antebraço [ãntʃi'brasu] *m* forearm.

antecedência [ãntese'dẽnsja] *f*: **com ~** in advance; **com uma semana de ~** a week in advance.

antecedente [ãntese'dẽntʃi] ◇ *adj* [precedente] preceding. ◇ *m* -1. [precedente] predecessor. -2. GRAM, MAT antecedent.

◆ **antecedentes** *mpl* [pessoais] track record (*sg*); **ter bons ~ s** to have a clean record; **~ s criminais** criminal record (*sg*).

anteceder [ãntese'de(x)] *vt* [preceder, chegar antes de] to precede.

antecessor, ra [ãntese'so(x), ra] ◇ *adj*

preceding. ◇ *m, f* predecessor.

antecipação [ãntesipa'sãw] (*pl* -ões) *f* -1. [adiantamento]: **a ~ de metas** the early achievement of goals; **a ~ do comunicado provocou uma crise** the bringing forward of the announcement caused a crisis. -2. [salarial] advance. -3. [antecedência]: **com ~** in advance; **com uma semana/um mês de ~** a week/month in advance.

antecipadamente [ãntesi,pada'mẽntʃi] *adv* in advance.

antecipado, da [ãntesi'padu, da] *adj* -1. [pagamento] advance (*antes de subst*). -2. [eleições] early.

antecipar [ãntesi'pa(x)] *vt* -1. [fazer ocorrer mais cedo] to bring forward. -2. [adiantar-se a] to anticipate.

antemão [ãnte'mãw] ◆ **de antemão** *loc adv* beforehand.

antena [ãn'tena] *f* -1. [ger] antenna. -2. RÁDIO, TV aerial; **~ parabólica** satellite dish.

anteontem [ãntʃi'õntẽ] *adv* the day before yesterday.

antepassado, da [,ãntepa'sadu, da] *m, f* ancestor.

antepor [ãnteẽpo(x)] *vt* [contrapor]: **~ algo a algo** to respond to sthg with sthg.

anterior [ãnte'rjo(x)] (*pl* -es) *adj* -1. [prévio]: **~ (a)** before. -2. [antigo]: **~ (a)** previous (to). -3. [em posição] front; **membro ~** forelimb; **músculo ~** anterior muscle.

antes ['ãnʃiʃ] *adv* -1. [previamente] beforehand; **o quanto ~** as soon as possible; **pouco ~** a little before. -2. [antigamente] in the past. -3. [de preferência] rather. -4. [ao contrário] on the contrary.

◆ **antes de** *loc prep* before; **~ de fazer algo** before doing sthg; **~ da hora/do tempo** early; **~ de tudo** above all.

◆ **antes que** *loc conj* before; **fui embora ~ que chovesse** I left before it rained.

antever [ãnte've(x)] *vt* to foresee.

antevisão [,ãnte'vizãw] *f* -1. [visão antecipada]: **ter uma ~ de** to foresee. -2. [pressentimento] premonition.

anti- ['ãntʃi-] *prefixo* anti-, non-.

antiácido, da [ãn'tʃjasidu, da] *adj* antacid.

◆ **antiácido** *m* antacid.

antiaéreo, rea [ãntʃja'ɛrju, rja] *adj* anti-aircraft; **abrigo ~** bomb shelter.

antialérgico, ca [ãntʃja'lɛxʒiku, ka] *adj* hypo-allergenic.

◆ **antialérgico** *m* antihistamine.

antibiótico, ca [ãntʃi'bjɔtʃiku, ka] *adj* antibiotic.

◆ **antibiótico** *m* antibiotic.

anticlímax [ãntʃi'klimãks] *m inv* anticli-max.

anticoncepcional [ãntʃikõnsepsjo'naw] (*pl* **-ais**) ⋄ *adj* contraceptive. ⋄ *m* [pílula, dispositivo] contraceptive.

anticorpo [ãntʃi'koxpul] *m* antibody.

antídoto [ãn'tʃidotul] *m* antidote.

antiético, ca [ãn'tʃjetʃiku, ka] *adj* un-ethical.

antigamente [ãntʃiga'mẽntʃil] *adv* in the past; **de** ~ old-fashioned.

antigo, ga [ãn'tʃigu, ga] *adj* **-1.** [ger] old. **-2.** [antiquado, remoto] old-fashioned. **-3.** (*antes de subst*) [anterior] former, previous. **-4.** (*antes de subst*) [veterano] longstanding; **ser** ~ **no clube** to be a longstanding member of the club; **ser** ~ **na empresa** to be a longstanding member of staff; **ser** ~ **no cargo** to be an old hand at the job. **-5.** HIST [da Anti-güidade] ancient.
➠ **antigos** *mpl* HIST [homens] ancients.

antigüidade [ãntʃigwi'dadʒi] *f* **-1.** [idade] age. **-2.** [em cargo, função] seniority. **-3.** [peça, monumento] antique.
➠ **Antigüidade** *f* [época] antiquity.
➠ **antigüidades** *fpl* **-1.** [peças] an-tiques; **loja de** ~**s** antique shop. **-2.** [monumentos] ancient monuments.

anti-higiênico, ca [ãntʃji'ʒjeniku, ka] (*mpl* **-s**, *fpl* **-s**) *adj* unhygienic.

anti-histamínico, ca [ãntʃji'iʃta'mini-ku, ka] *adj* antihistamine.
➠ **anti-histamínico** *m* antihistamine.

anti-horário [ãntʃjo'rarjul] *adj*: **sentido/ movimento** ~ anticlockwise direc-tion/movement.

antiinflamatório, ria [ãntʃiĩnflama-'tɔriu, rjal] ⋄ *adj* anti-inflammatory. ⋄ *m* anti-inflammatory.

antílope [ãn'tʃilopil] *m* antelope.

antinuclear [ãntʃinukle'a(x)l] *adj* anti-nuclear.

antipático, ca [ãntʃi'patʃiku, ka] *adj* un-pleasant.

antipatizar [ãntʃipatʃi'za(x)l] *vi*: ~ **com alguém** to dislike sb.

antiperspirante [ãntʃipex'spi'rantʃil] ⋄ *adj* antiperspirant. ⋄ *mf* antiperspir-ant.

antiquado, da [ãntʃi'kwadu, dal] *adj* antiquated.

antiquário, ria [ãntʃi'kwarju, rjal] *m, f* [comerciante] antique dealer.
➠ **antiquário** *m* [loja] antique shop.

antiqüíssimo, ma [ãntʃi'kisimu, mal *su-perl* ⊳ **antigo**.

anti-semita [ãntʃise'mital (*pl* **-s**) ⋄ *adj* anti-Semitic. ⋄ *mf* [pessoa] anti-Semite.

anti-séptico, ca [ãntʃi'sɛptʃiku, kal *adj* antiseptic.

➠ **anti-séptico, antisséptico** *m* [desin-fetante] antiseptic.

anti-social [ãntʃiso'sjaw] (*pl* **-ais**) *adj* antisocial.

antisséptico [ˌãntʃi'sɛptʃikul = **anti-séptico**.

antitabagista [ãntʃitaba'ʒistal ⋄ *adj* anti-smoking. ⋄ *mf* anti-smoker.

antitérmico, ca [ãntʃi'tɛxmiku, kal *adj* antipyretic.
➠ **antitérmico** *m* [comprimido] anti-pyretic.

antiterrorista [ãntʃitexo'riʃtal ⋄ *adj* anti-terrorist. ⋄ *mf* anti-terrorist.

antítese [ãn'tʃitezil *f* antithesis.

antologia [ãntolo'ʒial *f* anthology.

antológico, ca [ãnto'lɔʒiko, kal *adj* out-standing.

antro [ˈãntrul *m* **-1.** [caverna] cave. **-2.** [de animal] lair. **-3.** [de bandidos etc] den.

antropófago, ga [ãntro'pofagu, gal ⋄ *adj* cannibalistic. ⋄ *m, f* cannibal.

antropologia [ãntropolo'ʒial *f* anthro-pology.

anual [a'nwawl (*pl* **-ais**) *adj* annual, yearly.

anuário [a'nwarjul *m* yearbook.

anuidade [anwi'dadʒil *f* annuity.

anulação [anula'sãwl (*pl* **-ões**) *f* **-1.** [can-celamento, invalidação] cancellation. **-2.** [casamento] annulment. **-3.** [pena] revo-cation. **-4.** [gol] disallowance.

anular [anu'la(x)l ⋄ *vt* **-1.** [cancelar, in-validar] to cancel. **-2.** [casamento] to annul. **-3.** [pena] to revoke. **-4.** [gol] to disallow. **-5.** [sobrepujar] to cancel out. ⋄ *adj* **-1.** [forma] circular. **-2.** [dedo] ring. ⋄ *m* [dedo] ring finger.

anunciante [anũn'sjãntʃil *m* COM adver-tiser.

anunciar [anũn'sja(x)l *vt* **-1.** [ger] to announce. **-2.** COM [produto] to adver-tise.

anúncio [a'nũnsjul *m* **-1.** [comunicado] announcement. **-2.** [cartaz, aviso] no-tice. **-3.** [publicitário] advertisement; ~**s classificados** classifieds.

ânus [ˈãnuʃl *m inv* anus.

anzol [ãn'zɔwl (*pl* **-óis**) *m* hook.

ao [awl = a + o.

aonde [a'õndʒil *adv* where; ~ **quer que ...** wherever ...

aos [awʃl = a + os.

AP (*abrev de* **Estado do Amapá**) *n* State of *Amapá*.

APAE (*abrev de* **Associação de Pais e Amigos dos Excepcionais**) *f Brazilian association of parents and friends of the disabled.*

apagado, da [apa'gadu, dal *adj* **-1.** [fo-go] extinguished. **-2.** [desligado] out (*de-pois de verbo*). **-3.** [com borracha] rubbed out *UK*, erased *US*. **- 4.** [desvanecido] faded. **- 5.** *fig* [sem brilho] lacklustre. **- 6.** *fig* [pessoa] dull.

apagão [apa'gãw] (*pl* -ões) *m* [blecaute] power cut.

apagar [apa'ga(x)] ⟨⟩ *vt* **-1.** [fogo] to put out. **- 2.** [vela] to blow out. **- 3.** [luz, lanterna] to turn out. **- 4.** [lustre] to dim. **- 5.** [com borracha, apagador] to rub out. **- 6.** [fazer desvanecer-se] to fade. **- 7.** [abrandar] to dull. **- 8.** *COMPUT* [eliminar] to delete. **- 9.** *fam fig* [matar] to wipe out. ⟨⟩ *vi fam fig* [adormecer] to crash out.

➤ **apagar-se** *vp* **-1.** [extingüir-se] to die out. **- 2.** [desligar-se] to go out. **- 3.** [desvanecer-se] to fade. **- 4.** [abrandar-se] to dull.

apaixonado, da [apajʃo'nadu, da] *adj* **- 1.** [enamorado] in love; **estar ~ (por alguém)** to be in love (with sb). **- 2.** [exaltado] impassioned. **- 3.** [aficcionado]: **ser ~ (por algo)** to be passionate about sthg.

apaixonar-se [apajʃo'naxsi] *vp* **-1.** [enamorar-se]: **~ (por alguém)** to fall in love (with sb). **- 2.** [aficcionar-se]: **~ (por algo)** to become passionate (about sthg).

apalermado, da [apalex'madu, da] *adj* idiotic.

apalpar [apaw'pa(x)] *vt* to feel.

➤ **apalpar-se** *vp* [examinar-se] to examine o.s.

apanhado [apã'nadu] *m* **-1.** [resumo] summary. **- 2.** [de flores] bunch.

apanhar [apã'na(x)] ⟨⟩ *vt* **-1.** [ger] to catch. **- 2.** [pegar] to pick out. **- 3.** [alcançar] to get. **- 4.** [pegar do chão] to pick up. **- 5.** [agarrar] to grab. **- 6.** [colher] to pick. **- 7.** [ir buscar] to fetch. **- 8.** [tomar condução] to take. ⟨⟩ *vi* **-1.** [ser espancado] to be beaten; **~ de alguém** to take a beating from sb; **~ de algo** to be beaten with sthg. **- 2.** *ESP* [perder] to lose. **- 3.** *fig* [ter dificuldades] to go through a lot.

apara [a'para] *f* **-1.** [madeira] shaving. **- 2.** [papel] shred.

aparador [apara'do(x)] (*pl* -es) *m* [móvel] sideboard.

aparafusar [aparafu'za(x)] *vt* **-1.** [parafuso] to screw in. **- 2.** [prender] to screw.

aparar [apa'ra(x)] *vt* **-1.** [cabelo, barba, unhas] to trim. **- 2.** [unhas] to clip. **- 3.** [golpe] to fend off. **- 4.** [tábua, folhas] to smooth out.

aparato [apa'ratu] *m* **-1.** [pompa] ceremony. **- 2.** [conjunto - de ferramentas] collection; [- de armas] apparatus. **- 3.** *fig* [de conceitos, análises] structure.

aparecer [apare'se(x)] *vt* **-1.** [ger] to appear. **- 2.** [ser perceptível] to be appar-

ent. **- 3.** [comparecer] to turn up; *fam* [fazer visita] to drop in. **- 4.** *fam pej* [exibir-se] to show off.

aparecimento [aparesi'mẽntu] *m* appearance.

aparelhado, da [apare'ʎadu, da] *adj* **-1.** [preparado] prepared. **- 2.** [madeira] planed.

aparelhagem [apare'ʎaʒẽ] (*pl* -ns) *f* **-1.** [equipamento] equipment; [de som] sound system. **- 2.** [da madeira] planing. **- 3.** *NÁUT* rigging.

aparelhar [apare'ʎa(x)] *vt* **-1.** [preparar] to equip. **- 2.** *NÁUT* to rig.

➤ **aparelhar-se** *vp* [preparar-se] to equip o.s.

aparelho [apa'reʎu] *m* **-1.** [conjunto] set; **~ de chá** tea set. **- 2.** [equipamento] equipment; **~ de som** sound system. **- 3.** [máquina] machine; **~ de barbear** shaving equipment; **~ de rádio/TV** radio/television set. **- 4.** *PESCA* tackle. **- 5.** *POL* hideout. **- 6.** *ANAT* system; **~ digestivo** digestive system.

aparência [apa'rẽnsja] *f* **-1.** [aspecto] appearance; **sob a ~ de** in the guise of; **na ~** by all appearances. **- 2.** [ilusão] show.

➤ **aparências** *fpl* [exterioridades] appearances; **as ~s enganam** *prov* one shouldn't judge by appearances; **manter as ~s** to keep up appearances.

aparentar [aparẽn'ta(x)] *vt* **-1.** [parecer] to seem. **- 2.** [fingir] to pretend.

aparente [apa'rẽntʃi] *adj* **-1.** [falso] feigned. **- 2.** [visível] visible.

aparição [apari'sãw] (*pl* -ões) *f* apparition.

apartamento [apaxta'mẽntu] *m* **-1.** [residência] apartment, flat *UK*. **- 2.** [de hotel] hotel suite.

apartar [apax'ta(x)] *vt* **-1.** [separar] to split. **- 2.** [briga] to break up.

➤ **apartar-se** *vp* [afastar-se] to split from.

aparte [a'paxtʃi] *m* [observação] aside; **fazer um ~** to make an aside.

apartheid [apax'tajdʒi] *m* apartheid.

apartidário, ria [apartʃi'darju, rja] *adj* non-partisan.

apatetado, da [apate'tadu, da] *adj* [trapalhão] foolish.

apatia [apa'tʃia] *f* indifference.

apático, ca [a'patʃiku, ka] *adj* indifferent.

apavorado, da [apavo'radu, da] *adj* terrified.

apavorante [apavo'rãntʃi] *adj* terrifying.

apavorar [apavo'ra(x)] ⟨⟩ *vt* to terrify. ⟨⟩ *vi* to be terrifying.

➤ **apavorar-se** *vp* to become terrified.

apaziguar [apazi'gwa(x)] *vt* to calm.
➤ **apaziguar-se** *vp* -**1.** to calm down.
-**2.** [inimigos] to make peace.

apear [a'pja(x)] *vi* to dismount.

apedrejar [apedre'ʒa(x)] *vt* to stone.

apegado, da [ape'gadu, da] *adj* [afeiçoado]: ~ **(a)** attached (to).

apegar-se [ape'gaxsi] *vp* [afeiçoar-se]: ~ **a algo/alguém** to become attached to sthg/sb.

apego [a'pegu] *m* [afeição] attachment; **ter** ~ **por** to be attached to.

apelação [apela'sãw] (*pl* -**ões**) *f* -**1.** [apelo] appeal. -**2.** JUR appeal. -**3.** *fam* [vulgarização] solicitation.

apelar [ape'la(x)] *vi* -**1.** [recorrer]: ~ **a** to appeal to; ~ **(para a violência)** to turn nasty. -**2.** [invocar]: ~ **a** [compreensão, amizade] to call upon. -**3.** JUR : ~ **(de)** to appeal (against). -**4.** [vulgarmente] to turn nasty.

apelidar [apeli'da(x)] *vt*: ~ **alguém de algo** to nickname sb sthg.

apelido [ape'lidu] *m* [alcunha] nickname.

apelo [a'pelu] *m* appeal; ~ **a alguém/algo** appeal to sb/sthg.

apenas [a'penaʃ] *adv* [só] only.

apêndice [a'pẽdʒisi] *m* appendix.

apendicite [apẽdʒi'sitʃi] *f* appendicitis.

aperceber-se [apexse'bexsi] *vp*: ~ **de** to realise.

aperfeiçoamento [apexfejswa'mẽntul] *m* [aprimoramento] improvement.

aperfeiçoar [apexfej'swa(x)] *vt* to improve.
➤ **aperfeiçoar-se** *vp* [aprimorar-se] to improve; ~**-se em algo** to improve in *ou* at sthg.

aperitivo, va [ape'ritʃivu, va] *adj* appetizing.
➤ **aperitivo** *m* -**1.** [bebida] aperitif. -**2.** [petisco] appetizer.

aperreado, da [ape'xjadu, da] *adj* -**1.** [aborrecido] vexed. -**2.** [em situação difícil] troubled.

apertado, da [apex'tadu, da] ◇ *adj* -**1.** [ger] tight. -**2.** [passagem] narrow. -**3.** [poltrona, sala, teatro] cramped. -**4.** [difícil] hard. -**5.** [sem tempo] pressed. -**6.** [sem dinheiro] strapped for cash; or-çamento ~ tight budget. -**7.** *fam* [para ir ao banheiro]: **estar** ~ to be desperate to go to the bathroom. -**8.** [coração]: **estar com o coração** ~ to be anguished. ◇ *adv* [com dificuldade] only just.

apertar [apex'ta(x)] ◇ *vt* -**1.** [cingir]: ~ **algo (contra/entre)** to clasp sthg (against/between); ~ **alguém (contra/entre)** to clasp sb (against/between); ~ **a mão de alguém** [cumprimentar] to shake sb's hand. -**2.** [espremer] to

squeeze. -**3.** [incomodar por ser justo] to constrict. -**4.** [tornar mais justo] to tighten. -**5.** [pressionar - botão] to do up; [- gatilho] to squeeze. -**6.** *fig* [intensificar] to tighten up on. -**7.** [passo, ritmo] to speed up. -**8.** [cortar] to cut. -**9.** [coração] to wring. -**10.** *fig* [pessoa] to put pressure on. ◇ *vi* -**1.** [roupa, sapato] to be tight. -**2.** [chuva, frio, fome] to intensify. -**3.** [prazo] to run out. -**4.** [estrada, rio] to narrow.

aperto [a'pextul] *m* -**1.** [em cumprimento]: ~ **de mãos** handshake. -**2.** *fig* [apuro] problem; **passar um** ~ to have a rough time. -**3.** *fig* [financeiro] hardship.

apesar [ape'za(x)] *prep*: ~ **de** in spite of; ~ **de que** even though; ~ **disso** in spite of this.

apetecer [apete'se(x)] *vi* to be appetizing; ~ **a alguém** to appeal to sb.

apetecível [apete'sivew] (*pl* -**eis**) *adj* -**1.** [prato, receita] appetizing. -**2.** *fig* [idéia proposta] attractive.

apetite [ape'tʃitʃil] *m* appetite; **bom** ~ ! enjoy your meal!; **ter um** ~ **de sucesso/riqueza/poder** to have an appetite for success/wealth/power.

apetitoso, osa [apetʃi'tozu, ɔza] *adj* tasty.

apetrechos [ape'treʃuʃ] *mpl* -**1.** [de guerra] equipment (*U*). -**2.** [de pesca] tackle (*U*).

ápice [l'apisil] *m* -**1.** [cimo] top, summit. -**2.** *fig* [apogeu] peak.

apiedar-se [apje'daxsil] *vp*: ~ **(de alguém/algo)** to feel sorry (for sb/sthg).

apimentado, da [apimẽn'tadu, da] *adj* -**1.** [com muita pimenta] peppery. -**2.** *fig* [sensual] spicy.

apimentar [apimẽn'ta(x)] *vt* to pepper.

apinhado, da [api'ɲadu, da] *adj* crowded.

apinhar [api'ɲa(x)] *vt* [lotar] to crowd.
➤ **apinhar-se** *vp* -**1.** [aglomerar-se] to crowd. -**2.** [lotar]: ~**-se (de gente)** to be crowded (with people).

apitar [api'ta(x)] ◇ *vi* -**1.** [com apito] to whistle. -**2.** *fam fig* [ter autoridade] to know a lot; **ele apita muito em medicina** he knows a lot about medicine; **ele não apita nada em casa** he's not the one who wears the trousers. ◇ *vt* [ESP - arbitrar] to referee; [- falta, pênalti] to whistle.

apito [a'pitul] *m* [instrumento, silvo] whistle.

aplacar [apla'ka(x)] ◇ *vt* -**1.** [serenar] to subdue. -**2.** [abrandar] to assuage. ◇ *vi* -**1.** [serenar-se] to die down. -**2.** [abrandar-se] to calm down.
➤ **aplacar-se** *vp* to calm down.

aplainar [aplaj'na(x)] *vt* -**1.** [madeira] to

plane. **-2.** [nivelar] to level out.

aplanar [apla'na(x)] *vt* **-1.** [nivelar] to level out. **-2.** [alisar] to smooth. **-3.** *fig* [obstáculos] to smooth out.

aplaudir [aplaw'di(x)] <> *vt* to applaud. <> *vi* to clap, to applaud.

aplauso [a'plawzu] *m* **-1.** [ger] applause; **o filme recebeu o ~ da crítica** the film received critical acclaim. **-2.** *fig* [aprovação] approval; **as medidas contra o crime contam com meu ~** I applaud the measures against crime.

aplicação [aplika'sãw] (*pl* -ões) *f* **-1.** [ger] application. **-2.** [ornato] adornment.

aplicado, da [apli'kadu, da] *adj* **-1.** [esforçado] hard-working. **-2.** [prático] applied.

aplicar [apli'ka(x)] <> *vt* **-1.** [ger] to apply. **-2.** [injeção] to give. **-3.** *FIN* to invest. <> *vi* *FIN* to invest.
➤ **aplicar-se** *vp* **-1.** [esforçar-se]: **~-se em/para algo** to work hard at/for sthg. **-2.** [adequar-se]: **~-se a algo** to apply to sthg.

aplicativo, va [aplika'tʃivu, va] *adj* COMPUT : **programa ~** application.
➤ **aplicativo** *m* COMPUT application.

APM (*abrev de* **Associação de Pais e Mestres**) *f* ≃ PTA.

apocalipse [apoka'lipsi] *m* apocalypse.

apoderar-se [apode'raxsi] *vp*: **~ de algo** to take over sthg.

apodrecer [apodre'se(x)] *vi* **-1.** [comida] to go off. **-2.** [dente] to rot. **-3.** *fam* [pessoa]: **~ em** to rot in.

apodrecimento [apodresi'mẽntu] *m* rot.

apogeu [apo'ʒew] *m* **-1.** [de império, carreira, romance] crowning point. **-2.** ASTRON apogee.

apoiar [apo'ja(x)] *vt* **-1.** [ger] to support. **-2.** [firmar]: **~ algo em** OU **sobre algo** to rest sthg on sthg. **-3.** [fundamentar]: **~ algo em** OU **sobre algo** to base sthg on sthg.
➤ **apoiar-se** *vp* **-1.** [amparar-se mutuamente] to support one another. **-2.** [firmar-se] to lean. **-3.** [fundamentar-se] to be based on.

apoio [a'poju] *m* **-1.** [ger] support. **-2.** [patrocínio] sponsorship. **-3.** [alicerce] foundations (*pl*). **-4.** *fig* [fundamento] basis.

apólice [a'pɔlisi] *f* policy; **~ de seguro** insurance policy.

apologia [apolo'ʒia] *f* defence.

apontador [apõnta'do(x)] (*pl* -es) *m* **-1.** [de lápis] pencil sharpener. **-2.** [de jogo] marker.

apontamento [apõnta'mẽntu] *m* [anotação] notes (*pl*).

apontar [apõn'ta(x)] <> *vt* **-1.** [ger] to

point out. **-2.** [arma] to aim. **-3.** [citar] to name. **-4.** [notas] to make notes. **-5.** [jogo] to mark. **-6.** [lápis] to sharpen. <> *vi* **-1.** [com arma]: **~ para** to aim at; **apontar! aim! -2.** [com o dedo]: **~ para** to point at. **-3.** [aparecer] to appear.

apoquentar [apokẽnta(x)] *vt* to annoy.
➤ **apoquentar-se** *vp* to get annoyed.

após [a'pɔjʃ] *prep* after.

aposentado, da [apozẽn'tadu, da] <> *adj* **-1.** [pessoa] retired. **-2.** [sapato] discarded. **-3.** [carro, máquina] disused. <> *m, f* retired person.

aposentadoria [apozẽntado'ria] *f* **-1.** [condição] retirement. **-2.** [vencimentos] pension.

aposentar [apozẽn'ta(x)] *vt* **-1.** [pessoa] to pension off. **-2.** [máquina] to discard.
➤ **aposentar-se** *vp* to retire.

aposento [apo'zẽntul] *m* bedroom.

apossar-se [apo'saxsi] *vp*: **~ de algo** to take possession of sthg.

aposta [a'pɔʃta] *f* bet.

apostar [apoʃ'ta(x)] <> *vt* to bet; **~ que** to bet that. <> *vi*: **~ em** to bet on.

apostila [apoʃ'tʃila] *f* **-1.** [nota marginal] marginal note. **-2.** [matéria de aula] handout.

apóstolo [a'poʃtulul] *m* apostle.

apóstrofo [a'poʃtroful] *m* apostrophe.

apoteose [apote'ɔzi] *f* apotheosis.

aprazível [apra'zivɛw] (*pl* -eis) *adj* pleasant.

apreciação [apresja'sãw] (*pl* -ões) *f* **-1.** [análise] consideration. **-2.** [julgamento] assessment.

apreciar [apre'sja(x)] *vt* **-1.** [ger] to appreciate. **-2.** [gostar de] to enjoy.

apreciativo, va [apresja'tʃivu, va] *adj* appreciative.

apreço [a'presu] *m* [estima, consideração] consideration.

apreender [aprjẽn'de(x)] *vt* **-1.** [tomar] to seize. **-2.** [compreender] to understand, to comprehend.

apreensão [aprjẽn'sãw] (*pl* -ões) *f* **-1.** [tomada] seizure. **-2.** [percepção] understanding, comprehension. **-3.** [preocupação] apprehension.

apreensivo, va [aprjẽn'sivu, va] *adj* apprehensive.

apregoar [apre'gwa(x)] *vt* to proclaim.

aprender [aprẽn'de(x)] <> *vt* to learn. <> *vi* to learn; **~ a fazer algo** to learn to do sthg; **~ de cor** to learn by heart.

aprendiz [aprẽn'dʒiʒ] (*pl* -es) *mf* learner.

aprendizado [aprendʒi'zadul] (*pl* -es) *m*, **aprendizagem** *f* [aprẽndʒi'zaʒẽl] learning.

apresentação [aprezẽnta'sãw] (*pl* -ões) *f* [ger] presentation.

apresentador, ra [apreʒẽta'do(x), ra] m, f - **1.** [de seminário, painel] speaker. - **2.** RÁDIO,TV presenter.

apresentar [apreʒẽ'ta(x)] vt - **1.** [ger] to present; ~ **uma comunicação** to give a talk. - **2.** [fazer] to make. - **3.** [moção, recurso] to introduce.

➨ **apresentar-se** vp - **1.** [dar-se a conhecer] to introduce o.s. - **2.** [comparecer] to present o.s. - **3.** [manifestar-se] to arise. - **4.** [candidatar-se] to put o.s. forward.

apressado, da [apre'sadu, da] adj hurried; **estar** ~ to be in a hurry.

apressar [apre'sa(x)] vt to hurry.

➨ **apressar-se** vp to hurry.

aprimorar [aprimo'ra(x)] vt to improve.

➨ **aprimorar-se** vp: ~-se **(em algo)** to try hard at sthg.

aprisionamento [apriʒjona'mẽtul] m - **1.** [de pessoa] imprisonment. - **2.** [de passarinho] captivity.

aprisionar [apriʒjo'na(x)] vt - **1.** [prender] to imprison. - **2.** [meter em prisão] to put in prison. - **3.** [capturar] to keep in captivity.

aprofundamento [aprofũnda'mẽtul] m in-depth examination.

aprofundar [aprofũn'da(x)] vt - **1.** [ger] to deepen. - **2.** [investigação] to intensify. - **3.** [conhecimentos] to improve. - **4.** [divergências] to increase.

➨ **aprofundar-se** vp - **1.** [no solo, no mar] to go down. - **2.** [em investigações, análise] to intensify. - **3.** [em área de conhecimento] to immerse o.s. - **4.** [em selva, mato] to penetrate deeper.

aprontar [aprõnta(x)] <> vt - **1.** [preparar] to prepare. - **2.** [terminar] to complete. - **3.** fam [briga, confusão] to cause. <> vi fam [criar confusão] to play up.

➨ **aprontar-se** vp - **1.** [vestir-se, arrumar-se] to get ready. - **2.** [preparar-se] to prepare o.s.

apropriação [aproprja'sãw] (pl -ões) f - **1.** [assenhoramento] takeover. - **2.** [tomada] seizure.

apropriado, da [apro'prjadu, da] adj - **1.** [adequado] appropriate. - **2.** [tomado] seized.

apropriar [apro'prja(x)] vt [adequar] to adapt.

➨ **apropriar-se** vp: ~-se **de algo** to take possession of sthg.

aprovação [aprova'sãw] (pl -ões) f - **1.** [ger] approval. - **2.** [em exame] pass.

aprovar [apro'va(x)] vt - **1.** [apoiar] to approve. - **2.** [sancionar] to approve. - **3.** [em exame] to pass.

aproveitador, ra [aprovejta'do(x), ra] (mpl -es, fpl -s) <> adj opportunistic. <> m,f opportunist.

aproveitamento [aprovejta'mẽtul] m

- **1.** [uso] good use. - **2.** [nos estudos] improvement; **ter um bom** ~ to do well.

aproveitar [aprovej'ta(x)] <> vt - **1.** [não desperdiçar] to make the most of, to put to good use. - **2.** [usar] to use. <> vi [tirar proveito]: ~ **para fazer algo** to take opportunity to do sthg; **aproveite enquanto é tempo!** make the most of it while you can!, make hay while the sun shines!

➨ **aproveitar-se** vp: ~-se **de algo/alguém** to take advantage of sthg/sb.

aprovisionar [aprovizjo'na(x)] vt [abastecer] to supply.

aprox. (abrev de **aproximadamente**) adv approx.

aproximação [aprosima'sãw] (pl -ões) f - **1.** [chegada] approach. - **2.** [estimativa] approximation. - **3.** [de países] coming together. - **4.** [de pontos de vista] similarity.

aproximado, da [aprosi'madu, da] adj approximate.

aproximar [aprosi'ma(x)] vt - **1.** [precipitar] to bring forward. - **2.** [cálculo] to approximate. - **3.** [pessoas, países] to bring together. - **4.** [levar para perto] to draw up. - **5.** [fazer parecer perto] to bring closer.

➨ **aproximar-se** vp - **1.** [achegar-se] to approach. - **2.** [pessoas, países] to draw closer. - **3.** [assemelhar-se] to be similar.

aptidão [aptʃi'dãw] (pl -ões) f - **1.** [ger] aptitude. - **2.** [jeito] **ter** ~ **para** to have an aptitude for.

apto, ta [aptu, ta] adj suitable.

Apto. (abrev de **apartamento**) m Flat no. UK, Apt. US.

apunhalar [apuɲa'la(x)] vt - **1.** [esfaquear] to stab. - **2.** fig [trair] to stab in the back.

apuração [apura'sãw] (pl -ões) f - **1.** [de votos] counting. - **2.** [de fatos, informações] examination. - **3.** [de conta] checking.

apurado, da [apu'radu, da] adj - **1.** [ger] refined. - **2.** [aguçado] sharp.

apurar [apu'ra(x)] vt - **1.** [tornar puro] to purify. - **2.** [refinar] to refine. - **3.** [aprimorar] to perfect. - **4.** [açucar] to sharpen. - **5.** [averiguar] to verify. - **6.** [votos] to count. - **7.** [conta] to check.

➨ **apurar-se** vp - **1.** [tornar-se puro] to become pure. - **2.** [no trajar] to smarten o.s. up. - **3.** [aprimorar-se] to become perfect.

apuro [a'purul] m - **1.** [esmero] care. - **2.** [dificuldade] fix; **estar em** ~**s** to be in a fix. - **3.** [aperto financeiro] hardship.

aquarela [akwa'rɛla] f water colour.

aquário [a'kwarju] m [para peixes] aquarium.

Aquário m ASTROL Aquarius.

aquático, ca [a'kwatʃiku, ka] adj aquatic; **pólo/massagem ~** water polo/massage; **ginástica ~** aquarobics; **esportes ~ s** aquatics.

aquecedor [akese'do(x)] (pl **-es**) adj heating.

aquecedor m heater.

aquecer [ake'se(x)] ◇ vt **-1.** [ger] to warm up. **-2.** [esquentar] to heat. ◇ vi **-1.** [esquentar] to become hot. **-2.** [dar calor] to give warmth.

aquecer-se vp **-1.** [ger] to warm up. **-2.** [esquentar-se] to warm o.s. **-3.** fig [debate] to become heated.

aquecimento [akesi'mẽntul m **-1.** [ger] heating; **~ central** central heating. **-2.** [econômico] warming. **-3.** ESP [muscular] warm up.

àquela [a'kɛla] = a + aquela.

aquele, aquela [a'keli, a'kɛla] ◇ adj that, those pl.◇ pron that one; **~ ali** that one there; **~ que** [relativo a pessoa] the one who, those who pl; [relativo a objeto] the one which; **peça àquele homem/àquela mulher** ask that man/woman.

àquele [a'keli] = a + aquele.

aquém [a'kẽj] adv **-1.** [deste lado] this side; **~ de** on this side of. **-2.** [abaixo]: **~ de** below.

aqui [a'ki] adv **-1.** [neste lugar] here; **~ mesmo** right here; **eis ~** here is; **por ~** round here; **estar por ~** (com algo/alguém) to be up to here (with sthg/sb). **-2.** [neste momento] at that point; **até ~** up to now. **-3.** [nisto] on this point.

aquietar [akje'ta(x)] vt to quieten.

aquietar-se vp to quieten down.

aquilo [a'kilu] pron that; **você chama aquilo de carro!** you call that a car!

àquilo [a'kilu] = a + aquilo.

aquisição [akizi'sãw] (pl **-ões**) f acquisition.

aquisitivo, va [akizi'tʃivu, va] adj [poder] acquisitive.

ar [a(x)] (pl **-ares**) m **-1.** [ger] air; **o avião está no ~** the plane is in the sky; **ao ~ livre** in the open air; **~ condicionado** [atmosfera] air conditioning; **ir pelos ares** to be blown sky-high. **-2.** RÁDIO, TV : **no ~** on the air; **ir ao ~** to be broadcast, to go on the air. **-3.** fig [aspecto] appearance. **-4.** loc: **apanhar as coisas no ~** to pick things up quickly; **estar no ~** to be up in the air.

árabe [ˈarabi] ◇ adj Arab. ◇ m, f Arab. ◇ m [língua] Arabic.

arabesco [ara'beʃkul m arabesque.

Arábia Saudita [a,rabjasaw'dʒital n Saudi Arabia.

arábico, ca [a'rabiku, ka] adj **-1.** [da Ará-

bia] Arabian. **-2.** [algarismo] Arabic. **-3.** [goma]: **goma arábica** gum arabic.

Aracajú [araka'ʒul n Aracajú.

arado [a'radul m plough.

aragem [a'raʒẽl (pl **-ns** [a'raʒẽʃl) f breeze.

arame [a'rãmil m [cabo] wire; **~ farpado** barbed wire.

aranha [a'rãɲal f spider.

aranha-caranguejeira [a,rãɲakarãɲge'ʒejral (pl **aranhas-caranguejeiras**) f bird-eating spider.

arar [a'ra(x)] vt to plough.

arara [a'raral f macaw.

arbitragem [axbi'traʒẽl (pl **-ns**) f **-1.** [julgamento] arbitration. **-2.** [ESP - ato] adjudication; [- decisão] decision; [- os juízes] referees (pl).

arbitrar [axbi'tra(x)] vt **-1.** [questão, litígio] to arbitrate. **-2.** ESP [partida, campeonato] to referee.

arbitrariedade [axbitrarje'dadʒil f arbitrariness.

arbitrário, ria [axbi'trarju, rjal adj arbitrary.

arbítrio [ax'bitrjul m **-1.** [resolução] judgment. **-2.** [faculdade] free will.

árbitro [ˈaxbitrul m **-1.** [de questão, litígio] mediator. **-2.** [juiz] judge. **-3.** [ESP - em futebol, box] referee; [- em tênis] umpire.

arborizado, da [axbori'zadu, dal adj **-1.** [bairro, terreno] wooded. **-2.** [rua] tree-lined.

arbusto [ax'buʃtul m bush.

arca [ˈaxkal f **-1.** [caixa] chest. **-2.** [barca]: **Arca de Noé** Noah's Ark.

arcada [ax'kadal f **-1.** [de arcos] arcade; **~ dentária** dental arch. **-2.** [arco] arch.

arcaico, ca [ax'kajku, ka] adj **-1.** [antigo] archaic. **-2.** [antiquado] antiquated.

arcaizante [axkaj'zãntʃil adj archaic.

arcar [ax'ka(x)] vi: **~ com algo** to take responsibility for sthg.

arcebispo [axse'biʃpul m archbishop.

arco [ˈaxkul m **-1.** [ger] arch. **-2.** [arma, instrumento musical] bow; **~-e-flecha** ESP archery. **-3.** GEOM , ELETR & MAT arc. **-4.** [de barril] hoop.

arco-íris [ax'kwiriʃl (pl **arcos-íris**) m inv rainbow.

ar-condicionado [,a(x)kõndʒisjo'nadul (pl **ares-condicionados**) m [aparelho] air conditioning.

ardência [ax'dẽnsjal f burning.

ardente [ax'dẽntʃil adj burning.

arder [ax'de(x)] vi **-1.** [ger] to burn. **-2.** [ferimento] to sting.

ardido, da [ax'dʒidu, dal adj **-1.** [costas, olhos] stinging. **-2.** [pimenta, comida] hot.

ardil [ax'dʒiwl (pl **-is**) m cunning.

ardiloso, losa [axdʒi'lozu, lɔzal adj [pessoa] cunning.

ardor [ax'do(x)] (*pl* **-es**) *m* [paixão] ardour.

ardoroso, rosa [axdo'rozu, rɔza] *adj* amorous.

ardósia [ax'dɔzja] *f* slate.

árduo, dua ['axdwu, dwa] *adj* **-1.** [escarpado] arduous. **-2.** [difícil] hard. **-3.** [sofrimento] painful.

área ['arja] *f* **-1.** [ger] area; ~ **de serviço** service point. **-2.** [de conhecimento etc] field.

areia [a'reja] *f* sand; ~ **movediça** quicksand.

arejado, da [are'ʒadu, da] *adj* **-1.** [ventilado] airy. **-2.** [fig] [pessoa, cabeça] openminded.

arena [a'rena] *f* **-1.** [ger] arena. **-2.** [de circo] ring. **-3.** [de teatro] amphitheatre.

arenito [are'nitu] *m* sandstone.

arenoso, osa [are'nozu, ɔza] *adj* sandy.

arenque [a'rẽŋki] *m* herring.

ares ['ariʃ] ▷ **ar.**

argamassa [axga'masa] *f* mortar.

Argel [ax'ʒɛw] *n* Algeria.

Argélia [ax'ʒɛlja] *n* Algeria.

argelino, na [axʒe'linu, na] ◇ *adj* Algerian. ◇ *m, f* Algerian.

Argentina [axʒẽn'tʃina] *n*: **(a)** ~ Argentina.

argentino, na [axʒẽn'tʃinu, na] ◇ *adj* Argentinian. ◇ *m, f* Argentinian.

argila [ax'ʒila] *f* clay.

argola [ax'gɔla] *f* **-1.** [aro] ring. **-2.** [de porta] knocker.

argumentação [axgumẽnta'sãw] (*pl* **-ões**) *f* argument, reasoning.

argumentar [axgumẽn'ta(x)] ◇ *vt* [alegar] to argue. ◇ *vi* [expor argumentos] to argue one's case.

argumento [axgu'mẽntu] *m* **-1.** [em teoria, debate] argument. **-2.** [de filme, TV, romance] theme, plot.

arguto, ta [ax'gutu, ta] *adj* **-1.** [agudo] shrewd. **-2.** [sutil] subtle.

ária ['arja] *f* MÚS aria.

aridez [ari'deʒ] *f* **-1.** [de clima, estação] dryness. **-2.** [de terra, região] aridity. **-3.** *fig* [de teoria, pensamento] barrenness.

árido, da ['aridu, da] *adj* **-1.** [clima, estação] dry. **-2.** [terra, região] arid. **-3.** *fig* [teoria, pensamento] barren.

aristocrata [ariʃto'krata] *mf* aristocrat.

aristocrático, ca [ariʃto'kratʃiku, ka] *adj* aristocratic.

aritmético, ca [aritʃ'mɛtʃiku, ka] *adj* arithmetic.

➠ **aritmética** *f* arithmetic.

arma ['axma] *f* **-1.** [ger] weapon; ~ **de fogo** firearm; ~ **nuclear** nuclear weapon. **-2.** MIL [do Exército] force.

➠ **armas** *fpl* **-1.** [forças armadas] forces. **-2.** [brasão] arms.

armação [axma'sãw] (*pl* **-ões**) *f* **-1.** [de barraca, estrutura, peças] framework. **-2.** [estrutura] frame. **-3.** [de óculos] frames *(pl)*. **-4.** [de onda] *point near a shoreline where the waves start to break*. **-5.** [de tempestade] gathering. **-6.** *fam* [golpe] con. **-7.** *fam* [programa, aventura] move.

armada [ax'mada] ◆ **Armada** *f* navy.

armadilha [axma'diʎa] *f* trap.

armador, ra [axma'do(x), ra] *m, f* [NÁUT - dono] shipowner; [- firma] ship chandler's.

armadura [axma'dura] *f* **-1.** [de cavaleiro] armour. **-2.** [de ouriço, besouro] shell. **-3.** ELETR armature. **-4.** CONSTR framework.

armamentista [axmamẽn'tʃiʃta] *adj* ▷ **corrida.**

armamento [axma'mẽntu] *m* **-1.** [armas] armament. **-2.** NÁUT fitting out.

armar [ax'ma(x)] *vt* **-1.** [com arma] to arm. **-2.** [carregar] to load. **-3.** [gatilho] to cock. **-4.** [montar] to assemble. **-5.** [preparar] to set up. **-6.** [saia etc] to give body to. **-7.** *fam* [planejar - golpe] to plot; [- programa, aventura] to plan. **-8.** *fam* [provocar] to cause. **-9.** NÁUT to fit out.

➠ **armar-se** *vp* [com armas] to arm o.s.

armarinho [axma'riɲu] *m* haberdasher's *UK*, notions store *US*.

armário [ax'marju] *m* **-1.** [de roupa] wardrobe; ~ **embutido** fitted wardrobe. **-2.** [de cozinha etc] cupboard.

armazém [axma'zẽ] (*pl* **-ns**) *m* **-1.** [depósito] warehouse. **-2.** [loja] store.

armazenar [axmaze'na(x)] *vt* to store.

arminho [ax'miɲu] *m* ermine.

aro [a'rul] *m* **-1.** [ger] rim. **-2.** [argola] ring. **-3.** [de porta] frame.

aroma [a'roma] *m* **-1.** [de perfume] scent. **-2.** [de café, comida] aroma.

aromático, ca [aro'matʃiku, ka] *adj* **-1.** [essência, erva] aromatic. **-2.** [tempero, comida] spicy.

arpão [ax'pãw] (*pl* **-ões**) *m* harpoon.

arpões [ax'põjʃ] *pl* ▷ **arpão.**

arqueado, da [ax'kjadu, da] *adj* **-1.** [pernas] bandy. **-2.** [sobrancelhas] arched.

arquear [ax'kja(x)] *vt* to arch.

➠ **arquear-se** *vp* to bend.

arqueiro, ra [ax'kejru, ra] *m, f* **-1.** [atirador] archer. **-2.** [goleiro] goalkeeper.

arqueologia [axkjolo'ʒia] *f* archaeology.

arqueólogo, ga [ax'kjɔlogu, ga] *m, f* archaeologist.

arquibancada [axkibãŋ'kada] *f* **-1.** [local] terrace; **ir de** ~ to sit on the terraces. **-2.** [público] terraces *(pl)*.

arquipélago [axki'pɛlagu] *m* archipelago.

arquiteto, ta [axki'tɛtu, ta] *m, f* architect.

arquitetônico, ca [axkite'toniku, ka] *adj* architectural.

arquitetura [axkite'tura] *f* architecture.

arquivar [axki'va(x)] *vt* **-1.** [ger] to file. **-2.** [projeto, processo] to shelve.

arquivista [axki'viʃta] *mf* archivist.

arquivo [ax'kivu] *m* **-1.** [ger] file; **abrir/ fechar um ~** to open/close a file. **-2.** [local] archive. **-3.** [móvel] filing cabinet. **-4.** [de instituição] file.

arraia [a'xaja] *f* [peixe] ray.

arraial [axa'jaw] (*pl* **-ais**) *m* [povoado] village.

arraigado, da [axaj'gadu, da] *adj* **-1.** [costume, idéia, mentalidade] deep-rooted. **-2.** *fig* [defensor, admirador] staunch.

arraigar [axaj'ga(x)] *vi* [criar raízes] to put down roots.
 arraigar-se *vp* **-1.** [ger] to take root. **-2.** [pessoa] to settle down.

arrancada [axãŋ'kada] *f* **-1.** [puxão] tug. **-2.** [partida] start. **-3.** [em competição, disputa] spurt; **dar uma ~** to jump ahead.

arrancar [axãŋ'ka(x)] *vt* **-1.** [tirar]: **~ algo de alguém** to pull sthg off sb; **~ algo (de algo)** [pétala, botão] to pull sthg (off sthg); [folha] to tear sthg (out of sthg); [raiz] to pull sthg up (out of sthg). **-2.** [conseguir]: **~ algo de alguém** to draw sthg from sb. **-3.** [fazer sair]: **~ alguém de algum lugar** to turf sb out of somewhere. *vi* **-1.** [dar partida] to start off. **-2.** [em competição] to put on a spurt.
 arrancar-se *vt fam* [fugir]: **~-se (de)** to scarper (from).

arranha-céu [a‚xãɲa'sɛw] (*pl* **arranha-céus**) *m* skyscraper.

arranhão [axã'ɲãw] (*pl* **-ões**) *m* scratch.

arranhar [axa'ɲa(x)] *vt* **-1.** [ger] to scratch. **-2.** *fig* [tocar mal] to bash away at. **-3.** *fig* [idioma] to scratch by. *vi* [provocar arranhão] to scratch.
 arranhar-se *vp* to scratch o.s.

arranjar [axã'ʒa(x)] *vt* **-1.** [ger] to arrange. **-2.** [resolver] to sort out. **-3.** [conseguir] to obtain. **-4.** [contrair] to catch. **-5.** [encontrar] to find.
 arranjar-se *vp* [virar-se] to get by.

arranjo [a'xãʒu] *m* **-1.** [ger] arrangement. **-2.** [acordo] deal. **-3.** [mamata] scam.

arranque [a'xãŋki] *m* ▷ **motor**.

arrasado, da [axa'zadu, da] *adj* **-1.** [devastado] razed, devastated. **-2.** [arruinado] ruined. **-3.** [deprimido] devastated. **-4.** [muito cansado] worn out.

arrasador, ra [axaza'do(x), ra] *adj* **-1.**

[devastador] crippling. **-2.** [notícia, crítica] devastating. **-3.** [vitória] overwhelming.

arrasar [axa'za(x)] *vt* **-1.** [devastar] to raze. **-2.** [arruinar] to destroy. **-3.** [com críticas] to demolish.
 arrasar-se *vp* **-1.** [ser devastado] to be devastated. **-2.** [destruir-se] to be destroyed. **-3.** [arruinar-se] to collapse in ruins. **-4.** [em exame, competição] to flop.

arrastão [axaʃ'tãw] (*pl* **-tões**) *m* **-1.** [*PESCA* - rede] dragnet; [- ato] haul. **-2.** [puxão] tug. **-3.** *fig* [assalto] mobbing.

arrastar [axaʃ'ta(x)] *vt* [ger] to drag. *vi* [roçar] to drag.
 arrastar-se *vp* **-1.** [rastejar] to crawl. **-2.** [andar com dificuldade] to drag o.s. **-3.** [decorrer lentamente] to drag on.

arrear [a'xja(x)] *vt* [montaria] to harness.

arrebatado, da [axeba'tadu, da] *adj* **-1.** [impetuoso] impetuous. **-2.** [exaltado] fiery.

arrebatar [axeba'ta(x)] *vt* **-1.** [arrancar]: **~ algo de algo/alguém** to grab sthg from sthg/sb. **-2.** [carregar] to drag off. **-3.** *fig* [aplausos] to draw. **-4.** *fig* [coração] to break.
 arrebatar-se *vp* **-1.** [exaltar-se] to get carried away. **-2.** [maravilhar-se] to be entranced.

arrebentação [axebẽta'sãw] *f* [local] *point close to a shoreline at which the waves break.*

arrebentado, da [axebẽ'tadu, da] *adj* **-1.** [em mau estado] broken. **-2.** [ferido] battered. **-3.** [muito cansado] worn out.

arrebentar [axebẽ'ta(x)] *vt* **-1.** [quebrar, romper] to break. **-2.** [estragar] to wreck. **-3.** [ferir] to smash. *vi* **-1.** [quebrar-se, romper-se] to snap. **-2.** [bomba] to explode. **-3.** *fig* [guerra, revolução] to break out.
 arrebentar-se *vp* [ferir-se] to smash o.s.up.

arrebitado, da [axebi'tadu, da] *adj* **-1.** [para cima] turned up. **-2.** [bumbum, nariz] pert.

arrecadação [axekada'sãw] (*pl* **-ões**) *f* **-1.** [coleta] collection. **-2.** [receita] revenue.

arrecadar [axeka'da(x)] *vt* to collect.

arrecife [axe'sifi] *m* reef.

arredar [axe'da(x)] *vt* [retirar] to remove; **~ (o) pé (de)** [de lugar] to budge from; [de intenção, princípios] to budge (from).

arredio, dia [axe'dʒiu, dʒia] *adj* [pessoa] withdrawn.

arredondado, da [axedõ'dadu, da] *adj* round.

arredondar [axedõ'da(x)] *vt* **-1.** [formato] to round off. **-2.** [conta] to round up.

arredores [axe'dɔriʃ] *mpl* **-1.** [cercanias]

neighbourhood. **-2.** [periferia] out-skirts.

arrefecer [axefe'se(x)l <> vt **-1.** [tornar frio] to cool. **-2.** [febre] to lower. **-3.** fig [desanimar] to cool. <> vi **-1.** [tornar-se frio] to cool down. **-2.** [ger] to sub-side.

ar-refrigerado [,a(x)xefriʒe'radul (pl **ares-refrigerados**) m **-1.** [aparelho] air-conditioner. **-2.** [sistema] air-condi-tioning.

arregaçar [axega'sa(x)l vt to roll up.

arregalado, da [axega'ladu, dal adj star-ing.

arregalar [axega'la(x)l vt to open wide.

arreganhado, da [axega'ɲadu, dal adj gaping.

arregimentar [axeʒimẽn'ta(x)l vt to drum up.

arreio [a'xejul m [cavalo] harness.

arrematar [axema'ta(x)l vt **-1.** [ger] to finish off. **-2.** [dizer concluindo] to con-clude. **-3.** [em leilão - comprar] to bid successfully for; [- vender] to auction off.

arremessar [axeme'sa(x)l vt to throw.

arremesso [axe'mesul m [lançamento] throw; ~ **de peso** ESP shot-put.

arremeter [axeme'te(x)l vi to charge; ~ **contra** to attack.

arrendamento [axẽnda'mẽntul m leas-ing, hiring, rental.

arrendar [axẽn'da(x)l vt **-1.** [dar] to let, to lease. **-2.** [tomar] to rent, to take a lease on.

arrepender-se [axepẽn'dexsil vp to re-pent; ~ **de algo/de fazer algo** to regret sthg/doing sthg.

arrependido, da [axepẽn'dʒidu, dal adj repentent, sorry.

arrependimento [axepẽndʒi'mẽntul m **-1.** [remorso] regret. **-2.** [de crime] re-morse. **-3.** RELIG repentance.

arrepiado, da [axe'pjadu, dal adj **-1.** [eriçado - cabelo] standing on end (de-pois de subst/verbo); [- pele] goose-pimpled. **-2.** fig [assustado] terrified.

arrepiar [axe'pja(x)l vt **-1.** [eriçar - cabelo] to cause to stand on end; [- pele] to give goose pimples. **-2.** [fig] [assustar] to terrify; **(ser) de ~ os cabelos** to be enough to make your hair stand on end.

➡ **arrepiar-se** vp [ficar eriçado - cabelo] to stand on end; [- pessoa] to shiver.

arrepio [axe'piwl m shiver; **dar ~ s (a al-guém)** fig to send shivers up sb's spine.

arresto [a'xeʃtul m JUR confiscation.

arriar [a'xja(x)l <> vt **-1.** [abaixar - corti-na, calça] to lower; [- pneu] to let down. **-2.** [cansar muito] to exhaust. **-3.** [pôr de cama] to lay up. <> vi **-1.** [pneu, bateria]

to go flat. **-2.** [vergar] to sag. **-3.** [desani-mar] to lose heart.

arriscado, da [axiʃ'kadu, dal adj **-1.** [pe-rigoso] hazardous, risky. **-2.** [audacioso] daring.

arriscar [axiʃ'ka(x)l <> vt **-1.** [pôr em perigo] to put at risk. **-2.** [palpite] to risk. <> vi [tentar] to take the risk.

➡ **arriscar-se** vp [pôr-se em perigo] to take a risk; ~ **-se a fazer algo** to risk doing sthg.

arrivista [axi'viʃtal <> adj opportunis-tic. <> mf opportunist.

arroba [a'xobal f COMPUT at.

arrocho [a'xoʃul m **-1.** [diminuição] les-sening; ~ **salarial** wage squeeze. **-2.** [dificuldade financeira] hardship. **-3.** fam fig [pressão] grilling.

arrogância [axo'gãnsjal f arrogance.

arrogante [axo'gãntʃil adj arrogant.

arroio [a'xojul m stream.

arrojado, da [axo'ʒadu, dal adj **-1.** [ger] bold. **-2.** [ousado] daring. **-3.** [temerário] rash.

arrolamento [axola'mẽntul m **-1.** [levan-tamento] register. **-2.** [lista] list.

arrolar [axo'la(x)l vt [listar] to list.

arrombamento [axõnba'mẽntul m [abertura forçada]: **foi necessário o ~ da porta** it was necessary to break down the door.

arrombar [axõn'ba(x)l vt **-1.** [ger] to break into. **-2.** [porta] to break down.

arrotar [axo'ta(x)l <> vi [dar arroto] to belch. <> vt **-1.** [cheiro] to burp. **-2.** fam fig [alardear] to boast about.

arroto [a'xotul m burp.

arroubo [a'xobul m [enlevo] moment of ecstasy.

arroz [a'xoʒl m rice.

arroz-doce [axoʒ'dosil m CULIN rice pudding sprinkled with cinnamon and cloves.

arruaça [a'xwasal f riot.

arruaceiro, ra [axwa'sejru, ral <> adj rowdy. <> m, f rioter.

arruela [a'xwɛlal f washer.

arruinado, da [axwi'nadu, dal adj ruined.

arruinar [axwi'na(x)l vt **-1.** [arrasar] to demolish. **-2.** [destruir] to destroy. **-3.** [causar falência] to ruin.

➡ **arruinar-se** vp [ruir] to be ruined.

arrulhar [axu'ʎa(x)l vi **-1.** [pombo] to coo. **-2.** fig [namorados] to bill and coo.

arrumação [axuma'sãwl f **-1.** [arranjo] arrangement. **-2.** [de quarto, armário] tidying. **-3.** [de malas, bagagem] packing.

arrumadeira [axuma'dejral f [criada] maid.

arrumar [axu'ma(x)l vt **-1.** [pôr em or-dem] to arrange. **-2.** [quarto, armário] to tidy. **-3.** [malas, bagagem] to pack. **-4.** [vestir, aprontar] to straighten up. **-5.** [conseguir] to get.

➡ arrumar-se *vp* **-1.** [vestir-se, aprontar-se] to get ready. **-2.** [na vida] to set o.s. up. **-3.** [virar-se] to fend for o.s.

arsenal [axse'naw] (*pl* **-ais**) *m* arsenal.

arsênio [ax'senju] *m* arsenic.

arte ['axtʃi] *f* **-1.** [ger] art; ~ **dramática** theatre. **-2.** [arte-final] artwork. **-3.** [ofício] art. **-4.** [técnica] art; ~ **culinária** cuisine; ~ **marcial** martial art. **-5.** [primor]: **com** ~ skilfully. **-6.** [astúcia] cunning. **-7.** *fam* [travessura] mischief; **fazer** ~ to get up to mischief.

➡ artes *fpl* **-1.** [visuais] arts; ~**s plásticas** plastic arts. **-2.** [curso]: **(belas)** ~**s** fine arts. **-3.** [artifício]: **por** ~**s de** through the artful wiles of.

artefato [axte'fatu] *m* **-1.** [instrumento] artefact. **-2.** [produto] goods (*pl*).

artéria [ax'tɛrja] *f* artery.

arterial [axte'rjaw] (*pl* **-ais**) *adj* arterial.

artesã [axte'zã] *f* ➢ **artesão**.

artesanal [axteza'naw] (*pl* **-ais**) *adj* craftwork.

artesanato [axteza'natu] *m* craftwork.

artesão, sã [axte'zãw, zã] (*mpl* **-ãos**, *fpl* **-s**) *m*, *f* craftsman (*f* craftswoman).

ártico, ca ['axtʃiku] *adj* Arctic.

➡ Ártico *n*: **o Ártico** the Arctic; **o Oceano Glacial Ártico** the Arctic Ocean.

articulação [axtʃikula'sãw] (*pl* **-ões**) *f* **-1.** [ligação] connection. **-2.** ANAT joint. **-3.** POL link.

articulista [axtʃiku'liʃta] *mf* JORN article writer.

artífice [ax'tʃifisi] *mf* **-1.** [artesão] craftsman (*f* craftswoman). **-2.** [criador, mentor] author.

artificial [axtʃifi'sjaw] (*pl* **-ais**) *adj* **-1.** [ger] artificial. **-2.** [dissimulado] false.

artifício [axtʃi'fisju] *m* **-1.** [processo] artifice. **-2.** [subterfúgio] trick. **-3.** [dissimulação] pretence.

artigo [ax'tʃigu] *m* article; ~ **de luxo** luxury item; ~**s esportivos** sports goods.

artilharia [axtʃiʎa'ria] *f* artillery.

artista [ax'tʃiʃta] *mf* **-1.** [ger] artist. **-2.** [ator] actor (*f* actress). **-3.** [pessoa manhosa] crafty person.

artístico, ca [ax'tʃiʃtʃiku, ka] *adj* artistic.

artrite [ax'tritʃi] *f* arthritis.

árvore ['axvori] *f* **-1.** [vegetal] tree; ~ **de Natal** Christmas tree. **-2.** TEC shaft.

arvoredo [axvo'redu] *m* grove.

as [aʃ] ➢ **a**.

ás, ases ['ajʃ, 'azeʃ] ◇ *mf* [pessoa exímia]: ~ **de algo** ace at sthg. ◇ *m* [carta] ace.

às [ajʃ] = **a** + **as**.

asa ['aza] *f* **-1.** [de pássaro, avião, inseto] wing. **-2.** [de xícara] handle.

asa-delta [‚aza'ʒ'dewtal (*pl* **asas-delta**) *f* **-1.** [veículo] hang-glider. **-2.** [esporte] hang-gliding.

ascendência [asẽn'dẽnsja] *f* **-1.** [antepassados] descent. **-2.** [influência, domínio] influence; **ter** ~ **sobre** to hold sway over.

ascendente [asẽn'dẽntʃi] ◇ *adj* rising. ◇ *m*, *f* [antepassado] ancestor.

ascender [asẽn'de(x)] *vi* to rise.

ascensão [asẽn'sãw] (*pl* **-ões**) *f* **-1.** [ger] rise. **-2.** [subida] climb.

ascensorista [asẽnso'riʃta] *mf* lift operator.

ASCII (*abrev de* **American Standard Code for Information Interchange**) *m* ASCII.

asco ['aʃku] *m* disgust; **dar** ~ **a alguém** to make sb sick.

asfaltado, da [aʃfaw'tadu, da] *adj* asphalted.

asfalto [aʃ'fawtu] *m* asphalt.

asfixia [aʃfik'sia] *f* asphyxia.

asfixiar [aʃfik'sja(x)] *vt* **-1.** [matar por asfixia] to asphyxiate. **-2.** [sufocar] to be suffocating. **-3.** *fig* [oprimir] to suppress.

➡ asfixiar-se *vp* **-1.** [morrer por asfixia] to be asphyxiated. **-2.** [sufocar-se] to gasp for breath.

Ásia ['azja] *n* Asia.

asiático, ca [a'zjatʃiku, ka] ◇ *adj* Asian. ◇ *m*, *f* Asian.

asilo [a'zilu] *m* **-1.** [para orfãos, anciãos] home. **-2.** [refúgio] refuge. **-3.** POL asylum; ~ **político** political asylum.

asma ['aʒma] *f* asthma.

asneira [aʒ'nejra] *f* [ação] blunder.

asno ['aʒnu] *m* **-1.** [animal] ass, donkey. **-2.** *fam fig* & *pej* [idiota] silly ass.

aspargo [aʃ'paxgu] *m* asparagus.

aspas ['aʃpaʃ] *fpl* quotation marks.

aspecto [aʃ'pɛktu] *m* **-1.** [aparência] look. **-2.** [faceta] aspect. **-3.** [ângulo] angle. **-4.** [visão, detalhe] view.

aspereza [aʃpe'reza] *f* **-1.** [no tato] roughness. **-2.** *fig* [severidade, rispidez] harshness.

aspergir [aʃpex'ʒi(x)] *vt* to sprinkle.

áspero, ra ['aʃperu, ra] *adj* **-1.** [ao tato] rough. **-2.** *fig* [severo, ríspido] harsh.

asperso, sa [aʃ'pexsu, sa] *pp* ➢ **aspergir**.

aspiração [aʃpira'sãw] (*pl* **-ões**) *f* **-1.** [de ar - por pessoa] inhalation; [- por máquina] suction. **-2.** LING aspiration.

aspirador [aʃpira'do(x)] (*pl* **-es**) *m*: ~ **(de pó)** vacuum cleaner; **passar o** ~ **(em)** to vacuum, to hoover.

aspirante [aʃpi'rãntʃi] *mf* **-1.** [candidato]:

ser ~ **(a algo)** to be a candidate (for sthg). **- 2.** MIL & NÁUT cadet.

aspirar [aʃpi'ra(x)] ⬦ vt **-1.** [sugar] to aspirate, to suck in. **- 2.** [ar - pessoa] to inhale; [- máquina] to suction. **- 3.** LING to aspirate. ⬦ vi **-1.** [desejar]: ~ **a algo** to aspire to sthg. **- 2.** [respirar] to breathe. **- 3.** [soprar brisa] to blow.

aspirina® [aʃpi'rina] f aspirin®.

asqueroso, osa [aʃke'rozu, ɔza] adj disgusting.

assado, da [a'sadu, da] adj roast.
➡ **assado** m roast.

assadura [asa'dura] f **- 1.** [em bebê] nappy rash. **- 2.** [em adulto] rash.

assaltante [asaw'tãntʃi] mf **- 1.** [na rua] mugger. **- 2.** [de banco] robber. **- 3.** [de casa] burglar.

assaltar [asaw'ta(x)] vt **- 1.** [atacar] to attack. **- 2.** [roubar - na rua] to mug; [- banco] to rob; [- casa] to break into. **- 3.** fig [acometer] to assail.

assalto [a'sawtu] m **- 1.** [ataque] attack. **- 2.** [na rua] mugging. **- 3.** [a banco] robbery. **- 4.** [a casa] burglary.

assar [a'sa(x)] ⬦ vt **- 1.** [no forno] to roast. **- 2.** [na grelha] to grill. ⬦ vi to roast.

assassinar [asasi'na(x)] vt **- 1.** [matar] to murder. **- 2.** POL to assassinate.

assassinato [asasi'natu], **assassínio** [asa'sinju] m **- 1.** [de pessoa comum] murder. **- 2.** POL assassination.

assassino, na [asa'sinu, na] ⬦ adj deadly. ⬦ m, f **- 1.** [de pessoa comum] killer, murderer. **- 2.** POL assassin.

asseado, da [a'sjadu, da] adj clean, neat.

assediar [ase'dʒja(x)] vt **- 1.** [sitiar] to besiege. **- 2.** [perseguir] to hound. **- 3.** [sexualmente] to harass.

assédio [a'sɛdʒju] m **- 1.** [cerco] siege. **- 2.** [insistência] hounding; **ele se acostumou com o ~ dos repórteres** he became used to being hounded by reporters; ~ **sexual** sexual harassment.

assegurar [asegu'ra(x)] vt **- 1.** [garantir] to ensure; ~ **algo a alguém** to assure sb sthg. **- 2.** [afirmar] to give an assurance.
➡ **assegurar-se** vp: ~ **-se de fazer algo** to make sure of doing sthg.

asseio [a'seju] m cleanliness, neatness.

assembléia [asẽn'blɛja] f **- 1.** [reunião] meeting; ~ **geral** annual general meeting. **- 2.** [órgão] assembly.

assemelhar [aseme'ʎa(x)] vt [tornar semelhante] to liken.
➡ **assemelhar-se** vp [ser parecido] to look alike; ~ **-se a algo/alguém** to look like sthg/sb.

assentado, da [asẽn'tadu, da] adj **- 1.** [firme] secure. **- 2.** [combinado] arranged.

- 3. [ajuizado] sound. **- 4.** [em terras] landed.

assentar [asẽn'ta(x)] ⬦ vt **- 1.** [firmar] to set. **- 2.** [colocar] to place. **- 3.** [tijolos] to lay. **- 4.** [em terras] to settle. **- 5.** fig [basear] to base. **- 6.** [anotar, registrar] to note down. **- 7.** [estabelecer] to establish. **- 8.** [determinar] to agree. **- 9.** [decidir] to resolve. ⬦ vi [ger] to settle.
➡ **assentar-se** vp **- 1.** [firmar-se] to be founded. **- 2.** fig [basear-se] to be based. **- 3.** fig [ajuizar-se] to settle down.

assente [a'sẽntʃi] ⬦ pp ➣ assentar. ⬦ adj [combinado, fixo] agreed.

assentir [asẽn'tʃi(x)] vi **- 1.** [concordar]: ~ **(em)** to agree (to). **- 2.** [aceder]: ~ **(a)** to accede (to).

assento [a'sẽntu] m **- 1.** [para sentar] seat. **- 2.** fig [base]: **ter ~** to be based on.

assessor, ra [ase'so(x), ra] m, f **- 1.** [consultor] consultant. **- 2.** [assistente] adviser. **- 3.** POL aide.

assessoria [aseso'ria] f **- 1.** [consultoria] consultancy. **- 2.** [assistência] assistance. **- 3.** [setor, órgão, conselho] advisors (pl).

assiduidade [asidwi'dadʒi] f **- 1.** [a aulas, trabalho] regular attendance. **- 2.** [diligência] diligence; **com ~** diligently.

assíduo, dua [a'sidwu, dwa] adj **- 1.** [a aulas, trabalho] regularly attending. **- 2.** [diligente] diligent.

assim [a'si] ⬦ adv **- 1.** [deste modo] just like that; **como ~?** how do you mean? **- 2.** [igualmente] the same; **e ~ por diante** and so on; ~ **como** [tal como] just like; [também] as well as. **- 3.** [deste tamanho]: **ser grande ~** to be this big. ⬦ conj [então] so; ~ **mesmo, mesmo ~** even so.
➡ **assim que** loc conj as soon as.

assimilar [asimi'la(x)] vt **- 1.** [ger] to assimilate. **- 2.** [apropriar-se de] to absorb.

assinalar [asina'la(x)] vt **- 1.** [marcar] to mark. **- 2.** [distinguir] to indicate. **- 3.** [especificar] to specify. **- 4.** [observar] to point out. **- 5.** [celebrizar] to distinguish.

assinante [asi'nãntʃi] mf subscriber.

assinar [asi'na(x)] ⬦ vt **- 1.** [firmar] to sign. **- 2.** [ser assinante de] to subscribe to. ⬦ vi [firmar] to sign.

assinatura [asina'tura] f **- 1.** [firma] signature. **- 2.** [subscrição] subscription.

assistência [asiʃ'tẽnsja] f **- 1.** [ger] assistance, aid; ~ **técnica** technical assistance. **- 2.** [presença] attendance. **- 3.** [espectadores] audience. **- 4.** [ambulância] emergency assistance.

assistente [asiʃ'tẽntʃi] ⬦ adj [auxiliar] assistant. ⬦ mf **- 1.** [auxiliar] assistant; ~ **social** social worker. **- 2.** [espectador - em jogo] spectator; [- em teatro, cinema] member of the audience.

assistir [asiʃ'tʃi(x)] ◇ *vt* **-1.** [socorrer] to assist. **-2.** [auxiliar] to assist. **-3.** [fazer companhia a] to attend. ◇ *vi* **-1.** [estar presente]: ~ **a** [ver] to watch; [testemunhar] to witness; [comparecer a] to attend. **-2.** [caber]: ~ **a alguém** to pertain to sb.

assoalho [a'swaʎu] *m* floor.

assoar [a'swa(x)] *vt* to blow *(one's nose)*.

assobiar [aso'bja(x)] *m* = **assoviar**.

assobio [aso'biw] *m* = **assovio**.

associação [asosja'sãw] *(pl* **-ões)** *f* **-1.** [ger] association; ~ **de moradores** residents' association. **-2.** [parceria, aliança] partnership.

associado, da [aso'sjadu, da] ◇ *adj* **-1.** [relacionado] associated. **-2.** [sócio] associate. **-3.** [médico, advogado etc] associate. ◇ *m, f* [sócio] associate, partner.

associar [aso'sja(x)] *vt* relacionar; ~ **algo a algo** to associate sthg with sthg. ➡ **associar-se** *vp* **-1.** COM [formar associação] to form a partnership. **-2.** [entrar de sócio]: ~**-se a** to become a member of.

assolar [aso'la(x)] *vt* to devastate.

assombração [asõnbra'sãw] *(pl* **-ões)** *f* ghost.

assombrar [asõn'bra(x)] *vt* **-1.** [assustar] to frighten. **-2.** [rondar] to haunt. **-3.** [impressionar] to amaze.

assombro [a'sõnbru] *m* **-1.** [admiração] astonishment. **-2.** [espanto, maravilha]: **ser um** ~ to be amazing.

assoviar [aso'vja(x)], **assobiar** [aso-'bja(x)] *vi* & *vt* to whistle.

assovio [aso'viw], **assobio** [aso'bju] *m* whistling, whistle.

assumir [asu'mi(x)] ◇ *vt* **-1.** [chamar a si] to assume. **-2.** [reconhecer - filho] to recognize; [- erro] to admit. **-3.** [tomar posse de] to take up. **-4.** [adotar, adquirir] to take on. **-5.** [homossexualidade] to come out. ◇ *vi* [tomar posse] to take office.

Assunção [asũn'sãw] *n* [cidade] Asunción.

assunto [a'sũntu] *m* [tema] subject.

assustador, ra [asuʃta'do(x), ra] *(mpl* **-es,** *fpl* **-s)** *adj* **-1.** [amedrontador] terrifying. **-2.** [alarmante] alarming.

assustar [asuʃ'ta(x)] ◇ *vt* **-1.** [amedrontar] to frighten. **-2.** [alarmar] to alarm. ◇ *vi* **-1.** [amedrontar] to be terrifying. **-2.** [alarmar] to be alarming. ➡ **assustar-se** *vp*: ~**-se (com)** [amedrontar-se] to be terrified (by); [alarmar-se] to be alarmed (by).

asteca [aʃ'tɛka] ◇ *adj* Aztec. ◇ *mf* Aztec.

asterisco [aʃte'riʃku] *m* asterisk.

astral [aʃ'trawl *(pl* **-ais)** ◇ *adj* ASTRO astrological. ◇ *m* [humor, ambiente] mood.

astrologia [aʃtrolo'ʒia] *f* astrology.

astrólogo, ga [aʃ'trɔlogu, ga] *m, f* astrologist.

astronauta [aʃtro'nawta] *mf* astronaut.

astronomia [aʃtrono'mia] *f* astronomy.

astronômico, ca [aʃtro'nomiku, ka] *adj* astronomical.

astúcia [aʃ'tusja] *f* **-1.** [esperteza] shrewdness. **-2.** [ardil] ruse.

astuto, ta [aʃ'tutu, ta] *adj* **-1.** [esperto] shrewd. **-2.** [ardiloso] cunning.

at. *(abrev de* atenção a) attn.

ata [a'ta] *f* [de reunião] minutes *(pl).*

atacadista [ataka'dʒiʃta] ◇ *adj* COM [comércio, mercado, vendedor] wholesale. ◇ *mf* [vendedor] wholesaler.

atacado, da [ata'kadu, da] *adj fam* [pessoa]: **estar** OU **andar** ~ to be in a foul mood. ➡ **atacado** *m* COM : **no/por** ~ wholesale.

atacante [ata'kãntʃi] ◇ *adj* attacking. ◇ *mf* attacker.

atacar [ata'ka(x)] ◇ *vt* **-1.** [lançar ataque contra] to attack. **-2.** [acometer] to strike at. **-3.** *fig* [combater] to tackle. **-4.** *fig* [criticar] to hit out at. ◇ *vi* **-1.** [lançar ataque] to attack. **-2.** [vírus] to strike. **-3.** ESP [time, jogador] to go on the attack. ◇ *interj*: **atacar!** charge!

atado, da [a'tadu, da] *adj* **-1.** [desajeitado] clumsy. **-2.** [confuso, perplexo] bewildered.

atadura [ata'dura] *f* bandage.

atalho [a'taʎu] *m* COMPUT shortcut.

atapetar [atape'ta(x)] *vt* to carpet.

ataque [a'taki] *m* [ger] attack; ~ **aéreo** air strike; ~ **cardíaco** heart attack; **ter um** ~ **(de raiva)** *fam* to have a fit (of rage).

atar [a'ta(x)] *vt* to tie; **não** ~ **nem desatar** [pessoa] to shilly-shally; [negócio, namoro] to be getting nowhere.

atarefado, da [atare'fadu, da] *adj* busy.

atarracado, da [ataxa'kadu, da] *adj* **-1.** [pessoa] thickset. **-2.** [pescoço, perna] thick.

até [a'tɛ] ◇ *prep* **-1.** [no espaço] as far as, up to; **de... a** ~ ... from ... to ... **-2.** [no tempo] until, till; ~ **que enfim!** at long last!; ~ **agora** so far, up until now. **-3.** [prazo - antes de] before; [- extensão] until. **-4.** [despedida]: **até!** see you!; ~ **amanhã** until tomorrow; ~ **já** see you soon. **-5.** [com quantidades] up to. ◇ *adv* [mesmo, inclusive] even. ➡ **até que** *loc conj* [até quando] until.

atear [ate'a(x)] *vt* **-1.** [fogo]: ~ **fogo a al-**

go to set fire to sthg. **-2.** *fig* [espalhar] to inflame.

atéia [a'tɛja] *f* ▷ **ateu.**

ateliê [ate'ljɛ] *m* studio.

atemorizador, ra [atemoriza'do(x), ra] *adj* alarming.

atemorizar [atemori'za(x)] *vt* **-1.** [assustar] to frighten. **-2.** [intimidar] to alarm.

Atenas [a'tenaʃ] *n* Athens.

atenção [atẽn'sãw] (*pl* **-ões**) ⟨⟩ *f* **-1.** [interesse] attention; **chamar a** ~ **(de)** [atrair] to catch the eye (of); **chamar a** ~ **de alguém** [advertir] to warn sb. **-2.** [cuidado] care. **-3.** [cortesia] consideration *(U).* ⟨⟩ *interj:* ~ **!** [cuidado] beware!; [exigindo concentração] pay attention!; [em aeroporto, conferência] your attention please!

atencioso, osa [atẽn'sjozu, ɔza] *adj* **-1.** [que presta atenção] attentive. **-2.** [polido, cortês] considerate.

atender [atẽn'de(x)] ⟨⟩ *vt* **-1.** [satisfazer] to attend to. **-2.** [deferir] to grant. **-3.** [receber] to receive. **-4.** [responder] to answer. **-5.** [em loja] to serve. **-6.** [cuidar de - convidado, hóspede] to look after; [- paciente, ferido] to tend. ⟨⟩ *vi* **-1.** [satisfazer]: ~ **a** to attend to. **-2.** [responder]: ~ **(a)** to answer. **-3.** [loja, vendedor] to serve.

atendimento [atẽndʒi'mẽntul *m* **-1.** [serviço] service; **horário de** ~ opening times. **-2.** [recepção]: **tivemos pronto** ~ **no ministério** we were dealt with swiftly at the ministry.

atentado [atẽn'tadul *m* **-1.** [ataque] attack; ~ **terrorista** terrorist attack. **-2.** [contra pessoa] attempt on one's life. **-3.** [contra edifício, monumento]: ~ **(a/contra)** attack (on/against). **-4.** [crime, ofensa]: ~ **(a algo)** attack (on sthg).

atentar [atẽn'ta(x)] *vi* **-1.** [prestar atenção]: ~ **para** *ou* **a** to pay attention to. **-2.** [cometer atentado]: ~ **contra (a vida de) alguém** to make an attempt on sb's life; ~ **contra algo** [violar, ofender] to offend against sthg.

atento, ta [a'tẽntu, ta] *adj* **-1.** [interessado, concentrado] attentive. **-2.** [cuidadoso] painstaking.

atenuante [ate'nwãntʃil ⟨⟩ *adj* extenuating. ⟨⟩ *m* JUR extenuating circumstance.

atenuar [ate'nwa(x)] *vt* **-1.** [pressão, pena] to reduce. **-2.** [combate] to die down. **-3.** [dor] to ease.

aterragem [ate'xaʒẽjl (*pl* **-ns**) *f* = **aterrissagem.**

aterrar [ate'xarl *vt* [cobrir com terra] to level.

aterrissagem [atexi'saʒẽjl (*pl* **-ns**) *f* landing.

aterrissar [atexi'sa(x)l, **aterrizar** [atexi'za(x)l *vi* to land.

aterro [a'texul *m* [área aterrada] levelling.

aterrorizante [atexori'zãntʃil *adj* terrifying.

aterrorizar [atexori'za(x)l *vt* to terrorize.

ater-se [a'texsil *vp* **-1.** [limitar-se]: ~ **a** to keep to. **-2.** [fiar-se por] to rely on.

atestado, da [ateʃ'tadu, dal *adj* certified.

⬦ **atestado** *m* **-1.** [certificado] certificate; ~ **médico** medical certificate. **-2.** *fig* [prova] confirmation. **-3.** JUR testimony.

atestar [ateʃ'ta(x)l *vt* **-1.** [certificar] to certify. **-2.** [provar] to confirm. **-3.** [testemunhar] to vouch for.

ateu, atéia [a'tew, a'tejal ⟨⟩ *adj* atheist. ⟨⟩ *m, f* atheist.

atinar [atʃi'na(x)l ⟨⟩ *vt* **-1.** [descobrir, acertar] to work out. **-2.** [perceber] to realize. ⟨⟩ *vi* **-1.** [encontrar]: ~ **com** to come up with. **-2.** [ter consciência de]: ~ **em** to be aware of.

atingir [atʃĩ'ʒi(x)l *vt* **-1.** [ger] to reach. **-2.** [acertar] to hit. **-3.** [objetivo] to achieve. **-4.** *fig* [ferir] to wound. **-5.** [afetar] to affect. **-6.** [compreender] to grasp.

atirador, ra [atʃira'do(x), ral *m, f* shot, shooter.

atirar [atʃi'ra(x)l ⟨⟩ *vt* **-1.** [lançar]: ~ **algo (em)** to throw sthg (into); ~ **algo (por)** to throw sthg (through). **-2.** [fig] [olhares, beijos] to cast. ⟨⟩ *vi* [dar disparo]: ~ **(em)** to fire (at).

⬦ **atirar-se** *vp* **-1.** [lançar-se]: ~**-se (a/em)** to throw o.s. (at); *fig* [dedicar-se] to throw o.s. into. **-2.** *fam* [insinuar-se amorosamente] to come on to.

atitude [atʃi'tudʒil *f* **-1.** [modo de agir] response. **-2.** [postura] attitude.

ativa [a'tʃival *f* ▷ **ativo.**

atividade [atʃivi'dadʒil *f* **-1.** [ger] activity. **-2.** [ocupação] pursuit. **-3.** [movimento intenso] bustle.

ativo, va [a'tʃivu, val *adj* **-1.** [ger] active. **-2.** [que trabalha] working. **-3.** [ágil, movimentado] lively.

⬦ **ativo** *m* COM assets *(pl).*

atlântico, ca [at'lãntʃiku, kal *adj* Atlantic.

⬦ **Atlântico** *n:* **o (oceano) Atlântico** the Atlantic Ocean.

atlas ['atlaʃl *m inv* atlas.

atleta [a'tlɛtal *mf* athlete.

atlético, ca [a'tlɛtʃiku, kal *adj* athletic.

atmosfera [atmoʃ'feral *f* **-1.** GEOGR atmosphere. **-2.** *fig* [ambiente] mood.

ato ['atul *m* **-1.** [ger] act; **no** ~ [imediatamente] on the spot. **-2.** [cerimônia] action; ~ **público** public ceremony.

à-toa [a'toa] *adj* **-1.** [sem importância] insignificant. **-2.** [simples] simple.

atoalhado, da [atwa'ʎadu, da] *adj* towelling.

atolar [ato'la(x)] *vt* to get bogged down.
→ **atolar-se** *vp fig* [pessoa] to be snowed under.

atoleiro [ato'lejru] *m* **-1.** [de lama] quagmire. **-2.** *fig* [situação] morass.

atômico, ca [a'tomiku, ka] *adj* atomic.

átomo [atomu] *m* atom.

atônito, ta [a'tonitu, ta] *adj* astonished.

ator, atriz [a'to(x), a'triʒ] (*mpl* **-res**, *fpl* **-zes**) *m, f* actor, actress.

atordoado, da [atox'dwadu, da] *adj* dazed.

atordoamento [atoxdwa'mẽntul] *m* bewilderment.

atordoante [atox'dwãntʃi] *adj* deafening.

atordoar [atox'dwa(x)] *vt* to daze.

atormentado, da [atoxmẽn'tadu, da] *adj* tormented.

atormentar [atoxmẽn'ta(x)] *vt* to torment.

ATP (*abrev de* **Associação dos Tenistas Profissionais**) *f* ATP.

atração [atra'sãw] (*pl* **-ões**) *f* **-1.** *FÍS* attraction. **-2.** [de cinema, teatro] main attraction. **-3.** [propensão] pull. **-4.** [sexual] attraction.

atracar [atra'ka(x)] *vt & vi NÁUT* to moor.
→ **atracar-se** *vp* **-1.** *fig* [em briga] to come to blows. **-2.** *fam fig* [amorosamente] to clinch.

atraente [atra'ẽntʃi] *adj* **-1.** [objeto, efeito] eye-catching. **-2.** [proposta, vantagem] appealing. **-3.** [pessoa] attractive.

atrair [atra'i(x)] *vt* **-1.** [fascinar] to attract. **-2.** [chamar a si] to bring. **-3.** [aliciar] to entice.

atrapalhar [atrapa'ʎa(x)] ◇ *vt* **-1.** [confundir] to muddle. **-2.** [perturbar] to upset. **-3.** [dificultar] to confound. ◇ *vi* [perturbar] to be disturbing.
→ **atrapalhar-se** *vp* [confundir-se] to get into a muddle.

atrás [a'trajʃ] *adv* **-1.** [posição] behind; **lá ~ back** there. **-2.** [no tempo] ago. **-3.** [em classificação]: **estar/ficar ~ (de)** to be ranked behind.
→ **atrás de** *loc prep* **-1.** [posição] behind. **-2.** [em seguimento a] after; **logo ~ de** right behind. **-3.** [em busca de - pessoa] after; [- objeto, explicação] looking for.

atrasado, da [atra'zadu, da] *adj* **-1.** [ger] slow. **-2.** [tardio] late. **-3.** [país, povo, costume] backward. **-4.** [pagamento, conta] overdue. **-5.** [número, edição] back.
→ **atrasados** *mpl* arrears.

atrasar [atra'za(x)] ◇ *vt* **-1.** [fazer de-

morar] to delay. **-2.** [retardar] to hold back. **-3.** [relógio] to put back. **-4.** [pagamento] to be late with. ◇ *vi* **-1.** [demorar] to be delayed. **-2.** [publicação] to be late. **-3.** [relógio] to be slow. **-4.** [pagamento] to arrive late. **-5.** [em trabalho, encomenda] to fail to keep up.
→ **atrasar-se** *vp* [pessoa]: **~-se (para)** to be late (for).

atraso [a'trazu] *m* **-1.** [demora] delay. **-2.** [de pagamento] late payment. **-3.** [de país, povo, costumes] backwardness.

atrativo, va [atra'tʃivu, va] *adj* attractive.
→ **atrativo** *m* attraction.

atravancar [atravãŋ'ka(x)] *vt* **-1.** [bloquear] to block. **-2.** [lotar] to clutter.

através [atra'vɛʃ] *adv* [de lado a lado] through.
→ **através de** *loc adv* **-1.** [por entre] amongst. **-2.** [pelo centro de] through. **-3.** [no decorrer de] through. **-4.** [por meio de] by means of. **-5.** [por via de] through.

atravessar [atrave'sa(x)] *vt* **-1.** [transpor] to cross. **-2.** [pôr de través] to place across. **-3.** [transpassar] to pierce. **-4.** *fig* [passar por] to go through.

atrever-se [atre'vexsil] *vp*: **~ (a fazer algo)** to dare (to do sthg).

atrevido, da [atre'vidu, da] *adj* **-1.** [petulante] impertinent. **-2.** [ousado] bold.

atrevimento [atrevi'mẽntul] *m* **-1.** [petulância] insolence. **-2.** [ousadia - condição] boldness; [- ato] effrontery.

atribuir [atri'bwi(x)] *vt* [imputar]: **~ algo a alguém/algo** to attribute sthg to sb/sthg.

atributo [atri'butul] *m* attribute.

átrio [atriul] *m* **-1.** [vestíbulo] hallway. **-2.** [pátio] courtyard.

atritar [atri'ta(x)] *vt* to rub.

atrito [a'tritul] *m* **-1.** [fricção] friction. **-2.** *fig* [conflito] conflict; **entrar em ~** to have a misunderstanding.

atriz [a'triʒ] *f* ▷ ator.

atrocidade [atrosi'dadʒi] *f* atrocity.

atropelamento [atropela'mẽntul] *m* [de pedestre] running over.

atropelar [atrope'la(x)] *vt* **-1.** [pedestre] to run over. **-2.** [esbarrar em, empurrar] to crash into.

atroz [a'trɔʒ] *adj* **-1.** [cruel] atrocious. **-2.** [terrível] terrible.

atuação [atwa'sãw] (*pl* **-ões**) [-õjʃ] *f* **-1.** [ger] performance. **-2.** [participação] role.

atual [a'twaw] (*pl* **-ais**) *adj* **-1.** [corrente] present. **-2.** [moderno] current.

atualidade [atwali'dadʒi] *f* **-1.** [período atual] present time. **-2.** [modernidade] modernity.
→ **atualidades** *fpl JORN* news *(sg)*.

atualizar [atwali'za(x)] *vt* to update.
➼ **atualizar-se** *vp* [pessoa] to bring o.s. up to date.

atualmente [atwaw'mẽntʃil] *adv* -**1.** [no momento] currently. -**2.** [hoje em dia] nowadays.

atuante [a'twãntʃil] *adj* active.

atuar [a'twa(x)] *vi* -**1.** [ger] to act. -**2.** [participar de]: ∼ **em** to act on/in. -**3.** [influenciar]: ∼ **sobre** to influence.

atum [a'tũl (*pl* -**ns**) *m* tuna.

aturar [atu'ra(x)] *vt* to endure, to put up with.

aturdido, da [atur'dʒidu, da] *adj* stunned.

aturdir [atux'dʒi(x)] ⬦ *vt* to stun. ⬦ *vi* to deafen.

audácia [aw'dasja] *f* -**1.** [intrepidez] boldness. -**2.** [insolência] audacity.

audacioso, sa [awda'sjozu, ɔza] *adj* -**1.** [pessoa] intrepid. -**2.** [ato] gallant. -**3.** [decisão] bold.

audaz [aw'daʒ] (*pl* -**es**) *adj* [intrépido] audacious.

audição [awdʒi'sãw] (*pl* -**ões**) *f* -**1.** [ger] hearing. -**2.** [concerto] audition.

audiência [aw'dʒjẽnsja] *f* -**1.** [ger] audience. -**2.** [mídia - *RÁDIO*] listeners (*pl*); [- *TV*] viewers (*pl*); **índices de** ∼ ratings (*pl*). -**3.** *JUR* hearing.

audiovisual [awdʒuvi'zwawl] (*pl* -**ais**) ⬦ *adj* audiovisual. ⬦ *m* projector.

auditor, ra [awdʒi'to(x), ra] *m, f* -**1.** *FIN* auditor. -**2.** [juiz] judge, magistrate. -**3.** [ouvinte] listener.

auditoria [awdʒito'ria] *f* -**1.** [serviço] audit; **fazer a** ∼ **de** to carry out an audit of. -**2.** [empresa] firm of accountants.

auditório [awdʒi'tɔrjul] *m* -**1.** [recinto] courtroom. -**2.** [platéia] auditorium.

auê [aw'el] *m fam* [confusão] uproar; **fazer um** ∼ to create an uproar.

auge [a'wʒil] *m* height.

augúrio [aw'gurjul] *m* -**1.** [prognóstico] prophecy. -**2.** [sinal] indication.

aula [a'awla] *f* [escola] -**1.** lesson; **dar** ∼ to teach. -**2.** [universidade] lecture.

aumentar [awmẽn'ta(x)] ⬦ *vt* [ger] to increase. ⬦ *vi* to increase.

aumento [aw'mẽntul] *m* -**1.** [ger] price increase. -**2.** [de salário] rise *UK*, raise *US*. -**3.** [crescimento] increase. -**4.** [ampliação] magnification.

auréola [aw'rɛwla] *f* halo.

aurora [aw'rɔra] *f* dawn.

ausência [aw'zẽnsja] *f* -**1.** [falta de presença] absence. -**2.** *fig* [inexistência] lack.

ausentar-se [awzẽn'taxsil] *vp* to absent o.s.

ausente [aw'zẽntʃil] ⬦ *adj* -**1.** [não-presente] absent. -**2.** [omisso] neglectful.

⬦ *mf* [não-presente] absent.

auspício [aws'pisjul] *m* -**1.** [prenúncio] sign. -**2.** [patrocínio]: **sob os** ∼ **s de** under the auspices of.

austeridade [awsteri'dadʒil] *f* -**1.** [severidade, seriedade] severity. -**2.** [em gastos] austerity.

austero, ra [aws'tɛru, ra] *adj* -**1.** [severo] strict. -**2.** [em gastos] austere.

austral [aws'trawl] (*pl* -**ais**) *adj* southern.

Austrália [aws'tralja] *n* Australia.

australiano, na [awstra'ljãnu, na] ⬦ *adj* Australian. ⬦ *m, f* Australian.

Áustria [a'awstrial *n* Austria.

austríaco, ca [aws'triaku, ka] ⬦ *adj* Austrian. ⬦ *m, f* Austrian.

autenticidade [awtẽntʃisi'dadʒil *f* [genuinidade] authenticity.

autêntico, ca [aw'tẽntʃiku, ka] *adj* -**1.** [genuíno] authentic. -**2.** [original] original. -**3.** (*antes de subst*) *pej* [verdadeiro] real.

auto ['awtul *m* -**1.** *JUR* (legal) brief. -**2.** *TEATRO* medieval allegorical play.
➼ **autos** *mpl JUR* legal papers.

auto-adesivo, va [ˌawtwade'zivu, va] (*pl* -**s**) ⬦ *adj* self-adhesive. ⬦ *m* sticker.

autobiografia [awtobjogra'fia] *f* autobiography.

autocrítica [awto'kritika] *f* self-criticism; **fazer uma** ∼ to admit to one's faults.

autodefesa [awtude'feza] *f* self-defence.

autodeterminação [awtudetexmina'sãw] *f* self-determination.

autodidata [awtodʒi'data] ⬦ *adj* self-taught. ⬦ *mf* self-taught person.

autódromo [aw'tɔdromul *m* racetrack.

auto-escola [ˌawtwiʃ'kɔla] (*pl* auto-escolas) *f* driving school.

auto-estima [ˌawtwiʃ'tʃima] *f* self-esteem.

auto-estrada [ˌawtwiʃ'tradal (*pl* auto-estradas) *f* motorway *UK*, freeway *US*.

autógrafo [aw'tɔgraful *m* autograph.

automação [awtoma'sãw] *f* = **automatização**.

automático, ca [awto'matʃiku, ka] *adj* automatic.

automatização [awtomatʃiza'sãw] (*pl* -**ões**) *f* automation.

automobilismo [awtomobi'liʒmul *m* motor racing.

automóvel [awto'mɔvɛwl] (*pl* -**eis**) *m* car.

autonomia [awtono'mia] *f* -**1.** [independência] autonomy. -**2.** [de veículo] range.

autônomo, ma [aw'tonomu, ma] ⬦ *adj* -**1.** [independente] autonomous. -**2.** [trabalhador] autonomist. ⬦ *m, f* [trabalhador] autonomist.

autópsia [aw'tɔpsja] f autopsy.

autor, ra [aw'to(x), ra] (mpl -es, fpl -s) m, f author.

autoral [awto'raw] (pl -ais) adj authorial.

auto-retrato [ˌawtoxe'tratu] (pl auto-retratos) m self-portrait.

autoria [awto'ria] f -1. LITER authorship; ser de ~ de alguém to be written by sb. -2. [de crime] perpetration.

autoridade [awtori'dadʒi] f[ger] authority.

autoritário, ria [awtori'tarju, ja] adj authoritarian.

autorização [awtoriza'sãw] (pl -ões) f permission; dar ~ a alguém (para algo/para fazer algo) to give sb permission (for sthg/to do sthg).

autorizar [awtori'za(x)] vt-1. [permitir] to authorize. -2. [capacitar] to enable.

auto-suficiente [ˌawtusufi'sjẽntʃi] (pl -s) adj self-sufficient; ser ~ em algo to be self-sufficient in sthg.

auxiliar [awsi'lja(x)] (pl -es) ◇ adj -1. [ger] assistant. -2. [enfermeiro] auxiliary. ◇ mf assistant. ◇ vt to assist.

auxílio [aw'silju] m assistance.

av. (abrev de **avenida**) f Av.

avacalhar [ava'kaʎa(x)] vt -1. [pôr em ridículo] fam to make a travesty of. -2. [executar com desleixo] fam to make a mess of.

aval [a'vaw] (pl -ais) m -1. [ger] backing. -2. [garantia] warranty.

avalanche [ava'lãnʃi], **avalancha** [ava-'lãnʃa] f avalanche.

avaliação [avalja'sãw] (pl -ões) f-1. [de preço, prejuízos] estimate. -2. [de qualidade, vantagens] appraisal. -3. [opinião] opinion. -4. EDUC assessment.

avaliar [ava'lja(x)] vt -1. [preço, prejuízo] to estimate. -2. [imóvel] to value. -3. [qualidade, vantagens, idéia] to evaluate. -4. EDUC to assess.

avançado, da [avãn'sadu, da] adj -1. [adiantado] jutting out. -2. [hora] late. -3. [nível] advanced. -4. [idéia, pessoa] progressive.

avançar [avã'sa(x)] ◇ vi -1. [adiantar-se] to move forward. -2. [estender-se] to spread. -3. [atacar, investir] to advance. -4. [atirar-se]: ~ em algo to throw o.s. upon sthg. ◇ vt [adiantar] to advance.

avanço [a'vãsul m -1. [de tropa] advance. -2. [adiantamento] headway. -3. [melhora] step in the right direction. -4. [progresso] progress.

avante [a'vãntʃi] ◇ adv -1. [adiante] ahead. -2. [para diante] onward. ◇ interj forward!

avarento, ta [ava'rẽntu, ta] ◇ adj miserly. ◇ m, f miser.

avareza [ava'reza] f avarice.

avaria [ava'ria] f-1. [de veículo, máquina] breakdown. -2. [de carga, casco] damage.

avariado, da [ava'rjadu, da] adj -1. [veículo, máquina] broken down. -2. [carga, casco] damaged.

avaro, ra [a'varu, ra] ◇ adj avaricious. ◇ m, f miser.

ave [a'vil f bird.

aveia [a'veja] f oat.

avelã [ave'lã] f hazelnut.

avenida [ave'nida] f avenue.

avental [avẽn'taw] (pl -ais) m -1. [proteção] apron. -2. [vestido] pinafore dress.

aventura [avẽn'tura] f -1. [experiência] adventure. -2. [amorosa] love affair.

aventureiro, ra [avẽntu'rejru, ra] ◇ adj adventurous. ◇ m, f adventurer (f adventuress).

averiguação [averigwa'sãw] (pl -ões) f -1. [investigação] investigation. -2. [verificação] check.

averiguar [averi'gwa(x)] vt-1. [investigar] to investigate. -2. [verificar] to check.

avermelhado, da [avexme'ʎadu, da] adj reddish.

aversão [avex'sãw] (pl -ões) f aversion; ter ~ a algo to have an aversion to sthg.

avesso, ssa [a'vesul adj [lado] wrong.
◆ **avesso** m [lado] underside; virar pelo ~ [blusa etc] to turn inside out; fig [revirar] to turn upside down.
◆ **às avessas** loc adj [oposto]: ser um santo às avessas to be anything but a saint.

avestruz [aveʃ'truʃ] (pl -es) f ostrich.

aviação [avja'sãw] f -1. [sistema] aviation. -2. [força aérea] air force.

aviador, ra [avja'do(x), ra] m, f pilot, aviator.

aviamento [avja'mẽntul m -1. COST trimmings (pl). -2. [de receita médica] preparation.

avião [a'vjãw] (pl -ões) m [veículo] aeroplane; ~ a jato jet plane; ir de ~ to fly.

avicultura [avikuw'tural f poultry breeding.

avidez [avi'deʒ] f-1. [desejo] eagerness; com ~ eagerly. -2. [cobiça] greed.

ávido, da ['avidu, da] adj -1. [desejoso] eager. -2. [cobiçoso] greedy.

aviltar [aviw'ta(x)] vt [degradar] to weaken.
◆ **aviltar-se** vp [degradar-se] to degenerate.

avisar [avi'za(x)] ◇ vt [informar] to warn; ~ alguém de algo to inform sb of sthg. ◇ vi [informar] to give warning.

aviso [a'vizu] *m* **-1.** [placa] notice. **-2.** [notificação] notification. **-3.** [informação] sign. **-4.** [advertência] warning sign; ~ **prévio** [notificação, período] notice.

avistar [aviʃ'ta(x)] *vt* to catch sight of.

avizinhar-se [avizi'ɲaxsil *vp* [aproximar-se] to draw near.

avo ['avul *m* [fração] fractional part.

avô [a'vol, **avó** [a'vɔl *m*, *f* grandfather (*f* grandmother).

➥ **avós** *pl* grandparents.

avoado, da [avo'adu, dal *adj* scatty.

avós [a'vɔʃl *pl* ➲ **avô**.

avulso, sa [a'vuwsu, sal *adj* loose.

axila [ak'silal *f* armpit.

axiomático, ca [aksio'matʃiku, kal *adj* axiomatic.

azaléia [aza'lɛjal *f* azalea.

azar [a'za(x)] (*pl* **-es**) *m* bad luck; ~! tough!; **que** ~! damn!; **dar** ~ to bring bad luck.

azedar [aze'da(x)] ➲ *vt* **-1.** [comida, leite] to cause to go sour. **-2.** *fig* [pessoa] to irritate. ➲ *vi* [leite, vinho] to go sour.

azedo, da [a'zedu, dal *adj* **-1.** [sabor] sour. **-2.** *fig* [pessoa] bitter.

azeite [a'zejtʃil *m*: ~ **(de oliva)** (olive) oil.

azeitona [azej'tonal *f* olive.

azeviche [aze'viʃil *m* [cor] jet black.

azia [a'zial *f* heartburn.

aziago, ga [azi'agu, gal *adj* ill-omened.

azucrinar [azukri'na(x)] *vt* to annoy.

azul [a'zuwl (*pl* **azuis**) ➲ *adj* blue; **está tudo** ~ *fig* everything is rosy. ➲ *m* blue.

azulado, da [azu'ladu, dal *adj* bluish.

azul-claro, ra [a'zuwklaru, ral ➲ *adj* light blue. ➲ *m* light blue.

azulejo [azu'leʒul *m* (ornamental) tile.

azul-escuro, ra [a'zuwiʃkuru, ral ➲ *adj* dark blue. ➲ *m* dark blue.

azul-marinho [a,zuwma'riɲul ➲ *adj* *inv* ultramarine. ➲ *m* ultramarine.

azul-turquesa [a,zuwtux'kezal ➲ *adj* *inv* turquoise. ➲ *m* turquoise.

B

b, **B** [bel *m* [letra] b, B.

B2B (*abrev de* **business-to-business**) *m* B2B.

baba ['babal *f* dribble.

babá [ba'bal *f* nursemaid.

babaca [ba'bakal *mf* *am* *adj* stupid.

baba-de-moça [,babadʒi'mɔsal (*pl* **babas-de-moça**) *m*, *f* CULIN egg and coconut pudding.

babado, da [ba'badu, dal *adj* [molhado de baba] dribbly.

➥ **babado** *m* **-1.** [em roupa etc] frill. **-2.** *fam* [caso] gossip.

babador [baba'do(x)] *m* bib.

babar [ba'ba(x)] ➲ *vt* to dribble on. ➲ *vi* **-1.** [deitar baba] to dribble. **-2.** *fam* [ficar impressionado] to drool.

➥ **babar-se** *vp* [deitar baba em si] to dribble.

baby-sitter [,bejbi'site(x)] (*pl* **baby-sitters**) *mf* baby-sitter.

bacalhau [baka'ʎawl *m* cod.

bacalhoada [bakaʎo'adal *f* *a dish made with salt cod boiled with potatoes, cabbage, whole onions and other vegetables, mixed with hard-boiled eggs and olives and seasoned with vinegar and olive oil.*

bacana [ba'kãnal ➲ *adj* cool. ➲ *mf* *fam* [pessoa] toff.

BACEN (*abrev de* **Banco Central do Brasil**) *m* central bank of Brazil.

bacharel [baʃa'rewl (*pl* **-éis**) *mf*: ~ **em Artes/Direito/Economia** Arts/Law/Economics graduate.

bacharelar-se [baʃare'laxsil *vp*: ~ **(em algo)** to obtain a degree (in sthg).

bacia [ba'sial *f* **-1.** [ger] basin. **-2.** [sanitária] lavatory. **-3.** ANAT pelvis.

backbone [bak'bonil (*pl* **backbones**) *m* backbone.

baço, ça ['basu, 'sal ➲ *adj* **-1.** [pele] dull. **-2.** [metal] tarnished. ➲ *m* ANAT spleen.

bacon ['bejkõl *m* bacon.

bactéria [bak'tɛrjal *f* bacterium.

➥ **bactérias** *fpl* bacteria.

badalado, da [bada'ladu, dal *fam* *adj* **-1.** [movimentado, divertido] swinging. **-2.** [famoso, falado] much talked about.

➥ **badalada** *f* [de sino] peal.

badalar [bada'la(x)] ➲ *vt* [tocar] to ring. ➲ *vi* **-1.** [tocar] to peal. **-2.** *fam* [sair, divertir-se] to go out and enjoy o.s.

badalo [ba'dalul *m* **-1.** [de sino] peal. **-2.** *fam* [diversão] fun.

badejo [ba'deʒul *m* serran.

baderna [ba'dɛxnal *f* **-1.** [bagunça] mess. **-2.** [tumulto] revelry.

badulaque [badu'lakil *m* trinket.

➥ **badulaques** *mpl* odds and ends.

bafo ['baful *m* breath; ~**-de-onça** *fam* bad breath.

bafômetro [ba'fometrul *m* breathalyzer.

baforada [bafo'rada] *f* [fumaça] blast.

bagaço [ba'gasu] *m* [de fruta] remains of fruit *(once juice has been extracted)*; **estar/ficar um ~ fig** to be drained, to be exhausted.

bagageiro [baga'ʒejru] *m* AUTO luggage rack.

bagagem [ba'gaʒẽ] *(pl* -**ns)** *f* -**1.** [equipagem] luggage. -**2.** *fig* [conhecimentos, experiência] experience.

bagatela [baga'tɛla] *f fig* [ninharia] next to nothing.

bago ['bagu] *m* -**1.** [fruto] berry. -**2.** [uva] grape. -**3.** [de chumbo] shot. -**4.** *vulg* [testículo] ball.

baguete [ba'gɛtʃi] *f* baguette.

bagulho [ba'guʎu] *m* [objeto] trinket.

bagunça [ba'gũnsa] *f* mess.

bagunçado, da [bagũn'sadu, da] *adj* cluttered.

bagunçar [bagũn'sa(x)], *vt* -**1.** [fazer confusão em] to clutter. -**2.** *fig* [atrapalhar, tumultuar] to upset.

bagunceiro, ra [bagũn'sejru, ra] *adj* [pessoa - desordeiro] disorderly; [- relaxado] untidy.

baía [ba'ial *f* bay.

baião [baj'ãw] *(pl* -**ões)** *m* [ritmo, dança] baião, *popular music from north-eastern Brazil*.

bailado [baj'ladul *m* dance.

bailar [baj'la(x)] *vt & vi* to dance.

bailarino, na [bajla'rinu, na] *m, f* dancer.

baile ['bajlil *m* ball; **~ de carnaval** carnival ball; **dar um ~ em** *fig* [superar] to crush.

bainha [ba'iɲal *f* -**1.** [de arma] sheath. -**2.** COST hem.

bairrista [baj'xiʃta] *adj* -**1.** [que defende interesse do bairro] community-based. -**2.** [muito patriota] regionalistic. *mf* -**1.** [do local] local. -**2.** [patriota] regionalist.

bairro ['bajxul *m* neighbourhood.

baixa ['bajʃa] *adj* baixo.

baixada [baj'ʃada] *f* GEOGR valley.

baixar [baj'ʃa(x)] *vt* COMPUT [fazer download]: **~ um arquivo** to download a file.

baixaria [bajʃa'rial *f* -**1.** [ger] depravity. -**2.** [escândalo] disgrace.

baixista [baj'ʃiʃtal *mf* bass player.

baixo, xa ['bajʃu, ʃal *adj* -**1.** [ger] low. -**2.** [pessoa] short. -**3.** [cabeça, olhar] lowered. -**4.** [bairro, cidade] lower. -**5.** [metal] base. -**6.** *(antes de subst)* [rio] downriver. -**7.** *(antes de subst)* [época] late. -**8.** *(antes de subst)* [vil, grosseiro] base; **palavrão de ~** swear word.

➤ baixo *m* -**1.** [MÚS - instrumento] bass; [- cantor] bass player. -**2.** *fam* [bairro] lower town. *adv* -**1.** [a pouca altura] low. -**2.** [falar] softly.

➤ baixa *f* -**1.** [ger] drop; **em baixa** falling. -**2.** [de serviço] sick-leave. -**3.** MIL loss.

➤ para baixo *loc adv* downwards.

➤ por baixo (de) *loc adv* underneath.

baixo-astral [,bajʃwaʃ'traw] *m fam* glumness.

bajulador, ra [baʒula'do(x), ral *adj* adulatory. *m, f* adulator.

bajular [baʒu'la(x)] *vt* to adulate.

bala ['balal *f* -**1.** [munição] bullet; **~ de festim** blank cartridge. -**2.** [doce] boiled sweet.

balada [ba'lada] *f* ballad.

balaio [ba'laju] *m* basket.

balança [ba'lãnsa] *f* scales *(pl)*; **~ comercial** balance of trade.

➤ Balança *f* ASTRO Libra.

balançar [balãn'sa(x)] *vt* -**1.** [fazer oscilar - bebê, navio] to rock; [- quadril] to wiggle; [- galho, carro, avião] to shake. -**2.** [compensar] to counterbalance. *vi* -**1.** [oscilar] to shake. -**2.** [em balanço, cadeira] to rock.

➤ balançar-se *vp* [sacudir-se] to sway.

balanço [ba'lãnsu] *m* -**1.** [de criança] swing. -**2.** [ação] swinging. -**3.** ECON : **~ de pagamentos** balance of payments.

balão [ba'lãw] *(pl* -**ões)** *m* -**1.** [dirigível] airship. -**2.** [de brinquedo] balloon. -**3.** [sonda] probe. -**4.** [tanque]: **~ de oxigênio** oxygen cylinder. -**5.** [em estrada etc] *place for doing U-turns.* -**6.** [em história em quadrinhos] bubble.

balaústre [bala'uʃtri] *m* baluster.

balbuciar [bawbu'sja(x)] *vt* to stammer. *vi* to babble.

balbúrdia [baw'buxdʒja] *f* hustle and bustle.

balcão [baw'kãw] *(pl* -**ões)** *m* -**1.** [sacada] balcony. -**2.** [de loja] counter. -**3.** DE TEATRO dress circle; **~ nobre** balcony; **~ simples** upper circle.

Balcãs ['bawkãʃ] *npl*: **os ~** the Balkans.

balconista [bawko'niʃta] *mf* shop assistant.

balde ['bawdʒi] *m* bucket.

baldeação [bawdʒja'sãw] *(pl* -**ões)** *f* transfer; **fazer ~** to change.

baldio, dia [baw'dʒiu, dʒial *adj* gone to wasteland.

balé [ba'lɛ] *m* ballet.

baleia [ba'leja] *f* ZOOL whale.

baleiro, ra [ba'lejru, ra] *m, f* [vendedor] sweet seller. *m* [pote] sweet jar.

balística [ba'liʃtʃika] *f* ballistics *(sg)*.

baliza [ba'liza] *f* -**1.** [estaca] goalpost. -**2.** [bóia] buoy. -**3.** [luminosa] beacon. -**4.** ESP goal.

balizamento [baliza'mẽntu] *m* beaconing, signposting.

balneário [baw'njarju] *m* baths *(pl)*.
balões [ba'lõjʃ] *pl* ▷ **balão**.
balofo, fa [ba'lofu, fa] ⬦ *adj* puffy. ⬦ *m, f* puffed-up person.
balsa ['bawsa] *f* -1. [jangada] raft. -2. [barca] catamaran. -3. [salva-vidas] lifeboat.
bálsamo ['bawsamu] *m* balsam.
Báltico ['bawtʃiku] *n*: **o (mar)** ~ the Baltic (Sea).
baluarte [ba'lwaxtʃi] *m* stronghold.
bamba ['bãba] *fam* ⬦ *adj* [perito] expert. ⬦ *mf* [perito] expert.
bambo, ba ['bãbu, ba] *adj* -1. [corda, laço, parafuso] loose. -2. [perna] faltering.
bambolear [bãbo'lja(x)] ⬦ *vt* [balançar] to sway. ⬦ *vi* to sway.
bambu [bã'bu] *m* -1. [planta] bamboo. -2. [vara] bamboo-stick.
banal [ba'naw] *(pl* -ais) *adj* mundane.
banalidade [banali'dadʒi] *f* simplicity.
banana [ba'nãna] ⬦ *f* [fruta] banana; **dar uma** ~ **(para alguém)** *vulg fig* to say 'up yours!' (to sb). ⬦ *mf fam fig & pej* [bobo, idiota] fool.
bananada [bana'nada] *f* banana sweet-meat.
banca ['bãka] *f* -1. [de jogo] game of chance. -2. [estande]: ~ **(de jornal)** newspaper stand. -3. [comissão]: ~ **(examinadora)** (examination) board. -4. [escritório] desk. -5. [mesa de trabalho] worktop; **botar** ~ to boss about.
bancada [bã'kada] *f* -1. [banco] bench. -2. [POL - de partido] bench; [- de estado] representatives *(pl)*. -3. [mesa de trabalho] workbench.
bancar [bã'ka(x)] *vt* -1. [financiar] to back. -2. [comportar-se como] to play.
bancário, ria [bã'karju, rja] ⬦ *adj* bank. ⬦ *m, f* [empregado] bank employee.
bancarrota [bãka'xota] *f* bankruptcy; **ir à** ~ to go bankrupt.
banco ['bãku] *m* -1. [ger] bank; ~ **24 horas** 24-hour bank; ~ **de sangue** blood bank. -2. [assento] bench. -3. *COMPUT*: ~ **de dados** databank. -4. *GEOL*: ~ **de areia** sandbank.
Band-aid® [bãn'dejdʒ] *m* Band-Aid®.
bandalheira [bãnda'ʎejra] *f* roguery.
bandeira [bã'dejra, ʎa] *f* -1. [ger] flag; ~ ~ **a meio pau** flag at half-mast; ~ **dois** taxi night-rate. -2. [estandarte] standard. -3. [de porta] fanlight. -4. *loc*: **dar** ~ **de que** to let it be known that.
bandeirante [bãdej'rãntʃi] ⬦ *m* [explorador] expedition member. ⬦ *f* [moça] Girl Guide.
bandeirinha [bãn'dejriɲa] *m ESP* linesman.
bandeja [bãn'deʒa] *f* tray.

bandejão [bãnde'ʒãw] *(pl* -ões) *m* [UNIV - refeição] meal on a tray; [- refeitório] canteen.
bandido, da [bã'dʒidu, da] ⬦ *m, f* -1. [marginal] bandit. -2. [mau-caráter] rogue. ⬦ *adj fam fig* [malvado, ruim] cruel.
banditismo [bãdʒi'tʃizmu] *m* banditry.
bando ['bãdu] *m* -1. [de pessoas, animais] flock; **em** ~ in flocks. -2. [quadrilha] gang. -3. [facção] group. -4. [monte] stack.
bandô [bã'do] *m* pelmet.
bandoleiro, ra [bãdo'lejru, ra] *m, f* bandit.
bandolim [bãdo'lĩ] *(pl* -ns) *m* mandolin.
bandolinista [bãdoli'niʃta] *mf* mandolin player.
bangalô [bãga'lo] *m* bungalow.
banha ['bãɲa] *f* -1. [no homem] fat. -2. [de porco] lard.
banhar [bã'ɲa(x)] *vt* -1. [dar banho em] to bathe. -2. [mergulhar]: ~ **algo (em)** to dip sthg (into). -3. [rio, mar] to wash.
◆ **banhar-se** *vp* [tomar banho] to bathe.
banheira [bã'ɲejra] *f* -1. [para banho] bathtub. -2. *fam fig* [carro] charabanc.
banheiro [bã'ɲejru] *m* toilet.
banhista [bã'ɲiʃta] *mf* bather.
banho ['bãɲu] *m* -1. [ger] immersion. -2. [de entusiasmo] wave. -3. [para asseio]: ~ **(de chuveiro)** shower; **tomar** ~ to have a shower; **tomar** ~ **(de banheira)** to take a bath. -4. [na praia]: **tomar um** ~ **de sol** to sunbathe. -5. *fam fig* [surra]: **dar um** ~ **em alguém** to wipe sb out. -6. *loc*: **vai tomar** ~! *fam* get away!
banho-maria [ˌbãɲuma'ria] *(pl* banhos-marias, banhos-maria) *m CULIN* double boiler, bain-marie.
banir [ba'ni(x)] *vt* to banish.
banqueiro, ra [bãŋ'kejru, ra] *m, f* banker.
banqueta [bãŋ'keta] *f* banquette.
banquete [bãŋ'ketʃi] *m* banquet.
baque ['baki] *m* -1. [choque] shock; **levar um** ~ to be given a shock; **ele levou um baque com a notícia** the news gave him a shock. -2. [ruído] thud. -3. [queda] fall.
bar ['ba(x)] *(pl* -es) *m* bar.
baralho [ba'raʎu] *m* pack.
barão [ba'rãw] *(pl* -ões) *m, f* baron.
barata [ba'rata] *f* cockroach.
barateiro, ra [bara'tejru, ra] *adj* cut-price.
baratinado, da [baratʃi'nadu, da] *adj* -1. [sobrecarregado, apressado] stressed. -2. [transtornado - pessoa] upset; [- idéia, atitude] disturbed.
baratinar [baratʃi'na(x)] *vt* -1. [atrapalhar, assoberbar] to stress. -2. [transtornar] to upset.

barato, ta [ba'ratu, ta] ◇ *adj* -1. [produto, serviço, preço] cheap. -2. [barateiro] cut-price. -3. *fam* [ordinário] common or garden. ◇ *adv* [cobrar etc] cheaply. ◇ *m* -1. *gír droga* high. -2. *fam* [legal]: **que ~!** how cool!; **ser um ~** to be cool.

barba ['baxba] *f* -1. [de homem] beard; **fazer a ~** to shave; **pôr as ~s de molho** *fig* to lie low. -2. [de animal] whiskers.

barbado, da [bax'badu, da] *adj* bearded.

Barbados [bax'baduʃ] *n* Barbados.

barbante [bax'bãntʃi] *m* string.

barbaramente [baxbara'mẽntʃi] *adv* -1. [cruelmente] brutally. -2. [demasiadamente] atrociously.

barbaridade [baxbari'dadʒi] *f* -1. [crueldade] barbarity. -2. [expressando espanto]: **que ~!** great!

barbárie [bax'barje] *f* barbarity.

bárbaro, ra ['baxbaru, ra] *adj* -1. [terrível] barbaric. -2. [ótimo] great.

barbatana [baxba'tãna] *f* fin.

barbeador [barbja'do(x)] (*pl* -es) *m* razor.

barbear [bax'bja(x)] *vt* to shave.
➤ **barbear-se** *vp* to shave.

barbearia [baxbja'ria] *f* barbershop.

barbeiragem [baxbej'raʒẽ] *f fam* [no trânsito] bad driving.

barbeiro, ra [bax'bejru, ra] ◇ *adj fam* [motorista] careless. ◇ *m* -1. [quem corta cabelos, barba] barber. -2. [barbearia] barbershop. -3. [inseto] kissing bug.

barbudo, da [bax'budu, da] ◇ *adj* bearded. ◇ *m* bearded man.

barca ['baxka] *f* ship.

barcaça [bax'kasa] *f* barge.

barco ['baxku] *m* boat; **~ a motor** motor boat; **~ a remo** rowing boat; **~ a vela** sailing boat; **estar no mesmo ~** *fig* to be in the same boat; **tocar o ~ para frente** *fig* to carry on with one's life.

barganha [bax'gãɲa] *f* bargain.

barganhar [baxgã'ɲa(x)] *vt & vi* to bargain.

barítono, na [ba'ritonu, na] ◇ *adj* baritone. ◇ *m* baritone voice.

barman ['baxmɛ] (*pl* -s) *m* barman.

barões [ba'rõjʃ] *pl* ➤ **barão**.

barômetro [ba'rometru] *m* barometer.

baronesa [baro'neza] *f* ➤ **barão**.

barqueiro, ra [bax'kejru, ra] *m, f* boatman.

barra ['baxa] *f* -1. [ger] bar; **~ de chocolate** chocolate bar; **~s paralelas** parallel bars. -2. [de metal] ingot. -3. [de madeira] pole. -4. [de balé] barre. -5. [traço] score. -6. [acabamento] trimming. -7. [faixa] strip. -8. *GEOGR* sandbar. -9. *loc*: **aguentar a ~** *fam* to stick it out; **forçar a ~** to make things difficult.

barraca [ba'xaka] *f* -1. [ger] tent. -2. [em feira] stall. -3. [de madeira] hut.

barracão [baxa'kãw] (*pl* -ões) *m* -1. [telheiro] shed. -2. [habitação] big house.

barraco [ba'xaku] *m* shack.

barragem [ba'xaʒẽ] (*pl* -ns) *f* -1. [represa] dam. -2. [barreira] barrage.

barranco [ba'xãŋku] *m* -1. [ribanceira] ravine. -2. [escarpa] escarpment. -3. [precipício] precipice.

barra-pesada [ˌbaxape'zada] (*pl* **barras-pesadas**) *fam adj* -1. [violento] threatening. -2. [difícil] tough.

barrar [ba'xa(x)] *vt* -1. [obstruir] to block. -2. [excluir] to bar.

barreira [ba'xejra] *f* -1. [escarpa] embankment. -2. *fig* [dificuldade] barrier. -3. [fronteira] roadblock. -4. *ESP* hurdle.

barrento, ta [ba'xẽntu, ta] *adj* clayey.

barricada [baxi'kada] *f* barricade.

barriga [ba'xiga] *f* -1. *ANAT* belly. -2. [saliência] bulge.

barrigudo, da [baxi'gudu, da] *adj* potbellied.

barril [ba'xiw] (*pl* -is) *m* cask.

barro ['baxu] *m* clay.

barroco, ca [ba'xoku, ka] *adj* baroque.

barulhento, ta [baru'ʎẽntu, ta] *adj* noisy.

barulho [ba'ruʎu] *m* -1. [ruído] noise. -2. *fig* [confusão] fuss.

basco, ca [ba'ʃku, ka] ◇ *adj* Basque. ◇ *m, f* Basque.
➤ **basco** *m* [língua] Basque.

basculante [baʃku'lãntʃi] *m* swivel window.

base ['bazi] *f* -1. [ger] base; **~ monetária** monetary base. -2. [camada] base coat. -3. *fig* [fundamento] basis; **com ~ em** based on; **na ~ de** with the support of.

baseado, da [ba'zjadu, da] *adj* [fundamentado] based.
➤ **baseado** *m fam* [droga] spliff.

basear [ba'zja(x)] *vt*: **~ algo em algo** to base sthg on sthg.
➤ **basear-se** *vp*: **~-se em algo** to base o.s. on sthg.

básico, ca ['baziku, ka] *adj* basic.

basílica [ba'zilika] *f* basilica.

basquete [baʃ'ketʃi], **basquetebol** [baʃketʃi'bɔw] *m* basketball.

basta ['baʃta] ◇ *m*: **dar um ~ em** to stop. ◇ *interj* that's enough!

bastante [baʃ'tãntʃi] ◇ *adj* -1. [suficiente] enough. -2. [numeroso] many. ◇ *adv* enough.

bastão [baʃ'tãw] (*pl* -ões) *m* stick.

bastar [baʃ'ta(x)] *vi* [ser suficiente] to be enough.

bastardo, da [baʃ'taxdu, da] *adj* bastard.

bastidor [baʃtʃi'do(x)] *m* [moldura] frame.
 ⬩ **bastidores** *mpl* -**1.** TEATRO wings. -**2.** [lado secreto] shadowy side.
bastões [baʃ'tõjʃ] *pl* ⬄ **bastão.**
bata ['bata] *f* -**1.** [blusa] blouse. -**2.** [jaleco] white coat, overall.
batalha [ba'taʎa] *f* -**1.** [ger] battle. -**2.** *fig* [esforço] struggle.
batalhador, ra [bataʎa'do(x), ra] *adj* hardworking.
batalhão [bata'ʎãw] (*pl* -**ões**) *m* -**1.** MIL battallion. -**2.** [multidão] crowd.
batata [ba'tata] *f* potato; ~ **frita** chips UK, fries US; ~ **da perna** calf *(of the leg)*.
batata-doce [ba,tata'dosi] (*pl* **batatas-doces**) *f* sweet potato.
bate-boca [,batʃi'boka] (*pl* **bate-bocas**) *m* quarrel.
batedor [bate'do(x)] *m* -**1.** [polícia] escort. -**2.:** ~ **de carteiras** [ladrão] bag-snatcher.
batente [ba'tẽtʃi] *m* -**1.** [ombreira] doorpost. -**2.** *fam* [trabalho] work; **pegar firme no** ~ to toil away.
bate-papo [,batʃi'papu] (*pl* **bate-papos**) *m* *fam* chat.
bater [ba'te(x)] ⬄ *vt* -**1.** [ger] to beat; ~ **o pé** to stamp one's foot. -**2.** [datilografar]: ~ **algo (à máquina)** to type sthg out. -**3.** [fechar com força] to slam. -**4.** [foto] to take. -**5.** [usar todo dia] to wear every day. -**6.** *fam* [furtar]: ~ **carteira** to pickpocket. ⬄ *vi* -**1.** [dar pancadas]: ~ **em alguém/algo** to hit sb/sthg. -**2.** [colidir]: ~ **em algo** to collide with sthg. -**3.** [horas, sino] to strike. -**4.** [coração] to beat. -**5.** *loc*: **não** ~ **bem** *fam* [ser meio doido] to be off one's rocker.
 ⬩ **bater-se** *vp*: ~ **-se por** to fight for.
bateria [bate'ria] *f* -**1.** [de cozinha] set of kitchen utensils. -**2.** [MÚS - instrumentos de percussão] percussion; [- conjunto de pratos, caixa e bombo] drum kit. -**3.** ELETR battery.
baterista [bate'riʃta] *mf* [MÚS - percussionista] percussionist; [- que toca bateria] drummer.
batido, da [ba'tʃidu, da] ⬄ *adj* -**1.** [ger] beaten. -**2.** [comum demais] worn out. ⬄ *adv* [às pressas] in a hurry.
 ⬩ **batida** *f* -**1.** [ger] beat. -**2.** [de relógio, sino] strike. -**3.** [à porta] knock. -**4.** AUTO collision. -**5.** [bebida] crush.
batina [ba'tʃina] *f* RELIG cassock.
batismo [ba'tʃiʒmu] *m* baptism.
batistério [batʃiʃ'tɛrjul] *m* baptistery.
batizar [batʃi'za(x)] *vt* -**1.** [ger] to baptize. -**2.** [apelidar] to nickname.
batom [ba'tõ] (*pl* -**ns**) *m* lipstick.
batucada [batu'kada] *f* street gather-

ing for samba music and expression.
batucar [batu'ka(x)] *vi* -**1.** MÚS to dance and sing the batuque. -**2.** [martelar] to hammer.
batuque [ba'tukil] *m* Afro-Brazilian dance.
batuta [ba'tuta] *f* [de maestro] baton.
baú [ba'u] *m* trunk.
baunilha [baw'niʎa] *f* vanilla.
bazar [ba'za(x)] (*pl* -**es**) *m* -**1.** [ger] bazaar. -**2.** [loja] bazaar.
BB (*abrev de* **Banco do Brasil**) *m* Brazilian state-owned bank.
BC (*abrev de* **Banco Central do Brasil**) *m* central bank of Brazil.
beato, ta [be'atu, ta] ⬄ *adj* -**1.** [beatificado] blessed. -**2.** [fanático religioso] churchy. ⬄ *m* -**1.** [quem foi beatificado] beatified person. -**2.** [devoto] worshipper.
bêbado, da ['bebadu, da] ⬄ *adj* drunk. ⬄ *m, f* -**1.** [que bebe regularmente] drunkard. -**2.** [que bebeu demais] drunk.
bebê [be'be] *m* baby.
bebedeira [bebe'dejra] *f* -**1.** [estado do bêbado] drunkenness; **tomar uma** ~ to get drunk. -**2.** [ato de se embebedar] drinking bout.
bêbedo ['bebedu] *adj* ⬄ **bêbado.**
bebedouro [bebe'doru] *m* -**1.** [aparelho] drinking fountain. -**2.** [para animais] drinking trough.
beber [be'be(x)] ⬄ *vt* -**1.** [tomar líquido] to drink. -**2.** [absorver] to soak up. ⬄ *vi* -**1.** [tomar bebida alcoólica] to have a drink. -**2.** [embriagar-se] to get drunk.
bebida [be'bida] *f* -**1.** [líquido potável] drink. -**2.** [alcoólica] (alcoholic) drink.
beça ['bɛsa] *f*: à ~ [em grande quantidade] in large amounts; [ao extremo] **gostei à** ~ **da nova revista** I enjoyed the new magazine very much.
beco ['beku] *m* alley; **estar num** ~ **sem saída** to be in a catch-22 situation.
beduíno, na [be'dwinu, na] ⬄ *adj* Bedouin. ⬄ *m, f* Bedouin.
bege ['bɛʒi] ⬄ *adj inv* beige. ⬄ *m* beige.
begônia [be'gonja] *f* begonia.
beiço ['bejsu] *m* lip.
beija-flor [,bejʒa'flo(x)] (*pl* **beija-flores**) *m* hummingbird.
beijar [bej'ʒa(x)] *vt* to kiss.
 ⬩ **beijar-se** *vp* to kiss.
beijo ['bejʒu] *m* kiss; **dar um** ~ **em alguém** to give sb a kiss.
beira ['bejra] *f* edge; à ~ **de** [na borda] on the edge of; *fig* on the brink of.
beira-mar [,bejra'ma(x)] *f*: à ~ by the sea.
beirar [bej'ra(x)] *vt* -**1.** [caminhar à beira de]

to walk alongside. - **2.** [estar à beira de] to be on the edge of. - **3.** [estar próximo de] to be close to.

beisebol [bejze'bɔw] m baseball.

belas-artes [ˌbɛla'zaxtʃiʃ] fpl fine arts.

beldade [bew'dadʒi] f - **1.** [beleza] beauty. - **2.** [mulher bonita] beautiful woman.

Belém [be'lẽj] n - **1.** [no Brasil] Belém. - **2.** [na Palestina] Bethlehem.

beleza [be'leza] f - **1.** [de lugar etc] beauty. - **2.** [mulher bela] beautiful woman.

belga ['bɛwga] <> adj Belgian. <> m, f Belgian.

Bélgica ['bɛwʒika] n Belgium.

Belgrado [bew'gradul n Belgrade.

beliche [be'liʃi] m bunk bed.

bélico, ca ['bɛliku, ka] adj war (antes de subst).

beliscão [beliʃ'kãw] (pl -ões) m pinch.

beliscar [beliʃ'ka(x)] vt - **1.** [pessoa] to pinch. - **2.** fig [comida] to pick at (food).

belo, la ['bɛlu, la] <> adj - **1.** [perfeito] lovely. - **2.** [sublime] wonderful. - **3.** (antes de subst) [considerável] fine. - **4.** (antes de subst) [gratificante] excellent. - **5.** [indefinido]: um ~ dia ... one fine day ... <> m [estética] beauty.

bem ['bẽj] <> adv - **1.** [ger] well. - **2.** [muito, bastante] very. - **3.** [exatamente] exactly; ~ ali right there. - **4.** [de bom grado]: ~ que eu gostaria de ajudar, mas não posso I'd very much like to help, but I can't. - **5.** [expressando opinião]: estar ~ [de saúde] to be well; [de aspecto] to look good; [financeiramente] to be well-off; fazer ~ a alguém [suj: exercício etc] to be good for sb; ficar ou cair ~ [atitude] to be suitable. - **6.** [saudando]: tudo ~ ? fam how are you?; tudo ~ [em resposta] fine. - **7.** [concordando]: tá ~ all right. - **8.** [em conclusão, introdução] well now. - **9.** [em congratulação]: muito ~ ! well done! <> m - **1.** [ger] good. - **2.** [pessoa amada] loved one. - **3.** fam [forma de tratamento]: meu ~ my darling. - **4.** [patrimônio] assets (pl).

➤ **bens** mpl - **1.** [patrimônio] assets. - **2.** [produtos]: ~ de consumo consumer goods.

➤ **bem como** loc adv as well as.

➤ **se bem que** loc conj even though.

bem-acabado, da [bẽjaka'badu, da] (mpl -s, fpl -s) adj well-finished.

bem-apessoado, da [bẽjape'swadu, da] (mpl -s, fpl -s) adj presentable.

bem-arrumado, da [bẽjaxu'madu, da] (mpl -s, fpl -s) adj - **1.** [pessoa] well dressed. - **2.** [casa] well appointed.

bem-casado, da [bẽjka'zadu, da] (mpl -s, fpl -s) adj happily married.

bem-conceituado, da [bẽjkõsej'twa-

du, da] (mpl -s [-ʃ], fpl -s [-ʃ]) adj well respected.

bem-disposto, ta [bẽjdʒiʃ'poʃtu, ta] adj good-humoured.

bem-educado, da [bẽjedu'kadu, da] (mpl -s, fpl -s) adj well bred.

bem-estar [bẽjʃ'ta(x)] m well-being.

bem-feito, ta [bẽjʃ'fejtu, ta] (mpl -s, fpl -s) adj - **1.** [bem-acabado] well made. - **2.** [de belas formas] elegant. - **3.** [quando algo ruim ocorre]: ~ serves you right!

bem-humorado, da [bẽjumo'radu, da] (mpl -s, fpl -s) adj good-humoured.

bem-intencionado, da [bẽjĩntẽsjo-'nadu, da] (mpl -s, fpl -s) adj well meaning.

bem-me-quer [bẽjmi'kɛ(x)] m daisy.

bem-passado, da [bẽjpa'sadu, da] (mpl -s, fpl -s) adj [carne] well cooked.

bem-sucedido, da [bẽjsuse'dʒidu, da] (mpl -s, fpl -s) adj successful.

bem-vindo, da [bẽj'vĩdu, da] adj welcome.

benchmarking [bɛnʃmarkiŋ] m ECON benchmarking.

benção [bẽsãw] (pl -ções) f blessing.

bendito, ta [bẽ'dʒitu, ta] adj [abençoado] blessed.

bendizer [bẽdʒi'ze(x)] vt - **1.** [falar bem de] to praise. - **2.** [abençoar] to bless.

beneficência [benefi'sẽsja] f - **1.** [bondade] kindness. - **2.** [caridade] charity.

beneficiado, da [benefi'sjadu, da] <> adj [que se beneficiou] benefitting. <> m [beneficiário] beneficiary.

beneficiar [benefi'sja(x)] vt - **1.** [favorecer] to benefit. - **2.** [processar] to process. - **3.** [melhorar] to improve.

➤ **beneficiar-se** vp [favorecer-se] to profit.

benefício [bene'fisju] m benefit.

benéfico, ca [be'nɛfiku, ka] adj - **1.** [ger] beneficial. - **2.** [favorável] favourable.

benemérito, ta [bene'mɛritu, ta] <> adj - **1.** [que merece o bem] deserving. - **2.** [digno de honras] praiseworthy. - **3.** [ilustre] renowned. <> m worthy person.

benevolente [benevo'lẽtʃi] adj - **1.** [bondoso] kindly. - **2.** [complacente] friendly.

benfeitor, ra [bẽjfej'to(x), ra] <> adj [benévolo] benevolent. <> m [aquele que faz benfeitoria] benefactor.

bengala [bẽj'gala] f walking stick.

benigno, na [be'nignu, na] adj - **1.** [benévolo] gentle. - **2.** [complacente] friendly. - **3.** MED benign.

benjamim [bẽʒa'mĩ] (pl -ns) m ELETR adaptor.

bens ['bẽjʃ] pl ▷ bem.

bento, ta ['bẽntu, ta] <> pp ▷ benzer. <> *adj* holy.

benzer [bẽn'ze(x)] *vt* [abençoar] to bless.

➤ **benzer-se** *vp* [fazer o sinal-da-cruz] to make the sign of the cross.

berço ['bexsu] *m* cradle.

Berlim [bex'lĩ] *n* Berlin.

berimbau [berĩ'baw] *m* MÚS berimbau, *small Brazilian percussion instrument.*

berinjela [berĩ'ʒɛla] *f* aubergine UK, eggplant US.

bermuda [bex'muda] *f* Bermuda shorts *(pl).*

berreiro [be'xejru] *m* -1. [gritaria] shouting. -2. [choradeira] wailing.

berro ['bɛxu] *m* bellow.

besouro [be'zoru] *m* beetle.

besta ['bɛʃta] *fam* <> *adj* -1. [pedante] pedantic. -2. [idiota] idiotic. -3. [surpreso]: **ficar** ~ to be dumbfounded. -4. [insignificante] insignificant. <> *f* -1. [animal] beast. -2. *fam* [pessoa pedante] pedant. -3. *fam* [pessoa idiota] fool.

bestial [beʃ'tjaw] *(pl* -ais) *adj* -1. [brutal] bestial. -2. [repugnante] depraved.

best-seller [ˌbɛʃt'sɛle(x)] *(pl* -s) *m* bestseller.

besuntar [bezũn'ta(x)] *vt* [untar]: ~ **de** *ou* **com** to grease with.

beterraba [bete'xaba] *f* beetroot.

betume [be'tumi] *m* bitumen.

bexiga [be'ʃiga] *f* ANAT bladder.

bezerro, rra [be'zexu, xa] *m,f* calf.

bibelô [bibe'lo] *m* [objeto decorativo] knick-knack.

bíblia ['biblja] *f* bible.

➤ **Bíblia** *f* Bible.

bíblico, ca ['bibliku, ka] *adj* biblical.

bibliografia [bibljogra'fia] *f* bibliography.

biblioteca [bibljo'tɛka] *f* library.

bibliotecário, ria [bibljote'karju, rja] *m, f* librarian.

bica ['bika] *f* water outlet.

bicampeão, peã [bikãnpjãw, pjã] *(mpl* -peões, *fpl* -s) <> *adj* twice champion. <> *m* twice champion.

bicar [bi'ka(x)] *vt* -1. [dar bicadas] to peck. -2. [bebericar] to sip.

bicentenário, ria [bisẽnte'narju, rja] <> *adj* bicentennial. <> *m* bicentenary.

bicha ['biʃa] *f* -1. [lombriga] earthworm. -2. *fam pej* [efeminado] fairy.

bicheiro [bi'ʃejru] *m* [em jogo do bicho] bookie *(collecting money for illegal lottery bets).*

bicho ['biʃu] *m* -1. [animal] animal. -2. [inseto, piolho] insect. -3. *fam* [sujeito] mate.

bicicleta [besi'klɛta] *f* bicycle; **andar de** ~ to ride a bike.

bico ['biku] *m* -1. [de ave] beak. -2. [pon-

ta] tip. -3. *fam* [boca] mouth; **calar o** ~ to pipe down. -4. [chupeta] teat. -5. *fam* [biscate] odd job. -6. ANAT: ~ **do peito** nipple. -7. [de gás] burner.

BID *(abrev de Banco Interamericano de Desenvolvimento) m* IDB.

bidê [bi'de] *m* bidet.

Bielo-Rússia [bjelo'xusja] *n* Belarus.

bienal [bje'naw] *(pl* -ais) <> *adj* biennial. <> *f* biennial.

bife ['bifi] *m* CULIN steak; ~ **a cavalo** steak with a fried egg; ~ **à milanesa** steak milanese.

bifocal [bifo'kaw] *(pl* -ais) *adj* bifocal.

bifurcar [bifux'ka(x)] *vi* to fork.

➤ **bifurcar-se** *vp* to fork.

bígamo, ma ['bigamu, ma] <> *adj* bigamous. <> *m, f* bigamist.

bigode [bi'gɔdʒi] *m* moustache.

bigorna [bi'gɔxna] *f* anvil.

bijuteria [biʒute'ria] *f* piece of jewellery.

bilhão [bi'ʎãw] *(pl* -ões) *num* billion.

bilhar [bi'ʎa(x)] *(pl* -es) *m* -1. [jogo] billiards *(sg).* -2. [estabelecimento] billiard hall.

bilhete [bi'ʎetʃi] *m* -1. [ger] ticket; ~ **de ida** one-way ticket; ~ **de ida e volta** return ticket. -2. [mensagem] note.

bilheteria [biʎete'ria] *f* ticket office.

bilhões [bi'ʎõjʃ] *pl* ▷ **bilhão**.

bilíngüe [bi'lĩgwi] *adj* bilingual.

bilionário, ria [biljo'narju, rja] <> *adj* billionaire. <> *m, f* billionaire.

bílis ['biliʃ] *f (inv)* bile.

bimestral [bimeʃ'traw] *(pl* -ais) *adj* two-monthly.

bimotor [bimo'to(x)] <> *adj* twin-engined. <> *m* twin-engined plane.

bingo ['bĩgu] *m* bingo.

binóculo [bi'nɔkulu] *m* binoculars *(pl).*

binômio [bi'nomju] *m* MAT binomial.

biodegradável [bjwdegra'davew] *(pl* -eis) *adj* biodegradable.

biodiversidade [bjwdʒivexsi'dadʒi] *f* biodiversity.

bioengenharia [biowẽnʒeɲa'ria] *f* bioengineering.

biografia [bjogra'fia] *f* biography.

biográfico, ca [bjo'grafiku, ka] *adj* biographical.

biologia [bjolo'ʒia] *f* biology.

biológico, ca [bjo'lɔʒiku, ka] *adj* biological.

biólogo, ga ['bjɔlogu, ga] *m, f* biologist.

biombo ['bjõnbu] *m* screen.

BIOS *(abrev de Basic Input/Output System) m* BIOS.

bipartidarismo [bipaxtʃida'riʒmu] *m* bipartisanship.

biquíni [bi'kini] *m* bikini.

BIRD (*abrev de* Banco Internacional de Reconstrução e Desenvolvimento) *m* IBRD.

birita [bi'rita] *f fam* (alcoholic) drink.

birosca [bi'rɔʃka] *f* **-1.** [pequena mercearia] small shop. **-2.** [botequim] snack bar.

birra [ˈbixa] *f* **-1.** [teimosia] temper. **-2.** [irritação, zanga]: **ficar de** ~ **com alguém** to be at loggerheads with sb.

biruta [bi'ruta] ◇ *adj* [pessoa] mad. ◇ *m* [pessoa] madman. ◇ *f* [dispositivo] windsock.

bis [ˈbiʃ] ◇ *m* encore; **pedir um** ~ to demand an encore; **fazer** *ou* **dar um** ~ to give an encore. ◇ *interj* encore!

bisavô, vó [biza'vo, vɔ] *m, f* great-grandfather (*f* great-grandmother).
  ⟶ **bisavós** *mpl* great-grandparents.

bisbilhotar [biʒbiʎo'ta(x)] ◇ *vt* [examinar] to pry. ◇ *vi fam* [fazer mexericos] to gossip.

bisbilhoteiro, ra [biʒbiʎo'tejru, ral] ◇ *adj* **-1.** [curioso] nosy. **-2.** [mexeriqueiro] gossipy. ◇ *m, f* **-1.** [pessoa curiosa] nosy parker. **-2.** [pessoa mexeriqueira] gossip.

biscate [biʃ'katʃi] *m fam* odd job.

biscoito [biʃ'kojtu] *m* biscuit.

bisnaga [biʒ'nagal] *f* **-1.** [pão] baguette. **-2.** [tubo] tube.

bisneto, ta [biʒ'nɛtu, tal] *m, f* great-grandchild.

bispo [ˈbiʃpul] *m* bishop.

bissexto, ta [bi'sejʃtu, tal] *adj*: **ano** ~ leap year.
  ⟶ **bissexto** *m* 29 February.

bissexual [bisek'swawl] (*pl* **-ais**) ◇ *adj* bisexual. ◇ *m* bisexual.

bisturi [biʃtu'ril] *m* scalpel.

bit [ˈbitʃi] *m* COMPUT bit.

bitmap [ˈbitimapil] *m* COMPUT bitmap.

bitola [bi'tɔla] *f* gauge.

bizarro, a [bi'zaxu, xal] *adj* bizarre.

black-tie [blɛk'tajl] *m* black tie, dinner jacket.

blasé [bla'ze] *adj* blasé.

blasfemar [blaʃfe'ma(x)] ◇ *vt* RELIG to take in vain. ◇ *vi* RELIG to swear.

blasfêmia [blaʃ'femja] *f* **-1.** RELIG blasphemy. **-2.** [ultraje] defamation.

blazer [ˈblejze(x)] (*pl* **-es**) *m* blazer.

blecaute [ble'kawtʃi] *m* blackout.

blefar [ble'fa(x)] *vi* **-1.** [em jogo] to bluff. **-2.** [tapear] to deceive.

blefe [ˈblɛfi] *m* **-1.** [truque] trick. **-2.** [no jogo] bluff.

blindado, da [blĩ'dadu, dal] *adj* armoured.

blindagem [blĩ'daʒẽ] *f* armour.

blitz [ˈblitiʃ] (*pl* blitze) *f* blitz.

bloco [ˈblɔku] *m* **-1.** [ger] block. **-2.** [papel] pad. **-3.** [grupo]: ~ **de Carnaval**

group of carnival revellers.
  ⟶ **em bloco** *loc adv* en bloc.

bloquear [blo'kja(x)] *vt* **-1.** [cercar] to surround. **-2.** [impedir] to block off. **-3.** PSIC to block.

bloqueio [blo'kejul] *m* **-1.** [cerco] blockade. **-2.** [obstrução] obstacle; MED, PSIC blockage.

blusa [ˈbluza] *f* blouse.

BM (*abrev de* Banco Mundial) *m* World Bank.

BM & F (*abrev de* Bolsa de Mercadorias e Futuros) *f* Brazilian commodities and futures market.

BNDES (*abrev de* Banco Nacional de Desenvolvimento Econômico e Social) *m* Brazilian bank for financing economic and social development.

BNH (*abrev de* Banco Nacional da Habitação) *m* national bank for financing low-paid workers to buy their own homes.

BO (*abrev de* Boletim de Ocorrência) *m* Brazilian crime report.

boa [ˈboal] *f* ⊳ bom.

boate [ˈbwatʃi] *f* nightclub.

boato [ˈbwatul] *m* rumour.

boa-vida [ˌboa'vidal] (*pl* boas-vidas) *m* bon vivant.

Boa Vista [ˌboa'viʃtal] *n* Boa Vista.

bobagem [bo'baʒẽ] (*pl* **-ns**) ◇ *f* **-1.** [coisa supérflua] frippery. **-2.** [dito] rubbish. **-3.** [fato sem importância] trifle. ◇ *adj* [desaconselhável]: **ser** ~ **fazer algo** to be foolish to do sthg.

bobeada [bo'bjadal] *f fam* foolishness; **dar uma** ~ to be a fool.

bobear [bo'bja(x)] *vi* **-1.** [fazer besteira] to make a mistake. **-2.** [deixar-se enganar] to be tricked. **-3.** [descuidar-se] to be careless. **-4.** [perder uma chance] to blow it.

bobeira [bo'bejral] *f* mistake; **marcar** ~ *fam* [ser enganado] to be a fool; [perder uma chance] to blow it.

bobina [bo'binal] *f* bobbin.

bobo, ba [ˈbobu, bal] ◇ *adj* foolish. ◇ *m, f* fool.
  ⟶ **bobo** *m*: ~ **da corte** court jester.

bobó [bo'bɔ] *m* CULIN : ~ **(de camarão)** shrimp bobó.

boca [ˈbokal] *f* **-1.** [ger] mouth; ~ **do estômago** MED cardia; **cala a** ~ ! *fam* shut up! **-2.** [de calça] top. **-3.** *fam* [emprego] opening. **-4.** *fam* [pessoa para alimentar] mouth to feed. **-5.** *loc*: **bater** ~ to argue; **falar da** ~ **para fora** not to mean what one is saying.

boca-a-boca [ˌboka'bokal] ◇ *m* MED mouth-to-mouth resuscitation. ◇ *adj*: **respiração** ~ kiss of life.

boca-de-fumo [ˌbokadʒi'fumul] (*pl*

bocas-de-fumo f fam drug-dealing patch.

bocadinho [boka'dʒiɲu] m -1. [pequena quantidade]: um ~ (de) a little bit (of). -2. [tempo curto]: um ~ a little bit.

bocado [bo'kadu] m -1. [grande quantidade]: um ~ de quite a lot of. -2. [pedaço, porção]: um ~ (de) a bit (of). -3. [mordida] mouthful.
◆ um bocado loc adv [bastante] quite.

bocal [bo'kaw] (pl -ais) m -1. [ger] mouth. -2. MÚS mouthpiece.

boçal [bo'saw] (pl -ais) adj -1. [ignorante] stupid. -2. [grosseiro] rude.

bocejar [bose'ʒa(x)] vi to yawn.

bocejo [bo'seʒu] m yawn.

bochecha [bu'ʃeʃa] f cheek.

bochecho [bo'ʃeʃu] m mouthwash.

bodas ['bodaʃ] fpl wedding anniversary (sg); ~ de ouro golden wedding (sg); ~ de prata silver wedding (sg).

bode ['bɔdʒi] m ZOOL billy goat; ~ expiatório fig scapegoat.

boêmio, mia [bo'emju, mja] <> adj -1. [vida etc] bohemian. -2. [da Boêmia] Bohemian. <> m, f -1. [pessoa boêmia] bohemian. -2. [da Boêmia] Bohemian.

bofe ['bɔfi] m fam -1. [pulmão] lungs (pl). -2. fam [pessoa feia] monster.

bofetada [bofe'tada] f slap in the face.

bofetão [bofe'tãw] (pl -ões) m hard slap on the face.

Bogotá [bogo'ta] n Bogotá.

boi ['boj] m ox.

bóia ['bɔja] f -1. NÁUT buoy; ~ salva-vidas lifebuoy. -2. fam [comida] grub.

boiada [bo'jada] f drove of oxen.

boiar [bo'ja(x)] vi -1. [flutuar] to float. -2. fam [não entender]: estar/ficar boiando to be thrown by.

boicotar [bojko'ta(x)] vt to boycott.

boicote [boj'kɔtʃi] m boycott.

boiler ['bɔjle(x)] (pl -s) m boiler.

boina ['bojna] f cap.

bojo ['boʒu] m -1. [saliência] bulge. -2. [de navio] belly.

bola ['bɔla] f -1. [objeto] ball; ser bom de ~ to play football very well; ~ de futebol football. -2. ESP [jogada] shot. -3. loc: dar ~ para alguém [flertar] to flirt with sb; não dar ~ (para) [ignorar] to ignore; não dar ~ para algo [não dar importância a] to ignore sthg; pisar na ~ fig to make a mistake.

bolacha [bo'laʃa] f -1. [biscoito] biscuit; ~ d'água water biscuit. -2. fam [bofetada]: dar uma ~ em alguém to slap sb. -3. [em bares, restaurantes] coaster.

bolada [bo'lada] f -1. [pancada] hit (with a ball). -2. [de dinheiro] jackpot.

bolar [bo'la(x)] <> vt to devise. <> vi to be successful.

boléia [bo'lɛja] f lorry driver's seat.

boletim [bole'tʃĩ] (pl -ns) m -1. [publicação] bulletin. -2. EDUC school report. -3. [nota] memo; ~ médico medical report.

bolha ['boʎa] <> f -1. [em líquido, material] bubble. -2. [na pele] blister. <> mf fam [pessoa] bore.

boliche [bo'liʃi] m -1. [jogo] pool. -2. [estabelecimento] pool room.

bolinagem [bolina'ʒẽ] (pl -ns) f fam touching up.

bolinar [boli'na(x)] vt fam to touch up.

bolinho [bo'liɲu] m croquette; ~ de bacalhau salt cod croquette.

Bolívia [bo'livja] n Bolivia.

boliviano, na [boli'vjãnu, na] <> adj Bolivian. <> m, f Bolivian.

bolo ['bolu] m -1. CULIN cake. -2. [quantidade]: um ~ de a load of. -3. fam [confusão] commotion; dar o maior ~ to cause a commotion; deu o maior ~ quando ... there was a great to-do when ... -4. [em jogo etc] stake. -5. loc: dar o ~ em alguém to stand sb up.

bolor [bo'lo(x)] m mould.

bolsa ['bowsa] f -1. [acessório] purse. -2. EDUC: ~ (de estudos) bursary. -3. FIN: ~ (de valores) stock market.

bolso ['bowsu] m pocket; de ~ pocket (antes de subst).

bom, boa ['bõ, 'boa] (mpl bons, fpl boas) adj -1. [ger] good; ser ~ em algo to be good at sthg; ficar ~ to be well made/done. -2. [curado] well. -3. [seguro] safe. -4. [amplo, confortável] spacious. -5. [pedindo opinião, permissão]: está ~? all right?
◆ bom interj: que ~! how great!
◆ às boas loc adv: voltar às boas (com alguém) to make up (with sb).

bomba ['bõba] f -1. [explosivo] bomb; ~ atômica atomic bomb. -2. [fogo de artifício] rocket. -3. [máquina, aparelho] pump; ~ d'água water pump; ~ de gasolina petrol pump. -4. fig [acontecimento] shock. -5. fig [coisa ruim]: ser uma ~ to be a flop. -6. EDUC: levar ~ (em algo) to fail at sthg. -7. [doce] bombe.

bombardear [bõbax'dʒja(x)] vt to bombard.

bombardeio [bõbax'deju] m bombardment.

bomba-relógio [ˌbõbaxe'lɔʒju] (pl bombas-relógios, bombas-relógio) f time bomb.

bombear [bõ'bja(x)] vt & vi to pump.

bombeiro [bõ'bejru] m -1. [de incêndios] firefighter. -2. [encanador] plumber.

bombom [bõ'bõ] (pl -ns) m sweetie.

bom-tom [bõ'tõ] m good manners; ser

de ~ to be socially acceptable.

bonança [bo'nãnsal *f* **-1.** *NÁUT* calm. **-2.** *fig* [tranqüilidade] calm.

bondade [bõn'dadʒil *f* **-1.** [qualidade] kindness. **-2.** [benevolência] goodness; **ter a** ~ **de fazer algo** to be kind enough to do sthg.

bonde ['bõndʒi] *m* **-1.** [veículo] tram; **pegar o** ~ **andando** *fig* to come in (a conversation) half way. **-2.** *fam* [mulher feia] ugly woman.

bondoso, sa [bõn'dozu, ɔzal *adj* kind.

boné [bo'nɛl *m* cap.

boneca [bo'nɛkal *f* **-1.** [ger] doll. **-2.** *fam* [homosexual] queen.

boneco [bo'nɛkul *m* **-1.** [ger] stencil. **-2.** [brinquedo] doll. **-3.** *fig* [fantoche] puppet.

boníssimo, ma [bo'nisimu, mal *superl* ⤳ **bom**.

bonito, ta [bo'nitu, tal *adj* **-1.** [ger] beautiful. **-2.** *iron* [lamentável] lovely.
⤳ **bonito** *adv* [bem] well.

bons ['bõjʃl *pl* ⤳ **bom**.

bônus ['bonuʃ] *m (inv)* **-1.** [prêmio] prize. **-2.** [debênture] share.

boot ['butil *(pl boots) m COMPUT* [inicialização] boot-up; **dar** ~ to reboot.

boquiaberto, ta [bokja'bɛxtu, tal *adj* gaping.

boquinha [bo'kiɲal *f fig* [refeição]: **fazer uma** ~ snack.

borboleta [boxbo'letal *f* **-1.** *ZOOL* butterfly. **-2.** [roleta] turnstile.

borbotão [boxbo'tãw] *(pl -ões) m:* **aos borbotões** in spurts.

borbulhante [boxbu'ʎãntʃil *adj* fizzy.

borbulhar [boxbu'ʎa(x)] *vi* to bubble.

borda ['bɔxdal *f* **-1.** [ger] edge. **-2.** [lençol] hem. **-3.** [jardim] border. **-4.** [rio] bank. **-5.** [piscina] side.

bordadeira [boxda'dejral *f* embroiderer.

bordado, da [box'dadu, dal *adj* embroidered.
⤳ **bordado** *m* embroidery.

bordão [box'dãw] *(pl -ões) m* **-1.** [cajado] crook. **-2.** *fig* [arrimo] prop. **-3.** [*MÚS* - corda] bass string; [- nota] lowest note. **-4.** [frase] slogan.

bordar [box'da(x)] *vt & vi* to embroider.

bordejar [boxde'ʒa(x)] *vi NÁUT* to tack.

bordel [box'dɛwl *(pl -eis) m* brothel.

bordo ['bɔxdul *m* **-1.** [de navio] board; **a** ~ on board. **-2.** [ao bordejar] tack.

bordões [box'dõjʃl *pl* ⤳ **bordão**.

borla ['bɔxlal *f* **-1.** [pendão] tassel. **-2.** [pompom] pompom.

borra ['bɔxal *f* **-1.** [de café] grounds *(pl).* **-2.** [de vinho] dregs *(pl).*

borracha [bo'xaʃal *f* **-1.** [ger] rubber. **-2.** [para apagar] rubber, eraser. **-3.** [mangueira] hose-pipe.

borrachudo [boxa'ʃudul *m* black fly.

borracheiro [boxa'ʃejrul *m* **-1.** [pessoa] tyre fitter. **-2.** [oficina] tyre-fitting workshop.

borrão [bo'xãw] *(pl -ões) m* stain.

borrar [bo'xa(x)] *vt* **-1.** [manchar] to stain. **-2.** [riscar] to cross out. **-3.** [pintar] to smear. **-4.** *fam* [de fezes] to foul.

borrasca [bo'xaʃka] *f* **-1.** [tempestade] thunderstorm. **-2.** [em alto mar] squall.

borrifar [boxi'fa(x)] *vt* to spray.

borrifo [bo'xiful *m* spray.

borrões [bo'xõjʃl *pl* ⤳ **borrão**.

Bósnia-Herzegovina [ˌbɔʒnjexzego'vinal *n* Bosnia-Herzegovina.

bósnio, nia ['bɔʒnju, nja], **bosniano, na** [boʒni'ãnu, nal ⟨⟩ *adj* Bosnian. ⟨⟩ *m, f* Bosnian.

bosque ['bɔʃkil *m* wood.

bossa ['bɔsal *f* **-1.** [ger] bump. **-2.** *fam* [charme] appeal; **ter** ~ to be appealing.

bosta ['bɔʃtal *f* **-1.** [de animal] dung. **-2.** [de ser humano] excrement.

bota ['bɔtal *f* boot; ~**s de borracha** wellington boots, rubber boots.

botânico, ca [bo'taniku, kal ⟨⟩ *adj* botanic. ⟨⟩ *m, f* botanist.
⤳ **botânica** *f* botany.

botão [bo'tãw] *(pl -ões) m* **-1.** [ger] button. **-2.** [de jogo] counter. **-3.** [de flor] bud.

botar [bo'ta(x)] ⟨⟩ *vt* **-1.** [ger] to put; ~ **algo em dia** to bring sthg up to date. **-2.** [roupa, sapatos] to put on. **-3.** [defeito] to point out. ⟨⟩ *vi loc:* ~ **para quebrar** [empreender mudanças] to make sweeping changes; [fazer sucesso] to be a huge hit.

bote ['bɔtʃil *m* **-1.** [barco] boat; ~ **salva-vidas** lifeboat. **-2.** [golpe - com arma] thrust; [- salto] leap; [- de cobra] lunge; **dar o** ~ to lunge.

boteco [bo'tɛkul *(pl -s)*, **botequim** [bote'kĩl *(pl -ns) m* tavern.

boticário, ria [botʃi'karju, rjal *m, f* dispensing chemist.

botijão [botʃi'ʒãwl *(pl -ões) m* cylinder.

botões [bo'tõjʃl *pl* ⤳ **botão**.

Bovespa *(abrev de* **Bolsa de Valores do Estado de São Paulo)** *f São Paulo stock exchange.*

bovino, na [bo'vinu, nal *adj* bovine.

boxe ['bɔksil *m* **-1.** *ESP* boxing. **-2.** [em banheiro] shower cubicle.

boxeador [boksja'do(x)] *m* boxer.

boy ['bɔjl *m* = **bói.**

bps [bepe'esil *(abrev de* bit por segundo) *COMPUT* bps.

BR *abrev de* Brasil.

braça ['brasal *f NÁUT* fathom.

braçada [bra'sadal *f* **-1.** [de flores] armful. **-2.** [em natação] stroke.

braçadeira [brasa'dejra] f -1. [para o braço] armband. -2. [de cortina] tie-back. -3. [metálica] clasp. -4. ESP [correia] wristband.

braçal [bra'saw] (pl -ais) adj physical; **trabalho ~** physical work.

bracelete [brase'letʃi] m bracelet.

braço ['brasul m -1. [ger] arm; **de ~s cruzados** with arms folded; fig [impassível] impassively; **dar o ~ a alguém** to give one's arm to sb; **de ~ dado** arm in arm; **~ direito** fig right arm. -2. [de toca-discos] arm. -3. [de balança] pointer. -4. [trabalhador] hand. -5. [ramo] limb. -6. loc: **não dar o ~ a torcer** to stick to one's guns; **receber (alguém) de ~s abertos** to welcome (sb) with open arms.

bradar [bra'da(x)] ⟨⟩ vt to proclaim. ⟨⟩ vi to shout.

Bradesco (abrev de Banco Brasileiro de Descontos) m largest private Brazilian bank.

brado ['bradul m shout.

braguilha [bra'giʎa] f flies UK (pl), fly US.

bramido [bra'midul m -1. [ger] roar. -2. [grito] scream.

bramir [bra'mi(x)] vi -1. [ger] to roar. -2. [gritar] to scream.

branco, ca ['brãŋku, ka] ⟨⟩ adj -1. [ger] white; **arma ~** weapon with a blade. -2. [versos] blank. ⟨⟩ m, f [pessoa] White.
◆ **branco** m -1. [cor] white; **~ do olho** white of the eye. -2. [espaço] blank space.
◆ **em branco** ⟨⟩ loc adj [espaço] blank. ⟨⟩ loc adv [sem dormir]: **passar a noite em ~** to have a sleepless night.

brancura [brãŋ'kural f whiteness.

brandir [brãn'dʒi(x)] vt to brandish.

brando, da ['brãndu, dal adj -1. [ger] mild. -2. [fraco - ação] weak; [- febre] mild. -3. [fogo, forno] warm.

brandura [brãn'dural f mildness.

brasa ['brazal f -1. [de carvão] embers (pl); **na ~** in the embers. -2. [incandescência] heat; **em ~** red-hot. -3. loc: **mandar ~** fam to get cracking.

brasão [bra'zãw] (pl -ões) m coat of arms.

braseiro [bra'zejrul m brazier.

Brasil [bra'ziwl n: (o) **~** Brazil.

brasileiro, ra [brazi'lejru, ral ⟨⟩ adj Brazilian. ⟨⟩ m, f Brazilian.

brasões [bra'zõjʃl pl ▷ **brasão**.

bravata [bra'vatal f bravado.

bravio, via [bra'viw, vial adj -1. [selvagem] wild. -2. [feroz] fierce.

bravo, va ['bravu, val ⟨⟩ adj -1. [corajoso] brave. -2. [animal] wild. -3. [mar] rough. ⟨⟩ m, f [pessoa] intrepid person.
◆ **bravo** interj bravo!

bravura [bra'vural f -1. [coragem] courage. -2. [de animal] wildness.

brecha ['brɛʃal f -1. [ger] gap. -2. [fenda, abertura] opening. -3. [prejuízo] hole. -4. fam [oportunidade] break.

brechó [bre'ʃɔl m second-hand shop.

brejo [bre'ʒul m swamp.

breu ['brewl m -1. pitch. -2. [escuridão] darkness.

breve ['brɛvil ⟨⟩ adj -1. [ger] short. -2. [rápido] fleeting. -3. [conciso] brief. -4. MÚS [nota] short. ⟨⟩ adv: **até ~** see you soon; **(dentro) em ~** soon. ⟨⟩ f MÚS breve.

brevidade [brevi'dadʒil f -1. [curteza] shortness. -2. [rapidez] brevity. -3. CULIN cassava-flour cake.

bridge ['bridʒil m bridge.

briga ['brigal f -1. [luta] brawl. -2. [desavença] dispute. -3. [rixa] fight.

brigadeiro [briga'dejrul m -1. MIL brigadier. -2. CULIN confectionery made with condensed milk and chocolate, very common at birthday parties.

brigão, gona [bri'gãw, gonal (mpl -ões, fpl -s) ⟨⟩ adj brawling. ⟨⟩ m, f brawler.

brigar [bri'ga(x)] vi -1. [ger] to fight; **~ por algo** to fight for sthg. -2. [desavir-se] to fall out.

brilhante [bri'ʎãntʃil ⟨⟩ adj -1. [que reluz] sparkling. -2. fig [notável] brilliant. ⟨⟩ m [diamante] sparkler.

brilhar [bri'ʎa(x)] vi -1. [reluzir] to shine. -2. fig [distinguir-se] to excel.

brilho ['briʎul m -1. [luz] shine. -2. [de cor] brightness. -3. [de metal etc] gleam. -4. fig [distinção] excellence. -5. fig [esplendor] splendour. -6. gír droga [cocaína] coke.

brincadeira [brĩŋka'dejral f -1. [divertimento] play. -2. [jogo] game. -3. [gracejo] joke; **de ~** as a joke; **deixe de ~!** stop kidding! -4. fam [coisa fácil] child's play; **não ser ~** to be no joke.

brincalhão, ona [brĩŋka'ʎãw, ɔnal (mpl -ões, fpl -s) adj playful.

brincar [brĩŋ'ka(x)] ⟨⟩ vi -1. [divertir-se] to play; **~ de algo/de fazer algo** to play with/at doing sthg. -2. [gracejar]: **~ com alguém** to joke with sb; **está brincando?** are you kidding?; **estar (só) brincando** to be (only) joking. -3. [no Carnaval] to party. ⟨⟩ vt [Carnaval] to celebrate.

brinco ['brĩŋkul m [adorno] earring.

brindar [brĩn'da(x)] ⟨⟩ vt [no ato de beber] to toast. ⟨⟩ vi [no ato de beber]: **~ a algo** to drink a toast to sthg.

brinde ['brĩdʒi] *m* **-1.** [no ato de beber] toast. **-2.** [presente] free gift.

brinquedo [brĩ'kedu] *m* toy.

brio ['briw] *m* **-1.** [honra, dignidade] honour. **-2.** [galhardia] dignity.

brioche [bri'ɔʃi] *m* brioche.

brisa ['briza] *f* breeze.

brita ['brita] *f CONSTR* gravel.

britânico, ca [bri'tãniku, ka] <> *adj* British. <> *m, f* British person, Briton.

broa ['broa] *f* cornflour bread; ~ de milho maize-flour bread.

broca ['brɔka] *f* drill.

broche ['brɔʃi] *m* brooch.

brochura [bro'ʃura] *f* **-1.** [livro] binding. **-2.** [folheto] brochure.

brócolis ['brɔkɔliʃ] *mpl* broccoli *(sg).*

bronco, ca ['brõŋku, ka] *adj* **-1.** [rude] ill-mannered. **-2.** [burro] slow-witted.
- **bronca** *f fam* [repreensão] telling-off.

bronquear [brõ'kja(x)] *vi fam* to get furious.

bronquite [brõ'kitʃi] *f* bronchitis.

bronze ['brõzi] *m* bronze.

bronzeado, da [brõ'zeadu, da] *adj* tanned.
- **bronzeado** *m* tan.

bronzeador [brõzea'do(x)] *(pl -es) adj* suntan *(antes de subst).*
- **bronzeador** *m* suntan lotion.

bronzear [brõ'zja(x)] *vt* to tan.
- **bronzear-se** *vp* to sunbathe.

brotar [bro'ta(x)] *vi* **-1.** [germinar, desabrochar - planta] to sprout; [- muda] to begin; [- flor] to blossom. **-2.** [manar] to flow. **-3.** *fig* [esperança, suspeita, paixão] to grow.

broto ['brotu] *m* **-1.** [de vegetal] sprout; ~ de bambu bamboo shoot; ~ de feijão bean sprout. **-2.** [de flor] shoot. **-3.** [jovem] sapling.

bruços ['brusuʃ] *mpl*: de ~ lying face down.

bruma ['bruma] *f* mist.

brumoso, osa [bru'mozu, ɔza] *adj* misty.

brusco, ca ['bruʃku, ka] *adj* **-1.** [repentino] sudden. **-2.** [tosco, grosseiro] coarse.

brutal [bru'taw] *(pl -ais) adj* **-1.** [violento, bárbaro] brutal. **-2.** [tremendo, grande] tremendous.

brutalidade [brutali'dadʒi] *f* brutality.

bruto, ta ['brutu, ta] *adj* **-1.** [rude, grosseiro] brutish. **-2.** [tosco] coarse. **-3.** *(antes de subst)* [tremendo, grande] tremendous. **-4.** [violento] brutal. **-5.** [produto] raw; em ~ raw. **-6.** [sem decréscimo] gross.

bruxa ['bruʃa] *f* **-1.** [feiticeira] witch. **-2.** [mariposa] moth. **-3.** *fam pej* [mulher má] bad woman. **-4.** *fam pej* [mulher feia] hag.

bruxaria [bruʃa'ria] *f* witchcraft.

Bruxelas [bru'ʃɛlaʃ] *n* Brussels.

bruxo ['bruʃu] *m* sorcerer.

Bucareste [buka'rɛʃtʃi] *n* Bucharest.

buço ['busu] *m* down.

Budapeste [buda'pɛʃtʃi] *n* Budapest.

budismo [bu'dʒiʒmu] *m* Buddhism.

bueiro [bu'ejru] *m* gutter.

Buenos Aires [bwenu'zajriʃ] *n* Buenos Aires.

búfalo ['bufalu] *m* buffalo.

bufar [bu'fa(x)] *vi* **-1.** [ofegar] to pant. **-2.** [de raiva] to fume.

bufê, buffet [bu'fe] *m* buffet.

bug ['bugi] *(pl bugs) m COMPUT* bug.

bugiganga [buʒĩ'gãŋga] *f* piece of junk.

bujão [bu'ʒãw] *(pl -ões) m* cylinder; ~ de gás gas cylinder.

bula ['bula] *f MED* information leaflet.

bulbo ['buwbu] *m* bulb.

buldôzer [buw'doze(x)] *(pl -es) m* bulldozer.

bule ['buli] *m* pot.

Bulgária [buw'garja] *n* Bulgaria.

búlgaro, ra ['buwgaru, ra] <> *adj* Bulgarian. <> *m, f* Bulgarian.
- **búlgaro** *m* [língua] Bulgarian.

bumbum [bũ'bũ] *(pl -ns) m fam* bottom, bum.

bunda ['bũda] *(pl -ns) f fam* bottom, bum.

buquê [bu'ke] *m* bouquet; ~ de flores bouquet of flowers.

buraco [bu'raku] *m* **-1.** [ger] hole; ~ da fechadura keyhole. **-2.** [de agulha] eye. **-3.** [jogo] rummy.

burguês, guesa [bux'geʃ, geza] <> *adj* bourgeois. <> *m, f* [pessoa] bourgeois.

burguesia [buxge'zia] *f* bourgeoisie.

burla ['buxla] *f* **-1.** [fraude] double-dealing. **-2.** [zombaria] jeering.

burlar [bux'la(x)] *vt* **-1.** [fraudar, lesar] to cheat. **-2.** [enganar] to deceive. **-3.** [lei] to defraud.

burocracia [burokra'sia] *f* bureaucracy.

burocrata [buro'krata] *m f* bureaucrat.

burrice [bu'xisi] *f* **-1.** [estupidez] stupidity. **-2.** [ato, dito] something stupid; **foi** ~ **minha ter aceitado a proposta** it was silly of me to accept that offer.

burro, a ['buxu, xa] <> *adj* stupid. <> *m, f* [pessoa imbecil] ass.
- **burro** *m ZOOL* donkey.
- **pra burro** *fam loc adv*: **ele pinta mal pra** ~ he paints terribly; **a mulher do hotel era feia pra** ~ the woman in the hotel was terribly ugly.

busca ['buʃka] *f* search; **em** ~ **de** in search of; **dar** ~ **a** to search for.

buscador [buʃka'do(x)] *m COMPUT* search engine.

buscar [buʃ'ka(x)] *vt* -**1.** [procurar] to search for. -**2.** [tratar de obter] to seek. -**3.** [pegar, trazer] to fetch; **ir** ~ to go and fetch; **mandar** ~ to send for. -**4.** [esforçar-se por]: ~ **fazer algo** to try to do sthg. -**5.** *COMPUT* to search.

bússola ['busola] *f* compass.

bustiê [buʃ'tʃjel *m* bustier.

busto ['buʃtu] *m* -**1.** [ger] bust; **ela tem 85 cm de** ~ her bust size is 85 cm. -**2.** [torso] torso.

butique [bu'tʃiki] *f* boutique.

buzina [bu'zina] *f* horn, hooter.

buzinar [buzi'na(x)] ◇ *vt* -**1.** *AUTO* to honk. -**2.** *fig* [dizer com insistência] to harp on. ◇ *vi AUTO* to honk.

búzio ['buzju] *m* [concha] conch.

byte ['bajtʃi] *m COMPUT* byte.

C

c, C ['se] *m* [letra] c, C.
◆ **C** *abrev de* **celsius**.

cá [ka] *adv* -**1.** [lugar] here; **vem** ~! come here!; **de** ~ **para lá** from here to there; **do lado de** ~ this side. -**2.** [tempo]: **de uma semana para** ~ for the past week. -**3.** [na intimidade]: ~ **entre nós** just between ourselves.

CA (*abrev de* **Centro Acadêmico**) *m* centre in a Brazilian university where students meet to discuss problems concerning their course etc.

caatinga [ka'tʃĩga] *f* caatinga.

cabal [ka'baw] (*pl* -**ais**) *adj* -**1.** [pleno, completo] utter. -**2.** [exato] complete. -**3.** [prova] ultimate.

cabalístico, ca [kaba'liʃtʃiku, ka] *adj* cabalistic.

cabana [ka'bãna] *f* hut.

cabaré [kaba'rɛ] *m* cabaret.

cabeça [ka'besa] ◇ *f* -**1.** [ger] head; **de** ~ [calcular] in one's head; **de** ~ **first**; **por** ~ per head; **passar pela** ~ to cross one's mind; **subir à** ~ [suj: sucesso, dinheiro] to go to one's head; ~ **fria** *fig* cool-headed; ~ **a** ~ neck and neck. -**2.** [inteligência] mind; **usar a** ~ to use one's head. -**3.** [pessoa inteligente] brains. -**4.** [topo, parte de cima]: **de** ~ **para baixo** upside down. -**5.** [de lista] top. -**6.** *fam* [de glande] glans. -**7.** [loc]: **fazer a** ~ **de alguém** to influence sb's thinking; **não esquentar a** ~ *fam* not to

get hot and bothered; **perder a** ~ to lose one's head. ◇ *mf* head.

cabeçada [kabe'sada] *f* -**1.** [pancada] headbutt. -**2.** *FUT* header.

cabeçalho [kabe'saʎu] *m* -**1.** [de livro] title. -**2.** [de página, capítulo] heading.

cabecear [kabe'sja(x)] *FUT vt* [bola] to head.

cabeceira [kabe'sejra] *f* head; **livro de** ~ bedside book.

cabeçudo, da [kabe'sudu, da] *adj* -**1.** [de cabeça grande] big-headed. -**2.** *fam* [teimoso] pig-headed.

cabeleira [kabe'lejra] *f* -**1.** [natural] head of hair. -**2.** [peruca] wig.

cabeleireiro, ra [kabelej'rejru, ra] *m, f* [profissional] hairdresser.
◆ **cabeleireiro** *m* [salão] hairdressing salon.

cabelo [ka'belu] *m* [ger] hair; ~ **liso/ crespo/pixaim** straight/curly/woolly hair.

cabeludo, da [kabe'ludu, da] *adj* -**1.** hairy. -**2.** *fam fig* [complicado, obsceno] hairy.
◆ **cabeludo** *m fam* [homem] hairy man.

caber [ka'be(x)] *vi* -**1.** [ger] to fit; ~ **(em)** to fit (in); ~ **fazer algo** to have to do sthg. -**2.** [ser oportuno] to be time to. -**3.** [competir]: ~ **a alguém fazer algo** to be the responsibility of sb to so sthg. -**4.** [partilha]: ~ **a alguém** to be allocated to sb.

cabide [ka'bidʒi] *m* [de armário] clothes hanger; [de pé] coat hanger; [de parede] coat hook; ~ **de empregos** *fig* [pessoa] Jack-of-all-trades (but master of none); *fig* [empresa estatal] jobs-for-the-boys organisation.

cabimento [kabi'mẽntu] *m* [adequação] sense; **ter/não ter** ~ to make/not to make sense.

cabine [ka'bini] *f* -**1.** [ger] cabin. -**2.** [telefônica] phone box *UK*, phone booth *US*. -**3.** [guarita] sentry box. -**4.** *FERRO* [compartimento] carriage, compartment. -**5.** *AERON* [de comando] cockpit. -**6.** [vestuário] changing room.

cabisbaixo, xa [kabiz'bajʃu, ʃa] *adj* crestfallen.

cabo ['kabu] *m* -**1.** [de panela, faca, vassoura] handle. -**2.** [fim] end. -**3.** *CORDA*: ~ **de aço** iron cable. -**4.** *ELETR* cable. -**5.** *GEOGR* cape. -**6.** *MIL* corporal. -**7.** [fim]: **dar** ~ **de** [pessoa] to kill; [problema] to put an end to; [tarefa] to finish; **levar algo a** ~ [tarefa, projeto] to see sthg through; **ao** ~ **de** by the end of.

caboclo, cla [ka'boklu, cla] ◇ *adj* -**1.** [pele] copper-coloured. -**2.** [pessoa] bumpkinish. ◇ *m, f* -**1.** [mestiço de banco com índio] caboclo. **- 2.** [pessoa da roça] bumpkin.

cabra [ˈkabra] ◇ *f* [animal] goat. ◇ *m fam* [homem] guy.

cabra-cega [ˌkabraˈsɛga] (*pl* **cabras-cegas**) *f* blind man's buff.

cabreiro, ra [kaˈbrejru, ra] *adj fam* [desconfiado] suspicious.

cabresto [kaˈbrɛʃtu] *m* [para cavalos] halter.

cabrito [kaˈbritu] *m* kid.

caça [ˈkasa] ◇ *f* **- 1.** [ato] hunt. **- 2.** [animal - caçado por homem] game; [- caçado por outro animal] prey; game. **- 3.** [passatempo] hunting. ◇ *m AERON* fighter.

caçada [kaˈsada] *f* [jornada] hunting trip.

caçador, ra [kasaˈdo(x), ra] (*mpl* **-es**, *fpl* **-s**) *m, f* hunter.

caça-níqueis [ˌkasaˈnikejʃ] *m inv* **- 1.** [máquina] slot-machine. **- 2.** *fam* [empresa, loja] cowboy outfit.

cação [kaˈsãw] (*pl* **-ões**) *m* dogfish.

caçar [kaˈsa(x)] ◇ *vt* **- 1.** [animais] to hunt. **- 2.** [a tiro] to shoot. **- 3.** [buscar - documentos, prova, tesouro] to search for; [- recompensa] to seek. **- 4.** [perseguir] to hunt down. **- 5.** *fam* [marido] to hunt for. ◇ *vi* [andar à caça] to hunt.

cacarejar [kakareˈʒa(x)] *vi* to cluck.

caçarola [kasaˈrɔla] *f* casserole.

cacau [kaˈkaw] *m* **- 1.** [fruto] cacao. **- 2.** [semente] cocoa bean. **- 3.** [pó] cocoa.

cacetada [kaseˈtada] *f* whack (*with stick*).

cacete [kaˈsetʃi] ◇ *adj* [tedioso] tedious. ◇ *m* **- 1.** [porrete] truncheon. **- 2.** *vulg* [pênis] rod.

➡ **pra cacete** *mfam* ◇ *loc pron*: **gente pra** ~ shitloads of people. ◇ *loc adv*: **chato/bom/forte pra cacete** bloody boring/good/strong.

cachaça [kaˈʃasa] *f* sugar-cane brandy.

cachaceiro, ra [kaʃaˈsejru, ra] ◇ *adj* drunken. ◇ *m, f* drunkard.

cachê [kaˈʃe] *m* fee (*for performance*).

cacheado, da [kaˈʃjadu, da] *adj* curly.

cachecol [kaʃeˈkɔw] (*pl* **-óis**) *m* scarf.

cachimbo [kaˈʃĩbul *m* pipe.

cacho [ˈkaʃu] *m* **- 1.** [ger] bunch. **- 2.** [de cabelos - anel] lock; [- mecha] strand.

cachoeira [kaˈʃwejra] *f* waterfall.

cachorra [kaˈʃoxa] *f* ⊳ **cachorro.**

cachorrada [kaʃoˈxada] *f* **- 1.** [matilha] pack of dogs. **- 2.** *fam fig* [canalhice] scam; **fazer uma** ~ **com alguém** to scam sb.

cachorro, rra [kaˈʃoxu, ra] *m, f* **- 1.** [cão] dog; **soltar os** ~ **s (em cima de alguém)** *fig* to lash out (at sb). **- 2.** *fam pej* [patife] bastard.

cachorro-quente [kaˌʃoxuˈkẽtʃi] (*pl* **cachorros-quentes**) *m* hot dog.

cacique [kaˈsiki] *m* **- 1.** [indígena] cacique, tribal chief. **- 2.** *fig* [chefão] boss.

caco [ˈkaku] *m* **- 1.** [de vidro etc] shard. **- 2.** *fam* [pessoa]: **estar um** ~ [estar velho] to be a wreck; [estar desgastado] to be a wreck; [estar exausto] to be wiped out.

caçoar [kaˈswa(x)] *vi* to mock; ~ **de algo/alguém** to make fun of sthg/sb.

cações [kaˈsõjʃ] *pl* ⊳ **cação.**

cacoete [kaˈkwetʃi] *m* tic.

cacto [ˈkaktu] *m* cactus.

caçula [kaˈsula] ◇ *adj* youngest. ◇ *mf* youngest child.

CAD (*abrev de* **Computer Aided Design**) *m* CAD.

cada [ˈkada] *adj* (*inv*) **- 1.** [valor de unidade] each; **uma coisa de** ~ **vez** one thing at a time; ~ (**um**) [em preço] each; ~ **qual**, ~ **um** each one. **- 2.** [todo] every; **a** ~ **every; aumentar a** ~ **dia** to increase from day to day. **- 3.** [valor intensivo] such.

cadafalso [kadaˈfawsu] *m* gallows (*pl*).

cadarço [kaˈdaxsu] *m* shoelace.

cadastramento [kadaʃtraˈmẽntu] *m* registration.

cadastro [kaˈdaʃtru] *m* **- 1.** [registro] register. **- 2.** [ato] registration. **- 3.** [ficha de criminoso] criminal record. **- 4.** [de banco, clientes] records (*pl*). **- 5.** [de imóveis] land registry. **- 6.** *COMPUT* [de dados] data record.

cadáver [kaˈdavɛ(x)] (*pl* **-es**) *m* corpse.

cadê [kaˈde] *adv fam* where is/are.

cadeado [kaˈdʒjadu] *m* padlock.

cadeia [kaˈdeja] *f* **- 1.** [ger] chain. **- 2.** [prisão] prison. **- 3.** [série, seqüência] series (*inv*); ~ **de montanhas** mountain range. **- 4.** [de emissoras de TV] network.

cadeira [kaˈdejra] *f* **- 1.** [ger] chair; ~ **de balanço** rocking chair; ~ **de rodas** wheelchair. **- 2.** [disciplina] subject. **- 3.** [em teatro] seat.

➡ **cadeiras** *fpl ANAT* hips.

cadela [kaˈdɛla] *f* [cão] bitch ⊳ **cão.**

cadência [kaˈdẽsja] *f* **- 1.** [ritmo] rhythm. **- 2.** [de estilo, fala] cadence.

caderneta [kadexˈnɛta] *f* **- 1.** [livrete] note pad. **- 2.** [escolar] mark sheet. **- 3.** *FIN*: ~ **de poupança** savings account.

caderno [kaˈdɛxrnu] *m* **- 1.** [de notas] notebook. **- 2.** [de jornal] section.

cadete [kaˈdetʃi] *m* cadet.

caducar [kaduˈka(x)] *vi* **- 1.** [prazo, documento, lei] to expire. **- 2.** [pessoa] to become senile.

caduco, ca [kaˈduku, ka] *adj* **- 1.** [prazo, documento, lei] expired. **- 2.** [pessoa] senile. **- 3.** *BOT* deciduous.

cães [ˈkãjʃ] *pl* ⊳ **cão.**

cafajeste [kafa'ʒɛʃtʃi] *fam* ◇ *adj* **-1.** [canalha] crooked. **-2.** [vulgar] vulgar. ◇ *mf* [pessoa canalha] con man.

café [ka'fɛ] *m* **-1.** [ger] coffee; ~ (**preto**) black coffee; ~ **com leite** white coffee *UK*, coffee with cream *US*; ~ **expresso** espresso. **-2.** [desjejum]: ~ (**da manhã**) breakfast. **-3.** [estabelecimento] café.

cafeeiro, ra [kafe'ejru, ra] ◇ *adj* [setor, indústria] coffee *(antes de subst)*. ◇ *m* coffee bush.

cafeína [kafe'ina] *f* caffeine.

cafetão, tina [kafe'tãw, tʃina] *(mpl -ões, fpl -s)* *m, f* pimp.

cafeteira [kafe'tejra] *f* coffee pot.

cafetina [kafe'tʃina] *f* ▷ **cafetão**.

cafezal [kafe'zaw] *(pl -ais)* *m* coffee plantation.

cafezinho [kafɛ'ziɲu] *m fam* small black coffee.

cafona [ka'fona] ◇ *adj* [pessoa, roupa, música] tacky. ◇ *mf* [pessoa] tacky person.

cafuné [kafu'nɛ] *m*: **fazer ~ em alguém** to scratch sb's head gently.

cagada [ka'gada] *f vulg* crap.

cágado ['kagadu] *m* terrapin.

cagar [ka'ga(x)] *vulg vi* **-1.** [defecar] to have a crap. **-2.** *fig* [menosprezar]: ~ **para alguém/algo** not to give a shit about sb/sthg.

caiado, da [ka'jadu, da] *adj* ≃ white-washed.

caiaque [ka'jaki] *m* kayak.

caiar [ka'ja(x)] *vt* to whitewash.

caído, da [ka'idu, da] *adj* **-1.** [derrubado] fallen. **-2.** [pendente] droopy. **-3.** *fig* [abatido] depressed. **-4.** *fig* [desanimado] subdued. **-5.** *fig* [feio] saggy.
◆ **caída** *f* [queda] fall.

caipira [kaj'pira] *fam* ◇ *adj* provincial. ◇ *mf* [pessoa - do interior] country bumpkin; [- sem traquejo social] boor.

caipirinha [kajpi'riɲa] *f* caipirinha, *cocktail made with sugar-cane brandy and lime juice.*

cair [ka'i(x)] *vi* **-1.** [ger] to fall; ~ **em** to fall into. **-2.** [desabar] to collapse. **-3.** [desprender-se - dente, cabelo, folha] to fall out; [- botão] to fall off. **-4.** [deixar-se enganar] to fall for. **-5.** *euf* [ser morto] to fall. **-6.** *EDUC* [em prova] to crop up. **-7.** *loc*: ~ **bem/mal** [penteado, roupa, cor] to suit/not to suit; [frase, atitude] to go down well/badly; [comida, bebida] to agree/not to agree with; ~ **em si** [reconhecer o erro] to accept one's mistake; [voltar à realidade] to come down to earth; **não ter onde ~ morto** to have nothing to one's name.

cais ['kajʃ] *m inv* quay.

caixa ['kajʃa] ◇ *f*-**1.** [ger] box; ~ **acús-** tica loudspeaker. **-2.** [para correspondência]: ~ **de correio** postbox *UK*, mailbox *US*; ~ **postal** *ou* **de coleta** postal box. **-3.** [mecanismo]: ~ **de marchas** *ou* **de mudanças** gearbox. **-4.** [máquina]: ~ **registradora** cash till. **-5.** [seção] till. **-6.** [banco] savings bank; ~ **dois** unde-clared assets; ~ **econômica** national savings bank. **-7.** *TIP* : ~ **alta/baixa** upper/lower case. ◇ *m* **-1.** [máquina]: ~ **eletrônico** cashpoint. **-2.** [livro] ledger; ~ **dois** fraudulent books *(pl)*. ◇ *mf* [funcionário] cashier.

caixa-d'água ['kajʃa'dagwa] *(pl caixas-d'água)* *f* water tank.

caixa-de-fósforos ['kajʃadʒi'fɔʃforuʃ] *f fam* [habitação, carro] matchbox.

caixa-forte ['kajʃa'fɔxtʃi] *(pl caixas-fortes)* *f* safe.

caixão [kaj'ʃãw] *(pl -ões)* *m* [ataúde] coffin.

caixa-preta ['kajʃa'preta] *(pl caixas-pretas)* *f AERON* black box.

caixeiro-viajante, caixeira-viajante [kaj,ʃejruvja'ʒãntʃi, kaj,ʃejravja'ʒãntʃil *m, f* commercial traveller.

caixilho [kaj'ʃiʎu] *m* [moldura] frame.

caixões [kaj'ʃõjʃ] *pl* ▷ **caixão**.

caixote [kaj'ʃɔtʃi] *m* crate.

caju [ka'ʒu] *m* cashew.

cajueiro [ka'ʒwejru] *m* cashew tree.

cal ['kaw] *f* **-1.** [substância] lime, quick-lime. **-2.** [extinta] slaked lime. **-3.** [para caiar] whitewash.

calabouço [kala'bosuł *m* dungeon.

calado, da [ka'ladu, da] *adj* quiet.

calafetagem [kalafe'taʒẽ] *(pl -ns)* *f* caulking.

calafrio [kala'friw] *m* shiver; **ter ~s** to have the shivers.

calamar [kala'ma(x)] *m* squid.

calamidade [kalami'dadʒi] *f* calamity.

calamitoso, tosa [kalami'tozu, tɔza] *adj* calamitous.

calar [ka'la(x)] ◇ *vt* **-1.** [ocultar] to keep quiet about. **-2.** [silenciar] to silence; **cala a boca!** shut up! **-3.** [conter] to ignore. **-4.** *euf* [armas, canhões] to silence. ◇ *vi* [manter-se em silêncio] to keep quiet.
◆ **calar-se** *vp* [parar de falar] to go quiet, to stop talking.

calça ['kawsa] *f* trousers *UK (pl)*, pants *US (pl)*.

calçada [kaw'sada] *f* pavement *UK*, sidewalk *US*.

calçadão [kawsa'dãw] *(pl -ões)* *m* pave-ment.

calçadeira [kawsa'dejra] *f* shoehorn.

calçado, da [kaw'sadu, da] *adj* **-1.** [cami-nho, rua] paved. **-2.** [pessoa, pé] with shoes on *(depois de subst)*.

➡ **calçado** *m* [sapato, tênis] footwear.

calçamento [kawsa'mẽntul] *m* paving.

calcanhar [kawka'ɲa(x)] (*pl* **-es**) *m* heel.

calção [kaw'sãw] (*pl* **-ões**) *m* shorts (*pl*); ~ **de banho** swim shorts (*pl*).

calcar [kaw'ka(x)] *vt* **-1.** [pisar] to tread on. **-2.** *fig* [basear]: ~ **algo em** to base sthg on.

calçar [kaw'sa(x)] *vt* **-1.** [sapatos, luvas] to put on; [tamanho] to take a size. **-2.** [pavimentar] to pave. **-3.** [pôr calço em] to wedge.

➡ **calçar-se** *vp* [pôr sapatos] to put one's shoes on.

calcário, ria [kaw'karju, rja] *adj* **-1.** [substância, pedra] chalky, calcareous. **-2.** [água] hard.

➡ **calcário** *m* [rocha] limestone.

calcinha [kaw'siɲa] *f* panties (*pl*).

cálcio ['kawsju] *m* calcium.

calço ['kawsu] *m* [cunha] wedge.

calções [kal'sõiʃ] *pl* ▷ **calção**.

calculadora [kawkula'dora] *f* calculator.

calcular [kawku'la(x)] ◇ *vt* **-1.** [fazer a conta de] to calculate. **-2.** [avaliar, estimar] to estimate. **-3.** [imaginar] to imagine. **-4.** [supor, prever]: ~ **que** to guess that. ◇ *vi* [fazer contas] to calculate.

calculista [kawku'liʃta] ◇ *adj* calculating. ◇ *mf* opportunist.

cálculo ['kawkulu] *m* **-1.** [conta] calculation. **-2.** [estimativa] estimate. **-3.** *MAT* calculus. **-4.** *MED* stone; ~ **renal** kidney stone.

calda ['kawda] *f* syrup.

caldeira [kaw'dejra] *f* *TEC* boiler.

caldeirão [kawdej'rãw] (*pl* **-ões**) *m* cauldron.

caldo ['kawdu] *m* **-1.** [sopa] broth; ~ **verde** green vegetable and potato soup. **-2.** [sumo] juice; ~ **de cana** sugar-cane juice. **-3.** [tempero]: ~ **de carne/galinha** beef/chicken stock.

calefação [kalefa'sãw] *f* heating.

calendário [kalẽn'darju] *m* calendar.

calha ['kaʎa] *f* **-1.** [sulco] channel. **-2.** [para a chuva] gutter.

calhamaço [kaʎa'masu] *m* tome.

calhar [ka'ʎa(x)] *vi* **-1.** [concidir] to happen that; **calhou de elas usarem vestidos iguais** they happened to be wearing the same dress. **-2.** [convir]: **vir a** ~ to come at just the right time.

calibragem [kali'braʒẽj] (*pl* **-ns**) *f* calibration.

calibre [ka'libri] *m* [de cano] calibre.

cálice ['kalisi] *m* **-1.** [taça] liqueur glass. **-2.** *RELIG* chalice.

cálido, da ['kalidu, da] *adj* warm.

caligrafia [kaligra'fia] *f* **-1.** [arte] calligraphy. **-2.** [letra] handwriting.

calista [ka'liʃta] *m f* chiropodist *UK*, podiatrist *US*.

calma ['kawma] *f* ▷ **calmo**.

calmante [kaw'mãntʃi] ◇ *adj* calming. ◇ *m* tranquillizer.

calmaria [kaw'maria] *f* lull.

calmo, ma ['kawmu, ma] *adj* [ger] calm.

➡ **calma** *f* **-1.** [quietude] tranquillity. **-2.** [serenidade] serenity; **calma!** just a moment!

calo ['kalu] *m* [endurecimento da pele] callus; [no pé] corn.

calor [ka'lo(x)] *m* **-1.** [ger] heat; **estar com** ~, **sentir** ~ to be/feel hot; **fazer** ~ to be hot. **-2.** [quentura] warmth.

calorento, ta [kalo'rẽntu, ta] *adj* **-1.** [pessoa] sensitive to heat. **-2.** [local] hot.

caloria [kalo'ria] *f* calorie.

caloroso, osa [kalo'rozu, ɔza] *adj* **-1.** [ger] warm. **-2.** [manifestação, protesto] fervent.

calota [ka'lɔta] *f* *AUTO* hubcap.

calouro, ra [ka'loru, ra] *m, f* **-1.** *EDUC* fresher *UK*, freshman *US*. **-2.** [novato] novice.

calúnia [ka'lunja] *f* calumny.

calunioso, niosa [kalu'njozu, njɔza] *adj* slanderous.

calvo, va ['kawvu, va] *adj* bald.

cama ['kãma] *f* bed; ~ **de casal** double bed; ~ **de solteiro** single bed; **estar de** ~ [estar doente] to be bedridden.

camada [ka'mada] *f* **-1.** [ger] layer. **-2.** [de tinta] coat.

camafeu [kama'few] *m* cameo.

câmara ['kãmara] *f* **-1.** [ger] chamber; **Câmara dos Deputados** House of Representatives. **-2.** *CINE & FOTO* camera; ~ **escura** darkroom. **-3.** *TV* television camera; **em** ~ **lenta** in slow motion. **-4.** [de pneu]: ~ **(de ar)** inner tube.

camarada [kama'rada] *adj* **-1.** [amigável] friendly. **-2.** [preço] good.

camarão [kama'rãw] (*pl* **-ões**) *m* **-1.** [comum] shrimp. **-2.** [graúdo] prawn.

camareiro, ra [kama'rejru, ra] *m, f* **-1.** [in hotel] chambermaid, room cleaner. **-2.** [on boat] cabin cleaner.

camarim [kama'rĩ] (*pl* **-ns**) *m* dressing room.

camarote [kama'rɔtʃi] *m* **-1.** *NÁUT* cabin. **-2.** *TEATRO* box.

cambaleante [kãnba'ljãntʃi] *adj* unsteady.

cambalear [kãnba'lja(x)] *vi* to stagger.

cambalhota [kãnba'ʎɔta] *f* somersault.

câmbio ['kãnbju] *m* **-1.** [ger] exchange; ~ **livre** free trade; ~ **negro** black economy; ~ **oficial/paralelo** official/parallel exchange; [taxa] exchange rate. **-2.** *AUTO* [mudança] gear stick.

cambista [kãn'biʃta] *mf* **-1.** [de moeda]

money changer. **-2.** [de ingressos] (ticket) tout.

camburão [kãnbu'rãw] (*pl* **-ões**) *m* police van.

camelo [ka'melu] *m* **-1.** [animal] camel. **-2.** *fig* [pessoa burra] idiot.

camelô [kame'lo] *m* pedlar.

câmera [ˈkãmera] ⟨⟩ *f* camera. ⟨⟩ *mf* [operador] camera operator.

caminhada [kami'ɲada] *f* **-1.** [passeio] walk. **-2.** [extensão] trek.

caminhão [kami'ɲãw] (*pl* **-ões**) *m* lorry *UK*, truck *US*.

caminhar [kami'ɲa(x)] *vi* **-1.** [andar] to walk. **-2.** [progredir] *fig* to progress; ~ **para** to lead to.

caminho [ka'miɲu] *m* **-1.** [via, estrada] road. **-2.** [extensão, direção] way. **-3.** *fig* [meio] way. **-4.** *fig* [rumo] route.

caminhoneiro, ra [kamiɲo'nejru, ra] *m, f* lorry driver *UK*, truck driver *US*.

caminhonete [kamjo'nɛtʃil, **camione-ta** [kamio'nɛta] *f* van.

camisa [ka'miza] *f* shirt; ~ **esporte** sports shirt; ~ **pólo** polo shirt; ~ **social** dress shirt.

camisa-de-força [ka,mizadʒi'foxsa] (*pl* **camisas-de-força**) *f* straitjacket.

camisa-de-vênus [ka,mizaʒdʒi'venuʃ] = **camisinha.**

camiseta [kami'zɛta] *f* T-shirt.

camisinha [kami'ziɲa] *f* condom.

camisola [kami'zɔla] *f* nightdress.

camomila [kamo'mila] *f* camomile.

campainha [kãmpa'iɲa] *f* bell.

campanha [kãn'pãɲa] *f* **-1.** [ger] campaign; **fazer** ~ **(de/contra)** to campaign for/against. **-2.** [planície] plain.

campeão, ã [kãn'pjãw, ã] (*mpl* **-ões**, *fpl* **-s**) ⟨⟩ *adj* [time etc] champion. ⟨⟩ *m, f* champion.

campeonato [kãmpjo'natu] *m* championship.

campestre [kãn'pɛʃtri] *adj* rural.

camping [kãn'pĩŋ] *m* **-1.** [atividade] camping. **-2.** [lugar] campsite.

campismo [kãn'piʒmu] *m* camping.

campista [kãn'piʃta] *mf* camper.

campo [ˈkãnpu] *m* **-1.** [ger] field. **-2.** [zona rural] countryside; **casa de** ~ country house. **-3.** [área] camp; ~ **de concentração** concentration camp. **-4.** *ESP*: ~ **de golfe** golf course; ~ **de tênis** tennis court. **-5.** *fig* [âmbito] field. **-6.** *fig* [ocasião] scope. **-7.** *loc*: **embolar o meio de** ~ to mess it all up.

Campo Grande [ˌkãnpu'grãndʒi] *n* Campo Grande.

camponês, esa [ˈkãnpo'neʃ, eza] (*mpl* **-eses**, *fpl* **-s**) ⟨⟩ *adj* rural. ⟨⟩ *m, f* countryman (*f* countrywoman).

campus [ˈkãnpuʃ] *m inv* campus.

camuflado, da [kamu'fladu, da] *adj* camouflaged.

camuflagem [kamu'flaʒẽ] (*pl* **ns**) *f* camouflage.

camundongo [kamũn'dõŋgu] *m* mouse.

camurça [ka'muxsa] *f* suede.

cana [ˈkãna] *f* **-1.** [ger] cane. **-2.** *fam* [cachaça] gut-rot, cachaça, *sugar-cane brandy*. **-3.** *fam* [cadeia] jail; **ir em** ~ to be locked up.

Canadá [kana'da] *n*: **(o)** ~ Canada.

cana-de-açúcar [ˌkãnadʒia'suka(x)] (*pl* **canas-de-açúcar**) *f* sugar cane.

canadense [kana'dẽsi] ⟨⟩ *adj* Canadian. ⟨⟩ *mf* Canadian.

canal [ka'naw] (*pl* **-ais**) *m* **-1.** [ger] canal. **-2.** *GEOGR, TV* channel. **-3.** [conduto] pipe. **-4.** *fig* [meio, via] channel.

canalha [ka'naʎa] ⟨⟩ *adj* despicable. ⟨⟩ *mf* rotter.

canalizar [kanali'za(x)] *vt* **-1.** [rios] to channel. **-2.** [pôr canos de esgotos] to lay with pipes. **-3.** [abrir canais] to canalize. **-4.** *fig* [dirigir] to channel.

Canárias [ka'narjaʃ] *npl*: **as (Ilhas)** ~ the Canary Islands, the Canaries.

canário [ka'narju] *m* canary.

canastrão, trona [kanaʃ'trãw, trona] (*mpl* **-ões**, *fpl* **-s**) *m, f* TEATRO ham actor.

canavial [kana'vjaw] (*pl* **-ais**) *m* cane field.

canção [kãn'sãw] (*pl* **-ões**) *f* song.

cancela [kãn'sɛla] *f* gate.

cancelamento [kãnsela'mẽntu] *m* **-1.** [passagem] cancellation. **-2.** [processo] overruling.

cancelar [kãnse'la(x)] *vt* **-1.** [anular] to cancel. **-2.** [riscar] to cross out. **-3.** [desistir de] to call off. **-4.** [suprimir - atividade, pagamento] to cancel; [- regalia] to revoke.

câncer [ˈkãse(x)] (*pl* **-es**) *m* MED cancer.

⟶ **Câncer** *m* ASTRO Cancer; **Trópico de** ~ Tropic of Cancer.

canceriano, na [ˌkãse'rjãnu, na] ⟨⟩ *adj* ASTRO Cancerian. ⟨⟩ *m, f* Cancerian.

canções [kãn'sõjʃ] *pl* ⟶ **canção.**

candelabro [kãnde'labru] *m* **-1.** [castiçal] candlestick. **-2.** [lustre] chandelier.

candidatar-se [kãndʒida'taxsi] *vp* **-1.** [à presidência da república] to stand for. **-2.** [à vaga] to apply for.

candidato, ta [kãndʒi'datu, ta] *m* **-1.** POL candidate. **-2.** [pretendente - a vaga] applicant; [- a exame] candidate.

candidatura [kãndʒida'tural *f* **-1.** [ger] candidature. **-2.** [proposta] application.

cândido, da [ˈkãndʒidu, da] *adj* **-1.** [imaculado] candid. **-2.** *fig* [inocente] naive.

candomblé [kãndõn'blɛ] *m* **-1.** [religião]

Yoruba religious tradition in Bahia and its ceremony. **-2.** [local] Candomblé shrine.

caneca [ka'nɛkal *f* mug.

canela [ka'nɛla] *f* **-1.** [especiaria] cinnamon. **-2.** ANAT shin.

caneta [ka'netal *f* pen; ~ **esferográfica** ballpoint pen.

caneta-tinteiro [ka,netatʃĩn'tejru] (*pl* **canetas-tinteiros**) *f* fountain pen.

cangote [kãŋ'gotʃi] *m* (back of the) neck.

canguru [kãŋgu'ru] *m* kangaroo.

cânhamo ['kãŋamu] *m* hemp.

canhão [ka'nãw] (*pl* -ões) *m* MIL cannon.

canhões [ka'nõʃʃ] *pl* ⊳ **canhão**.

canhoto, ta [ka'ɲotu, tal ◇ *adj* left-handed. ◇ *m, f* left-handed person.
➡ **canhoto** *m* [em talão] stub.

canibal [kani'baw] (*pl* -ais) ◇ *adj* cannibalistic. ◇ *m, f* cannibal.

caniço [ka'nisu] *m* **-1.** PESCA rod. **-2.** *fam* [perna fina] pin.

canil [ka'niw] (*pl* -is) *m* kennel.

caninha [ka'niɲa] *f* sugar-cane alcohol.

canino, na [ka'ninu, nal *adj* **-1.** [ger] canine. **-2.** [fome] ravenous.
➡ **canino** *m* [dente] canine.

canivete [kani'vetʃi] *m* penknife.

canja ['kãʒa] *f* **-1.** CULIN thin broth of rice and chicken. **-2.** MÚS : **dar uma** ~ to do a turn.

canjica [kãn'ʒika] *f* a sweet dish of maize, coconut milk and cinnamon.

cano ['kãnu] *m* **-1.** [tubo] pipe; ~ **de esgoto** sewer pipe. **-2.** [de arma] barrel. **-3.** [de bota] leg. **-4.** [trambique] swindle. **-5.** *loc*: **entrar pelo** ~ to come a cropper.

canoa [ka'noa] *f* canoe.

canonização [kanoniza'sãw] (*pl* -ões) *f* canonization.

cansaço [kãn'sasu] *m* weariness.

cansado, da [kãn'sadu, dal *adj* **-1.** [fatigado] tired. **-2.** [enfastiado] weary.

cansar [kãn'sa(x)] ◇ *vt* **-1.** [fatigar] to tire. **-2.** [entediar] to bore. ◇ *vi* **-1.** [ficar cansado] to get tired; ~ **de algo/alguém** to get tired of sthg/sb; ~ **de fazer algo** to be tired of doing sthg. **-2.** [fazer ficar cansado] to be tiring. **-3.** [aborrecer] to be boring. **-4.** [desistir]: ~ **de fazer algo** to weary of doing sthg.
➡ **cansar-se** *vp* **-1.** [fatigar-se] to get tired. **-2.** [entediar-se]: ~**-se de algo** to get bored with sthg. **-3.** [aborrecer-se]: ~**-se de algo** to become weary of sthg.

cansativo, va [kãnsa'tʃivu, val *adj* **-1.** [fatigante] tiring. **-2.** [enfadonho] boring.

canseira [kãn'sejra] *f* **-1.** [cansaço] weariness. **-2.** *fam* [esforço] hassle.

cantar [kãn'ta(x)] ◇ *vt* **-1.** [ger] to sing.

-2. [dizer em voz alta] to sing out. ◇ *vi* MÚS to sing.

cantarolar [kãntaro'la(x)] *vt & vi* to hum.

canteiro [kãn'tejru] *m* **-1.** [jardim]: ~ **de flores** flower bed. **-2.** [construção]: ~ **de obras** work site. **-3.** [operário] stone mason.

cantiga [kãn'tʃiga] *f* ballad.

cantil [kãn'tʃiw] (*pl* -is) *m* **-1.** [frasco] flask. **-2.** [ferramenta] plane.

cantina [kãn'tʃinal *f* canteen.

canto ['kãntul *m* **-1.** [ger] corner. **-2.** [de triângulo] angle. **-3.** [lugar retirado] quiet corner. **-4.** [MÚS - som musical] song; ~ **gregoriano** Gregorian chant; [- arte] singing.

cantor, ra [kãn'to(x), ral (*mpl* -es, *fpl* -s) *m, f* singer.

canudo [ka'nudul *m* **-1.** [tubo] tube. **-2.** [para beber] straw. **-3.** *fam* [diploma] certificate.

cão ['kãw] (*pl* cães) *mf* **-1.** ZOOL dog. **-2.** *loc*: **quem não tem** ~ **caça com gato** there is more than one way to skin a cat.
➡ **de cão** *loc adj* [dia, férias etc] dreadful.

caolho, lha [ka'oʎu, ʎal ◇ *adj* **-1.** [zarolho] one-eyed. **-2.** [estrábico] cross-eyed. ◇ *m, f* **-1.** [pessoa zarolha] one-eyed person; **ele é um** ~ he only has one eye. **-2.** [pessoa estrábica] cross-eyed person.

caos ['kawʃl *m inv* chaos.

caótico, ca [ka'ɔtʃiku, kal *adj* chaotic.

capa ['kapal *f* **-1.** [ger] cover; ~ **dura** hard cover; **de** ~ **dura** hardback. **-2.** [roupa] cape; ~ **(de chuva)** rain cape. **-3.** *fig* [aparência] cloak.

capacete [kapa'setʃil *m* helmet.

capacho [ka'paʃul *m* **-1.** [tapete] door mat. **-2.** *fig* [pessoa servil] toady.

capacidade [kapasi'dadʒil *f* **-1.** [ger] capacity. **-2.** [habilidade] ability. **-3.** *fig* [sumidade] genius.

capacitar [kapasi'ta(x)] *vt* [habilitar]: ~ **alguém a fazer algo** to prepare sb to do sthg.

capado, da [ka'padu, dal ◇ *adj* [castrado] castrated. ◇ *m* gelded pig.

capataz [kapa'taʒ] *m* foreman.

capaz [ka'paʃ] (*pl* -es) *adj* **-1.** [competente] competent. **-2.** [apropriado] capable. **-3.** [provável]: **é** ~ **de nevar** it might snow. **-4.**: **ser** ~ **de fazer algo** [dispor-se a, ter coragem de] to be capable of doing sthg.

capcioso, osa [kap'sjozu, ɔzal *adj* [pergunta] trick.

capela [ka'pɛla] *f* chapel.

capenga [ka'pẽŋgal ◇ *adj* lame. ◇ *mf* cripple.

CAPES (*abrev de* **Coordenação de Aper-**

feiçoamento de Pessoal de Nível Superior) *f Brazilian educational body that finances postgraduate studies.*

capeta [ka'petal *m* - **1.** [diabo] devil. - **2.** *fam* [traquinas] troublemaker.

capim [ka'pĩ] *m* grass.

capinar [kapi'na(x)] *vt* [limpar] to weed.

capita ['kapital ◆ **per capita** *loc adj* per capita.

capital [kapi'taw] (*pl* -**ais**) ◇ *adj* - **1.** [essencial] major. - **2.** [pena] capital. ◇ *m ECON* capital. ◇ *f* [cidade] capital.

capitalismo [kapita'liʒmu] *m* capitalism.

capitalista [kapita'liʃta] ◇ *adj* capitalist. ◇ *mf* capitalist.

capitalização [kapitaliza'sãw] *f ECON* capitalization.

capitão, ã [kapi'tãw, ã] (*mpl* -**ães**, *fpl* -**s**) *m, f* - **1.** [ger] captain. - **2.** [chefe] leader.

capitular [kapitu'la(x)] ◇ *vi* to capitulate. ◇ *adj* capitular. ◇ *f* [letra] capital.

capítulo [ka'pitulu] *m* chapter.

capô [ka'po] *m AUTO* bonnet *UK*, hood *US*.

capoeira [ka'pwejra] *f* [dança] capoeira, *acrobatic game in dance form that is very popular in north-eastern Brazil.*

capoeirista [kapwej'riʃta] *mf person who does capoeira dancing.*

capota [ka'pɔta] *f AUTO* hood.

capotar [kapo'ta(x)] *vi* to overturn.

capricho [ka'priʃu] *m* - **1.** [esmero] care. - **2.** [vontade] whim. - **3.** [teimosia] obstinacy.

caprichoso, osa [kapri'ʃozu, ɔza] *adj* - **1.** [cuidadoso] meticulous. - **2.** [voluntarioso] capricious. - **3.** [teimoso] obstinate.

capricorniano, na [kaprikox'njãnu, na] ◇ *adj* Capricorn. ◇ *m, f* Capricorn.

Capricórnio [kapri'kɔxnju] *m ASTRO* Capricorn; **Trópico de** ~ Tropic of Capricorn.

cápsula ['kapsula] *f* capsule.

captar [kap'ta(x)] *vt* - **1.** [atrair] to win. - **2.** [sintonizar] to pick up. - **3.** [água] to collect. - **4.** [compreender] to catch.

captura [kap'tura] *f* capture.

capuz [ka'puʃ] (*pl* -**es**) *m* hood.

caqui [ka'ki] *m inv* kaki fruit.

cáqui ['kaki] ◇ *adj inv* khaki. ◇ *m* drill.

cara ['kara] ◇ *f* - **1.** [rosto] face; ~ a ~ face to face; **ser a** ~ **de alguém** to be the image of sb. - **2.** [aspecto] look. - **3.** [de moeda] side. - **4.** *fam* [coragem] nerve. ◇ *m* - **1.** *fam* [sujeito] guy. - **2.** *loc:* **dar de** ~ **com alguém** to bump into sb; **encher a** ~ *fam* to have a skinful; **estar com** ~ **de que** [parecer que] to look like; **estar na**

~ to be staring one in the face; **não ir com a** ~ **de alguém** not to be keen on sb.

carabina [kara'bina] *f* rifle.

Caracas [ka'rakaʃ] *n* Caracas.

caracol [kara'kɔw] (*pl* -**óis**) *m* - **1.** [molusco] snail. - **2.** [de cabelo] curl.
◆ **de caracol** *loc adj* [escada] spiral.

caractere [karak'tɛri] *m* character.

caracteres [karak'tɛriʃ] *pl* ▷ **caráter**.
◆ **caracteres** *mpl* - **1.** [características individuais] characteristics. - **2.** [legendas, créditos] credits.

característico, ca [karakte'riʃtʃiku, ka] *adj* characteristic.
◆ **característica** *f* characteristic.

caracterizar [karakteri'za(x)] *vt* - **1.** [descrever] characterize. - **2.** [TEATRO - maquilagem] to make up; [- indumentária] to dress.
◆ **caracterizar-se** *vp* [distinguir-se]: ~ - **se por** to be characterized by.

cara-de-pau [ˌkaradʒi'paw] *fam* ◇ *adj* shameless. ◇ *mf* shameless person.

carambola [karãm'bɔla] *f* star fruit.

caramelado, da [karame'ladu, da] *adj* caramelized.

caramelo [kara'mɛlu] *m* - **1.** [calda] caramel. - **2.** [bala] toffee.

caramujo [kara'muʒu] *m* shellfish.

caranguejo [karãŋ'gejʒu] *m* crab.

caraquenho, nha [kara'kẽɲu, ɲã] ◇ *adj* Caracas (*antes de subst*). ◇ *m, f person from Caracas.*

caratê [kara'te] *m* karate.

caráter [ka'rate(x)] (*pl* -**es**) *m* [índole, natureza, cunho] character; **uma pessoa de** ~ /**sem** ~ a person of good moral fibre/with no moral fibre.
◆ **a caráter** *loc adv* [vestir-se] in character.

caravana [kara'vãna] *f* caravan.

carboidrato [kaxbwi'dratu] *m* carbohydrate.

carbônico, ca [kax'boniku, ka] *adj* carbonic.

carbono [kax'bonu] *m QUÍM* carbon.

carburador [kaxbura'do(x)] (*pl* -**es**) *m* carburettor *UK*, carburator *US*.

carcaça [kax'kasa] *f* - **1.** [esqueleto] carcass. - **2.** [armação] frame. - **3.** [de navio] hull.

cárcere ['kaxseri] *m* jail.

carcereiro, ra [kaxse'rejru, ra] *m* jailer.

carcomer [kaxko'me(x)] *vt* [roer] to eat into.

carcomido, da [kaxko'midu, da] *adj* - **1.** [roído] worm-eaten. - **2.** [gasto] frayed. - **3.** *fig* [rosto] pockmarked.

cardápio [kax'dapju] *m* menu.

cardeal [kax'dʒjaw] (*pl* -**ais**) ◇ *m RELIG*

cardinal. <> *adj* [ponto] cardinal.

cardíaco, ca [kax'dʒiaku, ka] <> *adj* cardiac, heart; **ataque** ~ heart attack. <> *m, f* heart patient, person with heart problems.

cardigã [kaxdʒi'gã] *m* cardigan.

cardinal [kaxdʒi'naw] (*pl* -ais) *adj* cardinal.

cardiovascular [ˌkaxdʒjovaʃku'la(x)] (*pl* -es) *adj* cardiovascular.

cardume [kax'dumi] *m* shoal.

careca [ka'rɛka] <> *adj* bald; **estar** ~ **de saber algo** to know sthg full well. <> *m* bald man. <> *f* bald patch.

carecer [kare'se(x)] *vt* -1. [não ter]: ~ **de** to lack. -2. [precisar]: ~ **de** to need.

careiro, ra [ka'rejru, ra] *adj* pricey.

carência [ka'rẽnsja] *f* -1. [falta]: ~ **de** lack of. -2. [falta de afeto]: ~ **afetiva** lack of care. -3. [em seguro, financiamento]: **período de** ~ moratorium.

carente [ka'rẽntʃi] *adj* -1. [desprovido] lacking. -2. [pobre] needy.

carestia [kareʃ'tʃia] *f* -1. [custo alto] high cost. -2. [escassez] scarcity.

careta [ka'reta] <> *adj* -1. *fam* [conservador - pessoa] fuddy-duddy; [- roupa, festa] dated. -2. *fam* [que não usa drogas] clean. <> *f* [com o rosto] grimace; **fazer** ~ to pull faces.

caretice [kare'tʃisi] *f fam* [convencionalismo]: **meu pai é a** ~ **em pessoa** my father is as old-fashioned as they come.

carga ['kaxga] *f* -1. [ato] loading. -2. [carregamento] cargo. -3. [fardo] load. -4. [de arma de fogo] charge. -5. [de caneta] cartridge. -6. *ELETR*: ~ **elétrica** electric charge. -7. *fig* [peso] burden. -8. *fig* [responsabilidade] load.

cargo ['kaxgu] *m* -1. [função] post. -2. [responsabilidade] responsibility.

cargueiro, ra [kax'gejru, ra] *adj* cargo.

➡ **cargueiro** *m* cargo ship.

cariado, da [ka'riadu, da] *adj* [dente] decayed.

Caribe [ka'ribi] *n*: **o (mar do)** ~ the Caribbean (Sea).

caricatura [karika'tura] *f* -1. [desenho] caricature. -2. *fig* [reprodução mal-feita] distortion.

carícia [ka'risja] *f* caress.

caridade [kari'dadʒi] *f* -1. [benevolência] charity. -2. [esmola] alms (*pl*).

caridoso, osa [kari'dozu, ɔza] *adj* charitable.

cárie ['kari] *f* caries.

carimbar [karĩn'ba(x)] *vt* to stamp.

carimbo [ka'rĩnbu] *m* stamp.

carinho [ka'riɲu] *m* -1. [afago] caress. -2. [cuidado] care.

carinhoso, osa [kari'ɲozu, ɔza] *adj* affectionate.

carisma [ka'riʒma] *m* charisma.

caritativo, va [karita'tʃivu, va] *adj* charitable.

carnal [kax'naw] (*pl* -ais) *adj* -1. [da carne, do corpo] carnal. -2. [consanguíneo] blood- (*antes de subst*).

carnaval [kaxna'vaw] (*pl* -ais) *m* -1. [festa popular] carnival. -2. *fig* [desordem] mess. -3. *fig* [estardalhaço] racket.

carnavalesco, ca [kaxnava'leʃku, ka] *adj* -1. [relativo ao carnaval] carnival. -2. [extravagante] over the top.

➡ **carnavalesco** *m* -1. [folião] reveller. -2. [organizador] carnival planner.

carne ['kaxni] *f* -1. [ger] flesh; **em** ~ **e osso** in the flesh; **em** ~ **viva** raw; **ser de** ~ **e osso** *fig* to be only human, after all. -2. *CULIN* meat; ~ **assada** roast meat. -3. [parentesco] flesh and blood.

carnê [kax'ne] *m* [de pagamento] slate.

carne-de-sol [ˌkaxnidʒi'sɔw] (*pl* **carnes-de-sol**) *f CULIN* lightly dried meat.

carneiro [kax'nejru] *m* lamb.

carne-seca [ˌkaxni'seka] (*pl* **carnes-secas**) *f CULIN* dried meat.

carniça [kax'nisa] *f* carrion; **pular** ~ to play leapfrog.

carnificina [kaxnifi'sina] *f* carnage.

carnívoro, ra [kax'nivoru, ra] *adj* carnivorous.

➡ **carnívoro** *m* carnivore.

carnudo, da [kax'nudu, da] *adj* -1. [lábios] full. -2. [fruta, perna] plump.

caro, ra ['karu, ra] *adj* -1. [ger] expensive. -2. [querido, custoso] dear.

➡ **caro** *adv* -1. [por alto preço] for a high price. -2. *fig* [com alto custo] dear.

carochinha [karɔ'ʃiɲa] *f* ➡ **história**.

caroço [ka'rosu] *m* stone.

carona [ka'rona] *f* lift; **dar/pegar** ~ to give/hitch a lift.

carpete [kax'pɛtʃi] *m* fitted carpet.

carpintaria [kaxpĩnta'ria] *f* -1. [ofício] carpentry. -2. [oficina] carpenter's shop.

carpinteiro, ra [kaxpĩn'tejru] *m, f* carpenter.

carranca [ka'xãnka] *f* -1. *fam* [cara fechada] sour face. -2. [em embarcação] figurehead.

carrapato [kaxa'patu] *m* -1. [inseto] tick. -2. *fam* [pessoa dependente] hanger-on.

carrasco [ka'xaʃku] *m* -1. [algoz] executioner. -2. *fig* [tirano] tyrant.

carregado, da [kaxe'gadu, da] *adj* -1. [caminhão etc]: ~ **(de)** laden with. -2. [fisionomia] sullen. -3. [ambiente] dismal. -4. [estilo] dark. -5. [céu] threatening.

carregador [kaxega'do(x)] (*pl* -es) *m, f* -1. [de bagagem] porter. -2. [transportador] carrier.

carregamento [kaxega'mẽntu] *m* -**1.** [ato] loading. -**2.** [carga] load.

carregar [kaxe'ga(x)] <> *vt* -**1.** [ger] to load. -**2.** [levar] to transport. -**3.** *fig* [sentimento etc] to carry. -**4.** [bateria] to charge. -**5.** [impregnar] to fill. <> *vi* [pôr em demasia]: ~ **em** to overdo.

carreira [ka'xejra] *f* -**1.** [correria] run. -**2.** [profissão] career. -**3.** *NÁUT* slipway. -**4.** [turfe] racecourse. -**5.** [trilha] track.

carreta [ka'xeta] *f* -**1.** [caminhão] truck. -**2.** [carroça] cart.

carretel [kaxe'tɛw] (*pl* -**éis**) *m* -**1.** [cilindro] reel. -**2.** [molinete] fishing reel.

carretilha [kaxe'tʃiʎa] *f* -**1.** [roldana] pulley. -**2.** [cortadeira] pastry cutter.

carrilhão [kaxi'ʎãw] (*pl* -**ões**) *m* -**1.** [sinos] carillon. -**2.** [relógio] chime.

carrinho [ka'xiɲu] *m* -**1.** [para transportar criança] pushchair *UK*, stroller *US*. -**2.** [para transportar comida etc] trolley; ~ **de chá** tea trolley *UK*, tea cart *US*; ~ **de mão** handcart.

carro ['kaxu] *m* -**1.** [veículo] car; ~ **alegórico** float; ~ **de bombeiro** fire engine; ~ **de praça** taxi. -**2.** [vagão] waggon. -**3.** [de bois] cart. -**4.** [de máquina de escrever] carriage.

carro-bomba [ˌkaxu'bõnba] (*pl* **carros-bombas, carros-bomba**) *m* car bomb.

carroça [ka'xɔsa] *f* -**1.** [de tração animal] cart. -**2.** [calhambeque] trap.

carroceria [kaxose'ria] *f* car body.

carro-chefe [ˌkaxu'ʃɛfi] (*pl* **carros-chefes**) *m* leading float.

carrocinha [kaxo'siɲa] *f* dog wagon.

carrossel [kaxo'sɛw] (*pl* -**éis**) *m* roundabout *UK*, merry-go-round *US*.

carruagem [ka'xwaʒẽ] (*pl* -**ns**) *f* carriage.

carta ['kaxta] *f* -**1.** [missiva] letter; ~ **registrada** registered letter. -**2.** [de baralho] playing card; **dar as** ~**s** to deal the cards. -**3.** [mapa] map. -**4.** [constituição]: ~ **magna** charter.

cartão [kax'tãw] (*pl* -**ões**) *m* card; ~ **de crédito** credit card; ~ **de telefone** phone card; ~ **de embarque** boarding card.

cartão-postal [kaxˌtãwpoʃ'taw] (*pl* **cartões-postais**) *m* postcard.

cartaz [kax'taʃ] (*pl* -**es**) *m* -**1.** [anúncio] poster. -**2.** *CINE & TEATRO* : **estar em** ~ to be showing.

carteira [kax'tejra] *f* -**1.** [para dinheiro]: ~ **(de notas)** wallet. -**2.** [mesa] desk. -**3.** [documento]: ~ **de identidade** identity card; ~ **de estudante** student card; ~ **de investimentos** *ECON* investment portfolio; ~ **de sócio** membership card; ~ **de motorista** driving licence *UK*, driver's license *US*. -**4.** [de cigarros] pack.

-**5.** [de títulos, ações] portfolio.

carteiro, ra [kax'tejru, ra] *m, f* postman (*f* postwoman).

cartola [kax'tɔla] <> *f* [chapéu] top hat. <> *m* -**1.** *fam* [pessoa importante] snob. -**2.** *pej & FUT* club manager who abuses his position.

cartolina [kaxto'lina] *f* card.

cartomante [kaxto'mãntʃi] *mf* card reader.

cartório [kax'tɔrju] *m* -**1.** [arquivo] archive. -**2.** [de registro civil] registry office. -**3.** [de registro de imóveis] Land Registry.

cartucho [kax'tuʃu] *m* -**1.** [de arma] cartridge. -**2.** [invólucro] tube.

cartum [kax'tũ] (*pl* -**ns**) *m* cartoon.

cartunista [kaxtu'niʃta] *mf* cartoonist.

carvalho [kax'vaʎu] *m* oak.

carvão [kax'vãw] (*pl* -**ões**) *m* -**1.** [combustível] coal; ~ **vegetal** charcoal. -**2.** [tição] cinder.

casa ['kaza] *f* -**1.** [ger] house. -**2.** [lar] home; **em** ~ at home; **ir para** ~ to go home. -**3.** [estabelecimento] building; ~ **de câmbio** bureau de change; **Casa da Moeda** Mint; ~ **de saúde** hospital. -**4.** [de botões] buttonhole. -**5.** *MAT* place.

casacão [kaza'kãw] (*pl* -**ões**) *m* overcoat.

casaco [ka'zaku] *m* coat; ~ **de pele** fur coat.

casa-grande [ˌkaza'grãndʒi] (*pl* **casas-grandes**) *f* main house.

casal [ka'zaw] (*pl* -**ais**) *m* -**1.** [homem e mulher] couple. -**2.** [de filhos] pair.

casamento [kaza'mẽntu] *m* -**1.** [ger] marriage. -**2.** [cerimônia] wedding.

casar [ka'za(x)] <> *vt* -**1.** [ger] to marry. -**2.** [emparelhar] to pair. <> *vi* [em matrimônio]: ~ **(com alguém)** to marry (sb); ~ **no civil/no religioso** to have a civil/religious wedding.

◆ **casar-se** *vp* -**1.** [em matrimônio] to marry. -**2.** [combinar-se] to go.

casarão [kaza'rãw] (*pl* -**ões**) *m* large house.

casca ['kaʃka] *f* -**1.** [de pão] crust. -**2.** [de ferida] scab. -**3.** [de ovo] shell. -**4.** [de fruta] peel. -**5.** *fig* [aparência] sullenness.

cascalho [kaʃ'kaʎu] *m* gravel.

cascão [kaʃ'kãw] (*pl* -**ões**) *m* -**1.** [crosta] hard crust. -**2.** [de sujeira] grime.

cascata [kaʃ'kata] *f* -**1.** [queda d'água] waterfall. -**2.** *fam* [mentira] fib. -**3.** *fam* [bazófia] bragging.

cascavel [kaʃka'vɛw] (*pl* -**éis**) <> *m ZOOL* rattlesnake. <> *f fig* [mulher] cow.

casco ['kaʃku] *m* -**1.** [de navio] hull. -**2.** [de tartaruga] shell. -**3.** [garrafa] cask. -**4.** [crânio] scalp.

casebre [ka'zɛbri] *m* hovel.

caseiro, ra [ka'zejru, ra] <> *adj* -**1.** [produto] home-made. **-2.** [trabalho] home-(*antes de subst*). **-3.** [roupa] homespun. **-4.** [pessoa] family man. ⬦ *m, f* [empregado] caretaker.

caserna [ka'zɛxna] *f* MIL barracks (*pl*).

caso ['kazu] ⬦ *m* **-1.** [fato] matter. **-2.** [circunstância]: **em todo ~** anyway; **neste ~ in** that case; **no ~ de** should there be; **~ de emergência** emergency. **-3.** [história] story. **-4.** [amoroso] affair. **-5.** [problema]: **criar ~** to cause a problem. **-6.** MED, GRAM case. ⬦ *conj* if.

caspa ['kaʃpa] *f* dandruff.

casquinha [kaʃ'kiɲa] *f* [de pele] scab.

cassado, da [ka'sadu, da] *m, f* person deprived of his/her civil rights.

cassete [ka'sɛtʃi] ⬦ *adj inv* [fita, gravador] tape- (*antes de subst*). ⬦ *m* [gravador] tape.

cassetete [kase'tɛtʃi] *m* truncheon.

cassino [ka'sinu] *m* casino.

casta ['kaʃta] *f* **-1.** [camada social] caste. **-2.** *fig* [raça] race.

castanha [kaʃ'taɲa] *f* ➭ **castanho**.

castanha-do-pará [kaʃˌtaɲadupaˈra] (*pl* **castanhas-do-pará**) *m* Brazil nut.

castanheiro [kaʃta'ɲejru] *m* chestnut tree.

castanho,nha [kaʃ'taɲu, ɲal *adj* [olhos etc] brown.

➭ **castanha** *f* [fruto] chestnut; **~ de caju** cashew.

castanholas [kaʃtã'ɲɔlaʃ] *fpl* castanets.

castelo [kaʃ'tɛlu] *m* castle.

castiçal [kaʃtʃi'saw] (*pl* **-ais**) *m* candlestick.

castiço, ça [kaʃ'tʃisu, sal *adj* **-1.** [puro] top-breed. **-2.** [de boa casta] well-bred. **-3.** *fig* [vernáculo] vernacular.

castidade [kaʃtʃi'dadʒi] *f* chastity.

castigar [kaʃtʃi'ga(x)] *vt* **-1.** [punir] to punish. **-2.** *fam* [tocar] to bash out.

castigo [kaʃ'tʃigu] *m* **-1.** [punição] punishment. **-2.** *fig* [mortificação] torture; **ser um ~** to be torture.

casto, ta ['kaʃtu, ta] *adj* chaste.

casual [ka'zwaw] (*pl* **-ais**) *adj* chance (*antes de subst*).

casualidade [kazwali'dadʒi] *f* chance; **por ~** by chance.

casulo [ka'zulu] *m* **-1.** [de insetos] cocoon. **-2.** [de sementes] boll.

cata ['kata] *f*: **à ~ de** algo/alguém in search of sthg/sb.

catalão, lã [kata'lãw, lã] ⬦ *adj* Catalan. ⬦ *m, f* Catalan.

➭ **catalão** *m* [língua] Catalan.

catalogar [katalo'ga(x)] *vt* to catalogue.

catálogo [ka'talogu] *m* catalogue; **~** (de telefones) telephone directory.

Catalunha [kata'luɲa] *n* Catalonia.

catapora [kata'pɔra] *f* chickenpox.

catar [ka'ta(x)] *vt* **-1.** [procurar] to search for. **-2.** [pegar, recolher] to pick up. **-3.** [tirar, limpar de] to pick out; **~ piolhos** to delouse. **-4.** [escolher] to pick over; **~ feijão/arroz** to pick over beans/rice.

catarata [kata'rata] *f* **-1.** [queda d'água] waterfall. **-2.** MED cataract.

catarro [ka'taxu] *m* catarrh.

catástrofe [ka'taʃtrofi] *f* catastrophe.

cata-vento [kata'vẽntu] (*pl* **cata-ventos**) *m* weathervane.

catecismo [kate'siʒmu] *m* catechism.

cátedra ['katedra] *f* **-1.** UNIV chair. **-2.** RELIG throne.

catedral [kate'draw] (*pl* **-ais**) *f* cathedral.

catedrático, ca [kate'dratʃiku, kal ⬦ *m, f* chair. ⬦ *adj* chair.

categoria [katego'ria] *f* **-1.** [grupo] category. **-2.** [qualidade] quality; **de (alta) ~** high quality. **-3.** [social] standing. **-4.** [cargo] position.

categorização [kategoriza'sãw] (*pl* **-ões**) *f* categorization.

catequese [kate'kɛzi] *f* religious instruction.

cateterismo [katete'riʒmu] *m* MED catheterization.

cativar [katʃi'va(x)] *vt* **-1.** [escravizar] to capture. **-2.** [seduzir] to captivate.

cativeiro [katʃi'vejru] *m* **-1.** [escravidão] slavery. **-2.** [prisão] captivity.

cativo, va [ka'tʃivu, val ⬦ *adj* **-1.** [preso] captive. **-2.** [cadeira] exclusive. ⬦ *m, f* [escravo] slave. **-2.** [prisioneiro] prisoner.

catolicismo [katoli'siʒmu] *m* Catholicism.

católico, ca [ka'tɔliku, kal *adj* RELIG Catholic.

catorze [ka'toxzi] *num* fourteen; *veja também* **seis**.

catucar [katu'ka(x)] *vt* = **cutucar**.

caução [kaw'sãw] (*pl* **-ões**) *f* **-1.** [cautela] care. **-2.** [garantia] pledge. **-3.** JUR bail.

cauções [kaw'sõjʃ] *fpl* ➭ **caução**.

cauda ['kawda] *f* **-1.** [de animal] tail. **-2.** [de vestido] train.

caudaloso,osa [kawda'lozu, ɔzal *adj* torrential.

caudilho [kaw'dʒiʎu] *m* military commander.

caule ['kawli] *m* stem.

causa ['kawza] *f* **-1.** [ger] cause. **-2.** [motivo] reason; **por ~ de** because of.

causador, ra [kawza'do(x), ra] ⬦ *adj* causal. ⬦ *m, f* cause.

causar [kaw'za(x)] *vt* to cause.

cautela [kaw'tɛla] *f* **-1.** [precaução] precaution. **-2.** [título] share certificate. **-3.** [de penhor] pawn ticket.

cauteloso, osa [kawte'lozu, ɔza] *adj* cautious.

cava ['kava] *f* ▷ **cavo**.

cavala [ka'vala] *f* [peixe] mackerel.

cavalaria [kavala'rial] *f* **-1.** MIL cavalry. **-2.** [cavalos] herd of horses. **-3.** [ordem] chivalry.

cavalariça [kavala'risa] *f* [estrebaria] stable.

cavalariço [kavala'risu] *m* [estribeiro] groom *UK*, stableman *US*.

cavaleiro, ra [kava'lejru] *m, f* [quem monta] horseman (*f* horsewoman).
◆ **cavaleiro** *m* [medieval] knight.

cavalete [kava'letʃi] *m* **-1.** [de pintor] easel. **-2.** [de mesa] trestle. **-3.** [para instrumento] bridge.

cavalgar [kavaw'ga(x)] *vt & vi* to ride.

cavalheiro [kava'ʎejru] ◇ *m* gentleman. ◇ *adj* [educado] well-bred.

cavalo [ka'valu] *m* **-1.** ZOOL horse; a ~ on horseback. **-2.** [em xadrez] knight. **-3.** *fig* [pessoa agressiva] pig; **ele agiu como um ~** he behaved like a pig. **-4.** [cavalo-vapor] horsepower. **-5.** *loc*: **pode tirar o ~ da chuva que ela não vai aceitar sua proposta** you can forget that, as she's not going to accept your proposal.

cavalo-de-pau [kavaludʒi'paw] (*pl* cavalos-de-pau)*m* wheel spin.

cavalo-de-Tróia [ka'valudʒitrɔja] (*pl* cavalos-de-Tróia) *m* COMPUT Trojan horse.

cavanhaque [kava'naki] *m* goatee.

cavaquinho [kava'kiɲu] *m* small guitar.

cavar [ka'va(x)] ◇ *vt* **-1.** [ger] to dig. **-2.** [emprego] to search long and hard. ◇ *vi* [escavar] to dig.

cave ['kavi] *f* cellar.

caveira [ka'vejra] *f* **-1.** [crânio] skull. **-2.** *fig* [rosto macilento] cavernous face.

caverna [ka'vɛxna] *f* cavern.

caviar [ka'vja(x)] *m* caviar.

cavidade [kavi'dadʒi] *f* cavity.

cavilha [ka'viʎa] *f* peg.

cavo, va ['kavu, va] *adj* [côncavo] hollow.
◆ **cava** *f* [de manga] armhole.

caxumba [ka'ʃũba] *f* mumps (*sg*).

CBF (*abrev de* Confederação Brasileira de Futebol) *f* Brazilian football federation.

c/c (*abrev de* conta corrente) *f* c/a.

CD [se'de] (*abrev de* Compact Disc) *m* CD.

CDB (*abrev de* Certificado de Depósito Bancário) *m* type of investment offered by Brazilian banks.

CDC (*abrev de* Código de Defesa do Consumidor) *m* Brazilian consumer protection legislation.

CD-i (*abrev de* Compact Disc-Interativo) *m* CD-I.

CD-ROM (*abrev de* Compact Disc-Read Only Memory) *m* CD-ROM.

CE ◇ *f* (*abrev de* Comunidade Européia) EC. ◇ *m* (*abrev de* Estado de Ceará) State of Ceará.

cear ['sja(x)] ◇ *vt* to have for supper. ◇ *vi* to have supper.

CEASA (*abrev de* Companhia de Entrepostos e Armazéns S.A) *m* Brazilian company of fruit and vegetable wholesalers.

cebola [se'bola] *f* onion.

cebolinha [sebo'liɲa] *f* chive.

CEBRAP (*abrev de* Centro Brasileiro de Análise e Planejamento) *m* independent research centre for the study of Brazilian society.

cê-cedilha [sese'dʒiʎa] (*pl* cês-cedilhas) *m* c-cedilla.

ceder [se'de(x)] ◇ *vt* **-1.** [dar] to hand over. **-2.** [emprestar] to loan. ◇ *vi* **-1.** [aquiescer]: ~ **a algo** to give in to sthg. **-2.** [diminuir] to fall. **-3.** [afrouxar-se] to loosen. **-4.** [curvar-se ao peso] to give way. **-5.** [sucumbir]: ~ **a algo** to give way to sthg. **-6.** [transigir] to give in.

cedilha [se'diʎa] *f* cedilla.

cedo ['sedu] *adv* [de manhãzinha] early; **mais ~ ou mais tarde** sooner or later; **quanto mais ~ melhor** the sooner the better.

cedro ['sɛdru] *m* cedar.

cédula [se'dula] *f* **-1.** [dinheiro] banknote. **-2.** [em votação]: ~ **eleitoral** ballot paper.

CEF (*abrev de* Caixa Econômica Federal) *f* Brazilian state-owned bank financing loans for house purchase.

cegar [se'ga(x)] *vt* **-1.** [ger] to blind. **-2.** [suj: paixão, raiva] to make blind. **-3.** [tesoura etc] to blunt.

cego, ga ['sɛgu, ga] ◇ *adj* **-1.** [ger] blind. **-2.** [tesoura] blunt. ◇ *m, f* blind person.
◆ **às cegas** *loc adv* **-1.** [sem ver] blindly. **-2.** [sem saber] in the dark.

cegonha [se'goɲa] *f* [ave] stork; **esperar a chegada da ~** *fam* to be pregnant.

cegueira [se'gejra] *f* blindness.

ceia ['seja] *f* supper; ~ **de Natal** Christmas Eve midnight supper.

ceifa ['sejfa] *f* **-1.** [ato] harvest. **-2.** [época] harvest-time. **-3.** *fig* [destruição, mortandade] death-toll.

cela ['sɛla] *f* cell.

celebração [selebra'sãw] (*pl* -ões) *f* **-1.** [realização] celebration. **-2.** [comemoração] commemoration.

celebrar [sele'bra(x)] *vt* **-1.** [ger] to celebrate. **-2.** [exaltar] to glorify.

célebre ['sɛlebri] *adj* famous.

celebridade [selebri'dadʒi] *mf* celebrity.

celeiro [se'lejru] *m* -1. [para cereais] granary. -2. [depósito] store.

celeste [se'lɛʃtʃi] *adj* heavenly.

celibato [seli'batu] *m* celibacy.

celofane [selo'fãni] *adj* [papel] cellophane. ⬦ *m* cellophane.

celsius [sew'siuʃ] *adj* Celsius.

celta ['sɛwta] ⬦ *adj* Celtic. ⬦ *mf* [pessoa] Celt. ⬦ *m* [língua] Celtic.

célula ['sɛlula] *f* cell; ~ **fotoelétrica** photoelectric cell.

celular [selu'la(x)] ⬦ *adj* cellular. ⬦ *m* TELEC cellular phone.

celulite [selu'litʃi] *f* cellulite.

cem ['sẽ] *num* -1. [cardinal] one/a hundred; ~ **por cento** one/a hundred per cent; *veja também* **seis**. -2. [muitos]: ~ **vezes** hundreds of times.
⬥ **cem por cento** ⬦ *loc adj*: **ser ~ por cento** to be one hundred per cent. ⬦ *loc adv* [totalmente] completely.

cemitério [semi'tɛrju] *m* cemetery.

cena ['sena] *f* -1. [de peça, filme, novela] scene. -2. [palco] stage; **em ~** on stage. -3. [acontecimento] spectacle.

cenário [se'narju] *m* -1. [ger] scene. -2. [em teatro, cinema, TV] scenery. -3. [panorama] sight.

cenografia [senogra'fia] *f* scenography.

cenógrafo, fa [se'nɔgrafu, fa] *m, f* scenographer.

cenoura [se'nora] *f* carrot.

censo ['sẽsu] *m* census.

censura [sẽ'sura] *f* -1. [crítica] criticism. -2. [repreensão] reprimand. -3. [condenação] condemnation. -4. [prática] censure. -5. [organismo] board of censors. -6. [proibição] censorship. -7. [corte] cut.

censurado, da [sẽsu'radu, da] *adj* [proibido] censored.

censurar [sẽsu'ra(x)] *vt* -1. [criticar] to criticise. -2. [repreender] to reprove. -3. [condenar] to condemn. -4. [examinar] to censor. -5. [proibir] to ban. -6. [cortar] to cut.

centavo [sẽ'tavu] *m* cent; **estar sem um ~** to be penniless.

centeio [sẽ'teju] *m* rye.

centelha [sẽ'teʎa] *f* spark.

centena [sẽ'tena] *f* hundred; **às ~s** in their hundreds; **uma ~ de vezes** a hundred times.

centenário, ria [sẽte'narju, rja] ⬦ *adj*: **um homem ~** a hundred-year-old man; **ele é ~** he is a hundred years old. ⬦ *m, f* [pessoa] centenarian.
⬥ **centenário** *m* [comemoração] centenary.

centésimo, ma [sẽ'tɛzimu, ma] ⬦ *num* hundredth. ⬦ *m, f* [pessoa] hundredth.
⬥ **centésimo** *m* hundredth.

centígrado, da [sẽ'tʃigradu] *adj* centigrade *(depois de subst)*.
⬥ **centígrado** *m* centigrade.

centilitro [sẽtʃi'litru] *m* centilitre.

centímetro [sẽ'tʃimetru] *m* centimetre.

cento ['sẽtu] *num*: ~ **e dez** one/a hundred and ten; **por ~** per cent; *veja também* **seis**.

centopéia [sẽto'pɛja] *f* centipede.

central [sẽ'traw] *(pl* -ais*)* ⬦ *adj* -1. [ger] central. -2. *fig* [problema, ponto, argumento] central. ⬦ *f* -1. [agência, delegacia]: ~ **de polícia** police station; ~ **de atendimento** call centre; ~ **de correios** post office; ~ **telefônica** telephone exchange. -2. [usina]: ~ **elétrica** power station.

centralizar [sẽtrali'za(x)] *vt* to centralize.

centrar [sẽ'tra(x)] ⬦ *vt* -1. [ger] to centre. -2. FUT [bola, passe]: ~ to kick into the centre. ⬦ *vi* FUT to shoot.

centrífuga [sẽtri'fuga], **centrífugadora** [sẽtri'fuga'dora] *f* centrifuge.

centro ['sẽtru] *m* -1. [ger] centre; **ser o ~ das atenções** to be the centre of attention; ~ **comercial** shopping centre *UK*, shopping mall *US*; ~ **cultural** cultural centre; ~ **espírita** spiritualist centre; ~ **de processamento de dados** data processing centre. -2. [de cidade] (city) centre; **ir ao ~** to go downtown. -3. [metrópole] metropolis.

centroavante [,sẽtrw'vãtʃi] *m* centre forward.

CEP *(abrev de* **Código de Endereçamento Postal***) m* ≃ post code *UK*, ≃ zip code *US*.

CEPAL *(abrev de* **Comissão Econômica para a América Latina***) f* ECLAC.

cera ['sera] *f* -1. [ger] wax. -2. [para polir] wax polish.

cerâmica [se'rãmika] *f* -1. [ger] ceramics. -2. [fábrica] pottery. -3. [argila cozida] ceramic.

ceramista [sera'miʃta] *mf* potter, ceramicist.

cerca ['sexka] *f* [de arame, madeira, ferro] fence; ~ **viva** hedge.
⬥ **cerca de** *loc prep* around.

cercanias [sexka'niaʃ] *fpl* -1. [arredores] outskirts. -2. [vizinhança] neighbourhood.

cercar [sex'ka(x)] *vt* -1. [ger] to surround. -2. [pôr cerca em] to fence.
⬥ **cercar-se** *vp* [rodear-se]: ~-**se de** to surround o.s. with.

cerco ['sexku] *m* [assédio] siege; **pôr ~ a** to lay siege to.

cereal [se'rjal] *(pl* -ais*)* *m* cereal.

cérebro ['sɛrebru] *m* -1. ANAT brain. -2.

fig [líder, mentor]: **o** ~ the brains *(sg)*.
cereja [se'reʒa] *f* cherry.
cerimônia [seri'monja] *f* **-1.** [solenidade] ceremony. **-2.** [formalidade] formality; **fazer** ~ to stand on ceremony.
cerne ['sɛxni] *m* **-1.** [de madeira] heartwood. **-2.** *fig* [de questão] heart.
ceroulas [se'rolaʃ] *fpl* long johns.
cerração [sexa'sãw] *f* [neblina] fog.
cerrado, da [se'xadu, da] *adj* **-1.** [fechado - porta, olhos] closed; [- punhos, dentes] clenched. **-2.** [intenso] [bombardeio] heavy. **-3.** [denso, espesso] thick.
 ➡ **cerrado** *m* [vegetação] *dense, low vegetation found in northern and central Brazil.*
cerrar [se'xa(x)] *vt* [fechar - porta, olhos] to close; [-punhos, centes] to clench.
certa ['sɛxta] *f* ▷ **certo**.
certeiro, ra [sex'tejru, ra] *adj* accurate.
certeza [sex'teza] *f* certainty; **ter** ~ **de algo** to be sure about sthg; **ter** ~ **de que** to be sure that; **com** ~ definitely.
certidão [sextʃi'dãw] *(pl* **-ões)** *f* certificate; ~ **de casamento** marriage certificate; ~ **de nascimento** birth certificate.
certificação [sextʃifika'sãw] *(pl* **-ões)** *f* certification.
certificado [sextʃifi'kadu] *m* certificate.
certificar [sextʃifi'ka(x)] *vt* **-1.** [assegurar]: ~ **alguém de algo/de que** to assure sb of sthg/that. **-2.** [atestar] to affirm.
 ➡ **certificar-se** *vp*: ~**-se de que/de algo** to make sure that/of sthg.
certo, ta ['sɛxtu, ta] *adj* **-1.** [ger] right. **-2.** [correto, certeiro] correct. **-3.** [sensato, acertado] sensible. **-4.** [infalível, seguro] certain. **-5.** [com razão]: **estar** ~ to be right. **-6.** [com certeza]: **estar** ~ **de que/de algo** to be sure that/of sthg. ◇ *pron* **-1.** *(antes de subst)* [um, algum] right; **certa vez** once. **-2.** *loc* : **dar** ~ to work; **está** ~ [está bem] all right.
 ➡ **certo** ◇ *m* **-1.** [correto] (what is) right; **ele não sabe distinguir entre o** ~ **e o errado** he doesn't know the difference between right and wrong. **-2.** [verdade] truth. ◇ *adv* **-1.** [certamente] certainly. **-2.** [corretamente] correctly.
 ➡ **certa** *f*: **na certa** definitely.
 ➡ **ao certo** *loc adv* for sure.
cerveja [sex'veʒa] *f* [bebida] beer.
cervejaria [sexveʒa'ria] *f* **-1.** [fábrica] brewery. **-2.** [estabelecimento] *beer bar, usually serving food if wanted.*
cessação [sesa'sãw] *f* ending.
cessão [se'sãw] *(pl* **-ões)** *f* **-1.** [cedência] assignment. **-2.** [transferência] transfer.
cessar [se'sa(x)] ◇ *vi* to come to an end; **sem** ~ non-stop. ◇ *vt* **-1.** [fogo] to cease. **-2.** [trabalho] to stop.

cessar-fogo [se,sax'fogu] *m (inv)* ceasefire.
cessões [se'sõjʃ] *pl* ▷ **cessão**.
cesta ['seʃta] *f* **-1.** [ger] basket; ~ **básica** *basic monthly supplies that the average lower-middle-class family needs in order to survive.* **-2.** [conteúdo] basketful. **-3.** [*ESP* - aro] basket; [- ponto] stitch.
cesto ['seʃtu] *m* basket.
CETESB *(abrev de* **Companhia Estadual de Tecnologia de Saneamento Básico e Defesa do Meio Ambiente)** *f São Paulo environment agency.*
cético, ca ['sɛtʃiku, ka] ◇ *adj* sceptical. ◇ *m, f* sceptic.
cetim [se'tʃĩ] *m* satin.
cetro ['sɛtru] *m* sceptre.
céu ['sɛw] *m* **-1.** [firmamento] sky; **cair do** ~ *fig* to be heaven-sent. **-2.** *RELIG* heaven. **-3.** *ANAT* : ~ **da boca** roof of the mouth.
cevada [se'vada] *f* barley.
cevar [se'va(x)] *vt* **-1.** [alimentar] to feed. **-2.** [fazer engordar] to fatten.
CFC *(abrev de* **clorofluorocarboneto)** *m* CFC.
chá ['ʃa] *m* [ger] tea; ~ **completo** afternoon tea; ~ **de camomila/menta** camomile/mint tea; ~ **preto** black tea.
chã ['ʃã] *f* plain.
chacal [ʃa'kaw] *(pl* **-ais)** *m* jackal.
chácara ['ʃakara] *f* **-1.** [no campo] smallholding. **-2.** [na cidade] large town house. **-3.** [casa de campo] country house.
chacina [ʃa'sina] *f* slaughter.
chacota [ʃa'kɔta] *f* **-1.** [deboche] ridicule. **-2.** [objeto de deboche] butt of ridicule.
chafariz [ʃafa'riʃ] *(pl* **-es)** *m* fountain.
chafurdar [ʃafux'da(x)] *vi*: ~ **em** [lama etc] to wallow in; *fig* [vícios etc] to become involved in.
chaga ['ʃaga] *f* **-1.** [ferida] wound. **-2.** *fig* [mal] scourge.
chalé [ʃa'lɛ] *m* cottage.
chaleira [ʃa'lejra] *f* kettle.
chama ['ʃama] *f* flame; **em** ~**s** in flames.
chamada [ʃa'mada] *f* **-1.** [telefônica] call; **fazer uma** ~ **a cobrar** to make a reverse charge call *UK*, to call collect *US*. **-2.** [verificação de presença] roll call. **-3.** *JORN* headline.
chamar [ʃa'ma(x)] ◇ *vt* **-1.** [ger] to call; **ela decidiu chamá-la de Júlia** she decided to call her 'Júlia'. **-2.** [com gesto] to hail. **-3.** [convocar] to summon; [para função]: ~ **alguém para algo** to call sb for sthg. **-4.** [convidar] to invite; ~ **a atenção** [suj: pessoa, roupa] to attract attention; [para aspecto etc] to draw

attention. **- 5.** [acordar] to wake. **- 6.** [qualificar]: ~ **algo/alguém de algo** to call sthg/sb sthg. ⬦ *vi* **- 1.** [dar sinal para vir] to call over; **chamei, mas ela não quis vir** I called her over but she didn't want to come. **- 2.** [para acudir]: ~ **por alguém** to call out for sb. **- 3.** [telefone] to ring.

◆ **chamar-se** *vp* [ter por nome] to be called; **como você se chama?** what's your name?

chamariz [ʃama'riʒ] *m* **- 1.** [isca] bait. **- 2.** [seta, anúncio] advert. **- 3.** *fig* [engodo] illusion.

chamativo, va [ʃama'tʃivu, va] *adj* flashy.

chaminé [ʃami'nɛ] *f* chimney.

champanha [ʃãm'paɲa], **champanhe** [ʃãm'paɲi] *m ou f* champagne.

chamuscar [ʃamuʃ'ka(x)] *vt* **- 1.** [roupa] to scorch. **- 2.** [cabelo] to singe. **- 3.** [pessoa, braço] to burn.

chance [ʃãnsi] *f* chance; **dar uma ~ a ou chance a alguém/algo** to give sb/sthg a chance; **ele tem boas ~s de ganhar** he has a good chance of winning.

chanceler [ʃãnse'lɛ(x)] *mf* **- 1.** [ministro] minister. **- 2.** [chefe de governo] head of government.

chantagear [ʃãnta'ʒia(x)] *vt* to blackmail.

chantagem [ʃãn'taʒẽ] (*pl* **-ns**) *f* blackmail.

chantagista [ʃãnta'ʒiʃta] *mf* blackmailer.

chão [ʃãw] *m* **- 1.** [piso] floor. **- 2.** [solo] ground.

chapa [ʃapa] ⬦ *f* **- 1.** [folha] sheet; ~ **de metal/aço** metal/steel sheet. **- 2.** [para grelhar] hotplate; **bife na** ~ steak on the griddle. **- 3.** *AUTO* [placa] number plate *UK*, license plate *US*. **- 4.** [de impressão] plate. **- 5.** *FOT* shot. **- 6.** [radiografia] X-ray. **- 7.** *POL* [eleitoral] roll.

chapéu [ʃa'pɛw] *m* hat; **de tirar o** ~ fantastic.

chapinha [ʃa'piɲa] *f* [de garrafa] stopper.

charada [ʃa'rada] *f* [enigma] puzzle.

charco [ʃaxku] *m* puddle.

charge [ʃaxʒi] *f* cartoon.

chargista [ʃax'ʒiʃta] *mf* cartoonist.

charlatão, tã [ʃaxla'tãw, tã] (*mpl* **-ães**, *fpl* **-s**) ⬦ *adj* charlatan. ⬦ *m, f* impostor.

charme [ʃaxmi] *m* charm.

charmoso, osa [ʃax'mozu, ɔza] *adj* charming.

charrete [ʃa'xɛtʃi] *f* chariot.

charter [ʃaxte(x)] ⬦ *adj inv* charter. ⬦ *m* charter plane.

charuto [ʃa'rutu] *m* cigar.

chassi [ʃa'si] *m* **- 1.** [ger] chassis. **- 2.** *ARTE* [de tela] stretcher.

chateação [ʃatʃia'sãw] (*pl* **-ões**) *f* **- 1.** [aborrecimento] boredom. **- 2.** [maçada] bore.

chatear [ʃa'tʃia(x)] ⬦ *vt* **- 1.** [aborrecer] to annoy. **- 2.** [incomodar] to bother. **- 3.** [enfadar] to irritate. **- 4.** [implicar com] to tease. ⬦ *vi* **- 1.** [aborrecer] to be boring. **- 2.** [incomodar] to be annoying.

◆ **chatear-se** *vp* [aborrecer-se] to become bored.

chatice [ʃa'tʃisil] *f* boredom.

chato, ta [ʃatu, tal] ⬦ *adj* **- 1.** [superfície, forma] flat; **ele tem pés** ~ **s** he's got flat feet. **- 2.** [filme, música] boring. **- 3.** [desagradável] unwelcome. **- 4.** [embaraçoso] tricky. ⬦ *m, f* bore; **um** ~ **de galochas** a drag.

chauvinista [ʃovi'niʃta] *mf* chauvinist.

chavão [ʃa'vãw] (*pl* **-ões**) *m* hackneyed phrase.

chave [ʃavi] *f* **- 1.** [de fechadura] key. **- 2.** [ferramenta] spanner; ~ **de fenda** ou **para fusos** screwdriver; ~ **inglesa** adjustable spanner *UK*, monkey wrench *US*. **- 3.** *ELETR* switch. **- 4.** [golpe] blow. **- 5.** [sinal gráfico] curly bracket. **- 6.** *fig* [de problema] key.

chaveiro [ʃa'vejru] *m* **- 1.** [utensílio] keyrack. **- 2.** [profissional] locksmith.

chavões [ʃa'võʃ] *pl* ▷ **chavão**.

checar [ʃe'ka(x);] *vt* to check.

check-up [ʃe'kapil] (*pl* **check-ups**) *m* check-up.

chefe [ʃɛfi] *mf* **- 1.** [superior] head; ~ **de estado** head of state. **- 2.** *fam* [garçom] waiter. **- 3.** *fam* [freguês] mate.

chefia [ʃe'fia] *f* **- 1.** [direção] management. **- 2.** [repartição, sala] management office.

chefiar [ʃe'fja(x)] *vt* to lead.

chega [ʃega] *m fam* [repreensão]: **dar um** ~ **(para lá) em alguém** to tear a strip off sb.

chegada [ʃe'gada] *f* **- 1.** [vinda, regresso] arrival. **- 2.** [aproximação] approach. **- 3.** *ESP* finishing line.

chegar [ʃe'ga(x)] ⬦ *vi* **- 1.** [a um lugar]: ~ **em** to arrive at; ~ **em casa** to arrive home; ~ **de** to arrive from. **- 2.** [aproximar-se] to approach. **- 3.** [afastar-se]: **chega para lá** [ir embora] go away; [deslocar-se] move over. **- 4.** [verão, noite, hora] to arrive. **- 5.** [bastar] to be enough; **chegar!** that's enough! **- 6.** [alcançar] to reach; **não** ~ **aos pés de** [não ser comparável a] to come nowhere near. **- 7.** [conseguir]: ~ **a (ser) algo** to succeed in becoming sthg; ~ **a fazer algo** to manage to do sthg. **- 8.** [ir ao extremo]: ~ **a fazer algo** to reach the point of doing sthg. ⬦ *vt* **- 1.** [aproximar]: ~ **algo para cá** to bring sthg over here. **- 2.**

[afastar]: ~ algo para lá/parao lado to move sthg over there/to one side.

➡ **chegar-se** *vp* [aproximar-se] to come closer.

cheio, cheia [ˈʃeju, ˈʃeja] *adj* -1. [ger] full; ~ de si [orgulhoso] proud; [arrogante] full of o.s. -2. [gordo] plump. -3. *fam* [farto]: **estar ~ (de alguém/algo)** to be fed up with sb/sthg.

➡ **cheia** *f* -1. [de rio] flood. -2. [época] flood season.

➡ **em cheio** *loc adv*: **acertar em ~** to hit the mark.

cheirar [ʃej'ra(x)] ◇ *vt* -1. [flor, perfume, comida] to smell. -2. [cocaína] to snort. ◇ *vi* -1. [flor, perfume, comida] to smell; ~ **a** [ter cheiro de] to smell of; *fig* [parecer] to smack (of); ~ **bem/mal** to smell nice/bad. -2. [cocaína]: **passou a noite cheirando** he spent the whole night snorting (coke).

cheiroso, osa [ʃej'rozu, ɔza] *adj* scented.

cheiro-verde [ˌʃeju'vexdʒi] (*pl* **cheiros-verdes**) *m* parsley and spring onion.

cheque [ˈʃɛki] *m* cheque; ~ **especial** guaranteed cheque; ~ **nominal** nominative cheque; ~ **pré-datado** pre-dated cheque; ~ **voador** OU **sem fundos** bounced cheque.

chiado [ˈʃjadu] *m* -1. [de roda, porta] squeak. -2. [de passarinho] chirp.

chiar [ˈʃja(x)] *vi* -1. [emitir chio - pessoa, respiração] to wheeze; [- vento] whistle. -2. *fam* [reclamar] to kick up a stink.

chiclete [ʃiˈklɛtʃi] *m* chewing gum; ~ **de bola** bubble gum.

chicória [ʃiˈkɔrja] *f* chicory.

chicote [ʃiˈkɔtʃi] *m* whip.

chicotear [ʃikoˈtʃja(x)] *vt* to whip.

chifrada [ʃiˈfrada] *f* horn thrust.

chifrar [ʃiˈfra(x)] *vt* -1. [toureiro, tronco] to gore. -2. *fam fig* [marido, namorada] to two-time.

chifre [ˈʃifri] *m* [de animal] horn; **pôr ~ s em** *fam fig* [em marido, namorada] to two-time.

Chile [ˈʃili] *n* Chile.

chileno, na [ʃiˈlenu, na] ◇ *adj* Chilean. ◇ *m, f* Chilean.

chimarrão [ʃimaˈxãw] (*pl* -ões) *m* herbal tea.

chimpanzé [ʃĩpãnˈzɛ] *m* chimpanzee.

China [ˈʃina] *n*: (a) ~ China.

chinelo [ʃiˈnɛlu] *m* slipper.

chinês, esa [ʃiˈneʃ, eza] (*pl* -eses, *fpl* -s) ◇ *adj* Chinese. ◇ *m, f* [da China] Chinese.

chip [ˈʃipi] *m* COMPUT microchip.

Chipre [ˈʃipri] *n* Cyprus.

chique [ˈʃiki] *adj* chic.

chiqueiro [ʃiˈkejru] *m* -1. [de porcos]

pigsty. -2. *fam fig* [bagunça] pigsty.

chispa [ˈʃiʃpa] *f* [faísca] spark.

chispar [ʃiʃˈpa(x)] *vi* [correr] to race.

chocalhar [ʃokaˈʎa(x)] ◇ *vt* to rattle. ◇ *vi* [soar] to rattle.

chocalho [ʃoˈkaʎu] *m* -1. MÚS maraca. -2. [brinquedo] rattle. -3. [de gado, cavalo] bell.

chocante [ʃoˈkãntʃi] *adj* -1. [assustador, ofensivo] shocking. -2. *fam* [ótimo] wicked.

chocar [ʃoˈka(x)] ◇ *vt* -1. [assustar, ofender] to shock. -2. ZOOL to hatch. ◇ *vi* -1. [causar espanto, ofensa] to shock. -2. ZOOL to brood.

➡ **chocar-se** *vp* -1. [colidir]: ~-se (contra) to collide (with). -2. [assustar-se]: ~-se (com) to be shocked (by). -3. [discordar]: ~-se em relação a to clash over.

chocho, cha [ˈʃoʃu, ʃa] *adj* -1. [sem graça] dull. -2. [fruta, ovo] rotten.

chocolate [ʃokoˈlatʃi] *m* chocolate.

chofer [ʃoˈfɛ(x)] (*pl* -es) *mf* driver.

chope [ˈʃopi] *m* beer.

choque [ˈʃɔki] *m* -1. [ger] shock. -2. [colisão] crash. -3. [conflito, confronto] clash.

choramingar [ʃoramĩˈga(x)] *vi* to whine.

choramingo [ʃoraˈmĩgu] *m* whine.

chorão, ona [ʃoˈrãw, ona] (*mpl* -ões, *fpl* -onas) ◇ *adj* moaning. ◇ *m, f* [pessoa] crybaby.

➡ **chorão** *m* BOT weeping willow.

chorar [ʃoˈra(x)] ◇ *vi* -1. [verter lágrimas] to cry. -2. *fig* [barganhar] to haggle. ◇ *vt* -1. [lágrima] to cry. -2. *fig* [barganhar] to haggle.

chorinho [ʃoˈriɲu] *m* MÚS = choro.

choro [ˈʃoru] *m* -1. [pranto] crying. -2. MÚS *a type of traditional Brazilian music started at the end of the nineteenth century.*

chorona [ʃoˈrona] *f* ▷ chorão.

choroso, osa [ʃoˈrozu, ɔza] *adj* tearful.

chouriço [ʃoˈrisu] *m* chorizo.

chover [ʃoˈve(x)] *v impess* -1. METEOR to rain. -2. *fig* [cair do alto] to shower. -3. *fig* [sobrevir em demasia] to pour in.

chuchu [ʃuˈʃu] *m* fruit-bearing climbing plant; **está frio pra ~** *fam* it's bloody cold; **tinha comida pra ~** *fam* there was loads of food at the party.

chucrute [ʃuˈkrutʃi] *m* choucroute, sauerkraut.

chulé [ʃuˈlɛ] *m* smell of feet.

chulo, lo [ˈʃulu, la] *adj* vulgar.

chumaço [ʃuˈmasu] *m* -1. [enchimento] padding. -2. [de algodão, gaze] wadding.

chumbar [ʃũnˈba(x)] *vt* -1. [soldar] to solder. -2. [grade, portão] to secure. -3. [rede, anzol] to drop.

chumbo ['ʃũbu] *m* lead.

chupar [ʃu'pa(x)] *vt* to suck.

chupeta [ʃu'peta] *f* **-1.** [de criança] dummy *UK*, comforter *US*. **-2.** *fam AUTO* : fazer uma ∼ to use jump-leads.

churrascaria [ʃuxaʃka'ria] *f* restaurant specializing in grilled and spit-roasted meat; ∼ **rodízio** restaurant where diners may pick and choose from food offered.

churrasco [ʃu'xaʃku] *m* **-1.** [carne] barbecued meat. **-2.** [refeição] barbecue.

churrasqueira [ʃuxaʃ'kejra] *f* rotisserie.

churrasquinho [ʃuxaʃ'kiɲu] *m* kebab.

chutar [ʃu'ta(x)] ⬦ *vt* **-1.** [objeto, pessoa] to kick. **-2.** *fam* [resposta] to take a stab at. **-3.** *fam* [funcionário, namorado]: ∼ **alguém** to give sb the push. ⬦ *vi* **-1.** [dar chute] to kick. **-2.** *fam* [em prova] to take a pot shot.

chute ['ʃutʃi *m* **-1.** [pontapé] kick. **-2.** *fam* [mentira] bullshit. **-3.** *fam* [dispensa] push; **dar um** ∼ **em alguém** to give sb the push.

chuteira [ʃu'tejra]. *f* football boot; **pendurar as** ∼**s** [aposentar-se] to hang up one's boots.

chuva ['ʃuva] *f* **-1.** *METEOR* rain; ∼ **de granizo** *OU* **pedra** hail. **-2.** *fig* [de papel picado etc] shower.

chuveirada [ʃuvej'rada] *f* shower.

chuveiro [ʃu'vejru] *m* shower.

chuviscar [ʃuviʃ'ka(x)] *vi* to drizzle.

chuvisco [ʃu'viʃku] *m* **-1.** [chuva] drizzle. **-2.** *CULIN* confection made of egg-yolk and sugar.

chuvoso, osa [ʃu'vozu, ɔza] *adj* rainy.

Cia (*abrev de* **Companhia**) *f* Co.

cibercafé [sibex'kafɛ] *m* cybercafé.

ciberespaço [sibereʃ'pasu] *m* cyberspace.

cibernética [sibex'nɛtʃika] *f* cybernetics *(sg)*.

cibernético, ca [sibex'nɛtʃiku, ka] *adj* cybernetic.
➤ **cibernética** *f* cybernetics.

ciberpunk [sibex'pũɲk] *mf* net hacker.

CIC (*abrev de* **Cartão de Identificação do Contribuinte**) *m Brazilian tax-payer's identity card for individual contributions.*

cicatriz [sika'triʃ] (*pl* -es) *f* scar.

cicatrizar [sikatri'za(x)] ⬦ *vt* **-1.** [fechar] to heal. **-2.** [cobrir de cicatrizes] to scar. ⬦ *vi* [fechar-se] to heal.

cicerone [sise'roni] *mf* guide.

ciclismo [si'kliʒmu] *m* cycling.

ciclista [si'kliʃta] *mf* cyclist.

ciclo [si'siklu] *m* cycle.

ciclone [si'kloni] *m* cyclone.

ciclotimia [siklotʃi'mia] *f PSIC* cyclothymia.

ciclotímico, ca [siklo'tʃimiku, ka] ⬦ *adj* cyclothymic. ⬦ *m, f* cyclothymic.

ciclovia [siklo'via] *f* bicycle lane.

cidadã [sida'dã] *f* ⊳ **cidadão**.

cidadania [sidada'nia] *f* citizenship.

cidadão, dã [sida'dãw, da] (*pl* -ãos, *fpl* -s) *m, f* citizen.

cidade [si'dadʒi] *f* **-1.** [centro urbano] city; [pequena] small town; ∼ **satélite** satellite town. **-2.** [bairro central] town. **-3.** *fig* [população] city.

Cidade do México [si,dadʒidu'mɛʃiku] *n* Mexico City.

cidra ['sidra] *f* citron.

ciência ['sjẽsja] *f* **-1.** [saber] science. **-2.** [da vida, do amor] art. **-3.** [conhecimento] knowledge.

ciente ['sjẽtʃi] *adj* learned.

cientificismo [sjẽtʃifi'siʒmu] *m scientific spirit.*

científico, ca [sjẽ'tʃifiku, ka] *adj* scientific.

cientista [sjẽ'tʃiʃta] *mf* scientist.

cifrão [si'frãw] (*pl* -ões) *m* dollar sign.

cifrar [si'fra(x)] *vt* to write in code.

cigano, na [si'gãnu, na] ⬦ *adj* gipsy. ⬦ *m, f* gipsy.

cigarra [si'gaxa] *f* **-1.** *ZOOL* cicada. **-2.** [campainha] buzzer.

cigarrilha [siga'xiʎa] *f* cheroot.

cigarro [si'gaxu] *m* cigarette.

cilada [si'lada] *f* **-1.** [ger] trap. **-2.** [emboscada] ambush.

cilindro [si'lĩdru] *m GEOM, AUTO* cylinder.

cílio ['silju] *m* eyelash.

cima ['sima] *f*: **lá em** ∼ [no topo, no alto] up there; [em andar superior] upstairs; **andar de** ∼ upstairs; **ainda por** ∼ on top of that; **de** ∼ from the top; **de** ∼ **para baixo** from top to bottom; **em** ∼ **de** on top of; **em** ∼ **da mesa** on the table; **para** ∼ upwards; **por** ∼ **de** over; **dar em** ∼ **de alguém** to chat sb up.

cimentado, da [simẽ'tadu, da] *adj* **-1.** *CONSTR* cemented. **-2.** [consolidado] sealed.

cimentar [simẽ'ta(x)] *vt* to cement.

cimento [si'mẽtu] *m* cement.

cimo ['simu] *m* top.

cinco ['sĩŋku] *num* five; *veja também* **seis.**

cineasta [si'njaʃta] *mf* cinematographer.

cinegrafista [sinegra'fiʃta] *mf* cameraman (*f* camerawoman).

cinema [si'nema] *m* cinema.

cinematografia [sinematogra'fia] *f* cinematography.

Cingapura [sĩga'pura] *n* Singapore.

cínico, ca ['siniku, ka] ⬦ *adj* shameless. ⬦ *m, f* immoral person.

cinismo [si'niȝmul *m* impudence.

cinqüenta [sĩŋ'kwẽntal *num* fifty; *veja também* seis.

cinqüentão,tona [sĩŋkwẽn'tãw, tonal (*mpl* -ões, *fpl* -s) <> *adj* quinquagenarian. <> *m, f* quinquagenarian.

cinta ['sĩntal *f* - 1. [faixa] belt. - 2. [feminina] girdle.

cinta-liga [ˌsĩnta'ligal (*pl* cintas-ligas) *f* suspender belt.

cintilar [sĩntʃi'la(x)] *vi* to scintillate.

cinto ['sĩntul *m* belt; ~ de segurança safety belt.

cintura [sĩn'tural *f* waist.

cinturão [sĩntu'rãw] (*pl* -ões) *m* belt; ~ verde green belt.

cinza ['sĩnzal <> *adj inv* [cor] grey. <> *m* [cor] grey.

➤ **cinzas** *fpl* ashes.

cinzeiro [sĩn'zejrul *m* ashtray.

cinzento, ta [sĩn'zẽntu, tal *adj* grey.

cio ['siwl *m* rut.

CIPA (*abrev de* Comissão Interna de Prevenção de Acidentes) *f* Brazilian commission for prevention of accidents at work, ≃ HSE *UK*, ≃ OHSA *US*.

cipreste [si'prɛʃtʃil *m* cypress.

circo ['sixkul *m* circus.

circuito [six'kujtul *m* circuit.

circulação [sixkula'sãwl *f* circulation.

circulante [sirku'lãntʃil *adj* - 1. [itinerante] itinerant. - 2. ECON : capital ~ ready capital.

circular [sixku'la(x)] (*pl* -es) <> *adj* [formato] circular. <> *m* [ônibus] shuttle. <> *f* [carta, ofício] circular. <> *vt* -1. [rodear] to circle. - 2. [dar voltas por] to surround. <> *vi* -1. [ger] to circulate. - 2. [percorrer] to wander.

círculo ['sixkulul *m* - 1. GEOM circle. - 2. *fig* [meio, grupo] circle.

circuncisão [sixkũnsi'zãwl *f* circumcision.

circundar [sixkũn'da(x)] *vt* to surround.

circunferência [sixkũnfe'rẽnsjal *f* circumference.

circunflexo [sixkũn'flɛksul GRAM <> *adj* circumflex. <> *m* circumflex.

circunscrição [sixkũnʃkri'sãwl (*pl* -ões) *f* [repartição] division.

circunspe(c)ção [sixkũnʃpe(k)sãwl (*pl* -ões) *f* circumspection.

circunspecto, ta [sixkũnʃ'pɛktu, tal *adj* circumspect.

circunstância [sixkũnʃ'tãnsjal *f* - 1. [ger] circumstance. - 2. JUR : ~ s atenuantes/agravantes attenuating/aggravating circumstances. - 3. [caso] event.

circunstanciado, da [sixkũnʃtãn'sjadu, dal *adj* detailed.

cirurgia [sirux'ȝial *f* surgery; ~ plástica plastic surgery; ~ estética aesthetic

surgery *UK*, esthetic surgery *US*; ~ reconstrutora ou reparadora reconstructive surgery.

cirurgião, ã [sirux'ȝjãwȝjã, al (*pl* -ões, *fpl* -s) *m, f* surgeon.

cirurgião-dentista, **cirurgiã-dentista** [sirux,ȝjãwdẽn'tʃiʃta, sirux,ȝjãdẽntʃiʃtal (*mpl* cirurgiões-dentistas, *fpl* cirurgiãs-dentistas) *m, f* dental surgeon.

cirúrgico, ca [si'ruxȝiku, kal *adj* surgical.

cisco ['siʃkul *m* dust.

cisma ['siȝmal <> *m* schism. <> *f* [mania] crazy idea.

cismado, da [siȝ'madu, dal *adj* wary.

cismar [siȝ'ma(x)] <> *vt* [convencer-se de]: ~ que to be convinced that. <> *vi* -1. [decidir]: ~ de ou em fazer algo to determine upon doing sthg. - 2. [implicar]: ~ com to clash with. - 3. [insistir]: ~ em to insist on.

cisne ['siȝnil *m* swan.

cisões [si'zõjʃl *pl* ⊳ cisão.

cisterna [siʃ'tɛxnal *f* cistern.

citação [sita'sãwl (*pl* -ões) *f* - 1. [de trecho, autor] quotation. - 2. JUR citation.

citar [si'ta(x)] *vt* - 1. [trecho, autor] to quote. - 2. JUR to summons.

cítrico, ca ['sitriku, kal *adj* - 1. [fruta] citrus. - 2. [ácido] citric.

ciúme ['sjumil *m* jealousy.

ciumento, ta [sju'mẽntu, tal *adj* jealous.

cívico, ca ['siviku, kal *adj* civic.

civil [si'viwl (*pl* -is) <> *adj* -1. [direito, tribunal] civil. - 2. [vida, traje] civilian. <> *mf* [pessoa] civilian.

civilidade [sivili'dadȝil *f* courtesy.

civilização [siviliza'sãwl (*pl* -ões) *f* civilization.

civismo [si'viȝmul *m* public spirit.

cl. (*abrev de* centilitro) *m* cl.

clã ['klãl (*pl* clãs) *m* clan.

clamar [kla'ma(x)] <> *vt* to clamour. <> *vi*: ~ por/contra algo to clamour for/to protest against sthg.

clamor [kla'mo(x)] (*pl* -es) *m* clamour *UK*, clamor *US*.

clamoroso, osa [klamo'rozu, ɔzal *adj* clamorous.

clandestino, na [klãndeʃ'tʃinu, nal *adj* clandestine.

clara ['klaral *f* ⊳ claro.

claraboia [klara'bɔjal *f* skylight.

clarão [kla'rãwl (*pl* -ões) *m* -1. [de raio, flash] flash. - 2. [claridade] brightness.

clarear [kla'rja(x)] <> *vt* -1. [iluminar] to light up. - 2. [dia, céu] to brighten. <> *vi* -1. [amanhecer] to get light. - 2. [dia, céu] to brighten.

clareira [kla'rejral *f* [em floresta] glade, clearing.

clareza [klaˈrezal] *f* clarity.
claridade [klariˈdadʒi] *f* [luz] clarity.
clarim [klaˈrĩ] (*pl* -ns) *m* bugle.
clarinete [klariˈnetʃi] *m* clarinet.
clarividente [klariviˈdẽtʃi] <> *adj* -1. [sagaz] wise. -2. [prudente] cautious. -3. [vidente] clairvoyant. <> *mf* [vidente] clairvoyant.
claro, ra [ˈklaru, ra] *adj* -1. [ger] bright. -2. [límpido, nítido, explícito] clear; **ser ~ (que)** to be obvious (that).
➡ **claro** <> *adv* [evidentemente]: **claro!** of course!; **~ que sim!/que não!** of course!/of course not! <> *m* -1. [em escrita] space. -2. [em pintura] highlight.
➡ **clara** *f*: **~ (de ovo)** egg white.
➡ **às claras** *loc adv* in broad daylight.
➡ **em claro** *loc adv*: **passar a noite em ~** to have a sleepless night.
clarões [klaˈrõjʃ] ➣ **clarão**.
classe [ˈklasi] *f* -1. [ger] class; **~ média** middle class; **~ executiva** business class; **~ turística** tourist class; **primeira ~** first class. -2. [categoria]: **de primeira ~** first class; **de ~** classy.
clássico, ca [ˈklasiku, ka] *adj* -1. [ger] classic; **música ~** classical music. -2. [da Antigüidade] classical.
➡ **clássico** *m* [obra-prima] classic.
classificação [klasifikaˈsãw] (*pl* -ões) *f* -1. [ger] classification. -2. [qualificação] label. -3. [para cinema e TV] rating.
classificado, da [klasifiˈkadu, da] <> *adj* classified. <> *m, f* [em concurso, competição] classified entrant.
➡ **classificados** *mpl* JORN [seção] classifieds.
classificar [klasifiˈka(x)] *vt* to classify.
➡ **classificar-se** *vp* -1. [ser aprovado] to pass. -2. [obter posição de]: **~-se em primeiro lugar** to be first.
claudicante [klawdʒiˈkãtʃi] *adj* [capengante] hobbling.
claustro [ˈklawʃtru] *m* cloister.
claustrofobia [klawʃtrofoˈbia] *f* claustrophobia.
cláusula [ˈklawzula] *f* clause. ·
clausura [klawˈzura] *f* -1. [recinto] enclosure. -2. [vida] seclusion.
clave [ˈklavi] *f* MÚS clef.
clavícula [klaˈvikula] *f* clavicle, collarbone.
clemência [kleˈmẽsja] *f* -1. [qualidade] leniency. -2. [perdão] clemency.
clero [ˈklɛru] *m* clergy.
clicar [kliˈka(x)] *vi* to click.
clichê [kliˈʃe] *m* -1. FOT proof. -2. [chavão] cliché. -3. [tipográfico] type.
cliente [kliˈẽtʃi] *m* COMPUT client.
clientela [kliẽˈtɛla] *f* -1. clientele. -2. [de médico] patients (*pl*).

clima [ˈklima] *m* -1. METEOR climate. -2. *fam fig* [atmosfera] atmosphere.
clímax [ˈklimaks] *m inv* -1. [ger] climax. -2. [auge] peak.
clínico, ca [ˈkliniku, ka] <> *adj* clinical. <> *m, f* [médico] doctor; **~ geral** general practitioner, GP.
➡ **clínica** *f* -1. [local] clinic. -2. [prática] medicine.
clipe [ˈklipi] *m* -1. [videoclipe] clip. -2. [para papéis] paper clip.
clitóris [kliˈtɔriʃ] *m inv* clitoris.
clonagem [kloˈnaʒẽ] (*pl* -ns) *f* BIOL cloning.
clonar [kloˈna(x)] *vt* BIOL to clone.
cloro [ˈklɔru] *m* chlorine.
clorofila [kloroˈfila] *f* chlorophyll.
clorofórmio [kloroˈfɔxmjul] *m* chloroform.
close [ˈklozi] *m* close-up.
CLT (*abrev de* **Consolidação das Leis do Trabalho**) *f Brazilian legislation regulating the rights and responsibilities of workers.*
clube [ˈklubi] *m* club.
cm (*abrev de* **centímetro**) *m* cm.
CNH (*abrev de* **Carteira Nacional de Habilitação**) *f* driving licence *UK*, driver's license *US*.
coação [koaˈsãw] *f* force.
coadjuvante [kwadʒuˈvãtʃi] <> *adj* back-up; **ator ~** supporting actor; **criminoso ~** accomplice. <> *mf* -1. CINE, TEATRO, TV supporting role. -2. [cúmplice] accomplice.
coador [kwaˈdo(x)] (*pl* -es) *m* -1. [crivo] sieve. -2. [de café] filter. -3. [para legumes] colander.
coagir [kwaˈʒi(x)] *vt*: **~ alguém (a fazer algo)** to coerce sb (into doing sthg).
coagulação [kwagulaˈsãw] (*pl* -ões) *f* [do sangue] clotting.
coagular [kwaguˈla(x)] <> *vt* [solidificar] to clot. <> *vi* -1. [sangue] to clot. -2. [leite] to curdle.
➡ **coagular-se** *vp* -1. [sangue] to clot. -2. [leite] to curdle.
coágulo [ˈkwagulu] *m* [de sangue] clot.
coalhado, da [kwaˈʎadu, da] *adj* [leite] curdled.
➡ **coalhada** *f* clabber.
coalhar [kwaˈʎa(x)] <> *vt* to curdle. <> *vi* to curdle.
coalizão [kwaliˈzãw] (*pl* -ões) *f* coalition.
coar [ˈkwa(x)] *vt* -1. [líquido] to filter. -2. [café] to percolate.
cobaia [koˈbaja] *f* guinea pig.
cobalto [koˈbawtu] *m* cobalt.
coberto, ta [koˈbɛxtu, ta] <> *pp* ➣ **cobrir**. <> *adj* covered.
➡ **coberta** *f* -1. [colcha, cobertor] bed

cover. - **2.** [cobertura] covering. - **3.** [telhado] roofing.

cobertura [kobex'tura] *f* - **1.** [ger] cover; **dar ~ a** to cover up. - **2.** [apartamento] penthouse. - **3.** [calda] topping. - **4.** JORN coverage.

cobiça [ko'bisal *f* greed.

cobiçar [kobi'sa(x)] *vt* to covet.

cobra ['kɔbra] <> *adj fam* [perito] ace. <> *f* - **1.** ZOOL snake. - **2.** *pej* [mau-caráter] snake. <> *mf fam* [perito] ace.

cobrador, ra [kobra'do(x), ral (*mpl* -es, *fpl* -s) *m, f* - **1.** [recebedor, caixa] debt collector. - **2.** [de ônibus] conductor.

cobrança [ko'brãsa] *f* - **1.** [de taxa, passagem, ingresso] fee. - **2.** *fig* [exigência] demands (*pl*). - **3.** ESP penalty; **~ de pênalti** FUT penalty kick.

cobrar [ko'bra(x)] *vt* - **1.** [taxa, passagem, ingresso] to collect. - **2.** [preço] to charge. - **3.** *fig* [promessa, favor] to exact. - **4.** ESP to take a penalty; **~ um pênalti** FUT to take a penalty.

cobre ['kɔbril *m* - **1.** [metal] copper. - **2.** [dinheiro, moeda] coin.

cobrir [ko'bri(x)] *vt* - **1.** [ger] to cover. - **2.** [ocultar] to conceal. - **3.** [envolver] to wrap up. - **4.** [exceder] to exceed. - **5.** ZOOL [fêmea] to breed.

➡ **cobrir-se** *vp* - **1.** [ocultar-se, resguardar-se] to hide o.s. - **2.** [com cobertor] to cover o.s.

cocada [ko'kadal *f* coconut ice UK, coconut candy US.

cocaína [koka'inal *f* cocaine.

coçar [ko'sa(x)] <> *vt* to scratch. <> *vi* to itch.

➡ **coçar-se** *vp* to scratch o.s.

cocar [ko'ka(x)] *m* crest.

cócegas ['kɔsigaʃ] *fpl* **fazer ~ em alguém** to tickle sb; **sentir ~** to feel itchy.

coceguento, ta [kose'gẽntu, tal *adj* ticklish.

coceira [ko'sejral *f* [sensação] itch.

cochichar [koʃi'ʃa(x)] *vi* to whisper.

cochilar [koʃi'la(x)] *vi* - **1.** [dormir um pouco] to take a nap. - **2.** [dormitar] to doze off.

cochilo [ko'ʃilul *m* nap; **tirar um ~** to take a nap.

coco ['kokul *m* - **1.** [fruta] coconut. - **2.** *fam fig* [cabeça] nut.

cocô [ko'kol *m fam* poo.

cócoras ['kɔkoraʃ] ➡ **de cócoras** *loc adv* squatting.

codificação [kodʒifika'sãwl (*pl* -ões) *f* COMPUT coding.

código ['kɔdʒigul *m* [ger] code; **~ de barras** bar code; **~ civil** civil code.

codorna [ko'dɔxnal *f* quail.

co-editor, ra [koedʒi'to(x), ral (*mpl* -res, *fpl* -ras) *m, f* co-editor.

coeficiente [koefi'sjẽntʃil *m* - **1.** MAT coefficient. - **2.** *fig* [fator] factor.

coelho ['kweʎul *m* rabbit.

coentro ['kwẽntrul *m* coriander.

coerção [koex'sãwl *f* coercion.

coercivo, va [koex'sivu, val, **coercitivo, va** [koexsi'tʃivu, val *adj* coercive.

coerência [koe'rẽnsjal *f* coherence.

coerente [koe'rẽntʃil *adj* coherent.

coesão [koe'zãwl *f* cohesion.

COFINS (*abrev de* Contribuição para o Financiamento da Seguridade Social) *m* Brazilian employer's social security contributions, based on profits.

cofre ['kɔfril *m* safe.

cofre-forte [,kofri'fɔxtʃil (*pl* cofres-fortes) *m* strongroom.

cogitar [koʒi'ta(x)] <> *vt* - **1.** [considerar] to consider. - **2.** [planejar]: **~ fazer algo** to consider doing sthg. <> *vi* [refletir] to deliberate.

cogumelo [kogu'mɛlul *m* [comestível] mushroom.

COI (*abrev de* Comitê Olímpico Internacional) *m* IOC.

coibir [koj'bi(x)] *vt* to restrain; **~ alguém de fazer algo** to restrain sb from doing sthg.

coice ['kojsil *m* - **1.** [de animal] backward kick; **dar um ~ em** *fig* to give sb a kick in the teeth. - **2.** [de arma] butt.

coincidência [koĩnsi'dẽnsjal *f* coincidence.

coincidente [koĩnsi'dẽntʃil *adj* coincidental.

coincidentemente [koĩnsidẽntʃi'mẽntʃil *adv* coincidentally.

coincidir [koĩnsi'di(x)] *vi* - **1.** [eventos, datas] to coincide. - **2.** [concordar]: **~ (em)** to agree (upon).

coisa ['kojzal *f* - **1.** [ger] thing. - **2.** [assunto] topic. - **3.** *loc*: **ele não diz ~ com ~** he talks absolute rubbish; **que ~!** goodness me!; **ser uma ~** [ser terrível] to be dreadful.

➡ **coisa de** *loc adv* roughly.

coitado, da [koj'tadu, dal <> *adj* [pessoa] wretched; **coitado!** poor thing! <> *m, f* poor wretch.

coito ['kojtul *m* sex; **~ anal** anal sex.

cola ['kɔlal *f* - **1.** [adesivo] glue. - **2.** *fam* EDUC [ato] cribbing. - **3.** *fam* EDUC [objeto] crib.

colaboração [kolabora'sãwl (*pl* -ões) *f* - **1.** [ajuda] cooperation. - **2.** [em jornal etc] freelance work.

colaborador, ra [kolabora'do(x), ral *m, f* - **1.** [ajudante] collaborator. - **2.** [de jornal etc] freelance.

colaborar [kolabo'ra(x)] *vi* - **1.** [ajudar] to cooperate; **~ em algo/com alguém** to cooperate on sthg with sb. - **2.** [em jornal etc]: ~ **em algo** to freelance on sthg.

colagem [ko'laʒẽl *(pl* -ns) *f* -**1.** [ato] glueing. -**2.** *ARTE* collage.

colante [ko'lãntʃil *adj* [roupa] clinging.

colapso [ko'lapsul *m* collapse; ~ **cardíaco** heart failure; ~ **nervoso** nervous breakdown.

colarinho [kola'riɲul *m* -**1.** [de camisa] collar. -**2.** *fam* [de cerveja] head; **com/ sem** ~ with/without a head.

colateral [kolate'rawl *(pl* -ais) *adj* collateral.

colcha ['kowʃal *f* bedspread.

colchão [kow'ʃãw] *(pl* -ões) *m* mattress.

colcheia [kow'ʃejal *f MÚS* quaver *UK*, eighth note *US*.

colchete [kow'ʃetʃil *m* -**1.** [de roupa] hook; ~ **de gancho** hook and eye; ~ **de pressão** press stud. -**2.** [sinal] bracket.

colchões [kow'ʃõjʃl *pl* ⊳ **colchão**.

colchonete [kowʃo'nɛtʃil *m* bolster.

coleção [kole'sãwl *(pl* -ões) *f* collection.

colecionador, ra [kolesjona'do(x), ral *(mpl* -res, *fpl* -s) *m, f* collector.

colecionar [kolesjo'na(x)l *vt* to collect.

colega [ko'lɛgal *mf* -**1.** [amigo] friend. -**2.** [de escola] schoolfriend. -**3.** [de trabalho] colleague.

colegial [kole'ʒjawl *(pl* -ais) ◇ *adj* school *(antes de subst)*. ◇ *mf* schoolboy *(f* schoolgirl).

colégio [ko'lɛʒjul *m* [escola] school.

coleira [ko'lejral *f* dog collar.

cólera ['kɔleral ◇ *f* [ira] anger. ◇ *m MED* cholera.

colérico, ca [ko'lɛriku, kal ◇ *adj* [irado] angry. ◇ *m, f MED* cholera victim.

colesterol [koleʃte'rɔwl *m* cholesterol.

coleta [ko'lɛtal *f* collection; ~ **de dados** fact-gathering.

coletar [kole'ta(x)l *vt* to collect.

colete [ko'letʃil *m* waistcoat *UK*, vest *US*; ~ **salva-vidas** life jacket.

coletivo, va [kole'tʃivu, val *adj* -**1.** [de muitos] collective. -**2.** [transporte, banheiro] public.

➠ **coletivo** *m* -**1.** [ônibus] public transport. -**2.** [futebol] trials. -**3.** [ling] collective noun.

coletor, ra [kole'to(x), ral *m, f* [de impostos] collector.

colheita [ko'ʎejtal *f* -**1.** [ger] harvest. -**2.** [produto] crop.

colher [ko'ʎɛ(x)l *(pl* -es [ko'ʎɛriʃl) ◇ *f* -**1.** [talher] spoon; ~ **de chá** teaspoon; ~ **de sobremesa** dessertspoon; ~ **de sopa** tablespoon. -**2.** [ferramenta]: ~ **de pedreiro** trowel. ◇ *vt* -**1.** [fruta, verdura, safra] to pick. -**2.** [dados] to gather.

colherada [koʎe'radal *f* spoonful.

colibri [koli'bril *m* hummingbird.

cólica ['kɔlikal *f* colic.

colidir [koli'dʒi(x)] *vi* [chocar-se] to collide; ~ **com/contra** to collide with/ against.

coligação [koliga'sãwl *(pl* -ões) *f* coalition.

coligir [koli'ʒi(x)l *vt* to compile.

colina [ko'linal *f* hill.

colírio [ko'lirjul *m* eyewash.

colisão [koli'zãwl *(pl* -ões) *f* collision.

collant [ko'lãl *m* tights *(pl)*.

colméia [kow'mɛjal *f* beehive.

colo ['kɔlul *m* -**1.** [ger] neck. -**2.** [regaço] lap.

colocação [koloka'sãwl *(pl* -ões) *f* -**1.** [ato] fitting. -**2.** [posição, emprego] position. -**3.** [em concurso, competição] place. -**4.** [observação] observation.

colocar [kolo'ka(x)l *vt* -**1.** [ger] to place. -**2.** [dar emprego a] to employ. -**3.** [situar-no espaço] to site. -**4.** [instalar - ar-condicionado] to install; [- pneu] to fit; [- carpete] to lay; [- cortina] to hang. -**5.** [levantar] to raise.

➠ **colocar-se** *vp* -**1.** [pôr-se] to position o.s. -**2.** [em concurso, competição] to be placed. -**3.** [imaginar-se]: **coloque-se no meu lugar** put yourself in my place.

Colômbia [ko'lõmbjal *n* Colombia.

colombiano, na [kolõm'bjãnu, nal ◇ *adj* Colombian. ◇ *m, f* Colombian.

cólon ['kɔlõl *m ANAT* colon.

colônia [ko'lonjal *f* -**1.** [ger] colony. -**2.** [para crianças]: ~ **de férias** summer camp. -**3.** [perfume] cologne; **água de** ~ eau de cologne.

colonial [kolo'njawl *(pl* -ais) *adj* colonial.

colonização [koloniza'sãwl *f* colonization.

colonizador, ra [koloniza'do(x), ral ◇ *adj* [nação, esforço] colonizing. ◇ *m, f* [pessoa] settler.

colono, na [ko'lonu, nal *m, f* -**1.** [povoador] colonist. -**2.** [cultivador] smallholder.

coloquial [kolo'kjawl *(pl* -ais) *adj* colloquial.

coloquialismo [kolokja'liʒmul *m* familiar tone.

colóquio [ko'lɔkjul *m* -**1.** [congresso] symposium. -**2.** *ant* [conversa] conversation.

colorido, da [kolo'ridu, dal *adj* multicoloured *UK*, multi-colored *US*.

➠ **colorido** *m* colour *UK*, color *US*.

colorir [kolo'ri(x)l *vt* -**1.** [dar cor a] to colour *UK*, to color *US*. -**2.** *fig* [avivar] to brighten.

coluna [ko'lunal *f* -**1.** [ger] column; ~ **social** society column. -**2.** [pilar] pillar. -**3.** *ANAT*: ~ **vertebral** spinal column.

colunável [kolu'navew] (*pl* **-eis**) ◇ *adj* [pessoa, festa] glamorous. ◇ *mf* [celebridade] celebrity.

colunista [kolu'niʃta] *mf* columnist.

com [kõ] *prep* **-1.** with; **ela mora ~ um amigo** she lives with a friend; **~ quem você vai?** who are you going with? **-2.** [relativo a modo] with; **~ cuidado** with care; [relativo a instrumento] with; **ela escreve ~ a mão direita** she writes with her right hand; **~ o tempo, a mulher conseguiu superar o trauma** with time, the woman managed to overcome the trauma **-3.** [indica causa] with, because of; **só ~ muito esforço é que ele conseguiu** only with a lot of effort did he manage to do it; **estar ~ dor de cabeça** to have a headache; **estar ~ fome** to be hungry; **estar ~ pressa** to be in a hurry. **-4.** [apesar de] in spite of; **~ todo esse trabalho ele ainda encontra tempo para estudar** in spite of all that work, he still finds time to study; **você vai jogar bola ~ chuva?** are you going to play football in the rain?; **~ 86 anos, ele continua cheio de energia** at 86, he is still full of energy. **-5.** (*em loc prep*) with; **~ relação a** in relation to; **~ vistas a** with an aim to; **de acordo ~** in accordance with; **em parceria ~** in partnership with.

coma ['koma] *m MED* coma.

comadre [ko'madri] *f* **-1.** [madrinha] *a godmother in relation to her godchild's parents; a child's mother in relation to its godparents.* **-2.** [amiga] friend. **-3.** [urinol] bedpan.

comandante [komãn'dãntʃi] *mf* **-1.** MIL, NÁUT commander. **-2.** [dirigente] leader.

comandar [komãn'da(x)] *vt* **-1.** MIL, NÁUT to command. **-2.** [dirigir] to head.

comando [ko'mãndu] *m* [ger] command.

combate [kõn'batʃi] *m* **-1.** [luta, oposição] fight. **-2.** [bélico] skirmish; **fora de ~** *fig* flat on one's back.

combater [kõnba'te(x)] ◇ *vt* [lutar contra, opor-se a] to struggle. ◇ *vi* [belicamente] to fight.

combinação [kõnbina'sãw] (*pl* **-ões**) *f* **-1.** [ger] combination. **-2.** QUÍM compound. **-3.** [acordo, plano] agreement. **-4.** [peça de roupa] slip.

combinar [kõnbi'na(x)] ◇ *vt* **-1.** [associar, reunir] to combine. **-2.** [encontro, jantar] to fix; **combinado!** agreed! **-3.** [plano, fuga] to plan. ◇ *vi* **-1.** [planejar]: **combinamos de ir ao cinema** we fixed up to go to the cinema. **-2.** [cores, roupas] to match; **~ com algo** to go with sthg.

comboio [kõn'boju] *m* **-1.** [ger] convoy. **-2.** FERRO train.

combustível [kõnbuʃ'tʃivɛw] (*pl* **-eis**) ◇ *adj* combustible. ◇ *m* fuel.

começar [kome'sa(x)] ◇ *vt* to start. ◇ *vi* to begin, to start; **~ a fazer algo** to start doing sthg, to start to do sthg; **~ por** to begin with.

começo [ko'mesu] *m* beginning.

comédia [ko'mɛdʒja] *f* comedy.

comedido, da [kome'dʒidu, da] *adj* **-1.** [moderado] moderate. **-2.** [prudente] prudent.

comemoração [komemora'sãw] (*pl* **-ões**) *f* celebration.

comemorar [komemo'ra(x)] *vt* to celebrate.

comentar [komẽn'ta(x)] *vt* **-1.** [fato, festa, incidente] to comment on. **-2.** [observar]: **~ que** to remark that. **-3.** ESP [partida] to commentate.

comentário [komẽn'tarju] *m* commentary; **fazer um ~** to do a commentary.

comentarista [komẽnta'riʃta] *mf* commentator; **~ esportivo** sports commentator; **~ político** political commentator.

comer [ko'me(x)] (*pl* **-es**) ◇ *vt* **-1.** [alimentar-se de] to eat. **-2.** *fig* [suprimir] to swallow. **-3.** *fig* [corroer] to corrode. **-4.** *fig* [consumir] to devour. **-5.** [em damas, xadrez] to take. **-6.** *vulg fig* [sexualmente] to fuck. ◇ *vi* [alimentar-se] to eat; **dar de ~ a alguém** to feed sb.

comercial [komex'sjaw] (*pl* **-ais**) ◇ *adj* commercial. ◇ *m* [anúncio] advertisement, commercial.

comercialização [komexsjaliza'sãw] (*pl* **-ões**) *f* commercialization.

comercializar [komexsjali'za(x)] *vt* to market.

comerciante [komex'sjãntʃi] *mf* businessman (*f* businesswoman).

comerciar [komex'sja(x)] *vi* to trade.

comércio [ko'mɛxsju] *m* **-1.** [compra e venda] trade. **-2.** [tráfico] trafficking. **-3.** [estabelecimento] premises. **-4.** [mercado comercial] business. **-5.** *fig* [troca de idéias, influências] exchange.

comes ['komiʃ] *mpl fam*: **~ e bebes** food and drink.

comestíveis [komeʃ'tʃiveiʃ] *mpl* comestibles.

comestível [komeʃ'tʃivɛw] (*pl* **-eis**) *adj* edible.

cometa [ko'meta] *m* comet.

cometer [kome'te(x)] *vt* to commit.

comichão [komi'ʃãw] (*pl* **-ões**) *f* itch.

comício [ko'misju] *m* rally.

cômico, ca ['komiku, ka] ◇ *adj* comical. ◇ *m, f* [comediante] comedian.

comida [ko'mida] *f* **-1.** [alimento] food. **-2.** [refeição] meal; **~ caseira** home cooking.

comigo [ko'migu] *pron*: **ela não fala ~**

she won't speak to me; **o livro dele está**
~ I've got his book; **matemática é** ~
mesmo maths is my thing; **ela acenou,**
mas pensei que não era ~ she nodded,
but I thought that she didn't agree
with me; **isto não é justo, pensei** ~ that
isn't fair, I thought to myself; **deixa** ~!
leave it with me!

comilão, lona [komi'lãw, lona] (*mpl* -**ões,**
fpl -**s**) <> *adj* gluttonous. <> *m, f*
glutton.

cominho [ko'miɲu] *m* cumin.

comiserar-se [komize'raxsiʃ] *vp* to feel
pity; ~ **(de)** to feel pity for.

comissão [komi'sãw] (*pl* -**ões**) *f* -**1.** [co-
mitê] committee. -**2.** [gratificação] commission.

comissário, ria [komi'sarju, rja] *m, f*
agent; ~ **de bordo** air steward (*f* air
stewardess).

comissionar [komisjo'na(x)] *vt* -**1.** [en-
carregar] to commission. -**2.** [confiar] to
entrust.

comitê [komi'te] *m* committee.

comitiva [komi'tʃiva] *f* retinue.

como ['komu] <> *adv* -**1.** [ger] as. -**2.**
[de que modo] how; ~ **?** [o que você disse?]
I'm sorry?; ~ **assim?** how do you
mean? -**3.** [comparativo]: **ser** ~ **algo/al-**
guém to be like sthg/sb. -**4.** [exclamati-
vo]: **como!** what!; **e** ~ **!** *fam* and how!; ~
não! [pois não] of course! <> *conj* -**1.**
[porque] because. -**2.** [conforme] as.
⬥ **como que** *loc adv*: ~ **que por um**
golpe de mágica, tudo desapareceu as if
by magic, everything disappeared.
⬥ **como quer que** *loc conj* however.
⬥ **como se** *loc conj* as if.

comoção [komo'sãw] (*pl* -**ões**) *f* -**1.** [aba-
lo] shock. -**2.** [revolta] unrest.

cômoda ['komoda] *f* chest of drawers.

comodidade [komodʒi'dadʒi] *f* -**1.** [con-
forto] comfort. -**2.** [conveniência] convenience.

comodismo [komo'dʒiʒmu] *m* indolence.

comodista [komo'dʒiʃta] <> *adj* passive. <> *mf* passive person.

cômodo, da ['komodu, da] *adj* -**1.** [con-
fortável] comfortable. -**2.** [conveniente]
appropriate.
⬥ **cômodo** *m* [aposento] room.

comovente [komo'vẽntʃi], **comove-**
dor, ra [komove'do(x), ra] *adj* moving.

comover [komo've(x)] <> *vt* to move.
<> *vi* to be moving.
⬥ **comover-se** *vp* to be moved.

comovido, da [komo'vidu, da] *adj*
moved.

compactador [kõmpak'tado(x)] *m* COM-
PUT (file) compressor.

compactar [kõmpzk'ta(x)] *vt* COMPUT: ~

arquivos to compress files.

compacto, ta [kõm'paktu, ta] *adj* -**1.**
[pequeno] compact. -**2.** [denso, comprimi-
do] dense.
⬥ **compacto** *m* [disco] compact disc,
CD.

compadecer-se [kõnpade'sexsiʃ] *vp*: ~
de to take pity on.

compadecido, da [kõnpade'sidu, da]
adj compassionate.

compadre [kõn'padri] *m* -**1.** [padrinho do
filho] *a godfather in relation to his*
godchild's parents ou *a child's father*
in relation to its godparents. -**2.** *fam*
[companheiro] companion.

compaixão [kõnpaj'ʃãw] *f* -**1.** [piedade]
compassion. -**2.** [misericórdia] mercy.

companheirismo [kõnpaɲej'riʒmu] *m*
companionship.

companheiro, ra [kõnpa'ɲejru, ra] *m, f*
-**1.** [que acompanha] companion. -**2.** [co-
lega] colleague. -**3.** [marido, namorado]
partner. -**4.** *fam* [amigo] mate.

companhia [kõnpa'ɲia] *f* [ger] company;
em ~ **de** in the company of; **fazer** ~ **a**
alguém to keep sb company.

comparação [kõnpara'sãw] (*pl* -**ões**) *f*
comparison.

comparar [kõnpa'ra(x)] *vt*: ~ **algo/al-**
guém (com) to compare sthg/sb (with).

comparável [kõnpa'ravew] (*pl* -**eis**) *adj*
comparable.

comparecer [kõnpare'se(x)] *vi*: ~ **(a)** to
appear (at).

comparecimento [kõnparesi'mẽntu] *m*
presence.

comparsa [kõn'paxsa] *mf* -**1.** [cúmplice]
accomplice. -**2.** TEATRO extra.

compartilhar [kõmpaxtʃi'ʎa(x)] <> *vt*
[partilhar] to share. <> *vi* [participar]: ~
de to share in.

compartimento [kõnpaxtʃi'mẽntu] *m*
-**1.** [divisão] compartment. -**2.** [aposen-
to] room.

compartir [kõnpax'tʃi(x)] *vt* & *vi* = **com-**
partilhar.

compassado, da [kõnpa'sadu, da] *adj*
-**1.** [pausado] measured. -**2.** [cadenciado]
rhythmic. -**3.** [comedido] moderate.

compassivo, va [kõnpa'sivu, va] *adj*
compassionate.

compasso [kõn'pasu] *m* -**1.** [instrumento]
pair of compasses. -**2.** MÚS beat. -**3.**
[ritmo] time.

compatível [kõnpa'tʃivew] (*pl* -**eis**) *adj*
compatible.

compatriota [kõnpatri'ɔta] *mf* compatriot.

compelir [kõnpe'li(x)] *vt*: ~ **alguém a**
fazer algo to force sb to do sthg.

compêndio [kõn'pẽndʒiu] *m* -**1.** [livro]
textbook. -**2.** [síntese] summary.

compensação [kõnpẽnsa'sãw] (pl -ões) f
-1. [reparação] compensation; em ~ to
make up for it. -2. [equilíbrio] balance.
-3. [de cheque] clearance.

compensado [kõnpẽn'sadul m [madeira]
plywood.

compensar [kõnpẽn'sa(x)] <> vt -1.
[dar reparo a] to make up for. -2. [equili-
brar] to compensate for. -3. [cheque] to
clear. <> vi [valer a pena] to pay.

competência [kõnpe'tẽnsja] f -1. [habili-
dade] competence. -2. [responsabilidade]
responsibility.

competente [kõnpe'tẽntʃi] adj -1. [hábil]
competent. -2. [responsável] responsible.

competição [kõnpetʃi'sãw] (pl -ões) f -1.
[disputa, concorrência] competition. -2.
ESP [prova] contest.

competidor, ra [kõnpetʃi'do(x), ra] m, f
ESP competitor.

competir [kõnpe'tʃi(x)] vi to compete.

compilação [kõnpila'sãw] f compila-
tion.

compilar [kõnpi'la(x)] vt to compile.

complacente [kõnpla'sẽntʃi] adj com-
placent.

complementar [kõnplemẽn'ta(x)] (pl
-es) <> adj additional. <> vt to
complement.

complemento [kõnple'mẽntul m -1.
[acréscimo] addition. -2. GRAM object.

completamente [kõm,pleta'mẽntʃi] adv
completely.

completar [kõnple'ta(x)] vt -1. [terminar]
to complete. -2. [idade] to reach. -3.
[com gasolina etc] to fill up.

completo, ta [kõn'plɛtu, ta] adj -1. [tra-
balho] finished. -2. [tanque] full.
⇒ **por completo** loc adv [inteiramente]
completely.

complexo, xa [kõm'plɛksu, sa] adj complex.
⇒ **complexo** m complex.

complicado, da [kõnpli'kadu, da] adj
complicated.

complicar [kõnpli'ka(x)] vt [tornar com-
plexo] to complicate.

complô [kõn'plo] m conspiracy.

componente [kõnpo'nẽntʃi] m component.

compor [kõn'po(x)] <> vt -1. [formar, in-
tegrar] to comprise. -2. [música, versos]
to compose. -3. [discurso, livro] to write.
-4. [enfeitar] to arrange. -5. POL [aliança,
acordo] to constitute. -6. TIP to typeset.
<> vi -1. [música] to compose. -2. TIP to
typeset.
⇒ **compor-se** vp -1. [ser integrado por]:
~-se de to consist of. -2. [controlar-se]
to compose o.s.

comporta [kõn'pɔxta] f floodgate.

comportamento [kõnpoxta'mẽntul m

-1. [de pessoa] behaviour. -2. [reação]
reaction.

comportar [kõnpox'ta(x)] vt -1. [supor-
tar] to hold. -2. [conter] to contain.
⇒ **comportar-se** vp -1. [pessoa] to
behave. -2. [reagir] to behave.

composição [kõnpozi'sãw] (pl -ões) f -1.
[ger] composition. -2. [de trem, metrô]
formation. -3. TIP typesetting.

compositor, ra [kõnpozi'to(x), ra] (mpl
-es, fpl -s) m, f MÚS composer.

composto, ta [kõn'poʃtu, ta] <> pp
▷ compor. <> adj composed.
⇒ **composto** m QUÍM compound.

compostura [kõnpoʃ'tural f composure.

compota [kõn'pɔtal f stewed fruit, fruit
compote.

compra ['kõnpral f -1. [ato] purchase;
fazer ~s to shop. -2. [coisa comprada]
shopping.

comprar [kõn'pra(x)] vt -1. [adquirir] to
buy. -2. fig [subornar] to bribe.

compreender [kõnprjẽn'de(x)] vt -1.
[entender] to understand. -2. [abranger]
to comprise.

compreensão [kõnprjẽ'sãw] f -1. [enten-
dimento intelectual] comprehension. -2.
[aceitação] understanding. -3. [percep-
ção] realization.

compreensivo, va [kõnprjẽ'sivu, va] adj
-1. [pessoa, atitude] understanding. -2.
[medida] comprehensive.

compressor, ra [kõnpre'so(x), ra] adj
▷ rolo.

comprido, da [kõn'pridu, da] adj -1.
[longo] long. -2. [alto] tall.

comprimento [kõnpri'mẽntul m length;
três metros de ~ three metres in
length, three metres long.

comprimido, da [kõnpri'midu, da] adj
compressed.
⇒ **comprimido** m tablet.

comprimir [kõnpri'mi(x)] vt -1. [reduzir
sob pressão - ar, volume] to compress; [-
barriga] to pull in. -2. [apertar] to
squeeze.

comprometer [kõnprome'te(x)] vt -1.
[ger] to compromise. -2. [empenhar] to
commit.
⇒ **comprometer-se** vp [assumir compro-
misso]: ~-se (com) to make a commitment (to).

comprometido, da [kõnprome'tʃidu,
da] adj -1. [ocupado] busy. -2. [amorosa-
mente] engaged.

compromisso [kõnpro'misul m -1. [en-
contro etc] appointment. -2. [promessa]
promise. -3. [obrigação] obligation; sem
~ under no obligation. -4. [acordo]
agreement. -5. [namoro, noivado] engagement.

concluir

comprovante [kõnpro'vantʃi] ⬧ *adj* confirming. ⬧ *m* receipt.

comprovar [kõnpro'va(x)] *vt* to confirm.

compulsão [kõnpuw'sãw] (*pl* -ões) *f* compulsion.

compulsivo, va [kõnpuw'sivu, va] *adj* compulsive.

compulsório, ria [kõnpuw'sɔrju, rja] *adj* compulsory.

computação [kõnputa'sãw] *f* -1. [ato] computation. -2. [ciência, curso] computing.

computador [kõnputa'do(x)] (*pl* -es) *m* computer.

computadorizar [kõnputadori'za(x)] *vt* to computerize.

computar [kõnpu'ta(x)] *vt* -1. [contar] to count. -2. [calcular] to compute, to calculate. -3. [incluir] to include.

comum [ko'mũ] (*pl* -ns) ⬧ *adj* -1. [ordinário] ordinary. -2. [mútuo] mutual; **ter algo em** ~ to have sthg in common. -3. [usual] common. ⬧ *m* [usual] usual thing; **o** ~ **é ficarmos em casa aos domingos** we usually stay at home on Sundays; **fora do** ~ [extraordinário] out of the ordinary.

comungar [komũn'ga(x)] *vi* -1. RELIG to receive Communion. -2. *fig* [partilhar]: ~ **de algo** to share sthg.

comunhão [komu'ɲãw] (*pl* -ões) *f* -1. [união] unity; ~ **de bens** [em matrimônio] joint ownership of property. -2. RELIG Communion.

comunicação [komunika'sãw] (*pl*-ões) *f* -1. [ato] communication. -2. [ciência] communications (*sg*). -3. [mensagem] message. -4. [em congresso, simpósio] speech. -5. [ligação] link.

comunicar [komuni'ka(x)] *vt* -1. [informar sobre]: ~ **algo a alguém** to inform sb of sthg. -2. [ligar] to link.
➡ **comunicar-se** *vp* -1. [dialogar, entender-se] to communicate. -2. [entrar em contato]: ~**-se com** to contact.

comunicativo, va [komunika'tʃivu, va] *adj* communicative.

comunidade [komuni'dadʒi] *f* community; **Comunidade Européia** European Community.

comunismo [komu'niʒmu] *m* communism.

comunista [komu'niʃta] ⬧ *adj* communist. ⬧ *mf* communist.

comunitário, ria [komuni'tarju, rja] *adj* community.

concatenação [kõnkatena'sãw] (*pl*-ões) *f* [encadeamento] (close) linkage.

côncavo, va [ˈkõŋkavu, va] *adj* concave.

conceber [kõnse'be(x)] ⬧ *vt* [gerar] to conceive. ⬧ *vi* [engravidar] to conceive.

conceder [kõnse'de(x)] *vt* [dar, outorgar] to concede.

conceito [kõn'sejtu] *m* -1. [idéia] concept. -2. [opinião] opinion. -3. [reputação] reputation. -4. EDUC [nota] grade.

conceituação [kõnsejtua'sãw] (*pl*-ões) *f* -1. [definição] conceptualization. -2. [avaliação] rating.

conceituado, da [kõsej'twadu, da] *adj* respected.

concentração [kõnsẽntra'sãw] (*pl*-ões) *f* -1. [ger] concentration. -2. ESP *athletic briefing and training usually the day before an important event.*

concentrado, da [kõsẽn'tradu, da] *adj* -1. [ger] concentrated. -2. [centralizado] centralized. -3. [aglomerado] gathered together.
➡ **concentrado** *m* [substância] concentrate.

concentrar [kõnsẽn'tra(x)] *vt* -1. [ger] to concentrate. -2. [centralizar] to centralize. -3. [aglomerar] to bring together, to mass.
➡ **concentrar-se** *vp* -1. [aglomerar-se] to mass. -2. [pessoa, atenção, esforço]: ~**-se (em algo)** to concentrate (on sthg).

concepção [kõnsep'sãw] (*pl* -ões) *f* -1. [geração] conception. -2. [conceito] concept. -3. [opinião] opinion.

concernente [kõnsex'nẽntʃi] *adj*: ~ **a** concerning.

concernir [kõnsex'ni(x)] *vi*: ~ **a** to concern; **no que me concerne, ...** as far as I'm concerned, ...

concerto [kõn'sextu] *m* MÚS concert.

concessão [kõnse'sãw] (*pl* -ões) *f* -1. [ger] concession. -2. [entrega - de empréstimo, licença *etc*] granting; [- de prêmio] awarding. -3. [permissão] permission.

concessionário, ria [kõnsesjo'narju, rja] *m, f* concessionaire.
➡ **concessionária** *f* [empresa] agency.

concha [ˈkõnʃa] *f* -1. [de molusco] shell. -2. [para líquidos] ladle.

conchavo [kõnˈʃavul] *m* conspiracy.

conciliação [kõnsilja'sãw] (*pl* -ões) *f* reconciliation.

conciliador, ra [kõnsilja'do(x), ra] ⬧ *adj* conciliatory. ⬧ *m, f* [pessoa] conciliator.

conciliar [kõnsi'lja(x)] *vt* to reconcile.

concílio [kõn'silju] *m* RELIG council.

concisão [kõnsi'sãw] *f* concision.

conciso, sa [kõn'sizu, za] *adj* concise.

conclamar [kõnkla'ma(x)] *vt* -1. [bradar] to shout. -2. [aclamar] to acclaim. -3. [convocar]: ~ **alguém a fazer algo** to incite sb to do sthg.

concluir [kõŋklu'i(x)] *vt* -1. [terminar] to

conclude. **-2.** [deduzir] to deduce.

conclusão [kõŋklu'zãw] *(pl -ões)* *f* [ger] conclusion; **chegar a uma ~** [chegar a uma dedução] to reach a conclusion; [chegar a um acordo] to come to an agreement; **~**: *fam* [resultado] upshot.

conclusivo, va [kõŋklu'zivu, va] *adj* conclusive.

concordância [kõŋkox'dãnsja] *f* agreement.

concordar [kõŋkox'da(x)] ◇ *vt*: **~ que** to agree that. ◇ *vi* to agree; **~ com algo/alguém** to agree with sthg/sb; **~ em fazer algo** to agree to do sthg; **não concordo!** I disagree!

concorrência [kõŋko'xẽnsja] *f* **-1.** [ger] competition. **-2.** *fig* [licitação] tender.

concorrente [kõŋko'xẽntʃi] *adj* **-1.** [competidor] competitor. **-2.** [candidato] candidate.

concorrer [kõŋko'xe(x)] *vi* [ger] to compete; **~ com alguém** to compete with sb; **~ a algo** [ger] to apply for sthg; *POL* to be running for sthg.

concretizar [kõŋkreti'za(x)] *vt* to realize.

➡ **concretizar-se** *vp* [sonho, projeto, anseio] to be realized.

concreto, ta [kõŋ'krɛtu, ta] *adj* [sólido] concrete.

➡ **concreto** *m* concrete.

concretude [kõŋkre'tudʒi] *f* concrete nature.

concupiscente [kõŋkupis'sẽntʃi] *adj* materialistic.

concursado, da [kõŋkux'sadu, da] ◇ *adj referring to a person who has been successful in a competitive examination giving access to a position, particularly in public office.*

concurso [kõŋ'kuxsu] *m* **-1.** [exame] competitive examination. **-2.** [sorteio] lottery.

condado [kõn'dadu] *m* county.

condão [kõn'dãw] *m* ▷ **varinha.**

conde, dessa ['kõndʒi, dʒesa] *m, f* count (*f* countess).

condecorar [kõndeko'ra(x)] *vt* to decorate.

condenação [kõndena'sãw] *(pl -ões)* *f* **-1.** *JUR* conviction. **-2.** [reprovação] condemnation.

condenar [kõnde'na(x)] *vt* **-1.** [ger] to condemn; **~ alguém a algo** to sentence sb to sthg. **-2.** *JUR* [declarar culpado] to find guilty. **-3.** *fig* [interditar] to condemn. **-4.** *fig* [desenganar] to disillusion; **~ um paciente** to give up hope of saving a patient.

condensação [kõndẽnsa'sãw] *(pl -ões)* *f* condensation.

condensar [kõndẽn'sa(x)] *vt* to condense.

➡ **condensar-se** *vp* to condense.

condescendente [kõndesẽn'dẽntʃi] *adj* condescending.

condescender [kõndesẽn'de(x)] *vi* to acquiesce; **~ a** *ou* **em** to agree to.

condessa [kõn'desa] *f* ▷ **conde.**

condição [kõndʒi'sãw] *(pl -ões)* *f* **-1.** [ger] position. **-2.** [exigência] condition; **com a ~ de que** on condition that. **-3.** [natureza] nature.

➡ **condições** *fpl* **-1.** [ger] conditions; **condições próprias/impróprias de banho** [praia] suitable/unsuitable conditions for swimming; **condições de trabalho** working conditions. **-2.** [estado] condition *(sg)*; **em boas condições (de uso)** in good (working) order. **-3.** [capacidade] requirement; **estar em condições de fazer algo** to be able do sthg. **-4.** [meios] means.

condimento [kõndʒi'mẽntu] *m* condiment.

condizer [kõndʒi'ze(x)] *vi*: **~ com** to match.

condomínio [kõndo'minju] *m* **-1.** [conjunto de casas, apartamentos] condominium. **-2.** [pagamento] service charge.

condução [kõndu'sãw] *(pl -ões)* *f* **-1.** [ato] transportation. **-2.** [transporte] transport. **-3.** [ônibus] bus. **-4.** *FÍSICA* conduction.

conduta [kõn'duta] *f* conduct, behaviour.

conduto [kõn'dutu] *m* **-1.** [tubo] tube. **-2.** [cano] pipe. **-3.** [canal] channel.

condutor, ra [kõndu'to(x), ra] *(mpl -es, fpl -s)* ◇ *adj* [de eletricidade] conductor. ◇ *m, f* [de veículo] driver.

➡ **condutor** *m ELETR* conductor.

conduzir [kõndu'zi(x)] ◇ *vt* **-1.** [levar] **~ algo/alguém (a)** to transport sthg/sb (to). **-2.** [empresa, equipe] to lead. **-3.** *ELETR* to conduct. ◇ *vi* [levar]: **~ a** to lead to.

cone ['koni] *m* cone.

conectar [konek'ta(x)] *vt* to connect.

➡ **conectar-se** *vp* to connect; **~ à internet** to connect to the Internet.

conectividade [konektʃivi'dadʒi] *f* connectivity.

cônego ['konegu] *m* canon.

conexão [konek'sãw] *(pl -ões)* *f* **-1.** [ger & *COMPUT*] connection; **~ discada** *ou* **dial-up** dial-up connection; **~ a cabo** cable connection. **-2.** [nexo] link. **-3.** [relação] relationship.

confecção [kõnfek'sãw] *(pl -ões)* *f* **-1.** [ger] making. **-2.** [fábrica de roupas] clothing factory.

confeccionar [kõnfeksjo'na(x)] *vt* [fabricar, fazer] to make.

confederação [kõnfedera'sãw] (*pl* -**ões**) *f* confederation.

confeitar [kõnfej'ta(x)] *vt* [bolo] to sugar-coat.

confeitaria [kõnfejta'rial] *f* cake shop.

confeiteiro, ra [kõnfej'tejru, ra] *m, f* confectioner.

conferência [kõnfe'rẽsja] *f* - **1.** [verificação] check. - **2.** [palestra] lecture.

conferir [kõnfe'ri(x)] <> *vt* - **1.** [verificar] to check. - **2.** [cotejar, comparar] to compare. - **3.** [dar]: ~ **algo a alguém/algo** to invest sb/sthg with sthg. - **4.** [título, encargo] to confer. <> *vi* -**1.** [estar correto]: ~ **(com)** to agree (with). - **2.** [garantir] to make sure.

confessar [kõnfe'sa(x)] <> *vt* - **1.** [fazer confissão de] to confess. - **2.** *RELIG* [ouvir confissão de] to hear confession. <> *vi* - **1.** [fazer confissão] to make a confession. - **2.** *RELIG* to confess.
◆ **confessar-se** *vp* - **1.** *RELIG* to confess. - **2.** [admitir ser] to confess to being: ~ -**se culpado** *JUR* to plead guilty.

confesso, sa [kõn'fesu, sa] *adj* confessed.

confete [kõn'fɛtʃi] *m* confetti.

confiabilidade [kõnfjabili'dadʒi] *f* [credibilidade] reliability.

confiado, da [kõn'fjadu, da] *adj* [atrevido] cheeky.

confiança [kõn'fjãsa] *f* - **1.** [segurança] confidence. - **2.** [fé] trust; **ter** ~ **em alguém** to have confidence in sb; **de** ~ trustworthy.

confiante [kõn'fjãntʃi] *adj* - **1.** [seguro] confident. - **2.** [esperançoso]: ~ **(em)** trusting (in).

confiar [kõn'fja(x)] <> *vi*: ~ **em** to trust in. <> *vt* [entregar]: ~ **algo a alguém** to entrust sthg to sb.

confiável [kõn'fjavεw] (*pl* -**eis**) *adj* reliable.

confidência [kõnfi'dẽsja] *f* confidence; **em** ~ in confidence.

confidencial [kõnfidẽ'sjaw] (*pl* -**ais**) *adj* confidential.

confinamento [kõnfina'mẽntul] *m* confinement.

confinar [kõnfi'na(x)] <> *vt* [isolar, enclausurar]: ~ **alguém/algo em** to confine sb/sthg to/in. <> *vi* ◆ **confinar-se** *vp* [isolar-se, enclausurar-se] to isolate o.s.

confins [kõn'fĩʃ] *mpl* [limite extremo] ends.

confirmação [kõnfixma'sãw] (*pl* -**ões**) *f* confirmation.

confirmar [kõnfix'ma(x)] *vt* [comprovar] to confirm.
◆ **confirmar-se** *vp* -**1.** [cumprir-se] to be confirmed. - **2.** [justificar-se] to be justified.

confiscar [kõnfiʃ'ka(x)] *vt* to confiscate.

confisco [kõn'fiʃku] *m* confiscation.

confissão [kõnfi'sãw] (*pl* -**ões**) *f* [de falta, crime] confession.

conflito [kõn'flitul] *m* [ger] conflict; **entrar em** ~ **(com)** to clash (with).

conformação [kõnfoxma'sãw] (*pl* -**ões**) *f* - **1.** [resignação] resignation. - **2.** [forma] shape.

conformado, da [kõnfox'madu, da] *adj* [resignado] resigned.

conformar [kõnfox'ma(x)] *vt* [formar] to shape.
◆ **conformar-se** *vp* [resignar-se]: ~ -**se com** to resign o.s. to.

conforme [kõn'foxmil] <> *prep* [de acordo com, segundo] in accordance with. <> *conj* -**1.** [ger] as. - **2.** [de acordo com] according to. - **3.** [dependendo de] depending on.

conformidade [kõnfoxmi'dadʒi] *f* [acordo] agreement; **em** ~ **com** in accordance with.

conformista [kõnfox'miʃta] *mf* conformist.

confortar [kõnfox'ta(x)] *vt* [consolar] to comfort.

confortável [kõnfox'tavεw] (*pl* -**eis**) *adj* comfortable.

conforto [kõn'foxtul] *m* comfort.

confraria [kõnfra'rial] *f* fraternity.

confraternização [kõnfratexniza'sãw] (*pl* -**ões**) *f* fraternization.

confrontar [kõnfrõn'ta(x)] *vt* -**1.** [comparar] to compare. - **2.** [acarear] to confront.
◆ **confrontar-se** *vp* [defrontar-se] to face each other.

confronto [kõn'frõntul] *m* -**1.** [comparação] comparison. - **2.** [choque] confrontation.

confundir [kõnfũn'di(x)] *vt* -**1.** [ger] to confuse; ~ **algo com** to confuse sthg with. - **2.** [misturar] to muddle. - **3.** [trocar] to mix up.
◆ **confundir-se** *vp* to become confused; ~ -**se com** to become confused with.

confusão [kõnfu'zãw] (*pl* -**ões**) *f* -**1.** [mistura] muddle. - **2.** [troca] mixing up. - **3.** [indistinção] confusion. - **4.** [caos] mess. - **5.** [problema] hassle; **dar** ~ to cause a hassle. - **6.** [tumulto] melee.

confuso, sa [kõn'fuzu, za] *adj* -**1.** [obscuro] obscure. - **2.** [misturado] muddled. - **3.** [indistinto] hazy. - **4.** [atrapalhado] confused.

congelado, da [kõnʒe'ladu, da] *adj* frozen.
◆ **congelado** *m* frozen food *(inv)*.

congelador [kõnʒela'do(x)] (*pl* -**es**) *m* freezer.

congelamento [kõnʒela'mẽntul *m* -1. [de água, alimento *etc*] freezing. - **2.** ECON [de preços, salários] freeze.

congelar [kõnʒe'la(x)] <> *vt* [água, rio, alimento] to freeze. <> *vi* -1. [ficar congelado] to freeze. - **2.** [sentir frio] to be freezing.

congênito, ta [kõnʒenitu, ta] *adj* congenital.

congestionado, da [kõnʒeʃtʃo'nadu, da] *adj* -1. [trânsito] congested. - **2.** [nariz, artéria] blocked.

congestionamento [kõnʒeʃtʃjona'mẽntul *m* -1. [engarrafamento] congestion. - **2.** [de nariz, artéria] blockage.

congestionar [kõnʒeʃtʃjo'na(x)] *vt* -1. [trânsito]: ~ o trânsito to cause traffic congestion. - **2.** [nariz, artéria] to block.

conglomerado [kõnglome'radul *m* conglomerate.

congregação [kõngrega'sãwl (*pl* -ões) *f* -1. RELIG congregation. - **2.** [reunião] coming together.

congregar [kõngre'ga(x)] *vt* [reunir] to bring together.

congressista [kõngre'siʃtal *m f*-1. [participante] delegate (*at a conference*). - **2.** POL congressman (*f* congresswoman).

congresso [kõn'grɛsul *m* -1. [conferência] conference. - **2.** POL: o Congresso Congress.

conhaque [ko'naki] *m* cognac.

conhecedor, ra [koɲese'do(x), ra] (*mpl* -es, *fpl* -s) <> *adj*[ciente]: ~ (de) aware (of). <> *m, f* [especialista]: ~ (de) specialist (in).

conhecer [koɲe'se(x)] *vt* -1. [ger] to know. - **2.** [entender de] to understand. - **3.** [pessoa pela primeira vez] to meet. - **4.** [loja, casa *etc*] to see. - **5.** [país] to visit. - **6.** [reconhecer]: ~ algo/alguém (por) to recognize sthg/sb (by).
◆ **conhecer-se** *vp* -1. [a si próprio] to know o.s. - **2.** [pessoas] to know one another; [pela primeira vez] to meet.

conhecido, da [koɲe'sidu, da] <> *adj* -1. [famoso] well-known; ~ por known for. - **2.** [sabido] wise. - **3.** [notório] notorious. <> *m, f* [pessoa] acquaintance.

conhecimento [koɲesi'mẽntul *m* -1. [saber] knowledge; levar algo ao ~ de alguém to bring sthg to the attention of sb; ter ~ de to be aware of. - **2.** [conhecido] acquaintance.
◆ **conhecimentos** *mpl* -1. [noções] knowledge (*sg*). - **2.** [relações, conhecidos] friends.

convivência [koni'vẽnsjal *f* connivance.

convivente [koni'vẽntʃil *adj* conniving; ser ~ com to connive in.

conjugação [kõnʒuga'sãwl (*pl* -ões) *f*-1. [união] union. - **2.** GRAM conjugation.

conjugado, da [kõnʒu'gadu, da] *adj* -1. [apartamento, sala] adjoining. - **2.** GRAM conjugated.
◆ **conjugado** *m* [apartamento] adjoining apartment.

conjugal [kõnʒu'gawl (*pl* -ais) *adj* marital.

cônjuge ['kõnʒuʒil *m* spouse.

conjunção [kõnʒũn'sãwl (*pl* -ões) *f* -1. [união] combination. - **2.** GRAM conjunction.

conjuntivite [kõnʒũntʃi'vitʃil *f* conjunctivitis.

conjunto, ta [kõn'ʒũntu, ta] *adj* combined, joint.
◆ **conjunto** *m* -1. [grupo] combination. - **2.** [totalidade]: o ~ de the whole of; em ~ together. - **3.** MÚS group. - **4.** [residencial] complex; ~ habitacional housing complex. - **5.** [traje] suit. - **6.** MAT set.

conjuntura [kõnʒũn'tural *f* conjuncture.

conosco [ko'noʃkul *pron pess* with us.

conquanto [kõn'kwãntul *conj* although.

conquista [kõn'kiʃtal *f* conquest.

conquistador, ra [kõnkiʃta'do(x), ral <> *adj* -1. [exército, país] conquering. - **2.** [sedutor] seductive. <> *m, f*-1. [de terras, país] conqueror. - **2.** [sedutor - homem] lady-killer; [- mulher] femme fatale.

conquistar [kõnkiʃ'ta(x)] *vt*-1. [subjugar] to conquer. - **2.** [alcançar] to achieve. - **3.** [ganhar] to win. - **4.** [seduzir] to seduce.

consagração [kõnsagra'sãwl (*pl* -ões) *f* -1. [aclamação] acclaim. - **2.** [exaltação] acclamation; fazer a ~ de to be an acclamation of. - **3.** [dedicação] dedication. - **4.** [aceitação] acceptance. - **5.** RELIG consecration.

consagrar [kõnsa'gra(x)] *vt* -1. [levar à aclamação] to lead to the acclamation of. - **2.** [exaltar] to glorify. - **3.** [dedicar] to dedicate. - **4.** [tornar aceito] to become accepted. - **5.** RELIG to consecrate.
◆ **consagrar-se** *vi* [atingir a aclamação] to achieve acclaim.

consangüíneo, nea [kõnsãn'gwinju, njal <> *adj* related by blood. <> *m, f* [parente] blood relation.

consciência [kõn'sjẽnsjal *f*-1. [conhecimento] awareness; ter/tomar ~ de to be/become aware of. - **2.** [sentidos]: perder a ~ to lose consciousness. - **3.** [moral] conscience; estar com a ~ limpa/pesada to have a clear/guilty conscience. - **4.** [cuidado, responsabilidade] care.

conscencioso, osa [kõnsjĕn'sjozu, oza] *adj* conscientious.

consciente [kõnʃ'sjĕntʃi] <> *adj* conscious. <> *m* PSIC consciousness.

consecutivo, va [kõnseku'tʃivu, va] *adj* consecutive.

conseguinte [kõnse'gĩntʃi] ➡ **por conseguinte** *loc conj* consequently.

conseguir [kõnse'gi(x)] *vt* -**1.** [obter] to obtain. -**2.** [alcançar] to achieve; ~ **fazer algo** to manage to do sthg.

conselheiro, ra [kõnse'ʎejru, ra] *m, f* -**1.** [ger] adviser. -**2.** [membro de conselho] councillor.

conselho [kõ'seʎu] *m* -**1.** [advertência] advice. -**2.** [órgão] council; ~ **de ministros** Cabinet; ~ **de guerra** council of war.

consenso [kõn'sĕnsu] *m* consensus.

consentimento [kõnsĕntʃi'mĕntul *m* consent.

consentir [kõnsĕn'tʃi(x)] <> *vt* -**1.** [permitir] to grant. -**2.** [aprovar] to approve. <> *vi* [concordar, anuir]: ~ **em algo** to consent to sthg.

conseqüência [kõnse'kwĕnsja] *f* [resultado] consequence; **em** ~ **de** because of, owing to; **por** ~ consequently.

conseqüente [kõnse'kwĕntʃi] *adj* -**1.** [resultante] consequent. -**2.** [coerente] coherent.

consertar [kõnsex'ta(x)] *vt* -**1.** [reparar] to repair. -**2.** [remediar] to rectify.

conserto [kõn'sextu] *m* repair.

conserva [kõn'sɛrval *f* preserve; **em** ~ preserved.

conservação [kõnsexva'sãw] *f* -**1.** [ger] conservation. -**2.** [preservação] preservation.

conservador, ra [kõnsexva'do(x), ra] <> *adj* conservative. <> *m, f* conservative.

conservante [kõnser'vãntʃi] *m* preservative.

conservar [kõnsex'va(x)] *vt* -**1.** [preservar] to preserve. -**2.** [sabor, qualidade *etc*] to conserve. -**3.** [manter] to maintain. ➡ **conservar-se** *vp* -**1.** [pessoa] to be well preserved. -**2.** [permanecer] to remain.

conservatório [kõnsexva'tɔrju] *m* conservatoire.

consideração [kõnsidera'sãw] (*pl* -**ões**) *f* -**1.** [ger] consideration; **levar em** ~ to take into consideration; **falta de** ~ **(com alguém)** lack of consideration (towards sb). -**2.** [pensamento] thought.

considerar [kõnside'ra(x)] *vt* -**1.** [ger] to consider. -**2.** [respeitar, estimar]: ~ **muito alguém/algo** to have a high regard for sb/sthg. ➡ **considerar-se** *vp* [julgar-se] to consider o.s.

considerável [kõnside'ravɛw] (*pl* -**eis**) *adj* considerable.

consignação [kõnsigna'sãw] (*pl* -**ões**) *f* -**1.** [registro] report. -**2.** COM consignment; **em** ~ on consignment. -**3.** [de verbas] allocation.

consignar [kõnsig'na(x)] *vt* -**1.** [produtos] to consign. -**2.** [registrar] to record. -**3.** [verbas] to allocate.

consigo [kõn'sigul *pron pess* with him/her/you/it.

consistência [kõnsiʃ'tĕnsja] *f* consistency; **ganhar** ~ to thicken.

consistente [kõnsiʃ'tĕntʃi] *adj* -**1.** [sólido] solid. -**2.** [espesso] thick. -**3.** [coerente, sólido] consistent.

consistir [kõnsiʃ'tʃi(x)] *vi* [constituir-se]: ~ **em** to consist of; ~ **em fazer algo** to consist in doing sthg.

consoante [kõn'swãntʃi] <> *adj* LING consonant. <> *f* LING consonant. <> *prep* [de acordo com] according to.

consolação [kõnsola'sãw] (*pl* -**ões**) *f* comfort.

consolar [kõnso'la(x)] *vt* to comfort. ➡ **consolar-se** *vp*: ~**-se (com)** to console o.s. (with).

console [kõn'solil *m* console.

consolidação [kõnsolida'sãw] (*pl* -**ões**) *f* [estabilização] consolidation.

consolidar [kõnsoli'da(x)] <> *vt* -**1.** [estabilizar, ratificar] to consolidate. -**2.** [fratura] to calcify. <> *vi* [tornar-se sólido] to solidify.

consolo [kõn'solul *m* -**1.** [consolação] comfort. -**2.** *vulg* [consolo-de-viúva] dildo.

consomê [kõnso'mel *m* consommé.

consórcio [kõn'sɔxsjul *m* -**1.** [união] partnership. -**2.** [de interesses, necessidades] uniting. -**3.** COM consortium.

conspícuo, cua [kõnʃ'pikwu, kwal *adj* -**1.** [evidente] conspicuous. -**2.** [ilustre] remarkable.

conspiração [kõnʃpira'sãw] (*pl* -**ões**) *f* conspiracy.

conspirador, ra [kõnʃpira'do(x), ra] *m, f* conspirator.

conspirar [kõnʃpi'ra(x)] <> *vi*: ~ **(contra)** to conspire (against). <> *vt* to plot.

conspiratório, ria [kõʃpira'tɔrju, rja] *adj* conspiratorial.

constante [kõnʃ'tãntʃi] *adj* -**1.** [ger] constant. -**2.** [pessoa, amor] faithful. -**3.** [que consta]: ~ **de** pertaining to.

constar [kõnʃ'ta(x)] *vi* -**1.** [informação]: ~ **(em** *ou* **de)** to appear (in). -**2.** [constituir-se]: ~ **de** to consist of.

constatação [kõnʃtata'sãw] (*pl* -**ões**) *f* -**1.** [observação] observation. -**2.** [comprovação] confirmation.

constatar [kõnʃta'ta(x)] *vt* -1. [observar] to notice. -2. [comprovar] to prove.

constelação [kõnʃtela'sãw] (*pl* -ões) *f* constellation.

consternado, da [kõnʃter'nadu, da] *adj* dismayed.

consternar [kõnʃtex'na(x)] *vt* to discourage.

constipação [kõnʃtʃipa'sãw] (*pl* -ões) *f* -1. [prisão de ventre] constipation. -2. [resfriado] cold.

constipado, da [kõnʃtʃi'padu, da] *adj* -1. [resfriado]: **estar** ~ to have a cold. -2. [com prisão de ventre] constipated.

constitucional [kõnʃtʃitusjo'naw] (*pl* -ais) *adj* constitutional.

constituição [kõnʃtʃitwi'sãw] (*pl* -ões) *f* -1. [formação] make-up. -2. [consistência] composition. -3. POL [carta] constitution.

constituinte [kõnʃtʃi'twĩntʃi] <> *adj* -1. [componente] constituent. -2. POL representative. <> *mf* POL [deputado] deputy.

➤ **Constituinte** *f* POL [assembléia]: **a Constituinte** the Constituent Assembly.

constituir [kõnʃtʃi'twi(x)] *vt* -1. [compor, ser] to constitute. -2. [criar, estabelecer] to establish.

➤ **constituir-se** *vp* -1. [estabelecer-se como]: ~-**se em algo** to establish o.s. as sthg. -2. [ser]: ~-**se em algo** to be sthg, to constitute sthg.

constrangedor, ra [kõnʃtrãnʒe'do(x), ra] *adj* -1. [embaraçador] embarrassing. -2. [repressivo] repressive.

constranger [kõnʃtrãn'ʒe(x)] *vt* -1. [embaraçar] to embarrass. -2. [reprimir, refrear] to curb.

➤ **constranger-se** *vp* [ficar embaraçado] to be embarrassed.

constrangimento [kõnʃtrãnʒi'mẽntu] *m* -1. [embaraço] embarrassment. -2. [repressão] restriction.

construção [kõnʃtru'sãw] (*pl* -ões) *f* -1. [edifício] building; **em** ~ under construction (*depois de verbo*). -2. [intelectual, imaginária] feat.

construir [kõnʃtru'i(x)] *vt* to build.

construtivo, va [kõnʃtru'tʃivu, va] *adj* constructive.

construtor, ra [kõnʃtru'to(x), ra] (*mpl* -es, *fpl* -s) <> *adj* building (*antes de subst*). <> *m, f* builder.

➤ **construtora** *f* [empresa] building company.

cônsul ['kõnsuw] (*pl* -es) *m* consul.

consulado [kõnsu'ladu] *m* consulate.

cônsules ['kõnsuliʃ] *pl* ▷ **cônsul**.

consulesa [kõnsu'leza] *f* -1. [diplomata] consul. -2. [esposa] consul's wife.

consulta [kõn'suwta] *f* -1. [sobre problema, dúvida] query. -2. MED consultation; **horário de** ~ surgery hours; **ter uma** ~ **(com)** to have an appointment (with).

consultar [kõnsuw'ta(x)] *vt* to consult.

consultório [kõnsuw'tɔrju] *m* MED consulting room.

consumação [kõnsuma'sãw] (*pl* -ões) *f* -1. [realização] realization, carrying out. -2. [completude] completion. -3. [de casamento] consummation. -4. [em restaurante, bar]: ~ **mínima** minimum order.

consumar [kõnsu'ma(x)] *vt* -1. [realizar] to realize, to carry out. -2. [completar] to complete. -3. [casamento] to consummate.

➤ **consumar-se** *vp* -1. [realizar-se] to be realized, to be carried out. -2. [completar-se] to be completed. -3. [casamento] to be consummated. -4. [profecia] to come true.

consumidor, ra [kõsumi'do(x), ra] (*mpl* -es, *fpl* -s) <> *adj* consumer. <> *m, f* consumer.

consumir [kõnsu'mi(x)] <> *vt* -1. [ger] to consume. -2. [comprar] to purchase. -3. [corroer, devorar] to corrode. -4. *fig* [desgastar] to consume. <> *vi* [comprar] to consume.

➤ **consumir-se** *vp* -1. [combustível, fogo] to burn itself out. -2. *fig* [pessoa] to wear o.s. out.

consumo [kõn'sumu] *m* -1. [ger] consumption. -2. [compra] sale; **bens de** ~ consumer goods. -3. [de drogas] use.

conta ['kõnta] *f* -1. [ger] account; **pôr na** ~ to charge to one's account; **abrir uma** ~ to open an account; ~ **conjunta** joint account; ~ **corrente** current account. -2. [cálculo] counting; **acertar** *ou* **ajustar contas com alguém** *fig* to settle a score with sb; **pedir as** ~**s** *fig* [demitir-se] to resign; **afinal de** ~**s** after all. -3. [em restaurante] bill; **a** ~**, por favor!** the bill, please!; **pedir a** ~ to ask for the bill. -4. [fatura] invoice; ~ **de gás/luz/ /telefone** gas/electricity/telephone bill. -5. [consideração]: **levar algo em** ~ to take sthg into account; **dar(-se)** ~ **de** to realize. -6. [justificação, razão]: **por** ~ **de** because of. -7. [informação, satisfação]: **dar** ~ **de** to give an account of; **prestar** ~**s de** to account for. -8. [responsabilidade, capacidade]: **dar** ~ **de** to manage; **não ser da** ~ **de alguém** to be nobody's business; **tomar** ~ **de alguém/algo** [cuidar, encarregar-se de] to look after sb/sthg; **tomar** ~ **de** [difundir-se por] to take over. -9. [de colar] bead. -10. *loc*: **fazer de** ~ **que** [imagi-

nar] to pretend; [fingir] to pretend; **ficar por** ~ to get angry.
◆ **por conta própria** *loc adv* on one's own account.

contabilidade [kõntabili'dadʒi] *f* -**1.** [ofício] accountancy. -**2.** [setor] accounts department.

contabilista [kõntabi'liʃta] *m f* accountant.

contabilizar [kõntabili'za(x)] *vt* -**1.** [registrar] to keep accounts. -**2.** [calcular] to count.

contador [kõnta'do(x)] (*pl* -es) *m, f* COM accountant.
◆ **contador** *m* TEC meter.

contagem [kõn'taʒẽ] (*pl* -ns) *f* -**1.** [ato] counting. -**2.** [escore] score.

contagiar [kõnta'ʒia(x)] *vt* -**1.** [infectar] to infect. -**2.** *fig* [influenciar] to affect.

contágio [kõn'taʒiu] *m* contagion.

contagioso, osa [kõnta'ʒiozu, za] *adj* contagious.

contaminação [kõntamina'sãw] (*pl* -ões) *f* contamination.

contaminar [kõntami'na(x)] ◇ *vt* [contagiar] to contaminate. ◇ *vi fig* [corromper] to corrupt.

contanto [kõn'tãntu] ◆ **contanto que** *loc adv* provided that.

contar [kõn'ta(x)] ◇ *vt* -**1.** [enumerar] to count. -**2.** [narrar] to tell. -**3.** [supor]: ~ **que** to expect. ◇ *vi* -**1.** [fazer contas] to count. -**2.** [importar] to matter. -**3.**: ~ **com** [ger] to count on; [dispor] to have.

contatar [kõnta'ta(x)] *vt* to contact.

contato [kõn'tatu] *m* contact.

contemplar [kõntẽn'pla(x)] *vt* -**1.** [olhar] to contemplate. -**2.** [premiar] to reward.
◆ **contemplar-se** *vp* [olhar-se] to look at o.s.

contemplativo, va [kõntẽnpla'tʃivu, va] *adj* contemplative.

contemporaneidade [kõntẽnporãnej'dadʒi] *f* contemporary nature.

contemporâneo, nea [kõntẽmpo'ranju, nja] ◇ *adj* contemporary. ◇ *m, f* contemporary.

contenção [kõntẽn'sãw] *f* -**1.** [diminuição - de despesas] cutback; [- de gestos, palavras] restraint. -**2.** [interrupção de fluxo] containment.

contenda [kõn'tẽnda] *f* dispute.

contentamento [kõntẽnta'mẽntu] *m* -**1.** [alegria] happiness. -**2.** [satisfação] contentment.

contentar [kõntẽn'ta(x)] *vt* -**1.** [satisfazer] to content. -**2.** [agradar] to please.
◆ **contentar-se** *vp* [satisfazer-se]: ~-**se com** to be satisfied with.

contente [kõn'tẽntʃi] *adj* happy.

contento [kõn'tẽntu] ◆ **a contento** *loc adv* satisfactorily.

conter [kõn'te(x)] *vt* -**1.** [controlar] to control. -**2.** [ter] to contain.
◆ **conter-se** *vp* [controlar-se] to restrain o.s.

conterrâneo, nea [kõnte'xãnju, nja] ◇ *adj* fellow *(antes de subst)*; **é um amigo** ~ he is a friend who comes from the same place as me. ◇ *m, f* compatriot.

contestação [kõnteʃta'sãw] (*pl* -ões) *f* -**1.** [negação] dispute. -**2.** [impugnação] challenge. -**3.** [oposição] opposition. -**4.** [réplica] reply.

contestar [kõnteʃ'ta(x)] ◇ *vt* -**1.** [negar] to dispute. -**2.** [impugnar] to challenge. ◇ *vi* [opor-se] to oppose.

contestatório, ria [kõnteʃta'tɔrju, rja] *adj* contentious; **movimento** ~ protest movement.

conteúdo [kõn'tjudu] *m* contents *(pl)*.

contexto [kõn'teʃtu] *m* context.

contextualização [kõnteʃtwaliza'sãw] (*pl* -ões) *f* contextualization.

contextualizar [kõnteʃtwali'za(x)] *vt* to put into context.

contigo [kõn'tʃigu] *pron pess* with you.

contíguo, gua [kõn'tʃigwu, gwa] *adj* adjacent; ~ **a** next to.

continental [kõntʃinẽn'taw] (*pl* -ais) *adj* continental.

continente [kõntʃi'nẽntʃi] *m* continent.

contingência [kõntʃĩn'ʒẽnsja] *f* contingency.

contingente [kõntʃĩn'ʒẽntʃi] ◇ *adj* contingent. ◇ *m* contingent.

continuação [kõntʃinwa'sãw] (*pl* -ões) *f* continuation.

continuar [kõntʃi'nwa(x)] ◇ *vt* [prosseguir] to continue. ◇ *vi* -**1.** [perdurar] to continue. -**2.** [prolongar-se] to go on. -**3.** [prosseguir]: ~ **em algo** to continue with sthg; ~ **fazendo algo** *ou* **a fazer algo** to continue doing sthg/to do sthg. ◇ *v de ligação (antes de adjetivo)* [expressa qualidade, estado]: **a cidade continua bonita** the city is still beautiful.

continuidade [kõntʃinwi'dadʒi] *f* continuity.

contínuo, nua [kõn'tʃinwu, nwa] ◇ *adj* -**1.** [sem interrupção] continuous. -**2.** [constante] constant. ◇ *m* [pessoa] office junior.

conto ['kõntu] *m* story.

contorção [kõntox'sãw] (*pl* -ões) *f* contortion.

contorcer [kõntox'se(x)] *vt* to warp.
◆ **contorcer-se** *vp* to writhe.

contornar [kõntox'na(x)] *vt* -**1.** [rodear] to go around. -**2.** *fig* [resolver] to get around.

contorno [kõn'toxnu] *m* outline.

contra ['kõntra] <> *prep* [ger] against. <> *adv* against. <> *m* **-1.** [dificuldade] hard knock. **-2.** [contestação] objection; **pesar os prós e os ~s** to weigh up the pros and the cons; **ser do ~** to object on principle.

contra-ataque [,kõntra'taki] (*pl* **contra-ataques**) *m* counter-attack.

contrabaixo [,kõntra'bajʃu] *m* **-1.** [instrumento] double bass. **-2.** [músico] bassist.

contrabandear [,kõntraban'dʒja(x)] *vt* to smuggle.

contrabandista [,kõntraban'dʒiʃta] *mf* smuggler.

contrabando [,kõntra'bãndu] *m* **-1.** [ato] smuggling. **-2.** [mercadoria] contraband; **fazer ~** to smuggle.

contração [kõntra'sãw] (*pl* **-ões**) *f* contraction.

contracapa [,kõntra'kapa] *f* inside cover.

contracepção [,kõntrasep'sãw] (*pl* **-ões**) *f* contraception.

contraceptivo, va [,kõntrasep'tʃivu, va] *m* contraceptive.

contracheque [,kõntra'ʃɛki] *m* payslip.

contradição [,kõntradʒi'sãw] (*pl* **-ões**) *f* contradiction.

contraditório, ria [,kõntradʒi'tɔrju, rja] *adj* contradictory.

contradizer [,kõntradʒi'ze(x)] *vt* to contradict.

→ **contradizer-se** *vp* to contradict o.s.

contrafilé [,kõntrafi'lɛ] *m* rump steak.

contragosto [kõntra'goʃtu] → **a contragosto** *loc adv* unwillingly.

contrair [kõntra'i(x)] *vt* **-1.** [ger] to contract. **-2.** [assumir]: **~ matrimônio** to get married; **~ dívidas** to run up debts; **~ compromisso** to take on responsibilities. **-3.** [adquirir - doenças] to catch; [- hábitos] to acquire.

→ **contrair-se** *vp* [encolher-se] to contract.

contramão [,kõntra'mãw] <> *adj* [em sentido contrário] one-way. <> *f*: **na ~** on the wrong side of the road.

contramestre [,kõntra'mɛʃtri] *m* **-1.** [em fábrica *etc*] foreman. **-2.** [náut] first mate.

contrapartida [,kõntrapar'tʃida] *f* **-1.** [oposto] opposite. **-2.** [compensação]: **em ~** in compensation.

contrapeso [,kõntra'pezu] *m* counterbalance.

contrapor [,kõntra'po(x)] *vt* [confrontar] to confront; **~ algo a algo** to set sthg against sthg.

contraproducente [,kõntraprodu'sẽntʃi] *adj* counterproductive.

contra-regra [,kõntra'xɛgra] (*pl* **contra-regras**) *mf* stage manager.

contrariado, da [kõntra'rjadu, da] *adj* annoyed.

contrariar [kõntra'rja(x)] *vt* **-1.** [vontade, interesse] to thwart. **-2.** [declaração, informação] to contradict. **-3.** [desobedecer - ordem, instrução] to disobey; [- lei] to break. **-4.** [descontentar] to annoy.

contrário, ria [kõn'trarju, rja] *adj* **-1.** [lado] opposite. **-2.** [ponto de vista, decisão] opposing; **ser ~ a algo** to be against sthg; **caso ~** otherwise.

→ **contrário** *m* opposite; **do ~** otherwise; **pelo** *ou* **ao ~** on the contrary; **ao ~** [de outra maneira] the other way round; [roupa] back to front.

contra-senso [,kõntra'sẽnsu] (*pl* **contra-sensos**) *m* nonsense (*inv*).

contrastante [kõntraʃ'tãntʃi] *adj* contrasting.

contrastar [kõntraʃ'ta(x)] <> *vt*: **~ algo com algo** to contrast sthg with sthg. <> *vi* to contrast.

contraste [kõn'traʃtʃi] *m* contrast.

contratação [kõntrata'sãw] (*pl* **-ões**) *f* recruitment.

contratante [kõntra'tãntʃi] <> *adj* contracting. <> *mf* contractor.

contratar [kõntra'ta(x)] *vt* to recruit.

contratempo [,kõntra'tẽnpu] *m* **-1.** [imprevisto] setback. **-2.** [dificuldade] hurdle. **-3.** [aborrecimento] upset.

contrato [kõn'tratu] *m* **-1.** [documento] contract. **-2.** [acordo] agreement.

contribuição [kõntribwi'sãw] (*pl* **-ões**) *f* **-1.** [ger] contribution. **-2.** [tributo - sindical] dues (*pl*); [- fiscal] tax.

contribuinte [kõntri'bwĩntʃi] *mf* **-1.** [colaborador] contributor. **-2.** [aquele que paga imposto] taxpayer.

contribuir [kõntri'bwi(x)] *vi* **-1.** [ger] to contribute; **~ com algo (para algo)** [fornecer, colaborar] to contribute sthg (for/to sthg). **-2.** [ter parte em um resultado]: **~ para algo** to contribute to sthg.

controlar [kõntro'la(x)] *vt* to control.

→ **controlar-se** *vp* [dominar-se] to control o.s.

controle [kõn'troli] *m* control; **~ remoto** remote control.

controvérsia [kõntro'vɛrsja] *f* controversy.

controverso, sa [kõntro'vɛrsu, sa] *adj* controversial.

contudo [kõn'tudu] *conj* however.

contumaz [kõntu'majʃ] *adj* obstinate.

contundir [kõntũn'dʒi(x)] *vt* to bruise.

→ **contundir-se** *vp* to bruise o.s.

contusão [kõntu'zãw] (*pl* **-ões**) *f* bruise.

convalescença [kõnvaleʃ'sẽnsa] *f* convalescence.

convalescer [kõnvale'se(x)] *vi* to convalesce.

convenção [kõnvẽn'sãw] (*pl* -ões) *f* convention.

convencer [kõnvẽn'se(x)] <> *vt* [persuadir]: ~ **alguém (de algo)** to convince sb (of sthg); ~ **alguém a fazer algo** to persuade sb to do sthg. <> *vi fig* [agradar] to impress.

➡ **convencer-se** *vp* [persuadir-se]: ~ -**se de algo** to convince o.s. of sthg.

convencido, da [kõnvẽn'sidu, da] *adj* -1. [convicto] convinced. -2. *fig* [presunçoso] conceited.

convencional [kõnvẽnsjo'naw] (*pl* -ais) *adj* -1. [ger] conventional. -2. *pej* [comum] commonplace.

conveniência [kõnve'njẽnsja] *f* convenience.

conveniente [kõnve'njẽntʃi] *adj* -1. [ger] convenient. -2. [oportuno] opportune.

convênio [kõn'venju] *m* -1. [acordo] agreement. -2. [entre instituições] accord.

convento [kõn'vẽntu] *m* convent.

convergência [kõnver'gẽnsja] *f* convergence.

convergir [kõnvex'ʒi(x)] *vi* -1. [mesma direção]: ~ **para** to converge on. -2. [afluir]: ~ **(de/para)** to converge (from/towards).

conversa [kõn'vexsa] *f* -1. [diálogo] chat; ~ **fiada** *ou* **mole** chit-chat. -2. *loc*: passar uma ~ em alguém to soft-soap sb.

conversação [kõnvexsa'sãw] (*pl* -ões) *f* conversation.

conversão [kõnvex'sãw] (*pl* -ões) *f* conversion.

conversar [kõnvex'sa(x)] *vi* to talk, to hold a conversation.

conversível [kõnvex'sivew] (*pl* -eis) <> *adj* convertible. <> *m* AUTO convertible.

conversor [kõnvex'so(x)] *m* -1. [dispositivo] transformer. -2. COMPUT converter.

converter [kõnvex'te(x)] *vt* -1. [transformar]: ~ **algo/alguém em algo** to convert sthg/sb into sthg. -2. POL & RELIG: ~ **alguém a** to convert sb to.

➡ **converter-se** *vp* POL & RELIG: ~ -**se (a)** to convert (to).

convertido, da [kõnvex'tʃidu, da] <> *adj* converted. <> *m, f* POL & RELIG convert.

convés [kõn'vɛʃ] (*pl* -veses) *m* deck.

convexo, xa [kõn'vɛksu, sa] *adj* convex.

convicção [kõnvik'sãw] (*pl* -ões) *f* conviction.

convicto, ta [kõn'viktu, ta] <> *adj* -1. [convencido] convinced. -2. [réu] convicted. <> *m, f* [presidiário] convict.

convidado, da [kõnvi'dadu, da] *m, f* guest.

convidar [kõnvi'da(x)] *vt* [ger] to invite.

convidativo, va [kõnvida'tʃivu, va] *adj* inviting.

convincente [kõnvĩn'sẽntʃi] *m* convincing.

convir [kõn'vi(x)] *vi* -1. [concordar]: ~ **(com alguém) em algo** to agree (with sb) about sthg. -2. [ser conveniente, proveitoso]: ~ **a alguém** to be convenient for sb. -3. [condizer]: ~ **a alguém** to be appropriate for sb.

convite [kõn'vitʃi] *m* invitation.

convivência [kõnvi'vẽnsja] *f* -1. [convívio] closeness. -2. [familiaridade] familiarity.

conviver [kõnvi've(x)] *vi* -1. [coexistir] to coexist. -2. [lidar]: ~ **com** to cope with.

convívio [kõn'vivju] *m* [convivência] closeness.

convocar [kõnvo'ka(x)] *vt* -1. [chamar] to summon. -2. [reunir] to convene. -3. MIL to call up.

convosco [kõn'voʃku] *pron pess* with you.

convulsão [kõnvuw'sãw] (*pl* -ões) *f* -1. MED convulsion. -2. *fig* upheaval.

convulsionar [kõnvuwsjo'na(x)] *vt* -1. [pôr em convulsão] to convulse. -2. *fig* [povo, país] to agitate.

cookie ['koki] (*pl* **cookies**) *m* COMPUT cookie.

cooper ['kupe(x)] *m* jogging; **fazer** ~ to go jogging.

cooperação [kwopera'sãw] (*pl* -ões) *f* cooperation.

cooperar [kwope'ra(x)] *vi*: ~ **(com)** to cooperate (with).

cooperativo, va [kwopera'tʃivu, va] *adj* cooperative.

➡ **cooperativa** *f* cooperative.

coordenação [kooxdena'sãw] *f* [ato] coordination.

coordenada [kooxde'nada] *f* -1. *fam* [orientação] instructions. -2. GEOM coordinate.

coordenar [koorde'na(x)] *m* to coordinate.

copa ['kɔpa] *f* -1. [cômodo] pantry. -2. [parte superior] crown. -3. ESP cup.

➡ **copas** *fpl* [naipe] hearts.

Copenhague [kõpe'nagi] *n* Copenhagen.

cópia ['kɔpja] *f* -1. [ger] copy. -2. [fotocópia] photocopy.

copiadora [kopja'dora] *f* -1. [loja] print shop. -2. [máquina] photocopier.

copiar [ko'pja(x)] *vt* to copy.

copioso, piosa [ko'pjozu, pjɔza] *adj* -1. [ger] copious. -2. [refeição] copious.

copo ['kɔpu] *m* -1. [recipiente] glass. -2. [conteúdo] glassful.

COPOM (*abrev de* **Comitê de Política Monetária**) [ko'põ] *m* [econ] Monetary Policy Committee.

copular [ko'pula(x)] *vi* to copulate.

coqueiro [ko'kejru] *m* coconut palm.

coqueluche [koke'luʃi] *f* **-1.** [doença] whooping cough. **-2.** *fig* [modal]: **o bambolê foi ~ nos anos setenta** the hula hoop was all the rage in the seventies.

coquetel [koke'tɛw] (*pl* **-éis**) *m* **-1.** [drinque] cocktail. **-2.** [festa] cocktail party.

cor [*l*'ko(x)] (*pl* **-es**) *f* **-1.** [tom] colour. **-2.** [de pele] complexion; **ficar sem ~** to go pale. **-3.** *fig* [feição] tone.

➤ **de cor** *loc adv* by heart.

coração [kora'sãw] (*pl* **-ões**) *m* [ger] heart.

corado, da [ko'radu, da] *adj* **-1.** [na face] ruddy. **-2.** [avermelhado] reddish. **-3.** *fig* [envergonhado] shamefaced. **-4.** *CULIN* sautéed.

coragem [ko'raʒẽl] *f* courage.

corajoso, osa [kora'ʒozu, ɔza] *adj* courageous.

coral [ko'raw] (*pl* **-ais**) ◇ *m* **-1.** [ger] coral. **-2.** *MÚS* choir. ◇ *f* [cobra] coral snake. ◇ *adj* coral.

corante [ko'rãntʃi] ◇ *adj* colouring. ◇ *m* dye.

corcova [kox'kɔval] *f* hump.

corcunda [kox'kũnda] ◇ *adj* hunchbacked. ◇ *mf* hunchback.

corda [*l*'kɔrdal] *f* **-1.** [ger] spring; **dar ~ em** to wind up. **-2.** [fio] rope. **-3.** [varal] clothesline.

➤ **cordas** *fpl* **-1.** *ANAT*: **~s vocais** vocal cords. **-2.** *MÚS*: **quarteto de ~s** string quartet.

cordão [kor'dãw] (*pl* **-ões**) *m* **-1.** [corda fina] twine. **-2.** [jóia] chain. **-3.** [cadarço] shoelace. **-4.** [bloco carnavalesco] carnival block. **-5.** *ANAT*: **~ umbilical** umbilical cord.

cordeiro [kor'dejru] *m* lamb.

cordel [kor'dɛw] (*pl* **-éis**) *m* **-1.** [barbante] string. **-2.** *LITER*: **(literatura de) ~** popular Brazilian literature.

cor-de-rosa [ˌkordʒi'xɔza] ◇ *adj* **-1.** [cor] pink. **-2.** *fig* [feliz] rose-tinted. ◇ *m* [cor] pink.

cordial [kor'dʒjaw] (*pl* **-ais**) *adj* **-1.** [gentil] cordial. **-2.** [afetuoso] warm.

cordilheira [kordʒi'ʎejra] *f* mountain range.

cordões *pl* ▷ **cordão.**

Coréia [ko'rɛja] *n* Korea; **~ do Norte** North Korea; **~ do Sul** South Korea.

coreografia [korjogra'fial] *f* choreography.

coreto [ko'retu] *m* bandstand.

coriza [ko'riza] *f* runny nose.

corja [*l*'kɔxʒal] *f* gang.

córnea [*l*'kɔxnja] *f* cornea.

córner [*l*'kɔxne(x)] *m* corner (kick).

corneta [kox'netal] *f* cornet.

coro [*l*'korul] *m* **-1.** [cantores] choir. **-2.** [balcão] organ loft.

coroa [ko'roal] ◇ *f* **-1.** [ger] crown. **-2.** [de flores] garland. **-3.** [calvície] bald spot. ◇ *mf* [pessoa] *fam* old fogey.

coroação [korwa'sãw] (*pl* **-ões**) *f* coronation.

coroar [koro'a(x)] *vt* **-1.** [ger] to crown. **-2.** [premiar] to reward.

coronel [koro'nɛw] (*pl* **-éis**) *m* **-1.** *MIL* colonel. **-2.** *POL* political baron.

coronha [ko'roɲa] *f* butt.

coronhada [koro'ɲada] *f* blow with a rifle butt.

corpete [kox'petʃil] *m* bodice.

corpo [*l*'koxpul] *m* **-1.** [ger] body; **~ de bombeiros** fire department; **~ diplomático** diplomatic corps. **-2.** [cadáver] corpse, body. **-3.** [consistência]: **tomar ~** to thicken.

corporação [koxpora'sãw] (*pl* **-ões**) *f* corporation.

corporal [koxpo'raw] (*pl* **-ais**) *adj* corporal.

corporativismo [koxporatʃi'viʒmul] *m* corporatism.

corporativo, va [koxpo'ratʃivu, va] *adj* corporative.

corpulento, ta [koxpu'lẽntu, ta] *adj* corpulent.

correção [koxe'sãw] (*pl* **-ões**) *f* **-1.** [ato] marking. **-2.** [qualidade] exactness.

corre-corre [ˌkɔxi'kɔxil] *m* mad rush.

corredor, ra [koxe'do(x), ra] (*mpl* **-es**, *fpl* **-s**) *m, f* [atleta] runner.

➤ **corredor** *m* [passagem - em casa] corridor; [- em avião, etc] aisle.

córrego [*l*'kɔxegul] *m* brook.

correia [ko'xeja] *f* **-1.** [tira] strap. **-2.** [em máquina] belt. **-3.** [em carro] fan belt.

correio [ko'xeju] *m* **-1.** [serviço] mail. **-2.** [correspondência] post; **agência dos ~s** post office. **-3.** *fig* [carteiro] postman *UK*, mailman *US*.

corrente [ko'xẽntʃil] ◇ *adj* **-1.** [atual] current. **-2.** [comum] common. **-3.** [fluente - língua] fluent; [- estilo] flowing. **-4.** [água] running. ◇ *f* **-1.** [ger] current; **remar contra a ~** *fig* to swim against the tide. **-2.** [corrente] chain. **-3.** [vento]: **~ de ar** draught.

correnteza [koxẽn'teza] *f* current.

correr [ko'xe(x)] ◇ *vi* **-1.** [ger] to run. **-2.** [passar] to fly past. **-3.** [circular] to circulate. **-4.** [espalhar-se] to spread. ◇ *vt* **-1.** [percorrer]: **~ a fazenda** to go all over sthg. **-2.** [passar de leve] to run. **-3.** [olhar rapidamente]: **corri os olhos pela revista** I ran my eyes over the magazine. **-4.** [estar exposto a]: **~ o risco de algo** to run the risk of sthg.

correria [koxe'rial *f* rushing about.

correspondência [koxeʃpõn'dẽnsja] *f* correspondence.

correspondente [koxeʃpõn'dẽntʃi] <> *adj* corresponding. <> *mf* correspondent.

corresponder [koxeʃpõn'de(x)] *vi* (ger): ~ a to correspond to.

→ **corresponder-se** *vp* to correspond with.

correto, ta [ko'xɛtu, ta] *adj* -1. [ger] correct. -2. [íntegro] honest.

corretor, ra [koxe'to(x), ra] (*mpl* -es, *fpl* -s) *m, f* [agente] broker; ~ de imóveis estate agent *UK*, realtor *US*; ~ de Bolsa stockbroker.

corrida [ko'xida] *f* -1. [ato] running. -2. *ESP* racing. -3. [de táxi] fare.

corrido, da [ko'xidu, da] *adj* [rápido] rushed.

corrigir [koxi'ʒi(x)] *vt* -1. [retificar] to correct. -2. [eliminar] to repair. -3. [repreender] to tell off. -4. [atenuar] to attenuate.

→ **corrigir-se** *vp* [emendar-se] to correct o.s.

corrimão [koxi'mãw] (*pl* -ãos, -ões) *m* handrail.

corriqueiro, ra [koxi'kejru, ra] *adj* everyday.

corroborar [koxobo'ra(x)] *vt* to corroborate.

corroer [koxo'e(x)] *vt* -1. [carcomer] to eat away. -2. [danificar] to corrode. -3. *fig* [depravar] to undermine.

corromper [koxõn'pe(x)] *vt* -1. [perverter] to pervert. -2. [subornar] to corrupt. -3. [adulterar] to tamper with.

→ **corromper-se** *vp* [perverter-se] to become corrupt.

corrosão [koxo'sãw] (*pl* -ões) *f* -1. [de metais] corrosion. -2. *GEOL* erosion.

corrosivo, va [koxo'zivu, va] *adj* corrosive.

corrupção [koxup'sãw] (*pl* -ões) *f* -1. [perversão] pervertion. -2. [suborno] corruption.

corrupto, ta [ko'xuptu, ta] *adj* corrupt.

Córsega ['kɔxsegal *n* Corsica.

cortada [kox'tada] *f ESP* smash; dar uma ~ em alguém *fig* to cut sb short.

cortado, da [kox'tadu, da] *adj* -1. [ger] cut. -2. [relações] severed. -3. *fig* [coração] broken.

cortador [koxta'do(x)] *m* cutter.

cortante [kox'tãntʃi] *adj* -1. [ger] cutting. -2. [que corta] sharp.

cortar [kox'ta(x)] <> *vt* -1. [ger] to cut. -2. [árvore] to cut down. -3. [suprimir] to cut out. -4. *AUTO* to stall. -5. [interromper] to interrupt. -6. [pôr fim a] to end. -7. [encurtar]: ~ **caminho** to take a short

cut. <> *vi* -1. [ter bom gume] to cut. -2. *ESP* to smash the ball.

→ **cortar-se** *vp* [ferir-se] to cut o.s.

corte¹ ['kɔxtʃi] *m* -1. [ger] cut. -2. [gume] cutting edge. -3. [porção de tecido]: ~ **de algo** length of sthg. -4. [trecho censurado] edited material.

corte² ['kɔxtʃi] *f* -1. [ger] court. -2. *fig* [de admiradores *etc*] entourage.

cortejar [koxte'ʒa(x)] *vt* to court.

cortejo [kox'teʒul *m* -1. [séquito] cortege. -2. [procissão] procession.

cortês [kox'teʃ] *adj* polite.

cortesão, sã [koxte'zãw, zã] (*mpl* -ãos, -ões, *fpl* -s) <> *adj* courtly. <> *m, f* courtier. <> *f* courtesan.

cortesia [koxte'zia] *f* -1. [delicadeza] courtesy. -2. [presente] complimentary gift. -3. [mesura] bow.

cortiça [kox'tʃisa] *f* cork.

cortiço [kox'tʃisul *m* -1. [para abelhas] beehive. -2. [habitação] slum dwelling.

cortina [kox'tʃina] *f* -1. [peça] curtain. -2. *fig* [nuvem] screen.

coruja [ko'ruʒa] <> *f ZOOL* owl. <> *adj* [pai, mãe] doting.

corvo ['koxvul *m* crow.

cós ['kɔʃ] *m inv* -1. [tira de pano] waistband. -2. [cintura] waist.

coser [ko'ze(x)] <> *vt* to stitch. <> *vi* to sew.

cosmético, ca [koʒ'mɛtʃiku, ka] *adj* cosmetic.

→ **cosmético** *m* cosmetic.

cosmopolita [koʒmopo'lita] <> *adj* cosmopolitan. <> *mf* [pessoa] cosmopolitan person.

costa ['kɔʃta] *f* [litoral] coast.

costado [koʃ'tadul *m NÁUT* [forro] hull cladding.

Costa Rica [,kɔʃta'xikal *n* Costa Rica.

costa-riquense [,kɔʃtaxi'kẽnsil, **costarriquenho, nha** [,kɔʃtaxi'kẽɲu, ɲal <> *adj* Costa Rican. <> *m, f* Costa Rican.

costas ['kɔʃtaʃl *fpl* -1. [ger] back. -2. [encosto] backrest. -3. *loc*: carregar nas ~ *fig* to shoulder the burden; ter ~ quentes *fig* to be under sb's wing.

costela [koʃ'tɛla] *f* rib.

costeleta [koʃte'letal *f* -1. *CULIN* chop. -2. [suíças] sideburns.

costumar [koʃtu'ma(x)] *vt* -1. [ter o hábito de]: ~ **fazer algo** to be in the habit of doing sthg; costumo correr todas as manhãs I usually go running every morning. -2. [habituar] to accustom.

costume [koʃ'tumil *m* -1. [hábito] habit; como de ~ as usual. -2. [roupa] costume.

→ **costumes** *mpl* [de um povo] customs.

costumeiro, ra [koʃtu'mejru, ra] *adj* usual, customary.

costura [koʃ'tura] *f* -1. [ger] sewing; **alta** ~ haute couture. -2. [linha de junção] seam.

costurar [koʃtu'ra(x)] <> *vt* -1. *cost* to stitch. -2. *fig* [texto] to tidy up. <> *vi* -1. *cost* to sew. -2. *fam* AUTO to weave in and out.

costureira [koʃtu'rejra] *f* seamstress.

cota ['kɔta] *f* -1. [quinhão] quota. -2. [prestação, parcela] instalment.

cotação [kota'sãw] *(pl* -ões) *f* -1. [ato] quoting. -2. [preço] quote. -3. *fig* [possibilidade de êxito] chance. -4. *fig* [conceito] reputation.

cotado, da [ko'tadu, da] *adj* -1. [com bom preço] well priced. -2. *fig* [favorito] favourite. -3. *fig* [conceituado] respected. -4. [avaliado] valued.

cotar [ko'ta(x)] *vt* -1. [ger] to quote. -2. [avaliar]: ~ **algo/alguém em** to value sthg/sb at.

cotejar [kote'ʒa(x)] *vt* to compare.

cotejo [ko'teʒu] *m* comparison.

cotidiano, na [kotʃi'dʒjanu, na] *adj* everyday.
◆ **cotidiano** *m* routine.

coto *m* -1. [mus] koto. -2. [zool] feather follicle.

cotonete [koto'nɛʃi] *m* cotton bud.

cotovelada [kotove'lada] *f* -1. [batida] hefty nudge. -2. [cutucada] nudge.

cotovelo [koto'velu] *m* -1. ANAT elbow; **falar pelos** ~**s** *fig* to talk non-stop. -2. [de estrada *etc*] bend.

couraça [ko'rasa] *f* -1. [armadura] breastplate. -2. [de animal] plating. -3. NÁUT armour plate.

couraçado, da [kora'sadu, da] *adj* [que tem couraça] armoured.
◆ **couraçado** *m* NÁUT battleship.

couro ['koru] *m* [de animal] hide; [curtido] leather; ~ **cru** rawhide.

couve ['kovi] *f* spring greens.

couve-de-bruxelas [ˌkovidʒibru'ʃelaʃ] *(pl* **couves-de-bruxelas)** *f* Brussels sprout.

couve-flor [ˌkovi'flo(x)] *(pl* **couves-flores)** *f* cauliflower.

couvert [ko've(x)] *m* cover charge.

cova ['kɔval] *f* -1. [sepultura] grave. -2. [caverna] cavern. -3. [buraco] hole.

covarde [ko'vaxdʒi] <> *adj* cowardly. <> *mf* coward.

covardia [kovax'dʒia] *f* cowardice.

covil [ko'viw] *(pl* -is) *m* -1. [ger] den. -2. *fig* [casebre] hovel.

coxa ['koʃa] *f* ANAT thigh.

coxear [ko'ʃja(x)] *vi* to limp.

coxia [ko'ʃia] *f* aisle.

coxo, xa ['koʃu, ʃa] *adj* -1. [ger] lame. -2.

[móvel] wobbly *(on account of having one leg shorter than the others)*.

cozer [ko'ze(x)] *vt* to cook.

cozido, da [ko'zidu, da] *adj* cooked.
◆ **cozido** *m* stew.

cozinha [ko'ziɲa] *f* -1. [cômodo] kitchen. -2. [arte] cookery.

cozinhar [kozi'ɲa(x)] <> *vt* -1. [cozer] to cook. -2. *fig* [adiar] to put off. <> *vi* to cook.

cozinheiro, ra [kozi'ɲejru, ra] *m, f* cook.

CPD *(abrev de* **Centro de Processamento de Dados)** *m* data-processing department.

CPF *(abrev de* **Cadastro de Pessoa Física)** *m Brazilian tax-payer's identity card for individual contributions*, ≃ NI number *UK*, ≃ social security number *US*.

CPMF *(abrev de* **Contribuição Provisória sobre Movimentação Financeira)** *f Brazilian tax on bank transactions*.

crachá [kra'ʃa] *m* badge.

crack ['kraki] *m* crack (cocaine).

crânio ['krãnju] *m* ANAT skull.

craque ['kraki] <> *mf* [pessoa exímia]: **ser um** ~ **em algo** to be an expert in sthg. <> *m* FUT football star *UK*, soccer star *US*.

crasso, ssa ['krasu, sa] *adj* -1. [grosseiro] crass. -2. [espesso] viscous.

cratera [kra'tɛra] *f* crater.

cravar [kra'va(x)] *vt* -1. [fazer penetrar] to drive in. -2. [engastar] to set. -3. *fig* [fixar]: ~ **os olhos em alguém** to stare at sb.

cravejar [krave'ʒa(x)] *vt* -1. [com cravos] to nail. -2. [com pedras preciosas] to set.

cravo ['kravu] *m* -1. [flor] carnation. -2. [prego] nail. -3. MÚS harpsichord. -4. [especiaria] clove. -5. [na pele] blackhead.

creche ['krɛʃi] *f* crèche.

credenciais [kredẽnsi'ajʃ] *fpl* [qualificações] credentials.

credenciamento [kredẽnsia'mẽntu] *m* accreditation.

crediário [kre'dʒjarju] *m* hire purchase.

creditar [kredʒi'ta(x)] *vt* [depositar] to deposit.

crédito ['krɛdʒitu] *m* -1. [ger] credit; **digno de** ~ creditworthy. -2. FIN credit. -3. [boa reputação] credibility.

credo ['krɛdu] *m* -1. [crença] belief. -2. [reza]: **o Credo** the Creed.

credor, ra [kre'do(x), ra] *(mpl* -es, *fpl* -s) <> *adj* -1. FIN credit *(antes de subst)*. -2. [merecedor] deserving. <> *m, f* FIN creditor.

cremar [kre'ma(x)] *vt* to cremate.

crematório [krema'tɔrju] *m* crematorium.

creme ['kremi] ◇ adj inv [cor] cream. ◇ m -1. [ger] cream; ~ **de leite** dairy cream. -2. [cosmético] face cream. -3. [pasta]: ~ **dental** toothpaste.

cremoso, osa [kre'mozu, ɔza] adj creamy.

crença [kr̃ɐ̃sa] f -1. RELIG belief. -2. [convicção] conviction.

crendice [kr̃ɐ̃'diʃi] f superstition.

crente ['kr̃ɐ̃tʃi] ◇ adj -1. [que tem fé] believing. -2. [protestante] Protestant. ◇ mf -1. [quem tem fé] believer. -2. [protestante] Protestant.

crepúsculo [kre'puʃkulu] m -1. [ao amanhecer] dawn. -2. [ao anoitecer] dusk. -3. fig [declínio] twilight.

crer ['kre(x)] ◇ vt [ger] to believe. ◇ vi [acreditar]: ~ **em** to believe in.

crescente [kre'sẽtʃi] ◇ adj -1. [tamanho] growing. -2. [formato] crescent. ◇ m [fase da lua] crescent moon.

crescer [kre'se(x)] vi -1. [aumentar] to grow. -2. CULIN to rise.

crescimento [kresi'mẽtu] m growth.

crespo, pa ['kreʃpu, pa] adj -1. [anelado] curly. -2. [áspero] rough.

cretinice [kretʃi'nisi] f stupidity.

cretino, na [kre'tʃinu, na] ◇ adj cretinous. ◇ m, f cretin.

cria ['kria] f offspring (inv).

criação [krja'sãw] (pl -ões) f -1. [ger] creation. -2. [de animais] raising. -3. [de filhos] upbringing.
➡ **de criação** loc adj adopted.

criado-mudo [ˌkrjadu'mudu] (pl **criados-mudos**) m bedside table.

criador, ra [kria'do(x), ra] (mpl -es, fpl -s) ◇ adj creative. ◇ m, f -1. [autor] creator. -2. [de animais] breeder.

criança [kri'ãsa] f -1. [infante] child. -2. [pessoa infantil] child.

criançada [krjã'sada] f: a ~ the kids (pl).

criar [kri'a(x)] vt -1. [produzir] to create. -2. [fundar] to found. -3. [educar] to bring up. -4. [animais] to raise. -5. [plantas] to cultivate.
➡ **criar-se** vp [educar-se] to grow up.

criatividade [kriatʃivi'dadʒi] f creativity.

criativo, va [kria'tʃivu, va] adj creative.

criatura [kria'tura] f creature.

crime ['krimi] m crime.

criminal [krimi'naw] (pl -ais) adj criminal.

criminalidade [kriminali'dadʒi] f criminality.

criminoso, osa [krimi'nozu, ɔza] ◇ adj criminal. ◇ m, f criminal.

crina ['krina] f mane.

crioulo, la ['krjolu, la] ◇ adj -1. [comida, dialeto] Creole. -2. [negro] black. ◇ m, f [pessoa negra] black person.

criptografar [kriptogra'fa(x)] vt COMPUT to encrypt.

crisântemo [kri'zãtemu] m chrysanthemum.

crise ['krizi] f -1. MED attack. -2. [escassez] shortage. -3. [fase difícil] crisis. -4. fig [acesso] fit.

crisma ['kriʒma] f confirmation.

crismar [kriʒ'ma(x)] vt REL to confirm.

crista ['kriʃta] f -1. [de galo] comb. -2. [cume] crest.

cristal [kriʃ'taw] (pl -ais) m crystal.

cristaleira [kriʃta'lejra] f display cabinet.

cristalino, na [kriʃta'linu, na] adj crystalline.

cristalização [kriʃtaliza'sãw] (pl -ões) f crystallization.

cristandade [kriʃtãn'dadʒi] f Christianity.

cristão, ã [kriʃ'tãw, ã] ◇ adj Christian. ◇ mf Christian.

cristianismo [kriʃtʃjã'niʒmu] m Christianity.

cristo ['kriʃtu] m fig [vítima] victim.

Cristo ['kriʃtu] m Christ.

critério [kri'tɛrju] m criterion.

criterioso, osa [krite'rjozu, ɔza] adj selective.

criticar [kritʃi'ka(x)] vt -1. [censurar] to criticize. -2. [analisar] to review.

crítico, ca ['kritʃiku, ka] ◇ adj critical. ◇ m, f [pessoa] critic.
➡ **crítica** f -1. [censura] criticism (inv); ser alvo de ~ s to be criticized. -2. [análise] review. -3. [os críticos]: a ~ critics (pl).

crivar [kri'va(x)] vt -1. [com balas, facadas] to riddle. -2. [fig] [com perguntas] to bombard.

crível ['krivew] (pl -eis) adj believable.

crivo ['krivu] m -1. [peneira] sieve. -2. fig [escrutínio] scrutiny.

Croácia [kro'asja] n Croatia.

croata [kro'ata] ◇ adj Croat. ◇ mf Croat.

crocante [kro'kãtʃi] adj crunchy.

crochê [kro'ʃe] m crochet.

crocodilo [kroko'dʒilu] m crocodile.

cromo ['kromu] m chrome.

cromossomo [kromo'somu] m [genética] chromosome.

crônica ['kronika] f -1. HIST & LITER chronicle. -2. JORN column.

crônico, ca ['kroniku, ka] adj -1. [ger] chronic. -2. [inveterado] inveterate.

cronista [kro'niʃta] m f -1. HIST & LITER chronicler. -2. JORN columnist.

cronológico, ca [krono'lɔʒiku, ka] adj chronological.

cronometrar [kronome'tra(x)] vt to time.

cronômetro [kro'nometru] *m* stop-watch.

croquete [kro'kɛtʃi] *m* croquette.

croqui [kro'ki] *m* sketch.

crosta ['kroʃta] *f* -1. [de pão, terra] crust. -2. [de ferida] scab.

cru, crua ['kru, 'krua] *adj* -1. [não cozido] raw. -2. [não refinado] crude. -3. *fig* [duro] harsh.

crucial [kru'sjaw] (*pl* -ais) *adj* -1. [ger] crucial. -2. [difícil] important.

crucificação [krusifika'sãw] (*pl* -ões) *f* RELIG: a ~ the Crucifixion.

crucificar [krusifi'ka(x)] *vt* to crucify.

crucifixo [krusi'fiksu] *m* crucifix.

cruel [kru'ɛw] (*pl* -éis) *adj* -1. [perverso] cruel. -2. [doloroso] cruel. -3. [violento] violent.

crueldade [kruew'dadʒi] *f* cruelty.

cruz ['kruʃ] (*pl* -es) ['kruziʃ] *f* cross.
➡ **Cruz Vermelha** *f* Red Cross.

cruzada [kru'zada] *f* crusade.

cruzado, da [kru'zadu, da] *adj* crossed.
➡ **cruzado** *m* [moeda] cruzado *(former Brazilian currency)*.

cruzador [kruza'do(x)] *m* NÁUT cruiser.

cruzamento [kruza'mẽntu] *m* -1. [de estradas] junction. -2. [de raças] cross-breeding.

cruzar [kru'za(x)] ◇ *vt* -1. [ger] to cross. -2. [animais] to crossbreed. ◇ *vi* -1. [rua]: ~ **com** to intersect. -2. [navio] to cruise. -3. *fig* [encontrar]: ~ **com alguém** to bump into sb.

cruzeiro [kru'zejru] *m* -1. NÁUT cruise. -2. [moeda] cruzeiro *(former Brazilian currency)*.

CTI *(abrev de* Centro de Terapia Intensiva) *m* ICU.

cu ['ku] *m vulg* arse; **fazer** ~-**doce** to act cool; ~-**do-mundo** arsehole.

Cuba ['kuba] *n* Cuba.

cubano, na ['kubãnu, na] ◇ *adj* Cuban. ◇ *m, f* Cuban.

cubículo [ku'bikulu] *m* cubicle.

cubista [ku'biʃta] ◇ *adj* cubist. ◇ *mf* cubist.

cubo ['kubu] *m* -1. [ger] cube. -2. GEOM hexahedron.

cuca ['kuka] *fam f* -1. [cabeça] head. -2. [mente] intellect; **fundir a** ~ [baratinar] to do one's head in; [confundir] to addle one's brain. -3. CULIN sponge cake.

cuco ['kuku] *m* -1. [ave] cuckoo. -2. [relógio] cuckoo clock.

cueca ['kwɛka] *f* underpants *(pl)*.

Cuiabá [kuja'ba] *n* Cuiabá.

cuíca ['kwika] *f* cuíca, *an instrument resembling a drum whose sound is produced by vibrating a cord on the inside*.

cuidado, da [kwi'dadu, da] *adj* [tratado]:

bem/mal ~ well/badly cared for.
➡ **cuidado** *m* [ger] care; ~! careful!

cuidadoso, osa [kwida'dozu, ɔza] *adj* careful.

cuidar [kwi'da(x)] *vi* [tratar]: ~ **de alguém/algo** to take care of sb/sthg.
➡ **cuidar-se** *vp* -1. [tratar-se] to take care of o.s. -2. [prevenir-se] to be careful.

cujo, ja ['kuʒu, ʒa] *pron rel* -1. [de quem] whose. -2. [de que] whose.

culinário, ria [kuli'narju, rja] *adj* culinary.
➡ **culinária** *f* cookery.

culminar [kuwmi'na(x)] *vi*: ~ **com algo** to culminate with sthg.

culote [ku'lɔtʃi] *m* -1. [calça] jodphurs *(pl)*. -2. [nas coxas] big thighs *(pl)*.

culpa ['kuwpa] *f* -1. [falta] fault; **pôr a** ~ **em** to blame. -2. JUR guilt.

culpabilidade [kuwpabili'dadʒi] *f* guilt.

culpado, da [kuw'padu, da] ◇ *adj* guilty. ◇ *m, f* criminal.

culpar [kuw'pa(x)] *vt*: ~ **alguém (de)** [atribuir a culpa] to blame sb (for); [acusar] to accuse sb (of).

cultivar [kuwtʃi'va(x)] *vt* to cultivate.

cultivo [kuw'tʃivu] *m* cultivation.

culto, ta ['kuwtu, ta] *adj* -1. [instruído] well educated. -2. [civilizado] civilized.
➡ **culto** *m* -1. RELIG ritual. -2. [veneração] worship.

cultura [kuw'tura] *f* -1. [conhecimento] culture. -2. [civilização] civilization. -3. [cultivo] culture. -4. [criação - de animais] breeding; [- de germes, bactérias] culture.

cultural [kuwtu'raw] (*pl* -ais) *adj* cultural.

cume ['kumi] *m* -1. [topo] summit. -2. *fig* [apogeu] apex.

cúmplice ['kũplisi] *mf* -1. [co-autor] accomplice. -2. *fig* [parceiro] partner.

cumplicidade [kũplisi'dadʒi] *f* complicity.

cumprimentar [kũprimẽn'ta(x)] *vt* -1. [saudar] to greet. -2. [elogiar] to compliment.

cumprimento [kũpri'mẽntu] *m* -1. [saudação] congratulation. -2. [elogio] compliment. -3. [realização] fulfilment.

cumprir [kũ'pri(x)] ◇ *vt* -1. [dever, obrigação] to fulfill. -2. [lei] to obey. -3. [promessa] to keep. -4. [caber] to be sb's responsibility. ◇ *vi* [convir] to be necessary, to be convenient.

cúmulo ['kumulu] *m* height.

cunhado, da [ku'ɲadu, da] *m, f* brother-in-law, sister-in-law.

cunhar [ku'ɲa(x)] *vt* -1. [moedas] to mint. -2. [palavras] to create.

cunho ['kuɲu] *m* -1. [marca] mark. -2.

fig [selo] stamp. **- 3.** *fig* [caráter] nature.

cupim [ku'pĩ] (*pl* **-ns**) *m* termite.

cupom [ku'põ] (*pl* **-ns**) *m* coupon.

cúpula ['kupula] *f* **- 1.** [abóbada] dome. **- 2.** [chefia] leadership.

cura ['kura] ◇ *f* **- 1.** [ger] cure; **não ter ~ *fig*** to be incurable. **- 2.** [recuperação] recovery. ◇ *m* [pároco] curate.

curador, ra [kura'do(x), ral *m, f* **- 1.** *JUR* [de menores] guardian. **- 2.** [de instituições] caretaker. **- 3.** [de arte] curator.

curandeiro, ra [kurãn'dejru, ral *m* healer.

curar [ku'ra(x)] *vt* [pessoa, doença] to cure.

curativo [kura'tʃivu] *m* dressing.

curdo, da ['kurdu, dal ◇ *adj* Kurdish. ◇ *m, f* [pessoa] Kurd.

➤ **curdo** *m* [língua] Kurdish.

curiosidade [kurjozi'dadʒi] *f* curiosity.

curioso, osa [ku'rjozu, ɔzal ◇ *adj* **- 1.** [ger] curious. **- 2.** [bisbilhoteiro] nosy. **- 3.** [interasante] interesting. ◇ *m, f* **- 1.** [pessoa interessada] bystander. **- 2.** [amador] amateur.

➤ **curioso** *m* [coisa singular]: **o ~ é ...** the strange thing is ...

➤ **curiosos** *mpl* [espectadores] onlookers.

curral [ku'xaw] (*pl* **-ais**) *m* corral.

currar [ku'xa(x)] *vt fam* to rape.

currículo [ku'xikulul *m* **- 1.** [histórico] curriculum vitae *UK*, resume *US*. **- 2.** [matérias] curriculum.

cursar [kux'sa(x)] *vt* **- 1.** [curso] to study. **- 2.** [escola] to attend.

cursinho [kur'siɲul *m* [pré-vestibular] *preparatory course for university entry.*

curso ['kursul *m* **- 1.** [ger] flow. **- 2.** [rumo] course. **- 3.** [andamento]: **em ~** current. **- 4.** [*EDUC* - nível] key stage *UK*, grade *US*; [- estabelecimento] school; **~ superior** degree course; **~ supletivo** supplementary course.

cursor [kux'so(x)] (*pl* **-es**) *m COMPUT* cursor.

curtição [kuxtʃi'sãw] *f* **- 1.** [de couro] tanning. **- 2.** *fam* [prazer] fun.

curtido, da [kux'tʃidu, dal *adj* **- 1.** [couro] tanned. **- 2.** *fig* [sofrido] fed up. **- 3.** *fig* [endurecido] hard-boiled.

curtir [kux'tʃi(x)] *vt* **- 1.** [couro] to tan. **- 2.** [sofrer] to suffer. **- 3.** *fam* [desfrutar de] to enjoy.

➤ **curtir-se** *vp fam*: **eles se curtem muito** they really hit it off.

curto, ta ['kuxtu, tal ◇ *adj* **- 1.** [com pouco comprimento] short. **- 2.** [breve] brief. **- 3.** [limitado] intellectually lim-

ited. ◇ *m ELETR* = **curto-circuito**.

curto-circuito [ˌkuxtusix'kujtul (*pl* **curtos-circuitos**) *m ELETR* short circuit.

curva ['kuxval *f* **- 1.** [de rua *etc*] bend; **~ fechada** sharp bend, hairpin bend. **- 2.** [arqueamento] curve. **- 3.** *GEOM* arc. **- 4.** [em gráfico] curve.

curvar [kux'va(x)] ◇ *vt* **- 1.** [arquear] to arch. **- 2.** *fig* [dominar] to subdue. ◇ *vi* [envergar] to stoop.

➤ **curvar-se** *vp* **- 1.** [envergar-se] to bend down. **- 2.** [prostrar-se] to bow. **- 3.** *fig* [submeter-se]: **~-se a** to give in to.

curvo, va ['kuxvu, val *adj* **- 1.** [arqueado] curved. **- 2.** [sinuoso - estrada, caminho] bendy; [- rio] meandering.

cuscuz [kuʃ'kuʃ] *m* couscous.

cusparada [kuʃpa'radal *f* gob of spittle.

cuspe ['kuʃpil *m* spittle.

cuspida [kuʃ'pidal *f fam*: **dar ~s em** to spit on *ou* at.

cuspido, da [kuʃ'pidu, dal *adj* **- 1.** [telefone] crackling. **- 2.** [pessoa] affronted.

cuspir [kuʃ'pi(x)] ◇ *vt* to spit. ◇ *vi* to spit.

custa ['kuʃtal *f*: **à ~ de** at the expense of.

➤ **custas** *fpl JUR* costs.

custar [kuʃ'ta(x)] ◇ *vt* **- 1.** [preço] to cost; *fig* **~ os olhos da cara** to cost an arm and a leg. **- 2.** *fig* [acarretar] to cause; **não ~ nada fazer algo** not to cost anything to do sthg. ◇ *vi* **- 1.** [produto, serviço]: **~ barato/caro** to be cheap/ expensive. **- 2.** [ser difícil, penoso]: **não custava você ter ajudado ...** it wouldn't have hurt you to help me ...; **~ caro** to cost a great deal. **- 3.** [demorar] to be late; **~ a fazer algo** to take a lot of doing.

custo ['kuʃtul *m* **- 1.** [preço] cost; **~ de vida** cost of living. **- 2.** *fig* [dificuldade]: **a todo ~** at all costs.

custódia [kuʃ'tɔdʒial *f* custody.

CUT (*abrev de* **Central Única dos Trabalhadores**) *f central trade union body,* ≃ TUC *UK*.

cutelo [ku'tɛlul *m* cutlass.

cutia [ku'tʃial *f* agouti.

cutícula [ku'tʃikulal *f* cuticle.

cútis ['kutʃiʃ] *f inv* cutis.

cutucar [kutu'ka(x)], **catucar** [katu'ka(x)] *vt* **- 1.** [com o cotovelo] to nudge. **- 2.** [com o dedo] to poke.

C.V. (*abrev de* **curriculum vitae**) *m* CV.

CVM (*abrev de* **Comissão de Valores Mobiliários**) *f regulatory body overseeing the sale of shares,* ≃ FSA *UK*.

czar, ina ['kza(x), inal *m, f* czar (*f* czarina).

D

d, **D** [de] *m* [letra] d, D.
da [dal] = **de** + **a**.
DAC (Departamento de Aviação Civil) *m* *civil aviation department*, ≃ CAA.
dadaísta [dada'iʃtal] <> *adj* Dadaist. <> *mf* Dadaist.
dádiva ['dadival] *f* **-1.** [donativo] donation. **-2.** [dom] gift.
dado, da ['dadu, dal] *adj* **-1.** [ger] given. **-2.** [presenteado] presented. **-3.** [afável] friendly.
➡ **dado** *m* **-1.** [em jogo] dice. **-2.** [informação] data.
➡ **dados** *mpl* COMPUT data.
➡ **dado que** *loc conj* given that.
daí [da'il] = **de** + **aí**.
dali [da'lil] = **de** + **ali**.
daltônico, ca [daw'toniku, kal] <> *adj* colour-blind. <> *m, f* colour-blind person.
dama ['dãma] *f* **-1.** [mulher] lady; ~ **de honra** bridesmaid. **-2.** [em uma área específica] grande dame. **-3.** [em xadrez, baralho] queen.
➡ **damas** *fpl* [jogo] checkers.
damasco [da'maʃkul *m* **-1.** [fruta] apricot. **-2.** [tecido] damask.
danado, da [da'nadu, dal] <> *adj* **-1.** [amaldiçoado] damned. **-2.** [zangado] annoyed. **-3.** [travesso] mischievous. **-4.** [incrível] unbelievable. <> *m* **-1.** [pessoa amaldiçoada] cursed person. **-2.** *fam* [esperto] joker.
dança ['dãnsal *f* dance.
dançar [dãn'sa(x)] <> *vi* **-1.** [bailar] to dance. **-2.** *fam* [sair-se mal] to flop. **-3.** *fam* [deixar de acontecer] to fall through. <> *vt* [bailar] to dance.
dançarino, na [dãnsa'rinu, nal *m, f* ballet dancer.
danceteria [dãnsete'rial *f* dancehall.
danificar [danifi'ka(x)] *vt* to damage.
➡ **danificar-se** *vp* to get damaged.
dano ['dãnul *m* damage.
Danúbio [da'nubjul *n*: **o** ~ the Danube.
daquela [da'kɛlal] = **de** + **aquela** ⊳ aquele.
daquele [da'kelil] = **de** + **aquele** ⊳ aquele.

daqui [da'kil] = **de** + **aqui** ⊳ aqui.
daquilo [da'kilul] = **de** + **aquilo** ⊳ aquilo.
dardo ['daxdul *m* **-1.** [seta] dart. **-2.** ESP javelin.
dar ['da(x)] <> *vt* **-1.** [entregar, presentear] to give; ~ **algo a alguém** to give sb sthg, to give sthg to sb. **-2.** [produzir] to yield. **-3.** [causar, provocar] to give; **isto me dá sono/pena** this makes me sleepy/sad; **isto vai** ~ **muito que fazer** this is going to be a lot of work; **o amor só dá problemas** love is nothing but trouble. **-4.** [filme, programa]: **deu no noticiário hoje** it was on the news today. **-5.** [exprime ação] to give; ~ **um berro** to cry out; ~ **um pontapé em alguém** to kick sb; ~ **um passeio** to go for a walk. **-6.** [festa, concerto] to have, to hold; **vão** ~ **uma festa** they're going to have *ou* throw a party. **-7.** [dizer] to say; **ele me deu boa-noite** he said good night to me. **-8.** [ensinar] to teach; **o que é que você está dando nas suas aulas?** what do you teach in your class?; **ela dá aula numa escola** she teaches at a school; **eu gostaria de** ~ **aulas de inglês** I would like to teach English. **-9.** [aprender, estudar] to do; **o que é que estão dando em Inglês?** what are you doing in English at the moment?; **estamos dando o verbo "to be"** we're doing the verb "to be". <> *vi* **-1.** [horas]: **já deram cinco horas** it's just gone five o'clock. **-2.** [condizer]: ~ **com** to go with; **as cores não dão umas com as outras** the colours clash. **-3.** [proporcionar]: ~ **de beber a alguém** to give sb sthg to drink; ~ **de comer a alguém** to feed sb. **-4.** [em locuções]: **dá igual/no mesmo** it doesn't matter; ~ **ares de** to look like; ~ **à luz** to give birth; ~ **de si** to give of o.s.
➡ **dar com** *v + prep* [encontrar, descobrir] to meet; **dei com ele no cinema** I met him at the movies.
➡ **dar em** *v + prep* [resultar]: **a discussão não vai** ~ **em nada** the discussion will come to nothing.
➡ **dar para** *v + prep* [servir para, ser útil para] to be good for; [suj: varanda, janela] to look onto; [suj: porta] to lead to; [ser suficiente para] to be enough for; [ser possível] to be possible; **dá para você fazer isso hoje?** could you do it today?; **dá para ir a pé?** is it within walking distance?; **não vai** ~ **para eu chegar na hora** I won't be able to get there on time.
➡ **dar por** *v + prep* [aperceber-se de] to notice.
➡ **dar-se** *vp*: ~**-se bem/mal com alguém** to get on well/badly with sb; **o**

professor deu-se mal com a brincadeira the teacher did not appreciate the joke; ~-se por vencido to give up.

das [daʃ] = de + as.

DAT (*abrev de* digital audio tape) *f* DAT.

data [ˈdata] *f* [em carta *etc*] date.

datar [daˈta(x)] <> *vt* - **1.** [pôr data em] to date. - **2.** [considerar que existe]: ~ **algo de** to date sthg at. <> *vi* [existir]: ~ **de** to date from.

datilógrafo, fa [datʃiˈlɔgrafu, fa] *m, f* typist.

DC (*abrev de* Depois de Cristo) AD.

DDT (*abrev de* Dicloro-Difenil-Tricloretana) *m* DDT.

de [dʒi] *prep* - **1.** [indica posse] of; **o lápis do Mário** Mário's pencil; **o carro daquele homem** that man's car; **a recepção do hotel** the hotel reception; **a casa é dela** it's her house, the house is hers; **as fases da lua** the phases of the moon. - **2.** [indica matéria] (made) of; **um bolo ~ chocolate** a chocolate cake; **um relógio ~ ouro** a gold watch. - **3.** [indica conteúdo] of; **um copo d'água** a glass of water. - **4.** [usado em descrições, determinações]: **uma camiseta ~ manga curta** a short-sleeved T-shirt; **uma nota ~ 50 reais** a 50-real note; **o senhor ~ preto** the man in black. - **5.** [indica assunto] about; **fale da viagem** tell me about the trip; **um livro ~ informática** a book about *ou* on computers; **um livro ~ geografia** a geography book. - **6.** [indica origem] from; **sou ~ Salvador** I'm from Salvador; **os habitantes do bairro** the locals; **um produto do Brasil** a Brazilian product. - **7.** [indica tempo]: **o jornal das nove** the nine o'clock news; **partimos às três da tarde** we left at three in the afternoon; **trabalho das nove às cinco** I work from nine to five. - **8.** [indica uso]: **a sala ~ espera** the waiting room; **uma máquina ~ calcular** a calculator; **a porta ~ entrada** the front door. - **9.** [usado em denominações, nomes] of. - **10.** [indica causa, modo]: **chorar ~ alegria** to cry with joy; **está tudo ~ pernas para o ar** everything is upside down; **morrer ~ frio** to freeze to death; **ele viajou ~ carro** he travelled by car. - **11.** [indica autor] by; **um filme ~ Glauber Rocha** a film by Glauber Rocha; **o último livro ~ Ferreira Gullar** Ferreira Gullar's latest book. - **12.** [introduz um complemento]: **cheio ~ gente** full of people, crowded; **desconfiar ~ alguém** to distrust sb; **difícil ~ esquecer** hard to forget; **gostar ~ algo/alguém** to like sthg/sb. - **13.** [em comparações]: **do que** than; **teu carro é mais rápido do que este** your car is faster than this one. - **14.** [em superlativos] of; **o melhor ~ todos** the best of all. - **15.** [dentre] of; **uma daquelas cadeiras** one of those chairs; **um dia destes** one of these days; **um desses hotéis serve** one of those hotels will do. - **16.** [indica série]: ~ **dois em dois dias** every two days; **quinze em quinze minutos** every fifteen minutes; ~ **três em três metros** every three metres.

debaixo [deˈbajʃu] *adv* underneath.
⬥ **debaixo de** *loc prep* under.

debate [deˈbatʃi] *m* - **1.** [discussão] debate. - **2.** [disputa] discussion.

debatedor, ra [debateˈdo(x), ra] *m, f* debater.

debater [debaˈte(x)] <> *vt* - **1.** [discutir] to debate. - **2.** [questionar] to dispute. <> *vi* [discutir] to discuss.
⬥ **debater-se** *vp* [agitar-se] to struggle.

débeis [ˈdɛbejʃ] *pl* ⊳ **débil**.

debelar [debeˈla(x)] *vt* - **1.** [ger] to overcome. - **2.** [dominar] to defeat.

débil [ˈdɛbiw] (*pl* **-eis**) <> *adj* - **1.** [fraco] weak. - **2.** PSIC retarded. <> *mf* PSIC: ~ **mental** mentally retarded person; *fam* [idiota] fool.

debilidade [debiliˈdadʒi] *f* - **1.** [fraqueza] weakness. - **2.** PSIC: ~ **mental** mental retardation.

debilitar [debiliˈta(x)] *vt* to debilitate.
⬥ **debilitar-se** *vp* to weaken.

debilóide [debiˈlɔjdʒi] *fam* <> *adj* stupid. <> *mf* dunderhead.

debitar [debiˈta(x)] *vt* to debit.

débito [ˈdɛbitu] *m* debit.

debochado, da [deboˈʃadu, da] *adj* scornful.

debochar [deboˈʃa(x)] *vi*: ~ **de algo/alguém** to scorn sb/sthg.

deboche [deˈbɔʃi] *m* scorn.

debruçar [debruˈsa(x)] *vt* to lean.
⬥ **debruçar-se** *vp* to lean over.

década [ˈdɛkada] *f* decade.

decadência [dekaˈdẽnsja] *f* decadence.

decadente [dekaˈdẽntʃi] *adj* decadent.

decair [dekaˈi(x)] *vi* - **1.** [deteriorar] to deteriorate. - **2.** [pender] to wither. - **3.** [diminuir] to diminish.

decapitar [dekapiˈta(x)] *vt* to decapitate.

decatleta [dekaˈtlɛta] *mf* ESP decathlete.

decatlo [deˈkatlu] *m* decathlon.

decência [deˈsẽnsja] *f* decency.

decente [deˈsẽntʃi] *adj* - **1.** [digno] decent. - **2.** [decoroso] demure. - **3.** [apropriado, asseado - roupa] decent; [- restaurante, casa] clean. - **4.** [bem-feito] well done.

decentemente [desẽntʃiˈmẽntʃi] *adv* - **1.** [dignamente, com decoro] decently. - **2.** [adequadamente] satisfactorily.

decepar [deseˈpa(x)] *vt* to cut off.

decepção [desep'sãw] (pl -ões) f -1. [desapontamento] disappointment. -2. [desilusão] disillusion.

decepcionado, da [desepsjo'nadu, da] adj -1. [desapontado] disappointed. -2. [desiludido] disillusioned.

decepcionar [desepsjo'na(x)] vt -1. [desapontar] to disappoint. -2. [desiludir] to disillusion.

➠ **decepcionar-se** vp [desapontar-se]: ~-se com algo/alguém to be disappointed with sthg/sb.

decerto [dʒi'sɛxtu] adv surely.

decididamente [desidʒida'mẽntʃi] adv -1. [com certeza] certainly. -2. [resolutamente] decidedly.

decidido, da [desi'dʒidu, da] adj -1. [resolvido] resolved. -2. [resoluto] resolute.

decidir [desi'dʒi(x)] <> vt -1. [resolver] to resolve. -2. [deliberar] to decide. -3. [concluir] to decide. <> vi -1. [tomar decisão]: ~ (sobre algo) to make a decision (about sthg). -2. [optar]: ~ entre to decide between.

➠ **decidir-se** vp -1. [tomar decisão] to make a decision. -2. [optar]: ~-se por to opt for.

decifrar [desi'fra(x)] vt -1. [ler, interpretar] to decipher. -2. [entender] to unravel.

décima ['dɛsima] ▷ **décimo**.

decimal [desi'maw] (pl -ais [desi'majʃ]) <> adj decimal. <> m decimal.

décimo, ma ['dɛsimu, ma] num tenth.

➠ **décimo** m tenth part; veja também **sexto**.

decisão [desi'zãw] (pl -ões) f -1. [deliberação] decision; tomar uma ~ to make a decision. -2. [qualidade] decisiveness.

decisivo, va [desi'zivu, va] adj -1. [deliberativo, crítico] decisive. -2. [terminante] deciding.

declaração [deklara'sãw] (pl -ões) f -1. [documento] written declaration. -2. [depoimento] testimony; fazer uma ~ to make a declaration.

declarado, da [dekla'radu, da] adj -1. [patenteado] declared. -2. [confessado] self-declared.

declarante [dekla'rãntʃi] mf JUR declarant.

declarar [dekla'ra(x)] vt -1. [ger] to declare. -2. [confessar] to confess.

➠ **declarar-se** vp -1. [manifestar-se]: ~-se a favor de/contra to declare o.s for/against. -2. [confessar-se] to confess o.s. to be. -3. [designar-se] to declare o.s.

declinar [dekli'na(x)] <> vt -1. [ger] to decline. -2. [revelar] to disclose. <> vi -1. [astro] to set. -2. [mesa, terreno] to slope. -3. [dia, tarde] to draw to a close.

declínio [de'klinju] m decline.

declive [de'klivi] m [de terreno] slope.

decodificador [dekodʒifika'do(x)] m COMPUT & TV decoder.

decodificar [dekodʒifi'ka(x)] vt COMPUT & TV to decode.

decolagem [deko'laʒẽ] (pl -ns) f take-off.

decolar [deko'la(x)] vi to take off.

decompor [dekõn'po(x)] vt -1. [separar elementos de] to break down. -2. [dividir em partes] to dissect. -3. [estragar] to rot. -4. [alterar] to change.

➠ **decompor-se** vp -1. [estragar-se] to rot. -2. [alterar-se] to change o.s.

decomposição [dekõnpozi'sãw] (pl -ões) f -1. [apodrecimento] rotting. -2. [divisão em partes] dissection. -3. [separação de elementos] breakdown. -4. [alteração] change. -5. [desorganização] break-up.

decoração [dekora'sãw] (pl -ões) f decoration.

decorador, ra [dekora'do(x), ra] m, f [profissional] decorator.

decorar [deko'ra(x)] vt -1. [memorizar] to learn by heart. -2. [ornamentar] to decorate.

decorativo, va [dekora'tʃivu, va] adj decorative.

decoro [de'korul] m -1. [decência] decency. -2. [dignidade] dignity.

decoroso, osa [deko'rozu, ɔza] adj decent.

decorrência [deko'xẽnsja] f consequence; em ~ de as a consequence of.

decorrente [deko'xẽntʃil] adj: ~ de resulting from.

decorrer [deko'xe(x)] <> m [decurso]: no ~ de in the course of, during. <> vi -1. [derivar]: ~ de to stem from. -2. [passar] to pass.

decorrido, da [deko'xidu, da] adj [terminado]: decorrida a votação, ... once the voting was over, ...

decote [de'kɔtʃi] m décolletage.

decrepitude [dekrepi'tudʒi] f [caducidade] decrepitude.

decrescer [dekre'se(x)] vi to decrease.

decréscimo [de'krɛsimu] m decrease.

decretar [dekre'ta(x)] <> vt -1. [ordenar] to decree. -2. [determinar] to determine. <> vi [ordenar] to decree.

decreto [de'krɛtu] m [ordem] decree; [judicial] fiat.

decreto-lei [de,krɛtu'lej] (pl decretos--lei) m law by decree.

decurso [de'kuxsu] m course; no ~ de in the course of.

dedal [de'daw] (pl -ais) m thimble.

dedão [de'dãw] (pl -ões) m -1. [polegar] thumb. -2. [do pé] big toe.

dedetização [dedetʃiza'sãw] (pl -ões) f fumigation.

degolar

dedicação [dedʒika'sãw] (*pl* -ões) *f* -**1.** [devotamento] dedication. -**2.** [amor] devotion.

dedicado, da [dedʒi'kadu, da] *adj* dedicated.

dedicar [dedʒi'ka(x)] *vt* [devotar]: ~ **algo a alguém** to devote sthg to sb; [oferecer] to dedicate.

➤ **dedicar-se** *vp* [devotar-se]: ~-**se a fazer algo** to devote o.s to doing sthg.

dedicatória [dedʒika'tɔrja] *f* dedication.

dedo ['dedu] *m* -**1.** [da mão] finger; ~ **anular** ring finger; ~ **indicador** forefinger; ~ **mindinho** *ou* **mínimo** little finger; ~ **polegar** thumb. -**2.** [do pé] toe. -**3.** *loc*: **cheio de** ~**s** finicky; **não levantar um** ~ not to lift a finger.

dedões [de'dõjʃ] *pl* ⊳ **dedão**.

dedução [dedu'sãw] (*pl* -ões) *f* deduction.

dedutível [dedu'tʃivew] (*pl* -eis) *adj* deductible.

deduzir [dedu'zi(x)] ⟨⟩ *vt* -**1.** [subtrair] to subtract. -**2.** [concluir] to deduce. ⟨⟩ *vi* [tirar dedução] to deduce.

defasado, da [defa'zadu, da] *adj* out of phase.

defasagem [defa'zaʒẽ] (*pl* -ns) *f* [discrepância] gap.

defecar [defe'ka(x)] *vi* to defecate.

defeito [de'fejtu] *m* -**1.** [físico] defect. -**2.** [moral] flaw. -**3.** [falha] fault; **com** ~ out of order.

defeituoso, osa [defej'twozu, ɔza] *adj* -**1.** [com falha] faulty. -**2.** [físico] defective.

defender [defẽn'de(x)] *vt* -**1.** [proteger]: ~ **algo/alguém (contra** *ou* **de)** to defend sthg/sb (against). -**2.** [sustentar] to stand up for.

➤ **defender-se** *vp* [proteger-se]: ~-**se (contra** *ou* **de)** to defend o.s (against).

defensivo, va [defẽn'sivu, va] *adj* defensive.

➤ **defensiva** *f* -**1.** [meios de defesa] defences *UK*, defenses *US*. -**2.** [atitude]: **estar/ficar na** ~ to be/stay on the defensive.

defensor, ra [defẽn'so(x), ra] (*mpl* -es, *fpl* -s) *m*, *f* -**1.** [de causa *etc*] defender. -**2.** *JUR* defendant.

deferir [defe'ri(x)] ⟨⟩ *vt* -**1.** [atender] to grant. -**2.** [conceder]: ~ **algo a alguém** to award sthg to sb. ⟨⟩ *vi* [acatar]: ~ **a algo** to respect sthg.

defesa [de'feza] *f* -**1.** [proteção] defence. -**2.** *JUR* defence lawyer. -**3.** *FUT* defence.

deficiente [defi'sjẽntʃi] ⟨⟩ *adj* deficient. ⟨⟩ *mf* *MED*: ~ **(físico/mental)** physically/mentally disabled.

déficit ['dɛfisitʃ] *m* *ECON*: ~ **público** public deficit.

definhamento [defiɲa'mẽntu] *m* [debilitação] debilitation, wasting away.

definhar [defi'ɲa(x)] ⟨⟩ *vt* to drain. ⟨⟩ *vi* to waste away.

definição [defini'sãw] (*pl* -ões) *f* -**1.** [explicação] explanation. -**2.** [decisão] decision. -**3.** [de imagem] definition.

definir [defi'ni(x)] *vt* -**1.** [fixar, explicar] to define. -**2.** [decidir] to determine.

➤ **definir-se** *vp* -**1.** [pronunciar-se]: ~-**se sobre/contra/a favor de** to come out for/against/in favour of. -**2.** [decidir-se] to make up one's mind. -**3.** [descrever-se]: ~-**se como** to describe o.s. as.

definitivamente [definitʃiva'mẽntʃi] *adv* -**1.** [para sempre] definitively. -**2.** [decididamente] definitely.

definitivo, va [defini'tʃivu, va] *adj* -**1.** [final] definitive. -**2.** [permanente] permanent.

deformação [defoxma'sãw] (*pl* -ões) *f* distortion.

deformar [defox'ma(x)] *vt* -**1.** [tornar disforme] to deform. -**2.** [deturpar] to distort.

➤ **deformar-se** *vp* [tornar-se disforme] to become deformed.

defraudar [defraw'da(x)] *vt* to defraud.

defrontar [defrõn'ta(x)] ⟨⟩ *vi* [estar]: ~ **com** to face onto. ⟨⟩ *vt* -**1.** [encarar] to face. -**2.** [confrontar] to compare.

➤ **defrontar-se** *vp* [deparar-se]: ~-**se com** to come face to face with.

defronte [de'frõntʃi] ⟨⟩ *adv* [em frente] opposite. ⟨⟩ *prep*: ~ **a/de** in front of.

defumador [defuma'do(x)] *m* -**1.** [recipiente] burner. -**2.** [substância] *substance used in burners for its smell*.

defumar [defu'ma(x)] *vt* -**1.** [curar] to cure. -**2.** [perfumar] to perfume.

defunto, ta [de'fũntu, ta] ⟨⟩ *adj* [morto] dead. ⟨⟩ *m*, *f* [cadáver] corpse.

degelar [deʒe'la(x)] ⟨⟩ *vt* [descongelar] to defrost. ⟨⟩ *vi* [derreter-se] to melt.

degelo [de'ʒelu] *m* thaw.

degenerar [deʒene'ra(x)] *vi* -**1.** [ger] to degenerate. -**2.** [depravar-se] to become depraved.

➤ **degenerar-se** *vp* [depravar-se] to be led astray.

degenerativo, va [deʒenera'tʃivu, va] *adj* degenerative.

deglutição [deglutʃi'sãw] (*pl* -ões) *f* swallowing.

deglutir [deglu'tʃi(x)] ⟨⟩ *vt* & *vi* to swallow.

degola [de'gɔla] *f* -**1.** [decapitação] decapitation. -**2.** [demissão] large-scale redundancy. -**3.** *ESP* sacking.

degolar [dego'la(x)] *vt* to behead.

degradante [degra'dãntʃi] adj [aviltante] demeaning.

degradar [degra'da(x)] vt -1. [privar] to strip. -2. [aviltar] to demean.

➡ **degradar-se** vp [aviltar-se] to demean o.s.

degrau [de'grawl m -1. [de escada] step. -2. fig [meio] means.

degredo [de'gredu] m -1. [pena] exile. -2. [lugar] place of exile.

degringolar [degrĩŋgo'la(x)] vi -1. [cair] to fall down. -2. fig [deteriorar-se] to go off the rails. -3. fig [desordenar-se - esquema] to get in a mess; [- fila, jogo] to become disorderly. -4. [arruinar-se] to go bankrupt.

degustação [deguʃta'sãw] (pl -ões) f tasting.

degustar [deguʃ'ta(x)] vt -1. [provar] to taste. -2. [saborear] to savour.

deitada [dej'tadal f fam: **dar uma ~** to have a lie-down.

deitado, da [dej'tadu, da] adj -1. [pessoa] lying down (depois de verbo). -2. [objeto] set down (depois de verbo).

deitar [dej'ta(x)] <> vt -1. [pessoa] to lay down. -2. [objeto] to set down. <> vi [pessoa] to lie down; **~ e rolar** fig to call the shots.

➡ **deitar-se** vp [pessoa] to go to bed.

deixa ['dejʃal f-1. [dica] hint. -2. TEATRO cue. -3. [chance] opportunity.

deixar [dej'ʃa(x)] <> vt -1. [ger] to leave. -2. [abandonar] to abandon. -3. [demitir-se de] to resign. -4. [consentir]: **~ alguém fazer/que alguém faça algo** to allow sb to do sthg; **~ passar algo** to overlook sthg. -5. [tornar possível]: **não ~ alguém fazer algo** not to allow sb to do sthg. -6. [esperar] to let. -7. [ignorar]: **~ algo/alguém pra lá** to let sthg/sb be. -8. [não considerar, esquecer] to forget; **me deixa (em paz)!** leave me alone! <> vi -1. [parar]: **~ de fazer algo** to stop doing sthg. -2. [não se preocupar]: **pode ~** it's fine; **deixa pra lá!** forget it! -3. [expressando pedido]: **não deixe de ir no concerto!** make sure you go to the concert! -4. loc: **~ (muito) a desejar** to leave much to be desired.

➡ **deixar-se** vp [permitir-se]: **~-se fazer algo** to allow o.s. to do sthg.

dela ['dɛla] = de + ella.

delação [dela'sãw] (pl -ões) f-1. [denúncia] accusation. -2. [acusação] charge.

delas ['dɛlaʃ] = de + ellas.

delatar [dela'ta(x)] vt -1. [denunciar] to denounce. -2. [acusar] to accuse. -3. [informar] to inform.

delator, ra [dela'to(x), ral m, f informer.

dele ['dɛli] = de + ele.

delegação [delega'sãw] (pl -ões) f delega-tion; **~ de poderes** transfer of powers.

delegacia [delega'sial f police station; **~ de polícia** police station.

delegado, da [dele'gadu, dal m, f delegate; **~ de polícia** chief of police.

delegar [dele'ga(x)] vt-1. [dar]: **~ algo a alguém** to delegate sthg to sb. -2. [enviar] to send sb as a delegate.

deleitar [delej'ta(x)] vt to delight.

➡ **deleitar-se** vp: **~-se com** to rejoice in.

deleite [de'lejtʃi] m delight.

deleitoso, osa [delej'tozu, ɔzal adj delightful.

deles ['delif] = de + eles.

deletar [dele'ta(x)] vt COMPUT to delete.

delgado, da [dew'gadu, dal adj -1. [fino] slim. -2. [esbelto] slender.

deliberação [delibera'sãw] (pl -ões) f-1. [discussão] discussion; **em ~** under discussion. -2. [decisão] decision.

deliberar [delibe'ra(x)] <> vt [decidir] to decide. <> vi [refletir sobre]: **~ sobre** to ponder upon.

delicadeza [delika'dezal f -1. [ger] delicacy. -2. [leveza] fineness. -3. [fragilidade] fragility. -4. [apuro]: **~ de detalhes** attentiveness to detail. -5. [cortesia] politeness.

delicado, da [deli'kadu, dal adj -1. [ger] delicate. -2. [sensível] urbane. -3. [cortês] polite.

delícia [de'lisjal f-1. [deleite] delight. -2. [coisa saborosa]: **ser/estar uma ~** to be delicious.

deliciar [deli'sja(x)] vt to delight.

➡ **deliciar-se** vp: **~-se com algo** to be delighted with sthg.

delicioso, osa [deli'sjozu, ɔzal adj -1. [vinho, doce] delicious. -2. [passeio] delightful.

delineador [delinja'do(x)] m eyeliner.

delinear [deli'nja(x)] vt to outline.

delinqüência [deliŋ'kwẽnsjal f delinquency.

delinqüente [deliŋ'kwẽntʃil <> adj delinquent. <> mf delinquent.

delirante [deli'rãntʃil adj -1. PSIC delirious. -2. [extravagante, aloucado] wild. -3. [maravilhoso] wonderful.

delirar [deli'ra(x)] vi -1. PSIC to be delirious. -2. [sentir intensamente]: **~ de algo** to be overcome with sthg.

delírio [de'lirjul m -1. PSIC delirium. -2. [excitação] excitement. -3. [êxtase] ecstasy.

delito [de'litul m -1. [falta] sin. -2. [crime] crime.

delonga [de'lõŋgal f delay; **sem mais ~** without further delay.

delongar [de'lõŋ'ga(x)] vt [retardar] to postpone.

delongar-se *vp* **-1.** [demorar-se] to delay. **-2.** [prolongar-se] to prolong.

demagogia [demago'ʒia] *f* demagogy.

demais [de'majʃ] *adv* **-1.** [em demasia, muitíssimo] too much. **-2.** *fam* [ótimo]: estar/ser ~ to be amazing.

demanda [de'mãnda] *f* **-1.** ECON demand. **-2.** JUR lawsuit. **-3.** [disputa] dispute. **-4.** [pedido] request.

demão [de'mãw] (*pl* -s) *f* coat.

demarcação [demaxka'sãw] (*pl* -ões) *f* **-1.** [delimitação] demarcation. **-2.** [separação] boundary.

demasia [dema'zia] *f* excess; em ~ in excess.

demasiadamente [demazjada'mẽntʃi] *adv* **-1.** [demais] excessively. **-2.** [muito] too.

demasiado, da [dema'zjadu, da] <> *adj* excessive. <> *adv* too much.

demente [de'mẽntʃi] *adj* **-1.** MED demented. **-2.** [louco] insane.

demissão [demi'sãw] (*pl* -ões) *f* **-1.** [solicitado pelo empregador] dismissal. **-2.** [solicitado pelo empregado] resignation; pedir ~ to tender one's resignation.

demitir [demi'tʃi(x)] *vt* to dismiss.

demitir-se *vp* to resign.

democracia [demokra'sia] *f* democracy.

democrata [demo'krata] *mf* democrat.

democrático, ca [demo'kratʃiku, ka] *adj* **-1.** [relativo a democracia] democratic. **-2.** [indiferente às classes sociais] egalitarian.

demolição [demoli'sãw] (*pl* -ões) *f* **-1.** demolition. **-2.** *fig* [de reputação] destruction; [- de obstáculo] elimination.

demolidor, ra [demo'lido(x), ra] <> *adj* demolition (antes de subst). <> *m,f* demolition expert.

demolir [demo'li(x)] *vt* **-1.** [destruir] to demolish. **-2.** *fig* [- reputação] to destroy; [- obstáculo] to overcome.

demônio [de'monjul *m* demon.

demonstração [demõnʃtra'sãw] (*pl* -ões) *f* **-1.** [ger] demonstration. **-2.** [apresentação] display.

demonstrar [demõnʃ'tra(x)] *vt* **-1.** [ger] to demonstrate. **-2.** [afeto, antipatia *etc*] to show. **-3.** [habilidades, talentos] to display.

demora [de'mɔra] *f* [atraso] delay; sem ~ without delay.

demorado, da [demo'radu, da] *adj* delayed.

demorar [demo'ra(x)] <> *vt* [retardar] to delay. <> *vi* **-1.** [tardar] to be late; ~ a fazer algo to take a long time to do sthg. **-2.** [permanecer] to stay.

demorar-se *vp* **-1.** [tardar] to be late.

-2. [permanecer] to remain.

demover [demo've(x)] *vt* **-1.** [dissuadir]: ~ alguém de algo/fazer algo to dissuade sb from sthg/doing sthg. **-2.** [remover] to move.

DENARC (abrev de Departamento de Investigações sobre Narcóticos) *m* Brazilian police narcotics department.

DENATRAN (abrev de Departamento Nacional de Trânsito) *m* Brazilian national department responsible for transport law.

dendê [dẽn'de] *m* **-1.** BOT palm. **-2.** [azeite] palm oil.

denegrir [dene'gri(x)] *vt* [escurecer] to blacken.

dengoso, osa [dẽn'gozu, ɔza] *adj* whining.

dengue [de'dẽngil *f* MED dengue.

denominação [denomina'sãw] (*pl* -ões) *f* **-1.** [nomeação] name. **-2.** [designação] designation. **-3.** REL denomination.

denominar [denomi'na(x)] *vt* **-1.** [nomear] to name. **-2.** [designar] to designate.

denominar-se *vp* to be called.

denotar [deno'ta(x)] *vt* **-1.** [indicar] to indicate. **-2.** [significar] to denote.

densidade [dẽnsi'dadʒi] *f* density; de alta/dupla ~ high/double density.

denso, sa [dẽsu, sa] *adj* **-1.** [ger] dense. **-2.** [espesso] thick.

dentada [dẽn'tada] *f* bite.

dentadura [dẽnta'dura] *f* **-1.** [natural] set of teeth. **-2.** [postiça] denture.

dental [dẽn'taw] (*pl* -ais) *adj* dental; pasta ~ toothpaste.

dente [dẽ'dẽtʃi] *m* **-1.** [ger] tooth; ~ de leite milk tooth; ~ de siso wisdom tooth. **-2.** [de elefante] tusk. **-3.** [alho] clove.

dentifrício, cia [dẽntʃi'frisju, sja] *adj* dental.

dentifrício *m* toothpaste.

dentista [dẽn'tʃiʃta] *mf* dentist.

dentre [dẽntril *prep* among.

dentro [dẽntrul <> *adv* in; aí/lá ~ in there. <> *prep* **-1.**: ~ de [no interior de] inside; [no tempo] within; por ~ [na parte interna] inside. **-2.** *loc*: estar por ~ (de algo) *fam* to be in touch (with sthg).

dentuço, ça [dẽn'tusu, sal <> *adj* buck-toothed. <> *m, f* [pessoa] buck-toothed person.

denúncia [de'nũnsjal *f* **-1.** [acusação] accusation. **-2.** [à polícia] report. **-3.** [JUR - de pessoa, crime] condemnation; [- de contrato] termination.

denunciar [denũn'sja(x)] *vt* **-1.** [acusar] to denounce. **-2.** [divulgar] to expose. **-3.** [JUR - pessoa, crime] to condemn; [- contrato] to terminate. **-4.** [evidenciar] to reveal.

deparar [depa'ra(x)] *vi:* ~ **com** to come across.

departamento [departa'mẽntul] *m* department.

depauperado, da [depawpe'radu, da] *adj* **-1.** [empobrecido] impoverished. **-2.** [enfraquecido] exhausted.

dependência [depẽn'dẽnsja] *f* **-1.** [ger] dependency. **-2.** [cômodo] room.

dependente [depẽn'dẽntʃi] <> *adj* [subordinado] dependent. <> *mf* dependant.

depender [depẽn'de(x)] *vi* [financeiramente]: ~ **de** to be dependent upon.

depilador, ra [depila'do(x), ra] *m, f beautician who does hair-removal.*

depilar [depi'la(x)] *vt* to remove hair from.
→ **depilar-se** *vp* **-1.** [com cera - na estética] to have a wax; [- em casa] to wax. **-2.** [com lâmina] to shave.

deplorar [deplo'ra(x)] *vt* to lament.

deplorável [deplo'ravew] (*pl* **-eis**) *adj* **-1.** [lamentável] lamentable. **-2.** [detestável] deplorable.

depoimento [depoj'mẽntul] *m* **-1.** [ger] statement. **-2.** [ato] testimony.

depois [de'pojʃ] <> *adv* **-1.** [posteriormente] after. **-2.** [além disso] besides. <> *prep:* ~ **de fazer algo** after doing sthg.
→ **depois que** *loc conj* after.

depor [de'po(x)] <> *vt* **-1.** [colocar] to put down. **-2.** [destituir] to depose.

deportar [depox'ta(x)] *vt* to deport.

depositar [depozi'ta(x)] *vt* to deposit.
→ **depositar-se** *vp* [assentar] to settle.

depósito [de'pozitul] *m* **-1.** [ger] deposit. **-2.** [reservatório] depository.

depravado, da [depra'vadu, da] <> *adj* depraved. <> *m, f* depraved person.

depravar [depra'va(x)] *vt* **-1.** [corromper] to corrupt. **-2.** [estragar] to ruin.
→ **depravar-se** *vp* [corromper-se] to become corrupted.

depreciação [depresja'sãw] (*pl* **-ões**) *f* [desvalorização] depreciation.

depreciar [depre'sja(x)] *vt* **-1.** [desvalorizar] to devalue. **-2.** [subestimar] to undervalue.
→ **depreciar-se** *vp* **-1.** [desvalorizar-se] to fall in value. **-2.** [subestimar-se] to underestimate o.s.

depredar [depre'dra(x)] *vt* **-1.** [destruir] to destroy. **-2.** [saquear] to loot.

depressa [de'prɛsa] *adv* quickly.

depressão [depre'sãw] (*pl* **-ões**) *f* **-1.** *PSIC* depression. **-2.** [en terreno, superfície] dip. **-3.** *fig* [abatimento] despondency.

deprimente [depri'mẽntʃil] *adj* depressing.

deprimido, da [depri'midu, da] *adj* depressed.

deprimir [depri'mi(x)] *vt* to depress.
→ **deprimir-se** *vp* to become depressed.

depto (*abrev de* **departamento**) *m* dept.

depurar [depu'ra(x)] *vt* to purify.

deputado, da [depu'tadu, da] *m, f* **-1.** *POL* deputy. **-2.** [delegado] representative.

deque ['dɛkil] *m* decking.

DER (*abrev de* **Departamento de Estradas de Rodagem**) *m Brazilian highways department.*

deriva [de'riva] *f* drift; à ~ drifting.

derivado, da [deri'vadu, da] *adj* [proveniente]: ~ **de** derived from.
→ **derivado** *m* derivative.

derivar [deri'va(x)] *vi* **-1.** [resultar]: ~ **de** to derive from. **-2.** [ficar à deriva] to drift.

dermatológico, ca [dexmato'lɔgiku, ka] *adj* dermatological.

dermatologista [dexmatolo'ʒiʃta] *mf* dermatologist.

derradeiro, ra [dexa'dejru, ra] *adj* final.

derramamento [dexama'mẽntul] *m* **-1.** [de água, leite] spillage. **-2.** [de lágrimas] flow; ~ **de sangue** bloodshed.

derramar [dexa'ma(x)] *vt* **-1.** [ger] to spill **-2.** [espalhar] to strew
→ **derramar-se** *vp* [verter] to spill.

derrame [de'xãmil] *m* **-1.** [de líquido] spillage. **-2.** [de lágrimas, sangue] flow. **-3.** *MED* haemorrhage; ~ **cerebral** brain haemorrhage.

derrapagem [dexa'paʒẽl] (*pl* **-ns**) *f* skid.

derrapar [dexa'pa(x)] *vi* to skid.

derredor [dexe'do(x)] *adv fml:* em ~ (de) around.

derreter [dexe'te(x)] <> *vt* to melt. <> *vi* [liquefazer-se] to melt.
→ **derreter-se** *vp* **-1.** *fig* [comover-se]: ~ (com algo) to be moved (by sthg). **-2.** *fig* [apaixonar-se]: ~-se todo (por alguém) to fall completely (for sb).

derretido, da [dexe'tʃidu, da] *adj* **-1.** [liquefeito] melted. **-2.** *fig* [comovido] moved. **-3.** *fig* [apaixonado] besotted.

derrota [de'xɔta] *f* **-1.** [fracasso] defeat. **-2.** *NÁUT* course.

derrotado, da [dexo'tadu, da] *adj* defeated.

derrotar [dexo'ta(x)] *vt* to defeat.

derrubar [dexu'ba(x)] *vt* **-1.** [fazer cair] to knock down. **-2.** [vencer] to overcome. **-3.** [destituir] to overthrow. **-4.** [destruir] to defame. **-5.** [prostrar] to lay low. **-6.** *fam* [depreciar] to knock.

desabafar [dʒizaba'fa(x)] <> *vt:* ~ **algo (com alguém)** to share sthg (with

sb). ◇ *vi*: ~ **(com alguém)** to open up (to sb).
➡ **desabafar-se** *vp*: ~**-se (com alguém)** to open up (to sb).

desabafo [dʒiza'baful] *m* outpouring.

desabalado, da [dʒizaba'ladu, da] *adj* [excessivo] enormous.

desabamento [dʒizaba'mẽntul] *m* collapse.

desabar [dʒiza'ba(x)] *vi* -1. [ruir] to tumble down. -2. [cair com força] to fall heavily.

desabitado, da [dʒizabi'tadu, da] *adj* unoccupied.

desabotoar [dʒizabo'twa(x)] *vt* to unbutton.

desabrigado, da [dʒizabri'gadu, da] ◇ *adj* -1. [sem casa] homeless. -2. [exposto] unsheltered. ◇ *m, f* [pessoa] homeless person; **os ~ s** the homeless.

desabrigar [dʒiza'briga(x)] *vt* [tirar do abrigo] to leave without shelter.

desabrochar [dʒizabro'ʃa(x)] *vi* -1. [flor] to bloom. -2. *fig* [pessoa] to blossom.

desacatar [dʒizaka'ta(x)] ◇ *vt* -1. [afrontar] to disrespect. -2. [desprezar] to disregard. ◇ *vi fam* [causar espanto] to stun.

desacato [dʒiza'katu] *m* -1. [afronta] disrespect. -2. [desprezo] disregard.

desacerto [dʒiza'sextu] *m* -1. [erro] mistake. -2. [tolice] blunder.

desacompanhado, da [dʒizakõnpa'nadu, da] *adj* unaccompanied.

desaconselhar [dʒizakõnse'ʎa(x)] *vt*: ~ **algo (a alguém)** to warn (sb) against sthg.

desaconselhável [dʒizakõnse'ʎavɛw] (*pl* -eis) *adj* not recommended *(depois de verbo)*.

desacordado, da [dʒizakox'dadu, da] *adj* senseless.

desacordo [dʒiza'koxdul] *m* -1. [falta de acordo] disagreement. -2. [desarmonia] disharmony.

desacostumado, da [dʒizakoʃtu'madu, da] *adj*: ~ **(a)** unaccustomed (to).

desacostumar [dʒizakoʃtu'ma(x)] *vt*: ~ **alguém de algo** to wean sb off sthg.
➡ **desacostumar-se** *vp* [desabituar-se]: ~**-se de algo/de fazer algo** to wean o.s. off sthg/doing sthg.

desacreditar [dʒizakredi'ta(x)] *vt* to discredit. ➡ **desacreditar-se** *vp* [perder o crédito] to become discredited.

desafeto [dʒiza'fɛtul] *m* opponent.

desafiador, ra [dʒizafja'do(x), ra] ◇ *adj* challenging. ◇ *m, f* challenger.

desafiar [dʒiza'fja(x)] *vt* -1. [propor luta] to challenge. -2. [afrontar] to defy.

desafinado, da [dʒizafi'nadu, da] *adj* out of tune.

desafinar [dʒizafi'na(x)] ◇ *vt*: ~ **um instrumento** to put an instrument out of tune. ◇ *vi* to be out of tune.

desafio [dʒiza'fiw] *m* -1. [provocação] challenge. -2. *LITER & MÚS literary/ musical competition between two people.*

desafogado, da [dʒizafo'gadu, da] *adj* -1. [pessoa - de preocupações, de opressão] relieved; [- de trabalho] unencumbered. -2. [trânsito] clear.

desafogar [dʒizafo'ga(x)] ◇ *vt* -1. [desoprimir - garganta] to clear; [- espírito] to free. -2. [desabafar] to relieve. ◇ *vi* [desabafar-se]: ~ **(com alguém)** to open up (to sb).
➡ **desafogar-se** *vp* [desabafar-se] to unburden o.s.

desafogo [dʒiza'fogu] *m* -1. [alívio] relief. -2. [de trabalho] break.

desaforado, da [dʒizafo'radu, da] *adj* insulting.

desaforo [dʒiza'forul] *m* insult; **eu não levo ~ para casa** I'm not going to take it lying down.

desafortunado, da [dʒizafoxtu'nadu, da] *adj* unfortunate.

desagasalhado, da [dʒizagaza'ʎadu, da] *adj* unsheltered.

desagradar [dʒizagra'da(x)] ◇ *vt* to displease. ◇ *vi*: ~ **a alguém** to displease sb.

desagradável [dʒizagra'davɛw] (*pl* -eis) *adj* unpleasant.

desagrado [dʒiza'gradul] *m* displeasure.

desagravo [dʒiza'gravul] *m* -1. [reparação de agravo] recompense. -2. *JUR* reparation.

desaguar [dʒiza'gwa(x)] ◇ *vi* [vazar-se]: ~ **em** to flow into. ◇ *vt* [drenar] to drain.

desajeitado, da [dʒizaʒej'tadu, da] *adj* clumsy.

desajuste [dʒiza'ʒuʃtʃi] *m* -1. *PSIC* maladjustment. -2. [de peças, máquina] loosening.

desalentado, da [dʒizalẽn'tadu, da] *adj* discouraged.

desalentar [dʒizalẽn'ta(x)] ◇ *vt* to discourage. ◇ *vi* to lose heart.

desalento [dʒiza'lẽntul] *m* discouragement.

desalinhado, da [dʒizali'nadu, da] *adj* dishevelled.

desalinhar [dʒiza'lina(x)] *vt* -1. [tirar do alinhamento] to break up. -2. [desarrumar] to mess up.

desalinho [dʒiza'linul] *m* dishevelment.

desalmado, da [dʒizaw'madu, da] *adj* soulless.

desalojar [dʒizalo'ʒa(x)] *vt*: ~ **alguém**

de to remove sb from

desamarrar [dʒizama'xa(x)] *vt* [desfazer] to untie. ◇ *vi NÁUT* to lift anchor.

desamassar [dʒizama'sa(x)] *vt* to straighten out.

desambientado, da [dʒizãnbjěn'tadu, dal] *adj* disorientated.

desamor [dʒiza'mo(x)] *m* antipathy.

desamparado, da [dʒizãnpa'radu, dal] *adj* **-1.** [pessoa - abandonado] abandoned; [- sem ajuda] unassisted. **-2.** [lugar] abandoned.

desamparar [dʒizãnpa'ra(x)] *vt* [abandonar] to abandon.

desandar [dʒizãn'da(x)] *vi fam* [clara, maionese] to separate.

desanimador, ra [dʒizanima'do(x), ral] *adj* disheartening.

desanimar [dʒizani'ma(x)] ◇ *vt* **-1.** [fazer perder o ânimo]: ~ **alguém** to dishearten sb. **-2.** [desencorajar]: ~ **alguém de fazer algo** to discourage sb from doing sthg. ◇ *vi* **-1.** [perder o ânimo] to become disheartened; ~ **de fazer algo** to become disheartened about doing sthg. **-2.** [ser desencorajador] to be discouraging.

desânimo [dʒi'zãnimul] *m* despondency.

desanuviar [dʒizanu'vja(x)] *vt* **-1.** [céu] to clear. **-2.** *fig* [pessoa, mente] to calm. ◆ **desanuviar-se** *vp* **-1.** [céu] to clear. **-2.** *fig* [pessoa, mente] to become calm.

desaparafusar [dʒizaparafu'za(x)] *vt* to unscrew.

desaparecer [dʒizapare'se(x)] *vi* to disappear.

desaparecido, da [dʒizapare'sidu, dal] ◇ *adj* missing. ◇ *m, f* [pessoa] missing person.

desaparecimento [dʒizaparesi'měntul] *m* **-1.** [sumiço] disappearance. **-2.** [falecimento] loss.

desapegado, da [dʒizape'gadu, dal] *adj* detached.

desapego [dʒiza'pegul] *m* **-1.** [desamor] lack of love. **-2.** [indiferença] indifference.

desapertar [dʒizapex'ta(x)] *vt* to loosen.

desapiedado, da [dʒizapje'dadu, dal] *adj* ruthless.

desapontador, ra [dʒizapõnta'do(x), ral] *adj* disappointing.

desapontamento [dʒizapõnta'měntul] *m* disappointment.

desapontar [dʒizapõn'ta(x)] *vt* to disappoint.
◆ **desapontar-se** *vp* to be disappointed.

desapropriação [dʒizaproprja'sãwl] (*pl* -ões) *f* dispossession.

desapropriar [dʒizapro'prja(x)] *vt* **-1.**

[desapossar]: ~ **alguém de algo** to deprive sb of sthg. **-2.** [expropriar]: ~ **algo (de alguém)** to expropriate sthg (from sb).

desaprovação [dʒizaprova'sãwl] (*pl* -ões) *f* disapproval.

desaprovar [dʒizapro'va(x)] *vt* **-1.** [reprovar] to disapprove. **-2.** [censurar] to censure.

desarmado, da [dʒizax'madu, dal] *adj* **-1.** [ger] disarmed. **-2.** [sem arma] unarmed.

desarmamento [dʒizaxma'měntul] *m* disarmament.

desarmar [dʒizax'ma(x)] *vt* **-1.** [ger] to disarm. **-2.** [barraca, brinqueda] to take down. **-3.** [arma] to disable.

desarmonia [dʒizaxmo'nial] *f* **-1.** [falta de harmonia] disharmony. **-2.** *fig* [divergência] discord.

desarranjado, da [dʒizaxãn'ʒadu, dal] *adj* **-1.** [desarrumado] untidy. **-2.** *MED:* **estar** ~ to be queasy.

desarranjar [dʒizaxãn'ʒa(x)] *vt* [desarrumar] to make untidy.

desarranjo [dʒiza'xãnʒul] *m* disorder.

desarrumado, da [dʒizaxu'madu, dal] *adj* untidy.

desarrumar [dʒizaxu'ma(x)] *vt* **-1.** [ger] to make untidy. **-2.** [mala] to unpack.

desarticulado, da [dʒizaxtʃiku'ladu, dal] *adj* **-1.** [deslocado] dislocated. **-2.** [desfeito] broken up.

desarticular [dʒizaxtʃiku'la(x)] *vt* to dislocate.

desassossego [dʒizaso'segul] *m* uneasiness.

desastrado, da [dʒizaʃ'tradu, dal] *adj* clumsy.

desastre [dʒi'zaʃtril] *m* **-1.** [acidente] accident. **-2.** *fig* [fracasso]: **ser um** ~ to be a disaster.

desastroso, osa [dʒizaʃ'trozu, ɔzal] *adj* disastrous.

desatar [dʒiza'ta(x)] ◇ *vt* **-1.** [desfazer] to undo. **-2.** [desprender] to loosen. ◇ *vi* [começar]: ~ **a fazer algo** to start to do sthg suddenly.

desatento, ta [dʒiza'těntu, tal] *adj* inattentive.

desatinado, da [dʒizatʃi'nadu, dal] ◇ *adj* mad. ◇ *m, f* mad person.

desatino [dʒiza'tʃinul] *m* idiocy.

desativar [dʒizatʃi'va(x)] *vt* **-1.** [tornar inativo] to close down. **-2.** [desmontar] to deactivate.

desatualizado, da [dʒizatwali'zadu, dal] *adj* out-of-date.

desavença [dʒiza'věnsal] *f* **-1.** [briga] enmity. **-2.** [dissensão] dissent.

desavergonhado, da [dʒizavexgo'ɲadu, dal] *adj* unashamed.

desavisado, da [dʒizavi'zadu, da] *adj* not made aware.

desbancar [dʒiʒbãŋ'ka(x)] *vt*: ~ alguém (em algo) to outdo sb (at sthg).

desbaratar [dʒiʒbara'ta(x)] *vt* -1. [dissipar]: ~ algo (em algo) to squander sthg (on sthg). -2. [arruinar] to destroy. -3. [vencer] to defeat.

desbastar [dʒiʒbaʃ'ta(x)] *vt* to thin (out).

desbocado, da [dʒiʒbo'kadu, da] *adj fig* lewd.

desbotado, da [dʒiʒbo'tadu, da] *adj* faded.

desbotar [dʒiʒbo'ta(x)] *vt* to fade.

desbragadamente [dʒiʒbragada'mẽntʃil] *adv* shamelessly.

desbravador, ra [dʒiʒbrava'do(x), ra] *m, f* -1. [de terra, mata] explorer. -2. [de animais] tamer.

desbravar [dʒiʒbra'va(x)] *vt* -1. [terras, matas] to explore. -2. [animais selvagens] to tame. -3. [cavalo] to break in.

descabelar [dʒiʃkabe'la(x)] *vt fam* to ruffle the hair of.
➥ **descabelar-se** *vp fam* to ruffle one's hair.

descabido, da [dʒiʃka'bidu, da] *adj* -1. [absurdo] ridiculous. -2. [impróprio] inappropriate.

descalabro [dʒiʃka'labru] *m* disaster, ruin.

descalçar [dʒiʃkaw'sa(x)] *vt* to take off.
➥ **descalçar-se** *vp* to take off one's shoes/gloves.

descalço, ça [dʒiʃ'kawsu, sa] *adj* barefoot.

descampado, da [dʒiʃkãn'padu, da] *adj* uninhabited.
➥ **descampado** *m* open country.

descansado, da [dʒiʃkãn'sadu, da] *adj* -1. [tranqüilo] calm. -2. [lento] slow.

descansar [dʒiʃkãn'sa(x)] ⬦ *vt* -1. [ger] to rest. -2. *fig* [tranqüilizar] to calm. ⬦ *vi* -1. [repousar] to rest. -2. *fig* [tranqüilizar-se] to calm down. -3. *ant* & *fig* [morrer] to be at rest.

descanso [dʒiʃ'kãnsul] *m* -1. [repouso] rest. -2. [folga] break. -3. [para travessa *etc*] trivet.

descarado, da [dʒiʃka'radu, da] ⬦ *adj* shameless. ⬦ *m, f* shameless person.

descaramento [dʒiʃkara'mẽntu] *m* shamelessness.

descarga [dʒiʃ'kaxga] *f* -1. [ato] unloading. -2. [vaso sanitário] flush; dar a ~ to flush. -3. [de arma] fire. -4. *ELETR*: ~ elétrica electrical discharge.

descarregar [dʒiʃkaxe'ga(x)] ⬦ *vt* -1. [carga] to unload. -2. [arma] to fire. -3. *ELETR* to discharge. -4. [desabafar] to give vent to. ⬦ *vi* [bateria] to go flat.

descarrilamento [dʒiʃkaxila'mẽntu] *m* derailment.

descarrilar [dʒiʃkaxi'la(x)] *vt* & *vi* to derail.

descartar [dʒiʃkax'ta(x)] *vt* to discard.
➥ **descartar-se** *vp*: ~-se de [de carta, pessoa] to get rid of; [de compromisso] to free o.s. of.

descartável [dʒiʃkax'tavɛwl] (*pl* -eis) *adj* disposable.

descascador [dʒiʃkaʃka'do(x)] *m* peeler.

descascar [dʒiʃkaʃ'ka(x)] ⬦ *vt* to peel. ⬦ *vi* -1. [perder a casca] to lose its shell. -2. [perder a pele] to peel; com tanto sol, estou descascando todo with all this sun, I'm peeling all over.

descaso [dʒiʃ'kasul] *m* negligence.

descendência [desẽn'dẽnsja] *f* descendancy.

descendente [desẽn'dẽntʃi] ⬦ *adj* descendent; ser ~ de to be a descendant of. ⬦ *mf* [pessoa] descendant.

descender [desẽn'de(x)] *vi* [pessoa]: ~ de to be descended from.

descer [de'se(x)] ⬦ *vt* -1. [escada] to go down. -2. [carga] to take down. ⬦ *vi* -1. [ger] to go down. -2. [de ônibus] to get off.

descida [de'sida] *f* [declive] descent.

desclassificar [dʒiʃklasifi'ka(x)] *vt* -1. [eliminar] to disqualify. -2. [desmoralizar] to disgrace.

descoberto, ta [dʒiʃko'bɛxtu, ta] ⬦ *pp* ▷ **descobrir** ⬦ *adj* -1. [ger] discovered. -2. [exposto] uncovered. -3. *BANCO* [conta] overdrawn.
➥ **descoberta** *f* discovery.

descobridor, ra [dʒiʃkobri'do(x), ra] *m, f* discoverer.

descobrimento [dʒiʃkobri'mẽntul] *m* [de continentes] discovery.

descobrir [dʒiʃko'bri(x)] *vt* -1. [ger] to discover. -2. [tirar a proteço de] to uncover. -3. [estátua] to unveil.
➥ **descobrir-se** *vp* [tirar a coberta] to appear.

descolar [deʃko'larl] *vt* -1. [desgrudar]: ~ algo (de) to detach sthg (from). -2. *fam* [conseguir] to fix up.

descolorir [dʒiʃkolo'ri(x)] ⬦ *vt* [tirar a cor] to discolour. ⬦ *vi* [perder a cor] to fade.

descompor [dʒiʃkõn'po(x)] *vt* [desordenar] to muddle.

descomposto, osta [dʒiʃkõn'poʃtu, ɔʃtal] ⬦ *pp* ▷ **descompor**. ⬦ *adj* -1. [desalinhado] confused. -2. [desfeito] disordered. -3. [desfigurado] upset.

descompostura [dʒiʃkõnpoʃ'tural] *f* -1. [repreensão] reprimand; passar uma ~ em alguém to reprimand sb. -2. [insulto] affront.

descomunal [dʒiʃkomuˈnaw] (*pl* **-ais**) *adj* **-1.** [gigantesco] huge. **-2.** [fora do comum] unusual.

desconcentrar [dʒiʃkõsẽnˈtra(x)] *vt* to distract.

➡ **desconcentrar-se** *vp* to lose concentration.

desconcertante [dʒiʃkõsexˈtãntʃil] *adj* **-1.** [desorientador] confusing. **-2.** [frustrante] upsetting.

desconcertar [dʒiʃkõsexˈta(x)] *vt* **-1.** [desorientar] to confuse. **-2.** [frustrar] to upset.

➡ **desconcertar-se** *vp* **-1.** [desarranjar-se] to break down. **-2.** [perturbar-se] to become bewildered. **-3.** [frustrar-se] to be upset.

desconectar [dʒiʃkonekˈta(x)] *vt* to disconnect.

➡ **desconectar-se** *vp* [comput] to be disconnected.

desconexo, xa [dʒiʃkoˈnɛksu, ksa] *adj* **-1.** [incoerente] incoherent. **-2.** [desunido] disconnected.

desconfiado, da [dʒiʃkõˈfjadu, da] *adj* distrustful.

desconfiança [dʒiʃkõˈfjãnsa] *f* distrust.

desconfiar [dʒiʃkõˈfja(x)] ⟨⟩ *vt* [conjeturar]: ~ **que** to fear that. ⟨⟩ *vi* **-1.** [ficar suspeitoso] to suspect. **-2.** [não confiar em]: ~ **de** to be distrustful of. **-3.** [suspeitar de]: ~ **de** to be suspicious of.

desconfortável [dʒiʃkõforˈtavɛw] (*pl* **-eis**) *adj* uncomfortable.

desconforto [dʒiʃkõˈfoxtu] *m* discomfort.

descongelar [dʒiʃkõʒeˈla(x)] *vt* to defrost.

descongestionante [dʒiʃkõʒeʃtʃjoˈnãntʃil] ⟨⟩ *adj* decongestant. ⟨⟩ *m* decongestant.

descongestionar [dʒiʃkõʒeʃtʃjoˈna(x)] *vt* **-1.** to decongest. **-2.** *fig* [trânsito, rua] to clear.

desconhecer [dʒiʃkoɲeˈse(x)] *vt* **-1.** [ignorar] not to know. **-2.** [estranhar] not to recognize. **-3.** [ser ingrato a] to be ungrateful for.

desconhecido, da [dʒiʃkoɲeˈsidu, da] ⟨⟩ *adj* [incógnito] unknown. ⟨⟩ *m, f* [pessoa] unknown person.

desconhecimento [dʒiʃkoɲesiˈmẽntu] *m* ignorance.

desconsolado, da [dʒiʃkõsoˈladu, da] *adj* disconsolate.

desconsolar [dʒiʃkõsoˈla(x)] ⟨⟩ *vt* to sadden. ⟨⟩ *vi* to become saddened.

➡ **desconsolar-se** *vp* to become dispirited.

descontar [dʒiʃkõnˈta(x)] *vt* **-1.** [deduzir]: ~ **algo (de)** to deduct sthg (from). **-2.**

[título de crédito - pagar] to pay off; [- receber] to receive. **-3.** *fam* [revidar]: ~ **algo (em alguém)** to pay sthg back (to sb). **-4.** *fig* [não fazer caso de] to take no notice of.

descontentamento [dʒiʃkõntẽntaˈmẽntul] *m* **-1.** [desprazer] displeasure. **-2.** [insatisfação] dissatisfaction.

descontentar [dʒiʃkõntẽnˈta(x)] *vt* to displease.

➡ **descontentar-se** *vp* to be displeased.

descontente [dʒiʃkõnˈtẽntʃil] *adj* displeased.

descontínuo, nua [dʒiʃkõnˈtʃinwu, nwa] *adj* discontinued.

desconto [dʒiʃˈkõntu] *m* discount.

descontraído, da [dʒiʃkõntraˈidu, da] *adj* relaxed.

descontrair [dʒiʃkõntraˈi(x)] *vt* to relax.

➡ **descontrair-se** *vp* to relax.

descontrolar [dʒiʃkõntroˈla(x)] *vt* to lose control of.

➡ **descontrolar-se** *vp* **-1.** [pessoa] to lose control of o.s. **-2.** [situação] to get out of control.

desconversar [dʒiʃkõnvexˈsa(x)] *vi* to change the subject.

descorar [dʒikoˈra(x)] ⟨⟩ *vt* [desbotar] to discolour. ⟨⟩ *vi* [empalidecer] to turn pale.

descortês, tesa [dʒiʃkoxˈteʃ, teza] *adj* discourteous.

descortesia [dʒiʃkoxteˈzia] *f* discourtesy.

descortinar [dʒiʃkoxtʃiˈna(x)] *vt* **-1.** [avistar] to reveal. **-2.** [correndo a cortina] to unveil. **-3.** [revelar]: ~ **algo a alguém** to reveal sthg to sb.

descoser [dʒiʃkoˈze(x)], **descosturar** [dʒiʃkoʃtuˈra(x)] ⟨⟩ *vt* to unstitch. ⟨⟩ *vi* to come unstiched.

descrédito [dʒiʃˈkrɛdʒitul] *m* discredit.

descrença [dʒiʃˈkrẽnsa] *f* disbelief.

descrente [dʒiʃˈkrẽntʃil] *adj* disbelieving.

descrever [dʒiʃkreˈve(x)] *vt* **-1.** [expor] to describe. **-2.** [traçar] to trace.

descrição [dʒiʃkriˈsãw] (*pl* **-ões**) *f* description.

descuidado, da [dʒiʃkujˈdadu, da] *adj* **-1.** [desleixado] uncared-for. **-2.** [irrefletido] careless.

descuidar [dʒiʃkujˈda(x)] *vi*: ~ **de algo** to neglect sthg.

➡ **descuidar-se** *vp*: ~**-se de algo** to become careless about sthg.

descuido [dʒiʃˈkujdul] *m* **-1.** [ger] carelessness. **-2.** [erro] error.

desculpa [dʒiʃˈkuwpal] *f* **-1.** [ger] excuse. **-2.** [perdão] forgiveness; **pedir** ~ **s a alguém por algo** to ask sb forgiveness for sthg.

desculpar [dʒiʃkuw'pa(x)] *vt* **-1.** [perdoar]: ~ alguém (por algo) to forgive sb (for sthg). **-2.** [justificar] to give as an excuse.

➡ **desculpar-se** *vp* [justificar-se]: ~-se (com alguém) por algo to apologize (to sb) for sthg.

desculpável [dʒiʃkuw'pavew] (*pl* -eis) *adj* forgiveable.

desde ['deʒdʒi] *prep* **-1.** [tempo] since; ~ então from then on; ~ já straight away. **-2.** [espaço] from.

➡ **desde que** *loc conj* **-1.** [tempo] since. **-2.** [visto que] as. **-3.** [contanto que] as long as.

desdém [deʒ'dẽ] *m* disdain.

desdenhar [deʒde'ɲa(x)] *vt* **-1.** [desprezar] to despise. **-2.** [escarnecer] to scorn.

desdenhoso, osa [deʒde'ɲozu, ɔza] *adj* disdainful.

desdita [dʒiʒ'dʒita] *f* bad luck.

desdizer [dʒiʒdʒi'ze(x)] *vt* **-1.** [negar] to deny. **-2.** [desmentir] to contradict.

➡ **desdizer-se** *vp* [negar o que havia dito] to retract.

desdobrar [dʒiʒdo'bra(x)] *vt* **-1.** [abrir] to unfold. **-2.** [dividir]: ~ algo em algo to divide sthg into sthg. **-3.** [aumentar] to develop.

➡ **desdobrar-se** *vp* **-1.** to unfold. **-2.** [empenhar-se]: ~-se (em algo) *fig* to make an effort (at sthg).

desejar [deze'ʒa(x)] <> *vt* **-1.** [querer] to wish. **-2.** [ambicionar]: ~ algo to wish for sthg; ~ fazer algo to wish to do sthg. **-3.** [formulando votos]: ~ algo a alguém to wish sb sthg. **-4.** [sexualmente] to desire. <> *vi*: deixar a ~ to leave sthg to be desired.

desejável [dese'ʒavew] (*pl* -eis) *adj* desirable.

desejo [de'zeʒu] *m* **-1.** [ger] desire. **-2.** [ambição] wish. **-3.** [de grávida] craving.

desejoso, osa [dese'ʒozu, ɔza] *adj*: ~ de algo/de fazer algo keen for sthg/to do sthg.

desembaraçar [dʒizĩbara'sa(x)] *vt* **-1.** [livrar] to free. **-2.** [desemaranhar] to loosen. **-3.** [liberar] to unencumber.

➡ **desembaraçar-se** *vp* **-1.** [desinibir-se] to open up. **-2.** [livrar-se]: ~-se de algo/alguém to free o.s. of sthg/sb.

desembaraço [dʒizĩba'rasu] *m* **-1.** [desinibição] ease. **-2.** [agilidade] agility.

desembarcar [dʒizĩbax'ka(x)] <> *vt* **-1.** [carga] to unload. **-2.** [passageiros] to disembark. <> *vi* [descer de transporte] to disembark.

desembarque [dʒizĩ'baxki] *m* disembarcation.

desembocar [dʒizĩbo'ka(x)] *vi* [rio, rua]: ~ em to discharge into.

desembolsar [dʒizĩbow'sa(x)] *vt* [gastar] to spend.

desembolso [dʒizĩ'bowsu] *m* [gasto] expenditure.

desembrulhar [dʒizĩbru'ʎa(x)] *vt* to unwrap.

desempacotar [dʒizĩpako'ta(x)] *vt* to unpack.

desempatar [dezĩpa'ta(x)] <> *vt ESP*: ~ a partida to score a deciding point or goal in a match. <> *vi* to decide; a eleição só desempatou no final the election was only decided at the finish.

desempate [dʒizĩ'patʃi] *m ESP* decision.

desempenhar [dʒizĩpe'ɲa(x)] *vt* **-1.** [ger] to perform. **-2.** [cumprir] to carry out.

desempenho [dʒizĩ'peɲu] *m* performance.

desempregado, da [dʒizĩmpre'gadu, da] <> *adj* unemployed. <> *m, f* unemployed person.

desemprego [dʒizĩ'pregu] *m* unemployment.

desencadear [dʒizĩka'dʒia(x)] *vt* [provocar] to unleash.

➡ **desencadear-se** *vp* [irromper] to break out.

desencaixar [dʒizĩkaj'ʃa(x)] *vt* to dislocate.

➡ **desencaixar-se** *vp* to become dislocated.

desencaixotar [dʒizĩkajʃo'ta(x)] *vt* to take out of a box.

desencanto [dʒizĩ'kãntu] *m* [desilusão] disenchantment.

desencargo [dʒizĩ'kaxgu] *m* [cumprimento] carrying out; por ~ de consciência to clear one's conscience.

desencarregar-se [dʒizĩkaxe'gaxsi] *vp* [desobrigar-se]: ~ de algo to unburden o.s. of sthg.

desencontrar [dʒizĩkõn'tra(x)] *vt* [fazer que não se encontrem] to send in different directions.

➡ **desencontrar-se** *vp* **-1.** [não se encontrar]: ~-se (de) to diverge (from). **-2.** [perder-se um do outro] to fail to meet one another.

desencontro [dʒizĩ'kõntru] *m* **-1.** [falta de encontro] failure to meet. **-2.** [divergência] difference.

desencorajar [dʒizĩkora'ʒa(x)] *vt* to discourage.

desencostar [dʒizĩkoʃ'ta(x)] *vt*: ~ algo/alguém (de) to move sthg/sb away (from).

➡ **desencostar-se** *vp*: ~-se de algo to stop leaning against sthg.

desenfreado, da [dʒizẽnfre'adu, da] *adj* wild.

desenganado, da [dʒizẽŋga'nadu, da]
adj [sem cura] incurable; [desiludido] disenchanted.

desenganar [dʒizẽŋga'na(x)] vt -1.
[doente] to give up hope for. -2. [desiludir] to disillusion.

desengano [dʒizĩ'gãnu] m [desilusão]
disillusionment.

desengonçado, da [dʒizẽŋgõ'sadu, da]
adj -1. [desconjuntado] disjointed. -2.
[desajeitado] clumsy.

desenhar [deze'ɲa(x)] ◇ vt -1. [traçar]
to outline. -2. TEC to design. -3. ARTE to
draw. ◇ vi [traçar desenhos] to draw
up.

desenhista [deze'niʃta] m, f designer.

desenho [de'zeɲu] m -1. [expressão de
formas] drawing. -2. ARTE & TEC design.
-3. CINE: ~ animado (animated) cartoon.

desenlace [dʒizẽn'lasi] m unfolding,
development.

desenrolar [dʒizẽnxo'la(x)] ◇ m to
progress. ◇ vt -1. [estender] to
unroll. -2. [expor] to unfold.
➨ **desenrolar-se** vp -1. [desenroscar-se]
to uncurl o.s. -2. [mostrar-se] to open
out.

desentender-se [dʒizẽntẽn'dexsi] vp: ~
(com) to disagree (with).

desentendido, da [dʒizẽntẽn'dʒidu, da]
adj: fazer-se de ~ to pretend not to
understand.

desentendimento [dʒizĩntẽndʒi'mẽntu]
m misunderstanding.

desenterrar [dʒizẽnte'xa(x)] vt -1. [ger]
to dig up. -2. [exumar] to exhume. -3.
[descobrir] to unearth.

desentupir [dʒizẽntu'pi(x)] vt to unblock.

desenvoltura [dʒizĩnvow'tura] f lack of
inhibition.

desenvolver [dʒizĩnvow've(x)] vt -1.
[ger] to develop. -2. [melhorar] to
improve. -3. [teorizar sobre] to expand
on. -4. [correr] to run.
➨ **desenvolver-se** vp -1. [crescer] to
develop. -2. [progredir] to progress.

desenvolvido, da [dʒizẽvow'vidu, da]
◇ pp ▷ **desenvolver**. ◇ adj -1.
[concebido] conceived. -2. [adiantado]
advanced. -3. [crescido] developed.

desenvolvimento [dʒizĩnvowvi'mẽntu]
m -1. [crescimento] development. -2.
[concepção] conception.

desequilibrado, da [dʒizekili'bradu, da]
◇ adj -1. [sem equilíbrio] unbalanced.
-2. PSIC unstable. ◇ m, f PSIC unstable
person.

desequilibrar [dʒizekili'bra(x)] vt -1. [fazer perder o equilíbrio] to unbalance.
➨ **desequilibrar-se** vp -1. PSIC to be-

come unstable. -2. fig [descontrolar] to
get out of control.

desequilíbrio [dʒizeki'librju] m -1. [falta
de equilíbrio] lack of balance. -2. PSIC
instability.

desertar [dezex'ta(x)] ◇ vt [abandonar]
to abandon. ◇ vi MIL to desert.

deserto, ta [de'zɛxtu, ta] adj deserted.
➨ **deserto** m desert.

desertor, ra [dezex'to(x), ra] m, f deserter.

desesperado, da [dʒiziʃpe'radu, da] adj
-1. [sem esperança] desperate. -2. [irritado] irritated. -3. [intenso - briga, competição] fierce; [- amor] intense.

desesperador, ra [dʒiziʃpera'do(x), ra]
adj -1. [sem esperança] hopeless. -2. [irritante] irritating.

desesperança [dʒiziʃpe'rãnsa] f despair.

desesperar [dʒizeʃpe'ra(x)] ◇ vt -1.
[arrasar] to dishearten. -2. [irritar] to
drive mad. ◇ vi [perder a esperança] to
give up hope.
➨ **desesperar-se** vp -1. [perder a esperança] to give up hope. -2. [afligir-se] to
get upset.

desespero [dʒiziʃ'peru] m -1. [desesperança] despair. -2. [aflição] despondency; levar alguém ao ~ to lead sb to
despair.

desestimular [dʒiziʃtʃimu'la(x)] vt to
discourage.

desfalcar [dʒiʃfaw'ka(x)] vt -1. [reduzir] to
reduce. -2. [privar] to deprive. -3. [defraudar] to defraud.

desfalecer [dʒiʃfale'se(x)] vi [desmaiar] to
faint.

desfalque [dʒiʃ'fawki] m -1. [redução]
reduction. -2. [privação] loss. -3. [fraude] fraud.

desfavorável [dʒiʃfavo'ravɛw] (pl -eis)
adj -1. [desvantajoso] unfavourable. -2.
[oposto] adverse.

desfazer [dʒiʃfa'ze(x)] vt -1. [desmanchar]
to undo. -2. [dispersar] to disperse. -3.
[acabar com] to put an end to. -4. [anular] to annul.
➨ **desfazer-se** vp -1. [desmanchar-se] to
come undone. -2. [dispersar-se] to
disperse. -3. [acabar-se] to end. -4.
[despojar-se]: ~-se de algo to be
stripped of sthg. -6. fig [desmanchar-se]: ~-se em lágrimas to burst into
tears; ~-se em sorrisos to break into
smiles; ~-se em gentilezas to be desperate to please.

desfechar [dʒiʃfe'ʃa(x)] vt -1. [disparar] to
fire. -2. [insultos] to loose off.

desfecho [dʒiʃ'feʃu] m ending.

desfeita [dʒiʃ'fejta] f insult.

desfeito, ta [dʒiʃ'fejtu, ta] ◇ pp ▷
desfazer. ◇ adj -1. [desmanchado]

undone. **-2.** [acabado] ended. **-3.** [desarrumada] untidy. **-4.** [anulado] annulled.

desferir [dʒiʃfe'ri(x)] *vt* [aplicar] to direct.

desfiar [dʒiʃ'fja(x)] <> *vt* **-1.** [tecido *etc*] to unravel. **-2.** [terço] to unthread. **-3.** [galinha] to cut up. <> *vi* [tecido *etc*] to unravel.

desfigurar [dʒiʃfigu'ra(x)] *vt* **-1.** [transformar] to disfigure. **-2.** *fig* [adulterar] to adulterate.

◆ **desfigurar-se** *vp* [transformar-se] to alter.

desfiladeiro [dʒiʃfila'dejru] *m* ravine.

desfilar [dʒiʃfi'la(x)] <> *vt* [exibir] to parade. <> *vi* [passar em desfile - soldado] to march past; [- manequim, escola de samba] to parade.

desfile [dʒiʃ'fili] *m* [passar em desfile - soldado] march past; [- manequim, escola de samba] parade.

desforra [dʒiʃ'fɔxa] *f* revenge.

desfrutar [dʒiʃfru'ta(x)] <> *vt* to enjoy. <> *vi*: ~ **de algo** to enjoy sthg.

desgarrado, da [dʒiʒga'xadu, da] *adj* [perdido] lost.

desgarrar-se [dʒiʒga'xaxsil] *vp* [perder-se]: ~ **de algo** to lose sight of sthg; ~ **(do caminho)** to lose one's way.

desgastante [dʒiʒgaʃ'tãntʃi] *adj* **-1.** [estressante] stressful. **-2.** [cansativo] tiring. **-3.** [desprestigiante] damaging.

desgastar [dʒiʒgaʃ'ta(x)] *vt* **-1.** [ger] to wear out. **-2.** [gastar] to wear away. **-3.** [desprestigiar] to damage.

desgaste [dʒiʒ'gaʃtʃi] *m* **-1.** [deterioração] deterioration. **-2.** [dano] harm.

desgostar [dʒiʒgoʃ'ta(x)] <> *vt* [contrariar] to displease. <> *vi* [não gostar]: ~ **de algo** to dislike sthg.

◆ **desgostar-se** *vp* [deixar de gostar]: ~ **-se de algo/de fazer algo** to no longer enjoy sthg/doing sthg.

desgosto [dʒiʒ'goʃtu] *m* **-1.** [desprazer] displeasure. **-2.** [pesar] regret.

desgostoso, osa [dʒiʒgoʃ'tozu, ɔza] *adj* **-1.** [triste] sad. **-2.** [contrariado] displeased.

desgraça [dʒiʒ'grasal] *f* **-1.** [infortúnio] misfortune. **-2.** [miséria] penury. **-3.** *fig* [pessoa inábil]: **ser uma** ~ to be a disgrace.

desgraçado, da [dʒiʒgra'sadu, da] <> *adj* **-1.** [desafortunado] unfortunate. **-2.** [miserável] wretched. **-3.** [vil] vile. **-4.** *m fam* [grande] hellish. <> *m, f* **-1.** [desafortunado] unfortunate. **-2.** [pessoa vil] beggar.

desgraçar [dʒiʒgra'sa(x)] *vt* to disgrace.

desgrenhado, da [dʒiʒgre'ɲadu, da] *adj* **-1.** [despenteado] tousled. **-2.** [desarrumado] untidy.

desgrudar [dʒiʒgru'da(x)] *vt* **-1.** [descolar]: ~ **algo de algo** to unstick sthg from sthg. **-2.** [afastar]: ~ **alguém de alguém/algo** *fig* to drag sb away from sb/sthg.

◆ **desgrudar-se** *vp* [afastar-se] to break away.

desidratar [dʒizidra'ta(x)] *vt* to dehydrate.

◆ **desidratar-se** *vp* to become dehydrated.

design [dʒi'zajni] (*pl* **-s**) *m* design.

designar [dezig'na(x)] *vt* **-1.** [denominar] to designate. **-2.** [simbolizar] to symbolize. **-3.** [determinar] to award. **-4.** [escolher]: ~ **alguém para algo** to appoint sb as sthg.

designer [dʒi'zajnɛ(x)] (*pl* **-s**) *mf* designer.

desigual [dezi'gwawl] (*pl* **-ais**) *adj* **-1.** [diferente] different. **-2.** [irregular] irregular. **-3.** [injusto] unfair.

desiludir [dʒizilu'dʒi(x)] *vt*: ~ **alguém (de algo/de fazer algo)** to dissuade sb (from sthg/from doing sthg).

◆ **desiludir-se** *vp*: ~**-se (com algo)** to be disappointed (by sthg).

desilusão [dʒizilu'zãw] (*pl* **-ões**) *f* disappointment.

desimpedir [dʒizĩnpe'dʒi(x)] *vt* to clear.

desinfetante [dʒizĩnfe'tãntʃi] <> *adj* disinfectant. <> *m* disinfectant.

desinfetar [dʒizĩnfe'ta(x)] *vt* MED to disinfect.

desinibido, da [dʒizini'bidu, da] *adj* uninhibited.

desintegração [dʒizĩntegra'sãw] *f* disintegration.

desinteressado, da [dʒizĩntere'sadu, da] *adj* **-1.** [sem interesse] disinterested. **-2.** [despreendido] detached.

desinteressar [dʒizĩntere'sa(x)] *vt*: ~ **alguém de algo** to destroy sb's interest in sthg.

◆ **desinteressar-se** *vp*: ~**-se de algo** to lose interest in sthg.

desinteresse [dʒizĩnte'resil] *m* **-1.** [falta de interesse] lack of interest. **-2.** [despreendimento] detachment.

desistência [deziʃ'tẽnsjal] *f* withdrawal.

desistir [deziʃ'tʃi(x)] *vi* to give up; ~ **de algo/de fazer algo** to give up sthg/doing sthg.

desjejum [dʒiʒe'ʒũl] (*pl* **-ns**) *m* breakfast.

deslavado, da [dʒiʒla'vadu, da] *adj* brazen.

desleal [dʒiʒ'ljaw] (*pl* **-ais**) *adj* disloyal.

desleixado, da [dʒiʒlej'ʃadu, da] *adj* messy.

desligado, da [dʒiʒli'gadu, da] *adj* **-1.** ELETR switched off. **-2.** [desconectado] disconnected. **-3.** [afastado]: ~ de detached from. **-4.** fig [despreendido] indifferent. **-5.** fig [distraído] absent-minded.

desligar [dʒiʒli'ga(x)] ◇ vt ELETR to switch off; ~ o carro to switch off the engine. ◇ vi fam [despreocupar-se] to switch off.

➤ **desligar-se** vp **-1.** [afastar-se]: ~-se de to switch off from. **-2.** fig [despreender-se]: ~-se de to abandon. **-3.** fig [distrair-se] to switch off.

deslizamento [dʒiʒliza'mẽntul m slip; ~ de terra landslide.

deslizar [dʒiʒli'za(x)] vi **-1.** [movimentar-se - cisnes, dançarino] to glide; [- terra, encosta] to slide. **-2.** [escorregar] to slip. **-3.** fig [falhar] to make a slip.

deslize [dʒiʒ'lizil m **-1.** [escorregão] slip. **-2.** fig [falha] blunder. **-3.** fig [engano] slip.

deslocado, da [dʒiʒlo'kadu, dal adj **-1.** MED dislocated. **-2.** [transferido] transferred. **-3.** fig [desambientado] out of place.

deslocar [dʒiʒlo'ka(x)] vt **-1.** MED to dislocate. **-2.** [transferir] to transfer. **-3.** [mover] to move.

➤ **deslocar-se** vp [mover-se] to move around.

deslumbramento [dʒiʒlũnbra'mẽntul m dazzle.

deslumbrante [dʒiʒlũn'brãntʃil adj dazzling.

deslumbrar [dʒiʒlũn'bra(x)] ◇ vt to dazzle. ◇ vi to be dazzling.

➤ **deslumbrar-se** vp to be dazzled.

desmaiado, da [dʒiʒma'jadu, dal adj **-1.** MED unconscious. **-2.** [pálido] pale.

desmaiar [dʒiʒmaj'a(x)] vi to faint.

desmaio [dʒiʒ'majul m faint.

desmamar [dʒiʒma'ma(x)] ◇ vt to wean. ◇ vi to be weaned.

desmancha-prazeres [dʒiʒ,mãnʃa-pra'zerisl mf inv killjoy.

desmanchar [dʒiʒmãn'ʃa(x)] vt **-1.** [desfazer] to undo. **-2.** [acabar com] to break off.

➤ **desmanchar-se** vp **-1.** [dissolver-se] to come undone. **-2.** fig [expandir-se]: ~-se em algo to be lavish with sthg.

desmarcar [dʒiʒmax'ka(x)] vt **-1.** [tirar as marcas de] to remove markings from. **-2.** [adiar] to postpone.

desmascarar [dʒiʒmaʃka'ra(x)] vt **-1.** [revelar] to reveal. **-2.** [desmoralizar] to demoralize.

desmatamento [dʒiʒmata'mẽntul m deforestation.

desmatar [dʒiʒma'ta(x)] vt to deforest.

desmedido, da [dʒiʒme'dʒidu, dal adj immense.

desmentir [dʒiʒmẽn'tʃi(x)] vt **-1.** [negar] to deny. **-2.** [discrepar de] to disagree with. **-3.** [contradizer] to contradict.

➤ **desmentir-se** vp [contradizer-se] to contradict o.s.

desmerecer [dʒiʒmere'se(x)] vt **-1.** [menosprezar] to despise. **-2.** [não merecer] not to deserve.

desmesurado, da [dʒiʒmezu'radu, dal adj excessive.

desmiolado, da [dʒiʒmjo'ladu, dal adj **-1.** [sem juízo] brainless. **-2.** [esquecido] forgetful.

desmontar [dʒiʒmõn'ta(x)] ◇ vt **-1.** [separar as partes de] to dismantle. **-2.** fig [destruir] to destroy. ◇ vi [apear]: ~ (de algo) to dismount (from sthg).

desmoralizar [dʒiʒmorali'za(x)] vt to demoralize.

➤ **desmoralizar-se** vp to be demoralized.

desmoronamento [dʒiʒmorona'mẽntul m landslide.

desmoronar [dʒiʒmoro'na(x)] ◇ vt to knock down. ◇ vi to collapse.

desmotivado, da [dʒiʒmotʃi'vadu, dal adj demotivated.

desnatado, da [dʒiʒna'tadu, dal adj skimmed.

desnecessário, ria [dʒiʒnese'sarju, rjal adj unnecessary.

desnível [dʒiʒ'nivewl (pl -eis) m unevenness.

desnorteado, da [dʒiʒnox'tʃjadu, dal adj [perturbado] bewildered.

desnortear [dʒiʒnox'tʃja(x)] vt **-1.** [desorientar] to disorientate. **-2.** fig [perturbar] to confuse.

➤ **desnortear-se** vp **-1.** [perder-se] to get lost. **-2.** fig [perturbar-se] to become confused.

desnudar [dʒiʒnu'da(x)] vt **-1.** [despir] to undress. **-2.** fig [revelar] to reveal.

➤ **desnudar-se** vp [despir-se] to undress.

desnutrição [dʒiʒnutri'sãwl f malnutrition.

desobedecer [dʒizobede'se(x)] vi: ~ (a) to disobey.

desobediência [dʒizobe'dʒjẽnsjal f disobedience.

desobediente [dʒizobe'dʒjẽntʃil adj disobedient.

desobrigar [dʒizobri'ga(x)] vt: ~ alguém de algo/de fazer algo to release sb from sthg/doing sthg.

desobstruir [dʒizobʃtru'i(x)] vt to clear.

desocupado, da [dʒizoku'padu, dal ◇ adj **-1.** [ocioso] idle. **-2.** [disponível] available. ◇ m, f **-1.** [desempregado] unemployed person. **-2.** [vagabundo] layabout.

desocupar [dʒizoku'pa(x)] vt **-1.** [deixar livre] to leave free. **-2.** [esvaziar] to empty.

desodorante [dʒizodo'rãntʃi] m deodorant.

desolação [dezola'sãw] f **-1.** [tristeza] sadness. **-2.** [devastação] devastation.

desolado, da [dezo'ladu, da] adj **-1.** [triste] sad. **-2.** [devastado] devasted.

desolar [dezo'la(x)] vt to devastate.

desonesto, ta [dʒizo'nɛʃtu, ta] <> adj **-1.** [indigno] contemptible. **-2.** [mentiroso] dishonest. <> m, f [pessoa indigna] despicable person.

desonra [dʒi'zõnxa] f dishonour.

desonrar [dʒizõn'xa(x)] vt to dishonour.
  desonrar-se vp to disgrace o.s.

desordeiro, ra [dʒizox'dejru, ra] <> adj rowdy. <> m, f rowdy person.

desordem [dʒi'zoxdẽ] (pl **-ns**) f **-1.** [bagunça] mess. **-2.** [tumulto] commotion.

desorganização [dʒizoxganiza'sãw] f confusion.

desorganizar [dʒizoxgani'za(x)] vt to throw into confusion.
  desorganizar-se vp to be disorganized.

desorientação [dʒizorjẽnta'sãw] f disorientation.

desorientar [dʒizorjẽn'ta(x)] vt **-1.** [desnortear] to disorientate. **-2.** [perturbar] to bewilder. **-3.** PSIC to disturb.
  desorientar-se vp **-1.** [desnortear-se] to become disoriented. **-2.** [perturbar-se] to become disconcerted.

desossar [dʒizo'sa(x)] vt to bone.

desovar [dʒizo'va(x)] <> vi [pôr ovos] to lay eggs. <> vt fig [livrar-se de] to get rid of.

despachado, da [dʒiʃpa'ʃadu, da] adj **-1.** [enviado] dispatched. **-2.** [eficiente] efficient.

despachar [dʒiʃpa'ʃa(x)] vt **-1.** [enviar] to send. **-2.** [resolver] to dispatch. **-3.** [atender] to attend to. **-4.** [mandar embora] to get rid of.

despacho [dʒiʃ'paʃu] m **-1.** [resolução] determination. **-2.** ESPIRIT religious offering.

despedaçar [dʒiʃpeda'sa(x)] vt [quebrar em pedaços] to smash.
  despedaçar-se vp [quebrar-se em pedaços] to smash.

despedida [dʒiʃpe'dʒida] f [ato] farewell.

despedir [dʒiʃpe'dʒi(x)] vt [demitir] to dismiss.
  despedir-se vp [dizer adeus]: ~-se (de alguém) to say goodbye (to sb).

despeitado, da [dʒiʃpej'tadu, da] adj **-1.** [invejoso] envious. **-2.** fam [que tem o peito magro] flat.

despeito [dʒiʃ'pejtu] m [inveja] spite.
  a despeito de loc conj [apesar de] despite.

despejar [dʒiʃpe'ʒa(x)] vt **-1.** [inquilino] to evict. **-2.** [entornar] to pour.

despejo [dʒiʃ'peʒu] m [de inquilino] eviction.

despencar [dʒiʃpẽn'ka(x)] vi [cair]: ~ de algo to fall from sthg.

despensa [dʒiʃ'pẽnsa] f pantry.

despentear [dʒiʃpẽn'tʒja(x)] vt to tousle.
  despentear-se vp fig to let one's hair down.

despercebido, da [dʒiʃpexse'bidu, da] adj unnoticed.

desperdiçar [dʒiʃpexdʒi'sa(x)] vt to waste.

desperdício [dʒiʃpex'dʒisju] m waste.

despertador [dʒiʃpexta'do(x)] (pl **-es**) m alarm clock.

despertar [dʒiʃpex'ta(x)] <> m awakening. <> vt **-1.** [acordar] to wake. **-2.** [provocar] to awaken. **-3.** fig [tirar]: ~ alguém de algo to rouse sb from sthg. <> vi **-1.** [ger] to wake up. **-2.** fig [sair]: ~ de algo to rouse o.s. from sthg.

desperto, ta [dʒiʃ'pextu, ta] adj awake.

despesa [dʒiʃ'pezal] f expense.

despido, da [dʒiʃ'pidu, da] adj **-1.** [nu] naked. **-2.** fig [desprovido]: ~ de algo lacking sthg.

despir [dʒiʃ'pi(x)] vt [roupa, pessoa] to undress.
  despir-se vp **-1.** [tirar a roupa] to get undressed. **-2.** fig [despojar-se]: ~-se de algo to abandon sthg.

despojado, da [dʒiʃpo'ʒadu, da] adj **-1.** [privado]: ~ de algo stripped of sthg. **-2.** [desprendido] generous. **-3.** [sem enfeite] unadorned.

despojar [dʒiʃpo'ʒa(x)] vt **-1.** [roubar] to rob. **-2.** [espoliar] to clean out.
  despojar-se vp [privar-se]: ~-se de algo to renounce sthg.

despojos [dʒiʃ'poʒoʃ] mpl remains; ~ mortais mortal remains.

despoluir [dʒiʃpo'lwi(x)] vt to clean up.

despontar [dʒiʃpõn'ta(x)] vi to rise.

déspota ['dɛʃpota] <> adj despotic. <> mf despot.

despovoado, da [dʒiʃpo'vwadu, da] adj uninhabited.

desprazer [dʒiʃpra'ze(x)] m displeasure.

despregar [dʒiʃpre'ga(x)] <> vt: ~ algo (de) to unfasten sthg (from); não despregou os olhos de mim fig he didn't take his eyes off me. <> vi to come undone.
  despregar-se vp [soltar-se] to come loose.

desprender [dʒiʃprẽn'de(x)] *vt* **-1.** [soltar]: ~ alguém/algo (de algo) to untie sthg (from sthg). **-2.** [escalar] to release.

◆ **desprender-se** *vp* **-1.** [soltar-se]: ~-se (de algo) to get free (from sthg). **-2.** [exalar]: ~-se de algo to extricate o.s. from sthg.

despreocupado, da [dʒiʃpreoku'padu, da] *adj* carefree.

despreparado, da [dʒiʃprepa'radu, da] *adj* unprepared.

desprestigiar [dʒiʃpreʃtʃi'ʒja(x)] *vt* to discredit.

despretensioso, osa [dʒiʃpretẽn'sjozu, ɔza] *adj* unpretentious.

desprevenido, da [dʒiʃpreve'nidu, da] *adj* [distraído] unaware; **ser pego** ~ to be taken by surprise.

desprezar [dʒiʃpre'za(x)] *vt* **-1.** [menosprezar] to despise. **-2.** [não dar importância] to scorn. **-3.** [não considerar] to disregard.

desprezível [dʒiʃpre'zivew] (*pl* -eis) *adj* **-1.** [vil] despicable. **-2.** [ínfimo] least.

desprezo [dʒiʃ'prezu] *m* **-1.** [desdém] disdain. **-2.** [repulsa] revulsion.

desproporcional [dʒiʃpropoxsjo'naw] (*pl* -ais) *adj*: ~ (a) disproportionate (to).

despropositado, da [dʒiʃpropozi'tadu, da] *adj* unreasonable.

despropósito [dʒiʃpro'pɔzitu] *m* **-1.** [disparate] absurdity. **-2.** *fig* [excesso]: um ~ more than enough.

desprover [dʒiʃpro've(x)] *vt*: ~ alguém (de algo) to deprive sb (of sthg).

desprovido, da [dʒiʃpro'vidu, da] *adj*: ~ de algo lacking sthg.

desqualificar [dʒiʃkwalifi'ka(x)] *vt* **-1.** [tornar indigno] to render unfit. **-2.** [inabilitar] to disqualify; ~ alguém (para) to disqualify sb (from).

desregrado, da [dʒiʒxe'gradu, da] ⬦ *adj* **-1.** [desordenado] disorderly. **-2.** [devasso] dissolute. ⬦ *m, f* [devasso] debauched person.

desrespeitar [dʒiʒxeʃpej'ta(x)] *vt* **-1.** [desacatar] to disregard. **-2.** [desobedecera] to disobey.

desrespeito [dʒiʒxeʃ'pejtu] *m*: ~ (a) disrespect (for).

dessa ['dɛsa] = de + essa.

desse ['desi] = de + esse.

destacado, da [dʒiʃta'kadu, da] *adj* **-1.** [separado] detached. **-2.** [proeminente] eminent.

destacar [dʒiʃta'ka(x)] *vt* **-1.** [ger] to detach. **-2.** [fazer sobressair] to highlight.

◆ **destacar-se** *vp* [fazer se notar] to be outstanding.

destampar [dʒiʃtãn'pa(x)] *vt* to remove the lid from.

destapar [dʒiʃta'pa(x)] *vt* to uncover.

destaque [dʒiʃ'taki] *m* **-1.** [realce] prominence. **-2.** [pessoa ou assunto relevante] highlight.

desta ['dɛʃta] = de + esta.

deste ['deʃtʃi] = de + este.

destemido, da [dʒiʃte'midu, da] *adj* fearless.

desterrar [dʒiʃte'xa(x)] *vt* to exile.

desterro [dʒiʃ'texul] *m* exile.

destilar [deʃtʃi'la(x)] *vt* to distil.

destilaria [deʃtʃila'ria] *f* distillery.

destinação [deʃtʃina'sãw] (*pl* -oes) *f* destination.

destinar [deʃtʃi'na(x)] *vt* **-1.** [reservar] to put aside. **-2.** [aplicar] to allocate.

◆ **destinar-se** *vp* **-1.** [ser designado]: ~-se a to be intended for. **-2.** [dedicar-se] to dedicate oneslf.

destinatário, ria [deʃtʃina'tarju, rja] *m, f* addressee.

destino [deʃ'tʃinul] *m* **-1.** [direção] destination. **-2.** [aplicação] purpose. **-3.** [futuro] destiny.

destituição [deʃtʃitwi'sãw] *f* destitution.

destituir [deʃtʃi'twi(x)] *vt* **-1.** [privar]: ~ alguém de algo to deprive sb of sthg. **-2.** [demitir]: ~ alguém (de algo) to deprive sb (of sthg).

destorcer [dʒitox'se(x)] *vt* [endireitar] to straighten.

destorcido, da [dʒitox'sidu, da] *adj* untwisted.

destrancar [dʒiʃtrãn'ka(x)] *vt* to unlock.

destratar [dʒiʃtra'ta(x)] *vt* to offend.

destreza [deʃ'treza] *f* skill.

destro, tra ['dɛʃtru, tra] *adj* dexterous.

destroçar [dʒiʃtro'sa(x)] *vt* **-1.** [ger] to destroy. **-2.** [despedaçar] to pull to pieces.

destroços [dʒiʃ'trɔsuʃ] *mpl* wreckage (*sg*).

destroncar [dʒiʃtrõŋ'ka(x)] *vt* **-1.** [deslocar] to dislocate. **-2.** [decepar] to cut off.

destruição [dʒiʃtruj'sãw] *f* destruction.

destruidor, ra [dʒiʃtruj'do(x), ra] ⬦ *adj* destructive. ⬦ *m, f* destroyer.

destruir [dʒiʃtru'i(x)] ⬦ *vt* **-1.** [ger] to destroy. **-2.** [aniquilar] to annihilate. ⬦ *vi* [ter efeito negativo] to destroy.

◆ **destruir-se** *vp* **-1.** [a si próprio] to destroy o.s. **-2.** [um ao outro] to destroy one another.

desumano, na [dʒizu'mãnu, na] *adj* inhuman.

desunião [dʒizun'jãw] *f* **-1.** [separação] separation. **-2.** [discórdia] discord.

desvairado, da [dʒiʒvaj'radu, da] ⬦ *adj* **-1.** [louco] crazy. **-2.** [descontrolado] uncontrolled. ⬦ *m, f* **-1.** [pessoa louca] crazy person. **- 2.** [pessoa descontrolada] person who is quite out of control.

desvalorizar [dʒiʃvalori'za(x)] *vt & vi* to devalue.

desvantagem [dʒiʒvãn'taʒẽ] *(pl* **-ns)** *f* disadvantage; **em** ~ at a disadvantage.

desvão [dʒiʒ'vãw] *m* loft.

desvario [dʒiʒva'riw] *m* madness.

desvelo [dʒiʒ'velu] *m* [zelo] zeal.

desvencilhar [dʒiʒvẽnsi'ʎa(x)] *vt* [soltar]: ~ **algo/alguém (de algo)** to save sthg/ sb (from sthg).

⬦ **desvencilhar-se** *vp* **-1.** [soltar-se]: ~ **-se (de algo)** to free o.s. (from sthg). **- 2.** *fig* [livrar-se]: ~ **de alguém/algo** to get rid of sb/sthg.

desvendar [dʒiʒvẽn'da(x)] *vt* **-1.** [tirar a venda de] to remove the blindfold from. **- 2.** [revelar] to reveal.

desventura [dʒiʒvẽn'tura] *f* misfortune.

desviar [dʒiʒ'vja(x)] *vt* **-1.** [mudar a direção de] to deviate. **- 2.** *fig* [roubar] to misappropriate.

⬦ **desviar-se** *vp* [mudar a direção] to deviate.

desvio [dʒiʒ'viw] *m* **-1.** [mudança de direção] diversion. **- 2.** [da coluna vertebral] curvature. **- 3.** *fig* deviation. **- 4.** [roubo] misappropriation.

desvirar [dʒiʒvi'ra(x)] *vt* to turn back to the normal position.

detalhadamente [detaʎada'mẽntʃi] *adv* in detail.

detalhado, da [deta'ʎadu, da] *adj* detailed.

detalhar [deta'ʎa(x)] *vt* to detail.

detalhe [de'taʎi] *m* detail.

detalhista [deta'ʎiʃta] *adj* meticulous.

detectar [detek'ta(x)] *vt* to detect.

detector [detek'to(x)] *(pl* **-es)** *m* detector.

detenção [detẽn'sãw] *(pl* **-ões)** *f* detention.

détente [de'tãntʃil] *f POL* détente.

deter [de'te(x)] *vt* **-1.** [parar] to stop. **- 2.** [prender] to detain. **- 3.** [manter, reter] to keep. **- 4.** [reprimir] to hold back. **- 5.** [ter em seu poder] to retain.

⬦ **deter-se** *vp* **-1.** [parar] to stop. **- 2.** [ficar] to remain. **- 3.** [reprimir-se] to hold back. **- 4.** [ocupar-se]: ~ **-se em algo** to dwell on sthg.

detergente [detex'ʒẽntʃi] ⬦ *adj* cleansing. ⬦ *m* detergent.

deterioração [deterjora'sãw] *f* deterioration.

deteriorar [deterjo'ra(x)] ⬦ *vt* **-1.** [estragar] to spoil. **- 2.** [piorar] to damage. ⬦ *vi* [piorar] to worsen.

⬦ **deteriorar-se** *vp* **-1.** [estragar] to become spoiled. **- 2.** *fig* [piorar] to deteriorate.

determinação [detexmina'sãw] *(pl* **-ões)** *f* **-1.** [empenho] determination. **- 2.** [ordem] order.

determinado, da [detexmi'nadu, da] *adj* **-1.** [resoluto] determined. **- 2.** [estabelecido] fixed. **- 3.** *(antes de subst)* [certo] certain; **em** ~ **momento ...** at a certain moment.

determinar [detexmi'na(x)] *vt* **-1.** [ger] to determine. **- 2.** [precisar] to state.

detestar [deteʃ'ta(x)] *vt* to detest.

⬦ **detestar-se** *vp* to detest o.s.

detestável [deteʃ'tavew] *(pl* **-eis)** *adj* detestable.

detetive [dete'tʃivi] *mf* detective.

detido, da [de'tʃidu, da] *adj* **-1.** [retido] retained. **- 2.** [preso] detained.

detonação [detona'sãw] *(pl* **-ões)** *f* detonation.

detonar [deto'na(x)] ⬦ *vt* [arma, bomba] to detonate. ⬦ *vi* **-1.** [arma, bomba] to detonate. **- 2.** [trovão] to thunder.

DETRAN (*abrev de* Departamento Estadual de Trânsito) *m Brazilian state department responsible for licensing of drivers and vehicles,* ≃ DVLA.

detrás [de'trajʃ] *adv* behind.

⬦ **detrás de** *loc prep* behind.

⬦ **por detrás** *loc adv* from behind.

detrimento [detri'mẽntu] *m*: **em** ~ **de** to the detriment of.

detrito [de'tritul] *m* detritus.

deturpação [detuxpa'sãw] *(pl* **-ões)** *f* corruption.

deturpar [detux'pa(x)] *vt* **-1.** [adulterar] to distort. **- 2.** [corromper] to corrupt.

deus, sa ['dewʃ, sa] *(mpl* **-ses,** *fpl* **-sas)** *m, f* god.

⬦ **Deus** *m* God; **graças a Deus!** thank God!; **meu Deus do céu!** my goodness!

deus-nos-acuda [ˌdewʃnuʃa'kuda] *m* commotion.

devagar [dʒiva'ga(x)] ⬦ *adv* slowly. ⬦ *adj inv fam* **-1.** [lento] slow. **- 2.** [sem graça] boring; **ser** ~ **quase parando** to go at a snail's pace.

devaneio [deva'neju] *m* reverie.

devassado, da [deva'sadu, da] *adj* open.

devassidão [devasi'dãw] *f* licentiousness.

devasso, ssa [de'vasu, sa] ⬦ *adj* debauched. ⬦ *m, f* debauched person.

devastar [devaʃ'ta(x)] *vt* **-1.** [assolar] to devastate. **- 2.** [despovoar] to drive people out of.

deve ['dɛvi] *m COM* debit.

devedor, ra [deve'do(x), ra] ⬦ *adj* [firma, pessoa] in debt. ⬦ *m, f* debtor.

dever [de've(x)] *(pl* **-es)** ⬦ *m* **-1.** [obrigação] duty. **- 2.** _EDUC:_ ~ **(de casa)** homework. ◇ _vt_ **-1.** [dinheiro, favores]: ~ **algo (a alguém)** to owe sthg (to sb). **- 2.** [expressando probabilidade]: **deve fazer sol amanhã** it ought to be sunny tomorrow; **deve ser meia-noite** it must be midnight; **ela deve chegar à noite** she should arrive in the evening; **deve ter acontecido alguma coisa** something must have happened. **- 3.** [expressando sugestão]: **você deve sair cedo** you ought to go out early. **- 4.** [expressando obrigação]: **você deve ser pontual sempre** you must always be on time. ◇ _vi_ [ter dívida]: **ele deve muito na praça** he owes a lot at the market; **ela deve a todos os amigos** she owes a lot to all her friends, she's in debt to all her friends.

➡ **dever-se a** _vp_ [ser consequência de] to be due to.

deveras [de'vɛraʃ] _adv_ really.

devidamente [de,vida'mẽtʃil] _adv_ duly.

devido, da [de'vidu, da] _adj_ due; **no ~ tempo** in due course.

➡ **devido a** _loc adv_ due to.

devoção [devo'sãw] _f_ **-1.** _RELIG_ devotion. **- 2.** [dedicação] dedication.

devolução [devolu'sãw] (_pl_ **-ões**) _f_ return.

devolver [devow've(x)] _vt_ **-1.** [restituir] to return. **- 2.** [replicar] to respond to. **- 3.** [vomitar] to throw up.

devorar [devo'ra(x)] _vt_ **-1.** [ger] to consume. **- 2.** [comida] to devour. **- 3.** _fig_ [livro] to read voraciously.

devotar [devo'ta(x)] _vt_: ~ **algo a algo/ alguém** to devote sthg to sthg/sb.

➡ **devotar-se** _vp_: ~-**se a algo/alguém** to devote o.s. to sthg/sb.

devoto, ta [de'vɔtu, ta] ◇ _adj_ devout. ◇ _m, f_ devotee.

dez ['dɛʒ] _num_ ten; _veja também_ **seis**.

dez. (_abrev de_ **dezembro**) Dec.

dezembro [de'zẽbru] _m_ December; _veja também_ **setembro**.

dezena [de'zena] _f_ **-1.** [ger] ten. **- 2.** [em jogo]: **ganhei na ~** I got ten numbers right.

dezenove [deze'nɔvi] _num_ nineteen; _veja também_ **seis**.

dezesseis [deze'sejʃ] _num_ sixteen; _veja também_ **seis**.

dezessete [deze'sɛtʃi] _num_ seventeen; _veja também_ **seis**.

dezoito [de'zoitu] _num_ eighteen; _veja também_ **seis**.

DF (_abrev de_ **Distrito Federal**) _m_ Federal District.

dia ['dʒia] _m_ **-1.** [gen] day; **bom ~!** good morning!; **de um ~ para outro** from one day to the next; **no ~ anterior/se-**

guinte the previous/next day; **mais ~, menos dia** sooner or later; **o ~ todo** all day long; **todo ~, todos os ~s** all day, every day. ~ **cheio** busy day; **um ~ daqueles** one of those days. **- 2.** [data] date; **no ~ dez** on the tenth. **- 3.** [luz do sol]: **de ~** in the daytime. **- 4.** [atualidade]: **em ~** up-to-date; **hoje em ~** nowadays. **- 5.** [horário de trabalho]: ~ **de folga** day off; ~ **útil** working day.

dia-a-dia _m_ daily routine.

diabetes [dʒia'bɛtʃiʃ] _m ou f_ diabetes.

diabético, ca [dʒia'bɛtʃiku, ka] ◇ _adj_ diabetic. ◇ _m, f_ diabetic.

diabo ['dʒiabul] ◇ _m_ devil; **aconteceu o ~** it all happened; **comer o pão que o ~ amassou** to go through hell; **fazer o ~** to run riot. ◇ _interj_ damn!

➡ **como o diabo** _loc adv fam_: **é feia como o ~!** she's as ugly as sin!

diabrura [dʒia'brural] _f_ devilish trick.

diafragma [dʒia'fragma] _m_ diaphragm.

diagnóstico [dʒiag'nɔʃtʃikul] _m_ diagnosis.

diagonal [dʒiago'naw] (_pl_ **-ais**) ◇ _adj_ diagonal. ◇ _f_ diagonal.

diagrama [dʒia'grãma] _m_ diagram.

diagramador, ra [dʒiagrama'do(x), ra] _m, f_ typesetter.

dialeto [dʒia'letul] _m_ dialect.

dialogar [dʒialo'ga(x)] _vi_ **-1.** [conversar]: ~ **(com)** to talk (to). **- 2.** [negociar]: ~ **(com)** to negotiate (with).

diálogo ['dʒialogul] _m_ dialogue.

diamante [dʒia'mãtʃi] _m_ diamond.

diâmetro ['dʒiãmetrul] _m_ diameter.

diante ➡ **por diante** _loc adv_: **e assim ~** and so on.

➡ **diante de** _loc adv_ in the face of; ~ **de algo/alguém** in front of sthg/sb.

dianteira [dʒiãn'tejra] _f_ lead; **na ~** ahead.

dianteiro, ra [dʒiãn'tejru, ra] _adj_ front.

diapositivo [dʒiapozi'tʃivul] _m_ slide.

diário, ria ['dʒiarju, rja] _adj_ daily.

➡ **diário** _m_ **-1.** [caderno] diary. **- 2.** [para viagem] journal. **- 3.** [jornal] daily paper. **- 4.** _COM_ ledger.

➡ **diária** _f_ [de hotel] daily rate.

dica ['dʒika] _f fam_ hint.

dicção [dʒik'sãw] _f_ diction.

dicionário [dʒisjo'narjul] _m_ dictionary.

dicionarista [dʒisjona'riʃtal] _mf_ lexicographer.

dicotomia [dʒikoto'mial] _f_ dichotomy.

didático, ca [dʒi'datʃiku, ka] _adj_ **-1.** [pessoa] didactic. **- 2.** [explicação] instructive.

DIEESE (_abrev de_ **Departamento Intersindical de Estatísticas e Estudos Sócio-Econômicos**) _m_ _trade union_ *body for the support of workers in São Paulo.*

diesel ['dʒizɛw] *m* diesel; **motor (a)** ~ diesel engine.

dieta ['dʒjetal *f* diet; **fazer** ~ to diet.

dietético, ca [dʒje'tɛtʃiku, kal *adj* dietary; **chocolate** ~ diet chocolate; **bebida** ~ diet drink.

difamar [dʒifa'ma(x)] *vt* to slander.

diferença [dʒife'rẽsal *f* -**1.** [desigualdade] difference. -**2.** [distinção]: **fazer** ~ **entre** to distinguish between; **fazer** ~ to make a difference. -**3.** [discordância]: **ter** ~(s) **com alguém** to have one's differences with sb. -**4.** MAT remainder.

diferenciar [dʒiferẽ'sja(x)] *vt*: ~ **algo/alguém (de)** to distinguish sthg/sb (from).

  ◆ **diferenciar-se** *vp* to differ.

diferente [dʒife'rẽtʃil <> *adj* different; ~ **de** different from UK, different than US. <> *adv* differently.

diferir [dʒife'ri(x)] *vi*: ~ **(em algo)** to differ (on sthg); ~ **de algo/alguém** to differ from sthg/sb.

difícil [dʒi'fisiwl (*pl* -**eis**) <> *adj* -**1.** [ger] difficult, hard. -**2.** [delicado] tricky. -**3.** [improvável]: **acho muito** ~ **ele vir hoje** I think it is very unlikely he will come today. <> *adv*: **falar/escrever** ~ to use fancy words. <> *m*: **o** ~ **é** the trouble is.

dificilmente [dʒifisiw'mẽtʃil *adv*: ~ **voltarei a falar com ele** it will be hard for me ever to speak to him again.

dificuldade [dʒifikuw'dadʒi *f* -**1.** [ger] problem; **ter** ~ **em fazer algo** to have difficulty in doing sthg. -**2.** [qualidade de difícil] difficulty. -**3.** [impedimento] snag. -**4.** [situação crítica] trouble; **em** ~(s) in trouble.

dificultar [dʒifikuw'ta(x)] *vt* to complicate.

difundir [dʒifũn'di(x)] *vt* to spread.

difuso, sa [dʒi'fuzu, zal *adj* diffuse.

digerir [dʒiʒe'ri(x)] *vt* to digest.

digestão [dʒiʒeʃ'tãwl *f* digestion.

digitação [dʒiʒita'sãwl (*pl* -**ões**) *f* COMPUT keying-in.

digital [dʒiʒi'tawl (*pl* -**ais**) *adj* -**1.** [ger] digital. -**2.** [dos dedos] finger.

digitalizar [dʒiʒitali'za(x)] *vt* COMPUT to digitize.

digitar [dʒiʒi'ta(x)] *vt* COMPUT to key in.

dígito ['dʒiʒitul *m* digit.

dignidade [dʒigni'dadʒil *f* -**1.** [cargo] office. -**2.** [decência, honra] dignity; **com** ~ with dignity.

digno, na ['dʒignu, nal *adj* worthy; **ser** ~ **de algo/de fazer algo** to be worthy of sthg/doing sthg.

dilacerante [dʒilase'rãntʃil *adj* agonizing.

dilacerar [dʒilase'ra(x)] *vt* [despedaçar] to tear to pieces.

  ◆ **dilacerar-se** *vp* [afligir-se] to be torn apart.

dilapidar [dʒilapi'da(x)] *vt* -**1.** [derrubar] to reduce to rubble. -**2.** [esbanjar] to squander.

dilatar [dʒila'ta(x)] *vt* -**1.** [ampliar] to dilate. -**2.** [adiar] to delay.

dilema [dʒi'lemal *m* dilemma.

diletante [dʒile'tãntʃil <> *adj* dilettantish. <> *mf* dilettante.

diligência [dʒili'ʒẽsjal *f* -**1.** [cuidado] diligence. -**2.** [presteza] promptness. -**3.** [pesquisa] enquiry. -**4.** [veículo] stagecoach. -**5.** JUR formality.

diligente [dʒili'ʒẽtʃil *adj* diligent.

diluição [dʒilwi'sãwl *f* dilution.

diluir [dʒi'lwi(x)] *vt*: ~ **algo (em algo)** to dilute sthg (in sthg).

dilúvio [dʒi'luviwl *m* flood.

dimensão [dʒimẽn'sãwl (*pl* -**ões**) *f* -**1.** [ger] dimension. -**2.** [tamanho] size.

diminuição [dʒiminwi'sãwl *f* reduction.

diminuir [dʒimi'nwi(x)] <> *vt* -**1.** [reduzir] to reduce. -**2.** [subtrair]: ~ **algo de** OU **em algo** to deduct sthg from sthg. <> *vi* [reduzir-se] to lessen; ~ **de peso/largura** to decrease in weight/width.

diminutivo [dʒiminu'tʃivul *m* GRAM diminutive.

diminuto, ta [dʒimi'nutu, tal *adj* minute.

dinâmico, ca [dʒi'nãmiku, kal *adj* dynamic.

  ◆ **dinâmica** *f* -**1.** MEC dynamics (*pl*). -**2.** *fig* [atividade] dynamic; ~ **de grupo** teamwork.

dinamismo [dʒina'miʒmul *m* dynamism.

dinamite [dʒina'mitʃil *f* dynamite.

Dinamarca [dʒina'markal *n* Denmark.

dinamarquês, esa [dʒinamax'keʃ, ezal <> *adj* Danish. <> *m, f* Dane.

  ◆ **dinamarquês** *m* [língua] Danish.

dínamo ['dʒinamul *m* dynamo.

dinastia [dʒinaʃ'tʃial *f* dynasty.

dinheirão [dʒinej'rãwl *m* fam: **um** ~ a mint.

dinheiro [dʒi'nejrul *m* money; ~ **vivo** hard cash.

dinossauro [dʒino'sawrul *m* dinosaur.

diocese [dʒio'sɛzil *f* diocese.

dióxido ['dʒjɔksidul *m* QUÍM dioxide; ~ **de carbono** carbon dioxide.

diploma [dʒi'plomal *m* diploma.

diplomacia [dʒiploma'sial *f* -**1.** [ciência] diplomacy. -**2.** [representantes] diplomatic corps. -**3.** *fig* [tato] tact; **com** ~ tactfully.

diplomado, da [dʒiploma'du, da] <> *adj* [formado] graduated. <> *m,f* graduate.

diplomar [dʒiplo'ma(x)] *vt* to graduate.
➤ **diplomar-se** *vp*: ~-**se (em algo)** to get a diploma/degree (in sthg).

diplomata [dʒiplo'mata] *mf* **-1.** [representante] diplomat. **- 2.** *fig* [negociador hábil] mediator.

diplomático, ca [dʒiplo'matʃiku, ka] *adj* diplomatic.

dique ['dʒiki] *m* dyke.

direção [dʒire'sãw] (*pl* -ões) *f* **-1.** [rumo, sentido] direction; em ~ a towards, headed for. **- 2.** [de empresa] management. **-3.** [de partido] leadership. **- 4.** [de filme, peça de teatro] direction. **- 5.** [de jornal] editors. **- 6.** [diretores] board of directors. **-7.** *AUTO* steering.

direcionamento [dʒiresiona'mẽntul] *m COMPUT* forwarding.

direita [dʒi'rejta] *f* ▷ **direito**.

direito, ta [dʒi'rejtu, ta] *adj* **-1.** [lado] right-hand. **- 2.** [destro] right. **-3.** [digno] honest. **- 4.** [arrumado] straight.
➤ **direito** <> *m* **-1.** *JUR* law; ~ **civil** civil law. **-2.** [prerrogativa] right. **-3.** [lado] right side. <> *adv* properly.
➤ **direita** *f* **-1.** [lado direito] right-hand side; à ~ on *ou* to the right. **- 2.** *POL* right.
➤ **direitos** *mpl*: ~ **autorais** copyright *(sg)*; ~ **humanos** human rights.

direto, ta [dʒi'rɛtu, ta] *adj* **-1.** [ger] direct. **- 2.** *TV* [transmissão] live.
➤ **direto** *adv* straight.

diretor, ra [dʒire'to(x), ra] (*mpl* -res, *fpl* -ras) *m, f* **-1.** [de escola] head. **- 2.** [de empresa, teatro, cinema] director. **-3.** [de jornal] editor.

diretoria [dʒireto'ria] *f* **-1.** [de escola] headship. **- 2.** [de empresa] directorship.

DIRF (*abrev de* **Declaração de Imposto de Renda na Fonte**) *f* *Brazilian declaration of income tax at source.*

dirigente [dʒiri'ʒẽntʃi] *mf* leader.

dirigir [dʒiri'ʒi(x)] <> *vt* **-1.** [administrar - empresa, hotel] to manage; [- filme, peça de teatro] to direct. **- 2.** *AUTO* to drive. **-3.** [bicicleta] to ride. **- 4.** [atenção, esforços]: ~ **esforços para algo** to direct one's energy towards sthg. **-5.** [enviar] to address. <> *vi AUTO* to drive.
➤ **dirigir-se** *vp* **-1.** [encaminhar-se]: ~-se a to go to. **- 2.** [falar com]: ~-se a alguém to speak to sb.

discagem [dʒiʃ'kaʒẽ] *f* dialling; ~ direta direct dialling.

discar [dʒiʃ'ka(x)] *vt* to dial.

discernimento [dʒisexni'mẽntul] *m* discernment.

disciplina [dʒisi'plina] *f* discipline.

discípulo, la [dʒi'sipulu, la] *m, f* disciple.

disc-jóquei [dʒisk'ʒɔkej] (*pl* **disc-jóqueis**) *mf* disc jockey.

disco ['dʒiʃku] *m* **-1.** [ger] disc; ~ **voador** flying saucer. **-2.** *MÚS* record; ~ **laser** compact disc; **não mudar o** ~ to keep banging on. **-3.** [de telefone] dial. **-4.** *COMPUT* disk; ~ **flexível/rígido** floppy/hard disk; ~ **de sistema** system disk.

discordar [dʒiʃkox'da(x)] *vi*: ~ **(de algo/ alguém)** to disagree (with sthg/sb).

discórdia [dʒiʃ'kɔrdʒia] *f* discord.

discoteca [dʒiʃko'tɛka] *f* **-1.** [boate] discotheque. **- 2.** [coleção de discos] record collection.

discotecário, ria [dʒiʃkote'kariw, ria] *m, f* disc jockey.

discrepância [dʒiʃkre'pãnsia] *f* discrepancy.

discreto, ta [dʒiʃ'krɛtu, ta] *adj* **-1.** [roupa] modest. **- 2.** [pessoa] discreet.

discrição [dʒiʃkri'sãw] *f* discretion.

discriminação [dʒiʃkrimina'sãw] *f* **-1.** [diferenciação] differentiation. **- 2.** [segregação] discrimination.

discriminador, ra [dʒiʃkrimina'do(x), ra] *adj* biased.

discriminar [dʒiʃkrimi'na(x)] *vt* **-1.** [listar] to itemize. **- 2.** [segregar] to isolate.

discursar [dʒiʃkux'sa(x)] *vi*: ~ **(sobre)** to make a speech (about).

discurso [dʒiʃ'kuxsul] *m* speech.

discussão [dʒiʃku'sãw] (*pl* -ões) *f* **-1.** [debate] discussion. **- 2.** [briga] argument.

discutir [dʒiʃku'tʃi(x)] <> *vt* [debater]: ~ **algo (com alguém)** to discuss sthg (with sb). <> *vi* [brigar]: ~ **(com alguém)** to argue (with sb).

discutível [dʒiʃku'tʃivewl] (*pl* -eis) *adj* arguable.

disenteria [dʒizẽnte'ria] *f* dysentery.

disfarçar [dʒiʃfax'sa(x)] *vt* [dissimular] to disguise.
➤ **disfarçar-se** *vp* [fantasiando-se]: ~-se de algo to disguise o.s. as sthg.

disfarce [dʒiʃ'faxsil] *m* disguise.

díspar ['dʒiʃpa(x)] *adj* disparate.

disparado, da [dʒiʃpa'radu, da] *adj* [lançado - tiro, flecha] fired; [- pedra] hurled.
➤ **disparado** *adv* **-1.** [a toda velocidade] at full speed. **- 2.** [com grande superioridade] by far.
➤ **disparada** *f*: em ~ like a shot.

disparar [dʒiʃpa'ra(x)] <> *vt* [desfechar, lançar - tiro, flecha] to fire; [- pedra] to hurl. <> *vi* **-1.** [descarregar-se] to fire. **-2.** [correr] to shoot off.

disparatado, da [dʒiʃpara'tadu, da] *adj* absurd.

disparate [dʒiʃpara'tʃil] *m* nonsense.

disparidade [dʒiʃpari'dadʒi] f disparity.

dispensa [dʒiʃ'pẽnsa] f dispensation.

dispensar [dʒiʃpẽn'sa(x)] vt -1. [prescindir] to do without. -2. [conceder]: ~ algo a alguém to grant sthg to sb. -3. [eximir]: ~ alguém (de algo) to excuse sb (from sthg).

dispensável [dʒiʃpẽn'savewl] (pl -eis) adj expendable.

dispersar [dʒiʃpex'sa(x)] vt to disperse.
  ◆ **dispersar-se** vp to disperse.

displicência [dʒiʃpli'sẽnsja] f carelessness.

displicente [dʒiʃpli'sẽntʃi] adj careless.

disponível [dʒiʃpo'nivew] (pl -eis) adj available.

dispor [dʒiʃ'po(x)] ◇ m: ao ~ de alguém at sb's disposal. ◇ vt -1. [arrumar] to arrange. -2. [determinar] to decide. ◇ vi -1. [usar]: ~ de to have at one's disposal; **disponha!** go ahead! -2. [ter]: ~ de to have available.
  ◆ **dispor-se** vp -1. [decidir-se] to decide. -2. [propor-se] to be prepared.

disposição [dʒiʃpozi'sãw] m -1. [arrumação] arrangement. -2. [ânimo, vontade]: minha ~ para trabalhar hoje é pouca I don't feel much like working today. -3. [subordinação]: à ~ de available to.

dispositivo [dʒiʃpozi'tʃivu] m -1. [mecanismo] mechanism, device; ~ intrauterino intrauterine device. -2. JUR provision. -3. fig [meio] measures (pl).

disposto, ta [dʒiʃ'poʃtu, ta] adj -1. [arrumado] arranged. -2. [animado] in a good mood.

disputa [dʒiʃ'puta] f -1. [briga] dispute. -2. [competição] contest.

disputar [dʒiʃpu'ta(x)] ◇ vt -1. [concorrer a] to enter. -2. [competir por] to compete for. ◇ vi [rivalizar]: ~ com algo/alguém to rival sthg/sb.

disquete [dʒiʃ'kɛtʃi] m COMPUT floppy disk.

dissabor [dʒisa'bo(x)] m annoyance.

dissecar [dʒise'ka(x)] vt -1. [corpo] to dissect. -2. fig [analisar] to examine in detail.

disseminar [dʒisemi'na(x)] vt to spread.
  ◆ **disseminar-se** vp to spread.

dissertação [dʒisexta'sãw] (pl -ões) f -1. [tratado] dissertation. -2. [discurso] lecture.

dissidência [dʒisi'dẽnsja] f -1. [divergência] difference of opinion. -2. [cisão] breakaway. -3. [dissidentes] dissidents (pl).

dissidente [dʒisi'dẽntʃi] ◇ adj dissident. ◇ mf dissident.

dissimular [dʒisimu'la(x)] ◇ vt -1. [disfarçar] to disguise. -2. [fingir] to feign. ◇ vi [disfarçar] to dissimulate.

dissipar [dʒisi'pa(x)] vt -1. [dispersar] to disperse. -2. [esbanjar] to squander.
  ◆ **dissipar-se** vp to vanish.

disso ['dʒisu] = de + isso.

dissociar [dʒiso'sja(x)] vt: ~ algo de algo to dissociate sthg from sthg.

dissolução [dʒisolu'sãw] f dissolution.

dissoluto, ta [dʒiso'lutu, ta] adj dissolute.

dissolver [dʒisow've(x)] vt to dissolve.
  ◆ **dissolver-se** vp -1. [extinguir-se] to break up. -2. [desmanchar-se] to dissolve.

dissuadir [dʒiswa'di(x)] vt: ~ alguém (de algo/de fazer algo) to dissuade sb (from sthg/doing sthg).

dissuasão [dʒiswa'zãw] f dissuasion.

distância [dʒiʃ'tãnsja] f -1. [espaço] distance; **manter-se à** ~ **de** to keep at a distance from. -2. fig [intervalo] gap. -3. [diferença] difference.

distanciar [dʒiʃtãn'sja(x)] vt to separate.
  ◆ **distanciar-se** vp to move away.

distante [dʒiʃ'tãntʃi] adj -1. [longe] distant. -2. fig [alheado] aloof.

distender [dʒiʃtẽn'de(x)] vt [ger] to stretch; [músculo] to pull.

distensão [dʒiʃtẽn'sãw] (pl -ões) f -1. MED relaxation. -2. POL calm.

distinção [dʒiʃtĩn'sãw] (pl -ões) f [ger] distinction; [honraria] honour.

distinguir [dʒiʃtĩn'gi(x)] vt -1. [caracterizar] to typify. -2. [discernir] to distinguish. -3. [separar] to differentiate. -4. [perceber] to make out. -5. [premiar] to decorate.
  ◆ **distinguir-se** vp [sobressair-se] to stand out.

distintivo, va [dʒiʃtʃĩn'tʃivu, va] adj distinctive.
  ◆ **distintivo** m badge.

distinto, ta [dʒiʃ'tʃĩntu, ta] adj -1. [diferente] different. -2. [perceptível] distinct. -3. [ilustre] distinguished. -4. [elegante - pessoa] refined; [- roupa] elegant; [- postura] distinguished.

disto ['dʒiʃtu] = de + isto.

distorcer [dʒiʃtox'se(x)] vt to distort.

distração [dʒiʃtra'sãw] (pl -ões) f -1. [descuido] carelessness. -2. [diversão] distraction.

distraído, da [dʒiʃtra'idu, da] adj -1. [desatento] inattentive. -2. [alheio] absent-minded.

distrair [dʒiʃtra'i(x)] vt -1. [divertir] to amuse. -2. [entreter] to entertain. -3. [desviar a atenção]: ~ alguém (de) to distract sb (from).
  ◆ **distrair-se** vp -1. [divertir-se] to amuse o.s. -2. [alhear-se] to lose concentration.

distribuição [dʒiʃtribwi'sãw] (*pl* -ões) *f* distribution.

distribuidor, ra [dʒiʃtribwi'do(x), ra] (*mpl* -es, *fpl* -s) *m, f* [pessoa] distributor.

➤ **distribuidor** *m AUTO* distributor.

distribuir [dʒiʃtri'bwi(x)] *vt* -**1.** [repartir] to distribute. -**2.** [atribuir] to allocate. -**3.** [entregar] to deliver. -**4.** [dispor] to arrange. -**5.** [levar] to supply. -**6.** [dirigir] to bestow.

distrito [dʒiʃ'tritul] *m* -**1.** [divisão administrativa] district; ~ **eleitoral** electoral constituency. -**2.** [policial] *administrative area of a town or city in which there is at least one police station, police district US*.

➤ **Distrito Federal** *m* [no Brasil] Brasilia.

distúrbio [dʒiʃ'tuxbjul] *m* -**1.** [agitação] disturbance. -**2.** [sublevação] riot. -**3.** *MED & PSIC* problem.

ditado [dʒi'tadul] *m* -**1.** [exercício escolar] dictation. -**2.** [provérbio] saying.

ditador, ra [dʒita'do(x), ra] (*mpl* -es, *fpl* -s) *m, f* -**1.** *POL* dictator. -**2.** *fig* [pessoa autoritária] despot.

ditadura [dʒita'dural] *f* dictatorship.

ditar [dʒi'ta(x)] *vt* -**1.** [texto] to dictate. -**2.** [impor] to impose.

dito, ta [ˈdʒitu, ta] <> *pp* ⊳ **dizer**. <> *adj* aforementioned.

ditongo [dʒi'tõŋgul] *m* diphthong.

DIU (*abrev de* **Dispositivo Intra-Uterino**) *m* IUD.

diurno, na [ˈdʒjuxnu, na] *adj* daytime.

divã [dʒi'vãl] *m* couch.

divagar [dʒiva'ga(x)] *vi* -**1.** [vaguear]: ~ **por** to wander about. -**2.** [devanear] to daydream. -**3.** [desviar-se do assunto] to digress.

divergir [dʒivex'ʒi(x)] *vi* -**1.** [afastar-se] to branch off. -**2.** [discordar]: ~ **(de alguém)** to disagree (with sb).

diversão [dʒivex'sãw] (*pl* -ões) *f* -**1.** [entretenimento] entertainment, amusement. -**2.** [passatempo] pastime.

diversidade [dʒivexsi'dadʒil] *f* -**1.** [variedade] diversity. -**2.** [divergência] difference.

diverso, sa [dʒi'vɛxsu, sa] *adj* [diferente] different.

➤ **diversos** *adj pl* [vários] various.

divertido, da [dʒivex'tʃidu, da] *adj* entertaining, amusing.

divertimento [dʒivextʃi'mẽntul] *m* entertainment, amusement.

divertir [dʒivex'tʃi(x)] *vt* to entertain, to amuse.

➤ **divertir-se** *vp* to have a good time.

dívida [ˈdʒividal] *f* debt.

dividendo [dʒivi'dẽndul] *m* dividend.

dividir [dʒivi'dʒi(x)] <> *vt* -**1.** [ger] to divide. -**2.** [repartir] to share. -**3.** [separar] to split. -**4.** [demarcar] to mark out. <> *vi MAT* to divide.

➤ **dividir-se** *vp* -**1.** [separar-se] to split up. -**2.** [divergir] to be divided.

divindade [dʒivĩn'dadʒil] *f* divinity.

divisa [dʒi'vizal] *f* -**1.** [fronteira] border. -**2.** [insígnia] emblem. -**3.** [slogan] slogan.

➤ **divisas** *fpl FIN* foreign exchange (*sg*).

divisão [dʒivi'zãw] (*pl* -ões) *f* -**1.** [partilha] sharing. -**2.** *MAT* division. -**3.** [discórdia] disagreement. -**4.** [compartimento] compartment.

divisório, ria [dʒivi'zɔrju, rjal] *adj* dividing.

➤ **divisória** *f* partition.

divorciado, da [dʒivox'sjadu, dal] <> *adj* divorced. <> *m, f* divorcé (*f* divorcée).

divorciar [dʒivox'sja(x)] *vt* -**1.** [cônjuge] to divorce. -**2.** [separar] to separate.

➤ **divorciar-se** *vp* -**1.** [cônjuges]: ~ -**se (de)** to get divorced (from). -**2.** *fig* [afastar-se] to cut o.s. off.

divórcio [dʒi'vɔxsjul *m* divorce.

divulgar [dʒivuw'ga(x)] *vt* -**1.** [notícias] to publicize. -**2.** [doutrina, conhecimento, cultura] to spread. -**3.** [segredo] to disclose. -**4.** [produto] to market.

dizer [dʒi'ze(x)] <> *vt* -**1.** [ger] to tell. -**2.** [falar] to say; ~ **que** to say that; ~ **que sim/não** to say yes/no; ~ **algo (a alguém)** to tell (sb) sthg; ~ **uma prece** to say a prayer. -**3.** [aconselhar, pensar, opinar] to say. -**4.** [significar] to mean; **esse título não me diz nada** the title means nothing to me; **querer** ~ to mean; **quer** ~, ... that is to say, ... -**5.** [atrair] to appeal. <> *vi* [falar]: **tive uma idéia! - diga!** I've had an idea! - tell me!; **dito e feito** no sooner said than done. <> *v impess* [afirmar]: **dizem que** it is said that; **a bem** ~ [na verdade] in fact; **que dirá** [quanto mais] let alone; [muito menos] even less.

➤ **dizer-se** *vp* [afirmar de si mesmo] to claim to be.

➤ **até dizer chega** *loc adv* beyond belief.

➤ **por assim dizer** *loc adv* so to speak.

dizimar [dʒizi'ma(x)] *vt* -**1.** [destruir em parte] to decimate. -**2.** *fig* [dissipar] to squander.

DJ [di'ʒej] (*abrev de* **Disc jockey**) *m* DJ.

dl (*abrev de* **decilitro**) *m* dl.

DLL (*abrev de* **Dynamic Link Library**) *f* DLL.

dm (*abrev de* **decímetro**) *m* dm.

DNA (*abrev de* **ácido desoxirribonucleico**) *m* DNA.

do [dul] = **de** + **o**.

doação [dwa'sãw] (*pl* -ões) *f* donation.

doador, ra [dwa'do(x), ra] *m, f* donor.

doar ['dwa(x)] *vt*: ~ **algo (a alguém/algo)** to donate sthg (to sb/sthg).

dobra ['dɔbra] *f* -**1.** [parte voltada] fold. -**2.** [prega] pleat. -**3.** [vinco] crease.

dobradiça [dobra'disal *f* hinge.

dobrado, da [do'bradu, da] *adj* -**1.** [com dobras] folded. -**2.** [flexionado] bent. -**3.** [duplicado] doubled.

dobrar [do'bra(x)] <> *vt*-**1.** [fazer dobras em] to fold. -**2.** [flexionar] to bend. -**3.** [duplicar] to double. -**4.** [circundar] to turn. -**5.** *fig* [fazer ceder] to win sb over. <> *vi* -**1.** [duplicar-se] to double. -**2.** [sino] to toll. -**3.** [envergar] to bend.
   ➡ **dobrar-se** *vp* -**1.** [curvar-se] to stoop. -**2.** *fig* [ceder] to give in.

dobro ['dobrul *m* double.

DOC (*abrev de* **Documento de Operação de Crédito**) *m* Brazilian *certificate of credit transfer between accounts*.

doca ['dɔka] *f* dock.

doce ['dosi] <> *adj* -**1.** [no sabor] sweet. -**2.** [terno] gentle. -**3.** [água] fresh. <> *m* -**1.** CULIN dessert, pudding. -**2.** [loc]: **fazer** ~ *fam* to play hard to get; **ser um** ~ **(de pessoa)** to be a sweetie.

docente [do'sẽntʃi] <> *adj* teaching. <> *mf* teacher.

dócil ['dɔsiw] (*pl* -eis) *adj* docile.

documentação [dokumẽnta'sãw] *f* -**1.** [em arquivos] documentation. -**2.** [pessoal] papers.

documental [dokumẽn'taw] (*pl* -ais) *adj* documentary.

documentário [dokumẽn'tarjul *m* documentary.

documento [doku'mẽntul *m* document.

doçura [do'sural *f* -**1.** [gosto doce] sweetness. -**2.** [suavidade] gentleness.

doença ['dwẽnsal *f* -**1.** MED illness. -**2.** *fig* [mania] obsession.

doente ['dwẽntʃi] <> *adj* -**1.** MED sick, ill. -**2.** *fam* [fanático] obsessed. <> *mf* [pessoa] patient.

doentio, tia [dwẽn'tʃiw, tʃial *adj* -**1.** [débil] sickly. -**2.** [mórbido] unhealthy.

doer ['dwe(x)] *vi* -**1.** [fisicamente] to hurt. -**2.** [causar pena, dó]: ~ **(a alguém)** to distress (sb).

doido, da ['dojdu, da] <> *adj* -**1.** [maluco] mad. -**2.** [imprudente, insensato] foolish. -**3.** [excêntrico] crazy. -**4.** [exagerado] insane. -**5.** [apaixonado]: **ser** ~ **por** to be mad about. -**6.** [encantado] thrilled. <> *m, f* [pessoa] madman (*f* mad woman).

doído, da [do'idu, da] *adj* -**1.** [dolorido] sore. -**2.** [doloroso] painful. -**3.** [magoado] pained.

dois, duas ['dojʃ, 'duaʃ] *num* two; *veja também* **seis**.

dois-pontos [,dojʃ'põntuʃ] *m inv* colon (*punctuation mark*).

dólar ['dɔla(x)] (*pl* -es) *m* dollar.

dolo ['dɔlul *m* fraud.

dolorido, da [dolo'ridu, da] *adj* sore.

doloroso, osa [dolo'rozu, ɔza] *adj* painful.
   ➡ **dolorosa** *f fam* [conta] tab.

dom [dõ] (*pl* -ns) *m* -**1.** [dádiva] gift. -**2.** [aptidão] knack. -**3.** [virtude] talent.

dom. (*abrev de* **domingo**) *f* Sun.

domar [do'ma(x)] *vt* -**1.** [animal] to tame. -**2.** [subjugar] to subdue. -**3.** [reprimir] to repress.

doméstica [do'mɛʃtʃika] *f* ⊳ **doméstico**.

domesticado, da [domeʃtʃi'kadu, da] *adj* domesticated.

domesticar [domeʃtʃi'ka(x)] *vt* to domesticate.

doméstico, ca [do'mɛʃtʃiku, ka] *adj* domestic.
   ➡ **doméstica** *f* maid.

domiciliar [domisi'lja(x)] *adj* home.

domicílio [domi'siljul *m* residence; **entrega a** ~ home delivery.

dominador, ra [domina'do(x), ra] <> *adj* domineering. <> *m, f* [pessoa] ruler.

dominante [domi'nãntʃi] *adj* dominant.

dominar [domi'na(x)] <> *vt*-**1.** [controlar] to dominate. -**2.** [conhecer] to master. -**3.** [abranger] to overlook. <> *vi* [ter influência]: ~ **em** to hold sway over.
   ➡ **dominar-se** *vp* [controlar-se] to control o.s.

domingo [do'mĩngul *m* Sunday; *veja também* **sábado**.

domínio [do'minjul *m* -**1.** [dominação]: ~ **(sobre)** control (over). -**2.** [posse] power. -**3.** [território] domain. -**4.** [controle] command. -**5.** [conhecimento] mastery. -**6.** COMPUT domain.

domo ['domul *m* dome.

dona ['donal *f* ⊳ **dono**.

donde ['dõndel = **de** + **onde**.

dondoca [dõn'dɔkal *f fam* socialite.

dono, na ['donu, nal *m, f* [proprietário, senhor] owner; **ser** ~ **de seu nariz** to lead one's own life.
   ➡ **dona** *f*-**1.** [título - de casada] Mrs, Ms; [- de solteira] Miss, Ms. -**2.** *fam* [mulher] madam.
   ➡ **dona de casa** *f* housewife.

dons *pl* ⊳ **dom**.

donzela [dõn'zɛlal *f* virgin.

dor ['do(x)] (*pl* -es) *f* -**1.** [física] pain. -**2.** [pesar] grief.

dor-d'olhos ['do(x)dɔʎuʃ] (*pl* dores-

d'olhos) *f fam* eye infection.
dormente [dor'mẽtʃi] *adj* numb.
◆ **dormente** *m* [ferro] sleeper.
dormir [dor'mi(x)] ◇ *vi* [cair no sono] to
sleep. ◇ *vt* [sesta, noite]: **dormi uma**
deliciosa noite I had a wonderful
night's sleep; **dormimos uma sesta ótima**
esta tarde we had a really good nap
this afternoon.
dormitório [dormi'tɔrju] *m* -1. [coletivo]
dormitory. -2. [quarto] bedroom.
dorso ['doxsu] *m* back.
dos [duʃ] = **de + os**.
DOS (*abrev de* Disc Operating System)
m DOS.
dosagem [do'zaʒẽ] (*pl* -ns) *f* dosage.
dosar [do'za(x)] *vt* -1. [regular - medicamento, drinque] to measure out; [- pala-
vras] to measure. -2. [misturar] to mix.
dose ['dɔzi] *f* -1. [remédio] dose. -2. [be-
bida] measure.
dossiê [do'sje] *m* dossier.
dotado, da [do'tadu, da] *adj* -1. [que tem
dote] gifted. -2. [possuidor]: ~ **de**
endowed with.
dotar [do'ta(x)] *vt* -1. [em casamento]: ~
alguém de algo to give sthg to sb as a
dowry. -2. [favorecer]: ~ **alguém/algo**
de algo to endow sb/sthg with sthg.
-3. [prover]: ~ **algo de algo** to provide
sthg with sthg.
dote ['dɔtʃi] *m* -1. [bens] dowry. -2. *fig*
[dom natural] gift.
DOU (*abrev de* Diário Oficial da União)
m official Brazilian government
publication, ≃ Weekly Information Bulletin *UK,* ≃ Federal Register
US.
dourado, da [do'radu, da] *adj* golden;
peixinho ~ goldfish.
◆ **dourado** *m* -1. [cor] golden colour.
-2. [peixe] gilthead.
douto, ta ['dotu, ta] *adj*: ~ **(em)**
learned (in).
doutor, ra [do'to(x), ra] (*mpl* -es, *fpl* -s)
m, f -1. *MED* doctor. -2. *UNIV*: ~ **(em)**
doctor (of). -3. [conhecedor]: ~ **em**
expert on.
doutorado [doto'radu] *m* doctorate.
doutrina [do'trina] *f* doctrine.
doutrinar [dotri'na(x)] ◇ *vt* -1. [ensi-
nar] to teach. -2. [convencer] to indoc-
trinate. ◇ *vi* to give instruction.
doze ['dozi] *num* twelve; *veja também*
seis.
DP (*abrev de* Distrito Policial) *m* police
district.
Dr. (*abrev de* Doutor) *m* Dr.
Dra. (*abrev de* Doutora) *f* Dr.
dragão [dra'gãw] (*pl* -ões) *m* dragon.
drama ['drãma] *m* -1. *TEATRO* play. -2. *fig*
[catástrofe] tragedy. -3. *loc:* **fazer** ~ to

make a scene; **ser um** ~ to be a
nightmare.
dramático, ca [dra'matʃiku, ka] *adj* dramatic.
dramatizar [dramatʃi'za(x)] ◇ *vt* to
dramatize. ◇ *vi fig* [ser dramático] to
exaggerate.
dramaturgo, ga [drama'turgu, ga] *m, f*
dramatist, playwright.
drástico, ca ['draʃtʃiku, ka] *adj* drastic.
drenagem [dre'naʒẽ] (*pl* -ns) *f* drainage.
drenar [dre'na(x)] *vt* to drain.
driblar [dri'bla(x)] *vt* -1. *FUT* to dribble.
-2. *fig* [enganar] to dodge.
drinque ['drĩki] *m* drink.
drive ['drajvi] (*pl* **drives**) *m COMPUT* disk
drive.
droga ['drɔga] ◇ *f* -1. [medicamento,
entorpecente] drug. -2. *fam fig* [coisa
ruim]: **ser uma** ~ to be a disaster. ◇
interj fam damn!
drogado, da [dro'gadu, da] ◇ *adj*
drugged. ◇ *m, f* [pessoa] drug addict.
drogaria [droga'ria] *f* chemist's (shop)
UK, drugstore *US.*
dromedário [drome'darju] *m* dromed-
ary.
duas ['duaʃ] *num* ⊳ **dois.**
dubiedade [dubje'dadʒi] *f* [ambigüidade]
dubiousness.
dúbio, bia ['dubju, bja] *adj* dubious.
dublado, da [du'bladu, da] *adj CINE*
dubbed.
dublagem [du'blaʒẽ] (*pl* -ns) *f CINE* dub-
bing.
dublar [du'blax] *vt CINE* to dub.
dublê [du'ble] *mf* double.
Dublin *n* Dublin.
dublinense [dubli'nẽsil] ◇ *adj* Dublin
(*antes de subst*). ◇ *mf* Dubliner.
ducha ['duʃa] *f* -1. [jorro de água] shower.
-2. [boxe] shower (cubicle).
duelar [dwe'la(x)] *vi* -1. [combater] to
fight a duel. -2. *fig* [confrontar] to
confront each other.
duelo ['dwɛlu] *m* duel.
dueto ['dwetu] *m* duet.
dupla ['dupla] *f* ⊳ **duplo.**
duplex *m* duplex.
duplicar [dupli'ka(x)] ◇ *vt* -1. [dobrar]
to double. -2. [aumentar] to redouble.
◇ *vi* [dobrar] to double.
duplicata [dupli'kata] *f* -1. [título] trade
note. -2. [cópia] duplicate.
duplo, pla ['duplu, pla] *adj* double; **du-**
pla cidadania dual nationality.
duque, duquesa ['duki, du'keza] *m, f*
duke (*f* duchess).
duração [dura'sãw] *f* duration.
duradouro, ra [dura'doru, ra] *adj* lasting.

durante [du'rãntʃi] *prep* during.

durar [du'ra(x)] *vi* to last.

durável [du'ravew] (*pl* **-eis**) *adj* lasting, durable.

durex® [du'rɛkiʃ] *m* [fita adesiva] Sellotape® *UK*, Scotch tape® *US*.

dureza [du'rezal *f* **-1.** [rijeza] hardness. **-2.** [rigor] harshness. **-3.** [crueldade] callousness. **-4.** *fam* [dificuldade]: **ser uma ~** to be a hardship. **-5.** *fam* [falta de dinheiro]: **estar na maior ~** to be hard up.

duro, ra [duru, ra] *adj* **-1.** [ger] harsh. **-2.** [carne, material, água] hard. **-3.** [vida, trabalho, tarefa] tough. **-4.** *fam* [sem dinheiro]: **estar ~** to be hard up. **-5.** *loc*: **dar ~ (para algo/ fazer algo)** to work flat out (for sthg/to do sthg).

durona [du'ronal *f* ▷ **durão**.

dúvida [ˈduvidal *f* doubt; **sem ~** without a doubt.

duvidar [duvi'da(x)] ⟨⟩ *vt*: **~ que** to doubt that. ⟨⟩ *vi*: **~ de alguém/algo** to doubt sb/sthg.

duvidoso, osa [duvi'dozu, ɔza] *adj* **-1.** [incerto] doubtful. **-2.** [suspeito] dubious.

duzentos, tas [du'zẽntuʃ, taʃ] *num* two hundred; *veja também* **seis**.

dúzia [ˈduzjal *f* dozen; **meia ~** half a dozen.

DVD (*abrev de* **Digital Video Disk**) *m* DVD.

E

e, E [ɛl *m* [letra] e, E.

ébano [ˈɛbanul *m* ebony.

ébrio, ébria [ˈɛbrju, ˈɛbrjal ⟨⟩ *adj* drunk. ⟨⟩ *m, f* drunkard.

EBTU (*abrev de* **Empresa Brasileira de Transportes Urbanos**) *f Brazilian company for urban transport planning.*

ebulição [ibuli'sãw] *f* **-1.** [de líquido] boiling. **-2.** *fig* [agitação] excitement.

e-business [ɛbusi'nɛesil *m ECON* e-business.

eclesiástico, ca [ekle'zjastʃiku, kal *adj* ecclesiastical.

◆ **eclesiástico** *m* [membro do clero] clergyman.

eclético, ca [e'klɛtʃiku, kal *adj* eclectic.

eclipse [e'klipsil *m* eclipse.

eclosão [eklo'zãwl (*pl* **-ões**) *f* **-1.** [aparecimento] emergence. **-2.** [desenvolvimento] development. **-3.** [de flor] blooming.

eclusa [e'kluzal *f* lock (*on waterway*).

eco [ˈɛkul *m* echo.

ecoar [e'kwa(x)] *vt & vi* to echo.

ecologia [ekolo'ʒial *f* ecology.

ecológico, ca [eko'lɔʒiku, kal *adj* ecological.

ecólogo, ga [e'kɔlogu, gal *m, f* ecologist.

e-commerce [ɛko'mɛxsil *m ECON* e-commerce.

economia [ekono'mial *f* **-1.** [ger] economy; **~ de mercado** market economy; **fazer ~** to economize. **-2.** [estudo] economics.

◆ **economias** *fpl* [poupança] savings.

econômico, ca [eko'nomiku, kal *adj* **-1.** [ger] economical. **-2.** [relativo à economia] economic.

economista [ekono'miʃtal *mf* economist.

economizar [ekonomi'za(x)] ⟨⟩ *vt* **-1.** [gastar, usar com moderação] to economize on. **-2.** [acumular] to save. ⟨⟩ *vi* [fazer economia] to economize.

ecossistema [ˌɛkosiʃ'temal *m* ecosystem.

ECT (*abrev de* **Empresa Brasileira de Correios e Telégrafos**) *f Brazilian postal service*, ≃ The Post Office *UK*, ≃ USPS *US*.

ecumênico, ca [eku'meniku, kal *adj* ecumenical.

ed. (*abrev de* **edifício**) *m* building.

edição [edʒi'sãw] (*pl* **-ões**) *f* **-1.** [ger] edition; **~ atualizada** revised edition; **~ pirata** pirate copy. **-2.** [publicação] publication; **-3.** [seleção] editing.

edificante [edʒifi'kãntʃil *adj* **-1.** [moralizante] edifying. **-2.** [instrutivo] instructive.

edifício [edʒi'fisjul *m* building.

Édipo [ˈɛdʒipul *m* ▷ **complexo**.

edital [edʒi'taw] (*pl* **-ais**) *m* proclamation.

editar [edʒi'ta(x)] *vt* **-1.** [ger] to produce. **-2.** [livro, revista] to publish. **-3.** [preparar texto] to edit.

edito [e'dʒitul *m* edict.

editor, ra [edʒi'to(x), ral ⟨⟩ *adj* [casa] publishing. ⟨⟩ *m, f* **-1.** [ger] editor. **-2.** [dono de editora] publisher. **-3.** *RÁDIO & TV* producer. **-4.** *COMPUT*: **~ de texto** text editor.

◆ **editora** *f* [estabelecimento] publisher.

editoração [edʒitora'sãw] *f* editing; **~ eletrônica** electronic publishing.

editorial [edʒitor'jawl (*pl* **-ais**) ⟨⟩ *adj* editorial. ⟨⟩ *m* editorial.

edredom [edre'dõl (*pl* **-ns**) *m* eiderdown.

educação [eduka'sãwl *f* **-1.** [ensino] education. **-2.** [criação] upbringing. **-3.** [polidez] manners; **falta de ~** bad manners.

educacional [edukasjo'nawl (*pl* **-ais**) *adj* educational.

educar [edu'ka(x)l *vt* **-1.** [instruir] to educate. **-2.** [criar] to bring up. **-3.** [adestrar] to instruct.

educar-se *vp* [instruir-se] to teach o.s.

EEUU (*abrev de* Estados Unidos da América do Norte) *mpl* USA.

efeito [e'fejtul *m* effect; **fazer ~** to have an effect; **levar a ~** to put into effect; **~ colateral** side effect; **~ s especiais** CINE special effects; **~ estufa** greenhouse effect.

efervescente [eferve'sẽntʃil *adj* **-1.** [líquido, comprimido] effervescent. **-2.** *fig* [agitado] excited.

efetivo, va [efe'tʃivu, val *adj* **-1.** [positivo] effective. **-2.** [permanente] permanent. **-3.** [seguro] certain.

efetivo *m* **-1.** MIL military strength. **-2.** COM liquid assets.

efetuar [efe'twa(x)l *vt* to carry out.

eficácia [efi'kasjal *f* **-1.** [de pessoa] efficiency. **-2.** [de medida, tratamento] effectiveness.

eficaz [efi'kaʃl (*pl* **-es**) *adj* **-1.** [pessoa] efficient. **-2.** [medida, tratamento] effective.

eficiência [efi'sjẽnsjal *f* efficiency.

eficiente [efi'sjẽntʃil *adj* efficient.

efusivo, va [efu'zivu, val *adj fig* [expansivo] effusive.

e.g. (*abrev de* exempli gratia) e.g.

egípcio, cia [e'ʒipsju, jal ◇ *adj* Egyptian. ◇ *m, f* Egyptian.

Egito [e'ʒitul *n* Egypt.

egocêntrico, ca [ego'sẽntriku, kal ◇ *adj* egocentric. ◇ *m, f* egocentric person.

egoísmo [ego'gwiʒmul *m* egoism.

egoísta [ego'gwiʃtal ◇ *adj* egotistic. ◇ *mf* [pessoa] egotist.

égua [ˈɛgwal *f* mare.

ei [ejl *interj* hey!

ei-lo [ˈejlul = **eis** + **o**.

eis [ˈejʃl *adv* here is/are.

eixo [ˈejʃul *m* **-1.** [de rodas] axle. **-2.** [de máquina] shaft. **-3.** MAT axis. **-4.** [trecho] area (*between two points*).

ejacular [eʒaku'la(x)l *vt* & *vi* to ejaculate.

ela [ˈɛlal ⊳ **ele**.

elaboração [elabora'sãwl (*pl* **-ões**) *f* preparation.

elaborar [elabo'ra(x)l *vt* to prepare.

elástico, ca [e'laʃtʃiku, kal *adj* **-1.** [tecido etc] elastic. **-2.** *fig* [flexível] adaptable.

elástico *m* **-1.** [para prender notas *etc*] rubber band. **-2.** [para roupa] elastic. **-3.** [para cabelo] elastic band.

ele, ela [ˈeli, ˈɛlal (*mpl* **eles**, *fpl* **elas**) *pron pess* (*de* + *ele* = dele; *de* + *ela* = dela; *em* + *ele* = nele; *em* + *ela* = nela) **-1.** [pessoa] he (*f* she); **~ é médico** he is a doctor; **ela foi embora** she has gone away; **elas viajaram** they travelled; **eles têm uma filha** they have one daughter; **que só ~** as only he can be/do; **~ mesmo** ou **próprio** him himself. **-2.** [animal, coisa] it; **o cachorro? ~ uivou a noite inteira** the dog? it howled all night long; **ela dá flor em novembro** it flowers in November; **o relatório? aqui está ~** the report? here it is; **eles já foram vendidos** they have already been sold; **~ mesmo** itself. **-3.** (*depois de prep*) [pessoa] him, her, it; **este livro pertence a ~** this book belongs to him; **jantei com ~** I had dinner with them; **todos olharam para eles ~** everybody looked at them; **sou mais velho que ~** I am older than him; **decidimos ir sem ela** we decided to go without her; **deram um tiro nele** they shot him; **aquele é o carro dele** that's his car; **os jornais só falam dela** the newspapers talk about nothing but her. **-4.** *loc*: **agora é que são elas** there's the rub; **ser elas por elas** to be tit for tat.

elefante [ele'fãntʃil *m* elephant.

elegância [ele'gãnsjal *f* elegance; **com ~** elegantly.

elegante [ele'gãntʃil *adj* elegant.

eleger [ele'ʒe(x)l *vt* **-1.** [por meio de votos] to elect. **-2.** [escolher] to select.

elegível [ele'ʒivewl (*pl* **-eis**) *adj* eligible.

eleição [elej'sãwl (*pl* **-ões**) *f* **-1.** [por meio de votos] election. **-2.** [escolha] selection.

eleito, ta [e'lejtu, tal ◇ *pp* ⊳ **eleger**. ◇ *adj* **-1.** [por votos] elected. **-2.** [escolhido] selected.

eleitor, ra [elej'to(x), ral (*mpl* **-es**, *fpl* **-s**) *m, f* voter.

eleitorado [elejto'radul *m* electorate; **conhecer o seu ~** *fam fig* to know who one is dealing with.

eleitoreiro, ra [elejto'rejru, ral *adj pej* vote-catching.

elementar [elemẽn'ta(x)l (*pl* **-es**) *adj* **-1.** [rudimentar] elementary. **-2.** [fundamental] fundamental.

elemento [ele'mẽntul *m* element.

elementos *mpl* **-1.** [ger] elements. **-2.** [dados] facts.

elencar [elẽŋ'ka(x)l *vt* [listar] to list.

elenco [e'lẽŋkul *m* **-1.** TEATRO cast list. **-2.** [rol] list.

eletricidade [eletrisi'dadʒil *f* electricity.

eletricista [eletri'siʃta] *mf* electrician.

elétrico, ca [e'lɛtriku, ka] *adj* **-1.** ELETR electric. **-2.** *fig* [agitado] excited.

eletrificar [eletrifi'ka(x)] *vt* to electrify.

eletrizar [eletri'za(x)] *vt* **-1.** ELETR to electrify. **-2.** *fig* [arrebatar] to thrill.

Eletrobras (*abrev de* **Centrais Elétricas Brasileiras S/A**) *f Brazilian electricity company*.

eletrocardiograma [e,lɛtrokaxdʒo'grãmal *m* MED electrocardiogram.

eletrocutar [eletroku'ta(x)] *vt* to electrocute.

eletrodinâmica [eletrodʒi'nãmika] *f* FÍS electrodynamics *(sg)*.

eletrodo [ele'trodu] *m* electrode.

eletrodomésticos [eletrodo'mɛʃtʃikuʃ] *mpl* domestic appliances.

eletroeletrônico, ra [eletkro'eletroniko, ka] <> *adj* electronics. <> *m, f* electronic device.

eletrônica [ele'tronika] *f* electronics *(sg)*.

eletrônico, ca [ele'troniku, ka] *adj* electronic.

elevação [eleva'sãw] *(pl -ões)* *f* **-1.** [ger] elevation. **-2.** [aumento] rise.

elevado, da [ele'vadu, da] *adj* **-1.** [alto] high. **-2.** [nobre] noble.

➡ **elevado** *m* [via] flyover.

elevador [eleva'do(x)] *(pl -es)* *m* lift *UK*, elevator *US*.

elevar [ele'va(x)] *vt* **-1.** [erguer] to lift up. **-2.** [aumentar] to raise. **-3.** [exaltar] to acclaim.

➡ **elevar-se** *vp* to rise.

eliminar [elimi'na(x)] *vt* **-1.** [ger] to eliminate. **-2.** [descartar] to exclude.

eliminatório, ria [elimina'tɔrju, rja] *adj* eliminatory.

➡ **eliminatória** *f* **-1.** ESP heat. **-2.** EDUC test.

elite [e'litʃi] *f* elite.

elo ['ɛlu] *m* link.

elocução [eloku'sãw] *f* elocution.

elogiar [elo'ʒjar] *vt* to praise.

elogio [elo'ʒiul *m* praise.

El Salvador *n* El Salvador.

elucidar [elusi'da(x)] *vt* to explain.

em [ẽ] *prep (em + o = no; em + a = na)* **-1.** [lugar - dentro de] in; **no bolso/estojo/ quarto** in the pocket/case/bedroom; **na bolsa/caixa/sala** in the purse/box/ living room; [- num certo ponto de] at; ~ **casa** at home; **no trabalho** at work; **nas ruas** on the streets; **moramos na capital** we live in the capital; **depositei o dinheiro no banco** I deposited the money in the bank; [- sobre] on; **o bife mal cabia no prato** the steak hardly fitted on the plate; **havia um vaso de flores na mesa** there was a vase of flowers on the table; [- cidade, país] in; ~ **Londres/São**

Paulo in London/São Paulo; **no Porto/ Rio de Janeiro** in Oporto/Rio de Janeiro; ~ **Portugal** in Portugal; **no Brasil** in Brazil; **na França** in France; **nos Estados Unidos** in the United States. **-2.** [tempo] in; **inaugurado** ~ **1967** officially opened in 1967; **ele tirou férias** ~ **maio** he took his holidays in May; ~ **7 de setembro de 1622** on 7th September 1622; **comemoram a liberdade no 25 de abril** freedom is celebrated on 25th April; **no Natal** at Christmas; **na Semana Santa** during Holy Week; **ela fez tudo** ~ **uma semana** she did everything in one week; **o serviço ficará pronto** ~ **dois dias** the work will be ready in two days' time; **naquela época** at that time in those days; ~ **breve** soon. **-3.** [introduzindo o objeto indireto] in; **enfiar/esquecer/guardar algo** ~ to slip/forget/keep sthg in; **acreditar** ~ to believe in; **pensar** ~ to think of; **ele caiu num buraco** he fell in a hole; **ela caiu/no chão** she fell on the floor; **ela entrou na sala** she entered the room; **vou no jornaleiro e já volto** I am going to the newsagent's and I'll be right back. **-4.** [assunto] in; **doutorado** ~ **sociologia** graduated in sociology; **ele é perito** ~ **balística** he is an expert in ballistics. **-5.** [modo] in; **ele falou** ~ **voz baixa** he spoke in a low voice; **ela falou** ~ **português** she spoke in Portuguese; **ele dirige** ~ **alta velocidade** he drives fast; **ela pagou** ~ **libras/reais** she paid in pounds sterling/reals; **o preço aumentou** ~ **10%** the price has gone up by 10%; **ele gasta tudo o que ganha** ~ **livros** he spends all he earns on books; **bife na chapa** grilled steak. **-6.** [estado] a **multidão** ~ **euforia** the rejoicing crowd; **ela ainda está** ~ **convalescença** she is still convalescing; **um carro usado** ~ **boas condições** a well-kept secondhand car; **países** ~ **guerra** countries at war. **-7.** [material] **estátua** ~ **bronze** bronze statue; **camisa** ~ **viscose** rayon shirt. **-8.** *(em loc adv, loc prep)* on; **com base** ~ based on/in; **de tempos** ~ **tempos** from time to time; ~ **busca de** in search of; ~ **caso de** in case of; ~ **geral** in general; ~ **meio a** in the middle of; **na verdade** ~ truth; **no mínimo/máximo** at least/the most.

emagrecer [emagre'se(x)] <> *vt* [causar perda de peso] to cause to lose weight. <> *vi* **-1.** [perder peso] to lose weight. **-2.** [definhar] to slim down.

emagrecimento [emagresi'mẽntul *m* slimming.

e-mail *m* e-mail.

emanar [ema'na(x)] *vi* **-1.** [exalar-se]: ~

de to emanate from. **- 2.** [originar-se]: ~ **de** to stem from.

emancipado, da [emãnsi'padu, da] *adj* liberated.

emancipar [emãnsi'pa(x)] *vt* **- 1.** [ger] to emancipate. **- 2.** [país] to liberate.

➥ **emancipar-se** *vp* **- 1.** [mulheres] to become emancipated. **- 2.** [menor] to come of age. **- 3.** [país] to become free.

emaranhado, da [emarã'nadu, da] *adj* [embaraçado] tangled.

➥ **emaranhado** *m* [confusão] confusion.

emaranhar [emarã'na(x)] *vt* **- 1.** [enredar] to tangle. **- 2.** *fig* [complicar] to confuse.

➥ **emaranhar-se** *vp* [enredar-se] to become entangled.

embaçado, da [ẽnba'sadu, da] *adj* **- 1.** [vidro] misted up. **- 2.** [olhos] misty.

embaixada [ẽnbaj'fada] *f* **- 1.** [local] embassy. **- 2.** [cargo] ambassadorial duties. **- 3.** [funcionários] embassy staff.

embaixador, ra [ẽnbajʒa'do(x), ra] (*mpl* **-es**, *fpl* **-s**) *m, f* ambassador.

embaixatriz [ẽnbajʒa'triʃ] *f* [esposa do embaixador] ambassadress.

embaixo [ẽn'bajʃu] *adv*: ~ **de** underneath; **aí** ~ down there; **lá** ~ downstairs.

➥ **embaixo de** *loc prep* under.

embalado, da [ẽnba'ladu, da] ◇ *adj* **- 1.** [empacotado] wrapped, packed. **- 2.** [acelerado] fast. **- 3.** [drogado] high. ◇ *adv* [aceleradamente] more quickly.

embalagem [ẽnba'laʒẽ] (*pl* **-ns**) *f* **- 1.** [ato] wrapping, packing. **- 2.** [invólucro] package.

embalar [ẽnba'la(x)] *vt* **- 1.** [acondicionar] to wrap. **- 2.** [berço] to rock. **- 3.** [balanço] to swing.

embalsamado, da [ẽnbawsa'madu, da] *adj* **- 1.** [cadáver] embalmed. **- 2.** [perfumado] scented.

embaraçar [ẽnbara'sa(x)] *vt* **- 1.** [obstruir] to block. **- 2.** [acanhar] to embarrass. **- 3.** [cabelos] to tangle. **- 4.** [dificultar] to complicate.

➥ **embaraçar-se** *vp* [embaralhar-se] to become embroiled.

embaraço [ẽnba'rasu] *m* **- 1.** [obstáculo] obstacle. **- 2.** [acanhamento] embarrassment. **- 3.** [dificuldade] difficult situation.

embaraçoso, osa [ẽnbara'sozu, ɔza] *adj* embarrassing.

embaralhar [ẽnbara'ɲa(x)] *vt* **- 1.** [cartas] to shuffle. **- 2.** [confundir] to jumble.

➥ **embaralhar-se** *vp* [confundir-se] to become confused.

embarcação [ẽnbaxka'sãw] (*pl* **-ões**) *f* vessel.

embarcadouro [ẽnbaxka'doru] *m* quay.

embarcar [ẽnbax'ka(x)] ◇ *vt* **- 1.** [pessoa] to board. **- 2.** [carga] to load. ◇ *vi* ~ **(em)** [subir a bordo] to board; [viajar] to travel.

embargar [ẽnbax'ga(x)] *vt* **- 1.** [JUR - apreender] to seize; [- impedir] to block. **- 2.** [conter] to control.

embargo [ẽn'baxgu] *m* **- 1.** JUR seizure. **- 2.** [obstáculo] impediment.

embarque [ẽn'baxki] *m* **- 1.** [de pessoa] boarding. **- 2.** [de carga] loading.

embasamento [ẽnbaza'mẽntu] *m* **- 1.** [base] foundation. **- 2.** *fig* [fundamento] basis.

embebedar [ẽnbebe'da(x)] *vt & vi* to intoxicate.

➥ **embebedar-se** *vp* to become intoxicated.

embelezar [ẽnbele'za(x)] *vt* [tornar belo] to beautify.

➥ **embelezar-se** *vp* [enfeitar-se] to make o.s. beautiful.

embicar [ẽnbi'ka(x)] ◇ *vt* [tornar bicudo] to sharpen. ◇ *vi* **- 1.** [esbarrar] to meet. **- 2.** [implicar]: ~ **com algo/alguém** to become entangled with sthg/sb.

embocadura [ẽnboka'dura] *f* **- 1.** [de rio] mouth. **- 2.** [de instrumento] mouthpiece.

êmbolo [ˈẽnbolu] *m* **- 1.** [bomba] piston. **- 2.** [seringa] plunger. **- 3.** MED embolism.

embolsar [ẽnbow'sa(x)] *vt* **- 1.** [receber] to pocket. **- 2.** [pagar] to pay.

embora [ẽn'bɔra] ◇ *conj* although. ◇ *adv*: **ir** ~ to go; **vá-se** ~ ! go away!

emboscada [ẽnboʃ'kada] *f* ambush.

Embraer (*abrev de* **Empresa Brasileira de Aeronáutica**) *f* Brazilian aeronautical company.

Embratel (*abrev de* **Empresa Brasileira de Telecomunicações S/A**) *f* Brazilian telecommunications company.

embreagem [ẽnbre'aʒẽ] (*pl* **-ns**) *f* clutch.

embrear [ẽn'brja(x)] ◇ *vt* to engage (the clutch). ◇ *vi* to engage the clutch.

embrenhar-se [ẽnbre'ɲaxsi] *vp*: ~ **-se em/por** to conceal o.s. in.

embriagar [ẽnbrja'ga(x)] ◇ *vt* to intoxicate. ◇ *vi* [embebedar] to intoxicate.

➥ **embriagar-se** *vp* [enlevar-se] to become intoxicated.

embriaguez [ẽnbrja'geʒ] *f* **- 1.** [ebriedade] drunkenness. **- 2.** *fig* [enlevo] intoxication.

embrião [ẽn'brjãw] (*pl* **-ões**) *m* embryo.

embromar [ẽnbro'ma(x)] ◇ *vt* **- 1.** [enrolar] to fool. **- 2.** [enganar] to bamboozle. ◇ *vi* **- 1.** [protelar] to procrastinate. **- 2.** [fazer rodeios] to beat about the bush.

embrulhada [ēnbru'ʎada] f fam [confusão] muddle.

embrulhar [ēnbru'ʎa(x)] vt -1. [empacotar] to wrap. -2. fig [estômago] to upset. -3. [confundir] to screw up. -4. [enganar] to trick.

embrulho [ēn'bruʎu] m -1. [pacote] package. -2. [confusão] confusion.

embrutecer [ēnbrute'se(x)] ⬦ vt to make brutal. ⬦ vi to brutalize.
➡ **embrutecer-se** vp to become brutalized.

emburrado, da [ēnbu'xadu, da] adj [aborrecido] sulky.

embuste [ēn'buʃtʃi] m -1. [mentira] deception. -2. [armadilha] trick.

embusteiro, ra [ēnbuʃ'tejru, ra] ⬦ adj deceitful. ⬦ m, f [pessoa] trickster.

embutido, da [ēnbu'tʃidu, da] adj [armário, estante] built-in.

emenda [e'mēnda] f -1. [correção] correction. -2. JUR amendment. -3. COST repair. -4. [ligação] join.

emendar [emēn'da(x)] vt -1. [corrigir] to correct. -2. JUR to amend. -3. [reparar] to redress. -4. [ligar] to join.
➡ **emendar-se** vp [corrigir-se] to mend one's ways.

emergência [emex'ʒēnsja] f -1. [ger] emergency. -2. [surgimento] emergence.

emergir [emex'ʒi(x)] vi to emerge.

emigração [emigra'sãw] (pl -ões) f -1. [de pessoas] emigration. -2. [de aves] migration.

emigrado, da [emi'gradu, da] ⬦ adj emigrant. ⬦ m, f emigré.

emigrante [emi'grāntʃi] ⬦ adj emigrant. ⬦ mf emigré.

emigrar [emi'gra(x)] vi -1. [pessoa] to emigrate. -2. [ave] to migrate.

eminência [emi'nēnsja] f -1. [ger] eminence. -2. [título, tratamento] Eminence. -3. [pessoa importante] important person.

eminente [emi'nēntʃi] adj -1. [ilustre] eminent. -2. [elevado] high.

Emirados Árabes Unidos n: os ~ the United Arab Emirates.

emissão [emi'sãw] (pl -ões) f -1. [ger] emission. -2. [de moeda, títulos, passagens aéreas] issue. -3. RÁDIO & TV transmission.

emissário, ria [emi'sarju, rja] m, f [mensageiro] emissary.
➡ **emissário** m [esgoto] outlet.

emissor, ra [emi'so(x), ra] (mpl -es, fpl -s) adj FIN issuing.
➡ **emissor** m [transmissor] transmitter.
➡ **emissora** f transmitter.

emitir [emi'tʃi(x)] ⬦ vt -1. [ger] to issue. -2. [sons, raios] to emit. -3. [opi-

nião, idéias] to transmit. ⬦ vi FIN to issue money.

emoção [emo'sãw] (pl -ões) f emotion.

emocional [emosjo'naw] (pl -ais) adj emotional.

emocionante [emosjo'nāntʃi] adj -1. [comovente] moving. -2. [empolgante] gripping.

emocionar [emosjo'na(x)] ⬦ vt -1. [comover] to move. -2. [excitar] to thrill. ⬦ vi [provocar emoção] to thrill.
➡ **emocionar-se** vp [comover-se]: ~-se com algo/alguém to get emotional about sthg/sb.

emoldurar [emowdu'ra(x)] vt to frame.

emoticom [ɛmo'tikõl] (pl -ns) m COMPUT emoticon.

emotivo, va [emo'tʃivu, va] adj emotional.

empacotar [ēnpako'ta(x)] ⬦ vt [embalar] to wrap up. ⬦ vi fam [morrer] to snuff it.

empada [ēn'pada] f CULIN pie.

empadão [ēnpa'dãw] (pl -ões) m pie.

empalhar [ēnpa'ʎa(x)] vt -1. [animal] to stuff. -2. [cadeira, garrafa] to cover in wickerwork.

empalidecer [ēnpalide'se(x)] ⬦ vt [tornar pálido] to cause to turn pale. ⬦ vi [perder a cor] to turn pale.

empanada [ēnpa'nada] f CULIN large pie.

empanturrado, da [ēnpāntu'xadu, da] adj stuffed full.

empanturrar [ēnpāntu'xa(x)] vt: ~ alguém de algo to stuff sb with sthg.
➡ **empanturrar-se** vp: ~-se de algo to stuff o.s with sthg.

empapuçar [ēnpapu'sa(x)] vt [inchar] to stuff.

emparelhado, da [ēmpare'ʎadu, da] adj [lado a lado] paired.

emparelhar [ēnpare'ʎa(x)] ⬦ vt [por em pares] to pair up. ⬦ vi -1. [equivaler]: ~ (em algo) to be equal (in sthg). -2. [equiparar-se]: ~ com to be equal to. -3. [correr parelhas]: ~ (com alguém) to draw alongside.

empatar [ēnpa'ta(x)] ⬦ vi [em jogo]: ~ com to draw with. ⬦ vt -1. [impedir] to hinder. -2. [ocupar] to take up. -3. [aplicar] to tie up.

empate [ēn'patʃi] m [jogo, votação] tie; dar ~ to end in a draw.

empecilho [ēnpe'siʎu] m obstacle.

empedernido, da [ēnpedex'nidu, da] adj harsh.

empedrar [ēnpe'dra(x)] vt [cobrir com pedras] to pave.

empenar [ēnpe'na(x)] ⬦ vt [entortar] to warp. ⬦ vi [entortar-se] to warp.

empenhado, da [ēnpe'ɲadu, da] adj -1.

[disposto] determined. **-2.** [penhorado] pawned.

empenhar [ẽpe'na(x)] *vt* **-1.** [dar em penhor] to pawn. **-2.** [aplicar] to apply. **-3.** [comprometer] to pledge.

➤ **empenhar-se** *vp* [aplicar-se]: ~**-se (para fazer algo)** to commit o.s. (to do sthg); ~**-se em algo** to get into debt over sthg.

empenho [ẽ'peɲu] *m* **-1.** [diligência] commitment; **pôr todo o ~ em algo** to put all one's effort into sthg. **-2.** [compromisso] commitment. **-3.** [penhor] pledge.

emperrado, da [ẽmpe'xadu, da] *adj* **-1.** [entravado] jammed. **-2.** [teimoso] stubborn.

emperrar [ẽpe'xa(x)] ◇ *vi* [tornar-se imóvel] to stick. ◇ *vt* **-1.** [entravar] to cause to stick. **-2.** [dificultar] to bog down.

empestar [ẽmpeʃ'ta(x)] *vt* **-1.** [contaminar] to infest. **-2.** [infectar com mau cheiro]: ~ **algo (com algo)** to stink out sthg (with sthg).

empilhar [ẽpi'ʎa(x)] *vt* [amontoar] to stack.

empinado, da [ẽpi'nadu, da] *adj* straight.

empinar [ẽpi'na(x)] ◇ *vt* **-1.** [peito, corpo, nariz] to thrust out. **-2.** [pipa] to empty. ◇ *vi* [cavalo] to rear.

emplastro [ẽ'plaʃtru] *m* [medicamento] plaster.

empobrecer [ẽpobre'se(x)] ◇ *vt* **-1.** [tornar pobre] to impoverish. **-2.** [o solo] to deplete. ◇ *vi* [tornar-se pobre] to become poor.

empobrecimento [ẽpobresi'mẽtu] *m* **-1.** [ger] impoverishment. **-2.** [do solo] depletion.

empoeirado, da [ẽpoej'radu, da] *adj* dusty.

empolado, da [ẽpo'ladu, da] *adj* **-1.** [pele] blistered. **-2.** *fig* [linguagem, estilo] pompous.

empolgação [ẽpowga'sãw] *f* enthusiasm.

empolgante [ẽpow'gãtʃi] *adj* thrilling.

empolgar [ẽpow'ga(x)] *vt* to fill with enthusiasm.

➤ **empolgar-se** *vp* [entusiasmar-se] to become enthusiastic.

empório [ẽ'pɔrju] *m* **-1.** [mercado] market. **-2.** [armazém] department store.

empossar [ẽpo'sa(x)] *vt* [dar posse a] to install in office.

empreendedor, ra [ẽprjẽde'do(x), ra] ◇ *adj* [ativo] enterprising. ◇ *m, f* [pessoa] entrepreneur.

empreender [ẽprjẽ'de(x)] *vt* to undertake.

empreendimento [ẽprjẽdʒi'mẽtul] *m* undertaking.

empregado, da [ẽpre'gadu, da] *m, f* [funcionário] employee. ➤ **empregada** *f* [em casa de família]: **empregada (doméstica)** maid.

empregador, ra [ẽprega'do(x), ra] *m, f* employer.

empregar [ẽpre'ga(x)] *vt* **-1.** [ger] to use. **-2.** [dar emprego a] to employ. **-3.** [ocupar] to put to use.

➤ **empregar-se** *vp* [obter trabalho] to get a job.

emprego [ẽ'pregu] *m* **-1.** [trabalho] job. **-2.** [local de trabalho] work. **-3.** [uso] use.

empreiteira [ẽprej'tejra] *f* contracting company.

empreiteiro [ẽprej'tejru] *m* contractor.

empresa [ẽ'preza] *f* **-1.** [firma] company; ~ **estatal/privada** state-owned/privately-owned company. **-2.** [empreendimento] enterprise.

empresário, ria [ẽpre'zarju, rja] *m, f* **-1.** [dono de empresa] employer. **-2.** [de artista, jogador] agent.

emprestado, da [ẽpreʃ'tadu, da] *adj* loaned; **pedir algo ~** to borrow sthg.

emprestar [ẽpreʃ'ta(x)] *vt* to lend.

empréstimo [ẽ'prɛʃtʃimul] *m* [de dinheiro] loan.

empurrão [ẽpu'xãw] (*pl* **-ões**) *m* shove.

empurrar [ẽpu'xa(x)] *vt* **-1.** [impelir com força] to shove; **'empurre'** [aviso] 'push'. **-2.** [impingir] to palm off.

emudecer [emude'se(x)] ◇ *vt* [fazer calar] to silence. ◇ *vi* [calar-se] to go quiet.

enamorado, da [enamo'radu, da] *adj* in love.

encabeçar [ẽkabe'sa(x)] *vt* **-1.** [vir à frente de] to head. **-2.** [chefiar] to lead.

encabulado, da [ẽkabu'ladu, da] *adj* **-1.** [acanhado] embarrassed. **-2.** [envergonhado] ashamed.

encabular [ẽkabu'la(x)] ◇ *vt* [envergonhar] to embarrass. ◇ *vi* [acanhar-se] to be embarrassed.

➤ **encabular-se** *vp* **-1.** [acanhar-se] to be embarrassed. **-2.** [envergonhar-se] to be ashamed.

encadernação [ẽkadexna'sãw] (*pl* **-ões**) *f* bookbinding.

encadernado, da [ẽkadex'nadu, da] *adj* bound.

encadernar [ẽkadex'na(x)] *vt* to bind.

encaixar [ẽkaj'ʃa(x)] ◇ *vt* **-1.** [inserir]: ~ **algo (em algo)** to fit sthg (into sthg). **-2.** [encaixotar] to box. ◇ *vi* [entrar no encaixe] to fit.

⬥ **encaixar-se** *vp* to fit.

encaixe [ēŋ'kajʃil] *m* -1. [ato] entrance. -2. [cavidade] groove. -3. [junção] joint.

encalço [ēŋ'kawsul] *m*: estar no ~ de algo/alguém to be in pursuit of sthg/sb.

encalhado, da [ēŋka'ʎadu, dal] *adj* -1. [embarcação] aground. -2. [mercadoria] unsaleable. -3. *fam* [pessoa solteira] on the shelf.

encalhar [ēŋka'ʎa(x)] *vi* -1. [embarcação] to run aground. -2. [mercadoria] to remain unsold. -3. [processo] to grind to a halt. -4. *fam* [pessoa solteira] to be left on the shelf.

encaminhar [ēŋkami'ɲa(x)] *vt* -1. [dirigir] to direct. -2. [orientar] to guide. -3. [dar andamento] to get going.

⬥ **encaminhar-se** *vp* [dirigir-se]: ~-se para/a to set out for/to.

encanador, ra [ēŋkana'dox, ral] (*mpl* -es, *fpl* -s) *m, f* plumber.

encanamento [ēŋkana'mēntul] *m* [sistema] plumbing.

encanar [ēŋka'na(x)] *vt* -1. [canalizar] to channel. -2. *fam* [prender] to lock up.

encantado, da [ēŋkãn'tadu, dal] (*mpl* -es, *fpl* -s) *adj* [ger] enchanted.

encantador, ra [ēŋkãnta'do(x), ral] (*mpl* -es, *fpl* -s) *adj* -1. [fascinante] charming. -2. [deslumbrante] fantastic.

encantamento [ēŋkãnta'mēntul] *m* -1. [magia] enchantment. -2. [deslumbramento] fascination.

encantar [ēŋkãn'ta(x)] *vt* -1. [enfeitiçar] to bewitch. -2. [fascinar] to charm. -3. [deslumbrar] to fascinate.

⬥ **encantar-se** *vp*: ~-se com algo to be enchanted by sthg.

encanto [ēŋ'kãntul] *m* -1. [ger] charm. -2. *fam* [pessoa]: ser um ~ to be a charming person.

encapado, da [ēŋka'padu, dal] *adj* covered.

encapar [ēŋka'pa(x)] *vt* to cover.

encapetar-se [ēŋkape'ta(x)sil] *vp* [endiabrar-se] to go into a tantrum.

encapotar [ēŋkapo'ta(x)] *vt* [cobrir] to wrap.

⬥ **encapotar-se** *vp* [cobrir-se] to wrap o.s. up.

encarar [ēŋka'ra(x)] *vt* -1. [fitar] to stare at. -2. [enfrentar] to face up to. -3. [considerar] to consider.

encarcerar [ēŋkaxse'ra(x)] *vt* [prender] to incarcerate.

encardido, da [ēŋkax'dʒidu, dal] *adj* -1. [roupa] soiled. -2. [pele] grimy.

encardir [ēŋkax'dʒi(x)] *vt* -1. [roupa] to soil. -2. [pele] to make grimy. *vi* [ficar mal lavado] to be badly washed.

encarecer [ēŋkare'se(x)] *vt* -1. [tornar mais caro] to make more expensive.

-2. [elogiar] to praise. *vi* [ficar mais caro] to go up in price.

encarecidamente [ēŋkaresida'mēntʃil] *adv* [insistentemente]: pedir ~ to ask insistently.

encargo [ēŋ'kaxgul] *m* -1. [ger] duty. -2. [responsabilidade] responsibility.

encarnação [ēŋkaxna'sãw] (*pl* -ões) *f* -1. [ger] incarnation. -2. [personificação]: ser a ~ de algo to be the embodiment of sthg. -3. *fam* [implicância] teasing.

encarnado, da [ēŋkax'nadu, dal] *adj* [vermelho] red.

encarnar [ēŋkax'na(x)] *vi* -1. [alma, espírito] to represent. -2. [implicar] *fam*: ~ em alguém to tease sb. *vt* -1. [personificar] to personify. -2. *TEATRO* to play.

encarregado, da [ēŋkaxe'gadu, dal] *adj*: ~ de algo/fazer algo in charge of sthg/with doing sthg. *m, f* person in charge.

encarregar [ēŋkaxe'ga(x)] *vt*: ~ alguém de algo to put sb in charge of sthg.

⬥ **encarregar-se** *vp*: ~-se de algo/fazer algo to take charge of sthg/doing sthg.

encarte [ēŋ'kaxtʃil] *m* -1. [em publicação] insertion. -2. [de disco, CD] insert.

encenação [ēnsena'sãw] *f* -1. *TEATRO* staging. -2. [produção] production. -3. *fig* [fingimento] play-acting.

encenar [ēnse'na(x)] *vt* -1. *TEATRO* to stage. -2. [produzir] to produce. -3. *fig* [fingir] to play-act.

encerado, da [ēnse'radu, dal] *adj* waxed.

⬥ **encerado** *m* [oleado] tarpaulin.

encerar [ēnse'ra(x)] *vt* to polish.

encerramento [ēnsexa'mēntul] *m* closure.

encerrar [ēnse'xa(x)] *vt* -1. [acabar]: ~ algo (com algo) to close sthg (with sthg). -2. [confinar] to shut. -3. [conter] to contain.

⬥ **encerrar-se** *vp* [enclausurar-se]: ~-se (em) to shut o.s. up (in).

encharcado, da [ēnʃax'kadu, dal] *adj* -1. [alagado] flooded. -2. [ensopado] soaking wet.

encharcar [ēnʃar'ka(x)] *vt* -1. [alagar] to flood. -2. [ensopar] to drench.

⬥ **encharcar-se** *vp* [ensopar-se] to become soaked.

enchente [ēn'fēntʃil] *f* flood.

encher [ēn'ʃe(x)] *vt* -1. [ger] to fill; ~ o saco (de alguém) *m fam* to piss sb off. -2. [fartar]: ~ algo (de) to saturate sthg (with). -3. [balão, bola, pneu] to inflate. *vi* [tornar-se cheio] to become full.

⬥ **encher-se** *vp* -1. [tornar-se cheio] to become full. -2. [fartar-se]: ~-se de to have too much of. -3. [aborrecer-se] to become fed up.

enchimento [ēnʃi'mēntul] *m* **-1.** [ato] filling. **-2.** [coisa com que se enche] stuffing.

enchova [ēn'ʃoval *f* anchovy.

enciclopédia [ēnsiklo'pɛdʒjal *f* **-1.** [obra] encyclopedia. **-2.** *fam* [pessoa sábia] walking encyclopedia.

enciumar-se [ēnsju'maxsil *vp* to be jealous.

encoberto, ta [ēŋko'bɛxtu, tal ⟨⟩ *pp* ➤ **encobrir.** ⟨⟩ *adj* **-1.** [céu, tempo] overcast. **-2.** [escondido] hidden. **-3.** [disfarçado] concealed.

encobrir [ēŋko'bri(x)] *vt* **-1.** [ger] to conceal. **-2.** [esconder] to hide.
➡ **encobrir-se** *vp* **-1.** [esconder-se] to hide. **-2.** [disfarçar-se] to disguise o.s. **-3.** [céu, sol] to become overcast.

encolher [ēŋko'ʎe(x)] ⟨⟩ *vt* **-1.** [contrair] to tuck in; ~ **os ombros** to shrug one's shoulders. **-2.** [diminuir o tamanho de] to shrink. ⟨⟩ *vi* [roupa] to shrink.
➡ **encolher-se** *vp* **-1.** [espremer-se] to squeeze up. **-2.** [de frio] to shrivel.

encomenda [ēŋko'mēnda] *f* **-1.** [mercadoria] order; **fazer uma** ~ to order; **feito sob** ~ made to order. **-2.** [pacote] parcel.

encomendar [ēŋkomēn'da(x)] *vt* **-1.** [obra, compra]: ~ **algo a alguém** to order sthg from sb. **-2.** *RELIG* to commend.

encontrão [ēŋkõn'trãw] (*pl* **-ões**) *m* **-1.** [esbarrão] bump; **dar um** ~ to shove. **-2.** [empurrão] shove.

encontrar [ēŋkõn'tra(x)] ⟨⟩ *vt* **-1.** [pessoa - por acaso] to meet; [- em certa condição] to find. **-2.** [coisa perdida, procurada] to find. **-3.** [dificuldades] to come up against. **-4.** [solução, erro] to discover. ⟨⟩ *vi:* ~ **com alguém** [por acerto] to meet up with sb; [por acaso] to meet sb.
➡ **encontrar-se** *vp* **-1.**: ~ **-se (com alguém)** [por acerto] to have a meeting (with sb); [por acaso] to meet (sb). **-2.** [estar] to be. **-3.** [colidir] to collide. **-4.** *PSIC* to find o.s.

encontro [ēŋ'kõntru] *m* meeting; **ir ao** ~ **de** to go to meet; **de** ~ **a** [contra] against; **o carro foi de** ~ **ao muro** the car crashed into the wall; [em contradição a] in contrast with.

encorajar [ēŋkora'ʒa(x)] *vt* to encourage.

encorpar [ēŋkox'pa(x)] *vt* **-1.** [fazer crescer] to make grow. **-2.** [engrossar] to thicken.

encosta [ēŋ'koʃta] *f* hillside.

encostar [ēŋkoʃ'ta(x)] ⟨⟩ *vt* **-1.** [aproximar] to put against. **-2.** [quase fechar] to leave ajar. **-3.** [estacionar] to pull up. **-4.** [deitar] to rest. **-5.** *fig* [pôr de lado] to put aside. ⟨⟩ *vi* [tocar]: ~ **em algo/alguém** to lean against sthg/sb.
➡ **encostar-se** *vp* **-1.** [deitar-se] to recline. **-2.** [apoiar-se] to lean. **-3.** *fig* [fugir de trabalho] to lie back.

encosto [ēŋ'koʃtul *m* [espaldar] back.

encrenca [ē'ŋkrēnkal *f* **-1.** [problema] tight spot. **-2.** [briga] fight; **meter-se numa** ~ to get caught up in a fight.

encrencar [ēŋkrēn'ka(x)] ⟨⟩ *vt* [meter em complicação] to embarrass. ⟨⟩ *vi* **-1.** [quebrar - carro] to break down; [- computador] to go down. **-2.** [complicar-se] to become complicated. **-3.** *fam* [implicar]: ~ **com alguém/algo** to take issue with sb/sthg.

encrespar [ēŋkreʃ'pa(x)] *vt* **-1.** [cabelo] to curl. **-2.** [mar] to ripple.
➡ **encrespar-se** *vp* **-1.** [mar] to become choppy, to get choppy. **-2.** *fig* [irritar-se] to become angry, to get angry.

encruzilhada [ēŋkruzi'ʎadal *f* crossroads *(sg)*.

encurralado, da [ēŋkuxa'ladu, dal *adj* [cercado] cornered.

encurralar [ēŋkuxa'la(x)] *vt* to herd.

encurtar [ēŋkux'ta(x)] *vt* to shorten.

end. (*abrev de* **endereço**) *m* add.

endêmico, ca [ēn'demiku, kal *adj* endemic.

endereçamento [ēnderesa'mēntul *m* **-1.** [ger] address. **-2.** *COMPUT* addressing.

endereçar [ēndere'sa(x)] *vt* **-1.** [sobrescrever] to address. **-2.** [enviar] to send.

endereço [ēnde'resul *m* address; ~ **eletrônico** e-mail address.

endiabrado, da [ēndʒja'bradu, dal *adj* mischievous.

endinheirado, da [ēndʒiɲej'radu, dal *adj* well-off.

endireitar [ēndʒirej'ta(x)] *vt* **-1.** [descurvar] to straighten. **-2.** [arrumar] to tidy.
➡ **endireitar-se** *vp* [corrigir-se] to go straight.

endividado, da [ēndʒivi'dadu, dal *adj* in debt.

endividar-se [ēndʒivi'daxsil *vp* to fall into debt.

endocrinologia [ēn,dokrinolo'ʒial *f* endocrinology.

endoidecer [ēndojde'se(x)] ⟨⟩ *vt* to drive mad. ⟨⟩ *vi* to go mad.

endossar [ēndo'sa(x)] *vt* to endorse.

endosso [ēn'dosul *m* endorsement.

endurecer [ēndure'se(x)] ⟨⟩ *vt* to harden. ⟨⟩ *vi* **-1.** [ficar duro] to go hard. **-2.** [ficar difícil] to be hard. **-3.** *fig* [tornar-se frio]: ~ **(com alguém)** to harden (towards sb).

endurecimento [ēnduresi'mēntul *m* hardening.

ENEM (*abrev de* **Exame Nacional do En-sino Médio**) *m exam taken at the end of middle education in Brazil.*

energia [enex'ʒia] *f* energy; ~ **atômica/ nuclear/solar** atomic/nuclear/solar energy.

enérgico, ca [e'nɛxʒiku, ka] *adj* energetic.

enervante [enex'vãntʃi] *adj* annoying.

enevoado, da [ene'vwadu, da] *adj* misty.

enfado [ẽ'fadu] *m* boredom.

enfadonho, nha [ẽfa'doɲu, ɲa] *adj* boring.

enfaixar [ẽfaj'ʃa(x)] *vt* to bandage.

enfarte [ẽ'faxtʃi] *m* MED clot.

ênfase ['ẽfazi] *f* emphasis.

enfastiado, da [ẽfaʃ'tʃjadu, da] *adj* bored.

enfastiar [ẽfaʃ'tʃja(x)] *vt* to bore.
 ➦ **enfastiar-se** *vp* to get bored.

enfático, ca [ẽ'fatʃiku, ka] *adj* emphatic.

enfatizar [ẽfatʃi'za(x)] *vt* to emphasize.

enfeitar [ẽfej'ta(x)] *vt* to decorate.
 ➦ **enfeitar-se** *vp* to dress up.

enfeite [ẽ'fejtʃi] *m* decoration.

enfeitiçar [ẽfejtʃi'sa(x)] *vt* **- 1.** [lançar feitiço] to bewitch. **- 2.** *fig* [fascinar] to charm.

enfermagem [ẽfex'maʒẽ] *f* nursing.

enfermaria [ẽfexma'ria] *f* sickroom.

enfermeiro, ra [ẽfex'mejru, ra] *m, f* nurse.

enfermidade [ẽfexmi'dadʒi] *f* illness.

enfermo, ma [ẽ'fexmu, ma] <> *adj* sick. <> *m, f* sick person.

enferrujado, da [ẽfexu'ʒadu, da] *adj* [oxidado] rusty.

enferrujar [ẽfexu'ʒa(x)] <> *vt* to rust. <> *vi* to go rusty.

enfezar [ẽfe'za(x)] *vt* to annoy.
 ➦ **enfezar-se** *vp* to get annoyed.

enfiar [ẽ'fja(x)] *vt* **- 1.** [introduzir]: ~ algo **(em algo)** to thread sthg (onto sthg). **- 2.** [vestir] to slip on. **- 3.** [pôr] to put.
 ➦ **enfiar-se** *vp* [meter-se]: ~ **-se em algo** to slip into sthg.

enfim [ẽ'fĩ] *adv* finally; **até que** ~ finally.

enfocar [ẽfo'ka(x)] *vt* to focus.

enfoque [ẽ'fɔki] *m* focus.

enforcar [ẽfox'ka(x)] *vt* **- 1.** [pessoa] to hang. **- 2.** *fam fig* [dia de trabalho, aula] to skip.
 ➦ **enforcar-se** *vp* [pessoa] to hang o.s.

enfraquecer [ẽfrake'se(x)] <> *vt* to weaken. <> *vi* to grow weak.
 ➦ **enfraquecer-se** *vp* to weaken o.s.

enfrentamento [ẽfrẽta'mẽntu] *m* clash, confrontation.

enfrentar [ẽfrẽn'ta(x)] *vt* to face.

enfurecer [ẽfure'se(x)] *vt* to infuriate.
 ➦ **enfurecer-se** *vp* to get infuriated.

enfurecido, da [ẽfure'sidu, da] *adj* infuriated.

engajado, da [ẽga'ʒadu, da] *adj* engaged.

engajar [ẽga'ʒa(x)] *vt* [trabalhadores] to take on.
 ➦ **engajar-se** *vp* **- 1.** POL: ~ **-se (em)** to engage o.s. (in). **- 2.** MIL: ~ **-se (em)** to become engaged (in). **- 3.** [em campanha, luta]: ~ **-se em** to get involved (in). **- 4.** [trabalhador]: ~ **-se (em)** to be engaged (in).

enganador, ra [ẽgana'do(x), ra] *adj* deceptive.

enganar [ẽga'na(x)] *vt* **- 1.** [iludir] to deceive. **- 2.** [trair] to cheat.
 ➦ **enganar-se** *vp* **- 1.** [iludir-se] to fool o.s. **- 2.** [cometer um erro] to make a mistake.

enganchar [ẽgãn'ʃa(x)] <> *vt*: ~ algo **(em algo)** to hook sthg up (to sthg). <> *vi*: ~ **(em algo)** to catch (in sthg).

engano [ẽ'gãnu] *m* [equívoco] error; [em telefonema]: **ser** ~ to be a wrong number.

engarrafado, da [ẽgaxa'fadu, da] *adj* **- 1.** [bebida] bottled. **- 2.** [rua, trânsito] blocked.

engarrafamento [ẽgaxafa'mẽntu] *m* **- 1.** [de bebida] bottling. **- 2.** [no trânsito] traffic jam.

engarrafar [ẽgaxa'fa(x)] *vt* **- 1.** [bebida] to bottle. **- 2.** [rua, trânsito] to block.

engasgar [ẽgaʒ'ga(x)] <> *vt* [na garganta] to choke. <> *vi* to choke.
 ➦ **engasgar-se** *vp* [na garganta] to choke o.s.

engasgo [ẽ'gaʒgu] *m* [na garganta] choking.

engastar [ẽgaʃ'ta(x)] *vt* to set.

engatar [ẽga'ta(x)] *vt* **- 1.** [atrelar]: ~ algo **(em algo)** to couple sthg (with sthg). **- 2.** [engrenar] to get into gear. **- 3.** [iniciar] to start.

engate [ẽ'gatʃi] *m* connection.

engatinhar [ẽgatʃi'ɲa(x)] *vi* **- 1.** [bebê] to crawl. **- 2.** *fig* [ser principiante]: ~ **em algo** to feel one's way in sthg.

engendrar [ẽʒẽn'dra(x)] *vt* to create.

engenharia [ẽʒeɲa'ria] *f* engineering; ~ **genética** genetic engineering.

engenheiro, ra [ẽʒe'ɲejru, ra] *m, f* engineer.

engenho [ẽ'ʒeɲu] *m* **- 1.** [habilidade] inventiveness. **- 2.** [máquina] engine. **- 3.** [moenda] mill. **- 4.** [fazenda de cana de açúcar] sugar plant.

engenhoso, osa [ẽʒe'ɲozu, ɔza] *adj* ingenious.

engessado, da [ẽne'sadu, da] *adj* plastered.

engessar [ẽʒe'sa(x)] *vt* to put in plaster.

englobar [ẽglo'ba(x)] *vt* to encompass.

engodo [ẽ'godu] *m* **-1.** [isca] bait. **-2.** [farsa] flattery.

engolir [ẽgo'li(x)] *vt fig* [sobrepujar]: ~ alguém to eclipse sb.

engomar [ẽgo'ma(x)] *vt* to starch.

engordar [ẽgox'da(x)] <> *vt* to fatten. <> *vi* to put on weight; açúcar engorda sugar is fattening.

engordurado, da [ẽgoxdu'radu, da] *àdj* greasy.

engraçado, da [ẽgra'sadu, da] *adj* amusing.

engradado [ẽgra'dadu] *m* crate.

engrandecer [ẽgrãnde'se(x)] *vt* to elevate.
➡ **engrandecer-se** *vp* to elevate o.s.

engravidar [ẽgravi'da(x)] <> *vt* to make pregnant. <> *vi* to become pregnant.

engraxar [ẽgra'ʃa(x)] *vt* to polish.

engraxate [ẽgra'ʃatʃi] *mf* shoe shiner.

engrenagem [ẽgre'naʒẽ] *f* (*pl* **-ns**) **-1.** AUTO gear. **-2.** *fig* [política, social] mechanism.

engrenar [ẽgre'na(x)] *vt* **-1.** AUTO to put in gear. **-2.** [iniciar] to start.

engrossar [ẽgro'sa(x)] <> *vt* **-1.** [aumentar] to enlarge. **-2.** [encorpar] to thicken. **-3.** [tornar grave] to deepen. <> *vi fig* [ser grosseiro]: ~ (com alguém) to be rough (with sb).

enguia [ẽ'gia] *f* eel.

enguiçar [ẽgi'sa(x)] *vi* **-1.** [carro] to break down. **-2.** [relógio] to stop.

enguiço [ẽ'gisu] *m* breakdown.

enigma [e'nigma] *m* enigma.

enjaular [ẽʒaw'la(x)] *vt* to put in a cage.

enjeitado, da [ẽʒej'tadu, da] *adj* rejected.

enjeitar [ẽʒej'ta(x)] *vt* **-1.** [rejeitar] to reject. **-2.** [abandonar] to abandon.

enjoado, da [ẽʒwadu, da] *adj* **-1.** [nauseado] nauseous. **-2.** *fig* [cansado]: ~ de algo/de fazer algo fed up with sthg/with doing sthg. **-3.** *fig* [chato] boring.

enjoar [ẽʒwa(x)] <> *vt* **-1.** [nausear] to make nauseous. **-2.** *fig* [cansar] to bore. <> *vi* **-1.** [nausear-se] to feel sick. **-2.** *fig* [cansar-se]: ~ de algo/de fazer algo to become bored with sthg/with doing sthg.

enjôo [ẽ'ʒoul] *m* [náusea] sickness; ~ de gravidez morning sickness.

enlaçar [ẽla'sa(x)] *vt* **-1.** [prender com laço] to tie up. **-2.** [envolver] to bog down.

enlace [ẽ'lasil] *m* **-1.** [união] union. **-2.** [casamento] marriage.

enlatado, da [ẽla'tadu, da] *adj* canned.
➡ **enlatado** *m* **-1.** [comida em lata] canned food. **-2.** *pej* [série de TV] trash TV.

enlatar [ẽla'ta(x)] *vt* to can.

enlouquecer [ẽloke'se(x)] <> *vt* to drive mad. <> *vi* to go mad.

enlouquecido, da [ẽloke'sidu, da] *adj* crazed.

enlouquecimento [ẽlokesi'mẽtul] *m* (growing) insanity.

enojado, da [eno'ʒadu, da] *adj* disgusted.

enorme [e'nɔxmil] *adj* enormous.

enormidade [enoxmi'dadʒil] *f* enormity; uma ~ de a vast quantity of.

enquadramento [ẽkwadra'mẽtul] *m* CINE & FOTO frame.

enquadrar [ẽkwa'dra(x)] <> *vt* **-1.** [ajustar]: ~ algo em algo to frame sthg in sthg. **-2.** [autuar] to charge. <> *vi* [combinar]: ~ com to fit in with.
➡ **enquadrar-se** *vp* [ajustar-se]: ~-se (em algo) to fit in (with sthg).

enquanto [ẽ'kwãntul *conj* **-1.** [ger] while. **-2.** [considerado como]: isso é interessante ~ experiência it's interesting as an experience; ~ isso meanwhile.
➡ **por enquanto** *loc adv* for the time being.

enquete [ẽ'kɛtʃil] *f* survey.

enraivecer [ẽxajve'se(x)] *vt* to anger.
➡ **enraivecer-se** *vp* to become angry.

enrascada [ẽxaʃ'kadal] *f* tight spot; meter-se numa ~ to get into a tight spot.

enredo [ẽ'xedul] *m* plot.

enriquecer [ẽxike'se(x)] <> *vt* to enrich. <> *vi* to become rich.
➡ **enriquecer-se** *vp*: ~-se com algo to become rich in sthg.

enriquecimento [ẽxikesi'mẽtul] *m* **-1.** [financeiro] increase in wealth. **-2.** [cultural] enrichment.

enrolado, da [ẽxo'ladu, da] *adj* **-1.** [embrulhado]: ~ em algo rolled up in sthg. **-2.** [cabelo] coiled. **-3.** *fam* [confuso] screwed up.

enrolar [ẽxo'la(x)] <> *vt* **-1.** [dar forma de rolo] to roll. **-2.** [embrulhar]: ~ algo/alguém em algo to wrap sthg/sb up in sthg. **-3.** *fam* [complicar] to screw up. **-4.** *fam* [enganar] to take in. <> *vi fam* [protelar] to put things off.
➡ **enrolar-se** *vp* **-1.** [agasalhar-se]: ~-se em algo to wrap o.s. up in sthg. **-2.** *fam* [confundir-se] to screw things up.

enroscar [ẽxoʃ'ka(x)] *vt*: ~ algo em to entwine sthg in.
➡ **enroscar-se** *vp* **-1.** [encolher-se de

frio] to curl up. **-2.** [embolar-se] to become entangled.

enrubescer [ẽnxube'se(x)] <> *vt* to redden. <> *vi* to blush, go red.

enrugado, da [ẽnxu'gadu, da] *adj* wrinkled.

enrugar [ẽnxu'ga(x)] *vt* & *vi* to wrinkle.

ensaiar [ẽnsa'ja(x)] *vt* to practise *UK*, to practice *US*.

ensaio [ẽn'saju] *m* **-1.** [experiência] trial. **-2.** *TEATRO* rehearsal. **-3.** *LITER* essay.

ensangüentado, da [ẽnsãngwẽn'tadu, da] *adj* blood-stained.

enseada [ẽn'sjada] *f* inlet.

ensejo [ẽn'seʒu] *m* opportunity.

ensinamento [ẽnsina'mẽntul *m* instruction.

ensinar [ẽnsi'na(x)] *vt*: ~ **alguém a fazer algo** to teach sb how to do sthg; ~ **algo a alguém** to teach sthg to sb.

ensino [ẽn'sinul *m* **-1.** [transmissão de conhecimento] teaching. **-2.** [educação] education; ~ **fundamental/medio** primary/secondary education; ~ **supletivo** *speeded-up education programme for adults who missed out on a full schooling*.

ensolarado, da [ẽnsola'radu, da] *adj* sunny.

ensopado, da [ẽnso'padu, da] *adj* **-1.** *CULIN* stewed. **-2.** *fig* [encharcado] soaking.
 ► **ensopado** *m* *CULIN* stew.

ensopar [ẽnso'pa(x)] *vt* to soak.

ensurdecer [ẽnsuxde'se(x)] *vt* to deafen.

entalar [ẽnta'la(x)] <> *vt* [apertar] to squeeze. <> *vi* [encravar] to stick.

entalhar [ẽnta'ʎa(x)] *vt* to carve.

entalhe [ẽn'taʎi] *m* groove.

entanto [ẽn'tãntul ► **no entanto** *loc adv* however.

então [ẽn'tãw] *adv* then; **até** ~ up until then; **desde** ~ since then; **para** ~ so that; **pois** ~ then.

entardecer [ẽntaxde'se(x)] <> *vi* to get late. <> *m* sunset.

ente [ˈẽntʃil *m* **-1.** [ser] being. **-2.** [corporação, órgão] entity.

enteado, da [ẽn'tʒjadu, da] *m, f* stepchild, stepson (*f* stepdaughter).

entediar [ẽnte'dʒja(x)] *vt* to bore.
 ► **entediar-se** *vp* to get bored.

entender [ẽntẽn'de(x)] <> *vt* **-1.** [compreender] to understand; **dar a** ~ to give the impression. **-2.** [ouvir] to hear. **-3.** [interpretar] to perceive. **-4.** [deduzir]: ~ **que** to see (that). <> *vi* [conhecer]: ~ **de** to know about. <> *m*: **no** ~ **alguém** in the opinion of sb.
 ► **entender-se** *vp* **-1.** [comunicar-se] to get along. **-2.** [chegar a um acordo]: ~**-se (com alguém)** to see eye to eye (with sb).

entendido, da [ẽntẽn'dʒidu, da] <> *adj* **-1.** [perito] expert; ~ **em algo** expert in sthg. **-2.** *fam* [homossexual] gay. <> *m, f* **-1.** [perito] expert. **-2.** *fam* [homossexual] gay.
 ► **bem entendido** *loc adv* understood.

entendimento [ẽntẽndʒi'mẽntul *m* **-1.** [compreensão] understanding. **-2.** [juízo] perception. **-3.** [acordo] agreement.

enternecer [ẽntexne'se(x)] *vt* to touch.
 ► **enternecer-se** *vp* to be touched.

enterrar [ẽnte'xa(x)] *vt* **-1.** to bury. **-2.** *fig* [encerrar] to close. **-3.** *fig* [arruinar] to ruin. **-4.** [enfiar]: **enterrou a estaca no coração do vampiro** he rammed the stake into the vampire's heart; **enterrou o chapéu na cabeça** he rammed his hat on his head.

enterro [ẽn'texul *m* **-1.** [sepultamento] burial. **-2.** [funeral] funeral.

entidade [ẽntʃi'dadʒil *f* entity.

entoar [ẽn'twa(x)] *vt* to chant.

entonação [ẽntona'sãw] *f* intonation.

entornar [ẽntox'na(x)] <> *vt* **-1.** [derramar] to spill. **-2.** [despejar] to pour. <> *vi fig* [embriagar-se] to drink heavily.

entorpecente [ẽntoxpe'sẽntʃil *m* narcotic.

entorpecer [ẽntoxpe'se(x)] *vt* **-1.** [causar torpor] to stupefy. **-2.** *fig* [insensibilizar] to numb.

entortar [ẽntox'ta(x)] <> *vt* **-1.** [curvar] to bend. **-2.** [empenar] to jam. <> *vi* [empenar - porta] to warp; [- roda] to buckle.

entrada [ẽn'tradal *f* **-1.** [ger] entry; **'proibida a** ~' 'no entry'. **-2.** [lugar] entrance. **-3.** [admissão] admission. **-4.** [porta] doorway. **-5.** [corredor] hallway. **-6.** *CULIN* starter. **-7.** [calvície] receding hairline. **-8.** [pagamento inicial] down payment. **-9.** [ingresso] ticket; ~ **gratuita** *OU* **franca** free admission; **meia** ~ half price. **-10.** [abertura] opening. **-11.** *TEC* inlet. **-12.** *COMPUT* input.

entra-e-sai [ˌẽntri'sajl *m inv* coming and going.

entranhado, da [ẽntra'nadu, da] *adj* deep-seated.

entranhas [ẽn'tranaʃl *fpl* **-1.** [vísceras] bowels. **-2.** *fig* [profundeza] depths.

entrar [ẽn'tra(x)] *vi* **-1.** [adentrar]: ~ **(em)** to go/come (into). **-2.** [penetrar] to enter. **-3.** [começar a trabalhar] to begin. **-4.** [contribuir]: ~ **com algo** to contribute sthg. **-5.** [envolver-se]: ~ **em algo** to become involved in sthg. **-6.** [caber]: ~ **em algo** to fit into sthg. **-7.** [ser componente]: ~ **em algo** to be part of sthg. **-8.** [ingressar]: ~ **para algo** [universidade] to go to sthg; [clube] to join sthg.

124

- 9. COMPUT: ~ **com algo** to enter sthg.
entre l'ɛntril prep between; **os dois dividiram o bolo** ~ **eles** the two shared the cake between them; **os alunos sempre conversavam** ~ **si** the schoolchildren always talked among themselves.
entreaberto, ta [ˌɛntrjaˈbɛxtu, ta] adj **-1.** [porta] ajar. **-2.** [olho] half-open.
entreabrir [ɛntrjaˈbri(x)] vt to half-open.
➡ **entreabrir-se** vp to open up.
entrecortar [ɛntreˈkoxta(x)] vt **-1.** [cortar] to cut off. **-2.** [interromper] to interrupt.
entrega [ɛnˈtrɛga] f **-1.** [de carta, prêmio] delivery; ~ **em domicílio** home delivery. **-2.** [dedicação]: ~ **a algo/alguém** dedication to sthg/sb. **-3.** [rendição] surrender.
entregador, ra [ɛntregaˈdo(x), ra] m, f [funcionário] delivery person.
entregar [ɛntreˈga(x)] vt **-1.** [passar às mãos de - mercadoria, carta] to deliver; [- presente] to give; [- prêmio] to award. **-2.** [delatar] to inform on. **-3.** [devolver] to return.
➡ **entregar-se** vp **-1.** [render-se - inimigo] to surrender; [- à dor etc]: ~-**se a algo** to surrender to sthg. **-2.** [dedicar-se]: ~-**se a algo** to dedicate o.s. to sthg. **-3.** [deixar-se seduzir]: ~-**se a alguém** to give o.s. to sb.
entregue [ɛnˈtrɛgi] pp ➪ **entregar**.
entreguismo [ɛntreˈgiʒmu] m selling-out, policy of allowing exploitation of the country's natural resources by foreign entities.
entreguista [ɛntreˈgiʃta] adj supportive or typical of selling-out.
entrelaçamento [ɛntrelasaˈmẽntu] m [união] interlinking.
entrelaçar [ɛntrelaˈsa(x)] vt to entwine.
entrelinha [ɛntreˈliɲa] f [espaço] line space.
➡ **entrelinhas** fpl: **nas** ~ **s** fig [subentendido] between the lines.
entremear [ɛntreˈmja(x)] vt: ~ **algo com algo** to mix sthg with sthg.
entreolhar-se [ɛntrjoˈʎaxsi] vp to exchange glances.
entreposto, ta [ɛntreˈpoʃtu, ta] pp ➪ **entrepor**.
➡ **entreposto** m warehouse.
entretanto [ɛntriˈtãntu] conj however.
entretenimento [ɛntreteniˈmẽntu] m **-1.** [passatempo] pastime. **-2.** [diversão] entertainment.
entreter [ɛntreˈte(x)] vt **-1.** [ger] to entertain. **-2.** [ocupar] to occupy.
➡ **entreter-se** vp **-1.** [divertir-se] to amuse o.s. **-2.** [ocupar-se] to occupy o.s.

entrevista [ɛntreˈviʃta] f interview; ~ **coletiva** press conference.
entrevistado, da [ɛntreˈviʃtadu, da] m, f interviewee.
entrevistar [ɛntreˈviʃta(x)] vt to interview.
entristecer [ɛntriʃteˈse(x)] <> vt to sadden. <> vi to become sad.
entroncamento [ɛntrõŋkaˈmẽntu] m junction.
entulhar [ɛntuˈʎa(x)] vt: ~ **algo (de** ou **com)** to cram sthg with.
entulho [ɛnˈtuʎu] m debris.
entupido, da [ɛntuˈpidu, da] adj **-1.** [pia, nariz, ouvido] blocked. **-2.** [de comida] stuffed. **-3.** [de gente] packed.
entupimento [ɛntupiˈmẽntu] m blockage.
entupir [ɛntuˈpi(x)] vt to block.
➡ **entupir-se** vp: ~-**se de comida** to stuff o.s. with food; ~-**se de bebida** to pump o.s. full of drink.
entusiasmar [ɛntuzjaʒˈma(x)] vt to fill with enthusiasm.
➡ **entusiasmar-se** vp to get enthusiastic.
entusiasmo [ɛntuˈzjaʒmu] m enthusiasm.
entusiasta [ɛntuˈzjaʃta] <> adj enthusiastic. <> mf enthusiast.
enumerar [enumeˈra(x)] vt to enumerate.
enunciado, da [enũˈsjadu, da] <> adj stated. <> m statement.
enunciar [enũˈsja(x)] vt to state.
envelhecer [ɛnveʎeˈse(x)] <> vt **-1.** [tornar velho] to age. **-2.** [fazer parecer velho]: ~ **alguém** to make sb look older. <> vi **-1.** [ficar velho] to grow old. **-2.** [fazer parecer velho] to age.
envelhecimento [ɛnveʎesiˈmẽntu] m ageing.
envelopar [ɛnveˈlopa(x)] vt to put in an envelope.
envelope [ɛnveˈlɔpi] m envelope.
envenenamento [ɛnvenenaˈmẽntu] m poisoning.
envenenar [ɛnveneˈna(x)] vt **-1.** [intoxicar] to poison. **-2.** [corromper] to corrupt. **-3.** AUTO to soup up.
➡ **envenenar-se** vp [intoxicar-se] to poison o.s.
enveredar [ɛnvereˈda(x)] vi to make one's way; ~ **por/para** to head for.
envergadura [ɛnvexgaˈdura] f **-1.** [dimensão] wingspan. **-2.** fig [importância] scope. **-3.** fig [capacidade]: **é um poeta de pouca** ~ he's a poet of little talent.
envergonhado, da [ɛnvexgoˈɲadu, da] adj **-1.** [tímido] shy. **-2.** [por má ação] ashamed.
envergonhar [ɛnvexgoˈɲa(x)] vt **-1.** [aca-

nhar] to embarrass. **-2.** [com má ação] to disgrace.

➤ **envergonhar-se** *vp* **-1.** [acanhar-se] to be embarrassed. **-2.** [por má ação] to be ashamed.

envernizado, da [ẽnvexni'zadu, dal *adj* [com verniz] varnished.

envernizar [ẽnvexni'za(x)] *vt* to varnish.

enviado, da [ẽn'vjadu, dal *m, f* envoy.

enviar [ẽn'vja(x)] *vt*: ~ algo a *ou* para alguém to send sthg to sb.

envidraçar [ẽnvidra'sa(x)] *vt* to glaze.

enviesar [ẽnvje'za(x)] *vt* **-1.** [pôr obliquamente] to put at an angle. **-2.** [envesgar] to cross.

envio [ẽn'viu] *m* dispatch.

enviuvar [ẽnvju'va(x)] *vi* to be widowed.

envolto, ta [ẽn'vowtu, tal ⬦ *pp* ▷ envolver. ⬦ *adj* wrapped.

envoltório [ẽnvow'tɔrjul *m* wrapping.

envolvente [ẽnvow'vẽntʃil *adj* compelling.

envolver [ẽnvow've(x)] *vt* **-1.** [cobrir]: ~ algo/alguém (em) to wrap sthg/sb (in). **-2.** [comprometer]: ~ alguém (em) to involve sb (in). **-3.** [acarretar] to involve. **-4.** [abraçar] to embrace.

➤ **envolver-se** *vp* **-1.** [comprometer-se]: ~-se em *ou* com to get involved in *ou* with. **-2.** [intrometer-se]: ~-se em to get involved in.

envolvimento [ẽnvowvi'mẽntul *m* involvement.

enxada [ẽn'ʃadal *f* hoe.

enxaguar [ẽnʃa'gwa(x)] *vt* to rinse.

enxame [ẽn'ʃamil *m* swarm.

enxaqueca [ẽnʃa'kekal *f* migraine.

enxergar [ẽnʃex'ga(x)] ⬦ *vt* **-1.** [ver] to catch sight of. **-2.** *fig* [perceber] to make out. ⬦ *vi* [ver] to see.

enxofre [ẽn'ʃofril *m* sulphur *UK*, sulfur *US*.

enxotar [ẽnʃo'ta(x)] *vt* to drive away.

enxoval [ẽnʃo'vawl (*pl* -ais) *m* [de noiva] trousseau.

enxugador [ẽnʃuga'do(x)] *m* clothes dryer.

enxugar [ẽnʃu'ga(x)] *vt* **-1.** [secar] to dry. **-2.** *fig* [diminuir] to rationalize.

enxurrada [ẽnʃu'xadal *f* **-1.** [torrente] torrent. **-2.** *fig* [amontoado] flood.

enxuto, ta [ẽn'ʃutu, tal *adj* **-1.** [seco] dry. **-2.** *fig* [bonito] good-looking.

épico, ca l'ɛpiku, kal *adj* epic.

➤ **épico** *m LITER* epic.

epidemia [epide'mial *f* **-1.** *MED* epidemic. **-2.** *fig* [modismo] mania.

epigrama [epi'gramal *f* epigram.

epilepsia [epilep'sial *f* epilepsy.

epiléptico, ca [epi'lɛptʃiku, kal ⬦ *adj* epileptic. ⬦ *m, f* epileptic.

epílogo [e'pilugul *m* epilogue.

episódico, ca [epi'zɔdiku, kal *adj* episodic.

episódio [epi'zɔdjul *m* episode.

epístola [e'piʃtolal *f* **-1.** [bíblia] Epistle. **-2.** [carta] letter.

epistolar [epiʃto'la(x)] *adj* epistolary.

epitáfio [epi'tafjul *m* epitaph.

época l'ɛpɔkal *f* **-1.** [período] age; naquela ~ at that time; fazer ~ to be epoch-making. **-2.** [estação] season.

epopéia [epo'pɛjal *f* epic.

equação [ekwa'sãwl (*pl* -ões) *f* equation.

equacionamento [ekwasiona'mẽntul *m* rationalizing.

equador [ekwa'do(x)] *m* equator.

Equador [ekwa'do(x)] *n* Ecuador.

equânime [e'kwãnimil *adj* unbiased.

equatorial [ekwato'rjawl (*pl* -ais) *adj* equatorial.

equatoriano, na ⬦ *adj* Ecuadorean. ⬦ *m, f* Ecuadorean.

eqüestre [e'kwɛʃtril *adj* equestrian.

equilibrado, da [ekili'bradu, dal *adj* balanced.

equilibrar [ekili'bra(x)] *vt* to balance.

➤ **equilibrar-se** *vp* to balance.

equilíbrio [eki'libriwl *m* equilibrium.

equipamento [ekipa'mẽntul *m* equipment.

equipar [eki'pa(x)] *vt*: ~ algo/alguém (de) to equip sthg/sb (with).

➤ **equipar-se** *vp*: ~-se (de) to equip o.s. (with).

equiparar [ekipa'ra(x)] *vt*: ~ algo (a *ou* com algo) to compare sthg (against sthg).

➤ **equiparar-se** *vp* **-1.** [igualar-se]: ~-se (a *ou* com algo) to compare o.s. (with sthg). **-2.** [comparar-se]: ~-se (a *ou* com alguém) to compare o.s. (with sb).

equipe [e'kipil *f* team.

equitação [ekita'sãwl *f* horse-riding.

eqüitativo, va [ekwita'tʃivu, val *adj* equitable.

equivalente [ekiva'lẽntʃil *adj* equivalent.

equivocado, da [ekivo'kadu, dal *adj* mistaken.

equivocar-se [ekivo'kaxsil *vp* to make a mistake.

equívoco [e'kivokul *m* mistake.

era l'ɛral *f* era.

erário [e'rarjul *m* exchequer.

ereção [ere'sãwl (*pl* -ões) *f* erection.

eremita [ere'mital *mf* hermit.

ereto, ta [e'rɛtu, tal *adj* erect.

erguer [ex'ge(x)] *vt* **-1.** [levantar] to raise. **-2.** [construir] to erect.

➤ **erguer-se** *vp* [levantar-se] to get up.

eriçado, da [ẽri'sadu, dal *adj* standing on end.

eriçar [eri'sa(x)] *vt* to make stand on end.

erigir [eri'ʒi(x)] *vt* to erect.

ermo, ma l'exmu, mal *adj* deserted.

erosão [ero'zãw] *f* erosion.

erótico, ca le'rɔtʃiku, kal *adj* erotic.

erotismo lero'tʃiʒmul *m* eroticism.

erradicar [exadʒi'ka(x)] *vt* to eradicate.

errado, da [e'xadu, dal *adj* -1. [incorreto] wrong. -2. [inadequado] inappropriate. -3. *loc:* dar ~ to go wrong.

errar [e'xa(x)] <> *vt* [não acertar - alvo] to miss; [- conta, resposta] to get wrong. <> *vi* -1. [enganar-se]: ~ **(em algo)** to be wrong (in sthg). -2. [proceder mal] to go wrong. -3. [vagar] to wander.

erro l'exul *m* [ger] error; ~ **de impressão** printing error.

errôneo, nea le'xonju, njal *adj* erroneous.

erudição [erudʒi'sãw] *f* erudition.

erudito, ta leru'dʒitu, ital <> *adj* erudite. <> *m, f* scholar.

erupção [erup'sãw] *(pl -ões) f* eruption.

erva l'ɛxval *f* -1. *BOT* herb; ~ **daninha** weed. -2. *fam* [maconha] grass.

erva-cidreira [ˌɛxva'sidrejral *(pl ervas-cidreiras) f* lemon verbena.

erva-doce [ˌɛxva'dosil *(pl ervas-doces) f* fennel.

erva-mate [ˌɛxva'matʃil *(pl ervas-mates) f* matte.

ervilha lex'viʎal *f* pea.

ES *(abrev de Estado do Espírito Santo) m state of Espírito Santo.*

esbaforido, da [iʒbafo'ridu, dal *adj* breathless.

esbanjador, ra [iʒbãnʒa'do(x), ral *adj* spendthrift.

esbanjar [iʒbãn'ʒa(x)] *vt* -1. [dinheiro] to squander. -2. [saúde] to be bursting with.

esbarrão [iʒba'xãwl *m* bump.

esbarrar [iʒba'xa(x)] *vi:* ~ **em algo/alguém** to bump into sthg/sb.

esbelto, ta [iʒ'bɛwtu, tal *adj* svelte.

esboçar [iʒbo'sa(x)] *vt* -1. [ger] to sketch. -2. [sorriso] to trace.

esboço [iʒ'bosul *m* -1. [desenho] sketch. -2. [primeira versão] draft. -3. [tentativa] hint. -4. [resumo] outline.

esbofetear [iʒbofe'tʃja(x)] *vt* to slap.

esborrachar-se [iʒboxa'ʃaxsil *vp* -1. [arrebentar-se] to burst. -2. [cair] to fall sprawling.

esbranquiçado, da [iʒbrãnki'sadu, dal *adj* whitish.

esbugalhado, da [iʒbuga'ʎadu, dal *adj* bulging.

esburacado, da [iʒbura'kadu, dal *adj* -1. [rua, jardim] potholed. -2. [rosto] pitted.

esburacar [iʒbura'ka(x)] *vt* to make holes in.

escabeche [iʃka'bɛʃil *m* marinade.

escada liʃ'kadal *f* -1. [interna] stairs *(pl)*, staircase. -2. [externa] steps *(pl)*; ~ **de armar** ladder; ~ **de caracol** spiral staircase; ~ **de incêndio** fire escape; ~ **rolante** escalator. -3. *fig* [meio] ladder.

escadaria [iʃkada'rial *f* staircase.

escala liʃ'kalal *f* -1. [ger] scale. -2. [parada] stopover; **sem** ~ non-stop. -3. [turno] turn.

escalada [iʃka'ladal *f* climbing.

escalão [iʃka'lãwl *(pl -ões) m* level; **o alto** ~ **do governo** the upper echelon of government.

escalar [iʃka'la(x)] *vt* -1. [subir] to climb. -2. [designar] to select.

escaldar [iʃkaw'da(x)] *vt* to scald.

escaler [iʃka'lɛ(x)] *m* launch.

escalonar [iʃkalo'na(x)] *vt* to schedule.

escalope [iʃka'lɔpil *m* escalope.

escalpelar [iʃkawpe'la(x)] *vt* [escalpar] to scalp.

escama [iʃ'kãmal *f* scale.

escamar [iʃka'ma(x)] <> *vt* [peixe] to scale. <> *vi* [pele] to flake.

escamotear [iʃkamo'tʃja(x)] *vt* to filch.

escancarado, da liʃkãnka'radu, dal *adj* -1. [aberto] wide open. -2. [evidente] brazen. -3. [franco] open.

escancarar [iʃkãnka'ra(x)] *vt* -1. [abrir] to open wide. -2. [exibir] to display openly.

escandalizar liʃkãndali'za(x)] *vt* to scandalize.

➡ **escandalizar-se** *vp* to be shocked.

escândalo liʃ'kãndalul *m* -1. [fato] scandal. -2. [indignação] outrage. -3. [alvoroço] **fazer** *ou* **dar um** ~ to make a scene.

escandaloso, sa liʃkãnda'lozu, ɔzal *adj* -1. [chocante] shocking. -2. [chamativo] outrageous.

escanear [iʃkã'nea(x)] *vt* COMPUT to scan.

escangalhar [iʃkãnga'ʎa(x)] *vt* -1. [ger] to break. -2. [sapatos] to fall apart.

escaninho [iʃka'ninul *m* pigeon-hole.

escanteio [iʃkãn'tejul *m* corner.

escapar [iʃka'pa(x)] *vi* -1. [sobreviver]: ~ **(de algo)** to escape (from sthg). -2.: ~ **a alguém** to escape (from) sb. -3. [fugir] to escape from. -4. [esquivar-se] to avoid. -5. *loc:* ~ **de boa** to have a close shave; **deixar** ~ [não aproveitar] to miss; [revelar por descuido] to let drop.

escapatória liʃkapa'tɔrjal *f* -1. [saída] way out. -2. [desculpa] excuse.

escapulir [iʃkapu'li(x)] *vi:* ~ **(de algo)** to escape (from sthg).

escaramuça liʃkara'musal *f* skirmish.

escaravelho liʃkara'veʎul *m* beetle.

escarcéu [iʃkax'sɛw] m: **fazer um ~** to throw a fit.

escarlate [iʃkax'latʃi] adj scarlet.

escarlatina [iʃkaxla'tʃina] f scarlet fever.

escárnio [iʃ'kaɾnju] m **-1.** [desdém] scorn. **-2.** [zombaria] mockery.

escarpado, da [iʃkaɾ'padu, da] adj steep.

escarrar [iʃka'xa(x)] <> vt to spit. <> vi to hawk.

escarro [iʃ'kaxu] m phlegm.

escassear [iʃka'sja(x)] vi to become scarce.

escassez [iʃka'seʒ] f shortage.

escasso, a [iʃ'kasu, sa] adj scarce.

escavação [iʃkava'sãw] (pl -ões) f excavation.

escavar [iʃka'va(x)] vt to dig.

esclarecer [iʃklare'se(x)] vt **-1.** [explicar] to clarify. **-2.** [elucidar] to explain. **-3.** [informar] to inform.
  ◆ **esclarecer-se** vp [informar-se] to find out.

esclarecimento [iʃklaresi'mẽntul] m **-1.** [explicação] explanation. **-2.** [informação] (piece of) information.

esclerose [iʃkle'rɔzi] f sclerosis; **~ múltipla** multiple sclerosis.

escoadouro [iʃkoa'doɾul] m drain.

escoar [iʃ'kwa(x)] vi: **~ (por)** to drain (through).

escocês, esa [iʃko'seʒ, ezal] <> adj Scottish. <> m, f Scot.
  ◆ **escocês** m [língua] Gaelic.

Escócia [iʃ'kɔsja] n Scotland.

escola [iʃ'kɔla] f [ger] school; **~ particular/pública** private/public school US, private/state school UK; **~ naval** naval college; **~ de samba** group of musicians and samba dancers who perform in street parades during carnival celebrations in Brazil.

escolar [iʃko'la(x)] (pl -es) adj school (antes de subst).

escolaridade [iʃkolari'dadʒi] f schooling.

escolha [iʃ'koʎa] f choice.

escolher [iʃko'ʎe(x)] vt to choose.

escolhido, da [iʃko'ʎidu, dal] adj selected, chosen.

escoliose [iʃkoli'ɔzi] f MED curvature of the spine.

escolta [iʃ'kɔwtal] f escort.

escombros [iʃ'kõnbruʃ] mpl ruins.

esconder [iʃkõn'de(x)] vt to hide.
  ◆ **esconder-se** vp to hide.

esconderijo [iʃkõnde'riʒul] m hiding place.

escondidas [iʃkõn'dʒidaʃ] ◆ **às escondidas** loc adv secretly.

escopeta [iʃko'petal] f shotgun.

escopo [iʃ'kopul] m purpose.

escora [iʃ'koral] f prop.

escorar [iʃko'ra(x)] vt [pôr escoras] to support, to prop up.
  ◆ **escorar-se** vp **-1.** [encostar-se]: **~ -se (em)** to lean (on). **-2.** [fundamentar-se]: **~ -se em** to go by.

escoriação [iʃkorja'sãw] (pl -ões) f abrasion.

escorpiano, na [iʃkox'pãjanu, nal] <> adj Scorpio. <> m, f Scorpio.

escorpião [iʃkox'pjãw] (pl -ões) m ZOOL scorpion.
  ◆ **Escorpião** m ASTRO Scorpio.

escorredor [iʃkoxe'do(x)] m [para alimentos] colander; **~ de pratos** dish drainer, draining board.

escorregadiço, dia [iʃkoxega'dʒisu, dʒial], **escorregadio, dia** [iʃkoxega'-dʒiu, dʒial] adj slippery.

escorregador [iʃkoxega'do(x)] m slide.

escorregão [iʃkoxe'gãw] (pl -ões) m **-1.** [queda] slip. **-2.** fig [deslize] slip-up.

escorregar [iʃkoxe'ga(x)] vi **-1.** [deslizar] to slip. **-2.** fig [errar]: **~ em algo** to slip up on sthg.

escorrer [iʃko'xe(x)] <> vt [tirar líquido de] to drain. <> vi [verter] to drip.

escoteiro, ra [iʃko'tejru, ral] m scout.

escotilha [iʃko'tiʎal] f hatch, hatchway.

escova [iʃ'koval] f [utensílio] brush; **~ de dentes** toothbrush; **~ de cabelo** hair brush.

escovar [iʃko'va(x)] vt to brush.

escrachar [iʃkra'ʃa(x)] vt fam **-1.** [desmascarar] to unmask. **-2.** [repreender] to tick off.

escravidão [iʃkravi'dãwl] f slavery.

escravizar [iʃkravi'za(x)] vt **-1.** [tornar escravo] to enslave. **-2.** fig [subjugar] to dominate.

escravo, va [iʃ'kravu, val] <> adj **-1.** [ger] slave. **-2.** fig [dominado]: **ser ~ de alguém/algo** to be sb/sthg's slave. <> m, f slave.

escravocrata [iʃkravo'krata] <> adj slave-owning. <> mf slave-owner.

escrevente [iʃkre'vẽntʃil] mf clerk.

escrever [iʃkre've(x)] vt & vi to write.
  ◆ **escrever-se** vp **-1.** [pessoas] to correspond. **-2.** [palavras] to spell; **esta palavra se escreve com x** this word is spelt with an 'x'.

escrita [iʃ'krital] f **-1.** [letra] handwriting. **-2.** [tradição] tradition.

escrito, ta [iʃ'kritu, tal] <> pp ▷ escrever. <> adj written; **por ~** in writing.
  ◆ **escrito** m text.
  ◆ **escritos** mpl [obra literária] manuscripts.

escritor, ra [iʃkri'to(x), ral] (mpl -es, fpl -s) m, f writer.

escritório [iʃkri'tɔrjul] *m* **-1.** *COM* office. **-2.** [em casa] study.

escritura [iʃkri'tural] *f* **-1.** *JUR* deed. **-2.** [na compra de imóvel] exchange of contracts.

→ **Escrituras** *fpl*: as ~ the Scriptures.

escriturar [iʃkritu'ra(x)] *vt* to draw up.

escrivã [iʃkri'vã] *f* ▷ **escrivão**.

escrivaninha [iʃkriva'niɲal] *f* desk.

escrivão, vã [iʃkri'vãw, vã] (*mpl* **-ões**, *fpl* **-s**) *m, f* registrar.

escrúpulo [iʃ'krupulul] *m* **-1.** [ger] scruple; **sem** ~ **s** unscrupulous. **-2.** [cuidado] care.

escrupuloso, osa [iʃkrupu'lozu, ɔzal] *adj* scrupulous.

escrutínio [iʃkru'tʃinjul] *m* scrutiny.

escudo [iʃ'kudul] *m* **-1.** [proteção] shield. **-2.** [moeda] escudo.

esculhambado, da [iʃkuʎãn'badu, dal] *adj* messed up.

esculhambar [iʃkuʎãn'ba(x)] *fam vt* **-1.** [repreender] to tell off. **-2.** [avacalhar] to trash. **-3.** [desarrumar] to mess up. **-4.** [quebrar] to screw up.

esculpir [iʃkuw'pi(x)] *vt* to sculpt.

escultor, ra [iʃkuw'to(x), ral] (*mpl* **-es**, *fpl* **-s**) *m, f* sculptor.

escultura [iʃkuw'tural] *f* sculpture.

escuna [iʃ'kunal] *f* schooner.

escuras [iʃ'kuraʃ] *fpl* ▷ **escuro**.

escurecer [iʃkure'se(x)] ◇ *vt* [tornar escuro] to darken. ◇ *vi* **-1.** [anoitecer] to go dark. **-2.** [ficar escuro] to get dark.

escuridão [iʃkuri'dãw] *f* darkness.

escuro, ra [iʃ'kuru, ral *adj* **-1.** [ger] dark. **-2.** [pessoa] dark-skinned.

→ **escuro** *m* [escuridão] darkness.

→ **às escuras** *loc adv* **-1.** [sem luz] in the dark. **-2.** *fig* [às escondidas] on the quiet.

escusa [iʃ'kuzal *f* excuse.

escusar [iʃku'za(x)] *vt* [desculpar]: ~ alguém (de) to excuse sb (for).

→ **escusar-se** *vp* **-1.** [desculpar-se]: ~ se (de) to excuse o.s. (for). **-2.** [dispensar-se]: ~ -se de to be excused from.

escuta [iʃ'kutal *f* listening; ~ telefônica phone tap.

→ **à escuta** *loc adv* listening.

escutar [iʃku'ta(x)] ◇ *vt* **-1.** [ouvir] to hear; [prestar atenção] to listen to. **-2.** [dar ouvidos a] to hear out. **-3.** [atender a] to heed. ◇ *vi* [ouvir] to hear; [prestar atenção] to listen.

esfacelar [iʃfase'la(x)] *vt* to destroy.

→ **esfacelar-se** *vp* to destroy o.s.

esfaquear [iʃfa'kja(x)] *vt* to stab.

esfarelar [iʃfare'la(x)] *vt* to crumble.

→ **esfarelar-se** *vp* to crumble.

esfarrapado, da [iʃfaxa'padu, dal *adj*

-1. [roto] scruffy. **-2.** [não-convincente] unconvincing.

esfarrapar [iʃfaxa'pa(x)] *vt* to tear up.

esfera [iʃ'feral *f* **-1.** [ger] sphere. **-2.** [globo] globe.

esférico, ca [iʃ'fɛriku, kal *adj* spherical.

esferográfica [iʃfero'grafikal *f* ballpoint pen.

esfomeado, da [iʃfo'mjadu, dal *adj* starving.

esforçado, da [iʃfox'sadu, dal *adj* committed.

esforçar-se [iʃfox'saxsil *vp* to make an effort.

esforço [iʃ'foxsul *m* effort.

esfregar [iʃfre'ga(x)] *vt* **-1.** [friccionar] to scrub. **-2.** [lavar] to scrub.

→ **esfregar-se** *vp* **-1.** [friccionar-se] to rub o.s. **-2.** [lavar-se] to scrub o.s. **-3.** *fam* [bolinar-se] to fondle each other.

esfriar [iʃfri'a(x)] ◇ *vt* to cool. ◇ *vi* **-1.** [perder o calor] to get cold. **-2.** *fig* [arrefecer] to cool.

esfuziante [iʃfu'zjãntʃil *adj* [alegre] effusive.

esganar [iʒga'na(x)] *vt* to strangle.

esganiçado, da [iʒgani'sadu, dal *adj* shrill.

esgarçar [iʒgax'sa(x)] ◇ *vt* to tear. ◇ *vi* to wear thin.

esgotado, da [iʒgo'tadu, dal *adj* **-1.** [exausto] exhausted. **-2.** [acabado - paciência, crédito] exhausted; [- reservas naturais] depleted; [- prazo] finished. **-3.** *fig* [esquadrinhado] scrutinized. **-4.** [totalmente vendido] sold out.

esgotamento [iʒgota'mẽntul *m* [exaustão] exhaustion.

esgotar [iʒgo'ta(x)] *vt* **-1.** [ger] to exhaust. **-2.** [esquadrinhar] to scrutinize. **-3.** [esvaziar, secar] to drain.

→ **esgotar-se** *vp* **-1.** [ger] to be exhausted. **-2.** [ser vendido totalmente] to be sold out.

esgoto [iʒ'gotul *m* drain.

esgrima [iʒ'grimal *f* fencing.

esguelha [iʒ'geʎal *f* slant.

→ **de esguelha** *loc adv* obliquely; **olhar de esguelha** to cast a sidelong glance.

esguichar [iʒgi'ʃa(x)] ◇ *vt* to squirt. ◇ *vi* to gush.

esguicho [iʒ'giʃul *m* squirt.

esguio, guia [iʒ'giu, gial *adj* willowy.

esmagador, ra [iʒmaga'do(x), ral (*mpl* **-es**, *fpl* **-s**) *adj* overwhelming.

esmagar [iʒma'ga(x)] *vt* **-1.** [esmigalhar] to crush. **-2.** *fig* [vencer] to overpower.

esmalte [iʒ'mawtʃil *m* enamel; ~ **de unha** nail polish *UK*, nail enamel *US*.

esmerado, da [iʒme'radu, dal *adj* **-1.** [cuidadoso] meticulous. **-2.** [bem acabado - produção] accomplished; [- trabalho] well finished.

esmeralda [iʒme'rawdaʃ] f emerald.

esmerar-se [iʒme'raxsiʃ] vp: ~ -se em algo/em fazer algo to be meticulous about sthg/about doing sthg.

esmero ['iʒmerul] m meticulousness.

esmigalhar [iʒmiga'ʎa(x)] vt -1. [fazer em migalhas] to crumble. -2. [despedaçar] to shatter. -3. [esmagar] to crush.
→ **esmigalhar-se** vp -1. [fazer-se em migalhas] to crumble. -2. [despedaçar-se] to shatter.

esmiuçar [iʒmju'sa(x)] vt -1. [explicar] to explain in great detail. -2. [investigar] to scrutinize.

esmo ['eʒmul] → a esmo loc adv at random.

esmola [iʒ'mɔlal] f alms (pl).

esmorecer [iʒmore'se(x)] vt [pessoa] to discourage. ⬦ vi -1. [pessoa] to lose heart. -2. [luz] to diminish.

esmurrar [iʒmu'xa(x)] vt to punch.

esnobe [iʒ'nɔbil] ⬦ adj snobbish. ⬦ mf snob.

esnobismo [iʒno'biʒmul] m snobbishness.

esotérico, ca [ezo'tɛriku, kal] adj esoteric.

esoterismo [ezote'riʃmul] m esotericism.

espaçado, da [iʃpa'sadu, dal] adj -1. [com intervalos] spaced out. -2. [esparso] scattered.

espacial [iʃpa'sjawl] (pl -ais) adj space (antes do subst).

espaço [iʃ'pasul] m -1. [ger] space; ~ aéreo air space. -2. [o universo] outer space. -3. [de tempo] space.

espaçoso, osa [iʃpa'sozu, ɔzal] adj spacious.

espada [iʃ'padal] f [arma] sword.
→ **espadas** fpl [naipe] spades.

espádua [iʃ'padwal] f shoulder blade.

espaguete [iʃpa'getʃil] m spaghetti.

espairecer [iʃpajre'se(x)] vt & vi to relax.

espaldar [iʃpaw'da(x)] m [de cadeira, sofá] back.

espalhafato [iʃpaʎa'fatul] m commotion.

espalhar [iʃpa'ʎa(x)] vt -1. [ger] to spread. -2. [dispersar - semente] to scatter; [- fumaça, odor] to spread. -3. [difundir] to diffuse.
→ **espalhar-se** vp -1. [dissipar-se] to dissipate. -2. [propagar-se] to be spread.

espanador [iʃpana'do(x)] (pl -es) m duster.

espancamento [iʃpãŋka'mẽntul] m beating.

espancar [iʃpãŋ'ka(x)] vt to beat.

Espanha [iʃ'pãɲal] n Spain.

espanhol, la [iʃpã'ɲow, lal] (mpl -óis, fpl -s) ⬦ adj Spanish. ⬦ m, f Spaniard.
→ **espanhol** m [língua] Spanish.

espantado, da [iʃpãn'tadu, dal] adj -1. [assustado] startled. -2. [surpreso] astonished.

espantalho [iʃpãn'taʎul] m [boneco] scarecrow.

espantar [iʃpãn'ta(x)] ⬦ vt -1. [assustar] to frighten. -2. [afugentar] to frighten (away). -3. [surpreender] to amaze. ⬦ vi [surpreender] to be amazing.
→ **espantar-se** vp -1. [assustar-se] to be frightened. -2. [surpreender-se] to be amazed.

espanto [iʃ'pãntul] m -1. [susto] fright. -2. [assombro] amazement.

espantoso, osa [iʃpãn'tozu, ɔzal] adj -1. [surpreendente] startling. -2. [admirável] astounding.

esparadrapo [iʃpara'drapul] m sticking plaster UK, Band-Aid® US.

esparramar [iʃpaxa'ma(x)] vt -1. [espalhar] to scatter. -2. [derramar] to splash.
→ **esparramar-se** vp [refastelar-se] to sprawl.

esparso, sa [iʃ'paxsu, sal] adj -1. [espalhado] sparse. -2. [raro] scarce.

espartilho [iʃpax'tiʎul m corset.

espasmo [iʃ'paʒmul m spasm.

espatifar [iʃpatʃi'fa(x)] vt & vi to smash.
→ **espatifar-se** vp to shatter.

espátula [iʃ'patulal f spatula.

especial [iʃpe'sjawl] (pl -ais) adj special; em ~ in particular.

especialidade [iʃpesjali'dadʒil f speciality.

especialista [iʃpesja'liʃtal] ⬦ adj [perito]: ~ em expert in. ⬦ mf -1. [profissional] expert. -2. [perito]: ~ em specialist in.

especializar-se [iʃpesjali'zaxsil vp: ~ (em) to specialize (in).

especiaria [iʃpesja'rial f spice.

espécie [iʃ'pɛsjil f -1. BIOL species. -2. [tipo] kind.
→ **em espécie** loc adv FIN (in) cash.

especificar [iʃpesifi'ka(x)] vt to specify.

específico, ca [iʃpe'sifiku, kal] adj specific.

espécime [iʃ'pɛsimil (pl -es), **espécimen** [iʃ'pɛsimẽl (pl -ns) m specimen.

espectador, ra [iʃpekta'do(x), ral (mpl -res, fpl -ras) m, f -1. [testemunha] witness. -2. [de espetáculo etc] spectator.
→ **espectadores** mpl viewers.

espectro [iʃ'pektrul m -1. [fantasma] ghost. -2. FÍSICA spectrum. -3. fig [pessoa esquálida] wretch.

especulação [iʃpekula'sãw] (*pl* -ões) *f* speculation.

especular [iʃpeku'la(x)] *vt* [averiguar] to speculate upon.

espelho [iʃ'peʎu] *m* mirror; ~ retrovisor rearview mirror.

espera [iʃ'pɛra] *f* -1. [ato] wait; à ~ de waiting for. -2. [tempo] delay. -3. [tocaia] ambush.

esperança [iʃpe'rãnsal] *f* -1. [expectativa] expectation. -2. [confiança] hope.

esperançoso, osa [iʃperãn'sozu, ɔzal] *adj* hopeful.

esperar [iʃpe'ra(x)] <> *vt* -1. [aguardar] to wait for. -2. [bebê] to expect. -3. [desejar]: ~ que to hope that; ~ fazer algo to hope to do sthg. -4. [supor] to expect. -5. [estar destinado a] to await. -6. [contar obter] to expect. <> *vi* [aguardar]: to hope; espera (aí)! wait (a moment)!

➡ **esperar-se** *vp*: como era de se ~ as was to be expected.

esperma [iʃ'pɛxmal] *m* sperm.

espermicida [iʃpexmi'sidal] <> *adj* spermicidal. <> *m* spermicide.

espernear [iʃpex'nja(x)] *vi* -1. [sacudir as pernas] to kick one's legs. -2. *fig* [protestar] to (put up a) protest.

espertalhão, ona [iʃpexta'ʎãw, onal] (*mpl* -ões, *fpl* -s) <> *adj* crafty. <> *m*, *f* smart operator.

esperteza [iʃpex'tezal] *f* -1. [inteligência] intelligence. -2. [astúcia] shrewdness; foi muita ~ dele fazer isso it was very shrewd of him to do that.

esperto, ta [iʃ'pɛxtu, tal] *adj* -1. [inteligente] smart. -2. [ativo] lively. -3. [espertalhão] clever. -4. *fam* [bacana] groovy.

espesso, a [iʃ'pesu, sal] *adj* thick.

espessura [iʃpe'sural] *f* thickness.

espetacular [iʃpetaku'la(x)] (*pl* -es) *adj* amazing.

espetáculo [iʃpe'takulul] *m* -1. [show] show. -2. [maravilha]: ser um ~ to be amazing. -3. [cena ridícula] spectacle; ele deu o maior ~ aqui por causa da bebedeira he made a spectacle of himself here being so drunk.

espetar [iʃpe'ta(x)] *vt* to impale.

➡ **espetar-se** *vp* to prick o.s.

espeto [iʃ'petul] *m* -1. [utensílio de churrasco] (roasting) spit. -2. *fig* [pessoa magra] beanpole. -3. *fig* [situação difícil]: ser um ~ to be difficult.

espevitado, da [iʃpevi'tadu, dal] *adj* lively.

espevitar [iʃpevi'ta(x)] ➡ **espevitarse** *vp* -1. [mostrar-se afetado] to show off. -2. [irritar-se] to fly off the handle.

espezinhar [iʃpɛzi'ɲa(x)] *vt* -1. [implicar

com] to put down. -2. [humilhar] to trample (on).

espiada [iʃ'pjadal *f* peep; dar uma ~ to have a peep, to have a look-see.

espião, pia [iʃ'pjãw, pial (*mpl* -ões, *fpl* -s) *m*, *f* spy.

espiar [iʃ'pja(x)] <> *vt* -1. [olhar] to watch. -2. [espionar] to spy on. <> *vi* -1. [olhar]: ~ (por) [pela fechadura] to look (through); [pelo canto do olho] to glance. -2. [espionar] to spy.

espichado, da [iʃpi'ʃadu, dal *adj* -1. [pessoa] stretched out. -2. [corda] tight.

espichar [iʃpi'ʃa(x)] <> *vt* [esticar] to stretch out. <> *vi* [crescer] to shoot up.

➡ **espichar-se** *vp* [espreguiçar-se] to stretch (out).

espiga [iʃ'pigal *f* ear.

espinafrar [iʃpina'fra(x)] *vt* -1. [repreender] to reprimand. -2. [criticar] to lambaste.

espinafre [iʃpi'nafril *m* spinach.

espingarda [iʃpĩŋ'gaxdal *f* shotgun.

espinha [iʃ'piɲal *f* -1. [na pele] pimple. -2. [de peixe] bone. -3. ANAT spine.

espinho [iʃ'piɲul *m* -1. [de planta] thorn. -2. [de porco-espinho] quill. -3. [de ouriço] spine. -4. *fig* [dificuldade] snag.

espinhoso, osa [iʃpi'nozu, ɔzal *adj* thorny.

espionagem [iʃpio'naʒẽl *f* espionage.

espionar [iʃpio'na(x)] <> *vt* to spy on. <> *vi* to snoop.

espiral [iʃpi'rawl] (*pl* -ais) <> *adj* spiral. <> *f* spiral; em ~ in a spiral; escada em ~ spiral staircase.

espiritismo [iʃpiri'tʃiʒmul *m* spiritualism.

espírito [iʃ'piritul *m* -1. [ger] spirit. -2. [temperamento]: ~ esportivo competitive spirit.

➡ **Espírito Santo** *m* Holy Spirit.

espiritual [iʃpiri'twawl] (*pl* -ais) *adj* spiritual.

espirituoso, osa [iʃpiri'twozu, ɔzal *adj* witty.

espirrar [iʃpi'xa(x)] <> *vi* -1. [dar espirro] to sneeze. -2. [jorrar] to squirt out. <> *vt* [jorrar] to squirt.

espirro [iʃ'pixul *m* sneeze.

esplanada [iʃpla'nadal *f* esplanade.

esplêndido, da [iʃ'plẽdʒidu, dal *adj* splendid.

esplendor [iʃplẽ'do(x)] *m* splendour *UK*, splendor *US*.

espólio [iʃ'pɔljul *m* -1. [herança] inheritance. -2. [restos] remains (*pl*).

esponja [iʃ'põʒal *f* -1. [ger] sponge. -2. *fig* [beberrão] soak.

espontâneo, nea [iʃpõn'tãnju, njal *adj* spontaneous.

espora [iʃ'pɔral *f* spur.

esporádico, ca [iʃpo'radʒiku, kal *adj* sporadic.

esporte [iʃ'pɔxtʃil *m* sport.

esportista [iʃpox'tʃiʃtal <> *adj* sporty. <> *mf* sportsman (*f* sportswoman).

esportivo, va [iʃpox'tʃivu, val *adj* sports (*antes de subst*).
➡ **esportiva** *f* (sense of) fair play.

esposa [iʃpo'zal *f* wife.

esposo [iʃ'pozul *m* husband.

espreguiçadeira [iʃpregisa'dejral *f* deckchair.

espreguiçar-se [iʃpregi'saxsil *vp* to stretch.

espreita [iʃ'prejtal *loc*: à ~ (de) on the lookout (for).

espremedor [iʃpreme'do(x)l (*pl* -es) *m* masher; ~ de laranja orange squeezer.

espremer [iʃpre'me(x)l *vt* -1. [apertar] to squeeze. -2. [comprimir - fruta] to squeeze; [- toalha molhada] to wring out.

espuma [iʃ'pumal *f* foam.

espumante [iʃpu'mãntʃil *adj* sparkling.

espumar [iʃpu'ma(x)l *vi* to foam.

espúrio, ria [iʃ'purju, rjal *adj* spurious.

esquadra [iʃ'kwadral *f* -1. NÁUT fleet. -2. MIL squadron.

esquadrão [iʃkwa'drãwl (*pl* -ões) *m* squadron.

esquadrilha [iʃkwa'driʎal *f* flotilla.

esquartejar [iʃkwaxte'ʒa(x)l *vt* to quarter.

esquecer [iʃke'se(x)l <> *vt* to forget; ~ que to forget that. <> *vi*: ~ (de algo/alguém) to forget (sthg/sb); ~ de fazer algo to forget to do sthg.
➡ **esquecer-se** *vp*: ~-se (de algo) to forget (about sthg); ~-se de fazer algo to forget to do sthg.

esquecido, da [iʃke'sidu, dal *adj* -1. [não lembrado] forgotten. -2. [distraído] forgetful.

esqueleto [iʃke'letul *m* -1. [ossatura] skeleton. -2. [estrutura] skeleton. -3. [esboço] rough draft. -4. *fig* [pessoa magra] bag of bones, skeleton.

esquema [iʃ'kemal *m* -1. [gráfico] diagram. -2. [plano] plan. -3. [resumo] schema.

esquentar [iʃkẽn'ta(x)l <> *vt* [aquecer] to heat up. <> *vi* -1. [aquecer] to get hot. -2. *fig* [exaltar-se] to become irritable.
➡ **esquentar-se** *vp* -1. [aquecer-se] to warm o.s. up. -2. *fig* [exaltar-se] to get annoyed.

esquerdo, da [iʃ'kexdu, dal *adj* left.
➡ **esquerda** *f* -1. [lado] left; à ~ on the left. -2. POL left wing.

esquete [iʃ'kɛtʃil *m* sketch.

esqui [iʃ'kil *m* -1. [patim] ski. -2. [espor-

te] skiing; ~ aquático water-skiing.

esquiador, ra [iʃkja'do(x), ral *m, f* skier.

esquiar [iʃ'kja(x)l *vi* to ski.

esquilo [iʃ'kilul *m* squirrel.

esquimó [iʃki'mɔl <> *adj* Eskimo. <> *mf* Eskimo.
➡ **esquimó** *m* [língua] Eskimo.

esquina [iʃ'kinal *f* corner; dobrar a ~ to turn the corner.

esquisito, ta [iʃki'zitu, tal *adj* -1. [incomum] strange. -2. [pessoa] strange.

esquivar-se [iʃki'vaxsil *vp*: ~-se de algo to dodge sthg.

esquivo, va [iʃ'kivu, val *adj* aloof.
➡ **esquiva** *f* dodge.

esse, essa ['esi, 'ɛsal <> *adj* that, those (*pl*). <> *pron* that (one), those (ones) (*pl*).

essência [e'sẽnsjal *f* essence.

essencial [esẽn'sjawl (*pl* -ais) <> *adj* -1. [ger] essential. -2. [preocupação, benefício, trecho] main. <> *m*: o ~ [o mais importante] the main thing.

esta ['ɛʃtal ▷ **este**.

estabelecer [iʃtabele'se(x)l *vt* -1. [ger] to establish. -2. [instalar] to set up.
➡ **estabelecer-se** *vp* -1. [firmar-se] to establish o.s. -2. [instalar-se] to be established. -3. [em negócio] to become established. -4. [determinar-se]: ~-se (que) to be established (that).

estabelecimento [iʃtabelesi'mẽntul *m* establishment.

estabilidade [iʃtabili'dadʒil *f* stability.

estabilizador [iʃtabiliza'do(x)l (*pl* -es) *m* COMPUT transformer.

estabilizar [iʃtabili'za(x)l *vt* to stabilize.
➡ **estabilizar-se** *vp* to become stable.

estábulo [iʃ'tabulul *m* stable.

estaca [iʃ'takal *f* -1. [para cravar] stake. -2. [de construção] support. -3. [de barraca] post.

estação [iʃta'sãwl (*pl* -ões) *f* -1. [de trem, metrô, ônibus] station. -2. [período]: ~ (do ano) season (of the year); ~ de chuvas rainy season; [de colheita]: frutas da ~ fruits of the season. -3. [estância]: ~ de águas spa. -4. [para fins científicos] station. -5. RÁDIO & TV station.

estacionamento [iʃtasjona'mẽntul *m* -1. [ato] parking. -2. [lugar] car park.

estacionar [iʃtasjo'na(x)l <> *vt* AUTO to park. <> *vi* -1. AUTO to park. -2. [não evoluir] to remain stationary.

estacionário, ria [iʃtasjo'narju, rjal *adj* -1. [parado] stationary. -2. ECON [estagnado] stagnant.

estada [iʃ'tadal, **estadia** [iʃ'tadʒial *f* stay.

estádio [iʃ'tadʒjul *m* stadium.

estadista [iʃta'dʒiʃtal *mf* statesman.

estado [iʃ'tadul *m* -1. [ger] state; em

bom/mau ~ in good/bad condition; ~ civil marital status; ~ **de espírito** state of mind; ~ **de saúde** (state of) health; ~ **de sítio** state of siege; ~ **gasosa/líquido/sólido** gaseous/liquid/solid state. **- 2.** *POL* state.

➡️ **Estado** *m* [país] state.

estado-maior [iʃ,taduma'jo(x)] *(pl* **estados-maiores**) *m* *MIL* general staff *UK*, army/air staff *US*.

Estados Unidos da América *n*: **os ~** the United States of America.

estadual [iʃta'dwaw] *(pl* **-ais**) *adj* [receita, constituição] state *(antes de subst)*.

estadunidense [iʃtaduni'dẽnsi] ⬦ *adj* American. ⬦ *mf* American.

estafa [iʃ'tafa] *f* **-1.** [esgotamento] exhaustion; **ter uma ~** to be exhausted. **- 2.** [fadiga] exhaustion.

estafado, da [iʃta'fadu, da] *adj* exhausted.

estagflação [iʃtagf'lasãw] *f* *ECON* stagflation.

estagiário, ria [iʃta'ʒjarju, rja] *m, f* trainee.

estágio [iʃ'taʒu] *m* **-1.** [fase] stage. **-2.** [treinamento] training period.

estagnação [iʃtagna'sãw] *f* stagnation.

estagnado, da [iʃtag'nadu, da] *adj* stagnant.

estagnar [iʃtag'na(x)] ⬦ *vt* to make stagnant. ⬦ *vi* to stagnate.

➡️ **estagnar-se** *vp* to be stagnant.

estalagem [iʃta'laʒẽ] *(pl* **-ns**) *f* inn.

estalar [iʃta'la(x)] ⬦ *vt* **-1.** [dedos] to snap. **-2.** [nozes, ovos] to crack. ⬦ *vi* **-1.** [rachar] to crack. **-2.** [crepitar] to crackle.

estaleiro [iʃta'lejru] *m* shipyard.

estalido [iʃta'lidu] *m* **-1.** [de dedos] snapping. **-2.** [de chicote, fogos] cracking.

estalo [iʃ'talu] *m* [de dedos] snap; [de chicote] crack; [de trovão] crash; [de foguete] bang; **de ~** [de repente] suddenly.

estampa [iʃ'tãnpa] *f* **-1.** [ger] print. **-2.** [aparência] appearance.

estampado, da [iʃtãn'padu, da] *adj* **-1.** [tecido] printed. **-2.** *fig* [evidente] etched.

➡️ **estampado** *m* **-1.** [tecido] printed cloth. **-2.** [padrão impresso] print.

estampar [iʃtãn'pa(x)] *vt* **-1.** [imprimir] to print. **-2.** [marcar] to imprint. **-3.** *fig* [mostrar]: **a mulher estampava no rosto seu desespero** the woman's despair was etched on her face.

estampido [iʃtãn'pidu] *m* bang.

estancar [iʃtãn'ka(x)] *vt* & *vi* to stem *UK*, to staunch *US*.

estância [iʃ'tãnsja] *f* **-1.** [fazenda] estate. **-2.** [estação]: ~ **hidromineral** spa. **-3.**

[estrofe] strophe, stanza.

estandarte [iʃtãn'daxtʃi] *m* standard.

estanho [iʃ'taɲu] *m* tin.

estante [iʃ'tãntʃi] *f* **-1.** [móvel] bookcase. **-2.** [suporte] stand.

estapafúrdio, dia [iʃtapa'furdʒju, dʒjal *adj* outlandish.

estar [iʃ'ta(x)] *vi* **-1.** [com lugar] to be; [em casa] to be at home, to be in; **ela estará lá à hora certa** she'll be there on time; **estarei no emprego às dez** I'll be at work at ten. **-2.** [exprime estado] to be; **está quebrado** it's out of order; ~ **bem/mal de saúde** to be well/unwell; **está muito calor/frio** it's very hot/cold. **-3.** [manter-se] to be; **estive em casa toda a tarde** I was at home all afternoon; **estive esperando** I was waiting; **estive fora três anos** I lived abroad for three years; **deixe ~ ...** let it be ... **-4.** [em locuções]: **está bem** *ou* **certo!** OK!, all right!

➡️ **estar a** *v + prep* [relativo a preço] to cost, to be; **o camarão está a 25 reais o quilo** shrimp cost *ou* are 25 reals a kilo.

➡️ **estar de** *v + prep*: ~ **de baixa/férias** to be on sick leave/vacation; ~ **de saia** to be wearing a skirt; ~ **de vigia** to keep watch.

➡️ **estar para** *v + prep*: ~ **para fazer algo** to be about to do sthg; **estou para sair** I'm about to go out, I'm on my way out; **ele está para chegar** he'll be here any minute now; **não estou para brincadeiras** I'm not in the mood for silly games.

➡️ **estar perante** *v + prep* [frente a] to be facing; **você está perante um gênio** you're in the presence of a genius.

➡️ **estar por** *v + prep* [apoiar] to support; [por realizar]: **a cama está por fazer** the bed hasn't been made yet; **a limpeza está por fazer** the cleaning hasn't been done yet.

➡️ **estar sem** *v + prep*: **estou sem tempo** I don't have time; **estou sem dinheiro** I don't have any cash; **ele está sem comer há dois dias** he hasn't eaten for two days.

estardalhaço [iʃtaxda'ʎasu] *m* **-1.** [bulha] racket. **-2.** [ostentação] flamboyance.

estarrecer [iʃtaxe'se(x)] ⬦ *vt* to appal *UK*, to appall *US*. ⬦ *vi* to be appalled.

estarrecido, da [iʃtaxe'sidu, da] *adj* shaken.

estatal [iʃta'taw] *(pl* **-ais**) ⬦ *adj* state *(antes de subst)*. ⬦ *f* [empresa] state-owned company.

estatelado, da [iʃtate'ladu, da] *adj* [no chão] sprawled.

estático, ca [iʃ'tatʃiku, ka] *adj* **-1.** [imóvel] still. **-2.** FÍS static.

estatístico, ca [iʃta'tʃiʃtʃiku, ka] <> adj statistical. <> m, f [profissional] statistician.

➤ **estatística** f statistics.

estátua [iʃ'tatwa] f statue.

estatura [iʃta'tura] f **-1.** [física] stature; ~ **alta/baixa/mediana** tall/short/medium stature. **-2.** [intelectual, moral] standing.

estatuto [iʃta'tutu] m statute.

estável [iʃ'tavew] (pl -eis) adj **-1.** [ger] stable. **-2.** [cotação] fixed.

este¹ [ˈeʃtʃi] m east

este², esta [ˈeʃtʃi] <> adj this, these (pl). <> pron this (one), these ones (pl).

esteio [iʃ'teju] m **-1.** [escora] prop. **-2.** NÁUT chock. **-3.** fig [amparo] breadwinner.

esteira [iʃ'tejra] f **-1.** [tecido] woven mat. **-2.** [usada na praia] reed mat. **-3.** [rolante] moving carpet. **-4.** fig [caminho] path; na ~ de in the course of.

estelionato [iʃteljo'natu] m swindle.

estender [iʃtẽn'de(x)] vt **-1.** [ger] to spread. **-2.** [roupa] to hang out. **-3.** [corda, fio] to stretch out. **-4.** [massa] to roll out. **-5.** [pernas, braços, mãos] to stretch out. **-6.** [limites] to extend. **-7.** [oferecer]: ~ **algo para alguém** to give sthg to sb. **-8.** [prolongar] to prolong.

➤ **estender-se** vp **-1.** [ocupar]: ~-**se por** to spread out over. **-2.** [durar]: ~-**se (por)** to last (for). **-3.** [deitar-se]: ~-**se (em)** to lie down (on).

estenodatilógrafo, fa [iʃtenodatʃi'lografu, fa] m, f shorthand typist UK, stenographer US.

estenografia [iʃtenogra'fia] f shorthand UK, stenography US.

estepe [iʃ'tɛpi] <> m [pneu] spare wheel. <> f [vegetação] steppe.

esterco [iʃ'texkul] m manure.

estéreo [iʃ'tɛrju] adj stereo.

estereofônico, ca [iʃterjo'foniku, ka] adj stereophonic.

estereótipo [iʃte'rjɔtʃipu] m stereotype.

estéril [iʃ'tɛriw] (pl -eis) adj **-1.** [ger] sterile. **-2.** [terreno] barren. **-3.** fig [inútil, infrutífero] pointless.

esterilização [iʃteriliza'sãw] (pl -ões) f sterilization.

esterilizado, da [iʃterili'zadu, da] adj sterilized.

esterilizar [iʃterili'za(x)] vt to sterilize.

esterlino, na [iʃtex'linu, na] <> adj: **libra** ~ pound sterling. <> m sterling.

estético, ca [iʃ'tɛtʃiku, ka] adj **-1.** [artístico] aesthetic UK, esthetic US. **-2.** [harmonioso] tasteful.

➤ **estética** f **-1.** FILOSOFIA aestheticism UK, estheticism US. **-2.** [beleza] beauty; [do corpo] physical beauty.

estetoscópio [iʃtɛtoʃ'kɔpjul] m stethoscope.

estiagem [iʃ'tʃjaʒẽ] (pl -ns) f **-1.** [período seco] dry spell. **-2.** [de rio, fonte] drying out.

estiar [iʃ'tʃja(x)] vi **-1.** [parar de chover] to stop raining. **-2.** [faltar chuva] to be dry.

estibordo [iʃtʃi'bɔxdul] m starboard; a ~ to starboard.

esticar [iʃtʃi'ka(x)] <> vt to stretch. <> vi **-1.** [distender-se] to stretch. **-2.** fam [prolongar saída]: ~ **(em)** to go on (to).

➤ **esticar-se** vp [pessoa] to stretch.

estigma [iʃ'tʃigma] m **-1.** [ger] stigma. **-2.** [ferrete] mark; a **Inquisição o condenou a usar o** ~ **de cristão-novo** the Inquisition branded him a neo-Christian.

estigmatizar [iʃtʃigmatʃi'za(x)] vt **-1.** [com infâmia] to stigmatize. **-2.** [com preconceito] to revile.

estilhaçar [iʃtʃiʎa'sa(x)] vt to shatter.

➤ **estilhaçar-se** vp to be shattered.

estilhaço [iʃtʃi'ʎasul] m **-1.** [de plástico, granada] splinter. **-2.** [de vidro] shard.

estilista [iʃtʃi'liʃta] mf **-1.** [escritor] stylist. **-2.** [de moda] fashion designer.

estilo [iʃ'tʃilul] m style; ~ **de vida** way of life; **em grande** ~ [com pompa] in grande style.

estima [iʃ'tʃima] f **-1.** [apreço] esteem. **-2.** [afeição] affection.

estimação [iʃtʃima'sãw] f: **de** ~ prized; **minha caneta de** ~ my favourite pen; **animal de** ~ (family) pet.

estimado, da [iʃtʃi'madu, da] adj **-1.** [avaliado] estimated. **-2.** [querido] esteemed.

estimar [iʃtʃi'ma(x)] vt **-1.** [ger] to prize. **-2.** [avaliar]: ~ **algo (em)** to estimate sthg (at). **-3.** [desejar]: ~ **as melhoras de alguém** to hope sb gets better; ~ **que** to hope that.

estimativa [iʃtʃima'tʃival f estimation.

estimulante [iʃtʃimu'lãntʃil <> adj stimulating. <> m stimulant.

estimular [iʃtʃimu'la(x)] vt **-1.** [excitar, ativar] to stimulate. **-2.** [instigar] to incite. **-3.** [incentivar]: ~ **alguém (a fazer algo)** to encourage sb (to do sthg).

estímulo [iʃ'tʃimulul m **-1.** [ger] stimulus. **-2.** [excitação] stimulant. **-3.** [incentivo] motivation.

estipular [iʃtʃipu'la(x)] vt to stipulate.

estirar [iʃtʃi'ra(x)] vt **-1.** [alongar] to stretch. **-2.** [estender ao comprido] to stretch out.

➠ **estirar-se** *vp* [deitar-se] to stretch o.s out.

estivador, ra [iʃtʃiva'do(x), ra] (*mpl* -es, *fpl* -s) *m, f* stevedore.

estocada [iʃto'kada] *f* stab.

estocar [iʃto'ka(x)] *vt* -1. [armazenar] to stock. - 2. [dar estocada em] to stab.

Estocolmo [iʃto'kowmul] *n* Stockholm.

estofar [iʃto'fa(x)] *vt* -1. [revestir] to upholster. - 2. [acolchoar] to stuff.

estofo [iʃ'toful] *m* -1. [revestimento] reupholstery. - 2. [acolchoamento] stuffing.

estoicismo [iʃtoj'siʒmul] *m* stoicism.

estóico, ca [iʃ'tɔjku, ka] <> *adj* -1. FILOSOFIA stoical, stoic. - 2. *fig* [austero] stoical. <> *m, f fig* [pessoa austera] stoic.

➠ **estóica** *f* FILOSOFIA stoicism.

estojo [iʃ'toʒul] *m* case; ~ **de unhas** manicure set.

estola [iʃ'tɔla] *f* stole.

estômago [iʃ'tomagul] *m* -1. ANAT stomach. - 2. *fig* [paciência]: **ter ~ para (fazer) algo** to have the stomach for (doing) sthg.

Estônia [iʃ'tonja] *n* Estonia.

estoque [iʃ'tɔki] *m* -1. [provisão] stock. - 2. [local] store.

estória [iʃ'tɔrja] *f* story.

estorricar [iʃtoxi'ka(x)] *vt* & *vi* to scorch.

estorvo [iʃ'toxvul] *m* -1. [obstáculo] obstacle; [pessoa] hindrance. - 2. [incômodo] disturbance.

estourado, da [iʃto'radu, da] *adj* -1. [temperamental] boisterous. - 2. *fam* [fatigado] knackered.

estourar [iʃto'ra(x)] <> *vi* -1. [bomba] to explode. - 2. [pneu] to blow up. - 3. [guerra, revolução] to break out. - 4. [escândalo] to become public. - 5. *fig* [rebentar] to burst; **estar estourando de raiva/alegria** to be bursting with rage/joy. - 6. [no mais tardar]: **estourando cinco e meia** no later than five-thirty. <> *vt* -1. [bomba] to explode. - 2. [boca-de-fumo] to bust up.

estouro [iʃ'torul] *m* -1. [ger] explosion. - 2. *fam*: **ser um ~** [filme, pessoa] to be a hit; [notícia, carro] to be a sensation.

estrábico, ca [iʃ'trabiku, ka] *adj* cross-eyed.

estrabismo [iʃtra'biʒmul] *m* squint, strabismus.

estraçalhar [iʃtrasa'ʎa(x)] *vt* -1. [livro, objeto] to tear to shreds. - 2. [pessoa] to kill.

➠ **estraçalhar-se** *vp* -1. [objeto] to smash. - 2. [pessoa] to smash one another.

estrada [iʃ'trada] *m* -1. road; ~ **de ferro** railway track *UK*, railroad *US*. - 2. *fig*

[carreira] work; **estar na ~** to be in the field.

estrado [iʃ'tradul] *m* -1. [de cama] frame. - 2. [tablado] platform.

estragado, da [iʃtra'gadu, da] *adj* -1. [podre] rotten. - 2. [danificado] damaged. - 3. [mimado] spoilt.

estragão [iʃtra'gãw] *m* tarragon.

estraga-prazeres [iʃ,tragapra'zeriʃ] *mf inv* killjoy, spoilsport.

estragar [iʃtra'ga(x)] <> *vt* -1. [ger] to spoil. - 2. [danificar] to damage. <> *vi* [apodrecer] to go off.

➠ **estragar-se** *vp* -1. [deteriorar-se] to be ruined. - 2. [avariar-se] to go wrong. - 3. [apodrecer] to go rotten.

estrago [iʃ'tragul] *m* -1. [dano] damage. - 2. [desperdício] disaster.

estrangeiro, ra [iʃtrãn'ʒejru, ra] <> *adj* foreign. <> *m, f* [pessoa] foreigner.

➠ **estrangeiro** *m*: **no ~** abroad.

estrangular [iʃtrãngu'la(x)] *vt* to strangle.

estranhamento [iʃtrãɲa'mentul] *m* [espanto] surprise.

estranhar [iʃtrã'ɲa(x)] <> *vt* -1. [achar fora do comum] to find strange. - 2. [surpreender-se com] to be surprised by. - 3. [não se habituar a] to be unaccustomed to. - 4. [retrair-se diante de] to feel ill at ease with. - 5. [hostilizar] to harass. <> *vi* [causar estranheza] to be strange.

➠ **estranhar-se** *vp* [hostilizar-se] to fall out with each other.

estranho, nha [iʃ'trãɲu, ɲal] *adj* -1. [diferente, estrangeiro] foreign. - 2. [incomum, desconhecido] strange.

estratagema [iʃtrata'ʒemal] *m* stratagem.

estratégia [iʃtra'tɛʒjal] *f* strategy.

estratégico, ca [iʃtra'tɛʒiku, ka] *adj* strategic.

estrategista [iʃtrate'ʒiʃtal] *mf* strategist.

estrato [iʃ'tratul] *m* stratum.

estrear [iʃtre'a(x)] <> *vt* -1. [roupa, carro] to try out for the first time. - 2. [filme, show] to premiere. <> *vi* -1. [carreira] to start. <> *vi* -1. [filme, show] to premiere. - 2. [artista, jogador] to debut.

estrebaria [iʃtreba'rial] *f* stable.

estréia [iʃ'trɛjal] *f* -1. [de filme, show] premiere. - 2. [de artista, jogador] debut. - 3. [de roupa, carro] first time out.

estreitar [iʃtrej'ta(x)] <> *vt* -1. [diminuir] to shrink. - 2. [apertar] to narrow. - 3. [roupa] to constrict. - 4. [relações, laços] to strengthen. - 5. [tornar mais rigoroso] to tighten up. <> *vi* [estrada] to narrow.

➠ **estreitar-se** *vp* -1. [largura] to narrow. - 2. [amizade, união] to strengthen.

estreito, ta [iʃ'trejtu, ta] *adj* **-1.** [apertado] narrow. **- 2.** [vestido, saia] straight. **- 3.** [relação, amizade] strong.
➠ **estreito** *m* GEOGR strait.

estrela [iʃ'trela] *f* [ger] star; ~ **cadente** shooting star.

estrela-de-davi [iʃ'treladzidavil] (*pl* **estrelas-de-davi**) *f* Star of David.

estrelado, da [iʃtre'ladu, da] *adj* **-1.** [céu, noite] starry. **- 2.** [ovo] fried.

estrela-do-mar [iʃtreladu'ma(x)] (*pl* **estrelas-do-mar**) *f* starfish.

estremecer [iʃtreme'se(x)] <> *vt* to shake. <> *vi* **-1.** [tremer de espanto] to shiver. **- 2.** [sacudir] to shudder. **- 3.** [sofrer abalo] to be shaken.

estremecimento [iʃtremesi'mẽntul] *m* shaking.

estrépito [iʃ'trɛpitul] *m* racket.

estressado, da [iʃtre'sadu, da] *adj* stressed (out).

estressante [iʃtre'sãntʃi] *adj* stressful.

estresse [iʃ'trɛʃi] *m* stress.

estria [iʃ'tria] *f* **-1.** [sulco] groove. **- 2.** [na pele] stretch mark.

estribeira [iʃtri'bejra] *f*: **perder as ~s** *fam* to lose one's head.

estribo [iʃ'tribul] *m* **-1.** [de cavalo] stirrup. **- 2.** [degrau] step.

estridente [iʃtri'dẽntʃi] *adj* strident.

estripulia [iʃtripu'lia] *f* mischief.

estritamente [iʃtrita'mẽntʃi] *adv* [à risca] to the letter.

estrito, ta [iʃ'tritu, ta] *adj* **-1.** [rigoroso] strict. **- 2.** [exato] precise; **no sentido ~ da palavra** in the strict sense of the word.

estrofe [iʃ'trɔfi] *f* stanza.

estrogonofe [iʃtrogo'nɔfil] *m* CULIN stroganoff.

estrondo [iʃ'trõndul] *m* rumble.

estrondoso, osa [iʃtrõn'dozu, ɔza] *adj* **-1.** [ruidoso] roaring. **- 2.** [espetacular] spectacular.

estropiado, da [iʃtro'pjadu, da] *adj* **-1.** [aleijado] crippled. **- 2.** [exausto] worn out.

estropiar [iʃtro'pja(x)] *vt* **-1.** [aleijar] to cripple. **- 2.** [cansar] to tire out. **- 3.** *fig* [mutilar] to mutilate. **- 4.** *fig* [pronunciar mal] to mispronounce.

estrume [iʃ'trumil] *m* manure.

estrutura [iʃtru'tural] *f* **-1.** CONST structure. **- 2.** [armação] frame.

estruturação [iʃtrutura'sãw] (*pl* **-ões**) *f* structuring.

estrutural [iʃtrutu'raw] (*pl* **-ais**) *adj* structural.

estruturalista [iʃtrutura'liʃta] *adj* structuralist.

estuário [iʃ'twarjul] *m* estuary.

estudante [iʃtu'dãntʃil] *mf* student.

estudantil [iʃtudãn'tʃiwl] (*pl* **-is**) *adj* student *(antes de subst)*.

estudar [iʃtu'da(x)] *vt & vi* to study.

estúdio [iʃ'tudʒjul] *m* studio.

estudioso, osa [iʃtu'dʒjozu, ɔza] <> *adj* studious. <> *m, f* expert.

estudo [iʃ'tudul] *m* study.
➠ **estudos** *mpl* [formação escolar] studies.

estufa [iʃ'tufal] *f* **-1.** [para plantas] greenhouse. **- 2.** [aquecedor] stove.

estupefação [iʃtupefa'sãw] *f* [espanto] amazement.

estupefato, ta [iʃtupe'fatu, ta] *adj* [espantado] amazed.

estupendo, da [iʃtu'pẽndu, da] *adj* **-1.** [maravilhoso] wonderful. **- 2.** [espantoso] amazing.

estupidez [iʃtupi'deʃ] *f* **-1.** [condição] stupidity. **- 2.** [ato] stupid thing.

estúpido, da [iʃ'tupidu, da] <> *adj* **-1.** [burro] stupid. **- 2.** [grosseiro] rude; **um calor ~** *fig* an unbearable heat. <> *m, f* **-1.** [pessoa burra] stupid person. **- 2.** [pessoa grosseira] rude person.

estuprar [iʃtu'pra(x)] *vt* to rape.

estupro [iʃ'tuprul] *m* rape.

estuque [iʃ'tukil] *m* stucco.

esvair-se [iʒva'ixsil] *vp* **-1.** [desaparecer] to disappear. **- 2.** [desmaiar] to faint. **- 3.** *loc*: ~ **em sangue** to bleed copiously; ~ **em lágrimas** to dissolve into tears.

esvaziar [iʒva'zja(x)] *vt* **-1.** [desocupar] to empty. **- 2.** [beber de uma só vez] to drain. **- 3.** [tirar a importância de] to nullify.

esvoaçante [iʒvwa'sãntʃil] *adj* fluttering.

esvoaçar [iʒvwa'sa(x)] *vi* to flutter.

ET (*abrev de* ExtraTerrestre) *m* ET.

ETA (*abrev de* Euskadi Ta Askatasuna) *m* ETA.

etapa [e'tapal] *f* stage.

etc. (*abrev de* et cetera) etc.

eternidade [etexni'dadʒil] *f* eternity.

eternizar [etexni'za(x)] *vt* **-1.** [tornar eterno] to eternalize. **- 2.** [imortalizar] to immortalize. **- 3.** *fam* [prolongar] to drag out.
➠ **eternizar-se** *vp* **-1.** [tornar-se eterno] to become eternal. **- 2.** [imortalizar-se] to become immortal. **- 3.** *fam* [prolongar-se] to drag on.

eterno, na [e'texnu, na] *adj* eternal.

ético, ca [ɛ'tʃiku, ka] *adj* ethical.
➠ **ética** *f* ethics *(pl)*.

Etiópia [e'tʃjɔpjal] *n* Ethiopia.

etiqueta [etʃi'ketal] *f* **-1.** [ger] label; ~ **adesiva** sticky label. **- 2.** [boas maneiras] etiquette. **- 3.** [de preço] ticket; [de roupa] label.

etnia [etʃ'nial] *f* ethnic group.

étnico, ca [ɛ'tʃniku, ka] *adj* ethnic.

etnocentrismo [etʃnosěn'triȝmul *m* ethnocentrism.

eu ['ewl *pron* I; **e ~ ?** what about me?; **sou ~** it's me; **~ mesmo** *ou* **próprio** (I) myself.

EUA (*abrev de* **Estados Unidos da América**) *n* USA.

eucalipto [ewka'liptul *m* eucalyptus.

eucaristia [ewkariʃ'tʃial *f* Eucharist.

eufemismo [ewfe'miȝmul *m* euphemism.

euforia [ewfo'rial *f* euphoria.

eurodólar [ewro'dɔla(x)] *m* Eurodollar.

Europa [ew'rɔpal *n* Europe.

europeu, péia [ewro'pew, pɛjal <> *adj* European. <> *m, f* European.

evacuação [evakwa'sãwl (*pl* **-ões**) *f* evacuation.

evacuar [eva'kwa(x)] <> *vt* [desocupar] to evacuate. <> *vi* [defecar] to evacuate.

evadir [eva'dʒi(x)] *vt* **-1.** [evitar] to avoid. **-2.** [eludir] to evade.
 evadir-se *vp* [escapar] to escape.

evangelho [evãn'ȝeʎul *m* Gospel.

evangélico, ca [evãn'ȝeliku, kal <> *adj* evangelical. <> *m, f* [pessoa] evangelist.

evangelização [evãnȝeliza'sãwl (*pl* **-ões**) *f* conversion (to Christianity).

evangelizar [evãnȝeli'za(x)] *vt* to convert (to Christianity).

evaporar [evapo'ra(x)] <> *vt* [vaporizar] to evaporate. <> *vi* to evaporate.

evasão [eva'zãwl (*pl* **-ões**) *f* **-1.** [fuga] escape. **-2.** *fig* [evasiva] evasion.

evasivo, va [eva'zivu, val *adj* evasive.
 evasiva *f* evasion.

evento [e'věntul *m* event.

eventual [evěn'twawl (*pl* **-ais**) *adj* chance (*antes de subst*).

eventualmente [evěntwal'měntʃil *adv* [às vezes] occasionally.

Everest [eve'rɛʃtʃil *n*: **o ~** (Mount) Everest.

evidência [evi'děnsjal *f* evidence; **em ~** [destacado] obvious.

evidenciar [eviděn'sja(x)] *vt* **-1.** [comprovar] to prove. **-2.** [mostrar] to be evidence of. **-3.** [destacar] to show clearly.
 evidenciar-se *vp* **-1.** [comprovar-se] to be proven. **-2.** [destacar-se] to be shown clearly.

evidente [evi'děntʃil *adj* obvious.

evidentemente [eviděntʃi'měntʃil *adv* clearly.

evitar [evi'ta(x)] *vt* **-1.** [fugir a] to avoid; **~ fazer algo** to avoid doing sthg. **-2.** [impedir] to prevent.

evocar [evo'ka(x)] *vt* [trazer à lembrança] to bring to mind.

evolução [evolu'sãwl (*pl* **-ões**) *f* **-1.** BIOL evolution. **-2.** [desenrolar] development. **-3.** [movimento] expansion. **-4.** MIL exercise.

evoluir [evo'lwi(x)] *vi* **-1.** [espécie] to evolve. **-2.** [adiantar-se] to progress.

ex. (*abrev de* **exemplo**) e.g.

exacerbar [ezasex'ba(x)] *vt* **-1.** [intensificar] to exacerbate. **-2.** [irritar] to provoke.
 exacerbar-se *vp* **-1.** [intensificar-se] to be exacerbated. **-2.** [irritar-se] to be provoked.

exagerado, da [ezaȝe'radu, dal <> *adj* exaggerated. <> *m, f*: **o que ele diz é típico de um ~** what he says is typical of an exaggerator.

exagerar [ezaȝe'ra(x)] *vt* & *vi* to exaggerate.

exagero [eza'ȝerul *m* exaggeration.

exalação [ezala'sãwl (*pl* **-ões**) *f* exhalation.

exalar [eza'la(x)] *vt* to exhale.

exaltado, da [ezaw'tadu, dal *adj* **-1.** [facilmente irritável] irritable. **-2.** [fanático] fanatical. **-3.** [exacerbado] irritated.

exaltar [exaw'ta(x)] *vt* **-1.** [engrandecer] to exalt. **-2.** [irritar] to irritate. **-3.** [excitar] to excite.
 exaltar-se *vp* [irritar-se] to become irritated.

exame [e'zãmil *m* **-1.** [ger] examination. **-2.** EDUC [teste] examination, exam; **fazer um ~** to sit an examination. **-3.** [inspeção] inspection.

examinar [ezami'na(x)] *vt* **-1.** [ger] to examine. **-2.** [inspecionar] to inspect.

exasperado, da [ezaʃpe'radu, dal *adj* exasperated.

exasperar [ezaʃpe'ra(x)] *vt* to exasperate.
 exasperar-se *vp* to become exasperated.

exatidão [ezatʃi'dãwl *f* **-1.** [precisão] accuracy. **-2.** [perfeição] perfection.

exato, ta [e'zatu, tal *adj* **-1.** [preciso] exact. **-2.** [correto] correct, right.

exaurir [ezaw'ri(x)] *vt* [esgotar] to exhaust.
 exaurir-se *vp* to be exhausted.

exaustão [ezawʃ'tãwl *f* exhaustion.

exausto, ta [e'zawʃtu, tal <> *pp* ⊳ **exaurir**. <> *adj* exhausted.

exaustor [ezawʃ'to(x)] (*pl* **-es**) *m* extractor fan.

excedente [ese'děntʃil <> *adj* excess (*antes de subst*). <> *m* **-1.** COM surplus. **-2.** [aluno] student on waiting list.

exceder [ese'de(x)] *vt* exceed.
 exceder-se *vp* [cometer excessos] to go too far.

excelência [ese'lěnsjal *f* **-1.** [primazia]

excellence. -2. [tratamento]: **(Vossa) Excelência** Your Excellency.

excelente [eseˈlẽntʃil *adj* excellent.

excentricidade [esẽntrisiˈdadʒil *f* eccentricity.

excêntrico, ca [eˈsẽntriku, kal <> *adj* eccentric. <> *m, f* eccentric.

excepcional [esepsjoˈnawl (*pl* -ais) <> *adj* -1. [extraordinário, excelente] exceptional. -2. *MED* disabled. <> *mf MED* [pessoa] person with special needs.

excerto [eˈsɛxtul *m* excerpt.

excessivamente [esesivaˈmẽntʃil *adv* excessively.

excessivo, va [eseˈsivu, val *adj* excessive.

excesso [eˈsɛsul *m* -1. [ger] excess; ~ **de velocidade** excessive speed. -2. *COM* surplus. -3. [desmando]: **cometer ~s** to go too far.

exceto [eˈsɛtul *prep* except.

excetuar [eseˈtwa(x)l *vt* to except.

excitação [esitaˈsãwl *f* -1. [agitação] excitement. -2. [sexual] arousal.

excitado, da [esiˈtadu, dal *adj* -1. [agitado] excited. -2. [sexualmente] aroused.

excitante [esiˈtãntʃil *adj* -1. [ger] stimulating; **uma droga ~** a stimulant. -2. [filme] exciting.

excitar [esiˈta(x)l *vt* -1. [agitar] to excite. -2. [sexualmente] to arouse. -3. [incitar] to incite.

   ◆ **excitar-se** *vp* -1. [agitar-se] to become excited. -2. [sexualmente] to become aroused.

exclamação [iʃklamaˈsãwl (*pl* -ões) *f* exclamation.

exclamar [iʃklaˈma(x)l *vi* to exclaim.

excluir [iʃkluˈi(x)l *vt* -1. [eliminar] to exclude. -2. [omitir]: ~ **algo/alguém de** to exclude sthg/sb from. -3. [privar]: ~ **algo/alguém de** to leave sthg/sb out of. -4. [por incompatibilidade] to preclude.

exclusão [iʃkluˈzãwl (*pl* -ões) *f* exclusion.

exclusivista [iʃkluziˈviʃtal <> *adj* [individualista] self-centred. <> *mf* self-centred person.

exclusivo, va [iʃkluˈzivu, val *adj* exclusive.

excomungar [iʃkomũŋˈga(x)l *vt* to excommunicate.

excremento [iʃkreˈmẽntul *m* excrement.

excretar [iʃkreˈta(x)l *vt* [expelir] to excrete.

excursão [iʃkuxˈsãwl (*pl* -ões) *f* -1. [ger] excursion. -2. [em caminhada] walk, ramble.

excursionista [iʃkuxsjoˈniʃtal *mf* [turista] tourist; [por um dia] day-tripper; [em caminhada] walker, rambler.

execução [ezekuˈsãwl (*pl* -ões) *f* -1. [ger] execution. -2. [de peça musical] performance.

executar [ezekuˈta(x)l *vt* -1. [ger] to execute. -2. [peça musical] to perform. -3. [cumprir] to carry out.

executivo, va [ezekuˈtʃivu, val <> *adj* executive. <> *m, f* executive.

executor, ra [ezekuˈto(x), ral *m, f* executor.

exemplar [ezẽˈpla(x)l (*pl* -es) <> *adj* [modelar] exemplary. <> *m* -1. [de livro, jornal] copy. -2. [peça] example. -3. [modelo] model. -4. *BIOL* [espécie] specimen.

exemplo [eˈzẽplul *m* [ger] example; **por ~** for example; **bom/mau ~** good/bad example; **a ~ de** just like.

exéquias [eˈzɛkjaʃl *fpl* funeral rites.

exercer [ezexˈse(x)l *vt* -1. [desempenhar] to carry out; [profissão] to practise *UK*, to practice *US*. -2. [fazer sentir]: ~ **algo (sobre)** to exert sthg (on).

exercício [ezexˈsisjul *m* -1. [ger] exercise; **fazer ~** to exercise; **em ~** [presidente, diretor] in office; [professor] in service; [de profissão] practising; [de direitos] excercising. -2. *EDUC* exercise. -3. *COM*: ~ **anterior/corrente** previous/current financial year.

exército [eˈzɛxsitul *m* army.

exibição [ezibiˈsãwl (*pl* -ões) *f* -1. [demonstração] exhibition. -2. [do corpo] exhibition. -3. [de filme, obra de arte] exhibition.

exibido, da [eziˈbidu, dal *fam* <> *adj* [exibicionista] flamboyant. <> *m, f* [pessoa] exhibitionist.

exibir [eziˈbi(x)l *vt* -1. [ger] to show. -2. [ostentar] to exhibit. -3. [expor] [obra de arte] to exhibit.

   ◆ **exibir-se** *vp* -1. [mostrar-se] to show off. -2. [indecentemente] to expose o.s.

exigência [eziˈʒẽnsjal *f* -1. [imposição] demand. -2. [requisito] requirement. -3. [rigor] urgent request.

exigente [eziˈʒẽntʃil *adj* [rigoroso] demanding.

exigir [eziˈʒi(x)l *vt* -1. [reclamar] to demand; ~ **que alguém faça algo** to demand that sb do sthg. -2. [requerer] to require.

exíguo, gua [eˈzigwu, gwal *adj* -1. [diminuto] tiny. -2. [minguado] meagre.

exilado, da [eziˈladu, dal <> *adj* [pessoa] exiled. <> *m, f* [pessoa] exile.

exilar [eziˈla(x)l *vt* to exile.

   ◆ **exilar-se** *vp* to be exiled.

exílio [eˈziljul *m* -1. [ger] exile. -2. [expatriação] deportation.

exímio, mia [eˈzimju, mjal *adj* [excelente] excellent.

eximir [ezi'mi(x)] *vt*: ~ alguém de algo to exempt sb from sthg.
➤ **eximir-se** *vp*: ~-se de algo to excuse o.s. from sthg.

existência [eziʃ'tẽnsja] *f* existence.

existente [eziʃ'tẽntʃi] *adj* -1. [que existe] existing. -2. [vivente] living.

existir [eziʃ'tʃi(x)] *vi* -1. [haver] to be. -2. [viver] to exist. -3. *loc* [ser fantástico]: não ~ *fam* to be incredible; este sorvete não existe! this ice cream is incredible!

êxito ['ezitul *m* [sucesso] success; ter/não ter ~ (em) to be successful/unsuccessful (in).

êxodo ['ezodul *m* exodus; ~ rural rural exodus.

exonerar [ezone'ra(x)] *vt* -1. [demitir]: ~ alguém de algo to exonerate sb from sthg. -2. [desobrigar]: ~ alguém de algo to exonerate sb from sthg.
➤ **exonerar-se** *vp* -1. [demitir-se]: ~-se de algo to exonerate o.s. from sthg. -2. [desobrigar-se]: ~-se de algo to release o.s. from sthg.

exorbitância [ezoxbi'tãnsja] *f* -1. [excesso] excess. -2. *fam* [preço excessivo] extortionate price.

exortar [ezox'ta(x)] *vt*: ~ alguém a fazer algo to exhort sb to do sthg.

exótico, ca [e'zɔtʃiku, ka] *f* exotic.

expandir [iʃpãn'dʒi(x)] *vt* [ger] to spread.
➤ **expandir-se** *vp* -1. [dilatar-se] to spread, to be spread. -2. [ser expansivo] to be expansive.

expansão [iʃpãn'sãw] (*pl* -ões) *f* -1. [ato] expansion. -2. [efusão] outpouring.

expansivo, va [iʃpã'sivu, va] *adj* expansive.

expatriação [iʃpatrja'sãw] (*pl* -ões) *f* expatriation.

expatriar [iʃpa'trja(x)] *vt* to expatriate.

expectativa [iʃpekta'tʃiva] *f* expectation; na ~ de in the expectation of; ~ de vida life expectancy.

expedição [iʃpedʒi'sãw] (*pl* -ões) *f* -1. [de mercadorias] dispatch. -2. [por navio] shipment. -3. [por correio] dispatch. -4. [viagem] expedition. -5. [de documento] issue.

expediente [iʃpe'dʒjẽntʃi] <> *adj* [desembaraçado, diligente] efficient; ser ~ to be efficient. <> *m* -1. [horário] office hours; meio ~ part-time. -2. [pessoal] resourceful. -3. [desembaraço, diligência]: ter ~ to be resourceful. -4. [meios, recursos] expedient. -5. [correspondência] correspondence.

expedir [iʃpe'dʒi(x)] *vt* -1. [carta, mercadoria] to send. -2. [documento etc] to issue.

expedito, ta [iʃpe'dʒitu, ta] *adj* -1. [pessoa] efficient. -2. [trabalho, solução] expeditious.

expelir [iʃpe'li(x)] *vt* to expel.

experiência [iʃpe'rjẽnsja] *f* experience.

experiente [iʃpe'rjẽntʃi] *adj* experienced.

experimentar [iʃperimẽn'ta(x)] *vt* -1. [testar] to test. -2. [provar - comida, bebida] to try; [- roupa] to try on. -3. [sofrer] to go through. -4. [sentir] to experience.

experimento [iʃperi'mẽntul *m* experiment.

expiar [iʃ'pja(x)] *vt* to atone for.

expiatório, ria [iʃpja'tɔrju, rjal *adj* ▷ bode.

expirar [iʃpi'ra(x)] <> *vt* [ar] to exhale. <> *vi* -1. [encerrar] to expire. -2. [morrer] to die.

explicação [iʃplika'sãw] (*pl* -ões) *f* explanation.

explicar [iʃpli'ka(x)] *vt* & *vi* to explain.
➤ **explicar-se** *vp* [justificar-se] to explain o.s.

explicativo, va [iʃplika'tʃivu, val *adj* explanatory.

explícito, ta [iʃ'plisitu, tal *adj* explicit.

explodir [iʃplo'di(x)] <> *vi* -1. [bomba, avião, carro] to explode. -2. *fig* [não se conter] to burst; ~ de to be bursting with; ~ em to burst into. <> *vt* -1. [bomba] to detonate. -2. [edifício, avião] to blow up.

exploração [iʃplora'sãw] (*pl* -ões) *f* -1. [ger] exploration. -2. [emprego] use. -3. [de negócio] running. -4. [agrícola] cultivation, growing. -5. [abuso] exploitation. -6. [exorbitância]: ser uma ~ to be exorbitant.

explorador, ra [iʃplora'do(x), ral <> *adj* -1. [pessoa, companhia] exploring, exploratory. -2. [aproveitador] exploitative. <> *m, f* -1. [desbravador] explorer. -2. [aproveitador] exploiter.

explorar [iʃplo'ra(x)] *vt* -1. [ger] to exploit. -2. [empregar] to use. -3. [negócio] to run. -4. [desbravar] to explore.

exploratório, ria [iʃplora'toriu, rial *adj* exploratory.

explosão [iʃplo'zãw] (*pl* -ões) *f* explosion.

explosivo, va [iʃplo'zivu, val *adj* explosive.
➤ **explosivo** *m* [material] explosive.

EXPO (*abrev de* Exposição) *f* exhibition.

expor [iʃ'po(x)] *vt* -1. [mostrar] to display. -2. [explicar] to explain. -3. [exibir] to exhibit. -4. [revelar] to reveal. -5. [submeter]: ~ algo (a algo) to expose sthg (to sthg).
➤ **expor-se** *vp* -1. [submeter-se]: ~-se

a algo to expose o.s. to sthg. **-2.** [exibir-se] to expose o.s.

exportação [iʃpoxta'sãw] (*pl* **-ões**) *f* **-1.** [ato] export. **-2.** [produtos] exports *(pl)*.

exportador, ra [iʃpoxta'do(x), ra] ◇ *adj* **-1.** [país, companhia] exporting. **-2.** [política] export *(antes de subst)*. ◇ *m, f* exporter.

exportar [iʃpox'ta(x)] *vt* to export.

exposição [iʃpozi'sãw] (*pl* **-ões**) *f* **-1.** [mostra] display. **-2.** [explicação] explanation. **-3.** [narração] narrative. **-4.** *FOTO* exposure.

exposto, osta [iʃ'poʃtu, oʃta] ◇ *pp* ▷ **expor**. ◇ *adj* [à vista - mercadoria] on show; [- corpo] exposed; [- fratura] compound.

expressão [iʃpre'sãw] (*pl* **-ões**) *f* **-1.** [ger] expression. ~ **artística** artistic expression. **-2.** [manifestação]: ~ **(de algo)** expression (of sthg). **-3.** [vivacidade] expressiveness.

expressar [iʃpre'sa(x)] *vt* to express.

◆ **expressar-se** *vp* to express o.s.

expressivo, va [iʃpre'sivu, va] *adj* expressive.

expresso, sa [iʃ'prɛsu, sa] ◇ *pp* ▷ **expressar.** ◇ *adj* express.

◆ **expresso** *m* express.

exprimir [iʃpri'mi(x)] *vt* to express.

◆ **exprimir-se** *vp* to express o.s.

expulsão [iʃpuw'sãw] (*pl* **-ões**) *f* **-1.** [saída forçada] expulsion. **-2.** *ESP* sending-off.

expulsar [iʃpuw'sa(x)] *vt* **-1.** [ger] to expel. **-2.** [inimigo] to drive out. **-3.** [deportar] to deport. **-4.** *ESP* to send off.

expulso, sa [iʃ'puwsu, sa] ◇ *pp* ▷ **expulsar.** ◇ *adj* expelled.

expurgar [iʃpux'ga(x)] *vt* **-1.** [limpar] to clean. **-2.** [corrigir] to expurgate. **-3.** [livrar]: ~ **algo (de)** to purge sthg (of).

êxtase [ˈeʃtazil] *m* **-1.** [enlevo] ecstasy. **-2.** [transe]: **estar em** ~ to be in ecstasy.

extasiar [iʃta'zja(x)] *vt* to enrapture.

◆ **extasiar-se** *vp* to be entranced.

extensão [iʃtẽ'sãw] (*pl* **-ões**) *f* **-1.** [ger] extent. **-2.** [dimensão, área] area. **-3.** [comprimento] length; **a vegetação cobria toda a** ~ **da praia** the vegetation covered the whole length and breadth of the beach. **-4.** [duração] duration. **-5.** [ampliação] scope. **-6.** [ramal telefônico, fio elétrico] extension.

extensivo, va [iʃtẽ'sivu, va] *adj* **-1.** [extensível] extending. **-2.** [amplo] extensive.

extenso, sa [iʃ'tẽsu, sa] *adj* **-1.** [ger] long. **-2.** [amplo, abrangente] extensive. **-3.** *loc:* **por** ~ in full.

extenuado, da [iʃte'nwadu, da] *adj* worn out.

extenuante [iʃte'nwãntʃil] *adj* **-1.** [cansativo] exhausting. **-2.** [debilitante] debilitating.

extenuar [iʃtẽ'nwa(x)] *vt* **-1.** [cansar] to wear out. **-2.** [debilitar] to debilitate.

◆ **extenuar-se** *vp* **-1.** [cansar-se] to wear o.s. out. **-2.** [debilitar-se] to be debilitated.

exterior [iʃte'rjo(x)] (*pl* **-es**) ◇ *adj* **-1.** [externo] outer. **-2.** [com outros países] external. **-3.** [aparência] external. **-4.** [o estrangeiro]: **o** ~ abroad. ◇ *m* [aparência] appearance.

exterioridade [iʃterjori'dadʒil] *f* external nature; [aparências] (outward) appearances

exterminar [iʃtexmi'na(x)] *vt* **-1.** [aniquilar] to exterminate. **-2.** [erradicar] to eradicate.

extermínio [iʃtex'minjul] *m* extermination.

externa [iʃ'tɛxnal] *f* ▷ **externo**.

externato [iʃtex'natul] *m* day school.

externo, na [iʃtɛxnu, nal] *adj* **-1.** [exterior - parede] exterior; [- lado] external. **-2.** [aparente] exterior. **-3.** [medicamento]: **uso** ~ external use.

extinção [iʃtʃĩ'sãw] *f* extinction; **em** ~ endangered.

extinguir [iʃtʃĩŋ'gi(x)] *vt* **-1.** [fogo] to extinguish. **-2.** [exterminar] to exterminate. **-3.** [dissolver] to dissolve. **-4.** *ECOL* to endanger.

◆ **extinguir-se** *vp* **-1.** [fogo] to go out. **-2.** [desaparecer] to disappear. **-3.** *ECOL* to become extinct.

extinto, ta [iʃ'tʃĩntu, tal] *adj* **-1.** [ger] extinct. **-2.** [fogo] extinguished. **-3.** [associação] defunct.

extintor [iʃtʃĩn'to(x)] (*pl* **-res**) *m*: ~ **(de incêndio)** (fire) extinguisher.

extirpar [iʃtix'pa(x)] *vt* **-1.** [arrancar] to pull out. **-2.** [extrair - dente] to extract; [- tumor] to remove. **-3.** [erradicar] to eradicate.

extorquir [iʃtox'ki(x)] *vt*: ~ **algo (de alguém)** to extort sthg (from sb).

extorsão [iʃtox'sãw] (*pl* **-ões**) *f* extortion.

extra [ˈeʃtral] ◇ *adj* [extraordinário] extra. ◇ *mf* extra.

extração [iʃtra'sãw] (*pl* **-ões**) *f* **-1.** [ger] extraction. **-2.** [sorteio] draw.

extraditar [iʃtradʒi'ta(x)] *vt* to extradite.

extrair [iʃtra'i(x)] *vt* [tirar]: ~ **algo (de)** to extract sthg (from).

extraordinário, ria [iʃtraordʒi'narju, rjal] *adj* extraordinary.

extrapolação [eʃtrapola'sãw] (*pl* **-ões**) *f* extrapolation.

extrapolar [iʃtrapo'la(x)] *vt* to go beyond.

extraterrestre [eʃtrate'xεʃtri] ◇ *adj* extraterrestrial. ◇ *mf* extraterrestrial.

extrato [iʃ'tratu] *m* -1. [ger] extract; ~ **de tomate** tomato puree. -2. [resumo] excerpt; ~ **bancário** bank statement.

extravagância [iʃtrava'gãnsja] *f* extravagance; **fazer uma** ~ to be extravagant.

extravagante [iʃtrava'gãntʃi] ◇ *adj* [excêntrico] eccentric.

extravasar [iʃtrava'sa(x)] ◇ *vt* [exteriorizar - sentimento, alegria] to show; [- raiva] to give vent to. ◇ *vi* -1. [expandir-se] to burst out. -2. [transbordar] to spill over.

extraviado, da [iʃtra'vjadu, da] *adj* missing.

extraviar [iʃtra'vja(x)] *vt* -1. [perder] to lose. -2. [dinheiro] to embezzle. -3. *fig* [perverter] to lead astray.

➡ **extraviar-se** *vp* -1. [carta] to go astray; [processo] to get lost. -2. [pessoa - perder-se] to get lost; *fig* [perverter-se] to be led astray.

extravio [iʃtra'viw] *m* -1. [perda]: ~ **(de algo)** loss (of sthg). -2. [roubo] embezzlement.

extremidade [iʃtremi'dadʒi] *f* -1. [fim, limite] end. -2. [ponta] tip. -3. [beira] edge.

➡ **extremidades** *fpl* ANAT extremities.

extremo, ma [iʃ'tremu, ma] *adj (antes de subst)* -1. [ger] extreme; **o Extremo Oriente** the Far East. -2. [derradeiro, exagerado] extreme.

➡ **extremo** *m* -1. [limite, ponta] extreme. -2. [máximo] utmost; **ao** ~ to the utmost.

extroversão [iʃtrovex'sãw] *f* extroversion.

extrovertido, da [iʃtrovex'tʃidu, da] ◇ *adj* extrovert. ◇ *m, f* extrovert.

exuberante [ezube'rãntʃi] *adj* exuberant.

exultante [ezuw'tãntʃi] *adj* exultant.

exultar [ezuw'ta(x)] *vi*: ~ **(de)** to exult (in).

exumação [ezu'masãw] (*pl* -ões) *f* exhumation.

exumar [ezu'ma(x)] *vt* -1. [corpo] to exhume. -2. *fig* [lembranças] to dig up.

f, F ['εfi] *m* [letra] f, F.

fá [fa] *m* MÚS F, fa(h).

fã [fã] (*pl* **fãs**) *mf* fan.

FAB (*abrev de* Força Aérea Brasileira) *m* Brazilian Air Force.

fábrica ['fabrika] *f* factory.

fabricação [fabrika'sãw] (*pl* -ões) *f* manufacture; **de** ~ **caseira** home-made.

fabricar [fabri'ka(x)] *vt* -1. [manufaturar] to manufacture. -2. [inventar] to fabricate.

fábula ['fabula] *f* -1. [conto] fable. -2. *fam* [fortuna] fortune.

fabuloso, osa [fabu'lozu, ɔza] *adj* [ger] fabulous.

faca ['faka] *f* knife; **ser uma** ~ **de dois gumes** *fam* to be a double-edged sword.

facada [fa'kada] *f* -1. [golpe] stab. -2. *fam* cut; **dar uma** ~ **em alguém** [pedir dinheiro a alguém] to cadge money off sb.

façanha [fa'saɲa] *f* exploit.

facão [fa'kãw] (*pl* -ões) *m* carving knife.

facção [fak'sãw] (*pl* -ões) *f* faction.

face ['fasi] *f* -1. [ger] face; **fazer** ~ **a** *fig* [enfrentar] to face up to; [custear] to take on board; ~ **a** ~ face to face. -2. [lado] side. -3. [aspecto] facet.

➡ **em face de** *loc prep* [diante de] faced with.

fáceis ['fasejʃ] *pl* ▷ **fácil**.

faceta [fa'seta] *f* [aspecto] facet.

fachada [fa'ʃada] *f* -1. [de prédio] façade. -2. *fig fam* [aparência] mug.

fácil ['fasiw] (*pl* -eis) *adj* -1. [simples] easy. -2. [dócil] easy(-going). -3. *pej* [mulher] easy.

➡ **fácil** *adv* easily.

facilidade [fasili'dadʒi] *f* -1. [ausência de dificuldade] ease. -2. [aptidão]: **ter** ~ **(para algo)** to have an aptitude (for sthg).

➡ **facilidades** *fpl* [meios] facilities.

facílimo, ma [fa'silimu, ma] *adj superl* ▷ **fácil**.

facilitar [fasili'ta(x)] ◇ *vt* -1. [tornar fácil] to make easy. -2. [facultar] to facilitate. ◇ *vi* [descuidar-se] to be careless.

facões [fa'kõjʃ] *pl* ▷ **facão**.

fac-símile [fak'simili] (*pl* **fac-símiles**) *m*
-1. [cópia] facsimile. **-2.** [máquina] fax
machine.

faculdade [fakuw'dadʒi] *f* **-1.** [capacidade] faculty. **-2.** [propriedade] property.
-3. [escola superior] faculty.

facultativo, va [fakuwta'tʃivu, va] <>
adj optional. <> *m, f* (medical) doctor.

fada [ˈfada] *f* fairy.

fadado, da [faˈdadu, da] *adj*: **estar ~ a**
algo to be fated to sthg.

fadiga [faˈdʒiga] *f* fatigue.

fado [ˈfadu] *m* **-1.** [destino] fate. **-2.** *MÚS*
fado, *type of Portuguese folk song*.

fagulha [faˈguʎa] *f* spark.

fahrenheit [fareˈnajtʃi] *adj* Fahrenheit.

faia [ˈfaja] *f* beech tree.

faisão [fajˈzãw] (*pl* **-ões**) *m* pheasant.

faísca [faˈiʃka] *f* spark.

faiscar [fajʃˈka(x)] *vi* **-1.** [fogo] to flicker.
-2. [olhos] to flash.

faixa [ˈfajʃa] *f* **-1.** [tira] strip. **-2.** [para a
cintura] belt. **-3.** [para o peito] sash; **~**
presidencial presidential sash. **-4.** [para pedestres]: **~ (de pedestres)** (pedestrian) crossing. **-5.** [pista] lane. **-6.**
[atadura] bandage. **-7.** [de terra] strip.
-8. [para mensagem] banner. **-9.** [intervalo] interval; **~ etária** age group. **-10.**
[de disco] track.

fala [ˈfala] *f* **-1.** [ger] speech. **-2.** [parte
de diálogo] words (*pl*).

falácia [faˈlasja] *f* fallacy.

falante [faˈlãntʃi] *adj* talking.

falar [faˈla(x)] <> *vi* **-1.** [verbalmente] to
speak; **~ de** *ou* **em algo** to talk about
sthg; **~ com alguém** to speak to sb; **~**
alto/baixo to speak loudly/softly; **~ da**
boca para fora *fam* not to mean a word
one is saying; **~ mais alto** *fig* to win the
day; **~ pelos cotovelos** [falar muito] to
talk one's head off; **~ por alguém** to
speak on behalf of sb; **~ por ~** to talk
for the sake of talking; **~ sozinho/dormindo** to talk to o.s./in one's sleep; **pòr**
~ em ... speaking *ou* talking of ...; **sem**
~ de *ou* **em ...** not to mention ...; **falou,**
está falado! *fam* [OK] OK! **-2.** [discursar]
to make a speech. **-3.** [tratar]: **~ de** *ou*
sobre algo to talk about sthg. **-4.** [confessar] to talk. <> *vt* **-1.** [idioma]: **~ inglês/espanhol** to speak English/
Spanish. **-2.** [dizer] to say; **~ que** to
say that; **~ bem/mal de** to speak well/
ill of; **~ bobagem** to talk nonsense. **-3.**
[contar]: **~ algo (a alguém)** to tell (sb)
sthg.

◆ **falar-se** *vp* **-1.** [dialogar] to talk. **-2.**
[estar em boas relações] to be talking to
one another; **não se ~** to not be
talking to one another.

falatório [falaˈtɔrju] *m* **-1.** [ruído] voices
(*pl*). **-2.** [discurso] diatribe. **-3.** [maledicência] slander.

falecer [faleˈse(x)] *vi* to pass away.

falecido, da [faleˈsidu, da] <> *adj* [pessoa] deceased. <> *m, f* [pessoa] deceased.

falência [faˈlẽnsja] *f* bankruptcy; **abrir**
~ to declare o.s. bankrupt; **ir à ~** to
go bankrupt; **levar à ~** to bankrupt.

falésia [faˈlɛzja] *f* cliff.

falha [ˈfaʎa] *f* **-1.** [fenda] fault. **-2.** [defeito] defect. **-3.** [omissão] omission.

falhar [faˈʎa(x)] <> *vt* **-1.** [errar] to fail.
-2. [faltar com - promessa] to break; [-
obrigação] to fail. <> *vi* **-1.** [não funcionar, fracassar] to fail. **-2.** [não acertar] to
miss.

falho, lha [ˈfaʎu, ʎa] *adj* **-1.** [defeituoso]
faulty. **-2.** [deficiente] flawed.

falido, da [faˈlidu, da] <> *adj* bankrupt.
<> *m, f* bankrupt.

falir [faˈli(x)] *vi* **-1.** [abrir falência] to go
bankrupt. **-2.** [fracassar] to fail.

falo [ˈfalu] *m* phallus.

falsário, ria [fawˈsarju, rja] *m* **-1.** [falsificador] forger. **-2.** [perjuro] perjurer.

falsidade [fawsiˈdadʒi] *f* **-1.** [fingimento]
hypocrisy. **-2.** [mentira] lie; **~ ideológica** false declaration.

falsificação [fawsifikaˈsãw] (*pl* **-ões**) *f*
forgery.

falsificar [fawsifiˈka(x)] *vt* **-1.** [ger] to
forge. **-2.** [adulterar - alimento, remédio]
to adulterate; [- documento] to falsify.
-3. [desvirtuar] to misrepresent.

falso, sa [ˈfawsu, sa] *adj* **-1.** [ger] false.
-2. [falsificado] forged. **-3.** [fingido]
deceitful. **-4.** [errôneo] erroneous.
-5. *loc*: **pisar em ~** to miss one's step.

falta [ˈfawta] *f* **-1.** [carência] lack; **ter ~**
de to be in need of; **~ de ar** airlessness; **~ de respeito** lack of respect. **-2.**
[ausência] absence; **sentir ~ de algo/alguém** to miss sthg/sb; **na ~ de** for lack
of; **sem ~** without fail. **-3.** [erro, pecado]
fault. **-4.** *ESP* foul.

faltar [fawˈta(x)] *vi* **-1.** [não haver]: **falta**
água/luz/comida there's no water/
electricity/food; **falta honestidade**
there's a lack of honesty; **~ sal/tempero** to need salt/seasoning. **-2.** [estar
ausente] to be absent; **ontem faltaram**
cinco alunos yesterday five students
were absent; **falta o Hélio** Hélio's not
here, Hélio's missing. **-3.** [ser escasso]:
falta-lhe dinheiro he hasn't got enough
money; **falta-lhe saúde** he's not too
healthy; **faltou-lhe força de vontade** he
lacked the willpower; **nada nos falta**
we have everything we need, we want
for nothing. **-4.** [restar - poder fazer]: **só**
falta fazermos o bolo all that's left for

us to do is make the cake; **falta pintarmos a casa** we've still got to paint the house; **só me faltava essa!** *fam* that's all I needed!; [- por decorrer]: **faltam dois meses para o festival** there are two months to go before the festival; **falta uma semana para irmos embora** it's a week until we go. **- 5.** [omitir-se]: **nunca faltou quando a família precisava** he was always there when the family needed him. **- 6.** [morrer] to die.

fama [ˈfãma] *f* **- 1.** [celebridade] fame. **- 2.** [reputação] reputation.

família [faˈmilja] *f* family; **ser de ~** to run in the family.

familiar [famiˈlja(x)] *(pl -es)* <> *adj* **-1.** [relativo à família] family *(antes de subst)*. **- 2.** [conhecido] familiar. <> *mf* [pessoa da família]: **um ~** a family member; **os ~es** the family *(sg)*.

familiaridade [familjariˈdadʒi] *f* **-1.** [intimidade] familiarity. **- 2.** [informalidade] informality.

familiarizar [familjariˈza(x)] *vt* to familiarize.
→ **familiarizar-se** *vp*: **~-se com algo/ alguém** to familiarize o.s. with sthg/ sb.

faminto, ta [faˈmĩtu, ta] *adj* famished.

famoso, osa [faˈmozu, ɔza] *adj* famous.

fanático, ca [faˈnatʃiku, ka] <> *adj* **-1.** POL & RELIG fanatical. **- 2.** [apaixonado]: **~ (por)** crazy (about). <> *m, f* [pessoa] fanatic.

fanfarronice [fãnfaxoˈnisi] *f* [gabarolice] boasting.

fanho, nha [ˈfaɲu, ɲal, **fanhoso, sa** [faˈɲozu, za] *adj* **-1.** [voz] nasal. **- 2.** [pessoa] *with a nasal-sounding voice.*

fantasia [fãntaˈzia] *f* **-1.** [coisa imaginada] fantasy; **jóia de ~** [bijuteria] costume jewellery. **- 2.** [imaginação] fancy. **-3.** [capricho] whim. **- 4.** [traje] fancy dress; **~ de árabe/pirata** Arab/pirate costume. **- 5.** MÚS fantasia.

fantasiar [fãntaˈzja(x)] *vt* **-1.** [imaginar] to imagine. **- 2.** [devanear] to daydream.
→ **fantasiar-se** *vp*: **~-se (de)** to dress up (as).

fantasioso, osa [fãtaˈzjozu, ɔza] *adj* fanciful.

fantasma [fãnˈtaʒma] *m* **-1.** [espectro] ghost. **- 2.** [alucinação] phantom. **-3.** *fig* [coisa terrível] spectre.

fantástico, ca [fãnˈtaʃtʃiku, ka] *adj* **-1.** [ger] fantastic. **- 2.** *fam* [ótimo] fantastic.

fantoche [fãnˈtɔʃi] *m* puppet.

FAQs *(abrev de* **Frequently Asked Questions)** *fpl* FAQs.

FARC *(abrev de* **Forças Armadas Revolucionárias da Colômbia)** *f* FARC.

farda [ˈfaxda] *f* [uniforme] uniform.

fardo [ˈfaxdu] *m* **-1.** [carga] load. **- 2.** *fig* [peso] burden.

farejar [fareˈʒa(x)] <> *vt* to sniff. <> *vi* [tomar o faro] to pick up the scent.

farelo [faˈrɛlu] *m* **-1.** [de pão] crumb. **- 2.** [de cereal] husk; **~ de trigo** wheat bran.

farfalhar [faxfaˈʎa(x)] *vi* to rustle.

farinha [faˈriɲa] *f*: **~ (de mesa** OU **de mandioca)** cassava flour; **~ de rosca** toasted breadcrumbs; **~ de trigo** wheat flour.

farmacêutico, ca [farmaˈsewtʃiku, ka] <> *adj* pharmaceutical. <> *m, f* pharmacist.

farmácia [faxˈmasja] *f* **-1.** [ger] pharmacy. **-2.** [coleção de medicamentos] first-aid box OU cabinet.

faro [ˈfaru] *m* **-1.** [olfato] sense of smell. **- 2.** *fig* [intuição] nose.

farofa [faˈrɔfa] *f* CULIN fried manioc flour.

farol [faˈrɔw] *(pl -óis)* *m* **-1.** [para navegantes] lighthouse. **- 2.** AUTO headlight; **~ alto/baixo** full/low beam.

farolete [faroˈletil *m* AUTO indicator; **~ dianteiro** sidelight; **~ traseiro** rear light.

farpa [ˈfaxpa] *f* **-1.** [de madeira] splinter. **- 2.** [metálica] shard. **- 3.** *fam* [crítica] barb.

farpado, da [faxˈpadu, da] *adj* ⊳ **arame**.

farra [ˈfaxa] *f* binge.

farrapo [faˈxapu] *m* [trapo] rag; **estar um ~** *fig* [coisa] to be ragged; [pessoa] to be in rags.

farsa [ˈfaxsa] *f* **-1.** TEATRO farce. **-2.** *fig* [fraude] sham.

farsante [faxˈsãntʃi] *mf* **-1.** [pessoa sem palavra] fraud. **- 2.** [pessoa brincalhona] buffoon.

fartar [faxˈta(x)] *vt* [saciar] to satiate.
→ **fartar-se** *vp* **-1.** [saciar-se]: **~-se (de algo)** to gorge (on sthg). **- 2.** [cansar-se]: **~-se (de algo/alguém)** to have had enough of sthg/sb.

farto, ta [ˈfaxtu, ta] *adj* **-1.** [saciado] replete. **- 2.** [abundante] lavish. **-3.** [cansado]: **estar ~ (de algo/alguém)** to be fed up (with sthg/sb).

fartura [faxˈtura] *f* [abundância] abundance; **~ de algo** abundance of sthg.

fascículo [faˈsikulu] *m* [de publicação] fascicle.

fascinante [fasiˈnãntʃil *adj* **-1.** [cativante] fascinating. **- 2.** [deslumbrante] amazing.

fascinar [fasiˈna(x)] <> *vt* [cativar] to fascinate. <> *vi* [deslumbrar] to delight.

fascínio [faˈsinju] *m* [atração] fascination.

fascismo [faˈsiʒmul *m* fascism.

fase ['fazi] f **-1.** [ger] phase. **-2.** ASTRON: **as ~ s da Lua** the phases of the moon.

fastidioso, osa [faʃtʃi'dʒozu, ɔza] adj fastidioso.

FAT (abrev de **Fundo de Amparo ao Trabalhador**) m Brazilian fund for the support of workers.

fatal [fa'taw] (pl **-ais**) adj **-1.** [mortal] fatal. **-2.** [inevitável] inevitable.

fatalidade [fatali'dadʒi] f **-1.** [destino] fate. **-2.** [desgraça] misfortune.

fatia [fa'tʃia] f slice.

fatiado, da [fa'tʃiadu, da] adj sliced.

fatigante [fati'gãntʃi] adj **-1.** [cansativo] tiresome. **-2.** [enfadonho] tedious.

fatigar [fati'ga(x)] vt **-1.** [cansar] to tire. **-2.** [enfadar] to bore.
→ fatigar-se vp **-1.** [cansar-se] to tire. **-2.** [enfadar-se] to become bored.

fato ['fatu] m [ger] fact.
→ de fato loc adv in fact.

fator [fa'to(x)] (mpl **-res**) m factor; **~ Rh** rhesus factor.

fatura [fa'tura] f invoice.

faturamento [fatura'mẽntu] m **-1.** COM turnover. **-2.** [fatura] invoicing.

faturar [fatu'ra(x)] ⇔ vt **-1.** [mercadorias]: **~ algo a alguém** to invoice sb for sthg. **-2.** [dinheiro]: **faturou um bom dinheiro** he got a good price. **-3.** fam [obter] to land. ⇔ vi fam [ganhar dinheiro] to rake it in.

fauna ['fawna] f fauna.

faustoso, sa [fawʃ'tozu, ɔza] adj [luxuoso] sumptuous.

fava ['fava] f: **ser ~ s contadas** to be a sure thing; **mandar alguém às ~ s** to send sb on their way.

favela [fa'vɛla] f slum.

favelado, da [fave'ladu, da] m, f slum dweller.

favo ['favu] m honeycomb.

favor [fa'vo(x)] (pl **-es**) m **-1.** [ger] favour UK, favor US; **fazer um ~ para alguém** to do sb a favour UK, to do sb a favor US; **pedir um ~ a alguém** to ask a favour of sb UK, to ask a favor of sb US; **por ~** please; **por ~**, que horas são? excuse me, what time is it?; fam [em repreenda] do me a favour!; **quer fazer o ~ de se calar?** would you kindly shut up! **-2.** [benefício]: **a ~ de** in favour of UK, in favor of US.

favorável [favo'ravew] (pl **-eis**) adj: **~ (a algo/a fazer algo)** favourable (to sthg/ to doing sthg).

favorecer [favore'se(x)] vt **-1.** [ger] to favour UK, to favor US. **-2.** [melhorar] to improve.

favorito, ta [favo'ritu, ta] ⇔ adj favourite UK, favorite US. ⇔ m, f favourite UK, favorite US.

faxina [fa'ʃina] f bundle of twigs; **fazer uma ~** to have a spring clean.

faxineiro, ra [faʃi'nejru, ra] m, f cleaner.

fax-modem (pl **-dens**) m fax-modem.

fazenda [fa'zẽnda] f **-1.** [propriedade rural] fazenda. **-2.** [de gado] cattle ranch. **-3.** [de café, cacau] plantation. **-4.** [tecido] cloth. **-5.** ECÓN revenue.

fazendeiro, ra [fazẽn'dejru, ra] m, f **-1.** [dono de fazenda] rancher. **-2.** [de café, cacau] planter. **-3.** [de gado] cattle rancher.

fazer [fa'ze(x)] ⇔ vt **-1.** [produzir] to make; **muito barulho** to make a lot of noise; **~ planos/um vestido** to make plans/a dress; **~ uma pergunta** to ask a question. **-2.** [comida] to cook. **-3.** [gerar] to produce. **-4.** [realizar]: **estou fazendo um curso de computadores** I'm taking a computer course; **vamos ~ uma festa** let's have a party. **-5.** [praticar] to do; **você devia ~ mais exercício** you should exercise more; **faço jogging todas as manhãs** I go jogging every morning. **-6.** [cama] to make; **~ a cama** to make the bed. **-7.** [transformar] to make; **~ alguém feliz** to make sb happy. **-8.** [anos]: **faço anos amanhã** it's my birthday tomorrow; **fazemos cinco anos de casados** we've been married (for) five years. **-9.** [obrigar] to make; **~ alguém fazer algo** to make sb do sthg; **~ alguém rir/chorar** to make sb laugh/cry. **-10.** [cálculo, conta] to do; **faz a conta para ver quanto é** work out the check to see what it comes to. ⇔ vi **-1.** [causar]: **~ bem/mal a algo** to do good/bad for sthg; **~ bem/mal a alguém** [coisa] to be good/bad for sb; **~ mal a alguém** [pessoa] to hurt sb. **-2.** [obrigar]: **faça (com) que ele venha** make him come; [imaginar]: **~ de conta que ...** to pretend that ... ⇔ v impess **-1.**: **faz frio/calor** it's cold/hot. **-2.** [tempo]: **faz um ano que não o vejo** it's been a year since I last saw him; **faz tempo que estou à espera** I've been waiting for a while; **o Sérgio partiu faz três meses** Sérgio left three months ago. **-3.** [importar]: **não faz mal se está quebrado** it doesn't matter if it's broken; **tanto faz** it doesn't matter.
→ fazer-se vp [preparar-se] to be made; [ser correto]: **é assim que se faz** that's the way to do it; **~-se com** [ser preparado com] to be made with.
→ fazer-se de vp + prep [pretender ser]: **ele gosta de ~-se de importante** he likes to act important; **~-se de tolo** to act stupid; **~-se de desentendido** to feign ignorance.

FBI (*abrev de* **Federal Bureau of Investigation**) *m* FBI.

fé ['fɛ] *f* [ger] faith; **de boa** ~ in good faith; **de má** ~ dishonestly.

FEBEM (*abrev de* **Fundação Estadual do Bem-Estar do Menor**) *f organization set up by individual states in Brazil for the rehabilitation of young offenders.*

Febraban (*abrev de* **Federação Brasileira de Associações de Bancos**) *f Brazilian banking representative body.*

febre ['fɛbri] *f* -**1.** MED fever; ~ **amarela** yellow fever; ~ **do feno** hayfever. -**2.** *fig* [mania] mania.

febril [fe'briw] (*pl* -**is**) *adj* feverish.

fechado, da [fe'ʃadu, da] *adj* -**1.** [ger] closed. -**2.** [pessoa] reticent. -**3.** AUTO [sinal] red light. `-**4.** [tempo, céu] overcast. -**5.** [mato] dense. -**6.** [expressão] blank.

fechadura [feʃa'dura] *f* lock.

fechar [fe'fa(x)] <> *vt* -**1.** [ger] to close. -**2.** AUTO to cut in front of. <> *vi* -**1.** [cicatrizar-se] to close. -**2.** [tempo] to turn close. -**3.** [sinal de trânsito] to turn red. -**4.** [parar de funcionar] to close down.
➡ **fechar-se** *vp* -**1.** [encerrar-se] to close o.s. off. -**2.** [retrair-se] to shut o.s. off.

fecho ['feʃu] *m* -**1.** [de roupa] fastening; ~ **ecler** zip. -**2.** [de porta, bolsa] catch. -**3.** [término] end.

fécula ['fɛkula] *f* starch.

fecundar [fekũn'da(x)] *vt* to fertilize.

feder [fe'de(x)] *vi* to stink; **não** ~ **nem cheirar** to be wishy-washy.

federação [federa'sãw] (*pl* -**ões**) *f* federation.

federal [fede'raw] (*pl* -**ais**) *adj* -**1.** [da Federação] federal. -**2.** *fam* [enorme] huge.

federativo, va [federa'tʃivu, va] *adj* federalist.

fedor [fe'do(x)] *m* stench.

fedorento, ta [fedo'rẽntu, ta] *adj* stinking.

feijão [fej'ʒãw] (*pl* -**ões**) *m* bean.

feijão-fradinho [fejʒãwfra'dʒiɲu] (*pl* **feijões-fradinhos**) *m* black-eyed bean.

feijão-preto [fejʒãw'pretu] (*pl* **feijões-pretos**) *m* black bean.

feijão-tropeiro [fejʒãwtro'pejru] (*pl* **feijões-tropeiros**) *m* bean casserole.

feijoada [fej'ʒwada] *f typical Brazilian dish made with black beans, pork, sausage and vegetables.*

feio, feia ['feju, 'feja] *adj* -**1.** [ger] ugly. -**2.** [tempo] nasty.
➡ **feio** *adv*: **fazer** ~ [dar vexame] to behave badly; **ficar** ~ [dar má impressão] to be rude.

feira ['fejra] *f* [ger] fair; ~ **livre** vegetable market.

feiticeiro, ra [fejtʃi'sejru, ra] <> *adj* [encantador] bewitching. <> *m, f* [pessoa] sorcerer (*f* witch).

feitiço [fej'tʃisu] *m* spell; **voltar-se o** ~ **contra o feiticeiro** to be hoist by one's own petard.

feitio [fej'tʃiw] *m* -**1.** [forma] shape. -**2.** [natureza] make-up. -**3.** [de roupa] cut.

feito, ta ['fejtu, ta] <> *pp* ▷ **fazer**. <> *adj* -**1.** [concluído, pronto] finished. -**2.** [adulto]: **homem** ~ /**mulher feita** grown man/woman.
➡ **feito** <> *m* [façanha] deed. <> *conj* [tal qual] just like.

feixe ['fejʃi] *m* -**1.** [molho] bunch. -**2.** [de luz] beam.

fel ['fɛw] *m* -**1.** [ger] bitterness. -**2.** [bílis] bile.

felicidade [felisi'dadʒi] *f* -**1.** [ventura] happiness. -**2.** [êxito] success. -**3.** [boa sorte] good luck.
➡ **felicidades** *fpl* congratulations.

felicíssimo, ma [feli'sisimu, ma] *superl* ▷ **feliz**.

felicitação [felisita'sãw] (*pl* -**ões**) *f* praise.
➡ **felicitações** *fpl* congratulations.

felino, na [fe'linu, na] <> *adj* -**1.** [ger] feline. -**2.** *fig* [traiçoeiro] sly. <> *m* [animal] feline.

feliz [fe'liʒ] (*pl* -**es**) *adj* -**1.** [ger] happy; **ser** ~ **(em algo)** to be lucky (in sthg); ~ **aniversário** happy birthday; **Feliz Natal** happy Christmas UK, merry Christmas US. -**2.** [oportuno] good. -**3.** [bem-sucedido] successful.

felizmente [feliʒ'mẽntʃi] *adv* -**1.** [por felicidade] luckily. -**2.** [de modo feliz] happily.

feltro ['fewtru] *m* felt.

fêmea ['femja] *f* female.

feminilidade [feminili'dadʒil] *f* femininity.

feminino, na [femi'ninu, na] *adj* feminine.
➡ **feminino** *m* GRAM feminine.

feminismo [femi'niʒmu] *m* feminism.

feminista [femi'niʃta] <> *adj* feminist. <> *mf* feminist.

fêmur ['femu(x)] *m* femur.

fenda ['fẽnda] *f* -**1.** [rachadura] crack. -**2.** GEOL crevice.

fender [fẽn'de(x)] *vt* to split.
➡ **fender-se** *vp* to split.

fenecer [fene'se(x)] *vi* -**1.** [extinguir-se] to die out. -**2.** [morrer] to die. -**3.** [murchar] to wilt.

feno ['fenu] *m* hay.

fenomenal [fenome'naw] (*pl* -**ais**) *adj* -**1.** [maravilhoso] wonderful. -**2.** [surpreendente] phenomenal.

fenômeno [fe'nomenu] *m* phenomenon.

fera ['fɛra] f -1. fig [ger] brute. -2. [animal] wild animal. -3. fam fig [pessoa perita] ace; ser (uma) ~ em algo fam fig to be an ace at sthg.

féretro ['fɛretru] m coffin.

feriado [fe'rjadu] m (public) holiday.

férias ['fɛrjaʃ] fpl holidays UK, vacation (sg) US; de ~ on holiday UK, on vacation US; entrar/sair de ~ to go on holiday UK, to go on vacation US.

ferida [fe'rida] f wound.

ferido, da [fe'ridu, da] <> adj -1. [machucado] wounded. -2. [magoado] wounded. <> m, f [pessoa] injured person; os ~s the injured.

ferimento [feri'mẽntu] m injury.

ferir [fe'ri(x)] vt -1. [machucar] to wound. -2. fig [magoar] to wound.

  ferir-se vp -1. [machucar-se] to hurt o.s. -2. fig [magoar-se]: ~-se com to be wounded by.

fermentar [fexmẽn'ta(x)] <> vt to ferment. <> vi to ferment.

fermento [fex'mẽntu] m yeast; ~ em pó powdered yeast.

Fernando de Noronha m National Marine Park situated off the coast of Rio Grande do Norte in Brazil.

ferocidade [ferosi'dadʒi] f ferocity.

ferocíssimo, ma [fero'sisimu, ma] superl ⊳ feroz.

feroz [fe'rɔʃ] (pl -es) adj fierce.

ferradura [fexa'dura] f horseshoe.

ferragem [fe'xaʒẽ] (pl -ns) f -1. [peças] hardware. -2. [guarnição] ironwork.

ferramenta [fexa'mẽnta] f tool.

ferramental [fexa'mẽntaw] (pl -ais) m tool kit.

ferrão [fe'xãw] (pl -ões) m -1. [de inseto] sting. -2. [aguilhão] barb.

ferreiro [fe'xejru] m blacksmith.

ferrenho, nha [fe'xenu, ɲal adj -1. [inflexível] iron. -2. [obstinado] passionate.

férreo, rrea ['fɛxju, xja] adj iron.

ferro ['fɛxu] m -1. [material] iron; de ~ fig [vontade, punhos] of iron; [pessoa] made of iron; ~ batido wrought iron; ~ fundido cast iron; ~ ondulado corrugated iron; ~ velho [sucata] scrap metal. -2. [aparelho]: ~ (de passar) iron; passar a ~ to iron.

ferroar [fe'xwa(x)] <> vt -1. [picar] to sting. -2. [criticar] to criticize. <> vi -1. [picar] to sting. -2. [latejar, doer] to really hurt.

ferrões [fe'xõjʃ] pl ⊳ ferrão.

ferrolho [fe'xoʎu] m bolt.

ferro-velho [ˌfɛxu'vɛʎu] (pl ferros-velhos) m -1. [estabelecimento] scrapyard. -2. [sucata] scrap metal.

ferrovia [fexo'via] f railway UK, railroad US.

ferroviário, ria [fexo'vjarju, ja] <> adj railway UK, railroad US. <> m, f railway employee UK, railroad employee US.

ferrugem [fe'xuʒẽ] f rust.

fértil ['fɛxtiw] (pl -eis) adj -1. [terreno, período] fertile. -2. [pessoa] productive.

fertilidade [fextʃili'dadʒi] f -1. [de terra, pessoa] fertility. -2. [abundância] abundance.

fertilizante [fextʃili'zãntʃi] <> adj fertilizing; método ~ method of fertilization. <> m fertilizer.

fertilizar [fextʃili'za(x)] vt to fertilize.

fervente [fex'vẽntʃi] adj boiling.

ferver [fex've(x)] <> vt to boil; ~ algo em fogo baixo to simmer on a low heat. <> vi to become excited; ~ de raiva fig to be steaming with anger.

fervilhar [fexvi'ʎa(x)] vi -1. [ferver] to boil. -2. fig [pulular]: ~ (de) to swarm (with). -3. fig [de excitação] to bubble.

fervor [fex'vo(x)] m fervour UK, fervor US.

fervoroso, osa [fexvo'rozu, ɔza] adj -1. [ardoroso] fervent. -2. [dedicado] devoted.

festa ['fɛʃta] f -1. [reunião] party. -2. [comemoração]: ~ da Independência Independence Day party. -3. [alegria] thrill. -4. [carinho]: fazer ~ (s) (em) to cuddle up to.

  festas fpl [Natal e Ano-Novo] festive season (sg).

festejar [feʃte'ʒa(x)] vt to celebrate.

festejo [feʃ'teʒul] m celebration.

festim [feʃ'tʃil] (pl -ns) m -1. [festa] feast. -2. [cartucho sem bala]: tiro de ~ blank shot.

festival [feʃtʃi'vaw] (pl -ais) m -1. [festa] festival. -2. fig [grande quantidade] load.

festividade [feʃtʃivi'dadʒi] f festivity.

festivo, va [feʃ'tʃivu, va] adj festive.

fetiche [fe'tʃiʃi] m fetish.

fétido, da ['fɛtʃidu, da] adj fetid.

feto ['fɛtul] m foetus UK, fetus US.

fev. (abrev de fevereiro) Feb.

fevereiro [feve'rejru] m February; veja também setembro.

fezes ['fɛziʃ] fpl faeces UK, feces US.

FGTS (abrev de Fundo de Garantia por Tempo de Serviço) m monthly contribution towards the support of sacked and unemployed workers in Brazil.

FGV (abrev de Fundação Getúlio Vargas) f Brazilian private educational organization for improvement in public administration.

FIA (abrev de Federação Internacional de Automobilismo) f FIA.

fiação [fja'sãw] (pl -ões) f -1. ELETR

wiring. **-2.** [fábrica] spinning mill.

fiado, da [ˈfjadu, da] *adj* **-1.** [vendido a crédito] sold on credit *(depois do subst)*. **-2.** [conversa]: **isso é conversa fiada** that's far-fetched.

➡ **fiado** *adv* [a crédito] on credit.

fiador, ra [fjaˈdo(x), ra] *m, f* guarantor.

fiambre [ˈfjãbril] *m* ham.

fiança [ˈfjãsal] *f* **-1.** [garantia] guarantee. **-2.** JUR bail; **sob ~** on bail; **pagar ~** to post bail.

fiapo [ˈfjapul] *m* thread.

fiar [ˈfja(x)] *vt* [reduzir a fio] to spin.

➡ **fiar-se** *vp* [confiar em]: **~-se em alguém/algo** to trust sb/sthg.

fiasco [ˈfjaʃkul] *m* fiasco.

fibra [ˈfibra] *f* [ger] fibre *UK*, fiber *US*; **~ óptica** fibre optics *(pl)* *UK*, fiber optics *(pl)* *US*; **~ de vidro** fibreglass *UK*, fiberglass *US*.

fibroso, sa [fiˈbrozu, ɔzal] *adj* fibrous.

ficar [fiˈka(x)] *vi* **-1.** [ger] to remain; **só ficaram duas garrafas de refrigerante** there are only two bottles of soda left. **-2.** [permanecer] to stay; **~ sentado/de pé** to remain seated/standing; **~ por isso mesmo** to remain the same. **-3.** [estar situado] to be. **-4.** [tornar-se] to become; **~ com frio** to be cold; **~ feliz com algo** to be happy about sthg; **~ bom** [de doença] to recover; [pintura etc] to be good. **-5.** [ser adiado]: **~ para** to leave until. **-6.** [combinar]: **~ de fazer algo** to agree to do sthg. **-7.** [persistir]: **~ fazendo algo** to go on doing sthg. **-8.** [prometer]: **~ de fazer algo** to promise to do sthg. **-9.** [custar]: **~ em** to come to. **-10.** [ser]: **não fica bem** it's not right. **-11.** [assentar a]: **~ bem em** *ou* **para alguém** to look good on sb; **~ bem de algo** to look good in sthg. **-12.** [vir a]: **~ sabendo de algo** to get to know sthg. **-13.** *loc*: **~ atrás** [ser inferior] to be behind.

ficção [fikˈsãw] *(pl* **-ões)** *f* fiction.

ficcional [fikˈsionawl] *(pl* **-ais)** *adj* LITER fictional.

ficha [ˈfiʃal] *f* **-1.** [ger] file. **-2.** [de telefone] plug. **-3.** [de jogo] token.

fichar [fiˈʃa(x)] *vt* to file.

fichário [fiˈʃarjul *m* **-1.** [ger] file. **-2.** [móvel] filing cabinet.

fictício, cia [fikˈtʃisju, sjal *adj* fictitious.

fidalgo, ga [fiˈdawgu, gal *m, f* noble.

fidalguia [fidawˈgial *f* nobility.

fidelidade [fideliˈdadʒil *f* **-1.** [lealdade] faithfulness. **-2.** [conjugal] fidelity. **-3.** [precisão] precision; **com ~** faithfully.

fiel [ˈfjɛwl *(pl* **-éis)** *adj* **-1.** [ger] faithful. **-2.** [constante] loyal.

➡ **fiéis** *mpl* RELIG: **os fiéis** the faithful *(pl inv)*.

FIFA *(abrev de* **Féderation Internationale de Football Association)** *f* FIFA.

figa [ˈfigaʃl *f* charm.

fígado [ˈfigadul *m* liver.

figo [ˈfigul *m* fig.

figura [fiˈgural *f* **-1.** [ger] figure; **ser uma ~** *fam* to be a character; **mudar de ~** to change. **-2.** [em carta] picture card, court card. **-3.** GRAM: **~ de linguagem** figure of speech.

figurante [figuˈrãtʃil *mf* extra.

figurão [figuˈrãwl *(pl* **-ões)** *m* bigwig.

figurar [figuˈra(x)] ◇ *vt* **-1.** [representar] to represent. **-2.** [ter a forma de] to look like. **-3.** [aparentar] to look. ◇ *vi* [fazer parte]: **~ em/entre** to appear on/among.

figurino [figuˈrinul *m* **-1.** [molde] pattern. **-2.** [revista] fashion magazine. **-3.** CINE, TEATRO & TV [exemplo] model. **-4.** *fig*: **como manda o ~** as it should be.

fila [ˈfilal *f* [fileira - de pessoas] queue *UK*, line *US*; [- de cadeiras] row; **em ~** in line; **fazer ~** to queue *UK*, to form a line *US*; **~ indiana** single file.

filamento [filaˈmẽtul *m* filament.

filantropia [filãtroˈpial *f* philanthropy.

filantrópico, ca [filãnˈtropiku, kal *adj* philanthropic.

filarmônico, ca [filaxˈmoniku, kal *adj* philharmonic.

➡ **filarmônica** *f* philharmonic.

filatelia [filateˈlial *f* philately, stamp collecting.

filé [fiˈlɛl *m* fillet; **~ mignon** filet mignon.

fileira [fiˈlejral *f* row.

➡ **fileiras** *fpl* MIL ranks.

filha [ˈfiʎal *f* ▷ **filho**.

filho, lha [ˈfiʎu, ˈfiʎal *m, f* **-1.** [descendente] son; **~ adotivo** adopted son; **~ da mãe** *vulg* bastard; **~ da puta** *vulg* son of a bitch. **-2.** *loc*: **ter um ~** *fig* to have a turn, to have a fainting fit; **ser ~ único de mãe solteira** *fig* to be unique.

filhote [fiˈʎɔtʃil *m* **-1.** [de animal - de leão, urso] cub; [- de cachorro] puppy. **-2.** [filho] young son.

filial [fiˈljawl *(pl* **-ais)** ◇ *adj* [amor] filial. ◇ *f* [sucursal] branch.

filiar [fiˈʎa(x)] *vt*: **~ alguém a algo** to sign sb up to sthg.

➡ **filiar-se** *vp*: **~-se a algo** to sign o.s. up to sthg.

Filipinas [filiˈpinaʃl *npl*: **(as) ~** the Philippines.

filipino, na [filiˈpinu, nal ◇ *adj* Filipino. ◇ *m, f* Filipino.

➡ **filipino** *m* [língua] Filipino.

filmadora [fiwmaˈdoral *f* movie camera.

filmagem [fiwˈmaʒẽl *(pl* **-ns)** *f* filming.

filmar [fiw'ma(x)] ⬦ *vt* to film. ⬦ *vi* to film.

filme [ˈfiwmi] *m* -**1**. [obra cinematográfica] film *UK*, movie *US*. -**2**. *loc*: queimar o ~ to ruin one's image.

filmografia [fiwmograˈfia] *f* filmography.

filões [fiˈlõjʃ] *mpl* ⊳ **filão**.

filologia [filoloˈʒia] *f* philology.

filosofia [filozoˈfia] *f* philosophy.

filósofo, fa [fiˈlɔzofu, fiˈlɔzofa] *m, f* philosopher.

filtragem [fiwtraˈʒẽ] (*pl* -**ns**) *f* [filtração] filtration.

filtrar [fiw'tra(x)] *vt* -**1**. [purificar] to filter. -**2**. [selecionar] to select.

filtro [ˈfiwtru] *m* filter; ~ de ar air filter.

fim [ˈfĩ] (*pl* -**ns**) *m* [ger] end; ~ de semana weekend; no ~ das contas after all; ser o ~ (da picada) to be the last straw; por ~ finally.

➡ a fim de *loc prep* in order to; estar a ~ de fazer algo to be planning on doing sthg.

final [fiˈnaw] (*pl* -**ais**) ⬦ *adj* final; minuto ~ last minute; ponto ~ full stop. ⬦ *m* end. ⬦ *f ESP* final.

finalidade [finaliˈdadʒi] *f* end.

finalista [finaˈliʃta] *mf* finalist.

finalizar [finaliˈza(x)] ⬦ *vt* [concluir] to conclude. ⬦ *vi FUT* [fazer gol] to score.

finanças [fiˈnãnsaʃ] *fpl* [situação financeira] finances.

financeiro, ra [finãnˈsejru, ra] *adj* financial.

➡ **financeira** *f* [firma] finance company.

financiamento [finãnsjaˈmẽntu] *m* financing.

financiar [finãnˈsja(x)] *vt* to finance.

fineza [fiˈneza] *f* -**1**. [espessura] fineness. -**2**. [gentileza] politeness.

fingimento [fĩʒiˈmẽntu] *m* pretence *UK*, pretense *US*.

fingir [fĩˈʒi(x)] ⬦ *vt* to fake. ⬦ *vi* to pretend.

➡ **fingir-se** *vp*: ~-se de algo to pretend to be sthg.

finito, ta [fiˈnitu, ta] *adj* finite.

finitude [finiˈtudʒi] *f* [limitação] finite nature.

finlandês, esa [fĩlãnˈdejʃ, eza] ⬦ *adj* Finnish. ⬦ *m, f* Finnish person, Finn.

➡ **finlandês** *m* [língua] Finnish.

Finlândia [fĩˈlãndʒia] *n* Finland.

fino, na [ˈfinu, na] *adj* -**1**. [ger] fine. -**2**. [agudo] shrill. -**3**. [refinado] elegant. -**4**. *loc*: tirar um ~ de to come within a hair's breadth of.

fins [ˈfĩʃ] *mpl* ⊳ **fim**.

finura [fiˈnura] *f* -**1**. [espessura] fineness.

-**2**. [refinamento] refinement.

fio [ˈfiw] *m* -**1**. [ger] thread. -**2**. *ELETR* wire. -**3**. [gume] blade. -**4**. [filete] trickle.

➡ a fio *loc adj*: dias/horas a ~ days/hours on end.

fiorde [ˈfjoxdʒi] *m* fjord.

firma [ˈfixma] *f* -**1**. *COM* firm. -**2**. [assinatura] signature.

firmar [fix'ma(x)] ⬦ *vt* -**1**. [fixar] to steady. -**2**. [assinar] to sign. -**3**. [estabelecer] to establish. -**4**. [basear]: ~ algo em algo to base sthg on sthg. ⬦ *vi* [estabilizar-se] to settle.

➡ **firmar-se** *vp* to settle.

firme [ˈfixmi] *adj* -**1**. [ger] firm. -**2**. [fixo] steady, stable. -**3**. [constante] settled. -**4**. [estável] stable.

firmeza [fixˈmeza] *f* -**1**. [ger] firmness. -**2**. [estabilidade] steadiness, stability. -**3**. [segurança] soundness.

fiscal [fiʃˈkaw] (*pl* -**ais**) ⬦ *adj* [relativo ao fisco] fiscal. ⬦ *mf* -**1**. [aduaneiro] customs officer. -**2**. [supervisor - de impostos] inspector; [- de prova] invigilator.

fiscalizar [fiʃkaliˈza(x)] *vt* -**1**. [estabelecimento, obras] to oversee. -**2**. [prova] to invigilate.

fisco [ˈfiʃku] *m*: o ~ the public purse.

fisgar [fiʒˈga(x)] *vt* -**1**. [peixe] to harpoon. -**2**. [pessoa] to understand.

físico, ca [ˈfiziku, ka] ⬦ *adj* [ger] physical. ⬦ *m, f FÍSICA* physicist.

➡ **físico** *m* [corpo] physique.

➡ **física** *f* [ciência] physics (*sg*).

fisionomia [fizjonoˈmia] *f* features (*pl*), appearance; ela está com boa ~ she's looking well.

fisioterapia [fizjoteraˈpia] *f* physiotherapy.

fissura [fiˈsura] *f* -**1**. *GEOL* fissure. -**2**. *fam* [gana] hankering.

fissurado, da [fisuˈradu, da] *adj* -**1**. [rachado] cracked. -**2**. *fam* [maluco por]: ~ em mad about.

fita [ˈfita] *f* -**1**. [tira] ribbon; ~ durex® *OU* colante Sellotape® *UK;* Scotch tape® *US;* ~ de impressora typewriter ribbon; ~ isolante insulating tape; ~ métrica tape measure, measuring tape. -**2**. [filme] tape. -**3**. [cassete]: ~ de vídeo videotape; ~ virgem blank tape. -**4**. [manha] play-acting.

fivela [fiˈvɛla] *f* -**1**. [fecho] buckle. -**2**. [de cabelo] hair clip.

fixador [fiksaˈdo(x)] (*pl* -**es**) *m* -**1**. [de cabelo] hairspray. -**2**. [de essência] fixing agent.

fixar [fik'sa(x)] *vt* -**1**. [prender] to fix. -**2**. [apreender] to make stick. -**3**. [estabelecer] to set.

fixar-se vp **-1.** [estabilizar-se] to be fixed. **-2.** [estabelecer residência] to settle. **-3.** [fitar]: ~ **em** to stare at.

fixo, xa [ˈfiksu, ksa] adj fixed.

flácido, da [ˈflasidu, da] adj flaccid.

flagelado, da [flaʒeˈladu, da] adj flogged.

flagelante [flaʒeˈlãntʃi] adj **-1.** [chicote] searing. **-2.** [isolamento] punishing.

flagrante [flaˈgrãntʃi] <> adj flagrant. <> m: **pegar em** ~ **(de algo)** to catch in the act (of sthg); **em** ~ red-handed, in flagrante.

flagrar [flaˈgra(x)] vt to catch in the act.

flambar [flãˈba(x)] vt to flambé.

flamejante [flameˈʒãntʃi] adj flaming.

flamenco, ca [flaˈmẽŋku, ka] <> adj flamenco.

flamenco m flamenco.

flâmula [ˈflãmula] f pennant.

flanco [ˈflãŋku] m flank.

flanela [flaˈnɛla] f flannel.

flanelinha [flaneˈliɲa] mf fam unofficial car-park attendant.

flash [ˈflɛʃi] (pl -es) m flash.

flauta [ˈflawta] f flute; ~ **doce** tin whistle; ~ **transversa** transverse flute.

flecha [ˈflɛʃa] f arrow.

flechada [fleˈʃada] f **-1.** [arremesso] arrow shot. **-2.** [ferimento] arrow wound.

flertar [flex'ta(x)] vi: ~ **(com alguém)** to flirt (with sb).

fleuma [ˈflewma] f phlegm.

flexão [flekˈsãw] (pl -ões) f **-1.** [movimento] flexing. **-2.** GRAM inflexion.

flexibilidade [fleksibiliˈdadʒi] f flexibility.

flexibilização [fleksibilizaˈsãw] (pl -ões) f relaxation.

flexionado, da [fleksioˈnadu, da] adj LING inflected.

flexível [flekˈsivɛw] (pl -eis) adj flexible.

flexões [flekˈsõjʃ] fpl ⊳ **flexão**.

fliperama [flipeˈrãma] m **-1.** [máquina] pinball machine. **-2.** [estabelecimento] amusement arcade.

floco [ˈflɔku] m flake; ~ **de milho** cornflake; ~ **de neve** snowflake.

flocos mpl: **sorvete de** ~**s** chocolate chip ice-cream.

flor [ˈflo(x)] (pl -es) f **-1.** [pessoa boa]: **ser uma** ~ to be a gem. **-3.** loc: **a fina** ~ **de** the flower of.

floreado, da [floˈrjadu, da] adj flowery.

florescente [floreˈsẽntʃi] adj **-1.** [BOT - árvore] blossoming; [- planta] flowering. **-2.** fig [próspero] flowering.

florescer [floreˈse(x)] vi **-1.** [BOT - árvore] to blossom; [- planta] to flower. **-2.** fig [prosperar] to flower.

floresta [floˈrɛʃta] f forest.

florido, da [floˈridu, da] adj flower-filled.

florista [floˈriʃta] mf florist.

fluente [fluˈẽntʃi] adj fluent.

fluido, da [fluˈidu, ida] adj **-1.** [substância] fluid. **-2.** fig [fácil] flowing; **tráfego** ~ smooth-flowing traffic.

fluido m fluid.

fluir [fluˈwi(x)] vi to flow.

flúor [ˈfluo(x)] m fluoride.

flutuar [flutuˈwa(x)] vi **-1.** [ger] to float. **-2.** [variar] to fluctuate.

fluvial [fluˈvjaw] (pl -ais) adj river (antes de subst).

fluxo [ˈfluksu] m **-1.** [ger] flow. **-2.** COM: ~ **de caixa** cash flow. **-3.** MED: ~ **menstrual** menstrual flow.

fluxograma [fluksoˈgrama] m flow chart.

FM (abrev de freqüência modulada) m FM.

FMI (abrev de Fundo Monetário Internacional) m IMF.

fobia [foˈbia] f phobia.

foca [ˈfɔka] f ZOOL seal. <> mf [jornalista] cub reporter.

focalizar [fokaliˈza(x)], **focar** [foˈka(x)] vt to focus.

focinho [foˈsiɲu] m **-1.** [de suíno] snout. **-2.** [de cão] muzzle.

foco [ˈfɔku] m focus.

foder [ˈfode(x)] vulg ~ <> vt [copular com] to fuck. <> vi [copular] to fuck.

foder-se vp vulg [dar-se mal] to fuck up.

fofo, fa [ˈfofu, fa] adj **-1.** [macio] soft. **-2.** [gracioso] cute.

fofoca [foˈfɔka] f gossip.

fofocar [fofoˈka(x)] vi to gossip.

fogão [foˈgãw] (pl -ões) m stove, cooker.

fogareiro [fogaˈrejru] m (paraffin) cooker, coal pot.

fogo [ˈfogu] (pl fogos) m **-1.** [ger] fire; **pegar** ~ to catch fire; **ser** ~ **(na roupa)** to mean trouble. **-2.** [excitação] flame. **-3.** [desejo sexual] sex drive. **-4.** [disparo]: **abrir** ~ to open fire; **fogo!** fire! **-5.** [pirotecnia]: ~**(s) de artifício** fireworks.

fogões [foˈgõjʃ] mpl ⊳ **fogão**.

fogoso, osa [foˈgozu, ɔza] adj **-1.** [arrebatado] fiery. **-2.** [sexualmente] aroused.

fogueira [foˈgejra] f bonfire.

foguete [foˈgetʃi] m rocket.

foguetório [fogeˈtɔrju] m noise of fireworks.

foice [ˈfojsi] f scythe.

folclore [fowˈklɔri] m folklore.

folclórico, ca [fowˈklɔriku, ka] adj folk.

fole [ˈfɔli] m bellows (pl).

fôlego [ˈfolegu] m **-1.** [respiração] breath; **perder o** ~ to lose one's breath. **-2.** fig [ânimo]: **recuperar o** ~ to recover one's breath.

folga [ˈfowga] *f* **-1.** [descanso] break; **dia de ~** day off. **-2.** [abuso]: **que ~!** what a cheek! **-3.** [sobra de espaço] space. **-4.** [sobra de tempo] gap.

folha [ˈfoʎa] *f* **-1.** BOT leaf. **-2.** [página] page; **~ de pagamento** pay sheet. **-3.** [chapa] plate. **-4.** [jornal] newspaper. **-5.** [lâmina] blade. **-6.** [pedaço de papel] sheet.

   ➡ **em folha** *loc adv*: **novo em ~** brand new.

folhagem [foˈʎaʒẽ] (*pl* **-ns**) *f* foliage.

folheado, da [foˈʎadu, da] *adj* **-1.** [revestido]: **~ a ouro/prata** gold-/silver-plated. **-2.** CULIN: **massa folheada** puff pastry.

folhear [foˈʎja(x)] *vt* to leaf through.

folheto [foˈʎetu] *m* pamphlet.

folhinha [foˈʎiɲa] *f* [calendário] calendar.

folia [foˈlia] *f* revelry.

folião, ona [foˈljãw, ɔna] (*mpl* **-ões**, *fpl* **-s**) *m, f* reveller.

foliona [foˈljona] *f* ⊳ **folião**.

fome [ˈfɔmi] *f* [ger] hunger; **estar com ~** to be hungry; **passar ~** to go hungry.

fomentar [fomẽˈta(x)] *vt* to foment.

fomento [foˈmẽtu] *m* **-1.** MED poultice. **-2.** [estímulo] fomentation.

fone [ˈfoni] (*abrev de* **telefone**) *m* phone.

fonético, ca [foˈnɛtʃiku, ka] *adj* phonetic.

   ➡ **fonética** *f* phonetics (*sg*).

fonoaudiologia [fonawdʒioloˈgia] *f* speech therapy.

fonte [ˈfõtʃi] ⟨⟩ *f-***1.** [ger] source. **-2.** [chafariz] fountain. ⟨⟩ *m* COMPUT source code.

fora [ˈfɔra] ⟨⟩ *m* **-1.** [gafe] gaffe; **dar um ~** to commit a gaffe. **-2.** *fig* [dispensa]: **dar um ~ em alguém** to rebuff sb; **fora!** get out! **-3.** *loc*: **dar o ~** [partir] to skedaddle. ⟨⟩ *adv* **-1.** [na parte exterior]: **do lado de ~** on the outside; **por ~** outside. **-2.** [ao ar livre]: **lá ~** outside. **-3.** [em outro lugar] away, out; **fui para ~ a semana** I went away last week; **jantei ~ ontem** I went out to dinner yesterday; **a família está ~ no momento** the family is out *ou* away at the moment; [no estrangeiro] abroad. **-4.** *fig* [distanciado]: ⟨⟩ **de** out of; **estar ~ de si** to be beside o.s. ⟨⟩ *prep* [exceto] except for, apart from.

   ➡ **para fora** *loc adv*: **ela costura para ~** she takes sewing in.

   ➡ **por fora** *loc adv* **-1.** [cobrar, pagar]: **cobrar por ~** to receive on the side; **pagar por ~** to pay on the side. **-2.** [ignorante]: **estar por ~ (de)** to be unaware (of).

   ➡ **fora de série** *loc adj* [excepcional] exceptional.

foragido, da [foraˈʒidu, da] ⟨⟩ *adj* fugitive. ⟨⟩ *m, f* fugitive.

forasteiro, ra [forasˈtejru, ra] *m, f* foreigner.

forca [ˈfoxka] *f* gallows (*sg*).

força [ˈfoxsa] *f* **-1.** [ger] power. **-2.** [energia física, moral] strength; **ter ~ para fazer algo** to have (the) strength to do sthg; **~ de vontade** will power. **-3.** [violência] force; **à ~** by force. **-4.** [esforço]: **fazer ~** to try hard. **-5.** MIL force; **~s armadas** armed forces. **-6.** [ânimo, apoio]: **dar ~ a alguém** to give support to sb.

forçado, da [foxˈsadu, da] *adj* **-1.** [ger] forced. **-2.** [interpretação] far-fetched.

forçar [furˈsa(x)] *vt* **-1.** [obrigar]: **~ alguém (a algo/a fazer algo)** to force sb (to sthg/to do sthg). **-2.** [arrombar] to force. **-3.** [obter por força] to (obtain by) force. **-4.** [vista, voz] to strain. **-5.** [desvirtuar] to misinterpret. **-6.** *loc*: **~ a barra** [insistir, pressionar] to force sb's hand.

   ➡ **forçar-se** *vp*: **~-se a fazer algo** to force o.s. to do sthg, to make o.s. do sthg.

forçoso, osa [foxˈsozu, ɔza] *adj* necessary.

forjado, da [foxˈʃadu, da] *adj* **-1.** [utensílio, metal] forged. **-2.** [notícia] fabricated.

forjar [foxˈsa(x)] *vt* to forge.

forma [ˈfɔxma] *f* **-1.** [ger] form; **desta ~** in this way, thus. **-2.** [estado físico, feitio] shape; **em ~ de** in the shape of; **estar em ~** to be in shape.

   ➡ **de forma que** *loc conj* so that.

   ➡ **da mesma forma** *loc adv* similarly.

   ➡ **de forma alguma** *loc adv* in no way.

   ➡ **de tal forma** *loc adv* in such a way.

fôrma [ˈfoxma] *f* **-1.** CULIN mould. **-2.** [molde] mould, cast. **-3.** [de sapato] last.

formação [foxmaˈsãw] (*pl* **-ões**) *f* **-1.** [ger] formation. **-2.** [educação] upbringing.

formado, da [foxˈmadu, da] *adj* **-1.** [constituído]: **~ por** made up of. **-2.** [graduado]: **ser ~ por** to be educated by.

formal [foxˈmaw] (*pl* **-ais**) *adj* formal.

formalidade [foxmaliˈdadʒil] *f* formality; **com ~** formally.

formão [foxˈmãw] (*pl* **-ões**) *m* chisel.

formar [foxˈma(x)] ⟨⟩ *vt* **-1.** [ger] to form. **-2.** [educar] to educate. ⟨⟩ *vi* MIL [entrar em fila] to fall in.

   ➡ **formar-se** *vp* **-1.** [constituir-se] to form. **-2.** [graduar-se] to graduate.

formatar [foxma'ta(x)] *vt COMPUT* to format.

formato [fox'matu] *m* **-1.** [forma] shape. **-2.** [modelo] format.

fórmica ['fɔxmika] *f* formica®.

formidável [foxmi'davew] (*pl* -eis) *adj* **-1.** [fantástico] fantastic. **-2.** [imenso] formidable.

formiga [fox'miga] *f* ant.

formigar [foxmi'ga(x)] *vi* [coçar] to have pins and needles.

formigueiro [foxmi'gejru] *m* **-1.** [de formigas] anthill. **-2.** *fig* [multidão] swarm.

formoso, osa [fox'mozu, ɔza] *adj* beautiful.

fórmula ['fɔxmula] *f* **-1.** [ger] formula. **-2.** [modo] (polite) phrase, (politeness) formula. **-3.** *AUTO:* ~ um Formula One.

formulário [foxmu'larju] *m* form; ~ contínuo *COMPUT* continuous stationery.

fornecedor, ra [foxnese'do(x), ra] (*mpl* -es, *fpl* -s) ◇ *adj* supplying. ◇ *m, f* supplier.

fornecer [foxne'se(x)] *vt* to supply.

fornecimento [foxnesi'mẽntu] *m* supply.

forno ['foxnu] *m* **-1.** *CULIN* oven; ~ de microondas microwave (oven). **-2.** [fornalha] kiln.

foro ['foru] *m* forum.

forra ['fɔxa] *f*: ir à ~ to take one's revenge.

forrar [fo'xa(x)] *vt* **-1.** [ger] to line. **-2.** [sofá, chão] to cover. **-3.** [parede] to paper.

forro ['foxu] *m* **-1.** [interno] lining. **-2.** [externo] cover.

forró [fo'xɔ] *m typical Brazilian dance of the north-east.*

fortalecer [foxtale'se(x)] *vt* to strengthen.

fortaleza [foxta'leza] *f* **-1.** [forte] fortress. **-2.** *fig* [bastião] fortress.

forte ['fɔxtʃi] ◇ *adj* **-1.** [ger] strong. **-2.** [piada, palavra, filme] crude. **-3.** [poderoso] powerful. **-4.** [versado]: ser ~ em algo to be strong at sthg. **-5.** [intenso - emoção, calor, dor] intense; [- chuva] heavy. **-6.** [violento] violent. ◇ *m* **-1.** [fortaleza] stronghold. **-2.** *fig* [ponto forte] strength. ◇ *adv* heavily.

fortuito, ta [fox'twitu, ta] *adj* fortuitous.

fortuna [fox'tuna] *f* fortune.

fosco, ca ['foʃku, ka] *adj* tarnished.

fósforo ['fɔʃfuru] *m* **-1.** *QUÍM* phosphor. **-2.** [palito] matchstick.

fossa ['fɔsa] *f* **-1.** [buraco] hole; ~ nasal nostril; ~ das Marianas Mariana Trench. **-2.** [esgoto] ditch. **-3.** *fig* [depressão] slump; estar/entrar na ~ to be down in the dumps.

fóssil ['fɔsiw] (*pl* -eis) *m* fossil.

fosso ['fosu] *m* ditch.

foto ['fotu] *f* photo.

fotocópia [foto'kɔpja] *f* photocopy.

fotocopiar [fotoko'pja(x)] *vt* to photocopy.

fotografia [fotogra'fia] *f* **-1.** [técnica] photography. **-2.** [foto] photograph.

fotógrafo, fa [fo'tɔgrafu, fa] *m, f* photographer.

fóton ['fɔtõ] (*pl* -tons, -nes) *m* [fís] photon.

fotonovela [fotono'vɛla] *f* photo-strip story.

foz ['fɔʃ] *f* estuary.

fração [fra'sãw] (*pl* -ões) *f* **-1.** [pedaço] bit. **-2.** *MAT* fraction.

fracassar [fraka'sa(x)] *vi* to fail.

fracasso [fra'kasu] *m* failure.

fracionário, ria [frasiona'riu, ria] *adj MAT* fractional.

fraco, ca ['fraku, ka] *adj* **-1.** [ger] weak. **-2.** [medíocre]: ~ (em) weak (at). **-3.** [não ativo - bebida] weak; [- cigarro] mild; [- perfume] delicate. ◇ **fraco** ◇ *adv* weakly. ◇ *m* **-1.** [ponto fraco] weak point. **-2.** [inclinação] weakness.

frade ['fradʒi] *m* friar.

fragata [fra'gata] *f* frigate.

frágil ['fraʒiw] (*pl* -eis) *adj* fragile.

fragilidade [fraʒili'dadʒi] *f* fragility.

fragmentação [fragmẽnta'sãw] (*pl* -ões) *f* fragmentation.

fragmento [frag'mẽntu] *m* fragment.

fragrância [fra'grãnsja] *f* fragrance.

fralda ['frawda] *f* **-1.** [cueiro] nappy *UK*, diaper *US*. **-2.** [de camisa] shirt tail.

framboesa [frãn'bweza] *f* raspberry.

frame ['frejmi] *m COMPUT* frame.

França ['frãnsa] *n* France.

francamente [ˌfrãŋka'mẽntʃi] *adv* frankly.

francês, esa [frã'seʃ, eza] (*mpl* -eses, *fpl* -s) ◇ *adj* French. ◇ *m, f* Frenchman (*f* Frenchwoman).
◇ **francês** *m* [língua] French.

franco, ca ['frãŋku, ka] *adj* **-1.** [ger] free. **-2.** [sincero] frank. **-3.** [clara] candid.
◇ **franco** *m* [moeda] franc.

franco-atirador, ra ['frãŋkuatʃiˌsirado(x), ra] *m, f* sniper.

francófono, na [frãn'kɔfonu, na] ◇ *adj* French-speaking. ◇ *m, f* French speaker.

frango ['frãŋgu] ◇ *m ZOOL* chicken. ◇ *m FUT* easy goal.

franja ['frãnʒa] *f* fringe.

franjado, da [frãn'ʒadu, da] *adj* **-1.** [cabelo, xale] fringed. **-2.** [rebuscado] recherché.

franquear [frãŋ'kja(x)] *vt* **-1.** [liberar]: a

entrada foi franqueada, vamos à festa! they've opened the doors, let's party! -**2.** [isentar de imposto] to exempt (from). -**3.** [pagar o transporte] to pay transport costs (for). -**4.** [ceder franquia] to franchise.

franqueza [frãŋ'keza] f frankness.

franquia [frãŋ'kia] f -**1.** COM franchise. -**2.** [isenção] exemption.

franzido, da [frã'zidu, da] adj -**1.** [saia] gathered, pleated. -**2.** [pele] wrinkled.

franzino, na [frã'zinu, na] adj delicate.

franzir [frãn'zi(x)] vt -**1.** [preguear] to pleat. -**2.** [enrugar] to wrinkle; ~ a sobrancelha to frown.

fraque [ˈfraki] m frock coat.

fraqueza [fraˈkeza] f weakness.

frasco [ˈfraʃku] m flask.

frase [ˈfrazi] f -**1.** [oração] sentence; ~ feita aphorism. -**2.** MÚS phrase.

frasqueira [fraʃˈkejra] f bottle rack.

fraternidade [fratexniˈdaʒi] f fraternity.

fraterno, na [fraˈtɛxnu, na] adj fraternal, brotherly.

fratura [fraˈtura] f fracture.

fraturar [fratuˈra(x)] vt to fracture.

fraudar [frawˈda(x)] vt to defraud.

fraude [ˈfrawdʒi] f fraud.

freada [freˈada] f braking; dar uma ~ to brake.

frear [freˈa(x)] ◇ vt -**1.** AUTO to brake. -**2.** fig [controlar] to curb. ◇ vi AUTO to brake.

freeware [friˈwari] (pl freewares) m COMPUT freeware.

freezer [ˈfrizɛx] (pl -res) m freezer.

freguês, esa [freˈgeʃ, eza] (mpl -eses, fpl -s) m, f -**1.** [cliente] customer. -**2.** [paroquiano] parishioner.

freguesia [fregeˈzia] f -**1.** [clientela] clientele. -**2.** [paroquia] parish.

frei [frej] m friar.

freio [ˈfreju] m -**1.** [cavalo] rein. -**2.** [carro] brake; ~ de mão handbrake.

freira [ˈfrejra] f nun.

fremir [freˈmi(x)] vi -**1.** [rugir] to roar. -**2.** [tremer] to tremble.

frêmito [ˈfremitu] m shiver.

frenesi [freneˈzi] m frenzy.

frente [ˈfrẽntʃi] f -**1.** [lado dianteiro]: na ~ (de) in front (of); estar à ~ de fig to be ahead of ~. -**2.** [avante]: em ~ ahead; ir para a ~ to move on. -**3.** [resistência] front; ~ de combate frontline. -**4.** [presença] in front of; ~ a ~ face to face.

frentista [frẽn'tʃiʃta] mf forecourt attendant.

freqüentar [frekwẽn'ta(x)] vt -**1.** [visitar] to frequent. -**2.** [cursar] to attend.

freqüente [fre'kwẽntʃi] adj recurrent.

frescão [freʃ'kãw] (pl -ões) m de luxe coach.

fresco, ca [ˈfreʃku, ka] adj -**1.** [ger] fresh. -**2.** [ameno] cool. -**3.** fam [luxento] posh. -**4.** fam [homossexual] camp.
➡ **fresca** f [aragem] breeze.

frescobol [freʃko'bɔwl] (pl -óis) m beach tennis.

frescões [freʃ'kõjʃ] mpl ▷ **frescão**.

frescura [freʃ'kura] f -**1.** [frescor] freshness. -**2.** [afetação] affectation. -**3.** [formalidade] convention.

fretar [fre'ta(x)] vt to hire UK, to rent US.

frete [ˈfretʃi] m freight.

frevo [ˈfrevu] m Brazilian carnival street-dance, where dancers improvise their own dances.

fria [ˈfria] f fam [apuros] fix; entrar numa ~ to be in a fix.

fricção [frik'sãw] f friction.

fricoteiro, ra [friko'tejru, ra] ◇ adj vain. ◇ m, f show-off.

frieza [fri'eza] f -**1.** [insensibilidade] coldheartedness. -**2.** [desinteresse] offhandedness.

frigideira [friʒi'dejra] f frying pan.

frígido, da [ˈfriʒidu, da] adj frigid.

frigir [fri'ʒi(x)] vt to fry.

frigorífico [frigo'rifiku] m -**1.** [loja] cold store. -**2.** [aparelho] fridge, refrigerator.

frio, fria [ˈfriu, ˈfria] adj -**1.** [sem calor] cold. -**2.** [insensível] cold. -**3.** [falso] fake. -**4.** [cor] cold. -**5.** [luz] cold.
➡ **frio** m [baixa temperatura] cold; estar com ~ to be cold; fazer ~ to be cold.
➡ **frios** mpl [carne] cold meats.

frisa [ˈfriza] f TEATRO box.

frisar [fri'za(x)] vt -**1.** [salientar] to highlight. -**2.** [enrolar] to curl.

fritar [fri'ta(x)] vt to fry.

frito, ta [ˈfritu, ta] adj -**1.** CULIN fried. -**2.** fam [em apuros]: estar ~ to be in hot water.
➡ **fritas** fpl chips UK, (French) fries US.

frívolo, la [ˈfrivolu, la] adj frivolous.

fronha [ˈfroɲa] f pillowcase.

fronte [ˈfrõntʃi] f forehead.

fronteira [frõn'tejra] f ▷ **fronteiro**.

fronteiro, ra [frõn'tejru, ra] adj facing.
➡ **fronteira** f -**1.** [extremidade] border. -**2.** fig [limite] border.

frota [ˈfrota] f fleet.

frouxo, xa [ˈfroʃu, ʃa] adj -**1.** [folgado] loose. -**2.** [fraco, ineficiente] weak. -**3.** [condescendente]: ser ~ com alguém to be weak with sb. -**4.** [covarde] feeble.

frustração [fruʃtra'sãw] (pl -ões) f -**1.** [malogro] frustration. -**2.** [decepção] frustration.

frustrante [fruʃ'trãntʃi] adj frustrating.

frustrar [fruʃ'tra(x)] vt -**1.** [malograr] to

frustrate. -2. [decepcionar] to cheat.

frustrar-se *vp* **-1.** [malograr-se] to be frustrated. **-2.** [decepcionar-se] to be disappointed.

fruta [ˈfrutaˌ] *f* fruit.

fruta-de-conde [ˌfrutadʒiˈkõndʒi] (*pl* **frutas-de-conde**) *f* custard apple.

fruteiro, ra [fruˈtejru, ra] *adj* fruit-loving.

fruteira *f* fruit tree.

frutífero, ra [fruˈtʃiferu, ra] *adj* **-1.** [árvore] fruit-bearing. **-2.** [proveitoso] fruitful.

fruto [ˈfrutu] *m* **-1.** [fruta] fruit. **-2.** *fig* [resultado] fruit.

FTP (*abrev de* **File Transfer Protocol**) *m* FTP.

fubá [fuˈba] *m* **-1.** [de milho] maize flour. **-2.** [de arroz] rice flour.

fuga [ˈfuga] *f* **-1.** [escapada] escape. **-2.** *fig* [alívio] escape. **-3.** *MÚS* fugue.

fugaz [fuˈgaʒ] *adj* fleeting.

fugir [fuˈʒi(x)] *vi* **-1.** [escapar]: ~ **(de)** to escape (from). **-2.** [evitar]: ~ **de algo/ alguém** to avoid sthg/sb.

fugitivo, va [fuʒiˈtʃivu, va] <> *adj* fugitive. <> *m, f* fugitive.

fulano, na [fuˈlanu, na] *m, f* so-and-so; ~ **de tal** some so-and-so.

fulgor [fuwˈgo(x)] *m* brilliance.

fulgurante [fuwguˈrãntʃi] *adj* shining.

fuligem [fuˈliʒe] *f* soot.

fulminante [fuwmiˈnãntʃi] *adj* **-1.** [mortal] deadly. **-2.** *fig* [irado] vicious.

fulminar [fuwmiˈna(x)] *vt* **-1.** [matar] to kill. **-2.** [aniquilar] to annihilate.

fumaça [fuˈmasa] *f* smoke.

fumante [fuˈmãntʃi] *mf* smoker; **não** ~ non-smoker.

fumar [fuˈma(x)] <> *vt* to smoke. <> *vi* to smoke.

fumê [fuˈme] *adj inv* smoky.

fumo [ˈfumu] *m* **-1.** [tabaco] tobacco. **-2.** [maconha] dope. **-3.** [vício] smoking.

fumódromo [fuˈmɔdromu] *m fam* smoking area.

FUNAI (*abrev de* **Fundação Nacional do Índio**) *f Brazilian government organization for the protection of the indigenous population.*

FUNARTE (*abrev de* **Fundação Nacional de Arte**) *f Brazilian government organization for the promotion of artistic activities.*

FUNASA (*abrev de* **Fundação Nacional de Saúde**) *f Brazilian government organization for health education and prevention of disease among indigenous peoples.*

função [fũˈsãw] (*pl* **-ões**) *f* **-1.** [cargo] function. **-2.** [responsabilidade] function. **-3.** [utilidade] role. **-4.** [espetáculo] per-formance. **-5.** [papel] function. **-6.** [atribuição] function. **-7.** *GRAM* function. **-8.** *MAT* function.

em função de *loc prep* due to.

funcionalidade [fũsjonaliˈdadʒi] *f* functionality.

funcionalismo [fũsjonaˈliʒmul] *m* [servidores]: ~ **público** civil service.

funcionamento [fũsjonaˈmẽntul] *m* functioning; **horário de** ~ opening hours, working hours.

funcionar [fũsjoˈna(x)] *vi* **-1.** [máquina *etc*] to work; **pôr algo para** ~ to switch sthg on. **-2.** [loja *etc*] to be open. **-3.** [exercer função]: ~ **como algo** to work as sthg. **-4.** [dar certo] to work.

funcionário, ria [fũsjoˈnarju, rja] *m, f* employee; ~ **público** civil servant.

funções [fũˈsõjʃ] *fpl* ⊳ **função.**

fundação [fũdaˈsãw] (*pl* **-ões**) *f* **-1.** [alicerce] foundation. **-2.** [instituição] foundation. **-3.** [criação] founding.

fundamental [fũndamẽnˈtaw] (*pl* **-ais**) *adj* fundamental.

fundamento [fũndaˈmẽntul] *m* fundament.

FUNDAP (*abrev de* **Fundação do Desenvolvimento Administrativo**) *f Brazilian organization for the coordination of training and educational programmes.*

fundar [fũnˈda(x)] *vt* **-1.** [instituir] to found. **-2.** [criar] to establish.

fundir [fũnˈdʒi(x)] *vt* **-1.** [derreter] to melt. **-2.** [moldar] to cast. **-3.** [incorporar] to merge.

fundir-se *vp* **-1.** [derreter-se] to melt. **-2.** [incorporar-se] to merge.

fundo, da [ˈfũndu, da] *adj* **-1.** [profundo] deep. **-2.** [reentrante] sunken. **-3.** *fam* [despreparado]: ~ **(em algo)** weak (at sthg).

fundo <> *m* **-1.** [base] bottom. **-2.** [de local] rear. **-3.** [segundo plano] background. **-4.** [de tecido, papel] background. **-5.** *MÚS*: ~ **musical** background music. **-6.** [íntimo]: **eu o perdoei do** ~ **da alma** I forgave him from the bottom of my heart. **-7.** *fig* [teor] element. **-8.** *FIN* fund; ~ **de garantia** security; ~ **de investimento** investment fund. <> *adv* [profundamente] deeply; **a** ~ in depth.

fundos *mpl* **-1.** [de casa] funds. **-2.** [capital] capital; **cheque sem** ~ unsecured cheque.

no fundo *loc adv* [intrinsecamente] basically.

fúnebre [ˈfunebri] *adj* funereal.

funeral [funeˈraw] (*pl* **-ais**) *m* funeral.

funesto, ta [fuˈneʃtu, ta] *adj* dire.

fungo [ˈfũŋgu] *m* fungus.

funil [fu'niw] (pl -is) m funnel.

FUNRURAL (de abrev **Fundo de Assistência e Previdência ao Trabalhador Rural**) m Brazilian fund for the assistance and support of rural workers.

furacão [fura'kãw] (pl -ões) m [ciclone] cyclone.

furado, da [fu'radu, da] adj -1. [pneu] punctured. -2. [orelha] pierced. -3. [sapato] holey. -4. fam [infrutífero] unsuccessful.

furão, rona [fu'rãw, rɔna] (mpl -ões, fpl -s) adj [cavador] unreliable.

furar [fu'ra(x)] ⬦ vt -1. [pneu] to puncture. -2. [orelha] to pierce. -3. [sapato] to make a hole in. -4. [frustrar] to fail. -5. [não aderir a] to leave. ⬦ vi -1. [perfurar] to puncture. -2. [sapato] to get a hole. -3. [malograr] to fail.

furgão [fux'gãw] (pl -ões) m van.

fúria ['furja] f fury.

furioso, osa [fu'rjozu, ɔza] adj -1. [raivoso] furious. -2. [violento] furious.

furo ['furu] m -1. [buraco] puncture. -2. [orelha] hole. -3. [sapato] hole. -4. fig [falha] mistake; **dar um** ~ to put one's foot in it.

furões [fu'rõjʃ] mpl ▷ **furão**.

furona [fu'rɔna] f ▷ **furão**.

furor [fu'ro(x)] m -1. [fúria] fury. -2. loc: **causar** ~ to cause fury.

furtar [fux'ta(x)] ⬦ vt [roubar] to steal. ⬦ vi [roubar] to steal.
➤ **furtar-se** vp [esquivar-se]: ~-se a algo to dodge sthg.

furtivo, va [fux'tʃivu, va] adj -1. [às ocultas] furtive. -2. [dissimulado] furtive.

furto ['fuxtu] m theft.

fusão [fu'zãw] (pl -ões) f -1. [ger] fusion. -2. COM amalgamation. -3. [liga] amalgam.

fusível [fu'zivew] (pl -eis) m fuse.

fuso ['fuzu] m [peça] screw.
➤ **fuso horário** m time zone.

fusões [fu'zõjʃ] fpl ▷ **fusão**.

fustigar [fuʃtʃi'ga(x)] vt to whip.

futebol [futʃi'bɔw] m football; ~ **de salão** five-a-side football.

fútil ['futʃiw] (pl -eis) adj -1. [leviano] frivolous. -2. [insignificante] trivial.

futilidade [futʃili'dadʒi] f -1. [leviandade] frivolity. -2. [insignificância] triviality. -3. [coisa fútil] triviality.

futuro, ra [fu'turu, ra] adj future.
➤ **futuro** m -1. [tempo] future. -2. [destino] future. -3. GRAM future.

FUVEST (abrev de **Fundação do Vestibular do Estado de São Paulo**) f organization regulating entrance examinations at some universities in São Paulo.

fuzil [fu'ziw] (pl -is) m rifle.

fuzilar [fuzi'la(x)] vt -1. [atirar] to shoot. -2. fig [ameaçar]: ~ **alguém com os olhos** to look daggers at sb.

fuzileiro [fuzi'lejru] m rifleman; ~ **naval** marine.

G

g¹, G [ʒe] m [letra] g, G.

g² (abrev de **grama**) m g.

gabar-se [gabax'si] vp: ~-se (de) to boast (about).

gabinete [gabi'netʃi] m -1. [escritório] study. -2. POL cabinet.

gado ['gadu] m cattle.

gafanhoto [gafã'ɲotu] m grasshopper.

gafe ['gafi] f gaffe.

gafieira [ga'fjejra] f -1. [baile] ball. -2. [dança] dance.

gago, ga ['gagu, ga] ⬦ adj stammering. ⬦ m, f stammerer.

gaguejar [gage'ʒa(x)] vt & vi to stammer.

gaiato, ta [ga'jatu, ta] adj mischievous.

gaiola [ga'jɔla] ⬦ f -1. [clausura] cage. -2. fam [prisão] jail. ⬦ m [vapor] steamboat.

gaita ['gajta] f -1. MÚS mouth organ; ~ **de foles** bagpipe. -2. fam fig [dinheiro] dosh.

gaivota [gaj'vɔta] f seagull.

gala ['gala] f: **de** ~ **gala**; **uniforme de** ~ dress uniform.

galante [ga'lãntʃi] adj gallant.

galanteio [galãn'teju] m gallantry.

galão [ga'lãw] (pl -ões) m -1. MIL stripe. -2. [enfeite] braid. -3. [medida] gallon.

galáxia [ga'laksja] f galaxy.

galera [ga'lɛra] f -1. NÁUT galley. -2. fam [grupo] crowd.

galeria [gale'ria] f -1. TEATRO circle. -2. [coleção] collection. -3. [canalização] drainage. -4. [loja de arte] gallery. -5. [centro comercial] shopping centre.

Gales ['galiʃ] n: **País de** ~ Wales.

galês, esa [ga'leʃ, eza] ⬦ adj Welsh. ⬦ m, f Welshman (f Welshwoman).
➤ **galês** m [língua] Welsh.

galeto [ga'letu] m roast poussin.

galheteiro [gaʎe'tejru] m cruet-stand.

galho ['gaʎu] m -1. BOT branch. -2. fam [problema] pickle; **quebrar um** ~ to get out of a pickle.

Galícia [ga'lisja] n Galicia.

galinha [ga'liɲa] ◇ f -**1.** [ave] hen. -**2.** CULIN chicken. -**3.** fam [namorador] easy lay.

galinheiro [gali'ɲejru] m poulterer.

galo ['galu] m -**1.** [ave] cockerel, rooster. -**2.** [inchaço] bump.

galocha [ga'lɔʃa] f galosh.

galopar [galo'pa(x)] vi to gallop.

galope [ga'lɔpi] m gallop.

galpão [gaw'pãw] (pl -ões) m hangar.

gama ['gama] f -**1.** MÚS scale. -**2.** fig [série] range.

gamão [ga'mãw] m backgammon.

gamar [ga'ma(x)] vi to be hooked; ~ por algo/alguém to fall for sthg/sb.

gambá [gãn'ba] m ZOOL opossum.

gana ['gana] f -**1.** [desejo]: ~ de algo/de fazer algo desire for sthg/to do sthg. -**2.** [raiva]: ter ~ de alguém to be furious with sb.

ganância [ga'nãnsja] f greed.

ganancioso, osa [ganã'sjozu, ɔza] adj greedy.

gancho ['gãnʃu] m -**1.** [peça] hook. -**2.** COST hook. -**3.** fig [recurso] bait.

gangorra [gãŋ'goxa] f seesaw.

gângster ['gãŋgiʃte(x)] m gangster.

gangue ['gãŋgi] f gang.

ganhador, ra [gaɲa'do(x), ra] ◇ adj winning. ◇ m, f winner.

ganha-pão [ˌgaɲa'pãw] (pl ganha-pães) m -**1.** [trabalho] living, livelihood. -**2.** [objeto de trabalho] livelihood.

ganhar [ga'ɲa(x)] ◇ vt -**1.** [ger] to win. -**2.** [receber] to get. -**3.** [salário] to earn. -**4.** [lucrar] to gain. -**5.** [atingir] to reach. ◇ vi -**1.** [vencer]: ~ de alguém to beat sb; ~ de alguém em algo to outdo sb at sthg. -**2.** [como remuneração] to earn. -**3.** [lucrar]: ~ (com) to profit (from); sair ganhando to come out on top.

ganho ['gaɲu] ◇ pp ▷ ganhar. ◇ m -**1.** [salário] earnings (pl). -**2.** [lucro] profit. -**3.** JUR: ~ de causa successful lawsuit.

ganir [ga'ni(x)] vi to whine.

ganso ['gãnsu] m goose.

GAPA (abrev de Grupo de Apoio à Prevenção à Aids) m Brazilian non-governmental organization working in AIDS prevention.

garagem [ga'raʒẽ] (pl -ns) f garage.

garanhão [gara'ɲãw] (pl -ões) m -**1.** [cavalo] stallion. -**2.** fig [homem] stud.

garantia [garãn'tʃia] f -**1.** [ger] guarantee. -**2.** [de dívida] collateral.

garantir [garãn'tʃi(x)] vt -**1.** [assegurar]: ~ algo a alguém to assure sb of sthg; ~ que to guarantee that. -**2.** [prometer]: ~ algo a alguém to promise sb sthg. -**3.** [asseverar] to guarantee.
➡ **garantir-se** vp [defender-se]: ~-se

contra algo to protect o.s. against sthg.

garça ['gaxsa] f heron.

garçom [gax'sõ] (pl -ns) m waiter.

garçonete [garso'nɛtʃi] f waitress.

garfo ['gaxfu] m fork.

gargalhada [gaxga'ʎada] f burst of laughter; cair na ~ to fall about laughing.

gargalo [gax'galu] m -**1.** [de garrafa] neck. -**2.** [obstáculo] fig bottleneck.

garganta [gax'gãnta] f -**1.** ANAT throat. -**2.** [desfiladeiro] mountain pass.

gargarejar [gaxgare'ʒa(x)] vi to gargle.

gargarejo [gaxga'reʒu] m -**1.** [ato] gargling. -**2.** [líquido] gargle.

gari [ga'ri] mf roadsweeper.

garimpeiro, ra [garĩ'pejru, ra] m, f prospector.

garimpo [ga'rĩpu] m [mina] mining deposit.

garoa [ga'roa] f drizzle.

garota [ga'rota] f ▷ garoto.

garotada [garo'tada] f: a ~ the kids (pl).

garoto, ta [ga'rotu, ta] m, f [menino] boy, kid.
➡ **garota** f [namorada] girlfriend.

garoupa [ga'ropa] f grouper.

garra ['gaxa] f -**1.** [de animal] claw. -**2.** fig [entusiasmo] enthusiasm; ter ~ to be enthusiastic.

garrafa [ga'xafa] f bottle; ~ térmica Thermos flask® UK, Thermos bottle® US.

garrote [ga'xɔtʃi] m -**1.** [de tortura] garrotte UK, garrote US. -**2.** [torniquete] tourniquet.

garupa [ga'rupa] f -**1.** [de cavalo] hindquarters, rump. -**2.** [de bicicleta, moto] pillion.

gás ['gajʃ] (pl gases) m -**1.** [fluido] gas; ~ natural natural gas; ~ lacrimogêneo tear gas. -**2.** [do intestino] wind, flatulence. -**3.** fam fig [entusiasmo] go.

gasoduto [gazo'dutu] m gas pipeline.

gasolina [gazo'lina] f petrol UK, gasoline US.

gasoso, osa [ga'zozu, ɔza] adj fizzy.
➡ **gasosa** f fizzy drink UK, soda US.

gastador, ra [gaʃta'do(x), ra] ◇ adj wasteful. ◇ m, f wasteful person.

gastar [gaʃ'ta(x)] ◇ vt -**1.** [despender] to spend. -**2.** [consumir - energia, gasolina] to consume; [- tempo] to take up. -**3.** [usar - roupa, sapato] to wear; [- cosmético, produto] to use. -**4.** [desperdiçar] to waste. -**5.** [desgastar] to wear out. ◇ vi -**1.** [despender dinheiro] to spend money. -**2.** [desgastar-se] to wear out.
➡ **gastar-se** vp [desgastar-se] to wear out.

gasto, ta ['gaʃtu, ta] ◇ pp ▷ gastar.

◇ *adj* -**1.** [ger] worn out. -**2.** [produto, cosmético] used up. -**5.** [desperdiçado] wasted. -**6.** [envelhecido] worn.
◆ **gasto** *m* [despesa] expense.
◆ **gastos** *mpl* [despesas] expenses.

gástrico, ca [ˈgaʃtriku, ka] *adj* gastric.

gastronomia [gaʃtronoˈmia] *f* gastronomy.

gata [ˈgata] *f* ⊳ **gato**.

gateway [gejtʃiˈwej] (*pl* gateways) *m* COMPUT gateway.

gatilho [gaˈtiʎu] *m* trigger.

gato, ta [ˈgatu, ta] *m, f* -**1.** [animal] cat; ~ montês wild cat; **vender ~ por lebre** to sell a pig in a poke. -**2.** *fam* [pessoa] sexy person.
◆ **gato** *m* ELETR illegal electrical connection; **fazer um ~** to make an illegal electrical connection.

gatuno, na [gaˈtunu, na] ◇ *adj* thieving. ◇ *m, f* thief.

gaveta [gaˈveta] *f* drawer.

gavião [gaˈvjãw] (*pl* -ões) *m* hawk.

gaze [ˈgazi] *f* -**1.** [tecido] gauze. -**2.** [para curativo] antiseptic gauze.

gazela [gaˈzɛla] *f* gazelle.

gazeta [gaˈzeta] *f* [jornal] gazette.

GB (*abrev de* Great Britain) *n* GB.

geada [ˈʒjada] *f* frost.

gel [ʒɛl] *f* gel.

geladeira [ʒelaˈdejra] *f* refrigerator, fridge.

gelado, da [ʒeˈladu, da] *adj* -**1.** [comida] frozen. -**2.** [bebida] chilled. -**3.** [mar, vento] icy.

gelar [ʒeˈla(x)] ◇ *vt* -**1.** [comida] to freeze. -**2.** [bebida] to chill. ◇ *vi* to be freezing.

gelatina [ʒelaˈtʃina] *f* -**1.** [gel] gelatine. -**2.** [sobremesa] jelly *UK*, Jell-O® *US*.

gelatinoso, osa [ʒelatʃiˈnozu, ɔza] *adj* gelatinous.

geléia [ʒeˈlɛja] *f* jam *UK*, jelly *US*.

geleira [ʒeˈlejra] *f* glacier.

gélido, da [ˈʒɛlidu, da] *adj* -**1.** [gelado] icy. -**2.** *fig* [imóvel] frozen.

gelo [ˈʒelu] ◇ *adj inv* light grey *UK*, light gray *US*. ◇ *m* -**1.** [água solidificada] ice. -**2.** [cor] light grey *UK*, light gray *US*. -**3.** *fig* [indiferença]: **dar um ~ em alguém** to give sb the cold shoulder; **quebrar o ~** to break the ice. -**4.** *loc*: **estar um ~** to be freezing cold.

gema [ˈʒema] *f* -**1.** [do ovo] yolk. -**2.** [pedra preciosa] gem.

gemada [ʒeˈmada] *f* eggnog.

gêmeo, mea [ˈʒemju, mja] ◇ *adj* twin. ◇ *m, f* twin.
◆ **Gêmeos** *mpl* ASTRO Gemini; **ser Gêmeos** to be Gemini.

gemer [ʒeˈme(x)] *vi* -**1.** [de dor] to groan.

-**2.** [lastimar-se] to moan. -**3.** [ranger] to wail. -**4.** *fig* [vento] to howl.

gemido [ʒeˈmidu] *m* -**1.** [de dor] groan. -**2.** [de animal] howl. -**3.** [lamento] wail.

geminiano, na [ʒemiˈnanu, na] ◇ *adj* Gemini (*antes de subst*). ◇ *m, f* Gemini.

gene [ˈʒenil] *m* gene.

genealógico, ca [ʒenjaˈlɔʒiku, ka] *adj* genealogical; **árvore genealógica** family tree.

Genebra [ʒeˈnɛbra] *n* Geneva.

general [geneˈraw] (*pl* -ais) *m* general.

generalizar [generaliˈza(x)] ◇ *vi* [fazer generalizações] to generalize. ◇ *vt* [difundir] to spread.
◆ **generalizar-se** *vp* [difundir-se] to spread.

gênero [ˈʒenerul] *m* -**1.** [ger] gender. -**2.** [tipo] kind. -**3.** [estilo] style. -**4.** BIO genus.
◆ **gêneros** *mpl* [mercadorias] goods; ~ s **alimentícios** foodstuffs.

generosidade [ʒeneroziˈdadʒi] *f* generosity.

generoso, osa [ʒeneˈrozu, ɔza] *adj* generous.

genética [ʒeˈnɛtʃika] *f* genetics (*sg*).

genético, ca [ʒeˈnɛtʃiku, ka] *adj* genetic.

gengibre [ʒẽˈʒibri] *m* ginger.

gengiva [ʒẽˈʒiva] *f* gum.

gengivite [ʒẽʒiˈvitʃi] *f* gingivitis.

genial [ʒeˈnjaw] (*pl* -ais) *adj* -**1.** [extraordinário] inspired. -**2.** *fam* [formidável] terrific.

genialidade [ʒenjaliˈdadʒi] *f* genius.

gênio [ˈʒenjul] *m* -**1.** [ger] genius. -**2.** [temperamento] nature; ~ **bom/ruim** good-/bad-tempered. -**3.** MITOL genie.

genital [ʒeniˈtaw] (*pl* -ais) *adj* genital.

genitor, ra [ʒeniˈto(x), ra] *m, f* progenitor.

genocídio [ʒenoˈsidʒju] *m* genocide.

genro [ˈʒẽxul] *m* son-in-law.

gente [ˈʒẽtʃi] ◇ *f* -**1.** [pessoas] people; ~ **bem** upper classes; **toda a ~** everybody; *fam* [amigos, colegas] folks; **oi/tchau, ~** hi/bye, folks. -**2.** [alguém] somebody, someone. -**3.** *fam* [nós]: **a ~ vai viajar** we're going travelling; **você quer ir com a ~?** do you want to come with us?; **o carro da ~ está enguiçado** our car has broken down. ◇ *interj* [exprimindo espanto] gosh!

gentil [ʒẽˈtʃiw] (*pl* -is) *adj* kind.

gentileza [ʒẽtʃiˈleza] *f* kindness; **por ~ poderia me ajudar?** would you be so kind as to help me?

genuíno, na [ʒeˈnwinu, na] *adj* genuine.

geografia [ʒjograˈfia] *f* geography.

geográfico, ca [ʒeoˈgrafiku, ka] *adj* geographical.

geologia [ʒjolo'ʒial f geology.
geometria [ʒjome'trial f geometry.
geométrico, ca [ʒeo'mɛtriku, kal adj geometric.
geração [ʒera'sãw] (pl -ões) f generation; **de última** ~ COMPUT & TEC latest generation.
gerador [ʒera'do(x)] (pl -res) adj: **empresa** ~ **a de empregos** job-creating company; **grupo** ~ **de problemas** problem-causing group.
➡ **gerador** m TEC generator.
geral [ʒe'rawl (pl -ais) <> adj [genérico] general; **de um modo** ~ on the whole. <> m [o normal] normal thing. <> f -1. FUT & TEATRO gallery. -2. [revisão, arrumação] spring clean; **dar uma** ~ **em algo** to have a blitz on sthg.
➡ **em geral** loc adv in general.
geralmente [ʒeraw'mẽntʃil adv generally.
gerânio [ʒe'rãnjul m geranium.
gerar [ʒe'ra(x)] vt -1. [ger] to generate. -2. [ter filhos] to beget. -3. [causar] to breed.
gerência [ʒe'rẽnsjal f management.
gerenciamento [ʒerẽnsja'mẽntul m management.
gerenciar [ʒerẽn'sja(x)] <> vt to manage. <> vi to manage.
gerente [ʒe'rẽntʃil mf manager.
gergelim [ʒexʒe'lĩl m sesame.
gerir [ʒe'ri(x)] vt to manage.
germanófono, na [gexma'nɔfonu, nal <> adj German-speaking. <> m,f German speaker.
germe ['ʒɛxmil m germ.
germinar [ʒexmi'na(x)] vi to germinate.
gesso ['ʒesul m -1. [nas artes plásticas] plaster of Paris. -2. [em parede] cast.
gestante [ʒeʃ'tãntʃil f pregnant woman.
gestão [ʒeʃ'tãw] (pl -ões) f -1. [administração] administration. -2. [gerência] management.
gesticular [ʒeʃtʃiku'la(x)] vi to gesticulate.
gesto ['ʒɛʃtul m gesture; **fazer um** ~ to make a gesture.
gestual [ʒeʃ'tuawl (pl -ais) adj gestural.
Gibraltar [ʒibraw'ta(x)] n Gibraltar.
GIF (abrev de Graphics Interchange Format) m GIF.
gigabyte [giga'baijtʃil (pl gigabytes) m COMPUT gigabyte.
gigante [ʒi'gãntʃil <> adj gigantic. <> m giant.
gigantesco, ca [ʒigãn'teʃku, kal adj gigantic.
gilete® [ʒi'lɛtʃil <> f [lâmina] razor blade. <> m vulg [bissexual] AC/DC.
gim ['ʒĩl (pl -ns) m gin.

ginasial [ʒina'ziawl (pl -ais) <> adj [relativo a ginásio] secondary school UK, high school US. <> m [curso] dated primary education.
ginásio [ʒi'nazjul m -1. EDUC secondary school. -2. [para esportes] gymnasium.
ginástica [ʒi'naʃtʃikal f -1. [esporte] gymnastics (sg). -2. [aeróbica, corretiva] exercises (pl).
ginecologia [ˌʒinɛkolo'ʒial f gynaecology.
ginecologista [ˌʒinekolo'ʒiʃtal mf gynaecologist.
girafa [ʒi'rafal f giraffe.
girar [ʒi'ra(x)] <> vi -1. [rodar] to rotate. -2. fig [funcionar]: ~ **em torno de** to revolve around. <> vt [fazer rodar] to turn.
girassol [ˌʒira'sɔwl (pl -óis) m sunflower.
giratório, ria [ʒira'tɔrju, rjal adj revolving; **cadeira giratória** swivel chair; **ponte giratória** swing bridge.
gíria ['ʒirjal f -1. [calão] slang. -2. [jargão] jargon.
giro, ra ['ʒiru, ral m -1. [volta] rotation. -2. fam [passeio] stroll; **dar um** ~ to take a stroll.
giz ['ʒiʒl m chalk.
glaciação [glasia'sãwl (pl -ões) f [período geológico] glaciation.
glacial [gla'sjawl (pl -ais) adj glacial.
glamouroso, osa [glamu'rozu, ɔzal adj glamorous.
glândula ['glãndulal f gland.
glicerina [glise'rinal f glycerine.
glicose [gli'kɔzil f glucose.
global [glo'bawl (pl -ais) adj -1. [total] total. -2. [relativo ao globo] global.
globalização [globaliza'sãwl (pl -ões) f globalization.
globalizado, da [globali'zadu, dal adj globalized.
globalizante [globali'zãntʃil adj globalizing.
globalizar [globa'liza(x)] vt to globalize.
➡ **globalizar-se** vp to become globalized.
globo ['globul m globe; ~ **ocular** eyeball.
glória ['glɔrjal f glory.
glorificação [glorifika'sãwl (pl -ões) f glorification.
glorificar [glorifi'ka(x)] vt -1. [honrar] to glorify. -2. [canonizar] to canonize.
glorioso, osa [glo'rjozu, ɔzal adj glorious.
glossário [glo'sarjul m glossary.
GLP (abrev de Gás Liquefeito de Petróleo) m LPG.
glúten ['glutɛl (pl -s) m gluten.
glúteo, tea ['glutew, tʃial <> adj ANAT gluteal. <> m gluteus.

glutões [glu'tõjʃ] *pl* ▷ **glutão**.

glutona [glu'tonal *f* ▷ **glutão**.

GO (*abrev de* Estado de Goiás) *n State of Goiás.*

godê [go'de] *adj* flared.

goela [ˈgwɛla] *f* throat.

goiaba [go'jabal *f* guava.

goiabada [goja'bada] *f* guava jelly.

gol [ˈgowl] (*pl*-es) *m* goal; **marcar um ~** to score a goal.

gola [ˈgɔla] *f* collar.

gole [ˈgɔlil *m* gulp; **de um ~ só** in one gulp.

goleada [go'ljada] *f* FUT hammering.

goleiro [go'lejru] *m* goalkeeper.

golfe [ˈgowfi] *m* golf.

golfinho [gow'fiɲu] *m* dolphin.

golfista [gow'fiʃta] *mf* golfer.

golfo [ˈgowfu] *m* gulf.

Golfo Pérsico [ˌgowfu'pɛxsiku] *n* Persian Gulf.

golpe [ˈgowpi] *m* **-1.** [ger] stroke; **~ de sorte** stroke of luck; **~ de mestre** master stroke. **-2.** [pancada, abalo moral] blow; [soco] punch; [de faca] slash; [de chicote] lash; **~ baixo** *fam* *fig* dirty trick; **~ mortal** mortal blow. **-3.** POL coup; **~ de Estado** coup d'état.

golpear [gow'pja(x)] *vt* **-1.** [dar pancada em] to hit; [com soco] to punch; [com chicote] to lash; [com faca] to slash. **-2.** [moralmente] to wound.

goma [ˈgomal *f* gum, glue; **~ de mascar** chewing gum.

gomo [ˈgomul *m* slice.

gongo [ˈgõŋgul *m* **-1.** MÚS gong. **-2.** [sino] bell.

gorar [go'ra(x)] ◇ *vt* [fracassar] to thwart. ◇ *vi* [fracassar] to fail.

gordo, da [ˈgordu, dal ◇ *adj* **-1.** [pessoa] fat; **nunca ter visto alguém mais ~** [não conhecer] not have seen sb before. **-2.** [carne] fatty. **-3.** *fig* [quantia] considerable. ◇ *m, f* fat person.

gordura [gox'dura] *f* **-1.** [banha] fat. **-2.** [líquida] grease. **-3.** [obesidade] fatness.

gorduroso, osa [goxdu'rozu, ɔza] *adj* **-1.** [ger] greasy. **-2.** [comida] fatty.

gorila [go'rila] *m* gorilla.

gorjeta [gox'ʒetal *f* tip.

gorro [ˈgoxul *m* cap.

gosma [ˈgɔʒmal *f* spittle.

gosmento, ta [goʒ'mẽntu, tal *adj* slimy.

gostar [goʃ'ta(x)] *vi* **-1.** [ter prazer, gosto]: **~ de** to enjoy; **~ de fazer algo** to enjoy doing sthg; **eu ~ ia de ir** I would like to go; **gostei de vê-lo feliz** it was good to see him happy; **~ mais de algo do que de** to prefer sthg to; **~ de alguém** [simpatizar com] to like sb; [sentir afeição por] to be fond of sb. **-2.** [aproveitar]: **~ de** to enjoy. **-3.** [ter costume]: **~ de fazer**

algo to like doing sthg. **-4.** [aprovar]: **~ de** to like.

◆ **gostar-se** *vp* [mutuamente] to be fond of each other *ou* one another.

gosto [ˈgoʃtul *m* **-1.** [ger] taste; **ter ~ de** to taste of; **de bom/mau ~** in good/bad taste; **falta de ~** lack of taste. **-2.** [prazer] pleasure.

gostoso, osa [goʃ'tozu, ɔza] *adj* **-1.** [comida, bebida] tasty. **-2.** [cheiro] lovely. **-3.** [ambiente, música] pleasant. **-4.** [cama, cadeira] comfortable. **-5.** [risada] hearty. **-6.** *fam* [sensual, bonito] gorgeous.

gota [ˈgotal *f* **-1.** [ger] drop. **-2.** [de suor] bead. **-3.** MED gout.

goteira [go'tejral *f* [buraco no telhado] leak.

gotejar [gote'ʒa(x)] *vt* & *vi* to drip.

gourmet [gux'mel (*pl*-s) *mf* gourmet.

governabilidade [govexnabili'dadʒil *f* governability.

governador, ra [govexna'do(x), ral *m, f* governor.

governamental [govexnamẽn'taw] (*pl*-ais) *adj* government (*antes de subst*), governmental.

governanta [govex'nãntal *f* **-1.** [de criança] governess. **-2.** [de casa] housekeeper.

governante [govex'nãntʃil ◇ *adj* [que governa] governing. ◇ *mf* [quem governa] governor.

governar [govex'na(x)] ◇ *vt* **-1.** POL to govern. **-2.** [embarcação] to steer. **-3.** [dominar] to dominate. ◇ *vi* POL to govern.

governo [go'vexnul *m* **-1.** POL government. **-2.** [controle]: **o carro estava sem ~** the car was out of control. **-3.** NÁUT steering.

gozação [goza'sãwl (*pl*-ões) *f* teasing.

gozar [go'za(x)] ◇ *vt* **-1.** [desfrutar] to enjoy. **-2.** *fam* [troçar de] to make fun of. ◇ *vi* **-1.** [desfrutar]: **~ de** to enjoy. **-2.** *fam* [troçar] to mock; **~ da cara de alguém** to mock sb. **-3.** *fam* [ter orgasmo] to come.

gozo [ˈgozul *m* **-1.** [prazer] pleasure. **-2.** [uso]: **~ de algo** use of sthg; **estar em pleno ~ das faculdades mentais** to be in full possession of one's mental faculties. **-4.** [orgasmo] orgasm.

GP (*abrev de* Grande Prêmio) *m* grand prix.

GPS (*abrev de* Global Positioning System) *m* GPS.

Grã-Bretanha [ˌgrãnbre'tãɲal *n*: **(a) ~** Great Britain.

graça [ˈgrasal *f* **-1.** [ger] grace. **-2.** [humor] wit; **achar ~ de** *ou* **em algo** to find sthg funny; **ter ~** to be funny. **-3.** [encanto] charm; **cheio de** ~ full of charm; **sem** ~ dull; **não sei que** ~ **ela vê nele** I don't know what she sees in him. **- 4.** [favor, proteção] favour. **- 5.** [nome] name.

➤ **graças a** *loc prep* **-1.** [devido a] due to, thanks to. **-2.** [agradecimento]: **dar** ~ **s a** to give thanks to; ~ **s a Deus!** thank goodness!

➤ **de graça** *loc adj* **-1.** [grátis] free. **-2.** [muito barato] given away.

gracejar [grase'ʒa(x)] *vi* to joke.

gracejo [gra'seʒu] *m* joke.

gracinha [gra'siɲa] *f*: **ser uma** ~ [criança, rosto] to be sweet; [cidade, desenho] to be attractive; **que** ~ **!** how sweet!

gracioso, osa [gra'sjozu, ɔza] *adj* gracious.

gradativo, va [grada'tʃivu, va] *adj* gradual.

grade ['gradʒi] *f*-**1.** [em janela] grille. **-2.** [no chão] grating. **-3.** *loc*: **atrás das** ~ **s** *fam* [na cadeia] behind bars.

gradeado, da [gra'dʒiadu, da] *adj* [com grades - jardim] fenced; [- janela] with a grating *(antes de subst)*.

➤ **gradeado** *m* [gradeamento] fencing.

gradear [gra'dʒa(x)] *vt* -**1.** [janela] to put bars on. **-2.** [área] to fence off.

gradual [gra'dwaw] *(pl* -**ais)** *adj* gradual.

graduar [gra'dwa(x)] *vt* -**1.** [regular] to regulate. **-2.** [classificar]: ~ **em** to classify according to. **-3.** [marcar os graus] to graduate. **-4.** *EDUC*: ~ **alguém em algo** to confer a degree on sb in sthg. **-5.** *MIL*: ~ **alguém em general/coronel** to promote sb to general/colonel.

➤ **graduar-se** *vp EDUC*: ~ **-se em algo** to graduate in sthg.

grafia [gra'fia] *f*-**1.** [escrita] writing. **-2.** [ortografia] spelling.

gráfico, ca ['grafiku, ka] ◇ *adj* -**1.** [visual] graphic. **-2.** [tipográfico] typographic. ◇ *m, f* [profissional] typesetter.

➤ **gráfico** *m* -**1.** [diagrama] diagram; ~ **de barras** bar chart. **-2.** *MAT* graph.

➤ **gráfica** *f* [estabelecimento] graphics studio.

grã-fino, na [grã'finu, na] *(mpl* **grã-finos,** *fpl* **grã-finas)** ◇ *adj* posh. ◇ *m, f* toff.

grafite [gra'fitʃi] *f* -**1.** [material] graphite. **-2.** [de lápis] lead. **-3.** [pichação] graffiti.

grama ['grãma] ◇ *f* [relva] grass. ◇ *m* [medida] gramme.

gramado [gra'madu] *m* -**1.** [de parque, jardim] lawn. **-2.** *FUT* pitch.

gramar [gra'ma(x)] *vt* to sow with grass.

gramática [gra'matʃika] *f* ▷ **gramático**.

gramatical [gramatʃi'kaw] *(pl* -**ais)** *adj* grammatical.

gramático, ca [gra'matʃiku, ka] ◇ *adj* grammatical. ◇ *m, f* grammarian.

➤ **gramática** *f*-**1.** [disciplina] grammar. **-2.** [livro] grammar book.

gramofone [gramo'foni] *m* gramophone.

grampeador [grãnpja'do(x)] *(pl* -**es)** *m* stapler.

grampear [grãm'pja(x)] *vt* -**1.** [prender com grampos] to staple. **-2.** [telefone] to tap.

grampo ['grãnpu] *m* -**1.** [para papel] staple. **-2.** [para cabelos] hairgrip. **-3.** [de chapéu] hatpin. **-4.** [de carpinteiro] clamp. **-5.** [de telefone] tap.

granada [gra'nada] *f* -**1.** [arma] projectile; ~ **de mão** hand grenade. **-2.** [pedra] garnet.

grande ['grãndʒi] *adj* -**1.** [em tamanho] large. **-2.** [em altura] tall. **-3.** [crescido] grown-up. **-4.** *(antes de subst)* [intenso] great. **-5.** *(antes de subst)* [excessivo] grand. **-6.** *(antes de subst)* [notável] great. **-7.** *(antes de subst)* [excepcional] great. **-8.** *(antes de subst)* [generoso] generous.

➤ **grandes** *mpl*: **os** ~ **s** [os poderosos] the great.

grandeza [grãn'deza] *f* -**1.** [ger] greatness. **-2.** [ostentação] grandeur.

grandiloqüência [grãndʒilo'kwẽnsja] *f* grandiloquence.

grandioso, osa [grãn'dʒjozu, ɔza] *adj* grandiose.

granel [gra'nɛw] *m*: **a** ~ in bulk.

granito [gra'nitu] *m* granite.

granizo [gra'nizu] *m* hailstone; **chover** ~ to hail; **chuva de** ~ hail.

granja ['grãnʒa] *f* farm.

granulado, da [granu'ladu, da] *adj* granulated.

grão ['grãw] *(pl* **grãos)** *m* -**1.** [semente] seed; [de café] bean. **-2.** [de areia] grain.

➤ **grãos** *mpl* [cereais] cereal.

grão-de-bico [ˌgrãwdʒi'biku] *(pl* **grãos-de-bico)** *m* chick pea *UK*, garbanzo bean *US*.

grasnar [graʒ'na(x)] *vi* -**1.** [corvo] to caw. **-2.** [pato] to quack. **-3.** *fig* [gritar] to shout.

gratidão [gratʃi'dãw] *f* gratitude.

gratificação [gratʃifika'sãw] *(pl* -**ões)** *f* -**1.** [bônus] bonus. **-2.** [recompensa] reward. **-3.** [gorjeta] tip.

gratificante [gratʃifi'kãntʃi] *adj* gratifying.

gratificar [gratʃifi'ka(x)] *vt* -**1.** [dar bônus] to give a bonus. **-2.** [dar gorjeta a] to tip. **-3.** [recompensar] to reward; **esse trabalho gratifica muito** this work is very rewarding.

gratinado, da [gratʃi'nadu, da] *adj* au gratin, gratiné.

grátis ['gratʃiʃ] *adj* free.

grato, ta ['gratu, ta] *adj* -**1.** [agradecido]: ficar ~ a alguém por algo/por fazer algo to be grateful to sb for sthg/doing sthg. -**2.** *(antes de subst)* [agradável] pleasant.

gratuito, ta [gra'twitu, ta] *adj* -**1.** [grátis] free. -**2.** [sem fundamento] gratuitous.

grau ['graw] *m* -**1.** [ger] degree. -**2.** [nível, gradação] level.

gravação [grava'sãw] *(pl* -ões) *f* -**1.** [em fita, disco, telefone] recording. -**2.** [em madeira] carving.

gravador, ra [grava'do(x), ra] *(pl* -es) *m, f* [quem faz gravuras] engraver.

◆ **gravador** *m* [aparelho] tape recorder.

◆ **gravadora** *f* [empresa] record company.

gravar [gra'va(x)] *vt* -**1.** [ger] to record. -**2.** [em pedra, metal, madeira] to carve. -**3.** [na memória] to memorize.

gravata [gra'vata] *f* [adereço] tie.

gravata-borboleta [gra,vataborbo'leta] *(pl* **gravatas-borboletas, gravatas-borboleta)** *f* bow tie.

grave ['gravi] *adj* -**1.** [profundo] serious. -**2.** [sério] grave. -**3.** [rígido] grave. -**4.** *MÚS* deep. -**5.** *LING* [acento] grave.

gravemente [grave'mẽntʃi] *adv* seriously.

grávida ['gravida] *adj* pregnant.

gravidade [gravi'dadʒi] *f* gravity.

gravidez [gravi'deʒ] *f* pregnancy.

graviola [gra'vjɔla] *f* sweetsop.

gravura [gra'vura] *f* -**1.** [estampa] print. -**2.** [em madeira, metal] engraving.

graxa ['graʃa] *f* -**1.** [para couro] polish; ~ de sapatos shoe polish. -**2.** [lubrificante] grease.

Grécia ['grɛsja] *f* Greece.

grego, ga ['gregu, ga] ◇ *adj* -**1.** [relativo à grécia] Greek. -**2.** *fig* [obscuro]: isso para mim é ~ that's Greek to me. ◇ *m, f* [pessoa] Greek.

◆ **grego** *m LING* Greek; falar ~ *fam* to speak a foreign language.

grelha ['grɛʎa] *f* grill; na ~ cooked on the grill.

grelhado, da [gre'ʎadu, da] *adj* grilled.

◆ **grelhado** *m* grilled food.

grelhar [gre'ʎa(x)] *vt* to grill.

grêmio ['gremjul] *m* -**1.** [associação] guild. -**2.** [clube] club.

grená [gre'nal] ◇ *adj* dark red. ◇ *m* dark red.

greta ['grɛta] *f* crack.

greve ['grɛvil] *f* strike; fazer ~ to strike.

grevista [gre'viʃta] *mf* striker.

grifar [gri'fa(x)] *vt* -**1.** [compor em grifo] to

italicize. -**2.** [sublinhar] to underline. -**3.** *fig* [enfatizar] to emphasize.

grife ['grifil] *f* label.

grifo ['griful] *m* italics.

grilagem [grila'ʒẽl] *(pl* -ns) *f falsification of property deeds.*

grileiro, ra [gri'lejru, ra] *m, f* forger of *property deeds.*

grilhão [gri'ʎãw] *(pl* -ões) *m* chain.

grilo ['grilul] *m* -**1.** [inseto] cricket. -**2.** *fam* [problema] hiccup; dar ~ to cause a hiccup.

grinalda [gri'nawda] *f* garland.

gringo, ga ['grĩgu, ga] *m, f fam pej* foreigner.

gripado, da [gri'padu, da] *adj*: estar/ficar ~ to have/get flu.

gripe ['gripil] *f* flu.

grisalho, lha [gri'zaʎu, ʎa] *adj* greying *UK*, graying *US*.

gritante [gri'tãntʃil] *adj* -**1.** [evidente] glaring. -**2.** [de cor viva] dazzling.

gritar [gri'ta(x)] *vt & vi* to shout; ~ com alguém to shout at sb.

gritaria [grita'rial] *f* shouting.

grito ['gritul] *m* -**1.** [brado] shout; falar aos ~s to shout; protestar aos ~s to shout protests; chegar aos ~s to reach screaming point; dar um ~ to give a shout. -**2.** [de animal] scream. -**3.** [de dor] scream. -**4.** [de pavor] scream.

Groenlândia [groẽn'lãndʒial] *n* Greenland.

grosar [gro'za(x)] *vt* [limar, debastar] to file.

groselha [gro'zeʎal] *f* redcurrant.

grosseiro, ra [gro'sejru, ra] *adj* -**1.** [rude] rude. -**2.** [chulo] vulgar. -**3.** [ordinário] coarse.

grosseria [grose'rial] *f* rudeness; dizer/fazer uma ~ to say/do something rude.

grosso, ssa ['grosu, sa] *adj* -**1.** [ger] thick. -**2.** [áspero] rough. -**3.** [rude] rude. -**4.** *fam* [abundante]: dinheiro ~ a considerable sum of money.

◆ **grosso** *adv*: falar ~ com alguém to get tough with sb.

◆ **grosso modo** *loc adv* roughly.

grossura [gro'sural] *f* -**1.** [espessura] thickness. -**2.** [fam] [grosseria] rudeness.

grotesco, ca [gro'teʃku, ka] *adj* grotesque.

grudar [gru'da(x)] ◇ *vt*: ~ algo em algo to stick sthg on sthg. ◇ *vi* to stick.

grude ['grudʒil] *m* -**1.** [cola] glue. -**2.** *fam* [comida ruim] muck.

grunhido [gru'ɲidul] *m* grunt.

grunhir [gru'ɲi(x)] *vi* -**1.** [porco] to grunt. -**2.** *fig* [resmungar] to grumble.

grupo ['grupul] *m* group; ~ sanguíneo

blood group; ~ **de discussão** COMPUT newsgroup.

gruta [ˈgrutɐ] f cave, grotto.

guache [ˈgwaʃi] m gouache.

guaraná [gwaraˈna] m guarana; ~ **em pó** powdered guarana; ~ **natural** natural guarana.

guarda [ˈgwaxdɐ] ◇ f **-1.** [proteção] care; **ficar de** ~ to stand guard. **-2.** MIL guard. ◇ mf [policial] police officer.

guarda-chuva [ˌgwaxdaˈʃuval] (pl **guarda-chuvas**) m umbrella.

guarda-costas [ˌgwaxdaˈkɔʃtaʃ] mf inv **-1.** NÁUT coastguard. **-2.** fig [para defesa] bodyguard.

guardados [gwaxˈdaduʃ] mpl bits and pieces.

guarda-florestal [ˌgwaxdafloreʃˈtaw] (pl **guardas-florestais**) mf forest ranger.

guarda-louça [ˌgwaxdaˈlosa] (pl **guarda-louças**) m dresser.

guardanapo [ˌgwaxdaˈnapul] m (table) napkin.

guarda-noturno [ˌgwaxdanoˈtuxnul] (pl **guardas-noturnos**) mf nightwatchman.

guardar [gwaxˈda(x)] vt **-1.** [ger] to keep; ~ **segredo sobre algo** to keep quiet about sthg. **-2.** [pôr no lugar]: ~ **algo (em)** to put sthg away (in). **-3.** [reservar]: ~ **algo (para)** to keep sthg (for). **-4.** [gravar na memória] to remember. **-5.** [vigiar] to guard. **-6.** [cuidar de] to look after. **-7.** [observar] to keep; **guardadas as (devidas) proporções** to a certain extent.

◆ **guardar-se** vp **-1.** [proteger-se]: ~ **-se de** to steer clear of. **-2.** [prevenir-se]: ~ **-se de** to watch out for.

guarda-roupa [ˌgwaxdaˈxopa] (pl **guarda-roupas**) m wardrobe.

guarda-sol [ˌgwaxdaˈsɔw] (pl **guarda-sóis**) m parasol.

guarda-volumes [ˌgwaxdavoˈlumiʃ] m (inv) left-luggage office.

guardião, diã [gwaxˈdʒjãw, dʒjã] (mpl **-ães, -ões**, fpl **-s**) m, f guardian.

guarnecer [gwaxneˈse(x)] vt **-1.** [abastecer] to supply; ~ **alguém de algo** to supply sb with sthg. **-2.** MIL to occupy. **-3.** NÁUT to crew.

guarnição [gwaxniˈsãw] (pl **-ões**) f **-1.** [ger] garnish. **-2.** MIL garrison. **-3.** NÁUT crew.

Guatemala [gwateˈmala] n Guatemala.

guatemalteco, ca [gwatemawˈtɛku, ka] ◇ adj Guatemalan. ◇ m, f Guatemalan.

gude [ˈgudʒil] m ▷ **bola**.

guelra [ˈgɛwxal] f gill.

guerra [ˈgɛxal] f **-1.** [ger] war; **em** ~ at war; ~ **civil** civil war; ~ **fria** cold war; ~ **mundial** world war; **fazer** ~ **a** to do battle with. **-2.** fig [disputa] battle.

guerra-relâmpago [gɛxaˈxelãmpagul] (pl **-guerras-relâmpago**) f blitzkrieg.

guerreiro, ra [geˈxejru, ra] ◇ adj **-1.** [belicoso] warlike. **-2.** [espírito, índole] fighting. ◇ m, f [pessoa] warrior.

guerrilha [geˈxiʎa] f guerrilla warfare.

guerrilheiro, ra [gexiˈʎejru, ra] ◇ adj guerrilla (antes de subst). ◇ m, f guerrilla.

gueto [ˈgetul] m ghetto.

guia [ˈgia] ◇ f guide. ◇ m [manual-turístico, cultural] guide; [- de instruções] manual. ◇ mf [pessoa] guide; ~ **turístico** tourist guide.

Guiana [gwiˈjãna] n Guyana.

guianense [gwijaˈnẽnsi] ◇ adj Guyanese. ◇ mf Guyanese.

guiar [ˈgja(x)] ◇ vt **-1.** [orientar] to guide. **-2.** [proteger] to watch over. **-3.** AUTO [dirigir] to drive. ◇ vi AUTO to drive.

◆ **guiar-se** vp [orientar-se] to orientate o.s.

guichê [giˈʃe] m **-1.** [no cinema, teatro] ticket office. **-2.** [em banco] counter.

guidom [giˈdõ] (pl **-ns**) m handlebars (pl).

guilhotina [giʎoˈtʃina] f guillotine.

guinada [giˈnada] f **-1.** NÁUT yaw. **-2.** AUTO veer; **dar uma** ~ to veer.

guincho [ˈgĩʃu] m **-1.** [reboque] tow. **-2.** [chiado] squeal.

guindaste [gĩˈdaʃtʃil] m crane.

guisado, da [giˈzadu, da] m CULIN stew.

guisar [giˈza(x)] vt to stew.

guitarra [giˈtaxal] f: ~ **(elétrica)** electric guitar.

guitarrista [gitaˈxiʃtal] mf guitarist.

gula [ˈgula] f gluttony.

gulodice [guloˈdʒisil] f greediness.

guloseima [guloˈzejma] f titbit.

guloso, osa [guˈlozu, ɔza] adj greedy.

gume [ˈgumil] m blade.

guri, ria [guˈri, ria] m kid.

gurizada [guriˈzada] f [criançada] kids (pl).

guru [guˈru] m guru.

h¹, H [a'ga] *m* [letra] h, H.
h² (*abrev de* **hora**) *f* hr., h.
ha (*abrev de* **hectare**) *m* ha.
hábil ['abiw] (*pl* **-eis**) *adj* **-1.** [ger] skilful.
-2. [sutil] subtle. **-3.** *loc*: **em tempo** ∼ in due course.
habilidade [abili'dadʒi] *f* **-1.** [aptidão] ability. **-2.** [competência] talent. **-3.** [astúcia] skill. **-4.** [sutileza] subtlety.
habilidoso, osa [abili'dozu, ɔza] *adj* skilful *UK*, skillful *US*.
habilitação [abilita'sãw] (*pl* **-ões**) *f* **-1.** [aptidão] aptitude. **-2.** [conhecimento formal] qualification. **-3.** *JUR* [documento] validation.
➡ **habilitações** *fpl* [qualificações] qualifications.
habilitado, da [abili'tadu, da] *adj* **-1.** [profissional liberal] qualified. **-2.** [operário] skilled.
habilitar [abili'ta(x)] *vt* **-1.** [capacitar] to enable. **-2.** [preparar] to prepare. **-3.** [dar direito a] to entitle to.
➡ **habilitar-se** *vp* [capacitar-se] to prepare o.s.
habitação [abita'sãw] (*pl* **-ões**) *f* **-1.** [casa] house. **-2.** *POL* [moradia] housing.
habitante [abi'tãntʃi] *mf* inhabitant.
habitar [abi'ta(x)] *vt* **-1.** [morar em] to live in. **-2.** [povoar] to inhabit. ⬦ *vi* [viver] to live.
hábitat ['abitatʃ] *m* habitat.
hábito ['abitul] *m* habit.
habituado, da [abi'twadu, da] *adj*: ∼ **(a algo)** used (to sthg); ∼ **a fazer algo** used to doing sthg.
habitual [abi'twaw] (*pl* **-ais**) *adj* habitual.
habituar [abi'twa(x)] *vt* to accustom to; ∼ **alguém a algo/a fazer algo** to get sb used to sthg/to doing sthg.
➡ **habituar-se** *vp*: ∼ **-se a (fazer) algo** to get used to (doing) sthg.
hacker [xake(x)ʃ] (*pl* **hackers**) *m COMPUT* hacker.
hadoque [a'dɔki] *m* haddock.
Haia ['aja] *n* The Hague.
hálito ['alitul] *m* breath; **mau** ∼ bad breath.

hall ['ɔw] *m* hall; ∼ **de entrada** entrance hall.
halterofilista [awterofi'liʃta] *mf* weight lifter.
hambúrguer [ãn'buxge(x)] (*pl* **-es**) *m* hamburger.
handicap [ãndʒi'kapil] *m* handicap.
hangar [ãŋ'ga(x)] (*pl* **-es**) *m* hangar.
haras ['araʃ] *m inv* stud (*for race-horses*).
hardware [ax'dwɛ(x)] *m COMPUT* hardware.
harmonia [axmo'nia] *f* harmony.
harmônico, ca [ax'moniku, ka] *adj* harmonic.
➡ **harmônica** *f* harmonica, mouth organ.
harmonioso, osa [axmo'njozu, jɔza] *adj* harmonious.
harmonizar [axmoni'za(x)] *vt* **-1.** *MÚS* to harmonize. **-2.** [conciliar]: ∼ **algo com algo** to reconcile sthg with sthg.
➡ **harmonizar-se** *vp*: ∼ **-se (com algo)** to be in harmony (with sthg).
harpa ['axpa] *f* harp.
haste ['aʃtʃi] *f* **-1.** [de bandeira] pole. **-2.** [caule] stalk.
hasteamento [aʃtʃja'mẽntu] *m* hoisting.
havana [a'vãna] ⬦ *adj* [cor] beige. ⬦ *m* [charuto] Havana cigar.
haver [a've(x)] *v impess* **-1.** [existir, estar, ter lugar]: **há** there is, there are *pl*; **havia** there was, there were *pl*; **há um café muito bom ao fim da rua** there's a very good café at the end of the street; **não há nada aqui** there's nothing here; **não há correio amanhã** there's no mail tomorrow. **-2.** [exprime tempo]: **estou esperando há dez minutos** I've been waiting for ten minutes; **há séculos que não vou lá** I haven't been there for ages; **há três dias que não o vejo** I haven't seen him for three days. **-3.** [exprime obrigação]: **há que esperar três dias** you'll have to wait three days. **-4.** [em locuções]: **haja o que houver** come what may; **não há de quê!** don't mention it! ⬦ *v aux* [em tempos compostos] to have; **ele havia chegado há pouco** he had just arrived; **como não havia comido estava com fome** I was hungry because I hadn't eaten; **havíamos reservado com antecedência** we'd reserved in advance.
➡ **haver de** *v + prep* [dever] to have; [exprime intenção]: **hei de ir** I'll go.
➡ **haver-se com** *vp + prep*: ∼ **-se com alguém** [prestar contas a] to answer to sb.
➡ **haveres** *mpl* [pertences] belongings; [bens] assets.
haxixe [a'ʃiʃi] *m* hashish.

HC (*abrev de* **Hospital das Clínicas**) *m* *famous teaching hospital in São Paulo.*

HD (*abrev de* **Hard Disk**) *m* HD.

hectare [ɛk'tari] *m* hectare.

hedge [ɛdʒi] *m* ECON [proteção cambial] hedge.

hediondo, da [e'dʒõndu, da] *adj* hideous.

hegemonia [eʒemo'nia] *f* hegemony.

hegemônico, ca [ege'moniku, ka] *adj* hegemonic.

hélice ['ɛlisi] *f* propeller.

helicóptero [eli'kɔpteru] *m* helicopter.

hematoma [ema'toma] *f* bruise, haematoma *UK*, hematoma *US*.

hemisfério [emiʃ'fɛrju] *m* hemisphere.

hemodiálise [emo'dʒjalizi] *f* dialysis.

hemofílico, ca [emo'filiku, ka] <> *adj* haemophilic *UK*, hemophilic *US*. <> *m, f* haemophiliac *UK*, hemophiliac *US*.

hemorragia [emoxa'ʒia] *f* haemorrhage *UK*, hemorrhage *US*.

hemorrágico, ca [emo'xagiku, ka] *adj* haemorrhagic.

hemorróidas [emo'xɔjdaʃ] *fpl* haemorrhoid *UK*, hemorrhoid *US*.

hepatite [epa'tʃitʃi] *f* hepatitis.

hera ['ɛra] *f* ivy.

heráldica [e'rawdʒikal *f* heraldry.

herança [e'rãnsa] *f* inheritance.

herdar [ex'da(x)] *vt* [ger]: ~ algo de alguém to inherit sthg from sb.

herdeiro, ra [ex'dejru, ra] *m, f* heir.

herege [e'rɛʒi] *mf* heretic.

heresia [ere'zia] *f* heresy.

hermético, ca [ex'mɛtʃiku, ka] *adj* -1. [bem fechado] hermetic, airtight. -2. *fig* [obscuro] hermetic.

hérnia ['ɛxnja] *f* hernia; ~ de disco slipped disc.

herói [e'rɔj] *m* hero.

heróico, ca [e'rɔjku, ka] *adj* heroic.

heroína [e'rwina] *f* heroine.

herpes ['ɛxpiʃ] *m* herpes.

hesitação [ezita'sãw] (*pl* -ões) *f* hesitation.

hesitante [ezi'tãntʃi] *adj* hesitant.

hesitar [ezi'ta(x)] *vi*: ~ em fazer algo to hesitate to do sthg.

heterogêneo, nea [etero'ʒenju, nja] *adj* heterogeneous.

heterosexual [eterosek'swawl (*pl* -ais) <> *adj* heterosexual. <> *mf* heterosexual.

hibernar [ibex'na(x)] *vi* to hibernate.

hibisco [i'biʃku] *m* hibiscus.

híbrido, da ['ibridu, da] *adj* [mesclado] hybrid.
 ◆ **híbrido** *m* [animal ou vegetal]: **ser um** ~ (**de**) to be a hybrid (of).

hidramático, ca [idra'matʃiku, ka] *adj* Hydra-Matic®.

hidratante [idra'tãntʃi] <> *adj* moisturizing. <> *m* moisturizer.

hidratar [idra'ta(x)] *vt* -1. [pele] to moisturize. -2. MED to hydrate.

hidráulico, ca [i'drawliku, ka] *adj* hydraulic.

hidrelétrica [idre'lɛtrika] *f* -1. [usina] hydroelectric power station. -2. [empresa] hydroelectric company.

hidrófobo, ba [i'drɔfobu, ba] <> *adj* hydrophobic. <> *m, f* hydrophobic person.

hidrogênio [idro'ʒenju] *m* hydrogen.

hidromassagem [idruma'saʒẽ] (*pl* -ns) *f* hydromassage.

hiena ['jena] *f* hyena.

hierarquia [jerar'kia] *f* hierarchy.

hierárquico, ca [je'raxkiku, ka] *adj* hierarchical.

hieróglifo [je'rɔgliful *m* hieroglyph.

hífen ['ifẽ] (*pl* -es) *m* hyphen.

hifenizar [ifeni'za(x)] *vt* hyphenate.

Hi-Fi (*abrev de* **High Fidelity**) *m* hi-fi.

higiene [i'ʒeni] *f* hygiene.

higiênico, ca [i'ʒjeniku, ka] *adj* hygienic; **papel** ~ toilet paper.

higienizar [ʒjeni'za(x)] *vt* to sterilize.

hilariante [ila'rjãntʃi] *adj* hilarious.

hilário, ria [i'larju, rja] *adj* [hilariante] hilarious.

Himalaia [ima'lajal *n*: **o** ~ the Himalayas (*pl*).

hindi ['ĩndʒi] *m* Hindi.

hindu [ĩn'du] (*pl* **hindus**) <> *adj* -1. [da Índia] Indian. -2. RELIG Hindu. <> *m, f* -1. [da Índia] Indian. -2. RELIG Hindu.

hino ['inul *m* hymn; ~ **nacional** national anthem.

hiper ['ipe(x)] *prefixo* -1. [extremo, grande] hyper-. -2. *fam* [super] hyper-.

hipermercado [,ipexmex'kadul *m* hypermarket.

hipertensão [,ipextẽn'sãw] (*pl* -ões) *f* high blood pressure, hypertension.

hipertenso, sa [ipex'tẽsu, sa] *adj* with high blood-pressure; **ser** ~ to have high blood pressure.

hipertexto [ipex'tejʃtu] *m* COMPUT hypertext.

hipertrofia [ipextro'fia] *f* -1. MED hypertrophy. -2. [fig] excessive increase.

hipertrofiar [ipextro'fja(x)] *vt* to overstretch.
 ◆ **hipertrofiar-se** *vp* to become overdeveloped.

hípico, ca ['ipiku, ka] *adj* -1. [clube, competição] riding. -2. [sociedade] equestrian.

hipismo [i'piʒmul *m* horse riding, equestrianism.

hipnose [ip'nɔzi] f hypnosis.
hipnótico, ca [ip'nɔtʃiku, kal *adj* hypnotic.
➡ **hipnótico** m [substância] hypnotic.
hipnotizado, da [ipnotʃi'zadu, dal *adj* hypnotized.
hipnotizar [ipnotʃi'za(x)] *vt* to hypnotize.
hipocondria [ipokõn'dria] f hypochondria.
hipocondríaco, ca [ˌipokõn'driaku, kal ◇ *adj* hypochondriac. ◇ *m*, f hypochondriac.
hipocrisia [ipokri'zial f hypocrisy.
hipócrita [i'pɔkrital ◇ *adj* hypocritical. ◇ *mf* hypocrite.
hipódromo [i'pɔdrumul *m* racecourse.
hipopótamo [ipo'pɔtamul *m* hippopotamus.
hipoteca [ipo'tɛkal f mortgage.
hipótese [i'pɔtezil f -1. [conjectura] hypothesis. -2. [possibilidade] eventuality; **não abandonaria meus filhos em ~ alguma** I wouldn't abandon my children under any circumstances, under no circumstance would I abandon my children; **na melhor/pior das ~s** at best/worst.
hispânico, ca [iʃ'paniku, kal ◇ *adj* Hispanic. ◇ *m*, f Hispanic.
hispano, na [iʃ'pãnu, nal ◇ *adj* Hispanic. ◇ *m*, f Hispanic.
hispano-americano, na [iʃˌpãnwameri'kãnu, nal ◇ *adj* Spanish-American. ◇ *m*, f Spanish American.
histeria [iʃte'rial f hysteria.
histérico, ca [iʃ'tɛriku, kal *adj* hysterical.
história [iʃ'tɔrjal f -1. [ger] history. -2. [narração] story; **~ em quadrinhos** comic strip. -3. [lorota] nonsense. -4. [explicação] excuse. -5. [idéia, proposta] suggestion. -6. [acontecimento] event; [caso amoroso] love affair. -7. [enredo] storyline. -8. [boato] rumour. -9. [tradição] tradition. -10. [problema] problem. -11. *fam* [abuso]: **que ~ é essa de ...?** what's the idea of ...?
historiador, ra [iʃtorja'do(x), ral *m*, f historian.
historicidade [iʃtorisi'dadʒil f historicity, historical authenticity.
histórico, ca [iʃ'tɔriku, kal *adj* -1. [ger] historical. -2. [importante] historic.
➡ **histórico** m history.
histrião [iʃtri'ãwl (*pl* -ões) m [comediante] comic.
histriônico, ca [iʃtri'oniku, kal *adj* histrionic.
hit [i'itil *m* COMPUT hit.
HIV (*abrev de* **Human Immunodeficiency Virus**) *m* HIV.

hobby ['ɔbil *m* hobby.
hoje ['oʒil *adv* today; **de ~ em diante** from today onwards, from this day forth; **~ noite** tonight; **~ em dia** nowadays.
Holanda [o'lãnda] f Holland, The Netherlands.
holandês, esa [olãn'deʃ, ezal (*mpl* -eses *fpl* -s) ◇ *adj* Dutch. ◇ *m*, f Dutchman (f Dutchwoman).
➡ **holandês** m [língua] Dutch.
holofote [olo'fɔtʃil *m* searchlight.
home banking ['xomibãnkĩnl *m* COMPUT home banking.
homem ['ɔmɛl (*pl* -ns) *m* -1. [ger] man; **~ de negócios** businessman. -2. [humanidade]: **o ~** mankind.
homem-rã [ˌomɛn'xãl (*pl* homens-rãs) *m* frogman.
homenagear [omena'ʒja(x)] *vt* to pay homage to.
homenagem [ome'naʒẽl (*pl* -ns) f homage; **em ~ a algo/alguém** in homage to sthg/sb.
homeopatia [omjopa'tʃial f homeopathy.
homeopático, ca [omjo'patʃiku, kal *adj* homeopathic.
homicida [omi'sidal ◇ *adj* homicidal. ◇ *mf* murderer.
homicídio [omi'sidʒjul *m* homicide; **~ culposo** manslaughter.
homogêneo, nea [omo'ʒenju, njal *adj* homogeneous.
homologação [omologa'sãwl (*pl* -ões) f ratification.
homologar [omolo'ga(x)] *vt* -1. [lei, casamento] to ratify. -2. [sociedade] to grant official recognition to.
homossexual [omosek'swawl (*pl* -ais) ◇ *adj* homosexual. ◇ *m*, f homosexual.
homossexualidade [omosekswali'dadʒil f homosexuality.
Honduras [õn'duraʃl *n* Honduras.
hondurenho, nha [õndu'reɲu, ɲal ◇ *adj* Honduran. ◇ *m*, f Honduran.
honestidade [oneʃtʃi'dadʒil f honesty; **com ~** honestly.
honesto, ta [o'nɛʃtu, tal *adj* honest.
honorário, ria [ono'rarju, rjal *adj* honorary.
honorários [ono'rarjuʃl *mpl* fee (*sg*).
honra ['õnxal f -1. [ger] honour *UK*, honor *US*; **em ~ de alguém** in honour of sb *UK*, in honor of sb *US*. -2. [motivo de orgulho] credit.
➡ **honras** *fpl* honours *UK*, honors *US*; **~ militares** military honours *UK*, military honors *US*.
honradez [õnxa'deʒl f honesty.
honrado, da [õ'xadu, dal *adj* -1. [digno]

worthy. **-2.** [respeitado] respectable.

honrar [õˈxa(x)] *vt* [respeitar] to honour *UK*, to honor *US*.

honroso, osa [õˈxozu, ɔzal *adj* honourable *UK*, honorable *US*.

hóquei [ˈɔkej] *m* hockey; ~ **sobre gelo** ice hockey.

hora [ˈɔra] *f* **-1.** [do dia] hour; **de** ~ **em** ~ every hour. **-2.** [ger] time; **altas** ~ **s** very late at night; **que** ~ **s são?** what time is it?; ~ **extra** extra time; **fazer algo fora de** ~ to do sthg at the wrong time; **estar na** ~ **de fazer algo** to be time to do sthg; **na** ~ **H** on the dot; **de última** ~ last minute *(antes de subst)*; **não vejo a** ~ **de ir embora** I can't wait for the time to leave; **na** ~ on time; **perder a** ~ to be late. **-3.** [compromisso]: **marcar** ~ **com alguém** to make an appointment with sb. **-4.** *loc:* **fazer** ~ to waste time.

horário, ria [oˈrarju, rjal *adj* hourly.
◆ **horário** *m* **-1.** [tabela] timetable. **-2.** [hora prefixada] time; ~ **nobre** prime time; ~ **de verão** summer time.

horda [ˈɔxdal *f* horde.

horizontal [orizõˈtawl *(pl* -ais) *adj* horizontal. ⬦ *f* [linha] horizontal.

horizonte [oriˈzõntʃil *m* horizon.

hormônio [oxˈmonjul *m* hormone.

horóscopo [oˈrɔʃkopul *m* horoscope.

horrendo, da [oˈxẽndu, dal *adj* **-1.** [atemorizante] frightful. **-2.** [feio] horrendous.

horrível [oˈxivɛwl *(pl* -eis) *adj* **-1.** [ger] terrible. **-2.** [feio] horrible.

horror [oˈxo(x)l *(pl* -es) *m* **-1.** [medo]: **ter** ~ **(de** *ou* **a algo)** to have a horror (of sthg). **-2.** [repulsa]: **ter** ~ **a algo/a fazer algo** to have a horror of sthg/doing sthg. **-3.** [coisa feia]: **fiquei um** ~ **com essa roupa** I looked a fright in those clothes. **-4.** [atrocidade]: **que** ~ **!** how awful! **-5.** [ruim]: **ser um** ~ to be terrible.
◆ **horrores** *mpl* **-1.** [palavras injuriosas]: **dizer** ~ **de algo/alguém** to say horrible things about sthg/sb. **-2.** [ações terríveis]: **fazer** ~ to do horrible things. **-3.** [quantia vultuosa]: **ele está faturando** ~ **es** he is raking it in.

horrorizar [oxoriˈza(x)l *vt* to terrify.
◆ **horrorizar-se** *vp* to be terrified.

horroroso, osa [oxoˈrozu, ɔzal *adj* **-1.** [ger] terrible. **-2.** [feio] frightful.

horta [ˈɔxtal *f* vegetable garden.

hortaliças [oxtaˈlisaʃl *fpl* vegetables.

hortelã [oxteˈlãl *f* mint.

hortelã-pimenta [oxteˌlãˈpiˈmẽntal *(pl* **hortelãs-pimenta**) *f* peppermint.

hortênsia [oxˈtẽnsjal *f* hydrangea.

horticultor, ra [oxtʃikuwˈto(x), ral *(mpl*

-es, *fpl* -s) *m, f* horticulturist.

hortifrutigranjeiro, ra [oxtʃiʃrutʃiˌgrãnˈʒejra, ral *adj relating to fruit, vegetable and small farm production.*
◆ **hortifrutigranjeiro** *m* smallholder *(producing fruit and vegetables).*

hortigranjeiros [oxtʃiɡrãnˈʒejruʃl *mpl* farm produce.

horto [ˈɔxtul *m* allotment.

hospedagem [oʃpeˈdaʒẽl *(pl* -ns) *f* **-1.** [acomodação] accommodation. **-2.** [diária] board and lodging. **-3.** [pensão] inn.

hospedar [oʃpeˈda(x)l *vt* to lodge.
◆ **hospedar-se** *vp* to lodge.

hospedaria [oʃpedaˈrial *f* guest house.

hóspede [ˈɔʃpedʒil *mf* guest.

hospício [oʃˈpisjul *m* hospice.

hospital [oʃpiˈtawl *(pl* -ais) *m* hospital.

hospitaleiro, ra [oʃpitaˈlejru, ral *adj* hospitable.

hospitalidade [oʃpitaliˈdadʒil *f* hospitality.

host [ˈxoʃtʃil *m COMPUT* host.

hostess [ˈɔʃtesl *f* hostess.

hostil [oʃˈtiwl *(pl* -is) *adj* **-1.** [contrário]: ~ **a algo/alguém** hostile to sthg/sb. **-2.** [agressivo] hostile.

hostilidade [oʃtʃiliˈdadʒil *f* [sentimento] hostility.

hostilizar [oʃtʃiliˈza(x)l *vt* to be hostile towards.

hotel [oˈtɛwl *(pl* -éis) *m* hotel.

hp *(abrev de horsepower)* *m* hp.

HTML *(abrev de Hypertext Markup Language)* *m* HTML.

HTTP *(abrev de Hypertext Transfer Protocol)* *m* HTTP.

humanidade [umaniˈdadʒil *f* humanity.

humanitário, ria [umaniˈtarju, rjal *adj* humanitarian.

humano, na [uˈmanu, nal *adj* **-1.** [da humanidade] human; **ser** ~ human being. **-2.** [bondoso] human, understanding.
◆ **humanóide** [umaˈnɔjdʒil ⬦ *adj* humanoid. ⬦ *mf* humanoid.

humildade [umiwˈdadʒil *f* **-1.** [pobreza] humbleness. **-2.** [modéstia] humility. **-3.** [submissão] humility; **com** ~ humbly.

humilde [uˈmiwdʒil *adj* humble; **os** ~ **s** the poor *(pl).*

humildemente [umiwdʒiˈmẽntʃil *adv* humbly.

humilhação [umiˈʎasãwl *(pl* -ões) *f* humiliation.

humilhar [umiˈʎa(x)l *vt* to humiliate.

humor [uˈmo(x)l *m* **-1.** [ger] humour *UK*, humor *US*. **-2.** [ânimo] mood; **estar de bom/mau** ~ to be good-/bad-tempered. **-3.** [senso de humor] sense of humour *UK*, sense of humor *US*.

humorista [umo'riʃta] *mf* comedian.

humorístico, ca [umo'riʃtʃiku, ka] *adj* comedy *(antes de subst)*.

húngaro, ra ['ũŋgaru, ra] <> *adj* Hungarian. <> *m, f* Hungarian.

➡ **húngaro** *m* [língua] Hungarian.

Hungria [ũŋ'gria] *n* Hungary.

Hz *(abrev de* **hertz***) m* Hz.

i, I [i] *m* [letra] i, I.

ianque ['jãŋki] <> *adj* Yankee. <> *m, f* Yank.

iate ['jatʃi] *m* yacht.

iatismo [ja'tʃiʒmu] *m* yachting, sailing.

iatista [ja'tʃiʃta] *mf* yachtsman (*f* yachtswoman).

IBAMA (*abrev de* Instituto Brasileiro do Meio Ambiente e dos Recursos Naturais Renováveis) *m Brazilian organization responsible for preserving the country's natural environment.*

Ibase (*abrev de* Instituto Brasileiro de Análises Sociais e Econômicas) *m Brazilian institute for social and economic analysis.*

IBDF (*abrev de* Instituto Brasileiro de Desenvolvimento Florestal) *m Brazilian institute for forestry development.*

IBGE (*abrev de* Instituto Brasileiro de Geografia e Estatística) *m Brazilian institute of geography and statistics.*

Ibope (*abrev de* Instituto Brasileiro de Opinião Pública e Estatística) *m Brazilian opinion poll institute.*

IBP (*abrev de* Instituto Brasileiro de Petróleo) *m Brazilian petroleum institute.*

içar [i'sa(x)] *vt* to hoist.

iceberg [ajs'bɛxgi] *m* iceberg.

ICMS (*abrev de* Imposto sobre a Circulação de Mercadorias e Serviços) *m government tax on goods and services,* ≃ VAT *UK.*

ícone ['ikoni] *m* icon.

iconoclasta [ikono'klaʃta] <> *adj* iconoclastic. <> *mf* iconoclast.

ida ['ida] *f* -**1.** [ato de ir] going. -**2.** [partida] departure. -**3.** [viagem] journey; **na** ~ **os** on the outward journet; **(bilhete de)** ~ **e volta** return ticket. -**4.** [bilhe-

te]: **só comprei a** ~ I only bought a single (ticket).

idade [i'dadʒi] *f* [ger] age; **de** ~ [idoso] elderly; **ser menor/maior de** ~ to be under/of age; **pessoa da terceira** ~ senior citizen; **Idade Média** Middle Ages *(pl)*; ~ **da pedra** Stone Age.

ideal [i'deaw] <> *adj* ideal. <> *m* -**1.** [valores] ideal. -**2.** [perfeição] ideal thing.

idealista [idea'liʃta] <> *adj* idealistic. <> *mf* idealist.

idealizador [idealiza'do(x)] *m, f* planner.

idealizar [ideali'za(x)] *vt* -**1.** [endeusar] to idealize. -**2.** [planejar] to plan.

idear [i'dea(x)] *vt* [planejar] to plan.

idéia [i'dɛja] *f* -**1.** [ger] idea; **estar com** ~ **de** to be thinking of; **ter uma** ~ **errada de algo** to have the wrong idea about sthg; **fazer** ou **ter** ~ **de algo** to have an idea of sthg. -**2.** [mente, opinião] mind; **mudar de** ~ to change one's mind.

idem [i'dẽ] *pron* idem.

idêntico, ca [i'dʒẽntʃiku, ka] *adj* identical.

identidade [idẽtʃi'dadʒi] *f* identity; **(carteira de)** ~ identity card.

identificação [idẽtʃifika'sãw] (*pl* -ões) *f* identification.

identificar [idʒẽntʃifi'ka(x)] *vt* to identify.

➡ **identificar-se** *vp* -**1.** [revelar-se] to identify o.s. -**2.** [espelhar-se]: ~ **-se com algo/alguém** to identify o.s. with sthg/sb.

ideologia [ideolo'ʒia] *f* ideology.

ídiche ['idiʃi] *m* = **iídiche**.

idílico, ca [i'dʒiliku, ka] *adj* idyllic.

idioma [i'dʒjoma] *m* language.

idiomático, ca [idʒo'matʃiku, ka] *adj* idiomatic; **expressão idiomática** idiomatic expression.

idiota [i'dʒjota] <> *adj* idiotic. <> *mf* idiot.

idiotia [idʒjo'tʃia] *f* idiocy.

ido, ida ['idu, 'ida] *adj* past.

idólatra [i'dɔlatra] <> *adj* idolatrous. <> *mf* [de ídolos] idol worshipper.

idolatrar [idola'tra(x)] *vt* to idolize.

ídolo ['idulu] *m* idol.

idôneo, nea [i'donju, nja] *adj* -**1.** [pessoa, julgamento] fitting. -**2.** [empresa] suitable.

idoso, osa [i'dozu, ɔza] *adj* aged.

Iemanjá [jemãn'ʒa] *f goddess of the sea and water, in Afro-Brazilian lore.*

Ierevan [jere'vã] *n* Yerevan.

ignição [igni'sãw] *f* ignition.

ignomínia [igno'minja] *f* ignominy.

ignorado, da [igno'radu, da] *adj* unknown.

ignorância [igno'rãnsjal *f* **-1.** [desconhecimento] ignorance. **-2.** [grosseria] rudeness; **com** ~ rudely. **-3.** [violência] **apelar para a** ~ to resort to violence.

ignorante [igno'rãntʃil ◇ *adj* **-1.** [leigo]: ~ **(em)** ignorant (of). **-2.** [grosseiro] rude. ◇ *mf* **-1.** [leigo] lay person. **-2.** [grosseiro] rude person.

ignorar [igno'ra(x)] *vt* **-1.** [desconhecer] not to know. **-2.** [desprezar] to ignore.

IGP (*abrev de* Índice Geral de Preços) *m* general price index.

IGP-M (*abrev de* Índice Geral de Preços de Mercado) *m* general index of market prices.

igreja [i'greʒal *f* church.

Iguaçu [igwa'sul *n*: **as cataratas do** ~ the Iguaçu Falls.

igual [i'gwawl (*pl* -ais) ◇ *adj* **-1.** [idêntico] equal. **-2.** [uniforme] the same. ◇ *mf* equal. ◇ *adv* the same as.

igualar [igwa'la(x)] *vt* **-1.** [tornar igual] to make equal. **-2.** [nivelar] to level.

◆ **igualar-se** *vp* **-1.** [tornar-se igual]: ~-se a algo/alguém to equal sthg/sb. **-2.** [comparar-se]: ~-se a algo/alguém to bear comparison with sthg/sb.

igualdade [igwaw'dadʒil *f* **-1.** [ger] equality. **-2.** [constância] regularity.

igualmente [igwaw'mẽntʃil *adv* equally.

iguaria [igwa'rial *f* delicacy.

iídiche ['jidiʃil, **ídiche** ['idiʃil *m* Yiddish.

ilegal [ile'gawl (*pl* -ais) *adj* illegal.

ilegítimo, ma [ile'ʒitʃimu, mal *adj* illegitimate.

ilegível [ile'ʒivɛwl (*pl* -eis) *adj* illegible.

ileso, sa [i'lεzu, zal *adj* unharmed.

iletrado, da [ile'tradu, dal *adj* **-1.** [inculto] unlettered. **-2.** [analfabeto] illiterate.

ilha ['iʎal *f* island.

ilhéu, ilhoa [i'ʎεw, i'ʎoal *m*, *f* islander.

ilhota [i'ʎɔtal *f* islet.

ilícito, ta [i'lisitu, tal *adj* illicit.

ilimitado, da [ilimi'tadu, dal *adj* unlimited.

ilógico, ca [i'lɔʒiku, kal *adj* illogical.

iludir [ilu'di(x)] *vt* to delude.

◆ **iludir-se** *vp* to delude o.s.

iluminação [ilumina'sãwl (*pl* -ões) *f* **-1.** [luzes] lighting. **-2.** *fig* [insight] inspiration.

iluminar [ilumi'na(x)] *vt* **-1.** [alumiar] to light up. **-2.** *fig* [esclarecer] to enlighten.

Iluminismo [ilumi'niʒmul *m* Enlightenment.

iluminista [ilumi'niʃtal ◇ *adj* Enlightenment (*antes de subst*). ◇ *mf* member or follower of the Enlightenment.

ilusão [ilu'zãwl (*pl* -ões) *f* illusion; ~ **de**

ótica optical illusion; **viver de ilusões** to delude o.s.

ilusionista [iluzjo'niʃtal *mf* illusionist.

ilusório, ria [ilu'zɔrju, rjal *adj* illusory.

ilustração [iluʃtra'sãwl (*pl* -ões) *f* illustration.

ilustrado, da [iluʃ'tradu, dal *adj* **-1.** [com figuras] illustrated. **-2.** [instruído] learned.

ilustrar [iluʃ'tra(x)] *vt* **-1.** [ger] to illustrate. **-2.** [instruir] to enlighten.

ilustre [i'luʃtril *adj* illustrious, distinguished; **um** ~ **desconhecido** a complete unknown.

ilustríssimo, ma [iluʃ'trisimu, mal *superl* ▷ **ilustre**; ~ **senhor** honourable gentleman *UK*, honorable gentleman *US*.

ímã [i'mãl *m* magnet.

imaculado, da [imaku'ladu, dal *adj* immaculate.

imagem [i'maʒẽl (*pl* -ns) *f* **-1.** [gen] image. **-2.** [TV] picture.

imaginação [imaʒina'sãwl *f* imagination.

imaginar [imaʒi'na(x)] ◇ *vt* **-1.** [fantasiar] to imagine. **-2.** [supor]: ~ **que** to imagine that. ◇ *vi* to daydream; **imagina!** just imagine!

◆ **imaginar-se** *vp* [supor-se] to imagine o.s.

imaginário, ria [imaʒi'narju, rjal *adj* imaginary.

imaginativo, va [imaʒina'tʃivu, val *adj* imaginative.

imaturo, ra [ima'turu, ral *adj* immature.

imbatível [ĩnba'tʃivɛwl (*pl* -eis) *adj* unbeatable.

imbecil [ĩnbe'siwl (*pl* -is) ◇ *adj* stupid, idiotic. ◇ *mf* imbecile.

imbecilidade [ĩnbesili'dadʒil *f* stupidity.

imediações [imedʒja'sõiʃl *fpl* vicinity (*sg*); **nas** ~ **de** near, in the vicinity of.

imediatamente [ime,dʒjata'mẽntʃil *adv* immediately.

imediatismo [imedʒja'tʃiʒmul *m* immediacy.

imensidão [imẽnsi'dãwl, **imensidade** [imẽnsi'dadʒil *f* immensity.

imenso, sa [i'mẽsu, sal *adj* immense; **sinto uma saudade imensa dele** I miss him immensely.

imerecido, da [imere'sidu, dal *adj* undeserved.

imergir [imex'ʒi(x)] ◇ *vt* to immerse. ◇ *vi* **-1.** [afundar] to sink. **-2.** *fig* [entrar]: ~ **em algo** to sink into sthg.

imerso, sa [i'mεxsu, sal *adj* immersed.

imigração [imigra'sãwl (*pl* -ões) *f* immigration.

imigrante [imi'grãntʃil ◇ *adj* immigrant. <> *mf* immigrant.

iminente [imi'nẽntʃi] *adj* imminent.

imitação [imita'sãw] (*pl* -ões) *f* imitation.

imitar [imi'ta(x)] *vt* -1. [arremedar] to imitate. -2. [falsificar] to forge.

IML (*abrev de* Instituto Médico Legal) *m Brazilian institute of forensic medicine.*

imobiliário, ria [imobi'larju, rja] *adj* property (*antes de subst*).
◆ **imobiliária** *f* estate agency.

imobilizar [imobili'za(x)] *vt* to immobilize.

imodesto, ta [imo'dɛʃtu, ta] *adj* immodest.

imoral [imo'raw] (*pl* -ais) *adj* immoral.

imoralidade [imorali'dadʒi] *f* immorality.

imortal [imox'taw] (*pl* -ais) <> *adj* immortal. <> *mf member of the Academia Brasileira de Letras.*

imortalidade [imoxtali'dadʒi] *f* immortality.

imóvel [i'mɔvɛw] (*pl* -eis) <> *adj* -1. [pessoa] immobile. -2. [olho, bem] fixed; **bens imóveis** real estate (*U*). <> *m* property.

impaciência [ĩpa'sjẽnsja] *f* impatience.

impacientar [ĩpasjẽn'ta(x)] *vt* to be impatient.
◆ **impacientar-se** *vp* to become impatient.

impaciente [ĩpa'sjẽntʃi] *adj* -1. [sem paciência] impatient. -2. [ansioso] anxious.

impactar [ĩpak'ta(x)] <> *vt* -1. [impressionar, abalar] to shatter. -2. [colidir contra] to crash into. <> *vi* to have an impact.

impacto [ĩ'paktu] *m* impact.

impagável [ĩpa'gavɛw] (*pl* -eis) *adj* priceless.

ímpar ['ĩpa(x)] (*pl* -es) *adj* -1. [número] odd. -2. [único] peerless; **ele é um amigo ~** he's a friend in a million.

imparcial [ĩpax'sjaw] (*pl* -ais) *adj* impartial.

impasse [ĩ'pasi] *m* deadlock, impasse.

impassível [ĩpa'sivew] (*pl* -eis) *adj* impassive.

impecável [ĩpe'kavɛw] (*pl* -eis) *adj* impeccable.

impedido, da [ĩpe'dʒidu, da] *adj* -1. [bloqueado] blocked. -2. *FUT* off-side. -3. [impossibilitado]: **~ de fazer algo** prevented from doing sthg.

impedimento [ĩpedʒi'mẽntu] *m* -1. *FUT* off-side. -2. *fig* [obstáculo] impediment. -3. *POL* impeachment.

impedir [ĩpe'dʒi(x)] *v* -1. [obstruir] to obstruct. -2. [coibir] to prevent; **~ alguém de fazer algo** to prevent sb from doing sthg.

impelir [ĩpe'li(x)] *vt* -1. [empurrar] to thrust. -2. [instigar]: **~ alguém a algo** to drive sb to sthg; **~ alguém a fazer algo** to impel sb to do sthg.

impenetrável [ĩpene'travɛw] (*pl* -eis) *adj* impenetrable.

impensado, da [ĩpẽn'sadu, da] *adj* -1. [não-pensado] thoughtless. -2. [imprevisto] unthought of.

impensável [ĩpẽn'savɛw] (*pl* -eis) *adj* unthinkable.

imperador [ĩpera'do(x)] (*mpl* -es) *m* emperor (*f* empress).

imperativo, va [ĩpera'tʃivu, va] *adj* -1. [urgente] imperative. -2. [autoritário] imperious.
◆ **imperativo** *m* imperative.

imperatriz [ĩpera'triʃ] (*mpl* -zes) *f* ▷ **imperador.**

imperdível [ĩpex'dʒivɛw] (*pl* -eis) *adj* -1. [show, filme, aula] unmissable. -2. [jogo, eleição, questão] impossible to lose (*depois de verbo*).

imperdoável [ĩpex'dwavɛw] (*pl* -eis) *adj* unforgivable.

imperfeição [ĩpexfej'sãw] (*pl* -ões) *f* [defeito] imperfection.

imperfeito, ta [ĩpex'fejtu, ta] *adj* imperfect.
◆ **imperfeito** *m* *GRAM* imperfect.

imperial [ĩpe'rjaw] (*pl* -ais) *adj* imperial.

imperialismo [ĩperja'liʒmu] *m* imperialism.

imperícia [ĩpe'risja] *f* -1. [inabilidade] incompetence. -2. [inexperiência] inexperience.

império [ĩ'pɛrju] *m* empire.

impermeável [ĩpex'mjavɛw] (*pl* -eis) <> *adj* impermeable, waterproof. <> *m* [capa de chuva] raincoat.

impertinência [ĩpextʃi'nẽnsja] *f* impertinence.

impertinente [ĩpextʃi'nẽntʃi] *adj* impertinent.

imperturbável [ĩpextux'bavɛw] (*pl* -eis) *adj* imperturbable.

impessoal [ĩpe'swaw] (*pl* -ais) *adj* -1. [objetivo] objective. -2. *GRAM* impersonal.

ímpeto ['ĩpetu] *m* -1. [movimento brusco] sudden movement; **ele se levantou num ~** he stood up with a start. -2. [impulso] urge, impulse; **sentir um ~ de fazer algo** to feel an urge to do sthg.

impetuoso, osa [ĩpe'twozu, ɔza] *adj* -1. [pessoa] impetuous. -2. [chuva] driving. -3. [rio] fast-flowing.

impiedade [ĩnpje'dadʒi] f [crueldade] cruelty.

impiedoso, osa [ĩmpje'dozu, ɔza] adj merciless.

ímpio, pia ['ĩmpiu, pia] <> adj pitiless. <> m,f pitiless person.

implacável [ĩnpla'kavɛwl (pl -eis) adj -1. [impiedoso] implacable. -2. [inexorável] unrelenting.

implantação [ĩnplãnta'sãwl f-1. [introdução] establishing. -2. [implementação] implementation. -3. MED implant.

implementar [ĩmplemẽn'ta(x)] vt to implement.

implemento [ĩnple'mẽntul m implement.

implicância [ĩnpli'kãnsjal f-1. [provocação] provoking; **meus filhos passam o dia inteiro de ~ um com o outro** my children spend the whole day provoking each other. -2. [antipatia]: **ter uma ~ com alguém** to dislike sb.

implicar [ĩmpli'ka(x)] <> vt [envolver]: **~ alguém em algo** to involve sb in sthg. <> vi-1. [pressupor]: **~ em algo** to involve sthg. -2. [acarretar]: **~ algo** to result in sthg. -3. [provocar]: **~ com alguém** to torment sb.

implícito, ta [ĩn'plisitu, tal adj implicit.

implorar [ĩmplo'ra(x)] vt: **~ algo (a alguém)** to beg (sb) for sthg.

imponderável [ĩnpõnde'ravewl (pl -eis) adj imponderable.

imponente [ĩnpo'nẽntʃil adj impressive, imposing.

impontual [ĩnpõn'twawl (pl -ais) adj unpunctual.

impopular [ĩnpopu'la(x)] (pl -es) adj unpopular.

impopularidade [ĩnpopulari'dadʒil f unpopularity.

impor [ĩm'po(x)l vt to impose; **~ algo a alguém** to impose sthg on sb.
→ **impor-se** vp [afirmar-se] to establish o.s.

importação [ĩnpoxta'sãwl (pl -ões) f-1. [ato] importation. -2. [produtos] imports (pl).

importador, ra [ĩnpoxta'do(x), ral <> adj importing (antes de subst). <> m, f importer.
→ **importadora** f -1. [companhia] importer. -2. [loja] shop selling imported goods.

importância [ĩnpox'tãnsjal f-1. [mérito] importance; **não dar ~ a alguém/algo** to not care about sb/sthg; **ela não dá ~ ao que ele disse** she doesn't care about what he said; **isso não tem ~** that doesn't matter. -2. [quantia] sum.

importante [ĩnpox'tãntʃil adj important.

importar [ĩmpox'ta(x)] <> vt COM to import. <> vi -1. [ser importante] to matter. -2. [resultar]: **~ em** to result in. -3. [atingir]: **~ em** to add up to.
→ **importar-se** vp [fazer caso]: **não ~ - se (com algo/de fazer algo)** not to mind sthg/about doing sthg.

importunar [ĩmpoxtu'na(x)] vt to annoy.

importuno, na [ĩnpox'tunu, nal adj annoying.

imposição [ĩnpozi'sãwl (pl -ões) f imposition.

impossibilidade [ĩnposibili'dadʒil f impossibility.

impossibilitado, da [ĩnposibili'tadu, dal adj: **~ de fazer algo** unable to do sthg.

impossibilitar [ĩmposi'bili'ta(x)] vt: **~ algo** to make sthg impossible; **~ alguém de fazer algo** to prevent sb from doing sthg.

impossível [ĩnpo'sivɛwl (pl -eis) adj impossible.

imposto, osta [ĩm'poʃtu, ɔstal pp ▷ impor.
→ **imposto** m tax; **~ sobre Circulação de Mercadorias e Serviços** ≃ value added tax UK, ≃ sales tax US; **~ predial** ≃ council tax UK; **~ de renda** income tax.

impostor, ra [ĩnpoʃ'to(x), ral (mpl -es, fpl -s) m impostor.

impotente [ĩnpo'tẽntʃil adj impotent.

impraticável [ĩnpratʃi'kavɛwl (pl -eis) adj -1. [impossível] impossible. -2. [inexeqüível] unworkable. -3. [intransitável] impassable.

impreciso, sa [ĩnpre'sizu, zal adj imprecise.

impregnar [ĩmpreg'na(x)] <> vt to impregnate; **~ algo de algo** to impregnate sthg with sthg. <> vi: **~ en** to pervade.

imprensa [ĩn'prẽnsal f -1. [ger] press. -2. [tipografia] printing press.

imprescindível [ĩnpresĩn'dʒivɛwl (pl -eis) adj indispensable.

impressão [ĩnpre'sãwl (pl -ões) f -1. [marca] imprint. -2. [reprodução] printing. -3. [sensação] feeling; **ter boa/má impressão de alguém/algo** to have a good/bad impression of sb/sthg.

impressionante [ĩnpresjo'nãntʃil adj impressive.

impressionar [ĩmpresju'na(x)] <> vt to impress. <> vi to impress.
→ **impressionar-se** vp: **-se com alguém/algo** [comover-se] to be moved by sb/sthg.

impresso, a [ĩn'prɛsu, sal <> pp ▷ imprimir. <> adj printed.

➡ **impresso** *m* printed matter *(sg)*.

impressora [ĩnpreˈsora] *f* printer; ~ **laser** laser printer; ~ **a jato de tinta** inkjet printer; ~ **matricial** dot matrix printer.

imprestável [ĩnprɛʃˈtavɛw] *(pl* -**eis***)* adj* -**1.** [inútil] unhelpful. -**2.** [estragado] useless.

imprevidente [ĩnpreviˈdẽntʃi] *adj* -**1.** [imprudente] imprudent. -**2.** [que não soube prever] improvident.

imprevisível [ĩnpreviˈzivɛw] *(pl* -**eis***)* adj* unforeseeable.

imprevisto, ta [ĩnpreˈviʃtu, ta] *adj* unexpected.

➡ **imprevisto** *m*: surgiu um ~ nos nossos planos something unforeseen cropped up in our plans.

imprimir [ĩnpriˈmi(x)] ⟨⟩ *vt* to print. ⟨⟩ *vi* COMPUT to print.

improcedente [ĩnproseˈdẽntʃi] *adj* unjustified.

improdutivo, va [ĩnproduˈtʃivu, va] *adj* unproductive.

impróprio, pria [ĩnˈprɔprju, prja] *adj* inappropriate.

improvável [ĩnproˈvavɛw] *(pl* -**eis***)* adj* improbable.

improvisado, da [ĩnproviˈzadu, da] *adj* improvised.

improvisar [ĩnproviˈza(x)] ⟨⟩ *vt* to improvise. ⟨⟩ *vi* -**1.** to improvise. -**2.** TEATRO to ad-lib.

improviso [ĩnproˈvizu] *m* -**1.** [repente]: **de** ~ [de repente] suddenly; [sem preparação] off the cuff; **falar de** ~ to speak off the cuff. -**2.** TEATRO improvisation.

imprudente [ĩnpruˈdẽntʃi] *adj* careless.

impugnação [ĩnpugnaˈsãw] *(pl* -**ões***)* f* [contestação] challenge.

impulsionar [ĩnpuwsjuˈna(x)] *vt* -**1.** [impelir] to propel. -**2.** [estimular] to speed up.

impulsivo, va [ĩnpuwˈsivu, va] *adj* impulsive.

impulso [ĩnˈpuwsu] *m* -**1.** [ger] impulse, urge. -**2.** [força] thrust; **tomar** ~ to take a run.

impune [ĩnˈpuni] *adj* unpunished.

impunidade [ĩnpuniˈdadʒi] *f* impunity.

impureza [ĩnpuˈreza] *f* impurity.

impuro, ra [ĩnˈpuru, ra] *adj* impure.

imputação [ĩnputaˈsãw] *(pl* -**ões***)* f* [acusação] accusation.

imundície [ĩmũnˈdʒisji], **imundícia** [ĩmũnˈdʒisja] *f* [falta de asseio] filthiness.

imundo, da [iˈmũndo, da] *adj* filthy.

imune [iˈmuni] *adj*: ~ **(a)** immune to.

imunidade [imuniˈdadʒi] *f* immunity.

imunizar [imuniˈza(x)] *vt* to immunize.

imutável [imuˈtavɛw] *(pl* -**eis***)* adj* immutable.

inábil [iˈnabiw] *(pl* -**eis***)* adj* -**1.** [desajeitado] clumsy. -**2.** [incapaz] incapable.

inabilidade [inabiliˈdadʒi] *f* inability.

inabitado, da [inabiˈtadu, da] *adj* uninhabited.

inabitável [inabiˈtavɛw] *(pl* -**eis***)* adj* uninhabitable.

inacabado, da [inakaˈbadu, da] *adj* unfinished.

inacabável [inakaˈbavɛw] *(pl* -**eis***)* adj* unending.

inaceitável [inasejˈtavɛw] *(pl* -**eis***)* adj* unacceptable.

inacessível [inaseˈsivɛw] *(pl* -**eis***)* adj* inaccessible.

inacreditável [inakredʒiˈtavɛw] *(pl* -**eis***)* adj* unbelievable.

inadiável [inaˈdjavɛw] *(pl*-**eis***)* adj* pressing.

inadimplência [inadʒĩnˈplẽnsja] *f* JUR non-compliance.

inadvertidamente [inadʒivertʃidaˈmẽntʃi] *adv* inadvertently.

inadvertido, da [inadverˈtʃidu, da] *adj* inadvertent.

inalação [inalaˈsãw] *(pl* -**ões***)* f* inhalation.

inalar [inaˈla(x)] *vt* to inhale.

inalterado, da [inawteˈradu, da] *adj* -**1.** [imudado] unaltered. -**2.** [calmo] composed.

inanimado, da [inaniˈmadu, da] *adj* inanimate.

inaptidão [inaptʃiˈdãw] *f* inabilty.

inapto, ta [iˈnaptu, ta] *adj* unsuitable.

inatingível [inatʃĩnˈʒivɛw] *(pl* -**eis***)* adj* unattainable.

inatividade [inatʃiviˈdadʒi] *f* -**1.** [ger] retirement. -**2.** [inércia] inactivity. -**3.** [desemprego] inactivity.

inativo, va [inaˈtʃivu, va] *adj* -**1.** [ger] retired. -**2.** [parado] idle.

inato, ta [iˈnatu, ta] *adj* innate.

inaudito, ta [inawˈdʒitu, ta] *adj* unheard of.

inaudível [inawˈdʒivɛw] *(pl* -**eis***)* adj* inaudible.

inauguração [inawguraˈsãw] *(pl* -**ões***)* f* inauguration.

inaugural [inawguˈraw] *(pl* -**ais***)* adj* inaugural.

inaugurar [inawguˈra(x)] *vt* to open.

inca [ˈĩŋka] ⟨⟩ *adj* Inca. ⟨⟩ *mf* Inca.

incalculável [ĩŋkawkuˈlavɛw] *(pl* -**eis***)* adj* incalculable.

incandescente [ĩŋkãndeˈsẽntʃi] *adj* incandescent.

incansável [ĩŋkãnˈsavɛw] *(pl* -**eis***)* adj* tireless.

incapacidade [ĩŋkapasiˈdadʒi] *f* -**1.** [deficiência] incapacity. -**2.** [incompetência] incompetence.

incapacitado, da [īŋkapasi'tadu, da] ◇ *adj* **-1.** [inválido] disabled. **-2.** [impedido] unable; **estar ~ de fazer algo** to be unable to do sthg. ◇ *m, f* disabled person.

incapaz [īŋka'paʃ] (*pl* **-es**) *adj* **-1.** [incompetente]: **~ (para)** incompetent (for). **-2.** *JUR* incompetent. **-3.** [imprestativo]: **ser ~ de fazer algo** [não se dignar a] to be incapable of doing sthg.

incauto, ta [iŋ'kawtu, ta] *adj* **-1.** [imprudente] reckless. **-2.** [ingênuo] naive.

incendiar [īsēn'dʒja(x)] *vt* to set fire to.
◆ **incendiar-se** *vp* to catch fire.

incendiário, ria [īnsēn'dʒjarju, rja] ◇ *adj* [bomba etc] incendiary. ◇ *m, f* arsonist.

incêndio [īn'sēndʒju] *m* fire; **~ provocado** *ou* **criminoso** arson.

incenso [īn'sēnsu] *m* incense.

incentivar [īsēntʒi'va(x)] *vt* to stimulate.

incentivo [īnsēn'tʃivul] *m* incentive.

incerteza [īnsex'teza] *f* uncertainty.

incerto, ta [ĩ'sɛxtu, ta] *adj* uncertain.

incessante [īnse'sãntʃi] *adj* incessant.

incesto [īn'sɛʃtu] *m* incest.

inchação [īnʃa'sãw] *f* swelling.

inchaço [īn'ʃasu] *m fam* swelling.

inchado, da [ĩ'ʃadu, da] *adj* swollen.

inchar [ĩ'sa(x)] ◇ *vt* to swell. ◇ *vi* to swell.

incidência [īnsi'dēnsja] *f* incidence.

incidente [īnsi'dēntʃi] *m* incident.

incinerador, ra [īnsine'rado(x), ra] ◇ *adj* incineration (*antes de subst*). ◇ *m* incinerator.

incipiente [īnsi'pjēntʃi] *adj* incipient.

incisivo, va [īsi'zivu, va] *adj* **-1.** [cortante] cutting. **-2.** [direto] incisive.

incitar [īsi'ta(x)] *vt* **-1.** [instigar]: **~ alguém a** algo to incite sb to sthg; **~ alguém a fazer algo** to incite sb to do sthg. **-2.** [suj: ambição *etc*]: **~ alguém (a algo/a fazer algo)** to drive sb to sthg/to do sthg. **-3.** [animal] to urge on.

incivilidade [īnsivili'dadʒi] *f* discourtesy.

inclemente [īŋkle'mēntʃi] *adj* **-1.** [impiedoso] ruthless. **-2.** *fig* [rigoroso] merciless.

inclinado, da [īŋkli'nadu, da] *adj* **-1.** [oblíquo] inclined. **-2.** *fig* [propenso]: **estar ~ a** algo/a **fazer algo** to be inclined towards sthg/to do sthg.

inclinar [īŋkli'na(x)] *vt* **-1.** [fazer pender] to tilt. **-2.** [curvar] to bend.
◆ **inclinar-se** *vp* **-1.** [curvar-se] to bow. **-2.** [tender a]: **~-se a** to tend towards.

incluir [īŋklu'i(x)] *vt* **-1.** [abranger] to include. **-2.** [inserir]: **~ algo em** algo to insert sthg in sthg.

◆ **incluir-se** *vp* to include o.s.

inclusão [īŋklu'zãw] *f* inclusion.

inclusive [īŋklu'zivil] *adv* **-1.** [com inclusão de] including; **de segunda a sábado ~** from Monday to Saturday inclusive. **-2.** [até mesmo] even.

incluso, sa [īŋ'kluzo, za] *adj* included.

incoerente [īŋkwe'rēntʃi] *adj* **-1.** [ilógico] illogical. **-2.** [discordante] conflicting. **-3.** [incompreensível] incoherent.

incógnito, ta [īŋ'kɔgnitu, ta] *adj* incognito (*depois de verbo*).
◆ **incógnita** *f* **-1.** *MAT* unknown quantity. **-2.** [mistério]: **ser uma ~** to be a mystery.
◆ **incógnito** *adv* incognito.

incolor [īŋko'lo(x)] (*pl* **-es**) *adj* colourless.

incólume [īŋ'kɔlumil] *adj* safe and sound.

incomodar [īŋkomo'da(x)] ◇ *vt* to annoy. ◇ *vi* [irritar]: **~ a** to annoy.
◆ **incomodar-se** *vp* **-1.** [irritar-se] to become annoyed. **-2.** [importar-se] to mind; **você se incomoda se eu fechar a porta?** would you mind if I closed the door?

incômodo, da [īŋ'komodu, da] *adj* **-1.** [ger] uncomfortable. **-2.** [enfadonho] boring.
◆ **incômodo** *m* **-1.** [embaraço] problem. **-2.** [menstruação] period, time of the month.

incomparável [īŋkõpa'ravɛw] (*pl* **-eis**) *adj* incomparable.

incompatível [īŋkõpa'tʃivɛw] (*pl* **-eis**) *adj* incompatible.

incompetente [īŋkõpe'tēntʃi] ◇ *adj* incompetent. ◇ *mf* incompetent.

incompleto, ta [īŋkõn'plɛtu, ta] *adj* incomplete, unfinished.

incompreendido, da [īŋkõnprjēn'dʒidu, da] *adj* misunderstood.

incompreensível [īŋkõnprjēn'sivɛw] (*pl* **-eis**) *adj* incomprehensible.

incomum [īŋko'mũl] (*pl* **-ns**) *adj* uncommon.

incomunicável [īŋkomuni'kavɛw] (*pl* **-eis**) *adj* **-1.** [sem comunicação] cut off. **-2.** [que não deve se comunicar] incomunicado. **-3.** *fig* [insociável] uncommunicative.

inconcebível [īŋkõnse'bivɛw] (*pl* **-eis**) *adj* inconceivable.

inconciliável [īŋkõnsi'ljavɛw] (*pl* **-eis**) *adj* irreconcilable.

incondicional [īŋkõndʒisjo'naw] (*pl* **-ais**) *adj* **-1.** [total] unconditional. **-2.** [fiel] loyal.

inconfidente [īŋkõnfi'dēntʃi] ◇ *adj* disloyal. ◇ *mf* untrustworthy person.

inconformado, da [ĩŋkõfox'madu, da]
adj: ela está ~ she has not come to
terms with it.

inconfundível [ĩŋkõfũn'dʒivɛw] (*pl*
-eis) *adj* unmistakable.

inconsciência [ĩŋkõn'sjẽnsja] *f* -1. MED
unconsciousness. -2. [leviandade] lack
of awareness.

inconsciente [ĩŋkõn'sjẽntʃi] <> *adj*
-1. [ger] unconscious. -2. [leviano]
thoughtless. <> *m* PSIC: o ~ the unconscious.

inconseqüente [ĩŋkõnse'kwẽntʃi] <>
adj -1. [incoerente] inconsistent. -2. [ir-
responsável] irresponsible. <> *mf* irresponsible person.

inconsistente [ĩŋkõnsiʃ'tẽntʃi] *adj* -1.
[fraco] inconsistent. -2. [fluido] runny.

inconstante [ĩŋkõnʃ'tãntʃi] *adj* -1.
[instável] unstable. -2. [volúvel] incon-
stant.

inconstitucionalidade
[ĩŋkõnʃtʃitusjonali'dadʒi] *f* unconstitu-
tionality.

incontável [ĩŋkõn'tavew] (*pl* -eis) *adj*
countless.

incontestável [ĩŋkõnteʃ'tavɛw] (*pl* -eis)
adj incontestable.

inconteste [ĩŋkõn'tɛʃtʃi] *adj* undisputed.

incontinência [ĩŋkõntʃi'nẽnsja] *f* MED
incontinence.

incontrolável [ĩŋkõntro'lavew] (*pl* -eis)
adj uncontrollable.

inconveniência [ĩŋkõve'njẽnsja] *f* -1.
[falta de conveniência] inconvenience.
-2. [grosseria] rudeness.

inconveniente [ĩŋkõve'njẽntʃi] <>
adj -1. [inoportuno] inconvenient. -2.
[inadequado] unsuitable. -3. [incômodo]
annoying. <> *m* -1. [desvantagem]
disadvantage. -2. [obstáculo] obstacle.

INCOR (*abrev de* Instituto do Coração
do Hospital das Clínicas) *m institute
of coronary diseases at the Hospital
das Clínicas in São Paulo.*

incorporar [ĩŋkoxpo'ra(x)] *vt* -1. COM to
incorporate. -2. [espírit] to become
possessed by. -3. [juntar]: ~ algo a algo to include sthg in sthg.
→ **incorporar-se** *vp* [juntar-se] to join.

incorrer [ĩŋko'xe(x)] *vi*: ~ em algo to
fall into sthg.

incorreto, ta [ĩŋko'xɛtu, ta] *adj* incorrect.

incorrigível [ĩŋkoxi'ʒivɛw] (*pl* -eis) *adj*
incorrigible.

incorruptível [ĩŋkoxup'tʃivɛw] (*pl* -eis)
adj incorruptible.

INCRA (*abrev de* Instituto Nacional de
Colonização e Reforma Agrária) *m
Brazilian land reform institute.*

incrédulo, la [ĩŋ'krɛdulu, la] *adj* incredulous.

incremento [ĩŋkre'mẽntu] *m* -1. [au-
mento] increment. -2. [desenvolvimento]
development.

incriminar [ĩŋkrimi'na(x)] *vt* to incrim-
inate.

incrível [ĩŋ'krivɛw] (*pl* -eis) *adj* -1. [ina-
creditável] incredible. -2. *fam* [maravi-
lhoso] incredible.

incrustação [ĩŋkruʃta'sãw] (*pl* -ões) *f*
inlay.

incubação [ĩŋkuba'sãw] *f* incubation.

incubadora [ĩŋkuba'dora] *f* incubator.

incumbência [ĩŋkũn'bẽsja] *f* incum-
bency.

incumbir [ĩŋkũm'bi(x)] <> *vt*: ~ alguém de algo to put sb in charge of
sthg. <> *vi*: ~ a alguém fazer algo to
be sb's responsibility to do sthg.
→ **incumbir-se** *vp*: ~-se de algo to
take charge of sthg.

incurável [ĩŋku'ravɛw] (*pl* -eis) *adj* incurable.

incursão [ĩŋkux'sãw] (*pl*-ões) *f* incursion.

incutir [ĩŋku'tʃi(x)] *vt*: ~ algo (a ou em
alguém) to inspire sthg (in sb).

indagação [ĩndaga'sãw] *f* inquiry.

indagar [ĩnda'ga(x)] <> *vt* to ask for.
<> *vi* to make inquiries.

indecente [ĩnde'sẽntʃi] *adj* -1. [obsceno]
indecent. -2. [imoral] unscrupulous.

indecifrável [ĩndesi'fravew] (*pl* -eis) *adj*
indecipherable.

indecisão [ĩndesi'zãw] (*pl* -ões) *f* indeci-
sion.

indeciso, sa [ĩnde'sizu, za] *adj* indecisive.

indecoroso, osa [ĩndeko'rozo, ɔza] *adj*
indecent.

indeferir [ĩndefe'ri(x)] *vt* to reject.

indefeso, sa [ĩnde'fezu, za] *adj* defenceless.

indefinido, da [ĩndefi'nidu, da] *adj* -1.
[ger] indefinite. -2. [vago] vague.

indelével [ĩnde'lɛvew] (*pl* -eis) *adj* indel-
ible.

indelicado, da [ĩndeli'kadu, da] *adj* in-
delicate.

indenização [ĩndeniza'sãw] (*pl* -ões) *f*
indemnity, compensation.

indenizar [ĩndeni'za(x)] *vt*: ~ alguém
(por algo) to indemnify sb (for sthg),
to compensate sb (for sthg).

independência [ĩndepẽ'dẽnsja] *f* independence.

independente [ĩndepẽ'dẽntʃi] *adj* -1.
[ger] independent. -2. [separado, de livre
acesso] separate. -3. [auto-suficiente]
independent. -4. [financeiramente] of
independent means, financially independent.

indescritível [indeʃkri'tʃivɛw] (*pl* -eis) *adj* indescribable.

indesculpável [ĩndʒiʃkuw'pavɛw] (*pl* -eis) *adj* unforgivable.

indesejável [ĩndezeʒavɛw] (*pl* -eis) *adj* undesirable.

indestrutível [ĩndeʃtru'tʃivɛw] (*pl* -eis) *adj* -1. [não destrutível] indestructible. -2. *fig* [inabalável] enduring.

indeterminado, da [ĩndetexmi'nadu, da] *adj* -1. [não fixado] indeterminate; **por tempo** ~ for an indefinite length of time. -2. [impreciso] imprecise.

indevassável [ĩndeva'savɛw] (*pl* -eis) *adj* impenetrable.

indevido, da [ĩnde'vidu, da] *adj* -1. [imerecido] undeserved. -2. [impróprio] inappropriate.

Índia ['ĩndʒia] *n* India.

indiano, na [ĩn'dʒianu, na] <> *adj* [da Índia] Indian. <> *m, f* [habitante da Índia] Indian.

indicação [ĩndʒika'sãw] (*pl* -ões) *f* -1. [denotação] sign. -2. [de caminho *etc*] sign. -3. [recomendação] recommendation; ~ **de uso** instructions for use. -4. [menção] indication.

indicado, da [ĩndʒi'kadu, da] *adj* -1. [recomendado] recommended. -2. [apropriado] appropriate.

indicador, ra [ĩndʒika'do(x), ra] (*pl* -es, *fpl* -s) *adj* [que indica]: ~ **de** indicator of. <> **indicador** *m* -1. [ger] indicator. -2. [dedo] index finger.

indicar [ĩndʒi'ka(x)] *vt* -1. [ger] to indicate. -2. [apontar]: ~ **algo com o dedo** to point to sthg. -3. [recomendar] to recommend. -4. [mencionar] to indicate. -5. [designar] to name.

indicativo, va [ĩndʒika'tʃivu, va] *adj* -1. [que indica] indicative. -2. *GRAM* indicative. <> **indicativo** *m GRAM* indicative.

índice ['ĩndʒisi] *m* -1. [lista] index; **onomástico** name index. -2. [medida] level. -3. [dedo] index finger.

indício [ĩn'dʒisju] *m* -1. [vestígio] sign. -2. *JUR* [prova] evidence *(inv)*.

Índico *n*: **o (Oceano)** ~ the Indian Ocean.

indiferença [ĩndʒife'rẽsa] *f* indifference.

indiferente [ĩndʒife'rẽtʃi] *adj*: ~ **(a algo)** indifferent (to sthg).

indígena [ĩn'dʒiʒena] <> *adj* indigenous. <> *mf* native.

indigência [ĩndʒi'ʒẽsja] *f* -1. [miséria] poverty. -2. [indigentes]: **a** ~ **do país** the indigence of the country. -3. [falta] lack.

indigestão [ĩndʒiʒeʃ'tãw] (*pl* -ões) *f* indigestion.

indigesto, ta [ĩndʒi'ʒɛʃtu, ta] *adj* indigestible.

indignação [ĩndʒigna'sãw] (*pl* -ões) *f* indignation.

indignado, da [ĩndʒig'nadu, da] *adj* indignant; **ficar** ~ **(com)** to be indignant (at).

indignidade [ĩndʒigni'dadʒi] *f* -1. [falta de dignidade] indignity. -2. [ultraje] outrage.

indigno, gna [ĩn'dʒignu, gna] *adj* -1. [não merecedor]: ~ **de algo** unworthy of sthg. -2. [vil] despicable.

índio, dia ['ĩndʒju, dʒja] <> *adj* Indian. <> *m,f* Indian.

indireto, ta [ĩndʒi'rɛtu, ta] *adj* indirect. <> **indireta** *f* hint.

indisciplina [ĩndʒisi'plina] *f* indiscipline.

indiscreto, ta [ĩndʒiʃ'krɛtu, ta] *adj* indiscreet.

indiscriminado, da [ĩndʒiʃkrimi'nadu, da] *adj* indiscriminate.

indiscutível [ĩndʒiʃku'tʃivɛw] (*pl* -eis) *adj* incontestable.

indispensável [ĩndʒiʃpẽ'savɛw] (*pl*-eis) <> *adj* indispensable, essential. <> *m*: **o** ~ the essentials.

indispor [ĩndʒiʃ'po(x)] *vt* -1. [adoecer] to make ill, to upset. -2. [inimizar] to set at odds. <> **indispor-se** *vp* [inimizar-se]: ~ **-se com alguém** to fall out with sb.

indisposto, osta [ĩndʒiʃ'poʃtu, oʃta] <> *pp* ▷ **indispor**. <> *adj* unwell.

indistinto, ta [ĩndʒiʃ'tʃĩntu, ta] *adj* indistinct.

individual [ĩndʒivi'dwaw] (*pl* -ais) *adj* individual.

indivíduo [ĩndʒi'vidwu] *m* -1. [pessoa] individual. -2. *fam* [cara] person.

indócil [ĩn'dɔsiw] (*pl* -eis) *adj* -1. [rebelde] wayward. -2. [impaciente] restless.

indo-europeu, éia [ĩndwewro'pew, pɛja] *adj* Indo-European. <> **indo-europeu** *m* [língua] Indo-European.

índole ['ĩndoli] *f* -1. [temperamento] temperament. -2. [tipo] character.

indolência [ĩndo'lẽsja] *f* indolence.

indolente [ĩndo'lẽtʃi] *adj* indolent.

indolor [ĩndo'lo(x)] (*pl* -es) *adj* painless.

indomável [ĩndo'mavɛw] (*pl* -eis) *adj* indomitable.

Indonésia [ĩndo'nɛzja] *n* Indonesia.

indulgência [ĩnduw'ʒẽsja] *f* -1. [tolerância] leniency. -2. [perdão] indulgence. -3. *JUR* clemency.

indulgente [ĩnduw'ʒẽtʃi] *adj* lenient.

indulto [ĩn'duwtu] *m JUR* reprieve.

indumentária [ĩndumẽ'tarja] *f* attire.

indústria [ĩn'duʃtria] *f* industry; ~ **leve**

ou de consumo light industry; ~ **pesada** heavy industry; '~ **brasileira**' 'made in Brazil'.

industrial [ĩnduʃ'trjaw] (*pl* **-ais**) ◇ *adj* industrial. ◇ *mf* industrialist.

industrialização [ĩnduʃtrjaliza'sãw] *f* industrialization.

industrializar [ĩnduʃtrjali'za(x)] *vt* **-1.** [ger] to industrialize. **-2.** [produto] to manufacture. **-3.** [usar na indústria] to put to industrial use.

➡ **industrializar-se** *vp* to become industrialized.

industrioso, osa [ĩnduʃ'trjozu, -ɔza] *adj* **-1.** [habilidoso] clever. **-2.** [diligente] industrious.

induzir [ĩndu'zi(x)] *vt* [levar]: ~ alguém a algo to lead sb to sthg; ~ alguém a fazer algo to persuade sb to do sthg.

inebriante [ine'brjãntʃi] *adj* intoxicating.

inebriado, da [inebri'adu, da] *adj* [extasiado] intoxicated.

ineditismo [inedʒi'tʃiʒmu] *m*: o ~ dos contos the fact that the stories are unpublished.

inédito, ta [i'nɛdʒitu, ta] *adj* **-1.** [não publicado] unpublished. **-2.** [novo] novel.

ineficaz [inefi'kaʃ] (*pl* **-es**) *adj* **-1.** [ger] ineffective. **-2.** [pessoa] inefficient.

ineficiente [inefi'sjẽntʃi] *adj* inefficient.

inegável [ine'gavɛw] (*pl* **-eis**) *adj* undeniable.

inelegível [inele'givɛw] (*pl* **-eis**) *adj* unelectable.

inépcia [i'nɛpsja] *f* ineptitude.

inepto, ta [i'nɛptu, ta] *adj* inept.

inequívoco, ca [ine'kivoku, ka] *adj* unmistakable.

inércia [i'nɛxsja] *f* inertia.

inerente [ine'rẽntʃi] *adj* inherent.

inerte [i'nɛxtʃi] *adj* inert.

inescrupuloso, osa [ineʃkrupu'lozu, ɔza] *adj* unscrupulous.

inescrutável [ineʃkru'tavɛw] (*pl* **-eis**) *adj* inscrutable.

inesgotável [inezgo'tavɛw] (*pl* **-eis**) *adj* **-1.** [inacabável] inexhaustible. **-2.** [copioso] profuse.

inesperado, da [ineʃpe'radu, da] *adj* unexpected.

➡ **inesperado** *m* surprise.

inesquecível [ineʃke'sivɛw] (*pl* **-eis**) *adj* unforgettable.

inestimável [ineʃtʃi'mavɛw] (*pl* **-eis**) *adj* **-1.** [ger] priceless. **-2.** [prejuízo] incalculable.

inevitável [inevi'tavɛw] (*pl* **-eis**) ◇ *adj* inevitable. ◇ *m*: o ~ the inevitable.

inexato, ta [ine'zatu, ta] *adj* inaccurate.

inexequível [ineze'kwivɛw] (*pl* **-eis**) *adj* unfeasible.

inexistência [ineziʃ'tẽnsja] *f* **-1.** [não existência] absence. **-2.** [carência] lack.

inexistente [ineziʃ'tẽntʃi] *adj* nonexistent.

inexorável [inezo'ravɛw] (*pl* **-eis**) *adj* inexorable.

inexperiência [ineʃpe'rjẽnsja] *f* inexperience.

inexperiente [ineʃpe'rjẽntʃi] *adj* inexperienced.

inexplorado, da [ineʃplo'radu, da] *adj* unexplored.

inexpressivo, va [ineʃpre'sivu, va] *adj* **-1.** [rosto] expressionless. **-2.** [diferença] inexpressible.

infalível [ĩnfa'livɛw] (*pl* **-eis**) *adj* infallible.

infame [ĩn'fãmi] *adj* **-1.** [vil] shameful. **-2.** [péssimo] dreadful.

infâmia [ĩn'fãmja] *f* **-1.** [calúnia] slander. **-2.** [desonra] discredit. **-3.** [vilania] infamy.

infância [ĩn'fãnsja] *f* childhood.

infantaria [ĩnfãnta'rial] *f* infantry.

infantil [ĩnfãn'tiw] (*pl* **-is**) *adj* **-1.** [próprio da infância] childhood (*antes de subst*). **-2.** [para criança] children's (*antes de subst*). **-3.** *fig* [imaturo] childish.

infarto [ĩn'faxtu] *m* = **enfarte**.

infatigável [ĩnfatʃi'gavɛw] (*pl* **-eis**) *adj* **-1.** [incansável] tireless. **-2.** [zeloso] untiring.

infecção [ĩnfek'sãw] (*pl* **-ões**) *f* infection.

infeccionar [ĩfeksjo'na(x)] ◇ *vt* to infect. ◇ *vi* to become infected.

infeccioso, osa [ĩnfek'sjozu, ɔza] *adj* infectious.

infelicidade [ĩnfelisi'dadʒi] *f* **-1.** [tristeza] unhappiness. **-2.** [desgraça] misfortune. **-3.** [azar] bad luck; por ~ unfortunately.

infeliz [ĩnfe'liʒ] (*pl* **-es**) ◇ *adj* **-1.** [ger] unfortunate. **-2.** [triste] unhappy. **-3.** [desafortunado] wretched. ◇ *mf* **-1.** [triste] unfortunate person. **-2.** [desgraçado] wretch.

infelizmente [ĩnfeliʒ'mẽntʃi] *adv* unfortunately.

inferior [ĩnfe'rjo(x)] (*pl* **-es**) ◇ *adj* **-1.** [que está mais baixo] lower. **-2.** [em valor]: ~ (a) lower (than). **-3.** [em quantidade]: ~ (a) fewer (than). **-4.** [em altura]: ~ a shorter (than). **-5.** [em qualidade]: ~ (a) inferior (to). ◇ *mf* [subalterno] inferior.

inferioridade [ĩnferjori'dadʒi] *f* **-1.** [condição, posição] inferiority. **-2.** *PSIC*: complexo de ~ inferiority complex.

inferir [ĩfe'ri(x)] *vt*: ~ algo (de) to infer sthg (from).

infernal [ĩnfex'naw] (*pl* **-ais**) *adj fig* infernal.

inferninho [ĩnfɛx'niɲuł] *m* dive.

inferno [ĩn'fɛxnu] *m* hell; **vá para o ~!** go to hell!

infértil [ĩ'fɛxtiw] *adj* infertile.

infertilidade [ĩnfɛxtʃili'dadʒi] *f* infertility.

infestado, da [ĩnfeʃ'tadu, da] *adj* infested.

infestar [ĩnfeʃ'ta(x)] *vt* to infest.

infidelidade [ĩnfideli'dadʒi] *f* infidelity.

infiel [ĩn'fjɛw] (*pl* -**éis**) <> *adj* -**1.** [desleal] unfaithful. -**2.** [inexato] inaccurate. <> *mf RELIG* non-believer.

infiltrar [ĩfiw'tra(x)] *vt* [parede] to penetrate.
➤ **infiltrar-se** *vp* to infiltrate; **~-se em algo** to filter (into) sthg.

ínfimo, ma ['ĩfimu, ma] *adj* insignificant; **preço ~** rock-bottom price.

infindável [ĩnfĩn'davɛwł] (*pl* -**eis**) *adj* -**1.** [inacabável] interminable. -**2.** [permanente] unending. -**3.** [energia] boundless.

infinidade [ĩnfini'dadʒi] *f*: **uma ~ de vezes/roupas** countless times/clothes.

infinitivo, va [ĩnfini'tʃivu, va] *GRAM adj* infinitive.
➤ **infinitivo** *m* infinitive.

infinito, ta [ĩnfi'nitu, ta] *adj* -**1.** [ger] infinite. -**2.** [inumerável] countless.
➤ **infinito** *m LING* infinitive.

inflação [ĩnfla'sãw] *f ECON* inflation.

inflacionário, ria [ĩnflasjo'narju, rja] *adj ECON* inflationary.

inflamação [ĩnflama'sãw] (*pl* -**ões**) *f MED* inflammation.

inflamado, da [ĩnfla'madu, da] *adj* -**1.** *MED* inflamed. -**2.** *fig* [exaltado] heated.

inflamar [ĩfla'ma(x)] <> *vt* to inflame. <> *vi MED* to become inflamed.

inflamável [ĩnfla'mavɛw] (*pl* -**eis**) *adj* inflammable.

inflar [ĩ'fla(x)] *vt* -**1.** [balão, bóia] to inflate. -**2.** [vela] to fill. -**3.** [peito] to puff out.

inflexível [ĩnflek'sivɛw] (*pl* -**eis**) *adj* -**1.** [invergável] stiff. -**2.** *fig* [implacável] inflexible.

infligir [ĩfli'ʒi(x)] *vt*: **~ algo (a alguém)** to inflict sthg (on sb).

influência [ĩnflu'ẽsja] *f* influence.

influenciar [ĩflwẽn'sja(x)] <> *vt* to influence. <> *vi*: **~ em algo** to influence sthg.
➤ **influenciar-se** *vp*: **~-se (por alguém/algo)** to be influenced (by sb/sthg).

influente [ĩnflu'ẽntʃi] *adj* influential.

influir [ĩnflu'i(x)] *vi* -**1.** [importar] to matter, to be important. -**2.** [atuar]: **~ em algo** to interfere in sthg. -**3.** [influenciar]: **~ para algo** to play a role in sthg.

influxo [ĩn'fluksu] *m* -**1.** [convergência] influx. -**2.** [maré alta] high tide.

infográfico, ca [ĩnfo'grafiku, ka] *adj* computer graphic (*antes de subst*).
➤ **infográfico** *m* computer graphics designer.

informação [ĩnfoxma'sãw] (*pl* -**ões**) *f* -**1.** [ger] information. -**2.** [notícia] news. -**3.** *MIL* intelligence. -**4.** *COMPUT* data (*inv*).

informal [ĩnfox'maw] (*pl* -**ais**) *adj* informal.

informalidade [ĩnfoxmali'dadʒi] *f* informality.

informante [ĩnfox'mãntʃi] *mf* informant.

informar [ĩfox'ma(x)] <> *vt* -**1.** [esclarecer] to inform. -**2.** [notificar]: **~ alguém de algo** to notify sb of sthg. <> *vi* [ser informativo] to inform.
➤ **informar-se** *vp* -**1.** [atualizar-se] to keep o.s. up to date. -**2.** [esclarecer-se]: **~-se sobre algo** to make inquiries about sthg, to inquire about sthg.

informático, ca [ĩnfox'matʃiku, ka] <> *adj* computer (*antes de subst*). <> *m, f* [pessoa] IT specialist.
➤ **informática** *f* -**1.** [ciência] computer science. -**2.** [atividade] computing.

informativo, va [ĩnfoxma'tʃivu, va] *adj* informative.

informatizar [ĩnfoxmati'za(x)] *vt* to computerize.

informe [ĩn'fɔxmi] <> *adj* shapeless. <> *m* -**1.** [informações] information. -**2.** *MIL* (piece of) intelligence.

infortúnio [ĩnfox'tunju] *m* misfortune.

infração [ĩnfra'sãw] (*pl* -**ões**) *f* -**1.** [de lei etc] infringement; **~ de trânsito** driving offence *UK*, driving offense *US*. -**2.** *ESP* foul.

Infraero (*abrev de* **Empresa Brasileira de Infra-Estrutura Aeroportuária**) *f* *Brazilian company responsible for airport insfrastructure,* ≃ BAA *UK*.

infra-estrutura [ˌĩnfraʃtru'tura] (*pl* **infra-estruturas**) *f* infrastructure.

infrator, ra [ĩnfra'to(x), ra] (*mpl* -**es**, *fpl* -**s**) <> *adj* law-breaking. <> *m, f* infringer.

infravermelho, lha [ĩnfravex'meʎu, ʎa] *adj* infrared.

infringir [ĩnfrĩ'ʒi(x)] *vt* to infringe.

infrutífero, ra [ĩnfru'tʃiferu, ra] *adj* fruitless.

infundado, da [ĩnfũn'dadu, da] *adj* unfounded, groundless.

infusão [ĩnfu'zãw] (*pl* -**ões**) *f* infusion.

ingênuo, nua [ĩn'ʒenwu, nwa] <> *adj* ingenuous, naive. <> *m, f* ingenuous person, naive person.

ingerência [ĩnʒe'rẽsja] *f* intervention.

ingerir [ĩʒeˈri(x)] *vt* to ingest.
ingestão [ĩʒeʃˈtãw] *f* ingestion.
Inglaterra [ĩglaˈtɛxa] *n* England.
inglês, esa [ĩˈgleʃ, eza] (*mpl* **-eses**, *fpl* **-s**) ⟨⟩ *adj* English. ⟨⟩ *mf* Englishman (*f* Englishwoman).
◆ **inglês** *m* [língua] English.
inglório, ria [ĩˈglɔrju, rja] *adj* inglorious.
ingovernabilidade [ĩgovexnabiliˈdadʒi] *f* ungovernability.
ingratidão [ĩgratʃiˈdãw] *f* ingratitude.
ingrato, ta [ĩˈgratu, ta] *adj* **-1.** [sem gratidão] ungrateful. **- 2.** [ruim] disagreeable.
ingrediente [ĩgreˈdʒjẽtʃi] *m* ingredient.
íngreme [ˈĩgremi] *adj* steep.
ingressar [ĩgreˈsa(x)] *vi*: ~ **em algo** to enter sthg.
ingresso [ĩˈgrɛsu] *m* **-1.** [bilhete] (entrance) ticket. **- 2.** [entrada] entry. **- 3.** [admissão] entrance.
inhame [iˈɲãmil *m* yam.
inibição [inibiˈsãw] (*pl* **-ões**) *f* inhibition.
inibido, da [iniˈbidu, da] *adj* inhibited.
inibir [iniˈbi(x)] *vt* **- 1.** [embaraçar] to embarrass. **- 2.** [dificultar] to inhibit.
◆ **inibir-se** *vp* [ficar inibido] to become inhibited.
iniciação [inisjaˈsãw] (*pl* **-ões**) *f* initiation.
inicial [iniˈsjaw] (*pl* **-ais**) ⟨⟩ *adj* initial. ⟨⟩ *f* [letra] initial.
◆ **iniciais** *fpl* initials.
iniciante [iniˈsjãtʃil ⟨⟩ *adj* [pessoa] beginning. ⟨⟩ *mf* [pessoa] beginner.
iniciar [iniˈsja(x)] *vt* **-1.** [começar] to initiate, to begin. **- 2.** [introduzir]: ~ **alguém em algo** to introduce sb to sthg.
◆ **iniciar-se** *vp* [introduzir-se]: ~-**se em algo** to get into sthg.
iniciativa [inisjaˈtʃiva] *f* initiative; ~ **privada** private initiative.
início [iˈnisju] *m* beginning; **no** ~ in the beginning.
inimigo, ga [iniˈmigu, ga] ⟨⟩ *adj* enemy (*antes de subst*). ⟨⟩ *m, f* enemy.
inimizade [inimiˈzadʒil *f* enmity.
ininterrupto, ta [inĩteˈxuptu, ta] *adj* uninterrupted.
injeção [ĩʒeˈsãw] (*pl* **-ões**) *f* injection.
injetar [ĩʒeˈta(x)] *vt* to inject.
injúria [ĩˈʒurja] *f* insult.
injuriar [ĩʒuˈrja(x)] *vt* [insultar] to insult.
◆ **injuriar-se** *vp fam* [zangar-se] to get angry.
injustiça [ĩʒuʃˈtʃisa] *f* injustice.
injustificável [ĩʒuʃtʃifiˈkavew] (*pl* **-eis**) *adj* unjustifiable.
injusto, ta [iˈʒuʃtu, ta] *adj* unfair.

INL (*abrev de* Instituto Nacional do Livro) *m Brazilian national book institute.*
INMETRO (*abrev de* Instituto Nacional de Metrologia, Normalização e Qualidade Industrial) *m Brazilian national institute of industrial standards,* ≃ TSI *UK,* ≃ NIST *US.*
inocência [inoˈsẽsja] *f* innocence.
inocentar [inosẽˈta(x)] *vt*: ~ **alguém de algo** to clear sb of sthg.
◆ **inocentar-se** *vp*: inocentou-se por sua sinceridade his sincerity showed that he was innocent.
inocente [inoˈsẽtʃi] ⟨⟩ *adj* innocent. ⟨⟩ *mf* innocent person.
inocular [inokuˈla(x)] *vt* to innoculate.
inócuo, cua [iˈnɔkwu, kwa] *adj* innocuous.
inodoro, ra [inoˈdɔru, ra] *adj* odourless.
inofensivo, va [inofẽˈsivu, va] *adj* inoffensive.
inoportuno, na [inopoxˈtunu, na] *adj* inopportune.
inóspito, ta [iˈnɔʃpitu, ta] *adj* inhospitable.
inovação [inovaˈsãw] (*pl* **-ões**) *f* innovation.
inovador, ra [inovaˈdo(x), ra] ⟨⟩ *adj* innovative. ⟨⟩ *m, f* innovator.
inovar [inoˈva(x)] *vt* to innovate.
inoxidável [inoksiˈdavɛw] (*pl* **-eis**) *adj* ⟨⟩ aço.
INPC (*abrev de* Índice Nacional de Preços ao Consumidor) *m national index of retail prices,* ≃ RPI *UK.*
inquérito [ĩˈkɛritul *m* enquiry.
inquietação [ĩkjetaˈsãw] (*pl* **-ões**) *f* anxiety.
inquietante [ĩkjeˈtãtʃil, **inquietador, ra** [ĩkjetaˈdo(x), ra] *adj* worrying.
inquietar [ĩkjeˈta(x)] *vt* to worry.
◆ **inquietar-se** *vp* to worry.
inquieto, ta [ĩˈkjɛtu, ta] *adj* **-1.** [apreensivo] worried. **- 2.** [agitado] restless.
inquilino, na [ĩkiˈlinu, na] *m, f* tenant.
Inquisição [ĩkiziˈsãw] *f*: **a** ~ the Inquisition.
insaciável [ĩsaˈsjavɛw] (*pl* **-eis**) *adj* insatiable.
insalubre [ĩsaˈlubril *adj* **-1.** [local, clima] unhealthy. **- 2.** [trabalho] damaging to the health. **- 3.** [água] unfit for drinking.
insanidade [ĩsaniˈdadʒil *f* insanity.
insano, na [ĩˈsanu, na] ⟨⟩ *adj* **- 1.** [demente] insane. **- 2.** *fig* [incansável] relentless. ⟨⟩ *m, f* madman (*f* madwoman).
insaciabilidade [ĩsasjabiliˈdadʒil *f* insatiable appetite.

insatisfação [ĩnsatʃiʃʃa'sãw] (*pl* -ões) *f* dissatisfaction.

insatisfatório, ria [ĩnsatʃiʃʃa'tɔrju, rja] *adj* unsatisfactory.

insatisfeito, ta [ĩnsatʃiʃ'fejtu, ta] *adj* dissatisfied.

inscrever [ĩʃkre've(x)] *vt* -**1.** [gravar] to inscribe. -**2.** [pessoa]: ~ **alguém (em algo)** to register sb (for sthg).
➡ **inscrever-se** *vp* [pessoa]: ~-**se (em algo)** to register (for sthg).

inscrito, ta [ĩ'ʃkritu, ta] ◇ *pp* ▷ **ins-crever**. ◇ *adj* -**1.** [mensagem] inscribed. -**2.** [pessoa] registered.

insegurança [ĩnsegu'rãsal] *f* -**1.** [falta de segurança] lack of safety. -**2.** [de pessoa] insecurity.

inseguro, ra [ĩnse'guru, ra] *adj* -**1.** [peri-goso] unsafe. -**2.** [pessoa] insecure.

inseminação [ĩnsemina'sãw] (*pl* -ões) *f* insemination; ~ **artificial** artificial in-semination.

insensatez [ĩnsẽnsa'teʒ] *f* foolishness.

insensato, ta [ĩnsẽn'satu, ta] *adj* foolish.

insensível [ĩnsẽn'sivɛw] (*pl* -eis) *adj* -**1.** [sem sensibilidade] numb. -**2.** [impassível] insensitive.

inseparável [ĩnsepa'ravɛw] (*pl* -eis) *adj* inseparable.

inserção [ĩnsex'sãw] (*pl* -ões) *f* -**1.** [intro-dução]: ~ (**de algo em algo**) insertion (of sthg into sthg). -**2.** COMPUT inser-tion.

inserir [ĩse'ri(x)] *vt* -**1.**: ~ **algo em algo** to insert sthg into sthg. -**2.** COMPUT to insert.
➡ **inserir-se** *vp*: ~ -**em algo** to fit into sthg.

inseticida [ĩnsetʃi'sidal] *m* insecticide.

inseto [ĩn'sɛtul *m* insect.

insígnia [ĩn'signjal *f* insignia.

insignificante [ĩnsignifi'kãntʃil] *adj* in-significant.

insincero, ra [ĩnsĩ'sɛru, ral *adj* insin-cere.

insinuação [ĩnsinwa'sãw] (*pl* -ões) *f* -**1.** [indireta, sugestão] insinuation. -**2.** [amorosa] advance.

insinuante [ĩnsi'nwãntʃil] *adj* [que se insi-nua] insinuating.

insinuar [ĩnsi'nwa(x)] *vt* -**1.** [afirmar indi-retamente] to hint at. -**2.** [sugerir]: ~ **que** to suggest that.
➡ **insinuar-se** *vp* -**1.** [passar]: ~-**se por** *ou* **entre** to insinuate o.s. in *ou* among. -**2.** [amorosamente]: ~-**se (para alguém)** to make advances (to sb).

insípido, da [ĩn'sipidu, dal *adj* -**1.** [sem sabor] insipid. -**2.** *fig* [sem graça] insipid.

insistente [ĩnsiʃ'tẽntʃil] *adj* insistent.

insistir [ĩnsiʃ'ti(x)] *vi* [perseverar]: ~ **em**

(fazer algo) to insist on (doing sthg); ~ **para alguém fazer algo** to insist that sb do sthg.

insociável [ĩnso'sjavɛwl] (*pl* -eis) *adj* an-tisocial.

insolação [ĩnsola'sãw] (*pl* -ões) *f* sun-stroke.

insolente [ĩnso'lẽntʃil] ◇ *adj* insolent. ◇ *mf* insolent person.

insólito, ta [ĩn'sɔlitu, tal *adj* unusual.

insolúvel [ĩnso'luvewl] (*pl* -eis) *adj* insol-uble.

insone [ĩn'sonil *adj* -**1.** [pessoa] insomniac. -**2.** [noite] sleepless.

insônia [ĩn'sonjal *f* insomnia.

insosso, ssa [ĩn'sosu, sal *adj* -**1.** [sem sal] unsalted. -**2.** [sem sabor] tasteless. -**3.** *fig* [sem graça] dull.

inspeção [ĩnʃpe'sãw] (*pl* -ões) *f* inspec-tion.

inspetor, ra [ĩnʃpe'to(x), ral (*mpl* -es, *fpl* -s) *m, f* inspector; ~ **da alfândega** customs officer.

inspiração [ĩnʃpira'sãw] (*pl* -ões) *f* -**1.** [estímulo] inspiration. -**2.** [na respiração] breathing in.

inspirador, ra [ĩnʃpira'do(x), ral (*mpl* -es, *fpl* -s) *adj* inspiring.

inspirar [ĩʃpi'ra(x)] *vt* -**1.** [estimular] to inspire. -**2.** [ar] to breathe in.
➡ **inspirar-se** *vp* [obter estímulo] to be inspired.

instabilidade [ĩnʃtabili'dadʒi] *f* insta-bility.

instalação [ĩnʃtala'sãw] (*pl* -ões) *f* -**1.** [ger] installation. -**2.** [sistema]: ~ **elé-trica/hidráulica** electric/hydraulic plant.
➡ **instalações** *fpl* -**1.** [para esporte, la-zer] facilities. -**2.** [de indústria] plant.

instalar [ĩʃta'la(x)] *vt* -**1.** [ger] to install. -**2.** [estabelecer] to establish. -**3.** [num cargo]: ~ **alguém em** to install sb in.
➡ **instalar-se** *vp* -**1.** [alojar-se] to install o.s. -**2.** [em um cargo] to install o.s.

instância [ĩnʃ'tãnsjal *f* -**1.** [solicitação] demand; **em última** ~ as a last resort. -**2.** [jurisdição] jurisdiction. -**3.** JUR stages of a law suit.

instantâneo, nea [ĩnʃtãn'tãnju, njal *adj* instant.
➡ **instantâneo** *m* FOT snap, snapshot.

instante [ĩnʃ'tãntʃil] ◇ *m* moment; **nesse** ~ at that moment; **num** ~ in a moment. ◇ *adj* -**1.** [iminente] imminent. -**2.** [urgente] urgent.

instar [ĩ'ʃta(x)] ◇ *vt* [pedir]: ~ **que al-guém faça algo** to request that sb do sthg. ◇ *vi* [insistir]: ~ **com alguém para que faça algo** to urge sb to do sthg.

instauração [ĩnʃtawra'sãw] (*pl* -ões) *f* establishment.

instaurar [ĩʃtawˈra(x)] vt -1. [estabelecer] to establish. -2. [criar] to set up.

instável [ĩʃˈtavɛw] (pl -eis) adj -1. [ger] unstable. -2. [sem equilíbrio] wobbly.

instigar [ĩʃtʃiˈga(x)] vt -1. [incitar]: ~ alguém a fazer algo to encourage sb to do sthg. -2. [provocar]: ~ alguém contra alguém to rouse sb against sb.

instintivo, va [ĩʃtʃĩnˈtʃivu, va] adj instinctive.

instinto [ĩʃˈtʃĩntu] m instinct.

instituição [ĩʃtʃitwiˈsãw] (pl -ões) f institution.

instituir [ĩʃtʃiˈtwi(x)] vt -1. [estabelecer] to institute. -2. [marcar] to set. -3. [nomear] to name.

instituto [ĩʃtʃiˈtutu] m institute; ~ de beleza beauty parlour.

instrução [ĩʃtruˈsãw] (pl -ões) f -1. [educação] education. -2. [ordem] instruction.

➡ **instruções** fpl instructions.

instruído, da [ĩʃˈtrwidu, da] adj educated.

instruir [ĩʃtruˈi(x)] vt -1. [ger] to instruct. -2. [educar] to educate. -3. [informar]: ~ alguém sobre algo to instruct sb on sthg. -4. [adestrar] to train.

➡ **instruir-se** vp [educar-se] to become educated.

instrumental [ĩʃtrumẽnˈtaw] (pl -ais) adj MÚS instrumental.

instrumento [ĩʃtruˈmẽntu] m -1. [ger] instrument; ~ de sopro wind instrument. -2. [ferramenta] tool; ~ de trabalho work tool.

instrutivo, va [ĩʃtruˈtʃivu, va] adj educational.

instrutor, ra [ĩʃtruˈto(x), ra] (mpl -es, fpl -s) m, f instructor.

insubordinação [ĩsuboxdʒinaˈsãw] (pl -ões) f insubordination.

insubordinado, da [ĩsuboxdʒiˈnadu, da] adj insubordinate.

insubstituível [ĩsubʃtʃiˈtwivɛw] (pl -eis) adj irreplaceable.

insucesso [ĩsuˈsɛsu] m failure.

insuficiência [ĩsufiˈsjẽnsja] f -1. [carência] lack. -2. MED insufficiency.

insuficiente [ĩsufiˈsjẽntʃi] ◇ adj -1. [não-suficiente] insufficient. -2. [incompetente] inadequate. ◇ m [nota escolar] fail.

insuflar [ĩsuˈfla(x)] vt -1. [soprar] to blow into. -2. fig [incutir]: ~ algo em alguém to provoke sthg in sb.

insular [ĩsuˈla(x)] adj insular.

insulina [ĩsuˈlina] f insulin.

insultar [ĩsuwˈta(x)] vt to insult.

insulto [ĩˈsuwtu] m insult.

insuperável [ĩsupeˈravɛw] (pl -eis) adj -1. [invencível] insuperable. -2. [imbatível] unsurpassable.

insuportável [ĩsupoxˈtavɛw] (pl -eis) adj unbearable.

insurgir-se [ĩsuxˈʒixsi] vp to revolt.

insurreição [ĩsuxejˈsãw] (pl -ões) f insurrection.

insuspeito, ta [ĩsuʃˈpejtu, ta] adj -1. [inocente] beyond suspicion. -2. [imparcial] impartial.

insustentável [ĩsuʃtẽnˈtavɛw] (pl -eis) adj untenable.

intacto, ta [ĩˈta(k)tu, ta] adj = intato.

intangibilidade [ĩtãnʒibiliˈdadʒi] f intangibility.

intato, ta [ĩˈtatu, ta] adj -1. [ileso] intact. -2. fig [puro] inviolate.

íntegra [ˈĩtegra] f entirety; na ~ in entirety.

integração [ĩtegraˈsãw] (pl -ões) f integration.

integral [ĩteˈgraw] (pl -ais) adj [total] whole; **leite** ~ full-cream milk; **cereal** ~ wholegrain cereal; **arroz** ~ brown rice; **pão** ~ wholemeal bread.

integrante [ĩteˈgrãntʃi] ◇ adj component. ◇ mf -1. [membro] constituint. -2. [parte] component. -3. GRAM conjunction.

integrar [ĩteˈgra(x)] vt -1. [unir] to integrate. -2. [formar] to comprise. -3. [fazer parte] to be a member.

➡ **integrar-se** vp -1. [interirar-se] to combine. -2. [juntar-se]: ~-se em ou a algo to join sthg.

integridade [ĩtegriˈdadʒi] f integrity.

íntegro, gra [ˈĩtegru, gra] adj -1. [inteiro] entire. -2. [honesto] honest.

inteiramente [ĩˌtejraˈmẽntʃi] adv entirely.

inteirar [ĩtejˈra(x)] vt -1. [completar] to make up. -2. [informar]: ~ alguém de algo to inform sb of sthg.

➡ **inteirar-se** vp [informar-se]: ~-se de algo to find out about sthg.

inteiro, ra [ĩˈtejru, ra] adj -1. [todo] whole. -2. [intacto] intact. -3. [completo] entire. -4. [ileso] in one piece (depois de verbo). -5. [inteiriço] all-in- one (antes de subst); [total] complete. -6. fam [conservado] in good shape.

intelecto [ĩteˈlɛktu] m intellect.

intelectual [ĩtelɛˈtwaw] (pl -ais) ◇ adj intellectual. ◇ mf intellectual.

inteligência [ĩteliˈʒẽnsja] f -1. [destreza mental] intelligence. -2. [entendimento] comprehension. -3. [pessoa] brain. -4. COMP: ~ artificial artificial intelligence.

inteligente [ĩteliˈʒẽntʃi] adj intelligent.

inteligível [ĩnteli'ʒivew] (pl -eis) adj intelligible.

intempestivo, va [ĩntẽmpeʃ'tʃivu, va] adj untimely.

intenção [ĩntẽn'sãw] (pl -ões) f intention; **com boa ~** with good intentions, well meaning; **segundas intenções** ulterior motives; **ter a ~ de fazer algo** to intend to do sthg, to have the intention of doing sthg.

intencional [ĩntẽnsjo'naw] (pl -ais) adj intentional.

intencionar [ĩntẽsjo'na(x)] vt to intend.

intensidade [ĩntẽnsi'dadʒi] f intensity.

intensificar [ĩntẽsifi'ka(x)] vt to intensify.

➡ **intensificar-se** vp to intensify.

intensivo, va [ĩntẽ'sivu, va] adj intensive.

intenso, sa [ĩn'tẽsu, sa] adj intense.

interação [ĩntera'sãw] (pl -ões) f interaction.

interatividade [ĩnteratʃivi'dadʒi] f COMPUT interactivity.

intercâmbio [ĩnter'kãbju] m exchange.

interceder [ĩntexse'de(x)] vi: **~ por alguém** to intercede on behalf of sb.

interceptar [ĩntexsɛp'ta(x)] vt -1. [ger] to cut off. -2. [fazer parar] to stop. -3. [apoderar-se de] to intercept.

intercontinental [ĩntexkõntʃinẽn'taw] (pl -ais) adj intercontinental.

interdição [ĩntexdʒi'sãw] (pl -ões) f -1. [proibição] ban. -2. [bloqueio] closure. -3. JUR injunction.

interdisciplinaridade [ĩntexdʒisiplinari'dadʒi] f interdisciplinary nature.

interditado, da [ĩntexdʒi'tadu, da] adj -1. [proibido] banned. -2. [bloqueado] closed.

interditar [ĩntexdʒi'ta(x)] vt -1. [proibir] to ban. -2. [bloquear] to close. -3. JUR to interdict.

interessado, da [ĩntere'sadu, da] <> adj interested. <> m, f interested party.

interessante [ĩntere'sãntʃi] adj interesting.

interessar [ĩntere'sa(x)] <> vt to interest. <> vi [despertar interesse] to be of interest; **a quem possa ~** fml to whom it may concern.

➡ **interessar-se** vp [ter interesse]: **~-se em** ou **por** to take an interest in.

interesse [ĩnte'resi] m -1. [ger] interest. -2. [vantagem] benefit; **no ~ de** in the interest of; **por ~ próprio** out of self-interest.

interesseiro, ra [ĩntere'sejru, ra] <> adj self-seeking. <> m, f egotist.

interface [ĩntex'fasi] f COMPUT interface.

interferência [ĩntexfe'rẽnsja] f interference.

interferir [ĩntexfe'ri(x)] vi -1. [intervir]: **~ em algo** to interfere in sthg. -2. [em rádio, televisão] to cause interference.

interfonar [ĩntexfo'na(x)] vi: **~ a alguém** to call sb on the internal phone.

interfone [ĩntex'foni] m intercom.

ínterim ['ĩnteri] m interim; **nesse ~** meanwhile.

interior [ĩnte'rjo(x)] (pl -es) <> adj inner. <> m interior.

interiorano, na [ĩnterjo'rãnu, na] <> adj country (antes de subst). <> m,f country dweller.

interjeição [ĩntexʒej'sãw] (pl -ões) f exclamation.

interlocutor, ra [ĩntexloku'to(x), ra] (pl -es, fpl -s) m, f interlocutor.

interlúdio [ĩntex'ludʒju] m interlude.

intermediar [ĩntexme'dʒja(x)] vt -1. [servir como mediador] to mediate; **~ um debate entre** to chair a debate between. -2. [entremear, intercalar] to mix.

intermediário, ria [ĩntexme'dʒjarju, rja] <> adj intermediate. <> m, f -1. [mediador] mediator. -2. COM intermediary.

intermédio [ĩnter'mɛdʒul] m: **por ~ de** through.

interminável [ĩntexmi'navɛw] (pl -eis) adj endless.

intermitente [ĩntexmi'tẽntʃi] adj intermittent.

internação [ĩntexna'sãw] (pl -ões) f -1. [de doente] admission. -2. [de aluno] boarding.

internacional [ĩntexnasjo'naw] (pl -ais) adj international.

internamento [ĩntexna'mẽntul] m admission.

internar [ĩntex'na(x)] vt -1. MED to admit. -2. [aluno] to board. -3. POL to intern.

internato [ĩntex'natul] m EDUC boarding school.

internauta [ĩntex'nawta] mf COMPUT Internet user ou surfer.

Internet [ĩntex'nɛtʃil] f: **a ~** the Internet.

interno, na [ĩn'tɛxnu, na] <> adj -1. [interior] inside; **de uso ~** for internal use. -2. POL internal. -3. [aluno] boarding. <> m, f -1. MED houseman UK, intern US. -2. [aluno] boarder.

Interpol (abrev de International Criminal Police Organization) f Interpol.

interpretação [ĩntexpreta'sãw] (pl -ões) f -1. [ger] interpretation. -2. [tradução] interpreting.

interpretar [ĩntexpre'ta(x)] *vt*-**1.** [ger] to interpret. -**2.** [traduzir] to interpret.

interpretativo, va [ĩntexpreta'tʃivu, va] *adj* interpretative.

intérprete [ĩn'tɛxpretʃi] *mf* -**1.** LING interpreter. -**2.** CINE, TEATRO & TV performer.

inter-relacionar [ĩntexelasjo'na(x)] *vt* to interrelate.

interrogação [ĩntexoga'sãw] (*pl* -**ões**) *f* interrogation; **ponto de** ~ question mark.

interrogar [ĩntexu'ga(x)] *vt*-**1.** [indagar]: ~ **alguém (sobre algo)** to interrogate sb (about sthg). -**2.** JUR to put questions to.

interrogativo, va [ĩntexoga'tʃivu, va] *adj* -**1.** [indagativo] questioning. -**2.** GRAM interrogative.

interrogatório [ĩntexoga'tɔrju] *m* interrogation.

interromper [ĩntexõm'pe(x)] *vt* to interrupt.

interrupção [ĩntexup'sãw] (*pl* -**ões**) *f* interruption.

interruptor [ĩntexup'to(x)] (*pl* -**es**) *m* switch.

interseção [ĩntexse'sãw] (*pl* -**ões**) *f* intersection.

interurbano, na [ˌĩnterux'bãnu, na] *adj* -**1.** intercity *UK*, inter-urban *US*. -**2.** [telefonema] long distance.
➠ **interurbano** *m* [telefonema] long distance call.

intervalo [ĩntex'valu] *m* -**1.** [ger] interval; **a** ~**s** at intervals; ~ **comercial** commercial break. -**2.** [no espaço] distance.

intervenção [ĩntexvẽn'sãw] (*pl* -**ões**) *f* -**1.** [interferência] intervention; ~ **cirúrgica** operation, surgical intervention. -**2.** JUR mediation.

intervencionismo [ĩntexvẽnsjo'niʒmu] *m* interventionism.

intervencionista [ĩntervẽnsjo'niʃta] ◇ *adj* interventionist. ◇ *mf* interventionist.

interventor, ra [ĩntexvẽn'to(x), ra] *m, f* interim governor.

intervir [ĩntex'vi(x)] *vi* to intervene.

intestino [ĩnteʃ'tʃinu] *m* intestine.

intimação [ĩntʃima'sãw] (*pl* -**ões**) *f* -**1.** [ordem] order. -**2.** JUR summons (*sg*).

intimar [ĩntʃi'ma(x)] *vt* -**1.** [ordenar]: ~ **alguém (a fazer algo)** to order sb (to do sthg). -**2.** JUR to summons.

intimidade [ĩntʃimi'dadʒi] *f* -**1.** [vida íntima] privacy. -**2.** [familiaridade] intimacy; **ter** ~ **com alguém** to be close to sb.

intimidar [ĩntʃimi'da(x)] *vt* to intimidate.
➠ **intimidar-se** *vp* to be intimidated.

íntimo, ma ['ĩntʃimu, ma] ◇ *adj* -**1.** [interior e profundo] intimate. -**2.** [privado] private. ◇ *m*-**1.** [âmago]: **no** ~, **ela sabia que estava errada** deep down, she knew that she was wrong. -**2.** [amigo] close friend.

intolerância [ĩntole'rãnsja] *f* intolerance.

intolerante [ĩntole'rãntʃi] *adj* intolerant.

intolerável [ĩntole'ravew] (*pl* -**eis**) *adj* intolerable.

intoxicação [ĩntoksika'sãw] (*pl* -**ões**) *f* poisoning; ~ **alimentar** food poisoning.

intoxicar [ĩntoksi'ka(x)] *vt* to poison.
➠ **intoxicar-se** *vp* to poison o.s.

intragável [ĩntra'gavew] (*pl* -**eis**) *adj* unpalatable.

intranet ['ĩntranetʃi] *f* COMPUT intranet.

intranqüilidade [ĩntrãŋkwili'dadʒi] *f* disquiet.

intranqüilo [ĩntrãn'kwilu] *adj* restless.

intransferível [ĩntrãnʃfe'rivew] (*pl* -**eis**) *adj* -**1.** [bilhete, documento] non-transferable. -**2.** [inadiável] non-postponable.

intransigente [ĩntrãnzi'ʒẽntʃi] *adj* -**1.** [intolerante] intransigent. -**2.** *fig* [austero] uncompromising.

intransitável [ĩntrãnzi'tavεw] (*pl* -**eis**) *adj* impassable.

intransitivo, va [ĩntrãnzi'tʃivu, va] *adj* intransitive.

intransponível [ĩntrãnʃpo'nivεw] (*pl* -**eis**) *adj* -**1.** [rio, barreira] impassable. -**2.** [problema, obstáculo] insurmountable.

intratável [ĩntra'tavεw] (*pl*-**eis**) *adj* [insociável] intractable.

intravenoso, osa [ĩntrave'nozu, ɔza] *adj* intravenous.

intrépido, da [ĩn'trɛpidu, da] *adj* intrepid.

intricado, da [ĩntri'kadu, da] *adj* -**1.** [emaranhado] tangled. -**2.** [confuso] intricate.

intriga [ĩn'triga] *f* -**1.** [trama] intrigue. -**2.** [cilada] conspiracy. -**3.** [enredo] plot.
➠ **intrigas** *fpl* [fofoca] gossip (*sg*).

intrigante [ĩntri'gãntʃi] *adj* intriguing.

intrigar [ĩntri'ga(x)] ◇ *vt* [despertar curiosidade de] to intrigue. ◇ *vi* [excitar a curiosidade] to intrigue.

introdução [ĩntrodu'sãw] (*pl* -**ões**) *f* introduction.

introduzir [ĩntrodu'zi(x)] *vt* -**1.** [inserir]: ~ **algo (em)** to introduce sthg (into). -**2.** [fazer adotar] to introduce.
➠ **introduzir-se** *vp*: ~ **(em)** to find one's way (into).

intrometer-se [ĩntrome'texsi] *vp*: ~-**se**

em algo to meddle in sthg.

intrometido, da [ĩntrome'tʃidu, da] <> *adj* meddlesome, interfering. <> *m, f* meddler.

introvertido, da [ĩntrovex'tʃidu, da] <> *adj* introverted. <> *m, f* introvert.

intruso, sa [ĩn'truzu, za] *m, f* intruder.

intuição [ĩntwi'sãw] (*pl* -**ões**) *f* intuition.

intuir [ĩn'twi(x)] <> *vt* to intuit. <> *vi* to be intuitive.

intuitivo, va [ĩntwi'tʃivu, va] *adj* intuitive.

intuito [ĩn'twitu] *m* -**1.** [objetivo] purpose. -**2.** [intento] intention.

inumano, na [inu'manu, na] *adj* inhuman.

inúmeros, ras [i'numeruʃ, raʃ] *adj pl* [antes de subst] innumerable.

inundação [inũnda'sãw] (*pl* -**ões**) *f* flood.

inundado, da [inũn'dadu, da] *adj* -**1.** [de água] flooded. -**2.** *fig* covered.

inundar [inũn'da(x)] <> *vt* [alagar] to flood; *fig* [encher] to swamp. <> *vi* [transbordar] to flood.

inusitado, da [inuzi'tadu, da] *adj* unusual.

inútil [i'nutʃiw] (*pl* -**eis**) *adj* -**1.** [imprestável] useless. -**2.** [desnecessário] needless. -**3.** [vão] pointless.

inutilizar [inutʃili'za(x)] *vt* -**1.** [tornar inútil] to render useless. -**2.** [danificar] to ruin. -**3.** [frustrar] to thwart.

inutilmente [i,nutʃiwmẽn'tʃi] *adv* uselessly.

invadir [ĩnva'di(x)] *vt* -**1.** [ger] to invade. -**2.** *fig* [dominar] to overwhelm.

invalidez [ĩnvali'deʒ] *f* disability.

inválido, da [ĩnvalidu, da] <> *adj* -**1.** [nulo] invalid. -**2.** [pessoa] invalid, disabled. <> *m, f* [pessoa] invalid.

invariável [ĩnva'rjavɛw] (*pl* -**eis**) *adj* invariable.

invasão [ĩnva'zãw] (*pl* -**ões**) *f* invasion.

invasivo, va [ĩnva'zivu, va] *adj* -**1.** [agressivo] invasion (*antes de subst*). -**2.** *MED* invasive.

invasor, ra [ĩva'zo(x), ra] <> *adj* invading. <> *m, f* invader.

inveja [ĩn'vɛʒa] *f* envy.

invejar [ĩnve'ʒa(x)] <> *vt* -**1.** [ter inveja de] to envy. -**2.** [cobiçar] to covet. <> *vi* [ter inveja] to be envious.

invejoso, osa [ĩnve'ʒozu, ɔza] <> *adj* [pessoa] envious. <> *m, f* [pessoa] envious person.

invenção [ĩnvẽn'sãw] (*pl* -**ões**) *f* -**1.** [ger] invention. -**2.** *fig* [mentira] fabrication.

invencível [ĩnvẽn'sivɛw] (*pl* -**eis**) *adj* invincible.

inventar [ĩnvẽn'ta(x)] *vt* to invent.

inventário [ĩnvẽn'tarju] *m* inventory.

inventivo, va [ĩnvẽn'tʃivu, va] *adj* inventive.

inventor, ra [ĩnvẽn'to(x), ra] (*mpl* -**es**, *fpl* -**s**) *m, f* inventor.

inverdade [ĩnvex'dadʒi] *f* untruth.

inverno [ĩn'vɛxnu] *m* winter.

inverossímil [ĩnvero'simiw] (*pl* -**eis**) *adj* implausible.

inverso, sa [ĩn'vɛxsu, sa] *adj* -**1.** [invertido] inverse. -**2.** [oposto] opposite.
◆ **inverso** *m* [contrário] opposite.

invertebrado, da [ĩnvexte'bradu, da] <> *adj* [animal] invertebrate. <> *m* [animal] invertebrate.

inverter [ĩnvex'te(x)] *vt* -**1.** [virar ao contrário] to reverse. -**2.** [trocar a ordem de] to invert. -**3.** [mudar] to alter.

invés [ĩn'vɛʃ] *m* inside out.
◆ **ao invés de** *loc prep* instead of.

investida [ĩnveʃ'tʃida] *f* -**1.** [ataque] attack. -**2.** *fig* [tentativa] attempt.

investidor, ra [ĩveʃtʃi'do(x), ra] *m, f* investor.

investigação [ĩnveʃtʃiga'sãw] (*pl* -**ões**) *f* -**1.** [inquérito] investigation. -**2.** [pesquisa] inquiry.

investigador, ra [ĩnveʃtʃiga'do(x), ra] *m, f* [agente policial] detective.

investigar [ĩnveʃtʃi'ga(x)] *vt* -**1.** [inquirir] to investigate. -**2.** [pesquisar] to research.

investimento [ĩnveʃtʃi'mẽntu] *m* investment.

investir [ĩveʃ'tʃi(x)] <> *vt* [dinheiro, verba] to invest. <> *vi* -**1.** [aplicar dinheiro, verba]: ~ **(em algo)** to invest (in sthg). -**2.** [atacar]: ~ **contra algo** to storm sthg. -**3.** [atirar-se]: ~ **para algo** to rush to sthg.

inveterado, da [ĩnvete'radu, da] *adj* [muito antigo] inveterate.

inviabilizar [ĩvjabili'za(x)] *vt* to make unviable.
◆ **inviabilizar-se** *vp* to become unviable.

inviável [ĩn'vjavɛw] (*pl* -**eis**) *adj* unviable.

invicto, ta [ĩn'viktu, ta] *adj* unbeaten.

inviolabilidade [ĩnviolabili'dadʒi] *f* inviolability.

invisível [ĩnvi'zivɛw] (*pl* -**eis**) *adj* invisible.

invocar [ĩvo'ka(x)] <> *vt* -**1.** [chamar] to invoke. -**2.** *fam* [irritar] to wind up, to annoy. <> *vi fam* [antipatizar]: ~ **com alguém** to dislike sb.

invólucro [ĩn'vɔlukru] *m* -**1.** [envoltório] envelope. -**2.** [membrana] membrane. -**3.** [caixa] casing.

involuntário, ria [ĩnvolũn'tarju, rja] *adj* involuntary.

iodo [i'jodu] *m* iodine.

irrequieto

IOF (*abrev de* **Imposto sobre Operações Financeiras**) *m Brazilian tax on financial transactions.*

ioga [ˈjɔga] *f* yoga.

iogue [ˈjɔgi] <> *adj* yoga *(antes de subst).* <> *mf* yogi.

iogurte [juˈguxtʃi] *m* yoghurt.

íon [ˈiõ] *(pl* íons) *m* ion.

IPC (*abrev de* **Índice de Preços ao Consumidor**) *m* consumer price index.

IPEM (*abrev de* **Instituto de Pesos e Medidas**) *m Brazilian institute of weights and measures.*

IPTU (*abrev de* **Imposto Predial e Territorial Urbano**) *m annual tax based on the value of a house.*

IPVA (*abrev de* **Imposto sobre Propriedade de Veículos Automotores**) *m tax paid annually on the value of a car,* ≃ road tax *UK.*

ir [ˈi(x)] *vi* -**1.** [deslocar-se] to go; **fomos de ônibus** we went by bus; **iremos a pé** we'll go on foot, we'll walk; **vamos?** shall we go? -**2.** [assistir, freqüentar] to go; **ele nunca vai às reuniões** he never goes to the meetings; **você não vai à aula?** aren't you going to your class?; **vou ao cinema muitas vezes** I often go to the cinema. -**3.** [estender-se] to go; **o caminho vai até ao lago** the path leads to the lake. -**4.** [desenrolar-se] to go; **isto não vai nada bem** this isn't going at all well; **como vai você?** how are you?; **como vão as coisas?** how are things?; **os negócios vão mal** business is bad. -**5.** [exprime duração gradual]: ~ **fazendo algo** to continue doing sthg; **vá tentando!** keep trying! -**6.** [seguido de infinitivo]: **vou falar com ele** I'll speak to him; **você vai gostar** you'll like it; **não vou fazer nada** I'm not going to do anything. -**7.** [seguido de gerúndio]: **eu ia caindo** I almost fell. -**8.** [em locuções]: ~ **dar em** [desembocar] to lead to; ~ **ter com** [encontrar] to go and meet up with.

◆ **ir de** *v + prep* [ir disfarçado] to go as; [escolher]: **eu vou de filé com fritas, e você?** I'll have the steak and fries, what about you?

◆ **ir por** *v + prep* [auto-estrada, escadas] to take; ~ **pela esquerda/direita** to go (on the) left/right; ~ **pelo jardim** to go through the garden.

◆ **ir-se** *vp* [partir] to go; **ele já se foi** he's already left; ~ **-se embora** to leave; **vai-te embora!** go away!

IR (*abrev de* **Imposto de Renda**) *m* income tax.

ira [ˈiral] *f* anger.

Irã [iˈrãl] *m:* (o) ~ Iran.

irado, da [iˈradu, da] *adj* angry.

iraniano, na [iraˈnjãnu, na] <> *adj*

Iranian. <> *m, f* Iranian.

Iraque [iˈraki] *n:* (o) ~ Iraq.

iraquiano, na [iraˈkjanu, na] <> *adj* Iraqi. <> *m, f* Iraqi.

irascível [iraˈsivɛw] *(pl* -eis) *adj* irascible.

ir-e-vir [iriˈvi(x)] *(pl* ires-e-vires) *m* coming and going.

íris [ˈirifl] *f inv* iris.

Irlanda [ixˈlãdal] *n* Ireland; ~ **do Norte** Northern Ireland.

irlandês, esa [ixlãˈdefl, eza] *(mpl* -eses, *fpl* -s) <> *adj* Irish. <> *m, f* Irishman (*f* Irishwoman).

◆ **irlandês** *m* [língua] Irish.

irmã [ixˈmãl] *f* ▷ **irmão.**

irmandade [ixmãˈdadʒil] *f* -**1.** [RELIG - de irmãos] brotherhood; [- de irmãs] sisterhood. -**2.** [confraternidade] fraternity.

irmão, mã [ixˈmãw, mã] *m, f* -**1.** [parente] brother (*f* sister); ~ **de criação** stepbrother; ~ **gêmeo** twin brother. -**2.** [afim] twin.

ironia [iroˈnial] *f* irony.

irônico, ca [iˈroniku, ka] *adj* ironic.

IRPF (*abrev de* **Imposto de Renda de Pessoa Física**) *m income tax paid by individuals.*

IRPJ (*abrev de* **Imposto de Renda de Pessoa Jurídica**) *m corporation tax.*

irracional [ixasjoˈnawl] *(pl* -ais) *adj* irrational.

irradiação [ixadʒiaˈsãwl] *(pl* -ões) *f* -**1.** [transmissão] broadcast. -**2.** [propagação] diffusion. -**3.** MED irradiation.

irradiar [ixaˈdʒia(x)] *vt* -**1.** [transmitir] to broadcast. -**2.** [propagar] to spread. -**3.** *fig* [externar] to radiate.

irreal [iˈxjawl] *(pl* -ais) *adj* unreal.

irreconciliável [ixekõnsiˈljavɛwl] *(pl* -eis) *adj* irreconcilable.

irreconhecível [ixekoɲeˈsivɛwl] *(pl* -eis) *adj* unrecognizable.

irrecuperável [ixekupeˈravɛwl] *(pl* -eis) *adj* irrecoverable.

irrecusável [ixekuˈzavɛwl] *(pl* -eis) *adj* which cannot be refused.

irredutível [ixeduˈtʃivɛwl] *(pl* -eis) *adj* indomitable.

irregular [ixeguˈla(x)] *(pl* -es) *adj* -**1.** [desigual] irregular. -**2.** [pouco convencional] unorthodox. -**3.** [irrecuperável] incurable.

irrelevante [ixeleˈvãntʃil] *adj* irrelevant.

irremediável [ixemeˈdʒjavɛwl] *(pl* -eis) *adj* irreparable.

irrepreensível [ixeprjẽˈsivɛwl] *(pl* -eis) *adj* irreproachable.

irreprimível [ixepriˈmivɛwl] *(pl* -eis) *adj* irrepressible.

irrequieto, ta [ixeˈkjɛtu, ta] *adj* [desassossegado] restless.

irresistível [ixeziʃ'tʃivɛw] (*pl* **-eis**) *adj* irresistible.

irresoluto, ta [ixezo'lutu, ta] *adj* irresolute.

irresponsável [ixeʃpõn'savɛw] (*pl* **-eis**) <> *adj* irresponsible. <> *mf* irresponsible person.

irrestrito, ta [ixeʃ'tritu, ta] *adj* unlimited, limitless.

irreverente [ixeve'rẽntʃi] *adj* irreverent.

irreversível [ixevex'sivɛw] (*pl* **-eis**) *adj* irreversible.

irrigação [ixiga'sãw] (*pl* **-ões**) *f* irrigation.

irrigar [ixi'ga(x)] *vt* to irrigate.

irrisório, ria [ixi'zɔrju, rja] *adj* **-1.** [de zombaria] derisory. **-2.** *fig* [ínfimo] derisory.

irritação [ixita'sãw] (*pl* **-ões**) *f* irritation.

irritadiço, ça [ixita'dʒisu, sa] *adj* irritable.

irritante [ixi'tãntʃi] *adj* irritating.

irritar [ixi'ta(x)] *vt* to irritate.
  ➡ **irritar-se** *vp* [exasperar-se] to become irritated.

irritável [ixi'tavɛw] (*pl* **-eis**) *adj* irritable.

irromper [ixõm'pe(x)] *vi* **-1.** [entrar]: ~ em to burst into. **-2.** [surgir]: ~ de to surge from.

isca ['iʃka] *f* **-1.** [ger] bait. **-2.** *CULIN* morsel.

isenção [izẽn'sãw] (*pl* **-ões**) *f* **-1.** [dispensa] exemption. **-2.** [livramento] release. **-3.** [imparcialidade] impartiality.

isentar [izẽn'ta(x)] *vt* **-1.** [dispensar]: ~ alguém de algo/de fazer algo to exempt sb from sthg/from doing sthg. **-2.** [livrar]: ~ alguém de algo/fazer algo to let sb off from sthg/from doing sthg.
  ➡ **isentar-se** *vp* to free o.s.

isento, ta [i'zẽntu, ta] *adj* **-1.** [dispensado] exempt. **-2.** [livre] free. **-3.** [imparcial] unbiased.

Islã [iʒ'lã] *m* Islam.

islâmico, ca [iʒ'lamiku, ka] *adj* Islamic.

islamismo [iʒla'miʒmu] *m* Islam.

islandês, esa [iʒlãn'deʃ, eza] <> *adj* Icelandic. <> *m, f* Icelander.
  ➡ **islandês** *m* [língua] Icelandic.

Islândia [iʒ'lãndʒja] *f* Iceland.

ISO (*abrev de* **International Standards Organization**) *f* ISO.

isolado, da [izo'ladu, da] *adj* **-1.** [separado] isolated. **-2.** [só] lone. **-3.** [afastado] remote. **-4.** *ELETR* insulated.

isolamento [izola'mẽntu] *m* **-1.** [ger] isolation. **-2.** *ELETR* insulation.

isolar [izo'la(x)] *vt* **-1.** [ger] to isolate; ~ algo de algo to isolate sthg from sthg. **-2.** *ELETR* to insulate.
  ➡ **isolar-se** *vp* [afastar-se]: ~-se de al-

guém/algo to isolate o.s from sb/sthg.

isonomia [izono'mia] *f* equality.

isopor [izo'pox] *m* polystyrene.

isqueiro [iʃ'kejru] *m* lighter.

Israel [iʒxa'ɛw] *n* Israel.

israelense [iʒxae'lẽnsi], **israelita** [iʒxae-'lita] <> *adj* Israeli. <> *mf* Israeli.

isso ['isu] <> *pron* that; **é isso aí!** that's right!; **foi por isso que ele não veio** that's why he didn't come; **é por isso mesmo que en não vou!** that is exactly why I'm not going!; **isso não!** no way!; **não gosto disso** I don't like that; **não mexa nisso!** leave that alone!
  ➡ **por isso** *loc adv* therefore; **mem por** ~ not really.

Istambul [iʃtãn'buw] *n* Istanbul.

istmo ['iʃtʃimu] *m* isthmus.

isto ['iʃtu] *pron* this; **disto eu não quero** I don't want any of this; **escreva nisto** write on this; **isto é** [quer dizer] that is (to say); **isto é que é vida!** this is the life!

Itália [i'talja] *n* Italy.

italiano, na [ita'ljanu, na] <> *adj* Italian. <> *m, f* Italian.
  ➡ **italiano** *m* [língua] Italian.

itálico, ca [i'taliku, ka] *adj TIPO* italic.
  ➡ **itálico** *m TIPO* italic.

Itamarati [itamara'tʃi] *m* Brazilian foreign ministry.

item ['itẽ] (*pl* **itens**) *m* **-1.** [ger] item. **-2.** *JUR* [artigo] point.

itinerário [itʃine'rarju] *m* **-1.** [roteiro] route. **-2.** [caminho] itinerary.

Iugoslávia [iwgo'ʒlavja] *f* Yugoslavia; **a ex-**~ the ex-Yugoslavia.

iugoslavo, va [iwgoʒ'lavu, va] <> *adj* Yugoslav. <> *m, f* Yugoslav.

J

j, J ['ʒɔta] *m* [letra] j, J.

já ['ʒa] <> *adv* **-1.** [ger] already. **-2.** [agora] now. **-3.** [sem demora] just; ~ vou just coming. **-4.** [até mesmo] even. **-5.** [daqui a pouco] soon; **até** ~ see you soon. **-6.** [alguma vez] ever. <> *conj* however. <> *loc*: ~ **era!** *fam* that's history!
  ➡ **desde já** *loc prep* from now on.
  ➡ **já que** *loc conj* since.

jabuti [ʒabu'tʃi] *m* jabuti, *indigenous Brazilian tortoise.*

jabuticaba [ʒabutʃi'kaba] *f* jaboticaba,

Brazilian evergreen tree or the fruit of this tree.

jaca [ˈʒakal *f* jack fruit.

jacarandá [ʒakarãnˈdal *f* jacaranda.

Jacarta [ʒaˈkaxtal *n* Djakarta, Jakarta.

jacinto [ʒaˈsĩntul *m* hyacinth.

jade [ˈʒadʒil *m* jade.

jaguar [ʒaˈgwa(x)l (*pl* -es) *m* jaguar.

jaguatirica [ʒagwatʃiˈrikal *f* leopard.

Jamaica [ʒaˈmajkal *f* Jamaica.

jamais [ʒaˈmajʃl *adv* never; (*com palavra negativa)* ever.

jamanta [ʒaˈmãntal *f* [caminhão] articulated truck.

jan. (*abrev de* **janeiro**) Jan.

janeiro [ʒaˈnejrul *m* January; *veja também* **setembro**.

janela [ʒaˈnɛlal *f* window.

jangada [ʒãŋˈgadal *f* raft.

jantar [ʒãnˈta(x)l (*pl* -es) ⟶ *vt* to have for dinner. ⟶ *vi* to have dinner. ⟶ *m* dinner.

Japão [ʒaˈpãwl *n:* (o) ~ Japan.

japonês, esa [ʒapoˈneʃ, ezal (*mpl* -eses, *fpl* -s) ⟶ *adj* Japanese. ⟶ *m, f* Japanese person.
   ◆ **japonês** *m* [língua] Japanese.

jaqueta [ʒaˈketal *f* jacket.

jararaca [ʒaraˈrakal *f* -1. [cobra] viper. -2. *fig* [pessoa] harridan.

jardim [ʒaxˈdʒĩl (*pl* -ns) *m* garden; ~ **botânico** botanical garden; ~ **zoológico** zoo.

jardim-de-infância [ʒaxdʒĩndʒĩnˈfãnsjal (*pl* **jardins-de-infância**) *m* kindergarten.

jardinagem [ʒaxdʒiˈnaʒẽl *f* gardening.

jardineiro, ra [ʒaxdʒiˈnejru, ral *m, f* [pessoa] gardener.
   ◆ **jardineira** *f* -1. [móvel] jardinière. -2. [em parapeito] window box. -3. [roupa] overalls *(pl)*.

jargão [ʒaxˈgãwl (*pl* -ões) *m* jargon.

jarra [ˈʒaxal *f* [pote] carafe; [vaso] vase.

jarro [ˈʒaxul *m* jug.

jasmim [ʒaʒˈmĩl (*pl* -ns) *m* jasmine.

jato [ˈʒatul *m* -1. [raio] beam. -2. [avião] jet. -3. [propulsão]: **a** ~ jet propelled. -4. [jorro] stream.

jaula [ˈʒawlal *f* cage.

Java [ˈʒaval *n* Java.

javali [ʒavaˈlil *m* wild boar.

jazida [ʒaˈzidal *f* seam.

jazigo [ʒaˈzigul *m* grave.

jazz [ˈʒajʃl *m* jazz.

JC (*abrev de* **Jesus Cristo**) *m* JC.

jeans [ˈʒĩʃl *m inv* jeans *(pl)*.

jeca-tatu [ˈʒɛkatatul (*pl* -tus) *m* character from children's literature representing the village people of the Brazilian interior.

jegue [ˈʒɛgil *m* ass.

jeito [ˈʒejtul *m* -1. [modo] way; **ao** ~ **de** in the manner of; **de** ~ **algum!** no way!; **de qualquer** ~ anyway; [sem cuidado] any old how. -2. [aspecto] air. -3. [índole] disposition. -4. [torção]: **dar um mau** ~ **em** to sprain. -5. [propensão]: **ter** *ou* **levar** ~ **para (fazer) algo** to be good at (doing) sthg. -6. [habilidade] aptitude; **ter falta de** ~ **para (fazer) algo** to be bad at (doing) sthg. -7. [graça]: **ficar sem** ~ to feel embarrassed. -8. [arrumação] clean up; **dar um** ~ **em algo** to tidy up. -9. [solução] solution; **dar um** ~ **em algo** to do something about sthg. -11. [juízo]: **tomar** ~ to grow up.

jeitoso, osa [ʒejˈtozu, ɔzal *adj* -1. [habilidoso] dexterous. -2. [funcional] practical. -3. [diplomático] tactful.

jejuar [ʒeˈʒwa(x)l *vi* to fast.

jejum [ʒeˈʒũl (*pl* -ns) *m* fast; **em** ~ fasting.

jérsei [ˈʒɛxsejl *m* jersey.

Jerusalém [ʒeruzaˈlẽl *n* Jerusalem.

jesuíta [ʒeˈzwital ⟶ *adj* Jesuit. ⟶ *m* Jesuit.

jesuítico, ca [ʒezuˈitʃiku, kal *adj* [período, missão] Jesuitical.

jesus [ʒeˈzuʃl *interj* (good) heavens!

jet set [ʒɛtˈsɛtʃil *m* jet set.

jibóia [ʒiˈbɔjal *f* [cobra] boa.

jiló [ʒiˈlɔl *m type of Brazilian vegetable.*

jingle [ˈʒĩŋgowl *m* jingle.

jipe [ˈʒipil *m* jeep.

joalheiro, ra [ʒoaˈʎejru, ral *m, f* jeweller *UK*, jeweler *US*.

joalheria [ʒwaʎeˈrial *f* jewellers *UK*, jewelers *US*.

joaninha [ʒwaˈniɲal *f* -1. [inseto] ladybird. -2. [carro de polícia] patrol car.

jocoso, sa [ʒokoˈzu, zal *adj* [divertido, cômico] jocular.

joelho [ʒweˈʎul *m* knee; **de** ~ **s** kneeling, on one's knees; **ficar de** ~ **s** to kneel down.

jogada [ʒoˈgadal *f* -1. [ESP - tática] strategy; [- lance] shot. -2. *fam* [esquema] scam. -3. *fam* [intenção] intention.

jogador, ra [ʒogaˈdo(x), ral *m, f* -1. [atleta] player. -2. [apostador] gambler.

jogar [ʒoˈga(x)l ⟶ *vt* -1. [tomar parte em jogo de] to play. -2. [atirar] to throw. -3. [apostar]: ~ **algo em algo** to gamble sthg on sthg. -4. [desfazer-se de]: ~ **algo fora** to throw sthg out. ⟶ *vi* -1. [divertir-se num jogo] to play. -2. [apostar]: ~ **em algo** to bet on sthg. -3. [manipular]: ~ **com algo** to play around with sthg. -4. [balançar] to toss.
   ◆ **jogar-se** *vp* [lançar-se] to throw o.s.

jogging [ˈʒɔgĩŋl *m* -1. [corrida] jogging;

fazer ~ to go jogging. **-2.** [roupa] tracksuit.

jogo ['ʒogu] (pl **jogos**) m **-1.** [ger] game; ~ **de azar** game of chance. **-2.** [partida] match. **-3.** [vício de jogar] gambling. **-4.** [conjunto] collection. **-5.** [aposta] bet. **-6.** MEC set. **-7.** fig [ardil] ruse. **-8.** [manipulação] play. **-9.** [movimentação] movement. **-10.** [balanço] tossing. **-11.** AUTO running. **-12.** fam [intenção] game. **-13.** loc: **abrir o** ~ to lay one's cards on the table; **ter** ~ **de cintura para algo** to be quite capable of getting out of sth.

jóia ['ʒɔja] ◇ adj fam delightful. ◇ f **-1.** [enfeite] jewel. **-2.** [taxa] fee.

joio ['ʒoju] m darnel; **separar o** ~ **do trigo** to separate the wheat from the chaff.

jóquei ['ʒɔkej] m Jockey Club.

jornada [ʒox'nada] f **-1.** [ger] journey. **-2.** [período] duration; ~ **de trabalho** working day.

jornal [ʒox'naw] (pl **-ais**) m **-1.** [gazeta] newspaper. **-2.** [noticiário] news.

jornaleiro, ra [ʒoxna'lejru, ra] m, f [pessoa] newspaper vendor.
 ➤ **jornaleiro** m [banca] news-stand.

jornalista [ʒoxna'liʃta] mf journalist.

jorrar [ʒo'xa(x)] ◇ vt to spurt. ◇ vi to gush.

jovem ['ʒovẽ] (pl **-ns**) ◇ adj **-1.** [juvenil] youthful. **-2.** [para jovens] young. ◇ mf young person.

jovial [ʒo'vjaw] (pl **-ais**) adj jovial.

joystick [ʒɔj'ʃtʃik] (pl **joysticks**) m COMPUT joystick.

juba ['ʒuba] f mane.

jubileu [ʒubi'lew] m jubilee; ~ **de prata** silver jubilee.

júbilo ['ʒubilul] m elation.

judaico, ca [ʒu'dajku, ka] adj Jewish.

judaísmo [ʒuda'iʒmu] m Judaism.

judeu, dia [ʒu'dew, dʒia] ◇ adj Jewish. ◇ m, f Jewish person, Jew.

judicial [ʒudʒi'sjaw] (pl **-ais**) adj judicial.

judiciário, ria [ʒudʒi'sjarju, rja] adj judicial.
 ➤ **Judiciário** m: **o** ~ the judiciary.

judicioso, osa [ʒudʒi'sjozu, ɔza] adj judicious.

judô [ʒu'dol] m judo.

jugo ['ʒugul] m: **sob o** ~ **de** under the yoke of.

juiz, íza [ʒwiʃ, iza] (mpl **-es**, fpl **-s**) m, f **-1.** JUR judge; ~ **de paz** justice of the peace. **-2.** ESP referee.

juizado [ʒwi'zadu, da] m court; ~ **de menores** juvenile court.

juízo ['ʒwizul] m **-1.** [julgamento] judgement. **-2.** [conceito] opinion. **-3.** [sensatez] prudence; **perder o** ~ to lose one's mind. **-4.** JUR [foro] tribunal.

jujuba [ʒu'ʒuba] f **-1.** BOT jujube. **-2.** [bala] jujube-flavoured boiled sweet.

jul. (abrev de julho) Jul.

julgamento [ʒuwga'mẽntul] m **-1.** [juízo] judgement. **-2.** [audiência] hearing. **-3.** [sentença] sentence.

julgar [ʒuw'ga(x)] vt **-1.** [sentenciar sobre] to judge. **-2.** [avaliar]: ~ **algo/alguém por algo** to judge sth/sb by sth. **-3.** [supor] to think.
 ➤ **julgar-se** vp [supor-se] to consider o.s.

julho ['ʒuʎul] m July; veja também setembro.

jumento [ʒu'mẽntul] m donkey.

jun. (abrev de junho) Jun.

junção [ʒũn'sãwl] (pl **-ões**) f **-1.** [união] union. **-2.** [ponto] junction.

junco ['ʒũŋkul] m reed.

junho ['ʒuɲul] m June; veja também setembro.

júnior ['ʒunjo(x)] (pl **juniores**) ◇ adj junior. ◇ mf ESP junior.

junta ['ʒũnta] f **-1.** [comissão] council. **-2.** POL junta. **-3.** [articulação] joint. **-4.** [órgão]: ~ **comercial** chamber of commerce.

juntar [ʒũn'ta(x)] ◇ vt **-1.** [unir]: ~ **algo (a algo)** to mix sth (with sth). **-2.** [aproximar]: ~ **alguém (a alguém)** to unite sb (with sb). **-3.** [colocar junto] to mix (together). **-4.** [aglomerar] to assemble. **-5.** [recolher] to collect. ◇ vi [aglomerar-se] to cluster. ◇ vi [economizar]: ~ **(para)** to save (for).
 ➤ **juntar-se** vp [associar-se]: ~**-se a** to mix with; ~**-se com** to unite o.s with.

junto, ta ['ʒũntu, ta] ◇ adj together. ◇ adv at the same time; ~ **de** next to.
 ➤ **junto a, junto de** loc prep next to.

jura ['ʒura] f vow.

jurado, da [ʒu'radu, da] ◇ adj sworn. ◇ m, f juror.

juramento [ʒura'mẽntul] m oath.

jurar [ʒu'ra(x)] ◇ vt **-1.** [prometer] to swear; ~ **fazer algo** to swear to do sth; ~ **que** to swear that. **-2.** [sob juramento]: ~ **fazer algo** to take an oath to do sth. ◇ vi [prestar juramento]: ~ **(por/sobre)** to swear (by/on).

júri ['ʒuril] m jury.

jurídico, ca [ʒu'ridʒiku, ka] adj legal.

jurisdição [ʒurizdʒi'sãwl] f jurisdiction.

juros ['ʒuruʃ] mpl interest (sg); ~ **fixos/variáveis** fixed/variable interest.

justamente [ʒuʃta'mẽntʃil] adv **-1.** [com justiça] rightly. **-2.** [precisamente] precisely.

justapor [ʒuʃta'po(x)] vt: ~ **algo (a algo)** to juxtapose sth (with sth).
 ➤ **justapor-se** vp to be juxtaposed.

justaposto, osta [ʒuʃta'poʃtu, ɔʃta] *pp*
➤ **justapor**.

justiça [ʒuʃ'tʃisa] *f* **-1.** [virtude] fairness;
com ~ justly; fazer ~ a alguém/algo to
do justice to sb/sthg. **-2.** [eqüidade]
equality; ~ **social** social justice. **-3.**
[tribunal] justice; ir á ~ to go to court.
-4. [poder judiciário]: **a Justiça** the judiciary.

justiceiro, ra [ʒuʃtʃi'sejru, ra] *adj* just.

justificação [ʒuʃtʃifika'sãw] (*pl* -ões) *f*
justification.

justificar [ʒuʃtʃifi'ka(x)] *vt* to justify.
➡ **justificar-se** *vp* [explicar-se]: ~-se
por algo to excuse o.s for sthg.

justo, ta [ʒuʃtu, ta] <> *adj* **-1.** [ger]
fair. **-2.** [apertado] tight. **-3.** [exato]
precise. **-4.** [merecido] just. <> *adv*
just.

juvenil [ʒuve'niw] (*pl* -is) <> *adj* **-1.** [de
jovens] youth, teenage. **-2.** *ESP* junior.
<> *m ESP* [campeonato] junior.

juventude [ʒuvẽn'tudʒi] *f* youth.

K

k, K [ka] *m* [letra] k, K.

kafkiano, na [kaf'kianu, na] *adj* Kaf-
kaesque.

karaokê [karaw'ke] *m* **-1.** [atividade]
karaoke. **-2.** [casa noturna] karaoke
bar.

kardecismo [kaxde'siʒmu] *m religious
doctrine of the Frenchman Allan
Kardec*.

kart ['kaxtʃi] *m* go-cart.

kartódromo [kax'tɔdromu] *m* go-kart
track.

Kb (*abrev de* quilobyte) *m* Kb.

kg (*abrev de* quilograma) *m* kg.

ketchup [kɛ'tʃupi] *m* (tomato) ketchup.

kit ['kitʃi] *m* kit.

kitsch [kitʃi] *adj inv* kitsch.

kiwi ['kiwi] *m* [fruta] kiwi fruit.

kl (*abrev de* quilolitro) *m* kl.

km (*abrev de* quilômetro) *m* km.

km/h (*abrev de* quilômetro por hora) *m*
km/h.

know-how [now'haw] *m* know-how.

Kuwait [ku'ajtʃi] *n* Kuwait.

kW (*abrev de* kilowatt) *m* kW.

L

l, L ['ɛlil] *m* [letra] l, L.

-la [la] *pron* **-1.** [pessoa] her; **-2.** [coisa] it;
-3. [você] you.

lá ['la] *adv* there; **quero lá saber!** what do
I care!; **sei lá!** how should I know; **para
lá de** beyond.

lã ['lã] *f* wool; **de pura ~** pure wool.

labareda [laba'reda] *f* flame.

lábia ['labja] *f* [conversa] smooth talk; **ter
~** to have the gift of the gab.

labial [la'bjaw] (*pl* -ais) *adj* labial.

lábio ['labju] *m* [ANAT - beiço] lip; [- genital]
labium.

labirinto [labi'rĩntu] *m* labyrinth.

laboratorial [laborato'rjaw] (*pl* -ais) *adj*
laboratory (*antes de subst*).

laboratório [labora'tɔrju] *m* laboratory.

labuta [la'buta] *f* toil.

laca ['laka] *f* lacquer.

laçar [la'sa(x)] *vt* [animal] to lasso.

laço ['lasu] *m* **-1.** [nó] bow; **dar um ~ em**
algo to tie a bow in sthg. **-2.** [para laçar
animais] lasso. **-3.** *fig* [vínculo] tie; **~s de
família** family ties.

lacônico, ca [la'koniku, ka] *adj* laconic.

lacrar [la'kra(x)] *vt* to seal.

lacre ['lakri] *m* sealing wax.

lacrimejar [lakrime'ʒa(x)] *vi* **-1.** [olhos]
to water. **-2.** [pessoa] to weep.

lacrimogêneo, nea [lakrimo'ʒenju, nja]
adj ➤ **gás**.

lactação [lakta'sãw] (*pl* -ões) *f* [amamen-
tação] lactation.

lácteo, tea ['laktju, tja] *adj* **-1.** [produto]
milky. **-2.** ➤ **via**.

lactose [lak'tɔzi] *f* lactose.

lacuna [la'kuna] *f* **-1.** [vão] gap. **-2.**
[espaço em branco] blank. **-3.** [omissão]
omission.

ladeira [la'dejra] *f* **-1.** [rampa] slope. **-2.**
[rua íngreme] steep road.

lado ['ladu] *m* **-1.** [ger] side; **do ~ avesso**
inside out; **estar do ~ de alguém** to be
on sb's side; **por um ~ ... por outro ~** on
the one hand ... on the other hand.
-2. [direção, local] direction; **de todos os
~s** everywhere; **de um ~ para outro**
from one side to the other; **do ~ de
fora** outside.

➤ **ao lado** *loc adv* **-1.** [na casa adjacente] next door. **-2.** [próximo] close by.

➤ **ao lado de** *loc prep* next to.

➤ **de lado** *loc adv* [sentar, andar] on the side; **deixar algo de ~** [pôr de reserva] to put sthg aside; [desconsiderar] to drop sthg.

ladrão, ladra [la'drãw, 'ladra] (*mpl* -ões, *fpl* -s) ⬦ *adj* thieving. ⬦ *m, f* thief; ~ **de loja** shoplifter.

➤ **ladrão** *m* [tubo] overflow pipe.

ladrar [la'dra(x)] *vi* to bark.

ladrilho [la'driʎu] *m* tile.

ladrões [la'drõjʃ] *pl* ⊳ **ladrão.**

lagarta [la'gaxta] *f* ZOOL caterpillar.

lagartixa [lagax'tʃiʃa] *f* (small) lizard.

lagarto [la'gaxtu] *m* ZOOL lizard.

lago [la'gul] *m* **-1.** GEOGR lake. **-2.** [de jardim] pond. **-3.** *fig* [poça] puddle; **a cozinha está um ~** the kitchen is flooded.

lagoa [la'goa] *f* lake.

lagosta [la'goʃta] *f* lobster.

lagostim [lagoʃ'tʃĩ] (*pl* -ns) *m* crayfish.

lágrima ['lagrima] *f* tear.

laguna [la'guna] *f* lagoon.

laje ['laʒi] *f* **-1.** [pedra] flagstone. **-2.** CONSTR concrete flooring.

lajota [la'ʒɔta] *f* small flagstone.

lama ['lãma] *f* **-1.** [ger] mud. **-2.** *fig* [má situação]: **tirar alguém da ~** to help sb out of trouble.

lamaçal [lama'sawl] (*pl* -ais), **lamaceiro** [lama'sejrul] *m* muddy place.

lamacento, ta [lama'sẽntu, tal] *adj* muddy.

lambada [lãn'bada] *f* **-1.** [golpe] blow. **-2.** *fig* [descompostura] telling-off. **-3.** [dança] lambada.

lamber [lãm'be(x)] *vt* to lick.

lambida [lãn'bida] *f* lick; **dar uma ~ em algo** to have a lick of sthg, to lick sthg.

lambido, da [lãm'bidu, da] *adj* **-1.** [cara] clean. **-2.** [cabelo] straight.

lambiscar [lãmbiʃ'ka(x)] ⬦ *vt* to nibble. ⬦ *vi* to pick.

lambri [lãn'bril] (*pl* -bris) *m* panelling.

lambuja [lãn'buʒa] *f* [vantagem] advantage.

lambuzar [lãmbu'za(x)] *vt*: **~ alguém/ algo (de com algo)** to cover sb/sthg (in sthg).

lamentar [lamẽn'ta(x)] *vt* to regret; **lamento muito, mas ...** I am very sorry, but ...

➤ **lamentar-se** *vp*: **~-se (de algo)** [lastimar-se] to feel sorry (about sthg).

lamentável [lamẽn'tavɛwl] (*pl* -eis) *adj* **-1.** [lastimável] regrettable. **-2.** [deplorável] deplorable.

lamento [la'mẽntul] *m* lament.

lâmina ['lãmina] *f* **-1.** [ger] blade. **-2.** [de vidro] slide.

lâmpada ['lãnpada] *f* **-1.** [bulbo] light; ~ **(elétrica)** (light) bulb; ~ **fluorescente** fluorescent light bulb. **-2.** [aparelho] lamp; ~ **de mesa** table lamp.

lamparina [lãnpa'rina] *f* [aparelho] blow-lamp.

lampião [lãn'pjãw] (*pl* -ões) *m* street light.

lamuriar-se [lamu'rjaxsil] *vp*: **~ (de algo)** to moan (about sthg).

LAN (*abrev de* **Local Area Network**) *f* LAN.

lança ['lãnsa] *f* spear.

lançamento [lãnsa'mẽntul] *m* **-1.** [arremesso] throw. **-2.** ESP: ~ **de dardos** to play darts; ~ **de disco** discus throwing. **-3.** [ger] launch; **novo ~** [livro] new title. **-4.** [escrituração] entry. **-5.** [de impostos] rate.

lançar [lã'sa(x)] *vt* **-1.** [ger] to launch. **-2.** [atirar] to throw. **-3.** [pôr em voga] to start. **-4.** [escriturar] to enter. **-5.** [impostos] to set. **-6.** [dirigir] to cast.

➤ **lançar-se** *vp* **-1.** [atirar-se] to throw o.s. **-2.** [iniciar-se]: **~-se em algo** to take up sthg; **~-se como algo** to set o.s. up as sthg.

lance ['lãnsi] *m* **-1.** [episódio, passagem] moment. **-2.** [fato] incident. **-3.** [em leilão] bid. **-4.** [no jogo - aposta] bet; [- jogada] play. **-5.** [de escada] staircase. **-6.** [de casas] terrace. **-7.** [rasgo] surge.

lancha ['lãnʃa] *f* **-1.** NÁUT launch. **-2.** *fam* [pé] large foot. **-3.** *fam* [calçado] large shoe; **este sapato está uma ~** this shoe is like a boat.

lanchar [lã'ʃa(x)] ⬦ *vt* to snack on. ⬦ *vi* to have tea.

lanche ['lãnʃi] *m* [refeição ligeira] snack (*in the afternoon*).

lanchonete [lãnʃo'nɛtʃi] *f* snack bar.

lancinante [lãnsi'nãntʃi] *adj* piercing.

languidez [lãŋgi'deʒ] *f* [debilitação] languour.

lânguido, da ['lãŋgidu, da] *adj* languid.

lanterna [lãn'texna] *f* **-1.** [aparelho] lantern; ~ **elétrica** torch *UK*, flashlight *US*. **-2.** AUTO light.

La Paz [la'paʃ] *n* La Paz.

lapela [la'pɛla] *f* lapel.

lapidar [lapi'da(x)] *vt* to polish.

lápide ['lapidʒi] *f* **-1.** [comemorativa] plaque. **-2.** [tumular] tombstone.

lápis ['lapiʃ] *m inv* pencil; ~ **de cera** wax crayon; ~ **de cor** colouring pencil; ~ **de olho** eye pencil.

lapiseira [lapi'zejra] *f* pencil case.

Lapônia [la'ponja] *f* Lapland.

lapso ['lapsul] *m* **-1.** [falta] mistake. **-2.** [espaço de tempo] lapse.

laptop ['lapitopil] (*pl* laptops) *m* COMPUT laptop.

lealdade

laquê [la'ke] *m* hairspray.
lar ['la(x)] (*pl* -es) *m* home.
laranja [la'rãʒa] ◇ *f* [fruta] orange.
◇ *m* -1. [cor] orange. -2. *fam* [testa-de-ferro] scapegoat. ◇ *adj (inv)* [cor] orange.
laranjada [larã'ʒada] *f* orangeade.
laranjal [larã'ʒaw] (*pl* -ais) *m* orange grove.
laranjeira [larã'ʒejra] *f* orange tree.
lareira [la'rejra] *f* fireplace.
larga ['laxga] *f* ⊳ **largo**.
largada [lax'gada] *f* [em corrida] start; **dar a ~** to start.
largado, da [lax'gadu, da] *adj* neglected.
largar [lax'ga(x)] ◇ *vt* -1. [ger] to leave. -2. [soltar] to loosen. -3. [deixar cair] to drop. -4. [pôr em liberdade] to release. -5. [deixar em paz] to leave alone. -6. *fam* [dar] to give; **~ a mão em alguém** to slap sb. ◇ *vi* -1. [deixar]: **~ de algo/de ser algo** to stop doing sthg/being sthg. -2. *NÁUT* to set sail.
➡ **largar-se** *vp* -1. [desprender-se] to untie o.s. from. -2. [ir] to go.
largo, ga ['laxgu, ga] *adj* -1. [grande de lado a lado] wide. -2. [folgado] loose. -3. *(antes de subst)* [extenso] great, large. -4. *(antes de subst)* [prolongado] long. -5. *(antes de subst)* [abundante] abundant.
➡ **largo** *m* [praça] square.
➡ **ao largo** *loc adv*: **passar ao ~ (de)** to give a wide berth (to); **avistar algo ao ~** to make something out in the distance.
largura [lax'gura] *f* width; **tem 3 metros de ~** it is 3 metres wide; **~ de banda** *COMPUT* bandwidth.
larica [la'rika] *f fam* [fome] hunger.
laringe [la'rĩʒi] *f* larynx.
laringite [larĩ'ʒitʃi] *f* laryngitis.
larva ['laxva] *f* larva.
lasanha [la'zãɲa] *f* lasagne.
lascivo, va [la'sivu, va] *adj* lascivious.
laser ['lejze(x)] (*pl* -es) ◇ *adj (inv)* ⊳ **raio**. ◇ *m (inv)* laser.
lástima ['laʃtʃima] *f* -1. [pessoa]: **ser/estar uma ~** to be pathetic; [coisa] to be a disgrace. -2. [pena]: **é uma ~ (que)** it is a pity (that); **que ~!** what a pity!
lastimar [laʃtʃi'ma(x)] *vt* -1. [lamentar] to regret. -2. [ter pena de] to pity.
➡ **lastimar-se** *vp* [lamentar-se]: **~-se (de algo)** to moan (about sthg).
lastimável [laʃtʃi'mavew] (*pl* -eis) *adj* -1. [lamentável] regrettable. -2. [deplorável] disgraceful.
lata ['lata] *f* -1. [material] tin. -2. [recipiente] can; **~ de conserva** tin; **~ de lixo**

rubbish bin -3. *fam* na **~** straight.
latão [la'tãw] (*pl* -ões) *m* [material] brass.
lataria [lata'ria] *f* -1. *AUTO* bodywork. -2. [latas] large quantity of tins.
latejar [late'ʒa(x)] *vi* to throb.
latente [la'tẽtʃi] *adj* latent.
lateral [late'raw] (*pl* -ais) ◇ *adj* lateral. ◇ *m FUT* outfielder. ◇ *f ESP* [linha] sideline.
látex ['lateks] *m inv* latex.
latido [la'tʃidu] *m* bark.
latifundiário, ria [latʃifũn'dʒjarju, rja] ◇ *adj* landed. ◇ *m, f* landowner.
latifúndio [latʃi'fũndʒju] *m* large property.
latim [la'tʃĩ] *m* Latin; **gastar o seu ~** to waste one's breath.
latino, na [la'tʃinu, na] ◇ *adj* Latin. ◇ *m, f* Latin.
latino-americano, latino-america-na [la‚tʃinwameri'kanu, la‚tʃinwameri'ka-na] ◇ *adj* Latin American. ◇ *m, f* Latin American.
latir [la'tʃi(x)] *vi* to bark.
latitude [latʃi'tudʒi] *f* -1. [ger] latitude. -2. [amplitude] capacity.
latrocínio [latro'sinju] *m* larceny.
laudo ['lawdu] *m* -1. [parecer] verdict. -2. [documento] written verdict.
lava ['lava] *f* lava.
lavabo [la'vabu] *m* -1. [pia] washbasin. -2. [local] bathroom.
lavadeira [lava'dejra] *f* -1. [trabalhadora] washerwoman. -2. [libélula] dragonfly.
lavadora [lava'dora] *f* washing machine.
lavagem [la'vaʒẽ] (*pl* -ns) *f* -1. [limpeza] washing; **~ a seco** dry-cleaning. -2. *MED* washout. -3. *PSIC*: **~ cerebral** brainwashing. -4. *FIN*: **~ de dinheiro** money laundering. -5. *fam ESP*: **dar uma ~** num time to wipe out a team. -6. [comida de porcos] swill.
lavanda [la'vãnda] *f* -1. *BOT* lavender. -2. [colônia] lavender water. -3. [recipiente com água] finger bowl.
lavanderia [lavãnde'ria] *f* laundry.
lavar [la'va(x)] *vt* to wash.
➡ **lavar-se** *vp* to wash o.s.
lavatório [lava'tɔrju] *m* -1. [pia] washbasin. -2. [toalete] cloakroom.
lavoura [la'vora] *f* cultivation.
lavrador, ra [lavra'do(x), ra] (*mpl* -es, *fpl* -s) *m, f* ploughman.
laxante [la'ʃãntʃi] *adj* laxative.
lazer [la'ze(x)] *m* -1. [descanso] pleasure. -2. [tempo de folga] leisure.
LBV (*abrev de* Legião da Boa Vontade) *f Brazilian charitable organization for support of the needy.*
leal [le'aw] (*pl* -ais) *adj* loyal.
lealdade [leaw'dadʒi] *f* loyalty.

leão [le'ãwl (*pl* -ões) *m*, *f* lion.
◆ **Leão** *m* -1. ASTRO Leo. -2. *fig* [fisco]:
o **Leão** the taxman.
leasing ['lisĩŋ] *m* ECON leasing.
lebre ['lɛbril *f* hare.
lecionar [lesjo'na(x)] ◇ *vt* to teach.
◇ *vi* to teach.
legado [le'gadul *m* -1. [herança] legacy.
-2. [enviado] envoy.
legal [le'gawl (*pl* -ais) ◇ *adj* -1. JUR
legal. -2. *fam* [bom, bonito] cool. -3.
[hora] official time. ◇ *adv fam* [bem]
well.
legalidade [legali'dadʒil *f* legality.
legalizar [legali'za(x)] *vt* to legalize.
legar [le'ga(x)] *vt* -1. JUR to bequeath.
-2. [transmitir] to pass on.
legenda [le'ʒẽdal *f* -1. [em foto, desenho
etc] caption. -2. CINE subtitle. -3. POL
*number identifying political party on
ballot sheet*; votar na ~ to vote for the
party.
legendado, da [leʒẽ'dadu, dal *adj* -1.
[filme] subtitled. -2. [fotos] captioned.
legendar [le'ʒẽda(x)] *vt* -1. [filme] to
subtitle. -2. [fotos] to caption.
legendário, ria [leʒẽ'darju, rjal *adj*
legendary.
legião [le'ʒjãwl (*pl* -ões) *f* [de fãs, leitores]
legion.
legislação [leʒizla'sãw] (*pl* -ões) *f* legislation.
legislador, ra [leʒizla'do(x), ral *m*, *f*
legislator.
legislativo, va [leʒizla'tʃivu, val *adj*
legislative.
◆ **Legislativo** *m*: o **Legislativo** the
legislature.
legislatura [leʒizla'tural *f* -1. [corpo]
legislature. -2. [período] term.
legitimar [leʒitʃi'ma(x)] *vt* [legalizar] to
legitimize.
legítimo, ma [le'ʒitʃimu, mal *adj* -1.
[ger] legitimate; em legítima defesa in
legitimate defense. -2. [autêntico]
authentic.
legível [le'ʒivɛwl (*pl* -eis) *adj* -1. [nítido]
legible. -2. [agradável de ler] readable.
légua ['lɛgwal *f* [medida] league.
◆ **léguas** *fpl fig* [grande distância] miles.
legume [le'gumel *m* vegetable.
leguminosa [legumi'nɔzal *f* BOT legu-
minous plant.
◆ **leguminosas** *fpl* BOT leguminosae.
lei ['lejl *f* [ger] law; ~ da oferta e da procura the law of supply and demand.
leigo, ga ['lejgu, gal ◇ *adj* -1. RELIG
secular. -2. *fig* [imperito]: ser ~ em algo to be a layperson in sthg. ◇ *m*, *f*
[pessoa imperita] layperson.
leilão [lej'lãwl (*pl* -ões) *m* auction.
leiloar [lej'lwa(x)] *vt* to auction.

leiloeiro, ra [lej'lwejru, ral *m*, *f* auctioneer.
leitão, toa [lej'tãw, toal (*pl* -ões) *m*, *f*
suckling pig.
leite ['lejtʃil *m* milk; ~ em pó powdered
milk; ~ de côco coconut milk; ~ condensado condensed milk; ~ desnatado
OU magro skimmed milk; ~ integral
full-cream milk; ~ de magnésia Milk
of Magnesia; ~ de soja soya milk.
leiteiro, ra [lej'tejru, ral ◇ *adj* [que pro-
duz leite] dairy. ◇ *m*, *f* [pessoa] milkman (*f* milkwoman).
◆ **leiteira** *f* -1. [para ferver leite] milk
pan. -2. [para servir leite] milk jug.
leito ['lejtul *m* bed.
leitor, ra [lej'to(x), ral (*mpl* -es, *fpl* -s) *m*, *f*
-1. [quem lê] reader. -2. UNIV visiting
lecturer.
leitura [lej'tural *f* reading.
lema ['lemal *m* -1. [norma] maxim. -2.
[político] motto.
lembrança [lẽ'brãsal *f* -1. [recordação]
souvenir. -2. [presente] gift.
◆ **lembranças** *fpl* [cumprimentos]: (dê)
~s minhas à sua família (give) my
regards to your family.
lembrar [lẽ'bra(x)] ◇ *vt* -1. [recordar]
to remember. -2. [parecer] to look like.
-3. [trazer à memória]: ~ algo a alguém
to remind sb of sthg. ◇ *vi* -1. [recor-
dar]: ~ (de alguém/algo) to remember
(sb/sthg). -2. [advertir]: ~ a alguém de
algo/de fazer algo to remind sb of
sthg/to do sthg; ~ a alguém (de) que
to remind sb that.
◆ **lembrar-se** *vp*: ~-se (de alguém/al-
go) to remember (sb/sthg); ~-se (de algo) que to remember that.
lembrete [lẽ'bretʃil *m* memo.
leme ['lemil *m* -1. [ger] helm. -2. [dispo-
sitivo] rudder.
lenço ['lẽsul *m* -1. [para limpar] handkerchief; ~ de papel paper handkerchief, tissue. -2. [de cabeça]
headscarf. -3. [de pescoço] necker-
chief.
lençol [lẽ'sɔwl (*pl* -óis) *m* sheet; ~
d'água water table; estar em maus len-
çóis *fig* to be in a fine mess.
lenda ['lẽdal *f* -1. [história] legend. -2.
fig [mentira] tall story.
lendário, ria [lẽ'darju, rjal *adj* legendary.
lenha ['leɲal *f* [para queimar] firewood;
botar ~ na fogueira *fig* to add fuel to
the fire.
lenhador [leɲa'do(x)] *m* woodcutter.
lente ['lẽtʃil *f* lens; ~ de aumento
magnifying glass; ~s de contato contact lenses.
lentidão [lẽtʃi'dãwl *f* slowness.

lentilha [lẽn'tʃiʎal *f* lentil.

lento, ta [ˈlẽntu, tal *adj* slow.

leoa [leˈoal *f* ▷ **leão**.

leões [leˈõjʃ] *pl* ▷ **leão**.

leonino, na [leoˈninu, nal ◇ *adj* -1. [caráter] leonine ; [contrato] fraudulent. -2. ASTRO Leo. ◇ *m, f* ASTRO Leo.

leopardo [ljoˈpaxdul *m* leopard.

lépido, da [ˈlɛpidu, dal *adj* -1. [ágil] nimble. -2. [contente] happy.

leporino, na [lepoˈrinu, nal *adj* ▷ **lábio**.

lepra [ˈlɛpral *f* leprosy.

leprosário [leproˈzarjul *m* leper colony.

leproso, osa [leˈprozu, ɔzal ◇ *adj* leprous. ◇ *m, f* [pessoa] leper.

leque [ˈlɛkil *m* -1. [abano] fan. -2. *fig* [conjunto]: **um ~ de** a range of.

ler [ˈle(x)] ◇ *vt* to read. ◇ *vi* to read.

lerdo, da [ˈlɛxdu, dal *adj* -1. [vagaroso] sluggish. -2. [idiota] slow.

lesado, da [leˈzadu, dal *adj* [ferido] injured.

lesão [leˈzãwl (*pl* -**ões**) *f* -1. MED lesion; **~ corporal** grievous bodily harm. -2. JUR [violação] violation.

lesar [leˈza(x)] *vt* -1. *fig* [prejudicar, enganar] to cheat. -2. JUR [violar] to violate.

lésbico, ca [ˈlɛʒbiku, kal *adj* lesbian.

▸ **lésbica** *f* lesbian.

lesma [ˈleʒmal *f* -1. [animal] slug. -2. *fig* [pessoa] sluggard.

leste [ˈlɛʃtʃil ◇ *m* (*inv*) [ger] east; **a ~ (de)** to the east (of); **para ~** eastward. ◇ *adj* (*inv*) easterly.

letal [leˈtawl (*pl* -**ais**) *adj* lethal.

letargia [letaxˈʒial *f* lethargy.

letárgico, ca [leˈtaxʒiku, kal *adj* lethargic.

letivo, va [leˈtʃivu, val *adj* school (*antes de subst*); **ano ~** academic year, school year.

Letônia [leˈtonjal *n* Latvia.

letra [ˈletral *f* -1. [caractere] letter; **~ de imprensa** print; **~ maiúscula/minúscula** capital/small letter. -2. [caligrafia] handwriting; **~ de mão** handwriting. -3. [de música] lyrics (*pl*). -4. COM: **~ de câmbio** bill of exchange.

▸ **letras** *fpl* -1. [curso] arts. -2. [literatura] literature.

▸ **à letra, ao pé da letra** *loc adv* -1. [literalmente] literally. -2. [rigorosamente] to the letter.

letrado, da [leˈtradu, dal *adj* -1. [culto] lettered. -2. [versado em literatura] well read.

letreiro [leˈtrejrul *m* notice.

léu [ˈlɛwl** ▸ **ao léu** *loc adv* -1. [à toa] aimlessly. -2. [à mostra] uncovered.

leucemia [lewseˈmial *f* leukaemia UK, leukemia US.

levado, da [leˈvadu, dal *adj*: **~ (da breca)** unruly.

levantador, ra [levãtaˈdo(x), ral *m, f* ESP: **~ de pesos** weightlifter.

levantamento [levãtaˈmẽntul *m* -1. [pesquisa] survey. -2. [inventário] inventory. -3. ESP: **~ de pesos** weightlifting.

levantar [levãˈta(x)] ◇ *vt* -1. [ger] to raise. -2. [do chão] to lift; **~ vôo** to take off. -3. [tornar mais alto] to lift up. -4. [coletar] to collect. -5. [inventariar] to count. ◇ *vi* -1. [ficar de pé] to stand. -2. [sair da cama] to get up. -3. [avivar] to cheer.

▸ **levantar-se** *vp* -1. [ficar de pé] to stand up. -2. [sair da cama] to get up.

levante [leˈvãntʃil *m* -1. [revolta] uprising. -2. [leste] east.

levar [leˈva(x)] *vt* -1. [ger] to take; **isso leva algum tempo** that will take some time; **~ adiante** to carry on; **~ a cabo** to carry out. -2. [carregar] to carry. -3. [induzir] to lead; **~ alguém a algo/a fazer algo** to bring sb to sthg/to do sthg; **deixar-se ~ por algo** to let o.s. be led by sthg. -4. [retirar] to take away. -5. [lidar com] to deal with. -6. [vida]: **ele leva uma vida dura** he has a hard life. -7. [susto, surra]: **~ um susto** to get a fright; **~ uma surra** to take a beating. -8. [ganhar] to win.

leve [ˈlɛvil *adj* light; **de ~** lightly.

levedo [leˈvedul *m*, **levedura** *f* [leve'dural yeast.

leviandade [levjãnˈdadʒil *f* -1. [imprudência] rashness. -2. [falta de seriedade] frivolity.

leviano, na [leˈvjanu, nal *adj* -1. [imprudente] rash. -2. [sem seriedade] frivolous.

léxico, ca [ˈlɛksiku, kal *adj* [análise, família] lexical.

▸ **léxico** *m* [vocabulário] lexicon.

lexicógrafo, fa [leksiˈkografu, fal *m* lexicographer.

lexicólogo, ga [leksiˈkɔlogu, gal *m* lexicologist.

lhama [ˈʎamal *mf* llama.

lhe [ˈʎel (*pl* **lhes**) *pron pess* -1. [a ele, ela] (to) him/her/it; **dei-~ um presente** I gave him/her a present; **Maria ~ contou um segredo** Maria told him/her a secret; **acertaram-~ um tiro** they shot him/her; **isto lhes custou caro** this cost them a lot of money -2. [a você] (to) you; **telefonei-~** ontem I phoned you yesterday; **o que ~ aconteceu?** what's happened to you?; **ouçam bem o que lhes digo!** listen carefully to what I say! -3. [indicando posse - dele, dela] his (*f* her); **roubaram-~ o carro** they stole his/her car; **ardia-lhes a vista** their eyes were stinging; [- de você] your; **beijei-~ as faces** I kissed your cheeks; **não lhes pesa a consciência?** doesn't your conscience trouble you? - **4.** [para enfatizar - a ele, ela] his (f her); **não sei como ele agüenta as confusões que sua namorada ~ a pronta** I don't know how he puts up with his girlfriend's nonsense; [- a você] you; **não sei como você agüenta as confusões que sua namorada ~ apronta** I don't know how you put up with your girlfriend's nonsense.

Líbano ['libanu] n:o ~ Lebanon.

libelo [li'bɛlu] m - **1.** [ger] lampoon. - **2.** JUR indictment.

libélula [li'bɛlula] f dragonfly.

liberação [libera'sãw] f - **1.** [ger] release. - **2.** [libertação] liberation. - **3.** [de preços, câmbio] freedom from controls. - **4.** [de cheque] clearing. - **5.** [do aborto] legalization.

liberal [libe'raw] (pl -ais) <> adj liberal.
<> mf POL liberal.

liberar [libe'ra(x)] vt - **1.** [ger] to release; **~ alguém de algo** to release sb from sthg. - **2.** [libertar] to release. - **3.** [preço, câmbio] to free from controls. - **4.** [cheque] to clear. - **5.** [aborto] to legalize.

liberdade [libex'dadʒi] f freedom; **estar em ~** to be free; **pôr em ~** to set free; **ter ~ para fazer algo** to be at liberty to do sthg; **tomar a ~ de fazer algo** to take the liberty of doing sthg; **estar em ~ condicional** to be on parole; **~ de expressão** freedom of speech; **~ sob fiança** release on bail.

Libéria [li'bɛrja] n Liberia.

líbero ['liberu] m FUT sweeper.

libertação [libex'tasãw] (pl -ões) f liberation.

libertar [libex'ta(x)] vt [tornar livre] to liberate.

libertino, na [libex'tʃinu, na] <> adj libertine. <> m, f libertine.

Líbia ['libja] n Libya.

libido [li'bidu] f libido.

libra ['libra] f pound; **~ (esterlina)** pound (sterling).
➤ **Libra** m ASTRO Libra.

libreto [li'bretu] m libretto.

lição [li'sãw] (pl -ões) f - **1.** EDUC lesson. - **2.** fig [ensinamento] lesson. - **3.** fig [repreensão] **dar uma ~ em alguém** to teach sb a lesson.

licença [li'sẽsa] f - **1.** [permissão] permission; **dar ~ a alguém (para fazer algo)** to give sb permission (to do sthg); **com ~** excuse me. - **2.** [de trabalho] permit; **estar de ~** to be on leave. - **3.** [documento] licence UK, license US.

licença-maternidade [li'sẽsa matex-

ni'dadʒil (pl **licenças-maternidade**) f maternity leave.

licenciado, da [lisẽ'sjadu, da] <> adj - **1.** UNIV graduated. - **2.** [do trabalho] on leave. <> m, f UNIV graduate.

licenciar [lisẽ'sja(x)] vt [do trabalho] to allow time off work.
➤ **licenciar-se** vp - **1.** UNIV: **~-se (em algo)** to obtain a degree (in sthg). - **2.** [do trabalho] to go on leave.

licenciatura [lisẽsja'tural] f - **1.** [grau] degree. - **2.** [curso] degree course.

licitação [lisita'sãw] (pl -ões) f - **1.** [em leilão] bid. - **2.** [concorrência] tender; **vencer uma ~** to win a tender.

lícito, ta ['lisitu, ta] adj - **1.** [legal] lawful. - **2.** [correto] licit.

lições [li'sõjʃ] pl ➤ **lição**.

licor [li'ko(x)] (pl -es) m liqueur.

lidar [li'da(x)] vi: **~ com alguém/algo** [conviver com] to deal with sb/sthg; [tratar] to deal with sb/sthg; [trabalhar com] to deal with sb/sthg.

líder ['lide(x)] (pl -es) mf leader.

liderança [lide'rãnsa] f leadership.

liderar [lide'ra(x)] vt to lead.

lido, da ['lidu, da] pp ➤ **ler**.

lifting ['liftʃŋ] m facelift.

liga ['liga] f - **1.** [associação] league. - **2.** [de meias] garter. - **3.** [de metais] alloy.

ligação [liga'sãw] (pl -ões) f - **1.** [ger] connection; **fazer a ~ entre algo e algo** to connect sthg with sthg. - **2.** TELEC (telephone) call; **a ~ caiu** we have been cut off; **completar a ~** to get through (on the phone); **fazer uma ~ (para alguém)** to make a call (to sb). - **3.** [relacionamento - amoroso] liaison; [- profissional] relationship.

ligado, da [li'gadu, da] adj - **1.** [ger] connected. - **2.** [absorto] immersed. - **3.** [afeiçoado] attached.
➤ **ligada** f TELEC phone call; **dar uma ~ para alguém** to call sb.

ligadura [liga'dura] f - **1.** [atadura] bandage. - **2.** MÚS ligature.

ligamento [liga'mẽntu] m - **1.** ANAT ligament. - **2.** MED: **~ de trompas** tubal ligation.

ligar [li'ga(x)] <> vt - **1.** [ger] to connect. - **2.** [unir] to connect, to join. - **3.** [criar vínculos] to tie. - **4.** [dar importância a]: **não ~ a mínima (para alguém/algo)** to not pay the least bit of attention to sb/sthg. <> vi - **1.** [telefonar] to call; **~ para alguém/algum lugar** to call sb/somewhere (on the phone). - **2.** [dar importância] to care; **~ para alguém/algo** to care about sb/sthg. - **3.** [dar atenção] to notice; **~ para alguém/algo** to notice sb/sthg.
➤ **ligar-se** vp - **1.** [unir-se] to unite. - **2.**

lírico

[afeiçoar-se] to become attached.
ligeireza [liʒej'reza] f **-1.** [rapidez] lightness. **-2.** [agilidade] agility.
ligeiro, ra [li'ʒejru, ra] adj **-1.** [rápido] light. **-2.** [ágil] agile. **-3.** (antes de subst) fig [sutil] slight.
➡ **ligeiro** adv **-1.** [rapidamente] swiftly. **-2.** [com agilidade] nimbly.
lilás [li'laʃ] (pl **lilases**) ⋄ adj [cor] lilac. ⋄ m lilac.
lima ['lima] f **-1.** [fruta] lime. **-2.** [ferramenta] file.
Lima ['lima] n Lima.
limão [li'mãw] (pl **-ões**) m lemon.
limbo ['lĩbu] m: **estar no ~** fig to be in limbo.
limiar [li'mja(x)] m threshold.
limitação [limita'sãw] (pl **-ões**) f limitation.
limitado, da [limi'tadu, da] adj limited.
limitar [limi'ta(x)] vt [restringir] to limit.
➡ **limitar-se** vp [restringir-se]: **~-se a fazer algo** to limit o.s. to doing sthg.
limite [li'mitʃi] m [ger] limit; **passar dos ~s** to go too far.
limítrofe [li'mitrofi] adj bordering.
limo ['limu] m BOT slime.
limoeiro [li'mwejru] m lemon tree.
limões [li'mõjʃ] pl ⊳ **limão**.
limonada [limo'nada] f lemonade UK, lemon soda US.
limpador [lĩpa'do(x)] (pl **-es**) m cleaner; **~ de pára-brisas** windscreen wiper UK, windshield wiper US.
limpar [lĩ'pa(x)] vt **-1.** [ger] to clean. **-2.** fig [elevar]: **~ a imagem de alguém/algo** to clean up sb's/sthg's image. **-3.** [enxugar] to dry. **-4.** [esvaziar] to clean. **-5.** [roubar] to clean out.
➡ **limpar-se** vp **-1.** [assear-se] to wash o.s. **-2.** [moralmente] to make a clean start.
limpeza [lĩ'peza] f **-1.** [estado] cleanliness. **-2.** [ato] cleaning; **fazer uma ~ em algo** [livrar de excessos] to clear sthg out; [livrar de maus elemento] to clean sthg up; [roubar] to clean sthg out; **~ pública** refuse collection. **-3.** [esmero] neatness.
limpo, pa ['lĩpu, pa] ⋄ pp ⊳ **limpar**. ⋄ adj **-1.** [asseado] clean. **-2.** [esmerado] neat; **passar a ~** to make a clean copy. **-3.** fig [honrado] blameless. **-4.** [desanuviado] clear. **-5.** [sem dinheiro] broke. **-6.** [sem descontos]: **recebi 100 mil ~s** I received 100,000 clear. **-7.** loc: **tirar a ~** to get to the bottom of.
limusine [limu'zini] f limousine.
lince ['lĩsi] m lynx.
linchamento [lĩʃa'mẽntul] m lynching.
linchar [lĩ'ʃa(x)] vt to lynch.
lindo, da ['lĩdu, da] adj beautiful.

lingerie [lãnʒe'xil] f lingerie.
língua ['lĩgwal f **-1.** [órgão] tongue; **dar com a ~ nos dentes** to spill the beans; **ficar de ~ de fora** to be exhausted; **estar na ponta da ~** to be on the tip of one's tongue; **dobrar a ~** to mind what one says. **-2.** [idioma] language; **~ materna** mother tongue.
linguado [lĩ'gwadul m [peixe] (Brazilian) flounder.
linguagem [lĩ'gwaʒẽl (pl **-ns**) f language; **~ de máquina** machine language; **~ de programação** programming language.
linguarudo, da [lĩgwa'rudu, da] ⋄ adj gossipy. ⋄ m, f gossip.
lingüeta [lĩ'gweta] f **-1.** [de fechadura] catch. **-2.** [balança] pointer.
lingüiça [lĩ'gwisa] f chorizo.
lingüístico, ca [lĩ'gwiʃtʃiku, ka] adj linguistic.
➡ **lingüística** f linguistics (pl).
linha ['liɲa] f **-1.** [ger] line; **em ~s gerais** in general terms; **~ de mira** line of sight; **~ de fogo** firing line; **~ de montagem** assembly line; **~ cruzada** crossed line; **não dar ~** to be dead; **andar na ~** fig to toe the line. **-2.** [fio de costura] thread. **-3.** [via] route; **~ aérea** airline. **-4.** [elegância] flair; **é um homem de ~** he has a flair for things; **perder a ~** to lose face. **-5.** COMPUT: **~ de comando** command line; **~ dedicada** dedicated line; **~ discada** dial-up line.
linho ['liɲul m **-1.** [tecido] linen. **-2.** [planta] flax.
link ['lĩnki] (pl **links**) m COMPUT link.
linóleo [li'noljul m linoleum.
lipoaspiração [lipu'aʃpirasãwl (pl **-ões**) f liposuction.
liquidação [likida'sãw] (pl **-ões**) f **-1.** [dissolução] settlement. **-2.** FIN liquidation. **-3.** COM clearance sale; **(estar) em ~** (to be) in liquidation. **-4.** [destruição] elimination.
liquidar [liki'da(x)] ⋄ vt **-1.** [ger] to liquidate. **-2.** [dissolver] to settle. **-3.** [destruir] to eliminate. ⋄ vi **-1.** COM to hold a clearance sale. **-2.**: **~ com alguém/algo** [destruir] to destroy sb/sthg.
liquidez [liki'dejʃ] f ECON liquidity.
liqüidificador [likwidʒifika'do(x)] m liquidizer.
líquido, da ['likidu, 'likidal adj **-1.** [estado] liquid. **-2.** [valor] net; **peso ~** COM net weight.
➡ **líquido** m [fluido] liquid.
lira ['liral f **-1.** [instrumento] lyre. **-2.** [moeda] lira.
lírico, ca ['liriku, kal adj **-1.** [gênero] lyrical. **-2.** fig [romântico] romantic.

◆ **lírica** f [coleção de poesia] lyrical poetry.

lírio ['liʁju] m lily.

Lisboa [liʒ'boal n Lisbon.

liso, sa ['lizu, 'liza] adj **-1.** [superfície] smooth. **-2.** [cabelo] straight. **-3.** [tecido] plain. **-4.** fam [sem dinheiro] broke.

lisonja [li'zõnʒa] f flattery.

lisonjeador, ra [lisõnʒja'do(x), ra] <> adj flattering. <> m, f flatterer.

lisonjear [lizõ'ʒja(x)] vt to flatter.

lisonjeiro, ra [lizõ'ʒejru, ra] adj flattering.

lista ['liʃta] f **-1.** [relação] list; ~ negra blacklist; ~ de discussão newsgroup; ~ telefônica telephone directory. **-2.** [listra] stripe.

listar [liʃ'ta(x)] vt COMPUT to list.

listra ['liʃtra] f stripe.

listrado, da [liʃ'tradu, da], **listado, da** [liʃ'tadu, da] adj striped.

literal [lite'raw] (pl -ais) adj literal.

literário, ria [lite'rarju, rja] adj literary.

literatura [litera'tura] f literature.

litígio [li'tʃiʒju] m **-1.** JUR [questão] litigation. **-2.** fig [disputa] quarrel.

litogravura [,litogra'vura] f [gravura] lithograph.

litoral [lito'raw] (pl -ais) <> adj [costeiro] coastal. <> m [beira-mar] coast.

litorâneo, nea [lito'ranju, nja] adj coastal.

litro ['litru] m [medida] litre UK, liter US.

Lituânia [li'twãnja] f Lithuania.

liturgia [litux'ʒia] f liturgy.

lívido, da ['lividu, da] adj pallid.

livrar [li'vra(x)] vt **-1.** [libertar] to free. **-2.** [salvar] ~ alguém/algo de algo to save sb/sthg from sthg.

◆ **livrar-se** vp [libertar-se]: ~-se (de alguém/algo) to free o.s. (from sb/sthg).

livraria [livra'ria] f bookshop UK, bookstore US.

livre ['livri] adj **-1.** [ger] free. **-2.** [independente] independent; de ~ e espontânea vontade of one's own free will. **-3.** [permitido] free. **-4.** [solto] free. **-5.** [isento]: ~ de impostos tax-free.

livre-arbítrio [,livrjax'bitrju] (pl livres-arbítrios) m free will.

livre-iniciativa ['livri'inisja'tʃiva] (pl -s) m ECON free enterprise.

livreiro, ra [liv'rejru, ra] m, f bookseller.

livro ['livru] m book; ~ de bolso pocketbook; ~ de capa dura hardback; ~ didático text book; ~ de cabeceira favourite reading.

livro-caixa [,livro'kajʃa] (pl livros-caixas) m cash book.

lixa ['liʃa] f **-1.** [papel] sandpaper. **-2.** [de ferro] file; ~ de unhas nail file.

lixar [li'ʃa(x)] vt **-1.** [madeira] to sand. **-2.** [unhas] to file.

◆ **lixar-se** vp fam [não se incomodar]: ele está se lixando com a demissão he couldn't care less about the resignation.

lixeira [li'ʃejra] f **-1.** [em prédio] rubbish chute UK, garbage chute US. **-2.** [local] rubbish dump UK, garbage dump US.

lixeiro [li'ʃejru] m refuse collector UK, dustman UK, garbage collector US.

lixo ['liʃu] m **-1.** [restos] rubbish UK, garbage US; ~ atômico nuclear waste. **-2.** [coisa sem valor] rubbish UK, garbage US.

-lo [lu] pron [pessoa] him; [coisa] it; [você] you.

lobby ['lɔbi] (pl lobbies) m POL lobby.

lobista [lo'biʃta] mf lobbyist.

lobo ['lobu] m wolf.

lobo-do-mar [,lobudu'ma(x)] (pl lobos-do-mar) m sea dog, old salt.

lóbulo ['lɔbulu] m lobe.

locação [loka'sãw] (pl -ões) f **-1.** [de carro, vídeo] hire, rental. **-2.** [de telefone, imóvel] rental. **-3.** CINE location.

locador, ra [loka'do(x), ra] m **-1.** [de imóvel] landlord. **-2.** [de carro] lessor.

◆ **locadora** f [agência] hire ou rental company; ~ de vídeo video hire ou rental shop.

local [lo'kaw] (pl -ais) <> adj local. <> m place.

localidade [lokali'dadʒi] f **-1.** [lugar] locality. **-2.** [povoado] town.

localizar [lokali'za(x)] vt **-1.** [encontrar] to find. **-2.** [limitar a certo local] to site.

◆ **localizar-se** vp [situar-se] to be sited.

loção [lo'sãw] (pl -ões) f lotion; ~ após-barba aftershave.

locatário, ria [loka'tarju, rja] m **-1.** [carro] lessee. **-2.** [imóvel] tenant.

locomotiva [lokomo'tʃiva] f locomotive.

locomover-se [lokomo'vexsi] vp to move.

locutor, ra [loku'to(x), ra] (mpl -es, fpl -s) m, f [profissional] presenter.

lodacento, ta [loda'sẽntu, ta] adj muddy.

lodo ['lodu] m mud.

lodoso, osa [lo'dozu, ɔza] adj = lodacento.

lógico, ca ['lɔʒiku, ka] adj logical; (é) ~! of course!

◆ **lógica** f **-1.** [ger] logic. **-2.** [raciocínio] reasoning.

log-in (pl logins) m COMPUT login.

logo ['lɔgu] <> adv **-1.** [sem demora] at once; ~ de saída ou de cara straight away. **-2.** [em breve] soon; até ~! see you later!; ~ mais in a while. **-3.** [exatamente]: ~ agora right now; ~ ali right there. **-4.** [pouco]: ~ antes/de-

pois just before/after. ◇ *conj* [portanto] therefore.

➡ **logo que** *loc adv* as soon as.

logomarca [logo'maxka] *f* logo.

logotipo [logo'tʃipu] *m* logo.

logradouro [logra'doru] *m* public area.

lograr [lo'gra(x)] *vt* -**1.** [conseguir] to achieve; ~ **fazer algo** to manage to do sthg. -**2.** [empulhar] to trick.

logro [logru] *m* fraud.

loiro, ra [lojru, ra] *adj* = louro.

loja ['lɔʒa] *f* -**1.** COM shop *UK*, store *US*; ~ **de departamentos** department store. -**2.** [maçônica] lodge.

lombada [lõn'bada] *f* -**1.** [de livro] spine. -**2.** [de boi] fillet. -**3.** [no solo] ridge.

lombar [lõn'ba(x)] *adj* lumbar.

lombinho [lõn'biɲu] *m* [carne de porco] pork fillet.

lombo ['lõnbu] *m* -**1.** [dorso] lower back. -**2.** [carne] loin. -**3.** [elevação] ridge.

lombriga [lõn'briga] *f* roundworm.

lona ['lona] *f* -**1.** [tecido] canvas. -**2.** [cobertura] tarpaulin. -**3.** [de pneu] layer.

Londres ['lõndriʃ] *n* London.

londrino, na [lõn'drinu, na] ◇ *adj* London (*antes de subst*). ◇ *m, f* Londoner.

longa-metragem [ˌlõngame'traʒẽ] (*pl* **longas-metragens**) *m*: (**filme de**) ~ feature-length film.

longe ['lõnʒi] ◇ *adv* far (away); **ir** ~ **demais** *fig* [exceder-se] to go too far; **ver** ~ *fig* [ter visão] to look far ahead. ◇ *adj* remote.

➡ **ao longe** *loc adv* [no espaço] in the distance.

➡ **de longe** *loc adv* -**1.** [no espaço] from far away. -**2.** [no tempo]: **vir de** ~ to be longstanding. -**3.** [sem comparação] by far.

➡ **longe de** ◇ *loc conj* far from; ~ **disso** far from it. ◇ *loc prep* far from.

longevidade [lõnʒevi'dadʒi] *f* longevity.

longevo, va [lõnʒe'vu, va] *adj* -**1.** [muito idoso] elderly. -**2.** [duradouro] long-lived.

longínquo, qua [lõ'ʒĩŋkwu, kwa] *adj* -**1.** [no espaço] distant, remote. -**2.** [no tempo] distant.

longitude [lõnʒi'tudʒi] *f* GEOGR longitude.

longo, ga ['lõngu, ga] *adj* -**1.** [ger] long. -**2.** (*antes de subst*) [duradouro] lasting.

➡ **longo** *m* [vestido] long dress.

➡ **ao longo de** *loc prep* -**1.** [no sentido longitudinal] along. -**2.** [à beira de] alongside. -**3.** [no tempo]: **ao** ~ **dos anos** over the years.

lontra ['lõntra] *f* otter.

loquacidade [lokwasi'dadʒi] *m* loquaciousness.

loquaz [lo'kwaʒ] *adj* -**1.** [falador] talkative. -**2.** [eloqüente] eloquent.

losango [lo'zãngu] *m* diamond, lozenge.

lotação [lota'sãw] (*pl* -**ões**) *f* -**1.** [capacidade] capacity; ~ **esgotada** [cinema, teatro] sold out, full house. -**2.** [quadro de pessoal] number of personnel. -**3.** [veículo] minibus.

lotado, da [lo'tadu, da] *adj* [cheio] full, crowded.

lotar [lo'ta(x)] ◇ *vt* [encher] to fill. ◇ *vi* [encher]: ~ (**de**) to fill (with).

lote ['lɔtʃi] *m* -**1.** [parte] parcel. -**2.** [conjunto] set. -**3.** [terreno] plot.

lotear [lo'tʃja(x)] *vt* to divide into plots.

loteria [lote'ria] *f* lottery; ~ **esportiva** (football) pools *UK*, lottery *US*.

loto ['lɔtu] *m* lottery.

louça ['losa] *f* china; **de** ~ china (*antes de subst*); **lavar/secar a** ~ to wash/dry the dishes.

louco, ca ['loku, ka] ◇ *adj* -**1.** [ger] crazy. -**2.** [insano] mad. -**3.** [transtornado] crazed; **deixar alguém** ~ to drive sb mad. -**4.** [furioso]: ~ (**da vida com**) spitting mad (at). -**5.** [apaixonado]: **ser** ~ **por alguém/algo** to be crazy about sb/sthg. -**6.** [excêntrico] weird. -**7.** [intenso] extreme. ◇ *m, f* [insano] lunatic; ~ **varrido** OU **de pedra** *fam* stark raving mad.

➡ **louca** *f*: **dar a louca em alguém** to go mad.

loucura [lo'kura] *f* -**1.** [insanidade] insanity. -**2.** [imprudência] lunacy, madness; **ser (uma)** ~ **fazer algo** to be madness to do sthg. -**3.** [extravagância] antics (*pl*); **fazer** ~**s** to get up to antics. -**4.** [paixão] passion.

louro, ra [loru, ra] ◇ *adj* [cabelo, pessoa] fair. ◇ *m, f* [pessoa] fair-haired person.

➡ **louro** *m* -**1.** [cor] fair, blond. -**2.** [árvore] laurel. -**3.** CULIN bay leaf. -**4.** [papagaio] polly parrot.

louvar [lo'va(x)] ◇ *vt* -**1.** [elogiar] to praise. -**2.** [glorificar] to exalt. ◇ *vi*: ~ **a Deus** to praise God.

louvável [lo'vavɛl] (*pl* -**eis**) *adj* praiseworthy.

louvor [lo'vo(x)] *m*: ~ **a alguém/algo** [elogio] praise for sb/sthg; [glorificação] glorification of sb/sthg.

Ltda (*abrev de* **Limitada**) *f* Ltd.

lua ['lua] *f* moon; ~ **cheia/nova** full/new moon; **estar no mundo da** ~ to be daydreaming; **ser de** ~ to have mood swings.

lua-de-mel [ˌluadʒi'mɛw] (*pl* **luas-de-mel**) *f* honeymoon.

luar ['lwa(x)] *m* moonlight.

lubrificante [lubrifiˈkãntʃi] ◇ *adj* lubricating. ◇ *m* lubricant.

lubrificar [lubrifiˈka(x)] *vt* to lubricate.

lucidez [lusiˈdeʃ] *f* lucidity.

lúcido, da [ˈlusidu, da] *adj* lucid.

lucrar [luˈkra(x)] ◇ *vt*: ~ algo com OU em algo [financeiramente] to make a profit of sthg from sthg; [tirar vantagem de] to enjoy sthg through sthg. ◇ *vi* [financeiramente] to make a profit; ~ com algo [tirar vantagem de] to benefit from sthg.

lucrativo, va [lukraˈtʃivu, va] *adj* -1. [financeiramente] lucrative, profitable; com/sem fins ~s profit/non-profit-making. -2. [proveitoso] useful.

lucro [ˈlukru] *m* -1. [financeiro] profit; participação nos ~s profit-sharing. -2. [proveito] gain.

lúdico, da [ˈludʒiku, da] *adj* play *(antes de subst).*

lugar [luˈga(x)] *(pl* -es) *m* -1. [ger] place; em algum ~ somewhere; em ~ nenhum nowhere; em outro ~ somewhere else; ~ de nascimento place of birth; em primeiro ~ [em competição] in first place; [em argumentação] in the first place; tirar o primeiro/segundo ~ to come first/second. -2. [espaço] room. -3. [assento] seat. -4. [função, ocupação] position; colocar-se no ~ de alguém to put o.s. in sb else's shoes. -5. [situação]: no seu ~ eu faria o mesmo if I were you, I would do the same. -6. *loc*: dar ~ a to give rise to.

 ➡ em lugar de *loc prep* instead of.

lugar-comum [luˌgaxkuˈmũ] *(pl* lugares-comuns) *m* commonplace.

lugarejo [lugaˈreʒu] *m* small village.

lugar-tenente [luˌga(x)teˈnẽntʃi] *m* deputy.

lúgubre [ˈlugubri] *adj* gloomy.

lula [ˈlula] *f* squid.

luminária [lumiˈnarja] *f* lamp.

luminosidade [luminoziˈdadʒi] *f* brightness.

luminoso, osa [lumiˈnozu, ɔza] *adj* -1. [que emite luz] luminous. -2. *fig* [raciocínio, idéia, talento] brilliant.

lunar [luˈna(x)] *(pl* -es) *adj* lunar.

lunático, ca [luˈnatʃiku, ka] *adj* lunatic.

luneta [luˈnetal] *f* telescope.

lupa [ˈlupa] *f* magnifying glass.

lusco-fusco [ˌluʃkuˈfuʃku] *m* twilight.

lusitano, na [luziˈtanu, na] ◇ *adj* Lusitanian. ◇ *m, f* Lusitanian.

luso, sa [za, ˈluzu] ◇ *adj* Portuguese. ◇ *m, f* Portuguese person.

lusófono, na [na, luˈzɔfonu, na] ◇ *adj* Portuguese-speaking. ◇ *m, f* Portuguese speaker.

lustrar [luʃˈtra(x)] *vt* [móvel] to polish.

lustre [ˈluʃtri] *m* -1. [polimento] polish; dar um ~ em algo to give sthg a polish. -2. [luminária] chandelier.

lustroso, osa [luʃˈtrozu, ɔza] *adj* shiny.

luta [ˈluta] *f* -1. [ger] struggle. -2. [combate] fight. -3. *ESP*: ~ de boxe boxing; ~ livre wrestling.

lutador, ra [lutaˈdo(x), ra] ◇ *adj* [esforçado] tough. ◇ *m, f* -1. [ger] fighter. -2. *BOXE* boxer.

lutar [luˈta(x)] ◇ *vi* -1. [combater]: ~ (com/contra alguém) to fight with/against sb; ~ por algo to fight for sthg. -2. *fig* [combater]: ~ por/contra algo to fight for/against sthg. -3. [empenhar-se] to use all one's forces; ~ (por algo/para fazer algo) to fight (for sthg/to do sthg). -4. [resistir] to fight; ~ contra algo to fight against sthg. ◇ *vt* [judô, caratê, capoeira, luta livre] to fight.

luterano, na [luteˈranu, na] ◇ *adj* [pessoa, igreja, doutrina] Lutheran. ◇ *m, f* [crente] Lutheran.

luto [ˈlutu] *m* mourning; estar de ~ to be in mourning.

luva [ˈluva] *f* glove; cair como uma ~ to fit like a glove.

 ➡ luvas *fpl* [pagamento] payment.

Luxemburgo [luʃẽnˈbuxgu] *n* Luxemburg.

luxemburguês, esa [luʃẽnbuxˈgeʃ, eza] ◇ *adj* Luxemburg *(antes de subst).* ◇ *m, f* person from Luxemburg.

luxo [ˈluʃu] *m* -1. [pompa] ostentation; de ~ luxury *(antes de subst).* -2. [extravagância] luxury. -3. [afetação, cerimônia] ceremony; cheio de ~ full of airs and graces.

luxuoso, osa [luˈʃwozu, ɔza] *adj* luxurious.

luxúria [luˈʃurja] *f* [lascívia] lust.

luz [ˈluʃ] *(pl* -es) *f* -1. [claridade, fonte de luz] light; acender a ~ to turn on the light; apagar a ~ to turn off the light; ~ do dia daylight. -2. [eletricidade] electricity; falta ~ todos os dias aqui the electricity gets cut off here every day. -3. *loc*: dar à ~ to give birth.

luzir [luˈzi(x)] *vi* to shine.

Lycra® [ˈlajkra] *f* Lycra®.

M

m, M ['emil *m* [letra] m, M.

má [mal ▷ **mau**.

MA (*abrev de* **Estado do Maranhão**) *m* *State of Maranhão*.

maca ['makal *f* MED trolley.

maçã [ma'sã] *f* apple; ~ **do rosto** cheek; ~ **do amor** toffee apple.

macabro, bra [ma'kabru, bra] *adj* macabre.

macacão [maka'kãw] (*pl* **-ões**) *m* overalls (*pl*) *UK*, coveralls (*pl*) *US*.

macaco, ca [ma'kaku, kal *m, f* [animal] monkey; ~ **velho** *fig* [pessoa experiente] old hand.

   ➤ **macaco** *m* AUTO jack.

maçaneta [masa'neta] *f* handle.

maçante [ma'sãtʃi] *adj* boring.

macaquice [maka'kisi] *f*: **fazer** ~**s** to monkey around.

maçarico [masa'riku] *m* blow torch.

maçaroca [masa'rɔka] *f* **-1.** [emaranhado] tangle. **-2.** [mixórdia] mess.

macarrão [maka'xãw] *m* **-1.** [massa] pasta. **-2.** [em tiras] spaghetti.

macete [ma'setʃi] *m* **-1.** [instrumento] mallet. **-2.** *fam* [truque] trick.

machadada [maʃa'dadul *f* axe blow.

machado [ma'ʃadul *m* axe.

machão, ona [ma'ʃãw, ɔnal (*mpl* **-ões**, *fpl* **-s**) *adj* **-1.** *pej* [ger] macho. **-2.** [corajoso] brave.

machismo [ma'ʃiʒmul *m* machismo.

machista [ma'ʃiʃtal ◇ *adj* macho. ◇ *m* male chauvinist.

macho ['maʃul ◇ *adj* **-1.** [ger] manly. **-2.** [gênero] male. ◇ *m* **-1.** [animal] male. **-2.** TEC tap. **-3.** [prega] box pleat.

machões [ma'ʃõjʃ] *pl* ▷ **machão**.

machona [ma'ʃonal *f* ▷ **machão**.

machucado, da [maʃu'kadu, dal *adj* **-1.** [ferido] hurt. **-2.** [contundido] injured. **-3.** [esmagado] bruised. **-4.** [lascado] scratched. **-5.** [magoado] hurt.

   ➤ **machucado** *m* [ferida] wound.

machucar [maʃu'kaxl ◇ *vt* **-1.** [ferir] to hurt. **-2.** [contundir] to injure. **-3.** [esmagar] to bruise. **-4.** [lascar] to scratch. **-5.** [magoar] to hurt. ◇ *vi* to hurt.

   ➤ **machucar-se** *vp* **-1.** [ferir-se] to injure o.s. **-2.** [contundir-se] to hurt o.s.

maciço, ça [ma'sisu, sal *adj* **-1.** [sólido] massive. **-2.** [em quantidade] massive. **-3.** *fig* [sólido] solid.

   ➤ **maciço** *m* [cadeia montanhosa] massif.

macieira [ma'sjejral *f* apple tree.

maciez [ma'sjeʒl *f* softness.

macio, cia [ma'siu, sial *adj* **-1.** [ger] smooth. **-2.** [fofo] soft.

maço ['masul *m* **-1.** [de notas, folhas] bundle. **-2.** [de cartas] pack. **-3.** [de cigarros] packet.

maçom [ma'sõl (*pl* **-ns**) *m* [membro da maçonaria] Freemason.

maçonaria [masona'rial *f* freemasonry.

maconha [ma'koɲal *f* **-1.** BOT hemp. **-2.** [droga] cannabis, marijuana.

má-criação [,makrja'sãwl *f* = **malcriação**.

macrobiótico, ca [makro'bjɔtʃiku, kal *adj* macrobiotic.

   ➤ **macrobiótica** *f* **-1.** [doutrina] macrobiotics. **-2.** [dieta] macrobiotic diet.

mácula ['makulal *f* *fig* [desonra, mancha] stain.

maculado, da [maku'ladu, dal *adj* **-1.** [manchado] stained. **-2.** [desonrado] tarnished.

macumba [ma'kũbal *f* [espírit- religião] macumba, *Afro-Brazilian religion*; [- despacho] sacrificial offering.

macumbeiro, ra [makũ'bejru, ral ◇ *adj* [relativo à macumba] macumba (*antes de subst*). ◇ *m, f* [adepto] macumba initiate.

madame [ma'dãmil, **madama** [ma'damal *f* **-1.** [senhora] Madam. **-2.** *irôn* [mulher rica] lady. **-3.** *irôn* [esposa] ladyship. **-4.** [cafetina] madam.

madeira [ma'dejral *f* wood; **de** ~ wooden; **bater na** ~ to touch wood.

madeireiro, ra [madej'rejru, ral ◇ *adj* timber (*antes de subst*). ◇ *m, f* timber merchant.

   ➤ **madeireira** *f* [empresa] timber merchant's.

madeixa [ma'dejʃal *f* [mecha] lock.

madrasta [ma'draʃtal *f* **-1.** [esposa do pai] stepmother. **-2.** *fig* [mãe má] unfit mother.

madre ['madril *f* **-1.** [religiosa] nun. **-2.** [título] Mother.

madrepérola [,madre'pɛrulal *f* mother-of-pearl.

madressilva [,madre'siwval *f* BOT honeysuckle.

Madri [ma'dril *n* Madrid.

madrileno, na [madri'lenu, nal ◇ *adj*

Madrid *(antes de subst)*. ◇ *m & f* person from Madrid.

madrinha [ma'driɲa] *f* -1. [RELIG - de batismo] godmother; [- de crisma] sponsor; [- de casamento] chief bridesmaid. -2. *fig* [protetora, patrocinadora] patroness.

madrugar [madru'ga(x)] *vi* -1. [acordar cedo] to wake up early. -2. [chegar cedo] to get in early.

maduro, ra [ma'duru, ra] *adj* -1. [fruto] ripe. -2. [pessoa, atitude, decisão] mature.

mãe ['mãj] *f* -1. [ger] mother; ~ **adotiva** adoptive mother; ~ **de criação** foster mother. -2. [como forma de tratamento] mother.

mãe-de-santo [,mãjʃdʒi'sãntu] *(pl* **mães-de-santo)** *f* [espirit] *high priestess in Afro-Brazilian religion*.

maestro, trina [ma'ɛʃtru, trina] *m, f* maestro.

má-fé [,ma'fɛ] *f inv* bad faith; **agir de** ~ to act in bad faith.

máfia [mafjal *f* -1. [bando do crime organizado] Mafia. -2. [grupo de corruptos] mafia.

mafioso, osa [ma'fjozu, ɔza] ◇ *adj* -1. [pessoa] Mafioso. -2. [ação] of the Mafia. ◇ *m, f* [membro da máfia] Mafioso.

magia [ma'ʒia] *f* magic.

mágico, ca ['maʒiku, ka] ◇ *adj* magic. ◇ *m, f* [prestidigitador] magician.
◆ **mágica** *f* -1. [prestidigitação] magic. -2. [truque] trick; **fazer mágica** to perform magic; *fig* to work miracles.

magistério [maʒiʃ'tɛrju] *m* -1. [profissão] teaching. -2. [classe dos professores] teaching profession. -3. [ensino] teaching.

magistrado, da [maʒiʃ'tradu, da] *m* magistrate.

magistral [maʒiʃ'traw] *(pl* -ais**)** *adj* [exemplar] masterly.

magistratura [maʒiʃtra'tura] *f* [os magistrados] magistracy.

magnânimo, ma [mag'nanimu, ma] *adj* magnanimous.

magnata [mag'nata] *m* magnate.

magnésio [mag'nɛzju] *m* magnesium.

magnético, ca [mag'nɛtʃiku, ka] *adj* magnetic.

magnetismo [magne'tʃiʒmul *m* magnetism.

magnífico, ca [mag'nifiku, ka] *adj* magnificent.

magnitude [magni'tudʒi] *f* [dimensão] magnitude.

magnólia [mag'nɔlja] *f* magnolia.

mago, ga ['magu, ga] ◇ *m, f* wizard (*f* witch). ◇ *adj*: **os reis** ~**s** the Three Kings.

mágoa ['magwal *f* -1. [ressentimento] grief. -2. [tristeza] sorrow.

magoado, da [ma'gwadu, da] *adj*: **estar/ficar** ~ **(com algo)** [ressentido] to be/feel offended (by sthg); [triste] to be hurt (by sthg).

magoar [ma'gwa(x)] ◇ *vt* [ferir] to hurt. ◇ *vi* [ferir] to hurt.

magrela [ma'grɛla] *adj* skinny.

magricela [magri'sɛla] *adj* = **magrela**.

magro, gra ['magru, ra] *adj* -1. [franzino] slim. -2. [sem gordura - carne, presunto] lean; [- leite] skimmed. -3. *(antes de subst) fig* [parco] meagre *UK*, meager *US*.

mai. *(abrev de maio)* May.

mail [mejo] *(pl* **mails)** *m COMPUT* e-mail.

maio ['maju] *m* May; *veja também* **setembro**.

maiô [ma'jo] *m* swimming costume *UK*, swimsuit *US*.

maionese [majo'nɛzi] *f* mayonnaise.

maior [ma'jɔ(x)] *(pl* -es**)** ◇ *adj* -1. [comparativo]: ~ **(do) que** [de tamanho] bigger than; [de importância] more important than; [de número] larger than. -2. [superlativo]: **o/a** ~ ... [de tamanho] the biggest ...; [de importância] the highest ...; [de número] the largest ...; **ser o** ~ **barato** [pessoa] to be really cool; [coisa] to be really great. -3. [adulto]: **ser** ~ **(de idade)** to be of age; **ser** ~ **de 21 anos** to be over 21. -4. *MÚS*: **em dó** ~ in C major. ◇ *mf* -1. [de tamanho]: **o/a** ~ the largest. -2. *fam* [superior]: **ser o/a** ~ to be the best. -3. [adulto] adult; **ser de** ~ to be an adult.

maioral [majo'raw] *(pl* -ais**)** *mf*: **o** ~ the boss.

maioria [majo'ria] *f* majority; **a** ~ **de** the majority of; **a** ~ **das pessoas acha** ... the majority think ...

maioridade [majori'dadʒi] *f* age of majority.

mais ['majʃ] ◇ *adv* -1. [em comparações] more; **a Ana é** ~ **alta/inteligente** Ana is taller/more intelligent; ~ **do que more than; ~ ... do que ...** more ... than ...; **bebeu um copo a** ~! he's had one too many!; **deram-me dinheiro a** ~ they gave me too much money; **é** ~ **alta do que eu** she's taller than me. -2. [como superlativo]: **o/a** ~ ... **the most** ...; **o** ~ **engraçado/inteligente** the funniest/most intelligent. -3. [indica adição] any more; **não necessito de** ~ **trabalho** I don't need any more work; **não necessito de** ~ **ninguém** I don't need anyone else. -4. [indica intensidade]: **que dia** ~ **feliz!** what a great day!; **que casa** ~ **feia!** what a horrible house! -5. [indica preferência]: **vale** ~ **a pena ficar em casa** it would be better to stay at home; **gosto ~ de comida chinesa** I prefer Chinese food. **- 6.** [em locuções]: **de ~ a ~** [ainda por cima] what's more; **~ ou menos** more or less; **por ~ que se esforce** however hard he tries; **sem ~ nem menos** for no apparent reason; **uma vez ~, ~ uma vez** once *ou* yet again.◇ *adj inv* **-1.** [em comparações] more; **eles têm ~ dinheiro** they have more money; **está ~ calor hoje** it's hotter today; **~ ... do que** more ... than. **- 2.** [como superlativo] (the) most; **a pessoa que ~ discos vendeu** the person who sold (the) most records; **os que ~ dinheiro têm** those who have (the) most money. **- 3.** [indica adição] more; **~ água, por favor** I'd like some more water, please; **~ alguma coisa?** anything else?; **tenho ~ três dias de férias** I have another three days of vacation left. ◇ *conj* and; **quero uma sopa ~ pão com manteiga** I'd like some soup and some bread and butter. ◇ *prep* [indica soma] plus; **dois ~ dois são quatro** two plus two is four.

maisena [maj'zenal *f*: **de ~** cornflour *UK*, cornstarch *US*.

maître ['mɛtril *m* head waiter.

maiúsculo, la [ma'juʃkulu, lal *adj*: **letra maiúscula** capitals *(pl)*.
◆ **maiúscula** *f* capital letter.

majestade [maʒeʃ'tadʒil *f* majesty.
◆ **Majestade** *f*: **Sua Majestade** Your Majesty, His Majesty, Her Majesty.

majestoso, osa [maʒeʃ'tozu, ɔzal *adj* [grandioso] majestic.

major [ma'ʒɔ(x)l *(pl* **-res)** *m* MIL major.

majoritário, ria [maʒori'tarju, rjal *adj* majority *(antes de subst)*; **a opinião majoritária é que ...** the majority opinion is that ...

mal ['mawl *(pl* **-es)** *m* **-1.** [ger] evil; **cortar o ~ pela raiz** to stop things going from bad to worse; **a luta entre o bem e o ~** the fight between good and evil. **-2.** [dano] damage; **fazer ~ (a)** [à saúde] to damage; **o cigarro faz ~ à saúde** smoking damages your health; **fazer ~ a alguém** [afetar] to upset sb; [deflorar] to deflower sb; **você fez ~ em se divorciar** you did the wrong thing in getting divorced; **não faz ~** it doesn't matter. **- 3.** [doença] illness. **- 4.** [sofrimento] stress.
◆ **mal** ◇ *adv* **-1.** [ger] badly; **dar-se ~ (em algo)** to do badly (in sthg); **ir de ~ a pior** from bad to worse. **-2.** [quase não]: **ele ~ consegue dormir** he barely manages to sleep. **-3.** [injustamente] wrongly. **- 4.** [rudemente] rudely. **-5.** [de maneira desfavorável] unfavourably; **não me leve a ~, mas ...** don't get me

wrong, but ... **-6.** PSIC [doente] down; **passar ~** to feel sick. ◇ *conj* just; **~ cheguei, ele saiu** just as I arrived, he left.

mala ['malal *f* **-1.** [recipiente] suitcase; **fazer as ~s** to pack one's bags. **-2.** AUTO boot *UK*, trunk *US*. **-3.** COM: **~ direta** mail order. **-4.** [serviço]: **~ postal** mail. **-5.** *fam pej* [pessoa chata]: **ser uma ~** to be a pain.

malabarismo [malaba'riʒmul *m* **-1.** [arte] juggling. **-2.** *fig* [habilidade] deftness.

malabarista [malaba'riʃtal *mf* juggler.

mal-acabado, da [ˌmawaka'badul *adj* **-1.** [construção, móvel] poorly finished. **-2.** [corpo] in poor shape.

mala-direta [ˌmaladʒi'rɛtal *(pl* **malas-diretas)** *f* [marketing] direct marketing.

mal-agradecido, da [ˌmawagrade'sidu, dal *(pl* **-s)** ◇ *adj* ungrateful. ◇ *m, f*: **o ~ nem sequer me agradeceu** he's so ungrateful he didn't even thank me.

malagueta [mala'getal *m* chilli pepper.

malandragem [malãn'draʒẽl *(pl* **-ns)** *f* **-1.** [patifaria] double-dealing. **-2.** [astúcia] cunning. **-3.** [vadiagem] vagrancy. **-4.** [preguiça] laziness.

malandro, dra [ma'lãndru, dral ◇ *adj* **-1.** [patife] crooked. **-2.** [astuto] sharp. **-3.** [vadio] vagrant. **-4.** [preguiçoso] idle. ◇ *m, f* **-1.** [patife] crook. **-2.** [astuto] swindler. **-3.** [vadio] vagrant. **-4.** [preguiçoso] layabout.

malária [ma'larjal *f* malaria.

mal-arrumado, da [mawaxu'madu, dal *(pl* **-s)** *adj* untidy.

mala-sem-alça ['malasẽ'sãwl *(pl* **malas-sem-alça)** *mf fam* bore.

Malásia [ma'lazjal *n* Malaysia.

malbaratar [mawbara'ta(x)l *vt* to squander.

malcomportado, da [mawkõmpox'tadu, dal *adj* badly behaved.

malcriação [mawkrja'sãwl *(pl* **-ões)**, **má-criação** [makrja'sãwl *(pl* **-ões)** *f* bad manners; **respondeu com ~** he replied rudely; **fazer ~** to behave badly.

malcriado, da [mawkri'adu, dal ◇ *adj* ill-mannered. ◇ *m, f* yob.

maldade [maw'dadʒil *f* **-1.** [ger] cruelty; **bater em criança é uma ~** it's cruel to hit children; **ser uma ~** to be cruel. **-2.** [malícia] malice.

maldição [mawdi'sãwl *(pl* **-ões)** *f* curse.

maldito, ta [maw'dʒitu, tal ◇ *pp* ▷ **maldizer.** ◇ *adj* **-1.** [amaldiçoado] damned. **-2.** [funesto] tragic. **-3.** [cruel] cruel. **-4.** *(antes de subst) fam* [para enfatizar]: **essa chuva maldita** this bloody rain.

maldizer [mawdʒi'ze(x)] *vt* to curse.

maldoso, osa [maw'dozu, ɔza] *adj* **-1.** [malvado] nasty. **-2.** *fig* [mordaz] vicious.

maleável [ma'ljavew] (*pl* **-eis**) *adj* malleable.

maledicência [malidʒi'sẽsja] *f* **-1.** [ação] slander. **-2.** [difamação] defamation.

mal-educado, da [,maledu'kadu, da] ◇ *adj* rude. ◇ *m, f*: **o ~** the rude man; **a malcriada** the rude woman.

malefício [male'fisju] *m* **-1.** [ação] wrong. **-2.** [dano] harm.

maléfico, ca [ma'lɛfiku, ka] *adj* harmful.

mal-encarado, da [,malẽŋka'radu, da] (*pl* **-s**) *adj* shady.

mal-entendido [,mawẽntẽn'dʒidu] (*pl* **mal-entendidos**) ◇ *adj* [mal interpretado] misunderstood. ◇ *m* misunderstanding.

males ['malif] *pl* ▷ **mal**.

mal-estar [mawef'ta(x)] (*pl* **mal-estares**) *m* **-1.** [indisposição] upset. **-2.** *fig* [embaraço] uneasiness.

maleta [ma'leta] *f* small suitcase.

malevolente *adj* [malevo'lẽntʃi] malevolent.

malévolo, la [ma'lɛvolu, la] *adj* malevolent.

malfeito, ta [mal'fejtu, ta] *adj* **-1.** [mal-acabado] sloppy. **-2.** [deforme] misshapen. **-3.** *fig* [injusto] unjust.

malfeitor, ra [mawfej'to(x), ra] (*mpl* **-es**, *fpl* **-s**) *m* **-1.** [quem comete delito] wrongdoer. **-2.** [bandido] criminal.

malgrado [maw'gradu] *prep* despite.

malha ['maʎa] *f* **-1.** [tecido] jersey; **de ~** jersey. **-2.** [de rede, tecido] mesh. **-3.** [de balé] leotard. **-4.** [suéter] sweatshirt.

malhação [maʎa'sãw] (*pl* **-ões**) *f fam* [crítica violenta] panning.

malhado, da [ma'ʎadu, ada] *adj* [animal] mottled.

malhar [ma'ʎa(x)] ◇ *vt* **-1.** [ger] to beat. **-2.** [criticar] to knock. ◇ *vi* [fazer ginástica] *fam* to work out.

malharia [maʎa'ria] *f* **-1.** [loja] knitwear shop. **-2.** [fábrica] textile mill. **-3.** [artigos] knitted goods.

malho ['maʎu] *m* mallet.

mal-humorado, da [mawumo'radu, da] *adj* **-1.** [que tem mau humor] sullen. **-2.** [ranzinza] grumpy.

malícia [ma'lisja] *f* **-1.** [intenção maldosa] malice. **-2.** [intenção licenciosa] licentiousness. **-3.** [manha, marotice] cunning.

malicioso, osa [mali'sjozu, ɔza] *adj* **-1.**

[maldoso] malicious. **-2.** [que vê licenciosidade] licentious. **-3.** [manhoso] sly.

maligno, gna [ma'lignu, gna] *adj* **-1.** [mau] malicious. **-2.** [nocivo] harmful. **-3.** *MED* malignant.

má-língua [,ma'lĩŋgwa] (*pl* **más-língua**) *f* scandalmonger; **dizem as más-línguas que ...** the scandalmongers are saying that ...

mal-intencionado, da [,mawĩntẽnsjo'nadu, da] (*pl* **-s**) *adj* malicious.

malogrado, da [malo'gradu, da] *adj* thwarted.

malograr [malo'gra(x)] ◇ *vt* to thwart. ◇ *vi* to fall through.

malogro [ma'logru] *m* failure.

malote [ma'lɔtʃi] *m* **-1.** [bolsa] pouch. **-2.** [correspondência] mail. **-3.** [serviço] courier.

malpassado, da [mawpa'sadu, da] *adj* rare.

malsucedido, da [mawsuse'dʒidu, da] *adj* unsuccessful.

Malta ['mawta] *n* Malta.

malte ['mawtʃi] *m* malt.

maltês, esa [maw'tef, eza] ◇ *adj* Maltese. ◇ *m, f* Maltese.

maltrapilho, lha [mawtra'piʎu, ʎa] ◇ *adj* ragged. ◇ *m, f* **-1.** [mendigo] beggar. **-2.** [criança] urchin.

maltratar [mawtra'ta(x)] *vt* **-1.** [fisicamente] to mistreat. **-2.** [verbalmente] to abuse. **-3.** [tratar com desleixo] to mishandle.

maluco, ca [ma'luku, ka] ◇ *adj* **-1.** *PSIC* crazy. **-2.** [adoidado] nuts. **-3.** [absurdo] mad. ◇ *m, f PSIC* insane person.

maluquice [malu'kisi] *f PSIC* madness.

malvadeza [mawva'deza], **malvadez** [mawva'deʒ] *f* wickedness.

malvado, da [maw'vadu, da] ◇ *adj* wicked. ◇ *m, f* thug.

malversação [mawvexsa'sãw] (*pl* **-ões**) *f* **-1.** [desvio]: **~ (de algo)** embezzlement (of sthg). **-2.** [mau gerenciamento] mismanagement.

Malvinas [maw'vinaf] *npl*: **as (ilhas) ~** the Falkland Islands, the Falklands.

mama ['mãma] *f* breast.

mamadeira [mama'dejra] *f* baby's bottle.

mamãe [mã'mãj] *f* mummy, mum.

mamão [ma'mãw] (*pl* **-ões**) *m* papaya.

mamar [ma'ma(x)] ◇ *vt* [sugar] to suck. ◇ *vi* [alimentar-se] to feed; **dar de ~ a alguém** to breastfeed sb.

mamata [ma'mata] *f* **-1.** *fam* [proveito ilícito] racket. **-2.** [facilidade] breeze.

mamífero, ra [ma'miferu, ra] *adj* mammalian.

➡ **mamífero** *m* mammal.

mamilo [ma'milu] *m* nipple.

maminha [ma'miɲa] f [carne] rump steak.

mamoeiro [ma'mwejru] m papaya tree.

mamões [ma'mõjʃ] pl ▷ **mamão**.

manada [ma'nada] f herd.

Manágua [ma'nagwa] n Managua.

manancial [manãn'sjaw] (pl -ais) m -1. [fonte] spring. -2. fig [origem] source.

Manaus [ma'nawʃ] n Manaus.

mancada [mãŋ'kada] f -1. [erro] mistake. -2. [gafe] gaffe; **dar uma ~** to make a gaffe.

mancar [mãŋ'ka(x)] vi [coxear] to limp.

➡ **mancar-se** vp fam [desconfiar] to take a hint.

mancha ['mãnʃa] f -1. [ger] stain. -2. [em pintura] blotch. -3. [marca] mark.

manchado, da [mã'ʃadu, da] adj -1. [com manchas] stained. -2. [pintura] blotched. -3. [malhado] mottled.

manchar [mã'ʃa(x)] vt -1. [ger] to stain. -2. [deixar marca] to mark.

manchete [mãn'ʃɛtʃi] f headline; **o acidente virou ~ em todo o país** the accident hit the headlines nationwide.

manco, ca ['mãŋku, ka] <> adj lame. <> m, f disabled person.

mandachuva [mãnda'ʃuva] mf -1. [pessoa poderosa] boss. -2. [chefe, líder] chief.

mandado [mãn'dadu] m -1. [autorização] order. -2. JUR injunction; **~ de prisão** arrest warrant; **~ de segurança** injunction.

mandamento [mãnda'mẽntu] m -1. [preceito] order. -2. RELIG commandment.

mandão, ona [mãn'dãw, ɔna] (mpl -ões) adj fam [autoritário] bossy.

mandatário, ria [mãnda'tarju, rja] m -1. [representante] deputy, representative. -2. [procurador] defence lawyer UK, defense lawyer US, counsel for the defence UK, defense attorney US.

mandato [mãn'datu] m -1. [procuração] mandate. -2. [missão] duty. -3. [ordem] order. -4. POL term of office.

mandíbula [mãn'dʒibula] f jaw.

mandioca [mãn'dʒjɔka] f cassava, manioc.

mandões [mãn'dõjʃ] mpl ▷ **mandão**.

mandona [mãn'dona] f ▷ **mandão**.

maneira [ma'nejra] f manner; **à ~ (de)** like; **de ~ nenhuma** OU **alguma** no way; **não volto àquele clube de ~ alguma!** no way am I going back to that club!; **de ~ que** so that; **de qualquer ~** [sem cuidado] anyhow; [a qualquer preço] at whatever cost; [de todo modo] whatever; **de qualquer ~ será útil** it'll be useful, whatever.

➡ **maneiras** fpl manners; **boas ~s** good manners.

manejar [mane'ʒa(x)] vt -1. [ger] to control. -2. [manusear] to handle. -3. [administrar] to manage.

manejável [mane'ʒavɛw] (pl -eis) adj -1. [fácil de usar] simple. -2. [controlável] controllable.

manequim [mane'kĩ] (pl -ns) <> m [boneco] dummy. <> mf [pessoa] model.

maneta [ma'neta] adj one-handed.

manga ['mãŋga] f -1. [de roupa] sleeve. -2. [fruto] mango. -3. [filtro] filter.

mangue ['mãŋgi] m -1. [terreno] mangrove swamp. -2. [planta] mangrove.

mangueira [mãŋ'gejra] f -1. BOT mango tree. -2. [cano] hose.

manha ['mãɲa] f -1. [habilidade] skill. -2. [esperteza] shrewdness. -3. fam [choro, birra] tantrum; **fazer ~** to throw a tantrum.

manhã [mã'ɲã] (pl -s) f morning; **amanhã de ~** tomorrow morning; **de** OU **pela ~** in the morning; **hoje de ~** this morning; **seis horas da ~** six o'clock in the morning.

manhãzinha [mãɲã'ziɲa] f: **de ~** early in the morning.

manhoso, osa [ma'ɲozu, ɔza] adj -1. [esperto] sly. -2. [chorão, birrento] whingeing.

mania [ma'nia] f -1. PSIC mania. -2. [gosto exagerado] obsession; **~ de algo** obsession with sthg. -3. [hábito] habit; **ter ~ de fazer algo** to have a habit of doing sthg. -4. [mau hábito] bad habit. -5. [peculiaridade, excentricidade] quirk.

maníaco, ca [ma'niaku, ka] <> adj -1. PSIC maniacal. -2. [fanático]: **ser ~ por algo** to be manic about sthg. <> m, f PSIC maniac.

manicômio [mani'komju] m lunatic asylum.

manicure [mani'kuri] f manicure.

manifestação [manifeʃta'sãw] (pl -ões) f -1. [ger] manifestation. -2. [expressão] display.

manifestadamente [manifeʃtada-'mẽntʃi] adv quite clearly.

manifestante [manifeʃ'tãntʃi] mf demonstrator.

manifestar [manifeʃ'ta(x)] vt -1. [exprimir] to express. -2. [revelar] to display.

➡ **manifestar-se** vp -1. [revelar-se] to reveal o.s. -2. [pronunciar-se]: **~-se (sobre/a favor de/contra algo)** to express an opinion (on/in favour of/against sthg).

manifesto, ta [mani'fɛʃtu, ta] adj manifest.

➡ **manifesto** m manifesto.

manipulação [manipula'sãw] f -1. [com as mãos] handling. -2. [ger] manipulation. -3. FARM preparation.

manipular [manipuˈla(x)] vt -1. [ger] to manipulate. -2. [com as mãos] to handle. -3. FARM to prepare.

maniqueísmo [manikeˈiʒmu] m Manicheism.

manivela [maniˈvɛla] f crank.

manjado, da [mãˈʒadu, da] adj fam well-known.

manjar [mãˈʒa(x)] <> m [iguaria] delicacy. <> vt fam -1. [compreender] to grasp. -2. [observar] to watch. <> vi [conhecer]: ~ de algo to know about sthg.

manjedoura [mãnʒeˈdora] f manger.

manjericão [mãnʒeriˈkãw] m basil.

mano, na [ˈmanu, na] m,f fam -1. [irmão] brother (sister). -2. fam [camarada, amigo] buddy.

manobra [maˈnɔbra] f -1. [ger] manoeuvre UK, maneuver US. -2. fig [manipulação] manipulation.

manobrar [manoˈbra(x)] <> vt -1. [manejar] to manoeuvre UK, to maneuver US. -2. [dirigir] to direct. -3. fig [manipular] to manipulate. <> vi MIL to manoeuvre UK, to maneuver US.

manobrista [manoˈbriʃta] mf -1. [de carro] valet UK, car jockey US. -2. [de trem] shunter.

mansão [mãnˈsãw] (pl -ões) f mansion.

mansidão [mãnsiˈdãw] f -1. [brandura] gentleness; **ele falava com** ~ he spoke gently. -2. [tranqüilidade] calmness.

mansinho, nha [mãˈsiɲu, ɲa] adj [diminutivo de manso] gentle.
➧ **de mansinho** loc adv -1. [de leve] gently. -2. [sorrateiramente]: **entrar/sair de** ~ to creep in/out.

manso, sa [ˈmãsu, sa] adj -1. [brando] gentle. -2. [tranqüilo] calm. -3. [domesticado] tame.

mansões [manˈsõjʃ] pl ➣ **mansão**.

manta [ˈmãnta] f -1. [cobertor] blanket. -2. [xale] shawl. -3. [de carne seca] cut.

manteiga [mãnˈtejga] f butter; ~ **de cacau** cocoa butter.

manter [mãnˈte(x)] vt -1. [ger] to keep. -2. [em bom estado - máquina] to service; [- casa, saúde] to keep. -3. [família] to support. -4. [opinião, posição] to hold. -5. [relações] to maintain; ~ **boas relações com alguém** to maintain a good relationship with sb.
➧ **manter-se** vp -1. [sustentar-se] to support o.s. -2. [permanecer] to remain; ~-**se a par de algo** to keep abreast of sthg.

mantimentos [mãntʃiˈmẽntuʃ] m provisions (pl).

manto [ˈmãntu] m -1. [vestimenta] cloak. -2. [de reis] robe. -3. fig [simulação] smokescreen.

manual [maˈnwaw] (pl -ais) <> adj manual. <> m manual.

manufatura [manufaˈtura] f [fabricação] manufacture.

manufaturar [manufatuˈra(x)] vt to manufacture.

manuscrito, ta [manuʃˈkritu] adj handwritten.
➧ **manuscrito** m manuscript.

manusear [manuˈzea(x)] vt -1. [manejar] to handle. -2. [folhear] to thumb.

manutenção [manutẽnˈsãw] f -1. [ger] maintenance. -2. [da casa] upkeep. -3. [da família] support.

mão [ˈmãw] (pl mãos) f -1. [ger] hand; à ~ [perto] at hand; [com a mão] by hand; **feito à** ~ handmade; à ~ **armada** armed; **de** ~s **dadas** hand in hand; **de segunda** ~ second-hand; **entregar algo em** ~s to deliver sthg by hand; **ter algo em** ~ to have sthg to hand. -2. [no trânsito]: **esta rua dá** ~ **para a praia** this street takes you to the beach; ~ **dupla** two-way; ~ **única** one-way. -3. [de tinta] coat. -4. [habilidade]: **ter uma** ~ **boa para algo** to be good at sthg. -5. [poder, controle]: **estar nas** ~s **de alguém** to be in sb's hands; **estar em boas** ~s to be in good hands. -6. loc: **abrir** ~ **de algo** to give sthg up; **ficar na** ~ to be duped; **lançar** ~ **de algo** to make use of sthg; **pedir a** ~ **de alguém (em casamento)** to ask for sb's hand (in marriage); **pôr a** ~ **no fogo por alguém** to stand up for sb; **de** ~ **beijada** buckshee; **dar uma** ~ **a alguém** to give sb a hand; **preciso de uma** ~ I need a hand.

mão-aberta [ˌmãwaˈbɛxta] (pl mãos-abertas) adj generous.

mão-de-obra [mãwˈdʒɔbra] (pl mãos-de-obra) f -1. [trabalho, custo] labour UK, labor US; **ser uma** ~ fig to be hard work. -2. [trabalhadores] workforce.

mapa [ˈmapa] m map; **sumir do** ~ fam fig to disappear off the face of the earth.

mapa-múndi [ˌmapaˈmũndʒi] (pl mapas-múndi) m world map.

maquete [maˈkɛtʃi] f model.

maquiado, da [maˈkjadu, da] adj [com maquiagem] made-up.

maquiador, ra [makjaˈdo(x), ra], **maquilador, ra** [makilaˈdo(x), ra] m, f make-up artist.

maquiagem [maˈkjaʒẽ] (pl -ns) f -1. [ger] make-up; **ele se encarregou da** ~ he was in charge of make-up. -2. [disfarce]: ~ **financeira** financial cover-up.

maquiar [maˈkjax] vt -1. [pintar] to make up. -2. fig [mascarar] to cover up.
➧ **maquiar-se** vp [pintar-se] to put on one's make-up.

maquiavélico, ca [makja'vɛliku, ka] *adj* Machiavellian.

maquilador, ra [makila'do(x), ra] *m, f =* maquiador.

maquilagem [maki'laʒẽ] *f =* **maquiagem**.

máquina ['makina] *f* **-1.** [ger] machine; **bater** *ou* **escrever à ~** to type; **feito à ~** machine-made; **~ de calcular** calculator; **~ de costura** sewing machine; **~ de escrever** typewriter; **~ fotográfica** camera; **~ de lavar (roupa)** washing machine. **-2.** [locomotora] engine; **~ a vapor** steam engine. **-3.** *fig* [de estado, partido *etc*] machinery.

maquinação [makina'sãw] *(pl* **-ões**) *f* machination.

maquinar [maki'na(x)] *<> vt* to plot. *<> vi*: **~ contra alguém/algo** to plot against sb/sthg.

maquinária [maki'narja], **maquinaria** [makina'ria] *f* [máquinas] machinery.

maquinário [maki'narju] *m =* **maquinária**.

maquinista [maki'niʃta] *mf* **-1.** FERRO engine driver. **-2.** TEATRO stagehand.

mar ['ma(x)] *(pl* **-es**) *m* sea; **~ aberto** open sea; **por ~** by sea; **~ Morto** Dead Sea; **~ Negro** Black Sea; **~ do Norte** North Sea; **~ de rosas** [mar calmo] calm sea; *fig* bed of roses; **nem tanto ao ~ nem tanto à terra** neither one way nor the other.

mar. (*abrev de* março) Mar.

maracujá [maraku'ʒa] *m* passion fruit.

maracutaia [maraku'taja] *f* dirty trick.

marajá [mara'ʒa] *m* **-1.** [título] maharaja. **-2.** *fig* [servidor] a person who has uses their position, not necessarily honestly, in order to become very rich.

Maranhão [mara'pãw] *n* Maranhão.

marasmo [ma'raʒmu] *m* **-1.** [desânimo] lethargy. **-2.** [estagnação] stagnation.

maratona [mara'tona] *m* marathon.

maravilha [mara'viʎa] *f* wonder; **às mil ~s** wonderfully; **ser uma ~** to be wonderful.

maravilhar [maravi'ʎa(x)] *vt* to astonish.

◆ **maravilhar-se** *vp*: **~-se (de algo)** to be amazed (at sthg).

maravilhoso, osa [maravi'ʎozu, ɔza] *adj* wonderful.

marca ['maxka] *f* **-1.** [ger] mark. **-2.** [COM - de carro] make; [- de café, queijo] brand; **~ registrada** registered trademark. **-3.** [de prata] hallmark.

◆ **de marca maior** *loc adj pej* of the first order.

marcação [maxka'sãw] *(pl* **-ões**) *f* **-1.** [ato de marcar - enxoval] marking; [- ga-

do] branding. **-2.** ESP marking. **-3.** [perseguição, vigilância] scrutiny; **estar de ~ com alguém** to pick on sb.

marcado, da [max'kadu, da] *adj* **-1.** [assinalado - roupa, texto] marked; [- gado] branded. **-2.** [reservado] booked. **-3.** [com marca, mancha] marked. **-4.** [pessoa - traumatizada] marked; [- em evidência] watched.

marcador [maxka'do(x)] *m* **-1.** [de livro] bookmark. **-2.** [ESP - quadro] scoreboard; [- jogador] scorer.

marcante [max'kãntʃi] *adj* marked.

marcapasso [maxka'pasu] *m* MED pacemaker.

marcar [max'ka(x)] *vt* **-1.** [ger] to mark; **~ época** to make history. **-2.** [pôr marca em - livro, roupa] to mark; [- animal] to brand. **-3.** [data, hora, prazo] to fix; **~ o tempo de algo** to time sthg. **-4.** [almoço, encontro] to arrange; **~ uma consulta** to make an appointment. **-5.** [ESP - jogador] to mark; [- gol] to score. **-6.** [suj: relógio] to say. **-7.** [suj: termômetro] to show. **-8.** [demarcar] to demarcate.

marceneiro, ra [maxse'nejru, ra] *m, f* cabinet-maker.

marcha ['maxʃa] *f* **-1.** [ato] marching. **-2.** [passo] pace. **-3.** [ger] march. **-4.** AUTO gear; **~ à ré** reverse. **-5.** [MÚS - tradicional] march; **~ fúnebre** funeral march; [- popular] festive march. **-6.** *fig* [progressão] course.

marchar [max'ʃa(x)] *vi* **-1.** MIL to march. **-2.** [ir]: **~ para** to go to.

marchinha [max'ʃina] *f* MÚS *a satirical song in double time, in the main performed during carnival*.

marcial [max'sjaw] *(pl* **-ais**) *adj* martial; **corte ~** court martial.

marco ['maxku] *m* **-1.** [ger] landmark. **-2.** [moeda] mark. **-3.** [da janela] frame.

março ['maxsu] *m* March; *veja também* **setembro**.

maré [ma'rɛ] *f* **-1.** [do mar] tide; **~ alta/baixa** high/low tide; **remar contra a ~** *fig* to swim against the tide. **-2.** *fig* [ocasião] spell. **-3.** *fig* [tendência] tendency. **-4.** *fig* [multidão] sea.

marechal [mare'ʃaw] *(pl* **-ais**) *m* marshal.

maré-cheia [ma,rɛ'ʃeja] *(pl* **marés-cheias**) *f* high tide.

maremoto [mare'mɔtu] *m* tidal wave.

maresia [mare'zia] *f* sea air.

marfim [max'fĩ] *m* ivory; **de ~** ivory (*antes de subst*).

margarida [maxga'rida] *f* BOT daisy.

margarina [maxga'rina] *f* margarine.

margem ['maxʒẽ] *(pl* **-ns**) *f* **-1.** [ger] margin; **~ de lucro** profit margin. **-2.** [beira - de estrada, lago] edge; **à ~ de**

alongside; [- de rio] bank; [- litoral] shore. **-3.** [latitude] room; ~ **de erro** margin of error; ~ **de segurança** safety margin. **-4.** [limites] edge; **à ~ da sociedade/lei** on the fringes of society/ the law. **-5.** [ocasião] **dar ~ a alguém para fazer algo** to give sb the chance to do sthg.

marginal [maxʒi'naw] (pl **-ais**) <> adj **-1.** [pessoa] delinquent. **-2.** [nota] marginal. <> mf [pessoa] delinquent.

marginalidade [maxʒinali'dadʒil f delinquency.

marginalizar [maxʒinali'za(x)] vt [excluir] to marginalize.

➡ **marginalizar-se** vp [tornar-se fora-da-lei] to marginalize o.s.

maria-fumaça [ma,riafu'masa] (pl **marias-fumaças**) m & f steam train.

maria-sem-vergonha [ma,riasẽvex-'goɲal (pl **marias-sem-vergonha**) f BOT busy lizzie.

marido [ma'ridul m husband.

marimbondo [marĩ'bõndul m hornet.

marina [ma'rinal f marina.

marinha [ma'riɲal f ➩ **marinho**.

marinheiro, ra [mari'ɲejru, ral <> adj sailor's (antes de subst). <> m, f sailor; ~ **de primeira viagem** fig greenhorn.

marinho, nha [ma'riɲu, ɲal adj [do mar] marine.

➡ **marinho** <> adj inv [cor] navy. <> m [cor] navy blue.

➡ **marinha** f **-1.** [força] navy; **marinha (de guerra)** navy; **marinha mercante** merchant navy. **-2.** [pintura] seascape.

marionete [marjo'nɛtʃil f puppet.

mariposa [mari'pozal f moth.

marisco [ma'riʃkul m shellfish.

marital [mari'tawl (pl **-ais**) adj marital.

marítimo, ma [ma'ritʃimu, mal adj maritime.

marketing ['maxketʃĩɲ] m marketing.

marmanjo [max'mãnʒul m grown man.

marmelada [maxme'ladal f **-1.** [doce] quince jam. **-2.** fam [mamata] racket.

marmelo [max'mɛlul m quince.

marmita [max'mital f **-1.** [recipiente] casserole. **-2.** [refeição] packed lunch.

mármore ['maxmoril m marble.

marmóreo, rea [max'mɔriu, rial adj marble.

marola [ma'rɔlal f small wave.

marquês, quesa [max'keʃ, ezal (mpl **-eses**, fpl **-esas**) m, f marquis (f marchioness).

marquise [max'kizil f canopy.

marra ['maxal f: **obedeceu na ~** he obeyed under pressure; **invadiram ~** they invaded in strength.

marreco [ma'xɛkul m wigeon.

Marrocos [ma'xɔkuʃl n Morocco.

marrom [ma'xõl (pl **-ns**) <> adj brown. <> m brown.

marroquino, na [maxo'kinu, nal <> adj Moroccan. <> m, f Moroccan.

Marte ['maxtʃil m Mars.

martelar [maxte'la(x)] <> vt **-1.** [com martelo] to hammer. **-2.** [afligir] to bother. **-3.** [repetir] to repeat. <> vi [dar marteladas] to hammer.

martelo [max'tɛlul m hammer.

mártir ['maxti(x)] (pl **-es**) mf martyr.

martírio [max'tʃirjul m **-1.** [suplício] martyrdom. **-2.** fig [tormento] torment; **ser um ~** to be a torment.

martirizar [maxtʃiri'za(x)] vt **-1.** [torturar] to torture. **-2.** fig [atormentar] to torment.

➡ **martirizar-se** vp [atormentar-se] to agonize.

marujo [ma'ruʒul m sailor.

marulho [ma'ruʎul m **-1.** [do mar] surge. **-2.** [das ondas] lapping.

marxismo [max'ksiʒmul m Marxism.

marzipã [maxzi'pãl m marzipan.

mas [ma(j)ʃl <> conj but; ~ **que decepção!** how disappointing! <> cont = **me** + **as**.

➡ **mas também** loc conj but also; **não só ... ~ também** not only ... but also.

mascar [maʃ'ka(x)] <> vt to chew. <> vi to chew.

máscara ['maʃkaral f **-1.** [ger] mask; **baile de ~s** masked ball; ~ **de oxigênio** oxygen mask; ~ **(de beleza)** face mask. **-2.** [fachada] disguise; **tirar a ~ de alguém** to unmask sb.

mascarado, da [maʃka'radu, dal adj [fantasiado] masked.

mascarar [maʃka'ra(x)] vt to mask.

mascavo [maʃ'kavul adj ➩ **açúcar**.

mascote [maʃ'kɔtʃil f mascot.

masculinidade [maʃkulini'dadʒil f masculinity.

masculinizar [maʃkulini'za(x)] vt to masculinize.

masculino, na [maʃku'linu, nal adj **-1.** [sexo, população] male. **-2.** [modos, voz]: **esta foi uma reação tipicamente masculina** that was a typically male response. **-3.** GRAM masculine.

másculo, la ['maʃkulu, lal adj [viril] manly.

masmorra [maʒ'moxal f **-1.** [calabouço] dungeon. **-2.** fig [aposento] hole.

masoquista [mazo'kiʃtal <> adj masochistic. <> mf masochist.

massa ['masal f **-1.** [ger] mass. **-2.** [culinária - de pão] dough; [- de bolo] mixture; [- de torta, empada] pastry; [- de tomate] paste. **-3.** [macarrão] pasta. **-4.** [grande quantidade]: **uma ~ de** a mass of.

◆ **massas** *fpl*: as ~s the masses.

◆ **em massa** *loc adv* en masse.

massa-corrida [ˈmasakoˈxida] (*pl* -s) *f* plaster skim *applied before painting*.

massacrar [masaˈkra(x)] *vt* -**1.** [ger] to massacre. -**2.** [oprimir] to oppress. -**3.** *fig* [torturar] to torture.

massacre [maˈsakri] *m* massacre.

massagear [masaˈʒea(x)] ⬦ *vt* to massage. ⬦ *vi* to do massage.

massagem [maˈsaʒẽ] (*pl*-ns) *f* massage.

massagista [masaˈʒiʃta] *mf* masseur (*f* masseuse).

massificar [masifiˈka(x)] *vt* -**1.** [ensino universitário] to popularize. -**2.** [povo] to sell to the masses.

massudo, da [maˈsudu, da] *adj* -**1.** [pão, torta] heavy. -**2.** [documentação, livro] bulky.

mastigar [maʃtʃiˈga(x)] ⬦ *vt* [triturar] to chew. ⬦ *vi* [triturar] to chew.

mastro [ˈmaʃtru] *m* -**1.** *NÁUT* mast. -**2.** [para bandeira] flagpole.

masturbar [maʃtuxˈba(x)] *vt* to masturbate.

◆ **masturbar-se** *vp* to masturbate.

mata [ˈmata] *f* forest; ~ **virgem** virgin forest.

mata-baratas [mataˈrataʃ] *mpl* [inseticida] cockroach killer.

matadouro [mataˈdoru] *m* slaughterhouse.

matagal [mataˈgaw] (*pl* -ais) *m* -**1.** [terreno] bush. -**2.** [mata espessa] thicket.

mata-moscas [ˌmataˈmoʃkaʃ] *m* (*inv*) fly-swat.

matança [maˈtãsa] *f* -**1.** [de pessoas] massacre. -**2.** [de animais] slaughter.

matar [maˈta(x)] ⬦ *vt* -**1.** [ger] to kill. -**2.** [saciar - fome] to satisfy; [- sede] to quench; [- curiosidade] to quell. -**3.** [gazetear] to skip. -**4.** [executar mal] to do badly. -**5.** [decifrar] to guess. -**6.** [fazer desaparecer] to crush. ⬦ *vi* [causar morte] to kill.

◆ **matar-se** *vp* -**1.** [suicidar-se] to kill o.s. -**2.** [cansar-se]: ~-**se de algo/fazer algo** to kill o.s. with sthg/doing sthg.

◆ **de matar** *loc adj fig* [terrível] terrible; **dor de** ~ excruciating pain; **ser de** ~ to be terrible.

mate [ˈmatʃi] *m* [bebida] maté.

matelassê [matelaˈse] *adj* quilted.

matemático, ca [mateˈmatʃiku, ka] ⬦ *adj* mathematical. ⬦ *m, f* mathematician.

◆ **matemática** *f* [ciência] mathematics (*sg*).

matéria [maˈtɛrja] *f*-**1.** [ger] matter. -**2.** [assunto] subject; **em** ~ **de política/ esporte** in the area of politics/sports. -**3.** *EDUC* subject. -**4.** *JORN* article.

material [mateˈrjaw] (*pl* -ais) ⬦ *adj* material. ⬦ *m* -**1.** [substância] material. -**2.** [utensílios] materials (*pl*); ~ **de limpeza** cleaning products (*pl*). -**3.** [bélico] armaments (*pl*). -**4.** [informativo, didático] teaching material.

materialista [materjaˈliʃta] ⬦ *adj* materialistic. ⬦ *mf* materialist.

matéria-prima [maˌtɛrjaˈprima] (*pl* **matérias-primas**) *f* raw material.

maternal [matexˈnaw] (*pl* -ais) ⬦ *adj* maternal. ⬦ *m* *EDUC* nursery school.

maternidade [matexniˈdadʒi] *f*-**1.** [qualidade] motherhood. -**2.** [hospital] maternity hospital.

materno, na [maˈtɛxnu, na] *adj*-**1.** [ger] maternal. -**2.** [língua]: **língua** ~ mother tongue.

matilha [maˈtʃiʎa] *f* [cães] pack.

matinal [matʃiˈnaw] (*pl* -ais) *adj* morning (*antes de subst*).

matinê [matʃiˈne] *f* matinée.

matiz [maˈtʃiʒ] *m* -**1.** [tom] shade. -**2.** *fig* [traço] tinge.

matizar [matʃiˈza(x)] *vt*-**1.** [dar nuances a] to tinge. -**2.** [colorir] to colour *UK*, to color *US*.

mato [ˈmatu] *m* -**1.** [área] scrubland. -**2.** [plantas] weeds (*pl*). -**3.** [roça] countryside. -**4.** *loc*: **estar num** ~ **sem cachorro** *fam* to be up the creek without a paddle.

matreiro, ra [maˈtrejru, ra] *adj fam* [astuto, ardiloso] crafty.

matriarcal [matrjaxˈkaw] (*pl* -ais) *adj* matriarchal.

matrícula [maˈtrikula] *f* -**1.** [inscrição] enrolment *UK*, enrollment *US*; **fazer (a)** ~ to enrol *UK*, to enroll *US*; **qual é o seu número de** ~ what's your registration number? -**2.** [taxa] fee.

matricular [matrikuˈla(x)] *vt*: ~ **alguém (em algo)** to enrol sb (in sthg) *UK*, to enroll sb (in sthg) *US*.

◆ **matricular-se** *vp*: ~-**se (em algo)** to enrol (in sthg) *UK*, to enroll (in sthg) *US*.

matrimonial [matrimoˈnjaw] (*pl*-ais) *adj* matrimonial.

matrimônio [matriˈmonju] *m* marriage.

matriz [maˈtriʃ] (*pl*-es) ⬦ *adj*-**1.** [igreja, língua] mother (*antes de subst*). -**2.** [idéia] original. ⬦ *f*-**1.** [de empresa] head office. -**2.** [de igreja] mother church. -**3.** [molde] mould *UK*, mold *US*. -**4.** *MAT* matrix.

matrona [maˈtrona] *f pej* matron.

maturidade [maturiˈdadʒi] *f* maturity.

matuto, ta [maˈtutu, ta] *m, f* [pessoa da roça] country bumpkin.

mau, má [ˈmaw, ˈma] ⬦ *adj* -**1.** (*antes de subst*) [ger] bad. -**2.** (*antes de subst*) [incapaz] poor. <> *m*, *f* **-1.** [pessoa] bad person. **- 2.** [em filme etc] baddy.

mau-caráter [ˌmawkaˈratex] (*pl* maus-caráteres) <> *adj* disreputable. <> *mf* bad character.

mau-olhado [ˌmawoˈʎadu] (*pl* maus-olhados) *m* evil eye.

mausoléu [mawzoˈlεu] *m* mausoleum.

maus-tratos [mawʃˈtratuʃ] *mpl* abuse.

maxilar [maksiˈla(x)] (*pl*-es) <> *m* jaw. <> *adj* maxillary.

máxima [ˈmasimal *f* ▷ **máximo**.

máximo, ma [ˈmasimu, mal *adj* **-1.** [o maior possível] maximum. **- 2.** [supremo] highest.

◆ **máximo** *m* [o mais alto grau] maximum; **ao ~** to the maximum; **no ~** at most; **ser o ~** [ser maravilhoso] to be the best.

◆ **máxima** *f* **-1.** [temperatura] maximum. **- 2.** [sentença, princípio] maxim.

MB (*abrev de* **megabyte**) *m* MB.

MBA (*abrev de* **Master of Business Administration**) *m* MBA.

me [mil *pron* [complemento direto] me; [complemento indireto] (to) me; [reflexo] myself; **eu nunca ~ engano** I'm never wrong; **eu ~ machuquei** I've hurt myself; **você já ~ contou essa história** you've already told me that story.

meado [ˈmjadul *m*: **em ~ s de setembro** in mid-September.

meandro [ˈmjãndrul *m* meander.

MEC (*abrev de* **Ministério da Educação e Cultura**) *m* Brazilian ministry of education and culture.

Meca [ˈmεkal *n* Mecca.

mecânico, ca [meˈkãniku, kal <> *adj* mechanical. <> *m*, *f* [profissional] mechanic.

◆ **mecânica** *f* **-1.** [ger] mechanics (*pl*). **- 2.** *fig* [mecanismo] workings (*pl*).

mecanismo [mekaˈniʒmul *m* mechanism; **~ de defesa** defence mechanism; **~ de busca** COMPUT search engine.

mecenas [meˈsenaʃ] *m inv* patron.

mecha [ˈmεʃal *f* [de cabelo] strand.

medalha [meˈdaʎal *f* medal.

média [ˈmεdʒial *f* ▷ **médio**.

mediação [medʒjaˈsãw] *f* mediation.

mediador, ra [medʒjaˈdo(x), ral *m*, *f* mediator.

mediano, na [meˈdʒjãnu, nal *adj* **-1.** [ger] average. **- 2.** [linha] median.

mediante [meˈdʒjãntʃil *prep* **-1.** [por meio de] through; **~ ajuda de** with the help of; **~ a graça de Deus** by the grace of God. **- 2.** [a troco de] in exchange for.

mediar [meˈdʒja(x)] <> *vt* [intervir em] to mediate; **~ um debate** to chair a debate. <> *vi* [intervir] to mediate.

medicamento [medʒikaˈmẽntul *m* medicine.

medicar [medʒiˈka(x)] *vt* to medicate.

◆ **medicar-se** *vp* to take medicine.

medicina [medʒiˈsinal *f* medicine.

medicinal [medʒisiˈnawl (*pl* -ais) *adj* medicinal.

médico, ca [ˈmεdʒiku, kal <> *adj* medical. <> *m*, *f* doctor; **~ de família** family doctor, GP, general expert.

médico-hospitalar [ˌmεdʒikwoʃpita-ˈla(x)] (*pl* médico-hospitalares) *adj* hospital and medical (*antes de subst*).

médico-legista, médica-legista [ˌmεdʒikuleˈʒiʃta] (*mpl* médicos-legistas, *fpl* médicas-legistas) *m*, *f* forensic expert.

medida [meˈdʒidal *f* **-1.** [ger] measurement. **- 2.** [tamanho] size; **feito sob ~** made to measure. **- 3.** [grau] degree; **na ~ do possível** as far as possible. **- 4.** [providência] measure; **~ provisória** JUR emergency measure; **~ de segurança** safety measure.

◆ **à medida que** *loc conj* as.

medieval [medʒjeˈvawl (*pl* -ais) *adj* medieval.

médio, dia [ˈmεdʒju, djal *adj* **-1.** [entre dois pontos - ger] middle; [- tamanho] medium. **- 2.** [resultado de cálculo] average. **- 3.** [ensino] secondary.

◆ **média** *f* **-1.** MAT average; **em ~** on average. **- 2.** EDUC secondary school. **- 3.** [café com leite] white coffee.

medíocre [meˈdʒiwkril <> *adj* mediocre. <> *mf* mediocrity.

mediocridade [medʒiwkriˈdadʒil *f* mediocrity.

medir [meˈdʒi(x)] *vt* **-1.** [ger] to measure. **- 2.** [considerar, avaliar] to evaluate. **- 3.** [moderar] to measure; **meça suas palavras!** watch what you say!

meditação [medʒitaˈsãw] (*pl* -ões) *f* meditation.

meditar [meˈdʒita(x)] *vi* to meditate.

meditativo, va [medʒitaˈtʃivu, val *adj* meditative.

mediterrâneo, nea [medʒiteˈxãnju, njal *adj* Mediterranean.

◆ **Mediterrâneo** *n*: **o (mar) ~** the Mediterranean (Sea).

médium [ˈmεdʒjũl (*pl* -ns) [espirit] *mf* medium.

mediúnico, ca [meˈdʒjuniku, kal *adj* of a medium (*depois de subst*).

mediunidade [medʒjuniˈdadʒil *f* spiritualism.

medo [ˈmedul *m* **-1.** [pavor] fear; **estar com** *ou* **ter ~ (de)** to be afraid (of); **morrer de ~** to be frightened to death. **- 2.** [receio]: **com ~ de/que** for fear of/that.

medroso, osa [me'drozu, ɔza] <> *adj*
[temeroso] scared. <> *m, f* coward.

medula [me'dula] *f* ANAT marrow,
medulla; ~ **óssea** bone marrow.

megabyte [mɛga'bajtʃi] *m* COMPUT
megabyte.

megafone [mɛga'fɔni] *m* megaphone.

megalomaníaco, ca [megaloma'njaku,
ka] <> *adj* megalomaniac. <> *m, f*
megalomaniac.

megera [me'ʒɛra] *f* shrew.

meia [mejal *f* > **meio.**

meia-calça [,meja'kawsa] *(pl* **meias-
calças)** *f* tights *(pl)* UK, pantyhose
(pl) US.

meia-entrada [,mejaẽn'tradal *(pl* **meias-
entradas)** *f* half-price ticket.

meia-idade [,mejej'dadʒil *(pl* **meias-
idades)** *f* middle age.

meia-lua [,meja'lual *f* **-1.** ASTRO half
moon. **-2.** [semicírculo] semicircle.

meia-luz [,meja'luʃ] *(pl* **meias-luzes)** *f*
half light; à ~ in the gloom.

meia-noite [,meja'nojtʃi] *(pl* **meias-
noites)** *f* midnight; à ~ at midnight.

meigo, ga [l'mejgu, gal *adj* gentle.

meio, meia [l'meju, 'mejal *adj* half; a ~
caminho halfway; **meia dúzia** half a
dozen; **meia hora** half an hour; ~ **quilo**
half a kilo; **são três e meia** it's half past
three.
 meio <> *adv* half- . <> *m* **-1.**
[metade] half; ~ a ~ fifty-fifty. **-2.**
[centro] middle; **o filho do** ~ the
middle son. **-3.** [ambiente - social,
profissional] circle; [- físico] milieu; ~
ambiente environment. **-4.** [modo]
way; **por** ~ **de** through, by means of.
 meios *mpl* [recursos] means; **os** ~ **s**
de comunicação the media; ~ **s de**
transporte means of transport.
 meia <> *num* six. <> *f* **-1.** [meia-
de seda] stocking; [- soquete] sock. **-2.**
[entrada] half-price ticket.

meio-dia [,meju'dʒial *(pl* **meios-dias)** *m*
midday; **ao** ~ at midday.

meio-fio [,meju'fiwl *(pl* **meios-fios)** *m*
kerb UK, curb US.

meio-tempo [,meju'tẽnpul *(pl* **meios-
tempos)** *m* [ínterim]: **nesse** ~ meanwhile.

meio-tom [,meju'tõl *(pl* **meios-tons)** *m*
-1. MÚS semitone. **-2.** [de cor] half-tone.

mel [l'mɛwl *m* honey.

melancia [melãn'sial *f* watermelon.

melancolia [melãnko'lial *f* melancholy.

melancólico, ca [melãn'kɔliku, kal *adj*
melancholic.

melão [me'lãwl *(pl* **-ões)** *m* melon.

meleca [me'lɛkal *f* **-1.** *fam* [secreção]
bogey; **ele está tirando** ~ **do nariz** he's
picking his nose. **-2.** *(enfático)*: **essa** ~

dessa chuva that damned rain.

melhor [me'ʎɔ(x)l *(pl* **-es)** <> *adj* **-1.**
(comparativo de bom): ~ **(do que)**
better (than); **bem/muito** ~ much
better; **é** ~ **você ...** you had better ...;
quanto mais ~ the more the better. **-2.**
(superlativo de bom): **o/a** ~ the best.
<> *adv* **-1.** *(comparativo de bem)*: ~ **(do**
que) better (than); **estar** ~ to be better.
-2. *(superlativo de bem)* best. <> *m, f*:
o/a ~ the best; **levar a** ~ to come
off best.
 ou melhor *loc adv* or rather.

melhora [me'ʎɔral *f* improvement; **es-
timo suas** ~ **s** I hope you get better
soon.

melhoramento [meʎɔra'mẽntul *m* improvement.

melhorar [meʎo'ra(x)l <> *vt* to improve. <> *vi* to improve; ~ **de algo** to
improve in sthg; ~ **de vida** to get on in
life.

melhoria [meʎo'rial *f* improvement.

melindrar [melĩn'dra(x)l *vt* to offend.

melodia [melo'dʒial *f* melody.

melódico, ca [me'lɔdʒiku, kal *adj* melo-
dic.

melodrama [melo'dramal *m* melodrama.

melodramático, ca [melodra'matʃiku,
kal *adj* melodramatic.

melões [me'lõjʃl *pl* > **melão.**

melro [l'mɛwxul *m* blackbird.

membro [l'mẽnbrul *m* **-1.** [ANAT - braços,
pernas] limb; [- pênis] (male)
member, penis. **-2.** [parte] member.

memorando [memo'rãndul *m* **-1.**
[comunicação] memo. **-2.** [nota
diplomática] memorandum.

memorável [memo'ravewl *(pl* **-eis)** *adj*
memorable.

memória [me'mɔrjal *f* **-1.** [ger] memory;
de ~ by heart; **ter** ~ **fraca** to have a
poor memory; **vir à** ~ to come to
mind; ~ **RAM/ROM** RAM/ROM mem-
ory. **-2.** [recordação] recollection; **em** ~
de in memory of.
 memórias *fpl* memoirs.

memorial [memo'rjawl *(pl* **-ais)** *m* memorial.

memorização [l'memori'zasãwl *(pl* **-ões)**
f memorizing.

memorizar [memori'za(x)l *vt* to memorize.

menção [mẽn'sãwl *(pl* **-ões)** *f* **-1.**
[referência] mention; **fazer** ~ **a algo** to
make mention of sthg. **-2.** [intento]: **fazer** ~ **de se levantar** to make as if to
get up. **-3.** [distinção]: ~ **honrosa** distinction.

mencionar [mẽnsjo'na(x)l *vt* to mention; **(isso) sem mencionar ...** not to
mention ...

mendicância [mẽndʒiˈkãnsja] f begging.

mendigar [mẽndʒiˈga(x)] ⟨⟩ vt **-1.** [esmola] to beg for. **-2.** [ajuda, favor] to beg. ⟨⟩ vi [pedir esmola] to beg.

mendigo, ga [mẽnˈdʒigu, ga] m, f beggar.

menina [meˈnina] f ⟩ **menino**.

meninada [meniˈnada] f kids (pl).

meningite [menĩnˈʒitʃi] f meningitis.

meninice [meniˈnisi] f **-1.** [período] childhood. **-2.** [criancice] childishness.

menino, na [meˈninu, na] ⟨⟩ adj young. ⟨⟩ m, f **-1.** [criança] child; **nasceu um** ∼ a boy was born; ∼ **de rua** street child. **-2.** [jovem] youngster. **-3.** [como forma de tratamento] boy.

➤ **menina** f: **ser a menina dos olhos de alguém** to be the apple of sb's eye.

menopausa [menoˈpawza] f menopause.

menor [meˈnɔ(x)] (pl **-es**) ⟨⟩ adj **-1.** (comparativo): ∼ **(do que)** [de tamanho] smaller (than); [de idade] younger (than); [de importância, número] less (than). **-2.** (superlativo): **o/a** ∼ [de] the least; [de tamanho] the smallest. **-3.** [jovem]: **ser** ∼ **(de idade)** [para dirigir, votar] to be under age; JUR to be a minor, to be under age. **-4.** (antes de subst) [noção, paciência] slightest. ⟨⟩ mf **-1.** (superlativo): **o/a** ∼ [de tamanho] the smallest; [de idade] the youngest; **proibido para** ∼ **es** prohibited to under 18s. **-2.** [jovem] young person. **-3.** JUR minor.

menoridade [menoriˈdadʒi] f minority.

menos [ˈmenuʃ] ⟨⟩ adv **-1.** [em comparações] less; **a Ana é** ∼ **inteligente** Ana is less intelligent; ∼ **do que** less than; ∼ ... **do que** ... less ...than ...; **tenho** ∼ **trabalho do que ele** I have less work than him; **tenho um livro a** ∼ I'm one book short; **deram-me 5 reais a** ∼ they gave me 5 reais too little, they shortchanged me by 5 reals. **-2.** [como superlativo]: **o/a** ∼ ... the least ...; **o** ∼ **caro/interessante** the least expensive/ interesting. **-3.** [em locuções]: **a** ∼ **que** unless; **ao** ∼, **pelo** ∼ at least; **isso é o de** ∼ that's the least of it; **pouco** ∼ **de** just under. ⟨⟩ adj inv **-1.** [em comparações] less, fewer pl; **como** ∼ **carne** I eat less meat; **eles têm** ∼ **posses** they have fewer possessions; **está** ∼ **frio do que ontem** it's less cold than it was yesterday; ∼ ... **do que** less ... than, fewer ... than pl. **-2.** [como superlativo] (the) least, (the) fewest pl; **as que** ∼ **bolos comeram** those who ate (the) fewest cakes; **os que** ∼ **dinheiro têm** those who have (the) least money. ⟨⟩ prep **-1.** [exceto]

except (for); **todos gostaram** ∼ **ele** they all liked it except (for) him; **tudo** ∼ **isso** anything but that. **-2.** [indica subtração] minus; **três** ∼ **dois é igual a um** three minus two equals one.

menosprezado, da [menoʃpreˈzadu, da] adj underestimated.

menosprezar [menoʃpreˈza(x)] vt to disdain.

menosprezo [menoʃˈprezu] m: ∼ **(por)** disdain (for).

mensageiro, ra [mẽsaˈʒejru, ra] m, f messenger.

mensagem [mẽsaˈʒẽ] (pl **-ns**) f message.

mensal [mẽnˈsaw] (pl **-ais**) adj monthly; **ganho 1.000 reais mensais** I earn 1,000 reals a month.

mensalidade [mẽnsaliˈdadʒi] f monthly payment.

mensalmente [mẽnsawˈmẽntʃi] adv monthly.

menstruação [mẽnʃtrwaˈsãw] (pl **-ões**) f menstruation.

menstruada [mẽnʃˈtrwada] adj f: **estar/ ficar** ∼ to be menstruating.

menstrual [mẽnʃˈtrwaw] (pl **-ais**) adj menstrual.

menstruar [mẽnʃˈtrwa(x)] vi to menstruate.

mensurável [mẽnsuˈravew] (pl **-eis**) adj measurable.

menta [ˈmẽnta] f mint; **de** ∼ mint (antes de subst).

mental [mẽnˈtaw] (pl **-ais**) adj mental.

mentalidade [mẽntaliˈdadʒi] f mentality.

mentalizar [mẽntaliˈza(x)] vt **-1.** [pensar em] to think. **-2.** [conceber] to imagine.

mente [ˈmẽntʃi] f mind; **ter algo em** ∼ to have sthg in mind.

mentecapto, ta [mẽnteˈkaptu, ta] m, f insane, foolish.

mentir [mẽnˈtʃi(x)] vi to lie.

mentira [mẽnˈtʃira] f [falsidade] lie; **de** ∼ [como brincadeira] as a joke; [falso] fake; ∼ **deslavada** downright lie; ∼! [mostrando surpresa] you don't say!

mentiroso, osa [mẽntʃiˈrozu, ɔza] ⟨⟩ adj **-1.** [ger] untruthful. **-2.** [jornalista, artigo] lying. ⟨⟩ m, f [pessoa] liar.

mentolado, da [mẽntoˈladu, da] adj mentholated.

mentor, ra [mẽnˈto(x), ra] m, f [autor intelectual]: **o/a** ∼ the brains.

menu [meˈnu] m menu.

meramente [mɛraˈmẽntʃi] adv merely.

mercado [mexˈkadu] m market; ∼ **negro** black market; ∼ **de trabalho** job market; ∼ **das pulgas** flea market.

➤ **Mercado Comum** m Common Market.

mercador [mexka'do(x)] *m* merchant.

mercadoria [mexkado'ria] *f* commodity.
➤ **mercadorias** *fpl* merchandise, goods *(pl)*.

mercante [mex'kãntʃi] *adj* merchant *(antes de subst)*.

mercantil [mexkãn'tʃiw] *(pl* -is) *adj* mercantile.

mercantilismo [mexkãntʃi'liʒmu] *m* mercantilism.

mercê [mex'se] *f*: estar/ficar à ~ de alguém/algo to be at the mercy of sb/ sthg.

mercearia [mexsja'ria] *f* grocery shop.

mercenário, ria [mexse'narju, rja] <> *adj* mercenary. <> *m, f* mercenary.

Mercosul [mexko'suw] *(abrev de* **Mercado do Cone Sul)** *m South American common market.*

mercúrio [mex'kurju] *m* mercury; ~ cromo merbromin, Mercurochrome®.

Mercúrio [mex'kurju] *m* Mercury.

merda ['mɛxda] *mfam* <> *f* -1. [ger] crap, shit; **ser/estar uma** ~ to be crap; **mandar alguém à** ~ to tell sb to bugger off. -2. [excremento] shit. <> *interj*: **(que)** ~! what crap!

merecedor, ra [merese'do(x), ra] *adj*: ~ de deserving of.

merecer [mere'se(x)] <> *vt* to deserve. <> *vi*: ele ganhou o prêmio, mas não merecia he won the prize but he didn't deserve it.

merecido, da [mere'sidu, da] *adj* deserved; **foi um castigo bem** ~ it was a well deserved punishment.

merecimento [meresi'mẽntu] *m* [mérito, valor] merit.

merenda [me'rẽnda] *f* snack; ~ escolar free school meal.

merendeira [merẽn'dejra] *f* [lancheira] snack box.

merengue [me'rẽŋgi] *m* meringue.

meretriz [mere'triʒ] *f* prostitute.

mergulhador, ra [mexguʎa'do(x), ra] *(mpl* -es, *fpl* -s) <> *adj* diving. <> *m, f* diver.

mergulhar [mexgu'ʎa(x)] <> *vt* [afundar]: ~ algo (em algo) to dip sthg (in sthg). <> *vi* -1.: ~ (em algo) [afundar] to dive (into sthg); [saltar] to spring (from sthg). -2.: ~ em algo [penetrar] to plunge into sthg; *fig* [concentrar-se] to plunge o.s. in sthg.

mergulho [mex'guʎu] *m* -1. [ger] dive; **dar um** ~ [na praia] to take a dip; [de trampolim] to spring. -2. *ESP* diving.

meridiano, na [meri'dʒjãnu, na] *adj* meridian.
➤ **meridiano** *m GEOGR* meridian.

meridional [meridʒjo'naw] *(pl* -ais) *adj* southern.

meritíssimo, ma [meri'tʃisimu, ma] *adj* highly deserving.

mérito ['mɛritu] *m* merit.

merluza [mex'luza] *f* hake.

mero, ra ['mɛru, ra] *adj* mere.

merreca [me'xɛka] *f*: **uma** ~ a trifle; **custar/pagar uma** ~ to cost/pay a trifle.

mês ['meʃ] *(pl* meses) *m*: de ~ em ~ monthly.

mesa ['meza] *f* -1. [móvel] table; **pôr/tirar a** ~ to lay/clear the table; ~ telefônica switchboard. -2. [de uma assembléia etc] board. -3. *loc*: **virar a** ~ to turn the tables.

mesada [me'zada] *f* -1. [pagamento] monthly payment. -2. [de criança] pocket money *UK*, allowance *US*.

mesa-de-cabeceira [,mezadʒikabi'sejra] *(pl* **mesas-de-cabeceira)** *f* bedside table.

mesa-redonda [,mezaxe'dõnda] *(pl* **mesas-redondas)** *f* round table.

mescla ['mɛʃkla] *f* -1. [mistura] mixture. -2. [tecido] blend.

mesclar [meʃ'kla(x)] *vt* -1. [misturar]: ~ algo (com algo) to mix sthg (with sthg). -2. [incorporar]: ~ algo a algo to combine sthg with sthg.

mesmo, ma ['meʒmu, ma] <> *adj* -1. [ger] same; o ~ batom the same lipstick; **na mesma hora** [imediatamente] at once. -2. [próprio]: eu ~ fiz isso I made that myself; ela mesma herself; eles mesmos themselves. -3. [para enfatizar] very. <> *pron*: o ~ /a mesma the same.
➤ **mesma** <> *f*: continuar na mesma [não mudar] to be exactly the same. <> *m* [a mesma coisa]: o mesma the same; **dá no mesma** it's all the same.
➤ **mesmo** *adv* -1. [precisamente]: agora/aqui ~ right now/here; **é assim** ~ that's just the way it is; **por isso** ~ for that very reason. -2. [realmente] really; **é** ~? really?; **só** ~ você consegue fazer isso only you can do it. -3. [até, ainda] even; ~ assim, assim ~ even so; **nem** ~ not even.
➤ **mesmo que** *loc conj* even though.

mesquinhez [meʃki'neʒ] *f* [] meanness.

mesquinho, nha [meʃ'kiɲu, ɲal *adj* mean.

mesquita [meʃ'kita] *f* mosque.

messias [me'siaʃ] *m fig* messiah.
➤ **Messias** *m*: o Messias the Messiah.

mestiçagem [meʃtʃi'saʒẽ] *(pl* -ns) *f* -1. [cruzamento] cross-breeding. -2. [miscigenação] miscegenation.

mestiço, ça [meʃ'tʃisu, sa] <> *adj* mestizo. <> *m, f* mestizo.

mestra ['mɛʃtra] *f* ▷ **mestre**.

mestrando, da [meʃ'trãndu, da] *m student about to complete a master's
degree.*

mestre, tra ['mɛʃtri, tral ⟨⟩ *adj* **-1.**
[extraordinário] fantastic. **-2.** [principal]
master. ⟨⟩ *m, f* **-1.** [ger] master; **ser
∼ em fazer algo** *irôn* to be a past
master at doing sthg. **-2.** [fonte de
ensinamento] teacher. **-3.** [músico] maestro.

mestre-de-cerimônias [ˌmɛʃtridʒise-
ri'monjaʃ] (*pl* mestres-de-cerimônias) *m*
master of ceremonies.

mestre-de-obras [ˌmɛʃtri'dʒjɔbraʃ] (*pl*
mestresde-obras) *m* foreman.

mestre-sala [ˌmɛʃtri'sala] (*pl* mestres-
sala) *m* [em escola de samba *leader of
samba group display during carnival.*

mesura [me'zura] *f* reverence.

meta ['mɛta] *f* **-1.** [objetivo] aim, goal.
-2. [gol] goal. **-3.** [na corrida] finishing
line.

metabolismo [metabo'liʒmu] *m* meta-
bolism.

metade [me'tadʒi] *f* half; ∼ **das pessoas**
half the people; **deixar pela ∼** to leave
halfway through; **na ∼ do caminho**
halfway.

metáfora [me'tafora] *f* metaphor.

metafórico, ca [meta'fɔriku, ka] *adj*
metaphorical.

metal [me'taw] (*pl* -ais) *m* metal.
➤ **metais** *mpl* MÚS brass instruments.

metálico, ca [me'taliku, ka] *adj* metallic.

metalurgia [metalux'ʒia] *f* metallurgy.

metalúrgico, ca [meta'luxʒiku, ka] ⟨⟩
adj metallurgic. ⟨⟩ *m, f* [operário]
metallurgist.
➤ **metalúrgica** *f* [oficina] foundry.

meteórico, ca [mete'ɔriku, ka] *adj* me-
teoric.

meteorito [metʃu'ritu] *m* meteorite.

meteoro [me'tjɔru] *m* meteor.

meteorologia [metʃjorolo'ʒia] *f* meteorology.

meteorológico, ca [metʃjoro'lɔʒiku, ka]
adj meteorological.

meter [me'te(x)] *vt* **-1.** [ger] to put. **-2.**
[enfiar]: ∼ **algo em** OU **dentro de algo**
to put sthg in/inside sthg. **-3.** [inspirar]:
ele me mete pena he makes me feel
sorry for him; **ele é feio de ∼ medo** he's
so ugly it's frightening.
➤ **meter-se** *vp* **-1.** [ir, esconder-se] to
hide. **-2.** [intrometer-se]: ∼-**se (em algo)**
to stick one's nose (in sthg); **não se
meta!** don't interfere! **-3.** [desafiar]: ∼-
se com alguém to provoke sb. **-4.** [asso-
ciar-se]: ∼-**se com alguém** to get mixed
up with sb. **-5.** [fazer-se de]: ∼-**se a algo**

to play at being sthg. **-6.** [aventurar-se]:
∼-**se a fazer algo** to start doing sthg.

meticuloso, osa [metʃiku'lozu, ɔza] *adj*
meticulous.

metido, da [me'tʃidu, da] *adj* **-1.**
[abelhudo] meddlesome, nosy. **-2.** [pre-
sumido]: ∼ **(a besta)** full of o.s. **-3.** [cheio
de intimidades] inquisitive. **-4.**
[envolvido]: ∼ **em algo** involved in sthg.

metodismo [meto'dʒiʒmu] *m* **-1.** RELIG
Methodism. **-2.** [procedimento] method.

metodista [meto'dʒiʃta] RELIG ⟨⟩ *adj*
Methodist. ⟨⟩ *mf* Methodist.

método ['mɛtodu] *m* method.

metodológico, ca [metodo'lɔʒiku, ka]
adj methodological.

metonímia [meto'nimja] *f* metonymy.

metragem [me'traʒẽ] *f* **-1.** [medida]
length in metres UK OU meters US.
-2. CINE: **filme de curta/longa ∼** short/
feature-length film.

metralhadora [metraʎa'dora] *f* machine gun.

métrico, ca ['mɛtriku, ka] *adj* **-1.** [do
metro] metric; **fita métrica** tape measure. **-2.** LITER metrical.

metro ['mɛtru] *m* metre UK, meter US;
∼ **cúbico** cubic metre; ∼ **quadrado**
square metre.

metrô [me'tro] *m* underground UK,
subway US.

metrópole [me'trɔpoli] *f* **-1.** [cidade
principal] capital. **-2.** [cidade grande]
metropolis. **-3.** [nação] mother country.

metropolitano, na [metropoli'tãnu, na]
adj metropolitan.

meu, minha ['mew, 'miɲa] ⟨⟩ *adj* **-1.**
[ger] my; **este é o ∼ carro** this is my
car; ∼ **Deus!** my God!; **minha nossa!** oh
me, oh my!, gosh! **-2.** [caro a mim] my;
como vai, ∼ caro Affonso? how are you,
my dear Affonso?; ∼ **irmão** *fam* [trata-
mento] my friend. ⟨⟩ *pron*: **o ∼ /a minha** mine; **um amigo ∼** a friend of
mine; **os ∼ s** [a minha família] my family;
este jeito de andar é bem ∼ this manner
of walking is quite me.

mexer [me'ʃe(x)] ⟨⟩ *vt* **-1.** [ger] to
move. **-2.** [misturar] to mix. ⟨⟩ *vi* **-1.**
[mover] to move. **-2.**: ∼ **em alguém/algo**
[tocar] to touch sb/sthg; [mudar de posição, remexer] to fiddle with sb/sthg. **-3.**:
∼ **com alguém** [caçoar] to tease sb;
[provocar] to provoke sb; [afetar] to
affect sb. **-4.** [trabalhar]: ∼ **com algo** to
work with sthg.
➤ **mexer-se** *vp* **-1.** [mover-se] to move.
-2. [agir] to move.

mexerica [meʃe'rika] *f* tangerine.

mexerico [meʃe'riku] *m* **-1.** [ato] gossip.
-2. [intriga] intrigue.

mexicano, na [meʃiˈkãnu, na] <> *adj* Mexican. <> *m, f* Mexican.

México [ˈmɛʃikul] *n* Mexico.

mexido, da [meˈʃidu, da] *adj* -1. [papéis] muddled. -2. [ovos] scrambled.

mexilhão [meʃiˈʎãw] (*pl* -ões) *m* mussel.

mg (*abrev de* **miligrama**) *m* mg.

MG (*abrev de* **Estado de Minas Gerais**) *n* State of Minas Gerais.

mi [mi] *m* MÚS E, mi.

miado [ˈmjadu] *m* miaow.

miar [ˈmja(x)] *vi* to mew.

miçanga [miˈsãŋga] *f* -1. [conta] glass bead. -2. [ornato] beads (*pl*).

mico [ˈmiku] *m* ZOOL capuchin monkey.

mico-leão [mikuˈljãw] (*pl* **micos-leão**) *m* ZOOL golden lion tamarin.

micose [miˈkɔzi] *f* fungal infection, mycosis.

micro [ˈmikru] *m* COMPUT computer, PC.

micro- [mikru-] *prefixo* micro-.

micróbio [miˈkrɔbju] *m* microbe.

microbiologia [mikrobjoloˈʒia] *f* microbiology.

microcomputador [mikrokõnputaˈdo(x)] *m* microcomputer.

microempresa [mikrowẽnˈpreza] *f* small business.

microfilme [mikroˈfiwmi] *m* microfilm.

microfone [mikroˈfoni] *m* microphone.

microonda [mikroˈõnda] *f* microwave.

➤ **microondas** *mpl* [forno] microwave oven (*sg*).

microônibus [mikroˈonibuʃ] *m inv* minibus.

microorganismo [mikrwoxgaˈniʒmu] *m* micro-organism.

microprocessador [mikruprosesaˈdo(x)] *m* microprocessor.

mictório [mikˈtɔrju] *m* urinal.

mídia [ˈmidʒja] *f* media.

migalha [miˈgaʎa] *f* [de pão, bolo] crumb.

➤ **migalhas** *fpl* [sobras] leftovers.

migrante [miˈgrãntʃi] <> *adj* -1. [pássaro] migratory. -2. [população] migrant. <> *mf* migrant.

migrar [miˈgra(x)] *vi* to migrate.

mijar [miˈʒa(x)] *vi fam* to pee.

mijo [ˈmiʒu] *m fam* pee.

mil [ˈmiw] *num* -1. [número] thousand; três ~ three thousand. -2. [grande número] a thousand; *veja também* **seis**.

milagre [miˈlagri] *m* miracle; por ~ miraculously.

milagroso, osa [milaˈgrozu, ɔza] *adj* miraculous.

milanesa [milaˈneza] *f*: à ~ in breadcrumbs.

milênio [miˈlenju] *m* millennium.

milésimo, ma [miˈlɛzimu, ma] *num* thousandth; **a milésima parte** the thousandth part.

mil-folhas [miwˈfoʎaʃ] *f inv* millefeuille.

milha [ˈmiʎa] *f* mile; ~ **marítima** nautical mile.

milhão [miˈʎãw] (*pl* -ões) *num* million; três milhões three million.

milhar [miˈʎa(x)] (*pl* -es) *m* thousand.

➤ **milhares** *mpl*: ~ es de pessoas thousands of people.

milho [ˈmiʎu] *m* -1. [planta] maize UK, corn US. -2. [grão] corn; ~ de pipoca popcorn.

milhões [miˈʎõjʃ] *pl* ▷ **milhão**.

milícia [miˈlisja] *f* militia.

miligrama [miliˈgrãma] *m* milligram.

mililitro [miliˈlitru] *m* millilitre UK, milliliter US.

milímetro [miˈlimetru] *m* millimetre UK, millimeter US.

milionário, ria [miljoˈnarju, rja] <> *adj* millionaire. <> *m, f* millionaire.

militância [miliˈtãnsja] *f* militancy.

militante [miliˈtãntʃi] <> *adj* militant. <> *mf* militant.

militar [miliˈta(x)] <> *adj* military. <> *mf* career soldier; os ~ es the military (*inv*). <> *vi* -1. [lutar]: ~ (por/contra) to fight for/against. -2.: ~ em MIL to serve in; POL to be active in.

mim [ˈmĩ] *pron* -1. [com preposição: complemento indireto] me; **ela comprou um presente para** ~ she bought a present for me, she bought me a present; **ele fez o serviço por** ~ he did the work for me; **a** ~ **ele não faria isto** he wouldn't do that to me; **falaram mal de** ~ they spoke ill of me; **o que você tem contra** ~ **?** what have you got against me?; **eles foram embora sem** ~ they left without me; **para** ~, **este é o melhor quadro** [para expressar opinião] for me, this is the best painting; **por** ~, **você pode ficar aqui** [de minha parte] as far as I'm concerned, you can stay here. -2. [com preposição: reflexo] myself; **a** ~, **você não engana** you don't fool me; **comprei-o para** ~ (**mesmo** OU **próprio**) I bought it for myself; **preciso cuidar mais de** ~ I need to look after myself a bit better; **de** ~ **para** ~ [comigo mesmo] to myself.

mimado, da [miˈmadu, da] *adj* spoiled.

mimar [miˈma(x)] *vt* -1. [fazer todas as vontades de] to spoil. -2. [tratar com carinho] to pamper.

mimeografar [mimjograˈfa(x)] *vt* to mimeograph.

mimeógrafo [miˈmjɔgraful] *m* mimeograph.

mímico, ca [ˈmimiku, ka] <> *adj* imitative. <> *m*, *f* **-1.** [pessoa] mimic. **-2.** [ator] mime artist.

➡ **mímica** *f* mime.

mimo ['mimu] *m* **-1.** [carinho] affection. **-2.** [pessoa ou coisa graciosa]**: ser um** ~ to be a delight.

mimoso, osa [mi'mozu, ɔza] *adj* **-1.** [carinhoso] affectionate. **-2.** [gracioso] delightful. **-3.** [delicado] delicate.

mina ['mina] *f* **-1.** [ger] mine; ~ **de carvão/ouro** coal/gold mine. **-2.** *fig*: **ser uma** ~ [de lucros] to be a goldmine; [preciosidade] to be precious; **ser uma** ~ **de informações** to be a mine of information. **-3.** *fam* [garota] girl.

minar [mi'na(x)] <> *vt* **-1.** [pôr minas em] to mine. **-2.** [deteriorar, prejudicar] to undermine. <> *vi* [água]: ~ **(de)** to stream (from).

mindinho [mĩn'dʒiɲul *m fam* pinky.

mineiro, ra [mi'nejru, ra] <> *adj* **-1.** [relativo a mina] mining. **-2.** [de Minas Gerais] from Minas Gerais. <> *m*, *f* **-1.** [operário] miner. **-2.** [de Minas Gerais] person from Minas Gerais.

mineração [minera'sãw] *f* **-1.** [exploração] mining. **-2.** [depuração] purifying.

minerador, ra [minera'do(x),ra] <> *adj* mining (antes de subst). <> *m*, *f* miner.

➡ **mineradora** *f* mining company.

mineral [mine'raw] (pl **-ais**) <> *adj* mineral. <> *m* mineral.

minério [mi'nɛrju] *m* ore.

mingau [mĩ'gaw] *m* **-1.** [papa] porridge. **-2.** *fig* [coisa mole] mush.

míngua ['mĩŋgwa] *f* lack; **estar à** ~ **de algo** to be short of sthg; **viver à** ~ **de algo** to live with a shortage of sthg.

minguado, da [mĩŋ'gwadu, da] *adj* **-1.** [escasso] scarce. **-2.** [pouco desenvolvido] flat.

minguante [mĩŋ'gwãntʃil *m* ASTRON [moon] waning, last quarter.

minguar [mĩŋ'gwa(x)] <> *vt* [reduzir] to reduce. <> *vi* [escassear] to dwindle.

minha ['miɲa] ▷ **meu**.

minhoca [mi'ɲɔka] *f* earthworm; **com** ~ **s na cabeça** with strange ideas.

míni ['mini] <> *adj inv* mini. <> *m* [vestido] minidress. <> *f* [saia] miniskirt.

miniatura [minja'tura] *f* miniature; **em** ~ in miniature.

mínima ['minima] *f* ▷ **mínimo**.

minimizar [minimi'za(x)] *vt* **-1.** [tornar mínimo] to minimize. **-2.** [subestimar] to underestimate. **-3.** [fazer pouco caso de] to play down.

mínimo, ma ['minimu, ma] *adj* **-1.** [ger] minimal. **-2.** [muito pequeno] tiny. **-3.** [o menor possível] smallest. **-4.** (antes de subst) [nenhum] slightest.

➡ **mínimo** *m* [limite] least; **no** ~ at least.

➡ **mínima** *f* **-1.** METEOR minimum (temperature). **-2.** *MÚS* minim. **-3.** *loc*: **não dar a mínima (para alguém/algo)** not to have the least concern (for sb/ sthg).

minissaia [,mini'saja] *f* miniskirt.

minissérie [,mini'sɛrji] *f* miniseries.

ministério [miniʃ'tɛrju] *m* **-1.** [ger] ministry; **Ministério da Fazenda** ≃ HM Treasury *UK*, ≃ the Treasury *US*; **Ministério Público** public prosecution; **Ministério das Relações Exteriores** ≃ Foreign (and Commonwealth) Office *UK*, ≃ State Department *US*; **Ministério do Trabalho** ≃ Department of Employment *UK*, ≃ Department of Labor *US*; **Ministério da Educação e Cultura** ≃ Department of Education; **Ministério dos Transportes** ≃ Department of Transport. **-2.** [gabinete] cabinet.

ministro, tra [mi'niʃtru, tra] *m*, *f* minister; ~ **da Educação e Cultura** ≃ Secretary for Education; ~ **dos Transportes** ≃ Secretary for Transport.

minoria [mino'ria] *f* minority.

minoritário, ria [minori'tarju, rja] *adj* minority (antes de subst).

minúcia [mi'nusja] *f* **-1.** [detalhe] detail. **-2.** [coisa sem importância] minutiae (pl).

minucioso, osa [minu'sjozu, ɔza] *adj* meticulous.

minúsculo, la [mi'nuʃkulu, la] *adj* **-1.** [tamanho] minuscule. **-2.** [letra] lower case (antes de subst).

➡ **minúscula** *f* [letra] lower case.

minuta [mi'nuta] *f* **-1.** [rascunho] draft. **-2.** [prato] cooked to order.

minuto [mi'nutu] *m* minute; **um** ~! one minute!

miolo ['mjolu] *m* **-1.** [pão] crumb. **-2.** [fruta] pulp.

➡ **miolos** *mpl* **-1.** CULIN brains. **-2.** *fam* [cérebro] brains.

miopia [mju'pia] *f* myopia.

mira ['mira] *f* **-1.** [ger] aim. **-2.** [de arma] sight.

mirabolante [mirabo'lãntʃil *adj* **-1.** [surpreendente] incredible. **-2.** [espalhafatoso] gaudy.

miraculoso, osa [miraku'lozu, ɔza] *adj* [espantoso] miraculous.

miragem [mi'raʒẽl (pl **-ns**) *f* **-1.** [efeito ótico] mirage. **-2.** *fig* [ilusão] illusion.

mirante [mi'rãntʃi] *m* belvedere.

mirar [mi'ra(x)] <> *vt* **-1.** [fitar] to stare at. **-2.** [apontar para] to aim at. **-3.** [observar] to watch. <> *vi* [apontar]: ~ **(em algo)** to aim (at sthg).

mirim [mi'rĩ] (pl **-ns**) *adj* little.

miscelânea [miseˈlãnja] f -1. [coletânea] miscellany. -2. fig [mistura] assortment.

miscigenação [misiʒenaˈsãw] f interbreeding.

miserável [mizeˈravɛw] (pl -eis) ⬦ adj -1. [ger] miserable. -2. [sovina] miserly. -3. [vil] despicable. -4. [terrível] dreadful. ⬦ mf -1. [infeliz] miserable person. -2. [pessoa pobre] poor wretch. -3. [pessoa vil] despicable person.

miseravelmente [mizeravewˈmẽntʃil] adv -1. [desgraçadamente] wretchedly. -2. [pobremente] in misery.

miséria [miˈzɛrja] f -1. [desgraça] misery. -2. [pobreza] poverty. -3. [sovinice] meanness. -4. [ninharia]: **custar/ganha-ruma** ~ to cost/to earn a pittance.

misericórdia [mizeriˈkɔrdʒja] f: ~ **(de/com)** mercy (on/for).

misericordioso, osa [mizerikoxˈdʒjozu, ɔza] adj compassionate.

mísero, ra [ˈmizeru, ra] adj fig [escasso] miserly.

misógino, na [miˈzɔʒinu, na] ⬦ adj misogynous. ⬦ m, f mysoginist.

missa [ˈmisa] f RELIG mass.

missal [miˈsaw] (pl -ais) m missal.

missão [miˈsãw] (pl -ões) f mission.

misse [ˈmisi] f beauty queen.

míssil [ˈmisiw] (pl -eis) m missile.

missionário, ria [misjoˈnarju, rja] ⬦ adj missionary. ⬦ m, f missionary.

missiva [miˈsiva] f missive.

missões [miˈsõjʃ] pl ▷ **missão**.

mister [miʃˈte(x)] m -1. [ofício] office. -2. [necessidade] need.

mistério [miʃˈtɛrju] m -1. [ger] mystery. -2. [segredo] secret.

misterioso, osa [miʃteˈrjozu, ɔza] adj mysterious.

misticismo [miʃtʃiˈsiʒmu] m mysticism.

místico, ca [ˈmiʃtʃiku, ka] ⬦ adj mystic. ⬦ m, f [pessoa] mystic.

mistificar [miʃtʃifiˈka(x)] vt to mystify.

misto, ta [ˈmiʃtu, ta] adj mixed.
◆ **misto** m mixture.

misto-quente [ˌmiʃtuˈkẽntʃi] (pl mistos-quentes) m toasted cheese and ham sandwich.

mistura [miʃˈtura] f mixture.

misturar [miʃtuˈra(x)] vt -1. [combinar, juntar] to mix. -2. [confundir] to mix up.

mítico, ca [ˈmitʃiku, ka] adj mythical.

mitificar [mitʃifiˈka(x)] vt to mythicize.

mito [ˈmitu] m -1. [ger] myth. -2. [pessoa] legend.

mitologia [mitoloˈʒia] f mythology.

mitológico, ca [mitoˈlɔʒiku, ka] adj mythological.

miúdo, da [ˈmjudu, da] adj [pequeno] small.
◆ **miúdos** mpl -1. [dinheiro] small

change. -2. [de animal] giblets. -3. loc: **trocar em** ~s to put it simply.

mixagem [mikˈsaʒẽ] f CINE & RÁDIO mixing.

mixar¹ [miˈʃa(x)] vi fam [gorar] to go down the drain.

mixar² [miˈʃa(x)] vt CINE & RÁDIO to mix.

mixaria [miʃaˈria] f -1. fam [soma insignificante]: **uma** ~ peanuts. -2. [coisa sem valor] rubbish.

mixuruca [miʃuˈruka] adj -1. [presente] worthless. -2. [festa] lifeless.

ml (abrev de mililitro) m ml.

mm (abrev de milímetro) m mm.

mó [ˈmɔ] f -1. [de moinho] millstone. -2. [de afiar] whetstone.

mobília [moˈbilja] f furniture.

mobiliar [mobiˈlja(x)] vt to furnish.

mobilização [mobilizaˈsãw] f mobilization.

mobilizar [mobiliˈza(x)] vt to mobilize.

moça [ˈmosa] f ▷ **moço**.

moçada [moˈsada] f fam group of young people.

moção [moˈsãw] f motion.

mocassim [mokaˈsĩ] (pl -ns) m moccasin.

mochila [moˈʃila] f rucksack.

mocidade [mosiˈdadʒi] f -1. [período] youth. -2. [os jovens]: **a** ~ the young.

mocinho, nha [moˈsiɲu, ɲal] m, f -1. [jovem] boy. -2. [herói] hero.

moço, ça [ˈmosu, sa] ⬦ adj [pessoa] young. ⬦ m, f -1. [jovem] young person. -2. [adulto] young boy (f young girl).

moções [moˈsõjʃ] pl ▷ **moção**.

moda [ˈmɔda] f -1. [ger] fashion; **cair** ou **sair de** ~ to fall out of fashion; **fora de** ~ out of fashion. -2. [coqueluche] craze. -3. [maneira] way; **à** ~ **portuguesa** Portuguese-style. -4. loc: **inventar** ~ to create a new fad.

modalidade [modaliˈdadʒi] f -1. [tipo] mode. -2. ESP event.

modelagem [modeˈlaʒẽ] (pl -ns) f -1. [ato] modelling. -2. [produto] moulding UK, molding US. -3. [do corpo] shape.

modelar [modeˈla(x)] vt -1. [ger] to mould UK, to mold US. -2. fig [moldar]: ~ **algo por algo** to model sthg on sthg.

modelista [modeˈliʃta] mf designer.

modelo [moˈdelu] ⬦ m model. ⬦ mf model; ~ **vivo** live model.

modem [ˈmodẽ] (pl -ns) m COMPUT modem.

moderação [moderaˈsãw] f moderation.

moderado, da [modeˈradu, da] adj moderate.

moderar [modeˈra(x)] vt to moderate.

moderar-se *vp* [comedir-se] to control o.s.

modernidade [modexni'dadʒi] *f* modernity.

modernismo [modex'niʒmul] *m* modernism.

modernizar [modexni'za(x)] *vt* to modernize.

modernizar-se *vp* to keep o.s. up to date.

moderno, na [mo'dɛxnu, na] *adj* modern.

modess® ['modeʃ] *m inv* sanitary towel *UK*, sanitary nakpin *US*.

modéstia [mo'dɛʃtja] *f* modesty.

modesto, ta [mo'dɛʃtu, ta] *adj* modest.

módico, ca ['modʒiku, ka] *adj* -1. [barato, parco] modest. -2. [moderado] moderate.

modificação [modʒifika'sãw] (*pl* -ões) *f* -1. [alteração] modification. -2. [transformação] transformation.

modismo [mo'dʒiʒmu] *m* -1. [tendência] trend. -2. [moda] fashion.

modo ['modu] *m* -1. [ger] way; **de ~ algum** in no way. -2. [jeito] manner. -3. *GRAM* mood.

modos *mpl* manners.

de modo que *loc conj* -1. [de maneira que] so (that). -2. [assim sendo] so that.

modulação [modula'sãw] (*pl* -ões) *f* modulation.

modulado, da [modu'ladu, da] *adj* modular.

módulo ['modulu] *m* -1. [unidade] module. -2. [veículo]: **~ lunar** lunar module.

moeda ['mwɛda] *f* -1. [peça] coin; **uma ~ de 10 centavos** a 10 cent coin; **uma ~ falsa** a counterfeit coin. -2. [dinheiro] money; **pagar na mesma ~** to pay sb back in their own coin; ⊳ **casa**.

moedor [mwe'do(x)] *m* -1. [de café, pimenta] mill. -2. [de carne] mincer *UK*, grinder *US*.

moer ['mwe(x)] ⬥ *vt* -1. [café, pimenta] to grind. -2. [carne] to mince *UK*, to grind *US*. -3. [para extrair suco] to mill. ⬥ *vi* [moinho] to grind.

mofado, da [mo'fadu, da] *adj* mouldy *UK*, moldy *US*.

mofar [mo'fa(x)] *vi* [criar mofo] to go mouldy *UK* ou moldy *US*.

mofo ['moful] *m* mould *UK*, mold *US*; **esta camisa está com cheiro de ~** this shirt smells musty.

mogno ['mognul] *m* mahogany.

moído, da ['mwidu, da] *adj* -1. [café, pimenta] ground. -2. [carne] minced *UK*, ground *US*. -3. *fig* [doído]: **~ de algo** hurting from sthg.

moinho ['mwiɲul] *m* mill; **~ de vento** windmill.

moita ['mojta] *f* thicket.

na moita *loc adv* [às escondidas] in secret.

mola ['mɔla] *f* [dispositivo] spring.

molar [mo'la(x)] (*pl* -es) ⬥ *adj* [dente] molar. ⬥ *m* molar.

moldar [mow'da(x)] *vt* -1. [fazer o molde de] to make a mould *UK* ou mold *US* of. -2. [modelar] to mould *UK*, to mold *US*. -3. *fig* [dar forma a] to shape.

Moldávia [mow'davja] *n* Moldova, Moldavia.

molde ['mowdʒi] *m* mould *UK*, mold *US*.

moldura [mow'dura] *f* -1. [de quadro, espelho] frame. -2. *ARQUIT* moulding *UK*, molding *US*.

mole ['mɔli] ⬥ *adj* -1. [ger] soft. -2. [flácido] flabby. -3. [lento] languid. -4. [fraco] limp. -5. [indolente] lazy. -6. *fam* [fácil] a piece of cake. ⬥ *adv* [facilmente] easily.

moleca [mo'lɛka] *f* ⊳ **moleque**.

molecagem [mole'kaʒẽ] (*pl* -ns) *f* -1. [travessura] prank. -2. [brincadeira] trick.

molécula [mo'lɛkula] *f* molecule.

moleira [mo'lejra] *f* *ANAT* fontanelle *UK*, fontanel *US*.

molejo [mo'leʒu] *m* -1. [de veículo] suspension. -2. *fam* [de pessoa, corpo] wiggle.

moleque, leca [mo'lɛki, lɛka] ⬥ *adj* -1. [travesso] wild. -2. [brincalhão] mischievous. ⬥ *m, f* -1. [criança] youngster. -2. [criança travessa] rascal. -3. [patife] scoundrel.

molestar [moleʃ'ta(x)] *vt* -1. [importunar] to annoy. -2. [ofender] to offend. -3. [sexualmente] to molest.

moléstia [mo'lɛʃtja] *f* ailment.

moleza [mo'leza] *f* -1. [maciez] softness. -2. [lentidão] slowness. -3. [fraqueza, falta de energia] limpness.

molhado, da [mo'ʎadu, da] *adj* wet.

molhar [mo'ʎa(x)] *vt* -1. [banhar] to wet; **~ algo em algo** to dip ou dunk sthg in sthg. -2. [umedecer] to dampen. -3. [regar] to water. -4. *fam* [urinar] to wet.

molhe ['mɔʎi] *m* -1. [de defesa] breakwater. -2. [de atracação] jetty.

molho¹ ['mɔʎul] *m* sauce; **~ pardo** gravy made with chicken blood and vinegar.

de molho ⬥ *loc adv*: **pôr/deixar de ~** [roupa, feijão] to put/leave to soak. ⬥ *loc adj*: **ficar de ~** *fig* [pessoa] to stay in bed.

molho² ['mɔʎul] *m* bunch.

molinete [moli'netʃil] *m* *PESCA* fishing reel.

molusco [mo'luʃku] *m* mollusc.

momentâneo, nea [momẽn'tãnju, nja] *adj* momentary.

momento [mo'mẽntu] *m* -**1.** moment. -**2.** [tempo presente]: **no** ~ at the moment.

Mônaco ['monaku] *n*: (**o principado de**) ~ (the principality of) Monaco.

monarca [mo'naxka] *mf* monarch.

monarquia [monax'kia] *f* monarchy.

monastério [monaʃ'tɛrju] *m* monastery.

monástico, ca [mo'naʃtʃiku, ka] *adj* monastic.

monção [mõn'sãw] (*pl* -**ões**) *f* [vento] monsoon.

monetário, ria [mone'tarju, rja] *adj* monetary; ⊳ **correção**.

monge, ja ['mõnʒi, ʒa] *m, f* [monje] monk; [monja] nun.

mongolóide [mõngo'lɔjdʒi] *MED* ⟨⟩ *adj* Down's syndrome (antes de subst). ⟨⟩ *mf* (person with) Down's syndrome.

monitor, ra [moni'to(x), ra] (*mpl* -**es**, *fpl* -**s**) *m, f EDUC* monitor.
➡ **monitor** *m* -**1.** [ger] monitor. -**2.** *TV* screen.

monja ['mõnʒa] *f* ⊳ **monge**.

monocultura [monokuw'tura] *f* monoculture.

monogamia [monoga'mia] *f* monogamy.

monólogo [mo'nɔlogu] *m* monologue.

monopólio [mono'pɔlju] *m* monopoly.

monopolizar [monopoli'za(x)] *vt* to monopolize.

monotonia [monoto'nia] *f* monotony.

monótono, na [mo'nɔtonu, na] *adj* monotonous.

monóxido [mo'nɔksidu] *m* monoxide; ~ **de carbono** carbon monoxide.

monsenhor [mõnse'ɲo(x)] *m* Monsignor.

monstrengo, ga [mõnʃ'trengu, ga] *m, f* [pessoa, coisa] monstrosity.

monstro ['mõnʃtru] ⟨⟩ *adj inv* [enorme] huge. ⟨⟩ *m* [criatura disforme] monster; **ser um** ~ [ser um prodígio] to be a wizard; [ser cruel, enorme, horrendo] to be monstrous.

monstruosidade [mõnʃtrwozi'dadʒi] *f* monstrosity.

monstruoso, osa [mõn'ʃtrwozu, ɔza] *adj* -**1.** [com conformação de monstro] deformed. -**2.** [enorme] enormous. -**3.** [horrendo] monstrous.

monta ['mõnta] *f*: **de pouca** ~ of little importance.

montagem [mõn'taʒẽ] (*pl* -**ns**) *f* -**1.** [de equipamento, casa] assembly. -**2.** *CINE* (film) editing. -**3.** *TEATRO* (theatre) production.

montanha [mõn'tãɲa] *f* mountain.

montanha-russa [mõn.tãɲa'rusa] (*pl* **montanhas-russas**) *f* roller coaster.

montanhês, esa [mõnta'ɲeʃ, eza] (*pl* -**eses**) ⟨⟩ *adj* mountain (antes de subst). ⟨⟩ *m, f* highlander.

montanhismo [mõntã'ɲiʒmu] *m* mountaineering.

montanhista [mõntã'ɲiʃta] ⟨⟩ *adj* mountaineering. ⟨⟩ *mf* mountaineer.

montanhoso, osa [mõntã'ɲozu, ɔza] *adj* mountainous.

montante [mõn'tãntʃi] *m* -**1.** [soma] amount, sum. -**2.** [direção]: **a** ~ **de** upstream of.

montão [mõn'tãw] (*pl* -**ões**) *m* pile.

montar [mõn'ta(x)] ⟨⟩ *vt* -**1.** [armar] to prime. -**2.** [instalar] to ready. -**3.** *CINE* to edit. -**4.** *TEATRO* to produce. ⟨⟩ *vi* [cavalgar]: ~ (**a cavalo**) to ride (horseback).

montaria [mõnta'ria] *f* [cavalo] mount.

monte ['mõntʃi] *m* -**1.** [elevação] hill. -**2.** [pilha] pile. -**3.** *fig* [grande quantidade]: **um** ~ **de** a load of; **comida aos** ~**s** loads of food.

Montevidéu [mõntevi'dɛw] *n* Montevideo.

montões [mõn'tõjʃ] *pl* ⊳ **montão**.

monumental [monumẽn'taw] (*pl* -**ais**) *adj* -**1.** [enorme] monumental. -**2.** [magnífico] magnificent.

monumento [monu'mẽntu] *m* monument.

moqueca [mo'kɛka] *f Brazilian fish or chicken stew made with coconut milk, onions and palm oil.*

moradia [mora'dʒia], **morada** [mo'rada] *f* dwelling.

morador, ra [mora'do(x), ra] (*mpl* -**es**, *fpl* -**s**) *m, f* resident.

moral [mo'raw] (*pl* -**ais**) ⟨⟩ *adj* moral. ⟨⟩ *m* [estado de espírito] morale; **levantar o** ~ (**de alguém**) to raise the morale (of sb). ⟨⟩ *f* -**1.** [ética] morals (*pl*). -**2.** [de história, fato] moral. -**3.** [estado de espírito]: **estar de** ~ **baixa** to be demoralized.

moralidade [morali'dadʒi] *f* morality.

moralismo [mora'liʒmu] *m* moralism.

moralista [mora'liʃta] ⟨⟩ *adj* moralistic. ⟨⟩ *mf* moralist.

moralização [moraliza'sãw] (*pl* -**ões**) *f* moralization.

moralizar [morali'za(x)] ⟨⟩ *vt* [tornar mais moral] to moralize. ⟨⟩ *vi* [pregar moral]: ~ (**sobre**) to moralize (on).

morango [mo'rãngu] *m* strawberry.

morar [mo'ra(x)] *vi* -**1.** [habitar]: ~ (**em**) to live (in). -**2.** *fam* [entender] to catch on; **morou?** got it?

moratória [mora'tɔrja] f moratorium.

mórbido, da ['mɔxbidu, da] adj morbid.

morcego [mox'segu] m bat.

mordaça [mox'dasa] f **-1.** [de animal] muzzle. **-2.** fig [pano] gag.

mordaz [mox'daʒ] adj biting.

morder [mox'de(x)] vt & vi to bite.

mordomia [moxdo'mia] f **-1.** [num emprego] perks (pl). **-2.** [conforto, luxo] comfort.

mordomo [mox'domu] m butler.

moreno, na [mo'renu, na] ⟨⟩ adj **-1.** [tipo - de pele] dark-skinned; [- de cabelo] dark-haired. **-2.** [bronzeado] tanned; **ficar** ~ to tan; **estar** ~ to be tanned. ⟨⟩ m, f **-1.** [de pele] dark-skinned person. **-2.** [de cabelo] dark-haired person. **-3.** [cor] tan.

morfina [mox'fina] f morphine.

moribundo, da [mori'bũndu, da] adj dying.

moringa [mo'rĩŋga] f water-cooler.

mormaço [mox'masu] m sultry weather.

mormente [mɔx'mẽntʃi] adv especially.

mórmon ['mɔxmõ] mf Mormon.

morno, na ['moxnu, na] adj lukewarm.

moroso, osa [mo'rozu, ɔza] adj slow.

morrer [mo'xe(x)] vi **-1.** [ger] to die. **-2.** [cair no esquecimento] to be dead. **-3.** AUTO to die. **-4.** fig [sentir intensamente]: **estou morrendo de calor/fome/frio** I'm dying of heat/hunger/cold. **-5.** fam [desembolsar]: ~ **em** to cough up.

morro ['moxu] m **-1.** [monte] hill. **-2.** [favela] slum.

mortadela [moxta'dɛla] f salami-type sausage.

mortal [mox'taw] (pl **-ais**) ⟨⟩ adj **-1.** [ger] mortal. **-2.** [terrível - dor] dreadful; [- pecado] deadly. ⟨⟩ mf mortal.

mortalidade [moxtali'dadʒi] f mortality.

morte ['mɔxtʃi] f **-1.** [ger] death. **-2.** [fim] ending. **-3.** loc: **pensar na** ~ **da bezerra** fig to daydream; **ser de** ~ fam to be impossible.

morteiro [mox'tejru] m mortar.

mortífero, ra [mox'tʃiferu, ra] adj lethal.

mortificar [moxtʃifi'ka(x)] vt **-1.** [torturar] to torture. **-2.** [atormentar] to torment.

morto, ta ['moxtu, ta] ⟨⟩ pp ▷ matar. ⟨⟩ adj **-1.** [ger] dead; **nem** ~ no way; **não ter onde cair** ~ to have nowhere to lay one's head. **-2.** [sem atividades] deadly. **-3.** [desbotado] faded. **-4.** [sentindo intensamente]: ~ **de fome** dying of hunger; ~ **de raiva** seething

with rage. ⟨⟩ m, f [falecido] deceased.

mosaico [mo'zajku] m mosaic.

mosca ['mɔʃka] f fly; **acertar na** ~ to hit the jackpot; **estar/viver às** ~**s** to be empty.

moscovita [moʃko'vita] ⟨⟩ adj Muscovite. ⟨⟩ m, f Muscovite.

Moscou [moʃ'kow] n Moscow.

mosquito [moʃ'kitu] m mosquito.

mostarda [moʃ'taxda] f mustard.

mosteiro [moʃ'tejru] m [de monges] monastery; [de monjas] convent.

mostra ['mɔʃtra] f **-1.** [exposição] display. **-2.** [manifestação] sign.

mostrar [moʃ'tra(x)] vt **-1.** [ger] to show. **-2.** [apontar] to point out.

➤ **mostrar-se** vp **-1.** [revelar-se] to show o.s. to be. **-2.** [exibir-se] to show off.

mostruário [moʃ'trwarju] m display case.

motel [mo'tɛw] (pl **-éis**) m motel.

motim [mo'tʃĩ] (pl **-ns**) m **-1.** [do povo] riot. **-2.** [de tropas] mutiny.

motivação [motʃiva'sãw] (pl **-ões**) f motivation.

motivado, da [motʃiva'du, da] adj [incentivado] motivated.

motivar [motʃi'va(x)] vt **-1.** [estimular] to motivate. **-2.** [provocar] to provoke.

motivo [mo'tʃivu] m **-1.** [causa]: ~ (de/para) cause (of/for); **por** ~**s de força maior** for reasons beyond our control; **sem** ~ without reason. **-2.** [justificativa] reason. **-3.** ARTE, MÚS motif.

moto[1] ['mɔtu] m [lema] motto.

moto[2] ['mɔtu] f [motocicleta] motorbike.

motocicleta [motosi'klɛta] f motorcycle, motorbike.

motociclismo [motosi'kliʒmu] m motorcycling.

motociclista [motosi'kliʃta] mf motorcyclist, biker.

motoneta [moto'neta] f motor scooter.

motoqueiro, ra [moto'kejru, ra] m, f **-1.** fam [motociclista] biker. **-2.** [entregador] deliveryman (on a bike).

motor [mo'to(x)] (pl **-es**) ⟨⟩ adj **-1.** TEC driving. **-2.** ANAT motor. ⟨⟩ m engine.

motorista [moto'riʃta] mf driver.

motorizado, da [motori'zadu, da] adj motorized.

motorizar [motori'za(x)] vt to motorize.

motorneiro, ra [motox'nejru, ra] m, f tram driver UK, streetcar driver US.

motosserra [moto'sɛxa] f chainsaw.

mouro, ra ['moru, ra] ⟨⟩ adj Moorish. ⟨⟩ m, f Moor.

mouse [‚mawzi] m COMPUT mouse.

movediço, ça [move'dʒisu, sa] adj TEC

moving; **areia movediça** quicksand.

móvel [ˈmɔvɛw] (*pl* **-eis**) ◇ *adj* movable. ◇ *m* piece of furniture.

mover [moˈve(x)] *vt* **-1.** [ger] to move. **-2.** [começar] to set in motion.

➡ **mover-se** *vp* to move.

movido, da [moˈvidu, da] *adj* **-1.** [impelido]: ~ **por algo** moved by sthg. **-2.** [promovido]: ~ **contra alguém/algo** started against sb/sthg. **-3.** [acionado]: ~ **a álcool/vapor** ethanol/steam-driven.

movimentado, da [movimẽnˈtadu, da] *adj* **-1.** [bairro, loja, dia] busy. **-2.** [música, peça, show] lively.

movimentar [movimẽnˈta(x)] *vt* **-1.** [ger] to move. **-2.** *fig* [animar] to liven up.

movimento [moviˈmẽntu] *m* **-1.** [ger] movement. **-2.** [animação] bustle.

MP ◇ *m* (*abrev de* **Ministério Público**) Brazilian state government. ◇ *f* (*abrev de* **Medida Provisória**) emergency law.

MPB (*abrev de* **Música Popular Brasileira**) *f* generic term for all popular Brazilian music.

MS (*abrev de* **Estado do Mato Grosso do Sul**) *m* State of Mato Grosso do Sul.

MS-DOS (*abrev de* **Microsoft Disk Operating System**) *m* MS-DOS.

MST (*abrev de* **Movimento dos Trabalhadores Sem-Terra**) *m* Brazilian movement for landless workers.

MT (*abrev de* **Estado do Mato Grosso**) *m* State of Mato Grosso.

muamba [ˈmwãnba] *f* **-1.** *fam* [mercadoria contrabandeada] contraband. **-2.** [mercadoria roubada] loot.

muambeiro, ra [mwãnˈbejru, ra] *m, f* **-1.** [contrabandista] smuggler. **-2.** [vendedor de objetos roubados] fence.

muçulmano, na [musuwˈmãnu, na] ◇ *adj* Muslim. ◇ *m, f* Muslim.

muda [ˈmuda] *f* **-1.** *BOT* seedling. **-2.** *ZOOL* moult. **-3.** [vestuário]: ~ **(de roupa)** change (of clothes).

mudança [muˈdãnsa] *f* **-1.** [ger] move; **fazer a** ~ to move (house). **-2.** [modificação] change. **-3.** *AUTO* gear.

mudar [muˈda(x)] ◇ *vt* to change. ◇ *vi* [modificar] to change; ~ **de casa** to move house; ~ **de roupa** to change clothes.

mudez [muˈdeʒ] *f* muteness.

mudo, da [ˈmudu, da] ◇ *adj* **-1.** [ger] silent. **-2.** *MED* mute. **-3.** [telefone] dead. ◇ *m, f* mute.

mugido [muˈʒidul] *m* moo.

muito, ta [ˈmũĩntu, ta] ◇ *adj* **-1.** [grande quantidade - no *sg*] a lot of; **não tenho** ~ **tempo/** ~ **s alunos** I haven't much time/many pupils. **-2.** (*no sg*) [demais]

too much. ◇ *pron* (*no sg*) much; (*no pl*) a lot.

➡ **muito** *adv* **-1.** [intensamente] a lot; **gostei** ~ **de ir ao cinema** I enjoyed going to the cinema very much; **não gosto** ~ I don't like it very much; ~ **mais** much more; **sinto** ~, **mas não posso** I'm very sorry, but I can't. **-2.** [muito tempo] a long time; ~ **antes/ depois** a long time before/afterwards; ~ **mais tarde** much later. **-3.** [freqüentemente] often. **-4.** *loc*: **quando** ~ at most.

mula [ˈmula] *f* mule.

mulato, ta [muˈlatu, ta] ◇ *adj* mulatto. ◇ *m, f* mulatto.

muleta [muˈleta] *f* **-1.** [para andar] crutch. **-2.** *fig* [apoio] support.

mulher [muˈʎɛ(x)] (*pl* **-es**) *f* **-1.** [ser] woman; ~ **de negócios** businesswoman; ~ **da vida** prostitute. **-2.** [esposa] wife.

mulheraço [muʎeˈrasul] (*pl* **-s**) **mulherão** [muʎeˈrãw] (*pl* **-ões**) *f* fantastic woman.

mulherengo [muʎeˈrẽngul] ◇ *adj* womanizing. ◇ *m* womanizer.

mulher-feita [muˌʎɛxˈfejta] (*pl* **mulheres-feitas**) *f* grown woman.

mulherio [muʎeˈriw] *m* **-1.** [grupo de mulheres] group of women. **-2.** [as mulheres] women.

multa [ˈmuwta] *f* fine; **dar uma** ~ to fine.

multar [muwˈta(x)] *vt*: ~ **alguém (em R$ 100)** to fine sb (100 R$).

multicolor [muwtʃikoˈlo(x)] *adj* multicoloured *UK*, multicolored *US*.

multidão [muwtʃiˈdãwl] (*pl* **-ões**) *f* **-1.** [de pessoas] crowd. **-2.** [grande quantidade] multitude.

multifacetado, da [muwtʃifaseˈtadu, da] *adj* [personalidade, talento] multifaceted.

multiforme [muwtʃiˈfɔxmil] *adj* multiform.

multimilionário, ria [muwtʃimiljoˈnarju, rja] ◇ *adj* multimillionaire (*antes de subst*). ◇ *m, f* multimillionaire.

multinacional [ˌmuwtʃinasjoˈnawl] (*pl* **-ais**) ◇ *adj* multinational. ◇ *f* multinational.

multiplicação [muwtʃiplikaˈsãwl] (*pl* **-ões**) *f* **-1.** [ger] multiplication. **-2.** [aumento] increase.

multiplicar [muwtʃipliˈka(x)] ◇ *vt* **-1.** *MAT* to multiply. **-2.** [aumentar] to increase. ◇ *vi MAT* to multiply.

➡ **multiplicar-se** *vp* **-1.** [aumentar] to increase. **-2.** *BIOL* to multiply.

múltiplo, pla [ˈmuwtʃiplu, pla] *adj* multiple.

➡ **múltiplo** *m* multiple.

multiprocessamento [muwtʃiprose-sa'mẽntul *m* COMPUT multiprocessing.

multirracial [muwtʃixa'sjaw] (*pl* -ais) *adj* multiracial.

multiuso [muwtʃi'uzul *adj inv* multipurpose.

multiusuário, ria [muwtʃiuz'arju, rjal *adj* COMPUT multiuser.

múmia ['mumja] *f* -1. [cadáver] mummy. -2. *fig* [pessoa] moron.

mundano, na [mũn'dãnu, nal *adj* mundane.

mundial [mũn'dʒjaw] (*pl* -ais) <> *adj* -1. [política, guerra] world (*antes de subst*). -2. [organização, fama] worldwide. <> *m* [campeonato] world championship; [de futebol] World Cup.

mundo ['mũndul *m* -1. [ger] world; o outro ~ the next world; vir ao ~ to come into the world. -2. [pessoas]: todo o ~ everyone. -3. [quantidade]: um ~ de loads of. -4. *loc*: estar no ~ da lua to be miles away; prometer ~ s e fundos to promise the world; como este ~ é pequeno what a small world; desde que o ~ é ~ since time immemorial.

 Mundo *m*: Novo Mundo New World; Terceiro Mundo Third World.

munição [muni'sãw] (*pl* -ões) *f* ammunition.

municipal [munisi'paw] (*pl* -ais) *adj* municipal.

municipalizar [munisipali'za(x)] *vt* [instituições, serviços] to municipalize.

município [muni'sipjul *m* -1. [divisão administrativa] local authority. -2. [território] town.

munir [mu'ni(x)] *vt*: ~ alguém de algo to equip sb with sthg.

 munir-se *vp*: ~-se de algo to equip o.s. with sthg; ~-se de coragem to arm o.s. with courage; ~-se de paciência to arm o.s. with patience.

mural [mu'raw] (*pl* -ais) <> *adj* wall (*antes de subst*). <> *m* [pintura] mural.

muralha [mu'raʎa] *f* wall.

murchar [mux'ʃa(x)] <> *vt* -1. [planta] to wither. -2. [sentimento] to fade. -3. *fig* [retrair] to shrink. <> *vi* -1. [planta] to wilt. -2. *fig* [pessoa] to droop.

murcho, cha ['muxʃu, ʃal *adj* -1. [planta] wilting. -2. [bola] soft. -3. [pessoa - sem energia] languid; [- triste] droopy.

murmurante [muxmu'rãntʃil *adj* murmuring.

murmurar [muxmu'ra(x)] <> *vt* [sussurar] to whisper. <> *vi* [sussurar] to murmur.

murmurinho [muxmu'riɲul *m* -1. [de vozes] murmuring. -2. [de folhas] rustling. -3. [som confuso] murmur.

murmúrio [mux'murjul *m* -1. [de vozes] murmuring. -2. [de folhas] rustling. -3. [de água] trickling.

muro ['murul *m* wall.

murro ['muxul *m* punch; dar ~ em ponta de faca *fig* to bang one's head against a brick wall.

musa ['muzal *f* muse.

musculação [muʃkula'sãw] *f* bodybuilding.

muscular [muʃku'la(x)] *adj* muscular.

musculatura [muʃkula'tural *f* musculature.

músculo ['muʃkulul *m* -1. ANAT muscle. -2. CULIN sinewy meat.

musculoso, osa [muʃku'lozu, ɔzal *adj* -1. [cheio de músculo - costas, pernas] muscular; [- carne de comer] tough. -2. *fig* [forte] tough.

museu [mu'zew] *m* museum.

musgo ['muʒgul *m* moss.

música ['muzika] *f* ⊳ **músico**.

musical [muzi'kaw] (*pl* -ais) <> *adj* musical. <> *m* musical.

musicar [muzi'ka(x)] *vt* to set to music.

musicista [muzi'siʃta] *mf* -1. [músico] musician. -2. [especialista] musicologist.

músico, ca ['muziku, kal <> *adj* [profissional] musical. <> *m, f* musician.

 música *f* -1. [ger] music; ~ de câmara chamber music; ~ clássica classical music. -2. [canção] song.

musicologia [muzikolo'ʒial *f* musicology.

musicólogo, ga [muzi'kɔlogu, gal *m* musicologist.

musse ['musil *f* CULIN mousse.

mutabilidade [mutabili'dadʒil *f* mutability.

mutilação [mutʃila'sãw] *f* -1. [orgânico] mutilation. -2. [de texto] cutting.

mutilado, da [mutʃi'ladu, dal <> *adj* mutilated. <> *m, f* cripple.

mutilar [mutʃi'la(x)] *vt* -1. [pessoa] to mutilate. -2. [texto] to cut.

mutirão [mutʃi'rãw] (*pl* -ões) *m* joint effort.

mutreta [mu'tretal *f fam* cheating; fazer (uma) ~ to cheat.

mutuamente [mutwa'mẽntʃil *adv* mutually.

mútuo, tua ['mutwu, twal *adj* mutual.

muxoxo [mu'ʃoʃul *m* tutting.

N

n, N ['eni] *m* -**1.** [letra] n, N. -**2.** [quantidade indeterminada] n; **contamos ~ vezes a mesma história** we told the story for the nth time.

na [na] = **em + a**.

-na [na] *pron* [pessoa] her; [coisa] it; [você] you.

nabo ['nabu] *m* turnip.

nação [na'sãw] (*pl* **-ões**) *f* nation.

nacional [nasjo'naw] (*pl* **-ais**) *adj* national.

nacionalidade [nasjonali'dadʒi] *f* nationality.

nacionalismo [nasjona'liʒmu] *m* nationalism.

nacionalista [nasjona'liʃta] <> *adj* nationalist. <> *mf* nationalist.

nacionalizar [nasjonali'za(x)] *vt* -**1.** [estatizar] to nationalize. -**2.** [naturalizar] to naturalize.

nações [na'sõjʃ] *fpl* ⊳ **nação**.
 ➡ **Nações Unidas** *fpl* United Nations.

nada ['nada] <> *pron indef* [coisa alguma] nothing; **não li ~ desse autor** I haven't read anything by this author; **antes de mais ~** first of all; **de ~!** [resposta a obrigado] not at all!, you're welcome!; **~ de novo** nothing new; **mais** nothing more; **não quero ~ mais com ele** I don't want anything more to do with him; **~ mau** not bad; **não dizer ~** to say nothing, not to say anything; **não foi ~** [resposta a 'desculpa!'] don't mention it; **quase ~** hardly anything, next to nothing; **que ~!** nonsense! <> *adv* [de modo algum] not at all; **não gostei ~ do filme** I didn't enjoy the film at all; **~ menos do que** nothing less than.

nadadeira [nada'dejra] *f* -**1.** [de animal] fin. -**2.** [de mergulhador] flipper.

nadador, ra [nada'do(x), ra] (*mpl* **-es**, *fpl* **-s**) *m, f* swimmer.

nadar [na'da(x)] *vi* -**1.** [em piscina, mar, rio] to swim. -**2.** [estar imerso] to be swimming; **~ em dinheiro** *fig* to be rolling in money.

nádegas ['nadegaʃ] *fpl* buttocks.

nado ['nadu] *m* swimming; **atravessar algo a ~** to swim across sthg; **~ borboleta** butterfly (stroke); **~ de costas** backstroke; **~ de peito** breaststroke; **~ livre** freestyle.

NAFTA (*abrev de* **North American Free Trade Agreement**) *f* NAFTA.

náilon ['najlõ] *m* nylon.

naipe ['najpi] *m* -**1.** [cartas] suit. -**2.** *fig* [qualidade]: **de bom ~** first class.

namorado, da [namo'radu, da] <> *adj* enamoured. <> *m, f* boyfriend (*f* girlfriend).

namorador, ra [namora'do(x), ra] *adj* flirtatious.

namorar [namo'ra(x)] <> *vt* -**1.** [manter namoro] to be going out with. -**2.** [cobiçar] to covet. -**3.** [fitar] to stare longingly at. <> *vi* -**1.** [manter namoro] to be going out together. -**2.** [trocar carícias] to flirt.

namoro [na'moru] *m* relationship.

nanquim [nãŋ'kĩ] *m* Indian ink.

não [nãw] <> *adv* -**1.** [resposta] no. -**2.** [negação] not; **ela é médica, ~ é?** she's a doctor, isn't she?; **agora ~** not now; **como ~?** why not?; **~ muito** not much; **~ sei** I don't know; **~ tem de quê** [resposta a 'obrigado'] not at all, you're welcome; **pois ~!** [como interj] of course! <> *m* [recusa] refusal.

não-governamental [nãwgovernemẽn'taw] (*pl* **-ais**) *adj* non-governmental.

naquela [na'kɛla] = **em + aquela**.

naquele [na'keli] = **em + aquele**.

naquilo [na'kilu] = **em + aquilo**.

narcisismo [naxsi'ʒiʒmu] *m* narcissism.

narcisista [naxsi'ziʃta] *adj* narcissistic.

narciso [nax'sizu] *m BOT* narcissus.

narcótico, ca [nax'kɔtʃiku, ka] *adj* narcotic.
 ➡ **narcótico** *m* narcotic.

narcotráfico [naxko'trafiku] *m* drug traffic.

narina [na'rina] *f* nostril.

nariz [na'riʃ] (*pl* **-es**) (*pl* **-es**) *m* -**1.** [ger] nose. -**2.** *loc:* **meter o ~ em** to stick one's nose into; **sou dono do meu ~** I know my own mind.

narração [naxa'sãw] (*pl* **-ões**) *f* -**1.** [conto] story. -**2.** [relato] narrative.

narrador, ra [naxa'do(x), ra] *m, f* narrator.

narrar [na'xa(x)] *vt* -**1.** [contar] to describe. -**2.** [relatar] to recount.

narrativo, va [naxa'tʃivu, va] *adj* narrative.
 ➡ **narrativa** *f* = **narração**.

nas [naʃ] = **em + as**.

-nas [naʃ] *pron pl* [elas] them; [vocês] you.

NASA (*abrev de* **National Aeronautics and Space Administration**) *f* NASA.

nascença [na'sɐ̃sal f[nascimento] birth; **de ~** from birth; **ela é surda de ~** she has been deaf from birth; **marca de ~** birthmark.

nascente [na'sɐ̃tʃil <> adj **-1.** [interesse, povo] emerging. **-2.** [planta] sprouting. <> m **-1.** [fonte] spring. **-2.** [nascer do sol] sunrise. **-3.** [leste] east.

nascer [na'se(x)] vi **-1.** [vir ao mundo] to be born. **-2.** [brotar] to sprout. **-3.** [originar-se] to originate. **-4.** [surgir - sol, lua] to rise; [- dia] to dawn. **-5.** [formar-se] to be born. **-6.** [ter aptidão]: **ele nasceu para o comércio** he is a born businessman. **-7.** [aparecer] to appear. **-8.** loc: **~ em berço de ouro** to be born with a silver spoon in one's mouth; **~ de novo** to take on a new lease of life; **eu não nasci ontem** I wasn't born yesterday.

nascido, da [na'sidu, dal adj [pessoa] born; **bem ~** from a good family.

nascimento [nasi'mẽtul m **-1.** [nascença] birth; **de ~** since birth. **-2.** fig [origem] origin.

NASDAQ (abrev de National Association of Securities Dealers Automated Quotation) f NASDAQ.

nata ['natal f cream.

natação [nata'sãwl f swimming.

natal [na'tawl (pl **-ais**) adj native; **terra ~** birthplace.

Natal m Christmas; **Feliz Natal!** happy Christmas!, merry Christmas!

natalidade [natali'dadʒil f birth rate.

natalino, na [nata'linu, nal adj Christmas (antes de subst).

nativo, va [na'tʃivu, val <> adj native. <> m, f native.

nato, ta ['natu, tal adj: **ele é um escritor ~** he is a born writer.

natural [natu'rawl (pl **-ais**) <> adj **-1.** [ger] natural; **ao ~** CULIN uncooked. **-2.** [nascido]: **ser ~ de** to be a native of. <> mf [nativo] native.

naturalidade [naturali'dadʒil f **-1.** [espontaneidade] spontaneity. **-2.** [local de nascimento]: **ele é de ~ brasileira** he is Brazilian by birth.

naturalismo [natura'liʒmul m ARTE naturalism.

naturalista [natura'liʃtal mf naturalist.

naturalização [naturaliza'sãwl f naturalization.

naturalizado, da [naturali'zadu, dal <> adj naturalized. <> m, f naturalized citizen.

naturalizar-se [naturali'zaxsil vp to become naturalized.

naturalmente [naturaw'mẽtʃil <> adv [evidentemente] naturally. <> interj of course!

natureza [natu'rezal f **-1.** [ger] nature. **-2.** [espécie] kind.

natureza-morta [natuˌreza'moxtal (pl **naturezas-mortas**) f still life.

naufragar [nawfra'ga(x)l vi **-1.** [embarcação] to be wrecked. **-2.** [pessoa] to be shipwrecked. **-3.** fig [fracassar] to fail.

naufrágio [naw'fraʒiul m **-1.** [de embarcação, pessoa] shipwreck. **-2.** fig [fracasso] failure.

náufrago, ga ['nawfragu, gal m (shipwreck) survivor, castaway.

náusea ['nawzjal f nausea.

nausear [naw'zja(x)l <> vt **-1.** [enjoar] to make sick. **-2.** [repugnar] to nauseate. <> vi [sentir náusea] to feel sick.

náutico, ca ['nawtʃiku, kal adj nautical.

náutica f ESP seamanship.

naval [na'vawl (pl **-ais**) adj naval; **construção ~** shipbuilding.

navalha [na'vaʎal f **-1.** [de barba] razor blade. **-2.** [faca] blade.

navalhada [nava'ʎadal f stab.

nave ['navil f **-1.** [de igreja] nave. **-2.** LITER [embarcação] ship; **~ espacial** spaceship.

navegação [navega'sãwl (pl **-ões**) f voyage; **companhia de ~** shipping line.

navegante [nave'gãntʃil mf navigator.

navegável [nave'gavewl (pl **-eis**) adj navigable.

navio [na'viwl m ship; **~ de guerra** warship; **~ mercante** merchant ship; **ficar a ver ~s** to be left high and dry.

navio-petroleiro [naˌviwpetro'lejrul (pl **navios-petroleiros**) m oil tanker.

nazismo [na'ziʒmul m Nazism.

nazista [na'ziʃtal <> adj Nazi. <> mf Nazi.

NBA (abrev de National Basketball Association) f NBA.

NE (abrev de Nordeste) m NE.

neblina [ne'blinal f mist.

nebulosa [nebu'lozal f▷ nebuloso.

nebulosidade [nebulozi'dadʒil f cloudiness.

nebuloso, osa [nebu'lozu, ɔzal adj **-1.** [ger] cloudy. **-2.** fig [sombrio] dark. **-3.** fig [indefinido] nebulous. **-4.** fig [obscuro] nebulous.

nebulosa f ASTRON nebula.

necessário, ria [nese'sarju, rjal <> adj necessary. <> m necessities (pl); **o ~** the necessities.

necessidade [nesesi'dadʒil f [o que se necessita] necessity; **em caso de ~** in case of necessity, if need be.

necessidades fpl **-1.** [privação] need (sg). **-2.: fazer suas ~** fam [defecar, urinar] to spend a penny.

necessitado, da [nesesi'tadu, dal adj: **~ (de)** in need (of).

➡ **necessitados** mpl: os ~ [miseráveis] the needy.

necessitar [nesesi'ta(x)] ◇ vt to need. ◇ vi to be in need; ~ **de** to need.

necrotério [nekro'tɛrju] m mortuary UK, morgue US.

néctar ['nɛkta(x)] (pl -es) m nectar.

nectarina [nekta'rinal f nectarine.

nefasto, ta [ne'faʃtu, tal adj -1. [agourento] ominous.-2.[trágico] tragic. -3. [nocivo] harmful.

negação [nega'sãw] (pl -ões) f -1. [recusa] refusal. -2. [inaptidão]: **ser uma ~ em algo** to be hopeless at sthg.-3. [desmentido] denial.

negar [ne'ga(x)] vt -1. [ger] to deny.-2. [recusar, não permitir] to refuse.
➡ **negar-se** vp [recusar-se] to refuse.

negativo, va [nega'tʃivu, val ◇ adj negative. ◇ adv: ~ ! nope!
➡ **negativo** m FOT negative.
➡ **negativa** f [recusa] refusal.

negligência [negli'ʒẽsja] f negligence.

negligente [negli'ʒẽtʃil adj negligent.

negociação [negosja'sãw] (pl -ões) f -1. [transação] transaction. -2. [entendimento] negotiation.

negociante [nego'sjãtʃil mf businessman (f businesswoman).

negociar [nego'sja(x)] ◇ vi -1. COM: ~ **(com algo)** to trade (in sthg); ~ **com alguém/algo** to negotiate with sb/ sthg. -2. [discutir] to negotiate. ◇ vt -1. [combinar] to negotiate. -2. COM to trade.

negociata [nego'sjata] f crooked deal.

negociável [nego'sjavew] (pl -eis) adj inv negotiable.

negócio [ne'gɔsju] m -1. COM business; **homem de ~s** businessman. -2. [transação] deal; **fechar um ~** to make a deal; ~ **da China** very profitable deal; ~ **fechado!** it's a deal! -3. [caso] matter; **o ~ é o seguinte** the deal is as follows. -4. fam [coisa] thing; **que ~ é esse?** what's the big idea?

negro, gra ['negru, gral ◇ adj black. ◇ m, f black.

negrume [ne'grumil m darkness.

nela ['nɛlal = em + ela.

nele ['nelil = em + ele.

nem [nẽl conj nor; **nem... nem...** neither ... nor ...; **eles ~ (sequer) me convidaram** they didn't even invite me; ~ **eu!** nor was I!; **ele foi agressivo mas ~ por isso você deveria ter retrucado** he was aggressive but that was no reason for you to retaliate; ~ **sempre** not always; ~ **tanto** not so much; **eles saíam sem ~ avisar** they would go out even without warning.

➡ **nem que** loc conj even if.

nenhum, ma [ne'ɲũ, mal (mpl -ns, fpl -s) ◇ adj no; **ele não tomou nenhuma decisão** he has made no decision; **em ~ momento** at no time. ◇ pron none; **não comprei livro ~** I didn't buy a single book; **não comprei ~** I didn't buy any; **não quero nenhuma bebida** I don't want anything to drink; **não tive problema ~** I didn't have a single problem; ~ **professor é perfeito** no teacher is perfect; **todos os professores são pessoas, ~ é perfeito** all teachers are human; none is/are perfect; ~ **de** none of, not one of; ~ **dos dois** neither of them, neither of the two; ~ **dos cinco** none of the five, not one of the five.

neoclássico, ca [nɛw'klasiku, kal adj neoclassical.
➡ **Neoclássico** m neoclassical period.

neófito, ta [ne'ɔfitu, tal adj [principiante] beginner.

neoliberal [neo'liberawl (pl -ais) ◇ adj neoliberal. ◇ mf neoliberal.

neoliberalismo [nɛw'liberaliʒmul m neoliberalism.

neologismo [nɛwlo'giʒmul m neologism.

néon ['nɛõl, **neônio** [ne'onjul m neon.

neonazismo [nɛw'naziʒmul m neo-Nazism.

Nepal [ne'pawl n Nepal.

nervo ['nexvul m -1. ANAT nerve; **estar uma pilha de ~s** to be a bag of nerves. -2. [na carne] sinew.-3. fig [força] driving force.

nervosismo [nexvo'ziʒmul m -1. [ger] nervousness. -2. [irritabilidade] irritability.

nervoso, osa [nex'vozu, ɔzal adj -1. [ger] nervous. -2. [irritado] irritable.

nessa ['nɛsal = em + essa.

nessas ['nɛsaʃl = em + essas.

nesse ['nesil = em + esse.

nesses ['nesiʃl = em + esses.

nesta ['nɛʃtal = em + esta.

nestas ['nɛʃtaʃl = em + estas.

neste ['neʃtʃil = em + este.

nestes ['neʃtʃiʃl = em + estes.

netiqueta [netʃi'ketal f COMPUT netiquette.

neto, ta ['nɛtu, tal m, f grandson (f granddaughter).
➡ **netos** mpl grandchildren.

Netuno [ne'tunul n Neptune.

neurologia [newrolo'ʒial f neurology.

neurologista [newrolo'ʒiʃtal mf neurologist.

neurose [new'rɔzil f neurosis.

neurótico, ca [new'rɔtʃiku, kal ◇ adj neurotic. ◇ m, f neurotic.

neutralidade [newtrali'dadʒil f neutrality.

neutralizar ['newtrali'za(x)] vt to neutralize.

neutro, tra ['newtru, tra] adj neutral.

nevada [ne'vada] f snowfall.

nevado, da [ne'vadu, da] adj -1. [coberto de neve] snow-covered. -2. [branco] snow-white.

nevar [ne'va(x)] vi to snow.

nevasca [ne'vaʃka] f snowstorm.

neve ['nɛvi] f snow; branco feito ~ as white as snow.

névoa ['nɛvwa] f fog.

nevoeiro [ne'vwejru] m thick fog.

nevralgia [nevraw'ʒia] f neuralgia.

newsgroup [neuʒ'grupi] (pl -s) m COMPUT newsgroup.

nexo ['nɛksul m -1. [ligação] connection. -2. [coêrencia] coherence; sem ~ incoherent.

Nicarágua [nika'ragwa] n Nicaragua.

nicaragüense [nikara'gwẽsil ◇ adj Nicaraguan. ◇ mf Nicaraguan.

nicotina [niko'tʃina] f nicotine.

Nilo ['nilu] n: o ~ the Nile.

ninar [ni'na(x)] ◇ vt to sing to sleep. ◇ vi to fall asleep.

ninfeta [nĩ'feta] f nymphette.

ninfomaníaca [nĩnfoma'njaka] f nymphomaniac.

ninguém [nĩŋ'gẽj] ◇ pron indef -1. [nenhuma pessoa] nobody; ~ vai descobrir nobody will find out; não conte a ~! don't tell anybody!; tell nobody!; ~ respeita mais ~ nobody respects anybody any more; ~ mais nobody else. -2. fig [pessoa desimportante]: ser ~ to be nobody. ◇ m fig [pessoa desimportante]: esse (zé) ~ that nobody.

ninhada [ni'nada] f brood.

ninharia [nina'ria] f trifle.

ninho ['ninul m nest; ~ de rato fam [bagunça] mess.

nipônico, ca [ni'poniku, kal ◇ adj Nipponese. ◇ m, f Nipponese.

níquel ['nikewl (pl -eis) m nickel.

nissei [ni'sej] mf child of Japanese parents born in Brazil.

nisso ['nisul = em + isso.

nisto ['niʃtul = em + isto.

nitidez [nitʃi'deʃl f -1. [precisão] sharpness. -2. [clareza] clarity. -3. [brilho] brightness.

nítido, da ['nitʃidu, dal f -1. [preciso] distinct. -2. [claro] clear. -3. [brilhante] bright.

nitrogênio [nitro'ʒenjul m nitrogen.

nível ['nivɛwl (pl -eis) m -1. [ger] level; em ~ de level with; ~ superior UNIV higher education. -2. [condições] standard; alto/baixo ~ high/low standard. -3. [ferramenta] spirit level.

nivelar [nive'la(x)] vt -1. [aplanar] to level. -2. [equiparar] to compare; ~ algo a ou por ou com algo to put sthg on the same level as sthg. -3. [medir] to equal.

→ **nivelar-se** vp [equiparar-se]: ~-se a ou por ou com alguém to measure up to sb.

no [nul = em + o.

NO (abrev de Noroeste) m NW.

nó ['nɔl m -1. [laço] knot; dar um ~ to tie a knot; ~ cego fast knot; ~ do dedo knuckle. -2. fig [dificuldade] knotty situation. -3. [ponto crucial] nub.

-no [nul pron [pessoa] him; [coisa] it; [você] you.

nobre ['nɔbril ◇ adj -1. [ger] noble; bairro ~ smart area. -2. (antes de subst) [ilustre] honourable. -3. ▷ horário. ◇ m, f nobleman (f noblewoman).

nobreza [no'breza] f nobility.

noção [no'sãwl (pl -ões) f notion; não ter a menor ~ de algo not to have the slightest idea of sthg.

→ **noções** fpl [rudimentos] basics.

nocaute [no'kawtʃil m -1. BOXE knockout; levar alguém a ~ /pôr alguém em ~ to knock sb out; fig [prostrar] to lay sb out. -2. [soco] punch.

nocivo, va [no'sivu, val adj harmful.

noções [no'sõjʃl pl ▷ noção.

noctívago [nok'tʃivagul adj & n = notívago.

nódoa ['nɔdwal f stain.

nogueira [no'gejra] f walnut tree.

noitada [noj'tadal f -1. [período] night. -2. [de diversão] night out. -3. [de insônia] sleepless night.

noite ['nojtʃil f -1. [período] night; à ou de ~ at night; boa ~! [cumprimento] good evening!; [despedida] good night!; da ~ para o dia from one day to the next, overnight; esta ~ [a noite passada] last night; [a próxima noite] this evening, tonight; ontem/hoje/amanhã a ~ yesterday/this/tomorrow evening; tarde da ~ late at night; ao cair da ~ at nightfall. -2. [vida noturna] nightlife.

noitinha [noj'tʃinal f: à ou de ~ at dusk.

noivado [noj'vadul m -1. [ger] engagement. -2. [festa] engagement party.

noivo, va ['nojvu, val ◇ adj engaged. ◇ m, f -1. [comprometido]: estar/ser ~ de alguém to be sb's fiancé (f fiancée), to be engaged to sb. -2. [no altar] groom (f bride).

→ **noivos** mpl: os ~s [no altar] the

bride and groom; [na lua-de-mel] newly-weds.

nojento, ta [no'ʒẽntu, ta] *adj* -**1.** [que enoja] disgusting. -**2.** [antipático] loath-some.

nojo ['noʒul *m* -**1.** [náusea] nausea. -**2.** [repulsa] disgust; **estar um ~** [estar sujo, ruim] to be filthy; **ser um ~** [ser antipático] to be loathsome.

nômade ['nomadʒil ◇ *adj* nomadic. ◇ *mf* nomad.

nome ['nɔmil *m* -**1.** [designação] name; **~ de batismo** Christian name; **~ de família** surname; **de ~** [renome] of renown; [reputação] well known. -**2.** [autoridade]: **em ~ de algo** in the name of sthg; **em ~ de alguém** on behalf of sb.

nomeação [nomja'sãw] (*pl* -**ões**) *f* -**1.** [denominação] naming. -**2.** [para cargo] nomination.

nomeado, da [nomea'du, da] *adj* nominated.

nomear [no'mja(x)] *vt* -**1.** [proferir o no-me, conferir o nome a] to name. -**2.** [con-ferir cargo a] to appoint.

nonagésimo, ma [nona'ʒɛzimu, ma] *num* ninetieth; *veja também* **sexto**.

nono, na ['nonu, na] *num* ninth; *veja também* **sexto**.

nora ['nɔra] *f* daughter-in-law.

nordeste [nox'dɛʃtʃi] ◇ *adj* north-east. ◇ *m* north-east.
◆ **Nordeste** *m* north-east region of Brazil.

nordestino, na [na, nɔxdeʃ'tʃinu, na] ◇ *adj* -**1.** northeastern -**2.** of north-eastern Brazil (*depois de subst*). ◇ -**1.** Northeasterner *m, f* -**2.** person from north-eastern Brazil.

nórdico, ca ['nɔxdʒiku, ka] ◇ *adj* Nordic. ◇ *m, f* Nordic.

norma ['nɔxma] *f* -**1.** [padrão] norm. -**2.** [regra] rule; **ter como ~** to have as a norm.

normal [nɔx'maw] (*pl* -**ais**) *adj* [ger] normal.

normalidade [nɔxmali'dadʒi] *f* nor-mality.

normalizar [nɔxmali'za(x)] *vt* to bring back to normal.
◆ **normalizar-se** *vp* to return to normal.

normalmente [nɔxmaw'mẽntʃi] *adv* -**1.** [regularmente] as expected. -**2.** [geralmente] usually.

noroeste [no'rwɛʃtʃi] ◇ *adj* [relativo ao noroeste] north-west. ◇ *m* north-west.

norte ['nɔxtʃi] ◇ *adj* [relativo ao norte] north. ◇ *m* -**1.** [direção] north; **ao ~ de** to the north of. -**2.** [região] North.

-**3.** [guia] guide.

norte-americano, na [nɔxtʃjameri'kã-nu, na] ◇ *adj* North American. ◇ *m* & *f* North American.

nortista [nox'tʃiʃta] ◇ *adj* [do norte] northern. ◇ *mf* [pessoa] northerner.

Noruega [no'rwɛga] *n* Norway.

norueguês, esa [norwe'geʃ, ezal ◇ *adj* Norwegian. ◇ *m, f* Norwegian.
◆ **norueguês** *m* [língua] Norwegian.

nos¹ [noʃ] = **em + os**.

nos² [noʃ] *pron pess* -**1.** (*objeto direto*) us; **convidaram-~ para a festa** they invited us to the party. -**2.** (*objeto indi-reto*) us; **ele ~ deu um presente** he gave us a present; **isto ~ saiu caro** that cost us a lot of money; [para enfatizar] us; **não ~ faça mais isto!** don't do that to us again! -**3.** (*reflexivo*) ourselves; **ontem ~ matriculamos na Universidade** yester-day we registered at University. -**4.** [reciprocamente] each other; **olhamo-~ com ternura** we looked lovingly at each other. -**5.** [indicando posse] us; **ela ~ bei-jou as faces** she kissed us on the cheeks; **ardia-~ a vista** our eyes were stinging. -**6.** [ao autor] us; **parece-~** ... it seems to us ...; **neste caso, o que ~ cha-ma a atenção é** ... in this case, what draws our attention is ...

nós [noʃ] *pron pess* (*com + nós = conos-co*) -**1.** [sujeito] we; **~ somos casados** we are married; **~, brasileiros/estudantes, somos** ... we Brazilians/students, are ...; **~, que gostamos de música,** ... we, who love music, ...; **não pude ver o jogo; ~ vencemos?** I couldn't watch the match; did we win?; **~ dois/quatro** the two/four of us, we two/four; **só ~ dois** just the two of us; **~ todos** all of us; **~ mesmos** OU **próprios** we ... ourselves; **~ mesmos pintaremos a casa** we shall paint the house ourselves. -**2.** (*depois de prep*) us; **chegou un convite para ~** an invitation arrived for us, we received an invitation; **o que ele tem contra ~?** what does he have against us?; **você fica para jantar conosco?** are you staying with us for dinner?; **alguns de ~ serão premiados** some of us will be rewarded; **entre ~** [duas pessoas] be-tween the two of us, between you and me; [mais de duas pessoas] among us. -**3.** [o autor] we; **neste capítulo, o que ~ pre-tendemos é** ... in this chapter, what we are attempting to do is ... -**4.** *loc*: **cá entre ~** between ourselves.

-**nos** [noʃ] *pron pl* [eles] them; [vocês] you
▷ **nos²**.

nosso, a ['nosu, a] ◇ *adj* our; **Nossa Se-nhora** Our Lady; **nossas coisas/brigas** our things/arguments; **um amigo ~ a**

friend of ours; **este iate é ~** this yacht is ours. ◇ *pron*: **o ~ /a nossa** ours; **um amigo ~** a friend of ours; **a nossa é maior** ours is bigger; **os ~ s** [a nossa família] our family; [do nosso time] ours; **ser um dos ~ s** *fam* [estar do nosso lado] to be one of ours; **à nossa!** here's to us!

➡ **nossa** *interj* [exprimindo espanto] God; **~ mãe!, ~ senhora!** God!, Holy Mary!

nostalgia [noʃtaw'ʒia] *f* -**1.** [melancolia] nostalgia. -**2.** [da pátria] homesickness.

nostálgico, ca [noʃ'tawʒiku, kal] *adj* nostalgic.

nota ['nɔta] *f* -**1.** [ger] note; **tomar ~** to take note; **~ de rodapé** footnote. -**2.** *COM* bill; **~ fiscal** invoice. -**3.** *EDUC* mark. -**4.** [comunicado] notice; **~ oficial** official statement.

➡ **notar-se** *vp*: **nota-se que ...** it is clear that ...

notável [no'tavɛw] (*pl* **-eis**) *adj* notable.

notebook ['nɔtʃibukil] (*pl* **-s**) *m* COMPUT notebook.

notícia [no'tʃisjal] *f* news (*sg*); **ter ~ s de alguém/algo** to have news of sb/sthg, to hear from sb/about sthg.

noticiário [notʃi'sjarjul] *m* -**1.** [de jornal] news section. -**2.** [rádio, tv] news bulletin. -**3.** [cinema] newsreel.

notificar [notʃifi'ka(x)] *vt* -**1.** [comunicar]: **~ algo a alguém** to notify sb of sthg. -**2.** *JUR* to instruct.

notívago, ga [no'tʃivagu, gal] ◇ *adj* nocturnal. ◇ *m, f* [pessoa] sleepwalker.

notoriedade [notorje'dadʒil] *f* -**1.** [fama] fame. -**2.** [evidência] blatancy.

notório, ria [no'tɔrju, rjal] *adj* -**1.** [famoso] famous, well-known. -**2.** [evidente] blatant; **é público e ~ que ...** it is public knowledge and blatantly clear that ...

noturno, na [no'tuxnu, nal] *adj* -**1.** [trem, aula] night (*antes de subst*); **vôo ~** night flight. -**2.** [animais, plantas] nocturnal.

➡ **noturno** *m* -**1.** *MÚS* nocturne. -**2.** [trem] night train.

noutro ['notrul] = **em** + **outro**.

nov. (*abrev de* **novembro**) Nov.

nova ['nɔval] *f* ▷ **novo**.

nova-iorquino, na [ˌnɔvajox'kinu, nal] ◇ *adj* New York (*antes de subst*). ◇ *m, f* New Yorker.

novamente [ˌnɔva'mẽntʃil] *adv* -**1.** [outra vez] once again. -**2.** [recentemente] recently.

novato, ta [no'vatu, tal] ◇ *adj* inexperienced. ◇ *m, f* novice.

Nova York [ˌnɔva'jɔxkil] *n* New York.

Nova Zelândia [ˌnɔvaze'lãndʒial *n* New Zealand.

nove ['nɔvil] *num* nine; *veja também* **seis**.

novecentos, tas [nɔve'sẽntuʃ, taʃl *num* nine hundred; *veja também* **seiscentos**.

novela [no'velal *f* -**1.** *RÁDIO & TV* soap opera. -**2.** *LITER* story.

novelo [no'velul *m* ball of yarn.

novembro [no'vẽnbrul *m* November; *veja também* **setembro**.

noventa [no'vẽntal *num* ninety; *veja também* **sessenta**.

noviço, ça [no'visu, sal *m, f* RELIG novice.

novidade [novi'dadʒil *f* -**1.** [ger] novelty. -**2.** [notícia] news (*sg*).

novilho, lha [no'viʎu, ʎal *m, f* calf.

novo, nova ['novu, 'nɔval ◇ *adj* -**1.** [ger] new; **~ em folha** brand new; **o que há de ~?** what's new? -**2.** [jovem] young. -**3.** [outro] different. ◇ *m, f*: **a nova/o novo** the new one.

➡ **de novo** *loc adv* again.

➡ **novo** *m* unknown.

➡ **nova** *f*: **boa nova** good news; **nova economia** new economy.

novo-rico [novo'xikul (*pl* **novos-ricos**) *m,f* nouveau riche.

noz ['nɔʃl (*pl* **-es**) *f* nut.

noz-moscada [ˌnɔʒmoʃ'kadal (*pl* **nozes-moscadas**) *f* nutmeg.

nu, nua ['nu, 'nual *adj* -**1.** [ger] bare. -**2.** [sem roupa] naked. -**3.** [sem rodeios]: **a verdade nua e crua** the naked truth; **a realidade nua e crua** the stark reality.

➡ **nu** *m* ARTE nude.

nuança [nu'ãnsal, **nuance** [nu'ãsil *f* nuance.

nublado, da [nu'bladu, dal *adj* cloudy.

nublar [nu'bla(x)] *vt* to cloud.

➡ **nublar-se** *vp* to become cloudy.

nuca [nukal *f* nape.

nuclear [nukle'a(x)] (*pl* **-es**) *adj* -**1.** *TEC* nuclear. -**2.** *fig* [central] central.

núcleo ['nukljul *m* nucleus.

nudez [nu'deʃl *f* -**1.** [de pessoa] nudity. -**2.** [de coisas] bareness.

nudista [nu'dʒiʃtal ◇ *adj* nudist. ◇ *mf* nudist.

nulidade [nuli'dadʒil *f* insignificance.

nulo, la ['nulu, lal *adj* -**1.** [sem valor] invalid. -**2.** [nenhum] non-existent. -**3.** [inepto] useless.

num [nũl = **em** + **um**.

núm. (*abrev de* **número**) *m* no.

numa ['numal *cont* = **em** + **uma**.

numeração [numera'sãwl (*pl* **-ões**) *f* -**1.** [ato] numbering. -**2.** [sistema] numbers. -**3.** [de calçados, roupas] size.

numerado, da [nume'radu, dal *adj* numbered.

numeral [nume'raw] (pl -ais) m GRAM numeral.

numerar [nume'ra(x)] vt -1. [pôr número em] to number. -2. [pôr em ordem numérica] to place in numerical order.

numérico, ca [nu'mɛriku, ka] adj numerical.

número ['numeru] m -1. [ger] number; ~ par/ímpar even/odd number; sem-~ countless; um sem-~ de vezes countless times; ~ de telefone/fax telephone/fax number. -2. [tamanho] que ~ você calça? what size shoe do you wear? -3. [edição] issue; ~ atrasado back number. -4. [quadro] act.

numeroso, osa [nume'rozu, ɔza] adj numerous.

nunca ['nũŋka] adv -1. [sentido negativo] never; ~ mais never again; ele quase ~ sorri he hardly ever smiles. -2. [sentido afirmativo]: como ~ as never before; mais do que ~ more than ever.

nuns [nũʃ] = em + uns.

núpcias ['nupsjaʃ] fpl wedding.

nutrição [nutri'sãw] f nutrition.

nutricionista [nutrisjo'niʃta] mf nutritionist.

nutrido, da [nu'tridu, da] adj -1. [bem alimentado] well-fed. -2. [robusto] fit.

nutrir [nu'tri(x)] vt -1. [alimentar]: ~ (com/de) to nourish (with). -2. fig [acalentar]: ~ algo por to nurture sthg for. -3. fig [fornecer]: ~ algo de to provide sthg with.

➲ **nutrir-se** vp -1. [alimentar-se]: ~-se de to obtain nourishment from; ~-se com to feed on. -2. [prover-se] fig: ~-se de algo to supply o.s. with.

nutritivo, va [nutri'tʃivu, va] adj nourishing; valor ~ nutritional value.

nuvem ['nuvẽ] (pl -ns) f -1. [do céu] cloud. -2. fig [aglomeração - de pessoas] swarm; [- de insetos, gases, fumaça] cloud. -3. loc: estar nas nuvens to daydream; passar em brancas nuvens [data] to pass by unnoticed.

O

o¹, O [ɔ] m [letra] o, O.

o², a [u, a] (mpl os, fpl as) <> artigo definido -1. [com substantivo genérico] the; a casa the house; o hotel the hotel; os alunos the students; os noivos the bride and groom. -2. [com substantivo abstrato]: a vida life; o amor love. -3. [com adjetivo substantivado]: o melhor/pior the best/worst; vou fazer o possível I'll do what I can. -4. [com nomes geográficos]: a Inglaterra England; o Amazonas the Amazon; o Brasil Brazil; os Estados Unidos the United States; os Pirineus the Pyrenees. -5. [indicando posse]: quebrei o nariz I broke my nose; estou com os pés frios my feet are cold. -6. [enfaticamente]: ele pensa que é O gênio he thinks he is THE genius; ela é A supermãe she is THE supermother; Tentação, O perfume Tentação, THE perfume. -7. [com nome de pessoa]: o Alexandre Alexandre; a Helena Helena; o Sr. Mendes Mr. Mendes. -8. [por cada] a, per; 3 reais a dúzia 3 reals a dozen; o linho é 5 reais o metro linen is 5 reals per metre. -9. [em datas, períodos] the; o dois de Abril the second of April UK, April second US; o pós-guerra the postwar years. -10. [em títulos] the; Alexandre o Grande Alexander the Great; D. Maria a louca Queen Mary the madwoman. <> pron pess -1. [pessoa] him (f her), them pl; eu a deixei ali I left her there; ela o amava muito she loved him very much; não os vi I didn't see them. -2. [você, vocês] you; eu o chamei, Dirceu, mas você não ouviu I called you, Dirceu, but you didn't hear; prazer em conhecê-los, meus senhores pleased to meet you, gentlemen. -3. [coisa] it, them pl; onde estão as chaves? não consigo achá-los where are the keys? I can't find them; este paletó é novo, comprei-o o mês passado this jacket is new, I bought it last month. -4. [em locuções]: o/a da esquerda the one on the left; os que desejarem vir terão de pagar those who wish to come will have to pay; o que (é que) ...? what (is) ...?; o que (é que) está acontecendo? what's going on?; era o que eu pensava it's just as I thought; o quê? what? <> pron dem -1. [especificativo - com substantivo] the one; feche a porta da frente e a dos fundos close the front door and the one at the back; compre o que for mais barato buy the one that's cheapest; 2. [- com adjetivo] the; destas balas, adoro as vermelhas out of these sweets, I prefer the red ones 3. [indicando posse] one; minha casa e a de Teresa my house and Teresa's, mine and Teresa's house; minha casa é grande e a de Teresa é pequena my house is big and Teresa's one is small.

ó [ɔ] interj oh!

ô [o] interj oh!

OAB (abrev de **Ordem dos Advogados**

do Brasil) f *Brazilian law society.*
oásis [ɔ'aziʃ] *m inv* oasis.
oba ['obal *interj* -**1.** [de alegria] great! -**2.** [cumprimento] hi!
obcecado, da [obise'kadu, da] *adj* obsessive.
obedecer [obede'se(x)] <> *vt* to obey. <> *vi:* ~ **a (alguém/algo)** to obey (sb/ sthg).
obediência [obe'dʒjẽnsja] f obedience.
obediente [obe'dʒjẽntʃi] *adj* obedient.
obeso, sa [o'bezu, za] <> *adj* obese. <> *m, f* obese person.
óbito ['ɔbitu] *m* death.
objeção [obʒe'sãw] (*pl* -**ões**) f -**1.** [contestação] objection. -**2.** [obstáculo] obstacle; **fazer** OU **pôr** ~ **a** to make an objection to.
objetivo, va [obʒe'tʃivu, va] *adj* objective.
➡ **objetivo** *m* objective, aim.
objeto [ob'ʒɛtu] *m* -**1.** [coisa] object. -**2.** [de estudo] subject.
oblíquo, qua [o'blikwu, kwal *adj* -**1.** [diagonal - luz, chuva, traço] slanting; [- terreno, reta] sloping; [- ângulo] oblique. -**2.** *fig* [dissimulado] devious.
oblongo, ga [ob'lõŋgu, ga] *adj* oblong.
oboé [o'bwɛ] *m* oboe.
obra ['ɔbra] f -**1.** [trabalho] work; ~ **de arte** work of art; **ser** ~ **de alguém** *fig* to be the work of sb. -**2.** CONSTR works *(pl)*; **em** ~**s** under repair.
obra-prima [ˌɔbra'prima] (*pl* **obras-primas**) f -**1.** [melhor obra] masterpiece. -**2.** [perfeição]: **ser/estar uma** ~ to be a work of art.
obrigação [obriga'sãw] (*pl* -**ões**) f -**1.** [dever] obligation. -**2.** COM bond.
obrigado, da [obri'gadu, da] *interj* [agradecimento]: **(muito)** ~ **(por)** thank you (very much) (for).
obrigar [obri'ga(x)] *vt:* ~ **alguém a fazer algo** [forçar] to force sb to do sthg; [impor] to require sb to do sthg; [induzir] to compel sb to do sthg.
➡ **obrigar-se** *vp* to take it upon o.s.
obrigatoriedade [obrigatorje'dadʒi] f obligatory nature.
obrigatório, ria [obriga'tɔrju, rja] *adj* obligatory.
obsceno, na [obi'senu, na] *adj* obscene.
obscurecer [obiʃkure'se(x)] *vt* -**1.** [escurecer] to darken. -**2.** *fig* [entristecer] to trouble. -**3.** *fig* [prejudicar] to damage; *fig* [perturbar] to unsettle.
obscuridade [obiʃkuri'dadʒi] f ´ -**1.** [escuridão] darkness. -**2.** [anonimato] obscurity. -**3.** *fig* [esquecimento] obscurity.
obscuro, ra [obi'ʃkuru, ra] *adj* -**1.**

[escuro] dark. -**2.** *fig* [desconhecido, confuso] obscure.
obséquio [obi'zɛkju] *m* favour UK, favor US; **por** ~ please.
observação [obizexva'sãw] (*pl* -**ões**) f -**1.** [ato] observation. -**2.** [comentário] remark. -**3.** [cumprimento] observance.
observador, ra [obisexva'do(x), ra] (*pl* -**es,** *fpl* -**s**) <> *adj* [perspicaz] observant. <> *m, f* observer.
observar [obisex'va(x)] *vt* -**1.** [ger] to observe. -**2.** [contemplar] to look at. -**3.**: ~ **que** [notar] to notice that; [comentar] to remark that.
observatório [obisexva'tɔrju] *m* observatory.
obsessão [obse'sãw] (*pl* -**ões**) f obsession.
obsessivo, va [obse'sivu, va] *adj* obsessive.
obsoleto, ta [obso'letu, tal *adj* obsolete.
obstante [obiʃ'tãntʃi] ➡ **não obstante** <> *loc conj* nevertheless. <> *loc prep* in spite of.
obstetra [obiʃ'tɛtra] *mf* obstetrician.
obstinado, da [obiʃtʃi'nadu, da] *adj* -**1.** [perseverante] obdurate. -**2.** [teimoso] obstinate.
obstrução [obiʃtru'sãw] (*pl* -**ões**) f -**1.** [entupimento] blockage. -**2.** [impedimento] obstruction.
obstruir [obiʃ'trwi(x)] *vt* -**1.** [entupir] to block. -**2.** [impedir] to obstruct.
obtenção [obitẽ'sãw] (*pl* -**ões**) f -**1.** [aquisição] acquisition. -**2.** [consecução] achievement.
obter [obi'te(x)] *vt* -**1.** [diploma, verbas, absolvição] to obtain. -**2.** [desempenho, sucesso] to achieve.
obturação [obitura'sãw] (*pl* -**ões**) f [de dente] filling.
obturador [obitura'do(x)] (*pl* -**es**) *m* FOT shutter.
obturar [obitu'ra(x)] *vt* [dente] to fill.
obtuso, sa [obi'tuzu, zal *adj* -**1.** [arredondado] blunt. -**2.** [bronco] obtuse. -**3.** [obscuro] obscure.
óbvio, via ['ɔbvju, vjal *adj* obvious; **é** ~ **!** of course!
➡ **óbvio** *m:* **o** ~ the obvious; **ser o** ~ **ululante** to be blatantly obvious.
ocasião [oka'zjãw] (*pl* -**ões**) f -**1.** [ger] time; **em certas ocasiões** sometimes. -**2.** [oportunidade]: **aproveitar a** ~ to seize the moment; **ter** ~ **de fazer algo** to have the opportunity to do sthg.
ocasional [okazjo'naw] (*pl* -**ais**) *adj* chance *(antes de subst).*
ocasionar [okazjo'na(x)] *vt* [proporcionar]: ~ **algo a alguém** to afford sb sthg.
ocaso [o'kazul *m* -**1.** [do sol] sunset. -**2.** *fig* [fim] end. -**3.** *fig* [decadência] decline.

Oceania [osjã'nia] *n* Oceania.

oceânico, ca [o'sjãniku, ka] *adj* oceanic.

oceano [o'sjãnu] *m* [mar] ocean; ~ Antártico Antarctic Ocean; ~ Atlântico Atlantic Ocean; ~ Ártico Arctic Ocean; ~ Índico Indian Ocean; ~ Pacífico Pacific Ocean.

oceanografia [osjanogra'fia] *f* oceanography.

ocidental [osidẽn'taw] (*pl* -ais) <> *adj* western. <> *m, f* westerner.

ocidentalizar [osidẽntali'za(x)] *vt* to westernize.

◆ **ocidentalizar-se** *vp* to become westernized.

ocidente [osi'dẽntʃi] *m* west.

◆ **Ocidente** *m*: **o Ocidente** the West.

ócio ['ɔsju] *m* -1. [tempo livre] free time. -2. [desocupação]: **estar no** ~ to be unoccupied. -3. [indolência] idleness.

ocioso, sa [o'sjozu, za] *adj* -1. [desocupado] unoccupied. -2. [improdutivo] unproductive. -3. [indolente] idle. -4. [inútil] useless.

oco, oca ['oku, 'ɔka] *adj* -1. [vazio] hollow. -2. *fig* [fútil] empty.

ocorrência [oko'xẽnsja] *f* -1. [acontecimento] event; ~ **policial** police matter. -2. [circunstância] circumstance.

ocorrer [oko'xe(x)] *vi* -1. [acontecer] to occur. -2. [vir à memória]: ~ **a alguém** to occur to sb.

ocre ['ɔkri] <> *adj* ochre *UK* (antes de subst), ocher *US* (antes de subst). <> *m* ochre.

octógono [ok'tɔgonu] *m* octagon.

ocular [oku'la(x)] *adj* ocular.

oculista [oku'liʃta] *mf* oculist, ophthalmologist.

óculo ['ɔkulu] *m* -1. [de navio] porthole. -2. *ARQUIT* oculus.

◆ **óculos** *mpl* glasses (*pl*); ~ **s escuros** sunglasses.

ocultar [okuw'ta(x)] *vt* to conceal.

ocultas [o'kuwtaʃ] ◆ **às ocultas** *loc adv* secretly.

ocultismo [okuw'tʃiʒmu] *m* occultism.

oculto, ta [o'kuwtu, ta] *adj* -1. [secreto, desconhecido] hidden. -2. [sobrenatural] occult.

ocupação [okupa'sãw] (*pl* -ões) *f* -1. [ger] occupation. -2. [de um espaço] occupancy.

ocupado, da [oku'padu, da] *adj* -1. [ger] occupied. -2. [atarefado] busy. -3. *TELEC* engaged *UK*, busy *US*; **dar (sinal de)** ~ to give the engaged tone *UK*, to give the busy signal *US*.

ocupante [oku'pãntʃi] *mf* occupant.

ocupar [oku'pa(x)] *vt* -1. [ger] to occupy.

-2. [atrair] to attract.

◆ **ocupar-se** *vp* -1. [preencher tempo] to keep o.s. occupied. -2. [cuidar de]: ~**-se com alguém/algo** to look after sb/sthg.

odalisca [oda'liʃka] *f* odalisque.

odiar [o'dʒja(x)] <> *vt* to hate. <> *vi* to hate.

◆ **odiar-se** *vp* -1. [a si mesmo] to hate o.s. -2. [um ao outro] to hate one another.

ódio ['ɔdʒju] *m* hatred, hate.

odioso, osa [o'dʒjozu, ɔza] *adj* odious.

odisséia [odʒi'seja] *f* odyssey.

odontologista [odõntolo'ʒiʃta] *mf* odontologist, dentist.

odor [o'do(x)] (*pl* -es) *m* odour.

OEA (*abrev de* **Organização dos Estados Americanos**) *f* OAS.

oeste ['wɛʃtʃi] <> *adj inv* west. <> *m*: **a** ~ **de** west of.

ofegante [ofe'gãntʃi] *adj* -1. [arquejante] panting. -2. [cansado] breathless.

ofegar [ofe'ga(x)] *vi* to pant.

ofender [ofẽn'de(x)] *vt* to offend.

◆ **ofender-se** *vp* [sentir-se insultado] to be offended.

ofensa [o'fẽnsa] *f* -1. [insulto] insult. -2. [desrespeito] offence *UK*, offense *US*.

ofensivo, va [ofẽn'sivu, va] *adj* offensive.

◆ **ofensiva** *f* offensive.

oferecer [ofere'se(x)] *vt* to offer.

◆ **oferecer-se** *vp* [propor seus serviços] to offer o.s.; ~**-se para fazer algo** to offer to do sthg.

oferecido, da [ofere'sidu, da] *adj pej* easy.

oferenda [ofe'rẽnda] *f RELIG* offering.

oferta [o'fɛxta] *f* -1. [ger] offer; **em** ~ on offer. -2. *ECON* supply.

off-line ['ɔflajni] *adv COMPUT* off-line.

oficializar [ofisjali'za(x)] *vt* to officialize.

oficina [ofi'sina] *f* workshop; ~ **mecânica** garage.

ofício [o'fisju] *m* -1. [profissão] profession. -2. [incumbência] job. -3. *RELIG* office. -4. [correspondência] official letter.

oficioso, osa [ofi'sjozu, ɔza] *adj* [não-oficial] unofficial.

oftalmológico, ca [oftawmo'lɔʒiku, ka] *adj* ophthalmological.

oftalmologista [oftawmolo'ʒiʃta] *mf* ophthalmologist.

ofuscante [ofuʃkãntʃi] *adj* dazzling.

ofuscar [ofuʃ'ka(x)] <> *vt* -1. [encobrir] to conceal. -2. [suplantar em brilho] to outshine. -3. [olhos] to dazzle. -4. *fig* [apagar] to overshadow. <> *vi* [turvar a vista] to dazzle.

ogum [o'gũl *m* god of war in Afro-Brazilian cults.

oh [ɔ] *interj* oh!

oi [l'oj] *interj* **-1.** [como saudação] hi! **-2.** [como resposta indagativa] mm?

oitavo, va [oj'tavu, va] <> *num* eighth; **a oitava parte** the eighth part. <> *m* eighth; *veja também* **sexto**.

oitenta [oj'tẽntal *num* eighty; *veja também* **sessenta**.

oito ['ojtul *num* eight; *veja também* **seis**; **ou ~ ou oitenta** all or nothing.

oitocentos, tas [ojtu'sẽntuʃ] *num* eight hundred; *veja também* **seiscentos**.

ola ['ola] *f* ESP Mexican wave.

olá [o'la] *interj* hello.

olaria [ola'rial *f* [fábrica] pottery.

óleo ['ɔljul *m* oil; **~ de bronzear** suntan oil; **~ diesel** diesel oil.

oleoduto [oljo'dutul *m* pipeline.

oleoso, osa [o'ljozu, ɔzal *adj* greasy.

olfato [ow'fatul *m* smell.

olhada [o'ʎadal *f* look; **dar uma ~ (em)** to take a look (at).

olhadela [oʎa'dɛlal *f* glance.

olhar [o'ʎa(x)] <> *vt* **-1.** [ger] to look at. **-2.** [cuidar de] to keep an eye on. **-3.** [ponderar] to look at. <> *vi* [ver] to look; **olha!** look!; **~ por** [cuidar de] to keep an eye on. <> *m* look.

➡ **olhar-se** *vp* **-1.** [ver-se] to look at o.s. **-2.** [entreolhar-se] to look at each other.

olho ['oʎul (*pl* olhos) *m* **-1.** [ger] eye; **a ~ nu** to the naked eye; **~ de sogra** CULIN Brazilian plum pudding with caramelized topping; **estar de ~ em alguém/algo** to have one's eye on sb/sthg. **-2.** [vista] glance; **dirigiu os ~ s para todos durante o show** she cast her eyes over everyone during the show; **a ~ s vistos** in front of one's very eyes. **-3.** [de queijo] hole. **-4.** [de agulha] eye; **~ mágico** magic eye. **-5.** *loc:* **abrir os ~ s de alguém** to open sb's eyes; **custar/pagar os ~ s da cara** to cost/pay an arm and a leg; **não pregar o ~** not to sleep a wink; **pôr alguém no ~ da rua** to fire sb; **ter o ~ maior do que a barriga** to have eyes bigger than one's stomach.

oligarquia [oligax'kial *f* oligarchy.

oligárquico, ca [oli'gaxkiku, kal *adj* oligarchical.

oligopólio [oligo'pɔljul *m* oligopoly.

olimpíada [olĩ'piadal *f* Olympiad; **as ~ s** the Olympics.

olímpico, ca [o'lĩpiku, kal *adj* Olympic.

olmo ['owmul *m* elm.

OLP (Organização para Libertação da Palestina) *f* PLO.

ombro ['õnbrul *m* ANAT shoulder; **~ a ~** shoulder to shoulder; **encolher os ~ s** to shrug.

OMC (*abrev de* Organização Mundial de Comércio) *f* WTO.

omelete [ome'lɛtʃil *f* omelette UK, omelet US.

omissão [omi'sãwl (*pl* -ões) *f* omission.

omisso, ssa [o'misu, sal *adj* **-1.** [negligente, ausente] negligent. **-2.** [faltando] omitted.

omitir [omi'tʃi(x)] *vt* to omit.

➡ **omitir-se** *vp:* **~-se de algo** to refrain from sthg.

omoplata [omo'platal *f* shoulder blade, scapula.

OMS (*abrev de* Organização Mundial de Saúde) *f* WHO.

onça ['õnsal *f* **-1.** [animal] jaguar; **estar/ficar uma ~** to be wild. **-2.** [peso] ounce.

onça-pintada ['õnsapĩntadal (*pl* -s) *f* ZOOL jaguar.

onda ['õndal *f* **-1.** [ger] wave; **pegar ~** [surfar] to surf. **-2.** [moda] vogue; **estar na ~** to be in vogue. **-3.** *fam* [fingimento] lie. **-4.** FÍSICA: **~ curta/média/longa** short/medium/long wave. **-5.** *loc:* **deixar de ~** to stop messing around; **ir na ~ de alguém** to be taken in by sb.

onde ['õndʒil (*a + onde = aonde*) <> *adv* (*interrogativo*) **-1.** where; **~ fica o museu?** where is the museum?; **não sei ~ deixei meus óculos** I don't know where I've left my glasses; **aonde vamos esta noite?** where are we going tonight?; **por ~ vieram?** which way did you come?; **~ quer que** wherever; **carregue sua carteira por ~ você** for keep your wallet with you wherever you go. **-2.** *loc:* **fazer por ~** to do what's necessary. <> *pron* **-1.** (*relativo*) where; **a casa ~ moro** the house where I live; **o vale por ~ passa o rio** the valley where the river flows. **-2.** (*indefinido*) where; **eles não têm ~ morar** they have nowhere to live, they don't have anywhere to live; **pretendo voltar ~ estivemos ontem** I intend to go back to where we were yesterday; **até ~ eu sei** as far as I know.

ondulação [õndula'sãwl (*pl* -ões) *f* undulation.

ondulado, da [õndu'ladu, dal *adj* **-1.** [cabelo] wavy. **-2.** [folha] curled.

oneroso, osa [one'rozu, ɔzal *adj* **-1.** [dispendioso] costly. **-2.** [pesado] burdensome.

ONG (*abrev de* Organização Não-Governamental) *f* NGO.

ônibus ['onibuʃ] *m inv* bus.

onipotente [ɔnipo'tẽntʃil *adj* omnipotent.

onipresença [oni'prezĕnsa] f omnipresence.

onírico, ca [o'niriku, ka] adj dreamlike.

onisciência [oni'sjĕnsja] f omniscience.

onívoro, ra [o'nivuru, ra] adj omnivorous.

ônix ['oniks] m (inv) onyx.

ontem ['õntĕ] adv yesterday; ~ de manhã yesterday morning; ~ à noite/à tarde yesterday evening/afternoon.

ONU ['ɔnu] (abrev de Organização das Nações Unidas) f UN.

ônus ['onuʃ] m -1. (inv) [peso] excess weight. -2. fig [encargo] obligation. -3. [imposto pesado] heavy tax.

onze ['õnzi] num eleven; veja também seis.

opa ['opa] interj [de admiração] wow!; [de saudação] hi!

opacidade [opasi'dadʒi] f opacity.

opaco, ca [o'paku, ka] adj opaque.

opala [o'pala] f -1. [mineral] opal. -2. [tecido] fine cotton material.

opção [op'sãw] (pl -ões) f -1. [escolha] choice. -2. [preferência] preference.

opcional [opsjo'naw] (pl -ais) adj optional.

open market ['opĕn'maxkitʃ] m open market.

OPEP (abrev de Organização dos Países Exportadores de Petróleo) f OPEC.

ópera ['ɔpera] f opera.

operação [opera'sãw] (pl -ões) f operation.

operacionalidade [operasjonali'dadʒi] f operating efficiency.

operador, ra [opera'do(x), ra] (mpl -es, fpl -s) m, f operator.

operar [ope'ra(x)] <> vt -1. [fazer funcionar] to operate. -2. MED to operate on. -3. [realizar] to perform. <> vi -1. [ger] to operate. -2. MED to operate.

operária [ope'rarja] f ▷ operário.

operariado [opera'rjadu] m: o ~ the working class.

operário, ria [ope'rarju, rja] <> adj -1. [greve] workers' (antes de subst). -2. [classe] working. -3. [abelha] worker (antes de subst). <> m, f [trabalhador] worker.

opereta [ope'reta] m operetta.

opinar [opi'na(x)] vi [emitir opinião]: ~ (sobre alguém/algo) to give one's opinion (on sb/sthg).

opinião [opi'njãw] (pl -ões) f opinion; a ~ pública public opinion; dar uma ~ to give an opinion; mudar de ~ to change one's mind.

ópio ['ɔpju] m opium.

oponente [opo'nĕntʃil] <> adj opponent.

sing. <> mf opponent.

opor [o'po(x)] vt -1. [resistência, objeção] to oppose. -2. [argumento, razão] to set.
➡ **opor-se** vp [ser contrário]: ~-se (a algo) to be opposed (to sthg).

oportunidade [opoxtuni'dadʒi] f opportunity; aproveitar a ~ to seize the opportunity.

oportunista [opoxtu'niʃta] <> adj opportunistic. <> mf opportunist.

oportuno, na [opox'tunu, na] adj opportune; momento ~ opportune moment.

oposição [opozi'sãw] (pl -ões) f -1. [objeção] opposition; fazer ~ a to oppose. -2. POL: a ~ the opposition.

oposicionista [opozisjo'niʃta] <> adj opposition (antes de subst). <> mf member of the opposition.

oposto, ta [o'poʃtu, o'poʃta] adj -1. [contrário] opposite. -2. [em frente a] opposite.
➡ **oposto** m [inverso] opposite.

opressão [opre'sãw] (pl -ões) f -1. [ger] oppression. -2. [sufocação - no peito] tightness; [- no coração] oppression.

opressivo, va [opre'sivu, va] adj oppressive.

oprimido, da [opri'midu, da] adj oppressed.

oprimir [opri'mi(x)] vt -1. [ger] to oppress. -2. [comprimir] to crush.

optar [op'ta(x)] vi: ~ (por/entre) to opt (for/between); ~ por fazer algo to opt to do sthg, to choose to do sthg.

óptico, ca ['optʃiku, ka] <> adj optical. <> mf optician.
➡ **óptica** f -1. FÍS optics (sg). -2. [loja] optician's. -3. [ponto de vista] point of view.

opulento, ta [opu'lĕntu, ta] adj opulent.

opúsculo [o'puʃkulu] m -1. [livreto] booklet. -2. [folheto] pamphlet.

ora ['ɔra] <> adv [agora] now; ela ~ quer uma coisa, ~ quer outra first she wants one thing, then she wants another; por ~ for now. <> conj now. <> interj: ~ bolas! oh hell!

oração [ora'sãw] (pl -ões) f -1. [reza] prayer. -2. GRAM clause.

oráculo [o'rakulu] m oracle.

oral [o'raw] (pl -ais) <> adj oral. <> f oral (exam).

orangotango [orãgu'tãŋgu] m orangutan.

orar [o'ra(x)] vi: ~ (a/por) to pray (to/for).

órbita ['ɔxbita] f -1. ASTRON orbit; a lua está em ~ da Terra the moon orbits the Earth; o satélite entrou em ~ the satellite entered into orbit; estar fora

de ~ *fam fig* to be out of one's mind.
- **2.** [de olho] socket. - **3.** *fig* [área] orbit.
orbitar [oxbi'ta(x)] *vi* - **1.** [descrever órbita]
to orbit. - **2.** *fig* [em torno de alguém] to
revolve around.
orçamentário, ria [oxsamẽn'tarju, rja]
adj budget *(antes de subst)*.
orçar [ox'sa(x)] <> *vt* [calcular] to
estimate; <> *vi* [avaliar] to make an
estimate; ~ **em** to estimate at.
ordeiro, ra [ox'dejru, ra] *adj* orderly.
ordem ['ɔxdẽl] *(pl -ns) f -* **1.** [ger] order;
estar em ~ to be tidy; ~ **do dia**
agenda; **manter a** ~ to maintain
order; **tudo em** ~? everything OK?;
~ **pública/social** public/social order;
às suas ordens at your service; **dar** ~ **a**
alguém para fazer algo to tell sb to do
sthg; ~ **de pagamento** money order;
~ **de prisão** prison order. - **2.** [catego-
ria]: **foi um prejuízo da** ~ **de bilhões**
there was damage in the order of
billions; **de primeira/segunda** ~ first/
second rate.
ordenado, da [oxde'nadu, dal] *adj*
[organizado] organized.
➡ **ordenado** *m* [salário] salary, wages
(pl).
ordenar [oxde'na(x)] *vt* to order.
➡ **ordenar-se** *vp* - **1.** RELIG to be or-
dained. - **2.** [organizar-se] to organize
o.s.
ordenhar [oxde'ɲa(x)] *vt* to milk.
ordinal [oxdʒi'naw] *(pl -ais) adj* ordinal.
ordinário, ria [oxdʒi'narju, rja] *adj -* **1.**
[ger] ordinary. - **2.** [de má qualidade]
poor. - **3.** [comum, freqüente] usual.
orégano [o'rɛganu] *m* oregano.
orelha [o'reʎa] *f -* **1.** ANAT ear; **estar de** ~
em pé *fam fig* to have one's wits about
one; **estar até as** ~ **s com algo** to be up
to one's ears in sthg. - **2.** [aba] flap.
orelhão [ore'ʎãw] *(pl -ões) m* [cabine de
telefone público] open telephone booth.
orfanato [oxfa'natu] *m* orphanage.
órfão, ã ['ɔxfãw, fãl] <> *adj* orphaned;
~ **de pai/mãe** fatherless/motherless.
<> *m, f* orphan.
orgânico, ca [ox'gãniku, ka] *adj* organic.
organismo [oxga'niʒmul] *m -* **1.** [ger]
organism. - **2.** *fig* [instituição] organization.
organização [oxganiza'sãw] *(pl -ões) f*
organization.
organizacional [oxganiza'sionaw] *(pl*
-ais) adj organizational.
organizador, ra [oxganiza'do(x), ra] *m, f*
organizer.
organizar [oxgani'za(x)] *vt* to organize.
órgão ['ɔxgãw] *(pl -s) m -* **1.** [ger] organ.
- **2.** [instituição] body; ~ **de imprensa**

news publication.
orgasmo [ox'gaʒmul] *m* orgasm.
orgia [ox'ʒial] *f* orgy.
orgulhar [oxgu'ʎa(x)] *vt* to make
proud.
➡ **orgulhar-se** *vp*: ~-**se de** to pride
o.s. on.
orgulho [ox'guʎul] *m -* **1.** [ger] pride. - **2.**
[arrogância] arrogance.
orgulhoso, osa [oxgu'ʎozu, ɔzal] *adj -* **1.**
[brioso] self-satisfied. - **2.** [satisfeito]
proud. - **3.** [arrogante] arrogant.
orientação [orjẽnta'sãw] *(pl -ões) f -* **1.**
[ger] direction; ~ **profissional** careers
guidance. - **2.** [supervisão] supervision.
- **3.** *fig* [linha, tendência] orientation.
oriental [orjẽn'taw] *(pl -ais)* <> *adj*
oriental. <> *mf* oriental.
orientar [orjẽn'ta(x)] *vt -* **1.** [situar] to
orient. - **2.** [nortear] to put in the right
direction. - **3.** [supervisionar] to supervise. - **4.** *fig* [aconselhar] to advise.
➡ **orientar-se** *vp -* **1.** [nortear-se] to
orient o.s. - **2.** [aconselhar-se, informar-se]
to take advice.
oriente [o'rjẽntʃil] *m* east.
➡ **Oriente** *m*: **o Oriente** the East; **Ex-**
tremo Oriente Far East; **Oriente Médio**
Middle East.
orifício [ori'fisjul] *m* orifice.
origem [o'riʒẽl] *(pl -ns) f -* **1.** [início]
origin. - **2.** [ascendência] origin; **país de**
~ country of origin. - **3.** [causa] cause;
dar ~ **a** to give rise to.
original [oriʒi'naw] *(pl -ais)* <> *adj*
original. <> *m* [obra] original.
originalidade [oriʒinali'dadʒi] *f -* **1.**
[origem] origin. - **2.** [excentricidade] ori-
ginality.
originalmente [oriʒinaw'mẽntʃil] *adv*
originally.
originário, ria [oriʒi'narju, rja] *adj* [pro-
veniente]: ~ **de** native of.
oriundo, da [o'rjũndu, dal] *adj*: ~ **de**
from.
orixá [ori'ʃal] *m Orisha, a Yoruba*
divinity that symbolizes the forces
of nature and acts as an intermedi-
ary between worshippers and the
highest divinity.
orla ['ɔxlal] *f* [faixa] edge.
ornamentação [oxnamẽnta'sãw] *(pl*
-ões) f decoration.
ornamental [oxnamẽn'taw] *(pl -ais) adj*
ornamental.
ornamento [oxna'mẽntul] *m* ornament.
orquestra [ox'kɛʃtral] *f* orchestra.
orquestrar [oxkeʃ'tra(x)] *vt* to orches-
trate.
orquídea [ox'kidʒjal] *f* orchid.
ortodoxia [oxtodok'sial] *f* orthodoxy.
ortodoxo, xa [oxto'dɔksu, ksal] <> *adj*

orthodox. <> *m, f* RELIG orthodox person.

ortografia [oxtogra'fial *f* orthography, spelling.

ortopédico, ca [oxto'pɛdʒiku, ka] *adj* orthopaedic *UK*, orthopedic *US*.

ortopedista [oxtope'dʒiſtal *mf* orthopaedist *UK*, orthopedic *US*.

orvalho [ox'vaʎul *m* dew.

os [uſ] ⊳ **o²**.

oscilação [osila'sãwl (*pl* -ões) *f* -1. [movimento] swinging. -2. [variação] swing. -3. *fig* [hesitação] hesitation.

oscilar [osi'la(x)] *vi* -1. [ger] to swing. -2. *fig* [hesitar] to hesitate.

Oslo ['oʒlul *n* Oslo.

ósseo, óssea ['ɔsju, 'ɔsjal *adj* bone (*antes de subst*).

osso ['osul (*pl* ossos) *m* -1. ANAT bone. -2. *fig* [dificuldade]: ~s do ofício occupational hazards; ser um ~ duro de roer to be a tough nut to crack.

ostensivo, va [oſtēn'sivu, va] *adj* -1. [pessoa, luxo] · ostentatious. -2. [policiamento] overt.

ostentar [oſtēn'ta(x)] *vt* -1. [exibir] to show off. -2. [alardear] to display.

osteoporose [oſtʃjopo'rɔzi] *f* osteoporosis.

ostra ['oſtral *f* oyster.

ostracismo [oſtra'siʒmul *m* ostracism.

OTAN [o'tãl (*abrev de* Organização do Tratado do Atlântico Norte) *f* NATO.

otário, ria [o'tarju, rjal *m, f* sucker.

ótico, ca ['ɔtʃiku, kal <> *adj* optic, optical. <> *m, f* [especialista] optician.
◆ **ótica** *f* -1. [loja] optician's. -2. *fig* [ponto de vista] viewpoint. -3. FÍSICA optics (*sg*).

otimismo [otʃi'miʒmul *m* optimism.

otimista [otʃi'miſtal <> *adj* optimistic. <> *mf* optimist.

otimização [otʃimiza'sãwl (*pl* -ões) *f* optimization.

otimizar [otʃimi'za(x)] *vt* to optimize.

ótimo, ma ['ɔtʃimu, mal <> *adj (superl de bom)* best. <> *interj* great!

otite [o'tʃitʃil *f* otitis.

otorrinolaringologista [otoxinulaʁĩgolo'ʒiſtal *mf* ear, nose and throat specialist.

ou [owl *conj* or; ~ ..., ~ ... either ..., or ...; ~ seja in other words.

ouriçado, da [ori'sadu, dal *adj fam* prickly.

ouriço [o'risul *m* -1. [casca espinhosa] burr. -2. ZOOL hedgehog.

ouriço-do-mar [o,risudu'ma(x)] (*pl* ouriços-do-mar) *m* sea urchin.

ourives [o'riviſ] *mf inv* goldsmith.

ourivesaria [oriveza'rial *f* -1. [arte]

goldworking. -2. [oficina, loja] goldsmith's.

ouro ['orul *m* -1. [metal] gold; de ~ *lit* gold; *fig* [coração] of gold. -2. *fig* [dinheiro] money.
◆ **ouros** *mpl* [naipe] diamonds.

ousadia [oza'dʒial *f* daring.

ousado, da [o'zadu, dal *adj* -1. [audacioso] audacious. -2. [corajoso] daring.

ousar [o'za(x)] <> *vt* to dare. <> *vi* to be daring.

out. (*abrev de* outubro) Oct.

outonal [oto'nawl (*pl* -ais) *adj* autumnal.

outono [o'tonul *m* autumn.

outorgado, da [owtox'gadu, dal *adj* granted.

outra ['otral *f* ⊳ outro.

outrem [o'trēl *pron* -1. *inv* (*pl*) other people. -2. (*sg*) someone else.

outro, outra [o'tru, 'otral *adj* -1. [ger] other; ~ dia the other day. -2. [diferente] another; de ~ modo in another way; entre outras coisas among other things. -3. [novo, adicional] another; no ~ dia the next day; outra vez again. <> *pron* another; o ~ the other; nem um, nem ~ neither one nor the other, neither of them; os ~s [pessoas] others; [objetos] the others; dos ~s [pessoas] other people's.
◆ **outra f: a outra** [amante] the other woman; **estar em outra** *fam* to be into something else.

outubro [o'tubrul *m* October; *veja também* setembro.

ouvido [o'vidul *m* -1. ANAT ear. -2. [audição] hearing; dar ~s a algo/ /alguém to listen to sthg/sb; de ~ by ear.

ouvinte [o'vīntʃil *mf* -1. RÁDIO listener. -2. UNIV auditor.

ouvir [o'vi(x)] <> *vt* -1. [pela audição] to hear. -2. [atentamente] to listen to. <> *vi* -1. [pela audição] to hear; ~ dizer que to hear that; ~ falar de algo/alguém to hear of sthg/sb. -2. [atentamente] to listen. -3. [ser repreendido] to get a telling off.

ova ['ɔval *f* roe; uma ~! *fam* no way!

ovação [ova'sãwl (*pl* -ões) *f* ovation.

oval [o'vawl (*pl* -ais) *adj* oval.

ovário [o'varjul *m* ovary.

ovelha [o'veʎal *f* sheep; ~ negra *fig* black sheep.

overdose [,ovex'dɔzil *f* overdose.

ovni ['ɔvnil *m* (*abrev de* Objeto Voador Não-Identificado) UFO.

ovo ['ovul (*pl* ovos) *m* ANAT egg; ~ de codorna quail egg; ~ cozido hard-boiled egg; ~ **estalado** ou **frito** fried egg; ~ **de granja** free-range egg; ~ **mexido** scrambled egg; ~ **de Páscoa** Easter egg; ~ **quente** boiled egg; **acordar/estar de** ~ **virado** fam to get out of bed on the wrong side; **pisar em** ~ **s** to tread on eggshells.

óvulo [ˈɔvulu] m ovum.

oxalá [oʃaˈlal ◇ interj let's hope. ◇ m RELIG highest Yoruba divinity in Afro-Brazilian cults.

oxidar [oksiˈda(x)] vt - **1.** QUÍM to oxidize. - **2.** [enferrujar] to rust.
→ **oxidar-se** vp [enferrujar] to rust.

óxido [ˈɔksidu] m oxide; ~ **de carbono** carbon monoxide.

oxigenado, da [oksiʒeˈnadu, da] adj - **1.** [cabelo] bleached. - **2.** QUÍM: **água oxigenada** (hydrogen) peroxide.

oxigenar [oksiʒeˈna(x)] vt - **1.** [ger] to oxygenate. - **2.** [cabelo] to bleach.

oxum [oˈʃũ] m Yoruba water goddess worshipped in Afro-Brazilian cults.

ozônio [oˈzonju] m ozone.

P

p, P [pe] m [letra] p, P.

pá [ˈpa] f - **1.** spade; ~ **de lixo** dustpan. - **2.** [de hélice] blade. - **3.** fam [quantidade]: **uma** ~ **de** a mass of. - **4.** loc: **ser da** ~ **virada** to be of dubious character.

PA (abrev de **Estado do Pará**) m State of Pará.

PABX (abrev de **Private Automatic Branch Exchange**) m PABX.

paca [ˈpaka] ◇ mf ZOOL paca. ◇ adv fam bloody; **isso está bom** ~ this is bloody good.

pacato, ta [paˈkatu, ta] adj quiet.

pachorrento, ta [paʃoˈxẽntu, ta] adj lumbering.

paciência [paˈsjẽnsja] f patience; **perder a** ~ to lose patience.

paciente [paˈsjẽntʃi] ◇ adj patient. ◇ mf MED patient.

pacificar [pasifiˈka(x)] vt to pacify.

pacífico, ca [paˈsifiku, ka] adj - **1.** [tranqüilo] tranquil. - **2.** [indiscutível] indisputable.

Pacífico [paˈsifiku] n: **o (oceano)** ~ the Pacific (Ocean).

pacifismo [pasiˈfiʒmu] m pacifism.

pacifista [pasiˈfiʃta] ◇ adj pacifist.

◇ mf pacifist.

paçoca [paˈsɔka] f [doce] sweet made with peanuts and brown sugar.

pacote [paˈkɔtʃi] m - **1.** [embrulho] packet. - **2.** ECON package.

pacto [ˈpaktu] m [acordo] pact.

padaria [padaˈria] f bakery.

padecer [padeˈse(x)] ◇ vt to suffer. ◇ vi: ~ **de algo** to suffer from sthg.

padecimento [padesiˈmẽntu] m suffering.

padeiro, ra [paˈdejru, ra] m baker.

padiola [paˈdʒjɔla] f stretcher.

padrão [paˈdrãw] (pl -ões) ◇ adj [tamanho] standard. ◇ m - **1.** [ger] standard; ~ **de vida** standard of living. - **2.** [desenho] pattern.

padrasto [paˈdraʃtu] m stepfather.

padre [ˈpadri] m - **1.** [sacerdote] priest. - **2.** [como título] father.

padrinho [paˈdriɲu] m - **1.** [testemunha] godfather. - **2.** [paraninfo] guest of honour. - **3.** [protetor] protector.
→ **padrinhos** mpl [padrinho e madrinha] godparents.

padroeiro, ra [paˈdrwejru, ra] m, f patron saint.

padrões [paˈdrõjʃ] pl ⊳ **padrão**.

padronizar [padroniˈza(x)] vt to standardize.

pães [ˈpãjʃ] pl ⊳ **pão**.

pág. (abrev de **página**) f p.

pagã [paˈgã] f ⊳ **pagão**.

pagador, ra [pagaˈdo(x), ra] ◇ adj paying. ◇ m, f payer; **ser bom/mau** ~ to be a good/bad payer.

pagamento [pagaˈmẽntu] m - **1.** [ger] payment. - **2.** [salário]: **dia de** ~ pay day. - **3.** COM [prestação, de dívida] repayment; ~ **contra entrega** cash on delivery; ~ **à vista** cash payment.

pagão, gã [paˈgãw, gã] (mpl -s, fpl -s) ◇ adj pagan. ◇ m, f pagan.

pagar [paˈga(x)] ◇ vt - **1.** [ger] to pay. - **2.** [compensar, reembolsar] to repay. ◇ vi: ~ **(a alguém)** to pay (sb); ~ **por algo** [desembolsar] to pay for sthg; fig [crime, pecado] to pay; **você me paga!** fig you'll pay for this!

página [ˈpaʒina] f page; ~ **de rosto** facing page.

pago, ga [ˈpagu, ga] ◇ pp ⊳ **pagar**. ◇ adj paid.

pagode [paˈgɔdʒi] m - **1.** [templo] pagoda. - **2.** MÚS type of samba. - **3.** [festa] party where pagode is danced.

págs. (abrev de **páginas**) fpl pp.

pai [ˈpaj] m - **1.** [ger] father; ~ **adotivo** adoptive father. - **2.** [protetor] protector.
→ **pais** mpl [pai e mãe] parents.

pai-de-santo [ˌpajdʒiˈsãntul (pl **pais-**

de-santo) *m religious and spiritual candomblé leader.*

painel [pajˈnɛw] (*pl* -éis) *m* -1. [ger] panel. -2. [quadro, panorama] picture. -3. *ARQUIT* frame.

pai-nosso [ˌpajˈnɔsul] (*pl* pais-nossos) *m* Our Father, the Lord's Prayer.

paio [ˈpaju] *m salami-like pork sausage.*

paiol [paˈjɔw] (*pl* -óis) *m* -1. [celeiro] store. -2. [depósito] arsenal.

pairar [pajˈra(x)] *vi* -1. [sustentar-se]: ∼ **em/sobre** to hover in/over. -2. [ameaçar]: ∼ **sobre** to hang over.

país [paˈiʃ] (*pl* -es) *m* country.

paisagem [pajˈzaʒẽ] (*pl* -ns) *f* -1. [vista] view. -2. [pintura] landscape.

paisano, na [pajˈzãnu, na] *m, f* [civil] civilian.

➡ **à paisana** *loc adv* in mufti.

País Basco [paˌiʃˈbaʃku] *n:* **o** ∼ the Basque Country.

Países Baixos [paˌiziʃˈbajʃuʃ] *n:* **os** ∼ the Netherlands.

paixão [pajˈʃãw] (*pl* -ões) *f* passion.

pajé [paˈʒɛ] *m Amerindian priest and medicine man.*

PAL (*abrev de* Phase Alternate Line) *m* PAL.

palácio [paˈlasju] *m* -1. [residência] palace. -2. [sede] headquarters (*pl*).

paladar [palaˈda(x)] (*pl* -es) *m* -1. [ger] taste. -2. *ANAT* palate.

palafita [palaˈfita] *f* -1. [habitação] house built on stilts. -2. [estacas] stilts (*pl*).

palanque [paˈlãŋki] *m* -1. [de comício] seating. -2. [para espectadores] stand.

palavra [paˈlavra] *f* -1. [ger] word; ∼ **s cruzadas** crossword (puzzle) (*sg*); ∼ **de ordem** watchword; **ter** ∼ to keep one's word; ∼ **de honra** word of honour. -2. [fala] speaking. -3. [direito de falar] right to speak; **dar a** ∼ **a alguém** to hand the floor to sb.

palavrão [palaˈvrãw] (*pl* -ões) *m* swear word.

palco [ˈpawku] *m* -1. *TEATRO* stage. -2. *fig* [cenário] scene.

paleolítico, ca [paljoˈlitʃiku, ka] *adj* paleolithic.

palerma [paˈlɛxma] ◇ *adj* foolish. ◇ *mf* fool.

Palestina [paleʃˈtʃina] *n* Palestine.

palestino, na [paleʃˈtʃinu, na] ◇ *adj* Palestinian. ◇ *m, f* Palestinian.

palestra [paˈlɛʃtra] *f* [conferência] lecture, talk.

paleta [paˈleta] *f* palette.

paletó [paleˈtɔ] *m* overcoat.

palha [ˈpaʎa] *f* straw; **não mexer uma** ∼ *fam fig* not to lift a finger.

palhaçada [paʎaˈsada] *f* -1. [brincadeira]

clowning. -2. [cena ridícula] ridiculous sight.

palhaço, ça [paˈʎasu, sa] *m, f* -1. [artista] clown. -2. *fam* [bobo] clown.

palheiro [paˈʎejru] *m* [celeiro] hayloft.

palheta [paˈʎeta] *f* -1. *ARTE* palette. -2. [lâmina - de veneziana] slat; [- de ventilador] blade. -3. [*MÚS* - para dedilhar] plectrum; [- embocadura] reed.

palhoça [paˈʎɔsa] *f* straw hut.

paliativo, va [paljaˈtʃivu, va] ◇ *adj* palliative. ◇ *m* palliative.

paliçada [paliˈsada] *f* -1. [tapume] palisade. -2. *MIL* stockade.

palidez [paliˈdeʒ] *f* -1. [de cor] paleness. -2. [de pessoa, rosto] pallor.

pálido, da [ˈpalidu, da] *adj* pale.

paliteiro [paliˈtejru] *m* toothpick holder.

palito [paˈlitu] *m* -1. [para os dentes] toothpick. -2. [biscoito] straw. -3. [fósforo] matchstick. -4. [pessoa magra] matchstick.

PAL-M (*abrev de* Phase Alternate Line-Modified) *m* PAL-M.

palma [ˈpawma] *f* palm.

➡ **palmas** *fpl* [aplauso]: **bater** ∼ to clap.

palmada [pawˈmada] *f* smack; **dar/levar umas** ∼ **s** to smack/be smacked.

Palmas [ˈpawmaʃ] *n* Palmas.

palmeira [pawˈmejra] *f* palm tree.

palmilha [pawˈmiʎa] *f* inner sole.

palmito [pawˈmitu] *m* Assaí palm.

palmo [ˈpawmu] *m* handspan; ∼ **a** ∼ inch by inch.

palpável [pawˈpavɛw] (*pl* -eis) *adj* [tangível] palpable.

pálpebra [ˈpawpebra] *f* eyelid.

palpitação [pawpitaˈsãw] (*pl* -ões) *f* throbbing.

➡ **palpitações** *fpl* palpitations.

palpitar [pawpiˈta(x)] *vi* -1. [pulsar] to throb. -2. [agitar-se] to quiver. -3. [opinar] to speculate.

palpite [pawˈpitʃi] *m* -1. [opinião] speculation. -2. [turfe] tip.

palpiteiro, ra [pawpiˈtejru, ra] ◇ *adj* opinionated. ◇ *m, f* opinionated person.

paludismo [paluˈdʒiʒmu] *m* malaria.

pampa [ˈpãnpa] *m* -1. *GEOGR* pampas. -2.: **às** ∼ **s** [com substantivo] loads of; [com adjetivo] extremely; [com advérbio] really.

panaca [paˈnaka] ◇ *adj* dim-witted. ◇ *mf* dimwit.

Panamá [panáˈma] *n* Panama.

panamenho, nha [panaˈmeɲu, ɲal] ◇ *adj* Panamanian. ◇ *m, f* Panamanian.

pança [ˈpãnsa] *f fam* paunch.

pancada [pãŋ'kada] <> *adj fam* nuts.
<> *f* -1. [golpe] blow; **dar uma ~ em alguém** to hit sb. -2. [batida] hit. -3. [chuva]: **~ d'água** downpour.

pancadaria [pãŋkada'ria] *f* brawl.

pâncreas ['pãŋkrjaʃ] *m* pancreas.

panda ['pãnda] *m ZOOL* panda.

pandarecos [pãnda'rɛkuʃ] *mpl fam*: **em ~** [exausto] shattered; [destruído] in pieces; [moralmente] thoroughly dejected.

pandeiro [pãn'dejru] *m MÚS* tambourine.

pandemônio [pãnde'monju] *m* pandemonium.

pane ['pãni] *f* breakdown.

panela [pa'nɛla] *f* -1. [recipiente] saucepan; **~ de pressão** pressure cooker. -2. *fig* [conteúdo] saucepanful.

panelaço [pane'lasu] *m banging of pots and pans as a form of protest*.

panfleto [pãn'fletu] *m* pamphlet.

pangaré [pãŋga'rɛ] *m* nag.

pânico ['pãniku] *m* panic; **estar/entrar em ~** to panic.

panificação [panifika'sãw] *f* -1. [padaria] bakery. -2. [fabrico] bread making.

pano ['pãnu] *m* -1. [tecido] cloth; **~ de chão** floor cloth; **~ de prato** tea towel; **por baixo/debaixo do ~** *fig* on the quiet; **dar ~ para mangas** *fig* to get people talking. -2. *TEATRO* curtain; **~ de fundo** backdrop.

panorama [pano'rãma] *m* panorama.

panorâmico, ca [pano'rãmiku, ka] *adj* panoramic.

panqueca [pãŋ'kɛka] *f* pancake.

pantanal [pãnta'naw] (*pl* -ais) *m* large swamp.

pântano ['pãntanu] *m* swamp.

pantanoso, osa [pãnta'nozu, ɔza] *adj* swampy.

pantera [pãn'tɛra] *f ZOOL* panther.

pantomima [pãnto'mima] *f TEATRO* pantomime.

pantufa [pãn'tufa] *f* slipper.

pão ['pãw] (*pl* **pães**) *m* -1. [alimento] bread; **~ de fôrma** tin loaf; **~ de mel** honey bread; **~ dormido** stale bread; **~ francês** small baguette; **~ integral** wholemeal bread; **comer o ~ que o diabo amassou** to go through a bad patch; **com ele é ~, ~, queijo, queijo** you know where you stand with him. -2. [sustento] daily bread; **ganhar o ~** to earn a crust. -3. *RELIG* Eucharist.

pão-duro [ˌpãw'duru] (*pl* **pães-duros**) <> *adj* miserly. <> *m, f* miser.

pãozinho [pãw'ziɲu] *m* roll.

papa ['papa] *f* -1. [mingau] pap. -2. [pasta] mush; **não ter ~s na língua** to be outspoken.

➤ **Papa** *m RELIG* Pope.

papagaio [papa'gaju] <> *m* -1. *ZOOL* parrot. -2. *COM* promissory note. -3. *AUTO* provisional licence. <> *interj fam*: **~ (s)!** golly!

papaguear [papa'gja(x)] <> *vt* [repetir] to parrot. <> *vi* [tagarelar] to chatter away.

papai [pa'paj] *m* daddy.

➤ **Papai Noel** *m*: **o Papai Noel** Father Christmas.

papaia [pa'paja] *m* papaya, pawpaw.

papar [pa'pa(x)] *fam* <> *vt* -1. [comer] to gobble. -2. [conseguir] to win. <> *vi* to eat.

papear [pa'pja(x)] *vi*: **~ (com/sobre)** to chat (with/about).

papel [pa'pɛw] (*pl* -éis) *m* -1. [ger] role; **fazer ~ de bobo** *fig* to look like a fool. -2. [folha] paper; **~ crepon** crepe paper; **~ de carta** notepaper; **~ de embrulho** wrapping paper; **~ de seda** tissue paper; **~ higiênico** toilet paper; **~ laminado** *OU* **de alumínio** aluminium foil; **~ ofício** headed paper; **~ pardo** brown wrapping paper. -3. [documento] paper; **de ~ passado** officially. -4. *FIN* paper money. -5. *gír droga* twist.

papelada [pape'lada] *f* -1. [papéis] pile of paper. -2. [documentos] stack of papers.

papelão [pape'lãw] *m* -1. [papel] cardboard. -2. *fig* [fiasco] fiasco.

papelaria [papela'ria] *f* stationer.

papel-bíblia [pa'pewbiblia] (*pl* **papéis-bíblia**) *m* India paper.

papel-carbono [pa,pɛwkax'bonu] (*pl* **papéis-carbono**) *m* carbon paper.

papel-manteiga [pa'pewmãntejga] (*pl* **papéis-manteiga**) *m* tracing paper.

papel-moeda [pa,pɛw'mwɛda] (*pl* **papéis-moeda**) *m* paper money.

papelote [pape'lɔtʃi] *m gír droga* twist.

papiro [pa'piru] *m* papyrus.

papo ['papu] *m* -1. [de ave] crop. -2. *fam* [de pessoa] double chin; **estar no ~** to be in the bag; **ficar de ~ para o ar** *fig* to sit on one's hands. -3. *fam* [conversa] chat; **~ furado** [mentira] hot air; **bater (um) ~** to (have a) natter.

papo-de-anjo [ˌpapu'dʒãnʒu] (*pl* **papos-de-anjo**) *m CULIN* baked egg sweet.

papoula [pa'pola] *f* poppy.

páprica ['paprika] *f* paprika.

paquera [pa'kera] <> *f fam* [paqueração] casual affair. <> *mf* pick-up.

paquerar [pake'ra(x)] *fam* <> *vt* to flirt with. <> *vi* to pull.

Paquistão [pakiʃ'tãw] *n* Pakistan.

paquistanês, esa [pakiʃta'neʃ, eza] <> *adj* Pakistani. <> *m, f* Pakistani.

par [ˈpa(x)] (*pl* **-es**) ◇ *adj* **-1.** *MAT* even. **-2.** [parelho] paired. ◇ *m* **-1.** [dupla] pair; **sem** ~ peerless. **-2.** [casal] couple. **-3.** [em dança] partner. ◇ *f TELEC:* ~ trançado twisted pair.
➡ **a par** *loc adj:* estar a ~ de algo to be well informed about sthg.

para [ˈpara] *prep* **-1.** [exprime finalidade, destinação] for; **um telefonema** ~ **o senhor** a phone call for the gentleman; **esta água não é boa** ~ **beber** this water is not good for drinking; **eu queria algo** ~ **comer** I would like something to eat; ~ **que serve isto?** what's this for? **-2.** [indica motivo, objetivo] (in order) to; **cheguei mais cedo** ~ **arranjar lugar** I arrived early (in order) to get a seat; **era só** ~ **lhe agradar** it was only to please you. **-3.** [indica direção] towards; **ela apontou** ~ **cima/baixo** she pointed upwards/downwards; **olhei** ~ **ela** I looked at her; **ele seguiu** ~ **o aeroporto** he headed for the airport; **vá** ~ **casa!** go home! **-4.** [relativo a tempo]: **de uma hora** ~ **a outra** from one hour to the next; **quero isso pronto** ~ **amanhã** I want it done by tomorrow; **estará pronto** ~ **a semana/o ano** it'll be ready next week/year; **são quinze** ~ **as três** it's a quarter of three *US*, it's a quarter to three *UK*. **-5.** [em comparações]: **é caro demais** ~ **as minhas posses** it's too expensive for my budget; ~ **o que come, está magro** he's thin, considering how much he eats. **-6.** [relativo a opinião, sentimento]: ~ **mim** as far as I'm concerned; ~ **ele, você está errado** as far as he's concerned, you are wrong. **-7.** [exprime a iminência]: **estar** ~ **fazer algo** to be about to do sthg; **o ônibus está** ~ **sair** the bus is about to leave; **ele está** ~ **chegar** he'll be here any minute now. **-8.** [em locuções]: ~ **com** towards; ~ **mais de** well over; ~ **que** so that; **é** ~ **já!** coming up!

Pará [paˈra] *n* Pará.

parabéns [paraˈbẽʃ] *mpl* **-1.** [congratulações] congratulations; **dar** ~ **a alguém** to congratulate sb. **-2.** [por aniversário] congratulations.

parábola [paˈrabɔla] *f* **-1.** [narrativa] parable. **-2.** *MAT* parabola.

pára-brisa [ˌparaˈbriza] (*pl* **pára-brisas**) *m* windscreen *UK*, windshield *US*.

pára-choque [ˌparaˈʃɔki] (*pl* **pára-choques**) *m AUTO* bumper.

paradeiro [paraˈdejru] *m* whereabouts.

paradisíaco, ca [paradʒiˈziaku, ka] *adj fig* idyllic.

parado, da [paˈradu, da] *adj* **-1.** [imóvel] motionless. **-2.** [sem vida] dull. **-3.** [desativado] stopped. **-4.** [abandonado]

axed. **-5.** [em greve] on strike. **-6.** [sem trabalhar] unemployed.
➡ **parada** *f* **-1.** [de ônibus, trem] stop. **-2.** [pausa] break; ~ **cardíaca** cardiac arrest. **-3.** [desfile] parade. **-4.** *MÚS:* ~ **de sucessos** hit parade. **-5.** *fam* [dificuldade] obstacle.

paradoxal [paradokˈsaw] (*pl* **-ais**) *adj* paradoxical.

paradoxo [paraˈdɔksu] *m* paradox.

parafernália [parafexˈnalja] *f* **-1.** [tralha] paraphernalia. **-2.** [equipamento] equipment.

parafina [paraˈfina] *f* paraffin.

paráfrase [paˈrafrazi] *f* paraphrase.

parafrasear [parafraˈzja(x)] *vt* to paraphrase.

parafuso [paraˈfuzu] *m* screw; **ter um** ~ **de menos** *fam* to have a screw loose.

parágrafo [paˈragraſu] *m* paragraph.

Paraguai [paraˈgwaj] *n:* **(o)** ~ Paraguay.

paraguaio, ia [paraˈgwaju, ja] ◇ *adj* Paraguayan. ◇ *m, f* Paraguayan.

paraíso [paraˈizu] *m* paradise; ~ **fiscal** *ECON fam* tax haven.

pára-lama [ˌparaˈlãma] (*pl* **pára-lamas**) *m* mudguard.

paralela [paraˈlɛla] *f* ⊳ **paralelo**.

paralelepípedo [paraleleˈpipedu] *m* paving stone.

paralelo, la [paraˈlɛlu, la] *adj* parallel.
➡ **paralelo** *m* parallel.
➡ **paralela** *f MAT* parallel (line).

paralisar [paraliˈza(x)] *vt* [fazer parar] to paralyse.

paralisia [paraliˈzia] *f* paralysis.

paralítico, ca [paraˈlitʃiku, ka] ◇ *adj* paralytic. ◇ *m, f* paralytic.

paramédico, ca [paraˈmɛdʒiku, ka] *adj* paramedic.

parâmetro [paˈrãmetru] *m* parameter.

paraninfo [paraˈnĩfu] *m* sponsor.

paranóia [paraˈnɔja] *f* **-1.** *PSIC* paranoia. **-2.** *fig* [coletiva] fear.

paranóico, ca [paraˈnɔiku, ka] *adj* paranoid.

paranormal [paranoxˈmaw] (*pl* **-ais**) ◇ *adj* paranormal. ◇ *mf* psychic.

paranormalidade [paranoxmaliˈdadʒi] *f* paranormal nature.

parapeito [paraˈpejtu] *m* **-1.** [de janela] window sill. **-2.** [muro] parapet.

paraplégico, ca [paraˈplɛʒiku, ka] ◇ *adj* paraplegic. ◇ *m, f* paraplegic.

pára-quedas [ˌparaˈkɛdaʃ] *m inv* parachute.

pára-quedista [ˌparakeˈdʒiʃta] (*pl* **pára-quedistas**) *mf* **-1.** [quem salta] parachutist. **-2.** *MIL* paratrooper.

parar [paˈra(x)] ◇ *vi* **-1.** [deter-se] to stop; ~ **de fazer algo** to stop doing sthg; sem ~ non-stop. - **2.** [permanecer] to stay. - **3.** [acabar]: **ir** ~ to end up. - **4.** [interromper-se] to stop. <> **vt** - **1.** [deter] to stop. - **2.** [paralisar] to bring to a standstill.

pára-raios [,para'xajuʃ] *m inv* lightning conductor *UK*, lightning rod *US*.

parasita [para'zital] <> *adj* parasitic. <> *mf* parasite.

parceiro, ra [pax'sejru, ral *m, f* partner.

parcela [pax'sɛla] *f* - **1.** [parte] portion. - **2.** [de pagamento] instalment. - **3.** [de terreno] plot. - **4.** [do eleitorado] section. - **5.** MAT factor.

parcelado, da [paxse'ladu, dal *adj* [pagamento] in instalments.

parcelamento [paxsela'mẽntul *m* - **1.** [de pagamento] payment by instalments. - **2.** [de terra] distribution.

parcelar [paxse'la(x)] *vt* to divide into instalments.

parceria [paxse'rial *f* partnership.

parcial [pax'sjaw] (*pl* -ais) *adj* - **1.** [incompleto] partial. - **2.** [não-isento] biased.

parco, ca ['paxku, kal *adj* [escasso] scanty.

pardal [pax'daw] (*pl* -ais) *m* sparrow.

pardieiro [pax'dʒjejrul *m* ruin.

pardo, da ['paxdu, dal *adj* - **1.** [escuro] dark. - **2.** [mulato] coloured.

parecer [pare'se(x)] <> *m* judgement, opinion. <> *vi* - **1.** [ger] to seem; ~ **a alguém** to seem to sb; ~ **a alguém que** to think that; ~ [com] **algo/alguém** to resemble sthg/sb. - **2.** [ser possível]: ~ **que** to look like. - **3.** [aparentar]: **ao que parece** apparently.

parecer-se *vp* [assemelhar-se] to resemble one another; ~-**se com** algo/alguém to resemble sthg/sb.

parecido, da [pare'sidu, dal *adj*: **ser** ~ **(com alguém/algo)** to be similar (to sb/sthg).

parede [pa'redʒi] *f* wall; **subir pelas** ~**s** to go up the wall.

parente, ta [pa'rẽntʃi, tal <> *m, f* relative. <> *adj*: **ser** ~ **de alguém** to be related to sb.

parentesco [parẽn'teʃkul *m* kinship.

parêntese [pa'rẽntezil *m* - **1.** [sinal] parenthesis; **abrir/fechar** ~**s** to open/close brackets. - **2.** [digressão] digression; **abrir um** ~ to go off at a tangent.

páreo ['parjul *m* - **1.** [turfe] race. - **2.** [disputa] competition; **um** ~ **duro** *fig* a hard nut to crack.

pária ['parjal *m* pariah.

parir [pa'ri(x)] <> *vt* to give birth to. <> *vi* to give birth.

Paris [pa'riʃ] *n* Paris.

parlamentar [paxlamẽn'ta(x)] <> *adj*

parliamentary. <> *mf* member of parliament. <> *vi* to discuss.

parlamento [paxla'mẽntul *m* POL parliament.

parmesão [paxme'zãw] *adj* parmesan.

pároco ['parokul *m* RELIG parish priest.

paródia [pa'rɔdʒjal *f* parody.

paróquia [pa'rɔkjal *f* - **1.** RELIG parish. - **2.** *fig* [vizinhança] neighbourhood.

parque ['paxkil *m* park; ~ **de diversões** amusement park; ~ **industrial** industrial park.

parreira [pa'xejral *f* grapevine.

parricida [paxi'sidal <> *adj* parricidal. <> *mf* parricide.

parte ['paxtʃil *f* - **1.** [fração] part; **a maior** ~ **de** the majority of, most; **em grande** ~ largely; **em** ~ in parts; **fazer** ~ **de algo** to belong to sthg; **tomar** ~ **em** to take part in. - **2.** [lado] side; **à** ~ [separadamente] separately; **em alguma/qualquer** ~ somewhere; **em** ~ **alguma** anywhere; **por toda (a)** ~ everywhere. - **3.** [quinhão] share. - **4.** JUR party. - **5.** [denúncia]: **dar** ~ **de algo/alguém** to report sthg/sb.

da parte de *loc prep* from.

parteira [pax'tejral *f* midwife.

participação [paxtʃisipa'sãwl (*pl* -ões) *f* - **1.** [atuação]: ~ **em algo** participation in sthg. - **2.** [comunicação]: **fazer uma** ~ **(a alguém)sobre algo** to make a statement (to sb) about sthg. - **3.** COM share.

participante [paxtʃisi'pãntʃil <> *adj* participating. <> *mf* participant.

participar [paxtʃisi'pa(x)] <> *vi* - **1.** [tomar parte]: ~ **de algo** to take part in sthg. - **2.** [compartilhar]: ~ **de algo** to share in sthg. <> *vt* [anunciar]: ~ **algo (a alguém)** to announce sthg (to sb).

particípio [paxtʃi'sipjul *m* participle; ~ **passado/presente** past/present participle.

partícula [pax'tʃikulal *f* particle.

particular [paxtʃiku'la(x)] (*pl* -es) <> *adj* - **1.** [privado] private. - **2.** [especial] particular. <> *m* - **1.** [singularidade] detail. - **2.** *fam* [conversa] private talk.

em particular *loc adv* in private.

particularidade [paxtʃikulari'dadʒil *f* detail.

particularizar [paxtʃikulari'za(x)] *vt* - **1.** [especificar] to specify. - **2.** [detalhar] to go into the details of.

particularmente [paxtʃikulax'mẽntʃil *adv* [especialmente] particularly.

partida [pax'tʃidal *f* - **1.** [saída] departure. - **2.** [ESP - largada] start; [- jogo] game. - **3.** [COM - quantidade] shipment; [- remessa] consignment.

partidário, ria [partʃi'darju, rjal *adj* - **1.**

[de partido] party *(antes de subst).* **-2.** [seguidor] follower.

partido, da [pax'tʃidu, da] *adj* [quebrado] broken.

◆ **partido** *m* **-1.** [político] party. **-2.** [defesa]: **tomar o ~ de alguém** to take sb's side. **-3.** [vantagem]: **tirar ~ de algo** to make the most of sthg. **-4.** [pretendente] catch.

partilha [pax'tʃiʎa] *f* sharing.

partilhar [paxtʃi'ʎa(x)] ⟨⟩ *vt* **-1.** [dividir] to share. **-2.** [distribuir] to share out. ⟨⟩ *vi* [compartilhar]: **~ de algo** to share in sthg.

partir [pax'tʃi(x)] ⟨⟩ *vt* to break. ⟨⟩ *vi* **-1.** [ir embora] to leave. **-2.** *fam* [recorrer]: **~ para** to resort to.

◆ **a partir de** *loc prep* **-1.** [desde] from. **-2.** [dali em diante]: **a ~ daquele momento** from that moment on; **a ~ de agora** from now on.

partitura [paxtʃi'tura] *f* score.

parto ['paxtu] *m* childbirth; **estar em trabalho de ~** to be in labour *UK*, to be in labor *US*; **ser um ~** *fig* [ser difícil] to be heavy going.

Páscoa ['paʃkwa] *f* **-1.** *RELIG* Easter. **-2.** *GEOG*: **a ilha de ~** Easter Island.

pasmar [paʒ'ma(x)] ⟨⟩ *vt* to amaze. ⟨⟩ *vi* to be amazed.

pasmo, ma ['paʒmu, ma] *adj* amazed.

◆ **pasmo** *m* amazement.

passa ['pasa] *f* raisin.

passada [pa'sada] *f* [passo] step; **dar uma ~ em** to drop by.

passadeira [pasa'dejra] *f* **-1.** [tapete] stair carpet. **-2.** [mulher] ironing woman.

passado, da [pa'sadu, da] *adj* **-1.** [que passou - tempo] past; [- semana, ano] last. **-2.** [ultrapassado]: **meio ~** dated. **-3.** [fruta] overripe. **-4.** [carne]: **bem ~** well done; **mal ~** rare. **-5.** [vexado] infuriated.

◆ **passado** *m* past.

passageiro, ra [pasa'ʒejru, ra] ⟨⟩ *adj* passing. ⟨⟩ *m, f* passenger.

passagem [pa'saʒẽ] *(pl -ns)* *f* **-1.** [caminho] way; **~ de nível** level crossing; **~ de pedestres** pedestrian crossing; **~ subterrânea** underpass. **-2.** [condução - preço] fare; [- bilhete] ticket; **~ de ida** one-way ticket; **~ de ida e volta** return ticket. **-3.** [trecho] passage. **-4.** [transição] transition.

◆ **de passagem** *loc adv* in passing; **estar de ~** to be passing through.

passaporte [pasa'poxtʃi] *m* passport.

passar [pa'sa(x)] ⟨⟩ *vt* **-1.** [transpor] to cross. **-2.** [ultrapassar] to overtake; **~ a frente de alguém** to get in front of sb; **~ alguém para trás** *fig* [enganar] to dupe

sb; [trair] to deceive sb. **-3.** [padecer] to endure. **-4.** [tarefa escolar] to set. **-5.** [repreenda] to tell off. **-6.** [expedir] to send. **-7.** [entregar] to pass. **-8.** [deslizar]: **~ algo em/por** to run sthg over/ through. **-9.** [tempo] to spend. **-10.** [espalhar] to spread. **-11.** [coar] to sieve. **-12.** [grelhar] to grill. **-13.** [a ferro] to iron. ⟨⟩ *vi* **-1.** [ger] to pass; **~ por algo** pass o.s. off as sthg *ou* as being sthg; **~ (de ano)** to go up (a year). **-2.** [ir] to go past; **~ em/por** to go in/through; **~ pela cabeça de alguém** *fig* to cross one's mind; **~ por cima de alguém** *fig* to go over sb's head. **-3.** [cruzar]: **~ por alguém/algo** to go by sb/sthg. **-4.** [sentir-se] to feel; **como está passando?** [cumprimentando] how do you do? **-5.** [sofrer]: **~ por algo** to go through sthg. **-6.** [trocar de lado] to cross over. **-7.** [ser mais tarde que] to be past. **-8.** [ter mais de] to be over; **ela já passou dos 40** she's over 40 now; **aos cinco anos, o menino não passava dos 18 quilos** at five years of age, the boy still didn't weigh more than 18kg. **-10.** [ser apenas]: **não ~ de** *pej* to be no more than. **-11.** [ser aceitável] to be passable.

◆ **passar-se** *vp* **-1.** [suceder-se] to happen. **-2.** [transcorrer] to go by.

passarela [pasa'rɛla] *f* **-1.** [para pedestre] footbridge. **-2.** [para manequim] catwalk.

passarinho [pasa'riɲu] *m* birdie.

pássaro ['pasaru] *m* bird.

passatempo [ˌpasa'tẽpu] *m* hobby.

passável [pa'savew] *(pl -eis)* *adj* passable.

passe ['pasi] *m* **-1.** [licença] permit. **-2.** [ESP - de bola] pass; [- de jogador] transfer. **-3.** [lance]: **~ de mágica** sleight of hand. **-4.** *REL* laying on of hands.

passear [pa'sja(x)] *vi* **-1.** [ger] to go for a walk. **-2.** [cavalo, carro] to ride.

passeata [pa'sjata] *f* [protesto] demonstration.

passeio [pa'seju] *m* **-1.** [a pé] walk; **dar ou fazer um ~** to go for a walk. **-2.** [a cavalo, de carro] ride; **fazer um ~** to go for a ride. **-3.** [calçada] pavement *UK*, sidewalk *US*.

passional [pasjo'naw] *(pl -ais)* *adj* **-1.** [discurso, atitude, artista] passionate. **-2.** [crime] of passion.

passista [pa'siʃta] *mf* samba dancer.

passível [pa'sivew] *(pl -eis)* *adj*: **~ de algo** liable to sthg.

passivo, va [pa'sivu, va] *adj* passive.

◆ **passivo** *m COM* liabilities *(pl)*.

passo ['pasu] *m* **-1.** [ger] step. **-2.** [medida]: **a uns seis ~s (de distância)** a short distance away; **a um ~ de** *fig* on the

verge of. **- 3.** [ruido de passos] footsteps.
- 4. [pegada] footprint. **- 5.** [marcha] step.
- 6. [modo de andar] walk.

➡ **ao passo que** *loc adv* **-1.** [enquanto]
whilst. **-2.** [contudo] whereas.

pasta [ˈpaʃta] *f* **-1.** [creme] paste; ~ **de**
dentes toothpaste. **-2.** [de couro] briefcase. **-3.** [de cartolina] folder. **-4.** POL
portfolio.

pastagem [paʃˈtaʒẽ] (*pl* **-ns**) *f* pasture.

pastar [paʃˈta(x)] *vi* to graze; **vá** ~ **!** *fig* &
pej get lost!

pastel [paʃˈtɛw] (*pl* **-éis**) ⟨⟩ *adj* [cor]
pastel. ⟨⟩ *m* **-1.** [ger] pastel. **-2.**
[comida] pasty.

pastelaria [paʃtelaˈria] *f* cake shop.

pasteurizar [paʃtewriˈza(x)] *vt* to pasteurize.

pastilha [paʃˈtiʎa] *f* **-1.** [bala] pastille.
-2. MED pill. **-3.** COMPUT chip. **-4.** CONSTR
mosaic piece.

pasto [ˈpaʃtu] *m* **-1.** [erva] grass. **-2.**
[pastagem] pasture.

pastor, ra [paʃˈto(x), ra] (*mpl* **-es**, *fpl* **-s**)
m, f RELIG shepherd (*f* shepherdess).

➡ **pastor** *m* RELIG pastor.

pastoso, osa [paʃˈtozu, ɔza] *adj* pasty.

pata [ˈpata] *f* **-1.** [de animal - de cão, gato]
paw; [- de cavalo] foot. **-2.** [ave] (female)
duck.

patamar [pataˈma(x)] (*pl* **-es**) *m* **-1.** [de
escada] landing. **-2.** *fig* [nível] level.

patê [paˈte] *m* pâté.

patente [paˈtẽtʃi] ⟨⟩ *adj* obvious. ⟨⟩
f **-1.** COM patent. **-2.** MIL rank; **altas/**
/baixas ~ **s** high/low ranks.

paternal [patexˈnaw] (*pl* **-ais**) *adj*
paternal, fatherly.

paternidade [patexniˈdadʒi] *f* pater-
nity.

paterno, na [paˈtɛxnu, na] *adj* paternal,
father's (*antes de subst*).

pateta [paˈtɛta] ⟨⟩ *adj* foolish. ⟨⟩ *mf*
fool.

patético, ca [paˈtɛtʃiku, ka] *adj* pathetic.

patife [paˈtʃifi] ⟨⟩ *adj* roguish. ⟨⟩ *m*
scoundrel.

patim [paˈtʃĩ] (*pl* **-ns**) *m* skate; **patins de**
rodas roller skates.

patinação [patʃinaˈsãw] *f* skating; ~
artística figure skating; ~ **no gelo** ice
skating.

patinar [patʃiˈna(x)] *vi* **-1.** [de patins] to
skate. **-2.** [carro] to skid.

pátio [ˈpatʃju] *m* patio.

pato [ˈpatu] *m* **-1.** ZOOL duck. **-2.** *fam*
[otário] sucker; **cair como um** ~ to be
a laughing stock. **-3.** *loc*: **pagar o** ~ to
carry the can.

patológico, ca [patoˈlɔʒiku, ka] *adj*
pathological.

patologista [patoloˈʒiʃta] *mf* patholo-
gist.

patrão, roa [paˈtrãw, roa] (*mpl* **-ões**, *fpl*
-oas) *m, f* **-1.** [empregador] boss. **-2.** [de
criados] master. **-3.** [como forma de
tratamento] sir.

➡ **patroa** *f* **-1.** [mulher do patrão] master's/boss's wife. **-2.** *fam* [esposa] missus.

pátria [ˈpatrja] *f* fatherland; **salvar a** ~
fig to save the day.

patriarca [paˈtrjaxka] *m* patriarch.

patriarcal [patrjaxˈkaw] (*pl* **-ais**) *adj*
patriarchal.

patricinha [patriˈsiɲa] *f pej* posh girl.

patrimônio [patriˈmõnju] *m* **-1.** [bens]
patrimony. **-2.** [herança] inheritance;
~ **histórico** historical heritage.

patriota [paˈtrjɔta] *mf* patriot.

patroa [paˈtroa] *f* ▷ **patrão**.

patrocinador, ra [patrosinaˈdo(x), ra]
(*mpl* **-es**, *fpl* **-s**) ⟨⟩ *adj* sponsoring.
⟨⟩ *m, f* sponsor.

patrocinar [patrosiˈna(x)] *vt* **-1.** [ger] to
support. **-2.** [financiar] to sponsor.

patrocínio [patroˈsinju] *m* **-1.**
[financiamento] sponsorship. **-2.** [apoio]
support.

patrões [paˈtrõjʃ] *pl* ▷ **patrão**.

patrono [paˈtronu] *m* patron.

patrulha [paˈtruʎa] *f* **-1.** [ronda] patrol.
-2. [censura] censorship.

patrulhar [patruˈʎa(x)] *vt* **-1.** [vigiar] to
patrol. **-2.** [censurar] to censure.

pau [ˈpaw] *m* **-1.** [bastão] stick. **-2.** [ma-
deira]: **de** ~ wooden. **-3.** [de bandeira]
pole; **a meio** ~ at half mast. **-4.** *fam*
[briga] brawl; **o** ~ **comeu** all hell broke
loose. **-5.** *fam* [moeda] *slang for Brazilian currency*. **-6.** *mfam* [pênis] cock.

➡ **paus** *mpl* [naipe] clubs; **de** ~ **s** of
clubs.

➡ **pau a pau** *loc adj* on an equal
footing.

pau-brasil [ˌpawbraˈziw] *m* Brazil
wood.

pau-de-arara [ˌpawdʒiaˈraral] (*pl* **paus-**
-de-arara) *mf* [retirante do Nordeste] *migrant from north-eastern Brazil*.

➡ **pau-de-arara** *m* [tortura] *form of
torture where victim is suspended
face down from a pole*.

pau-de-sebo [ˌpawdʒiˈsebu] (*pl* **paus-**
-de-sebo) *m* [mastro de cocanha] greasy
pole.

Paulicéia [pawliˈsɛja] *n* São Paulo.

paulista [pawˈliʃta] ⟨⟩ *adj* São Paulo
(*antes de subst*). ⟨⟩ *mf* person from
São Paulo.

paupérrimo, ma [pawˈpɛximu, ma] *adj*
extremely poor.

pausa [ˈpawza] *f* **-1.** [interrupção, intervalo]

break. **- 2.** [descanso] rest.

pausado, da [paw'zadu, da] *adj* **-1.** [lento] leisurely. **- 2.** [cadenciado] rythmic.

◆ **pausado** *adv* unhurriedly.

pauta [ˈpawta] *f* **-1.** [linha] guideline; **sem ~** unruled. **- 2.** [folha com linhas] ruled sheet. **- 3.** [lista] list. **- 4.** [ordem do dia] agenda; **em ~** on the agenda. **- 5.** *MÚS* stave.

pavão [paˈvãw] (*pl* **-ões**) *mf* peacock.

pavê [paˈve] *m* *CULIN* *cream cake made of sponge soaked in liqueur*.

pavilhão [paviˈʎãw] (*pl* **-ões**) *m* **-1.** [prédio] annex. **- 2.** [de exposições] stand. **- 3.** [tenda, abrigo] tent. **- 4.** *fig* [bandeira] banner.

pavimentar [pavimẽnˈta(x)] *vt* to pave.

pavimento [paviˈmẽntu] *m* **-1.** [andar] storey *UK*, story *US*. **- 2.** [chão] floor. **- 3.** [de rua] pavement.

pavio [paˈviw] *m* wick; **ter o ~ curto** [ser de briga] to have a short fuse.

pavões [paˈvõjʃ] *pl* ▷ **pavão**.

pavor [paˈvo(x)] *m* fear; **ter ~ de alguém/algo** to dread sb/sthg.

pavoroso, osa [pavoˈrozu, ɔza] *adj* **-1.** [repulsivo] appalling. **- 2.** [muito ruim, feio] dreadful.

paz [ˈpaʃ] (*pl* **-es**) *f* peace; **deixar alguém em ~** to leave sb in peace; **fazer as pazes** to make up.

PB (*abrev de* Estado da Paraíba) *n State of Paraíba*.

PBX (*abrev de* Private Branch Exchange) PBX.

PC (*abrev de* Personal Computer) *m* PC.

Pça. (*abrev de* Praça) *f* Sq.

PC do B (*abrev de* Partido Comunista do Brasil) *m Brazilian communist party*.

PCI (*abrev de* Placa de Circuito Interno) *f internal circuit board*.

PDT (*abrev de* Partido Democrático Trabalhista) *m* Democratic Labour Party, *the second largest left-wing party in Brazil*.

PDV (*abrev de* Programa de Demissão Voluntária) *m Brazilian voluntary redundancy scheme*.

pé [ˈpɛ] *m* **-1.** [ger] foot; **não arredar o ~** not to budge; **a ~** on foot; **com um ~ nas costas** with the greatest of ease; **em** *ou* **de ~** standing; **dar no ~** *fam* [fugir] to do a runner; **cuidado que aquela parte da piscina não dá ~** be careful because you will be out of your depth in that part of the pool; **estar de ~** *fam* to still be on; **meter os ~ s pelas mãos** to go haywire; **não chegar aos ~ s de** to be nowhere near as good as; **não largar do ~ de alguém** to

stick like glue to sb; **não ter ~ nem cabeça** not to make any sense. **- 2.** [base - de monumento, morro] foot; **ao ~ de** at the foot of. **- 3.** *BOT* plant. **- 4.** [de calçado, meia] sole. **- 5.** [situação] state of affairs; **em ~ de guerra/igualdade** on a war/equal footing.

◆ **ao pé da letra** *loc adv* to the letter.

PE (*abrev de* Estado de Pernambuco) *n State of Pernambuco*.

peão [ˈpjãw] (*pl* **-ões**) *m* **-1.** [trabalhador] labourer *UK*, laborer *US*. **- 2.** [xadrez] pawn.

peça [ˈpɛsa] *f* **-1.** [ger] piece. **- 2.** *MEC* part; **~ de reposição** *OU* **sobressalente** replacement *OU* spare part. **- 3.** [cômodo] room. **- 4.** [brincadeira]: **pregar uma ~ em alguém** to play a practical joke on sb. **- 5.** *TEATRO* play. **- 6.** *JUR* document.

pecado [peˈkadu] *m* **-1.** *RELIG* sin; **~ original** original sin; **pagar os seus ~ s** to pay for one's sins. **- 2.** [pena]: **que ~!** what a sin!

pecador, ra [pekaˈdo(x), ra] *m*, *f* sinner.

pecar [peˈka(x)] *vi* **-1.** *RELIG* to sin. **- 2.** [errar]: **~ por algo** to err on the side of sthg.

pechincha [peˈʃĩʃa] *f* bargain; **ser uma ~** to be a bargain.

pecuário, ria [peˈkwarju, rja] *adj* cattle.

◆ **pecuária** *f* [criação] cattle-raising.

peculiar [pekuˈlja(x)] (*pl* **-es**) *adj* **-1.** [característico] particular. **- 2.** [curioso] peculiar.

peculiaridade [pekuljariˈdadʒi] *f* peculiarity.

pedaço [peˈdasu] *m* **-1.** [parte] piece; **aos ~ s** in pieces; **estar caindo aos ~ s** to be falling to pieces. **- 2.** [trecho] piece. **- 3.** [lugar] area.

pedágio [peˈdaʒiu] *m* toll.

pedagógico, ca [pedaˈgɔʒiku, ka] *adj* teaching (*antes de subst*).

pedagogo, ga [pedaˈgogu, ga] *m*, *f* educationalist.

pé-d'água [ˌpɛˈdagwa] (*pl* **pés-d'água**) *. m* deluge.

pedal [peˈdaw] (*pl* **-ais**) *m* pedal.

pedalar [pedaˈla(x)] ◇ *vt* to pedal. ◇ *vi* to pedal.

pedalinho [pedaˈliɲu] *m* pedalo.

pedante [peˈdãntʃi] ◇ *adj* pedantic. ◇ *m*, *f* pedant.

pé-de-galinha [ˌpɛdʒigaˈliɲa] (*pl* **pés- -de-galinha**) *m* crow's foot.

pé-de-moleque [ˌpɛdʒimuˈlɛki] (*pl* **pés-de-moleque**) *m* **-1.** [doce] peanut brittle. **- 2.** [calçamento] crazy paving.

pé-de-pato [ˌpɛdʒiˈpatu] (*pl* **pés-de- pato**) *m* **-1.** [nadadeira] flipper. **- 2.** *fam* [diabo] Satan.

pedestal [pedeʃ'tawl] (*pl* -ais) *m* pedestal.

pedestre [pe'dɛʃtri] *mf* pedestrian.

pediatra [pe'dʒjatra] *mf* paediatrician *UK*, pediatrician *US*.

pedicuro, ra [pedʒi'kuru, ra] *m, f* pedicurist.

pedido [pe'dʒidul] *m* -1. [ger] order. -2. [solicitação] request; **a ~** to an encore; **~ de casamento** marriage proposal; **~ de demissão** resignation; **~ de divórcio** divorce petition.

pedigree [pedʒi'gril] *m* pedigree.

pedinte [pe'dʒĩtʃil] *mf* beggar.

pedir [pe'dʒi(x)] ◇ *vt* -1. [solicitar] to ask for; **~ algo a alguém** to ask sb for sthg; **~ a alguém que faça algo** to ask sb to do sthg; **~ algo emprestado** to borrow sthg; **~ desculpas** ou **perdão (por algo)** to apologize (for sthg). -2. [cobrar] to charge. -3. [necessitar] to call for. -4. [encomendar] to order. -5. [exigir, requerer] to demand. ◇ *vi* [fazer pedidos] to make demands; **~ por alguém** to pray for sb.

pedra ['pɛdra] *f* -1. [ger] stone. -2. [fragmento] pebble; **~ de gelo** ice cube; **~ preciosa** precious stone; **dormir como uma ~** to sleep like a log. -3. [de açúcar] sugar lump.

pedreira [pe'drejra] *f* stone quarry.

pedreiro [pe'drejru] *m* CONSTR mason.

pegada [pe'gada] *f* footprint.

pegado, da [pe'gadu, da] *adj* -1. [contíguo] next door. -2. [unido] close.

pegajoso, osa [pega'ʒozu, ɔza] *adj* sticky.

pegar [pe'ga(x)] ◇ *vt* -1. [ger] to pick up. -2. [surpreender] to catch. -3. [embarcar em] to catch. -4. [seguir por] to take. -5. [compreender] to take in. -6. [vivenciar] to experience. -7. [aceitar fazer] to take on. ◇ *vi* -1. [segurar] to catch; **~ em algo** to hold on to sthg. -2. [grudar] **~ em algo** to stick to sthg. -3. [difundir-se - moda, mania] to catch on; [- doença] to be catching. -4. [fogo]: **a fogueira pega mais rápido com álcool** the fire lights quicker with alcohol; **ele pegou fogo na casa** he set fire to the house. -5. [planta] to take root. -6. *RÁDIO & TV*: **~ (bem/mal)** to have good/poor reception. -7. [motor] to start. -8. [iniciar]: **~ em algo** to start sthg. -9. [atitude]: **~ bem/mal** to go down well/ badly; **não pega bem** it doesn't do. -10. [decidir-se]: **~ a fazer algo** to make up one's mind and do sthg.

◆ **pegar-se** *vp* [brigar]: **~-se (com)** to come to blows (with).

peido ['pejdul] *m* *mfam* fart.

peito ['pejtu] *m* -1. *ANAT* chest; **~ do pé**

instep; **meter o ~** *fam* to put one's heart into it. -2. [de mulher, ave] breast; **dar o ~** to breastfeed. -3. *fig* [coragem] courage; **no ~ (e na raça)** fearlessly.

peitoril [pejto'riwl] (*pl* -is) *m* windowsill.

peitudo, da [pej'tudu, da] *adj* -1. [de peito grande] big-chested. -2. [valente] plucky.

peixada [pej'ʃada] *f* fish stew.

peixaria [pejʃa'ria] *f* fishmonger.

peixe ['pejʃi] *m* ZOOL fish; **vender o seu ~** [tratar de seus interesses] to look out for one's own interests; [opinar] to have one's say.

pejorativo, va [peʒora'tʃivu, va] *adj* pejorative.

pela ['pela] = **por + a**.

pelada [pe'lada] *f* -1. [jogo informal] (friendly) match. -2. [jogo ruim] wasted game.

pelado, da [pe'ladu, da] *adj* -1. [nu] naked. -2. [sem pêlos] shorn.

pelar [pe'la(x)] ◇ *vt* -1. [animal] to skin. -2. [cabeça] to shave. ◇ *vi*: **estar pelando** [estar quentíssimo] to be scalding.

pelas ['pelaʃ] = **por + as**.

pele ['pɛli] *f* -1. [de pessoa] skin; **~ e osso** skin and bone; **cair na ~ de** *fig* *fam* to pester; **salvar a ~ de alguém** *fig* *fam* to save sb's skin; **sentir algo na ~** *fig* to experience sthg first hand. -2. [animal] hide; **de ~** hide. -3. [couro] leather; **de ~** leather. -4. [agasalho] fur. -5. [de fruta, legume] skin, peel.

pelerine [pele'rini] *f* cape.

pelica [pe'lika] *f* kid leather.

pelicano [peli'kãnu] *m* ZOOL pelican.

pelo ['pelu] = **por + o**.

pêlo ['pelu] *m* -1. [em pessoa] hair; **nu em ~** stark naked. -2. [de animal] fur.

pelos ['peluʃ] = **por + os**.

pelotão [pelo'tãw] (*pl* -ões) *m* platoon; **~ de fuzilamento** firing squad.

pelúcia [pe'lusja] *f* plush.

peludo, da [pe'ludu, da] *adj* hairy.

pena ['pena] *f* -1. [de ave] feather. -2. [pesar] sorrow; **que ~!** what a pity!; **ser uma ~** to be a pity; **valer a ~** *fig* [compensar] to be worthwhile; **a duras ~s** with great difficulty. -3. *JUR* punishment; **~ capital** ou **de morte** capital punishment ou death penalty; **cumprir ~** to serve a sentence; **sob ~ de** *fig* under penalty of. -4. [piedade] pity; **dar ~** to arouse pity; **ter ~ de** to be sorry for.

penal [pe'naw] (*pl* -ais) *adj* JUR penal.

penalidade [penali'dadʒi] *f* -1. *JUR* penalty. -2. [castigo] punishment. -3. *FUT*: **~ máxima** penalty (kick).

penalizar [penali'za(x)] *vt* -1. [dar pena a]

to distress. - **2.** [castigar] to punish.

pênalti [pe'nawtʃil m FUT penalty.

penar [pe'na(x)] ⟨⟩ m [sofrimento] suffering. ⟨⟩ vt [sofrer] to hurt, to distress. ⟨⟩ vi [sofrer] to suffer.

penca l'pẽnkal fbunch; **em ~** fig [quantidade] loads of.

pendência [pẽn'dẽnsja] f - **1.** [contenda] dispute. - **2.** [algo por decidir] pending matter.

pendente [pẽn'dẽntʃi] ⟨⟩ adj - **1.** [ger] hanging. - **2.** [por decidir] pending. ⟨⟩ m [de jóia] pendant.

pender [pẽn'de(x)] vi [estar pendurado] to hang.

pêndulo l'pẽndulul m pendulum.

pendurado, da l'pẽndu'radu, dal adj - **1.** [pendente]: **~ (em)** hanging (on). - **2.** fig [conta] on tick.

pendurar [pẽndu'ra(x)] vt - **1.** [colocar] to hang. - **2.** fig [conta] to pay on tick.

➤ **pendurar-se** vp [pessoa] to hang.

penduricalho [pẽnduri'kaʎul, **pendurucalho** [pẽnduru'kaʎul m trinket.

penedo [pe'nedul m boulder.

peneira [pe'nejral f [para peneirar] sieve.

peneirar [penej'ra(x)] ⟨⟩ vt [na peneira] to sieve. ⟨⟩ vi fig [chuviscar] to drizzle.

penetração [penetra'sãw] (pl -ões) f - **1.** [ger] penetration. - **2.** fig [difusão] circulation.

penetrante [pene'trãntʃi] adj penetrating.

penetrar [pene'tra(x)] ⟨⟩ vt to penetrate. ⟨⟩ vi - **1.** [entrar, infiltrar-se]: **~ em/por/entre** to penetrate. - **2.** fam [em festa] to gatecrash.

penhasco [pe'ɲaʃkul m cliff.

penhor [pe'ɲo(x)] m pawn; **fazer o ~ de algo** to pawn ou hock sthg, to leave sthg in pawn ou hock; **casa de ~ es** pawnshop.

penicilina [pɛnisi'lina] f penicillin.

península [pe'nĩnsula] f peninsula.

pênis l'peniʃl m inv penis.

penitência [peni'tẽnsja] f RELIG - **1.** [contrição] contrition. - **2.** [expiação] penance.

penitenciário, ria [penitẽn'sjarju, rja] ⟨⟩ adj penitentiary. ⟨⟩ m, f prisoner.

➤ **penitenciária** f penitentiary.

penoso, osa [pe'nozu, ɔza] adj - **1.** [assunto, trabalho] hard. - **2.** [tratamento, correção] harsh.

pensador, ra [pẽnsa'do(x), ra] m, f thinker.

pensamento [pẽnsa'mẽntul m - **1.** [ger] thought; **fazer ~ positivo** to think positively. - **2.** [mente, opinião] mind. - **3.** [doutrina] thinking. - **4.** [idéia] idea.

pensão [pẽn'sãw] (pl -ões) f - **1.** [pequeno

hotel] boarding house. - **2.** [renda] pension; **~ alimentícia** maintenance allowance. - **3.** [restaurante] boarding house. - **4.** [refeição]: **~ completa** full board.

pensar [pẽn'sa(x)] ⟨⟩ vt to think. ⟨⟩ vi - **1.** [ger] to think; **~ em/sobre algo** to think about sthg. - **2.** [tencionar] to intend.

pensativo, va [pẽnsa'tʃivu, va] adj thoughtful.

pensionato [pẽnsjo'natul m hostel.

pensionista [pẽnsjo'niʃta] mf - **1.** [beneficiário] pensioner. - **2.** [morador] boarder.

pentacampeão [ˌpẽntakãn'pjãw] (pl -ões) m five-times champion.

pentágono [pẽn'tagunul m GEOM pentagon.

pentatlo [pẽn'tatlul m pentathlon.

pente l'pẽntʃil m - **1.** [de cabelo] comb. - **2.** [de pistola] cartridge.

penteadeira [pẽntʃja'dejral f dressing table.

penteado, da [pẽn'tʃjadul adj well groomed.

➤ **penteado** m hairstyle.

pentear [pẽn'tʃja(x)] vt - **1.** [cabelo] to comb. - **2.** [fazer penteado] to style.

➤ **pentear-se** vp [pessoa] to do one's hair.

Pentecostes [pẽnte'kɔʃtʃi] m RELIG Pentecost.

penugem [pe'nuʒẽ] (pl -ns) f down.

penúltimo, ma [pe'nuwtʃimu, ma] adj penultimate, last but one.

penumbra [pe'nũnbra] f - **1.** [meia-luz] half-light. - **2.** fig [obscuridade] obscurity.

penúria [pe'nurja] f penury.

peões l'pjõjʃl pl ▷ **peão.**

pepino [pe'pinul m - **1.** [fruto] cucumber. - **2.** fig [problema] bit of a problem.

pequeno, na [pe'kenu, na] ⟨⟩ adj - **1.** [tamanho] small. - **2.** [mesquinho] mean. ⟨⟩ m, f [criança] child.

➤ **pequena** f [namorada] girlfriend.

pequeno-burguês, pequeno-burguesa [pe,kenubux'geʃ, pe,kenabux'geza] (pl **pequenos-burgueses**) ⟨⟩ adj petit bourgeois. ⟨⟩ m, f petit bourgeois.

Pequim [pe'kĩ] n Beijing.

pêra l'peral (pl **pêras**) f pear.

perambular [perãnbu'la(x)] vi: **~ (por)** to wander (through).

perante [pe'rãntʃi] prep - **1.** [no espaço] before; **jurar ~ a Bíblia** to swear on the Bible. - **2.** [no sentido] faced with.

pé-rapado, da [ˌpɛxa'padu, dal (mpl **pés-rapados**, fpl **pés-rapadas**) m, f loser.

percalço [pex'kawsul m pitfall.

per capita [pɛx'kapital *loc adj* per capita.

perceber [pexse'be(x)] *vt* **-1.** [através dos sentidos] to perceive. **-2.** [compreender] to realize. **-3.** [notar] to notice.

percentagem [pexsɛn'taʒẽi] (*pl* **-ns**) *f* percentage.

percepção [pexsep'sãw] *f* [dos sentidos] perception.

perceptível [pexsep'tʃivew] (*pl* **-eis**) *adj* perceptible.

perceptivo, va [pexsep'tʃivu, va] *adj* perceptive.

percevejo [pexse'veʒu] *m* **-1.** ZOOL bedbug. **-2.** [prego] drawing pin.

percorrer [pexko'xe(x)] *vt* **-1.** [viajar] to travel through. **-2.** [passar por] to pass through. **-3.** [esquadrinhar] to search. **-4.** [consultar] to search through.

percurso [pex'kuxsu] *m* route.

percussão [pexku'sãw] (*pl* **-ões**) *f* percussion.

percussionista [pexkusjo'niʃta] *mf* drummer.

percutir [pexku'tʃi(x)] *vt* to hit.

perda [ˈpexda] *f* **-1.** [ger] loss. **-2.** [desperdício]: ~ de tempo waste of time. **-3.** [prejuízo] damage; ~s e danos damages.

perdão [pex'dãw] (*pl* **-dões**) *m* [escusa] pardon; **pedir** ~ **a alguém** to apologize to sb; **perdão!** sorry!

perdedor, ra [pexde'do(x), ra] <> *adj* losing. <> *m, f* [de competição] loser.

perder [pex'de(x)] <> *vt* **-1.** [ger] to lose. **-2.** [não chegar a tempo, não comparecer] to miss. **-3.** [desperdiçar] to waste; **pôr tudo a** ~ to ruin everything. <> *vi* [ser vencido] to lose; ~ **de** ou **para alguém** to lose to ou against sb.

➤ **perder-se** *vp* **-1.** [extraviar-se] to get lost; ~-**se de alguém** to wander away from sb. **-2.** [arruinar-se] to waste one's life. **-3.** ant [mulher] to lose one's virginity. **-4.** [atrapalhar-se] to get bogged down. **-5.** [absorver-se] to lose o.s.

perdição [pexdʒi'sãw] *f* **-1.** [ruína] decay. **-2.** [mau caminho] evil. **-3.** [desonra] fall from grace.

perdido, da [pex'dʒidu, da] <> *adj* **-1.** [ger] lost. **-2.** [amorosamente]: ~ (de amor) por alguém desperately in love with sb. **-3.** [arruinado]: **nem tudo está** ~ all is not lost; **meu pai descobriu que fui reprovado, estou** ~! my father's found out I've failed, I'm done for! <> *m, f* [pervertido] pervert.

perdigão [pexdʒi'gãw] (*pl* **-ões**) *m* [macho] male partridge.

perdiz [pex'dʒiʃ] (*pl* **-es**) *f* [fêmea] female partridge.

perdoar [pex'dwa(x)] <> *vt* **-1.** [desculpar] to forgive; ~ **algo (a alguém)** to forgive (sb for) sthg. **-2.** [eximir de] to pardon. **-3.** *fig* [desperdiçar]: **não** ~ to make the most of. <> *vi* [desculpar] to forgive.

perdurar [pexdu'ra(x)] *vi* **-1.** [durar muito]: ~ (por/através de) to last (for//throughout). **-2.** [permanecer] to carry on.

perecer [pere'se(x)] *vi* **-1.** [extingüir-se] to perish. **-2.** [morrer] to die.

perecível [pere'sivew] (*pl* **-eis**) *adj* perishable.

peregrinação [peregrina'sãw] (*pl* **-ões**) *f* **-1.** [viagem] journey. **-2.** RELIG pilgrimage.

peregrino, na [pere'grinu, na] *m, f* **-1.** [viajante] traveller. **-2.** RELIG pilgrim.

peremptório, ria [perẽp'tɔrju, rja] *adj* **-1.** [final] decisive. **-2.** [taxativo] peremptory.

perene [pe'reni] *adj* **-1.** [eterno] eternal. **-2.** [incessante] unceasing. **-3.** BOT perennial.

perfeccionista [pexfeksjo'niʃta] <> *adj* perfectionist. <> *mf* perfectionist.

perfeição [pexfej'sãw] *f* perfection; **ser uma** ~ to be perfect.

perfeitamente [pex,fejta'mẽtʃi] <> *adv* perfectly. <> *interj* [de acordo] of course!

perfeito, ta [pex'fejtu, ta] *adj* **-1.** [ger] perfect. **-2.** (antes de subst) [completo] perfect.

pérfido, da [ˈpexfidu, da] *adj* treacherous.

perfil [pex'fiw] (*pl* **-is**) *m* **-1.** [ger] profile; **de** ~ in profile. **-2.** *fig* [retrato] outline. **-3.** [caráter] personality.

performance [pex'fɔxmãsi] *f* performance.

perfumado, da [pexfu'madu, da] *adj* perfumed.

perfumar [pexfu'ma(x)] *vt* to perfume.

➤ **perfumar-se** *vp* to put perfume on.

perfume [pex'fumi] *m* perfume.

perfurar [pexfu'ra(x)] *vt* to perforate.

pergaminho [pexga'miɲu] *m* [documento] parchment.

pérgula [ˈpɛxgulal *f* pergola.

pergunta [pex'gũnta] *f* question; **fazer uma** ~ **a alguém** to ask sb a question.

perguntar [pexgũn'ta(x)] <> *vt* **-1.** [indagar] to ask; ~ **algo a alguém** to ask sb sthg. **-2.** [interrogar] to question. <> *vi* [indagar] to ask questions; ~ **por alguém** to ask after sb.

➤ **perguntar-se** *vp* to wonder.

perícia [pe'risja] *f* **-1.** [ger] expertise. **-2.** [policial] investigation. **-3.** [examinadores] investigators.

periculosidade [perikulozi'dadʒil] *f* peril; **de alta ~** highly perilous.

periferia [perife'ria] *f* **-1.** [contorno] periphery. **-2.** *GEOM* circumference. **-3.** [subúrbio] outskirts *(pl)*.

periférico, ca [peri'fɛriku, kal] *adj* **-1.** [que contorna] peripheral. **-2.** *fig* [marginal] superficial.
  ◆ **periférico** *m COMPUT* peripheral.

perigoso, osa [peri'gozu, ɔzal] *adj* dangerous.

perímetro [pe'rimetrul] *m* perimeter; **~ urbano** city limits *(pl)*.

periódico, ca [pe'rjɔdʒiku, kal] *adj* periodic.
  ◆ **periódico** *m* **-1.** [jornal] periodical (newspaper). **-2.** [revista] periodical (magazine).

período [pe'riwdul] *m* **-1.** [ger] period. **-2.** *UNIV* semester.

peripécia [peri'pɛsjal] *f* **-1.** [aventura] adventure. **-2.** [incidente] incident.

periquito [peri'kitul] *m* budgerigar.

perito, ta [pe'ritu, tal] ◇ *adj* [experiente, especialista] expert. ◇ *m, f* **-1.** [especialista] expert. **-2.** [quem faz perícia] investigator.

perjúrio [pex'ʒurjul] *m* perjury.

permanecer [pexmane'se(x)] *vi* to remain.

permanência [pexma'nẽnsjal] *f* **-1.** [continuação, constância] endurance. **-2.** [estada] stay.

permanente [pexma'nẽntʃil] ◇ *adj* permanent. ◇ *m* [cartão] pass. ◇ *f* [penteado] perm; **fazer uma ~** to have a perm.

permissão [pexmi'sãw] *(pl* **-ões)** *f* permission.

permissível [pexmi'sivewl] *(pl* **-eis)** *adj* permissible.

permissivo, va [pexmi'sivu, val] *adj* permissive.

permitir [pexmi'tʃi(x)] *vt* **-1.** [admitir] to allow; **~ a alguém fazer algo** to allow sb to do sthg. **-2.** [conceder]: **~ algo a alguém** to grant sb sthg.
  ◆ **permitir-se** *vp* [tomar a liberdade de] to allow o.s.

perna [ˈpɛxnal] *f* leg; **~ de pau** wooden leg; **passar a ~ em alguém** *fig* [enganar] to con sb; [trair] to cheat on sb.

pernicioso, osa [pexni'sjozu, ɔzal] *adj* **-1.** [nocivo] destructive. **-2.** *MED* pernicious.

pernil [pex'niwl] *(pl* **-is)** *m CULIN* hock.

pernilongo [pexni'lõŋgul] *m* stilt.

pernoitar [pexnoj'ta(x)] *vi* to spend the night.

pernóstico, ca [pex'nɔʃtʃiku, kal] ◇ *adj* pretentious. ◇ *mf* pretentious person.

pérola [ˈpɛrolal] *f* **-1.** [de ostra] pearl. **-2.** *fig* [pessoa, peça rara] gem.

perpassar [pexpa'sa(x)] *vt fig* [atravessar] to imbue.

perpendicular [pexpẽndʒiku'la(x)] *(pl* **-es)** ◇ *adj* perpendicular. ◇ *f* perpendicular.

perpetrar [pexpe'tra(x)] *vt* to perpetrate.

perpetuar [pexpe'twa(x)] *vt* to prolong.
  ◆ **perpetuar-se** *vp* to survive.

perpétuo, tua [pex'pɛtwu, twal] *adj* **-1.** [eterno] eternal. **-2.** [vitalício] permanent. **-3.** *JUR*: **prisão perpétua** life imprisonment. **-4.** *(antes de subst)* [freqüente] on-going.

perplexidade [pexpleksi'dadʒil] *f* perplexity.

perplexo, xa [pex'plɛksu, sal] *adj* perplexed; **estar/ficar ~** to be perplexed.

perseguição [pexsegi'sãw] *(pl* **-ões)** *f* **-1.** [ger] persecution. **-2.** *fig* [de um objetivo] pursuit.

perseguir [pexse'gi(x)] *vt* **-1.** [ger] to pursue. **-2.** *POL & RELIG* to persecute.

perseverante [pexseve'rãntʃil] *adj* persevering.

perseverar [pexseve'ra(x)] *vi* **-1.** [persistir]: **~ (em)** to persevere (with). **-2.** [permanecer] to last.

persiana [pex'sjãnal] *f* blind.

persistência [pexsiʃ'tẽnsjal] *f* persistence.

persistente [pexsiʃ'tẽntʃil] *adj* persistent.

persistir [pexsiʃ'tʃi(x)] *vi* [insistir]: **~ (em algo)** to persist (in sthg).

personagem [pexso'naʒẽl] *(pl* **-ns)** *m, f* **-1.** *CINE, LITER & TEATRO* character. **-2.** [celebridade] celebrity.

personalidade [pexsonali'dadʒil] *f* personality; **dupla ~** split personality.

personalizado, da [pexsonali'zadu, dal] *adj* personalized.

personificação [pexsonifika'sãw] *(pl* **-ões)** *f* personification.

perspectiva [pexʃpek'tʃival] *f* **-1.** [ger] perspective. **-2.** [probabilidade] prospect; **em ~** [em vista] in prospect; [a distância] in perspective.

perspicácia [pexʃpi'kasjal] *f* insight.

perspicaz [pexʃpi'kaʃ] *(pl* **-es)** *adj* insightful.

persuadir [pexswa'dʒi(x)] ◇ *vt* **-1.** [convencer]: **~ alguém (a fazer algo)** to persuade sb (to do sthg). **-2.** [induzir]: **~ alguém a fazer algo** to persuade sb to do sthg. ◇ *vi* [induzir] to persuade.
  ◆ **persuadir-se** *vp* [convencer-se]: **~ se (de algo)** to be persuaded (of sthg).

persuasão [pexswa'zãw] *f* persuasion.

persuasivo, va [pexswa'zivu, val] *adj* persuasive.

pertencente [pextẽn'sẽntʃi] *adj*: ~ a al-go/alguém belonging to sthg/sb.

pertencer [pextẽn'se(x)] *vi*: ~ a [ger] to belong to; [concernir] to refer to.

pertences [pex'tẽnsiʃ] *mpl* [objetos pessoais] belongings.

pertinaz [pextʃi'najʒ] *adj* persistent.

pertinência [pextʃi'nẽnsja] *f* pertinence.

pertinente [pextʃi'nẽntʃi] *adj* **-1.** [ger] pertinent. **-2.** [importante] relevant.

perto ['pextu] ⇔ *adj* nearby. ⇔ *adv* near; **de** ~ [a pouca distância] closely; *fig* [intimamente] first-hand; ~ **de** [ger] close to; [em comparação] next to.

perturbador, ra [pextuxba'do(x), ra] *adj* disturbing.

perturbar [pextux'ba(x)] ⇔ *vt* **-1.** [ger] to perturb. **-2.** [atrapalhar] to disturb. **-3.** [envergonhar] to embarass. ⇔ *vi* [atordoar] to pester.

peru, rua [pe'ru, rua] *m, f* [ave] turkey.
➡ **perua** *f* **-1.** [caminhonete] estate car *UK*, station wagon *US*. **-2.** *fam pej* [mulher] hussy.

Peru [pe'ru] *n*: **(o)** ~ Peru.

peruano, na [pe'rwãnu, na] ⇔ *adj* Peruvian. ⇔ *m, f* Peruvian.

peruca [pe'ruka] *f* wig.

perversão [pexvex'sãw] (*pl* **-ões**) *f* **-1.** [depravação] perversion. **-2.** [alteração] alteration.

perverso, sa [pex'vɛxsu, sa] *adj* perverse.

perverter [pexvex'te(x)] *vt* **-1.** [corromper] to pervert. **-2.** [alterar] to alter. **-3.** [deturpar] to distort.
➡ **perverter-se** *vp* [corromper-se] to become depraved.

pervertido, da [pexvex'tʃidu, da] ⇔ *adj* [corrompido] depraved. ⇔ *m, f* pervert.

pesadelo [peza'delu] *m* nightmare.

pesado, da [pe'zadu, da] *adj* **-1.** [ger] heavy. **-2.** [tenso] tense. **-3.** [grosseiro] coarse.

pêsames ['pezamiʃ] *mpl* condolences.

pesar [pe'za(x)] ⇔ *m* sadness; **apesar dos** ~ **es** in spite of everything. ⇔ *vt* to weigh. ⇔ *vi* **-1.** [ger] to weigh. **-2.** [recair]: ~ **sobre alguém** to fall on sb. **-3.** [onerar] to be burdensome. **-4.** [influenciar]: ~ **em algo** to influence sthg. **-5.** [causar tristeza]: ~ **a alguém** to grieve sb. **-6.** [causar remorso] to weigh sb down.
➡ **pesar-se** *vp* [verificar o peso] to weigh o.s.

pesaroso, osa [peza'rozu, ɔza] *adj* **-1.** [triste] sorrowful. **-2.** [arrependido] sorry.

pesca ['pɛʃka] *f* **-1.** [ato] fishing; **irà** ~ to go fishing. **-2.** [o que se pescou] catch.

pescado [peʃ'kadu] *m* catch (*of fish*).

pescador, ra [peʃka'do(x), ra] (*mpl* **-es**, *fpl* **-s**) *m, f* fisherman (*f* fisherwoman).

pescar [peʃ'ka(x)] *vt* **-1.** [apanhar] to fish. **-2.** *fig* [conseguir] to get. **-3.** *fig* [conquistar] to catch.

pescoço [peʃ'kosu] *m* neck; **até o** ~ *fig* up to one's neck.

peso ['pezu] *m* **-1.** [ger] weight; ~ **bruto/líquido** gross/net weight; ~ **pesado** heavyweight; **ele é um intelectual de** ~ he is a weighty intelectual. **-2.** [para papéis] paperweight. **-3.** [em atletismo] weights (*pl*). **-4.** [moeda] peso. **-5.** *fig* [carga] burden.
➡ **em peso** *loc adj* en masse.

pesponto [peʃ'põntu] *m* backstitch.

pesqueiro, ra [peʃ'kejru, ra] *adj* fishing (*antes de subst*).

pesquisa [peʃ'kiza] *f* **-1.** [investigação] search. **-2.**: ~ **de mercado** market research; ~ **de opinião** opinion poll. **-3.** [estudo] research; ~ **e desenvolvimento** research and development.

pesquisador, ra [peʃkiza'do(x), ra] ⇔ *adj* research (*antes de subst*). ⇔ *m, f* researcher.

pesquisar [peʃki'za(x)] ⇔ *vt* **-1.** [investigar] to investigate. **-2.** [estudar] to research. ⇔ *vi* [estudar] to do research.

pêssego ['pesegu] *m* peach.

pessimismo [pesi'miʒmu] *m* pessimism.

pessimista [pesi'miʃta] ⇔ *adj* pessimistic. ⇔ *mf* pessimist.

péssimo, ma ['pɛsimu, ma] *adj* (*superl de mau*) terrible; **ficou** ~ **com a notícia** the news made him feel terrible.

pessoa [pe'soa] *f* [ger] person; **em** ~ personally; ~ **física** *JUR* private individual; ~ **jurídica** *JUR* legal entity.

pessoal [pe'swaw] (*pl* **-ais**) ⇔ *adj* personal. ⇔ *m* **-1.** [empregados] personnel (*pl*), staff. **-2.** [grupo] people (*pl*).

pessoalmente [peswaw'mẽntʃi] *adv* personally.

pestana [peʃ'tãna] *f* **-1.** [cílio] eyelash. **-2.** *COST* flap. **-3.** *MÚS* barré.

pestanejar [peʃtane'ʒa(x)] *vi* to blink; **sem** ~ *fig* without batting an eyelid.

peste ['pɛʃtʃi] *f* **-1.** [ger] plague. **-2.** *fig* [pessoa] pest. **-3.** *fig* [coisa perniciosa] scourge.

pesticida [peʃtʃi'sida] *f* pesticide.

pestilento, ta [peʃtʃi'lẽntu, ta] *adj* **-1.** [fedorento] stinking. **-2.** [infectado] pestilent.

pétala ['pɛtala] *f* petal.

peteca [pe'tɛka] *f* [brinquedo] shuttlecock; **não deixar a** ~ **cair** *fam fig* to keep the ball rolling.

peteleco [pete'lɛku] *m* flick.
petição [petʃi'sãw] (*pl* -ões) *f* -**1.** [requerimento] petition. -**2.** [súplica] plea. -**3.** [estado]: **em ~ de miséria** in a pitiful state.
petiscar [petʃiʃ'ka(x)] *vi* to snack; **quem não arrisca não petisca** he who dares wins.
petisco [pe'tʃiʃku] *m* titbit *UK*, tidbit *US*.
petit-pois [petʃi'pwa] *m inv* pea.
petrificar [petrifi'ka(x)] *vt* -**1.** [tornar em pedra] to harden. -**2.** [insensibilizar] to numb. -**3.** [aterrorizar] to petrify.
Petrobras (*abrev de* **Petróleo Brasileiro S/A**) *f* Brazilian state-owned petroleum company.
petroleiro, ra [petro'lejru] <> *adj*: **navio- ~** (oil) tanker. <> *m, f* [pessoa] oilman.
petróleo [pe'trɔlju] *m* petroleum, oil; **~ bruto** crude oil.
petrolífero, ra [petro'liferu, ra] *adj* oil.
petulância [petu'lãnsja] *f* petulance.
petulante [petu'lãntʃi] *adj* petulant.
PFL (*abrev de* **Partido da Frente Liberal**) *m* Party of the Liberal Front, the largest, very right-wing party in Brazil.
piada [pi'jada] *f* joke.
pianista [pja'niʃta] *mf* pianist.
piano [pi'jãnu] *m* piano.
pião [pi'pjãw] (*pl* -ões) *m* spinning top.
piar [pi'pja(x)] *vi* [ave - pinto] to cheep; [- passarinho] to chirp; [- coruja] to hoot.
PIB (*abrev de* **Produto Interno Bruto**) *m* GDP.
picada [pi'kada] *f* ▷ **picado**.
picadinho [pika'dʒiɲu] *m CULIN* -**1.** [de carne] minced meat. -**2.** [de legumes] vegetable stew.
picado, da [pi'kadu, da] *adj* -**1.** [ger] stung; **ser ~ por algo** to be bitten by sthg. -**2.** [em pedaços] chopped up. -**3.** [mar] choppy. -**4.** [vôo] nosediving.
◆ **picada** *f* -**1.** [espetada] prick. -**2.** [mordida] bite. -**3.** [caminho] trail.
picanha [pi'kãɲa] *f* [carne bovina] rump.
picante [pi'kãntʃi] *adj* spicy.
pica-pau [ˌpika'paw] (*pl* **pica-paus**) *m* woodpecker.
picar [pi'ka(x)] *vt* -**1.** [espetar] to prick. -**2.** [morder] to bite. -**3.** [cortar em pedaços] to chop. -**4.** [lascar] to splinter. -**5.** [bicar] to peck.
picareta [pika'reta] <> *f* [instrumento] pickaxe *UK*, pickax *US*. <> *mf* [mau-caráter] con artist.
pichação [piʃa'sãw] (*pl* -ões) *f* -**1.** [grafite] graffiti. -**2.** *fam* [crítica] smear.
picles ['pikleʃ] *mpl* pickles.
pico ['piku] *m* -**1.** [cume] summit. -**2.** [de faca etc] point. -**3.** *fam* [de droga] shot.
picolé [piko'lɛ] *m* ice lolly.

picotar [piko'ta(x)] *vt* to perforate.
picuinha [pi'kwiɲa] *f* [implicância] dispute; **estar de ~ com alguém** to be at odds with sb.
piedade [pje'dadʒi] *f* -**1.** [compaixão] pity; **ter ~ de alguém** to have pity on sb. -**2.** [religiosidade] piety.
piedoso, osa [pje'dozu, ɔza] *adj* pious.
piegas ['pjɛgaʃ] *adj inv* soppy.
píer ['pie(x)] *m* pier.
pifão [pi'fãw] (*pl* -ões) *m fam* drunk; **tomar um ~** to have a skinful.
pifar [pi'fa(x)] *vi fam* -**1.** [enguiçar] to break down. -**2.** [gorar] to fall through.
pigméia [pig'mɛja] *f* ▷ **pigmeu**.
pigmento [pig'mẽntu] *m* pigment.
pigmeu, méia [pig'mew, mɛja] <> *adj* [pequeno] pygmy. <> *m, f* pygmy.
pijama [pi'ʒãma] *m* pyjamas (*pl*) *UK*, pajamas (*pl*) *US*.
pilantra [pi'lãntra] *mf* rogue.
pilar [pi'la(x)] (*pl* -es) <> *m* [coluna] pillar. <> *vt* to grind.
pilha ['piʎa] *f* -**1.** [monte] pile. -**2.** *ELETR* battery. -**3.** [pessoa]: **estar/ser uma ~ (de nervos)** to be a bundle of nerves. -**4.** *COMPUT* stack.
pilhar [pi'ʎa(x)] *vt* -**1.** [saquear] to pillage. -**2.** [roubar] to rob.
pilhéria [pi'ʎɛrja] *f* jest.
pilotar [pilo'ta(x)] <> *vt* to steer. <> *vi* to steer.
piloto [pi'lotu] <> *adj* [modelo] pilot. <> *m* -**1.** [ger] pilot. -**2.** [de corrida] driver. -**3.** [bico de gás] pilot light.
pílula ['pilula] *f* pill; **~ anticoncepcional** contraceptive pill.
pimenta [pi'mẽnta] *f* -**1.** *CULIN* pepper. -**2.** *fig* [malícia] spite.
pimenta-do-reino [pi,mẽntadu'xejnu] (*pl* **pimentas-do-reino**) *f* black pepper.
pimenta-malagueta [pi,mẽntamala'dʒetal (*pl* **pimentas-malagueta**) *f* chilli pepper *UK*, chili pepper *US*.
pimentão [pimẽn'tãw] (*pl* -ões) *m*: **~ verde/vermelho** green/red pepper.
pimenteira [pimẽn'tejra] *f* -**1.** *BOT* pepper tree. -**2.** [recipiente] pepper pot.
pinacoteca [pinako'tɛka] *f* -**1.** [coleção] art collection. -**2.** [museu] art gallery.
pinça ['pĩsa] *f* -**1.** *MED* forceps (*pl*). -**2.** [de sobrancelha] tweezers (*pl*).
píncaro ['pĩkaru] *m* -**1.** [cume] peak. -**2.** *fig* [apogeu] height.
pincel [pĩ'sɛw] (*pl* -éis) *m* brush; **~ de barba** shaving brush.
pincelar [pĩse'la(x)] *vt* to paint.
pincenê [pĩse'nel] *m* pince-nez.
pinga ['pĩga] *f fam* [cachaça] booze.
pingar [pĩ'ga(x)] *vi* -**1.** [gotejar] to drip. -**2.** [chover] to spit. -**3.** [render] to trickle in.

pingente [pĩn'ʒẽntʃil *m* [objeto] pendant.

pingo [ˈpĩŋul *m* -1. [gota] drop. -2. [sinal ortográfico] dot; **pôr os ~ s nos is** *fig* to dot the i's and cross the t's.

pingue-pongue [ˌpĩŋi'põŋil (*pl* pingue-pongues) *m* ping-pong, table tennis.

pingüim [pĩŋ'gwĩl (*pl* -ns) *m* penguin.

pinheiro [pi'neɪrul *m* pine tree.

pinho [ˈpĩnul *m* -1. *BOT* pine (tree). -2. [madeira] pine wood. -3. *fam* [violão] fiddle.

pino [ˈpĩnul *m* -1. [peça] peg. -2. [AUTO - em motor] crankpin; [- tranca] lock; *fam fig* [estar mal] to fall apart. -3. [cume]: a ~ at the zenith.

pinta [ˈpĩntal *f* -1. [sinal] mole. -2. *fam* [aparência]: **o rapaz é boa ~** the boy is looking good; **essa comida está com boa ~** that food looks good; **ter ~ de algo** to look like sthg. -3. *fam* [indício]: **estar com ~ de (ser) difícil** to look (like being) difficult; **ela deu na ~ que ia nos assaltar** [demonstrar] she looked like she was going to attack us.

pintado, da [pĩn'tadu, dal *adj* -1. [colorido - papel] coloured; [- parede, olhos, unhas] painted; [- face] painted, made-up; [- cabelo] dyed. -2. [sardento] freckled.

pintar [pĩn'ta(x)l <> *vt* -1. [ger] to paint. -2. [com tinta - ger] to paint; [- cabelo] to dye. -3. *fig* [conceber] to paint as. <> *vi* -1. *ARTE* to paint. -2. *fam* [aparecer] to turn up. -3. [exceder-se] to get overexcited; **~ e bordar** *fig* to have a great time.

➡ **pintar-se** *vp* [maquilar-se] to make o.s. up.

pinto, ta [ˈpĩntu, tal *m, f* -1. *ZOOL* chick; **ficar (molhado) como um ~** to get soaked to the bone. -2. *mfam* [pênis] cock. -3. [coisa fácil]: **ser ~** to be a pushover.

pintor, ra [pĩn'to(x), ral (*mpl* -es, *fpl* -s) *m, f* painter.

pintura [pĩn'tural *f* -1. *ARTE* painting; **~ a óleo** oil painting. -2. [de casa etc] paintwork. -3. [maquiagem] make-up.

pio, pia [ˈpiw, 'pial *adj* -1. [devota] pious. -2. [caridoso] charitable.

➡ **pio** *m* [de ave] peep; **não dê um ~, senão atiro** not a peep, or else I'll shoot.

piões [ˈpjõɪʃl *pl* ▷ pião.

piolho [ˈpjoʎul *m* louse.

pioneiro, ra [pjo'neɪru, ral <> *adj* pioneering. <> *m, f* pioneer.

pior [ˈpjɔ(x)l (*pl* -es) <> *adj* -1. [comparativo]: **~ (do que)** worse (than). -2. [superlativo]: **o/a ~ ...** the worst ... <>

m: **o ~ (de)** [inferior] the worst (of); **o ~ é que ...** the worst of it is that ... <>
f: **o/a ~ (de)** the worst (of); **estar na ~** to be in a jam; **levar a ~** to lose. <>
adv [comparativo]: **~ (do que)** worse (than); **ela está ~ de saúde** her health is worse. **piorar** [pjo'ra(x)l *vi* to deteriorate.

pipa [ˈpipal *f* -1. [vasilhame] barrel. -2. [de papel] kite.

pipi [pi'pil *m fam* wee-wee *UK*, pee-pee *US*; **fazer ~** to wee *UK*, to go pee-pee *US*.

pipoca [pi'pɔkal *f* -1. [de milho] popcorn. -2. [em pele] blister.

pipocar [pipo'ka(x)l *vi* -1. [estourar] to burst out. -2. [espocar] to crackle. -3. [surgir] to sprout up.

pipoqueiro, ra [pipo'keɪru, ral *m, f* [vendedor] popcorn seller.

pique [ˈpikil *m* -1. [brincadeira] catch. -2. [disposição] enthusiasm; **perder o ~** to lose one's momentum. -3. [corte] notch. -4. *NÁUT*: **ir a ~** to sink.

piquenique [ˌpiki'nikil *m* picnic.

pirado, da [pi'radu, dal *adj* crazy.

pirâmide [pi'ramidʒil *f* pyramid.

piranha [pi'raɲal *f* -1. [peixe] piranha. -2. *mfam pej* [mulher] hussy. -3. [prendedor de cabelo] hair clasp.

pirão [pi'rãwl (*pl* -ões) *m CULIN* cassava porridge.

pirar [pi'ra(x)l *vi* -1. [endoidar] to go insane. -2. [fugir] to scarper.

pirata [pi'ratal <> *adj* pirate. <> *mf* pirate.

Pireneus [pire'newʃl *n*: **os ~** the Pyrenees.

pires [ˈpiriʃl *m inv* saucer.

pirraça [pi'xasal *f*: **fazer algo por ~** to do sthg out of spite.

pirralho, lha [pi'xaʎu, ʎal *m, f* child.

pirueta [pi'rwetal *f* pirouette.

pirulito [piru'litul *m* -1. [bala] lollipop. -2. *fam* [pênis] willy.

pisada [pi'zadal *f* -1. [passo] footstep. -2. [pegada] footprint.

pisar [pi'za(x)l <> *vt* -1. to tread on. -2. [esmagar] to crush. -3. [percorrer] to set foot on. <> *vi* -1. [andar]: **~ (em)** to walk *ou* tread (on). -2.: **~ em** [tocar com os pés] to step on; [ir, vir] to set foot in; [humilhar] to crush; ▷ **bola, ovo.**

pisca-pisca [ˌpiʃka'piʃkal (*pl* pisca-piscas) *m AUTO* indicator.

piscar [piʃ'ka(x)l <> *vt* [olho] to blink. <> *vi* -1. [pessoa, olho] to wink. -2. [trocar sinais]: **~ para alguém** to wink at sb. -3. [tremeluzir] to twinkle. <> *m* twinkling; **num ~ de olhos** in a twinkling of an eye.

piscina [pi'sinal *f* swimming pool.

piso [ˈpizu] *m* -**1.** [ger] floor. -**2.** [revestimento] flooring. -**3.** [salário]: ~ **(salarial)** minimum (professional) wage.

pisotear [pizoˈtʃja(x)] *vt* -**1.** [pisar] to trample (on). -**2.** [humilhar] to trample over.

pista [ˈpiʃta] *f* -**1.** [vestígio] trace. -**2.** [encalço]: **na** ~ **de** in pursuit of, on the trail of. -**3.** *fig* [informação] clue. -**4.** [de rua, estrada] track. -**5.** *AERON* runway. -**6.** [*ESP* - de automobilismo, atletismo] track; [- de esqui] piste; [- de equitação] ring; [- de tênis] court. -**7.** [de dança] floor.

pistola [pišˈtɔla] *f* -**1.** [arma] pistol. -**2.** [para pintar] (spray) gun.

pistoleiro, ra [pišˈtoˈlejru, ra] *m, f* [criminoso] gunman.

pistom [pišˈtõl] (*pl* -**ns**) *m* -**1.** [instrumento] trumpet. -**2.** [de motor] piston.

pitada [piˈtada] *f* pinch.

pitanga [piˈtãŋga] *f* (red Brazil) cherry.

pitoresco, ca [pitoˈreʃku, ka] <> *adj* picturesque. <> *m* attraction.

pivete [piˈvɛtʃi] *m* child thief.

pivô [piˈvo] *m* -**1.** [de dente] pivot. -**2.** *fig* [suporte] pivot. -**3.** *fig* [agente principal] central figure. -**4.** [jogador] centre.

pixote [piˈʃɔtʃi] *m* small child.

pizza [ˈpitsa] *f* pizza.

pizzaria [pitsaˈria] *f* pizzeria.

plá [pla] *m*: **ter** *ou* **bater um** ~ **com alguém** to have a chat with sb.

placa [ˈplaka] *f* -**1.** [ger] plaque. -**2.** [lâmina] sheet. -**3.** [aviso] sign; ~ **de sinalização** road sign. -**4.** *AUTO* number plate *UK*, license plate *US*. -**5.** *COMPUT & ELECTRON* board; ~ **de vídeo** video card. -**6.** [na pele] blotch.

placa-mãe [ˈplakamãj] (*pl* **placas-mãe** *ou* **placas-mães**) *f COMPUT* motherboard.

placar [plaˈka(x)] *m* -**1.** [escore] score. -**2.** [marcador] scoreboard.

plácido, da [ˈplasidu, da] *adj* -**1.** [pessoa, olhar, semblante] placid. -**2.** [lugar, dia, vida] quiet.

plagiador, ra [plaʒjaˈdo(x), ra] *m, f* plagiarist.

plagiar [plaˈʒja(x)] *vt* to plagiarize.

plagiário, ria [plaˈʒjarju, rja] *m, f* plagiarist.

plágio [ˈplaʒju] *m* plagiarism.

planador [planaˈdo(x)] (*pl* -**es**) *m* glider.

planalto [plaˈnawtu] *m* plateau.

◆ **Planalto** *m* [palácio presidencial] president's office.

planar [plaˈna(x)] *vi* to glide.

planejamento [planeʒaˈmẽntu] *m* planning; ~ **familiar** family planning.

planejar [planeˈʒa(x)] *vt* -**1.** [ger] to plan. -**2.** *ARQUIT* to design.

planeta [plaˈneta] *m* planet.

planetário, a [planeˈtarju] *adj* planetary.

◆ **planetário** *m* planetarium.

planície [plaˈnisjil] *f* plain.

planilha [plaˈniʎa] *f* -**1.** [formulário] table. -**2.** *COMPUT* spreadsheet.

plano, na [ˈplãnu, na] <> *adj* -**1.** [superfície] flat. -**2.** [liso] smooth. <> *m* -**1.** [ger] plan. -**2.** [superfície plana] level surface. -**3.** [posição]: **em primeiro/segundo** ~ in the foreground/background; **para ela isso fica em segundo** ~ *fig* for her this takes second place. -**4.** [nível] level. -**5.** [seguro]: ~ **de saúde** health plan. -**6.** *GEOM* plane.

planta [ˈplãnta] *f* -**1.** *BIOL* plant. -**2.** *ANAT*: ~ **do pé** sole of the foot. -**3.** *ARQUIT* plan.

plantação [plãntaˈsãw] *m* -**1.** [ato] planting. -**2.** [terreno] plantation. -**3.** [produtos] crops (*pl*).

plantão [plãnˈtãw] (*pl* -**ões**) *m* -**1.** [serviço - diurno] duty; [- noturno] night duty; **estar de** ~ to be on duty. -**2.** [plantonista] person on duty.

plantar [plãnˈta(x)] *vt* -**1.** [planta, árvore] to plant. -**2.** [semear] to sow. -**3.** [fincar] to drive in. -**4.** *fig* [estabelecer] to establish. -**5.** [incutir] to inspire. -**6.** [pôr] to set up.

plantões [plãnˈtõjʃ] *pl* ▷ **plantão**.

plantonista [plãntoˈniʃta] *mf* person on duty.

plaqueta [plaˈketa] *f* -**1.** [placa pequena] small plaque, plaquette. -**2.** *AUTO* licensing badge. -**3.** *COMPUT* chip.

plástico, ca [ˈplaʃtʃiku, ka] *adj* plastic.

◆ **plástico** *m* [matéria] plastic; **de** ~ plastic.

◆ **plástica** *f* -**1.** [cirurgia] plastic surgery; **fazer plástica** to have plastic surgery. -**2.** [corpo] build.

plataforma [plataˈfɔxma] *f* -**1.** [ger] platform; ~ **de exploração de petróleo** oil rig; ~ **de lançamento** launch pad. -**2.** *GEOGR* shelf.

platéia [plaˈtɛja] *f* -**1.** [espaço] stalls (*pl*) *UK*, orchestra *US*. -**2.** [público] audience.

platina [plaˈtʃina] *f* [metal] platinum.

platinado, da [platʃiˈnadu, da] *adj* platinum blond (*antes de subst*).

◆ **platinado** *m AUTO* contact point.

platônico, ca [plaˈtoniku, ka] *adj* platonic.

plausível [plawˈzivɛw] (*pl* -**eis**) *adj* [aceitável] plausible.

playground [plejˈgrawndʒil] *m* playground.

plebeu, béia [pleˈbew, bɛja] <> *adj* plebeian. <> *m, f* plebeian.

plebiscito [plebiˈsitul] *m* plebiscite.

pleitear [plejˈtʃja(x)] *vt* -**1.** [diligenciar] to strive for. -**2.** *JUR* to contest. -**3.** [concorrer a] to compete for.

pleito [ˈplejtu] m -1. JUR legal dispute, lawsuit. -2. [eleição]: ~ **(eleitoral)** election.

plenamente [ˌplenaˈmẽntʃi] adv fully.

plenário [pleˈnarju] m -1. [assembléia] plenary session. -2. [local] chamber.

plenitude [pleniˈtudʒi] f fulfilment.

pleno, na [ˈplenu, na] adj -1. [cheio]: ~ de full of. -2. [total] complete; **em plena luz do dia** in broad daylight; **em ~ verão** in high summer; ~**s poderes** full powers.

pluma [ˈpluma] f -1. [de ave] feather. -2. [para escrever] quill. -3. [adorno] plume.

plural [pluˈraw] (pl -ais) <> adj plural. <> m plural.

pluralismo [pluraˈliʒmu] m -1. [diversidade] diversity. -2. POL pluralism.

Plutão [pluˈtãw] n Pluto.

pluvial [pluˈvjaw] (pl -ais) adj pluvial, rain (antes de subst).

PM (abrev de **Polícia Militar**) f military police.

PMDB (abrev de **Partido do Movimento Democrático Brasileiro**) m Brazilian Party for Democratic Movement, the largest party of the centre.

PNB (abrev de **Produto Nacional Bruto**) m GNP.

pneu [piˈnew] m -1. AUTO tyre UK, tire US. -2. fam [gordura] spare tyre UK, spare tire US.

pneumonia [pinewmuˈnia] f pneumonia.

pó [ˈpɔ] m -1. [poeira] dust; **tirar o ~ de algo** to dust sthg. -2. [substância pulverizada] powder; **em ~** powdered. -3. [pó-de-arroz] face powder. -4. fam [cocaína] snow.

pobre [ˈpɔbri] <> adj -1. [ger] poor. [escasso]: ~ **de/em algo** lacking in sthg. -3. (antes do subst) [digno de pena] poor. <> m [pessoa] poor person; **os ~s** the poor.

pobreza [poˈbreza] m -1. [miséria] poverty. -2. [escassez]: ~ **de** OU **em algo** lack of sthg.

poça [ˈpɔsa] f: ~ **(d'água)** puddle.

poção [poˈsãw] (pl -ões) f potion.

pocilga [poˈsiwga] f -1. [chiqueiro] pigsty. -2. fig [lugar imundo] hovel.

poço [ˈposu] f [cavidade] well; ~ **de petróleo** oil well; **ir ao fundo do ~** fig to sink to the depths of despair.

podar [poˈda(x)] vt to prune.

pó-de-arroz [ˌpɔdʒjaˈxoʃ] (pl **pós-de-arroz**) m face powder.

poder [poˈde(x)] <> m -1. [político, influência] power; **estar no ~** to be in power; ~ **de compra** purchasing power; **não tenho ~ nenhum** I'm powerless. -2.

[possessão] power; **estar em ~ de alguém** to be in sb's power; **ter em seu ~ algo** to have sthg within one's power. <> v aux -1. [ser capaz de]: ~ **fazer algo** to be able to do sthg; **posso fazê-lo** I can do it; **posso ajudar?** can I help?, may I help?; **você podia tê-lo feito antes** you could have done it earlier; **não posso mais!** [em relação a cansaço] I've had enough!; [em relação a comida] I'm full! -2. [estar autorizado para]: ~ **fazer algo** to be allowed to do sthg; **posso fumar?** may I smoke?; **você não pode estacionar aqui** you can't park here; **não pude sair ontem** I wasn't allowed (to go) out yesterday. -3. [ser capaz moralmente] can; **não podemos magoar o gato** we can't hurt the cat. -4. [exprime possibilidade]: **você podia ter vindo de ônibus** you could have come by bus; **cuidado que você pode se machucar!** be careful, you might hurt yourself! -5. [exprime indignação, queixa]: **não pode ser!** this is outrageous!; **você podia ter nos avisado** you could have warned us!; **pudera!** I wish! <> v impess [ser possível]: **pode não ser verdade** it might not be true; **pode acontecer a qualquer um** it could happen to anybody; **pode ser que chova** it might rain.

➤ **poder com** v + prep -1. [suportar] to bear; **não posso com mentirosos** I cannot bear liars. -2. [rival, adversário] to bear. -3. [peso] to carry; **você não pode com tanto peso** you can't carry all that weight.

poderio [podeˈriw] m power.

podre [ˈpodri] <> adj -1. [ger] rotten. -2. fig [corrupto] corrupt. -3. fig [cheio]: **estou ~ (de cansaço)** I am dog-tired; ~ **de gripe** full of flu; ~ **de rico** filthy rich. <> m -1. [parte]: **o ~ da maçã** the bad part of the apple. -2. fig [defeito] dark secret.

podridão [podriˈdãw] (pl -ões) f -1. [estado de podre] decay. -2. fig [corrupção] corruption.

poeira [ˈpwejra] f dust; ~ **radioativa** fallout.

poeirento, ta [pwejˈrẽntu, ta] adj dusty.

poema [ˈpwema] m poem.

poesia [pwiˈzia] f -1. [arte] poetry. -2. [poema] poem. -3. [encanto] charm.

poeta, tisa [ˈpwɛta, tʃiza] m, f poet.

poético, ca [ˈpwɛtʃiku, ka] adj poetic.

pois [ˈpojʃ] conj -1. [portanto] therefore. -2. [mas] well. -3. [porque] as.

➤ **pois bem** loc adv well then.

➤ **pois é** loc adv indeed.

➤ **pois não** <> loc adv [em loja, restaurante]: ~ **não?** can I help you? <> interj of course!

➤ **pois sim** *interj*: ~ **sim!** certainly not!, yeah right!

polaco, ca [po'laku, ka] <> *adj* Polish. <> *m, f* Pole.

➤ **polaco** *m* [língua] Polish.

polar [po'la(x)] *adj* polar.

polegada [pole'gada] *f* finch.

polegar [pole'ga(x)] (*pl* -es) *m* thumb.

polêmico, ca [po'lemiku, ka] *adj* controversial.

➤ **polêmica** *f* controversy.

polemizar [polemi'za(x)] *vi*: ~ **sobre algo** to debate on sthg.

pólen ['pɔlɛ̃] *m* pollen.

polenta [po'lɛ̃ta] *f* polenta.

polia [po'lia] *f* pulley.

polícia [po'lisja] <> *f* [corporação] police, police force; ~ **federal** federal police; ~ **militar** state police (force). <> *mf* [policial] police officer.

policial [poli'sjaw] (*pl* -ais) <> *adj* police *(antes de subst)*. <> *mf* police officer.

policiar [poli'sja(x)] *vt* -1. [vigiar] to police. -2. [controlar] to control.

➤ **policiar-se** *vp* [controlar-se] to control o.s.

polidez [poli'deʒ] *f* [cortesia] politeness.

polido, da [po'lidu, da] *adj* -1. [cortês] polite. -2. [liso] polished. -3. [lustroso] shiny.

poliéster [po'ljɛʃte(x)] *m* polyester.

poliestireno [poljeʃtʃi'renu] *m* polystyrene.

polietileno [poljetʃi'lenu] *m* polythene.

polígamo, ma [po'ligamu, ma] *adj* polygamous.

poliglota [poli'glɔta] <> *adj* polyglot. <> *m* polyglot.

polígono [po'ligonu] *m* GEOM polygon.

polimento [poli'mɛ̃tu] *m* -1. [lustração] polishing. -2. *fig* [finura] refinement.

polir [po'li(x)] *vt* -1. [ger] to polish. -2. *fig* [aprimorar - pessoa] to refine; [- linguagem] to polish up.

politécnica [poli'teknika] *f* polytechnic.

política [po'litʃika] *f* ▷ **político**.

politicagem [politʃi'kaʒẽ] *f* politicking.

político, ca [po'litʃiku, ka] *adj* -1. POL political. -2. *fig* [hábil] astute.

➤ **político** *m* politician.

➤ **política** *f* -1. [ciência] politics *(pl)*. -2. [programa] policy; **política econômica** economic policy. -3. *fig* [habilidade] astuteness.

politizar [politʃi'za(x)] *vt* to politicize.

➤ **politizar-se** *vp* to become politically aware.

polivalente [poliva'lɛ̃tʃi] *adj* -1. [versátil] versatile. -2. MED polyvalent.

pólo ['pɔlu] *m* -1. [ger] pole. -2. *fig* [extremo] side. -3. ASTRON: ~ **magnético**

magnetic pole. -4. [concentração] hub; ~ **petroquímico** petrochemicals complex. -5. ESP polo; ~ **aquático** water polo.

Polônia [po'lonja] *n* Poland.

polpa ['powpa] *f* pulp.

poltrona [pow'trona] *f* farmchair.

poluente [po'lwɛ̃tʃi] <> *adj* pollutant. <> *m* pollutant.

poluição [poluj'sãw] *f* pollution.

poluir [po'lwi(x)] *vt* -1. [sujar] to pollute. -2. *fig* [corromper] to corrupt.

polvilho [pow'viʎu] *m* -1. [pó] powder. -2. [farinha] manioc flour.

polvo ['powvu] *m* octopus.

pólvora ['pɔwvora] *f* gunpowder; **descobrir a** ~ *fig irôn* to do sthg highly original.

polvorosa [powvo'rɔza] *f*: **em** ~ [agitado] in a flap; [desarrumado] in a mess.

pomada [po'mada] *f* ointment.

pomar [po'ma(x)] (*pl* -es) *m* orchard.

pombo, ba ['põbu, ba] *m, f* dove, pigeon.

pompa ['põpa] *f* splendour.

pomposo, osa [põ'pozu, ɔza] *adj* ostentatious.

ponche ['põʃi] *m* punch.

poncho ['põʃu] *m* poncho.

ponderado, da [põde'radu, da] *adj* cautious.

ponderar [põde'ra(x)] <> *vi* -1. [refletir] to reflect. -2. [argumentar] to hold forth. <> *vt* -1. [avaliar] to weigh up. -2. [considerar] to consider.

pônei ['ponej] *m* pony.

ponta ['põta] *f* -1. [extremidade] end; **na** ~ **do pé** on tiptoe. -2. [bico] point. -3. [canto] corner. -4. [vértice] apex. -5. *fig* [quantidade]: **estou com uma** ~ **de fome** I'm a touch hungry. -6. [de cigarro] cigarette end. -7. CINE & TEATRO: **fazer uma** ~ to have a walk-on part. -8. *loc*: **saber na** ~ **da língua** to have on the tip of one's tongue.

pontada [põ'tada] *f* [dor] twinge.

pontão [põ'tãw] (*pl* -ões) *m* [plataforma] pontoon.

pontapé [põta'pɛ] *m* -1. [chute] kick; **dar um** ~ **em alguém** to kick sb. -2. *fig* [rejeição]: **ele levou um** ~ **da namorada** his girlfriend kicked him out.

pontaria [põta'ria] *f* aim.

ponte ['põtʃi] *f* -1. [ger] bridge. -2. AERON: ~ **aérea** air lift. -3. MED: ~ **de safena** [heart] bypass operation.

ponteiro [põ'tejru] *m* -1. [de velocímetro] pointer. -2. [de bússola] needle. -3. [de relógio] hand.

pontiagudo, da [põtʃja'gudu, da] *adj* pointed.

pontífice [põ'tʃifisi] *m* pope.

pontilhado, da [põntʃi'ʎadu, da] ◇ *adj* dotted. ◇ *m* [conjunto de pontos] dotted line.

ponto ['põntul *m* **-1.** [ger] point; ~ **final** terminus; ~ **de ônibus** bus stop; ~ **de táxi** taxi rank. **-2.** [costura, operação] stitch; ~ **de meia** stocking stitch; ~ **de tricô** garter stitch. **-3.** [sinal] spot. **-4.** [pontuação]: ~ **(final)** full stop *UK*, period *US*; **dois** ~ **s** colon; ~ **de interrogação/exclamação** question/exclamation mark. **-5.** [mancha] mark. **-6.** [de calda] consistency. **-7.** [matéria escolar] topic. **-8.** *MÚS* (religious) chant. **-9.** *GEOGR*: ~ **cardeal** cardinal point. **-10.** [espirit] spirit. **-11.** [traço]: ~ **fraco** weak point. **-12.** *loc*: **não dar** ~ **sem nó** to look after number one.

◆ **a ponto de** *loc adv* on the point of.

pontões [põn'tõjʃ] *pl* ▷ **pontão.**

ponto-e-vírgula [,põntwi'vixgula] (*pl* **ponto-e-vírgulas**) *m* semicolon.

pontuação [põntwa'sãw] (*pl* **-ões**) *f* punctuation.

pontual [põn'twaw] (*pl* **-ais**) *adj* punctual.

pontualidade [põntwali'dadʒil *f* punctuality.

pontudo, da [põn'tudu, da] *adj* pointed.

poodle ['pudowl *m* poodle.

POP (*abrev de* **Post Office Protocol**) *m* POP.

popa ['popal *f* stern.

população [popula'sãw] (*pl* **-ões**) *f* population; ~ **operária** working population; ~ **escolar** school population.

popular [popu'la(x)] (*pl* **-es**) ◇ *adj* popular. ◇ *m* [homem da rua] ordinary person.

popularidade [populari'dadʒil *f* popularity.

popularizar [populari'za(x)] *vt* to popularize.

◆ **popularizar-se** *vp* to become popular.

populoso, osa [popu'lozu, ɔzal *adj* populous.

pôquer ['poke(x)] *m* poker.

por [po(x)] *prep* **-1.** [indica causa] because of, due to; **foi** ~ **sua causa** it was your fault; ~ **falta de fundos** due to lack of funds; ~ **hábito** through force of habit. **-2.** [indica objetivo] for; **lutar** ~ **algo** to fight for sthg. **-3.** [indica meio, modo, agente] by; **foi escrito pela Cristina** it was written by Cristina; ~ **correio/fax** by post/fax; ~ **escrito** in writing; ~ **avião** [carta] (by) air mail. **-4.** [relativo a tempo] for; **ele partiu** ~ **duas semanas** he went away for two weeks. **-5.** [relativo a lugar] through; **entramos no Brasil pelo Paraguai** we crossed into Brazil via Para-

guay; **está** ~ **aí** it's around there somewhere; ~ **onde você vai?** which way are you going?; **vamos** ~ **aqui** we're going this way. **-6.** [relativo a troca, preço] for; **paguei apenas 20 reais** ~ **este casaco** I only paid 20 reals for this coat; **troquei o carro velho** ~ **um novo** I exchanged my old car for a new one. **-7.** [indica distribuição] per; **25** ~ **cento** 25 per cent; **são 100 reais** ~ **dia/mês** it's 100 reals per day/month. **-8.** [em locuções]: ~ **que** why; ~ **que (é que)...?** why (is it that) ...?; ~ **mim tudo bem!** that's fine by me!

pôr ['po(x)] *vt* **-1.** [ger] to put; ~ **a mesa** to set the table; ~ **a roupa** to put on clothes; ~ **defeito em tudo** to find fault with everything; ~ **a culpa em alguém** to put the blame on sb. **-2.** [incutir]: **não lhe ponha medo!** don't frighten him! **-3.** [guardar] to keep. **-4.** [desovar] to lay.

◆ **pôr-se** *vp* **-1.** [colocar-se] to stand; ~ **-se de pé** to stand up. **-2.** [sol] to set. **-3.** [começar]: ~ **-se a fazer algo** to start doing sthg.

porão [po'rãw] (*pl* **-ões**) *f* **-1.** [de navio] hold. **-2.** [de casa] basement.

porca ['pɔxkal *f* **-1.** *ZOOL* sow. **-2.** [parafuso] nut.

porção [pox'sãw] (*pl* **-ões**) *f* [parte] portion; **uma** ~ **de** a portion of; [grande quantidade] a lot of.

porcaria [poxka'ria] ◇ *adj* [sem valor] rubbishy. ◇ *f* **-1.** [imundície] filth. **-2.** *fig* [coisa malfeita] piece of junk. **-3.** *fig* [coisa sem valor] rubbish.

porcelana [poxse'lãnal *f* porcelain.

porcentagem [poxsẽn'taʒẽl (*pl* **-ns**) *f* percentage.

porco, ca ['poxku, kal ◇ *adj* **-1.** [suja] dirty. **-2.** [grosseiro] coarse. **-3.** [malfeito] shoddy. ◇ *m, f* **-1.** *ZOOL* pig. **-2.** *CULIN* pork. **-3.** [pessoa] *fam* pig.

porções [pox'sõjʃ] *pl* ▷ **porção.**

pôr-do-sol [,poxdu'sɔwl (*pl* **pores-do-sol**) *m* sunset.

porco-espinho [,poxkwiʃ'piɲul (*pl* **porcos-espinhos**) *m* porcupine.

porém [po'rẽjl ◇ *conj* [contudo] but, however. ◇ *m* [obstáculo] snag.

pormenor [poxme'nɔ(x)] (*pl* **-es**) *m* detail.

pornô [pox'nol ◇ *adj inv fam* porn. ◇ *m CINE* porn film.

pornográfico, ca [poxno'grafiku, kal *adj* pornographic.

poro ['pɔrul *m* pore.

porões [po'rõjʃ] *pl* ▷ **porão.**

pororoca [poro'rɔkal *f* [onda] bore.

poroso, osa [po'rozu, ɔzal *adj* porous.

porquanto [pox'kwãntul *conj* since.

porque [pux'kel *conj* because; **ela traba-**

lha ~ **precisa** she works because she needs to; ~ **sim** just because.

porquê [pux'ke] *m*: o ~ the reason (for); **não entendo o** ~ **dessa atitude** I don't understand the reason for that attitude.

porquinho-da-Índia [pox,kiɲuda-'ĩndʒja] (*pl* **porquinhos-da-Índia**).*m* guinea pig.

porra ['poxa] <> *f vulg* [esperma] spunk. <> *interj vulg* [exprime irritação] fucking hell!

porrada [po'xada] *mfam f* - **1.** [pancada]: **ele deu uma** ~ **com o carro no muro** he smashed the car into the wall; **o garçom levou uma** ~ **do bêbado** the waiter took one hell of a beating from the drunkard. - **2.** [quantidade]: **uma** ~ **de** loads of. - **3.** *fig* [revés] fuck-up.

porre ['poxi] *fam m* - **1.** [bebedeira] booze-up; **estar/ficar de** ~ to be plastered; **tomar um** ~ to get a skinful. - **2.**: **ser um** ~ [pessoa, festa] to be a drag.

porrete [po'xetʃi] *m* club.

porta ['poxta] *m* - **1.** [peça] door. - **2.** *fig* [possibilidade, saída] opportunity. - **3.** COMPUT: ~ **paralela** parallel port; ~ **serial** serial port.

porta-aviões [,poxta'vjõiʃ] *m inv* aircraft carrier.

porta-bandeira [,poxtabãn'dejra] (*pl* **porta-bandeiras**) *mf* standard-bearer.

portador, ra [poxta'do(x), ra] (*mpl* -**es**, *fpl* -**s**) <> *adj* - **1.** [de vírus, doença] carrying. - **2.** [de notícias] bearing. <> *m, f* - **1.** [de bagagem, AIDS] carrier. - **2.** [de títulos, letras de câmbio, notícias] bearer; **ao** ~ [cheque, ação] to the bearer.

portal [pox'taw] (*pl* -**ais**) *m* - **1.** [pórtico] doorway. - **2.** COMPUT portal.

porta-luvas [,poxta'luvaʃ] *m inv* AUTO glove compartment.

porta-malas [,poxta'malaʃ] *m inv* AUTO boot *UK*, trunk *US*.

portanto [pox'tãntu] *conj* therefore.

portão [pox'tãw] (*pl* -**ões**) *m* gate.

portar [pox'ta(x)] *vt* [carregar] to carry.
➠ **portar-se** *vp* [comportar-se] to behave.

porta-retratos [,poxtaxe'tratuʃ] *m (inv)* photo frame.

porta-revistas [,poxtaxe'viʃtaʃ] *m (inv)* magazine rack.

portaria [poxta'ria] *f* - **1.** [de edifício] entrance hall. - **2.** [documento oficial] order; **baixar uma** ~ to issue a decree.

portátil [pox'tatʃiw] (*pl* -**eis**) *adj* portable.

porta-voz [,poxta'vɔjʃ] (*pl* **porta-vozes**) *mf* spokesperson.

porte ['poxtʃi] *m* - **1.** [transporte] carriage. - **2.** [preço] charge; ~ **pago** post

paid. - **3.** [postura] bearing. - **4.** [tamanho] scale; **de grande/médio/pequeno** ~ large/medium/small-sized. - **5.** [importância] stature. - **6.** [licença]: ~ **de arma** gun permit.

porteiro, ra [pox'tejru, ra] *m, f* [de edifício] caretaker *UK*, janitor *US*; ~ **eletrônico** entryphone.

portentoso, osa [poxtẽn'tozu, ɔza] *adj* marvellous.

pórtico ['poxtʃikul] *m* portico.

porto ['poxtul] *m* port.

portões [pox'tõjʃ] *pl* ➣ **portão**.

portuário, ria [pox'twarju, rja] <> *adj* port (*antes de subst*). <> *m, f* [funcionário] port official.

Portugal [poxtu'gaw] *n* Portugal.

português, esa [poxtu'geʃ, eza] (*mpl* -**eses**, *fpl* -**s**) <> *adj* Portuguese. <> *m, f* Portuguese person.
➠ **português** *m* [língua] Portuguese.

porventura [poxvẽn'tura] *adv* by chance; **se** ~ **você ...** if you happen to ...

posar [po'za(x)] *vi* - **1.** [fazer pose] to pose. - **2.** [bancar]: ~ **de** to pose as.

pose ['pozi] *f* - **1.** [de modelo etc] pose. - **2.** *pej* [afetação] affectedness; **ela está com muita** ~ **desde sua promoção** she's full of airs and graces since being promoted; **fazer** ~ **de** to pretend to be.

pós-escrito [,pɔjʃiʃ'kritul] (*pl* **pós-escritos**) *m* postscript, PS.

pós-graduação [,pɔjʃgradwa'sãw] (*pl* **pós-graduações**) *f* qualifying for a degree as a postgraduate *UK* or graduate *US* student.

pós-guerra [,pɔjʃ'gɛxa] (*pl* **pós-guerras**) *m* post-war (*antes de sust*).

posição [pozi'sãw] (*pl* -**ões**) *f* - **1.** [ger] position. - **2.** [arranjo] positioning.

posicionar [pozisjo'na(x)] *vt* - **1.** [ger] to position. - **2.** [funcionário] to place.

positivo, va [pozi'tʃivu, va] *adj* positive.

possante [po'sãntʃi] *adj* powerful.

posse ['pɔsil] *f* - **1.** [de bens] ownership; **pessoa de** ~**s** person of means. - **2.** [ocupação] possession; **tomar** ~ **de** to take possession of. - **3.** [investidura] swearing-in; **tomar** ~ to take office.
➠ **posses** *fpl* [bens] possessions.

possessão [pose'sãw] (*pl* -**ões**) *f* possession.

possessivo, va [pose'sivu, va] *adj* possessive.

possibilidade [posibili'dadʒi] *f* - **1.** [gen] possibility. - **2.** [oportunidade] opportunity.

possibilitar [posibili'ta(x)] *vt* to make possible.

possível [po'sivɛw] (*pl* -**eis**) <> *adj* possible. <> *m*: **o** ~ what is possible.

possuidor, ra [poswi'do(x), ra] *adj*: **ser**

~ **de** to be the owner of.
possuir [po'swi(x)] *vt* [ter] to have.
posta ['pɔʃta] *f* [pedaço] piece.
postal [poʃ'taw] (*pl* -**ais**) ◇ *adj* post, postage. ◇ *m* postcard.
poste ['pɔʃtʃi] *m* -**1.** [haste] post. -**2.** *ELECTR*: ~ **de iluminação** lamp post.
pôster ['poʃte(x)] (*pl* -**es**) *m* poster.
posteridade [poʃteri'dadʒi] *f* posterity.
posterior [poʃte'rjo(x)] (*pl* -**es**) *adj* -**1.** [no tempo] later. -**2.** [traseiro] rear.
postiço, ça [poʃ'tʃisu, sal *adj* false.
postigo [poʃ'tʃigul *m* small door.
posto, ta ['poʃtu, 'pɔʃtal *pp* ▷ **pôr**.
◆ **posto** *m* -**1.** [ger] post; ~ **de gasolina** petrol station *UK*, gas station *US*; ~ **de saúde** health centre *UK*, health center *US*. -**2.** [de polícia] station. -**3.** [diplomático] posting.
◆ **a postos** *loc adv* at the ready.
◆ **posto que** *loc conj* since.
póstumo, ma ['pɔʃtumu, mal *adj* posthumous.
postura [poʃ'tural *m* -**1.** [ger] posture. -**2.** [municipal] position. -**3.** *fig* [atitude] point of view.
potássio [po'tasjul *m* potassium.
potável [po'tavewl (*pl* -**eis**) *adj*: **água** ~ drinking water.
pote ['pɔtʃi *m* pot, jar.
potência [po'tēnsjal *m* -**1.** [ger] power. -**2.** [sexual] potency.
potencial [potēn'sjawl (*pl* -**ais**) ◇ *adj* potential. ◇ *m* potential; **o poder econômico em** ~ **do país é enorme** the country's potential economic power is great.
potentado [potēn'tadul *m* potentate.
potente [po'tēntʃil *adj* powerful.
pot-pourri [pupu'xil *m* pot-pourri.
potro ['potrul *m* colt.
pouca-vergonha [ˌpokavex'goɲal (*pl* **poucas-vergonhas**) *f* -**1.** [ato] disgrace. -**2.** [falta de vergonha] shamelessness.
pouco, ca ['poku, kal ◇ *adj* little; **de pouca importância** of little importance; **faz** ~ **tempo**, ~ **tempo (atrás)** a short time ago; (*pl*) few; **poucas pessoas** few people. ◇ *pron* little; (*pl*) few; **muito** ~ **s** very few; ~ **s** [pessoas] few.
◆ **pouco** *m*: **um** ~ a little; **um** ~ **de a** little; **nem um** ~ **(de)** not at all; **aos** ~ **s** gradually.
◆ **pouco** *adv* little; **dormi** ~ I hardly slept; **isso é** ~ **comum** that's uncommon, that's rare; **há** ~ a short time ago; **daqui a** ~, **dentro em** ~ shortly; **por** ~ **o carro não me atropelou** the car nearly ran me over; ~ **a** ~ little by little; **fazer** ~ **de** [zombar] to make fun of; [menosprezar] to belittle.
poupador, ra [popa'do(x), ral *adj* thrifty.

poupança [po'pãnsal *f* -**1.** [economia] saving. -**2.** [fundo]: **(caderneta de)** ~ savings account (book).
poupar [po'pa(x)] ◇ *vt* -**1.** [economizar] to save. -**2.** [resguardar]: ~ **alguém (de algo)** to spare sb (from sthg). -**3.** [respeitar] to spare. ◇ *vi* [economizar] to save.
◆ **poupar-se** *vp* [eximir-se] to spare o.s.
pouquinho [po'kiɲul *m*: **um** ~ **(de algo)** a little (sthg).
pouquíssimo, ma [po'kisimu, mal *superl* ▷ **pouco**.
pousada [po'zadal *f* -**1.** [hospedaria] inn. -**2.** [hospedagem] lodging.
pousar [po'za(x)] ◇ *vi* -**1.** [aterrissar] to land. -**2.** [baixar] to settle. -**3.** [pernoitar] to spend the night. -**4.** [assentar] to rest. ◇ *vt* to put.
pouso ['pozul *m* -**1.** [aterrissagem] landing; ~ **de emergência** emergency landing. -**2.** [lugar de descanso] bolthole.
povão [po'vãwl *m* hoi polloi (*pl*).
povo ['povul *m* -**1.** [habitantes] people. -**2.** [multidão] crowd. -**3.** [família, amigos] family.
povoação [povwa'sãwl (*pl* -**ões**) *f* -**1.** settlement. -**2.** [aldeia] village. -**3.** [habitantes] population.
povoado, da [po'vwadu, dal ◇ *adj* populated. ◇ *m* [aldeia] village.
povoar [po'vwa(x)] *vt* to populate.
poxa ['poʃal *interj* gosh!
PPB (*abrev de* **Partido Progressista Brasileiro**) *m* Brazilian Progressive Party, *a right-wing party*.
PPS (*abrev de* **Partido Popular Socialista**) *m* Popular Socialist Party, *a centre-right party*.
PR (*abrev de* **Estado do Paraná**) *m* State of Paraná.
pra ['pral *fam* = **para**, **para a**.
praça ['prasal ◇ *f* -**1.** [largo] square. -**2.** [mercado financeiro] market. -**3.** *MIL*: ~ **de guerra** fortress. -**4.** [de touros] bull ring. ◇ *m MIL* [soldado] private (soldier).
prado ['pradul *m* -**1.** [campo] meadow. -**2.** [hipódromo] racecourse.
pra-frente [ˌpra'frēntʃil *adj inv fam* trendy.
praga ['pragal *f* -**1.** [ger] curse; **rogar uma** ~ **a alguém** to curse sb. -**2.** [doença] scourge. -**3.** *ZOOL* plague. -**4.** [pessoa chata] pest.
Praga ['pragal *n* Prague.
pragmático, ca [prag'matʃiku, kal *adj* pragmatic.
praguejar [prage'ʒa(x)] *vi*: ~ **(contra)** to curse (at).
praia ['prajal *f* beach.

prancha ['prãnʃa] f -1. [tábua] plank. -2. [de surfe] board. -3. *NÁUT* gangplank. -4. *FERRO* open wagon.

pranto ['prãntu] m weeping.

prata ['prata] f -1. [metal] silver; de ~ silver *(antes de subst)*; ~ de lei sterling silver. -2. *fam* [dinheiro] pennies *(pl)*.

prataria [prata'ria] f -1. [objetos de prata] silverware. -2. [pratos] crockery.

prateado, da [pra'tʃjadu, da] <> *adj* -1. [cor] silver *(antes de subst)*. -2. *fig* [brilhante] silvery. <> *m* silver.

prateleira [prateʎejra] f shelf.

prática ['pratʃika] f ⊳ **prático**.

praticante [pratʃi'kãntʃi] <> *adj* practising *UK*, practicing *US*. <> *mf* practitioner.

praticar [pratʃi'ka(x)] <> *vt* -1. [cometer] to commit. -2. [exercer] to practise *UK*, to practice *US*. <> *vi* [exercitar] to practise *US*, to practice *US*.

praticável [pratʃi'kavɛw] *(pl* -eis) *adj* -1. [realizável] feasible. -2. [transitável] passable.

prático, ca ['pratʃiku, ka] <> *adj* practical. <> *m, f NÁUT* pilot.

➤ **prática** f practice; na ~ in practice; pôr em ~ to put into practice.

prato ['pratu] m -1. [louça] plate; ~ fundo soup plate; ~ raso dinner plate; ~ de sobremesa dessert plate. -2. [comida] dish; ~ do dia dish of the day; ~ principal/segundo ~ main/second course. -3. *MÚS* cymbal. -4. [de toca-disco] turntable. -5. [de balança] scale pan. -6. *loc*: ser um ~ cheio to be manna from heaven.

praxe ['praʃi] f habit; ter como ~ to be in the habit of; ser de ~ to be customary.

prazer [pra'ze(x)] *(pl* -es) m -1. pleasure. -2. [em apresentação]: muito ~ (em conhecê-lo) delighted (to meet you).

prazeroso, sa [prazeˇrozu, ɔza] *adj* pleasant.

prazo ['prazu] m -1. [tempo] period; tenho um ~ de trinta dias para pagá-lo I have thirty days in which to pay him, I have to pay him within thirty days; a ~ on credit; a curto/médio/longo ~ in the short/medium/long term. -2. [vencimento] deadline; ~ final final deadline.

preamar [prea'ma(x)] f high tide.

preaquecer [prjake'se(x)] *vt* to preheat.

precário, ria [pre'karju, rja] *adj* -1. [ger] precarious. -2. [escasso] scarce.

precaução [prekaw'sãw] *(pl* -ões) f caution.

precaver-se [preka'vexsi] *vp* [prevenirse]: ~ de *ou* contra algo to be forearmed against sthg.

precavido, da [preka'vidu, da] *adj* cautious.

prece ['prɛsi] f -1. [oração] prayer. -2. [súplica] supplication.

precedência [prese'dẽsja] f precedence; ter ~ sobre to take precedence over.

precedente [prese'dẽntʃi] <> *adj* precedent. <> *m* precedent; sem ~s unprecedented.

preceder [prese'de(x)] *vt* to precede.

preceito [pre'sejtu] m precept.

preciosidade [presjozi'dadʒi] f gem.

precioso, osa [pre'sjozu, ɔza] *adj* -1. [ger] precious. -2. [importante] important. -3. [fino, rico] fine.

precipício [presi'pisju] m -1. [abismo] precipice. -2. *fig* [desgraça] hole.

precipitação [presipita'sãw] *(pl* -ões) f -1. [ger] haste. -2. *METEOR* precipitation.

precipitado, da [presipi'tadu, da] *adj* hasty.

precipitar [presipi'ta(x)] <> *vt* [antecipar] to precipitate. <> *vi QUÍM* to precipitate.

➤ **precipitar-se** *vp* -1. [ger] to rush. -2. [apressar-se] to hurry. -3. [despenhar-se] to drop.

precisamente [pre,siza'mẽntʃi] *adv* precisely.

precisão [presi'zãw] f [exatidão] precision, accuracy.

precisar [presi'za(x)] <> *vt* -1. [ger] to need; ~ fazer algo to need to do sthg; preciso que me ajudem I need you to help me. -2. [indicar] to specify. <> *vi* -1. [necessitar] to be in need; ~ de alguém/algo to be in need of sb/sthg. -2. [ser necessário]: não precisa there is no need; fiz isso sem precisar I did this when there was no need; 'precisam-se vendedores' 'salespersons required'; você precisa da chave para abrir a porta you need a key to open the door.

preciso, sa [pre'sizu, za] *adj* -1. [ger] precise. -2. [necessário] necessary.

preço ['presu] m -1. [ger] price; ~ de custo cost price; ~ à vista [no comércio] cash price; [na bolsa] spot price; a ~ de banana for peanuts. -2. [importância] value.

precoce [pre'kɔsi] *adj* -1. [pessoa] precocious. -2. [fruto] early. -3. [calvície] premature.

preconcebido, da [prekõnse'bidu, da] *adj* preconceived.

preconceito [prekõn'sejtu] m prejudice.

preconizar [prekoni'za(x)] *vt* -1. [anunciar] to proclaim. -2. [propagar] to spread. -3. [elogiar] to praise.

precursor, ra [prekux'so(x), ra] *(mpl* -es, *fpl* -s) m, f precursor.

predador, ra [preda'do(x), ral (*mpl* **-es**, *fpl* **-s**) <> *adj* predatory. <> *m, f* predator.

pré-datado, da [,prɛda'tadu, dal (*pl* **-s**) *adj* predated.

predatório, ria [preda'tɔrju, rjal *adj* predatory.

predecessor, ra [predese'so(x), ral (*mpl* **-es**, *fpl* **-s**) *m* predecessor.

predestinado, da [predeʃtʃi'nadu, dal *adj* predestined.

predeterminado, da [predetermi'nadu, dal *adj* predetermined.

predial [pre'dʒjawl (*pl* **-ais**) *adj* ⊳ **imposto**.

predição [predʒi'sãwl (*pl* **-ões**) *f* prediction.

predileção [predʒile'sãwl (*pl* **-ões**) *f*: ~ **(por)** predilection (for).

predileto, ta [predʒi'lɛtu, tal <> *adj* favourite *UK*, favorite *US*. <> *m, f* favourite *UK*, favorite *US*.

prédio ['prɛdʒjul *m* building; ~ **de apartamentos** block of flats *UK*, apartment house *US*; ~ **comercial** commercial building.

predispor [predʒiʃ'po(x)l <> *vt* to predispose. <> *vi*: ~ **a** to predispose to. ⧫ **predispor-se** *vp*: ~**-se a fazer algo** to be predisposed to do sthg.

predisposição [predʒiʃpozi'sãwl *f* predisposition.

predisposto, osta [predʒiʃ'poʃtu, ɔʃtal *adj* **-1.** [ger] predisposed. **-2.** [à doença] prone.

predizer [predʒi'ze(x)l <> *vt* to predict, to forecast. <> *vi* [profetizar] to make predictions.

predominante [predomi'nãntʃil *adj* predominant.

predominar [predomi'na(x)l *vi* to predominate.

predomínio [predo'minjul *m* **-1.** [supremacia] supremacy. **-2.** [influência] predominance.

pré-eleitoral [,prɛelejto'rawl (*pl* **-ais**) *adj* pre-election (*antes de subst*).

preeminente [preemi'nẽntʃil *adj* preeminent.

preencher [preẽn'ʃe(x)l *vt* **-1.** [completar - formulário, lacunas] to fill in; [- buracos] to fill. **-2.** [ocupar - tempo, férias] to spend; [- cargo, vaga] to fill. **-3.** [satisfazer] to fulfil *UK*, to fulfill *US*.

preenchimento [preẽnʃi'mẽntul *m* **-1.** [de formulário, espaço em branco] filling in. **-2.** [de cargo, vaga, buraco] filling. **-3.** [de requisitos] fulfilment.

preestabelecer [,preeʃtabele'se(x)l *vt* to pre-establish.

pré-estréia [,prɛiʃ'trɛjal (*pl* **-s**) *f* preview.

pré-fabricado, da [,prɛfabri'kadu, dal *adj* prefabricated.

prefácio [pre'fasjul *m* preface.

prefeito, ta [pre'fejtu, tal *m, f* mayor.

prefeitura [prefej'tural *f* town hall.

preferência [prefe'rẽnsjal *f* **-1.** [precedência] priority; **dar** ~ **a** to give preference to. **-2.** [predileção] preference; **de** ~ preferably; **ter** ~ **por** to have a preference for.

preferencial [preferẽn'sjawl (*pl* **-ais**) <> *adj* priority (*antes de subst*). <> *f* main road.

preferido, da [prefe'ridu, dal *adj* favourite *UK*, favorite *US*.

preferir [prefe'ri(x)l *vt*: ~ **algo (a algo)** to prefer sthg (to sthg); **prefiro que você fique** I would prefer you to stay.

prefixo [pre'fiksul *m* prefix.

prega ['prɛgal *f* **-1.** [dobra - em papel, pano] fold; [- na saia] pleat. **-2.** [ruga] wrinkle.

pregador [prega'do(x)l *m* **-1.** [orador] preacher. **-2.** [utensílio]: ~ **de roupa** clothes peg.

pregão [pre'gãwl (*pl* **-ões**) *m* **-1.** [proclamação] cry. **-2.** *BOLSA* trading. **-3.** [em leilão] bidding.

pregar [pre'ga(x)l <> *vt* **-1.** [ger] to fix; ~ **não preguei os olhos a noite toda** I didn't sleep a wink all night. **-2.** [com prego] to nail. **-3.** [infligir]: ~ **algo em alguém** to inflict sthg on sb; ~ **um susto em alguém** to give sb a fright; ~ **uma mentira em alguém** to tell sb a lie; ~ **uma peça em alguém** to play a trick on sb. **-4.** *RELIG* [louvar] to preach. <> *vi* **-1.** [pronunciar sermão] to preach. **-2.** [cansar-se] to collapse.

prego ['prɛgul *m* **-1.** [peça] nail. **-2.** [casa de penhor] pawn shop; **pôr algo no** ~ to pawn sthg. **-3.** [cansaço] exhaustion.

pregões [pre'gõjʃl *pl* ⊳ **pregão**.

pregresso, sa [pre'grɛsu, sal *adj* earlier.

preguiça [pre'gisal *f* **-1.** [indolência] laziness; **estar com** ~ **(de fazer algo)** to be too lazy (to do sthg). **-2.** [animal] sloth.

preguiçoso, osa [pregi'sozu, ɔzal <> *adj* lazy. <> *m, f* lazy person.

pré-história [,prɛiʃ'tɔrjal *f* prehistory.

pré-histórico, ca [prɛiʃ'tɔriku, kal *adj* prehistoric.

prejudicar [preʒudʒi'ka(x)l *vt* **-1.** [afetar] to damage. **-2.** [transtornar] to disrupt. **-3.** [depreciar] to impair.

prejudicial [preʒudʒi'sjawl (*pl* **-ais**) *adj* harmful.

prejuízo [pre'ʒwizul *m* **-1.** [dano] damage. **-2.** [financeiro] loss.

preliminar [prelimi'na(x)l <> *adj* preliminary. <> *f* [partida] preliminary.

prelúdio [pre'ludʒjul *m* prelude.

prematuro, ra [prema'turu, ra] *adj* **-1.** [bebê] premature. **-2.** [colheita, fruta] early.

premeditado, da [premedʒi'tadu, da] *adj* premeditated.

premeditar [premedʒi'ta(x)] *vt* to premeditate.

premente [pre'mẽntʃil *adj* urgent.

premiado, da [pre'mjadu, da] <> *adj* prize-winning. <> *m, f* prizewinner.

premiar [pre'mja(x)] *vt* **-1.** [dar prêmio] to award a prize to. **-2.** [recompensar] to reward.

premiê [pre'mje], **premier** [pre'mje] *m* premier.

prêmio [ˈpremjul *m* **-1.** [em concurso, jogo] prize; ~ **de consolação** consolation prize. **-2.** [recompensa] reward. **-3.** [seguro] premium. **-4.** *ESP:* **Grande Prêmio** [de turfe, automobilismo] Grand Prix.

premonição [premuni'sãw] (*pl* **-ões**) *f* premonition.

pré-natal [ˌprɛna'taw] (*pl* **pré-natais**) *adj* antenatal *UK*, prenatal *US*.

prenda [ˈprẽnda] *f* **-1.** [presente] present. **-2.** [em jogo] forfeit.

➡ **prendas** *fpl:* ~ **s domésticas** housework *(inv)*.

prendado, da [prẽn'dadu, da] *adj* gifted.

prendedor [prẽnde'do(x)] *m* peg; ~ **de papel** paper clip; ~ **de cabelo** hairgrip; ~ **de gravata** tie clip.

prender [prẽn'de(x)] *vt* **-1.** [pregar] to fasten. **-2.** [amarrar] to tie. **-3.** [reter] to keep. **-4.** [capturar] to arrest. **-5.** [atrair] to capture. **-6.** [afetivamente] to unite. **-7.** [impedir] to restrict.

➡ **prender-se** *vp* **-1.:** ~ **-se a alguém** [afeiçoar-se] to grow attached to sb; [em relacionamento] to tie o.s. down to sb. **-2.** [preocupar-se]: ~ **-se a algo** to get caught up in sthg.

prenome [pre'nomi] *m* forename.

prensar [prẽn'sa(x)] *vt* **-1.** [na prensa] to compress. **-2.** [fruta] to squeeze.

prenunciar [prenũn'sja(x)] *vt* to forewarn.

prenúncio [pre'nũnsjo] *m* harbinger; **essas nuvens são um** ~ **de chuva** clouds are a sign of rain.

preocupação [preokupa'sãw] (*pl* **-ões**) *f* concern.

preocupante [preoku'pãntʃil *adj* worrying.

preocupar [preoku'pa(x)] *vt* [inquietar] to worry.

➡ **preocupar-se** *vp:* ~ **-se (com algo/alguém)** to worry (about sthg/sb).

preparação [prepara'sãw] (*pl* **-ões**) *f* [preparo] preparation.

preparar [prepa'ra(x)] *vt* to prepare.

➡ **preparar-se** *vp* **-1.** [aprontar-se] to get ready. **-2.** [instruir-se]: ~ **-se para algo** to train for sthg.

preparativos [prepara'tʃivuʃ] *mpl* preparations, arrangements.

preparo [pre'parul *m* **-1.** [preparação] preparation. **-2.** [condição]: ~ **físico** physical fitness.

preponderante [prepõnde'rãntʃil *adj* preponderant, predominant.

preposição [prepozi'sãw] (*pl* **-ões**) *f* preposition.

prepotência [prepo'tẽnsja] *f* **-1.** [grande poder] forcefulness. **-2.** [despotismo] tyranny.

prepotente [prepo'tẽntʃil *adj* **-1.** [poderoso] forceful. **-2.** [despótico] overbearing.

prerrogativa [prexoga'tʃiva] *f* prerogative.

presa [ˈprezal *f* **-1.** [na guerra] spoils *(pl).* **-2.** [preia] prey. **-3.** [dente] fang. **-4.** [garra] talon. **-5.** [vítima] slave. **-6.** [mulher encarcerada] (female) prisoner.

presbiteriano, na [preʒbite'rjãnu, na] <> *adj* Presbyterian. <> *m, f* Presbyterian.

prescindir [presĩn'dʒi(x)] *vi:* ~ **de algo** [dispensar] to do without sthg; [abstrair] to disregard sthg.

prescrever [preʃkre've(x)] <> *vt* **-1.** [ger] to prescribe. **-2.** [determinar] to decide. <> *vi* **-1.** [cair em desuso] to fall into disuse. **-2.** *JUR* to lapse.

prescrição [preʃkri'sãw] (*pl* **-ões**) *f* **-1.** [ordem] order. **-2.** *MED* prescription. **-3.** *JUR* lapse.

presença [pre'zẽnsa] *f* **-1.** [ger] presence; ~ **de espírito** presence of mind; **marcar** ~ to be present; **ter boa** ~ to be well turned out. **-2.** [em curso etc] attendance.

presenciar [prezẽn'sja(x)] *vt* to witness.

presente [pre'zẽntʃil <> *adj* **-1.** [ger] present. **-2.** [evidente] obvious. **-3.** [interessado] concerned. <> *m* **-1.** [ger] present. **-2.** [pessoa]: **(entre) os** ~ **s** (among) those present. **-3.** [regalo] present, gift; **de** ~ as a present; ~ **de grego** *fig* unwelcome gift.

presentear [prezẽn'tʃja(x)] *vt:* ~ **alguém (com algo)** to give sb (sthg as) a present.

presépio [pre'zɛpjul *m* crib, Nativity scene.

preservação [prezexva'sãw] (*pl* **-ões**) *f* preservation.

preservar [prezex'va(x)] *vt* to preserve.

➡ **preservar-se** *vp* to protect o.s.

preservativo [prezexva'tʃivul *m* **-1.** [substância] preservative. **-2.** [camisinha] condom.

presidência [prezi'dẽnsja] *f* **-1.** [de país] presidency; **assumir a** ~ to assume the presidency. **-2.** [de assembléia] chairmanship; **assumir a** ~ to take the chair. **-3.** [tempo em excercício] time in office.

presidente, ta [prezi'dẽntʃi, tal *m, f* **-1.** [de país] president. **-2.** [de assembléia, empresa] chairman.

  ➡ **Presidente da República** *m* President of the Republic.

presidiário, ria [prezi'dʒjarju, rjal ⟨⟩ *adj* prison *(antes de subst).*⟨⟩ *m, f* convict.

presídio [pre'zidʒjul *m* prison.

presidir [prezi'dʒi(x)l ⟨⟩ *vt* **-1.** [dirigir] to lead. **-2.** [reger] to rule. ⟨⟩ *vi:* ~ **a algo** [dirigir] to preside over sthg; [reger] to rule sthg.

presilha [pre'ziʎa] *f* **-1.** [de suspensório, sapato] strap. **-2.** [de cabelo] hairslide.

preso, sa ['prezu, zal ⟨⟩ *adj* **-1.** [encarcerado] imprisoned. **-2.** [detido] detained, under arrest. **-3.** [atado] tied. **-4.** *fig* [em engarrafamento, casa] stuck. **-5.** *fig* [casado] spoken for. **-6.** *fig* [língua, voz] tongue-tied; **ele está com a voz presa** he has a catch in his voice. ⟨⟩ *m, f* [prisioneiro] prisoner.

pressa ['prɛsal *f* **-1.** [velocidade] speed; **às** ~**s** quickly; **com** ~ in a hurry; **vir sem** ~ to take one's time. **-2.** [urgência] rush; **ter** ~ **de algo/de fazer algo** to be in a hurry for sthg/to do sthg. **-3.** [precipitação] hastiness.

presságio [pre'saʒjul *m* **-1.** [indício] sign. **-2.** [pressentimento] premonition.

pressão [pre'sãwl *(pl* **-ões)** *f* **-1.** [ger] pressure; ~ **contra algo** pressure against sthg. **-2.** [colchete] press stud. **-3.** *MED*: ~ **alta/baixa** high/low (blood) pressure.

pressentimento [presẽntʃi'mẽntul *m* premonition.

pressentir [presẽn'tʃi(x)l *vt* **-1.** [pressagiar] to foresee. **-2.** [suspeitar] to suspect. **-3.** [perceber] to sense.

pressionar [presjo'na(x)l *vt* **-1.** [apertar] to press. **-2.** *fig* [coagir]: ~ **alguém (a fazer algo)** to pressurize sb (into doing sthg).

pressões [pre'sõjʃl *pl* ⊳ **pressão**.

pressupor [presu'po(x)l *vt* to assume.

pressuposto, osta [presu'poʃtu, ɔʃtal *pp* ⊳ **pressupor**.

  ➡ **pressuposto** *m*: **partir de um** ~ to assume.

pressurizado, da [presuri'zadu, dal *adj* pressurized.

prestação [preʃta'sãwl *(pl* **-ões)** *f* **-1.** [ger] instalment *UK*, installment *US*; **ele só compra à** ~ he only buys on hire purchase. **-2.** [acerto]: ~ **de conta** accounts rendered. **-3.** [trabalho]: ~ **de serviço** services rendered.

prestar [preʃ'ta(x)l ⟨⟩ *vt* **-1.** [conceder]: ~ **algo (a alguém)** [favores] to grant sthg (to sb); [informações] to provide (sb with) sthg. **-2.** [apresentar]: ~ **algo (a alguém)** to present sthg (to sb). **-3.** [fazer]: ~ **algo (a alguém/algo)** to provide sthg (to sb/sthg); ~ **atenção** to pay attention. **-4.** [dedicar]: ~ **algo a alguém** to pay sthg to sb. ⟨⟩ *vi* **-1.** [ser útil]: **essa caneta não presta** this pen isn't any good. **-2.** [ter bom caráter]: **ele não presta!** he's no good!

  ➡ **prestar-se** *vp* [dispor-se]: ~**-se a algo** to accept sthg.

prestativo, va [preʃta'tʃivu, val *adj* obliging.

prestes ['prɛʃtʃiʃl *adj inv*: **estar** ~ **a fazer algo** to be about to do sthg.

prestígio [preʃ'tʃiʒjul *m* prestige; **é um escritor de** ~ he is an eminent writer.

prestigioso, osa [preʃtʃi'ʒjozu, ɔzal *adj* prestigious.

presumido, da [prezu'midu, dal *adj* [presunçoso] presumptuous.

presumir [prezu'mi(x)l *vt* [supor] to presume.

presunção [prezũn'sãwl *(pl* **-ões)** *f* presumption.

presunçoso, osa [prezũn'sozu, ɔzal *adj* presumptuous.

presunto [pre'zũntul *m* **-1.** [de porco] ham. **-2.** *gír crime* [defunto] stiff.

prêt-à-porter [prɛtapox'tel *adj inv* ready-to-wear.

pretendente [pretẽn'dẽntʃil ⟨⟩ *mf* [candidato]: ~ **a algo** applicant for sthg. ⟨⟩ *m* [de uma mulher] suitor.

pretender [pretẽn'de(x)l *vt* **-1.** [desejar]: ~ **fazer algo** to want to do sthg. **-2.** [ter a intenção de]: ~ **fazer algo** to intend to do sthg.

pretensão [pretẽn'sãwl *(pl* **-ões)** *f* **-1.** [aspiração] pretension; ~ **salarial** proposed salary. **-2.** [arrogância] pretentions *(pl).* **-3.** [intenção] aim.

pretensioso, osa [pretẽn'sjozu, ɔzal *adj* pretentious.

pretérito, ta [pre'tɛritul *adj* past.

  ➡ **pretérito** *m GRAM* preterite.

pretexto [pre'teʃtul *m* [desculpa] pretext; **a** ~ **de** under the pretext of.

preto, ta ['pretu, tal ⟨⟩ *adj* [cor] black. ⟨⟩ *m, f* [pessoa] black (person).

  ➡ **preto** *m* [cor] black.

preto-e-branco [ˌpretwi'brãŋkul *adj inv* black and white.

prevalecer [prevale'se(x)l *vi* **-1.** [predominar] to prevail. **-2.** [ter primazia]: ~ **(a/sobre)** to prevail (over).

➡ **prevalecer-se** *vp*: ~-se de algo [aproveitar-se] to avail o.s. of sthg.

prevenção [prevẽn'sãw] (*pl* -ões) *f* [precaução]: ~ (a/contra/de) prevention (against/of).

prevenido, da [previ'nidu, da] *adj* -1. [precavido] precautious. -2. [com dinheiro]: estar ~ to be in pocket.

prevenir [previ'ni(x)] *vt* -1. [avisar] to warn. -2. [evitar] to avoid. -3. [proibir] to prohibit.

➡ **prevenir-se** *vp* -1. [precaver-se]: ~-se contra alguém/algo to protect o.s. against sb/sthg. -2. [equipar-se] ~-se de to equip o.s. with.

preventivo, va [prevẽn'tʃivu, va] *adj* preventive.

➡ **preventivo** *m* [teste]: (fazer um) ~ to have a check-up.

prever [pre've(x)] *vt* -1. [conjeturar] to foresee; ~ que to foresee (that). -2. [profetizar] to predict.

pré-vestibular [ˌprɛveʃtʃibu'la(x)] (*pl* pré-vestibulares) ◇ *adj* preparing for university entrance exam. ◇ *m* [curso] university entrance-exam preparatory course.

prévia ['prɛvja] *f* ▷ **prévio**.

previamente [ˌprɛvja'mẽntʃi] *adv* previously.

previdência [previ'dẽnsja] *f* precaution; ~ social social security.

previdente [previ'dẽntʃi] *adj* -1. [que prevê] provident. -2. [cauteloso] cautious.

prévio, via ['prɛvju, vja] *adj* -1. [anterior] previous. -2. [preliminar] preliminary.

previsão [previ'zãw] (*pl* -ões) *f* prediction; ~ do tempo weather forecast.

previsto, ta [pre'viʃtu, ta] *pp* ▷ prever.

prezado, da [pre'zadu, da] *adj* -1. [estimado] prized. -2. [em carta]: Prezado Senhor Dear Sir.

prezar [pre'za(x)] *vt* -1. [gostar muito] to cherish. -2. [respeitar] to respect.

➡ **prezar-se** *vp* [respeitar-se] to have self-respect.

primário, ria [pri'marju, rja] *adj* -1. [ger] primary. -2. [primitivo] primitive.

➡ **primário** *m* [curso] primary education *UK*, elementary education *US*.

primata [pri'mata] *m* primate.

primavera [prima'vera] *f* -1. [estação] spring. -2. *BOT* primrose.

primeira [pri'mejra] *f* ▷ **primeiro**.

primeira-dama [priˌmejra'dãma] (*pl* primeiras-damas) *f* first lady.

primeiro, ra [pri'mejru, ra] ◇ *num* first. ◇ *adj* [inicial] first; ~ grau *EDUC* middle school; ~s socorros first aid; à primeira vista at first sight. ◇ *m, f* -1.

[em ordem]: ela foi o ~ a chegar she was the first to arrive. -2. [o melhor]: é o ~ na turma he is the top of the class.

➡ **primeiro** ◇ *adv* [em primeiro lugar] first. ◇ *m* [andar] first.

➡ **primeira** *f AUTO* first.

➡ **de primeira** *loc adj* -1. [hotel, restaurante] first-class. -2. [carne] prime.

primeiro-ministro, primeira-ministra [priˌmejrumi'niʃtru, priˌmejrami'niʃtral (*mpl* primeiros-ministros, *fpl* primeiras-ministras) *m, f* prime minister.

primitivo, va [primi'tʃivu, va] *adj* primitive.

primo, ma ['primu, ma] ◇ *adj* [número] prime. ◇ *m, f* [parente] cousin; ~ em segundo grau second cousin.

primogênito, ta [primo'ʒenitu, ta] ◇ *adj* firstborn. ◇ *m, f* firstborn.

primo-irmão, prima-irmã [ˌprimwix'mãw, ˌprimajx'mã] (*mpl* primos-irmãos, *fpl* primas-irmãs) *m, f* first cousin.

primor [pri'mo(x)] *m* -1. [excelência] excellence. -2. [beleza] beauty. -3. [esmero]: com ~ thoroughly.

princesa [prĩ'seza] *f* princess.

principal [prĩsi'paw] (*pl* -ais) ◇ *adj* -1. [mais importante - ator] principal; [- rua, praça, entrada] main. -2. [fundamental] main. ◇ *m* principal.

príncipe [prĩ'sipi] *m* prince.

principiante [prĩsi'pjãntʃi] ◇ *adj* budding. ◇ *mf* beginner.

princípio [prĩ'sipju] *m* -1. [ger] beginning; a ~ at first. -2. [lei, norma, elemento] principle. -3. [premissa]: partir do ~ to assume.

➡ **princípios** *mpl* [morais] principles.

prioridade [prjori'dadʒi] *f* [primazia] priority.

prisão [pri'zãw] (*pl* -ões) *f* -1. [captura] arrest. -2. [encarceramento] imprisonment; ~ perpétua life imprisonment. -3. [cadeia] prison. -4. *fig* [sufoco] (holy) deadlock. -5. *MED*: ~ de ventre constipation.

prisioneiro, ra [prizjo'nejru, ra] *m, f* prisoner.

prisões [pri'zõjʃ] *pl* ▷ **prisão**.

privação [priva'sãw] (*pl* -ões) *f* privation.

➡ **privações** *fpl* [penúria] hardship.

privacidade [privasi'dadʒi] *f* privacy.

privada [pri'vada] *f* [vaso] toilet.

privado, da [pri'vadu, da] *adj* -1. [particular] private. -2. [desprovido] deprived.

privar [pri'va(x)] *vt*: ~ alguém de algo to deprive sb of sthg.

privativo, va [priva'tʃivu, va] *adj* [exclusivo] private.

privilegiado, da [privile'ʒjadu, da] *adj*
-1. [favorecido] privileged. -2. [excepcional] exceptional.

privilegiar [privile'ʒja(x)] *vt* to favour
UK, to favor *US*.

privilégio [privi'lɛʒju] *m* privilege.

pro [pru] = **para + o**.

pró [prɔ] ◇ *prep* [a favor de] pro. ◇ *m*
[vantagem] pro; **os ~s e os contras** the
pros and cons.

pró- [prɔ] *prefixo* pro-.

proa ['proa] *f* bow.

probabilidade [probabili'dadʒi] *f* probability, likelihood.

problema [pro'blema] *m* problem.

problemático, ca [proble'matʃiku, ka]
adj problematic.

◆ **problemática** *f* problematic.

procedência [prose'dẽnsja] *f* -1. [origem] origin. -2. [lugar de saída] point of
departure. -3. [fundamento]: **não ter ~**
to be unfounded.

procedente [prose'dẽntʃi] *adj* -1. [oriundo] originating. -2. [lógico] logical.

proceder [prose'de(x)] *vi* -1. [ger] to
proceed. -2. [prosseguir] to continue.
-3. [comportar-se] to behave; **~ mal/
bem** to behave badly/well. -4. [ter fundamento] to have foundation.

procedimento [prosedʒi'mẽntu] *m* -1.
[comportamento] behaviour *UK*, behavior *US*. -2. [método] method. -3. *JUR*
proceedings *(pl)*.

processador [prosesa'do(x)] *(pl* -es) *m*
COMPUT processor; **~ de texto** word
processor.

processar [prose'sa(x)] *vt* -1. *JUR* to sue,
to prosecute. -2. *COMPUT* to process.

processo [pro'sɛsu] *m* -1. [*JUR* - ação]
legal proceedings *(pl)*, lawsuit; **abrir**
OU **mover um ~ contra** to instigate legal
proceedings against, to file a lawsuit
against; [- documentação] evidence. -2.
[método] process. -3. [estágio] course.

procissão [prosi'sãw] *(pl* -ões) *f* procession.

proclamar [prokla'ma(x)] *vt* to proclaim.

Procon (*abrev de* **Fundação de Proteção
e Defesa do Consumidor**) *m Brazilian
organization for the protection of
consumers' rights.*

procriar [pro'krja(x)] ◇ *vt* [gerar] to
engender. ◇ *vi* [multiplicar] to procreate.

procura [pro'kura] *f* -1. [busca] search;
estar à ~ de to be searching for. -2.
COM demand.

procurar [proku'ra(x)] ◇ *vt* -1. [buscar
- objeto, pessoa] to look for; [- verdade] to
seek. -2. [requerer] to look for. -3. [esforçar-se por]: **~ fazer algo** to try to do

sthg. -4. [contatar] to call on. ◇ *vi*
[buscar]: **~ (por)** to search (for).

prodígio [pro'dʒiʒju] *m* -1. [pessoa]
prodigy. -2. [maravilha] feat.

produção [produ'sãw] *(pl* -ões) *f* -1.
[ger] production. -2. [volume, obra]
output; **~ em massa** *OU* **em série** mass
production.

produtivo, va [produ'tʃivu, va] *adj* -1.
[fértil] productive. -2. [rendoso] profitable.

produto [pro'dutu] *m* -1. [ger] product.
-2. *AGR* produce. -3. *ECON*: **~ interno
bruto** gross domestic product.

produtor, ra [produ'to(x), ra] *(mpl* -es,
fpl -s) ◇ *adj* producing. ◇ *m, f*
producer.

◆ **produtora** *f* [empresa] production
company.

produzido, da [produ'zidu, da] *adj* [esmerado] trendy.

proeminente [projmi'nẽntʃi] *adj* prominent.

proeza [pro'eza] *f* feat.

profanar [profa'na(x)] *vt* to desecrate.

profano, na [pro'fãnu, na] *adj* profane.

profecia [profe'sia] *f* prophecy.

proferir [profe'ri(x)] *vt* -1. [dizer] to
utter. -2. [decretar] to pronounce.

professar [profe'sa(x)] ◇ *vt* -1. [exercer profissão] to practise *UK*, to practice
US. -2. [propagar] to profess. ◇ *vi RELIG*
to take holy orders.

professor, ra [profe'so(x), ra] *(mpl* -es,
fpl -s) *m, f* teacher.

profeta, tisa [pro'fɛta, 'tʃiza] *m, f* prophet.

profético, ca [pro'fɛtʃiku, ka] *adj* prophetic.

profetisa [profe'tʃiza] *f* ▷ **profeta**.

profetizar [profetʃi'za(x)] ◇ *vt* to prophesy. ◇ *vi* to predict the future.

proficiência [profi'sjẽnsja] *f* proficiency.

proficiente [profi'sjẽntʃi] *adj* [capaz] proficient.

profissão [profi'sãw] *(pl* -ões) *f* -1. [ofício] profession. -2. [carreira] professional life. -3. [declaração] statement.

profissional [profisjo'naw] *(pl* -ais) ◇
adj professional. ◇ *mf* professional;
~ liberal person in a liberal profession.

profissionalizante [profisjonali'zãntʃi]
adj [ensino] vocational.

profundidade [profũndʒi'dadʒi] *f*
depth; **o mar aqui tem 20 metros de ~**
here the sea is 20 metres deep.

profundo, da [pro'fũndu, da] *adj* -1.
[ger] deep. -2. *fig* [intenso - sono, respeito,
amor] deep; [- dor] intense; [- ódio]
profound.

profusão [profu'zãw] f profusion.

progenitor, ra [proʒeni'to(x), ra] m, f progenitor.

➡ **progenitores** mpl parents.

prognosticar [prognoʃtʃi'ka(x)] ◇ vt [predizer] to forecast. ◇ vi MED to make a prognosis.

prognóstico [prog'nɔʃtʃikul m -1. [predição] prediction. -2. MED prognosis.

programa [pro'grãma] m -1. [plano] programme UK, program US. -2. COMPUT program.

programação [programa'sãw] (pl -ões) f -1. [ger] programming; ~ orientada a objetos object-orientated programming; ~ visual graphic design. -2. [organização] planning.

programador, ra [programa'do(x), ra] m, f -1. [de rádio, empresa] programme planner. -2. COMPUT programmer; ~ visual graphic designer.

programar [progra'ma(x)] vt -1. [planejar] to plan. -2. COMPUT to program.

progredir [progre'dʒi(x)] vi -1. [prosperar]: ~ (em algo) to progress (in sthg). -2. [agravar-se] to progress.

progressista [progre'siʃta] ◇ adj progressive. ◇ mf progressive.

progressivo, va [progre'sivu, va] adj progressive.

progresso [pro'grɛsu] m progress; fazer ~ s em algo to make progress in sthg.

proibição [projbi'sãw] (pl -ões) f prohibition.

proibir [proj'bi(x)] vt -1. [impedir]: ~ alguém (de fazer algo) to prohibit sb (from doing sthg). -2. [interdizer] to ban. -3. [vedar] to prevent.

proibitivo, va [projbi'tʃivu, va] adj prohibitive.

projeção [proʒe'sãw] (pl -ões) f -1. [ger] projection. -2. fig [notoriedade] prominence.

projetar [proʒe'ta(x)] vt -1. [ger] to project. -2. [planejar] to plan. -3. ARQUIT to design.

projétil [pro'ʒɛtʃiw] (pl -teis) m projectile.

projeto [pro'ʒɛtul m -1. [ger] plan. -2. [empreendimento] project. -3. [esboço de texto] draft; ~ de lei bill.

projetor [proʒe'to(x)] (pl -es) m -1. [ger] projector. -2. [holofote] searchlight.

prol [prɔw] m: em ~ de in favour of.

prole ['prɔli] f [filhos] offspring.

proletariado [proleta'rjadul m proletariat.

proletário, ria [prole'tarju, rja] ◇ adj proletarian. ◇ m, f proletarian.

proliferação [prolifera'sãw] (pl -ões) f proliferation.

proliferar [prolife'ra(x)] vi to proliferate.

prolífico, ca [pro'lifiku, ka] adj prolific.

prolixo, xa [pro'liksu, ksa] adj -1. [verboso] long-winded. -2. [muito longo] lengthy.

prólogo ['prɔlogul m prologue.

prolongado, da [prolõŋgadu, da] adj prolonged.

prolongamento [prolõŋga'mẽntul m extension.

prolongar [prolõŋ'ga(x)] vt -1. [duração] to prolong. -2. [extensão] to extend. -3. [adiar] to put off.

➡ **prolongar-se** vp -1. [estender-se] to stretch. -2. [durar] to last.

promessa [pro'mɛsa] f promise.

prometer [prome'te(x)] ◇ vt -1. [ger] to promise. -2. [comprometer-se]: ~ algo a alguém to promise sb sthg; ~ fazer algo to promise to do sthg. -3. [assegurar]: ~ algo a alguém to promise sb sthg. ◇ vi -1. [fazer promessa] to promise. -2. [ter potencial] to be promising.

prometido, da [prome'tʃidu, da] adj promised.

➡ **prometido** m: aqui está o ~ here's what was promised; cumprir o ~ to keep one's promise.

promiscuidade [promiʃkwi'dadʒi] f promiscuity.

promíscuo, cua [pro'miʃkwu, kwa] adj -1. [sem ordem] disorderly. -2. [sexualmente] promiscuous.

promissor, ra [promi'so(x), ra] (mpl -es, fpl -s) adj promising.

promissória [promi'sɔrja] f [nota] promissory note.

promoção [promo'sãw] (pl -ões) f promotion; em ~ on special offer.

promotor, ra [promo'to(x), ra] ◇ adj promoting. ◇ m, f promoter; ~ público public prosecutor.

promover [promo've(x)] vt -1. [ger] to promote. -2. [funcionário]: ~ alguém (a) to promote sb (to).

➡ **promover-se** vp [favorecer-se] to make o.s. look good.

promulgar [promuw'ga(x)] vt to promulgate.

pronome [pro'nɔmil m pronoun.

prontidão [prõntʃi'dãw] f -1. [alerta] readiness; estar de ~ to be on the alert. -2. [rapidez] promptness.

pronto, ta ['prõntu, ta] adj -1. [concluído, preparado] ready. -2. (antes de subst) [imediato] prompt. -3. [rápido] prompt. -4. [disposto]: ~ a fazer algo ready to do sthg. -5. fam [sem recursos] broke.

➡ **pronto** adv promptly; de ~ promptly.

pronto-socorro [,prõntuso'koxu] (pl **prontos-socorros**) m [hospital] casualty unit *UK*, emergency unit *US*.

prontuário [prõn'twarjul *m* -**1**. [ficha] file. -**2**. [manual] handbook.

pronúncia [pro'nũnsja] *f* -**1**. *LING* pronunciation. -**2**. *JUR* pronouncement.

pronunciamento [pronũnsja'mẽntul *m* -**1**. [declaração] pronouncement. -**2**. *JUR* judgment.

pronunciar [pronũn'sja(x)] *vt* to pronounce.

➤ **pronunciar-se** *vp* [emitir juizo]: ~-**se sobre/a favor de** to express an opinion about/in favour of.

propaganda [propa'gãnda] *f* -**1**. [*COM* - publicidade] advertising; [- anúncio] advert, advertisement; **fazer ~ de algo** to advertise sthg. -**2**. *POL* propaganda. -**3**. [divulgação] spreading.

propagar [propa'ga(x)] *vt* -**1**. [disseminar] to spread. -**2**. *BIOL* to propagate.

➤ **propagar-se** *vp* -**1**. [ger] to propagate. -**2**. [disseminar-se] to spread.

propensão [propẽn'sãw] (*pl* -ões) *f* inclination.

propenso, sa [pro'pẽnsu, sa] *adj*: ~ **a algo/a fazer algo** inclined to sthg/doing sthg.

propiciar [propi'sja(x)] *vt* -**1**. [permitir, favorecer] to favour *UK*, to favor *US*. -**2**. [proporcionar]: ~ **algo a alguém** to allow sb sthg.

propício, cia [pro'pisju, sja] *adj* -**1**. [favorável]: ~ **a algo** propitious for sthg. -**2**. [oportuno] propitious.

propina [pro'pina∫] *f* -**1**. [gratificação] tip. -**2**. [ilegal] bribe.

propor [pro'po(x)] *vt* -**1**. [ger] to propose; ~ **(a alguém) que** to propose (to sb) that. -**2**. *JUR* [ação] to move.

➤ **propor-se** *vp*: ~-**se a fazer algo** [visar] to aim to do sthg; [dispor-se] to offer to do sthg.

proporção [propox'sãw] (*pl* -ões) *f* proportion.

proporcional [propoxsjo'naw] (*pl* -ais) *adj* proportional; ~ **a algo** proportional to sthg.

proporcionar [propoxsjo'na(x)] *vt* [propiciar] to provide.

proporções [propox'sõj∫] *pl* ▷ **proporção**.

proposital [propozi'taw] (*pl* -ais) *adj* intentional.

propósito [pro'pɔzitul *m* intention; **de ~** on purpose.

➤ **a propósito** *loc adv* [aliás] by the way.

➤ **a propósito de** *loc prep* concerning.

proposto, osta [pro'po∫tu, ɔ∫ta] ◇ *pp* ▷ **propor**. ◇ *adj* proposed.

➤ **proposta** *f* -**1**. [proposição] proposi-

tion. -**2**. [oferta] proposal.

propriamente [proprja'mẽnt∫il *adv* [exatamente] exactly; ~ **dito** per se; **o Estado ~ dito** the actual State.

propriedade [proprje'dadʒil *f* -**1**. [ger] property; ~ **privada** private property. -**2**. [direito de propriedade] ownership.

proprietário, ria [proprje'tarju, rja] *m, f* -**1**. [dono] owner. -**2**. [de imóvel de aluguel] landlord.

próprio, pria ['proprju, prja] *adj* -**1**. [ger] proper. -**2**. [particular] own; **meu ~ apartamento/carro** my own flat/car. -**3**. [apropriado]: ~ **(para)** suitable (for). -**4**. [peculiar] characteristic. -**5**. [mesmo] -self; **o ~ cliente do banco** the customer of the bank himself; **falei com o ~ presidente** I spoke to the president himself; **eu ~** I myself; **é o ~** [ser ele mesmo] speaking.

propulsor, ra [propuw'so(x), ral *adj* propelling.

➤ **propulsor** *m* propellor.

prorrogação [proxoga'sãw] (*pl* -ões) *f* -**1**. [prolongação] deferment. -**2**. *FUT* extra time.

prorrogar [proxo'ga(x)] *vt* to defer, to postpone.

prorrogável [proxo'gavewl (*pl* -eis) *adj* deferrable.

prosa ['proza] ◇ *adj* [cheio de si] puffed up. ◇ *f* -**1**. *LITER* prose. -**2**. [conversa] chat. -**3**. [conversa fiada] chit-chat.

proscrever [pro∫kre've(x)] *vt* -**1**. [desterrar] to exile. -**2**. [expulsar] to ban. -**3**. [proibir] to prohibit. -**4**. [abolir] to do away with.

proscrito, ta [pro∫'kritu, tal ◇ *pp* ▷ **proscrever**. ◇ *adj* -**1**. [desterrado] banished. -**2**. [expulso] outlawed. -**3**. [proibido] forbidden. ◇ *m, f* [exilado] exile.

prospecção [pro∫pek'sãw] (*pl* -ões) *f* *GEOL* prospecting; ~ **de petróleo** oil exploration.

prospector, ra [pro∫pek'to(x), ral *m, f* *GEOL* prospector.

prosperar [pro∫pe'ra(x)] *vi* -**1**. [progredir]: ~ **(em algo)** [melhorar] to prosper (in sthg); [ter sucesso] to thrive (in sthg). -**2**. [enriquecer] to prosper.

prosperidade [pro∫peri'dadʒil *f* -**1**. [progresso] prosperity. -**2**. [sucesso] success.

próspero, ra ['prɔ∫peru, ral *adj* -**1**. [que progride] thriving. -**2**. [bem-sucedido] prosperous.

prosseguir [prose'gi(x)] ◇ *vt* to continue. ◇ *vi*: ~ **(em algo)** to continue (in sthg); ~ **fazendo algo** to continue doing sthg.

prostíbulo [pro∫'t∫ibulul *m* brothel.

prostituição [proʃtʃitwi'sãw] *f* prostitution.

prostituta [prosʃtʃi'tuta] *f* prostitute.

prostrado, da [proʃ'tradu, da] *adj* prostrate.

protagonista [protago'niʃta] *mf* protagonist.

proteção [prote'sãw] (*pl* -ões) *f* -1. [resguardo] protection. -2. [favorecimento] favour *UK*, favor *US*. -3. [dispositivo] defence *UK*, defense *US*.

proteger [prote'ʒe(x)] *vt* to protect.
➡ **proteger-se** *vp* [resguardar-se] to protect o.s.

protegido, da [prote'ʒidu, da] ⬦ *adj* [resguardado] protected. ⬦ *m, f* [favorito] protégé (*f* protégée).

proteína [prote'ina] *f* protein.

prótese ['prɔtezi] *f MED* prosthesis.

protestante [proteʃ'tãntʃi] ⬦ *adj* Protestant. ⬦ *mf* Protestant.

protestar [proteʃ'ta(x)] ⬦ *vt* -1. [título, promissória] to contest. -2. [declarar] to profess. ⬦ *vi* [reclamar]: ~ **(contra/em favor de algo)** to protest (against/in favour of sthg); **protesto!** *JUR* I protest!

protesto [pro'tɛʃtu] *m* [ger] protest.

protetor, ra [prote'to(x), ra] (*mpl* -es, *fpl* -s) ⬦ *adj* protective. ⬦ *m, f* protector.

protocolo [proto'kɔlu] *m* -1. [ger & *COMPUT*] protocol. -2. [registro] registration. -3. [recibo] record. -4. [setor] registry.

protótipo [pro'tɔtʃipu] *m* -1. [modelo] prototype. -2. *fig* [exemplo]: **ser o ~ de algo** to be the epitome of sthg.

protuberância [protube'rãnsja] *f* protuberance.

prova ['prɔva] *f* -1. [ger] proof. -2. *EDUC* exam. -3. [teste] test; **à ~ de água** waterproof; **à ~ de bala** bulletproof; **à ~ de fogo** fireproof; **pôr algo à ~ to put sthg to the test. -4.** *ESP* event. -5. *COST* fitting. -6. [de comida, bebida] taster.

provador [prova'do(x)] *m* -1. [em loja] fitting room. -2. [de café, vinho] taster.

provar [pro'va(x)] ⬦ *vt* -1. [demonstrar] to prove. -2. [testar] to test. -3. [roupa] to try on. -4. [comida, bebida] to taste. ⬦ *vi*: ~ **(de algo)** [comida, bebida] to have a taste (of sthg).

provável [pro'vavɛw] (*pl* -eis) *adj* [possível] probable; **é ~ que chova** it looks like rain; **é ~ que ela não chegue hoje** she's not likely to come today.

proveito [pro'vejtu] *m* advantage; **em ~ de** in favour of sthg; **tirar ~ de algo** to benefit from sthg.

proveitoso, osa [provej'tozu, ɔza] *adj* -1. [vantajoso] advantageous. -2. [lucrativo] profitable. -3. [útil] useful.

proveniência [prove'njênsja] *f* origin.

proveniente [prove'njêntʃi] *adj*: ~ **de** [originário] originating from; [resultante] arising from; **esta uva é ~ da Itália** these grapes come from Italy.

prover [pro've(x)] *vt* -1. [ger]: ~ **algo/alguém de algo** to provide sthg/sb with sthg. -2. [providenciar] to provide. -3. [vaga, cargo] to fill.
➡ **prover-se** *vp* [abastecer-se]: ~-**se de algo** to provide o.s. with sthg.

provérbio [pro'vɛrbju] *m* proverb.

proveta [pro'veta] *f* test tube; **bebê de ~** test-tube baby.

providência [provi'dênsja] *f* [medida] measure; **tomar ~s** to take measures.

providencial [providẽn'sjaw] (*pl* -ais) *adj* providential.

providenciar [providẽn'sja(x)] ⬦ *vt* -1. [prover] to provide. -2. [tomar providências para] to set into motion. ⬦ *vi* [cuidar]: **vamos ~ para que tudo dê certo** let's see to it that it all works out.

provido, da [pro'vidu, da] *adj* [abastecido]: ~ **de algo** supplied with sthg; **bem ~** well stocked; **uma conta bancária bem provida** a fat bank account.

província [pro'vĩsja] *f* -1. [divisão administrativa] province. -2. [interior] provinces (*pl*).

provinciano, na [provĩ'sjãnu, na] *adj pej* provincial.

provisão [provi'zãw] (*pl* -ões) *f* supply.
➡ **provisões** *fpl* supplies.

provisório, ria [provi'zɔrju, rja] *adj* provisional.

provocador, ra [provoka'do(x), ra] (*mpl* -es, *fpl* -s) ⬦ *adj* provocative. ⬦ *m, f* provoker.

provocante [provo'kãntʃi] *adj* [sensualmente] provocative.

provocar [provo'ka(x)] *vt* -1. [ger] to provoke. -2. [incitar]: ~ **alguém (a fazer algo)** to provoke sb (into doing sthg). -3. [chamar a atenção, atrair sensualmente] to arouse. -4. [promover] to cause.

proximidade [prosimi'dadʒi] *f* -1. [ger] proximity. -2. [afinidade] closeness.
➡ **proximidades** *fpl* [arredores] proximity (*sg*).

próximo, ma ['prɔsimu, ma] ⬦ *adj* -1. [no espaço]: ~ **(a ou de)** close (to). -2. [no tempo] recent. -3. *(antes de subst)* [seguinte] next. -4. [chegado] close. ⬦ *m, f* [em fila] next (one).
➡ **próximo** ⬦ *m*: **o ~** [o semelhante] neighbour *UK*, neighbor *US*. ⬦ *adv* close.
➡ **próxima** *f* [a próxima vez]: **até a próxima!** [em despedida] see you soon!

proxy ['prɔʃi] (*pl* proxies) *m COMPUT* proxy.

prudência [pru'dẽnsja] f caution, prudence.

prudente [pru'dẽntʃi] adj -**1.** [comedido] prudent. -**2.** [cauteloso] cautious.

prurido [pru'ridu] m -**1.** [comichão] itch. -**2.** fig [desejo] urge.

PS m -**1.** (abrev de Post Scriptum) PS. -**2.** (abrev de Pronto Socorro) first aid.

PSB (abrev de Partido Socialista Brasileiro) m Brazilian socialist party.

PSDB (abrev de Partido da Social Democracia Brasileira) m Brazilian social democratic party, the second largest right-wing party in Brazil.

pseudônimo [psew'donimu] m pseudonym.

psicanálise [psika'nalizi] f psychoanalysis.

psicanalítico, ca [psikana'litʃiku, ka] adj psychoanalitical.

psicodélico, ca [psiko'dɛliku, ka] adj psychedelic.

psicologia [psikolo'ʒia] f psychology.

psicológico, ca [psiko'lɔʒiku, ka] adj psychological.

psicólogo, ga [psi'kɔlogu, ga] m, f psychologist.

psicopata [psiko'pata] mf psychopath.

psicose [psi'kɔzi] f MED psychosis.

psicossomático, ca [psikoso'matʃiku, ka] adj psychosomatic.

psicótico, ca [psi'kɔtʃiku, ka] adj psychotic.

psiquiátrico, ca [psi'kjatriku, ka] adj psychiatric.

psíquico, ca [ˈpsikiku, ka] adj psychic.

psiu [psiw] interj -**1.** [para chamar] hey! -**2.** [para calar] hush!

PT (abrev de Partido dos Trabalhadores) m Brazilian workers' party, the largest left-wing party in Brazil.

PTB (abrev de Partido Trabalhista Brasileiro) m Brazilian Workers' Party, a large party of the centre.

puberdade [puber'dadʒi] f puberty.

púbis [ˈpʊbiʃ] m inv pubis.

publicação [publika'sãw] (pl -ões) f publication.

publicar [publi'ka(x)] vt -**1.** [ger] to publish. -**2.** [divulgar] to broadcast.

publicidade [publisi'dadʒi] f -**1.** [divulgação] publicity. -**2.** COM advertising.

publicitário, ria [publisi'tarju, rja] <> adj advertising (antes de subst). <> m, f advertiser.

público, ca [ˈpubliku, ka] adj public.
◆ **público** m -**1.** [o povo] public. -**2.** [platéia] audience; **em** ~ in public.

PUC (abrev de Pontifícia Universidade Católica) f Pontifical Catholic university.

pudico, ca [pu'dʒiku, ka] adj -**1.** [recata-

do] bashful. -**2.** pej prudish.

pudim [pu'dʒĩ] (pl -ns) m pudding; ~ de leite milk pudding.

pudor [pu'do(x)] m -**1.** [recato] modesty; ter ~ de [ter vergonha] to be ashamed of. -**2.** [decoro] decency.

pueril [pwe'riw] (pl -is) adj childish, puerile.

pugilista [puʒi'liʃta] m boxer.

puído, da [ˈpwidu, da] adj frayed.

puir [pwi(x)] vt to fray.

pujante [pu'ʒãntʃi] adj powerful.

pular [pu'la(x)] <> vt -**1.** [saltar] to jump (over); ~ **corda** to skip. -**2.** [páginas, trechos] to skip. -**3.**: ~ **Carnaval** to celebrate carnival. <> vi -**1.** [saltar] to jump. -**2.** [palpitar] to skip a beat.

pulga [ˈpuwga] f flea; estar/ficar com a ~ atrás da orelha to smell a rat.

pulha [ˈpuʎa] m creep.

pulmão [puw'mãw] (pl -ões) m lung.

pulo [ˈpulu] m leap; a um ~ de fig [perto de] just a hop away from; dar um ~ em fig [ir] to stop off at.

pulôver [pu'love(x)] (pl -es) m pullover.

púlpito [ˈpuwpitul] m pulpit.

pulsação [puwsa'sãw] (pl -ões) f -**1.** [batimento] pulsation. -**2.** MED [pulso] pulse.

pulsar [puw'sa(x)] vi [palpitar] to beat, to throb.

pulverizar [puwveri'za(x)] vt -**1.** [ger] to spray. -**2.** [reduzir a pó] [destruir] to pulverize.

pum [pũ] (pl puns) m mfam [peido] fart; soltar um ~ to pass wind.

pungente [pũn'ʒẽntʃi] adj poignant.

punhado [pu'ɲadul] m: um ~ de a handful of.

punhal [pu'ɲaw] (pl -ais) m dagger.

punhalada [puɲa'lada] f stab.

punho [ˈpuɲul] m -**1.** ANAT fist; de próprio ~ in one's own handwriting. -**2.** [de manga] cuff. -**3.** [de espada, punhal] hilt.

punição [puni'sãw] (pl -ões) f punishment.

punir [pu'ni(x)] vt to punish.

punitivo, va [puni'tʃivu, va] adj punitive.

puns [pũʃ] mpl ⊳ **pum**.

pupila [pu'pila] f ANAT pupil.

pupilo, la [pu'pilu, la] m, f -**1.** [aluno] pupil. -**2.** [tutelado] ward.

purê [pu're] m purée, mash; ~ de batatas mashed potato.

pureza [pu'reza] f purity.

purgante [pux'gãntʃi] m -**1.** [remédio] purgative. -**2.** fam [pessoa, trabalho] pain in the neck.

purgar [pux'ga(x)] vt [expiar] to purge.

purgatório [puxga'tɔrju] m RELIG purgatory.

purificar [purifi'ka(x)] vt: ~ algo (de al-

go) [depurar] to cleanse sthg (of sthg).
➡ **purificar-se** *vp* to cleanse o.s.
puritano, na [puri'tãnu, na] ◇ *adj* puritanical. ◇ *m, f* puritan.
puro, ra ['puru, ra] *adj* -**1.** [ger] pure. -**2.** *(antes de subst)* [mero] pure. -**3.** *(antes de subst)* [absoluto] plain.
púrpura ['puxpura] *f* [cor] purple.
purpúreo, rea [pux'purju, rja] *adj* crimson.
purpurina [puxpu'rina] *f* purpurin.
pus ['puʃ] *m inv* pus.
pusilânime [puzi'lãnimi] *adj* pusillanimous.
puto, ta ['putu, ta] *vulg adj* -**1.** [devasso] rotten; o ~ de ... *fam* the bloody ... -**2.** [zangado] mad.
➡ **puta** *vulg f* [prostituta] whore; **puta que pariu!** fucking hell!
putrefato, ta [putre'fatu, ta] *adj* rotten.
putrefazer [putrefa'ze(x)] *vt* to putrefy.
➡ **putrefazer-se** *vp* to rot.
pútrido, da ['putridu, da] *adj* rotten.
puxa ['puʃa] *interj*: ~ (vida)! goodness (me)!, gosh.
puxador [puʃa'do(x)] *(pl* -es) *mf* -**1.** [de samba] *the leading singer in an 'escola de samba', a group of musicians and samba dancers who perform in street parades during carnival celebrations in Brazil*. -**2.** [de fumo] (marijuana) smoker. -**3.** [ladrão] thief. ◇ *m* handle.
puxão [pu'ʃãw] *(pl* -ões) *m* tug; dar um ~ em alguém to pull s.b.
puxar [pu'ʃa(x)] ◇ *vt* -**1.** [ger] to pull. -**2.** [arrancar, sacar] to pull out. -**3.** [iniciar conversa] to start (up); [- briga] to break into; [- samba] to start (up), to break into; ~ assunto to bring up a subject. -**4.** [desencadear] to bring about. -**5.** [adular]: ~ o saco de alguém *fam fig* to suck up to sb. -**6.** *gír droga* [fumo] to smoke. -**7.** *gír crime* [automóvel] to steal. ◇ *vi* -**1.** [impor esforço a]: ~ por to strain. -**2.** [ser parecido com]: ~ a alguém to take after sb. -**3.** [mancar]: ~ de uma perna to limp.
puxa-saco [,puʃa'saku] *(pl* puxa-sacos) *fam* ◇ *adj* crawling. ◇ *mf* crawler.
puxões [pu'ʃõjʃ] *pl* ▷ puxão.
PV *(abrev de* **Partido Verde)** *m Brazilian green party*.
PVC *(abrev de* **Polyvinyl Chloride)** *m* PVC.

q, Q [ke] *m* [letra] q, Q.
QG *(abrev de* **Quartel General)** *m* HQ.
QI *(abrev de* **Quociente de Inteligência)** *m* IQ.
QT *(abrev de* **Qualidade Total)** *f* TQM.
qua. *(abrev de* **quarta-feira)** *f* Wed.
quadra ['kwadra] *f* -**1.** [quarteirão] block. -**2.** [esportiva] court. -**3.** [em jogos] four. -**4.** [estrofe] quatrain.
quadragésimo, ma [kwadra'ʒezimu, ma] *num* fortieth; *veja também* sexto.
quadriculado, da [kwadriku'ladu, da] *adj* -**1.** [camisa, padrão] checked. -**2.** [papel] squared.
quadril [kwa'driw] *(pl* -is) *m* hip.
quadrilha [kwa'driʎa] *f* -**1.** [de ladrões etc] gang. -**2.** [dança] quadrille.
quadrimestral [kwadrimeʃ'traw] *(pl* -ais) *adj* quarterly.
quadrinho [kwa'driɲu] *m* [das tiras] (cartoon) drawing.
➡ **quadrinhos** *mpl*: (história em) ~s cartoon strip.
quadro ['kwadru] *m* -**1.** [ger] frame. -**2.** [pintura] painting. -**3.** [quadro-negro] blackboard. -**4.** [mural] board. -**5.** [gráfico] chart. -**6.** *TEC* [painel] panel. -**7.** *TEATRO* & *TV* scene. -**8.** [situação] picture; ~ clínico clinical picture.
quadro-negro [,kwadru'negru] *(pl* quadros-negros) *m* blackboard.
quadrúpede [kwa'drupedʒi] ◇ *adj* [animal] quadrupedal, four-footed. ◇ *mf* [animal] quadruped.
quadruplicar [kwadrupli'ka(x)] ◇ *vt* to quadruple. ◇ *vi* to quadruple.
quádruplo, pla ['kwadruplu, pla] ◇ *adj* quadruple. ◇ *m, f* [quadrigêmeo] quad, quadruplet.
➡ **quádruplo** *m* quadruple.
quaisquer ▷ qualquer.
qual [kwaw] *(pl* quais) ◇ *adj* which; ~ **perfume você prefere?** which perfume do you prefer?; **não sei** ~ **caminho devo seguir** I don't know which road I should follow. ◇ *conj fml* [como] like; **(tal)** ~ exactly like. ◇ *interj* what!; ~! [exprimindo espanto] what!; [exprimindo negação] no; ~ **nada!**, ~ **o quê!** yeah

right! ⬦ *pron* -**1.** [em interrogativa] what; ~ **é o seu nome?** what's your name?; ~ **a cor dos seus cabelos?** what is the colour of your hair?; **quais são suas intenções?** what are your intentions? -**2.** [especificando] which (one); **perguntei** ~ **seria a melhor opção** I asked which (one) would be the better option; **o/a** ~ [suj: pessoa] who; [complemento: pessoa] whom; [suj, complemento: coisa] which; **ela teve três filhos, o mais velho dos quais tornou-se médico** she had three sons, the eldest of whom became a doctor; **este é o livro sobre o** ~ **lhe escrevi** this is the book (which/that) I wrote to you about; **cada** ~ each and every one; ~ **deles ...?** which one (of them) ...?

qualidade [kwali'dadʒi] *f* -**1.** [ger] quality; ~ **de vida** quality of life; **de** ~ good quality. -**2.** [tipo] grade. -**3.** *pej* [baixo nível] ilk. -**4.** [condição]: **na** ~ **de** in the capacity of.

qualificação [kwalifika'sãw] (*pl* -ões) *f* [avaliação] classification.
⬥ **qualificações** *fpl* [formação, preparo] qualifications.

qualificado, da [kwalifi'kadu, da] *adj* -**1.** [preparado] qualified. -**2.** JUR [caracterizado] aggravated.

qualificar [kwalifi'ka(x)] *vt* -**1.** [classificar] to qualify. -**2.** [avaliar] to describe.
⬥ **qualificar-se** *vp* [classificar-se] to qualify.

qualquer [kwaw'kɛ(x)] (*pl* **quaisquer**) ⬦ *adj* -**1.** [algum]: **traga uma bebida** ~ bring me any old drink; **comprei um jornal** ~ I bought any old newspaper; **havia** ~ **coisa de errado** there was something wrong; **num ponto** ~ **da Sibéria** somewhere or other in Siberia; ~ **dia venha me visitar** come and see me some day; **a** ~ **momento** any minute now; **um outro** ~ [coisa] any other one; [pessoa] some; **ser** ~ **coisa** [ser ótimo, extraordinário] to be something else. -**2.** (*antes de subst*) [todo] any; **ele enfrenta quaisquer perigos** he braves all dangers; ~ **pessoa sabe fazer arroz** anybody can cook rice; ~ **que seja** whatever; ~ **um** anybody; **todo e** ~ each and every; **de** ~ **maneira** *ou* **jeito** [seja como for] somehow or other; [a todo custo] come what may. -**3.** *pej* [ordinário, sem importância]: **ele se contenta com** ~ **coisa** he's happy with any old thing; **de** ~ **maneira** *ou* **jeito** [sem cuidado] any (old) how. ⬦ *pron* -**1.** [algum]: ~ **(de)** any (of); **como não posso ter todas, terei de escolher** ~ as I can't have them all, I'll have to chose any one; **prove quaisquer destas balas**

try any one of these sweets; **um** ~ *pej* [pessoa] a nobody. -**2.** [todo - coisa]: ~ **(de)** any (of); ~ **destas substâncias é perigosa** any of these substances is dangerous; [- pessoa] anyone; ~ **de nós faria o mesmo** anyone of us would do the same.

quando ['kwãndu] ⬦ *adv* when. ⬦ *conj* when; [ao passo que] while; **de** ~ **em** ~ from time to time; **de vez em** ~ from time to time; **desde** ~ how long; ~ **mais não seja** at least, if only; ~ **muito** at (the) most; ~ **quer que** whenever.

quanta ▷ **quanto.**

quantia [kwãn'tʃia] *f* sum.

quantidade [kwãntʃi'dadʒi] *f* -**1.** [medida] amount. -**2.** [número] number. -**3.** [abundância]: **uma** ~ **de** a number of; **em** ~ in large quantity.

quantitativo, va [kwãntʃita'tʃivu, va] *adj* quantitative.

quanto, ta ['kwãntu, ta] ⬦ *adj* -**1.** (*interrogativo*) how; **quantas maçãs você quer?** how many apples do you want?; **há** ~ **tempo você está esperando?** how long have you been waiting? -**2.** (*exclamativo*) how; **quantos livros!** how many books!, so many books!; **quanta gente!** how many people!, so many people! ⬦ *pron* -**1.** (*interrogativo*) how; **quantos fugiram?** how many got away? -**2.** (*exclamativo*) how; **quantos não morrem antes de chegar à idade adulta!** how many died before reaching adulthood! -**3.** (*relativo*): **tantos ... quantos ...** as many ... as ...; **faça tantas alterações quantas forem necessárias** make as many changes as necessary; **gosto de tudo** ~ **é verdura** I like all green vegetables; **tudo** ~ **é tipo de penteado** all kinds of hairstyles.
⬥ **quanto** ⬦ *pron* (*interrogativo*) [quantia, preço] how; ~ **custa este casaco?** how much does this coat cost?; **a** ~ **está o dólar?** how much is the dollar?; [quantidade]: ~ **de maionese devo acrescentar?** how much mayonnaise should I add?; ~ **de combustível ainda temos?** how much fuel do we still have? ⬦ *adv* [indicando intensidade, proporção] much; **esforcei-me o** ~ **pude** I tried as much/hard as I could; **sei o** ~ **você me ama** I know how much you love me; **um tanto** ~ [meio] somewhat; **tanto** ~ as much as; **tanto um quanto o outro são incompetentes** [ambos] both are equally incompetent; **tão ... ~ ... as ... as ...;** ~ **mais tem, mais quer** the more he has, the more he wants; ~ **mais rápido, melhor** the faster, the better; ~ **mais** [especialmente] especially; [muito menos] especially not.

➡ **quanto a** *loc prep* [com relação] as for, as far as; ~ **a mim** as for me, as far as I'm concerned.

➡ **quanto antes** *loc adv*: **o** ~ antes as soon as possible.

➡ **quantos** *pron pl fam*: **um certo Carlos não sei dos quantos** a certain Carlos something or other.

➡ **quantas** *pron pl fam*: **a quantas** [em que situação] at what stage; **não sei a quantas anda esse processo** I don't know what stage the trial is at.

quão [kwãw] *adv* how.

quarenta [kwa'rẽnta] *num* forty; *veja também* **sessenta**.

quarentena [kwarẽn'tena] *f* quarantine.

quaresma [kwa'rɛʒma] *f* - **1.** *RELIG* Lent. - **2.** [flor] glory bush.

quarta ['kwaxta] *f* [quarta-feira] Wednesday; *veja também* **sábado**.

quarta-feira [ˌkwaxta'fejra] (*pl* **quartas-feiras**) *f* Wednesday; ~ **de cinzas** Ash Wednesday; *veja também* **sábado**.

quarteirão [kwaxtej'rãw] (*pl* **-ões**) *m* block.

quartel [kwax'tɛw] (*pl* **-éis**) *m MIL* barracks (*pl*).

quartel-general [kwaxˌtɛwʒene'raw] (*pl* **quartéis-generais**) *m* general headquarters (*pl*).

quarteto [kwax'tetu] *m MÚS* quartet; ~ **de cordas** string quartet.

quarto, ta ['kwaxtu, ta] *num* fourth; **a quarta parte** a quarter; *veja também* **sexto**.

➡ **quarto** *m* - **1.** [a quarta parte] quarter. - **2.** [aposento] bedroom; ~ **de casal** double room; ~ **de banho** bathroom. - **3.** *MIL* [plantão] watch. - **4.** [de boi] haunch. - **5.** *ASTRON* [da lua]: ~ **crescente/minguante** first/last quarter.

quarto-e-sala [ˌkwaxtwi'sala] (*pl* **quarto-e-salas**) *m* studio apartment.

quartzo ['kwaxtsu] *m* quartz.

quase ['kwazi] *adv* - **1.** [ger] nearly; **tropecei e** ~ **caí** I tripped and almost fell. - **2.** [pouco mais, ou menos] almost, nearly; **ela tem** ~ **dez anos** she is almost *ou* nearly ten years old; ~ **não trabalhei hoje** I hardly worked today; ~ **nada/tudo** almost nothing/everything; ~ **nunca** almost never, hardly ever; ~ **sempre** nearly always.

quatro ['kwatru] *num* four; **de** ~ on all fours; **estar de** ~ **por alguém** [apaixonado] to be head over heels over sb; *veja também* **seis**.

quatrocentos, tas [ˌkwatru'sẽntuʃ, taʃ] *num* four hundred; *veja também* **seis**.

que [ki] ◇ *adj inv* - **1.** [em interrogativas] what, which; ~ **livros você quer?** which books do you want?; ~ **dia é hoje?** what day is it today?; ~ **horas são?** what time is it? - **2.** [em exclamações]: **mas** ~ **belo dia!** what a beautiful day!; ~ **fome!** I'm starving!; ~ **maravilha!** how wonderful! ◇ *pron* - **1.** [em interrogativas] what; ~ **é isso?** what's that?; **o** ~ **você quer?** what do you want?; **o** ~ **você vai comer?** what are you going to eat? - **2.** [uso relativo: sujeito-pessoa] who; **o homem** ~ **está correndo** the man who's running; [-coisa] which, that; **a guerra** ~ **começou em 1939** the war that started in 1939. - **3.** [uso relativo: complemento-pessoa] whom, that; **o homem** ~ **conheci** the man (whom) I met; [-coisa] which, that; **o bolo** ~ **comi era ótimo** the cake (that) I ate was great. ◇ *conj* - **1.** [com complemento direto] that; **ele disse-me** ~ **ia de férias** he told me (that) he was going on holiday. - **2.** [em comparações]: **(do)** ~ than; **é mais caro (do)** ~ **o outro** it's more expensive than the other. - **3.** [exprime causa]: **leva o guarda-chuva** ~ **está chovendo** take an umbrella because it's raining; **vai depressa** ~ **você está atrasado** you'd better hurry because you're late. - **4.** [exprime consequência] that; **pediu-me tanto** ~ **acabei por lhe dar** he asked me for it so much that I ended up giving it to him. - **5.** [exprime tempo]: **há horas** ~ **estou à espera** I've been waiting for hours; **há muito** ~ **não voulá** I haven't been there for ages. - **6.** [indica desejo] that; **espero** ~ **você se divirta** I hope (that) you have fun; **quero** ~ **você o faça** I want you to do it; ~ **você seja feliz!** may you be happy! - **7.** [em locuções]: ~ **nem** like; **ele chorou** ~ **nem um bebê** he cried like a baby; **ele é feio** ~ **nem o irmão** he's as ugly as his brother.

quê ['ke] ◇ *m* [algo]: **um** ~ something; **um** ~ **de** [toque] a touch of; [sabor] slightly; **um não sei** ~ a je ne sais quoi; **sem** ~ **nem por** ~ [sem motivo] without rhyme or reason. ◇ *interj* [exprimindo espanto] what! ◇ *pron* ➡ **que**.

quebra ['kɛbra] *f* - **1.** [ger] break. - **2.** [despedaçamento] breakage. - **3.** [falência] bankruptcy. - **4.** *COMPUT*: ~ **de página** page break.

➡ **de quebra** *loc adv* what's more.

quebra-cabeça [ˌkɛbraka'besa] (*pl* **quebra-cabeças**) *m* - **1.** [jogo] puzzle. - **2.** *fig* [problema] dilemma.

quebradiço, ça [kebra'dʒisu, sa] *adj* fragile.

quebrado, da [ke'bradu, da] *adj* - **1.** [vaso, vidro, braço] broken. - **2.** [enguiçado - carro, máquina] broken down; [- telefone] out of order. **- 3.** [cansado] worn out. **- 4.** [falido] bankrupt. **- 5.** *fam* [sem dinheiro] broke.

quebra-galho [ˌkɛbraˈgaʎu] (*pl* **quebra-galhos**) *m* **- 1.** [pessoa] Mr Fixit. **- 2.** [objeto] contrivance.

quebra-molas [ˌkɛbraˈmɔlaʃ] *m inv* speed bump *ou* hump, sleeping policeman.

quebra-nozes [ˌkɛbraˈnɔziʃ] *m inv* nutcracker.

quebranto [keˈbrãntu] *m* **- 1.** [mau-olhado] evil eye. **- 2.** [abatimento] run-down state.

quebra-quebra [ˌkɛbraˈkɛbra] (*pl* **quebra-quebras**) *m* riot.

quebrar [keˈbra(x)] ◇ *vt* **- 1.** [ger] to break; ~ **algo ao meio** to split sthg in half. **- 2.** [espancar] to beat up. **- 3.** [enfraquecer] to weaken. **- 4.** [interromper] to halt. **- 5.** [desviar] to deflect. ◇ *vi* **- 1.** [despedaçar-se] to break. **- 2.** [enguiçar] to break down. **- 3.** [falir] to go bankrupt. **- 4.** *fam* [ficar sem dinheiro] to be broke.

◆ **quebrar-se** *vp* **- 1.** [despedaçar-se] to break. **- 2.** [desfazer-se] to be broken.

queda [ˈkɛda] *f* **- 1.** [ger] fall; ~ **livre** free fall; ~ **de barreira** landslide; **em** ~ falling. **- 2.** [declínio] fall. **- 3.** *fig* [inclinação]: **ter uma** ~ **para algo** to have a flair for sthg; **ter uma** ~ **por alguém** to have a soft spot for sb.

queda-d'água [ˌkɛdaˈdagwa] (*pl* **quedas-d'água**) *f* waterfall.

queijo [ˈkejʒu] *m* cheese; ~ **prato** (form of) processed cheese; ~ **ralado** grated cheese.

queima [ˈkejma] *f* **- 1.** [queimada] burning fire; ~ **de fogos** fireworks display. **- 2.** *COM* & *fig* [liquidação] clearance sale.

queimado, da [kejˈmadu, da] *adj* **- 1.** [ger] burnt. **- 2.** [de sol - bronzeado] tanned; [- ferido] sunburnt. **- 3.** [plantas] scorched. **- 4.** *fam fig* [malquisto] ruined.

◆ **queimada** *f* slash-and-burn.

queimadura [kejmaˈdura] *f* **- 1.** [com fogo] burn. **- 2.** [de sol] sunburn.

queimar [kejˈma(x)] ◇ *vt* **- 1.** [ger] to burn. **- 2.** [atear fogo a] to set on fire. **- 3.** [abrasar, ferir - fogo, choque, sol] to burn; [- líquido] to scald. **- 4.** [bronzear] to tan. **- 5.** *COM* & *fig* [liquidar] to liquidate. **- 6.** *fam fig* [tornar malquisto] to ruin. **- 7.** *fig* [dinheiro] to blow. ◇ *vi* **- 1.** [abrasar] to be burning hot. **- 2.** [arder em febre] to burn (up). **- 3.** [lâmpada, fusível] to blow. **- 4.** *ESP* to hit the net. **- 5.** [comida] to burn.

◆ **queimar-se** *vp* **- 1.** [ferir-se - ger] to burn o.s.; [- com líquido fervente] to scald

o.s. **- 2.** [bronzear-se] to sunbathe. **- 3.** *fam fig* [enfezar-se] to take offence. **- 4.** *fam fig* [tornar-se malquisto] to blow it.

queima-roupa [ˌkejmaˈxopal] *f*: **à** ~ [disparo] at point-blank range; *fig* [sem rodeios] point-blank.

queixa [ˈkejʃa] *f* **- 1.** [reclamação] complaint. **- 2.** [lamento] grievance.

queixar-se [kejˈʃaxsi] *vp* **- 1.** [reclamar]: ~ **-se (de algo/alguém)** to complain (about sthg/sb). **- 2.** [lamentar-se] to moan.

queixo [ˈkejʃu] *m* chin; **estava com tanto frio que chegava a bater o** ~ [de frio] I was so cold my teeth started chattering; **ele ficou de** ~ **caído** [ficar admirado] his jaw dropped in amazement.

queixoso, osa [kejˈʃozu, ɔza] *adj* **- 1.** [agravado] querulous. **- 2.** [magoado] aggrieved.

quem [ˈkẽj] *pron* [interrogativo: sujeito] who; [interrogativo: complemento] who, whom; [indefinido] whoever; ~ **diria!** who would have thought it!; ~ **é?** [na porta] who's there?; ~ **fala?** [no telefone] who's calling?, who's speaking?; ~ **me dera ser rico!** if only I were rich!; ~ **quer que** whoever; **seja** ~ **for** no matter who it is, whoever it is it is.

quente [ˈkẽntʃi] ◇ *adj* **- 1.** [ger] hot. **- 2.** [roupa] warm. **- 3.** [animado] vibrant. **- 4.** *gír jornalismo* [notícia] reliable. ◇ *m* [moda]: **o** ~ **agora é usar cabelo comprido** the in thing now is to wear one's hair long.

quentinha [kẽnˈtʃiɲal] *f* **- 1.** [embalagem] *insulated carton for food.* **- 2.** [refeição] snack.

quentura [kẽnˈtura] *f* warmth.

quer [kɛ(x)] ◇ *conj*: ~ ..., ~ ... whether ... or ...; ~ **você queira,** ~ **não** whether you want to or not. ◇ *v* ▷ **querer.**

◆ **onde quer que** *loc pron* wherever.

◆ **o que quer que** *loc pron* whatever.

◆ **quem quer que** *loc pron* whoever.

querela [keˈrɛla] *f* **- 1.** [contenda] quarrel. **- 2.** *JUR* charge.

querer [keˈre(x)] ◇ *m* **- 1.** [vontade] wanting. **- 2.** [amor] love. ◇ *vt* **- 1.** [ger] to want; **como queira/quiser** as you wish; **como** ~ **não quer nada** casually; **não** ~ **nada com** to want nothing to do with; ~ **dizer** to mean; **quer dizer** [em outras palavras] that is to say. **- 2.** [cobrar]: **quero dois mil pelo carro** I want two thousand for the car. **- 3.** [ter afeição por] to love. **- 4.** [conseguir]: **não** ~ **fazer algo** not to want to do sthg. ◇ *vi* **- 1.** [desejar, ter vontade]: **não vou porque não quero** I am not going because I don't want to; **por** ~ **on**

quociente

purpose; **sem** ~ unintentionally. **- 2.**
[amar] to love; ~ **bem a alguém** to care
about sb; ~ **mal a alguém** to wish sb ill.

➨ **querer-se** *vp* [amar-se] to love one
another.

querido, da [ke'ridu, da] <> *adj* **- 1.**
[caro] dear; **ele é muito** ~ **na cidade** he
is much liked in town. **- 2.** [em carta]:
Querido ... Dear ... <> *m, f* **- 1.** [preferido]
favourite *UK*, favorite *US*. **- 2.** [como forma de tratamento] darling.

querosene [kero'zenil] *m* kerosene.

questão [keʃ'tãw] (*pl* -ões) *f* **- 1.** [ger]
question; ~ **de honra** question of
honour; ~ **de tempo** question of time;
em ~ in question; **fazer** ~ **(de algo)** *fig*
[insistir em] to insist (on sthg). **- 2.** *JUR*
case.

questionar [keʃtʃjo'na(x)] *vt* **- 1.** [deba-
ter] to dispute. **- 2.** [fazer perguntas] to
question.

questionário [keʃtʃjo'narjul] *m* questionnaire.

questionável [keʃtʃjo'navewl] (*pl* -eis)
adj questionable.

questões [keʃ'tõjʃ] *pl* ⊳ **questão**.

qui. (*abrev de* quinta-feira) *f* Thur.

quiabo ['kjabul] *m* okra.

quicar [ki'ka(x)] <> *vt* [bola] to bounce.
<> *vi* [bola] to bounce.

quíchua ['kiʃwal] <> *adj* Quechuan.
<> *m, f* Quechuan.

➨ **quíchua** *m* [língua] Quechuan.

quieto, ta ['kjɛtu, ta] *adj* **- 1.** [em silêncio]
quiet. **- 2.** [tranqüilo] calm. **- 3.** [imóvel]
still.

quietude [kje'tudʒi] *f* tranquillity.

quilate [ki'latʃi] *m* **- 1.** [de ouro] carat. **- 2.**
fig [excelência] calibre *UK*, caliber *US*.

quilha ['kiʎa] *f* keel.

quilo ['kilu] *m* kilo; **a** ~ by the kilo.

quilobyte [kilo'bajtʃi] *m* COMPUT kilobyte.

quilometragem [kilome'traʒēl] (*pl* -ns) *f*
- 1. [distância percorrida] distance in
kilometres *UK ou* kilometers *US*, ≃
mileage. **- 2.** [distância entre dois pontos]
distance in kilometres *UK ou* kilometers *US*.

quilométrico, ca [kilo'mɛtriku, ka] *adj*
fig [longo] mile (*antes de subst*).

quilômetro [ki'lometrul] *m* kilometre
UK, kilometer *US*.

quimera [ki'mɛra] *f* [fantasia, ilusão] chi-
mera.

químico, ca ['kimiku, ka] <> *adj* chemical. <> *m, f* [profissional] chemist.

➨ **química** *f* **- 1.** [ger] chemistry. **- 2.**
[substância] chemical. **- 3.** *fig* [segredo]

secret.

quina ['kina] *f* **- 1.** [canto] corner; **de** ~
side on. **- 2.** [de jogo] jackpot.

quindim [kĩn'dʒĩl] (*pl* -ns) *m* sweet
made of egg, sugar and coconut.

quinhão [ki'ɲãwl] (*pl* -ões) *m* share.

quinhentos, tas [ki'ɲẽntuʃ, taʃl] *num*
five hundred; **ser outros** ~ to be a
different kettle of fish; *veja também*
seis.

quinhões [ki'ɲõjʃ] *pl* ⊳ **quinhão**.

quinina [ki'nina] *f* quinine.

qüinquagésimo, ma [kwiŋkwa'ʒɛzimu,
mal] *num* fiftieth; *veja também* **sexto**.

quinquilharia [kĩŋkiʎa'rial] *f* **- 1.** [bugi-
ganga] junk. **- 2.** [ninharia] trinket.

quinta ['kĩnta] *f* **- 1.** [quinta-feira] Thursday. **- 2.** [sítio] estate; *veja também* **sábado**.

quinta-feira [ˌkĩnta'fejra] (*pl* **quintas-
-feiras**) *f* Thursday; *veja também* **sábado**.

quintal [kĩn'taw] (*pl* -ais) *m* [de casa]
backyard.

quinteto [kĩn'tetul] *m* MÚS quintet.

quinto, ta ['kĩntu, ta] *num* fifth; *veja*
também **sexto**.

quíntuplo, pla ['kĩntuplu, plal] *adj* quintuple.

➨ **quíntuplo** *m* quintuple.

quinze ['kĩnzil] *num* fifteen; *veja também*
seis.

quinzena [kĩn'zena] *f* **- 1.** [tempo] fortnight. **- 2.** [salário] fortnight's wages.

quinzenal [kĩnze'nawl] (*pl* -ais) *adj* fortnightly.

quiosque [ki'kjoʃkil] *m* **- 1.** [de jardim]
gazebo. **- 2.** [banca] kiosk.

qüiprocó [kwipro'kɔl] *m* [confusão] mix-
up.

quiromante [kiro'mãntʃil] *mf* palm reader.

quisto ['kiʃtul] *m* cyst.

quitanda [ki'tãndal] *f* grocer's shop *UK*,
grocery store *US*.

quitandeiro, ra [kitãn'dejru, ral] *m, f*
greengrocer.

quitar [ki'ta(x)] *vt* **- 1.** [pagar] to settle.
- 2. [perdoar] to cancel. **- 3.** [devedor] to
release.

quite ['kitʃil] *adj* **- 1.** [com credor]: **estar/
ficar** ~ **(com alguém)** to be quits (with
sb). **- 2.** [igualado] even.

Quito ['kitul] *n* Quito.

quitute [ki'tutʃil] *m* titbit *UK*, tidbit *US*.

quociente [kwo'sjēntʃil] *m* MAT quotient;
~ **de inteligência** intelligence quotient,
IQ.

R

r, R [ˈɛxil] *m* [letra] r, R.

rã [ˈxã] *f* frog.

rabada [xaˈbada] *f* CULIN oxtail stew.

rabanada [xabaˈnada] *f* -1. CULIN French toast. -2. [golpe com rabo] whack with the tail.

rabanete [xabaˈnetʃil] *m* radish.

rabecão [xabeˈkãw] (*pl* -ões) *m* [carro fúnebre] hearse.

rabino, na [xaˈbinu, na] *m* rabbi.

rabiscar [xabiʃˈka(x)] ◇ *vt* -1. [encher com rabiscos] to scribble over. -2. [riscos] to scribble. -3. [escrever às pressas] to scrawl. -4. [desenhar] to sketch. ◇ *vi* [fazer rabiscos] to doodle.

rabisco [xaˈbiʃkul] *m* -1. [risco] scribble. -2. [esboço] sketch.

rabo [ˈxabul] *m* -1. [cauda] tail; ~ de foguete *fig* can of worms; com o ~ do olho out of the corner of one's eye; meter o ~ entre as pernas *fig* to be left with one's tail between one's legs. -2. *vulg* [nádegas] bum.

rabo-de-cavalo [ˌxabudʒikaˈvalul] (*pl* rabos-de-cavalo) *m* ponytail.

rabugento, ta [xabuˈʒẽntu, ta] *adj* grumpy.

raça [ˈxasal] *f* -1. [etnia] race. -2. [estirpe] lineage. -3. *pej* [laia] breed; acabar com a ~ de alguém [matar] to do away with sb. -4. *fig* [coragem, determinação] guts; (no peito e) na ~ by sheer guts. -5. [de animal] breed; cão/cavalo de ~ pedigree dog/thoroughbred horse.

racha [ˈxaʃal] *m* -1. *fam* [discórdia] split. -2. [em parede etc] crack.

rachadura [xaʃaˈdural] *f* crack.

rachar [xaˈʃa(x)] ◇ *vt* -1. [fender] to crack; frio de ~ bitterly cold; ou vai ou racha do or die. -2. [dividir]: ~ algo (com alguém) to split sthg (with sb). -3. *fig* [dividir] to split. -4. [cortar] to split. ◇ *vi* [fender-se] to crack.

racial [xaˈsjaw] (*pl* -ais) *adj* racial.

raciocinar [xasjosiˈna(x)] *vi* to reason.

raciocínio [xasjoˈsinjul] *m* reasoning.

racional [xasjoˈnaw] (*pl* -ais) *adj* rational.

racionalizar [xasjonaliˈza(x)] *vt* to rationalize.

racionamento [xasjonaˈmẽntul] *m* rationing.

racionar [xasjoˈna(x)] *vt* to ration.

racismo [xaˈsiʒmul] *m* racism.

racista [xaˈsiʃta] ◇ *adj* racist. ◇ *mf* racist.

rack [xɛk] *m* rack.

radar [xaˈda(x)] (*pl* -es) *m* radar.

radiação [xadʒjaˈsãw] (*pl* -ões) *f* radiation.

radiador [xadʒjaˈdo(x)] (*pl* -es) *m* AUTO radiator.

radiante [xaˈdʒjãntʃil] *adj* -1. [objeto] radiant. -2. [de alegria] ecstatic.

radical [xadʒiˈkaw] (*pl* -ais) ◇ *adj* radical. ◇ *mf* -1. [ger] root. -2. POL & QUÍM radical; ~ livre free radical.

radicalismo [xadʒikaˈliʒmul] *m* radicalism.

radicar-se [xadʒiˈkaxsil] *vp* to settle.

rádio [ˈxadʒjul] ◇ *m* -1. [aparelho] radio. -2. QUÍM radium. -3. ANAT [osso] radius. ◇ *f* [emissora] radio station.

radioamador, ra [xadʒjwamaˈdo(x), da] *m, f* radio ham.

radioatividade [xadʒwatʃiviˈdadʒil] *f* radioactivity.

radioativo, va [ˌxadʒwaˈtʃivu, va] *adj* radioactive.

radiodifusão [xadʒodʒifuˈzãw] *f* broadcasting.

radiografar [xadʒografaˈfa(x)] ◇ *vt* -1. MED to X-ray. -2. [notícia] to radio. ◇ *vi* [fazer contato] to radio.

radiografia [ˌxadʒjograˈfial] *f* -1. MED X-ray. -2. *fig* [análise] in-depth analysis.

radiograma [xadʒjoˈgrãmal] *m* cablegram.

radiogravador [xadʒjugravaˈdo(x)] *m* radio-cassette player.

radiojornal [xadʒjuʒoxˈnaw] (*pl* -ais) *m* radio news (*sg*).

radiologia [xadʒjoloˈʒial] *f* radiology.

radionovela [xadʒjunoˈvɛlal] *f* radio soap.

radiopatrulha [xadʒjupaˈtruʎal] *f* -1. [serviço] radio patrol. -2. [viatura] patrol car.

radiotáxi [ˌxadʒjoˈtaksil] *m* radio cab.

radioterapia [xadʒjoteraˈpial] *f* radiotherapy.

raia [ˈxajal] *f* -1. [linha] line. -2. [limite] boundary; às ~s de algo to the limits of sthg. -3. [pista - de piscina] lane; [- marker]. -4. [peixe] ray. -5. *loc*: fugir da ~ to cut and run.

raiado, da [xaˈjadu, da] *adj* -1. [pista] marked. -2. [cano] rifled. -3. [piscina] divided into lanes. -4. [bandeira] striped.

raiar [xaˈja(x)] ◇ *vi* -1. [brilhar] to shine. -2. [despontar] to dawn. ◇ *vt* [com raias - pista] to mark; [- cano] to rifle; [- piscina] to lane off; [- pintar] to mark with stripes.

rainha [xa'iɲa] f queen.

raio ['xaju] m -1. [ger] ray; ~ **laser** laser beam; ~ **X** X-ray. -2. [de luz] beam. -3. METEOR bolt of lightening. -4. fam [como ênfase]: **perdi o** ~ **da carteira** I lost my blasted wallet. -5. GEOM radius. -6.: ~ **de ação** [alcance] range; fig [área de atuação] range.

raiva ['xajva] f -1. [fúria] rage; **com** ~ **(de)** angry (at); **ter/tomar** ~ **de** to hate. -2. [doença] rabies (sg).

raivoso, osa [xaj'vozu, ɔza] adj -1. [furioso] furious. -2. [doente] rabid.

raiz [xa'iʒ] (pl -es) f -1. [ger] root; **cortar o mal pela** ~ fig to root it out; ~ **quadrada** square root. -2. [origem] roots (pl).

rajada [xa'ʒada] f -1. [de vento] gust. -2. [de tiros] volley.

ralado, da [xa'ladu, da] adj -1. [moído] grated. -2. [esfolado] grazed.

ralador [xala'do(x)] (pl -es) m grater.

ralar [xa'la(x)] vt -1. [com ralador] to grate. -2. [esfolar] to graze.

ralé [xa'lɛ] f [escória] riff-raff.

ralhar [xa'ʎa(x)] vi: ~ **(com alguém)** to tell (sb) off.

rali [xa'li] m rally.

ralo, la ['xalu, la] adj -1. [cabelo, café, sopa] thin. -2. [vegetação] sparse.
➥ **ralo** m drainpipe.

Ram. (abrev de ramal) m ext.

RAM (abrev de **Random Access Memory**) f RAM.

rama ['xãma] f foliage; **pela** ~ fig [superficialmente] superficially.

ramagem [xa'maʒẽ] f BOT branches (pl).

ramal [xa'maw] (pl -ais) m -1. [de telefone] extension. -2. FERRO branch line. -3. [rodoviário] branch road.

ramalhete [xama'ʎetʃi] m [buquê] bunch.

ramificação [xamifika'sãw] (pl -ões) f [subdivisão] branch.

ramificar-se [xamifi'kaxsi] vp -1. [subdividir-se] to be sub-divided. -2. [espalhar-se] to branch out.

ramo ['xãmu] m -1. [ger] branch. -2. [de flores] bouquet. -3. [área] field.

rampa ['xãpa] f ramp.

ranço ['xãsu] m -1. [sabor] rancid taste. -2. [cheiro] rank smell. -3. fig [atraso] age-old habit.

rancor [xãŋ'ko(x)] m -1. [ressentimento] resentment. -2. [ódio] hatred.

rancoroso, osa [xãŋko'rozu, ɔza] adj resentful.

rançoso, osa [xãn'sozu, ɔza] adj rancid.

ranger [xãn'ʒe(x)] ◇ m [ruído - de porta] creaking; [- de dentes] grinding. ◇ vt

[os dentes] to grind. ◇ vi to creak.

Rangun [xãŋ'gũ] n Rangoon.

ranhura [xã'ɲura] f -1. [entalhe] groove. -2. [canaleta] keyway. -3. [para moeda] slot.

ranzinza [xãn'zĩza] adj bolshy.

rapadura [xapa'dura] f raw cane sugar.

rapar [xa'pa(x)] ◇ vt -1. [pelar] to shave. -2. fam [roubar] to nick. ◇ vi fam [ir embora] to scarper.

rapaz [xa'paʒ] (pl -es) m -1. [jovem] boy. -2. fam [cara] man.

rapé [xa'pɛ] m snuff.

rapidez [xapi'deʒ] f speed.

rápido, da ['xapidu, da] adj -1. [veloz] fast, quick. -2. [breve] brief.
➥ **rápido** adv [ligeiro] quickly.

rapina [xa'pina] f violent robbery.

raposa [xa'poza] f -1. ZOOL vixen (f vixen). -2. fig [pessoa astuta] sly old fox.

raptar [xap'ta(x)] vt to kidnap.

rapto ['xaptu] m kidnapping.

raptor, ra [xap'to(x), ra] m, f kidnapper.

raquete [xa'kɛtʃi] f -1. [de tênis, squash] racket. -2. [de pingue-pongue] bat.

raquítico, ca [xa'kitʃiku, ka] adj -1. MED rachitic. -2. [magro] scrawny. -3. [escasso] sparse.

raquitismo [xaki'tʃiʒmu] m MED rickets (sg or pl).

raramente [ˌxara'mẽntʃi] adv rarely, seldom.

rarear [xa'rja(x)] vi -1. [tornar-se raro] to become scarce. -2. [cabelos] to thin. -3. [vegetação, população] to thin out.

rarefeito, ta [xare'fejtu, ta] adj -1. [pouco denso] rarefied. -2. [disperso] dispersed.

raro, ra ['xaru, ra] adj rare.

rasante [xa'zãntʃi] ◇ adj low-flying. ◇ adv: **o avião passou** ~ the plane flew low.

rascunho [xaʃ'kuɲu] m draft.

rasgado, da [xaʒ'gadu, da] adj -1. [tecido, papel] torn. -2. fig [elogio, gesto] generous. -3. fig [ritmo, dança] flourishing.

rasgão [xaʒ'gãw] (pl -ões) m tear.

rasgar [xaʒ'ga(x)] ◇ vt -1. [romper] to tear. -2. fig [elogios] to heap. ◇ vi [romper-se] to tear.
➥ **rasgar-se** vp -1. [romper-se] to be torn. -2. [pessoa] to be consumed.

rasgo ['xaʒgu] m -1. [rasgão] tear. -2. [traço] line. -3. fig [ação, ímpeto] burst.

rasgões [xaʒ'gõjʃ] pl ➣ rasgão.

raso, sa ['xazu, za] adj -1. [pouco fundo] shallow. -2. [colher etc] level. -3. [liso] even. -4. [rente] close-cropped. -5. [sapato] flat. -6. [soldado] private.
➥ **raso** m shallow end.

raspa ['xaʃpa] f -1. [lasca] shavings (pl).

-2. [de panela] scrapings *(pl)*.

raspão [xaʃ'pãw] *(pl -ões)* m scratch; o tiro pegou de ~ no braço the shot grazed his arm.

raspar [xaʃ'pa(x)] <> *vt* **-1.** [alisar] to smooth down. **-2.** [pêlos] to shave. **-3.** [limpar] to scrape. **-4.** [arranhar] to scratch. **-5.** [de raspão] to graze. <> *vi* [de raspão]: ~ em to strike a glancing blow at.

raspões [xaʃ'põjʃ] *pl* >> raspão.

rasteiro, ra [xaʃ'tejru, ra] *adj* **-1.** [vegetação] low-lying. **-2.** [vôo] low. **-3.** [que se arrasta] crawling. **-4.** *fig* [superficial] superficial.
→ **rasteira** f trip; dar uma ~ em alguém [com pernada] to trip sb up; *fig* [trair] to double-cross sb.

rastejante [xaʃte'ʒãntʃi] *adj* **-1.** [que se arrasta - animal] crawling; [- planta] creeping. **-2.** *fig* [submisso] crawling.

rastejar [xaʃte'ʒa(x)] <> *vi* **-1.** [arrastar-se - planta] to creep; [- animal] to crawl; [- cobra] to slide. **-2.** [andar de rastos] to crawl. **-3.** *fig* [rebaixar-se] to grovel. <> *vt* [rastrear] to track.

rasto [ˈxaʃtul] m **-1.** [pegada] track. **-2.** [de veículo] trail. **-3.** *fig* [vestígios] tracks *(pl)*.

rastrear [xaʃ'trja(x)] <> *vt* **-1.** [seguir o rasto de] to track. **-2.** [investigar] to search for. <> *vi* [seguir o rasto] to track.

rastro [ˈxaʃtrul] m = rasto.

rasura [xa'zura] f crossing out.

ratazana [xata'zãna] f Norway rat.

ratear [xa'tʃja(x)] <> *vt* [dividir] to share out. <> *vi* [motor] to stall.

ratificar [xatʃifi'ka(x)] *vt* **-1.** [confirmar] to ratify. **-2.** [comprovar] to confirm.

rato, ta [ˈxatu, ta] m, f rat; ~ de praia *fig* thief *(on the beach)*.

ratoeira [xa'twejra] f **-1.** [para ratos] mousetrap. **-2.** *fig* [armadilha] trap.

ravina [xa'vina] f ravine.

ravióli [xa'vjɔli] m ravioli.

razão [xa'zãw] *(pl -ões)* <> f **-1.** [faculdade] reason; ~ de ser raison d'être; ~ de viver reason for living; em ~ de on account of. **-2.** [bom senso] (common) sense. **-3.** [justiça]: dar ~ a alguém to side with sb; estar coberto de ~ to be absolutely right; ter/não ter ~ (de) to be right/wrong (to); com ~ with good reason; sem ~ for no reason. **-4.** [MAT - proporção] ratio; [- quociente, fração] quotient; à ~ de at the rate of. **-5.** *FIN* account. <> m *COM* ledger.

razoável [xa'zwavew] *(pl -eis)* *adj* **-1.** [ger] reasonable. **-2.** [significativo] significant.

ré [ˈxɛ] f *AUTO* reverse; dar uma ~, dar

marcha à ~ to reverse, to back up; >> réu.

reabastecer [xejabaʃte'se(x)] *vt* **-1.** [tanque, carro, avião] to refuel. **-2.** [despensa, cozinha] to restock. **-3.** [energias] to rebuild.
→ **reabastecer-se** *vp*: ~-se de algo to replenish one's supply of sthg.

reabilitação [xeabilita'sãw] *(pl -ões)* f **-1.** [ger] rehabilitation. **-2.** [da forma física] recovery.

reação [xea'sãw] *(pl -ões)* f **-1.** [ger] reaction; ~ em cadeia chain reaction. **-2.** [recuperação] recovery.

reacionário, ria [xeasjo'narju, rja] <> *adj* reactionary. <> m, f [pessoa] reactionary.

readaptação [xeadapta'sãw] *(pl -ões)* f readjustment.

reafirmar [xeafix'ma(x)] *vt* to reaffirm.

reagir [xea'ʒi(x)] *vi* **-1.** [responder]: ~ (a) to react (to). **-2.** [protestar, resistir]: ~ (a ou contra) to resist. **-3.** [recuperar-se] to rally.

reajuste [xea'ʒuʃtʃi] m adjustment.

real [xe'aw] *(pl -ais)* <> *adj* **-1.** [verdadeiro] true. **-2.** [régio] royal. <> m [realidade] reality.

realçar [xeaw'sa(x)] *vt* to highlight.

realce [xe'awsi] m **-1.** [destaque] emphasis; dar ~ a to emphasize. **-2.** [brilho] highlight.

realeza [xea'leza] f **-1.** [dignidade de rei] royalty. **-2.** [grandeza] *fig* grandeur.

realidade [xeali'dadʒi] f reality; na ~ actually.

realista [xea'liʃta] <> *adj* realistic. <> *mf* **-1.** [pessoa] realist. **-2.** [adepto] royalist.

realização [xealiza'sãw] *(pl -ões)* f **-1.** [ger] realization. **-2.** [execução - de projeto, negócios] realization; [- de congresso, espetáculo] holding; [- de reforma] enactment. **-3.** [pessoal] fulfilment *UK*, fulfillment *US*.

realizado, da [xeali'zadu, da] *adj* **-1.** [pessoa] fulfilled. **-2.** [obra] carried out. **-3.** [sonho] realized.

realizador, ra [xealiza'do(x), ra] *(mpl -es, fpl -s)* <> *adj* enterprising. <> m, f [pessoa] producer.

realizar [xeali'za(x)] *vt* **-1.** [ger] to realize. **-2.** [executar] to carry out; ser realizado [conferência, festa] to take place.
→ **realizar-se** *vp* **-1.** [concretizar-se] to be realized. **-2.** [ocorrer] to be carried out. **-3.** [alcançar seu ideal] to be fulfilled.

realmente [xeaw'mẽntʃi] <> *adv* **-1.** [de fato] in fact. **-2.** [muito] really. <> *interj* [expressando indignação] really!

reanimar [xeani'ma(x)] *vt* **-1.** [fisicamente] to revive. **-2.** [moralmente] to cheer up. **-3.** MED to resuscitate.

→ **reanimar-se** vp **-1.** [fisicamente] to come to. **-2.** [moralmente] to rally.

reapresentar [xeaprezẽn'ta(x)] vt to re-present.

→ **reapresentar-se** vp to reappear.

reatar [xea'ta(x)] vt **-1.** [nó] to retie. **-2.** [amizade, conversa, negócios] to resume.

reator [xea'to(x)] m reactor; ~ **nuclear** nuclear reactor.

reavaliação [xeavalja'sãw] f **-1.** [ger] re-evaluation. **-2.** [de jóia] revaluation.

reaver [xea've(x)] vt to recover.

rebaixar [xebaj'ʃa(x)] vt **-1.** [teto, terreno] to lower. **-2.** [preço] to cut. **-3.** [pessoa] to discredit. **-4.** FUT to relegate.

→ **rebaixar-se** vp [pessoa] to lower o.s.

rebanho [xe'bãɲul m **-1.** [de bois, cabras] herd. **-2.** [de ovelhas] flock. **-3.** fig [de fiéis] flock.

rebater [xeba'te(x)] ⬦ vt **-1.** [bola] to kick back. **-2.** [golpe] to counter. **-3.** [argumentos, acusações] to rebut. **-4.** [à máquina] to retype. ⬦ vi [chutar] to kick back.

rebelar-se [xebe'laxsi] vp: ~**-se (contra)** to rebel (against).

rebelde [xe'bɛwdʒi] ⬦ adj rebellious. ⬦ mf rebel.

rebeldia [xebew'dʒia] f **-1.** [qualidade] rebelliousness. **-2.** fig [oposição] defiance. **-3.** fig [obstinação] stubbornness.

rebelião [xebe'ljãw] (pl **-ões**) f [sublevação] rebellion.

rebentar [xebẽn'ta(x)] ⬦ vi **-1.** [ger] to break. **-2.** [não se conter]: ~ **de** to burst with. **-3.** [guerra] to break out. ⬦ vt **-1.** [romper] to tear. **-2.** [vidraça, louça] to smash.

rebobinar [xebobi'na(x)] vt [vídeo] to rewind.

rebocar [xebo'ka(x)] vt **-1.** [barco, carro] to tow. **-2.** [carro mal estacionado] to tow away. **-3.** CONSTR to plaster.

rebolado [xebo'ladu] m swing of the hips.

rebolar [xebo'la(x)] ⬦ vt [corpo, quadris] to swing. ⬦ vi **-1.** [pessoa, corpo] to sway. **-2.** fam fig [empenhar-se] to fight hard.

reboque [xe'bɔki] m **-1.** [ger] tow. **-2.** [carro-guincho] towtruck.

rebuliço [xebu'lisu] m commotion.

rebuscado, da [xebuʃ'kadu, da] adj affected.

recado [xe'kadu] m message; **dar conta do** ~ fig to deliver the goods.

recaída [xeka'ida] f relapse.

recalcar [xekaw'ka(x)] vt **-1.** [comprimir] to tread upon. **-2.** [reprimir] to repress.

-3. PSIC to inhibit.

recalque [xe'kawki] m PSIC inhibition.

recanto [xe'kãntu] m nook.

recapitular [xekapitu'la(x)] vt **-1.** [resumir] to recap. **-2.** [relembrar] to recall.

recatado, da [xeka'tadu, da] adj **-1.** [pudico] modest. **-2.** [prudente] restrained.

recauchutado, da [xekawʃu'tadu, da] adj [pneu] remoulded UK, remolded US.

recear [xe'sja(x)] vt **-1.** [temer] to fear; ~ **fazer algo** to be afraid to do sthg. **-2.** [preocupar-se com]: ~ **que** to be worried that.

receber [xese'be(x)] ⬦ vt **-1.** [ger] to receive. **-2.** [recepcionar] to entertain. ⬦ vi **-1.** [ser pago] to be paid; **a** ~ owing. **-2.** [recepcionar] to entertain.

recebimento [xesebi'mẽntu] m receipt; **acusar o** ~ **de** to acknowledge receipt of.

receio [xe'seju] m **-1.** [medo] fear. **-2.** [apreensão] concern; **ter** ~ **(de) que** to be afraid that.

receita [xe'sejta] f **-1.** [renda - pessoal] income; [- do Estado] tax revenue. **-2.** FIN income. **-3.** MED: ~ **(médica)** prescription. **-4.** CULIN recipe. **-5.** fig [fórmula] way.

→ **Receita** f: **a Receita (federal)** Brazilian tax office, ≃ Inland Revenue UK, ≃ Internal Revenue Service US.

receitar [xesej'ta(x)] ⬦ vt to prescribe. ⬦ vi to issue prescriptions.

recém- [xesẽn] prefixo newly.

recém-casado, da [xe,sẽnka'zadu, da] ⬦ adj newly-wed. ⬦ m, f newly-wed; **os** ~**s** the newly-weds.

recém-chegado, da [xe,sẽʃe'gadu, da] ⬦ adj recently arrived. ⬦ m, f newcomer.

recém-nascido, da [xe,sẽna'sidu, da] ⬦ adj newborn. ⬦ m, f newborn child.

recenseamento [xesẽnsja'mẽntu] m census.

recente [xe'sẽntʃi] ⬦ adj **-1.** [tempo] recent. **-2.** [novo] new; **este é o meu mais** ~ **hobby** this is my latest hobby. ⬦ adv recently.

receoso, osa [xe'sjozu, ɔza] adj **-1.** [medroso] afraid. **-2.** [apreensivo] apprehensive; **estar** ~ **de que** to be worried that.

recepção [xesep'sãw] (pl **-ões**) f reception.

recepcionista [xesepsjo'niʃta] mf receptionist.

receptivo, va [xesep'tʃivu, va] adj receptive.

receptor [xesep'to(x)] (pl **-res**) m [aparelho] receiver.

recessão [xese'sãw] (pl -ões) f recession.

recesso [xe'sɛsu] m -1. [férias] recess. -2. [recanto] nook.

rechaçar [xeʃa'sa(x)] vt -1. [opor-se a] to reject. -2. [repelir] to repel. -3. [negar] to decline.

recheado, da [xe'ʃjadu, da] adj -1. [comida]: ~ (com ou de) filled (with). -2. [repleto]: ~ de algo stuffed with sthg.

rechear [xe'ʃja(x)] vt [comida] to fill.

recheio [xe'ʃeju] m -1. [de comida - de carne] stuffing; [- de bolo, pastel] filling. -2. fig [num texto] padding.

rechonchudo, da [xeʃõn'ʃudu, da] adj chubby.

recibo [xe'sibu] m receipt.

reciclagem [xesi'klaʒẽ] f -1. [de material] recycling. -2. [de pessoa] retraining.

reciclar [xesi'kla(x)] vt -1. [material] to recycle. -2. [pessoa] to retrain.

recife [xe'sifi] m reef.

recinto [xe'sĩntu] m area.

recipiente [xesi'pjẽntʃi] m recipient.

recíproca [xe'siprɔka] f ⊳ **recíproco**.

recíproco, ca [xe'siproku, ka] adj reciprocal.

➨ **recíproca** f: a recíproca the reverse.

récita ['xɛsita] f performance.

recital [xesi'taw] (pl -ais) m recital.

reclamação [xeklama'sãw] (pl -ões) f -1. [queixa] complaint. -2. JUR [petição] claim.

reclamar [xekla'ma(x)] ⟨⟩ vt [exigir] to demand. ⟨⟩ vi [protestar]: ~ (de/contra) to complain (about/against).

reclame [xe'klãmi] m advertisement.

reclinar [xekli'na(x)] vt [inclinar]: ~ algo (em ou sobre) to rest sthg (against ou on).

➨ **reclinar-se** vp [recostar-se] to lie back.

reclinável [xekli'navew] (pl -eis) adj reclining.

reclusão [xeklu'zãw] f -1. [isolamento] seclusion. -2. [em prisão] imprisonment. -3. [pena] solitary confinement.

recluso, sa [xe'kluzu, za] ⟨⟩ adj -1. [isolado] reclusive. -2. [preso] shut up. ⟨⟩ m, f -1. [pessoa que se isola] recluse. -2. [prisioneiro] prisoner.

recobrar [xeko'bra(x)] vt to recover.

➨ **recobrar-se** vp: ~-se de algo to recover from sthg.

recolher [xeko'ʎe(x)] vt -1. [ger] to collect. -2. [do chão] to pick up. -3. [juntar] to gather (together). -4. [pôr ao abrigo] to bring in. -5. [levar] to gather. -6. [tirar de circulação] to withdraw. -7. [coligir] to gather. -8. [encolher] to pull back.

recolhido, da [xeko'ʎidu, da] adj -1. [lugar] secluded. -2. [absorvido] absorbed. -3. [dentro de casa] housebound.

recolhimento [xekoʎi'mẽntu] m -1. [ato de levar] reception. -2. [arrecadação] collection. -3. [de circulação] withdrawal. -4. [coleta] gathering. -5. [devido a doença] confinement. -6. [refúgio] refuge. -7. [retraimento] seclusion.

recomeçar [xekome'sa(x)] ⟨⟩ vt to restart. ⟨⟩ vi to start again.

recomeço [xeko'mesu] m restart.

recomendar [xekomẽn'da(x)] vt -1. [ger] to recommend; **recomenda-se o uso de produtos naturais** the use of natural products is recommended. -2. [pedir] to ask. -3. [enviar cumprimentos] to send one's regards.

recomendável [xekomẽn'davɛw] (pl -eis) adj advisable; é ~ que ... it's advisable that ...

recompensa [xekõn'pẽnsa] f reward.

recompensar [xekõnpẽn'sa(x)] vt [premiar] to reward.

recompor [xekõn'po(x)] vt -1. [restabelecer] to reorganise. -2. [reordenar] to rearrange.

recôncavo [xe'kõŋkavul] m wide bay.

reconciliação [xekõnsilja'sãw] (pl -ões) f reconciliation.

reconciliar [xekõnsi'lja(x)] vt to reconcile.

➨ **reconciliar-se** vp: ~-se com [pessoa] to be reconciled with; [situação] to become reconciled to.

reconhecer [xekoɲe'se(x)] vt -1. [ger] to recognize. -2. [mostrar-se agradecido por] [admitir] to acknowledge. -3. [constatar] to accept. -4. [autenticar] to authenticate; ~ firma num documento to authenticate officially the signature on a document. -5. [explorar] to reconnoitre UK, to reconnoiter US.

reconhecimento [xekoɲesi'mẽntu] m -1. [ger] recognition. -2. [admissão] acknowledgement. -3. [autenticação] authentication. -4. [gratidão] gratitude. -5. [exploração] reconnaissance.

reconquistar [xekõŋkiʃ'ta(x)] vt -1. [território] to reconquer. -2. [pessoa, confiança] to regain.

reconsiderar [xekõnside'ra(x)] vt to reconsider.

reconstruir [xekõnʃ'trwi(x)] vt to rebuild, to reconstruct.

recontar [xekõn'ta(x)] vt to recount.

recordação [xekoxda'sãw] (pl -ões) f -1. [ato, lembrança] memory. -2. [objeto] souvenir.

recordar [xekox'da(x)] vt -1. [lembrar] to remember. -2. [por semelhança]: ~ algo/alguém a alguém to remind sb of sthg/sb. -3. [recapitular] to revise.

recordar-se vp [lembrar]: ~-se de alguém/algo to remember sb/sthg; ~-se (de) que to remember that.

recorde [xeˈkɔxdʒi] <> adj inv record (antes de subst); em tempo ~ in record time. <> m record; bater/deter um ~ to break/hold a record.

recordista [xekoxˈdʒiʃta] <> adj record-breaking. <> mf -1. [quem detém um recorde] record-holder. -2. [quem bate um recorde] record-breaker.

recorrer [xekoˈxe(x)] vi -1.: ~ a to resort to. -2. JUR to appeal; ~ de algo to appeal against sthg.

recortar [xekoxˈta(x)] vt to cut out.

recorte [xeˈkɔxtʃi] m [de jornal etc] cutting.

recostar [xekoʃˈta(x)] vt -1. [encostar] to rest. -2. [pôr meio deitado] to recline.

recostar-se vp -1. [encostar-se] to lean against. -2. [pôr-se meio deitado] to lie back.

recreação [xekrjaˈsãw] f recreation.

recreativo, va [xekrjaˈtʃivu, va] adj recreational.

recreio [xeˈkreju] m -1. [entretenimento] entertainment. -2. EDUC playtime UK, recess US.

recriminar [xekrimiˈna(x)] vt to reproach.

recrudescer [xekrudeˈse(x)] vi to intensify.

recruta [xeˈkruta] mf recruit.

recrutamento [xekrutaˈmẽntu] m recruitment.

recrutar [xekruˈta(x)] vt to recruit.

recuar [xeˈkwa(x)] <> vi -1. [andar para trás] to step back. -2. [retirar-se] to retreat. -3. [voltar atrás - em intenção, decisão] to back out of; [- no tempo] to go back. -4. [canhão] to recoil. <> vt [mover para trás] to move back.

recuo [xeˈkuw] m -1. [afastamento]: com o ~, evitou ser atropelada by stepping backwards, she avoided being run over; o ~ do móvel, deu mais espaço na sala moving this piece of furniture back has given the room more space. -2. [retirada] retreat. -3. [reconsideração - em intenção, decisão] reassessment; [- no tempo] going back. -4. [de canhão] recoil. -5. [em rua, terreno] setting back.

recuperação [xekuperaˈsãw] f -1. [reaquisição] recovery. -2. [restabelecimento] recuperation. -3. [reabilitação] rehabilitation. -4. [indenização] compensation.

recuperar [xekupeˈra(x)] vt -1. [readquirir] to recover. -2. [restabelecer] to regain. -3. [reabilitar] to rehabilitate.

recuperar-se vp [restabelecer-se] to recuperate.

recurso [xeˈkuxsu] m -1. [ato]: o ~ a algo resorting to sthg. -2. [meio] recourse; como OU em último ~ as a last resort.

recursos mpl [dinheiro] means.

recusa [xeˈkuza] f: ~ (a/de algo) refusal (to/of sthg); ~ a OU em fazer algo refusal to do sthg.

recusar [xekuˈza(x)] vt -1. [não aceitar] to refuse. -2. [não conceder]: ~ algo (a alguém) to deny (sb) sthg.

recusar-se vp [negar-se a]: ~-se (a fazer algo) to refuse (to do sthg).

redação [xedaˈsãw] (pl -ões) f -1. [ato] writing. -2. [modo de redigir] composition. -3. EDUC essay. -4. [redatores] editorial staff. -5. [seção] editorial office.

redator, ra [xedaˈto(x), ra] (mpl -es, fpl -s) m, f -1. JORN writer. -2. [de obra de referência] editor, compiler.

redator-chefe, redatora-chefe [xedatoxˈʃefi, xedatoraˈʃefi] (mpl redatores-chefes, fpl redatoras-chefes) m, f editor in chief.

rede [ˈxedʒi] f -1. [ger] network. -2. [para pesca, caça & ESP] net. -3. [para cabelo] hairnet. -4. [leito] hammock.

rédea [ˈxɛdʒja] f [correia] rein.

redemoinho [xedʒiˈmwiɲu] m -1. [de água] whirlpool. -2. [de vento] whirlwind.

redenção [xedẽˈsãw] f redemption.

redentor, ra [xedẽnˈto(x), ra] m, f [pessoa] redeemer.

redigir [xedʒiˈʒi(x)] <> vt to write. <> vi to write.

redobrar [xedoˈbra(x)] <> vt -1. [dobrar de novo] to fold again. -2. [reduplicar, intensificar] to redouble. <> vi to intensify.

redondamente [xeˌdõndaˈmẽntʃi] adv [totalmente]: me enganei ~ I was utterly wrong.

redondeza [xedõnˈdeza] f [qualidade] roundness.

redondezas fpl [arredores] surroundings.

redondo, da [xeˈdõndu, da] adj -1. [circular] round. -2. [rechonchudo] plump.

redor [xeˈdɔ(x)] m: ao ~ de around.

redução [xeduˈsãw] (pl -ões) f -1. [ger] reduction. -2. [conversão] conversion.

redundância [xedũnˈdãnsja] f redundancy.

redundante [xedũnˈdãntʃi] adj redundant.

reduto [xeˈdutu] m -1. [fortificação] fort. -2. fig [abrigo] shelter. -3. fig [lugar de reunião] meeting place.

reduzido, da [xeduˈzidu, da] adj -1. [diminuído] reduced. -2. [pequeno] limited.

reduzir [xedu'zi(x)] *vt* - **1.** [ger] to reduce. - **2.** [transformar]: ~ **alguém/algo a algo** to reduce sb/sthg to sthg. - **3.** [levar]: ~ **alguém a algo** to reduce sb to sthg.

◆ **reduzir-se** *vp*: ~ **-se a algo** [resumirse] to be reduced to sthg.

reeditar [xeedʒi'ta(x)] *vt* to republish.

reeleição [xeelej'sãw] *f* re-election.

reembolsar [xeẽnbow'sa(x)] *vt* - **1.** [reaver] to recover. - **2.** [restituir]: ~ **alguém (de algo)** to refund sb (sthg). - **3.** [indenizar]: ~ **algo a alguém**, ~ **alguém de algo** to reimburse sthg to sb, to reimburse sb for sthg.

reembolso [xeẽnbowsu] *m* - **1.** [recuperação] recovery. - **2.** [restituição] refund. - **3.** [indenização] reimbursement.

reencarnação [xeẽnkaxna'sãw] *f* reincarnation.

reencontro [xeẽŋ'kõntru] *m* reunion.

reescrever [xeeʃkre've(x)] *vt* to rewrite.

reexaminar [xeezami'na(x)] *vt* to reexamine.

refazer [xefa'ze(x)] *vt* - **1.** [fazer de novo] to redo. - **2.** [reconstruir] to rebuild. - **3.** [recuperar] to recover.

◆ **refazer-se** *vp* - **1.** [recuperar-se]: ~ **-se (de algo)** to recover (from sthg). - **2.** [indenizar-se]: ~ **-se de algo** to be compensated for sthg.

refeição [xefej'sãw] (*pl* **-ões**) *f* meal; **fazer uma** ~ to have a meal.

refeito, ta [xe'fejtu, ta] ◇ *pp* ▷ **refazer.** ◇ *adj* - **1.** [feito de novo] redone. - **2.** [reconstruído] rebuilt. - **3.** [recuperado] recovered.

refeitório [xefej'tɔrju] *m* dining hall.

refém [xe'fẽ] (*pl* **-ns**) *mf* hostage.

referência [xefe'rẽnsja] *f* reference; **fazer** ~ **a** to refer to.

◆ **referências** *fpl* [informação] references.

referendum [xefe'rẽndũ] *m* POL referendum.

referente [xefe'rẽntʃi] *adj*: ~ **a** concerning.

referir [xefe'ri(x)] *vt* [narrar]: ~ **algo a alguém** to tell sb sthg.

◆ **referir-se** *vp*: ~ **-se a** [aludir] to allude to; [dizer respeito] to refer to.

refestelar-se [xefeʃte'laxsi] *vp* [estender-se] to sprawl.

refil [xe'fiw] (*pl* **-is**) *m* refill.

refinado, da [xefi'nadu, da] *adj* refined.

refinamento [xefina'mẽntu] *m* - **1.** [ato] refining. - **2.** [requinte] refinement.

refinar [xefi'na(x)] *vt* to refine.

refinaria [xefina'ria] *f* refinery.

refletir [xefle'tʃi(x)] ◇ *vt* to reflect. ◇ *vi* - **1.** [luz]: ~ **de** to reflect off. - **2.** [pensar]: ~ **(em/sobre)** to reflect on/

about. - **3.** [repercutir]: ~ **em** to reflect on.

◆ **refletir-se** *vp* - **1.** [espelhar-se] to be reflected. - **2.** [repercutir] to reflect on.

refletor [xefle'to(x)] (*pl* **-es**) *m* reflector.

reflexão [xeflek'sãw] (*pl* **-ões**) *f* reflection.

reflexivo, va [xeflek'sivu, va] *adj* reflective.

reflexo, xa [xe'flɛksu, sa] *adj* - **1.** [luz] reflected. - **2.** [movimento] reflex.

◆ **reflexo** *m* - **1.** [ger] reflection. - **2.** ANAT reflex.

◆ **reflexos** *mpl* [no cabelo] highlights.

reflorestamento [xefloreʃta'mẽntu] *m* reforestation.

reflorestar [xefloreʃ'ta(x)] *vt* to reforest.

refluxo [xe'fluksu] *m* ebb.

refogado, da [xefo'gadu, da] *adj* sautéed.

◆ **refogado** *m* - **1.** [molho] gravy. - **2.** [prato] stew.

refogar [xefo'ga(x)] *vt* to sauté.

reforçado, da [xefox'sadu, da] *adj* - **1.** [ger] reinforced. - **2.** [refeição] hearty.

reforçar [xefox'sa(x)] *vt* - **1.** [ger] to reinforce. - **2.** [ânimo] to invigorate.

reforço [xe'foxsu] *m* - **1.** [ger] reinforcement. - **2.** [a tropa, equipe] reinforcements (*pl*). - **3.** [de vacina] booster.

reforma [xe'fɔxma] *f* - **1.** [modificação] reform; ~ **ministerial** ministerial reshuffle; ~ **agrária** land reform. - **2.** ARQUIT renovation. - **3.** MIL regrouping.

◆ **Reforma** *f*: **a Reforma** RELIG the Reformation.

reformado, da [xefox'madu, da] *adj* - **1.** [modificado - ensino, instituição] reformed; [- leis] amended; [- sofá] repaired. - **2.** ARQUIT renovated. - **3.** MIL regrouped.

reformar [xefox'ma(x)] *vt* - **1.** [modificar - ensino, constituição] to reform; [- sofá] to repair; [- lei] to amend; [- empresa] to restructure. - **2.** ARQUIT to renovate. - **3.** MIL to regroup. - **4.** JUR to amend.

◆ **reformar-se** *vp* MIL to retire.

reformatar [xefoxma'ta(x)] *vt* COMPUT to reformat.

reformatório [xefoxma'tɔrju] *m* young offender institution *UK*, reformatory *US*.

refrão [xe'frãw] (*pl* **-ões**) *m* - **1.** [estribilho] chorus. - **2.** [provérbio] saying.

refratário, ria [xefra'tarju, rja] *adj* - **1.** [material] heat-resistant. - **2.** [rebelde]: **ser** ~ **a algo** to be impervious to sthg; [imune] to be immune to sthg.

refrear [xefri'a(x)] *vt* [reprimir] to suppress.

refrear-se *vp* [conter-se] to contain o.s.

refrescante [xefreʃ'kãntʃi] *adj* refreshing.

refrescar [xefreʃ'ka(x)] ⟺ *vt* -1. [tornar menos quente] to cool. -2. [avivar] to refresh. -3. [tranqüilizar] to refresh. ⟺ *vi* [tempo] to cool down.

refrescar-se *vp* [pessoa] to refresh o.s.

refresco [xe'freʃku] *m* fruit squash.

refrigeração [xefriʒera'sãw] *m* [de alimentos] refrigeration; [de ambiente] air conditioning.

refrigerador [xefriʒera'do(x)] *m* -1. [de alimentos] refrigerator. -2. [de máquina] cooler.

refrigerante [xefriʒe'rãntʃi] *m* soft drink.

refrigerar [xefriʒe'ra(x)] *vt* -1. [bebidas, alimentos] to chill. -2. [ambiente] to cool. -3. [máquina] to refrigerate.

refugiado, da [xefu'ʒjadu, da] ⟺ *adj* refugee. ⟺ *m, f* refugee.

refugiar-se [xefu'ʒjaxsi] *vp* [abrigar-se] to take refuge; ~ **em** [abrigar-se] to take cover in; [asilar-se] to take refuge in; *fig* [amparar-se] to seek solace in.

refúgio [xe'fuʒju] *m* -1. [local] hideaway. -2. *fig* [apoio] refuge.

refugo [xe'fugu] *m* -1. [resto] waste. -2. [mercadoria] rubbish *UK*, garbage *US*.

refutar [xefu'ta(x)] *vt* to refute.

regaço [xe'gasu] *m* [colo] lap.

regador [xega'do(x)] (*pl* -es) *m* watering can.

regalia [xega'lia] *f* privilege.

regalo [xe'galu] *m* [presente] gift.

regar [xe'ga(x)] *vt* -1. [aguar] to water. -2. [banhar] to wash. -3. [acompanhar] to wash down.

regatear [xega'tʃja(x)] ⟺ *vt* to haggle over. ⟺ *vi* to haggle.

regeneração [xeʒenera'sãw] *f* -1. [recomposição] regeneration. -2. [moral] reform.

regenerar [xeʒene'ra(x)] *vt* -1. [recompor] to regenerate. -2. [moralmente] to reform.

regenerar-se *vp* -1. [recompor-se] to be regenerated. -2. [moralmente] to be reformed.

regente [xe'ʒẽntʃi] *m* -1. *POL* regent. -2. *MÚS* conductor. -3. *UNIV* vice chancellor *UK*, president *US*.

reger [xe'ʒe(x)] ⟺ *vt* -1. [governar] to govern. -2. [regular] to rule. -3. *MÚS* to conduct. -4. *UNIV* to occupy. -5. *GRAM* to govern. ⟺ *vi* -1. [governar] to rule. -2. *MÚS* to conduct.

região [xe'ʒjãw] (*pl* -ões) *f* -1. [território] region. -2. [de cidade, corpo] area.

regime [xe'ʒimil] *m* -1. [ger] system. -2. [dieta] diet; **estar de** ~ to be on a diet. -3. [regras] rules (*pl*).

regimento [xeʒi'mẽntu] *m* -1. [ger] regiment. -2. [normas] rules (*pl*).

regiões [xe'ʒjõjʃ] *mpl* ▷ **região**.

regional [xeʒjo'naw] (*pl* -ais) *adj* regional.

registradora [xeʒiʃtra'dora] *f* [caixa] cash register.

registrar [xeʒiʃ'tra(x)] *vt* -1. [ger] to register. -2. [anotar] to record. -3. [memorizar] to remember.

registro [xe'ʒiʃtru] *m* -1. [ger & *LING*] register. -2. [postal] registration. -3. [órgão]: ~ **civil** registry office. -4. [torneira] tap *UK*, faucet *US*. -5. [relógio] meter. -6. *MÚS* range.

regozijar-se [xegozi'ʒaxsi] *vp*: ~ **com algo/por fazer algo** to be delighted with sthg/to do sthg.

regra ['xɛgra] *f* -1. [norma] rule. -2. [rotina] routine.

regredir [xegre'dʒi(x)] *vi*: ~ **(a algo)** to regress (to sthg).

regressão [xegre'sãw] *f* -1. [retrocesso] regression. -2. *PSIC* relapse.

regressar [xegre'sa(x)] *vi*: ~ **(de/a)** to return from/to.

regressivo, va [xegre'sivu, va] *adj* regressive.

regresso [xe'grɛsu] *m* return.

régua ['xɛgwa] *f* ruler.

regulador, ra [xegula'do(x), ra] *adj* [força] regulating.

regulador *m* [medicamento] regulator.

regulagem [xegu'laʒẽ] (*pl* -ns) *f* tuning.

regulamento [xegula'mẽntu] *m* rules (*pl*).

regular [xegu'la(x)] (*pl* -es) ⟺ *adj* -1. [ger] regular. -2. [legal] legal. -3. [tamanho] medium. -4. [razoável] reasonable. ⟺ *vt* -1. [ger] to regulate. -2. [ajustar] to adjust. ⟺ *vi* -1. [maquina]: ~ **bem/mal** to be well/badly adjusted. -2. [pessoa]: **não** ~ **(bem)** to not be quite right in the head.

regularidade [xegulari'dadʒi] *f* regularity.

regularizar [xegulari'za(x)] *vt* -1. [legalizar] to legalize. -2. [normalizar] to regularize.

regularizar-se *vp* [normalizar-se] to return to normal.

rei ['xej] *m* -1. [ger] king. -2. *loc*: **ter o** ~ **na barriga** to be full of o.s.

Reikjavik [xejkʒa'vikil] *n* Reykjavik.

reinado [xej'nadu] *m* reign.

reinar [xej'na(x)] *vi* -1. [governar] to reign. -2. *fig* [dominar] to dominate.

reincidir [xẽjnsi'dʒi(x)] *vi* to recur; ~ **em**

algo to commit sthg again.
reino [ˈxejnul] *m* **-1.** [ger] kingdom. **-2.** *fig* [âmbito] realm.
reintegrar [xẽjnteˈgra(x)] *vt* **-1.** [em cargo etc] to reinstate. **-2.** [reconduzir] to readmit.
reiterar [xeiteˈra(x)] *vt* to reiterate.
reitor, ra [xejˈto(x), ra] *m, f* vice chancellor *UK*, president *US*.
reitoria [xejtoˈria] *f* **-1.** [cargo] vice-chancellorship *UK*, presidency *US*. **-2.** [gabinete] vice chancellor's office *UK*, president's office *US*.
reivindicação [xejvĩndʒikaˈsãw] (*pl* -ões) *f* claim.
reivindicar [xejvĩndʒiˈka(x)] *vt* to claim.
rejeição [xeʒejˈsãw] (*pl* -ões) *f* rejection.
rejeitar [xeʒejˈta(x)] *vt* **-1.** [recusar] to reject. **-2.** [vomitar] to vomit. **-3.** [desprezar] to ignore.
rejuvenescer [xeʒuveneˈse(x)] <> *vt* to rejuvenate. <> *vi* to be rejuvenating.
rejuvenescimento [xeʒuvenesiˈmẽntul] *m* rejuvenation.
relação [xelaˈsãw] (*pl* -ões) *f* **-1.** [ligação] relationship; **em ~ a** in relation to; **~ entre/com** relationship between/with. **-2.** [listagem] list.
➡ **relações** *fpl* [relacionamento] relationship *(sg)*; **ele não é pessoa de minhas relações** he's not sb I have anything to do with; **cortar relações com alguém** to break off with sb; **ter relações com alguém** [sexual] to sleep with sb; **relações públicas** public relations; **relações sexuais** sex, sexual intercourse.
relacionar [xelasjoˈna(x)] *vt* **-1.** [listar] to list. **-2.** [pessoa] to bring into contact with.
➡ **relacionar-se** *vp* **-1.** [ligar-se] to be related. **-2.** [pessoa]: **~-se com alguém** to mix with sb.
relações-públicas [xela͵sõjʃˈpublikaʃ] *mf inv* [pessoa] PR officer.
relâmpago [xeˈlãpagul] <> *m METEOR* flash of lightning. <> *adj* [rápido] lightning *(antes de subst)*.
relampejar [xelãnpeˈʒa(x)] *vi*: **relampejou esta noite** there was lightening last night.
relance [xeˈlãnsi] *m*: **ver de ~** to glance at.
relapso, sa [xeˈlapsu, sa] <> *adj* negligent. <> *m, f* negligent person.
relatar [xelaˈta(x)] *vt* to relate.
relativo, va [xelaˈtʃivu, va] *adj* relative; **~ a algo** relative to sthg.
relato [xeˈlatul] *m* account.
relatório [xelaˈtɔrjul] *m* report.
relaxado, da [xelaˈʃadu, da] *adj* **-1.** [desleixado] careless. **-2.** [descansado] relaxed.

relaxante [xelaˈʃãntʃil] *adj* relaxing.
relaxar [xelaˈʃa(x)] <> *vt* to relax. <> *vi* **-1.** [desleixar-se]: **~ em algo** to become careless with sthg. **-2.** [descansar] to relax.
relegar [xeleˈga(x)] *vt* to relegate.
relembrar [xelẽnˈbra(x)] *vt* to recall.
reles [ˈxɛliʃ] *adj inv* **-1.** [desprezível] despicable. **-2.** [mero] mere.
relevante [xeleˈvãntʃil] *adj* **-1.** [saliente] prominent. **-2.** [importante] important.
relevo [xeˈlevul] *m* **-1.** [em superfície] outstanding feature. **-2.** *ARTE* relief. **-3.** *fig* [destaque] importance.
religião [xeliˈʒjãw] (*pl* -ões) *f* religion.
religioso, osa [xeliˈʒozu, ɔza] <> *adj* religious. <> *m, f* [padre, freira] monk *(f* nun*)*.
relinchar [xelĩˈʃa(x)] *vi* to neigh.
relíquia [xeˈlikjal] *f* relic; **~ de família** family heirloom.
relógio [xeˈlɔʒjul] *m* **-1.** [instrumento] clock; **~ de ponto** time clock; **~ de pulso** wrist watch; **~ de sol** sundial. **-2.** [registro] meter.
relojoeiro, ra [xeloˈʒwejru, ra] *m, f* watchmaker.
relutante [xeluˈtãntʃil] *adj* reluctant.
relutar [xeluˈta(x)] *vi*: **~ (em fazer algo)** to be reluctant (to do sthg); **~ (contra algo)** to be reluctant (to accept sthg).
reluzente [xeluˈzẽntʃil] *adj* shining.
relva [ˈxɛwval] *f* grass.
remanescente [xemaneˈsẽntʃil] <> *adj* remaining; **isto é ~ de práticas antigas** this is what remains of ancient customs. <> *m* remainder.
remanso [xeˈmãnsul] *m* backwater.
remar [xeˈma(x)] <> *vt* to row. <> *vi* to row; **~ contra a maré** *fig* to swim against the tide.
remarcação [xemaxkaˈsãw] (*pl* -ões) *f* adjustment.
rematar [xemaˈta(x)] *vt* **-1.** [concluir] to conclude. **-2.** [fazer o acabamento] to finish.
remate [xeˈmatʃil] *m* **-1.** [conclusão] end. **-2.** [acabamento] finishing touch. **-3.** [de piada] punchline.
remediar [xemeˈdʒja(x)] *vt* **-1.** [corrigir, solucionar] to put right. **-2.** [atenuar] to alleviate. **-3.** [evitar] to avoid.
remédio [xeˈmɛdʒjul] *m* **-1.** [medicamento] remedy. **-2.** [solução] solution.
rememorar [xememoˈra(x)] *vt* to remember.
remendar [xemẽnˈda(x)] *vt* **-1.** [roupa] to mend. **-2.** [erros] to rectify.
remendo [xeˈmẽndul] *m* **-1.** [de pano] patch. **-2.** [de metal, couro] repair. **-3.** [emenda] correction.
remessa [xeˈmɛsal] *f* **-1.** [ato] dispatch.

-2. [de dinheiro] remittance; [de mercadorias] shipment.

remetente [xeme'tẽntʃi] mf [de carta] sender.

remeter [xeme'te(x)] vt **-1.** [carta, encomenda] to send. **-2.** [dinheiro] to remit.

➤ **remeter-se** vp [referir-se] to refer to.

remexer [xeme'ʃe(x)] ◇ vt **-1.** [mexer] to move. **-2.** [misturar] to mix. **-3.** [sacudir - braços] to shake; [- papéis, folhas] to shuffle. **-4.** [revolver] to stir up. **-5.** fam [rebolar] to roll. ◇ vi [mexer]: ~ **em algo** to rummage through sthg.

➤ **remexer-se** vp **-1.** [mover-se] to stir. **-2.** [rebolar-se] to roll.

reminiscência [xemini'sẽnsja] f reminiscence.

remissão [xemi'sãw] (pl **-ões**) f **-1.** [ger] remission. **-2.** [em texto] cross-reference.

remo ['xemu] m **-1.** [instrumento] oar. **-2.** [esporte] rowing.

remoção [xemo'sãw] (pl **-ões**) f removal.

remoçar [xemo'sa(x)] ◇ vt to rejuvenate. ◇ vi to be rejuvenated.

remorso [xe'mɔxsu] m remorse.

remoto, ta [xe'mɔtu, ta] adj remote.

removedor [xemove'do(x)] m remover.

remover [xemo've(x)] vt **-1.** [ger] to remove. **-2.** [transferir] to transfer. **-3.** [superar] to overcome.

remuneração [xemunera'sãw] (pl **-ões**) f remuneration.

remunerar [xemune'ra(x)] vt to remunerate.

rena ['xena] f reindeer.

renal [xe'naw] (pl **-ais**) adj renal.

Renascença [xena'sẽnsa] f: **a** ~ the Renaissance.

renascer [xena'se(x)] vi **-1.** [nascer de novo] to spring up again. **-2.** fig [recuperar-se, resurgir] to be reborn.

renascimento [xenasi'mẽntu] m rebirth.

➤ **Renascimento** m: **o Renascimento** the Renaissance.

render [xẽn'de(x)] ◇ vt **-1.** [dominar] to overpower. **-2.** [substituir] to relieve. **-3.** [lucrar] to yield. **-4.** [causar] to bring about. **-5.** [prestar] to render. ◇ vi **-1.** [dar lucro] to be profitable. **-2.** [trabalho] to be productive. **-3.** [comida]: **a comida rendeu para toda a semana** there was enough food for the whole week; **vamos fazer sopa porque rende mais** let's make soup because it goes further. **-4.** [durar] to last.

➤ **render-se** vp [entregar-se]: ~**-se (a algo/alguém)** to surrender (to sb/sthg).

rendição [xẽndʒi'sãw] f **-1.** [capitulação] surrender. **-2.** [substituição] changing.

rendimento [xẽndʒi'mẽntu] m **-1.** [renda] rental. **-2.** [lucro] profit. **-3.** [desempenho] performance. **-4.** [juro] interest.

renegado, da [xene'gadu, da] ◇ adj renegade. ◇ m, f renegade.

renegar [xene'ga(x)] vt **-1.** [ger] to renounce. **-2.** [negar] to deny. **-3.** [desprezar] to reject.

renitente [xeni'tẽntʃi] adj persistent.

renomado, da [xeno'madu, da] adj renowned.

renome [xe'nɔmi] m: **de** ~ renowned.

renovação [xenova'sãw] (pl **-ões**) f **-1.** [ger] renewal. **-2.** [de ensino, empresa] revamping. **-3.** ARQUIT renovation.

renovar [xeno'va(x)] vt **-1.** [ger] to renew. **-2.** [ensino, empresa] to revamp. **-3.** ARQUIT to renovate.

rentabilidade [xẽntabili'dadʒi] f **-1.** [lucro] profitability. **-2.** [proveito] productiveness.

rentável [xẽn'tavɛw] (pl **-eis**) adj profitable.

rente ['xẽntʃi] ◇ adj **-1.** [muito curto] close-cropped. **-2.** [junto]: ~ **a** right next to. ◇ adv **-1.** [muito curto] very short. **-2.** [junto]: **ele caiu** ~ **ao chão** he fell flat on the floor; **ele foi esmagado** ~ **ao muro** he was crushed right up against the wall.

renúncia [xe'nũnsja] f renouncement.

renunciar [xenũn'sja(x)] vi: ~ **a algo** to renounce sthg.

reorganização [xeoxganiza'sãw] f reorganization.

reorganizar [xeoxgani'za(x)] vt to reorganize.

reparação [xepara'sãw] (pl **-ões**) f **-1.** [conserto] repair. **-2.** [indenização] compensation. **-3.** [retratação] reparation.

reparar [xepa'ra(x)] ◇ vt **-1.** [consertar] to repair. **-2.** [indenizar] to compensate. **-3.** [retratar-se de] to admit. **-4.** [notar] to notice. ◇ vi [notar]: ~ **em algo/alguém** to notice sthg/sb; **não repare na bagunça** pay no attention to the mess.

reparo [xe'paru] m **-1.** [conserto] repair. **-2.** [crítica] criticism.

repartição [xepaxtʃi'sãw] (pl **-ões**) f **-1.** [partilha] distribution. **-2.** [órgão governamental] department.

repartir [xepax'tʃi(x)] vt **-1.** [dividir - em partes] to divide up; ~ **o cabelo** to part one's hair; [- entre vários] to distribute. **-2.** [compartilhar] to share.

repassar [xepa'sa(x)] vt **-1.** [passar de novo] to cross again. **-2.** [revisar] to revise. **-3.** [verbas] to transfer.

repasse [xe'pasil] *m* [de verba] transfer.

repatriar [xepa'trja(x)] *vt* to repatriate.
➡ **repatriar-se** *vp* to return home.

repelente [xepe'lẽntʃil] ⟨⟩ *adj* [repugnante] repellent. ⟨⟩ *m* [inseticida] repellent.

repelir [xepe'li(x)] *vt* -**1.** [fazer regressar] to drive away. -**2.** [expulsar] to repel. -**3.** [rechaçar, impedir de entrar] to refuse admission to. -**4.** [recusar] to refuse. -**5.** [repudiar] to reject. -**6.** [desmentir] to refute.

repensar [xepẽn'sa(x)] *vt* to reconsider.

repente [xe'pẽntʃil] *m*: **num ~ tudo escureceu** all of a sudden everything went dark; **um ~ de carinho** a sudden show of affection.
➡ **de repente** *loc adv* -**1.** [repentinamente] suddenly. -**2.** *fam* [talvez] maybe.

repentinamente [xepẽntʃina'mẽntʃil] *adv* suddenly.

repentino, na [xepẽn'tʃinu, nal] *adj* sudden.

repercussão [xepexku'sãw] (*pl* -ões) *f* -**1.** *fig* [de som] reverberation. -**2.** [efeito] repercussion; **o CD teve boa ~ no exterior** the CD was very successful abroad.

repercutir [xepexku'tʃi(x)] ⟨⟩ *vt* [som] to re-echo. ⟨⟩ *vi* -**1.** [som] to reverberate. -**2.** *fig* [afetar]: **~ em** to have repercussions on.

repertório [xepex'tɔrjul] *m* -**1.** [conjunto] collection. -**2.** *MÚS* repertoire.

repetição [xepetʃi'sãw] (*pl* -ões) *f* repetition.

repetido, da [xepe'tʃidu, dal] *adj* repeated; **repetidas vezes** repeatedly.

repetir [xepe'tʃi(x)] ⟨⟩ *vt* -**1.** [ger] to repeat. -**2.** [roupa] to wear again. -**3.** [refeição] to have a second helping of, to have seconds. -**4.** [tocar de novo]: **~ uma música** to play an encore. ⟨⟩ *vi* to repeat.
➡ **repetir-se** *vp* -**1.** [fenômeno] to be repeated. -**2.** [pessoa] to repeat o.s.

repetitivo, va [xepetʃi'tʃivu, val] *adj* repetitive.

repique [xe'pikil] *m* [de sino] peal.

replay [xi'plejl] *m* replay.

repleto, ta [xe'plɛtu, tal] *adj* [cheio]: **~ (de)** full (of).

réplica ['xɛplikal] *f* -**1.** [cópia] replica. -**2.** [resposta] reply.

replicar [xepli'ka(x)] ⟨⟩ *vt* -**1.** [responder] to reply. -**2.** [contestar] to answer. ⟨⟩ *vi* -**1.** [responder] to reply. -**2.** [contestar] to respond.

repolho [xe'poʎul] *m* cabbage.

repor [xe'po(x)] *vt* -**1.** [recolocar] to replace. -**2.** [devolver] to repay.

repor-se *vp* to recover.

reportagem [xepox'taʒẽl] (*pl* -ns) *f* -**1.** [ato] report. -**2.** [matéria]: **~ (sobre)** report (on). -**3.** [repórteres] reporters (*pl*), the press.

repórter [xe'pɔxte(x)] (*pl* -es) *mf* reporter.

repórter-fotográfico, ca [xe'pɔxte(x)-foto'grafiku, kal (*pl* -s) *m* press photographer.

repousante [xepo'zãntʃil] *adj* restful.

repousar [xepo'za(x)] ⟨⟩ *vt* to rest. ⟨⟩ *vi* -**1.** [descansar] to rest. -**2.** [basear-se]: **~ em/sobre algo** to be based on sthg. -**3.** [não produzir] to rest, to lie fallow.

repouso [xe'pozul] *m* [descanso] rest; **em ~** at rest.

repreender [xeprjẽn'de(x)] *vt* to reprimand.

repreensão [xeprjẽn'sãw] (*pl* -ões) *f* reprimand.

repreensível [xeprjẽn'sivewl] (*pl* -eis) *adj* reprehensible.

represa [xe'prezal] *f* dam.

represália [xepre'zaljal] *f* reprisal; **em ~** in reprisal.

representação [xeprezẽnta'sãw] (*pl* -ões) *f* -**1.** [reprodução] representation. -**2.** [queixa]: **~ contra algo/alguém** complaint against sthg/sb. -**3.** [delegação] representatives (*pl*). -**4.** *TEATRO* performance. -**5.** *COM*: **ter a ~ de algo** to display sthg. -**6.** *fig* [fingimento] pretence *UK*, pretense *US*.

representante [xeprezẽn'tãntʃil] ⟨⟩ *adj* representative. ⟨⟩ *mf* representative.

representar [xeprezẽn'ta(x)] ⟨⟩ *vt* -**1.** [ger] to represent. -**2.** [*TEATRO* - encenar] to perform; [- interpretar] to play. ⟨⟩ *vi* *TEATRO* [interpretar] to perform.

representatividade [xeprezẽntatʃivi'dadʒil] *f* representation.

representativo, va [xeprezẽnta'tʃivu, val] *adj* representative; **~ de algo** representative of sthg.

repressão [xepre'sãw] (*pl* -ões) *f* repression.

reprimido, da [xepri'midu, dal] *adj* repressed.

reprimir [xepri'mi(x)] *vt* -**1.** [conter - paixão] to contain; [- pensamento] to suppress. -**2.** [dissimular] to suppress. -**3.** *PSIC* to repress. -**4.** [proibir] to prohibit.
➡ **reprimir-se** *vp* [conter-se] to control o.s.

reprise [xe'prizil] *f* repeat.

reprodução [xeprodu'sãw] (*pl* -ões) *f* reproduction.

reprodutor, ra [xeprodu'to(x), ral] *adj* reproductive.

◆ **reprodutor** m breeding animal.

reproduzir [xeprodu'zi(x)] vt -1. [copiar, repetir] to copy. -2. [procriar] to breed. -3. [reeditar] to republish.

◆ **reproduzir-se** vp -1. [procriar-se] to breed. -2. [repetir-se] to be repeated.

reprovado, da [xepro'vadu, da] ◇ adj failed. ◇ m, f failure.

reprovar [xepro'va(x)] ◇ vt -1. [censurar] to disapprove of. -2. [rejeitar] to reject. -3. [em exame, seleção] to fail. ◇ vi [em exame, seleção] to fail.

réptil ['xɛptʃiw] (pl -eis) m reptile.

república [xɛ'publika] f -1. POL republic. -2. EDUC students' residence.

República da África do Sul [xepublikada,afrikadu'suw] n Republic of South Africa.

República Dominicana [xe,publikado-mini'kãna] n Dominican Republic.

republicano, na [xepubli'kãnu, na] ◇ adj republican. ◇ m, f republican.

República Tcheca [xe,publika'tʃɛka] n Czech Republic.

repudiar [xepu'dʒjar] vt to repudiate.

repúdio [xe'pudʒju] m repudiation.

repugnância [xepug'nãsja] f -1. [ger] repugnance. -2. [oposição] opposition.

repugnante [xepug'nãntʃi] adj repugnant.

repulsa [xe'puwsa] f -1. [ato] repulsion. -2. [sentimento] repugnance. -3. [oposição] rejection.

repulsivo, va [xepuw'sivu, va] adj repulsive.

reputação [xeputa'sãw] (pl -ões) f reputation.

repuxar [xepu'ʃa(x)] ◇ vt [esticar - roupa, pele] to stretch; [- cabelo] to pull back tight. ◇ vi [retesar] to tense.

requebrado [xeke'bradu] m swaying.

requeijão [xekej'ʒãw] (pl -ões) m soft cheese.

requentar [xekẽn'ta(x)] vt to reheat.

requerer [xeke're(x)] ◇ vt -1. [pedir] to request. -2. [exigir] to demand. -3. [merecer] to deserve. -4. JUR to petition for. ◇ vi JUR to make a petition.

requerimento [xekeri'mẽntu] m -1. [ato de requerer] application. -2. [petição] petition.

requintado, da [xekĩn'tadu, da] adj refined.

requinte [xe'kĩntʃi] m -1. [refinamento] refinement. -2. [excesso] excess.

requisito [xeki'zitu] m requirement.

resenha [xe'zaɲa] f -1. [de livro] review. -2. [relatório] report. -3. [resumo] summary.

reserva [xe'zɛxva] ◇ f -1. [ger] reserve; ~ **internacionais** foreign re-

serves; ~ **natural** nature reserve; ~ **de mercado** protected market. -2. [em hotel, avião etc] reservation; **fazer** ~ **de algo** to reserve sthg. -3. [restrição]: **ter** ~ **a** ou **para com** to have reservations about. -4. [discrição] discretion. ◇ mf ESP reserve.

reservado, da [xezex'vadu, da] adj -1. [ger] reserved. -2. [íntimo] private.

◆ **reservado** m [privada] private room.

reservar [xezex'va(x)] vt -1. [fazer reserva] to reserve. -2. [poupar] to save. -3. [destinar] to allow; **a vida lhe reserva muitas alegrias** life has much joy in store for him.

◆ **reservar-se** vp [preservar-se] to save o.s.

reservatório [xezexva'tɔrju] m -1. [depósito] tank. -2. [de água] reservoir.

resfriado, da [xeʃfri'adu, da] adj -1. [pessoa] cold; **ficar** ~ to catch cold. -2. [carne] chilled.

◆ **resfriado** m cold; **pegar um** ~ to catch a cold.

resfriar [xeʃ'frja(x)] vt [esfriar] to cool.

resgatar [xeʒga'ta(x)] vt -1. [ger] to rescue. -2. [restituir] to recover. -3. [pagar] to pay off. -4. [recuperar] to recoup. -5. [expiar] to redeem.

resgate [xeʒ'gatʃi] m -1. [dinheiro] ransom. -2. [libertação] release. -3. [salvamento] rescue. -4. FIN [retirada] withdrawal. -5. COM redemption.

resguardar [xeʒgwax'da(x)] vt -1. [proteger]: ~ **(de)** to protect (from). -2. [vigiar] to protect.

◆ **resguardar-se** vp [proteger-se]: ~ **se de** to protect o.s. from.

resguardo [xeʒ'gwaxdu] m -1. [proteção] protection. -2. [cuidado] care. -3. [repouso] rest.

residência [xezi'dẽnsja] f residence.

residencial [xezidẽn'sjaw] (pl -ais) adj residential.

residente [xezi'dẽntʃi] ◇ adj resident. ◇ mf -1. [morador] resident. -2. [médico] senior registrar UK, resident US.

residir [xezi'dʒi(x)] vi to reside.

resíduo [xe'zidwu] m -1. [resto] residue. -2. [bancário] surplus.

resignação [xezigna'sãw] f: ~ **(a/com)** resignation to.

resignar-se [xezig'naxsi] vp to resign o.s.; ~ **com algo** to resign o.s. to sthg; ~ **a fazer algo** to resign o.s. to doing sthg.

resina [xe'zina] f resin.

resistência [xeziʃ'tẽnsja] f -1. [ger] resistance; **o carro não teve** ~ **para subir a ladeira** the car did not have the power to go up the slope. -2. [moral]

stamina. **-3.** *fig* [oposição]: ~ a resistance to.

resistente [xeziʃ'tẽntʃi] *adj* **-1.** [forte] strong; ~ ao calor heat-resistant. **-2.** [durável] durable. **-3.** [que se opõe a]: ~ a resistant to.

resistir [xeziʃ'tʃi(x)] *vi*: ~ a algo to resist sthg.

resmungar [xeʒmũŋ'ga(x)] *vt* & *vi* to grumble.

resolução [xezolu'sãw] (*pl* **-ões**) *f* **-1.** [decisão] decision. **-2.** [solução] solution. **-3.** [firmeza] resolve. **-4.** [de imagem] resolution; **de alta** ~ high-resolution, hi-res.

resolver [xezow've(x)] <> *vt* **-1.** [solucionar] to solve. **-2.** [decidir]: ~ fazer algo to decide to do sthg. <> *vi* **-1.** [adiantar]: **a violência não resolve** violence doesn't solve anything. **-2.** [decidir] to decide.

respaldar [xeʃpaw'da(x)] *vt* [apoiar] to back.

respectivo, va [xeʃpek'tʃivu, va] *adj* respective.

respeitador, ra [xeʃpejtado(x), ra] *adj* respectful.

respeitar [xeʃpej'ta(x)] *vt* to respect.

respeitável [xeʃpej'tavɛw] (*pl* **-eis**) *adj* **-1.** [digno de respeito] respectable. **-2.** [considerável] considerable.

respeito [xeʃ'pejtu] *m* **-1.** [deferência]: ~ a *ou* por respect for; **faltar ao** ~ **com alguém** to be rude to sb. **-2.** [relação] respect; **dizer** ~ a to concern; **a** ~ **de** [sobre] about.

respeitoso, osa [xeʃpej'tozu, ɔza] *adj* respectful.

respingar [xeʃpĩŋ'ga(x)] *vi* to splash.

respingo [xeʃ'pĩŋgu] *m* splash.

respiração [xeʃpira'sãw] *f* breathing.

respirar [xeʃpi'ra(x)] <> *vt* [ar] to breathe. <> *vi* **-1.** [absorver o ar] to breathe. **-2.** *fig* [sentir alívio] to breathe freely again.

resplandecente [xeʃplãnde'sẽntʃi] *adj* **-1.** [jóia] resplendent. **-2.** [dia] splendid.

resplandecer [xeʃplãnde'se(x)] *vi* **-1.** [brilhar] to shine. **-2.** [sobressair] to outshine.

resplendor [xeʃplẽn'do(x)] *m* brilliance.

responder [xeʃpõn'de(x)] <> *vt* [dar resposta] to reply. <> *vi* **-1.** [dar resposta]: ~ (a algo/alguém) to reply to sthg/sb. **-2.** [replicar] to answer. **-3.** [ser respondão] to answer back. **-4.** [reagir]: ~ a algo to respond to sthg. **-5.** [responsabilizar-se]: ~ por algo/alguém to answer for sthg/sb. **-6.** [submeter-se a]: ~ a algo to undergo sthg.

responsabilidade [xeʃpõnsabili'dadʒi] *f*

-1. [obrigação] responsibility. **-2.** *JUR* liability.

responsabilizar [xeʃpõnsabili'za(x)] *vt*: ~ algo/alguém (por algo) to hold sthg/sb responsible for sthg.

➡ **responsabilizar-se** *vp*: ~ -se (por algo/alguém) to hold o.s. responsible (for sthg/sb).

responsável [xeʃpõn'savɛw] (*pl* **-eis**) <> *adj*: ~ (por) responsible (for). <> *mf* **-1.** [encarregado] person in charge. **-2.** [culpado] person responsible.

resposta [xeʃ'pɔʃta] *f* **-1.** [de pergunta] answer. **-2.** *fig* [reação] response.

resquício [xeʃ'kisjul *m* **-1.** [vestígio] fragment. **-2.** [fragmento] fragment.

ressabiado, da [xesa'bjadu, da] *adj* **-1.** [desconfiado] suspicious. **-2.** [ressentido] resentful.

ressaca [xe'saka] *f* **-1.** [do mar] rough sea. **-2.** *fig* [de bebida] hangover.

ressaltar [xesaw'ta(x)] *vt* to emphasize.

ressalva [xe'sawva] *f* **-1.** [emenda] correction. **-2.** [restrição] proviso.

ressarcir [xesax'si(x)] *vt* [compensar]: ~ algo (de) to compensate for sthg (with); ~ alguém (de) to compensate sb (with).

ressecado, da [xese'kadu, da] *adj* dried up.

ressecar [xese'ka(x)] *vt* & *vi* to dry up.

ressentido, da [xesẽn'tʃidu, da] *adj* resentful.

ressentimento [xesẽntʃi'mẽntu] *m* resentment.

ressentir-se [xesẽn'tʃixsil *vp* **-1.** [magoar-se]: ~ (de algo) to resent (sthg). **-2.** [sofrer consequência]: ~ de algo to feel the effects of sthg.

ressoar [xe'swa(x)] *vi* to resound.

ressurgir [xesux'zi(x)] *vi* **-1.** [reaparecer] to reappear. **-2.** [revitalizar-se] to revive. **-3.** [ressuscitar] to be resurrected.

ressurreição [xesuxej'sãw] (*pl* **-ões**) *f* resurrection.

ressuscitar [xesusi'ta(x)] <> *vt* **-1.** [pessoa, animal] to resuscitate. **-2.** [costume, moda] to revive. <> *vi* **-1.** [pessoa, animal] to be resuscitated. **-2.** [costume, moda] to be revived.

restabelecer [xeʃtabele'se(x)] *vt* to restore.

➡ **restabelecer-se** *vp* to recover.

restabelecimento [xeʃtabelesi'mẽntul *m* **-1.** [de ordem, tradição] restoration. **-2.** [de doente] recovery.

restar [xeʃ'ta(x)] *vi* **-1.** [sobrar] to be left over. **-2.** [sobreviver] to survive. **-3.** [subsistir] to remain; **não me resta dúvida de que ...** I no longer have any doubt that ... **-4.** [faltar]: **faltam duas páginas**

para terminar there are two pages left to finish.

restauração [xeʃtawra'sãw] (pl -ões) f restoration.

restaurante [xeʃtaw'rãntʃi] m restaurant.

restaurar [xeʃtaw'ra(x)] vt -1. [ger] to restore. -2. [recuperar] to recover.

restituição [xeʃtʃitwi'sãw] (pl -ões) f -1. [devolução] return. -2. [pagamento] repayment.

restituir [xeʃtʃi'twi(x)] vt -1. [devolver] to return. -2. [pagar] to repay. -3. [restabelecer] to restore.

resto [ˈxɛʃtul] m -1. [ger] remainder. -2. [restante] rest.

 restos mpl [de comida] leftovers.

restrição [xeʃtri'sãw] (pl -ões) f restriction.

restringir [xeʃtrĩ'ʒi(x)] vt to restrict.

restrito, ta [xeʃ'tritu, ta] adj restricted.

resultado [xezuw'tadul] m -1. [ger] result. -2. [proveito]: **dar ~ to be effective; o filme deu bom ~ publicitário** the film was good publicity.

resultante [xezuw'tãntʃi] <> adj resulting; **~ de algo** resulting from sthg. <> f -1. [consequência] outcome. -2. FÍSICA result.

resumir [xezu'mi(x)] vt to summarize.

 resumir-se vp: **~-se em** OU **a algo** to consist of sthg.

resumo [xe'zumul] m summary; **em ~** in short.

reta [ˈxɛtal] f ▷ **reto**.

retaguarda [ˌxeta'gwaxdal] f -1. [posição] rear. -2. MIL rearguard.

retalho [xe'taʎul] m remnant.

retaliação [xetalja'sãw] (pl -ões) f retaliation.

retaliar [xeta'lja(x)] <> vt to repay. <> vi to retaliate.

retângulo [xe'tãŋgulul] m rectangle.

retardar [xetax'da(x)] vt -1. [atrasar] to delay. -2. [adiar] to postpone.

retenção [xetẽ'sãw] f -1. [detenção] detention; **a ~ no trânsito é grande** there is a major traffic hold-up. -2. MED [de líquidos] retention.

reter [xe'te(x)] vt -1. [ger] to retain. -2. [segurar, prender - rédeas, corda] to hold; [- ladrão, suspeito] to detain. -3. [guardar] to keep. -4. [reprimir, deter] to hold back.

retesado, da [xete'zadu, dal] adj taut.

retesar [xete'za(x)] vt to tense.

 retesar-se vp to tense.

retidão [xetʃi'dãw] f [lisura] rectitude.

retificar [xetʃifi'ka(x)] vt -1. [corrigir] to rectify. -2. [purificar] to purify. -3. AUTO to repair.

retina [xe'tʃina] f ANAT retina.

retirado, da [xetʃi'radu, dal] adj [pessoa] retiring; [vida] retired; [lugar, casa] isolated.

 retirada f -1. [ger] withdrawal; **bater em retirada** [fugir] to beat a retreat. -2. [migração] migration.

retirar [xetʃi'ra(x)] vt -1. [ger] to remove. -2. [retratar-se de] to take back. -3. [ganhar] to make. -4. [livrar, salvar] to get out.

 retirar-se vp -1. [ger] to leave. -2. [refugiar-se] to withdraw.

retiro [xe'tʃirul] m retreat.

reto, ta [ˈxɛtu, tal] adj -1. [ger] straight; **ângulo ~** right angle. -2. fig [justo] straightforward. -3. fig [honesto] honest.

 reto m ANAT rectum.

 reta f -1. MAT straight line. -2. [de estrada, pista] straight; **ele bateu na reta contra um caminhão** he hit a lorry on the straight.

retocar [xeto'ka(x)] vt -1. [pintura] to touch up. -2. [texto] to tidy up.

retomar [xeto'ma(x)] vt -1. [continuar] to resume. -2. [reaver] to take back.

retoque [xe'tɔkil m finishing touch; **dar um ~** to add a finishing touch.

retorcer [xetox'se(x)] vt -1. [torcer de novo] to re-twist. -2. [contorcer-se] to twist.

 retorcer-se vp [contorcer-se] to writhe.

retórico, ca [xe'tɔriku, kal] adj -1. [sem conteúdo] rhetorical. -2. fig [afetado] affected.

 retórica f -1. [discurso] rhetoric. -2. pej [afetação] affectation.

retornar [xetox'na(x)] vi [voltar] to return.

retorno [xe'toxnul] m -1. [ger] return. -2. [resposta] response; **dar um ~ (sobre algo)** to give one's response (to sthg). -3. [em estrada] turning place; **fazer o ~** to turn back.

retraído, da [xetra'idu, dal] adj fig [reservado, tímido] reserved.

retraimento [xetraj'mẽntul m [reserva, timidez] reserve.

retrair [xetra'i(x)] vt -1. [ger] to withdraw. -2. [tornar reservado] to make reserved.

 retrair-se vp -1. [afastar-se] to withdraw. -2. [tornar-se reservado] to become withdrawn.

retrasado, da [xetra'zadu, dal] adj [ano, semana] before last.

retratar [xetra'ta(x)] vt -1. [fazer retrato] to depict. -2. [descrever] to portray. -3. [desdizer] to retract. -4. [expressar] to express.

 retratar-se vp -1. [representar-se] to

portray o.s. **-2.** [desdizer-se]: ~-se de
algo to retract sthg. **-3.** [confessar erro]
to admit one's mistake.

retrato [xe'tratul *m* **-1.** [ger] portrait; ~
falado Identikit® picture. **-2.** *fig*
[exemplo] picture.

retribuir [xetri'bwi(x)] *vt* **-1.** [pagar] to
pay. **-2.** [agradecer] to return. **-3.** [corresponder] to reciprocate.

retroceder [xetrose'de(x)] *vi* **-1.** [recuar]
to step back. **-2.** [decair] to decline.

retrocesso [xetro'sesul *m* **-1.** [retorno]
return. **-2.** [declínio] step backwards.
-3. [recaída] recurrence. **-4.** [tecla]
backspace. **-5.** [na economia] slowdown.

retrógrado, da [xe'trɔgradu, dal *adj* **-1.**
[idéia, movimento] retrograde,
reactionary. **-2.** [pessoa] reactionary.

retrospectiva [xetroʃpek'tʃival *f* retrospective.

retrospecto [xetroʃ'pɛktul *m* [retrospetiva] retrospect; **em** ~ in retrospect.

retrovisor [xetrovi'zo(x)] (*pl* **-es**) <> *adj*
rear-view. <> *m* rear-view mirror.

réu [xewl, **ré** [xɛl *m*, *f* accused.

reumatismo [xewma'tʃiʒmul *m* rheumatism.

reunião [xew'njãw] (*pl* **-ões**) *f* **-1.** [encontro] meeting; ~ **de cúpula** summit. **-2.**
[festa] party. **-3.** [coletânea] collection.

reunir [xew'ni(x)] *vt* **-1.** [juntar] to
gather. **-2.** [congregar] to join
together. **-3.** [aliar] to combine. **-4.**
[unir] to unite.

➤ **reunir-se** *vp* **-1.** [juntar-se] to gather.
-2. [aliar-se] to be combined. **-3.** [realizar reunião] to meet. **-4.** [incorporar-se] to
join together.

revanche [xe'vãnʃil *f* **-1.** [desforra]
revenge. **-2.** *ESP* return match.

reveillon [xeve'jõnl *m* New Year's Eve.

revelação [xevela'sãwl (*pl* **-ões**) *f* **-1.**
[ger] revelation. **-2.** *FOT* developing.

revelar [xeve'la(x)] *vt* **-1.** [ger] to reveal.
-2. [mostrar, demonstrar] to show. **-3.** *FOT*
to develop.

➤ **revelar-se** *vp* [dar-se a conhecer] to
turn out to be.

revelia [xeve'lial *f* default.

➤ **à revelia** *loc adv* **-1.** *JUR* in absentia.
-2. [despercebidamente] without anybody knowing.

➤ **à revelia de** *loc adv* without the
knowledge/consent of.

revendedor, ra [xevẽnde'do(x), ral (*mpl*
-es, *fpl* **-s**) <> *adj* resale (*antes de
subst*). <> *m*, *f* [de automóveis] dealer.

rever [xe've(x)] *vt* **-1.** [tornar a ver] to see
again. **-2.** [examinar] to check. **-3.** [revisar] to revise.

reverência [xeve'rẽnsjal *f* **-1.** [respeito]

reverence. **-2.** [saudação]: **fazer uma**
~ to bow.

reverenciar [xeverẽn'sja(x)] *vt* **-1.** [respeitar] to respect. **-2.** [saudar] to salute.

reverendo [xeve'rẽndul *m* priest.

reverso, sa [xe'vɛxsu, sal <> *adj* reverse. <> *m* [lado contrário] reverse.

reverter [xevex'te(x)] *vi* **-1.** [retroceder]:
~ **a** to return to. **-2.** [redundar]: ~
em favor de alguém to revert in s.o.'s
favour; ~ **em benefício de** to benefit.

revés [xe'vɛʃ] (*pl* **-eses**) *m* **-1.** [reverso]
reverse; **ao** ~ [às avessas] inside out.
-2. *fig* [infortúnio] setback.

➤ **de revés** *loc adv* [olhar, sorrir] askance.

revestimento [xeveʃtʃi'mẽntul *m* covering.

revestir [xeveʃ'tʃi(x)] *vt* **-1.** [ger] to cover.
-2. [vestir] to don, to put on.

revezamento [xeveza'mẽntul *m* **-1.**
[ato]: **para cuidar do bebê, o casal fez
um** ~ the couple took it in turns to
look after the baby. **-2.** *ESP* relay.

revezar [xeve'za(x)] <> *vt* to swap. <>
vi: ~ **(com)** to take turns (with).

➤ **revezar-se** *vp* to alternate.

revidar [xevi'da(x)] <> *vt* **-1.** [responder] to return. **-2.** [contestar] to answer.
<> *vi* [responder] to answer back.

revide [xe'vidʒil *m* response.

revigorar [xevigo'ra(x)] *vt* to reinvigorate.

➤ **revigorar-se** *vp* to regain one's
strength.

revirado, da [xevi'radu, dal *adj* **-1.** [casa]
untidy. **-2.** [mar] choppy.

revirar [xevi'ra(x)] *vt* **-1.** [tornar a virar] to
turn over. **-2.** [mudar] to change. **-3.**
[os olhos] to roll. **-4.** [remexer em] to
turn out.

➤ **revirar-se** *vp* [virar-se] to toss and
turn.

reviravolta [xe,vira'vɔwtal *f* **-1.** [mudança] turnabout. **-2.** [pirueta] pirouette.

revisão [xevi'zãwl (*pl* **-ões**) *f* **-1.** [de texto] revision. **-2.** [de máquina - ger]
overhaul; [- carro, motor de carro]
service. **-3.** [os revisores] review
board. **-4.** *JUR* review.

revisar [xevi'za(x)] *vt* **-1.** [texto] to
revise. **-2.** [máquina - ger] to overhaul;
[- motor de carro] to service. **-3.** [recapitular] to review.

revista [xe'viʃtal *f* **-1.** [publicação] magazine; ~ **em quadrinhos** comic. **-2.** [acadêmica] journal. **-3.** *MIL* [inspeção]
review. **-4.** [busca] search. **-5.** *TEATRO*
revue.

revistar [xeviʃ'ta(x)] *vt* to search.

revisto, ta [xe'viʃtu, tal *pp* ⊳ **rever**.

revitalizar [xevitali'za(x)] *vt* to revitalize.

revogação [xevoga'sãw] (*pl* -ões) *f* repeal.

revogar [xevo'ga(x)] *vt* to repeal.

revolta [xe'vɔwta] *f* -1. [ger] revolt. -2. [rebeldia]: ~ **(contra)** rebellion (against). -3. [indignação]: ~ **(diante de** *ou* **com)** indignation (at).

revolto, ta [xe'vowtu, ta] *adj* -1. [revirado] rough. -2. [conturbado] troubled. -3. [desarrumado] untidy.

revoltoso, osa [xevow'tozu, ɔza] *adj* rebellious.
◆ **revoltoso** *m* rebel.

revolução [xevolu'sãw] (*pl* -ões) *f* revolution.

revolucionar [xevolusjo'na(x)] *vt* -1. [transformar] to revolutionize. -2. [sublevar] to stir up. -3. [agitar] to change completely.

revolucionário, ria [xevolusjo'narju, rja] <> *adj* revolutionary. <> *m, f* revolutionary.

revolver [xevow've(x)] *vt* -1. [remexer] to rummage through. -2. [examinar, investigar] to search. -3. [revirar - olhos] to roll; [- corpo, terra] to turn over. -4. [agitar] to blow about. -5. [relembrar] to recall.
◆ **revolver-se** *vp* -1. [mexer-se] to roll over. -2. [agitar-se] to blow about.

revólver [xe'vowve(x)] (*pl* -es) *m* revolver.

reza ['xɛza] *f* prayer.

rezar [xe'za(x)] <> *vt* -1. [orar] to pray. -2. [missa] to say mass. -3. [afirmar, preceituar] to state. <> *vi* [orar] to pray.

RG (*abrev de* **Registro Geral**) *m* Brazilian identity card, ≃ ID card.

RH (*abrev de* **Recursos Humanos**) *m* HR.

riacho ['xjaʃu] *m* stream.

ribeirão [xibej'rãw] (*pl* -ões) *m* stream.

ribeirinho, nha [xibej'riɲu, ɲa] <> *adj* riverside. <> *m, f* riverside dweller.

ricamente [xika'mẽntʃi] *adv* richly.

rícino ['xisinu] *m* castor-oil plant.

rico, ca ['xiku, ka] <> *adj* -1. [ger] rich. -2. [opulento] opulent. -3. [abundante]: ~ **em algo** rich in sthg. -4. [esplêndido] splendid. -5. [valiosa] precious. <> *m, f* [pessoa] rich person.

ricota [xi'kɔta] *f* ricotta.

ridicularizar [xidʒikulari'za(x)] *vt* to ridicule.

ridículo, la [xi'dʒikulu, la] *adj* ridiculous.
◆ **ridículo** *m* ridicule.

rifa ['xifa] *f* raffle.

rifle ['xifli] *m* rifle.

rigidez [xiʒi'deʒ] *f* -1. [dureza - de metais, parede] rigidity; [- de músculo, corpo] stiffness. -2. *fig* [severidade] harshness. -3. *fig* [inflexibilidade] strictness.

rígido, da ['xiʒidu, da] *adj* -1. [hirto] stiff. -2. [resistente] strong. -3. [severo - pessoa, rosto] severe; [- disciplina] strict.

rigor [xi'go(x)] (*pl* -es) *m* -1. [rigidez] rigour *UK*, rigor *US*. -2. [severidade] severity. -3. [exatidão] rigour *UK*, rigor *US*. -4. [meticulosidade] thoroughness; **com** ~ strictly. -5. [preceito] good manners (*pl*). -6. [auge] harshness.
◆ **a rigor** *loc adv* strictly speaking.

rigoroso, osa [xigo'rozu, ɔza] *adj* -1. [ger] strict. -2. [castigo] severe. -3. [exato] precise. -4. [meticuloso] meticulous. -5. *fig* [penoso] severe.

rijo, ja ['xiʒu, ʒa] *adj* -1. [rígido] firm. -2. [severo] severe.

rim ['xĩ] (*pl* -ns) *m* ANAT kidney.
◆ **rins** *mpl fam* [região lombar] lower back (*sg*).

rima ['ximal] *f* rhyme.

rimar [xi'ma(x)] *vi* to rhyme.

rímel® ['ximɛw] (*pl* -eis) *m* mascara.

ringue ['xĩgil] *m* ring.

rinoceronte [xinose'rõntʃi] *m* rhinoceros.

rins [xĩʃ] *pl* ▷ **rim**.

rio ['xiw] *m* river; **gastar** ~ **s de dinheiro** to spend lots of money.

riqueza [xi'keza] *f* -1. [ger] richness. -2. [fortuna, bens] wealth. -3. [beleza] beauty; **essa igreja é uma** ~ **!** this church is beautiful!

rir ['xi(x)] *vi* to laugh; ~ **de algo/alguém** to laugh at sthg/sb; **morrer de** ~ **(de algo/alguém)** to laugh one's head off (at sthg/sb), to laugh oneself silly (at sthg/sb).

risada [xi'zada] *f* -1. [riso] laughter. -2. [gargalhada] guffaw.

risca ['xiʃka] *f* -1. [listra] stripe. -2. [no cabelo] parting. -3. [traço] line.
◆ **à risca** *loc adv* to the letter.

riscar [xiʃ'ka(x)] *vt* -1. [fazer riscas em - porta, pareded] to scratch; [- papel] to draw lines on. -2. [esboçar] to sketch. -3. [marcar] to draw. -4. [apagar] to cross out. -5. [acender] to scratch. -6. [eliminar]: ~ **alguém/algo de algo** to eliminate sb/sthg from sthg. -7. [atritar] to scrape.

risco ['xiʃku] *m* -1. [traço] scratch. -2. [esboço] sketch. -3. [perigo] risk; **correr** ~ **de** to run the risk of; **pôr algo/alguém em** ~ to put sthg/sb at risk.

risco-país [ˌxiʃkupa'jiʃ] *m* ECON country risk.

riso ['xizu] *m* laugh; ~ **amarelo** forced laugh.

risonho, nha [xi'zoɲu, ɲa] *adj* -1. [que sorri] smiling. -2. [alegre] cheerful.

risoto [xi'zotu] *m* risotto.

ríspido, da [ˈxiʃpidu, da] *adj* harsh.

rítmico, ca [ˈxitʃmiku, ka] *adj* rhythmic.

ritmo [ˈxitʃimu] *m* rhythm.

rito [ˈxitu] *m* rite.

ritual [xiˈtwaw] (*pl* -ais [xiˈtwajʃl]) ◇ *adj* ritual. ◇ *m* -1. [ger] ritual. -2. [livro] service book.

rival [xiˈvaw] (*pl* -ais) ◇ *adj* rival. ◇ *mf* rival.

rivalidade [xivaliˈdadʒi] *f* rivalry.

rivalizar [xivaliˈza(x)] *vi*: ~ com algo/alguém to compete with sthg/sb.

rixa [ˈxiʃa] *f* quarrel.

RJ (*abrev de* **Estado do Rio de Janeiro**) *n* State of Rio de Janeiro.

RN (*abrev de* **Estado do Rio Grande do Norte**) *n* State of Rio Grande do Norte.

RO (*abrev de* **Estado de Rondônia**) *n* State of Rondônia.

robô [roˈbol] *m* robot.

robusto, ta [xoˈbuʃtu, ta] *adj* robust.

roça [ˈxɔsa] *f* -1. [plantação] plantation. -2. [campo] country. -3. [mato] clearing.

rocambole [xokãˈbɔli] *m* roll.

roçar [xoˈsa(x)] ◇ *vt* -1. [cortar] to clear. -2. [tocar de leve] to brush. -3. [atritar] to scrape. ◇ *vi* [tocar de leve]: ~ em to brush against.

rocha [ˈxɔʃa] *f* -1. [pedra] rock. -2. [rochedo] crag.

rochedo [xoˈʃedu] *m* crag.

rock [ˈxɔkil] *m* MÚS rock.

roda [ˈxɔda] *f* -1. [ger] wheel. -2. [círculo] circle; **alta** ~ high society; ~ **de samba** circle of samba dancers and musicians; **brincar de** ~ to play in a circle. -3. [de saia] hoop.

rodado, da [xoˈdadu, da] *adj* -1. [que tem roda] full. -2. [percorrido] on the clock.

➡ **rodada** *f* -1. [giro] turn; **dar uma rodada** to turn round. -2. [de bebida] round. -3. *ESP* round.

roda-gigante [xɔdaʒiˈgãntʃil] (*pl* **rodas-gigantes**) *f* big wheel, Ferris wheel.

rodamoinho [xɔdaˈmwiɲul] *m* -1. [de água] whirlpool. -2. [de cabelo] swirl.

rodapé [xɔdaˈpɛl] *m* -1. [de parede] skirting board. -2. [de página] foot; **nota de** ~ footnote. -3. [artigo] article.

rodar [xoˈda(x)] ◇ *vt* -1. [fazer girar] to turn. -2. [percorrer] to travel. -3. [imprimir] to print. -4. [filmar] to film. -5. *AUTO* to do. -6. *COMPUT* to run. ◇ *vi* -1. [girar] to turn. -2. [ser impresso] to be printed. -3. [decorrer] to move on.

rodear [xoˈdʒja(x)] *vt* -1. [contornar] to go round. -2. [cercar] to surround.

➡ **rodear-se** *vp* [cercar-se] to surround o.s.

rodeio [xoˈdejul] *m* -1. [circunlóquio] circumlocution. -2. [evasiva] evasiveness; **fazer** ~ **s** to beat about the bush; **sem** ~ **s** bluntly. -3. [de gado] rodeo.

rodela [xoˈdɛla] *f* [pedaço] slice.

rodízio [xoˈdʒizjul] *m* -1. [revezamento] turn; **fazer** ~ to take turns. -2. [em restaurante] *type of service in a restaurant where you are served at your table as much meat or, sometimes, pizza as you can eat, and normally accompanied by a free buffet of salad, etc.*

rodo [ˈxodul] *m* -1. [para puxar água] brush. -2. [agrícola] rake.

➡ **a rodo** *loc adv* a lot.

rodopiar [xodoˈpja(x)] *vi* to spin around.

rodopio [xodoˈpiwl] *m* spin.

rodovia [xodoˈvial] *f* motorway *UK*, highway *US*.

rodoviário, ria [xodoˈvjarju, rja] *adj* road.

➡ **rodoviária** *f* [estação de ônibus] bus station.

roedor, ra [xweˈdo(x), ra] *adj* gnawing.

➡ **roedor** *m* rodent.

roer [ˈxwe(x)] *vt* -1. [com dentes] to gnaw; ~ **as unhas** to bite one's nails; **duro de** ~ *fam fig* a hard nut to crack. -2. [destruir] to eat away. -3. [corroer] to erode. -4. *fig* [atormentar] to eat away at, to gnaw at.

➡ **roer-se** *vp fig* [atormentar-se]: ~ **-se de algo** to be eaten up with sthg.

rogado, da [xoˈgadu, da] *adj*: **fazer-se de** ~ to play hard to get.

rogar [xoˈga(x)] ◇ *vt* to ask; ~ **pragas (contra algo/alguém)** to curse (sthg/sb). ◇ *vi* to pray; ~ **a alguém que faça algo** to beg sb to do sthg.

rojão [xoˈʒawl] (*pl* -ões) *m* -1. [foguete] rocket. -2. *fig* [ritmo intenso] hectic pace; **aguentar o** ~ *fig* [resistir] to stand the pace.

rol [xɔwl] (*pl* **róis**) *m* list.

rolar [xoˈla(x)] ◇ *vt* -1. [fazer girar] to roll. -2. *fig* [dívida] to run up. ◇ *vi* -1. [cair, deslizar] to roll. -2. [na cama] to toss and turn. -3. *fam* [estender-se] to roll on. -4. *fam* [ser servido] to be served. -5. *fam* [acontecer] to go on.

roldana [xowˈdãnal] *f* pulley.

roleta [xoˈleta] *f* -1. [jogo] roulette. -2. [borboleta] turnstile.

roleta-russa [xo‚letaˈxusal] (*pl* **roletas-russas**) *f* Russian roulette.

rolha [ˈxoʎal] *f* -1. [peça] cork. -2. *fam fig* [censura] gag.

roliço, ça [xoˈlisu, sal] *adj* -1. [redondo] round. -2. [gordo] chubby.

rolo [ˈxolul] *m* -1. [ger] roller; ~ **de pas-**

tel rolling pin; ~ **compressor** steam roller. **-2.** [cilindro] roll. **-3.** [almofada] bolster. **-4.** *fam* [bafafá, confusão] brawl; **dar ~** to cause trouble.

ROM (*abrev de* **Read Only Memory**) *f* ROM.

romã [xo'mã] *f* pomegranate.

Roma ['xoma] *n* Rome.

romance [xo'mãnsi] *m* **-1.** LITER novel; ~ **policial** detective story. **-2.** *fig* [amoroso] romance. **-3.** *fig* [saga] saga.

romancista [xomãn'siʃta] *mf* novelist.

romano, na [xo'mânu, na] ◇ *adj* Roman. ◇ *m, f* Roman.

romântico, ca [xo'mãntʃiku, ka] ◇ *adj* **-1.** ARQUIT & LITER Romantic. **-2.** [poético, sentimental] romantic. ◇ *m, f* **-1.** ARQUIT & LITER Romantic. **-2.** [pessoa] romantic.

romantismo [xomãn'tʃiʒmu] *m* **-1.** ARQUIT & LITER Romanticism. **-2.** [sentimentalismo] romance.

romaria [xoma'ria] *f* **-1.** [peregrinação] pilgrimage. **-2.** [festa] popular festival. **-3.** *fig* [muita gente] flock.

rombo ['xõbu] *m* **-1.** [furo] hole. **-2.** *fig* [desfalque] embezzlement. **-3.** *fig* [prejuízo] deficit.

Romênia [xo'menja] *n* Rumania.

romeno, na [xo'menu, na] ◇ *adj* Rumanian. ◇ *m, f* Rumanian.
➠ **romeno** *m* [língua] Rumanian.

romeu-e-julieta [xo,mewiʒu'ljeta] *m* CULIN guava preserve on cheese.

rompimento [xõpi'mẽntu] *m* **-1.** [de cano, barragem] bursting. **-2.** [de contrato, relações] breaking.

roncar [xõŋ'ka(x)] *vi* to snore.

ronco ['xõŋku] *m* **-1.** [no sono] snore. **-2.** MED rale. **-3.** [ruído] rumble. **-4.** [grunhido] grunt.

ronda ['xõda] *f* beat; **fazer a ~** to be on patrol.

rondar [xõn'da(x)] ◇ *vt* **-1.** [andar vigiando] to patrol. **-2.** [espreitar] to prowl about. **-3.** [andar à volta de] to go round. **-4.** [cifra] to reach. ◇ *vi*: ~ **(por)** [andar vigiando] to be on patrol (throughout); [espreitar] to prowl (about).

Rondônia [xõn'donja] *n* Rondonia.

ronronar [xõnxo'na(x)] *vi* to purr.

roqueiro, ra [xo'kejru, ra] *m, f* **-1.** [músico] rock musician. **-2.** [cantor] rock singer.

Roraima [xo'rajma] *n* Roraima.

rosa ['xɔza] ◇ *adj inv* [cor] pink. ◇ *f* BOT rose. ◇ *m* [cor] pink.

rosado, da [xo'zadu, da] *adj* pink.

rosário [xo'zarju] *m* **-1.** [colar] string of beads. **-2.** [orações] rosary.

rosbife [xoʒ'bifi] *m* roast beef.

rosca ['xoʃka] *f* **-1.** [de parafuso, porca]

thread. **-2.** [pão] twist. **-3.** [biscoito] biscuit.

roseira [xo'zejra] *f* rose bush.

róseo, sea ['xɔzju, zja] *adj* rosy.

rosnar [xoʒ'na(x)] ◇ *vi* [cão] to growl. ◇ *m* [de cão] growl.

rosto ['xoʃtu] *m* face.

rota ['xɔta] *f* route.

ROTA (*abrev de* **Rondas Ostensivas Tobias de Aguiar**) *f* shock police force of São Paulo.

rotação [xota'sãw] (*pl* **-ões**) *f* rotation.

rotatividade [xotatʃivi'dadʒi] *f* **-1.** [movimento] turning. **-2.** [rodízio] rotation.

roteador, ra [rotea'do(x),ra] *m* COMPUT router.

roteiro [xo'tejru] *m* **-1.** [ger] script. **-2.** [de viagem] guide book. **-3.** [de trabalho] schedule.

rotina [xo'tʃina] *f* routine.

rotineiro, ra [xotʃi'nejru, ra] *adj* routine.

roto, ta ['xotu, ta] *adj* **-1.** [rasgado] torn. **-2.** [maltrapilho] ragged.

rótula ['xotula] *f* ANAT kneecap.

rotular [xotu'la(x)] ◇ *adj* ANAT patellar. ◇ *vt* **-1.** [etiquetar] to label. **-2.** *fig* [qualificar]: ~ **alguém/algo (de algo)** to label sb/sthg (as sthg).

rótulo ['xotulu] *m* label.

roubalheira [xoba'ʎejra] *f* (outright) robbery.

roubar [xo'ba(x)] ◇ *vt* **-1.** [ger] to steal. **-2.** [furtar] to rob. ◇ *vi* **-1.** [furtar] to steal. **-2.** [enganar] to cheat.

roubo ['xobu] *m* **-1.** [ato] theft. **-2.** [produto roubado] stolen goods (*pl*). **-3.** *fig* [preço extorsivo]: **ser um ~** to be exorbitant.

rouco, ca ['xoku, ka] *adj* hoarse.

round ['xawndʒi] *m* ESP round.

roupa ['xopa] *f* clothes (*pl*); ~ **de baixo** underwear; ~ **de cama/mesa** bed/table linen.

roupão [xo'pãw] (*pl* **-ões**) *m* dressing gown.

rouxinol [xoʃi'nɔw] (*pl* **-óis**) *m* nightingale.

roxo, xa ['xoʃu, ʃa] *adj* **-1.** [cor] violet; ~ **de inveja** *fig* green with envy; **estar ~ de saudades** *fig* to have the blues. **-2.** MED purple.
➠ **roxo** *m* [cor] violet.

royalty ['xɔjawtʃil] (*pl* **royalties**) *m* royalty.

RP (*abrev de* **Relações Públicas**) *f* PR.

RPM (*abrev de* **Rotações por Minuto**) *f* RPM.

RR (*abrev de* **Estado de Roraima**) *n* State of Roraima.

RS (*abrev de* **Estado do Rio Grande do Sul**) *n* State of Rio Grande do Sul.

RSVP (*abrev de* **répondez s'il vous plaît**) RSVP.

rua ['xua] *f* [ger] street; ~ **sem saída** dead end.

rubéola [xu'bɛwla] *f* German measles, rubella.

rubi [xu'bi] *m* ruby.

rubor [xu'bo(x)] (*pl* -es) *m* -1. [na face] flush. -2. [vergonha] blush.

ruborizar [xubori'za(x)] *vt* [envergonhar] to embarrass.
➡ **ruborizar-se** *vp* to blush.

rubrica [xu'brika] *f* -1. [assinatura] initials (*pl*). -2. [indicação de assunto *etc*] rubric.

rubricar [xubri'ka(x)] *vt* to initial.

rubro, bra ['xubru, bra] *adj* -1. [ger] bright red. -2. [faces] ruddy.

ruço, ça ['xusu, sa] *adj* -1. [desbotado, surrado] faded. -2. *fam* [difícil] tricky.

rude ['xudʒi] *adj* -1. [descortês] rude. -2. [primitivo] crude.

rudimentar [xudʒimẽn'ta(x)] *adj* rudimentary.

rudimentos [xudʒi'mẽntuʃ] *mpl* rudiments.

ruela [ˈxwɛla] *f* alleyway.

ruga ['xuga] *f* -1. [na pele] wrinkle. -2. [na roupa] crease.

rúgbi ['xugbi] *m* rugby.

ruge ['xuʒi] *m* rouge.

rugido [xu'ʒidu] *m* roar.

rugir [xu'ʒi(x)] *vi* to roar.

ruído ['xwidu] *m* noise.

ruidoso, osa [xwi'dozu, ɔza] *adj* noisy.

ruim [xu'ĩ] (*pl* -ns) *adj* -1. [nocivo] vile. -2. [malvado] wicked. -3. [imprestável, ineficiente] useless. -4. [podre] rotten. -5. [defeituoso] faulty. -6. [ordinário] poor. -7. [desagradável] bad; **achar** ~ [zangar-se] to get upset.

ruína [ˌxwina] *f* -1. [ger] ruin; **estar em** ~ **s** to be in ruins. -2. [causa de destruição, queda] ruination. -3. [decadência] downfall.

ruins [xu'ĩʃ] *pl* ➡ **ruim**.

ruir ['xwi(x)] *vi* to collapse.

ruivo, va ['xuivu, va] ◇ *adj* -1. [pessoa] red-headed. -2. [cabelo, barba] red. ◇ *m, f* redhead.

rum ['xũ] *m* rum.

rumar [xu'ma(x)] ◇ *vt*: ~ **algo para** to steer sthg towards. ◇ *vi*: ~ **para** to head for.

ruminar [xumi'na(x)] ◇ *vt* to think over. ◇ *vi* to ruminate.

rumo ['xumu] *m* -1. [direção] course; **ir** ~ **a** to head for. -2. *fig* [destino] fate; **sem** ~ *lit* adrift; *fig* aimless.

rumor [xu'mo(x)] (*pl* -es) *m* -1. [ruído] noise. -2. [boato] rumour.

ruptura [xup'tura] *f* -1. [ger] rupture.

-2. [de fiação] break. -3. [de relações, negociações] break-up. -4. [de contrato] breach.

rural [xu'raw] (*pl* -ais) *adj* rural.

rush ['xãʃi] *m* heavy traffic; **a hora do** ~ rush hour.

Rússia ['xusja] *n* Russia.

russo, sa ['xusu, sa] ◇ *adj* Russian. ◇ *m, f* Russian.
➡ **russo** *m* [língua] Russian.

rústico, ca ['xuʃtʃiku, ka] *adj* rustic.

S

s, S ['ɛsi] *m* [letra] s, S.

sã [sã] *f* ➡ **são**.

S.A. (*abrev de* **Sociedade Anônima**) *f* *limited company*, ≃ Ltd.

Saara [sa'ara] *n*: **o** (**deserto do**) ~ the Sahara (Desert).

sáb. (*abrev de* **sábado**) *m* Sat.

sábado ['sabadu] *m* Saturday; **aos** ~ **s** on Saturdays; **cair num** ~ to fall on a Saturday; **(no)** ~ **(no)** Saturday; **(no)** ~ **que vem/no próximo** ~ (on) the coming, next Saturday; ~ **de manhã** Saturday morning; ~ **à tarde/noite** Saturday afternoon/evening; ~ **passado** *ou* **retrasado** last Saturday, Saturday just gone; ~ **sim,** ~ **não** every other Saturday; **todos os** ~ **s** every Saturday.

sabão [sa'bãw] (*pl* -ões) *m* [produto] soap; ~ **em pó** soap powder.

sabedoria [sabedo'ria] *f* wisdom.

saber [sa'be(x)] ◇ *m* knowledge. ◇ *vi* to know. ◇ *vt* to know; ~ **de cor** to know (off) by heart; ~ **(como) fazer algo** to know how to do sthg; **sei lá!** *fam* who knows!; **você que sabe** *fam* it's up to you. ◇ *vi* -1. [ter erudição] to know. -2. [estar a par de]: ~ **(de algo)** to know (sthg).

sabiá [sa'bja] *m* song thrush.

sabido, da [sa'bidu, da] *adj* -1. [astuto] wise. -2. [conhecedor] knowledgeable.

sábio, bia ['sabju, bja] ◇ *adj* wise. ◇ *m, f* wise person.

sabões [sa'bõjʃ] *pl* ➡ **sabão**.

sabonete [sabo'netʃi] *m* toilet soap.

sabor [sa'bo(x)] (*pl* -es) *m* taste; **ao** ~ **de** at the mercy of.

saborear [sabo'rja(x)] *vt* to savour.

saboroso, osa [sabo'rozu, ɔza] *adj* tasty.

sabotagem [sabo'taʒẽ] (*pl* **-ns**) *f* sabotage.

sabotar [sabo'ta(x)] *vt* to sabotage.

SAC (*abrev de* Serviço de Atendimento ao Consumidor) *m Brazilian consumer telephone service.*

saca ['saka] *f* [saco largo] sack.

sacada [sa'kada] *f ARQUIT* balcony.

sacal [sa'kaw] (*pl* **-ais**) *adj* boring.

sacana [sa'kana] *adj mfam* **-1.** [sujo]: **ser ~** to be a bastard. **-2.** [esperto] sharp. **-3.** [libidinoso] randy. **-4.** [brincalhão] raffish.

sacanagem [saka'naʒẽ] (*pl* **-ns**) *f mfam* **-1.** [sujeira] dirty trick. **-2.** [libidinagem] screwing. **-3.** [brincadeira] joke.

sacar [sa'ka(x)] *vt* **-1.** [arma, carteira] to pull out. **-2.** [em banco] to draw. **-3.** *fam* [compreender] to twig. ⬦ *vi* **-1.** [de arma]: **~ de algo** to whip out sthg. **-2.** [em banco]: **~ (contra/sobre)** to draw (against/from). **-3.** *ESP* to serve. **-4.** *fam* [compreender] to twig. **-5.** *fam* [mentir] to fib. **-6.** *fam* [falar sem saber] to talk through one's hat.

saca-rolha [ˌsaka'xoʎa] (*pl* **saca-rolhas**) *m* corkscrew.

sacerdócio [sasex'dɔsju] *m* priesthood.

sacerdote, tisa [sasex'dɔtʃi, 'tʃiza] *m, f* [pagão] priest (*f* priestess).

saciar [sa'sja(x)] *vt* to satisfy.

saco ['saku] *m* **-1.** [recipiente] bag. **-2.** [utensílio]: **~ de dormir** sleeping bag. **-3.** [enseada] cove. **-4.** *vulg* [testículos] balls. **-5.** *fam* [amolação]: **encher o ~ (de alguém)** to get one's goat; **estar de ~ cheio (de alguém/algo)** to have a bellyful (of sb/sthg); **que ~!** what a bore! **-6.** *fam* [paciência]: **haja ~!** keep your knickers on!, don't get your knickers in a twist! **-7.** *fam* [disposição]: **estar com/sem ~ de fazer algo** to give/not to give a hoot about doing sthg.

sacola [sa'kɔla] *f* saddlebag.

sacolejar [sakole'ʒa(x)] *vt* **-1.** [sacudir] to shake. **-2.** [rebolar] to sway.

sacramento [sakra'mẽntu] *m RELIG* sacrament.

sacrificar [sakrifi'ka(x)] *vt* **-1.** [ger] to sacrifice. **-2.** [prejudicar] to damage. **-3.** [matar] to put down.

⬧ **sacrificar-se** *vp* **-1.** [ger] to sacrifice o.s. **-2.** [sujeitar-se] to give in to.

sacrifício [sakri'fisju] *m* sacrifice.

sacrilégio [sakri'lɛʒju] *m* sacrilege.

sacro, cra ['sakru, kra] *adj* **-1.** [sagrado] sacred. **-2.** *ANAT* sacral.

sacudida [saku'dʒida] *f* shake.

sacudir [saku'dʒi(x)] *vt* to shake.

⬧ **sacudir-se** *vp* **-1.** [tremer] to shake. **-2.** [saracotear] to waggle.

sádico, ca ['sadʒiku, ka] ⬦ *adj* sadis-

tic. ⬦ *m, f* sadist.

sadio, dia [sa'dʒiu, dʒial] *adj* healthy.

sadismo [sa'dʒiʒmu] *m* sadism.

safadeza [safa'deza] *f* **-1.** [ger] mischief. **-2.** [devassidão] debauchery.

safado, da [sa'fadu, da] *adj* **-1.** [ger] mischievous. **-2.** [devasso] debauched.

safári [sa'fari] *m* safari.

safira [sa'fira] *f* sapphire.

safra ['safra] *f* **-1.** *AGR* harvest. **-2.** *fig* [de cantores *etc*] crop.

saga ['saga] *f* saga.

sagaz [sa'gaj3] *adj* shrewd.

sagitariano, na [saʒita'rjãnu, na] ⬦ *adj* Sagittarian. ⬦ *m, f* Sagittarian.

Sagitário [saʒi'tarju] ⬦ *m* [zodíaco] Sagittarius. ⬦ *mf* [pessoa] Sagittarian.

sagrado, da [sa'gradu, da] *adj* sacred.

saguão [sa'gwãw] (*pl* **-ões**) *m* **-1.** [entrada] lobby. **-2.** [pátio] courtyard.

saia ['saja] *f* **-1.** [roupa] skirt. **-2.** [de mesa] (floor-length) tablecloth. **-3.** *fam fig* [mulher] skirt; **~ justa** tight spot.

saída [sa'ida] *f* **-1.** [ger] way out; **~ de emergência** emergency exit. **-2.** [ato] leaving. **-3.** [COMPUT - de programa] exit; [- de dados] output.

saída-de-praia [saˌidadʒi'praja] (*pl* **saídas-de-praia**) *f* beach wrap.

saideira [saj'dejra] *f* one for the road.

sair [sa'i(x)] *vi* **-1.** [gen] to come out; **~ do armário** *fig* to come out (*as being homosexual*). **-2.** [ir para fora - de ônibus, trem, avião] to get off; [- de carro] to get out of. **-3.** [ir para a rua] to go out. **-4.** [ir embora, deixar] to leave; **~ de fininho** to sneak off. **-5.** [fugir] to get out. **-6.** [escapar]: **~ de** to get out of. **-7.** [aparecer] to appear. **-8.** [desaparecer]: **~ de moda** to go out of fashion. **-9.** [parecer-se]: **~ a alguém** to take after sb. **-10.** [resultar] to turn out; **~ ganhando/perdendo** to end up winning/losing. **-11.** [custar]: **~ (a ou por)** to come to; **~ caro** to be expensive. **-12.** *COMPUT* to exit.

⬥ **sair-se** *vp* [obter resultado]: **~-se bem/mal** to come out well/badly.

sal ['saw] (*pl* **sais**) *m* salt; **sem ~** [manteiga *etc*] unsalted; [precisando de mais sal] bland; **~ grosso** rock salt.

sala ['sala] *f* **-1.** [aposento] room; **~ de espera** waiting room; **~ de estar** living room; **~ de operações** operating theatre. **-2.** [de espetáculos] concert hall. **-3.** *EDUC*: **~ (de aula)** classroom; [alunos] class.

salada [sa'lada] *f* **-1.** *CULIN* salad; **~ de frutas** fruit salad. **-2.** *fig* [confusão]: **fazer uma ~ de algo** to make a muddle of sthg.

sala-e-quarto [,salaʒ'kwaxtu] (pl **sala-e-quartos**) m studio (flat).

salame [sa'lãmi] m salami.

salaminho [sala'miɲu] m small salami.

salão [sa'lãw] (pl **-ões**) m **-1.** [aposento] lounge. **-2.** [estabelecimento]: ~ **de beleza** beauty salon; ~ **de chá** tea room. **-3.** [exposição] exhibition hall.

salarial [sala'rjaw] (pl **-ais**) adj pay (antes de subst).

salário [sa'larju] m wage; ~ **de fome** miserly wage; **décimo terceiro** ~ Christmas bonus equal to one month's wages; ~ **mínimo** minimum wage; ~ **líquido** net salary.

saldar [saw'da(x)] vt to settle.

saldo ['sawdu] m **-1.** [ger] balance; ~ **credor/devedor** credit/debit balance; ~ **negativo/positivo** debit/credit balance. **-2.** fig [resultado] outcome.

saleiro [sa'lejru] m **-1.** [recipiente] salt cellar. **-2.** [moedor] salt mill.

salgadinho [sawga'dʒiɲu] m canapé.

salgado, da [saw'gadu, da] adj **-1.** [comida - com sal] salted; [- com excesso de sal] salty. **-2.** [anedota] salty. **-3.** [preço] steep.

salgar [saw'ga(x)] vt to salt.

salgueiro [saw'gejru] m willow.

salientar [saljẽn'ta(x)] vt **-1.** [ressaltar] to highlight. **-2.** [enfatizar] to stress.
➤ **salientar-se** vp [distinguir-se] to distinguish o.s.

saliente [sa'ljẽntʃi] adj **-1.** [ressaltado] salient. **-2.** fig [espevitado] eager.

salino, na [sa'linu, na] adj saline.
➤ **salina** f **-1.** [terreno] salt bed. **-2.** [empresa] salt works.

saliva [sa'liva] f saliva.

salmão [saw'mãw] (pl **-ões**) ⟨⟩ m [peixe] salmon. ⟨⟩ m inv [cor] salmon. ⟨⟩ adj inv [cor] salmon-pink.

salmo ['sawmu] m psalm.

salmões [saw'mõjʃ] pl ▷ **salmão**.

salmoura [saw'mora] f brine.

salobro, bra [sa'lobru, bra] adj brackish.

salões [sa'lõjʃ] pl ▷ **salão**.

salpicão [sawpi'kãw] (pl **-ões**) m **-1.** [paio] smoked sausage. **-2.** [prato]: ~ **(de galinha)** cold shredded chicken and vegetable dish.

salpicar [sawpi'ka(x)] vt **-1.**: ~ **algo em algo,** ~ **algo de algo** [temperar] to season sthg with sthg; [sarapintar, sujar] to splash; ~ **alguém de algo** [sujar] to splash sb with sthg. **-2.** [entremear]: ~ **algo com** ou **de algo** to pepper sthg with sthg.

salsa ['sawsa] f **-1.** [erva] parsley. **-2.** MÚS salsa.

salsicha [saw'siʃa] f sausage.

salsichão [sawsi'ʃãw] (pl **-chões**) m large sausage.

saltar [saw'ta(x)] ⟨⟩ vt **-1.** [ger] to jump. **-2.** fam [fazer vir] to send for. ⟨⟩ vi **-1.** [pular]: ~ **(de/sobre)** to jump (from/on). **-2.** [de ônibus, trem, cavalo]: ~ **(de)** to jump (from). **-3.** [rolha] to pop.

salteador, ra [sawtʃja'do(x), ra] m, f mugger.

saltimbanco [sawtʃĩn'bãŋku] m travelling acrobat.

salto ['sawtu] m **-1.** [pulo] jump; **dar um** ~ to leap. **-2.** ESP: ~ **em altura** high jump; ~ **em distância** long jump; ~ **de vara** pole vault. **-3.** [de sapato] heel; ~ **alto/baixo** high/low heel.

salto-mortal [,sawtumox'taw] (pl **saltos-mortais**) m somersault.

salubre [sa'lubri] adj salubrious.

salutar [salu'ta(x)] (pl **-es**) adj **-1.** [saudável] healthy. **-2.** fig [moralizador] salutary.

salva ['sawva] f **-1.** MIL: ~ **(de tiros)** salvo (of gunshots). **-2.** fig: **uma** ~ **de palmas** a round of applause. **-3.** [bandeja] tray.

salvação [sawva'sãw] f salvation.

salvador, ra [sawva'do(x), ra] m, f [pessoa] saviour.

salvadorenho, nha [sawvado'reɲu, ɲa] ⟨⟩ adj Salvadorean. ⟨⟩ m, f Salvadorean.

salvaguardar [,sawvagwax'da(x)] vt to safeguard.

salvamento [sawva'mẽntu] m rescue.

salvar [saw'va(x)] vt to save.
➤ **salvar-se** vp [escapar] to escape.

salva-vidas [,salva'vidaʃ] ⟨⟩ adj inv lifeguard. ⟨⟩ m **-1.** inv [bóia] lifebelt. **-2.** [pessoa] lifeguard. **-3.** [jaqueta] life jacket.

salve ['sawvi] interj cheers!

salvo, va ['sawvu, va] ⟨⟩ adj safe; **estar a** ~ to be safe. ⟨⟩ prep except.

salvo-conduto [,sawvukõn'dutu] (pl **salvo-condutos, salvos-condutos**) m safe conduct.

samambaia [samãn'baja] f fern.

samba ['sãnba] m samba.

samba-canção [,sãnbakãn'sãw] (pl **sambas-canções**) m MÚS type of samba.

sambar [sãn'ba(x)] vi to samba.

sambista [sãn'biʃta] mf **-1.** [dançarino] samba dancer. **-2.** [compositor] composer of sambas.

sambódromo [sãn'bɔdromu] m track along which samba schools parade.

sanar [sa'na(x)] vt **-1.** [curar] to cure. **-2.** [remediar] to remedy.

sanatório [sana'tɔrju] m sanatorium.

sanção [sãn'sãw] (pl **-ões**) f **-1.** [ger]

sanction. **-2.** [punição]: ~ **(contra)** sanction (against).

sancionar [sãnsjo'na(x)] *vt* [aprovar] to sanction.

sanções [sãn'sõjʃ] *pl* ⊳ **sanção**.

sandália [sãn'dalja] *f* sandal.

sanduíche [sãn'dwiʃil *m* sandwich.

saneamento [sanja'mẽntul *m* **-1.** [limpeza] sanitization. **-2.** *fig* [correção] purge.

sanear [sa'nja(x)] *vt***-1.** [tornar salubre] to sanitize. **-2.** *fig* [corrigir] to purge.

sanfona [sãn'fonal *f***-1.** *MÚS* concertina. **-2.** [em suéter] ribbing.

sangrar [sãn'gra(x)] ⟨⟩ *vi* [verter sangue] to bleed. ⟨⟩ *vt***-1.** [ger] to bleed. **-2.** [açude, represa] to drain.

sangrento, ta [sãn'grẽntu, tal *adj* **-1.** [ger] bloody. **-2.** *CULIN* [carne] rare.

sangria [sãn'grial *f***-1.** [bebida] sangria. **-2.** *MED* blood-letting. **-3.** *fig* [extorsão] extortion.

sangue ['sãngil *m***-1.** [ger] blood; **começou a sair muito** ~ **do corte** the cut started to bleed a lot. **-2.** *fig* [raça]: **puro** ~ thoroughbred.

sangue-frio [,sãngi'friwl *m* sangfroid.

sanguessuga [,sãngi'sugal *f* leech.

sanguinário, ria [sãngi'narju, rjal *adj* bloodthirsty.

sanguíneo, nea [sãn'g(w)inju, njal *adj* **-1.** [relativo ao sangue] blood *(antes de subst)*. **-2.** [pessoa] ruddy.

sanidade [sani'dadʒi] *f* [mental] sanity.

sanitário, ria [sani'tarju, rjal *adj* **-1.** [ger] sanitary. **-2.** [banheiro] bath *(antes de subst)*.

San José [,sãnxo'sel *n* San José.

San Salvador [,sãnsawva'do(x)] *n* San Salvador.

Santa Catarina [,sãntakata'rinal *n* Santa Catarina.

santidade [sãntʃi'dadʒi] *f* sanctity.

Santiago do Chile [sãn,tʃagudu'ʃili] *n* Santiago do Chile.

santo, ta ['sãntu, tal ⟨⟩ *adj* **-1.** [sagrado] holy; **todo o** ~ **dia** *fam fig* the whole blessed day long. **-2.** *(antes de subst)* [caridoso] kind. ⟨⟩ *m, f* [ger] saint.

Santo Domingo [,sãntudo'mĩngul *n* Santo Domingo.

santuário [sãn'twarjul *m* sanctuary.

são, sã ['sãw, 'sãl *adj* **-1.** [ger] healthy. **-2.** *PSIC* sane. **-3.** [curado] well. **-4.** [ileso]: ~ **e salvo** safe and sound. **-5.** [sensato] sensible.

São [sãwl *m* Saint.

São Luís [,sãwlu'iʒl *n* São Luis.

São Paulo [,sãw'pawlul *n* São Paulo.

sapataria [sapata'rial *f***-1.** [ofício] shoe trade. **-2.** [loja] shoe shop.

sapateado [sapa'tʃjadul *m* tap dance.

sapateiro, ra [sapa'tejru, ral *m, f***-1.** [fabricante] shoemaker. **-2.** [quem conserta] cobbler.

➤ **sapateiro** *m* [loja] shoe shop.

sapatilha [sapa'tʃiʎal *f***-1.** [de balé] ballet shoe. **-2.** [sapato baixo] slipper.

sapato [sa'patul *m* shoe.

sapiência [sa'pjẽnsjal *f***-1.** [erudição] knowledge. **-2.** [bom julgamento] wisdom.

sapo ['sapul *m* toad.

saque ['sakil *m***-1.** *FIN* withdrawal. **-2.** *ESP* serve. **-3.** [de cidade, loja] ransacking. **-4.** *fam* [mentira] fib.

saquear [sa'kja(x)] *vt* to ransack.

saraivada [saraj'vadal *f* hail storm; **uma** ~ **de** *fig* a shower of.

sarampo [sa'rãnpul *m* measles.

sarar [sa'ra(x)] ⟨⟩ *vt* [pessoa, doença, ferida] to heal. ⟨⟩ *vi***-1.** [pessoa] to get better. **-2.** [ferida] to heal.

sarcasmo [sax'kaʒmul *m* sarcasm.

sarcástico, ca [sax'kaʃtʃiku, kal *adj* sarcastic.

sarda ['saxdal *f* freckle.

Sardenha [sax'deɲal *n* Sardinia.

sardinha [sax'dʒiɲal *f* sardine.

sardônico, ca [sax'doniku, kal *adj* sardonic.

sargento [sax'ʒẽntul *mf* sergeant.

sarjeta [sax'ʒetal *f* gutter.

sarna ['saxnal *f* scabies; **procurar** ~ **para se coçar** to look for trouble.

Satã [sa'tãl, **Satanás** [sata'naʃl *m* Satan.

satélite [sa'tɛlitʃil ⟨⟩ *m* satellite. ⟨⟩ *adj* [cidade, país] satellite *(antes de subst)*.

sátira ['satʃiral *f* satire.

satírico, ca [sa'tʃiriku, kal *adj* satirical.

satirizar [satʃiri'za(x)] *vt* to satirize.

satisfação [satʃiʃfa'sãwl *(pl* -ões) *f* **-1.** [alegria, prazer] pleasure. **-2.** [de desejos, necessidades] satisfaction. **-3.** [explicação] explanation; **dar uma** ~ **a alguém** to give sb an explanation; **tomar satisfações de alguém** to get an explanation from sb.

satisfatório, ria [satʃiʃfa'tɔrju, rjal *adj* satisfactory.

satisfazer [satʃiʃfa'ze(x)] ⟨⟩ *vt* to satisfy. ⟨⟩ *vi***-1.** [ser satisfatório] to be satisfactory. **-2.** [contentar, convir]: ~ **a** to satisfy.

➤ **satisfazer-se** *vp*: ~ **-se (com)** to be satisfied (with).

satisfeito, ta [satʃiʃ'fejtu, tal ⟨⟩ *pp* ⊳ **satisfazer.** ⟨⟩ *adj* **-1.** [ger] satisfied. **-2.** [alegre] pleased.

saturado, da [satu'radu, dal *adj* **-1.**: ~ **de algo** saturated with sthg. **-2.** *fig* [enfastiado]: ~ **(de algo/alguém)** fed up (with sthg/sb).

saturar [satu'ra(x)] *vt***-1.**: ~ **algo (de al-**

go) to saturate sthg (with sthg). **-2.** *fig* [enfastiar]: ~ **alguém de algo** to wear sb out with sthg. **-3.** [saciar] to fill.

Saturno [sa'tuxnul *m* Saturn.

saudação [sawda'sãw] (*pl* -ões) *f* **-1.** [cumprimento] greeting. **-2.** [homenagem] homage.

saudade [saw'dadʒil *f* **-1.** [de pessoa, país, família] pining. **-2.** [do passado, de época] nostalgia; **estar morrendo de ~ (s) de alguém** to be pining for sb; **matar as ~s de alguém** to catch up with sb; **estava louco para as ~s da minha cama** I was dying to sleep in my own bed again; **sentir ~(s) de alguém/algo** to pine for sb/sthg.

saudar [saw'da(x)] *vt* to greet.

saudável [saw'davɛw] (*pl* -eis) *adj* healthy.

saúde [sa'udʒi] ◇ *f* health; **estar bem/mal de ~** to be in good/bad health; **brindar à ~ de alguém** to drink to sb's health; **~ pública** public health; [órgão] health service. ◇ *interj* [para brindar] cheers!; [depois de um espirro] bless you!

saudosismo [sawdo'ziʒmul *m* nostalgia.

saudoso, osa [saw'dozu, ɔzal *adj* **-1.** [que causa saudades] dearly missed. **-2.** [que sente saudades]: **estar ~ de alguém/ algo** to miss sb/sthg. **-3.** [que denota saudades] grieving.

sauna ['sawnal *f* [ger] sauna.

saveiro [sa'vejrul *m* fishing boat.

saxofone [sakso'fonil *m* saxophone.

sazonal [sazo'nawl (*pl* -ais) *adj* seasonal.

SBT (*abrev de* **Sistema Brasileiro de Televisão**) *m* the second most popular Brazilian television station.

SC (*abrev de* **Estado de Santa Catarina**) *n State of Santa Catarina.*

se [sil ◇ *pron* **-1.** [reflexo: pessoa] himself (*f* herself); [você, vocês] yourself, yourselves *pl*; [impessoal] oneself; **lavar-~** to wash (oneself); **eles ~ perderam** they got lost; **vocês se perderam** you got lost. **-2.** [reflexo: coisa, animal] itself; **o vidro partiu-~** the glass broke. **-3.** [recíproco] each other; **escrevem-~ regularmente** they write to each other regularly. **-4.** [com sujeito indeterminado]: **'aluga-~ quarto'** 'room to let'; **'vende-~'** 'for sale'; **come-~ bem aqui** the food here is very good. ◇ *conj* **-1.** [indica condição] if; **~ tiver tempo, escrevo** I'll write if I have time; **~ fizer sol, iremos à praia** if it's sunny, we'll go to the beach. **-2.** [indica causa] if; **~ você está com fome, coma alguma coisa** if you're hungry, have something to eat; **~ ..., então ...** if ..., then ...; **~ diminui a oferta,**

então aumenta o preço if demand diminishes, the cost goes up. **-3.** [indica comparação] if; **~ um é feio, o outro ainda é pior** if you think he's ugly, you should see the other one. **-4.** [em interrogativas]: **que tal ~ fôssemos ao cinema?** how about going to the movies?; **e ~ ela não vier?** and what if she doesn't come? **-5.** [exprime desejo] if; **~ pelo menos tivesse dinheiro!** if only I had the money! **-6.** [em interrogativa indireta] if, whether; **avisem-me ~ quiserem ir** let me know if you'd like to go; **perguntei-lhe ~ gostou** I asked him if he liked it. **-7.** [em locuções]: **~ bem que** even though, although.

SE (*abrev de* **Estado de Sergipe**) *n State of Sergipe.*

sebo ['sebul *m* **-1.** [substância] sebum. **-2.** [livraria] second-hand bookshop.

seboso, osa [se'bozu, ɔzal *adj* **-1.** [ger] greasy. **-2.** *fam fig* [pessoa] conceited.

SEBRAE (*abrev de* **Serviço de Apoio às Micro e Pequenas Empresas**) *m Brazilian support body for very small and very small businesses.*

seca ['sekal *f* ▷ **seco.**

secador [seka'do(x)] (*pl* -es) *m* dryer; **~ (de cabelo)** hairdryer; **~ de roupa** [varal] clothes line.

secadora [seka'doral *f* tumble-dryer.

seção [se'sãw] (*pl* -ões) *f* section.

secar [se'ka(x)] *vt & vi* to dry.

seccionar [seksjo'na(x)] *vt* **-1.** [cortar] to cut into sections. **-2.** [dividir] to divide.

seco, ca ['seku, kal *adj* **-1.** [ger] dry. **-2.** [magro] thin.

◆ **seca** *f* drought.

seções [se'sõjʃl *pl* ▷ **seção.**

secreção [sekre'sãw] (*pl* -ões) *f* secretion.

secretaria [sekreta'rial *f* secretariat.

secretária [sekre'tarjal *f* ▷ **secretário.**

secretário, ria [sekre'tarju, rjal *m, f* [ger] secretary; **~ de Estado** Secretary of State.

◆ **secretária** *f* **-1.** [mesa] desk. **-2.** [aparelho]: **~ eletrônica** answering machine.

secreto, ta [se'krɛtu, tal *adj* secret.

sectário, ria [sɛk'tarju, rjal ◇ *adj* sectarian. ◇ *m, f* [seguidor] sectarian.

secular [seku'la(x)] (*pl* -es) *adj* **-1.** [ger] secular. **-2.** [antigo] age-old.

século ['sɛkulul *m* century.

◆ **séculos** *mpl fig* [longo tempo] ages; **há ~s** for ages.

secundário, ria [sekũn'darju, rjal *adj* secondary.

seda ['sedal *f* [material] silk; **~ crua/pura** raw/pure silk.

sedar [se'da(x)] *vt* to sedate.

sedativo, va [seda'tʃivu, va] *adj* MED sedative; *fig* [música, balanço, silêncio] soothing.
➤ **sedativo** *m* MED sedative.

sede¹ ['sedʒi] *f* -**1.** [secura] thirst; **estar com** ~ to be thirsty; **matar a** ~ to quench one's thirst. -**2.** *fig* [desejo]: ~ **de algo** thirst for sthg.

sede² ['sedʒi] *f* -**1.** [estabelecimento] headquarters. -**2.** [de governo] seat. -**3.** [centro, local] venue.

sedentário, ria [seden'tarju, rja] *adj* sedentary.

sedento, ta [se'dentu, ta] *adj* [de água] thirsty.

SEDEX (*abrev de* **Serviço de Encomenda Expressa**) *m* Brazilian express mail delivery service.

sediar [se'dʒia(x)] *vt* to base.

sedimento [sedʒi'mentu] *m* sediment.

sedoso, osa [se'dozu, ɔza] *adj* silky.

sedução [sedu'sãw] (*pl* **-ões**) *f* [ato] seduction.

sedutor, ra [sedu'to(x), ra] (*mpl* **-es**, *fpl* **-s**) ⋄ *adj* seductive. ⋄ *m, f* [sexualmente] seducer.

seduzir [sedu'zi(x)] *vt* -**1.** [ger] to seduce. -**2.** [induzir] to encourage.

seg. (*abrev de* **segunda-feira**) *f* Mon.

segmento [seg'mentu] *m* segment.

segredo [se'gredu] *m* -**1.** [ger] secret; **guardar** ~ to keep secret. -**2.** [discrição] secrecy; **em** ~ in secret. -**3.** [dispositivo] secret lock.

segregação [segrega'sãw] *f* segregation.

segregar [segre'ga(x)] *vt* -**1.** [ger] to segregate. -**2.** [expelir] to secrete.

seguidamente [se,gida'mentʃi] *adv* -**1.** [com freqüência] often. -**2.** [continuamente] continuously.

seguido, da [se'gidu, da] *adj* -**1.** [consecutivo] consecutive; **cinco dias** ~**s** five days running; **horas seguidas** hours on end. -**2.** [adotado] widely adopted. -**3.** [acompanhado] ~ **de/por** followed by.
➤ **em seguida** *loc adv* -**1.** [consecutivamente] shortly after. -**2.** [imediatamente] straight away, at once.

seguidor, ra [segi'do(x), ra] *m, f* follower.

seguimento [segi'mentu] *m* continuation; **dar** ~ **a algo** to continue with sthg.

seguinte [se'gintʃi] ⋄ *adj* -**1.** [subseqüente] following, next. -**2.** (*antes de subst*) following. ⋄ *mf*: **o/a** ~ [numa fila, ordem] the next; [citando, explicando] as follows; **o negócio é o** ~ *fam* the matter is as follows; **pelo** ~ for the following reason.

seguir [se'gi(x)] ⋄ *vt* -**1.** [ger] to follow. -**2.** [perseguir] to chase. -**3.** [continuar] to continue. ⋄ *vi* -**1.** [ger] to follow. -**2.** [continuar] to carry on, to keep going. -**3.** [direção] to continue; ~ **reto** to go straight ahead.
➤ **seguir-se** *vp* -**1.** [suceder]: ~**-se (a algo)** to follow on (from sthg); **seguiram-se dias de euforia** there followed days of euphoria. -**2.** [em citações] to follow.

segunda [se'gunda] *f* ⋗ **segundo**.

segunda-feira [se,gunda'fejra] (*pl* **segundas-feiras**) *f* Monday; *veja também* **sábado**.

segundo, da [se'gundu, da] ⋄ *num adj* second. ⋄ *num m, f* second. ⋄ *adj* [outro] second; **segundas intenções** ulterior motives; **de segunda mão** second-hand.
➤ **segundo** ⋄ *m* [medida de tempo] second; **(só) um** ~! *fig* just a second!, (just) one second! ⋄ *prep* according to. ⋄ *conj* [conforme] according to.
➤ **segunda** *f* -**1.** AUTO second (gear). -**2.** [segunda-feira] Monday.
➤ **de segunda** *loc adj* second class.

segurador, ra [segura'do(x), ra] *m, f* [agente] insurance broker.
➤ **seguradora** *f* [companhia] insurance company.

segurança [segu'rãnsa] ⋄ *f* -**1.** [proteção, estabilidade] security; **cinto de** ~ safety belt. -**2.** [ausência de perigo] safety. -**3.** [certeza, confiança] assurance. ⋄ *mf* [pessoa] security guard.

segurar [segu'ra(x)] ⋄ *vt* -**1.** [pegar] to hold. -**2.** [firmar] to fix. -**3.** [sustentar] to hold up. -**4.** [pôr no seguro]: ~ **algo/alguém (contra)** to insure sthg/sb (against). ⋄ *vi* [apoiar-se]: ~ **(em)** to hold on (to).
➤ **segurar-se** *vp* -**1.** [apoiar-se]: ~**-se em** to hold on to. -**2.** [fazer seguro] to steady o.s. -**3.** [controlar-se] to control o.s.

seguro, ra [se'guru, ra] *adj* -**1.** [ger] safe. -**2.** [certo] sure; **estar** ~ **de algo** to be sure of sthg. -**3.** [confiante, firme] secure. -**4.** [infalível] foolproof.
➤ **seguro** ⋄ *m* [contrato] insurance policy; ~ **de automóvel** car insurance; ~ **de vida** life insurance. ⋄ *adv* steadily.

seguro-saúde [se,gurusa'udʒi] (*pl* **seguros-saúde**) *m* health insurance.

seio ['seju] *m* -**1.** ANAT breast. -**2.** *fig* [meio] heart.

seis ['sejʃ] *num* -**1.** [ger] six; **o (número)** ~ the (number) six; **duzentos e** ~ two hundred and six; **trinta e** ~ thirty-six; **Rua das Acácias, (número)** ~ number six, Rua das Acácias; **pacotes de** ~ packets of six; ~ **de cada vez** six at a time; **somos** ~ we are six, there are six of us. **-2.** [hora]: **às** ~ **(horas)** at six o'clock; **são** ~ **horas** it is six o'clock; **são** ~ **e meia** it is half past six. **-3.** [data] sixth; **(no) dia** ~ **de janeiro** (on the) sixth of January. **-4.** [idade]: **ele tem** ~ **anos (de idade)** he is six years old. **-5.** ESP [resultado]: **empatar de** ~ **a** ~ to draw six all; ~ **a zero** six nil. **-6.** [em naipes]: ~ **de espadas** six of spades.

seiscentos, tas [sejf'sẽntuf, taʃ] num six hundred; **veja também seis.**

seita ['sejta] f sect.

seixo ['sejʃu] m pebble.

seja ['seʒa] conj whether it be; **ou** ~ that is.

sela ['sɛla] f saddle.

selar [se'la(x)] vt **-1.** [ger] to seal. **-2.** [cavalo] to saddle. **-3.** [carta] to stamp.

seleção [sele'sãw] (pl **-ões**) f **-1.** [escolha] selection. **-2.** [equipe] team.

selecionar [selesjo'na(x)] vt to select.

seletivo, va [sele'tʃivu, va] adj selective.

seleto, ta [se'lɛtu, ta] adj select.

selim [se'lĩ] (pl **-ns**) m saddle.

selo ['selu] m **-1.** [carimbo, sinete] seal. **-2.** [postal] stamp. **-3.** fig [cunho] seal of approval.

selva ['sɛwva] f jungle.

selvagem [sew'vaʒẽ] (pl **-ns**) adj **-1.** [ger] wild. **-2.** [bárbaro] savage. **-3.** [ermo] desolate. **-4.** fig [grosseiro] rude.

sem [sẽ] prep without; ~ **algo/fazer algo** without sthg/doing sthg; ~ **dúvida** without doubt.
➤ **sem que** loc conj without.

semáforo [se'maforu] m **-1.** AUTO traffic lights (pl). **-2.** FERRO signal.

semana [se'mãna] f week; **uma** ~ **atrás** a week ago; **a** ~ **passada** last week.
➤ **Semana Santa** f Holy Week.

semanal [sema'naw] (pl **-ais**) adj weekly.

semblante [sẽ'blãntʃi] m [rosto] countenance.

semeadura [semja'dura] f [semeação] sowing; **começaram a** ~ **do trigo** they began sowing the wheat.

semear [se'mja(x)] vt **-1.** [ger] to sow. **-2.** fig [espalhar] to spread.

semelhante [seme'ʎãntʃi] <> adj **-1.** [parecido]: ~ **(a)** similar (to). **-2.** [tal] such. <> m (ger pl) [próximo] fellow man.

sêmen ['semẽ] m semen.

semente [se'mẽntʃi] f seed.

semestral [semeʃ'traw] (pl **-ais**) adj half-yearly.

semestre [se'mɛʃtri] m semester; **todo o** ~ the whole semester.

semi-analfabeto, ta [semjanawfa'bɛtu,

tal (mpl **-s**, fpl **-s**) adj semi-literate.

semicerrar [semi'sexa(x)] vt to half-close.

semicírculo [semi'sixkulu] m semicircle.

semifinal [semifi'naw] (pl **-ais**) f semifinal.

seminário [semi'narju] m **-1.** RELIG seminary. **-2.** EDUC seminar.

seminarista [semina'riʃta] mf seminarist.

seminu, nua [semi'nu, nua] adj half-naked.

semiprecioso, osa [semipre'sjozu, ɔza] adj semi-precious.

sem-número [sẽ'numeru] m: **um** ~ **de** a countless number of.

semolina [semo'lina] f semolina.

sem-par [sẽ'pa(x)] adj inv peerless.

sempre ['sẽpri] adv always; **como** ~ as always; **de** ~ usual; **para** ~ for ever.
➤ **sempre que** loc conj whenever.

sem-terra [sẽ'tɛxa] mf inv landless farm worker.

sem-teto [sẽ'tɛtu] mf inv homeless person.

sem-vergonha [sẽvex'goɲa] <> adj inv shameless. <> mf inv shameless person.

SENAC (abrev de **Serviço Nacional de Aprendizagem Comercial**) m Brazilian training body for people working in the general business sector.

senado [se'nadu] m senate.

senador, ra [sena'do(x), ra] m, f senator.

SENAI (abrev de **Serviço Nacional de Aprendizagem Industrial**) m Brazilian training body for people working in industry.

senão [se'nãw] (pl **-ões**) <> prep [exceto] apart from. <> conj [caso contrário] or else. <> m hiccup.

Senegal [sene'gaw] n: **(o)** ~ Senegal.

senhor, ra [se'ɲo(x), ɔra] (mpl **-es**, fpl **-s**) adj grand; **uma senhora indigestão** a bad case of indigestion.
➤ **senhor** m **-1.** [tratamento - antes de nome, cargo]: ~ **X** Mr X; [- você]: **o** ~ you; [mais formal] sir; [- em cartas]: **Prezado Senhor** Dear Sir. **-2.** [homem] man. **-3.** [cavalheiro] gentleman. **-4.** [homem idoso]: ~ **(de idade)** elderly man. **-5.** [patrão] boss. **-6.** RELIG: **o Senhor** the Lord.
➤ **senhora** f **-1.** [tratamento - antes de nome, cargo]: **senhora X** Mrs X; [- você]: **a senhora** you; [mais formal] madam; **senhoras e** ~ **es!** ladies and gentlemen!; [- em cartas]: **Prezada Senhora** Dear Madam. **-2.** [mulher] woman. **-3.** [dama] lady. **-4.** [mulher idosa]: **senhora (de idade)** elderly woman. **-5.** [esposa]

wife. **- 6.** RELIG: **Nossa Senhora** Our Lady; **(Minha) Nossa (Senhora)!** fam Heavens (above)!, (My/Dear) Lord!

senhoria [seɲo'rial f ⊳ **senhorio**.

senhorio, ria [seɲo'riu, rial m, f[proprietário] landlord (flandlady).

➡ **Senhoria** f [em carta]: **Vossa Senhoria** Your Honour.

senhorita [seɲo'rital f **-1.** [tratamento - antes de nome]: ~ **X** Miss X; [- você]: **a** ~ you. **-2.** [moça] young lady.

senil [se'niwl (pl **-is**) adj senile.

senões [se'nõjʃl RELIG ⊳ **senão**.

sensação [sɛnsa'sãwl (pl **-ões**) f [ger] feeling; **ter a** ~ **de que** to have the feeling that.

sensacional [sɛnsasjo'nawl (pl **-ais**) adj sensational.

sensacionalista [sɛnsasjona'liʃta] adj sensationalist.

sensato, ta [sɛn'satu, tal adj sensible.

sensibilidade [sɛnsibili'dadʒi] f sensitivity.

sensível [sɛn'sivɛwl (pl **-eis**) adj **-1.** [ger] sensitive. **-2.** [evidente, considerável] marked.

senso ['sɛnsul m [juízo] sense; ~ **de humor** sense of humour; **bom** ~ good sense; ~ **comum** common sense.

sensual [sɛn'swawl (pl **-ais**) adj sensual.

sensualidade [sɛnswali'dadʒil f sensuality.

sentado, da [sɛn'tadu, dal adj **-1.** [pessoa] sitting. **-2.** [jantar] sit-down.

sentar [sɛn'ta(x)l vt & vi to sit.

➡ **sentar-se** vp to sit down.

sentido, da [sɛn'tʃidu, dal adj **-1.** [ressentido] offended. **-2.** [triste] hurt. **-3.** [lamentoso] sorrowful.

➡ **sentido** m **-1.** [ger] sense; **sexto** ~ sixth sense. **-2.** [significado] meaning; ~ **figurado** figurative sense; **ter/não ter** ~ to make/not make sense. **-3.** [direção] direction; ~ **horário/anti-horário** clockwise/anticlockwise. **-4.** [aspecto] way. **-5.** [propósito] aim.

sentimental [sɛntʃimɛn'tawl (pl **-ais**) ◇ adj **-1.** [ger] sentimental. **-2.** [amoroso] love (antes de subst). ◇ mf sentimental person.

sentimento [sɛntʃi'mɛntul m **-1.** [ger] feeling. **-2.** [emoção]: **com** ~ with feeling. **-3.** [senso] sense.

sentir [sɛn'tʃi(x)l ◇ vt **-1.** [ger] to feel. **-2.** [pelos sentidos] to sense. **-3.** [sofrer com] to be upset by. **-4.** [melindrar-se com] to resent. **-5.** [lamentar] to regret. ◇ vi **-1.** [sofrer] to suffer. **-2.** [lamentar] to regret; **sinto muito** I am very sorry.

➡ **sentir-se** vp to feel.

senzala [sɛn'zalal f slave quarters (pl).

separação [separa'sãwl (pl **-ões**) f se-

paration; ~ **de bens** (contract of) separation of property (prior to marriage).

separado, da [sepa'radu, dal adj **-1.** [apartado] separate. **-2.** [do cônjuge] separated.

separar [sepa'ra(x)l vt **-1.** [ger] to separate. **-2.** [isolar] to isolate. **-3.** [reservar] to set aside.

➡ **separar-se** vp **-1.** [ger] to separate. **-2.** [cônjuges]: ~-**se (de alguém)** to separate (from s.o.).

septuagésimo, ma [septwa'ʒɛzimu, mal num seventieth.

sepultamento [sepuwta'mɛntul m burial.

sepultar [sepuw'ta(x)l vt to bury.

sepultura [sepuw'tural f tomb, grave.

seqüela [se'kwɛlal f **-1.** [seqüência] sequel. **-2.** [conseqüência] consequence. **-3.** MED sequela.

seqüência [se'kwẽnsjal f sequence.

sequer [se'kɛ(x)l adv at least; **nem** ~ not even; **não sabia** ~ **o nome de seus pais** he didn't even know his parents' name.

seqüestrador, ra [sekweʃtra'do(x), ral (mpl **-res**, fpl **-s**) m, f **-1.** [de pessoa] kidnapper. **-2.** [de avião] hijacker.

seqüestrar [sekweʃ'tra(x)l vt **-1.** [pessoa] to kidnap. **-2.** [avião] to hijack. **-3.** JUR [bens] to sequestrate.

séquito ['sɛkitul m retinue.

ser ['se(x)l (pl **-res**) ◇ m [criatura] being; ~ **humano** human being. ◇ vi **-1.** [para descrever] to be; **é longo demais** it's too long; **são bonitos** they're pretty; **sou médico** I'm a doctor. **-2.** [para designar lugar, origem] to be; **ele é do Brasil** he's from Brazil; **é em São Paulo** it's in São Paulo; **sou brasileira** I'm Brazilian. **-3.** [custar] to be; **quanto é?** - **são 100 reais** how much is it? - (it's) 100 reals. **-4.** [com data, dia, hora] to be; **hoje é sexta** it's Friday today; **que horas são?** what time is it?; **são seis horas** it's six o'clock. **-5.** [exprime possessão] to be; **é do Ricardo** it's Ricardo's; **este carro é seu?** is this your car? **-6.** [em locuções]: **a não** ~ **que** unless; **que foi?** what's wrong?; **ou seja** in other words; **será que ele vem?** will he be coming? ◇ v aux [forma a voz passiva] to be; **ele foi visto na saída do cinema** he was seen on his way out of the cinema. ◇ v impess **-1.** [exprime tempo] to be; **é de dia/noite** it's daytime/night-time; **é tarde/cedo** it's late/early. **-2.** [com adjetivo] to be; **é difícil dizer** it's difficult to say; **é fácil de ver** it's easy to see; **eles são Fluminense** they're Fluminense fans.

➡ **ser de** v + prep [matéria] to be made

of; [ser adepto de] to be a fan of.

➡ **ser para** *v* + *prep* to be for; **isto não é para comer** this isn't for eating.

sereia [se'reja] *f* mermaid.

serenar [sere'na(x)] ⬦ *vt* -**1.** [acalmar] to calm down. -**2.** [suavizar] to relieve. ⬦ *vi* [acalmar] to calm down.

serenata [sere'nata] *f* serenade.

sereno, na [se'renu, na] *adj* -**1.** [tranqüilo] serene. -**2.** [límpido] clear.

➡ **sereno** *m* night air.

seresta [se'rɛʃta] *f* serenade.

Sergipe [sex'ʒipi] *n* Sergipe.

seriado, da [se'rjadu, da] *adj* serialized.

➡ **seriado** *m* TV series.

serial [se'rjaw] (*pl* -**ais**) *adj* COMPUT serial.

série [ˈsɛrji] *f* -**1.** [ger] series; **uma ~ de** a series of; **número de ~** serial number. -**2.** EDUC year.

➡ **fora de série** *loc adj* [excepcional] exceptional.

seriedade [serje'dadʒi] *f* -**1.** [ger] seriousness. -**2.** [circunspecção] sobriety. -**3.** [honestidade] integrity.

seringa [se'rĩga] *f* syringe.

seringueiro, ra [serĩ'gejru, ra] *m, f* rubber tapper.

➡ **seringueira** *f* rubber tree.

sério, ria [ˈsɛrju, rja] ⬦ *adj* -**1.** [ger] serious. -**2.** [sóbrio] sober. -**3.** [sem rir] straight-faced. ⬦ *adv* really.

➡ **a sério** *loc adv* seriously; **levar a ~** [dedicar-se] to take seriously; [magoar-se com] to take seriously.

sermão [sex'mãw] (*pl* -**ões**) *m* sermon; **levar um ~ de alguém** to be given a sermon by sb.

serpente [sex'pẽntʃi] *f* -**1.** ZOOL serpent, snake. -**2.** *fig* [pessoa] snake (in the grass).

serpentina [serpẽn'tʃina] *f* -**1.** [de papel] streamer. -**2.** [conduto] coil.

SERPRO (*abrev de* **Serviço Federal de Processamento de Dados**) *m Brazilian federal data-processing agency.*

serra [ˈsɛxa] *f* -**1.** [ferramenta] saw. -**2.** [lâmina] serrated blade. -**3.** [montanhas] mountain range, sierra.

Serra Leoa [ˌsexale'oa] *n* Sierra Leone.

serralheiro, ra [sexa'ʎejru, ra] *m, f* blacksmith.

serralheria [sexaʎe'ria] *f* -**1.** [ofício] smithery. -**2.** [oficina] smithy.

serrano, na [se'xãnu, na] ⬦ *adj* mountain (*antes de subst*). ⬦ *m, f* mountain dweller.

serrar [se'xa(x)] *vt* to saw.

serrote [se'xɔtʃi] *m* saw.

sertanejo, ja [sextane'ʒu, ʒa] ⬦ *adj* of the sertão. ⬦ *m, f* person who lives in the sertão.

sertão [sex'tãw] *m* -**1.** [o interior do país]

bush. -**2.** [região agreste] wilderness.

servente [sex'vẽntʃi] *mf* -**1.** [faxineiro] caretaker *UK*, janitor *US*. -**2.** [operário] labourer.

Sérvia [ˈsɛxvja] *n* Serbia.

serviçal [sexvi'saw] (*pl* -**ais**) ⬦ *adj* [prestativo] obliging. ⬦ *mf* [criado] servant.

serviço [sex'visu] *m* -**1.** [ger] service; **~ de bordo** ship's roster; **~ de informações** information service. -**2.** [trabalho, local de trabalho] work; **prestar ~s** [trabalhar] to render services; [fazer favores] to help out; **~ social** social services (*pl*). -**3.** [iguarias] catering. -**4.** *loc*: **não brincar em ~** [ser eficiente] to be a stickler; [não desperdiçar oportunidade] to not miss an opportunity.

➡ **de serviço** *loc adj* [entrada, elevador] tradesmen's (*antes de subst*).

servido, da [sex'vidu, da] *adj* -**1.** [que se serve] served. -**2.** [provido]: **bem ~ de** well-supplied with.

servil [sex'viw] (*pl* -**is**) *adj* [subserviente]: **~ (a)** servile (to).

servir [sex'vi(x)] ⬦ *vt* -**1.** [jantar, bebida] to serve; **pedi para o garçom nos ~ duas cervejas** I asked the waiter to bring us a couple of beers; **~ algo a alguém**, **~ alguém de algo** to serve sthg to sb, to serve sb with sthg. -**2.** [ajudar] to help. ⬦ *vi* -**1.** [ger] to serve. -**2.** [prestar serviço]: **~ a** to serve. -**3.** [prestar, ser útil] to be of use. -**4.** [ser adequado] to be good; **qualquer trem serve** any train will do; **não ~ para algo** to be no good for. -**5.** [caber] to fit. -**6.** [fazer as vezes de]: **~ de algo** to act as. -**7.** [ser apto] to be fit.

➡ **servir-se** *vp* [de comida, bebida]: **~-se (de)** to help o.s. (to).

servo, va [ˈsɛxvu, va] *m, f* -**1.** [escravo] slave. -**2.** [criado] servant.

SESC (*abrev de* **Serviço Social do Comércio**) *m Brazilian body providing social, sport and cultural facilities to people working in the general business sector.*

sessão [se'sãw] (*pl* -**ões**) *f* -**1.** [ger] session. -**2.** CINE performance.

sessenta [se'sẽnta] *num* sixty; **os anos ~** the sixties; *veja também* **seis**.

sessões [se'sõjʃ] *pl* ⊳ **sessão**.

sesta [ˈsɛʃta] *f* siesta, afternoon nap.

set. (*abrev de* **setembro**) Sept.

set [ˈsɛtʃi] *m* ESP set.

seta [ˈsɛta] *f* arrow.

sete [ˈsɛtʃi] *num* seven; **pintar o ~** *fig* to get up to mischief; *veja também* **seis**.

setecentos, tas [sɛtʃi'sẽntuʃ, taʃ] *num* seven hundred; *veja também* **seis**.

setembro [se'tẽnbru] *m* September; **em**

~, **no mês de** ~ in September/in the month of September; **em** ~ **do ano que vem/do ano passado** in September next year/last year; **em meados de** ~ in mid-September; **dia primeiro/dois/seis de** ~ first/second/sixth of September; **no início/fim de** ~ at the beginning/end of September.

setenta [se'tẽnta] *num* seventy; **os anos** ~ the seventies; *veja também* **seis**.

sétimo, ma ['sɛtʃimu, ma] *num* seventh; **a sétima parte** the seventh part.

setor [se'to(x)] (*pl* **-es**) *m* **-1.** [ger] sector. **-2.** [de repartição, estabelecimento] section.

seu, sua ['sew, 'sua] <> *adj* **-1.** [dele] his; [dela] her; [de você, vocês] your; [deles, delas] their; **ela trouxe o** ~ **carro** she brought her car; **onde estacionou a sua moto?** where did you park your motorcycle? **-2.** [de coisa, animal: singular] its; **o cachorro foi para o seu canil** the dog went into its kennel **-3.** [de coisa, animal: plural] their. <> *pron*: **o** ~ /**a sua** [dele] his; [dela] hers; [deles, delas] theirs; [de coisa, animal: singular] its; [de coisa, animal: plural] theirs; **um amigo** ~ a friend of his/hers; **os** ~**s** [a família de cada um] his/her etc. family. <> *m*, *f* **-1.** *pej*: **como vai,** ~ **Pedro?** how are you, mister Pedro?; ~ **estúpido!** you fool!; ~**s irresponsáveis!** you irresponsible lot! **-2.** [com malícia]: ~ **malandro!** you cheeky one!, cheeky thing!; **sua danadinha!** you rotter!, rotten thing!

Seul [se'uw] *n* Seoul.

seus [sewʃ] ⊳ **seu**.

severidade [severi'dadʒi] *f* **-1.** [ger] severity. **-2.** [com filho] strictness.

severo, ra [se'vɛru, ra] *adj* **-1.** [castigo] severe. **-2.** [pessoa] strict.

sex. (*abrev de* **sexta-feira**) *f* Fri.

sexagenário, ria [seksaʒe'narjo, rja] <> *adj*: **ser** ~ to be a sexagenarian, to be in one's sixties. <> *m*, *f* sexagenarian.

sexagésimo, ma [seksa'ʒɛzimu, ma] *num* sixtieth.

sexo ['sɛksu] *m* sex.

sexta ['seʃta] *f* ⊳ **sexto**.

sexta-feira [ˌseʃta'fejra] (*pl* **sextas-feiras**) *f* Friday; *veja também* **sábado**.
 ⬥ **Sexta-feira Santa** *f* Good Friday.

sexto, ta ['seʃtu, ta] *num* sixth; **a sexta parte** the sixth part.
 ⬥ **sexta** *f* [sexta-feira] Friday.

sexual [sek'swaw] (*pl* **-ais**) *adj* **-1.** [ger] sexual. **-2.** [educação, vida] sex (*antes de subst*).

sexy ['sɛksi] *adj* sexy.

SFH (*abrev de* **Sistema Financeiro de Habitação**) *m Brazilian housing credit advisory service.*

shareware [ʃari'waril] (*pl* **-s**) *m* COMPUT shareware.

shopping ['ʃɔpĩŋ] *m* shopping centre *UK*, shopping mall *US*.

short ['ʃɔxtʃil] *m* shorts (*pl*).

show ['ʃow] *m* **-1.** [espetáculo] show; **ser/estar um** ~ *fig* to be spectacular. **-2.** *fig* [atuação brilhante]: **dar um** ~ **(de algo)** to give a brilliant performance (of sthg).

Sibéria [si'bɛrja] *n*: (a) ~ Siberia.

Sicília [si'silja] *n* Sicily.

siderúrgico, ca [side'ruxʒiku, ka] *adj* iron and steel (*antes de sust*).
 ⬥ **siderúrgica** *f* [usina] steelworks (*sg*).

sidra ['sidra] *f* cider.

sifão [si'fãw] (*pl* **-ões**) *m* **-1.** [tubo] siphon. **-2.** [de aparelho sanitário] U-bend. **-3.** [garrafa] soda siphon.

sífilis ['sifiliʃ] *f inv* syphilis.

sifões [si'fõjʃ] *pl* ⊳ **sifão**.

sigilo [si'ʒilu] *m* secrecy.

sigiloso, osa [siʒi'lozu, ɔza] *adj* secret.

sigla ['sigla] *f* **-1.** [abreviatura] acronym. **-2.** [sinal] initial.

significado [signifi'kadu, da] *m* [sentido] meaning.

significar [signifi'ka(x)] <> *vt* **-1.** [ger] to mean. **-2.** [indicar] to signify. <> *vi* [ter importância] to mean.

significativo, va [signifika'tʃivu, va] *adj* significant.

signo ['signul *m* sign.

sílaba ['silabal *f* syllable.

silenciar [silẽn'sja(x)] <> *vt* **-1.** [calar] to silence. **-2.** [omitir] to conceal. <> *vi* [calar-se] to be quiet.

silêncio [si'lẽnsjul *m* silence; **ficar em** ~ to remain silent.

silencioso, osa [silẽn'sjozu, ɔza] *adj* silent.

silhueta [si'ʎwetal *f* **-1.** [ger] silhouette. **-2.** [corpo] outline.

silício [si'lisjul *m* silicon.

silicone [sili'konil *m* silicone.

silo ['silul *m* silo.

silvar [siw'va(x)] *vi* **-1.** [ger] to hiss. **-2.** [vento] to whistle.

silvestre [siw'vɛʃtril *adj* wild.

sim ['sĩl *adv* yes; **acho** *ou* **creio que** ~ I think *ou* believe so; **dizer que** ~ to say yes; **quero,** ~ yes, I'd like to; **vou,** ~ yes, I'm going.

simbólico, ca [sĩm'bɔliku, ka] *adj* symbolic.

simbolizar [sĩnboli'za(x)] *vt* to symbolize.

símbolo ['sĩnbolul *m* **-1.** [ger] symbol. **-2.** [insígnia] emblem.

simetria [sime'trial *f* symmetry.

simétrico, ca [si'mɛtriku, ka] *adj* symmetrical.

similar [simi'la(x)] (pl -es) adj: ~ (a) similar (to).

similitude [simili'tudʒi] f similitude.

simpatia [sĩnpa'tʃia] f -1. [qualidade] warmth. -2. [atração - por outrem, lugar] liking; **sentir ~ por alguém** to like sb. -3. [pessoa]: **ser uma ~** to be friendly. -4. [solidariedade] sympathy. -5. [espirit] charm.

simpático, ca [sĩn'patʃiku, ka] adj -1. [pessoa - atraente] pleasant; [- amável] nice. -2. [agradável] pleasant. -3. [favorável]: **~ a algo/alguém** favourable towards sthg/sb. -4. ANAT sympathetic.

simpatizante [sĩnpatʃi'zãntʃi] adj: **~ com** sympathetic towards.

simpatizar [sĩnpatʃi'za(x)] vi: **~ com alguém/algo** to like sb/sthg; **~ com uma causa** to sympathize with a cause.

simples ['sĩnpliʃ] <> adj -1. [ger] simple. -2. (antes de subst) [mero] mere; [único] single. <> adv simply.

simplesmente [sĩnpliʒ'mẽntʃi] adv simply.

simplicidade [sĩnplisi'dadʒi] f simplicity.

simplificar [sĩnplifi'ka(x)] vt to simplify.

simplório, ria [sĩn'plɔrju, rja] adj simple.

simular [simu'la(x)] vt -1. [combate, salvamento] to simulate. -2. [sentimento, desmaio] to feign. -3. [animal, vozes] to imitate.

simultâneo, nea [simuw'tãnju, nja] adj: **~ (a ou com)** simultaneous (with).

sina ['sina] f fate.

sinagoga [sina'gɔga] f synagogue.

sinal [si'naw] (pl -ais) m -1. [ger] sign; **fazer um ~ (para alguém)** to signal (to sb); **em ~ de** as a sign of. -2. [símbolo] signal; **~ de pontuação** punctuation mark; **~ de mais/menos** plus/minus sign. -3. TELEC tone; **~ de discar** dialling tone; **dar ~ (de discar)** to give the (dialling) tone. -4. AUTO: **~ (luminoso de tráfego)** traffic lights (pl); **~ verde** green light; **avançar o ~** to jump the lights. -6. [pinta] mole; [de nascença] birthmark. -7. COM deposit.

◆ **por sinal** loc adv -1. [a propósito] by the way. -2. [aliás] besides.

sinalização [sinaliza'sãw] f -1. [sinais de tráfego - AUTO] traffic signs (pl); [- FERRO] signals (pl). -2. [indicação em estrada etc] road sign.

sinalizar [sinali'za(x)] <> vt [avenida, estrada] to signpost. <> vi [pessoa] to signal.

sinceridade [sĩnseri'dadʒi] f sincerity.

sincero, ra [sĩn'sɛru, ra] adj sincere.

sincopado, da [sĩnko'padu, da] adj MÚS syncopated.

sincronizar [sĩnkroni'za(x)] vt -1. [combinar] to synchronize. -2. CINE to sync.

sindical [sĩndʒi'kaw] (pl -ais) adj trade union (antes de subst).

sindicalista [sĩndʒika'liʃta] <> adj trade union (antes de subst). <> mf trade unionist.

sindicato [sĩndʒi'katu] m -1. [de profissionais] trade union. -2. [financeiro] syndicate.

síndico, ca ['sĩndʒiku, ka] m,f -1. [de prédio] residents' representative. -2. [de falência] receiver. -3. [de inquérito] leader.

síndrome ['sĩndromi] f syndrome; **~ de abstinência** withdrawal symptoms (pl).

sinfonia [sĩnfo'nia] f symphony.

sinfônico, ca [sĩn'foniku, ka] adj symphonic.

◆ **sinfônica** f [orquestra] symphonic orchestra.

singelo, la [sĩn'ʒɛlu, la] adj simple.

singular [sĩngu'la(x)] (pl -es) <> adj -1. [ger] singular. -2. [peculiar] strange. <> m GRAM singular.

sinistro, tra [si'niʃtru, tra] adj sinister.

◆ **sinistro** m -1. [acidente] disaster. -2. [dano] damage.

sino ['sinu] m bell.

sinônimo, ma [si'nonimu, ma] adj synonymous.

◆ **sinônimo** m synonym.

sinopse [si'nɔpsi] f synopsis.

síntese ['sĩntezi] f -1. [ger] synthesis. -2. [resumo] summary; **em ~** in short.

sintético, ca [sĩn'tɛtʃiku, ka] adj -1. [artificial] synthetic. -2. [conciso] concise.

sintetizador [sĩntetʃiza'do(x)] m synthesizer.

sintetizar [sĩntetʃi'za(x)] vt -1. [resumir] to summarize. -2. QUÍM to synthesize.

sintoma [sĩn'toma] m -1. MED symptom. -2. fig [indício] sign.

sintomático, ca [sĩnto'matʃiku, ka] adj symptomatic.

sinuca [si'nuka] f ESP snooker.

sinuoso, osa [si'nwozu, ɔza] adj -1. [linha] wavy. -2. [estrada, rio] meandering. -3. [recorte] wavy.

sionismo [sjo'niʒmu] m Zionism.

sirene [si'reni] f siren.

siri [si'ri] m crab; **casquinha de ~** CULIN stuffed crab shells.

Síria ['sirja] n Syria.

sísmico, ca ['siʒmiku, ka] adj seismic.

siso ['sizu] m -1. [juízo] wisdom. -2. [dente]: **(dente de) ~** wisdom tooth.

sistema [siʃ'tema] m -1. [ger] system; **~ nervoso** nervous system; **~ solar** solar system; **~ operacional** COMPUT operating system. **-2.** [maneira] method.

sistemático, ca [siʃte'matʃiku, ka] *adj* systematic.

sistematizar [siʃtematʃi'za(x)] *vt* to systematize.

sisudo, da [si'zudu, da] *adj* wise.

site ['sajtʃi] (*pl* **-s**) *m* COMPUT site.

sitiar [si't∫ja(x)] *vt* **-1.** [cercar] to besiege. **-2.** [assediar] to harrass.

sítio ['sitʃju] *m* **-1.** [propriedade] farm. **-2.** MIL siege; **em estado de ~** under siege.

situação [sitwa'sãw] (*pl* **-ões**) *f* **-1.** [ger] situation. **-2.** [localização] position.

situado, da [si'twadu, da] *adj* situated.

situar [si'twa(x)] *vt* to place.

  ◆ **situar-se** *vp* **-1.** [localizar-se - casa, filme] to be located; [- pessoa] to place o.s.; **tenho que me ~ para saber que rua seguir** I have to get my bearings in order to know which street to take. **-2.** [classificar-se] to be placed. **-3.** [em assunto, questão] to take a position.

skate [iʃ'kejtʃi] *m* **-1.** [esporte] skateboarding. **-2.** [prancha] skateboard.

slide [iʒ'lajdʒi] *m* slide, transparency.

slogan [iʒ'logãn] *m* slogan.

smoking [iʒ'mokĩŋ] *m* dinner jacket.

SNI (*abrev de* Serviço Nacional de Informações) *m Brazilian information service concerned particularly with state security,* ≃ MI5 *UK,* ≃ CIA *US.*

só ['sɔ] ◇ *adj* **-1.** [sozinho] alone; **a ~ s** alone. **-2.** [solitário] lonely. **-3.** [único] single. ◇ *adv* [somente] only.

SO (*abrev de* Sudoeste) *m* SW.

soalho ['swaʎu] *m* = assoalho.

soar ['swa(x)] ◇ *vi* **-1.** [ger] to sound. **-2.** [ser pronunciado] to be voiced. **-3.** [hora] to strike. ◇ *vt* [suj: horas] to strike.

sob ['sobi] *prep* under; **~ esse aspecto** from that perspective.

soberania [sobera'nia] *f* **-1.** [de nação] sovereignty. **-2.** *fig* [superioridade] supremacy.

soberano, na [sobe'rãnu, na] ◇ *adj* **-1.** [independente] sovereign. **-2.** [poderoso] powerful. **-3.** [supremo] supreme. **-4.** [altivo] haughty. ◇ *m, f* [monarca] sovereign.

soberbo, ba [so'bexbu, ba] *adj* **-1.** [arrogante] arrogant. **-2.** [magnífico] magnificent.

sobra ['sɔbra] *f* leftover; **ter algo de ~** to have sthg spare.

  ◆ **sobras** *fpl* leftovers.

sobrado [so'bradu] *m* floor.

sobrancelha [sobrãn'seʎa] *f* eyebrow.

sobrar [so'bra(x)] *vi* **-1.** [ger]: **~** to be left over; **me sobra tempo para ir ao cine-** ma I have some free time to go to the cinema; **o médico examinou duas crianças, sobrou uma** the doctor examined two children, there was one still left; **isso dá e sobra** that is more than enough. **-2.** [ficar de fora] to be left out.

sobre ['sobri] *prep* **-1.** [ger] on. **-2.** [por cima de] over. **-3.** [a respeito de] about.

sobreaviso [sobrja'vizu] *m*: **estar/ficar de ~** to be on the alert.

sobrecarregar [sobrekaxe'ga(x)] *vt* **-1.** [com carga] to overload. **-2.** [pessoa] to overburden.

sobreloja [sobre'lɔʒa] *f* mezzanine.

sobremesa [sobre'meza] *f* dessert; **de ~** for dessert.

sobrenatural [ˌsobrenatu'raw] (*pl* **-ais**) *adj* supernatural.

sobrenome [ˌsobri'nɔmi] *m* surname.

sobrepor [sobre'po(x)] *vt* **-1.** [pôr em cima]: **~ algo a algo** to put sthg on top of sthg. **-2.** *fig* [antepor]: **~ algo a algo** to put sthg before sthg.

  ◆ **sobrepor-se** *vp* **-1.** [pôr-se em cima] to be put on top. **-2.** *fig* [antepor-se] to come before. **-3.** *fig* [a críticas] to overcome.

sobreposto, ta [sobre'poʃtu, ta] ◇ *pp* ▷ **sobrepor**. ◇ *adj* [posto em cima]: **~ a** placed on top of.

sobrepujar [sobrepu'ʒa(x)] *vt* **-1.** [ger] to overcome. **-2.** [ser superior a]: **~ algo/alguém (em algo)** to outdo sthg/s.o. (in sthg).

sobressalente [sobresa'lẽntʃi] ◇ *adj* spare. ◇ *m* spare.

sobressaltado, da [sobresaw'tadu, da] *adj* **-1.** [assustado] startled; **acordar ~** to wake up with a start. **-2.** [apreensivo] worried.

sobressaltar [sobresaw'ta(x)] *vt* **-1.** [assustar] to startle. **-2.** [inquietar] to worry.

  ◆ **sobressaltar-se** *vp* **-1.** [assustar-se] to be startled. **-2.** [inquietar-se] to worry.

sobressalto [sobre'sawtu] *m* **-1.** [ger] start. **-2.** [inquietação] concern.

sobretaxa [ˌsobre'taʃa] *f* surcharge.

sobretudo [sobre'tudu] ◇ *m* overcoat. ◇ *adv* especially.

sobrevivência [sobrevi'vẽnsja] *f*: **~ (a)** survival (from).

sobrevivente [sobrevi'vẽntʃi] ◇ *adj* surviving. ◇ *mf* survivor.

sobreviver [sobrevi've(x)] *vi*: **~ (a algo/alguém)** to survive (sthg/s.o.).

sobrevoar [sobre'vwa(x)] *vt* to fly over.

sobriedade [sobrje'dadʒi] *f* **-1.** [moderação] moderation. **-2.** [ausência de embriaguez] sobriety.

sobrinho, nha [so'briɲu, ɲa] *m, f* nephew (*f* niece).

sóbrio, bria ['sɔbrju, brja] adj -1. [ger] sober. -2. [moderado]: ~ **(em)** moderate (in).

socar [so'ka(x)] vt -1. [dar socos em] to punch. -2. [esmagar] to crush. -3. [calcar] to grind. -4. [amassar] to knead. -5. [meter] to chuck.

social [so'sjaw] (pl -ais) adj -1. [ger] social. -2. [relativo a sócios] members' (antes de subst). -3. [via de acesso] front (antes de subst). -4. [banheiro] guest (antes de subst). -5. [camisa] dress.

socialdemocrata [so,sjawdemo'krata] <> adj social democratic. <> mf social democrat.

socialismo [sosja'liʒmu] m socialism.

socialista [sosja'lista] <> adj socialist. <> mf socialist.

socializar [sosjali'za(x)] vt to socialize.

sociável [so'sjavew] (pl -eis) adj sociable.

sociedade [sosje'dadʒi] f -1. [ger] society; **a alta** ~ high society; **Sociedade Protetora dos Animais** society for the protection of animals, ≃ RSPCA UK. -2. [COM - empresa] company; [- entre sócios] partnership; ~ **anônima** limited company. -3. [parceria] partnership.

sócio, cia ['sɔsju, sja] m, f -1. [ger] partner. -2. [membro] member.

sociologia [sosjolo'ʒia] f sociology.

sociólogo, ga [so'sjɔlogu, ga] m, f sociologist.

sóciopolítico, ca [sɔsjopo'litʃiku, ka] (mpl -s, fpl -s) adj socio-political.

soco ['soku] m punch; **dar um** ~ **em algo/alguém** to punch sthg/sb.

socorrer [soko'xe(x)] vt to rescue.

socorro [so'koxu] m rescue; **equipe de** ~ rescue team; **pedir** ~ to ask for help; **socorro!** help!; **primeiros** ~**s** first aid (sg).

soda ['sɔda] f -1. [bebida] soda. -2. [substância]: ~ **cáustica** caustic soda.

sódio ['sɔdʒiu] m sodium.

sofá [so'fa] m sofa.

sofá-cama [so,fa'kãma] (pl **sofás-camas**) m sofa bed.

Sófia ['sɔfja] n Sofia.

sofisticado, da [sofiʃtʃi'kadu, da] adj -1. [requintado] sophisticated. -2. [aprimorado] fancy. -3. [afetado] refined.

sofredor, ra [sofre'do(x), ra] <> adj suffering. <> m, f [pessoa] sufferer.

sôfrego, ga ['sofregu, ga] adj -1. [ávido] eager. -2. [ao comer, beber] greedy. -3. [impaciente] impatient; **o pai aguardava** ~ **notícias sobre o filho** the father waited impatiently for news of his son.

sofrer [so'fre(x)] <> vt -1. [ger] to suffer. -2. [suportar] to bear. -3. [receber] to undergo. <> vi [padecer] to suffer; ~ **de** MED to suffer from.

sofrido, da [so'fridu, da] adj long-suffering.

sofrimento [sofri'mẽntu] m suffering.

soft ['softʃil, **software** [sof'twe(x)] m COMPUT software.

sogro, gra [sogru, gra] m, f father-in-law (f mother-in-law).

sóis [sɔjʃ] pl ⊳ **sol**.

soja ['sɔʒa] f soya.

sol ['sɔw] (pl **sóis**) m -1. [ger] sun; **fazer** ~ to be sunny; **tomar (banho de)** ~ to sunbathe; **ao** ~ in the sun; **tapar o** ~ **com a peneira** to hide the truth. -2. MÚS [nota] soh, sol.

sola ['sɔla] f -1. [de sapato] sole. -2. ANAT: ~ **do pé** sole of the foot.

solar [so'la(x)] (pl -es) <> adj solar. <> m [moradia] manor house. <> vt [sapato] to sole. <> vi -1. [bolo] to fail to rise. -2. MÚS to perform a solo.

solda ['sowda] f -1. [substância] solder. -2. [soldadura] weld.

soldado [sow'dadu] mf -1. MIL soldier. -2. [defensor] defender.

soldador, ra [sowda'do(x), ra] m, f welder.

soldar [sow'da(x)] vt to weld.

soldo ['sowdu] m MIL pay.

soleira [so'lejra] f -1. [de porta] threshold. -2. [de ponte] foundation.

solene [so'leni] adj solemn.

solenemente [soleni'mẽntʃi] adv solemnly.

solenidade [soleni'dadʒi] f -1. [qualidade] solemnity. -2. [cerimônia] ceremony.

soletrar [sole'tra(x)] vt -1. [letras] to spell. -2. [ler devagar] to read out slowly.

solicitação [solisita'sãw] (pl -ões) f [pedido] request.

➡ **solicitações** fpl [apelo] appeal (sg).

solicitar [solisi'ta(x)] vt -1. [pedir] to request; ~ **algo a alguém** to ask sb for sthg. -2. [requerer] to apply for. -3. [atenção, amizade] to seek.

solícito, ta [so'lisitu, ta] adj helpful.

solidão [soli'dãw] f -1. [isolamento] solitude. -2. [ermo] desolation. -3. [sentimento] loneliness.

solidariedade [solidarje'dadʒi] f solidarity.

solidário, ria [soli'darju, rja] adj -1. [na dor] united; **mostrar-se** ~ to show one's solidarity; **ser** ~ **com** to stand by. -2. [simpático]: **ser** ~ **a** to be sympathetic to.

solidificar [solidʒifi'ka(x)] vt -1. [físicamente] to solidify. **-2.** *fig* [laços, amizade] to strengthen.

▸ **solidificar-se** *vp* **-1.** [fisicamente] to set. **-2.** *fig* [laços, amizade] to become strong.

sólido, da ['sɔlidu, da] *adj* **-1.** [ger] solid. **-2.** [moralmente] strong. **-3.** *fig* [firme - ger] strong; [- conhecimento] firm; [- argumento] sound.

▸ **sólido** *m* MAT solid.

solista [so'liʃta] *m* MÚS soloist.

solitário, ria [soli'tarju, rja] <> *adj* solitary. <> *m, f* [eremita] solitary person.

▸ **solitário** *m* [diamante] solitaire.

▸ **solitária** *f* **-1.** [cela] solitary (confinement) cell. **-2.** [verme] tapeworm.

solo ['sɔlu] *m* **-1.** [chão] ground. **-2.** MÚS solo.

soltar [sow'ta(x)] *vt* **-1.** [libertar] to release; ~ **os cachorros** *fig* to lash out. **-2.** [desatar] to untie. **-3.** [afrouxar] to loosen. **-4.** [largar] to let go. **-5.** [deixar cair (das mãos)] to drop. **-6.** [emitir] to let out. **-7.** [pronunciar] to utter. **-8.** [lançar] to let off.

▸ **soltar-se** *vp* [desprender-se]: ~**-se (de algo)** to free o.s. (from sthg).

solteira [sow'tejra] *f* ▷ **solteiro**.

solteirão, rona [sowtej'rãw, rona] *(mpl* **-ões,** *fpl* **-s)** *m, f* bachelor (*f* spinster).

solteiro, ra [sow'tejru, ra] *adj* unmarried, single.

solteirona [sowtej'rona] *f* ▷ **solteirão**.

solto, ta ['sowtu, ta] <> *pp* ▷ **soltar**. <> *adj* [ger] loose.

▸ **à solta** *loc adv* on the loose.

solução [solu'sãw] *(pl* **-ões)** *f* solution; ~ **de continuidade** interruption; **sem ~ de continuidade** without interruption.

soluçar [solu'sa(x)] *vi* **-1.** [chorar] to sob. **-2.** MED to hiccup.

solucionar [solusjo'na(x)] *vt* to resolve.

soluço [su'lusu] *m* **-1.** [choro] sob; **aos ~s** sobbing. **-2.** MED hiccup.

solúvel [so'luvew] *(pl* **-eis)** *adj* soluble.

solvente [sow'vẽntʃi] <> *adj* **-1.** [substância] soluble. **-2.** FIN [devedor] solvent. <> *m* [substância] solvent.

som ['sõ] *(pl* **-ns)** *m* **-1.** [ger] sound; **fazer um ~** *fam* to make music; **ao ~ de** to the sound of. **-2.** [aparelho] hi-fi.

soma ['soma] *f* **-1.** [ger] sum. **-2.** *fig* [conjunto] combination.

Somália [so'malja] *n* Somalia.

somar [so'ma(x)] <> *vt* **-1.** [adicionar] to add; ~ **algo a algo** to add sthg to sthg. **-2.** [totalizar] to add up to. <> *vi* to add (up).

▸ **somar-se** *vp* to gather together.

sombra ['sõbra] *f* **-1.** [projeção] shadow; **fazer ~ a alguém** *fig* to put sb in the shade. **-2.** [área] shade; **à ~ de** in the shade of; *fig* [sob a proteção de] under the protection of. **-3.** *fig* [sinal] shadow; **sem ~ de dúvida** without a shadow of a doubt. **-4.** *fig* [anonimato] in the shade.

sombrinha [sõ'brina] *f* umbrella.

sombrio, bria [sõ'briw, bria] *adj* **-1.** [escuro] dark. **-2.** [triste] gloomy. **-3.** [carrancudo] grim.

somente [sɔ'mẽntʃi] *adv* only.

sonambulismo [sonãbu'liʒmu] *m* sleepwalking.

sonâmbulo, la [so'nãbulu, la] <> *adj* sleepwalking. <> *m, f* sleepwalker.

sonda ['sõda] *f* **-1.** MED probe. **-2.** MED [de alimentação] drip. **-3.** NÁUT depth finder. **-4.** TEC [para mineração] bore. **-5.** TEC [petrolífera] drill. **-6.** METEOR weather balloon.

▸ **sonda espacial** *f* space probe.

sondagem [sõ'daʒẽ] *(pl* **-ns)** *f* **-1.** [com sonda - biliar] exploration; [- marítima, meteorológica] sounding; [- petrolífera] drilling. **-2.** [de opinião] survey.

sondar [sõ'da(x)] *vt* **-1.** [ger] to probe. **-2.** NÁUT to sound. **-3.** TEC [terreno] to bore. **-4.** TEC [petróleo] to drill. **-5.** METEOR [atmosfera] to take soundings of. **-6.** [opinião] to survey. **-7.** *fig* [investigar] to fathom.

soneca [so'nɛka] *f* nap; **tirar uma ~** to take a nap.

sonegação [sonega'sãw] *f* **-1.** [ocultação] withholding; ~ **de impostos** *OU* **fiscal** tax evasion. **-2.** [roubo] theft.

sonegador, ra [sonega'do(x), ra] <> *adj* [de impostos] fraudulent. <> *m, f* [de impostos] tax dodger.

sonegar [sone'ga(x)] *vt* **-1.** [dinheiro, bens] to conceal. **-2.** [impostos] to dodge. **-3.** [roubar] to steal. **-4.** [informações] to withhold.

soneto [so'netu] *m* sonnet.

sonhador, ra [sona'do(x), ra] *(mpl* **-es,** *fpl* **-s)** <> *adj* dreaming. <> *m, f* dreamer.

sonhar [so'na(x)] <> *vt* [ter sonho com] to dream. <> *vi* **-1.** [ter sonho] to dream; ~ **com algo/alguém** to dream about sthg/sb. **-2.** [desejar]: ~ **com algo** to dream of sthg; ~ **em fazer algo** to dream of doing sthg.

sonho ['sonu] *m* **-1.** [ger] dream. **-2.** CULIN doughnut.

sono ['sonu] *m* **-1.** [período] sleep. **-2.** [vontade de dormir]: **estar com** *OU* **sentir ~** to be *OU* feel sleepy; **estar sem ~** not to be sleepy.

sonolento, ta [sono'lẽntu, ta] *adj* sleepy.

sonorizar [sonori'za(x)] *vt* **-1.** [filme] to

make the soundtrack for. -2. [sala] to set up the sound for.

sonoro, ra [so'noru, ra] *adj* -1. [de som] resonant. -2. *GRAM* voiced.

sons [sõʃ] *pl* ▷ **som**.

sonso, sa ['sõsu, sa] *adj* sly.

sopa ['sopa] *f* -1. *CULIN* soup. -2. *fam* [facilidade] easy life; **ser** ~ to be a piece of cake.

sopapo [so'papu] *m* slap.

sopé [so'pɛ] *m* foot.

sopeira [so'pejra] *f* (soup) tureen.

soporífero, ra [sopo'riferu, ra] *adj* -1. [que faz dormir] soporific. -2. *fig* [chato] boring.

➡ **soporífero** *m* [substância] soporific.

soporífico, ra [sopo'rifiku] = **soporífero**

soprano [so'pränu] ⬦ *adj* soprano (antes de subst). ⬦ *mf* soprano.

soprar [so'pra(x)] ⬦ *vt* -1. [com sopro] to blow. -2. *fig* [segredar] to whisper. ⬦ *vi* [vento] to blow.

sopro ['sopru] *m* -1. [ar] puff. -2. [som de vento] sigh; [- de fole] puff; [- de saxofone] soft sound; **instrumento de** ~ wind instrument. -3. [aragem] breeze. -4. *fig* [ânimo] breath.

soquete [so'kɛtʃi] *f* (meia) ankle sock.

sórdido, da ['sɔrdʒidu, da] *adj* -1. [imundo] squalid. -2. [torpe] sordid.

soro ['soru] *m* -1. *MED* serum. -2. [de leite] whey.

soropositivo, va [soropozi'tʃivu, va] ⬦ *adj* seropositive. ⬦ *m, f* seropositive person.

sorrateiro, ra [soxa'tejru, ra] *adj* stealthy.

sorridente [soxi'dẽntʃi] *adj* smiling.

sorrir [so'xi(x)] *vi* to smile; ~ **(para)** to smile (at); [destino, fortuna *etc*] to smile on.

sorriso [so'xizu] *m* smile; **dar um** ~ (para alguém) to smile (at sb).

sorte ['sɔrtʃi] *f* -1. [ventura] luck; **boa** ~! good luck!; **dar** ~ (para alguém) to bring (sb) luck; **estar com** *ou* **ter** ~ to be lucky; **má** ~ bad luck; **que** ~! what luck!; **de** ~ [sortudo] lucky; **tirar a** ~ **grande** [na loteria] to hit the jackpot; [enriquecer] to become rich; **ser afortunado** to do the right thing. -2. [acaso] chance; **por** ~ by chance. -3. [sina] fate. -4. [situação] lot. -5. [maneira]: **de** ~ **que** in such a way that. -6. [espécie] sort; **toda** ~ **de iguarias** all sorts of delicacies.

sortear [sox'tʃja(x)] *vt* -1. [pessoa, bilhete] to draw lots for. -2. [rifar] to raffle.

sorteio [sox'teju] *m* -1. [de pessoa, bilhete] draw. -2. [rifa] raffle.

sortido, da [sox'tʃidu, da] *adj* -1. [abastecido] stocked. -2. [variado] assorted.

sortimento [soxtʃi'mẽntu] *m* [provisão] stock.

sortudo, da [sox'tudu, da] ⬦ *adj* lucky. ⬦ *m, f* lucky person.

sorver [sox've(x)] *vt* -1. [ger] to inhale. -2. [beber] to sip. -3. [absorver] to absorb.

sorvete [sox'vetʃi] *m* -1. [com leite] ice cream. -2. [sem leite] sorbet.

sorveteiro, ra [soxve'tejru, ra] *m, f* ice-cream man.

sorveteria [soxvete'ria] *f* ice-cream parlour.

sósia ['sɔzja] *mf* double.

soslaio [soz'laju] ➡ **de soslaio** *loc adv* sideways.

sossegado, da [sose'gadu, da] *adj* quiet.

sossegar [sose'ga(x)] *vt & vi* to calm down.

sossego [so'segu] *m* peace (and quiet).

sótão ['sotãw] (*pl* -ãos) *m* attic.

sotaque [so'taki] *m* accent.

soterrar [sote'xa(x)] *vt* to bury.

soturno, na [so'tuxnu, na] *adj* -1. [triste] sad. -2. [amedrontador] frightening.

soutien [su'tʃjã] *m* = **sutiã**.

sova ['sɔva] *f* -1. [amassamento - uva, cacau] crushing; [- de massa] keading. -2. [surra] beating.

sovaco [so'vaku] *m* armpit.

sovina [so'vina] ⬦ *adj* miserly. ⬦ *mf* miser.

sovinice [sovi'nisi] *f* meanness; **ser pura** ~ to be utterly mean.

sozinho, nha [so'ziɲu, ɲa] *adj* -1. [desacompanhado] alone. -2. [solitário] all alone. -3. [único] by itself. -4. [por si só] by myself/yourself/himself etc.

SP (*abrev de Estado de São Paulo*) *n* State of São Paulo.

spam ['ijpãm] (*pl* -s) *m COMPUT* spam.

SPC (*abrev de Serviço de Proteção ao Crédito*) *m* Brazilian service providing information on credit credit rating.

spot [iʃ'potʃi] *m* spotlight.

spray [iʃ'prej] *m* spray.

SQL (*abrev de Structured Query Language*) *f* SQL.

Sr. (*abrev de senhor*) *m* ≃ Mr.

Sra. (*abrev de senhora*) *f* ≃ Mrs.

SRF (*abrev de Secretaria da Receita Federal*) *f* department of the Brazilian ministry of finance responsible for taxes and customs and excise.

Srs. (*abrev de senhores*) *mpl* Messrs, Mr and Mrs.

srta (*abrev de senhorita*) *f* ≃ Miss.

status [iʃ'tatus] *m* status.

STF (*abrev de Supremo Tribunal Federal*) *m* Brazilian supreme federal tribunal responsible for the enforcement of *the constitution and also heading the judiciary.*

STJ (*abrev de* **SuperiorTribunal de Justiça**) *m* Brazilian higher court of justice.

strip-tease liʃ,tripi'tʃizi] *m* striptease; **fazer um** ~ to do a striptease.

sua ['sua] ⊳ **seu**.

suado, da ['swadu, da] *adj* -1. [da suor] sweaty. -2. *fam fig* [difícil de obter] hard-earned.

suar ['swa(x)] ⟨⟩ *vt* -1. [transpirar] to sweat. -2. [roupa] to make sweaty. ⟨⟩ *vi* -1. [transpirar] to sweat; ~ **frio** to come out in a cold sweat. -2. [verter umidade] to sweat. -3. *fam fig* [esforçar-se]: ~ **por algo/para fazer algo** to sweat blood for sthg/to do sthg; **ela suou por esse emprego** she had to work hard for that job.

suas ['suaʃ] ʃ ⊳ **seu**.

suástica ['swaʃtʃikal *f* swastika.

suave ['swavil *adj* -1. [ger] mild. -2. [vinho, pele, cabelos] smooth. -3. [brisa, ritmo] gentle. -4. [cor] delicate. -5. [música, tecido] soft. -6. [terno - pessoa] charming; [- carícia] gentle; [- voz] soft. -7. [leve - trabalho] light; [- vida] easy.

suavidade [swavi'dadʒi] *f* -1. [ger] mildness. -2. [de pele, cabelos] smoothness. -3. [de brisa, música, ritmo] gentleness. -4. [de tecido, cor, brisa, música] softness. -5. [ternura] charm.

suavizar [swavi'za(x)] *vt* -1. [abrandar] to tone down. -2. [amenizar] to ease. -3. [amaciar - pele, cabelo] to smooth; [- tecido] to soften.

➤ **suavizar-se** *vp* [amenizar-se] to ease.

subalimentado, da [subalimẽ'tadu, da] *adj* undernourished.

subalterno, na [subaw'tɛxnu, na] ⟨⟩ *adj* subordinate. ⟨⟩ *m, f* subordinate.

subconsciente [subkõn'sjẽtʃi] ⟨⟩ *adj* subconscious. ⟨⟩ *m* subconscious.

subdesenvolvido, da [subdʒizĩnvow-'vidu, da] ⟨⟩ *adj* -1. [não-desenvolvido] underdeveloped. -2. *pej* [atrasado] moronic. ⟨⟩ *m, f pej* [pessoa] moron.

subdesenvolvimento [subdʒizĩnvow-vi'mẽtul *m* underdevelopment.

subemprego [subẽn'pregul *m* -1. [trabalho] underpaid job. -2. [condição] underpaid work.

subentender [subẽntẽn'de(x)] *vt* to infer.

➤ **subentender-se** *vp* to be inferred; **subentende-se que ...** it can be inferred that ...

subentendido, da [subẽntẽn'dʒidu, da] *adj* inferred.

➤ **subentendido** *m* innuendo.

subestimar [subeʃtʃi'ma(x)] *vt* to underestimate.

subida [su'bida] *f* -1. [ato] climb. -2. [ladeira] slope. -3. [de preços] rise.

subir [su'bi(x)] ⟨⟩ *vt* -1. [galgar] to climb (up). -2. [ir para cima, percorrer] to go up. -3. [escalar] to climb, to scale. -4. [aumentar] to raise. -5. [ascender] to climb. -6. [voz] to raise. ⟨⟩ *vi* -1. [ger] to go up; ~ **a ou até** to go up to; ~ **em** [árvore] to climb (up); [telhado, cadeira] to climb onto; ~ **por** to go up; ~ **à cabeça** *fig* to go to one's head. -2. [ascender - balão, neblina, fumaça] to rise; [- elevador, teleférico] to go up; [- em ônibus] to get on. -3. [socialmente] to go up in the world; ~ **a/de** to rise from; ~ **na vida** to get on in life. -4. [aumentar] to rise. -5. *fam* [embriagar] to go to one's head.

súbito, ta ['subitu, ta] *adj* sudden.

➤ **súbito** *adv* suddenly; **de** ~ suddenly.

subjetividade [subʒetʃivi'dadʒi] *f* subjectivity.

subjetivo, va [subʒe'tʃivu, va] *adj* subjective.

subjugar [subʒu'ga(x)] *vt* -1. [derrotar] to overpower. -2. [dominar] to dominate. -3. [impor-se a] to supplant. -4. [moralmente] to subdue.

subjuntivo [subʒũn'tʃivu] *m* subjunctive.

sublime [su'blimi] *adj* sublime.

sublinhar [subli'ɲa(x)] *vt* -1. [palavras] to underline. -2. [enfatizar] to emphasize.

sublocar [sublo'ka(x)] *vt* to sublet.

submarino, na [subma'rinu, na] *adj* underwater.

➤ **submarino** *m* submarine.

submergir [submex'ʒi(x)] *vt & vi* to submerge.

submeter [subme'te(x)] *vt* -1. [dominar] to subdue. -2. [para apreciação]: ~ **algo a** to submit sthg to. -3. [sujeitar]: ~ **alguém/algo a algo** to subject sb/sthg to sthg.

➤ **submeter-se** *vp* -1. [render-se] to surrender. -2. [sujeitar-se]: ~ **a algo** to undergo sthg; ~ **a alguém** to submit to sb.

submissão [submi'sãw] *f* -1. [sujeição, obediência] submission. -2. [apatia] lack of determination.

submisso, sa [sub'misu, sa] *adj* submissive.

submundo [sub'mũndu] *m* underworld.

subnutrição [subnutri'sãw] *f* malnutrition.

subnutrido, da [subnu'tridu, da] *adj* malnourished.

subordinado, da [suboxdʒi'nadu, da]

◇ *adj* subordinate. ◇ *m,f* [subalterno] subordinate.

subordinar [suboxdʒi'na(x)] *vt* -**1.** [ger] to subordinate. -**2.** [sujeitar] to subject.

◆ **subordinar-se** *vp* [sujeitar-se]: ~**-se a algo/alguém** to subject o.s. to sthg/sb.

subornar [subox'na(x)] *vt* to bribe.

suborno [su'boxnu] *m* bribe.

subproduto [subpro'dutu] *m* byproduct.

sub-reptício, cia [subxrep'tʃisju, sja] *adj* surreptitious.

subscrever [subʃkre've(x)] *vt* -**1.** [assinar] to sign. -**2.** [aprovar] to subscribe to. -**3.** [arrecadar] to collect. -**4.** [ações] to subscribe to.

subscrito, ta [subʃ'kritu, ta] ◇ *pp* ▷ **subscrever**. ◇ *adj* undersigned. ◇ *m, f* undersigned.

subseqüente [subse'kwẽntʃi] *adj* subsequent; ~ **(a)** subsequent (to).

subserviência [subsexvjẽsja] *f* subservience.

subserviente [subsex'vjẽntʃi] *adj* subservient, servile; ~ **(a)** subservient (towards).

subsidiar [subzi'dʒja(x)] *vt* to subsidize.

subsidiário, ria [subzi'dʒjarju, rja] *adj* subsidiary.

◆ **subsidiária** *f* [empresa] subsidiary.

subsídio [sub'zidʒju] *m* -**1.** [contribuição] contribution. -**2.** [estatal] subsidy.

◆ **subsídios** *mpl* [dados, contribuições] information (*sg*).

subsistência [subziʃ'tẽsja] *f* [sustento, subrevivência] subsistence.

subsistir [subziʃ'tʃi(x)] *vi* -**1.** [existir] to exist. -**2.** [persistir] to remain. -**3.** [sobreviver] to survive.

subsolo [sub'solu] *m* -**1.** [da terra] subsoil. -**2.** [de prédio] basement.

substância [subʃ'tãsja] *f* substance.

substancial [subʃtãn'sjaw] (*pl* **-ais**) ◇ *adj* substantial. ◇ *m* [essência] essence.

substantivo, va [subʃtãn'tʃivu, va] *adj* -**1.** [essencial] essential. -**2.** GRAM substantive.

◆ **substantivo** *m* GRAM noun.

substituição [subʃtʃitwi'sãw] (*pl* **-ões**) *f* substitution, replacement.

substituir [subʃtʃi'twi(x)] *vt* to substitute, to replace.

substituto, ta [subʃtʃi'tutu, ta] ◇ *adj* substitute (*antes de subst*), replacement (*antes de subst*). ◇ *m, f* substitute, replacement.

subterrâneo, nea [subte'xãnju, nja] *adj* underground.

subtrair [subtra'i(x)] ◇ *vt* -**1.** [furtar] to steal. -**2.** [deduzir] to deduct. -**3.** MAT to

subtract. ◇ *vi* MAT to subtract.

subumano, na [subju'mãnu, na] *adj* subhuman.

suburbano, na [subux'bãnu, na] ◇ *adj* -**1.** [do subúrbio] suburban. -**2.** *pej* [atrasado] backward. ◇ *m, f* -**1.** [morador] suburbanite. -**2.** *pej* [atrasado] moron.

subúrbio [su'buxbju] *m* suburb.

subvenção [subvẽ'sãw] (*pl* **-ões**) *f* subsidy.

subversivo, va [subvex'sivu, va] ◇ *adj* subversive. ◇ *m, f* [pessoa] subversive.

subverter [subvex'te(x)] *vt* -**1.** [desordenar] to subvert. -**2.** [agitar] to incite. -**3.** [arruinar] to upset.

sucção [suk'sãw] *f* suction.

suceder [suse'de(x)] *vi* -**1.** [acontecer] to happen. -**2.** [seguir-se a]: ~ **a algo/alguém** to follow (on from) sthg/sb.

◆ **suceder-se** *vp* -**1.** [seguir-se]: **sucedem-se os governantes, mas nada muda** rulers come and go but nothing changes. -**2.** [repetir-se]: **os dias se sucediam e ele não regressava** day followed day and still he didn't return.

sucedido, da [suse'dʒidu, da] *m*: **vou lhe contar o** ~ I'll tell you what happened.

sucessão [suse'sãw] (*pl* **-ões**) *f* succession.

sucessivo, va [suse'sivu, va] *adj* successive; **crimes** ~**s a** succession of crimes.

sucesso [su'sɛsu] *m* -**1.** [êxito] success; **com/sem** ~ successfully/unsuccessfully. -**2.** [música, filme] hit.

sucinto, ta [su'sĩntu, ta] *adj* succinct.

suco ['suku] *m* juice.

suculento, ta [suku'lẽntu, ta] *adj* succulent.

sucumbir [sukũn'bi(x)] *vi* -**1.** [vergar]: ~ **a algo** to yield to sthg. -**2.** [morrer]: ~ **(a algo)** to succumb (to sthg).

SUDAM (**Superintendência do Desenvolvimento da Amazônia**) *f body overseeing the use of resources for the development of the Amazon region.*

Sudão [su'dãw] *n* Sudan.

SUDENE (*abrev de* **Superintendência do Desenvolvimento do Nordeste**) *f body responsible for overseeing economic and financial incentives in northeastern Brazil.*

sudeste [su'dɛʃtʃi] ◇ *adj* south-east. ◇ *m* south-east.

súdito, ta [su'dʒitu, ta] *m, f* subject.

sudoeste [su'dwɛʃtʃi] ◇ *adj* south-west. ◇ *m* south-west.

Suécia ['swɛsja] *n* Sweden.

sueco, ca ['swɛku, ka] ◇ *adj* Swedish. ◇ *m, f* Swede.

sueco m [língua] Swedish.
suéter ['swɛtɛ(x)] (pl -es) m ou f sweater.
suficiente [sufi'sjẽntʃi] <> adj sufficient. <> m: **tenho o ~ até amanhã** I have enough until tomorrow.
suflê [su'fle] m soufflé.
sufocar [sufo'ka(x)] <> vt -1. [asfixiar] to suffocate. -2. fig [oprimir] to oppress. -3. fig [debelar] to crush. <> vi [asfixiar-se] to be stifled.
sufoco [su'foku] m -1. [aflição] dread; **que ~!** how dreadful! -2. [dificuldade] hassle; **deixar alguém no ~** to leave sb in the lurch.
sufrágio [su'fraʒju] m -1. [voto] vote. -2. [apoio] support.
sugar [su'ga(x)] vt -1. [por sucção] to suck. -2. fig [extorquir] to extort.
sugerir [suʒe'ri(x)] vt to suggest.
sugestão [suʒeʃ'tãw] (pl -ões) f -1. [ger] suggestion; **dar uma ~** to make a suggestion. -2. [evocação, insinuação] hint.
sugestionar [suʒeʃtʃjo'na(x)] vt: **~ algo a alguém** to inspire sb with sthg.
sugestivo, va [suʒeʃ'tʃivu, va] adj -1. [evocativo] evocative. -2. [insinuante] suggestive.
Suíça ['swisa] n Switzerland.
suíças ['swisaʃ] fpl sideburns.
suicida [swi'sida] <> adj suicidal. <> mf [pessoa] suicidal person.
suicidar-se [swisi'daxsi] vp to commit suicide.
suicídio [swi'sidʒju] m suicide.
suíço, ça ['swisu, sa] <> adj Swiss. <> m, f Swiss.
suingar [swĩ'ga(x)] vi to dance the swing.
suingue ['swĩgi] m swing.
suíno, na ['swinu, na] adj pig (antes de subst).
➤ **suíno** m [porco] pig.
suíte ['switʃi] f suite.
sujar [su'ʒa(x)] <> vt -1. [tornar sujo] to dirty. -2. fig [macular] to disgrace. <> vi fam [dar errado] to go wrong.
➤ **sujar-se** vp -1. [tornar-se sujo] to get dirty. -2. fig [macular-se] to disgrace o.s.
sujeira [su'ʒejra] f -1. [coisa suja] dirt. -2. [estado] dirtiness; **a sala estava uma ~ quando cheguei** the room was a dirty mess when I arrived. -3. fam [bandalheira] dirty trick.
sujeitar [suʒej'ta(x)] vt [submeter]: **~ algo/alguém a algo** to subject sthg/sb to sthg.
➤ **sujeitar-se** vp [submeter-se]: **~-se a algo** to subject o.s. to sthg.
sujeito, ta [su'ʒejtu, ta] <> adj: **~ a** subject to. <> m, f person.
➤ **sujeito** m GRAM subject.

sujo, ja ['suʒu, ʒa] <> adj -1. [imundo] dirty. -2. fig [mau-caráter] dishonest. <> m, f fig [pessoa] dishonest person.
sul ['suw] <> adj southern. <> m [região] south; **ao ~ de** to the south of.
sulco [suw'ku] m furrow.
sulista [su'liʃta] <> adj southern. <> mf southerner.
suma ['suma] ➤ **em suma** loc adv in short.
sumamente [suma'mẽntʃi] adv [extremamente] extremely.
sumário, ria [su'marju, rja] adj -1. [breve] brief. -2. [julgamento] summary. -3. [traje] skimpy.
➤ **sumário** m -1. [resumo] summary. -2. [no início de livro] table of contents. -3. JUR: **~ de culpa** indictment.
sumiço [su'misu] m disappearance; **dar (um) ~ em** to do away with.
sumido, da [su'midu, da] adj -1. [desaparecido] vanished; **andar ~** to have disappeared. -2. [voz] low. -3. [apagado] faint.
sumir [su'mi(x)] vi to disappear; **~ com algo** to disappear with sthg.
sumo, ma ['sumu, ma] adj extreme; **~ sacerdote** high priest.
➤ **sumo** m [suco] juice.
sundae ['sãndej] m sundae.
sunga ['sũga] f [de banho] (swimming) trunks.
suntuoso, osa [sũn'twozu, ɔza] adj sumptuous.
suor ['swɔ(x)] (pl -es) m -1. [transpiração] sweat. -2. fig [trabalho]: **fiz esta casa com o meu próprio ~** I built this house by the sweat of my brow.
super ['supe(x)] fam <> adj [ótimo] super. <> interj super!
superado, da [supe'radu, da] adj -1. [ultrapassado] outmoded, old-fashioned. -2. [resolvido] overcome.
superalimentar [superalimẽn'ta(x)] vt -1. [animais, pacientes] to overfeed. -2. [indústria, sistema] to supercharge.
superaquecimento [ˌsuperakesi'mẽntu] m overheating.
superar [supe'ra(x)] vt -1. [sobrepujar]: **~ alguém (em algo)** to outdo sb (in sthg); **~ o inimigo** to defeat an enemy; **superou a todos em velocidade** he surpassed everyone in terms of speed. -2. [recorde] to beat. -3. [expectativa, objetivos etc] to exceed. -4. [ultrapassar] to surpass. -5. [resolver] to overcome.
➤ **superar-se** vp -1. [melhorar]: **~-se (em algo)** to excel o.s. (in sthg). -2. [exceder-se] to excel o.s.
superávit [supe'ravitʃi] m COM surplus.
supercílio [super'silju] m eyebrow.
superdotado, da [ˌsupexdo'tadu, da]

◇ *adj* **-1.** [em inteligência] (exceptionally) gifted. **-2.** *fam* [sexualmente] well endowed. ◇ *m, f* [em inteligência] (exceptionally) gifted person.

superestimar [ˌsupereʃtʃiˈma(x)] *vt* to overestimate.

superficial [supexfiˈsjaw] (*pl* -ais) *adj* superficial.

superficialidade [supexfisjaliˈdadʒi] *f* superficiality.

superfície [supexˈfisji] *f* **-1.** [parte externa] surface. **-2.** [extensão] area.

supérfluo, lua [suˈpɛxflu, lua] *adj* superfluous.

➡ **supérfluo** *m* [gasto]: **vamos cortar o** ~ we're going to cut out what is superfluous.

super-homem [ˌsuperˈɔmɛl] (*pl* -ns) *m* superman.

superintendência [ˌsuperĩntĕnˈdĕnsja] *f* [órgão] management.

superintendente [ˌsuperĩntĕnˈdĕntʃi] *mf* manager.

superior [supeˈrjo(x)] (*pl* -es) ◇ *adj* RE-LIG superior. ◇ *m, f* [em hierarquia] superior.

➡ **superior** *adj* **-1.** [de cima] upper. **-2.** [mais alto] higher. **-3.** [maior] greater. **-4.** [melhor] better; ~ a better than. **-5.** [excelente] first class. **-6.** EDUC higher; **escola** ~ senior school; **curso** ~ degree course.

superioridade [superjoriˈdadʒi] *f* superiority.

superlativo, va [supexlaˈtʃivu] *adj* superlative.

➡ **superlativo** *m* GRAM superlative.

superlotado, da [ˌsupexloˈtadu, da] *adj*: ~ **(de)** overcrowded (with).

supermercado [ˌsupexmexˈkadu] *m* supermarket.

superpotência [ˌsupexpoˈtĕnsja] *f* superpower.

superpovoado, da [ˌsupexpoˈvwadu, da] *adj* overpopulated.

superprodução [ˌsupexproduˈsãw] (*pl* -ões) *f* **-1.** ECON overproduction. **-2.** CI-NE mega-production.

supersônico, ca [ˌsupexˈsoniku, ka] *adj* supersonic.

superstição [supexʃtʃiˈsãw] (*pl* -ões) *f* superstition.

supersticioso, osa [superʃtʃiˈsjozu, ɔza] ◇ *adj* superstitious. ◇ *m, f* superstitious person.

supervisão [ˌsupexviˈzãw] (*pl* -ões) *f* **-1.** [ato] supervision. **-2.** [instância] supervisory authority.

supervisionar [ˌsupexvizjoˈna(x)] *vt* to supervise.

supervisor, ra [ˌsupexviˈzo(x), ra] *m, f* supervisor.

suplantar [suplãnˈta(x)] *vt* [sobrepujar]: ~ **algo/alguém (em algo)** to supplant sthg/sb (in sthg).

suplementar [suplemĕnˈta(x)] ◇ *adj* extra. ◇ *vt* **-1.** [fornecer] to provide. **-2.** [servir de suplemento a] to supplement.

suplemento [supleˈmĕntu] *m* **-1.** [suprimento] supply. **-2.** [complemento] supplement; ~ **policial** police reinforcement. **-3.** JORN supplement.

súplica [ˈsuplika] *f* plea.

suplicar [supliˈka(x)] ◇ *vt* to beg for. ◇ *vi* to plead.

suplício [suˈplisju] *m* torture.

supor [suˈpo(x)] *vt* **-1.** [ger] to suppose. **-2.** [pressupor] to presuppose.

➡ **supor-se** *vp* to be assumed.

suportar [supoxˈta(x)] *vt* **-1.** [sustentar] to support. **-2.** [resistir a] to withstand. **-3.** [tolerar] to bear.

suportável [supoxˈtavew] (*pl* -eis) *adj* bearable.

suporte [suˈpɔxtʃi] *m* support.

suposição [supoziˈsãw] (*pl* -ões) *f* [conjetura] assumption.

suposto, osta [suˈpoʃtu, oʃta] ◇ *pp* ▷ supor. ◇ *adj* supposed.

➡ **suposto** *m* [pressuposto] assumption.

supremo, ma [suˈpremu, ma] *adj* **-1.** [amor, perdão, tribunal] supreme. **-2.** [qualidade] superior.

➡ **Supremo** *m*: **o Supremo** the Supreme Court.

supressão [supreˈsãw] (*pl* -ões) *f* **-1.** [corte] cutback. **-2.** [eliminação] deletion. **-3.** [abolição] abolition. **-4.** [omissão] suppression.

suprimento [supriˈmĕntu] *m* supply.

suprimir [supriˈmi(x)] *vt* **-1.** [cortar] to cut back. **-2.** [eliminar] to delete. **-3.** [abolir] to abolish. **-4.** [omitir] to suppress.

suprir [suˈpri(x)] *vt* **-1.** [prover]: ~ **alguém de** OU **com algo** to supply sb with sthg. **-2.** [substituir]: ~ **algo por algo** to substitute sthg with sthg. **-3.** [fazer as vezes de] to replace. **-4.** [preencher] to meet; ~ **a falta de algo** to make up for the lack of sthg. **-5.** [perfazer] to make up.

surdez [suxˈdeʒ] *f* deafness.

surdina [suxˈdʒina] *f* MÚS mute.

➡ **em surdina** *loc adv* on the quiet.

surdo, da [ˈsuxdu, da] ◇ *adj* **-1.** MED deaf. **-2.** [som] muffled. **-3.** [consoante] voiceless. ◇ *m, f* [pessoa] deaf person.

➡ **surdo** *m* MÚS [de bateria] kind of drum.

surdo-mudo, surda-muda [ˈsuxdu-

'mudu, 'suxda'mudaʃ (*mpl* **surdos-mudos,** *fpl* **surdas-mudas**) ◇ *adj* [pessoa] deaf and dumb. ◇ *m, f* [pessoa] deaf mute.

surfar [sux'fa(x)] *vi* to surf.

surfe ['suxfil] *m* surfing.

surfista [sux'fiʃta] *mf* surfer.

surgimento [suxʒi'mẽntul *m* emergence.

surgir [sux'ʒi(x)] *vi* -**1.** [aparecer] to appear. -**2.** [sobrevir] to arise; ~ **de** to come from.

surpreendente [surprjẽn'dẽntʃi] *adj* surprising.

surpreender [surprjẽn'de(x)] ◇ *vt* -**1.** [ger] to surprise. -**2.** [apanhar em flagrante]: ~ **alguém (fazendo algo)** to catch sb (doing sthg). ◇ *vi* [causar espanto] to be surprising.

➡ **surpreender-se** *vp* [espantar-se]: ~-**se de/com algo** to be amazed by/at sthg.

surpreso, sa [sux'prezu, za] ◇ *pp* ▷ **surpreender.** ◇ *adj* surprised.

➡ **surpresa** *f*-**1.** [espanto] amazement. -**2.** [imprevisto] surprise; **fazer uma surpresa para alguém** to give sb a surprise; **que surpresa!** [em encontro casual] what a surprise!; **ser uma surpresa** to be a surprise; **de surpresa** by surprise. -**3.** [presente] surprise.

surra ['suxal *f* thrashing; **dar uma** ~ **em alguém** to give sb a thrashing; **levar uma** ~ **(de alguém)** to get a thrashing (from sb).

surrar [su'xa(x)] *vt*-**1.** [espancar] to beat up. -**2.** *ESP* to thrash. -**3.** [usar muito] to wear out.

surrealista [suxea'liʃta] ◇ *adj*-**1.** *ARTE* surrealist. -**2.** *fig* [fora do normal] surreal. ◇ *mf* *ARTE* surrealist.

surtar [sur'ta(x)] *vi fam* to go berserk.

surtir [sur'tʃi(x)] ◇ *vt* [produzir] to bring about; ~ **efeito** to be effective. ◇ *vi* [funcionar] to work out.

surto ['suxtu] *m* -**1.** [irrupção] outburst. -**2.** [de doença] outbreak. -**3.** [de progresso, industrialização] surge.

suscetível [suse'tʃivewl (*pl* -**eis**) *adj* -**1.** [melindroso] sensitive. -**2.** [propenso]: ~ **a** susceptible to.

suscitar [susi'ta(x)] *vt* -**1.** [provocar] to provoke. -**2.** [fazer surgir] to arouse. -**3.** [despertar] to awaken.

suspeita [suʃ'pejta] *f* ▷ **suspeito.**

suspeitar [suʃpej'ta(x)] ◇ *vt* [crer, supor]: ~ **que** to suspect (that). ◇ *vi* [desconfiar]: ~ **de alguém** to suspect sb.

suspeito, ta [suʃ'pejtu, ta] ◇ *adj* -**1.** [que desperta suspeita] suspicious. -**2.** [de ser tendencioso]: **sou** ~ **para falar, mas ...** I'm biased in saying this but ... ◇ *m, f* [pessoa]: ~ **(de algo)** suspect (of sthg).

➡ **suspeita** *f* suspicion; **estar com suspeita de algo** to be suspected of having sthg.

suspender [suʃpẽn'de(x)] *vt* -**1.** [ger] to suspend. -**2.** [levantar] to lift up. -**3.** [adiar] to postpone. -**4.** [encomenda] to cancel.

suspensão [suʃpẽn'sãw] (*pl* -**ões**) *f* -**1.** [ger] suspension. -**2.** [adiamento] postponement. -**3.** [de encomenda] cancellation. -**4.** [de sanções] lifting.

suspense [suʃ'pẽsil *m* suspense; **estamos assistindo um (filme de)** ~ we are watching a thriller; **fazer** ~ to create suspense.

suspenso, sa [suʃ'pẽsu, sal ◇ *pp* ▷ **suspender.** ◇ *adj* -**1.** [ger] suspended. -**2.** [levantado] held up. -**3.** [adiado] postponed. -**4.** [encomenda] cancelled. -**5.** [sanções] lifted.

suspensórios [suʃpẽn'sɔrjuʃ] *mpl* braces *UK*, suspenders *US*.

suspirar [suʃpi'ra(x)] *vi* to sigh.

suspiro [suʃ'pirul *m* -**1.** [aspiração] sigh. -**2.** *CULIN* meringue.

sussurrar [susu'xa(x)] ◇ *vt* & *vi* to whisper.

sussurro [su'suxul *m* whisper.

sustentar [suʃtẽn'ta(x)] *vt* -**1.** [ger] to support. -**2.** [afirmar]: ~ **que** to maintain (that). -**3.** [defender] to uphold.

➡ **sustentar-se** *vp* -**1.** [ger] to support o.s.; ~-**se no ar** to hover. -**2.** [alimentar-se] to sustain o.s.

sustento [suʃ'tẽntul *m* -**1.** [alimento] sustenance. -**2.** [manutenção] support.

susto ['suʃtul *m* fright; **levar** *ou* **tomar um** ~ to get a fright.

sutiã [su'tʃjã] *m* bra.

sutil [su'tʃiwl (*pl* -**is**) *adj* subtle.

sutileza [sutʃi'leza] *f* subtlety.

sutilmente [sutʃiw'mẽntʃil *adv* subtly.

suvenir [suve'ni(x)] *m* souvenir.

t, T *m* [letra] t, T.

tá ['tal *fam* = **está.**

tabacaria [tabaka'ria] *f* tobacconist's.

tabaco [ta'bakul *m* tobacco.

tabefe [ta'bɛfil *m fam* slap; **dar um** ~ **em alguém** to slap sb; **levar um** ~ **de alguém** to be slapped by sb.

tabela 304

tabela [ta'bɛla] f -1. [quadro] table. -2. [lista] list; ~ **de preços** price list. -3.: **por** ~ [indiretamente] indirectly. -4. *loc*: **estar caindo pelas** ~**s** [estar fatigado, adoentado] to feel out of sorts; [estar em más condições] to be in a bad way.

tabelado, da [tabe'ladu, da] *adj* -1. [produtos] price-controlled. -2. [preços] controlled. -3. [dados] listed.

tabelamento [tabela'mẽntu] *m* [controle de preços] price control.

tabelar [tabe'la(x)] *vt* -1. [fixar o preço de] to set the price of. -2. [dados] to list.

tabelião, liã [tabe'ljãw, ljã] (*mpl* -ães, *fpl* -s) *m, f* notary public.

taberna [ta'bɛxna] *f* public house *UK*, tavern *US*.

tablado [ta'bladu] *m* -1. [palco] stage. -2. [palanque] stand. -3. [estrado] dais.

tablete [ta'blɛtʃi] *m* -1. [de chocolate] bar. -2. [de manteiga] pat. -3. [medicamento] tablet.

tablóide [ta'blɔjdʒi] *m* tabloid.

tabu [ta'bul] *adj* taboo. <> *m* taboo.

tábua ['tabwa] *f* -1. [de madeira] board; ~ **de passar roupa** ironing board. -2. [de mesa] leaf. -3. *MAT* table.

tabuleiro [tabu'lejru] *m* -1. [bandeja] tray. -2. *CULIN* baking tray. -3. [de jogo] board.

tabuleta [tabu'leta] *f* notice board.

taça ['tasa] *f* -1. [copo] glass. -2. [troféu] cup.

tacada [ta'kada] *f* -1. *ESP* strike. -2. *fig*: **de uma** ~ **só** [de uma só vez] in one go.

tacanho, nha [ta'kãɲu, ɲa] *adj* -1. [baixo] short. -2. [mesquinho] mean. -3. *fig* [sem visão] obtuse.

tacha ['taʃa] *f* -1. [prego] tack. -2. [em roupa, cadeira] stud.

tachar [ta'ʃa(x)] *vt*: ~ **alguém/algo de algo** to brand sb/sth as sthg.

tachinha [ta'ʃiɲa] *f* drawing pin *UK*, thumbtack *US*.

tacho ['taʃul] *m* [recipiente] pan, dish.

tácito, ta ['tasitu, ta] *adj* [implícito] tacit.

taciturno, na [tasi'tuxnu, na] *adj* [introverso, sério] taciturn.

taco ['taku] *m* -1. [*ESP* - bilhar] cue; [- golfe] club; [- hóquei] stick; [- pólo] mallet. -2. [de assoalho] block.

tagarela [taga'rɛla] <> *adj* prattling, chattering. <> *mf* chatterbox.

Tailândia [taj'lãndʒja] *n* Thailand.

tailleur [taj'ɛ(x)] *m* (woman's) suit.

tainha [ta'iɲa] *f* mullet.

tais [tajʃ] *pl* → **tal**.

Taiti [taj'tʃi] *n* Tahiti.

Taiwan [taj'wãl] *n* Taiwan.

tal ['tawl] (*pl* **tais**) <> *adj* -1. [ger] such; **eu nunca diria** ~ **coisa** I would never say such a thing; **não me misturo com tais**

pessoas I don't mix with such people; **isso nunca teve** ~ **repercussão** this never had such an effect; **a dor foi** ~, **que desmaiei** the pain was such that I fainted. -2. [este, aquele]: **não existe** ~ **hotel** there is no such hotel; **a** ~ **respeito** on that subject; **o** ~ **vizinho** that neighbour. -3. [valor indeterminado]: **na avenida** ~ in such and such street. -4. [introduz um exemplo ou uma enumeração]: ~ **como** such as. -5. [introduz uma comparação]: ~ **qual** just like; ~ **pai,** ~ **filho** like father, like son. <> *pron indef* [isto, aquilo]: **por** ~ for that reason. <> *mf*: **ele se acha o** ~ he thinks he's it.

➤ **que tal** *loc* [pedindo opinião]: **que** ~? what do you think?; **que** ~ **(tomarmos) um drinque?** what about (us having) a drink?

➤ **e tal** *loc*: **ele é simpático e** ~, **mas ineficiente** he's nice and all that, but inefficient; **ela tem trinta e** ~ **anos** she's thirty something.

➤ **um tal de** *loc*: **um** ~ **de João** John what's-his-name.

➤ **a tal ponto que** *loc conj* such a point that.

➤ **de tal maneira que** *loc conj* in such a way that.

tala ['tala] *f MED* splint.

talão [ta'lãw] (*pl* -ões) *m* -1. [bloco] book; ~ **de cheques** cheque book *UK*, check book *US*. -2. [canhoto] stub.

talco ['tawku] *m* -1. [material] talc. -2. [produto de higiene] talcum powder.

talento [ta'lẽntu] *m* -1. [aptidão] ability. -2. [pessoa talentosa] talented person.

talentoso, osa [talẽn'tozu, ɔza] *adj* talented.

talhar [ta'ʎa(x)] <> *vt* [madeira] to carve. <> *vi* [leite] to curdle.

talharim [taʎa'rĩ] (*pl* -ns) *m* tagliatelle.

talhe ['taʎil] *m* [de roupa] cut.

talher [ta'ʎɛ(x)] (*pl* -es) *m* place setting; ~ **es** cutlery (*sg*).

talho ['taʎul] *m* [corte] cut.

talo ['talul] *m BOT* stalk, stem.

talvez [taw'veʒ] *adv* maybe, perhaps; ~ **ele esteja certo** maybe he is right.

tamanco [ta'mãŋku] *m* clog.

tamanduá [tamãn'dwal] *m* anteater.

tamanho, nha [ta'mãɲu, ɲa] *adj* -1. [tão grande]: **seu erro foi** ~ **que ele pediu desculpas** his mistake was so great he apologized. -2. [tão notável]: **ele é um** ~ **escritor** he is such a great author.

➤ **tamanho** *m* size; **em** ~ **natural** life-size, life-sized.

tamanho-família [ta,mãɲufa'milja] *adj inv* -1. [garrafa, caixa] family-size. -2.

tarifa

fig [casa, carro] family *(antes de subst)*.

tâmara [ˈtãmara] *f* date.

tamarindo [tamaˈrĩndu] *m* tamarind.

também [tãˈbẽj] ◇ *adv* **-1.** [igualmente] too; **ele ~ é inteligente** he's intelligent, too, he too is intelligent; **quero um café – eu ~** I want a coffee – so do I *ou* me too; **sou do Rio, e ele ~ é** I'm from Rio, and so is he; **ela não viajou, e eu ~ não** she didn't go, and neither did I; **ele não fala inglês, e eu ~ não** he doesn't speak English, and neither do I. **-2.** [além disso] too. ◇ *interj* [não é de surpreender] hardly surprising!

tambor [tãˈbo(x)] *(pl* **-es)** *m* drum.

tamborim [tãnboˈrĩ] *(pl* **-ns)** *m* tambourine.

Tâmisa [ˈtãmiza] *n*: **o (rio) ~ the (river)** Thames.

tampa [ˈtãnpa] *f* **-1.** [de caixa, privada, panela] lid. **-2.** [de garrafa] cap.

tampado, da [tãnˈpadu, da] *adj*: **a panela está tampada** the saucepan is covered.

tampão [tãnˈpãw] *(pl* **-ões)** *m* **-1.** [de pia, banheira] plug. **-2.** *MED* compress. **-3.** [vaginal] tampon. **-4.** [de poço, esgoto] bung.

tampar [tãnˈpa(x)] *vt* **-1.** [com tampa - ger] to put a lid on; [- em garrafa] to put a top on. **-2.** [tapar] to cover.

tampinha [tãnˈpiɲa] *mf fam* [pessoa baixa] dumpy person.

tampo [ˈtãnpu] *m* **-1.** [de privada] seat, lid. **-2.** [de mesa] top.

tampouco [tãnˈpoku] *adv*: **não foi à reunião e ~ justificou sua ausência** he didn't turn up at the meeting, nor did he justify his absence.

tanga [ˈtãnga] *f* **-1.** [roupa indígena] loincloth. **-2.** [biquíni] G-string.

tanger [tãnˈʒe(x)] ◇ *vt* [instrumento] to play; [sinos] to ring. ◇ *vi* **-1.** [sinos] to ring. **-2.** [dizer respeito]: **no que tange a** with regard to, as regards.

tangerina [tãnʒeˈrina] *f* tangerine.

tangível [tãnˈʒivew] *(pl* **-eis)** *adj fig* **-1.** [alcançável] attainable. **-2.** [real] tangible.

tanque [ˈtãnki] *m* **-1.** *MIL* tank. **-2.** [de lavar roupa] washtub. **-3.** [reservatório] reservoir.

tanto, ta [ˈtãntu, ta] ◇ *adj* **-1.** [tão grande] so much; **~ tempo** so much time. **-2.** [tão numeroso] so many; **ela tem trinta e ~ s anos** he is thirty something; **tanta gente** so many people. ◇ *pron* so much; **pode ficar com o lápis, já tenho ~ s** you can keep the pencil, I already have so many.

◆ **tanto** *adv* so much; **ela trabalha ~** she works so much; **~ quanto** as much as; **~ ... como** both ... and; **se ~** if that.

◆ **tantas** *fpl*: **ás tantas** the early hours of the morning.

◆ **e tanto** *loc adj*: **é um professor e ~** he's an amazing teacher.

◆ **tanto que** *loc conj* so much so that.

◆ **tanto faz** *loc adv* it's all the same.

tão [tãw] *adv* so; **~ ... quanto** as... as; **~ logo** as soon as.

tão-só [tãwˈsɔ] *adv* only.

tão-somente [tãwsɔˈmẽntʃi] *adv* only.

tapa [ˈtapa] *m* [tabefe] slap; **no ~** by force.

tapar [taˈpa(x)] *vt* **-1.** [ger] to cover. **-2.** [garrafa] to put the lid back on.

tapear [taˈpja(x)] *vt* [enganar] to fool.

tapeçaria [tapesaˈria] *f* **-1.** [tapete - de chão] rug; [- de parede] tapestry, wall hanging. **-2.** [loja] carpet shop. **-3.** [arte - de chão] rug-making; [- de parede] tapestry.

tapeceiro, ra [tapeˈsejru, ra] *m, f* **-1.** [vendedor] *seller of carpets and soft furnishings*. **-2.** [fabricante] *manufacturer of carpets and soft furnishings*.

tapete [taˈpetʃi] *m* **-1.** [solto] rug; **~ de banheiro** bathmat. **-2.** [fixo] carpet.

tapioca [taˈpjɔka] *f* tapioca.

tapume [taˈpumi] *m* **-1.** [cerca de sebe] hedge. **-2.** [anteparo de madeira] fence. **-3.** [parede divisória] partition.

taquicardia [takikaxˈdʒia] *f* palpitations *(pl)*, tachycardia.

taquigrafia [takigraˈfia] *f* shorthand *UK*, stenography *US*.

taquígrafo, fa [taˈkigrafu, fa] *m, f* shorthand typist *UK*, stenographer *US*.

tara [ˈtara] *f PSIC* mania.

tarado, da [taˈradu, da] ◇ *adj* **-1.** [desequilibrado] unbalanced. **-2.** [sexualmente] depraved. **-3.** *fam fig* [fascinado]: **ser ~ por** to be mad about. ◇ *m, f* [desequilibrado] maniac; **~ (sexual)** (sexual) pervert.

tardar [taxˈda(x)] ◇ *vt* [retardar] to put off. ◇ *vi* [demorar-se, vir tarde] to delay; **~ a fazer algo** to take a long time to do sthg; **o mais ~** at the latest.

tarde [ˈtaxdʒi] ◇ *f* afternoon; **às cinco da ~** at five in the afternoon; **boa ~!** good afternoon!; **de ou à ~** in the afternoon. ◇ *adv* late; **~ demais** too late; **mais ~** later; **antes ~ do que nunca** better late than never.

tardio, dia [taxˈdʒiu, dʒia] *adj* late.

tarefa [taˈrɛfa] *f* **-1.** [trabalho em geral] task. **-2.** [empreitada] job.

tarifa [taˈrifa] *f* **-1.** [preço - de gás, água] tariff; **~ alfandegária** customs duty; [-

de transporte] fare. **- 2.** [tabela de preços] price list.

tarifaço [tari'fasu] *m general price rise in publicly-owned utilities.*

tarimbado, da [tarĩn'badu, da] *adj:* ~ **(em)** highly-experienced (in).

tarô [ta'ro] *m* tarot.

tartaruga [taxta'ruga] *f* **-1.** [grande] turtle. **- 2.** [pequena] tortoise; **pente de** ~ tortoiseshell comb.

tataravô, vó [tatara'vo, vɔ] *m, f* great-great grandfather (*f* grandmother).

tatear [ta'tʃja(x)] <> *vt* to feel. <> *vi* to feel one's way.

tático, ca [ta'tʃiku, ka] *adj* tactical.
➡ **tática** *f* **-1.** MIL tactic. **- 2.** [ciência] tactics (*sg*).
- 3. *fam* [plano de ação] strategy.

tato ['tatu] *m* **-1.** [ger] touch. **- 2.** *fig* [cautela]: **ter** ~ to be tactful.

tatu [ta'tu] *m* armadillo.

tatuagem [ta'twaʒẽ] (*pl* **-ns**) *f* **-1.** [desenho] tattoo. **- 2.** [técnica] tattooing.

tatuar [ta'twa(x)] *vt* to tattoo.

taxa ['taʃa] *f* **-1.** [ger] rate; ~ **de natalidade/crescimento** birth/growth rate; ~ **de câmbio** exchange rate; ~ **de juros** interest rate; ~ **de inscrição** registration fee. **- 2.** [imposto] tax; ~ **de embarque** airport tax.

taxar [ta'ʃa(x)] *vt* **-1.** [onerar com imposto] to tax. **- 2.** [fixar o preço de] to fix.

taxativo, va [taʃa'tʃivu, va] *adj* [categórico] categorical.

táxi ['taksi] *m* taxi UK, cab US.

taxiar [tak'sja(x)] *vi* to taxi.

taxímetro [tak'simetru] *m* taxi meter.

tchau ['tʃaw] *interj* bye, ciao.

tcheco, ca ['tʃɛku, ka] <> *adj* Czech. <> *m, f* Czech.
➡ **tcheco** *m* [língua] Czech.

tchecoslovaco, ca [tʃɛkoʒlo'vaku, ka] <> *adj* Czechoslovakian. <> *m, f* Czechoslovak.

Tchecoslováquia [tʃɛkoʒlo'vakja] *n* Czechoslovakia.

te ['tʃi] *pron pess* **-1.** [você] you. **- 2.** [a, para, em você]: ~ **mandei duas cartas** I sent you two letters.

tear [te'a(x)] (*pl* **-es**) *m* loom.

teatral [tʃja'traw] (*pl* **-ais**) *adj* **-1.** [ger] theatre (*antes de subst*) UK, theater (*antes de subst*) US. **- 2.** *fig* [pessoa, comportamento] theatrical.

teatro ['tʃjatru] *m* **-1.** [ger] theatre UK, theater US; ~ **de arena** theatre in the round; ~ **de marionetes** puppet theatre. **- 2.** [LITER - gênero] playwriting; [- obras de um autor] plays (*pl*). **- 3.** [curso] drama. **- 4.** MIL: ~ **de operações** theatre of war UK. **- 5.** *fig* [palco] scene.

teatrólogo, ga [tʃja'trɔlogu, ga] *m, f* dramatist.

tecelão, lã [tese'lãw, lã] (*mpl* **-ões**, *fpl* **-s**) *m, f* weaver.

tecer [te'se(x)] *vt* [ger] to weave.

tecido [te'sidu] *m* **-1.** [têxtil] material. **- 2.** BIOL & ANAT tissue.

tecla ['tɛkla] *f* **-1.** [ger] key; ~ **de função** function key. **- 2.** [de máquina de calcular, de gravador] button.

tecladista [tekla'dʒiʃta] *mf* MÚS keyboard player.

teclado [te'kladu] *m* keyboard.

técnica [t → **técnico**.

técnico, ca ['tɛkniku, ka] <> *adj* technical. <> *m, f* **-1.** [profissional] technician. **- 2.** [especialista] expert. **- 3.** ESP coach.
➡ **técnica** *f* **-1.** [procedimentos, métodos] technique. **- 2.** [conhecimento prático] skill.

tecnocrata [tekno'krata] *mf* technocrat.

tecnologia [tɛknolo'ʒia] *f* technology; ~ **de ponta** latest technology.

tecnológico, ca [tɛkno'lɔʒiku, ka] *adj* technological.

teco-teco [tɛku'tɛku] (*pl* **teco-tecos**) *m* light aircraft.

tédio ['tɛdʒju] *m* tedium.

tedioso, osa [te'dʒjozu, ɔza] *adj* tedious.

Tegucigalpa [tegusi'kawpa] *n* Tegucigalpa.

teia ['teja] *f* [ger] web; ~ **de aranha** spider's web, cobweb.

teimar [tej'ma(x)] <> *vt:* ~ **que** to insist that. <> *vi* [insistir] to persist.

teimosia [tejmo'zia] *f* stubborness; ~ **em fazer algo** obstinacy in doing sthg.

teimoso, osa [tej'mozu, ɔza] *adj* **-1.** [adulto] obstinate. **- 2.** [criança] stubborn.

Tejo ['tɛʒu] *n:* **o (rio)** ~ the (river) Tagus.

tel. [tel] (*abrev de telefone*) *m* tel.

tela ['tɛla] *f* **-1.** [ger] canvas. **- 2.** [de arame] wire netting. **- 3.** CINE, COMPUT & TV screen.

telão [te'lãw] (*pl* **-ões**) *m* big screen.

tele ['tɛle] *pref* tele.

telecomunicação [tɛlekomunika'sãw] (*pl* **-ões**) *f* telecommunication.
➡ **telecomunicações** *fpl* telecommunications.

teleférico [tele'fɛriku] *m* **-1.** [de esqui] ski lift. **- 2.** [bondinho] cable car.

telefonar [telefo'na(x)] *vi* to (tele)phone, to call; ~ **para alguém** to (tele)phone sb, to call sb.

telefone [tele'foni] *m* **-1.** [aparelho, linha] (tele)phone; **estar/falar ao** ~ to be on the phone; ~ **celular** mobile phone *UK*; cellphone *US*; ~ **sem fio** cordless phone; ~ **público** public (tele)phone. **- 2.** [número] (tele)phone number.

telefonema [telefo'nemal *m* (tele)phone call; **dar um ~ para alguém/algum lugar** to make a call to sb/somewhere.

telefônico, ca [tele'foniku, ka] *adj* telephone *(antes de subst)*.

telefonista [telefo'niʃta] *mf* telephonist.

telégrafo [te'lɛgraful *m* **-1.** [aparelho] telegraph. **-2.** [local] telegraph office.

telegrama [tele'grãma] *m* telegram; **passar um ~** to send a telegram; **~ fonado** telemessage.

teleguiado, da [tɛle'gjadu, da] *adj* [guiado a distância] remote-controlled; **míssil ~** guided missile.

telejornal [ˌteleʒox'nawl] *(pl* **-ais)** *m TV* television news *(sg)*.

telejornalismo [tɛleʒoxna'liʒmul *m* television journalism.

telenovela [ˌtɛleno'vɛla] *f TV* soap opera.

teleobjetiva [ˌtɛljobʒe'tʃival *f* telephoto lens.

telepatia [telepa'tʃial *f* telepathy.

telepático, ca [tele'patʃiku, ka] *adj* telepathic.

telescópico, ca [teleʃ'kɔpiku, ka] *adj* telescopic.

telescópio [teleʃ'kɔpjul *m* telescope.

telespectador, ra [tɛleʃpekta'do(x), ra] *adj* viewing. *m*, *f* viewer.

televisão [televi'zãwl *(pl* **-ões)** *f* **-1.** [ger] television; **~ a cabo** cable television. **-2.** [empresa] television company.

televisivo, va [televi'zivu, va] *adj* television *(antes de subst)*.

televisor [televi'zo(x)] *(pl* **-es)** *m* television.

telex [tɛ'lɛkiʃ] *(pl* **-es)** *m* telex; **passar um ~** to send a telex.

telha [te'ʎal *f* **-1.** [de casa *etc]* tile. **-2.** *fam fig* [mente]: **dar na ~ de alguém fazer algo** to get it into sb's head to do sthg.

telhado [te'ʎadu] *m* roof.

telnet [tel'netjil *(pl* **-s)** *f COMPUT* telnet.

telões [te'lõjʃ] *pl* = **telão**.

tema ['temal *m* **-1.** [assunto - de redação, romance] theme; [- de palestra] subject. **-2.** *MÚS* theme. **-3.** [dever de casa] homework.

temático, ca [te'matʃiku, ka] *adj* thematic.

  ➡ **temática** *f* thematics *(sg)*.

temer [te'me(x)] *vt* to fear; **~ que** to fear that; **~ fazer algo** to be afraid to do sthg, to be afraid of doing sthg. *vi* to be afraid; **~ por alguém/algo** to fear for sb/sthg.

temerário, ria [teme'rarju, rjal *adj* **-1.** [audacioso, destemido] fearless. **-2.** [perigoso, arriscado] reckless.

temeridade [temeri'dadʒil *f*: **ser uma ~** [ser arriscado, perigoso] to be a foolhardy act; [ser atemorizado] to be terrifying.

temeroso, osa [teme'rozu, ɔzal *adj* **-1.** [medroso, receoso] afraid. **-2.** [amedrontador] dreadful.

temido, da [te'midu, da] *adj* [assustador] frightening.

temível [te'mivɛw] *(pl* **-eis)** *adj* fearsome.

temor [te'mo(x)l *(pl* **-es)** *m* fear.

temperado, da [tẽnpe'radu, da] *adj* **-1.** [ferro, aço] hardened. **-2.** [clima] temperate. **-3.** [*CULIN* - condimentado] seasoned; [- marinado] marinated.

temperamental [tẽnperamẽn'tawl *(pl* **-ais)** ⬦ *adj* temperamental. ⬦ *mf* temperamental person.

temperamento [tẽnpera'mẽntul *m* temperament.

temperar [tẽnpe'ra(x)] *vt* **-1.** [metal] to temper. **-2.** [*CULIN* - condimentar] to season; [- marinar] to marinate.

temperatura [tẽnpera'tural *f* temperature.

tempero [tẽn'perul *m* **-1.** [condimento] seasoning. **-2.** [vinha d'alhɔ] marinade. **-3.** [sabor] flavour *UK*, flavor *US*.

tempestade [tẽnpeʃ'tadʒil *f* storm; **fazer uma ~ em copo d'água** to make a mountain out of a molehill.

tempestuoso, osa [tẽnpeʃ'twozu, ɔzal *adj* [dia, tempo] stormy.

templo [tẽn'plul *m* **-1.** [pagão] temple. **-2.** [cristão] church.

tempo ['tẽnpul *m* **-1.** [ger] time; **quanto ~?** how long?; **há quanto ~ você mora aqui?** how long have you been living here?; **não a vejo há muito ~** it's a long time since I saw her; **não dá ~** there isn't (enough) time; **~ integral** full-time; **ganhar/perder ~** to gain/lose time; **em ~ hábil** in reasonable time; **a ~** on time; **nesse meio ~** in the meanwhile; **ao mesmo ~** at the same time; **de ~s em ~s** from time to time. **-2.** *METEOR* weather; **previsão do ~** weather forecast. **-3.** *GRAM* tense. **-4.** *ESP*: **primeiro/segundo ~** first/second half. **-5.** [*MÚS* - divisão de compasso] time; [- velocidade de execução] timing.

têmpora ['tẽnporal *f ANAT* temple.

temporada [tẽnpo'radal *f* **-1.** [ger] season; **baixa/alta ~** high/low season. **-2.** [espaço de tempo] time.

temporal [tẽnpo'rawl *(pl* **-ais)** *m* storm.

temporário, ria [tẽnpo'rarju, rjal *adj* temporary.

tenacidade [tenasi'dadʒil *f* tenacity.

tenaz [te'najʒ] adj [pessoa] tenacious.

tencionar [tẽnsjo'na(x)] vt: ~ **algo/fazer algo** to be planning sthg/to do sthg.

tenda [ˈtẽndal f tent.

tendão [tẽn'dãw] (pl -ões) m tendon.

tendência [tẽn'dẽnsjal f -1. [propensão] tendency; ~ **a** ou **paraalgo** tendency to ou towards sthg; ~ **a fazer algo** tendency to do sthg. -2. [vocação] inclination. -3. [da moda, música] trend.

tendencioso, osa [tẽndẽn'sjozu, ɔzal adj tendentious.

tender [tẽn'de(x)] vt -1. [ter tendência]: ~ **a** ou **para algo** to be inclined to ou towards sthg; ~ **a fazer algo** to tend to do sthg. -2. [ter vocação]: ~ **a** ou **para algo** to be inclined towards sthg; ~ **a fazer algo** to intend to do sthg.

tenebroso, sa [tene'brozu, zal adj -1. [ger] dark. -2. fig [terrível, horrível] horrendous.

tenente [te'nẽntʃil mf lieutenant.

tenho [ˈteɲul ▷ ter.

tênis [ˈtenifl m -1. inv ESP tennis; ~ **de mesa** table tennis. -2. [calçado] trainer UK, sneaker US.

tenista [te'niʃtal mf tennis player.

tenor [te'no(x)] ◇ m tenor. ◇ adj inv [instrumento] tenor (antes de subst).

tenro, ra [ˈtẽnxu, xal adj -1. [ger] tender. -2. [recente, novo] new.

tensão [tẽn'sãw] (pl -ões) f -1. [ger] tension; ~ **pré-menstrual** premenstrual tension, PMT. -2. [pressão] pressure. -3. [voltagem] voltage.

tenso, sa [ˈtẽnsu, sal adj -1. [ger] taut. -2. [pessoa, ambiente] tense.

tentação [tẽnta'sãw] (pl -ões) f temptation.

tentáculo [tẽn'takulul m tentacle.

tentador, ra [tẽnta'do(x), ral (mpl -es, fpl -s) adj tempting.

tentar [tẽn'ta(x)] vt -1. [experimentar] to try. -2. [usar de meios para] to attempt; ~ **fazer algo** to try to do sthg. -3. [atrair] to tempt.

tentativa [tẽnta'tʃival f attempt; ~ **de roubo** attempted robbery.

tênue [ˈtẽnwil adj -1. [fraco - luz, voz, desejo] faint; [- sentimento] slight; [- argumento] tenuous. -2. [fino] flimsy. -3. [leve] slight.

teologia [tʃolo'ʒial f theology.

teor [ˈtʃjo(x)] m -1. [conteúdo, significado] tenor. -2. [proporção de uma substância] content.

teorema [teo'remal m theorem.

teoria [teo'rial f theory.

teoricamente [ˌtjorika'mẽntʃil adv theoretically.

teórico, ca [te'ɔriku, kal ◇ adj theoretical. ◇ m, f theorist.

tépido, da [ˈtɛpidu, dal adj tepid, lukewarm.

ter [ˈte(x)] ◇ vt -1. [ger] to have; ~ **razão** to be right. -2. [obter]: ~ **sucesso em algo** to be successful in sthg. -3. [sentir] to be; ~ **fome/pressa/calor** to be hungry/hurried/hot; **o que é que você tem?** what's wrong with you? -4. [contar]: **'quantos anos você tem?' - 'tenho 30 anos'** [idade] 'how old are you?' - 'I'm 30'; **ele tem 2 metros de altura** [medida] he is 2 metres tall. -5. [proceder com]: ~ **cuidado** to be careful; **tenha calma!** calm down! ◇ v impess [haver]: **tem algo/alguém** there is sthg/sb; **não tem problema** (it's) no problem; **não tem de quê** you're welcome. ◇ v aux: ~ **que** ou **de fazer algo** to have to do sthg; ~ **como fazer algo** to be able to do sthg; ~ **a ver com** to have sthg to do with; **não tenho nada a ver com isso** I have nothing to do with it; **não ~ onde cair morto** to have nowhere to turn.

ter. (abrev de terça-feira) f Tue.

terabyte [texa'baijtʃil (pl **terabytes**) m terabyte.

terapeuta [tera'pewtal mf therapist.

terapêutico, ca [tera'pewtʃiku, kal adj therapeutic.

◆ **terapêutica** f -1. [parte da medicina] therapeutics (pl). -2. [tratamento] therapy.

terapia [tera'pial f [ger] therapy.

terça [ˈtexsal, **terça-feira** [texsa'fejral (pl **terças-feiras** [texsaʃ'fejraʃl) f Tuesday; ~ **gorda** Shrove Tuesday, Pancake Day; veja também **sexta-feira**.

terceiro, ra [tex'sejru, ral ◇ num third; **o Terceiro Mundo** the Third World; veja também **sexto**. ◇ m, f -1. [ger] third party. -2. [aquele ou aquilo em terceiro lugar] third.

◆ **terceira** f AUTO third (gear).

◆ **terceiros** mpl [outras pessoas] others.

terço, ça [ˈtexsu, sal num: **a terça parte** the third part.

◆ **terço** m [rosário] rosary.

terçol [tex'sɔwl (pl -óis) m stye.

termas [ˈtexmaʃl fpl spa (sg).

térmico, ca [ˈtɛxˈmiku, kal adj thermal.

terminal [texmi'nawl (pl -ais) ◇ adj terminal; **em estado** ~ terminally ill. ◇ m -1. [ger] terminal. -2. [fim da linha] terminus.

terminar [texmi'na(x)] ◇ vt to finish. ◇ aux: ~ **de fazer algo** [finalmente] to finish doing sthg; [há pouco tempo] to have just done sthg. ◇ vi to finish; ~ **em algo** [em local, forma] to end in sthg.

término [ˈtexminul m end.

terminologia [texminolo'ʒial f terminology.

termo ['tɛxmu] *m* **-1.** [ger] term. **-2.** [fim] end; **pôr ~ a algo** to put an end to sthg; **a longo ~** in the long term; **meio ~** compromise.
    ➡ **termos** *mpl* terms; **em ~s de** in terms of.

termômetro [ter'mɔmetru] *m* [instrumento] thermometer.

termostato [tɛxmoʃ'tatu] *m* thermostat.

terno, na ['tɛxnu, na] *adj* tender.
    ➡ **terno** *m* [traje] suit.

ternura [tɛx'nura] *f* tenderness.

terra ['tɛxa] *f* **-1.** [ger] earth; **~ batida** earth floor. **-2.** [por oposição ao mar] [terreno] land. **-3.** [região, país]: **já me habituei a viver nesta ~** I've got used to living in this area; **~ de ninguém** no-man's-land. **-4.** [pátria] homeland; **~ natal** birthplace.

terraço [te'xasu] *m* **-1.** [varanda] terrace. **-2.** [cobertura plana de um edifício] roof terrace.

terracota [tɛxa'kɔta] *f* [argila] terracotta.

terraplenar [tɛxaple'na(x)] *vt* to level.

terreiro [te'xejru] *m* **-1.** [espaço de terra] yard. **-2.** [espirit] *place where Afro-Brazilian rites are performed.*

terremoto [tɛxe'mɔtu] *m* earthquake.

terreno, na [te'xenu, na] *adj* [material, mundano] material.
    ➡ **terreno** *m* **-1.** [extensão de terra] land. **-2.** [para construção, plantação] site; **~ baldio** wasteland. **-3.** GEOL terrain.

térreo, ea ['tɛxju, ja] *adj* [andar, casa] ground level *(antes de subst)*.
    ➡ **térreo** *m* [andar térreo] ground floor UK, first floor US.

terrestre [te'xɛʃtri] *adj* **-1.** [relativo ou pertencente à Terra - globo, crosta] earth's, of the earth's; [- seres, fenômenos] earthly. **-2.** [por oposição a aquático] land *(antes de subst)*.

territorial [texito'rjaw] *adj* territorial.

território [texi'tɔrju] *m* **-1.** [ger] territory. **-2.** [parte de uma federação] district.

terrível [te'xivew] *(pl* **-eis***) adj* **-1.** [ger] terrible. **-2.** [muito forte, enorme] dreadful.

terror [te'xo(x)] *(pl* **-es***) m* [medo] terror.

terrorista [texo'riʃta] ⬦ *adj* terrorist *(antes de subst)*. ⬦ *mf* [pessoa] terrorist.

tesão [te'sãw] *(pl* **-ões***) m mfam* [desejo sexual] hots *(pl)*; **sentir ~ por alguém** to have the hots for sb; **ser um ~** [pessoa] to be sexy; [coisa] to be fantastic.

tese ['tɛzi] *f* thesis.

teso, sa ['tezu, za] *adj* **-1.** [esticado] taut. **-2.** [ereto] stiff.

tesões [te'zõjʃ] *pl* ▷ **tesão**.

tesoura [te'zora] *f* scissors *(pl)*.

tesouraria [tezora'ria] *f* **-1.** [departamento] finance department. **-2.** [cargo] finance director.

tesoureiro, ra [tezo'rejru, ra] *m, f* **-1.** [de banco] treasurer. **-2.** [de empresa] financial director.

tesouro [te'zoru] *m* **-1.** [ger] treasure. **-2.** [lugar onde são guardadas as riquezas] treasury.
    ➡ **Tesouro** *m*: **o Tesouro Nacional** the Treasury.

testa ['tɛʃta] *f* forehead.

testa-de-ferro [ˌtɛʃtadʒi'fɛxu] *(pl* **testas-de-ferro***) mf* figurehead.

testamento [teʃta'mẽntu] *m* will.
    ➡ **Novo Testamento** *m* New Testament.
    ➡ **Velho Testamento** *m* Old Testament.

testar [teʃ'ta(x)] *vt* **-1.** [submeter a teste] to test. **-2.** [deixar em testamento] to bequeath.

teste ['tɛʃtʃi] *m* test.

testemunha [teʃte'muɲa] *f* witness; **~ ocular** eye witness; **~ de acusação** witness for the prosecution.

testemunhar [teʃte'muɲa(x)] ⬦ *vt* **-1.** [ger] to witness. **-2.** JUR [depor sobre] to testify to. **-3.** [comprovar] to prove. **-4.** [manifestar] to display. ⬦ *vi* JUR to testify.

testemunho [teʃte'muɲu] *m* testimony.

testículo [teʃ'tʃikulu] *m* testicle.

teta ['teta] *f* [ANAT - de mulher] breast; [- de animal] teat; [- de vaca] udder.

tétano ['tɛtanu] *m* tetanus.

teto ['tɛtu] *m* **-1.** [ger] ceiling. **-2.** [de peça da casa] roof; **~ solar** AUTO sunroof. **-3.** [habitação]: **sem ~** homeless person.

tetracampeão, peã [tetrakãn'pjãw, pjã] *m, f* four times champion.

tetraplégico, ca [tetra'plɛʒiku, ka] ⬦ *adj* quadriplegic. ⬦ *m, f* quadriplegic.

tétrico, ca ['tɛtriku, ka] *adj* **-1.** [medonho, horrível] grim. **-2.** [triste, fúnebre] gloomy.

teu, tua ['tew, 'tua] ⬦ *adj poss* your. ⬦ *pron poss* yours.

tevê [te'vel] *f* = **televisão**.

têxtil ['teʃtʃiw] *(pl* **-teis***) adj* textile.

texto ['teʃtu] *m* text.

textura [teʃ'tura] *f* texture.

texugo [te'ʃugu] *m* ZOOL badger.

tez ['teʃ] *f* [cútis] complexion.

ti ['tʃi] *pron poss* you; **trouxe este presente para ~** I brought this present for you.

tia ['tʃia] *f* aunt.

tia-avó [ˌtʃia'vɔ] *(pl* **tias-avós***) f* great-aunt.

tiara [ˈtʃjara] f tiara.

Tibete [tʃiˈbɛtʃi] n Tibet.

tíbia [ˈtʃibja] f ANAT tibia.

tíbio, bia [ˈtʃibju, bja] adj lukewarm.

tição [tʃiˈsãw] (pl -ões) m -1. [lenha] ember. -2. [negro] fig & pej nigger.

tico-tico [ˌtʃikuˈtʃiku] (pl -s) m ZOOL ruffous-collared sparrow.

tido, da [ˈtʃidu, da] adj [considerado]: ~ como considered.
➡ **tido** pp ▷ **ter**.

tiete [ˈtʃjetʃi] mf fam fan.

tifo [ˈtʃiful] m typhus.

tigela [tʃiˈʒɛla] f [vasilha] bowl.

tigre [ˈtʃigri] m ZOOL tiger.

tijolo [tʃiˈʒolu] m brick.

til [ˈtʃiw] m tilde.

timão [tʃiˈmãw] (pl -ões) m NÁUT helm, tiller.

timbre [ˈtʃĩbri] m -1. [em papel de correspondência] heading. -2. [de voz] tone. -3. MÚS [tom] timbre. -4. [de vogal] sound.

time [ˈtʃimi] m -1. [ger] team. -2. fam loc: tirar o ~ de campo to pull out.

timidez [tʃimiˈdeʃ] f timidity.

tímido, da [ˈtʃimidu, da] adj -1. [avanço, governo] timid. -2. [pessoa, temperamento] timid, shy.

timões [tʃiˈmõjʃ] pl ▷ **timão**.

timoneiro, ra [tʃimoˈnejru, ra] m, f NÁUT helmsman.

tímpano [ˈtʃĩpanul] m -1. ANAT eardrum. -2. [em campainha] bell.

tina [ˈtʃina] f -1. [para lavar roupa] trough. -2. [para banho] bathtub. -3. [para uso industrial] vat.

tingido, da [tʃĩˈʒidu, da] adj [tinto] dyed.

tingimento [tʃĩʒiˈmẽtul] m dyeing.

tingir [tʃĩˈʒi(x)] vt -1. [ger] to dye. -2. [parede, corpo] to paint.

tinha [ˈtʃiɲa] ▷ **ter**.

tinhoso, osa [tʃiˈɲozu, ɔza] adj -1. [teimoso] obstinate. -2. [persistente] stubborn.

tinir [tʃiˈni(x)] vi -1. [ger] to ring. -2. loc: estar tinindo [estar em ótimo estado de limpeza] to be sparkling; [estar bem preparado] to be well-primed; [estar em ótimas condições] to be in excellent order; ~ de fome/raiva to be extremely hungry/furious.

tinjo [ˈtʃĩʒul] vb ▷ **tingir**.

tino [ˈtʃinul] m -1. [juízo] common sense; perder o ~ to lose one's common sense. -2. [prudência] care.

tinta [ˈtʃĩta] f -1. [para imprimir, escrever] ink. -2. [para tingir] dye. -3. [para pintar] paint; ~ a óleo oil paint.

tinteiro [tʃĩˈtejrul] m inkwell.

tinto [ˈtʃĩtul] adj -1. [cabelos] dyed. -2.:

vinho ~ red wine.

tintura [tʃĩˈtural] f -1. [tinta] dye. -2. [ato] dyeing.

tinturaria [tʃĩnturaˈrial] f -1. [ramo] dyeing. -2. [lavanderia] dry-cleaner's. -3. [onde se faz tingimento] dyer's.

tio [ˈtʃiw] m uncle; os meus ~s [casal] my aunt and uncle.

tio-avô [ˈtʃiwaˈvol] (pl tios-avôs) m great-uncle.

tipicamente [tʃipikaˈmẽtʃil] adv typically.

típico, ca [ˈtʃipiku, ka] adj typical.

tipo, pa [ˈtʃipu, pal] m -1. [espécie] type; ~ sangüíneo blood group. -2. [pessoa] sort. -3. fam [sujeito] guy (f girl). -4. [TIP - peça] type; [- letra] font.

tipografia [tʃipograˈfial] f -1. [arte] typography. -2. [estabelecimento] printer's.

tipógrafo, fa [tʃiˈpɔgrafu, fal] m, f [profissional - que imprime] printer; [- que compõe] typesetter.

tipóia [tʃiˈpɔjal] f [tira de pano] sling.

tique [ˈtʃikil] m tick; ~ nervoso nervous tic.

tique-taque [ˌtʃikiˈtakil] (pl tique-taques) m tick-tock.

tíquete [ˈtʃiˈketʃil] m ticket, voucher.

tíquete-restaurante [ˈtʃiketʃixeʃtawˈrãntʃil] (pl tíquetes-restaurante) m [vale-refeição] luncheon voucher.

tiquinho [tʃiˈkiɲul] m: um ~ (de) a shred (of).

tira [ˈtʃira] ◇ f [ger] strip. ◇ m gír [agente de polícia] cop.

tiracolo [tʃiraˈkɔlul] m: a ~ across the shoulder; com os filhos a ~ with the children in tow.

tiragem [tʃiˈraʒẽl] (pl -ns) f -1. [operação de imprimir] print run. -2. [número de exemplares] circulation.

tira-gosto [ˈtʃiraˈgoʃtul] (pl tira-gostos) m savoury UK, savory US.

Tirana [tʃiˈrãnal] n Tirana.

tirânico, ca [tʃiˈrãniku, ka] adj tyrannical.

tirano, na [tʃiˈrãnu, nal] ◇ adj [cruel, injusto] tyrannical. ◇ m, f tyrant.

tirar [tʃiˈra(x)] vt -1. [ger] to take. -2. [retirar] to take away. -3. [de cima] [despir, descalçar] to take off. -4. [de dentro] [sacar] to take out, to withdraw. -5. [trazer abaixo] to take down. -6. [extrair] to extract. -7. [eliminar] to remove. -8. [obter] to get; ~ proveito de to make use of. -9. [mesa] to clear. -10. [para dançar] to ask. -11. MÚS to take down. -12. TIP [imprimir] to print. -13.: ~ algo/alguém de algo [afastar, fazer sair] to take sthg/sb away from sthg; -14. [loc]: sem ~ nem pôr exactly like; ele é o pai sem

~ **nem pôr** he's the spitting image of his father.

tiritar [tʃiri'ta(x)] *vi* to shiver; ~ **de frio** to shiver with cold.

tiro ['tʃirul *m* -1. [ger] shot; **dar um** ~ **(em)** to fire a shot (at); **trocar** ~**s** to exchange fire; ~ **ao alvo** target practice. -2. [loc]: **ser** ~ **e queda** to be sure-fire.

tiro-de-guerra [tʃirudʒi'gɛxal (*pl* **tiros-de-guerra**) *m army reserve training centre*.

tiroteio [tʃiro'tejul *m* -1. [tiros amiudados] shooting. -2. [troca de tiros] shootout.

titia [tʃi'tʃial *f fam* aunty.

titio [tʃi'tʃiwl *m fam* uncle.

titubear [tʃitu'bja(x)] *vi* -1. [hesitar] to hesitate. -2. [cambalear] to lurch.

titular [tʃitu'la(x)] <> *adj* [efetivo - juiz] incumbent; [- professor] tenured; [- oficial] official. <> *mf* -1. [ocupante efetivo de função ou cargo] incumbent. -2. *POL* [de ministério]: **o** ~ **do Ministério da Saúde** the Health Minister. -3. [possuidor] holder.

título ['tʃitulul *m* -1. [ger] title. -2. [documento] (title) deed; ~ **de propriedade** *JUR* title deed. -3. [motivo]: **a** ~ **de** by way of.

tive ['tʃivil *v* ▷ **ter**.

TM (*abrev de* **Trademark**) *f* TM.

TO (*abrev de* **Estado de Tocantins**) *n* State of Tocantins.

toa ['toal *f NÁUT* towline.

▸ **à toa** *loc adv* -1. [ger] for no reason. -2. [inutilmente] in vain. -3. [desocupado] at a loose end. -4. [sem rumo] aimlessly.

toalete [twa'lɛtʃil <> *m* [banheiro] toilet. <> *f* -1. [ato]: **fazer a** ~ to get washed and dressed. -2. [traje] outfit.

toalha ['twaʎal *f* towel; ~ **de mesa** tablecloth.

toca ['tɔkal *f* -1. [covil] den. -2. *fig* [refúgio] bolt-hole.

toca-discos [,tɔka'dʒiʃkuʃl *m inv* record player.

toca-fitas [,tɔka'fitaʃl *m inv* cassette player.

tocaia [to'kajal *f* ambush.

tocante [to'kãntʃil *adj inv* [comovente] touching.

▸ **no tocante a** *loc prep* when it comes to.

tocar [to'ka(x)] <> *vt* -1. [ger] to touch. -2. *MÚS* to play. -3. [campainha, sino] to ring. -4. [buzina] to hoot. -5. [conduzir] to drive. -6. [fazer progredir]: ~ **algo (para frente)** to move (sthg) forward. <> *vi* -1. [ger] to ring. -2. [apalpar, en-

costar]: ~ **(em) algo/alguém** to touch sthg/sb.

▸ **tocar em** *vi* -1. [referir-se a] to touch (up)on. -2. [fazer escala em] to stop off in. -3. [caber a]: **toca a você fazer isso** it's up to you to do it.

▸ **tocar-se** *vp* -1. [pôr-se em contato] to touch. -2. [perceber] to notice. -3. [ofender-se] to be provoked.

tocha ['tɔʃal *f* [facho] torch.

toco ['tokul *m* -1. [de árvore] stump. -2. [de cigarro, charuto] butt(-end), stub.

todavia [toda'vial *conj* however.

todo, da ['todu, dal <> *adj indef* [inteiro] all; **a Europa toda** the whole of Europe; **a equipe toda** the entire team; **o dia** ~, ~ **o dia** the whole day (long). <> *adv* [completamente] completely. <> *pron indef* [qualquer, cada] every; ~ **dia**, ~**s os dias** every day; **em** *OU* **por toda parte** everywhere; ~ **mundo** everyone; **em** ~ **caso** in any case.

▸ **todo** *m* whole; **ao** ~ in all.

▸ **todos** *pron pl* [todas as pessoas] everyone (*sg*).

▸ **a toda (velocidade)** *loc adv* at top speed.

todo-poderoso, osa [,todupode'rozu, ɔzal *adj* all-powerful.

toicinho [toj'siɲul *m* = **toucinho**.

toldo ['towdul *m* awning.

tolerância [tole'rãnsjal *f* tolerance.

tolerante [tole'rãntʃil *adj* tolerant.

tolerar [tole'ra(x)] *vt* -1. [ger] to tolerate. -2. [suportar] to bear.

tolher [to'ʎe(x)] *vt* [dificultar] to impede.

tolice [to'lisil *f* -1. [ato] stupid thing. -2. [qualidade] idiocy. -3. [dito] rubbish.

tolo, la ['tolu, lal <> *adj* -1. [ger] stupid. -2. [pessoa - idiota] idiotic; [- ingênuo] foolish. <> *m, f* [pessoa] idiot.

tom ['tõl (*pl* -**ns**) *m* -1. [ger] tone. -2. [altura de um som] pitch; ~ **agudo/grave** high/low pitch. -3. [matiz] shade. -4. [*MÚS* - intervalo entre duas notas] tone; [- escala] key; ~ **maior/menor** major/minor key. -5. *loc*: **ser de bom** ~ to be polite.

tomada [to'madal *f* -1. [ato] taking; ~ **de decisão** decision making; ~ **de posto oficial** taking office. -2. [*ELETR* - plugue] plug; [- na parede] socket. -3. [ocupação] taking. -4. *CINE* take.

tomar [to'ma(x)] *vt* -1. [ger] to take; ~ **alguém em/por algo** to take sb in/by sthg; ~ **emprestado** to borrow; **toma!** there you are!; ~ **um susto** to get a fright. -2. [ocupar] to take. -3. [beber] to have. -4. [ocupar aspecto] to take up. -5. [satisfação]: ~ **satisfação de alguém** to get an explanation from sb. -6. [considerar]: ~ **algo como algo** to take sthg as sthg; ~ **alguém por algo** to take sb for sthg.

tomara [to'mara] *interj* let's hope so!; ~ **que chova!** let's hope it rains!

tomate [to'matʃi] *m* tomato.

tombar [tõn'ba(x)] ◇ *vt* **-1.** [derrubar] to knock down. **-2.** [para preservar] to list *(for the preservation of buildings)*. ◇ *vi*: ~ **(em/de/para)** [cair] to fall on/off/towards; [cair rolando] to tumble on/off/towards.

tombo [tõnbu] *m* [queda] fall.

tomilho [to'miʎu] *m* thyme.

tona ['tona] *f*: **à** ~ to the surface.

tonal [to'naw] (*pl* **-ais**) *adj* MÚS tonal.

tonalidade [tonali'dadʒi] *f* **-1.** [ger] shade. **-2.** [mus] tonality.

tonel [to'nɛw] (*pl* **-éis**) *m* [recipiente] cask.

tonelada [tone'lada] *f* **-1.** [medida] ton. **-2.** *fig* [grande quantidade de]: **uma** ~ **de** tons of.

tonelagem [tone'laʒẽ] *f* tonnage.

toner [t'tone(x)] *m* TEC toner.

tônico, ca ['toniku, ka] *adj* tonic.

➡ **tônico** *m*: ~ **para o cabelo** hair tonic.

➡ **tonica** *f* **-1.** [água tônica] tonic water. **-2.** MÚS tonic. **-3.** *fig* [idéia, assunto principal] keynote.

tonificar [tonifi'ka(x)] *vt* to tone.

tons [tõʃ] *pl* ▷ **tom**.

tontear [tõn'tʃja(x)] ◇ *vt* **-1.** [suj: bebida, perfume] to make giddy. **-2.** [suj: pessoa, notícia, revelação] to stun. **-3.** [suj: barulho, confusão] to drive mad. ◇ *vi* **-1.** [bebida, perfume] to be intoxicating. **-2.** [notícia, revelação] to be shocking. **-3.** [barulho, confusão] to be maddening. **-4.** [pessoa - ficar tonto] to become dizzy; [- perturbar-se] to be stunned; [- ficar atordoado] to be maddened.

tonteira [tõn'tejra] *f* [vertigem] giddiness, dizziness; **ter** ~ to suffer a dizzy spell.

tonto, ta ['tõntu, ta] *adj* **-1.** [zonzo] dizzy. **-2.** [perturbado, atordoado] giddy. **-3.** [tolo] giddy.

tontura [tõn'tura] *f* = **tonteira**.

top ['tɔpi] *m* **-1.** [bustiê] bodice. **-2.** [o melhor]: ~ **de linha** top-of-the-range.

topada [to'pada] *f* trip; **dar uma** ~ **em algo** to trip over sthg.

topar [to'pa(x)] ◇ *vt* [aceitar, concordar com]: ~ **algo/fazer algo** to agree to sthg/to do sthg. ◇ *vi* [aceitar, concordar] to agree.

➡ **topar com** *vi* [encontrar] to come across.

➡ **topar em** *vi* [tropeçar em] to trip over.

➡ **topar-se** *vp* [deparar-se]: ~ **com al-**

go/alguém to come across sthg/sb.

topázio [to'pazju] *m* topaz.

topete [to'petʃi] *m* [cabelo levantado] quiff; **ter o** ~ **de fazer algo** to have the nerve to do sthg.

tópico, ca ['tɔpiku, ka] *adj* [questão, assunto] topical.

➡ **tópico** *m* [tema, assunto] topic.

topless [tɔpi'lɛʃ] ◇ *adj inv* topless. ◇ *m inv* topless bikini.

topo ['topu] *m* top.

topográfico, ca [topo'grafiku, ka] *adj* topographical.

toque ['tɔki] ◇ *v* ▷ **tocar**. ◇ *m* **-1.** [ger] touch. **-2.** [de campainha] ring. **-3.** [de corneta] blast. **-4.** *fam*: **dar um** ~ **em alguém** to have a word with sb. **-5.** MIL: ~ **de recolher** curfew. **-6.** *loc*: **a** ~ **de caixa** hurriedly.

tora ['tɔra] *f* **-1.** [de madeira] log. **-2.** [pedaço] piece.

tórax ['tɔrakiʃ] *m inv* thorax.

torção [tox'sãw] *f* **-1.** [ato de torcer] twist(ing). **-2.** MED sprain.

torcedor, ra [toxse'do(x), ra] (*mpl* **-es**, *fpl* **-s**) *m, f* ESP supporter; **sou** ~ **do Flamengo** I am a Flamengo supporter.

torcer [tox'se(x)] ◇ *vt* **-1.** [ger] to twist. **-2.** [espremer] to wring. **-3.** MED to sprain. ◇ *vi* **-1.** [ger] to twist **-2.** [num jogo] to do one's bit as a supporter.

➡ **torcer para, torcer por** *vi* [desejar o êxito de] to back.

torcicolo [toxsi'kɔlu] *m* MED stiff neck, wryneck; **estar com** ~ to have a stiff neck.

torcida [tox'sida] *f* [ESP - ato] support; [- torcedores] supporters (*pl*).

tormenta [tox'mẽnta] *f* **-1.** METEOR storm. **-2.** *fig* [transtorno] upheaval.

tormento [tox'mẽntu] *m* torment.

tornado [tox'nadu] *m* tornado.

tornar [tox'na(x)] ◇ *vt* [fazer ser] to make. ◇ *vi*: ~ **a fazer algo** to do sthg again; **ela tornou a insistir** she again insisted.

➡ **tornar-se** *vp* [vir a ser] to become.

torneado, da [tox'njadu, da] *adj* [arredondado] turned; **bem** ~ *fig* [corpo, pernas] well-turned, shapely.

torneio [tox'neju] *m* [competição] tournament.

torneira [tox'nejra] *f* tap UK, faucet US.

torniquete [toxni'ketʃi] *m* MED tourniquet.

torno ['toxnu] *m* TEC lathe.

➡ **en torno de** *loc prep* around.

tornozelo [toxnu'zelu] *m* ankle.

toró [to'rɔ] *m* METEOR downpour; **caiu um** ~ there was a heavy downpour.

torpe ['toxpi] *adj* **-1.** [vil] foul. **-2.** [desonesto] shameful. **-3.** [obsceno] disgraceful.

torpedo [tox'pedu] *m* torpedo.

torpor [tox'po(x)] *m* -1. [entorpecimento] torpor. -2. [indiferença] inertia. -3. *MED* unresponsiveness.

torrada [to'xada] *f* toast.

torradeira [toxa'dejra] *f* toaster.

torrão [to'xãw] (*pl* -ões) *m* -1. [de terra endurecida] clod. -2. [de açúcar] lump.

torrar [to'xa(x)] <> *vt* -1. [tostar] to toast. -2. [ressecar] to parch. -3. *fig* [mercadorias] to dump. -4. *fig* [dinheiro] to burn. <> *vi* to be irritating.

torre [ˈtoxi] *f* -1. [construção] tower; ~ de controle *AERON* control tower. -2. *ELETR* pylon. -3. *RÁDIO & TV* mast. -4. [xadrez] castle, rook.

torrencial [toxẽn'sjaw] *adj* torrential.

torrente [to'xẽntʃi] *f* torrent.

torresmo [to'xeʒmu] *m* *CULIN* crackling, pork scratchings (*pl*).

tórrido, da [ˈtɔxidu, da] *adj* torrid.

torrone [to'xoni] *m* nougat.

torso [ˈtoxsu] *m* torso.

torta [ˈtoxta] *f* [empadão, doce] pie.

torto, ta [ˈtoxtu, ta] *adj* -1. [ger] crooked. -2. *loc*: a ~ e a direito left, right and centre; **cometer erros a ~ e a direito** to make mistakes left, right and centre.

tortuoso, osa [tox'twozu, ɔza] *adj* -1. [sinuoso] winding. -2. *(fig)* [que não segue uma linha reta] convoluted.

tortura [tox'tura] *f* [ger] torture; [lance difícil]: **ser uma ~** to be torture.

torturador, ra [toxtura'do(x), ra] *m, f* torturer.

torturar [toxtu'ra(x)] *vt* [ger] to torment; [incomodar fisicamente] to kill.

torvelinho [toxve'liɲu] *m* [confusão] turmoil.

tosa [ˈtɔza] *f* -1. [de pêlo] trimming. -2. [de lã] shearing.

tosar [to'za(x)] *vt* -1. [pêlo] to clip. -2. [cabelo] to crop.

tosco, ca [ˈtoʃku, ka] *adj* crude.

tosquiar [toʃ'kja(x)] *vt* [ovelha] to shear.

tosse [ˈtɔsi] *f* cough; ~ **de cachorro** *OU* **comprida** whooping cough.

tossir [to'si(x)] *vi* -1. [ger] to cough. -2. [expelir] to cough up.

tostado, da [toʃ'tadu, da] *adj* -1. [levemente queimado] browned. -2. [moreno] tanned.

tostão [toʃ'tãw] (*pl* -ões) *m* [dinheiro] cash; **estava sem um ~** I didn't have a penny; **fiquei sem um ~** I was left penniless.

tostar [toʃ'ta(x)] *vt* -1. [ger] to brown. -2. [pele] to tan.

total [to'taw] (*pl* -ais) <> *adj* total. <> *m* total.

totalitário, ria [totali'tarju, rja] *adj* totalitarian.

totalmente [totaw'mẽntʃi] *adv* entirely, totally.

touca [ˈtoka] *f* [de lã, malha] bonnet; ~ **de banho/natação** bathing/swimming cap.

toucinho [to'siɲu] *m* uncured bacon; ~ **defumado** smoked bacon.

toupeira [to'pejra] *f* -1. *ZOOL* mole. -2. *fig* [ignorante] dimwit.

tourada [to'rada] *f* bullfight.

tourear [to'rja(x)] <> *vt* to fight (*bulls*). <> *vi* to be a bullfighter.

toureiro, ra [to'rejru, ra] *m, f* bullfighter.

touro [ˈtoru] *m* -1. *ZOOL* bull. -2. *fig*: **ser um ~** [ser robusto] to be strong as an ox.
➤ **Touro** *m* *ASTRO* Taurus.

tóxico, ca [ˈtɔksiku, ka] *adj* toxic.
➤ **tóxico** *m* -1. [veneno] poison. -2. [droga] drug.

toxicômano, na [toksi'komanu, na] *m, f* drug addict.

TPM (*abrev de* **Tensão Pré-Menstrual**) *f* PMT.

trabalhadeira [trabaʎa'dejra] *f* ▷ **trabalhador**.

trabalhador, ra [trabaʎa'do(x), ra] (*mpl* -es, *fpl* -s) <> *adj* [laborioso] hardworking. <> *m, f* worker; (~) **autônomo** freelance (worker).

trabalhão [traba'ʎãw] *m* = **trabalheira**.

trabalhar [traba'ʎa(x)] <> *vt* -1. [ger] to work. -2. [aprimorar] to work on. -3. [elaborar] to develop. <> *vi* to work; ~ **em algo** [em projeto] to work at sthg; *TEATRO* to perform in sthg; ~ **como algo** [exercer a profissão de] to work as sthg.

trabalheira [traba'ʎejra] *f* hard work.

trabalhista [traba'ʎiʃta] <> *adj* -1. [ger] labour *UK*, labor *US*. -2. [que é especialista em direito do trabalho] employment (*antes de subst*). <> *mf* [*POL* - partidário] Labour Party supporter; [- membro] Labour Party member.

trabalho [tra'baʎu] *m* -1. [ger] work; ~ **braçal** manual work; ~ **doméstico** domestic work; ~ **de parto** labour *UK*, labor *US*. -2. [tarefa] job. -3. *ECON* labour *UK*, labor *US*. -4. *EDUC* homework. -5. [espirit] spell; **fazer um ~** to cast a spell. -6.: **dar ~ (a alguém)** [exigir esforço] to be a lot of work (for sb); [causar transtorno] to be a bother (to sb).

trabalhoso, osa [traba'ʎozu, ɔza] *adj* arduous.

traça [ˈtrasa] *f* -1. [de roupa] moth. -2. [de livro] bookworm.

traçado [tra'sadu] *m* -1. [conjunto de traços] sketch. -2. [planta] plan.

tração [tra'sãwl f traction; ~ **nas quatro rodas** four-wheel drive.

traçar [tra'sa(x)] vt - **1.** [fazer com traços] to sketch. - **2.** [planejar] to draw up. - **3.** [demarcar] to mark out. - **4.** fam [devorar] to devour.

traço ['trasul m - **1.** [linha] line. - **2.** [sinal de pontuação] (en) dash. - **3.** [modo de desenhar] style. - **4.** [característica] trait. ➡ **traços** mpl - **1.** [feições] features. - **2.** fig [vestígio] traces. - **3.** fig [laivos] traces. - **4.** [pequena quantidade de substância] traces.

tradição [tradʒi'sãwl (pl -ões) f tradition.

tradicional [tradʒisjo'nawl (pl -ais) adj traditional.

tradicionalmente [tradʒisjonaw'mẽtʃil adv traditionally.

tradução [tradu'sãwl (pl -ões) f [ger] translation.

tradutor, ra [tradu'to(x), ral (mpl -es, fpl -s) ⬦ adj translating. ⬦ m, f translator; ~ **juramentado** accredited translator.

traduzir [tradu'zi(x)] ⬦ vt - **1.** [texto, código] to translate. - **2.** [sentimento, pensamento] to express. ⬦ vi - **1.** [saber traduzir] to translate. - **2.** [ser tradutor] to work as a translator.

trafegar [trafe'ga(x)] vi [transitar] to be driven.

tráfego ['trafegul m traffic; ~ **engarrafado** traffic jam; ~ **aéreo** air traffic.

traficante [trafi'kãtʃil mf trafficker; ~ **de drogas** drug trafficker OU dealer.

traficar [trafi'ka(x)] ⬦ vt to traffic in. ⬦ vi to traffic; ~ **com** to deal in.

tráfico ['trafikul m traffic; ~ **de drogas** drug trafficking.

tragar [tra'ga(x)] ⬦ vt - **1.** [engolir] to swallow. - **2.** [inalar] to inhale. - **3.** fam [tolerar] to tolerate. ⬦ vi [inalar] to inhale.

tragédia [tra'ʒedʒial f tragedy.

trágico, ca ['traʒiku, kal ⬦ adj - **1.** [ger] tragic. - **2.** fig [dado a fazer drama] over-dramatic. ⬦ m, f [ator] tragic actor (f actress).

trago ['tragul ⬦ v ⊳ **trazer.** ⬦ m - **1.** [gole] mouthful. - **2.** [dose pequena] drop. - **3.** [em cigarro] puff.

traguei [tra'gej] v ⊳ **tragar.**

traição [traj'sãwl (pl -ões) f - **1.** [deslealdade] disloyalty. - **2.** [infidelidade] infidelity. - **3.** POL treason.

traiçoeiro, ra [traj'swejru, ral adj - **1.** [pessoa] disloyal. - **2.** [ação] treacherous. - **3.** [mar, passagem] treacherous.

traidor, ra [traj'do(x), ral (mpl -es, fpl -s) ⬦ adj - **1.** [infiel] unfaithful. - **2.** [com-prometedor] betraying. ⬦ m, f [pessoa] traitor.

trailer ['trejle(x)] m - **1.** [ger] trailer. - **2.** [tipo casa] caravan UK, trailer US.

traineira [traj'nejral f NÁUT trawler.

training ['trejnĩŋ] m tracksuit.

trair [tra'i(x)] vt - **1.** [atraiçoar] to betray. - **2.** [ser infiel a] to be unfaithful to. - **3.** [não cumprir - promessa] to break; [- dever] to fail in. - **4.** [revelar] to betray. ➡ **trair-se** vp: ~ **-se por algo/fazendo algo** [denunciar-se] to give away by sthg/doing sthg.

trajar [tra'ʒa(x)] vt to wear.

traje ['traʒil m dress; ~ **de banho** swimsuit; ~ **de passeio** smart dress; ~ **a rigor** evening dress.

trajeto [tra'ʒɛtul m distance, journey.

trajetória [traʒe'torjal f - **1.** [trajeto] path. - **2.** fig [caminho] course.

tralha ['traʎal f [traste] junk.

trama ['tramal f - **1.** [ger] plot. - **2.** [de tecido] weft.

tramar [tra'ma(x)] ⬦ vt - **1.** [tecer] to weave. - **2.** [maquinar] to plot. ⬦ vi [conspirar]: ~ **contra** to plot against.

trambolhão [trãbo'ʎãwl (pl -ões) m tumble; **levar um** ~ to be knocked down; **abrir caminho aos trambolhões** to push one's way through.

trambolho [trãbo'ʎul m [objeto grande e incômodo] encumbrance.

trâmites ['trãmitʃiʃl mpl fig [vias] procedures.

tramóia [tra'mɔjal f - **1.** [trama] scheme. - **2.** [trapaça] swindle.

trampolim [trãpo'lĩl (pl -ns) m - **1.** ESP diving board. - **2.** fig [meio] springboard.

tranca ['trãŋkal f - **1.** [de porta] bolt. - **2.** [de carro] lock; **passar a** ~ **em** to lock.

trança ['trãsal f - **1.** [ger] plaited bread. - **2.** [trançado] braid.

trançado, da [trã'sadu, dal adj - **1.** [cabelo] plaited. - **2.** [cinto, galão, fita] braided. - **3.** [cesto] woven.

trancado, da [trãŋ'kadu, dal adj [fechado] firmly shut.

trancafiar [trãŋka'fja(x)] vt to lock up.

trancar [trãŋ'ka(x)] vt - **1.** [chavear] to lock. - **2.** [prender] to lock up. - **3.** EDUC & UNIV [matrícula] to suspend. - **4.** FUT to shove (to one side). ➡ **trancar-se** vp [fechar-se] to shut o.s. away.

trançar [trã'sa(x)] vt - **1.** [cabelo] to plait. - **2.** [palha, fita] to weave.

tranco ['trãŋkul m - **1.** [esbarrão] shove. - **2.** [solavanco] jolt. ➡ **aos trancos e barrancos** loc adv [com dificuldade] with great difficulty.

tranqüilamente [trãŋkwila'mẽtʃil adv

-1. [com calma] calmly. **-2.** [sossegadamente] peacefully. **-3.** [com facilidade, seguramente] easily.

tranqüilidade [trãŋkwili'dadʒi] *f* tranquillity; **preciso de ~ para fazer isso** I need peace and quiet to do this.

tranqüilizante [trãŋkwili'zãntʃi] *adj* soothing. <> *m* MED tranquillizer.

tranqüilizar [trãŋkwili'za(x)] *vt* **-1.** [acalmar] to calm (down). **-2.** [despreocupar] to reassure.

→ **tranqüilizar-se** *vp* to calm down.

tranqüilo, la [trãŋ'kwilu, la] *adj* **-1.** [mulher, criança] calm. **-2.** [lugar, sono] peaceful. **-3.** [consciência] clear. **-4.** [sem dificuldades] easy. **-5.** [certo] certain.

transa ['trãnza] *f fam* **-1.** [combinação] arrangement. **-2.** [relação] relationship. **-3.** [relação sexual] sex. **-4.** [assunto] matter. **-5.** [negócios] business.

transação [trãnza'sãw] (*pl* **-ões**) *f* **-1.** [combinação, acordo] agreement. **-2.** [negociação] deal. **-3.** COM business.

transar [trãn'za(x)] <> *vt* **-1.** *fam* [combinar] to arrange. **-2.** [arranjar] to obtain. **-3.** [drogas - tomar] to take; [- negociar] to deal in. <> *vi* **-1.** [ter relação sexual] to have sex; **~ com** to have sex with. **-2.** [relacionar-se]: **~ com** to hang out with. **-3.** [negociar, trabalhar]: **~ com** to deal in.

transatlântico, ca [trãnza'tlãntʃiku, ka] *adj* transatlantic.

→ **transatlântico** *m* liner.

transbordar [trãnʒbox'da(x)] *vi*: **~ (de)** to overflow (from); **~ de felicidade** to be overjoyed.

transcendental [trãnsẽndẽn'taw] (*pl* **-ais**) *adj* transcendental.

transcender [trãnsẽn'de(x)] *vt*: **~ (a)** algo to transcend sthg.

transcorrer [trãnʃko'xe(x)] *vi* **-1.** [decorrer] to go by. **-2.** [decorrer em certo estado ou condição] to pass off.

transcrito [trãnʃ'kritu] *m* transcript.

transe ['trãnzi] *m* **-1.** [espirit] anguish. **-2.** [situação difícil] ordeal. **-3.** [hipnótico] trance.

transeunte [trãn'zeũntʃi] *mf* passerby.

transferência [trãnʃfe'rẽnsja] *f* **-1.** [ger] transfer. **-2.** PSIC transference. **-3.** [adiamento] postponement.

transferir [trãnʃfe'ri(x)] *vt* **-1.** [deslocar]: **~ algo/alguém para algum lugar** to transfer sthg/sb somewhere. **-2.** [transmitir]: **~ algo para alguém** to transfer sthg to sb; PSIC to transfer sthg onto sb. **-3.** [adiar] to postpone.

transformação [trãnʃfoxma'sãw] (*pl* **-ões**) *f* transformation.

transformador, ra [trãnʃfoxma'do(x), ra] (*mpl* **-es**, *fpl* **-s**) *m* ELETR transformer.

transformar [trãnʃfox'ma(x)] *vt* **-1.** [dar nova forma, modificar] to transform. **-2.** [converter]: **~ algo/alguém em** to turn sthg/sb into.

→ **transformar-se** *vp* **-1.** [mudar, transfigurar-se] to be transformed. **-2.** [converter-se]: **~ -se em** to turn into, to become.

transfusão [trãnʃfu'zãw] (*pl* **-ões**) *f* transfusion; **~ de sangue** blood transfusion.

transgredir [trãnʒgre'dʒi(x)] *vt* [infringir] to transgress.

transgressão [trãnʒgre'sãw] (*pl* **-ões**) *f* transgression.

transgressor, ra [trãʒgre'so(x), ra] <> *adj* offending. <> *m, f* offender; **~ da lei** offender.

transição [trãnzi'sãw] (*pl* **-ões**) *f* [passagem de um estado a outro] transition.

transitar [trãnzi'ta(x)] *vi*: **~ (por)** [pessoa, carro] to travel (through).

transitivo, va [trãnzi'tʃivu, va] *adj* GRAM transitive.

trânsito ['trãnzitu] *m* **-1.** [ger] passage. **-2.** [tráfego] traffic; **~ impedido** no entry. **-3.** [boa aceitação] acceptance; **ter bom ~ em** to be well-accepted in.

transitório, ria [trãnzi'tɔrju, rja] *adj* transitory.

translúcido, da [trãnʒ'lusidu, da] *adj* **-1.** [que deixa passar a luz] translucent. **-2.** *fig* [claro] clear.

transmissão [trãnʒmi'sãw] (*pl* **-ões**) *f* **-1.** [ger] transmission. **-2.** [de ordem, notícia, recado] sending. **-3.** [de bens, cargo] transfer. **-4.** [RÁDIO & TV - programa] broadcast; [- ato de transmitir] broadcasting; **~ ao vivo** live broadcast.

transmissível [trãnʒmi'sivew] (*pl* **-eis**) *adj* [doença] transmittable.

transmissor, ra [trãnʒmi'so(x), ra] *adj* transmitting.

→ **transmissor** *m* **-1.** [ger] transmitter. **-2.** [de doença] carrier.

transmitir [trãnʒmi'tʃi(x)] *vt* **-1.** [ger] to transmit. **-2.** [comunicar] to send. **-3.** [transferir] to transfer. **-4.** RÁDIO & TV to broadcast.

transparência [trãnʃpa'rẽnsja] *f* **-1.** [ger] transparency. **-2.** [usada em projetor] slide.

transparente [trãnʃpa'rẽntʃi] *adj* **-1.** [ger] transparent. **-2.** [roupa] seethrough. **-3.** *fig* [claro, evidente - sentimentos, intenções] clear; **o livro é de um moralismo ~** the book is clearly moralistic; [- pessoa] transparent.

transpassar [trãnʃpa'sa(x)] *vt* **-1.** [atravessar] to cross. **-2.** [penetrar, furar] to pierce. **-3.** [peça de vestuário] to over-lap.

transpiração [trãnʃpira'sãw] f **-1.** [ato] perspiration. **-2.** [suor] perspiration.

transpirar [trãnʃpi'ra(x)] <> vt **-1.** [suar] to perspire. **-2.** [exprimir] to exude. <> vi **-1.** [suar] to perspire. **-2.** [revelar-se] to transpire. **-3.** [divulgar-se] to become known.

transplante [trãnʃ'plãntʃi] m transplant.

transportadora [trãnʃpoxta'doral f haulage company.

transportar [trãnʃpox'ta(x)] vt [levar] to transport.

transporte [trãnʃ'poxtʃil m **-1.** [ato] transport. **-2.** [condução] haulage; ~ coletivo public transport. **-3.** [soma] amount carried forward.

transtornar [trãnʃtox'na(x)] vt **-1.** [abalar] to upset. **-2.** [alterar] to disrupt.
~ **transtornar-se** vp to get upset.

transtorno [trãnʃ'toxnul m **-1.** [perturbação] confusion. **-2.** [desordem, alteração] disruption. **-3.** [contrariedade, contratempo] upset.

transversal [trãnʒvex'sawl (pl -ais) adj **-1.** [corte, linha] transverse. **-2.** [rua]: esta rua é ~ à avenida principal this street crosses the main avenue. <> f [rua transversal] cross street.

trapaça [tra'pasal f cheating; fazer ~ s no jogo to cheat during the game.

trapacear [trapa'sja(x)] vt & vi to cheat.

trapaceiro, ra [trapa'sejru, ral <> adj cheating. <> m, f cheat.

trapalhão, ona [trapa'ʎãw, ʎonal (mpl -ões, fpl -s) adj clumsy.

trapézio [tra'pɛzjul m **-1.** [aparelho] trapeze. **-2.** GEOM trapezium. **-3.** [ANAT - no pescoço] trapezius; [- do carpo] trapezium.

trapezista [trape'ziʃtal mf trapeze artist.

trapezoidal [trapezoj'dawl (pl -ais) adj trapezoidal.

trapo ['trapul m **-1.** [pedaço de pano] rag. **-2.** fig: estar um ~ [estar mal física ou moralmente] to be down and out; [estar muito cansado] to be washed out.

traquéia [tra'kɛjal f trachea, windpipe.

traquejo [tra'keʒul m experience.

trarei [tra'rejl v |> trazer.

traria [tra'rial v |> trazer.

trás ['trajʃl adv & prep behind; de ~ para frente back to front; andar para ~ to walk backwards; ficar para ~ to fall behind; de ~ back; por ~ de behind.

traseira [tra'zejral f **-1.** [parte posterior] rear. **-2.** fam [nádegas] bottom.

traseiro, ra [tra'zejru, ral adj rear.
~ **traseiro** m fam [nádegas] bottom.

traspassar [trazpa'sa(x)] vt = transpassar.

traste ['traʃtʃil m **-1.** [objeto de pouco valor] bauble. **-2.** [pessoa - inútil] no-hoper; [- de mau caráter] rogue; estar um ~ [estar mal fisicamente] to be a wreck.

tratado, da [tra'tadu, dal m **-1.** [acordo] treaty. **-2.** [obra] treatise.

tratamento [trata'mẽntul m **-1.** [ger] treatment. **-2.** [de problema, tema] handling.

tratar [tra'ta(x)] vt **-1.** [ger] to treat. **-2.** [combinar] to deal with. **-3.** MED: ~ (de) alguém/algo to treat sb/sthg. **-4.** [negociar] to organize. **-5.** [abordar] to deal with. **-6.** [forma de tratamento]: ~ alguém de ou por algo to address sb as ou by sthg.
~ **tratar de** vi **-1.** [cuidar de - pessoa, planta] to care for; [- caso, negócio] to look after. **-2.** [organizar] to organize. **-3.** [discorrer, versar sobre] to deal with. **-4.** [empenhar-se]: ~ de fazer algo to try to do sthg.
~ **tratar-se** vp **-1.** [cuidar-se] to look after o.s. **-2.** MED: ~-se com alguém to be under sb's care. **-3.** loc: trata-se de ... it's a matter of ...; trata-se de uma moça de origem muito humilde she happens to be a girl from a very humble background; de que se trata? what's it about?

trato ['tratul m **-1.** [tratamento] treatment. **-2.** [convivência, contato] dealings (pl). **-3.** [acordo, combinação] agreement.

trator [tra'to(x)] (pl -es) m tractor.

trauma ['trawmal m **-1.** MED injury. **-2.** PSIC trauma.

traumatizante [trawmatʃi'zãntʃil adj traumatizing.

traumatizar [trawmatʃi'za(x)] vt **-1.** MED to injure. **-2.** PSIC to traumatize. **-3.** fig [afetar] to affect.

trava ['traval f [peça] stop.

travado, da [tra'vadu, dal adj **-1.** [preso] locked. **-2.** [freado] stopped.

travar [tra'va(x)] vt **-1.** [fazer parar] to stop. **-2.** [frear] to brake. **-3.** [iniciar, desencadear - conversa, amizade] to strike up; [- luta] to start. **-4.** [movimento] to hinder. **-5.** [segurar] to take hold of.

trave [tra'vil f **-1.** CONSTR beam. **-2.** ESP crossbar.

travessa [tra'vɛsal f **-1.** [rua] alleyway. **-2.** [prato] serving dish. **-3.** [prendedor de cabelo] slide.

travessão [trave'sãw] (pl -ões) m GRAM (em) dash.

travesseiro [trave'sejrul m pillow.

travessia [trave'sial f **-1.** [ato] crossing. **-2.** [viagem] journey.

travesso, ssa [tra'vesu, sa] *adj* [criança] naughty.

travessura [trave'sura] *f* -1. [de criança] mischief; **fazer** ~**s** to get up to mischief. -2. [brincadeira] prank.

travesti [traveʃt∫i] *m* -1. [homossexual] transvestite. -2. [artista] drag artist.

trazer [tra'ze(x)] *vt* -1. [ger] to bring; ~ **de volta** to bring back. -2. [ter] to have. -3. [usar, trajar] to wear.

TRE (*abrev de* **Tribunal Regional Eleitoral**) *m Regional Electoral Court.*

trecho [treʃu] *m* -1. [parte do espaço de um lugar] stretch. -2. *LITER & MÚS* passage.

treco [trɛku] *m fam* [coisa] thing; **ter um** ~ [sentir-se mal] to have a nasty turn; [zangar-se] to have a fit.

trégua [trɛgwa] *f* -1. *MIL* truce. -2. *fig* [descanso] rest.

treinado, da [trej'nadu, da] *adj* -1. [animal] trained. -2. [atleta] fit. -3. [acostumado] practised *UK*, practiced *US*.

treinador, ra [trejna'do(x), ra] (*mpl* -**es**, *fpl* -**s**) *m, f* trainer.

treinamento [trejna'mẽntu] *m* training.

treinar [trej'na(x)] <> *vt* -1. [ger] to train. -2. [praticar] to practise *UK*, to practice *US*. <> *vi* [praticar] to train.

treino [trejnu] *m* -1. [ger] training. -2. [destreza] skill.

trejeito [tre'ʒejtu] *m* -1. [gesto] gesture. -2. [gesto cômico] funny face.

trela [trɛla] *f*: **dar** ~ **a** *ou* **para alguém** [conversar com] to keep chatting to sb; [dar confiança a] to encourage sb.

treliça [tre'lisa] *f* [para porta, planta] trellis.

trem [trẽ] (*pl* -**ns**) *m* -1. *FERRO* train; **ir de** ~ to go by train; **pegar um** ~ to take a train; ~ **de carga** goods train. -2. *AERON*: ~ **de aterrissagem** landing gear, undercarriage.

trema [trema] *m* diaeresis *UK*, dieresis *US*.

trem-bala [trẽ'bala] (*pl* **trens-bala**) *m* high-speed train.

tremelique [treme'likil] *m* trembling.

tremendo, da [tre'mẽndu, da] *adj* -1. [imenso] enormous. -2. [terrível] terrible. -3. [fantástico] amazing.

tremer [tre'me(x)] *vi* to shake; ~ **de frio/medo** to shake with cold/fear.

tremor [tre'mo(x)] (*pl* -**es**) *m* tremor; ~ **de terra** earthquake.

tremular [tremu'la(x)] *vi* -1. [bandeira] to flutter. -2. [luz] to flicker.

trêmulo, la [tremulu, la] *adj* -1. [pessoa, mão] trembling. -2. [passo, voz] faltering.

trena [trena] *f* [fita métrica] tape measure.

trenó [tre'nɔl] *m* sledge *UK*, sled *US*.

trepada [tre'pada] *f mfam* leg-over; **dar uma** ~ to get laid.

trepadeira [trepa'dejra] *f* creeper.

trepar [tre'pa(x)] *vi* -1. [subir]: ~ **(em algo)** to climb (up sthg). -2. *mfam* [ter relações sexuais]: ~ **(com alguém)** to get laid.

trepidação [trepida'sãw] *f* shaking.

trepidar [trepi'da(x)] *vi* to shake.

três [trejʃ] <> *num* three. <> *m* three; *veja também* **seis**.

tresloucado, da [treʒlo'kadu, da] *adj* crazy.

Três-Marias [ˌtrejʃma'riaʃ] *fpl* -1. *ASTRON* Orion's Belt. -2. *BOT* bougainvillea.

trevas [trɛvaʃ] *fpl* [escuridão] darkness (*sg*).

trevo [trevu] *m* -1. *BOT* clover. -2. [de vias] intersection.

treze [trezi] <> *num* thirteen. <> *m* [algarismo] thirteen; *veja também* **seis**.

trezentos, tas [tre'zẽntuʃ, taʃ] <> *num* three hundred. <> *m* [algarismo] three hundred; *veja também* **seis**.

triagem [trja'ʒẽl] *f* -1. [seleção] selection; **fazer uma** ~ to make a selection. -2. [separação] sorting.

triângulo [trjãngulul] *m* triangle.

triathlon [trjatlu] *m* triathlon.

tribal [tri'baw] *adj* tribal.

tribo [tribu] *m* tribe.

tribulação [tribula'sãw] (*pl* -**ões**) *f* tribulation.

tribuna [tri'buna] *f* -1. [de orador] rostrum. -2. [em espetáculos públicos] platform; ~ **da imprensa** press gallery.

tribunal [tribu'naw] (*pl* -**ais**) *m* -1. [instituição] court; **Tribunal de Contas** Court of Accounts; **Tribunal de Justiça** Court of Justice. -2. [os magistrados] bench.

tributar [tribu'ta(x)] *vt* -1. [ger] to tax. -2. [pagar como tributo] to pay tax on. -3. *fig* [render, prestar] to pay.

tributário, ria [tribu'tarju, rja] *adj* -1. [relativo a tributo] tax (*antes de subst*). -2. [rio] tributary (*antes de subst*).

tributo [tri'butul] *m* -1. [imposto] tax. -2. *fig* [ônus] duty.

tricampeão, peã [trikãn'pjãw, pjãl] *m, f* three-times champion.

triciclo [tri'siklul] *m* -1. [de criança] tricycle. -2. [usado para a entrega de mercadorias] (delivery) tricycle.

tricô [tri'kol] *m* knitting; **de** ~ knitted. -2. ⊳ **ponto**.

tricolor [triko'lo(x)] *adj* -1. [desenho, bandeira] three-coloured *UK*, three-colored *US*. -2. *FUT* tricolour *UK*, tricolor *US*.

tricotar [triko'ta(x)] *vt & vi* to knit.

tridimensional [tridʒimɛ̃nsjo'naw] (pl -ais) adj three-dimensional.

trigal [tri'gaw] m wheat field.

trigêmeo, mea [tri'ʒemju, mja] ◇ adj [criança] triplet (antes de subst). ◇ m, f triplet.

trigésimo, ma [tri'ʒɛzimu, ma] ◇ num thirtieth. ◇ m thirtieth; veja também sexto.

trigo ['trigu] m wheat.

trilha [tri'ʎa] f -1. [caminho] path. -2. [rasto] trail. -3. fig [exemplo]: seguir a ~ de alguém to follow in sb's footsteps. -4. COMPUT track. -5. CINE: ~ sonora soundtrack.

trilhado, da [tri'ʎadu, da] adj [percorrido] well-trodden.

trilhão [tri'ʎãw] (pl -ões) num trillion.

trilho [tri'ʎu] m -1. FERRO rail. -2. [caminho] track.

trimestral [trimeʃ'traw] (pl -ais) adj quarterly.

trimestralidade [trimeʃtrawi'dadʒi] f quarterly payment.

trimestre [tri'mɛʃtri] m quarter.

trincar [trĩŋ'ka(x)] ◇ vt -1. [cortar com os dentes] to crunch. -2. [cerrar] to grit. -3. [rachar] to crack. ◇ vi [rachar] to crack.

trincheira [trĩn'ʃejra] f MIL trench.

trinco ['trĩŋku] m -1. [ferrolho] latch. -2. [lingüeta] catch.

Trinidad e Tobago [trini,dadʒito'bagu] n Trinidad and Tobago.

trinta ['trĩnta] ◇ num thirty. ◇ m thirty; veja também sessenta.

trio ['triw] m trio; ~ elétrico music float.

tripa [tri'pa] f -1. [intestino] intestine. -2. CULIN tripe (inv).

tripé [tri'pɛ] m [suporte] tripod.

triplicar [tripli'ka(x)] ◇ vt -1. MAT to treble. -2. [aumentar muito] to triple. ◇ vi -1. [tornar-se triplo] to treble. -2. [aumentar muito] to triple.

triplo, pla ['triplu, pla] adj triple.
➡ **triplo** m: 27 é o ~ de 9 27 is three times 9; este sofá é o ~ daquele this sofa is three times the size of that one.

tripulação [tripula'sãw] (pl -ões) f crew.

tripulado, da [tripula'du, da] adj -1. [nave] manned. -2. [barco] crewed.

tripulante [tripu'lãntʃi] mf crew member.

tripular [tripu'la(x)] vt -1. [prover de tripulação] to man. -2. [governar] to crew.

triste [tri'tʃi] adj -1. [ger] sad. -2. [entristecedor] depressing. -3. [sombrio, lúgubre] sombre. -4. fam [pessoa] sad.

tristeza [triʃ'teza] f -1. [de pessoa] sadness. -2. [de lugar] gloominess. -3.: ser uma ~ [ser terrível] to be appalling.

triturar [tritu'ra(x)] vt -1. [reduzir a fragmentos] to grind. -2. fig [afligir] to crush.

triunfante [trjũn'fãntʃi] adj triumphant.

triunfar [trjũn'fa(x)] vi [vencer] to triumph.

triunfo ['trjũnfu] m triumph.

trivial [tri'vjaw] (pl -ais) ◇ adj -1. [comida] ordinary. -2. [assunto, preocupações] trivial. ◇ m [comida cotidiana] everyday food.

trivialidade [trivjali'dadʒi] f triviality.

triz ['triʃ] m: por um ~ by a whisker.

troça ['trɔsa] f [zombaria] ridicule; fazer ~ de alguém to make fun of sb.

trocadilho [troka'dʒiʎu] m pun.

trocado, da [tro'kadu, da] adj -1. [errado] wrong. -2. [dinheiro] in coins.
➡ **trocado** m small change.

trocador, ra [troka'do(x), ra] m, f [em ônibus] conductor.

trocar [tro'ka(x)] ◇ vt -1. [ger] to change; ~ alguém/algo de lugar to change the place of sb/sthg; ~ dinheiro to change money. -2. [permutar] to swap. -3. [confundir] to mix up. -4. [cheque] to cash. -5. [reciprocar] to exchange. -6. [permutar]: ~ algo/alguém por algo, ~ algo/alguém por alguém to change sthg/sb for sthg, to change sthg/sb for sb. -7. [dar preferência]: ~ algo por algo to exchange sthg for sthg. -8. loc: ~ as pernas fig to trip over one's (own) feet. ◇ vi: ~ de algo to change sthg.
➡ **trocar-se** vp [mudar de roupa] to get changed.

troçar [tro'sa(x)] vt to ridicule.

troco ['troku] m -1. [dinheiro] change. -2. fig [revide] retort, rejoinder; a ~ de que ela fez isso? [por quê, para quê] what on earth did she do that for?.

troço ['trɔsu] m fam [coisa] thing; ter um ~ [sentir-se mal] to feel a pang; [ficar chocado, danado] to get a shock; ser ~ em algum lugar/em algo [ser influente] to have influence somewhere/in sthg; ser um ~ [ser muito bonito, bom] to be amazing.

troféu [tro'fɛw] m trophy.

tromba ['trõnba] f -1. [de elefante] trunk. -2. fam [cara amarrada] long face.

trombada [trõn'bada] f crash; dar uma ~ to crash.

tromba-d'água [,trõnba'dagwa] (pl trombas-d'água) f [chuva] downpour.

trombadinha [trõnba'dʒiɲa] mf gír [pivete] very young thief.

trombeta [trõn'beta] f MÚS [instrumento] trumpet.

trombone [trõn'boni] m MÚS trombone.

trombose [trõn'bɔzi] *f* thrombosis.

trombudo, da [trõn'budu, da] *adj fig* [emburrado] sulky.

trompa ['trõnpa] *f* **-1.** MÚS horn. **-2.** ANAT: ~ **de Falópio** Fallopian tube; **ligar as** ~**s** to have one's tubes tied, to undergo tubal ligation.

tronco ['trõŋku] *m* **-1.** [BOT- caule] trunk; [- ramo] branch. **-2.** ANAT trunk. **-3.** TELEC trunkline. **- 4.** [de família, raça] lineage.

trono ['tronu] *m* **-1.** [cadeira] throne. **-2.** *fig* [poder] driving seat. **-3.** *fam* [latrina] throne.

tropa ['trɔpa] *f* **-1.** MIL army. **-2.** [conjunto de pessoas] troop. **-3.** [polícia]: ~ **de choque** riot squad.

tropeção [trope'sãw] (*pl* -ões) *m* trip.

tropeçar [trope'sa(x)] *vi* to trip; ~ **em algo** [dar topada em] to trip over sthg; *fig* [esbarrar em] to stumble on sthg.

tropeções [trope'sõjʃ] *pl* ⯈ tropeção.

trôpego, ga ['tropegu, ga] *adj* unsteady.

tropical [tropi'kaw] (*pl* -ais) *adj* tropical.

tropicalismo [tropika'liʒmu] *m* Brazilian musical movement.

trópico ['trɔpiku] *m* tropic; **Trópico de Câncer/Capricórnio** Tropic of Cancer/ Capricorn.

troquei [tro'kej] *v* ⯈ trocar.

trotar [tro'ta(x)] *vi* to trot.

trote ['trɔtʃi] *m* **-1.** [de cavalo] trot. **-2.** [por telefone] hoax. **-3.** [em calouro] trick.

trouxa ['troʃa] ⬦ *adj fam* [bobo] foolish. ⬦ *mf fam* [bobo] fool. ⬦ *f* bundle.

trouxe ['trosi] *v* ⯈ trazer.

trova ['trɔva] *f* **-1.** [cantiga] folksong. **-2.** [poesia] ballad.

trovão [tro'vãw] (*pl* -ões) *m* thunder.

trovejar [trove'ʒa(x)] *vi* METEOR to thunder.

trovoada [tro'vwada] *f* thunderstorm.

trucidar [trusi'da(x)] *vt* to slaughter, to massacre.

truculência [truku'lẽnsja] *f* horror.

truculento, ta [truku'lẽntu, ta] *adj* gruesome.

trufa ['trufa] *f* truffle.

truncar [trũŋ'ka(x)] *vt* **-1.** [texto] to shorten. **-2.** [discurso] to cut off.

trunfo ['trũnfu] *m* trump card.

truque ['truki] *m* trick.

truste ['truʃtʃi] *m* **-1.** [organização financeira] trust. **-2.** [grupo de empresas] corporation.

truta ['truta] *f* trout.

TSE [te 'ɛsi ɛ] (*abrev de* **Tribunal Superior Eleitoral**) *m* Brazilian higher electoral tribunal.

TST [te 'ɛsi te] (*abrev de* **Tribunal Superior do Trabalho**) *m* Brazilian higher employment tribunal.

tu ['tu] *pron pess* you.

tua ['tua] *f* ⯈ **teu.**

tuba ['tuba] *f* MÚS tuba.

tubarão [tuba'rãw] (*pl* -ões) *m* shark.

tuberculose [tubexku'lɔzi] *f* tuberculosis, TB.

tubo ['tubu] *m* **-1.** [ger] tube; ~ **de ensaio** test tube. **-2.** [canal] pipe.

tubulação [tubula'sãw] *f* **-1.** [conjunto de tubos] pipework. **-2.** [colocação de tubos] plumbing.

TUCA (*abrev de* **Teatro da Universidade Católica**) *m* theatre of the Catholic university in São Paulo.

tucano [tu'kãnu] *m* **-1.** ZOOL toucan. **-2.** POL member of Brazilian Social Democratic Party.

tudo ['tudu] *pron indef* **-1.** [todas as coisas, a totalidade] everything; ~ **quanto é tipo de gente** all kinds of people. **-2.** [a coisa fundamental]: **ser** ~ to be everything.

⬧ **acima de tudo** *loc adv* above all.

⬧ **apesar de tudo** *loc prep* despite everything.

⬧ **depois de tudo** *loc adv* after all.

tufão [tu'fãw] (*pl* -ões) *m* typhoon.

tulipa [tu'lipa] *f* **-1.** BOT tulip. **-2.** [chope servido em copo alto] *tall glass of draught beer.*

tumba ['tũnba] *f* [sepultura] tomb.

tumor [tu'mo(x)] (*pl* -es) *m* tumour UK, tumor US.

túmulo ['tumulu] *m* **-1.** [monumento] tomb. **-2.** [cova] grave.

tumulto [tu'muwtu] *m* **-1.** [grande movimento] commotion. **-2.** [confusão, balbúrdia] hubbub. **-3.** [motim] riot.

tumultuado, da [tumuw'twadu, da] *adj* **-1.** [vida] turbulent. **-2.** [rua] noisy.

tumultuar [tumuw'twa(x)] ⬦ *vt* [desordenar, agitar] to disrupt. ⬦ *vi* **-1.** [fazer barulho] to make a noise. **-2.** [amotinar-se] to rise up.

túnel ['tunɛw] (*pl* -eis) *m* tunnel.

túnica ['tunika] *f* [vestimenta] tunic.

Túnis ['tuniʃ] *n* Tunis.

Tunísia [tu'nizja] *f* Tunisia.

tupi [tu'pi] ⬦ *adj* Tupi. ⬦ *mf* Tupi Indian. ⬦ *m* [língua] Tupi.

tupiniquim [tupini'kĩ] ⬦ *adj* **-1.** [relativo aos tupiniquins] Brazilian Indian. **-2.** *pej* [brasileiro] Brazilian. ⬦ *mf* Brazilian Indian.

turbante [tux'bãntʃi] *m* turban.

turbilhão [tuxbi'ʎãw] (*pl* -ões) *m* **-1.** [de água] whirlpool. **-2.** [de ar] whirlwind. **-3.** *fig* [agitação] whirl.

turbina [tux'bina] *f* turbine.

turbinado, da [tuxbina'du, da] *adj fam*
[motor, processador] turbocharged.

turbulência [tuxbu'lēnsial *f* -1. METEOR
turbulence. -2. [desordem, inquietação]
unrest.

turbulento, ta [tuxbu'lēntu, ta] *adj* -1.
METEOR stormy. -2. [tumultuoso] turbulent. -3. [que cria desordem] disorderly.

turco, ca ['tuxku, ka] <> *adj* Turkish.
<> *m, f* Turk.
◆ **turco** *m* [língua] Turkish.

turfe ['tuxfi] *m* ESP horse-racing.

turismo [tu'riʒmu] *m* tourism.

turista [tu'riʃta] *mf* [quem faz turismo]
tourist.

turístico, ca [tu'riʃtʃiku, ka] *adj* tourist
(*antes de subst*).

turma ['tuxma] *f* -1. [grupo] group. -2.
[grupo de trabalhadores] shift. -3. EDUC
class. -4. *fam* [grupo de amigos] gang.

turnê [tux'ne] *f* tour.

turno ['tuxnu] *m* -1. [turma] group. -2.
[horário - de trabalho] shift; [- de escola]
class; ~ **da noite** night shift; ~ **da manhã** morning shift. -3. ESP round. -4.
[de eleição] round. -5. [vez] turn.

turquesa [tux'keza] <> *adj inv* turquoise. <> *m* [cor] turquoise. <> *f* [pe-
dra] turquoise.

Turquia [tux'kia] *n* Turkey.

turrão, ona [tu'xãw, ɔna] *adj fam* [teimo-
so, pertinaz] stubborn.

turvo, va ['tuxvu, va] *adj* cloudy.

tusso ['tusu] *v* ▷ **tossir**.

tutano [tu'tãnu] *m* ANAT marrow.

tutela [tu'tɛla] *f* -1. JUR guardianship.
-2. [proteção] protection. -3. [supervi-
são] supervision.

tutor, ra [tu'to(x), ra] (*mpl* -es, *fpl* -s) *m, f*
guardian.

tutu [tu'tu] *m* -1. CULIN Brazilian dish
consisting of beans, bacon and cassava flour. -2. *fam* [dinheiro] cash.

TV [te' ve] (*abrev de* televisão) *f* TV.

U

u, U *m* [letra] u, U.

uai ['waj] *interj* -1. [espanto, surpresa, ter-
ror] oh! -2. [reforço, confirmação] yeah!

úbere ['uberi] <> *adj* [solo] fertile. <>
m [mama] udder.

Ubes (*abrev de* União Brasileira dos Es-

tudantes Secundaristas) *f Brazilian
union of secondary students.*

ué ['wɛ] *interj* -1. [exprimindo surpresa]
what? -2. [exprimindo ironia] hey!

UE (*abrev de* União Européia) *f* EU.

UEM (*abrev de* União Econômica e Monetária) *f* EMU.

UERJ (*abrev de* Universidade Estadual
do Rio de Janeiro) *f state university
of Rio de Janeiro.*

UF (*abrev de* Unidade Federativa) *f
state.*

ufa [u'fa] *interj* phew!

ufanar-se [ufa'naxsi] *vp*: ~ **de** to take
inordinate pride in.

ufanismo [ufa'niʒmu] *m* -1. [por feitos
pessoais] vainglory. -2. [pela pátria]
national pride.

UFBA (*abrev de* Universidade Federal da
Bahia) *f federal university of Bahia.*

UFMG (*abrev de* Universidade Federal
de Minas Gerais) *f federal university
of Minas Gerais.*

UFRGS (*abrev de* Universidade Federal
do Rio Grande do Sul) *f federal university of Rio Grande do Sul.*

UFRJ (*abrev de* Universidade Federal do
Rio de Janeiro) *f federal university of
Rio de Janeiro.*

Uganda [u'gãnda] *n* Uganda.

UHF (*abrev de* Ultra High Frequency) *f*
UHF.

ui ['uj] *interj* -1. [exprimindo dor] ouch!
-2. [exprimindo surpresa] hey!

uísque ['wiʃki] *m* whisky.

uivada [uj'vada] *f* howl.

uivante [uj'vãntʃi] *adj* howling.

uivar [uj'va(x)] *vi* [ger] to howl; ~ **(de)** to
howl (with).

uivo ['ujvu] *m* howl.

UK (*abrev de* United Kingdom) *m* UK.

úlcera ['uwsera] *f* ulcer.

ulterior [uwte'rjo(x)] *adj* [que ocorre de-
pois] subsequent.

última ['uwtʃima] *f* ▷ **último**.

ultimamente [ˌuwtʃima'mēntʃi] *adv*
lately.

últimas ['uwtʃimaʃ] *fpl* ▷ **último**.

ultimato [uwtʃi'matu], **ultimátum**
[uwtʃi'matũ] *m* ultimatum.

último, ma ['uwtʃimu, ma] <> *adj* -1.
[ger] last; **por** ~ [em último lugar] last; [fi-
nalmente] lastly. -2. [mais recente] latest.
-3. [o pior] worst. -4. [gravíssimo] final.
-5. [máximo] ultimate. <> *m, f* [em fila,
competição] last.
◆ **última** *f* -1. [novidade] latest. -2.
[asneira] latest blunder.

ultrajar [uwtra'ʒa(x)] *vt* to outrage.

ultraje [uw'traʒi] *m* outrage.

ultraleve [ˌuwtra'lɛvi] *m* microlight.

ultramar [ˌuwtra'ma(x)] *m* overseas.

ultramarino, na [ˌuwtrama'rinu, na] *adj* overseas *(antes de subst)*.

ultrapassado, da [ˌuwtrapa'sadu, da] *adj* out-of-date.

ultrapassagem [ˌuwtrapa'saʒẽ] *(pl* **-ns)** *f* overtaking *UK*, passing *US*.

ultrapassar [ˌuwtrapa'sa(x)] ◇ *vt* **-1.** [passar à frente de] to overtake *UK*, to pass *US*. **-2.** [transpor] to cross. **-3.** [em qualidade]: ~ **alguém (em algo)** to surpass sb (in sthg). **-4.** [exceder] to exceed. ◇ *vi* [passar à frente] to overtake *UK*, to pass *US*.

ultra-som [ˌuwtra'sõ] *(pl* **-s)** *m* ultrasound.

ultravioleta [ˌuwtravjo'leta] *adj* ultraviolet.

um, uma [ũ, 'uma] *(mpl* **uns**, *fpl* **umas)** ◇ *artigo indefinido* a, an *(antes de vogal ou h mudo)*; ~ **homem** a man; **uma casa** a house; **uma mulher** a woman; **uma hora** an hour; **uma maçã** an apple. ◇ *adj* **-1.** [exprime quantidade, data indefinida] one, some *pl*; **comprei uns livros** I bought some books; ~ **dia voltarei** I'll be back one day; **estou saindo umas semanas de férias** I'm going on holidays for a few weeks. **-2.** [para indicar quantidades] one; **trinta e** ~ **dias** thirty-one days; ~ **litro/metro/quilo** one litre/metre/kilo. **-3.** [aproximadamente] about, around; **esperei uns dez minutos** I waited for about ten minutes; **estavam lá umas cinqüenta pessoas** there were about fifty people there. **-4.** [para enfatizar]: **está** ~ **frio/calor** it's so cold/hot; **estou com uma sede** I'm so thirsty; **foi** ~ **daqueles dias!** it's been one of those days! ◇ *pron* [indefinido] one, some *pl*; **me dê** ~ give me one; **pede mais uma** ask for another one; ~ **deles** one of them; ~ **a** ~, ~ **por** ~ one by one; **uns e outros** some/other people. ◇ *num* one ▷ *veja também* **seis**.

umbanda [ũ'bãda] *f* [espirit] Afro-Brazilian cult.

umbigo [ũ'bigu] *m* navel.

umbilical [ũbili'kaw] *(pl* **-ais)** *adj* ▷ **cordão**.

umbral [ũ'braw] *(pl* **-ais)** *m* **-1.** [de porta] doorway. **-2.** [limiar] threshold.

umedecer [umide'se(x)] *vt* to dampen.
◆ **umedecer-se** *vp* to mist over.

umedecido, da [umide'sidu, da] *adj* damp.

umidade [umi'dadʒi] *f* **-1.** [de clima, ar] humidity. **-2.** [de parede, terra] damp.

úmido, da ['umidu, da] *adj* damp.

UN *(abrev de* **United Nations)** *f* UN.

UnB *(abrev de* **Universidade de Brasília)** *f* university of Brasília.

unânime [u'nãnimi] *adj* unanimous.

unanimidade [unãnimi'dadʒi] *f* unanimity.

UNE *(abrev de* **União Nacional dos Estudantes)** *f* Brazilian national union of students, ≃ NUS *UK*.

UNESCO *(abrev de* **United Nations Educational, Scientific and Cultural Organization)** *f* UNESCO.

ungir [ũ'ʒi(x)] *vt* RELIG to anoint.

ungüento [ũ'gwẽtu] *m* ointment.

unha ['uɲa] *f* nail; **fazer as** ~ **s** [com manicure] to do one's nails; ~ **encravada** ingrowing nail.

unhada [u'ɲada] *f* scratch.

unha-de-fome [ˌuɲadʒi'fɔmi] *(pl* **unhas-de-fome)** ◇ *adj* miserly. ◇ *mf* miser.

unhar [u'ɲa(x)] *vt* to scratch.

união [u'ɲjãw] *(pl* **-ões)** *f* **-1.** [ger] union. **-2.** [junção] joining.
◆ **União** *f* **-1.** [o governo federal]: **a União** the Union. **-2.** [confederação]: **a União Européia** the European Union.

Unicamp *(abrev de* **Universidade Estadual de Campinas)** *f* university of Campinas.

UNICEF *(abrev de* **United Nations International Children's Emergency Fund)** *m* UNICEF.

único, ca ['uniku, ka] *adj* **-1.** [ger] unique. **-2.** [só] single; **ser filho** ~ to be an only child.

unidade [uni'dadʒi] *f* **-1.** [ger] unit; ~ **de CD-ROM** CD-ROM drive; ~ **de disco** disc drive. **-2.** [uniformidade, união, coesão] unity.

unido, da [u'nidu, da] *adj* **-1.** [ligado] joined. **-2.** *fig* [pessoas] united.

UNIFESP *(abrev de* **Universidade Federal de São Paulo)** *f* federal university of São Paulo.

unificar [unifi'ka(x)] *vt* **-1.** [unir] to unite. **-2.** [uniformizar] to unify.

uniforme [uni'fɔxmi] ◇ *adj* **-1.** [que só tem uma forma, semelhante] uniform. **-2.** [que não varia] regular. ◇ *m* [roupa] uniform; **de** ~ in uniform.

uniformizado, da [unifoxmi'zadu, da] *adj* **-1.** [de uniforme] uniformed. **-2.** [uniforme] uniform.

uniformizar [unifoxmi'za(x)] *vt* **-1.** [unificar] to standardize. **-2.** [pessoa] to put into uniform.
◆ **uniformizar-se** *vp* [vestir uniforme] to wear one's uniform.

unir [u'ni(x)] *vt* **-1.** [ger] to unite. **-2.** [juntar] [comunicar cidades] to join (together). **-3.** [combinar] to combine; ~ **o útil ao agradável** to mix business with pleasure.
◆ **unir-se** *vp* **-1.** [juntar-se] to unite; ~-**se a algo/alguém** to join sthg/sb. **-2.**

[afetivamente] to be united. **-3.** [conciliar-se] to be reconciled.

uníssono, na [u'nisonu, na] *adj* unison; em ~ in unison.

unitário, ria [uni'tarju, rja] *adj* **-1.** [preço] unit *(antes de subst)*. **-2.** POL unitary.

universal [univex'saw] *(pl* -ais) *adj* universal.

universidade [univexsi'dadʒi] *f* **-1.** [ger] university. **-2.** [pessoal] faculty.

universitário, ria [univexsi'tarju, rja] <> *adj* university *(antes de subst)*. <> *m, f* **-1.** [professor] faculty member, university lecturer. **-2.** [aluno] university student.

universo [uni'vɛxsu] *m* **-1.** ASTRON universe. **-2.** *fig* [mundo] world.

uno, una ['unu, 'una] *adj* single.

uns [ũnʃ] ▷ **um.**

untar [ũn'ta(x)] *vt*: ~ algo (com) [fôrma] to grease sthg (with); [corpo] to oil sthg (with).

update ['apdejtʃi] *m* COMPUT update.

upgrade ['apgrejdʒi] *m* COMPUT: **fazer um** ~ to upgrade.

upload ['aplodʒi] *m* COMPUT: **fazer um** ~ to upload.

urânio [u'rãnju] *m* uranium.

Urano [u'rãnu] *n* Uranus.

urbanismo [uxba'niʒmu] *m* town planning.

urbanista [uxba'niʃta] *mf* town planner.

urbanização [uxbaniza'sãw] *f* urbanization.

urbanizar [uxbani'za(x)] *vt* **-1.** [área] to urbanize. **-2.** [pessoa] to refine.

urbano, na [ux'bãnu, na] *adj* **-1.** [da cidade] urban. **-2.** [pessoa - com hábitos citadinos] urban; [- cortês] urbane.

urdidura [uxdʒi'dura] *f* **-1.** [conjunto de fios] warp. **-2.** [enredo] plot.

urdu [ux'dul] *m* [língua] Urdu.

urgência [ux'ʒẽnsja] *f* urgency; com ~ urgently.

urgente [ux'ʒẽntʃi] *adj* urgent.

úrico, ca ['uriku, ka] *adj* [ácido] uric.

urina [u'rina] *f* urine.

urinar [uri'na(x)] <> *vt* **-1.** [sangue] to pass. **-2.** [cama] to wet. <> *vi* [expelir urina] to urinate.

◆ **urinar-se** *vp* [com urina] to wet o.s.

urinol [uri'nɔw] *(pl* -óis) *m* chamber pot.

URL (*abrev de* Universal Resources Locator) *f* URL.

urna ['uxna] *f* [caixa] urn; ~ eleitoral ballot box; ~ eletrônica computerized vote.

urrar [u'xa(x)] <> *vt* [gritar] to scream. <> *vi* **-1.** [animal] to roar. **-2.** [gritar]: ~

de dor to scream with pain.

urro ['uxul] *m* **-1.** [de animal] roar. **-2.** [grito] scream.

urso, sa ['uxsu, sa] *m, f* bear.

◆ **Ursa** *f*: Ursa Maior/Menor Ursa Major/Minor.

urso-branco [,uxsu'brãŋku] *m* polar bear.

urso-polar [,uxsu'pola(x)] *(pl* ursos-polares) *m* polar bear.

urtiga [ux'tʃiga] *f* nettle.

urubu [uru'bul] *m* black vulture.

urubuzar [urubu'za(x)] *vt fam* [com o olhar] to watch like a hawk.

Uruguai [uru'gwaj] *n*: (o) ~ Uruguay.

uruguaio, ia [uru'gwaju, ja] <> *adj* Uruguayan. <> *m, f* Uruguayan.

usado, da [u'zadu, da] *adj* **-1.** [utilizado] used; muito/pouco ~ much/little used. **-2.** [comum] usual. **-3.** [na moda] fashionable. **-4.** [gasto] worn out.

usar [u'za(x)] <> *vt* **-1.** [ger] to use. **-2.** [gastar] to wear out. **-3.** [vestir, ter] to wear. **-4.** [costumar]: ~ fazer algo to be in the habit of doing sthg. <> *vi* [servir-se de]: ~ de algo to use sthg.

username [uzex'nejmi] *(pl* usernames) *m* COMPUT username.

usina [u'zinal] *f* **-1.** [industrial] factory; ~ de aço steelworks *(pl)*. **-2.** [agrícola]: ~ de açúcar sugar mill. **-3.** [de energia elétrica]: ~ hidrelétrica hydroelectric power station; ~ termonuclear nuclear power station.

uso ['uzul] *m* **-1.** [ger] use; objetos de ~ pessoal personal belongings; fazer ~ de to make use of; para ~ externo/interno FARM for external/internal use. **-2.** [vestir] wearing. **-3.** [costume] common practice. **-4.** [desgaste] wear. **-5.** LING usage.

USP (*abrev de* Universidade de São Paulo) *f* university of São Paulo.

usual [u'zwaw] *(pl* -ais) *adj* usual.

usuário, ria [u'zwarju, rja] *m, f* user.

úteis ['utejʃ] *pl* ▷ **útil.**

utensílio [utẽ'silju] *m* **-1.** [instrumento] tool. **-2.** [de cozinha, doméstico] utensil.

útero, l'uterul *m* uterus, womb.

UTI (*abrev de* Unidade de Terapia Intensiva) *f* ICU.

útil ['utʃiw] *(pl* -eis) *adj* **-1.** [ger] useful. **-2.** [reservado ao trabalho]: dia ~ working day.

utilidade [utʃili'dadʒi] *f* **-1.** [ger] usefulness. **-2.** [utensílio]: ~s domésticas domestic appliances.

utilitário, ria [utʃili'tarju, rja] *adj* **-1.** [objetivo, peça *etc*] practical. **-2.** AUTO & COMPUT utility.

utilização [utʃiliza'sãw] *(pl* -ões) *f* use.

utilizar [utʃili'za(x)] *vt* to use.

➤ **utilizar-se** *vp*: ~ **-se de** to make use of.

utopia [uto'pia] *f* Utopia.

utópico, ca [u'tɔpiku, kal] *adj* Utopian.

UV (*abrev de* **Ultravioleta**) *m* UV.

uva ['uval] *f* **-1.** [fruta] grape. **-2.** *fam* [pessoa, coisa]: **uma ~** a delight.

V

v, V *m* [letra] v, V.

vã [vãl] *f* ▷ **vão**.

vaca ['vakal] *f* **-1.** *ZOOL* cow; **carne de ~** beef; **~ leiteira** dairy cow; **a ~ foi para o brejo** it went out the window. **-2.** *fam pej* [pessoa] lump. **-3.** *loc*: **no tempo das ~s gordas** in times of plenty; **no tempo das ~s magras** during lean times.

vacante [va'kãtʃil] *adj* vacant.

vacilante [vasi'lãntʃil] *adj* **-1.** [hesitante] hesitant. **-2.** [pouco firme] wobbly. **-3.** [luz] flickering.

vacilar [vasi'la(x)] *vi* **-1.** [hesitar] to hesitate; **~ em algo/em fazer algo** to hesitate in sthg/in doing sthg. **-2.** [oscilar] to sway. **-3.** [cambalear] to totter. **-4.** [luz] to flicker.

vacilo [va'silu] *m fam* **-1.** [hesitação] havering, shilly-shallying. **-2.** [erro, falha] howler, blunder.

vacina [va'sina] *f* vaccine.

vacinação [vasina'sãw] (*pl* -ões) *f* vaccination.

vacinar [vasi'na(x)] *vt MED*: **~ alguém (contra)** to vaccinate sb (against).

➤ **vacinar-se** *vp MED*: **~-se (contra)** to be vaccinated (against).

vácuo ['vakwu] *m* **-1.** *FÍSICA* vacuum. **-2.** *METEOR* low. **-3.** [espaço] space. **-4.** *fig* [vazio] void.

vadiar [va'dʒja(x)] *vi* **-1.** [viver na ociosidade] to lounge about. **-2.** [suj: aluno, professional] to skive. **-3.** [perambular] to roam.

vadio, dia [va'dʒiu, ʒial] *adj* **-1.** [ocioso] idle. **-2.** [aluno, professional] skiving. **-3.** [vagabundo] vagrant.

vaga ['vaga] *f* ▷ **vago**.

vagabundo, da [vaga'bũndu, dal] ◇ *adj* **-1.** [errante] vagabond. **-2.** [vadio] idle. **-3.** [safado] shameless. **-4.** [mulher] easy. **-5.** [produto] shoddy. ◇ *m, f* **-1.** [pessoa errante] tramp. **-2.** [vadio] idler. **-3.** [safado] rogue.

vaga-lume [,vaga'lumil] (*pl* **vaga-lumes**) *m* **-1.** *ZOOL* glow-worm. **-2.** [cine] usher.

vagão [va'gãwl] (*pl* **-ões**) *m* **-1.** [de passageiros] carriage. **-2.** [de carga] wagon.

vagão-leito [va,gãw'lejtul] (*pl* **vagões-leito**) *m* sleeping car.

vagão-restaurante [va,gãwxeʃtaw-'rãntʃil] (*pl* **vagões-restaurante**) *m* buffet car.

vagar [va'ga(x)] ◇ *vi* **-1.** [ficar desocupado] to be vacant. **-2.** [vaguear] to drift. ◇ *m* [lentidão] slowness; **com mais ~** at greater leisure.

vagaroso, osa [vaga'rozu, ɔzal] *adj* slow.

vagem ['vaʒẽl] (*pl* **-ns**) *f* green bean.

vagina [va'ʒinal] *f* vagina.

vago, ga ['vagu, gal] *adj* **-1.** [impreciso] vague. **-2.** [desocupado] vacant. **-3.** [desabitado] empty.

➤ **vaga** *f* **-1.** [em hotel] vacancy. **-2.** [em empresa etc] vacancy. **-3.** [para carro] space. **-4.** [onda] wave.

vagões [va'gõjʃl] *pl* ▷ **vagão**.

vaguear [va'gja(x)l] *vi* **-1.** [perambular] to drift. **-2.** [passear] to ramble.

vaia ['vajal] *f* boo.

vaiar [va'ja(x)] *vt & vi* to boo.

vaidade [vaj'dadʒil] *f* **-1.** [orgulho] vanity. **-2.** [futilidade] futility.

vaidoso, osa [vaj'dozu, ɔzal] *adj* vain; **ser ~ de alguém/algo** to be proud of sb/sthg.

vaivém [vaj'vẽl] (*pl* **-ns**) *m* **-1.** [de pessoas] to and fro. **-2.** [de pêndulo] swinging. **-3.** [de barco] rocking.

vala ['valal] *f* [escavação] ditch.

vale ['vali] *m* **-1.** *GEOGR* valley. **-2.** [documento] receipt. **-3.** [postal] **~ postal** postal order.

valente [va'lẽntʃil] *adj* brave.

valentia [valẽn'tʃial] *f* **-1.** [coragem] courage. **-2.** [ação] feat.

valer [va'le(x)] ◇ *vt* **-1.** [ger] to be worth; **~ a pena** to be worthwhile. **-2.** [acarretar]: **~ algo a alguém** to bring sb sthg. ◇ *vi* **-1.** [ger] to be worth; **valeu!** *fam* cheers! **-2.** [equivaler]: **~ por** to be worth the same as; **ou coisa que o valha** or something similar. **-3.** [ser válido] to be valid; [em jogos] to be fair; **fazer ~ os direitos** to assert one's rights. **-4.** [vigorar] to be in force.

➤ **para valer** *loc adv* [muito]: **me diverti para ~** I had a really good time.

➤ **valer-se** *vp* [servir-se]: **~-se de** to make use of.

valete [va'letʃil] *m* [carta] jack.

vale-transporte [,valetrãnʃ'pɔxtʃil] (*pl* **vales-transporte**) *m* travel voucher.

valia [va'lial] *f* value.

validade [vali'dadʒil] *f* validity; **prazo de ~** [em comida] expiry date.

validar [vali'da(x)] *vt* to validate.

válido, da ['validu, da] *adj* valid.

valioso, osa [va'ljozu, ɔza] *adj* valuable.

valise [va'lizi] *f* case.

valor [va'lo(x)] (*pl* -es) *m* value; **no ~ de** to the value of; **dar ~ a algo/alguém** to value sthg/sb.

➤ **valores** *mpl* -1. [princípios] values. -2. *BOLSA* securities.

valorizar [valori'za(x)] *vt* -1. [imóvel, moeda] to push up the value of. -2. [pessoa, trabalho] to appreciate.

➤ **valorizar-se** *vp* to appreciate.

valsa ['vawsa] *f* waltz.

válvula ['vawvula] *f* valve; **~ de escape** *fig* safety valve; **~ de segurança** safety valve.

vampiro [vãm'piru] *m* -1. [personagem] vampire. -2. *ZOOL* vampire bat.

vandalismo [vãnda'liʒmu] *m* vandalism.

vândalo, la ['vãndalu, la] *m, f* vandal.

vangloriar-se [vãnglo'rjaxsil] *vp*: **~-se (de)** to boast (about).

vanguarda [vãŋ'gwaxda] *f* -1. *MIL* front line. -2. [cultural] avant-garde.

vantagem [vãn'taʒẽ] (*pl* -ns) *f* -1. [ger] advantage; **tirar ~ de** to take advantage from. -2. [superioridade]: **~ (sobre)** advantage (over); **levar ~ (sobre)** to have an advantage (over).

vantajoso, osa [vãnta'ʒozu, ɔza] *adj* -1. [benéfico] advantageous. -2. [lucrativo] profitable.

vão, vã ['vãw, 'vã] *adj* -1. [frívolo] empty. -2. [inútil] vain; **em ~** in vain. -3. [irreal] futile.

➤ **vão** *m* -1. [espaço] space. -2. [de porta *etc*] opening.

vapor [va'po(x)] (*pl* -es) *m* -1. [de água] steam; **a ~** [máquina, ferro] steam (*antes de subst*). -2. *FÍSICA* vapour *UK*, vapor *US*.

vaporizador [vaporiza'do(x)] (*pl* -es) *m* -1. [de perfume *etc*] spray. -2. *MED* vaporizer.

vaporoso, osa [vapo'rozu, ɔza] *adj* -1. [tecido, cortina] see-through, diaphanous. -2. [com vapor] steamy.

vapt-vupt [ˌvapt∫i'vupt∫i] <> *interj* zap! <> *m* [lençol] fitted sheet.

vaqueiro [va'kejru] *m* cowherd *UK*, cowboy *US*.

vaquinha [va'kiɲa] *f*: **fazer uma ~** to have a whip-round.

vara ['vara] *f* -1. [pau] stick. -2. [para salto] pole. -3. *TEC* rod. -4. [de trombone] slide. -5. *JUR* jurisdiction. -6. [de porcos] herd.

varal [va'raw] (*pl* -ais) *m* [de roupas] clothes line.

varanda [va'rãnda] *f* -1. [sacada] verandah. -2. [balcão] balcony.

varar [va'ra(x)] <> *vt* -1. [furar] to pierce. -2. [passar por] to cross. <> *vi*: **~ por** [passar por] to pass through; [atravessar] to go through.

varejeira [vare'ʒejra] *f* [mosca] bluebottle.

varejista [vare'ʒi∫ta] <> *adj* retail (*antes de subst*). <> *mf* [vendedor] retailer.

varejo [va'reʒu] *m COM* retail trade; **a loja vende a ~** the shop sells retail.

variação [varja'sãw] (*pl* -ões) *f* [alteração] change, variation; **~ cambial** *ECON* exchange-rate fluctuation.

variado, da [va'rjadu, da] *adj* -1. [diverso] varied. -2. [sortido] assorted.

variar [va'rja(x)] <> *vt* [diversificar] to vary. <> *vi* -1. [ger] to vary. -2. [diversificar] to make changes; **para ~** [para diversificar] for a change; *irôn* and just for a change. -3. *fam* [delirar] to unhinge.

variável [va'rjavew] (*pl* -eis) <> *adj* changeable, variable. <> *f MAT* variable.

varicela [vari'sɛla] *f* chickenpox.

variedade [varje'dadʒi] *f* -1. [diversidade] variety. -2. [tipo] type.

➤ **variedades** *fpl* variety (*sg*); **espetáculo/teatro de ~s** variety show *ou* theatre *UK ou* theater *US*.

varinha [va'riɲa] *f* stick; **~ de condão** magic wand.

vário, ria ['varju, rja] *adj* [variado] diverse.

➤ **vários** <> *adj pl* several. <> *pron pl* several.

varíola [va'riwla] *f* smallpox.

varizes [va'rizi∫] *fpl* varicose veins.

varredura [vaxe'dura] *f* -1. [ato] sweep. -2. *COMPUT* scan.

varrer [va'xe(x)] *vt* -1. [com vassoura] to sweep. -2. [arrastar] to sweep away. -3. *fig* [devastar] to raze.

Varsóvia [vax'sɔvja] *n* Warsaw.

várzea ['vaxʒa] *f* [vale] low, flat valley.

vasculhar [va∫ku'ʎa(x)] *vt* -1. [pesquisar] to research. -2. [revirar] to rummage through.

vasectomia [vazekto'mia] *f* vasectomy.

vaselina® [vaze'lina] *f* [substância] vaseline.

vasilha [va'ziʎa] *f* vessel.

vaso ['vazu] *m* -1. [para plantas] pot. -2. [privada] toilet; **~ sanitário** toilet bowl.

vassalo, la [va'salu, la] *m, f* vassal.

vassoura [va'sora] *f* broom.

vasto, ta ['va∫tu, ta] *adj* -1. [extenso] vast. -2. *fig* [considerável] wide.

vatapá [vata'pa] *m CULIN a very spicy Bahian dish made with fish, coconut* *milk, prawns, peanuts and cashew nuts*, vatapá.

vaticano, na [vatʃi'kãnu, na] *adj* Vatican *(antes de subst).*

vaticínio [vatʃi'sinju] *m* prophecy.

vau [vaw] *m* **-1.** [de rio] ford. **-2.** *NÁUT* beam.

vazamento [vaza'mẽntu] *m* leakage.

vazão [va'zaw] *(pl* -ões) *f* **-1.** [vazamento] leak. **-2.** [escoamento] flow. **-3.** *COM* [venda] sale. **-4.** *loc:* dar ~ a [liberar] to give vent to; [atender a] to deal with; [solucionar] to sort out; *COM* to clear.

vazar [va'za(x)] <> *vi* **-1.** [ger] to leak. **-2.** [maré] to go out. **-3.** *fig* [informação] to leak out. <> *vt* **-1.** [esvaziar] to empty. **-2.** [olhos] to gouge out. **-3.** *fig* [moldar] to model.

vazio, zia [va'ziu, zia] *adj* **-1.** [ger] empty. **-2.** [com pouca gente] deserted. ◆ **vazio** *m* **-1.** [vácuo] vacuum. **-2.** [lacuna] blank space. **-3.** *fig* [sentimento] void.

vazões [va'zõjʃ] *pl* ▷ **vazão**.

veado ['vjadu] *m* **-1.** [animal] deer; **carne de** ~ venison. **-2.** *vulg pej* [homossexual] poof(ter) *UK*, fag(got) *US*.

vedado, da [ve'dadu, da] *adj* **-1.** [proibido, impedido] barred; ~ a prohibited to. **-2.** [hermeticamente fechado] sealed.

vedar [ve'da(x)] *vt* **-1.** [proibir, impedir] to prohibit, to bar. **-2.** [sangue]: **vedou o sangramento com um lenço** he stopped the flow of blood with a handkerchief. **-3.** [hermeticamente] to seal.

vedete [ve'dɛtʃi] *f* **-1.** [de teatro] star. **-2.** *fam fig* [destaque] star.

veemente [veje'mẽntʃi] *adj* vehement.

vegetação [veʒeta'sãw] *(pl* -ões) *f* vegetation.

vegetal [veʒe'taw] *(pl* -ais) <> *adj* plant *(antes de subst).* <> *m* plant.

vegetar [veʒe'ta(x)] *vi* **-1.** [planta] to grow. **-2.** *fig* [pessoa] to vegetate.

vegetariano, na [veʒeta'rjãnu, na] <> *adj* vegetarian. <> *m, f* vegetarian.

veia ['veja] *f* **-1.** [ger] vein. **-2.** *fig* [tendência] streak.

veiculação [vejkula'sãw] *(pl* -ões) *f* **-1.** [de mercadorias, visitantes] transport *UK*, transportation *US*. **-2.** [de doença] transmission. **-3.** [de idéias, mensagens, doutrinas] spreading.

veicular [vejku'la(x)] *vt* **-1.** [publicar, divulgar] to spread. **-2.** [anúncios] to distribute.

veículo [ve'ikulu] *m* **-1.** [de locomoção] vehicle. **-2.** [de informação] means *(sg).*

veio ['veju] *m* **-1.** [de rocha] vein. **-2.** [de madeira] grain. **-3.** [em mina] seam.

vela ['vɛla] *f* **-1.** [de cera] candle. **-2.** *NÁUT* sail; **à ~** sailing; **fazer-se à** *ou* **de**

vela to set sail. **-3.** [embarcação] yacht.

velame [velã'mi] *m NÁUT* sails *(pl).*

velar [ve'la(x)] <> *adj LING* velar. <> *f LING* velar. <> *vt* **-1.** [cobrir]: ~ **algo (com algo)** to cover sthg (with sthg). **-2.** [ocultar] to hide. **-3.** [dissimular] to disguise. **-4.** [doente, sono] to watch over. **-5.** [defunto] to keep vigil for, to hold a wake for. <> *vi* **-1.** [cuidar]: ~ **por algo/alguém** to watch over sthg/sb. **-2.** *FOT* [filme] to be damaged by exposure to light.

veleiro [ve'lejru] *m NÁUT* sailing boat.

velejar [vele'ʒa(x)] *vi* to sail.

velhice [ve'ʎisi] *f* old age.

velho, lha ['vɛʎu, ʎa] <> *adj* old; **nos** ~ **s tempos** in the old days. <> *m, f* **-1.** [pessoa] old person. **-2.** *fam* [pai] old man; **os** ~ **s** [pai e mãe] one's folks. **-3.** *fam* [amigo]: **meu** ~ old chap.

velocidade [velosi'dadʒi] *f* [ger] speed; **em alta** ~ at high speed.

velocímetro [velo'simetru] *m* speedometer.

velocípede [velo'sipedʒi] *m* velocipede.

velocíssimo, ma [velo'sisimu, ma] *adj superl* ▷ **veloz**.

velódromo [ve'lɔdrumul] *m* cycle track.

velório [ve'lɔrju] *m* wake.

veloz [ve'lɔʃ] *(pl* -es) *adj* **-1.** [ger] fast. **-2.** [movimento] quick.

veludo [ve'ludu] *m* [tecido] velvet; ~ **cotelê** corduroy.

vencedor, ra [vẽnse'do(x), ra] *(pl* -es, *fpl* -s) <> *adj* winning. <> *m, f* winner.

vencer [vẽ'se(x)] <> *vt* **-1.** [ger] to win. **-2.** [superar, dominar, resistir a] to overcome. **-3.** [derrotar] to defeat. **-4.** [conter] to contain. **-5.** [percorrer] to cross. <> *vi* **-1.** [ganhar] to win. **-2.** [expirar - prazo, garantia, contrato, validade] to expire; [- pagamento, conta, promissória] to become due.

vencido, da [vẽ'sidu, da] *adj* **-1.** [derrotado] beaten. **-2.** [expirado] expired.

vencimento [vẽnsi'mẽntu] *m* **-1.** [expiração] expiry. **-2.** [data] due date. ◆ **vencimentos** *mpl* [salário] earnings.

venda ['vẽnda] *f* **-1.** [vendagem] sale; **à** ~ on *ou* for sale; **a crédito** credit sale; ~ **a prazo** *ou* **prestação** sale in instalments. **-2.** [mercearia] general store. **-3.** [nos olhos] blindfold.

vendar [vẽn'da(x)] *vt*: ~ **(os olhos de) alguém** to blindfold sb.

vendaval [vẽnda'vaw] *(pl* -ais) *m* **-1.** [ventania] gale. **-2.** *fig* [turbilhão] whirlwind.

vendedor, ra [vẽnde'do(x), ra] *(mpl* -es, *fpl* -s) *m, f* **-1.** [dono] seller. **-2.** [em loja] sales assistant; ~ **ambulante** street vendor. **-3.** [de seguros] salesperson.

vender [vẽn'de(x)] ⟨⟩ *vt* **-1.** [pôr à venda] to sell; ~ **no varejo** to sell retail; ~ **no/por atacado** to sell wholesale. **-2.** [entregar em venda] to sell off; ~ **algo a/ para alguém (por)** to sell sb sthg (for); ~ **algo a prazo** OU **prestação** to sell sthg on credit/in instalments; ~ **fiado** to give credit. ⟨⟩ *vi* to sell.

➡ **vender-se** *vp* **-1.** [estar à venda]: **vendem-se picolés** ice lollies for sale. **-2.** [deixar-se subornar]: **ele se vendeu por 30 mil dólares** he accepted a bribe of 30 thousand dollars.

veneno [ve'nenu] *m* **-1.** [peçonha] poison; **o cigarro é um** ~ **para a saúde** smoking is a health hazard. **-2.** [de cobra, inseto] venom. **-3.** *fig* [malícia] venom.

venenoso, osa [vene'nozu, ɔza] *adj* **-1.** [ger] poisonous. **-2.** *fig* [malicioso] venomous.

veneração [venera'sãw] *f*: ~ **(por)** veneration (for).

venerar [vene'ra(x)] *vt* **-1.** [adorar] to revere. **-2.** RELIG to worship.

venéreo, rea [ve'nɛrju, rja] *adj* venereal.

veneziana [vene'zjana] *f* **-1.** [porta] louvred door *UK*, louvered door *US*. **-2.** [janela] louvred window *UK*, louvered window *US*.

Venezuela [vene'zwɛla] *n* Venezuela.

venezuelano, na [venezwɛ'lanu, na] ⟨⟩ *adj* Venezuelan. ⟨⟩ *m, f* Venezuelan.

ventania [vẽnta'nia] *f* gale.

ventar [vẽn'ta(x)] *vi*: **venta muito aqui** it is very windy here; **estar ventando** to be windy.

ventarola [vẽnta'rɔla] *f* fan.

ventilação [vẽntʃila'sãw] *f* **-1.** [de ambiente] ventilation. **-2.** AUTO [de motor] cooling.

ventilador [vẽntʃila'do(x)] (*pl* **-es**) *m* [elétrico] fan.

ventilar [vẽntʃi'la(x)] *vt* [arejar] to air.

vento ['vẽntu] *m* **-1.** [ar] air. **-2.** [brisa] wind. **-3.** *loc*: **ir de** ~ **em popa** to go very well.

ventoso, osa [vẽn'tozu, ɔza] *adj* windy.

➡ **ventosa** *f* **-1.** MED ventouse. **-2.** ZOOL sucker.

ventre ['vẽntri] *m* **-1.** ANAT belly. **-2.** *euf* [útero] womb.

ventríloquo, qua [vẽn'trilokwu, kwa] *m, f* ventriloquist.

ventura [vẽn'tural] *f* **-1.** [destino] fate; **por** ~ by chance. **-2.** [sorte] good fortune.

venturoso, osa [vẽntu'rozu, ɔza] *adj* [feliz] happy.

Vênus ['venuʃ] *n* Venus.

ver [ve'(x)] ⟨⟩ *vt* **-1.** [ger] to see; **já vol-**

to, viu? I'll be back soon, OK? **-2.** [assistir] to watch. **-3.** [resolver] to see to. **-4.** [tomar cuidado em] to watch. **-5.** [em remissiva]: **veja ...** look ... ⟨⟩ *vi* **-1.** [enxergar] to see; **ela é bonita que só vendo** you wouldn't believe how pretty she is; ~ **em** *fig* [em situação, pessoa] to see in. **-2.** [ger]: **ter a** OU **que** ~ **com** to have to do with; **ter envolvimento com**] to be involved with; **são pessoas muito diferentes, não têm nada a** ~ **uma com a outra** they are two very different people, they are not at all alike; **este trabalho tem muito a** ~ **com você** that work is right up your street. ⟨⟩ *m*: **a meu** ~ in my opinion.

➡ **ver-se** *vp* **-1.** [ger] to see o.s. **-2.** [avistar-se] to see one another. **-3.** [ter contato]: **há anos que não nos víamos** it's years since we saw each other, we hadn't seen each other for years. **-4.** [em dificuldade, lugar] to find o.s. **-5.** [entender-se]: **bem se vê que ...** it's obvious that ...

➡ **pelo visto** *loc adv* by the look of it.

➡ **vai ver que** *loc adv* [talvez] perhaps.

veracidade [verasi'dadʒi] *f* truthfulness.

veranear [vera'nja(x)] *vi* to spend the summer.

veraneio [vera'neju] *m* summer holidays *(pl)* *UK*, summer vacation *US*.

veranista [vera'niʃta] *mf* summer holidaymaker *UK*, summer vacationer *US*.

verão [ve'rãw] (*pl* **-ões**) *m* summer.

verba ['vɛxba] *f* funding.

verbal [vex'baw] (*pl* **-ais**) *adj* verbal.

verbete [vex'betʃi] *m* [em dicionário] entry.

verbo ['vɛxbu] *m* **-1.** GRAM verb; **soltar o** ~ *fam* to shoot one's mouth off. **-2.** RELIG: **o Verbo** the Word.

verborrágico, ca [vexbo'xaʒiku, ka] *adj* verbose.

verdade [vex'dadʒi] *f* truth; **não é** ~? *fam* isn't that right?; **na** ~ in fact; **para falar a** ~ to tell the truth.

➡ **verdades** *fpl* home truths; **dizer umas** ~**s a alguém** *fam* to tell sb a few home truths.

➡ **de verdade** ⟨⟩ *loc adv* **-1.** [realmente]: **tudo o que relato aconteceu de** ~ everything I'm describing really happened. **-2.** [a sério] seriously. ⟨⟩ *loc adj* [autêntico]: **é um vencedor de** ~ he's a true winner.

verdadeiro, ra [vexda'dejru, ra] *adj* **-1.** [ger] true. **-2.** [autêntico] real.

verde ['vexdʒi] ⟨⟩ *adj* **-1.** [cor] green; ~ **de raiva** livid. **-2.** [fruta] unripe, green. ⟨⟩ *m* **-1.** [cor] green. **-2.** [natureza] country.

verde-abacate [‚vexdʒjaba'katʃi] *adj (inv)* avocado-green.

verde-claro, ra ['vexdʒi'klaru, ra] *(pl -s)* ◇ *adj* light green. ◇ *m* light green.

verde-escuro, ra ['vexdʒiiʃ'kuru, ra] *(pl -s)* ◇ *adj* dark green. ◇ *m* dark green.

verdejante [vexde'ʒãntʃi] *adj* verdant.

verdejar [vexde'ʒa(x)] *vi* to become green.

verdor [vex'do(x)] *m* -**1.** [cor verde] greenness. -**2.** [as plantas verdes] greenery.

verdura [vex'dura] *f* [hortaliça] greens *(pl)*.

verdureiro, ra [vexdu'rejru, ra] *m, f* greengrocer.

vereador, ra [verja'do(x), ra] *m, f* councillor *UK*, councilor *US*.

vereda [ve'reda] *f* path.

veredicto [vere'dʒiktu] *m* verdict.

verga ['vexga] *f* -**1.** [vara] stick. -**2.** [metálica] rod.

vergar [vex'ga(x)] ◇ *vt* [dobrar] to bend. ◇ *vi* -**1.** [dobrar] to bend. -**2.** [com peso] to sag.

vergonha [vex'goɲa] *f* -**1.** [acanhamento] shyness; **que ~!** how embarrassing!; **ter ~ de fazer algo** to feel shy about doing sthg. -**2.** [brio, pudor] shame; **que falta de ~!** how disgraceful!; **ter ~ na cara** to be shameless. -**3.** [desonra] shame. -**4.** [vexame] outrage.

vergonhoso, osa [vexgo'nozu, ɔza] *adj* -**1.** [indigno] disgraceful. -**2.** [indecoroso] indecent. -**3.** [que dá vergonha] shameful.

verídico, ca [ve'ridʒiku, ka] *adj* true.

verificar [verifi'ka(x)] *vt* -**1.** [averiguar] to check. -**2.** [comprovar] to confirm.

➡ **verificar-se** *vp*: **verifica-se um aumento na inflação** an increase in inflation has been confirmed.

verme ['vexmi] *m* worm.

vermelho, lha [vex'meʎu, ʎa] *adj* [ger] red; **ficar ~ de raiva/vergonha** to flush with anger/embarrassment.

➡ **vermelho** *m* -**1.** [cor] red. -**2.** [déficit]: **estar no ~** to be in the red.

vermute [vex'mutʃi] *m* vermouth.

vernáculo, la [vex'nakulu, la] *adj* vernacular.

➡ **vernáculo** *m* vernacular.

vernissage [vexni'saʒi] *f* opening.

verniz [vex'niʃ] *(pl -es)* *m* -**1.** [solução] varnish. -**2.** [couro] patent leather. -**3.** *fig* [polidez] veneer.

verões [ve'rõjʃ] *pl* ▷ **verão**.

verossímil [vero'simiw] *(pl -eis)* *adj* -**1.** [crível] credible. -**2.** [provável] likely.

verruga [ve'xuga] *f* wart.

versado, da [vex'sadu, da] *adj*: **~ em** versed in.

versão [vex'sãw] *(pl -ões)* *f* -**1.** [interpretação] version. -**2.** [tradução]: **~ (para)** translation (into).

versátil [vex'satʃiw] *(pl -eis)* *adj* versatile.

versículo [vex'sikulu] *m* -**1.** [de artigo] paragraph. -**2.** *RELIG* verse.

verso ['vɛxsu] *m* -**1.** [gênero] verse. -**2.** [linha de poema] line. -**3.** [poema] poem. -**4.** [de página] verso; **vide ~** see over(leaf).

versões [vex'sõjʃ] *pl* ▷ **versão**.

vértebra ['vɛxtebra] *f* vertebra.

vertebrado, da [vexte'bradu, da] *adj* vertebrate.

➡ **vertebrado** *m* vertebrate.

vertebral [vexte'braw] *(pl -ais)* *adj* vertebral.

vertente [vex'tẽntʃi] *f* -**1.** [declive] slope. -**2.** *fig* [aspecto] angle.

verter [vex'te(x)] ◇ *vt* -**1.** [despejar - líquido] to pour; [- recipiente] to tip. -**2.** [derramar] to spill. -**3.** [lágrimas, sangue] to shed. -**4.** [traduzir]: **~ (para)** to translate (into). ◇ *vi* [brotar]: **~ de** [água] to spring from; [rio] to rise from.

vertical [vextʃi'kaw] *(pl -ais)* ◇ *adj* vertical. ◇ *f* vertical.

vértice ['vɛxtʃisi] *m* -**1.** *GEOM* vertex. -**2.** [de montanha *etc*] summit.

vertigem [vex'tʃiʒẽ] *(pl -ns)* *f* -**1.** *MED* vertigo. -**2.** [tonteira] giddiness, dizziness; **ter ~** to feel giddy, to feel dizzy.

vertiginoso, osa [vextʃiʒi'nozu, ɔza] *adj* vertiginous.

vesgo, ga [ve'ʒgu, ga] *adj* cross-eyed.

vesícula [ve'zikula] *f*: **~ (biliar)** gall bladder.

vespa ['veʃpa] *f* wasp.

véspera ['veʃpera] *f*: **na ~ de** the day before; **~ de Natal** Christmas Eve.

➡ **vésperas** *fpl* [um tempo antes]: **nas ~ s de** on the eve of.

veste ['veʃtʃi] *f* -**1.** [vestido] dress. -**2.** [eclesiástica] vestment.

vestiário [veʃ'tʃjarju] *m* -**1.** [onde se troca roupa] changing room. -**2.** [onde se deixa casacos *etc*] cloakroom.

vestibular [veʃtʃibu'la(x)] *m university entrance exam*.

vestíbulo [veʃ'tʃibulu] *m* -**1.** [de casa] hall. -**2.** [de teatro] foyer.

vestido, da [veʃ'tʃidu, da] *adj* -**1.** [com roupa]: **~ (com/de)** dressed in. -**2.** [fantasiado]: **~ de** dressed as.

➡ **vestido** *m* dress; **~ de noiva** wedding dress.

vestígio [veʃ'tʃiʒju] *m* -**1.** [pegada] trail. -**2.** *fig* [indício] trace.

vestimenta [veʃtʃi'mẽnta] *f* -**1.** [roupa]

garment. **-2.** *RELIG* vestment.

vestir [veʃ'tʃi(x)] ⬦ *vt* **-1.** [pôr sobre alguém] to put on. **-2.** [usar] to wear. **-3.** [costurar para] to make clothes for. **-4.** [dar vestuário para] to clothe. **-5.** [fronha] to cover. ⬦ *vi* [ter caimento]: ~ **bem/ mal** to dress well/badly.

◆ **vestir-se** *vp* **-1.** [usar]: **ela só se veste de branco** she only wears white. **-2.** [aprontar-se] to get dressed. **-3.** [fantasiar-se]: **vestiu-se de pirata** he was dressed (up) as a pirate.

vestuário [veʃ'twarju] *m* **-1.** [roupas] clothing. **-2.** *TEATRO* costumes *(pl).*

vetar [ve'ta(x)] *vt* **-1.** [lei, proposta, candidato] to veto. **-2.** [acesso] to forbid.

veterano, na [vete'rãnu, na] ⬦ *adj* veteran *(antes de subst).* ⬦ *m, f* veteran.

veterinário, ria [veteri'narju, rja] ⬦ *adj* veterinary. ⬦ *m, f* vet, veterinary surgeon.

veto ['vɛtu] *m* veto.

véu ['vɛu] *m* [pano] veil.

vexame [ve'ʃãmi] *m* **-1.** [vergonha] shame. **-2.** [humilhação] humiliation. **-3.** [ultraje] outrage.

vez ['veʃ] *(pl* **-es)** *f* **-1.** [freqüência, quantidade] time; **uma ~** once; **duas ~ es** twice; **três ~ es** three times; **algumas ~ es** a few times; **às ~ es** sometimes; **cada ~ mais** more and more; **cada ~ mais alto** higher and higher; **de ~ em quando** from time to time; **mais uma ~, outra ~** (once) again; **uma ~ ou outra** once in a while; **várias ~ es** several times. **-2.** [ocasião] time; **você já sentiu isso alguma ~?** have you ever felt that?; **desta ~** this time; **de uma ~ só** once only; **de ~** once and for all; **era uma ~ ...** once upon a time ...; **na maioria das ~ es** on most occasions, most times. **-3.** [turno] turn. **-4.** [multiplicação] times; **2 ~ es 4** 2 times 4.

◆ **em vez de** *loc prep* instead of.

◆ **uma vez que** *loc conj* [já que] since.

VHF *(abrev de* **Very High Frequency)** *f* VHF.

VHS *(abrev de* **Video Home System)** *m* VHS.

via ['via] ⬦ *f* **-1.** [caminho, estrada] road; **~ férrea** railway. **-2.** [transporte]: **por ~ aérea** by air; [postal] by airmail; **por ~ terrestre** by land, overland. **-3.** [meio] route; **por ~ oficial** through official means. **-4.** [processo]: **em ~ (s) de** on the way to. **-5.** [de documento] copy; **primeira/segunda ~** original/duplicate (copy). **-6.** [de drenagem *etc*] channel. **-7.** *ANAT* tract; **por ~ oral** by mouth. ⬦ *prep* via.

◆ **Via Láctea** *f* Milky Way.

por via das dúvidas *loc adv* just in case.

viabilizar [vjabili'za(x)] *vt* to make possible.

viação [vja'sãw] *(pl* **-ões)** *f* **-1.** [conjunto de estradas] highways, roads *(pl).* **-2.** [companhia] bus company.

viaduto [vja'dutu] *m* viaduct.

viagem ['vjaʒẽ] *(pl* **-ns)** *f* **-1.** [ger] journey; **boa ~!** have a good journey!; **~ de ida e volta** return trip; **~ de negócios** business trip. **-2.** *fig* [sob efeito de droga] trip.

◆ **viagens** *fpl* travels.

viajante [vja'ʒãntʃi] ⬦ *adj* travelling *UK*, traveling *US.* ⬦ *mf* traveller *UK*, traveler *US.*

viajar [vja'ʒa(x)] *vi*: ~ **(por)** to travel (across/through).

viável ['vjavɛw] *(pl* **-eis)** *adj* viable, feasible.

víbora ['vibora] *f* **-1.** *ZOOL* viper. **-2.** *fig* [pessoa] snake in the grass.

vibração [vibra'sãw] *(pl* **-ões)** *f* **-1.** [tremor] vibration. **-2.** *fig* [entusiasmo] thrill.

vibrador, ra [vibra'do(x),ra] *adj* [vibratório] vibrating.

◆ **vibrador** *m* [estimulador] vibrator.

vibrante [vi'brãntʃi] *adj fig* [entusiasmado] vibrant.

vibrar [vi'bra(x)] ⬦ *vt* **-1.** [fazer tremer] to shake. **-2.** [dedilhar] to vibrate. ⬦ *vi* **-1.** [tremer] to shake. **-2.** *fig* [entusiasmar-se] to be thrilled.

vibrião [vi'brjãw] *(pl* **-ões)** *m* vibrio.

vice ['visil] *mf* deputy.

vice- [visil] *prefixo* vice-.

vice-presidente, ta [,visiprezi'dẽntʃi, ta] *(mpl* **-s,** *fpl* **-s)** *m, f* **-1.** *POL* vice-president. **-2.** [de comitê, empresa] deputy chairman.

vice-versa [,visi'vɛxsa] *adv* vice versa.

viciado, da [vi'sjadu, da] *adj* **-1.** [em droga *etc*]: ~ **(em)** addicted (to). **-2.** [adulterado] vitiated.

viciar [vi'sja(x)] ⬦ *vt* **-1.** [dar vício a] to addict. **-2.** [adulterar] to vitiate. ⬦ *vi* [criar vício] to be addictive.

◆ **viciar-se** *vp* [tornar-se viciado]: ~ **-se (em)** to become addicted (to).

vício ['visju] *m* **-1.** [devassidão] vice. **-2.** [em droga, bebida] addiction. **-3.** [mau hábito] bad habit.

vicioso, osa [vi'sjozu, ɔza] *adj* **-1.** [sistema, hábito] corrupt. **-2.** [círculo] vicious.

viço ['visu] *m* **-1.** [de planta] vigour *UK*, vigor *US.* **-2.** [de pele] freshness.

viçoso, osa [vi'sozu, ɔza] *adj* **-1.** [planta] luxuriant. **-2.** [pele] glowing.

vida ['vida] *f* **-1.** [ger] life; **dar a ~ por** *fig* to give anything for; **estar entre a ~ e a**

morte to be at death's door; **feliz da ~** delighted; **~ conjugal** married life; **~ útil** [de máquina *etc*] useful life. **-2.** [subsistência]: **estar bem de ~** to be well off; **ganhar a ~** to earn one's living; **meio de ~** means of living; **cheio de ~** full of life; **sem ~** lifeless. **-3.** [direção]: **seguir (reto) toda a ~** to continue straight on as far as you can go. **-4.** [prostituição]: **cair na ~** to go on the game.

vide ['vidʒi] *vt* see; **~ verso** see over(leaf).

videira [vi'dejra] *f* grapevine.

vidente [vi'dãntʃi] *mf* seer.

vídeo ['vidʒju] *m* **-1.** [ger] video. **-2.** [tela] screen.

videocassete [ˌvidʒjuka'sɛtʃi] *m* **-1.** [aparelho] video cassette recorder, VCR. **-2.** [fita] videotape.

videoclipe [ˌvidʒju'klipi] *m* music video.

videoclube [ˌvidʒju'klubi] *m* video club.

videoconferência [vidʒjukõnfe'rênsja] *f* TELEC video-conference.

vídeo game ['vidʒju'gejmi] *m* video game.

videolocadora [ˌvidʒjuloka'dora] *f* video rental.

videoteipe [ˌvidʒju'tejpi] *m* **-1.** [fita] videotape. **-2.** [processo] videotaping.

vidraça [vi'drasa] *f* window pane.

vidraçaria [vidrasa'rial] *f* **-1.** [loja] glazier's. **-2.** [fábrica] glass factory. **-3.** [vidraças] glazing.

vidrado, da [vi'dradu, da] *adj* **-1.** [ger] glazed. **-2.** *fam* [encantado]: **~ em** crazy about.

vidro ['vidru] *m* **-1.** [material] glass; **~ fumê** smoked glass. **-2.** [frasco] bottle.

Viena ['vjena] *n* Vienna.

viés [vjɛʃ] *m* COST bias.

⬩ **de viés** *loc adv* sideways.

Vietnã [vjet'nã] *n:* **(o) ~** Vietnam.

vietnamita [vjɛtna'mita] ⬦ *adj* Vietnamese. ⬦ *mf* Vietnamese.

⬩ **vietnamita** *m* [língua] Vietnamese.

viga ['viga] *f* **-1.** [de madeira] beam. **-2.** [de concreto, ferro] girder.

vigamento [viga'mẽntu] *m* rafters (*pl*).

vigário [vi'garju] *m* vicar.

vigarista [viga'riʃta] *mf* swindler.

vigência [vi'ʒẽnsja] *f* validity; **estar em ~** to be in force.

vigente [vi'ʒẽntʃi] *adj* **-1.** [lei, contrato, norma] in force. **-2.** [situação política, costume] current.

vigésimo, ma [vi'ʒɛzimu, ma] *num* twentieth; *veja também* **sexto**.

vigia [vi'ʒia] ⬦ *f* **-1.** [vigilância] surveillance. **-2.** NÁUT porthole. ⬦ *mf* [pessoa] nightwatchman.

vigiar [vi'ʒja(x)] ⬦ *vt* **-1.** [banco, presos] to guard. **-2.** [mala, criança] to keep an eye on. **-3.** [espreitar] to watch. ⬦ *vi* to be on the lookout.

vigilância [viʒi'lãnsja] *f* surveillance.

vigília [vi'ʒilja] *f* **-1.** [privação de sono]: **fez-se uma ~ para evitar ataques** a watch was kept in order to avoid attack. **-2.** [prática religiosa] vigil.

vigor [vi'go(x)] *m* **-1.** [energia - de corpo, espírito] vigour; [- para o trabalho] energy. **-2.** [veemência] vigour. **-3.** [vigência]: **em ~** in force.

vigorar [vigo'ra(x)] *vi* to be in force.

vigoroso, osa [vigo'rozu, ɔza] *adj* vigorous.

vil ['viw] (*pl* **vis**) *adj* vile.

vila ['vila] *f* **-1.** [povoação] town. **-2.** [conjunto residencial] residential block. **-3.** [casa] villa.

vilã [vi'lã] *f* ▷ **vilão**.

vilão, lã [vi'lãw, lã] (*mpl* **-ãos, -ães**, *fpl* **-s**) *m, f* villain.

vilarejo [vila'reʒu] *m* hamlet.

vime ['vimi] *m* osier, withy; **de ~** wicker.

vinagre [vi'nagri] *m* vinegar.

vinagrete [vina'grɛtʃi] *m* vinaigrette.

vinco ['vĩku] *m* **-1.** [em roupa, papel] crease. **-2.** [no rosto] wrinkle. **-3.** [sulco] furrow.

vinculação [vĩkula'sãw] *f* link, linking; **ele não quer a ~ do seu nome aos escândalos** he doesn't want his name to be linked to the scandals.

vincular [vĩku'la(x)] *vt* **-1.** [ligar] to tie. **-2.** [por obrigação] to bind.

vínculo ['vĩkulu] *m* **-1.** [pessoal, familiar] bond. **-2.** [profissional, entre países] tie; **~ empregatício** work contract.

vinda ['vĩnda] *f* ▷ **vindo**.

vindima [vĩn'dʒima] *f* grape harvest.

vindo, da ['vĩndu, da] ⬦ *pp* ▷ **vir**. ⬦ *adj:* **~ de (de)** originating (in).

⬩ **vinda** *f* **-1.** [ger] arrival (in). **-2.** [regresso] return.

vindouro, ra [vĩn'doru, ra] *adj* **-1.** [ano, década] coming. **-2.** [geração] future.

vingança [vĩn'gãnsa] *f* revenge.

vingar [vĩn'ga(x)] ⬦ *vt* [tirar desforra de] to avenge. ⬦ *vi* **-1.** [medrar] to thrive. **-2.** [dar certo] to be successful.

⬩ **vingar-se** *vp* [tirar desforra]: **~-se (de)** to take revenge (on/for).

vingativo, va [vĩnga'tʃivu, va] *adj* vindictive.

vinha ['viɲa] *f* **-1.** [vinhedo] vineyard. **-2.** [planta] vine.

vinhedo [vi'ɲedu] *m* vineyard.

vinho ['viɲu] ⬦ *adj inv* [cor] burgundy. ⬦ *m* **-1.** [cor] burgundy. **-2.** [bebida] wine; **~ branco** white wine; **~ do Porto**

port; ~ **rosado** rosé (wine); ~ **tinto** red wine.

vinil [vi'niw] *m* vinyl.

vinte ['vĩtʃi] *num* twenty; *vejà também* **seis**.

vintém [vĩ'tẽ] (*pl* -**ns**) *m* -**1.** [moeda antiga] *old Brazilian coin*. -**2.** [dinheiro]: **estar sem um** ~ to be penniless.

vintena [vĩ'tena] *f*: **uma** ~ **de** a score of.

viola ['vjɔla] *f* viola.

violação [vjola'sãw] (*pl* -**ões**) *f* -**1.** [de lei, pacto, direitos] violation. -**2.** [invasão]: ~ **de domicílio** housebreaking. -**3.** [de pessoa] violation, rape. -**4.** [de correspondência] interference. -**5.** [de local sagrado] violation, desecration.

violão [vjo'lãw] (*pl* -**ões**) *m* guitar.

violar [vjo'la(x)] *vt* -**1.** [lei, pacto, direitos] to violate. -**2.** [domicílio] to break in. -**3.** [pessoa] to violate, to rape. -**4.** [correspondência] to interfere with. -**5.** [local sagrado] to violate. -**6.** [segredo] to breach.

violeiro, ra [vjo'lejru, ra] *m, f* guitarist.

violência [vjo'lẽsja] *f* -**1.** [ato] violence. -**2.** [agressividade] vehemence. -**3.** [força - de vendaval] force; [- de paixões] violence.

violentar [vjolẽ'ta(x)] *vt* -**1.** [mulher] to violate, to rape. -**2.** [deturpar] to distort.

violento, ta [vjo'lẽtu, ta] *adj* violent.

violeta [vjo'leta] <> *f* [flor] violet. <> *adj inv* [cor] violet.

violinista [vjoli'niʃta] *mf* violinist.

violino [vjo'linu] *m* violin.

violoncelista [vjolõse'liʃta] *mf* cellist.

violoncelo [vjolõ'sɛlu] *m* cello.

violonista [vjolo'niʃta] *mf* guitarist.

VIP (*abrev de* **Very Important Person**) [vipi] <> *adj* [pessoa, local] VIP. <> *mf* VIP.

vir ['vi(x)] *vi* -**1.** [apresentar-se] to come; **veio me ver** he came to see me; **venho visitá-lo amanhã** I'll come and see you tomorrow. -**2.** [chegar] to arrive; **ele veio atrasado/adiantado** he arrived late/early; **ela veio no ônibus das onze** she came on the eleven o'clock bus. -**3.** [a seguir no tempo] to come; **a semana/o ano que vem** next week/year, the coming week/year. -**4.** [estar] to be; **vem escrito em português** it's written in Portuguese; **vinha embalado** it came in a package. -**5.** [regressar] to come back; **eles vêm de férias amanhã** they're coming back from holidays tomorrow; **hoje, venho mais tarde** today, I'll be coming later than usual. -**6.** [surgir] to come; **o carro veio não sei de onde** the car came out of nowhere; **veio-me uma**

idéia I've got an idea. -**7.** [provir]: ~ **de** to come from; **venho agora mesmo de lá** I've just come from there. -**8.** [em locuções]: ~ **a ser** to become; **que vem a ser isto?** what's the meaning of this?; ~ **abaixo** [edifício, construção] to collapse; ~ **ao mundo** [nascer] to come into the world, to be born; ~ **a saber (de algo)** to find out (about sthg); ~ **sobre** [arremeter contra] to lunge at; ~ **a tempo de algo** to arrive in time for sthg; ~ **a tempo de fazer algo** to arrive in time to do sthg.

virado, da [vi'radu, da] *adj* [voltado]: ~ **para** facing.

➤ **virado** *m* CULIN: ~ **de feijão** *sautéed beans with fried egg and sausage*.

➤ **virada** *f* -**1.** [viradela] turning. -**2.** [guinada] swerve. -**3.** ESP sudden turnaround.

vira-lata [,vira'lata] (*pl* **vira-latas**) *m* -**1.** [cachorro] mongrel. -**2.** [pessoa] down-and-out.

virar [vi'ra(x)] <> *vt* -**1.** [volver]: ~ **algo (para)** to turn sthg (towards); ~ **as costas** to turn one's back. -**2.** [mostrar pelo verso] to turn over. -**3.** [entornar] to tip. -**4.** [emborcar] to capsize. -**5.** [contornar] to turn. -**6.** [fazer mudar de opinião] to change. -**7.** [transformar-se] to turn into. <> *vi* -**1.** [volver] to turn; ~ **para** to turn towards; ~ **de bruços** to turn on to one's tummy; ~ **de costas** to turn on to one's back; ~ **do avesso** to turn inside out. -**2.** [emborcar] to capsize. -**3.** [contornar]: ~ **(em)** to turn (into); ~ **à direita/esquerda** to turn (to the) right/left. -**4.** [mudar] to change. -**5.** [mudar de direção] to change direction.

➤ **virar-se** *vp* -**1.** [volver-se] to turn around. -**2.** [rebelar-se] to rebel; ~-**se contra** to turn against. -**3.** [defender-se] to stand up for o.s. -**4.** [empenhar-se] to struggle.

virgem ['vixʒẽ] (*pl* -**ns**) <> *adj* -**1.** [ger] virgin. -**2.** [fita, filme] blank. -**3.** [mel] pure. <> *f* [pessoa] virgin.

➤ **Virgem** *f* -**1.** RELIG Virgin. -**2.** ARTE madonna. -**3.** [zodíaco] Virgo; **ser Virgem** to be a Virgo.

virgindade [vixʒĩ'dadʒi] *f* virginity.

virginiano, na [vixʒi'njãnu, na] <> *adj* Virgo (*antes de subst*). <> *m, f* Virgo.

vírgula ['vixgula] *f* -**1.** [entre palavras] comma. -**2.** [entre números] (decimal) point. -**3.** [mecha] curl. -**4.** [objetando-se]: **uma** ~ ! *fam* my foot!

viril [vi'riw] (*pl* -**is**) *adj* virile.

virilha [vi'riʎa] *f* groin.

virose [vi'rɔzi] *f* viral infection.

virtualmente [vixtwaw'mẽtʃi] *adv* virtually.

virtude [vix'tudʒi] *f* **-1.** [qualidade] virtue. **-2.** [capacidade] knack. **-3.** [razão]: **em ~ de** due to.

virtuoso, osa [vix'twozu, ɔza] <> *adj* [íntegro] virtuous. <> *m, f* [gênio] virtuoso.

vis [viʃ] *pl* ▷ **vil.**

visado, da [vi'zadu, da] *adj* **-1.** [cheque] valid. **-2.** [pessoa] watched.

visão [vi'zãw] (*pl* **-ões**) *f* **-1.** [sentido] vision, sight. **-2.** [o que se vê] sight. **-3.** [alucinação] vision. **-4.** [percepção, ponto de vista]: **~ (de/sobre)** view (on/about). **-5.** [revelação] vision.

visar [vi'za(x)] <> *vt* **-1.** [cheque, passaporte] to stamp. **-2.** [objetivar] to look for; **~ (a) fazer algo** to aim to do sthg. <> *vi* [objetivar]: **~ a algo/a fazer algo** to aim for sthg/to aim to do sthg.

víscera ['viseta] *f* viscus.

viscoso, osa [viʃ'kozu, ɔza] *adj* viscous.

viseira [vi'zejra] *f* visor.

visibilidade [vizibili'dadʒi] *f* visibility.

visita [vi'zita] *f* **-1.** [ato] visit; **fazer uma ~ a alguém** to pay sb a visit. **-2.** [visitante] visitor; **ter ~s** to have visitors. **-3.** [vistoria] inspection.

visitação [vizita'sãw] (*pl* **-ões**) *f* [visita] visit; **aberto à ~ pública** open to the public.

➤ **Visitação** *f RELIG* Visitation.

visitante [vizi'tãntʃi] *mf* visitor.

visitar [vizi'ta(x)] *vt* **-1.** [fazer visita a] to visit. **-2.** [vistoriar] to inspect.

visível [vi'zivɛw] (*pl* **-eis**) *adj* visible.

vislumbre [viʒ'lũnbri] *m* glimpse.

visões [vi'zõjʃ] *pl* ▷ **visão.**

visom [vi'zõ] (*pl* **-s**) *m* mink.

visor [vi'zo(x)] (*pl* **-es**) *m* viewfinder.

vista ['viʃta] *f* ▷ **visto.**

visto, ta ['viʃtu, ta] <> *pp* ▷ **ver.** <> *adj* **-1.** [olhado]: **~ (de)** seen (from). **-2.** [considerado] thought of. **-3.** [estudado] looked at.

➤ **visto** *m* **-1.** [em documento] stamp. **-2.** [em passaporte] visa.

➤ **vista** *f* **-1.** [ger] view. **-2.** [sentido] sight. **-3.** [olhos, olhar] eyesight; **à primeira vista** at first sight; **à vista** [visível] visible; [pagamento] in cash; **pôr à vista** to put on display; **até a vista!** see you later!; **conhecer de vista** to know by sight; **vista cansada** tired eyes. **-4.** *loc:* **saltar à vista** to be glaringly obvious, to stand out a mile.

➤ **em vista de** *loc prep* in view of.

➤ **pelo visto** *loc adv* by the look of it.

vistoria [viʃto'ria] *f* inspection.

vistoriar [viʃto'rja(x)] *vt* to inspect.

vistoso, osa [viʃ'tozu, ɔza] *adj* eye-catching.

visual [vi'zwaw] (*pl* **-ais**) <> *adj* visual.

<> *m fam* **-1.** [aspecto] appearance, look. **-2.** [vista] view.

visualizar [vizwali'za(x)] *vt* to visualize.

visualmente [vizuaw'mẽntʃi] *adv* visually; **~ incapacitado** visually impaired.

vital [vi'taw] (*pl* **-ais**) *adj* vital.

vitalício, cia [vita'lisju, sja] *adj* lifelong (*antes de subst*).

vitalidade [vitali'dadʒi] *f* vitality.

vitamina [vita'minal] *f* vitamin.

vitela [vi'tɛla] *f* **-1.** *ZOOL* calf. **-2.** [carne] veal.

vítima ['vitʃimal] *f* [pessoa] victim.

vitória [vi'tɔrja] *f* victory.

vitória-régia [vi,tɔrja'xɛʒja] (*pl* **vitórias-régias**) *f* giant water lily.

vitorioso, osa [vito'rjozu, ɔza] *adj* victorious.

vitral [vi'traw] (*pl* **-ais**) *m* stained-glass window.

vitrine [vi'trini], **vitrina** [vi'trina] *f* **-1.** [de loja] shop window. **-2.** [armário] display case.

viuvez [vju'veʒ] *f* widowhood.

viúvo, va ['vjuvu, va] <> *adj* widowed. <> *m, f* widower (*f* widow).

viva ['vival] <> *m* cheer. <> *interj* hooray!; **~ a rainha!** long live the Queen!

viveiro [vi'vejru] *m* **-1.** [de plantas] nursery. **-2.** [de pássaros] aviary. **-3.** [de peixes] fish farm.

vivência [vi'vẽnsja] *f* **-1.** [existência] existence. **-2.** [experiência] experience; **ter ~ em algo** to have experience in sthg.

vivenda [vi'vẽnda] *f* (detached) house.

vivente [vi'vẽntʃi] <> *adj* living. <> *mf* living being.

viver [vi've(x)] <> *vt* **-1.** [vida] to live. **-2.** [fase, situação] to experience. <> *vi* **-1.** [ger] to live; **~ bem** [economicamente] to live comfortably; [em harmonia] to live happily. **-2.** [estar vivo] to be alive. **-3.** [perdurar] to last. **-4.** [sustentar-se]: **~ de** to live off; **~ à custa de** to live off. **-5.** [conviver]: **~ com** to mingle with; [maritalmente] to live with. **-6.** [dedicar-se completamente]: **~ para** to live for. **-7.** [residir]: **~ (em)** to live (in). **-8.** [frequentar muito]: **~ (em)** to live (in). **-9.** [estar sempre]: to always be; **~ doente/gripado** to always be ill/have a cold; **~ trabalhando** to do nothing but work. <> *m* life.

víveres ['viveriʃ] *mpl* provisions.

vivido, da [vi'vidu, da] *adj* [pessoa] experienced.

vívido, da ['vividu, da] *adj* **-1.** [ger] vivid. **-2.** [expressivo] vivacious.

vivo, va ['vivu, va] *adj* **-1.** [ger] bright.

-2. [existente] living; **estar ~** to be alive. **-3.** [animado, buliçoso] lively. **-4.** [ardente] fervent.

➡ **ao vivo** *loc adv* live.

vizinhança [viziˈnɑ̃nsa] *f* neighbourhood *UK*, neighborhood *US*.

vizinho, nha [viˈziɲu, ɲal] ⬦ *adj* neighbouring *UK*, neighboring *US*. ⬦ *m, f* neighbour *UK*, neighbor *US*.

voador, ra [vwaˈdo(x), ra] *adj* flying.

voar [ˈvwa(x)] *vi* **-1.** [ger] to fly; **~ fazer algo voando** *fig* to do sthg quickly. **-2.** [explodir]: **~ pelos ares** to explode. **-3.** *loc*: **~ alto** *fig* to aim high; **~ para cima de alguém** [assediar] to mob sb; [atacar] to fly at sb.

vocabulário [vokabuˈlarju] *m* vocabulary.

vocábulo [voˈkabulu] *m* word.

vocação [vokaˈsɑ̃w] (*pl* -ões) *f* vocation.

vocacional [vokasjoˈnaw] (*pl* -ais) *adj* vocational.

vocal [voˈkaw] (*pl* -ais) *adj* vocal.

vocálico, ca [voˈkaliku, ka] *adj* vocal.

vocalista [vokaˈliʃta] *mf* vocalist.

você [voˈse] (*pl* vocês) *pron pess* **-1.** [tratamento] you; **~ é médico?** are you a doctor?; **~ está muito elegante** you're looking very elegant; **vocês precisam estudar** you need to study; **~ mesmo** *ou* **próprio** you yourself. **-2.** (*depois de prep*): **isto pertence a ~ ?** is this yours?; **quero ir com vocês** I want to go with you; **penso muito em ~** I think about you a lot; **esta carta é para ~** this letter is for you. **-3.** [em anúncios]: **'o novo Fiat Regatta ~ vai adorar'** 'the new Fiat Regatta - you'll love it'; **'o melhor para ~'** 'the best thing for you'. **-4.** [alguém qualquer um] one; **na Universidade, ~ tem que estudar muito** at university, one has to study a lot.

vociferar [vosifeˈra(x)] ⬦ *vt* [bradar] to shout. ⬦ *vi* [reclamar]: **~ (contra)** to complain (about).

vodca [ˈvɔdʒka] *f* vodka.

voga [ˈvɔga] *f* **-1.** [ger] fashion. **-2.** *NÁUT* [cadência] rowing.

vogal [voˈgaw] (*pl* -ais) *f* *LING* vowel.

volante [voˈlɑ̃ntʃi] *m* **-1.** *AUTO* steering wheel; **estar no ~** to be at the wheel. **-2.** [motorista, piloto] driver. **-3.** [para apostas] betting slip. **-4.** [de máquina] flywheel.

volátil [voˈlatʃiw] (*pl* -eis) *adj* volatile.

vôlei [ˈvolej], **voleibol** [volejˈbow] *m* volleyball.

volt [ˈvɔwtʃil] *m* volt.

volta [ˈvɔwta] *f* **-1.** [giro] turn; **dar uma ~** [sobre si mesmo] to turn round. **-2.** [retorno] return; **estar de ~** to be back; **na ~** [voltando] on the way back; [ao che-gar] on arrival. **-3.** [passeio]: **dar uma ~** [a pé] to go for a walk; [de carro] to go for a drive. **-4.** *ESP* lap. **-5.** *MIL*: **dar meia ~** to about-turn *UK*, to about-face *US*. **-6.** *AUTO*: **fazer a ~** to make a U-turn, to turn back. **-7.** [de espiral] twist. **-9.** [contorno] edge. **-10.** [curva] curve. **-11.** *fig* [troco] comeback. **-12.** *loc*: **dar a ~ por cima** *fig* to get over (it).

➡ **às voltas com** *loc prep*: **estar/andar às ~s com** to be struggling with.

➡ **em volta de** *loc prep* around.

➡ **por volta de** *loc prep* around.

➡ **volta e meia** *loc adv* every now and again.

voltagem [vowˈtaʒel] *f* voltage.

voltar [vowˈta(x)] ⬦ *vt* **-1.** [dirigir]: **~ algo para** to turn sthg towards. **-2.** [mudar a posição de] to turn. **-3.** [mostrar pelo verso] to turn over. ⬦ *vi* **-1.** [ger] to return; **~ a si** to come to; **~ atrás** *fig* to back out. **-2.** [repetir-se] to come back. **-4.** [tratar novamente]: **~ a algo** to return to sthg. **-5.** [recomeçar]: **~ a fazer algo** to do sthg again.

➡ **voltar-se** *vp* **-1.** [virar-se] to turn round. **-2.** [recorrer]: **~-se para** to turn to. **-3.** [rebelar-se]: **~-se contra** to turn against.

volteio [vowˈteju] *m* **-1.** [rodopio] spin. **-2.** [volta] bend. **-3.** [de equilibrista] movement.

volume [voˈlumi] *m* **-1.** [ger] volume; **aumentar/diminuir o ~** to turn the volume up/down. **-2.** [pacote] package.

volumoso, osa [voluˈmozu, ɔza] *adj* bulky.

voluntário, ria [volũnˈtarju, rja] ⬦ *adj* voluntary. ⬦ *m, f* volunteer.

voluntarioso, osa [volũntaˈrjozu, ɔza] *adj* headstrong.

volúpia [voˈlupja] *f* **-1.** [sexual] pleasure. **-2.** [ambição] desire.

voluptuoso, osa [volupˈtwozu, ɔza] *adj* voluptuous.

volúvel [voˈluvew] (*pl* -eis) *adj* changeable.

volver [vowˈve(x)] ⬦ *vt* to turn. ⬦ *vi*: **~ a** to return to.

vomitar [vomiˈta(x)] ⬦ *vt* **-1.** [expelir] to vomit, to throw up. **-2.** [sujar com vômito] to vomit on, to be sick on. **-3.** *fig* [proferir] to spew out. ⬦ *vi* [expelir vômito] to vomit, to be sick.

vômito [ˈvomitu] *m* **-1.** [ato] vomiting, throwing up. **-2.** [substância] vomit, sick.

vontade [võnˈtadʒi] *f* **-1.** [determinação] will. **-2.** [desejo] wish; **dar a alguém de fazer algo** to make sb feel like doing sthg; **me deu vontade de sair** I felt like

going out; **o filme me deu vontade de viajar** the film made me feel like travelling; **fazer a ~ de alguém** to do what sb
wants; **ter ~ de fazer algo** to feel like
doing sthg; **contra a ~** unwillingly. **-3.**
[necessidade] need. **-4.** [empenho, inte-
resse]: **boa/má ~** good/ill will.

➤ **vontades** *fpl* [caprichos]: **fazer todas
as ~s de alguém** to pander to sb.

➤ **à vontade** *loc adv* **-1.** [sem cerimô-
nia]: **ficar à ~** to feel at ease; **fique à
~** make yourself at home. **-2.** [em
quantidade] loads. **-3.** [quanto se quiser]
as much as one wants.

➤ **com vontade** *loc adv* [comer *etc*]
heartily.

vôo ['vow] *m* flight; **levantar ~** to take
off; **~ livre** *ESP* hang-gliding.

voraz [vo'raʃ] (*pl* **-es**) *adj* **-1.** [pessoa,
apetite] voracious. **-2.** *fig* [fogo *etc*]
devastating.

vos [vuʃ] *pron pl* [complemento direto]
you; [complemento indireto] (to) you; *fml*
[reflexo] yourselves; *fml* [recíproco] each
other, one another.

vós ['voʃ] *pron pess* [sujeito, complemento
direto] you; [complemento indireto] (to)
you; **~ mesmos** *ou* **próprios** you,
yourselves.

vosso, vossa ['vɔsu, 'vɔsa] ⟨⟩ *adj* your.
⟨⟩ *pron*: **o ~ /a vossa** yours; **um amigo
~** a friend of yours; **os ~s** [a vossa fa-
mília] your family.

votação [vota'sãw] (*pl* **-ões**) *f* [ato] voting; [voto] vote.

votar [vo'ta(x)] ⟨⟩ *vt* **-1.** [eleger] to
vote. **-2.** [submeter a votação] to take a
vote on. **-3.** [aprovar] to pass. ⟨⟩ *vi* **-1.**
[dar voto] to vote; **~ em/contra/por** to
vote on/against/for; **~ em branco** to
abstain. **-2.** [ter direito a voto] to have a
vote.

voto ['vɔtu] *m* **-1.** [votação] voting; **~
nulo/em branco** invalid/blank vote; **~
secreto** secret ballot. **-2.** [promessa]
vow; **~ de castidade/pobreza** vow of
chastity/poverty. **-3.** [desejo] wish; **fazer ~ que** to hope that.

vovó [vo'vɔ] *f* granny.

vovô [vo'vo] *m* grandpa.

voyeurismo [voje'riʒmu] *m* voyeurism.

voz ['vɔʃ] (*pl* **-es**) *f* **-1.** [ger] voice; **em ~
alta/baixa** in a loud/low voice. **-2.** [po-
der decisório, autoridade]: **ter ~ (ativa)**
em to have a say in. **-3.** *fig* [conselho]:
a ~ da experiência the voice of experience.

vozerio [voze'riw] *m* uproar.

vulcânico, ca [vuw'kãniku, ka] *adj* vol-
canic.

vulcão [vuw'kãw] (*pl* **-ões**) *m* volcano.

vulgar [vuw'ga(x)] (*pl* **-es**) *adj* **-1.** [co-
mum] common. **-2.** [baixo, grosseiro]
vulgar. **-3.** [medíocre] mediocre.

vulgaridade [vuwgari'dadʒi] *f* vulgar-
ity.

vulgarizar [vuwgari'za(x)] *vt* [popularizar]
to popularize.

➤ **vulgarizar-se** *vp* **-1.** [popularizar-se]
to become commonplace. **-2.** [tornar-
se reles] to coarsen.

vulgarmente [vuwgax'mẽtʃi] *adv* commonly.

vulgo ['vuwgu] ⟨⟩ *m* common people.
⟨⟩ *adv* otherwise known as.

vulnerabilidade [vuwnerabili'dadʒi] *f*
vulnerability.

vulnerável [vuwne'ravɛw] (*pl* **-eis**) *adj*
vulnerable.

vulto ['vuwtu] *m* **-1.** [figura, sombra]
figure. **-2.** [semblante] face. **-3.** *fig* [im-
portância] stature; **de ~** important. **-4.:**
tomar ~ [desenvolver-se] to take shape.

vultoso, osa [vuw'tozu, ɔza] *adj* **-1.** [vo-
lumoso] bulky. **-2.** [obra, negócio]
weighty. **-3.** [quantia] considerable.

vulva ['vuwva] *f* vulva.

w, W *m* [letra] w, W.

walkie-talkie [ˌwɔki'tɔki] (*pl* **walkie-
talkies**) *m* walkie-talkie.

walkman® ['wɔkm l] *m* Walkman.

WAN (*abrev de* **Wide Area Network**) *f*
WAN.

Washington ['wɔʃĩtõ] *n* Washington.

watt ['wɔtʃi] *m* watt.

WC (*abrev de* **water closet**) *m* WC.

windsurfe [wĩdʒi'suxfi] *m* windsurfing.

workshop [wɔxki'ʃɔpi] *m* workshop.

WWW (*abrev de* **World Wide Web**) *f*
WWW.

X

x, X *m* [letra] x, X.
xadrez [ʃa'dreʃ] ⬦ *m* **-1.** [jogo] chess.
-2. [desenho] check. **-3.** [tecido]
checked cloth. **-4.** *fam* [prisão] clink.
⬦ *adj inv* checked.
xale [ˈʃali] *m* shawl.
xampu [ʃãˈpul] *m* shampoo.
xarope [ʃaˈrɔpi] *m* syrup.
xaxim [ʃaˈʃĩ] *m* fibrous-stemmed plant.
xenofobia [ʃenofoˈbia] *f* xenophobia.
xepa [ˈʃepa] *f fam* [de feira] scraps *(pl)*.
xeque [ˈʃɛki] *m* **-1.** [xadrez] check. **-2.**
[xeique] sheikh. **-3.** *loc*: pôr em ~ to
threaten.
xeque-mate [ˌʃɛkiˈmatʃi] *(pl* xeque-
mates) *m* checkmate.
xereta [ʃeˈreta] *adj fam* [bisbilhoteiro]
busybody.
xerez [ʃeˈreʃ] *m* sherry.
xerife [ʃeˈrifi] *m* sheriff.
xerocar [ʃeroˈka(x)] *vt* to photocopy.
xerocópia [ʃeroˈkɔpja] *f* photocopy.
xerocopiar [ʃerokoˈpja(x)] *vt* = xerocar.
xérox® [ʃeˈrɔks] *m* **-1.** [cópia] photocopy.
-2. [máquina] photocopier.
xícara [ˈʃikara] *f* cup; ~ de chá cup of
tea.
xiita [ʃiˈita] ⬦ *adj* [muçulmano] Shiite.
⬦ *mf* **-1.** [muçulmano] Shiite. **-2.** *fig*
[radical] extremist.
xilofone [ʃiloˈfoni] *m* xylophone.
xilografia [ʃilograˈfia] *f* **-1.** [técnica]
wood engraving. **-2.** [gravura] wood-
cut.
xingamento [ʃĩŋgaˈmẽntu] *m* swearing.
xingar [ʃĩŋˈga(x)] ⬦ *vt* to swear at; ~
alguém de algo to call sb sthg. ⬦ *vi* to
swear.
xinxim [ʃĩˈʃĩ] *(pl* -ns) *m*: ~ de galinha
chicken casserole.
xixi [ʃiˈʃi] *m fam* pee; fazer ~ to pee.
xodó [ʃoˈdɔ] *m* [pessoa querida] sweetheart.
xoxota [ʃoˈʃɔta] *f vulg* [vulva] pussy.
xucro, cra [ˈʃukru, kra] *adj* **-1.** [animal]
untamed. **-2.** [grosseiro] coarse. **-3.**
[ignorante] thick.

Z

z, Z *m* [letra] z, Z.
zaga [ˈzaga] *f FUT* fullback.
zagueiro [zaˈgejru] *m FUT* fullback.
Zaire [ˈzajri] *n* Zaire.
zanga [ˈzãŋga] *f* **-1.** [irritação]
annoyance. **-2.** [briga] anger.
zangado, da [zãŋˈgadu, da] *adj* **-1.**
[aborrecido] angry. **-2.** [irritado] annoyed. **-3.** [malhumorado] cross.
zangão [ˈzãŋgãw] *(pl* -ões) *m ZOOL* drone.
zangar [zãŋˈga(x)] ⬦ *vt* [irritar] to
annoy. ⬦ *vi* **-1.** [irritar-se] to get
angry. **-2.** [ralhar] to scold; ~ com alguém to tell sb off.
◆ **zangar-se** *vp* **-1.** [aborrecer-se] to get
angry. **-2.** [irritar-se] to get annoyed.
zangões [zãŋˈgõjʃ] *pl* ▷ zangão.
zanzar [zãnˈza(x)] *vi* to wander about.
zarpar [zaxˈpa(x)] *vi* **-1.** [embarcação] to
weigh anchor. **-2.** [partir] to set off. **-3.**
[fugir] to run away.
zebra [ˈzebra] *f* **-1.** *ZOOL* zebra. **-2.** [faixa
para pedestres] zebra crossing. **-3.** *fam
pej* [pessoa] dunce. **-4.** *loc*: dar ~ to
turn out badly.
zebu [zeˈbu] *m ZOOL* zebu.
zelador, ra [zelaˈdo(x), ra] *(pl* -es, *fpl* -s)
m, f [de prédio] caretaker *UK*, janitor *US*.
zelar [zeˈla(x)] *vi*: ~ por to care for.
zelo [ˈzelu] *m* **-1.** [cuidado] care. **-2.** [em-
penho] zeal.
zeloso, osa [zeˈlozu, za] *adj* [cuidadoso]:
~ (de/por) caring (for), careful (of).
zé-mané [ˌzɛmaˈnɛ] *(pl* -s) *m fam* [otário,
bobalhão] idiot, airhead.
zen [zẽ] *adj inv* zen.
zen-budismo [zẽn buˈdʒiʒmu] *m* Zen
Buddhism.
zé-ninguém [ˌzɛnĩˈgẽ] *(pl* zés-
ninguém) *m*: um ~ a nobody.
zepelim [zeˈpelĩ] *(pl* -ns) *m* [balão] zep-
pelin.
zerar [zeˈra(x)] *vt* **-1.** [reduzir a zero] to reduce to zero. **-2.** [liquidar] to wipe out.
zero [ˈzɛru] *num* **-1.** [ger] zero; ~ erros
no mistakes; abaixo/acima de ~ below/
above zero. **-2.** *ESP* nil; [em tênis] love.
-3. *loc*: ser um ~ à esquerda to be a
nothing.

➤ a zero *loc adv*: ficar a ~ to end up broke; *veja também* seis.

zero-quilômetro [ˌzɛruki'lɔmetru] ◇ *adj inv* brand new. ◇ *m inv* brand new car.

ziguezague [ˌzigi'zagi] *m* zigzag.

ziguezaguear [zigiza'gja(x)] *vi* to zigzag.

zinco ['zĩŋku] *m* zinc.

zipar [zi'pa(x)] *vt COMPUT* to zip.

zoada ['zwada] *f* = zoeira.

zoar ['zwa(x)] ◇ *vt* [caçoar] to make fun of. ◇ *vi* **-1.** [fazer grande ruído] to make a din. **-2.** [zumbir] to buzz. **-3.** [fazer troça] to make fun. **-4.** [promover confusão] to cause trouble.

zodiacal [zodʒja'kaw] *adj* of the zodiac *(depois de subst)*.

zodíaco [zo'dʒiaku] *m* zodiac.

zoeira ['zwejra] *f* din.

zombar [zõm'ba(x)] *vi* **-1.** [debochar]: ~ de alguém/algo to make fun of sb/sthg. **-2.** [desdenhar]: ~ de algo to sneer at sthg.

zombaria [zõmba'ria] *f* [deboche] ridicule.

zombeteiro, ra [zõmbe'tejru, ra] ◇ *adj* [zombador] joking. ◇ *m,f* joker.

zona ['zona] *f* **-1.** [ger] zone; ~ franca free trade area. **-2.** *fam* [bagunça, confusão] mess.

zoneamento [zonja'mẽntu] *m* [divisão em zonas] zoning.

zonear [zo'nja(x)] ◇ *vt* **-1.** *fam* [bagunçar] to mess up. **-2.** [dividir em zonas] to zone. ◇ *vi fam* [bagunçar] to mess up.

zonzo, za ['zõnzu, za] *adj* **-1.** [tonto] dizzy. **-2.** [atordoado, confuso] giddy.

zôo ['zow] *m* zoo.

zoologia [zwolo'ʒia] *f* zoology.

zoológico, ca [zo'lɔʒiku, ka] *adj* zoological.

➤ **zoológico** *m* zoo.

zoom [zũ] *m* zoom.

zum [zũ] *m* zoom.

zumbido [zũn'bidu] *m* **-1.** [de inseto] buzz. **-2.** [de motor, vozes *etc*] hum. **-3.** [no ouvido] ringing.

zumbir [zũm'bi(x)] *vi* **-1.** [inseto] to buzz. **-2.** [motor, vozes] to hum. **-3.** [bala, vento] to whistle. **-4.** [ouvido] to ring.

zunzum [zũn'zũ] (*pl* **-ns**) *m* **-1.** [ruído] humming. **-2.** [boato] rumour.

ENGLISH-PORTUGUESE
INGLÊS-PORTUGUÊS

a¹ (*pl* as OR **a's**), **A** (*pl* As OR **A's**) [eɪ] *n* [letter] a, A *m*; **to get from A to B** ir de um lugar para outro.

  ◆ **A** *n* **-1.** MUS [note] lá *m* **-2.** SCH [mark] A *m*.

a² [stressed eɪ, unstressed ə] (*before vowel or silent 'h'* **an**) [stressed æn, unstressed ən] *indef art* **-1.** [non-specific] um *m*, uma *f*; ~ **boy** um garoto; ~ **table** uma mesa; **an orange** uma laranja **-2.** [referring to occupation]: **she's ~ teacher/actress** ela é professora/atriz **-3.** [one] um, uma; ~ **hundred/thousand pounds** cem/mil libras **-4.** [to express prices, ratios etc] por; **£10 ~ day/person** £10 por dia/pessoa; **twice ~ week/month** duas vezes por semana/mês; **50 km an hour** 50 km por hora **-5.** [to express prices, ratios etc]: **20 cents ~ kilo** 20 centavos o quilo.

AA *n* **-1.** (*abbr of* **Automobile Association**) *associação britânica que presta serviço de emergência a seus filiados em situações de problemas e acidentes automobilísticos*, ≃ Touring *m* Club do Brasil **-2.** (*abbr of* **Alcoholics Anonymous**) AA *mpl*.

AAA *n* (*abbr of* **American Automobile Association**) *associação automobilística americana*.

AB *n* (*abbr of* **Bachelor of Arts**) (*titular de*) *graduação em ciências humanas nos Estados Unidos*.

aback [ə'bæk] *adv*: **to be taken ~ (by sthg)** ficar surpreso(sa) (com algo), ser surpreendido(da) (por algo).

abandon [ə'bændən] ◇ *vt* **-1.** [leave, desert] abandonar **-2.** [give up] desistir de. ◇ *n* (*U*): **with ~** sem inibição, desenfreado(da).

abashed [ə'bæʃt] *adj* envergonhado(-da).

abate [ə'beɪt] *vi fml* [storm, noise, wind] abrandar; [pain, fear, anxiety] diminuir.

abattoir ['æbətwɑːʳ] *n* matadouro *m*.

abbey ['æbɪ] *n* abadia *f*.

abbot ['æbət] *n* abade *m*.

abbreviate [ə'briːvɪeɪt] *vt* abreviar.

abbreviation [ə,briːvɪ'eɪʃn] *n* [short form] abreviatura *f*.

ABC *n* **-1.** [alphabet] abc *m* **-2.** *fig* [basics]: **the ~ of** o abc de.

abdicate ['æbdɪkeɪt] ◇ *vi* abdicar. ◇ *vt* [responsibility] abrir mão de.

abdomen ['æbdəmen] *n* abdome *m*.

abduct [əb'dʌkt] *vt* raptar.

aberration [,æbə'reɪʃn] *n* aberração *f*; **a mental ~** um desatino.

abet [ə'bet] (*pt* & *pp* **-ted**, *cont* **-ting**) *vt* ⊳ **aid**.

abeyance [ə'beɪəns] *n fml*: **in ~** em estado jacente.

abhor [əb'hɔːʳ] (*pt* & *pp* **-red**, *cont* **-ring**) *vt* abominar.

abide [ə'baɪd] *vt* suportar.

  ◆ **abide by** *vt fus* sujeitar-se a.

ability [ə'bɪlətɪ] (*pl* **-ies**) *n* **-1.** (*U*) [capacity, level of capability] capacidade *f* **-2.** [skill, talent] habilidade *f*.

abject ['æbdʒekt] *adj* **-1.** [miserable, depressing] abjeto(ta) **-2.** [humble] servil.

ablaze [ə'bleɪz] *adj* [on fire] em chamas.

able ['eɪbl] *adj* **-1.** [capable] capaz; **to be ~ to do sthg** ser capaz de fazer algo; [in a position to] poder fazer algo; [manage to] conseguir fazer algo **-2.** [accomplished, talented] competente.

ably ['eɪblɪ] *adv* competentemente, habilmente.

abnormal [æb'nɔːml] *adj* anormal.

aboard [ə'bɔːd] ◇ *adv* [on ship, plane] a bordo. ◇ *prep* [ship, plane] a bordo de; [bus, train] em.

abode [ə'bəʊd] *n fml*: **of no fixed ~** sem domicílio fixo.

abolish [ə'bɒlɪʃ] *vt* abolir.

abolition [,æbə'lɪʃn] *n* abolição *f*.

abominable [ə'bɒmɪnəbl] *adj* abominável.

aborigine [,æbə'rɪdʒənɪ] *n* aborígine *mf*.

abort [ə'bɔːt] *vt* & *vi* abortar.

abortion [ə'bɔːʃn] *n* [of pregnancy] aborto *m*; **to have an ~** abortar.

abortive [ə'bɔːtɪv] *adj* fracassado(da).

abound [ə'baʊnd] *vi* **-1.** [be plentiful]

existir em abundância, abundar - **2.**
[be full]: **to ~ with** OR **in sthg** ser rico(ca)
em algo, ser cheio(cheia) de algo.

about [əˈbaʊt] <> adv - **1.** [approximately] cerca de; **~ fifty/a hundred/a thousand** quase OR cerca de cinqüenta/cem/mil; **to be just ~ ready** estar quase pronto(ta); **at ~ five o'clock** por volta das cinco horas - **2.** [referring to place] por perto; **to walk ~** andar por perto; **to jump ~** saltitar - **3.** [on the point of]: **to be ~ to do sthg** estar prestes a fazer algo. <> prep - **1.** [relating to, concerning] sobre; **a film ~ Paris** um filme sobre Paris; **what is it ~?** de que se trata?; **to talk ~ sthg** falar sobre algo - **2.** [referring to place] por; **to wander ~ the streets** vagar pelas ruas.

about-turn esp UK, **about-face** esp US n - **1.** MIL meia-volta f - **2.** fig [change of attitude] guinada f de 180 graus.

above [əˈbʌv] <> adv - **1.** [on top, higher up] de cima - **2.** [in text] acima; **the items mentioned ~** os itens acima mencionados - **3.** [more, over] acima de; **children aged five and ~** crianças de cinco anos ou mais. <> prep acima de.

➠ above all adv acima de tudo.

aboveboard [əˌbʌvˈbɔːd] adj - **1.** legítimo(ma) - **2.** limpo(pa).

abrasive [əˈbreɪsɪv] adj - **1.** [cleaner, cloth] abrasivo(va) - **2.** fig [person, manner] mordaz.

abreast [əˈbrest] adv lado a lado.

➠ abreast of prep: **to keep ~ of sthg** estar a par de algo.

abridged [əˈbrɪdʒd] adj resumido(da), compacto(ta).

abroad [əˈbrɔːd] adv [overseas]: **to live ~** viver/morar no exterior; **to go ~** ir para o exterior.

abrupt [əˈbrʌpt] adj - **1.** [sudden] repentino(na) - **2.** [brusque, rude] brusco(ca).

abscess [ˈæbsɪs] n abcesso m.

abscond [əbˈskɒnd] vi esconder-se.

abseil [ˈæbseɪl] vi praticar rappel.

absence [ˈæbsəns] n - **1.** [of person] ausência f - **2.** [lack] falta f.

absent [ˈæbsənt] adj [not present]: **~ (from)** ausente (de).

absentee [ˌæbsənˈtiː] n ausente mf.

absent-minded [-ˈmaɪndɪd] adj distraído(da).

absent-mindedness n distração f.

absolute [ˈæbsəluːt] adj - **1.** [complete, utter] absoluto(ta) - **2.** [totalitarian] arbitrário(ria).

absolutely [ˈæbsəluːtlɪ] <> adv [completely, utterly] absolutamente. <> excl [expressing agreement] sem dúvida.

absolve [əbˈzɒlv] vt [free, clear]: **to ~ sb**

(of sthg) absolver alguém (de algo).

absorb [əbˈsɔːb] vt - **1.** [soak up] absorver - **2.** fig [learn] assimilar - **3.** [interest] absorver; **to be ~ed in sthg** estar absorvido(da) em algo - **4.** [take over] incorporar.

absorbent [əbˈsɔːbənt] adj absorvente.

absorption [əbˈsɔːpʃn] n - **1.** [soaking up] absorção f - **2.** [interest] concentração f - **3.** [taking over] incorporação f.

abstain [əbˈsteɪn] vi - **1.** [refrain]: **to ~ from sthg** abster-se de algo - **2.** [in vote] abster-se.

abstemious [æbˈstiːmjəs] adj fml abstêmio(mia).

abstention [əbˈstenʃn] n [in vote] abstenção f.

abstract [ˈæbstrækt] <> adj abstrato(ta). <> n [summary] resumo m.

absurd [əbˈsɜːd] adj absurdo(da).

ABTA (abbr of **Association of British Travel Agents**) n associação britânica de agentes de viagens, ≃ ABAV f.

abundant [əˈbʌndənt] adj abundante.

abundantly [əˈbʌndəntlɪ] adv - **1.** [manifestly] suficientemente; **it is ~ clear that ...** está suficientemente claro que ...; **he made it ~ clear that ...** ele deixou mais do que claro que ... - **2.** [in large amounts] em abundância.

abuse [n əˈbjuːs, vb əˈbjuːz] <> n - **1.** [offensive remarks] insultos mpl - **2.** [maltreatment, misuse] abuso m. <> vt - **1.** [insult] insultar - **2.** [maltreat] maltratar - **3.** [misuse] abusar de.

abusive [əˈbjuːsɪv] adj abusivo(va).

abysmal [əˈbɪzml] adj abismal.

abyss [əˈbɪs] n - **1.** abismo m - **2.** fig [gap] abismo m.

a/c (abbr of **account (current)**) c.c. f.

AC (abbr of **alternating current**) n CA f.

academic [ˌækəˈdemɪk] <> adj - **1.** [of college, university] acadêmico(ca) - **2.** [studious] intelectual - **3.** [hypothetical] conjetural. <> n [teacher, researcher] acadêmico m, -ca f.

academy [əˈkædəmɪ] (pl -ies) n - **1.** [school, college] academia f, escola f - **2.** [institution, society] academia f.

ACAS (abbr of **Advisory Conciliation and Arbitration Service**) n organização britânica para conciliação entre sindicatos e empregadores.

accede [ækˈsiːd] vi - **1.** fml [agree]: **to ~ to sthg** aceder a algo - **2.** [monarch]: **to ~ to the throne** subir ao trono.

accelerate [əkˈseləreɪt] <> vt apressar. <> vi - **1.** [car, driver] acelerar - **2.** [inflation, growth] disparar.

acceleration [əkˌseləˈreɪʃn] n - **1.** [of car] aceleração f - **2.** [of inflation, growth] disparada f.

accelerator [ək'seləreɪtə'] *n* acelerador *m*.

accent ['æksənt] *n* -**1.** [when speaking] sotaque *m* -**2.** [in writing] acento *m*.

accept [ək'sept] *vt* -**1.** [agree to take, receive] aceitar -**2.** [agree to follow] assentir -**3.** [recognize as satisfactory] aprovar -**4.** [get used to] reconhecer -**5.** [admit, recognize as one's own] assumir -**6.** [person - as part of group] acolher; [- for job, as member of club] aceitar -**7.** [agree, believe]: **to ~ that** aceitar que -**8.** [process] aceitar.

acceptable [ək'septəbl] *adj* -**1.** [permissible] aceitável -**2.** [passable] admissível.

acceptance [ək'septəns] *n* -**1.** [gen] aceitação *f* -**2.** [recognizing as satisfactory] aprovação *f*.

access ['ækses] *n* -**1.** [entry, way in] acesso *m* -**2.** [opportunity to use, see]: **to have ~ to sthg** ter acesso a algo.

accessible [ək'sesəbl] *adj* -**1.** [reachable, understandable] acessível -**2.** [available] disponível.

accessory [ək'sesərɪ] (*pl* -ies) *n* -**1.** [extra part, device] acessório *m* -**2.** JUR cúmplice *mf*.

accident ['æksɪdənt] *n* -**1.** acidente *m*; **to have an ~** sofrer um acidente -**2.** *(U)* [chance]: **by ~** por acaso; **it was an ~** foi sem querer.

accidental [ˌæksɪ'dentl] *adj* acidental.

accidentally [ˌæksɪ'dentəlɪ] *adv* -**1.** [drop, break] sem querer -**2.** [meet, find, discover] acidentalmente.

accident-prone *adj* propenso(sa) a acidentes.

acclaim [ə'kleɪm] <> *n* (U) aclamação *f*. <> *vt* aclamar.

acclimatize, -ise [ə'klaɪmətaɪz], **acclimate** *US* ['æklɪmeɪt] *vi*: **to ~ (to sthg)** aclimatar-se (a algo).

accommodate [ə'kɒmədeɪt] *vt* -**1.** [provide room for] acomodar -**2.** [oblige] comprazer a.

accommodating [ə'kɒmədeɪtɪŋ] *adj* complacente.

accommodation *UK* [əˌkɒmə'deɪʃn] *n*, **accommodations** *US* [əˌkɒmə'deɪʃnz] *npl* [lodging] alojamento *m*, acomodação *f*.

accompany [ə'kʌmpənɪ] (*pt & pp* -ied) *vt* -**1.** acompanhar -**2.** *MUS* [with instrument]: **to ~ sb (on sthg)** acompanhar alguém (em algo).

accomplice [ə'kʌmplɪs] *n* cúmplice *m*.

accomplish [ə'kʌmplɪʃ] *vt* [achieve, manage] conseguir; [carry out, effect] realizar; [reach, attain] alcançar.

accomplishment [ə'kʌmplɪʃmənt] *n* -**1.** [achievement, finishing] realização *f*, conclusão *f* -**2.** [feat, deed] feito *m*.

◆ **accomplishments** *npl* [skills] habilidades *fpl*.

accord [ə'kɔːd] *n* -**1.** [settlement] acordo *m* -**2.** [agreement, harmony]: **to do sthg of one's own ~** fazer algo por iniciativa própria.

accordance [ə'kɔːdəns] *n*: **in ~ with sthg** de acordo com algo.

according to *prep* -**1.** [as stated or shown by] segundo; **to go ~ to plan** sair conforme o planejado -**2.** [with regard to, depending on] conforme.

accordingly [ə'kɔːdɪŋlɪ] *adv* -**1.** [appropriately] de modo apropriado -**2.** [consequently] conseqüentemente.

accordion [ə'kɔːdjən] *n* acordeão *m*, sanfona *f*.

accost [ə'kɒst] *vt* abordar.

account [ə'kaʊnt] *n* -**1.** [with bank, company] conta *f* -**2.** [with shop]: **I have an ~ at the butcher's** tenho conta no açougue -**3.** [report]: **to give an ~ of sthg** fazer um relato de algo -**4.** *phr*: **to take ~ of sthg, to take sthg into ~** levar algo em consideração; **to be of no ~** não ter importância; **on no ~** de modo algum.

◆ **accounts** *npl* [of business] contabilidade *f*.

◆ **by all accounts** *adv* de acordo com a opinião geral.

◆ **on account of** *prep* devido a; **on my ~** por minha causa.

◆ **account for** *vt fus* -**1.** [explain] justificar; **a theory that ~s for all the facts** uma teoria que justifique os fatos -**2.** [represent] representar.

accountable [ə'kaʊntəbl] *adj* [responsible]: **to be held ~ for sthg** ser responsabilizado(da) por algo.

accountancy [ə'kaʊntənsɪ] *n* [profession, business] contabilidade *f*.

accountant [ə'kaʊntənt] *n* contador *m*, -ra *f*.

accounts department *n* setor *m* de contabilidade.

accrue [ə'kruː] *vt & vi* FIN render.

accumulate [ə'kjuːmjʊleɪt] <> *vt* acumular. <> *vi* acumular-se.

accuracy ['ækjʊrəsɪ] *n* -**1.** [truth, correctness] exatidão *f* -**2.** [precision - of weapon, marksman] precisão *f*; [- of typing, figures, estimate] exatidão *f*.

accurate ['ækjʊrət] *adj* -**1.** [true, correct] exato(ta) -**2.** [precise - shot, marksman] preciso(sa); [- typist, figures, estimate] exato(ta).

accurately ['ækjʊrətlɪ] *adv* -**1.** [truthfully, correctly] com exatidão -**2.** [precisely - aim] com precisão; [- type, estimate] com exatidão.

accusation [ˌækjuː'zeɪʃn] *n* -**1.** [charge,

criticism] acusação f - **2**. JUR [formal charge] incriminação f.

accuse [ə'kju:z] vt - **1**. [charge, criticize]: to ~ sb of sthg/of doing sthg acusar alguém de algo/de fazer algo - **2**. JUR : to ~ sb of sthg/of doing sthg incriminar alguém por algo/por fazer algo.

accused [ə'kju:zd] n JUR: the ~ [defendant] o réu/a ré).

accustomed [ə'kʌstəmd] adj: to be ~ to sthg/to doing sthg estar acostumado(da) a algo/a fazer algo.

ace [eɪs] n - **1**. [playing card] ás m - **2**. TENNIS ace m.

ache [eɪk] <> n [dull pain] dor f. <> vi - **1**. [be painful] doer - **2**. fig [want]: to be aching for sthg/to do sthg estar morrendo de vontade de algo/de fazer algo.

achieve [ə'tʃi:v] vt [success] conseguir; [goal, ambition] realizar; [victory, fame] conquistar.

achievement [ə'tʃi:vmənt] n [feat, deed] conquista f.

Achilles' tendon n tendão m de Aquiles.

acid ['æsɪd] <> adj - **1**. ácido(da) - **2**. fig [remark, tone] áspero(ra). <> n - **1**. ácido m - **2**. inf [LSD] ácido m.

acid rain n chuva f ácida.

acknowledge [ək'nɒlɪdʒ] vt - **1**. [accept, recognize] reconhecer; to ~ sb as sthg reconhecer alguém como algo - **2**. [letter]: to ~ (receipt of) sthg acusar (o recebimento de) algo - **3**. [greet] cumprimentar.

acknowledg(e)ment [ək'nɒlɪdʒmənt] n - **1**. [acceptance, recognition] reconhecimento m - **2**. [of letter] aviso m de recebimento - **3**. [thanks, gratitude] retribuição f.
➡ **acknowledg(e)ments** npl [in book] agradecimentos mpl.

acne ['æknɪ] n acne f.

acorn ['eɪkɔ:n] n bolota f, glande m.

acoustic [ə'ku:stɪk] adj acústico(ca).
➡ **acoustics** npl [of room, auditorium] acústica f.

acquaint [ə'kweɪnt] vt: to ~ sb with sthg [information] informar alguém sobre algo; to be ~ ed with sthg [method, technique] estar por dentro de algo; to be ~ ed with sb fml conhecer alguém.

acquaintance [ə'kweɪntəns] n [personal associate] conhecido m, -da f.

acquire [ə'kwaɪər] vt - **1**. [obtain] [property, company, object] adquirir - **2**. [information, document] obter - **3**. [skill, knowledge, habit] adquirir.

acquisitive [ə'kwɪzɪtɪv] adj ambicioso(sa), consumista.

acquit [ə'kwɪt] (pt & pp -ted, cont -ting)

vt [conduct]: to ~ o.s. well/badly desempenhar-se bem/mal.

acquittal [ə'kwɪtl] n JUR absolvição f.

acre ['eɪkər] n [unit of measurement] acre m (4046,9 m^2).

acrid ['ækrɪd] adj - **1**. [smoke, smell, taste] acre - **2**. fig [remark] mordaz.

acrimonious [,ækrɪ'məʊnjəs] adj acrimonioso(sa).

acrobat ['ækrəbæt] n [circus performer] acrobata mf.

across [ə'krɒs] <> adv - **1**. [from one side to the other]: they came ~ in a small boat eles atravessaram num barco pequeno - **2**. [in the direction of]: she looked ~ at me ela olhou em minha direção; he went ~ to speak to her ele foi em sua direção para lhe falar - **3**. [in measurements] de um lado a outro - **4**. [in crosswords] cruzado(da). <> prep - **1**. [from one side to the other] de um lado a outro; he drew a line ~ the page ele traçou uma linha de um lado a outro da página; there is a bridge ~ the river há uma ponte sobre o rio; she walked/ran ~ the road ela atravessou a estrada caminhando/correndo; he looked ~ the street ele olhou pela rua - **2**. [on the other side of] no outro lado de.
➡ **across from** prep na frente de.

acrylic [ə'krɪlɪk] <> adj [fibre, jumper, paint] acrílico(ca). <> n (U) [fibre] acrílico m.

act [ækt] <> n - **1**. [action, deed] ato m - **2**. JUR lei f - **3**. [of play, opera] ato m; [in cabaret etc] número m - **4**. fig [pretence] fingimento m; to put on an ~ agir com fingimento - **5**. phr: to get one's ~ together organizar-se. <> vi - **1**. [gen] agir; to ~ as if/like agir como se/como - **2**. [in play, film] representar, atuar - **3**. fig [pretend] fingir - **4**. [fulfil function]: to ~ as sthg atuar como algo. <> vt [role] desempenhar.

ACT (abbr of **American College Test**) n exame realizado ao final do ensino médio em escolas norte-americanas.

acting ['æktɪŋ] <> adj [interim] interino(na). <> n (U) [in play, film] atuação f; to enjoy ~ gostar de atuar.

action ['ækʃn] n - **1**. (U) [fact of doing sthg] ação f; to take ~ agir; to put sthg into ~ pôr algo em ação; in ~ [person, army] em atividade; out of ~ [person] fora de combate; [machine] desativado(da) - **2**. [deed] atividade f - **3**. (U) [in battle, war] ação f - **4**. JUR ação f judicial - **5**. [in play, book, film] história f - **6**. [effect] efeito m.

action replay n replay m.

activate ['æktɪveɪt] vt [set off] ativar.

active ['æktɪv] adj - **1**. [lively, energetic]

ativo(va) - **2.** [involved, hardworking] dinâmico(ca) - **3.** [positive] incessante - **4.** [volcano] ativo(va).

actively ['æktɪvlɪ] adv - **1.** [promote] ativamente - **2.** [seek, encourage] incessantemente.

activity [æk'tɪvətɪ] (*pl* -**ies**) *n (U)* atividade *f*.

   activities *npl* [actions, doings] ações *fpl*.

actor ['æktə'] *n* ator *m*.

actress ['æktrɪs] *n* atriz *f*.

actual ['æktʃʊəl] *adj* real.

actually ['æktʃʊəlɪ] adv - **1.** [really, in truth] na verdade, realmente - **2.** [by the way] a propósito.

acumen ['ækjʊmən] *n (U)*: **business** ~ tino para os negócios.

acupuncture ['ækjʊpʌŋktʃə'] *n (U)* acupuntura *f*.

acute [ə'kju:t] *adj* - **1.** [severe, extreme] agudo(da) - **2.** [perceptive, intelligent] engenhoso(sa) - **3.** [keen, sensitive] aguçado(da) - **4.** LING: **e** ~ e agudo - **5.** MATH agudo(da).

ad (*abbr of* advertisement) *n fam* - **1.** [in newspaper] anúncio *m* - **2.** [on TV] propaganda *f*.

AD (*abbr of* Anno Domini) d.C.

adamant ['ædəmənt] *adj* [determined]: **to be** ~ **(about sthg/that)** estar inflexível (em relação a algo).

Adam's apple ['ædəmz-] *n* pomo-de-adão *m*.

adapt [ə'dæpt] <> *vt* adaptar. <> *vi:* **to** ~ **to sthg** adaptar-se a algo.

adaptable [ə'dæptəbl] *adj* [person] maleável.

adapter, adaptor [ə'dæptə'] *n* ELEC adaptador *m*.

ADAS (*abbr of* **Agricultural Development and Advisory Service**) *n organização britânica de pesquisa e consultoria para as indústrias do setor agrícola.*

add [æd] *vt* - **1.**: **to** ~ **sthg to sthg** adicionar algo a algo - **2.** [total] somar; **6** ~ **3 equals 9** *US* 6 mais 3 é igual a 9 - **3.** [say as an afterthought] acrescentar.

   add on *vt sep*: **to** ~ **sthg on (to sthg)** [to building] anexar algo (a algo); [to bill, total] incluir algo (em algo).

   add to *vt fus* [increase] aumentar.

   add up *vt sep* [total up] adicionar.

   add up to *vt fus* [represent] representar.

adder ['ædə'] *n* [snake] víbora *f*.

addict ['ædɪkt] *n* - **1.** [to drug, harmful substance] viciado *m*, -da *f*, dependente *mf* - **2.** [exercise, TV etc] fanático *m*, -ca *f*.

addicted [ə'dɪktɪd] *adj* - **1.** [to drug, harmful substance]: ~ **(to sthg)** viciado(-da) (em algo), dependente de algo - **2.** *fig* [to exercise, TV] fanático(ca) (por algo).

addiction [ə'dɪkʃn] *n (U)* - **1.** [to drug, harmful substance] vício *m*, dependência *f*; ~ **to sthg** vício em algo, dependência de algo - **2.** *fig* [to exercise, food, TV] fanatismo *m*; ~ **to sthg** fanatismo por algo.

addictive [ə'dɪktɪv] *adj* - **1.** [drug, harmful substance] que vicia - **2.** *fig* [exercise, food, TV] que vicia.

addition [ə'dɪʃn] *n* - **1.** *(U)* MATH adição *f* - **2.** [extra thing] acréscimo *m* - **3.** *(U)* [act of adding] adicionamento *m*; **in** ~ além disso; **in** ~ **to** além de.

additional [ə'dɪʃənl] *adj* [extra] adicional.

additive ['ædɪtɪv] *n* aditivo *m*.

address [ə'dres] <> *n* - **1.** [location] endereço *m* - **2.** [speech] discurso *m*. <> *vt* - **1.** [letter, parcel] endereçar - **2.** [give a speech to] discursar - **3.** [speak to, accost]: **to** ~ **sb as** dirigir-se a alguém como - **4.** [deal with] tratar.

address book *n* agenda *f* de endereços.

adenoids ['ædɪnɔɪdz] *npl* adenóides *fpl*.

adept ['ædept] *adj*: **to be** ~ **at sthg/at doing sthg** ser perito(ta) em algo/em fazer algo.

adequate ['ædɪkwət] *adj* - **1.** [sufficient] suficiente - **2.** [competent] adequado(-da).

adhere [əd'hɪə'] *vi* - **1.** [to surface, principle]: **to** ~ **(to sthg)** aderir (a algo) - **2.** [to regulation, decision]: **to** ~ **to sthg** respeitar algo.

adhesive [əd'hi:sɪv] <> *adj* [sticky] adesivo(va). <> *n* [glue] cola *f*.

adhesive tape *n* fita *f* adesiva.

adjacent [ə'dʒeɪsənt] *adj* adjacente; ~ **to sthg** adjacente a algo.

adjective ['ædʒɪktɪv] *n* adjetivo *m*.

adjoining [ə'dʒɔɪnɪŋ] <> *adj* [next-door] vizinho(nha). <> *prep* ao lado de.

adjourn [ə'dʒɜ:n] <> *vt* [postpone] adiar. <> *vi* [come to a temporary close] ser/estar suspenso(sa).

adjudicate [ə'dʒu:dɪkeɪt] *vi* [serve as judge, arbiter in contest] julgar; **to** ~ **on** *OR* **upon sthg** deliberar sobre algo.

adjust [ə'dʒʌst] <> *vt* [alter, correct] ajustar. <> *vi:* **to** ~ **(to sthg)** adaptar-se (a algo).

adjustable [ə'dʒʌstəbl] *adj* [machine, chair] regulável.

adjustment [ə'dʒʌstmənt] *n* - **1.** [to heat, speed, machine] ajuste *m* - **2.** *(U)* [change of attitude] mudança *f*; ~ **to sthg** adaptação a algo.

ad lib [,æd'lɪb] (*pt* & *pp* **ad-libbed**, *cont* **ad-libbing**) <> *adj* [improvised] espontâneo(nea). <> *adv* [freely] de improviso. <> *n* [improvised joke, remark] improviso *m*.
➡ **ad-lib** *vi* [improvise] improvisar.

administer [əd'mɪnɪstə⁻] *vt* -**1.** [company, business] administrar - **2.** [justice, punishment] aplicar - **3.** [drug, medication] ministrar.

administration [əd,mɪnɪ'streɪʃn] *n* -**1.** *(U)* [of company, business] administração *f* - **2.** *(U)* [of justice, punishment] aplicação *f*.

administrative [əd'mɪnɪstrətɪv] *adj* [job, work, staff] administrativo(va).

admirable [ˈædmərəbl] *adj* admirável.

admiral [ˈædmərəl] *n* almirante *mf*.

admiration [,ædmə'reɪʃn] *n* admiração *f*.

admire [əd'maɪə⁻] *vt* -**1.** [respect, like] admirar; **to ~ sb for sthg** admirar alguém por algo - **2.** [look at with pleasure] apreciar.

admirer [əd'maɪərə⁻] *n* -**1.** [suitor] pretendente *mf* - **2.** [enthusiast, fan] fã *mf*.

admission [əd'mɪʃn] *n* -**1.** [permission to enter] admissão *f* - **2.** [cost of entrance] entrada *f* - **3.** [confession] confissão *f*.

admit [əd'mɪt] (*pt* & *pp* **-ted**, *cont* **-ting**) <> *vt* -**1.** [acknowledge, confess] confessar, admitir; **to ~ that** admitir que; **to ~ doing sthg** admitir/confessar ter feito algo; **to ~ defeat** *fig* dar-se por vencido(da) - **2.** [allow to enter] admitir; **to be admitted to hospital** *UK* OR **to the hospital** *US* dar entrada no hospital - **3.** [allow to join] admitir; **to ~ sb to sthg** admitir alguém em algo. <> *vi*: **to ~ to sthg/to doing sthg** admitir algo/fazer algo.

admittance [əd'mɪtəns] *n* [right to enter, entrance]: **'no ~'** 'entrada proibida'.

admittedly [əd'mɪtɪdlɪ] *adv* reconhecidamente.

admonish [əd'mɒnɪʃ] *vt* *fml* [tell off] repreender.

ad nauseam [,æd'nɔːzɪæm] *adv* exaustivamente.

ado [ə'duː] *n*: **without further** OR **more ~** sem mais delongas OR preâmbulos.

adolescence [,ædə'lesns] *n* adolescência *f*.

adolescent [,ædə'lesnt] <> *adj* -**1.** [teenage] adolescente - **2.** *pej* [immature] imaturo(ra). <> *n* [teenager] adolescente *mf*.

adopt [ə'dɒpt] *vt* [recommendation, suggestion] aceitar.

adoption [ə'dɒpʃn] *n* *(U)* adoção *f*.

adore [ə'dɔː⁻] *vt* adorar.

adorn [ə'dɔːn] *vt* [decorate] adornar.

adrenalin [ə'drenəlɪn] *n* *(U)* adrenalina *f*.

Adriatic [,eɪdrɪ'ætɪk] *n*: **the ~ (Sea)** o (Mar) Adriático.

adrift [ə'drɪft] <> *adj* [boat, ship] à deriva. <> *adv*: **to go ~** *fig* [go wrong] ir por água abaixo.

adult [ˈædʌlt] <> *adj* -**1.** [mature, responsible] adulto(ta) - **2.** [for adults] para adultos, para maiores. <> *n* [person, animal] adulto *m*, -ta *f*.

adultery [ə'dʌltərɪ] *n* *(U)* adultério *m*.

advance [əd'vɑːns] <> *n* -**1.** [gen] avanço *m* - **2.** [money] adiantamento *m*. <> *comp* -**1.** [early] antecipado(da) - **2.** [prior]: **~ warning** aviso prévio. <> *vt* -**1.** [improve] progredir - **2.** [bring forward in time] adiantar - **3.** [money]: **to ~ sb sthg** adiantar algo a alguém. <> *vi* -**1.** [go forward] avançar - **2.** [improve] progredir.
➡ **advances** *npl*: **to make ~s to sb** [sexual] assediar alguém; [business] propor um bom negócio para alguém.
➡ **in advance** *adv* com antecedência; **to book in ~** reservar antecipadamente; **to know in ~** saber de antemão; **half an hour in ~** meia hora antes.

advanced [əd'vɑːnst] *adj* avançado(da).

advantage [əd'vɑːntɪdʒ] *n* -**1.** vantagem *f*; **to be to one's ~** ser conveniente para alguém; **to have** OR **hold the ~ (over sb)** ter OR levar vantagem (sobre alguém) - **2.** *phr*: **to take ~ of sthg/sb** aproveitar-se de algo/alguém.

advent [ˈædvənt] *n* [of invention, person, period] advento *m*.
➡ **Advent** *n* RELIG Advento *m*.

adventure [əd'ventʃə⁻] *n* aventura *f*; **to have no sense of ~** não ter espírito de aventura.

adventure playground *n* área de lazer para crianças que oferece materiais diversos para montar e brincar.

adventurous [əd'ventʃərəs] *adj* -**1.** [person] intrépido(da) - **2.** [life, project] aventureiro(ra) - **3.** [menu, programme etc] atraente, interessante.

adverb [ˈædvɜːb] *n* advérbio *m*.

adverse [ˈædvɜːs] *adj* adverso(sa).

advert [ˈædvɜːt] *n* *UK* = **advertisement**.

advertise [ˈædvətaɪz] <> *vt* [job, car, product] anunciar. <> *vi* [in newspaper, on TV, in shop window]: **they're advertising for sales representatives** estão anunciando vaga para representantes comerciais.

advertisement [əd'vɜːtɪsmənt] *n* -**1.** [in newspaper, on TV, in shop window] anúncio *m* - **2.** *fig* [recommendation] propaganda

f.

advertiser [ˈædvətaɪzəʳ] n anunciante mf.

advertising [ˈædvətaɪzɪŋ] n (U) -1. [advertisements] propaganda f -2. [industry] publicidade f.

advice [ədˈvaɪs] n (U) conselho m; to give sb ~ dar conselhos a alguém; to take sb's ~ aceitar conselhos de alguém; a piece of ~ um conselho.

advisable [ədˈvaɪzəbl] adj aconselhável.

advise [ədˈvaɪz] ⟨⟩ vt -1. [give advice to]: to ~ sb to do sthg/not to do sthg aconselhar alguém a fazer algo/a não fazer algo -2. [professionally]: to ~ sb on sthg assessorar alguém em algo -3. fml [inform] avisar; to ~ sb of sthg avisar alguém sobre algo. ⟨⟩ vi -1. [give advice]: to ~ against sthg/against doing sthg desaconselhar algo/a fazer algo -2. [act as adviser]: to ~ on sthg assessorar em algo.

advisedly [ədˈvaɪzɪdlɪ] adv deliberadamente.

adviser UK, **advisor** US [ədˈvaɪzəʳ] n assessor m, -ra f.

advisory [ədˈvaɪzərɪ] adj [group, organization] de assessoria.

advocate [n ˈædvəkət, vb ˈædvəkeɪt] ⟨⟩ n -1. Scot JUR advogado m, -da f -2. [supporter] defensor m, -ra f. ⟨⟩ vt fml [recommend] defender.

Aegean [iːˈdʒiːən] n: the ~ (Sea) o (Mar) Egeu; in the ~ no Egeu.

aerial [ˈeərɪəl] ⟨⟩ adj [of, from, in the air] aéreo(rea). ⟨⟩ n UK [antenna] antena f.

aerobics [eəˈrəʊbɪks] n (U) aeróbica f, ginástica f aeróbica.

aerodynamic [ˌeərəʊdaɪˈnæmɪk] adj aerodinâmico(ca).
➡ **aerodynamics** ⟨⟩ n (U) SCIENCE aerodinâmica f. ⟨⟩ npl [aerodynamic qualities] aerodinâmicas f.

aeroplane UK [ˈeərəpleɪn], **airplane** US [ˈeəpleɪn] n avião m.

aerosol [ˈeərəsɒl] n aerossol m.

aesthetic, esthetic US [iːsˈθetɪk] adj estético(ca).

afar [əˈfɑːʳ] adv: from ~ à distância.

affable [ˈæfəbl] adj [pleasant] afável.

affair [əˈfeəʳ] n -1. [event] acontecimento m -2. [concern] assunto m -3. [extramarital relationship] caso m.

affect [əˈfekt] vt -1. [influence, act upon] afetar -2. [imitate, put on] imitar -3. [feign] fingir.

affection [əˈfekʃn] n afeição f.

affectionate [əˈfekʃnət] adj afetuoso(osa).

affirm [əˈfɜːm] vt afirmar.

affix [əˈfɪks] vt [stamp] afixar.

afflict [əˈflɪkt] vt afligir; to be ~ed with sthg sofrer de algo.

affluence [ˈæfluəns] n (U) riqueza f.

affluent [ˈæfluənt] adj rico(ca).

afford [əˈfɔːd] vt -1. [have enough money for]: to be able to ~ sthg poder pagar por algo -2. [time, energy]: to be able to ~ the time (to do sthg) ter tempo (para fazer algo) -3. [allow]: we can't ~ to let this happen não podemos nos dar ao luxo de deixar que isto aconteça -4. fml [provide, give] oferecer.

affront [əˈfrʌnt] ⟨⟩ n afronta f. ⟨⟩ vt ofender.

Afghanistan [æfˈgænɪstæn] n Afeganistão.

afield [əˈfiːld] adv: far ~ longe.

afloat [əˈfləʊt] adj -1. [above water] flutuante -2. fig [out of debt] em dia.

afoot [əˈfʊt] adj [present, happening] em ação.

afraid [əˈfreɪd] adj -1. [frightened] assustado(da); to be ~ (of sb/sthg) ter medo (de alguém/algo); to be ~ of doing OR to do sthg ter medo de fazer algo -2. [reluctant, apprehensive] apreensivo(va); to be ~ of sthg ter medo de algo; he was ~ of losing his job tinha medo de perder seu emprego -3. [in apologies]: to be ~ (that) ter receio (que); I'm ~ so/not receio que sim/não.

afresh [əˈfreʃ] adv novamente.

Africa [ˈæfrɪkə] n África.

African [ˈæfrɪkən] ⟨⟩ adj africano(na). ⟨⟩ n africano m, -na f.

aft [ɑːft] adv à popa OR ré.

after [ˈɑːftəʳ] ⟨⟩ prep -1. [following - in time] após; [- in order] após; ~ you! atrás de você! -2. [as a result of] depois -3. [in spite of] apesar de -4. inf [in search of, looking for] atrás de -5. [with the name of] em homenagem a -6. [directed at sb moving away] atrás de -7. ART à moda de -8. US [telling the time]: it's twenty ~ three são três e vinte. ⟨⟩ adv em seguida, depois. ⟨⟩ conj depois que/de; ~ she left university ... depois que ela deixou/de deixar a universidade, ela ...
➡ **afters** npl UK sobremesa f.
➡ **after all** adv -1. [in spite of everything] apesar de tudo -2. [it should be remembered] afinal.

after-effects npl efeitos mpl secundários, consequências fpl.

afterlife [ˈɑːftəlaɪf] (pl -lives [-laɪvz]) n vida f após a morte.

aftermath [ˈɑːftəmæθ] n consequências fpl.

afternoon [ˌɑːftəˈnuːn] n tarde f; good ~ boa tarde.
➡ **afternoons** adv esp US à tarde.

after-sales service *n* serviço *m* pós-venda.

aftershave ['ɑːftəʃeɪv] *n* loção *f* após-barba.

aftersun (lotion) ['ɑːftəsʌn-] *n* creme *m* hidratante após-sol.

aftertaste ['ɑːftəteɪst] *n* [of food, drink] ressaibo *m*, mau sabor *m*.

afterthought ['ɑːftəθɔːt] *n* pensamento *m* a posteriori.

afterwards, afterward *US* ['ɑːftəwəd(z)l *adv* posteriormente, depois.

again [ə'gen] *adv* -**1.** [one more time] outra vez; ~ **and** ~ repetidas vezes; **all over** ~ tudo de novo; **time and** ~ mil vezes -**2.** [once more as before] de novo -**3.** [asking for information to be repeated]: **what was that** ~? o que foi mesmo que você disse? -**4.** *phr*: **half as much** ~ cinqüenta por cento a mais; **(twice) as much** ~ (duas) vezes mais; **come** ~? *inf* o que?; **then** *OR* **there** ~ por outro lado.

against [ə'genst] <> *prep* -**1.** [gen] contra -**2.** [in contrast to]: **as** ~ em comparação com, em vez de. <> *adv* contra.

age [eɪdʒ] (*cont* **ageing** *OR* **aging**) <> *n* -**1.** [of person, animal, thing] idade *f*; **what** ~ **are you?** quantos anos você tem?; **to come of** ~ atingir a maioridade; **to be under** ~ ser menor de idade -**2.** (*U*) [state or process of ageing - of person] idade *f*; [- of object, cheese, wine] tempo *m*; **wine improves with** ~ o vinho melhora com o tempo -**3.** [stage - of person's life] idade *f*, hora *f*; [- of history] era *f*. <> *vt* envelhecer. <> *vi* envelhecer.

  ➤ **ages** *npl* [a long time]: ~ **s ago** séculos atrás; **for** ~**s** há séculos.

aged [eɪdʒd, *npl* 'eɪdʒɪd] <> *adj* -**1.** [of the stated age] da idade de; **a person** ~ **30** uma pessoa de 30 anos; **to be** ~ **20** ter 20 anos (de idade) -**2.** [very old] envelhecido(da), antigo(ga). <> *npl*: **the** ~ [the elderly] os idosos.

age group *n* grupo *m* etário.

agency ['eɪdʒənsɪ] (*pl* **-ies**) *n* -**1.** [gen] agência *f* -**2.** [government organization] órgão *m*.

agenda [ə'dʒendə] (*pl* **-s**) *n* pauta *f*, agenda *f*.

agent ['eɪdʒənt] *n* [person] agente *mf*.

aggravate ['ægrəveɪt] *vt* -**1.** [make worse] agravar -**2.** [annoy] irritar.

aggregate ['ægrɪgət] <> *adj* total. <> *n* [total] total *m*.

aggressive [ə'gresɪv] *adj* -**1.** [belligerent] agressivo(va) -**2.** [forceful - campaign] agressivo(va); [- person] audaz, empreendedor(ra).

aggrieved [ə'griːvd] *adj* [upset, hurt] magoado(da).

aghast [ə'gɑːst] *adj* [horrified] espantado(da); ~ **at sthg** espantado(da) (com algo).

agile [*UK* 'ædʒaɪl, *US* 'ædʒəl] *adj* [body, person, mind] ágil.

agitate ['ædʒɪteɪt] <> *vt* -**1.** [disturb, worry] perturbar -**2.** [shake] agitar. <> *vi* [campaign actively]: **to** ~ **for/against sthg** fazer campanha pró/contra algo.

AGM (*abbr of* **annual general meeting**) *n UK* assembléia *f* geral anual *(de clube, empresa etc)*.

agnostic [æg'nɒstɪk] <> *adj* agnóstico(ca). <> *n* agnóstico *m*, -ca *f*.

ago [ə'gəʊ] *adv* atrás; **three days** ~ três dias atrás; **years/long** ~ anos/tempos atrás.

agog [ə'gɒg] *adj* ansioso(osa), impaciente; **to be all** ~ **(with)** estar ansioso(sa) (com).

agonizing ['ægənaɪzɪŋ] *adj* -**1.** [decision, wait] angustiante -**2.** [pain] agonizante.

agony ['ægənɪ] (*pl* **-ies**) *n* -**1.** [physical pain] dores *fpl*, agonia *f*; **to be in** ~ estar morrendo de dor -**2.** [mental pain] angústia *f*; **to be in** ~ estar angustiado(da).

agony aunt *n UK inf* conselheira *f* sentimental.

agree [ə'griː] <> *vi* -**1.** [concur] concordar; **to** ~ **with sb/sthg** concordar com alguém/algo; **to** ~ **on sthg** chegar a um acordo sobre algo; **to** ~ **about sthg** concordar sobre algo -**2.** [consent] concordar; **to** ~ **to sthg** concordar com algo -**3.** [statements] conferir -**4.** [food]: **to** ~ **with sb** combinar com alguém -**5.** *GRAMM*: **to** ~ **(with)** concordar (com). <> *vt* -**1.** [price, terms] concordar -**2.** [concur]: **to** ~ **that** concordar que -**3.** [arrange]: **to** ~ **to do sthg** combinar para fazer algo -**4.** [concede]: **to** ~ **(that)** concordar (que).

agreeable [ə'griːəbl] *adj* -**1.** [weather, experience] agradável -**2.** [willing]: **to be** ~ **to sthg** ser favorável a algo.

agreed [ə'griːd] *adj*: **to be** ~ **on sthg** estar de acordo sobre algo.

agreement [ə'griːmənt] *n* -**1.** [accord] acordo *m*; **to be in** ~ **with sb/sthg** estar de acordo com alguém/algo -**2.** [settlement, contract] acordo *m* -**3.** [consent] aceitação *f* -**4.** *GRAMM* concordância *f*.

agricultural [ˌægrɪ'kʌltʃərəl] *adj* agrícola.

agriculture ['ægrɪkʌltʃəʳ] *n* [farming] agricultura *f*.

aground [ə'graʊnd] *adv*: **to run** ~ encalhar.

ahead [ə'hed] *adv* -**1.** [in front] à frente;

right OR **straight** ~ direto em frente - **2.** [forwards] em frente - **3.** [in competition, game] à frente - **4.** [indicating success]: **to get** ~ ir adiante, prosperar - **5.** [in time] à frente.

◆ **ahead of** prep - **1.** [gen] à frente de - **2.** [in time] antes de; ~ **of schedule** adiantado(da).

aid [eɪd] ◇ n - **1.** [help] socorro m, assistência f; **in** ~ **of sb/sthg** em benefício de alguém/algo; **with the** ~ **of sb/sthg** com a ajuda de alguém/algo - **2.** [device - for teaching, learning] ferramenta f; [- for walking, hearing etc] aparelho m. ◇ vt - **1.** [help] socorrer - **2.** JUR: **to** ~ **and abet** ser cúmplice de.

AIDS, Aids (abbr of **acquired immune deficiency syndrome**) ◇ n AIDS f. ◇ comp: ~ **patient** aidético m, -ca f.

aid worker n pessoa que presta assistência em áreas atingidas por catástrofes ou guerras.

ailing ['eɪlɪŋ] adj - **1.** [ill] doente - **2.** fig [economy] debilitado(da).

ailment ['eɪlmənt] n [illness] doença f.

aim [eɪm] ◇ n - **1.** [objective] objetivo m - **2.** [in firing gun, arrow] mira f; **to take** ~ **at sthg** apontar para algo. ◇ vt - **1.** [gun, camera]: **to** ~ **sthg at sb/sthg** mirar algo em alguém/algo - **2.** [plan, programme]: **to be** ~**ed at doing sthg** ser OR estar voltado(da) para algo - **3.** [remark, criticism]: **to be** ~**ed at sb** ser OR estar direcionado(da) para alguém. ◇ vi - **1.** [point weapon] mirar; **to** ~ **at sthg** mirar em algo - **2.** [intend]: **to** ~ **at** OR **for sthg** visar a algo; **to** ~ **to do sthg** pretender fazer algo.

aimless ['eɪmlɪs] adj [person, life, work] sem objetivo.

ain't [eɪnt] inf = am not, are not, is not, have not, has not.

air [eəʳ] ◇ n - **1.** [for breathing] ar m - **2.** [sky]: **to be seen from the** ~ ser visto(ta) do alto OR de cima; **to throw sthg into the** ~ mandar algo pelos ares; **by** ~ [travel] de avião; **to be (up) in the** ~ fig ser avoado(da) - **3.** [distinctive quality] ar m - **4.** RADIO & TV: **to be on the** ~ estar no ar. ◇ comp aéreo(rea). ◇ vt - **1.** [washing, room, bed] arejar - **2.** [feelings, opinions] manifestar - **3.** [broadcast] anunciar. ◇ vi [washing] arejar.

airbag ['eəbæg] n AUT airbag m.

airbase ['eəbeɪs] n base f aérea.

airbed ['eəbed] n UK [inflatable mattress] colchão m inflável.

airborne ['eəbɔːn] adj - **1.** [troops, regiment] transportado(da) por via aérea - **2.** [plane] em vôo.

air-conditioned [-kən'dɪʃnd] adj climatizado(da).

air-conditioning [-kən'dɪʃnɪŋ] n ar m condicionado.

aircraft ['eəkrɑːft] (pl inv) n aeronave f, avião m.

aircraft carrier n porta-aviões m inv.

airfield ['eəfiːld] n aeródromo m.

air force n força f aérea.

air freshener [-'freʃnəʳ] n purificador m de ar.

airgun ['eəgʌn] n pistola f de ar comprimido.

air hostess n UK aeromoça f.

airlift ['eəlɪft] ◇ n transporte m aéreo. ◇ vt transportar por via aérea.

airline ['eəlaɪn] n companhia f aérea.

airliner ['eəlaɪnəʳ] n avião m de passageiros.

airlock ['eəlɒk] n - **1.** [in tube, pipe] retentor m de ar - **2.** [airtight chamber] câmara f de compressão.

airmail ['eəmeɪl] n correio m aéreo; **by** ~ por via aérea.

airplane ['eəpleɪn] n US = aeroplane.

airport ['eəpɔːt] n aeroporto m.

air raid n ataque m aéreo.

air rifle n espingarda f de ar comprimido.

airsick ['eəsɪk] adj: **to be** ~ estar enjoado(da).

airspace ['eəspeɪs] n espaço m aéreo.

air steward n comissário m de bordo.

airstrip ['eəstrɪp] n campo m de pouso.

air terminal n terminal m aéreo.

airtight ['eətaɪt] adj hermético(ca).

air-traffic controller n controlador m de tráfego aéreo.

airy ['eərɪ] (compar -**ier**, superl -**iest**) adj - **1.** [room] arejado(da) - **2.** [notions, promises] leviano(na) - **3.** [nonchalant] indiferente.

aisle [aɪl] n - **1.** [in church] nave f lateral - **2.** [in plane, theatre, shop] corredor m.

ajar [ə'dʒɑːʳ] adj [door] entreaberto(ta).

aka (abbr of **also known as**) também conhecido(da) como.

akin [ə'kɪn] adj semelhante.

alacrity [ə'lækrətɪ] n fml [eagerness] prontidão f.

alarm [ə'lɑːm] ◇ n - **1.** [fear] susto m - **2.** [device] alarme m; **to raise** OR **sound the** ~ dar OR soar o alarme. ◇ vt [scare] alarmar.

alarm clock n despertador m.

alarming [ə'lɑːmɪŋ] adj alarmante.

alas [ə'læs] excl literary ai!

Albania [æl'beɪnjə] n Albânia f.

Albanian [æl'beɪnjən] ◇ adj albanês(nesa). ◇ n - **1.** [person] albanês m, -sa f - **2.** [language] albanês m.

albeit [ɔːl'biːɪt] conj fml embora.

alderman [ˈɔːldəmən] (*pl* **-men** [-mən]) *n* vereador *m*.

ale [eɪl] *n* cerveja *f*.

alert [əˈlɜːt] ◇ *adj* **-1.** [vigilant, aware] alerta; **to be ~ to sthg** estar alerta para algo **-2.** [perceptive] atento(ta). ◇ *n* [warning] alerta *f*; **on the ~** [watchful] em estado de alerta; **on ~** MIL em estado de alerta. ◇ *vt* **-1.** [warn] alertar, avisar **-2.** [make aware]: **to ~ sb to sthg** alertar alguém sobre algo.

A level (*abbr of* **Advanced level**) *n* SCH *exame feito ao final do ensino médio na Grã-Bretanha*

alfresco [ælˈfreskəʊ] *adj, adv* [meal, eat] ao ar livre.

algae [ˈældʒiː] *npl* algas *fpl*.

algebra [ˈældʒɪbrə] *n* álgebra *f*.

Algeria [ælˈdʒɪərɪə] *n* Argélia; **in ~** na Argélia.

alias [ˈeɪlɪəs] (*pl* **-es**) ◇ *adv* vulgo. ◇ *n* nome *m* falso.

alibi [ˈælɪbaɪ] *n* álibi *m*.

alien [ˈeɪljən] ◇ *adj* **-1.** [foreign] estrangeiro(ra) **-2.** [from outer space] alienígena **-3.** [unfamiliar] estranho(nha). ◇ *n* **-1.** [from outer space] alienígena *mf* **-2.** JUR [foreigner] estrangeiro *m*, -ra *f*.

alienate [ˈeɪljəneɪt] *vt* [estrange] alienar.

alight [əˈlaɪt] (*pt* & *pp* **-ed** OR **alit**) ◇ *adj* [on fire] em chamas. ◇ *vi fml* **-1.** [land] pousar **-2.** [from train, bus] descer; **to ~ from sthg** descer de algo.

align [əˈlaɪn] *vt* [line up] alinhar.

alike [əˈlaɪk] ◇ *adj* [two people, things] semelhante, parecido(da). ◇ *adv* [in a similar way] de forma semelhante; **they look ~** eles são parecidos.

alimony [ˈælɪmənɪ] *n* pensão *f* (alimentícia).

alive [əˈlaɪv] *adj* [living] vivo(va); **to come ~ ganhar vida.**

alkali [ˈælkəlaɪ] (*pl* **-s** OR **-es**) *n* álcali *m*.

all [ɔːl] ◇ *adj* **-1.** [with singular noun] todo(da); **~ the money** o dinheiro todo; **~ the time** sempre; **we were out ~ day** estivemos fora o dia inteiro **-2.** [with plural noun] todos(das); **~ the houses** todas as casas; **~ trains stop at Trenton** todos os trens param em Trenton. ◇ *adv* **-1.** [completely] completamente; **~ alone** completamente só **-2.** [in scores]: **it's two ~** dois a dois *(empate)* **-3.** [in phrases]: **~ but empty** quase vazio(zia); **~ over** [finished] terminado(da). ◇ *pron* **-1.** [everything] tudo; [people, things] todos *mpl*, -das *fpl*; **is that ~?** [in store] mais alguma coisa?; **the best of ~** o melhor de todos **-2.** [everybody] todos, todo o mundo; **~ of us went**

fomos todos **-3.** [in phrases]: **can I help you at ~** posso ajudar em alguma coisa?; **in ~** [in total] ao todo; **in ~ it was a great success** resumindo, foi um grande êxito.

Allah [ˈælə] *n* Alá *m*.

all-around *adj* US = **all-round**.

allay [əˈleɪ] *vt fml* **-1.** [calm] abrandar **-2.** [solve, settle] dirimir.

all clear *n* **-1.** [signal] *sinal de fim de estado de alerta* **-2.** *fig* [go-ahead] permissão *f* para prosseguir.

allegation [ˌælɪˈgeɪʃn] *n* alegação *f*.

allege [əˈledʒ] *vt* [claim] alegar; **to ~ that** alegar que.

allegedly [əˈledʒɪdlɪ] *adv* supostamente.

allergic [əˈlɜːdʒɪk] *adj* alérgico(ca); **~ to sthg** *lit & fig* alérgico(ca) a algo.

allergy [ˈælədʒɪ] (*pl* **-ies**) *n* alergia *f*; **to have an ~ to sthg** ter alergia a algo.

alleviate [əˈliːvɪeɪt] *vt* [ease] aliviar.

alley(way) [ˈælɪ(weɪ)] *n* [narrow path] beco *m*.

alliance [əˈlaɪəns] *n* **-1.** [agreement] acordo *m* **-2.** [union] aliança *f*.

allied [ˈælaɪd] *adj* **-1.** [powers, troops] aliado(da) **-2.** [related] relacionado (da).

alligator [ˈælɪgeɪtəʳ] (*pl inv* OR **-s**) *n* aligátor *m*.

all-important *adj* [crucial] crucial.

all-in *adj* UK [price] tudo incluído.

◆ **all in** ◇ *adj inf* [tired] exausto(ta). ◇ *adv* UK [inclusive] com extras incluído.

all-night *adj* [party, vigil, session] que dura toda a noite; [chemist's, shop] 24 horas.

allocate [ˈæləkeɪt] *vt*: **to ~ sthg to sb/ sthg** [money, resources, items] alocar algo para alguém/algo; [task] atribuir algo para alguém/algo.

allot [əˈlɒt] (*pt* & *pp* **-ted**, *cont* **-ting**) *vt* [allocate - task] distribuir; [- money, resources] repartir; [- time] dedicar.

allotment [əˈlɒtmənt] *n* **-1.** UK [garden] lote *m* **-2.** [sharing out - of tasks, resources] distribuição *f*; [- of money] partilha *f*; [- of time] dedicação *f* **-3.** [share - of money, resources] cota *f*; [- of time] alocação *f*.

all-out *adj* [effort] supremo(ma); [war] total; [attack] resoluto(ta).

allow [əˈlaʊ] *vt* **-1.** [permit] permitir; **to ~ sb to do sthg** permitir OR deixar alguém fazer algo **-2.** [allocate] destinar **-3.** [admit]: **to ~ (that)** admitir que.

◆ **allow for** *vt fus* levar em conta OR consideração.

allowance [əˈlaʊəns] *n* **-1.** [grant] subsídio *m*, auxílio *m* **-2.** US [pocket money] mesada *f* **-3.** [excuse]: **to make ~s for**

sb/sthg fazer concessões para alguém *OR* algo.

alloy [ˈælɔɪ] *n* [metal] liga *f*.

all right <> *adv* - **1.** [gen] bem - **2.** [indicating agreement] sim, o.k. - **3.** [do you understand?]: **all right?** certo? - **4.** [now then] certo, o.k. <> *adj* - **1.** [healthy, unharmed]: **to be** ~ estar bem - **2.** *inf* [acceptable, satisfactory]: **how was the film?** - ~, **I suppose** como foi o filme? - legal, imagino; **sorry I'm late - that's** ~ desculpe, estou atrasada - não tem importância - **3.** [permitted]: **is it** ~ **if ...?** tudo bem se ...?, posso ...?

all-round *UK*, **all-around** *US adj* [athlete, worker] versátil.

all-terrain vehicle *n* (veículo) *m* fora-de-estrada *m*.

all-time *adj* [record, best]: **it was an** ~ **record** foi um recorde insuperável; **one of the** ~ **greatest songs** uma das melhores canções de todos os tempos.

allude [əˈluːd] *vi*: **to** ~ **to sthg** aludir a algo.

alluring [əˈljʊərɪŋ] *adj* [attractive] fascinante, encantador(ra).

allusion [əˈluːʒn] *n* [reference] alusão *f*.

ally [*n* ˈælaɪ, *vb* əˈlaɪ] (*pl* -**ies**, *pt* & *pp* -**ied**) <> *n* - **1.** MIL & POL aliado *m*, -da *f* - **2.** [associate, helper] associado *m*, -da *f*. <> *vt*: **to** ~ **o.s. with sb** aliar-se a alguém.

almighty [ɔːlˈmaɪtɪ] *adj inf* [enormous] enorme.

almond [ˈɑːmənd] *n* [nut] amêndoa *f*.

almost [ˈɔːlməʊst] *adv* quase, praticamente.

alms [ɑːmz] *npl dated* esmola *f*.

aloft [əˈlɒft] *adv* [in the air] no ar, nas alturas.

alone [əˈləʊn] <> *adj* [without others] só, sozinho(nha). <> *adv* - **1.** [without others] só - **2.** [only] somente, só; **he** ~ **knows the answer** *OR* somente ele sabe a resposta - **3.** [untouched, unchanged]: **to leave sthg** ~ deixar algo em paz, parar de mexer em algo; **leave me** ~! deixe-me em paz!
➥ **let alone** *conj* sem falar em.

along [əˈlɒŋ] <> *adv*: **they went** ~ **to the demonstration** eles foram *OR* se dirigiram para a demonstração; **she insisted on coming** ~ ela insistiu em vir junto *OR* também; **I took her** ~ **to the concert** levei-a comigo ao concerto. <> *prep* - **1.** [from one end to the other] ao longo de - **2.** [beside] ao lado de, junto de - **3.** [in] em.
➥ **all along** *adv* o tempo todo.
➥ **along with** *prep* junto com.

alongside [ə.lɒŋˈsaɪd] <> *prep* [next to]

junto a; [beside] ao lado de. <> *adv* lado a lado.

aloof [əˈluːf] <> *adj* [reserved] reservado(da). <> *adv* [distant]: **to remain** ~ **(from sthg)** ficar indiferente (a algo).

aloud [əˈlaʊd] *adv* alto, em voz alta.

alphabet [ˈælfəbet] *n* alfabeto *m*.

alphabetical [.ælfəˈbetɪkl] *adj* alfabético(ca).

Alps [ælps] *npl*: **the** ~ os Alpes.

already [ɔːlˈredɪ] *adv* já.

alright [.ɔːlˈraɪt] *adv* & *adj* = **all right**.

also [ˈɔːlsəʊ] *adv* [as well] também.

altar [ˈɔːltəʳ] *n* altar *m*.

alter [ˈɔːltəʳ] <> *vt* [change, modify] alterar. <> *vi* alterar-se.

alteration [.ɔːltəˈreɪʃn] *n* - **1.** [act of changing] alteração *f*, modificação *f* - **2.** [change] alteração *f*, mudança *f*.

alternate [*adj UK* ɔːlˈtɜːnət, *US* ˈɒːltərnət, *vb* ˈɔːltərneɪt] <> *adj* alternado(da). <> *vt* alternar. <> *vi*: **to** ~ **(with)** alternar (com); **to** ~ **between sthg and sthg** alternar entre uma coisa e outra.

alternately [ɔːlˈtɜːnətlɪ] *adv* [by turns] alternadamente.

alternating current [ˈɔːltəneɪtɪŋ-] *n* ELEC corrente *f* alternada.

alternative [ɔːlˈtɜːnətɪv] <> *adj* alternativo(va). <> *n* alternativa *f*; **an** ~ **to sb/sthg** uma alternativa a alguém/ algo; **to have no** ~ **(but to do sthg)** não ter alternativa (a não ser fazer algo).

alternatively [ɔːlˈtɜːnətɪvlɪ] *adv* por outro lado, de outro modo.

alternative medicine *n* medicina *f* alternativa.

alternator [ˈɔːltəneɪtəʳ] *n* ELEC alternador *m*.

although [ɔːlˈðəʊ] *conj* embora, apesar de.

altitude [ˈæltɪtjuːd] *n* altitude *f*.

altogether [.ɔːltəˈgeðəʳ] *adv* - **1.** [completely] completamente, totalmente - **2.** [in general] de modo geral, no geral - **3.** [in total] ao todo, no total.

aluminium *UK* [.æljʊˈmɪnɪəm], **aluminum** *US* [əˈluːmɪnəm] <> *n* alumínio *m*. <> *comp* de alumínio.

alumnus [əˈlʌmnəs] (*pl* -**ni** [-naɪ]) *n* ex-aluno *m*, -na *f*.

always [ˈɔːlweɪz] *adv* sempre.

am [æm] *vb* ⊳ **be**.

a.m. (*ante meridiem*): **at three** ~ às três da manhã.

AM (*abbr of* **amplitude modulation**) *n* - **1.** AM *f* - **2.** (*abbr of* **Master of Arts**) (*titular de*) *diploma de mestre em ciências humanas nos Estados Unidos*.

amalgamate [əˈmælɡəmeɪt] <> *vt*

[unite] amalgamar, misturar. <> *vi* [unite] unir-se.

amass [ə'mæs] *vt* [fortune, power, information] acumular.

amateur ['æmətə'] <> *adj* amador(ra). <> *n* amador *m*, -ra *f*.

amateurish [ˌæmə'tɜːrɪʃ] *adj pej* [unprofessional] malfeito(ta), mal-acabado(da).

amaze [ə'meɪz] *vt* [astonish] surpreender, assombrar.

amazed [ə'meɪzd] *adj* surpreso(sa), assombrado(da).

amazement [ə'meɪzmənt] *n* surpresa *f*, assombro *m*.

amazing [ə'meɪzɪŋ] *adj* [incredible] incrível, surpreendente.

Amazon ['æməzn] *n* -1. [river]: **the** ~ o Amazonas -2. [region]: **the** ~ **(Basin)** a bacia amazônica; **the** ~ **rainforest** a floresta amazônica -3. [woman] amazona *f*.

ambassador [æm'bæsədə'] *n* embaixador *m*, -ra *f*.

amber ['æmbə'] *n* -1. [substance] âmbar *m* -2. *UK* [colour of traffic light] amarelo *m*.

ambiguous [æm'bɪgjʊəs] *adj* ambíguo(gua).

ambition [æm'bɪʃn] *n* ambição *f*.

ambitious [æm'bɪʃəs] *adj* ambicioso(sa).

amble ['æmbl] *vi* [walk] passear.

ambulance ['æmbjʊləns] *n* ambulância *f*.

ambush ['æmbʊʃ] <> *n* emboscada *f*. <> *vt* [attack] emboscar.

amenable [ə'miːnəbl] *adj*: ~ **(to sthg)** receptivo(va) (a algo).

amend [ə'mend] *vt* [change] emendar, corrigir.
➡ **amends** *npl*: **to make** ~**s (for sthg)** compensar (por algo).

amendment [ə'mendmənt] *n* -1. [change] correção *f* -2. [act of changing] emenda *f*.

amenities [ə'miːnətɪz] *npl* comodidades *fpl*, conforto *m*.

America [ə'merɪkə] *n* América, Estados Unidos (da América); **in** ~ na América, nos Estados Unidos (da América).

American [ə'merɪkn] <> *adj* americano(na), estadunidense. <> *n* americano *m*, -na *f*, estadunidense *mf*.

American football *n UK* futebol *m* americano.

American Indian *n* ameríndio *m*.

amiable ['eɪmjəbl] *adj* [pleasant, likable] amável.

amicable ['æmɪkəbl] *adj* [friendly] amigável.

amid(st) [ə'mɪd(st)] *prep fml* [among]

entre, no meio de.

amiss [ə'mɪs] <> *adj* [wrong] errado(da). <> *adv* [wrongly]: **to take sthg** ~ levar algo a mal.

ammonia [ə'məʊnjə] *n* [liquid] amônia *f*; [gas] amoníaco *m*.

ammunition [ˌæmjʊ'nɪʃn] *n* -1. [bombs, bullets] munição *f* -2. *fig* [information, argument] argumento *m*.

amnesia [æm'niːzjə] *n* amnésia *f*.

amnesty ['æmnəstɪ] (*pl* -**ies**) *n* anistia *f*.

amok [ə'mɒk] *adv*: **to run** ~ *correr cega e furiosamente com o intuito de matar*.

among(st) [ə'mʌŋ(st)] *prep* -1. [surrounded by, in middle of] no meio de, entre -2. [within, between, included in] entre.

amoral [ˌeɪ'mɒrəl] *adj* [person, behaviour] amoral.

amorous ['æmərəs] *adj* amoroso(sa).

amount [ə'maʊnt] *n* -1. [quantity] quantidade *f*, volume *m* -2. [sum of money] quantia *f*.
➡ **amount to** *vt fus* -1. [total] totalizar, atingir a quantia de -2. [be equivalent to] equivaler.

amp *n* (*abbr of* **ampere**) A.

ampere ['æmpeə'] *n* ampère *m*.

amphibious [æm'fɪbɪəs] *adj* [animal, vehicle] anfíbio(bia).

ample ['æmpl] *adj* -1. [enough] suficiente -2. [large] amplo(pla).

amplifier ['æmplɪfaɪə'] *n* [for radio, stereo] amplificador *m*.

amputate ['æmpjʊteɪt] <> *vt* [limb] amputar. <> *vi* [perform amputation] amputar.

Amsterdam [ˌæmstə'dæm] *n* Amsterdã; **in** ~ em Amsterdã.

Amtrak ['æmtræk] *n empresa pública de trens mais importante dos Estados Unidos no transporte de passageiros.*

amuck [ə'mʌk] *adv* = **amok**.

amuse [ə'mjuːz] *vt* -1. [cause to laugh, smile] divertir -2. [entertain] entreter; **to** ~ **o.s. (by doing sthg)** entreter-se (fazendo algo).

amused [ə'mjuːzd] *adj* -1. [entertained, delighted] divertido(da), entretido(da); **to be** ~ **at** *OR* **by sthg** estar entretido(da) com algo -2. [entertained]: **to keep o.s.** ~ entreter-se.

amusement [ə'mjuːzmənt] *n* -1. [enjoyment] divertimento *m* -2. [diversion, game] diversão *f*, entretenimento *m*.

amusement arcade *n* fliperama *m*.

amusement park *n* parque *m* de diversões.

amusing [ə'mjuːzɪŋ] *adj* [funny] divertido(da).

an [stressed æn, unstressed ən] indef art ▷ a[2].

anabolic steroid [ˌænəˈbɒlɪk-] n esteróide m anabólico OR anabolizante.

anaemic UK, **anemic** US [əˈniːmɪk] adj [suffering from anaemia] anêmico(ca).

anaesthetic UK, **anesthetic** US [ˌænɪsˈθetɪk] n anestésico m; **under ~** anestesiado(da).

analogue, analog US [ˈænəlɒg] adj [watch, clock] analógico(ca).

analogy [əˈnælədʒɪ] (pl -ies) n [similarity] analogia f; **by ~** por analogia.

analyse UK, **analyze** US [ˈænəlaɪz] vt [examine] analisar.

analysis [əˈnæləsɪs] (pl analyses [əˈnæləsiːz]) n análise f.

analyst [ˈænəlɪst] n - 1. [political, computer, statistics] analista mf - 2. [psychoanalyst] psicanalista mf.

analytic(al) [ˌænəˈlɪtɪk(l)] adj [person, study, approach] analítico(ca).

analyze vt US = analyse.

anarchist [ˈænəkɪst] n POL anarquista mf.

anarchy [ˈænəkɪ] n [lawlessness, disorder] anarquia f.

anathema [əˈnæθəmə] n [object of dislike, disapproval] anátema m.

anatomy [əˈnætəmɪ] (pl -ies) n anatomia f.

ANC (abbr of **African National Congress**) n Congresso m Nacional Africano.

ancestor [ˈænsestəʳ] n [person] ancestral mf, antepassado m, -da f.

anchor [ˈæŋkəʳ] ◇ n - 1. NAUT âncora f; **to drop/weigh ~** lançar/içar âncora - 2. TV [presenter] âncora mf. ◇ vt - 1. [secure] assegurar - 2. TV [present] apresentar. ◇ vi NAUT ancorar.

anchovy [ˈæntʃəvɪ] (pl inv OR -ies) n anchova f.

ancient [ˈeɪnʃənt] adj - 1. [dating from distant past] antigo(ga) - 2. hum [very old] pré-histórico(ca).

ancillary [ænˈsɪlərɪ] adj [staff, workers, device] auxiliar.

and [strong form ænd, weak form ənd, ən] conj - 1. [as well as, in addition to] e - 2. [in numbers] e - 3. (with infinitive) [in order to]: **come ~ see!** venha ver!; **try ~ come!** tente vir!; **to wait ~ see** esperar para ver.

◆ **and all that** adv e (todas) essas coisas.

◆ **and so on, and so forth** adv e assim por diante.

Andes [ˈændiːz] n: **the ~** os Andes; **in ~** nos Andes.

Andorra [ænˈdɔːrə] n Andorra.

anecdote [ˈænɪkdəʊt] n anedota f.

anemic adj US = anaemic.

anesthetic etc n US = anaesthetic etc.

anew [əˈnjuː] adv novamente.

angel [ˈeɪndʒəl] n - 1. RELIG anjo m - 2. fig inf [delightful person] anjo m.

anger [ˈæŋgəʳ] ◇ n raiva f. ◇ vt irritar, zangar.

angina [ænˈdʒaɪnə] n angina f.

angle [ˈæŋgl] n - 1. MATH ângulo m - 2. [corner] canto m, ângulo m - 3. [point of view] ângulo m - 4. [slope] ladeira f; **at an ~** [aslant] em ângulo.

Anglepoise (lamp)® [ˈæŋglpɔɪz-] n luminária f de mesa (flexível).

angler [ˈæŋgləʳ] n pescador m, -ra f (de linha e anzol).

Anglican [ˈæŋglɪkən] ◇ adj anglicano(na). ◇ n anglicano m, -na f.

angling [ˈæŋglɪŋ] n [fishing] pesca f (com linha e anzol).

angry [ˈæŋgrɪ] (compar -ier, superl -iest) adj zangado(da), furioso(sa); **to be ~ (with sb)** estar zangado(da) (com alguém); **to get ~ (with sb)** zangar-se (com alguém).

anguish [ˈæŋgwɪʃ] n angústia f.

angular [ˈæŋgjʊləʳ] adj [face, jaw, body] angular.

animal [ˈænɪml] ◇ adj animal. ◇ n - 1. [living creature] animal m - 2. inf pej [brutal person] animal m.

animate [ˈænɪmət] adj animado(da).

animated [ˈænɪmeɪtɪd] adj animado(da).

aniseed [ˈænɪsiːd] n semente f de anis.

ankle [ˈæŋkl] ◇ n tornozelo m. ◇ comp: **~ deep** até o tornozelo.

annex [ˈæneks] vt anexar.

annexe [ˈæneks] n [building] anexo m.

annihilate [əˈnaɪəleɪt] vt [destroy] aniquilar.

anniversary [ˌænɪˈvɜːsərɪ] (pl -ies) n aniversário m (de casamento, de independência, etc).

announce [əˈnaʊns] vt anunciar.

announcement [əˈnaʊnsmənt] n [public statement] anúncio m.

announcer [əˈnaʊnsəʳ] n: **television/radio ~** locutor de televisão/rádio.

annoy [əˈnɔɪ] vt [irritate] irritar, amolar.

annoyance [əˈnɔɪəns] n irritação f, aborrecimento m.

annoyed [əˈnɔɪd] adj irritado(da); **to be ~ at sthg** estar irritado(da) com algo; **to be ~ with sb** estar irritado(da) com alguém; **to get ~** irritar-se.

annoying [əˈnɔɪɪŋ] adj irritante.

annual [ˈænjʊəl] ◇ adj anual. ◇ n - 1. [plant] planta f sazonal - 2. [book] anuário m, publicação f anual.

annual general meeting n reunião f geral anual.

annul [ə'nʌl] (pt & pp -led, cont -ling) vt anular, invalidar.

annulment [ə'nʌlmənt] n anulação f.

annum ['ænəm] n: **per ~** por ano.

anomaly [ə'nɒmǝlɪ] (pl -ies) n [different thing, person] anomalia f.

anonymous [ə'nɒnɪməs] adj anônimo(-ma).

anorak ['ænəræk] n esp UK anoraque m.

anorexia (nervosa) [͵ænə'reksɪə(-nɜː'vǝʊsǝ)] n anorexia f nervosa.

anorexic [͵ænə'reksɪk] <> adj anoréxico(ca). <> n anoréxico m, -ca f.

another [ə'nʌðə͡r] <> adj -1. [additional] outro(tra); **in ~ few minutes ...** dentro de alguns minutos ... -2. [different] outro(tra). <> pron -1. [an additional one] outro m, -tra f; **one after ~** um(a) depois do(da) outro(tra) -2. [a different one] outro m, -tra f; **to argue with one ~** discutir um com o outro/uma com a outra; **to love one ~** amar-se.

answer ['ɑːnsə͡r] <> n [reply] resposta f; **in ~ to sthg** em resposta a algo. <> vt -1. responder -2. [respond to]: **to ~ the door/phone** atender a porta/o telefone. <> vi [reply] responder.

➡ **answer back** <> vt sep retrucar. <> vi retrucar.

➡ **answer for** vt fus responder por.

answerable ['ɑːnsərəbl] adj [accountable] responsável; **~ to sb** adequado(-da) a alguém; **~ for sthg** responsável por algo.

answering machine, answerphone ['ɑːnsərɪŋ-] n secretária f eletrônica.

ant [ænt] n formiga f.

antagonism [æn'tægənɪzm] n antagonismo m.

antagonize, -ise [æn'tægənaɪz] vt hostilizar.

Antarctic [æn'tɑːktɪk] n: **the ~** o Antártico.

antelope ['æntɪlǝʊp] (pl inv OR -s) n antílope m.

antenatal [͵æntɪ'neɪtl] adj pré-natal.

antenatal clinic n clínica f pré-natal.

antenna [æn'tenə] (pl sense 1 -nae [-niː], pl sense 2 -s) n -1. [of insect, lobster] antena f -2. US [aerial] antena f.

anthem ['ænθəm] n [song, hymn] hino m.

anthology [æn'θɒlədʒɪ] (pl -ies) n antologia f.

antibiotic [͵æntɪbaɪ'ɒtɪk] n [medicine] antibiótico m.

antibody ['æntɪ͵bɒdɪ] (pl -ies) n BIOL anticorpo m.

anticipate [æn'tɪsɪpeɪt] vt -1. [expect, experience prematurely] prever -2. [preempt] antecipar-se a.

anticipation [æn͵tɪsɪ'peɪʃn] n -1. [advance action] antecipação f -2. [expectation] expectativa f; **in ~ of** na expectativa de -3. [foresight] pressentimento m.

anticlimax [͵æntɪ'klaɪmæks] n [disappointment] anticlímax m.

anticlockwise [͵æntɪ'klɒkwaɪz] <> adj [direction] em sentido anti-horário. <> adv em sentido anti-horário.

antics ['æntɪks] npl -1. [of children, animals] palhaçadas fpl -2. pej [of politician etc] trapaças fpl.

anticyclone [͵æntɪ'saɪkləʊn] n METEOR anticiclone m.

antidepressant [͵æntɪdɪ'presnt] n [drug] antidepressivo m.

antidote ['æntɪdəʊt] n -1. [drug, medicine] antídoto m; **~ to sthg** antídoto contra algo -2. fig [relief] antídoto.

antifreeze ['æntɪfriːz] n anticongelante m.

antihistamine [͵æntɪ'hɪstəmɪn] <> adj anti-histamínico(ca). <> n anti-histamínico m.

antiperspirant [͵æntɪ'pɜːspərənt] n desodorante m.

antiquated ['æntɪkweɪtd] adj antiquado(da).

antique [æn'tiːk] <> adj [furniture, object] antigo(ga). <> n [piece of furniture, object] antiguidade f.

antique shop n loja f de antiguidades.

anti-Semitism [͵æntɪ'semɪtɪzm] n anti-semitismo m.

antiseptic [͵æntɪ'septɪk] <> adj anti-séptico(ca). <> n anti-séptico m.

antisocial [͵æntɪ'sǝʊʃl] adj anti-social.

antlers ['æntləz] npl cornos mpl.

anus ['eɪnəs] n ânus m.

anvil ['ænvɪl] n bigorna f.

anxiety [æŋ'zaɪǝtɪ] (pl -ies) n -1. [worry] ansiedade f -2. [cause of worry] angústia f -3. [keenness] anseio m.

anxious ['æŋkʃəs] adj -1. [worried] preocupado(da); **to be ~ about sb/sthg** estar preocupado(da) com alguém/algo -2. [keen]: **to be ~ to do sthg** estar ansioso(sa) por fazer algo; **to be ~ that** estar ansioso(sa) para que.

any ['enɪ] <> adj -1. (with negative) nenhum(ma); **I haven't got ~ money** não tenho dinheiro nenhum; **he never does ~ work** ele nunca faz trabalho algum -2. [some] (with sg n) algum(ma); (with pl n) alguns(mas); **can I be of ~ help?** posso ajudar (em algo)?; **have you got ~ money?** você tem algum dinheiro? -3. [no matter which] qualquer; **~ box will do** qualquer caixa serve. <> pron -1. (with negative) nenhum(ma); **I didn't buy ~ of them** não comprei nenhum deles **- 2.** [some] algum(ma); **do you have ~?** você tem (algum)? **- 3.** [no matter which one or ones] qualquer um (uma); **take ~ you like** pegue qualquer um que você queira. ◇ *adv* **- 1.** *(with negative):* **I don't want it ~ more** não quero mais isto; **I can't stand it ~ longer** não agüento mais isto **- 2.** [some, a little] um pouco; **is that ~ better/different?** está um pouco melhor/diferente?

anybody ['enɪ,bɒdɪ] *pron* = **anyone**.

anyhow ['enɪhaʊ] *adv* **- 1.** [in spite of that] assim mesmo **- 2.** [carelessly] de qualquer jeito **- 3.** [returning to topic in conversation] seja como for.

anyone ['enɪwʌn] *pron* **- 1.** *(in negative statements)* ninguém **- 2.** *(in questions)* alguém **- 3.** [someone] alguém **- 4.** [any person] qualquer pessoa.

anyplace *adv US* = **anywhere**.

anything ['enɪθɪŋ] *pron* **- 1.** *(in negative statements)* nada **- 2.** *(in questions)* algo **- 3.** [something] algo, qualquer coisa **- 4.** [any object, event] qualquer coisa.

anyway ['enɪweɪ] *adv* [in any case] de qualquer forma.

anywhere ['enɪweə'], **anyplace** *US* ['enɪpleɪs] *adv* **- 1.** *(in negative statements)* nenhum lugar **- 2.** *(in questions)* em/a algum lugar **- 3.** [any place] (em) qualquer lugar.

apart [ə'pɑːt] *adv* **- 1.** [separated in space] à parte, separadamente, distante; **we're living ~** estamos vivendo separados; **the houses were only a few yards ~ from each other** as casas ficavam a apenas algumas jardas de distância uma da outra; **I had to keep them ~** eu tinha que mantê-los à distância **- 2.** [to pieces] em pedaços **- 3.** [aside, excepted] à parte.

➡ **apart from** ◇ *prep* [except for] exceto, a não ser (por). ◇ *conj* [in addition to] além de.

apartheid [ə'pɑːtheɪt] *n* apartheid *m*.

apartment [ə'pɑːtmənt] *n* apartamento *m*.

apartment building *n* prédio *m* de apartamentos.

apathy ['æpəθɪ] *n* apatia *f*.

ape [eɪp] ◇ *n* [animal] macaco *m*, -ca *f*. ◇ *vt pej* [imitate] imitar.

aperitif [əperə'tiːf] *n* aperitivo *m*.

aperture ['æpə,tjʊə'] *n* abertura *f*.

apex ['eɪpeks] *(pl* **-es** *OR* **apices** *n* [top] ápice *m*.

Apex *(abbr of* **advance purchase excursion***) n UK* passagem comprada com antecedência e que oferece descontos.

apices ['eɪpɪsiːz] *pl* ⊏> **apex**.

apiece [ə'piːs] *adv* [each] cada.

apocalypse [ə'pɒkəlɪps] *n* apocalípse *m*.

apologetic [ə,pɒlə'dʒetɪk] *adj* arrependido(da); **to be ~ about sthg** estar arrependido(da) em relação a algo, desculpar-se por algo.

apologize, -ise [ə'pɒlədʒaɪz] *vi* [say sorry]: **to ~ to sb for sthg** pedir desculpas a alguém por algo.

apology [ə'pɒlədʒɪ] *(pl* **-ies***) n* [spoken, written] desculpa *f*.

apostle [ə'pɒsl] *n RELIG* apóstolo *m*.

apostrophe [ə'pɒstrəfɪ] *n GRAMM* apóstrofe *f*.

appal *(UK pt & pp* **-led***, cont* **-ling***)*, **appall** *US* [ə'pɔːl] *vt* [shock deeply] horrorizar.

appalling [ə'pɔːlɪŋ] *adj* **- 1.** [shocking] espantoso(sa) **- 2.** *inf* [very bad] terrível.

apparatus [,æpə'reɪtəs] *(pl inv OR* **-es***) n* **- 1.** [equipment] aparelho *m* **- 2.** [system, organization] organização *f*.

apparel [ə'pærəl] *n US* traje *m*.

apparent [ə'pærənt] *adj* aparente.

apparently [ə'pærəntlɪ] *adv* aparentemente.

appeal [ə'piːl] ◇ *vi* **- 1.** [request] apelar; **to ~ to sb for sthg** apelar a alguém por algo **- 2.** [to sb's honour, common sense]: **to ~ to sthg** apelar para algo **- 3.** [contest a decision or verdict] recorrer; **to ~ against sthg** recorrer contra algo **- 4.** [attract, interest]: **to ~ (to sb)** agradar a alguém. ◇ *n* **- 1.** [request] apelo *m* **- 2.** [contesting a decision or verdict] apelação *m* **- 3.** [charm, interest] encanto *m*.

appealing [ə'piːlɪŋ] *adj* [attractive] encantador(ra).

appear [ə'pɪə'] ◇ *vi* **- 1.** [gen] aparecer **- 2.** [act] atuar **- 3.** *JUR* comparecer. ◇ *vt* [seem]: **to ~ to be/do sthg** aparentar ser/fazer algo; **it would ~ that ...** pareceria que.

appearance [ə'pɪərəns] *n* **- 1.** [arrival] chegada *f* **- 2.** [becoming visible - of person] aparecimento *m*; [- of object] chegada *f*; [- of rash etc on skin] surgimento *m*; **to make an ~** aparecer **- 3.** [outward aspect] aparência *f* **- 4.** [bodily features] aspecto *m* **- 5.** [in play, film, onTV] participação *f*.

appease [ə'piːz] *vt* **- 1.** [placate] apaziguar **- 2.** [satisfy] saciar.

append [ə'pend] *vt fml* [add]: **to ~ sthg (to sthg)** anexar algo a algo.

appendices [ə'pendɪsiːz] *pl* ⊏> **appendix**.

appendicitis [ə,pendɪ'saɪtɪs] *n* apendicite *f*.

appendix [ə'pendɪks] (*pl* **-dixes** OR **-dices**) *n* apêndice *m*; **to have one's ~ out** OR **removed** sofrer a remoção do apêndice.

appetite ['æpɪtaɪt] *n* **-1.** [for food] apetite *m*; **~ for sthg** desejo por algo **-2.** *fig* [enthusiasm]: **~ for sthg** gosto por algo.

appetizer, -iser ['æpɪtaɪzə'] *n* [food] entrada *f*; [drink] aperitivo *m*.

appetizing, -ising ['æpɪtaɪzɪŋ] *adj* [food] apetitoso(sa).

applaud [ə'plɔːd] <> *vt* **-1.** [clap for] aplaudir **-2.** *fig* [approve] aplaudir. <> *vi* [clap] aplaudir.

applause [ə'plɔːz] *n* aplauso *m*.

apple ['æpl] *n* maçã *f*.

apple tree *n* macieira *f*.

appliance [ə'plaɪəns] *n* [device] utensílio *m*.

applicable [ə'plɪkəbl] *adj* apropriado(da); **~ to sb/sthg** apropriado(da) a alguém/algo.

applicant ['æplɪkənt] *n* candidato *m*, -ta *f*; **~ for sthg** [job] candidato(ta) a algo; [state benefit] pretendente a algo *m*.

application [ˌæplɪ'keɪʃn] *n* **-1.** [gen] aplicação *f* **-2.** [for job, college, club] inscrição *f*; **~ for sthg** inscrição para algo **-3.** COMPUT aplicativo *m*.

application form *n* ficha *f* de inscrição.

applied [ə'plaɪd] *adj* [science] aplicado(da).

apply [ə'plaɪ] (*pt* & *pp* **-ied**) <> *vt* **-1.** [rule, skill] aplicar **-2.** [paint, ointment] aplicar **-3.** [brakes] usar. <> *vi* **-1.** [for work, grant] candidatar-se; **to ~ for sthg** candidatar-se a algo; **to ~ to sb for sthg** recorrer a alguém para algo **-2.** [be relevant] aplicar-se; **to ~ to sb/ sthg** aplicar-se a alguém/algo.

appoint [ə'pɔɪnt] *vt* **-1.** [to job, position] nomear; **to ~ sb to/as sthg** nomear alguém para/como algo **-2.** *fml* [time, place] marcar.

appointment [ə'pɔɪntmənt] *n* **-1.** (*U*) [to job, position] nomeação *f* **-2.** [position] posição *f* **-3.** [with doctor, hairdresser, in business] hora *f* marcada; **to have an ~** ter uma hora marcada; **to make an ~** marcar uma hora; **the doctor only sees patients by ~** o médico só atende (pacientes) com hora marcada.

apportion [ə'pɔːʃn] *vt* [money, blame] dividir.

appraisal [ə'preɪzl] *n* [report, opinion] apreciação *f*.

appreciable [ə'priːʃəbl] *adj* [noticeable] apreciável.

appreciate [ə'priːʃɪeɪt] <> *vt* **-1.** [value] valorizar **-2.** [recognize, understand] re-

conhecer **-3.** [be grateful for] reconhecer. <> *vi* FIN [increase in value] valorizar.

appreciation [ə,priːʃɪ'eɪʃn] *n* **-1.** (*U*) [liking] apreciação *m* **-2.** (*U*) [recognition, understanding] reconhecimento *f* **-3.** (*U*) [gratitude] gratidão *m*.

appreciative [ə'priːʃɪətɪv] *adj* apreciativo(va).

apprehensive [ˌæprɪ'hensɪv] *adj* [anxious]: **~ (about sthg)** apreensivo(va) com algo.

apprentice [ə'prentɪs] *n* [trainee] aprendiz *mf*, estagiário(ria).

apprenticeship [ə'prentɪʃɪp] *n* estágio *m*.

approach [ə'prəʊtʃ] <> *n* **-1.** [arrival] chegada *f* **-2.** [way in, access] acesso *m* **-3.** [method] abordagem *m* **-4.** [proposal]: **to make an ~ to sb** fazer uma proposta a alguém. <> *vt* **-1.** [come near to] aproximar-se de **-2.** [speak to]: **to ~ sb about sthg** abordar alguém sobre algo; COMM sondar alguém sobre algo **-3.** [deal with] abordar **-4.** [approximate, reach] alcançar. <> *vi* aproximar-se.

approachable [ə'prəʊtʃəbl] *adj* acessível.

appropriate [*adj* ə'prəʊprɪət, *vb* ə'prəʊprɪeɪt] <> *adj* [suitable] apropriado(da). <> *vt* **-1.** [steal] apropriar-se de **-2.** [allocate] destinar.

approval [ə'pruːvl] *n* **-1.** [liking, admiration] aprovação *f* **-2.** [official agreement] sanção *f* **-3.** COMM: **on ~** sob condição.

approve [ə'pruːv] <> *vi*: **to ~ (of sb/ sthg)** ser a favor de alguém/algo. <> *vt* [ratify] aprovar.

approx. (*abbr of* **approximately**) aprox.

approximate [ə'prɒksɪmət] *adj* aproximado(da).

approximately [ə'prɒksɪmətlɪ] *adv* aproximadamente.

apricot ['eɪprɪkɒt] *n* [fruit] damasco *m*.

April ['eɪprəl] *n* abril *m*; *see also* **September**.

apron ['eɪprən] *n* [clothing] avental *m*.

apt [æpt] *adj* **-1.** [pertinent] adequado(da) **-2.** [likely]: **to be ~ to do sthg** costumar fazer algo.

aptitude ['æptɪtjuːd] *n* [skill] aptidão *f*; **to have an ~ for sthg** ter aptidão para algo.

aptly ['æptlɪ] *adv* [suitably] apropriadamente.

aqualung ['ækwəlʌŋ] *n* aqualung *m*.

aquarium [ə'kweərɪəm] (*pl* **-riums** OR **-ria** [-rɪə]) *n* aquário *m*.

Aquarius [ə'kweərɪəs] *n* **-1.** [sign] Aquário *m* **-2.** [person] aquariano *m*, -na *f*.

aquatic [ə'kwætɪk] *adj* aquático(ca).

aqueduct [ˈækwɪdʌkt] n aqueduto m.

Arab [ˈærəb] ⟩ adj árabe. ⟩ n [person, horse] árabe mf.

Arabian [əˈreɪbjən] ⟩ adj árabe. ⟩ n [person] árabe mf.

Arabic [ˈærəbɪk] ⟩ adj arábico(ca). ⟩ n [language] arábico m.

Arabic numeral n algarismo m arábico.

arable [ˈærəbl] adj cultivável.

arbitrary [ˈɑːbɪtrərɪ] adj [random] arbitrário(ria).

arbitration [ˌɑːbɪˈtreɪʃn] n arbitragem f; **to go to** ~ ir à arbitragem.

arcade [ɑːˈkeɪd] n arcada f.

arch [ɑːtʃ] ⟩ adj [knowing] travesso(sa). ⟩ n arco m. ⟩ vt [back, eyebrow] arquear. ⟩ vi arquear-se.

archaeologist [ˌɑːkɪˈɒlədʒɪst] n arqueólogo m, -ga f.

archaeology [ˌɑːkɪˈɒlədʒɪ] n arqueologia f.

archaic [ɑːˈkeɪɪk] adj -1. [ancient] arcaico(ca) -2. [old-fashioned] antiquado(da).

archbishop [ˌɑːtʃˈbɪʃəp] n arcebispo m.

archenemy [ˌɑːtʃˈenɪmɪ] (pl -ies) n arqui-inimigo m, -ga f.

archeology etc [ˌɑːkɪˈɒlədʒɪ] n = archaeology etc.

archer [ˈɑːtʃəʳ] n arqueiro m.

archery [ˈɑːtʃərɪ] n arco-e-flecha m.

archetypal [ˌɑːkɪˈtaɪpl] adj [typical] arquetípico(ca).

architect [ˈɑːkɪtekt] n -1. [of buildings] arquiteto m, -ta f -2. fig [of plan, event] idealizador m, -ra f.

architecture [ˈɑːkɪtektʃəʳ] n arquitetura f.

archives [ˈɑːkaɪvz] npl [of documents] arquivo m.

archway [ˈɑːtʃweɪ] n passagem f em arco.

Arctic [ˈɑːktɪk] ⟩ adj -1. GEOGR ártico(ca) -2. inf [very cold] gélido(da). ⟩ n: **the** ~ o Ártico.

ardent [ˈɑːdənt] adj [passionate] ardente.

arduous [ˈɑːdjʊəs] adj [difficult] árduo(a).

are [stressed ɑːʳ, unstressed əʳ] vb ⊳ be.

area [ˈeərɪə] n -1. [gen] área f -2. fig [approximate size, number]: **in the** ~ **of** ao redor de.

area code n US código m de área.

arena [əˈriːnə] n -1. SPORT estádio m -2. fig [area of activity] área f.

aren't [ɑːnt] = are not.

Argentina [ˌɑːdʒənˈtiːnə] n Argentina f.

Argentine [ˈɑːdʒəntaɪn], **Argentinian** [ˌɑːdʒənˈtɪnɪən] ⟩ adj argentino(na). ⟩ n [person] argentino m, -na f.

arguably [ˈɑːgjʊəblɪ] adv indubitavelmente.

argue [ˈɑːgjuː] ⟩ vi -1. [quarrel] discutir; **to** ~ **(with sb about sthg)** discutir (com alguém sobre algo) -2. [reason] argumentar; **to** ~ **for/against sthg** argumentar a favor/contra algo. ⟩ vt [case, point] afirmar; **to** ~ **that** afirmar que.

argument [ˈɑːgjʊmənt] n -1. [quarrel] discussão f; **to have an** ~ **(with sb)** ter uma discussão (com alguém) -2. [reason] argumento m -3. [reasoning] argumentação f.

argumentative [ˌɑːgjʊˈmentətɪv] adj questionador(ra).

arid [ˈærɪd] adj -1. [land] árido(da) -2. fig [subject, writing] árido(da).

Aries [ˈeəriːz] n -1. [sign] Áries f -2. [person] ariano(na).

arise [əˈraɪz] (pt arose, pp arisen [əˈrɪzn]) vi [appear] surgir; **to** ~ **from sthg** surgir de algo; **if the need** ~**s** se houver necessidade.

aristocrat [UK ˈærɪstəkræt, US əˈrɪstəkræt] n aristocrata mf.

arithmetic [əˈrɪθmətɪk] ⟩ adj aritmético(ca). ⟩ n aritmética f.

ark [ɑːk] n [ship] arca f.

arm [ɑːm] ⟩ n -1. [of person] braço m; ~ **in** ~ de braços dados; **to keep sb at** ~**'s length** fig manter alguém à distância; **to welcome sb/sthg with open** ~**s** fig receber alguém/algo de braços abertos; **to twist sb's** ~ fig forçar alguém a fazer algo; **to cost an** ~ **and a leg** fig custar os olhos da cara -2. [of garment] manga f -3. [of chair] braço m. ⟩ vt [with weapons] armar.

⬥ **arms** npl [weapons] armas fpl; **to take up** ~**s** pegar em armas; **to be up in** ~**s (about sthg)** estar furioso(sa) em relação a algo.

armaments [ˈɑːməmənts] npl [weapons] armamento m.

armband [ˈɑːmbænd] n braçadeira f.

armchair [ˈɑːmtʃeəʳ] n poltrona f.

armed [ɑːmd] adj -1. [with weapon] armado(da) -2. fig [with information]: ~ **with sthg** munido(da) de algo.

armed forces npl forças fpl armadas.

armhole [ˈɑːmhəʊl] n cava f.

armour UK, **armor** US [ˈɑːməʳ] n -1. [for person] armadura f -2. [for military vehicle] blindagem f.

armoured car [ɑːməd-] n MIL carro m blindado.

armoury UK (pl -ies), **armory** US (pl -ies) [ˈɑːmərɪ] n arsenal m.

armpit [ˈɑːmpɪt] n axila f.

armrest [ˈɑːmrest] n braço m.

arms control [ˈɑːmz-] n controle m armamentista.

army [ˈɑːmɪ] (pl -ies) n -1. MIL exército

m - **2.** *fig* [large group] exército *m*.
A road *n UK* rodovia principal.
aroma [ə'rəʊmə] *n* [smell] aroma *m*.
arose [ə'rəʊz] *pt* ▷ **arise**.
around [ə'raʊnd] ◇ *adv* - **1.** [about, around] por aí - **2.** [on all sides] ao redor - **3.** [in circular movement] ao redor - **4.** *phr:* **to have been** ◇ *inf* ter experiência. ◇ *prep* - **1.** [encircling] ao redor de - **2.** [through, throughout] por todo(da) - **3.** [near] perto - **4.** [approximately] cerca de.
arouse [ə'raʊz] *vt* - **1.** [excite - feeling] provocar; [- person] estimular - **2.** [wake] despertar.
arrange [ə'reɪndʒ] *vt* - **1.** [flowers, books, furniture] arrumar - **2.** [event, meeting, party] organizar; **to ~ to do sthg** combinar para fazer algo - **3.** *MUS* fazer um arranjo.
arrangement [ə'reɪndʒmənt] *n* - **1.** [agreement] acordo *m*; **to come to an ~** chegar a um acordo - **2.** [of objects] arranjo *m* - **3.** *MUS* arranjo *m*.
➧ **arrangements** *npl* providências *fpl*.
array [ə'reɪ] ◇ *n* [of objects, people, ornaments] série *f*. ◇ *vt* [ornaments] enfeitar.
arrears [ə'rɪəz] *npl* [money owed] dívida *f*; **in ~** [retrospectively] retroativamente; [late] em atraso.
arrest [ə'rest] ◇ *n* [by police] prisão *f*; **under ~** preso(sa). ◇ *vt* - **1.** [subj: police] prender - **2.** *fml* [sb's attention] prender - **3.** *fml* [stop] deter.
arrival [ə'raɪvl] *n* [gen] chegada *f*; **late ~** [of train, bus, mail] chegada atrasada; **new ~** [person] recém-chegado(da); [baby] recém-nascido(da).
arrive [ə'raɪv] *vi* - **1.** [gen] chegar; **to ~ at a conclusion/decision** chegar a uma conclusão/decisão - **2.** [baby] nascer.
arrogant ['ærəgənt] *adj* arrogante.
arrow ['ærəʊ] *n* - **1.** [weapon] flecha *f* - **2.** [symbol] seta *f*.
arse *UK* [ɑːs], **ass** *US* [æs] *n vulg* [bottom] bunda *f*.
arsenic ['ɑːsnɪk] *n* arsênico *m*.
arson ['ɑːsn] *n* incêndio *m* premeditado.
art [ɑːt] *n* (*U*) arte *f*. ◇ *comp* de artes.
➧ **arts** *npl* - **1.** *SCH & UNIV* [humanities] artes *fpl* - **2.** [fine arts]: **the ~s** as belas artes.
artefact ['ɑːtɪfækt] *n* = **artifact**.
artery ['ɑːtərɪ] (*pl* -**ies**) *n* artéria *f*.
art gallery *n* - **1.** [public] museu *m* de arte - **2.** [for selling paintings] galeria *f* de arte.
arthritis [ɑː'θraɪtɪs] *n* artrite *f*.
artichoke ['ɑːtɪtʃəʊk] *n* alcachofra *f*.
article ['ɑːtɪkl] *n* artigo *m*.
articulate [*adj* ɑː'tɪkjʊlət, *vb* ɑː'tɪkjʊleɪt]

◇ *adj* [eloquent - person] articulado(da); [- speech] claro(ra). ◇ *vt* [give clear expression to] articular.
articulated lorry [ɑː'tɪkjʊleɪtɪd-] *n UK* caminhão *m* articulado.
artifact ['ɑːtɪfækt] *n* artefato *m*.
artificial [ˌɑːtɪ'fɪʃl] *adj* artificial.
artillery [ɑː'tɪlərɪ] *n* [guns] artilharia *f*.
artist ['ɑːtɪst] *n* artista *mf*.
artiste [ɑː'tiːst] *n* artista *mf*.
artistic [ɑː'tɪstɪk] *adj* artístico(ca).
artistry ['ɑːtɪstrɪ] *n* [creative skill] talento *m* artístico.
artless ['ɑːtlɪs] *adj* [naive, simple] ingênuo(nua), simples.
as [*stressed* æz, *unstressed* əz] ◇ *conj* - **1.** [referring to time] enquanto; **she rang (just) ~ I was leaving** ela ligou (bem) na hora em que eu estava saindo; **~ time goes by** com o passar do tempo - **2.** [referring to manner, way] como; **do ~ I say** faça como eu digo - **3.** [introducing a statement] como; **~ you know, ...** como você sabe - **4.** [because] como. ◇ *prep* - **1.** [referring to function, characteristic]: **he lived in Africa ~ a boy** ele viveu na África quando garoto; **she works ~ a nurse** ela trabalha como enfermeira - **2.** [referring to attitude, reaction] como. ◇ *adv* (*in comparisons*): **~ ... ~** tão ... quanto; **~ red ~ a tomato** tão vermelho quanto um tomate; **he's ~ tall ~ I am** ele é tão alto quanto eu; **~ much/many ~** tanto ... quanto; **~ much wine/chocolate ~ you want** tanto vinho/chocolate quanto você queira.
➧ **as for, as to** *prep* quanto a.
➧ **as from, as of** *prep* a partir de.
➧ **as if, as though** *conj* como se.
➧ **as to** *prep* sobre.
asap (*abbr of* as soon as possible) o mais rápido possível.
asbestos [æs'bestəs] *n* asbesto *m*.
ascend [ə'send] ◇ *vt fml* [hill, staircase, ladder] subir. ◇ *vi* [climb] subir, elevar-se.
ascendant [ə'sendənt] *n*: **to be in the ~** [rising in power] estar em ascensão.
ascent [ə'sent] *n* - **1.** [climb] escalada *f* - **2.** [upward slope] subida *f* - **3.** (*U*) *fig* [progress] escalada *f*.
ascertain [ˌæsə'teɪn] *vt* averiguar.
ascribe [ə'skraɪb] *vt* [attribute]: **to ~ sthg to sthg/sb** atribuir algo a algo/alguém.
ash [æʃ] *n* - **1.** [from cigarette, fire] cinza *f* - **2.** [tree] freixo *m*.
ashamed [ə'ʃeɪmd] *adj* [embarrassed] envergonhado(da); **to be ~ of sb/sthg** estar envergonhado(da) por alguém/algo; **to be ~ to do sthg** estar com vergonha de fazer algo.

ashen-faced [ˈæʃn̩feɪst] *adj* pálido(da).

ashore [əˈʃɔːʳ] *adv* [go, swim] em direção à costa.

ashtray [ˈæʃtreɪ] *n* cinzeiro *m*.

Ash Wednesday *n* Quarta-feira *f* de Cinzas.

Asia [ˈeɪʒə] *n* Ásia *f*.

Asian [ˈeɪʒn] <> *adj* asiático(ca). <> *n* [person] asiático *m*, -ca *f*.

aside [əˈsaɪd] <> *adv* -1. [to one side] para o lado; **to take sb** ~ chamar alguém à parte -2. [apart] à parte; ~ **from** com exceção de. <> *n* -1. [in play] aparte *m* -2. [remark] observação *f*.

ask [ɑːsk] <> *vt* -1. [question] perguntar; **to** ~ **sb sthg** perguntar algo a alguém -2. [enquire] perguntar; **to** ~ **a question** fazer uma pergunta -3. [request] pedir; **to** ~ **sb for sthg** pedir algo a alguém; **to** ~ **sb to do sthg** pedir a alguém para fazer algo -4. [invite] convidar -5. [set a price of]: **how much are they asking?** quanto estão pedindo? <> *vi* -1. [enquire] perguntar -2. [request] pedir.
➤ **ask after** *vt fus*: **to** ~ **after sb** perguntar por alguém.
➤ **ask for** *vt fus* -1. [person] pedir por, chamar por -2. [thing] pedir por.

askance [əˈskæns] *adv* [disapprovingly]: **to look** ~ **at sb/sthg** olhar alguém/algo com desconfiança, olhar de soslaio para alguém/algo.

askew [əˈskjuː] *adj* [not straight] torto(ta).

asking price [ˈɑːskɪŋ-] *n* [for house, car, item in sale] preço *m* estipulado.

asleep [əˈsliːp] *adj* [sleeping] adormecido(da); **to fall** ~ pegar no sono.

asparagus [əˈspærəɡəs] *n* aspargo *m*.

aspect [ˈæspekt] *n* -1. aspecto *m* -2. ARCHIT posição *f*.

aspersions [əˈspɜːʃnz] *npl* : **to cast** ~ **(on sb)** levantar calúnias (sobre alguém); **to cast** ~ **(on sthg)** levantar suspeitas (sobre algo).

asphalt [ˈæsfælt] *n* asfalto *m*.

asphyxiate [əsˈfɪksɪeɪt] *vt* asfixiar.

aspiration [ˌæspəˈreɪʃn] *n* aspiração *f*.

aspire [əˈspaɪəʳ] *vi*: **to** ~ **to sthg/to do sthg** aspirar algo/fazer algo.

aspirin [ˈæsprɪn] *n* aspirina *f*.

ass [æs] *n* -1. [donkey] jumento *m* -2. UK *inf* [idiot] burro *m*, -ra *f* -3. US *vulg* = **arse**.

assailant [əˈseɪlənt] *n* [attacker] agressor *m*, -ra *f*.

assassin [əˈsæsɪn] *n* assassino *m*, -na *f*.

assassinate [əˈsæsɪneɪt] *vt* assassinar; **to be** ~ **ed** ser assassinado(da).

assassination [əˌsæsɪˈneɪʃn] *n* assassinato *m*.

assault [əˈsɔːlt] <> *n* -1. MIL ataque *m*;

~ **on sthg** ataque a algo -2. [physical attack] agressão *f*; ~ **on sb** agressão a alguém. <> *vt* [attack - physically] agredir; [- sexually] violentar, estuprar.

assemble [əˈsembl] <> *vt* -1. [gather] reunir -2. [fit together] montar. <> *vi* [gather] reunir.

assembly [əˈsemblɪ] (*pl* **-ies**) *n* -1. [meeting] reunião *f* -2. [law-making body] assembléia *f*, parlamento *m* -3. (*U*) [gathering together] assembléia *f* -4. (*U*) [fitting together] montagem *f*.

assembly line *n* linha *f* de montagem.

assent [əˈsent] <> *n* [agreement] acordo *m*, aprovação *f*. <> *vi* concordar; **to** ~ **to sthg** aceitar algo.

assert [əˈsɜːt] *vt* -1. [fact, belief] afirmar -2. [authority] impor.

assertive [əˈsɜːtɪv] *adj* positivo(va).

assess [əˈses] *vt* -1. [judge] avaliar -2. [estimate] estimar.

assessment [əˈsesmənt] *n* -1. [judgment] avaliação *f* -2. [estimate] estimativa *f*.

assessor [əˈsesəʳ] *n* FIN analista *mf*.

asset [ˈæset] *n* ativo *m*.
➤ **assets** *npl* COMM ativos *mpl*; ~ **s and liabilities** ativo *m* e passivo.

assign [əˈsaɪn] *vt* -1. [allot, allocate]: **to** ~ **sthg (to sb/sthg)** designar algo (a alguém/algo) -2. [appoint]: **to** ~ **sb (to sthg/to do sthg)** designar alguém (para algo/fazer algo).

assignment [əˈsaɪnmənt] *n* -1. [task] tarefa *f* -2. (*U*) [act of appointing] designação *f* -3. [law] partilha *f*, transferência *f* de bens.

assimilate [əˈsɪmɪleɪt] *vt* -1. [ideas, facts] assimilar -2. [people]: **to** ~ **sb (into sthg)** absorver alguém (em algo) -3. [nutrients, food] absorver.

assist [əˈsɪst] *vt* [help] auxiliar; **to** ~ **sb with sthg/in doing sthg** auxiliar alguém em algo/a fazer algo.

assistance [əˈsɪstəns] *n* [help] auxílio *m*, ajuda *f*; **to be of** ~ **(to sb)** ser de alguma ajuda (para alguém).

assistant [əˈsɪstənt] <> *n* -1. [helper] assistente *mf* -2. [in shop] balconista *mf*, atendente *mf*. <> *comp* assistente *mf*; ~ **manager** gerente adjunto.

assistant referee *n* árbitro *m* assistente, -tra assistente *f*.

associate [*adj & n* əˈsəʊʃɪət, *vb* əˈsəʊʃɪeɪt] <> *adj* [member] associado(da). <> *n* [business partner] sócio *m*, -cia *f*. <> *vt* [connect] associar-se; **to** ~ **o.s. with sb/sthg** associar-se a alguém/algo; **to** ~ **sthg with sb/sthg** associar algo a alguém/algo; **to be** ~ **d with sb/sthg** ser associado a alguém/algo. <> *vi*: **to** ~ **with sb** relacionar-se com alguém.

association [əˌsəʊsɪˈeɪʃn] *n* -1. [organization] associação f - **2.** (U) [relationship, of ideas] associação f; **in ~ with** sb/sthg em associação com alguém/algo.

assorted [əˈsɔːtɪd] adj [of various types] sortido(da), variado(da).

assortment [əˈsɔːtmənt] n [mixture] diversidade f.

assume [əˈsjuːm] vt - **1.** [suppose] supor - **2.** [take on] assumir.

assumed name [əˈsjuːmd-] n nome m falso.

assuming [əˈsjuːmɪŋ] conj: **~ that** supondo que.

assumption [əˈsʌmpʃn] n [supposition] suposição f.

assurance [əˈʃʊərəns] n - **1.** [promise] promessa f - **2.** (U) [confidence] segurança f - **3.** (U) FIN [insurance] seguro m.

assure [əˈʃʊəˈ] vt [reassure] assegurar; **to ~ sb of sthg** assegurar alguém de algo; **to be ~d of sthg** [be certain] estar seguro(ra de algo).

assured [əˈʃʊəd] adj [confident] autoconfiante.

asterisk [ˈæstərɪsk] n asterisco m.

astern [əˈstɜːn] adv NAUT à popa.

asthma [ˈæsmə] n asma f.

astonish [əˈstɒnɪʃ] vt [amaze] surpreender.

astonishment [əˈstɒnɪʃmənt] n espanto m, surpresa f.

astound [əˈstaʊnd] vt [amaze] pasmar.

astray [əˈstreɪ] adv: **to go ~** [become lost] extraviar-se; **to lead sb ~** fig [into bad ways] levar alguém para o mal caminho.

astride [əˈstraɪd] prep: **sitting ~ a horse** montado(da) em um cavalo; **sitting ~ a chair** sentado(da) numa cadeira com uma perna de cada lado.

astrology [əˈstrɒlədʒɪ] n astrologia f.

astronaut [ˈæstrənɔːt] n astronauta mf.

astronomical [ˌæstrəˈnɒmɪkl] adj - **1.** ASTRON astronômico(ca) - **2.** inf fig [very large] astronômico(ca).

astronomy [əˈstrɒnəmɪ] n astronomia f.

astute [əˈstjuːt] adj [shrewd] perspicaz.

asylum [əˈsaɪləm] n - **1.** dated [mental hospital] hospício m - **2.** (U) [protection] asilo m.

at [stressed æt, unstressed ət] prep - **1.** [indicating place, position] em; **~ work** no trabalho; **~ my father's** na casa do meu pai; **~ home** em casa; **~ the top of the house** em cima de casa; **~ the bottom of the hill** ao pé da colina - **2.** [indicating direction] para, em direção a; **to smile ~ sb** sorrir para alguém; **to stare ~ sb/sthg** olhar para alguém/algo; **to shoot ~ sb/sthg** atirar em (direção a) alguém/algo - **3.** [indicating

a particular time] em; **~ midnight/noon** à meia-noite, ao meio-dia; **~ eleven o'clock** às onze horas; **~ Christmas** no Natal; **~ night** à noite - **4.** [indicating age, speed, rate] a, em; **~ your age** na sua idade; **~ high speed** em alta velocidade; **~ 52 (years of age)** aos 52 anos (de idade); **~ 100 mph** a 100 milhas por hora - **5.** [indicating price] a; **~ £50** a OR por 50 libras - **6.** [indicating particular state, condition] a, em; **~ liberty** em liberdade; **~ my invitation** a meu convite; **~ peace/war** em paz/guerra; **~ lunch/dinner** no almoço/jantar - **7.** (after adjectives) com; **amused/appalled/puzzled ~ sthg** entretido(da)/apavorado(da)/embaraçado(da) com algo; **to be bad/good ~ sthg** ser ruim/bom (boa) em algo.

→ **at all** adv - **1.** (with negative): **not ~ all** [when thanked] não há de que; [when answering a question] de forma alguma; **she's not ~ all happy** ela não está nem um pouco feliz - **2.** [in the slightest]: **anything ~ all will do** qualquer coisa está bem; **do you know her ~ all?** você a conhece de algum lugar?

ate [UK et, US eɪt] pt ▷ **eat.**

atheist [ˈeɪθɪɪst] n ateu m, -téia f.

Athens [ˈæθɪnz] n Atenas; **in ~** em Atenas.

athlete [ˈæθliːt] n atleta mf.

athletic [æθˈletɪk] adj atlético(ca).

→ **athletics** npl atletismo m.

Atlantic [ətˈlæntɪk] ◇ adj atlântico(ca). ◇ n: **the ~ (Ocean)** o (Oceano) Atlântico.

atlas [ˈætləs] n atlas m inv.

atmosphere [ˈætmə͵sfɪəˈ] n atmosfera f.

atmospheric [ˌætməsˈferɪk] adj - **1.** [relating to the atmosphere] atmosférico(ca) - **2.** [attractive, mysterious] envolvente.

atom [ˈætəm] n - **1.** TECH átomo m - **2.** fig [tiny amount] ponta f pingo m.

atom bomb n bomba f atômica.

atomic [əˈtɒmɪk] adj atômico(ca).

atomic bomb n = atom bomb.

atomizer, -iser [ˈætəmaɪzəˈ] n vaporizador m.

atone [əˈtəʊn] vi: **to ~ for sthg** redimir-se por algo.

A to Z n A a Z m.

atrocious [əˈtrəʊʃəs] adj - **1.** [cruel] desumano(na), atroz - **2.** [very bad] atroz.

atrocity [əˈtrɒsətɪ] (pl -ies) n [terrible act] atrocidade f.

attach [əˈtætʃ] vt - **1.** [fasten] prender; **to ~ sthg to sthg** prender algo em algo - **2.** [to document] anexar; **to ~ sthg to sthg** anexar algo a algo - **3.** [importance, blame] atribuir; **to ~ sthg to sthg** atribuir algo a algo - **4.** COMPUT atachar, anexar.

attaché case [ə'tæʃeɪ-] n pasta f.

attached [ə'tætʃt] adj [fond]: ~ **to sb/ sthg** apegado(da) a alguém/algo.

attachment [ə'tætʃmənt] n - **1.** [device] dispositivo m - **2.** [fondness]: ~ **(to sb/ sthg)** apego (a alguém/algo) - **3.** COMPUT anexo m.

attack [ə'tæk] ◇ n - **1.** [gen] ataque f; ~ **on sb/sthg** ataque contra OR a alguém/algo - **2.** [physical, verbal] agressão f; ~ **on sb** agressão a alguém ◇ vt - **1.** [gen] atacar - **2.** [physically, verbally] agredir. ◇ vi atacar.

attacker [ə'tækəʳ] n - **1.** [assailant] agressor m, -ra f - **2.** SPORT atacante mf.

attain [ə'teɪn] vt [reach] atingir.

attainment [ə'teɪnmənt] n - **1.** (U) [act of achieving] conquista f - **2.** [skill] capacitação f, qualificação f.

attempt [ə'tempt] ◇ n [try] tentativa m; ~ **at sthg** tentativa de fazer algo; ~ **on sb's life** atentado contra a vida de alguém. ◇ vt [try] tentar; **to** ~ **to do sthg** tentar fazer algo.

attend [ə'tend] ◇ vt - **1.** [meeting, party] comparecer - **2.** [school, church] freqüentar. ◇ vi - **1.** [be present] comparecer - **2.** [pay attention]: **to** ~ **(to sthg)** prestar atenção (a algo).
➡ **attend to** vt fus - **1.** [deal with] cuidar de - **2.** [look after] atender a.

attendance [ə'tendəns] n - **1.** [number of people present] audiência f - **2.** (U) [presence] presença f.

attendant [ə'tendənt] ◇ adj [accompanying] relacionado(da). ◇ n [at museum, petrol station] atendente mf.

attention [ə'tenʃn] ◇ n - **1.** [gen] atenção f; **to attract sb's** ~ atrair a atenção de alguém; **to bring sthg to sb's** ~, **to draw sb's** ~ **to sthg** chamar a tenção de alguém para algo; **to pay** ~ **to sb/sthg** prestar atenção a alguém/ /algo - **2.** [care] atenção f, cuidados mpl - **3.** COMM: **for the** ~ **of** aos cuidados de. ◇ excl MIL sentido!

attentive [ə'tentɪv] adj - **1.** [paying attention] atento(ta) - **2.** [politely helpful] atencioso(sa).

attic ['ætɪk] n sótão m.

attitude ['ætɪtjuːd] n - **1.** [way of thinking/ acting] atitude f; ~ **to(wards) sb/sthg** atitude frente a alguém/algo - **2.** [posture] postura f.

attn (abbr of for the attention of) a/c.

attorney [ə'tɜːnɪ] n US [lawyer] advogado m, -da f.

attorney general (pl attorneys general) n procurador m, -ra f público, -ca f.

attract [ə'trækt] vt atrair.

attraction [ə'trækʃn] n - **1.** (U) [liking] atração f; ~ **to sb** atração por alguém - **2.** (U) [appeal, charm] graça f - **3.** [attractive feature, event] atração f.

attractive [ə'træktɪv] adj atraente.

attribute [vb ə'trɪbjuːt, n 'ætrɪbjuːt] vt: **to** ~ **sthg to sb/sthg** atribuir algo a alguém/algo. ◇ n [quality] atributo m.

attrition [ə'trɪʃn] n desgaste m.

aubergine ['əʊbəʒiːn] n UK beringela f.

auburn ['ɔːbən] adj [hair] castanho avermelhado(da).

auction ['ɔːkʃn] ◇ n [sale] leilão m; **at** OR **by** ~ em leilão; **to put sthg up for** ~ pôr algo em leilão. ◇ vt leiloar.
➡ **auction off** vt sep leiloar.

auctioneer [,ɔːkʃə'nɪəʳ] n leiloeiro m, -ra f.

audacious [ɔː'deɪʃəs] adj [daring, impudent] audacioso(sa).

audible ['ɔːdəbl] adj audível.

audience ['ɔːdjəns] n - **1.** [of play, film, TV programme] platéia f - **2.** [formal meeting] audiência f.

audio-visual ['ɔːdɪəʊ-] adj audiovisual.

audit ['ɔːdɪt] ◇ n [of accounts] auditoria f. ◇ vt [accounts] auditorar.

audition [ɔː'dɪʃn] n audição f.

auditor ['ɔːdɪtəʳ] n [of accounts] auditor m, -ra f.

auditorium [,ɔːdɪ'tɔːrɪəm] (pl -riums OR -ria [-rɪə]) n auditório m.

augur ['ɔːgəʳ] vi: **to** ~ **well/badly** ser um bom/mau sinal.

August ['ɔːgəst] n agosto m; see also September.

Auld Lang Syne [,ɔːldlæŋ'saɪn] n canção escocesa tradicionalmente cantada no ano-novo.

aunt [ɑːnt] n tia f.

auntie, aunty ['ɑːntɪ] (pl -ies) n inf titia f.

au pair [,əʊ'peəʳ] n au pair mf.

aura ['ɔːrə] n aura f.

aural ['ɔːrəl] adj auditivo(va), auricular.

auspices ['ɔːspɪsɪz] npl: **under the** ~ **of** sob o patrocínio de.

auspicious [ɔː'spɪʃəs] adj [promising] promissor(ra).

Aussie ['ɒzɪ] inf ◇ adj australiano(-na). ◇ n australiano m, -na f.

austere [ɒ'stɪəʳ] adj - **1.** [person, life] duro(ra), austero(ra) - **2.** [room, building] austero(ra).

austerity [ɒ'sterətɪ] n austeridade f.

Australia [ɒ'streɪljə] n Austrália f.

Australian [ɒ'streɪljən] ◇ adj australiano(na). ◇ n australiano m, -na f.

Austria ['ɒstrɪə] n Áustria f.

Austrian ['ɒstrɪən] ◇ adj austríaco(-ca). ◇ n austríaco m, -ca f.

authentic [ɔː'θentɪk] adj - **1.** [genuine]

autêntico(ca) **-2.** [accurate] fidedigno(-na).

author ['ɔ:θəˀ] n autor m, -ra f.

authoritarian [ɔ:ˌθɒrɪ'teərɪən] adj autoritário(ria).

authoritative [ɔ:'θɒrɪtətɪv] adj **-1.** [person, voice] autoritário(ria) **-2.** [report] oficial.

authority [ɔ:'θɒrətɪ] (pl -ies) n **-1.** [gen] autoridade f; ~ **on sthg** autoridade em algo **-2.** (U) [power] autoridade f; **in** ~ com autoridade **-3.** (U) [permission] autorização f.

➡ **authorities** npl [people in power]: **the authorities** as autoridades.

authorize, -ise ['ɔ:θəraɪz] vt autorizar; **to** ~ **sb to do sthg** autorizar alguém a fazer algo.

autistic [ɔ:'tɪstɪk] adj autista.

auto ['ɔ:təʊ] (pl -s) n US [car] auto m.

autobiography [ˌɔ:təbaɪ'ɒɡrəfɪ] (pl -ies) n autobiografia f.

autocratic [ˌɔ:tə'krætɪk] adj autocrático(ca).

autograph ['ɔ:təɡrɑ:f] <> n autógrafo m. <> vt autografar.

automate ['ɔ:təmeɪt] vt automatizar.

automatic [ˌɔ:tə'mætɪk] <> adj **-1.** [gen] automático(ca) **-2.** [fine, right of appeal] imediato(ta). <> n **-1.** [car] carro m automático **-2.** [gun] pistola f automática **-3.** [washing machine] máquina f de lavar automática.

automatically [ˌɔ:tə'mætɪklɪ] adv automaticamente.

automation [ˌɔ:tə'meɪʃn] n [of process] automação f, automatização f.

automobile ['ɔ:təməbi:l] n US [car] automóvel m.

autonomy [ɔ:'tɒnəmɪ] n autonomia f.

autopsy ['ɔ:tɒpsɪ] (pl -ies) n autópsia f.

autumn ['ɔ:təm] n outono m.

auxiliary [ɔ:g'zɪljərɪ] (pl -ies) <> adj auxiliar. <> n [person] auxiliar mf.

avail [ə'veɪl] <> n: **to no** ~ em vão. <> vt: **to** ~ **o.s. of sthg** aproveitar-se de algo.

available [ə'veɪləbl] adj disponível.

avalanche ['ævəlɑ:nʃ] n avalanche f.

avarice ['ævərɪs] n avareza f.

Ave. (abbr of avenue) Av.

avenge [ə'vendʒ] vt vingar.

avenue ['ævənju:] n [wide road] avenida f.

average ['ævərɪdʒ] <> adj **-1.** [mean] média(dio) **-2.** [typical] comum **-3.** pej [mediocre] mediano(na). <> n [mean] média f; **on** ~ em média. <> vt [speed, distance, quantity]: **they** ~ **300 cars a day** eles atingem uma média de 300 carros por dia.

➡ **average out** vi: **to** ~ **out at** chegar à média de.

aversion [ə'vɜ:ʃn] n [dislike] aversão f; ~ **to sthg** aversão a algo.

avert [ə'vɜ:t] vt [avoid] evitar.

aviary ['eɪvjərɪ] (pl -ies) n aviário m.

avid ['ævɪd] adj [keen] ávido(da); ~ **for sthg** ávido(da) de/por algo.

avocado [ˌævə'kɑ:dəʊ] (pl -s OR -es) n: ~ **(pear)** abacate m.

avoid [ə'vɔɪd] vt evitar; **to** ~ **doing sthg** evitar fazer algo.

await [ə'weɪt] vt **-1.** [wait for] esperar **-2.** [be ready for] estar pronto(ta) para.

awake [ə'weɪk] (pt **awoke** OR **awaked**, pp **awoken**) <> adj [not sleeping] acordado(da). <> vt **-1.** [wake up] acordar **-2.** fig [provoke] despertar. <> vi [wake up] acordar.

awakening [ə'weɪknɪŋ] n **-1.** [from sleep] despertar m **-2.** fig [of feeling] despertar m.

award [ə'wɔ:d] <> n [prize] prêmio m. <> vt [give] premiar; **to** ~ **sthg to sb, to** ~ **sthg to sb** conceder algo a alguém.

aware [ə'weəˀ] adj **-1.** [conscious]: ~ **of sthg** consciente de algo; ~ **that** ciente de que **-2.** [informed, sensitive] consciente; ~ **of sthg** informado(da) sobre algo.

awareness [ə'weənɪs] n consciência f.

awash [ə'wɒʃ] adj: ~ **(with sthg)** cheio(a) (de algo).

away [ə'weɪ] <> adv **-1.** [indicating movement] embora; ~ **from** longe de; **to look/turn** ~ virar-se **-2.** [at a distance - in space]: **she lives 3 miles** ~ ela mora a três milhas daqui; **we live 4 miles** ~ **from the city centre** moramos a 4 milhas do centro da cidade; [- in time]: **the exams were only two days** ~ faltavam apenas dois dias para os exames **-3.** [separate from]: **to be kept** ~ **from sthg** ser mantido(da) afastado(da) de algo; **to give sthg** ~ dar algo; **to take sthg** ~ levar algo **-4.** [absent]: **to be** ~ estar fora **-5.** [in a safe place]: **to put sthg** ~ guardar algo **-6.** [indicating disappearance, cessation]: **the stain has faded** ~ a mancha desapareceu; **the wood had rotted** ~ a madeira tinha apodrecido **-7.** [continuously]: **to sing/work** ~ cantar/trabalhar sem parar. <> adj SPORT: ~ **team** time m visitante; ~ **game** jogo fora de casa.

awe [ɔ:] n temor m; **to be in** ~ **of sb** estar intimidada(da) por alguém.

awesome ['ɔ:səm] adj [impressive] terrível.

awful ['ɔ:fʊl] adj **-1.** [terrible] horrível **-2.** inf [very great]: **to have an** ~ **lot of work to do** ter um bocado de coisas para fazer.

awfully ['ɔ:flɪ] adv inf [very] pra caramba; **to be ~ difficult** ser difícil pra caramba.

awhile [ə'waɪl] adv literary durante um tempo.

awkward ['ɔːkwəd] adj -1. [clumsy] desajeitado(da) -2. [embarrassing] embaraçoso(sa) -3. [embarrassed]: **to feel ~** sentir-se embaraçado(da) -4. [difficult to deal with] complicado(da) -5. [inconvenient] inadequado(da).

awning ['ɔːnɪŋ] n -1. [of tent] cobertura f -2. [of shop] toldo m.

awoke [ə'wəʊk] pt ⊳ awake.

awoken [ə'wəʊkn] pp ⊳ awake.

awry [ə'raɪ] <> adj [twisted] desajeitado(da). <> adv: **to go ~** [wrong] dar errado.

axe UK, **ax** US [æks] <> n machado m. <> vt [project, jobs] cortar.

axes ['æksiːz] pl ⊳ axis.

axis ['æksɪs] (pl axes) n eixo m.

axle ['æksl] n [shaft] eixo m.

aye [aɪ] <> adv [yes] sim. <> n [affirmative vote] sim m.

azalea [ə'zeɪljə] n azaléia f.

Azores [ə'zɔːz] npl: **the ~** os Açores.

B

b (pl b's OR bs), **B** (pl B's OR Bs) [biː] n [letter] b, B m.

⬥ **B** n -1. MUS si m -2. SCH [mark] B m.

BA n (abbr of **Bachelor of Arts**) titular de graduação em ciências humanas.

babble ['bæbl] <> n [noise] balbucio m. <> vi [person] balbuciar.

baboon [bə'buːn] n [animal] babuíno m.

baby ['beɪbɪ] (pl -ies) n -1. [child] bebê mf, nenê mf -2. pej [feeble person]: **don't be such a ~!** não seja tão criança! -3. esp US inf [term of affection] pequeno(na).

baby buggy UK, **baby carriage** US n [foldable pushchair] carrinho m de bebê

baby food n comida f de nenê.

baby-sit vi tomar conta de crianças, trabalhar como babá.

baby-sitter [-'sɪtə^r] n babá f, babysitter f.

bachelor ['bætʃələ^r] n [unmarried man] solteirão m; **confirmed ~** solteirão convicto.

Bachelor of Arts n bacharelado em Artes, Ciências Humanas ou Sociais.

Bachelor of Science n [person] Bacha-

rel m em Ciências; [degree] bacharelado m em ciências.

back [bæk] <> adj (in compounds) -1. [rear] traseiro(ra); **~ legs** patas traseiras -2. [at the back] dos fundos; **~ seat** assento de trás; **~ garden** jardim dos fundos -3. [overdue] atrasado(da). <> adv -1. [backwards] para trás -2. [indicating return to former position or state] de volta; **is he ~ yet?** ele já está de volta?, ele já voltou?; **to go ~ to sleep** voltar a dormir; **to go ~ and forth** ficar indo e vindo -3. [earlier]: **~ in January** em janeiro passado -4. [in reply, in return] de volta; **to phone ~** ligar de volta; **to pay ~** reembolsar; **to write ~** responder -5. [in fashion again]: **to be ~ (in fashion)** estar de volta (à moda). <> n -1. [of person, animal] costas fpl; **to do sthg behind sb's ~** fazer algo pelas costas de alguém -2. [reverse side - of page, envelope] verso m; [- of head] parte f de trás, parte f anterior -3. [furthest point away from front - of room] fundos mpl; [- of cupboard, fridge]: **in the ~ of the fridge** na parte de trás geladeira; [- of car] traseira f; [- of chair] encosto m; **at the ~ of, in the ~ of** US atrás de -4. SPORT [player] zagueiro(ra). <> vt -1. [reverse] recuar -2. [support] apoiar -3. [bet on] apostar. <> vi [reverse] retornar; **to ~ into sthg** [walking] voltar-se para algo; [in vehicle] entrar de ré em algo.

⬥ **back to back** adv [with backs touching]: **to stand ~ to ~** ficar costas com costas.

⬥ **back to front** adv [the wrong way round] de trás para frente, ao contrário.

⬥ **back down** vi voltar atrás.

⬥ **back out** vi [of promise, arrangement] dar para trás.

⬥ **back up** <> vt sep -1. [support] apoiar -2. [reverse] dar marcha à ré -3. COMPUT fazer cópia de segurança de. <> vi [reverse] dar marcha à ré.

backache ['bækeɪk] n dor f nas costas.

backbencher [,bæk'bentʃə^r] n UK POL membro do Parlamento Britânico, sem cargo oficial no governo ou na oposição.

backbone ['bækbəʊn] n -1. [spine] coluna f vertebral -2. (U) fig [courage, force] tutano m -3. fig [main support]: **the ~ of** a espinha dorsal de.

backcloth ['bækklɒθ] n UK = backdrop.

backdate [,bæk'deɪt] vt antedatar.

back door n porta f dos fundos.

backdrop ['bækdrɒp] n -1. THEATRE pano m de fundo -2. fig [background] pano m de fundo.

backfire [ˌbækˈfaɪəʳ] vi - **1.** [motor vehicle] engasgar - **2.** [go wrong] dar errado; his plans ~d (on him) seus planos não deram o resultado esperado.

backgammon [ˈbækˌgæmən] n (U) gamão m.

background [ˈbækgraʊnd] n - **1.** [in picture, view] fundo m; in the ~ lit ao fundo; fig [unnoticeable] em segundo plano - **2.** [of event, situation] cenário m - **3.** [upbringing] background m.

backhand [ˈbækhænd] n backhand m.

backhanded [ˈbækhændɪd] adj fig [equivocal] falso(sa).

backhander [ˈbækhændəʳ] n UK inf [bribe] suborno m.

backing [ˈbækɪŋ] n - **1.** (U) [support] suporte m - **2.** [lining] forro m.

backing group n MUS grupo m de acompanhamento.

backlash [ˈbæklæʃ] n [adverse reaction] revolta f.

backlog [ˈbæklɒg] n acúmulo m.

back number n número m atrasado.

backpack [ˈbækpæk] n mochila f.

back pay n (U) salário m atrasado.

back seat n [in car] banco m de trás; to take a ~ fig desempenhar um papel secundário.

backside [ˌbækˈsaɪd] n inf traseiro m.

backstage [ˌbækˈsteɪdʒ] adv nos bastidores.

back street n UK ruela f.

backstroke [ˈbækstrəʊk] n [in swimming] nado m (de) costas.

backup [ˈbækʌp] <> adj [reserve] de reserva. <> n - **1.** [support] suporte m - **2.** COMPUT backup m, cópia f de segurança.

backward [ˈbækwəd] <> adj - **1.** [directed towards the rear] para trás - **2.** pej [late in development - person] retardado(da); [- society, ideas] atrasado(da). <> adv US = backwards.

backwards [ˈbækwədz], **backward** US [ˈbækwəd] adv [towards the rear] de trás para a frente; ~ and forwards de um lado para outro.

backwater [ˈbækˌwɔːtəʳ] n fig & pej [place behind the times] lugar m atrasado; cultural ~ atraso m cultural.

backyard [ˌbækˈjɑːd] n - **1.** UK [yard] pátio m, quintal m - **2.** US [garden] jardim m.

bacon [ˈbeɪkən] n (U) bacon m.

bacteria [bækˈtɪərɪə] npl bactérias fpl.

bad [bæd] (compar **worse**, superl **worst**) <> adj - **1.** [gen] ruim; not ~ nada mal; too ~ uma pena; to be ~ at sthg ser ruim em algo - **2.** [unfavourable] mau (má) - **3.** [severe] grave, severo(ra) - **4.** [inadequate] ruim - **5.** [guilty]: to feel ~

about sthg sentir-se mal por algum motivo - **6.** [food, milk, meat] mal; to go ~ ir mal. <> adv US = badly.

badge [bædʒ] n - **1.** [metal, plastic] crachá m - **2.** [sewn on] distintivo m - **3.** [on car] selo m.

badger [ˈbædʒəʳ] <> n [animal] texugo m. <> vt [pester]: to ~ sb (to do sthg) convencer alguém (a fazer algo).

badly [ˈbædlɪ] (compar **worse**, superl **worst**) adv - **1.** [poorly] mal - **2.** [severely] gravemente - **3.** [improperly] indevidamente - **4.** [cruelly] mal - **5.** [very much]: to be ~ in need of sthg precisar muito de algo.

badly-off adj [poor] carente.

bad-mannered [-ˈmænəd] adj mal-educado(da).

badminton [ˈbædmɪntən] n (U) badminton m.

bad-tempered [-ˈtempəd] adj - **1.** [by nature] genioso(sa) - **2.** [in a bad mood] mal-humorado(da).

baffle [ˈbæfl] vt [puzzle] desnortear.

bag [bæg] (pt & pp -ged, cont -ging) <> n - **1.** [container] saco m; to pack one's ~s fig [leave] fazer as malas - **2.** [handbag] bolsa f; [when travelling] mala f - **3.** [bagful] sacola f. <> vt - **1.** UK inf [get] pegar - **2.** UK inf [reserve] marcar.

➤ **bags** npl - **1.** [under eyes] bolsas fpl - **2.** [lots]: ~s of sthg inf um montão de algo.

bagel [ˈbeɪgəl] n pão m enrolado.

baggage [ˈbægɪdʒ] n (U) bagagem f.

baggage reclaim n esteira f de bagagem.

baggy [ˈbægɪ] (compar -ier, superl -iest) adj largo(ga).

bagpipes [ˈbægpaɪps] npl gaita f de foles.

baguette [bəˈget] n [loaf] baguete f.

Bahamas [bəˈhɑːməz] npl: the ~ as Bahamas.

bail [beɪl] n (U) JUR fiança f; on ~ sob fiança.

➤ **bail out** <> vt sep - **1.** JUR [pay bail for] afiançar - **2.** [rescue] resgatar - **3.** [boat] tirar água. <> vi [from plane] saltar de pára-quedas.

bailiff [ˈbeɪlɪf] n - **1.** [in court] oficial mf de justiça - **2.** [in charge of repossession] administrador m, -ra f de propriedades.

bait [beɪt] <> n (U) [food] isca f. <> vt - **1.** [hook] pôr isca em - **2.** [mousetrap] armar - **3.** [tease, torment - person] atormentar; [- bear, badger] provocar.

bake [beɪk] <> vt - **1.** [cook] assar - **2.** [dry, harden] queimar. <> vi [food] assar.

baked beans [beɪkt-] npl feijão cozido em molho de tomate.

baked potato [beɪkt-] n batata grande assada com casca e servida com
recheio.

baker ['beɪkə'] n padeiro m; ~'s (shop)
padaria f.

bakery ['beɪkərɪ] (pl -ies) n padaria f.

baking ['beɪkɪŋ] n [process] cozimento
m.

balaclava (helmet) [bælə'klɑːvə-] n UK
balaclava f.

balance ['bæləns] <> n -1. [equilibrium]
equilíbrio m; to keep/lose one's ~
manter/perder o equilíbrio; off ~
desequilibrado(da) -2. fig [counter-
weight] contra-peso m -3. fig [weight,
force]: ~ of evidence peso m da evidência -4. [scales] balança f -5. [remain-
der] restante m -6. [of bank account]
saldo m. <> vt -1. [keep in balance]
balancear -2. [compare]: to ~ sthg
against sthg contrabalançar algo em
relação a algo -3. [in accounting]: to ~
the books/a budget fazer o balanço
dos livros/do orçamento. <> vi -1.
[maintain equilibrium] equilibrar-se -2.
[in accounting] fechar, bater.
◆ on balance adv de um modo geral.

balanced diet ['bælənst-] n dieta f
equilibrada.

balance of payments n balança f de
pagamentos.

balance of trade n balança f comercial.

balance sheet n balancete m.

balcony ['bælkənɪ] (pl -ies) n -1. [on
building] sacada f -2. [in theatre] balcão
m, galeria f.

bald [bɔːld] adj -1. [head, man, tyre]
careca -2. fig [unadorned] curto(ta) e
grosso(sa).

bale [beɪl] n fardo m.
◆ bale out UK vt sep = bail out.

Balearic Islands [,bælɪ'ærɪk-], **Bale-
arics** [,bælɪ'ærɪks] npl: the ~ as Ilhas
Baleares.

baleful ['beɪlful] adj fulminante.

balk [bɔːk] vi [recoil]: to ~ (at sthg) [per-
son] recusar-se (a fazer algo).

Balkans ['bɔːlkənz], **Balkan States**
npl: the ~ os Balcãs.

ball [bɔːl] n -1. [in game] bola f; to be on
the ~ fig estar ligado(da) em tudo; to
play ~ with sb fig colaborar (com
alguém) -2. [sphere] novelo m -3. [of
foot] sola f -4. [dance] baile m.
◆ balls vulg <> n [nonsense] merda f.
<> npl [testicles] saco m; fig [courage]: to
have ~ ter colhões. <> excl caralho!

ballad ['bæləd] n balada f.

ballast ['bæləst] n (U) lastro m.

ball bearing n rolamento m.

ball boy n gandula m.

ballerina [,bælə'riːnə] n bailarina f.

ballet ['bæleɪ] n (U) balé m.

ballet dancer n bailarino(na).

ball game n -1. US [baseball match] jogo
m de beisebol -2. fig [situation]: it's a
whole new ~ inf é outra história.

balloon [bə'luːn] n balão m.

ballot ['bælət] <> n -1. [voting paper]
voto m -2. [voting process] votação f.
<> vt [canvass] caçar votos.

ballot box n -1. [container] urna f -2.
[voting process] urnas fpl.

ballot paper n cédula f de votação.

ball park n US estádio m de beisebol.

ballpoint (pen) ['bɔːlpɔɪnt-] n caneta f
esferográfica.

ballroom ['bɔːlrum] n salão m de baile.

ballroom dancing n (U) dança f de
salão.

balm [bɑːm] n bálsamo m.

balmy ['bɑːmɪ] (compar -ier, superl -iest)
adj suave.

balsa ['bɒlsə] n = balsawood.

balsawood ['bɒlsəwʊd] n balsa f.

Baltic ['bɔːltɪk] <> adj [port, coast]
báltico(ca). <> n: the ~ (Sea) o (mar)
Báltico.

Baltic Republic n: the ~s as Repú-
blicas Bálticas.

Baltic State n: the ~s os Estados
Bálticos.

bamboo [bæm'buː] n bambu m.

bamboozle [bæm'buːzl] vt inf lograr.

ban [bæn] (pt & pp -ned, cont -ning) <>
n proibição f; ~ on sthg proibição de
algo. <> vt banir; to ~ sb from doing
sthg proibir alguém de fazer algo.

banal [bə'nɑːl] adj pej banal.

banana [bə'nɑːnə] n banana f.

band [bænd] n -1. [musical group] banda f
-2. [gang] bando m -3. [long strip] correia
f -4. [broad stripe, range] faixa f.
◆ band together vi unir-se.

bandage ['bændɪdʒ] <> n faixa f. <>
vt enfaixar.

Band-Aid® n band-aid® m.

b and b, B and B (abbr of bed and
breakfast) n tipo de acomodação
típica da Grã-Bretanha em que re-
sidências privadas oferecem serviço
de quarto e café da manhã.

bandit ['bændɪt] n bandido m.

bandstand ['bændstænd] n palanque
m.

bandwagon ['bændwægən] n: to jump
on the ~ pegar carona na idéia.

bandy ['bændɪ] (compar -ier, superl -iest,
pt & pp -ied) adj [bandy-legged] cam-
baio(a).
◆ bandy about, bandy around vt sep
ficar repetindo.

bandy-legged [-,legd] adj = bandy.

bang [bæŋ] <> *adv* [right]: ~ **in the middle** bem no meio; ~ **on** certeiro(-ra). <> *n* -1. [blow] golpe *m* -2. [loud noise] estrondo *m*. <> *vt* -1. [hit] bater -2. [move noisily] bater. <> *vi* -1. [knock]: **to ~ on sthg** dar pancadas -2. [make a loud noise] bater -3. [crash]: **to ~ into sb/sthg** bater em alguém/algo. <> *excl* bum.
➡ **bangs** *npl US* franjas *fpl*.

banger ['bæŋəʳ] *n UK* -1. *inf* [sausage] salsicha *f* -2. *inf* [old car] carroça *f* -3. [firework] rojão *m*.

bangle ['bæŋgl] *n* pulseira *f*.

banish ['bænɪʃ] *vt* banir.

banister ['bænɪstəʳ] *n*, **banisters** ['bænɪstəz] *npl* corrimão *m*.

bank [bæŋk] <> *n* -1. [gen & FIN] banco *m*; **blood/data ~** banco *m* de sangue/dados -2. [alongside river, lake] margem *m* -3. [slope] monte *m* -4. [of clouds, fog] massa *f*. <> *vt FIN* depositar. <> *vi* -1. *FIN*: **to ~ with sb** ser correntista de -2. [plane] inclinar lateralmente.
➡ **bank on** *vt fus* contar com.

bank account *n* conta *f* corrente.

bank balance *n* saldo *m* bancário.

bank card *n* cartão *m* de garantia de cheque.

bank charges *npl* tarifas *fpl* bancárias.

bank draft *n* ordem *f* bancária.

banker ['bæŋkəʳ] *n FIN* banqueiro *m*, -ra *f*.

bank holiday *n UK* feriado *m* bancário.

banking ['bæŋkɪŋ] *n (U)* serviços *mpl* bancários.

bank manager *n* gerente *mf* de banco.

bank note *n* cédula *f*.

bank rate *n* taxa *f* referencial de juros.

bankrupt ['bæŋkrʌpt] *adj* [financially] falido(da); **to go ~** ir à falência; **to be morally ~** *fig* estar desmoralizado(da).

bankruptcy ['bæŋkrəptsɪ] (*pl* -ies) *n* falência *f*; **moral ~** *fig* desmoralização *f*.

bank statement *n* extrato *m* bancário.

banner ['bænəʳ] *n* [made of cloth] faixa *f*.

bannister ['bænɪstəʳ] *n*, **bannisters** ['bænɪstəz] *npl* = **banister**.

banquet ['bæŋkwɪt] *n* banquete *m*.

banter ['bæntəʳ] *n (U)* brincadeiras *fpl*.

bap [bæp] *n UK* bisnaguinha *f*.

baptism ['bæptɪzm] *n* batismo *m*.

Baptist ['bæptɪst] *n* batista *mf*.

baptize, -ise [*UK* bæp'taɪz, *US* 'bæptaɪz] *vt* batizar.

bar [baːʳ] (*pt & pp* -red, *cont* -ring) <> *n* -1. [of wood, metal, chocolate, soap etc] barra *f*; **to be behind ~s** estar atrás das grades -2. *fig* [obstacle] barreira *f* -3. [drinking place] bar *m* -4. [counter] balcão *m* -5. *MUS* compasso *m*. <> *vt* -1. [bolt] trancar -2. [block off] bloquear; **to ~ sb's way** bloquear a passagem de alguém -3. [ban] barrar. <> *prep* [except] exceto; ~ **none** sem exceção.
➡ **Bar** *n* -1. *UK*: **the Bar** [barristers] o Magistrado; [profession] a Magistratura -2. *US*: **the Bar** [lawyers] advogados(-das); [profession] a Advocacia.

barbaric [baː'bærɪk] *adj pej* bárbaro(-ra).

barbecue ['baːbɪkjuː] *n* -1. [grill] churrasqueira *f* -2. [party] churrasco *m*.

barbed wire [baːbd-] *n UK (U)* arame *m* farpado.

barber ['baːbəʳ] *n* barbeiro *m*; ~'s (**shop**) barbearia *f*.

barbiturate [baː'bɪtjʊrət] *n* barbitúrico *m*.

bar code *n* código *m* de barras.

bare [beəʳ] <> *adj* -1. [without covering] descoberto(ta) -2. [basic] mínimo(ma) -3. [empty] vazio(a). <> *vt* [reveal - chest, limbs] exibir, mostrar; **to ~ one's teeth** mostrar os dentes; **to ~ one's head** tirar o chapéu.

bareback ['beəbæk] *adv* em pêlo.

barefaced ['beəfeɪst] *adj* deslavado(-da).

barefoot(ed) [ˌbeə'fʊt(ɪd)] <> *adj* descalço(ça). <> *adv* descalço.

barely ['beəlɪ] *adv* [scarcely] mal.

bargain ['baːgɪn] <> *n* -1. [agreement] barganha *f*; **into the ~** ainda por cima -2. [good buy] pechincha *f*. <> *vi* barganhar; **to ~ with sb for sthg** pechinchar com alguém por algo.
➡ **bargain for, bargain on** *vt fus* esperar.

barge [baːdʒ] <> *n* barca *f*. <> *vi inf* **to ~ into sb/sthg** esbarrar em alguém/algo; **to ~ past sb/sthg** passar empurrando alguém/algo.
➡ **barge in** *vi*: **to ~ in (on sb/sthg)** interromper (alguém/algo).

baritone ['bærɪtəʊn] *n* barítono *m*.

bark [baːk] <> *n* -1. [of dog] latido *m* -2. [on tree] casca *f*. <> *vi* [dog] latir; **to ~ at sb/sthg** xingar alguém/algo.

barley ['baːlɪ] *n (U)* cevada *f*.

barley sugar *n UK* bala feita com caramelo e cevada.

barley water *n UK (U)* bebida à base de cevada e suco de fruta.

barmaid ['baːmeɪd] *n* garçonete *f*.

barman ['baːmən] (*pl* -men [-mən]) *n* barman *m*.

barn [baːn] *n* celeiro *m*.

barometer [bə'rɒmɪtə'] n -1. [instrument] barômetro m -2. fig [way of measuring] ≃ termômetro m.

baron ['bærən] n barão m; oil/press ~ fig magnata da imprensa/do petróleo.

baroness ['bærənɪs] n baronesa f.

barrack ['bærək] vt UK interromper com gritos.

➡ **barracks** npl quartel m.

barrage ['bærɑːʒ] n -1. [of firing] bombardeio m -2. [of questions] bombardeio m -3. UK [dam] barragem f.

barrel ['bærəl] n -1. [container] barril m -2. [of gun] cano m.

barren ['bærən] adj -1. [unable to have children] estéril -2. [unable to produce crops] improdutivo(va).

barricade [,bærɪ'keɪd] n barricada f.

barrier ['bærɪə'] n -1. [fence, wall] barreira f -2. fig [obstacle] obstáculo m.

barring ['bɑːrɪŋ] prep: ~ accidents a menos que haja imprevistos; ~ further complications se não houver complicações.

barrister ['bærɪstə'] n UK advogado m, -da f.

barrow ['bærəu] n [market stall] carrinho m de frutas/verduras.

bartender ['bɑːtendə'] n US garçom m, -nete f.

barter ['bɑːtə'] ◇ n barganha f, troca f. ◇ vt trocar; to ~ sthg for sthg trocar algo por algo. ◇ vi barganhar.

base [beɪs] ◇ n base f. ◇ vt -1. [use as starting point]: to ~ sthg (up)on sthg basear algo em algo -2. [locate] estabelecer; to be ~ d in viver/trabalhar em; a New York-based company uma empresa sediada em Nova York. ◇ adj pej [dishonourable] desprezível.

baseball ['beɪsbɔːl] n (U) beisebol m.

baseball cap n boné m de beisebol.

basement ['beɪsmənt] n porão m.

base rate n taxa f de base.

bases ['beɪsiːz] pl ⊳ basis.

bash [bæʃ] inf ◇ n -1. [painful blow] pancada f -2. [attempt]: to have a ~ (at sthg) tentar fazer (algo). ◇ vt [hit] bater.

bashful ['bæʃful] adj tímido(da).

basic ['beɪsɪk] adj [fundamental] básico(-ca).

➡ **basics** npl [rudiments] princípios mpl básicos.

BASIC (abbr of Beginners' All-purpose Symbolic Instruction Code) n BASIC m.

basically ['beɪsɪklɪ] adv [essentially] basicamente, no fundo.

basil ['bæzl] n (U) manjericão m.

basin ['beɪsn] n -1. UK [bowl, container]

tigela f; [for washing] pia f -2. GEOGR bacia f.

basis ['beɪsɪs] (pl -ses) n -1. [gen] base f; on the ~ that com base no fato de que, considerando que -2. [arrangement]: on a weekly/monthly ~ numa base semanal/mensal; on the ~ of com base em.

bask [bɑːsk] vi [sunbathe]: to ~ in the sun tomar banho de sol.

basket ['bɑːskɪt] n [container - for rubbish] cesto m; [- for shopping] cesta f.

basketball ['bɑːskɪtbɔːl] n (U) basquete m.

bass [beɪs] adj [part, singer] baixo(xa).

bass drum [beɪs-] n MUS tambor m baixo.

bass guitar [beɪs-] n MUS baixo m.

bassoon [bə'suːn] n MUS fagote m.

bastard ['bɑːstəd] n -1. [illegitimate child] bastardo m, -da f -2. v inf pej [person] canalha mf, filho m da mãe.

bastion ['bæstɪən] n fig bastião m.

bat [bæt] (pt & pp -ted, cont -ting) n -1. [animal] morcego m -2. [SPORT - for cricket] pá f; [- for baseball] bastão m; [- for table tennis] raquete f -3. phr: to do sthg off one's own ~ fazer algo sem auxílio.

batch [bætʃ] n -1. [of papers, letters] pilha f -2. [of work] porção f -3. [of products] lote m -4. [of people] grupo m -5. [of bread, cakes etc] fornada f.

bated ['beɪtɪd] adj: with ~ breath [expectantly] segurando a respiração.

bath [bɑːθ] ◇ n -1. [bathtub] banheira f -2. [act of washing] banho m; to have OR take a bath tomar (um) banho. ◇ vt dar banho em.

➡ **baths** npl UK [public] banhos mpl públicos.

bathe [beɪð] ◇ vt -1. [wound] lavar -2. [in light, sweat] banhar; to be ~ d in sthg estar coberto(ta) de algo. ◇ vi -1. [swim] nadar -2. US [take a bath] tomar (um) banho.

bathing ['beɪðɪŋ] n (U) banho m; safe for ~ próprio(pria) para banho; to go ~ dar um mergulho.

bathing cap n touca f de banho.

bathing costume, bathing suit n maiô m.

bathrobe ['bɑːθrəub] n -1. [made of towelling] roupão m de banho -2. [dressing gown] US chambre m.

bathroom ['bɑːθrum] n UK banheiro m.

bath towel n toalha f de banho.

bathtub ['bɑːθtʌb] n banheira f.

baton ['bætən] n -1. [of conductor] batuta f -2. [in relay race] bastão m -3. UK [of policeman] cassetete m.

batsman ['bætsmən] (pl -men [-mən]) n CRICKET batedor m.

battalion [bə'tæljən] n batalhão m.

batten ['bætn] n [piece of wood] tábua f.

batter ['bætə'] <> n -1. CULIN massa f (mole) -2. SPORT batedor m, -ra f. <> vt [child, woman] surrar. <> vi [beat] bater.

battered ['bætəd] adj -1. [child, woman] maltratado(da) -2. [old, worn-out - car] arruinado(da); [- hat] surrado(da) -3. CULIN misturado(da).

battery ['bætəri] (pl -ies) n -1. [gen] bateria f -2. [ELEC- of car] bateria f; [- of radio, torch etc] pilha f -3. [group - of people] grupo m; [- of things] série f, conjunto m.

battle ['bætl] <> n batalha f; ~ for/against/with sthg batalha por/contra/com algo. <> vi [fight] lutar; to ~ for/against/with sthg lutar por/contra/com algo.

battlefield ['bætlfi:ld], **battleground** ['bætlgraʊnd] n MIL & fig campo m de batalha.

battlements ['bætlmənts] npl [of castle] ameias fpl.

battleship ['bætlʃɪp] n couraçado m.

bauble ['bɔːbl] n bugiganga f.

baulk [bɔːk] vi = balk.

bawdy ['bɔːdɪ] (compar -ier, superl -iest) adj obsceno(na).

bawl [bɔːl] <> vt [shout] gritar. <> vi -1. [shout] gritar -2. [weep] berrar.

bay [beɪ] n -1. GEOGR baía f -2. [for loading] zona m de carga e descarga -3. [for parking] vaga f -4. phr: to keep sb/sthg at ~ manter alguém/algo à distância.

bay leaf n folha f de louro.

Bay of Biscay n: the ~ o Golfo de Biscaia.

bay window n bay window f, janela f saliente.

bazaar [bə'zɑː'] n -1. [market] bazar m -2. UK [charity sale] bazar m beneficente.

B & B n abbr of bed and breakfast

BBC (abbr of British Broadcasting Corporation) n companhia estatal britânica de rádio e televisão, BBC f.

BC (abbr of before Christ) a.C.

be [biː] (pt was OR were, pp been) <> aux vb -1. (in combination with ppr: to form cont tense) estar; what is he doing? o que ele está fazendo?; it's snowing está nevando -2. (in combination with pp: to form passive) ser; to ~ loved ser amado(da) -3. (in question tags) ser, estar; the meal was delicious, wasn't it? a comida estava deliciosa, não estava? -4. (followed by to + infin) dever; I'm to ~ promoted devo ser promovido(da); you're not to tell anyone você não

deve contar a ninguém. <> copulative vb -1. (with adj, n) ser, estar; to ~ a doctor/lawyer/plumber ser médico/advogado/bombeiro; she's intelligent/attractive ela é inteligente/atraente; ~ quiet! fique quieto!; 1 and 1 are 2 1 e 1 são 2 -2. [referring to health] estar; how are you? como vai você? -3. [referring to age] ter; how old are you? quantos anos você tem? -4. [cost] custar; how much was it? quanto custou?; that will ~ £10, please são £10, por favor. <> vi -1. [exist] existir, haver, ser; ~ that as it may seja como for -2. [referring to place] estar; Toulouse is in France Toulouse fica na França; he will ~ here tomorrow ele estará aqui amanhã -3. [referring to movement] estar; I've been to the cinema/to France/to the butcher's fui ao cinema/para a França/ao açougue. <> v impers -1. [referring to time, dates] ser; it's two o'clock são duas horas -2. [referring to distance] ser; it's 3 km to the next town são 3 quilômetros até a próxima cidade -3. [referring to the weather] estar; it's hot/cold/windy está quente/frio/ventando -4. [for emphasis] ser; it's me sou eu; it's the milkman é o leiteiro.

beach [biːtʃ] <> n praia f. <> vt [boat, whale] encalhar.

beacon ['biːkən] n -1. [warning fire] fogaréu m -2. [lighthouse] farol m -3. [radio beacon] radiofarol m.

bead [biːd] n -1. [of wood, glass] conta f -2. [of sweat] gota f.

beagle ['biːgl] n bigle m.

beak [biːk] n [of bird] bico m.

beaker ['biːkə'] n copo m (de plástico).

beam [biːm] <> n -1. [of wood, concrete] viga f -2. [of light] raio m, feixe m -3. US AUT : high/low ~s luz alta/baixa. <> vt [signal, news] transmitir. <> vi [smile] irradiar-se.

bean [biːn] n CULIN feijão m, grão m; to be full of ~s inf estar cheio (cheia) de vida; to spill the ~s inf dar com a língua nos dentes.

beanbag ['biːnbæg] n [seat] almofada grande e redonda, feita de flocos de espuma que se adapta ao corpo de quem senta.

beanshoot ['biːnʃuːt], **beansprout** ['biːnspraʊt] n broto m de feijão.

bear [beə'] (pt bore, pp borne) <> n [animal] urso m, -sa f. <> vt -1. [carry] carregar -2. [sustain] suportar -3. [accept] aceitar -4. [show] exibir -5. [tolerate] suportar -6. [feeling] guardar. <> vi -1. [turn] virar -2. [have effect]: to bring pressure/influence to ~ on sb exercer

pressão/influência sobre alguém.
🔹 **bear down** *vi*: to ~ **down on sb/ sthg** abater-se sobre algo/alguém.
🔹 **bear out** *vt sep* confirmar.
🔹 **bear up** *vi* resistir.
🔹 **bear with** *vt fus* tolerar.
beard [bɪəd] *n* [of man] barba *f*.
bearer ['beərə'] *n* **-1.** [of stretcher, coffin] carregador *m*, -ra *f* **-2.** [of news, document] portador *m*, -ra *f* **-3.** [of name, title] detentor *m*, -ra *f*.
bearing ['beərɪŋ] *n* **-1.** [connection] relação *f*; ~ **on sthg** relação com algo **-2.** [deportment] conduta *f* **-3.** TECH mancal *m* **-4.** [on compass] direção *f*; to get/ lose one's ~ s *fig* achar/perder o rumo.
beast [bi:st] *n* **-1.** [animal] besta *m* **-2.** *inf pej* [person] besta *f*.
beastly ['bi:stlɪ] (*compar* **-ier**, *superl* **-iest**) *adj dated* abominável.
beat [bi:t] (*pt* **beat**, *pp* **beaten**) ◇ *n* **-1.** [gen] batida *f* **-2.** [of heart, pulse] batimento *m* **-3.** MUS [rhythm] ritmo *m* **-4.** [of policeman] ronda *f*. ◇ *vt* **-1.** [hit] bater em **-2.** [defeat] derrotar; it ~ s me *inf* isto acaba comigo **-3.** [be better than] superar **-4.** [eggs, wings] bater **-5.** MUS [time] marcar **-6.** *phr*: ~ **it!** *inf* [go away] caia fora! ◇ *vi* **-1.** [rain] cair **-2.** [heart, pulse] bater.
🔹 **beat off** *vt sep* [resist] repelir.
🔹 **beat up** *vt sep inf* [person] espancar.
beating ['bi:tɪŋ] *n* [defeat, punishment] surra *f*.
beautiful ['bju:tɪfʊl] *adj* **-1.** [gen] bonito(ta) **-2.** [well executed] belo(la).
beautifully ['bju:təflɪ] *adv* **-1.** [attractively] belamente **-2.** *inf* [very well] esplendidamente.
beauty ['bju:tɪ] (*pl* **-ies**) *n* **-1.** (*U*) [attractiveness] beleza *f* **-2.** [beautiful woman] beldade *f*.
beauty parlour *n* salão *m* de beleza.
beauty salon *n* = beauty parlour.
beauty spot *n* **-1.** [place] recanto *m* **-2.** [on skin] sinal *m*.
beaver ['bi:və'] *n* castor *m*.
became [bɪ'keɪm] *pt* ▷ become.
because [bɪ'kɒz] *conj* porque.
🔹 **because of** *prep* por causa de.
beck [bek] *n*: to be at sb's ~ **and call** estar sempre à disposição de alguém.
beckon ['bekən] ◇ *vt* [make a signal to] acenar. ◇ *vi* [signal]: to ~ **to sb** acenar para alguém.
become [bɪ'kʌm] (*pt* **became**, *pp* **become**) *vt* **-1.** [grow] ficar. **-2.** [acquire post of] tornar-se **-3.** [suit, be appropriate to] combinar com, ficar bem em.
becoming [bɪ'kʌmɪŋ] *adj* **-1.** [attractive] elegante **-2.** [appropriate] adequado(da).

bed [bed] (*pt* & *pp* **-ded**, *cont* **-ding**) *n* **-1.** [to sleep on] cama *f*; to go to ~ ir para a cama; to go to ~ **with sb** *euphemism* ir para a cama com alguém **-2.** [flowerbed] canteiro *m* **-3.** [bottom - of sea] fundo *m*; [- of river] leito *m*.
bed and breakfast *n* **-1.** [service] hospedagem *f* com café da manhã **-2.** [hotel] bed and breakfast *m*, acomodação típica da Grã-Bretanha (geralmente em casa de família) acompanhada de café da manhã.
bedclothes ['bedkləʊðz] *npl* roupa *f* de cama.
bedlam ['bedləm] *n* [chaos] tumulto *m*.
bed linen *n* roupa *f* de cama.
bedraggled [bɪ'drægld] *adj* enlameado(da).
bedridden ['bed,rɪdn] *adj* acamado(da).
bedroom ['bedrʊm] *n* quarto *m*.
bedside ['bedsaɪd] *n* beira *f* da cama.
bedside table *n* mesa *f* de cabeceira, criado-mudo *m*.
bed-sit(ter) *n UK* conjugado *m*.
bedsore ['bedsɔ:'] *n* assadura *f*.
bedspread ['bedspred] *n* colcha *f*.
bedtime ['bedtaɪm] *n* hora *f* de dormir.
bee [bi:] *n* abelha *f*.
beech [bi:tʃ] *n* faia *f*.
beef [bi:f] ◇ *n* (*U*) [meat] carne *f* de vaca. ◇ *vi inf* [complain]: to ~ **about** sthg reclamar de algo.
beefburger ['bi:f,bɜ:gə'] *n* hambúrguer *m* bovino.
Beefeater ['bi:f,i:tə'] *n* guarda da Torre de Londres.
beefsteak ['bi:f,steɪk] *n* bife *m*.
beehive ['bi:haɪv] *n* [for bees] colméia *f*.
beeline ['bi:laɪn] *n*: to make a ~ **for sb/ sthg** *inf* ir direto a alguém/algo.
been [bi:n] *pp* ▷ be.
beeper ['bi:pə'] *n* [device] bipe *m*.
beer [bɪə'] *n* cerveja *f*.
beer garden *n* terraço de um bar em que geralmente se admite a presença de crianças.
beer mat *n* bolacha *f*.
beet [bi:t] *n* **-1.** [sugar beet] acelga *f* **-2.** *US* [beetroot] beterraba *f*.
beetle ['bi:tl] *n* besouro *m*.
beetroot ['bi:tru:t] *n* beterraba *f*.
before [bɪ'fɔ:'] ◇ *adv* [previously] antes. ◇ *prep* **-1.** [preceding in time] antes de **-2.** [in front of]: **the road stretched out** ~ **them** a estrada se abria diante *OR* à frente deles; ~ **my very eyes** diante de meus próprios olhos; **standing** ~ **the door** parado(da) em frente à porta. ◇ *conj*: ~ **leaving the country** antes de deixar o país; ~

he entered the house antes de entrar na casa.

beforehand [bɪ'fɔːhænd] *adv* [in advance] de antemão.

befriend [bɪ'frend] *vt* -1. [make friends with] fazer amizade com -2. [support] favorecer.

beg [beg] (*pt & pp* -ged, *cont* -ging) <> *vt* -1. [money, food] mendigar, pedir -2. [favour, forgiveness, mercy] pedir; I ~ your **pardon** desculpe-me; to ~ sb for sthg pedir algo a alguém; to ~ sb to do sthg pedir a alguém para fazer algo. <> *vi* -1. [for money, food] mendigar, pedir; to ~ for sthg mendigar *OR* pedir algo -2. [for favour, forgiveness, mercy] pedir; to ~ for sthg pedir algo.

began [bɪ'gæn] *pt* ▷ **begin**.

beggar ['begəʳ] *n* mendigo *m*, -ga *f*.

begin [bɪ'gɪn] (*pt* began, *pp* begun, *cont* -ning) <> *vt* -1. [start] começar; to ~ doing *OR* to do sthg começar a fazer algo -2. [initiate] começar. <> *vi* [start] começar; to ~ with, ... para começar, ...

beginner [bɪ'gɪnəʳ] *n* [learner] principiante *mf*, aprendiz *mf*.

beginning [bɪ'gɪnɪŋ] *n* -1. [start] começo *m* -2. [origin] início *m*, origem *f*.

begrudge [bɪ'grʌdʒ] *vt* -1. [envy]: to ~ sb sthg invejar algo de alguém -2. [give, do unwillingly]: to ~ doing sthg fazer algo de má vontade.

begun [bɪ'gʌn] *pp* ▷ **begin**.

behalf [bɪ'hɑːf] *n*: on ~ of sb *UK*, in ~ of sb *US* em nome de alguém.

behave [bɪ'heɪv] <> *v refl*: to ~ o.s. comportar-se bem. <> *vi* -1. [in a particular way] comportar-se -2. [in an acceptable way] comportar-se bem.

behaviour *UK*, **behavior** *US* [bɪ'heɪvjəʳ] *n* comportamento *m*.

behead [bɪ'hed] *vt* degolar.

beheld [bɪ'held] *pt & pp* ▷ **behold**.

behind [bɪ'haɪnd] <> *prep* -1. [at the back of] atrás de -2. [causing, responsible for] por trás de -3. [supporting]: to be ~ sb apoiar alguém, estar com alguém -4. [indicating deficiency, delay] atrás de; to run ~ schedule estar atrasado(da). <> *adv* -1. [at, in the back] atrás -2. [late] para trás; ~ with sthg com atraso em algo. <> *n inf* [buttocks] traseiro *m*.

behold [bɪ'həʊld] (*pt & pp* beheld) *vt literary* contemplar.

beige [beɪʒ] <> *adj* bege. <> *n* bege *m*.

being ['biːɪŋ] *n* -1. [creature] ser *m* -2. (*U*) [state of existing]: in ~ em vigor; to come into ~ nascer; for the time ~ por enquanto.

Beirut [ˌbeɪ'ruːt] *n* Beirute.

belated [bɪ'leɪtɪd] *adj* tardio(dia).

belch [beltʃ] <> *n* arroto *m*. <> *vt* [smoke, fire] expelir. <> *vi* [person] arrotar.

beleaguered [bɪ'liːgəd] *adj* -1. [MIL-city] sitiado(da); [- troops] cercado(da) -2. *fig* [harassed] assediado(da).

Belgian ['beldʒən] <> *adj* belga. <> *n* belga *mf*.

Belgium ['beldʒəm] *n* Bélgica; in ~ na Bélgica.

Belgrade [ˌbel'greɪd] *n* Belgrado; in ~ em Belgrado.

belie [bɪ'laɪ] (*cont* belying) *vt* -1. [disprove] desmentir -2. [give false idea of] esconder, disfarçar.

belief [bɪ'liːf] *n* -1. (*U*) crença *f*; ~ in sthg crença em algo -2. [opinion] opinião *f*.

believe [bɪ'liːv] <> *vt* -1. [think] achar; I ~ so acho que sim -2. [person, statement] acreditar em; ~ it or not acredite ou não. <> *vi* -1. [be religious] crer em -2. [know to exist]: to ~ in sb/sthg acreditar em alguém/algo.

believer [bɪ'liːvəʳ] *n* -1. *RELIG* crente *mf* -2. [supporter]: ~ in sthg partidário(ria) de algo.

belittle [bɪ'lɪtl] *vt* [disparage] depreciar.

bell [bel] *n* -1. [of church] sino *m* -2. [on door, bicycle] campainha *f*.

belligerent [bɪ'lɪdʒərənt] *adj* -1. [at war] beligerante -2. [aggressive] agressivo(-va).

bellow ['beləʊ] *vi* -1. [person] gritar -2. [bull] mugir.

bellows ['beləʊz] *npl* fole *m*.

belly ['belɪ] (*pl* -ies) *n* barriga *f*.

bellyache ['belɪeɪk] *n* [stomachache] dor *f* de estômago.

belly button *n inf* [navel] umbigo *m*.

belong [bɪ'lɒŋ] *vi* -1. [be property]: to ~ to sb pertencer a alguém -2. [be a member]: to ~ to sthg fazer parte *OR* ser membro de algo -3. [be situated in right place] encaixar-se.

belongings [bɪ'lɒŋɪŋz] *npl* pertences *mpl*.

beloved [bɪ'lʌvd] *adj* amado(da), querido(da).

below [bɪ'ləʊ] <> *adv* -1. [in a lower position] de baixo -2. [in text or with numbers, quantities] abaixo -3. *NAUT*: to go ~ descer. <> *prep* abaixo de.

belt [belt] <> *n* -1. [for clothing] cinto *m* -2. *TECH* correia *f*. <> *vt* -1. *inf* [hit with a belt] dar uma surra de cinto em -2. *inf* [punch, beat] meter o couro em.

beltway ['belt,weɪ] *n US* anel *m* viário, rodoanel *m*.

bemused [bɪ'mjuːzd] *adj* bestificado(-da).

bench [bentʃ] n -1. [seat] banco m -2. [in laboratory, workshop] bancada f -3. UK JUR magistratura f.

benchmark [bentʃ'mɑːk] n -1. [standard] referência f -2. COMPUT padrão m de desempenho -3. ECON benchmark m, indicador m.

bend [bend] (pt & pp bent) ⬦ n -1. curva f -2. phr: round the ~ inf pirado(da), maluco(ca); to drive sb round the ~ deixar alguém maluco(ca). ⬦ vt dobrar. ⬦ vi -1. [arm, leg] dobrar-se; [tree, person] inclinar-se -2. [river, road] fazer uma curva.

➡ **bend down** vi curvar-se.

➡ **bend over** vi inclinar-se; to ~ over backwards for sb fig fazer todo o possível por alguém.

beneath [bɪ'niːθ] ⬦ adv [below] debaixo. ⬦ prep -1. [under] debaixo de, sob -2. [unworthy of]: he felt the job was ~ him ele sentia que o emprego estava aquém dele; to be ~ sthg não ser digno(na) de algo.

benefactor ['benɪfæktəʳ] n benfeitor m.

beneficial [ˌbenɪ'fɪʃl] adj benéfico(ca); ~ to sb/sthg benéfico(ca) para alguém/algo.

beneficiary [ˌbenɪ'fɪʃərɪ] (pl -ies) n JUR beneficiário m, -ria f.

benefit ['benɪfɪt] ⬦ n -1. [advantage] benefício m; to be to sb's ~, to be of ~ to sb ser benéfico(ca) para alguém; for the ~ of em benefício or prol de -2. [good point] vantagem f -3. ADMIN [allowance of money] auxílio m. ⬦ vt beneficiar. ⬦ vi: to ~ from sthg beneficiar-se de algo.

Benelux ['benɪlʌks] n Benelux.

benevolent [bɪ'nevələnt] adj [kind, generous] benevolente.

benign [bɪ'naɪn] adj -1. [gen] benévolo(la) -2. [influence, conditions] agradável, propício(cia) -3. MED benigno(na).

bent [bent] ⬦ pt & pp ⊳ bend. ⬦ adj -1. [wire, bar] torto(ta) -2. [person, body] curvado(da) -3. UK inf [dishonest] corrupto(ta) -4. [determined]: to be ~ on sthg/on doing sthg ter inclinação para algo/fazer algo. ⬦ n [natural aptitude] inclinação f; to have a ~ for sthg ter uma inclinação para algo.

bequeath [bɪ'kwiːð] vt -1. [money, property] deixar -2. fig [idea, system] passar.

bequest [bɪ'kwest] n [in will] herança f.

berate [bɪ'reɪt] vt [rebuke] repreender.

bereaved [bɪ'riːvd] (pl inv) ⬦ adj enlutado(da). ⬦ npl: the ~ os enlutados.

beret ['bereɪ] n boina f.

berk [bɜːk] n UK inf palhaço m, -ça f.

Berlin [bɜː'lɪn] n Berlim; in ~ em Berlim.

berm [bɜːm] n US berma f.

Bermuda [bə'mjuːdə] n (Ilhas) Bermudas fpl.

Bern [bɜːn] n Berna; in ~ em Berna.

berry ['berɪ] (pl -ies) n baga f.

berserk [bə'zɜːk] adj: to go ~ ficar furioso(sa).

berth [bɜːθ] ⬦ n -1. [in harbour] ancoradouro m -2. [in ship, train] beliche m. ⬦ vi [ship] ancorar, atracar.

beseech [bɪ'siːtʃ] (pt & pp besought OR beseeched) vt literary [implore] suplicar; to ~ sb to do sthg suplicar a alguém para que faça algo.

beset [bɪ'set] (pt & pp beset, cont -ting) ⬦ adj: ~ with OR by sthg cercado(da) de algo. ⬦ vt envolver.

beside [bɪ'saɪd] prep -1. [next to] ao lado de -2. [compared with] comparado(da) com -3. phr: to be ~ o.s. with sthg estar louco(ca) de algo.

besides [bɪ'saɪdz] ⬦ adv além disso. ⬦ prep [in addition to] além de.

besiege [bɪ'siːdʒ] vt -1. [town, fortress] sitiar -2. fig: to be ~ with calls/complaints ser bombardeado(da) com ligações/reclamações.

besotted [bɪ'sɒtɪd] adj: ~ (with sb) obcecado(da) (por alguém).

besought [bɪ'sɔːt] pt & pp ⊳ beseech.

best [best] ⬦ adj [in quality] melhor. ⬦ adv -1. [better than all the others] melhor; whoever does ~ in the exam quem se sair melhor no exame -2. [more than all the others] mais; which one did you like ~? de qual deles você gostou mais? ⬦ n -1. [highest standard possible] melhor m; to do one's ~ fazer o melhor possível; he is the ~ of friends ele é o melhor amigo do mundo -2. [utmost] máximo m; she tried her ~ ela fez o tudo o que podia -3. [most outstanding person, thing etc] melhor mf -4. phr: to make the ~ of sthg tirar o máximo de proveito de algo; to be for the ~ ser melhor; all the ~! um abraço!

➡ **at best** adv na melhor das hipóteses.

best man n padrinho m de casamento.

bestow [bɪ'stəʊ] vt fml: to ~ sthg on sb outorgar OR conceder algo a alguém.

best-seller n -1. [article sold] mais vendido m, -da f -2. [book] best-seller m.

bet [bet] (pt & pp bet OR -ted, cont -ting) ⬦ n -1. [wager] aposta f -2. fig [prediction] aposta f; it's a safe ~ that ... é certo que ...; your best ~ is to ... o melhor a se fazer é ... ⬦ vt apostar. ⬦ vi apostar; to ~ on sthg apostar em algo;

you ~! *inf* pode apostar!, com certeza!

betray [bɪ'treɪ] *vt* - **1.** [person, principles] trair - **2.** [secret, emotion] revelar.

betrayal [bɪ'treɪəl] *n* [of person, principles] traição *f*.

better ['betə^r] ◇ *adj* melhor; **to get ~** melhorar; **to get ~ and ~** ficar cada vez melhor. ◇ *adv* - **1.** [gen] melhor - **2.** [when giving advice, stating intention]: **you'd ~ phone her** é melhor você ligar para ela; **I'd ~ go now** é melhor eu ir embora. ◇ *n* [best one] melhor *mf*; **to get the ~ of sb** apoderar-se OR tomar conta de alguém; **her emotions got the ~ of her** suas emoções tomaram conta dela. ◇ *vt* [improve] melhorar; **to ~ o.s.** melhorar de vida, aprimorar-se.

better off *adj* - **1.** [financially] melhor de vida - **2.** [in a better situation] melhor; **you're ~ taking a taxi** será melhor você pegar um táxi.

betting ['betɪŋ] *n* - **1.** [bets] apostar *m* - **2.** [odds] chance *f*.

betting shop *n UK* casa *f* de apostas.

between [bɪ'twi:n] ◇ *prep* entre. ◇ *adv*: **(in) ~** entre.

beverage ['bevərɪdʒ] *n fml* [drink] bebida *f*.

beware [bɪ'weə^r] *vi* tomar cuidado, ter cautela; **to ~ of sthg** tomar cuidado com algo.

bewildered [bɪ'wɪldəd] *adj* [confused] confuso(sa), desnorteado(da).

bewitching [bɪ'wɪtʃɪŋ] *adj* encantador(ra).

beyond [bɪ'jɒnd] ◇ *prep* - **1.** além de; **it is ~ my responsibility** vai além de minha responsabilidade - **2.** [outside the range of] fora de; **it is ~ my control** está fora de meu controle; **the town has changed ~ all recognition** a cidade ficou irreconhecível. ◇ *adv* - **1.** [in space] mais além, mais adiante - **2.** [in time] mais além, mais um pouco.

bias ['baɪəs] *n* - **1.** [prejudice] preconceito *m* - **2.** [tendency] propensão *f*, tendência *f*.

biased ['baɪəst] *adj* - **1.** [prejudiced] preconceituoso(sa); **to be ~ against sthg/ sb** ser preconceituoso(sa) em relação a algo/alguém - **2.** [tendentious] tendencioso(sa); **to be ~ towards sthg** ser tendencioso(sa) em relação a algo; **to be ~ towards sb** pender para o lado de alguém.

bib [bɪb] *n* [for baby] babador *m*.

Bible ['baɪbl] *n*: **the ~** a Bíblia.

bicarbonate of soda [baɪ'kɑ:bənət-] *n* bicarbonato *m* de sódio.

biceps ['baɪseps] (*pl inv*) *n* bíceps *m*.

bicker ['bɪkə^r] *vi* [quarrel] brigar.

bicycle ['baɪsɪkl] ◇ *n* bicicleta *f*. ◇ *vi* andar de bicicleta.

bicycle path *n* ciclovia *f*.

bicycle pump *n* bomba *f* de ar *(para bicicleta)*.

bid [bɪd] (*pt & pp* bid, *cont* bidding) ◇ *n* - **1.** [attempt] tentativa *f*, intento *m*; **a ~ for power** uma busca pelo poder - **2.** [at auction] licitação *f* - **3.** COMM proposta *f*. ◇ *vt* - **1.** [at auction] licitar. ◇ *vi* - **1.** [at auction]: **to ~ (for sthg)** abrir licitação (para algo) - **2.** [attempt]: **to ~ for sthg** tentar algo.

bidder ['bɪdə^r] *n* [at auction] licitante *mf*.

bidding ['bɪdɪŋ] *n* [at auction] licitação *f*.

bide [baɪd] *vt*: **to ~ one's time** esperar a vez.

bifocals [ˌbaɪ'fəʊklz] *npl* lentes *fpl* bifocais.

big [bɪg] (*compar* -ger, *superl* -gest) *adj* - **1.** [gen] grande - **2.** [older] mais velho (lha) - **3.** [successful] importante.

bigamy ['bɪgəmɪ] *n (U)* bigamia *f*.

big deal *inf* ◇ *n* grande coisa *f*; **it's no ~** não é nada de mais; **what's the ~?** e daí? ◇ *excl* grande coisa!

Big Dipper [-'dɪpə^r] *n* - **1.** UK [rollercoaster] montanha-russa *f* - **2.** US ASTRON: **the ~** a Ursa Maior.

big-headed *adj inf* metido(da).

bigot ['bɪgət] *n* fanático m, -ca *f*.

bigoted ['bɪgətɪd] *adj* fanático(ca).

bigotry ['bɪgətrɪ] *n (U)* fanatismo *m*.

big time *n inf*: **the ~** o auge.

big toe *n* dedão *m* do pé.

big top *n* (lona do) circo *m*.

big wheel *n UK* [at fairground] roda-gigante *f*.

bike [baɪk] *n inf* - **1.** [cycle] bike *f*, bicicleta *f* - **2.** [motorcycle] moto *f*.

bikeway ['baɪkweɪ] *n US* ciclovia *f*.

bikini [bɪ'ki:nɪ] *n* biquíni *m*.

bile [baɪl] *n* - **1.** [fluid] bílis *f* - **2.** [anger] irritação *f*.

bilingual [baɪ'lɪŋgwəl] *adj* bilíngue.

bill [bɪl] ◇ *n* - **1.** [statement of cost] conta *f*; **~ for sthg** conta de algo - **2.** [in parliament] projeto *m* de lei - **3.** [of show, concert] programa *m* - **4.** US [bank note] nota *f* - **5.** [poster]: **'post** OR **stick no ~s'** 'proibido colar cartazes' - **6.** [beak] bico *m*. ◇ *vt* [send a bill to]: **to ~ sb (for sthg)** cobrar (algo) de alguém.

billboard ['bɪlbɔ:d] *n* quadro *m* de anúncios.

billet ['bɪlɪt] *n* boleto *m*, alojamento *m*.

billfold ['bɪlfəʊld] *n US* carteira *f*.

billiards ['bɪljədz] *n (U)* bilhar *m*.

billion ['bɪljən] *num* - **1.** [thousand million] bilhão *m* - **2.** UK dated [million million] trilhão *m*.

Bill of Rights n: the ~ as dez primeiras emendas da Constituição norte-americana.

bimbo ['bɪmbəʊ] (pl -s OR -es) n inf pej ≃ burra f gostosa.

bin [bɪn] (pt & pp -ned, cont -ning) n -1. UK [for rubbish] lixeira f -2. [for storage] lata f.

bind [baɪnd] (pt & pp bound) vt -1. [tie up] amarrar -2. [unite] ligar -3. [bandage] atar -4. [book] encadernar -5. [constrain] comprometer.

binder ['baɪndə'] n [cover] encadernação f.

binding ['baɪndɪŋ] <> adj comprometedor(ra), obrigatório(ria). <> n [of book - process] encadernação f; [- cover] capa f.

binge [bɪndʒ] inf <> n: to go on a ~ ir à farra. <> vi: to ~ on sthg empanturrar-se de algo.

bingo ['bɪŋgəʊ] n bingo m.

binoculars [bɪ'nɒkjʊləz] npl binóculo m.

biochemistry [ˌbaɪəʊ'kemɪstrɪ] n (U) bioquímica f.

biodegradable [ˌbaɪəʊdɪ'greɪdəbl] adj biodegradável.

bioethics [ˌbaɪəʊ'eθɪks] n (U) bioética f.

biography [baɪ'ɒgrəfɪ] (pl -ies) n biografia f.

biofuel ['baɪəfjʊəl] n biocombustível m.

biological [ˌbaɪə'lɒdʒɪkl] adj biológico(-ca); ~ washing powder sabão em pó com enzimas.

biology [baɪ'ɒlədʒɪ] n (U) biologia f.

biosphere ['baɪəˌsfɪə'] n biosfera f.

biotech company ['baɪəʊtek-] n empresa f de biotecnologia.

bioterrorism [ˌbaɪəʊ'terərɪzm] n bioterrorismo m.

birch [bɜːtʃ] n [tree] bétula f.

bird [bɜːd] n -1. [creature] pássaro m, ave f -2. inf [woman] perua f.

birdie ['bɜːdɪ] n -1. [bird] passarinho m -2. [in golf] birdie m.

bird's-eye view n vista f panorâmica.

biro® ['baɪərəʊ] n caneta f esferográfica.

birth [bɜːθ] n nascimento m; to give ~ (to) dar à luz (a); fig [of idea, system, country] dar origem(a).

birth certificate n certidão f de nascimento.

birth control n (U) controle m de natalidade.

birthday ['bɜːθdeɪ] n aniversário m.

birthmark ['bɜːθmɑːk] n sinal m de nascença.

birthrate ['bɜːθreɪt] n taxa f de natalidade.

Biscay ['bɪskɪ] n: the Bay of ~ a Baía de Biscaia.

biscuit ['bɪskɪt] n -1. UK [crisp] biscoito m, bolacha f -2. US [bread-like cake] bolacha f.

bisect [baɪ'sekt] vt -1. GEOM cortar ao meio -2. [cut in two] dividir em duas partes.

bishop ['bɪʃəp] n bispo m.

bison ['baɪsn] (pl inv OR -s) n búfalo f.

bit [bɪt] <> pt ▷ **bite**. <> n -1. [small piece] pedaço m; ~s and pieces UK [unspecified amount]: a ~ of um pouco de; quite a ~ of um bocado de -3. [short time]: for a ~ por um instante/momento -4. [of drill] broca f -5. [of bridle] freio m -6. COMPUT bit m.
➤ **a bit** adv um pouco.
➤ **bit by bit** adv pouco a pouco.

bitch [bɪtʃ] n -1. [female dog] cadela f -2. v inf pej [unpleasant woman] vaca f.

bitchy ['bɪtʃɪ] (compar -ier, superl -iest) adj inf malicioso(sa).

bite [baɪt] (pt bit, pp bitten) <> n -1. [act of biting] mordida f, dentada f -2. inf [food]: a ~ (to eat) algo (para beliscar) -3. [wound] picada f. <> vt -1. [subj: person, animal] morder; to ~ one's nails roer as unhas -2. [subj: insect, snake] picar. <> vi -1. [animal, person] morder; to ~ into sthg morder algo; to ~ off sthg abocanhar algo -2. [insect, snake] picar -3. [tyres, clutch] furar -4. fig [sanction, law] morder.

biting ['baɪtɪŋ] adj -1. [very cold] cortante -2. [caustic] mordaz.

bitten ['bɪtn] pp ▷ **bite**.

bitter ['bɪtə'] <> adj -1. [gen] amargo(-ga) -2. [acrimonious] pungente -3. [resentful] amargurado(da) -4. [icy] gelado(da). <> n UK [beer] cerveja f amarga.

bitter lemon n batida f de limão.

bitterness ['bɪtənɪs] n (U) -1. [gen] amargor m -2. [of wind, weather] rigor m.

bizarre [bɪ'zɑː'] adj bizarro(ra), estranho(nha).

blab [blæb] (pt & pp -bed, cont -bing) vi inf fazer fofoca.

black [blæk] <> adj -1. [in colour] preto(ta) -2. [person, skin] negro(gra) -3. [without milk] puro(ra), preto(ta) -4. [grim] sombrio(a); ~ humour humor negro. <> n -1. (U) [colour] preto m; in ~ and white [in writing] o preto no branco, por escrito; in the ~ [solvent] sem dívidas -2. [person] negro m, -gra f. <> vt UK [boycott] boicotar.
➤ **black out** vi [faint] desmaiar.

blackberry ['blækbərɪ] (pl -ies) n amora f.

blackbird ['blækbɜ:d] *n* melro *m*.

blackboard ['blækbɔ:d] *n* quadro-negro *m*, lousa *f*.

blackcurrant [ˌblæk'kʌrənt] *n* groselha-preta *f*.

blacken ['blækn] ⟨⟩ *vt* pretejar. ⟨⟩ *vi* [sky] escurecer.

black eye *n* olho *m* roxo.

Black Forest *n*: the ~ a Floresta Negra.

blackhead ['blækhed] *n* cravo *m*.

black ice *n* (U) *camada fina e transparente de gelo sobre as ruas que dificulta a passagem de carros.*

blackleg ['blækleg] *n pej* fura-greve *mf*.

blacklist ['blæklɪst] ⟨⟩ *n* lista *f* negra. ⟨⟩ *vt* incluir na lista negra.

blackmail ['blækmeɪl] ⟨⟩ *n lit* & *fig* chantagem *f*. ⟨⟩ *vt* chantagear.

black market *n* mercado *m* negro.

blackout ['blækaʊt] *n* -1. [in wartime] blecaute *m* -2. [power cut] blecaute *m*, apagão *m* -3. [suppression of news] censura *f* -4. [fainting fit] desmaio *m*.

black pudding *n UK* morcela *f* preta.

Black Sea *n*: the ~ o Mar Negro.

black sheep *n fig* ovelha *f* negra.

blacksmith ['blæksmɪθ] *n* ferreiro *m*.

bladder ['blædə'] *n ANAT* bexiga *f*.

blade [bleɪd] *n* -1. [of knife, saw] lâmina *f* -2. [of propeller] pá *f* -3. [of grass] folha *f*.

blame [bleɪm] ⟨⟩ *n* (U) [responsibility] culpa *f*; to take the ~ for sthg assumir a culpa por algo. ⟨⟩ *vt* culpar; to ~ sthg on sb/sthg, to ~ sb/sthg for sthg culpar alguém/algo de alguma coisa; to be to ~ for sthg ser culpado(da por algo).

bland [blænd] *adj* -1. [person] agradável, meigo(ga) -2. [food] insosso(sa) -3. [music, style] suave.

blank [blæŋk] ⟨⟩ *adj* -1. em branco -2. *fig* [look] vazio(a). ⟨⟩ *n* -1. [empty space] espaço *m* em branco -2. *MIL* [cartridge] cartucho *m*.

blank cheque *n* -1. cheque *m* em branco -2. *fig* [free hand] carta *f* branca.

blanket ['blæŋkɪt] *n* -1. [bed cover] cobertor *m*, colcha *f* -2. [layer] camada *f*.

blare [bleə'] *vi* soar.

blasphemy ['blæsfəmɪ] (*pl* -ies) *n* blasfêmia *f*.

blast [blɑ:st] ⟨⟩ *n* -1. [of bomb] explosão *f* -2. [of air] corrente *f* -3. *US inf* [celebration] farra *f*. ⟨⟩ *vt* [hole, tunnel] dinamitar. ⟨⟩ *excl UK inf* diabos!

➡ **(at) full blast** *adv* -1. [maximum volume] a todo volume -2. [maximum effort, speed] a todo vapor.

blasted ['blɑ:stɪd] *adj inf* [for emphasis] maldito(ta).

blast-off *n* (U) *SPACE* decolagem *f*.

blatant ['bleɪtənt] *adj* [shameless] descarado(da).

blaze [bleɪz] ⟨⟩ *n* -1. [fire] incêndio *m* -2. *fig* [of colour, light] explosão *f*. ⟨⟩ *vi* -1. [fire] arder -2. *fig* [with colour, emotion] resplandecer.

blazer ['bleɪzə'] *n* [jacket] blazer *m*.

bleach [bli:tʃ] ⟨⟩ *n* [chemical] alvejante *m*. ⟨⟩ *vt* -1. [hair] clarear -2. [clothes] alvejar. ⟨⟩ *vi* desbotar.

bleached [bli:tʃt] *adj* -1. [hair] descolorido(da), clareado(da) -2. [jeans] desbotado(da).

bleachers ['bli:tʃəz] *npl US SPORT* arquibancadas *fpl*.

bleak [bli:k] *adj* -1. [future] sombrio(a) -2. [place] escuro(ra) -3. [weather] gélido(da) -4. [face, person] triste.

bleary-eyed [ˌblɪərɪ'aɪd] *adj* com os olhos turvos.

bleat [bli:t] ⟨⟩ *n* [of sheep, goat] balido *m*. ⟨⟩ *vi* -1. [sheep, goat] balir -2. *fig* [person - speak] tagarelar; [- complain] balbuciar.

bleed [bli:d] (*pt* & *pp* bled) ⟨⟩ *vt* [drain] esvaziar. ⟨⟩ *vi* sangrar.

bleeper ['bli:pə'] *n* bipe *m*.

blemish ['blemɪʃ] *n* -1. [flaw] mancha *f* -2. [pimple, scar] cicatriz *f* -3. *fig* [on name, reputation] mancha *f*.

blend [blend] ⟨⟩ *n* mistura *f*. ⟨⟩ *vt* [mix] misturar; to ~ sthg with sthg misturar algo com algo. ⟨⟩ *vi* [colours, sounds] misturar-se; to ~ with sthg misturar com algo.

blender ['blendə'] *n* [food mixer] liquidificador *m*.

bless [bles] (*pt* & *pp* -ed OR blest) *vt RELIG* & *fig* abençoar; to be ~ed with sthg abençoado(da) com algo; ~ you! [after sneezing] saúde!; [thank you] obrigado(da)!

blessing ['blesɪŋ] *n* benção *f*.

blest [blest] *pt* & *pp* ⊳ bless.

blew [blu:] *pt* ⊳ blow.

blight [blaɪt] *vt* arruinar.

blimey ['blaɪmɪ] *excl UK inf* minha nossa!, caramba!

blind [blaɪnd] ⟨⟩ *adj* -1. [gen] cego(ga) -2. *fig* [unaware]: ~ to sthg cego(ga) para algo. ⟨⟩ *n* [for window] persiana *f*. ⟨⟩ *npl*: the ~ os cegos. ⟨⟩ *vt* -1. cegar -2. *fig* [make unobservant] ofuscar; to ~ sb to sthg impedir alguém de ver algo.

blind alley *n* -1. [street] beco *m* -2. *fig* [dead end] beco *m* sem saída.

blind corner *n* curva *f* sem visibilidade.

blind date *n* encontro *m* às cegas.

blinders ['blaɪndəz] *npl US* antolhos *mpl*.

blindfold ['blaɪndfəʊld] ◇ adv de olhos vendados. ◇ n venda f. ◇ vt vendar.

blindingly ['blaɪndɪŋlɪ] adv [clearly]: ~ obvious totalmente óbvio(via).

blindly ['blaɪndlɪ] adv -1. [without seeing] às cegas -2. fig [without knowing] sem saber.

blindness ['blaɪndnɪs] n (U) cegueira f; ~ to sthg falta f de visão para algo.

blind spot n [when driving] ponto m cego.

blink [blɪŋk] ◇ n inf [machine]: on the ~ enguiçado(da). ◇ vt [eyes] piscar. ◇ vi -1. [person] piscar -2. [light] cintilar.

blinkered ['blɪŋkəd] adj fig [view, attitude] bitolado(da).

blinkers ['blɪŋkəz] npl UK [for horse] antolhos mpl.

bliss [blɪs] n êxtase m, bem-aventurança f.

blissful ['blɪsfʊl] adj abençoado(da); ~ ignorance santa ignorância.

blister ['blɪstə[r]] ◇ n [on skin] bolha f. ◇ vi formar bolhas.

blithely ['blaɪðlɪ] adv -1. [without a care] despreocupadamente -2. [casually] tranqüilamente.

blitz [blɪts] n MIL bombardeio m aéreo.

blizzard ['blɪzəd] n nevasca f.

bloated ['bləʊtɪd] adj -1. [swollen] inchado(da) -2. [having eaten too much] empanturrado(da).

blob [blɒb] n -1. [drop] pingo m -2. [shapeless thing] borrão m, mancha f.

block [blɒk] ◇ n -1. [gen] bloco m -2. [of buildings] quadra f, quarteirão m -3. [obstruction] bloqueio m. ◇ vt -1. [obstruct] bloquear -2. [hinder] barrar.

blockade [blɒ'keɪd] ◇ n bloqueio m. ◇ vt bloquear.

blockage ['blɒkɪdʒ] n [obstruction] obstrução f.

blockbuster ['blɒkbʌstə[r]] n inf [book, film] estouro m.

block capitals npl maiúsculas fpl.

block letters npl maiúsculas fpl.

bloke [bləʊk] n UK inf cara m.

blond [blɒnd] adj [hair, man] loiro(ra), claro(ra).

blonde [blɒnd] ◇ adj [hair, woman] loiro(ra), claro(ra). ◇ n [woman] loira f.

blood [blʌd] n sangue m; in cold ~ a sangue frio.

bloodbath ['blʌdbɑːθ] n banho m de sangue.

blood cell n glóbulo m sangüíneo.

blood donor n doador m, -ra f de sangue.

blood group n grupo m sangüíneo.

bloodhound ['blʌdhaʊnd] n cão m de Santo Humberto.

blood poisoning n septicemia f.

blood pressure n pressão f sangüínea or arterial.

bloodshed ['blʌdʃed] n derramamento m de sangue.

bloodshot ['blʌdʃɒt] adj [eyes] injetado(da).

bloodstream ['blʌdstriːm] n corrente f sangüínea.

blood test n exame m de sangue.

bloodthirsty ['blʌd,θɜːstɪ] adj sanguinário(ria).

blood transfusion n transfusão f de sangue.

bloody ['blʌdɪ] (compar -ier, superl -iest) ◇ adj -1. [war, conflict] sangrento(ta) -2. [face, hands] ensangüentado(da) -3. UK v inf [for emphasis]: that ~ ... essa droga de ...; you ~ idiot! seu imbecil! ◇ adv UK v inf: ~ good bom pra caramba; ~ difficult difícil para burro.

bloody-minded [-'maɪndɪd] adj UK inf do contra.

bloom [bluːm] ◇ n [flower] flor f. ◇ vi [plant, tree] florir.

blooming ['bluːmɪŋ] ◇ adj UK inf [for emphasis]: ~ heck! esse inferno miserável! ◇ adv UK inf pra caramba.

blossom ['blɒsəm] ◇ n [of tree] flor f; in ~ em flor. ◇ vi -1. [tree] florescer -2. fig [person] desabrochar.

blot [blɒt] (pt & pp -ted, cont -ting) ◇ n -1. [of ink etc] borrão m -2. fig [- on character, reputation] mancha f; [- on landscape] estrago m. ◇ vt -1. [dry] secar -2. [stain with ink] borrar.

◆ **blot out** vt sep -1. [obscure] ocultar -2. [erase] apagar.

blotchy ['blɒtʃɪ] (compar -ier, superl -iest) adj manchado(da).

blotting paper ['blɒtɪŋ-] n papel m mata-borrão.

blouse [blaʊz] n blusa f.

blow [bləʊ] (pt blew, pp blown) ◇ vi -1. [wind] ventar -2. [through mouth] soprar -3. [fuse] estourar -4. [whistle] assoviar. ◇ vt -1. [subj: wind] soprar -2. [whistle, horn, trumpet] soar -3. [clear]: to ~ one's nose assoar o nariz. ◇ n -1. [hit] golpe m -2. [shock] choque m.

◆ **blow away** vi [in wind] voar longe, sair voando.

◆ **blow out** ◇ vt sep apagar. ◇ vi -1. [candle] apagar -2. [tyre] estourar.

◆ **blow over** vi -1. [storm] cessar -2. [argument] esquecer-se.

◆ **blow up** ◇ vt sep -1. [inflate] encher -2. [with bomb] explodir -3. [enlarge] ampliar. ◇ vi [explode] explodir.

blow-dry ◇ *n* secagem *f.* ◇ *vt* secar.

blowlamp *UK* ['bləʊlæmp], **blowtorch** ['blɔʊtɔ:tʃ] *n* maçarico *m*.

blown [bləʊn] *pp* ▷ **blow**.

blowout ['bləʊaʊt] *n* [of tyre] furo *m*.

blowtorch *n* = **blowlamp**.

blubber ['blʌbə'] ◇ *n* [of whale] gordura *f.* ◇ *vi pej* [weep] choramingar.

bludgeon ['blʌdʒən] *vt* espancar; **to ~ sb into doing sthg** *fig* ameaçar alguém para que faça algo.

blue [blu:] ◇ *adj* **-1.** [in colour] azul **-2.** *inf* [sad] triste **-3.** [pornographic - film, movie] pornográfico(ca); [- joke] obsceno(na) ◇ *n* azul *m*; **out of the ~** inesperadamente.

➡ **blues** *npl* **the ~s** *MUS* o blues; *inf* [sad feeling] a melancolia.

bluebell ['blu:bel] *n* campainha *f* (azul).

blueberry ['blu:bərɪ] (*pl* **-ies**) *n* mirtilo *m*.

bluebottle ['blu:ˌbɒtl] *n* mosca-varejeira *f.*

blue channel *n*: **the ~** *acesso direto utilizado pelos membros da Comunidade Européia ao passar pelo controle de passaportes.*

blue cheese *n* queijo *m* azul.

blue-collar *adj* operário(ria).

blue jeans *npl US* jeans *m*, calça *f* jeans.

blueprint ['blu:prɪnt] *n* **-1.** *CONSTR* planta *f* **-2.** *fig* [plan, programme] projeto *m*.

bluff [blʌf] ◇ *adj* [person, manner] expansivo(va). ◇ *n* **-1.** [deception] blefe *m*; **to call sb's ~** pagar para ver (o que alguém está ameaçando fazer) **-2.** [cliff] penhasco *m.* ◇ *vt*: **to ~ one's way into/out of sthg** *trapacear para entrar em/sair de algo.* ◇ *vi* blefar.

blunder ['blʌndə'] ◇ *n* gafe *f.* ◇ *vi* [make mistake] cometer um grande equívoco.

blunt [blʌnt] ◇ *adj* **-1.** [gen] obtuso(sa) **-2.** [pencil] sem ponta **-3.** [knife] cego(-ga) **-4.** [forthright] direto(ta). ◇ *vt* **-1.** [knife] cegar **-2.** *fig* [enthusiam, interest etc] murchar **-3.** [impact] amortecer.

blur [blɜ:'] (*pt* & *pp* **-red**, *cont* **-ring**) ◇ *n* borrão *m*, névoa *f.* ◇ *vt* **-1.** [outline, photograph] desfocar **-2.** [distinction, memory, vision] embaçar **-3.** [confuse] obscurecer.

blurb [blɜ:b] *n inf* [on book] sinopse *f.*

blurt [blɜ:t] ➡ **blurt out** *vt sep* falar sem pensar.

blush [blʌʃ] ◇ *n* rubor *m.* ◇ *vi* corar.

blusher ['blʌʃə'] *n* ruge *m.*

blustery ['blʌstərɪ] *adj* ventoso(sa).

BNP (*abbr of* **British National Party**) *n*

partido britânico de extrema direita.

BO (*abbr of* **body odour**) *n* cê-cê *m.*

boar [bɔ:'] *n* **-1.** [male pig] barrão *m* **-2.** [wild pig] javali *m.*

board [bɔ:d] ◇ *n* **-1.** [plank] tábua *f* **-2.** [for notices] quadro *m* (de avisos) **-3.** [for games] tabuleiro *m* **-4.** [blackboard] quadro-negro *m* **-5.** *ADMIN* direção *f*; **~ of directors** conselho *m* de diretores; **examining ~** banca *f* examinadora; **~ of enquiry** comissão *f* de inquérito **-6.** *UK* [at hotel, guesthouse] pensão *f*; **~ and lodging** casa e comida; **full ~** pensão completa; **half ~** meia pensão **-7.** *phr*: **above ~** honesto(ta). ◇ *vt* [get onto] embarcar em.

➡ **across the board** ◇ *adj* generalizado(da). ◇ *adv* de forma generalizada.

➡ **on board** ◇ *adj* a bordo. ◇ *adv* a bordo; **to take sthg on ~** aceitar algo.

➡ **board up** *vt sep* fechar com tábuas.

boarder ['bɔ:də'] *n* **-1.** [lodger] pensionista *mf* **-2.** [at school] interno *m*, -na *f.*

boarding card ['bɔ:dɪŋ-] *n* cartão *m* de embarque.

boarding house ['bɔ:dɪŋ-] *n* hospedaria *f.*

boarding school ['bɔ:dɪŋ-] *n* colégio *m* interno.

Board of Trade *n UK*: **the ~** ≃ Câmara *f* do Comércio, *na Inglaterra, comissão governamental responsável pela supervisão do comércio e pelo estímulo às exportações.*

boardroom ['bɔ:drʊm] *n* sala *f* da diretoria.

boast [bəʊst] ◇ *n* alarde *m.* ◇ *vi* [show off] vangloriar-se; **to ~ about sthg** gabar-se de algo.

boastful ['bəʊstfʊl] *adj* presunçoso(sa).

boat [bəʊt] *n* [ship] barco *m*; [for rowing] bote *m*; [for sailing] veleiro *m*; **by ~** de barco.

boater ['bəʊtə'] *n* [hat] chapéu *m* de palha.

boatswain ['bəʊsn] *n NAUT* contramestre *m.*

bob [bɒb] (*pt* & *pp* **-bed**, *cont* **-bing**) ◇ *n* **-1.** [hairstyle] corte *m* chanel **-2.** *UK inf dated* [shilling] xelim *m* **-3.** = **bobsleigh**. ◇ *vi* [boat, ship] balouçar-se.

bobbin ['bɒbɪn] *n* [spool] bobina *f.*

bobby ['bɒbɪ] (*pl* **-ies**) *n UK inf* [policeman] tira *m.*

bobsleigh ['bɒbsleɪ] *n* trenó *m* de esporte.

bode [bəʊd] *vi literary*: **to ~ ill/well (for sb/sthg)** ser de mau/bom agouro (para alguém/algo).

bodily ['bɒdɪlɪ] ◇ *adj* [needs] físico(-ca). ◇ *adv* [carry, lift] em peso.

body ['bɒdɪl] (*pl* -**ies**) *n* -**1.** [gen] corpo *m* -**2.** [corpse] cadáver *m* -**3.** [organization] entidade *f* -**4.** [of car] carroceria *f* -**5.** [of plane] fuselagem *f* -**6.** (*U*) [of wine] corpo *m* -**7.** [garment] body *m*.

body building *n* fisiculturismo *m*.

bodyguard ['bɒdɪgɑːd] *n* guarda-costas *mf inv*.

body odour *UK*, **body odor** *US n* odor *m* corporal.

bodywork ['bɒdɪwɜːk] *n* [of car] carroceria *f*.

bog [bɒg] *n* -**1.** [marsh] lodaçal *m* -**2.** *UK* v *inf* [toilet] privada *f*.

bogged down [ˌbɒgd-] *adj* atolado(da).

boggle ['bɒgl] *vi*: **the mind** ~**s!** não dá para acreditar!

bog-standard *adj inf* comum.

bogus ['bəʊgəs] *adj* falso(sa).

boil [bɔɪl] <> *n* -**1.** MED [on skin] furúnculo *m* -**2.** [boiling point]: **to bring sthg to the** ~ deixar algo ferver; **to come to the** ~ começar a ferver. <> *vt* -**1.** [water, kettle] ferver -**2.** [food] cozinhar. <> *vi* [water, kettle] ferver.

➡ **boil down to** *vt fus fig* reduzir-se a.

➡ **boil over** *vi* -**1.** [liquid] derramar -**2.** *fig* [feelings] descontrolar-se.

boiled [bɔɪld] *adj* cozido(da); ~ **sweet** *UK* caramelo *m*; ~ **egg** ovo *m* cozido.

boiler ['bɔɪlə^r] *n* boiler *m*.

boiler suit *n UK* macacão *m*.

boiling ['bɔɪlɪŋ] *adj* -**1.** [liquid] fervente -**2.** *inf* [hot - person] morto(ta) de calor; [- weather] abrasador(ra).

boiling point *n* ponto *m* de ebulição.

boisterous ['bɔɪstərəs] *adj* [child, behaviour] irriquieto(ta).

bold [bəʊld] *adj* -**1.** [confident] audacioso(sa) -**2.** [brave] corajoso(sa) -**3.** ART [lines, design] arrojado(da) -**4.** [colour] nítido(da) -**5.** TYPO : **in** ~ **type** OR **print** em negrito.

bollard ['bɒlɑːd] *n* [on road] poste *m* de sinalização.

bollocks ['bɒləks] *UK vulg* <> *npl* saco *m*. <> *excl* saco!

bolster ['bəʊlstə^r] <> *n* [pillow] travesseiro *m* longo. <> *vt* [encourage] alentar.

➡ **bolster up** *vt fus* [support] sustentar.

bolt [bəʊlt] <> *n* -**1.** [on door, window] ferrolho *m*, trinco *m* -**2.** [type of screw] parafuso *m*. <> *adv*: **to sit** ~ **upright** sentar direito. <> *vt* -**1.** [fasten together] aparafusar -**2.** [close] trancar -**3.** [food] devorar. <> *vi* [run] disparar.

bomb [bɒm] <> *n* [explosive device] bomba *f*. <> *vt* bombardear.

bombard [bɒm'bɑːd] *vt* MIL & *fig* bom-

bardear, **to** ~ **sb with sthg** bombardear alguém com algo.

bombastic [bɒm'bæstɪk] *adj* bombástico(ca).

bomb disposal squad *n* esquadrão *m* antibombas.

bomber ['bɒmə^r] *n* -**1.** [plane] bombardeiro *m* -**2.** [person] *pessoa que pratica atentados a bomba*.

bombing ['bɒmɪŋ] *n* bombardeio *m*.

bombshell ['bɒmʃel] *n fig* [unpleasant surprise] bomba *f*; **to come as a** ~ cair como uma bomba.

bona fide [ˌbəʊnə'faɪdɪ] *adj* [genuine] legítimo(ma).

bond [bɒnd] <> *n* -**1.** [emotional link] laço *m* -**2.** [binding promise] compromisso *m* -**3.** FIN título *m*. <> *vt* -**1.** [glue]: **to** ~ **sthg to sthg** colar algo a algo -**2.** *fig* [people] unir.

bondage ['bɒndɪdʒ] *n literary* [servitude] servidão *f*.

bone [bəʊn] <> *n* [of body, material] osso *m*. <> *vt* [fish, meat] desossar.

bone-dry *adj* completamente seco(ca).

bone-idle *adj inf* encostado(da).

bonfire ['bɒnˌfaɪə^r] *n* fogueira *f* ao ar livre.

bonfire night *n UK noite de 5 de novembro, quando os ingleses lançam fogos de artifício e queimam a figura de Guy Fawkes numa fogueira ao ar livre*.

bonk [bɒŋk] *inf* <> *vt* [have sex with] transar com. <> *vi* [have sex] transar.

Bonn [bɒn] *n* Bonn; **in** ~ em Bonn.

bonnet ['bɒnɪt] *n* -**1.** *UK* [of car] capô *m* -**2.** [hat] touca *f*.

bonus ['bəʊnəs] (*pl* -**es**) *n* -**1.** [extra money] bônus *m inv* -**2.** *fig* [added treat] vantagem *f* adicional.

bony ['bəʊnɪ] (*compar* -**ier**, *superl* -**iest**) *adj* -**1.** [person, hand, face] ossudo(da) -**2.** [meat] com osso; [fish] cheio (cheia) de espinhas.

boo [buː] (*pl* -**s**) <> *excl* bu! <> *n* vaia *f*. <> *vt* & *vi* vaiar.

boob [buːb] *n inf* [mistake] gafe *f*.

➡ **boobs** *npl UK inf* [breasts] tetas *fpl*.

booby trap ['buːbɪ-] *n* -**1.** [bomb] bomba *f* camuflada -**2.** [prank] armadilha *f*.

book [bʊk] <> *n* -**1.** [for reading] livro *m* -**2.** [pack - of stamps] bloco *m*; [- of matches] caixa *f*; [- of cheques, tickets] talão *m*. <> *vt* -**1.** [reserve] reservar; **to be fully** ~**ed** estar totalmente cheio (cheia) OR esgotado(da) -**2.** *inf* [subj: police] autuar -**3.** *UK* FTBL dar cartão amarelo OR vermelho a. <> *vi* reservar, fazer uma reserva.

➡ **books** *npl* COMM registros *mpl*.

book up *vt sep*: **to be ~ ed up** [fully booked] estar completamente cheio (cheia); **the hotel is ~ ed up** o hotel está lotado.

book bag *n US* = **booksack**.

bookcase ['bʊkkeɪs] *n* estante *f* (para livros).

bookie ['bʊkɪ] *n inf* bookmaker *m*.

booking ['bʊkɪŋ] *n* -**1.** *esp UK* [reservation] reserva *f* -**2.** *esp UK FTBL* cartão *m* amarelo *OR* vermelho.

booking office *n esp UK* bilheteria *f*.

bookkeeping ['bʊk,ki:pɪŋ] *n COMM* contabilidade *f*.

booklet ['bʊklɪt] *n* [pamphlet] folheto *m*.

bookmaker ['bʊk,meɪkə^r] *n* bookmaker *m*.

bookmark ['bʊkmɑːk] *n* marcador *m* de páginas.

bookseller ['bʊk,selə^r] *n* vendedor *m*, -ra *f* de livros.

bookshelf ['bʊkʃelf] (*pl* -**shelves** [-ʃelvz]) *n* prateleira *f OR* estante *f* (para livros).

bookshop *UK* ['bʊkʃɒp], **bookstore** *US* ['bʊkstɔː^r] *n* livraria *f*.

book token *n esp UK* vale-livro *m*.

boom [bu:m] <> *n* -**1.** [loud noise] estrondo *m* -**2.** [increase] boom *m*, crescimento *m* -**3.** *NAUT* retranca *f* -**4.** [for TV camera, microphone] bum *m*. <> *vi* -**1.** [make noise] ribombar -**2.** *ECON* [grow] crescer rapidamente.

boon [bu:n] *n* [help, advantage] ajuda *f*.

boost [bu:st] <> *n* -**1.** [increase] incremento *m* -**2.** [improvement] impulso *m*. <> *vt* -**1.** [increase] incrementar -**2.** [improve] levantar -**3.** *US inf* [steal] afanar.

booster ['bu:stə^r] *n MED* [vaccine] reforço *m*.

boot [bu:t] <> *n* -**1.** [footwear] bota *f* -**2.** *UK* [of car] porta-bagagem *m*. <> *vt* -**1.** *inf* [kick] dar um pé na bunda de -**2.** *COMPUT* inicializar, dar boot em.

➠ **to boot** *adv* também.

➠ **boot up** *vi COMPUT* inicializar, dar boot.

booth [bu:ð] *n* -**1.** [at fair] barraca *f* -**2.** [telephone booth] cabine *f* (telefônica) -**3.** [voting booth] cabine *f* eleitoral.

booty ['bu:tɪ] *n literary* butim *m*.

booze [bu:z] *inf* <> *n* [alcohol] trago *m*. <> *vi* [drink alcohol] tomar umas e outras.

bop [bɒp] (*pt & pp* -**ped**, *cont* -**ping**) *inf* <> *n* [disco, dance] festa *f* dançante. <> *vi* [dance] dançar.

border ['bɔːdə^r] <> *n* -**1.** [between countries] fronteira *f* -**2.** [edge] borda *f* -**3.** [hem] orla *f* -**4.** [outer boundary] limite *m* -**5.** [bank, shore] margem *f* -**6.** [for flowers] bordadura *f*. <> *vt* -**1.** [country]

limitar-se com -**2.** [surround] cercar.

➠ **border on** *vt fus* [verge on] beirar em.

borderline ['bɔːdəlaɪn] <> *adj*: **~ case** caso-limite *m*. <> *n fig* [division] limite *m*.

bore [bɔː^r] <> *pt* ⊳ **bear**. <> *n* -**1.** *pej* [tedious person] chato *m*, -ta *f*; [tedious situation, event] chatice *f* -**2.** [of gun] calibre *m*. <> *vt* -**1.** [not interest] entediar; **to ~ sb stiff** *OR* **to tears** *OR* **to death** *inf* matar alguém de tédio -**2.** [drill] furar.

bored [bɔːd] *adj* entediado(da); **to be ~ with sthg** estar entediado(da) com algo.

boredom ['bɔːdəm] *n* tédio *m*.

boring ['bɔːrɪŋ] *adj* chato(ta).

born [bɔːn] *adj* -**1.** [given life] nascido(da); **to be ~** nascer -**2.** [for emphasis] nato(ta).

borne [bɔːn] *pp* ⊳ **bear**.

borough ['bʌrə] *n* município *m*, distrito *m*.

borrow ['bɒrəʊ] *vt* [property, money] tomar emprestado(da); **to ~ sthg from sb** pegar algo emprestado de alguém.

Bosnia ['bɒznɪə] *n* Bósnia.

Bosnia-Herzegovina [-,hɜːtsəgə'viːnə] *n* Bósnia-Herzegovina.

Bosnian ['bɒznɪən] <> *adj* bósnio(nia). <> *n* bósnio *m*, -nia *f*.

bosom ['bʊzəm] *n* -**1.** [of woman] peito *m* -**2.** *fig* [centre] seio *m*; **~ friend** amigo *m*, -ga *f* do peito.

boss [bɒs] <> *n* -**1.** [of company, department, organization] chefe *mf* -**2.** *fig* [of gang] chefão *m*; **you're the ~!** você é quem manda! <> *vt pej* [give orders to] mandar.

➠ **boss about, boss around** *vt sep* mandar em.

bossy ['bɒsɪ] (*compar* -**ier**, *superl* -**iest**) *adj* mandão(ona).

bosun ['bəʊsn] *n* = **boatswain**.

botany ['bɒtənɪ] *n* botânica *f*.

botch [bɒtʃ] ➠ **botch up** *vt sep inf* fazer nas coxas.

both [bəʊθ] <> *adj* ambos(bas), os dois, as duas; **we ~ left** nós dois (duas) saímos, ambos saímos; **~ my brother and myself will be there** tanto meu irmão quanto eu estaremos lá, nós dois estaremos lá. <> *adv* ao apenas ... como; **she is ~ witty and intelligent** ela não só é espirituosa, como também inteligente. <> *pron* ambos *mpl*, -bas *fpl*; **~ of us** nós dois (duas).

bother ['bɒðə^r] <> *vt* -**1.** [worry] preocupar; **I can't be ~ ed to do that** não me disponho a fazer isso -**2.** [irritate, annoy] incomodar. <> *vi* [trouble o.s.] incomodar-se; **to ~ about sthg** incomodar-se com algo; **to ~ doing** OR **to do sthg** incomodar-se em fazer algo. ⬦ n **-1.** (U) [inconvenience] aborrecimento m **- 2.** [nuisance] incômodo m **- 3.** [difficulty] dificuldade f **- 4.** [obstacle] estorvo m. ⬦ excl (que) droga!

bothered ['bɒðəd] adj **-1.** [worried] preocupado(da) **- 2.** [annoyed] chateado(da).

bottle ['bɒtl] ⬦ n **-1.** [gen] garrafa f **- 2.** [of medicine] frasco m **- 3.** [of perfume] vidro m **- 4.** [for baby] mamadeira f **- 5.** (U) UK inf [courage]: **he didn't have the ~ to do it** ele não teve coragem de fazer isso. ⬦ vt **-1.** [wine] engarrafar **- 2.** [fruit] enfrascar.

➡ **bottle up** vt sep [feelings] reprimir.

bottle bank n contêiner no qual se recolhem garrafas de vidro vazias para reciclagem.

bottleneck ['bɒtlnek] n **-1.** [in traffic] engarrafamento m **- 2.** [in production] gargalo m.

bottle-opener n abridor m (de garrafa).

bottom ['bɒtəm] ⬦ adj **-1.** [lowest] de baixo **- 2.** [least successful] último(ma). ⬦ n **-1.** [lowest part - of glass, bag, lake] fundo m; [- of page] fim m, final m; [- of mountain, hill] sopé m; **at the ~ embaixo; at the ~ of** no fundo de **- 2.** [far end] fim m, final m **- 3.** [least successful level] nível m mais baixo **- 4.** [buttocks] traseiro m **- 5.** fig [root, cause]: **to get to the ~ of sthg** ir até o fundo de algo.

➡ **bottom out** vi [prices, recession] estabilizar-se.

bottom line n fig: **the ~ is that ...** a questão toda é que ...

bough [baʊ] n [of tree] galho m.

bought [bɔːt] pt & pp ⊳ buy.

boulder ['bəʊldəʳ] n pedregulho m.

bounce [baʊns] ⬦ vi **-1.** [ball] quicar **- 2.** [person - with energy, enthusiasm]: **she was bouncing with energy/enthusiasm** ela estava pulando de alegria/entusiasmo; **she bounced into the room, singing** ela entrou na sala radiante, cantando; [- jump up and down]: **to ~ on sthg** saltar sobre algo **- 4.** inf [cheque] ser devolvido(da). ⬦ vt [ball] bater. ⬦ n [of ball] pulo m.

bouncer ['baʊnsəʳ] n inf [at club etc] leão-de-chácara m.

bound [baʊnd] ⬦ pt & pp ⊳ bind. ⬦ adj **-1.** [certain]: **to be ~ to do sthg** fazer algo na certa **- 2.** [forced, morally obliged]: **~ by sthg/to do sthg** obrigado(da) por algo/fazer algo; **I'm ~ to say/admit** devo dizer/admitir **- 3.** [en route]: **to be ~ for** estar a caminho

de. ⬦ n [leap] salto m.

➡ **bounds** npl [limits] limites mpl; **out of ~s** interditado(da).

boundary ['baʊndərɪ] (pl -ies) n **-1.** [of area of land] fronteira f **- 2.** fig [of science, knowledge] fronteiras fpl.

bouquet garni ['buːkeɪgɑːˈniː] n bouquet garni m (ervas para tempero).

bourbon ['bɜːbən] n bourbon m (uísque norte-americano).

bout [baʊt] n **-1.** [attack] ataque m **- 2.** [session] período m **- 3.** [boxing match] assalto m.

bow¹ [baʊ] ⬦ n **-1.** [act of bowing] reverência f **- 2.** [of ship] proa f. ⬦ vt [lower] inclinar. ⬦ vi **-1.** [make a bow] inclinar-se **- 2.** [defer]: **to ~ to sthg** submeter-se a algo.

bow² [bəʊ] n **-1.** [gen & MUS] arco m **- 2.** [knot] laço m.

bowels ['baʊəlz] npl **-1.** [intestines] intestinos mpl **- 2.** fig [deepest part] entranhas fpl.

bowl [bəʊl] ⬦ n **-1.** [container - gen] tigela f; [- for sugar] açucareiro m; [- for fruit] fruteira f **- 2.** [bowl-shaped part - of toilet, sink] bacia f; [- of pipe] fornilho m **- 3.** [bowlful] prato m. ⬦ vt & vi [in cricket] atirar.

➡ **bowls** n (U) jogo m de bocha.

➡ **bowl over** vt sep **-1.** [knock over] derrubar **- 2.** fig [surprise, impress] surpreender.

bow-legged [ˌbəʊˈlegɪd] adj cambota.

bowler ['bəʊləʳ] n **-1.** [in cricket, bowls] lançador m **- 2.** [headgear]: **~ (hat)** chapéu-coco m.

bowling ['bəʊlɪŋ] n: **(tenpin) ~** jogo m de boliche.

bowling alley n **-1.** [building] boliche m **- 2.** [alley] pista f de boliche.

bowling green n cancha m de bocha.

bow tie [bəʊ-] n gravata-borboleta f.

box [bɒks] ⬦ n **-1.** [gen] caixa f **- 2.** [in theatre] camarote m **- 3.** [in car races] box m **- 4.** UK inf [television]: **the ~** a TV. ⬦ vi [fight] lutar.

boxer ['bɒksəʳ] n **-1.** [fighter] boxeador m, -ra f **- 2.** [dog] boxer mf.

boxer shorts npl cuecas fpl sambacanção.

boxing ['bɒksɪŋ] n (U) boxe m.

Boxing Day n dia seguinte ao Natal em que é feriado nacional no Reino Unido. Tradicionalmente, era o dia em que os empregados recebiam os presentes dos patrões, geralmente uma caixinha em dinheiro.

boxing glove n luva f de boxe.

box office n bilheteria f.

boxroom ['bɒksrʊm] n UK quarto m de despejo.

boy [bɔɪ] ⟨⟩ n -1. [young male] menino m -2. [adult male] rapaz m -3. [son] filho m. ⟨⟩ excl: (oh) ~ ! inf nossa!

boycott ['bɔɪkɒt] ⟨⟩ n boicote m. ⟨⟩ vt boicotar.

boyfriend ['bɔɪfrend] n namorado m.

boyish ['bɔɪʃ] adj juvenil.

bra [brɑ:] n sutiã f.

brace [breɪs] ⟨⟩ n MED aparelho m. ⟨⟩ vt lit & fig to ~ o.s. (for sthg): preparar-se (para algo).
➡ **braces** npl UK [for trousers] suspensórios mpl.

bracelet ['breɪslɪt] n bracelete m.

bracing ['breɪsɪŋ] adj revigorante.

bracken ['brækn] n (U) samambaia f.

bracket ['brækɪt] ⟨⟩ n -1. [support] suporte m, mão-francesa f -2. [parenthesis] parêntese m; in ~s entre parênteses -3. [group] faixa f. ⟨⟩ vt [enclose in brackets] colocar entre parênteses.

brag [bræg] (pt & pp -ged, cont -ging) vi [boast] gabar-se.

braid [breɪd] ⟨⟩ n -1. [on uniform] galão m -2. US [hairstyle] trança f. ⟨⟩ vt US trançar.

brain [breɪn] n -1. [organ] cérebro m -2. [mind] cabeça f -3. inf [clever person] gênio m.
➡ **brains** npl [intelligence] sabedoria f.

brainchild ['breɪntʃaɪld] n invenção f.

brainwash ['breɪnwɒʃ] vt fazer lavagem cerebral em.

brainwave ['breɪnweɪv] n idéia f luminosa.

brainy ['breɪnɪ] (compar -ier, superl -iest) adj inf sabichão(chona).

brake [breɪk] ⟨⟩ n -1. [on vehicle] freio m -2. fig [restraint] freio m. ⟨⟩ vi frear.

brake light n luz f de freio.

bramble ['bræmbl] n [bush] amoreira f silvestre; [fruit] amora f silvestre.

bran [bræn] n (U) farelo m.

branch [brɑ:ntʃ] ⟨⟩ n -1. [of tree] galho m -2. [of river] braço m -3. [of railway] ramal m -4. [of company, bank, organization] sucursal f -5. [of subject] ramo m. ⟨⟩ vi [road] bifurcar-se.
➡ **branch out** vi [person, company] expandir-se em nova direção.

brand [brænd] ⟨⟩ n -1. COMM marca f -2. fig [type] tipo m. ⟨⟩ vt -1. [cattle] marcar com ferro em brasa -2. fig [classify]: to ~ sb (as) sthg rotular alguém de algo.

brandish ['brændɪʃ] vt brandir.

brand name n marca f registrada.

brand-new adj novo(va) em folha.

brandy ['brændɪ] (pl -ies) n conhaque m.

brash [bræʃ] adj pej atrevido(da).

brass [brɑ:s] n -1. (U) [type of metal] latão m -2. MUS: the ~ os metais.
➡ **brasses** npl [ornaments] objetos mpl decorativos em latão.

brass band n fanfarra f.

brassiere [UK 'bræsɪə', US brə'zɪr] n sutiã m.

brat [bræt] n inf pej capeta m.

bravado [brə'vɑ:dəʊ] n (U) bravata f.

brave [breɪv] ⟨⟩ adj corajoso(sa). ⟨⟩ n [warrior] guerreiro m índio, bravo m. ⟨⟩ vt enfrentar.

bravery ['breɪvərɪ] n (U) bravura f.

brawl [brɔ:l] n briga f.

brawn [brɔ:n] n (U) [muscle] músculo m.

bray [breɪ] vi [donkey] zurrar.

brazen ['breɪzn] adj descarado(da).
➡ **brazen out** vt sep: to ~ it out encarar.

brazier ['breɪzjə'] n braseiro m.

Brazil [brə'zɪl] n Brasil.

Brazilian [brə'zɪljən] ⟨⟩ adj brasileiro(ra). ⟨⟩ n brasileiro m, -ra f.

brazil nut n castanha-do-pará f.

breach [bri:tʃ] ⟨⟩ n -1. [act of disobedience] quebra f; a ~ of an agreement o rompimento de um acordo; a ~ of the law uma transgressão da lei; to be in ~ of sthg estar transgredindo algo; ~ of contract quebra de contrato -2. [opening, gap] brecha f. ⟨⟩ vt -1. [disobey] romper -2. [make hole in] abrir uma brecha em.

breach of the peace n atentado m à ordem pública.

bread [bred] n [food] pão m; ~ and butter [food] pão com manteiga, fig [main income] sustento m.

bread bin UK, **bread box** US n caixa f para pão.

breadcrumbs ['bredkrʌmz] npl farinha f de rosca.

breadline ['bredlaɪn] n: to be on the ~ estar no limite da pobreza.

breadth [bretθ] n -1. [in measurements] largura f -2. fig [scope] alcance f.

breadwinner ['bred,wɪnə'] n arrimo m (de família).

break [breɪk] (pt broke, pp broken) ⟨⟩ n -1. [interruption] interrupção f; a ~ in transmission uma queda da transmissão -2. [gap] brecha f -3. [fracture] fratura f -4. [pause] pausa f; tea/coffee/lunch ~ pausa para o chá/café/almoço; [rest] descanso m; a weekend ~ um feriado curto; give me a ~ ! me dá um tempo/uma trégua!; to have a ~ from sthg dar uma parada em algo; without a ~ sem parar -5. SCOL recreio m -6. inf [luck, chance] chance f; lucky ~ golpe de sorte. ⟨⟩ vt -1. [gen] quebrar -2. [fracture] fraturar -3. [cause to malfunction] danificar **- 4.** [interrupt] interromper **- 5.** [undermine, cause to fail] furar **- 6.** [announce]: **to ~ the news (of sthg to sb)** dar a notícia (de algo a alguém). ◇ vi **-1.** [gen] quebrar **- 2.** [split] partir-se **-3.** [burst through] romper **- 4.** [pause] parar **- 5.** [weather] mudar **- 6.** [escape]: **to ~ loose** OR **free** escapar **-7.** [voice - with emotion] perturbar-se; [- at puberty] mudar **- 8.** [become known] ser divulgado(da) **- 9.** *phr:* **to ~ even** ficar em ponto de equilíbrio.

◆ **break away** vi [escape] escapar.

◆ **break down** ◇ vt sep **-1.** [destroy, demolish] derrubar **- 2.** [analyse] analisar. ◇ vi **-1.** [stop working] estragar **- 2.** [end unsuccessfully] concluir sem sucesso **-3.** [collapse, disintegrate] terminar **- 4.** [MED: collapse] sofrer um colapso; **to ~ down in tears** romper em lágrimas.

◆ **break in** ◇ vi **-1.** [enter by force] arrombar **- 2.** [interrupt] interromper; **to ~ in on sb/sthg** interromper alguém/algo. ◇ vt sep **-1.** [horse] domar **- 2.** [person] acostumar.

◆ **break into** vt fus **-1.** [enter by force] arrombar **- 2.** [begin suddenly] romper em.

◆ **break off** ◇ vt sep **-1.** [detach] quebrar **- 2.** [put an end to] acabar. ◇ vi **-1.** [become detached] quebrar-se **- 2.** [stop talking] deter-se.

◆ **break out** vi **-1.** [begin suddenly] rebentar **- 2.** [escape]: **to ~ out (of)** fugir (de).

◆ **break up** ◇ vt sep **-1.** [separate into smaller pieces - ice] partir; [- soil] repartir; [- car] desmontar **- 2.** [bring to an end] acabar. ◇ vi **-1.** [separate into smaller pieces] partir-se **- 2.** [come to an end] acabar-se; **to ~ up with sb** acabar com alguém **-3.** [disperse] dispersar-se **- 4.** [for school holiday] terminar.

breakage ['breɪkɪdʒ] n quebra f.

breakdown ['breɪkdaʊn] n **-1.** [failure, ending] quebra f **- 2.** [analysis] detalhamento m **- 3.** MED **nervous ~** colapso m nervoso.

breakfast ['brekfəst] n café m da manhã.

breakfast television n UK programa m de tv matutino.

break-in n arrombamento m.

breaking ['breɪkɪŋ] n (U): **~ and entering** JUR invasão m de domicílio.

breakneck ['breɪknek] adj: **at ~ speed** em altíssima velocidade.

breakthrough ['breɪkθru:] n avanço m.

breakup ['breɪkʌp] n [of relationship] rompimento m.

breast [brest] n **-1.** [gen] peito m **- 2.** [of woman] seio m.

breast-feed vt & vi amamentar.

breaststroke ['breststrəʊk] n (U) nado m de peito.

breath [breθ] n **-1.** (U) [air taken into lungs] respiração f; **out of ~** sem fôlego; **to get one's ~ back** retomar o fôlego **-2.** [air breathed out] hálito m; **bad ~** mau hálito.

breathalyse UK, **-yze** US ['breθəlaɪz] vt aplicar o teste do bafômetro em.

breathe [bri:ð] ◇ vi respirar. ◇ vt [inhale] inalar.

◆ **breathe in** ◇ vi [inhale] respirar. ◇ vt sep [inhale] inalar.

◆ **breathe out** vi [exhale] exalar.

breather ['bri:ðəʳ] n inf respirada f, descanso m.

breathing ['bri:ðɪŋ] n (U) respiração f.

breathless ['breθlɪs] adj **-1.** [physically] ofegante **- 2.** [with excitement] radiante.

breathtaking ['breθ,teɪkɪŋ] adj **-1.** [beautiful] surpreendente **- 2.** [extreme] incrível.

breed [bri:d] (pt & pp bred [bred]) ◇ n **-1.** [of animal] raça f **- 2.** fig [sort, style] tipo m. ◇ vt **-1.** [cultivate] criar **- 2.** fig [provoke] gerar. ◇ vi [produce young] procriar.

breeding ['bri:dɪŋ] n (U) **-1.** [raising animals, plants] criação f **- 2.** [manners] boa educação f; **a person of good ~** uma pessoa de berço.

breeze [bri:z] n [light wind] brisa f.

breezy ['bri:zɪ] (compar -ier, superl -iest) adj **-1.** [windy] ventoso(sa) **- 2.** [cheerful] alegre.

brevity ['brevɪtɪ] n **-1.** [shortness] brevidade f **- 2.** [conciseness] concisão f.

brew [bru:] ◇ vt [beer] fermentar; [tea] preparar. ◇ vi **-1.** [infuse] preparar-se **- 2.** fig [develop - crisis, trouble] armar-se; [- storm] formar-se.

brewer ['bru:əʳ] n fabricante mf de cerveja.

brewery ['brʊərɪ] (pl -ies) n cervejaria f.

bribe [braɪb] ◇ n suborno m. ◇ vt subornar; **to ~ sb to do sthg** subornar alguém para fazer algo.

bribery ['braɪbərɪ] n (U) suborno m.

brick [brɪk] n [for building] tijolo m.

bricklayer ['brɪk,leɪəʳ] n pedreiro m.

bridal ['braɪdl] adj de noiva.

bride [braɪd] n noiva f.

bridegroom ['braɪdgrʊm] n noivo m.

bridesmaid ['braɪdzmeɪd] n dama f de honra.

bridge [brɪdʒ] ◇ n **-1.** [gen] ponte f **- 2.** [on ship] ponte f de comando **-3.** [of nose] cavalete m **- 4.** [card game] bridge m **- 5.** [for teeth] ponte f. ◇ vt [gap] transpor.

bridle ['braɪdl] *n* [of horse] cabresto *m.*
bridle path *n* trilha *f.*
brief [bri:f] <> *adj* **-1.** [short, concise] breve; **in** ~ em suma **-2.** [revealing, skimpy] reduzido(da). <> *n* **-1.** JUR [statement] declaração *f* **-2.** UK [instructions] instrução *f.* <> *vt* informar; **to** ~ **sb on sthg** [bring up to date] pôr alguém a par de algo; [instruct] treinar alguém sobre/em algo.
➡ **briefs** *npl* [underwear] cuecas *fpl.*
briefcase ['bri:fkeɪs] *n* pasta *f* executiva.
briefing ['bri:fɪŋ] *n* instruções *fpl.*
briefly ['bri:flɪ] *adv* **-1.** [for a short time] brevemente **-2.** [concisely] rapidamente.
brigade [brɪ'geɪd] *n* brigada *f.*
brigadier [ˌbrɪgə'dɪəʳ] *n* brigadeiro *m.*
bright [braɪt] *adj* **-1.** [full of light] claro(ra) **-2.** [colour] vivo(va) **-3.** [lively, cheerful] alegre **-4.** [intelligent] inteligente **-5.** [hopeful, promising] radioso(sa).
➡ **brights** *npl* US inf AUT luz *f* alta.
brighten ['braɪtn] *vi* **-1.** [become lighter] iluminar-se **-2.** [become more cheerful] alegrar-se.
➡ **brighten up** <> *vt sep* alegrar. <> *vi* **-1.** [become more cheerful] alegrar-se **-2.** [weather] melhorar.
brilliance ['brɪljəns] *n* **-1.** [cleverness] inteligência *f* **-2.** [of light, colour] brilho *m.*
brilliant ['brɪljənt] *adj* **-1.** [clever, successful] brilhante **-2.** [colour] vivo(va) **-3.** [light] brilhante **-4.** *inf* [wonderful, enjoyable] genial.
Brillo pad® ['brɪləʊ-] *n* esfregão *m* (de aço com sabão).
brim [brɪm] (*pt & pp* -med, *cont* -ming) <> *n* **-1.** [edge] borda *f* **-2.** [of hat] aba *f.* <> *vi*: **to** ~ **with enthusiasm** transbordar de entusiasmo.
brine [braɪn] *n* (U) salmoura *f.*
bring [brɪŋ] (*pt & pp* brought) *vt* [gen] trazer; **to** ~ **sthg to an end** acabar com algo.
➡ **bring about** *vt sep* produzir.
➡ **bring around** *vt sep*: **to bring sb around** fazer alguém recuperar os sentidos.
➡ **bring back** *vt sep* **-1.** [hand over] devolver **-2.** [carry, transport] trazer de volta **-3.** [recall] relembrar **-4.** [reinstate] trazer de volta.
➡ **bring down** *vt sep* **-1.** [cause to fall] derrubar **-2.** [reduce] baixar.
➡ **bring forward** *vt sep* **-1.** [in time] adiantar **-2.** [in bookkeeping] transportar.
➡ **bring in** *vt sep* **-1.** [introduce] apresentar **-2.** [earn] render.

➡ **bring off** *vt sep* conseguir.
➡ **bring out** *vt sep* **-1.** [produce and sell] lançar **-2.** [reveal] ressaltar.
➡ **bring round, bring to** *vt sep* = **bring around.**
➡ **bring up** *vt sep* **-1.** [educate] educar **-2.** [mention] mencionar **-3.** [vomit] vomitar.
brink [brɪŋk] *n*: **on the** ~ **of** à beira de.
brisk [brɪsk] *adj* **-1.** [walk, swim] rápido(da) **-2.** [manner, tone] enérgico(ca).
bristle ['brɪsl] <> *n* **-1.** [hair] pêlo *m* **-2.** [on brush] cerda *f.* <> *vi* **-1.** [stand up] ficar em pé **-2.** [react angrily]: **to** ~ **(at sthg)** eriçar-se (diante de algo).
Britain ['brɪtn] *n* Grã-Bretanha; **in** ~ na Grã-Bretanha.
British ['brɪtɪʃ] <> *adj* britânico(ca). <> *npl*: **the** ~ os britânicos.
British Isles *npl*: **the** ~ as Ilhas Británicas.
British Telecom *n* principal empresa británica de telecomunicações.
Briton ['brɪtn] *n* britânico *m,* -ca *f.*
Britpop ['brɪtpɒp] *n* (U) tipo de música pop tocada por bandas británicas, muito popular em meados dos anos 90.
Brittany ['brɪtənɪ] *n* Bretanha.
brittle ['brɪtl] *adj* [easily broken] quebradiço(ça).
broach [brəʊtʃ] *vt* [subject] abordar.
broad [brɔ:d] <> *adj* **-1.** [physically wide] largo(ga) **-2.** [wide-ranging, extensive] amplo(pla) **-3.** [general, unspecific] geral **-4.** [hint] explícito(ta) **-5.** [accent] forte. <> *n* US inf [woman] sujeita *f.*
➡ **in broad daylight** *adv* em plena luz do dia.
B road *n* UK estrada *f* secundária.
broad bean *n* fava *f.*
broadcast ['brɔ:dkɑ:st] (*pt & pp* broadcast) <> *n* transmissão *f.* <> *vt* transmitir.
broaden ['brɔ:dn] <> *vt* **-1.** [make physically wider] alargar **-2.** [make more general, wide-ranging] ampñiar **-3.** <> *vi* [become physically wider] alargar-se.
broadly ['brɔ:dlɪ] *adv* [generally] em geral.
broadminded [ˌbrɔ:d'maɪndɪd] *adj* tolerante.
broccoli ['brɒkəlɪ] *n* brócolis *mpl.*
brochure ['brəʊʃəʳ] *n* folheto *m.*
broil [brɔɪl] *vt* US grelhar.
broke [brəʊk] <> *pt* ▷ **break.** <> *adj* *inf* [penniless] falido(da).
broken ['brəʊkn] <> *pp* ▷ **break.** <> *adj* **-1.** [damaged, in pieces] quebrado(da) **-2.** [fractured] fraturado(da) **-3.** [not working] estragado(da) **-4.** [interrupted]

interrompido(da) **- 5.** [marriage, home] desfeito(ta).

broker ['brəʊkə[r]] n corretor m, -ra f.

brolly ['brɒlɪ] (pl -ies) n UK inf guarda-chuva m.

bronchitis [brɒŋ'kaɪtɪs] n (U) bronquite f.

bronze [brɒnz] ◇ n (U) [metal] bronze m. ◇ adj [bronze-coloured] bronzeado(da).

brooch [brəʊtʃ] n broche m.

brood [bru:d] n [of animals] ninhada f.

brook [brʊk] n riacho m.

broom [bru:m] n [brush] vassoura f.

broomstick ['bru:mstɪk] n cabo m de vassoura.

Bros, bros (abbr of brothers) irmãos.

broth [brɒθ] n (U) caldo m.

brothel ['brɒθl] n bordel m.

brother ['brʌðə[r]] n **- 1.** [gen & RELIG] irmão m **- 2.** fig [associate, comrade] irmão m.

brother-in-law (pl brothers-in-law) n cunhado m.

brought [brɔ:t] pt & pp ▷ bring.

brow [braʊ] n **- 1.** [forehead] testa f **- 2.** [eyebrow] sobrancelha f **- 3.** [of hill] topo m.

brown [braʊn] ◇ adj **- 1.** [colour - hair, eyes] castanho(nha); [- object] marrom; ~ bread pão m integral **- 2.** [tanned] bronzeado(da). ◇ n [colour] marrom m. ◇ vt [food] tostar.

Brownie (Guide) n escoteira junior de sete a dez anos.

brown paper n (U) papel m pardo.

brown rice n (U) arroz m integral.

brown sugar n (U) açúcar m mascavo.

browse [braʊz] ◇ vt COMPUT: to ~ the Web navegar na Web. ◇ vi **- 1.** [in shop] dar uma olhada **- 2.** [read]: to ~ through sthg dar uma olhada em algo **- 3.** [graze] pastar.

browser ['braʊzə[r]] n COMPUT navegador m.

bruise [bru:z] ◇ n equimose f. ◇ vt **- 1.** [leave a bruise on] machucar **- 2.** fig [hurt, offend] ferir.

brunch [brʌntʃ] n brunch m, combinação de café da manhã e almoço servido ao meio-dia.

brunette [bru:'net] n morena f.

brunt [brʌnt] n: to bear OR take the ~ of sthg suportar OR sofrer a força de algo.

brush [brʌʃ] ◇ n **- 1.** [for hair] escova f **- 2.** [of artist, for shaving, paint] pincel m **- 3.** [encounter] atrito m. ◇ vt **- 1.** [clean with brush] escovar **- 2.** [touch lightly] roçar.

➡ **brush aside** vt sep desprezar.

➡ **brush off** vt sep [dismiss] desprezar.

➡ **brush up** ◇ vt sep [revise] recapitular. ◇ vi: to ~ up on sthg treinar OR praticar algo.

brush-off n inf: to give sb the ~ dar um chega pra lá em alguém, botar alguém de escanteio.

brushwood ['brʌʃwʊd] n (U) graveto m.

brusque [bru:sk] adj brusco(ca).

Brussels ['brʌslz] n Bruxelas; in ~ em Bruxelas.

brussels sprout n couve-de-bruxelas f.

brutal ['bru:tl] adj brutal.

brute [bru:t] ◇ adj bruto(ta). ◇ n **- 1.** [large animal] besta f **- 2.** [bully] animal mf.

BSc (abbr of Bachelor of Science) n (titular de) graduação em ciências.

BT (abbr of British Telecom) n empresa de telefonia britânica.

bubble ['bʌbl] ◇ n bolha f. ◇ vi borbulhar.

bubble bath n **- 1.** [liquid] espuma f de banho **- 2.** [bath] banho m de espuma.

bubble gum n (U) chiclete m de bola.

bubblejet printer ['bʌbldʒet-] n impressora f a jato de tinta.

Bucharest [ˌbu:kə'rest] n Bucareste; in ~ em Bucareste.

buck [bʌk] (pl sense 1 inv OR -s) ◇ n **- 1.** [male animal] macho m **- 2.** US inf [dollar] pila mf **- 3.** inf [responsibility]: to pass the ~ passar OR transferir a responsabilidade. ◇ vi [horse] corcovear.

➡ **buck up** inf vi **- 1.** [hurry up] apressar-se **- 2.** [cheer up, become more positive] animar-se.

bucket ['bʌkɪt] n **- 1.** [container] balde m **- 2.** [bucketful] balde m.

Buckingham Palace ['bʌkɪŋəm-] n Palácio m de Buckingham.

buckle ['bʌkl] ◇ n fivela f. ◇ vt **- 1.** [fasten] afivelar **- 2.** [bend] arquear. ◇ vi [bend] arquear-se, vergar-se.

bud [bʌd] (pt & pp -ded, cont -ding) ◇ n botão m. ◇ vi florescer.

Budapest [ˌbju:də'pest] n Budapeste; in ~ em Budapeste.

Buddha ['bʊdə] n Buda m.

Buddhism ['bʊdɪzm] n (U) budismo m.

budding ['bʌdɪŋ] adj [aspiring] principiante.

buddy ['bʌdɪ] (pl -ies) n US inf [friend] camarada mf.

budge [bʌdʒ] ◇ vt **- 1.** [move] mexer **- 2.** [change mind of] dissuadir. ◇ vi **- 1.** [move - object] mover-se; [- person] mudar-se **- 2.** [change mind] mudar de opinião.

budgerigar ['bʌdʒərɪgɑ:[r]] n periquito m (australiano).

budget ['bʌdʒɪt] ◇ adj [cheap] econô-

mico(ca). <> *n* orçamento *m*.
◆ **budget for** *vt fus* planejar os gastos com.
budgie ['bʌdʒi] *n inf* periquito *m* (australiano).
buff [bʌf] <> *adj* [brown] pardo(da). <> *n inf* [expert] expert *mf*.
buffalo ['bʌfələʊ] (*pl inv OR* -es *OR* -s) *n* búfalo *m*.
buffer ['bʌfə'] *n* -1. [for trains] párachoque *m* -2. [protection] proteção *f* -3. *COMPUT* buffer *m*.
buffet[1] [*UK* 'bʊfeɪ, *US* bə'feɪ] *n* -1. [meal] bufê *m* -2. [cafeteria] cantina *f*.
buffet[2] ['bʌfɪt] *vt* [physically] bater.
buffet car ['bʊfeɪ'] *n* vagãorestaurante *m*.
bug [bʌg] (*pt & pp* -ged, *cont* -ging) <> *n* -1. *US* [small insect] inseto *m* -2. *inf* [germ] vírus *m* -3. *inf* [listening device] grampo *m* -4. *COMPUT* [fault in program] bug *m*. <> *vt inf* -1. [spy on] grampear -2. *US* [annoy] chatear.
bugger ['bʌgə'] *UK v inf* <> *n* -1. [unpleasant person, task] porre *mf* -2. [particular type of person] infeliz *mf*. <> *excl* merda!
◆ **bugger off** *vi*: ~ off! vá à merda!
buggy ['bʌgɪ] (*pl* -ies) *n* [pushchair, stroller] carrinho *m* de bebê.
bugle ['bju:gl] *n* trombeta *f*.
build [bɪld] (*pt & pp* built) <> *vt* construir. <> *n* corpo *m*, constituição *f* física.
◆ **build on** <> *vt fus* [further] ampliar. <> *vt sep* [base on] alicerçar.
◆ **build up** <> *vt sep* [strengthen] fortalecer. <> *vi* [increase] intensificar.
◆ **build upon** *vt fus & vt sep* = **build on**.
builder ['bɪldə'] *n* construtor.
building ['bɪldɪŋ] *n* -1. [structure] edifício *m*, prédio *m* -2. (*U*) [profession] construção *f*.
building and loan association *n US* associação *f* de financiamento imobiliário, ≃ sistema *m* financeiro de habitação.
building site *n* canteiro *m* de obras.
building society *n UK* sociedade *f* de financiamento imobiliário.
build-up *n* [increase] intensificação *f*.
built [bɪlt] *pt & pp* ⊳ **build**.
built-in *adj* -1. *CONSTR* embutido(da) -2. [inherent] embutido(da).
built-up *adj*: ~ **area** área *f* urbanizada.
bulb [bʌlb] *n* -1. [for lamp] lâmpada *f* -2. [of plant] bulbo *m*.
Bulgaria [bʌl'geərɪə] *n* Bulgária.
Bulgarian [bʌl'geərɪən] <> *adj* búlgaro(ra). <> *n* -1. [person] búlgaro *m*, -ra *f*

- 2. [language] búlgaro *m*.
bulge [bʌldʒ] <> *n* [lump] protuberância *f*. <> *vi*: **to** ~ **(with sthg)** estar estourando(de algo).
bulk [bʌlk] <> *n* -1. [mass] volume *m* -2. [of person] massa *f* -3. *COMM*: **in** ~ **a** granel -4. [majority, most of]: **the** ~ **of a** maior parte de. <> *adj* a granel.
bulky ['bʌlkɪ] (*compar* -ier, *superl* -iest) *adj* volumoso(osa).
bull [bʊl] *n* -1. [male cow] touro *m* -2. [male animal] macho *m*.
bulldog ['bʊldɒg] *n* buldogue *m*.
bulldozer ['bʊldəʊzə'] *n* escavadeira *f*.
bullet ['bʊlɪt] *n* [for gun] bala *f*.
bulletin ['bʊlətɪn] *n* -1. [brief report] boletim *m* -2. [regular publication] boletim *m*.
bullet-proof *adj* à prova de bala.
bullfight ['bʊlfaɪt] *n* tourada *f*.
bullfighter ['bʊl,faɪtə'] *n* toureiro *m*.
bullfighting ['bʊl,faɪtɪŋ] *n* touradas *fpl*.
bullion ['bʊljən] *n* (*U*) barras *fpl* de ouro ou prata.
bullock ['bʊlək] *n* boi *m*.
bullring ['bʊlrɪŋ] *n* arena *f* de touros.
bull's-eye *n* -1. [target] mosca *f* -2. [shot] mosca *f*.
bully ['bʊlɪ] (*pl* -ies, *pt & pp* -ied) <> *n* brigão *m*, -gona *f*. <> *vt* amedrontar; **to** ~ **sb into doing sthg** amedrontar alguém para que faça algo.
bum [bʌm] (*pt & pp* -med, *cont* -ming) *n* -1. *esp UK v inf* [bottom] traseiro *m* -2. *US inf pej* [tramp] vagabundo *m*.
bum bag *n inf* pochete *f*.
bumblebee ['bʌmblbi:] *n* abelhão *m*.
bump [bʌmp] <> *n* -1. [road] elevação *f* -2. [head] galo *m* -3. [leg] inchaço *m* -4. [knock, blow] batida *f* -5. [noise] pancada *f*. <> *vt* [knock, damage] bater.
◆ **bump into** *vt fus* [meet by chance]: **to** ~ **into sb** topar com alguém.
bumper ['bʌmpə'] <> *adj* super-. <> *n* -1. [on car] pára-choque *m* -2. *US RAIL* pára-choque *m*.
bumptious ['bʌmpʃəs] *adj pej* presunçoso(sa).
bumpy ['bʌmpɪ] (*compar* -ier, *superl* -iest) *adj* -1. [surface] esburacado(da) -2. [ride, journey] turbulento(ta).
bun [bʌn] *n* -1. [cake] bolo *m* doce (*pequeno e com passas*) -2. [bread roll] pãozinho *m* -3. [hairstyle] coque *m*.
bunch [bʌntʃ] <> *n* [group - of people] grupo *m*; [- of flowers] ramalhete *m*; [- of fruit] cacho *m*; [- of keys] molho *m*. <> *vi* unir.
◆ **bunches** *npl* [hairstyle] mariachiquinha *f*.
bundle ['bʌndl] <> *n* -1. [clothes]

trouxa **- 2.** [paper] maço **- 3.** [wood] feixe. ◇ *vt* socar.

bung [bʌŋ] ◇ *n* tampo *m*. ◇ *vt UK inf* **-1.** [give] passar **- 2.** [put] deixar **- 3.** [toss] jogar.

bungalow ['bʌŋgələu] *n* [single-storey house] casa *f* térrea.

bungee jump *n* bungee jump *m*.

bungle ['bʌŋgl] *vt* fracassar.

bunion ['bʌnjən] *n* joanete *m*.

bunk [bʌŋk] *n* **- 1.** [bed] beliche *m* **- 2.** = **bunk bed**.

bunk bed *n* beliche *m*.

bunker ['bʌŋkə'] *n* **- 1.** MIL [shelter] abrigo *m* **- 2.** [for coal] carvoeira *f* **- 3.** [in golf] bunker *m*.

bunny ['bʌnɪ] (*pl* -ies) *n*: ∼ (**rabbit**) coelhinho *m*.

bunting ['bʌntɪŋ] *n* [flags] bandeirolas *fpl*.

buoy [UK bɔɪ, US 'bu:ɪ] *n* [float] bóia *f*.
➡ **buoy up** *vt sep* [encourage] animar.

buoyant ['bɔɪənt] *adj* **- 1.** [able to float] capaz de flutuar, flutuante **- 2.** [optimistic] otimista.

BUPA (*abbr of* British United Provident Association) *n plano de saúde privado existente na Grã-Bretanha.*

burden ['bɜ:dn] ◇ *n* **- 1.** [physical load] carga *f* **- 2.** *fig* [heavy responsibility] fardo *m*; **to be a** ∼ **on sb** ser um peso para alguém; **to relieve the** ∼ **on sb** aliviar a carga sobre alguém. ◇ *vt*: **to** ∼ **sb with sthg** sobrecarregar alguém com algo.

bureau ['bjuərəu] (*pl* -x) *n* **- 1.** [office, branch] agência *f*, escritório *m* **- 2.** UK [desk] escrivaninha *f* **- 3.** US [chest of drawers] cômoda *f*.

bureaucracy [bjuə'rɒkrəsɪ] (*pl* -ies) *n* **- 1.** [system] burocracia *f* **- 2.** (U) *pej* [rules] burocracia *f*.

bureau de change [ˌbjuərəudə'ʃɒndʒ] (*pl* **bureaux de change** [ˌbjuərəudə'ʃɒndʒ]) *n* casa *f* de câmbio.

bureaux ['bjuərəuz] *pl* ▷ **bureau**.

burger ['bɜ:gə'] *n* [hamburger] hambúrguer *m*.

burglar ['bɜ:glə'] *n* ladrão *m*, -dra *f*.

burglar alarm *n* alarme *m* anti-roubo.

burglarize *vt US* = **burgle**.

burglary ['bɜ:glərɪ] (*pl* -ies) *n* **- 1.** [event] roubo *m* (*de casa*), arrombamento *m* (*de casa*) **- 2.** [activity] roubo *m* (*de casa*), arrombamento *m* (*de casa*).

burgle ['bɜ:gl], **burglarize** ['bɜ:gləraɪz] *US vt* roubar (*casa*), arrombar (*casa*).

burial ['berɪəl] *n* enterro *m*.

burly ['bɜ:lɪ] (*compar* -ier, *superl* -iest) *adj* robusto(ta).

Burma ['bɜ:mə] *n* Birmânia.

burn [bɜ:n] (*pt & pp* burnt OR -ed) ◇ *vt* **- 1.** [gen] queimar; **to** ∼ **o.s.** queimar-se **- 2.** [destroy by fire] incendiar. ◇ *vi* **- 1.** [gen] queimar **- 2.** [be on fire] incendiar-se **- 3.** *fig* [feel strong emotion]: **to** ∼ **with sthg** arder de algo. ◇ *n* **- 1.** [wound, injury] queimadura *f* **- 2.** [mark] queimadura *f*.
➡ **burn down** ◇ *vt sep* [destroy by fire] incendiar. ◇ *vi* [be destroyed by fire] incendiar-se.

burner ['bɜ:nə'] *n* [on cooker] queimador *m*.

Burns Night *n festa celebrada na Escócia em 25 de janeiro para comemorar o aniversário do poeta Robert Burns.*

burnt [bɜ:nt] *pt & pp* ▷ **burn**.

burp [bɜ:p] *inf* ◇ *n* arroto *m*. ◇ *vi* arrotar.

burrow ['bʌrəu] ◇ *n* toca *f*. ◇ *vi* **- 1.** [dig] entocar-se **- 2.** *fig* [in order to search] remexer.

bursar ['bɜ:sə'] *n* tesoureiro *m*, -ra *f*.

bursary ['bɜ:sərɪ] (*pl* -ies) *n UK* [scholarship, grant] bolsa *f* (*de estudos*).

burst [bɜ:st] (*pt & pp* burst) ◇ *vi* **- 1.** [break open] estourar **- 2.** [explode] explodir **- 3.** [go suddenly] irromper. ◇ *vt* [break open] estourar. ◇ *n* [bout] estouro *m*.
➡ **burst into** *vt fus* irromper em.
➡ **burst out** *vt fus* **- 1.** [say suddenly] exclamar **- 2.** [begin suddenly]: **to** ∼ **out laughing/crying** começar a gargalhar/chorar.

bursting ['bɜ:stɪŋ] *adj* **- 1.** [full] repleto(-ta) **- 2.** [with emotion]: ∼ **with sthg** repleto(ta) de algo **- 3.** [eager]: **to be** ∼ **to do sthg** estar morrendo de vontade de fazer algo.

bury ['berɪ] (*pt & pp* -ied) *vt* **- 1.** [gen] enterrar **- 2.** [hide - face, hands] esconder.

bus [bʌs] *n* ônibus *m*; **by** ∼ de ônibus.

bush [buʃ] *n* **- 1.** [plant] arbusto *m* **- 2.** [open country]: **the** ∼ a selva **- 3.** *phr*: **to beat about the** ∼ fazer rodeios.

bushy ['buʃɪ] (*compar* -ier, *superl* -iest) *adj* espesso(sa).

business ['bɪznɪs] *n* **- 1.** (U) [commerce] negócios *mpl*; **on** ∼ a negócios; **to mean** ∼ *inf* falar sério; **to go out of** ∼ ir a falência **- 2.** [company] negócio *m* **- 3.** (U) [concern, duty] assunto *m*; **mind your own** ∼! *inf* meta-se com sua vida! **- 4.** [affair, matter] negócio *m*, assunto *m*.

business class *n* (U) classe *f* executiva.

businesslike ['bɪznɪslaɪk] *adj* profissional.

businessman ['bɪznɪsmæn] (*pl* -men

[-mən] *n* [occupation] empresário *m*, homem *m* de negócios.

business trip *n* viagem *f* de negócios.

businesswoman ['bɪznɪs,wʊmən] (*pl* -women [-,wɪmɪn]) *n* [occupation] empresária *f*, mulher *f* de negócios.

busker ['bʌskəʳ] *n UK* artista *mf* de rua.

bus shelter *n* abrigo *m* de ônibus.

bus station *n* estação *f* rodoviária.

bus stop *n* parada *f* OR ponto *m* de ônibus.

bust [bʌst] (*pt & pp* bust OR -ed) ◇ *adj inf* -1. [broken] quebrado(da) -2. [bankrupt]: **to go ~** quebrar. ◇ *n* busto *m* ◇ *vt inf* [break] quebrar. ◇ *vi inf* quebrar.

bustle ['bʌsl] ◇ *n* [activity] movimento *m*. ◇ *vi* apressar-se.

busy ['bɪzɪ] (*compar* -ier, *superl* -iest) ◇ *adj* -1. [gen & TELEC] ocupado(da); **to be ~ doing sthg** estar ocupado(da) fazendo algo -2. [hectic - time] agitado(da); [- place] movimentado(da). ◇ *vt*: **to ~ o.s. (doing sthg)** ocupar-se fazendo algo.

busybody ['bɪzɪ,bɒdɪ] (*pl* -ies) *n pej* intrometido *m*, -da *f*.

busy signal *n US* TELEC sinal *m* de ocupado.

but [bʌt] ◇ *conj* mas. ◇ *prep* senão, a não ser; **you've been nothing ~ trouble** você só tem me dado trabalho; **the last ~ one** o penúltimo (a penúltima).
➡ **but for** *prep* se não fosse.

butcher ['bʊtʃəʳ] ◇ *n* -1. [shopkeeper] açougueiro *m*, -ra *f*; **~'s (shop)** açougue *m* -2. *fig* [indiscriminate killer] carniceiro *m*, -ra *f*. ◇ *vt* -1. [kill for meat] abater -2. *fig* [kill indiscriminately] exterminar, fazer uma carnificina com.

butler ['bʌtləʳ] *n* mordomo *m*.

butt [bʌt] ◇ *n* -1. [of cigarette, cigar] bagana *f* -2. [of rifle] coronha *f* -3. [for water] tina *m* -4. [target] alvo *m* -5. *esp US inf* [bottom] traseiro *m*. ◇ *vt* [hit with head] dar cabeçada em.
➡ **butt in** *vi* [interrupt] atrapalhar, interromper; **to ~ in on sb/sthg** atrapalhar OR interromper alguém/algo.

butter ['bʌtəʳ] ◇ *n* (U) manteiga *f*. ◇ *vt* passar manteiga em.

buttercup ['bʌtəkʌp] *n* botão-de-ouro *m*.

butter dish *n* manteigueira *f*.

butterfly ['bʌtəflaɪ] (*pl* -ies) *n* -1. [insect] borboleta *f* -2. (U) [swimming style] nado *m* borboleta.

buttocks ['bʌtəks] *npl* nádegas *fpl*.

button ['bʌtn] ◇ *n* -1. [on clothes] botão *m* -2. [on machine] botão *m* -3. *US* [badge] button *m*. ◇ *vt* = **button up**.
➡ **button up** *vt sep* [fasten] abotoar.

button-down ◇ *adj* abotoado(da). ◇ *n*.

button mushroom *n* cogumelo *m* de Paris.

buttress ['bʌtrɪs] *n* contraforte *m*.

buxom ['bʌksəm] *adj* de corpo e seios grandes.

buy [baɪ] (*pt & pp* bought) ◇ *vt lit & fig* comprar; **to ~ sthg from sb** comprar algo de alguém. ◇ *n* compra *f*, aquisição *f*.
➡ **buy out** *vt sep* -1. [in business] comprar a parte de -2. [from army] pagar para sair; **he bought himself out** ele comprou sua saída do exército.
➡ **buy up** *vt sep* comprar a totalidade de.

buyer ['baɪəʳ] *n* -1. [purchaser] comprador *m*, -ra *f* -2. [profession] gerente *mf* de compras.

buyout ['baɪaʊt] *n* compra *f* majoritária de ações.

buzz [bʌz] ◇ *n* [noise - of insect, machinery] zumbido *m*; [- of conversation] murmúrio *m*; **to give sb a ~ inf** [on phone] dar uma ligada para alguém. ◇ *vi* zunir; *lit* & *fig* **to ~ (with sthg)** zunir (de algo). ◇ *vt* [on intercom] ligar, chamar.

buzzer ['bʌzəʳ] *n* campainha *f*.

buzzword ['bʌzwɜːd] *n inf* palavra *f* da moda.

by [baɪ] ◇ *prep* -1. [expressing cause, agent] por; **he's worried ~ her absence** está preocupado com a sua ausência; **he was hit ~ a car** ele foi atropelado por um carro; **a book ~ Stephen King** um livro de Stephen King; **funded ~ the government** financiado pelo governo. -2. [expressing method, means]: **~ car/bus/plane** de carro/ônibus/avião; **~ phone/mail** pelo telefone/correio; **to pay ~ credit card/cheque** pagar com cartão de crédito/cheque; **to win ~ cheating** ganhar trapaceando. -3. [near to, beside] junto a; **~ the sea** à beira-mar, junto ao mar. -4. [past] por; **a car went ~ the house** um carro passou pela casa. -5. [via] por; **exit ~ the door on the left** saia pela porta do lado esquerdo. -6. [with time]: **be there ~ nine** esteja lá às nove horas; **~ day** de dia; **it should be ready ~ now** já deve estar pronto. -7. [expressing quantity] a; **sold ~ the dozen** vende-se à dúzia; **prices fell ~ 20%** os preços baixaram 20%; **we charge ~ the hour** cobramos por hora. -8. [expressing meaning] com; **what do you mean ~ that?** que quer dizer com isso? -9. [in division, multiplication] por; **about six feet ~ fifteen** aproximadamente dois metros por cinco. **-10.** [according to] segundo; ~ **law** segundo a lei; **it's fine** ~ **me** por mim tudo bem. **-11.** [expressing gradual process] a; **one** ~ **one** um a um; **day** ~ **day** dia a dia. **-12.** [in phrases]: ~ **mistake** por engano; ~ **oneself** sozinho; ~ **profession** por profissão. ◇ *adv* [past]: **to go/drive** ~ passar.

bye (-bye) [baɪ(baɪ)] *excl inf* tchau!

bye-election *n* = by-election.

byelaw ['baɪlɔ:] *n* = bylaw.

by-election *n* eleição suplementar realizada para substituir um político que renunciou ao cargo parlamentar ou morreu.

bygone ['baɪgɒn] *adj* decorrido(da).
◆ **bygones** *npl*: **to let** ~**s be** ~**s** deixar o que passou para trás.

bylaw ['baɪlɔ:] *n* estatuto *m*.

bypass ['baɪpɑ:s] ◇ *n* **-1.** [road] rodoanel *m* **-2.** MED: ~ **(operation)** (cirurgia de) ponte *f* de safena. ◇ *vt* **-1.** [place] passar ao redor de **-2.** [issue, person] passar por cima de.

by-product *n* **-1.** [product] subproduto *m* **-2.** *fig* [consequence] subproduto *m*.

bystander ['baɪ‚stændəʳ] *n* espectador *m*, -ra *f*.

byte [baɪt] *n* COMPUT byte *m*.

byword ['baɪwɜːd] *n* [symbol]: **to be a** ~ **for sthg** ser um exemplo de algo.

C

c (*pl* **c's** OR **cs**), **C** (*pl* **C's** OR **Cs**) [si:] *n* [letter] c, C *m*.
◆ **C** *n* **-1.** MUS dó *m* **-2.** SCH [mark] C *m*, regular *m* **-3.** (*abbr of* **celsius, centigrade**) C.

c., ca. (*abbr of circa*) c.

cab [kæb] *n* **-1.** [taxi] táxi *m* **-2.** [of lorry] cabine *f*.

cabaret ['kæbəreɪ] *n* cabaré *m*.

cabbage ['kæbɪdʒ] *n* [vegetable] repolho *m*.

cabin ['kæbɪn] *n* **-1.** [on ship] camarote *m* **-2.** [in aircraft] cabine *f* **-3.** [house] cabana *f*.

cabin class *n* classe *f* cabina.

cabin crew *n* tripulação *f*.

cabinet ['kæbɪnɪt] *n* **-1.** [cupboard] armário *m* **-2.** POL gabinete *m*.

cable ['keɪbl] ◇ *n* **-1.** [rope] cabo *m* **-2.**

[telegram] telegrama *m* **-3.** ELEC cabo *m* **-4.** TV = **cable television**. ◇ *vt* [telegraph] telegrafar.

cable car *n* teleférico *m*.

cable television, cable TV *n* (U) televisão *f* a cabo.

cache [kæʃ] *n* **-1.** [store] esconderijo *m* **-2.** COMPUT cache *f*.

cackle ['kækl] *vi* **-1.** [hen] cacarejar **-2.** [person] gargalhar.

cactus ['kæktəs] (*pl* **-tuses** OR **-ti** [-taɪ]) *n* cacto *m*.

cadet [kə'det] *n* [in police] cadete *m*.

cadge [kædʒ] *UK inf* ◇ *vt*: **to** ~ **sthg (off** OR **from sb)** filar algo (de alguém). ◇ *vi*: **to** ~ **off** OR **from sb** pedir esmolas a OR para alguém.

caesarean (section) UK, **cesarean (section)** US [sɪ'zeərɪən-] *n* cesariana *f*; **she had a** ~ ela fez uma cesariana.

cafe, café ['kæfeɪ] *n* café *m*.

cafeteria [‚kæfɪ'tɪərɪə] *n* cantina *f*.

caffeine ['kæfiːn] *n* (U) cafeína *f*.

cage [keɪdʒ] *n* **-1.** [for animals] jaula *f* **-2.** [for birds] gaiola *f*.

cagey ['keɪdʒɪ] (*compar* **-ier**, *superl* **-iest**) *adj inf* cauteloso(sa), cuidadoso(sa).

cagoule [kə'guːl] *n* UK capa *f* de chuva.

cajole [kə'dʒəʊl] *vt*: **to** ~ **sb into doing sthg** persuadir alguém a fazer algo.

cake [keɪk] *n* **-1.** [type of sweet food] bolo *m*; **a piece of** ~ *inf* uma moleza OR barbada **-2.** [of fish, potato] bolinho *m* (*achatado*) **-3.** [of soap] sabonete *m*.

caked [keɪkt] *adj*: ~ **with sthg** empastado(da) de algo, coberto(ta) de algo.

calcium ['kælsɪəm] *n* (U) cálcio *m*.

calculate ['kælkjʊleɪt] *vt* **-1.** [work out - figures, result etc] calcular; [- consequences, risk etc] medir **-2.** [plan, intend]: **to be** ~**d to do sthg** ter o intuito de fazer algo.

calculating ['kælkjʊleɪtɪŋ] *adj pej* calculista.

calculation [‚kælkjʊ'leɪʃn] *n* MATH cálculo *m*.

calculator ['kælkjʊleɪtəʳ] *n* calculadora *f*.

calendar ['kælɪndəʳ] *n* calendário *m*.

calendar year *n* ano *m* civil.

calf [kɑːf] (*pl* **calves**) *n* **-1.** [young animal - cow] bezerro *m*, -ra *f*; [- elephant, whale] filhote *m* **-2.** [of leg] panturrilha *f*, barriga *f* da perna.

calibre, caliber US ['kælɪbəʳ] *n* **-1.** [quality] nível *m* **-2.** [size] calibre *m*.

California [‚kælɪ'fɔːnjə] *n* Califórnia *f*.

calipers *npl* US = **callipers**.

call [kɔːl] ◇ *n* **-1.** [cry - of person] grito *m*; [- of animal, bird] canto *m* **-2.** [visit] visita *f*; **to pay a** ~ **on sb** fazer uma visita a alguém **-3.** [for flight] chamada

f; **final** ~ última chamada **- 4.** [demand] pedido m; ~ **for sthg** solicitação por algo; **there's no** ~ **for that** não há razão para isso **- 5.** [summons] chamado m **- 6.** [standby]: **on** ~ **de** plantão **- 7.** [telephone call] telefonema m, ligação f; **long-distance** ~ chamada de longa distância. <> vt **- 1.** [gen] chamar; **disgraceful, I'd** ~ **it!** uma vergonha, eu diria!; **would you** ~ **what he does art?** você chamaria o que ele faz de arte?; **he** ~**ed me a liar** ele me chamou de mentiroso; **let's** ~ **it £10** a gente faz por £10 **- 2.** [telephone] ligar para. <> vi **- 1.** [shout] chamar **- 2.** [animal, bird] cantar **- 3.** [by telephone] ligar **- 4.** [visit] visitar.
➤ **call back** <> vt sep **- 1.** [on telephone] ligar de volta **- 2.** [ask to return] chamar de volta. <> vi **- 1.** [on phone] ligar de volta **- 2.** [visit again] voltar outra vez.
➤ **call for** vt fus **- 1.** [collect] ir buscar **- 2.** [demand] exigir.
➤ **call in** <> vt sep **- 1.** [send for] chamar **- 2.** COMM [goods] fazer um recall de; FIN [loan] resgatar. <> vi: **could you** ~ **in at the butcher's on your way home?** você pode passar no açougue ao voltar para casa?
➤ **call off** vt sep **- 1.** [cancel] cancelar **- 2.** [order not to attack] mandar voltar.
➤ **call on** vt fus **- 1.** [visit] visitar **- 2.** [ask]: **to** ~ **on sb to do sthg** convocar alguém para fazer algo.
➤ **call out** <> vt sep **- 1.** [gen] convocar **- 2.** [cry out] gritar. <> vi [cry out] gritar.
➤ **call round** vi dar uma passada.
➤ **call up** vt sep **- 1.** MIL convocar **- 2.** [on telephone] dar uma ligada **- 3.** COMPUT chamar, buscar.

call box n UK cabine f telefônica, ≃ orelhão m.

caller ['kɔːlər] n **- 1.** [visitor] visita f **- 2.** [on telephone]: **I'm sorry** ~, **the number is engaged** sinto muito, senhor(ra), a linha está ocupada.

caller (ID) display n [on telephone] identificador m de chamadas.

call-in n US RADIO & TV programa com participação por telefone de ouvintes ou telespectadores.

calling ['kɔːlɪŋ] n **- 1.** [profession, trade] profissão f **- 2.** [vocation] vocação f.

calling card n US cartão m de visita.

callipers UK, **calipers** US ['kælɪpəz] npl **- 1.** MATH compasso m de calibre **- 2.** MED aparelho m ortopédico.

callous ['kæləs] adj insensível.

callus ['kæləs] (pl -es) n calo m.

calm [kɑːm] <> adj [person, voice, weather] calmo(ma), tranqüilo(la). <> n (U) [peaceful state] tranqüilidade f,

calmaria f. <> vt acalmar, tranqüilizar.
➤ **calm down** <> vt sep acalmar, tranqüilizar. <> vi acalmar-se, tranqüilizar-se.

Calor gas® ['kælə-] n UK (U) ≃ butano m.

calorie ['kælərɪ] n [in food] caloria f.

calves [kɑːvz] pl ⊳ **calf**.

camber ['kæmbər] n inclinação f.

Cambodia [kæm'bəʊdjə] n Camboja.

camcorder ['kæm,kɔːdər] n filmadora f.

came [keɪm] pt ⊳ **come**.

camel ['kæml] n [animal] camelo m.

cameo ['kæmɪəʊ] (pl -s) n **- 1.** [piece of jewellery] camafeu m **- 2.** [in writing] descrição f breve e inteligente **- 3.** [in acting] ponta f.

camera ['kæmərə] n câmera f.
➤ **in camera** adv fml em câmara.

cameraman ['kæmərəmæn] (pl -men [-men]) n cameraman m, câmera m.

Cameroon [,kæmə'ruːn] n Camarões.

camouflage ['kæməflɑːʒ] <> n comuflagem f <> vt camuflar.

camp [kæmp] <> n **- 1.** [gen] acampamento m; **holiday** ~ acampamento de férias; **training** ~ campo m de treinamento; **concentration/refugee** ~ campo de concentração/refugiados **- 2.** fig [faction] facção f. <> vi acampar.
➤ **camp out** vi acampar.

campaign [kæm'peɪn] <> n campanha f. <> vi: **to** ~ **(for/against sthg)** fazer campanha (a favor de/contra algo).

camp bed n cama f de armar.

camper ['kæmpər] n **- 1.** [person] campista mf **- 2.** [vehicle]: ~ **(van)** trailer m.

campground ['kæmpgraʊnd] n US camping m.

camping ['kæmpɪŋ] n (U) acampamento m; **to go** ~ ir acampar.

camping site, campsite ['kæmpsaɪt] n camping m.

campus ['kæmpəs] (pl -es) n campus m.

can¹ [kæn] <> n [container] lata f. <> vt enlatar.

can² [weak form kən, strong form kæn] pt & conditional **could**) aux vb **- 1.** [be able to] poder; ~ **you help me?** pode me ajudar?; **I** ~ **see the mountains** posso ver as montanhas **- 2.** [know how to] saber; ~ **you drive?** você sabe dirigir?; **I** ~ **speak Portuguese** eu sei falar português **- 3.** [be allowed to] poder; **you can't smoke here** você não pode fumar aqui **- 4.** [in polite requests] poder; ~ **you tell me the time?** pode me dizer as horas?; ~ **I speak to the manager?** posso falar com o gerente? **- 5.** [expressing occasional occurrence] poder; **it**

~ **get cold at night** às vezes a temperatura diminui bastante à noite **- 6.** [expressing possibility] poder; **they could be lost** eles podem estar perdidos.

Canada ['kænədə] n Canadá; **in** ~ no Canadá.

Canadian [kə'neɪdjən] <> adj canadense. <> n canadense mf.

canal [kə'næl] n [waterway] canal m.

canary [kə'neərɪ] (pl -ies) n canário m.

cancel ['kænsl] (UK pt & pp -led, cont -ling, US pt & pp -ed, cont -ing) vt [call off, invalidate] cancelar.

◆ **cancel out** vt sep anular.

cancellation [ˌkænsə'leɪʃn] n cancelamento m.

cancer ['kænsəʳ] n [disease] câncer m.

◆ **Cancer** n [sign] Câncer m.

candelabra [ˌkændɪ'lɑːbrə] n candelabro m.

candid ['kændɪd] adj [frank] sincero(ra), franco(ca).

candidate ['kændɪdət] n **- 1.** [for job]: ~ **for sthg** candidato(ta) a algo **- 2.** [taking exam] candidato m, -ta f.

candle ['kændl] n vela f.

candlelight ['kændllaɪt] n (U) luz f de vela.

candlelit ['kændllɪt] adj à luz de velas.

candlestick ['kændlstɪk] n castiçal m.

candour UK, **candor** US ['kændəʳ] n (U) sinceridade f, franqueza f.

candy ['kændɪ] (pl -ies) n esp US (U) [confectionery] doce m, guloseima f.

candy bar n US barra f de doce.

candy box n US caixa f de doces.

candyfloss UK ['kændɪflɒs], **cotton candy** US n (U) algodão-doce m.

candy store n US confeitaria f.

cane [keɪn] <> n **- 1.** (U) [for making furniture] palhinha f **- 2.** [walking stick] bengala f **- 3.** [for punishment]: **the** ~ ≃ a palmatória **- 4.** [for supporting plant] vara f. <> vt bater com vara em.

canine ['keɪnaɪn] <> adj canino(na). <> n: ~ **(tooth)** (dente m) canino m.

canister ['kænɪstəʳ] n lata f de metal; a ~ **of tear gas** uma bomba de gás lacrimogênio; **a smoke** ~ uma bomba de fumaça.

cannabis ['kænəbɪs] n (U) maconha f.

canned [kænd] adj [tinned - food] enlatado(da); [- drink] em lata, de latinha.

cannibal ['kænɪbl] n canibal mf.

cannon ['kænən] (pl inv OR -s) n **- 1.** [on ground] canhão m **- 2.** [on aircraft] canhão m.

cannonball ['kænənbɔːl] n bala f de canhão.

cannot ['kænɒt] vb fml ⊳ can².

canny ['kænɪ] (compar -ier, superl -iest) adj [shrewd] astuto(ta).

canoe [kə'nuː] n canoa f.

canoeing [kə'nuːɪŋ] n (U): **to go** ~ praticar canoagem.

canon ['kænən] n **- 1.** [clergyman] cônego m **- 2.** [general principle] cânone m.

can opener n abridor m de lata.

canopy ['kænəpɪ] (pl -ies) n **- 1.** [over bed, seat] dossel m **- 2.** [of trees, branches] cobertura f.

can't [kɑːnt] = cannot.

cantaloup UK, **cantaloupe** US ['kæntəluːp] n cantalupo m.

cantankerous [kæn'tæŋkərəs] adj rabugento(ta).

canteen [kæn'tiːn] n **- 1.** [restaurant] cantina f **- 2.** [box of cutlery] faqueiro m.

canter ['kæntəʳ] <> n meio m galope. <> vi andar a meio galope.

cantilever ['kæntɪliːvəʳ] n viga f em balanço, cantiléver f.

canvas ['kænvəs] n **- 1.** (U) [cloth] lona f **- 2.** ART tela f.

canvass ['kænvəs] vt **- 1.** POL pedir **- 2.** [investigate] sondar.

canyon ['kænjən] n desfiladeiro m.

cap [kæp] (pt & pp -ped, cont -ping) <> n **- 1.** [hat] boné m **- 2.** [swimming, shower] touca f **- 3.** [lid, top] tampa f <> vt **- 1.** [cover top of] cobrir **- 2.** [improve on]: **to** ~ **it all** para arrematar.

capability [ˌkeɪpə'bɪlətɪ] (pl -ies) n **- 1.** [ability] capacidade f **- 2.** MIL poderio m.

capable ['keɪpəbl] adj **- 1.** [able, having capacity]: **to be** ~ **of sthg/of doing sthg** ser capaz de algo/de fazer algo **- 2.** [competent, skilful] competente, hábil.

capacity [kə'pæsɪtɪ] (pl -ies) n **- 1.** (U) [limit, ability] capacidade f; ~ **for sthg** capacidade para algo; ~ **for doing** OR **to do sthg** capacidade para OR de fazer algo **- 2.** [position] qualidade f; **in a** ... ~ na condição de ...

cape [keɪp] n **- 1.** GEOGR cabo m **- 2.** [cloak] capa f.

caper ['keɪpəʳ] n **- 1.** [for flavouring food] alcaparra f **- 2.** inf [escapade] mutreta f.

capital ['kæpɪtl] <> adj **- 1.** [letter] maiúsculo(la) **- 2.** [punishable by death] capital. <> n **- 1.** [of country]: ~ **(city)** capital f **- 2.** fig [centre] capital f **- 3.** TYPO: ~ **(letter)** (letra) maiúscula **- 4.** [money] capital m; **to make** ~ **(out) of sthg** fig aproveitar-se de algo.

capital expenditure n (U) dispêndio m com ativos fixos.

capital gains tax n imposto m sobre lucros de capital.

capital goods npl bens mpl de capital.

capitalism ['kæpɪtəlɪzm] n (U) capitalismo m.

capitalist ['kæpɪtəlɪst] <> adj capitalista. <> n capitalista mf.

capitalize, -ise ['kæpɪtəlaɪz] *vi:* to ~ on sthg [make most of] tirar proveito de algo, capitalizar algo.

capital punishment *n (U)* pena *f* de morte.

Capitol Hill ['kæpɪtl-] *n congresso norte-americano.*

capitulate [kə'pɪtjʊleɪt] *vi:* to ~ (to sthg) render-se (a algo), ceder (frente a algo).

Capricorn ['kæprɪkɔːn] *n* [sign] Capricórnio *m.*

capsize [kæp'saɪz] <> *vt* emborcar. <> *vi* emborcar-se.

capsule ['kæpsjuːl] *n* cápsula *f.*

captain ['kæptɪn] *n* - **1.** [gen] capitão *m* - **2.** [of airliner] comandante *mf.*

caption ['kæpʃn] *n* legenda *f.*

captivate ['kæptɪveɪt] *vt* cativar.

captive ['kæptɪv] <> *adj* - **1.** [imprisoned] de cativeiro - **2.** *fig* [unable to leave] cativo(va); ~ **audience** audiência cativa. <> *n* prisioneiro *m*, -ra *f.*

captor ['kæptə'] *n* capturador *m*, -ra *f.*

capture ['kæptʃə'] <> *vt* - **1.** [gen] capturar - **2.** [gain, take control of] conquistar. <> *n (U)* captura *f.*

car [kaː'] <> *n* - **1.** [motor car] carro *m* - **2.** [on train] vagão *m.* <> *comp* de automóvel.

carafe [kə'ræf] *n* garrafa *f* de mesa.

car alarm *n* alarme *m* de carro.

caramel ['kærəmel] *n* - **1.** *(U)* [burnt sugar] caramelo *m* - **2.** [sweet] caramelo *m.*

carat ['kærət] *n UK* quilate *m.*

caravan ['kærəvæn] *n* - **1.** *UK* [vehicle - towed by car] trailer *m*; [- towed by horse] carruagem *m* - **2.** [travelling group] caravana *f.*

caravan site *n UK* área *f* para trailers.

carbohydrate [ˌkaːbəʊ'haɪdreɪt] *n (U)* [chemical substance] carboidrato *m.*
 ➡ **carbohydrates** *npl* [food] carboidratos *mpl.*

carbon ['kaːbən] *n (U)* [element] carbono *m.*

carbonated ['kaːbəneɪtɪd] *adj* com gás.

carbon copy *n* - **1.** [document] cópia *f* em papel carbono - **2.** *fig* [exact copy] cópia *f* perfeita.

carbon dioxide [-daɪ'ɒksaɪd] *n (U)* dióxido *m* de carbono.

carbon monoxide [-mɒ'nɒksaɪd] *n* monóxido *m* de carbono.

carbon paper *n* papel-carbono *m.*

car-boot sale *n UK* feira em que objetos usados são vendidos no porta-malas de um carro.

carburettor *UK*, **carburetor** *US* [ˌkaːbə'retə'] *n* carburador *m.*

carcass ['kaːkəs] *n* [of animal] carcaça *f.*

card [kaːd] *n* - **1.** [playing card] carta *f* - **2.** [for information, greetings] cartão *m* - **3.** [postcard] postal *m*, cartão *m* postal - **4.** *(U)* [cardboard] papelão *m.*
 ➡ **cards** *npl* [game] cartas *fpl.*
 ➡ **on the cards** *UK*, **in the cards** *US adv inf:* to be on the ~ estar na cara.

cardboard ['kaːdbɔːd] <> *n (U)* papelão *m.* <> *comp* [made of cardboard] de papelão *m.*

cardboard box *n* caixa *f* de papelão.

cardiac ['kaːdɪæk] *adj* cardíaco(ca), do coração.

cardigan ['kaːdɪgən] *n* cardigã *m.*

cardinal ['kaːdɪnl] <> *adj* primordial. <> *n RELIG* cardeal *m.*

card index *n UK* fichário *m.*

cardphone ['kaːdfəʊn] *n* telefone *m* (público) de cartão.

card table *n* mesa *f* de jogo.

care [keə'] <> *n* - **1.** *(U)* [protection, looking after] cuidado *m*; to take ~ of sb [look after] cuidar de alguém; to take ~ of sthg [deal with] cuidar de algo; take ~ ! *inf* [when saying goodbye] cuide-se! - **2.** *(U)* [caution, carefulness] cuidado *m*; to take ~ to do sthg ter o cuidado de fazer algo; take ~ ! [be careful] tenha cuidado! - **3.** [cause of worry] preocupação *f.* <> *vi* - **1.** [be concerned] preocupar-se; to ~ about sb/sthg preocupar-se com alguém/algo - **2.** [mind] importar-se.
 ➡ **care of** *prep* aos cuidados de.
 ➡ **care for** *vt fus* [like] gostar de.

career [kə'rɪə'] <> *n* carreira *f.* <> *vi* desgovernar-se; to ~ into sthg ir desgovernado(da) em direção a algo.

careers adviser *n* orientador *m*, -ra *f* vocacional.

carefree ['keəfriː] *adj* despreocupado(-da).

careful ['keəfʊl] *adj* - **1.** [cautious] cuidadoso(sa); ~ with sthg cuidadoso(sa) com algo; to be ~ to do sthg ter o cuidado de fazer algo - **2.** [thorough] cuidadoso(sa).

carefully ['keəflɪ] *adv* - **1.** [cautiously] cuidadosamente, com cuidado - **2.** [thoroughly] cuidadosamente.

careless ['keəlɪs] *adj* - **1.** [inattentive] desatento(ta), descuidado(da) - **2.** [unconcerned] despreocupado(da).

caress [kə'res] <> *n* carícia *f.* <> *vt* acariciar.

caretaker ['keəˌteɪkə'] *n UK* zelador *m*, -ra *f.*

car ferry *n* balsa *f.*

cargo ['kaːgəʊ] *(pl* -es *OR* -s) *n* carregamento *m.*

car hire *n UK (U)* aluguel *m* de carros.

Caribbean [*UK* kærɪ'bɪən, *US* kə'rɪbɪən] *n* - **1.** [sea]: the ~ (Sea) o (Mar do) Caribe

-2. [region]: **the** ~ o Caribe.

caring ['keərɪŋ] adj afetuoso(sa).

carnage ['kɑ:nɪdʒ] n (U) carnificina f.

carnal ['kɑ:nl] adj literary carnal.

carnation [kɑ:'neɪʃn] n craveiro m.

carnival ['kɑ:nɪvl] n **-1.** [festive occasion] carnaval m **-2.** [fair] parque m de diversões.

carnivorous [kɑ:'nɪvərəs] adj carnívoro(ra).

carol ['kærəl] n: **(Christmas)** ~ cântico m de Natal.

carousel [,kærə'sel] n **-1.** esp US [at fair] carrossel m **-2.** [at airport] esteira f.

carp [kɑ:p] (pl inv OR **-s**) ◇ n carpa f. ◇ vi queixar-se; **to** ~ **about** sthg queixar-se de algo.

car park n UK estacionamento m.

carpenter ['kɑ:pəntə'] n carpinteiro m, -ra f.

carpentry ['kɑ:pəntrɪ] n (U) carpintaria f.

carpet ['kɑ:pɪt] ◇ n [floor covering] carpete m. ◇ vt [fit with floor covering] acarpetar.

carpet slipper n pantufas fpl.

carpet sweeper [-'swi:pə'] n limpador m de carpete, feiticeira f.

car phone n telefone m para automóvel.

car radio n rádio m de carro.

car rental n Am aluguel m de carro.

carriage ['kærɪdʒ] n **-1.** [horsedrawn vehicle] carruagem f **-2.** UK [railway coach] vagão **-3.** (U) [transport of goods] carregamento m; ~ **paid** OR **free** UK frete pago.

carriageway ['kærɪdʒweɪ] n UK pista f simples.

carrier ['kærɪə'] n **-1.** COMM transportador m, -ra f **-2.** [of disease] portador m, -ra f **-3.** = **carrier bag**.

carrier bag n sacola f.

carrot ['kærət] n **-1.** [vegetable] cenoura f **-2.** inf fig [incentive] incentivo m.

carry ['kærɪ] (pt & pp **-ied**) ◇ vt **-1.** [transport - subj: person, animal] carregar; [- subj: water, wind, vehicle] levar **-2.** [be equipped with] dispor de; **all planes** ~ **lifejackets** todos os aviões dispõem de coletes salva-vidas **-3.** [weapon] portar **-4.** [disease] transmitir **-5.** [involve as a consequence] implicar; **the job carries considerable responsibility** o emprego implica em responsabilidades consideráveis **-6.** [motion, proposal] aprovar **-7.** [be pregnant with] carregar **-8.** MATH sobrar. ◇ vi [sound] projetar-se.

➡ **carry away** vt sep: **to get carried away** entrar no embalo.

➡ **carry forward** vt sep transportar.

➡ **carry off** vt sep **-1.** [make a success of]

tornar um sucesso **-2.** [win] sair-se bem.

➡ **carry on** ◇ vt fus [continue] continuar; **to** ~ **on doing sthg** continuar a fazer algo. ◇ vi **-1.** [continue] continuar; **to** ~ **on with sthg** continuar algo **-2.** inf [make a fuss] criar caso.

➡ **carry out** vt fus **-1.** [task, plan, experiment] levar a cabo **-2.** [promise, order, threat] cumprir.

➡ **carry through** vt sep [accomplish] completar.

carryall ['kærɪɔ:l] n US bolsa f de viagem.

carrycot ['kærɪkɒt] n esp UK moisés m inv.

carsick ['kɑ:,sɪk] adj enjoado(da) (em carro).

cart [kɑ:t] ◇ n **-1.** [vehicle] carroça f **-2.** US [for shopping]: **(shopping** OR **grocery)** ~ carrinho m (de compras). ◇ vt inf carregar.

carton ['kɑ:tn] n **-1.** [brick-shaped] caixa f **-2.** [plastic] frasco m.

cartoon [kɑ:'tu:n] n **-1.** [satirical drawing] cartum m **-2.** [comic strip] tira f, tirinha f **-3.** [film] desenho m animado.

cartridge ['kɑ:trɪdʒ] n **-1.** [for gun] cartucho m **-2.** [for pen] recarga f **-3.** [for camera] rolo m de filme.

cartwheel ['kɑ:twi:l] n [movement] pirueta f.

carve [kɑ:v] ◇ vt **-1.** [shape, sculpt] esculpir **-2.** [slice] fatiar **-3.** [cut into surface] gravar. ◇ vi [slice joint] fatiar a carne.

➡ **carve out** vt sep [create, obtain] criar.

➡ **carve up** vt sep [divide] dividir.

carving ['kɑ:vɪŋ] n [art, work, object] entalhe m.

carving knife n faca f de trinchar.

car wash n **-1.** [process] lavagem f de carro **-2.** [place] lava-rápido m.

case [keɪs] n **-1.** [gen] caso m; **to be the** ~ ser o caso; **in that** ~ nesse caso; **they still come, in which** ~ **we can all leave together** pode ser que ele ainda venha, e neste caso todos podemos partir juntos; **as** OR **whatever the** ~ **may be** seja qual for o caso; **in** ~ **of** em caso de **-2.** [argument] razões fpl; ~ **for/against** sthg razões a favor de/contra algo **-3.** JUR [trial, inquiry] causa f **-4.** [container, holder] estojo m **-5.** UK [suitcase] mala f.

➡ **in any case** adv seja como for.

➡ **in case** ◇ conj caso. ◇ adv: **(just) in** ~ só por precaução.

cash [kæʃ] ◇ n (U) **-1.** [notes and coins] dinheiro m; **to pay (in)** ~ pagar em dinheiro **-2.** inf [money] dinheiro m **-3.** [payment]: ~ **in advance** pagamento m adiantado/antecipado; ~ **on delivery** pagamento contra entrega. ⇔ *vt* descontar.

cash and carry *n* sistema *f* pague e leve.

cashbook ['kæʃbʊk] *n* livro-caixa *m*.

cash box *n* cofre *m*.

cash card *n* cartão *m* de saque.

cash desk *n* UK caixa *m*.

cash dispenser [-dɪ'spensəʳ] *n* = cash-point

cashew (nut) ['kæʃu:-] *n* castanha *f* de caju.

cashier [kæ'ʃɪəʳ] *n* caixa *mf*.

cash machine *n* = cashpoint

cashmere [kæʃ'mɪəʳ] *n* (U) caxemira *f*.

cashpoint ['kæʃpɔɪnt] *n* caixa *m* automático.

cash register *n* caixa *f* registradora.

casing ['keɪsɪŋ] *n* [protective cover] invólucro *m*.

casino [kə'si:nəʊ] (*pl* -s) *n* cassino *m*.

cask [kɑːsk] *n* barril *m*.

casket ['kɑːskɪt] *n* -1. [for jewels] porta-jóias *m inv* - 2. US [coffin] caixão *m*.

casserole ['kæsərəʊl] *n* -1. [stew] ensopado *m* (no forno) - 2. [pot] prato *f* de ir ao forno.

cassette [kæ'set] *n* cassete *f*.

cassette player *n* toca-fitas *m inv*.

cassette recorder *n* gravador *m*.

cast [kɑːst] (*pt* & *pp* **cast**) ⇔ *n* -1. [of play, film] elenco *m* - 2. MED gesso *m*. ⇔ *vt* -1. [turn, direct] dar uma espiada em; **to** ~ **doubt on sthg** pôr algo em dúvida - 2. [light, shadow] lançar - 3. [throw] arremessar - 4. [choose for play, film] dar o papel a; **she** ~ **him in the role of Hamlet** ela deu-lhe o papel de Hamlet - 5. POL : **to** ~ **one's vote** votar - 6. [metal] moldar.

◆ **cast aside** *vt sep* rejeitar.

◆ **cast off** ⇔ *vt* -1. *fml* [old practices, habits, burden] livrar-se de - 2. [in knitting] arrematar. ⇔ *vi* -1. NAUT soltar as amarras - 2. [in knitting] arrematar os pontos.

◆ **cast on** ⇔ *vt* [in knitting] montar. ⇔ *vi* [in knitting] montar os pontos.

castaway ['kɑːstəweɪ] *n* náufrago *m*, -ga *f*.

caster ['kɑːstəʳ] *n* [wheel] rodízio *m*.

caster sugar *n* (U) UK açúcar *m* refinado.

casting vote ['kɑːstɪŋ-] *n* voto *m* de minerva.

cast iron *n* (U) ferro *m* fundido.

castle ['kɑːsl] *n* -1. [building] castelo *m* - 2. [in chess] torre *f*.

castor ['kɑːstəʳ] *n* = caster.

castor oil *n* (U) óleo *m* de rícino.

castor sugar *n* = caster sugar.

castrate [kæ'streɪt] *vt* castrar.

casual ['kæʒʊəl] *adj* -1. [relaxed, uninterested] despreocupado(da) - 2. *pej* [off-hand] deselegante, informal - 3. [chance] ocasional - 4. [clothes] informal - 5. [irregular] temporário(ria).

casually ['kæʒʊəlɪ] *adv* -1. [in a relaxed manner, without interest] casualmente - 2. [dress] informalmente.

casualty ['kæʒjʊəltɪ] (*pl* -ies) *n* -1. [dead or injured person] vítima *mf*; MIL baixa *f* - 2. MED = casualty department.

casualty department *n* pronto-socorro *m*.

cat [kæt] *n* -1. [domestic animal] gato *m*, -ta *f*; **there's no room to swing a** ~ não há espaço nem para respirar; **to play** ~ **and mouse** brincar de gato e rato - 2. [wild animal] felino *m*, -na *f*.

catalogue UK, **catalog** US ['kætəlɒg] ⇔ *n* -1. [of items for sale] catálogo *m* - 2. [in library, museum] catálogo *m*. ⇔ *vt* catalogar.

catalyst ['kætəlɪst] *n* -1. CHEM catalisador *m* - 2. *fig* [cause] motivo *m*.

catalytic converter *n* conversor *m* catalítico.

catapult UK ['kætəpʊlt] ⇔ *n* -1. [hand-held] atiradeira *f*, estilingue *m* - 2. HIST [machine] catapulta *f*. ⇔ *vt* -1. [hurl] catapultar - 2. *fig* [promote] projetar.

cataract ['kætərækt] *n* catarata *f*.

catarrh [kə'tɑːʳ] *n* (U) catarro *m*.

catastrophe [kə'tæstrəfɪ] *n* catástrofe *f*.

catch [kætʃ] (*pt* & *pp* **caught**) ⇔ *vt* -1. [gen] pegar - 2. [ball etc] apanhar - 3. [discover, surprise] flagrar; **to** ~ **sb doing sthg** flagrar alguém fazendo algo; **to** ~ **sb unawares** pegar alguém desprevenido(da) - 4. [hear clearly] compreender - 5. [interest, imagination, attention] despertar - 6. [sight]: **to** ~ **sight of sb/sthg, to** ~ **a glimpse of sb/sthg** conseguir avistar alguém/algo - 7. [on hook, in door, in trap] prender - 8. [strike] atingir. ⇔ *vi* -1. [become hooked, get stuck] ficar preso(sa) em - 2. [start to burn] pegar. ⇔ *n* -1. [of ball etc] pegada *f* - 2. [thing or amount caught] pesca *f* - 3. [fastener] trinco *m* - 4. [snag] armadilha *f*.

◆ **catch on** *vi* -1. [become popular] pegar - 2. *inf* [understand] entender; **to** ~ **on to sthg** dar-se conta de algo.

◆ **catch out** *vt sep* [trick] apanhar em erro.

◆ **catch up** ⇔ *vt sep* -1. [come level with] alcançar - 2. [involve]: **to get caught up in sthg** ser envolvido(da) em algo. ⇔ *vi* alcançar; **to** ~ **up on sthg** pôr algo em dia.

◆ **catch up with** *vt fus* -1. [get to same

point as] alcançar **-2.** [catch, find] pegar.
catching [ˈkætʃɪŋ] *adj* [infectious] contagioso(sa).

catchment area [ˈkætʃmənt-] *n* região atendida por uma escola ou um hospital.

catchphrase [ˈkætʃfreɪz] *n* [of entertainer] bordão *m*.

catchy [ˈkætʃɪ] (*compar* -**ier**, *superl* -**iest**) *adj* que pega com facilidade.

categorically [ˌkætɪˈgɒrɪklɪ] *adv* categoricamente.

category [ˈkætəgərɪ] (*pl* -**ies**) *n* categoria *f*.

cater [ˈkeɪtəʳ] *vi* [provide food] fornecer comida.
◆ **cater for** *vt fus UK* **-1.** [provide for] satisfazer; **the magazine** ~**s for independent working women** a revista se destina a mulheres autônomas **-2.** [anticipate] contar com.
◆ **cater to** *vt fus* servir de instrumento a.

caterer [ˈkeɪtərəʳ] *n* (serviço *m* de) bufê *m*.

catering [ˈkeɪtərɪŋ] *n* bufê *m*; **a** ~ **college** uma escola de culinária.

caterpillar [ˈkætəpɪləʳ] *n* [insect] lagarta *f*.

cathedral [kəˈθiːdrəl] *n* catedral *f*.

Catholic [ˈkæθlɪk] ◇ *adj* católico(ca). ◇ *n* católico *m*, -ca *f*.
◆ **catholic** *adj* [broad] eclético(ca).

cat litter *n* granulado *m* higiênico (para gatos).

Catseyes® [ˈkætsaɪz] *npl UK* olhos-de-gato *mpl*.

cattle [ˈkætl] *npl* gado *m*.

catty [ˈkætɪ] (*compar* -**ier**, *superl* -**iest**) *adj inf esp* [spiteful] rancoroso(sa).

catwalk [ˈkætwɔːk] *n* passarela *f*.

caucus [ˈkɔːkəs] *n POL* **-1.** *US* [meeting] cáucus *m* **-2.** [interest group] ala *f*.

caught [kɔːt] *pt* & *pp* ⊳ **catch**.

cauliflower [ˈkɒlɪˌflaʊəʳ] *n* couve-flor *f*.

cause [kɔːz] ◇ *n* **-1.** [gen] causa *f* **-2.** [grounds] razão *f*; **to have** ~ **for sthg** ter razão para algo; **to have** ~ **to do sthg** ter razão para fazer algo ◇ *vt* causar; **to** ~ **sb to do sthg** fazer com que alguém faça algo; **to** ~ **sthg to be done** fazer com que algo seja feito.

caustic [ˈkɔːstɪk] *adj* **-1.** *CHEM* cáustico(ca) **-2.** *fig* [comment] mordaz.

caution [ˈkɔːʃn] ◇ *n* **-1.** *(U)* [care] cuidado *m*; **to do sthg with** ~ fazer algo com cautela **-2.** [warning] aviso *m* **-3.** *UK JUR* injunção *f* ◇ *vt* **-1.** [warn]; **to** ~ **sb against doing sthg** prevenir alguém para não fazer algo **-2.** *UK*

JUR advertir; **to** ~ **sb for sthg** advertir alguém por algo.

cautious [ˈkɔːʃəs] *adj* cauteloso(sa).

cavalry [ˈkævlrɪ] *n (U)* **-1.** [on horseback] cavalaria *f* **-2.** [in armoured vehicles] cavalaria *f*.

cave [keɪv] *n* gruta *f*, caverna *f*.
◆ **cave in** *vi* [physically collapse] desabar.

caveman [ˈkeɪvmæn] (*pl* -**men** [-men]) *n* troglodita *mf*.

cavernous [ˈkævənəs] *adj* imenso(sa).

caviar(e) [ˈkævɪɑːʳ] *n (U)* caviar *m*.

cavity [ˈkævɪtɪ] (*pl* -**ies**) *n* **-1.** [in object, structure, body] cavidade *f*; **buccal** ~ cavidade bucal; **nasal** ~ **fossas** *fpl* nasais **-2.** [in tooth] cárie *f*.

cavort [kəˈvɔːt] *vi* saracotear.

CB *n* (*abbr of* **Citizens' Band**) CB, faixa *f* do cidadão.

CBI (*abbr of* **Confederation of British Industry**) *n* confederação britânica de empresários, ≃ CNI *f*.

cc ◇ *n* (*abbr of* **cubic centimetre**) *cm*. ◇ (*abbr of* **carbon copy**) cópia *f* carbono.

CD *n* (*abbr of* **compact disc**) CD *m*.

CD player *n* tocador *m* de CD.

CD-R (*abbr of* **compact disc (rewritable)**) *n* CD-R *m*.

CD-R drive *n* unidade *f* de CD-R.

CD rewriter [ˈsiːdiːˈriːˌraɪtəʳ] = **CD-RW drive**.

CD-ROM (*abbr of* **compact disc read-only memory**) *n* CD-ROM *m*.

CD-RW (*abbr of* **compact disc rewritable**) *n* CD-RW *m*.

CD-RW drive *n* gravador *m* de CD.

CD tower *n* torre *f* para CDs.

cease [siːs] *fml* ◇ *vt* cessar; **to** ~ **doing** *OR* **to do sthg** parar de fazer algo; ~ **fire!** cessar fogo! ◇ *vi* parar.

ceasefire [ˈsiːsfaɪəʳ] *n* cessar-fogo *m*.

ceaseless [ˈsiːslɪs] *adj fml* incessante.

cedar [ˈsiːdəʳ] *n* cedro *m*.

ceiling [ˈsiːlɪŋ] *n* **-1.** [of room] teto *m* **-2.** *fig* [limit] teto *m* máximo.

celebrate [ˈselɪbreɪt] ◇ *vt* celebrar. ◇ *vi* comemorar.

celebrated [ˈselɪbreɪtɪd] *adj* célebre, famoso(sa).

celebration [ˌselɪˈbreɪʃn] *n* **-1.** *(U)* [activity, feeling] celebração *f* **-2.** [event] comemoração *f*.

celebrity [sɪˈlebrətɪ] (*pl* -**ies**) *n* [star] celebridade *f*.

celery [ˈselərɪ] *n (U)* aipo *m*.

celibate [ˈselɪbət] *adj* celibatário(ria).

cell [sel] *n* **-1.** *BIOL* & *COMPUT* célula *f* **-2.** [small room] cela *f* **-3.** [secret group] unidade *f*.

cellar [ˈseləʳ] *n* **-1.** [basement] porão *m* **-2.** [stock of wine] adega *f*.

cello ['tʃeləʊl] (pl -s) n [instrument] violoncelo m.

Cellophane® ['seləfeɪn] n (U) celofane® m.

Celsius ['selsɪəs] adj Célsius.

Celt [kelt] n celta mf.

Celtic ['keltɪk] <> adj celta. <> n [language] celta m.

cement [sɪ'ment] <> n (U) [for concrete] cimento m, argamassa f. <> vt -1. [cover with cement] cimentar -2. fig [reinforce] fortalecer.

cement mixer n betoneira f.

cemetery ['semɪtrɪ] (pl -ies) n cemitério m.

censor ['sensər] <> n [of films, books, letters] censor m, -ra f. <> vt [film, book, letter] censurar.

censorship ['sensəʃɪp] n (U) censura f.

censure ['senʃər] <> n (U) repreensão f. <> vt repreender.

census ['sensəs] (pl **censuses**) n [population survey] censo m.

cent [sent] n centavo m.

centenary UK [sen'ti:nərɪ] (pl -ies), **centennial** US [sen'tenjəl] n centenário m.

center n, adj & vt US = centre.

centigrade ['sentɪgreɪd] adj centígrado(da).

centilitre UK, **centiliter** US ['sentɪ,li:tər] n centilitro m.

centimetre UK, **centimeter** US ['sentɪ,mi:tər] n centímetro m.

centipede ['sentɪpi:d] n centopéia f.

central ['sentrəl] adj central.

Central America n América Central.

central heating n (U) aquecimento m central.

centralize, -ise ['sentrəlaɪz] vt centralizar.

central locking [-'lɒkɪŋ] n travamento f central (das portas).

central reservation n UK canteiro m central.

centre UK, **center** US ['sentər] <> n -1. [gen] centro m; **health/leisure** ~ centro de saúde/lazer; ~ **of attention** centro das atenções; ~ **of gravity** centro de gravidade; **the** ~ POL o centro -2. SPORT [player] pivô. <> adj -1. [middle] central, do meio -2. POL de centro. <> vt [place centrally] centralizar.

centre back n SPORT centromédio m.

centre forward n SPORT centroavante m.

centre half n = centre back.

century ['sentʃurɪ] (pl -ies) n -1. [one hundred years] século m -2. CRICKET: **to score a** ~ marcar cem pontos.

ceramic [sɪ'ræmɪk] adj de cerâmica, cerâmico(ca).

ceramics n [craft, objects] cerâmica f.

cereal ['sɪərɪəl] n [crop, breakfast food] cereal m.

ceremonial [,serɪ'məʊnjəl] <> adj cerimonial, de cerimônia. <> n -1. [event] cerimônia f OR m -2. [pomp, formality] cerimonial m.

ceremony ['serɪmənɪ] (pl -ies) n -1. [event] cerimônia f; **degree** ~ cerimônia f de colação de grau -2. (U) [pomp, formality] formalidade f; **to stand on** ~ fazer cerimônia.

certain ['sɜ:tn] adj [gen] certo(ta); **she is** ~ **to be late** ela certamente vai se atrasar; **to be** ~ **of sthg/of doing sthg** ter a certeza de algo/fazer algo; **to make** ~ **of sthg/of doing sthg** assegurar-se de algo/fazer algo; **for** ~ com certeza; **to a** ~ **extent** até certo ponto.

certainly ['sɜ:tnlɪ] adv com certeza; **I** ~ **do** com certeza (que sim); ~ **not!** de modo algum.

certainty ['sɜ:tntɪ] (pl -ies) n (U) certeza f.

certificate [sə'tɪfɪkət] n -1. [gen] certificado m -2. [of birth, marriage] certidão f; **death** ~ atestado m de óbito.

certified ['sɜ:tɪfaɪd] adj -1. [professional person] habilitado(da) -2. [document] autenticado(da).

certified mail n US postagem f registrada.

certified public accountant n US peritocontador m, -ra f.

certify ['sɜ:tɪfaɪ] (pt & pp -ied) vt -1. [declare true]: **to** ~ **that** certificar OR atestar que -2. [declare insane]: **to be certified** ser declarado(da) incapacitado(da).

cervical [sə'vaɪkl] adj cervical; ~ **cancer** câncer m de colo de útero.

cervical smear n exame f de lâmina.

cervix ['sɜ:vɪks] (pl -ices [-ɪsi:z]) n colo m do útero.

cesarean (section) n US = caesarean (section).

cesspit ['sespɪt], **cesspool** ['sespu:l] n fossa f.

cf. (abbr of confer) cf., cfr.

CFC (abbr of chlorofluorocarbon) n CFC m.

ch. (abbr of chapter) cap.

chafe [tʃeɪf] vt [rub] roçar.

chaffinch ['tʃæfɪntʃ] n tentilhão m.

chain [tʃeɪn] <> n -1. [metal] corrente f -2. [of islands] série f; ~ **of events** rede f de acontecimentos -3. [of mountains] cadeia f -4. [of shops, hotels] cadeia f, rede f. <> vt -1. [prisoner, bicycle] acorrentar -2. [hands] algemar -3. [dog] amarrar.

chain reaction n reação f em cadeia.

chainsaw n serra f articulada.

chain-smoke vi fumar um cigarro atrás do outro.

chain-smoker n fumante mf inveterado, -da.

chain store n filial f.

chair [tʃeəʳ] <> n -1. [for sitting in] cadeira f -2. [university post] cátedra f -3. [of meeting, organization - position] presidência f; [- person] presidente mf. <> vt [meeting, discussion] presidir.

chairlift n teleférico m.

chairman ['tʃeəmən] (pl -men [-mən]) n presidente m.

chairperson ['tʃeəˌpɜːsn] (pl -s) n presidente mf.

chalet ['ʃæleɪ] n chalé f.

chalk [tʃɔːk] n -1. (U) [mineral] greda f -2. [for drawing] giz m.

chalkboard ['tʃɔːkbɔːd] n UK quadro-negro m.

challenge ['tʃælɪndʒ] <> n desafio m. <> vt -1. [to fight, competition]: **to ~ sb (to sthg)** desafiar alguém (para algo); **to ~ sb to do sthg** desafiar alguém a fazer algo -2. [question] questionar.

challenging ['tʃælɪndʒɪŋ] adj -1. [difficult] desafiador(ra) -2. [aggressive] provocador(ra).

chamber ['tʃeɪmbəʳ] n -1. [room] gabinete m; **the council ~** o gabinete do conselho -2. [body] câmara f -3. [of gun] tambor m.

chambermaid ['tʃeɪmbəmeɪd] n camareira f.

chamber music n (U) música f de câmara.

chamber of commerce n câmara f de comércio.

chameleon [kə'miːljən] n [animal] camaleão m, -oa f.

champagne [ˌʃæm'peɪn] n (U) champanha m.

champion ['tʃæmpjən] n -1. [of competition] campeão f, -ã -2. [of cause] defensor m, -ra f.

championship ['tʃæmpjənʃɪp] n campeonato m.

chance [tʃɑːns] <> n -1. (U) [luck] acaso m, sorte f; **by ~** por acaso; **by any ~** por acaso -2. [likelihood, opportunity] chance f; **not to stand a ~ (of doing sthg)** não ter a menor chance (de fazer algo); **on the off-~ (that)** na esperança de que -3. [risk] risco m; **to take a ~ (on sthg/on doing sthg)** arriscar-se (em algo/a fazer algo). <> adj acidental. <> vt [risk] arriscar.

chancellor ['tʃɑːnsələʳ] n -1. [chief minister] chanceler m -2. UNIV reitor m, -ra f.

Chancellor of the Exchequer n UK ≃

Ministro m, -tra f da Fazenda.

chandelier [ˌʃændə'lɪəʳ] n lustre m.

change [tʃeɪndʒ] <> n -1. [alteration, difference] mudança f, alteração f; **~ in sb/sthg** mudança em alguém/algo -2. [contrast, for variety] diferença f; **Peter arriving on time? That makes a ~!** Peter chegando na hora? Que mudança!; **for a ~** para variar -3. [switch, replacement] mudança f; **~ of clothes** muda f de roupa -4. (U) [money returned after payment, smaller units of money] troco m -5. (U) [coins] trocado m. <> vt -1. [gen] mudar; **to ~ sthg into sthg** transformar algo em algo; **to ~ one's mind** mudar de idéia; **to get ~d** mudar de roupa -2. [replace, exchange] trocar. <> vi -1. [gen] mudar; **to ~ into sthg** transformar-se em algo -2. [put on different clothes] trocar-se -3. [move to different train, bus] fazer conexão.

◆ **change over** vi [convert] trocar para; **to ~ over to sthg** trocar para algo.

changeable ['tʃeɪndʒəbl] adj -1. [mood] inconstante -2. [weather] instável.

change machine n máquina f de troco.

changeover ['tʃeɪndʒˌəʊvəʳ] n: **~ (to sthg)** mudança f (para algo).

changing ['tʃeɪndʒɪŋ] adj variável, instável.

changing room n vestiário m.

channel ['tʃænl] (UK pt & pp -led, cont -ling, US pt & pp -ed, cont -ing) <> n canal m. <> vt canalizar.

◆ **Channel** n: **the (English) Channel** o Canal da Mancha.

◆ **channels** npl: **to go through the proper ~s** seguir os trâmites legais.

Channel Islands npl: **the ~** as Ilhas Normandas.

Channel Tunnel n: **the ~** o Túnel do Canal da Mancha.

chant [tʃɑːnt] n -1. RELIG [song] canto m -2. [repeated words] coro m.

chaos ['keɪɒs] n caos m.

chaotic [keɪ'ɒtɪk] adj caótico(ca).

chap [tʃæp] n UK inf [man] cara m, chapa m.

chapel ['tʃæpl] n capela f.

chaplain ['tʃæplɪn] n capelão m.

chapped [tʃæpt] adj rachado(da).

chapter ['tʃæptəʳ] n -1. capítulo m -2. phr: **to give sb ~ and verse on sthg** falar tudo a alguém sobre algo.

char [tʃɑːʳ] (pt & pp -red, cont -ring) vt [burn] carbonizar, torrar.

character ['kærəktəʳ] n -1. [nature - of place] jeito m; [- of person] caráter m; **in ~** típico -2. (U) [unusual quality, style] estilo m -3. [in film, book, play] personagem mf -4. inf [unusual person] tipo m -5.

[letter, symbol] caractere m.

characteristic [ˌkærəktə'rıstık] ◇ adj [typical] característico(ca). ◇ n [attribute] característica f.

characterize, -ise ['kærəktəraız] vt -1. [typify] caracterizar -2. [portray]: to ~ sthg as caracterizar algo como.

charade [ʃə'rɑːd] n charada f.
➡ **charades** n (U) mímica f.

charcoal ['tʃɑːkəʊl] n carvão m (vegetal).

charge [tʃɑːdʒ] ◇ n -1. [cost] preço m; admission ~ entrada f; telephone ~s tarifas fpl telefônicas; delivery ~ taxa f de entrega; free of ~ grátis -2. [command, control] responsabilidade f; to have ~ of sthg estar no comando de algo; to take ~ (of sthg) tomar conta (de algo); in ~ encarregado(da); in ~ of no comando de -3. JUR acusação f -4. ELEC & MIL carga f. ◇ vt -1. [sum of money] cobrar; to ~ sthg to sb/sthg debitar algo de alguém/algo -2. [suspect, criminal] acusar; to ~ sb with sthg acusar alguém de algo -3. [attack] investir contra -4. ELEC carregar. ◇ vi -1. [rush] correr -2. [attack] investir.

chargé d'affaires [ˌʃɑːzeıdæ'feə] (pl **chargés d'affaires** [ˌʃɑːzeıdæ'feə]) n encarregado m, -da f de negócios.

charger ['tʃɑːdʒər] n [for batteries] carregador m.

chariot ['tʃærıət] n biga f.

charisma [kə'rızmə] n carisma m.

charity ['tʃærətı] (pl -ies) n -1. (U) [gifts, money] caridade f -2. [organization] instituição f de caridade -3. [kindness] simpatia f.

charm [tʃɑːm] ◇ n -1. (U) [appeal, attractiveness] charme m, encanto m -2. [spell] feitiço m -3. [on bracelet] amuleto m. ◇ vt encantar.

charming ['tʃɑːmıŋ] adj encantador(ra).

chart [tʃɑːt] ◇ n -1. [diagram] gráfico m -2. [map] mapa m, carta f; a star/sea ~ uma carta celeste/marítima. ◇ vt -1. [plot, map] cartografar -2. fig [record] registrar.
➡ **charts** npl: the ~s as paradas de sucesso.

charter ['tʃɑːtər] ◇ n [document] carta f. ◇ vt [plane, boat] fretar.

chartered accountant ['tʃɑːtəd-] n UK contador m diplomado, contadora f diplomada.

charter flight n vôo m fretado.

charter plane n avião m fretado.

chase [tʃeıs] ◇ n -1. [pursuit] perseguição f -2. [hunt] caça f. ◇ vt -1. [pursue] perseguir -2. [drive away] enxotar.

◇ vi: to ~ after sb/sthg correr atrás de alguém/algo.

chasm ['kæzm] n abismo m.

chassis ['ʃæsı] (pl inv) n [of vehicle] chassi m.

chat [tʃæt] (pt & pp -ted, cont -ting) ◇ n bate-papo m, conversa f; to have a ~ bater papo. ◇ vi bater papo, conversar.
➡ **chat up** vt sep UK inf bater papo.

chatiquette ['tʃætıket] n COMPUT etiqueta f no bate-papo, chatiqueta f.

chat room n COMPUT sala f de bate-papo.

chat show n UK programa m de entrevistas.

chatter ['tʃætər] ◇ n -1. [of person] tagarelice f -2. [of animal, bird] chilro m. ◇ vi -1. [person] tagarelar -2. [animal, bird] chilrar -3. [teeth] bater.

chatterbox ['tʃætəbɒks] n inf tagarela mf.

chattering classes npl UK: the ~ os pseudoformadores de opinião.

chatty ['tʃætı] (compar -ier, superl -iest) adj -1. [person] tagarela -2. [letter] informal.

chauffeur ['ʃəʊfər] n chofer m.

chauvinist ['ʃəʊvınıst] n chauvinista mf.

cheap [tʃiːp] ◇ adj -1. [gen] barato(ta) -2. [despicable, vulgar] de mau gosto. ◇ adv barato.

cheapen ['tʃiːpn] vt [degrade] rebaixar; to ~ o.s. rebaixar-se.

cheaply ['tʃiːplı] adv [at a low price] barato.

cheat [tʃiːt] ◇ n trapaceiro m, -ra f. ◇ vt trapacear; to ~ sb out of sthg passar alguém para trás em algo. ◇ vi [be dishonest] trapacear.
➡ **cheat on** vt fus inf [be unfaithful to] trair.

check [tʃek] ◇ n -1. [gen]: ~ (on sthg) checagem f (de algo) -2. [restraint]: ~ (on sthg) controle m (sobre algo); in ~ sob controle -3. US [bill] conta f -4. [pattern] xadrez m -5. [in chess] xeque m. ◇ vt -1. [test, verify] verificar, conferir -2. [restrain, stop] conter. ◇ vi verificar; to ~ for sthg verificar se há algo, procurar por algo; to ~ on sthg examinar algo.
➡ **check in** ◇ vt sep [luggage, coat] despachar. ◇ vi -1. [at hotel] registrar-se -2. [at airport] fazer check-in.
➡ **check out** ◇ vt sep -1. [luggage, coat] dar baixa em -2. [investigate] averiguar. ◇ vi [from hotel] fechar a conta e sair.
➡ **check up** vi informar-se; to ~ up on

sb/sthg informar-se sobre alguém/algo.

checkbook n US = chequebook.

checked ['tʃekt] adj [patterned] quadriculado(da).

checkered adj US = chequered.

checkers ['tʃekəz] n US (jogo m de) damas fpl.

check-in n check-in m.

checking account ['tʃekɪŋ-] n US conta f corrente.

checkmate ['tʃekmeɪt] n [in chess] xeque-mate m.

checkout ['tʃekaʊt] n [in supermarket] caixa m.

checkpoint ['tʃekpɔɪnt] n [place] posto m de controle.

check-up n check-up m.

Cheddar (cheese) ['tʃedəʳ-] n queijo m Cheddar.

cheek [tʃiːk] n -1. [of face] bochecha f -2. inf [impudence] audácia f.

cheekbone ['tʃiːkbəʊn] n osso m malar, maçã f do rosto.

cheeky ['tʃiːkɪ] (compar -ier, superl -iest) adj descarado(da).

cheer [tʃɪəʳ] ◇ n [shout] vivas fpl. ◇ vt -1. [shout approval, encouragement at] ovacionar -2. [gladden] animar. ◇ vi aclamar, aplaudir.

◆ **cheers** excl -1. [said before drinking] saúde! -2. UK inf [goodbye] tchau! -3. UK inf [thank you] valeu!

◆ **cheer up** ◇ vt sep animar. ◇ vi animar-se.

cheerful ['tʃɪəfʊl] adj alegre.

cheerio [,tʃɪərɪ'əʊ] excl UK inf tchau!

cheese [tʃiːz] n queijo m.

cheeseboard ['tʃiːzbɔːd] n -1. [board] tábua f de queijos -2. [on menu] variedade f de queijos.

cheeseburger ['tʃiːz,bɜːgəʳ] n xisburguer m.

cheesecake ['tʃiːzkeɪk] n CULIN torta f de queijo.

cheetah ['tʃiːtə] n guepardo m.

chef [ʃef] n cozinheiro m, -ra f -chefe.

chemical ['kemɪkl] ◇ adj químico(-ca). ◇ n substância f química.

chemist ['kemɪst] n -1. UK [pharmacist] farmacêutico m, -ca f; ~'s (shop) farmácia f -2. [scientist] químico m, -ca f.

chemistry ['kemɪstrɪ] n química f.

cheque UK, **check** US [tʃek] n cheque m.

chequebook UK, **checkbook** US ['tʃekbʊk] n talão m de cheques.

cheque (guarantee) card n UK cartão m de garantia de cheque.

chequered UK ['tʃekəd], **checkered** US ['tʃekərd] adj fig [varied] cheio (cheia) de altos e baixos.

cherish ['tʃerɪʃ] vt [treasure - hope, memory] acalentar; [- privilege, right] apreciar; [- person, thing] acariciar.

cherry ['tʃerɪ] (pl -ies) n -1. [fruit] cereja f -2.: ~ (tree) cerejeira f.

chess [tʃes] n xadrez m.

chessboard ['tʃesbɔːd] n tabuleiro m de xadrez.

chessman ['tʃesmæn] (pl -men [-men]), **chess piece** n peça f do jogo de xadrez.

chest [tʃest] n -1. ANAT peito m -2. [box, trunk] caixa f -3. [coffer] baú m.

chestnut ['tʃesnʌt] ◇ adj [colour] castanho(nha). ◇ n -1. [nut] castanha f -2.: ~ (tree) castanheiro m.

chest of drawers (pl chests of drawers) n [piece of furniture] cômoda f.

chew [tʃuː] ◇ n [biting] mastigação f. ◇ vt -1. [food] mastigar -2. [nails, carpet] roer.

◆ **chew up** vt sep [food, slippers] roer.

chewing gum ['tʃuːɪŋ-] n chiclete m.

chic [ʃiːk] ◇ adj chique. ◇ n elegância f.

chick [tʃɪk] n -1. [baby bird] filhote m (de pássaro) -2. inf [woman] garota f.

chicken ['tʃɪkɪn] n -1. [bird] galinha f -2. (U) [food] frango m -3. inf [coward] galinha m.

◆ **chicken out** vi inf: to ~ out (of sthg/ of doing sthg) acovardar-se (de algo/ de fazer algo).

chickenpox ['tʃɪkɪnpɒks] n catapora f.

chickpea ['tʃɪkpiː] n grão-de-bico m.

chicory ['tʃɪkərɪ] n [vegetable] chicória f.

chief [tʃiːf] ◇ adj -1. [most important] principal -2. [head] chefe; ~ accountant contador m, -ra f chefe. ◇ n -1. [of organization] chefe mf -2. [of tribe] chefe m, cacique m.

chief executive n [head of company] presidente mf executivo, -va.

chiefly ['tʃiːflɪ] adv [mainly] principalmente.

chiffon ['ʃɪfɒn] n chiffon m.

chilblain ['tʃɪlbleɪn] n frieira f.

child [tʃaɪld] (pl children) n -1. [boy, girl] criança f -2. [son, daughter] filho m, -lha f.

child benefit n UK benefício pago pelo governo britânico a todas as famílias de acordo com o número de filhos.

childbirth ['tʃaɪldbɜːθ] n (U) parto m.

childhood ['tʃaɪldhʊd] n infância f.

childish ['tʃaɪldɪʃ] adj pej infantil.

childlike ['tʃaɪldlaɪk] adj ingênuo(nua).

childminder ['tʃaɪld,maɪndəʳ] n UK babá mf.

childproof ['tʃaɪldpruːf] adj seguro(ra) para crianças, à prova de crianças.

children ['tʃɪldrən] *pl* ⊳ **child**.

Chile ['tʃɪlɪ] *n* Chile.

Chilean ['tʃɪlɪən] ⋄ *adj* chileno(na). ⋄ *n* chileno *m*, -na *f*.

chili ['tʃɪlɪ] *n* = **chilli**.

chill [tʃɪl] ⋄ *adj* glacial. ⋄ *n* -1. [illness] resfriado *m* -2. [in temperature]: **a ~ in the air** uma friagem -3. [feeling of fear] calafrio *m*. ⋄ *vt* -1. [drink, food] gelar -2. [person] arrepiar-se de. ⋄ *vi* [drink, food] esfriar.

chilli ['tʃɪlɪ] (*pl* -ies) *n* [vegetable] pimenta-malagueta *f*.

chilling ['tʃɪlɪŋ] *adj* -1. [very cold] gelado(da) -2. [frightening] arrepiante.

chilly ['tʃɪlɪ] (*compar* -ier, *superl* -iest) *adj* frio (fria).

chime [tʃaɪm] ⋄ *n* [of bell, clock] batida *f*. ⋄ *vt* [time] bater. ⋄ *vi* [bell, clock] tocar.
  ◆ **chime in** *vi* concordar.

chimney ['tʃɪmnɪ] *n* chaminé *f*.

chimneypot ['tʃɪmnɪpɒt] *n* cano *m* de chaminé.

chimneysweep ['tʃɪmnɪswiːp] *n* limpador *m*, -ra *f* de chaminé.

chimp [tʃɪmp] *inf*, **chimpanzee** [ˌtʃɪmpən'ziː] *n* chimpanzé *mf*.

chin [tʃɪn] *n* queixo *m*.

china ['tʃaɪnə] *n* (U) -1. [substance] porcelana *f* -2. [crockery] louças *fpl* de porcelana.

China ['tʃaɪnə] *n* China.

Chinese [ˌtʃaɪ'niːz] ⋄ *adj* chinês(esa). ⋄ *n* [language] chinês *m*. ⋄ *npl*: **the ~ os** chineses.

Chinese cabbage *n* repolho *m* chinês.

Chinese leaf *n* UK = **Chinese cabbage**.

chink [tʃɪŋk] *n* -1. [narrow opening] fresta *f* -2. [sound] tinido *m*.

chip [tʃɪp] (*pt & pp* -ped, *cont* -ping) ⋄ *n* -1. UK [hot, fried potato strip] batata *f* frita em palito -2. US [snack] batata *f* frita de pacote -3. [fragment] lasca *f* -4. [flaw] defeito *m* -5. COMPUT chip *m* -6. [token] ficha *f*. ⋄ *vt* [damage] lascar.
  ◆ **chip in** *vi inf* -1. [contribute] fazer uma vaquinha -2. [interrupt] interromper.
  ◆ **chip off** *vt sep* lascar.

chipboard ['tʃɪpbɔːd] *n* (U) compensado *m*.

chip shop *n* UK loja onde se compram peixe com batatas fritas.

chiropodist [kɪ'rɒpədɪst] *n* quiropodista *mf*.

chirp [tʃɜːp] *vi* chilrar, piar.

chirpy ['tʃɜːpɪ] (*compar* -ier, *superl* -iest) *adj esp* UK *inf* [cheerful] animado(da).

chisel ['tʃɪzl] (UK *pt & pp* -led, *cont* -ling, US *pt & pp* -ed, *cont* -ing) ⋄ *n* -1. [for wood] formão *m* -2. [for stone] cinzel *m*. ⋄ *vt* -1. [wood] esculpir com formão -2. [stone] cinzelar.

chit [tʃɪt] *n* [note] vale *m*.

chit-chat *n* (U) *inf* bate-papo *m*.

chivalry ['ʃɪvlrɪ] *n* -1. *literary* [of knights] cavalaria *f* -2. [courtesy] cavalheirismo *m*.

chives [tʃaɪvz] *npl* cebolinha *f*.

chlorine ['klɔːriːn] *n* (U) cloro *m*.

choc-ice ['tʃɒkaɪs] *n* UK bola de sorvete com cobertura de chocolate.

chock [tʃɒk] *n* calço *m* (para roda de veículo).

chock-a-block, chock-full *adj inf*: **~ (with)** [people] apinhado(da) (de); [things] entupido(da) (de).

chocolate ['tʃɒkələt] ⋄ *n* (U) chocolate *m*; **plain/milk ~** chocolate amargo/ao leite; **a box of ~s** uma caixa de bombons. ⋄ *comp* [biscuit, cake, mousse] de chocolate.

choice [tʃɔɪs] ⋄ *n* -1. [gen] escolha *f*, opção *f*; **it was my first ~** foi a minha primeira opção -2. [variety, selection] variedade *f*. ⋄ *adj* selecionado(da).

choir ['kwaɪə'] *n* [singers] coro *m*.

choirboy ['kwaɪəbɔɪ] *n* menino *m* de coro.

choke [tʃəʊk] ⋄ *n* AUT afogador *m*. ⋄ *vt* -1. [subj: person] estrangular -2. [subj: smoke, fumes] asfixiar, sufocar -3. [block] entupir, obstruir. ⋄ *vi* [on food, water] engasgar.

cholera ['kɒlərə] *n* (U) cólera *f*.

choose [tʃuːz] (*pt* chose, *pp* chosen) ⋄ *vt* -1. [select] escolher -2. [opt]: **to ~ to do sthg** optar por fazer algo. ⋄ *vi* [select]: **to ~ (from sthg)** escolher (entre algo).

choos(e)y ['tʃuːzɪ] (*compar* -ier, *superl* -iest) *adj* exigente.

chop [tʃɒp] (*pt & pp* -ped, *cont* -ping) ⋄ *n* [meat] costeleta *f*. ⋄ *vt* -1. [wood] retalhar -2. [vegetables, apple] picar -3. *inf* [funding, budget] cortar -4. *phr*: **to ~ and change** ser inconstante.
  ◆ **chop down** *vt sep* derrubar.
  ◆ **chop up** *vt sep* -1. [vegetables, fruit] picar -2. [wood, meat] cortar.

chopper ['tʃɒpə'] *n* -1. [axe] machadinha *f* -2. *inf* [helicopter] helicóptero *m*.

choppy ['tʃɒpɪ] (*compar* -ier, *superl* -iest) *adj* [sea] agitado(da).

chopsticks ['tʃɒpstɪks] *npl* hashi *mpl*.

chord [kɔːd] *n* MUS acorde *m*.

chore [tʃɔː'] *n* afazeres *mpl*; **household ~s** afazeres domésticos.

chortle ['tʃɔːtl] *vi* dar gargalhadas.

chorus ['kɔːrəs] *n* -1. [gen] coro *m* -2. [part of song] refrão *m*.

chose [tʃəʊz] *pt* ⊳ **choose**.

chosen ['tʃəʊzn] *pp* ▷ choose.
Christ [kraɪst] ◇ *n* Cristo *m*. ◇ *excl* Jesus Cristo!, Minha Nossa!
christen ['krɪsn] *vt* batizar.
christening ['krɪsnɪŋ] *n* batizado *m*.
Christian ['krɪstʃən] ◇ *adj* cristão(tã). ◇ *n* cristão *m*, -tã *f*.
Christianity [ˌkrɪstɪ'ænətɪ] *n (U)* cristianismo *m*.
Christian name *n* nome *m* de batismo.
Christmas ['krɪsməs] *n* Natal *m*; **Happy** OR **Merry** ~! Feliz Natal!
Christmas card *n* cartão *m* de Natal.
Christmas carol *n* cântico *m* de Natal.
Christmas Day *n* dia *m* de Natal.
Christmas Eve *n* noite *f* de Natal.
Christmas pudding *n* UK pudim rico e escuro feito com frutas secas, condimentos e gordura animal, servido no Natal.
Christmas tree *n* árvore *f* de Natal.
chrome [krəʊm], **chromium** ['krəʊmɪəm] ◇ *n (U)* cromo *m*. ◇ *comp* de cromo, cromado(da).
chronic ['krɒnɪk] *adj* -1. [long-lasting] crônico(ca) -2. [habitual] inveterado(da).
chronicle ['krɒnɪkl] *n* crônica *f*.
chronological [ˌkrɒnə'lɒdʒɪkl] *adj* cronológico(ca).
chrysanthemum [krɪ'sænθəməm] (*pl* -s) *n* crisântemo *m*.
chubby ['tʃʌbɪ] (*compar* -ier, *superl* -iest) *adj* rechonchudo(da).
chuck [tʃʌk] *vt inf* -1. [throw] jogar, atirar -2. *inf* : to ~ sb dar o fora em alguém; to ~ sthg largar algo.
➡ **chuck away, chuck out** *vt sep inf* jogar fora; to ~ sthg out botar algo fora; to ~ sb out botar alguém para fora.
chuckle ['tʃʌkl] *vi* rir discretamente.
chug [tʃʌg] (*pt* & *pp* -ged, *cont* -ging) *vi* ratear.
chum [tʃʌm] *n inf* camarada *mf*, companheiro *m*, -ra *f*.
chunk [tʃʌŋk] *n* -1. [piece] pedaço *m* -2. *inf* [large amount] grande parte *f*.
church [tʃɜːtʃ] *n* -1. [building] igreja *f*; go to ~ freqüentar a igreja -2. [organization]: the Church a Igreja.
Church of England *n*: the ~ a Igreja Anglicana.
churchyard ['tʃɜːtʃjɑːd] *n* cemitério ao redor de uma igreja.
churlish ['tʃɜːlɪʃ] *adj* indelicado(da).
churn [tʃɜːn] ◇ *n* -1. [for making butter] batedeira *f* de manteiga -2. [for transporting milk] latão *m*. ◇ *vt* [stir up] agitar.
➡ **churn out** *vt sep inf* produzir em larga escala.

chute [ʃuːt] *n* -1. [waterfall] queda *f* d'água, cachoeira *f* -2. [for escape] rampa *f* -3. [for rubbish] calha *f* -4. [in a pool] tobogã *m*.
chutney ['tʃʌtnɪ] *n (U)* molho feito à base de frutas, sementes picantes e açúcar que se come com carne ou queijo.
CIA (*abbr of* **Central Intelligence Agency**) *n* CIA *f*.
CID (*abbr of* **Criminal Investigation Department**) *n* departamento de investigação criminal da polícia britânica.
cider ['saɪdəʳ] *n* sidra *f*.
cigar [sɪ'gɑːʳ] *n* charuto *m*.
cigarette [ˌsɪgə'ret] *n* cigarro *m*.
cinder ['sɪndəʳ] *n* cinza *f*.
Cinderella [ˌsɪndə'relə] *n* Cinderela *f* gata-borralheira *f*.
cinema ['sɪnəmə] *n* [place, art] cinema *m*.
cinnamon ['sɪnəmən] *n (U)* canela *f*.
cipher ['saɪfəʳ] *n* -1. [secret writing system] cifra *f* -2. *fig* [person] nulidade *f*.
circa ['sɜːkə] *prep* cerca de, aproximadamente.
circle ['sɜːkl] ◇ *n* -1. [gen] círculo *m*; to go round in ~ s andar em círculos -2. [seats in theatre, cinema] galeria *f*. ◇ *vt* -1. [draw a circle round] marcar com círculo -2. [move round] circundar. ◇ *vi* mover-se em círculos.
circuit ['sɜːkɪt] *n* -1. [gen] circuito *m* -2. [lap, movement round] volta *f*.
circuitous [sə'kjuːɪtəs] *adj* tortuoso(sa).
circular ['sɜːkjʊləʳ] ◇ *adj* -1. [shape, object] redondo(da) -2. [argument] circular. ◇ *n* circular *f*.
circulate ['sɜːkjʊleɪt] ◇ *vi* circular. ◇ *vt* circular.
circulation [ˌsɜːkjʊ'leɪʃn] *n* circulação *f*; in ~ em circulação.
circumcision [ˌsɜːkəm'sɪʒn] *n* circuncisão *f*.
circumference [sə'kʌmfərəns] *n* circunferência *f*.
circumflex ['sɜːkəmfleks] *n*: ~ (**accent**) (acento) *m* circunflexo *m*.
circumspect ['sɜːkəmspekt] *adj* circunspecto(ta).
circumstances ['sɜːkəmstənsɪz] *npl* circunstâncias *fpl*; **under** OR **in no** ~ sob OR em nenhuma circunstância; **under** OR **in the** ~ nas OR nestas circunstâncias.
circumvent [ˌsɜːkəm'vent] *vt fml* burlar.
circus ['sɜːkəs] *n* -1. [for entertainment] circo *m* -2. [in place names] *no Reino Unido, praça circular à qual convergem várias ruas*.
CIS (*abbr of* **Commonwealth of Independent States**) *n* CEI *f*.

cistern ['sɪstən] n -**1.** UK [in roof] cisterna f -**2.** [on lavatory] caixa f de descarga.

cite [saɪt] vt citar.

citizen ['sɪtɪzn] n [of country, of town] cidadão m, -dã f.

Citizens' Advice Bureau n Centro m de Apoio ao Cidadão.

citizenship ['sɪtɪznʃɪp] n (U) cidadania f.

citrus fruit ['sɪtrəs-] n fruta f cítrica.

city ['sɪtɪ] (pl -ies) n cidade f.
➤ **City** n UK: the **City** o bairro financeiro de Londres.

city centre n centro m da cidade.

city hall n US prefeitura f.

city technology college n UK centro de formação técnica profissional custeada por indústrias.

civic ['sɪvɪk] adj cívico(ca).

civic centre n UK centro m cívico.

civil ['sɪvl] adj -**1.** [involving ordinary citizens] civil -**2.** [polite] educado(da).

civil engineering n (U) engenharia f civil.

civilian [sɪ'vɪljən] <> n civil mf. <> comp civil.

civilization [,sɪvɪlaɪ'zeɪʃn] n (U) civilização f.

civilized ['sɪvɪlaɪzd] adj civilizado(da).

civil law n (U) [relating to private case] direito m civil.

civil liberties npl liberdades fpl civis.

civil rights npl direitos mpl civis.

civil servant n funcionário m público, funcionária f pública.

civil service n serviço m público.

civil war n guerra f civil.

CJD (abbr of **Creutzfeldt-Jakob disease**) n forma humana da doença da vaca louca, doença f de Creutzfeldt-Jakob.

cl (abbr of **centilitre**) n cl.

clad [klæd] adj literary [dressed]: ~ in sthg vestido(da) de algo.

claim [kleɪm] <> n -**1.** [assertion] alegação f -**2.** [demand] reivindicação f -**3.** [rightful]: to have a ~ on sb ter direitos sobre alguém; to have a ~ on sb's attention reivindicar a atenção de alguém; to lay ~ to sthg reivindicar algo - **4.** [financial] reclamação f. <> vt -**1.** [assert, maintain] alegar; to ~ (that) alegar que -**2.** [apply for, assert one's rights to] reivindicar -**3.** [take] levar. <> vi: to ~ on one's insurance acionar o seguro; to ~ for sthg reclamar algo.

claimant ['kleɪmənt] n -**1.** [to the throne] pretendente mf -**2.** [of benefit, in law case] requerente mf.

clairvoyant [kleə'vɔɪənt] n vidente mf.

clam [klæm] (pt & pp -med, cont -ming) n marisco m.

clamber ['klæmbər] vi subir com dificuldade.

clammy ['klæmɪ] (compar -ier, superl -iest) adj inf melado(da).

clamour UK, **clamor** US ['klæmər] <> n (U) [noise] clamor m. <> vi: to ~ for sthg queixar-se por algo.

clamp [klæmp] <> n -**1.** [fastener] presilha f, braçadeira f -**2.** MED & TECH grampo m. <> vt -**1.** [with fastener] apertar -**2.** [parked car] pôr travas em.
➤ **clamp down** vi: to ~ down (on sthg) impor restrições (a algo).

clan [klæn] n clã m.

clandestine [klæn'destɪn] adj clandestino(na).

clang [klæŋ] n som m metálico, tinido m.

clap [klæp] (pt & pp -ped, cont -ping) <> vt to ~ one's hands bater palmas. <> vi aplaudir.

clapping ['klæpɪŋ] n (U) aplauso m.

claret ['klærət] n -**1.** [wine] clarete m -**2.** [colour] cor-de-vinho f.

clarify ['klærɪfaɪ] (pt & pp -ied) vt [explain, expand on] esclarecer.

clarinet [,klærə'net] n clarinete m.

clarity ['klærətɪ] n (U) clareza f.

clash [klæʃ] <> n -**1.** [of interests, personality] choque m -**2.** [disagreement] divergência f -**3.** [noise] estrépito m. <> vi -**1.** [be incompatible - ideas, beliefs] chocar-se; [- colours] destoar; to ~ with sthg destoar de algo -**2.** [fight] chocar-se -**3.** [disagree] divergir -**4.** [coincide] coincidir.

clasp [klɑːsp] <> n [fastener] fecho m. <> vt [hold tight] apertar.

class [klɑːs] <> n -**1.** [gen] classe f -**2.** [lesson] aula f -**3.** [category] espécie f. <> vt classificar; to ~ sb as sthg classificar alguém como algo.

classic ['klæsɪk] <> adj clássico(ca). <> n clássico m.

classical ['klæsɪkl] adj clássico(ca).

classified ['klæsɪfaɪd] adj [secret] confidencial.

classified ad n (anúncio m) classificado m.

classify ['klæsɪfaɪ] (pt & pp -ied) vt classificar.

classmate ['klɑːsmeɪt] n colega mf de classe.

classroom ['klɑːsrʊm] n sala f de aula.

classy ['klɑːsɪ] (compar -ier, superl -iest) adj inf bacana, chique.

clatter ['klætər] n -**1.** [of pans, dishes] tinido m -**2.** [of hooves] repique m.

clause [klɔːz] n -**1.** [in legal document] cláusula f -**2.** GRAMM oração f.

claw [klɔː] <> n -**1.** [of wild animal, bird] garra f -**2.** [of cat, dog] unha f -**3.** [of sea creature] pinça f - **4.** [of insect] ferrão f. ◇ vt arranhar; **to ~ one's way to** galgar seu caminho para. ◇ vi: **to ~ at sthg** agarrar-se a algo.

clay [kleɪ] n argila f, barro m.

clean [kliːn] ◇ adj - **1.** [gen] limpo(pa) - **2.** [blank] em branco - **3.** [inoffensive] inofensivo(va) - **4.** [cut, break] preciso(sa). ◇ vt [make clean] limpar; **to ~ one's teeth** UK escovar os dentes. ◇ vi fazer faxina.
 ◆ **clean out** vt sep [clear out] fazer uma limpeza (em).
 ◆ **clean up** vt sep [clear up] arrumar.

cleaner [ˈkliːnəʳ] n - **1.** [person] faxineiro m, -ra f - **2.** [substance] produto m de limpeza.

cleaning [ˈkliːnɪŋ] n (U) limpeza f, faxina f.

cleanliness [ˈklenlɪnɪs] n (U) limpeza f, asseio m.

clean-living adj de vida limpa.

cleanse [klenz] vt - **1.** [make clean] limpar - **2.** [make pure] purificar.

cleanser [ˈklenzəʳ] n - **1.** [for skin] creme m de limpeza - **2.** [detergent] detergente m.

clean-shaven [-ˈʃeɪvn] adj de barba feita.

clear [klɪəʳ] ◇ adj - **1.** [gen] claro(ra); **to make sthg ~ (to sb)** tornar algo claro (para alguém); **to make it ~ that** deixar claro que; **to make o.s. ~** fazer-se entender; **to be ~ about sthg** [understand] entender algo com clareza; [explain clearly] fazer-se entender sobre algo; **~ head** mente f lúcida - **2.** [obvious, unmistakable] óbvio(via) - **3.** [transparent] transparente - **4.** [water] límpido(da) - **5.** [unobstructed, free] livre. ◇ adv [out of the way]: **to step ~** ficar fora do caminho; **stand ~!** afaste-se!; **to stay** OR **steer ~ of sb/sthg** afastar-se de alguém/algo. ◇ vt - **1.** [remove obstacles from - way, path] desimpedir; [- pipe] limpar; [- table] tirar - **2.** [take out of the way] retirar - **3.** [jump] transpor - **4.** [pay] saldar - **5.** [authorize] autorizar - **6.** [prove not guilty] livrar de culpa; **to be ~ed of sthg** ser declarado(da) inocente de algo - **7.** [customs] desembaraçar. ◇ vi - **1.** [disperse, diminish - fog, smoke] dissipar-se; [- headache] passar - **2.** [brighten up] clarear.
 ◆ **clear away** vt sep arrumar.
 ◆ **clear off** vi UK inf dar o fora.
 ◆ **clear out** vt sep [tidy up] arrumar. ◇ vi inf [leave] dar o fora.
 ◆ **clear up** ◇ vt sep - **1.** [tidy] arrumar - **2.** [solve, settle] resolver. ◇ vi - **1.** [weather] clarear - **2.** [tidy up] arrumar.

clearance [ˈklɪərəns] n (U) - **1.** [removal]

retirada f; **the ~ of mines** a remoção de minas terrestres; **land ~** a limpeza da terra - **2.** [of contents of house] desocupação f - **3.** [permission] autorização f; **customs ~** desembaraço m alfandegário.

clear-cut adj bem definido(da).

clearing [ˈklɪərɪŋ] n [in forest] clareira f.

clearing bank n UK banco m compensador.

clearly [ˈklɪəlɪ] adv - **1.** [distinctly, lucidly] claramente - **2.** [obviously] evidentemente.

clearway [ˈklɪəweɪ] n UK AUT via f expressa.

cleavage [ˈkliːvɪdʒ] n [between breasts] decote m.

cleaver [ˈkliːvəʳ] n cutelo m de açougueiro.

clef [klef] n clave f.

cleft [kleft] n fenda f, rachadura f.

clench [klentʃ] vt cerrar; **to have sthg ~ed between one's teeth** ter algo preso entre os dentes.

clergy [ˈklɜːdʒɪ] npl: **the ~** o clero.

clergyman [ˈklɜːdʒɪmən] (pl -men [-mən]) n clérigo m.

clerical [ˈklerɪkl] adj - **1.** [in office] de escritório - **2.** [in church] clerical.

clerk [UK klɑːk, US klɜːrk] n - **1.** [in office] auxiliar mf de escritório - **2.** [in court] escriturário m, -ria f, escrevente mf - **3.** US [shop assistant] balconista mf.

clever [ˈklevəʳ] adj - **1.** [intelligent] inteligente - **2.** [ingenious] engenhoso(sa); **that's ~!** que engenhoso! - **3.** [skilful] hábil.

click [klɪk] ◇ n - **1.** [gen] clique m - **2.** [of tongue] estalo m. ◇ vt estalar. ◇ vi [gen] estalar; **the door ~ed shut** a porta se fechou com um clique.

client [ˈklaɪənt] n cliente mf.

cliff [klɪf] n penhasco m.

climate [ˈklaɪmɪt] n clima m.

climate change n mudança f climática.

climax [ˈklaɪmæks] n clímax m.

climb [klaɪm] ◇ n [ascent] escalada f. ◇ vt [go up - tree, ladder] subir em; [- hill, mountain] escalar; [- fence] transpor. ◇ vi - **1.** [person]: **to ~ up/down/over sthg** subir em/decer de/transpor algo; **to ~ into/out of sthg** subir em/descer de algo - **2.** [plant] trepar - **3.** [road, plane, prices] subir.

climb-down n retratação f.

climber [ˈklaɪməʳ] n [person] alpinista mf.

climbing [ˈklaɪmɪŋ] ◇ adj [plant] trepadeira. ◇ n (U) alpinismo m.

clinch [klɪntʃ] vt [settle] fechar.

cling [klɪŋ] (pt & pp clung) vi - **1.** [person]: **to ~ to sb/sthg** [physically] agarrar-se a alguém/algo; *fig* [emotionally: to person] apegar-se a alguém/algo; [to beliefs, ideas, principles] aferrar-se a alguém/algo **- 2.** [clothes]: **to ~ (to sb)** ajustarse bem (a alguém).

clingfilm ['klɪŋfɪlm] *n (U) UK* filme *m* de PVC transparente.

clinic ['klɪnɪk] *n* [building] clínica *f*.

clinical ['klɪnɪkl] *adj* **-1.** *MED* clínico(ca) **- 2.** *pej* [coldly rational] analítico(ca) **-3.** [functional] impessoal.

clink [klɪŋk] *vi* tilintar.

clip [klɪp] (*pt & pp* -**ped**, *cont* -**ping**) ◇ *n* **-1.** [fastener - for paper] clipe *m*; [- for hair] grampo *m*; [- for earring] fecho *m* **- 2.** *TV & CINEMA* videoclipe *m* **-3.** *inf* [smack]: **to give sb a ~ around the ear** dar um tapa na orelha de alguém. ◇ *vt* **-1.** [fasten] prender **-2.** [cut - lawn, hedge, nails] cortar; [- newspaper cutting] recortar.

clipboard ['klɪpbɔːd] *n* prancheta *f* com prendedor.

clip-on *adj* de prender; **~ earrings** brincos *mpl* de pressão; **~ badge** button *m*; **~ bow tie** gravata-borboleta *f*.

clippers ['klɪpəz] *npl* **-1.** [for hair] máquina *f* de cortar cabelo **-2.** [for nails] cortador *m* de unhas **-3.** [for plants, hedges] tesoura *f* de podar.

clipping ['klɪpɪŋ] *n* [newspaper cutting] recorte *m*.
◆ **clippings** *npl* [small pieces] fragmentos *mpl*; **grass/nail ~s** restos *mpl* de grama/unha cortada.

cloak [kləʊk] *n* [garment] capa *f*.

cloakroom ['kləʊkrʊm] *n* **-1.** [for clothes] guardavolumes *m inv* **-2.** *UK* [toilet - in public place] banheiro *m*; [- in house] lavabo *m*.

clock [klɒk] ◇ *n* **-1.** [timepiece] relógio *m*; **round the ~** dia e noite **-2.** [in vehicle - mileometer] hodômetro *m*; [- speedometer] velocímetro *m*. ◇ *vt* [reach time or speed] marcar.
◆ **clock in, clock on** *vi UK* [at work] bater o ponto *OR* cartão-de-ponto na entrada.
◆ **clock off, clock out** *vi UK* [at work] bater o ponto *OR* cartão-de-ponto na saída.

clockwise ['klɒkwaɪz] ◇ *adj* em sentido horário. ◇ *adv* em sentido horário.

clockwork ['klɒkwɜːk] ◇ *n (U)*: **to go like ~** funcionar como um relógio. ◇ *comp* de corda.

clog [klɒg] (*pt & pp* -**ged**, *cont* -**ging**) *vt* entupir, bloquear.
◆ **clogs** *npl* tamancos *mpl*.

◆ **clog up** ◇ *vt sep* **-1.** [drains] entupir **- 2.** [nose] congestionar. ◇ *vi* [drains] entupir; [roads] bloquear; [pores] fechar.

close[1] [kləʊs] ◇ *adj* **-1.** [near] próximo(ma), perto; **~ to sb/sthg** perto de alguém/algo; **it was a ~ shave** foi por um fio *OR* triz; **~ up**, **~ to** de perto; **~ by**, **~ at hand** bem perto **-2.** [in relationship] íntimo(ma); **~ to sb** apegado(da) a alguém **-3.** [in degree of connection - resemblance, family] próximo(ma); [- link, connection] estreito(ta) **-4.** [careful]: **a ~ watch** um olhar atento; **to pay ~ attention** prestar muita atenção; **~ questioning** uma pergunta detalhada; **a ~r look** um olhar mais de perto; **a ~r examination** um exame minucioso **- 5.** [oppressive] carregado(da) **- 6.** [almost equal] com uma pequena margem de diferença. ◇ *adv* perto.
◆ **close on, close to** *prep* [almost] cerca de.

close[2] [kləʊz] ◇ *vt* **-1.** [shut, shut down] fechar **-2.** [bring to an end] encerrar, concluir. ◇ *vi* **-1.** [shut] fechar **-2.** [end] terminar. ◇ *n* [end] fim *m*, final *m*.
◆ **close down** ◇ *vt sep* [shut] fechar. ◇ *vi* [shut down] fechar.

closed [kləʊzd] *adj* fechado(da).

close-knit [ˌkləʊs-] *adj* muito unido(da).

closely ['kləʊslɪ] *adv* **-1.** [in degree of connection] intimamente; **to resemble sb/ sthg ~** parecer muito com alguém/algo **-2.** [carefully] atentamente.

closet ['klɒzɪt] ◇ *adj inf* inconfesso(sa). ◇ *n* **-1.** *US* closet *m*, armário *m* **-2.** *fig*: **to come out of the ~** sair do armário.

close-up ['kləʊs-] *n* primeiro plano *m*.

closing time *n* horário *m* de fechamento.

closure ['kləʊʒəʳ] *n* **-1.** [of business, company] fechamento *m* **-2.** [of road, railway line: temporarily] interdição *f*.

clot [klɒt] (*pt & pp* -**ted**, *cont* -**ting**) ◇ *n* **-1.** [of blood] coágulo *m* **-2.** *UK inf* [fool] idiota *mf*. ◇ *vi* [blood] coagular.

cloth [klɒθ] *n* **-1.** *(U)* [fabric] tecido *m* **- 2.** [for cleaning] pano *m* **-3.** [tablecloth] toalha *f*.

clothe [kləʊð] *vt fml* [dress] vestir.

clothes [kləʊðz] *npl* roupa *f*; **to put one's ~ on** vestir-se; **to take one's ~ off** tirar a roupa.

clothes brush *n* escova *f* de roupa.

clothesline ['kləʊðzlaɪn] *n* varal *m*.

clothes peg *UK*, **clothespin** *US* ['kləʊðzpɪn] *n* prendedor *m* de roupa.

clothing ['kləʊðɪŋ] *n (U)* roupa *f*; **~ allowance** auxílio-vestuário *m*.

cloud [klaʊd] n [gen] nuvem f.
➤ **cloud over** vi [sky] encobrir-se.
cloudy ['klaʊdɪ] (compar **-ier**, superl **-iest**) adj **-1.** [sky] nublado(da) - **2.** [liquid] turvo(va).
clout [klaʊt] inf ◇ n (U) [influence] influência f. ◇ vt [hit] dar um bofetão em.
clove [kləʊv] n: **a ~ of garlic** um dente de alho.
➤ **cloves** npl [spice] cravo-da-índia m.
clover ['kləʊvə'] n (U) trevo m.
clown [klaʊn] ◇ n **-1.** [performer] palhaço m **- 2.** [fool] palhaço m, -ça f. ◇ vi fazer palhaçadas.
cloying ['klɔɪɪŋ] adj enjoativo(va).
club [klʌb] (pt & pp **-bed**, cont **-bing**) ◇ n **-1.** [association] clube m **- 2.** [nightclub] boate f, casa f noturna **- 3.** [weapon] bastão m **- 4.** SPORT [equipment]: **(golf) ~** taco m (de golfe). ◇ vt [hit] espancar.
➤ **clubs** npl [playing cards] paus mpl.
➤ **club together** vi UK fazer vaquinha.
club car n US RAIL vagão-restaurante m.
clubhouse ['klʌbhaʊs] n clube m.
cluck [klʌk] vi [hen, person] cacarejar.
clue [klu:] n **-1.** [in crime] pista f, vestígio m; **I haven't (got) a ~** não tenho (a menor) idéia **- 2.** [hint] dica f **- 3.** [in crossword] pista f.
clued-up [klu:d-] adj UK inf antenado(-da).
clump [klʌmp] n [group - of trees] arvoredo m; [- of bushes] moita m; [- of flowers] ramalhete m.
clumsy ['klʌmzɪ] (compar **-ier**, superl **-iest**) adj [gen] desajeitado(da).
clung [klʌŋ] pt & pp ▷ **cling**.
cluster ['klʌstə'] ◇ n [group - of people, houses, trees] grupo m; [- of grapes] cacho m; [- of flowers] ramalhete m. ◇ vi **-1.** [people] agrupar-se, reunir-se **- 2.** [things] amontoar-se.
clutch [klʌtʃ] ◇ n AUT embreagem f. ◇ vt [with hands - object] agarrar; [- part of body] apertar. ◇ vi: **to ~ at sb/ sth** agarrar-se a alguém/algo.
clutter ['klʌtə'] ◇ n bagunça f. ◇ vt bagunçar.
cm (abbr of **centimetre**) n cm.
CND (abbr of **Campaign for Nuclear Disarmament**) n organização britânica que realiza campanhas contra o armamento nuclear.
c/o (abbr of **care of**) a/c.
Co. -1. (abbr of **Company**) Cia. **- 2.** (abbr of **County**) área administrativa britânica, usada, em alguns casos, na representação de endereços.
coach [kəʊtʃ] ◇ n **-1.** UK [bus] ônibus

m inv **- 2.** RAIL vagão m **- 3.** [horsedrawn] carruagem f **- 4.** SPORT treinador m, -ra f **- 5.** [tutor] professor m, -ra f particular. ◇ vt **-1.** SPORT treinar **- 2.** [tutor] preparar; **to ~ sb in sthg** preparar alguém em algo.
coach station n UK (estação f) rodoviária f.
coal [kəʊl] n (U) carvão m.
coalfield ['kəʊlfi:ld] n jazida f de carvão.
coalition [ˌkəʊə'lɪʃn] n POL coalizão f.
coal mine n mina f de carvão.
coarse [kɔ:s] adj **-1.** [rough] áspero(ra) **- 2.** [vulgar] grosseiro(ra).
coast [kəʊst] ◇ n costa f. ◇ vi [car] ir em ponto morto.
coastal ['kəʊstl] adj costeiro(ra); **a ~ town** uma cidade litorânea.
coaster ['kəʊstə'] n **-1.** [small mat] descanso m para copos **- 2.** UK [ship] navio m costeiro.
coastguard ['kəʊstgɑ:d] n **-1.** [person] guarda mf costeiro, -ra **- 2.** [organization]: **the ~** a guarda costeira.
coastline ['kəʊstlaɪn] n litoral m.
coat [kəʊt] ◇ n **-1.** [garment] casaco m **- 2.** [of animal] pêlo m **- 3.** [of paint, varnish] demão f. ◇ vt: **to ~ sthg (with sthg)** revestir algo (com algo).
coat hanger n cabide m.
coating ['kəʊtɪŋ] n [covering - of chocolate, icing] cobertura f; [- of dust] camada f.
coat of arms (pl **coats of arms**) n brasão m.
coax [kəʊks] vt: **to ~ sb (to do** OR **into doing sthg)** persuadir alguém (a fazer algo); **to ~ sthg out of sb** conseguir algo de alguém com jeitinho.
cobbled ['kɒbld] adj de pedras arredondadas.
cobbler ['kɒblə'] n sapateiro m, -ra f.
cobbles ['kɒblz], **cobblestones** ['kɒblstəʊnz] npl pedras arredondadas (para pavimentação).
cobweb ['kɒbweb] n teia f de aranha.
Coca-Cola® [ˌkəʊkə'kəʊlə] n Coca-Cola® f.
cocaine [kəʊ'keɪn] n (U) cocaína f.
cock [kɒk] ◇ n **-1.** UK [male chicken] galo m **- 2.** [male bird] pássaro m macho **- 3.** vulg [penis] pinto m. ◇ vt **-1.** [gun] engatilhar **- 2.** [head] virar.
➤ **cock up** vt sep UK vulg: **the project was going fine, but they ~ed it up** o projeto estava indo bem, mas eles acabaram fodendo tudo.
cockerel ['kɒkrəl] n frango m.
cockeyed ['kɒkaɪd] adj inf **-1.** [not straight] torto(ta) **- 2.** [unlikely to succeed] absurdo(da).

cockle ['kɒkl] n [shellfish] berbigão m.

Cockney ['kɒknɪ] (pl **Cockneys**) n -1. [person] pessoa vinda da área leste de Londres, em geral da classe trabalhadora -2. [accent] cockney m.

cockpit ['kɒkpɪt] n -1. [in plane] cabine f de comando -2. [in F1 car] cockpit m.

cockroach ['kɒkrəʊtʃ] n barata f.

cocksure [ˌkɒk'ʃʊəʳ] adj convencido(-da).

cocktail ['kɒkteɪl] n [drink] coquetel m.

cocktail party n coquetel m.

cock-up n vinf cagada f.

cocky ['kɒkɪ] (compar -ier, superl -iest) adj inf petulante.

cocoa ['kəʊkəʊ] n (U) -1. [powder] cacau m -2. [drink] chocolate m.

coconut ['kəʊkənʌt] n coco m.

cod [kɒd] (pl inv OR -s) n bacalhau m.

COD -1. (abbr of cash on delivery) entrega contra pagamento. -2. (abbr of collect on delivery) entrega contra pagamento.

code [kəʊd] ⬦ n código m. ⬦ vt -1. [encode] codificar -2. [give identifier to] identificar como.

cod-liver oil n (U) óleo m de fígado de bacalhau.

coerce [kəʊ'ɜːs] vt: to ~ sb (into doing sthg) coagir alguém(a fazer algo).

C. of E. (abbr of Church of England) n igreja anglicana.

coffee ['kɒfɪ] n [drink] café m.

coffee bar n UK lanchonete f.

coffee break n intervalo m para o café, coffee break m.

coffee morning n UK evento social, realizado durante o café da manhã, cuja finalidade é arrecadar dinheiro para organizações beneficentes.

coffee pot n bule m para café.

coffee shop n -1. UK [café] café m -2. US [restaurant] cafeteria f -3. [shop selling coffee] cafeteria f.

coffee table n mesinha f de centro.

coffin ['kɒfɪn] n caixão m.

cog [kɒg] n [tooth on wheel] dente m de engrenagem; [wheel] roda f dentada.

coherent [kəʊ'hɪərənt] adj coerente.

cohesive [kəʊ'hiːsɪv] adj [united] coeso(-sa).

coil [kɔɪl] ⬦ n -1. [of rope, wire] rolo m -2. [of smoke] espiral f -3. ELEC bobina f -4. UK [contraceptive device] DIU m. ⬦ vt enrolar. ⬦ vi enrolar-se, enroscar-se.

➡ **coil up** vt sep enrolar-se.

coin [kɔɪn] ⬦ n moeda f. ⬦ vt [invent] criar.

coinage ['kɔɪnɪdʒ] n -1. (U) [currency] moeda f -2. (U) [system] sistema m monetário.

coincide [ˌkəʊɪn'saɪd] vi -1. [occur simultaneously]: to ~ (with sthg) coincidir (com algo) -2. [be in agreement] coincidir.

coincidence [kəʊ'ɪnsɪdəns] n [chance event] coincidência f.

coincidental [kəʊˌɪnsɪ'dentl] adj coincidente.

coke [kəʊk] n -1. [fuel] coque m -2. inf [cocaine] coca f.

Coke® [kəʊk] n Coca® f.

cola ['kəʊlə] n refrigerante m de cola.

colander ['kʌləndəʳ] n coador m.

cold [kəʊld] ⬦ adj frio (fria); to feel ~ [person] sentir frio; to be ~ [person] estar com frio; it's ~ today está frio hoje; to get ~ [person] ficar com frio; [food] esfriar. ⬦ n -1. [illness] resfriado m; to catch (a) ~ pegar um resfriado -2. (U) [low temperature]: the ~ o frio.

cold-blooded [-'blʌdɪd] adj -1. [unfeeling] frio (fria) -2. [ruthless - killer, murderer] de sangue frio; [- killing, murder] a sangue frio.

cold sore n herpes m inv bucal.

cold war n: the ~ a guerra fria.

coleslaw ['kəʊlslɔː] n (U) salada f de repolho.

colic ['kɒlɪk] n (U) cólica f.

collaborate [kə'læbəreɪt] vi -1. [work together] colaborar; to ~ with sb colaborar com alguém -2. pej [with enemy] conspirar; to ~ with sb conspirar com alguém.

collapse [kə'læps] ⬦ n (U) -1. [gen] colapso m -2. [of building, roof] desmoronamento m. ⬦ vi -1. [gen] desmoronar -2. [fail] fracassar -3. [person] ter um colapso; his lung ~d o pulmão dele entrou em falência; to ~ with a heart attack ter um ataque do coração; I ~d into bed desfaleci na cama -4. [folding table, chair] desmontar-se.

collapsible [kə'læpsəbl] adj desmontável.

collar ['kɒləʳ] ⬦ n -1. [on garment - shirt] colarinho m; [- dress, jacket] gola f -2. [for dog] coleira f -3. TECH anel m. ⬦ vt inf [detain] segurar.

collarbone ['kɒləbəʊn] n clavícula f.

collate [kə'leɪt] vt -1. [compare] confrontar -2. [put in order] ordenar.

collateral [kɒ'lætərəl] n (U) garantia f de empréstimo, caução f.

colleague ['kɒliːg] n colega mf.

collect [kə'lekt] ⬦ vt -1. [gather together - wood, bottles, belongings] juntar; [- material for book] colher, coletar; to ~ o.s. OR one's thoughts recompor-se -2. [as a hobby] colecionar -3. [fetch, pick up] buscar -4. [money, taxes] cobrar. ⬦ vi -1. [crowd, people] reunir-se -2. [dust, dirt] juntar - **3.** [for charity, gift] arrecadar. ⇔ *adv US TELEC*: **to call (sb)** ~ ligar (para alguém) a cobrar.

collection [kəˈlekʃn] *n* - **1.** [of objects] coleção *f* - **2.** [anthology] antologia *f* - **3.** (U) [act of collecting] coleta *f* - **4.** [of money] arrecadação *f*, vaquinha *f*; **they made a** ~ **to buy flowers for her** fizeram uma vaquinha para comprar flores para ela.

collective [kəˈlektɪv] ⇔ *adj* coletivo(va). ⇔ *n* cooperativa *f*.

collector [kəˈlektə^r] *n* - **1.** [as a hobby] colecionador *m*, -ra *f* - **2.** [of taxes] coletor *m*, -ra *f* - **3.** [of debts, rent] cobrador *m*, -ra *f*.

college [ˈkɒlɪdʒ] *n* - **1.** [for further education] escola *f*; **a** ~ **of technology** um instituto de tecnologia; **art** ~ escola de artes; **community** ~ *US* escola politécnica - **2.** *UK* [of university] *instituição dentro de certas universidades britânicas que possui corpo docente, instalações e estudantes próprios* - **3.** [organized body] colégio *m*; **electoral** ~ colégio eleitoral.

college of education *n* faculdade *f* de educação.

collide [kəˈlaɪd] *vi*: **to** ~ **(with sb/sthg)** colidir (com alguém/algo).

collie [ˈkɒlɪ] *n* collie *m*.

colliery [ˈkɒljərɪ] (*pl* -ies) *n UK* mina *f* de carvão (*incluindo suas instalações*).

collision [kəˈlɪʒn] *n* [crash]: ~ **(with sb/sthg)** colisão *f* (com alguém/algo); ~ **between** colisão de.

collision course *n*: **to be on a** ~ estar em rota de colisão.

colloquial [kəˈləʊkwɪəl] *adj* coloquial.

colloquialism [kəˈləʊkwɪəlɪzm] *n* coloquialismo *m*.

collude [kəˈluːd] *vi*: **to** ~ **with sb** entrar em conluio com alguém.

Colombia [kəˈlɒmbɪə] *n* Colômbia.

colon [ˈkəʊlən] *n* - **1.** *ANAT* cólon *m* - **2.** [punctuation mark] dois-pontos *mpl*.

colonel [ˈkɜːnl] *n* coronel *m*.

colonial [kəˈləʊnjəl] *adj* [rule, power] colonial.

colonize, -ise [ˈkɒlənaɪz] *vt* colonizar.

colony [ˈkɒlənɪ] (*pl* -ies) *n* - **1.** [gen] colônia *f* - **2.** [of artists] retiro *m*.

color etc *US* = **colour etc**.

colossal [kəˈlɒsl] *adj* colossal.

colour *UK*, **color** *US* [ˈkʌlə^r] ⇔ *n* cor *f*; **red/blue in** ~ na cor vermelha/azul; **the photos are in** ~ as fotos são coloridas. ⇔ *adj* colorido(da); ~ **television/diagram** televisão/diagrama em cores. ⇔ *vt* - **1.** [food, liquid] tingir; [with pen, crayon] pintar, colorir - **2.** [dye]

tingir - **3.** *fig* [affect] influenciar. ⇔ *vi* [blush] corar.

colour bar *n* discriminação *f* racial.

colour blind *adj* - **1.** daltônico(ca) - **2.** *fig* [racially unprejudiced] que não faz discriminação racial.

coloured *UK*, **colored** *US* [ˈkʌləd] *adj* - **1.** [having colour] colorido(da) - **2.** [having stated colour]: **a cream-** ~ **ed jacket** uma jaqueta cor de creme; **a brightly** ~ **ed shirt** uma camisa de cores vivas.

colourful *UK*, **colorful** *US* [ˈkʌləfʊl] *adj* - **1.** [brightly coloured] colorido(da) - **2.** [story] vivo(va) - **3.** [person] animado(da).

colouring *UK*, **coloring** *US* [ˈkʌlərɪŋ] *n* - **1.** [dye] corante *m* - **2.** (U) [complexion, hair] tonalidade *f* - **3.** [colours] cor *m*.

colour scheme *n* distribuição *f* de cores.

colt [kəʊlt] *n* [young horse] potro *m*.

column [ˈkɒləm] *n* - **1.** [gen] coluna *f* - **2.** [of people, vehicles] fila *f*.

columnist [ˈkɒləmnɪst] *n* colunista *mf*.

coma [ˈkəʊmə] *n* coma *m*.

comb [kəʊm] ⇔ *n* [for hair] pente *m*. ⇔ *vt* - **1.** [hair] pentear - **2.** *fig* [search] vasculhar.

combat [ˈkɒmbæt] ⇔ *n* combate *m*. ⇔ *vt* [fight] combater.

combination [ˌkɒmbɪˈneɪʃn] *n* combinação *f*.

combine [*vb* kəmˈbaɪn, *n* ˈkɒmbaɪn] ⇔ *vt* [join together] agrupar; **to** ~ **sthg with sthg** [two substances] combinar algo com algo; [two qualities] reunir; [two activities] conjugar. ⇔ *vi* [businesses, political parties]: **to** ~ **(with sb/sthg)** aliar-se (a alguém/algo). ⇔ *n* [group] associação *f*.

come [kʌm] (*pt* **came**, *pp* **come**) *vi* - **1.** [move] vir; [arrive] chegar; **the news came as a shock** a notícia foi um choque; **coming!** estou indo. - **2.** [reach]: **to** ~ **up/down to** chegar a - **3.** [happen] chegar a; ~ **what may** haja o que houver - **4.** [become]: **to** ~ **true** tornar-se realidade; **to** ~ **undone/unstuck** se desfazer/soltar - **5.** [begin gradually]: **to** ~ **to do sthg** passar a fazer algo - **6.** [be placed in order] classificar-se; **P** ~ **s before Q** o P vem antes do Q; **she came second in the exam** ela se classificou em segundo lugar no exame - **7.** *phr*: ~ **to think of it** pensando bem.

➡ **to come** *adv* vindouro(ra); **in (the) days/years to** ~ nos dias/anos vindouros.

➡ **come about** *vi* [happen] acontecer.

➡ **come across** *vt fus* [find] encontrar.

➡ **come along** *vi* - **1.** [arrive by chance] aparecer - **2.** [improve] desenvolver-se.

➡ **come apart** *vi* - **1.** [fall to pieces]

desfazer-se **-2.** [come off] cair.

◆ **come at** vt fus [attack] avançar para.

◆ **come back** vi **-1.** [in talk, writing]: to ~ back to sthg voltar a algo **-2.** [memory]: to ~ back (to sb) lembrar(-se) de.

◆ **come by** vt fus [get, obtain] conseguir.

◆ **come down** vi **-1.** [unemployment, prices] baixar **-2.** [aeroplane, parachutist] descer **-3.** [rain] cair.

◆ **come down to** vt fus resumir-se a.

◆ **come down with** vt fus [cold, flu] apanhar.

◆ **come forward** vi [witnesses, volunteers] apresentar-se.

◆ **come from** vt fus vir de.

◆ **come in** vi [enter] entrar.

◆ **come in for** vt fus [criticism] receber.

◆ **come into** vt fus **-1.** [inherit] receber **-2.** [begin to be]: to ~ into being surgir.

◆ **come off** vi **-1.** [button, label, lid] abrir **-2.** [attempt, joke] dar certo **-3.** [stain] sair **-4.** phr: ~ off it! inf deixa disso!

◆ **come on** vi **-1.** [start] começar **-2.** [light, heating] ligar-se **-3.** [progress, improve] ir; **how's the work coming on?** como está indo o trabalho? **-4.** phr: ~ on! [expressing encouragement] vamos lá!; [hurry up] vamos; [expressing disbelief] que é isso.

◆ **come out** vi **-1.** [truth, fact] revelar-se **-2.** [product, book, film] ser lançado **-3.** [go on strike] entrar em greve **-4.** [declare publicly]: to ~ out for/against sthg manifestar-se a favor/contra algo **-5.** [sun, moon, stars] aparecer.

◆ **come out with** vt fus [remark] sair com.

◆ **come round** vi [regain consciousness] voltar a si.

◆ **come through** vt fus [survive] sobreviver a.

◆ **come to** <> vt fus **-1.** [reach]: to ~ to an end chegar ao fim; to ~ to a decision chegar a uma decisão **-2.** [amount to] chegar a. <> vi [regain consciousness] voltar a si.

◆ **come under** vt fus **-1.** [be governed by] ser de competência de **-2.** [suffer]: to ~ under attack (from) sofrer ataque (de).

◆ **come up** vi **-1.** [gen] surgir **-2.** [be imminent] estar próximo.

◆ **come up against** vt fus [opposition, difficulties] enfrentar.

◆ **come up to** vt fus [in space] chegar até.

◆ **come up with** vt fus [answer, idea, solution] aparecer com.

comeback ['kʌmbæk] n [return] reaparecimento m; **to make a ~** reaparecer.

comedian [kə'miːdjən] n [comic] comediante m.

comedown ['kʌmdaʊn] n inf [anticlimax] retrocesso m.

comedy ['kɒmədɪ] (pl -ies) n comédia f.

comet ['kɒmɪt] n cometa m.

come-uppance [ˌkʌm'ʌpəns] n inf: **to get one's ~** levar o troco.

comfort ['kʌmfət] <> n **-1.** (U) [ease] conforto m **-2.** [luxury] luxo m **-3.** [solace] consolo m. <> vt consolar.

comfortable ['kʌmftəbl] adj **-1.** [chair, room] confortável **-2.** [at ease] à vontade **-3.** [financially secure] bem de vida **-4.** [after operation, accident] bem **-5.** [ample] amplo(pla).

comfortably ['kʌmftəblɪ] adv **-1.** [sit, sleep] confortavelmente **-2.** [without financial difficulty] bem; **I can manage ~ on £50 a week** posso me virar bem com 50 libras por semana **-3.** [win] com facilidade.

comfort station n US euph banheiro m público.

comic ['kɒmɪk] <> adj [amusing] engraçado(da). <> n **-1.** [comedian] comediante mf **-2.** [magazine] história f em quadrinhos, gibi m.

comical ['kɒmɪkl] adj [amusing] engraçado(da).

comic strip n tira f em quadrinhos.

coming ['kʌmɪŋ] <> adj [future] próximo(ma). <> n: ~s and goings idas fpl e vindas.

comma ['kɒmə] n vírgula f.

command [kə'mɑːnd] <> n **-1.** [order] comando m **-2.** (U) [control] comando m **-3.** [mastery] domínio m; **at one's ~** à disposição; **she has four languages at her ~** ela domina quatro idiomas **-4.** COMPUT comando m. <> vt **-1.** [order] mandar; **to ~ sb to do sthg** mandar alguém fazer algo **-2.** MIL [control] comandar **-3.** [deserve] merecer.

commandeer [ˌkɒmən'dɪəʳ] vt confiscar.

commander [kə'mɑːndəʳ] n **-1.** [in army] comandante mf **-2.** [in navy] capitão m, -tã f.

commando [kə'mɑːndəʊ] (pl -s OR -es) n **-1.** [unit] unidade f de assalto **-2.** [soldier] soldado m da unidade de assalto.

commemorate [kə'meməreɪt] vt homenagear.

commemoration [kəˌmemə'reɪʃn] n: **in ~ of** em homenagem a.

commence [kə'mens] fml <> vt principiar; **to ~ doing sthg** principiar algo. <> vi principiar.

commend [kə'mend] vt **-1.** [praise]: to ~ sb (on OR for sthg) elogiar alguém (por algo) **-2.** [recommend]: to ~ sthg (to sb) recomendar algo (a alguém); **we ~ our souls to God** encomendamos nossas almas a Deus.

commensurate [kəˈmenʃərət] *adj fml*: **~ with sthg** proporcional a algo.

comment [ˈkɒment] ◇ *n* comentário *m*; **no ~** sem comentários. ◇ *vt*: **to ~ that** comentar que. ◇ *vi* comentar; **to ~ on sthg** comentar algo.

commentary [ˈkɒməntrɪ] (*pl* -**ies**) *n* -**1.** *RADIO & TV* comentário *m* -**2.** [written explanation, comment] crítica *f*.

commentator [ˈkɒmənteɪtə'] *n* -**1.** [*RADIO & TV* - making comments] comentarista *mf*; [- describing] narrador *m*, -ra *f* -**2.** [expert] analista *mf*; **political ~** analista político.

commerce [ˈkɒmɜːs] *n (U)* comércio *m*.

commercial [kəˈmɜːʃl] ◇ *adj* comercial. ◇ *n* [advertisement] comercial *m*.

commercial break *n* (intervalo *m*) comercial *m*.

commiserate [kəˈmɪzəreɪt] *vi*: **to ~ (with sb)** compadecer-se (de alguém).

commission [kəˈmɪʃn] ◇ *n* -**1.** [gen] comissão *f* -**2.** [piece of work] encomenda *f*. ◇ *vt* [work] encomendar; **to ~ sb (to do sthg)** encarregar alguém (de fazer algo).

commissionaire [kə,mɪʃəˈneə'] *n UK* porteiro *m*, -ra *f*.

commissioner [kəˈmɪʃnə'] *n* [high-ranking public official] comissário *m*, -ria *f*.

commit [kəˈmɪt] (*pt & pp* -**ted**, *cont* -**ting**) *vt* -**1.** [carry out] cometer -**2.** [promise] comprometer; **to ~ o.s. (to sthg/to doing sthg)** comprometer-se (a algo/a fazer algo) -**3.** [person to institution] confinar -**4.**: **to ~ sthg to memory** confiar algo à memória.

commitment [kəˈmɪtmənt] *n* -**1.** *(U)* [dedication] dedicação *f* -**2.** [responsibility] compromisso *m*.

committee [kəˈmɪtɪ] *n* comitê *m*.

commodity [kəˈmɒdətɪ] (*pl* -**ies**) *n* -**1.** [gen] mercadoria *f* -**2.** *ECON* commodity *f*.

common [ˈkɒmən] ◇ *adj* -**1.** [gen] comum; **~ to** comum a -**2.** *UK pej* [vulgar] vulgar. ◇ *n* [land] área *f* pública.
➡ **in common** *adv* em comum.

common law *n* direito *m* consuetudinário, lei *f* comum.
➡ **common-law** *adj* concubinário(ria).

commonly [ˈkɒmənlɪ] *adv* [generally] geralmente.

commonplace [ˈkɒmənpleɪs] ◇ *adj* [everyday] trivial. ◇ *n* [frequent phenomenon] lugar-comum *m*.

common room *n* [in school, college] sala *f* de recreação.

Commons [ˈkɒmənz] *npl UK*: **the ~** a Câmara dos Comuns.

common sense *n (U)* senso *m* comum.

Commonwealth [ˈkɒmənwelθ] *n* [former British colonies]: **the ~** a Comunidade de Britânica.

Commonwealth of Independent States *n*: **the ~** a Comunidade dos Estados Independentes.

commotion [kəˈməʊʃn] *n* comoção *f*.

communal [ˈkɒmjʊnl] *adj* comum.

commune [*n* ˈkɒˈmjuːn, *vb* kəˈmjuːn] ◇ *n* [group of people] comuna *f*. ◇ *vi*: **~ with** comungar com.

communicate [kəˈmjuːnɪkeɪt] ◇ *vt* comunicar. ◇ *vi* comunicar-se, relacionar-se; **to ~ with** comunicar-se com.

communication [kə,mjuːnɪˈkeɪʃn] *n (U)* comunicação *f*.

communications technology *n* tecnologia *f* de comunicação.

communion [kəˈmjuːnjən] *n (U)* [communication] comunhão *f*.
➡ **Communion** *n (U) RELIG* comunhão *f*.

communism [ˈkɒmjʊnɪzm] *n (U)* comunismo *m*.

communist [ˈkɒmjʊnɪst] ◇ *adj* comunista. ◇ *n* comunista *mf*.

community [kəˈmjuːnətɪ] (*pl* -**ies**) *n* [group] comunidade *f*; **the ~** a comunidade.

community centre *n* centro *m* comunitário.

commutation ticket [ˌkɒmjuːˈteɪʃn-] *n US* passagem *f* integrada.

commute [kəˈmjuːt] ◇ *vt JUR* comutar. ◇ *vi* [to work] *viajar regularmente entre a casa e o trabalho, especialmente de trem*.

commuter [kəˈmjuːtə'] *n pessoa que viaja regularmente entre a casa e o trabalho, especialmente de trem*.

compact [*adj* kəmˈpækt, *n* ˈkɒmpækt] ◇ *adj* [small and neat] compacto(ta). ◇ *n* -**1.** [for face powder] estojo *m* -**2.** *US AUT*: **~ (car)** carro *m* de médio porte.

compact disc *n* disco *m* compacto, CD *m*.

compact disc player *n* CD-player *m*, toca-CD *m*.

companion [kəmˈpænjən] *n* -**1.** [gen] companheiro *m*, -ra *f* -**2.** [book] compêndio *m*.

companionship [kəmˈpænjənʃɪp] *n (U)* camaradagem *f*.

company [ˈkʌmpənɪ] (*pl* -**ies**) *n* -**1.** [gen] companhia *f*; **to keep sb ~** fazer companhia a alguém -**2.** [business] companhia *f*, empresa *f*.

company secretary *n* secretário *m*, -ria *f* geral da empresa *OR* companhia.

comparable [ˈkɒmprəbl] *adj* comparável; ~ **to** OR **with** comparável a OR com.

comparative [kəmˈpærətɪv] *adj* -**1.** [relative] relativo(va) -**2.** [study, literature] comparado(da) -**3.** GRAM comparativo(va).

comparatively [kəmˈpærətɪvlɪ] *adv* [relatively] relativamente.

compare [kəmˈpeəʳ] ◇ *vt* comparar; **to** ~ **sb/sthg with** OR **to** comparar alguém/algo com OR a; ~**d with** OR **to** comparado com OR a. ◇ *vi*: **to** ~ **(with sb/sthg)** comparar-se (com alguém/algo).

comparison [kəmˈpærɪsn] *n* comparação *f*; **in** ~ **(with** OR **to)** em comparação (com OR a).

compartment [kəmˈpɑːtmənt] *n* compartimento *m*.

compass [ˈkʌmpəs] *n* [for finding direction] bússola *f*.
➤ **compasses** *npl* compasso *m*; **a pair of** ~**es** um compasso.

compassion [kəmˈpæʃn] *n* (U) compaixão *f*.

compassionate [kəmˈpæʃənət] *adj* compassível.

compassionate leave *n tempo que o empregador permite que o funcionário se ausente do trabalho por razões pessoais.*

compatible [kəmˈpætəbl] *adj* ~ **(with)** compatível (com).

compel [kəmˈpel] (*pt* & *pp* **-led**, *cont* **-ling**) *vt* [force] compelir; **to** ~ **sb to do sthg** compelir alguém a fazer algo.

compelling [kəmˈpelɪŋ] *adj* -**1.** [argument, reason] convincente -**2.** [book, film, performance] envolvente.

compensate [ˈkɒmpenseɪt] ◇ *vt*: **to** ~ **sb for sthg** [financially] compensar alguém por algo. ◇ *vi*: **to** ~ **for sthg** compensar algo.

compensation [ˌkɒmpenˈseɪʃn] *n*: ~ **(for sthg)** compensação *f* (por algo).

compete [kəmˈpiːt] *vi* -**1.** [vie]: **to** ~ **(for sthg)** competir (por algo); **to** ~ **with** OR **against sb (for sthg)** competir com OR contra alguém (por algo) -**2.** COMM: **to** ~ **(with sb/sthg)** concorrer (com alguém/algo); **to** ~ **for sthg** disputar algo.

competence [ˈkɒmpɪtəns] *n* (U) [proficiency] competência *f*.

competent [ˈkɒmpɪtənt] *adj* competente.

competition [ˌkɒmpɪˈtɪʃn] *n* -**1.** [gen] competição *f* -**2.** (U) COMM concorrência *f*.

competitive [kəmˈpetətɪv] *adj* competitivo(va).

competitor [kəmˈpetɪtəʳ] *n* -**1.** [in busi

ness] concorrente *mf* -**2.** [in race, contest] competidor *m*, -ra *f*.

compile [kəmˈpaɪl] *vt* compilar.

complacency [kəmˈpleɪsnsɪ] *n* (U) complacência *f*.

complain [kəmˈpleɪn] *vi* [moan] queixarse; **to** ~ **about sthg** queixar-se de algo.

complaint [kəmˈpleɪnt] *n* queixa *f*.

complement [*n* ˈkɒmplɪmənt, *vb* ˈkɒmplɪˌment] ◇ *n* -**1.** [gen & GRAM] complemento *m* -**2.** [accompaniment] acompanhamento *m*. ◇ *vt* -**1.** [gen] complementar -**2.** [accompany] acompanhar.

complementary [ˌkɒmplɪˈmentərɪ] *adj* complementar.

complete [kəmˈpliːt] ◇ *adj* -**1.** [total, thorough] completo(ta); ~ **with** completo(ta) com -**2.** [finished, ended] concluído(da). ◇ *vt* -**1.** [collection, set, form] completar -**2.** [work, painting, book] concluir.

completely [kəmˈpliːtlɪ] *adv* [totally] completamente.

completion [kəmˈpliːʃn] *n* (U) [of work] conclusão *f*.

complex [ˈkɒmpleks] ◇ *adj* complexo(xa). ◇ *n* complexo *m*.

complexion [kəmˈplekʃn] *n* -**1.** [of face] aparência *f* -**2.** [aspect] caráter *m*.

compliance [kəmˈplaɪəns] *n* (U) [obedience] cumprimento *m*; ~ **with sthg** de acordo com algo.

complicate [ˈkɒmplɪkeɪt] *vt* complicar.

complicated [ˈkɒmplɪkeɪtɪd] *adj* complicado(da).

complication [ˌkɒmplɪˈkeɪʃn] *n* complicação *f*.

compliment [*n* ˈkɒmplɪmənt, *vb* ˈkɒmplɪment] ◇ *n* cumprimento *m*, elogio *m*. ◇ *vt*: **to** ~ **sb (on sthg)** cumprimentar alguém (por algo).
➤ **compliments** *npl fml* cumprimentos *mpl*.

complimentary [ˌkɒmplɪˈmentərɪ] *adj* -**1.** [admiring] lisonjeiro(ra) -**2.** [free] gratuito(ta).

complimentary ticket *n* bilhete *m* gratuito.

comply [kəmˈplaɪ] (*pt* & *pp* **-ied**) *vi*: **to** ~ **with sthg** cumprir algo.

component [kəmˈpəʊnənt] *n* componente *m*.

compose [kəmˈpəʊz] *vt* -**1.** [constitute] compor; **to be** ~ **d of sthg** ser composto(ta) por algo -**2.** [write, create] escrever -**3.** [make calm]: **to** ~ **o.s.** recomporse.

composed [kəmˈpəʊzd] *adj* [calm] tranqüilo(la).

composer [kəmˈpəʊzəʳ] *n* compositor *m*, -ra *f*.

composition [ˌkɒmpəˈzɪʃn] n composição f.

compost [UK ˈkɒmpɒst, US ˈkɒmpəʊst] n (U) adubo m.

composure [kəmˈpəʊʒəʳ] n (U) compostura f.

compound [ˈkɒmpaʊnd] n -1. [gen] composto m -2. [enclosed area] complexo m.

compound fracture n MED fratura f exposta.

comprehend [ˌkɒmprɪˈhend] vt [understand] compreender.

comprehension [ˌkɒmprɪˈhenʃn] n -1. (U) [understanding] compreensão f -2. SCH [exercise] interpretação f.

comprehensive [ˌkɒmprɪˈhensɪv] <> adj -1. [wide-ranging] abrangente -2. [insurance] total. <> n UK [school] = comprehensive school.

comprehensive school n escola estadual de ensino médio que abrange todas as habilidades.

compress [kəmˈpres] <> n MED compressa f -1. <> vt -1. [squeeze, press] comprimir -2. [condense] sintetizar.

comprise [kəmˈpraɪz] vt -1. [consist of]: to be ~d of ser constituído(da) de -2. [constitute] constituir.

compromise [ˈkɒmprəmaɪz] <> n [concession, agreement] meio-termo m. <> vt [undermine integrity of] comprometer. <> vi [make concessions] fazer concessões.

compulsion [kəmˈpʌlʃn] n -1. [strong desire] compulsão f -2. (U) [force] coação f.

compulsive [kəmˈpʌlsɪv] adj -1. [behaviour, gambler, liar] compulsivo(va) -2. [compelling] envolvente.

compulsory [kəmˈpʌlsərɪ] adj compulsório(ria).

computer [kəmˈpjuːtəʳ] <> n computador m. <> comp de computador.

computer game n jogo m de computador.

computer graphics npl infografia f.

computerized [kəmˈpjuːtəraɪzd] adj informatizado(da).

computer science n ciência f da computação.

computing [kəmˈpjuːtɪŋ] n (U) computação f, informática f.

comrade [ˈkɒmreɪd] n companheiro m, -ra f.

concave [ˌkɒnˈkeɪv] adj côncavo(va).

conceal [kənˈsiːl] vt [hide - object, substance] esconder; [- information, feelings] ocultar; to ~ sthg from sb esconder algo de alguém.

concede [kənˈsiːd] <> vt [admit] conceder. <> vi aceitar.

conceit [kənˈsiːt] n (U) [arrogance] presunção f.

conceited [kənˈsiːtɪd] adj presunçoso(sa).

conceive [kənˈsiːv] <> vt conceber. <> vi -1. MED conceber -2. [imagine]: to ~ of sthg conceber algo.

concentrate [ˈkɒnsəntreɪt] <> vt concentrar. <> vi concentrar-se; to ~ on sthg concentrar-se em algo.

concentration [ˌkɒnsənˈtreɪʃn] n concentração f.

concentration camp n campo m de concentração.

concept [ˈkɒnsept] n conceito m.

concern [kənˈsɜːn] <> n -1. [worry, anxiety] preocupação f -2. COMM [company] negócio m. <> vt -1. [worry]: to be ~ed (about sb/sthg) estar preocupado(da) (com alguém/algo) -2. [involve] dizer respeito(a); to be ~ed with sthg [subj: person] estar envolvido(da) com algo; to ~ o.s. with sthg preocupar-se com algo; as far as ... is ~ed no que diz respeito a ... -3. [subj: book, report, film] tratar de.

concerning [kənˈsɜːnɪŋ] prep acerca de, sobre.

concert [ˈkɒnsət] n concerto m.

concerted [kənˈsɜːtɪd] adj [effort] conjunto(ta).

concert hall n casa f de concertos.

concertina [ˌkɒnsəˈtiːnə] n concertina f.

concerto [kənˈtʃeətəʊ] (pl -s) n concerto m.

concession [kənˈseʃn] n -1. [allowance, point won] concessão f -2. COMM [franchise] franquia f -3. [special price] desconto m.

conciliatory [kənˈsɪlɪətrɪ] adj conciliatório(ria).

concise [kənˈsaɪs] adj conciso(sa).

conclude [kənˈkluːd] <> vt -1. [bring to an end] concluir -2. [deduce]: to ~ (that) concluir (que) -3. [agree on] firmar. <> vi [finish] concluir.

conclusion [kənˈkluːʒn] n [ending, decision] conclusão f.

conclusive [kənˈkluːsɪv] adj conclusivo(va).

concoct [kənˈkɒkt] vt -1. [story, excuse, alibi] forjar -2. [mixture, drink] preparar.

concoction [kənˈkɒkʃn] n [mixture, drink] mistura f.

concourse [ˈkɒŋkɔːs] n [hall] hall m.

concrete [ˈkɒŋkriːt] <> adj concreto(ta). <> n (U) [building material] concreto m. <> comp [made of concrete] de concreto.

concur [kənˈkɜːʳ] (pt & pp -red, cont -ring) vi [agree]: to ~ (with sthg) concordar (com algo).

concurrently [kən'kʌrəntlı] *adv* simultaneamente, concomitantemente.

concussion [kən'kʌʃn] *n (U)* concussão *f*.

condemn [kən'dem] *vt* -1. condenar; to ~ sb for sthg condenar alguém por algo -2. [force]: to ~ sb to sthg/to do sthg condenar alguém a algo/a fazer algo -3. JUR [sentence]: to ~ sb to sthg condenar alguém a algo.

condensation [ˌkɒnden'seɪʃn] *n (U)* condensação *f*.

condense [kən'dens] <> *vt* condensar. <> *vi* [gas, liquid] condensar-se.

condensed milk [kən'denst-] *n (U)* leite *m* condensado.

condescending [ˌkɒndı'sendıŋ] *adj* condescendente.

condition [kən'dıʃn] <> *n* -1. [of person] forma *f*; out of ~ fora de forma -2. [of car] estado *m*; in good/bad ~ em bom/mau estado -3. MED [disease, complaint] problema *m* -4. [provision] condição *f*; on one ~ sob OR com uma condição; on ~ that desde que; to agree to do sthg on one ~ concordar em fazer algo sob OR com uma condição. <> *vt* -1. condicionar -2. [hair] hidratar.

conditional [kən'dıʃənl] <> *adj* condicional. <> *n* GRAM condicional *m*.

conditioner [kən'dıʃnə'] *n* -1. [for hair] condicionador *m* -2. [for clothes] amaciante *m*.

condolences [kən'dəʊlənsız] *npl* condolências *fpl*, pêsames *mpl*.

condom ['kɒndəm] *n* camisinha *f*, preservativo *m*.

condominium [ˌkɒndə'mınıəm] *n* US [apartment, building] condomínio *m*.

condone [kən'dəʊn] *vt* tolerar.

conducive [kən'dju:sıv] *adj*: ~ to sthg/ to doing sthg conducente a algo/a fazer algo.

conduct [*n* 'kɒndʌkt, *vb* kən'dʌkt] <> *n (U)* conduta *f*. <> *vt* -1. [research, survey & PHYS] conduzir -2. [behave]: to ~ o.s. well/badly comportar-se bem/mal -3. MUS reger.

conducted tour [kən'dʌktıd-] *n* excursão *f* guiada.

conductor [kən'dʌktə'] *n* -1. [on bus] cobrador *m* -2. [on train] US condutor *m* -3. PHYS condutor *m* -4. MUS maestro *m*, -trina *f*.

conductress [kən'dʌktrıs] *n* [on bus] cobradora *f*.

cone [kəʊn] *n* -1. [gen] cone *m* -2. [for ice cream] casquinha *f* -3. [from tree] pinha *f*.

confectioner [kən'fekʃnə'] *n* confeiteiro *m*, -ra *f*; ~ 's (shop) confeitaria *f*.

confectionery [kən'fekʃnərı] *n (U)* confeito *m*.

confederation [kənˌfedə'reıʃn] *n* [group] confederação *f*.

Confederation of British Industry *n*: the ~ a Confederação das Indústrias Britânicas.

confer [kən'fɜ:'] (*pt & pp* -red, *cont* -ring) <> *vt fml*: to ~ sthg (on sb) conferir algo (a alguém). <> *vi*: to ~ (with sb on OR about sthg) confabular (com alguém sobre OR a respeito de algo).

conference ['kɒnfərəns] *n* conferência *f*.

confess [kən'fes] <> *vt* confessar; to ~ (that) confessar que. <> *vi* confessar; to ~ to sthg confessar OR admitir algo.

confession [kən'feʃn] *n* confissão *f*.

confetti [kən'fetı] *n (U)* confete *m*.

confide [kən'faıd] *vi*: to ~ in sb confiar em alguém.

confidence ['kɒnfıdəns] *n* -1. *(U)* [assurance] autoconfiança *f* -2. *(U)* [trust] confiança *f*; to have ~ in sb ter confiança em alguém -3. [secrecy]: in ~ em segredo -4. [secret] confidência *f*.

confidence trick *n* conto-do-vigário *m*.

confident ['kɒnfıdənt] *adj* -1. [assured] autoconfiante -2. [sure] confiante; ~ of sthg confiante em algo.

confidential [ˌkɒnfı'denʃl] *adj* confidencial.

confine [kən'faın] *vt* confinar; to be ~d to estar confinado(da) a; to ~ o.s. to sthg/to doing sthg confinar-se a algo/a fazer algo.

➤ **confines** *npl* confins *mpl*.

confined [kən'faınd] *adj* [space, area] confinado(da).

confinement [kən'faınmənt] *n (U)* [imprisonment] confinamento *m*.

confirm [kən'fɜ:m] *vt* -1. [gen] confirmar -2. RELIG crismar.

confirmation [ˌkɒnfə'meıʃn] *n* -1. [gen] confirmação *f* -2. RELIG crisma *f*.

confirmed [kən'fɜ:md] *adj* [habitual] convicto(ta).

confiscate ['kɒnfıskeıt] *vt* confiscar.

conflict [*n* 'kɒnflıkt, *vb* kən'flıkt] <> *n* [fighting, clash] conflito *m*. <> *vi* [clash] entrar em conflito; to ~ with sb/sthg entrar em conflito com alguém/algo.

conflicting [kən'flıktıŋ] *adj* [contradictory] conflitante.

conform [kən'fɔ:m] *vi* -1. [behave as expected] conformar-se -2. [be in accordance]: to ~ (to OR with sthg) conformar-se (com algo).

confound [kən'faʊnd] *vt* [confuse, defeat] confundir.

confront [kən'frʌnt] *vt* **-1.** [person] defrontar-se com **-2.** [task, problem] enfrentar **-3.** [present]: **to ~ sb (with sthg)** confrontar alguém (com algo).

confrontation [ˌkɒnfrʌn'teɪʃn] *n* confrontação *f*.

confuse [kən'fjuːz] *vt* **-1.** [bewilder] confundir **-2.** [mix up]: **to ~ sb/sthg (with)** confundir alguém/algo (com) **-3.** [complicate, make less clear] complicar.

confused [kən'fjuːzd] *adj* confuso(sa).

confusing [kən'fjuːzɪŋ] *adj* confuso(sa).

confusion [kən'fjuːʒn] *n* confusão *f*.

congeal [kən'dʒiːl] *vi* **-1.** [blood] coagular **-2.** [food] congelar.

congenial [kən'dʒiːnjəl] *adj* agradável.

congested [kən'dʒestɪd] *adj* congestionado(da).

congestion [kən'dʒestʃn] *n (U)* **-1.** [overcrowding] congestionamento *m* **-2.** MED congestão *f*.

conglomerate [kən'glɒmərət] *n* COMM conglomerado *m*.

congratulate [kən'grætʃʊleɪt] *vt*: **to ~ sb (on)** felicitar alguém (por).

congratulations [kənˌgrætʃʊ'leɪʃənz] *npl* felicitações *fpl*. *excl* parabéns!

congregate ['kɒŋgrɪgeɪt] *vi* congregar-se.

congregation [ˌkɒŋgrɪ'geɪʃn] *n* RELIG congregação *f*.

congress ['kɒŋgres] *n* [meeting] congresso *m*.
 ◆ **Congress** *n* US POL Congresso *m*.

congressman ['kɒŋgresmən] (*pl* **-men** [-mən]) *n* US POL congressista *m*.

conifer ['kɒnɪfəʳ] *n* conífera *f*.

conjugation [ˌkɒndʒʊ'geɪʃn] *n* conjugação *f*.

conjunction [kən'dʒʌŋkʃn] *n* **-1.** GRAM conjunção *f* **-2.** [combination] combinação *f*; **in ~ with** em conjunto com.

conjunctivitis [kənˌdʒʌŋktɪ'vaɪtɪs] *n (U)* conjuntivite *f*.

conjure ['kʌndʒəʳ] *vi* [by magic] fazer truques.
 ◆ **conjure up** *vt sep* [evoke] evocar.

conjurer ['kʌndʒərəʳ] *n* [magician] mágico *m*, -ca *f*.

conjuror ['kʌndʒərəʳ] *n* = conjurer.

conk [kɒŋk] *n inf* [nose] narigão *m*.
 ◆ **conk out** *vi inf* **-1.** [person] estar em frangalhos **-2.** [car, machine] escangalhar-se.

conker ['kɒŋkəʳ] *n* UK castanha-da-índia *f*.

con man (*pl* **-men**) *n* vigarista *m*.

connect [kə'nekt] *adj* ligar, conectar; **to ~ sthg (to sthg)** ligar algo (a algo); **I'm just ~ ing you** [on telephone] estou completando sua ligação **-2.** [associate]: **to ~ sb/sthg to** OR **with** relacionar alguém/algo a OR com **-3.** ELEC [to power supply]: **to ~ sthg to** conectar algo a. *vi* [train, plane, bus]: **to ~ (with)** conectar com.

connected [kə'nektɪd] *adj* [related, associated] relacionado(da); **~ with** conectado(da) com.

connection [kə'nekʃn] *n* **-1.** [relationship] conexão *f*, relação *f*; **~ between/ with sthg** relação entre/com algo; **in ~ with** em relação a **-2.** [plane, train, bus & ELEC] conexão *f* **-3.** [on telephone] ligação *f* **-4.** [influential contact] contato *m*.

connive [kə'naɪv] *vi* **-1.** [plot] conspirar **-2.** [allow to happen]: **to ~ at sthg** ser conivente em algo.

connoisseur [ˌkɒnə'sɜːʳ] *n* conhecedor *m*, -ra *f*, especialista *mf*.

conquer ['kɒŋkəʳ] *vt* **-1.** [take by force] conquistar **-2.** *fig* [overcome] dominar.

conqueror ['kɒŋkərəʳ] *n* conquistador *m*, -ra *f*.

conquest ['kɒŋkwest] *n* conquista *f*.

conscience ['kɒnʃəns] *n* consciência *f*.

conscientious [ˌkɒnʃɪ'enʃəs] *adj* conscienscioso(sa).

conscious ['kɒnʃəs] *adj* consciente; **~ of sthg** consciente de algo; **fashion-~** conhecedor(ra) da moda.

consciousness ['kɒnʃəsnɪs] *n (U)* consciência *f*; **to lose/regain ~** perder/ recobrar os sentidos.

conscript ['kɒnskrɪpt] *n* MIL recruta *mf*.

conscription [kən'skrɪpʃn] *n (U)* serviço *m* militar obrigatório.

consecutive [kən'sekjʊtɪv] *adj* consecutivo(va).

consent [kən'sent] *n (U)* consentimento *m*. *vi*: **to ~ (to sthg)** consentir (em algo).

consequence ['kɒnsɪkwəns] *n* **-1.** [result] consequência *f*; **to face the ~s** encarar as consequências; **in ~** em consequência **-2.** [importance] importância *f*; **to be of little ~** não ter importância.

consequently ['kɒnsɪkwəntlɪ] *adv* consequentemente.

conservation [ˌkɒnsə'veɪʃn] *n* conservação *f*.

conservative [kən'sɜːvətɪv] *adj* **-1.** [traditional] conservador(ra) **-2.** [cautious] cauteloso(sa). *n* conservador *m*, -ra *f*.
 ◆ **Conservative** POL UK *adj* conservador(ra). *n* conservador *m*, -ra *f*.

Conservative Party *n* UK: **the ~** o Partido Conservador.

conservatory [kən'sɜ:vətrɪ] (pl -ies) n estufa f.

conserve [n 'kɒnsɜ:v, vb kən'sɜ:v] <> n conserva f. <> vt conservar.

consider [kən'sɪdəʳ] vt -1. [gen] considerar; **all things ~ed** considerando tudo -2. [believe] achar.

considerable [kən'sɪdrəbl] adj considerável.

considerably [kən'sɪdrəblɪ] adv consideravelmente.

considerate [kən'sɪdərət] adj [thoughtful] atencioso(sa); **that's very ~ of you** é muita consideração de sua parte.

consideration [kən,sɪdə'reɪʃn] n -1. (U) [gen] consideração f; **to take sthg into ~** levar algo em consideração; **to show no ~ for others** não mostrar consideração pelos outros -2. [factor] fator m -3. [discussion]: **under ~** em consideração; **your proposal is under ~** sua proposta está sendo considerada.

considering [kən'sɪdərɪŋ] <> prep considerando, em vista de. <> conj considerando que. <> adv apesar de tudo, pensando bem.

consign [kən'saɪn] vt [relegate]: **to ~ sb/ sthg to sthg** consignar alguém/algo a algo.

consignment [kən'saɪnmənt] n [load] remessa f, despacho m.

consist [kən'sɪst] ⬥ **consist in** vt fus: **to ~ in sthg/in doing sthg** consistir em algo/em fazer algo.
⬥ **consist of** vt fus consistir em.

consistency [kən'sɪstənsɪ] (pl -ies) n -1. (U) [coherence] consistência f, coerência f-2. [texture] consistência f.

consistent [kən'sɪstənt] adj -1. [gen] constante -2. [growth, improvement] consistente -3. [argument, facts, position]: **~ (with)** coerente (com).

consolation [,kɒnsə'leɪʃn] n consolação f.

console [n 'kɒnsəʊl, vt kən'səʊl] <> n [control panel] console m. <> vt consolar.

consonant ['kɒnsənənt] n consoante f.

consortium [kən'sɔ:tjəm] (pl -tiums OR -tia [-tjəl]) n consórcio m.

conspicuous [kən'spɪkjʊəs] adj conspícuo(cua).

conspiracy [kən'spɪrəsɪ] (pl -ies) n conspiração f.

conspire [kən'spaɪəʳ] vt: **to ~ to do sthg** conspirar para fazer algo.

constable ['kʌnstəbl] n UK [policeman] guarda m.

constabulary [kən'stæbjʊlərɪ] (pl -ies) n UK força f policial.

constant ['kɒnstənt] adj [gen] constante.

constantly ['kɒnstəntlɪ] adv constantemente.

consternation [,kɒnstə'neɪʃn] n (U) consternação f.

constipated ['kɒnstɪpeɪtɪd] adj constipado(da).

constipation [,kɒnstɪ'peɪʃn] n (U) constipação f, prisão f de ventre.

constituency [kən'stɪtjʊənsɪ] (pl -ies) n -1. [area] distrito m eleitoral -2. [group] eleitorado m.

constituent [kən'stɪtjʊənt] n -1. [voter] eleitor m, -ra f-2. [element] constituinte m.

constitute ['kɒnstɪtju:t] vt constituir.

constitution [,kɒnstɪ'tju:ʃn] n -1. [health] constituição f (física) -2. [composition] constituição f.

constraint [kən'streɪnt] n -1. [restriction] restrição f; **~ on sthg** restrição a algo -2. (U) [control] força f -3. [coercion] coação f.

construct [kən'strʌkt] vt [edifice, object] construir.

construction [kən'strʌkʃn] <> n -1. [gen] construção f-2. (U) [building industry] construção f (civil).

constructive [kən'strʌktɪv] adj construtivo(va).

construe [kən'stru:] vt fml [interpret]: **to ~ sthg as** interpretar algo como.

consul ['kɒnsəl] n [envoy] cônsul m, consulesa f.

consulate ['kɒnsjʊlət] n [building] consulado m.

consult [kən'sʌlt] <> vt consultar. <> vi: **to ~ with sb** consultar-se com alguém.

consultant [kən'sʌltənt] n -1. [expert] consultor m, -ra f-2. UK [medical specialist] especialista mf.

consultation [,kɒnsəl'teɪʃn] n consulta f.

consulting room [kən'sʌltɪŋ-] n consultório m.

consume [kən'sju:m] vt consumir.

consumer [kən'sju:məʳ] n consumidor m, -ra f.

consumer goods npl bens mpl de consumo.

consumer society n (U) sociedade f de consumo.

consummate ['kɒnsəmeɪt] vt consumar.

consumption [kən'sʌmpʃn] n (U) [use] consumo m.

cont. (abbr of continued): **~ on page 10** continua na página 10.

contact ['kɒntækt] <> n -1. (U) [physical, eye, communication] contato m; **to lose ~ with sb** perder contato com alguém; **to make ~ with sb** fazer contato com alguém; **in ~** em contato; **in ~ with sb** em contato com alguém **-2.** [person] contato m. ◇ vt contatar, entrar em contato com.

contact lens n lente f de contato.

contagious [kən'teɪdʒəs] adj **-1.** MED contagioso(sa) **-2.** fig [laughter, good humour] contagiante.

contain [kən'teɪn] vt conter.

container [kən'teɪnə^r] n **-1.** [box, bottle etc] recipiente m **-2.** COMM [for transporting goods] contêiner m.

contaminate [kən'tæmɪneɪt] vt contaminar.

cont'd (abbr of continued) cont.

contemplate ['kɒntəmpleɪt] ◇ vt **-1.** [scheme, idea, proposal] considerar **-2.** literary [sunset, flower] contemplar. ◇ vi [meditate] contemplar.

contemporary [kən'tempərɪ] (pl -ies) ◇ adj contemporâneo(nea). ◇ n contemporâneo m, -nea f.

contempt [kən'tempt] n (U) **-1.** [gen] desprezo m; **~ for sb/sthg** desprezo por alguém/algo **-2.** JUR : **~ (of court)** desacato m (à autoridade do tribunal).

contemptuous [kən'temptʃʊəs] adj desdenhoso(sa); **to be ~ of sthg** fazer pouco caso de algo.

contend [kən'tend] ◇ vt **-1.** [deal]: **to ~ with sthg** lidar com algo; **to have enough to ~ with** ter muitos problemas para resolver **-2.** [compete]: **to ~ for sthg** disputar algo; **to ~ against sb** disputar com alguém. ◇ vt fml [claim]: **to ~ that** sustentar que.

contender [kən'tendə^r] n **-1.** [in fight, race] oponente mf **-2.** [for political office] candidato m, -ta f.

content [n 'kɒntent, adj & vb kən'tent] ◇ adj contente; **~ with sthg** contente com algo; **to be ~ to do sthg** estar a fim de fazer algo. ◇ n **-1.** [amount contained] teor m **-2.** [subject matter] conteúdo m. ◇ vt: **to ~ o.s. with sthg/with doing sthg** contentar-se com algo/em fazer algo.

  ◆ **contents** npl **-1.** [of container, document] conteúdo m **-2.** [at front of book] sumário m.

contented [kən'tentɪd] adj satisfeito(ta).

contention [kən'tenʃn] n **-1.** [argument, assertion] argumentação f **-2.** (U) [disagreement] discussão f.

contest [n 'kɒntest, vb kən'test] ◇ n **-1.** [competition] concurso m **-2.** [for power, control] disputa f. ◇ vt **-1.** [compete for] concorrer **-2.** [dispute] questionar.

contestant [kən'testənt] n concorrente mf.

context ['kɒntekst] n contexto m.

continent ['kɒntɪnənt] n GEOGR continente m.

  ◆ **Continent** n UK: **the Continent** o Continente Europeu (excluindo-se a Grã-Bretanha).

continental [ˌkɒntɪ'nentl] adj GEOGR continental.

continental breakfast n café m da manhã continental.

contingency [kən'tɪndʒənsɪ] (pl -ies) n contingência f.

contingency plan n plano m de contingência.

continual [kən'tɪnjʊəl] adj contínuo(-nua).

continually [kən'tɪnjʊəlɪ] adv continuamente.

continuation [kənˌtɪnjʊ'eɪʃn] n **-1.** (U) [act of extending] prolongamento m **-2.** [sequel] continuação f.

continue [kən'tɪnjuː] ◇ vt **-1.** [carry on] continuar, prosseguir; **to ~ doing** OR **to do sthg** continuar a fazer algo **-2.** [begin again] recomeçar **-3.** [resume speaking] prosseguir. ◇ vi **-1.** [carry on] continuar; **to ~ with sthg** continuar com algo **-2.** [begin again] recomeçar **-3.** [resume speaking, travelling] prosseguir.

continuous [kən'tɪnjʊəs] adj [uninterrupted] contínuo(nua).

continuously [kən'tɪnjʊəslɪ] adv [without interruption] continuamente.

contort [kən'tɔːt] vt contorcer.

contortion [kən'tɔːʃn] n contorção f.

contour ['kɒnˌtʊə^r] n **-1.** [outline] contorno m **-2.** [on map] relevo m.

contraband ['kɒntrəbænd] ◇ adj contrabandeado(da). ◇ n (U) contrabando m.

contraception [ˌkɒntrə'sepʃn] n (U) contracepção f.

contraceptive [ˌkɒntrə'septɪv] ◇ adj anticoncepcional. ◇ n anticoncepcional m.

contract [n 'kɒntrækt, vb kən'trækt] ◇ n contrato m. ◇ vt **-1.** [through legal agreement] contratar; **to ~ to do sthg** contratar para fazer algo **-2.** COMM: **to ~ sb (to do sthg)** contratar alguém (para fazer algo) **-3.** fml [illness, disease] contrair. ◇ vi [metal, plastic] contrair-se.

contraction [kən'trækʃn] n contração f.

contractor [kən'træktə^r] n contratante mf.

contradict [ˌkɒntrə'dɪkt] vt **-1.** [challenge] contradizer **-2.** [conflict with]: **to ~ each other** contradizer-se.

contradiction [ˌkɒntrə'dɪkʃn] n contradição f.

contraflow [ˈkɒntrəfləʊ] n contrafluxo m.

contraption [kənˈtræpʃn] n geringonça f.

contrary [ˈkɒntrərɪ] ◇ adj [opposing] contrário(ria); ~ **to sthg** contrário(ria) a algo. ◇ n contrário m; **on the** ~ pelo contrário.

➡ **contrary to** prep contrário a.

contrast [n ˈkɒntrɑːst, vb kənˈtrɑːst] ◇ n -1. [difference]: ~ **(between/with)** contraste m (entre/com); **by** OR **in** ~ em comparação, por outro lado; **in** ~ **with** OR **to sthg** em comparação com algo -2. [something different]: ~ **(to sb/sthg)** oposto m, -ta f (a alguém/algo). ◇ vt: **to** ~ **sthg with sthg** contrastar algo com algo. ◇ vi: **to** ~ **(with sthg)** contrastar OR dar contraste (com algo).

contravene [ˌkɒntrəˈviːn] vt violar.

contribute [kənˈtrɪbjuːt] ◇ vt -1. [give] contribuir com. ◇ vi -1. [give money]: **to** ~ **(to sthg)** contribuir (para algo) -2. [be part of cause]: **to** ~ **to sthg** contribuir para algo -3. [write material]: **to** ~ **to sthg** colaborar com algo.

contribution [ˌkɒntrɪˈbjuːʃn] n -1. [gen]: ~ **(to sthg)** contribuição f (para algo) -2. [written article] colaboração f.

contributor [kənˈtrɪbjʊtəʳ] n -1. [of money] contribuinte mf -2. [to magazine, newspaper] colaborador m, -ra f.

contrive [kənˈtraɪv] fml vt -1. [manoeuvre to put in place] manipular -2. [manage]: **to** ~ **to do sthg** dar um jeito de fazer algo -3. [invent, construct] improvisar.

contrived [kənˈtraɪvd] adj pej arranjado(da).

control [kənˈtrəʊl] (pt & pp -**led**, cont -**ling**) ◇ n -1. [gen] controle m; **in** ~ **of** no controle de, no comando de; **under** ~ sob controle; **to lose** ~ [of emotions] perder o controle -2. COMPUT comando m. ◇ vt controlar.

➡ **controls** npl [of machine, vehicle] controles mpl.

controller [kənˈtrəʊləʳ] n [person responsible] controller mf, diretor m, -ra f; **financial** ~ contador m, -ra f.

control panel n painel m de controle.

control tower n torre f de controle.

controversial [ˌkɒntrəˈvɜːʃl] adj controverso(sa), polêmico(ca).

controversy [ˈkɒntrəvɜːsɪ, UK kənˈtrɒvəsɪ] (pl -ies) n controvérsia f, polêmica f.

convalesce [ˌkɒnvəˈles] vi convalescer.

convene [kənˈviːn] ◇ vt [meeting, conference] convocar. ◇ vi [court, parliament] reunir-se.

convenience [kənˈviːnjəns] n (U) [gen]

conveniência f; **at your earliest** ~ assim que possível.

convenience store n US loja f de conveniências.

convenient [kənˈviːnjənt] adj -1. [suitable] conveniente -2. [handy] cômodo(-da); ~ **for sthg** conveniente para algo.

convent [ˈkɒnvənt] n [building] convento m.

convention [kənˈvenʃn] n convenção f.

conventional [kənˈvenʃənl] adj convencional; ~ **person** pej pessoa f sem graça; ~ **weapons** armas fpl não-nucleares.

converge [kənˈvɜːdʒ] vi convergir; **to** ~ **on sb/sthg** [to move towards] dirigir-se para alguém/algo.

convergence [kənˈvɜːdʒəns] n [in EU] convergência f; ~ **criteria** critérios mpl de convergência.

conversant [kənˈvɜːsənt] adj fml: ~ **with** sthg familiarizado(da) com algo.

conversation [ˌkɒnvəˈseɪʃn] n conversação f, conversa f.

converse [n ˈkɒnvɜːs, vb kənˈvɜːs] ◇ n [opposite]: **the** ~ o inverso. ◇ vi fml [talk] conversar; **to** ~ **with sb** conversar com alguém.

conversely [kənˈvɜːslɪ] adv fml inversamente.

conversion [kənˈvɜːʃn] n -1. [gen] conversão f -2. [converted building, room] reforma f.

convert [vb kənˈvɜːt, n ˈkɒnvɜːt] ◇ vt: **to** ~ **sthg (in)to sthg** converter algo em algo; **to** ~ **sb (to sthg)** converter alguém (para algo); **I didn't like jazz much but she** ~**ed me to it** eu não gostava muito de jazz, mas ela me converteu. ◇ vi [change]: **she's** ~**ed to Catholicism** ela se converteu ao catolicismo; **the seating** ~**s to a double bed** o sofá se transforma numa cama de casal. ◇ n convertido m, -da f.

convertible [kənˈvɜːtəbl] ◇ adj [bed, sofa] dobrável. ◇ n [car] conversível m.

convex [kɒnˈveks] adj convexo(xa).

convey [kənˈveɪ] vt -1. fml [people, cargo] conduzir -2. [feelings, ideas, thoughts] expressar; **to** ~ **sthg to sb** transmitir algo a alguém.

conveyer belt [kənˈveɪəʳ-], **conveyor belt** n esteira f transportadora.

convict [n ˈkɒnvɪkt, vb kənˈvɪkt] ◇ n condenado m, -da f. ◇ vt JUR: **to** ~ **sb of sthg** condenar alguém por algo.

conviction [kənˈvɪkʃn] n -1. [gen] convicção f -2. JUR condenação f.

convince [kənˈvɪns] vt [persuade] convencer; **to** ~ **sb of sthg** convencer alguém de algo; **to** ~ **sb to do sthg**

convencer alguém a fazer algo.

convincing [kən'vɪnsɪŋ] *adj* convincente.

convoluted ['kɒnvəlu:tɪd] *adj* [tortuous] enrolado(da).

convoy ['kɒnvɔɪ] *n* [group] comboio *m*.

convulse [kən'vʌls] *vt*: **to be ~d with** [laughter, pain] dobrar-se de.

convulsion [kən'vʌlʃn] *n* MED convulsão *f*.

coo [ku:] *vi* **-1.** [bird] arrulhar **-2.** [person] sussurrar.

cook [kʊk] ⬦ *n* cozinheiro *m*, -ra *f*. ⬦ *vt* **-1.** [food, meal] cozinhar; **I'll ~ dinner** vou preparar o jantar **-2.** *inf* [books, accounts] falsificar. ⬦ *vi* cozinhar.

cookbook ['kʊk,bʊk] *n* = **cookery book.**

cooker ['kʊkə^r] *n esp UK* [stove] fogão *m*.

cookery ['kʊkərɪ] *n* (U) culinária *f*.

cookery book *n* livro *m* de receitas.

cookie ['kʊkɪ] *n* **-1.** *esp US* [biscuit] biscoito *m* **-2.** COMPUT cookie *m*.

cooking ['kʊkɪŋ] *n* (U) **-1.** [activity] culinária *f*; **do you like ~?** você gosta de cozinhar? **-2.** [food] cozinha *f*; **her ~ is awful!** ela cozinha mal pra caramba!

cool [ku:l] ⬦ *adj* **-1.** [not warm] frio (fria) **-2.** [calm] tranqüilo(la) **-3.** [unfriendly] frio (fria) **-4.** *inf* [excellent] legal **-5.** *inf* [trendy] bacana. ⬦ *vt* esfriar. ⬦ *vi* [food, liquid, room] esfriar. ⬦ *n inf* [calm]: **to keep/lose one's ~** manter/perder a calma.

cool down *vi* [become less warm] esfriar.

cool bag *n* bolsa *f* térmica.

cool box *UK*, **cooler** *US n* caixa *f* de gelo.

coop [ku:p] *n* gaiola *f*; **chicken ~** galinheiro *m*.

coop up *vt sep inf* trancafiar.

co-op (*abbr of* **cooperative**) *n fam* coop.

cooperate [kəʊ'ɒpəreɪt] *vi* cooperar; **to ~ with sb/sthg** cooperar com alguém/algo.

cooperation [kəʊ,ɒpə'reɪʃn] *n* (U) cooperação *f*.

cooperative [kəʊ'ɒpərətɪv] ⬦ *adj* cooperativo(va). ⬦ *n* [enterprise] cooperativa *f*.

coordinate [*n* kəʊ'ɔ:dɪnət, *vt* kəʊ-'ɔ:dɪneɪt] ⬦ *n* [on map, graph] coordenada *f*. ⬦ *vt* coordenar.

coordinates *npl* [clothes] conjuntos *mpl*.

coordination [kəʊ,ɔ:dɪ'neɪʃn] *n* (U) coordenação *f*.

cop [kɒp] (*pt* & *pp* **-ped**, *cont* **-ping**) *n inf* [policeman] tira *m*.

cope [kəʊp] *vi* suportar; **to ~ with sthg** lidar com algo.

Copenhagen [,kəʊpən'heɪgən] *n* Copenhague.

copier ['kɒpɪə^r] *n* [photocopier] copiadora *f*.

cop-out *n inf* desculpa *f* furada.

copper ['kɒpə^r] *n* **-1.** (U) [metal] cobre *m* **-2.** *UK inf* [policeman] tira *m*.

coppice ['kɒpɪs], **copse** [kɒps] *n* capão *m*.

copy ['kɒpɪ] (*pt* & *pp* **-ied**) ⬦ *n* cópia *f*. ⬦ *vt* copiar.

copyright ['kɒpɪraɪt] *n* (U) direitos *mpl* autorais, copyright *m*.

coral ['kɒrəl] *n* (U) coral *m*.

cord [kɔ:d] *n* **-1.** [string] cordão *m* **-2.** [wire] fio *m* **-3.** [fabric] veludo *m* cotelê.

cords *npl inf* calça *f* de veludo cotelê.

cordial ['kɔ:djəl] ⬦ *adj* cordial. ⬦ *n* cordial *m*.

cordon ['kɔ:dn] *n* [barrier] cordão *m* de isolamento.

cordon off *vt sep* isolar *(com cordão).*

corduroy ['kɔ:dərɔɪ] *n* veludo *m* cotelê.

core [kɔ:^r] ⬦ *n* **-1.** [gen] centro *m* **-2.** [of apple, pear] caroço *m* **-3.** [of argument, policy] âmago *m* **-4.** *phr*: **to be English/royalist to the ~** ser inglês(esa)/monarquista até morrer; **to be shaken to the ~** ficar muito comovido(da). ⬦ *vt* [fruit] descaroçar.

Corfu [kɔ:'fu:] *n* Corfu.

corgi ['kɔ:gɪ] (*pl* **-s**) *n* pequeno cão do País de Gales de nariz alongado e pernas curtas.

coriander [,kɒrɪ'ændə^r] *n* (U) **-1.** [herb] coriandro *m* **-2.** [spice] coentro *m*.

cork [kɔ:k] *n* **-1.** (U) [material] cortiça *f* **-2.** [stopper] rolha *f*.

corkscrew ['kɔ:kskru:] *n* saca-rolhas *m*.

corn [kɔ:n] *n* **-1.** (U) *UK* [wheat, barley, oats] cereais *mpl* **-2.** (U) *esp Am* [maize] milho *m* **-3.** [callus] calo *m*.

cornea ['kɔ:nɪə] (*pl* **-s**) *n* córnea *f*.

corned beef [kɔ:nd-] *n* (U) **carne** *f* bovina enlatada.

corner ['kɔ:nə^r] ⬦ *n* **-1.** [gen] canto *m*; **to cut ~s** *fig* pular etapas **-2.** [in street, road] esquina *f* **-3.** FTBL escanteio *m*. ⬦ *vt* **-1.** [trap] encurralar **-2.** [monopolize] monopolizar.

corner shop *n* pequeno armazém de esquina que vende comida e artigos de limpeza.

cornerstone ['kɔ:nəstəʊn] *n fig* [basis] fundamento *m*.

cornet ['kɔ:nɪt] *n* **-1.** [instrument] corneta *f* **-2.** *UK* [ice-cream cone] casquinha *f*.

cornflakes ['kɔ:nfleɪks] *npl* flocos *mpl* de cereais.

cornflour *UK* ['kɔ:nflaʊə'], **cornstarch** *US* ['kɔ:nstɑ:tʃ] *n* (U) amido *m* de milho.

corn oil *n* óleo *m* de milho.

corn on the cob *n* milho *m* cozido.

Cornwall ['kɔ:nwɔ:l] *n* Cornualha *f*; in ~ na Cornualha.

corny ['kɔ:nɪ] (*compar* -ier, *superl* -iest) *adj inf* batido(da).

coronary ['kɒrənrɪ] (*pl* -ies), **coronary thrombosis** [-θrɒm'bəʊsɪs] (*pl* coronary thromboses [-θrɒm'bəʊsi:z]) *n* trombose *f* coronária.

coronation [,kɒrə'neɪʃn] *n* coroação *f*.

coroner ['kɒrənə'] *n* oficial responsável por investigar as mortes das pessoas que morreram de forma violenta, brusca ou incomum.

corporal ['kɔ:pərəl] *n* cabo *m*.

corporal punishment *n* (U) castigo *m* corporal.

corporate ['kɔ:pərət] *adj* -1. [business] corporativo(va) - 2. [collective] coletivo(va).

corporation [,kɔ:pə'reɪʃn] *n* -1. [council] associação *f* - 2. [large company] corporação *f*.

corps [kɔ:'] (*pl inv*) *n* -1. *MIL* unidade *f* - 2. [group] corpo *m*.

corpse [kɔ:ps] *n* cadáver *m*.

correct [kə'rekt] <> *adj* -1. [right, accurate] certo(ta) - 2. [appropriate, suitable] adequado(da). <> *vt* corrigir.

correction [kə'rekʃn] *n* -1. (U) [act of correcting] correção *f* - 2. [change] emenda *f*.

correlation [,kɒrə'leɪʃn] *n*: ~ (between) correlação (entre).

correspond [,kɒrɪ'spɒnd] *vi* -1. [be equivalent]: to ~ (with *OR* to sthg) corresponder (com *OR* a algo) - 2. [tally]: to ~ (with *OR* to sthg) ajustar-se (a algo) - 3. [write letters]: to ~ (with sb) corresponder-se (com alguém).

correspondence [,kɒrɪ'spɒndəns] *n* -1. [letters] correspondência *f* - 2. [letter-writing]: ~ with/between sb correspondência com/entre alguém - 3. [relationship, similarity]: ~ with sthg relação com algo.

correspondence course *n* curso *m* por correspondência.

correspondent [,kɒrɪ'spɒndənt] *n* [reporter] correspondente *mf*.

corridor ['kɒrɪdɔ:'] *n* [in building] corredor *m*.

corroborate [kə'rɒbəreɪt] *vt* corroborar.

corrode [kə'rəʊd] <> *vt* corroer. <> *vi* corroer-se.

corrosion [kə'rəʊʒn] *n* (U) [of metal] corrosão *f*.

corrugated ['kɒrəgeɪtɪd] *adj* ondulado(da).

corrugated iron *n* (U) ferro *m* corrugado.

corrupt [kə'rʌpt] <> *adj* -1. [dishonest] corrupto(ta) - 2. [depraved] depravado(da) - 3. *COMPUT* [damaged] corrompido(da). <> *vt* corromper.

corruption [kə'rʌpʃn] *n* (U) -1. [gen] corrupção *f* - 2. [depravity] depravação *f*.

corset ['kɔ:sɪt] *n* [undergarment] espartilho *m*.

Corsica ['kɔ:sɪkə] *n* Córsega.

cosh [kɒʃ] <> *n* cacete *m*. <> *vt* dar cacetadas.

cosmetic [kɒz'metɪk] <> *adj fig* [superficial] superficial. <> *n* cosmético *m*.

cosmopolitan [,kɒzmə'pɒlɪtn] *adj* cosmopolita.

cosset ['kɒsɪt] *vt* acarinhar.

cost [kɒst] (*pt & pp* cost, *pt & pp sense 2* -ed) <> *n* custo *m*; at all ~ s a qualquer custo. <> *vt* -1. [in financial transactions - sum of money] custar; [- person] custar a - 2. *COMM* [estimate price of] orçar; to ~ a product orçar um produto; the work was ~ ed at £65 o trabalho foi orçado em £65.

◆ **costs** *npl JUR* custas *fpl*.

co-star ['kəʊ-] *n* coadjuvante *mf*.

Costa Rica [,kɒstə'ri:kə] *n* Costa Rica.

cost-effective *adj* rentável, lucrativo(va).

costing ['kɒstɪŋ] *n* estimativa *f* de custos.

costly ['kɒstlɪ] (*compar* -ier, *superl* -iest) *adj* -1. [expensive] oneroso(sa) - 2. *fig* [involving loss, damage] dispendioso(sa).

cost of living *n*: the ~ o custo de vida.

cost price *n* preço *m* de custo.

costume ['kɒstju:m] *n* -1. *THEATRE* roupa *f*; lion ~ fantasia de leão; in ~ and make-up vestido(da) e maquiado(da) - 2. (U) [dress] traje *m*; swimming ~ maiô *m*.

costume jewellery *n* (U) bijuteria *f*.

cosy *UK*, **cozy** *US* ['kəʊzɪ] (*compar* -ier, *superl* -iest) *adj* [person] aconchegado(da); to feel ~ sentir-se aconchegado(da).

cot [kɒt] *n* -1. *UK* [for child] berço *m* - 2. *US* [folding bed] cama *f* de campanha.

cottage ['kɒtɪdʒ] *n* cabana *f*, chalé *m*; a country ~ uma casa de campo.

cottage cheese *n* (U) requeijão *m*.

cottage pie *n UK* bolo de carne picada coberto com purê de batata.

cotton ['kɒtn] <> *n* (U) -1. [fabric, plants] algodão *m* - 2. [thread] linha *f*. <> *comp* de algodão.

cotton on vi inf: to ~ on (to sthg) sacar (algo).

cotton candy n US = candyfloss.

cotton wool n (U) chumaço m de algodão.

couch [kaʊtʃ] n -1. [gen] sofá m -2. [psychiatrist's] divã m.

cough [kɒf] <> n -1. [noise] tossida f -2. [illness] tosse f. <> vi tossir.

cough mixture n UK xarope m para a tosse.

cough sweet n UK pastilha f para tosse.

cough syrup n = cough mixture.

could [kʊd] pt ▷ can².

couldn't ['kʊdnt] = could not.

could've ['kʊdəv] = could have.

council ['kaʊnsl] n -1. [local authority] câmara f municipal -2. [group, organization] conselho m -3. [meeting] assembléia f.

council estate n UK conjunto de casas de propriedade do município destinado à locação.

council flat n UK apartamento de propriedade do município para ser alugado a baixo custo.

council house n UK casa de propriedade do município para ser alugada a baixo custo.

councillor ['kaʊnsələ'] n vereador m, -ra f.

council tax n UK ≃ imposto m territorial urbano.

counsel ['kaʊnsəl] (UK pt & pp-led, cont -ling, US pt & pp-ed, cont-ing) n -1. (U) fml [advice] parecer m -2. [lawyer] conselheiro m, -ra f, advogado m, -da f.

counsellor UK, **counselor** US ['kaʊnsələ'] n -1. [adviser, helper] conselheiro m, -ra f, orientador(ra) ra -2. US [lawyer] advogado m, -da f.

count [kaʊnt] <> n -1. [total] conta f; to keep ~ of sthg registrar algo; to lose ~ of sthg perder a conta de algo -2. [aristocrat] conde m. <> vt -1. [add up] contar -2. [consider, include]: to ~ sb/sthg as sthg considerar alguém/algo como algo. <> vi contar; to ~ (up) to contar até; to ~ as sthg contar como algo.

count against vt fus pesar contra.

count on vt fus [rely on, expect] contar com.

count up vt fus contar.

count upon vt fus = count on.

countdown ['kaʊntdaʊn] n contagem f regressiva.

counter ['kaʊntə'] <> n -1. [in shop, kitchen] balcão m -2. [in board game] ficha f -3. [in post office, bank] guichê m. <> vt: to ~ sthg with sthg [respond to]

responder algo com algo. <> vi: to ~ with sthg/by doing sthg responder com/fazendo algo.

counter to adv ao contrário de; to run ~ to sthg ir contra algo/ser contrário a algo.

counteract [,kaʊntə'rækt] vt neutralizar.

counter-attack vt & vi contra-atacar.

counterclockwise US [,kaʊntə'klɒkwaɪz] <> adj anti-horário(ria). <> adv em sentido anti-horário.

counterfeit ['kaʊntəfɪt] <> adj falsificado(da). <> vt falsificar.

counterfoil ['kaʊntəfɔɪl] n canhoto m.

countermand [,kaʊntə'mɑːnd] vt revogar.

counterpart ['kaʊntəpɑːt] n contraparte f.

counter-productive adj contraproducente.

countess ['kaʊntɪs] n condessa f.

countless ['kaʊntlɪs] adj inúmero(ra).

country ['kʌntrɪ] (pl -ies) n -1. [nation] país m; to go to the ~ UK POL fazer uma eleição -2. [countryside]: the ~ o campo -3. [area of land, region] região f.

country dancing n (U) dança f tradicional.

country house n casa f de campo.

countryman ['kʌntrɪmən] (pl -men [-mən]) n [from same country] compatriota m.

country park n UK parque m regional.

countryside ['kʌntrɪsaɪd] n (U) campo m.

county ['kaʊntɪ] (pl -ies) n condado m.

county council n UK conselho m regional.

coup [kuː] n -1. [rebellion]: ~ (d'état) golpe de estado -2. [masterstroke] golpe m de mestre.

couple ['kʌpl] <> n -1. [in relationship] casal m -2. [small number]: a ~ alguns, algumas; a ~ of dois, duas. <> vt [join]: to ~ sthg (to sthg) unir algo (a algo).

coupon ['kuːpɒn] n -1. [voucher] vale m -2. [form] cupom m.

courage ['kʌrɪdʒ] n (U) coragem f; to take ~ (from sthg) tirar coragem (de algo).

courgette [kɔː'ʒet] n UK abobrinha f.

courier ['kʊrɪə'] n -1. [on holiday tour] representante de uma agência de viagens que cuida das pessoas que estão a passeio -2. [delivering letters, packages] mensageiro m, -ra f, courier m.

course [kɔːs] n -1. [gen] curso m -2. MED [of treatment] tratamento m -3. [path, route] rota f; to be on ~ for [ship, plane] estar rumando para; *fig* [on target] em curso; **off** ~ fora de curso - **4.** [plan]: ~ **(of action)** curso (de ação) - **5.** [of time]: **in due** ~ no tempo devido; **in the** ~ **of** no decorrer de - **6.** [in meal] prato *m* - **7.** SPORT campo *m*.

➡ **of course** *adv* - **1.** [inevitably, not surprisingly] evidentemente - **2.** [certainly] claro que sim; **of** ~ **you can!** claro que pode!; **'do you want the job?' - 'of** ~ **I do!'** 'você quer o trabalho?' - 'claro que quero!'; **of** ~ **not** claro que não.

coursebook ['kɔ:sbʊk] *n* livro *m* de curso.

coursework ['kɔ:swɜ:k] *n* (*U*) trabalho *m* de curso.

court [kɔ:t] ◇ *n* - **1.** JUR tribunal *m*; **the** ~ o tribunal - **2.** SPORT quadra *f* - **3.** [courtyard] pátio *m* - **4.** [of king, queen etc] corte *f*. ◇ *vi dated* [go out together] cortejar.

courteous ['kɜ:tjəs] *adj* cortês.

courtesy ['kɜ:tɪsɪ] *n* (*U*) [polite behaviour] cortesia *f*.

➡ **(by) courtesy of** *prep* [thanks to] por cortesia de.

courthouse ['kɔ:thaʊs] *n* US palácio *m* da justiça.

courtier ['kɔ:tjəʳ] *n* cortesão *m*.

court-martial (*pl* **court-martials** OR **courts-martial**) *n* corte *m* marcial.

courtroom ['kɔ:trʊm] *n* sala *f* de tribunal.

courtyard ['kɔ:tjɑ:d] *n* pátio *m*.

cousin ['kʌzn] *n* primo *m*, -ma *f*.

cove [kəʊv] *n* [bay] enseada *f*.

covenant ['kʌvənənt] *n* [promise of money] convênio *m*.

Covent Garden [‚kɒvnt-] *n* área comercial e artística coberta no centro de Londres, que também inclui o Royal Opera House.

cover ['kʌvəʳ] ◇ *n* - **1.** [covering] capa *f* - **2.** [lid] tampa *f* - **3.** [blanket] coberta *f* - **4.** [protection, shelter] abrigo *m*; **to take** ~ [from weather] abrigar-se; [from gunfire] proteger-se; **under** ~ [from weather] abrigado(da); **under** ~ **of darkness** sob o manto da escuridão - **5.** [disguise, front or insurance] cobertura *f*. ◇ *vt* cobrir; **to** ~ **sthg with sthg** cobrir algo com algo; **to** ~ **sb against sthg** [give insurance] cobrir alguém contra algo.

➡ **cover up** *vt sep fig* [story, scandal] encobrir.

coverage ['kʌvərɪdʒ] *n* (*U*) [of news] cobertura *f*.

cover charge *n* couvert *m*.

covering ['kʌvərɪŋ] *n* cobertura *f*.

covering letter UK, **cover letter** US *n* carta ou nota contendo explicações ou informações adicionais que

acompanha uma encomenda ou outra carta.

cover note *n* UK nota *f* de cobertura.

covert ['kʌvət] *adj* secreto(ta), oculto(ta).

cover-up *n* encobrimento *m*.

covet ['kʌvɪt] *vt fml* ambicionar.

cow [kaʊ] ◇ *n* - **1.** [female type of cattle] vaca *f* - **2.** [female elephant, whale, seal] fêmea *f*. ◇ *vt* intimidar.

coward ['kaʊəd] *n* covarde *mf*.

cowardly ['kaʊədlɪ] *adj* covarde.

cowboy ['kaʊbɔɪ] *n* [cattlehand] vaqueiro.

cower ['kaʊəʳ] *vi* encolher-se de medo.

cox [kɒks], **coxswain** ['kɒksən] *n* timoneiro *m*, -ra *f*.

coy [kɔɪ] *adj* recatado(da).

cozy *adj* US = cosy.

CPA (*abbr of* certified public accountant) *n* contador público certificado nos Estados Unidos.

crab [kræb] *n* - **1.** [sea creature] caranguejo *m* - **2.** [food] siri *m*.

crab apple *n* - **1.** [fruit] maçã *f* silvestre - **2.** [tree] macieira *f* silvestre.

crack [kræk] ◇ *n* - **1.** [fault - in cup, glass, mirror] trinca *f*; [- in wall, ceiling] rachadura *f*; [- in skin] arranhão *m* - **2.** [small opening, gap] fresta *f* - **3.** [sharp noise] estalo *m* - **4.** *inf* [attempt]: **to have a** ~ **at sthg** tentar (fazer) algo - **5.** [cocaine] crack *m*. ◇ *adj* de primeira. ◇ *vt* - **1.** [damage - gen] arranhar; [- cup, glass] trincar; [- wall, ceiling] rachar - **2.** [cause to make sharp noise] estalar - **3.** [bang, hit] bater - **4.** [solve - problem] resolver; [- code] decifrar - **5.** *inf* [make]: **to** ~ **a joke** soltar uma piada. ◇ *vi* - **1.** [split, be damaged - gen] arranhar; [- cup, glass] trincar; [- wall, ceiling] rachar - **2.** [give way, collapse] ruir.

➡ **crack down** *vi*: **to** ~ **down (on sb/ sthg)** fazer linha dura (contra alguém/algo).

➡ **crack up** *vi* ter um colapso nervoso.

cracker ['krækəʳ] *n* - **1.** [biscuit] biscoito *m* - **2.** UK [for Christmas] tubo colorido que faz barulho ao abrir e contém um presente surpresa.

crackers ['krækəz] *adj* UK *inf* [mad] doido(da).

crackle ['krækl] *vi* - **1.** [fire, cooking] crepitar - **2.** [phone, radio] estar com interferência.

cradle ['kreɪdl] ◇ *n* - **1.** [baby's bed, birthplace] berço *m* - **2.** [hoist] pedestal *m*. ◇ *vt* - **1.** [person] embalar - **2.** [object] segurar cuidadosamente.

craft [krɑ:ft] (*pl sense 2 inv*) *n* - **1.** [trade, skill] arte *f* - **2.** [boat] barco *m*.

craftsman ['krɑ:ftsmən] (*pl* **-men** [-mən]) *n* artesão *m*.

craftsmanship ['krɑ:ftsmənʃɪp] *n* des-

treza f, habilidade f.
craftsmen pl ▷ craftsman.
crafty ['krɑːftɪ] (compar -ier, superl -iest) adj astuto(ta).
crag [kræg] n penhasco m.
cram [kræm] (pt & pp -med, cont -ming) ◇ vt abarrotar; to ~ sthg with sthg abarrotar algo com algo; **to be crammed (with sthg)** estar abarrotado(da) (de algo). ◇ vi [study hard] rachar de estudar.
cramp [kræmp] ◇ n -1. [in leg, arm] cãibra f -2. [in stomach] cólica f. ◇ vt [restrict, hinder] limitar.
cranberry ['krænbərɪ] (pl -ies) n uva-do-monte f.
crane [kreɪn] n [machine] guindaste m.
crank [kræŋk] ◇ n -1. TECH manivela f -2. inf [eccentric] extravagante mf. ◇ vt [gen] dar manivela em.
crankshaft ['kræŋkʃɑːft] n virabrequim m.
crap [kræp] n (U) vulg -1. [excrement] bosta f -2. fig [rubbish] asneira f.
crash [kræʃ] ◇ n -1. [accident] acidente m -2. [loud noise] estrépito m. ◇ vt [cause to collide] bater com. ◇ vi -1. [collide] colidir; **to ~ into sthg** colidir em algo -2. FIN [collapse] entrar em colapso.
crash course n curso m intensivo.
crash helmet n elmo m.
crash-land vi aterrisar forçosamente.
crass [kræs] adj crasso(sa).
crate [kreɪt] n -1. [for carrying things] caixote m -2. [crateful] engradado m.
crater ['kreɪtə⁻] n cratera f.
cravat [krə'væt] n cachecol m.
crave [kreɪv] ◇ vt ansiar. ◇ vi: to ~ for sthg ansiar por algo.
crawl [krɔːl] ◇ vi -1. [on hands and knees] engatinhar -2. [move slowly - insect] rastejar; [- vehicle, traffic] arrastar-se -3. inf: **to be ~ing with sthg** estar infestado(da) de algo. ◇ n (U) [swimming stroke]: **the ~** o crawl.
crayfish ['kreɪfɪʃ] (pl inv OR -es) n -1. [fish] lagostim m -2. [food] camarão-d'água-doce m.
crayon ['kreɪɒn] n lápis m de cera.
craze [kreɪz] n [fashion] moda f.
crazy ['kreɪzɪ] (compar -ier, superl -iest) adj inf [mad, enthusiastic] louco(ca); **to be ~ about sthg/sb** ser/estar louco(ca) por algo/alguém.
creak [kriːk] vi ranger.
cream [kriːm] ◇ adj [in colour] creme. ◇ n creme m.
cream cake n UK bolo m de creme.
cream cheese n (U) queijo m cremoso.
cream cracker n UK bolacha f cream cracker.

cream tea n UK chá acompanhado de bolinhos com presunto, geléia e creme, comum na Inglaterra.
crease [kriːs] ◇ n [in fabric - deliberate] friso m; [- accidental] dobra f. ◇ vt [deliberately] amassar; [accidentally] amarrotar. ◇ vi [fabric] amassar.
create [kriː'eɪt] vt -1. [gen] criar -2. [noise, fuss, impression] causar.
creation [kriː'eɪʃn] n criação f.
creative [kriː'eɪtɪv] adj criativo(va); **~ writing** produção f literária.
creature ['kriːtʃə⁻] n [animal] criatura f.
crèche [kreʃ] n UK creche f.
credence ['kriːdns] n (U) credibilidade f; **to give OR lend ~ to sthg** conferir credibilidade a algo.
credentials [krɪ'denʃlz] npl -1. [papers] credenciais fpl -2. fig [qualifications] credenciais fpl -3. [references] referências fpl.
credibility [ˌkredə'bɪlətɪ] n (U) credibilidade f.
credit ['kredɪt] ◇ n -1. (U) [financial aid] crédito m; **in ~** com saldo positivo; **on ~** a prazo -2. (U) [praise] honras fpl; **to give sb ~ for sthg** crer que alguém seja capaz de algo -3. SCH & UNIV crédito m -4. FIN [money credited] saldo m positivo. ◇ vt -1. FIN creditar -2. inf [believe] acreditar -3. [attribute]: **to ~ sb with sthg** atribuir a alguém o mérito por algo.
◆ **credits** npl CINEMA créditos mpl.
credit card n cartão m de crédito.
credit note n -1. COMM nota f promissória -2. FIN letra f de câmbio.
creditor ['kredɪtə⁻] n credor m, -ra f.
creed [kriːd] n -1. [political] doutrina f -2. RELIG credo m.
creek [kriːk] n -1. [inlet] enseada f -2. US [stream] riacho m.
creep [kriːp] (pt & pp crept) ◇ vi -1. [move slowly] arrastar-se -2. [move stealthily] andar furtivamente. ◇ n inf [person] pegajoso m, -sa f.
◆ **creeps** npl: **to give sb the ~s** inf dar arrepios mpl em alguém.
creeper ['kriːpə⁻] n [plant] trepadeira f.
creepy ['kriːpɪ] (compar -ier, superl -iest) adj inf horripilante.
creepy-crawly [-'krɔːlɪ] (pl creepy-crawlies) n inf bicho m rastejante.
cremate [krɪ'meɪt] vt cremar.
cremation [krɪ'meɪʃn] n (U) cremação f.
crematorium UK [ˌkremə'tɔːrɪəm] (pl -riums OR -ria [-rɪə]), **crematory** US ['kremətrɪ] (pl -ies) n crematório m.
crepe [kreɪp] n crepe m.
crepe bandage n UK atadura f.
crepe paper n (U) papel m crepom.

crept [krept] *pt & pp* ▷ **creep.**

crescent ['kresnt] *n* -**1.** [shape] crescente *mf* -**2.** [street] rua *f* em forma de arco.

cress [kres] *n (U)* agrião *m.*

crest [krest] *n* -**1.** [on bird's head, of wave] crista *f* -**2.** [of hill] cume *m* -**3.** [on coat of arms] brasão *m.*

crestfallen ['krest,fɔ:ln] *adj* desanimado(da).

Crete [kri:t] *n* Creta.

cretin ['kretɪn] *n inf offensive* [idiot] cretino *m,* -na *f.*

crevice ['krevɪs] *n* fenda *f,* rachadura *f.*

crew [kru:] *n* -**1.** [of ship, plane, ambulance] tripulação *f* -**2.** CINEMA & TV equipe *f* -**3.** *inf* [gang] bando *m.*

crew cut *n* corte *m* de cabelo à escovinha.

crew neck *n* [on sweater] gola *f* redonda.

crew-neck(ed) [-nek(t)] *adj* de gola redonda.

crib [krɪb] (*pt & pp* -bed, *cont* -bing) ⬦ *n* berço *m.* ⬦ *vt inf* [copy]: **to ~ sthg off** OR **from sb** copiar algo de alguém.

crick [krɪk] *n* [in neck] torcicolo *m.*

cricket ['krɪkɪt] *n* -**1.** (*U*) [game] críquete *m* -**2.** [insect] grilo *m.*

crime [kraɪm] *n* crime *m.*

criminal ['krɪmɪnl] ⬦ *adj* -**1.** [JUR - act] criminal; [- lawyer] criminalista; [offence] penal -**2.** *inf* [shameful] vergonhoso(sa). ⬦ *n* criminoso *m,* -sa *f.*

crimson ['krɪmzn] ⬦ *adj* -**1.** [in colour] carmesim -**2.** [with embarrassment] vermelho(lha). ⬦ *n* carmesim *mf.*

cringe [krɪndʒ] *vi* -**1.** [out of fear] encolher-se -**2.** *inf* [with embarrassment]: **to ~ (at sthg)** encolher-se de vergonha (por algo).

crinkle ['krɪŋkl] *vt* enrugar.

cripple ['krɪpl] ⬦ *n offensive* aleijado *m,* -da *f.* ⬦ *vt* -**1.** MED [disable] aleijar -**2.** [put out of action] inutilizar -**3.** *fig* [bring to a halt] paralisar.

crisis ['kraɪsɪs] (*pl* crises ['kraɪsi:z]) *n* crise *f.*

crisp [krɪsp] *adj* -**1.** [pastry, bacon] crocante; [fruit, vegetables] fresco(ca); [banknote] liso(sa); [snow] quebradiço(ça) -**2.** [weather] revigorante -**3.** [manner, toner] seco(ca).

⬗ **crisps** *npl* UK batatas *fpl* fritas *(em pacote).*

criss-cross ⬦ *adj* [pattern] xadrez. ⬦ *vt* [subj: roads] entrecruzar.

criterion [kraɪ'tɪərɪən] (*pl* -ria [-rɪə], -rions) *n* critério *m.*

critic ['krɪtɪk] *n* crítico *m,* -ca *f.*

critical ['krɪtɪkl] *adj* -**1.** [serious] crítico(ca), grave -**2.** [crucial] fundamental -**3.** [analytical, disparaging] crítico(ca); **to be**

~ of sb/sthg criticar alguém/algo.

critically ['krɪtɪklɪ] *adv* -**1.** [seriously] criticamente, gravemente -**2.** [crucially] fundamentalmente -**3.** [analytically, disparagingly] criticamente.

criticism ['krɪtɪsɪzm] *n* crítica *f.*

criticize, -ise ['krɪtɪsaɪz] ⬦ *vt* [judge unfavourably] criticar. ⬦ *vi* [make unfavourable comments] criticar.

croak [krəʊk] ⬦ *vt* grunhir. ⬦ *vi* -**1.** [animal] coaxar -**2.** [bird] granir -**3.** [person] ter rouquidão.

Croat ['krəʊæt], **Croatian** [krəʊ'eɪʃn] ⬦ *adj* croata. ⬦ *n* -**1.** [person] croata *mf* -**2.** [language] croata *m.*

Croatia [krəʊ'eɪʃə] *n* Croácia.

crochet ['krəʊʃeɪ] *n (U)* crochê *m.*

crockery ['krɒkərɪ] *n (U)* louça *f (de barro).*

crocodile ['krɒkədaɪl] (*pl inv* OR -s) *n* [animal] crocodilo *m.*

crocus ['krəʊkəs] (*pl* -cuses) *n* açafrão *m.*

croft [krɒft] *n* UK sítio *m.*

crony ['krəʊnɪ] (*pl* -ies) *n inf* [friend] camarada *mf.*

crook [krʊk] *n* -**1.** [criminal] vigarista *mf* -**2.** [angle] curvatura *f* -**3.** [shepherd's staff] cajado *m.*

crooked ['krʊkɪd] *adj* -**1.** [not straight - back] arqueado(da); [- teeth, smile] torto(ta); [- path] sinuoso(sa) -**2.** *inf* [dishonest] desonesto(ta).

crop [krɒp] (*pt & pp* -ped, *cont* -ping) *n* -**1.** [kind of plant] cultura *f* -**2.** [harvested produce] colheita *f* -**3.** [whip] chicote *m* -**4.** [of bird] papo *m* -**5.** [haircut] cabelo *m* curto.

⬗ **crop up** *vi* surgir.

croquette [krɒ'ket] *n* croquete *m.*

cross [krɒs] ⬦ *adj* zangado(da). ⬦ *n* -**1.** [gen] cruz *f* -**2.** [mixture] cruzamento *m;* **a ~ between two things** uma mistura de duas coisas. ⬦ *vt* -**1.** [gen] cruzar -**2.** [move across - street, room] atravessar; [- subj: expression] trespassar; **a look of distaste ~ ed her face** um olhar de desagrado trespassou-lhe o rosto -**3.** UK [cheque] cruzar. ⬦ *vi* [intersect] cruzar-se.

⬗ **cross off, cross out** *vt sep* riscar.

crossbar ['krɒsbɑ:[']] *n* -**1.** [of goal] trave *f* -**2.** [of bicycle] barra *f* transversal.

cross-Channel *adj* [ferry, route] do Canal da Mancha; **~ travel** viagem pelo Canal da Mancha.

cross-country ⬦ *adj & adv* através do campo. ⬦ *n* [race, running] *esporte praticado através dos campos.*

cross-examine *vt* -**1.** JUR interrogar *(para confirmar veracidade)* -**2.** *fig* [question closely] interrogar.

cross-eyed ['krɒsaɪd] *adj* vesgo(ga).

crossfire ['krɒs‚faɪəʳ] n (U) fogo m cruzado.

crossing ['krɒsɪŋ] n -1. [place to cross] faixa f de segurança -2. [sea journey] travessia f.

cross-legged ['krɒslegd] adv de pernas cruzadas.

cross-purposes npl mal-entendido m; **to be at** ~ não se entender.

cross-reference n referência f cruzada.

crossroads ['krɒsrəʊdz] (pl inv) n cruzamento m, encruzilhada f.

cross-section n -1. [drawing] corte m transversal -2. [of population] amostra f representativa.

crosswalk ['krɒswɔːk] n US faixa f de segurança.

crossways ['krɒsweɪz] adv = **crosswise**.

crosswind ['krɒswɪnd] n vento m contrário.

crosswise ['krɒswaɪz] adv em diagonal, transversalmente.

crossword (puzzle) ['krɒswɜːd-] n palavras fpl cruzadas.

crotch [krɒtʃ] n -1. [of person] entreperna f -2. [of garment] gancho m.

crotchety ['krɒtʃɪtɪ] adj UK inf rabugento(ta).

crouch [kraʊtʃ] vi -1. [person] agachar-se -2. [animal] armar o bote.

crow [krəʊ] <> n corvo m; **as the** ~ **flies** em linha reta. <> vi -1. [cock] cantar -2. inf [gloat] gabar-se.

crowbar ['krəʊbɑːʳ] n pé-de-cabra m.

crowd [kraʊd] <> n [mass of people] multidão f. <> vi aglomerar-se. <> vt -1. [fill] lotar -2. [force into small space] empurrar; **to** ~ **everyone in** colocar todo mundo para dentro.

crowded ['kraʊdɪd] adj cheio (cheia), lotado(da); ~ **with** cheio (cheia) de, repleto(ta) de.

crown [kraʊn] <> n -1. [gen] coroa f -2. [top - of hat] copa f; [- of head] topo m; [- of hill] cume m. <> vt -1. [monarch] coroar -2. [tooth] pôr uma coroa em -3. [cover top of] cobrir.

➡ **Crown** n: **the Crown** [monarchy] a Coroa.

Crown Jewels npl: **the** ~ as jóias da Coroa.

crown prince n príncipe m herdeiro.

crow's feet npl pés-de-galinha mpl.

crucial ['kruːʃl] adj [vital] crucial.

crucifix ['kruːsɪfɪks] n crucifixo m.

Crucifixion [‚kruːsɪ'fɪkʃn] n: **the** ~ a Crucificação.

crude [kruːd] adj -1. [commodity] cru (crua) -2. [joke, person] grosseiro(ra) -3. [sketch] tosco(ca) -4. [method, shelter] primitivo(va).

crude oil n (U) petróleo m bruto.

cruel [kroəl] (compar -ler, superl -lest) adj -1. [sadistic] cruel -2. [painful, harsh - disappointment] doloroso(sa); [- winter] rigoroso(sa).

cruelty ['kroəltɪ] n (U) crueldade f.

cruet ['kruːɪt] n galheta f.

cruise [kruːz] <> n cruzeiro m. <> vi -1. [sail] fazer um cruzeiro -2. [drive] ir à velocidade de cruzeiro -3. [fly] voar.

cruiser ['kruːzəʳ] n -1. [warship] cruzador m -2. [cabin cruiser] iate m.

crumb [krʌm] n [of food] migalha f.

crumble ['krʌmbl] <> n doce de frutas coberto com uma mistura de farinha, manteiga e açúcar e cozido no forno. <> vt esmigalhar. <> vi -1. [disintegrate - bread, cheese] esmigalhar-se; [- building, cliff] desmoronar -2. fig [collapse] desmoronar.

crumbly ['krʌmblɪ] (compar -ier, superl -iest) adj farelento(ta).

crumpet ['krʌmpɪt] n [food] fatias de bolo tostadas que se come com manteiga.

crumple ['krʌmpl] vt amassar.

crunch [krʌntʃ] <> n [sound] mastigação f barulhenta; **if/when it comes to the** ~ inf se/quando chegar a hora da verdade. <> vt -1. [with teeth] mastigar ruidosamente -2. [underfoot] esmagar com o pé ao caminhar.

crunchy ['krʌntʃɪ] (compar -ier, superl -iest) adj -1. [food] crocante -2. [snow, gravel] que estala.

crusade [kruː'seɪd] n -1. [war] cruzada f -2. fig [campaign] campanha f.

crush [krʌʃ] <> n -1. [crowd] aglomeração f -2. inf [infatuation]: **to have a** ~ **on sb** estar obcecado(da) por alguém. <> vt -1. [squash, press, smash] esmagar -2. fig [destroy] acabar com.

crust [krʌst] n -1. [on bread] casca f -2. [on pie] crosta f torrada -3. [hard covering] crosta f.

crutch [krʌtʃ] n -1. [stick] muleta f -2. fig [support] apoio m.

crux [krʌks] n ponto m crucial.

cry [kraɪ] (pl cries, pt & pp cried) <> n -1. [shout] grito m; **to be a far** ~ **from** não se parecer em nada com -2. [of bird] canto m. <> vi -1. [weep] chorar -2. [shout] gritar.

➡ **cry off** vi desistir de.

➡ **cry out** <> vt gritar. <> vi [call out] gritar.

cryptic ['krɪptɪk] adj [mysterious] enigmático(ca).

crystal ['krɪstl] n cristal m.

crystal clear adj [motive, meaning] claro(ra).

CSE (*abbr of* **Certificate of Secondary Education**) *n antigo certificado de conclusão de ensino médio na Grã-Bretanha.*

CTC (*abbr of* **city technology college**) *n escola de ensino médio que tem parceria com empresas e com o governo para ensino de tecnologia na Grã-Bretanha.*

cub [kʌb] *n* -1. [young animal] filhote *m* -2. [boy scout] lobinho *m.*

Cuba [ˈkjuːbə] *n* Cuba.

Cuban [ˈkjuːbən] ◇ *adj* cubano(na). ◇ *n* cubano *m*, -na *f.*

cubbyhole [ˈkʌbɪhəʊl] *n* cubículo *m.*

cube [kjuːb] ◇ *n* cubo *m.* ◇ *vt* MATH elevar ao cubo.

cubic [ˈkjuːbɪk] *adj* cúbico(ca).

cubicle [ˈkjuːbɪkl] *n* -1. [shower] boxe *m* -2. [in shop] provador *m.*

Cub Scout *n* lobinho *m.*

cuckoo [ˈkʊkuː] *n* cuco *m.*

cuckoo clock *n* relógio *m* de cuco *m.*

cucumber [ˈkjuːkʌmbəʳ] *n* pepino *m.*

cuddle [ˈkʌdl] ◇ *n* abraço *m.* ◇ *vt* abraçar. ◇ *vi* abraçar-se.

cuddly toy [ˈkʌdlɪ-] *n* bicho *m* de pelúcia.

cue [kjuː] *n* -1. RADIO , THEATRE & TV deixa *f*; on ~ no momento certo -2. [in snooker, pool] taco *m.*

cuff [kʌf] *n* -1. [of sleeve] punho *m* -2. US [of trouser] barra *f* -3. [blow] tapa *m.*

cufflink *n* abotoadura *f.*

cul-de-sac [ˈkʌldəsæk] *n* beco *m* sem saída.

cull [kʌl] ◇ *n* [kill] extermínio *m.* ◇ *vt* -1. [kill] exterminar -2. *fml* [gather] reunir.

culminate [ˈkʌlmɪneɪt] *vi*: to ~ in sthg culminar em algo.

culmination [ˌkʌlmɪˈneɪʃn] *n* culminação *f.*

culottes [kjuːˈlɒts] *npl* saia-calça *f.*

culpable [ˈkʌlpəbl] *adj fml* culpável; ~ homicide homicídio *m* culposo.

culprit [ˈkʌlprɪt] *n* culpado *m*, -da *f.*

cult [kʌlt] ◇ *n* -1. RELIG culto *m* -2. [book, film] objeto *m* de culto. ◇ *comp* [book, film] de culto.

cultivate [ˈkʌltɪveɪt] *vt* -1. [gen] cultivar -2. [get to know] fazer amizade com.

cultivation [ˌkʌltɪˈveɪʃn] *n* (U) [farming] cultivo *m.*

cultural [ˈkʌltʃərəl] *adj* cultural.

culture [ˈkʌltʃəʳ] *n* cultura *f.*

cultured [ˈkʌltʃəd] *adj* [educated] culto(ta).

cumbersome [ˈkʌmbəsəm] *adj* [object] de difícil manejo.

cunning [ˈkʌnɪŋ] ◇ *adj* -1. [person] astuto(ta) -2. [method, idea] engenho-

so(sa). ◇ *n* (U) astúcia *f.*

cup [kʌp] *n* -1. [gen] xícara *f* -2. [as prize, of bra] taça *f* -3. [competition] copa *f.*

cupboard [ˈkʌbəd] *n* armário *m.*

cupcake [ˈkʌpkeɪk] *n* bolinho *m* coberto com glacê.

Cup Final *n*: the ~ o jogo final da copa.

cup tie *n* UK jogo *m* eliminatório.

curate [ˈkjʊərət] ◇ *n* RELIG coadjutor *m*, -ra *f.* ◇ *vt* [exhibition] organizar.

curator [ˌkjʊəˈreɪtəʳ] *n* [of museum] curador *m*, -ra *f.*

curb [kɜːb] ◇ *n* -1. [control]: ~ (on sthg) controle *m* (sobre algo) -2. US [of road] meio-fio *m.* ◇ *vt* controlar.

curdle [ˈkɜːdl] *vi* -1. [milk] coalhar -2. [blood] coagular.

cure [kjʊəʳ] ◇ *n* -1. MED : ~ (for sthg) cura *f* (de algo) -2. [solution]: ~ (for sthg) solução *f* (para algo). ◇ *vt* -1. MED curar -2. [solve] remediar -3. [rid]: to ~ sb of sthg *fig* livrar alguém de algo -4. [preserve] curtir.

cure-all *n* panacéia *f.*

curfew [ˈkɜːfjuː] *n* toque *m* de recolher.

curio [ˈkjʊərɪəʊ] (*pl* -s) *n* raridade *f*, curiosidade *f.*

curiosity [ˌkjʊərɪˈɒsətɪ] *n* -1. (U) [inquisitiveness] curiosidade *f* -2. [rarity] raridade *f.*

curious [ˈkjʊərɪəs] *adj* curioso(sa); ~ about sb/sthg curioso(sa) sobre alguém/algo.

curl [kɜːl] ◇ *n* [of hair] cacho *m.* ◇ *vt* -1. [hair] encrespar, encaracolar -2. [tail, ribbon] enrolar. ◇ *vi* -1. [hair] encrespar, encaracolar -2. [paper, leaf, road, smoke, snake] enrolar.

➤ **curl up** *vi* [person, animal] enrolar-se.

curler [ˈkɜːləʳ] *n* rolo *m.*

curling tongs *npl* ferros *mpl* de frisar.

curly [ˈkɜːlɪ] (*compar* -ier, *superl* -iest) *adj* [hair] encaracolado(da).

currant [ˈkʌrənt] *n* [dried grape] uva *f* passa.

currency [ˈkʌrənsɪ] (*pl* -ies) *n* -1. [money] moeda *f* corrente; foreign ~ moeda *f* estrangeira -2. *fml* [acceptability]: to gain ~ ganhar aceitação.

current [ˈkʌrənt] ◇ *adj* atual; in ~ use de uso corrente. ◇ *n* corrente *f.*

current account *n* UK conta *f* corrente.

current affairs *npl* atualidades *fpl.*

currently [ˈkʌrəntlɪ] *adv* atualmente.

curriculum [kəˈrɪkjələm] (*pl*-lums OR -la [-lə]) *n* [course of study] currículo *m.*

curriculum vitae [-ˈviːtaɪ] (*pl* curricula vitae) *n* currículo *m*, curriculum *m* (vitae).

curry ['kʌrɪ] (*pl*-ies) *n* caril *m*.

curse [kɜːs] ◇ *n* -1. [evil charm]: ~ (on sb/sthg) maldição *f OR* praga *f* (sobre alguém/algo) -2. [swearword] palavrão *m* -3. [source of problems] desgraça *f.* ◇ *vt* -1. [wish misfortune on] maldizer -2. [complain about] xingar. ◇ *vi* [swear] praguejar.

cursor ['kɜːsəʳ] *n COMPUT* cursor *m*.

cursory ['kɜːsərɪ] *adj* apressado(da); a ~ glance um olhada por cima.

curt [kɜːt] *adj* brusco(ca).

curtail [kɜː'teɪl] *vt* [cut short] encurtar.

curtain ['kɜːtn] *n* cortina *f*.

curts(e)y ['kɜːtsɪ] (*pt* & *pp* curtsied) ◇ *n* reverência *f (feita por mulher).* ◇ *vi* fazer reverência.

curve [kɜːv] ◇ *n* curva *f.* ◇ *vi* fazer uma curva.

cushion ['kʊʃn] ◇ *n* [for sitting on] almofada *f.* ◇ *vt* amortecer.

cushy ['kʊʃɪ] (*compar* -ier, *superl* -iest) *adj inf* mole.

custard ['kʌstəd] *n* [sauce] creme *m (para doces).*

custodial *adj* [sentence] custódio(dia).

custodian [kʌ'stəʊdjən] *n* [of building, museum] guarda *m*.

custody ['kʌstədɪ] *n (U)* -1. [of child] custódia *f* -2. [of suspect]: in ~ sob custódia.

custom ['kʌstəm] *n* -1. [tradition, habit] costume *m*, hábito *m* -2. *(U) COMM* [trade] preferência *f*; thank you for your ~ agradecemos a preferência.

◆ **customs** *n (U)* [place, organization] alfândega *f*; to go through ~ passar pela alfândega.

customary ['kʌstəmrɪ] *adj* costumeiro(-ra), habitual.

customer ['kʌstəməʳ] *n* -1. [client] cliente *mf* -2. *inf* [person] tipo *m*; an awkward ~ um tipo complicado.

customize, -ise ['kʌstəmaɪz] *vt* -1. [gen] personalizar -2. *COMPUT* customizar.

Customs and Excise *n (U) UK departamento do governo britânico responsável por coletar impostos sobre a compra e venda de bens e serviços ou sobre bens importados.*

customs duty *n (U)* imposto *m* alfandegário.

customs officer *n* fiscal *mf* de alfândega.

cut [kʌt] (*pt* & *pp* cut, *cont* -ting) ◇ *n* [gen] corte *m*; ~ (in sthg) corte (em algo). ◇ *vt* -1. [gen] cortar -2. *inf* [miss] matar -3. *phr*: to ~ sb dead fazer que não se vê alguém; ~ and dried definitivo(va). ◇ *vi* -1. cortar -2. *phr*: to ~ both ways ser uma faca de dois gumes.

◆ **cut back** ◇ *vt sep* -1. [tree, bush] podar -2. [expenditure, budget] reduzir, diminuir. ◇ *vi*: to ~ back (on sthg) reduzir (algo).

◆ **cut down** ◇ *vt sep* -1. [chop down] cortar, derrubar -2. [reduce] reduzir, diminuir. ◇ *vi*: to ~ down on sthg reduzir algo.

◆ **cut in** *vi* -1. [interrupt]: to ~ in (on sb) interromper (alguém) -2. [in car] cortar (a frente de).

◆ **cut off** *vt sep* -1. [sever] cortar fora -2. [sever supply of] cortar; I got ~ off [on telephone] cortaram meu telefone -3. [isolate]: to be ~ off (from sb/sthg) ficar isolado(da) (de alguém/algo).

◆ **cut out** *vt sep* [gen] cortar; to ~ out the light cortar a entrada de luz; ~ it out! pare com isso!

◆ **cut up** *vt sep* [chop up] picar.

cutback ['kʌtbæk] *n*: ~ (in sthg) corte *m* (em algo).

cute [kjuːt] *adj esp US* [appealing] bonitinho(nha).

cuticle ['kjuːtɪkl] *n* cutícula *f*.

cutlery ['kʌtlərɪ] *n (U)* talheres *mpl*.

cutlet ['kʌtlɪt] *n* costeleta *f*.

cut-out *n* -1. [on machine] disjuntor *m* -2. [shape] figura *f* para recortar.

cut-price, cut-rate *US adj* com desconto.

cut-throat *adj* [ruthless] acirrado(da).

cutting ['kʌtɪŋ] ◇ *adj* [sarcastic] mordaz. ◇ *n* -1. [of plant] chantão *m* -2. [from newspaper] recorte *m* -3. *UK* [for road, railway] corte *m*.

CV (*abbr of* curriculum vitae) *n UK* CV *m*.

cwt. *abbr of* hundredweight.

cyanide ['saɪənaɪd] *n (U)* cianeto *m*, cianureto *m*.

cybercafé *n COMPUT* cibercafé *m*.

cyberspace ['saɪbəspeɪs] *n COMPUT* ciberespaço *m*.

cycle ['saɪkl] ◇ *n* -1. [process] ciclo *m* -2. [bicycle] bicicleta *f.* ◇ *comp*: ~ path ciclovia *f*; ~ track pista *f* para ciclismo; ~ race corrida *f* de bicicletas. ◇ *vi* andar de bicicleta.

cycling ['saɪklɪŋ] *n (U)* ciclismo *m*; to go ~ andar de bicicleta.

cyclist ['saɪklɪst] *n* ciclista *mf*.

cygnet ['sɪgnɪt] *n* filhote *m* de cisne.

cylinder ['sɪlɪndəʳ] *n* -1. [gen] cilindro *m* -2. [container] tambor *m*.

cymbals ['sɪmblz] *npl* címbalos *mpl*.

cynic ['sɪnɪk] *n* cético *m*, -ca *f*.

cynical ['sɪnɪkl] *adj* cético(ca).

cynicism ['sɪnɪsɪzm] *n (U)* ceticismo *m*.

cypress ['saɪprəs] *n* cipreste *m*.

Cypriot ['sɪprɪət] ◇ *adj* cipriota. ◇ *n* cipriota *mf*.

Cyprus ['saɪprəs] *n* Chipre *m*.

cyst [sɪst] n cisto m.

cystitis [sɪsˈtaɪtɪs] n (U) cistite f.

czar [zɑːʳ] n czar m.

Czech [tʃek] ⋄ adj tcheco(ca). ⋄ n **-1.** [person] tcheco m, -ca f- **2.** [language] tcheco m.

Czechoslovak adj & n = **Czechoslovakian.**

Czechoslovakia [ˌtʃekəsləˈvækɪə] n Tchecoslováquia.

Czechoslovakian [ˌtʃekəsləˈvækɪən] ⋄ adj tchecoslovaco(ca). ⋄ n tchecoslovaco m, -ca f.

Czech Republic n: the ~ a República Tcheca.

D

d (pl d's OR ds), **D** (pl D's OR Ds) [diː] n [letter] d,D m.

➔ **D** n **-1.** MUS ré m **- 2.** SCH [mark] D m.

DA (abbr of district attorney) n promotor nos Estados Unidos.

D/A (abbr of digital to analogue) adj D/A.

dab [dæb] (pt & pp -bed, cont -bing) ⋄ n [small amount - of powder, ointment] pitada f; [- of paint] pincelada f. ⋄ vt **-1.** [skin, wound] aplicar de leve **- 2.** [eyes] tocar de leve **- 3.** [cream, ointment]: to ~ sthg on(to) sthg aplicar algo em algo.

dabble [ˈdæbl] vi: to ~ (in sthg) atuar como amador (em algo).

dachshund [ˈdækshund] n dachshund m.

dad [dæd] n inf pai m.

daddy [ˈdædɪ] n inf papai m.

daddy longlegs [-ˈlɒŋlegz] (pl inv) n pernilongo m.

daffodil [ˈdæfədɪl] n narciso m.

daft [dɑːft] adj UK inf bobo(ba).

dagger [ˈdægəʳ] n adaga f.

daily [ˈdeɪlɪ] (pl -ies) ⋄ adj diário(ria). ⋄ adv diariamente; **twice** ~ duas vezes por dia. ⋄ n [newspaper] diário m.

dainty [ˈdeɪntɪ] (compar -ier, superl -iest) adj delicado(da).

dairy [ˈdeərɪ] (pl -ies) n leiteria f.

dairy products npl lacticínios mpl.

dais [ˈdeɪs] n estrado m.

daisy [ˈdeɪzɪ] (pl -ies) n margarida f.

daisy-wheel printer n impressora f de margarida.

dale [deɪl] n literary vale m.

dam [dæm] (pt & pp -med, cont -ming) ⋄ n [across river] represa f, barragem f. ⋄ vt [river] represar.

damage [ˈdæmɪdʒ] ⋄ n: ~ (to sthg) [gen] dano m (a algo); [to health, skin] mal m (a algo). ⋄ vt **-1.** [object] danificar **- 2.** [person] machucar **- 3.** fig [chances, reputation] prejudicar.

➔ **damages** npl JUR danos mpl.

damn [dæm] ⋄ adj inf maldito(ta). ⋄ adv inf muito. ⋄ n inf: **not to give OR care a** ~ **(about sthg)** não estar nem aí (para algo). ⋄ vt RELIG [condemn] condenar. ⋄ excl inf droga!

damned [dæmd] inf ⋄ adj maldito(ta); **well I'll be OR I'm** ~! ora veja só! ⋄ adv muito.

damning [ˈdæmɪŋ] adj condenatório(ria), incriminatório(ria).

damp [dæmp] ⋄ adj úmido(da). ⋄ n (U) umidade f. ⋄ vt [make wet] umedecer.

dampen [ˈdæmpən] vt **-1.** [make wet] umedecer **- 2.** fig [emotion] esfriar.

damson [ˈdæmzn] n abrunheiro m.

dance [dɑːns] ⋄ n **-1.** [gen] dança f; **shall we have a** ~? vamos dançar? **- 2.** [social event] baile m. ⋄ vt dançar. ⋄ vi dançar.

dancer [ˈdɑːnsəʳ] n dançarino m, -na f.

dancing [ˈdɑːnsɪŋ] n (U) dança f; **to go** ~ ir dançar.

dandelion [ˈdændɪlaɪən] n dente-de-leão m.

dandruff [ˈdændrʌf] n (U) caspa f.

Dane [deɪn] n dinamarquês m, -esa f.

danger [ˈdeɪndʒəʳ] n perigo m; **in** ~ em perigo; **out of** ~ fora de perigo; ~ **to sb/sthg** perigo para alguém/algo; **to be in** ~ **of doing sthg** perigar fazer algo.

dangerous [ˈdeɪndʒərəs] adj perigoso(sa).

dangle [ˈdæŋgl] vt, vi balançar.

Danish [ˈdeɪnɪʃ] ⋄ adj dinamarquês(quesa). ⋄ n **-1.** [language] dinamarquês m **- 2.** US = **Danish pastry.** ⋄ npl: the ~ os dinamarqueses.

Danish pastry, Danish US n torta recheada com maçãs, glacê e marzipã.

dank [dæŋk] adj úmido e frio, úmida e fria.

Danube [ˈdænjuːb] n: the ~ o Danúbio.

dapper [ˈdæpəʳ] adj garboso(sa).

dappled [ˈdæpld] adj **-1.** [animal] pintado(da), malhado(da) **- 2.** [shade] pintado(da).

dare [deəʳ] ⋄ vt **-1.** [be brave enough]: to ~ to do sthg ousar fazer algo **- 2.** [challenge]: to ~ sb to do sthg desafiar alguém a fazer algo **-3.** *phr*: I ~ **say** ouso dizer (que). <> *vi* atrever-se (que); **how** ~ **you!** como se atreve! <> *n* desafio *m*.

daredevil [ˈdeəˌdevl] *n* intrépido *m*, -da *f*.

daring [ˈdeərɪŋ] <> *adj* ousado(da). <> *n* (U) ousadia *f*.

dark [dɑːk] <> *adj* [gen] escuro(ra). <> *n* **-1.** (U) [darkness]: **the** ~ a escuridão, o escuro; **to be in the** ~ **about sthg** estar às escuras sobre algo **-2.** [night]: **before/after** ~ antes/depois de escurecer.

darken [ˈdɑːkn] <> *vt* escurecer. <> *vi* escurecer.

dark glasses *npl* óculos *m inv* escuros.

darkness [ˈdɑːknɪs] *n* (U) escuridão *f*, trevas *fpl*.

darkroom [ˈdɑːkrʊm] *n* câmara *f* escura.

darling [ˈdɑːlɪŋ] <> *adj* [dear] querido(da). <> *n* **-1.** [loved person] querido *m*, -da *f*; **she's a little** ~ é uma graça de criança **-2.** [favourite] preferido *m*, -da *f*.

darn [dɑːn] <> *adj inf* maldito(ta). <> *adv inf* pra caramba. <> *vt* [repair] remendar, cerzir.

dart [dɑːt] <> *n* [arrow] dardo *m*. <> *vi* [move quickly] lançar-se.
◆ **darts** *n* (U) [game] dardos *mpl*.

dartboard [ˈdɑːtbɔːd] *n* alvo *m* para dardos.

dash [dæʃ] <> *n* **-1.** [of liquid] pingo *m* **-2.** [in punctuation] travessão *m* **-3.** [rush]: **to make a** ~ **for sthg** sair em disparada por algo. <> *vt* **-1.** *literary* [hurl] arremessar **-2.** [hopes] frustar. <> *vi* correr.

dashboard [ˈdæʃbɔːd] *n* painel *m* de instrumentos.

dashing [ˈdæʃɪŋ] *adj* [handsome, energetic] atraente.

data [ˈdeɪtə] *n* dados *mpl*.

database [ˈdeɪtəbeɪs] *n* base *f* de dados.

data management *n* COMPUT gerenciamento *m* de dados.

data processing *n* (U) processamento *m* de dados.

data protection *n* COMPUT proteção *f* de dados.

data recovery *n* COMPUT recuperação *f* de dados.

date [deɪt] <> *n* **-1.** [in time] data *f*; **what's today's** ~? que dia é hoje?; **at a later** ~ um outro dia; **to bring sb/sthg up to** ~ atualizar alguém/algo; **to keep sb/sthg up to** ~ manter alguém/algo atualizado(da); **to be out of** ~ [dictionary, database] estar desatualizado(da); [passport] estar vencido(-

da); **to** ~ até agora **-2.** [appointment] encontro *m* **-3.** [person] par *m* **-4.** [fruit] tâmara *f*, datil *m*. <> *vt* **-1.** [put a date on] datar **-2.** [go out with] sair com. <> *vi* [go out of fashion] cair de moda.

datebook *n* US agenda *f*.

dated [ˈdeɪtɪd] *adj* antiquado(da).

date of birth *n* data *f* de nascimento.

daub [dɔːb] *vt*: **to** ~ **sthg with sthg** manchar algo.

daughter [ˈdɔːtəʳ] *n* filha *f*.

daughter-in-law (*pl* **daughters-in-law**) *n* nora *f*.

daunting [ˈdɔːntɪŋ] *adj* desalentador(-ra).

dawdle [ˈdɔːdl] *vi* fazer cera.

dawn [dɔːn] <> *n* **-1.** [of day] amanhecer *m* **-3.** [person] par *m* **-4.** aurora *f*. <> *vi* **-1.** [day] amanhecer **-2.** *fig* [era, period] despertar.
◆ **dawn (up)on** *vt fus* dar-se conta de; **it finally** ~**ed on me that ...** finalmente me dei conta de que ...

day [deɪ] *n* **-1.** [gen] dia *m*; **the** ~ **before** a véspera; **the** ~ **after** o dia seguinte; **the** ~ **before Christmas** a véspera de Natal; **the** ~ **before yesterday** anteontem; **the** ~ **after tomorrow** depois de amanhã; **any** ~ **now** qualquer dia destes; **to make sb's** ~ ganhar o dia, guardar algo para dias mais difíceis **-2.** [age, era] tempo *m*; **one** ~, **some** ~, **one of these** ~s um dia (desses).
◆ **days** *adv* [work] durante o dia.

daybreak [ˈdeɪbreɪk] *n* romper *m* do dia; **at** ~ ao romper do dia.

day care *n* assistência diurna proporcionada a idosos e/ou portadores de deficiência.

day centre *n* UK centro assistencial que proporciona cuidados e recreação durante o dia a idosos e/ou portadores de deficiência.

daydream [ˈdeɪdriːm] *vi* devanear, sonhar acordado(da).

daylight [ˈdeɪlaɪt] *n* **-1.** (U) [light] luz *f* do dia **-2.** [dawn] amanhecer *m*.

day off (*pl* **days off**) *n* dia *m* de folga.

day return *n* UK passagem *f* de ida e volta (no mesmo dia).

daytime [ˈdeɪtaɪm] <> *n* dia *m*; **in the** ~ durante o dia. <> *comp* de dia; ~ **flight** vôo *m* diurno.

day-to-day *adj* diário(ria).

daytrader [ˈdeɪtreɪdəʳ] *n* ST EX daytrader *mf*.

day trip *n* viagem *f* de um dia.

daze [deɪz] <> *n*: **in a** ~ atordoado(-da). <> *vt* atordoar.

dazzle [ˈdæzl] *vt* **-1.** [blind] ofuscar **-2.**

[impress] deslumbrar.

DC n (abbr of **direct current**) CC f.

D-day ['diːdeɪ] n dia m D.

DEA (abbr of **Drug Enforcement Administration**) n departamento da polícia norte-americana encarregado do controle de questões relacionadas a drogas, ≃ DENARC m.

deacon ['diːkn] n -1. [minister] diácono m - 2. [lay assistant] acólito m.

deactivate [ˌdiːˈæktɪveɪt] vt desativar.

dead [ded] <> adj -1. [not alive] morto(-ta); **to shoot sb ~** matar alguém com um tiro - 2. [numb] dormente, adormecido(da); [ELEC - battery] descarregado(da); [- radio, TV] quebrado(da); [- telephone line] mudo(da) - 4. [complete]: **~ silence** silêncio m mortal; **~ stop** parada f repentina - 5. [not lively] morto(ta). <> adv -1. [directly, precisely] diretamente; **~ on time** bem na hora - 2. inf [completely, very] totalmente; **to be ~ against sthg/doing sthg** ser totalmente contra algo/fazer algo - 3. [suddenly]: **to stop ~** parar repentinamente. <> npl: **the ~** os mortos.

deaden ['dedn] vt - 1. [noise] amortecer - 2. [feeling] abrandar.

dead end n - 1. [street] rua f sem saída - 2. fig [course of action] impasse m.

dead heat n empate m.

deadline ['dedlaɪn] n prazo m final.

deadlock ['dedlɒk] n impasse m.

dead loss n inf - 1. [person] traste m - 2. [thing] porcaria f.

deadly ['dedlɪ] (compar -ier, superl -iest) <> adj -1. [lethal] letal - 2. [mortal] mortal - 3. [fatally precise] fatal. <> adv [extremely] terrivelmente.

deadpan ['dedpæn] <> adj supostamente sério(ria). <> adv afetadamente sério(ria).

deaf [def] <> adj -1. [unable to hear] surdo(da) - 2. fig [unwilling to hear]: **to be ~ to sthg** ser surdo(da) a algo. <> npl: **the ~** os surdos.

deaf-aid n UK aparelho m de surdez.

deafen ['defn] vt ensurdecer.

deaf mute <> adj surdo-mudo(da). <> n surdo-mudo m, -da f.

deafness ['defnɪs] n (U) surdez f.

deal [diːl] (pt & pp dealt) <> n -1. [business agreement] transação f, acordo m; **to do OR strike a ~ with sb** fazer um acordo com alguém - 2. inf [treatment] tratamento m - 3. [quantity]: **a good OR great ~** muito; **a good OR great ~ of work** muito trabalho. <> vt - 1. [strike]: **to ~ sb/sthg a blow** dar um golpe em alguém/algo; **to ~ a blow to sthg** fig ser um golpe em/para algo - 2. [cards] repartir. <> vi - 1. [in cards] repartir - 2. [trade] negociar.

◆ **deal in** vt fus COMM negociar.

◆ **deal out** vt sep repartir.

◆ **deal with** vt fus - 1. [handle, cope with, be faced with] lidar com - 2. [be concerned with] tratar de.

dealer ['diːlə'] n - 1. [trader] negociante m - 2. [in cards] carteador m, -ra f.

dealings npl [relations]: **~s with sb** relações mpl com alguém.

dealt [delt] pt & pp ⊳ deal.

dean [diːn] n - 1. [of church, cathedral] deão m - 2. [of university] decano m, -na f.

dear [dɪə'] <> adj - 1. [loved] querido(-da); **to be ~ to sb** ser precioso(sa) para alguém - 2. [in letter]: **Dear Sir/Madam** Prezado Senhor/Prezada Senhora - 3. esp UK [expensive] caro(ra). <> n: **my ~** meu querido, minha querida. <> excl: **oh ~!** oh céus!

dearly ['dɪəlɪ] adv -1.: **to love sb ~** amar muito alguém - 2. [very much] muito; **I would ~ love to know ...** eu adoraria saber ... - 3. [pay, cost] caro.

death [deθ] n morte f; **to frighten/worry sb to ~** quase matar alguém de susto/preocupação; **to be sick to ~ of sthg/of doing sthg** inf estar de saco cheio de algo/de fazer algo.

death certificate n certidão f de óbito.

death duty UK, **death tax** US n imposto m de transmissão causa mortis.

deathly ['deθlɪ] (compar -ier, superl -iest) adj [silence, hush] mortal.

death penalty n pena f de morte.

death rate n taxa f de mortalidade.

death tax n US = **death duty**.

death trap n inf: **this car is a ~** este carro é um perigo.

debar [diːˈbɑː'] (pt & pp -red, cont -ring) vt: **to ~ sb (from somewhere/from doing sthg)** privar alguém (do acesso a algum lugar/de fazer algo).

debase [dɪˈbeɪs] vt [person, sport] degradar; **to ~ o.s.** degradar-se.

debate [dɪˈbeɪt] <> n (U) debate m; **open to ~** aberto(ta) ao debate. <> vt [issue] debater; **to ~ whether to do sthg** discutir sobre o que fazer. <> vi debater.

debating society [dɪˈbeɪtɪŋ-] n grupo m de discussão.

debauchery [dɪˈbɔːtʃərɪ] n (U) depravação f.

debit ['debɪt] <> n débito m. <> vt [account, sum of money] debitar.

debit card n cartão m de débito.

debris ['deɪbriː] n - 1. escombros mpl - 2. GEOL fragmento m de rocha.

debt [det] n - 1. dívida f; **to be in** ~ estar endividado(da) - 2. [feeling of gratitude] dívida f; **to be in sb's** ~ estar em débito com alguém.

debt collector n cobrador m, -ra f de dívidas.

debtor ['detə^r] n devedor m, -ra f.

debug [,di:'bʌg] (pt & pp -ged, cont -ging) vt COMPUT [program] depurar.

debunk [,di:'bʌŋk] vt derrubar.

debut ['deɪbju:] n debute m.

dec. (abbr of deceased) m.

decade ['dekeɪd] n década f.

decadence ['dekədəns] n decadência f.

decadent ['dekədənt] adj decadente.

decaffeinated [dɪ'kæfɪneɪtɪd] adj descafeinado(da).

decanter [dɪ'kæntə^r] n [container] licoreira f.

decathlon [dɪ'kæθlɒn] n decatlo m.

decay [dɪ'keɪ] <> n - 1. [of tooth] cárie f - 2. [of body, plant] decomposição f - 3. fig [of building, society]: **to fall into** ~ [building] cair em ruínas; [system] entrar em decadência; [society] entrar em declínio; **urban** ~ decadência f urbana. <> vi - 1. [tooth] criar cáries - 2. [body, plant] decompor-se - 3. fig [building, society] entrar em declínio.

deceased [dɪ'si:st] (pl inv) fml <> adj falecido(da). <> n: **the** ~ o falecido, a falecida. <> npl: **the** ~ os mortos.

deceit [dɪ'si:t] n engano m.

deceitful [dɪ'si:tfʊl] adj enganoso(sa).

deceive [dɪ'si:v] vt enganar; **to** ~ **o.s.** enganar-se.

December [dɪ'sembə^r] n dezembro; see also **September**.

decency ['di:snsɪ] n - 1. [respectability] decência f - 2. [consideration]: **to have the** ~ **to do sthg** ter a decência de fazer algo.

decent ['di:snt] adj decente.

deception [dɪ'sepʃn] n - 1. [lie, pretence] engano m - 2. [act of lying, pretending] embuste m.

deceptive [dɪ'septɪv] adj enganoso(sa).

decide [dɪ'saɪd] <> vt - 1. [resolve, determine] decidir; **to** ~ **to do sthg** decidir fazer algo; **to** ~ **that** decidir que - 2. [settle] decidir, resolver. <> vi [make up one's mind] decidir-se.

◆ **decide (up)on** vt fus decidir-se por.

decided [dɪ'saɪdɪd] adj - 1. [distinct] evidente - 2. [resolute] decidido(da).

decidedly [dɪ'saɪdɪdlɪ] adv decididamente.

deciduous [dɪ'sɪdjʊəs] adj decíduo(dua).

decimal ['desɪml] <> adj decimal. <> n (número m) decimal m.

decimal point n vírgula f decimal.

decimate ['desɪmeɪt] vt dizimar.

decipher [dɪ'saɪfə^r] vt decifrar.

decision [dɪ'sɪʒn] n - 1. [gen] decisão f - 2. [decisiveness] determinação f.

decisive [dɪ'saɪsɪv] adj - 1. [person] decidido(da) - 2. [factor, event] decisivo (va).

deck [dek] n - 1. [of ship] convés m - 2. [of bus] piso m - 3. [of cards] baralho m - 4. US [of house] área com piso e sem telhado junto a uma casa.

deckchair ['dektʃeə^r] n espreguiçadeira f.

declaration [,deklə'reɪʃn] n declaração f.

Declaration of Independence n: **the** ~ a declaração da independência norte-americana em 1776.

declare [dɪ'kleə^r] vt declarar.

decline [dɪ'klaɪn] <> n declínio m; **to be in** ~ estar em declínio; **on the** ~ em declínio. <> vt [refuse] recusar, declinar; **to** ~ **to do sthg** recusar-se a fazer algo. <> vi - 1. [deteriorate] decair - 2. [refuse] recusar-se.

decode [,di:'kəʊd] vt decodificar.

decompose [,di:kəm'pəʊz] vi [decay] decompor.

decongestant [,di:kən'dʒestənt] n descongestionante m.

decorate ['dekəreɪt] vt - 1. [gen] decorar - 2. [with medal] condecorar.

decoration [,dekə'reɪʃn] n - 1. [ornament] enfeite m - 2. [activity, appearance] decoração f - 3. [medal] condecoração f.

decorator ['dekəreɪtə^r] n decorador m, -ra f.

decoy [n 'di:kɔɪ, vb dɪ'kɔɪ] <> n chamariz m, isca f. <> vt atrair.

decrease [n 'di:kri:s, vb dɪ'kri:s] <> n diminuição f; ~ **in sthg** diminuição de algo. <> vt diminuir. <> vi diminuir.

decree [dɪ'kri:] <> n - 1. [order, decision] decreto m - 2. US [judgment] sentença f. <> vt decretar; **to** ~ **that** decretar que.

decree nisi [-'naɪsaɪ] (pl **decrees nisi**) UK JUR sentença f provisória de divórcio.

decrepit [dɪ'krepɪt] adj decrépito(ta).

dedicate ['dedɪkeɪt] vt - 1. [book, song, poem]: **to** ~ **sthg to sb** dedicar algo a alguém - 2. [life, career] dedicar.

dedication [,dedɪ'keɪʃn] n dedicação f.

deduce [dɪ'dju:s] vt deduzir; **to** ~ **sthg from sthg** deduzir algo de algo.

deduct [dɪ'dʌkt] vt deduzir; **to** ~ **sthg from sthg** descontar OR deduzir algo de algo.

deduction [dɪ'dʌkʃn] n - 1. [conclusion]

dedução *f* **-2.** [sum deducted] desconto *m.*

deed [di:d] *n* **-1.** [action] ação *f*, feito *m* **-2.** JUR escritura *f.*

deem [di:m] *vt fml* julgar; **the building was ~ed to be unsafe** o edifício foi considerado inseguro; **to ~ it wise to do sthg** julgar sensato fazer algo.

deep [di:p] <> *adj* **-1.** [gen] profundo(da) **-2.** [in measurements] de profundidade **-3.** [colour] intenso(sa) **-4.** [sound, voice] grave. <> *adv* longe; **to go ~ into the forest** embrenhar-se floresta adentro; **to know ~ down** *fig* saber bem no fundo.

deepen ['di:pn] *vi* **-1.** [river, sea] aprofundar-se **-2.** [crisis, recession, feeling] agravar-se.

deep freeze *n* freezer *m.*

deep-fry *vt* fritar *(com muito óleo).*

deeply ['di:plɪ] *adv* **-1.** [dig, sigh] fundo **-2.** [profoundly, sincerely] profundamente.

deep-sea *adj* submarino(na).

deer [dɪəᵊ] *(pl inv)* *n* veado *m*, cervo *m.*

deface [dɪ'feɪs] *vt* danificar.

defamatory [dɪ'fæmətrɪ] *adj fml* difamatório(ria).

default [dɪ'fɔːlt] *n* **-1.** JUR falta *f*; **to declare s.o. in ~** declarar alguém inadimplente; **by ~** à revelia **-2.** COMPUT default *m*, padrão *m.*

defeat [dɪ'fiːt] <> *n* [gen] derrota *f*; **to admit ~** admitir a derrota. <> *vt* **-1.** [team, opponent] derrotar **-2.** [motion, proposal] rechaçar.

defeatist [dɪ'fiːtɪst] <> *adj* derrotista. <> *n* derrotista *mf.*

defect [*n* 'di:fekt, *vb* dɪ'fekt] <> *n* [fault] defeito *m.* <> *vi* POL: **to ~ to the other side** ≃ passar para o outro lado, virar a casaca.

defective [dɪ'fektɪv] *adj* defeituoso(sa).

defence UK, **defense** US [dɪ'fens] *n* **-1.** [gen & SPORT] defesa *f*; **~ against sb/sthg** defesa contra alguém/algo **-2.** [protective device, system] proteção *f*; **~ against sb/sthg** proteção *f* contra alguém/algo **-3.** [JUR - lawyers]: **the ~** a defesa; [- denial of charge] defesa *f.*

defenceless UK, **defenseless** US [dɪ'fenslɪs] *adj* indefeso(sa).

defend [dɪ'fend] *vt* defender; **to ~ sb/sthg against sb/sthg** defender alguém/algo de alguém/algo.

defendant [dɪ'fendənt] *n* réu *m*, ré *f.*

defender [dɪ'fendəᵊ] *n* **-1.** [gen] defensor *m*, -ra *f* **-2.** [SPORT - player] zagueiro *m*, -ra *f*; [- of title] defensor *m*, -ra *f.*

defense *n* US = **defence**.

defenseless *adj* US = **defenceless**.

defensive [dɪ'fensɪv] <> *adj* **-1.** [weapons, tactics] defensivo(va) **-2.** [person] receoso(sa). <> *n*: **on the ~** na defensiva.

defer [dɪ'fɜːᵊ] *(pt & pp* -red, *cont* -ring) <> *vt* adiar, protelar. <> *vi*: **to ~ to sb** deferir a alguém.

deferential [ˌdefə'renʃl] *adj* deferente.

defiance [dɪ'faɪəns] *n* desafio *m*; **in ~ of sb/sthg** a despeito de alguém/algo.

defiant [dɪ'faɪənt] *adj* desafiador(ra).

deficiency [dɪ'fɪʃnsɪ] *(pl* -ies) *n* **-1.** [lack] deficiência *f* **-2.** [inadequacy] deficiência *f*, imperfeição *f.*

deficient [dɪ'fɪʃnt] *adj* **-1.** [lacking]: **~ in sthg** deficiente em algo **-2.** [inadequate] deficiente.

deficit ['defɪsɪt] *n* déficit *m.*

defile [dɪ'faɪl] *vt* **-1.** [grave, church] profanar **-2.** [mind, purity] corromper.

define [dɪ'faɪn] *vt* definir.

definite ['defɪnɪt] *adj* **-1.** [date, plan] definido(da) **-2.** [improvement, difference] claro(ra) **-3.** [person] seguro(ra).

definitely ['defɪnɪtlɪ] *adv* sem dúvida.

definition [defɪ'nɪʃn] *n* **-1.** [of word, expression, concept] definição *f* **-2.** [of problem, function] explicação *f* **-3.** [clarity] nitidez *f.*

deflate [dɪ'fleɪt] <> *vt* [balloon, tyre] esvaziar. <> *vi* [balloon, tyre] esvaziar-se.

deflation [dɪ'fleɪʃn] *n* ECON deflação *f.*

deflect [dɪ'flekt] *vt* desviar.

defogger [ˌdi:'fɒgəᵊ] *n* US AUT desembaçador *m.*

deformed [dɪ'fɔːmd] *adj* deformado(da).

DEFRA *(abbr of* **Department for the Environment, Food and Rural Affairs**) *n divisão do governo britânico que trata de questões agrárias e do meio ambiente.*

defraud [dɪ'frɔːd] *vt* fraudar.

defrost [ˌdi:'frɒst] <> *vt* **-1.** [fridge] degelar **-2.** [frozen food] descongelar **-3.** US [AUT - de-ice] descongelar. <> *vi* **-1.** [fridge] degelar **-2.** [frozen food] descongelar.

deft [deft] *adj* **-1.** [movement, fingers] ágil **-2.** [handling of situation] hábil.

defunct [dɪ'fʌŋkt] *adj* extinto(ta).

defuse [ˌdi:'fju:z] *vt* UK **-1.** [bomb] desativar **-2.** *fig* [situation] acalmar.

defy [dɪ'faɪ] *(pt & pp* -ied) *vt* **-1.** [disobey] desafiar **-2.** [challenge]: **to ~ sb to do sthg** desafiar alguém a fazer algo **-3.** *fig* [elude - description] impossibilitar; [- efforts] tornar inútil.

degenerate [*adj* dɪ'dʒenərət, *vb* dɪ'dʒenəreɪt] <> *adj* degenerado(da). <> *vi* degenerar; **to ~ into** degenerar para.

degrading [dɪˈgreɪdɪŋ] adj [debasing] degradante.

degree [dɪˈgriː] n -1. [unit of measurement, amount] grau m; by ~s gradualmente - 2. [qualification] título m universitário; to have/take a ~ (in sthg) ter/obter graduação (em algo).

dehydrated [ˌdiːhaɪˈdreɪtɪd] adj desidratado(da).

de-ice [diːˈaɪs] vt descongelar.

deign [deɪn] vi: to ~ to do sthg dignar-se a fazer algo.

deity [ˈdiːɪtɪ] (pl -ies) n divindade f, deidade f.

dejected [dɪˈdʒektɪd] adj abatido(da), desanimado(da).

delay [dɪˈleɪ] ◇ n atraso m. ◇ vt -1. [cause to be late] atrasar - 2. [postpone] adiar; to ~ doing sthg adiar (fazer) algo. ◇ vi demorar-se; to ~ in doing sthg demorar-se para fazer algo.

delayed [dɪˈleɪd] adj atrasado(da).

delectable [dɪˈlektəbl] adj -1. [food] delicioso(sa) - 2. [person] fabuloso(sa).

delegate [n ˈdelɪgət, vb ˈdelɪgeɪt] ◇ n delegado m, -da f. ◇ vt -1. [appoint to do job] delegar; to ~ sb to do sthg delegar alguém para fazer algo - 2. [hand over responsibility for] delegar; to ~ sthg to sb delegar algo a alguém.

delegation [ˌdelɪˈgeɪʃn] n delegação f.

delete [dɪˈliːt] vt -1. [remove] apagar - 2. COMPUT deletar.

deli [ˈdelɪ] (abbr of delicatessen) n fam loja onde se vendem bebidas, frios, conservas e pães.

deliberate [adj dɪˈlɪbərət, vb dɪˈlɪbəreɪt] ◇ adj -1. [intentional] deliberado(da) - 2. [slow] pausado(da). ◇ vi fml deliberar.

deliberately [dɪˈlɪbərətlɪ] adv [on purpose] deliberadamente.

delicacy [ˈdelɪkəsɪ] (pl -ies) n -1. (U) [gracefulness, tact] delicadeza f - 2. [food] iguaria f.

delicate [ˈdelɪkət] adj -1. [gen] delicado(da) - 2. [flavour, colour] suave - 3. [instrument] delicado(da), sensível.

delicatessen [ˌdelɪkəˈtesn] n delicatessen f.

delicious [dɪˈlɪʃəs] adj [tasty] delicioso(sa).

delight [dɪˈlaɪt] ◇ n [great pleasure] prazer m, deleite m; to take ~ in doing sthg ter prazer em fazer algo. ◇ vt encantar. ◇ vi: to ~ in sthg/in doing sthg encantar-se em algo/em fazer algo.

delighted [dɪˈlaɪtɪd] adj muito contente; ~ by OR with sthg encantado(da) com algo; to be ~ to do sthg estar muito feliz por fazer algo.

delightful [dɪˈlaɪtfʊl] adj encantador(-ra).

delinquent [dɪˈlɪŋkwənt] ◇ adj delinquente. ◇ n delinquente mf.

delirious [dɪˈlɪrɪəs] adj delirante; to be ~ estar delirando.

deliver [dɪˈlɪvəʳ] vt -1. [distribute]: to ~ sthg (to sb) entregar algo (a alguém) - 2. [give - speech, lecture] proferir; [- message] entregar; [- warning, ultimatum] dar - 3. [blow] desferir - 4. [baby] trazer ao mundo - 5. fml [liberate]: to ~ sb (from sthg) libertar alguém (de algo) - 6. US POL [votes] captar.

delivery [dɪˈlɪvərɪ] (pl -ies) n -1. [of goods, letters] entrega f - 2. [goods delivered] remessa f - 3. [way of speaking] elocução f - 4. [birth] parto m.

delude [dɪˈluːd] vt enganar; to ~ o.s. enganar-se.

delusion [dɪˈluːʒn] n ilusão f.

delve [delv] vi -1. [into mystery] pesquisar; to ~ into sthg investigar algo - 2. [in bag, cupboard] remexer; to ~ into OR inside sthg revolver dentro de algo.

demand [dɪˈmɑːnd] ◇ n -1. [gen] exigência f; on ~ [gen] a pedido; COMM sob demanda - 2. [need & COMM]: ~ for sthg demanda f por algo; in ~ solicitado(da). ◇ vt -1. [gen] exigir; to ~ to do sthg exigir fazer algo - 2. [enquire forcefully] inquirir.

demanding [dɪˈmɑːndɪŋ] adj -1. [exhausting] que exige muito esforço - 2. [not easily satisfied] exigente.

demean [dɪˈmiːn] vt rebaixar.

demeaning [dɪˈmiːnɪŋ] adj humilhante.

demeanour UK, **demeanor** US [dɪˈmiːnəʳ] n fml comportamento m.

demented [dɪˈmentɪd] adj demente.

demise [dɪˈmaɪz] n fml -1. [death] falecimento m - 2. fig [end] fim m.

demister [ˌdiːˈmɪstəʳ] n UK AUT desembaçador m.

demo [ˈdeməʊ] (pl -s) (abbr of demonstration) n -1. fam [protest] manifestação f. - 2. [tape, video] demo f.

democracy [dɪˈmɒkrəsɪ] (pl -ies) n democracia f.

democrat [ˈdeməkræt] n democrata mf.

➤ **Democrat** n US democrata mf.

democratic [deməˈkrætɪk] adj democrático(ca).

➤ **Democratic** adj US democrata.

Democratic Party n US: the ~ o Partido Democrata (dos Estados Unidos).

demolish [dɪˈmɒlɪʃ] vt -1. [knock down] demolir - 2. [prove wrong] destruir, acabar com.

demonstrate ['demənstreɪt] <> vt -1. [gen] demonstrar -2. [appliance, machine] mostrar o funcionamento de. <> vi manifestar-se; to ~ for/against sthg manifestar-se a favor de/contra algo.

demonstration [ˌdemən'streɪʃn] n [protest gathering, march] manifestação f.

demonstrator ['demənstreɪtə'] n -1. [of machine, product] demonstrador m, -ra f -2. [protester] manifestante mf.

demoralized [dɪ'mɒrəlaɪzd] adj desmoralizado(da).

demote [ˌdiː'məʊt] vt rebaixar (na carreira profissional).

demure [dɪ'mjʊə'] adj recatado(da).

den [den] n [lair] toca f.

denial [dɪ'naɪəl] n -1. [refutation] contestação f -2. (U) [refusal] negação f.

denier ['denɪə'] n [of stockings, tights] denier m, medida da espessura do fio de náilon ou de seda usado na fabricação de roupas.

denigrate ['denɪɡreɪt] vt fml difamar, denegrir.

denim ['denɪm] n brim m.
 denims npl jeans m inv.

denim jacket n jaqueta f jeans.

Denmark ['denmɑːk] n Dinamarca f.

denomination [dɪˌnɒmɪ'neɪʃn] n -1. RELIG denominação f, seita f -2. FIN valor m.

denounce [dɪ'naʊns] vt denunciar.

dense [dens] adj -1. [thick - trees, undergrowth] denso(sa); [- mist, fog] espesso(sa) -2. inf [stupid] estúpido(da).

dent [dent] <> n amassado m. <> vt [surface] amassar.

dental ['dentl] adj dentário(ria); a ~ problem um problema nos dentes.

dental floss n (U) fio m dental.

dental surgeon n cirurgião-dentista m, cirurgiã-dentista f.

dental surgery n cirurgia f dentária.

dentist ['dentɪst] n dentista mf; to go to the ~'s ir ao dentista.

dentures ['dentʃəz] npl dentadura f.

deny [dɪ'naɪ] (pt & pp -ied) vt negar; to ~ sb sthg negar algo a alguém.

deodorant [diː'əʊdərənt] n desodorante m.

depart [dɪ'pɑːt] vi fml -1. [leave] partir; to ~ from partir de -2. [differ]: to ~ from sthg afastar-se de algo.

department [dɪ'pɑːtmənt] n -1. [gen] departamento m -2. [of government] ministério m.

department store n loja f de departamentos.

departure [dɪ'pɑːtʃə'] n -1. [leaving] partida f -2. [variation]: ~ (from sthg) abandono m (de algo) -3. [orientation] início m.

departure lounge n sala f de embarque.

depend [dɪ'pend] vi -1. [rely - financially]: to ~ on sb/sthg depender de alguém/algo; [- emotionally]: to ~ on sb confiar em alguém -2. [be determined]: it ~s depende; it ~s on depende de; ~ing on dependendo de.

dependable [dɪ'pendəbl] adj confiável.

dependant [dɪ'pendənt] n dependente mf.

dependent [dɪ'pendənt] adj -1. [reliant]: to be ~ (on sb/sthg) ser dependente (de alguém/algo) -2. [addicted] dependente -3. [determined by]: to be ~ on sb/sthg depender de alguém/algo.

depict [dɪ'pɪkt] vt -1. [show in picture] retratar -2. [describe]: to ~ sb/sthg as sthg retratar alguém/algo como algo.

deplete [dɪ'pliːt] vt reduzir.

deplorable [dɪ'plɔːrəbl] adj deplorável.

deplore [dɪ'plɔː'] vt deplorar.

deploy [dɪ'plɔɪ] vt dispor.

depopulation [diːˌpɒpjʊ'leɪʃn] n (U) despovoamento m.

deport [dɪ'pɔːt] vt deportar.

depose [dɪ'pəʊz] vt [king, ruler] depor.

deposit [dɪ'pɒzɪt] <> n -1. GEOL [of gold, oil] jazida f -2. [of sediment, silt] depósito m -3. [fin] depósito m; to make a ~ fazer um depósito -4. [down payment - on house, car] entrada f; [- on hotel room] depósito m -5. [returnable payment - on hired goods] caução f; [- on bottle, container] depósito m. <> vt -1. [gen] depositar -2. [bag, case, shopping] colocar.

deposit account n UK conta f remunerada.

depot ['depəʊ] n -1. [storage facility - for goods] armazém m; [- for vehicles] garagem f -2. US [bus or train terminus] terminal m.

depreciate [dɪ'priːʃɪeɪt] vi depreciar.

depress [dɪ'pres] vt -1. [sadden, discourage] deprimir -2. ECON depreciar -3. [slow down, reduce] reduzir.

depressed [dɪ'prest] adj -1. [person] deprimido(da) -2. [area]: ~ point ponto inferior.

depressing [dɪ'presɪŋ] adj deprimente.

depression [dɪ'preʃn] n depressão f.

deprivation [ˌdeprɪ'veɪʃn] n [privation] privação f.

deprive [dɪ'praɪv] vt: to ~ sb of sthg privar alguém de algo.

depth [depθ] n -1. profundidade f; to be out of one's ~ [lit & fig] não dar pé para alguém; in ~ em profundidade -2. [severity] gravidade f; the ~ of sthg a gravidade de algo.
 depths npl: the ~s [of sea, memory]

as profundezas; [of winter] o auge; **to be in the** ~**s of despair** estar no auge do desespero.

deputation [ˌdepjʊˈteɪʃn] n delegação f.

deputize, -ise [ˈdepjʊtaɪz] vi: **to** ~ **(for sb)** substituir oficialmente (alguém).

deputy [ˈdepjʊtɪ] (pl **-ies**) <> adj adjunto(ta); ~ **head** subdiretor m, -ra f; ~ **chairman** vice-presidente m. <> n **-1.** [second-in-command] suplente mf **-2.** US [deputy sheriff] ajudante mf do delegado.

derail [dɪˈreɪl] vt [train] descarrilhar.

deranged [dɪˈreɪndʒd] adj perturbado(-da), transtornado(da).

derby [UK ˈdɑːbɪ, US ˈdɜːbɪ] (pl **-ies**) n **-1.** [sports event] jogo m local **-2.** US [hat] chapéu-coco m.

derelict [ˈderəlɪkt] adj abandonado(da).

deride [dɪˈraɪd] vt escarnecer de, zombar de.

derisory [dəˈraɪzərɪ] adj **-1.** [ridiculous] irrisório(ria) **-2.** [scornful] zombeteiro(-ra).

derivative [dɪˈrɪvətɪv] <> adj pej pouco original. <> n derivado m.

derive [dɪˈraɪv] <> vt **-1.** [pleasure]: **to** ~ **sthg from sthg** encontrar algo em algo **-2.** [word, expression]: **to be** ~**d from sthg** derivar de algo. <> vi [word, expression]: **to** ~ **from sthg** derivar-se de algo.

derogatory [dɪˈrɒgətrɪ] adj depreciativo(va).

derv [dɜːv] n UK gasóleo m.

descend [dɪˈsend] <> vi **-1.** fml [go down] descer **-2.** [fall]: **to** ~ **(on sb/ sthg)** recair (sobre alguém/algo) **-3.** [stoop, lower o.s.]: **to** ~ **to sthg/to doing sthg** rebaixar-se a algo/a fazer algo. <> vt fml [go down] descer.

descendant [dɪˈsendənt] n [family member] descendente mf.

descended [dɪˈsendɪd] adj: **to be** ~ **from sb** ser descendente OR descender de alguém.

descent [dɪˈsent] n **-1.** [downwards movement] descida f **-2.** (U) [origin] ascendência f.

describe [dɪˈskraɪb] vt [recount] descrever.

description [dɪˈskrɪpʃn] n **-1.** [account] descrição f **-2.** [type] tipo m.

desecrate [ˈdesɪkreɪt] vt profanar.

desert [n ˈdezət, vb & npl dɪˈzɜːt] <> n GEOGR deserto m. <> vt abandonar. <> vi MIL desertar.

➡ **deserts** npl: **to get one's just** ~**s** receber aquilo que se merece.

deserted [dɪˈzɜːtɪd] adj [place] deserto(-ta), abandonado(da).

deserter [dɪˈzɜːtəˈ] n desertor m, -ra f.

desert island [ˈdezət-] n ilha f deserta.

deserve [dɪˈzɜːv] vt merecer; **to** ~ **sthg** merecer algo; **we** ~ **to win** merecemos vencer.

deserving [dɪˈzɜːvɪŋ] adj merecedor(-ra).

design [dɪˈzaɪn] <> n **-1.** [plan, drawing] projeto m **-2.** (U) [art] design m **-3.** [pattern, motif] padrão m **-4.** [structure, shape] modelo m **-5.** fml [intention] intenção f; **by** ~ por intenção; **to have** ~**s on sb/sthg** ter más intenções com relação a alguém/algo. <> vt **-1.** [building, car] projetar **-2.** [clothes, costumes] desenhar **-3.** [plan, system, test] projetar, criar; **to be** ~**ed for sthg/to do sthg** ser projetado(da) para algo/ para fazer algo.

designate [adj ˈdezɪgnət, vb ˈdezɪgneɪt] <> adj designado(da). <> vt [appoint] designar.

designer [dɪˈzaɪnəˈ] <> adj [jeans, glasses, stubble] de marca. <> n **-1.** [of building, machine] projetista mf **-2.** [of theatre set] cenógrafo m, -fa f **-3.** [of clothes] estilista mf.

desirable [dɪˈzaɪərəbl] adj **-1.** fml [appropriate] apropriado(da) **-2.** [attractive] agradável **-3.** [sexually attractive] desejável.

desire [dɪˈzaɪəˈ] <> n **-1.** [wish] desejo m, vontade f; ~ **for sthg/to do sthg** desejo por algo/de fazer algo, vontade de algo/de fazer algo **-2.** (U) [sexual longing] desejo m. <> vt desejar.

desist [dɪˈzɪst] vi fml: **to** ~ **(from doing sthg)** desistir (de fazer algo).

desk [desk] n **-1.** [piece of furniture - in office, study] escrivaninha f; [- in school] carteira f **-2.** [service point] balcão m.

desk diary n agenda f (de mesa).

desktop publishing n (U) editoração f eletrônica.

desolate [ˈdesələt] adj desolado(da).

despair [dɪˈspeəˈ] <> n (U) desespero m. <> vi desesperar-se; **to** ~ **of sb/ sthg** perder a esperança com alguém/algo; **to** ~ **of doing sthg** perder a esperança de fazer algo.

despairing [dɪˈspeərɪŋ] adj desesperador(ra).

despatch [dɪˈspætʃ] n & vt = dispatch.

desperate [ˈdesprət] adj **-1.** [gen] desesperado(da); **to feel** ~ sentir-se desesperado(da) **-2.** [situation, problem] desesperador(ra) **-3.** [criminal] implacável **-4.** [in great need]: **to be** ~ **for sthg** estar louco(ca) por algo.

desperately [ˈdesprətlɪ] adv **-1.** [gen] desesperadamente **-2.** [busy, sorry, in love] muito.

desperation [ˌdespəˈreɪʃn] *n (U)* desespero *m*; in ~ em desespero.

despicable [dɪˈspɪkəbl] *adj* desprezível.

despise [dɪˈspaɪz] *vt* desprezar.

despite [dɪˈspaɪt] *prep* apesar de.

despondent [dɪˈspɒndənt] *adj* desanimado(da).

dessert [dɪˈzɜ:t] *n* sobremesa *f*.

dessertspoon [dɪˈzɜ:tspu:n] *n* [spoon] colher *f* de sobremesa.

destination [ˌdestɪˈneɪʃn] *n* destino *m*.

destined [ˈdestɪnd] *adj* **-1.** [intended]: ~ for sthg/to do sthg predestinado(da) a algo/a fazer algo **-2.** [bound]: to be ~ for estar indo para.

destiny [ˈdestɪnɪ] (*pl* **-ies**) *n* destino *m*.

destitute [ˈdestɪtju:t] *adj* [extremely poor] necessitado(da), miserável.

destroy [dɪˈstrɔɪ] *vt* [gen] destruir.

destruction [dɪˈstrʌkʃn] *n (U)* destruição *f*.

detach [dɪˈtætʃ] *vt* **-1.** [remove] tirar; to ~ sthg from sthg tirar algo de algo ; [tear off] destacar **-2.** [dissociate]: to ~ o.s. from sthg afastar-se de algo.

detached [dɪˈtætʃt] *adj* [unemotional] imparcial.

detached house *n* casa *f* separada.

detachment [dɪˈtætʃmənt] *n* **-1.** *(U)* [aloofness] desinteresse *m*, desapego *m* **-2.** MIL destacamento *m*.

detail [ˈdi:teɪl] <> *n* **-1.** [small point] detalhe *m* **-2.** *(U)* [collection of facts, points] detalhe *m*, particularidade *f*; to go into ~ entrar em detalhes; in ~ detalhadamente **-3.** MIL destacamento *m*. <> *vt* [list] detalhar.

◆ **details** *npl* **-1.** [information] dados *mpl* **-2.** [personal information] dados *mpl* (pessoais).

detailed [ˈdi:teɪld] *adj* detalhado(da).

detain [dɪˈteɪn] *vt* **-1.** [in hospital, police station] deter **-2.** [delay] retardar.

detect [dɪˈtekt] *vt* **-1.** [subj: person] perceber **-2.** [subj: device] detectar.

detection [dɪˈtekʃn] *n* **-1.** *(U)* [discovery] detecção *f* **-2.** [investigation] investigação *f*.

detective [dɪˈtektɪv] *n* detetive *mf*.

detective novel *n* romance *m* policial.

detention [dɪˈtenʃn] *n* **-1.** *(U)* [of suspect, criminal] detenção *f* **-2.** [at school] castigo *m* (*depois da aula*).

deter [dɪˈtɜ:ʳ] (*pt* & *pp* **-red**, *cont* **-ring**) *vt* dissuadir; to ~ sb from doing sthg dissuadir alguém de fazer algo.

detergent [dɪˈtɜ:dʒənt] *n* detergente *m*.

deteriorate [dɪˈtɪərɪəreɪt] *vi* piorar.

determination [dɪˌtɜ:mɪˈneɪʃn] *n* **-1.** *(U)* [resolve] determinação *f* **-2.** [establishing, fixing] definição *f*.

determine [dɪˈtɜ:mɪn] *vt* **-1.** [gen] determinar **-2.** *fml* [resolve]: to ~ to do sthg determinar-se a fazer algo **-3.** [fix, settle] definir.

determined [dɪˈtɜ:mɪnd] *adj* [person, effort] determinado(da); ~ to do sthg determinado(da) a fazer algo.

deterrent [dɪˈterənt] *n* dissuasão *f*.

detest [dɪˈtest] *vt* detestar.

detonate [ˈdetəneɪt] <> *vt* detonar. <> *vi* detonar.

detour [ˈdi:ˌtuəʳ] *n* desvio *m*.

detract [dɪˈtrækt] *vi*: to ~ from [quality, achievement] depreciar; [enjoyment] perturbar.

detriment [ˈdetrɪmənt] *n*: to the ~ of sb/sthg em detrimento de alguém/algo.

detrimental [ˌdetrɪˈmentl] *adj* prejudicial.

deuce [dju:s] *n* TENNIS empate *m*.

devaluation [ˌdi:væljʊˈeɪʃn] *n* FIN desvalorização *f*.

devastated [ˈdevəsteɪtɪd] *adj* **-1.** [place] devastado(da) **-2.** *fig* [person] arrasado(da).

devastating [ˈdevəsteɪtɪŋ] *adj* **-1.** [disastrous] devastador(ra) **-2.** [very effective, attractive] avassalador(ra).

develop [dɪˈveləp] <> *vt* **-1.** [gen] desenvolver **-2.** [land, area, resources] explorar **-3.** [illness] contrair **-4.** PHOT revelar. <> *vi* **-1.** [gen] desenvolver **-2.** [problem, illness] aparecer.

developing country [dɪˈveləpɪŋ-] *n* país *m* em desenvolvimento.

development [dɪˈveləpmənt] *n* **-1.** *(U)* [expansion, growth, conception - gen] desenvolvimento *m*; [- of business, company] crescimento *m* **-2.** *(U)* [of land, area] exploração *f* **-3.** [developed land] loteamento *m* **-4.** [further incident] acontecimento *m* **-5.** *(U)* [of illness, fault, habit] desenvolvimento *m* **-6.** PHOT revelação *f*.

deviate [ˈdi:vɪeɪt] *vi*: to ~ (from sthg) desviar-se (de algo).

device [dɪˈvaɪs] *n* **-1.** [apparatus] dispositivo *m*, aparelho *m* **-2.** [plan, method] artifício *m* **-3.** [bomb]: (incendiary) ~ bomba *f* incendiária.

devil [ˈdevl] *n* **-1.** [evil spirit] demônio *m* **-2.** *inf* [person] diabo *m*, -ba *f*; poor ~! pobre diabo! **-3.** [for emphasis]: who/ where/why the ~ ...? que/onde/por que diabos ...?

◆ **Devil** *n* [Satan]: the Devil o Diabo.

devious [ˈdi:vjəs] *adj* **-1.** [gen] desonesto(ta) **-2.** [route] sinuoso(sa).

devise [dɪˈvaɪz] *vt* conceber.

devoid [dɪ'vɔɪd] *adj fml*: ~ of sthg desprovido(da) de algo.

devolution [ˌdiːvəˈluːʃn] *n (U)* POL descentralização *f*.

devote [dɪ'vəʊt] *vt*: to ~ sthg to sthg dedicar algo a algo.

devoted [dɪ'vəʊtɪd] *adj* [person] dedicado(da); ~ to sb/sthg dedicado(da) a alguém/algo.

devotee [ˌdevə'tiː] *n* -1. [disciple] devoto *m*, -ta *f* -2. [fan] fã *mf* -3. [enthusiast] entusiasta *mf*.

devotion [dɪ'vəʊʃn] *n* -1. *(U)* [commitment]: ~ to sb/sthg dedicação *f* a alguém/algo -2. RELIG devoção *f*.

devour [dɪ'vaʊə'] *vt* -1. [eat, read avidly] devorar -2. *fig* [subj: fire] consumir.

devout [dɪ'vaʊt] *adj* RELIG devoto(ta).

dew [djuː] *n (U)* orvalho *m*.

diabetes [ˌdaɪə'biːtiːz] *n (U)* diabete *f*.

diabetic [ˌdaɪə'betɪk] <> *adj* [person] diabético(ca). <> *n* diabético *m*, -ca *f*.

diabolic(al) [ˌdaɪə'bɒlɪk(l)] *adj* -1. [evil] diabólico(ca) -2. *inf* [very bad] horroroso(sa).

diagnose ['daɪəgnəʊz] *vt* diagnosticar.

diagnosis [ˌdaɪəg'nəʊsɪs] *(pl* -oses [-əʊsiːz]) *n* diagnóstico *m*.

diagonal [daɪ'ægənl] <> *adj* [line] diagonal. <> *n* diagonal *f*.

diagram ['daɪəgræm] *n* diagrama *m*.

dial ['daɪəl] *(UK pt & pp* -led, *cont* -ling, *US pt & pp* -ed, *cont* -ing) <> *n* -1. [of watch, clock, meter] mostrador *m* -2. [of radio] dial *m* -3. [of telephone] teclado *m*. <> *vt* [number] discar.

dialect ['daɪəlekt] *n* dialeto *m*.

dialling code UK, **dialing code** US ['daɪəlɪŋ-] *n* código *m* de discagem.

dialling tone UK ['daɪəlɪŋ-], **dial tone** US *n* linha *f (no telefone)*.

dialogue UK, **dialog** US ['daɪəlɒg] *n* diálogo *m*.

dial tone *n US* = dialling tone.

dialysis [daɪ'ælɪsɪs] *n (U)* diálise *f*.

diameter [daɪ'æmɪtə'] *n* diâmetro *m*.

diamond ['daɪəmənd] *n* -1. [gem] diamante *m* -2. [shape] losango *m*.
▸ **diamonds** *npl* [cards] ouros *mpl*.

diaper ['daɪpə'] *n US* fralda *f*.

diaphragm ['daɪəfræm] *n* diafragma *m*.

diarrh(o)ea [ˌdaɪə'rɪə] *n (U)* diarréia *f*.

diary ['daɪərɪ] *(pl* -ies) *n* -1. [appointment book] agenda *f* -2. [personal record] diário *m*.

dice [daɪs] *(pl inv)* <> *n* [for games] dado *m*. <> *vt* cortar em cubinhos.

dictate [*vb* dɪk'teɪt, *n* 'dɪkteɪt] <> *vt* -1. [letter] ditar -2. [conditions, terms] ditar, impor. <> *n* ditado *m*.

dictation [dɪk'teɪʃn] *n* ditado *m*.

dictator [dɪk'teɪtə'] *n* POL ditador *m*, -ra *f*.

dictatorship [dɪk'teɪtəʃɪp] *n* ditadura *f*.

dictionary ['dɪkʃənrɪ] *(pl* -ies) *n* dicionário *m*.

did [dɪd] *pt* ▷ do.

diddle ['dɪdl] *vt UK inf* passar a perna em.

didn't ['dɪdnt] = did not.

die [daɪ] *(pt & pp* died, *cont* dying) <> *vi* -1. [person, animal, plant] morrer; to be dying *(subj: fire)* estar morrendo; to be dying for sthg/to do sthg *inf* estar morrendo de vontade de algo/de fazer algo -2. *fig* [love, anger, memory] morrer. <> *n* [dice] dado *m*.
▸ **die away** *vi* [sound, wind] desvanecer-se.
▸ **die down** *vi* -1. [fire] arrefecer -2. [sound, wind] abrandar.
▸ **die out** *vi* -1. [family, custom] desaparecer -2. [species] ser extinto(ta).

diehard ['daɪhɑːd] *n* teimoso(sa).

diesel ['diːzl] *n* -1. *(U)* [fuel, oil] diesel *m* -2. [vehicle] veículo *m* a diesel.

diesel engine *n* motor *m* a diesel.

diesel fuel, diesel oil *n* óleo *m* diesel.

diet ['daɪət] <> *n* -1. [gen] dieta *f* -2. [in order to lose weight] dieta *f*, regime *m*; to be/go on a ~ estar de/entrar em dieta. <> *comp* [low-calorie] de baixa caloria; a ~ Coke® uma Coca® light. <> *vi* [in order to lose weight] fazer regime.

differ ['dɪfə'] *vi* -1. [be different] diferir; to ~ from sb/sthg diferir/distinguir-se de alguém/algo -2. [disagree]: to ~ with sb (about sthg) discordar de alguém (sobre algo).

difference ['dɪfrəns] *n* diferença *f*; it doesn't make any ~ não faz a menor diferença.

different ['dɪfrənt] *adj* diferente; ~ from diferente de.

differentiate [ˌdɪfə'renʃɪeɪt] <> *vt*: to ~ sthg from sthg diferenciar algo de algo. <> *vi*: to ~ (between) diferenciar (entre).

difficult ['dɪfɪkəlt] *adj* difícil.

difficulty ['dɪfɪkəltɪ] *(pl* -ies) *n* dificuldade *f*; to have ~ in doing sthg ter dificuldade em fazer algo.

diffident ['dɪfɪdənt] *adj* acanhado(da).

diffuse [dɪ'fjuːz] *vt* -1. [light] difundir -2. [information] divulgar.

dig [dɪg] *(pt & pp* dug, *cont* digging) <> *n* -1. *fig* [unkind remark] zombaria *f* -2. ARCHAEOL escavação *f*. <> *vt* [in ground] cavar. <> *vi* -1. [in ground] enterrar-se -2. [press, jab]: to ~ into sthg cravar-se em algo; my strap's ~ging into me a alça do vestido está me apertando.

dig out vt sep inf [letter, document] desencavar.

dig up vt sep -1. [from ground] desenterrar -2. inf [information] desencavar.

digest [n 'daɪdʒest, vb dɪ'dʒest] ⬦ n [book] resenha f. ⬦ vt [food, information] digerir.

digestion [dɪ'dʒestʃn] n digestão f.

digestive biscuit [dɪ'dʒestɪv-] n UK biscoito liso levemente adocicado muito comum na GrãBretanha.

digestive system n sistema m digestivo.

digger n [machine] escavadeira f.

digit ['dɪdʒɪt] n -1. [figure] dígito m -2. [finger, toe] dedo m.

digital ['dɪdʒɪtl] adj [watch, readout] digital.

digital camera n câmera f digital.

digital television, digital TV n televisão f digital.

digital watch n relógio m digital.

dignified ['dɪgnɪfaɪd] adj digno(na).

dignity ['dɪgnətɪ] n dignidade f.

digress [daɪ'gres] vi fugir do assunto, divagar; **to ~ (from sthg)** desviar-se (de algo).

digs [dɪgz] npl UK inf quarto m alugado.

dike [daɪk] n -1. [wall, bank] dique m -2. inf pej [lesbian] sapatão m.

dilapidated [dɪ'læpɪdeɪtɪd] adj em ruínas.

dilate [daɪ'leɪt] ⬦ vt dilatar. ⬦ vi dilatar-se.

dilemma [dɪ'lemə] n dilema m.

diligent ['dɪlɪdʒənt] adj diligente, aplicado(da).

dilute [daɪ'luːt] ⬦ adj diluído(da). ⬦ vt: **to ~ sthg (with sthg)** diluir algo (com algo).

dim [dɪm] (compar-mer, superl-mest, pt & pp -med, cont -ming) ⬦ adj -1. [dark] sombrio(bria) -2. [indistinct - shape] indistinto(ta); [- sight, sound] fraco(ca); [- memory] vago(ga) -3. [weak] fraco(ca) -4. inf [stupid] idiota. ⬦ vt [light] diminuir. ⬦ vi [beauty, hope, memory] extinguir-se.

dime [daɪm] n US moeda de 10 centavos de dólar.

dimension [dɪ'menʃn] n dimensão f.

dimensions pl [of room, object] dimensões fpl.

diminish [dɪ'mɪnɪʃ] ⬦ vt [make less important] diminuir. ⬦ vi diminuir.

diminutive [dɪ'mɪnjutɪv] ⬦ adj fml [tiny] diminuto(ta). ⬦ n GRAMM diminutivo m.

dimmer ['dɪmər] n [switch] dimmer m.

dimmers npl US -1. [dipped headlights] faróis mpl baixos -2. [parking lights] pisca-alerta m.

dimmer switch n = dimmer.

dimple ['dɪmpl] n covinha f (no rosto).

din [dɪn] n inf zoeira f.

dine [daɪn] vi fml jantar.

dine out vi jantar fora.

diner ['daɪnər] n -1. [person] cliente mf (de restaurante) -2. US [restaurant] lanchonete f (em beira de estrada).

dinghy ['dɪŋgɪ] (pl -ies) n [for sailing] barco m a vela (pequeno); [for rowing] bote m a remo.

dingy ['dɪndʒɪ] (compar -ier, superl -iest) adj [dirty, drab] sujo(ja).

dining car ['daɪnɪŋ-] n vagão-restaurante m.

dining room ['daɪnɪŋ-] n sala f de jantar.

dinner ['dɪnər] n -1. [meal - in evening] jantar m; [- at midday] almoço m -2. [formal event] jantar m.

dinner jacket n UK smoking m.

dinner party n jantar m (para poucas pessoas).

dinnertime ['dɪnətaɪm] n hora f do jantar.

dinosaur ['daɪnəsɔːr] n [reptile] dinossauro m.

dint [dɪnt] n fml: **by ~ of** por meio de.

dip [dɪp] (pt & pp -ped, cont -ping) ⬦ n -1. [in road, ground] depressão f -2. [sauce] molho m cremoso -3. [swim]: **to go for a ~** dar um mergulho. ⬦ vt -1. [into liquid]: **to ~ sthg in (to) sthg** mergulhar algo em algo -2. UK [headlights] baixar. ⬦ vi -1. [sun, wing] baixar -2. [road, ground] descer.

Dip. Ed. (abbr of Diploma in Education) (titular de) diploma em educação na Grã-Bretanha.

diploma [dɪ'pləʊmə] (pl -s) n diploma m.

diplomacy [dɪ'pləʊməsɪ] n diplomacia f.

diplomat ['dɪpləmæt] n diplomata mf.

diplomatic [,dɪplə'mætɪk] adj diplomático(ca).

dipstick ['dɪpstɪk] n AUT vareta f do nível do óleo.

dire ['daɪər] adj [serious] terrível.

direct [dɪ'rekt] ⬦ adj [gen] direto(ta). ⬦ vt -1. [aim]: **to ~ sthg at sb** dirigir algo a alguém -2. [person to place] guiar -3. [group, project, film, play] dirigir -4. [order]: **to ~ sb to do sthg** mandar alguém fazer algo. ⬦ adv direto.

direct current n corrente f contínua.

direct debit n UK débito m automático (em conta corrente).

direction [dɪ'rekʃn] n -1. [spatial] direção f -2. fig [orientation] rumo m -3. [of group, project, play, film] direção f; **under**

the ~ of sob a direção de.
➡ **directions** *npl* **-1.** [instructions to place] indicações *fpl* **- 2.** [instructions for use] instruções *fpl*.

directly [dɪ'rektlɪ] *adv* **-1.** [in straight line] diretamente, direto **-2.** [frankly, openly] diretamente **-3.** [exactly] logo, bem **-4.** [very soon] imediatamente.

director [dɪ'rektə'] *n* diretor *m*, -ra *f*.

directory [dɪ'rektərɪ] (*pl* -ies) *n* **-1.** [book, list] lista *f* **-2.** COMPUT diretório *m*.

directory enquiries *n* UK (serviço *m* de) auxílio *m* à lista.

dire straits *npl*: in ~ em apuros.

dirt [dɜːt] *n* **-1.** [mud, dust] sujeira *f* **-2.** [earth] terra *f*.

dirt cheap *inf* ◇ *adj* bem barato(ta). ◇ *adv* bem barato; this was ~ isso foi uma ninharia.

dirty ['dɜːtɪ] (*compar* -ier, *superl* -iest, *pt* & *pp* -ied) ◇ *adj* **- 1.** [not clean] sujo(ja) **- 2.** [unfair] baixo(xa) **- 3.** [smutty] obsceno(na). ◇ *vt* sujar.

disability [ˌdɪsə'bɪlətɪ] (*pl* -ies) *n* deficiência *f*.

disabled [dɪs'eɪbld] ◇ *adj* [person] incapacitado(da). ◇ *npl*: the ~ os deficientes.

disadvantage [ˌdɪsəd'vɑːntɪdʒ] *n* desvantagem *f*; to be at a ~ estar em desvantagem.

disagree [ˌdɪsə'griː] *vi* **-1.** [have different opinions] discordar, não estar de acordo; to ~ with sb discordar de alguém; to ~ with sthg discordar de algo **-2.** [differ] divergir **-3.** [subj: food, drink]: to ~ with sb fazer mal a alguém.

disagreeable [ˌdɪsə'griːəbl] *adj* desagradável.

disagreement [ˌdɪsə'griːmənt] *n* **-1.** [of opinions, records] divergência *f* **-2.** [argument] discussão *f*.

disallow [ˌdɪsə'laʊ] *vt* **-1.** *fml* [appeal, claim] rejeitar **-2.** [goal] anular.

disappear [ˌdɪsə'pɪə'] *vi* desaparecer.

disappearance [ˌdɪsə'pɪərəns] *n* **-1.** [of person, object] desaparecimento *m* **-2.** [of species, civilization] extinção *f*.

disappoint [ˌdɪsə'pɔɪnt] *vt* [fail to satisfy] desapontar, decepcionar.

disappointed [ˌdɪsə'pɔɪntɪd] *adj* desapontado(da), decepcionado(da); ~ in OR with sthg decepcionado(da) com algo.

disappointing [ˌdɪsə'pɔɪntɪŋ] *adj* desapontador(ra), decepcionante.

disappointment [ˌdɪsə'pɔɪntmənt] *n* **-1.** (U) [feeling] desapontamento *m* **-2.** [letdown] decepção *f*.

disapproval [ˌdɪsə'pruːvl] *n* (U) desaprovação *f*.

disapprove [ˌdɪsə'pruːv] *vi*: to ~ (of sb/

sthg) desaprovar (algo/alguém).

disarm [dɪs'ɑːm] *vt* & *vi* desarmar.

disarmament [dɪs'ɑːməmənt] *n* (U) desarmamento *m*.

disarray [ˌdɪsə'reɪ] *n* (U): in ~ *fml* [clothes, hair] em desalinho; [room] em desordem; POL em desacordo.

disaster [dɪ'zɑːstə'] *n* **-1.** [gen] desastre *m*; natural ~ desastre *m* natural **-2.** (U) [misfortune] azar *m*.

disastrous [dɪ'zɑːstrəs] *adj* [catastrophic] desastroso(sa).

disband [dɪs'bænd] ◇ *vt* dispersar. ◇ *vi* dispersar-se.

disbelief [ˌdɪsbɪ'liːf] *n* (U): in OR with ~ com descrença.

discard [dɪ'skɑːd] *vt* desfazer-se de, pôr fora.

discern [dɪ'sɜːn] *vt* **-1.** [see] discernir **-2.** [detect] perceber.

discerning [dɪ'sɜːnɪŋ] *adj* perspicaz.

discharge [*n* 'dɪstʃɑːdʒ, *vb* dɪs'tʃɑːdʒ] ◇ *n* **-1.** [of patient] alta *f*; [of prisoner, defendant] libertação *f*; [from armed forces] dispensa *f* **-2.** [toxic emission] descarga *f* **-3.** MED [from nose, wound] secreção *f*. ◇ *vt* **-1.** [allow to leave - patient] dar alta para; [- prisoner, defendant] libertar; [- from armed forces] dispensar **-2.** *fml* [fulfil] cumprir **-3.** [emit] emitir.

disciple [dɪ'saɪpl] *n* **-1.** RELIG apóstolo *m* **-2.** *fig* [follower] discípulo *m*, -la *f*.

discipline ['dɪsɪplɪn] ◇ *n* disciplina *f*. ◇ *vt* **-1.** [train] disciplinar **-2.** [punish] punir.

disc jockey *n* disc-jóquei *mf*.

disclaim [dɪs'kleɪm] *vt* *fml* negar.

disclose [dɪs'kləʊz] *vt* divulgar.

disclosure [dɪs'kləʊʒə'] *n* **-1.** (U) [act of disclosing] divulgação *f* **-2.** [revealed fact] revelação *f*.

disco ['dɪskəʊ] (*pl* -s) (*abbr of* discotheque) *n* casa *f* noturna.

discomfort [dɪs'kʌmfət] *n* **-1.** [gen] desconforto *m* **-2.** (U) [physical pain] mal-estar *m*.

disconcert [ˌdɪskən'sɜːt] *vt* desconcertar.

disconnect [ˌdɪskə'nekt] *vt* **-1.** [detach] desconectar **-2.** [from gas, electricity - appliance] desconectar, desligar; [- house, building] cortar **-3.** [on phone] cortar.

disconsolate [dɪs'kɒnsələt] *adj* inconsolável.

discontent [ˌdɪskən'tent] *n* (U): ~ (with sthg) descontentamento *m* (com algo).

discontented [ˌdɪskən'tentɪd] *adj*: ~ (with sthg) descontente (com algo).

discontinue [ˌdɪskən'tɪnjuː] *vt* suspender.

discord ['dɪskɔːd] *n* **-1.** (U) *fml* [conflict] discórdia *f* **-2.** MUS dissonância *f*.

discotheque ['dɪskəʊtek] n discoteca f.

discount [n 'dɪskaʊnt, vb UK dɪs'kaʊnt, US 'dɪskaʊnt] ◇ n [price reduction] desconto m. ◇ vt -1. [disregard] desconsiderar -2. COMM [offer at lower price] dar desconto em; [price] abater.

discourage [dɪ'skʌrɪdʒ] vt -1. [dishearten] desencorajar -2. [dissuade] dissuadir; **to ~ sb from doing sthg** desestimular alguém de fazer algo.

discover [dɪ'skʌvə'] vt -1. [gen] descobrir -2. [realize] perceber, dar-se conta de.

discovery [dɪ'skʌvərɪ] (pl -ies) n -1. [gen] descoberta f; **the ~ of America** o descobrimento da América -2. [realization] compreensão f.

discredit [dɪs'kredɪt] ◇ n (U) [shame] descrédito m. ◇ vt -1. [person] desonrar -2. [idea, belief, theory] desacreditar.

discreet [dɪ'skri:t] adj discreto(ta).

discrepancy [dɪ'skrepənsɪ] (pl -ies) n: **~ (in/between)** discrepância f (em/entre).

discretion [dɪ'skreʃn] n -1. [tact] discrição f -2. [judgment] ponderação f; **at the ~ of** a critério de.

discriminate [dɪ'skrɪmɪneɪt] vi -1. [distinguish] discriminar; **to ~ between** fazer distinção entre -2. [treat unfairly]: **to ~ against sb** discriminar alguém.

discriminating [dɪ'skrɪmɪneɪtɪŋ] adj [discerning] criterioso(sa).

discrimination [dɪ,skrɪmɪ'neɪʃn] n (U) -1. [prejudice] discriminação f -2. [good judgment] discernimento m.

discus ['dɪskəs] (pl -es) n [sport] disco m.

discuss [dɪ'skʌs] vt discutir; **to ~ sthg with sb** discutir algo com alguém.

discussion [dɪ'skʌʃn] n -1. (U) [act of discussing] discussão f; **under ~** em discussão -2. [talk] debate m.

disdain [dɪs'deɪn] fml n (U) desdém m; **~ for sb/sthg** desprezo m por alguém/algo.

disease [dɪ'zi:z] n doença f.

disembark [,dɪsɪm'bɑ:k] vi desembarcar.

disenchanted [,dɪsɪn'tʃɑːntɪd] adj: **~ (with sthg)** desencantado(da) (com algo).

disengage [,dɪsɪn'geɪdʒ] vt -1. [release]: **to ~ sthg (from sthg)** desprender algo (de algo) -2. TECH [gears, mechanism] desengatar.

disfavour UK, **disfavor** US [dɪs'feɪvə'] n: **to look on sthg with ~** olhar para algo com desaprovação; **to fall into ~ with sb** cair em desgraça com alguém.

disfigure [dɪs'fɪgə'] vt desfigurar.

disgrace [dɪs'greɪs] ◇ n -1. (U) [shame] desgraça f; **in ~** com vergonha -2.

[cause for shame - thing] desgraça f; [- person] vergonha f. ◇ vt envergonhar; **to ~ o.s.** envergonhar-se.

disgraceful [dɪs'greɪsfʊl] adj vergonhoso(sa).

disgruntled [dɪs'grʌntld] adj decepcionado(da).

disguise [dɪs'gaɪz] ◇ n disfarce m; **in ~** disfarçado(da). ◇ vt disfarçar.

disgust [dɪs'gʌst] ◇ n nojo m; **~ at** sthg nojo de algo.

disgusting [dɪs'gʌstɪŋ] adj [very unpleasant] nojento(ta).

dish [dɪʃ] n [container, food] prato m.
➡ **dishes** npl louça f; **to do** OR **wash the ~es** lavar a louça.
➡ **dish out** vt sep inf distribuir.
➡ **dish up** vt sep inf pôr na mesa.

dish aerial UK, **dish antenna** US antena f parabólica.

dishcloth ['dɪʃklɒθ] n pano m de prato.

disheartened [dɪs'hɑːtnd] adj desanimado(da).

dishevelled UK, **disheveled** US [dɪ'ʃevəld] adj desalinhado(da).

dishonest [dɪs'ɒnɪst] adj desonesto(ta).

dishonor n & vt US = dishonour.

dishonorable adj US = dishonourable.

dishonour UK, **dishonor** US [dɪs'ɒnə'] fml ◇ n desonra f. ◇ vt desonrar.

dishonourable UK, **dishonorable** US [dɪs'ɒnərəbl] adj desonroso(sa).

dish soap n US detergente m (para lavar louça).

dish towel n US pano m de prato.

dishwasher ['dɪʃ,wɒʃə'] n [machine] lava-louças fpl inv.

disillusioned [,dɪsɪ'lu:ʒnd] adj desiludido(da); **~ with sb/sthg** desiludido(da) com alguém/algo.

disincentive [,dɪsɪn'sentɪv] n desestímulo m.

disinclined [,dɪsɪn'klaɪnd] adj: **to be ~ to do sthg** estar pouco disposto(ta) a fazer algo.

disinfect [,dɪsɪn'fekt] vt desinfetar.

disinfectant [,dɪsɪn'fektənt] n desinfetante m.

disintegrate [dɪs'ɪntɪgreɪt] vi [object] desintegrar-se.

disinterested [,dɪs'ɪntrəstɪd] adj -1. [objective] neutro(tra) -2. [uninterested]: **~ (in sb/sthg)** desinteressado(da) (em alguém/algo).

disjointed [dɪs'dʒɔɪntɪd] adj desconjuntado(da).

disk [dɪsk] n COMPUT: **floppy ~** disquete m; **hard ~** disco m rígido.

disk drive UK, **diskette drive** US n COMPUT drive m, unidade f de disco.

diskette [dɪsk'et] n COMPUT disquete m.

diskette drive n US = disk drive.

dislike [dɪs'laɪk] ◇ n **-1.** (U) [feeling] aversão f; ~ of sb/sthg aversão a alguém/algo; to take a ~ to sb não simpatizar com alguém; to take a ~ to sthg ter aversão a algo **-2.** [thing not liked] desgosto m. ◇ vt não gostar de.

dislocate ['dɪsləkeɪt] vt **-1.** MED deslocar **-2.** [disrupt] desorganizar.

dislodge [dɪs'lɒdʒ] vt [remove - person]: to ~ sb (from) desalojar alguém (de); [- thing]: to ~ sthg (from) remover algo (de).

disloyal [ˌdɪs'lɔɪəl] adj: ~ (to sb) desleal (a alguém).

dismal ['dɪzml] adj **-1.** [gloomy, depressing] sombrio(bria), deprimente **-2.** [unsuccessful] frustrante.

dismantle [dɪs'mæntl] vt [machine, structure] desmantelar.

dismay [dɪs'meɪ] ◇ n (U) consternação f. ◇ vt consternar.

dismiss [dɪs'mɪs] vt **-1.** [from job]: to ~ sb (from sthg) despedir alguém (de algo) **-2.** [refuse to take seriously] descartar **-3.** [allow to leave] dispensar **-4.** [JUR - case] encerrar; [- jury] dispensar.

dismissal [dɪs'mɪsl] n **-1.** [from job] demissão f **-2.** [refusal to take seriously] descartamento m **-3.** [JUR - of case] encerramento m; [- of jury] dispensa f.

dismount [ˌdɪs'maʊnt] vi: to ~ (from sthg) descer (de algo).

disobedience [ˌdɪsə'biːdjəns] n desobediência f.

disobedient [ˌdɪsə'biːdjənt] adj desobediente.

disobey [ˌdɪsə'beɪ] vt [person, rule] desobedecer a.

disorder [dɪs'ɔːdəʳ] n **-1.** [disarray]: in ~ em desordem **-2.** [rioting] tumulto m **-3.** MED distúrbio m.

disorderly [dɪs'ɔːdəlɪ] adj **-1.** [untidy] desordenado(da) **-2.** [unruly] indisciplinado(da).

disorganized, -ised [dɪs'ɔːgənaɪzd] adj desorganizado(da).

disorientated UK [dɪs'ɔːrɪənteɪtɪd], **disoriented** US [dɪs'ɔːrɪəntɪd] adj desorientado(da).

disown [dɪs'əʊn] vt renegar.

disparaging [dɪ'spærɪdʒɪŋ] adj depreciativo(va).

dispassionate [dɪ'spæʃnət] adj imparcial.

dispatch [dɪ'spætʃ] ◇ n [message] envio m. ◇ vt [send] enviar, despachar.

dispel [dɪ'spel] (pt & pp -led, cont -ling) vt [feeling] dissipar.

dispensary [dɪ'spensərɪ] (pl -ies) n dispensário m.

dispense [dɪ'spens] vt **-1.** [justice] administrar **-2.** [advice] oferecer **-3.** [drugs, medicine] preparar.

➤ **dispense with** vt fus dispensar.

dispensing chemist UK, **dispensing pharmacist** US [dɪ'spensɪŋ-] n farmacêutico m, -ca f.

disperse [dɪ'spɜːs] ◇ vt **-1.** [crowd] dispersar **-2.** [knowledge, news] disseminar **-3.** [substance, gas, oil slick] dispersar. ◇ vi [crowd] dispersar-se.

dispirited [dɪ'spɪrɪtɪd] adj desalentado(da).

displace [dɪs'pleɪs] vt **-1.** [supplant] substituir **-2.** CHEM & PHYS deslocar.

display [dɪ'spleɪ] ◇ n **-1.** [of goods, merchandise, ornaments] exposição f; **window ~** vitrine f **-2.** [of feeling, courage, skill] demonstração f **-3.** [performance] exibição f **-4.** COMPUT exibição f. ◇ vt **-1.** [gen] expor **-2.** [feeling, courage, skill] demonstrar.

displease [dɪs'pliːz] vt descontentar.

displeasure [dɪs'pleʒəʳ] n (U) descontentamento m.

disposable [dɪ'spəʊzəbl] adj **-1.** [to be thrown away after use] descartável; ~ **nappy** UK, ~ **diaper** US fralda f descartável **-2.** [available] disponível.

disposal [dɪ'spəʊzl] n (U) **-1.** [getting rid] descarte f **-2.** [availability]: at sb's ~ à disposição de alguém.

dispose ➤ **dispose of** vt fus [get rid of - rubbish, nuclear waste] descartar-se de; [- problem] livrar-se de.

disposed [dɪ'spəʊzd] adj **-1.** [willing]: to be ~ to do sthg estar disposto(ta) a fazer algo **-2.** [positive]: to be well ~ to OR towards sb estar bem-intencionado(da) com/em relação a alguém.

disposition [ˌdɪspə'zɪʃn] n **-1.** [temperament] temperamento m **-2.** [willingness, tendency]: ~ to do sthg disposição f para fazer algo.

disprove [ˌdɪs'pruːv] vt [theory, idea]: to ~ sthg mostrar que algo está errado.

dispute [dɪ'spjuːt] ◇ n **-1.** [quarrel] disputa f **-2.** (U) [disagreement] discussão f. ◇ vt **-1.** [question, challenge] discutir **-2.** [fight for] disputar.

disqualify [ˌdɪs'kwɒlɪfaɪ] (pt & pp -ied) vt **-1.** [subj: authority, illness, criminal record]: to ~ sb (from doing sthg) desqualificar alguém (para fazer algo) **-2.** SPORT desqualificar **-3.** UK [from driving] ser proibido de.

disquiet [dɪs'kwaɪət] n (U) inquietação f.

disregard [ˌdɪsrɪ'gɑːd] ◇ n: ~ (for sthg) desconsideração f OR indiferença f (por algo). ◇ vt desconsiderar.

disrepair [ˌdɪsrɪ'peəʳ] n (U) mau estado

m de conservação; **to fall into** ∼ estar caindo aos pedaços.

disreputable [dɪsˈrepjʊtəbl] *adj* desacreditado(da).

disrepute [ˌdɪsrɪˈpjuːt] *n*: **to bring sthg into** ∼ desacreditar algo; **to fall into** ∼ cair em descrédito.

disrupt [dɪsˈrʌpt] *vt* transtornar.

dissatisfaction [ˈdɪsˌsætɪsˈfækʃn] *n (U)* insatisfação *f*.

dissatisfied [ˌdɪsˈsætɪsfaɪd] *adj* insatisfeito(ta); ∼ **with sthg** insatisfeito(ta) com algo.

dissect [dɪˈsekt] *vt* dissecar.

dissent [dɪˈsent] ◇ *n (U)* [disagreement] divergência *f*. ◇ *vi*: **to** ∼ **(from sthg)** divergir (de algo).

dissertation [ˌdɪsəˈteɪʃn] *n* dissertação *f*.

disservice [ˌdɪsˈsɜːvɪs] *n*: **to do sb a** ∼ fazer um desserviço a alguém.

dissimilar [ˌdɪˈsɪmɪləʳ] *adj* diferente; ∼ **to** diferente de.

dissipate [ˈdɪsɪpeɪt] *vt* -**1.** [heat] dissipar -**2.** [efforts, money] dispersar.

dissociate [dɪˈsəʊʃɪeɪt] *vt* dissociar; **to** ∼ **o.s. from sthg** dissociar-se de algo.

dissolute [ˈdɪsəluːt] *adj* dissoluto(ta).

dissolve [dɪˈzɒlv] ◇ *vt* dissolver. ◇ *vi* -**1.** [substance] dissolver-se -**2.** *fig* [disappear] desaparecer.

dissuade [dɪˈsweɪd] *vt*: **to** ∼ **sb (from doing sthg)** dissuadir alguém (de fazer algo).

distance [ˈdɪstəns] *n* -**1.** [between two places] distância *f* -**2.** [distant point]: **at a** ∼ à distância; **from a** ∼ de longe; **in the** ∼ ao longe.

distant [ˈdɪstənt] *adj* distante; ∼ **from** distante de.

distaste [dɪsˈteɪst] *n (U)* repugnância *f*; ∼ **for sthg** repugnância a algo.

distasteful [dɪsˈteɪstfʊl] *adj* [unpleasant] desagradável, repugnante.

distended [dɪˈstendɪd] *adj* dilatado(da).

distil *UK* (*pt* & *pp* -**led**, *cont* -**ling**), **distill** *US* [dɪˈstɪl] *vt* destilar.

distillery [dɪˈstɪlərɪ] (*pl* -**ies**) *n* destilaria *f*.

distinct [dɪˈstɪŋkt] *adj* -**1.** [different] distinto(ta); ∼ **from** distinto(ta de); **as** ∼ **from** em oposição a -**2.** [clear] nítido(da).

distinction [dɪˈstɪŋkʃn] *n* -**1.** [difference, excellence] distinção *f*; **to draw** OR **make a** ∼ **between** fazer uma distinção entre -**2.** [in exam result] destaque *m*.

distinctive [dɪˈstɪŋktɪv] *adj* [flavour, voice] característico(ca).

distinguish [dɪˈstɪŋgwɪʃ] ◇ *vt* -**1.** [tell apart]: **to** ∼ **sthg from sthg** distinguir algo de algo -**2.** [discern, perceive, make

different] distinguir. ◇ *vi*: **to** ∼ **between** distinguir-se entre.

distinguished [dɪˈstɪŋgwɪʃt] *adj* ilustre.

distinguishing [dɪˈstɪŋgwɪʃɪŋ] *adj* [feature, mark] peculiar.

distort [dɪˈstɔːt] *vt* distorcer.

distract [dɪˈstrækt] *vt* [person, attention]: **to** ∼ **sb (from sthg)** distrair alguém(de algo).

distracted [dɪˈstræktɪd] *adj* [preoccupied] atordoado(da).

distraction [dɪˈstrækʃn] *n* [gen] distração *f*.

distraught [dɪˈstrɔːt] *adj* transtornado(da).

distress [dɪˈstres] ◇ *n* [suffering - mental] aflição *f*; [- physical] agonia *f*, dor *f*. ◇ *vt* [upset] afligir.

distressing [dɪˈstresɪŋ] *adj* [news, account, image] angustiante.

distribute [dɪˈstrɪbjuːt] *vt* distribuir.

distribution [ˌdɪstrɪˈbjuːʃn] *n* distribuição *f*.

distributor [dɪˈstrɪbjʊtəʳ] *n* -**1.** COMM distribuidor *m*, -ra *f* -**2.** AUT distribuidor *m*.

district [ˈdɪstrɪkt] *n* -**1.** [of country] distrito *m* -**2.** [of town] bairro *m*.

district attorney *n* US JUR promotor *m* público, promotora *f* pública.

district council *n* UK ADMIN conselho *m* de bairro.

district nurse *n* UK enfermeira encarregada de atender a domicílio os pacientes de uma área.

distrust [dɪsˈtrʌst] ◇ *n* desconfiança *f*. ◇ *vt* desconfiar.

disturb [dɪˈstɜːb] *vt* -**1.** [interrupt] incomodar -**2.** [upset, worry] preocupar -**3.** [cause to change] mexer em.

disturbance [dɪˈstɜːbəns] *n* -**1.** [fight] distúrbio *m* -**2.** [interruption, disruption]: ∼ **of the peace** JUR perturbação *f* da ordem -**3.** [distress, upset] perturbação *f*.

disturbed [dɪˈstɜːbd] *adj* perturbado(da).

disturbing [dɪˈstɜːbɪŋ] *adj* [news, image] perturbador(ra).

disuse [ˌdɪsˈjuːs] *n*: **to fall into** ∼ cair em desuso.

disused [ˌdɪsˈjuːzd] *adj* [factory, railway line] abandonado(da).

ditch [dɪtʃ] ◇ *n* fosso *m*. ◇ *vt* inf -**1.** [boyfriend, girlfriend] livrar-se de -**2.** [plan] descartar -**3.** [old car, clothes] desfazer-se de.

dither [ˈdɪðəʳ] *vi* [be indecisive] hesitar.

ditto [ˈdɪtəʊ] *adv* idem.

dive [daɪv] (*UK pt* & *pp* -**d**, *US pt* & *pp* -**d** OR **dove**) ◇ *vi* -**1.** [gen] mergulhar; **to** ∼ **(into sthg)** mergulhar (em algo) -**2.**

doctor

[as sport] mergulhar, saltar -**3.** [into pocket, bag]: **to ~ into sthg** enfiar a mão em algo. ◇ n -**1.** [gen] mergulho m -**2.** [sudden movement] movimento m brusco -**3.** inf pej [bar, restaurant] espelunca f.

diver ['daɪvə^r] n mergulhador m, -ra f.

diverge [daɪ'vɜːdʒ] vi -**1.** [opinions, interests] divergir; **to ~ from sthg** divergir de algo -**2.** [roads, paths] separar-se.

diversify [daɪ'vɜːsɪfaɪ] (pt & pp -ied) ◇ vt [products] diversificar. ◇ vi [in industry] diversificar-se.

diversion [daɪ'vɜːʃn] n -**1.** (U) [gen] desvio m -**2.** [distraction] diversão f.

diversity [daɪ'vɜːsətɪ] n (U) diversidade f.

divert [daɪ'vɜːt] vt -**1.** [gen] desviar -**2.** [distract] distrair.

divide [dɪ'vaɪd] ◇ vt -**1.** dividir -**2.** [split up]: **to ~ sthg into** dividir algo em -**3.** MATH: **to ~ sthg by** dividir algo por. ◇ vi [split into two] dividir-se.

dividend ['dɪvɪdend] n [profit] dividendo m.

divine [dɪ'vaɪn] adj divino(na).

diving ['daɪvɪŋ] n [from board] salto m (de trampolim); [underwater] mergulho m.

diving board n trampolim m.

divinity [dɪ'vɪnətɪ] (pl -ies) n -**1.** (U) [godliness] divindade f -**2.** (U) [study] teologia f -**3.** [god, goddess] deidade f.

division [dɪ'vɪʒn] n -**1.** [gen] divisão f -**2.** (U) [sharing out, distribution] repartição f -**3.** [disagreement] discórdia f.

divorce [dɪ'vɔːs] ◇ n JUR divórcio m. ◇ vt JUR [husband, wife] divorciar-se de.

divorced [dɪ'vɔːst] adj -**1.** JUR divorciado(da) -**2.** fig [separated]: **to be ~ from sthg** estar distante de algo.

divorcee [dɪvɔː'siː] n divorciado m, -da f.

divulge [daɪ'vʌldʒ] vt [information, secret] divulgar.

DIY (abbr of do-it-yourself) n UK conceito utilizado para atividades do tipo faça-você-mesmo, como montar objetos ou fazer reparos em casa.

dizzy ['dɪzɪ] (compar -ier, superl -iest) adj [giddy] tonto(ta).

DJ n (abbr of disc jockey) DJ mf.

DNA (abbr of deoxyribonucleic acid) n DNA m.

DNS (abbr of Domain Name System) n COMPUT DNS m.

do [duː] (pt did, pp done) ◇ aux vb -**1.** [in negatives]: **don't ~ that!** não faça isso!; **she didn't see it** ela não o viu. -**2.** [in questions]: **~ you like it?** você gosta?; **how ~ you do it?** como é que se faz? -**3.** [referring to previous verb]: **~ you smoke?** - yes, I ~ /no, I don't você fuma? sim/não; **I eat more than you ~** eu como mais do que você; **no, I didn't do it!** não fiz, não!; **so ~ I** eu também. -**4.** [in question tags]: **so, you like Scotland, ~ you?** então você gosta da Escócia, não gosta?; **the train leaves at five o'clock, doesn't it?** o trem sai às cinco, não é (verdade)? -**5.** [for emphasis]: **I ~ like this bedroom** eu realmente gosto deste quarto; **~ come in!** faça o favor de entrar! ◇ vt -**1.** [perform] fazer; **to ~ one's homework** fazer o dever de casa; **what is she doing?** o que ela está fazendo?; **what can I ~ for you?** em que posso ajudá-lo? -**2.** [clean, brush, etc]: **to ~ one's hair** pentear-se; **to ~ one's make-up** maquiar-se; **to ~ one's teeth** escovar os dentes. -**3.** [cause] fazer; **to ~ damage** fazer estragos; **to ~ sb good** fazer bem a alguém. -**4.** [have as job]: **what do you ~?** o que você faz? -**5.** [provide, offer] fazer; **we ~ pizzas for under $5** vendemos pizzas por menos de 5 dólares. -**6.** [subj: vehicle] ir a; **the car was ~ ing 50mph** o carro ia a 80 km/h. -**7.** inf [visit] visitar; **we're doing Scotland next week** para a semana vamos visitar a Escócia. ◇ vi -**1.** [behave, act] fazer; **~ as I say** faça como eu lhe digo. -**2.** [progress]: **he did badly/well on his test** ele foi mal/bem no exame; **how did you ~?** como é que foi? -**3.** [be sufficient] chegar; **will $10 ~?** 10 dólares chega? -**4.** [in phrases]: **how ~ you ~?** [greeting] (muito) prazer (em conhecê-lo); **how are you ~ ing?** como é que vão as coisas?; **what does that have to ~ with it?** o que é que isso tem a ver? ◇ n [party] festa f; **~s and don'ts** o que fazer e não fazer.

◆ **do up** vt sep [coat, shirt] abotoar; [shoes, laces] apertar, atar; [zip] fechar; [decorate] renovar.

◆ **do with** vt fus [need]: **I could ~ with a drink** eu bem que beberia alguma coisa.

◆ **do without** vt fus passar sem.

Doberman ['dəʊbəmən] (pl -s) n: **~ (pinscher)** dobermann m pinscher.

docile [UK 'dəʊsaɪl, US 'dɒsəl] adj dócil.

dock [dɒk] ◇ n -**1.** [in harbour] doca f -**2.** [in court] banco m dos réus. ◇ vi -**1.** [ship] atracar -**2.** [passengers] chegar.

docker ['dɒkə^r] n estivador m, -ra f.

docklands ['dɒkləndz] npl UK região f das docas.

dock worker n = docker.

dockyard ['dɒkjɑːd] n estaleiro m.

doctor ['dɒktə^r] ◇ n -**1.** [of medicine]

médico m, -ca f; **to go to the ~'s** ir ao médico **- 2.** [holder of PhD] doutor m, -ra f. <> vt [change, tamper with] adulterar.

doctorate ['dɒktərət], **doctor's degree** n doutorado m.

Doctor of Medicine n doutor m, -ra f em medicina.

doctrine ['dɒktrɪn] n doutrina f.

document [n 'dɒkjʊmənt] n documento m.

documentary [ˌdɒkjʊ'mentərɪ] (pl -ies) <> adj [evidence] documental. <> n documentário m.

dodge [dɒdʒ] <> n inf mutreta f; **a tax ~** uma mutreta para não pagar impostos. <> vt [avoid] fugir de. <> vi esquivar-se.

dodgy ['dɒdʒɪ] adj UK inf **- 1.** [dishonest] desonesto(ta) **- 2.** [risky, unreliable] arriscado(da) **- 3.** [weak, unhealthy] fraco(ca).

doe [dəʊ] n **- 1.** [female deer] corça f **- 2.** [female rabbit] coelha f.

does [weak form dəz, strong form dʌz] vb ⊳ **do**.

doesn't ['dʌznt] = **does not**.

dog [dɒg] (pt & pp **-ged**, cont **-ging**) <> n [animal] cão m, cachorro m; **let sleeping ~s lie** não mexa em casa de marimbondo. <> vt **- 1.** [follow closely] seguir **- 2.** [subj: problems, bad luck] atormentar.

dog collar n **- 1.** [of dog] coleira f de cachorro **- 2.** [of clergyman] gola f de padre.

dog-eared [-ɪəd] adj [book, page] com orelhas.

dog food n ração f para cachorro.

dogged ['dɒgɪd] adj [resistance, perseverance] persistente.

dogsbody ['dɒgz,bɒdɪ] (pl -ies) n UK inf faz-tudo mf, burro m de carga.

doing ['du:ɪŋ] n: is this your ~? foi você que fez isso?
➠ **doings** npl [activities] atividades fpl.

do-it-yourself n (U) sistema m faça-você-mesmo.

doldrums ['dɒldrəmz] npl: to be in the ~ fig estar estagnado(da).

dole [dəʊl] n UK [unemployment benefit] ≃ seguro-desemprego m; **to be on the ~** estar recebendo seguro-desemprego.
➠ **dole out** vt sep [food, money] repartir.

doleful ['dəʊlfʊl] adj lúgubre.

doll [dɒl] n [toy] boneca f.

dollar ['dɒlə'] n dólar m.

dollop ['dɒləp] n inf monte m.

dolphin ['dɒlfɪn] n golfinho m.

domain [də'meɪn] n [sphere of interest, land] domínio m.

domain name n COMPUT nome m de domínio.

dome [dəʊm] n ARCHIT domo m.

domestic [də'mestɪk] <> adj **- 1.** [gen - flight] doméstico(ca); [- production] nacional **- 2.** [person] caseiro(ra). <> n doméstico m, -ca f.

domestic appliance n eletrodoméstico m.

dominant ['dɒmɪnənt] adj **- 1.** [colour] predominante **- 2.** [personality, group] influente.

dominate ['dɒmɪneɪt] vt dominar.

domineering [ˌdɒmɪ'nɪərɪŋ] adj [person, personality] dominador(ra).

dominion [də'mɪnjən] n **- 1.** (U) [power] dominação f **- 2.** [land] domínio m.

domino ['dɒmɪnəʊ] (pl -es) n peça f de dominó.
➠ **dominoes** npl [game] dominó m.

don [dɒn] (pt & pp **-ned**, cont **-ning**) n UK UNIV professor m, -ra f universitário, -ria f.

donate [də'neɪt] vt [give] doar.

done [dʌn] <> pp ⊳ **do**. <> adj **- 1.** [finished] pronto(ta) **- 2.** [cooked] assado(da). <> excl [to conclude deal] combinado!

donkey ['dɒŋkɪ] (pl donkeys) n burro m, -ra f.

donor ['dəʊnə'] n doador m, -ra f.

donor card n carteira f de doador.

don't [dəʊnt] = **do not**.

doodle ['du:dl] <> n rabisco m. <> vi rabiscar.

doom [du:m] n destino m.

doomed [du:md] adj [plan, mission] condenado(da); **to be ~ to sthg/to do sthg** estar destinado(da) a algo/a fazer algo; **to be ~ to failure** estar fadado(da) ao fracasso.

door [dɔ:'] n porta f; **the next ~ neighbour** o vizinho do lado; **the house next ~** a casa ao lado; **she showed him the ~** ela pediu para que ele saísse; **out of ~s** ao ar livre; **it's three miles ~ to ~** são três milhas de um ponto a outro; **as one ~ closes another one opens** quando se fecha uma porta, se abre uma janela.

doorbell ['dɔ:bel] n campainha f.

doorknob ['dɔ:nɒb] n maçaneta f.

doorman ['dɔ:mən] (pl -men [-mən]) n porteiro m.

doormat ['dɔ:mæt] n **- 1.** [mat] capacho m **- 2.** fig [person] capacho m.

doorstep ['dɔ:step] n [step] degrau m; **there's a cinema right on the ~** há um cinema bem próximo de casa.

doorway ['dɔ:weɪ] n vão m da porta.

dope [dəʊp] <> n **- 1.** drugs sl [cannabis] maconha f **- 2.** [for athlete, horse] estimu-

lante *m* **-3.** inf [fool] babaca *mf.* ⬦ *vt*
[drug] dopar.

dopey ['dəʊpi] (*compar* **-ier**, *superl* **-iest**)
adj inf **-1.** [groggy] grogue **-2.** [stupid]
tonto(ta).

dormant ['dɔ:mənt] *adj* inativo(va).

dormitory ['dɔ:mətri] (*pl* **-ies**) *n* **-1.**
[room] dormitório *m* **-2.** US [in university]
casa *f* de estudante.

Dormobile® ['dɔ:mə,bi:l] *n* motocasa *f.*

DOS [dɒs] (*abbr of* **disk operating system**) *n* DOS *m.*

dose [dəʊs] *n* **-1.** [of medicine, drug] dose
f **-2.** [of illness] ataque *f.*

dosser ['dɒsəʳ] *n* UK inf pessoa que não
tem onde morar e dorme na rua ou
em pensões baratas.

dosshouse ['dɒshaʊs, *pl* -haʊzɪz] *n* UK
inf pensão *f* barata (*para os sem-
teto*).

dot [dɒt] (*pt & pp* **-ted**, *cont* **-ting**) ⬦ *n*
-1. [on material] mancha *f* **-2.** [in punctua-
tion] ponto *m*; **since the year ~** desde
que o mundo é mundo. ⬦ *vt* [scatter-
over surface] salpicar; [- over town, area,
country] espalhar.
➠ **on the dot** *adv* em ponto.

dotcom ['dɒtkɒm] *adj* ponto-com.

dote ➠ **dote on** *vt fus* adorar; **to ~ on
sb/sthg** babar por alguém/algo.

dot-matrix printer *n* impressora *f*
matricial.

dotted line ['dɒtɪd-] *n* linha *f* ponti-
lhada.

double ['dʌbl] ⬦ *adj* duplo(pla). ⬦
adv **-1.** [twice] dobro **-2.** [two of the same]
em dobro **-3.** [in two] em dois; **to bend
~** dobrar ao meio. ⬦ *n* **-1.** [twice the
amount] dobro *m* **-2.** [of alcohol] duplo *m*,
-pla *f* **-3.** [look-alike] cópia *f* **-4.** CINEMA
dublê *mf.* ⬦ *vt* [increase twofold] dobrar. ⬦ *vi* [increase twofold] duplicar.
➠ **doubles** *npl* TENNIS dupla *f.*

double-barrelled UK, **double-
barreled** US [-'bærəld] *adj* **-1.** [shotgun]
de dois canos **-2.** [plan, question] de
duplo sentido **-3.** [name]: **a ~ surname**
um sobrenome composto.

double bass [-beɪs] *n* contrabaixo *m.*

double bed *n* cama *f* de casal.

double-breasted [-'brestɪd] *adj* [jacket]
trespassado(da).

double-check ⬦ *vt* verificar duas
vezes. ⬦ *vi* verificar duas vezes.

double chin *n* papada *f.*

double-click COMPUT ⬦ *n* duplo clique *m.* ⬦ *vt* dar um duplo clique em.
⬦ *vi* dar um duplo clique.

double cream *n* UK creme *m* muito
espesso.

double-cross *vt* passar para trás.

double-decker [-'dekəʳ] *n* [bus] ônibus

m inv de dois andares.

double-dutch *n* UK hum: **to talk ~** falar
grego.

double fault *n* TENNIS falta *f* dupla.

double-glazing [-'gleɪzɪŋ] *n* vidros *mpl*
duplos.

double-park *vi* AUT estacionar em fila
dupla.

double room *n* quarto *m* de casal.

double vision *n* visão *f* dupla.

doubly ['dʌblɪ] *adv* duplamente.

doubt [daʊt] ⬦ *n* dúvida *f*; **there is no
~ that** não há dúvida de que; **to cast ~
on sthg** lançar dúvida sobre algo; **no ~**
sem dúvida; **without (a) ~** sem dúvida;
in ~ em dúvida. ⬦ *vt* **-1.** [distrust]
desconfiar de **-2.** [consider unlikely] duvidar; **to ~ whether** OR **if** duvidar se.

doubtful ['daʊtfʊl] *adj* **-1.** [unlikely] improvável **-2.** [uncertain] incerto(ta) **-3.**
[dubious] duvidoso(sa).

doubtless ['daʊtlɪs] *adv* sem dúvida.

dough [dəʊ] *n* (U)- **1.** [for baking] massa *f*
-2. inf [money] grana *f.*

doughnut ['dəʊnʌt] *n* **-1.** [without hole]
sonho *m* **-2.** [with hole] rosca *f.*

douse [daʊs] *vt* **-1.** [put out] jogar água
em **-2.** [drench] encharcar.

dove¹ [dʌv] *n* [bird] pomba *f.*

dove² [dəʊv] *pt* US ▷ **dive**.

dovetail ['dʌvteɪl] *vi* combinar.

dowdy ['daʊdɪ] (*compar* **-ier**, *superl*
-iest) *adj* deselegante.

down [daʊn] ⬦ *adv* **-1.** [downwards]
para baixo; **to fall ~** cair **-2.** [along]:
I'm going ~ to the shops estou indo
fazer compras; **we walked ~ to the
park** fomos até o parque **-3.** [south-
wards]: **we flew ~ from Recife to Rio**
viajamos para o sul, do Recife até o
Rio **-4.** [reduced, lower] baixo; **prices are
coming ~** os preços estão baixando;
~ to the last detail até o último
detalhe. ⬦ *prep* **-1.** [downwards] para
baixo; **they ran ~ the hill** eles correram
morro abaixo **-2.** [along]: **we walked ~
the street** caminhamos pela rua. ⬦
adj **-1.** inf [depressed] desanimado(da)
-2. [not in operation] fora de operação.
⬦ *n* (U) [feathers, hair] penugem *f.* ⬦
vt **-1.** [knock over] abater **-2.** [swallow]
engolir.
➠ **down with** *excl*: **~ with the king!**
abaixo o rei!

down-and-out ⬦ *adj* sem futuro.
⬦ *n* mendigo *m*, -ga *f.*

down-at-heel *adj esp* UK desleixado(da).

downbeat ['daʊnbi:t] *adj* inf [gloomy]
sombrio(bria).

downcast ['daʊnkɑ:st] *adj fml* [person]
abatido(da).

downfall ['daʊnfɔ:l] *n* **-1.** (U) [ruin]

queda *f* - **2.** [cause of ruin] ruína *f*.

downhearted [,daʊn'hɑːtɪd] *adj* desacorçoado(da).

downhill [,daʊn'hɪl] ◇ *adj* [path] íngreme. ◇ *adv* - **1.** [downwards] para baixo - **2.** *fig* [from bad to worse] de mau a pior. ◇ *n* SKIING descida *f*.

Downing Street ['daʊnɪŋ-] *n* rua no centro de Londres onde fica a residência oficial do primeiro-ministro inglês, governo *m* britânico.

down payment *n* entrada *f*.

downpour ['daʊnpɔːʳ] *n* aguaceiro *m*.

downright ['daʊnraɪt] ◇ *adj* [lie, fool] inequívoco(ca). ◇ *adv* completamente.

downstairs [,daʊn'steəz] ◇ *adj* do andar de baixo. ◇ *adv*: **to come** ~ vir para OR andar de baixo; **to go** ~ ir para OR andar de baixo; **to live** ~ morar no andar de baixo.

downstream [,daʊn'striːm] *adv* a jusante, rio abaixo.

down-to-earth *adj* realista.

downtown [,daʊn'taʊn] *esp US* ◇ *adj* do centro; ~ **New York** Nova York central. ◇ *adv*: **to go** ~ ir ao centro; **to live** ~ viver no centro.

downturn ['daʊntɜːn] *n* decréscimo *m*; ~ **in sthg** queda em algo.

down under *adv* na OR para Austrália/Nova Zelândia.

downward ['daʊnwəd] ◇ *adj* - **1.** [towards ground] para baixo - **2.** [decreasing] descendente. ◇ *adv* *US* = **downwards**.

downwards ['daʊnwədz] *adv* [look, move] para baixo; **the overall trend is** ~ a tendência geral é de baixa.

dowry ['daʊərɪ] (*pl* -ies) *n* dote *m*.

doz. (*abbr of* **dozen**) dz.

doze [dəʊz] ◇ *n* soneca *f*; **to have a** ~ tirar uma soneca. ◇ *vi* dormitar.

➡ **doze off** *vi* cochilar.

dozen ['dʌzn] ◇ *num adj* dúzia *f*. ◇ *n* [twelve] dúzia *f*; **50p a** ~ 50p a dúzia.

➡ **dozens** *npl inf*: ~**s of** um montão de.

dozy ['dəʊzɪ] (*compar* -ier, *superl* -iest) *adj* - **1.** [sleepy] sonolento(ta) - **2.** *UK inf* [stupid] retardado(da).

Dr (*abbr of* **Doctor**) Dr. (Dra.).

Dr. (*abbr of* **Drive**) usado em nomes de rua na Grã-Bretanha.

drab [dræb] (*compar* -ber, *superl* -best) *adj* - **1.** [buildings] sombrio(bria) - **2.** [colour, garment] apagado(da) - **3.** [life] monótono(na).

draft [drɑːft] ◇ *n* - **1.** [early version] rascunho *m* - **2.** [money order] ordem *f* de pagamento - **3.** *US* MIL: **the** ~ o destacamento - **4.** *US* = **draught**. ◇

vt - **1.** [write] rascunhar, fazer um rascunho de - **2.** *US* MIL recrutar - **3.** [transfer] deslocar.

draftsman *n US* = **draughtsman**.

drafty *adj US* = **draughty**.

drag [dræg] (*pt* & *pp* -ged, *cont* -ging) ◇ *vt* - **1.** [gen] arrastar - **2.** [search] dragar. ◇ *vi* - **1.** [trail] arrastar - **2.** [pass slowly] arrastar-se. ◇ *n* - **1.** *inf* [bore] chatice *f*; **what a** ~! que pé no saco! - **2.** *inf* [on cigarette] tragada *f* - **3.** *(U)* [cross-dressing]: **in** ~ vestido como mulher.

➡ **drag on** *vi* arrastar-se.

dragon ['drægən] *n* - **1.** [beast] dragão *m* - **2.** *inf* [woman] bruxa *f*.

dragonfly ['drægnflaɪ] (*pl* -ies) *n* libélula *f*.

drain [dreɪn] ◇ *n* - **1.** [pipe] cano *m* de esgoto; **to go down the** ~ ir para o brejo; [grating in street] bueiro *m* - **2.** [depletion]: ~ **on sthg** sorvedouro de algo; **it's a** ~ **on my energy** esgota todas as minhas forças. ◇ *vt* - **1.** [remove water from] drenar - **2.** [deplete] esgotar, exaurir - **3.** [drink, glass] beber até o fim. ◇ *vi* [dry] escoar.

drainage ['dreɪnɪdʒ] *n* - **1.** [pipes, ditches] esgoto *m* - **2.** [draining] drenagem *f*.

draining board *UK* ['dreɪnɪŋ-], **drainboard** *US* ['dreɪnbɔːrd] *n* escorredor *m* de louça.

drainpipe ['dreɪnpaɪp] *n* cano *m* de esgoto.

dram [dræm] *n* [of whisky] trago *m*.

drama ['drɑːmə] *n* - **1.** [play, excitement] drama *f* - **2.** *(U)* [art] teatro *m*.

dramatic [drə'mætɪk] *adj* - **1.** [concerned with theatre] teatral - **2.** [exciting] dramático(ca) - **3.** [sudden, noticeable] drástico(ca).

dramatist ['dræmətɪst] *n* dramaturgo *m*, -ga *f*.

dramatize, -ise ['dræmətaɪz] *vt* - **1.** [rewrite as play] dramatizar - **2.** *pej* [make exciting] tornar dramático(ca).

drank [dræŋk] *pt* ⊳ **drink**.

drape [dreɪp] *vt* colocar suavemente; **to be** ~**d with** OR **in sthg** estar/ser coberto(ta) com algo.

➡ **drapes** *npl US* cortinas *fpl*.

drastic ['dræstɪk] *adj* drástico(ca).

draught *UK*, **draft** *US* [drɑːft] *n* - **1.** [air current] corrente *f* - **2.** [from barrel]: **on** ~ [beer] de barril.

➡ **draughts** *n UK* damas *fpl*.

draught beer *n UK* chope *m*.

draughtboard ['drɑːftbɔːd] *n UK* tabuleiro *m* de damas.

draughtsman *UK*, **draftsman** *US* ['drɑːftsmən] (*pl* -men [-mən]) *n* [of technical drawings] desenhista *m* industrial.

drift

draughtswoman UK, **draftswoman** US (pl **-women** [-wimin]) n [of technical drawings] desenhista f industrial.

draughty UK (compar -ier, superl -iest), **drafty** US (compar -ier, superl -iest) ['drɑːftɪ] adj pouco protegido(da) do frio.

draw [drɔː] (pt drew, pp drawn) ◇ vt -1. [sketch] desenhar -2. [pull] puxar -3. [breath] inalar -4. [pull out] sacar -5. [arrive at, form] chegar a -6. [formulate] estabelecer -7. [attract] atrair; to ~ sb's attention to sthg chamar a atenção de alguém para algo. ◇ vi -1. [sketch] esboçar -2. [move]: to ~ near aproximar-se; to ~ away afastar-se -3. SPORT empatar; to ~ with sb empatar com alguém. ◇ n -1. SPORT [result] empate m -2. [lottery] sorteio m -3. [attraction] atração f.

➡ **draw out** vt sep -1. [encourage] desinibir -2. [prolong] prolongar -3. [withdraw] sacar.

➡ **draw up** ◇ vt sep [draft] redigir, preparar. ◇ vi [stop] parar.

drawback ['drɔːbæk] n inconveniente m.

drawbridge ['drɔːbrɪdʒ] n ponte f levadiça.

drawer [drɔːʳ] n [in desk, chest] gaveta f.

drawing ['drɔːɪŋ] n -1. [picture] desenho m, croqui m -2. (U) [skill, act] ato m de desenhar.

drawing board n prancheta f de desenho.

drawing pin n UK percevejo m.

drawing room n [living room] sala-de-estar f.

drawl [drɔːl] ◇ n fala f arrastada. ◇ vi falar de forma arrastada.

drawn [drɔːn] pp ▷ draw.

dread [dred] ◇ n (U) medo m, pavor m. ◇ vt temer; to ~ doing sthg ter medo de fazer algo.

dreadful ['dredful] adj -1. [terrible] terrível -2. [unpleasant] desagradável -3. [ill] horrível -4. [embarrassed] envergonhado(da) -5. [poor] fraco(ca) -6. [for emphasis] horroroso(sa).

dreadfully ['dredfulɪ] adv -1. [badly] terrivelmente -2. [extremely] extremamente.

dream [driːm] (pt & pp -ed OR dreamt) ◇ n -1. [during sleep] sonho m; bad ~ pesadelo m -2. [aspiration] sonho m. ◇ adj almejado(da). ◇ vt [during sleep]: to ~ (that) sonhar que. ◇ vi -1. [during sleep] sonhar; to ~ of OR about sthg sonhar com algo; I wouldn't ~ of it fig nem pensar, de maneira nenhuma -2. [aspire] to ~ of sthg/of doing sthg sonhar com algo/em fazer algo.

➡ **dream up** vt sep bolar.

dreamt [dremt] pt & pp ▷ dream.

dreamy ['driːmɪ] (compar -ier, superl -iest) adj -1. [look, smile] distraído(da), sonhador(ra) -2. [music, feeling] sentimental.

dreary ['drɪərɪ] (compar -ier, superl -iest) adj -1. [gloomy, depressing] sombrio(a) -2. [dull, boring] chato(ta).

dredge [dredʒ] vt [lake, harbour, river] dragar.

➡ **dredge up** vt sep -1. [with dredger] dragar -2. fig [from past] trazer à tona.

dregs [dregz] npl -1. [of liquid] borra f -2. fig [of society] ralé f.

drench [drentʃ] vt encharcar; to be ~ed in OR with sthg estar encharcado(da) de algo.

dress [dres] ◇ n -1. [frock] vestido m -2. [type of clothing] roupa f. ◇ vt -1. [clothe] vestir; to be ~ed estar vestido(da); to be ~ed in estar vestido(da) de; to get ~ed vestir-se -2. [bandage] fazer curativo em -3. CULIN temperar. ◇ vi vestir-se.

➡ **dress up** vi -1. [in costume] fantasiar-se -2. [in best clothes] vestir-se elegantemente -3. [in formal clothes] vestir-se a rigor.

dress circle n THEATRE balcão m nobre.

dresser ['dresəʳ] n -1. [for dishes] aparador m -2. US [chest of drawers] cômoda f -3. THEATRE camareiro m, -ra f.

dressing ['dresɪŋ] n -1. [bandage] curativo m -2. [for salad] tempero m, molho m -3. US [for turkey etc] molho m.

dressing gown n -1. [man's] roupão m -2. [woman's] robe f.

dressing room n -1. SPORT vestiário m -2. THEATRE camarim m.

dressing table n penteadeira f.

dressmaker ['dres,meɪkəʳ] n costureiro m, -ra f.

dressmaking ['dres,meɪkɪŋ] n (U) costura f.

dress rehearsal n THEATRE ensaio m geral.

dressy ['dresɪ] (compar -ier, superl -iest) adj [smart] chique.

drew [druː] pt ▷ draw.

dribble ['drɪbl] ◇ n -1. (U) [of saliva] filete m -2. [of other liquid] gota f. ◇ vt SPORT [ball] driblar. ◇ vi -1. [drool] babar -2. [trickle] derramar.

dried [draɪd] ◇ pt & pp ▷ dry. ◇ adj -1. [powdered] em pó -2. [fruit, herbs, flowers] seco(ca).

drier ['draɪəʳ] n = dryer.

drift [drɪft] ◇ n -1. [movement, trend] tendência f -2. [of current] fluxo m -3. [geol] pressão f -4. [of people] curso m -5. [of snow, leaves, sand] monte m -6.

[meaning] sentido *m*; **to get the general ~** pegar a idéia geral. ⬦ *vi* **-1.** [boat] estar à deriva **-2.** [snow, sand, leaves] acumular-se.

driftwood [ˈdrɪftwʊd] *n (U)* madeira *f* flutuante.

drill [drɪl] ⬦ *n* **-1.** [tool] furadeira *f* **-2.** [industrial] perfuradora *f* **-3.** [dentist's] broca *f* **-4.** [exercise, training] treinamento *m*. ⬦ *vt* **-1.** [metal, wood, hole] perfurar *f* **-2.** [instruct] instruir.

drink [drɪŋk] (*pt* **drank**, *pp* **drunk**) ⬦ *n* **-1.** [non-alcoholic beverage] bebida *f* **-2.** [alcoholic beverage] bebida *f* alcoólica; **to have a ~** tomar um drinque **-3.** *(U)* [alcohol] bebida *f*. ⬦ *vt* beber. ⬦ *vi* beber.

drink-driving *UK*, **drunk-driving** *US* *n (U)* ato *m* de dirigir bêbado, -da *f*.

drinker [ˈdrɪŋkə^r] *n* **-1.** [of alcohol] beberrão *m*, -rona *f* **-2.** [of tea, coffee]: **he's a great tea/coffee ~** ele gosta muito de tomar chá/café.

drinking companion *n* companheiro *m*, -ra *f* de bebida.

drinking water [ˈdrɪŋkɪŋ-] *n (U)* água *f* potável.

drip [drɪp] (*pt* & *pp* **-ped**, *cont* **-ping**) ⬦ *n* **-1.** [drop] gota *f* **-2.** *MED* aparelho *m* de soro. ⬦ *vi* **-1.** [gen] pingar **-2.** [nose] escorrer.

drip-dry *adj* que não amarrota ao secar.

drive [draɪv] (*pt* **drove**, *pp* **driven**) ⬦ *n* **-1.** [journey] passeio *m*, volta *f* de carro **-2.** [urge] ímpetus *m* **-3.** [campaign] campanha *f* **-4.** *(U)* [energy] ímpeto *m* **-5.** [road to house] caminho *m* *(de entrada)* **-6.** *SPORT* [stroke] tacada *f* **-7.** *US AUT* [in automatic car] transmissão *f* automática. ⬦ *vt* **-1.** [vehicle] dirigir; [passenger] levar *(de carro)* **-2.** *TECH* [operate] operar **-3.** [chase] seguir **-4.** [motivate] motivar **-5.** [force]: **to ~ sb to sthg/to do sthg** levar alguém a algo/a fazer algo; **to ~ sb mad** *OR* **crazy** [make insane] deixar alguém louco(ca) *OR* maluco(ca); [irritate] deixar alguém furioso(sa) **-6.** [hammer] bater. ⬦ *vi* *AUT* **-1.** [driver] dirigir **-2.** [travel by car] viajar.

drivel [ˈdrɪvl] *n inf* bobagem *f*.

driven [ˈdrɪvn] *pp* ▷ **drive**.

driver [ˈdraɪvə^r] *n* [of vehicle] motorista *mf*.

driver's license *n US* = **driving licence**.

drive shaft *n* eixo *m* de transmissão.

driveway [ˈdraɪvweɪ] *n* acesso *m*.

driving [ˈdraɪvɪŋ] ⬦ *adj* [rain, wind] forte; **~ rain** chuva *f* torrencial. ⬦ *n (U)* direção *f*.

driving instructor *n* instrutor *m*, -ra *f* de direção.

driving lesson *n* aula *f* de direção.

driving licence *UK*, **driver's license** *US* *n* carteira *f* de motorista.

driving mirror *n* (espelho *m*) retrovisor *m*.

driving school *n* auto-escola *f*.

driving test *n* exame *m* de direção.

drizzle [ˈdrɪzl] ⬦ *n* garoa *f*, chuvisco *m*. ⬦ *v impers* garoar, chuviscar.

droll [drəʊl] *adj* engraçado(da).

drone [drəʊn] *n* **-1.** [sound] zunido *m* **-2.** [bee] zangão *m*.

drool [druːl] *vi* **-1.** [dribble] babar **-2.** *fig* [admire]: **to ~ over sb/sthg** babar por alguém/algo.

droop [druːp] *vi* [hang down - shoulders] encurvar-se; [- head] inclinar-se; [- eyelids] fechar-se; [- flowers] murchar-se.

drop [drɒp] (*pt* & *pp* **-ped**, *cont* **-ping**) ⬦ *n* **-1.** [of liquid - water, blood, rain] gota *f*; [- tea, coffee, milk] gole *m*; [- alcohol] dose *f* **-2.** [sweet] bala *f* **-3.** [decrease] queda *f*; **~ in sthg** queda de algo **-4.** [vertical distance] descida *f*. ⬦ *vt* **-1.** [let fall - gen] deixar cair; [- bombs] lançar; [- stitch]: **she ~ped a stitch** escapou um ponto **-2.** [decrease, lower] reduzir **-3.** [voice] baixar **-4.** [leave, abandon] deixar **-5.** [leave out] excluir **-6.** [hint, remark] lançar **-7.** [write]: **to ~ sb a line** *OR* **note** escrever a alguém umas linhas *OR* um bilhete. ⬦ *vi* **-1.** [fall] cair; **to ~ to one's knees** ajoelhar-se; **~ dead!** vai tomar banho! **-2.** [fall] baixar **-3.** [wind, attendance] diminuir.

◆ **drops** *npl* *MED* gotas *fpl*.

◆ **drop in** *vi inf* passar na casa de; **~ in on sb** passar na casa de alguém.

◆ **drop off** ⬦ *vt sep* deixar. ⬦ *vi* **-1.** [fall asleep] cair no sono **-2.** [grow less] diminuir.

◆ **drop out** *vi* [withdraw] retirar-se; **to ~ out of** *OR* **from sthg** desligar-se de algo.

dropout [ˈdrɒpaʊt] *n* **-1.** [from society] marginalizado *m*, -da *f* **-2.** [from university] pessoa *f* que largou os estudos.

droppings [ˈdrɒpɪŋz] *npl* excremento *m* *(de animais)*.

drought [draʊt] *n* seca *f*.

drove [drəʊv] *pt* ▷ **drive**.

drown [draʊn] ⬦ *vt* [kill] afogar. ⬦ *vi* afogar-se.

drowsy [ˈdraʊzɪ] (*compar* **-ier**, *superl* **-iest**) *adj* [person] sonolento(ta).

drudgery [ˈdrʌdʒərɪ] *n (U)* trabalho *m* pesado.

drug [drʌg] (*pt* & *pp* **-ged**, *cont* **-ging**) ⬦ *n* **-1.** [medication] remédio *m* **-2.** [illegal substance] droga f. <> vt - **1**. [person, animal] drogar - **2**. [food, drink] adicionar droga a.

drug abuse n (U) abuso m de drogas.

drug addict n drogado m, -da f, viciado m, -da f em drogas.

druggist ['drʌgɪst] n US farmacêutico m, -ca f.

drugstore ['drʌgstɔːʳ] n US farmácia f, drogaria f.

drum [drʌm] (pt & pp -med, cont -ming) <> n - **1**. [instrument] tambor m - **2**. [container, cylinder] barril m. <> vt [fingers] tamborilar. <> vi - **1**. [on drums] tocar - **2**. [rain, fingers] tamborilar - **3**. [hooves] bater.

◆ **drums** npl [set of drums] bateria f.

◆ **drum up** vt sep angariar.

drummer ['drʌməʳ] n baterista mf.

drumstick ['drʌmstɪk] n - **1**. [for drum] baqueta f - **2**. [food] coxa f.

drunk [drʌŋk] <> pp ▷ drink. <> adj [on alcohol] bêbado(da); to get ~ embebedar-se. <> n bêbado m, -da f.

drunkard ['drʌŋkəd] n beberrão m, -rona f.

drunk-driving n US = drink-driving.

drunken ['drʌŋkn] adj - **1**. [person] bêbado(da) - **2**. [state, event] = de bêbado.

drunken driving n = drink-driving.

dry [draɪ] (compar -ier, superl -iest, pt & pp dried) <> adj - **1**. [gen] seco(ca) - **2**. [climate] árido(da) - **3**. [sense of humour] sarcástico(ca) - **4**. [tedious] monótono(na). <> vt & vi secar.

◆ **dry up** <> vt sep [dishes] secar. <> vi - **1**. [gen] secar - **2**. [supplies, inspiration] esgotar-se - **3**. [actor, speaker] calar-se.

dry cleaner n: ~ 's tinturaria f.

dryer ['draɪəʳ] n [for clothes] secadora f.

dry land n terra f firme.

dry rot n (U) apodrecimento m da madeira (de casa).

dry ski slope n rampa f de esqui artificial.

DTI (abbr of Department of Trade and Industry) n ministério britânico da indústria e do comércio, ≃ MDIC m.

DTP (abbr of desktop publishing) n DTP f.

dual ['djuːəl] adj duplo(pla).

dual carriageway n UK pista f dupla.

dubbed [dʌbd] adj - **1**. CINEMA dublado(-da) - **2**. [nicknamed] apelidado(da).

dubious ['djuːbjəs] adj - **1**. [suspect, questionable] duvidoso(sa) - **2**. [uncertain, undecided]: to be ~ about doing sthg estar indeciso(sa) sobre fazer algo.

Dublin ['dʌblɪn] n Dublin; in ~ em Dublin.

duchess ['dʌtʃɪs] n duquesa f.

duck [dʌk] <> n - **1**. [bird] pato m, -ta f - **2**. (U) [food] pato m. <> vt - **1**. [lower] curvar - **2**. [try to avoid] esquivar-se de; to ~ **the issue** evitar a questão. <> vi [lower head] curvar-se.

duckling ['dʌklɪŋ] n - **1**. [animal] patinho m, -nha f - **2**. [food] pato m novo.

duct [dʌkt] n - **1**. [pipe - heating] tubo m; [- water] canal m - **2**. ANAT ducto m.

dud [dʌd] adj - **1**. [banknote, coin, cheque] falso(sa) - **2**. [machine, idea] imprestável - **3**. [bomb, shell, bullet] que falhou.

dude [djuːd] n US inf [man] cara m.

due [djuː] adj - **1**. [expected] previsto(ta); she's ~ back shortly espera-se que ela volte logo; when is the next train ~? quando chega o próximo trem? - **2**. [proper] devido(da); in ~ course no tempo devido - **3**. [owed, owing]: the rent is ~ o aluguel venceu; she's ~ a pay rise ela deve ganhar um aumento de salário; how much are you ~? quanto te devem? <> n [deserts] direito m. <> adv exatamente; ~ north bem ao norte.

◆ **dues** npl direitos mpl.

◆ **due to** prep devido a.

duel ['djuːəl] n duelo m.

duet [djuː'et] n dueto m.

duffel bag ['dʌfl-] n mochila f.

duffel coat ['dʌfl-] n casaco m grosso (com capuz).

duffle bag ['dʌfl-] n = duffel bag.

duffle coat ['dʌfl-] n = duffel coat.

dug [dʌg] pt & pp ▷ dig.

duke [djuːk] n duque m.

dull [dʌl] adj - **1**. [boring] entediante - **2**. [colour, light] opaco(ca) - **3**. [day, weather] nublado(da) - **4**. [thud, boom] surdo(da) - **5**. [ache, pain] incômodo(da). <> vt - **1**. [deaden - pain] aliviar; [- senses, memory] enfraquecer; [- pleasure] diminuir - **2**. [make less bright] embaciar.

duly ['djuːlɪ] adv - **1**. [properly] devidamente - **2**. [as expected] como era de se esperar.

dumb [dʌm] adj - **1**. [unable to speak] mudo(da) - **2**. esp US inf [stupid] estúpido(da).

dumbfound [dʌm'faʊnd] vt pasmar; to be ~ ed ficar pasmado(da).

dummy ['dʌmɪ] (pl -ies) <> adj [fake] falso(sa). <> n - **1**. [model of human figure - tailor's] manequim m; [- ventriloquist's] boneco m - **2**. [copy, fake object] imitação f - **3**. UK [for baby] chupeta f - **4**. SPORT drible m.

dump [dʌmp] <> n - **1**. [for rubbish] lixeira f - **2**. [for ammunition] depósito m. <> vt - **1**. [put down] deixar cair - **2**.

[dispose of] descarregar **-3.** *inf* [jilt] romper com.

dumper (truck) ['dʌmpə'-] *UK*, **dump truck** *US* n caminhão *m* basculante.

dumping ['dʌmpɪŋ] *n (U)* descarregamento *m*; **'no ~'** 'proibido jogar lixo'.

dumpling ['dʌmplɪŋ] *n CULIN* bolinho *m* de massa de pão.

dump truck *n US* = dumper (truck).

dumpy ['dʌmpɪ] (*compar* -ier, *superl* -iest) *adj inf* atarracado(da).

dunce [dʌns] *n* burro *m*, -ra *f*, ignorante *mf*.

dune [dju:n] *n* duna *f*.

dung [dʌŋ] *n (U)* esterco *m*.

dungarees [,dʌŋɡə'ri:z] *npl UK* macacão *m*.

dungeon ['dʌndʒən] *n* masmorra *f*.

Dunkirk [dʌn'kɜ:k] *n* Dunquerque.

duo ['dju:əʊ] *n* **-1.** *MUS* dueto *m* **-2.** [couple] casal *m*.

duplex ['dju:pleks] *n US* dúplex *m inv*.

duplicate [*adj* & *n* 'dju:plɪkət, *vb* 'dju:plɪkeɪt] <> *adj* [document] duplicado(da); ~ **key** cópia *f* de chave. <> *n* [of document] cópia *f*; **in ~** em duplicata. <> *vt* [document] copiar.

durable ['djʊərəbl] *adj* durável, duradouro(ra).

duration [djʊ'reɪʃn] *n (U)* duração *f*; **for the ~ of** durante.

duress [djʊ'res] *n (U)* : **under ~** sob coerção.

Durex® ['djʊəreks] *n* [condom] preservativo *m*, camisinha *f*.

during ['djʊərɪŋ] *prep* durante.

dusk [dʌsk] *n (U)* crepúsculo *m*, anoitecer *m*.

dust [dʌst] <> *n (U)* **-1.** [gen] pó *m*; *fig* [be ignored] ser privado(da); **to let the ~ settle** deixar a poeira baixar; **to have bitten the ~** ser derrubado(da) por terra **-2.** [earth, sand] poeira *f*, pó *m*. <> *vt* **-1.** [clean] tirar o pó de **-2.** [cover]: **to ~ sthg with sthg** polvilhar algo com algo.

dustbin ['dʌstbɪn] *n UK* lata *f* de lixo.

dustcart ['dʌstkɑ:t] *n UK* caminhão *m* de lixo.

dust cover *n* [for book] = dust jacket

duster ['dʌstə'] *n* [cloth] espanador *m* de pó.

dust jacket, dust cover *n* [on book] sobrecapa *f*.

dustman ['dʌstmən] (*pl* -men [-mən]) *n UK* lixeiro *m*.

dustpan ['dʌstpæn] *n* pá *f* de lixo.

dusty ['dʌstɪ] (*compar* -ier, *superl* -iest) *adj* [covered in dust] empoeirado(da).

Dutch [dʌtʃ] <> *adj* holandês(esa). <> *n* [language] holandês *m*. <> *npl*:

the ~ os holandeses. <> *adv*: **let's go ~** cada um paga a sua parte.

Dutch elm disease *n (U)* doença *f* do olmo holandês.

dutiful ['dju:tɪfʊl] *adj* zeloso(sa).

duty ['dju:tɪ] (*pl* -ies) *n* **-1.** *(U)* [moral, legal responsibility] dever *m*; **to do one's ~** cumprir com o dever **-2.** *(U)* [work] obrigação *f*; **to be on/off ~** estar de plantão/folga **-3.** [tax] imposto *m*.
  ◆ **duties** *npl* [tasks, part of job] funções *fpl*.

duty-free <> *n* **-1.** [goods] artigo *m* isento de impostos **-2.** [shop] loja *f* duty-free. <> *adj* [whisky, cigarettes] isento(ta) de impostos.

duvet ['du:veɪ] *n UK* edredom *m*, acolchoado *m*.

duvet cover *n UK* capa *f* do edredom.

DVD (*abbr of* Digital Versatile Disk) *n* DVD *m*.

DVD player *n* (reprodutor *m* de) DVD *m*.

DVD ROM (*abbr of* Digital Versatile Disk read only memory) *n* DVD-ROM *m*.

DVLA (*abbr of* Driver and Vehicle Licensing Agency) *n* órgão britânico responsável pelo registro de automóveis e emissão de carteiras de motorista, ≃ DENATRAN *m*.

dwarf [dwɔ:f] (*pl* -s *OR* dwarves [dwɔ:vz]) <> *n* anão *m*, anã *f*. <> *vt* [tower over] sobrepujar.

dwell [dwel] (*pt* & *pp* dwelt *OR* -ed) *vi literary* [live] morar.
  ◆ **dwell on** *vt fus* [past, problem] ficar dando voltas com.

dwelling ['dwelɪŋ] *n literary* morada *f*.

dwelt [dwelt] *pt* & *pp* ▷ dwell.

dwindle ['dwɪndl] *vi* [decrease, grow smaller] ir diminuindo.

dye [daɪ] <> *n* [colouring] tintura *f*. <> *vt* [change colour of] tingir.

dying ['daɪɪŋ] <> *cont* ▷ die. <> *adj* **-1.** [about to die - person] agonizante; [- species] em vias de extinção **-2.** *fig* [declining] que está desaparecendo.

dyke [daɪk] *n* = dike.

dynamic [daɪ'næmɪk] *adj* [energetic] dinâmico(ca).

dynamite ['daɪnəmaɪt] <> *n (U)* **-1.** [explosive] dinamite *f* **-2.** *inf fig* [person, story, news]: **to be ~** ser uma bomba **-3.** *inf fig* [excellent] excelente.

dynamo ['daɪnəməʊ] (*pl* -s) *n TECH* dínamo *m*.

dynasty [*UK* 'dɪnəstɪ, *US* 'daɪnəstɪ] (*pl* -ies) *n* [ruling family] dinastia *f*.

dyslexia [dɪs'leksɪə] *n (U)* dislexia *f*.

dyslexic [dɪs'leksɪk] *adj* disléxico(ca).

E

e (*pl* **e's** OR **es**), **E** (*pl* **E's** OR **Es**) [iː] *n* [letter] e, E *m*.

➤ **E** *n* **-1.** MUS mi *m* **-2.** (*abbr of* **east**) l **-3.** (*abbr of* **ecstasy**) ecstasy *m*.

each [iːtʃ] ◇ *adj* [every] cada. ◇ *pron* [every one] cada um (uma); **two of** ~ dois de cada; ~ **other** um ao outro; **we know** ~ **other** nós nos conhecemos.

eager [ˈiːgəʳ] *adj* [keen, enthusiastic] animado(da); **to be** ~ **for sthg/to do sthg** estar ansioso(sa) por algo/para fazer algo.

eagle [ˈiːgl] *n* [bird] águia *f*.

ear [ɪəʳ] *n* **-1.** [of person, animal] orelha *f*; **to play it by** ~ *fig* nadar de acordo com a maré **-2.** [of corn] espiga *f*.

earache [ˈɪəreɪk] *n* dor *f* de ouvido.

eardrum [ˈɪədrʌm] *n* tímpano *m*.

earl [aːl] *n* conde *m*.

earlier [ˈɜːlɪəʳ] ◇ *adj* **-1.** [previous] anterior **-2.** [according to clock]: **let's take the** ~ **train** vamos pegar o trem que tem antes. ◇ *adv* antes; ~ **on** antes; ~ **that day** mais cedo naquele dia; **they arrived** ~ **than expected** eles chegaram antes do esperado.

earliest [ˈɜːlɪəst] ◇ *adj* **-1.** [first] primeiro(ra); **at your** ~ **convenience** assim que puder **-2.** [according to clock] primeiro(ra). ◇ *adv*: **at the** ~ no mínimo.

earlobe [ˈɪələʊb] *n* lóbulo *m* da orelha.

early [ˈɜːlɪ] (*compar* **-ier**, *superl* **-iest**) ◇ *adj* **-1.** [gen] adiantado(da); **the** ~ **train** o primeiro trem; **to make an** ~ **start** começar na primeira hora **-2.** [of the beginning of a period of time - old] antigo(ga); [- period]: **this chair is** ~ **Victorian** esta cadeira é do início da era Vitoriana; [- in career, life] os primeiros anos de; [- in time] no começo de; ~**-morning** da madrugada; **the** ~ **chapters** os primeiros capítulos. ◇ *adv* **-1.** [before expected time] antes da hora **-2.** [in the morning, in a period of time] cedo; **to get up** ~ madrugar; **as** ~ **as 1950** já em 1950; ~ **on** cedo.

early closing *n* meio-feriado *m* (*para as lojas*).

early retirement *n* aposentadoria *f* antecipada.

earmark [ˈɪəmɑːk] *vt*: **to be** ~ **ed for sthg** ser destinado(da) para algo.

earn [ɜːn] *vt* **-1.** [as salary] ganhar **-2.** COMM gerar **-3.** *fig* [respect, praise] merecer.

earnest [ˈɜːnɪst] *adj* [serious, sincere] sério(ria), sincero(ra).
➤ **in earnest** ◇ *adj* convicto(ta). ◇ *adv* para valer.

earnings [ˈɜːnɪŋz] *npl* [of person, business] rendimentos *mpl*.

earphones [ˈɪəfəʊnz] *npl* [headset] fones *mpl* de ouvido.

earpiece *n* audiofone *m*.

earplugs [ˈɪəplʌgz] *npl* protetores *mpl* de ouvido.

earring [ˈɪərɪŋ] *n* brinco *m*.

earshot [ˈɪəʃɒt] *n*: **within/out of** ~ dentro/fora do alcance do ouvido.

earth [ɜːθ] ◇ *n* **-1.** [gen] terra *f*; **how/what on** ~ **...?** como/o que é que ...?; **where/why on** ~ **...?** onde/por que diabos ...?; **to cost the** ~ UK custar uma fortuna **-2.** (U) [soil] solo *m* **-3.** UK [in electric plug, appliance] terra *m*. ◇ *vt* UK: **to be** ~**ed** estar aterrado(da).

earthenware [ˈɜːθnweəʳ] *n* (U) cerâmica *f*.

earthquake [ˈɜːθkweɪk] *n* terremoto *m*.

earthworm [ˈɜːθwɜːm] *n* minhoca *f*.

earthy [ˈɜːθɪ] (*compar* **-ier**, *superl* **-iest**) *adj* **-1.** [humour, person] direto(ta) **-2.** [taste, smell] de terra.

earwig [ˈɪəwɪg] *n* lacraia *f*.

ease [iːz] ◇ *n* (U) **-1.** [lack of difficulty] facilidade *f*; **to do sthg with** ~ fazer algo com facilidade **-2.** [comfort] comodidade *f*; **at** ~ à vontade; **ill at** ~ pouco(ca) à vontade. ◇ *vt* **-1.** [make less severe - pain, restrictions] aliviar; [- problems] atenuar **-2.** [move carefully] ajeitar; **to** ~ **sthg open** abrir algo com cuidado. ◇ *vi* [become less severe] aliviar; **to show signs of easing** mostrar sinais de alívio.
➤ **ease off** *vi* diminuir.
➤ **ease up** *vi* **-1.** [rain] acalmar **-2.** [relax] relaxar.

easel [ˈiːzl] *n* cavalete *m*.

easily [ˈiːzɪlɪ] *adv* **-1.** [without difficulty] facilmente **-2.** [undoubtedly] sem sombra de dúvida **-3.** [in a relaxed manner] tranqüilamente.

east [iːst] ◇ *adj* **-1.** [in the east, facing the east] oriental **-2.** [from the east] leste. ◇ *adv* a leste; ~ **of** ao leste de. ◇ *n* **-1.** [direction] leste *m* **-2.** [region]: **the** ~ o leste.
➤ **East** *n*: **the East** [of country] o leste; [Asia, Eastern bloc] o Oriente.

East End *n*: the ~ *o leste de Londres.*
Easter ['i:stə'] *n* Páscoa *f.*
Easter egg *n* ovo *m* de Páscoa.
easterly ['i:stəlɪ] *adj* -1. [towards the east, in the east] a leste -2. [from the east] do leste.
eastern ['i:stən] *adj* [part of country, continent] oriental, do leste.
    Eastern *adj* oriental.
East German ◇ *adj* da Alemanha Oriental. ◇ *n* [person] alemão *m*, -mã *f* oriental.
East Germany *n*: (the former) ~ (a antiga) Alemanha Oriental.
eastward ['i:stwəd] ◇ *adj* ao leste. ◇ *adv* = eastwards.
eastwards ['i:stwədz] *adv* em direção ao leste.
easy ['i:zɪ] (*compar* -ier, *superl* -iest) ◇ *adj* -1. [not difficult] fácil -2. [comfortable] cômodo(da) -3. [relaxed] sossegado(da). ◇ *adv*: **to take it** *or* **things ~** *inf* levar isso *or* as coisas com calma.
easy chair *n* [armchair] poltrona *f.*
easygoing [i:zɪ'gəʊɪŋ] *adj* [person, manner] descontraído(da).
eat [i:t] (*pt* ate, *pp* eaten) *vt* & *vi* comer.
    eat away *vt sep*, **eat into** *vt fus* -1. [corrode away] corroer -2. [deplete] destruir.
eaten ['i:tn] *pp* ▷ eat.
eaves ['i:vz] *npl* [of house] beirado *m.*
eavesdrop ['i:vzdrɒp] (*pt* & *pp* -ped, *cont* -ping) *vi* [listen, spy] bisbilhotar; **to ~ on sb** bisbilhotar alguém.
ebb [eb] ◇ *n (U)* [of tide, sea] vazante *f.* ◇ *vi* [tide, sea] baixar.
ebony ['ebənɪ] ◇ *adj literary* [colour] da cor do ébano. ◇ *n (U)* [wood] ébano *m.*
e-business *n* -1. [company] empresa *f* de e-business -2. [electronic commerce] e-business *m.*
EC (*abbr of* European Community) *n* CE *f.*
e-cash *n COMPUT* dinheiro *m* eletrônico.
ECB (*abbr of* European Central Bank) *n* BCE *m.*
eccentric [ɪk'sentrɪk] ◇ *adj* [odd] excêntrico(ca). ◇ *n* [person] excêntrico *m*, -ca *f.*
echo ['ekəʊ] (*pl* -es, *pt* & *pp* -ed, *cont* -ing) ◇ *n* eco *m.* ◇ *vt* [repeat - words] repetir; [- opinion] repercurtir. ◇ *vi* ecoar.
eclipse [ɪ'klɪps] ◇ *n* -1. [of sun, moon] eclipse *m* -2. *fig* [decline] declínio *m.* ◇ *vt fig* [overshadow] eclipsar.
eco-friendly ['i:kəʊ'frendlɪ] *adj* ecológico(ca).
ecological [i:kə'lɒdʒɪkl] *adj* ecológico(ca).

ecology [ɪ'kɒlədʒɪ] *n (U)* ecologia *f.*
e-commerce *n* comércio *m* eletrônico.
economic [i:kə'nɒmɪk] *adj* econômico(ca).
economical [i:kə'nɒmɪkl] *adj* econômico(ca).
Economic and Monetary Union *n* União *f* Monetária e Econômica.
economics [i:kə'nɒmɪks] ◇ *n (U)* [study] economia *f.* ◇ *npl* [of plan, business, trade] aspectos *mpl* econômicos.
economy [ɪ'kɒnəmɪ] (*pl* -ies) *n* economia *f*; **economies of scale** economias de escala.
economy class *n* classe *f* econômica.
economy-size(d) *adj* [pack, jar] de tamanho econômico.
ecotax ['i:kəʊtæks] *n* ecotaxa *f.*
ecotourism [i:kəʊ'tʊərɪzm] *n* ecoturismo *m.*
ecstasy ['ekstəsɪ] (*pl* -ies) *n* -1. *(U)* [great happiness] êxtase *m* -2. [drug] ecstasy *m.*
ecstatic [ek'stætɪk] *adj* extasiado(da).
ECU, Ecu ['ekju:] (*abbr of* European Currency Unit) *n* Unidade *f* Monetária Européia.
eczema ['eksɪmə] *n (U)* eczema *m.*
Eden ['i:dn] *n*: (the Garden of) ~ (o Jardim do) Éden.
edge [edʒ] ◇ *n* -1. [outer limit] borda *f*; **to be on the ~ of sthg** estar à beira de algo -2. [of blade] fio *m* -3. [advantage]: **to have an ~ over sb/sth, to have the ~ on sb/sthg** levar ligeira vantagem sobre alguém/algo. ◇ *vi* [move slowly] avançar lentamente.
    on edge *adj* -1. [person] nervoso(sa) -2. [nerves] à flor da pele.
edgeways ['edʒweɪz], **edgewise** ['edʒwaɪz] *adv* [sideways] de lado.
edgy ['edʒɪ] (*compar* -ier, *superl* -iest) *adj* impaciente.
edible ['edɪbl] *adj* [safe to eat] comestível.
edict ['i:dɪkt] *n* [decree] edital *m.*
Edinburgh ['edɪnbrə] *n* Edimburgo.
edit ['edɪt] *vt* [correct] revisar; **to need ~ing** precisar de revisão.
edition [ɪ'dɪʃn] *n* edição *f.*
editor ['edɪtə'] *n* -1. [gen] editor *m*, -ra *f* -2. [copy editor] revisor *m*, -ra *f* -3. *COMPUT* editor *m* (de texto).
editorial [edɪ'tɔ:rɪəl] ◇ *adj* editorial. ◇ *n* editorial *m.*
educate ['edʒʊkeɪt] *vt* -1. *SCH & UNIV* educar -2. [inform] informar.
education [edʒʊ'keɪʃn] *n (U)* -1. [activity, sector] educação *f*, ensino *m* -2. [process or result of teaching] educação *f.*
educational [edʒʊ'keɪʃənl] *adj* -1. [establishment, policy] educacional -2. [toy,

experience] educativo(va).

EEC (*abbr of* **European Economic Community**) *n* CEE *f*.

eel [i:l] *n* enguia *f*.

eerie ['ɪərɪ] *adj* lúgubre, sinistro(tra).

efface [ɪ'feɪs] *vt* apagar.

effect [ɪ'fekt] ◇ *n* [gen] efeito *m*; **to have an ~ on sb/sthg** ter um efeito sobre alguém/algo; **to take ~** [law, rule] entrar em vigor; [drug] fazer efeito; **to put sthg into ~** pôr algo em prática; **for ~** para impressionar. ◇ *vt* - 1. [recovery, change] causar - 2. [reconciliation, comeback, repairs] fazer.
◆ **effects** *npl* - 1. : **(special) ~s** efeitos (especiais) - 2. [property] bens *mpl*.
◆ **in effect** *adv* na prática; **the law is in ~** a lei está em vigor.

effective [ɪ'fektɪv] *adj* - 1. [successful] eficaz - 2. [actual, real] efetivo(va) - 3. [in operation] em vigor.

effectively [ɪ'fektɪvlɪ] *adv* - 1. [well, successfully] eficazmente - 2. [in fact] efetivamente.

effectiveness [ɪ'fektɪvnɪs] *n (U)* [success, efficiency] eficácia *f*.

effeminate [ɪ'femɪnət] *adj pej* efeminado(da).

effervescent [ˌefə'vesənt] *adj* [liquid] efervescente.

efficiency [ɪ'fɪʃənsɪ] *n (U)* eficiência *f*.

efficient [ɪ'fɪʃənt] *adj* eficiente.

effluent ['efluənt] *n* efluente *m*.

effort ['efət] *n* - 1. *(U)* [physical or mental exertion] esforço *m*; **to be worth the ~** valer o esforço; **to make the ~ to do sthg** esforçar-se para fazer algo; **with ~** com esforço - 2. [attempt] esforço *m*, tentativa *f*; **to make an/no ~ to do sthg** empenhar-se/não se empenhar em fazer algo.

effortless ['efətlɪs] *adj* fácil, com desenvoltura.

effusive [ɪ'fju:sɪv] *adj* efusivo(va).

e.g. (*abbr of* **exempli gratia**) *adv* e.g.

egg [eg] *n* - 1. [gen] ovo *m* - 2. [of woman] óvulo *m*.
◆ **egg on** *vt sep* instigar.

eggcup ['egkʌp] *n* oveiro *m*.

eggplant ['egplɑ:nt] *n US* berinjela *f*.

eggshell ['egʃel] *n* casca *f* de ovo.

egg white *n* clara *f* de ovo.

egg yolk [-jəʊk] *n* gema *f* de ovo.

ego ['i:gəʊ] (*pl -s*) *n* [opinion of self] ego *m*.

egoism ['i:gəʊɪzm] *n (U)* [self-interest] egoísmo *m*.

egoistic [ˌi:gəʊ'ɪstɪk] *adj* [self-centred] egoísta.

egotistic(al) [ˌi:gə'tɪstɪk(l)] *adj* egotista, egoísta.

Egypt ['i:dʒɪpt] *n* Egito *m*.

Egyptian [ɪ'dʒɪpʃn] ◇ *adj* egípcio(-

cia). ◇ *n* [person] egípcio *m*, -cia *f*.

eiderdown ['aɪdədaʊn] *n UK* [bed cover] edredom *m*.

eight [eɪt] *num* oito; *see also* **six**.

eighteen [ˌeɪ'ti:n] *num* dezoito; *see also* **six**.

eighth [eɪtθ] *num* oitavo(va); *see also* **sixth**.

eighty ['eɪtɪ] (*pl -ies*) *num* oitenta; *see also* **sixty**.

Eire ['eərə] *n* (República da) Irlanda.

either ['aɪðə', 'i:ðə'] ◇ *adj* - 1. [one or the other] qualquer; **~ side could win** qualquer um dos lados poderia ganhar; **she couldn't find ~ jumper** ela não conseguiu achar nenhuma das blusas; **~ way** de qualquer jeito; **I don't mind ~ way** por mim tanto faz - 2. [each] cada; **on ~ side** de cada lado. ◇ *pron*: **~ (of them) will do** qualquer um (deles) serve; **I don't like ~ (of them)** não gosto de nenhum dos (dois). ◇ *adv (after negative)* também não; **they don't smoke ~** eles também não fumam. ◇ *conj*: **~ ... or ...** [in positive sentence] ou ...ou ...; [in negative sentence] nem ...nem ...; **~ he leaves or I do** ou ele sai ou saio eu; **you are not being ~ clever or funny** você não está sendo nem inteligente nem engraçado.

eject [ɪ'dʒekt] *vt* - 1. [object] ejetar - 2. [person]: **to ~ sb (from)** expulsar alguém (de).

eke [i:k] ◆ **eke out** *vt sep* [save - money] esticar; [- food, supply] racionar.

elaborate [*adj* ɪ'læbrət, *vb* ɪ'læbəreɪt] ◇ *adj* [complicated, detailed] elaborado(da). ◇ *vi*: **to ~ (on sthg)** detalhar (algo).

elapse [ɪ'læps] *vi* [time] transcorrer.

elastic [ɪ'læstɪk] ◇ *adj* - 1. [material, skin] elástico(ca) - 2. *fig* [plan, timetable] elástico(ca). ◇ *n (U)* [material] elástico *m*.

elastic band *n UK* elástico *m*.

elasticated [ɪ'læstɪkeɪtɪd] *adj* [waistband] elástico(ca).

elated [ɪ'leɪtɪd] *adj* exultante.

elbow ['elbəʊ] *n* cotovelo *m*.

elder ['eldə'] ◇ *adj* [older] mais velho(lha), primogênito(ta). ◇ *n* - 1. [older person] velho *m*, -lha *f* - 2. [of tribe] ancião *m*, -ã *f* - 3. [of church] presbítero *m* - 4. *BOT*: **~ (tree)** sabugueiro *m*.

elderly ['eldəlɪ] ◇ *adj* [old - person] idoso(sa); [- thing] velho(lha), antigo(ga). ◇ *npl*: **the ~** os idosos.

eldest ['eldɪst] *adj* [oldest] mais velho(-lha).

elect [ɪ'lekt] ◇ *adj* eleito(ta). ◇ *vt* - 1. [by voting] eleger; **to ~ sb (as) sthg** eleger alguém (como) algo - 2. *fml* [choose]: **to ~ to do sthg** escolher fazer algo.

election [ɪˈlekʃn] *n* eleição *f*; **to have** OR **hold an ~** ter OR fazer uma eleição.

electioneering [ɪˌlekʃəˈnɪərɪŋ] *n (U) pej* propaganda *f* eleitoral, eleitoralismo *m*.

elector [ɪˈlektəʳ] *n* [voter] eleitor *m*, -ra *f*.

electorate [ɪˈlektərət] *n*: **the ~** o eleitorado.

electric [ɪˈlektrɪk] *adj* **-1.** [using or producing electricity] elétrico(ca) **-2.** *fig* [exciting] eletrizante.

➤ **electrics** *npl UK inf* [in car, machine] partes *fpl* elétricas.

electrical [ɪˈlektrɪkl] *adj* elétrico(ca).

electrical engineering *n (U)* engenharia *f* elétrica.

electrical shock *n US* = **electric shock**.

electric blanket *n* cobertor *m* elétrico.

electric cooker *n* fogão *m* elétrico.

electric drill *n* furadeira *f* elétrica.

electric fence *n* cerca *f* elétrica.

electric fire *n* estufa *f* elétrica.

electrician [ˌɪlekˈtrɪʃn] *n* eletricista *mf*.

electricity [ˌɪlekˈtrɪsəti] *n* ELEC eletricidade *f*.

electric shock *UK*, **electrical shock** *US n* choque *m* elétrico.

electrify [ɪˈlektrɪfaɪ] (*pt* & *pp* -ied) *vt* **-1.** [convert to electric power] eletrificar **-2.** *fig* [excite] deixar eletrizado(da).

electrocute [ɪˈlektrəkju:t] *vt* eletrocutar; **to ~ o.s** eletrocutar-se.

electrolysis [ˌɪlekˈtrɒləsɪs] *n (U)* eletrólise *f*.

electron [ɪˈlektrɒn] *n* elétron *m*.

electronic [ˌɪlekˈtrɒnɪk] *adj* eletrônico(ca).

➤ **electronics** ◇ *n (U)* [technology] eletrônica *f.* ◇ *npl* [equipment] componentes *mpl* eletrônicos.

electronic banking *n* serviço *m* bancário via internet.

electronic data processing *n (U)* processamento *m* eletrônico de dados.

electronic mail *n (U)* correio *m* eletrônico.

electronic organizer *n* agenda *f* eletrônica.

elegant [ˈelɪgənt] *adj* **-1.** [stylish, beautiful] elegante **-2.** [clever, neat] brilhante.

element [ˈelɪmənt] *n* **-1.** SCIENCE elemento *m* **-2.** [small amount, proportion] parcela *f* **-3.** [in heater, kettle] resistência *f* **-4.** *pej* [in society, group] elemento *m*.

➤ **elements** *npl* **-1.** [basics] conhecimentos *mpl* básicos **-2.** [weather]: **the ~s** os fenômenos atmosféricos.

elementary [ˌelɪˈmentərɪ] *adj* elementar.

elementary school *n US* escola *f* primária.

elephant [ˈelɪfənt] (*pl inv* OR **-s**) *n* elefante *m*.

elevate [ˈelɪveɪt] *vt* **-1.** [give importance to, promote]: **to ~ sb/sthg to sthg**, **to ~ sb/ sthg into sthg** elevar alguém/algo a algo **-2.** [raise physically] levantar.

elevated railway *n* ferrovia *f* elevada.

elevator [ˈelɪveɪtəʳ] *n US* elevador *m*.

eleven [ɪˈlevn] *num* onze; *see also* **six**.

elevenses [ɪˈlevnzɪz] *n (U) UK* lanche *m* rápido *(às 11 da manhã)*.

eleventh [ɪˈlevnθ] *num* décimo primeiro, décima primeira; *see also* **sixth**.

elicit [ɪˈlɪsɪt] *vt fml* **-1.** [response, reaction]: **to ~ sthg (from sb)** obter algo (de alguém) **-2.** [information]: **to ~ sthg (from sb)** extrair algo (de alguém).

eligible [ˈelɪdʒəbl] *adj* [suitable, qualified] elegível; **to be ~ for sthg/to do sthg** estar habilitado(da) a algo/a fazer algo.

eliminate [ɪˈlɪmɪneɪt] *vt* **-1.** [remove]: **to ~ sb/sthg (from)** eliminar alguém/algo (de) **-2.** [in sport, competition]: **to be ~d from sthg** ser eliminado(da) de algo.

elite [ɪˈli:t] ◇ *adj* de elite. ◇ *n* elite *f*.

elitist [ɪˈli:tɪst] *pej* ◇ *adj* elitista. ◇ *n* elitista *mf*.

elk [elk] (*pl inv* OR **-s**) *n* alce *m*.

elm [elm] *n*: **~ (tree)** olmo *m*.

elocution [ˌeləˈkju:ʃn] *n (U)* elocução *f*.

elongated [ˈi:lɒŋgeɪtɪd] *adj* alongado(da).

elope [ɪˈləʊp] *vi*: **to ~ (with sb)** fugir para casar (com alguém).

eloquent [ˈeləkwənt] *adj* eloqüente.

El Salvador [ˌelˈsælvədɔ:ʳ] *n* El Salvador.

else [els] *adv*: **anything ~** mais alguma coisa; **he doesn't need anything ~** ele não precisa de nada mais; **everyone ~** todos os outros, todas as outras; **nothing ~** nada mais; **someone ~** alguma outra pessoa; **something ~** outra coisa; **somewhere ~** outro lugar; **who/ what/where ~?** quem/que/onde mais?

➤ **or else** *conj* [or if not] ou então, senão.

elsewhere [els'weəʳ] *adv* em outro lugar.

elude [ɪˈlu:d] *vt* escapar de; **his name ~s me completely** o nome dele me escapa totalmente.

elusive [ɪˈlu:sɪv] *adj* esquivo(va), evasivo(va).

emaciated [ɪˈmeɪʃɪeɪtɪd] *adj* emagrecido (da).

e-mail n e-mail m, correio m eletrônico.

e-mail address n endereço m (de
correio) eletrônico, e-mail m.

emanate ['eməneɪt] fml vi: **to ~ from**
emanar de.

emancipate [ɪ'mænsɪpeɪt] vt: **to ~ sb
(from sthg)** emancipar alguém (de
algo).

embankment [ɪm'bæŋkmənt] n **-1.**
[along road, railway] barreira f **-2.** [along
river] margem f.

embark [ɪm'bɑːk] vi **-1.** [board ship]: **to
~ (on)** embarcar(em) **-2.** [start]: **to ~
(up)on sthg** dar início (a algo).

embarkation [ˌembɑː'keɪʃn] n embarque m.

embarrass [ɪm'bærəs] vt [shame] envergonhar.

embarrassed [ɪm'bærəst] adj [self-
conscious] envergonhado(da).

embarrassing [ɪm'bærəsɪŋ] adj [shame-
ful] embaraçoso(sa).

embarrassment [ɪm'bærəsmənt] n vergonha f.

embassy ['embəsɪ] (pl **-ies**) n embaixada f.

embedded [ɪm'bedɪd] adj **-1.** [buried]:
~ in sthg enterrado(da) em algo **-2.**
COMPUT: **~ in sthg** embutido(da) em
algo **-3.** fig [ingrained] enraizado(da).

embellish [ɪm'belɪʃ] vt **-1.** [room, gar-
ment]: **to ~ sthg with sthg** embelezar
algo com algo **-2.** fig [story, account]
enfeitar.

embers ['embəz] npl brasa f.

embezzle [ɪm'bezl] vt [money] desviar.

embittered [ɪm'bɪtəd] adj amargura-
do(da).

emblem ['embləm] n [symbolic design]
emblema m.

embody [ɪm'bɒdɪ] (pt & pp **-ied**) vt **-1.**
[epitomize] personificar **-2.** [include]: **to
be embodied in sthg** estar incorpora-
do(da) em algo.

embossed [ɪm'bɒst] adj **-1.** [material] em
relevo **-2.** [design, lettering]: **~ (on sthg)**
em relevo (sobre algo).

embrace [ɪm'breɪs] ◇ n abraço m.
◇ vt **-1.** [person] abraçar **-2.** fml [reli-
gion, way of life] converter-se a. ◇ vi
abraçar-se.

embroider [ɪm'brɔɪdə^r] ◇ vt **-1.** SEW-
ING bordar **-2.** pej [embellish] enfeitar.
◇ vi SEWING bordar.

embroidery [ɪm'brɔɪdərɪ] n (U) bordado m.

embroil [ɪm'brɔɪl] vt: **to get/be ~ed
(in sthg)** envolver-se/ser envolvido(-
da) (em algo).

embryo ['embrɪəʊ] (pl **-s**) n BIOL embrião
m.

emerald ['emərəld] ◇ adj [colour] esmeralda. ◇ n [stone] esmeralda f.

emerge [ɪ'mɜːdʒ] ◇ vi **-1.** [come out]
aparecer; **to ~ from sthg** surgir de
algo **-2.** [from experience, situation]: **to ~
from** surgir de **-3.** [become known - facts,
truth] vir à tona; [- writer, movement]
surgir. ◇ vt: **it ~s that** vem à tona
que.

emergence [ɪ'mɜːdʒəns] n (U) surgimento m, aparecimento m.

emergency [ɪ'mɜːdʒənsɪ] (pl **-ies**) ◇
adj de emergência. ◇ n emergência
f.

emergency brake n US [of car] freio m
de mão.

emergency exit n saída f de emergência.

emergency landing n pouso m de
emergência.

emergency number n número m de
emergência.

emergency room n US [in hospital] sala
f de emergência.

emergency services npl serviços mpl
de emergência.

emery board ['emərɪ-] n lixa f (de
unhas).

emigrant ['emɪgrənt] n emigrante mf.

emigrate ['emɪgreɪt] vi emigrar; **to ~
to/from** emigrar para/de.

eminent ['emɪnənt] adj [distinguished]
eminente.

emission [ɪ'mɪʃn] n fml emissão f.

emit [ɪ'mɪt] (pt & pp **-ted**, cont **-ting**) vt
fml emitir.

emoticon [ɪ'məʊtɪkɒn] n COMPUT emoticon m.

emotion [ɪ'məʊʃn] n emoção f.

emotional [ɪ'məʊʃənl] adj **-1.** [easily
moved] emotivo(va) **-2.** [charged with
emotion] emocionado(da) **-3.** [appealing
to the emotions] comovente.

emperor ['empərə^r] n imperador m.

emphasis ['emfəsɪs] (pl **-ases** [-əsiːz]) n:
~ (on sthg) ênfase f (em algo); **to lay**
OR **place ~ on sthg** dar ênfase a algo.

emphasize, -ise ['emfəsaɪz] vt enfatizar.

emphatic [ɪm'fætɪk] adj [forceful] enfáti-
co(ca).

emphatically [ɪm'fætɪklɪ] adv **-1.** [with
emphasis] enfaticamente **-2.** [definitely]
terminantemente.

empire ['empaɪə^r] n império m.

employ [ɪm'plɔɪ] vt **-1.** [give work to]
empregar; **to be ~ed as sthg** estar
empregado(da) como algo **-2.** fml
[use] empregar; **to ~ sthg as sthg/to do
sthg** empregar algo como algo/para
fazer algo.

employee [ɪm'plɔɪiː] n empregado m,
-da f.

employer [ɪm'plɔɪə^r] *n* empregador *m*, -ra *f*.

employment [ɪm'plɔɪmənt] *n* -**1.** [being in work] emprego *m*; **to be in** ~ estar empregado(da) -**2.** [work] trabalho *m*.

employment agency *n* agência *f* de empregos.

emporium [em'pɔːrɪəm] *n* empório *m*.

empower [ɪm'paʊə^r] *vt fml*: **to be** ~ed **to do sthg** receber autoridade para fazer algo.

empress ['emprɪs] *n* imperatriz *f*.

empty ['emptɪ] (*compar* -ier, *superl* -iest, *pt* & *pp* -ied, *pl* -ies) <> *adj* vazio(zia). <> *vt* esvaziar; **to** ~ **sthg into/out of sthg** despejar algo em/de dentro de algo. <> *vi* [become empty] esvaziar. <> *inf* casco *m*.

empty-handed [-'hændɪd] *adv* de mãos vazias.

EMS (*abbr of* European Monetary System) *n* SMT *m*.

EMU (*abbr of* Economic and Monetary Union) *n* UME *f*.

emulate ['emjʊleɪt] *vt* -**1.** [gen] imitar -**2.** COMPUT emular.

emulsion [ɪ'mʌlʃn] *n* ~ (paint) tinta *f* plástica.

enable [ɪ'neɪbl] *vt*: **to** ~ **sb to do sthg** permitir que alguém faça algo.

enact [ɪ'nækt] *vt* -**1.** JUR promulgar -**2.** [act] representar.

enamel [ɪ'næml] *n* (*U*) esmalte *m*.

encampment [ɪn'kæmpmənt] *n* [of soldiers, gipsies] acampamento *m*.

encapsulate [ɪn'kæpsjʊleɪt] *vt fig* [philosophy, idea]: **to** ~ **sthg (in)** resumir algo (em).

encase [ɪn'keɪs] *vt*: ~**d in sthg** envolvido(da) em algo.

enchanted [ɪn'tʃɑːntɪd] *adj* -**1.** [delighted]: ~ **(by** OR **with sthg)** encantado(da) (por OR com algo) -**2.** [under a spell] encantado(da).

enchanting [ɪn'tʃɑːntɪŋ] *adj* encantador(ra).

encircle [ɪn'sɜːkl] *vt* cercar.

enclose [ɪn'kləʊz] *vt* -**1.** [surround, contain] cercar; ~**d by** OR **with sthg** cercado(da) por OR com algo -**2.** [put in envelope] anexar; **please find** ~**d** ... segue anexo(xa) ...

enclosure [ɪn'kləʊʒə^r] *n* -**1.** [place] cercado *m* -**2.** [in letter] anexo *m*.

encompass [ɪn'kʌmpəs] *vt fml* -**1.** [include] abranger -**2.** [surround] cercar.

encore ['ɒŋkɔː^r] <> *n* [by singer, performer] bis *m*. <> *excl* bis!

encounter [ɪn'kaʊntə^r] <> *n* encontro *m*. <> *vt fml* -**1.** [person] encontrar, encontrar-se com -**2.** [problem, difficulty etc.] deparar-se com.

encourage [ɪn'kʌrɪdʒ] *vt* -**1.** [give confidence to]: **to** ~ **sb (to do sthg)** incentivar alguém (a fazer algo) -**2.** [foster] incentivar, estimular.

encouragement [ɪn'kʌrɪdʒmənt] *n* (*U*) incentivo *m*, estímulo *m*.

encroach [ɪn'krəʊtʃ] *vi*: **to** ~ **(up)on sthg** apossar-se de algo; [rights] abusar de algo; [privacy] invadir algo.

encrypt [ɪn'krɪpt] *vt* COMPUT criptografar.

encyclop(a)edic [ɪn‚saɪkləʊ'piːdɪk] *adj* enciclopédico(ca).

end [end] <> *n* -**1.** [last part, finish] fim *m*, final *m*; **to be an** ~ estar no fim; **to come to an** ~ acabar, chegar ao fim; **to put an** ~ **to sthg** pôr fim a algo; **at the** ~ **of the day** *fig* no final das contas; **in the** ~ [finally] finalmente -**2.** [tip, edge] extremidade *f* -**3.** [point, final section] ponta *f* -**4.** [side, one of two ends, of phone line] lado *m*; **which** ~ **does it open?** de que lado abre?; **to make** ~**s meet** conseguir que o dinheiro chegue -**5.** *fml* [purpose] fim *m*, objetivo *m* -**6.** *literary* [death] fim *m*. <> *vt* acabar, terminar; **to** ~ **sthg with** acabar OR terminar algo com. <> *vi* [finish] acabar, terminar; **to** ~ **in** acabar em; **to** ~ **with** acabar OR terminar com.

➡ **on end** *adv* -**1.** [upright] em pé -**2.** [continuously] a fio.

➡ **end up** *vi* acabar, terminar; **to** ~ **up doing sthg** acabar fazendo algo.

endanger [ɪn'deɪndʒə^r] *vt* pôr em perigo.

endearing [ɪn'dɪərɪŋ] *adj* simpático(ca).

endeavour UK, **endeavor** US [ɪn'devə^r] *fml* <> *n* tentativa *f*, esforço *m*. <> *vt*: **to** ~ **to do sthg** tentar fazer algo.

ending ['endɪŋ] *n* -**1.** [gen] final *m* -**2.** GRAMM terminação *f*.

endive ['endaɪv] *n* -**1.** [salad vegetable] endívia *f* -**2.** [chicory] chicória *f*.

endless ['endlɪs] *adj* -**1.** [unending] interminável -**2.** [inexhaustible] inesgotável -**3.** [vast] sem fim.

endorse [ɪn'dɔːs] *vt* [approve] endossar.

endorsement [ɪn'dɔːsmənt] *n* -**1.** (*U*) [gen] endosso *m* -**2.** UK [on driving licence] pontos *mpl*.

endow [ɪn'daʊ] *vt* -**1.** [equip]: **to be** ~**ed with sthg** ser dotado(da) de algo -**2.** [donate money to] dotar.

endurance [ɪn'djʊərəns] *n* (*U*) resistência *f*.

endure [ɪn'djʊə^r] <> *vt* resistir, suportar. <> *vi fml* perdurar.

endways UK ['endweɪz], **endwise** US ['endwaɪz] *adv* -**1.** [lengthways] de frente -**2.** [end to end] ponta a ponta.

enemy ['enɪmɪ] (pl -ies) ⬦ n -1. [person] inimigo m, -ga f -2. MIL: the ~ o inimigo. ⬦ comp inimigo(ga).

energetic [ˌenə'dʒetɪk] adj -1. [lively] ativo(va) -2. [physically taxing] vigoroso(sa) -3. [enthusiastic] ativo(va).

energy ['enədʒɪ] (pl -ies) n (U) energia f.

enforce [ɪn'fɔːs] vt -1. [law] fazer cumprir, aplicar -2. [standards, discipline] impor.

enforced [ɪn'fɔːst] adj -1. [obligatory] compulsório(ria) -2. [unavoidable] inevitável.

engage [ɪn'geɪdʒ] ⬦ vt -1. [attract] atrair -2. TECH engrenar -3. fml [employ] contratar; **to be ~ d** in OR **on sthg** dedicar-se a algo; [busy with] estar ocupado(da) em algo. ⬦ vi [be involved]: **to ~ in** envolver-se em.

engaged [ɪn'geɪdʒd] adj -1. [couple] noivo(va); **~ to sb** noivo(va) de alguém; **to get ~** noivar -2. [busy, occupied] ocupado(da); **~ in sthg** envolvido(da) em algo -3. [phone, toilet] ocupado(da).

engaged tone n UK sinal m de ocupado.

engagement [ɪn'geɪdʒmənt] n -1. [of couple] noivado m -2. [appointment] compromisso m.

engagement ring n anel m de noivado.

engaging [ɪn'geɪdʒɪŋ] adj atraente.

engender [ɪn'dʒendə'] vt fml gerar.

engine ['endʒɪn] n -1. [of car, plane, ship] motor m -2. RAIL locomotiva f.

engine driver n UK maquinista mf.

engineer [ˌendʒɪ'nɪə'] n -1. [of roads, machines, bridges] engenheiro m, -ra f -2. [on ship] técnico m, -ca f -3. US [engine driver] maquinista mf.

engineering [ˌendʒɪ'nɪərɪŋ] n engenharia f.

England ['ɪŋglənd] n Inglaterra f; **in ~** na Inglaterra.

English ['ɪŋglɪʃ] ⬦ adj inglês(esa). ⬦ n [language] inglês m. ⬦ npl: **the ~** os ingleses.

English Channel n: **the ~** o Canal da Mancha.

Englishman ['ɪŋglɪʃmən] (pl -men [-mən]) n inglês m.

Englishwoman ['ɪŋglɪʃˌwʊmən] (pl -women [-ˌwɪmɪn]) n inglesa f.

engrave [ɪn'greɪv] vt -1. [metal, glass] gravar -2. [design]: **to ~ sthg (on sthg)** gravar algo (em algo) -3. fig [on memory] gravar.

engraving [ɪn'greɪvɪŋ] n -1. [design] gravura f -2. (U) [skill] gravação f.

engrossed [ɪn'grəʊst] adj: **to be ~ (in sthg)** estar absorto(ta) (em algo).

engulf [ɪn'gʌlf] vt -1. [cover, surround - subj:fire] devorar; [- subj:water] tragar -2. fig [overwhelm] tomar conta de.

enhance [ɪn'hɑːns] vt -1. [increase] aumentar -2. [improve] melhorar -3. [heighten: beauty, graphics] realçar.

enjoy [ɪn'dʒɔɪ] vt -1. [like] gostar de; **to ~ doing sthg** gostar de fazer algo; **to ~ o.s.** divertir-se -2. fml [possess] desfrutar de.

enjoyable [ɪn'dʒɔɪəbl] adj agradável.

enjoyment [ɪn'dʒɔɪmənt] n (U) prazer m.

enlarge [ɪn'lɑːdʒ] vt ampliar.

➠ **enlarge (up)on** vt fus desenvolver.

enlargement [ɪn'lɑːdʒmənt] n -1. (U) [gen] ampliação f -2. MED dilatação f.

enlighten [ɪn'laɪtn] vt fml esclarecer.

enlightened [ɪn'laɪtnd] adj esclarecido(da).

enlightenment [ɪn'laɪtnmənt] n (U) esclarecimento m.

➠ **Enlightenment** n: **the Enlightenment** o Iluminismo.

enlist [ɪn'lɪst] ⬦ vt -1. MIL [recruit] recrutar -2. [support, help] angariar. ⬦ vi MIL: **to ~ (in)** alistar-se(em).

enmity ['enmətɪ] (pl -ies) n (U) inimizade f.

enormity [ɪ'nɔːmətɪ] n (U) enormidade f.

enormous [ɪ'nɔːməs] adj enorme.

enough [ɪ'nʌf] ⬦ adj suficiente. ⬦ pron suficiente; **to have had ~ (of sthg)** [expressing annoyance] estar farto(ta) (de algo); **more than ~** mais que suficiente ⬦ adv -1. [sufficiently] suficientemente, bastante; **to suffer ~** sofrer o bastante; **he hasn't tried hard ~** ele ainda não tentou o suficiente; **to be good ~ to do sthg** fml ter a bondade de fazer algo -2. [rather] bastante; **strangely ~** curiosamente.

enquire [ɪn'kwaɪə'] vt & vi = inquire.

enquiry [ɪn'kwaɪərɪ] (pl -ies) n = inquiry.

enraged [ɪn'reɪdʒd] adj enfurecido(da).

enrol UK (pt & pp -led, cont -ling), **enroll** US [ɪn'rəʊl] ⬦ vt matricular. ⬦ vi: **to ~ (on** OR **in sthg)** matricular-se (em algo).

ensign ['ensaɪn] n [flag] bandeira f.

ensue [ɪn'sjuː] vi fml resultar.

ensure [ɪn'ʃʊə'] vt assegurar; **to ~ (that)** assegurar que.

ENT (abbr of **ear, nose and throat**) n otorrino mf.

entail [ɪn'teɪl] vt [involve] implicar.

enter ['entə'] ⬦ vt -1. [come or go into] entrar em -2. [join - competition, race, the church] entrar em; [- school, politics, parliament] ingressar em; [- armed forces] alistar-se em; [- university] matricular-se em **-3.** [register]: **to ~ sb/sthg for sthg** inscrever alguém/algo em algo **- 4.** [write down] registrar **- 5.** COMPUT inserir; **~ your name, please** insira seu nome. ◇ *vi* **- 1.** [come or go in] entrar **- 2.** [register]: **to ~ (for sthg)** inscrever-se (para algo).

➡ **enter into** *vt fus* **-1.** [begin] iniciar **- 2.** [become involved in] comprometer-se em.

enter key *n* COMPUT tecla *f* enter.

enterprise ['entəpraız] *n* **-1.** [company, business] empresa *f* **- 2.** [venture] aventura *f* **- 3.** (U) [initiative] empreendimento *m*.

enterprise zone *n* UK zona do Reino Unido na qual se fomenta a atividade cultural e empresarial.

enterprising ['entəpraızıŋ] *adj* empreendedor(ra).

entertain [,entə'teın] ◇ *vt* **- 1.** [amuse] entreter **- 2.** [have as guest] receber **- 3.** *fml* [consider] considerar **- 4.** *fml* [harbour] nutrir.

entertainer [,entə'teınə^r] *n* animador *m*, -ra *f*.

entertaining [,entə'teınıŋ] *adj* divertido(da).

entertainment [,entə'teınmənt] ◇ *n* **-1.** (U) [amusement] divertimento *m*, entretenimento *m* **- 2.** [show] espetáculo *m*.

enthral (*pt* & *pp* **-led**, *cont* **-ling**), **enthrall** US [ın'θrɔ:l] *vt* fascinar.

enthrone [ın'θrəʊn] *vt fml* entronizar.

enthusiasm [ın'θju:zıæzm] *n* **-1.** (U) [passion, eagerness] entusiasmo *m*; **~ for sthg** entusiasmo por algo **- 2.** [interest, hobby] paixão *f*, interesse *m*.

enthusiast [ın'θju:zıæst] *n* [fan] entusiasta *mf*.

enthusiastic [ın,θju:zı'æstık] *adj* entusiástico(ca).

entice [ın'taıs] *vt* atrair; **to ~ sb away from sthg** desviar alguém de algo; **to ~ sb into sthg** instigar alguém a algo.

entire [ın'taıə^r] *adj* inteiro(ra).

entirely [ın'taıəlı] *adv* inteiramente; **that's ~ different** isso é completamente diferente.

entirety [ın'taırətı] *n* (U) *fml*: **in its ~** em sua totalidade.

entitle [ın'taıtl] *vt* [allow]: **to ~ sb to sthg** dar a alguém o direito a algo; **to ~ sb to do sthg** autorizar alguém a fazer algo.

entitled [ın'taıtld] *adj* **- 1.** [having a right to]: **to be ~ to sthg/to do sthg** ter direito a algo/a fazer algo **- 2.** [called] intitulado(da).

entitlement [ın'taıtlmənt] *n* direito *m*.

entrance [*n* 'entrəns, *vb* ın'trɑ:ns] ◇ *n* **-1.** [arrival] entrada *f* **- 2.** [way in]: **~ (to sthg)** entrada (para OR de algo) **- 3.** (U) [entry]: **to gain ~ to sthg** *fml* [to building] obter acesso a algo; [to society, university] ingressar em algo. ◇ *vt* [delight] encantar.

entrance examination *n* [for school, profession] exame *m* de admissão ; [for university] ≃ vestibular *m*.

entrance fee *n* **-1.** [gen] (preço *m* do) ingresso *m* **- 2.** [to club] taxa *f* de admissão.

entrant ['entrənt] *n* [gen] participante *mf*.

entreat [ın'tri:t] *vt*: **to ~ sb (to do sthg)** suplicar a alguém (para que faça algo).

entrenched *adj* [firm] arraigado(da).

entrepreneur [,ɒntrəprə'nɜ:^r] *n* empresário *m*, -ria *f*.

entrust [ın'trʌst] *vt*: **to ~ sthg to sb**, **to ~ sb with sthg** confiar algo a alguém.

entry ['entrı] (*pl* **-ies**) *n* **-1.** [gen] entrada *f*; **~ (into)** entrada (em) **- 2.** (U) [admission]: **~ (to)** acesso *m* (a); **to gain ~ to** conseguir acesso a; **'no ~'** [to room, building] 'proibida a entrada'; AUT 'não entre' **- 3.** [in competition] inscrição *f* **- 4.** [in diary] anotação *f* **- 5.** [in ledger] lançamento *m* **- 6.** *fig* [joining] ingresso *m*.

entry form *n* ficha *f* de inscrição.

entry phone *n* porteiro *m* eletrônico.

envelop [ın'veləp] *vt*: **to ~ sb/sthg in sthg** envolver alguém/algo em algo.

envelope ['envələʊp] *n* [for letter] envelope *m*.

envious ['envıəs] *adj* invejoso(sa); **~ (of sb/ sthg)** invejoso(sa) (de alguém/algo).

environment [ın'vaıərənmənt] *n* **-1.** [gen] ambiente *m* **- 2.** [natural world]: **the ~** o meio ambiente.

environmental [ın,vaıərən'mentl] *adj* ambiental.

environmentally [ın,vaıərən'mentəlı] *adv* ecologicamente; **~ friendly** que não prejudica o meio ambiente, ecológico(ca).

envisage [ın'vızıdʒ], **envision** US [ın'vıʒn] *vt* prever.

envoy ['envɔı] *n* enviado *m*, -da *f*.

envy ['envı] (*pt* & *pp* **-ied**) ◇ *n* (U) inveja *f*. ◇ *vt* invejar; **to ~ sb sthg** invejar algo a alguém.

eon *n* US = aeon.

epic ['epık] ◇ *adj* épico(ca). ◇ *n* [book, film] épico *m*.

epidemic [,epı'demık] *n* [of disease] epidemia *f*.

epileptic [,epı'leptık] ◇ *adj* [fit, person] epilético(ca). ◇ *n* epilético *m*, -ca *f*.

episode [ˈepɪsəʊd] n episódio m.

epistle [ɪˈpɪsl] n literary [letter] epístola f.

epitaph [ˈepɪtɑːf] n epitáfio m.

epitome [ɪˈpɪtəmɪ] n: the ~ of sb/sthg [person] o exemplo vivo de alguém/ algo, a personificação de alguém/ algo; this hotel is the ~ of luxury este hotel é o número um em termos de luxo.

epitomize, -ise [ɪˈpɪtəmaɪz] vt personificar, representar o paradigma de.

epoch [ˈiːpɒk] n época f.

equable [ˈekwəbl] adj [calm, reasonable] calmo(ma).

equal [ˈiːkwəl] (UK pt & pp -led, cont -ling, US pt & pp -ed, cont -ing) <> adj -1. [equal]: igual; ~ to sthg [sum] igual a algo; on ~ terms em igualdade de condições -2. [capable]: to be ~ to sthg estar à altura de algo. <> n [person] igual mf; he's her ~ in everything ele é igual a ela em tudo. <> vt -1. MATH ser igual a -2. [in standard] igualar-se a.

equality [iːˈkwɒlətɪ] n (U) igualdade f.

equalize, -ise [ˈiːkwəlaɪz] <> vt igualar. <> vi SPORT empatar.

equalizer [ˈiːkwəlaɪzəʳ] n SPORT gol m de empate.

equally [ˈiːkwəlɪ] adv -1. [to the same extent] igualmente -2. [in equal amounts] por igual -3. [by the same token] da mesma forma.

equal opportunities npl oportunidades fpl iguais.

equanimity [ˌekwəˈnɪmətɪ] n (U) equanimidade f.

equate [ɪˈkweɪt] vt: to ~ sthg with sthg equiparar algo com algo.

equation [ɪˈkweɪʒn] n MATH equação f.

equator [ɪˈkweɪtəʳ] n: the ~ o equador.

equilibrium [ˌiːkwɪˈlɪbrɪəm] n equilíbrio m.

equip [ɪˈkwɪp] (pt & pp -ped, cont -ping) vt -1. [provide with equipment] equipar; to ~ sb/sthg with sthg equipar alguém/algo com algo -2. [prepare mentally]: to ~ sb for sthg preparar alguém psicologicamente para algo.

equipment [ɪˈkwɪpmənt] n (U) equipamento m.

equity [ˈekwətɪ] n FIN [market value] patrimônio m líquido.

◆ **equities** npl ST EX ações fpl ordinárias.

equivalent [ɪˈkwɪvələnt] <> adj equivalente; to be ~ to sthg ser equivalente a algo. <> n equivalente m.

equivocal [ɪˈkwɪvəkl] adj -1. [statement, remark] ambíguo(gua) -2. [behaviour, event] duvidoso(sa).

er [ɜːʳ] excl -1. [in hesitation] ãhn! -2. [to attract attention] ei!

era [ˈɪərə] (pl -s) n era f.

eradicate [ɪˈrædɪkeɪt] vt erradicar.

erase [ɪˈreɪz] vt -1. [rub out] apagar -2. fig [drive away, eliminate] eliminar, extinguir.

eraser [ɪˈreɪzəʳ] n US borracha f.

erect [ɪˈrekt] <> adj ereto(ta). <> vt -1. [building, statue] erigir -2. [tent, road-block] montar.

erection [ɪˈrekʃn] n -1. (U) [of building, statue] construção f -2. [erect penis] ereção f.

ergonomic [ˌɜːgəˈnɒmɪk] adj ergonômico(ca).

ERM (abbr of Exchange Rate Mechanism) n MTC m.

ermine [ˈɜːmɪn] n (U) [fur] arminho m.

erode [ɪˈrəʊd] <> vt -1. GEOL causar erosão em -2. fig [destroy] destruir. <> vi -1. GEOL sofrer erosão -2. fig [be destroyed] ser destruído(da).

erosion [ɪˈrəʊʒn] n -1. GEOL erosão f -2. fig [destruction] destruição f.

erotic [ɪˈrɒtɪk] adj erótico(ca).

err [ɜːʳ] vi errar.

errand [ˈerənd] n -1. [task] tarefa f; to go on OR run an ~ (for sb) encarregar-se de alguma tarefa (para alguém) -2. [message] recado m.

erratic [ɪˈrætɪk] adj irregular.

error [ˈerəʳ] n -1. [mistake] erro m; ~ of judgment erro de julgamento; in ~ por engano -2. FIN: ~s and omissions excepted salvo erro ou omissão.

erupt [ɪˈrʌpt] vi -1. [volcano] entrar em erupção -2. fig [violence, war] explodir.

eruption [ɪˈrʌpʃn] n -1. [of volcano] erupção f -2. [of violence, war] explosão f.

escalate [ˈeskəleɪt] vi -1. [conflict, violence] intensificar-se -2. [costs, prices] aumentar.

escalator [ˈeskəleɪtəʳ] n escada f rolante.

escapade [ˌeskəˈpeɪd] n escapada f.

escape [ɪˈskeɪp] <> n -1. [gen] fuga f; ~ (from sb/ sthg) fuga (de alguém/ /algo); to make an OR one's ~ (from) fugir (de); we had a narrow ~ escapamos por um triz -2. [leakage] escapamento m -3. COMPUT tecla f Esc. <> vt -1. [gen] fugir de -2. [death, injury] escapar a -3. [subj: fact, name] escapar. <> vi -1. [from person, place, situation]: to ~ (from sb/ sthg) fugir (de alguém/algo) -2. [from danger] escapar -3. [leak] vazar.

escapism [ɪˈskeɪpɪzm] n (U) escapismo m.

escort [n ˈeskɔːt, vb ɪˈskɔːt] <> n -1. [guard] escolta f; under ~ sob escolta

-2. [companion] acompanhante *mf.* ◇ *vt* [accompany] acompanhar.

Eskimo ['eskɪməʊ] (*pl* **-s**) *n* **-1.** [person] esquimó *mf.*

espadrille [ˌespə'drɪl] *n* alpargata *f.*

especially [ɪ'speʃəlɪ] *adv* **-1.** [in particular, specifically] especialmente **-2.** [more than usually] excepcionalmente.

espionage ['espɪəˌnɑːʒ] *n* (U) espionagem *f.*

esplanade [ˌesplə'neɪd] *n* esplanada *f.*

Esquire [ɪ'skwaɪə'] *n*: James Smith, ∼ Sr. James Smith.

essay ['eseɪ] *n* **-1.** *SCH & UNIV* trabalho *m* **-2.** *LITERATURE* ensaio *m.*

essence ['esns] *n* essência *f*; in ∼ em essência.

essential [ɪ'senʃl] *adj* essencial; ∼ **(to** OR **for sthg)** essencial (para algo).

  essentials *npl* **-1.** [basic commodities] o essencial **-2.** [most important elements] fundamentos *mpl*, elementos *mpl* essenciais.

essentially [ɪ'senʃəlɪ] *adv* [basically] essencialmente, basicamente.

essential oil *n* óleo *m* essencial.

establish [ɪ'stæblɪʃ] *vt* **-1.** [create, found] criar, estabelecer **-2.** [initiate]: **to** ∼ **contact with sb** estabelecer contato com alguém **-3.** [ascertain] provar **-4.** [cause to be accepted] firmar.

establishment [ɪ'stæblɪʃmənt] *n* **-1.** (U) [creation, foundation] fundação *f*, criação *f* **-2.** [shop, business] estabelecimento *m.*

  Establishment *n* [status quo]: **the Establishment** a classe governante.

estate [ɪ'steɪt] *n* **-1.** [land, property] propriedade *f* **-2.** : **housing** ∼ loteamento *m* **-3.** : **industrial** ∼ zona *f* industrial **-4.** JUR [inheritance] herança *f.*

estate agency *n* UK agência *f* imobiliária.

estate agent *n* UK corretor *m*, -ra *f* de imóveis; ∼ **'s** agência *f* imobiliária.

estate car *n* UK van *f*, perua *f.*

esteem [ɪ'stiːm] ◇ *n* estima *f.* ◇ *vt* [respect] estimar.

esthetic etc US = aesthetic etc.

estimate [*n* 'estɪmət, *vb* 'estɪmeɪt] ◇ *n* **-1.** [calculation, reckoning] cálculo *m*, estimativa *f* **-2.** COMM orçamento *m.* ◇ *vt* calcular, estimar.

estimation [ˌestɪ'meɪʃn] *n* **-1.** [opinion] opinião *f* **-2.** [calculation] cálculo *m*, estimativa *f.*

Estonia [e'stəʊnɪə] *n* Estônia *f.*

estranged [ɪ'streɪndʒd] *adj* separado(da); his ∼ son o filho com o qual ele não fala.

estuary ['estjʊərɪ] (*pl* -ies) *n* estuário *m.*

e-tailer ['iːteɪlə'] *n* varejista *mf* eletrônico(ca), e-tailer *mf.*

etc. (*abbr of* **etcetera**) etc.

etching ['etʃɪŋ] *n* gravura *f* de águaforte.

eternal [ɪ'tɜːnl] *adj* **-1.** [gen] eterno(na) **-2.** [truth, value] absoluto(ta).

eternity [ɪ'tɜːnətɪ] *n* (U) eternidade *f.*

ethic ['eθɪk] *n* ética *f.*

  ethics ◇ *n* (U) [study] ética *f.* ◇ *npl* [morals] moral *f.*

ethical ['eθɪkl] *adj* [morally right] ético(-ca).

Ethiopia [ˌiːθɪ'əʊpɪə] *n* Etiópia *f.*

ethnic ['eθnɪk] *adj* **-1.** [traditions, groups, conflict] étnico(ca) **-2.** [clothes, food] folclórico(ca).

ethnic cleansing [-'klensɪŋ] *n* limpeza *f* étnica.

ethos ['iːθɒs] *n* sistema *m* de valores.

etiquette ['etɪket] *n* etiqueta *f.*

ETV (*abbr of* **Educational Television**) *n* rede *norte-americana de televisão especializada em programas culturais e educacionais.*

EU (*abbr of* **European Union**) *n* UE *f.*

eulogy ['juːlədʒɪ] (*pl* -ies) *n fml* elogio *m.*

euphemism ['juːfəmɪzm] *n* eufemismo *m.*

euphoria [juː'fɔːrɪə] *n* euforia *f.*

Eurocheque ['jʊərəʊˌtʃek] *n* eurocheque *m.*

Euro MP *n* membro *m* do Parlamento Europeu.

Europe ['jʊərəp] *n* Europa *f.*

European [ˌjʊərə'piːən] ◇ *adj* europeu(péia). ◇ *n* europeu *m*, -péia *f.*

European Central Bank *n*: **the** ∼ o Banco Central Europeu.

European Community *n*: **the** ∼ a Comunidade Européia.

European Monetary System *n*: **the** ∼ o Sistema Monetário Europeu.

European Parliament *n*: **the** ∼ o Parlamento Europeu.

European Union *n*: **the** ∼ a União Européia.

Eurosceptic ['jʊərəʊˌskeptɪk] ◇ *adj* eurocético(ca). ◇ *n* eurocético *m*, -ca *f.*

Eurostar ['jʊərəʊstɑː'] *n* Eurostar *m*, *trem de alta velocidade que vai da Inglaterra à França passando sob o Canal da Mancha.*

euthanasia [ˌjuːθə'neɪzjə] *n* eutanásia *f.*

evacuate [ɪ'vækjʊeɪt] *vt* evacuar.

evade [ɪ'veɪd] *vt* **-1.** [pursuers, capture] fugir a **-2.** [issue, question] fugir de **-3.** [subj: sense, success] escapar de.

evaluate [ɪ'væljʊeɪt] *vt* avaliar.

evaporate [ɪ'væpəreɪt] *vi* **-1.** [liquid] evaporar **-2.** *fig* [feeling] evaporar-se, dissipar-se.

evaporated milk [ɪˈvæpəreɪtɪd-] *n tipo de leite condensado por evaporação que não contém açúcar*.

evasion [ɪˈveɪʒn] *n* - **1.** (U) [of responsibility, payment etc] evasão *f* - **2.** [lie] evasiva *f*.

evasive [ɪˈveɪsɪv] *adj* - **1.** [to avoid question, subject] evasivo(va) - **2.** [to avoid being hit]: **to take ~ action** tomar uma ação defensiva.

eve [iːv] *n* [day before] véspera *f*.

even [ˈiːvn] *adj* - **1.** [regular] regular - **2.** [calm] equilibrado(da) - **3.** [flat, level] plano(na) - **4.** [equal] igual; **to get ~ with sb** ficar quite com alguém - **5.** : **~ number** número par. *adv* - **1.** [for emphasis] mesmo; **~ I** mesmo eu; **~ now** mesmo agora; **~ then** [at that time] mesmo então; [in spite of that] mesmo assim - **2.** [in comparisons] ainda - **3.** [indeed] até.

➡ **even if** *conj* mesmo se.

➡ **even so** *adv* [in spite of that] mesmo assim.

➡ **even though** *conj* ainda que.

➡ **even out** *vt sep* nivelar. *vi* nivelar-se.

evening [ˈiːvnɪŋ] *n* - **1.** [end of day - from 5 pm until 8pm] tardinha *f*; **good ~** boa tarde; **in the ~** à tarde; [- from 8 pm onwards] noite *f*; **good ~** boa noite; **in the ~** à noite, ao anoitecer - **2.** [event, entertainment] noite *f*.

➡ **evenings** *adv US* à noite.

evening class *n* aula *f* noturna.

evening dress *n* - **1.** (U) [formal clothes] traje *m* a rigor - **2.** [woman's garment] vestido *m* de gala.

event [ɪˈvent] *n* - **1.** [happening] acontecimento *m*; **social ~** evento *m* social - **2.** *SPORT* evento *m* - **3.** [case] caso *m*; **in the ~ of** em caso de; **in the ~ that the train is cancelled** na eventualidade de o trem ser cancelado.

➡ **in any event** *adv* [all the same] em todo o caso.

➡ **in the event** *adv UK* na realidade.

eventful [ɪˈventfʊl] *adj* movimentado(-da), agitado(da).

eventual [ɪˈventʃʊəl] *adj* final.

eventuality [ɪˌventʃʊˈælətɪ] (*pl* -**ies**) *n* eventualidade *f*.

eventually [ɪˈventʃʊəlɪ] *adv* finalmente, no fim.

ever [ˈevəʳ] *adv* - **1.** [already, at some time] já, alguma vez; **have you ~ been to Scotland?** você já/alguma vez foi para a Escócia?; **the worst film I've ~ seen** o pior filme que já vi - **2.** [with negative - gen] nunca; **no one ~ calls these days** ninguém nunca telefona por esses dias; **hardly ~** quase nunca; [- emphatic] jamais; **don't ~ speak to me like that!** jamais fale comigo desse jeito - **3.** [all the time] sempre; **as ~** como sempre; **for ~** para sempre - **4.** [for emphasis]: **why ~ did you do that?** por que cargas d'água você fez isso?; **how ~ did he get back?** como será que ele voltou?; **~ so kind** tão gentil; **~ such a mess** tamanha bagunça.

➡ **ever since** *adv* desde então. *conj* desde que. *prep* desde.

evergreen [ˈevəgriːn] *adj* sempre-verde. *n* sempre-verde *m*.

everlasting [ˌevəˈlɑːstɪŋ] *adj* [lasting forever] eterno(na).

every [ˈevrɪ] *adj* - **1.** [each] cada - **2.** [to express frequency]: **~ three hours** a cada três horas; **~ day** cada dia.

➡ **every now and then, every so often** *adv* de vez em quando.

➡ **every other** *adj* [every alternate]: **~ other day** dia sim, dia não; **~ other week** cada duas semanas.

➡ **every which way** *adv US* para todos os lados.

everybody [ˈevrɪˌbɒdɪ] *pron* = **everyone**.

everyday [ˈevrɪdeɪ] *adj* diário(ria).

everyone [ˈevrɪwʌn] *pron* todo mundo, todos *mpl* -das *fpl*.

everyplace *adv US* = **everywhere**.

everything [ˈevrɪθɪŋ] *pron* tudo.

everywhere [ˈevrɪweəʳ], **everyplace** *US* [ˈevrɪˌpleɪs] *adv* por todo o lado; [with verbs of motion] para todo o lado; **~ you go it's the same** onde quer que se vá é o mesmo.

evict [ɪˈvɪkt] *vt*: **to ~ sb (from)** despejar alguém (de).

evidence [ˈevɪdəns] *n* - **1.** [proof] evidência *f* - **2.** *JUR* prova *f*; **to give ~** prestar depoimento.

evident [ˈevɪdənt] *adj* evidente.

evidently [ˈevɪdəntlɪ] *adv* evidentemente.

evil [ˈiːvl] *adj* [morally bad] mau(má). *n* - **1.** (U) [wicked behaviour] maldade *f* - **2.** [wicked thing] mal *m*.

evoke [ɪˈvəʊk] *vt* - **1.** [call up, summon] chamar - **2.** [elicit, provoke] evocar.

evolution [ˌiːvəˈluːʃn] *n* evolução *f*.

evolve [ɪˈvɒlv] *vt* [develop] desenvolver. *vi* - **1.** *BIOL*: **to ~ (into/from)** evoluir (para/de) - **2.** [develop] desenvolver-se.

ewe [juː] *n* ovelha *f*.

ex- [eks] *prefix* ex-.

exacerbate [ɪɡˈzæsəbeɪt] *vt* exacerbar.

exact [ɪɡˈzækt] *adj* [precise] exato(-ta); **to be ~** para ser exato(ta). *vt*: **to ~ sthg (from sb)** exigir algo (de alguém).

exacting [ɪg'zæktɪŋ] *adj* [demanding, rigorous] exigente.

exactly [ɪg'zæktlɪ] ⬦ *adv* [precisely] exatamente; **not** ~ [not really] não exatamente. ⬦ *excl* exatamente!

exaggerate [ɪg'zædʒəreɪt] ⬦ *vt* exagerar. ⬦ *vi* exagerar.

exaggeration [ɪgˌzædʒə'reɪʃn] *n* exagero *m*.

exalted [ɪg'zɔːltɪd] *adj* [important] sublime.

exam [ɪg'zæm] (*abbr of* **examination**) *n* **-1.** *SCH* prova *f*; **to take** OR **sit an** ~ fazer uma prova. **-2.** *MED US* exame *m*.

examination [ɪgˌzæmɪ'neɪʃn] *n* **-1.** [gen] exame *m* **-2.** [inspection] investigação *f* **-3.** [consideration] análise *f* **-4.** *JUR* [of witness, suspect] interrogatório *m*.

examine [ɪg'zæmɪn] *vt* **-1.** [gen] examinar **-2.** [consider] estudar **-3.** *JUR* interrogar.

examiner [ɪg'zæmɪnə'] *n* examinador *m*, -ra *f*.

example [ɪg'zɑːmpl] *n* exemplo *m*; **for** ~ por exemplo.

exasperate [ɪg'zæspəreɪt] *vt* exasperar.

exasperation [ɪgˌzæspə'reɪʃn] *n* (*U*) exasperação *f*.

excavate ['ekskəveɪt] *vt* escavar.

exceed [ɪk'siːd] *vt* **-1.** [be bigger than] exceder **-2.** [go beyond, go over - limit] ultrapassar; [- expectations] superar.

exceedingly [ɪk'siːdɪŋlɪ] *adv* extremamente.

excel [ɪk'sell] (*pt* & *pp* **-led**, *cont* **-ling**) ⬦ *vi*: **to** ~ (**in** OR **at sthg**) sobressair-se (em algo). ⬦ *vt*: **to** ~ **o.s.** *UK* superar-se.

excellence ['eksələns] *n* (*U*) excelência *f*.

excellent ['eksələnt] ⬦ *adj* excelente. ⬦ *excl* excelente!

except [ɪk'sept] ⬦ *prep* exceto. ⬦ *conj* exceto. ⬦ *vt*: **to** ~ **sb** (**from sthg**) excluir alguém (de algo).
➡ **except for** ⬦ *prep* com exceção de. ⬦ *conj* exceto.

excepting [ɪk'septɪŋ] *prep* & *conj* = **except**.

exception [ɪk'sepʃn] *n* **-1.** [exclusion] exceção *f*; ~ **to sthg** exceção a algo; **with the** ~ **of** com a exceção de **-2.** [offence]: **to take** ~ **to sthg** ofender-se com algo.

exceptional [ɪk'sepʃənl] *adj* [unusually clever, talented] excepcional.

excerpt ['eksɜːpt] *n*: ~ (**from sthg**) excerto *m* (de algo).

excess [ɪk'ses, *before nouns* 'ekses] ⬦ *adj* excessivo(va). ⬦ *n* excesso *m*.

excess baggage *n* excesso *m* de bagagem.

excess fare *n* *UK* sobretaxa *f*.

excessive [ɪk'sesɪv] *adj* excessivo(va).

exchange [ɪks'tʃeɪndʒ] ⬦ *n* **-1.** (*U*) [act of swapping] troca *f*, intercâmbio *m*; **in** ~ **em** troca; **in** ~ **for** em troca de **-2.** [swap] troca *f* **-3.** *FIN*: **stock** ~ bolsa *f* (de valores) **-4.** *FIN*: (**foreign**) ~ câmbio *m*, divisas *fpl* **-5.** *TELEC*: (**telephone**) ~ central *f* telefônica **-6.** [educational visit] intercâmbio *m*. ⬦ *vt* [swap] trocar; **to** ~ **sthg for sthg** trocar algo por algo; **to** ~ **sthg with sb** trocar algo com alguém.

exchange rate *n* *FIN* taxa *f* de câmbio.

Exchequer [ɪks'tʃekə'] *n* *UK*: **the** ~ o Ministério da Fazenda britânico.

excise ['eksaɪz] *n* (*U*) imposto *m*; **Customs and Excise** ≃ a Receita Federal.

excite [ɪk'saɪt] *vt* **-1.** [person] entusiasmar **-2.** [nerves, heart] agitar **-3.** [interest, suspicion] despertar.

excited [ɪk'saɪtɪd] *adj* **-1.** [enthused] entusiasmado(da) **-2.** [agitated] agitado(da).

excitement [ɪk'saɪtmənt] *n* (*U*) [state - enthusiasm] entusiasmo *m*; [- agitation] agitação *f*.

exciting [ɪk'saɪtɪŋ] *adj* emocionante.

exclaim [ɪk'skleɪm] ⬦ *vt* & *vi* exclamar.

exclamation [ˌeksklə'meɪʃn] *n* exclamação *f*.

exclamation mark *UK*, **exclamation point** *US* *n* ponto *m* de exclamação.

exclude [ɪk'skluːd] *vt* excluir; **to** ~ **sb/sthg** (**from sthg**) excluir alguém/algo (de algo).

excluding [ɪk'skluːdɪŋ] *prep* excluindo.

exclusive [ɪk'skluːsɪv] ⬦ *adj* exclusivo(va). ⬦ *n* *PRESS* artigo *m* exclusivo.
➡ **exclusive of** *prep*: ~ **of sales tax** imposto sobre vendas não-incluído.

excrement ['ekskrɪmənt] *n* *fml* excremento *m*.

excruciating [ɪk'skruːʃɪeɪtɪŋ] *adj* **-1.** [pain] insuportável **-2.** [emotion, performance] terrível.

excursion [ɪk'skɜːʃn] *n* [trip] excursão *f*.

excuse [*n* ɪk'skjuːs, *vb* ɪk'skjuːz] ⬦ *n* **-1.** [reason, explanation] desculpa *f* **-2.** [justification]: ~ (**for sthg**) desculpa (para algo). ⬦ *vt* **-1.** desculpar; **to** ~ **sb for sthg/for doing sthg** desculpar alguém por algo/por fazer algo **-2.** [let off, free] dispensar; **to** ~ **sb from sthg** dispensar alguém de algo **-3.** [allow to leave] dar licença **-4.** *phr*: ~ **me** [to attract attention] com licença; [forgive me] desculpe; [sorry] perdão.

ex-directory *adj* *UK* que não consta na lista telefônica.

execute ['eksɪkjuːt] *vt* executar.

execution [ˌeksɪˈkjuːʃn] *n* execução *f.*

executioner [ˌeksɪˈkjuːʃnəʳ] *n* carrasco *m*, -ca *f.*

executive [ɪgˈzekjʊtɪv] ◇ *adj* executivo(va). ◇ *n* **-1.** COMM executivo *m*, -va *f* **- 2.** [of government] executivo *m* **- 3.** [of political party] executiva *f.*

executive director *n* diretor *m* executivo, diretora *f* executiva.

executor [ɪgˈzekjʊtəʳ] *n* [of will] testamenteiro *m*, -ra *f.*

exemplify [ɪgˈzemplɪfaɪ] (*pt & pp* -ied) *vt* **-1.** [typify] ilustrar **- 2.** [give example of] exemplificar.

exempt [ɪgˈzempt] ◇ *adj*: **to be ~ (from sthg)** [tax] estar isento(ta) (de algo); [duty, rules] estar livre (de algo); [military service] estar dispensado(da) (de algo). ◇ *vt*: **to ~ sb/sthg (from sthg)** [tax] isentar alguém/algo (de algo); [duty, rules, military service] dispensar alguém/algo (de algo).

exercise [ˈeksəsaɪz] ◇ *n* exercício *m*; **an ~ in sthg** um exercício de algo. ◇ *vt*-**1.** exercitar; **to ~ sb's mind** exercitar a mente de alguém **- 2.** *fml* [use, practise] exercer. ◇ *vi* exercitar-se.

exercise book *n* **-1.** [for notes] caderno *m (de anotações)* **- 2.** [published book] livro *m* de exercícios.

exert [ɪgˈzɜːt] *vt* exercer; **to ~ o.s.** esforçar-se.

exertion [ɪgˈzɜːʃn] *n* **-1.** [physical effort] esforço *m* **- 2.** *fig* [committed effort] empenho *m* **- 3.** *(U)* [of power, influence] exercício *m.*

exhale [eksˈheɪl] ◇ *vt* exalar. ◇ *vi* exalar.

exhaust [ɪgˈzɔːst] ◇ *n* **-1.** [fumes] descarga *f*, escapamento *m* **- 2.** [tube]: **~ (pipe)** (cano *m* de) descarga *f.* ◇ *vt* **-1.** [person, patience, subject] esgotar **- 2.** [supply, money] usar.

exhausted [ɪgˈzɔːstɪd] *adj* exausto(ta).

exhausting [ɪgˈzɔːstɪŋ] *adj* exaustivo(va).

exhaustion [ɪgˈzɔːstʃn] *n (U)* exaustão *f.*

exhaustive [ɪgˈzɔːstɪv] *adj* exaustivo(va).

exhibit [ɪgˈzɪbɪt] ◇ *n* **-1.** ART objeto *m* exposto **- 2.** JUR [piece of evidence] prova *f*, evidência *f.* ◇ *vt* **-1.** *fml* [demonstrate] demonstrar **- 2.** ART expor.

exhibition [ˌeksɪˈbɪʃn] *n* **-1.** ART exposição *f* **- 2.** [demonstration] demonstração *f* **- 3.** *phr*: **to make an ~ of o.s.** UK fazer um escândalo.

exhilarating [ɪgˈzɪləreɪtɪŋ] *adj* estimulante.

exile [ˈeksaɪl] ◇ *n* **-1.** [condition] exílio *m*; **in ~** no exílio **- 2.** [person] exilado *m*,

-da *f.* ◇ *vt*: **to ~ sb (from/to)** exilar alguém (de/para).

exist [ɪgˈzɪst] *vi* existir.

existence [ɪgˈzɪstəns] *n (U)* existência *f*; **to come into ~** entrar em vigor; **to be in ~** existir.

existing [ɪgˈzɪstɪŋ] *adj* existente, atual.

exit [ˈeksɪt] ◇ *n* saída *f.* ◇ *vi* sair.

exodus [ˈeksədəs] *n* êxodo *m.*

exonerate [ɪgˈzɒnəreɪt] *vt*: **to ~ sb (from sthg)** exonerar alguém (de algo).

exorbitant [ɪgˈzɔːbɪtənt] *adj* exorbitante.

exotic [ɪgˈzɒtɪk] *adj* exótico(ca).

expand [ɪkˈspænd] ◇ *vt* **-1.** [gen] expandir **- 2.** [department, area] ampliar **- 3.** [influence] aumentar. ◇ *vi* **-1.** [gen] expandir-se **- 2.** [influence] aumentar **- 3.** PHYS dilatar.

◆ **expand (up)on** *vt fus* entrar em detalhes.

expanse [ɪkˈspæns] *n* vastidão *f.*

expansion [ɪkˈspænʃn] *n* **-1.** *(U)* [gen] expansão *f* **- 2.** [of department, area] ampliação *f* **- 3.** [of influence] aumento *m* **- 4.** PHYS dilatação *f.*

expect [ɪkˈspekt] ◇ *vt* **-1.** [gen] esperar; **to ~ to do sthg** esperar fazer algo; **to ~ sb to do sthg** esperar que alguém faça algo; **to ~ sthg from sb** esperar algo de alguém **- 2.** [suppose]: **to ~ (that)** supor que; **I ~ so** suponho que sim; **what do you ~?** e o que você queria? ◇ *vi* [be pregnant]: **to be ~ing** estar esperando bebê.

expectancy *n* ▷ **life expectancy.**

expectant [ɪkˈspektənt] *adj* [crowd, person] ansioso(sa).

expectant mother *n* gestante *f.*

expectation [ˌekspekˈteɪʃn] *n* **-1.** [hope] expectativa *f* **- 2.** [belief] convicção *f*; **against** OR **contrary to all ~ (s)** ao contrário de todas as expectativas.

expedient [ɪkˈspiːdjənt] *fml* ◇ *adj* pertinente, conveniente. ◇ *n* expediente *m.*

expedition [ˌekspɪˈdɪʃn] *n* **-1.** [organized journey] expedição *f* **- 2.** [short trip, outing] passeio *m.*

expel [ɪkˈspel] (*pt & pp* -led, *cont* -ling) *vt* [from school, country]: **to ~ sb (from)** expulsar alguém (de).

expend [ɪkˈspend] *vt*: **to ~ sthg (on sthg)** gastar algo (com/em algo).

expendable [ɪkˈspendəbl] *adj* **-1.** [person] dispensável **- 2.** [resources] consumível.

expenditure [ɪkˈspendɪtʃəʳ] *n* **-1.** [of money] gastos *mpl* **- 2.** [of energy, resource] gasto *m.*

expense [ɪkˈspens] *n* **-1.** [amount spent]

despesa f, gasto m - **2.** *(U)* [cost] custo m; **at the ~ of** em detrimento de, à custa de; **at his/her own ~** [financial] do seu próprio bolso; **at sb's ~** *fig* [in order to mock] às custas de alguém.

➡ **expenses** *npl* COMM despesas *fpl*.

expense account *n* relatório *m* de despesas.

expensive [ɪk'spensɪv] *adj* [financially] caro(ra).

experience [ɪk'spɪərɪəns] <> *n* experiência f. <> *vt* experimentar.

experienced [ɪk'spɪərɪənst] *adj* [well-practised] experiente; **~ at** OR **in sthg** experiente em algo.

experiment [ɪk'sperɪmənt] <> *n* - **1.** SCIENCE experimento *m*; **to carry out an ~** conduzir um experimento - **2.** [exploratory attempt] tentativa f. <> *vi* SCIENCE fazer experiências; **to ~ with sthg** fazer experiências com algo.

expert ['ekspз:t] <> *adj* especializado(da), perito(ta). <> *n* especialista *mf*, perito *m*, -ta f.

expertise [,ekspз:'ti:z] *n (U)* excelência f, perícia f.

expire [ɪk'spaɪər] *vi* [run out] vencer.

expiry [ɪk'spaɪərɪ] *n (U)* vencimento *m*.

explain [ɪk'spleɪn] <> *vt* - **1.** [describe, clarify] explicar; **to ~ sthg to sb** explicar algo a alguém - **2.** [account for] justificar. <> *vi* explicar-se; **to ~ to sb (about sthg)** justificar-se (para alguém) sobre algo.

explanation [,eksplə'neɪʃn] *n* - **1.** *(U)* [act of explaining] explicação f - **2.** [account]: **~ (for sthg)** justificativa f (por algo) - **3.** [description, clarification] explanação f.

explicit [ɪk'splɪsɪt] *adj* [clearly expressed] explícito(ta).

explode [ɪk'spləʊd] <> *vt* [set off] explodir. <> *vi* - **1.** [blow up] explodir - **2.** *fig* [with feeling] explodir.

exploit [*n* 'eksplɔɪt, *vb* ɪk'splɔɪt] <> *n* façanha f. <> *vt* explorar.

exploitation [,eksplɔɪ'teɪʃn] *n (U)* [of workers, resources] exploração f.

exploration [,eksplə'reɪʃn] *n* [of space, countries] exploração f.

explore [ɪk'splɔ:ʳ] <> *vt* explorar. <> *vi* explorar.

explorer [ɪk'splɔ:rəʳ] *n* explorador *m*, -ra f.

explosion [ɪk'spləʊʒn] *n* explosão f.

explosive [ɪk'spləʊsɪv] <> *adj* - **1.** [gen] explosivo(va) - **2.** [controversial] controverso(sa). <> *n* explosivo *m*.

exponent [ɪk'spəʊnənt] *n* [supporter] defensor *m*, -ra f.

export [*n* & *comp* 'ekspɔ:t, *vb* ɪk'spɔ:t] <> *n (U)* exportação f. <> *comp* de exportação. <> *vt* exportar.

exporter [ek'spɔ:təʳ] *n* exportador *m*, -ra f.

expose [ɪk'spəʊz] *vt* - **1.** [gen] expor; **to be ~d to sthg** estar exposto(ta) a algo - **2.** [unmask] desmascarar.

exposed [ɪk'spəʊzd] *adj* [unsheltered] desprotegido(da).

exposure [ɪk'spəʊʒəʳ] *n* - **1.** [gen] exposição f - **2.** MED [hypothermia]: **to die from ~** morrer de frio - **3.** [PHOT - time] exposição f; [- photograph] pose f.

exposure meter *n* fotômetro *m*.

expound [ɪk'spaʊnd] *fml* <> *vt* expor. <> *vi*: **to ~ on sthg** explanar sobre algo.

express [ɪk'spres] <> *adj* - **1.** *UK* [urgent letter, parcel] expresso(sa) - **2.** [transport] expresso(sa) - **3.** *fml* [specific] explícito(ta). <> *adv* por correio expresso. <> *n*: **~ (train)** (trem *m*) expresso *m*. <> *vt* [show, state] expressar, exprimir.

expression [ɪk'spreʃn] *n* expressão f.

expressive [ɪk'spresɪv] *adj* [full of feeling] expressivo(va).

expressly [ɪk'spreslɪ] *adv* [specifically] expressamente.

expressway [ɪk'spresweɪ] *n* via f expressa.

exquisite [ɪk'skwɪzɪt] *adj* - **1.** [beautiful] fino(na) - **2.** [very pleasing] delicado(da).

ext., extn. *(abbr of* **extension)** extens f.

extend [ɪk'stend] <> *vt* - **1.** [make bigger] ampliar - **2.** [make longer - in space] estender; [- in time] prolongar - **3.** [postpone] prorrogar - **4.** [make more wideranging] estender - **5.** *fml* [stretch out] esticar - **6.** [offer - welcome, help] estender; [- credit] conceder. <> *vi* - **1.** [stretch, reach] estender-se - **2.** [rule, law]: **to ~ to sb/sthg** estender-se a alguém/algo.

extension [ɪk'stenʃn] *n* - **1.** [gen] aumento *m* - **2.** [longer time limit] prorrogação f - **3.** [development, growth] expansão f - **4.** TELEC & ELEC extensão f.

extension cable, extension lead *n* ELEC extensão f.

extensive [ɪk'stensɪv] *adj* - **1.** [in amount] amplo(pla) - **2.** [in area, range] extenso(sa).

extensively [ɪk'stensɪvlɪ] *adv* - **1.** [in amount] amplamente - **2.** [in range] extensivamente.

extent [ɪk'stent] *n* - **1.** [gen] extensão f - **2.** [degree]: **to what ~ ...?** até que ponto ...?; **to the ~ that** [in that, in so far as] na medida em que; [to the point where] até o ponto em que; **to a certain ~** até um certo ponto; **to a large** OR **great ~** em grande parte; **to some ~** até certo ponto.

extenuating circumstances [ɪk'sten-juetɪŋ-] npl circunstâncias fpl atenuantes.

exterior [ɪk'stɪərɪəʳ] ◇ adj externo(na). ◇ n exterior m.

exterminate [ɪk'stɜ:mɪneɪt] vt exterminar.

external [ɪk'stɜ:nl] adj -1. [outside] externo(na) -2. [foreign] exterior(ra).

extinct [ɪk'stɪŋkt] adj extinto(ta).

extinguish [ɪk'stɪŋgwɪʃ] vt fml [put out] apagar.

extinguisher [ɪk'stɪŋgwɪʃəʳ] n: (fire) ~ extintor m (de incêndio).

extol (pt & pp -led, cont -ling), **extoll** US [ɪk'stəʊl] vt enaltecer.

extort [ɪk'stɔ:t] vt: to ~ sthg from sb extorquir algo de alguém.

extortionate [ɪk'stɔ:ʃnət] adj extorsivo(va).

extra ['ekstrə] ◇ adj [additional] extra; ~ **charge** sobrecarga f. ◇ n -1. [addition] acessório m -2. CINEMA & THEATRE extra mf. ◇ adv extra.
  ◆ **extras** npl [in price] extras mpl.

extra- ['ekstrə] prefix extra.

extract [n 'ekstrækt, vb ɪk'strækt] ◇ n -1. [excerpt] trecho m -2. CHEM & CULIN extrato m. ◇ vt -1. [take out]: to ~ sthg (from sthg) extrair algo (de algo) -2. [obtain, elicit]: to ~ sthg (from sb) arrancar algo (de alguém).

extradite ['ekstrədaɪt] vt: to ~ sb (from/to) extraditar alguém (de/para).

extramarital [ˌekstrə'mærɪtl] adj extraconjugal.

extramural [ˌekstrə'mjʊərəl] adj UNIV de extensão universitária.

extraordinary [ɪk'strɔ:dnrɪ] adj -1. [special] extraordinário(ria) -2. [strange] exquisito(ta).

extraordinary general meeting n assembléia f geral extraordinária.

extravagance [ɪk'strævəgəns] n -1. [luxury] extravagância f- 2. (U) [excessive spending] gasto m excessivo.

extravagant [ɪk'strævəgənt] adj -1. [excessive] extravagante -2. [elaborate] caprichado(da).

extreme [ɪk'stri:m] ◇ adj extremo(-ma). ◇ n [furthest limit] extremo m.

extremely [ɪk'stri:mlɪ] adv [very] extremamente.

extreme sports npl esportes mpl radicais.

extremist [ɪk'stri:mɪst] ◇ adj extremista. ◇ n extremista mf.

extricate ['ekstrɪkeɪt] vt: to ~ sthg (from) soltar algo (de); to ~ o.s. (from) livrar-se (de).

extrovert ['ekstrəvɜ:t] ◇ adj extro-

vertido(da). ◇ n extrovertido m, -da f.

exuberance [ɪg'zju:bərəns] n (U) exuberância f.

exultant [ɪg'zʌltənt] adj exultante.

eye [aɪ] (cont eyeing OR eying) ◇ n -1. [gen & ANAT] olho m; **to cast** OR **run one's** ~ **over sthg** passar os olhos em algo; **to catch sb's** ~ chamar a atenção de alguém; **to have one's** ~ **on sb/sthg** ter os olhos sobre alguém/algo; **to keep one's** ~**s open (for), to keep an** ~ **out (for)** ficar de olhos abertos (em); **to keep an** ~ **on sb/sthg** dar uma olhada em alguém/algo -2. [of needle] buraco m. ◇ vt olhar.

eyeball ['aɪbɔ:l] n globo m ocular.

eyebath ['aɪbɑ:θ] n copinho m para lavar os olhos.

eyebrow ['aɪbraʊ] n sobrancelha f.

eyebrow pencil n lápis m inv de sobrancelha.

eyedrops ['aɪdrɒps] npl colírio m.

eyeglasses ['aɪglɑːsɪz] npl US óculos m inv.

eyelash ['aɪlæʃ] n cílio m.

eyelid ['aɪlɪd] n pálpebra f.

eyeliner ['aɪˌlaɪnəʳ] n delineador m (para os olhos).

eye-opener n inf revelação f.

eye shadow n sombra f (para os olhos).

eyesight ['aɪsaɪt] n visão f.

eyesore ['aɪsɔːʳ] n horror m, monstruosidade f.

eyestrain ['aɪstreɪn] n vista f cansada.

eyewitness [ˌaɪ'wɪtnɪs] n testemunha mf ocular.

e-zine ['i:zi:n] n revista f eletrônica.

F

f (pl f's OR fs), **F** (pl F's OR Fs) [ef] n [letter] f, F m.
  ◆ **F** n -1. MUS fá m -2. (abbr of **Fahrenheit**) F.

fable ['feɪbl] n [traditional story] fábula f.

fabric ['fæbrɪk] n -1. [cloth] tecido m -2. fig [of building, society] estrutura f.

fabrication [ˌfæbrɪ'keɪʃn] n -1. [lie, lying] invenção f -2. (U) [manufacture] fabricação f.

fabulous ['fæbjʊləs] adj fabuloso(sa).

facade [fə'sɑːd] n fachada f.

face [feɪs] ⬦ n -1. [of person] rosto m,
cara f; ~ to ~ cara a cara; **to say sthg
to sb's** ~ dizer algo na cara de alguém
-2. [expression] expressão f; **to make** OR
pull a ~ fazer careta -3. [of building]
fachada f -4. [of coin] lado m -5. [of
clock, watch] mostrador m -6. [appear-
ance, nature] cara f -7. [surface] face f;
on the ~ **of it** à primeira vista -8. [re-
spect]: **to lose** ~ perder a reputação;
to save ~ livrar a cara. ⬦ vt -1. [gen]
encarar -2. [look on to, point towards] dar
para -3. [confront] enfrentar.
⬦ **face down** adv [person] de bruços;
[object] para baixo.
⬦ **face up** adv [person] de costas; [ob-
ject] para cima.
⬦ **in the face of** prep [confronted with]
diante de.
⬦ **face up to** vt fus enfrentar.
facecloth ['feɪsklɒθ] n UK toalhinha f
de rosto.
face cream n (U) creme m para o
rosto.
facelift n -1. [on face] lifting m -2. fig: to
give sthg a ~ dar uma cara nova para
algo.
face powder n (U) pó-de-arroz m.
face-saving [-'seɪvɪŋ] adj para salvar
as aparências.
facet ['fæsɪt] n faceta f.
facetious [fə'siːʃəs] adj brincalhão(lhona).
face value n [of coin, stamp] valor m
nominal; **to take sthg at** ~ fig levar
algo ao pé da letra.
facility [fə'sɪlətɪ] (pl -ies) n [feature]
recurso m.
⬦ **facilities** npl -1. [amenities] instalações fpl -2. [services] serviços mpl.
facing ['feɪsɪŋ] adj [opposite] oposto(ta).
facsimile [fæk'sɪmɪlɪ] n fac-símile m; a
~ **edition** uma edição fac-similar.
fact [fækt] n fato m; **to know sthg for a** ~
ter certeza de algo.
⬦ **in fact** ⬦ conj na verdade. ⬦ adv
na verdade.
fact of life n fato m consumado.
⬦ **facts of life** npl euphemism: **to tell sb
(about) the** ~s of life contar a alguém
como nascem as crianças.
factor ['fæktə'] n fator m.
factory ['fæktərɪ] (pl -ies) n fábrica f.
fact sheet n UK informativo m.
factual ['fæktʃʊəl] adj real, concreto(-
ta).
faculty ['fækltɪ] (pl -ies) n -1. [gen]
faculdade f -2. US [in college]: **the** ~ o
corpo docente.
fad [fæd] n mania f, capricho m.
fade [feɪd] ⬦ vt [remove colour] desbotar. ⬦ vi -1. [colour] desbotar -2.

[sound] diminuir -3. [hope, memory, feel-
ing] esvaecer.
faeces UK, **feces** US ['fiːsiːz] npl fezes
fpl.
fag [fæg] n -1. UK inf [cigarette] cigarro m
-2. US inf pej [homosexual] bicha f.
Fahrenheit ['færənhaɪt] adj Fahrenheit
inv.
fail [feɪl] ⬦ vt -1. [not succeed in]: **to** ~
to do sthg não conseguir fazer algo
-2. [SCH & UNIV - exam, test] não passar
em; [- candidate] rodar -3. [neglect]: **to**
~ **to do sthg** deixar de fazer algo.
⬦ vi -1. [not succeed] não conseguir -2.
SCH & UNIV rodar -3. [stop functioning]
falhar -4. [weaken] enfraquecer.
failing ['feɪlɪŋ] ⬦ n [weakness] fraqueza f. ⬦ prep na falta de; **or**, ~ **that**,
ou, caso contrário, ...
failure ['feɪljə'] n -1. fracasso m -2.
[breakdown, malfunction] falha f -3. MED:
heart ~ falência f do coração.
faint [feɪnt] ⬦ adj -1. [slight] vago(ga)
-2. [half-hearted] desmaiado(da) -3.
[dizzy] fraco(ca). ⬦ vi desmaiar.
fair [feə'] ⬦ adj -1. [just] justo(ta); **it's
not** ~ ! não é justo! -2. [quite large]
considerável -3. [quite good] bom
(boa) -4. [hair, person] loiro(ra) -5. [skin,
complexion] claro(ra) -6. [weather] cla-
ro(ra), bom (boa). ⬦ n -1. UK [funfair]
parque m de diversões -2. [trade fair]
feira f. ⬦ adv [fairly] limpo.
⬦ **fair enough** excl UK inf tudo bem.
fair-haired [-'heəd] adj [person] loiro(-
ra).
fairly ['feəlɪ] adv -1. [rather] bastante -2.
[justly] justamente.
fairness ['feənɪs] n (U) [justness] impar-
cialidade f, justiça f.
fairy ['feərɪ] (pl -ies) n [imaginary creature]
fada f.
fairy tale n conto m de fadas.
faith [feɪθ] n -1. (U) [trust] fé f -2. [religion]
crença f, fé f.
faithful ['feɪθfʊl] adj fiel.
faithfully ['feɪθfʊlɪ] adv [loyally] fiel-
mente; **Yours** ~ UK [in letter] atenciosamente, cordialmente.
fake [feɪk] ⬦ adj falso(sa). ⬦ n -1.
[object, painting] falsificação f -2. [per-
son] falsário m, -ria f. ⬦ vt -1. [falsify]
falsificar -2. [simulate] fingir. ⬦ vi [pre-
tend] fingir.
falcon ['fɔːlkən] n falcão m.
Falkland Islands ['fɔːklənd-], **Falklands** ['fɔːkləndz] npl: **the** ~ as (Ilhas)
Malvinas.
fall [fɔːl] (pt fell, pp fallen) ⬦ vi -1.
[gen] cair; **to** ~ **flat** [joke] não surtir
efeito -2. [become] ficar; **to** ~ **in love**
apaixonar-se -3. [occur]: **to** ~ **on** cair

em. ◇ *n* -**1.** [accident] tombo *m*, caída *f*
-**2.** [of snow] nevasca *f* -**3.** [from power]
queda *f* -**4.** [decrease] queda *f*; ~ **in**
sthg queda de algo -**5.** *US* [autumn]
outono *m*.
➤ **falls** *npl* [waterfall] cataratas *fpl*.
➤ **fall apart** *vi* -**1.** [book, chair] cair aos
pedaços -**2.** *fig* [country, person] desmoronar.
➤ **fall back** *vi* -**1.** [retreat, recede] retroceder -**2.** [lag behind] recuar.
➤ **fall back on** *vt fus* [resort to] recorrer
a.
➤ **fall behind** *vi* -**1.** [in race] ficar para
trás -**2.** [with rent, with work] atrasar-se.
➤ **fall for** *vt fus* -**1.** *inf* [fall in love with]
ficar caído(da) por -**2.** [be deceived by]
deixar-se enganar por.
➤ **fall in** *vi* -**1.** [roof, ceiling] desabar -**2.**
MIL entrar em forma.
➤ **fall off** *vi* -**1.** [drop off] desprender-
se -**2.** [diminish] diminuir.
➤ **fall out** *vi* -**1.** [drop out] cair -**2.** [quar-
rel]: **to ~ out (with sb)** brigar (com
alguém) -**3.** *MIL* sair de forma.
➤ **fall over** ◇ *vt fus* tropeçar em.
◇ *vi* [lose balance] cair.
➤ **fall through** *vi* [plan, deal] fracassar.
fallacy ['fæləsɪ] (*pl* -**ies**) *n* [misconception]
falácia *f*.
fallen ['fɔːln] *pp* ⊳ **fall**.
fallible ['fæləbl] *adj* falível.
fallout ['fɔːlaʊt] *n* (*U*) [radiation] chuva *f*
radioativa.
fallout shelter *n* abrigo *m* antinuclear.
fallow ['fæləʊ] *adj* [land] alqueivado(da);
to lie ~ ficar sem cultivo.
false [fɔːls] *adj* -**1.** [gen] falso(sa) -**2.** [ar-
tificial] postiço(ça).
false alarm *n* alarme *m* falso.
falsely ['fɔːlslɪ] *adv* -**1.** [wrongly] erroneamente -**2.** [insincerely] falsamente.
false teeth *npl* dentadura *f* postiça.
falsify ['fɔːlsɪfaɪ] (*pt* & *pp* -**ied**) *vt* [facts,
accounts] falsificar.
falter ['fɔːltəʳ] *vi* -**1.** [gen] vacilar -**2.**
[hesitate, lose confidence] hesitar.
fame [feɪm] *n* (*U*) fama *f*.
familiar [fə'mɪljəʳ] *adj* -**1.** [known] familiar -**2.** [conversant]: ~ **with sthg** fami-
liarizado(da) com algo -**3.** *pej* [overly
informal - person] que se dá muitas
liberdades; [- tone, manner] amigável
em excesso.
familiarity [fə,mɪlɪ'ærətɪ] *n* [with book,
rules, subject]: ~ **with sthg** conhecimento *m* de algo.
familiarize, -ise [fə'mɪljəraɪz] *vt*: **to ~**
o.s. with sthg familiarizar-se com algo;
to ~ sb with sthg familiarizar alguém
com algo.

family ['fæmlɪ] (*pl* -**ies**) *n* família *f*.
family credit *n* (*U*) *UK* auxílio-família
m.
family doctor *n* médico *m*, -ca *f* de
família.
family planning *n* (*U*) planejamento
m familiar.
famine ['fæmɪn] *n* fome *f* extrema e
coletiva.
famished ['fæmɪʃt] *adj inf* [very hungry]
faminto(ta), morto(ta) de fome.
famous ['feɪməs] *adj* famoso(sa); ~ **for**
sthg famoso(sa) por algo.
famously ['feɪməslɪ] *adv dated*: **to get on**
OR **along ~ with sb** ficar íntimo(ma) de
alguém.
fan [fæn] (*pt* & *pp* -**ned**, *cont* -**ning**) ◇
n -**1.** [of paper, silk] leque *m* -**2.** [electric or
mechanical] ventilador *m* -**3.** [enthusiast]
fã *mf*, admirador *m*, -ra *f*. ◇ *vt* -**1.**
[cool] abanar.
➤ **fan out** *vi* [army, search party] espalhar-se.
fanatic [fə'nætɪk] *n* fanático *m*, -ca *f*.
fan belt *n* correia *f* do ventilador.
fanciful ['fænsɪfʊl] *adj* -**1.** [odd] estapa-
fúrdio(dia) -**2.** [elaborate] extravagante.
fancy ['fænsɪ] (*compar* -**ier**, *superl* -**iest**,
pl -**ies**, *pt* & *pp* -**ied**) ◇ *adj* -**1.** [elabo-
rate] caprichado(da) -**2.** [expensive] extravagante. ◇ *n* -**1.** [liking] gosto *m*; **to**
take a ~ to sb/sthg ter simpatia por
alguém/algo; **to take sb's ~** cair nas
graças de alguém -**2.** [whim] capricho
m. ◇ *vt* -**1.** *inf* [want] querer; **I ~ going**
to the cinema me agrada a idéia de ir
ao cinema -**2.** [like] agradar-se de.
fancy dress *n* (*U*) fantasia *f*.
fancy-dress party *n* festa *f* à fantasia.
fanfare ['fænfeəʳ] *n* *MUS* fanfarra *f*.
fang [fæŋ] *n* -**1.** [of snake] presa *f* -**2.** [of
carnivore] colmilho *m*.
fan heater *n* aquecedor *m* de ventoi-
nha.
fanny ['fænɪ] *n* *US inf* [backside] bunda *f*.
fantasize, -ise ['fæntəsaɪz] *vi* fantasiar;
to ~ about sthg/about doing sthg fantasiar sobre algo/sobre fazer algo.
fantastic [fæn'tæstɪk] *adj inf* [gen] fan-
tástico(ca).
fantasy ['fæntəsɪ] (*pl* -**ies**) *n* fantasia *f*.
fao (*abbr of* **for the attention of**) a/c.
far [fɑːʳ] (*compar* **farther** *OR* **further**,
superl **farthest** *OR* **furthest**) ◇ *adv*
-**1.** [in distance] longe; **how ~ is it?** a
que distância fica?; **how ~ have you**
come? até onde você veio?; **is it ~?** é
longe?; ~ **away** *OR* **off** muito longe; ~
and wide por todo o lugar; **as ~ as** até;
we walked as ~ as the river caminhamos
até o rio -**2.** [in time]: ~ **away** *OR* **off**

muito longe **-3.** [in degree or extent] muito; **how ~ have you got with your novel?** até onde você já foi no romance?; **as ~ as I know** até onde eu sei; **as ~ as I'm concerned** no que me diz respeito; **as ~ as possible** até onde é possível; **~ and away, by ~** de longe; **~ from it** pelo contrário. ◇ *adj* [distant, extreme] extremo(ma).

faraway ['fɑːrəweɪ] *adj* **-1.** [distant] distante **-2.** [dreamy] ausente.

farce [fɑːs] *n* farsa *f*.

farcical ['fɑːsɪkl] *adj* ridículo(la).

fare [feəʳ] *n* **-1.** [payment, rate] tarifa *f* **-2.** [price of ticket] preço *m* **-3.** [person] passageiro *m*, -ra *f* **-4.** *fml* [food] comida *f*.

Far East *n*: **the ~** o Extremo Oriente.

farewell [ˌfeə'wel] ◇ *n* despedida *f*, adeus *m*. ◇ *excl literary* adeus!

farm [fɑːm] ◇ *n* fazenda *f*. ◇ *vt* cultivar.

farmer ['fɑːməʳ] *n* fazendeiro *m*, -ra *f*.

farmhand ['fɑːmhænd] *n* peão *m*, -oa *f*.

farmhouse ['fɑːmhaʊs], *pl* -haʊzɪz] *n* granja *f*, quinta *f*.

farming ['fɑːmɪŋ] *n* (U) **-1.** [activity] agricultura *f* **-2.** [of animals] criação *f* **-3.** [of crops] cultivo *m*.

farmland ['fɑːmlænd] *n* (U) terra *f* cultivada.

farmstead ['fɑːmsted] *n US* granja *f*.

farmyard ['fɑːmjɑːd] *n* terreiro *m* (de fazenda).

far-reaching [-'riːtʃɪŋ] *adj* **-1.** [implications] de longo alcance **-2.** [changes] abrangente.

far-sighted *adj* **-1.** [person] prudente; [plan] perspicaz **-2.** *US* [longsighted] hipermetrope.

fart [fɑːt] *vulg* ◇ *n* [wind] peido *m*. ◇ *vi* peidar.

farther ['fɑːðəʳ] *compar* ▷ **far**.

farthest ['fɑːðəst] *superl* ▷ **far**.

fascinate ['fæsɪneɪt] *vt* fascinar.

fascinating ['fæsɪneɪtɪŋ] *adj* fascinante.

fascination [ˌfæsɪ'neɪʃn] *n* (U) fascinação *f*.

fascism ['fæʃɪzm] *n* (U) fascismo *m*.

fashion ['fæʃn] ◇ *n* **-1.** [current style] moda *f*; **~ model** modelo *mf* (de passarela); **in/out of ~** [vogue] na/fora de moda **-2.** [manner] maneira *f*; **after a ~** até certo ponto. ◇ *vt fml* [shape] moldar.

fashionable ['fæʃnəbl] *adj* [in vogue] da moda.

fashion show *n* desfile *m* de modas.

fast [fɑːst] ◇ *adj* **-1.** [rapid] rápido(da) **-2.** [clock, watch] adiantado(da) **-3.** [dye] permanente. ◇ *adv* **-1.** [rapidly] depressa; **how ~ does this car go?** a que

velocidade este carro chega?; **I need help ~** preciso de ajuda rápido **-2.** [firmly] firmemente; **to hold ~ to sthg** [grip firmly] segurar firme algo; *fig* [stick to] manter-se firme em algo; **to be ~ asleep** dormir profundamente. ◇ *n* jejum *m*. ◇ *vi* jejuar.

fasten ['fɑːsn] ◇ *vt* **-1.** [close - jacket, bag] fechar; [- seat belt] apertar **-2.** [attach]: **to ~ sthg to sthg** fixar algo em algo. ◇ *vi*: **to ~ on to sb/sthg** agarrar-se a alguém/algo.

fastener ['fɑːsnəʳ] *n* **-1.** [dress, bag] fecho *m* **-2.** [necklace] presilha *f* **-3.** [door] fechadura *f*.

fastening ['fɑːsnɪŋ] *n* **-1.** [gen] fechadura *f* **-2.** [on window] trinco *m*.

fast food *n* (U) fast-food *m*.

fastidious [fə'stɪdɪəs] *adj* [fussy] meticuloso(sa).

fat [fæt] (*compar* **-ter**, *superl* **-test**) ◇ *adj* **-1.** [person, animal, face, legs, meat] gordo(da); **to get ~** engordar **-2.** [volume, file, wallet] pesado(da) **-3.** [*FIN* - profit, fee] avultado(da); [- cheque, bank account] gordo(da). ◇ *n* **-1.** (U) *ANAT* gordura *f* **-2.** (U) [in food - raw] banha *f*; [- cooked] sebo *m*; [- in cooking, diet] gordura *f*.

fatal ['feɪtl] *adj* **-1.** [ruinous] fatal **-2.** [mortal] mortal.

fatality [fə'tælətɪ] (*pl* **-ies**) *n* [accident victim] fatalidade *f*; [fatalism] fatalismo *m*.

fate [feɪt] *n* **-1.** (U) [destiny] destino *m*; **to tempt ~** brincar com a sorte **-2.** [of person, thing] sina *f*.

fateful ['feɪtfʊl] *adj* [decisive] fatídico(ca).

father ['fɑːðəʳ] *n lit, fig* pai *m*.

Father Christmas *n UK* Papai *m* Noel.

father-in-law (*pl* **father-in-laws** OR **fathers-in-law**) *n* sogro *m*.

fatherly ['fɑːðəlɪ] *adj* paternal.

fathom ['fæðəm] ◇ *n* braça *f*. ◇ *vt*: **to ~ sthg (out)** desvendar algo; **to ~ sb (out)** compreender alguém.

fatigue [fə'tiːg] *n* (U) fadiga *f*.

fatten ['fætn] *vt* engordar.

fattening ['fætnɪŋ] *adj* que engorda; **to be very ~** engordar muito.

fatty ['fætɪ] (*compar* **-ier**, *superl* **-iest**, *pl* **-ies**) ◇ *adj* **-1.** [food] gorduroso(sa) **-2.** *BIOL* [tissue] adiposo(sa). ◇ *n inf pej* gorducho *m*, -cha *f*.

fatuous ['fætjʊəs] *adj* fátuo(tua).

fatwa ['fætwə] *n* mandado *m* religioso islâmico.

faucet ['fɔːsɪt] *n US* torneira *f*.

fault [fɔːlt] *n* **-1.** [responsibility] culpa *f* **-2.** [defect] defeito *m* **-3.** [mistake, imperfection] falha *f*; **to find ~ with sb/sthg** criticar algo/alguém; **to be at ~**

equivocar-se **- 4.** GEOL falha f **- 5.** [in tennis] falta f. ◇ vt: **to ~ sb (on sthg)** criticar alguém (em algo).

faultless ['fɔːltlɪs] adj impecável.

faulty ['fɔːltɪ] (compar **-ier**, superl **-iest**) adj **-1.** [machine, system] defeituoso(sa) **-2.** [reasoning, logic] falho(lha).

fauna ['fɔːnə] n fauna f.

favour UK, **favor** US ['feɪvə^r] ◇ n **-1.** (U) [approval] aprovação f; **in sb's ~** em favor de alguém; **to be in ~ (with sb)** contar com o apoio (de alguém); **to be out of ~ (with sb)** não contar com o apoio (de alguém); **to curry ~ with sb** puxar o saco de alguém **-2.** [kind act] favor m; **to do sb a ~** fazer um favor a alguém **-3.** (U) [favouritism] favoritismo m. ◇ vt [gen] favorecer.
➦ **in favour** adv [in agreement] a favor.
➦ **in favour of** prep **-1.** [in preference to] em favor de **-2.** [in agreement with]: **to be in ~ of sthg/of doing sthg** estar a favor de algo/de fazer algo.

favourable UK, **favorable** US ['feɪvrəbl] adj favorável.

favourite UK, **favorite** US ['feɪvrɪt] ◇ adj [preferred] favorito(ta). ◇ n favorito(ta).

favouritism UK, **favoritism** US ['feɪvrɪtɪzm] n (U) favoritismo m.

fawn [fɔːn] ◇ adj castanho(nha) claro(ra). ◇ n [animal] cervato m. ◇ vi: **to ~ on sb** bajular alguém.

fax [fæks] ◇ n fax m. ◇ vt **-1.** [send fax to] enviar um fax para **-2.** [send by fax] enviar por fax.

fax machine n (máquina f de) fax m.

FBI (abbr of Federal Bureau of Investigation) n FBI m.

FC (abbr of Football Club) n FC.

fear [fɪə^r] ◇ n **-1.** [gen] medo m **-2.** [risk] risco m, perigo m; **for ~ of** por medo de. ◇ vt **-1.** [be afraid of] ter medo de, temer **-2.** [anticipate] temer, recear; **to ~ (that)** recear que.

fearful ['fɪəfʊl] adj **-1.** fml [frightened] temeroso(sa); **~ of sthg/of doing sthg** temeroso(sa) de algo/de fazer algo **-2.** [frightening] terrível, pavoroso(sa).

fearless ['fɪəlɪs] adj sem medo, destemido(da).

feasible ['fiːzəbl] adj [plan] viável.

feast [fiːst] ◇ n [meal] banquete m. ◇ vi: **to ~ on** OR **off sthg** banquetear-se com algo.

feat [fiːt] n façanha f.

feather ['feðə^r] n pena f.

feature ['fiːtʃə^r] ◇ n **-1.** [characteristic - of house] característica f; [- of machine] recurso m; [- of style, landscape] aspecto m; [- of face, personality] traço m **-2.** [article] reportagem f especial **-3.** RADIO &

TV [programme] especial m **-4.** CINEMA longa-metragem m. ◇ vt [subj: film, exhibition] ter como atração principal; **a film featuring Juliette Binoche** um filme estrelando Juliette Binoche. ◇ vi: **to ~ (in sthg)** [appear, figure] figurar (em algo).

feature film n longa-metragem m.

February ['februəri] n fevereiro m; see also **September**.

feces npl US = faeces.

fed [fed] pt & pp ⊳ feed.

federal ['fedrəl] adj federal.

federation [ˌfedə'reɪʃn] n **-1.** [country] federação f **-2.** [association] liga f.

fed up adj farto(ta), cheio(a); **to be ~ with sb/sthg** estar cheio de alguém/algo.

fee [fiː] n [payment - school] (taxa f de) matrícula f; [- doctor] preço m da consulta; [- lawyer] honorários mpl; [- monthly membership] mensalidade f; [- annual membership] anuidade f; [- entrance] taxa f de admissão.

feeble ['fiːbl] adj **-1.** [weak] fraco(ca) **-2.** [lacking conviction] débil.

feed [fiːd] (pt & pp fed) ◇ vt **-1.** [give food to] alimentar **-2.** [put, insert]: **to ~ sthg into sthg** inserir algo em algo. ◇ vi [take food] alimentar-se; **to ~ on** OR **off sthg** alimentar-se de algo. ◇ n **-1.** [meal] comida f **-2.** (U) [animal food] ração f.

feedback ['fiːdbæk] n (U) **-1.** [reaction] reação f **-2.** ELEC feedback m.

feeding bottle ['fiːdɪŋ-] n UK mamadeira f.

feel [fiːl] (pt & pp felt) ◇ vt **-1.** [touch] tocar **-2.** [believe, think] achar, acreditar; **to ~ (that)** achar que **-3.** [experience, be aware of] sentir; **to ~ o.s. doing sthg** sentir-se fazendo algo **-4.** phr: **I'm not ~ing myself today** não estou me sentindo bem hoje. ◇ vi **-1.** [have sensation, emotion] sentir-se; **to ~ like sthg/like doing sthg** [be in mood for] ter vontade de algo/de fazer algo **-2.** [seem] parecer **-3.** [by touch]: **to ~ for sthg** procurar algo com as mãos. ◇ n **-1.** [sensation, touch] sensação f **-2.** [atmosphere] clima m.

feeler ['fiːlə^r] n [of insect, snail] antena f.

feeling ['fiːlɪŋ] n **-1.** [emotion] sensação f **-2.** [physical - of nausea, vertigo etc] sensação f; [- sensation] sensibilidade f **-3.** [awareness, impression] impressão f **-4.** [understanding] disposição f.
➦ **feelings** npl sentimentos mpl; **to hurt sb's ~s** magoar alguém, magoar os sentimentos de alguém.

feet [fiːt] pl ⊳ foot.

feign [feɪn] vt fml fingir.

fell [fel] ⬦ *pt* ⊳ **fall**. ⬦ *vt* **-1.** [tree] cortar **-2.** [person] derrubar.
➤ **fells** *npl* GEOGR charneca *f*.

fellow ['feləʊ] ⬦ *adj* companheiro *m*, -ra *f*. ⬦ *n* **-1.** *dated* [man] cara *mf* **-2.** [comrade, peer] camarada *mf* **-3.** [of society or college] membro *m* honorário.

fellowship ['feləʊʃɪp] *n* **-1.** (U) [comradeship] companheirismo *m* **-2.** [organization] sociedade *f* **-3.** [in university - grant] bolsa *f* de pesquisa; [- post] pes-quisador *m*, -ra *f*.

felony ['felənɪ] (*pl* -**ies**) *n* JUR delito *m* grave.

felt [felt] ⬦ *pt & pp* ⊳ **feel**. ⬦ *n* (U) [textile] feltro *m*.

felt-tip pen *n* pincel *m* atômico.

female ['fi:meɪl] ⬦ *adj* **-1.** [gen] feminino(na) **-2.** [plant] fêmeo(mea). ⬦ *n* **-1.** [female animal] fêmea *f* **-2.** *inf pej* [woman] fêmea *f*.

feminine ['femɪnɪn] ⬦ *adj* feminino(na). ⬦ *n* GRAMM feminino *m*.

feminist ['femɪnɪst] *n* feminista.

fence [fens] ⬦ *n* [barrier] cerca *f*; **to sit on the** ~ *fig* ficar em cima do muro. ⬦ *vt* cercar.

fencing ['fensɪŋ] *n* (U) **-1.** SPORT esgrima *f* **-2.** [fences] cerca *f* **-3.** [material] material *m* para fazer cerca.

fend [fend] *vi*: **to** ~ **for o.s.** saber se virar.
➤ **fend off** *vt sep* rechaçar.

fender ['fendə'] *n* **-1.** [round fireplace] guarda-fogo *m* **-2.** [on boat] proteção *f* **-3.** US [on car] pára-lama *f*.

ferment [*n* 'fɜ:ment, *vb* fə'ment] ⬦ *n* (U) [unrest] grande agitação *f*, polvorosa *f*. ⬦ *vi* [change chemically] fermentar.

fern [fɜ:n] *n* samambaia *f*.

ferocious [fə'rəʊʃəs] *adj* feroz.

ferret ['ferɪt] *n* [animal] furão *m*.
➤ **ferret about, ferret around** *vi inf* vasculhar.

ferris wheel ['ferɪs-] *n esp* US rodagigante *f*.

ferry ['ferɪ] (*pl* -**ies**, *pt & pp* -**ied**) ⬦ *n* balsa *f*. ⬦ *vt* transportar.

ferryboat ['ferɪbəʊt] *n* = **ferry**.

fertile ['fɜ:taɪl] *adj* fértil.

fertilizer ['fɜ:tɪlaɪzə'] *n* fertilizante *m*.

fervent ['fɜ:vənt] *adj* **-1.** [admirer, believer] fervoroso(sa) **-2.** [belief, desire, hope] ardente.

fester ['festə'] *vi* [wound] inflamar, inflamar-se.

festival ['festəvl] *n* **-1.** [series of organized events] festival *m* **-2.** [holiday] feriado *m*, dia *m* festivo.

festive ['festɪv] *adj* festivo(va).

festive season *n*: **the** ~ a época do Natal.

festivities [fes'tɪvətɪz] *npl* festividades *fpl*.

festoon [fe'stu:n] *vt* enfeitar; **to be** ~ **ed with sthg** estar enfeitado(da) com algo.

fetch [fetʃ] *vt* **-1.** [go and get] ir buscar **-2.** [sell for] alcançar.

fetching ['fetʃɪŋ] *adj* atraente.

fete, fête [feɪt] ⬦ *n* festa *f* beneficente. ⬦ *vt* festejar (em honra de alguém).

fetid ['fetɪd] *adj* fétido(da).

fetish ['fetɪʃ] *n* **-1.** [sexual obsession] fetiche *m* **-2.** [mania] mania *f* **-3.** [object] amuleto *m*.

fetus ['fi:təs] *n* = **foetus**.

feud [fju:d] ⬦ *n* contenda *f*. ⬦ *vi* brigar.

feudal ['fju:dl] *adj* feudal.

fever ['fi:və'] *n* **-1.** MED febre *f* **-2.** *fig* [frenzy] frenesi *m*.

feverish ['fi:vərɪʃ] *adj* **-1.** MED febril **-2.** [frenzied] frenético(ca).

few [fju:] ⬦ *adj* [not many] pouco(ca); **a** ~ alguns(mas); **a** ~ **more** mais alguns(mas); **quite a** ~, **a good** ~ bastante; ~ **and far between** pouquíssimos(mas). ⬦ *pron* poucos *mpl*, -cas *fpl*; **a** ~ poucos(cas); **quite a** ~, **a good** ~ bastante.

fewer ['fju:ə'] ⬦ *adj* menos ⬦ *pron* menos.

fewest ['fju:əst] *adj* o menos possível.

fiancé [fɪ'ɒnseɪ] *n* noivo *m*.

fiancée [fɪ'ɒnseɪ] *n* noiva *f*.

fiasco [fɪ'æskəʊ] (*UK pl* -**s**, *US pl* -**s** OR -**es**) *n* fiasco *m*.

fib [fɪb] (*pt & pp* -**bed**, *cont* -**bing**) *inf* ⬦ *n* lorota *f*. ⬦ *vi* contar lorotas.

fibre UK, **fiber** US ['faɪbə'] *n* **-1.** (U) [material, substance] fibra *f* **-2.** [thread] filamento *m* **-3.** (U) [strength] força *f*.

fibreglass UK, **fiberglass** US ['faɪbəglɑ:s] *n* (U) fibra *f* de vidro.

fickle ['fɪkl] *adj* inconstante, volúvel.

fiction ['fɪkʃn] *n* **-1.** (U) [literature] ficção *f* **-2.** [fabrication, lie] invenção *f*.

fictional ['fɪkʃənl] *adj* **-1.** [literary] ficcional **-2.** [invented] imaginário(ria).

fictitious [fɪk'tɪʃəs] *adj* [false] fictício(cia).

fiddle ['fɪdl] ⬦ *n* **-1.** [violin] rabeca *f* **-2.** UK *inf* [fraud] embuste *m*. ⬦ *vt* UK *inf* falsificar. ⬦ *vi* **-1.** [fidget]: **to** ~ (**about** OR **around**) enrolar; **to** ~ (**about** OR **around**) **with sthg** mexer em algo **-2.** [waste time]: **to** ~ **about** OR **around** perder tempo.

fiddly ['fɪdlɪ] (*compar* -**ier**, *superl* -**iest**) *adj* UK *inf* trabalhoso(sa).

fidget ['fɪdʒɪt] *vi* estar irrequieto(ta), mover-se sem parar.

field [fi:ld] ◇ n -1. [gen] campo m -2. [of knowledge] área f. ◇ vt [avoid answering] responder.

field day n [for study, sport] dia m de atividades externas; **to have a ~ fig** fazer a festa.

field glasses npl binóculos mpl.

field marshal n marechal-de-campo m.

field trip n viagem f de estudos.

fieldwork ['fi:ldwɜ:k] n (U) pesquisa f de campo.

fiend [fi:nd] n -1. [cruel person] demônio m -2. inf [fanatic] fanático m, -ca f.

fiendish ['fi:ndɪʃ] adj -1. [evil] diabólico(ca) -2. inf [very difficult] cabeludo(da).

fierce [fɪəs] adj -1. [aggressive, ferocious] feroz -2. [wild, uncontrolled] violento(ta) -3. [intense - competition, battle] árduo(a); [- heat] intenso(sa); [- criticism] ferrenho(nha).

fiery ['faɪərɪ] (compar -ier, superl -iest) adj -1. [burning] ardente -2. [volatile] explosivo(va).

fifteen [fɪf'ti:n] num quinze; see also **six**.

fifth [fɪfθ] num quinto, quinta; see also **sixth**.

Fifth Amendment n: **the ~** a Quinta Emenda, emenda constitucional americana que estabelece direitos civis aos criminosos.

fifty ['fɪftɪ] (pl -ies) num cinqüenta; see also **sixty**.

fifty-fifty ◇ adj: **to have a ~ chance** ter cinqüenta por cento de chance. ◇ adv: **to split sthg ~** dividir algo meio a meio.

fig [fɪg] n figo m.

fight [faɪt] (pt & pp **fought**) ◇ n -1. [physical] briga f, luta f; **to have a ~ (with sb)** ter uma briga (com alguém); **to put up a ~** desencadear uma luta -2. fig [battle, struggle] luta f, batalha f -3. [argument] discussão f; **to have a ~ (with sb)** ter uma discussão (com alguém). ◇ vt -1. [gen] lutar (com), combater; [physically] brigar com -2. [combat, struggle against] lutar contra. ◇ vi -1. [physically, in war] lutar -2. fig [battle, struggle]: **to ~ for/against sthg** lutar por/contra algo -3. [argue] discutir sobre; **to ~ about OR over sthg** discutir sobre algo.

◆ **fight back** ◇ vt fus segurar. ◇ vi revidar.

fighter ['faɪtər] n -1. [plane] caça m -2. [soldier] guerreiro m, -ra f -3. [combative person] lutador m, -ra f.

fighting ['faɪtɪŋ] n (U) [in war, punch-up] luta f.

figment ['fɪgmənt] n: **a ~ of sb's imagi-nation** um produto da imaginação de alguém.

figurative ['fɪgərətɪv] adj [language, art] figurado(da).

figure [UK 'fɪgər, US 'fɪgjər] ◇ n -1. [statistic] índice m -2. [symbol of number] número m; **in single/double ~s** em valores até dez/acima de dez -3. [human shape, outline] silhueta f -4. [diagram, representative personality] figura f -5. [famous person] personalidade f -6. [aesthetic shape of body] forma f. ◇ vt esp US [suppose] supor. ◇ vi [feature] figurar.

◆ **figure out** vt sep compreender.

figurehead ['fɪgəhed] n -1. [on ship] carranca f de proa -2. [leader without real power] testa-de-ferro m.

figure of speech n figura f de linguagem.

Fiji ['fi:dʒi:] n Fiji.

file [faɪl] ◇ n -1. [folder] pasta f -2. [report] relatório m; **on ~, on the ~s** em arquivo, arquivado(da) -3. COMPUT arquivo m -4. [tool] lixa f -5. [line]: **in single ~** em fila indiana. ◇ vt -1. [put in folder] pôr na pasta -2. JUR dar entrada em -3. [shape, smooth] lixar. ◇ vi -1. [walk in single file] andar em fila única -2. JUR: **to ~ for divorce** dar entrada no divórcio.

file clerk n US = **filing clerk**.

filet n US = **fillet**.

filing cabinet ['faɪlɪŋ-] n fichário m.

fill [fɪl] ◇ vt -1. [make full - container] encher; [- room, street] ocupar; **to ~ sthg (with sthg)** encher algo com algo -2. [fulfill] preencher -3. [tooth] obturar. ◇ vi encher-se.

◆ **fill in** ◇ vt sep -1. [form] preencher -2. [hole] tapar -3. [inform]: **to ~ sb in (on sthg)** informar alguém (sobre algo). ◇ vi [substitute]: **to ~ in (for sb)** substituir alguém.

◆ **fill out** ◇ vt sep [complete] completar. ◇ vi [get fatter] engordar.

◆ **fill up** ◇ vt sep encher. ◇ vi lotar.

fillet UK, **filet** US ['fɪlɪt] n -1. [piece of meat] filé m -2. (U) [type of meat] lombo m.

fillet steak n filé m.

filling ['fɪlɪŋ] ◇ adj [satisfying] que satisfaz. ◇ n -1. [in tooth] obturação f -2. [in cake, sandwich] recheio m.

filling station n posto m de gasolina.

film [fɪlm] ◇ n -1. [cinema, TV, photo-graphic] filme m -2. (U) [footage] cobertura f -3. [layer] película f. ◇ vt filmar. ◇ vi filmar.

film star n astro m de cinema, estrela f de cinema.

Filofax® [ˈfaɪləʊfæks] n agenda f (de folhas descartáveis).

filter [ˈfɪltəʳ] <> n filtro m. <> vt -1. [water, petrol] filtrar -2. [coffee] coar.

filter coffee n café m coado.

filter lane n UK faixa f de conversão (à direita ou esquerda).

filter-tipped [-ˈtɪpt] adj com filtro.

filth [fɪlθ] n (U) -1. [dirt] sujeira f -2. [obscenity] obscenidade f.

filthy [ˈfɪlθɪ] (compar -ier, superl -iest) adj -1. [very dirty] imundo(da) -2. [obscene] obsceno(na).

fin [fɪn] n -1. [on fish] barbatana f -2. US [for swimmer] nadadeira f.

final [ˈfaɪnl] <> adj -1. [last in order] último(ma) -2. [at end, definitive] final. <> n final f.

<> **finals** npl UNIV exames mpl finais; to sit one's ~ s prestar os exames finais.

finale [fɪˈnɑːlɪ] n final m.

finalize, -ise [ˈfaɪnəlaɪz] vt finalizar.

finally [ˈfaɪnəlɪ] adv -1. [at last] finalmente -2. [lastly] finalmente, por fim.

finance [n ˈfaɪnæns, vb faɪˈnæns] <> n (U) -1. [money] financiamento m -2. [money management] finanças fpl. <> vt financiar.

<> **finances** npl finanças fpl.

financial [fɪˈnænʃl] adj financeiro(ra).

find [faɪnd] (pt & pp found) <> vt -1. [gen] encontrar, achar -2. [realize, discover]: to ~ (that) descobrir que -3. JUR: to be found guilty/not guilty of sthg ser declarado(da) culpado(da)/ inocente de algo. <> n descoberta f.

<> **find out** <> vi descobrir. <> vt fus -1. [information] informar-se -2. [truth] desmascarar. <> vt sep [person] descobrir.

findings [ˈfaɪndɪŋz] npl constatações fpl.

fine [faɪn] <> adj -1. [good, high-quality] excelente -2. [perfectly satisfactory] ótimo(ma) -3. [healthy] bem -4. [not rainy] bom(boa) -5. [thin, smooth] fino(na) -6. [minute, exact] sutil. <> adv [quite well] bem. <> n multa f. <> vt multar.

fine arts npl belas-artes fpl.

finery [ˈfaɪnərɪ] n (U) refinamento m.

fine-tune [ˈfaɪntjuːn] vt ajustar.

finger [ˈfɪŋgəʳ] <> n dedo m; to slip through one's ~ s escorrer pelos dedos. <> vt [feel] tocar com os dedos.

fingernail [ˈfɪŋgəneɪl] n unha f (dos dedos da mão).

fingerprint [ˈfɪŋgəprɪnt] n impressão f digital.

fingertip [ˈfɪŋgətɪp] n ponta f do dedo; at one's ~ s ao alcance da mão.

finicky [ˈfɪnɪkɪ] adj pej [- person] meti-

culoso(sa); [- task] minucioso(sa).

finish [ˈfɪnɪʃ] <> n -1. [end] final m -2. [texture] acabamento m. <> vt -1. [conclude, complete] terminar; to ~ doing sthg terminar de fazer algo -2. [consume] acabar -3. [leave] terminar, acabar. <> vi -1. [gen] terminar -2. [complete task] terminar, acabar.

<> **finish off** vt sep [conclude, complete, consume] terminar.

<> **finish up** vi acabar, terminar.

finishing line [ˈfɪnɪʃɪŋ-] n linha f de chegada.

finishing school [ˈfɪnɪʃɪŋ-] n ≈ colégio privado no qual se preparam as alunas da alta classe para entrar na sociedade.

finite [ˈfaɪnaɪt] adj -1. [limited] finito(ta) -2. GRAMM conjugado(da).

Finland [ˈfɪnlənd] n Finlândia.

Finn [fɪn] n [inhabitant of Finland] finlandês m, -esa f.

Finnish [ˈfɪnɪʃ] <> adj [of or relating to Finland] finlandês(esa). <> n [language] finlandês m.

fir [fɜːʳ] n abeto m.

fire [ˈfaɪəʳ] <> n -1. (U) [flames, burning] fogo m; on ~ em chamas; to catch ~ pegar fogo; to set ~ to sthg pôr fogo em algo -2. [for warmth, cooking] fogueira f -3. [blaze, conflagration] incêndio m -4. UK [heater, apparatus] aquecedor m, estufa f -5. (U) [shooting] fogo m; to open ~ (on sb) abrir fogo (contra alguém). <> vt -1. [shoot] disparar -2. esp US [dismiss] demitir, despedir. <> vi: to ~ (on OR at) atirar em.

fire alarm n alarme m contra incêndio.

firearm [ˈfaɪərɑːm] n arma f de fogo.

firebomb [ˈfaɪəbɒm] <> n bomba f incendiária. <> vt lançar bombas incendiárias em.

fire brigade UK, **fire department** US n corpo m de bombeiros.

fire door n porta f corta-fogo.

fire engine n carro m de bombeiros.

fire escape n escada f de incêndio.

fire extinguisher n extintor m de incêndio.

fireguard [ˈfaɪəgɑːd] n guarda-fogo m.

firelighter [ˈfaɪəlaɪtəʳ] n acendedor m de fogo.

fireman [ˈfaɪəmən] (pl -men [-mən]) n bombeiro m.

fireplace [ˈfaɪəpleɪs] n lareira f.

fireproof [ˈfaɪəpruːf] adj à prova de fogo.

fireside [ˈfaɪəsaɪd] n: by the ~ ao calor da lareira.

fire station n posto m de bombeiros.

firewood [ˈfaɪəwʊd] n (U) lenha f.

firework ['faɪəwɜːk] *n* fogo *m* de artifício.
◆ **fireworks** *npl fig* [outburst of anger] fogos *mpl* de artifício.

firing ['faɪərɪŋ] *n (U) MIL* tiroteio *m*.

firing squad *n* pelotão *m* de fuzilamento.

firm [fɜːm] ⟨⟩ *adj* -1. [gen] firme; **to stand** ~ manter-se firme -2. [definite] claro(ra) -3. [investment, rate] estável. ⟨⟩ *n* empresa *f*.

first [fɜːst] ⟨⟩ *adj* primeiro(ra); **for the** ~ **time** pela primeira vez; ~ **thing (in the morning)** à primeira hora (da manhã). ⟨⟩ *adv* -1. [before anyone, anything else] primeiro; ~ **of all** antes de mais nada, em primeiro lugar -2. [for the first time] pela primeira vez -3. [firstly, in list of points] primeiramente. ⟨⟩ *n* -1. [person] primeiro *m*, -ra *f* -2. [unprecedented event] acontecimento *m* sem precedentes -3. *UK UNIV* diploma *m* universitário -4. *AUT:* ~ **(gear)** primeira *f* (marcha).
◆ **at first** *adv* no princípio.
◆ **at first hand** *adv* em primeira mão.

first aid *n (U)* primeiros socorros *mpl*.

first-aid kit *n* kit *m* de primeiros socorros.

first-class *adj* -1. [excellent] de primeira -2. [letter, ticket] de primeira classe.

first course *n* entrada *f*.

first floor *n* -1. *UK* [above ground level] primeiro andar *m* -2. *US* [at ground level] andar *m* térreo.

firsthand [,fɜːst'hænd] ⟨⟩ *adj* de primeira mão. ⟨⟩ *adv* em primeira mão.

first lady *n POL* primeira-dama *f*.

firstly ['fɜːstlɪ] *adv* primeiramente.

first name *n* nome *m* de batismo, nome *m*.

first-rate *adj* de primeira.

firtree ['fɜːtriː] *n* = **fir**.

fish [fɪʃ] *(pl inv)* ⟨⟩ *n* peixe *m*. ⟨⟩ *vt* pescar em. ⟨⟩ *vi* [try to catch fish] pescar; **to** ~ **for** sthg pescar algo.

fish and chips *npl UK* peixe *m* frito com batatas fritas.

fish and chip shop *n UK* barraca *f* de peixe frito com batatas fritas.

fishbowl ['fɪʃbəʊl] *n* aquário *m*.

fishcake ['fɪʃkeɪk] *n* bolinho *m* de peixe.

fisherman ['fɪʃəmən] *(pl -men* [-mən]*) n* pescador *m*.

fish farm *n* viveiro *m* de peixes.

fish fingers *UK*, **fish sticks** *US npl* porções *fpl* de peixe empanado.

fishing ['fɪʃɪŋ] *n (U)* pesca *f*; **to go** ~ ir pescar.

fishing boat *n* barco *m* de pesca.

fishing line *n* linha *f* de pesca.

fishing rod *n* vara *f* de pescar.

fishmonger ['fɪʃ,mʌŋgəʳ] *n esp UK* peixeiro *m*; ~ **'s (shop)** peixaria *f*.

fish shop *n* peixaria *f*.

fish sticks *npl US* = **fish fingers**.

fish tank *n* aquário *m* *(usado como viveiro)*.

fishy ['fɪʃɪ] *(compar -ier, superl -iest) adj* -1. [like fish] de peixe -2. *fig* [suspicious] duvidoso(sa).

fist [fɪst] *n* punho *m*.

fit [fɪt] *(pt & pp -ted, cont -ting)* ⟨⟩ *adj* -1. [suitable] adequado(da); **to be** ~ **for** sthg estar apto(ta) para algo; **to be** ~ **to do** sthg estar apto(ta) a fazer algo; **do as you think** ~ faça como você achar melhor -2. [healthy] em forma; **to keep** ~ manter-se em forma. ⟨⟩ *n* -1. [of clothes, shoes etc.] tamanho *m*; **it's a good** ~ fica bem; **it's a tight** ~ fica justo -2. [epileptic seizure] ataque *m*; **to have a** ~ *MED* ter um ataque; *fig* [be angry] ter um ataque (de fúria) -3. [bout - of crying, depression] crise *f*; [- of rage, sneezing, giggles] acesso *m*; **in** ~ **s and starts** aos trancos e barrancos. ⟨⟩ *vt* -1. [be correct size for] servir -2. [place]: **to** ~ sthg **into** sthg encaixar algo em algo -3. [provide]: **to** ~ sthg **with** sthg equipar algo com algo; **to have sthg** ~ **ted** instalar algo -4. [be suitable for] adequar-se. ⟨⟩ *vi* -1. [be correct size] servir -2. [go] encaixar -3. [into container] caber.
◆ **fit in** ⟨⟩ *vt sep* [accommodate] arranjar tempo para. ⟨⟩ *vi* adaptar-se; **to** ~ **in with** sb/sthg adaptar-se com alguém/algo; **that** ~ **s in with what she told me** isso vem ao encontro do que ela me contou.

fitful ['fɪtfʊl] *adj* intermitente.

fitment ['fɪtmənt] *n* móvel *m* *(da casa)*.

fitness ['fɪtnɪs] *n (U)* -1. [health] bom estado *m* físico -2. [suitability] aptidão *f*; ~ **for** sthg aptidão para algo.

fitted carpet ['fɪtəd-] *n* carpete *m*.

fitted kitchen ['fɪtəd-] *n UK* cozinha *f* de módulos.

fitter ['fɪtəʳ] *n* [mechanic] mecânico *m*, -ca *f*.

fitting ['fɪtɪŋ] ⟨⟩ *adj fml* apropriado(da). ⟨⟩ *n* -1. [part] acessório *m* -2. [for clothing] prova *f*.
◆ **fittings** *npl* acessórios *mpl*.

fitting room *n* provador *m*.

five [faɪv] *num* cinco; *see also* **six**.

fiver ['faɪvəʳ] *n inf* -1. *UK* [amount] *cinco libras*; [note] *cédula de cinco libras* -2. *US* [amount] *cinco dólares*; [note] *cédula de cinco dólares*.

fix [fɪks] ⟨⟩ *vt* -1. [attach, concentrate]

fixar; to ~ sthg to sthg fixar algo em algo - **2.** [set, arrange] arranjar - **3.** [repair] consertar - **4.** *inf* [rig] manipular - **5.** *esp US* [food, drink] preparar. ◇ *n* -**1.** *inf* [difficult situation]: to be in a ~ estar em apuro - **2.** *drugs sl* dose f de entorpecente.

◆ **fix up** *vt sep* -**1.** [provide]: to ~ sb up with sthg arranjar algo para alguém - **2.** [arrange] organizar, preparar.

fixation [fɪk'seɪʃn] *n* fixação f; ~ on OR about sb/sthg, ~ fixação em OR por alguém/algo.

fixed [fɪkst] *adj* fixado(da).

fixture ['fɪkstʃə'] *n* -**1.** [in building] instalação f - **2.** *fig* [permanent feature] figura f constante - **3.** [sports event] encontro m.

fizz [fɪz] *vi* -**1.** [drink] espumar - **2.** [firework] crepitar.

fizzle ['fɪzl] ◆ **fizzle out** *vi* -**1.** [firework] falhar - **2.** *fig* [interest] sumir.

fizzy ['fɪzɪ] (*compar* -ier, *superl* -iest) *adj* gasoso(sa).

flabbergasted ['flæbəgɑːstɪd] *adj* estarrecido(da), pasmado(da).

flabby ['flæbɪ] (*compar* -ier, *superl* -iest) *adj* flácido(da), gordo(da).

flag [flæg] (*pt* & *pp* -ged, *cont* -ging) ◇ *n* [banner] bandeira f. ◇ *vi* -**1.** [person] desanimar - **2.** [spirts] decair - **3.** [conversation] acabar.

◆ **flag down** *vt sep* fazer sinal para.

flagpole ['flægpəʊl] *n* mastro m de bandeira.

flagrant ['fleɪgrənt] *adj* flagrante.

flagstone ['flægstəʊn] *n* laje f.

flair [fleə'] *n* -**1.** [talent] dom m - **2.** (U) [stylishness] habilidade f.

flak [flæk] *n* (U) -**1.** [gunfire] fogo m antiaéreo - **2.** *inf* [criticism] críticas fpl.

flake [fleɪk] ◇ *n* -**1.** [small piece - of snow] floco m; [- of paint, plaster] lasca f; [- of skin] pedaço m. ◇ *vi* descascar.

flamboyant [flæm'bɔɪənt] *adj* -**1.** [person, behaviour] extravagante - **2.** [clothes, design] chamativo(va).

flame [fleɪm] *n* chama f; in ~s em chamas; to burst into ~s irromper em chamas.

flamingo [flə'mɪŋgəʊ] (*pl* -s OR -es) *n* flamingo m.

flammable ['flæməbl] *adj* inflamável.

flan [flæn] *n* torta f.

flank [flæŋk] ◇ *n* -**1.** [of animal] lado m - **2.** [of army] flanco m. ◇ *vt*: to be ~ed by sb/sthg ser ladeado(da) por alguém/algo.

flannel ['flænl] *n* -**1.** (U) [fabric] flanela f - **2.** *UK* [facecloth] luva f de banho.

flap [flæp] (*pt* & *pp* -ped, *cont* -ping) ◇ *n* -**1.** [piece] dobra f - **2.** *inf* [state of panic]: to get in a ~ ficar estérico(ca). ◇ *vt*

-**1.** [wings] bater - **2.** [arms] agitar, mexer. ◇ *vi* [wave - skirt, jacket] ondear, agitarse; [- wings, bird] bater.

flapjack ['flæpdʒæk] *n* -**1.** *UK* [biscuit] biscoito m de aveia - **2.** *US* [pancake] panqueca f.

flare [fleə'] ◇ *n* [distress signal] sinal m luminoso. ◇ *vi* -**1.**: to ~ (up) [fire] chamejar; [person] enfurecer-se; [war, revolution, disease] deflagrar-se - **2.** [trousers, skirt] alargar-se - **3.** [nostrils] abrir-se.

◆ **flares** *npl UK* [trousers] calças fpl boca-de-sino.

flash [flæʃ] ◇ *n* -**1.** [of light, colour] brilho m - **2.** *PHOT* flash m - **3.** [sudden moment] instante m; in a ~ num instante. ◇ *vt* -**1.** [light, torch] brilhar *(numa direção específica)* - **2.** [look, smile]: she flashed a smile at him ela sorriu rapidamente para ele - **3.** [show on screen] projetar - **4.** [show briefly] mostrar rapidamente. ◇ *vi* -**1.** [gen] reluzir - **2.** [move fast] irromper; it ~ed through his mind that ... imediatamente lhe ocorreu que ...; to ~ past passar feito um raio.

flashback ['flæʃbæk] *n* flashback m.

flashbulb ['flæʃbʌlb] *n* (lâmpada f de) flash m.

flashgun ['flæʃgʌn] *n* disparador m de flash.

flashlight ['flæʃlaɪt] *n* [torch] lanterna f (elétrica).

flashy ['flæʃɪ] (*compar* -ier, *superl* -iest) *adj inf* ostentoso(sa).

flask [flɑːsk] *n* -**1.** [to keep drinks hot] garrafa f térmica - **2.** [used in chemistry] frasco m - **3.** [hip flask] cantil m.

flat [flæt] (*compar* -ter, *superl* -test) ◇ *adj* -**1.** [level] plano(na); ~ feet pés mpl chatos - **2.** [shoes] sem salto - **3.** [punctured] vazio(zia) - **4.** [categorical] categórico(ca) - **5.** [business, trade] estagnado(da) - **6.** [monotonous - voice] monótono(na); [- performance, writing] uniforme - **7.** [MUS - lower than correct note] abaixo do tom; [- lower than stated note] abemolado(da) - **8.** *COMM* [fare, fee] único(ca) - **9.** [no longer fizzy - beer] choco(ca); [- lemonade] que passou do ponto - **10.** [battery] descarregado(da). ◇ *adv* -**1.** [level] horizontalmente - **2.** [exactly] precisamente. ◇ *n* -**1.** *UK* [apartment] flat m - **2.** *MUS* bemol m.

◆ **flat out** *adv* a todo vapor.

flatly ['flætlɪ] *adv* -**1.** [absolutely] categoricamente - **2.** [dully] de forma monótona.

flatmate ['flætmeɪt] *n UK* colega mf que divide o apartamento com outro.

flat rate *n* preço m único.

flatscreen television, flatscreen TV ['flæt‚skri:n] n tv f de tela plana.

flatten ['flætn] vt - **1.** [make flat - steel, bumps] aplanar; [- wrinkles] esticar; [- paper] alisar - **2.** [building] demolir.
➡ **flatten out** ◇ vi aplanar-se, nivelar-se. ◇ vt sep [wrinkles] esticar; [lumps, bumps] aplanar.

flatter ['flætə'] vt - **1.** [compliment] adular, bajular; I'm ~ ed sinto-me lisonjeado(-da) - **2.** [suit] cair bem.

flattering ['flætərɪŋ] adj [remark, offer] lisonjeiro(ra) ; [dress, colour, neckline] que cai bem.

flattery ['flætərɪ] n (U) bajulação f.

flaunt [flɔ:nt] vt ostentar.

flavour UK, **flavor** US ['fleɪvə'] ◇ n - **1.** [taste] sabor m - **2.** fig [atmosphere] ar m, toque m. ◇ vt [food, drink] condimentar.

flavouring UK, **flavoring** US ['fleɪvərɪŋ] n (U) condimento m.

flaw [flɔ:] n [fault] imperfeição f; ~ in sthg imperfeição em algo.

flawless ['flɔ:lɪs] adj impecável.

flax [flæks] n linho m.

flea [fli:] n pulga f.

flea market n mercado m das pulgas.

fleck [flek] ◇ n mancha f. ◇ vt : ~ ed with sthg manchado(da) com algo.

fled [fled] pt & pp ▷ flee.

flee [fli:] (pt & pp fled) ◇ vt [country, enemy] fugir de. ◇ vi fugir.

fleece [fli:s] ◇ n - **1.** [material, of sheep] velo m - **2.** [garment] sobretudo m de lã. ◇ vt inf [cheat] trapacear.

fleet [fli:t] n frota f.

fleeting ['fli:tɪŋ] adj fugaz.

Flemish ['flemɪʃ] ◇ adj flamengo(ga). ◇ n [language] flamengo m. ◇ npl : the ~ os flamengos.

flesh [fleʃ] n - **1.** [of body] carne f; to be only ~ and blood ser de carne e osso; to be sb's own ~ and blood ser sangue do sangue de alguém - **2.** [of fruit, vegetable] polpa f.

flesh wound n ferimento m superficial.

flew [flu:] pt ▷ fly.

flex [fleks] ◇ n ELEC fio m, cabo m. ◇ vt [bend] flexionar.

flexible ['fleksəbl] adj flexível.

flexitime ['fleksɪtaɪm] n (U) horário m flexível.

flick [flɪk] ◇ n - **1.** [of whip, towel] pancada leve - **2.** [with finger] peteleco m. ◇ vt [switch - turn on] ligar; [- turn off] desligar.
➡ **flick through** vt fus folhear.

flicker ['flɪkə'] vi - **1.** [candle, light] tremeluzir - **2.** [shadow, eyelids] tremer.

flick knife n UK canivete f de mola.

flight [flaɪt] n - **1.** [gen] vôo m - **2.** [of steps, stairs] lance m - **3.** [escape] fuga f.

flight attendant n comissário m, -ria f de bordo.

flight crew n tripulação f de vôo.

flight deck n - **1.** [of aircraft carrier] pista f de aterrissagem - **2.** [of aircraft] cabine f de comando.

flight recorder n caixa-preta f.

flimsy ['flɪmzɪ] (compar -ier, superl -iest) adj - **1.** [fabric, structure] frágil - **2.** [excuse, argument] furado(da).

flinch [flɪntʃ] vi encolher-se; to ~ from sthg/from doing sthg vacilar diante de algo/em fazer algo; without ~ ing sem pestanejar.

fling [flɪŋ] (pt & pp flung) ◇ n [affair] caso m. ◇ vt [throw] atirar.

flint [flɪnt] n - **1.** (U) [rock] sílex m - **2.** [in lighter] pedra f.

flip [flɪp] (pt & pp -ped, cont -ping) ◇ vt - **1.** [move with a flick] mover rapidamente, sacudir; to ~ a coin tirar cara ou coroa; to ~ sthg open abrir algo de supetão; to ~ sthg over virar algo bruscamente; to ~ through sthg folhear algo - **2.** [switch]: to ~ on ligar; to ~ off desligar. ◇ vi inf [become angry] perder o controle. ◇ n - **1.** [of coin] arremesso m rápido - **2.** [somersault] piparote m - **3.** phr: at the ~ of a switch ao toque de um interruptor.

flip-flop n UK [shoe] sandália f de dedo.

flippant ['flɪpənt] adj leviano(na).

flipper ['flɪpə'] n - **1.** [of animal] barbatana f - **2.** [for swimmer, diver] pé-de-pato m.

flirt [flɜ:t] ◇ n [person] paquerador m, -ra f. ◇ vi [with person] flertar; to ~ with sb flertar com alguém.

flirtatious [flɜ:'teɪʃəs] adj galanteador(ra).

flit [flɪt] (pt & pp -ted, cont -ting) vi [move quickly - bird] esvoaçar.

float [fləʊt] ◇ n - **1.** [on fishing line, net] bóia f - **2.** [in procession] carro m alegórico - **3.** [money] caixa m. ◇ vt [on water] fazer boiar. ◇ vi - **1.** [on water] boiar - **2.** [through air] flutuar.

flock [flɒk] n - **1.** [of birds, people] bando m - **2.** [of sheep] rebanho m.

flog [flɒg] (pt & pp -ged, cont -ging) vt - **1.** [whip] chicotear - **2.** UK inf [sell] pôr no prego.

flood [flʌd] n - **1.** [of water] enchente f - **2.** fig [great amount] dilúvio m. ◇ vt - **1.** [with water] inundar - **2.** fig [overwhelm]: to ~ sthg (with) inundar algo (com) - **3.** [with light] encher - **4.** AUT [engine] afogar.

flooding ['flʌdɪŋ] n (U) [from river, rain] enchente f, inundação f.

floodlight ['flʌdlaɪt] n holofote m.

floor [flɔː²] <> n -1. [of room] piso m, chão m -2. [bottom] fundo m -3. [storey] andar m; **first** US OR **ground** UK ~ andar térreo -4. [at meeting, debate]: **from the** ~ da platéia; **to have/give the** ~ ter/ dar a palavra -5. [for dancing] pista f. <> vt -1. [knock down] nocautear -2. [baffle] confundir.

floorboard ['flɔːbɔːd] n tábua f de assoalho.

floor show n espetáculo m noturno (em bar, restaurante, cabaré).

flop [flɒp] inf [failure] fracasso m.

floppy ['flɒpɪ] (compar -ier, superl -iest) adj desengonçado(da).

floppy (disk) n disquete m.

flora ['flɔːrə] n flora f.

florid ['flɒrɪd] adj -1. [face, complexion] corado(da) -2. [style] florido(- da).

florist ['flɒrɪst] n florista mf; ~'s (shop) floricultura f.

flotsam ['flɒtsəm] n (U): ~ and jetsam [debris] entulho m; [people] gente f desocupada.

flounder ['flaʊndə²] (pl inv OR -s) vi -1. [in water, mud] debater-se -2. [in conversation, speech] atrapalhar-se.

flour ['flaʊə²] n (U) farinha f.

flourish ['flʌrɪʃ] <> vi -1. [grow healthily - plants, garden] florescer; [- child] crescer -2. [be successful] prosperar. <> vt movimentar <> n -1. [movement]: **to do sthg with a** ~ fazer algo de maneira a ser notado(da) -2. [of trumpets] fanfarra f.

flout [flaʊt] vt desrespeitar.

flow [fləʊ] <> n fluxo m. <> vi -1. [liquid, electricity, air] correr f -2. [traffic, words, ideas] fluir -3. [hair, dress] ondear.

flow chart, flow diagram n fluxograma m.

flower ['flaʊə²] <> n BOT flor f; **in** ~ em flor. <> vi florescer.

flowerbed ['flaʊəbed] n canteiro m de flores.

flowerpot ['flaʊəpɒt] n vaso m de flores.

flowery ['flaʊərɪ] (compar -ier, superl -iest) adj -1. [patterned] florido(da) -2. pej [elaborate] floreado(da).

flown [fləʊn] pp ▷ fly.

flu [fluː] n (U) gripe m.

fluctuate ['flʌktʃʊeɪt] vi oscilar, flutuar.

fluency ['fluːənsɪ] n (U) [in a foreign language] fluência f.

fluent ['fluːənt] adj fluente; **he speaks** ~

Spanish ele fala espanhol fluentemente.

fluffy ['flʌfɪ] (compar -ier, superl -iest) adj [downy] macio(cia).

fluid ['fluːɪd] <> n fluido m. <> adj -1. [flowing] fluido(da) -2. [unfixed] mutável.

fluid ounce n onça f fluida (0,028 litro).

fluke [fluːk] n inf [chance] obra f do acaso.

flummox ['flʌməks] vt esp UK inf bestificar.

flung [flʌŋ] pt & pp ▷ fling.

flunk [flʌŋk] esp US inf vt [SCH & UNIV - exam, test] não passar em; [- student] reprovar.

fluorescent [flʊə'resnt] adj [colour] fluorescente.

fluoride ['flʊəraɪd] n fluoreto m.

flurry ['flʌrɪ] (pl -ies) n -1. [shower] lufada f-2. [sudden burst] erupção f.

flush [flʌʃ] <> adj [level]: ~ **with sthg** nivelado(da) com. <> n -1. [in toilet] descarga f -2. [blush] rubor m -3. [sudden feeling] acesso m. <> vt [with water]: **to** ~ **the toilet** dar a descarga na privada. <> vi -1. [toilet] dar a descarga -2. [blush] ruborizar.

flushed [flʌʃt] adj -1. [red-faced] ruborizado(da) -2. [excited]: ~ **with sthg** empolgado(da) com algo.

flustered ['flʌstəd] adj atrapalhado(- da).

flute [fluːt] n MUS flauta f.

flutter ['flʌtə²] <> n -1. [of wings] bater m -2. [of eyelashes] pestanejo m -3. inf [sudden feeling] agito m -4. inf [bet] aposta f. <> vi -1. [bird, insect, wings] agitar -2. [flag] tremular -3. [dress] esvoaçar.

flux [flʌks] n -1. (U) [change] fluxo m; **to be in a state of** ~ mudar continuamente -2. TECH fundente m.

fly [flaɪ] (pl flies, pt flew, pp flown) <> n -1. [insect] mosca f -2. [of trousers] braguilha f. <> vt -1. [cause to fly] fazer voar -2. [transport by air] transportar em avião -3. [flag] tremular. <> vi -1. [bird, insect, plane] voar -2. [pilot] pilotar -3. [travel by plane] ir de avião -4. [move fast] voar -5. [flag] tremular.

➤ fly away vi ir-se embora.

fly-fishing n (U) pesca f com iscas artificiais.

flying ['flaɪɪŋ] <> adj -1. [able to fly] voador(ra) -2. [running] veloz. <> n [in plane]: **I hate** ~ odeio viajar de avião.

flying colours npl: **to pass (sthg) with** ~ passar (em algo) com louvor.

flying saucer n disco m voador.

flying squad n UK radiopatrulha f.

foot

flying start n: to get off to a ~ começar muito bem.

flying visit n visita f rápida.

flyover ['flaɪ,əʊvəʳ] n UK viaduto m.

flysheet ['flaɪʃiːt] n [on tent] teto m duplo.

fly spray n inseticida f.

FM (abbr of **frequency modulation**) FM f.

foal [fəʊl] n potro m.

foam [fəʊm] <> n -1. [bubbles] espuma f -2. [material]: ~ **rubber** espuma de borracha. <> vi espumar.

fob [fɒb] (pt & pp -**bed**, cont -**bing**) ◆ **fob off** vt sep: to ~ **sthg off on sb** empurrar algo para alguém; to ~ **sb off with sthg** enrolar alguém com algo.

focal point ['fəʊkl-] n -1. [of view, room] ponto m central -2. fig [of report, study] foco m.

focus ['fəʊkəs] (pl -**cuses** OR -**ci** [-saɪ]) <> n [gen] foco m; **out of/in** ~ fora de/ em foco. <> vt -1. [lens, camera] focar -2. [mentally]: to ~ **one's attention on sb/sthg** concentrar a atenção em alguém/algo. <> vi -1. : to ~ **on sb/ sthg** enfocar alguém/algo -2. [mentally]: to ~ **on sthg** concentrar-se em algo.

focussed adj [mentally] concentrado(-da).

fodder ['fɒdəʳ] n [feed] forragem f.

foe [fəʊ] n literary inimigo m, -ga f, antagonista mf.

foetus ['fiːtəs] n feto m.

fog [fɒg] n [mist] nevoeiro m, neblina f.

foggy ['fɒgɪ] (compar -**ier**, superl -**iest**) adj [misty] nevoento(ta).

foghorn ['fɒghɔːn] n buzina f de nevoeiro.

fog lamp n farol m de neblina.

foible ['fɔɪbl] n ponto m fraco.

foil [fɔɪl] <> n (U) [metal sheet] papel m alumínio. <> vt frustrar.

fold [fəʊld] <> vt -1. [gen] dobrar; to ~ **one's arms** cruzar os braços -2. [wrap] abraçar. <> vi -1. [bed, chair] dobrar -2. inf [newspaper, play] fracassar -3. inf [business] falir. <> n -1. [in material, paper] dobra f -2. [for animals] curral m -3. fig [group of people]: the ~ o grupo. ◆ **fold up** <> vt sep dobrar. <> vi -1. dobrar -2. inf [newspaper, play] fracassar -3. inf [business] falir.

folder ['fəʊldəʳ] n [gen & COMPUT] pasta f.

folding ['fəʊldɪŋ] adj [chair, table] dobrável.

foliage ['fəʊlɪdʒ] n (U) folhagem f.

folk [fəʊk] <> adj popular. <> npl [people] gente f. ◆ **folks** npl inf [relatives] parentes mpl.

folklore ['fəʊklɔːʳ] n (U) folclore m.

folk music n (U) música m folk.

folk song n canção f folk.

folksy ['fəʊksɪ] (compar -**ier**, superl -**iest**) adj US inf amigável.

follow ['fɒləʊ] <> vt -1. [gen] seguir; ~ **that taxi!** siga aquele táxi! -2. [pursue] perseguir -3. [go along with, understand] acompanhar. <> vi -1. [come after] seguir-se -2. [happen as logical result] vir em seguida -3. [be logical] proceder; it ~ **s that** isso quer dizer que -4. [understand] acompanhar. ◆ **follow up** vt sep -1. [pursue] acompanhar -2. [supplement]: to ~ **sthg up with** responder a algo com.

follower ['fɒləʊəʳ] n [disciple, believer] seguidor m, -ra f.

following ['fɒləʊɪŋ] <> adj seguinte. <> n [group of supporters, fans] séquito m. <> prep [after] depois de.

folly ['fɒlɪ] n (U) [foolishness] loucura f.

fond [fɒnd] adj [affectionate] carinhoso(-sa); to be ~ **of sb** gostar muito de alguém; to be ~ **of sthg/of doing sthg** gostar muito de algo/de fazer algo.

fondle ['fɒndl] vt acariciar.

font [fɒnt] n -1. [in church] pia f batismal -2. COMPUT & TYPO fonte f.

food [fuːd] n comida f.

food mixer n batedeira f.

food poisoning [-ˈpɔɪznɪŋ] n (U) intoxicação f alimentar.

food processor [-ˌprəʊsesəʳ] n multiprocessador m.

foodstuffs ['fuːdstʌfs] npl gêneros mpl alimentícios.

fool [fuːl] <> n -1. [idiot] idiota mf -2. UK [dessert] musse f. <> vt enganar; to ~ **sb into doing sthg** enrolar alguém para que faça algo. <> vi brincar. ◆ **fool about, fool around** vi -1. [behave foolishly]: to ~ **about (with sthg)** fazer-se de bobo (em relação a algo) -2. [be unfaithful]: to ~ **about (with sb)** pular a cerca (com alguém) -3. US [tamper]: to ~ **around with sthg** brincar com algo.

foolhardy ['fuːl,hɑːdɪ] adj temerário(-ria).

foolish ['fuːlɪʃ] adj -1. [unwise, silly] bobo(ba), idiota -2. [laughable, undignified] tolo(la).

foolproof ['fuːlpruːf] adj infalível.

foot [fʊt] (pl senses 1 and 2 **feet**, pl sense 3 inv OR **feet**) <> n -1. [of animal] pata f -2. [of person] pé m; **on** ~ a pé; to be **on one's feet, to get to one's feet** ficar de pé; to have/get cold feet não ter coragem suficiente; to put one's ~ in it meter os pés pelas mãos; to put one's feet up descansar -3. [bottom] pé m -4. [of hill] sopé m -5. [unit of measurement] pé *m (30,48 cm)*. ◇ *vt inf*: to ~ the bill (for sthg) pagar a conta (por algo).

footage ['futɪdʒ] *n (U)* metragem *f*.

football ['futbɔːl] *n* -1. *UK* [game] futebol *m* -2. *US* [American football] futebol *m* americano -3. [ball] bola *f* de futebol.

footballer ['futbɔːləʳ] *n UK* jogador *m*, -ra *f* de futebol, futebolista *mf*.

football ground *n UK* campo *m* de futebol.

football player *n* jogador *m*, -ra *f* de futebol.

footbrake ['futbreɪk] *n* freio *m* de pé.

footbridge ['futbrɪdʒ] *n* passarela *f*.

foothills ['futhɪlz] *npl* contraforte *m*.

foothold ['futhəʊld] *n* apoio *m* para os pés.

footing ['futɪŋ] *n* -1. [foothold] lugar *m* onde pôr o pé; **to lose one's** ~ escorregar, perder a base -2. [basis] base *f*.

footlights ['futlaɪts] *npl* ribalta *f*.

footnote ['futnəʊt] *n* nota *f* de rodapé.

footpath ['futpɑːθ, *pl* -pɑːðz] *n* trilha *f*.

footprint ['futprɪnt] *n* pegada *f*.

footsie *n*: **to play** ~ tocar o pé de alguém com o próprio pé demonstrando interesse afetivo ou sexual.

footstep ['futstep] *n* -1. [sound] passo *m* -2. [footprint] pegada *f*.

footwear ['futweəʳ] *n (U)* calçado *m*.

for [fɔːr] *prep* -1. [expressing intention, purpose, reason] para; **this book is** ~ **you** este livro é para você; **what did you do that** ~? para que você fez isso?; **what's it** ~? para que é?; **to go** ~ **a walk** ir dar um passeio; '~ **sale**' 'vende-se'; **a town famous** ~ **its wine** uma cidade famosa pelo vinho; ~ **this reason** por esta razão -2. [during] durante; **I'm going away** ~ **a while** vou estar fora durante OR por algum tempo; **I've lived here** ~ **ten years** vivo aqui há dez anos; **we talked** ~ **hours** falamos horas e horas -3. [by, before] para; **it'll be ready** ~ **tomorrow** estará pronto (para) amanhã; **be there** ~ **8 p.m.** esteja lá antes das oito da noite -4. [on the occasion of] por; **I got socks** ~ **Christmas** ganhei meias de Natal; ~ **the first time** pela primeira vez; **what's** ~ **dinner?** o que há para jantar?; ~ **the moment** no momento -5. [on behalf of] por; **to do sthg** ~ **sb** fazer algo para alguém; **to work** ~ **sb** trabalhar para alguém -6. [with time and space] para; **there's no room** ~ **it** não há espaço para isso; **to have time** ~ **sthg** ter tempo para algo -7. [expressing distance]: **roadwork** ~ **20 miles** obras na estrada ao longo de 32 quilômetros; **we drove** ~ **miles** dirigimos quilômetros e mais quilômetros -8. [express-

ing destination] para; **a ticket** ~ **Boston** um bilhete para Boston; **this train is** ~ **Newark only** este trem só vai até Newark -9. [expressing price] por; **I bought it** ~ **five dollars** comprei-o por cinco dólares -10. [expressing meaning]: **what's the Portuguese** ~ **boy?** como é que se diz boy em português? -11. [with regard to] para; **it's warm** ~ **November** para novembro está quente; **it's easy** ~ **you** para você é fácil; **respect** ~ **human rights** respeito pelos direitos humanos; **I feel sorry** ~ **them** sinto pena deles; **it's too far** ~ **us to walk** é longe demais para irmos a pé; **it's time** ~ **dinner** está na hora do jantar.

forage ['forɪdʒ] *vi* [search] procurar; **to** ~ **for sthg** sair à procura de algo.

foray ['foreɪ] *n* -1. [raid] incursão *f* -2. *fig* [excursion] incursão *f*; ~ **into sthg** incursão em algo.

forbad [fə'bæd], **forbade** [fə'beɪd] *pt* ▷ **forbid**.

forbid [fə'bɪd] (*pt*-**bade** OR-**bad**, *pp* **forbid** OR-**bidden**, *cont*-**bidding**) *vt* [not allow] proibir; **to** ~ **sb to do sthg** proibir alguém de fazer algo.

forbidden [fə'bɪdn] ◇ *pp* ▷ **forbid**. ◇ *adj* proibido(da).

forbidding [fə'bɪdɪŋ] *adj* -1. [severe] repulsivo(va) -2. [threatening] ameaçador(ra).

force [fɔːs] ◇ *n* -1. [gen] força *f*; **by** ~ à força -2. [power, influence] poder *m*; **a** ~ **to be reckoned with** um poder a ser reconhecido -3. [effect]: **to be in/come into** ~ estar/entrar em vigor. ◇ *vt* -1. [compel] forçar; **to** ~ **sb to do sthg** obrigar alguém a fazer algo; **to** ~ **sthg on sb** impor algo a alguém -2. [break open] forçar -3. [push] empurrar; **to** ~ **sthg open** forçar algo.

◆ **forces** *npl*: **the** ~**s** as Forças Armadas; **to join** ~**s (with sb)** unir forças (com alguém).

force-feed *vt* alimentar à força.

forceful ['fɔːsful] *adj* -1. [strong, powerful] forte -2. [words, ideas] contundente -3. [support, recommendation] enérgico(ca).

forceps ['fɔːseps] *npl* fórceps *m*.

forcibly ['fɔːsəblɪ] *adv* -1. [using physical force] à força -2. [powerfully] eficazmente -3. [eagerly] energicamente.

ford [fɔːd] *n* vau *m*.

fore [fɔːʳ] ◇ *adj* NAUT dianteiro(ra). ◇ *n*: **to come to the** ~ *fig* tornar-se influente.

forearm ['fɔːrɑːm] *n* antebraço *m*.

foreboding [fɔː'bəʊdɪŋ] *n* mau pressentimento *m*.

forecast ['fɔːkɑːst] (*pt & pp* **forecast** OR

-ed) ⬦ n [prediction] previsão f. ⬦ vt [predict] prever.

foreclose [fɔː'kləʊz] ⬦ vt executar. ⬦ vi: **to ~ on sb** privar alguém do direito de resgatar uma hipoteca.

forecourt ['fɔːkɔːt] n área f para estacionamento.

forefront ['fɔːfrʌnt] n: **in** OR **at the ~ of** sthg em primeiro plano de algo.

forego [fɔː'gəʊ] vt = **forgo**.

foregone conclusion ['fɔːgɒn-] n: **it's a ~** é um resultado inevitável.

foreground ['fɔːgraʊnd] n primeiro plano m.

forehand ['fɔːhænd] n [tennis stroke] golpe m com a frente da mão.

forehead ['fɔːhed] n testa f.

foreign ['fɒrən] adj **-1.** [from abroad] estrangeiro(ra) **-2.** [external] exterior.

foreign affairs npl relações fpl exteriores.

foreign currency n moeda m estrangeira.

foreigner ['fɒrənəʳ] n [from abroad] estrangeiro m, -ra f.

Foreign Legion n: **the ~** a Legião Estrangeira.

foreign minister n ministro m de relações exteriores.

Foreign Office n UK: **the ~** ≃ o Ministério das Relações Exteriores.

Foreign Secretary n UK ≃ Ministro m das Relações Exteriores.

foreleg ['fɔːleg] n perna f dianteira.

foreman ['fɔːmən] (pl **-men** n **-1.** [of workers] capataz m **-2.** [of jury] primeiro jurado m.

foremost ['fɔːməʊst] ⬦ adj principal. ⬦ adv: **first and ~** antes de mais nada.

forensic [fə'rensɪk] adj forense.

forensic medicine n (U) medicina f legal.

forensic science n (U) ciência f forense.

forerunner ['fɔːˌrʌnəʳ] n [precursor] precursor m, -ra f.

foresee [fɔː'siː] (pt-saw [-'sɔː], pp-seen) vt prever.

foreseeable [fɔː'siːəbl] adj previsível; **for/in the ~ future** num futuro próximo.

foreseen [fɔː'siːn] pp ▷ **foresee**.

foreshadow [fɔː'ʃædəʊ] vt prenunciar.

foresight ['fɔːsaɪt] n (U) previdência f.

forest ['fɒrɪst] n floresta f.

forestall [fɔː'stɔːl] vt prevenir.

forestry ['fɒrɪstrɪ] n (U) silvicultura f.

foretaste ['fɔːteɪst] n [sample] amostra f.

foretell [fɔː'tel] (pt & pp **-told**) vt predizer, prenunciar.

foretold [fɔː'təʊld] pt & pp ▷ **foretell**.

forever [fə'revəʳ] adv [eternally] para sempre.

forewarn [fɔː'wɔːn] vt prevenir.

foreword ['fɔːwɜːd] n apresentação f.

forfeit ['fɔːfɪt] ⬦ n **-1.** [penalty] prenda f **-2.** [fine] multa f. ⬦ vt [lose] perder.

forgave [fə'geɪv] pt ▷ **forgive**.

forge [fɔːdʒ] ⬦ n [place] forja f. ⬦ vt **-1.** [industry] forjar f **-2.** fig [create] forjar **-3.** [make illegal copy of] falsificar.

➡ **forge ahead** vi avançar continuamente.

forger ['fɔːdʒəʳ] n falsificador m, -ra f.

forgery ['fɔːdʒərɪ] (pl -ies) n falsificação f.

forget [fə'get] (pt - got, pp -gotten, cont -getting) ⬦ vt **-1.** [gen] esquecer; **to ~ to do sthg** esquecer-se de fazer algo **-2.** [leave behind] esquecer-se de. ⬦ vi esquecer-se; **to ~ about sthg** esquecer-se de algo.

forgetful [fə'getfʊl] adj esquecido(da).

forget-me-not n não-te-esqueças-de-mim f, miosótis f.

forgive [fə'gɪv] (pt-gave, pp-given) vt perdoar; **to ~ sb for sthg/for doing sthg** perdoar alguém por algo/por fazer algo.

forgiveness [fə'gɪvnɪs] n (U) perdão m.

forgo [fɔː'gəʊ] (pt -went, pp -gone [-'gɒn]) vt renunciar a, abrir mão de.

forgot [fə'gɒt] pt ▷ **forget**.

forgotten [fə'gɒtn] pp ▷ **forget**.

fork [fɔːk] ⬦ n **-1.** [for food] garfo m **-2.** [for gardening] forquilha f **-3.** [in road, river] bifurcação f. ⬦ vi bifurcar-se.

➡ **fork out** inf ⬦ vt fus desembolsar. ⬦ vi: **to ~ out (for sthg)** desembolsar uma grana (para algo).

forklift truck ['fɔːklɪft-] n empilhadeira f.

forlorn [fə'lɔːn] adj **-1.** [face, expression, cry] desesperado(da) **-2.** [desolate - person] desolado(da); [- place] abandonado(da) **-3.** [hope, attempt] desesperançado(da).

form [fɔːm] ⬦ n **-1.** [shape] forma f; **in the ~ of** na forma de **-2.** [type] tipo m **-3.** (U) [fitness] aparência f; **on ~** UK, **in ~** US em forma; **off ~** fora de forma **-4.** [questionnaire] formulário m **-5.** [figure] imagem f **-6.** UK SCH [class] série f. ⬦ vt **-1.** [gen] formar **-2.** [constitute] constituir. ⬦ vi formar-se.

formal ['fɔːml] adj **-1.** [gen] formal **-2.** [official] oficial.

formality [fɔː'mælətɪ] (pl -ies) n formalidade f.

format ['fɔːmæt] (pt & pp **-ted**, cont **-ting**) ⬦ n **-1.** [of book, magazine] formato m **-2.** [of meeting] estilo m **-3.** COMPUT formato. ⬦ vt COMPUT formatar.

formation [fɔ:'meɪʃn] n -1. [gen] formação f -2. (U) [establishment] estrutura f.

formative ['fɔ:mətɪv] adj formativo(va).

former ['fɔ:mər] ◇ adj -1. [earlier, previous] ex-; ~ **husband** ex-marido m -2. [first] anterior. ◇ n: **the** ~ o primeiro.

formerly ['fɔ:məlɪ] adv antigamente.

formidable ['fɔ:mɪdəbl] adj -1. [frightening] pavoroso(sa) -2. [impressive] impressionante.

formula ['fɔ:mjʊlə] (pl -as OR -ae [-i:]) n fórmula f.

formulate ['fɔ:mjʊleɪt] vt formular.

forsake [fə'seɪk] (pt -**sook**, pp -**saken**) vt literary abandonar.

forsaken [fə'seɪkn] adj abandonado(da).

forsook [fə'sʊk] pt ⊳ forsake.

fort [fɔ:t] n forte m.

forte ['fɔ:tɪ] n forte m.

forth [fɔ:θ] adv literary [outwards, onwards] adiante.

forthcoming [fɔ:θ'kʌmɪŋ] adj -1. [imminent] próximo(ma) -2. [helpful] prestimoso(sa).

forthright ['fɔ:θraɪt] adj franco(ca).

forthwith [ˌfɔ:θ'wɪθ] adv fml incontinenti.

fortified wine ['fɔ:tɪfaɪd-] n vinho m licoroso.

fortify ['fɔ:tɪfaɪ] (pt & pp -**ied**) vt -1. [place] fortificar -2. fig [person, resolve] fortalecer.

fortnight ['fɔ:tnaɪt] n quinzena f.

fortnightly ['fɔ:tˌnaɪtlɪ] ◇ adj quinzenal. ◇ adv quinzenalmente.

fortress ['fɔ:trɪs] n fortaleza f.

fortunate ['fɔ:tʃnət] adj feliz; **it's** ~ **that** ... por sorte ...

fortunately ['fɔ:tʃnətlɪ] adv felizmente.

fortune ['fɔ:tʃu:n] n -1. [large amount of money] fortuna f -2. [luck] sorte f -3. [future]: **to tell sb's** ~ ler a sorte de alguém.

fortune-teller [-ˌtelər] n -1. adivinho m, -nha f -2. [using cards] cartomante mf.

forty ['fɔ:tɪ] num quarenta; see also sixty.

forward ['fɔ:wəd] ◇ adj -1. [position] dianteiro(ra) -2. [movement] para frente -3. [advanced] avançado(da) -4. [impudent] impudente. ◇ adv -1. [in space] para a frente -2. [to earlier time]: **to bring sthg** ~ trazer algo à baila. ◇ n SPORT atacante mf. ◇ vt [send on - letter] remeter; [- parcels, goods] expedir; [- information] enviar; **please** ~ favor enviar para novo endereço.

forwarding address ['fɔ:wədɪŋ-] n endereço m para envio.

forwards ['fɔ:wədz] adv = forward.

forward slash n TYPO barra f inclinada (para frente).

forwent [fɔ:'went] pt ⊳ forgo.

fossil ['fɒsl] n GEOL fóssil m.

foster ['fɒstər] ◇ adj de criação; ~ **brother** irmão de criação. ◇ vt -1. [child] criar, cuidar de -2. [idea, hope] fomentar.

foster child n filho m, -lha f de criação.

foster parent n pais mpl de criação.

fought [fɔ:t] pt & pp ⊳ fight.

foul [faʊl] ◇ adj -1. [dirty - linen] enlameado(da); [- water] imundo(da); [- air] poluído(da) -2. [food] estragado(da), podre; [taste] nojento(ta); [smell, breath] fétido(da) -3. [very unpleasant] péssimo(ma), horrível -4. [obscene] obsceno(na). ◇ n SPORT falta f. ◇ vt -1. [make dirty] sujar -2. SPORT cometer falta em.

found [faʊnd] ◇ pt & pp ⊳ find. ◇ vt -1. [provide funds for] fundar -2. [start building] assentar os alicerces de -3. [base]: **to** ~ **sthg on** basear algo em.

foundation [faʊn'deɪʃn] n -1. (U) [gen] fundação f -2. [basis] base f -3. (U) [cosmetic]: ~ **(cream)** base f.

➤ **foundations** npl CONSTR alicerces mpl.

founder ['faʊndər] ◇ n [person] fundador m, -ra f. ◇ vi [sink] afundar.

foundry ['faʊndrɪ] (pl -ies) n fundição f.

fountain ['faʊntɪn] n [man-made] chafariz m.

fountain pen n caneta-tinteiro f.

four [fɔ:r] num quatro; see also six; **on all** ~ **s** de quatro.

four-letter word n palavrão m.

four-poster (bed) n cama f com dossel.

foursome ['fɔ:səm] n quarteto m.

fourteen [ˌfɔ:'ti:n] num quatorze; see also six.

fourth [fɔ:θ] num quarto(ta); see also sixth.

Fourth of July n: **the** ~ o 4 de julho (dia da Independência norte-americana).

four-wheel drive n -1. [vehicle] veículo m com tração nas quatro rodas -2. [system] tração f nas quatro rodas.

fowl [faʊl] (pl inv OR -s) n -1. CULIN ave f -2. [bird] ave f (doméstica).

fox [fɒks] ◇ n [animal] raposa f. ◇ vt -1. [outwit] lograr -2. [baffle] deixar atordoado(da).

foxcub n filhote m de raposa.

foxglove ['fɒksglʌv] n dedaleira f.

foyer ['fɔɪeɪ] n -1. [of hotel, theatre] saguão m -2. US [of house] vestíbulo m.

fracas ['fræka:, US 'freɪkəs] (UK pl inv, US pl fracases) n rixa f.

fraction ['frækʃn] n -1. [gen] fração f -2. [a little bit]: **it's a ~ too big** é um pouquinho maior.

fractionally ['frækʃnəlɪ] adv levemente.

fracture ['fræktʃəʳ] MED ◇ n fratura f. ◇ vt fraturar.

fragile ['frædʒaɪl] adj frágil.

fragment [n 'frægmənt] n fragmento m.

fragrance ['freɪgrəns] n fragrância f.

fragrant ['freɪgrənt] adj perfumado(-da).

frail [freɪl] adj frágil.

frame [freɪm] ◇ n -1. [of picture] moldura f -2. [of glasses] armação f -3. [structure - of door] marco m; [- of boat] estrutura f; [- of window, bicycle] quadro m; [- of bed, chair] armação f -4. [physique] constituição f. ◇ vt -1. [put in a frame] emoldurar -2. fig [surround] cercar -3. [formulate, express] expressar -4. inf [falsely incriminate] incriminar falsamente.

frame of mind n estado m de espírito.

framework ['freɪmwɜːk] n -1. [physical structure] estrutura f -2. [basis] base f.

France [frɑːns] n França f; **in ~** na França.

franchise ['fræntʃaɪz] n -1. POL [right to vote] direito m de voto -2. COMM [right to sell goods] franquia f.

frank [fræŋk] ◇ adj franco(ca). ◇ vt franquear.

frankly ['fræŋklɪ] adv francamente.

frantic ['fræntɪk] adj frenético(ca); **she was ~** ela estava fora de si.

fraternity [frə'tɜːnətɪ] (pl -ies) n -1. [community] comunidade f -2. US [of students] fraternidade f -3. (U) [friendship] fraternidade f.

fraternize, -ise ['frætənaɪz] vi [be on friendly terms] confraternizar; **to ~ with sb** confraternizar-se com alguém.

fraud [frɔːd] n -1. (U) [crime] fraude f -2. [deceitful act] trapaça f -3. pej [impostor] impostor m, -ra f.

fraught [frɔːt] adj -1. [full]: **~ with sthg** repleto(ta) de algo -2. UK [frantic] preocupado(da); **a ~ weekend** um fim de semana enlouquecido.

fray [freɪ] ◇ vi -1. [clothing, fabric, rope] esfiapar-se -2. fig [nerves, temper] desgastar-se. ◇ n literary rixa f.

frayed [freɪd] adj -1. [clothing, fabric, rope] esfiapado(da) -2. fig [nerves, temper] desgastado(da).

freak [friːk] ◇ adj imprevisto(ta). ◇ n -1. [strange creature - in appearance] aberração f; [- in behaviour] excêntrico m, -ca f -2. [unusual event] anomalia f -3. inf [fanatic] fanático m, -ca f.

➤ **freak out** inf vi -1. [get angry] baratinar-se -2. [panic] apavorar-se.

freckle ['frekl] n sarda f.

free [friː] (compar **freer**, superl **freest**, pt & pp **freed**) ◇ adj -1. [gen] livre; **to be ~ to do sthg** ser livre para fazer algo; **feel ~!** sinta-se à vontade!; **to set sb/sthg ~** libertar alguém/algo; **to give sb a ~ hand** dar a alguém carta branca -2. [not paid for] grátis; **~ of charge** sem despesas. ◇ adv -1. [without payment] gratuitamente; **for ~** de graça -2. [without restraint] livremente. ◇ vt -1. [release] pôr em liberdade, libertar -2. [make available] liberar -3. [remove] livrar.

freedom ['friːdəm] n liberdade f; **~ from sthg** ausência f de algo; **the right to ~ from hunger** o direito de não se passar fome.

Freefone® ['friːfəʊn] n UK (U) discagem f gratuita.

free-for-all n -1. [brawl] tumulto m generalizado -2. [argument] discussão f generalizada.

free gift n oferta f.

freehand ['friːhænd] ◇ adj à mão livre. ◇ adv à mão livre.

freehold ['friːhəʊld] n propriedade f alodial.

free house n bar não-controlado por uma única cervejaria.

free kick n tiro m livre; **to take a ~** bater OR cobrar um tiro livre.

freelance ['friːlɑːns] ◇ adj frila, autônomo(ma). ◇ n frila mf, autônomo m, -ma f.

freely ['friːlɪ] adv -1. [without constraint] livremente; **~ available** fácil de obter -2. [generously] generosamente.

Freemason ['friː,meɪsn] n maçom m.

freephone ['friːfəʊn] n = freefone.

freepost n (U) porte m pago.

free-range adj UK caipira; **~ eggs** ovos caipira.

freestyle ['friːstaɪl] n [in swimming] estilo m livre.

free time n tempo m livre.

free trade n (U) livre comércio m.

freeway ['friːweɪ] n US auto-estrada f.

freewheel [,friː'wiːl] vi -1. [cyclist] andar sem pedalar -2. [motorist] ir em ponto morto.

free will n (U) vontade f própria; **to do sthg of one's own ~** fazer algo por vontade própria.

freeze [friːz] (pt **froze**, pp **frozen**) ◇ vt -1. [gen] congelar -2. [engine, lock] emperrar -3. [pipes] entupir. ◇ vi -1. [turn to ice] congelar-se -2. METEOR esfriar muito -3. [stop moving] parar -4. inf [be cold] congelar. ◇ n -1. [cold weather] frio *m* intenso **-2.** [of wages, prices] congelamento *m*.

freeze-dried [-'draɪd] *adj* congelado(-da) a vácuo.

freezer ['fri:zə'] *n* **-1.** [machine] freezer *m*, frízer *m* **-2.** [part of fridge] congelador *m*.

freezing ['fri:zɪŋ] <> *adj* gelado(da); **it's ~ in here** está um gelo aqui; **I'm ~** estou congelando. <> *n* congelamento *m*; **5 degrees below ~** *inf* 5 graus abaixo de zero.

freezing point *n* ponto *m* de congelamento.

freight [freɪt] *n (U)* [goods] carga *f*.

freight train *n* trem *m* de carga.

French [frentʃ] <> *adj* francês(esa). <> *n* francês *m*, -esa *f*. <> *npl*: **the ~** os franceses.

French bean *n* vagem *f*.

French bread *n (U)* pão *m* francês, bisnaga *f*.

French Canadian <> *adj* franco-canadense. <> *n* [person] franco-canadense *mf*.

French doors *npl* = **French windows**.

French dressing *n* **-1.** [in UK] molho *m* vinagrete **-2.** [in US] molho *m* rosé.

French fries *npl esp US* batatas *fpl* fritas.

Frenchman ['frentʃmən] (*pl* **-men** [-mən]) *n* francês *m*.

French stick *n UK* baguete *f*.

French windows *npl* janela *f* de batente.

Frenchwoman ['frentʃˌwʊmən] (*pl* **-women** [ˌwɪmmɪn]) *n* francesa *f*.

frenetic [frə'netɪk] *adj* frenético(ca).

frenzy ['frenzɪ] (*pl* **-ies**) *n* frenesi *m*.

frequency ['fri:kwənsɪ] (*pl* **-ies**) *n* frequência *f*.

frequent [*adj* 'fri:kwənt, *vb* frɪ'kwent] <> *adj* freqüente. <> *vt* freqüentar.

frequently ['fri:kwəntlɪ] *adv* freqüentemente.

fresh [freʃ] *adj* **-1.** [gen] fresco(ca) **-2.** [water] doce **-3.** [another] novo(va) **-4.** [refreshing] refrescante **-5.** [original] original **-6.** *inf dated* [cheeky] atrevido(da).

freshen ['freʃn] <> *vt* [refresh] renovar. <> *vi* [wind] tornar-se mais frio (fria).

➡ **freshen up** *vi* [person] refrescar-se (*com água*).

fresher ['freʃə'] *n UK inf* calouro *m*, -ra *f*.

freshly ['freʃlɪ] *adv* [recently] recentemente, recém-.

freshman ['freʃmən] (*pl* **-men** [-mən]) *n* calouro *m*.

freshness ['freʃnɪs] *n* **-1.** [gen] frescor *m* **-2.** [originality] originalidade *f*.

freshwater ['freʃˌwɔ:tə'] *adj* de água doce.

fret [fret] (*pt* & *pp* **-ted**, *cont* **-ting**) *vi* [worry] preocupar-se.

friar ['fraɪə'] *n* frei *m*.

friction ['frɪkʃn] *n (U)* **-1.** [rubbing] fricção *f* **-2.** [conflict] atrito *m*.

Friday ['fraɪdɪ] *n* sexta-feira *f*; *see also* **Saturday**.

fridge [frɪdʒ] *n esp UK* refrigerador *m*.

fridge-freezer *n UK* refrigerador *m* com freezer.

fried [fraɪd] <> *pt* & *pp* ⊳ **fry**. <> *adj* frito(ta); **~ egg** ovo frito.

friend [frend] *n* amigo *m*, -ga *f*; **to be ~s (with sb)** ser amigo(ga) (de alguém); **to make ~s (with sb)** fazer amizade (com alguém).

friendly ['frendlɪ] (*compar* **-ier**, *superl* **-iest**, *pl* **-ies**) *adj* **-1.** [kind, pleasant] amável; **to be ~ with sb** ser amigável com alguém **-2.** [not enemy] amigo(ga) **-3.** [not serious] amistoso(sa).

friendship ['frendʃɪp] *n* **-1.** [between people] amizade *f* **-2.** [between countries] boas relações *fpl*.

fries [fraɪz] *npl* = **French fries**.

frieze [fri:z] *n* friso *m*.

fright [fraɪt] *n* **-1.** *(U)* [fear] medo *m*; **to take ~** ter medo **-2.** [shock] susto *m*; **to give sb a ~** dar um susto em alguém.

frighten ['fraɪtn] *vt* assustar; **to ~ sb into doing sthg** forçar alguém a fazer algo por medo.

frightened ['fraɪtnd] *adj* amedrontado(da); **to be ~ of sthg/of doing sthg** ter medo de algo/de fazer algo.

frightening ['fraɪtnɪŋ] *adj* assustador(ra).

frightful ['fraɪtfʊl] *adj dated* horrendo(da).

frigid ['frɪdʒɪd] *adj* [sexually cold] frígido(-da).

frill [frɪl] *n* **-1.** [decoration] babado *m* **-2.** *inf* [extra] frescura *f*.

fringe [frɪndʒ] *n* **-1.** [gen] franja *f* **-2.** *fig* [edge] orla *f*, margem *f* **-3.** *fig* [extreme] facção *f*.

fringe benefit *n* benefício *m* adicional.

frisk [frɪsk] *vt* [search] revistar.

frisky ['frɪskɪ] (*compar* **-ier**, *superl* **-iest**) *adj inf* brincalhão(lhona).

fritter ['frɪtə'] *n CULIN* bolinho *m* frito.

➡ **fritter away** *vt sep* desperdiçar.

frivolous ['frɪvələs] *adj* frívolo(la).

frizzy ['frɪzɪ] (*compar* **-ier**, *superl* **-iest**) *adj* crespo(pa).

fro [frəʊ] *adv* ⊳ **to**.

frock [frɒk] *n dated* vestido *m*.

frog [frɒg] *n* [animal] rã *f*; **to have a ~ in**

one's throat estar com a garganta irritada.

frogman ['frɒgmən] (*pl* -**men** [-mən]) *n* homem-rã *m*.

frolic ['frɒlɪk] (*pt* & *pp* -**ked**, *cont* -**king**) *vi* brincar.

from [frɒm] *prep* -**1.** [expressing origin, source] de; **I'm ~ California** sou da Califórnia; **the train ~ Chicago** o trem de Chicago; **I bought it ~ a supermarket** comprei-o num supermercado -**2.** [expressing removal, deduction] de; **away ~ home** longe de casa; **to take sthg (away) ~ sb** tirar algo de alguém; **10% will be deducted ~ the total** será deduzido 10% do total -**3.** [expressing distance] de; **five miles ~ here** a oito quilômetros daqui; **it's not far ~ here** não é longe daqui -**4.** [expressing position] de; **~ here you can see the valley** daqui se vê o vale -**5.** [expressing what sthg is made with] de; **it's made ~ stone** é feito de pedra -**6.** [expressing starting time] desde; **~ the moment you arrived** desde que chegou; **~ now on** de agora em diante; **~ next year** a partir do próximo ano; **open ~ nine to five** aberto das nove às cinco -**7.** [expressing change] de; **the price has gone up ~ $1 to $2** o preço subiu de um dólar para dois; **to translate ~ German into English** traduzir do alemão para o inglês -**8.** [expressing range] de; **it could take ~ two to six months** pode levar de dois a seis meses -**9.** [as a result of] de; **I'm tired ~ walking** estou cansado de andar -**10.** [expressing protection] de; **sheltered ~ the wind** protegido do vento -**11.** [in comparisons]: **different ~** diferente de.

front [frʌnt] <> *n* -**1.** [gen] frente *f*; **at the ~ of** à frente de -**2.** MIL front *m*, frente *f* -**3.** [promenade]: **(sea) ~** orla *f* marítima -**4.** [outward appearance] fachada *f* -**5.** [of book] capa *f*. <> *adj* [at front] da frente; **~ page** primeira página; **~ cover** capa.
◆ **in front** *adv* -**1.** [further forward] na frente -**2.** [winning]: **to be in ~** estar na frente.
◆ **in front of** *prep* -**1.** [close to front of] em frente de -**2.** [in the presence of] na frente de.

frontbench ['frʌnt'bentʃ] *n cadeiras dianteiras no parlamento britânico nas quais se sentam os líderes do governo e da oposição*.

front door *n* porta *f* da frente.

frontier ['frʌn,tɪər, US frʌn'tɪər] *n* -**1.** [border] fronteira *f* -**2.** *fig* [furthest limit] fronteira *f*.

front man *n* -**1.** [of group] represen-

tante *mf* -**2.** [of programme] apresentador *m*, -ra *f*.

front room *n* sala *f* de estar.

front-runner *n* favorito *m*, -ta *f*.

front-wheel drive *n* -**1.** [vehicle] veículo *m* com tração dianteira -**2.** [system] tração *f* dianteira.

frost [frɒst] *n* -**1.** (*U*) [layer of ice] geada *f* -**2.** [weather] frio *m* intenso.

frostbite ['frɒstbaɪt] *n* (*U*) enregelamento *m*.

frosted ['frɒstɪd] *adj* -**1.** [opaque] fosco(-ca) -**2.** *US* CULIN coberto(ta) com glacê.

frosting ['frɒstɪŋ] *n* (*U*) *US* CULIN cobertura *f (de glacê)*.

frosty ['frɒstɪ] (*compar* -**ier**, *superl* -**iest**) *adj* -**1.** [very cold] gelado(da) -**2.** [covered with frost] coberto(ta) de geada -**3.** *fig* [unfriendly] glacial.

froth [frɒθ] *n* (*U*) espuma *f*.

frown [fraʊn] *vi* franzir as sobrancelhas.
◆ **frown (up)on** *vt fus* não ver com bons olhos.

froze [frəʊz] *pt* ▷ freeze.

frozen ['frəʊzn] <> *pp* ▷ freeze. <> *adj* -**1.** [gen] congelado(da) -**2.** [feeling very cold] gelado(da) -**3.** [prices, salaries, assets] congelado(da).

frugal ['fru:gl] *adj* -**1.** [small] frugal -**2.** [careful] regrado(da).

fruit [fru:t] (*pl inv OR* **fruits**) *n* -**1.** [food] fruta *f* -**2.** *fig* [result] fruto *m*; **to bear ~** dar resultados.

fruitcake ['fru:tkeɪk] *n* -**1.** bolo *m* com passas -**2.** *inf* [mad person] maluco *m*, -ca *f*.

fruiterer ['fru:tərər] *n UK* fruteiro *m*, -ra *f*; **~'s (shop)** fruteira *f*.

fruitful ['fru:tfʊl] *adj* [successful] produtivo(va), proveitoso(sa).

fruition [fru:'ɪʃn] *n* (*U*): **to come to ~** realizar-se.

fruit juice *n* suco *m* de fruta.

fruitless ['fru:tlɪs] *adj* [wasted] infrutífero(ra), vão (vã).

fruit machine *n UK* caça-níqueis *m inv*.

fruit salad *n* salada *f* de frutas.

frumpy ['frʌmpɪ] (*compar* -**ier**, *superl* -**iest**) *adj inf* antiquado(da).

frustrate [frʌ'streɪt] *vt* frustrar.

frustrated [frʌ'streɪtɪd] *adj* frustrado(-da).

frustration [frʌ'streɪʃn] *n* frustração *f*.

fry [fraɪ] (*pt* & *pp* **fried**) <> *vt* [food] fritar. <> *vi* [food] fritar.

frying pan ['fraɪŋ-] *n* frigideira *f*.

ft. *abbr of* foot, feet.

FTSE (*abbr of* **Financial Times Stock Exchange**) *n* FTSE *m*; **the ~ index** o índice FTSE; **the ~ 100** *as ações das 100 maiores empresas britânicas ponde-*

radas com base em seu valor de mercado.

fuck [fʌk] *vulg* <> *vt* [have sex with] trepar OR foder com. <> *vi* trepar, foder.

➠ **fuck off** *excl vulg* vá se foder!

fudge [fʌdʒ] *n (U)* [sweet] fondant *m*, *doce de açúcar, leite e manteiga.*

fuel [fjʊəl] (*UK* pt & pp -led, cont -ling, *US* pt & pp -ed, cont -ing) <> *n* combustível *m*. <> *vt* -1. [supply with fuel] abastecer -2. [increase] aumentar.

fuel pump *n* bomba *f* de combustível.

fuel tank *n* tanque *m* de combustível.

fugitive [fjuːdʒətɪv] *n* fugitivo *m*, -va *f*.

fulfil (*pt & pp* -led, *cont* -ling), **fulfill** *US* [fʊlˈfɪl] *vt* -1. [carry out] cumprir; **to ~ one's role** desempenhar seu papel -2. [satisfy] satisfazer.

fulfilment, **fulfillment** *US* [fʊlˈfɪlmənt] *n (U)* -1. [satisfaction] satisfação *f* -2. [carrying through - of ambition, dream] realização *f*; [- of role] desempenho *m*; [- of need, promise] cumprimento *m*.

full [fʊl] <> *adj* -1. [gen] cheio (cheia); **~ of** cheio (cheia) de -2. [with food] satisfeito(ta) -3. [complete - employment, use] integral; [- explanation, name, day, recovery] completo(ta), efetivo(va); [- member, professor] titular -4. [maximum] máximo(ma) -5. [sound] forte -6. [flavour] rico(ca) -7. [plump - mouth] cheio (cheia); [- figure] voluptuoso(sa) -8. [ample, wide] largo(ga). <> *adv* [very]: **to know ~ well that ...** saber muito bem que ... <> *n*: **in ~** [payment] na totalidade; [write] por extenso.

full-blown [-ˈbləʊn] *adj* bem-caracterizado(da); **a ~ disease** uma doença bem-desenvolvida.

full board *n (U)* diária *f* completa.

full-fledged *adj US* = fully-fledged.

full moon *n* lua *f* cheia.

full-scale *adj* -1. [model, drawing, copy] em tamanho natural -2. [inquiry] completo(ta) -3. [war] total -4. [attack] maciço(ça).

full stop *n* ponto *m* final.

full time *n UK SPORT* final *m* de jogo.

➠ **full-time** <> *adj* de tempo integral. <> *adv* em tempo integral.

full up *adj* -1. [after meal] cheio(cheia) -2. [bus, train] lotado(da).

fully [ˈfʊlɪ] *adv* -1. [completely] completamente, totalmente; **to be ~ booked** estar com as reservas esgotadas -2. [in detail] em detalhes.

fully-fledged *UK*, **full-fledged** *US* [-ˈfledʒd] *adj fig* [doctor, lawyer] experiente.

fulsome [ˈfʊlsəm] *adj* exagerado(da).

fumble [ˈfʌmbl] *vi* tatear; **to ~ for sthg** procurar desajeitadamente por algo; **he ~d in his pockets for his keys** ele vasculhou os bolsos desajeitadamente à procura das chaves.

fume [fjuːm] *vi* [with anger] fumegar.

➠ **fumes** *npl* [gas - from car, fire] fumaça *f*; [- of paint] vapor *m*.

fumigate [ˈfjuːmɪɡeɪt] *vt* desinfetar.

fun [fʌn] *n (U)* -1. [pleasure, amusement] diversão *f*; **we really had ~ at the party** nós realmente nos divertimos na festa; **what ~!** que divertido!; **for ~**, **for the ~ of it** por prazer, por brincadeira -2. [playfulness] alegria *f* -3. [ridicule]: **to make ~ of sb** caçoar de alguém; **to poke ~ at sb** zombar de alguém.

function [ˈfʌŋkʃn] <> *n* -1. [gen] função *f* -2. [formal social event] cerimônia *f*. <> *vi* funcionar; **to ~ as sthg** funcionar como algo.

functional [ˈfʌŋkʃnəl] *adj* -1. [furniture, design] funcional -2. [machine, system] operacional.

fund [fʌnd] <> *n* -1. [amount of money] fundo *m* -2. *fig* [reserve] reserva *f*. <> *vt* financiar.

➠ **funds** *npl* recursos *mpl*.

fundamental [ˌfʌndəˈmentl] *adj* -1. [basic] básico(ca), fundamental -2. [vital] fundamental; **~ to sthg** fundamental para algo.

funding [ˈfʌndɪŋ] *n (U)* recursos *mpl*.

funeral [ˈfjuːnərəl] *n* funeral *m*.

funeral parlour *n* casa *f* funerária.

funfair [ˈfʌnfeəʳ] *n* parque *m* de diversões.

fungus [ˈfʌŋɡəs] (*pl* -gi [-ɡaɪ], -es) *n BOT* fungo *m*.

funnel [ˈfʌnl] *n* [tube] funil *m* -2. [on ship] chaminé *f*.

funny [ˈfʌnɪ] (*compar* -ier, *superl* -iest) *adj* -1. [amusing] engraçado(da) -2. [odd] esquisito(ta) -3. [ill]: **to feel ~** não se sentir bem.

➠ **funnies** *npl US* quadrinhos *mpl*.

fur [fɜːʳ] *n* -1. [on animal] pêlo *m* -2. [garment] pele *f*.

fur coat *n* casaco *m* de pele.

furious [ˈfjʊərɪəs] *adj* -1. [very angry] furioso(sa) -2. [violent] violento(ta).

furlong [ˈfɜːlɒŋ] *n* medida correspondente a um oitavo de milha.

furnace [ˈfɜːnɪs] *n* [fire] fornalha *f*.

furnish [ˈfɜːnɪʃ] *vt* -1. [fit out] mobiliar -2. *fml* [provide] fornecer; **to ~ sb with sthg** fornecer algo a alguém.

furnished [ˈfɜːnɪʃt] *adj* [fitted out] mobiliado(da).

furnishings [ˈfɜːnɪʃɪnz] *npl* mobiliário *m*.

furniture ['fɜːnɪtʃəʳ] n (U) móvel m.

furrow ['fʌrəʊ] n **-1.** [in field] sulco m **-2.** [on forehead] ruga f.

furry ['fɜːrɪ] (compar **-ier**, superl **-iest**) adj **-1.** [animal] peludo(da) **-2.** [material, toy] de pelúcia.

further ['fɜːðəʳ] ◇ compar ▷ far. ◇ adv **-1.** [gen] mais adiante; **how much ~ is it?** a que distância fica?; **~ on/back** mais adiante/atrás **-2.** [complicate, develop, enquire] mais; **to take sth ~** levar algo adiante; **to go ~** ir adiante **-3.** [in addition] além disso. ◇ adj adicional, novo(va); **until ~ notice** até novas ordens. ◇ vt [career, cause, aims] impulsionar.

further education n UK educação para adultos após deixar a escola excluindo-se a universidade.

furthermore [ˌfɜːðəˈmɔːʳ] adv além do mais, além disso.

furthest ['fɜːðɪst] ◇ superl ▷ far. ◇ adj **-1.** [in distance] mais afastado(da) **-2.** [greatest] maior. ◇ adv **-1.** [in distance] mais longe **-2.** [to greatest degree, extent] maior.

furtive ['fɜːtɪv] adj furtivo(va).

fury ['fjʊərɪ] n fúria f.

fuse esp UK, **fuze** US [fjuːz] ◇ n **-1.** ELEC fusível m **-2.** [of bomb, firework] detonador m. ◇ vt **-1.** [gen] fundir **-2.** ELEC queimar. ◇ vi **-1.** [gen] fundir-se **-2.** ELEC queimar.

fusebox n caixa f de fusíveis.

fused [fjuːzd] adj ELEC [fitted with a fuse] com fusível.

fuselage ['fjuːzəlɑːʒ] n fuselagem f.

fuss [fʌs] ◇ n [bother, agitation] alvoroço m; **to make a ~** fazer um estardalhaço. ◇ vi [become agitated] alvoroçar-se

fussy ['fʌsɪ] (compar **-ier**, superl **-iest**) adj **-1.** [fastidious] exigente **-2.** [over-ornate] exagerado(da).

futile ['fjuːtaɪl] adj fútil.

futon ['fuːtɒn] n colchão japonês.

future ['fjuːtʃəʳ] ◇ n **-1.** [time ahead] futuro m; **in (the) ~** no futuro **-2.** GRAMM: **~ (tense)** futuro m. ◇ adj futuro(ra).

fuze US = fuse.

fuzzy ['fʌzɪ] (compar **-ier**, superl **-iest**) adj **-1.** [hair] encrespado(da) **-2.** [image, ideas] difuso(sa).

G

g¹ (pl g's OR gs), **G** (pl G's OR Gs) [dʒiː] n [letter] g, G m.

➡ **G** ◇ n MUS sol m. ◇ (abbr of good) B m.

g² (abbr of gram) g.

gab [gæb] n ▷ gift.

gabble ['gæbl] ◇ vt tagarelar. ◇ vi tagarelar. ◇ n tagarelice f.

gable ['geɪbl] n oitão m.

gadget ['gædʒɪt] n aparelho m.

Gaelic ['geɪlɪk] ◇ adj gaélico(ca). ◇ n gaélico m, -ca f.

gag [gæg] (pt & pp **-ged**, cont **-ging**) ◇ n **-1.** [for mouth] mordaça f **-2.** inf [joke] piada f. ◇ vt [put gag on] amordaçar.

gage n & vt US = gauge.

gaiety ['geɪətɪ] n (U) alegria f.

gaily ['geɪlɪ] adv **-1.** [cheerfully] alegremente **-2.** [without thinking] despreocupadamente.

gain [geɪn] ◇ n **-1.** [profit] ganho m **-2.** (U) [making a profit] lucro m **-3.** [increase] aumento m. ◇ vt [gen] ganhar. ◇ vi **-1.** [increase]: **to ~ in sthg** crescer em algo **-2.** [profit] lucrar; **to ~ from/by sthg** lucrar com algo **-3.** [watch, clock] adiantar-se.

➡ **gain on** vt fus aproximar-se de.

gait [geɪt] n maneira f de andar.

gal. abbr of gallon.

gala ['gɑːlə] n [celebration] festival m.

galaxy ['gæləksɪ] (pl **-ies**) n [group of planets and stars] galáxia f.

gale [geɪl] n [wind] ventania f.

gall [gɔːl] n (U) [nerve]: **to have the ~ to do sthg** ter a audácia de fazer algo.

gallant [sense 1 'gælənt, sense 2 gəˈlænt] adj **-1.** [courageous] valente **-2.** [polite to women] galante.

gall bladder n vesícula f biliar.

gallery ['gælərɪ] (pl **-ies**) n galeria f.

galley ['gælɪ] (pl **galleys**) n **-1.** [ship] galé f **-2.** [kitchen] cozinha f (de navio ou avião) **-3.** TYPO: **~ (proof)** prova f de granel.

Gallic ['gælɪk] adj gaulês(lesa).

galling ['gɔːlɪŋ] adj **-1.** [annoying] irritante **-2.** [humiliating] vergonhoso(sa).

gallivant [ˌgælɪˈvænt] vi inf perambular.

gallon ['gælən] n galão m.

gallop ['gæləp] <> n -1. [pace of horse] galope m - 2. [horse ride] galopada f. <> vi galopar.

gallows ['gæləʊz] (pl inv) n forca f.

gallstone ['gɔ:lstəʊn] n cálculo m biliar.

galore [gə'lɔ:ʳ] adv em abundância.

galvanize, -ise ['gælvənaɪz] vt -1. TECH galvanizar - 2. [impel]: to ~ sb into action estimular alguém a uma ação.

gambit ['gæmbɪt] n -1. [remark, ploy] lábia f - 2. [in chess] tática f, estratégia f.

gamble ['gæmbl] <> n [calculated risk] aposta f. <> vi -1. [bet] apostar; to ~ on sthg apostar em algo - 2. [take risk]: to ~ on sthg arriscar em algo.

gambler ['gæmbləʳ] n jogador m, -ra f.

gambling ['gæmblɪŋ] n (U) jogo m (de azar).

game [geɪm] <> n -1. [sport, amusement] jogo m; a children's ~ uma brincadeira de criança - 2. [contest, match] jogo m, partida f - 3. [division of match - in tennis] game m - 4. [playing equipment] brinquedo m - 5. (U) [hunted animals] caça f - 6. phr. the ~'s up acabou a brincadeira; to give the ~ away entregar o jogo. <> adj -1. [brave] corajoso(sa) - 2. [willing] disposto(ta); ~ for sthg/ to do sthg pronto(ta) para algo/para fazer algo.
    ◆ **games** <> n SCH [physical education] jogos mpl. <> npl [sporting contest] jogos mpl.

gamekeeper ['geɪm,ki:pəʳ] n guarda-caça mf.

game reserve n reserva f de caça.

gamma rays ['gæmə-] npl raios mpl gama.

gammon ['gæmən] n (U) presunto m.

gamut ['gæmət] n gama f.

gang [gæŋ] n -1. [of criminals] quadrilha f, gangue f - 2. [of young people] turma f.
    ◆ **gang up** vi inf mancomunar-se; to ~ up on sb mancomunar-se contra alguém.

gangland ['gæŋlænd] n (U) submundo m (do crime).

gangrene ['gæŋgri:n] n (U) gangrena f.

gangster ['gæŋstəʳ] n gângster mf.

gangway ['gæŋweɪ] n -1. UK [aisle] corredor m - 2. [gangplank] passadiço m.

gantry ['gæntrɪ] (pl -ies) n [for crane] cavalete m.

gaol [dʒeɪl] n & vt UK = jail.

gap [gæp] n -1. [empty space] espaço m, brecha f; her death left a ~ in our lives sua morte deixou um vazio em nossas vidas; fill in the ~s preencher as lacunas - 2. [in time] intervalo m - 3. fig [in knowledge, report] falha f - 4. fig [between theory and practice etc.] disparidade f.

gape [geɪp] vi -1. [person]: to ~ (at sb/ sthg) ficar boquiaberto(ta) (diante de alguém/algo) - 2. [hole, shirt] abrir.

gaping ['geɪpɪŋ] adj -1. [person] boquiaberto(ta) - 2. [hole, shirt, wound] todo aberto, toda aberta.

garage [UK 'gærɑ:ʒ, US gə'rɑ:ʒ] n -1. [for keeping car] garagem f - 2. UK [for fuel] posto m de gasolina - 3. [for car repair] oficina f (mecânica) - 4. [for selling cars] revendedora f.

garbage ['gɑ:bɪdʒ] n esp US (U) -1. [refuse] lixo m - 2. inf [nonsense] besteira f.

garbage can n US lata f de lixo.

garbage truck n US caminhão m de lixo.

garbled ['gɑ:bld] adj [message, account] adulterado(da).

Garda (Síochána) n Irish: the ~ a polícia irlandesa.

garden ['gɑ:dn] <> n jardim m. <> vi jardinar.

garden centre n loja f de jardinagem.

gardener ['gɑ:dnəʳ] n jardineiro m, -ra f.

gardening ['gɑ:dnɪŋ] n (U) jardinagem f.

gargle ['gɑ:gl] vi gargarejar.

gargoyle ['gɑ:gɔɪl] n gárgula f.

garish ['geərɪʃ] adj espalhafatoso(sa).

garland ['gɑ:lənd] n guirlanda f (de flores).

garlic ['gɑ:lɪk] n alho m.

garlic bread n pão m de alho.

garment ['gɑ:mənt] n peça f de roupa.

garnish ['gɑ:nɪʃ] CULIN <> n decoração f. <> vt decorar.

garrison ['gærɪsn] n [soldiers] guarnição f.

garrulous ['gærələs] adj tagarela.

garter ['gɑ:təʳ] n -1. [band round leg] liga f - 2. US [suspender] suspensório m.

gas [gæs] (pl gases OR gasses, pt & pp -sed, cont -sing) <> n -1. CHEM gás m - 2. [domestic fuel] gás m (de cozinha) - 3. US [fuel for vehicle] gasolina f; to step on the ~ inf pisar no acelerador. <> vt [poison] envenenar (com gás).

gas cooker n UK fogão m a gás.

gas cylinder n botijão m de gás.

gas fire n UK aquecedor m a gás.

gas gauge n US medidor m de gás.

gash [gæʃ] <> n corte m (na pele), ferida f. <> vt cortar (a pele), ferir.

gasket ['gæskɪt] n gaxeta f.

gasman ['gæsmæn] (pl -men [-men]) n vendedor m, -ra f de gás.

gas mask n máscara f antigás.

gasmen pl ▷ gasman.

gas meter n medidor m de gás.

gasoline ['gæsəli:n] *n US (U)* gasolina *f.*

gasp [gɑ:sp] ⟨⟩ *n* arfada *f.* ⟨⟩ *vi* ofegar.

gas pedal *n US* acelerador *m.*

gas station *n US* posto *m* de gasolina.

gas stove *n* = gas cooker.

gas tank *n US* tanque *m* de gasolina.

gas tap *n* torneira *f* de gás.

gastroenteritis ['gæstrəʊ,entə'raɪtɪs] *n (U)* gastroenterite *f.*

gastronomy [gæs'trɒnəmɪ] *n (U)* gastronomia *f.*

gasworks ['gæswɜ:ks] *(pl inv)* *n* fábrica *f* de gás.

gate [geɪt] *n* portão *m.*

gatecrash ['geɪtkræʃ] *inf* ⟨⟩ *vt* entrar como penetra em. ⟨⟩ *vi* entrar como penetra.

gateway ['geɪtweɪ] *n* -1. [entrance] portão *m* -2. *fig* [means of access]: ~ to entrada *f* para.

gather ['gæðəʳ] ⟨⟩ *vt* -1. [collect - gen] colher; [- courage, strength] reunir: to ~ together reunir -2. [speed, momentum] ganhar -3. [understand]: to ~ (that) compreender que -4. [into folds] franzir. ⟨⟩ *vi* [come together] reunir.

gathering ['gæðərɪŋ] *n* [meeting] assembléia *f.*

gaudy ['gɔ:dɪ] *(compar* -ier, *superl* -iest) *adj* chamativo(va).

gauge, gage *US* [geɪdʒ] ⟨⟩ *n* -1. [measuring instrument - for rain] pluviômetro *m*; [- for tyre pressure] calibrador *m*; [- for fuel] medidor *m* de combustível -2. [calibre] calibre *m* -3. [of rail] bitola *f.* ⟨⟩ *vt* -1. [estimate, measure] estimar, calcular -2. [predict] prever.

Gaul [gɔ:l] *n* -1. [country] Gália -2. [person] gaulês *m*, -lesa *f.*

gaunt [gɔ:nt] *adj* -1. [person, face] esquelético(ca) -2. [landscape, building] desolado(da).

gauntlet ['gɔ:ntlɪt] *n* [medieval glove] manopla *f*; [for motorcyclist] luva *f (de material resistente e punho largo)*; to run the ~ of sthg expor-se a algo; to throw down the ~ (to sb) lançar um desafio (a alguém).

gauze [gɔ:z] *n (U)* [fabric] gaze *f.*

gave [geɪv] *pt* ⊳ give.

gawky ['gɔ:kɪ] *(compar* -ier, *superl* -iest) *adj* desengonçado(da).

gawp [gɔ:p] *vi* embasbacar-se; to ~ at sb/sthg embasbacar-se diante de alguém/algo.

gay [geɪ] ⟨⟩ *adj* -1. [homosexual] gay -2. [cheerful, brightly coloured] alegre. ⟨⟩ *n* [homosexual] gay *mf.*

gaze [geɪz] ⟨⟩ *n* olhar *m* fixo. ⟨⟩ *vi*: to ~ (at sb/sthg) olhar fixamente (para alguém/algo).

gazelle [gə'zel] *(pl inv OR* -s) *n* gazela *f.*

gazetteer [,gæzɪ'tɪəʳ] *n* dicionário *m* geográfico.

gazump [gə'zʌmp] *vt UK inf* concordar em vender uma casa a alguém e depois vendê-la a outro por um preço mais alto; to be ~ ed ser passado(da) pra trás na compra de um imóvel.

GB *(abbr of Great Britain) n* GB.

GCE *(abbr of General Certificate of Education) n* antigo exame final do ensino médio na Grã-Bretanha.

GCSE *(abbr of General Certificate of Secondary Education) n* exame final do ensino médio na Grã-Bretanha, em substituição ao nível O do GCE.

GDP *(abbr of gross domestic product) n* PIB *m.*

gear [gɪəʳ] ⟨⟩ *n* -1. TECH [mechanism] engrenagem *f* -2. [on car, bicycle] marcha *f*; in ~ engatado(da), engrenado(da); out of ~ desengatado(da), fora de funcionamento -3. *(U)* [equipment, clothes] apetrechos *mpl.* ⟨⟩ *vt*: to ~ sthg to sb/sthg encaminhar algo a alguém/algo.

➡ **gear up** *vi*: to ~ up for sthg/to do sthg preparar-se para algo/para fazer algo.

gearbox ['gɪəbɒks] *n* caixa *f* de câmbio.

gear lever, gear stick *UK*, **gear shift** *US* *n* alavanca *f* de mudança.

gear wheel *n* roda *f* de engrenagem.

geese [gi:s] *pl* ⊳ goose.

gel [dʒel] *(pt & pp* -led, *cont* -ling) ⟨⟩ *n* [for hair] gel *m.* ⟨⟩ *vi* -1. *fig* [idea, plan] tomar forma -2. [liquid] engrossar.

gelatin ['dʒelətɪn], **gelatine** [,dʒelə'ti:n] *n* gelatina *f.*

gelignite ['dʒelɪgnaɪt] *n (U)* gelignite *f.*

gem [dʒem] *n* -1. [jewel] gema *f*, pedra *f* preciosa -2. *fig* [person, thing] jóia *f.*

Gemini ['dʒemɪnaɪ] *n* -1. [sign] Gêmeos.

gender ['dʒendəʳ] *n* -1. [sex] sexo *m* -2. GRAMM gênero *m.*

gene [dʒi:n] *n* gene *m.*

general ['dʒenərəl] ⟨⟩ *adj* geral. ⟨⟩ *n* MIL general *mf.*

➡ **in general** *adv* -1. [as a whole] em geral -2. [usually] geralmente.

general anaesthetic *n* anestesia *f* geral.

general delivery *n (U) US* posta-restante *f.*

general election *n* eleições *fpl* gerais.

generalization [,dʒenərəlaɪ'zeɪʃn] *n* generalização *f.*

general knowledge *n (U)* cultura *m* geral.

generally ['dʒenərəlɪ] *adv* -1. [usually] geralmente -2. [by most people] comumente -3. [in a general way] em geral.

general practitioner *n* clínico *m*, -ca *f* geral.

general public *n*: the ~ o público em geral.

general strike *n* greve *f* geral.

generate ['dʒenəreɪtl] *vt* -1. [energy, power, heat] gerar -2. [interest, excitement] provocar ; [jobs, employment] gerar.

generation [,dʒenə'reɪʃn] *n* geração *f*.

generator ['dʒenəreɪtəʳ] *n* gerador *m*.

generosity [,dʒenə'rɒsətɪ] *n* (U) generosidade *f*.

generous ['dʒenərəs] *adj* generoso(sa).

genetic [dʒɪ'netɪk] *adj* genético(ca).
 ◆ **genetics** *n* (U) genética *f*.

genetically modified [dʒɪ'netɪkəlɪ-mɒdɪfaɪd] *adj* geneticamente modificado(da).

Geneva [dʒɪ'ni:və] *n* Genebra; **in** ~ em Genebra.

genial ['dʒi:njəl] *adj* cordial, simpático(ca).

genitals ['dʒenɪtlz] *npl* genitais *mpl*.

genius ['dʒi:njəs] (*pl* **-es**) *n* -1. [person] gênio *m* -2. [special ability]: **a stroke of** ~ um golpe de mestre.

gent [dʒent] *n* UK dated inf cavalheiro *m*.
 ◆ **gents** *n* UK [toilets] banheiro *m* masculino.

genteel [dʒen'ti:l] *adj* -1. [refined] fino(na), refinado(da) -2. [affected] afetado(da).

gentle ['dʒentl] *adj* -1. [gen] suave -2. [kind] gentil -3. [discreet] leve.

gentleman ['dʒentlmən] (*pl* **-men** [-mən]) *n* -1. [well-bred man] cavalheiro *m*, gentleman *m* -2. [man] senhor *m*.

gently ['dʒentlɪ] *adv* -1. [gen] suavemente -2. [kindly] delicadamente, gentilmente -3. [slowly] lentamente.

gentry ['dʒentrɪ] *n* alta burguesia *f*.

genuine ['dʒenjʊɪn] *adj* -1. [antique, work of art] genuíno(na) -2. [person, feeling, mistake] autêntico(ca).

geography [dʒɪ'ɒgrəfɪ] *n* geografia *f*.

geology [dʒɪ'ɒlədʒɪ] *n* geologia *f*.

geometric(al) [,dʒɪə'metrɪk(l)] *adj* geométrico(ca).

geometry [dʒɪ'ɒmətrɪ] *n* (U) geometria *f*.

geranium [dʒɪ'reɪnjəm] (*pl* **-s**) *n* gerânio *m*.

gerbil ['dʒɜ:bɪl] *n* gerbo *m*.

geriatric [,dʒerɪ'ætrɪk] *adj* -1. [of old people] geriátrico(ca) -2. *pej* [very old, inefficient] ultrapassado(da).

germ [dʒɜ:m] *n* -1. BIO germe *m* -2. MED

bactéria *f* -3. *fig* [of idea, plan] embrião *m*.

German ['dʒɜ:mən] ⟨⟩ *adj* alemão(-mã). ⟨⟩ *n* -1. [person] alemão *m*, -mã *f* -2. [language] alemão *m*.

German measles *n* (U) rubéola *f*.

Germany ['dʒɜ:mənɪ] (*pl* **-ies**) *n* Alemanha.

germinate ['dʒɜ:mɪneɪt] *vi* germinar.

gerund ['dʒerənd] *n* GRAMM gerúndio *m*.

gesticulate [dʒes'tɪkjʊleɪt] *vi* gesticular.

gesture ['dʒestʃəʳ] ⟨⟩ *n* gesto *m*. ⟨⟩ *vi*: **to** ~ **to** OR **towards sb** fazer gestos a alguém

get [get] (*pt* & *pp* **got**, US *pp* **gotten**) *vt* -1. [obtain] obter; [buy] comprar; **she got a job** ela arranjou emprego -2. [receive] receber; **I got a book for Christmas** ganhei um livro no Natal -3. [means of transportation] apanhar; **let's** ~ **a taxi** vamos apanhar um táxi -4. [find] ir buscar; **could you** ~ **me the manager?** [in store] podia chamar o gerente?; [on phone] pode me passar o gerente? -5. [illness] apanhar; **I got the flu over Christmas** peguei uma gripe no Natal -6. [cause to become]: **to** ~ **sthg done** mandar fazer algo; **can I** ~ **my car repaired here?** posso mandar consertar o meu carro aqui? -7. [ask, tell]: **to** ~ **sb to do sthg** arranjar alguém para fazer algo -8. [move]: **to** ~ **sthg out of sthg** tirar algo de algo; **I can't** ~ **it through the door** não consigo passar com isso na porta -9. [understand] compreender; **to** ~ **a joke** contar uma piada -10. [time, chance] ter; **we didn't** ~ **the chance to see everything** não tivemos oportunidade de ver tudo -11. [idea, feeling] ter; **I** ~ **a lot of enjoyment from it** me divirto à beça com isso -12. [phone] atender -13. [in phrases]: **you** ~ **a lot of rain here in winter** chove muito aqui no inverno; ⟹ **have**. ⟨⟩ *vi* -1. [become] ficar; **it's getting late** está ficando tarde; **to** ~ **ready** preparar-se; **to** ~ **lost** perder-se; ~ **lost!** não enche o saco!, desapareça! -2. [into particular state, position] meter-se; **how do you** ~ **to El Paso from here?** como se vai daqui para El Paso?; **to** ~ **into the car** entrar no carro -3. [arrive] chegar; **when does the train** ~ **here?** quando é que o trem chega aqui? -4. [in phrases]: **to** ~ **to do sthg** ter a oportunidade de fazer algo. ⟨⟩ *aux vb* ser; **to** ~ **delayed** atrasar-se; **to** ~ **killed** ser morto.
 ◆ **get along (with sb)** *vi* dar-se bem (com alguém).
 ◆ **get back** *vi* [return] voltar.

◆ **get in** vi [arrive] chegar; (enter) entrar.

◆ **get off** vi [leave] sair.

◆ **get on** vi [enter train, bus] entrar.

◆ **get out** vi [of car, bus, train] sair.

◆ **get through** vi [on phone] completar a ligação.

◆ **get up** vi levantar-se.

getaway ['getəweɪ] n fuga f; **to make one's ~** escapar.

get-together n inf encontro m informal (entre amigos).

geyser ['gi:zəʳ] n [hot spring] gêiser m.

Ghana ['gɑ:nə] n Gana.

ghastly ['gɑ:stlɪ] (compar -ier, superl -iest) adj **-1.** inf [very bad, unpleasant] horrível **-2.** [horrifying, macabre] macabro(bra), horroroso(sa).

gherkin ['gɜ:kɪn] n pepino m em conserva.

ghetto ['getəʊ] (pl -s OR -es) n gueto m.

ghetto blaster [-'blɑ:stəʳ] n inf minisystem portátil de grande potência.

ghost [gəʊst] n [spirit] fantasma m.

giant ['dʒaɪənt] <> adj gigantesco(ca). <> n [gen] gigante m.

gibberish ['dʒɪbərɪʃ] n (U) asneira f.

gibe [dʒaɪb] n zombaria f.

Gibraltar [dʒɪ'brɔ:ltəʳ] n Gibraltar.

giddy ['gɪdɪ] (compar -ier, superl -iest) adj [dizzy] tonto(ta).

gift [gɪft] n **-1.** [present] presente m **-2.** [talent] dom m; **to have a ~ for sthg/for doing sthg** ter o dom para algo/para fazer algo; **to have the ~ of the gab** ter o dom da fala; pej ter lábia.

gift certificate n US = **gift token**.

gifted ['gɪftɪd] adj **-1.** [gen] talentoso(sa), de talento **-2.** [child] superdotado(da).

gift token, gift voucher UK, **gift certificate** US n vale-presente m.

gift wrap n papel m de presente.

gig [gɪg] n inf [concert] show m.

gigabyte ['gaɪgəbaɪt] n COMPUT gigabyte m.

gigantic [dʒaɪ'gæntɪk] adj gigantesco(ca).

giggle ['gɪgl] <> n **-1.** [laugh] risadinha f, risada f **-2.** UK inf [fun] diversão f; **to do sthg for a ~** divertir-se fazendo algo tolo; **to have the ~s** ter um ataque de riso. <> vi [laugh] dar risadinhas bobas.

gilded ['gɪldɪd] adj = **gilt**.

gill [dʒɪl] n [unit of measurement] 0,142 litros.

gills [gɪlz] npl [of fish] guelras fpl.

gilt [gɪlt] <> adj [covered in gold] dourado(da). <> n (U) [gold layer] dourado m.

gimmick ['gɪmɪk] n pej artimanha f.

gin [dʒɪn] n [drink] gim m; **~ and tonic** gim-tônica m.

ginger ['dʒɪndʒəʳ] <> adj UK [colour - of hair] ruivo(va); [- of cat] avermelhado(-da). <> n (U) **-1.** [root] gengibre m **-2.** [powder] gengibre m em pó.

ginger ale n [mixer] jinjibirra f.

ginger beer n [slightly alcoholic] cerveja f de gengibre.

gingerbread ['dʒɪndʒəbred] n (U) **-1.** [cake] pão m de gengibre **-2.** [biscuit] biscoito m de gengibre.

ginger-haired [-'heəd] adj ruivo(va).

gingerly ['dʒɪndʒəlɪ] adv cuidadosamente.

gipsy ['dʒɪpsɪ] (pl -ies) <> adj cigano(-na). <> n [nomad] cigano m, -na f.

giraffe [dʒɪ'rɑ:f] (pl inv OR -s) n girafa f.

girder ['gɜ:dəʳ] n viga f.

girdle ['gɜ:dl] n [corset] espartilho m.

girl [gɜ:l] n **-1.** [young female child] menina f, garota f **-2.** [young woman] moça f **-3.** [daughter] menina f **-4.** [female friend]: **the ~s** as amigas, as meninas.

girlfriend ['gɜ:lfrend] n **-1.** [female lover] namorada f **-2.** [female friend] amiga f.

girl guide UK, **girl scout** US n [individual] escoteira f, bandeirante f.

giro ['dʒaɪrəʊ] (pl -s) n UK **-1.** (U) [system] transferência f de crédito **-2.**: inf **~ (cheque)** seguro-desemprego m.

girth [gɜ:θ] n **-1.** [circumference] circunferência f **-2.** [of horse] cincha f.

gist [dʒɪst] n essência f; **to get the ~ (of sthg)** pegar a essência (de algo).

give [gɪv] (pt gave, pp given) <> vt **-1.** [gen] dar; **to ~ sb sthg** dar algo para OR a alguém **-2.** [hand over, pass] entregar; **to ~ sb sthg, to ~ sthg to sb** entregar algo para OR a alguém. <> vi [collapse, break] ceder. <> n (U) [elasticity] elasticidade f.

◆ **give or take** prep mais ou menos.

◆ **give away** vt sep **-1.** [get rid of] desfazer-se de **-2.** [reveal] revelar.

◆ **give back** vt sep [return] devolver.

◆ **give in** vi **-1.** [admit defeat] render-se, dar-se por vencido(da) **-2.** [agree unwillingly]: **to ~ in to sthg** ceder frente a algo.

◆ **give off** vt fus [produce] exalar.

◆ **give out** <> vt sep [distribute] distribuir. <> vi **-1.** [be exhausted] esgotar-se **-2.** [fail] falhar, não funcionar.

◆ **give up** <> vt sep **-1.** [stop, abandon] abandonar; **to ~ up smoking** parar de fumar; **to ~ up chocolate** deixar de comer chocolate **-2.** [surrender]: **to ~ o.s. up (to sb)** render-se (a alguém). <> vi [admit defeat] render-se.

given ['gɪvn] <> adj **-1.** [set, fixed] dado(da) **-2.** [prone]: **to be ~ to sthg/**

to doing sthg ser dado(da) a algo/a fazer algo. ◇ *prep* [taking into account] dado(da); ~ **the circumstances** dadas as circunstâncias; ~ **that** dado que.

given name *n US* prenome *m*.

glacier ['glæsjə'] *n* geleira *f*.

glad [glæd] (*compar* -**der**, *superl* -**dest**) *adj* -**1**. [happy, pleased] feliz; **to be** ~ **about sthg** estar feliz por algo -**2**. [willing]: **to be** ~ **to do sthg** ter vontade de fazer algo, desejar fazer algo -**3**. [grateful]: **to be** ~ **of sthg** ficar agradecido(da) por algo.

gladly ['glædlɪ] *adv* -**1**. [happily, eagerly] com prazer, alegremente -**2**. [willingly] com satisfação.

glamor *n US* = **glamour**.

glamorous ['glæmərəs] *adj* [gen] glamouroso(sa); [job] atraente.

glamour *UK*, **glamor** *US* ['glæmə'] *n (U)* [gen] glamour *m*; [of job] encanto *m*.

glance [glɑ:ns] ◇ *n* [quick look] olhadela *f*; **at a** ~ de relance; **at first** ~ à primeira vista. ◇ *vi* [look quickly]: **to** ~ **at sb/sthg** olhar alguém/algo de relance.

◆ **glance off** *vt fus* -**1**. [light] desviar -**2**. [ball] rebater -**3**. [bullet] ricochetear.

glancing ['glɑ:nsɪŋ] *adj* [oblique] oblíquo(qua).

gland [glænd] *n* glândula *f*.

glandular fever ['glændjʊlə'-] *n (U)* mononucleose *f* infecciosa.

glare [gleə'] ◇ *n* -**1**. [scowl] olhar *m* penetrante, encarada *f* -**2**. *(U)* [blaze, dazzle] brilho *m* -**3**. [of publicity] foco *m*. ◇ *vi* -**1**. [scowl]: **to** ~ **at sb/sthg** fulminar alguém/algo com o olhar, lançar um olhar fulminante sobre alguém/algo -**2**. [blaze, dazzle] ofuscar.

glaring ['gleərɪŋ] *adj* -**1**. [very obvious] evidente -**2**. [blazing, dazzling] ofuscante.

glasnost ['glæznɒst] *n (U)* glasnost *f*.

glass [glɑ:s] ◇ *n* -**1**. *(U)* [material] vidro *m* -**2**. [for drinking] copo *m* -**3**. *(U)* [glassware] objetos *mpl* de cristal. ◇ *comp* de vidro.

◆ **glasses** *npl* [spectacles] óculos *m inv*; [binoculars] binóculos *mpl*.

glassware ['glɑ:sweə'] *n (U)* objetos *mpl* de cristal.

glassy ['glɑ:sɪ] (*compar* -**ier**, *superl* -**iest**) *adj* -**1**. [smooth, shiny] cristalino(na) -**2**. [blank, lifeless] vidrado(da).

glaze [gleɪz] ◇ *n* -**1**. [on pottery] verniz *m*, esmalte *m* -**2**. CULIN glacê *m*. ◇ *vt* -**1**. [pottery] envernizar -**2**. CULIN cristalizar.

glazier ['gleɪzjə'] *n* vidraceiro *m*, -ra *f*.

gleam [gli:m] ◇ *n* -**1**. [glow] lampejo *m* -**2**. [fleeting expression] olhar *m*. ◇ *vi*

-**1**. [surface, object] reluzir -**2**. [light] brilhar -**3**. [face, eyes] olhar.

gleaming ['gli:mɪŋ] *adj* -**1**. [surface, object] reluzente -**2**. [light] brilhante -**3**. [face, eyes] reluzente.

glean [gli:n] *vt* [gather] coletar.

glee [gli:] *n (U)* [joy, delight] alegria *f*; [gloating] regozijo *m*.

glen [glen] *n Scot & Irish* vale *m*.

glib [glɪb] (*compar* -**ber**, *superl* -**best**) *adj pej* -**1**. [answer, excuse] de momento -**2**. [person] de muita lábia.

glide [glaɪd] *vi* -**1**. [move smoothly] deslizar -**2**. [fly] planar.

glider ['glaɪdə'] *n* [plane] planador *m*.

gliding ['glaɪdɪŋ] *n (U)* [sport] vôo *m* sem motor; **to go** ~ voar de planador.

glimmer ['glɪmə'] *n* -**1**. [faint light] luz *f* fraca -**2**. *fig* [trace, sign] sinal *m* mínimo.

glimpse [glɪmps] ◇ *n* -**1**. [sight, look] vislumbre *m* -**2**. [perception, idea, insight] noção *f*. ◇ *vt* -**1**. [catch sight of] ver de relance -**2**. [perceive] vislumbrar.

glint [glɪnt] ◇ *n* brilho *m*. ◇ *vi* -**1**. [metal, sunlight] brilhar -**2**. [eyes - greed, anger] faiscar; [- amusement] brilhar.

glisten ['glɪsn] *vi* brilhar.

glitter ['glɪtə'] ◇ *n* [gen] brilho *m*. ◇ *vi* -**1**. [object, light] brilhar -**2**. [eyes - with excitement] cintilar; [- with fury] faiscar.

gloat [gləʊt] *vi*: **to** ~ **(over sthg)** tripudiar (de algo).

global ['gləʊbl] *adj* [worldwide] mundial.

globalization [ˌgləʊbəlaɪ'zeɪʃn] *n* globalização *f*.

global warming [-'wɔ:mɪŋ] *n (U)* aquecimento *m* global.

globe [gləʊb] *n* -**1**. [Earth]: **the** ~ o globo -**2**. [spherical shape] globo *m*.

gloom [glu:m] *n* -**1**. [darkness] escuro *m*, escuridão *f* -**2**. [unhappiness] desânimo *m*.

gloomy ['glu:mɪ] (*compar* -**ier**, *superl* -**iest**) *adj* -**1**. [place, landscape] sombrio(bria) -**2**. [weather] sombrio(bria), escuro(ra) -**3**. [atmosphere] deprimente; [mood] pessimista -**4**. [outlook, news] desanimador(ra).

glorious ['glɔ:rɪəs] *adj* -**1**. [illustrious] glorioso(sa) -**2**. [wonderful] magnífico(ca).

glory ['glɔ:rɪ] (*pl* -**ies**) *n* -**1**. [gen] glória *f* -**2**. *(U)* [splendour] esplendor *m*.

◆ **glory in** *vt fus* [relish] desfrutar de.

gloss [glɒs] *n* -**1**. *(U)* [shine - of wood, furniture] lustre *m*; [- of hair] brilho *m* -**2**.: ~ **(paint)** esmalte *m*.

◆ **gloss over** *vt fus* falar por alto sobre.

glossary ['glɒsərɪ] (*pl* -**ies**) *n* glossário *m*.

glossy ['glɒsɪ] (*compar* -ier, *superl* -iest) *adj* lustroso(sa).

glove [glʌv] *n* luva *f*.

glove compartment *n* porta-luvas *m inv*.

glow [gləʊ] ⟨⟩ *n* [light] fulgor *m*, brilho *m*. ⟨⟩ *vi* -1. [fire] arder -2. [sky, light, brass] brilhar.

glower ['glaʊəᵊ] *vi*: to ~ (at sb/sthg) olhar ameaçadoramente (para alguém/algo).

glucose ['glu:kəʊs] *n* (U) glicose *f*.

glue [glu:] (*cont* glueing OR gluing) ⟨⟩ *n* (U) cola *f*. ⟨⟩ *vt* [stick with glue] colar; to ~ sthg to sthg colar algo em algo.

glum [glʌm] (*compar* -mer, *superl* -mest) *adj* [unhappy] melancólico(ca).

glut [glʌt] *n* excesso *m*.

glutton ['glʌtn] *n* [greedy person] glutão *m*, -tona *f*; to be a ~ for punishment gostar de sofrer.

GM foods *npl* alimentos *mpl* geneticamente modificados.

GMO (*abbr of* **genetically modified organism**) ⟨⟩ *adj* OGM. ⟨⟩ *n* OGM *m*.

gnarled [nɑ:ld] *adj* -1. [tree] nodoso(sa) -2. [hands] áspero(ra).

gnash [næʃ] *vt*: to ~ one's teeth ranger os dentes.

gnat [næt] *n* mosquito *m*.

gnaw [nɔ:] ⟨⟩ *vt* [chew] roer. ⟨⟩ *vi* [worry] atormentar-se; to ~ (away) at sb atormentar alguém.

gnome [nəʊm] *n* gnomo *m*.

GNP (*abbr of* **gross national product**) *n* PNB *m*.

GNVQ (*abbr of* **General National Vocational Qualification**) *n* EDUC curso de formação profissional com duração de dois anos para maiores de 16 anos na Inglaterra e no País de Gales.

go [gəʊ] (*pt* went, *pp* gone, *pl* goes) *vi* -1. [move, travel] ir; to ~ home ir para casa; to ~ to Brazil ir ao Brasil; to ~ by bus ir de ônibus; to ~ for a walk fazer um passeio; to ~ and do sthg ir fazer algo; to ~ in entrar; to ~ out sair -2. [leave] ir-se; it's time for us to ~ é hora de irmos embora; when does the bus ~? quando é que o ônibus sai?; ~ away! vá embora! -3. [attend] ir; to ~ to school ir para a escola; which school do you ~ to? para que escola você vai? -4. [become] ficar; she went pale empalideceu; the milk has gone sour o leite azedou -5. [expressing future tense]: to be going to do sthg ir fazer algo -6. [function] funcionar; the car won't ~ o carro não pega -7. [stop working] ir-se; the fuse has gone o fusível queimou -8. [time] passar -9. [progress] correr; to ~ well correr bem -10. [bell, alarm] tocar -11. [match] condizer; to ~ with condizer com; red wine doesn't ~ with fish vinho tinto não combina com peixe -12. [be sold] ser vendido; 'everything must ~' 'liquidação total' -13. [fit] caber -14. [lead] ir; where does this path ~? aonde vai dar este caminho? -15. [belong] ir, ser -16. [in phrases]: to let ~ of sthg [drop] largar algo; there are two days to ~ faltam dois dias; to ~ US [to take away] para levar. ⟨⟩ *n* -1. [turn] vez *f*; it's your ~ é a sua vez -2. [attempt] tentativa *f*; to have a ~ at sthg experimentar algo; '50 cents a ~' [for game] '50 centavos cada vez'.

◆ **go ahead** *vi* [take place] realizar-se; ~ ahead! vá em frente!

◆ **go around** *vi* [revolve] rodar; there isn't enough cake to ~ around não tem bolo (suficiente) para todo mundo.

◆ **go back** *vi* voltar.

◆ **go down** *vi* [decrease] diminuir; [sun] pôr-se; [tire] esvaziar-se.

◆ **go in** *vi* entrar.

◆ **go off** *vi* [alarm, bell] tocar, soar; [go bad] azedar; [light, heating] apagar-se.

◆ **go on** *vi* [happen] passar-se; [light, heating] acender-se; to ~ on doing sthg continuar a fazer algo.

◆ **go out** *vi* [leave house] sair; [light, fire, cigarette] apagar-se; [have relationship]: to ~ out with sb sair com alguém; to ~ out to eat ir comer fora.

◆ **go over** *vt fus* [check] rever.

◆ **go through** *vt fus* [experience] passar por; [spend] gastar; [search] revistar.

◆ **go up** *vi* [increase] subir.

◆ **go without** *vt fus* passar sem.

goad [gəʊd] *vt* [provoke] provocar.

go-ahead ⟨⟩ *adj* [dynamic] dinâmico(-ca), empreendedor(ra). ⟨⟩ *n* [permission] permissão *f*.

goal [gəʊl] *n* -1. SPORT gol *m* -2. [aim] meta *f*, objetivo *m*.

goalkeeper ['gəʊl,ki:pəᵊ] *n* goleiro *m*, -ra *f*.

goalmouth ['gəʊlmaʊθ, *pl* -maʊðz] *n* boca *f* do gol.

goalpost ['gəʊlpəʊst] *n* trave *f*.

goat [gəʊt] *n* [animal] cabra *f*, bode *m*; to get (on) sb's ~ encher o saco de alguém.

goat's cheese *n* queijo *m* de cabra.

gob [gɒb] (*pt* & *pp* -bed, *cont* -bing) *v inf* ⟨⟩ *n* -1. UK [mouth] matraca *f*, bico *m* -2. UK [spit] escarro *m*. ⟨⟩ *vi* [spit] escarrar.

gobble ['gɒbl] *vt* devorar.

◆ **gobble down, gobble up** *vt sep* engolir rapidamente.

go-between n intermediário m, -ria f.

gobsmacked ['gɒbsmækt] adj UK v inf embasbacado(da).

go-cart n = go-kart.

god [gɒd] n deus m.

◆ **God** ◇ n Deus m; **God knows** só Deus sabe; **for God's sake!** pelo amor de Deus!; **thank God** graças a Deus; **God willing** se Deus quiser. ◇ excl: **(my) God!** (meu) Deus!

◆ **gods** npl UK inf: **the ~s** THEATRE as galerias.

godchild ['gɒdtʃaɪld] (pl -children [-ˌtʃɪldrən]) n afilhado m, -da f.

goddaughter ['gɒdˌdɔːtə'] n afilhada f.

goddess ['gɒdɪs] n deusa f.

godfather ['gɒdˌfɑːðə'] n padrinho m.

godforsaken ['gɒdfəˌseɪkn] adj abandonado(da) por Deus, que Deus esqueceu.

godmother ['gɒdˌmʌðə'] n madrinha f.

godsend ['gɒdsend] n dádiva f de Deus.

godson ['gɒdsʌn] n afilhado m.

goes [gəʊz] vb ⊳ go.

goggles ['gɒglz] npl óculos m de proteção.

going ['gəʊɪŋ] ◇ adj -1. [rate, salary] em vigor, atual -2. UK [available, in existence] disponível; **she's the biggest fool ~** ela é a maior trouxa do momento. ◇ n -1. [progress] avanço m, marcha f; **that's good ~** isso é que é andar rápido; **it was slow ~** estava indo devagar; **to be heavy ~** ser pesado(da); **to be easy ~** ser fácil (de lidar) -2. [in riding, horse-racing] condições fpl (do chão de corrida).

go-kart [-kɑːt] n UK kart m.

gold [gəʊld] ◇ adj [gold-coloured] dourado(da). ◇ n -1. (U) [metal] ouro m -2. (U) [gold jewellery, ornaments, coins] riquezas fpl. ◇ comp [made of gold] de ouro.

golden ['gəʊldən] adj -1. [made of gold] de ouro -2. [gold-coloured] dourado(da).

goldfish ['gəʊldfɪʃ] (pl inv) n peixe-dourado m.

gold leaf n (U) ouro m em folha.

gold medal n medalha f de ouro.

goldmine ['gəʊldmaɪn] n lit, fig mina f de ouro.

gold-plated [-'pleɪtɪd] adj banhado(da) a ouro.

gold standard adj padrão-ouro m.

goldsmith ['gəʊldsmɪθ] n ourives mf.

golf [gɒlf] n (U) golfe m.

golf ball n -1. [for golf] bola f de golfe -2. [for typewriter] esfera f.

golf club n -1. [association, place] clube m de golfe -2. [stick] taco m de golfe.

golf course n campo m de golfe.

golfer ['gɒlfə'] n jogador m, -ra f de golfe.

gone [gɒn] ◇ pp ⊳ go. ◇ adj [no longer here] que já se foi. ◇ prep [past]: **it's just ~ mid-day** já passa do meio-dia; **she's ~ fifty** ela já passou dos cinquenta.

gong [gɒŋ] n gongo f.

good [gʊd] (compar better, superl best) ◇ adj -1. [gen] bom, boa; **it feels ~ to be in the fresh air** faz bem estar ao ar livre; **it's ~ that ...** é bom que ...; **to be ~ at sthg** ser bom em algo, ser boa em algo; **to be ~ with** [children, animals] ter jeito com; [one's hands] ter habilidade com -2. [kind] gentil; **to be ~ to sb** ser bom para alguém, ser boa para alguém; **to be ~ enough to do sthg** fazer o favor de fazer algo; **a ~ number of people** um bom número de pessoas -3. [morally correct] correto(ta) -4. [well-behaved] bem-comportado(da); **be ~!** comporte-se bem! -5. [beneficial]: **it's ~ for you** faz bem para você. ◇ n -1. (U) [benefit, welfare] bem m; **it will do him ~** fará bem a ele -2. [use]: **it's no ~** não adianta; **what's the ~ of ...?** qual é a vantagem de ...? -3. [morality, virtue] bem m; **to be up to no ~** estar com más intenções. ◇ excl que bom!

◆ **goods** npl [merchandise] mercadorias fpl.

◆ **as good as** adv quase; **it's as ~ as new** está praticamente novo.

◆ **for good** adv [forever] para sempre.

◆ **good afternoon** excl boa tarde!

◆ **good evening** excl boa noite!

◆ **good morning** excl bom dia!

◆ **good night** excl boa noite!

good behaviour n bom comportamento m.

goodbye [ˌgʊd'baɪ] ◇ excl até logo! ◇ n adeus m.

good deed n boa ação f.

good fortune n boa sorte f.

Good Friday n Sexta-Feira f Santa.

good-humoured [-'hjuːməd] adj bem-humorado(da).

good-looking [-'lʊkɪŋ] adj [person] bonito(ta).

good-natured [-'neɪtʃəd] adj -1. [person] de bom coração -2. [rivalry, argument] amigável.

goodness ['gʊdnɪs] ◇ n -1. [kindness] bondade f -2. [nutritive quality] valor m nutritivo. ◇ excl: **(my) ~!** minha nossa!; **for ~ sake!** pelo amor de Deus!; **thank ~** graças a Deus!; **~ gracious!** Santo Deus!

goods train [gʊdz-] *n UK* trem *m* de carga.

goodwill [ˌgʊd'wɪl] *n* -1. [kind feelings] boa vontade *f* -2. *COMM* fundo *m* de comércio.

goody ['gʊdɪ] (*pl* -ies) <> *n inf* [good person] mocinho *m*, -nha *f*. <> *excl* que ótimo!

➥ **goodies** *npl inf* -1. [delicious food] guloseimas *fpl* -2. [desirable objects] coisas *fpl* atraentes.

goose [guːs] (*pl* **geese** [giːs]) *n* [bird] ganso *m*, -sa *f*.

gooseberry ['gʊzbərɪ] (*pl* -ies) *n* -1. [fruit] groselha *f* -2. *UK inf* [unwanted person]: **to play ~** segurar a vela.

gooseflesh ['guːsfleʃ], **goose pimples** *UK n*, **goosebumps** *US* ['guːsbʌmps] *npl* arrepio *m*.

gore [gɔː*] <> *n* (*U*) *literary* [blood] sangue *m* (*derramado*). <> *vt* [subj: bull] ferir com os chifres.

gorge [gɔːdʒ] <> *n* garganta *f*, desfiladeiro *m*. <> *vt*: **to ~ o.s. on** *OR* **with sthg** empanturrar-se com algo.

gorgeous ['gɔːdʒəs] *adj* -1. [place, present, weather] magnífico(ca), maravilhoso(sa) -2. *inf* [person] deslumbrante.

gorilla [gə'rɪlə] *n* gorila *m*.

gormless ['gɔːmlɪs] *adj UK inf* burro(-ra).

gorse [gɔːs] *n* (*U*) tojo *m*.

gory ['gɔːrɪ] (*compar* -ier, *superl* -iest) *adj* sangrento(ta).

gosh [gɒʃ] *excl inf* por Deus!

go-slow *n UK* operação *f* tartaruga.

gospel ['gɒspl] *n* [doctrine] evangelho *m*.

➥ **Gospel** *n* [in Bible] Evangelho *m*.

gossip ['gɒsɪp] <> *n* -1. [conversation] conversa *f*, bate-papo *m*; **to have a ~** bater papo -2. [person] fofoca *f*. <> *vi* fofocar.

gossip column *n* coluna *f* social.

got [gɒt] *pt & pp* ▷ **get**.

gotten ['gɒtn] *pp US* ▷ **get**.

goulash ['guːlæʃ] *n* (*U*) gulash *m* (*prato típico húngaro*).

gourmet ['gʊəmeɪ] <> *n* gourmet *m*. <> *comp* gastrônomo *m*, -ma *f*.

gout [gaʊt] *n* (*U*) gota *f*.

govern ['gʌvən] <> *vt* -1. *POL* governar -2. [determine] controlar. <> *vi POL* governar.

governess ['gʌvənɪs] *n* governanta *f*.

government ['gʌvnmənt] *n* -1. [group of people] governo *m* -2. (*U*) [process] governo *m*; **the art of ~** a arte de governar.

governor ['gʌvənə*] *n* -1. *POL* governador *m*, -ra *f* -2. [of school] diretor *m*, -ra *f* -3. [of prison] diretor *m*, -ra *f*.

gown [gaʊn] *n* -1. [dress] vestido *m* -2. *UNIV & JUR* beca *f* -3. *MED* avental *m*.

GP (*abbr of* **general practitioner**) *n* clínico *m* geral.

grab [græb] (*pt & pp* -**bed**, *cont* -**bing**) <> *vt* -1. [with hands - person, arm] agarrar; [- money] pegar -2. *fig* [opportunity, sandwich] pegar; **to ~ the chance to do sthg** aproveitar a oportunidade de fazer algo -3. *inf* [appeal to] arrebatar; **how does this ~ you?** o que você me diz disso? <> *vi*: **to ~ at sthg** [with hands] tentar agarrar.

grace [greɪs] <> *n* -1. (*U*) [elegance] graça *f*, elegância *f*. (*U*) [extra time] prazo *m* -3. [prayer] graças *fpl*. <> *vt* -1. *fml* [honour] agraciar -2. [adorn] enfeitar.

graceful ['greɪsfʊl] *adj* -1. [beautiful] elegante -2. [gracious] amável.

gracious ['greɪʃəs] <> *adj* [polite] afável. <> *excl*: (**good**) ~! Santo Deus!, Nossa (Senhora)!

grade [greɪd] <> *n* -1. [level] nível *m* -2. [quality] qualidade *f*; **high-~** de alta qualidade; **low-~** de baixa qualidade -3. *US* [in school] série *f* -4. [mark] classificação *f* -5. *US* [gradient] declive *m*. <> *vt* -1. [classify] classificar -2. [mark, assess] avaliar.

grade crossing *n US* passagem *f* de nível.

grade school *n US* escola *f* primária.

grade school teacher *n US* professor *m*, -ra *f* de nível primário.

gradient ['greɪdjənt] *n* -1. [of road] declive *m* -2. *MATH* gradiente *m*.

gradual ['grædʒʊəl] *adj* gradual.

gradually ['grædʒʊəlɪ] *adv* gradualmente.

graduate [*n* 'grædʒʊət, *vb* 'grædʒʊeɪt] <> *n* -1. [person with a degree] graduado *m*, -da *f*, licenciado *m*, -da *f* -2. *US*: **to be a high-school ~** ter completado o segundo grau. <> *vi* -1. [with a degree]: **to ~** graduar-se -2. *US* [from high school]: **to ~** formar-se.

graduation [ˌgrædʒʊ'eɪʃn] *n* -1. [completion of course] formatura *f* -2. [ceremony - at university] colação *f* de grau; *US* [at high school] formatura *f*.

graffiti [grə'fiːtɪ] *n* (*U*) pichação *f*.

graft [grɑːft] <> *n* -1. [gen] enxerto *m* -2. *UK inf* [hard work] labuta *f* -3. *US inf* [corruption] suborno *m*. <> *vt* enxertar.

grain [greɪn] *n* -1. [of corn, rice, salt] grão *m* -2. (*U*) [crops] cereais *mpl* -3. (*U*) [of wood] veio *m*.

gram [græm] *n* grama *f*.

grammar ['græmə*] *n* gramática *f*.

grammar school *n* -1. [in UK] ginásio *m* -2. [in US] escola *f* primária.

grammatical [grə'mætɪkl] *adj* gramatical.

gramme [græm] *n UK* = gram.

gramophone ['græməfəʊn] *dated n* gramofone *m*.

gran [græn] *n UK inf* vovó *f*.

granary bread *n* pão *m* de trigo.

grand [grænd] (*pl inv*) ◇ *adj* -1. [impressive, imposing] magnífico(ca) -2. [ambitious, large-scale] ambicioso(sa) -3. [socially important] ilustre -4. *inf dated* [excellent] excelente. ◇ *n inf* [thousand pounds] mil libras *fpl*; [thousand dollars] mil dólares *mpl*.

grandad *n inf* vovô *m*.

grandchild ['græntʃaɪld] (*pl* -children [-ˌtʃɪldrən]) *n* neto *m*, -ta *f*.

granddad ['grændæd] *n inf* = grandad.

granddaughter ['grænˌdɔːtəʳ] *n* neta *f*.

grandeur ['grændʒəʳ] *n* grandeza *f*.

grandfather ['grændˌfɑːðəʳ] *n* avô *m*.

grandma ['grænmɑː] *n inf* vovó *f*, vó *f*.

grandmother ['grænˌmʌðəʳ] *n* avó *f*.

grandpa ['grænpɑː] *n inf* vovô *m*, vô *m*.

grandparents ['grænˌpeərənts] *npl* avós *mpl*.

grand piano *n* piano *m* de cauda.

grand slam *n SPORT* grand slam *m*.

grandson ['grænsʌn] *n* neto *m*.

grandstand ['grændstænd] *n* tribuna *f* de honra.

grand total *n* total *m* geral.

granite ['grænɪt] *n* (*U*) granito *m*.

granny ['grænɪ] (*pl* -ies) *n inf* vovó *f*, vó *f*.

grant [grɑːnt] ◇ *n* [money - for renovations] subsídio *m*; [- for study] bolsa *f*. ◇ *vt fml* -1. [agree to] conceder -2. [accept as true] admitir. -3. *phr*: to take sb/sthg for ~ed não dar o devido valor a alguém/algo.

granulated sugar ['grænjʊleɪtɪd-] *n* (*U*) açúcar *m* -cristal.

granule ['grænjuːl] *n* grânulo *m*.

grape [greɪp] *n* uva *f*.

grapefruit ['greɪpfruːt] (*pl inv OR* -s) *n* pomelo *m*.

grapevine ['greɪpvaɪn] *n* -1. [plant] parreira *f* -2. *fig* [information channel]: I heard on the ~ that ... um passarinho me contou que ...

graph [grɑːf] *n* gráfico *m*.

graphic ['græfɪk] *adj* -1. [vivid] vívido(da) -2. *ART* pitoresco(ca).
➔ **graphics** *npl* [pictures] artes *fpl* gráficas.

graphic artist *n* artista *mf* gráfico, -ca.

graphite ['græfaɪt] *n* (*U*) grafita *f*.

graph paper *n* (*U*) papel *m* quadriculado.

grapple ['græpl] ➔ **grapple with** *vt*

fus -1. [physically] atracar-se com -2. *fig* [mentally] estar às voltas com.

grasp [grɑːsp] ◇ *n* -1. [grip] agarramento *m* -2. [understanding] compreensão *f*; to have a good ~ of sthg ter um bom domínio de algo. ◇ *vt* -1. [with hands] segurar -2. [understand] compreender -3. *fig* [seize] agarrar.

grasping ['grɑːspɪŋ] *adj pej* [greedy - person] ganancioso(sa); [- attitude] avaro(ra).

grass [grɑːs] ◇ *n* -1. [common green plant] grama *f* -2. (*U*) [drugs] *sl* [marijuana] maconha *f*. ◇ *vi UK crime sl*: to ~ (on sb) dedurar alguém.

grasshopper ['grɑːsˌhɒpəʳ] *n* gafanhoto *m*.

grass roots ◇ *npl* [ordinary people] plebe *f*. ◇ *comp* popular.

grass snake *n* cobra *f* d'água.

grate [greɪt] ◇ *n* [fireplace] grade *f*. ◇ *vt CULIN* ralar. ◇ *vi* [irritate] irritar.

grateful ['greɪtfʊl] *adj* agradecido(da); to be ~ to sb (for sthg) ser grato(ta) a alguém (por algo).

grater ['greɪtəʳ] *n* ralador *m*.

gratify ['grætɪfaɪ] (*pt & pp* -ied) *vt* -1. [please]: to be gratified sentir-se gratificado(da) -2. [satisfy] satisfazer.

grating ['greɪtɪŋ] ◇ *adj* áspero(ra). ◇ *n* [grille] grade *f*.

gratitude ['grætɪtjuːd] *n* (*U*) gratidão *f*; ~ to sb (for sthg) gratidão por alguém (por algo).

gratuitous [grə'tjuːɪtəs] *adj fml* [unjustified] gratuito(ta).

grave [greɪv] ◇ *adj* grave. ◇ *n* túmulo *m*; to dig one's own ~ cavar a própria sepultura.

gravel ['grævl] *n* (*U*) cascalho *m*.

gravestone ['greɪvstəʊn] *n* lápide *f*.

graveyard ['greɪvjɑːd] *n* cemitério *m*.

gravity ['grævətɪ] *n* -1. [force] gravidade *f* -2. *fml* [seriousness, worrying nature] seriedade *f*, gravidade *f*.

gravy ['greɪvɪ] *n* [meat juice] molho *m* de carne; [sauce] caldo *m* de carne.

gray *adj & n US* = grey.

graze [greɪz] ◇ *n* [wound] machucado *m*, ferimento *m*. ◇ *vt* -1. [feed on] pastar -2. [cause to feed] pastorear -3. [break surface of] esfolar -4. [touch lightly] tocar de leve. ◇ *vi* [animals] pastar.

grease [griːs] ◇ *n* -1. [animal fat] gordura *f* -2. [lubricant] graxa *f* -3. [dirt] sebo *m*. ◇ *vt* -1. [gen] engraxar -2. [baking tray] untar.

greaseproof paper [ˌgriːspruːf-] *n* (*U*) *UK* papel *m* parafinado.

greasy ['griːzɪ] (*compar* -ier, *superl* -iest) *adj* -1. [food] gorduroso(sa); [tools] engordurado(da); [hair, hands, skin] seboso(sa) **-2.** [clothes] sujo(ja) **-3.** [road] escorregadio(dia).

great [greɪt] <> adj **-1.** [gen] grande **-2.** inf [really good, really nice] ótimo(ma). <> excl ótimo!

Great Britain n Grã-Bretanha.

greatcoat ['greɪtkəʊt] n sobretudo m pesado.

Great Dane n pastor m dinamarquês.

great-grandchild n bisneto m, -ta f.

great-grandfather n bisavô m.

great-grandmother n bisavó f.

greatly ['greɪtlɪ] adv imensamente; ~ exaggerated muito exagerado(da); ~ different extremamente diferente.

greatness ['greɪtnɪs] n grandeza f.

Greece [gri:s] n Grécia.

greed [gri:d] n **-1.** [for food] gula f **- 2.** fig [for money, power]: ~ (for sth) ganância (por algo).

greedy [gri:dɪ] (compar **-ier**, superl **-iest**) adj **-1.** [for food] guloso(sa) **-2.** fig [for money, power]: ~ for sth ganancioso(sa) por algo.

Greek [gri:k] <> adj grego(ga). <> n **-1.** [person] grego m, -ga f **- 2.** [language] grego m.

green [gri:n] <> adj **-1.** [gen] verde **-2.** inf [with nausea, fear] pálido(da) **-3.** inf [inexperienced] novato(ta). <> n **-1.** [colour] verde **-2.** [in village] praça f **- 3.** GOLF green m.

◆ **Green** n POL Verde; **the Greens** os Verdes.

◆ **greens** npl [vegetables] verduras fpl.

greenback ['gri:nbæk] n US inf [banknote] nota f de dólar.

green belt n UK área f verde.

green card n **-1.** UK [for insuring vehicle] seguro que protege veículos e motoristas no exterior **-2.** US [resident's permit] green card m, visto m permanente (nos Estados Unidos).

greenery ['gri:nərɪ] n (U) folhagem f.

greenfly ['gri:nflaɪ] (pl inv OR **-ies**) n pulgão m.

greengage ['gri:ngeɪdʒ] n rainha-cláudia f.

greengrocer ['gri:n,grəʊsəʳ] n verdureiro(ra); ~'s (shop) quitanda f.

greenhouse ['gri:nhaʊs, pl -haʊzɪz] n estufa f.

greenhouse effect n: **the** ~ o efeito estufa.

greenhouse gas n gás m de efeito estufa.

Greenland ['gri:nlənd] n Groenlândia.

green salad n salada f verde.

greet [gri:t] vt **-1.** [say hello to] cumprimentar **-2.** [speech, announcement, remark] saudar.

greeting ['gri:tɪŋ] n [salutation] cumpri-

mento m, saudação f.

◆ **greetings** npl [on card] votos mpl.

greetings card UK ['gri:tɪŋz-], **greeting card** US n cartão m de comemoração.

grenade [grə'neɪd] n: **(hand)** ~ granada f (de mão).

grew [gru:] pt ▷ **grow**.

grey UK, **gray** US [greɪ] <> adj **-1.** [colour, weather] cinzento(ta) **-2.** [hair, beard] grisalho(lha); **to go** ~ ficar grisalho(lha) **- 3.** fig [life, situation] preto(ta). <> n cinza m.

grey-haired [-'heəd] adj grisalho(lha).

greyhound ['greɪhaʊnd] n galgo m.

grid [grɪd] n **-1.** [grating] gradeamento m **- 2.** [system of squares] grade f **- 3.** ELEC rede f.

griddle ['grɪdl] n chapa f de ferro (para assar).

gridlock ['grɪdlɒk] n empasse m.

grief [gri:f] n **-1.** [sorrow] pesar m, tristeza f **- 2.** inf [trouble] chateação f **- 3.** phr: **to come to** ~ fracassar; **good** ~**!** credo!

grievance ['gri:vns] n [complaint] queixa m, agravo m.

grieve [gri:v] vi: **to** ~ **(for sb/sth)** estar de luto por alguém/algo.

grievous ['gri:vəs] adj fml [serious, harmful] doloroso(sa).

grievous bodily harm n (U) lesão f corporal.

grill [grɪl] <> n [for cooking] grelha f. <> vt **-1.** [cook on grill] grelhar **-2.** inf [interrogate] interrogar.

grille [grɪl] n grade f.

grim [grɪm] (compar **-mer**, superl **-mest**) adj **-1.** [stern] severo(ra), rígido(da) **-2.** [gloomy] deprimente.

grimace [grɪ'meɪs] <> n careta f. <> vi fazer caretas.

grime [graɪm] n (U) sujeira f.

grimy ['graɪmɪ] (compar **-ier**, superl **-iest**) adj imundo(da).

grin [grɪn] (pt & pp **-ned**, cont **-ning**) <> n sorriso m aberto. <> vi: **to** ~ **(at sb/sth)** abrir um sorriso (para alguém/algo).

grind [graɪnd] (pt & pp **ground**) <> vt [coffee, pepper, grain] moer; **freshly ground coffee** café moído na hora. <> vi [scrape] arranhar. <> n [hard, boring work] rotina f.

◆ **grind down** vt sep [oppress] oprimir.

◆ **grind up** vt sep **-1.** [bottles] triturar **- 2.** [knife] afiar **-3.** US [meat] picar **-4.** [gemstone] lapidar.

grinder ['graɪndəʳ] n [machine] moedor m.

grip [grɪp] (pt & pp **-ped**, cont **-ping**) <> n **-1.** [physical hold]: **to have a** ~ **on sb/ sth** ter o controle sobre alguém/

algo; **to keep a ~ on the handrail** segurar-se no corrimão; **to get a good ~** dar um bom aperto; **to release one's ~ on sb/sthg** deixar de controlar alguém/algo - **2.** [control, domination] domínio *m*; **~ on sb/sthg** controle sobre alguém/algo; **to get to ~s with sthg** encarar algo; **to get a ~ on o.s.** controlar-se - **3.** *(U)* [adhesion] aderência *f* - **4.** [handle] punho *m* - **5.** *dated* [bag] valise *f*. ◇ *vt* - **1.** [grasp] agarrar - **2.** [subj: tyres] ter aderência a - **3.** [imagination, attention] controlar.

gripe [graɪp] *inf* ◇ *n* [complaint] queixa *f*; **the ~s** cólicas *fpl*. ◇ *vi*: **to ~ (about sthg)** resmungar (por causa de algo).

gripping [ˈgrɪpɪŋ] *adj* [story, film] emocionante.

grisly [ˈgrɪzlɪ] (*compar* -ier, *superl* -iest) *adj* [horrible, macabre] horrendo(da), medonho(nha).

gristle [ˈgrɪsl] *n (U)* cartilagem *f*.

grit [grɪt] (*pt* & *pp* -ted, *cont* -ting) ◇ *n* - **1.** [stones] areia *f* - **2.** *inf* [courage] coragem *f*. ◇ *vt* [road, steps] pôr areia em.

gritty [ˈgrɪtɪ] (*compar* -ier, *superl* -iest) *adj* - **1.** [stony] arenoso(sa) - **2.** *inf* [brave] corajoso(sa).

groan [grəʊn] ◇ *n* gemido *m*. ◇ *vi* - **1.** [moan] gemer - **2.** [creak] ranger - **3.** [complain] resmungar.

grocer [ˈgrəʊsəʳ] *n* dono *m*, -na *f* de mercearia; **~'s (shop)** mercearia *f*.

groceries [ˈgrəʊsərɪz] *npl* [foods] comestíveis *mpl*.

grocery [ˈgrəʊsərɪ] (*pl* -ies) *n* [shop] mercearia *f*.

groggy [ˈgrɒgɪ] (*compar* -ier, *superl* -iest) *adj* grogue.

groin [grɔɪn] *n* ANAT virilha *f*.

groom [gruːm] ◇ *n* - **1.** [of horses] cavalariço *m* - **2.** [bridegroom] noivo *m*. ◇ *vt* - **1.** [horse, dog] tratar - **2.** [candidate]: **to ~ sb (for sthg)** preparar alguém (para algo).

groomed *adj*: **well/badly ~** bem/mal tratado(da).

groove [gruːv] *n* - **1.** [in metal, wood] entalhe *m* - **2.** [in record] ranhura *f*.

grope [grəʊp] *vi*: **to ~ (about) for sthg** [object] tatear por algo.

gross [grəʊs] (*pl inv* OR -es) ◇ *adj* - **1.** [total] bruto(ta) - **2.** *fml* [serious, inexcusable] grave - **3.** *inf* [coarse, vulgar] indecente - **4.** *inf* [obese] balofo(fa). ◇ *n* grosa *f*.

grossly [ˈgrəʊslɪ] *adv* [for emphasis] extremamente.

grotesque [grəʊˈtesk] *adj* [strange, unnatural] grotesco(ca).

grotto [ˈgrɒtəʊ] (*pl* -es OR -s) *n* gruta *f*.

grotty [ˈgrɒtɪ] (*compar* -ier, *superl* -iest) *adj* UK *inf* asqueroso(sa).

ground [graʊnd] ◇ *pt* & *pp* ▷ **grind**. ◇ *n* - **1.** [surface of earth] terra *f*, chão *m*; **above/below ~** em cima/embaixo da terra; **on the ~** no chão - **2.** *(U)* [area of land] terreno *m* - **3.** [area used for a particular purpose] campo *m* - **4.** [subject area] área *f* - **5.** [advantage]: **to gain/lose ~** ganhar/perder terreno. ◇ *vt* - **1.** [base]: **to be ~ed on** OR **in sthg** ter algo como base; **to be well-~ed in sthg** estar bem baseado em algo - **2.** [aircraft, pilot] ficar retido(da) - **3.** *esp US inf* [child] ficar de castigo - **4.** US ELEC: **to be ~ed** ter um fio-terra.
 ◆ **grounds** *npl* - **1.** [reason] razão *f*, motivo *m*; **~s for sthg/for doing sthg** motivo para algo/para fazer algo - **2.** [land round building] jardins *mpl* - **3.** [of coffee] borra *f*.

ground crew *n* equipe *f* de terra.

ground floor *n* (andar *m*) térreo *m*.

grounding [ˈgraʊndɪŋ] *n*: **~ (in sthg)** conhecimentos *mpl* básicos (sobre algo).

groundless [ˈgraʊndlɪs] *adj* infundado(da).

groundsheet [ˈgraʊndʃiːt] *n* lona *f*.

ground staff *n* - **1.** [at sports ground] equipe *f* de campo - **2.** UK [at airport] pessoal *m* de terra.

groundswell [ˈgraʊndswel] *n* [of feeling] acirramento *m*.

groundwork [ˈgraʊndwɜːk] *n (U)* base *f*, fundamento *m*.

group [gruːp] ◇ *n* - **1.** [gen] grupo *m* - **2.** MUS banda *f*. ◇ *vt* agrupar; [classify] classificar. ◇ *vi*: **to ~ (together)** agrupar-se.

groupie [ˈgruːpɪ] *n inf* tiete *mf*.

grouse [graʊs] (*pl* -s) ◇ *n* [bird] galo-silvestre *m*. ◇ *vi inf* queixar-se.

grove [grəʊv] *n* - **1.** [of trees] arvoredo *m* - **2.** [of fruit trees] pomar *m*.

grovel [ˈgrɒvl] (UK *pt* & *pp* -led, *cont* -ling, US *pt* & *pp* -ed, *cont* -ing) *vi pej* [humble o.s.] humilhar-se; **to ~ to sb** humilhar-se diante de alguém.

grow [grəʊ] (*pt* grew, *pp* grown) ◇ *vt* - **1.** [plants] cultivar - **2.** [hair, beard] deixar crescer. ◇ *vi* - **1.** [plant, hair, person] crescer; [company, city, economy, plan] desenvolver-se - **2.** [increase] aumentar - **3.** [become] tornar-se; **to ~ tired of sthg** cansar-se de algo.
 ◆ **grow on** *vt fus inf* [please more and more]: **this book is growing on me** gosto cada vez mais deste livro.
 ◆ **grow out of** *vt fus* - **1.** [clothes, shoes]: **he's grown out of all his clothes**

as roupas dele ficaram pequenas -**2.** [habit] perder.

◆ **grow up** vi crescer.

grower ['grəʊə'] n [person] produtor m, -ra f, agricultor m, -ra f.

growl [graʊl] vi -**1.** [dog] rosnar -**2.** [lion] rugir -**3.** [engine] ranger -**4.** [person] resmungar.

grown [grəʊn] <> pp ▷ **grow.** <> adj crescido(da).

grown-up <> adj -**1.** [fully grown, full-sized] crescido(da) -**2.** [mature, sensible] maduro(ra). <> n adulto m, -ta f.

growth [grəʊθ] n -**1.** (U) [development, increase] crescimento m -**2.** MED [lump] tumor m, abscesso m.

grub [grʌb] n -**1.** [insect] larva f -**2.** (U) inf [food] rango m.

grubby ['grʌbɪ] (compar -ier, superl -iest) adj encardido(da).

grudge [grʌdʒ] <> n ressentimento m; to bear sb a ~, to bear a ~ against sb guardar rancor contra alguém. <> vt ressentir, lamentar; to ~ sb sthg invejar alguém por algo.

gruelling UK, **grueling** US ['grʊəlɪŋ] adj árduo(dua).

gruesome ['gru:səm] adj horrível.

gruff [grʌf] adj -**1.** [hoarse] rouco(ca) -**2.** [rough, unfriendly] brusco(ca).

grumble ['grʌmbl] vi -**1.** [complain] resmungar; to ~ about sthg resmungar por algo -**2.** [rumble - thunder, stomach] roncar; [- train] reboar.

grumpy ['grʌmpɪ] (compar -ier, superl -iest) adj -**1.** inf [person] resmungão(ona) -**2.** inf [face] rabugento(ta).

grunt [grʌnt] <> n -**1.** [of pig] grunhido m -**2.** [of person] resmungo m. <> vi -**1.** [pig] grunhir -**2.** [person] resmungar.

G-string n -**1.** MUS corda f G -**2.** [clothing] tanga f tapa-sexo.

guarantee [ˌgærən'ti:] <> n garantia f. <> vt -**1.** COMM dar garantia para -**2.** [promise] garantir.

guard [gɑ:d] <> n -**1.** [person] guarda mf -**2.** [group of guards] guarda f -**3.** [supervision] proteção f; to be on ~ estar em guarda; to catch sb off ~ pegar alguém desprevenido(da) -**4.** UK RAIL chefe mf de trem -**5.** [protective device] dispositivo m de segurança -**6.** [in boxing] proteção f. <> vt -**1.** [protect] proteger -**2.** [prevent from escaping] vigiar.

guard dog n cão m de guarda.

guarded ['gɑ:dɪd] adj [careful] cauteloso(sa).

guardian ['gɑ:djən] n -**1.** JUR [of child] guardião m, -diã f -**2.** [protector] curador m, -ra f.

guard rail n US [on road] proteção f lateral.

guard's van n UK vagão m de freio.

guerilla [gə'rɪlə] n = guerrilla.

Guernsey ['gɜ:nzɪ] n [place] Guernsey.

guerrilla [gə'rɪlə] n guerrilheiro m, -ra f; urban ~ guerrilheiro urbano, guerrilheira urbana.

guerrilla warfare n (U) guerrilha f.

guess [ges] <> n -**1.** [at facts, figures] suposição f -**2.** [hypothesis] hipótese f. <> vt [assess correctly] adivinhar; ~ what! adivinha! <> vi -**1.** [attempt to answer] chutar; to ~ at sthg tentar adivinhar algo -**2.** [think, suppose]: I ~ (so) eu acho (que sim).

guesswork ['gesw3:k] n (U) adivinhação f.

guest [gest] n -**1.** [visitor - at home] visita mf; [- at club, restaurant, concert] convidado m, -da f -**2.** [at hotel] hóspede mf.

guesthouse ['gesthaʊs, pl -haʊzɪz] n pensão f.

guestroom ['gestrʊm] n quarto m de hóspedes.

guffaw [gʌ'fɔ:] <> n gargalhada f. <> vi gargalhar, dar gargalhadas.

guidance ['gaɪdəns] n -**1.** [help] orientação f -**2.** [leadership] liderança f.

guide [gaɪd] <> n -**1.** [person, book for tourist] guia mf -**2.** [manual] manual m -**3.** [indication] estimativa f (aproximada) -**4.** = **girl guide.** <> vt -**1.** [show by leading] guiar; **the waiter ~d them to a table** o garçom os conduziu até a mesa -**2.** [plane, missile] orientar -**3.** [influence]: **to be ~d by sb/sthg** ser orientado(da) por alguém/algo.

Guide Association n: **the ~** as Escoteiras.

guide book n guia m.

guide dog n cão-guia m.

guided tour n -**1.** [of city] excursão f guiada -**2.** [of cathedral, museum etc] visita f guiada.

guidelines ['gaɪdlaɪnz] npl princípios mpl, diretrizes fpl.

guild [gɪld] n -**1.** HIST guilda f -**2.** [association] associação f.

guile [gaɪl] n (U) literary astúcia f.

guillotine ['gɪlə,ti:n] <> n guilhotina f. <> vt guilhotinar.

guilt [gɪlt] n culpa f.

guilty ['gɪltɪ] (compar -ier, superl -iest) adj -**1.** [remorseful] culpado(da) -**2.** [causing remorse] condenável, que causa remorso -**3.** JUR culpado(da); **to be found ~/not ~** ser declarado culpado(da)/inocente -**4.** fig [culpable] culpável; **to be ~ of sthg** ser culpado(da) de algo.

guinea pig ['gɪnɪ-] n -**1.** [animal] porquinho-da-Índia *m* **- 2.** [subject of experiment] cobaia *mf.*

guise [gaız] *n fml* aparência *f*, aspecto *m.*

guitar [gı'tɑ:ʳ] *n* violão *m*, guitarra *f.*

guitarist [gı'tɑ:rıst] *n* violonista *mf*, guitarrista *mf.*

gulf [gʌlf] *n* **- 1.** [sea] golfo *m* **- 2.** [deep hole]: ~ **(between)** abismo (entre) **- 3.** *fig* [separation] abismo *m.*
▸ **Gulf** *n*: **the Gulf** o Golfo Pérsico.

gull [gʌl] *n* [bird] gaivota *f.*

gullet ['gʌlıt] *n* esôfago *m.*

gullible ['gʌləbll] *adj* ingênuo(nua).

gully ['gʌlı] (*pl* **-ies**) *n* **- 1.** [valley] barranco *m* **- 2.** [ditch] vala *f.*

gulp [gʌlp] <> *n* gole *m.* <> *vt* engolir. <> *vi* engolir em seco.
▸ **gulp down** *vt sep* engolir.

gum [gʌm] (*pt* & *pp* **-med**, *cont* **-ming**) <> *n* **- 1.** (*U*) [chewing gum] chiclete *m* **- 2.** [adhesive] goma *f* **- 3.** *ANAT* gengiva *f.* <> *vt* **- 1.** [cover with adhesive] passar goma em **- 2.** [stick] colar.

gumboots ['gʌmbu:ts] *npl UK* galocha *f.*

gummed *adj* adesivo(va).

gun [gʌn] (*pt* & *pp* **-ned**, *cont* **-ning**) *n* **- 1.** [gen] arma *f* **- 2.** [specific type - revolver] revólver *m*; [- pistol] pistola *f*; [- shotgun] espingarda *m*; [- rifle] rifle *m*; [- cannon] canhão *m* **- 3.** *SPORT* [starting pistol] revólver *m* **- 4.** [tool] pistola *f.*
▸ **gun down** *vt sep* balear.

gunboat ['gʌnbəʊt] *n* canhoeira *f.*

gunfire ['gʌnfaıəʳ] *n* (*U*) tiroteio *m.*

gunman ['gʌnmən] (*pl* **-men** [-mən]) *n* pistoleiro *m.*

gunpoint ['gʌnpɔınt] *n*: **at** ~ na mira.

gunpowder ['gʌnˌpaʊdəʳ] *n* (*U*) pólvora *f.*

gunshot ['gʌnʃɒt] *n* [firing of gun] tiro *m.*

gunsmith ['gʌnsmıθ] *n* armeiro *m*, -ra *f.*

gurgle ['gɜ:gl] *vi* **- 1.** [water] gorgolejar **- 2.** [baby] fazer gugu.

guru ['gʊru:] *n* [spiritual leader] guru *m.*

gush [gʌʃ] <> *n* jorro *m.* <> *vi* **- 1.** [flow out] verter **- 2.** *pej* [enthuse] entusiasmar-se.

gusset ['gʌsıt] *n* **- 1.** *SEWING* nesga *f* **- 2.** [in tights] entreperna *m.*

gust [gʌst] *n* rajada *f.*

gusto ['gʌstəʊ] *n* (*U*): **with** ~ com garra.

gut [gʌt] (*pt* & *pp* **-ted**, *cont* **-ting**) <> *n* **- 1.** *MED* intestino *m* **- 2.** *inf* [stomach] bucho *m.* <> *vt* **- 1.** [remove organs from] destripar **- 2.** [destroy] destruir.
▸ **guts** *npl inf* **- 1.** [intestines] tripas *fpl*; **to hate sb's** ~ **s** ter alguém atravessado(da) na garganta **- 2.** [courage] coragem *f.*

gutter ['gʌtəʳ] *n* **- 1.** [ditch] sarjeta *f* **- 2.** [on roof] calha *f.*

gutter press *n pej* imprensa-marrom *f.*

guy [gaı] *n* **- 1.** *inf* [man] cara *mf* **- 2.** *esp US* [person] galera *f inv* **- 3.** *UK* [dummy] boneco que se queima na Grã-Bretanha na Noite da Conspiração da Pólvora.

Guy Fawkes Night *n* Noite *f* da Conspiração da Pólvora.

guy rope *n* amarra *f.*

guzzle ['gʌzl] <> *vt pej* - [food] devorar com gula; [- drink] beber com gula. <> *vi* engolir com gula.

gym [dʒım] *n inf* **- 1.** [gymnasium - in school] ginásio *m*; [- in hotel, health club] sala *f* de ginástica **- 2.** (*U*) [exercises] ginástica *f*, ginásio *m.*

gymnasium [dʒım'neızjəm] (*pl* **-siums** OR **-sia** [-zjə]) *n* ginásio *m.*

gymnast ['dʒımnæst] *n* ginasta *mf.*

gymnastics [dʒım'næstıks] *n* (*U*) ginástica *f.*

gym shoes *npl* sapatilha *f* de ginástica.

gymslip ['dʒım,slıp] *n UK* bata *f* escolar.

gynaecologist *UK*, **gynecologist** *US* [,gaınə'kɒlədʒıst] *n* ginecologista *mf.*

gynaecology *UK*, **gynecology** *US* [,gaınə'kɒlədʒı] *n* (*U*) ginecologia *f.*

gypsy ['dʒıpsı] (*pl* **-ies**) *adj* & *n* = **gipsy**.

gyrate [dʒaı'reıt] *vi* girar.

h (*pl* **h's** OR **hs**), **H** (*pl* **H's** OR **Hs**) [eıtʃ] *n* [letter] h, H *m.*

haberdashery ['hæbədæʃərı] (*pl* **-ies**) *n* **- 1.** (*U*) [goods] materiais *mpl* de costura, artigos *mpl* de armarinho **- 2.** [shop] armarinho *m.*

habit ['hæbıt] *n* **- 1.** [customary practice] hábito *m*, costume *m*; **to make a** ~ **of** sthg tornar algo um hábito; **to make a** ~ **of doing** sthg ter por hábito fazer algo **- 2.** [drug addiction] vício *m* **- 3.** [garment] hábito *m.*

habitat ['hæbıtæt] *n* hábitat *m.*

habitual [hə'bıtʃʊəl] *adj* **- 1.** [customary] habitual, costumeiro(ra) **- 2.** [offender, smoker, drinker] inveterado(da).

hack [hæk] <> *n pej* [writer] escritorzinho *m*, -razinha *f.* <> *vt* **- 1.** [cut] cortar

- 2. *inf* [cope with] enfrentar.
◆ **hack into** *vt fus COMPUT* invadir ilegalmente.
hacker ['hækə'] *n COMPUT*: **(computer)** ~ hacker *mf* (de computador).
hackneyed ['hæknɪd] *adj pej* batido(da), banal.
hacksaw ['hæksɔ:] *n* serra *f* para metais.
had [*weak form* həd, *strong form* hæd] *pt & pp* ⊳ **have**.
haddock ['hædək] (*pl inv*) *n* hadoque *m*.
hadn't ['hædnt] = **had not**.
haemophiliac [,hi:mə'fɪlɪæk] *n* = **hemophiliac**.
haemorrhage ['hemərɪdʒ] *n & vi* = **hemorrhage**.
haemorrhoids ['hemərɔɪdz] *npl* = **hemorrhoids**.
haggard ['hægəd] *adj* abatido(da).
haggis ['hægɪs] *n* lingüiça escocesa, normalmente com o formato de uma bola, feita de carne de carneiro picada e embutida na pele do estômago do carneiro.
haggle ['hægl] *vi* pechinchar, regatear; **to** ~ **over** *OR* **about sthg** pechinchar acerca de algo.
Hague [heɪg] *n*: **The** ~ Haia.
hail [heɪl] ⋄ *n* **-1.** (U) [frozen rain] granizo *m* **-2.** *fig* [torrent - of bullets] rajada *f*; [- of criticism] chuva *f*; [- of abuse] onda *f*. ⋄ *vt* **-1.** [call] chamar **-2.** [acclaim]: **to** ~ **sb/sthg as sthg** aclamar alguém/algo como algo. ⋄ *v impers METEOR* chover granizo.
hailstone ['heɪlstəʊn] *n* granizo *m*.
hailstorm ['heɪlstɔ:m] *n* chuva *f* de granizo.
hair [heə'] ⋄ *n* **-1.** (U) [on human head] cabelo *m*; **to do one's** ~ pentear-se **-2.** [on animal, insect, plant] pêlo *m* **-3.** [on human skin] pêlo *m*. ⋄ *comp* **-1.** [oil, lotion] capilar **-2.** [conditioner] de cabelos.
hairbrush ['heəbrʌʃ] *n* escova *f* de cabelo.
haircut ['heəkʌt] *n* corte *m* de cabelo.
hairdo ['heədu:] (*pl* -s) *n inf* penteado *m*.
hairdresser ['heə,dresə'] *n* cabeleireiro *m*, -ra *f*; ~'**s (salon)** (salão *m* de) cabeleireiro *m*.
hairdryer ['heə,draɪə'] *n* secador *m* de cabelos.
hair gel *n* (U) gel *m* fixador.
hairgrip ['heəgrɪp] *n UK* grampo *m* de cabelo.
hairpin ['heəpɪn] *n* grampo *m* de cabelo.
hairpin bend *n* curva *f* fechada.
hair-raising [-,reɪzɪŋ] *adj* assustador(ra); **a** ~ **story** uma história de deixar os cabelos em pé.

hair remover [-rɪ,mu:və'] *n* (creme *m*) depilatório *m*.
hair slide *n UK* passador *m*, presilha *f*.
hairspray ['heəspreɪ] *n* laquê *m*.
hairstyle ['heəstaɪl] *n* penteado *m*.
hairy ['heərɪ] (*compar* **-ier**, *superl* **-iest**) *adj* **-1.** [covered in hair - person] cabeludo(da); [- animal, legs] peludo(da) **-2.** *inf* [dangerous] arriscado(da).
Haiti ['heɪtɪ] *n* Haiti.
hake [heɪk] (*pl inv OR* **-s**) *n* merluza *f*.
half [*UK* hɑ:f, *US* hæf] (*pl* **halves**) ⋄ *adj* meio (meia); ~ **my salary** metade *f* do meu salário. ⋄ *adv* **-1.** [partly, almost] meio, quase; **I** ~ **expected him to say yes** eu meio que esperava que ele dissesse sim **-2.** [by half]: **to increase sthg by** ~ acrescentar a metade ao valor de algo **-3.** [in equal measure] meio; ~**-and-** ~ meio a meio **-4.** [in telling the time]: ~ **past ten** *UK*, ~ **after ten** *US* dez e meia; **it's** ~ **past ten/one** são dez e meia/é uma e meia. ⋄ *n* **-1.** [one of two equal parts] metade *f*; **to go halves (with sb)** rachar as despesas (com alguém) **-2.** [fraction] meio *m* **-3.** *SPORT* [of sports match] tempo *m* **-4.** *SPORT* [halfback] meio-campo *mf* **-5.** [of beer] meia cerveja *f* **-6.** [child's ticket] meia entrada *f*. ⋄ *pron* [one of two equal parts] metade de; ~ **of** metade de.
halfback ['hɑ:fbæk] *n* meio-campo *mf*.
half board *n* (U) *UK* meia pensão *f*.
half-breed ⋄ *adj* mestiço(ça). ⋄ *n* mestiço *m*, -ça *f*.
half-caste [-kɑ:st] ⋄ *adj* mestiço(ça). ⋄ *n* mestiço *m*, -ça *f*.
half-fare *n* meia passagem *f*.
half-hearted [-'hɑ:tɪd] *adj* desanimado(da).
half hour *n* meia hora *f*.
half-mast *n UK*: **at** ~ [flag] a meio pau.
half moon *n* meia-lua *f*.
half note *n US MUS* mínima *f*.
halfpenny ['heɪpnɪ] (*pl* **-pennies** *OR* **-pence**) *n* meio pêni *m*.
half-price *adj* a metade do preço.
half term *n UK* recesso *m* escolar.
half time *n* (U) meio-tempo *m*.
halfway [hɑ:f'weɪ] ⋄ *adj* no meio do caminho. ⋄ *adv* **-1.** [in space] a meio caminho **-2.** [in time] no meio.
halibut ['hælɪbət] (*pl inv OR* **-s**) *n* halibute *m*.
hall [hɔ:l] *n* **-1.** [in house] entrada *f*, hall *m* **-2.** [meeting room] salão *m* **-3.** [public building] sala *f*; **town** ~ prédio *m* da prefeitura **-4.** *UK* [UNIV & hall of residence] alojamento *m*, casa *f* do estudante **-5.** [country house] mansão *m*.
hallmark ['hɔ:lmɑ:k] *n* **-1.** [typical fea-

ture] marca *f* distintiva **-2.** [on metal]
selo *m* de autenticidade.
hallo [həˈləʊ] *excl* = hello.
hall of residence (*pl* halls of residence) *n UK UNIV* casa *f* do estudante.
Hallowe'en, Halloween, [ˌhæləʊˈiːn] *n*
Dia *m* das Bruxas.
hallucinate [həˈluːsɪneɪt] *vi* alucinar.
hallway [ˈhɔːlweɪ] *n* **-1.** [at entrance of
house] saguão *m*, hall *m* **-2.** [corridor]
corredor *m*.
halo [ˈheɪləʊ] (*pl* -es OR -s) *n* [of saint, an-
gel] auréola *f*.
halt [hɔːlt] <> *n* [stop]: **to come to a ~**
[vehicle, horse] fazer uma parada; [de-
velopment, activity] interromper-se; **to
call a ~ to sthg** pôr fim a algo. <> *vt*
[stop - person] deter; [- development, ac-
tivity] interromper. <> *vi* [stop - person,
train] parar; [- development, activity]
interromper-se.
halterneck [ˈhɔːltənek] *adj*: **~ dress**
vestido *m* de frente-única.
halve [*UK* hɑːv, *US* hæv] *vt* **-1.** [reduce by
half] reduzir à metade **-2.** [divide] partir
ao meio.
halves [*UK* hɑːvz, *US* hævz] *pl* ▷ half.
ham [hæm] (*pt & pp* -med, *cont* -ming)
<> *n* [meat] presunto *m*. <> *comp* de
presunto.
hamburger [ˈhæmbɜːgəʳ] *n* **-1.** [burger]
hambúrguer *m* **-2.** *US* [mince] carne *f*
moída.
hamlet [ˈhæmlɪt] *n* aldeia *f*.
hammer [ˈhæməʳ] <> *n* [tool] martelo
m. <> *vt* **-1.** [with tool] martelar **-2.** [with
fist] bater em **-3.** *inf fig* [fact, order]: **to ~
sthg into sb** meter algo na cabeça de
alguém **-4.** *inf fig* [defeat] dar uma
surra em. <> *vi* [with fist]: **to ~ (on
sthg)** bater com insistência (em algo).
◆ **hammer out** <> *vt fus* [draw up]
alcançar com muito esforço. <> *vt
sep* [with tool] malhar.
hammock [ˈhæmək] *n* rede *f* de dormir.
hamper [ˈhæmpəʳ] <> *n* **-1.** [for picnic]
cesta *f* **-2.** *US* [for laundry] cesto *m* de
roupa. <> *vt* [impede] dificultar.
hamster [ˈhæmstəʳ] *n* hamster *m*.
hamstring [ˈhæmstrɪŋ] *n ANAT* tendão *m*
do jarrete.
hand [hænd] <> *n* **-1.** [part of body] mão
f; **to hold ~s** dar as mãos; **by ~** à mão;
to get OR **lay one's ~s on sb** colocar OR
pôr as mãos em alguém **-2.** [help] mão
f; **to give** OR **lend sb a ~ (with sthg)** dar
uma mão para alguém (em algo) **-3.**
[control, management] mão *f* **-4.** [worker
- on farm] peão *m*, -ona *f*; [- on ship]
tripulante *mf* **-5.** [of clock, watch] ponteiro *m* **-6.** [handwriting] caligrafia *f* **-7.**

[of cards] mão *f*. <> *vt*: **to ~ sthg to sb,
to ~ sb sthg** entregar algo a alguém.
◆ **(close) at hand** *adv* próximo.
◆ **in hand** *adv* **-1.** [time, money]: **to have
sthg in ~** ter algo sobrando **-2.** [prob-
lem, situation]: **to have sb/sthg in ~** ter
alguém/algo sob controle.
◆ **on hand** *adv* em prontidão.
◆ **on the one hand** *adv* por um lado.
◆ **on the other hand** *adv* por outro
lado.
◆ **out of hand** <> *adj* [situation]: **to get
out of ~** sair de controle. <> *adv*
[completely] completamente.
◆ **to hand** *adv* à mão.
◆ **hand down** *vt sep* [to next generation]
legar.
◆ **hand in** *vt sep* entregar.
◆ **hand out** *vt sep* distribuir.
◆ **hand over** <> *vt sep* **-1.** [baton,
money] entregar **-2.** [responsibility,
power] transferir, ceder **-3.** *TELEC* passar
a ligação. <> *vi* [government minister,
chairman] transferir; **to ~ over to sb**
transferir para alguém.
handbag [ˈhændbæg] *n* bolsa *f*.
handball [ˈhændbɔːl] *n* (*U*) [game] han-
debol *m*.
handbook [ˈhændbʊk] *n* manual *m*.
handbrake [ˈhændbreɪk] *n* freio *m* de
mão.
handcuffs [ˈhændkʌfs] *npl* algemas *fpl*.
handful [ˈhændfʊl] *n lit & fig* punhado
m.
handgun [ˈhændgʌn] *n* arma *f* de mão.
handheld PC [ˈhændheld-] *n* computador *m* de bolso, handheld *m*.
handicap [ˈhændɪkæp] (*pt & pp* -ped,
cont -ping) <> *n* **-1.** [physical or mental
disability] deficiência *f* **-2.** *fig* [disadvan-
tage] obstáculo *m* **-3.** *SPORT* handicap
m. <> *vt* [hinder] estorvar, atrapalhar.
handicapped [ˈhændɪkæpt] <> *adj*
[physically or mentally disabled] deficiente.
<> *npl*: **the ~** os deficientes.
handicraft [ˈhændɪkrɑːft] *n* [skill] artesanato *m*.
handiwork [ˈhændɪwɜːk] *n* (*U*) [work
produced by o.s.] trabalho *m* manual.
handkerchief [ˈhæŋkətʃɪf] (*pl* -chiefs
OR -chieves [-tʃiːvz]) *n* lenço *m*.
handle [ˈhændl] <> *n* **-1.** [for opening
and closing - of window] trinco *m*; [- of
door] maçaneta *f* **-2.** [for holding] cabo
m **-3.** [for carrying] alça *f*. <> *vt* **-1.** [with
hands] manusear **-2.** [control, operate -
car] guiar; [- ship] comandar; [- gun]
manejar; [- words] articular **-3.** [man-
age, process] manejar **-4.** [cope with]
tratar de.
handlebars [ˈhændlbɑːz] *npl* guidom
m.

handler ['hændlə'] n -1. [of animal] treinador m, -ra f -2. [of luggage]: **(baggage)** ~ carregador m, -ra f (de bagagem) -3. [of stolen goods] receptor m, -ra f.

hand luggage n UK bagagem f de mão.

handmade [,hænd'meɪd] adj feito(ta) à mão.

handout ['hændaʊt] n -1. [gift] donativo m -2. [leaflet] folheto m informativo -3. [for lecture, discussion] polígrafo m.

handrail ['hændreɪl] n corrimão m.

handset ['hændset] n TELEC fone m (do telefone).

handshake ['hændʃeɪk] n aperto m de mão.

handsome ['hænsəm] adj -1. [man] bonito(ta) -2. [reward, profit] considerável.

handstand ['hændstænd] n: to do a ~ plantar bananeira.

hand towel n toalha f de mão.

handwriting ['hænd,raɪtɪŋ] n letra f, caligrafia f.

handy ['hændɪ] (compar -ier, superl -iest) adj inf -1. [useful] prático(ca); **to come in** ~ vir a calhar -2. [skilful] hábil -3. [near] à mão.

handyman ['hændɪmæn] (pl -men [-men]) n faz-tudo mf.

hang [hæŋ] (pt & pp sense 1 **hung**, pt & pp sense 2 **hung** OR **hanged**) ◇ vt -1. [suspend] pendurar -2. [execute] enforcar. ◇ vi -1. [be suspended] estar suspenso(sa) -2. [be executed] ser enforcado(da). ◇ n: **to get the** ~ **of sthg** inf pegar o jeito de algo.

➤ **hang about, hang around** vi -1. [loiter] demorar-se -2. [wait] rondar.

➤ **hang down** vi pender.

➤ **hang on** vi -1. [keep hold]: **to** ~ **on (to sb/sthg)** segurar-se (em alguém/algo) -2. inf [continue waiting] aguardar -3. [persevere] resistir, agüentar.

➤ **hang out** vi inf [spend time] passar um tempo, frequentar.

➤ **hang round** vi = **hang about**.

➤ **hang up** ◇ vt sep [suspend] pendurar. ◇ vi [on telephone] desligar.

➤ **hang up on** vt fus TELEC desligar; **he hung up on me** ele desligou o telefone na minha cara.

hangar ['hæŋə'] n hangar m.

hanger ['hæŋə'] n [coat hanger] cabide m.

hanger-on (pl **hangers-on**) n bajulador m, -ra f, aproveitador m, -ra f.

hang gliding n (U) vôo m livre (com asa delta).

hangover ['hæŋ,əʊvə'] n [from drinking] ressaca f; **to have a** ~ estar de ressaca.

hang-up n inf PSYCH complexo m.

hanker ['hæŋkə'] ➤ **hanker after, hanker for** vt fus ansiar por, desejar ardentemente.

hankie, hanky ['hæŋkɪ] (pl -ies) (abbr of **handkerchief**) n inf lencinho m.

hanky-panky n inf [sexual behaviour] sem-vergonhice f.

haphazard [,hæp'hæzəd] adj caótico(ca), desordenado(da).

hapless ['hæplɪs] adj literary desafortunado(da).

happen ['hæpən] vi -1. [occur] acontecer; **to** ~ **to sb** acontecer com alguém -2. [chance]: **I** ~ **ed to see him yesterday** por acaso eu o vi ontem; **do you** ~ **to have a pen on you?** você não teria por acaso uma caneta?; **as it** ~ **s** por acaso.

happening ['hæpənɪŋ] n [occurrence] acontecimento m.

happily ['hæpɪlɪ] adv -1. [contentedly]: **to be** ~ **doing sthg** fazer algo alegremente -2. [fortunately] felizmente -3. [willingly] com satisfação.

happiness ['hæpɪnɪs] n (U) felicidade f.

happy ['hæpɪ] (compar -ier, superl -iest) adj -1. [contented] feliz, contente -2. [causing contentment] feliz; **Happy Christmas/New Year/Birthday!** Feliz Natal/Ano Novo/Aniversário!; **to be** ~ **with** OR **about sthg** estar feliz com algo; **to be** ~ **to do sthg** estar muito disposto(ta) a fazer algo; **I'd be** ~ **to do it** eu faria isso com muito gosto.

happy-go-lucky adj despreocupado(da).

happy medium n meio-termo m.

harangue [hə'ræŋ] ◇ n arenga f, ladainha f. ◇ vt arengar.

harass ['hærəs] vt [pester - with questions, problems] atormentar; [- sexually] molestar.

harbour UK, **harbor** US ◇ n porto m. ◇ vt -1. [feeling] abrigar -2. [person] dar refúgio a.

hard [hɑːd] ◇ adj -1. [very firm, not soft] duro(ra) -2. [difficult] difícil -3. [strenuous, stressful] duro(ra), pesado(da) -4. [forceful] forte -5. [harsh, unkind] rispido(da); **to be** ~ **on sb/sthg** ser duro com alguém/algo -6. [winter, frost] rigoroso(sa) -7. [water] duro(ra) -8. [fact, news] concreto(ta) -9. UK POL [extreme]: ~ **left/right** extrema esquerda/direita. ◇ adv -1. [strenuously] muito, duro -2. [forcefully] com força -3. [rain, snow] intensamente -4. phr: **to be** ~ **pushed** OR **put** OR **pressed to do sthg** ver-se em apuros para fazer algo; **to feel** ~ **done by** sentir-se injustiçado(da) por.

hardback ['hɑːdbæk] ◇ adj de capa

dura. ⬦ *n* [book] edição *f* de capa dura.

hardboard ['hɑːdbɔːd] *n (U)* madeira *f* compensada.

hard-boiled *adj* [egg] cozido(da).

hard cash *n (U)* dinheiro *m* vivo.

hard copy *n* COMPUT cópia *f* impressa.

hard disk *n* disco *m* rígido.

harden ['hɑːdn] ⬦ *vt* -1. [steel, arteries] endurecer -2. *fig* [person] endurecer -3. [attitude, ideas, opinion] fortalecer ⬦ *vi* -1. [glue, concrete, arteries] endurecer, endurecer-se -2. [attitude, ideas, opinion] fortalecer-se.

hard-headed [-'hedɪd] *adj* realista.

hard-hearted [-'hɑːtɪd] *adj* insensível; a ~ **person** uma pessoa sem coração.

hard labour *n (U)* trabalhos *mpl* forçados.

hard-liner *n* linha-dura *mf*.

hardly ['hɑːdlɪ] *adv* -1. [scarcely, not really] dificilmente; ~ **ever/anything** quase nunca/nada; **I can** ~ **move/wait** mal posso me mover/esperar -2. [only just] apenas.

hardness ['hɑːdnɪs] *n* -1. [firmness, also of water] dureza *f* -2. [difficulty] dificuldade *f*

hard return *n* COMPUT retorno *m* de hardware.

hardship ['hɑːdʃɪp] *n* -1. *(U)* [difficult conditions] privações *fpl* -2. [difficult circumstance] dificuldade *f*.

hard shoulder *n* UK AUT acostamento *m*.

hard up *adj inf* desprovido(da); ~ **for sthg** desprovido(da) de algo.

hardware ['hɑːdweəʳ] *n* -1. [tools, equipment] ferragens *fpl* -2. COMPUT hardware *m*.

hardware shop *n* ferragem *f*.

hardwearing [ˌhɑːd'weərɪŋ] *adj* UK resistente.

hardworking [ˌhɑːd'wɜːkɪŋ] *adj* trabalhador(ra).

hardy ['hɑːdɪ] *(compar* -ier, *superl* -iest) *adj* -1. [person, animal] forte, robusto(ta) -2. [plant] resistente.

hare [heəʳ] *n* lebre *f*.

harebrained ['heəˌbreɪnd] *adj inf* tolo(-la).

harelip [ˌheə'lɪp] *n* lábio *m* leporino.

haricot (bean) ['hærɪkəʊ-] *n* feijão *m*.

harm [hɑːm] ⬦ *n* [physical] mal *m*; [psychological] dano *m*; **to do** ~ **to sb/sthg**, **to do sb/sthg** ~ fazer mal a alguém/algo; **to be out of** ~'s **way** estar a salvo. ⬦ *vt* [physically] ferir; [psychologically] danificar, prejudicar.

harmful ['hɑːmfʊl] *adj* [physically] nocivo(va); [psychologically] prejudicial.

harmless ['hɑːmlɪs] *adj* inofensivo(va).

harmonica [hɑː'mɒnɪkə] *n* gaita-de-boca *f*.

harmonize, -ise ['hɑːmənaɪz] ⬦ *vt* harmonizar. ⬦ *vi* harmonizar; **to** ~ **with sthg** harmonizar-se com algo.

harmony ['hɑːmənɪ] *(pl* -ies) *n* harmonia *f*.

harness ['hɑːnɪs] ⬦ *n* -1. [for horse] arreio *m* -2. [for person, child] andador *m*. ⬦ *vt* -1. [horse] arrear, pôr arreios em -2. [energy, solar power] aproveitar.

harp [hɑːp] *n* MUS harpa *f*.

➡ **harp on** *vi*: **to** ~ **on (about sthg)** bater sempre na mesma tecla (sobre algo).

harpoon [hɑː'puːn] ⬦ *n* arpão *m*. ⬦ *vt* arpoar.

harpsichord ['hɑːpsɪkɔːd] *n* clavicórdio *m*.

harrowing ['hærəʊɪŋ] *adj* angustiante.

harsh [hɑːʃ] *adj* -1. [cruel, severe] severo(ra), duro(ra) -2. [conditions, weather] duro(ra) -3. [cry, voice] áspero(ra) -4. [colour, contrast, light] forte -5. [landscape] desolado(da) -6. [taste] azedo(da).

harvest ['hɑːvɪst] ⬦ *n* colheita *f*. ⬦ *vt* [crops] colher.

has [*weak form* həz, *strong form* hæz] *vb* ⮫ **have**.

has-been *n inf pej*: **that man is a** ~ aquele homem já era.

hash [hæʃ] *n* -1. *(U)* [meat] picadinho *m* -2. *inf* [mess]: **to make a** ~ **of sthg** fazer uma confusão em algo.

hashish ['hæʃiːʃ] *n (U)* haxixe *m*.

hasn't ['hæznt] = **has not**.

hassle ['hæsl] *inf* ⬦ *n* [annoyance] amolação *f*. ⬦ *vt* amolar, aborrecer.

haste [heɪst] *n (U)* -1. [rush] pressa *f*; **to do sthg in** ~ fazer algo às pressas -2. [speed] rapidez *f*; **to make** ~ *dated* apressar-se.

hasten ['heɪsn] ⬦ *vt* acelerar. ⬦ *vi* apressar-se; **I** ~ **to add that ...** apresso-me a acrescentar que ...

hastily ['heɪstɪlɪ] *adv* -1. [rashly] apressadamente -2. [quickly] rapidamente, às pressas.

hasty ['heɪstɪ] *(compar* -ier, *superl* -iest) *adj* -1. [rash] precipitado(da) -2. [quick] breve.

hat [hæt] *n* chapéu *m*.

hatch [hætʃ] ⬦ *vt* -1. [chick] incubar -2. [egg] chocar -3. *fig* [scheme, plot] conceber, idealizar. ⬦ *vi* -1. [chick] sair do ovo -2. [egg] chocar. ⬦ *n* [for serving food] portinhola *f*, janela *f* de comunicação.

hatchback ['hætʃˌbæk] *n* carro *m* com porta traseira.

hatchet ['hætʃɪt] *n* machadinha *f*.

hatchway ['hætʃˌweɪ] *n* escotilha *f*.

hate [heɪt] ◇ n -1. [emotion] ódio m - 2. [person, thing hated] aversão f. ◇ vt [dislike] detestar, odiar; **to ~ doing sthg** odiar fazer algo.

hateful ['heɪtfʊl] adj detestável.

hatred ['heɪtrɪd] n (U) ódio m.

hat trick n SPORT série de três pontos marcados pelo mesmo jogador na mesma partida.

haughty ['hɔːtɪ] (compar -ier, superl -iest) adj arrogante.

haul [hɔːl] ◇ n -1. [of drugs, stolen goods] carregamento m - 2. [distance]: **long ~** longo trajeto m. ◇ vt [pull] arrastar, puxar.

haulage ['hɔːlɪdʒ] n -1. [gen] transporte m - 2. [cost] gasto m com transporte.

haulier UK ['hɔːlɪəʳ], **hauler** US ['hɔːlər] n -1. [business] transportadora f - 2. [person] transportador m, -ra f.

haunch [hɔːntʃ] n -1. [of person] quadril m - 2. [of animal] lombo m.

haunt [hɔːnt] ◇ n [place] lugar m preferido. ◇ vt -1. [subj: ghost] assombrar - 2. [subj: memory, fear, problem] perseguir.

have [hæv] (pt & pp **had**) ◇ aux vb -1. [to form perfect tenses]: **I ~ finished** acabei; **~ you been there?** - no, I **~ n't** você já esteve lá? - não; **they hadn't seen it** não o tinham visto; **we had already left** nós já tínhamos saído - 2. [must]: **to ~ (got) to do sthg** ter de fazer algo; **do you ~ to pay?** é preciso pagar? ◇ vt -1. [possess]: **to ~ (got)** ter; **do you ~ OR ~ you got a double room?** você tem um quarto de casal?; **she's got brown hair** ela tem o cabelo castanho - 2. [experience] ter; **to ~ a cold** estar resfriado; **to ~ a great time** divertir-se a valer - 3. [replacing other verbs] ter; **to ~ breakfast** tomar o café da manhã; **to ~ dinner** jantar; **to ~ lunch** almoçar; **to ~ a bath** tomar banho; **to ~ a drink** tomar qualquer coisa, tomar um drinque; **to ~ a shower** tomar um banho; **to ~ a swim** nadar - 4. [feel] ter; **I ~ no doubt about it** não tenho dúvida alguma OR nenhuma sobre isso - 5. [cause to be]: **to ~ sthg done** mandar fazer algo; **to ~ one's hair cut** cortar o cabelo - 6. [be treated in a certain way]: **I've had my wallet stolen** roubaram a minha carteira.

haven ['heɪvn] n [refuge] abrigo m.

haven't ['hævnt] = **have not**.

haversack ['hævəsæk] n dated mochila f.

havoc ['hævək] n (U) destruição f, estragos mpl; **to play ~ with sthg** causar estragos em algo.

Hawaii [hə'waɪiː] n Havaí; **in ~** no Havaí.

hawk [hɔːk] n [bird] falcão m.

hawker ['hɔːkəʳ] n -1. [street vendor] camelô mf - 2. [door-to-door] vendedor m, -ra f ambulante.

hay [heɪ] n (U) feno m.

hay fever n (U) febre f do feno.

haystack ['heɪ,stæk] n feixe m de feno.

haywire ['heɪ,waɪəʳ] adj inf: **to go ~** ficar louco(ca).

hazard ['hæzəd] ◇ n [danger] perigo m. ◇ vt -1. [life, reputation] arriscar, pôr em perigo - 2. [guess, suggestion] atrever-se a fazer.

hazardous ['hæzədəs] adj perigoso(sa), arriscado(da).

hazard warning lights npl UK pisca-alerta m.

haze [heɪz] n -1. [mist] neblina f - 2. [state of confusion] confusão f mental.

hazel ['heɪzl] adj castanho-claro.

hazelnut ['heɪzl,nʌt] n avelã f.

hazy ['heɪzɪ] (compar -ier, superl -iest) adj -1. [misty] nebuloso(sa) - 2. [vague, confused - ideas, memory] vago(ga); [- person, facts] confuso(sa).

HCA (abbr of **health care assistant**) n auxiliar mf de enfermagem.

he [hiː] pers pron ele; **~'s tall** ele é alto.

head [hed] ◇ n -1. [gen] cabeça f; **a** OR **per ~** por pessoa, por cabeça; **to laugh/sing/shout one's ~ off** rir/cantar/gritar a plenos pulmões; **to be off one's ~** UK, **to be out of one's ~** US estar fora de seu juízo; **to go to one's ~** subir à cabeça; **to keep one's ~** manter a cabeça no lugar; **to lose one's ~** perder a cabeça; **to be soft in the ~** ter o miolo mole - 2. [of table, bed, river] cabeceira f - 3. [of page] cabeçalho m - 4. [of stairs] topo m - 5. [of queue, procession] frente f - 6. [of flower] corola f - 7. [head teacher] diretor m, -ra f - 8. ELEC cabeçote m. ◇ vt -1. [be at front of, top of] encabeçar - 2. [be in charge of] comandar - 3. FTBL cabecear. ◇ vi dirigir-se, ir; **we gave up and ~ed home** nós desistimos e fomos para casa; **the ship was ~ing due north** o navio rumava para o norte.
➤ **heads** npl [on coin] cara f; **~s or tails?** cara ou coroa?
➤ **head for** vt fus -1. [place] dirigir-se para - 2. fig [trouble, disaster] encaminhar-se para.

headache ['hedeɪk] n dor f de cabeça; **to have a ~** ter uma dor de cabeça.

headband ['hedbænd] n faixa f (para a cabeça).

head boy n UK [at school] representante m discente.

headdress ['hed͵dres] *n* touca *f*.

header ['hedə'] *n* -1. *FTBL* cabeçada *f*-2. [at top of page] cabeçalho *m*.

headfirst [͵hed'fɜːst] *adv* de cabeça.

headgear ['hed͵gɪə'] *n* proteção *f* para a cabeça.

head girl *n UK* [in school] representante *f* discente.

heading ['hedɪŋ] *n* título *m*, cabeçalho *m*.

headlamp ['hedlæmp] *n UK* farol *m (de carro)*.

headland ['hedlənd] *n* promontório *m*.

headlight ['hedlaɪt] *n* farol *m (de carro)*.

headline ['hedlaɪn] *n* -1. [in newspaper] manchete *f*-2. [of news broadcast] notícia *f* principal.

headlong ['hedlɒŋ] <> *adv* -1. [at great speed] apressadamente -2. [impetuously] precipitadamente -3. [dive, fall] abruptamente.

headmaster [͵hed'mɑːstə'] *n* diretor *m (de colégio)*.

headmistress [͵hed'mɪstrɪs] *n* diretora *f (de colégio)*.

head office *n* sede *f*.

head-on <> *adj* frontal, de frente. <> *adv* de frente.

headphones ['hedfəʊnz] *npl* fones *mpl* de ouvido.

headquarters [͵hed'kwɔːtəz] *npl* -1. *FIN* sede *f*, matriz *f*-2. *MIL* quartel-general *m*.

headrest ['hedrest] *n* apoio *m* para a cabeça.

headroom ['hedrʊm] *n (U)* -1. [in car] espaço *m (entre a cabeça e o teto)* -2. [below bridge] altura *f* livre.

headscarf ['hedskɑːf] *(pl* -scarves [-skɑːvz] *OR* -scarfs*) n* lenço *m (para a cabeça)*.

headset ['hedset] *n* fones *mpl* de ouvido com microfone.

head start *n* vantagem *f* inicial; ~ on *OR* over sb vantagem sobre alguém.

headstrong ['hedstrɒŋ] *adj* cabeçadura, obstinado(da).

head waiter *n* mâitre *m*.

headway ['hedweɪ] *n*: to make ~ fazer progressos.

headwind ['hedwɪnd] *n* vento *m* contrário.

headword *n* [in dictionary, reference book] entrada *f*, verbete *m*.

heady ['hedɪ] *(compar* -ier, *superl* -iest*) adj* -1. [exciting] emocionante -2. [causing giddiness] inebriante, estonteante.

heal [hiːl] <> *vt* -1. [mend, cure - person] curar; [- wound] cicatrizar -2. *fig* [breach, division] cicatrizar. <> *vi* [be mended, cured] cicatrizar.

healing ['hiːlɪŋ] <> *adj* curativo(va). <> *n (U)* cura *f*.

health [helθ] *n (U)* -1. [condition of body] saúde *f*-2. *fig* [of country, organization] bom estado *m*.

health centre *n* centro *m* de saúde.

health food *n* alimentos *mpl* naturais.

health food shop *n* loja *f* de alimentos naturais.

health service *n* serviço *m* de saúde.

healthy ['helθɪ] *(compar* -ier, *superl* -iest*) adj* -1. [gen] saudável -2. *fig* [thriving] saneado(da) -3. [substantial] substancial.

heap [hiːp] <> *n* monte *m*, pilha *f*. <> *vt* -1. [pile up] amontoar; to ~ sthg on (to) sthg amontoar algo sobre algo. ◆ **heaps** *npl inf*: ~s of montes *OR* pilhas de.

hear [hɪə'] *(pt & pp* heard [hɜːd]*)* <> *vt* -1. [perceive] ouvir -2. [learn of] escutar; to ~ (that) ouvir dizer que -3. *JUR* [listen to] ver. <> *vi* -1. [perceive sound] ouvir -2. [know]: to ~ about sthg ouvir falar sobre algo -3. [receive news] ter notícias de; to ~ from sb ter notícias de alguém -4. *phr*: I've never heard of him/it! nunca ouvi falar dele/disto!; I won't ~ of it! não quero saber nada sobre isto!

hearing ['hɪərɪŋ] *n* -1. [sense] audição *f*; hard of ~ com problemas de audição -2. *JUR* [trial] audiência *f*, julgamento *m*.

hearing aid *n* aparelho *m* auditivo.

hearsay ['hɪəseɪ] *n (U)* rumor *m*, boato *m*.

hearse [hɜːs] *n* carro *m* funerário.

heart [hɑːt] *n* -1. [gen] coração *m*; from the ~ de coração; to break sb's ~ partir o coração de alguém -2. *(U)* [courage]: to have the ~ to do sthg ter coragem de fazer algo; to lose ~ perder o ímpeto -3. [of problem] centro *m* -4. [of cabbage, celery, lettuce] miolo *m*. ◆ **hearts** *npl* [playing cards] copas *fpl*. ◆ **at heart** *adv* de coração. ◆ **by heart** *adv* de cor.

heartache ['hɑːteɪk] *n* sofrimento *m*, angústia *f*.

heart attack *n* ataque *m* cardíaco.

heartbeat ['hɑːtbiːt] *n* pulsação *f*.

heartbroken ['hɑːt͵brəʊkn] *adj* de coração partido.

heartburn ['hɑːtbɜːn] *n (U)* azia *f*.

heart failure *n (U)* parada *f* cardíaca.

heartfelt ['hɑːtfelt] *adj* sincero(ra), de todo coração.

hearth [hɑːθ] *n* -1. [of fireplace] base *f*-2. [fireplace] lareira *f*.

heartless ['hɑːtlɪs] *adj* desumano(na); ~ person pessoa sem coração.

heartwarming ['hɑːt͵wɔːmɪŋ] *adj* enternecedor(ra), gratificante.

hearty ['hɑ:tɪ] (*compar* -**ier**, *superl* -**iest**) *adj* -**1.** [loud, energetic] caloroso(sa) - **2.** [substantial - meal] farto(ta); [- appetite] bom (boa).

heat [hi:t] ⋄ *n* - **1.** (*U*) [gen] calor *m* - **2.** (*U*) [specific temperature] temperatura *f* - **3.** (*U*) [fire, source of heat] fogo *m* - **4.** (*U*) *fig*: in the ~ of the moment no calor do momento - **5.** [eliminating round] rodada *f* - **6.** *ZOOL*: on ~ *UK*, in ~ no cio. ⋄ *vt* esquentar.

⇒ **heat up** ⋄ *vt sep* [make warm] esquentar. ⋄ *vi* [become warm] ficar quente, esquentar.

heated ['hi:tɪd] *adj* - **1.** [room, swimming pool] aquecido(da) - **2.** [argument, discussion, person] esquentado(da).

heater ['hi:tə^r] *n* aquecedor *m*.

heath [hi:θ] *n* [open place] charneca *f*.

heathen ['hi:ðn] ⋄ *adj* pagão(gã). ⋄ *n* pagão *m*, -gã *f*.

heather ['heðə^r] *n* (*U*) urze *f*.

heating ['hi:tɪŋ] *n* (*U*) calefação *f*.

heatstroke ['hi:tstrəʊk] *n* (*U*) insolação *f*.

heat wave *n* onda *f* de calor.

heave [hi:v] ⋄ *vt* - **1.** [pull] puxar, arrastar; [push] empurrar - **2.** *inf* [throw] atirar, arremessar - **3.** [give out]: to ~ a sigh dar um suspiro. ⋄ *vi* - **1.** [pull] puxar - **2.** [rise and fall - boat, shoulders] sacudir-se; [- waves] ondular; [- chest] arfar - **3.** [retch] embrulhar.

heaven ['hevn] *n* [Paradise] paraíso *m*.

⇒ **heavens** ⋄ *npl*: the ~s *literary* os céus. ⋄ *excl*: (good) ~s! céus!

heavenly ['hevnlɪ] *adj inf dated* [delightful] divino(na).

heavily ['hevɪlɪ] *adv* - **1.** [for emphasis - to rain, smoke, drink, tax] excessivamente; [- laden, booked, dependent] totalmente; [- in debt] seriamente; [- populated] densamente - **2.** [solidly] solidamente - **3.** [noisily, ponderously] pesadamente - **4.** [deeply] profundamente.

heavy ['hevɪ] (*compar* -**ier**, *superl* -**iest**) *adj* - **1.** [gen] pesado(da); how ~ is it? quanto pesa? - **2.** [intense, deep] intenso(sa); to be a ~ sleeper ter o sono muito profundo - **3.** [in quantity] em grande número - **4.** [person - fat] gordo(da); [- solidly built] sólido(da) - **5.** [ponderous - movement] brusco(ca); [- fall] feio (feia) - **6.** [oppressive] carregado(da) - **7.** [grave, serious] grande - **8.** [busy] cheio (cheia).

heavy cream *n US* nata *f* para enfeitar.

heavy goods vehicle *n UK* veículo *m* de carga pesada.

heavyweight ['hevɪweɪt] ⋄ *adj SPORT*

peso pesado. ⋄ *n* peso *m* pesado.

Hebrew ['hi:bru:] ⋄ *adj* hebraico(ca). ⋄ *n* - **1.** [person] hebraico *m*, -ca *f* - **2.** [language] hebraico *m*.

Hebrides ['hebrɪdi:z] *npl*: the ~ as Hébridas.

heck [hek] *excl*: what/where/why the ~ ...? o que/onde/por que diabos ...?; a ~ of a lot of uma montanha de; a ~ of a nice guy um cara e tanto.

heckle ['hekl] ⋄ *vt* ficar interrompendo. ⋄ *vi* ficar interrompendo.

hectic ['hektɪk] *adj* muito agitado(da).

he'd [hi:d] = he had, he would.

hedge [hedʒ] ⋄ *n* [shrub] cerca *f* viva. ⋄ *vi* [prevaricate] dar evasivas.

hedgehog ['hedʒhɒg] *n* porco-espinho *m*.

heed [hi:d] ⋄ *n*: to take ~ of sthg levar algo em consideração. ⋄ *vt fml* ter em conta.

heedless ['hi:dlɪs] *adj*: to be ~ of sthg não fazer caso de algo.

heel [hi:l] *n* - **1.** [of foot] calcanhar *m* - **2.** [of shoe] salto *m*.

hefty ['heftɪ] (*compar* -**ier**, *superl* -**iest**) *adj inf* - **1.** [person] robusto(ta) - **2.** [salary, fee, fine] vultoso(sa), alto(ta).

heifer ['hefə^r] *n* vitela *f*, novilha *f*.

height [haɪt] *n* - **1.** [gen] altura *f*; in ~ de altura; what ~ is it/are you? que altura tem isto/você tem? - **2.** [zenith] apogeu *m*; the ~ of [fight, fame, tourist season] o auge de; [stupidity, ignorance, bad manners] o cúmulo de.

heighten ['haɪtn] ⋄ *vt* intensificar. ⋄ *vi* intensificar-se.

heir [eə^r] *n* herdeiro *m*.

heiress ['eərɪs] *n* herdeira *f*.

heirloom ['eəlu:m] *n* herança *f* de família.

heist [haɪst] *n inf* roubo *m*.

held [held] *pt & pp* ⊳ **hold**.

helicopter ['helɪkɒptə^r] *n* hepicóptero *m*.

helium ['hi:lɪəm] *n* (*U*) hélio *m*.

hell [hel] ⋄ *n* - **1.** inferno *m* - **2.** *inf* [for emphasis]: what/where/why the ~ ...? o que/onde/por que diabos ...?; it was one ~ of a mess estava uma bagunça total; he's a ~ of a nice guy ele é um cara simpático e tanto - **3.** *phr*: to do sthg for the ~ of it *inf* fazer algo por gosto; to give sb ~ *inf* [verbally] fazer alguém passar poucas e boas; go to ~! *v inf* vá para o inferno!. ⋄ *excl inf* diabos!, droga!

he'll [hi:l] = he will.

hellish ['helɪʃ] *adj inf* infernal.

hello [hə'ləʊ] *excl* [greeting] olá!, oi!; [answering telephone, attracting attention] alô!

helm [helm] *n* - **1.** [of ship] leme *m*, timão

helmet

162

m **-2.** *fig* [of company, organization] direção *f*.
helmet [ˈhelmɪt] *n* capacete *m*.
help [help] ◇ *n* **-1.** (U) [assistance] ajuda *f*; **to be of** ~ ajudar; **with the** ~ **of sb/sthg** com a ajuda de alguém/ algo **-2.** (U) [in an emergency] socorro *m* **-3.** [useful person or object]: **to be a** ~ ser útil. ◇ *vt* **-1.** [gen] ajudar; **to** ~ **sb (to) do sthg** ajudar alguém a fazer algo; **to** ~ **sb with sthg** ajudar alguém em algo. **-2.** [avoid] evitar; **I can't** ~ **feeling sad** não posso evitar ficar triste; **I couldn't** ~ **laughing** eu não conseguia parar de rir **-3.** *phr*: **to** ~ **o.s. (to sthg)** servir-se (de algo). ◇ *vi* [gen] ajudar; **to** ~ **with sthg** ajudar em algo. ◇ *excl* socorro!
◆ **help out** ◇ *vt sep* dar uma mão para. ◇ *vi* dar uma mão.
helper [ˈhelpə^r] *n* ajudante *mf*.
helpful [ˈhelpfʊl] *adj* **-1.** [willing to help] prestativo(va) **-2.** [useful] proveitoso(-sa).
helping [ˈhelpɪŋ] *n* porção *f* (de comida); **would you like a second** ~? quer repetir?
helpless [ˈhelplɪs] *adj* indefeso(sa).
helpline [ˈhelplaɪn] *n* (linha *f* de) suporte *m*.
Helsinki [ˈhelsɪŋkɪ] *n* Helsinque; **in** ~ em Helsinque.
hem [hem] (*pt* & *pp* **-med**, *cont* **-ming**) ◇ *n* bainha *f*. ◇ *vt* abainhar, fazer a bainha de.
◆ **hem in** *vt sep* cercar.
hemisphere [ˈhemɪˌsfɪə^r] *n* [of Earth] hemisfério *m*.
hemline [ˈhemlaɪn] *n* (altura *f* da) bainha *f*.
hemophiliac [ˌhiːməˈfɪlɪæk] *n* hemofílico *m*, **-ca** *f*.
hemorrhage [ˈhemərɪdʒ] *n* hemorragia *f*.
hemorrhoids [ˈhemərɔɪdz] *npl* hemorróidas *fpl*.
hen [hen] *n* **-1.** [female chicken] galinha *f* **-2.** [female bird] fêmea *f*.
hence [hens] *adv fml* **-1.** [therefore] por isso, assim **-2.** [from now]: **ten years** ~ daqui a dez anos.
henceforth [ˌhensˈfɔːθ] *adv fml* doravante.
henchman [ˈhentʃmən] (*pl* **-men** [-mən]) *n pej* capanga *m*, jagunço *m*.
henna [ˈhenə] ◇ *n* (U) hena *f*. ◇ *vt* passar *OR* aplicar hena em.
henpecked [ˈhenpekt] *adj pej* submisso(sa), dominado(da).
her [hɜː^r] ◇ *pers pron* **-1.** (direct) a; **I know** ~ eu a conheço **-2.** (indirect) lhe; **send it to** ~ mande isso para ela; **tell** ~ diga-lhe **-3.** (after prep) ela;

Lucy brought it with ~ **a** Lucy trouxe-o consigo *OR* com ela. ◇ *poss adj* o seu (a sua), dela; ~ **books** o livros dela, os seus livros.
herald [ˈherəld] ◇ *n* [messenger] mensageiro *m*, **-ra** *f*. ◇ *vt fml* **-1.** [signify, usher in] anunciar **-2.** [proclaim] conclamar.
herb [*UK* hɜːb, *US* ɜːb] *n* erva *f*.
herd [hɜːd] ◇ *n* **-1.** [gen] rebanho *m*; [of elephants] manada *f* **-2.** [of people] multidão *f*. ◇ *vt* **-1.** [drive] pastorear **-2.** *fig* [push] conduzir (em grupo).
here [hɪə^r] *adv* [in, at this place] aqui; ~ **he is/they are** aqui está ele/estão eles; ~ **it is** aqui está; ~ **you are!** toma!; **Christmas is nearly** ~ o Natal está próximo; ~ **and there** aqui e acolá.
hereabouts *UK* [ˈhɪərəˌbaʊts], **hereabout** *US* [ˌhɪərəˈbaʊt] *adv* por aqui.
hereafter [ˌhɪərˈɑːftə^r] ◇ *adv fml* de agora em diante, a partir de agora. ◇ *n*: **the** ~ o além.
hereby [ˌhɪəˈbaɪ] *adv fml* **-1.** *fml* [in documents] por meio deste (desta) **-2.** *fml* [when speaking]: **I** ~ **declare this theatre open** neste momento, declaro este teatro aberto.
hereditary [hɪˈredɪtrɪ] *adj* hereditário(ria).
heresy [ˈherəsɪ] (*pl* **-ies**) *n* heresia *f*.
herewith [ˌhɪəˈwɪð] *adv fml* [with letter]: **please find** ~ ... segue anexo ...
heritage [ˈherɪtɪdʒ] *n* (U) herança *f*.
hermetically [hɜːˈmetɪklɪ] *adv*: ~ **sealed** hermeticamente fechado(da).
hermit [ˈhɜːmɪt] *n* eremita *mf*.
hernia [ˈhɜːnjə] *n* hérnia *f*.
hero [ˈhɪərəʊ] (*pl* **-es**) *n* [gen] herói *m*.
heroic [hɪˈrəʊɪk] *adj* heróico(ca).
◆ **heroics** *npl pej* patetices *fpl*.
heroin [ˈherəʊɪn] *n* [drug] (U) heroína *f*.
heroine [ˈherəʊɪn] *n* heroína *f*.
heron [ˈherən] (*pl inv OR* **-s**) *n* garça *f* real.
herring [ˈherɪŋ] (*pl inv OR* **-s**) *n* arenque *m*.
hers [hɜːz] *poss pron* o seu (a sua), (o/a) dela; **a friend of** ~ um amigo dela *OR* seu; **those shoes are** ~ estes sapatos são dela *OR* seus; **these are mine - where are** ~? estes são os meus - onde estão os dela?
herself [hɜːˈself] *pron* **-1.** (reflexive) se; **she hurt** ~ ela se machucou **-2.** (after prep) si própria *OR* mesma; **she did it** ~ foi ela mesma que o fez.
he's [hiːz] = **he is**, **he has**.
hesitant [ˈhezɪtənt] *adj* hesitante.
hesitate [ˈhezɪteɪt] *vi* [pause] hesitar; **to** ~ **to do sthg** hesitar em fazer algo.
hesitation [ˌhezɪˈteɪʃn] *n* hesitação *f*.

heterogeneous [ˌhetərə'dʒiːnjəs] *adj fml* heterogêneo(nea).

heterosexual [ˌhetərəʊ'sekʃʊəl] ◇ *adj* heterossexual. ◇ *n* heterosexual *mf*.

het up [het-] *adj inf* nervoso(sa), como uma pilha de nervos.

hexagon ['heksəgən] *n* hexágono *m*.

hey [heɪ] *excl* ei!

heyday ['heɪdeɪ] *n* auge *m*, apogeu *m*.

HGV (*abbr of* heavy goods vehicle) *n* veículos pesados, como ônibus e caminhão; **an ~ licence** ≃ uma carteira categoria C.

hi [haɪ] *excl inf* [hello] oi!, olá!

hiatus [haɪ'eɪtəs] (*pl* -es) *n fml* [pause] pausa *f*.

hibernate ['haɪbəneɪt] *vi* hibernar.

hiccough, hiccup ['hɪkʌp] (*pt* & *pp* -ped, *cont*-ping) ◇ *n* -1. [sound] soluço *m*; **to have ~ s** estar com soluços -2. *fig* [difficulty] contratempo *m*. ◇ *vi* soluçar.

hid [hɪd] *pt* ▷ hide.

hidden ['hɪdn] ◇ *pp* ▷ hide. ◇ *adj* -1. [from view] escondido(da) -2. [not apparent - disadvantages, dangers] escondido(da); [- problems] não aparente; [- cost] embutido(do) -3. [deliberately concealed - weapons] secreto; [- feelings] oculto.

hide [haɪd] (*pt* hid, *pp* hidden) ◇ *n* -1. [animal skin] pele *f* -2. [for watching birds, animals] esconderijo *m*. ◇ *vt* -1. [conceal] esconder; **to ~ sthg (from sb)** esconder algo (de alguém) -2. [cover] cobrir. ◇ *vi* [conceal o.s.] esconder-se.

hide-and-seek *n* (*U*) esconde-esconde *m*; **to play ~** brincar de esconde-esconde.

hideaway ['haɪdəweɪ] *n inf* refúgio *m*.

hideous ['hɪdɪəs] *adj* horrível.

hiding ['haɪdɪŋ] *n* -1. (*U*) [concealment]: **to be in ~** estar escondido(da) -2. *inf* [beating]: **to give sb a (good) ~** dar uma (boa) surra em alguém; **to get a (good) ~ from sb** levar uma (boa) surra de alguém.

hiding place *n* esconderijo *m*.

hierarchy ['haɪərɑːkɪ] (*pl* -ies) *n* hierarquia *f*.

hi-fi ['haɪfaɪ] *n* sistema *f* hi-fi.

high [haɪ] ◇ *adj* -1. [gen] alto(ta); **how ~ is it?** qual é a altura? -2. [greater than normal - speed] alto(ta); [- wind] forte; [- prices, unemployment] elevado(da); **temperatures in the ~ twenties** temperaturas bem acima dos 20 graus -3. [important, influential] importante -4. [honourable] nobre -5. [high-pitched] agudo(da) -6. *drugs sl* [on drugs] baratinado(da) -7. *inf* [drunk] alto(ta). ◇ *adv* -1.

[above ground level] a grande altura -2. [in degrees] em alto grau; **to search ~ and low** procurar em tudo quanto é lugar. ◇ *n* [highest point] pico *m*.

highbrow ['haɪbraʊ] *adj* erudito(ta).

high chair *n* cadeira *f* de bebê.

high-class *adj* [superior - person] de alta classe; [- hotel, restaurant] de alta categoria; [- performance] de alto nível.

high commission *n* alta comissão *f*.

High Court *n UK JUR* Corte *f* Suprema.

higher ['haɪəʳ] *adj* [exam, qualification] superior(ra).

◆ **Higher** *n*: **Higher (Grade)** *SCH* na Escócia, exame realizado ao final da escola secundária.

higher education *n* (*U*) ensino *m* superior.

high-handed [-'hændɪd] *adj* despótico(ca).

high jump *n SPORT* salto *m* em altura.

Highland Games ['haɪlənd-] *npl* Jogos *mpl* das Terras Altas.

Highlands ['haɪləndz] *npl*: **the ~** [of Scotland] as Terras Altas.

highlight ['haɪlaɪt] ◇ *n* [of event, occasion] ponto *m* alto, destaque *m*. ◇ *vt* -1. [with pen] realçar -2. [emphasize] enfatizar.

◆ **highlights** *npl* [in hair] realces *mpl*.

highlighter (pen) ['haɪlaɪtəʳ-] *n* caneta *f* marca-texto.

highly ['haɪlɪ] *adv* -1. [very, extremely] altamente -2. [very well, at high level] muito bem -3. [favourably] favoravelmente; **I ~ recommend it** realmente recomendo isso.

highly-strung *adj* irritadiço(ça).

Highness ['haɪnɪs] *n*: **His/Her/Your (Royal) ~** Sua Alteza (Real); **Their (Royal) ~es** Suas Altezas (Reais).

high-pitched [-'pɪtʃt] *adj* [shrill] agudo(da).

high point *n* [of occasion] ponto *m* alto.

high-powered [-'paʊəd] *adj* -1. [powerful] de alta potência -2. [dynamic] dinâmico(ca).

high-ranking [-'ræŋkɪŋ] *adj* de destaque.

high-rise *adj* de muitos andares; **a ~ building** um espigão.

high school *n* -1. *UK* [for 11- to 18-year-olds] ≃ escola *f* secundária -2. *US* [for 15- to 18-year-olds] ≃ segundo grau *m*.

high season *n* (*U*) alta estação *f*.

high spot *n* ponto *m* de relevo.

high street *n UK* avenida *f* principal.

high-tech *adj* [method, industry] de alta tecnologia.

high tide *n* (*U*) [of sea] maré *f* alta.

highway ['haɪweɪ] *n* -1. *US* [main road between cities] auto-estrada *f* -2. *UK* [any main road] rodovia f.

Highway Code n UK: the ~ ≃ o Código Nacional de Trânsito.

hijack ['haɪdʒæk] <> n [of aircraft, car] seqüestro m. <> vt [aircraft, car] seqüestrar.

hijacker ['haɪdʒækəʳ] n seqüestrador m, -ra f.

hike [haɪk] <> n [long walk] caminhada f. <> vi [go for a long walk] caminhar.

hiker ['haɪkəʳ] n caminhante mf, andarilho m.

hiking ['haɪkɪŋ] n (U) excursões fpl a pé; to go ~ fazer excursões.

hilarious [hɪ'leərɪəs] adj hilariante, engraçado(da).

hill [hɪl] n -1. [mound] colina f -2. [slope] ladeira f.

hillside ['hɪlsaɪd] n encosta f.

hilly ['hɪlɪ] (compar -ier, superl -iest) adj montanhoso(sa).

hilt [hɪlt] n punho m; to the ~ ao extremo; to support/defend sb to the ~ apoiar/defender alguém com unhas e dentes.

him [hɪm] pers pron -1. (direct) o; I know ~ eu o conheço -2. (indirect) lhe; tell ~ diga-lhe -3. (after prep) ele; send it to ~ mande isso para ele; Tony brought it with ~ Tony trouxe-o consigno OR com ele.

Himalayas [ˌhɪmə'leɪəz] npl: the ~ as montanhas do Himalaia.

himself [hɪm'self] pron -1. (reflexive) se; he hurt ~ machucou-se -2. (after prep) si próprio OR mesmo; he did it ~ foi ele mesmo que o fez.

hind [haɪnd] (pl inv OR -s) <> adj traseiro(ra). <> n [deer] corça f.

hinder ['hɪndəʳ] vt retardar, atrapalhar.

Hindi ['hɪndɪ] n (U) [language] hindi m.

hindrance ['hɪndrəns] n -1. [obstacle] obstáculo m -2. (U) [delay] atrasos mpl.

hindsight ['haɪndsaɪt] n (U): with the benefit of ~ olhando em retrospecto.

Hindu ['hɪndu:] (pl -s) <> adj hindu. <> n hindu m.

hinge [hɪndʒ] (cont hingeing) n [on door, window, lid] dobradiça f.
  ◆ **hinge (up)on** vt fus [depend on] depender de.

hint [hɪnt] <> n -1. [indirect suggestion] alusão f; to drop a ~ dar uma indireta -2. [useful suggestion, tip] dica f -3. [small amount, trace] sinal m. <> vi: to ~ at sthg fazer alusão a algo. <> vt: to ~ that insinuar que.

hip [hɪp] n [part of body] quadril m.

hippie ['hɪpɪ] n hippie m.

hippo ['hɪpəʊ] (pl -s) n hipopótamo m.

hippopotamus [ˌhɪpə'pɒtəməs] (pl -

muses OR -mi [-maɪ]) n hipopótamo m.

hippy ['hɪpɪ] (pl -ies) n = **hippie**.

hire ['haɪəʳ] <> n (U) [of car, equipment] aluguel m; for ~ aluga-se; bicycles for ~ alugam-se bicicletas; taxi for ~ táxi livre. <> vt -1. [rent] alugar -2. [employ] contratar.
  ◆ **hire out** vt sep alugar.

hire car n UK: to have a ~ alugar um carro.

hire purchase n (U) UK compra f a prazo.

his [hɪz] <> poss pron o seu (a sua), (o/a) dele; ~ books os livros dele, os seus livros <> poss adj o seu (a sua), dele; a friend of ~ um amigo dele OR seu; these shoes are ~ estes sapatos são dele OR seus; these are mine - where are ~ ? estes são os meus - onde estão os dele?

hiss [hɪs] <> n -1. [of animal, person] silvo m -2. [of audience] vaia f -3. [of steam, gas] assobio m. <> vi -1. [animal, person] silvar; she ~ ed angrily at him ela o vaiou irritada -2. [steam, gas] assobiar.

historic [hɪ'stɒrɪk] adj [significant] histórico(ca).

historical [hɪ'stɒrɪkəl] adj histórico(ca).

history ['hɪstərɪ] (pl -ies) n -1. [gen] história f; to go down in ~ entrar para a história -2. [past record] histórico m.

hit [hɪt] (pt & pp hit, cont -ting) <> n -1. [blow] golpe m, pancada f -2. [successful strike] tiro m certeiro -3. [success] sucesso m -4. COMPUT [of website] visita f. <> comp de sucesso. <> vt -1. [strike a blow at] bater em -2. [crash into] bater contra -3. [reach] alcançar; the thought suddenly ~ me that ... de repente me dei conta de que ... -4. [affect badly] atingir -5. phr: to ~ it off (with sb) dar-se bem (com alguém).

hit-and-miss adj = **hit-or-miss**.

hit-and-run <> adj -1. [driver] que não presta socorro -2. [accident] em que não se presta socorro. <> n [accident] acidente no qual não se presta socorro.

hitch [hɪtʃ] <> n [problem, snag] dificuldade f. <> vt -1. [solicit]: to ~ a lift pegar carona -2. [fasten]: to ~ sthg on(to) sthg amarrar algo em algo. <> vi [hitchhike] viajar de carona.
  ◆ **hitch up** vt sep [pull up] levantar.

hitchhike ['hɪtʃhaɪk] vi viajar de carona.

hitchhiker ['hɪtʃhaɪkəʳ] n caroneiro m, -ra f.

hi-tech [ˌhaɪ'tek] adj = **high-tech**.

hitherto [ˌhɪðə'tu:] adv fml até agora.

hit-or-miss adj aleatório(ria).

HIV (abbr of **human immunodeficiency virus**) n (U) HIV m; **to be ~ -positive** ser soropositivo(va).

hive [haɪv] n [for bees] colméia f; **a ~ of activity** fig um centro de atividades.
➤ **hive off** vt sep [separate] transferir.

HNC (abbr of **Higher National Certificate**) n certificado de qualificação em disciplinas técnicas na Grã-Bretanha.

HND (abbr of **Higher National Diploma**) n diploma de qualificação em disciplinas técnicas na Grã-Bretanha.

hoard [hɔ:d] ◇ n [store] provisão f. ◇ vt [collect, save] estocar.

hoarding [ˈhɔ:dɪŋ] n UK [for advertisements, posters] outdoor m.

hoarfrost [ˈhɔ:frɒst] n (U) geada f.

hoarse [hɔ:s] adj rouco(ca).

hoax [həʊks] n trote m.

hob [hɒb] n UK [on cooker] mesa f.

hobble [ˈhɒbl] vi [limp] coxear.

hobby [ˈhɒbɪ] (pl -ies) n [leisure activity] hobby m.

hobby horse n -1. [toy] cavalinho-de-pau m -2. [favourite topic] assunto m favorito.

hobo [ˈhəʊbəʊ] (pl -es OR -s) n US [tramp] vagabundo m, -da f.

hockey [ˈhɒkɪ] n -1. [on grass] hóquei m -2. US [ice hockey] hóquei m no gelo.

hockey stick n bastão m de hóquei.

hoe [həʊ] ◇ n enxada f. ◇ vt capinar.

hog [hɒg] (pt & pp -ged, cont -ging) ◇ n -1. US lit & fig porco m, -ca f -2. phr: **to go the whole ~** ir até o fim. ◇ vt inf [monopolize] monopolizar.

Hogmanay [ˈhɒgməneɪ] n denominação escocesa para a Noite de Ano Novo.

hoist [hɔɪst] ◇ n guindaste f. ◇ vt -1. [load, person] levantar -2. [sail, flag] içar.

hold [həʊld] (pt & pp held) ◇ n -1. [grasp, grip]: **to have a firm ~ on sthg** segurar algo firme; **to keep ~ of sthg** segurar algo; **to take** OR **lay ~ of sthg** começar a ter efeito de algo; **to get ~ of sthg** [obtain] arranjar algo; **to get ~ of sb** [find] encontrar -2. [of ship, aircraft] porão m -3. [control, influence] influência f. ◇ vt -1. [in hand, arms] segurar -2. [maintain in position] manter; **to ~ sb prisoner** manter alguém como prisioneiro(ra); **to ~ sb hostage** tomar alguém como refém -3. [have, possess] ter, possuir -4. [conduct, stage] conduzir -5. fml [consider] julgar; **to ~ (that)** sustentar que; **to ~ sb responsible for sthg** responsabilizar alguém por algo

-6. [on telephone]: **please ~ the line** aguarde na linha, por favor -7. [keep, sustain] manter -8. MIL ocupar -9. [support, have space for] suportar -10. [contain] guardar -11. phr: **~ it!, ~ everything!** espera aí!; **to ~ one's own** virar-se. ◇ vi -1. [remain unchanged] manter-se; **to ~ still** OR **steady** segurar firme -2. [on phone] esperar.
➤ **hold back** vt sep [gen] reter.
➤ **hold down** vt sep [job] manter.
➤ **hold off** ◇ vt sep [fend off] manter à distância.
➤ **hold on** vi -1. [gen] esperar -2. [grip]: **to ~ on (to sthg)** segurar-se firme (em algo).
➤ **hold out** ◇ vt sep [hand, arms] estender. ◇ vi -1. [last] durar -2. [resist]: **to ~ out (against sb/sthg)** resistir (a alguém/algo).
➤ **hold up** vt sep -1. [raise] levantar -2. [delay] atrasar.

holdall [ˈhəʊldɔ:l] n UK mochila f.

holder [ˈhəʊldəʳ] n -1. [gen] suporte m, recipiente m; **cigarette ~** boquilha f; **candle ~** castiçal m -2. [owner - gen] titular mf; [- of ticket] portador m, -ra f; [- position, title] detentor m, -ra f.

holding [ˈhəʊldɪŋ] n -1. [investment] participação f acionária -2. [farm] propriedade f.

hold-up n -1. [robbery] assalto m à mão armada -2. [delay] empecilho m, atraso m.

hole [həʊl] n -1. [gen] buraco m; **~ in one** um buraco numa só tacada -2. inf [horrible place] buraco m -3. inf [predicament] apuro m.

holiday [ˈhɒlɪdeɪ] n -1. [vacation] férias fpl; **to be/go on ~** estar de/sair de férias -2. [public holiday] feriado m.

holiday camp n UK colônia f de férias.

holidaymaker [ˈhɒlɪdeɪˌmeɪkəʳ] n UK excursionista mf.

holiday pay n UK férias fpl remuneradas.

holiday resort n UK cidade f turística.

holistic [həʊˈlɪstɪk] adj holístico(ca).

Holland [ˈhɒlənd] n Holanda f.

holler [ˈhɒləʳ] inf ◇ vt gritar. ◇ vi esp US gritar.

hollow [ˈhɒləʊ] ◇ adj -1. [gen] oco (oca), vazio(zia) -2. [gaunt - eyes] fundo(da); [- cheeks] magro(gra) -3. [empty of meaning or value - laugh, optimism] falso(sa); [- promise, victory] vão (vã). ◇ n -1. [gen] buraco m -2. [in ground, pillow] buraco m, cavidade f.
➤ **hollow out** vt sep -1. [make hollow] tornar oco (oca) -2. [make by hollowing] escavar.

holly [ˈhɒlɪ] n (U) azevinho m.

holocaust ['hɒləkɔ:st] n [destruction] holocausto m.
➤ **Holocaust** n: **the Holocaust** o Holocausto.

holster ['həʊlstəʳ] n coldre m.

holy ['həʊlɪ] (*compar* **-ier**, *superl* **-iest**) adj **-1.** [sacred] sagrado(da), santo(ta); ~ **water** água f benta **-2.** [pure and good] puro(ra).

Holy Ghost n: **the** ~ o Espírito Santo.

Holy Land n: **the** ~ a Terra Santa.

Holy Spirit n: **the** ~ o Espírito Santo.

home [həʊm] ◇ adj **-1.** [not foreign] nacional **-2.** *SPORT* interno(na). ◇ adv **-1.** [to or at one's house] para casa **-2.** [from abroad] para casa (do exterior). ◇ n **-1.** [one's house, place of residence] casa f; **to make one's** ~ fazer a casa **-2.** [place of origin] terra f natal **-3.** [family unit, Institution] lar m; **to leave** ~ sair de casa.
➤ **at home** adv **-1.** [gen] em casa; **at** ~ **with sthg** à vontade com algo; **to make o.s. at** ~ sentir-se à vontade OR em casa **-2.** [in one's own country] no meu país.

home address n endereço m residencial.

home brew n (U) [beer] cerveja f caseira.

home computer n computador m pessoal.

home cooking n comida f caseira.

Home Counties npl UK: **the** ~ os condados ao redor de Londres.

home delivery n entrega m a domicílio.

home economics n (U) economia f doméstica.

home help n UK empregada que auxilia pessoas idosas ou doentes.

home improvements npl reformas fpl na casa.

homeland ['həʊmlænd] n **-1.** [country of birth] terra f natal **-2.** [in South Africa] gueto m.

homeless ['həʊmlɪs] ◇ adj sem-teto. ◇ npl: **the** ~ os sem-teto, os desabrigados.

homely ['həʊmlɪ] adj **-1.** [simple, unpretentious] simples **-2.** [ugly] feio (feia).

home-made adj caseiro(ra); ~ **bread** pão m feito em casa.

Home Office n UK: **the** ~ ≃ o Ministério do Interior.

homeopathy [ˌhəʊmɪˈɒpəθɪ] n (U) homeopatia f.

home page n COMPUT homepage f, página f inicial.

Home Secretary n UK ≃ Ministro m, -tra f do Interior.

homesick ['həʊmsɪk] adj com saudade

de casa; **to feel** ~ estar com saudades de casa.

hometown ['həʊmtaʊn] n cidade f natal.

homeward ['həʊmwəd] adj de regresso.
◇ adv = **homewards**.

homewards ['həʊmwədz] adv para casa.

homework ['həʊmwɜ:k] n **-1.** SCH dever m de casa, tema m **-2.** inf fig [preparation] dever m de casa.

homey, homy ['həʊmɪ] US adj US familiar.

homicide ['hɒmɪsaɪd] n fml (U) homicídio m.

homoeopathy etc n = **homeopathy** etc.

homogeneous [ˌhɒmə'dʒi:njəs] adj homogêneo(nea).

homophobic ['həʊməʊˈfəʊbɪk] adj homofóbico(ca).

homosexual [ˌhɒmə'sekʃʊəl] ◇ adj homossexual. ◇ n homossexual mf.

homy adj US = **homey**.

hone [həʊn] vt **-1.** [knife, sword] afiar **-2.** [intellect, wit] aprimorar.

honest ['ɒnɪst] ◇ adj **-1.** [trustworthy] honesto(ta) **-2.** [frank, truthful] sincero(ra); **to be** ~, ... para ser franco(ca), ... **-3.** [legal] legal. ◇ adv inf: **I didn't steal your pencil,** ~! eu não roubei o seu lápis, juro!

honestly ['ɒnɪstlɪ] ◇ adv **-1.** [in a trustworthy manner] honestamente **-2.** [frankly, truthfully] sinceramente. ◇ excl [expressing impatience, disapproval] ora, francamente!

honesty ['ɒnɪstɪ] n **-1.** (U) [trustworthiness] honestidade f **-2.** [frankness, truthfulness] sinceridade f.

honey ['hʌnɪ] n **-1.** (U) [food] mel m **-2.** esp US [dear] querido m, -da f.

honeycomb ['hʌnɪkəʊm] n **-1.** [in wax] favo m (de mel) **-2.**: ~ **pattern** formato m de favo de mel.

honeymoon ['hʌnɪmu:n] ◇ n lit & fig lua-de-mel f. ◇ vi sair em lua-de-mel.

honeysuckle ['hʌnɪˌsʌkl] n madressilva f.

Hong Kong [ˌhɒŋ'kɒŋ] n Hong Kong.

honk [hɒŋk] ◇ vi **-1.** [motorist] buzinar **-2.** [goose] grasnar. ◇ vt: **to** ~ **a horn** tocar a buzina.

honor etc n & vt US = **honour** etc.

honorary [UK 'ɒnərərɪ, US ɒnəˈreərɪ] adj honorário(ria).

honour UK, **honor** US ['ɒnəʳ] ◇ n honra f; **in** ~ **of sb/sthg** em honra de alguém/algo. ◇ vt honrar.
➤ **honours** npl **-1.** [gen] honras fpl **-2.**

UNIV tipo de grau universitário concedido por universidades britânicas.

honourable UK, **honorable** US [ˈɒnrəbl] adj honrado(da).

honours degree n UK [univ] = honours 2.

Hon. Sec. (abbr of honorary secretary) n secretário m honorário, secretária f honorária.

hood [hʊd] n -1. [on cloak, jacket] capuz f -2. US [of car] capota f -3. [of pram] toldo m -4. [of cooker] aba f -5. US [car bonnet] capô m.

hoodlum [ˈhuːdləm] n [youth] US inf arruaceiro m, -ra f; [gangster] gângster mf.

hoof [huːf, hʊf] (pl -s OR **hooves**) n pata f, casco m.

hook [hʊk] <> n -1. [for coat, picture, curtain] gancho m -2. [for catching fish] anzol m -3. [fastener] fecho m. <> vt -1. [fasten with hook] enganchar -2. [fish] fisgar.

🔹 **off the hook** adv -1. [phone] fora do gancho -2. [out of trouble] sem problemas.

🔹 **hook up** vt sep: to ~ sthg up to sthg COMPUT & TELEC conectar algo em algo.

hooked [hʊkt] adj -1. [shaped like a hook] curvado(da) -2. inf [addicted]: to be ~ (on sthg) ser viciado(da) (em algo).

hook(e)y [ˈhʊkɪ] n (U) US inf: to play ~ matar aula.

hooligan [ˈhuːlɪgən] n arruaceiro m, -ra f, hooligan m.

hoop [huːp] n argola f.

hooray [hʊˈreɪ] excl = hurray.

hoot [huːt] <> n -1. [of owl] pio m -2. [of horn] buzinada f -3. UK inf [amusing thing, person]: **she's a real** ~ ela é o máximo. <> vi -1. [owl] piar -2. [horn] buzinar. <> vt [horn] buzinar.

hooter [ˈhuːtəʳ] n [horn - of car] buzina f; [- of factory] sirene f.

Hoover® [ˈhuːvəʳ] n UK aspirador m.

🔹 **hoover** vt passar o aspirador em.

hooves [huːvz] pl ⊳ **hoof**.

hop [hɒp] (pt & pp -ped, cont -ping) <> n -1. [of person] pulo m num pé só -2. [of small animal, bird] pulinho m. <> vt inf phr: ~ it! dê o fora. <> vi -1. [jump on one leg] pular com um pé só -2. [small animal, bird] dar pulinhos -3. inf [move nimbly] pular; **she** ~**ped on a plane to New York** ela foi dar um pulo em Nova York.

🔹 **hops** npl [for making beer] lúpulos mpl.

hope [həʊp] <> n esperança f; **in the** ~ **of** na esperança de. <> vt: **to** ~ **(that)** esperar que; **to** ~ **to do sthg** esperar fazer algo. <> vi esperar; **to**

~ **for sthg** esperar (por) algo; **I** ~ **so/not** espero que sim/não.

hopeful [ˈhəʊpfʊl] <> adj -1. [full of hope] esperançoso(sa), otimista; **to be** ~ **of sthg/of doing sthg** ter esperanças de algo/de fazer algo -2. [encouraging] promissor(ra).

hopefully [ˈhəʊpfəlɪ] adv -1. [in a hopeful way] esperançosamente -2. [with luck] com sorte.

hopeless [ˈhəʊplɪs] adj -1. [despairing] desesperado(da) -2. [impossible] impossível -3. inf [useless] inútil.

hopelessly [ˈhəʊplɪslɪ] adv -1. [despairingly] desesperançosamente -2. [completely] totalmente.

horizon [həˈraɪzn] n [of sky] horizonte m; **on the** ~ no horizonte.

horizontal [ˌhɒrɪˈzɒntl] <> adj horizontal. <> n: **the** ~ a horizontal.

hormone [ˈhɔːməʊn] n hormônio m.

horn [hɔːn] n -1. [of animal] chifre m -2. MUS [instrument] trompa f -3. [of car] buzina f -4. [of ship] apito m.

hornet [ˈhɔːnɪt] n vespão m.

horny [ˈhɔːnɪ] (compar -ier, superl -iest) adj -1. [scale, body, armour] feito(ta) de chifre -2. [hand] calejado(da) -3. vinf [sexually excited] com tesão.

horoscope [ˈhɒrəskəʊp] n horóscopo m.

horrendous [hɒˈrendəs] adj horrendo(da).

horrible [ˈhɒrəbl] adj horrível.

horrid [ˈhɒrɪd] adj -1. esp UK [person] antipático(ca) -2. [idea, place] horroroso(sa).

horrific [hɒˈrɪfɪk] adj horroroso(sa), horrível.

horrify [ˈhɒrɪfaɪ] (pt & pp -ied) vt horrorizar.

horror [ˈhɒrəʳ] n [gen] horror m.

horror film n filme m de terror.

horse [hɔːs] n [animal] cavalo m.

horseback [ˈhɔːsbæk] <> adj: ~ **riding** US equitação f. <> n: **on** ~ a cavalo.

horse chestnut n -1. [tree]: ~ **(tree)** castanheiro-da-índia m -2. [nut] castanha-da-índia f.

horseman [ˈhɔːsmən] (pl -men [-mən]) n -1. [non-professional] cavaleiro m -2. [professional] ginete m.

horsepower [ˈhɔːsˌpaʊəʳ] n (U) cavalo-vapor m.

horse racing n (U) corrida f de cavalos.

horseradish [ˈhɔːsˌrædɪʃ] n (U) [plant] raiz-forte f.

horse riding n (U) equitação f; **to go** ~ andar a cavalo.

horseshoe [ˈhɔːsʃuː] n ferradura f.

horsewoman [ˈhɔːsˌwʊmən] (pl

-women [-ˌwɪmɪn] n amazona f.
horticulture [ˈhɔːtɪkʌltʃəʳ] n (U) horti-
cultura f.
hose [həʊz] ◇ n [hosepipe] mangueira
f. ◇ vt regar com mangueira.
hosepipe [ˈhəʊzpaɪp] n mangueira f.
hosiery [ˈhəʊzɪərɪ] n (U) artigos mpl de
malha, lingeries fpl.
hospitable [hɒˈspɪtəbl] adj hospitalei-
ro(ra).
hospital [ˈhɒspɪtl] n hospital m.
hospitality [ˌhɒspɪˈtælətɪ] n (U) hospitalidade f.
host [həʊst] ◇ n -1. [at private party]
anfitrião m, -ã f -2. [place, organization]
sede f -3. [compere] apresentador m,
-ra f -4. literary [large number]: a ~ of
sthg um monte de algo. ◇ vt apresentar.
hostage [ˈhɒstɪdʒ] n refém mf.
hostel [ˈhɒstl] n albergue m, alojamento m; (youth) ~ albergue (da juventude).
hostess [ˈhəʊstes] n [at party] anfitriã
f.
hostile [UK ˈhɒstaɪl, US ˈhɒstl] adj -1.
[gen] hostil; ~ to sb/sthg hostil com
alguém/algo -2. [unfavourable] adver-
so(sa), desfavorável.
hostility [hɒˈstɪlətɪ] n (U) [antagonism, un-
friendliness] hostilidade f.
➡ **hostilities** npl hostilidades fpl.
hot [hɒt] (compar -ter, superl -test) adj
-1. [gen] quente; I'm ~ estou com calor
-2. [spicy] picante -3. inf [expert] bom
(boa); to be ~ on OR at sthg ser bom
(boa) em algo -4. [recent] recente,
quente -5. [temper] veemente.
hot-air balloon n balão m de ar
quente.
hotbed [ˈhɒtbed] n fig [centre] foco m.
hot-cross bun n pão doce feito com
passas e enfeitado com uma cruz
que se come na Semana Santa.
hot dog n cachorro-quente m.
hotel [həʊˈtel] n hotel m.
hot flush UK, **hot flash** US n calorão m
(da menopausa).
hotfoot adv literary apressadamente.
hotheaded [ˌhɒtˈhedɪd] adj temerá-
rio(ria).
hothouse [ˈhɒthaʊs, pl -haʊzɪz] n [green-
house] estufa f.
hot line n -1. [between government
heads] linha f direta -2. [24-hour phone
line] linha f de emergência.
hotly [ˈhɒtlɪ] adv -1. [argue, debate]
calorosamente -2. [deny] veemente-
mente -3. [pursue]: to be ~ pursued
ser seguido(da) de perto.
hotplate [ˈhɒtpleɪt] n chapa f elétrica.
hot-tempered adj esquentado(da).

hot-water bottle n bolsa f de água
quente.
hound [haʊnd] ◇ n [dog] cão m de
caça. ◇ vt -1. [persecute] perseguir -2.
[drive out]: to ~ sb out (of somewhere)
conseguir tirar alguém (de algum
lugar).
hour [ˈaʊəʳ] n -1. [gen] hora f; half an ~
meia hora; per OR an ~ por hora; on
the ~ nas horas cheias, nas horas
fechadas.
➡ **hours** npl -1. [of business] expediente m; bank ~ expediente bancário -2.
[routine] horário m; to work long ~
trabalhar por horas a fio.
hourly [ˈaʊəlɪ] ◇ adj -1. [happening
every hour] de hora em hora, a cada
hora -2. [per hour] por hora. ◇ adv -1.
[every hour] a cada hora -2. [per hour]
por hora.
house [n & adj haʊs, pl ˈhaʊzɪz, vb haʊz]
◇ adj -1. COMM caseiro(ra) -2. [wine]
da casa. ◇ n -1. [gen] casa f; it's on the
~ é oferta da casa; to bring the ~
down inf fazer a casa vir abaixo, ser
muito aplaudido(da) -2. [people in
house] família f -3. POL câmara f -4. [in
debates]: this ~ believes that ... os
participantes do debate acreditam
que ... -5. [in school] dormitório m. ◇
vt [accommodate - people, family] alojar; [-
department, library, office] abrigar.
house arrest n (U): under ~ sob prisão
domiciliar.
houseboat [ˈhaʊsbəʊt] n casa f flutuante.
housebreaking [ˈhaʊsˌbreɪkɪŋ] n (U)
arrombamento m da casa.
housecoat [ˈhaʊskəʊt] n chambre m.
household [ˈhaʊshəʊld] ◇ adj -1.
[domestic] doméstico(ca) -2. [familiar]
familiar. ◇ n família f, lar m.
housekeeper [ˈhaʊsˌkiːpəʳ] n governanta f.
housekeeping [ˈhaʊsˌkiːpɪŋ] n -1.
[work] tarefas fpl domésticas -2. [bud-
get]: ~ (money) dinheiro m para os
gastos da casa.
house music n house music f.
House of Commons n UK: the ~ a
Câmara dos Comuns.
House of Lords n UK: the ~ a Câmara
dos Lordes.
House of Representatives n US: the ~
a Câmara dos Representantes.
houseplant [ˈhaʊsplɑːnt] n planta f de
interior.
Houses of Parliament npl UK: the ~ o
Parlamento britânico.
housewarming (party) [ˈhaʊs-
wɔːmɪŋ-] n festa f de inauguração de
uma casa.

housewife ['haʊswaɪf] (*pl* **-wives** [-waɪvz]) *n* dona *f* de casa.

housework ['haʊswɜːk] *n* (*U*) afazeres *mpl* domésticos.

housing ['haʊzɪŋ] *n* **-1.** (*U*) [accommodation] alojamento *m* **-2.** (*U*) [topic, study] habitação *f*.

housing association *n* UK organização que possui casas e ajuda seus membros a alugá-las ou comprá-las por um preço mais barato.

housing benefit *n* UK auxílio-moradia *m*.

housing estate UK, **housing project** US *n* conjunto *m* habitacional.

hovel ['hɒvl] *n* [house] choupana *f*.

hover ['hɒvəʳ] *vi* [fly] pairar, flutuar no ar.

hovercraft ['hɒvəkrɑːft] (*pl inv OR* **-s**) *n* aerodeslizador *m*.

how [haʊ] *adv* **-1.** [referring to way or manner] como; ~ **do you get there?** como se chega lá?; ~ **does it work?** como funciona?; **tell me** ~ **to do it** me diga como fazer isso. **-2.** [referring to health, quality] como; ~ **are you?** como vai?; ~ **are you doing?** como vai você?; ~ **are things?** como vão as coisas?; ~ **is your room?** como é o seu quarto? **-3.** [referring to degree, amount] quanto; ~ **far?** a que distância?; ~ **long?** quanto tempo?; ~ **many?** quantos?; ~ **much?** quanto?; ~ **much is it?** quanto custa?; ~ **old are you?** quantos anos você tem? **-4.** [in phrases]: ~ **about a drink?** que tal uma bebida?; ~ **lovely!** que lindo!

however [haʊ'evəʳ] ◇ *conj* [in whatever way] como quer que; ~ **you want** como quiser. ◇ *adv* **-1.** [nevertheless] contudo, no entanto **-2.** [no matter how]: ~ **difficult it is** por mais difícil que seja; ~ **many/much** não importa quantos/quanto **-3.** [how] de que modo, como.

howl [haʊl] ◇ *n* **-1.** [of pain, anger] grito *m* **-2.** [of laughter] gargalhada *f*. ◇ *vi* **-1.** [animal, wind] uivar **-2.** [person - in pain] gritar; [- with laughter] gargalhar.

hp (*abbr of* **horsepower**) *n* hp *m*.

HP *n* **-1.** UK (*abbr of* **hire purchase**) a prazo; **to buy sthg on** ~ comprar algo a prazo **-2.** = **hp**.

HQ (*abbr of* **headquarters**) *n* QG.

hr (*abbr of* **hour**) h.

hrs (*abbr of* **hours**) h.

hub [hʌb] *n* **-1.** [of wheel] cubo *m* **-2.** [of activity] centro *m*.

hubbub ['hʌbʌb] *n* algazarra *f*.

hubcap ['hʌbkæp] *n* calota *f*.

huddle ['hʌdl] ◇ *vi* **-1.** [crouch, curl up] amontoar-se **-2.** [crowd together] aper-

tar-se uns contra os outros. ◇ *n* [of people] amontoado *m*.

hue [hjuː] *n* [colour] matiz *f*.

huff [hʌf] *n*: **in a** ~ com raiva.

hug [hʌg] (*pt & pp* **-ged**, *cont* **-ging**) ◇ *n* abraço *m*; **to give sb a** ~ dar um abraço em alguém. ◇ *vt* **-1.** [embrace] abraçar **-2.** [stay close to] manter-se perto de.

huge [hjuːdʒ] *adj* enorme.

hulk [hʌlk] *n* **-1.** [of ship] carcaça *f* **-2.** [person] brutamontes *mpl*.

hull [hʌl] *n* [of ship] casco *m*.

hullo [hə'ləʊ] *excl* = **hello**.

hum [hʌm] (*pt & pp* **-med**, *cont* **-ming**) *vi* **-1.** [buzz] zumbir **-2.** [sing] cantarolar **-3.** [be busy] estar em atividade. ◇ *vt* [tune] zunir.

human ['hjuːmən] ◇ *adj* humano(na). ◇ *n*: ~ **(being)** (ser *m*) humano *m*.

humane [hjuː'meɪn] *adj* [compassionate] humano(na), humanitário(ria).

humanity [hjuː'mænətɪ] *n* humanidade *f*.

➤ **humanities** *npl*: **the humanities** as humanidades.

human race *n*: **the** ~ a raça humana.

human resources *npl* recursos *mpl* humanos.

human rights *npl* direitos *mpl* humanos.

humble ['hʌmbl] ◇ *adj* humilde. ◇ *vt* humilhar.

humbug ['hʌmbʌg] *n* **-1.** (*U*) dated [hypocrisy] hipocrisia *f* **-2.** UK [sweet] caramelo *m* de menta.

humdrum ['hʌmdrʌm] *adj* monótono(na).

humid ['hjuːmɪd] *adj* úmido(da).

humidity [hjuː'mɪdətɪ] *n* (*U*) umidade *f*.

humiliate [hjuː'mɪlɪeɪt] *vt* humilhar.

humiliation [hjuːˌmɪlɪ'eɪʃn] *n* (*U*) humilhação *f*.

humility [hjuː'mɪlətɪ] *n* (*U*) humildade *f*.

humor *n & vt* US = **humour**.

humorous ['hjuːmərəs] *adj* humorístico(ca).

humour UK, **humor** US ['hjuːməʳ] ◇ *n* (*U*) [gen] humor *m*; **in bad/good** ~ dated de mau/bom humor. ◇ *vt* fazer a vontade de.

hump [hʌmp] *n* **-1.** [hill] elevação *f* **-2.** [on back of animal, person] corcova *f*.

humpbacked bridge ['hʌmpbækt-] *n* ponte *f* encurvada.

hunch [hʌntʃ] *n inf* pressentimento *m*.

hunchback ['hʌntʃbæk] *n* corcunda *mf*.

hunched [hʌntʃt] *adj* encurvado(da).

hundred ['hʌndrəd] *num* cem; **a** OR **one hundred** cem; *see also* **six**.

hundreds *npl* centenas *fpl*.
hundredth [ˈhʌndrətθl] *num* centési-mo(ma); *see also* **sixth**.
hundredweight [ˈhʌndrədweɪt] *n* -1. [in UK] quintal *m* métrico *(50,8 kg)* -2. [in US] quintal *m* métrico *(45,3 kg)*.
hung [hʌŋ] *pt & pp* ▷ **hang**.
Hungarian [hʌŋˈɡeərɪən] ◇ *adj* húngaro(ra). ◇ *n* -1. [person] húngaro *m*, -ra *f*- 2. [language] húngaro *m*.
Hungary [ˈhʌŋɡərɪ] *n* Hungria.
hunger [ˈhʌŋɡəʳ] *n* -1. [desire for food, starvation] fome *f*- 2. *literary* [strong desire] sede *f*.
hunger after, hunger for *vt fus literary* ter fome de.
hunger strike *n* greve *f* de fome.
hung over *adj inf*: **to be** ∼ estar com ressaca.
hungry [ˈhʌŋɡrɪ] *(compar* **-ier**, *superl* **-iest)** *adj* -1. [for food] faminto(ta) - 2. *literary* [eager]: **to be** ∼ **for sthg** ter sede de algo.
hung up *adj inf*: **to be** ∼ **(on sb/sthg)**, **to be** ∼ **(about sb/sthg)** ficar complexado(da) (por causa de alguém/algo).
hunk [hʌŋk] *n* -1. [large piece] naco *m* - 2. *inf* [attractive man] pedaço *m* de mau caminho.
hunt [hʌnt] ◇ *n* -1. [SPORT - activity] caça *f*; [- hunters] grupo *m* de caçadores - 2. [search] busca *f*. ◇ *vi* -1. [for food, sport] caçar - 2. [search]: **to** ∼ **(for sthg)** procurar (algo). ◇ *vt* -1. [animals, birds] caçar - 2. [person] procurar.
hunting [ˈhʌntɪŋ] *n* -1. *SPORT* caça *f* - 2. *UK* [foxhunting] caça *f* à raposa.
hurdle [ˈhɜːdl] ◇ *n* -1. [in race] barreira *f* - 2. [obstacle] obstáculo *m*. ◇ *vt* [jump over] saltar.
hurdles *npl SPORT* corrida *f* de obstáculos.
hurl [hɜːl] *vt* -1. [throw] arremessar - 2. [shout] proferir.
hurray [hʊˈreɪ] *excl* viva!
hurricane [ˈhʌrɪkən] *n* furacão *m*.
hurried [ˈhʌrɪd] *adj* [hasty] apressado(-da), precipitado(da).
hurriedly [ˈhʌrɪdlɪ] *adv* apressadamente, precipitadamente.
hurry [ˈhʌrɪ] *(pt & pp* **-ied)** ◇ *vt* apressar. ◇ *vi* apressar-se; **to** ∼ **to do sthg** apressar-se para fazer algo. ◇ *n* [rush] pressa *f*; **to be in a** ∼ estar com pressa; **to do sthg in a** ∼ fazer algo com pressa.
hurry up *vi* apressar-se; **hurry!** vamos de uma vez!
hurt [hɜːt] *(pt & pp* **hurt)** ◇ *vt* -1. [cause physical pain to] machucar - 2. [injure] ferir - 3. [upset] magoar - 4. [be detrimental to] prejudicar. ◇ *vi* -1. [gen]

doer; **my feet** ∼ os meus pés doem; **ouch, you're** ∼**ing!** ai, você está me machucando - 2. [be detrimental] prejudicar. ◇ *adj* -1. [injured] machucado(-da) - 2. [upset] magoado(da).
hurtful [ˈhɜːtfʊl] *adj* ofensivo(va).
hurtle [ˈhɜːtl] *vi* precipitar-se; **to** ∼ **over** precipitar-se por; **to** ∼ **past** passar como um raio.
husband [ˈhʌzbənd] *n* marido *m*.
hush [hʌʃ] ◇ *n* [quietness] silêncio *m*. ◇ *excl* silêncio!
hush up *vt sep* -1. [affair] silenciar a respeito de - 2. [noisy person] ficar quieto(ta).
husk [hʌsk] *n* [of seed, grain] casca *f*.
husky [ˈhʌskɪ] *(compar* **-ier**, *superl* **-iest)** ◇ *adj* [hoarse] rouco(ca). ◇ *n* [dog] husky *m*.
hustle [ˈhʌsl] ◇ *vt* [hurry] empurrar. ◇ *n (U)* [business]: ∼ **and bustle** grande atividade *f*.
hut [hʌt] *n* -1. [rough house] cabana *f* - 2. [shed] barraca *f*.
hutch [hʌtʃ] *n* arapuca *f*.
hyacinth [ˈhaɪəsɪnθ] *n* jacinto *m*.
hydrant [ˈhaɪdrənt] *n* hidrante *m*.
hydraulic [haɪˈdrɔːlɪk] *adj* hidráulico(-ca).
hydroelectric [ˌhaɪdrəʊˈlektrɪk] *adj* hidrelétrico(ca).
hydrofoil [ˈhaɪdrəfɔɪl] *n* embarcação *f* com hidrofólio.
hydrogen [ˈhaɪdrədʒən] *n (U)* hidrogênio *m*.
hyena [haɪˈiːnə] *n* hiena *f*.
hygiene [ˈhaɪdʒiːn] *n (U)* higiene *f*.
hygienic [haɪˈdʒiːnɪk] *adj* higiênico(ca).
hymn [hɪm] *n* hino *m*.
hype [haɪp] *inf* ◇ *n (U)* propaganda *f* exagerada. ◇ *vt* fazer propaganda exagerada de.
hyperactive [ˌhaɪpərˈæktɪv] *adj* hiperativo(va).
hyperlink [ˈhaɪpəˌlɪŋk] *n COMPUT* hyperlink *m*.
hypermarket [ˈhaɪpəˌmɑːkɪt] *n* hipermercado *m*.
hyphen [ˈhaɪfn] *n* hífen *m*.
hypnosis [hɪpˈnəʊsɪs] *n (U)* hipnose *f*.
hypnotic [hɪpˈnɒtɪk] *adj* hipnótico(ca).
hypnotize, -ise [ˈhɪpnətaɪz] *vt* hipnotizar.
hypocrisy [hɪˈpɒkrəsɪ] *n (U)* hipocrisia *f*.
hypocrite [ˈhɪpəkrɪt] *n* hipócrita *mf*.
hypocritical [ˌhɪpəˈkrɪtɪkl] *adj* hipócrita.
hypothesis [haɪˈpɒθɪsɪs] *(pl* **-theses** [-θɪsɪːz]) *n* hipótese *f*.
hypothetical [ˌhaɪpəˈθetɪkl] *adj* hipotético(ca).

hysteria [hɪsˈtɪərɪə] n histeria f.
hysterical [hɪsˈterɪkl] adj **-1.** [gen] histérico(ca) **- 2.** inf [very funny] hilariante.
hysterics [hɪsˈterɪks] npl **-1.** [panic, excitement] crise f histérica, histeria f **- 2.** inf [fits of laughter] ataque m de riso; **to be in** ~ arrebentar-se de tanto rir.

I

i (pl **i's** OR **is**), **I¹** (pl **I's** OR **Is**) [aɪ] n [letter] i, I m.
I² [aɪ] pers pron **-1.** (unstressed) [referring to o.s.] eu; **she and** ~ **were at college together** eu e ela fomos ao colégio juntos(tas); **it is** ~ fml sou eu **-2.** (stressed) [referring to o.s.] eu; ~ **can't do it** eu não posso fazer isso.
ice [aɪs] ⟨⟩ n **-1.** (U) [gen] gelo m **- 2.** UK [ice cream] sorvete m. ⟨⟩ vt UK [cover with icing] cobrir com glacê.
 ⬥ **ice over, ice up** vi congelar.
iceberg [ˈaɪsbɜːg] n iceberg m.
iceberg lettuce n alface f americana.
icebox [ˈaɪsbɒks] n **-1.** UK [in refrigerator] congelador m **- 2.** US [refrigerator] geladeira f, refrigerador m.
ice cream n sorvete m.
ice cream bar n US picolé m com casquinha de chocolate.
ice cube n cubo m de gelo.
ice hockey n (U) hóquei m sobre o gelo.
Iceland [ˈaɪslənd] n Islândia.
Icelandic [aɪsˈlændɪk] ⟨⟩ adj islandês(esa). ⟨⟩ n [language] islandês.m.
ice lolly n UK picolé m.
ice pick n picador m de gelo.
ice rink n rinque m (de patinação).
ice skate n patim m para o gelo.
 ⬥ **ice-skate** vi patinar sobre o gelo.
ice-skating n (U) patinação. f sobre o gelo; **to go** ~ praticar patinação.
icicle [ˈaɪsɪkl] n pingente m de gelo.
icing [ˈaɪsɪŋ] n (U) glacê m.
icing sugar n UK açúcar m de confeiteiro.
icon [ˈaɪkɒn] n ícone m.
icy [ˈaɪsɪ] (compar -ier, superl -iest) adj **-1.** [very cold] gelado(da) **- 2.** [covered in ice] coberto(ta) de gelo **-3.** fig [unfriendly] frio (fria).
I'd [aɪd] = **I would, I had.**
ID n (abbr of **identification**) identifica-

ção f; ~ **card** (carteira f de) f identidade, ≃ RG m.
idea [aɪˈdɪə] n **-1.** [gen] idéia f; **to get the** ~ inf pegar a idéia; **to have an** ~ **that** ter a sensação de que; **to have no** ~ não ter idéia **-2.** [suspicion] impressão f.
ideal [aɪˈdɪəl] ⟨⟩ adj [perfect] ideal; **to be** ~ **for sthg** ser ideal para algo. ⟨⟩ n [principle] ideal m.
ideally [aɪˈdɪəlɪ] adv **-1.** [perfectly] perfeitamente **-2.** [preferably] idealmente.
identical [aɪˈdentɪkl] adj idêntico(ca).
identification [aɪˌdentɪfɪˈkeɪʃn] n identificação f; ~ **with sb/sthg** identificação com alguém/algo.
identify [aɪˈdentɪfaɪ] (pt & pp -ied) ⟨⟩ vt **-1.** [gen] identificar **-2.** [connect]: **to** ~ **sb with sthg** relacionar alguém a algo. ⟨⟩ vi [empathize]: **to** ~ **with sb/ sthg** identificar-se com alguém/algo.
Identikit picture® [aɪˈdentɪkɪt-] n retrato m falado.
identity [aɪˈdentətɪ] (pl -ies) n identidade f.
identity card n (carteira f de) identidade f.
identity parade n identificação f (de um criminoso).
ideology [ˌaɪdɪˈɒlədʒɪ] (pl -ies) n ideologia f.
idiom [ˈɪdɪəm] n **-1.** [phrase] expressão f idiomática **-2.** fml [style, language] linguagem f.
idiomatic [ˌɪdɪəˈmætɪk] adj [naturalsounding] idiomático(ca).
idiosyncrasy [ˌɪdɪəˈsɪŋkrəsɪ] (pl -ies) n idiossincrasia f.
idiot [ˈɪdɪət] n [fool] idiota mf.
idiotic [ˌɪdɪˈɒtɪk] adj idiota.
idle [ˈaɪdl] ⟨⟩ adj **-1.** [person - inactive] ocioso(sa); [- lazy] preguiçoso(sa) **-2.** [not in use] parado(da) **-3.** [empty] vão (vã) **- 4.** [casual] casual **- 5.** [futile] inútil. ⟨⟩ vi [engine] estar em ponto morto.
 ⬥ **idle away** vt sep desperdiçar.
idol [ˈaɪdl] n ídolo m.
idolize, -ise [ˈaɪdəlaɪz] vt idolatrar.
idyllic [ɪˈdɪlɪk] adj idílico(ca).
i.e. (abbr of **id est**) i.e.
IEE (abbr of **Institution of Electrical Engineers**) n instituto britânico de engenheiros eletricistas.
if [ɪf] conj **-1.** [gen] se; ~ **I were you** se eu fosse você **-2.** [though] ainda que; **a good,** ~ **rather expensive, restaurant** um bom restaurante, ainda que caro **-3.** [that] que.
 ⬥ **if not** conj se não.
 ⬥ **if only** ⟨⟩ conj **-1.** [providing a reason] ao menos, nem que seja; **let's stop at the next services,** ~ **to stretch our legs**

vamos parar no próximo posto, ao menos OR nem que seja para esticar as pernas **- 2.** [expressing regret] se ao menos. ◇ *excl* quem dera!

igloo [ˈɪglu:] (*pl* -s) *n* iglu *m*.

ignite [ɪgˈnaɪt] ◇ *vt* acender. ◇ *vi* acender, acender-se.

ignition [ɪgˈnɪʃn] *n* ignição *f*.

ignition key *n* chave *f* de ignição.

ignorance [ˈɪgnərəns] *n* (U) ignorância *f*.

ignorant [ˈɪgnərənt] *adj* **-1.** [uneducated] ignorante; [lacking information] desinformado(da) **-2.** *fml* [unaware]: **to be ~ of** **sthg** ignorar algo **-3.** *inf* [rude] ignorante.

ignore [ɪgˈnɔ:ʳ] *vt* [take no notice of] ignorar.

ilk [ɪlk] *n* *fml*: **of that ~** [of that sort] do mesmo tipo.

ill [ɪl] ◇ *adj* **-1.** [sick, unwell] doente; **to feel ~** sentir-se doente; **to be taken ~**, **to fall ~** ficar doente **-2.** [bad, unfavourable] mau (má). ◇ *adv* mal; **to speak/ think ~ of sb** falar/pensar mal de alguém; **we can ~ afford such luxuries** mal conseguimos pagar esses luxos.

I'll [aɪl] = **I will**, **I shall**.

ill at ease *adj*: **he always felt shy and ~ at parties** ele sempre se sentia intimidado e pouco àvontade nas festas.

illegal [ɪˈli:gl] *adj* ilegal.

illegible [ɪˈledʒəbl] *adj* ilegível.

illegitimate [ˌɪlɪˈdʒɪtɪmət] *adj* ilegítimo(ma).

ill-equipped [-ɪˈkwɪpt] *adj* despreparado(da).

ill-fated [-ˈfeɪtɪd] *adj* malfadado(da).

ill feeling *n* (U) ressentimento *f*, rancor *m*.

ill health *n* (U) má saúde *f*.

illicit [ɪˈlɪsɪt] *adj* ilícito(ta).

illiteracy [ɪˈlɪtərəsɪ] *n* (U) analfabetismo *m*.

illiterate [ɪˈlɪtərət] ◇ *adj* analfabeto(ta). ◇ *n* analfabeto *m*, -ta *f*.

illness [ˈɪlnɪs] *n* doença *f*.

illogical [ɪˈlɒdʒɪkl] *adj* ilógico(ca).

ill-suited *adj* inadequado(da); **an ~ couple** um casal desajustado; **to be ~ to sthg** ser inadequado(da) para algo.

ill-timed [-ˈtaɪmd] *adj* inoportuno(na).

ill-treat *vt* maltratar.

illuminate [ɪˈlu:mɪneɪt] *vt* **-1.** [light up] iluminar **-2.** [explain] ilustrar, esclarecer.

illumination [ɪˌlu:mɪˈneɪʃn] *n* (U) [lighting] iluminação *f*.

➡ **illuminations** *npl* UK luzes *fpl* decorativas.

illusion [ɪˈlu:ʒn] *n* [gen] ilusão *f*; **to have no ~s about sb/sthg** não ter ilusões

com alguém/algo; **to be under the ~ that** estar com a ilusão de que.

illustrate [ˈɪləstreɪt] *vt* ilustrar.

illustration [ˌɪləˈstreɪʃn] *n* ilustração *f*.

illustrious [ɪˈlʌstrɪəs] *adj* *fml* ilustre.

ill will *n* (U) animosidade *f*.

I'm [aɪm] = **I am**.

image [ˈɪmɪdʒ] *n* [gen] imagem *f*.

imagery [ˈɪmɪdʒrɪ] *n* imagens *fpl*.

imaginary [ɪˈmædʒɪnrɪ] *adj* imaginário(ria).

imagination [ɪˌmædʒɪˈneɪʃn] *n* imaginação *f*.

imaginative [ɪˈmædʒɪnətɪv] *adj* imaginativo(va).

imagine [ɪˈmædʒɪn] *vt* imaginar; **to ~ doing sthg** imaginar fazer algo; **~ (that)!** imagine!

imbalance [ˌɪmˈbæləns] *n* desequilíbrio *m*.

imbecile [ˈɪmbɪsi:l] *n* imbecil *mf*.

IMF (*abbr of* **International Monetary Fund**) *n* FMI *m*.

imitate [ˈɪmɪteɪt] *vt* imitar.

imitation [ˌɪmɪˈteɪʃn] ◇ *n* imitação *f*. ◇ *adj* de imitação.

immaculate [ɪˈmækjʊlət] *adj* **-1.** [clean and tidy] imaculado(da) **-2.** [impeccable] impecável.

immaterial [ˌɪməˈtɪərɪəl] *adj* [irrelevant, unimportant] irrelevante.

immature [ˌɪməˈtjʊəʳ] *adj* **-1.** [childish] imaturo(ra) **-2.** BOT & ZOOL jovem.

immediate [ɪˈmi:djət] *adj* **-1.** [gen] imediato(ta) **-2.** [closest in relationship] próximo(ma).

immediately [ɪˈmi:djətlɪ] ◇ *adv* **-1.** [gen] imediatamente **-2.** [directly, closely] diretamente. ◇ *conj* [as soon as] assim que.

immense [ɪˈmens] *adj* imenso(sa).

immerse [ɪˈmɜ:s] *vt* **-1.** [plunge into liquid]: **to ~ sthg in sthg** mergulhar algo em algo **-2.** *fig* [involve]: **to ~ o.s. in sthg** envolver-se em algo.

immersion heater [ɪˈmɜ:ʃn-] *n* ebulidor *m*.

immigrant [ˈɪmɪgrənt] *n* imigrante *mf*.

immigration [ˌɪmɪˈgreɪʃn] *n* (U) imigração *f*.

imminent [ˈɪmɪnənt] *adj* iminente.

immobilize, -ise [ɪˈməʊbɪlaɪz] *vt* imobilizar.

immobilizer *n* AUT corta-corrente *m*.

immoral [ɪˈmɒrəl] *adj* imoral.

immortal [ɪˈmɔ:tl] ◇ *adj* imortal. ◇ *n* **-1.** [god] deus *m* **-2.** [hero] imortal *mf*.

immortalize, -ise [ɪˈmɔ:təlaɪz] *vt* imortalizar.

immovable [ɪˈmu:vəbl] *adj* **-1.** [fixed] fixo(xa) **-2.** [obstinate] inflexível.

immune [ɪˈmju:n] *adj* **-1.** MED imune; **to**

be ~ **to sthg** ser imune a algo **-2. fig** [impervious]: **to be** ~ **to sthg** não ser suscetível a algo **-3.** [exempt] isento(-ta), livre; **to be** ~ **from sthg** estar protegido(da) de algo.

immunity [r'mju:nətɪ] *n* **-1.** (U) MED: ~ **(to sthg)** imunidade *f* (a algo) **-2.** (U) *fig* [imperviousness]: ~ **to sthg** falta *f* de suscetibilidade a algo **-3.** [exemption] isenção *f*; ~ **from sthg** proteção *f* contra algo.

immunize, -ise ['ɪmju:naɪz] *vt*: **to** ~ **sb (against sthg)** MED imunizar alguém (contra algo).

imp [ɪmp] *n* **-1.** [creature] diabinho *m* **-2.** [naughty child] diabinho *m*, -nha *f*.

impact [*n* 'ɪmpækt, *vb* ɪm'pækt] <> *n* impacto *m*; **to make an** ~ **on sb/sthg** causar impacto em alguém/algo. <> *vt* **-1.** [collide with] colidir com **-2.** [influence] influenciar.

impair [ɪm'peə^r] *vt* prejudicar, debilitar.

impart [ɪm'pɑːt] *vt fml* **-1.** [information]: **to** ~ **sthg (to sb)** transmitir algo (a alguém) **-2.** [feeling, quality] conferir; **to** ~ **flavour to the dish** conferir sabor ao prato.

impartial [ɪm'pɑːʃl] *adj* imparcial.

impassable [ɪm'pɑːsəbl] *adj* intransitável.

impassioned [ɪm'pæʃnd] *adj* veemente.

impassive [ɪm'pæsɪv] *adj* impassível.

impatience [ɪm'peɪʃns] *n* impaciência *f*.

impatient [ɪm'peɪʃnt] *adj* impaciente; **to be** ~ **to do sthg** estar impaciente para fazer algo; **to be** ~ **for sthg** esperar algo com impaciência.

impeccable [ɪm'pekəbl] *adj* impecável.

impede [ɪm'piːd] *vt* impedir.

impediment [ɪm'pedɪmənt] *n* impedimento *m*; **a speech** ~ um defeito de fala.

impel [ɪm'pel] (*pt* & *pp* **-led**, *cont* **-ling**) *vt*: **to** ~ **sb to do sthg** impelir alguém a fazer algo.

impending [ɪm'pendɪŋ] *adj* iminente.

imperative [ɪm'perətɪv] <> *adj* [essential] indispensável. <> *n* imperativo *m*.

imperfect [ɪm'pɜːfɪkt] <> *adj* [not perfect] imperfeito(ta). <> *n* GRAMM: ~ **(tense)** (pretérito *m*) imperfeito *m*.

imperial [ɪm'pɪərɪəl] *adj* **-1.** [of an empire or emperor] imperial **-2.** [system of measurement]: ~ **system** *sistema britânico de medidas*.

imperil [ɪm'perɪl] (*UK pt* & *pp* **-led**, *cont* **-ling**, *US pt* & *pp* **-ed**, *cont* **-ing**) *vt fml* pôr em perigo.

impersonal [ɪm'pɜːsnl] *adj* impessoal.

impersonate [ɪm'pɜːsəneɪt] *vt* **-1.** [mimic, imitate] imitar **-2.** [pretend to be] fazer-se passar por.

impersonation [ɪm,pɜːsə'neɪʃn] *n* [by mimic] imitação *f*; **to do** ~ **s (of sb)** fazer imitações (de alguém).

impertinent [ɪm'pɜːtɪnənt] *adj* [rude] impertinente.

impervious [ɪm'pɜːvjəs] *adj* [not influenced]: ~ **to sthg** imune a algo.

impetuous [ɪm'petʃʊəs] *adj* impetuoso(sa).

impetus ['ɪmpɪtəs] *n* **-1.** [momentum] ímpeto *m* **-2.** [stimulus] estímulo *m*.

impinge [ɪm'pɪndʒ] *vi*: **to** ~ **on sb/sthg** afetar alguém/algo.

implant [*n* 'ɪmplɑːnt, *vb* ɪm'plɑːnt] <> *n* implante *m*. <> *vt*: **to** ~ **sthg in(to) sthg** implantar algo em alguém.

implausible [ɪm'plɔːzəbl] *adj* implausível.

implement [*n* 'ɪmplɪmənt, *vt* 'ɪmplɪment] <> *n* [tool] ferramenta *f*. <> *vt* implementar.

implication [,ɪmplɪ'keɪʃn] *n* **-1.** (U) [involvement] implicação *f*, envolvimento *m* **-2.** [inference] implicação *f*; **by** ~ por consequência.

implicit [ɪm'plɪsɪt] *adj* **-1.** [inferred] implícito(ta) **-2.** [complete] absoluto(ta).

implore [ɪm'plɔː^r] *vt*: **to** ~ **sb (to do sthg)** implorar a alguém (para que faça algo).

imply [ɪm'plaɪ] (*pt* & *pp* **-ied**) *vt* **-1.** [suggest] pressupor **-2.** [involve] implicar.

impolite [,ɪmpə'laɪt] *adj* descortês, indelicado(da).

import [*n* 'ɪmpɔːt, *vt* ɪm'pɔːt] <> *n* COMM importação *f*. <> *vt* importar.

importance [ɪm'pɔːtns] *n* (U) importância *f*.

important [ɪm'pɔːtnt] *adj* importante; **to be** ~ **to sb** ser importante para alguém.

importer [ɪm'pɔːtə^r] *n* importador *m*, -ra *f*.

impose [ɪm'pəʊz] <> *vt* [force]: **to** ~ **sthg (on sb/sthg)** impor algo (a alguém/algo). <> *vi* [cause trouble]: **to** ~ **(on sb)** causar problemas (para alguém).

imposing [ɪm'pəʊzɪŋ] *adj* imponente.

imposition [,ɪmpə'zɪʃn] *n* imposição *f*.

impossible [ɪm'pɒsəbl] *adj* impossível.

impostor, imposter US [ɪm'pɒstə^r] *n* impostor *m*, -ra *f*.

impotent ['ɪmpətənt] *adj* impotente.

impound [ɪm'paʊnd] *vt* JUR apreender.

impoverished [ɪm'pɒvərɪʃt] *adj lit* & *fig* empobrecido(da).

impractical [ɪm'præktɪkl] *adj* pouco prático(ca).

impregnable [ɪm'pregnəbl] *adj* -1. [impenetrable] invulnerável -2. *fig* [in very strong position] imbatível.

impregnate ['ɪmpregneɪt] *vt* -1. [introduce substance into]: **to ~ sthg with sthg** impregnar algo de algo -2. *fml* [fertilize] fecundar.

impress [ɪm'pres] *vt* -1. [influence, affect] impressionar -2. [make clear]: **to ~ sthg on sb** convencer alguém da importância de algo.

impression [ɪm'preʃn] *n* -1. [gen] impressão *f*; **to make an ~** impressionar; **to be under the ~ (that)** ter a impressão de que -2. [impersonation] imitação *f*.

impressive [ɪm'presɪv] *adj* impressionante.

imprint ['ɪmprɪnt] <> *n* -1. [mark] marca *f*, impressão *f* -2. [publisher's name] ≃ selo *m* da editora. <> *vt* [mark] imprimir, marcar.

imprison [ɪm'prɪzn] *vt* [put in prison] aprisionar.

improbable [ɪm'prɒbəbl] *adj* [unlikely] improvável.

impromptu [ɪm'prɒmptju:] *adj* de improviso, improvisado(da).

improper [ɪm'prɒpəʳ] *adj* -1. [unsuitable] inadequado(da) -2. [dishonest] desonesto(ta) -3. [rude, shocking] impróprio(pria).

improve [ɪm'pru:v] <> *vi* [get better] melhorar; **to ~ (up)on sthg** melhorar algo. <> *vt* -1. [gen] melhorar -2. [cultivate] desenvolver.

improvement [ɪm'pru:vmənt] *n* melhoria *f*; **~ in/on sthg** melhoria em algo.

improvise ['ɪmprəvaɪz] *vt* & *vi* improvisar.

impudence *n* impudência *f*.

impudent ['ɪmpjʊdənt] *adj* impudente.

impulse ['ɪmpʌls] *n* impulso *m*; **on ~** sem pensar.

impulsive [ɪm'pʌlsɪv] *adj* impulsivo(va).

impunity [ɪm'pju:nətɪ] *n* impunidade *f*; **with ~** impunemente.

impurity [ɪm'pjʊərətɪ] (*pl* -ies) *n* impureza *f*.

in [ɪn] <> *prep* -1. [indicating place, position] em; **it comes ~ a box** vem numa caixa; **~ the hospital** no hospital; **~ Scotland** na Escócia; **~ Boston** em Boston; **~ the middle** no meio; **~ the sun/rain** no sol/na chuva; **~ here/there** aqui/ali (dentro); **~ front** à frente. -2. [appearing in] em; **who's ~ the play?** quem está na peça? -3. [indicating arrangement] em; **they come ~ packs of three** vêm em embalagens de três; **~ a row** em fila; **cut it ~ half** corte-o ao meio. -4. [during]: **~ April** em abril; **~**

the afternoon à OR de tarde; **~ the morning** de manhã; **ten o'clock ~ the morning** dez (horas) da manhã; **~ 1994** em 1994; **~ summer/winter** no verão/inverno. -5. [within] em; [after] dentro de, daqui a; **it'll be ready ~ an hour** estará pronto daqui a OR dentro de uma hora; **she did everything ~ ten minutes** ela fez tudo em dez minutos; **they're arriving ~ two weeks** chegam dentro de OR daqui a duas semanas. -6. [indicating means]: **~ writing** por escrito; **they were talking ~ English** estavam falando (em) inglês; **write ~ ink** escreva à tinta. -7. [wearing] de; **dressed ~ red** vestido de vermelho; **the man ~ the blue suit** o homem com o terno azul. -8. [indicating state] em; **to be ~ a hurry** estar com pressa; **to be ~ pain** ter dores; **to cry out ~ pain** gritar de dor OR com dores; **~ ruins** em ruínas; **~ good health** com boa saúde. -9. [with regard to] de; **a rise ~ prices** uma subida dos preços; **to be 50 metres ~ length** ter 50 metros de comprimento. -10. [with numbers]: **one ~ ten** um em cada dez. -11. [indicating age]: **she's ~ her twenties** ela está na casa dos vinte. -12. [with colours]: **it comes ~ green or blue** vem em verde ou azul. -13. [with superlatives] de; **the best ~ the world** o melhor do mundo. <> *adv* -1. [inside] dentro; **you can go ~ now** pode entrar agora. -2. [at home, work]: **she's not ~** (ela) não está; **to stay ~** ficar em casa. -3. [train, bus, plane]: **the train's not ~ yet** o trem ainda não chegou. -4. [tide]: **the tide is ~** a maré está cheia. <> *adj inf* [fashionable] na moda, in *(inv)*.

in. *abbr of* inch.

inability [ˌɪnə'bɪlətɪ] *n* incapacidade *f*; **~ to do sthg** incapacidade para fazer algo.

inaccessible [ˌɪnək'sesəbl] *adj* inacessível.

inaccurate [ɪn'ækjʊrət] *adj* impreciso(sa).

inadequate [ɪn'ædɪkwət] *adj* -1. [insufficient] insuficiente -2. [person] incapaz.

inadvertently [ˌɪnəd'vɜːtəntlɪ] *adv* acidentalmente.

inadvisable [ˌɪnəd'vaɪzəbl] *adj* desaconselhável.

inane [ɪ'neɪn] *adj* vazio(zia), fútil.

inanimate [ɪn'ænɪmət] *adj* inanimado(da).

inappropriate [ˌɪnə'prəʊprɪət] *adj* inapropriado(da).

inarticulate [ˌɪnɑː'tɪkjʊlət] *adj* -1. [person] incapaz de se expressar (bem) -2. [words, sounds] inarticulado(da).

inasmuch [ˌɪnəzˈmʌtʃ] ◆ **inasmuch as** *conj fml* [because] visto que; [to the extent that] na medida em que.

inaudible [ɪˈnɔːdɪbl] *adj* inaudível.

inaugural [ɪˈnɔːgjʊrəl] *adj* [opening] inaugural.

inauguration [ɪˌnɔːgjʊˈreɪʃn] *n* **-1.** [of leader, president] posse *f* **-2.** [of building, system] inauguração *f.*

in-between *adj* intermediário(ria).

inborn [ˌɪnˈbɔːn] *adj* inato(ta).

inbound [ˈɪnbaʊnd] *adj US*: an ~ ship um navio que se aproxima; the ~ flight from Miami o vôo que chega de Miami.

inbred [ˌɪnˈbred] *adj* **-1.** [family, group] endogâmico(ca), consangüíneo(nea) **-2.** [characteristic, quality] inato(ta).

inbuilt [ˌɪnˈbɪlt] *adj* [quality, defect] inerente.

inc. (*abbr of* **inclusive**) inclusive.

Inc. [ɪŋk] (*abbr of* **incorporated**) ≃ S.A.

incapable [ɪnˈkeɪpəbl] *adj* **-1.** [unable]: to be ~ of sthg/of doing sthg ser incapaz de algo/de fazer algo **-2.** [incompetent] incompetente.

incapacitated [ˌɪnkəˈpæsɪteɪtɪd] *adj* incapacitado(da).

incarcerate [ɪnˈkɑːsəreɪt] *vt fml* encarcerar.

incendiary device [ɪnˈsendjərɪ-] *n* artefato *m* incendiário.

incense [*n* ˈɪnsens, *vt* ɪnˈsens] ◇ *n* (U) [perfume] incenso *m.* ◇ *vt* [anger] enfurecer, enraivecer.

incentive [ɪnˈsentɪv] *n* incentivo *m.*

incentive scheme *n* plano *m* de incentivos.

inception [ɪnˈsepʃn] *n fml* começo *m,* origem *f.*

incessant [ɪnˈsesnt] *adj* incessante.

incessantly [ɪnˈsesntlɪ] *adv* incessantemente.

incest [ˈɪnsest] *n* incesto *m.*

inch [ɪntʃ] ◇ *n* polegada *f.* ◇ *vi* avançar gradualmente.

incidence [ˈɪnsɪdəns] *n* incidência *f.*

incident [ˈɪnsɪdənt] *n* [occurrence, event] incidente *m.*

incidental [ˌɪnsɪˈdentl] *adj* [minor] acessório(ria), secundário(ria).

incidentally [ˌɪnsɪˈdentəlɪ] *adv* **-1.** [by chance] por acaso **-2.** [by the way] a propósito.

incinerate [ɪnˈsɪnəreɪt] *vt* incinerar.

incipient [ɪnˈsɪpɪənt] *adj fml* incipiente.

incisive [ɪnˈsaɪsɪv] *adj* incisivo(va).

incite [ɪnˈsaɪt] *vt* incitar; to ~ sb to do sthg incitar alguém a fazer algo.

inclination [ˌɪnklɪˈneɪʃn] *n* **-1.** (U) [liking, preference] vontade *f* **-2.** [tendency]: ~

to do sthg tendência *f* OR inclinação *f* para fazer algo.

incline [*n* ˈɪnklaɪn, *vb* ɪnˈklaɪn] ◇ *n* [slope] ladeira *f.* ◇ *vt* [lean, bend] inclinar.

inclined [ɪnˈklaɪnd] *adj* **-1.** [tending] inclinado(da), propenso(sa); to be ~ to sthg estar propenso(sa) a algo; to be ~ to do sthg estar inclinado(da) a fazer algo **-2.** [wanting, willing]: to be ~ to do sthg estar disposto(ta) a fazer algo **-3.** [sloping] inclinado(da).

include [ɪnˈkluːd] *vt* **-1.** [contain] abranger **-2.** [add, count] incluir.

included [ɪnˈkluːdɪd] *adj* incluído(da).

including [ɪnˈkluːdɪŋ] *prep* inclusive; six died, ~ a child seis morreram, incluindo uma criança.

inclusive [ɪnˈkluːsɪv] *adj* inclusive; **1** to **9**, ~ de um a nove, inclusive; **£150** < £150, tudo incluído; ~ of incluindo.

incoherent [ˌɪnkəʊˈhɪərənt] *adj* incoerente.

income [ˈɪŋkʌm] *n* **-1.** [earnings] renda *f* **-2.** [profit] lucro *m.*

income support *n UK* auxílio dado pelo governo a pessoas desempregadas ou de renda muito baixa.

income tax *n* imposto *m* de renda.

incompatible [ˌɪnkəmˈpætɪbl] *adj* incompatível; ~ with sb/sthg incompatível com alguém/algo.

incompetent [ɪnˈkɒmpɪtənt] *adj* incompetente.

incomplete [ˌɪnkəmˈpliːt] *adj* incompleto(ta).

incomprehensible [ɪnˌkɒmprɪˈhensəbl] *adj* incompreensível.

inconceivable [ˌɪnkənˈsiːvəbl] *adj* inconcebível.

inconclusive [ˌɪnkənˈkluːsɪv] *adj* **-1.** [meeting, outcome, debate] sem conclusões claras **-2.** [evidence, argument] pouco convincente.

incongruous [ɪnˈkɒŋgrʊəs] *adj* incongruente.

inconsequential [ˌɪnkɒnsɪˈkwenʃl] *adj* [insignificant] insignificante.

inconsiderable [ˌɪnkənˈsɪdərəbl] *adj*: not ~ nada desprezível.

inconsiderate [ˌɪnkənˈsɪdərət] *adj* **-1.** [attitude, treatment] impensado(da), irrefletido(da) **-2.** [person] sem consideração.

inconsistency [ˌɪnkənˈsɪstənsɪ] (*pl* **-ies**) *n* **-1.** (U) [state of being inconsistent] inconsistência *f* **-2.** [contradictory point] contradição *f.*

inconsistent [ˌɪnkənˈsɪstənt] *adj* **-1.** [not agreeing, contradictory] inconsistente; ~ with sthg contraditório(ria) com algo **-2.** [erratic] irregular.

inconspicuous [ˌɪnkən'spɪkjʊəs] *adj* discreto(ta).

inconvenience [ˌɪnkən'viːnjəns] <> *n* -**1.** *(U)* [difficulty, discomfort] incômodo *m* - **2.** [inconvenient thing] inconveniência *f.* <> *vt* incomodar.

inconvenient [ˌɪnkən'viːnjənt] *adj* inconveniente.

incorporate [ɪn'kɔːpəreɪt] *vt* -**1.** [include] incorporar; **to ~ sb/sthg in (to) sthg** incluir alguém/algo em algo -**2.** [blend] combinar.

incorporated company *n* COMM sociedade *f* anônima.

incorrect [ˌɪnkə'rektl] *adj* incorreto(ta).

incorrigible [ɪn'kɒrɪdʒəbl] *adj* incorrigível.

increase [*n* 'ɪnkriːs, *vb* ɪn'kriːs] <> *n:* **(in sthg)** aumento *m* (de algo); **to be on the ~** estar aumentando, estar em crescimento. <> *vt & vi* aumentar.

increasing [ɪn'kriːsɪŋ] *adj* crescente.

increasingly [ɪn'kriːsɪŋlɪ] *adv* cada vez mais.

incredible [ɪn'kredəbl] *adj inf* incrível.

incredulous [ɪn'kredjʊləs] *adj* incrédulo(la).

increment ['ɪnkrɪmənt] *n* incremento *m.*

incriminating [ɪn'krɪmɪneɪtɪŋ] *adj* incriminatório(ria).

incubator ['ɪnkjʊbeɪtəʳ] *n* [for baby] incubadora *f.*

incumbent [ɪn'kʌmbənt] *fml* <> *adj:* **to be ~ (up)on sb to do sthg** incumbir alguém de fazer algo. <> *n* [postholder] titular *mf.*

incur [ɪn'kɜːʳ] (*pt & pp* -red, *cont* -ring) *vt* -**1.** [wrath, criticism] incorrer em -**2.** [expenses] contrair.

indebted [ɪn'detɪd] *adj* [grateful]: **to be ~ to sb** estar em dívida com alguém.

indecent [ɪn'diːsnt] *adj* -**1.** [obscene] indecente -**2.** [unreasonable] inadequado(da).

indecent assault *n* atentado *m* contra o pudor.

indecent exposure *n (U)* ato *m* obsceno.

indecisive [ˌɪndɪ'saɪsɪv] *adj* indeciso(sa).

indeed [ɪn'diːd] *adv* -**1.** [certainly] realmente, certamente -**2.** [in fact] na verdade -**3.** [for emphasis] realmente; **very big ~** estupidamente grande; **very few ~** pouquíssimos(mas) -**4.** [to express surprise, disbelief] mesmo; **~?** é mesmo?

indefinite [ɪn'defɪnɪt] *adj* -**1.** [indeterminate] indefinido(da) -**2.** [imprecise] impreciso(sa).

indefinitely [ɪn'defɪnətlɪ] *adv* [for indeterminate period] indefinidamente.

indemnity [ɪn'demnətɪ] *n* -**1.** *(U)* [insurance] garantia *f* -**2.** [compensation] indenização *f.*

indent [ɪn'dent] *vt* -**1.** [text] recuar -**2.** [edge, surface] recortar.

independence [ˌɪndɪ'pendəns] *n* independência *f.*

Independence Day *n festa nos Estados Unidos em comemoração à sua independência, no dia 4 de julho em 1776.*

independent [ˌɪndɪ'pendənt] *adj* independente; **~ of sb/sthg** independente de alguém/algo.

independent school *n* UK escola *f* privada.

in-depth *adj* em profundidade, exaustivo(va).

indescribable [ˌɪndɪ'skraɪbəbl] *adj* indescritível.

indestructible [ˌɪndɪ'strʌktəbl] *adj* indestrutível.

index ['ɪndeks] (*pl senses 1 and 2* -es, *pl sense 3* -es OR indices) *n* -**1.** [of book] índice *m* remissivo -**2.** [in library] catálogo *m* -**3.** ECON [value system] índice *m.*

index card *n* ficha *f* de indexação.

index finger *n* (dedo *m*) indicador *m.*

index-linked [-lɪŋkt] *adj* indexado(da).

India ['ɪndjə] *n* Índia *f.*

Indian ['ɪndjən] <> *adj* -**1.** [from India] indiano(na) -**2.** [from the Americas] índio(dia). <> *n* -**1.** [from India] indiano *m*, -na *f* -**2.** [from the Americas] índio *m*, -dia *f.*

Indian Ocean *n:* **the ~** o Oceano Índico.

indicate ['ɪndɪkeɪt] <> *vt* -**1.** [gen] indicar -**2.** [suggest] sugerir. <> *vi* [when driving]: **to ~ left/right** sinalizar à esquerda/direita.

indication [ˌɪndɪ'keɪʃn] *n* -**1.** [suggestion] indicação *f* -**2.** [sign] indício *m.*

indicative [ɪn'dɪkətɪv] <> *adj:* **~ of sthg** indicativo(va) de algo. <> *n* GRAMM indicativo *m.*

indicator ['ɪndɪkeɪtəʳ] *n* -**1.** [sign] indicador *m* -**2.** [on car] pisca-pisca *m.*

indices ['ɪndɪsiːz] *pl* > **index.**

indict [ɪn'daɪt] *vt* indiciar; **to ~ sb for sthg** indiciar alguém por algo.

indictment [ɪn'daɪtmənt] *n* -**1.** JUR indiciamento *m* -**2.** [criticism] crítica *f* dura.

indifference [ɪn'dɪfrəns] *n (U)* indiferença *f.*

indifferent [ɪn'dɪfrənt] *adj* -**1.** [uninterested] indiferente; **~ to sthg** indiferente a algo -**2.** [mediocre] medíocre.

indigenous [ɪn'dɪdʒɪnəs] *adj* nativo(va), indígena.

indigestion [,ɪndɪ'dʒestʃn] n (U) indigestão f.

indignant [ɪn'dɪgnənt] adj indignado(-da); to be ~ at sthg estar indignado(da) com algo.

indignity [ɪn'dɪgnətɪ] (pl -ies) n -1. (U) [feeling of humiliation] afronta f -2. [humiliating situation] indignidade f.

indigo ['ɪndɪgəʊ] ⬦ adj [in colour] da cor de anil. ⬦ n [colour] anil m.

indirect [,ɪndɪ'rekt] adj indireto(ta).

indiscreet [,ɪndɪ'skriːt] adj indiscreto(-ta); [tactless] indelicado(da).

indiscriminate [,ɪndɪ'skrɪmɪnət] adj indiscriminado(da).

indispensable [,ɪndɪ'spensəbl] adj indispensável.

indisputable [,ɪndɪ'spjuːtəbl] adj inquestionável.

indistinguishable [,ɪndɪ'stɪŋgwɪʃəbl] adj indistinguível; ~ from sb/sthg indistinguível de alguém/algo.

individual [,ɪndɪ'vɪdʒʊəl] ⬦ adj -1. [gen] individual -2. [private] particular -3. [distinctive] pessoal. ⬦ n indivíduo m.

individually [,ɪndɪ'vɪdʒʊəlɪ] adv [separately] individualmente.

indoctrination [ɪn,dɒktrɪ'neɪʃn] n (U) doutrinação f.

Indonesia [,ɪndə'niːzjə] n Indonésia.

indoor ['ɪndɔː'] adj -1. [plant] de interior -2. [shoes] para dentro de casa -3. [sports] em local coberto; ~ swimming pool piscina f coberta.

indoors [,ɪn'dɔːz] adv dentro de casa; to go ~ entrar, ir para dentro.

induce [ɪn'djuːs] vt : to ~ sb to do sthg induzir alguém a fazer algo.

inducement [ɪn'djuːsmənt] n [incentive] estímulo m, incentivo m.

induction [ɪn'dʌkʃn] n -1. [into official position]: ~ into sthg posse m em algo -2. [introduction to job] apresentação f.

induction course n curso m de integração OR de iniciação.

indulge [ɪn'dʌldʒ] ⬦ vt -1. [whim, passion] satisfazer -2. [child, person] fazer a vontade de. ⬦ vi: to ~ in sthg permitir-se algo.

indulgence [ɪn'dʌldʒəns] n -1. (U) [tolerance, kindness] indulgência f -2. [special treat] vício m, prazer m.

indulgent [ɪn'dʌldʒənt] adj [liberal, kind] indulgente.

industrial [ɪn'dʌstrɪəl] adj -1. [of industry] industrial -2. [industrialized] industrializado(da).

industrial action n: to take ~ declarar-se em greve.

industrial estate UK, **industrial park** US n parque m industrial.

industrialist [ɪn'dʌstrɪəlɪst] n industrialista mf.

industrial park n US = industrial estate.

industrial relations npl relações fpl de trabalho.

industrial revolution n revolução f industrial.

industrious [ɪn'dʌstrɪəs] adj trabalhador(ra), diligente.

industry ['ɪndəstrɪ] (pl -ies) n -1. [gen] indústria f; the coal ~ o setor carvoeiro -2. (U) [hard work] laboriosidade f.

inebriated [ɪ'niːbrɪeɪtɪd] adj fml inebriado(da).

inedible [ɪn'edɪbl] adj -1. [unpleasant to eat] não-comestível -2. [poisonous] venenoso(sa).

ineffective [,ɪnɪ'fektɪv] adj ineficaz, inútil.

ineffectual [,ɪnɪ'fektʃʊəl] adj ineficaz, inútil.

inefficiency [,ɪnɪ'fɪʃnsɪ] n (U) ineficiência f.

inefficient [,ɪnɪ'fɪʃnt] adj ineficiente.

ineligible [ɪn'elɪdʒəbl] adj inelegível; to be ~ for sthg não estar qualificado(da) para algo.

inept [ɪ'nept] adj -1. [incompetent] inepto(ta); ~ at sthg incapaz de algo -2. [clumsy] malfeito(ta).

inequality [,ɪnɪ'kwɒlətɪ] (pl -ies) n desigualdade f.

inert [ɪ'nɜːt] adj inerte.

inertia [ɪ'nɜːʃə] n inércia f.

inescapable [,ɪnɪ'skeɪpəbl] adj inevitável.

inevitable [ɪn'evɪtəbl] ⬦ adj inevitável. ⬦ n: the ~ o inevitável.

inevitably [ɪn'evɪtəblɪ] adv inevitavelmente.

inexcusable [,ɪnɪk'skjuːzəbl] adj imperdoável.

inexhaustible [,ɪnɪg'zɔːstəbl] adj inesgotável.

inexpensive [,ɪnɪk'spensɪv] adj barato(-ta), econômico(ca).

inexperienced [,ɪnɪk'spɪərɪənst] adj inexperiente.

inexplicable [,ɪnɪk'splɪkəbl] adj inexplicável.

infallible [ɪn'fæləbl] adj infalível.

infamous ['ɪnfəməs] adj infame.

infancy ['ɪnfənsɪ] n (U) primeira infância f; to be in its ~ fig estar engatinhando.

infant ['ɪnfənt] n -1. [baby] bebê m -2. [young child] criança f pequena.

infantry ['ɪnfəntrɪ] n (U) infantaria f.

infant school n UK na Grã-Bretanha, escola para crianças entre 5 e 7 anos.

infatuated [ɪnˈfætjʊeɪtɪd] *adj*: ~ (with sb/sthg) obcecado(da) (por alguém/algo).

infatuation [ɪnˌfætjʊˈeɪʃn] *n*: ~ (with sb/sthg) obsessão *f* (por alguém/algo).

infect [ɪnˈfekt] *vt* -1. MED infectar; to become ~ed [wound] infeccionar; to ~ sb with sthg infectar alguém com algo -2. *fig* [spread to] contagiar.

infection [ɪnˈfekʃn] *n* -1. [disease] infecção *f* -2. (U) [spreading of germs] contágio *m*.

infectious [ɪnˈfekʃəs] *adj* -1. [disease] infeccioso(sa) -2. *fig* [feeling, laugh] contagioso(sa).

infer [ɪnˈfɜːr] (*pt* & *pp* -red, *cont* -ring) *vt* -1. [deduce]: to ~ (that) inferir que; to ~ sthg (from sthg) deduzir OR inferir algo (de algo) -2. *inf* [insinuate] insinuar.

inferior [ɪnˈfɪərɪər] <> *adj* [gen] inferior; ~ to sb/sthg inferior a alguém/algo. <> *n* [in status] inferior *mf*.

inferiority [ɪnˌfɪərɪˈɒrətɪ] *n* (U) inferioridade *f*.

inferiority complex *n* complexo *m* de inferioridade.

inferno [ɪnˈfɜːnəʊ] (*pl* -s) *n* inferno *m*, incêndio *m* incontrolável.

infertile [ɪnˈfɜːtaɪl] *adj* -1. [woman, animal] estéril -2. [soil] infértil.

infested [ɪnˈfestɪd] *adj*: ~ with sthg infestado(da) por algo.

infighting [ˈɪnˌfaɪtɪŋ] *n* (U) disputa *f* interna.

infiltrate [ˈɪnfɪltreɪt] *vt* infiltrar.

infinite [ˈɪnfɪnət] *adj* infinito(ta).

infinitive [ɪnˈfɪnɪtɪv] *n* GRAMM infinitivo *m*.

infinity [ɪnˈfɪnətɪ] *n* -1. (U) [gen] infinito *m* -2. MATH [incalculable number] infinidade *f*.

infirm [ɪnˈfɜːm] <> *adj* [unhealthy] enfermo(ma). <> *npl*: the ~ os enfermos.

infirmary [ɪnˈfɜːmərɪ] (*pl* -ies) *n* -1. [hospital] hospital *m* -2. [room] enfermaria *f*.

infirmity [ɪnˈfɜːmətɪ] (*pl* -ies) *n* enfermidade *f*.

inflamed [ɪnˈfleɪmd] *adj* MED inflamado(da).

inflammable [ɪnˈflæməbl] *adj* [burning easily] inflamável.

inflammation [ˌɪnfləˈmeɪʃn] *n* MED inflamação *f*.

inflatable [ɪnˈfleɪtəbl] *adj* inflável.

inflate [ɪnˈfleɪt] *vt* -1. [fill with air] inflar -2. ECON [increase] inflacionar.

inflation [ɪnˈfleɪʃn] *n* (U) ECON inflação *f*.

inflationary [ɪnˈfleɪʃnrɪ] *adj* ECON inflacionário(ria).

inflation rate *n* ECON taxa *f* de inflação.

inflict [ɪnˈflɪkt] *vt*: to ~ sthg on sb infligir algo a alguém.

influence [ˈɪnflʊəns] <> *n* -1. (U) [power]: ~ (on sb/sthg), ~ (over sb/sthg) influência *f* (sobre alguém/algo); under the ~ of [person, group] sob a influência de; [alcohol, drugs] sob o efeito de -2. [influential person, thing]: ~ (on sb/sthg) influência para alguém/algo. <> *vt* influenciar.

influential [ˌɪnflʊˈenʃl] *adj* influente.

influenza [ˌɪnflʊˈenzə] *n* (U) *fml* influenza *f*.

influx [ˈɪnflʌks] *n* afluxo *m*.

inform [ɪnˈfɔːm] *vt* informar; to ~ sb of/about sthg informar alguém de/sobre algo.

➠ **inform on** *vt fus* denunciar, delatar.

informal [ɪnˈfɔːml] *adj* informal.

informant [ɪnˈfɔːmənt] *n* informante *mf*.

information [ˌɪnfəˈmeɪʃn] *n* (U) informações *fpl*; to give sb ~ dar informações a alguém; to get ~ obter informações; that's a useful piece of ~ esta é uma informação útil; to have some ~ on OR about sthg ter alguma informação sobre algo; 'Information' 'Informações'; for your ~ para seu conhecimento.

information desk *n* (balcão *m* de) informações *fpl*.

information technology *n* tecnologia *f* da informação.

informative [ɪnˈfɔːmətɪv] *adj* instrutivo(va).

informer [ɪnˈfɔːmər] *n* [denouncer] informante *mf*, delator *m*, -ra *f*.

infrared [ˌɪnfrəˈred] *adj* infravermelho(lha).

infrastructure [ˈɪnfrəˌstrʌktʃər] *n* infraestrutura *f*.

infringe [ɪnˈfrɪndʒ] (*cont* infringeing) <> *vt* -1. [right] transgredir, violar -2. [law, agreement] infringir. <> *vi* -1. [on right]: to ~ on sthg transgredir OR violar algo -2. [on law, agreement]: to ~ on sthg infringir algo.

infringement [ɪnˈfrɪndʒmənt] *n* -1. [of right] transgressão *f*, violação *f* -2. [of law, agreement] infração *f*.

infuriating [ɪnˈfjʊərɪeɪtɪŋ] *adj* enfurecedor(ra).

ingenious [ɪnˈdʒiːnjəs] *adj* engenhoso(sa).

ingenuity [ˌɪndʒɪˈnjuːətɪ] *n* (U) engenhosidade *f*.

ingenuous [ɪnˈdʒenjʊəs] *adj fml* ingênuo(nua).

ingot ['ɪŋgət] n lingote m.

ingrained [ˌɪn'greɪnd] adj -1. [ground in] entranhado(da) -2. [deeply rooted] arraigado(da).

ingratiating [ɪn'greɪʃɪeɪtɪŋ] adj insinuante, lisonjeiro(ra).

ingredient [ɪn'griːdjənt] n ingrediente m.

inhabit [ɪn'hæbɪt] vt habitar.

inhabitant [ɪn'hæbɪtənt] n habitante mf.

inhale [ɪn'heɪl] <> vt inalar. <> vi [breathe in - smoker] tragar; [- patient] inspirar.

inhaler [ɪn'heɪləʳ] n MED inalador m.

inherent [ɪn'hɪərənt, ɪn'herənt] adj inerente; ~ in sthg inerente a algo.

inherently [ɪn'hɪərəntlɪ, ɪn'herəntlɪ] adv intrinsecamente.

inherit [ɪn'herɪt] <> vt: to ~ sthg (from sb) herdar algo (de alguém). <> vi herdar.

inheritance [ɪn'herɪtəns] n herança f.

inhibit [ɪn'hɪbɪt] vt -1. [restrict] impedir -2. PSYCH [repress] inibir.

inhibition [ˌɪnhɪ'bɪʃn] n inibição f.

inhospitable [ˌɪnhɒ'spɪtəbl] adj -1. [unwelcoming] inospitaleiro(ra) -2. [climate, area] inóspito(ta).

in-house <> adj -1. [journal, report, magazine] de circulação interna -2. [staff, group] interno(na), da casa; ~ **staff** quadro m interno. <> adv internamente.

inhuman [ɪn'hjuːmən] adj -1. [cruel] desumano(na) -2. [not human] inumano(na).

initial [ɪ'nɪʃl] (UK pt & pp -led, cont -ling, US pt & pp -ed, cont -ing) <> adj inicial. <> vt rubricar.
◆ **initials** npl iniciais fpl.

initially [ɪ'nɪʃəlɪ] adv inicialmente.

initiate [ɪ'nɪʃɪeɪt] vt -1. [start] iniciar -2. [teach]: to ~ sb (into sthg) iniciar alguém (em algo).

initiative [ɪ'nɪʃətɪv] n -1. [gen] iniciativa f -2. [advantage]: to have the ~ ter a vantagem.

inject [ɪn'dʒekt] vt -1. MED: to ~ sb with sthg, to ~ sthg into sb injetar algo em alguém -2. fig [add]: to ~ sthg into sthg injetar algo em algo.

injection [ɪn'dʒekʃn] n injeção f.

injure ['ɪndʒəʳ] vt -1. [hurt physically] machucar -2. [reputation, chances] prejudicar -3. [offend] ferir.

injured ['ɪndʒəd] <> adj [physically hurt] machucado(da), ferido(da). <> npl: the ~ os feridos.

injury ['ɪndʒərɪ] (pl -ies) n -1. (U) [physical harm] lesão f -2. [wound] ferimento m; to do o.s. an ~ machucar-se -3. (U)

[to one's reputation] dano m -4. [to one's pride, feelings] golpe m.

injury time n (U) tempo m de descontos (num jogo).

injustice [ɪn'dʒʌstɪs] n injustiça f; to do sb an ~ fazer uma injustiça a alguém.

ink [ɪŋk] n (U) tinta f.

ink-jet printer n impressora f jato de tinta.

inkwell ['ɪŋkwel] n tinteiro m.

inlaid [ˌɪn'leɪd] adj incrustado(da); ~ with sthg incrustado(da) de algo.

inland [adj 'ɪnlənd, adv ɪn'lænd] <> adj interior. <> adv -1. [drive, head, walk] para o interior -2. [be positioned] no interior.

Inland Revenue n UK: the ~ o fisco, ≃ a Receita Federal.

in-laws npl inf sogros mpl.

inlet ['ɪnlet] n -1. [stretch of water] enseada f -2. [way in] entrada f.

inmate ['ɪnmeɪt] n -1. [mental hospital] interno m, -na f -2. [prison] preso m, -sa f.

inn [ɪn] n pousada f.

innate [ˌɪ'neɪt] adj inato(ta).

inner ['ɪnəʳ] adj -1. [most central] interno(na); **Inner London** o centro de Londres -2. [unexpressed, secret - feelings, doubts] íntimo(ma); [- peace, meaning] interior.

inner city n: the ~ o centro urbano decadente.

inner tube n câmara f de ar.

innings ['ɪnɪŋz] (pl inv) n UK [in cricket] turno m.

innocence ['ɪnəsəns] n (U) -1. JUR [gen] inocência f -2. [naivety] ingenuidade f.

innocent ['ɪnəsənt] <> adj -1. [gen] inocente; ~ of sthg inocente de algo -2. [harmless] ingênuo(nua). <> n [naive person] inocente mf.

innocuous [ɪ'nɒkjʊəs] adj [harmless] inócuo(cua).

innovation [ˌɪnə'veɪʃn] n inovação f.

innovative ['ɪnəvətɪv] adj inovador(ra).

innuendo [ˌɪnjuː'endəʊ] (pl -es OR -s) n -1. [individual remark] insinuação f, indireta f -2. (U) [style of speaking] insinuações fpl.

innumerable [ɪ'njuːmərəbl] adj inumerável.

inoculate [ɪ'nɒkjʊleɪt] vt inocular; to ~ sb with sthg inocular algo em alguém.

inordinately [ɪ'nɔːdɪnətlɪ] adv fml [extremely] de forma desmesurada.

in-patient n paciente mf interno, -na.

input ['ɪnpʊt] (pt & pp input OR -ted, cont -ting) <> n (U) -1. [contribution] contribuição f -2. COMPUT, ELEC entrada f. <> vt COMPUT entrar.

inquest ['ɪnkwest] n JUR inquérito m.

inquire [ɪnˈkwaɪəʳ] ◇ vt: to ~ when/ whether/if/how ... inquirir quando/ se/como ... ◇ vi [ask for information] informar-se; **to** ~ **about sthg** pedir informações sobre algo.
◆ **inquire after** vt fus perguntar por.
◆ **inquire into** vt fus investigar.

inquiry [ɪnˈkwaɪərɪ] (pl **-ies**) n **-1.** [question] pergunta f; **'Inquiries'** 'Informações' **-2.** [investigation] investigação f, inquérito m.

inquiry desk n (balcão m de) informações fpl.

inquisitive [ɪnˈkwɪzətɪv] adj curioso(-sa).

inroads [ˈɪnrəʊdz] npl: **to make** ~ **into sthg** abrir caminho em algo.

insane [ɪnˈseɪn] adj **-1.** MED [mad] insano(na) **-2.** fig [very stupid] louco(ca).

insanity [ɪnˈsænətɪ] n (U) **-1.** MED [madness] insanidade f **-2.** fig [great stupidity] loucura f.

insatiable [ɪnˈseɪʃəbl] adj insaciável.

inscription [ɪnˈskrɪpʃn] n **-1.** [gen] inscrição f **-2.** [in book] dedicatória f.

inscrutable [ɪnˈskruːtəbl] adj inescrutável, impenetrável.

insect [ˈɪnsekt] n inseto m.

insecticide [ɪnˈsektɪsaɪd] n inseticida m.

insect repellent n repelente m para insetos.

insecure [ˌɪnsɪˈkjʊəʳ] adj **-1.** [not confident] inseguro(ra) **-2.** [not safe] pouco seguro(ra).

insensible [ɪnˈsensəbl] adj **-1.** [unconscious] inconsciente **-2.** [unaware]: **to be** ~ **of sthg** não ter consciência de algo **-3.** [unable to feel]: **to be** ~ **to sthg** ser insensível a algo.

insensitive [ɪnˈsensətɪv] adj **-1.** [unkind, thoughtless] insensível **-2.** [unresponsive]: ~ **to sthg** indiferente a algo **-3.** [unable to feel]: ~ **to sthg** insensível a algo.

inseparable [ɪnˈseprəbl] adj **-1.** [subjects, facts]: ~ **(from sthg)** inseparável (de algo) **-2.** [people] inseparável.

insert [vb ɪnˈsɜːt, n ˈɪnsɜːt] ◇ n encarte m. ◇ vt [put in]: **to** ~ **sthg (in OR into sthg)** inserir algo (em algo).

insertion [ɪnˈsɜːʃn] n (U) inserção f.

in-service training n UK treinamento m no serviço.

inshore [adj ˈɪnʃɔːʳ, adv ɪnˈʃɔːʳ] ◇ adj costeiro(ra). ◇ adv **-1.** [towards shore] em direção à costa **-2.** [close to shore] perto da costa.

inside [ɪnˈsaɪd] ◇ adj [interior, near centre] interno(na). ◇ adv **-1.** [in, within place, object, building] para dentro; **there was sthg** ~ havia alguma coisa dentro; [- body, mind] por dentro **-2.** [prison]

sl preso(sa). ◇ prep dentro de; **get some food** ~ **you!** coma alguma coisa!; ~ **three weeks** em menos de três semanas. ◇ n **-1.** [interior, inner part]: **the** ~ o lado de dentro; ~ **out** [clothes] do avesso; **to know sthg** ~ **out** fig conhecer algo de cabo a rabo; **to turn sthg** ~ **out** virar algo do avesso **-2.** AUT: **the** ~ [in UK] a faixa da esquerda; [in mainland Europe, US, Brazil etc] a faixa da direita.
◆ **insides** npl inf [intestines] tripas fpl.
◆ **inside of** prep US [building, object] dentro de.

inside lane n AUT **-1.** [in UK] faixa f da esquerda **-2.** [in mainland Europe, US, Brazil etc] faixa f da direita.

insight [ˈɪnsaɪt] n **-1.** (U) [wisdom]: ~ **(into sthg)** discernimento m (sobre algo) **-2.** [glimpse]: ~ **(into sthg)** insight m (sobre algo); **the book gave me an** ~ **into the problem** o livro me fez ter algumas idéias sobre o problema.

insignificant [ˌɪnsɪgˈnɪfɪkənt] adj insignificante.

insincere [ˌɪnsɪnˈsɪəʳ] adj insincero(ra).

insinuate [ɪnˈsɪnjʊeɪt] pej vt [imply]: **to** ~ **(that)** insinuar que.

insipid [ɪnˈsɪpɪd] adj pej **-1.** [dull, boring] insosso(sa) **-2.** [flavourless - drink] insípido(da); [- food] insosso(sa).

insist [ɪnˈsɪst] ◇ vt: **to** ~ **(that)** insistir que. ◇ vi: **to** ~ **on sthg** insistir em algo; **to** ~ **on doing sthg** insistir em fazer algo.

insistent [ɪnˈsɪstənt] adj insistente; ~ **on sthg** insistente em algo.

insofar [ˌɪnsəʊˈfɑːʳ] ◆ **insofar as** conj na medida em que.

insole [ˈɪnsəʊl] n [in shoe] palmilha f.

insolent [ˈɪnsələnt] adj insolente.

insolvable adj US insolúvel.

insolvent [ɪnˈsɒlvənt] adj insolvente.

insomnia [ɪnˈsɒmnɪə] n (U) insônia f.

inspect [ɪnˈspekt] vt **-1.** [letter, person] examinar **-2.** [factory] inspecionar, vistoriar **-3.** [troops] passar revista em.

inspection [ɪnˈspekʃn] n **-1.** [examination] exame m **-2.** [official check] inspeção f, vistoria f.

inspector [ɪnˈspektəʳ] n **-1.** [official] fiscal mf **-2.** [of police] inspetor m, -ra f.

inspiration [ˌɪnspəˈreɪʃn] n **-1.** (U) [source of ideas] inspiração f; ~ **(for sthg)** inspiração (para algo) **-2.** [brilliant idea] idéia f.

inspire [ɪnˈspaɪəʳ] vt [stimulate, encourage]: **to** ~ **sb (to do sthg)** inspirar alguém (a fazer algo); **to** ~ **sb with sthg, to** ~ **sthg in sb** inspirar algo a alguém.

install *UK*, **instal** *US* [ɪn'stɔːl] *vt* [machinery, equipment] instalar.

installation [ˌɪnstə'leɪʃn] *n* instalação *f*.

instalment *UK*, **installment** *US* [ɪn'stɔːlmənt] *n* **-1.** [payment] prestação *f*; **in ~s** em prestações **-2.** [episode] episódio *m*.

instance ['ɪnstəns] *n* [example, case] caso *m*, exemplo *m*; **for ~** por exemplo.

instant ['ɪnstənt] <> *adj* instantâneo(nea). <> *n* [moment] instante *m*; **the ~ (that)** ... no mesmo instante em que ...

instantly ['ɪnstəntlɪ] *adv* instantaneamente.

instead [ɪn'sted] *adv* em vez disso.
◆ **instead of** *prep* em vez de, em lugar de.

instep ['ɪnstep] *n* [of foot] peito *m* do pé.

instigate ['ɪnstɪgeɪt] *vt* [initiate] instigar.

instil *UK* (*pt* & *pp* -led, *cont* -ling), **instill** *US* (*pt* & *pp* -ed, *cont* -ing) [ɪn'stɪl] *vt*: **to ~ sthg in(to) sb** instilar algo em alguém.

instinct ['ɪnstɪŋkt] *n* instinto *m*; **first ~** primeiro impulso *m*.

instinctive [ɪn'stɪŋktɪv] *adj* instintivo(va).

institute ['ɪnstɪtjuːt] <> *n* [establishment] instituto *m*. <> *vt* instituir.

institution [ˌɪnstɪ'tjuːʃn] *n* instituição *f*.

institutionalize *vt* institucionalizar.

instruct [ɪn'strʌkt] *vt* **-1.** [tell, order]: **to ~ sb to do sthg** instruir alguém a fazer algo **-2.** [teach] instruir; **to ~ sb in sthg** instruir alguém em algo.

instruction [ɪn'strʌkʃn] *n* instrução *f*.
◆ **instructions** *npl* [for use] instruções *fpl*.

instructor [ɪn'strʌktər] *n* **-1.** [in driving, skiing] instrutor *m* **-2.** [in swimming] professor *m*.

instrument ['ɪnstrʊmənt] *n* **-1.** instrumento *m* **-2.** *literary* [means] instrumento *m*.

instrumental [ˌɪnstrʊ'mentl] *adj* [important, helpful]: **to be ~ in sthg** desempenhar um papel fundamental em algo.

instrument panel *n* painel *m* de instrumentos.

insubordinate [ˌɪnsə'bɔːdɪnət] *adj fml* insubordinado(da).

insubstantial [ˌɪnsəb'stænʃl] *adj* **-1.** [fragile] frágil **-2.** [unsatisfying] pouco substancioso(sa).

insufficient [ˌɪnsə'fɪʃnt] *adj fml* insuficiente; **~ for sthg/to do sthg** insuficiente para algo/para fazer algo.

insular ['ɪnsjʊlər] *adj* [narrow-minded] limitado(da) .

insulate ['ɪnsjʊleɪt] *vt* isolar; **to ~ sb against** *OR* **from sthg** isolar alguém de algo.

insulating tape ['ɪnsjʊleɪtɪŋ-] *n* (*U*) *UK* fita *f* isolante.

insulation [ˌɪnsjʊ'leɪʃn] *n* (*U*) [material, substance] isolamento *m*.

insulin ['ɪnsjʊlɪn] *n* (*U*) insulina *f*.

insult [*vt* ɪn'sʌlt, *n* 'ɪnsʌlt] <> *n* insulto *m*. <> *vt* insultar, ofender.

insuperable [ɪn'suːprəbl] *adj fml* insuperável.

insurance [ɪn'ʃʊərəns] *n* **-1.** [against fire, accident, theft] seguro *m*; **~ against sthg** seguro contra algo **-2.** *fig* [safeguard, protection] proteção *f*; **~ against sthg** proteção contra algo.

insurance policy *n* apólice *f* de seguros.

insure [ɪn'ʃʊər] <> *vt* **-1.** [against fire, accident, theft]: **to ~ sb/sthg against sthg** segurar alguém/algo contra algo **-2.** *US* [make certain] assegurar. <> *vi* [protect]: **to ~ against sthg** prevenir-se contra algo.

insurer [ɪn'ʃʊərər] *n* segurador *m*, -ra *f*.

insurmountable [ˌɪnsə'maʊntəbl] *adj* intransponível.

intact [ɪn'tækt] *adj* intacto(ta).

intake ['ɪnteɪk] *n* **-1.** [amount consumed] ingestão *f* **-2.** [people recruited - *SCH*, *UNIV*] ingresso *m*; [- *MIL*] recrutamento *m* **-3.** [inlet] entrada *f*.

integral ['ɪntɪgrəl] *adj* [essential] essencial; **to be ~ to sthg** ser parte integrante de algo.

integrate ['ɪntɪgreɪt] <> *vi* integrar. <> *vt* integrar.

integrity [ɪn'tegrətɪ] *n* (*U*) **-1.** [honour] integridade *f* **-2.** *fml* [wholeness] integridade *f*.

intellect ['ɪntəlekt] *n* **-1.** [gen] inteligência *f*, intelecto *m* **-2.** [mind] inteligência *f*.

intellectual [ˌɪntə'lektjʊəl] <> *adj* intelectual. <> *n* [person] intelectual *mf*.

intelligence [ɪn'telɪdʒəns] *n* (*U*) **-1.** [ability to think and reason] inteligência *f* **-2.** [information service] serviço *m* de inteligência **-3.** [information] informações *fpl* secretas.

intelligent [ɪn'telɪdʒənt] *adj* [clever] inteligente.

intelligent card *n* cartão *m* inteligente.

intend [ɪn'tend] *vt* [mean] pretender, propor-se a; **to be ~ed for/as sthg** ser destinado(da) para algo; **to be ~ed for sb** ser destinado(da) a alguém; **it wasn't ~ed to be a criticism** não pretendia ser uma crítica; **it was ~ed to be a surprise** era para ser uma surpresa; **to ~ doing sthg/to do sthg** pretender fazer algo.

intended [ɪn'tendɪd] *adj* [planned] planejado(da); **the ~ victim** a vítima almejada.

intense [ɪn'tens] adj -**1.** [gen]intenso(sa) -**2.** [person - serious] muito sério(ria); [- emotional] forte.

intensely [ɪn'tenslɪ] adv -**1.** [very] enormemente -**2.** [very much] intensamente.

intensify [ɪn'tensɪfaɪl] (pt & pp -ied) <> vt intensificar. <> vi intensificar-se.

intensity [ɪn'tensətɪ] n -**1.** [gen] intensidade f -**2.** [of person - seriousness] seriedade f; [- of emotional nature] força f.

intensive [ɪn'tensɪv] adj [concentrated] intensivo(va).

intensive care n (U) tratamento m intensivo.

intent [ɪn'tent] <> adj -**1.** [absorbed] atento(ta) -**2.** [determined]: **to be ~ (up)on doing sthg** estar determinado(da) a fazer algo. <> n fml [intention] intenção f; **to all ~ s and purposes** para todos os efeitos.

intention [ɪn'tenʃn] n intenção f.

intentional [ɪn'tenʃənl] adj intencional.

intently [ɪn'tentlɪ] adv atentamente.

interact [ˌɪntər'ækt] vi -**1.** [people]: **to ~ (with sb)** interagir (com alguém) -**2.** [forces, ideas]: **to ~ (with sthg)** interagir (com algo).

intercede [ˌɪntə'siːd] vi fml: **to ~ (with/ for sb)** interceder (junto a/em favor de alguém).

intercept [ˌɪntə'sept] vt [message, missile] interceptar.

interchange [n 'ɪntətʃeɪndʒ, vb ˌɪntə'tʃeɪndʒ] <> n -**1.** [exchange] intercâmbio m -**2.** [road junction] trevo m rodoviário. <> vt trocar, intercambiar; **to ~ sthg with sb/sthg** trocar algo com alguém/algo.

interchangeable [ˌɪntə'tʃeɪndʒəbl] adj: **~ (with sb/sthg)** intercambiável (com alguém/algo).

intercity [ˌɪntə'sɪtɪ] adj UK intermunicipal.

intercom ['ɪntəkɒm] n interfone m.

intercourse ['ɪntəkɔːs] n (U) [sexual] relação f sexual.

interest ['ɪntrəst] <> n -**1.** [gen] interesse m; **in ~ in sthg** interesse em alguém/algo -**2.** [hobby] hobby m; **in the ~ s of peace** em nome da paz -**3.** (U) [financial charge] juro m -**4.** [share in company] participação f. <> vt [appeal to] interessar; **can I ~ you in a drink?** posso te convidar para um drinque?

interested ['ɪntrəstɪd] adj interessado(-da); **to be ~ in sb/sthg** estar interessado(da) em alguém/algo; **to be ~ in**

doing sthg estar interessado(da) em fazer algo.

interesting ['ɪntrəstɪŋ] adj interessante.

interest rate n taxa f de juros.

interface [n 'ɪntəfeɪs] n -**1.** COMPUT interface f -**2.** [junction, boundary] zona f de interação.

interfere [ˌɪntə'fɪəʳ] vi -**1.** [meddle] interferir, intrometer-se; **to ~ in sthg** interferir em algo, intrometer-se em algo -**2.** [cause disruption] interferir; **to ~ with sthg** interferir em algo.

interference [ˌɪntə'fɪərəns] n (U) -**1.** [meddling]: **~ (with OR in sthg)** intrometimento m (em algo) -**2.** RADIO & TV interferência f.

interim ['ɪntərɪm] <> adj provisório(-ria). <> n: **in the ~** neste ínterim.

interior [ɪn'tɪərɪəʳ] <> adj -**1.** [inner] interno(na), interior -**2.** POL do interior. <> n [inside] interior m.

interlock [ˌɪntə'lɒk] vi -**1.** TECH encaixar; **to ~ with sthg** encaixar com algo -**2.** [entwine] entrelaçar.

interloper ['ɪntələʊpəʳ] n intruso m, -sa f.

interlude ['ɪntəluːd] n [gen] intervalo m.

intermediary [ˌɪntə'miːdjərɪ] (pl -ies) n intermediário m, -ria f, mediador m, -ra f.

intermediate [ˌɪntə'miːdjət] adj intermediário m, -ria f.

interminable [ɪn'tɜːmɪnəbl] adj interminável.

intermission [ˌɪntə'mɪʃn] n intervalo m.

intermittent [ˌɪntə'mɪtənt] adj intermitente.

intern [vb ɪn'tɜːn, n 'ɪntɜːn] <> n US [trainee - teacher] estagiário m, -ria f; [- doctor] interno m, -na f. <> vt internar.

internal [ɪn'tɜːnl] adj interno(na); **~ affairs** relações fpl interiores.

internally [ɪn'tɜːnəlɪ] adv internamente.

Internal Revenue n US: **the ~** a receita pública.

international [ˌɪntə'næʃənl] <> adj internacional. <> n UK SPORT -**1.** [match] partida f internacional -**2.** [player] atleta mf da seleção.

Internet ['ɪntənet] n: **the ~** a Internet.

Internet access n acesso m à Internet.

Internet café n cibercafé m.

Internet connection n conexão f com a Internet.

Internet Service Provider n provedor m de serviços de Internet.

Internet start-up company n empresa f eletrônica que surgiu com a Internet.

Internet television, Internet TV n televisão f via Internet.

interpret [ɪn'tɜ:prɪt] ◇ vt [understand] interpretar; **to ~ sthg as** interpretar algo como. ◇ vi [translate] interpretar.

interpreter [ɪn'tɜ:prɪtə'] n [person] intérprete mf.

interpreting [ɪn'tɜ:prɪtɪŋ] n [occupation] interpretação f.

interracial [ˌɪntə'reɪʃl] adj inter-racial.

interrelate [ˌɪntərɪ'leɪt] ◇ vt correlacionar. ◇ vi: **to ~ (with sthg)** correlacionar-se (com algo).

interrogate [ɪn'terəgeɪt] vt [question] interrogar.

interrogation [ɪnˌterə'geɪʃn] n -1. (U) [questioning] interrogação f -2. [interview] interrogatório m.

interrogation mark n US ponto m de interrogação.

interrogative [ˌɪntə'rɒgətɪv] GRAM ◇ adj interrogativo(va). ◇ n -1. [form]: **the ~** a forma interrogativa -2. [word] pronome m interrogativo.

interrupt [ˌɪntə'rʌpt] ◇ vt interromper. ◇ vi interromper, incomodar.

interruption [ˌɪntə'rʌpʃn] n interrupção f.

intersect [ˌɪntə'sekt] ◇ vi cruzar-se. ◇ vt cruzar.

intersection [ˌɪntə'sekʃn] n [junction] interseção f.

intersperse [ˌɪntə'spɜ:s] vt: **to be ~ed with sthg** ser entremeado(da) por algo.

interstate (highway) n US rodovia f interestadual.

interval ['ɪntəvl] n -1. [period of time]: **~ (between)** intervalo m (entre); **at ~s** em intervalos; **at monthly/yearly ~s** em intervalos de um mês/um ano -2. UK [at play, concert] intervalo m.

intervene [ˌɪntə'vi:n] vi -1. [gen] intervir; **to ~ in sthg** intervir em algo -2. [interrupt] interferir.

intervention [ˌɪntə'venʃn] n intervenção f.

interview ['ɪntəvju:] ◇ n entrevista f. ◇ vt entrevistar.

interviewer ['ɪntəvjuːə'] n entrevistador m, -ra f.

intestine [ɪn'testɪn] n intestino m.

intimacy ['ɪntɪməsɪ] (pl -ies) n (U) [closeness]: **~ (between/with)** intimidade f (entre/com).
➠ **intimacies** npl [personal thoughts] intimidades fpl.

intimate [adj & n 'ɪntɪmət, vb 'ɪntɪmeɪt] ◇ adj -1. íntimo(ma) -2. [personal] pessoal -3. [thorough] profundo(da). ◇ vt fml [hint, imply] insinuar; **to ~ that** insinuar que, dar a entender que.

intimately ['ɪntɪmətlɪ] adv intimamente.

intimidate [ɪn'tɪmɪdeɪt] vt intimidar.

into ['ɪntʊ] prep -1. [inside - referring to object] em; [- referring to place, vehicle] em direção a; **to get ~ a car** entrar num carro -2. [against] contra; **to bump ~ sb/sthg** tropeçar em alguém/algo; **to crash ~ sb/sthg** chocar-se com alguém/algo -3. [indicating transformation, change] em; **to translate ~ Spanish** traduzir para o espanhol -4. [concerning, about] sobre -5. MATH [indicating division] por; **6 ~ 2 is 3** 6 dividido por 2 é 3 -6. [indicating elapsed time]: **~ the night** noite adentro; **I was a week ~ my holiday when ...** eu estava há uma semana de férias quando ... -7. inf [interested in]: **to be ~ sthg** gostar de algo.

intolerable [ɪn'tɒlrəbl] adj fml intolerável.

intolerance [ɪn'tɒlərəns] n (U) [lack of respect] intolerância f.

intolerant [ɪn'tɒlərənt] adj intolerante.

intoxicated [ɪn'tɒksɪkeɪtɪd] adj -1. [drunk]: **to be ~** estar embriagado(da) -2. fig [excited]: **to be ~ by** OR **with sthg** estar inebriado(da) com algo.

intractable [ɪn'træktəbl] adj fml -1. [stubborn] intratável -2. [insoluble] insolúvel.

intramural adj intramuros.

Intranet n COMPUT Intranet f.

intransitive [ɪn'trænzɪtɪv] adj intransitivo(va).

intravenous [ˌɪntrə'viːnəs] adj intravenoso(sa).

in-tray n bandeja f de entrada (para documentos em escritório).

intricate ['ɪntrɪkət] adj intricado(da).

intrigue [ɪn'tri:g] ◇ n intriga f. ◇ vt intrigar.

intriguing [ɪn'tri:gɪŋ] adj intrigante.

intrinsic [ɪn'trɪnsɪk] adj intrínseco(ca).

introduce [ˌɪntrə'dju:s] vt -1. [present, make aware of] apresentar; **to ~ sb to sb/sthg** apresentar alguém a alguém/algo -2. [bring in]: **to ~ sthg (to** OR **into)** introduzir algo (em).

introduction [ˌɪntrə'dʌkʃn] n -1. [start, initiation] introdução f; **~ to sthg** introdução a algo -2. [presentation]: **~ (to sb)** apresentação f (a alguém).

introductory [ˌɪntrə'dʌktrɪ] adj introdutório(ria).

introvert ['ɪntrəvɜ:t] n introvertido m, -da f.

introverted ['ɪntrəvɜ:tɪd] adj introvertido(da).

intrude [ɪn'tru:d] vi intrometer-se; **to ~ (up)on sb/sthg** intrometer-se em alguém/algo.

intruder [ɪn'truːdəʳ] *n* intruso *m*, -sa *f*.

intrusive [ɪn'truːsɪv] *adj* **-1.** [person] intrometido(da) **-2.** [presence, interest] inoportuno(na).

intuition [ˌɪntjuː'ɪʃn] *n* intuição *f*.

inundate ['ɪnʌndeɪt] *vt* inundar; **to be ~d with sthg** estar cheio (cheia) de algo.

invade [ɪn'veɪd] *vt* invadir.

invalid [*adj* ɪn'vælɪd *n* & *vb* 'ɪnvəlɪd] ⟨⟩ *adj* [not acceptable] inválido(da). ⟨⟩ *n* [ill person] inválido *m*, -da *f*.

invaluable [ɪn'væljʊəbl] *adj*: **~ (to sb/sthg)** inestimável (para alguém/algo).

invariably [ɪn'veərɪəblɪ] *adv* [always] invariavelmente.

invasion [ɪn'veɪʒn] *n* invasão *f*.

invent [ɪn'vent] *vt* inventar.

invention [ɪn'venʃn] *n* invenção *f*.

inventive [ɪn'ventɪv] *adj* inventivo(va).

inventor [ɪn'ventəʳ] *n* inventor *m*, -ra *f*.

inventory ['ɪnventrɪ] (*pl* -ies) *n* **-1.** [list] inventário *m* **-2.** *US* [goods] estoque *m*.

invert [ɪn'vɜːt] *vt* *fml* inverter.

inverted commas [ɪn'vɜːtɪd-] *npl UK* aspas *fpl*; **in ~** entre aspas.

invest [ɪn'vest] ⟨⟩ *vt* [gen]: **to ~ sthg in sthg/in doing sthg** investir algo em algo/para fazer algo. ⟨⟩ *vi* **-1.** [financially] investir; **to ~ in sthg** investir em algo **-2.** *fig* [in sthg useful]: **to ~ in sthg** investir em algo.

investigate [ɪn'vestɪgeɪt] *vt* & *vi* investigar.

investigation [ɪnˌvestɪ'geɪʃn] *n*: **~ (into sthg)** investigação *f* (sobre algo).

investment [ɪn'vestmənt] *n* investimento *m*.

investor [ɪn'vestəʳ] *n* investidor *m*, -ra *f*.

inveterate [ɪn'vetərət] *adj* inveterado(da).

invidious [ɪn'vɪdɪəs] *adj* **-1.** [unfair] injusto(ta) **-2.** [unpleasant] desagradável.

invigilate [ɪn'vɪdʒɪleɪt] *UK* ⟨⟩ *vt* fiscalizar (*um exame*). ⟨⟩ *vi* fiscalizar um exame.

invigorating [ɪn'vɪgəreɪtɪŋ] *adj* **-1.** [gen] revigorante **-2.** [experience] estimulante.

invincible [ɪn'vɪnsɪbl] *adj* [unbeatable] invencível.

invisible [ɪn'vɪzɪbl] *adj* invisível.

invitation [ˌɪnvɪ'teɪʃn] *n* convite *m*; **an ~ to sthg/to do sthg** um convite para algo/para fazer algo.

invite [ɪn'vaɪt] *vt* **-1.** [request to attend] convidar; **to ~ sb to sthg** convidar alguém para algo **-2.** [ask politely]: **to ~ sb to do sthg** convidar alguém para

fazer algo **-3.** [encourage] estimular.

inviting [ɪn'vaɪtɪŋ] *adj* convidativo(va), tentador(ra).

invoice ['ɪnvɔɪs] ⟨⟩ *n* fatura *f*. ⟨⟩ *vt* **-1.** [send an invoice to] enviar uma fatura para **-2.** [prepare an invoice for] faturar.

invoke [ɪn'vəʊk] *vt* **-1.** *fml* [quote as justification] invocar **-2.** [cause] evocar, suscitar.

involuntary [ɪn'vɒləntrɪ] *adj* [unintentional] involuntário(ria).

involve [ɪn'vɒlv] *vt* **-1.** [entail, require] envolver; **to ~ doing sthg** envolver fazer algo **-2.** [concern, affect] atingir, afetar; **to be ~ed in sthg** estar envolvido(da) em algo **-3.** [make part of sthg]: **to ~ sb in sthg** envolver alguém em algo.

involved [ɪn'vɒlvd] *adj* **-1.** [complex] complicado(da) **-2.** [participating]: **to be ~ in sthg** estar metido(da) em algo **-3.** [in a relationship]: **to be/get ~ with sb** envolver-se com alguém **-4.** [entailed]: **~ (in sthg)** envolvido(da) (em algo).

involvement [ɪn'vɒlvmənt] *n* (*U*) [gen] envolvimento *m*; **~ in sthg** envolvimento em algo.

inward ['ɪnwəd] ⟨⟩ *adj* **-1.** [feelings, satisfaction] interno(na), interior **-2.** [flow, movement] para dentro.

iodine [*UK* 'aɪədiːn, *US* 'aɪədaɪn] *n* (*U*) iodo *m*.

iota [aɪ'əʊtə] *n* pouquinho *m*; **not an ~** nem um pouquinho.

IOU (*abbr of* I owe you) *n* documento assinado no qual se reconhece uma dívida.

IQ (*abbr of* intelligence quotient) *n* QI *m*.

IRA (*abbr of* Irish Republican Army) *n* IRA *m*.

Iran [ɪ'rɑːn] *n* Irã.

Iranian [ɪ'reɪnjən] ⟨⟩ *adj* iraniano(na). ⟨⟩ *n* [person] iraniano *m*, -na *f*.

Iraq [ɪ'rɑːk] *n* Iraque.

Iraqi [ɪ'rɑːkɪ] ⟨⟩ *adj* iraquiano(na). ⟨⟩ *n* [person] iraquiano, -na *f*.

irate [aɪ'reɪt] *adj* irado(da).

Ireland ['aɪələnd] *n* Irlanda.

iris ['aɪərɪs] (*pl* -es) *n* MED, BOT íris *f inv*.

Irish ['aɪrɪʃ] ⟨⟩ *adj* irlandês(esa). ⟨⟩ *n* [language] gaélico-irlandês *m*. ⟨⟩ *npl*: **the ~** os irlandeses.

Irishman ['aɪrɪʃmən] (*pl* -men [-mən]) *n* irlandês *m*.

Irish Sea *n*: **the ~** o Mar da Irlanda.

Irishwoman ['aɪrɪʃˌwʊmən] (*pl* -women [-ˌwɪmɪn]) *n* irlandesa *f*.

irksome ['ɜːksəm] *adj* *fml* aborrecido(da).

iron ['aɪən] ⟨⟩ *adj* **-1.** [made of iron] de ferro **-2.** *fig* [very strict] duro(ra). ⟨⟩ *n*

-1. *(U)* [metal] ferro *m* **-2.** [for clothes] ferro *m* (de passar roupa) **-3.** [golf club] ferro *m*. ◇ *vt* passar (a ferro).

◆ **iron out** *vt sep fig* [overcome] resolver.

ironic(al) [aɪˈrɒnɪk(l)] *adj* irônico(ca); **how ~!** que ironia!

ironing [ˈaɪənɪŋ] *n (U)* [clothes to be ironed] roupa *f* para passar.

ironing board *n* tábua *f* de passar roupa.

ironmonger [ˈaɪənˌmʌŋgəʳ] *n UK* ferrageiro *m*, -ra *f*; **~'s (shop)** ferragem *f*.

irony [ˈaɪrənɪ] *(pl* **-ies)** *n* ironia *f*; **the ~ of it all is that ...** o curioso disso tudo é que ...

irrational [ɪˈræʃənl] *adj* irracional.

irreconcilable [ɪˌrekənˈsaɪləbl] *adj* [completely different] irreconciliável.

irregular [ɪˈregjʊləʳ] *adj* irregular.

irrelevant [ɪˈreləvənt] *adj* irrelevante.

irreparable [ɪˈrepərəbl] *adj* irreparável.

irreplaceable [ˌɪrɪˈpleɪsəbl] *adj* insubstituível.

irrepressible [ˌɪrɪˈpresəbl] *adj* irreprimível.

irresistible [ˌɪrɪˈzɪstəbl] *adj* irresistível.

irrespective ◆ **irrespective of** *prep* independente de.

irresponsible [ˌɪrɪˈspɒnsəbl] *adj* irresponsável.

irrigate [ˈɪrɪgeɪt] *vt* [land] irrigar.

irrigation [ˌɪrɪˈgeɪʃn] ◇ *n (U)* [of land] irrigação *f*. ◇ *comp* de irrigação.

irritable [ˈɪrɪtəbl] *adj* [bad-tempered] irritável.

irritate [ˈɪrɪteɪt] *vt* irritar.

irritated *adj* irritado(da).

irritating [ˈɪrɪteɪtɪŋ] *adj* irritante.

irritation [ˌɪrɪˈteɪʃn] *n* **-1.** [gen] irritação *f* **-2.** [cause of anger] motivo *m* de irritação.

IRS *(abbr of* **Internal Revenue Service***) n* departamento *norte-americano de arrecadação de impostos,* ≈ Secretaria *f* da Fazenda.

is [ɪz] *vb* ▷ **be**.

ISDN *(abbr of* **Integrated Services Delivery Network***) n COMPUT* RDSI *f*, ISDN *f*.

Islam [ˈɪzlɑːm] *n (U)* [religion] Islã *m*.

island [ˈaɪlənd] *n* **-1.** [in water] ilha *f* **-2.** [in traffic] passagem *m* para pedestres.

islander [ˈaɪləndəʳ] *n* ilhéu *m*, ilhoa *f*.

isle [aɪl] *n* ilha *f*, ilhota *f*.

Isle of Man *n*: **the ~** a Ilha de Man.

Isle of Wight [-waɪt] *n*: **the ~** a Ilha de Wight.

isn't [ˈɪznt] = **is not**.

isobar [ˈaɪsəbɑːʳ] *n METEOR* isóbara *f*.

isolate [ˈaɪsəleɪt] *vt*: **to ~ sthg/sb (from sthg)** isolar algo/alguém (de algo).

isolated [ˈaɪsəleɪtɪd] *adj* isolado(da).

Israel [ˈɪzreɪəl] *n* Israel.

Israeli [ɪzˈreɪlɪ] ◇ *adj* israelense. ◇ *n* israelense *mf*.

issue [ˈɪʃuː] ◇ *n* **-1.** [important subject] assunto *m*, questão *f*; **at ~** em questão; **to make an ~ of sthg** dar importância demasiada a algo **-2.** [edition] número *m*, edição *f* **-3.** [bringing out] emissão *f*. ◇ *vt* **-1.** [statement, decree, warning] expedir **-2.** [stamps, bank notes, shares] emitir, pôr em circulação **-3.** [passport, documents, uniforms] expedir.

isthmus [ˈɪsməs] *n* istmo *m*.

it [ɪt] *pron* **-1.** [referring to specific thing, subject after prep] ele *m*, ela *f* **-2.** [direct object] o *m*, a *f* **-3.** [indirect object] lhe; **a free book came with ~** veio acompanhado de um livro grátis; **give ~ to me** me dê isso; **he gave ~ a kick** ele deu um chute nele; **~'s big** é grande; **~'s here** está aqui; **she hit ~** ela deu uma pancada nele; **she lost ~** ela o perdeu. **-4.** [referring to situation, fact]: **~'s a difficult question** é uma questão difícil; **I can't remember ~** não me lembro; **tell me about ~** conte-me. **-5.** [used impersonally]: **~'s hot** está calor; **~'s six o'clock** são seis horas; **~'s Sunday** é domingo. **-6.** [referring to person]: **~'s me** sou eu; **who is ~?** quem é?

IT *(abbr of* **information technology***) n* TI *f*.

Italian [ɪˈtæljən] ◇ *adj* italiano(na). ◇ *n* **-1.** [person] italiano *m*, -na *f* **-2.** [language] italiano *m*.

italic [ɪˈtælɪk] *adj* itálico *m*.

◆ **italics** *npl*: **in ~** em itálico.

Italy [ˈɪtəlɪ] *n* Itália.

itch [ɪtʃ] ◇ *n* coceira *f*. ◇ *vi* **-1.** [be itchy] coçar **-2.** *fig* [be impatient]: **to be ~ ing to do sthg** estar se coçando para fazer algo.

itchy [ˈɪtʃɪ] *(compar* **-ier,** *superl* **-iest)** *adj* que coça.

it'd [ˈɪtəd] = **it would, it had**.

item [ˈaɪtəm] *n* **-1.** [single thing] item *m* **-2.** [article in newspaper] artigo *m*.

itemize, -ise [ˈaɪtəmaɪz] *vt* detalhar, especificar.

itinerary [aɪˈtɪnərərɪ] *(pl* **-ies)** *n* itinerário *m*.

it'll [ɪtl] = **it will**.

its [ɪts] *poss adj* o seu (a sua), dele (dela).

it's [ɪts] = **it is, it has**.

itself [ɪtˈself] *pron* **-1.** *(reflexive)* se **-2.** *(after prep)* si mesmo *m*, -ma *f* **-3.** *(stressed)*: **the house ~ is fine** o casa em sí é boa.

ITV *(abbr of* **Independent Television***) n*

canal privado de televisão na Grã-Bretanha.

I've [aɪv] = **I have.**

ivory ['aɪvərɪ] *n (U)* marfim *m.*

ivy ['aɪvɪ] *n (U)* hera *f.*

Ivy League *n US* grupo formado pelas oito universidades mais prestigiadas do leste norte-americano.

J

j (*pl* **j's** OR **js**) **J** (*pl* **J's** OR **Js**) [dʒeɪ] *n* [letter] j, J *m.*

jab [dʒæb] (*pt & pp* -**bed**, *cont* -**bing**) ⟨⟩ *n* -**1.** [push] golpe *m* -**2.** *UK inf* [injection] injeção *f.* ⟨⟩ *vt*: **to ~ sthg at sb/sthg** espetar algo em alguém/algo; **to ~ sthg into sb/sthg** cravar algo em alguém/algo.

jabber ['dʒæbə'] ⟨⟩ *vt* algaraviar. ⟨⟩ *vi* tagarelar.

jack [dʒæk] *n* -**1.** [device] macaco *m* -**2.** [playing card] valete *m.*

➠ **jack up** *vt sep* -**1.** [lift with a jack] macaquear -**2.** [force up] aumentar.

jackal ['dʒækəl] *n* chacal *m.*

jackdaw ['dʒækdɔ:] *n* gralha *f.*

jacket ['dʒækɪt] *n* -**1.** [garment] casaco *m,* jaqueta *f* -**2.** [potato skin] casca *f* -**3.** [book cover] sobrecapa *f* -**4.** *US* [of record] capa *f* -**5.** [of boiler] camisa *f.*

jacket potato *n* batata *f* assada com pele.

jackhammer ['dʒæk,hæmə'] *n US* britadeira *f.*

jack knife *n* [tool] canivete *m* grande.

➠ **jack-knife** *vi* [truck, lorry] derrapar a parte dianteira.

jack plug *n* pino *m.*

jackpot ['dʒækpɒt] *n* bolada *f.*

jaded ['dʒeɪdɪd] *adj* estafado(da).

jagged ['dʒægɪd] *adj* dentado(da).

jail [dʒeɪl] ⟨⟩ *n* prisão *f,* cadeia *f.* ⟨⟩ *vt* prender.

jailer ['dʒeɪlə'] *n* carcereiro *m,* -ra *f.*

jam [dʒæm] (*pt & pp* -**med**, *cont* -**ming**) ⟨⟩ *n* -**1.** *(U)* [preserve] geléia *f* -**2.** [of traffic] engarrafamento *m* -**3.** *inf* [difficult situation]: **to get into/be in a ~** meter-se/estar em apuros. ⟨⟩ *vt* -**1.** [place roughly]: **to ~ sthg into sthg** enfiar algo em algo -**2.** [fix, cause to stick - window]: **to ~ the window shut** trancar a janela; [- mechanism] emper-

rar -**3.** [fill, pack tightly] apinhar, abarrotar; **to ~ sthg into sthg** socar algo em algo -**4.** *TELEC* bloquear -**5.** *RADIO* interferir. ⟨⟩ *vi* [stick] emperrar.

➠ **jam on** *vt* [brakes] pisar.

Jamaica [dʒə'meɪkə] *n* Jamaica; **in ~** na Jamaica.

jam-packed [-'pækt] *adj inf* apinhado(da).

jangle ['dʒæŋgl] ⟨⟩ *vt* fazer soar de forma estridente. ⟨⟩ *vi* retinir.

janitor ['dʒænɪtə'] *n US & Scot* [caretaker] zelador *m,* -ra *f.*

January ['dʒænjʊərɪ] *n* janeiro; *see also* September.

Japan [dʒə'pæn] *n* Japão.

Japanese [,dʒæpə'ni:z] (*pl inv*) ⟨⟩ *adj* japonês(esa). ⟨⟩ *n* -**1.** [person] japonês *m,* -esa *f* -**2.** [language] japonês *m.* ⟨⟩ *npl* [people]: **the ~** os japoneses.

jar [dʒɑ:'] (*pt & pp* -**red**, *cont* -**ring**) ⟨⟩ *n* pote *m.* ⟨⟩ *vt* [shake] sacudir. ⟨⟩ *vi* -**1.** [noise, voice]: **to ~ (on sb)** dar nos nervos (de alguém) -**2.** [colours] destoar.

jargon ['dʒɑ:gən] *n (U)* jargão *m.*

jaundice ['dʒɔ:ndɪs] *n (U)* icterícia *f.*

jaundiced ['dʒɔ:ndɪst] *adj fig* [attitude, view] pessimista.

jaunt [dʒɔ:nt] *n* excursão *f.*

jaunty ['dʒɔ:ntɪ] (*compar* -**ier**, *superl* -**iest**) *adj* -**1.** [hat, wave] vistoso(sa) -**2.** [person] animado(da).

javelin ['dʒævlɪn] *n* dardo *m.*

jaw [dʒɔ:] *n* -**1.** [of person] maxilar *m* -**2.** [of animal] mandíbula *f.*

jawbone ['dʒɔ:bəʊn] *n* osso *m* maxilar.

jay [dʒeɪ] *n* gaio *m.*

jaywalker ['dʒeɪwɔ:kə'] *n* pedestre *mf* imprudente.

jazz [dʒæz] *n MUS* jazz *m.*

➠ **jazz up** *vt sep inf* alegrar, animar.

jazzy ['dʒæzɪ] (*compar* -**ier**, *superl* -**iest**) *adj* [bright] chamativo(va).

jealous ['dʒeləs] *adj* [envious]: **to be ~ (of sb/sthg)** ter inveja (de alguém/algo).

jealousy ['dʒeləsɪ] *n (U)* -**1.** [envy] inveja *f* -**2.** [resentment] ciúmes *mpl.*

jeans [dʒi:nz] *npl* jeans *m inv.*

Jeep® *n* jipe *m.*

jeer [dʒɪə'] ⟨⟩ *vt* -**1.** [mock] zombar de -**2.** [boo] vaiar. ⟨⟩ *vi* -**1.** [boo] vaiar; **to ~ at sb** vaiar alguém -**2.** [mock] zombar; **to ~ at sb** zombar de alguém.

Jehovah's Witness [dʒɪ'həʊvəz-] *n* Testemunha *f* de Jeová.

Jello® *n (U) US* ≃ gelatina *f.*

jelly ['dʒelɪ] (*pl* -**ies**) *n* -**1.** [dessert] gelatina *f* -**2.** [jam] geléia *f.*

jellyfish ['dʒelɪfɪʃ] (*pl inv* OR -**es**) *n* água-viva *f.*

jeopardize, -ise [ˈdʒepədaɪz] vt pôr em perigo, arriscar.

jerk [dʒɜːk] ⬦ n - 1. [movement] guinada f, movimento m brusco - 2. inf pej [fool] estúpido m, -da f. ⬦ vi dar solavancos.

jersey [ˈdʒɜːzɪ] (pl jerseys) n - 1. [sweater] suéter m - 2. (U) [cloth] jérsei m.

Jersey [ˈdʒɜːzɪ] n Jersey.

jest [dʒest] n brincadeira f; **in ~ de** brincadeira.

Jesus (Christ) [ˈdʒiːzəs-] ⬦ n Jesus Cristo. ⬦ interj inf Jesus Cristo!

jet [dʒet] (pt & pp -ted, cont -ting) n - 1. [gen] jato m - 2. [nozzle, outlet] cano m de descarga.

jet-black adj da cor de azeviche.

jet engine n motor m a jato.

jetfoil [ˈdʒetfɔɪl] n hidroavião m.

jet lag n (U) jet lag m.

jetsam [ˈdʒetsəm] n ⊳ flotsam.

jettison [ˈdʒetɪsən] vt - 1. [cargo, bombs] alijar - 2. fig [discard] descartar.

jetty [ˈdʒetɪ] (pl -ies) n quebra-mar m.

Jew [dʒuː] n judeu m.

jewel [ˈdʒuːəl] n - 1. [gemstone] pedra f preciosa - 2. [piece of jewellery] jóia f - 3. [in watch] rubi m.

jeweller UK, **jeweler** US [ˈdʒuːələ^r] n joalheiro m, -ra f; **~'s (shop)** joalheria f.

jewellery UK, **jewelry** US [ˈdʒuːəlrɪ] n (U) jóias fpl.

Jewish [ˈdʒuːɪʃ] adj judeu(dia).

jib [dʒɪb] (pt & pp -bed, cont -bing) n - 1. [NAUT - beam] vau m; [- sail] bujarrona f - 2. [of crane] braço m de guindaste.

jibe [dʒaɪb] n zombaria f.

jiffy [ˈdʒɪfɪ] n inf: **in a ~** num instante.

Jiffy bag® n envelope m acolchoado.

jig [dʒɪg] n [dance] jiga f.

jigsaw (puzzle) [ˈdʒɪgsɔː-] n quebra-cabeça m.

jilt [dʒɪlt] vt deixar plantado(da).

jingle [ˈdʒɪŋgl] ⬦ n - 1. [sound] tilintar m - 2. [song] jingle m. ⬦ vi tilintar.

jinx [dʒɪŋks] n pé-frio m.

jitters [ˈdʒɪtəz] npl inf: **to have the ~** ficar com os nervos à flor da pele.

job [dʒɒb] n - 1. [paid employment] emprego m - 2. [task, piece of work] trabalho m - 3. [difficult time]: **to have a ~ doing sthg** ter trabalho para fazer algo - 4. inf [crime] trabalho m - 5. phr: **that's just the ~** UK inf isso vem bem a calhar.

job centre n UK agência f de empregos.

jobless [ˈdʒɒblɪs] adj desempregado(-da).

Job Seekers Allowance n UK seguro--desemprego concedido a pessoas

que comprovadamente estão buscando um novo trabalho.

jobsharing [ˈdʒɒbʃeərɪŋ] n (U) prática de dividir um trabalho de tempo integral entre duas pessoas de forma que cada uma cumpra apenas meio turno, especialmente para permitir que mulheres com filhos possam trabalhar.

jockey [ˈdʒɒkɪ] (pl -s) ⬦ n jóquei m. ⬦ vi: **to ~ for position** competir por uma melhor posição.

jocular [ˈdʒɒkjʊlə^r] adj - 1. [person] divertido(da) - 2. [remark] engraçado(da).

jodhpurs [ˈdʒɒdpəz] npl culote m.

jog [dʒɒg] (pt & pp -ged, cont -ging) ⬦ n [run] corrida f, jogging m. ⬦ vt [nudge] cutucar; **to ~ the table** sacudir a mesa; **to ~ sb's memory** refrescar a memória de alguém. ⬦ vi [run] fazer cooper.

jogging [ˈdʒɒgɪŋ] n [running] cooper m.

john [dʒɒn] n US inf [toilet] banheiro m.

join [dʒɔɪn] ⬦ n junção f. ⬦ vt - 1. [connect] juntar - 2. [get together with] juntar-se a; **do ~ us for lunch** venha almoçar com a gente - 3. [become a member of - political party] filiar-se a; [- club] associar-se a; [- army] alistar-se em - 4. [take part in] unir-se a; **to ~ a queue** UK, **to ~ a line** US entrar numa fila; **to ~ forces** juntar forças; **~ the club!** juntem-se ao clube! ⬦ vi - 1. [connect - rivers] unir-se; [- pieces] encaixar-se - 2. [become a member - of library] inscrever-se; [- of club] associar-se.

➤ **join in** vt fus & vi participar.

➤ **join up** vi MIL alistar-se.

joiner [ˈdʒɔɪnə^r] n marceneiro m, -ra f.

joinery [ˈdʒɔɪnərɪ] n (U) marcenaria f.

joint [dʒɔɪnt] ⬦ adj conjunto(ta). ⬦ n - 1. ANAT articulação f - 2. [where things are joined] encaixe m - 3. UK [of meat] corte m - 4. inf pej [place] espelunca f - 5. drugs sl [cannabis cigarette] baseado m.

joint account n conta f conjunta.

jointly [ˈdʒɔɪntlɪ] adv conjuntamente.

joist [dʒɔɪst] n viga f de madeira.

joke [dʒəʊk] ⬦ n [funny story or action] piada f, anedota f; **to play a ~ on sb** pregar uma peça em alguém; **it's no ~** [not easy] não é fácil. ⬦ vi brincar; **to ~ about sthg** brincar em relação a algo.

joker [ˈdʒəʊkə^r] n - 1. [person] brincalhão m, -lhona f - 2. [playing card] curinga m.

jolly [ˈdʒɒlɪ] (compar -ier, superl -iest) ⬦ adj alegre, divertido(da). ⬦ adv UK inf muito; **~ easy!** barbada!; **~ good!** excelente!

jolt [dʒəʊlt] <> n - **1.** [jerk] empurrão m, solavanco m - **2.** [shock] sacudida f. <> vt - **1.** [jerk] sacudir - **2.** [shock] chocar.

Jordan ['dʒɔːdn] n Jordânia.

jostle ['dʒɒsl] <> vt acotovelar. <> vi acotovelar-se.

jot [dʒɒt] (pt & pp -**ted**, cont -**ting**) n tiquinho m; there isn't a ~ of truth in ... não há um pingo de verdade em ...; I don't care a ~ what the rest of you think não ligo a mínima para o que vocês pensam.

➡ **jot down** vt sep anotar.

jotter ['dʒɒtər] n bloco m de anotações.

journal ['dʒɜːnl] n - **1.** [magazine] revista f especializada - **2.** [diary] diário m.

journalism ['dʒɜːnəlɪzm] n (U) jornalismo m.

journalist ['dʒɜːnəlɪst] n jornalista mf.

journey ['dʒɜːnɪ] (pl -**s**) n jornada f.

jovial ['dʒəʊvjəl] adj jovial.

jowls [dʒaʊlz] npl bochechas fpl.

joy [dʒɔɪ] n - **1.** (U) [happiness] alegria f - **2.** [cause of happiness] prazer m, deleite m.

joyful ['dʒɔɪfʊl] adj alegre.

joyride ['dʒɔɪraɪd] vi andar num carro roubado.

joystick ['dʒɔɪstɪk] n - **1.** [in aircraft] manche m - **2.** [for computers, video games] joystick m.

JP n abbr of Justice of the Peace.

Jr. (abbr of Junior) Jr.

jubilant ['dʒuːbɪlənt] adj jubilante.

jubilee ['dʒuːbɪliː] n jubileu m.

judge [dʒʌdʒ] <> n juíz m, -za f. <> vt - **1.** JUR julgar - **2.** [decide result of] sentenciar - **3.** [estimate] estimar. <> vi [decide] julgar; **to** ~ **from** OR **by** a julgar por, julgando-se por.

judg(e)ment ['dʒʌdʒmənt] n - **1.** JUR julgamento m - **2.** [opinion] parecer m - **3.** (U) [ability to form opinion] opinião f - **4.** [punishment] sentença f.

judicial [dʒuː'dɪʃl] adj judicial.

judiciary [dʒuː'dɪʃərɪ] n: **the** ~ o judiciário.

judicious [dʒuː'dɪʃəs] adj judicioso(sa).

judo ['dʒuːdəʊ] n (U) judô m.

jug [dʒʌg] n [container] jarro m.

juggernaut ['dʒʌgənɔːt] n [truck] jamanta f.

juggle ['dʒʌgl] <> vt - **1.** [throw] fazer malabarismos com - **2.** [rearrange] reorganizar - **3.** [commitments] equilibrar - **4.** [figures, ideas] maquiar. <> vi [as entertainment] fazer malabarismos.

juggler ['dʒʌglər] n malabarista mf.

jugular (vein) ['dʒʌgjʊlər-] n (veia f) jugular f.

juice [dʒuːs] n [from fruit, vegetables] suco m.

juicy ['dʒuːsɪ] (compar -**ier**, superl -**iest**) adj [full of juice] suculento(ta).

jukebox ['dʒuːkbɒks] n juke-box f.

July [dʒuː'laɪ] n julho; see also **September**.

jumble ['dʒʌmbl] <> n [mixture] mistura f. <> vt: **to** ~ (**up**) confundir.

jumble sale n UK venda f de objetos usados.

jumbo jet ['dʒʌmbəʊ-] n jumbo m.

jumbo-sized ['dʒʌmbəʊsaɪzd] adj gigantesco(ca).

jump [dʒʌmp] <> n - **1.** [leap] salto m - **2.** [rapid increase] alta m - **3.** phr: **to keep one** ~ **ahead of sb** manter um passo à frente de alguém. <> vt - **1.** [cross by leaping] pular; **the train** ~**ed the rails** o trem descarrilhou - **2.** inf [attack] atacar. <> vi - **1.** [leap] saltar - **2.** [make a sudden movement] sobressaltar; **the noise made me** ~ o barulho me fez dar um sobressalto - **3.** [increase rapidly] ter uma alta.

➡ **jump at** vt fus fig agarrar.

➡ **jump in** vi [get in quickly]: ~ **in!** entra rápido!

➡ **jump out** vi [get out quickly]: ~ **out!** salta fora!

➡ **jump up** vi [rise hurriedly] levantar-se rapidamente.

jumper ['dʒʌmpər] n - **1.** UK [pullover] suéter m - **2.** US [dress] avental m.

jump leads npl cabos mpl para ligação da bateria.

jump-start vt fazer ligação direta.

jumpsuit ['dʒʌmpsuːt] n macacão m.

jumpy ['dʒʌmpɪ] (compar -**ier**, superl -**iest**) adj nervoso(sa).

junction ['dʒʌŋkʃn] n [meeting point] junção f, entroncamento m.

June ['dʒuːn] n junho; see also **September**.

jungle ['dʒʌŋgl] n selva f; **the Amazon** ~ a floresta amazônica.

junior ['dʒuːnjər] <> adj - **1.** [younger] jovem - **2.** [lower in rank] júnior - **3.** US [after name] júnior. <> n - **1.** [person of lower rank] júnior mf - **2.** [younger person] jovem mf; **he's five years her** ~ ele é cinco anos mais jovem que ela - **3.** US SCH & UNIV aluno m, -na f do penúltimo ano.

junior high school n US escola f de ensino intermediário (para alunos de 13 a 15 anos).

junior school n UK escola f primária.

junk [dʒʌŋk] n - **1.** inf [unwanted things] traste m - **2.** [boat] junco m.

junk food n pej comida pronta e pouco saudável.

junkie ['dʒʌŋkɪ] n drugs sl drogado m, -da f.

junk mail n pej junk mail m.

junk shop n brechó m, brique m.

Jupiter ['dʒu:pɪtə'] n [planet] Júpiter.

jurisdiction [,dʒʊərɪs'dɪkʃn] n (U) jurisdição f.

jurisprudence [,dʒʊərɪs'pru:dəns] n (U) jurisprudência f.

juror ['dʒʊərə'] n jurado m, -da f.

jury ['dʒʊərɪ] (pl -ies) n júri m.

jury box n tribunal f do júri.

just [dʒʌst] <> adj [fair] justo(ta). <> adv **-1.** [recently] agora mesmo; he's ~ left ele acabou de sair **- 2.** [at this or that moment]: I was ~ about to go out eu estava quase saindo; I'm ~ going to do it vou fazer isso agora mesmo; ~ then there was a knock at the door naquele momento houve uma batida na porta; she arrived ~ as I was leaving ela chegou no exato momento em que eu estava saindo; why do you always arrive ~ as I'm leaving? por que você sempre chega justamente quando estou saindo? **- 3.** [only, simply] apenas, simplesmente; in ~ a minute OR moment OR second num minuto OR instante OR segundo; ~ a minute! espera aí um pouquinho! **- 4.** [barely, almost not] mal; I can only ~ hear you mal consigo ouvir você; I only ~ caught the train quase perdi o trem; we have ~ enough time quase não temos tempo **- 5.** [for emphasis] simplesmente; I ~ can't believe it! simplesmente não consigo acreditar!; ~ look at this mess! dá só uma olhada na bagunça! **- 6.** [exactly, precisely] precisamente; ~ here exatamente aqui **- 7.** [in requests]: could I ~ borrow your pen? poderia me emprestar sua caneta, por favor?

➤ **just about** adv mais ou menos.

➤ **just as** adv [in comparisons]: ~ as well as you tão bem quanto você; ~ as bad as ever mal como sempre.

➤ **just now** adv **-1.** [a short time ago] agora mesmo **- 2.** [at this moment] neste momento.

justice ['dʒʌstɪs] n **-1.** [gen] justiça f **- 2.** [of a cause, claim] razão f.

Justice of the Peace (pl Justices of the Peace) n Juíz m, -za f de Paz.

justify ['dʒʌstɪfaɪ] (pt & pp -ied) vt **-1.** [give reasons for] justificar **- 2.** COMPUT & TYPO justificar.

justly ['dʒʌstlɪ] adv merecidamente, imparcialmente.

jut [dʒʌt] (pt & pp -ted, cont -ting) vi: to ~ (out) projetar-se.

juvenile ['dʒu:vənaɪl] <> adj **-1.** JUR juvenil **- 2.** pej [childish] infantil. <> n JUR [young person] menor mf.

juxtapose [,dʒʌkstə'pəʊz] vt: to ~ sthg with sthg justapor algo com algo.

k (pl k's OR ks), **K** (pl K's OR Ks) [keɪ] n [letter] k, K m.

➤ **K** n **-1.** (abbr of kilobyte) K **- 2.** (abbr of thousand) mil.

kaleidoscope [kə'laɪdəskəʊp] n caleidoscópio m.

kangaroo [,kæŋgə'ru:] n canguru m.

kaput [kə'pʊt] adj inf acabado(da).

karaoke [kɑ:rɑ'əʊkɪ] n karaokê m.

karat ['kærət] n US quilate m.

karate [kə'rɑ:tɪ] n (U) karatê m.

kayak ['kaɪæk] n caiaque m.

KB (abbr of kilobyte(s)) n COMPUT KB.

KBE (abbr of Knight Commander of the Order of the British Empire) n (titular de) distinção britânica.

kcal (abbr of kilocalorie) Kcal.

kebab [kɪ'bæb] n churrasquinho picante servido com pão árabe e acompanhado de vegetais picados, kebab m.

keel [ki:l] n quilha f; on an even ~ em perfeito equilíbrio.

➤ **keel over** vi **-1.** [ship] emborcar **- 2.** [person] desmaiar.

keen [ki:n] adj **-1.** [enthusiastic] entusiasta; to be ~ on sthg gostar muito de algo, ser aficionado(da) por algo; to be ~ on sb gostar muito de alguém; to be ~ to do OR on doing sthg estar muito a fim de fazer algo; I'm not madly ~ on going não estou com toda essa vontade de ir **- 2.** [intense] intenso(sa) **- 3.** [sharp, well-developed] apurado(da) **- 4.** [wind] forte.

keep [ki:p] (pt & pp kept) <> vt **-1.** [maintain in a particular place or state or position] manter; to ~ sb waiting fazer alguém esperar **- 2.** [retain] ficar com; please ~ the change pode ficar com o troco; they're ~ ing the house in Scotland eles estão mantendo a casa na Escócia **- 3.** [continue]: to ~ doing sthg continuar fazendo algo; to ~ talking continuar falando **- 4.** [put aside, store] guardar **- 5.** [prevent]: to ~ sb/sthg from doing sthg impedir alguém/algo de fazer algo **- 6.** [detain] manter; to ~

keeper 190

sb (from sthg) privar alguém (de algo);
what kept you here? o que te segurou
aqui? - **7.** [fulfil, observe] cumprir; **to ~ a
secret** guardar um segredo - **8.** [with-
hold news or fact of]: **to ~ sthg from sb**
ocultar algo de alguém; **~ it to yourself for the moment** não conta isso para
ninguém por enquanto - **9.** [diary, record, account] ter - **10.** [own - farm animals]
criar; [- shop, car] ter - **11.** *phr:* they **~
themselves to themselves** eles são muito
reservados. ⋄ *vi* -**1.** [remain, stay]
manter-se - **2.** [continue moving] manter-se a - **3.** [last, stay fresh] conservar-se
- **4.** *UK* [in health] manter-se. ⋄ *n (U)*
[food, board etc] sustento *m.*
➤ **for keeps** *adv* para valer.
➤ **keep back** *vt sep* conter.
➤ **keep off** ⋄ *vt sep* [fend off] manter
afastado(da). ⋄ *vt fus* [avoid] evitar;
'**~ off the grass**' 'não pise na grama'.
➤ **keep on** ⋄ *vi* -**1.** [continue] continuar - **2.** [talk incessantly]: **to ~ on (about
sthg)** falar incessantemente (sobre
algo). ⋄ *vt* [continue]: **to ~ on doing
sthg** [without stopping] continuar fazendo algo; [repeatedly] continuar fazendo
algo sem parar.
➤ **keep out** ⋄ *vt sep* manter-se fora.
⋄ *vi:* '**~ out'** 'entrada proibida'.
➤ **keep to** *vt fus* -**1.** [observe, respect]
respeitar - **2.** [not deviate from] manter-
-se em.
➤ **keep up** ⋄ *vt sep* -**1.** [prevent from
falling] segurar - **2.** [maintain, continue]
manter - **3.** [prevent from going to bed]
manter acordado(da). ⋄ *vi* [maintain
pace, level] acompanhar; **to ~ up with
sb/sthg** acompanhar alguém/algo.
keeper ['ki:pər] *n* -**1.** [in zoo] zelador *m,*
-ra *f,* guarda *mf*-**2.** [curator] curador *m,*
-ra *f.*
keep-fit *UK n (U)* ginástica *f.*
keeping ['ki:pɪŋ] *n* -**1.** [care] cuidado *m*
- **2.** [conformity, harmony]: **in/out of ~
with sthg** [rules, regulations, decision] em
acordo/desacordo com algo; [clothes,
furniture, style] combinando/não com-
binando com algo.
keepsake ['ki:pseɪk] *n* lembrança *f.*
keg [keg] *n* barrilote *m.*
kennel ['kenl] *n* -**1.** [shelter for dog] canil
m - **2.** *US* = **kennels.**
➤ **kennels** *npl UK* [for boarding pets]
canil *m.*
Kenya ['kenjə] *n* Quênia.
Kenyan ['kenjən] ⋄ *adj* queniano(na).
⋄ *n* queniano *m,* -na *f.*
kept [kept] *pt & pp* ⊳ **keep.**
kerb [kɜːb] *n UK* meio-fio *m.*
kernel ['kɜːnl] *n* [of nut] amêndoa *f;* the
~ of the issue o cerne da questão.

kerosene ['kerəsiːn] *n (U)* querosene *f.*
ketchup ['ketʃəp] *n (U)* ketchup *m.*
kettle ['ketl] *n* chaleira *f.*
key [kiː] ⋄ *n* -**1.** [for lock] chave *f*-**2.** [of
typewriter, computer] tecla *f*-**3.** [explana-
tory list] legenda *f*-**4.** [solution, answer]:
~ (to sthg) chave (para algo) - **5.** [MUS
- of piano, organ] tom *m;* [- scale of notes]
clave *f.* ⋄ *adj* [main] principal; **~ position** posição-chave; **~ issue** questão-
chave.
keyboard ['kiːbɔːd] *n* teclado *m.*
keyed up [kiːd-] *adj* excitado(da).
keyhole ['kiːhəʊl] *n* buraco *m* da fechadura.
keynote ['kiːnəʊt] ⋄ *n* [main point]
tônica *f.* ⋄ *comp:* **~ speech** conferência *f* de abertura.
keypad ['kiːpæd] *n COMPUT* teclado *m.*
key ring *n* chaveiro *m.*
kg (*abbr of* **kilogram**) Kg.
khaki ['kɑːki] ⋄ *adj* cáqui *inv.* ⋄ *n*
[colour] cáqui *m.*
kHz (*abbr of* **kilohertz**) *n* kHz.
kick [kɪk] ⋄ *n* -**1.** [with foot] chute *m*
- **2.** *inf* [excitement]: **to do sthg for ~s**
fazer algo para se divertir; **to get a
~ from sthg** desfrutar de algo. ⋄ *vt*
-**1.** [with foot] chutar; **to ~ o.s.** *fig*
morder-se de raiva - **2.** *inf* [give up]
largar. ⋄ *vi* [person, baby, animal] dar
pontapés.
➤ **kick about, kick around** *vi UK inf* [lie
around] rodear.
➤ **kick in** *vi* fazer efeito.
➤ **kick off** *vi* -**1.** *FTBL* dar o pontapé
inicial - **2.** *inf fig* [start] começar.
➤ **kick out** *vt sep inf* expulsar.
kid [kɪd] (*pt & pp* -**ded,** *cont* -**ding**) ⋄
n -**1.** *inf* [child, young person] criança *f;*
I've got four ~s tenho quatro filhos - **2.**
[young goat] cabrito *m* - **3.** [leather] pelica
f. ⋄ *comp inf* [brother, sister]: **my ~
brother** meu irmão mais novo; **my ~
sister** minha irmã mais nova. ⋄ *vt
inf* -**1.** [tease] caçoar - **2.** [delude]: **to ~
o.s.** iludir-se. ⋄ *vi inf:* **to be kidding**
estar brincando.
kidnap ['kɪdnæp] (*UK pt & pp* -**ped,** *cont*
-**ping,** *US pt & pp* -**ed,** *cont* -**ing**) *vt*
seqüestrar.
kidnapper *UK,* **kidnaper** *US*
['kɪdnæpər] *n* seqüestrador *m,* -ra *f.*
kidnapping *UK,* **kidnaping** *US*
['kɪdnæpɪŋ] *n* seqüestro *m.*
kidney ['kɪdnɪ] (*pl* -**s**) *n* rim *m.*
kidney bean *n* feijão *m* roxo.
kill [kɪl] ⋄ *n* [of animal] abate *m;* **to
move** *OR* **close in for the ~** dar o bote;
fig dar o bote. ⋄ *vt* -**1.** [gen] matar;
my feet are ~ing me meus pés estão
me matando; **to ~ o.s.** matar-se - **2.**

[murder] assassinar **- 3.** *fig* [cause to end, fail] acabar com. ⬦ *vi* aniquilar.

killer ['kılə^r] *n* **- 1.** [person] assassino *m*, -na *f* **- 2.** [animal] matador *m*, -ra *f*.

killing ['kılıŋ] *n* **- 1.** [of one person] assassinato *m* **- 2.** [of several people] matança *f* **- 3.** *inf* [profit]: **to make a ~** faturar uma grana.

killjoy ['kıldʒɔıl] *n* estraga-prazer *mf*.

kiln [kıln] *n* fornalha *f*.

kilo ['ki:ləʊ] (*pl* **-s**) (*abbr of* **kilogram**) *n* quilo *m*.

kilobyte ['kıləbaıt] *n* quilobyte *m*.

kilogram(me) ['kıləgræm] *n* quilograma *m*.

kilohertz ['kıləhɜ:tz] (*pl inv*) *n* quilohertz *m*.

kilometre *UK* ['kılə,mi:tə^r], **kilometer** *US* [kı'lɒmıtə^r] *n* quilômetro *m*.

kilowatt ['kıləwɒt] *n* quilowatt *m*.

kilt [kılt] *n* kilt *m*.

kin [kın] *n* ⊳ **kith**.

kind [kaınd] ⬦ *adj* gentil, amável. ⬦ *n* espécie *f*, tipo *m*; **a ~ of** uma espécie de; **~ of** *inf* de certo modo; **I ~ of** thought that ... eu meio que achei que ...; **of a ~** [sort of] do estilo; **an agreement of a ~** um acordo do estilo; [of same kind] do mesmo tipo; **in ~** [payment] em espécie; **nothing of the ~!** de jeito nenhum!; **it's one of a ~** é um em um milhão; **they're two of a ~** os dois são muito semelhantes.

kindergarten ['kındə,gɑ:tn] *n* jardim-de-infância *m*.

kind-hearted [-'hɑ:tıd] *adj* de bom coração.

kindle ['kındl] *vt* **- 1.** [fire] pôr fogo em **- 2.** *fig* [idea, feeling] inflamar.

kindly ['kaındlı] (*compar* **-ier**, *superl* **-iest**) ⬦ *adj* bondoso(sa), gentil. ⬦ *adv* **- 1.** [gen] bondosamente, gentilmente **- 2.** [in sarcasm]: **~ leave the room!** faça o favor de sair da sala!; **will you ~ stop calling me that name!** pode fazer o favor de parar de me chamar por esse nome!

kindness ['kaındnıs] *n* **- 1.** (*U*) [gentleness] gentileza *f*, bondade *f* **- 2.** [helpful act] generosidade *f*.

kindred ['kındrıd] *adj* [similar] afim; **~ spirit** alma *f* gêmea.

king [kıŋ] *n* rei *m*.

kingdom ['kıŋdəm] *n* reino *m*.

kingfisher ['kıŋ,fıʃə^r] *n* martim-pescador *m*.

king-size(d) [-saız(d)] *adj* de tamanho grande; **~ bed** cama *f* king-size.

kinky ['kıŋkı] (*compar* **-ier**, *superl* **-iest**) *adj* **- 1.** *inf* [idea, behaviour] excêntrico(-ca) **- 2.** [sex] pervertido(da).

kiosk ['ki:ɒsk] *n* **- 1.** [small shop] banca *f*

- 2. *UK* [telephone box] cabine *f* telefônica.

kip [kıp] (*pt* & *pp* **-ped**, *cont* **-ping**) *UK inf* ⬦ *n* sesta *f*. ⬦ *vi* sestear.

kipper ['kıpə^r] *n* arenque *m* defumado.

kiss [kıs] ⬦ *n* beijo *m*; **to give sb a ~** dar um beijo em alguém. ⬦ *vt* beijar. ⬦ *vi* beijar-se.

kiss of death *n fig*: **the ~** o beijo da morte.

kiss of life *n* [to resuscitate sb]: **to give sb the ~** fazer respiração boca-a-boca em alguém.

kit [kıt] (*pt* & *pp* **-ted**, *cont* **-ting**) *n* **- 1.** [set] estojo *m* **- 2.** (*U*) [clothes] equipamento *m* **- 3.** [to be assembled] kit *m*, modelo *m*.

kit bag *n* mochila *f* de viagem.

kitchen ['kıtʃın] *n* cozinha *f*.

kitchen roll *n* papel-toalha *m*.

kitchen sink *n* pia *f* de cozinha.

kitchen unit *n* módulo *m* de cozinha.

kite [kaıt] *n* **- 1.** [toy] pipa *f*.

kith [kıθ] *n*: **~ and kin** amigos *mpl* e parentes.

kitten ['kıtn] *n* gatinho *m*, -nha *f*.

kitty ['kıtı] (*pl* **-ies**) *n* [shared fund - for bills, drinks] vaquinha *f*; [- in card games] bolo *m*.

kiwi ['ki:wi:] *n* **- 1.** [bird] quivi *m* **- 2.** *inf* [New Zealander] neozelandês *m*, -esa *f*.

kiwi fruit *n* quivi *m*.

km (*abbr of* **kilometre**) km.

km/h (*abbr of* **kilometres per hour**) km/h.

knack [næk] *n* inclinação *m*, queda *f*; **to have the ~ (of doing sthg)** levar jeito (para fazer algo); **to have a ~ (for doing sthg)** ter uma queda (para fazer algo).

knackered ['nækəd] *adj UK vinf* [tired, broken] acabado(da).

knapsack ['næpsæk] *n* mochila *f*.

knead [ni:d] *vt* [dough, clay] misturar.

knee [ni:] *n ANAT* joelho *m*.

kneecap ['ni:kæp] *n* rótula *f*.

kneel [ni:l] (*UK pt* & *pp* **knelt**, *US pt* & *pp* **knelt** *OR* **-ed**) *vi* ajoelhar-se.
➡ **kneel down** *vi* ajoelhar, ajoelhar-se.

knelt [nelt] *pt* & *pp* ⊳ **kneel**.

knew [nju:] *pt* ⊳ **know**.

knickers ['nıkəz] *npl* **- 1.** *UK* [underwear] calcinha *f* **- 2.** *US* [knickerbockers] calções *mpl* (presos à altura dos joelhos).

knick-knack ['nıknæk] *n* penduricalho *m*.

knife [naıf] (*pl* **knives**) ⬦ *n* faca *f*. ⬦ *vt* esfaquear.

knight [naıt] ⬦ *n* **- 1.** [gen] cavaleiro *m* **- 2.** [in chess] cavalo *m*. ⬦ *vt* nomear cavaleiro(ra).

knighthood ['naıthʊd] *n* título *m* da classe dos cavaleiros.

knit [nɪt] (*pt* & *pp* **knit** OR **-ted**, *cont* - **ting**) ⬦ *adj*: **closely** OR **tightly** ~ *fig* fortemente unido(da). ⬦ *vt* [make with wool] tricotar. ⬦ *vi* **-1.** [with wool] fazer tricô, tricotar **-2.** [join] juntar-se.

knitting [ˈnɪtɪŋ] *n* (U) **-1.** [activity] trabalho *m* de tricô **-2.** [work produced] tricô *m*.

knitting needle *n* agulha *f* de tricô.

knitwear [ˈnɪtweəʳ] *n* (U) roupa *f* de tricô.

knives [naɪvz] *pl* ⬦ **knife**.

knob [nɒb] *n* **-1.** [on door] maçaneta *f* **-2.** [on drawer] puxador *m* **-3.** [on walking stick, furniture] nó *m* **-4.** [on TV, radio] botão *m*.

knock [nɒk] ⬦ *n* **-1.** [blow] pancada *f*, batida *f* **-2.** *inf* [piece of bad luck] azar *m*. ⬦ *vt* **-1.** [gen] bater contra; **to ~ one's head on sthg** bater com a cabeça em algo; **to ~ a hole in the wall** abrir um buraco na parede; **to ~ a nail into sthg** pregar um prego em algo **-2.** *inf fig* [criticize] criticar. ⬦ *vi* **-1.** [on door]: **to ~ at** OR **on sthg** bater em algo **-2.** [car engine] bater.

➡ **knock down** *vt sep* **-1.** [subj: car, driver] atropelar **-2.** [building] derrubar.

➡ **knock off** *vi inf* [stop working] parar de trabalhar.

➡ **knock out** *vt sep* **-1.** [make unconscious - subj: person, punch] pôr a nocaute; [- subj: drug] derrubar **-2.** [from competition] eliminar.

➡ **knock over** *vt sep* **-1.** [push over] derrubar **-2.** [in car] atropelar.

knocker [ˈnɒkəʳ] *n* [on door] aldrava *f*.

knock-kneed [-ˈniːd] *adj* de pernas tortas.

knock-on effect *n* UK efeito *m* dominó.

knockout [ˈnɒkaʊt] *n* **-1.** [in boxing] nocaute *m* **-2.** *inf* [sensation]: **she's a real ~** ela é de arrasar.

knockout competition *n* UK competição *f* com eliminatórias.

knot [nɒt] (*pt* & *pp* **-ted**, *cont* **-ting**) ⬦ *n* **-1.** [gen] nó *m*; **to tie/untie a** ~ fazer/desfazer um nó **-2.** [of people] grupo *m*. ⬦ *vt* [rope, string] dar um nó em.

knotty [ˈnɒtɪ] (*compar* **-ier**, *superl* **-iest**) *adj* [difficult] cabeludo(da).

know [nəʊ] (*pt* **knew**, *pp* **known**) ⬦ *vt* **-1.** [become acquainted with] conhecer; **to get to ~ sb** conhecer alguém **-2.** [fact, information] saber; **to ~ (that)** saber que; **to get to ~ sthg** saber algo **-3.** [language, skill] ter conhecimento de; **to ~ how to do sthg** saber fazer algo **-4.** [recognize] reconhecer **-5.** [distinguish] diferenciar **-6.** [nickname, call]: **to be known as** ser conhecido(da) como.

⬦ *vi* saber; **to ~ of sthg** saber de algo; **to ~ about sthg** [be aware of] saber sobre algo; [be expert in] saber de algo; **you ~** [for emphasis, to add information] você sabe. ⬦ *n*: **to be in the ~** estar bem-informado(da) sobre.

know-all *n* UK sabichão *m*, -ona *f*.

know-how *n* experiência *f*, know-how *m*.

knowing [ˈnəʊɪŋ] *adj* [look, smile] de cumplicidade.

knowingly [ˈnəʊɪŋlɪ] *adv* **-1.** [look, smile] conscientemente **-2.** [act] de propósito.

know-it-all *n* = **know-all**.

knowledge [ˈnɒlɪdʒ] *n* conhecimento *m*.

knowledgeable [ˈnɒlɪdʒəbl] *adj* entendido(da).

known [nəʊn] *pp* ⬦ **know**.

knuckle [ˈnʌkl] *n* **-1.** ANAT nó *m* (*do dedo*) **-2.** [of meat] mocotó *m*.

knuckle-duster *n* soqueira *f* de metal.

koala (bear) [kəʊˈɑːlə-] *n* coala *m*.

Koran [kɒˈrɑːn] *n*: **the ~** o Alcorão.

Korea [kəˈrɪə] *n* Coréia *f*.

Korean [kəˈrɪən] ⬦ *adj* coreano(na). ⬦ *n* **-1.** [person] coreano *m*, -na *f* **-2.** [language] coreano *m*.

kosher [ˈkəʊʃəʳ] *adj* **-1.** [meat] kosher **-2.** *fig inf* [reputable] limpo(pa), puro(-ra).

Kosovo [ˈkɒsəvəʊ] *n* Kosovo *m*.

Koweit *n* = **Kuwait**; **in** ~ no Kuwait.

kung fu [ˌkʌŋˈfuː] *n* (U) kung fu *m*.

Kurd [kɜːd] *n* curdo *m*, -da *f*.

Kuwait [kjuːˈweɪt] *n* **-1.** [country] Kuwait **-2.** [city] Kuwait.

l¹ (*pl* **l's** OR **ls**), **L** (*pl* **L's** OR **Ls**) [el] *n* [letter] l, L *m*.

l² (*abbr of* litre) l.

lab [læb] *n inf* laboratório *m*.

label [ˈleɪbl] (*UK pt* & *pp* **-led**, *cont* **-ling**, *US pt* & *pp* **-ed**, *cont* **-ing**) ⬦ *n* **-1.** [identification - on bottle] rótulo *m*; [- on luggage, clothing] etiqueta *f* **-2.** [of record] selo *m*. ⬦ *vt* **-1.** [fix label to - bottle] rotular; [- luggage, clothing] etiquetar **-2.** [describe] descrever; **to ~ sb as sthg** rotular alguém de algo.

labor *etc* n *US* = labour.

laboratory [*UK* ləˈbɒrətrɪ, *US* ˈlæbrəˌtɔːrɪ] (*pl* -ies) n laboratório m.

laborious [ləˈbɔːrɪəs] *adj* trabalhoso(-sa).

labor union n *US* sindicato m (*de trabalhadores*).

labour *UK*, **labor** *US* [ˈleɪbəʳ] ⋄ n -1. [work] trabalho m; **manual ~** trabalho manual; **to withdraw one's ~** abandonar o trabalho -2. [effort] esforço m -3. (U) [work force] mão-de-obra f; **parts and ~** peças e mão-de-obra -4. *MED* [giving birth] trabalho m de parto. ⋄ vi -1. [work] trabalhar -2. [struggle]: **to ~ at** *OR* **over sthg** trabalhar em algo.
◆ **Labour** *UK POL* ⋄ *adj* trabalhista.
⋄ n *UK* o Partido Trabalhista.

laboured *UK*, **labored** *US* [ˈleɪbəd] *adj* -1. [breathing] forçado(da) -2. [style] elaborado(da).

labourer *UK*, **laborer** *US* [ˈleɪbərəʳ] n peão m.

Labour Party n *UK*: **the ~** o Partido Trabalhista.

Labrador [ˈlæbrədɔːʳ] n -1. [dog] labrador m.

labyrinth [ˈlæbərɪnθ] n labirinto m.

lace [leɪs] ⋄ n -1. (U) [fabric] renda f -2. [shoelace] cadarço m. ⋄ vt -1. [shoe, boot] amarrar -2. [drink, food] misturar álcool em.
◆ **lace up** vt sep amarrar.

lace-up n *UK* sapato m de amarrar.

lack [læk] ⋄ n falta f; **for** *OR* **through ~ of** por falta de; **with no ~ of** sem falta de. ⋄ vt sentir falta de, carecer de. ⋄ vi: **you're ~ ing in experience** te falta experiência; **to be ~ ing** estar faltando.

lackadaisical [ˌlækəˈdeɪzɪkl] *adj pej* desinteressado(da), apático(ca).

lacklustre *UK*, **lackluster** *US* [ˈlækˌlʌstəʳ] *adj* sem brilho.

laconic [ləˈkɒnɪk] *adj* lacônico(ca).

lacquer [ˈlækəʳ] ⋄ n -1. [for wood, metal] verniz m -2. [for hair] fixador m. ⋄ vt -1. [wood, metal] envernizar -2. [hair] aplicar fixador em.

lacrosse [ləˈkrɒs] n (U) jogo canadense semelhante ao hóquei.

lad [læd] n *inf* -1. [young boy] rapaz m -2. [male friend] amigo m; **he went out for a drink with the ~s** ele saiu para beber com a rapaziada.

ladder [ˈlædəʳ] ⋄ n -1. [for climbing] escada f de mão -2. *UK* [in tights] defeito m. ⋄ vt *UK* [tights] puxar fio em. ⋄ vi *UK* [tights] puxar fio.

laden [ˈleɪdn] *adj* carregado(da); **~ with sthg** carregado com algo.

ladies *UK* [ˈleɪdɪz], **ladies room** *US* n senhoras *fpl*, damas *fpl*.

ladle [ˈleɪdl] ⋄ n concha f. ⋄ vt servir com concha.

lady [ˈleɪdɪ] (*pl* -ies) ⋄ n -1. [woman] senhora f -2. [by birth or upbringing] dama f. ⋄ *comp*: **~ doctor** médica f.
◆ **Lady** n [member of nobility] Lady f.

ladybird *UK* [ˈleɪdɪbɜːd], **ladybug** *US* [ˈleɪdɪbʌg] n joaninha f.

lady-in-waiting [-ˈweɪtɪŋ] (*pl* ladies-in-waiting) n dama f de companhia.

ladylike [ˈleɪdɪlaɪk] *adj* elegante, refinado(da).

Ladyship [ˈleɪdɪʃɪp] n: **her/your ~** Vossa Senhoria.

lag [læg] (*pt* & *pp* -ged, *cont* -ging) ⋄ n [in time] atraso m, demora f. ⋄ vt revestir com material isolante. ⋄ vi [move more slowly]: **to ~ (behind)** ficar (para trás).

lager [ˈlɑːgəʳ] n cerveja m tipo Pilsen.

lagoon [ləˈguːn] n lagoa f.

laid [leɪd] *pt* & *pp* ⊳ **lay**.

laid-back *adj inf* descontraído(da).

lain [leɪn] *pp* ⊳ **lie**.

lair [leəʳ] n toca f.

laity [ˈleɪətɪ] n *RELIG*: **the ~** os laicos.

lake [leɪk] n lago m.

Lake District n: **the ~** a Região dos Lagos.

Lake Geneva n o Lago de Gênova.

lamb [læm] n [animal, meat] cordeiro m.

lambswool [ˈlæmzwʊl] ⋄ n (U) lã f de cordeiro. ⋄ *comp* de lã de cordeiro.

lame [leɪm] *adj* -1. [person, horse] manco(ca) -2. [excuse, argument] pouco convincente.

lament [ləˈment] ⋄ n lamento m. ⋄ vt lamentar.

lamentable [ˈlæməntəbl] *adj* lamentável.

laminated [ˈlæmɪneɪtɪd] *adj* laminado(da).

lamp [læmp] n lâmpada f.

lampoon [læmˈpuːn] ⋄ n sátira f. ⋄ vt satirizar.

lamppost [ˈlæmppəʊst] n poste m de iluminação.

lampshade [ˈlæmpʃeɪd] n quebra-luz m.

lance [lɑːns] ⋄ n [spear] lança f. ⋄ vt *MED* lancetar.

lance corporal n *UK* ≃ cabo m.

land [lænd] ⋄ n -1. [gen] terra f -2. [property, estate] terreno m -3. [nation] país m. ⋄ vt -1. [plane] aterrissar -2. [cargo, passengers] desembarcar -3. [fish] recolher -4. *inf* [job, contract] fechar -5. *inf* [put, place]: **to ~ sb in trouble** pôr alguém em apuros; **to ~ sb in jail** fazer com que alguém acabe na cadeia **- 6.** *inf* [encumber]: **to ~ sb with sb/sthg** incomodar alguém com alguém/algo. <> *vi* **-1.** [plane, passenger] aterrissar **- 2.** [fall] cair.

➡ **land up** *vi inf* acabar; **to ~ up in serious debt** acabar com um monte de dívidas; **to ~ up in** *OR* **at** [place] acabar em, ir parar em.

landing ['lændɪŋ] *n* **-1.** [of stairs] patamar *m* **- 2.** [of aeroplane] aterrissagem *f* **- 3.** [of goods from ship] desembarque *m*.

landing card *n* cartão *m* de desembarque.

landing gear *n* (U) trem *m* de aterrissagem.

landing stage *n* cais *m inv* de desembarque.

landing strip *n* pista *f* de aterrissagem.

landlady ['lænd,leɪdɪ] (*pl* -ies) *n* [gen] senhoria *f*; [in guesthouse, pub] proprietária *f*.

landlord ['lændlɔːd] *n* **-1.** [in lodgings] senhorio *m* **- 2.** [of pub] proprietário *m*.

landmark ['lændmɑːk] *n* **-1.** [prominent feature] ponto *m* de referência **- 2.** *fig* [in history] marco *m* divisório.

landowner ['lænd,əʊnəʳ] *n* proprietário *m*, -ria *f* de terras.

landscape ['lændskeɪp] *n* paisagem *f*.

landslide ['lændslaɪd] *n* **-1.** [of earth, rocks] desmoronamento *m* **- 2.** *POL* vitória *f* esmagadora.

lane [leɪn] *n* **-1.** [road - in country] senda *f*; [- in town, village] ruela *f* **- 2.** [division of road] pista *f*, faixa *f*; **'get/keep in ~'** 'entrar/manter-se na pista' **- 3.** [in swimming pool, on racetrack] raia *f* **- 4.** [for shipping, aircraft] pista *f*.

language ['læŋgwɪdʒ] *n* **-1.** [spoken, foreign] língua *f* **- 2.** [style, mode of communication] linguagem *f*.

language laboratory *n* laboratório *m* de línguas.

languid ['læŋgwɪd] *adj* lânguido(da).

languish ['læŋgwɪʃ] *vi* **-1.** [suffer] sofrer **- 2.** [become weak] debilitar-se.

lank [læŋk] *adj* liso(sa).

lanky ['læŋkɪ] (*compar* -ier, *superl* -iest) *adj* magricela.

lantern ['læntən] *n* lanterna *f*.

lap [læp] (*pt & pp* -ped, *cont* -ping) <> *n* **-1.** [knees] colo *m* **- 2.** *SPORT* volta *f*. <> *vt* **-1.** [subj: animal] lamber **- 2.** *SPORT* [runner, car] estar uma volta à frente de. <> *vi* [water, waves] marulhar.

lapel [lə'pel] *n* lapela *f*.

Lapland ['læplænd] *n* Lapônia; **in ~ na** Lapônia.

lapse [læps] <> *n* **-1.** [failing] lapso *m* **- 2.** [in behaviour] deslize *m* **- 3.** [of time] intervalo *m*. <> *vi* **-1.** [custom, licence]

caducar **- 2.** [passport] expirar **- 3.** [law] prescrever **- 4.** [deteriorate] decair **- 5.** [subj: person]: **to ~ into** [coma] entrar em; [silence, dialect] mergulhar em; [bad habits] adquirir.

lap-top (computer) *n* (computador *m*) lap-top *m*.

larceny ['lɑːsənɪ] *n* (U) furto *m*.

lard [lɑːd] *n* (U) toicinho *m*, banha *f* (*de porco*).

larder ['lɑːdəʳ] *n* despensa *f*.

large [lɑːdʒ] *adj* grande.

➡ **at large** <> *adj* [escaped prisoner, animal] em liberdade. <> *adv* [as a whole] em geral.

largely ['lɑːdʒlɪ] *adv* em grande parte.

lark [lɑːk] *n* **-1.** [bird] cotovia *f* **- 2.** *inf* [joke] brincadeira *f*.

➡ **lark about** *vi* fazer palhaçadas.

laryngitis [,lærɪn'dʒaɪtɪs] *n* (U) laringite *f*.

larynx ['lærɪŋks] (*pl* -es) *n* laringe *f*.

lasagna, lasagne [lə'zænjə] *n* (U) lasanha *f*.

laser ['leɪzəʳ] *n* laser *m*.

laser printer *n* impressora *f* a laser.

lash [læʃ] <> *n* **-1.** [eyelash] cílio *m* **- 2.** [blow with whip] chicotada *f*. <> *vt* **-1.** [whip] chicotear **- 2.** [subj: wind, rain, waves] fustigar **- 3.** [tie] atar; **to ~ sthg to sthg** atar algo em algo.

➡ **lash out** *vi* **-1.** [physically]: **to ~ out (at** *OR* **against sb)** atacar alguém com extrema violência **- 2.** [verbally]: **to ~ out (at** *OR* **against sb)** atacar alguém verbalmente **- 3.** *UK inf* [spend money]: **to ~ out (on sthg)** esbanjar dinheiro (em algo).

lass [læs] *n* [girl] moça *f*.

lasso [læ'suː] (*pl* -s, *pt & pp* -ed, *cont* -ing) <> *n* laço *m*. <> *vt* laçar.

last [lɑːst] <> *adj* **-1.** [gen] último(ma); **~ but one** penúltimo(ma); **~ but two** antepenúltimo(ma) **- 2.** [with dates, time of day] último(ma), passado(da); **~ week** na semana passada, na última semana; **~ year** no ano passado **- 3.** [least likely]: **you're the ~ person I expected to see** você é a última pessoa que eu esperava ver. <> *adv* **-1.** [in final place] em último lugar **- 2.** [most recently]: **when did you ~ visit them?** quando você os visitou pela última vez?; **at ~** finalmente; **at ~!** até que enfim! <> *pron* o último; **to leave sthg till ~** deixar algo para o fim; **the week before ~** na semana retrasada; **the day before ~** anteontem. <> *n* [final thing]: **the ~ I saw/heard of him** a última coisa que eu soube dele. <> *vi* **-1.** [gen] durar; **they only had food to ~ another week** eles só tinham comida para mais uma semana **- 2.** [survive] sobreviver.

at (long) last *adv* por fim.
last-ditch *adj* derradeiro(ra).
lasting ['lɑ:stɪŋ] *adj* duradouro(ra).
lastly ['lɑ:stlɪ] *adv* **- 1.** [to conclude] por fim **- 2.** [at the end] finalmente.
last-minute *adj* de última hora.
last name *n* sobrenome *m*.
latch [lætʃ] *n* trinco *m*.

latch onto *vt fus inf* agarrar-se a.
late [leɪt] *adj* **- 1.** [delayed] atrasado(da); **to be ~ for sthg** estar atrasado(da) para algo **- 2.** [later than normal] tarde **- 3.** [near end of]: **in ~ December** no final de dezembro **- 4.** [dead] falecido(da). *adv* [not on time] tarde; **he arrived 20 minutes ~** ele chegou 20 minutos atrasado; **~ in December** no final de dezembro; **to work ~** trabalhar até tarde.

of late *adv* recentemente.
latecomer ['leɪtˌkʌməʳ] *n* retardatário *m*, -ria *f*.
lately ['leɪtlɪ] *adv* ultimamente.
latent ['leɪtənt] *adj* latente.
later ['leɪtəʳ] *adj* **- 1.** [last, final] último(ma) **- 2.** [subsequent, following] posterior **- 3.** [train, bus, boat] que sai mais tarde. *adv* [at a later time]: **~ (on)** mais tarde.
lateral ['lætərəl] *adj* lateral.
latest ['leɪtɪst] *adj* [most recent] último(ma). *n*: **at the ~** no mais tardar.
lathe [leɪð] *n* torno *m* mecânico.
lather ['lɑ:ðəʳ] *n* espuma *f*. *vt* ensaboar.
Latin ['lætɪn] *adj* latino(na). *n* [language] latim *m*.
Latin America *n* América Latina.
Latin American *adj* latino-americano(na). *n* [person] latino-americano *m*, -na *f*.
latitude ['lætɪtjuːd] *n* **- 1.** GEOGR latitude *f* **- 2.** *fml* [freedom] liberdade *f (de expressão)*.
latter ['lætəʳ] *adj* **- 1.** [later] último(ma) **- 2.** [second] segundo(da). *n*: **the ~** o último, a última; **we prefer the ~ house to the former** preferimos esta casa àquela.
latterly ['lætəlɪ] *adv* recentemente.
lattice ['lætɪs] *n* [fence, frame] treliça *f*.
Latvia ['lætvɪə] *n* Letônia.
laudable ['lɔːdəbl] *adj* louvável.
laugh [lɑ:f] *n* **- 1.** [sound] riso *m*, risada *f* **- 2.** *inf* [fun, joke] piada *f*; **to do sthg for ~s** OR **a ~** fazer algo por prazer. *vi* rir, gargalhar.

laugh at *vt fus* [mock] rir-se de, gozar com.

laugh off *vt sep* [dismiss] disfarçar com um sorriso.
laughable ['lɑːfəbl] *adj pej* [absurd] risível.
laughingstock *n* motivo *m* de riso.
laughter ['lɑːftəʳ] *n (U)* risada *f*, risos *mpl*.
launch [lɔ:ntʃ] *n* **- 1.** [gen] lançamento *m* **- 2.** [start, initiation] início *m*. *vt* **- 1.** [gen] lançar **- 2.** [start, initiate] iniciar.
launch(ing) pad ['lɔ:ntʃ(ɪŋ)-] *n* [for rocket, missile, satellite] plataforma *f* de lançamento.
launder ['lɔ:ndəʳ] *vt* **- 1.** [clothes] lavar e passar **- 2.** *inf* [money] lavar.
laund(e)rette [lɔ:n'dret], **Laundromat**® *US* ['lɔ:ndrəmæt] *n* lavanderia *f* automatizada.
laundry ['lɔ:ndrɪ] *(pl* **-ies)** *n* **- 1.** *(U)* [clothes - about to be washed] roupa *f* suja; [- newly washed] roupa *f* lavada **- 2.** [room, business] lavanderia *f*.
laurel *n* louro *m*.
lava ['lɑ:və] *n (U)* lava *f*.
lavatory ['lævətrɪ] *(pl* **-ies)** *n* **- 1.** [receptacle] privada *f*.
lavender ['lævəndəʳ] *n* [plant] alfazema *f*, lavanda *f*.
lavish ['lævɪʃ] *adj* **- 1.** [generous] generoso(sa); **to be ~ with sthg** ser generoso(sa) com algo **- 2.** [sumptuous] suntuoso(sa). *vt*: **to ~ sthg on sb/sthg** encher alguém/algo de algo.
law [lɔ:] *n* **- 1.** [gen] lei *f*; **to break the ~** transgredir a lei; **against the ~** contra a lei; **~ and order** lei e ordem **- 2.** [system, subject] direito *m*.
law-abiding [-əˌbaɪdɪŋ] *adj* obediente à lei.
law court *n* tribunal *m* de justiça.
lawful ['lɔ:fʊl] *adj fml* lícito(ta).
lawn [lɔ:n] *n* [grass] gramado *m*.
lawnmower ['lɔ:nˌməʊəʳ] *n* cortador *m* de grama.
lawn tennis *n* tênis *m inv* de gramado.
law school *n* escola *f* de direito.
lawsuit ['lɔ:su:t] *n* ação *f* judicial.
lawyer ['lɔ:jəʳ] *n* advogado *m*, -da *f*.
lax [læks] *adj* negligente.
laxative ['læksətɪv] *n* laxante *m*.
lay [leɪ] *(pt & pp* **laid)** *pt* ▷ **lie**. *vt* **- 1.** [in specified position] colocar **- 2.** [prepare - trap, snare] armar; [- plans] traçar; **to ~ the table** pôr a mesa **- 3.** [bricks] assentar; [carpet] colocar; [cable] afixar; [pipes, foundations] preparar **- 4.** [egg] pôr **- 5.** [blame, emphasis] aplicar. *adj* **- 1.** RELIG leigo(ga) **- 2.** [untrained, unqualified] desqualificado(da).

lay aside *vt sep* **- 1.** [save] poupar **- 2.** [put down, abandon] abandonar.

➤ **lay down** vt sep **-1.** [formulate] formular **- 2.** [put down] depor.

➤ **lay off** ◇ vt sep [make redundant] dispensar. ◇ vt fus inf **-1.** [leave alone] deixar sozinho(nha) **- 2.** [stop, give up] parar de.

➤ **lay on** vt sep UK [provide, supply] providenciar.

➤ **lay out** vt sep **-1.** [arrange, spread out] dispor **- 2.** [plan, design] projetar.

layabout ['leɪəbaʊt] n UK inf vadio m, -dia f.

lay-by (pl -s) n UK acostamento m.

layer ['leɪə^r] n **-1.** [of substance, material] camada f **- 2.** fig [level] nível m.

layman ['leɪmən] (pl -men [-mən]) n leigo m; in ~'s terms em termos gerais.

layout ['leɪaʊt] n [design] leiaute m.

laze [leɪz] vi: to ~ (about OR around) vadiar.

lazy ['leɪzɪ] (compar -ier, superl -iest) adj **-1.** [person] preguiçoso(sa) **- 2.** [action] ocioso(sa).

lazybones ['leɪzɪbəʊnz] (pl inv) n inf preguiçoso m, -sa f.

lb abbr of pound.

LCD (abbr of liquid crystal display) n tela f de cristal líquido, LCD m.

Ld (abbr of Lord) Lord.

lead¹ [li:d] (pt & pp led) ◇ n **-1.** (U) [winning position] dianteira f; to be in - OR have the ~ estar na frente **- 2.** [amount ahead] vantagem f **- 3.** (U) [initiative, example] exemplo m; to take the ~ [do sthg first] tomar a iniciativa **- 4.** (U) [most important role]: the ~ o papel principal **- 5.** [clue] pista f **- 6.** [for dog] correia f **- 7.** [wire, cable] fio m. ◇ adj [most important] principal. ◇ vt **-1.** [be in front of] dirigir **- 2.** [take, guide] conduzir **- 3.** [head, be in charge of] chefiar, comandar **- 4.** [organize] organizar **- 5.** [life, existence] reger **- 6.** [cause, influence]: to ~ sb to do sthg induzir alguém a fazer algo. ◇ vi **-1.** [go] levar **- 2.** [give access to]: that door ~s to the kitchen aquela porta dá para a cozinha **-3.** [be winning] estar na frente **- 4.** [result in]: to ~ to sthg resultar em algo.

➤ **lead up to** vt fus **-1.** [precede] conduzir a **- 2.** [in conversation] levar a.

lead² [led] ◇ n **-1.** (U) [metal] chumbo m **- 2.** [in pencil] grafite m. ◇ comp [made of or with lead] de chumbo.

leaded ['ledɪd] adj **-1.** [petrol] com chumbo **- 2.** [window] com almofada de vidro.

leader ['li:də^r] n **- 1.** [gen] líder mf **- 2.** UK [in newspaper] editorial m.

leadership ['li:dəʃɪp] n **-1.** [people in charge]: the ~ a liderança **- 2.** [position of leader] liderança f.

lead-free [led-] adj sem chumbo.

leading ['li:dɪŋ] adj **-1.** [prominent] destacado(da) **- 2.** SPORT [at front] primeiro(-ra).

leading light n figura f central.

leaf [li:f] (pl leaves) n **- 1.** [gen] folha f **- 2.** [of table] aba f.

➤ **leaf through** vt fus folhear.

leaflet ['li:flɪt] n folder m, folheto m.

league [li:g] n liga f; to be in ~ with sb [work with] estar confabulado(da) com alguém.

leak [li:k] ◇ n **- 1.** [gen] vazamento m; a ~ in the roof uma goteira **- 2.** fig [disclosure] vazamento m (de informações). ◇ vt [make known] vazar. ◇ vi **-1.** [gen] vazar; [boat, shoe]: to be ~ing estar com infiltração **- 2.** [roof] ter goteiras.

➤ **leak out** vi [gen] vazar; to ~ (out) from sthg vazar de dentro de algo.

leakage ['li:kɪdʒ] n vazamento m.

lean [li:n] (pt & pp leant OR -ed) ◇ adj **-1.** [gen] magro(gra) **- 2.** fig [harvest, year] improdutivo(va). ◇ vt [support, prop]: to ~ sthg against sthg apoiar algo contra algo. ◇ vi **-1.** [bend, slope] inclinar-se **- 2.** [rest]: to ~ on/against sthg apoiar-se em/contra algo.

➤ **lean back** vi [person] recostar-se.

leaning ['li:nɪŋ] n: ~ (towards sthg) inclinação f (para algo).

leant [lent] pt & pp ▷ lean.

lean-to (pl -s) n alpendre m.

leap [li:p] (pt & pp leapt OR -ed) ◇ n **-1.** [jump] salto m, pulo m **- 2.** [increase] pulo m; in ~s and bounds com extrema rapidez. ◇ vi **-1.** [jump] saltar, pular **- 2.** [increase] disparar; to ~ to the eye saltar aos olhos.

leapfrog ['li:pfrɒg] (pt & pp -ged, cont -ging) ◇ n (U) [jogo m de pular carniça; to play ~ brincar de pular carniça. ◇ vi **-1.** [jump]: to ~ over sthg saltar por cima de algo **- 2.** fig aproveitar-se de.

leapt [lept] pt & pp ▷ leap.

leap year n ano m bissexto.

learn [lɜ:n] (pt & pp -ed OR learnt) ◇ vt **- 1.** [gen] aprender; to ~ (how) to do sthg aprender a fazer algo **- 2.** [hear] ouvir; to ~ that ficar sabendo que. ◇ vi **-1.** [acquire knowledge, skill] aprender **- 2.** [hear]: to ~ of OR about sthg ficar sabendo de algo.

learned ['lɜːnɪd] adj **-1.** [person] culto(-ta), erudito(ta) **- 2.** [journal, paper, book] erudito(ta).

learner ['lɜːnə^r] n aprendiz mf.

learner (driver) n aprendiz mf de direção.

learning ['lɜːnɪŋ] n **-1.** [knowledge] erudição *f* **- 2.** [study] aprendizagem *f*.

learnt [lɜːnt] *pt & pp* ▷ **learn**.

lease [liːs] ◇ *n* JUR arrendamento *m*, contrato *m* de locação. ◇ *vt* [premises] arrendar, alugar; **to ~ sthg from/to sb** arrendar algo de/para alguém; [car] fazer um leasing.

leasehold ['liːshəʊld] ◇ *adj* arrendado(da). ◇ *adv* em arrendamento.

leash [liːʃ] *n* [for dog] coleira *f*.

least [liːst] ◇ *adj (superl of little)* [smallest in amount, degree]: **the ~ o (a) menor; he earns the ~ money of all de todos ele é o que ganha menos.** ◇ *pron (superl of little)* [smallest amount]: **the ~ o mínimo; it's the ~ we'll have to spend é o mínimo que teremos de gastar; that's the ~ of my worries!** essa é a menor das minhas preocupações!; **it's the ~ (that) he can do é o mínimo que ele podia fazer; not in the ~** em absoluto, de modo algum; **to say the ~** para não dizer outra coisa. ◇ *adv* [to the smallest amount, degree] menos; **to aim for the ~ possible expenditure** desejar alcançar o menor gasto possível.

◆ **at least** *adv* **- 1.** [gen] pelo menos, no mínimo **- 2.** [qualifying sthg one has said] pelo menos.

◆ **least of all** *adv* muito menos.

◆ **not least** *adv fml* em especial.

leather ['leðə] ◇ *n (U)* couro *m*. ◇ *comp* de couro.

leave [liːv] (*pt & pp* left) ◇ *n* **- 1.** [time off] licença *f*; **to be on ~** estar de licença **- 2.** *fml* [permission] licença *f*, permissão *f*. ◇ *vt* **- 1.** [gen] deixar; **~ me alone!** me deixa em paz!; **it ~ s a lot to be desired** isso deixa muito a desejar **- 2.** [depart from] sair de **- 3.** [entrust]: **to ~ sth to sb to do sthg** deixar que alguém faça algo; **to ~ sthg/with sb** deixar algo com alguém; **~ it with me!** deixa (isso) comigo!; **to ~ sb sthg, to ~ sthg to sb** deixar algo para alguém **- 4.** [husband, wife] deixar, largar. ◇ *vi* **- 1.** [gen] partir, ir embora **- 2.** [end relationship] ir embora.

◆ **leave behind** *vt sep* **- 1.** [abandon] abandonar **- 2.** [forget] esquecer.

◆ **leave out** *vt sep* [omit] excluir, deixar de fora.

leave of absence *n* licença *f*.

leaves [liːvz] *pl* ▷ **leaf**.

Lebanon ['lebənən] *n* Líbano.

lecherous ['letʃərəs] *adj* lascivo(va).

lecture ['lektʃə] ◇ *n* **- 1.** [talk - at university] aula *f*; [- at conference] palestra *f*, conferência *f* **- 2.** [criticism, reprimand] sermão *m*. ◇ *vt* [scold] dar um sermão em. ◇ *vi* [university]: **to ~ (on/in**

sthg) dar uma aula (sobre algo); [at conference] dar uma palestra (sobre algo).

lecturer ['lektʃərə] *n* **- 1.** [teacher] professor *m*, -ra *f* **- 2.** [speaker] palestrante *mf*, conferencista *mf*.

led [led] *pt & pp* ▷ **lead**¹.

ledge [ledʒ] *n* **- 1.** [of window] parapeito *m* **- 2.** [of mountain] saliência *f*.

ledger ['ledʒə] *n* livro *m* contábil.

leech [liːtʃ] *n* **- 1.** [creature] sanguessuga *f* **- 2.** *fig & pej* [person] sanguessuga *f*.

leek [liːk] *n* alho-poró *m*.

leer [lɪə] ◇ *n* olhar *m* malicioso. ◇ *vi*: **to ~ at sb** olhar maliciosamente para alguém.

leeway ['liːweɪ] *n (U)* [room to manoeuvre] liberdade *f* de ação.

left [left] ◇ *pt & pp* ▷ **leave**. ◇ *adj* **- 1.** [remaining] sobrando; **do you have any money ~?** tem algum dinheiro sobrando?; **to be ~** sobrar; **there's no milk ~** não sobrou leite **- 2.** [side, hand, foot] esquerdo(da). ◇ *adv* para a esquerda. ◇ *n (U)* [direction]: **on/to the ~** à esquerda; **keep ~** mantenha-se à esquerda.

◆ **Left** *n* POL: **the Left** à esquerda.

left-hand *adj* esquerdo(da); **~ side** lado *m* esquerdo.

left-hand drive *adj* com direção do lado esquerdo.

left-handed [-'hændɪd] *adj* **- 1.** [person] canhoto(ta) **- 2.** [implement] para canhotos.

left luggage (office) *n* UK guarda-bagagem *m*.

leftover ['leftəʊvə] *adj* restante.

◆ **leftovers** *npl* sobras *fpl*.

left wing *n* POL esquerda *f*.

◆ **left-wing** *adj* POL esquerdista, de esquerda.

leg [leg] *n* **- 1.** [gen] perna *f*; **to pull sb's ~** pegar no pé de alguém; [of animal, bird, insect] pata *f* **- 2.** [CULIN - of chicken] coxa *f*; [- of frog, lamb] perna *f*; [- of pork] pernil *m* **- 3.** [of journey, tournament] etapa *f*.

legacy ['legəsɪ] (*pl* **-ies**) *n* **- 1.** [gift of money] legado *m* **- 2.** *fig* [consequence] herança *f*.

legal ['liːgl] *adj* **- 1.** [concerning the law] jurídico(ca) **- 2.** [lawful] legal.

legalize, -ise ['liːgəlaɪz] *vt* legalizar.

legal tender *n (U)* moeda *f* corrente.

legend ['ledʒənd] *n* **- 1.** [myth] lenda *f* **- 2.** *fig* [person] lenda *f*.

leggings ['legɪnz] *npl* calças *fpl* stretch.

legible ['ledʒəbl] *adj* legível.

legislation [ˌledʒɪs'leɪʃn] *n (U)* legislação *f*.

legislature [ˈledʒɪsleɪtʃəʳ] n legislatura f.
legitimate [lɪˈdʒɪtɪmət] adj legítimo(-ma).
legless [ˈleglɪs] adj UK inf [drunk] bêbado(da) como um gambá.
legroom [ˈlegrʊm] n (U) espaço m para as pernas.
leg-warmers [-ˌwɔːməz] npl polainas fpl.
leisure [UK ˈleʒəʳ, US ˈliːʒər] n (U) lazer m; do it at (your) ~ faça quando puder.
leisure centre n centro m de lazer.
leisurely [UK ˈleʒəlɪ, US ˈliːʒərlɪ] <> adj calmo(ma). <> adv calmamente.
leisure time n [tempo m de] lazer m.
lemon [ˈlemən] n [fruit] limão m.
lemonade [ˌleməˈneɪd] n -1. UK [fizzy] soda f limonada -2. [made with fresh lemons] limonada f.
lemon juice n suco m de limão.
lemon sole n solha-limão m.
lemon squash n UK suco m de limão.
lemon squeezer [-ˈskwiːzəʳ] n espremedor m de limão.
lemon tea n chá m com limão.
lend [lend] (pt & pp lent) vt -1. [money, book] emprestar; to ~ sb sthg, to ~ sthg to sb emprestar algo para alguém -2. [support, assistance]: to ~ sthg (to sb) dar algo (a alguém) -3. [credibility, quality]: to ~ sthg to sthg conferir algo a algo.
lending rate [ˈlendɪŋ-] n taxa f de empréstimo.
length [leŋθ] n -1. [gen] comprimento m; what ~ is it? quanto tem de comprimento?; it's five metres in ~ são cinco metros de comprimento -2. [of swimming pool] piscina f -3. [piece] pedaço m -4. (U) [duration] duração f -5. phr: to go to great ~s to do sthg não medir esforços para fazer algo.
◆ **at length** adv -1. [eventually] no final das contas -2. [in detail] detalhadamente.
lengthen [ˈleŋθən] <> vt -1. [skirt] alongar -2. [life] prolongar. <> vi alongar-se, ficar mais longo(ga).
lengthways [ˈleŋθweɪz] adv ao comprido.
lengthy [ˈleŋθɪ] (compar -ier, superl -iest) adj longo(ga).
lenient [ˈliːnjənt] adj leniente, indulgente.
lens [lenz] n -1. [made of glass] lente f -2. [contact lens] lente f (de contato).
lent [lent] pt & pp ▷ **lend**.
Lent [lent] n (U) quaresma f.
lentil [ˈlentɪl] n lentilha f.
Leo [ˈliːəʊ] n [sign] leão m.
leopard [ˈlepəd] n leopardo m.
leotard [ˈliːətɑːd] n malha f (usada por dançarinos, acrobatas).
leper [ˈlepəʳ] n [person with leprosy] leproso m, -sa f.
leprosy [ˈleprəsɪ] n (U) lepra f.
lesbian [ˈlezbɪən] n lésbica f.
less [les] (compar of little) <> adj [not as much] menos; ~ ... than menos ... (do) que; ~ and ~ cada vez menos. <> pron [not as much] menos; ~ than menos (do) que; the ~ you work the ~ you earn quanto menos você trabalha, menos você ganha; no ~ than nada menos que. <> adv [to a smaller extent] menos; ~ and ~ cada vez menos. <> prep [minus] menos.
lessen [ˈlesn] vt & vi diminuir.
lesser [ˈlesəʳ] adj menor; to a ~ extent OR degree em menor grau.
lesson [ˈlesn] n -1. [class] aula f -2. [example] lição f; to teach sb a ~ ensinar uma lição a alguém.
let [let] (pt & pp let, cont -ting) vt -1. [allow]: to ~ sb do sthg deixar alguém fazer algo; she ~ her hair grow ela deixou o cabeço crescer; to ~ go of sb/sthg, to ~ sb/sthg go soltar alguém/algo; [release] soltar alguém/algo; to ~ sb know sthg informar alguém de algo, informar algo a alguém -2. (in verb forms): ~'s go! vamos!; ~'s see agora vejamos; ~ them wait! eles que esperem! -3. [rent out] alugar; 'to ~' 'aluga-se'.
◆ **let alone** conj [much less]: he couldn't walk, ~ alone jump ele não conseguia caminhar, que dirá pular.
◆ **let down** vt sep -1. [deflate] esvaziar -2. [disappoint] desapontar.
◆ **let in** vt sep -1. [admit] deixar entrar -2. [air, water] deixar entrar.
◆ **let off** vt sep -1. [excuse, allow not to do]: to ~ sb off sthg eximir alguém de algo -2. [criminal, pupil, child] deixar impune -3. [bomb, explosive] detonar -4. [firework] estourar.
◆ **let on** vi contar (um segredo); don't ~ on! não conta nada!
◆ **let out** vt sep -1. [gen] deixar sair -2. [sound, cry, laugh] emitir -3. [garment] alargar.
◆ **let up** vi -1. [heat, rain] cessar -2. [person] relaxar.
letdown [ˈletdaʊn] n inf decepção f.
lethal [ˈliːθl] adj letal.
lethargic [ləˈθɑːdʒɪk] adj letárgico(ca).
let's [lets] = **let us**.
letter [ˈletəʳ] n -1. [written message] carta f -2. [of alphabet] letra f.
letter bomb n carta-bomba f.
letterbox [ˈletəbɒks] n UK -1. [in door] portinhola f para cartas -2. [in street] caixa f de correio.

letter of credit *n* carta *f* de crédito.

lettuce ['letɪs] *n* alface *f*.

letup ['letʌp] *n* pausa *f*, intervalo *m*.

leuk(a)emia [luː'kiːmɪə] *n* leucemia *f*.

level ['levl] (*UK pt* & *pp* -**led**, *cont* -**ling**, *US pt* & *pp* -**ed**, *cont* -**ing**) ◇ *adj* -**1**. [equal in height] nivelado(da); **to be ~ (with sthg)** estar nivelado(da) (com algo) -**2**. [equal in standard] em pé de igualdade -**3**. [flat - floor, field] plano(-na); [- spoon, cup] raso(sa). ◇ *n* -**1**. [gen] nível *m* -**2**. *US* [spirit level] nível *m* (de bolha) -**3**. [storey] andar *m* -**4**. *phr:* **to be on the ~** *inf* ser sincero(ra). ◇ *vt* -**1**. [make flat] nivelar, aplainar -**2**. [demolish] derrubar.

◆ **level off, level out** *vi* estabilizar-se.

◆ **level with** *vt fus inf* [be honest with] ser sincero(ra) com.

level crossing *n UK* passagem *f* de nível.

level-headed [-'hedɪd] *adj* equilibrado(da), sensato(ta).

lever [*UK* 'liːvəᵊ, *US* 'levər] *n* alavanca *f*.

leverage [*UK* 'liːvərɪdʒ, *US* 'levərɪdʒ] *n* (*U*) -**1**. *fig* [influence] influência *f* -**2**. [force] alavancagem *f*, força *f*.

levy ['levɪ] (*pt* & *pp* -**ied**) ◇ *n* [financial contribution, tax]: **~ (on sthg)** taxa *f* (sobre algo). ◇ *vt* [demand, collect] arrecadar.

lewd [ljuːd] *adj* [behaviour] lascivo(va), obsceno(na).

liability [ˌlaɪə'bɪlətɪ] (*pl* -**ies**) *n* -**1**. [hindrance] estorvo *m* -**2**. *JUR* (*U*) [legal responsibility]: **~ (for sthg)** responsabilidade *f* (por algo).

◆ **liabilities** *npl FIN* [debts] passivos *mpl*, obrigações *fpl*.

liable ['laɪəbl] *adj* -**1**. [likely]: **she is ~ to do something stupid** é bem provável que ela faça algo estúpido -**2**. [prone]: **to be ~ to sthg** estar propenso(sa) a algo -**3**. *JUR*: **to be ~ (for sthg)** [legally responsible] ser legalmente responsável (por algo); **to be ~ to sthg** [punishable] estar sujeito(ta) a algo.

liaise [lɪ'eɪz] *vi*: **to ~ (with)** fazer contato (com); **to ~ (between)** criar vínculos (entre).

liar ['laɪəᵊ] *n* mentiroso *m*, -sa *f*.

libel ['laɪbl] (*UK pt* & *pp* -**led**, *cont* -**ling**, *US pt* & *pp* -**ed**, *cont* -**ing**) ◇ *n* libelo *m*. ◇ *vt* difamar.

liberal ['lɪbərəl] ◇ *adj* -**1**. [tolerant] liberal -**2**. [generous] generoso(sa). ◇ *n* liberal *mf*.

◆ **Liberal** *POL* ◇ *adj* liberal. ◇ *n* liberal *mf*.

Liberal Democrat ◇ *adj* liberal democrata. ◇ *n* liberal democrata *mf*.

liberate ['lɪbəreɪt] *vt* libertar.

liberation [ˌlɪbə'reɪʃn] *n* (*U*) -**1**. [release] libertação *f* -**2**. *fig* [emancipation] libertação *f*.

liberty ['lɪbətɪ] (*pl* -**ies**) *n* [gen] liberdade *f*; **at ~** em liberdade; **to be at ~ to do sthg** ter liberdade para fazer algo; **to take liberties (with sb)** tomar liberdades (com alguém).

Libra ['liːbrə] *n* [sign] libra *f*.

librarian [laɪ'breərɪən] *n* bibliotecário *m*, -ria *f*.

library ['laɪbrərɪ] (*pl* -**ies**) *n* biblioteca *f*.

library book *n* livro *m* de biblioteca.

libretto [lɪ'bretəʊ] (*pl* -**s**) *n* libreto *m*.

Libya ['lɪbɪə] *n* Líbia *f*.

lice [laɪs] *pl* ⊳ **louse**.

licence ['laɪsəns] ◇ *n* -**1**. [permit - gen] licença *f*; [- for marriage] autorização *f*; [- for pilot] brevê *m* -**2**. *COMM* licença *f*. ◇ *vt US* = **license**.

license ['laɪsəns] ◇ *vt COMM* autorizar. ◇ *n US* = **licence**.

licensed ['laɪsənst] *adj* -**1**. [person]: **to be ~ to do sthg** estar autorizado(da) a fazer algo -**2**. [object - car, dog] com licença; [- gun] registrado(da) -**3**. *UK* [premises] autorizado(da) a vender álcool.

license plate *n US* placa *f* (*de automóvel*).

lick [lɪk] *vt* [with tongue] lamber.

licorice ['lɪkərɪs] *n* = **liquorice**.

lid [lɪd] *n* -**1**. [cover] tampa *f* -**2**. [eyelid] pálpebra *f*.

lie [laɪ] (*pt sense 1* **lied**, *pt senses 2-4* **lay**, *pp sense 1* **lied**, *pp senses 2-4* **lain**, *cont all senses* **lying**) ◇ *n* mentira *f*; **to tell ~s** contar mentiras. ◇ *vi* -**1**. [tell untruth] mentir; **to ~ to sb** mentir para alguém -**2**. [to be lying down] estar deitado(da) -**3**. [lie down] deitar -**4**. [be situated] encontrar-se -**5**. *phr:* **to ~ low** ficar escondido(da).

◆ **lie about, lie around** *vi* -**1**. [people] andar sem fazer nada, vadiar -**2**. [things] estar jogado(da).

◆ **lie down** *vi* deitar-se.

◆ **lie in** *vi UK* ficar na cama até tarde.

Liechtenstein ['lɪktənˌstaɪn] *n* Liechtenstein.

lie-down *n UK*: **to have a ~** repousar.

lie-in *n UK*: **to have a ~** ficar na cama até tarde.

lieutenant [*UK* lef'tenənt, *US* luː'tenənt] *n* tenente *m*.

life [laɪf] (*pl* **lives**) *n* -**1**. [gen] vida *f*; **to come to ~** criar vida; **that's ~!** é a vida!; **to scare the ~ out of sb** quase matar alguém do coração -**2**. (*U*) *inf* [life imprisonment] prisão *f* perpétua.

life assurance *n* = **life insurance**.

life belt n cinto m salva-vidas.
lifeboat ['laɪfbəʊt] n -1. [on ship] bote m salva-vidas -2. [on shore] lancha f de salvamento.
life buoy n bóia f salva-vidas.
life cycle n ciclo m vital.
life expectancy n espectativa f de vida.
lifeguard ['laɪfgɑːd] n salva-vidas mf inv.
life imprisonment [-ɪm'prɪznmənt] n prisão f perpétua.
life insurance n (U) seguro m de vida.
life jacket n colete m salva-vidas.
lifeless ['laɪflɪs] adj -1. [dead] sem vida, morto(ta) -2. [listless] apagado(da).
lifelike ['laɪflaɪk] adj -1. [statue, doll] realista -2. [portrait] fiel.
lifeline ['laɪflaɪn] n -1. [rope] corda f de segurança -2. fig [with outside] cordão m umbilical.
lifelong ['laɪflɒŋ] adj de toda a vida.
life preserver [-prɪ,zɜːvəʳ] n US -1. [belt] cinto m salva-vidas -2. [jacket] colete m salva-vidas.
life raft n balsa f salva-vidas.
lifesaver ['laɪf,seɪvəʳ] n [person] salva-vidas mf inv.
life sentence n pena f de prisão perpétua.
life-size(d) [-saɪz(d)] adj em tamanho natural.
lifespan ['laɪfspæn] n -1. [of person, animal, plant] vida f -2. [of product, machine] vida f útil.
lifestyle ['laɪfstaɪl] n estilo m de vida.
life-support system n sistema m de respiração artificial.
lifetime ['laɪftaɪm] n [length of time] vida f.
lift [lɪft] ◇ n -1. [ride] carona f -2. UK [elevator] elevador m. ◇ vt -1. [gen] levantar; **he ~ed the books off the shelf** ele tirou os livros da estante -2. [ban, embargo] revogar -3. [plagiarize] plagiar -4. inf [steal] levantar. ◇ vi -1. [lid, top] levantar -2. [mist, fog, clouds] dissipar-se.
lift-off n decolagem f.
light [laɪt] (pt & pp lit OR -ed) ◇ adj -1. [gen] leve -2. [not dark] claro(ra). ◇ adv: **to travel ~** viajar com pouca bagagem. ◇ n -1. [gen] luz f -2. [for cigarette, pipe] fogo m; **to set ~ to sthg** atear fogo em algo -3. [perspective] in the **~ of** UK, **in ~ of** US à luz de -4. phr: **to come to ~** vir à luz; **there's a ~ at the end of the tunnel** há uma luz no fim do túnel; **to make ~ of sthg** não dar a devida importância a algo. ◇ vt -1. [ignite] acender -2. [illuminate] iluminar.
➡ **light up** ◇ vt sep -1. [illuminate]

iluminar -2. [start smoking] acender.
◇ vi -1. [look happy] iluminar-se -2. inf [start smoking] pôr-se a fumar.
light bulb n lâmpada f.
lighten ['laɪtn] ◇ vt -1. [make brighter] clarear -2. [make less heavy] aliviar. ◇ vi -1. [brighten] iluminar-se -2. [become happier, more relaxed] alegrar-se.
lighter ['laɪtəʳ] n [cigarette lighter] isqueiro m.
light-headed [-'hedɪd] adj tonto(ta).
light-hearted [-'hɑːtɪd] adj -1. [cheerful] despreocupado(da) -2. [amusing] alegre.
lighthouse ['laɪthaʊs, pl -haʊzɪz] n farol m.
lighting ['laɪtɪŋ] n (U) iluminação f.
light meter n PHOT fotômetro m.
lightning ['laɪtnɪŋ] n (U) raio m, relâmpago m.
lightweight ['laɪtweɪt] ◇ adj [object] leve. ◇ n [boxer] peso m leve.
likable ['laɪkəbl] adj simpático(ca), agradável.
like [laɪk] ◇ prep -1. [similar to] como; **to look ~ sb/sthg** parecer-se com alguém/algo, parecer alguém/algo; **what did it taste ~?** que gosto de quê?; **what did it look ~?** como era?; **what did it sound ~?** como era o barulho?; **~ this/that** assim -2. [such as] (tal) como. ◇ vt -1. [enjoy, find pleasant, approve of] gostar; **to ~ doing** OR **to do sthg** gostar de fazer algo -2. [want, wish] querer; **to ~ to do sthg** desejar fazer algo; **to ~ sb to do sthg** desejar que alguém faça algo; **I'd ~ you to come** gostaria que você viesse. ◇ n: **the ~ of sb/sthg** alguém/algo do estilo.
➡ **likes** npl [things one likes] gostos mpl.
likeable ['laɪkəbl] adj = likable.
likelihood ['laɪklɪhʊd] n (U) probabilidade f.
likely ['laɪklɪ] adj -1. [probable] provável; **rain is ~ later on** é provável que chova mais tarde; **to be ~ to do sthg** ser provável que algo aconteça; **he's ~ to come** é provável que ele venha; **a ~ story!** iro pura invenção! -2. [suitable] indicado(da).
liken ['laɪkn] vt: **to ~ sb/sthg to** comparar alguém/algo a.
likeness ['laɪknɪs] n semelhança f; **~ to sb/sthg** semelhança com alguém/algo.
likewise ['laɪkwaɪz] adv [similarly] da mesma maneira; **to do ~** fazer o mesmo.
liking ['laɪkɪŋ] n: **~ for sb/sthg** afeição f por alguém/algo; **to have a ~ for sb/sthg** ter afeição por alguém/algo; **to**

be to sb's ~ estar ao gosto de alguém.

lilac ['laɪlək] <> *adj* [colour] lilás. <> *n* -1. [tree] lilás *m* -2. *(U)* [colour] lilás *m*.

Lilo® ['laɪləʊ] (*pl* -s) *n UK* colchão *m* inflável.

lily ['lɪlɪ] (*pl* -ies) *n* lírio *m*.

lily of the valley (*pl* lilies of the valley) *n* lírio-do-vale *m*.

Lima ['liːmə] *n* Lima.

limb [lɪm] *n* -1. [of body] membro *m* -2. [of tree] ramo *m*.

limber ['lɪmbə'] ⇐ **limber up** *vi* fazer aquecimento, aquecer.

limbo ['lɪmbəʊ] (*pl* -s) *n (U)* [uncertain state]: **to be in** ~ estar no limbo.

lime [laɪm] *n* -1. [fruit] lima *f*; ~ **(juice)** (suco *m* de) lima *f* -2. [linden tree] tília *f* -3. *(U)* [substance] cal *f*.

limelight ['laɪmlaɪt] *n*: **to be in the** ~ estar no/ser o centro das atenções.

limerick ['lɪmərɪk] *n* poema humorístico de cinco linhas.

limestone ['laɪmstəʊn] *n (U)* calcário *m*, pedra *f* calcária.

limey ['laɪmɪ] (*pl* -s) *n US inf* termo pejorativo que designa um inglês.

limit ['lɪmɪt] <> *n* limite *m*; **to be off** ~ **s** ser/estar proibido(da); **within** ~ **s** [to a certain extent] até certo ponto. <> *vt* limitar, restringir.

limitation [ˌlɪmɪ'teɪʃn] *n* limitação *f*.

limited ['lɪmɪtɪd] *adj* [restricted] limitado(da).

limited company *n* companhia *f* limitada.

limited liability company *n* = limited company.

limousine ['lɪməziːn] *n* limusine *f*.

limp [lɪmp] <> *adj* -1. [hand, handshake] sem firmeza -2. [body, lettuce] murcho(-cha) -3. [excuse] mole. <> *n* manqueira *f*. <> *vi* mancar.

limpet ['lɪmpɪt] *n* lapa *f*.

line [laɪn] <> *n* -1. [gen] linha *f*; wash-ing ~ corda *f* de varal; power ~ cabo *m* de força; **to draw the** ~ **at doing sthg** *fig* estabelecer limites para fazer algo -2. [row] fileira *f*, linha *f* -3. [queue] fila *f*; **to stand** OR **wait in** ~ ficar OR esperar em fila -4. [alignment] alinhamento *m*; **in** ~ **with** em linha com; **to step out of** ~ sair da linha -5. [RAIL - railway track] linha *f (férrea)*; [- route] linha *f* -6. [in writing - of text] linha *f* -7. [wrinkle] ruga *f* -8. TELEC [telephone connection] linha *f (telefônica)* -9. *inf* [short letter]: **to drop sb a** ~ escrever umas linhas para alguém -10. *inf* [field of activity] ramo *m*. <> *vt* [cover inside surface of] forrar.

⇐ **out of line** *adj* inaceitável.

⇐ **line up** <> *vt sep* -1. [in rows] alinhar -2. *inf* [organize] arranjar, organizar. <> *vi* -1. [in a row] alinhar-se -2. [in a queue] pôr-se na fila.

lined [laɪnd] *adj* -1. [paper] pautado(da) -2. [face] enrugado(da).

linen ['lɪnɪn] *(U)* *n* -1. [cloth] linho *m* -2. [sheets] roupa *f* de cama -3. [tablecloths] toalha *f (de mesa)*.

liner ['laɪnə'] *n* [ship] transatlântico *m*.

linesman ['laɪnzmən] (*pl* -men [-mən]) *n* SPORT juiz *m* de linha.

line-up *n* -1. [of players, competitors] seleção *f* -2. *US* [identification parade] fila *f* de identificação.

linger ['lɪŋgə'] *vi* -1. [dawdle] demorar-se -2. [persist] persistir.

lingo ['lɪŋgəʊ] (*pl* -es) *n* *inf* idioma *f*.

linguist ['lɪŋgwɪst] *n* -1. [someone good at languages] pessoa *f* com facilidade para os idiomas -2. [student or teacher of linguistics] lingüista *mf*.

lining ['laɪnɪŋ] *n* -1. [of coat, curtains, box] forro *m* -2. [of stomach, nose] paredes *fpl* internas -3. *AUT* [of brakes] revestimento *m*.

link [lɪŋk] <> *n* -1. [of chain] elo *m* -2. COMPUT linque *m* -3. [connection] conexão *f*; ~ **between sb/sthg** vínculo *m* OR ligação *f* entre alguém/algo; ~ **with sb/sthg** vínculo *m* OR ligação com alguém/algo. <> *vt* -1. [relate] ligar, relacionar; **to** ~ **sb/sthg with** OR **to sb/sthg** ligar alguém/algo com OR a alguém/algo, relacionar alguém/algo com OR a alguém/algo -2. [connect physically] enlaçar.

⇐ **link up** *vt sep* [connect] conectar; **to** ~ **sthg up with sthg** conectar algo a algo.

links [lɪŋks] (*pl inv*) *n* SPORT campo *m* de golfe.

lino ['laɪnəʊ], **linoleum** [lɪ'nəʊljəm] *n* *(U)* linóleo *m*.

lintel ['lɪntl] *n* verga *f (de porta ou janela)*.

lion ['laɪən] *n* leão *m*.

lioness ['laɪənes] *n* leoa *f*.

lip [lɪp] *n* -1. [of mouth] lábio *m*; **to keep a stiff upper** ~ manter-se firme -2. [of container] borda *f*.

lip-read *vi* ler nos lábios.

lip salve [-sælv] *n UK* pomada *f* para lábios.

lip service *n*: **to pay** ~ **to sthg** concordar com algo da boca para fora.

lipstick ['lɪpstɪk] *n* batom *m*.

liqueur [lɪ'kjʊə'] *n* licor *m*.

liquid ['lɪkwɪd] <> *adj* [fluid] líquido(-da). <> *n* [fluid] líquido *m*.

liquidation [ˌlɪkwɪ'deɪʃn] *n (U)* FIN falência *f*; **to go into** ~ abrir falência.

liquidize, -ise ['lıkwıdaız] *vt UK CULIN* liquidificar.

liquidizer ['lıkwıdaızə^r] *n UK* liquidificador *m*.

liquor ['lıkə^r] *n US* [alcohol] álcool *m*; [spirits] bebida *f* alcoólica.

liquorice ['lıkərıʃ, 'lıkərıs] *n (U)* alcaçuz *m*.

liquor store *n US* armazém *m* de bebidas alcoólicas.

Lisbon ['lızbən] *n* Lisboa; **in** ~ em Lisboa.

lisp [lısp] <> *n* ceceio *m*. <> *vi* cecear.

list [lıst] <> *n* lista *f*. <> *vt* [in writing, speech] listar.

listed building [,lıstıd-] *n UK* prédio *m* tombado.

listen ['lısn] *vi* **-1.** [give attention] escutar, ouvir; **to** ~ **to sb/sthg** escutar alguém/algo; **to** ~ **for sthg** estar atento(ta) a algo **-2.** [heed advice] dar atenção a; **to** ~ **to sb/sthg** escutar alguém/algo.

listener ['lısnə^r] *n* ouvinte *mf*.

listless ['lıstlıs] *adj* apático(ca).

lit [lıt] *pt & pp* ▷ **light**.

liter *n US* = **litre**.

literacy ['lıtərəsı] *n (U)* alfabetização *f*.

literal ['lıtərəl] *adj* literal.

literally ['lıtərəlı] *adv* literalmente; **to take sthg** ~ levar algo ao pé da letra.

literary ['lıtərərı] *adj* literário(ria); **a** ~ **man** um literato.

literate ['lıtərət] *adj* **-1.** [able to read and write] alfabetizado(da); **computer-** ~ que tem conhecimentos de informática **-2.** [well-read] letrado(da), culto(-ta).

literature ['lıtrətʃə^r] *n (U)* **-1.** [novels, plays, poetry] literatura *f* **-2.** [books on a particular subject] literatura *f*, bibliografia *f* **-3.** [printed information] informações *fpl*.

lithe [laıð] *adj* ágil.

Lithuania [,lıθjʊ'eɪnɪə] *n* Lituânia.

litigation [,lıtı'geɪʃn] *n (U) fml* litígio *m*.

litre *UK*, **liter** *US* ['li:tə^r] *n* **-1.** [metric unit] litro *m* **-2.** [capacity of engine] cilindrada *f*.

litter ['lıtə^r] <> *n* **-1.** *(U)* [waste material] lixo *m* **-2.** [newborn animals] ninhada *f* **-3.** [for litter tray]: **(cat)** ~ areia *f* química *(para fezes de gato)*. <> *vt*: **to be** ~**ed with sthg** estar coberto(ta) de algo.

litter bin *n UK* cesto *m* de lixo.

little ['lıtl] <> *adj* **-1.** [gen] pequeno(na) **-2.** [younger]: **my** ~ **brother** meu irmão mais novo **-3.** [short in time or distance] curto(ta) **-4.** [not much] pouco(ca); **she has a** ~ **money left** ela tem pouco dinheiro sobrando. <> *pron* [small amount] pouco(ca); **a** ~ um pouco; **a**

~ **(bit)** um pouquinho. <> *adv* **-1.** [to a limited extent] pouco; **he's** ~ **more than a waiter** ele é pouco mais do que um garçom; ~ **by** ~ pouco a pouco **-2.** [rarely] raramente; **we go there as** ~ **as possible** vamos lá o mínimo possível.

little finger *n* dedo *m* mínimo, minguinho *m*.

live [lıv] <> *vi* **-1.** [gen] viver **-2.** [reside] morar, viver. <> *vt* viver; **to** ~ **it up** *inf* curtir a vida.

⬥ **live down** *vt sep* redimir-se de.

⬥ **live off** *vt fus* **-1.** [savings] viver de **-2.** [parents, family] viver às custas de.

⬥ **live on** *vt fus* **-1.** [money] viver **-2.** [food] viver de. <> *vi* [memory, feeling, works] perdurar.

⬥ **live together** *vi* [cohabit] viver juntos(tas).

⬥ **live up to** *vt fus* estar à altura de.

⬥ **live with** *vt fus* **-1.** [cohabit with] viver com **-2.** *inf* [accept] conviver com.

livelihood ['laıvlıhʊd] *n* meio *m* de vida, sustento *m*.

lively ['laıvlı] *(compar* **-ier***, superl* **-iest)** *adj* **-1.** [gen] animado(da) **-2.** [mind, curiosity, imagination] sagaz, perspicaz.

liven ['laıvn] ⬥ **liven up** <> *vt sep* animar. <> *vi* [person] animar-se.

liver ['lıvə^r] *n* fígado *m*.

livery ['lıvərı] *(pl* **-ies)** *n* **-1.** [uniform] libré *f* **-2.** [of a company] marca *f* distintiva.

lives [laıvz] *pl* ▷ **life**.

livestock ['laıvstɒk] *n (U)* animais *mpl* de uma fazenda.

livid ['lıvıd] *adj* **-1.** *inf* [angry] furioso(sa) **-2.** [blue-grey] roxo(xa).

living ['lıvıŋ] <> *adj* vivo(va); ~ **proof** prova *f* viva. <> *n* **-1.** [people]: **the** ~ os vivos **-2.** [means of earning money]: **what do you do for a** ~? o que você faz para ganhar a vida?; **to scrape a** ~ mal ganhar a vida **-3.** *(U)* [lifestyle] (estilo *m* de) vida *f*; **healthy** ~ vida *f* saudável.

living conditions *npl* condições *fpl* de vida.

living room *n* sala *f* de estar.

living standards *npl* padrão *m* de vida.

living wage *n* salário *m* básico.

lizard ['lızəd] *n* **-1.** [large] lagarto *m* **-2.** [small] lagartixa *f*.

llama ['lɑ:mə] *(pl inv OR* **-s)** *n* lhama *m*.

load [ləʊd] <> *n* **-1.** [gen] carga *f*; **to take a** ~ **off one's mind** tirar um peso da consciência **-2.** [burden] fardo *m* **-3.** [large amount]: ~**s of** *inf*, **a** ~ **of** *inf* um monte de; **a** ~ **of rubbish** *inf* um monte de bobagem. <> *vt* **-1.** [container, vehicle, person] carregar; **to** ~ **sb/sthg with sthg** carregar alguém/algo de algo **-2.**

[gun]: **to ~ sthg (with sthg)** carregar algo (com algo) **- 3.** [in camera, video recorder]: **to ~ a film** colocar filme *(na câmara)*; **to ~ a tape** colocar fita *(na filmadora)* **- 4.** COMPUT [program] carregar.

◆ **load up** ◇ *vt sep* carregar. ◇ *vi* [with furniture, boxes] carregar.

loaded ['ləʊdɪd] *adj* **- 1.** [question, statement] com duplo sentido **- 2.** [gun, camera] carregado(da) **- 3.** *inf* [rich] forrado(da).

loading bay ['ləʊdɪŋ-] *n* zona *f* de carga e descarga.

loaf [ləʊf] *(pl* **loaves)** *n* [of bread] (pedaço *m* de) pão *m*.

loafer ['ləʊfə'] *n* **- 1.** [shoe] mocassim *m* **- 2.** [lazy person] vadio *m*, -dia *f*.

loan [ləʊn] ◇ *n* empréstimo *m*; **on ~** por empréstimo. ◇ *vt* emprestar; **to ~ sthg to sb, to ~ sb sthg** emprestar algo a alguém.

loath [ləʊθ] *adj*: **to be ~ to do sthg** estar pouco inclinado(da) a fazer algo.

loathe [ləʊð] *vt* odiar, detestar; **to ~ doing sthg** odiar fazer algo.

loathsome ['ləʊðsəm] *adj* repugnante.

loaves [ləʊvz] *pl* ⊳ **loaf**.

lob [lɒb] *(pt & pp* **-bed**, *cont* **-bing)** ◇ *n* TENNIS lob *m*. ◇ *vt* **- 1.** [throw] lançar **- 2.** [tennis - ball] rebater com um lob.

lobby ['lɒbɪ] *(pl* **-ies**, *pt & pp* **-ied)** ◇ *n* **- 1.** [hall] saguão *m* **- 2.** [pressure group] lobby *m*, grupo *m* de pressão. ◇ *vt* pressionar.

lobe [ləʊb] *n* ANAT lóbulo *m*.

lobster ['lɒbstə'] *n* lagosta *f*.

local ['ləʊkl] ◇ *adj* local. ◇ *n* inf **- 1.** [person]: **the ~s** os habitantes do lugar **- 2.** UK [pub] pub *m* local.

local authority *n* UK autoridade *f* local.

local call *n* chamada *f* local.

local government *n* (U) governo *m* local.

locality [ləʊ'kælətɪ] *(pl* **-ies)** *n* localidade *f*.

localized, -ised ['ləʊkəlaɪzd] *adj* localizado(da).

locally ['ləʊkəlɪ] *adv* [in region] localmente ; [in neighbourhood] na região.

locate [UK ləʊ'keɪt, US 'ləʊkeɪt] *vt* localizar.

location [ləʊ'keɪʃn] *n* **- 1.** [place] localização *f* **- 2.** CINEMA: **on ~** em locação.

loch [lɒk] *n* Scot lago *m*.

lock [lɒk] ◇ *n* **- 1.** [of door, window, box] fechadura *f* **- 2.** [on canal] eclusa *f* **- 3.** AUT [steering lock] ângulo *m* de giro **- 4.** [of hair] mecha *f*. ◇ *vt* **- 1.** [fasten securely] fechar com chave **- 2.** [keep

safely] trancar **- 3.** [immobilize] bloquear. ◇ *vi* **- 1.** [fasten securely] fechar com chave, chavear **- 2.** [become immobilized] trancar.

◆ **lock away** *vt sep* trancar a sete chaves.

◆ **lock in** *vt sep* encerrar.

◆ **lock out** *vt sep* **- 1.** [accidentally] trancar do lado de fora **- 2.** [deliberately] deixar na rua.

◆ **lock up** *vt sep* **- 1.** [person] trancafiar **- 2.** [house] trancar **- 3.** [valuables] fechar com chave **- 4.** [with padlock] fechar com cadeado.

locker ['lɒkə'] *n* [for clothes, luggage, books] compartimento *m* com chave.

locker room *n* US vestiário *m*.

locket ['lɒkɪt] *n* medalhão *m*.

locksmith ['lɒksmɪθ] *n* serralheiro *m*, -ra *f*.

locomotive ['ləʊkəˌməʊtɪv] *n* locomotiva *f*.

locum ['ləʊkəm] *(pl* **-s)** *n* interino *m*, -na *f*.

locust ['ləʊkəst] *n* gafanhoto *m*.

lodge [lɒdʒ] ◇ *n* **- 1.** [caretaker's room] portaria *f* **- 2.** [of manor house] guarita *f* **- 3.** [of Freemasons] loja *f* **- 4.** [for hunting] região *f* de caça. ◇ *vt fml* [register] apresentar. ◇ *vi* **- 1.** [stay, live]: **to ~ with sb** hospedar-se na casa de alguém **- 2.** [become stuck] alojar-se **- 3.** *fig* [in mind] gravar-se na mente.

lodger ['lɒdʒə'] *n* pensionista *mf (em casa de família)*.

lodging ['lɒdʒɪŋ] *n* ⊳ **board**.

◆ **lodgings** *npl* alojamentos *mpl*.

loft [lɒft] *n* [attic] sótão *m*; **~ (apartment)** apartamento transformado na cobertura de um armazém ou de uma fábrica, em geral amplo e sem divisórias internas.

lofty ['lɒftɪ] *(compar* **-ier**, *superl* **-iest)** *adj* **- 1.** [noble] elevado(da), nobre **- 2.** *pej* [haughty] arrogante **- 3.** *literary* [high] elevado(da).

log [lɒg] *(pt & pp* **-ged**, *cont* **-ging)** ◇ *n* **- 1.** [of wood] tronco *m* **- 2.** [written record - of ship] diário *m* de bordo; [- of plane] diário *m* de vôo. ◇ *vt* **- 1.** [information - on paper] registrar; [- in computer] registrar em log **- 2.** [speed, distance, time] anotar.

◆ **log in** *vi* COMPUT entrar (no sistema), efetuar login.

◆ **log out** *vi* COMPUT sair (do sistema), efetuar logout.

logbook ['lɒgbʊk] *n* **- 1.** [of ship] diário *m* de bordo **- 2.** [of plane] diário *m* de vôo **- 3.** [of car] documentação *f*.

loggerheads ['lɒgəhedz] *n*: **at ~ with** em desavença com.

logic ['lɒdʒɪk] n lógica f.

logical ['lɒdʒɪkl] adj lógico(ca).

logistics [lə'dʒɪstɪks] ◇ n MIL logística f. ◇ npl fig [organization] logística f.

logo ['ləʊgəʊ] (pl -s) n logotipo m.

loin [lɔɪn] n lombo m.

loiter ['lɔɪtə'] vi -1. [hang about] demorar-se -2. [dawdle] vadiar.

loll [lɒl] vi -1. [sit, lie about] recostar-se, refestelar-se -2. [hang down] estar pendente.

lollipop ['lɒlɪpɒp] n pirulito m.

lollipop lady n UK guarda f escolar.

lollipop man n UK guarda m escolar.

lolly ['lɒlɪ] (pl -ies) n -1. [lollipop] pirulito m -2. UK [ice cream] picolé m.

London ['lʌndən] n Londres; **in ~** em Londres.

Londoner ['lʌndənə'] n londrino m, -na f.

lone [ləʊn] adj solitário(ria).

loneliness ['ləʊnlɪnɪs] n (U) solidão f.

lonely ['ləʊnlɪ] (compar -ier, superl -iest) adj -1. [gen] solitário(ria), só -2. [place] isolado(da).

loner ['ləʊnə'] n solitário m, -ria f.

lonesome ['ləʊnsəm] adj US inf -1. [person] solitário(ria), só -2. [place] isolado(da).

long [lɒŋ] ◇ adj -1. [in time] longo(ga); **two days ~** de dois dias de duração; **how ~ will it take?** quanto tempo vai demorar? -2. [in space] comprido(da), longo(ga); **10 metres ~** com 10 metros de comprimento; **it's five hundred pages ~** tem quinhentas páginas. ◇ adv [for a long time] por muito tempo; **how ~ have you been waiting?** há quanto tempo você está esperando?; **as OR so ~ as** desde que; **before ~** agora; **no ~ er** não mais; **I can't wait any ~ er** não posso mais esperar; **so ~!** inf até logo! ◇ vt : **to ~ to do sthg** ansiar por fazer algo.

➡ **as long as, so long as** conj [if] desde que; **as ~ as you're happy about it** desde que você esteja feliz com isso.

➡ **long for** vt fus ansiar por.

long-distance adj de longa distância.

long-distance call n chamada f de longa distância.

longhand ['lɒŋhænd] n (U) escrita f à mão.

long-haul adj de grande distância.

longing ['lɒŋɪŋ] ◇ adj ansioso(sa). ◇ n desejo m; **~ (for sthg)** ânsia f (por algo).

longitude ['lɒndʒɪtjuːd] n GEOGR (U) longitude f.

long jump n salto m em distância.

long-life adj longa-vida.

long-playing record [-'pleɪɪŋ-] n LP m.

long-range adj -1. [missile, bomber] de longo alcance -2. [plan, forecast] a longo prazo.

long shot n fig possibilidade f remota.

long-sighted adj MED presbita.

long-standing adj de longa data.

long-suffering adj sofrido(da).

long term n: **in the ~** a longo prazo.

long-winded adj cansativo(va).

loo [luː] (pl -s) n UK inf toalete m.

look [lʊk] ◇ n -1. [with eyes] olhada f; **to give sb a ~** dar uma olhada em alguém; **to have a ~ (for sthg)** dar uma olhada (procurando algo); **to take OR have a ~ (at sthg)** dar uma olhada (em algo) -2. [appearance] aparência f; **by the ~ (s) of things** pelo jeito. ◇ vi -1. [with eyes] olhar; **to ~ at sb/sthg** olhar alguém/algo -2. [search] procurar -3. [have stated appearance] parecer; **to ~ like** parecer como; **it ~s like rain** parece que vai chover; **to ~ as if you haven't slept** parece como se; **you ~ as if you haven't slept** parece que você não dormiu.

➡ **looks** npl [attractiveness] aparência f, beleza f.

➡ **look after** vt fus [take care of] cuidar de.

➡ **look at** vt fus -1. [examine] examinar -2. [analise] analisar -3. [regard, consider] olhar para.

➡ **look down on** vt fus [condescend to] desdenhar de, depreciar.

➡ **look for** vt fus procurar (por).

➡ **look forward to** vt fus aguardar (ansiosamente).

➡ **look into** vt fus [examine] analisar, examinar.

➡ **look on** vi [watch] observar.

➡ **look onto** vi [face] ter vista para, dar para.

➡ **look out** vi [take care] tomar cuidado; **~ out!** cuidado!

➡ **look out for** vt fus [try to spot] estar atento(ta) a.

➡ **look round** ◇ vt fus [visit] visitar. ◇ vi -1. [look at surroundings] percorrer com o olhar ao redor -2. [turn] virar-se.

➡ **look to** vt fus -1. [depend on] contar com -2. [think about] pensar em.

➡ **look up** ◇ vt sep -1. [in book] consultar -2. [visit] visitar. ◇ vi [improve] melhorar.

➡ **look up to** vt fus [admire] prezar, respeitar.

lookout ['lʊkaʊt] n -1. [place] posto m de observação, guarita f -2. [person] vigia mf -3. [search]: **to be on the ~ for sthg** estar à espreita de algo.

loom [luːm] vi -1. [rise up] erguer-se -2.

fig [be imminent] aproximar-se, ser iminente.
➤ **loom up** *vi* despontar sombria-
mente.

loony ['luːnɪ] (*compar* -ier, *superl* -iest,
pl -ies) *inf* ⟨⟩ *adj* lunático(ca). ⟨⟩ *n*
lunático *m*, -ca *f*.

loop [luːp] *n* -1. [shape] laço *m* -2. [con-
traceptive] DIU *m* -3. *COMPUT* loop *m*, laço
m.

loophole ['luːphəʊl] *n* furo *m* (*na lei*).

loose [luːs] *adj* -1. [not firmly fixed]
frouxo(xa) -2. [unattached, unpackaged -
sheets of paper] avulso(sa); [- sweets,
nails] solto(ta) -3. [not tight-fitting] folga-
do(da) -4. [free, not restrained] solto(ta)
-5. *pej* & *dated* [promiscuous] promís-
cuo(cua) -6. [inexact] impreciso(sa).

loose change *n* (*U*) trocado *m*.

loose end *n* ponta *f* solta; yet another ~ we can't explain outra incógnita
que a gente não consegue explicar; **to
be at a ~** *UK*, **to be at ~s** *US* estar
entediado(da), não ter o que fazer.

loosely ['luːslɪ] *adv* -1. [not firmly] sem
apertar -2. [inexactly] imprecisamen-
te.

loosen ['luːsn] *vt* [make less tight] afrouxar.
➤ **loosen up** *vi* -1. [before game, race]
aquecer-se -2. *inf* [relax] relaxar.

loot [luːt] ⟨⟩ *n* (*U*) saque *m*. ⟨⟩ *vt*
saquear.

looting ['luːtɪŋ] *n* (*U*) saque *m*.

lop [lɒp] (*pt* & *pp* -ped, *cont* -ping) *vt*
podar.
➤ **lop off** *vt sep* cortar.

lop-sided [-'saɪdɪd] *adj* [uneven] assi-
métrico(ca).

lord [lɔːd] *n* *UK* [man of noble rank] lorde
m.
➤ **Lord** *n* -1. *RELIG*: **the Lord** [God] o
Senhor; **good Lord!** *UK* Deus meu! -2.
[in titles] lorde *m* -3. [as form of address]:
my Lord [bishop] Reverendíssimo *m*;
[judge] Meritíssimo *m*, -ma *f*.
➤ **Lords** *npl* *UK* *POL*: **the (House of) Lords**
a Câmara dos Lordes.

Lordship ['lɔːdʃɪp] *n*: **your/his ~** Vos-
sa/Sua Senhoria.

lore [lɔːʳ] *n* (*U*) crença *f* popular.

lorry ['lɒrɪ] (*pl* -ies) *n* *UK* caminhão *m*.

lorry driver *n* *UK* motorista *mf* de
caminhão.

lose [luːz] (*pt* & *pp* lost) ⟨⟩ *vt* -1. [gen]
perder; **to ~ sight of sb/sthg** perder
alguém/algo de vista; **to ~ one's way**
[get lost] perder-se; **to ~ weight** emagrecer, perder peso; **you have nothing
to ~** *inf* você não tem nada a perder
-2. [subj: clock, watch]: **my watch ~s** 5
minutes a day meu relógio atrasa 5

minutos por dia -3. [elude, shake off]
escapar de. ⟨⟩ *vi* -1. [fail to win] perder
-2. [time] atrasar-se.
➤ **lose out** *vi* sair perdendo.

loser ['luːzəʳ] *n* [gen] perdedor *m*, -ra *f*.

loss [lɒs] *n* -1. [gen] perda *f* -2. [failure to
win] derrota *f* -3. *phr*: **to be at a ~ to explain sthg** não saber como explicar
algo.

lost [lɒst] ⟨⟩ *pt* & *pp* ▷ **lose**. ⟨⟩ *adj*
[gen] perdido(da); **to get ~** [lose way]
perder-se; **get ~!** *inf* te some!

lost-and-found office *n* *US* setor *m*
de achados e perdidos.

lost property office *n* *UK* setor *m* de
achados e perdidos.

lot [lɒt] *n* -1. [large amount]: **a ~ of**, **~s
of** muito(ta); **a ~ of people** muita
gente, muitas pessoas; **~s of problems**
muitos problemas; **he talks a ~** ele
fala muito -2. *inf* [group of things]: **I
bought two ~s of shares last week**
comprei dois lotes de ações na semana passada; **put this ~ in my office** *inf*
coloca tudo isso no meu escritório -3.
[destiny] destino *m*, sorte *f* -4. [at auc-
tion] lote *m* -5. [entire amount]: **the ~**
tudo -6. *US* [of land] lote *m*; [car park]
estacionamento *m* -7. *phr*: **to draw ~s**
tirar à sorte.
➤ **a lot** *adv* muito; **~ better** muito
melhor.

lotion ['ləʊʃn] *n* loção *f*.

lottery ['lɒtərɪ] (*pl* -ies) *n* loteria *f*.

LOTTO® ['lɒtəʊ] *n* loteria *f* nacional
(britânica), ≃ loto *f*.

loud [laʊd] ⟨⟩ *adj* -1. [person] baru-
lhento(ta) -2. [voice, music, TV] alto(ta)
-3. [bang] forte -4. [garish] espalhafato-
so(sa). ⟨⟩ *adv* alto.

loudhailer [ˌlaʊd'heɪləʳ] *n* *UK* megafone
m.

loudly ['laʊdlɪ] *adv* -1. [shout] alto -2.
[talk] em voz alta -3. [garishly] de forma
espalhafatosa.

loudspeaker [ˌlaʊd'spiːkəʳ] *n* alto-
falante *m*.

lough [lɒx] *Irish* lago *m*.

lounge [laʊndʒ] (*cont* loungeing) ⟨⟩ *n*
-1. [in house] sala *f* de estar -2. [in airport]
sala *f* de espera -3. *UK* [bar] = **lounge
bar**. ⟨⟩ *vi* recostar-se.

lounge bar *n* *UK* sala *f* mais confortável (*num bar*).

louse [laʊs] (*pl sense 1* lice, *pl sense 2* -s)
n -1. [insect] piolho *m* -2. *inf pej* [person]
canalha *mf*.

lousy ['laʊzɪ] (*compar* -ier, *superl* -iest)
adj *inf* [poor-quality] péssimo(ma); **his
performance was ~** a apresentação
dele foi uma porcaria.

lout [laʊt] *n* mal-educado *m*.

louvre UK, **louver** US ['lu:vǝ'] n: ~
door porta f de veneziana; ~ window
veneziana f.

lovable ['lʌvǝbl] adj amável, encanta-
dor(ra).

love [lʌv] <> n - 1. (U) [affection for per-
son] amor m; **give her my** ~ dá um
abraço nela por mim; ~ **from** [at end of
letter] um abraço, um beijo; **to be in** ~
estar apaixonado(da); **to fall in** ~
apaixonar-se; **to make** ~ fazer amor
- 2. [liking for sthg, for activity] paixão f - 3.
[beloved person, thing] amor m - 4. inf
[term of address] amor m - 5. (U) TENNIS:
30 ~ 30 a zero. <> vt - 1. [gen] amar
- 2. [like] adorar; **to** ~ **to do sthg** OR **doing
sthg** adorar fazer algo.

love affair n caso m (de amor).

love life n vida f amorosa.

lovely ['lʌvlɪ] (compar -ier, superl -iest)
adj - 1. [person, child - in looks] encanta-
dor(ra); [- in character] amável - 2. [view,
day, weather] adorável ; [dress, surprise,
holiday] maravilhoso(sa), adorável.

lover ['lʌvǝ'] n - 1. [sexual partner] amante
mf - 2. [enthusiast] amante mf, apaixonado m, -da f.

loving ['lʌvɪŋ] adj carinhoso(sa), afe-
tuoso(sa).

low [lǝʊ] <> adj - 1. [gen] baixo(xa) - 2.
[poor - intelligence] pouco(ca); [- opinion]
pobre; [- standard, quality, esteem] bai-
xo(xa); [- health] debilitado(da) - 3. [not
loud or high] baixo(xa) - 4. [light] fraco(ca)
- 5. [neckline] decotado(da) - 6. [de-
pressed] deprimido(da) - 7. [vulgar] bai-
xo(xa). <> adv - 1. [gen] baixo - 2.
[situated, built] embaixo. <> n - 1. [low
point] baixa f - 2. METEOR área f de baixa
pressão.

low-calorie adj de baixa caloria.

low-cut adj decotado(da).

lower ['lǝʊǝ'] adj inferior. <> vt - 1.
[gen] baixar - 2. [reduce] reduzir.

low-fat adj com baixo teor de gordura.

low-key adj discreto(ta).

lowly ['lǝʊlɪ] (compar -ier, superl -iest)
adj humilde.

low-lying adj [land] baixo(xa).

loyal ['lɔɪǝl] adj leal, fiel.

loyalty ['lɔɪǝltɪ] (pl -ies) n lealdade f,
fidelidade f.

loyalty card n cartão f de fidelização.

lozenge ['lɒzɪndʒ] n - 1. [tablet] pastilha
f - 2. [shape] losango m.

LP (abbr of **long-playing record**) n LP m.

L-plate n UK ≃ auto-escola f (indicação no veículo), placa que contém a
letra L em vermelho fixada no veículo conduzido por pessoa que está
aprendendo a dirigir.

Ltd, ltd (abbr of **limited**) Ltda.

lubricant ['lu:brɪkǝnt] n lubrificante m.

lubricate ['lu:brɪkeɪt] vt lubrificar.

lucid ['lu:sɪd] adj - 1. [easily understood]
nítido(da) - 2. [clear-headed] lúcido(da).

luck [lʌk] n (U) sorte f; **good** ~! boa
sorte!; **bad** ~ [misfortune] azar m; **bad**
~! [said to commiserate] que azar!; **hard**
~! azar!; **to be in** ~ estar com sorte;
with (any) ~ com (um pouco de) sorte.

luckily ['lʌkɪlɪ] adv afortunadamente.

lucky ['lʌkɪ] (compar -ier, superl -iest)
adj - 1. [fortunate - person] sortudo(da),
com sorte; [- event] feliz - 2. [bringing
good luck] da sorte.

lucrative ['lu:krǝtɪv] adj lucrativo(va).

ludicrous ['lu:dɪkrǝs] adj - 1. [appearance,
situation] ridículo(la) - 2. [decision, sug-
gestion] absurdo(da).

lug [lʌg] (pt & pp -ged, cont -ging) vt inf
arrastar, tirar com dificuldade.

luggage ['lʌgɪdʒ] n (U) UK bagagem f.

luggage rack n UK porta-bagagem m.

lukewarm ['lu:kwɔ:m] adj - 1. [tepid]
morno(na) - 2. [unenthusiastic] desani-
mado(da), indiferente.

lull [lʌl] <> n - 1. [in activity] pausa f - 2.
[in fighting] trégua f. <> vt - 1. [make slee-
py]: **to** ~ **sb to sleep** ninar alguém
para dormir - 2. [reassure]: **to** ~ **sb into
a false sense of security** passar a
alguém uma falsa sensação de segurança.

lullaby ['lʌlǝbaɪ] (pl -ies) n cantiga f de
ninar.

lumber ['lʌmbǝ'] n - 1. US [timber] madeira f serrada, tábua f - 2. UK [bric-a-
brac] trastes mpl.
➤ **lumber with** vt sep UK inf [encumber]
encarregar.

lumberjack ['lʌmbǝdʒæk] n lenhador
m, -ra f.

luminous ['lu:mɪnǝs] adj luminoso(sa).

lump [lʌmp] <> n - 1. [piece - of coal]
pedaço m; [- earth, sugar] torrão m; [-
in sauce, soup] caroço m - 2. MED [on body]
tumor m. <> vt: **to** ~ **sthg together**
agrupar algo; **you'll just have to** ~ **it** inf
você vai ter de engolir isso!

lump sum n soma f global.

lunacy ['lu:nǝsɪ] n (U) loucura f.

lunar ['lu:nǝ'] adj lunar.

lunatic ['lu:nǝtɪk] <> adj pej lunático(-
ca). <> n - 1. pej [fool] idiota mf - 2. [in-
sane person] lunático m, -ca f.

lunch [lʌntʃ] <> n almoço m; **to have**
~ almoçar. <> vi almoçar.

luncheon ['lʌntʃǝn] n fml almoço m.

luncheon meat n (U) fiambre m.

luncheon voucher n UK tíquete-refei-
ção m.

lunch hour n hora f do almoço.

lunchtime ['lʌntʃtaɪm] n hora f do almoço.

lung [lʌŋ] n pulmão m.

lunge [lʌndʒ] vi arremessar-se; **to ~ at** sb investir contra alguém.

lurch [lɜːtʃ] <> n [movement] cambaleio m, solavanco m; **to leave sb in the ~** deixar alguém na mão. <> vi [in movement] cambalear, balançar.

lure [ljʊəʳ] <> n [attraction] fascínio m. <> vt [tempt] fascinar.

lurid ['ljʊərɪd] adj **-1.** [brightly coloured] sensacional **-2.** [shockingly unpleasant] chocante.

lurk [lɜːk] vi espreitar.

luscious ['lʌʃəs] adj **-1.** [fruit] suculento(ta) **-2.** [colour] vistoso(sa).

lush [lʌʃ] adj **-1.** [healthy, thick] viçoso(sa) **-2.** inf [sumptuous] luxuoso(sa).

lust [lʌst] n **-1.** (U) [sexual desire] luxúria f **-2.** [greed]: **~ for sthg** cobiça f por algo.

➤ **lust after, lust for** vt fus **-1.** [money, power] cobiçar **-2.** [person] desejar.

lusty ['lʌstɪ] (compar **-ier**, superl **-iest**) adj vigoroso(sa), forte.

Luxembourg ['lʌksəm,bɜːg] n Luxemburgo.

luxurious [lʌg'ʒʊərɪəs] adj **-1.** [expensive] luxuoso(sa) **-2.** [voluptuous] esplêndido(da).

luxury ['lʌkʃərɪ] (pl **-ies**) <> n luxo m. <> comp de luxo.

LW (abbr of **long wave**) n onda f longa.

Lycra® ['laɪkrə] <> n (U) lycra® f. <> comp de lycra.

lying ['laɪɪŋ] <> adj [dishonest] mentiroso(sa), falso(sa). <> n [dishonesty] mentiras fpl.

lynch [lɪntʃ] vt linchar.

lyric ['lɪrɪk] adj lírico(ca).

➤ **lyrics** npl letra f (de música).

lyrical ['lɪrɪkl] adj **-1.** [poetic] lírico(ca) **-2.** [enthusiastic] entusiasmado(da).

M

m¹ (pl **m's** OR **ms**), **M** (pl **M's** OR **Ms**) [em] n [letter] m, M m.

➤ **M -1.** UK (abbr of **motorway**) rodovia f.

m² -1. (abbr of **metre**) m **-2.** (abbr of **million**) milhão m. **-3.** abbr of **mile**.

MA n (abbr of **Master of Arts**) (titular de) diploma de mestre em ciências humanas.

mac [mæk] (abbr of **mackintosh**) n UK inf [coat] capa f de chuva.

macaroni [,mækə'rəʊnɪ] n (U) macarrão m.

mace [meɪs] n **-1.** [ornamental rod] maça f **-2.** (U) [spice] macis m inv.

machine [mə'ʃiːn] <> n máquina f. <> vt **-1.** SEWING costurar à maquina **-2.** TECH usinar.

machinegun [mə'ʃiːngʌn] (pt & pp -ned, cont -ning) n metralhadora f.

machine language n COMPUT linguagem f de máquina.

machinery [mə'ʃiːnərɪ] n (U) **-1.** [machines] maquinário m **-2.** fig [system] mecanismo m.

macho ['mætʃəʊ] adj inf machista.

mackerel ['mækrəl] (pl inv OR **-s**) n cavala f.

mackintosh ['mækɪntɒʃ] n UK capa f de chuva.

mad [mæd] (compar **-der**, superl **-dest**) adj **-1.** [insane] louco(ca); **to go ~** enlouquecer **-2.** pej [foolish] maluco(ca) **-3.** [furious] doido(da); **to go ~ at sb** ficar louco(ca) com alguém **-4.** [hectic] exasperado(da) **-5.** [very enthusiastic]: **to be ~ about sb/sthg** ser louco(ca) por alguém/algo.

Madagascar [,mædə'gæskəʳ] n Madagascar.

madam ['mædəm] n fml [form of address] senhora f.

madcap ['mædkæp] adj doido(da).

madden ['mædn] vt enfurecer, exasperar.

made [meɪd] pt & pp ➪ **make**.

-made [meɪd] suffix: **French ~** feito(ta) na França.

Madeira [mə'dɪərə] n **-1.** (U) [wine] madeira m **-2.** GEOGR Ilha f da Madeira.

made-to-measure adj feito(ta) sob medida.

made-up adj **-1.** [with make-up] maquiado(da) **-2.** [invented] falso(sa), esfarrapado(da).

madly ['mædlɪ] adv [frantically] alucinadamente; **~ in love** loucamente apaixonado(da).

madman ['mædmən] (pl **-men** [-mən]) n louco m.

madness ['mædnɪs] n (U) loucura f.

Madrid [mə'drɪd] n Madri; **in ~** em Madrid.

Mafia ['mæfɪə] n: **the ~** a Máfia.

magazine [,mægə'ziːn] n **-1.** [periodical] revista f **-2.** [news programme] programa m de variedades **-3.** [on a gun] câmara f.

maggot ['mægət] n larva f.

magic ['mædʒɪk] ⋄ *adj* -1. [gen] mágico(ca) -2. [referring to conjuring] de mágica. ⋄ *n (U)* -1. [gen] magia *f* -2. [conjuring] mágica *f*.

magical ['mædʒɪkl] *adj* [using sorcery] mágico(ca).

magician [mə'dʒɪʃn] *n* -1. [conjurer] mágico *m*, -ca *f* -2. [wizard] mago *m*, -ga *f*.

magistrate ['mædʒɪstreɪt] *n* magistrado *m*, -da *f*.

magistrates' court *n* UK tribunal *m*.

magnanimous [mæg'nænɪməs] *adj* magnânimo(ma).

magnate ['mægneɪt] *n* magnata *mf*.

magnesium [mæg'ni:zɪəm] *n (U)* magnésio *m*.

magnet ['mægnɪt] *n* -1. PHYSICS ímã *m* -2. *fig* [attraction] atrativo *m*.

magnetic [mæg'netɪk] *adj* -1. PHYSICS magnético(ca) -2. *fig* [personality] atraente, carismático(ca).

magnetic tape *n (U)* fita *f* magnética.

magnificent [mæg'nɪfɪsənt] *adj* -1. [clothes, splendour, building] grandioso(sa) -2. [idea, book, game] magnífico(ca), brilhante.

magnify ['mægnɪfaɪ] (*pt & pp* -ied) *vt* -1. [TECH - image] ampliar; [- sound] amplificar -2. *fig* [exaggerate] exagerar.

magnifying glass ['mægnɪfaɪɪŋ-] *n* lupa *f*, lente *f* de aumento.

magnitude ['mægnɪtju:d] *n* magnitude *f*.

magpie ['mægpaɪ] *n* pega *f (ave)*.

maid [meɪd] *n* [servant] empregada *f* doméstica.

maiden ['meɪdn] ⋄ *adj* [voyage, speech] de estréia, inaugural. ⋄ *n literary* [young girl] donzela *f*.

maiden aunt *n* tia *f* solteirona.

maiden name *n* nome *m* de solteira.

mail [meɪl] ⋄ *n* -1. [letters, parcels] correio *m*; by ~ pelo correio -2. [system] correios *mpl*. ⋄ *vt* -1. [send] mandar pelo correio -2. [put in mail box] postar.

mailbox ['meɪlbɒks] *n* -1. US [for letters] caixa *f* de correio -2. COMPUT caixa *f* de entrada.

mailing list ['meɪlɪŋ-] *n* lista *f* de endereços.

mailman ['meɪlmən] (*pl* -men [-mən]) *n* US carteiro *m*.

mail order *n (U)* pedido *m* por reembolso postal.

mailshot ['meɪlʃɒt] *n* mala-direta *f*.

maim [meɪm] *vt* mutilar.

main [meɪn] ⋄ *adj* principal. ⋄ *n* [pipe] tubulação *f*.
▸ **mains** *npl*: the ~s [gas, water] as tubulações; [electric] a rede elétrica.
▸ **in the main** *adv* em geral.

main course *n* prato *m* principal.

mainframe (computer) ['meɪnfreɪm-] *n* computador *m* mainframe.

mainland ['meɪnlənd] ⋄ *adj* continental. ⋄ *n*: the ~ o continente.

mainly ['meɪnlɪ] *adv* principalmente.

main road *n* rodovia *f* principal.

mainstay ['meɪnsteɪ] *n* meio *m* de subsistência.

mainstream ['meɪnstri:m] ⋄ *adj* predominante. ⋄ *n*: the ~ a tendência geral.

maintain [meɪn'teɪn] *vt* -1. [gen] manter -2. [support, provide for] sustentar, manter -3. [look after] manter em bom estado -4. [assert]: to ~ (that) sustentar que.

maintenance ['meɪntənəns] *n (U)* -1. [gen] manutenção *f* -2. [money] pensão *f*.

maize [meɪz] *n (U)* milho *m*.

majestic [mə'dʒestɪk] *adj* majestoso(sa).

majesty ['mædʒəstɪ] (*pl* -ies) *n* [grandeur] majestade *f*.
▸ **Majesty** *n*: His OR Her/Your Majesty Sua/Vossa Majestade.

major ['meɪdʒə'] ⋄ *adj* -1. [gen] principal -2. MUS maior. ⋄ *n* [MIL - in army] major *m*; [- in air force] major-aviador *m*.

Majorca [mə'jɔ:kə, mə'dʒɔ:kə] *n* Maiorca.

majority [mə'dʒɒrətɪ] (*pl* -ies) *n* maioria *f*; in a OR the ~ na maioria; age of ~ maioridade *f*.

make [meɪk] (*pt & pp* made) *vt* -1. [produce, manufacture] fazer; to be made of ser feito de; to ~ lunch/dinner fazer o almoço/jantar; made in Japan fabricado no Japão. -2. [perform, do] fazer; to ~ a mistake cometer um erro, enganar-se; to ~ a phone call dar um telefonema. -3. [cause to be] tornar -4. [cause to do, force] fazer; to ~ sb do sthg obrigar alguém a fazer algo; it made her laugh isso a fez rir. -5. [amount to, total] ser; that ~s $5 são 5 dólares. -6. [calculate] I ~ it seven o'clock calculo que sejam sete horas; I ~ it $4 segundo os meus cálculos são 4 dólares. -7. [profit, loss] ter. -8. *inf* [arrive in time for]: we didn't ~ the 10 o'clock train não conseguimos apanhar o trem das 10. -9. [friend, enemy] fazer. -10. [have qualities for] dar; this would ~ a lovely bedroom isto dava um lindo quarto. -11. [bed] fazer. -12. [in phrases]: to ~ do contentar-se; [manage] to ~ it [arrive on time] conseguir chegar a tempo; [be able to go] poder ir; [survive a crisis] recuperar-se.

◇ *n* [of product] marca *f*.

◆ **make out** *vt sep* [check, receipt] passar; [form] preencher; [see] distinguir; [hear] perceber, entender.

◆ **make up** *vt sep* [invent] inventar; [comprise] constituir; [difference, extra] cobrir.

◆ **make up for** *vt fus* compensar.

make-believe *n (U)* faz-de-conta *m*.

makeover ['meɪkəʊvəʳ] *n* -**1**. [for person] tratamento *m* -**2**. [for company] aperfeiçoamento *m*.

maker ['meɪkəʳ] *n* -**1**. [of film] produtor *m*, -ra *f* -**2**. [of product] fabricante *mf*.

makeshift ['meɪkʃɪft] *adj* -**1**. [temporary] provisório(ria) -**2**. [improvised] improvisado(da).

make-up *n (U)* -**1**. [cosmetics] maquiagem *f*; ~ **remover** removedor *m* de maquiagem -**2**. [person's character] caráter *m* -**3**. [composition] composição *f*.

making ['meɪkɪŋ] *n* [of cake] fabricação *f*; [of film] produção *f*; **in the** ~ em desenvolvimento; **this is history in the** ~ isto passará para a história; **your problems are of your own** ~ teus problemas são todos coisas da tua cabeça; **you have the** ~**s of a diplomat** você tem tudo para ser um diplomata.

malaise [mə'leɪz] *n (U) fml* [unease] mal-estar *m*.

malaria [mə'leərɪə] *n (U)* malária *f*.

Malaya [mə'leɪə] *n* Malásia.

Malaysia [mə'leɪzɪə] *n* Malásia.

male [meɪl] ◇ *adj* -**1**. [animal] macho; ~ **kangaroo** canguru *m* macho -**2**. [human] masculino(na) -**3**. [concerning men] do homem, masculino(na). ◇ *n* -**1**. [animal] macho *m* -**2**. [human] homem *m*.

male nurse *n* enfermeiro *m*.

malevolent [mə'levələnt] *adj* malévolo(la).

malfunction [mæl'fʌŋkʃn] ◇ *n* mau funcionamento *m*. ◇ *vi* funcionar mal.

malice ['mælɪs] *n (U)* malícia *f*.

malicious [mə'lɪʃəs] *adj* malicioso(sa).

malign [mə'laɪn] ◇ *adj* maligno(na). ◇ *vt* difamar, falar mal de.

malignant [mə'lɪgnənt] *adj MED* maligno(na).

mall [mɔːl] *n esp US*: (shopping) ~ shopping *m* (center).

mallet ['mælɪt] *n* [hammer] marreta *f*.

malnutrition [ˌmælnjuː'trɪʃn] *n (U)* subnutrição *f*.

malpractice [ˌmæl'præktɪs] *n (U) JUR* falta *f* profissional.

malt [mɔːlt] *n (U)* [grain] malte *m*.

Malta ['mɔːltə] *n* Malta.

mammal ['mæml] *n* mamífero *m*.

mammoth ['mæməθ] ◇ *adj* gigantes-

co(ca), descomunal. ◇ *n* mamute *m*.

man [mæn] (*pl* **men**, *pt* & *pp* -**ned**, *cont* -**ning**) ◇ *n* -**1**. [gen] homem *m*; **the** ~ **in the street** o homem comum -**2**. [as form of address] cara *m*. ◇ *vt* -**1**. [ship, plane] tripular -**2**. [machine, switchboard, telephone] manejar.

manage ['mænɪdʒ] ◇ *vi* -**1**. [cope] arranjar-se -**2**. [financially] virar-se. ◇ *vt* -**1**. [be responsible for, control - organization, business] dirigir, gerenciar; [- money] administrar; [- another person] representar; [- time] organizar -**2**. [succeed]: **to** ~ **to do sthg** conseguir fazer algo -**3**. [be available for]: **I can only** ~ **an hour tonight** eu só disponho de uma hora esta noite.

manageable ['mænɪdʒəbl] *adj* -**1**. [hair, inflation] controlável -**2**. [children] dominável -**3**. [task, operation] viável.

management ['mænɪdʒmənt] *n* -**1**. *(U)* [control, running] administração *f*, gestão *f* -**2**. [people in control] gerência *f*, direção *f*.

manager ['mænɪdʒəʳ] *n* -**1**. [of organization] gerente *mf*, diretor *m*, -ra *f* -**2**. [of popstar] empresário *m*, -ria *f* -**3**. *SPORT* técnico *m*, -ca *f*.

manageress [ˌmænɪdʒə'res] *n UK* gerente *f*.

managerial [ˌmænɪ'dʒɪərɪəl] *adj* gerencial.

managing director ['mænɪdʒɪŋ-] *n* diretor-gerente *m*, diretora-gerente *f*.

mandarin ['mændərɪn] *n* [fruit] tangerina *f*.

mandate ['mændeɪt] *n* -**1**. [elected right or authority] mandato *m* -**2**. [task] incumbência *f*, missão *f*.

mandatory ['mændətrɪ] *adj* obrigatório(ria).

mane [meɪn] *n* -**1**. [of horse] crina *f* -**2**. [of lion] juba *f*.

maneuver *US* = manoeuvre.

manfully ['mænfʊlɪ] *adv* valentemente.

mangle ['mæŋgl] ◇ *n* [for washing] calandra *f*. ◇ *vt* [body, car] destroçar.

mango ['mæŋgəʊ] (*pl* -es *OR* -s) *n* manga *f*.

mangy ['meɪndʒɪ] (*compar* -**ier**, *superl* -**iest**) *adj* sarnento(ta).

manhandle ['mænˌhændl] *vt* maltratar.

manhole ['mænhəʊl] *n* poço *m* de inspeção, boca-de-lobo *m*.

manhood ['mænhʊd] *n (U)* -**1**. [age] idade *f* adulta -**2**. [virility] virilidade *f*.

man-hour *n* hora-homem *f*.

mania ['meɪnjə] *n* -**1**. *(U) PSYCH* mania *f* -**2**. [excessive liking]: ~ **(for sthg)** gosto *m* excessivo (por algo).

maniac ['meɪnɪæk] *n* -**1**. [madman] maníaco m, -ca f - 2. [fanatic] fanático m, -ca f.

manic ['mænɪk] adj - 1. [overexcited] doido(da) - 2. PSYCH maníaco(ca).

manicure ['mænɪ,kjʊəʳ] n [individual treatment]: **to give sb a** ~ fazer as unhas de alguém.

manifest ['mænɪfest] fml ⟨⟩ adj manifesto(ta). ⟨⟩ vt manifestar.

manifesto [,mænɪ'festəʊ] (pl -s OR -es) n manifesto m.

manipulate [mə'nɪpjʊleɪt] vt - 1. [control for personal benefit] manipular - 2. [operate - machine, controls] operar; [- lever] acionar.

manipulative [mə'nɪpjʊlətɪv] adj manipulador(ra).

mankind [mæn'kaɪnd] n (U) humanidade f.

manly ['mænlɪ] (compar -ier, superl -iest) adj másculo(la), viril.

man-made adj - 1. [problem, disaster] produzido(da) pelo homem - 2. [fibre, environment] artificial.

manner ['mænəʳ] n - 1. [method] maneira f, forma f - 2. [bearing, attitude] jeito m, comportamento m.

◆ **manners** npl maneiras fpl; **to be good/bad** ~**s to do sthg** ser de boa/má educação fazer algo.

mannerism ['mænərɪzm] n trejeito m.

mannish ['mænɪʃ] adj [woman] masculino(na).

manoeuvre UK, **maneuver** US [mə'nu:vəʳ] ⟨⟩ n - 1. [movement] manobra f - 2. fig [clever move] manobra f. ⟨⟩ vt [control physically] manobrar, manejar. ⟨⟩ vi [move physically] manobrar.

manor ['mænəʳ] n [house] solar m.

manpower ['mæn,paʊəʳ] n (U) mão-de-obra f.

mansion ['mænʃn] n mansão f.

manslaughter ['mæn,slɔ:təʳ] n (U) homicídio m involuntário.

mantelpiece ['mæntlpi:s] n consolo m de lareira.

manual ['mænjʊəl] ⟨⟩ adj manual. ⟨⟩ n [handbook] manual m.

manual worker n operário m, -ria f.

manufacture [,mænjʊ'fæktʃəʳ] ⟨⟩ n (U) manufatura f, fabricação f. ⟨⟩ vt [make] manufaturar, fabricar.

manufacturer [,mænjʊ'fæktʃərəʳ] n fabricante mf.

manure [mə'njʊəʳ] n (U) esterco m.

manuscript ['mænjʊskrɪpt] n manuscrito m.

many ['menɪ] (compar **more**, superl **most**) ⟨⟩ adj [a lot of, plenty of] muitos(tas); ~ **people** muitas pessoas, muita gente; **how** ~...? quantos(tas) ...?; **too** ~ ... demais; **there are too** ~

books for me to read há livros demais para eu ler; **as** ~ ... **as** tantos ... quantos, tantas ... quantas; **bring as** ~ **cups as you can** traga tantas xícaras quantas você puder; **so** ~ ... tantos(tas) ...; **a good** OR **great** ~ ... muitíssimos(mas) ..., um grande número de ... ⟨⟩ pron [a lot, plenty] muitos(tas); **how** ~? quantos(tas)?; **too** ~ muitos(tas); **as** ~ **as** tantos(tas) quanto; **so** ~ tantos(tas).

map [mæp] (pt & pp **-ped**, cont **-ping**) ⟨⟩ n mapa m; **to put sb/sthg on the** ~ colocar alguém/algo no mapa. ⟨⟩ vt - 1. [chart] fazer o mapa de - 2. COMPUT associar.

◆ **map out** vt sep planejar, planificar.

maple ['meɪpl] n bordo m.

marathon ['mærəθn] ⟨⟩ adj exaustivo(va). ⟨⟩ n maratona f.

marauder [mə'rɔ:dəʳ] n gatuno m, -na f, saqueador m, -ra f.

marble ['mɑ:bl] n - 1. (U) [stone] mármore m - 2. [for game] bolita f de gude.

march [mɑ:tʃ] ⟨⟩ n - 1. [gen] marcha f - 2. [steady progress] avanço m. ⟨⟩ vi - 1. [gen] marchar - 2. [approach] avançar.

March [mɑ:tʃ] n março; see also **September**.

marcher ['mɑ:tʃəʳ] n [protester] manifestante mf.

mare [meəʳ] n égua f.

margarine [,mɑ:dʒə'ri:n, ,mɑ:gə'ri:n] n (U) margarina f.

marge [mɑ:dʒ] n (U) inf margarina f.

margin ['mɑ:dʒɪn] n - 1. [gen] margem f - 2. [of desert, forest] limite m.

marginal [mɑ:dʒɪnl] adj - 1. [unimportant] secundário(ria) - 2. UK POL: ~ **seat** OR **constituency** cadeira f ganha por uma pequena maioria de votos.

marginally ['mɑ:dʒɪnəlɪ] adv ligeiramente.

marigold ['mærɪgəʊld] n calêndula f.

marihuana, marijuana [,mærɪ'wɑ:nə] n (U) maconha f.

marine [mə'ri:n] ⟨⟩ adj - 1. [underwater] marinho(nha) - 2. [seafaring] marítimo(ma). ⟨⟩ n MIL fuzileiro m naval.

marital ['mærɪtl] adj conjugal.

marital status n estado m civil.

maritime ['mærɪtaɪm] adj marítimo(ma).

mark [mɑ:k] ⟨⟩ n - 1. [stain] mancha f; [scratch] marca f - 2. [in exam] nota f - 3. [stage, level]: **the halfway** ~ o meio caminho; **beyond the billion** ~ acima de um bilhão - 4. [sign, indication] sinal f - 5. [currency] marco m - 6. CULIN nível m de temperatura. ⟨⟩ vt - 1. [gen] marcar - 2. [exam, essay] corrigir - 3. [commemorate] comemorar, celebrar - **4.** [stain] manchar.

➡ **mark off** vt sep [cross off] assinalar.

marked ['ma:kt] adj [noticeable] notável.

marker ['ma:kə'] n [sign] indicador m.

marker pen n caneta f marcadora.

market ['ma:kɪt] <> n [gen] mercado m. <> vt comercializar, vender.

market garden n esp UK horta f.

marketing ['ma:kɪtɪŋ] n (U) COMM marketing m.

marketplace ['ma:kɪtpleɪs] n mercado m.

market research n (U) pesquisa f de mercado.

market value n COMM valor m de mercado.

marking ['ma:kɪŋ] n (U) SCH & UNIV correção f.

➡ **markings** npl - **1.** [of flower] manchas fpl - **2.** [of animal] pintas fpl - **3.** [of road] sinais mpl.

marksman ['ma:ksmən] (pl -men [-mən]) n atirador m.

marmalade ['ma:məleɪd] n (U) geléia f.

maroon [mə'ru:n] adj de cor castanho--avermelhado.

marooned [mə'ru:nd] adj abandonado(da).

marquee [ma:'ki:] n toldo m.

marriage ['mærɪdʒ] n casamento m.

marriage bureau n UK agência f matrimonial.

marriage certificate n certidão m de casamento.

marriage guidance n (U) orientação f para casais.

married ['mærɪd] adj - **1.** [having a spouse] casado(da) - **2.** [of marriage] de casado.

marrow ['mærəʊ] n - **1.** UK [vegetable] abóbora f - **2.** (U) [in bones] medula f.

marry ['mærɪ] (pt & pp -ied) <> vt casar; will you ~ me? quer se casar comigo? <> vi [get married] casar-se.

Mars [ma:z] n [planet] Marte.

marsh [ma:ʃ] n pântano m.

marshal ['ma:ʃl] (UK pt & pp -led, cont - ling, US pt & pp -ed, cont -ing) <> n - **1.** MIL marechal m - **2.** [assistant] oficial m - **3.** US [law officer] oficial mf de justiça. <> vt - **1.** [people] dirigir, conduzir - **2.** [support, thoughts] ordenar, organizar.

martial arts [,ma:ʃl-] npl artes fpl marciais.

martial law [,ma:ʃl-] n (U) lei f marcial.

martyr ['ma:tə'] n mártir mf.

martyrdom ['ma:tədəm] n (U) martírio m.

marvel ['ma:vl] (UK pt & pp -led, cont - ling, US pt & pp -ed, cont -ing) <> n - **1.** [gen] maravilha f - **2.** [surprise, miracle] milagre m. <> vi: to ~ (at sthg)

maravilhar-se (com algo).

marvellous UK, **marvelous** US ['ma:vələs] adj maravilhoso(sa).

Marxism ['ma:ksɪzm] n (U) marxismo m.

Marxist ['ma:ksɪst] <> adj marxista. <> n marxista mf.

marzipan ['ma:zɪpæn] n (U) maçapão m.

mascara [mæs'ka:rə] n (U) rímel m.

masculine ['mæskjʊlɪn] adj masculino(-na).

mash [mæʃ] vt triturar, amassar.

mashed potatoes [mæʃt-] npl purê m de batatas.

mask [ma:sk] <> n - **1.** [covering face] máscara f - **2.** fig [dissimulation] máscara f. <> vt - **1.** [cover] mascarar - **2.** [conceal] disfarçar.

masochist ['mæsəkɪst] n masoquista mf.

mason ['meɪsn] n - **1.** [stonemason] pedreiro m, -ra f - **2.** [Freemason] maçom m.

masonry ['meɪsnrɪ] n (U) [stones] alvenaria f.

masquerade [,mæskə'reɪd] vi: to ~ as fazer-se passar por.

mass [mæs] <> n [large amount] grande quantidade f. <> adj em massa. <> vi concentrar-se.

➡ **Mass** n RELIG missa f.

➡ **masses** npl - **1.** inf [lots, plenty] montes mpl; ~ es of sthg montes de algo - **2.** [ordinary people]: the ~ es as massas.

massacre ['mæsəkə'] <> n massacre m. <> vt massacrar.

massage [UK 'mæsa:ʒ, US mə'sa:ʒ] <> n massagem f. <> vt massagear.

massive ['mæsɪv] adj [in size, amount] enorme; ~ majority maioria em massa.

mass media n or npl: the ~ os meios de comunicação de massas.

mass production n (U) produção f em série.

mast [ma:st] n - **1.** [on boat] mastro m - **2.** RADIO & TV antena f.

master ['ma:stə'] <> n - **1.** [person in charge] senhor m; a ~ and his servants um amo e seus servos - **2.** fig [of subject, situation] dono m - **3.** UK [teacher] mestre m - **4.** [of ship] capitão m - **5.** [original copy] original m. <> adj - **1.** [in trade] mestre - **2.** [original] original. <> vt - **1.** [gain control of] dominar, controlar - **2.** [perfect] dominar.

master key n chave-mestra f.

masterly ['ma:stəlɪ] adj magistral.

mastermind ['ma:stəmaɪnd] <> n cabeça mf; he is the ~ behind the plan ele é o cabeça do plano. <> vt ser o cabeça de.

Master of Arts (*pl* **Masters of Arts**) *n*
-**1.** [degree] mestrado *m* em ciências
humanas, *diploma de mestre em
ciências humanas* -**2.** [person] mestre
mf em ciências humanas, *titular de
diploma de mestre em ciências humanas*.

Master of Science (*pl* **Masters of
Science**) *n* -**1.** [degree] mestrado *m* em
ciências exatas, *diploma de mestre
em ciências exatas* -**2.** [person] mestre
mf em ciências exatas, *titular de
diploma de mestre em ciências exatas*.

masterpiece ['mɑːstəpiːs] *n* obra-
prima *f*.

master's degree *n* mestrado *m*.

mastery ['mɑːstərɪ] *n* (*U*) domínio *m*.

mat [mæt] *n* -**1.** [on floor] tapete *m*; **door**
~ capacho *m* -**2.** [on table]: **beer** ~
porta-copos *m inv*; **table** ~ jogo *m*
americano.

match [mætʃ] ⬦ *n* -**1.** [game] partida *f*
-**2.** [for lighting] fósforo *m* -**3.** [equal]: **to
be no** ~ **for sb** não ser páreo para
alguém. ⬦ *vt* -**1.** [be the same as]
coincidir com -**2.** [coordinate with] combinar com -**3.** [equal] equiparar-se a.
⬦ *vi* [be the same] combinar.

matchbox ['mætʃbɒks] *n* caixa *f* de
fósforos.

matching ['mætʃɪŋ] *adj* que combina
bem.

mate [meɪt] ⬦ *n* -**1.** *inf* [friend] amigo
m, -ga *f*, companheiro *m*, -ra *f* -**2.** *UK
inf* [form of address] colega *mf* -**3.** [of ani-
mal] parceiro *m*, -ra *f* -**4.** *NAUT*: **(first)** ~
contramestre *m*. ⬦ *vi* [animals] acasalar-se; **to** ~ **with** acasalar-se com.

material [mə'tɪərɪəl] ⬦ *adj* -**1.** material -**2.** [important] substancial. ⬦ *n*
material *m*.
➤ **materials** *npl* materiais *mpl*.

materialistic [mə,tɪərɪə'lɪstɪk] *adj* materialista.

materialize, -ise [mə'tɪərɪəlaɪz] *vi* -**1.**
[happen] concretizar-se -**2.** [appear] ma-
terializar-se.

maternal [mə'tɜːnl] *adj* maternal.

maternity [mə'tɜːnətɪ] *n* (*U*) maternidade *f*.

maternity dress *n* vestido *m* de gestante.

maternity hospital *n* maternidade *f*
(*no hospital*).

maternity leave *n* licença-maternidade *f*.

maternity ward *n* maternidade *f*.

math *n US* = maths.

mathematical [,mæθə'mætɪkl] *adj* ma-
temático(ca).

mathematics [,mæθə'mætɪks] *n* (*U*)

[subject] matemática *f*.

maths [mæθs], **math** *US* [mæθ] (*abbr
of* **mathematics**) *inf n* (*U*) [subject] matemática *f*.

matinée ['mætɪneɪ] *n* matinê *f*.

mating season ['meɪtɪŋ-] *n* época *f* de
acasalamento.

matrices ['meɪtrɪsiːz] *pl* ⊳ **matrix**.

matriculation [mə,trɪkjʊ'leɪʃn] *n* (*U*)
UNIV matrícula *f*.

matrimonial [,mætrɪ'məʊnjəl] *adj* matrimonial.

matrimony ['mætrɪmənɪ] *n* (*U*) matrimônio *m*.

matrix ['meɪtrɪks] (*pl* **matrices** *OR* **-es**) *n*
-**1.** [gen] matriz *f* -**2.** *TECH* molde *m* para
fundição.

matron ['meɪtrən] *n* -**1.** *UK* [in hospital]
enfermeira-chefe *f* -**2.** [in school] enfermeira *f*.

matronly ['meɪtrənlɪ] *adj euph* matro-
nal.

matt *UK*, **matte** *US* [mæt] *adj* fosco(ca).

matted ['mætɪd] *adj* embaraçado(da).

matter ['mætər] ⬦ *n* -**1.** [question, si-
tuation] questão *f*, assunto *m*; **that's
another** *OR* **a different** ~ isso é outra
questão/coisa; **a** ~ **of opinion** uma
questão de opinião; **to make** ~**s worse**
piorar as coisas; **and to make** ~**s worse**,
... e para piorar (ainda mais) as
coisas, ...; **as a** ~ **of course** como algo
natural -**2.** [trouble, cause of pain] problema *m*; **what's the** ~? qual é o
problema?, o que (é que) houve?;
what's the ~ **with it/her?** qual é o
problema com isso/ela? -**3.** (*U*) *PHYSICS*
matéria *f* -**4.** (*U*) [material] material *m*;
vegetable ~ matéria vegetal. ⬦ *vi* [be
important] importar; **it doesn't** ~ não
importa; **it doesn't** ~ **what you decide**
não interessa o que você decidir.
➤ **as a matter of fact** *adv* aliás, na
verdade.
➤ **for that matter** *adv* quanto a isso.
➤ **no matter** *adv*: **no** ~ **how hard I try**
... não importa quanto eu tente ...; **no**
~ **what** aconteça o que acontecer.

Matterhorn ['mætə,hɔːn] *n*: **the** ~ a
Montanha Matterhorn.

matter-of-fact *adj* sem sentimento,
prosaico(ca).

mattress ['mætrɪs] *n* colchão *m*.

mature [mə'tjʊər] ⬦ *adj* -**1.** [person]
maduro(ra) -**2.** [food, drink] envelheci-
do(da), maturado(da) -**3.** [cheese] cura-
do(da). ⬦ *vi* -**1.** [gen] amadurecer -**2.**
[animal, plant] crescer -**3.** [wine, spirit]
envelhecer -**4.** [cheese] curar -**5.** [insur-
ance policy] vencer.

mature student *n UK UNIV* estudante
mf adulto, -ta.

maul [mɔːl] *vt* [attack, savage] atacar gravemente.

mauve [məʊv] <> *adj* da cor de malva. <> *n* (U) malva *f*.

max. [mæks] (*abbr of* maximum) máx.

maxim ['mæksɪm] (*pl* -s) *n* máxima *f*.

maxima ['mæksɪmə] *pl* ⊳ **maximum**.

maximum ['mæksɪməm] (*pl* maxima OR -s) <> *adj* [highest, largest] máximo(-ma). <> *n* [upper limit] máximo *m*.

may [meɪ] *modal vb* -**1.** poder; **you ~ like it** talvez você goste; **he ~ well have said that** ele pode muito bem ter dito aquilo; **it ~ rain** pode ser que chova; **be that as it ~** seja como for; **I would like to add, if I ~ ...** eu gostaria de acrescentar, se possível ... -**2.** *fml* [to express wish, hope]: **long ~ it last!** que dure por muito tempo!; **~ they be very happy!** que eles sejam muito felizes!; ⊳ **might**.

May [meɪ] *n* maio; *see also* **September**.

maybe ['meɪbiː] *adv* talvez.

mayhem ['meɪhem] *n* (U) caos *m inv*.

mayonnaise [ˌmeɪə'neɪz] *n* (U) maionese *f*.

mayor [meəʳ] *n* prefeito *m*.

mayoress ['meərɪs] *n* [female mayor] prefeita *f*; [wife of mayor] esposa *f* do prefeito.

maze [meɪz] *n* -**1.** [system of paths] labirinto *m* -**2.** *fig* [tangle] confusão *f*.

MB <> *n* (*abbr of* Bachelor of Medicine) (*titular de*) *bacharelado em medicina*. <> (*abbr of* megabyte) MB.

MD *n* -**1.** (*abbr of* Doctor of Medicine) (*titular de*) *doutorado em medicina* -**2.** (*abbr of* managing director) diretor-gerente *m*.

me [miː] *pers pron* -**1.** (*direct, indirect*) me; **she knows ~** ela me conhece; **it's ~** sou eu; **send it to ~** mande-o para mim; **tell ~** diga-me; -**2.** (*after prep*) mim; **with ~** comigo; **it's for ~** é para mim.

meadow ['medəʊ] *n* campina *f*.

meagre *UK*, **meager** *US* ['miːgəʳ] *adj* magro(gra), insuficiente.

meal [miːl] *n* refeição *f*; **to go out for a ~** sair para jantar.

mealtime ['miːltaɪm] *n* hora *f* da refeição.

mean [miːn] (*pt & pp* meant) <> *adj* -**1.** [miserly] mesquinho(nha); **to be ~ with sthg** ser avarento com algo -**2.** [unkind] grosseiro(ra); **to be ~ to sb** ser malvado(da) com alguém -**3.** [average] médio(dia). <> *n* [average] meio-termo *m*; ⊳ **means.** <> *vt* -**1.** [signify, represent] significar -**2.** [have in mind, intend] querer dizer; **to ~ to do**

sthg ter a intenção de fazer algo, tencionar fazer algo; **to be meant for sb/sthg** ser feito(ta) para alguém/algo; **they're not meant to be there** eles não deveriam estar lá; **it was meant as a compliment** era para ser um elogio; **to be meant to do sthg** dever fazer algo; **to ~ well** ter boa vontade -**3.** [be serious about] falar sério; **she meant every word she said** tudo o que ela disse era a sério -**4.** [entail] acarretar -**5.** *phr*: **I ~** quer dizer.

meander [mɪ'ændəʳ] *vi* -**1.** [river, road] serpentear -**2.** [in walking] vagar -**3.** [in speaking] divagar.

meaning ['miːnɪŋ] *n* -**1.** [sense] sentido *m*, significado *m* -**2.** (U) [purpose, importance] sentido *m*.

meaningful ['miːnɪŋfʊl] *adj* -**1.** [expressive] significativo(va) -**2.** [deep, profound] sério(ria).

meaningless ['miːnɪŋlɪs] *adj* -**1.** [devoid of sense] sem sentido -**2.** [futile] fútil.

means [miːnz] (*pl inv*) <> *n* [method, way] meio *m*; **by ~ of** por meio de. <> *npl* [money] recursos *mpl*.
　◆ **by all means** *adv* claro que sim.
　◆ **by no means** *adv* de modo algum.

meant [ment] *pt & pp* ⊳ **mean.**

meantime ['miːnˌtaɪm] *n*: **in the ~** enquanto isso.

meanwhile ['miːnˌwaɪl] *adv* -**1.** [at the same time] enquanto isso -**2.** [between two events] nesse ínterim.

measles ['miːzlz] *n*: **to catch ~** pegar sarampo.

measly ['miːzlɪ] (*compar* -ier, *superl* -iest) *adj inf* miserável.

measure ['meʒəʳ] <> *n* -**1.** [step, action] medida *f* -**2.** [of alcohol] dose *f* -**3.** [indication] indicação *f* -**4.** [device] régua *f*. <> *vt* [determine size of, gauge] medir.

measurement ['meʒəmənt] *n* -**1.** [figure, amount] medida *f* -**2.** (U) [act of measuring] medição *f*.
　◆ **measurements** *npl* [of sb's body] medidas *fpl*.

meat [miːt] *n* (U) carne *f*.

meatball ['miːtbɔːl] *n* almôndega *f*.

meat pie *n UK* torta *f* de carne.

meaty ['miːtɪ] (*compar* -ier, *superl* -iest) *adj fig* [full of ideas] rico(ca), sólido(da).

Mecca ['mekə] *n* GEOGR Meca *f*.

mechanic [mɪ'kænɪk] *n* mecânico *m*, -ca *f*.
　◆ **mechanics** <> *n* (U) [study] mecânica *f*. <> *npl* [way sthg works] mecânica *f*.

mechanical [mɪ'kænɪkl] *adj* mecânico(-ca).

mechanism ['mekənɪzm] *n* mecanismo *m*.

medal ['medl] n medalha f.

medallion [mɪ'dæljən] n medalhão m.

meddle ['medl] vi meter-se; **to ~ in/ with** sthg meter-se em/com algo.

media ['miːdjə] <> pl ▷**medium**. <> n or npl: **the ~** a mídia.

mediaeval [ˌmedɪ'iːvl] adj = **medieval**.

median ['miːdjən] n US [of road] canteiro m divisor.

mediate ['miːdɪeɪt] <> vt [produce by arbitration] negociar. <> vi [arbitrate]: **to ~ between** ser mediador(ra) entre.

mediator ['miːdɪeɪtəʳ] n mediador m, -ra f.

Medicaid ['medɪkeɪd] n (U) US auxílio-saúde m.

medical ['medɪkl] <> adj médico(ca). <> n [checkup] exame m médico, check-up m.

Medicare ['medɪkeəʳ] n (U) US seguro-saúde m (para idosos).

medicated ['medɪkeɪtɪd] adj medicinal.

medicine ['medsɪn] n -1. (U) [treatment of illness] medicina f -2. [substance] medicamento m, remédio m.

medieval [ˌmedɪ'iːvl] adj medieval.

mediocre [ˌmiːdɪ'əʊkəʳ] adj medíocre.

meditate ['medɪteɪt] vi -1. [reflect, ponder] refletir; **to ~ (up)on** sthg refletir sobre algo -2. [practise meditation] meditar.

Mediterranean [ˌmedɪtə'reɪnjən] <> n -1. [sea]: **the ~ (Sea)** o (Mar) Mediterrâneo -2. [area around sea]: **the ~** o mediterrâneo. <> adj mediterrâneo(nea).

medium ['miːdjəm] (pl sense 1 -dia, pl sense 2 -diums) <> adj [middle, average] médio(dia). <> n -1. [way of communicating] meio m de comunicação -2. [spiritualist] médium mf.

medium-size(d) [-saɪzd] adj de tamanho médio.

medium wave n (U) onda f média.

medley ['medlɪ] (pl -s) n -1. [mixture] mistura f -2. [selection of music] coletânea f.

meek [miːk] adj dócil, meigo(ga).

meet [miːt] (pt & pp met) <> n US [meeting] encontro m, competição f. <> vt -1. [gen] encontrar; **she met his gaze defiantly** ela encarou o olhar dele de forma desafiadora -2. [by arrangement] encontrar-se com, reunir-se com -3. [make acquaintance of] conhecer; **I met a really interesting guy** conheci um cara muito interessante -4. [wait for - person] ir esperar; [- train, plane, bus, boat] esperar -5. [fulfil, satisfy] satisfazer, cumprir -6. [deal with] enfrentar -7. [pay] pagar em dia. <> vi -1. [gen] encontrar-se; **their eyes met across the room** os olhos deles se cruzaram na sala -2. [committee] reunir-se -3. [become acquainted] conhecer-se -4. [hit, touch] bater-se.

◆ **meet up** vi [by arrangement] encontrar-se; **to ~ up with sb** encontrar-se com alguém.

◆ **meet with** vt fus -1. [encounter] experimentar -2. US [by arrangement] encontrar.

meeting ['miːtɪŋ] n -1. [gen] reunião f -2. [coming together] encontro m.

meeting place n ponto m de encontro.

megabyte ['megabaɪt] n COMPUT megabyte m.

megaphone ['megəfəʊn] n megafone m.

melancholy ['melənkəlɪ] <> adj [sad] melancólico(ca). <> n (U) melancolia f.

mellow ['meləʊ] <> adj -1. [gen] suave -2. [smooth, pleasant] melodioso(sa) -3. [gentle, relaxed] alegre, tranqüilo(la). <> vi [become more gentle or relaxed] suavizar-se, tranqüilizar-se.

melody ['melədɪ] (pl -ies) n [tune] melodia f.

melon ['melən] n melão m.

melt [melt] <> vt [make liquid] derreter. <> vi -1. [become liquid] derreter -2. fig [soften] amolecer -3. fig [disappear]: **to ~ away** dissipar-se; **his savings ~ed away** suas economias se acabaram.

◆ **melt down** vt sep fundir-se.

meltdown ['meltdaʊn] n -1. (U) [act of melting] fusão f -2. [incident] acidente m nuclear.

melting pot ['meltɪŋ-] n fig [of cultures, races, ideas] cadinho m cultural.

member ['membəʳ] <> n membro m.

Member of Congress (pl Members of Congress) n US Membro m do Congresso.

Member of Parliament (pl Members of Parliament) n [in UK] Membro m do Parlamento.

membership ['membəʃɪp] n -1. [gen - of party, union] associação f; [- of club] qualidade f de sócio; **I have to renew my ~** tenho que renovar o meu título -2. [number of members] número m de sócios -3. [people themselves]: **the ~** os sócios, os membros.

membership card n carteira f de sócio.

memento [mɪ'mentəʊ] (pl -s) n lembrança f.

memo ['meməʊ] (pl -s) n [at work] memorando m.

memoirs ['memwɑːz] npl memórias fpl.

memorandum [ˌmemə'rændəm] (pl -

da, -dums] n *fml* memorando m.
memorial [mɪˈmɔːrɪəl] <> adj comemorativo(va). <> n memorial m.
memorize, -ise [ˈmeməraɪz] vt memorizar, decorar.
memory [ˈmemərɪ] (pl -ies) n -1. [gen] memória f; **from ~** de memória -2. [sthg remembered] lembrança f.
men [men] pl □> **man**.
menace [ˈmenəs] <> n -1. [gen] ameaça f -2. inf [nuisance, pest] praga f. <> vt ameaçar.
menacing [ˈmenəsɪŋ] adj ameaçador(ra).
mend [mend] <> n (U) inf: **to be on the ~** estar convalescendo. <> vt [repair] consertar.
menial [ˈmiːnjəl] adj simplório(ria), baixo(xa).
meningitis [ˌmenɪnˈdʒaɪtɪs] n (U) MED meningite f.
menopause [ˈmenəpɔːz] n (U): **the ~** a menopausa.
men's room n US: **the ~** o banheiro dos homens.
menstruation [ˌmenstroˈeɪʃn] n (U) menstruação f.
menswear [ˈmenzweər] n (U) roupa f masculina.
mental [ˈmentl] adj mental.
mental hospital n hospital m psiquiátrico.
mentality [menˈtælətɪ] n (U) [way of thinking] mentalidade f.
mentally handicapped [ˈmentəlɪ-] npl: **the ~** os deficientes mentais.
mention [ˈmenʃn] <> vt [say, talk about] mencionar; **to ~ sthg to sb** mencionar algo para alguém; **not to ~** sem falar em; **don't ~ it!** não tem de quê! <> n [reference] menção f.
menu [ˈmenjuː] n -1. [in restaurant] menu m, cardápio m -2. COMPUT menu m.
meow n & vi US = miaow.
MEP (abbr of **Member of the European Parliament**) n membro do parlamento europeu.
mercenary [ˈmɜːsɪnrɪ] (pl -ies) <> adj mercenário(ria). <> n [soldier] mercenário m.
merchandise [ˈmɜːtʃəndaɪz] n (U) COMM mercadoria f.
merchant [ˈmɜːtʃənt] n comerciante mf.
merchant bank n UK banco m mercantil.
merchant navy UK, **merchant marine** US n marinha f mercante.
merciful [ˈmɜːsɪfʊl] adj -1. [person] piedoso(sa) -2. [death, release] misericordioso(sa).
merciless [ˈmɜːsɪlɪs] adj impiedoso(sa).
mercury [ˈmɜːkjʊrɪ] n (U) mercúrio m.

Mercury [ˈmɜːkjʊrɪ] n [planet] Mercúrio.
mercy [ˈmɜːsɪ] (pl -ies) n -1. (U) [kindness, pity] piedade f; **at the ~ of** fig à mercê de -2. [blessing] bênção f.
mere [mɪər] adj -1. [just, no more than] mero(ra); **she's a ~ child!** ela é só uma criança! -2. [for emphasis] simples, mero(ra) -3. [amount, quantity] apenas.
merely [ˈmɪəlɪ] adv -1. [simply, just, only] meramente, simplesmente -2. [of amount, quantity] apenas.
merge [mɜːdʒ] <> n COMPUT intercalamento m. <> vt -1. COMM fundir -2. COMPUT intercalar. <> vi -1. COMM fundir-se; **to ~ with sthg** unir-se com algo -2. [roads, lines] unir-se -3. [blend, melt] misturar; **to ~ into sthg** incorporar-se em algo.
merger [ˈmɜːdʒər] n COMM fusão f.
meringue [məˈræŋ] n merengue m.
merit [ˈmerɪt] <> n (U) [value] mérito m. <> vt merecer.
➤ **merits** npl [advantages, qualities] méritos mpl.
mermaid [ˈmɜːmeɪd] n sereia f.
merry [ˈmerɪ] (compar -ier, superl -iest) adj -1. literary [laugh, joke, person] alegre, divertido(da) -2. [fire, party] agradável; **Merry Christmas!** Feliz Natal! -3. inf [tipsy] alegre.
merry-go-round n carrossel m.
mesh [meʃ] <> n (U) [netting] malha f. <> vi -1. [fit together] combinar -2. TECH encaixar.
mesmerize, -ise [ˈmezməraɪz] vt: **to be ~d by sb/sthg** ser hipnotizado(da) por alguém/algo.
mess [mes] n -1. [gen] bagunça f -2. [muddle, problem] confusão f -3. MIL rancho m.
➤ **mess about, mess around** inf <> vt sep embromar. <> vi -1. [gen] matar tempo -2. [tinker]: **to ~ about with sthg** mexer em algo.
➤ **mess up** vt sep inf -1. [make untidy, dirty - room, papers, objects] bagunçar; [- clothes] sujar -2. [spoil] estragar.
message [ˈmesɪdʒ] n -1. [piece of information] mensagem f -2. [idea, moral] moral m.
messenger [ˈmesɪndʒər] n mensageiro m, -ra f.
Messrs, Messrs. [ˈmesəz] (abbr of **messieurs**) Srs.
messy [ˈmesɪ] (compar -ier, superl -iest) adj -1. [dirty, untidy] desarrumado(da) -2. [person, activity] confuso(sa) -3. [job] sujo(ja) -4. inf [complicated, confused] complicado(da).
met [met] pt & pp □> **meet**.
metal [ˈmetl] <> n metal m. <> adj de metal.

metallic [mɪ'tælɪk] *adj* **-1.** [gen] metálico(ca) **-2.** *TECH* [of metal] metalífero (ra).

metalwork ['metəlwɜːk] *n* (U) [craft] trabalho *m* em metal.

metaphor ['metəfəʳ] *n* metáfora *f.*

mete [miːt] ➤ **mete out** *vt sep*: to ~ sthg out to sb impor algo a alguém.

meteor ['miːtɪəʳ] *n* meteoro *m.*

meteorology [ˌmiːtjə'rɒlədʒɪ] *n* (U) meteorologia *f.*

meter ['miːtəʳ] ◇ *n* **-1.** [device] medidor *m*; **taxi** ~ taxímetro *m*; **electricity** ~ relógio *m* de luz; **parking** ~ parquímetro *m* **-2.** *US* = **metre.** ◇ *vt* [measure] medir.

method ['meθəd] *n* [way, system] método *m.*

methodical [mɪ'θɒdɪkl] *adj* metódico(-ca).

Methodist ['meθədɪst] ◇ *adj* metodista. ◇ *n* metodista *mf.*

meths [meθs] *n UK inf* álcool *m* metilado.

methylated spirits ['meθɪleɪtɪd-] *n* (U) álcool *m* metilado.

meticulous [mɪ'tɪkjʊləs] *adj* meticuloso(sa).

metre *UK*, **meter** *US* ['miːtəʳ] *n* [unit of measurement] metro *m.*

metric ['metrɪk] *adj* métrico(ca).

metronome ['metrənəʊm] *n* metrônomo *m.*

metropolitan [ˌmetrə'pɒlɪtn] *adj* [of a metropolis] metropolitano(na).

Metropolitan Police *npl*: **the** ~ a Polícia de Londres.

mettle ['metl] *n* (U): **to be on one's** ~ estar preparado(da) para agir da melhor forma possível; **to show** OR **prove one's** ~ provar seu próprio valor.

mew [mjuː] *n & vi* = **miaow.**

mews [mjuːz] (*pl inv*) *n UK* estrebaria *f.*

Mexican ['meksɪkn] ◇ *adj* mexicano(na). ◇ *n* mexicano *m,* -na *f.*

Mexico ['meksɪkəʊ] *n* México.

MI5 (*abbr of* Military Intelligence 5) *n* órgão do serviço secreto britânico de contra-espionagem.

MI6 (*abbr of* Military Intelligence 6) *n* órgão do serviço secreto britânico de espionagem.

miaow *UK* [miːˈaʊ], **meow** *US* [mɪˈaʊ] ◇ *n* miado *m,* miau *m.* ◇ *vi* miar.

mice [maɪs] *pl* ➤ **mouse.**

mickey ['mɪkɪ] *n*: **to take the** ~ **out of** sb *UK inf* tirar sarro de alguém.

microchip ['maɪkrəʊtʃɪp] *n* microchip *m.*

microcomputer [ˌmaɪkrəʊkəm'pjuːtəʳ] *n* microcomputador *m.*

microfilm ['maɪkrəʊfɪlm] *n* microfilme *m.*

microphone ['maɪkrəfəʊn] *n* microfone *m.*

micro scooter *n* patinete *m.*

microscope ['maɪkrəskəʊp] *n* microscópio *m.*

microscopic [ˌmaɪkrə'skɒpɪk] *adj* **-1.** [very small] microscópico(ca) **-2.** [detailed] minucioso(sa).

microwave (oven) *n* forno *m* de microondas.

mid- [mɪd] *prefix*: ~**height** de meia altura; **in** ~**morning** no meio da manhã; **in** ~**August** em meados de agosto; **in** ~**winter** em pleno inverno; **she's in her** ~ **twenties** ela tem uns vinte e poucos anos.

midair [mɪd'eəʳ] ◇ *adj* no ar. ◇ *n* (U): **in** ~ no ar.

midday ['mɪddeɪ] *n* (U) meio-dia *m.*

middle ['mɪdl] ◇ *adj* [centre] do meio. ◇ *n* **-1.** [centre] meio *m,* centro *m*; **in the** ~ **(of sthg)** no meio (de algo) **-2.** [in time] meio *m*; **to be in the** ~ **of sthg** estar no meio de algo; **to be in the** ~ **of doing sthg** estar fazendo algo; **in the** ~ **of the night** no meio da noite, em plena madrugada; **in the** ~ **of September** em meados de setembro **-3.** [waist] cintura *f.*

middle-aged *adj* de meia-idade.

Middle Ages *npl*: **the** ~ a Idade Média.

middle-class *adj* da classe média.

middle classes *npl*: **the** ~ a classe média.

Middle East *n*: **the** ~ o Oriente Médio.

middleman ['mɪdlmæn] (*pl* -**men** [-men]) *n* intermediário *m.*

middle name *n* segundo nome *m (num nome composto).*

middleweight ['mɪdlweɪt] *n* peso *m* médio.

middling ['mɪdlɪŋ] *adj* médio(dia), regular.

Mideast *n US*: **the** ~ o Oriente Médio.

midfield [ˌmɪd'fiːld] *n FTBL* meio-campo *m.*

midge [mɪdʒ] *n* mosquito-pólvora *m.*

midget ['mɪdʒɪt] *n* anão *m,* -nã *f.*

midi system ['mɪdɪ-] *n* sistema *m* MIDI.

Midlands ['mɪdləndz] *npl*: **the** ~ a região central da Inglaterra.

midnight ['mɪdnaɪt] ◇ *n* (U) meia-noite *f.*

midriff ['mɪdrɪf] *n* diafragma *m.*

midst [mɪdst] *n* [in space, time]: **in the** ~ **of** *literary* no meio de.

midsummer ['mɪdˌsʌməʳ] *n* (U) pleno verão *m.*

Midsummer Day n Dia m de São João
(24 de junho).

midway [,mɪd'weɪl adv **-1.** [in space]: ~
(between) a meio caminho (entre) **-2.**
[in time]: ~ **(through)** na metade (de).

midweek [adj mɪd'wi:k, adv 'mɪdwi:kl
⟨⟩ adj do meio da semana. ⟨⟩ adv
no meio da semana.

midwife ['mɪdwaɪfl (pl **-wives** [-waɪvzl)
n parteira f.

midwifery ['mɪd,wɪfərɪl n (U) trabalho
m de parteira.

might [maɪt] ⟨⟩ modal vb **-1.** [expres-
sing possibility]: **I think I** ~ **go to the pub
tonight** acho que é possível eu ir ao
bar hoje; **he** ~ **be armed** ele poderia
estar armado **-2.** [expressing sugges-
tion]: **you** ~ **have told me** você poderia
ter me contado; **it** ~ **be better to wait**
talvez fosse melhor esperar **-3.** (past
tense of may) fml [asking permission]: **he
asked if he** ~ **leave the room** ele me
pediu permissão para sair da sala **-4.**
[in polite questions, suggestions]: ~ **I ...?**
podia ...? **-5.** [contradicting a point of
view]: **you** ~ **well be right, but ...** é
bem possível que você tenha razão,
mas ... **-6.** phr: **I** ~ **have known** OR
guessed eu deveria ter suspeitado.
⟨⟩ n **-1.** [power] poder m **-2.** [physical
strength] força f.

mighty ['maɪtɪl (compar **-ier**, superl **-
iest**) ⟨⟩ adj [powerful] poderoso(sa).
⟨⟩ adv US inf muito.

migraine ['mi:greɪn, 'maɪgreɪnl n enxaqueca f.

migrant ['maɪgrənt] ⟨⟩ adj **-1.** [bird, an-
imal] migratório(ria) **-2.** [worker] migrante. ⟨⟩ n **-1.** [bird, animal]
migratório m, -ria f **-2.** [person] emigrante mf.

migrate [UK maɪ'greɪt, US 'maɪgreɪtl vi
-1. [bird, animal] migrar **-2.** [person]
emigrar.

mike [maɪk] (abbr of **microphone**) n inf
mike m.

mild [maɪld] adj **-1.** [food, shampoo, seda-
tive] suave **-2.** [person, manner] sereno(-
na) **-3.** [weather] temperado(da) **-4.**
[surprise, criticism, reproach] moderado(-
da) **-5.** [illness] leve.

mildew ['mɪldju:l n **-1.** (U) [gen] mofo m
-2. (U) BOT míldio m.

mildly ['maɪldlɪl adv **-1.** [talk, complain,
criticize] moderadamente; **to put it** ~
para não dizer coisa pior **-2.** [slightly]
bastante.

mile [maɪl] n milha f; **to be** ~ **s away** fig
estar bem longe.

➡ **miles** adv (in comparisons) muito;
this is ~ **better** sem dúvida alguma
isto é realmente melhor.

mileage ['maɪlɪdʒl n **-1.** [distance tra-
velled] quilometragem f **-2.** (U) inf [ad-
vantage] vantagem f.

mileometer [maɪ'lɒmɪtə'] n odômetro
m.

milestone ['maɪlstəʊnl n **-1.** [marker
stone] marco m miliário **-2.** fig [event]
marco m.

militant ['mɪlɪtənt] ⟨⟩ adj militante.
⟨⟩ n militante mf.

military ['mɪlɪtrɪl ⟨⟩ adj militar. ⟨⟩ n:
the ~ as forças armadas, os militares.

militia [mɪ'lɪʃəl n milícia f.

milk [mɪlk] ⟨⟩ n leite m. ⟨⟩ vt **-1.** [get
milk from] ordenhar **-2.** fig [use for one's
own ends] explorar.

milk chocolate n (U) chocolate m ao
leite.

milkman ['mɪlkmən] (pl **-men** [-mən]) n
leiteiro m.

milk shake n milk-shake m.

milky ['mɪlkɪl (compar **-ier**, superl **-iest**)
adj **-1.** UK [with milk] com leite **-2.** [like
milk] leitoso(sa) **-3.** [pale white] pálido(-
da).

Milky Way n: **the** ~ a Via Láctea.

mill [mɪll ⟨⟩ n **-1.** [flour mill] moinho m
-2. [factory] fábrica f **-3.** [grinder] moedor m. ⟨⟩ vt [grain] moer.

➡ **mill about**, **mill around** vi aglomerar-se.

millennium [mɪ'lenɪəm] (pl **-nnia** [-nɪəl)
n [thousand years] milênio m.

miller ['mɪlə'] n moleiro m, -ra f.

millet ['mɪlɪt] n painço m.

milligram(me) ['mɪlɪgræml n miligrama m.

millimetre UK, **millimeter** US
['mɪlɪ,mi:tə'] n milímetro m.

millinery ['mɪlɪnrɪl n (U) chapelaria f
(para senhoras).

million ['mɪljən] n **-1.** [1,000,000] milhão
m **-2.** [enormous number]: **a** ~, ~ **s of**
milhões de.

millionaire [,mɪljə'neə'] n milionário
m, -ria f.

millstone ['mɪlstəʊn] n [for grinding]
pedra f de moinho.

milometer [maɪ'lɒmɪtə'] n = **mileometer**.

mime [maɪml ⟨⟩ n (U) mímica f. ⟨⟩ vt
imitar. ⟨⟩ vi fazer mímica.

mimic ['mɪmɪk] (pt & pp **-ked**, cont **-
king**) ⟨⟩ n [person] imitador m, -ra f.
⟨⟩ vt [person, voice, gestures] imitar.

mimicry ['mɪmɪkrɪl n (U) imitação f.

min. [mɪn] **-1.** (abbr of **minute**) min. **-2.**
(abbr of **minimum**) mín.

mince [mɪns] ⟨⟩ n (U) UK carne f
picada. ⟨⟩ vt picar; **not to** ~ **one's
words** não ter papas na língua. ⟨⟩ vi

andar com passinhos.

mincemeat [ˈmɪnsmiːt] n (U) -1. [fruit] *iguaria feita de sebo, frutas cristalizadas e passas* -2. US [minced meat] *picadinho m.*

mince pie n *torta com recheio de frutas secas preparada geralmente no Natal.*

mincer [ˈmɪnsəʳ] n *moedor m de carne.*

mind [maɪnd] ◇ n -1. [gen] mente f; **state of ~** estado de espírito -2. [thoughts] memória f; **to come into/cross sb's ~** passar pela cabeça de alguém; **to have sthg on one's ~** estar peocupado(da) com algo -3. [attention]: **to concentrate the ~** concentrar a mente; **to keep one's ~ on sthg** concentrar-se em algo; **to put one's ~ to sthg** colocar empenho em algo -4. [opinion]: **to my ~** na minha opinião; **to change one's ~** mudar de idéia; **to keep an open ~** manter a mente aberta; **to make one's ~ up** tomar uma decisão; **to speak one's ~** dizer o que se pensa; **to be in two ~s about sthg** estar com dois corações sobre algo -5. [memory] memória f; **to bear sthg in ~** ter algo em mente -6. [intention]: **to have sthg in ~** ter algo em mente; **to have a ~ to do sthg** estar pensando em fazer algo. ◇ vi [care, worry] importar-se; **do you ~ if ...?** você se importaria se ...?; **I don't ~** eu não me importo; **never ~** [don't worry] não faz mal; [it's not important] não tem importância. ◇ vt -1. [object to] importar-se em; **I don't ~ waiting** não me importo em esperar; **I wouldn't ~ a ...** eu aceitaria um ... -2. [bother about] preocupar-se com -3. [pay attention to] prestar atenção com -4. [take care of] tomar conta de.
➡ **mind you** adv: he didn't give me a Christmas present this year - ~, he never does ele não me deu um presente de Natal neste ano - bom, mas ele nunca dá mesmo.

minder [ˈmaɪndəʳ] n UK [bodyguard] *guarda-costas m inv.*

mindful [ˈmaɪndfʊl] adj: **~ of sthg** *ciente de algo.*

mindless [ˈmaɪndlɪs] adj -1. [stupid] absurdo(da), sem sentido -2. [not requiring thought] *tedioso(sa).*

mine¹ [maɪn] ◇ n [gen] mina f. ◇ vt -1. [excavate] extrair -2. [lay mines in] *minar.*

mine² [maɪn] poss pron o meu (a minha); **a friend of mine** um amigo meu; **those shoes are mine** esses sapatos são meus; **mine are here - where are yours?** os meus estão aqui - onde estão os seus?

minefield [ˈmaɪnfiːld] n -1. [area containing mines] *campo m minado* -2. fig [dangerous topic] *campo m minado.*

miner [ˈmaɪnəʳ] n *mineiro m, -ra f.*

mineral [ˈmɪnərəl] ◇ adj GEOL mineral. ◇ n GEOL *mineral m.*

mineral water n (U) *água f mineral.*

minesweeper [ˈmaɪnˌswiːpəʳ] n *caça-minas m inv.*

mingle [ˈmɪŋgl] vi -1. [combine] misturar-se; **to ~ with sthg** misturar-se com algo -2. [socially] misturar-se; **to ~ with sb** misturar-se com alguém.

miniature [ˈmɪnətʃəʳ] ◇ adj [reduced-scale] em miniatura. ◇ n -1. [painting] miniatura f -2. [of alcohol] garrafa f em miniatura -3. [small scale]: **in ~** em miniatura.

minibus [ˈmɪnɪbʌs] (pl -es) n *microônibus m inv.*

minicab [ˈmɪnɪkæb] n UK *radiotáxi m.*

MiniDisc® [ˈmɪnɪdɪsk] n MiniDisc® m.

MiniDisc player® n *reprodutor m de MiniDisc®.*

minidish [mˈɪnɪdɪʃ] n *miniparabólica f.*

minima [ˈmɪnɪmə] pl ▷ **minimum**.

minimal [ˈmɪnɪml] adj *mínimo(ma).*

minimum [ˈmɪnɪməm] (pl -mums OR -ma) ◇ adj mínimo(ma). ◇ n *mínimo m.*

mining [ˈmaɪnɪŋ] ◇ adj mineiro(ra); **~ engineer** engenheiro m, -ra f de minas. ◇ n *mineração f.*

miniskirt [ˈmɪnɪskɜːt] n *minissaia f.*

minister [ˈmɪnɪstəʳ] n -1. POL: **~ (for sthg)** ministro m, -tra f (de algo) -2. RELIG *pastor m, -ra f.*
➡ **minister to** vt fus -1. [person] atender -2. [needs] *atender a.*

ministerial [ˌmɪnɪˈstɪərɪəl] adj POL *ministerial.*

minister of state n: **~ (for sthg)** *secretário m, -ria f de estado (para algo).*

ministry [ˈmɪnɪstrɪ] (pl -ies) n -1. POL ministério m; **Ministry of Defence** Ministério da Defesa -2. RELIG [clergy]: **the ~** o sacerdócio.

mink [mɪŋk] (pl inv) n -1. (U) [fur] pele f de visom -2. [animal] *visom m.*

minnow [ˈmɪnəʊ] n [fish] *peixinho m (de água doce).*

minor [ˈmaɪnəʳ] ◇ adj [gen] menor. ◇ n [in age] menor mf de idade.

Minorca [mɪˈnɔːkəl] n Minorca; **in ~** *Minorca.*

minority [maɪˈnɒrətɪ] (pl -ies) ◇ adj minoritário(ria). ◇ n [gen] *minoria f.*

mint [mɪnt] ◇ n -1. (U) [herb] hortelã f -2. [sweet] bala f de hortelã -3. [for coins]: **the Mint** a Casa da Moeda; **in ~**

condition novo(va) em folha. ◇ *vt* [coins] cunhar.
minus ['maɪnəs] (*pl* **-es**) ◇ *prep* **-1.** *MATH* [less]: **4 ~ 2 is 2** 4 menos 2 é 2 **-2.** [in temperatures]: **it's ~ 5 degrees** está fazendo 5 graus abaixo de zero. ◇ *adj* **-1.** *MATH* [less than zero] negativo(va) **-2.** *SCH* [in grades] menos. ◇ *n* **-1.** *MATH* sinal *m* de menos **-2.** [disadvantage] desvantagem *f*.
minus sign *n* sinal *m* de menos.
minute¹ ['mɪnɪt] *n* [gen] minuto *m*; **at any ~** a qualquer momento; **this ~** agora mesmo.
◆ **minutes** *npl* [of meeting] ata *f*.
minute² [maɪ'nju:t] *adj* [tiny] mínimo(-ma).
miracle ['mɪrəkl] *n* milagre *m*.
miraculous [mɪ'rækjʊləs] *adj* milagroso(sa).
mirage [mɪ'rɑ:ʒ] *n* miragem *f*.
mire [maɪəʳ] *n* *(U)* lamaçal *m*.
mirror ['mɪrəʳ] ◇ *n* espelho *m*. ◇ *vt* [copy] espelhar.
mirth [mɜ:θ] *n* *(U)* *literary* alegria *f*.
misadventure [,mɪsəd'ventʃəʳ] *n* *fml* [unfortunate accident] desventura *f*; **death by ~** *JUR* morte *f* acidental.
misapprehension ['mɪs,æprɪ'henʃn] *n* mal-entendido *m*.
misappropriation ['mɪsə,prəʊprɪ'eɪʃn] *n* desvio *m*.
misbehave [,mɪsbɪ'heɪv] *vi* comportar-se mal.
miscalculate [,mɪs'kælkjʊleɪt] *vt* & *vi* calcular mal.
miscarriage [,mɪs'kærɪdʒ] *n* aborto *m* natural.
miscarriage of justice *n* erro *m* judicial.
miscellaneous [,mɪsə'leɪnjəs] *adj* diverso(sa).
mischief ['mɪstʃɪf] *n* *(U)* **-1.** [playfulness] malícia *f* **-2.** [naughty behaviour] travessuras *fpl* **-3.** [harm] dano *m*.
mischievous ['mɪstʃɪvəs] *adj* **-1.** [playful] cheio (cheia) de malícia **-2.** [naughty] travesso(sa).
misconception [,mɪskən'sepʃn] *n* conceito *m* falho, idéia *f* equivocada.
misconduct [,mɪs'kɒndʌkt] *n* [bad behaviour] má conduta *f*.
misconstrue [,mɪskən'stru:] *vt* *fml* interpretar erroneamente.
miscount [,mɪs'kaʊnt] *vt* & *vi* contar mal.
misdeed [,mɪs'di:d] *n* *literary* delito *m*.
misdemeanour *UK*, **misdemeanor** *US* [,mɪsdɪ'mi:nəʳ] *n* *JUR* contravenção *f*.
miser ['maɪzəʳ] *n* avarento *m*, -ta *f*.
miserable ['mɪzrəbl] *adj* **-1.** [unhappy] infeliz, triste **-2.** [depressing - conditions, life] miserável; [- weather, holiday, evening] horrível **-3.** [failure] lamentável.
miserly ['maɪzəlɪ] *adj* mesquinho(nha), miserável.
misery ['mɪzərɪ] (*pl* **-ies**) *n* **-1.** [unhappiness] tristeza *f* **-2.** [poverty] miséria *f*.
misfire [,mɪs'faɪəʳ] *vi* **-1.** [gun] não disparar **-2.** [car engine] não dar partida **-3.** [plan] fracassar.
misfit ['mɪsfɪt] *n* desajustado *m*, -da *f*.
misfortune [mɪs'fɔ:tʃu:n] *n* **-1.** *(U)* [bad luck] azar *m* **-2.** [piece of bad luck] infortúnio *m*, desgraça *f*.
misgivings [mɪs'gɪvɪŋz] *npl* receio *m*, desconfiança *f*.
misguided [,mɪs'gaɪdɪd] *adj* **-1.** [person] desencaminhado(da) **-2.** [attempt, opinion] equivocado(da).
mishandle [,mɪs'hændl] *vt* **-1.** [person, animal] maltratar **-2.** [negotiations, business] administrar mal.
mishap ['mɪshæp] *n* [unfortunate event] incidente *m*, percalço *m*.
misinterpret [,mɪsɪn'tɜ:prɪt] *vt* interpretar mal.
misjudge [,mɪs'dʒʌdʒ] *vt* **-1.** [calculate wrongly] calcular mal **-2.** [appraise wrongly] julgar mal.
mislay [,mɪs'leɪ] (*pt* & *pp* **-laid**) *vt* perder, extraviar.
mislead [,mɪs'li:d] (*pt* & *pp* **-led**) *vt* enganar.
misleading [,mɪs'li:dɪŋ] *adj* enganoso(-sa).
misled [,mɪs'led] *pt* & *pp* ▷ **mislead**.
misnomer [,mɪs'nəʊməʳ] *n* termo *m* impróprio.
misplace [,mɪs'pleɪs] *vt* extraviar, perder.
misprint ['mɪsprɪnt] *n* erro *m* de impressão.
miss [mɪs] ◇ *vt* **-1.** [gen] perder **-2.** [fail to see] não ver, perder **-3.** [fail to hit] errar; **to ~ the target** não acertar o alvo **-4.** [feel absence of - person, home, family] sentir/estar com saudades de; [- things] sentir falta de **-5.** [fail to be present at] faltar a **-6.** [escape] evitar; **I just ~ed being run over** escapei de ser atropelado por pouco. ◇ *vi* [fail to hit] não acertar. ◇ *n*: **to give sthg a ~** *inf* deixar algo.
◆ **miss out** ◇ *vt sep* omitir. ◇ *vi*: **to ~ out (on sthg)** perder (algo).
Miss [mɪs] *n* senhorita *f*.
misshapen [,mɪs'ʃeɪpn] *adj* **-1.** [hands, fingers] deformado(da) **-2.** [object] disforme.
missile [*UK* 'mɪsaɪl, *US* 'mɪsəl] *n* **-1.** [weapon] míssil *m* **-2.** [thrown object] projétil *m*.
missing ['mɪsɪŋ] *adj* **-1.** [object] perdi-

do(da) **-2.** [person] desaparecido(da)
-3. [not present] que falta; **who's** ~?
quem está faltando?.

mission ['mɪʃn] *n* missão *f*.

missionary ['mɪʃənrɪ] (*pl* **-ies**) *n* missionário *m*, -ria *f*.

misspend (*pt* & *pp* **-spent**) *vt* [money, talent, youth] desperdiçar.

mist [mɪst] *n* neblina *f*.

➤ **mist over, mist up** *vi* embaçar.

mistake [mɪ'steɪk] (*pt* **-took**, *pp* **-taken**) ◇ *n* erro *m*; **to make a** ~ cometer um erro, equivocar-se; **by** ~ por engano. ◇ *vt* **-1.** [misunderstand] entender mal **-2.** [fail to distinguish]: **to** ~ **sb/sthg for** confundir alguém/algo com.

mistaken [mɪ'steɪkn] ◇ *pp* ▷ **mistake**. ◇ *adj* **-1.** [person] equivocado(da), enganado(da); **to be** ~ **about sb/sthg** estar enganado(da) sobre alguém/algo **-2.** [belief, idea] equivocado(da).

mister ['mɪstə'] *n inf* amigo *m*.

➤ **Mister** *n* Senhor *m*.

mistletoe ['mɪsltəʊ] *n* (U) visco *m*.

mistook [mɪ'stʊk] *pt* ▷ **mistake**.

mistreat [,mɪs'triːt] *vt* maltratar.

mistress ['mɪstrɪs] *n* **-1.** [of house, situation] dona *f* **-2.** [female lover] amante *f* **-3.** [schoolteacher] professora *f*.

mistrust [,mɪs'trʌst] ◇ *n* (U) desconfiança *f*, receio *m*. ◇ *vt* desconfiar de.

misty ['mɪstɪ] (*compar* **-ier**, *superl* **-iest**) *adj* nebuloso(sa).

misunderstand [,mɪsʌndə'stænd] (*pt* & *pp* **-stood**) *vt* & *vi* entender mal.

misunderstanding [,mɪsʌndə'stændɪŋ] *n* **-1.** (U) [lack of understanding] equívoco *m* **-2.** [wrong interpretation] mal-entendido *m* **-3.** [disagreement] desentendimento *m*.

misunderstood [,mɪsʌndə'stʊd] *pt* & *pp* ▷ **misunderstand**.

misuse [*n* ,mɪs'juːs, *vb* ,mɪs'juːz] ◇ *n* **-1.** (U) [wrong use] uso *m* indevido **-2.** [abuse] abuso *m*. ◇ *vt* **-1.** [use wrongly] usar indevidamente **-2.** [abuse] abusar de.

miter *n US* = mitre.

mitigate ['mɪtɪgeɪt] *vt fml* mitigar.

mitre *UK*, **miter** *US* ['maɪtə'] *n* **-1.** [hat] mitra *f* **-2.** [joint] meia-esquadria *f*.

mitt [mɪt] *n* **-1.** = mitten **-2.** [in baseball] luva *f*.

mitten ['mɪtn] *n* [with fingers joined] luva *f* (*com separação somente para o polegar*); [with fingers cut off] mitene *f*.

mix [mɪks] ◇ *vi* misturar-se, combinar-se; **to** ~ **with sb** misturar-se com alguém. ◇ *n* **-1.** [gen] mistura *f* **-2.** *comm*: **marketing** ~ mix *m* de market-

ing, composto *m* mercadológico.

➤ **mix up** *vt sep* **-1.** [confuse] confundir **-2.** [disorder] misturar.

mixed [mɪkst] *adj* **-1.** [of different kinds] misturado(da) **-2.** [of different sexes] misto(ta).

mixed-ability *adj UK* de vários níveis.

mixed grill *n* prato grelhado com carnes e vegetais.

mixed up *adj* **-1.** [confused] confuso(sa) **-2.** [involved]: **to be** ~ **in sthg** estar envolvido(da) em algo.

mixer ['mɪksə'] *n* **-1.** [machine - for food] *f* batedeira; [- for drinks] misturador *m*; [- for cement] betoneira *f* **-2.** [soft drink] *bebida não-alcoólica usada para se misturar com bebidas alcoólicas.*

mixture ['mɪkstʃə'] *n* mistura *f*.

mix-up *n inf* engano *m*, confusão *f*.

ml (*abbr of* **millilitre**) *n* ml.

mm (*abbr of* **millimetre**) mm.

MMR (*abbr of* **measles, mumps, and rubella**) *n* MMR *f*, SCR *f*.

moan [məʊn] ◇ *n* [of pain, sadness] gemido *m*. ◇ *vi* **-1.** [in pain, sadness] gemer **-2.** *inf* [complain] resmungar, queixar-se; **to** ~ **about sb/sthg** resmungar *OR* queixar-se sobre alguém/algo.

moat [məʊt] *n* fosso *m*.

mob [mɒb] (*pt* & *pp* **-bed**, *cont* **-bing**) ◇ *n* **-1.** multidão *f* **-2.** *pej*: **the** ~ a ralé, a plebe. ◇ *vt* cercar, amontoar-se ao redor de.

mobile ['məʊbaɪl] ◇ *adj* **-1.** [able to move] móvel **-2.** *inf* [having transport] motorizado(da). ◇ *n* **-1.** [phone] (telefone) celular *m* **-2.** [decoration] móbile *m*.

mobile home *n* trailer *m*.

mobile phone *n* (telefone) celular *m*.

mobilize, -ise ['məʊbɪlaɪz] ◇ *vt* mobilizar. ◇ *vi* mobilizar-se.

mock [mɒk] ◇ *adj* falso(sa); **a** ~ **exam** um simulado. ◇ *vt* [deride] zombar de. ◇ *vi* zombar.

mockery ['mɒkərɪ] *n* **-1.** (U) [scorn] zombaria *f* **-2.** [travesty] paródia *f*.

mod cons [,mɒd-] (*abbr of* **modern conveniences**) *npl UK inf*: **all** ~ todas as comodidades modernas.

mode [məʊd] *n* **-1.** [gen] modo *m* **-2.** [of transport] meio *m*.

model ['mɒdl] (*UK pt* & *pp* **-led**, *cont* **-ling**, *US pt* & *pp* **-ed**, *cont* **-ing**) ◇ *adj* **-1.** [miniature] em miniatura **-2.** [exemplary] modelo. ◇ *n* [gen] modelo *m*. ◇ *vt* **-1.** [shape] moldar **-2.** [in fashion show] desfilar com **-3.** [copy]: **to** ~ **o.s. on sb** ter alguém como modelo, espelhar-se em alguém. ◇ *vi* [in fashion show] desfilar.

modem ['məʊdem] COMPUT n modem m.

moderate [adj & n 'mɒdərət, vb 'mɒdəreɪt] <> adj moderado(da). <> n POL moderado m, -da f. <> vt moderar. <> vi moderar-se.

moderation [,mɒdə'reɪʃn] n moderação f; in ~ com moderação.

modern ['mɒdən] adj moderno(na).

modernize, -ise ['mɒdənaɪz] <> vt modernizar. <> vi modernizar-se.

modern languages npl línguas fpl modernas.

modest ['mɒdɪst] adj modesto(ta).

modesty ['mɒdɪstɪ] n (U) modéstia f.

modicum ['mɒdɪkəm] n fml quantia f módica; a ~ of um mínimo de.

modify ['mɒdɪfaɪ] (pt & pp -ied) vt -1. [alter] modificar -2. [tone down] moderar.

module ['mɒdjuːl] n módulo m.

mogul ['məʊgl] n [magnate] magnata m.

mohair ['məʊheəʳ] n mohair m.

moist [mɔɪst] adj úmido(da); ~ cake bolo m fofo.

moisten ['mɔɪsn] vt umedecer.

moisture ['mɔɪstʃəʳ] n (U) umidade f.

moisturizer ['mɔɪstʃəraɪzəʳ] n (creme) hidratante m.

molar ['məʊləʳ] n molar m.

molasses [mə'læsɪz] n (U) melaço m.

mold etc n & vt US = mould.

mole [məʊl] n -1. [animal] toupeira f -2. [on skin] sinal m -3. [spy] espião m, -ã f.

molecule ['mɒlɪkjuːl] n molécula f.

molest [mə'lest] vt -1. [attack sexually - child] molestar; [- person] assediar -2. [bother] incomodar.

mollusc, mollusk US ['mɒləsk] n molusco m.

mollycoddle ['mɒlɪˌkɒdl] vt inf mimar.

molt vt & vi US = moult.

molten ['məʊltn] adj derretido(da), fundido(da).

mom [mɒm] n US inf mãe f.

moment ['məʊmənt] n [gen] momento m; at any ~ a qualquer momento; at the ~ no momento; for the ~ por enquanto.

momentarily ['məʊməntərɪlɪ] adv -1. [for a short time] momentaneamente -2. US [immediately] imediatamente.

momentary ['məʊməntrɪ] adj momentâneo(nea).

momentous [mə'mentəs] adj significativo(va).

momentum [mə'mentəm] n -1. PHYSICS momento m -2. fig [speed, force] força f.

momma ['mɒmə], **mommy** ['mɒmɪ] n US mamãe f, mãezinha f.

Monaco ['mɒnəkəʊ] n Mônaco m; in ~ em Mônaco.

monarch ['mɒnək] n monarca mf.

monarchy ['mɒnəkɪ] (pl -ies) n monarquia f; the ~ a monarquia.

monastery ['mɒnəstrɪ] (pl -ies) n mosteiro m.

Monday ['mʌndɪ] n segunda-feira f; see also Saturday.

monetary ['mʌnɪtrɪ] adj monetário(ria).

money ['mʌnɪ] n (U) dinheiro m; to make ~ ganhar dinheiro; to get one's ~'s worth fazer o dinheiro OR investimento valer a pena.

moneybox ['mʌnɪbɒks] n cofrinho m.

moneylender ['mʌnɪˌlendəʳ] n prestamista mf.

money order n ordem f de pagamento.

money-spinner [-ˌspɪnəʳ] n esp UK inf mina f (de ouro).

mongol ['mɒngəl] dated & offensive n mongolóide mf.

Mongolia [mɒŋ'gəʊlɪə] n Mongólia.

mongrel ['mʌŋgrəl] n [dog] vira-lata m.

monitor ['mɒnɪtəʳ] <> n TECH monitor m. <> vt monitorar.

monk [mʌŋk] n monge m.

monkey ['mʌŋkɪ] (pl -s) n [animal] macaco m, -ca f.

monkey nut n amendoim m.

monkey wrench n chave f inglesa.

mono ['mɒnəʊ] <> adj monofônico(-ca), mono inv. <> n inf [sound] som m mono.

monochrome ['mɒnəkrəʊm] adj [TV, photograph] monocromo(ma).

monocle ['mɒnəkl] n monóculo m.

monologue, monolog US ['mɒnəlɒg] n THEATRE monólogo m.

monopolize, -ise [mə'nɒpəlaɪz] vt monopolizar.

monopoly [mə'nɒpəlɪ] (pl -ies) n monopólio m.

monotone ['mɒnətəʊn] n: he speaks in a ~ ele fala com uma voz monótona.

monotonous [mə'nɒtənəs] adj [voice, job, life] monótono(na).

monotony [mə'nɒtənɪ] n (U) monotonia f.

monsoon [mɒn'suːn] n [rainy season] monção f.

monster ['mɒnstəʳ] n monstro m.

monstrosity [mɒn'strɒsətɪ] (pl -ies) n monstruosidade f.

monstrous ['mɒnstrəs] adj -1. [appalling] espantoso(sa) -2. [hideous] monstruoso(sa) -3. [very large] gigantesco(ca).

Mont Blanc [mɒnt] n Monte m Branco.

month [mʌnθ] n mês m.

monthly ['mʌnθlɪ] (pl -ies) <> adj mensal. <> adv mensalmente. <> n [publication] revista f mensal.

Montreal [mɒntrɪ'ɔːl] n Montreal; **in ~** em Montreal.

monument ['mɒnjʊmənt] n monumento m.

monumental [ˌmɒnjʊ'mentl] adj **-1.** [gen] monumental **-2.** [extremely bad] descomunal.

moo [muː] (pl **-s**) <> n mugido m. <> vi mugir.

mood [muːd] n [state of feelings] humor m; **in a (bad) ~** de mau humor; **in a good ~** de bom humor.

moody ['muːdɪ] (compar **-ier**, superl **-iest**) adj pej **-1.** [changeable] temperamental, de humor variável **-2.** [bad-tempered] mal-humorado(da).

moon [muːn] n lua f.

moonlight ['muːnlaɪt] (pt & pp **-ed**) n (U) luar m, luz f da lua. <> vi inf [have second job] ter um trabalho extra.

moonlighting ['muːnlaɪtɪŋ] n (U) [illegal work] trabalho m extra, bico m.

moonlit ['muːnlɪt] adj enluarado(da).

moor [mɔː'] vt & vi atracar, ancorar.

moorland ['mɔːlənd] n (U) esp UK charneca f.

moose [muːs] (pl inv) n [North American] alce m.

mop [mɒp] (pt & pp **-ped**, cont **-ping**) <> n **-1.** [for cleaning] esfregão m **-2.** inf [of hair] mecha f. <> vt **-1.** [floor] esfregar, passar o esfregão em **-2.** [brow, face] enxugar.

mop up vt sep **-1.** [clean up] limpar (com esfregão) **-2.** fig [clear away] eliminar.

mope [məʊp] vi pej lastimar-se.

moped ['məʊped] n bicicleta f motorizada.

moral ['mɒrəl] <> adj moral. <> n [lesson] moral f.

morals npl [principles] princípios mpl.

morale [mə'rɑːl] n (U) moral m.

morality [mə'rælɪtɪ] (pl **-ies**) n moralidade f.

morass [mə'ræs] n [mass] emaranhado m, confusão f.

morbid ['mɔːbɪd] adj [unhealthy] mórbido(da).

more [mɔː'] <> adj **-1.** [a larger amount of] mais; **there are ~ tourists than usual** há mais turistas que o normal. **-2.** [additional] mais; **is there any ~ cake?** tem mais bolo?; **I'd like two ~ bottles** queria mais duas garrafas; **there's no ~ wine** já não tem mais vinho. <> adv **-1.** [in comparatives] mais; **it's ~ difficult than before** é mais difícil do que antes; **speak ~ clearly** fale de forma mais clara; **we go there ~ often now** agora vamos lá mais freqüentemente. **-2.** [to a greater degree] mais; **we ought to go to the movies ~** devíamos ir mais vezes ao cinema. **-3.** [in phrases]: **once ~** mais uma vez; **we'd be ~ than happy to help** teríamos muito prazer em ajudar.

more and more adv, adj & pron cada vez mais.

more or less adv mais o menos.

moreover [mɔː'rəʊvə'] adv fml além disso.

morgue [mɔːg] n [mortuary] necrotério m.

Mormon ['mɔːmən] n mórmon mf.

morning ['mɔːnɪŋ] n **-1.** [first part of day] manhã f; **in the ~** [before lunch] de OR pela manhã; [tomorrow morning] pela manhã **-2.** [between midnight and noon] manhã f.

mornings adv US de manhã.

Moroccan [mə'rɒkən] <> adj marroquino(na). <> n marroquino m, -na f.

Morocco [mə'rɒkəʊ] n Marrocos.

moron ['mɔːrɒn] n inf [stupid person] idiota mf, imbecil mf.

morose [mə'rəʊs] adj melancólico(ca).

morphing n morphing m.

morphine ['mɔːfiːn] n (U) morfina f.

Morse (code) [mɔːs-] n (U) código m Morse.

morsel ['mɔːsl] n pedacinho m.

mortal ['mɔːtl] <> adj mortal. <> n mortal mf.

mortality [mɔː'tælɪtɪ] n (U) mortalidade f.

mortar ['mɔːtə'] n **-1.** (U) [cement mixture] argamassa f **-2.** [gun] morteiro m **-3.** [bowl] almofariz m.

mortgage ['mɔːgɪdʒ] <> n hipoteca f. <> vt hipotecar.

mortified ['mɔːtɪfaɪd] adj mortificado(da).

mortify vt mortificar.

mortuary ['mɔːtʃʊərɪ] (pl **-ies**) n necrotério m.

mosaic [mə'zeɪɪk] n mosaico m.

Moscow ['mɒskəʊ] n Moscou; **in ~** em Moscou.

Moslem ['mɒzləm] adj & n = Muslim.

mosque [mɒsk] n mesquita f.

mosquito [mə'skiːtəʊ] (pl **-es** OR **-s**) n mosquito m.

moss [mɒs] n (U) musgo m.

most [məʊst] <> adj (superl of many & much) **-1.** [the majority of] a maioria de; **~ people** a maioria das pessoas **-2.** [largest amount of]: **(the) ~** mais; **who's got (the) ~ money?** quem é que tem mais dinheiro?; **what gave me (the) ~ satisfaction was ...** o que me deu a maior satisfação foi ... <> pron **-1.** [the majority] a maioria; **~ of** a maioria de; ~ **of the time** a maior parte do tempo **-2.** [largest amount]: **(the)** ~ o máximo; **at** ~ no máximo **-3.** *phr*: **to make the** ~ **of** sthg tirar o máximo de algo. ◇ *adv* **-1.** [to the greatest extent]: **what I like (the)** ~ o que eu mais gosto **-2.** *fml* [very] muito; ~ **certainly** com toda a certeza **-3.** *US* [almost] quase.

mostly ['məʊstlɪ] *adv* **-1.** [in the main] principalmente **-2.** [usually] normalmente.

MOT *n* (*abbr of* Ministry of Transport (test)) *vistoria anual obrigatória realizada pelo Ministério dos Transportes britânico em carros com mais de 3 anos de fabricação.*

motel [məʊ'tel] *n* hotel *m* de beira de estrada.

moth [mɒθ] *n* **-1.** *ZOOL* mariposa *f* **-2.** [in clothes] traça *f*.

mothball ['mɒθbɔːl] *n* (bola de) naftalina *f*.

mother ['mʌðə^r] ◇ *n* mãe *f* ◇ *vt pej* [spoil] mimar.

mother-in-law (*pl* mothers-in-law OR mother-in-laws) *n* sogra *f*.

motherly ['mʌðəlɪ] *adj* maternal, materno(na).

mother-of-pearl *n (U)* madrepérola *f*.

mother-to-be (*pl* mothers-to-be) *n* futura mãe *f*.

mother tongue *n* língua *f* materna.

motif [məʊ'tiːf] *n* motivo *m*.

motion ['məʊʃn] ◇ *n* **-1.** *(U)* [process of moving] movimento *m*; **to set sthg in** ~ colocar algo em marcha **-2.** [proposal] proposta *f*. ◇ *vt*: **to** ~ **sb to do** sthg fazer sinal para alguém fazer algo. ◇ *vi*: **to** ~ **to sb** fazer sinal *(com a mão)* para alguém.

motionless ['məʊʃnlɪs] *adj* imóvel.

motion picture *n US* filme *m*.

motivated ['məʊtɪveɪtɪd] *adj* motivado(da).

motivation [ˌməʊtɪ'veɪʃn] *n* **-1.** [cause] razão *f* **-2.** *(U)* [sense of purpose] motivação *f*.

motive ['məʊtɪv] *n* motivo *m*, razão *f*.

motley ['mɒtlɪ] *adj pej* heterogêneo(nea).

motor ['məʊtə^r] ◇ *adj UK* [relating to cars - industry, accident] automobilístico(ca); [- mechanic] de automóveis. ◇ *n* [engine] motor *m*.

motorbike ['məʊtəbaɪk] *n* moto *f*.

motorboat ['məʊtəbəʊt] *n* barco *m* a motor.

motorcar ['məʊtəkɑː^r] *n UK fml* automóvel *m*.

motorcycle ['məʊtəˌsaɪkl] *n* motocicleta *f*.

motorcyclist ['məʊtəˌsaɪklɪst] *n* motociclista *mf*.

motoring ['məʊtərɪŋ] ◇ *adj UK* automobilístico(ca); ~ **offence** infração *f* de trânsito. ◇ *n (U) dated* automobilismo *m*.

motorist ['məʊtərɪst] *n* motorista *mf*.

motor racing *n (U)* corrida *f* automobilística.

motor scooter *n* lambreta *f*.

motor vehicle *n* veículo *m* motorizado.

motorway ['məʊtəweɪ] *n UK* autoestrada *f*.

mottled ['mɒtld] *adj* com manchas, pintado(da).

motto ['mɒtəʊ] (*pl* -s OR -es) *n* [maxim] lema *m*.

mould, mold *US* [məʊld] ◇ *n* **-1.** *(U)* BOT mofo *m* **-2.** [shape] fôrma *f*, molde *m*. ◇ *vt* **-1.** [influence] moldar **-2.** [shape physically] moldar, modelar.

moulding, molding *US* ['məʊldɪŋ] *n* [decoration] cornija *f*.

mouldy, moldy *US* (*compar* -ier, *superl* -iest) ['məʊldɪ] *adj* mofado(da).

moult, molt *US* [məʊlt] *vi* **-1.** [bird] trocar as penas **-2.** [dog] trocar o pêlo.

mound [maʊnd] *n* **-1.** [small hill] morro *m* **-2.** [untidy pile] montanha *f*.

mount [maʊnt] ◇ *n* **-1.** [support, frame] moldura *f* **-2.** [horse, pony] montaria *f* **-3.** [mountain] monte *m*. ◇ *vt* **-1.** [climb onto] montar **-2.** *fml* [climb up] subir **-3.** [organize] montar **-4.** [photograph] emoldurar **-5.** [trophy] pôr em posição de destaque **-6.** [jewel] engastar. ◇ *vi* **-1.** [increase] aumentar **-2.** [climb on horse] montar.

mountain ['maʊntɪn] *n* [gen] montanha *f*.

mountain bike *n* mountain bike *f*.

mountaineer [ˌmaʊntɪ'nɪə^r] *n* montanhista *mf*, alpinista *mf*.

mountaineering [ˌmaʊntɪ'nɪərɪŋ] *n (U)* montanhismo *m*, alpinismo *m*.

mountainous ['maʊntɪnəs] *adj* [full of mountains] montanhoso(sa).

mourn [mɔːn] ◇ *vt* **-1.** [the loss of] lamentar **-2.** [the death of] lamentar a morte de. ◇ *vi*: **to** ~ **for sb** fazer luto por alguém.

mourner ['mɔːnə^r] *n* enlutado *m*, -da *f*.

mournful ['mɔːnfʊl] *adj* lamuriento(ta), desolado(da).

mourning ['mɔːnɪŋ] *n* **-1.** [period] luto *m* **-2.** [clothes] traje *m* de luto; **in** ~ em luto.

mouse [maʊs] (*pl* mice) *n* **-1.** [animal] camundongo *m* **-2.** COMPUT mouse *m*.

mouse mat, mouse pad *n* COMPUT mouse pad *m*.

mousetrap ['maʊstræp] n ratoeira f.

mousse [muːs] n -1. [food] musse f - 2. [for hair] mousse m.

moustache UK [mə'stɑːʃ], **mustache** US ['mʌstæʃ] n bigode m.

mouth [n maʊθ] n -1. ANAT boca f - 2. [entrance - of cave, hole] boca f; [- of river] foz f.

mouthful ['maʊθfʊl] n [amount - of food] bocado m; [- of water] gole m.

mouthorgan ['maʊθ,ɔːgən] n harmônica f, gaita-de-boca f.

mouthpiece ['maʊθpiːs] n -1. [of object] bocal m - 2. [spokesperson] porta-voz mf.

mouth ulcer n úlcera f bucal.

mouthwash ['maʊθwɒʃ] n antiséptico m bucal.

mouth-watering [-,wɔːtərɪŋ] adj de dar água na boca.

movable ['muːvəbl] adj móvel.

move [muːv] ◇ n -1. [movement] movimento m; **to get a ~ on** inf apressar-se - 2. [change] mudança f - 3. [in board game - turn to play] vez f; [- action] jogada f - 4. [course of action] medida f. ◇ vt -1. [shift] mudar, mexer; **to ~ the car** tirar o carro - 2. [change - job, office] mudar de; [- house] mudar-se de - 3. [affect emotionally] tocar, comover - 4. [in debate]: **to ~ that ...** sugerir que ... - 5. fml [cause]: **to ~ sb to do sthg** impelir alguém a fazer algo. ◇ vi -1. [shift] mover-se, mexer-se - 2. [act] agir - 3. [to new house, job] mudar-se.
◆ **move about** vi -1. [fidget] remexer-se, ir de lá para cá - 2. [travel] viajar.
◆ **move along** ◇ vt sep circular. ◇ vi continuar andando.
◆ **move around** vi = move about.
◆ **move away** vi -1. [go in opposite direction] afastar-se - 2. [live elsewhere] ir-se embora.
◆ **move in** vi -1. [to new house] instalar-se - 2. [take control, attack] preparar-se para o ataque.
◆ **move on** vi -1. [after stopping] prosseguir - 2. [in discussion] passar para outro tema.
◆ **move out** vi [from house] mudar-se.
◆ **move over** vi chegar mais para lá/cá.
◆ **move up** vi [on seat] chegar mais para lá/cá.

moveable adj = movable.

movement ['muːvmənt] n -1. [gen] movimento m - 2. [transportation] movimentação f.

movie ['muːvɪ] n esp US filme m.

movie camera n câmara f cinematográfica.

moving ['muːvɪŋ] adj -1. [touching] to-

cante, comovente - 2. [not fixed] móvel.

mow [məʊl] (pt -ed, pp -ed OR mown) vt [cut - grass, lawn] cortar; [- corn, wheat] ceifar.
◆ **mow down** vt sep dizimar.

mower ['məʊəˈ] n [machine] ceifadeira f.

mown [məʊn] pp ▷ mow.

MP n -1. (abbr of **Member of Parliament**) membro do Parlamento Britânico - 2. (abbr of **Military Police**) polícia militar, ≃ PE f.

MP3 (abbr of **MPEG-1 Audio Layer-3**) n COMPUT MP3 m.

MPEG (abbr of **Moving Pictures Expert Group**) n COMPUT MPEG m.

mpg (abbr of **miles per gallon**) n milhas fpl por galão.

mph (abbr of **miles per hour**) n milhas fpl por hora.

Mr ['mɪstəˈ] (abbr of **Mister**) n Sr.

Mrs ['mɪsɪz] (abbr of **Missus**) n Sra.

Ms [mɪz] n abreviatura usada diante do nome de mulher quando não se quer especificar seu estado civil, válida para senhora ou senhorita.

MS n (abbr of **multiple sclerosis**) esclerose f múltipla.

MSc (abbr of **Master of Science**) n (titular de) mestrado em ciências.

much [mʌtʃ] (compar more, superl most) ◇ adj muito(ta); **as ~ (...) as** tanto (...) quanto; **how ~ ...?** quanto ...?; **too ~ ...** demais. ◇ pron muito; **how ~ have you got?** quanto você tem?; **I don't think ~ of it** não me parece grande coisa; **as ~ as** tanto quanto; **how ~?** quanto?; **too ~** demais; **this isn't ~ of a party** essa festa não está grande coisa; **I'm not ~ of a cook** não sou um grande cozinheiro; **so ~ for my hard work!** tanto desgaste por meu trabalho!; **I thought as ~** já imaginava. ◇ adv muito; **thank you very ~** muito obrigado(da); **it's ~ too cold** está frio demais; **it's ~ the same** é praticamente a mesma coisa; **'what did you think of the film?' - 'not ~'** 'o que você achou do filme?' - 'não gostei muito'; **he's not so ~ stupid as lazy** ele é muito mais preguiçoso que bobo; **too ~** demais; **without so ~ as ...** sem nem sequer ...; **~ as** (exatamente) como; **nothing ~** nada de mais.

muck [mʌk] n inf -1. [dirt] sujeira f - 2. [manure] esterco m.
◆ **muck about, muck around** UK inf ◇ vt sep fazer perder tempo. ◇ vi fazer cera.
◆ **muck up** vt sep UK inf estragar.

mucky ['mʌkɪ] (compar -ier, superl -iest) adj inf sujo(ja).

must

mucus ['mju:kəs] *n (U)* muco *m*.

mud [mʌd] *n (U)* lama *f*, barro *m*.

muddle ['mʌdl] ⬦ *n* -**1**. [disorder] desordem *f* -**2**. [confusion] confusão *f*. ⬦ *vt* -**1**. [put into disorder] desordenar -**2**. [confuse] confundir, misturar.
◆ **muddle along** *vi* prosseguir de forma confusa.
◆ **muddle through** *vi* conseguir de qualquer jeito.
◆ **muddle up** *vt sep* misturar.

muddy ['mʌdɪ] (*compar* -**ier**, *superl* -**iest**, *pt* & *pp* -**ied**) ⬦ *adj* [covered with mud - floor, boots] embarrado(da); [- river] lamacento(ta). ⬦ *vt fig* [issue, situation] complicar.

mudguard ['mʌdgɑ:d] *n* pára-lama *m*.

mud-slinging *n (U) fig* difamação *f*.

muesli ['mju:zlɪ] *n UK* granola *f*.

muff [mʌf] ⬦ *n* [for hands] regalo *m*; [for ears] protetor *m* de orelhas (*contra o frio*). ⬦ *vt inf* perder.

muffin ['mʌfɪn] *n* -**1**. *UK* [bread roll] *pãozinho redondo e chato que se come quente com manteiga* -**2**. *US* [cake] bolinho *m* doce com frutas/chocolate.

muffle ['mʌfl] *vt* [quieten] abafar.

muffler ['mʌflə^r] *n US* [for car] silenciador *m*.

mug [mʌg] (*pt* & *pp* -**ged**, *cont* -**ging**) ⬦ *n* -**1**. caneca *f* -**2**. *inf* [fool] tolo *m*, -la *f*. ⬦ *vt* [attack and rob] assaltar.

mugging ['mʌgɪŋ] *n* assalto *m*.

muggy ['mʌgɪ] (*compar* -**ier**, *superl* -**iest**) *adj* mormacento(ta), quente e úmido(da).

mule [mju:l] *n* -**1**. [animal] mula *f* -**2**. [slipper] tamanco *m*.

mull [mʌl] ◆ **mull over** *vt sep* refletir sobre.

mullah ['mʌlə] *n* mulá *m*.

mulled [mʌld] *adj*: ~ **wine** quentão *m*.

multicoloured *UK*, **multicolored** *US* [ˌmʌltɪ'kʌləd] *adj* multicor.

multilateral [ˌmʌltɪ'lætərəl] *adj* multilateral.

multilingual *adj* multilíngüe.

multinational [ˌmʌltɪ'næʃənl] *n* multinacional *f*.

multiple ['mʌltɪpl] ⬦ *adj* múltiplo(pla). ⬦ *n MATH* múltiplo *m*.

multiple sclerosis [-sklɪ'rəʊsɪs] *n (U)* esclerose *f* múltipla.

multiplex cinema ['mʌltɪpleks-] *n* cinema *m* multi-salas, cinema *m* multiplex.

multiplication [ˌmʌltɪplɪ'keɪʃn] *n* multiplicação *f*.

multiplication table *n* tabuada *f*.

multiply ['mʌltɪplaɪ] (*pt* & *pp* -**ied**) ⬦ *vt* multiplicar. ⬦ *vi* -**1**. *MATH* multipli-car -**2**. [increase] multiplicar-se.

multi-storey *UK*, **multistory** *US* ⬦ *adj* com muitos andares. ⬦ *n* edifício-garagem *m*.

multitude ['mʌltɪtju:d] *n* -**1**. [large number] multiplicidade *f* -**2**. [crowd] multidão *f*.

mum [mʌm] *UK inf* ⬦ *n* [mother] mamãe *f*. ⬦ *adj*: **to keep** ~ não dar um pio.

mumble ['mʌmbl] *vt* & *vi* murmurar.

mummy ['mʌmɪ] (*pl* -**ies**) *n* -**1**. *UK* [mother] mamãe *f*, mãe *f* -**2**. [preserved body] múmia *f*.

mumps [mʌmps] *n (U)* caxumba *f*.

munch [mʌntʃ] *vt* & *vi* mascar.

mundane [mʌn'deɪn] *adj* trivial.

municipal [mju:'nɪsɪpl] *adj* municipal.

municipality [mju:ˌnɪsɪ'pælətɪ] (*pl* -**ies**) *n* [city, district] município *m*.

mural ['mjuːərəl] *n* (pintura *f*) mural *m*.

murder ['mɜ:də^r] ⬦ *n* assassinato *m*. ⬦ *vt* assassinar.

murderer ['mɜ:dərə^r] *n* assassino *m*.

murderous ['mɜ:dərəs] *adj* assassino(na), homicida.

murky ['mɜ:kɪ] (*compar* -**ier**, *superl* -**iest**) *adj* -**1**. [gen] sombrio(bria) -**2**. [water] turvo(va).

murmur ['mɜ:mə^r] ⬦ *n* -**1**. [low sound] murmúrio *m* -**2**. *MED* [of heart] sopro *m*. ⬦ *vt* & *vi* murmurar.

muscle ['mʌsl] *n* -**1**. músculo *m* -**2**. *(U) fig* [power] poder *m*.
◆ **muscle in** *vi* intrometer-se.

muscular ['mʌskjʊlə^r] *adj* -**1**. [of muscles] muscular -**2**. [strong] musculoso(sa).

muse [mju:z] ⬦ *n* [source of inspiration] musa *f*. ⬦ *vi* meditar, refletir.

museum [mju:'zi:əm] *n* museu *m*.

mushroom ['mʌʃrʊm] ⬦ *n* cogumelo *m*. ⬦ *vi* [grow quickly] expandir-se rapidamente.

music ['mju:zɪk] *n* -**1**. [gen] música *f* -**2**. [written set of notes] partitura *f*.

musical ['mju:zɪkl] ⬦ *adj* -**1**. [relating to music] [melodious] musical -**2**. [talented in music] com talento para música. ⬦ *n* musical *m*.

musical instrument *n* instrumento *m* musical.

music centre *n* [machine] aparelho *m* de som.

music hall *n UK* -**1**. [theatre] sala *f* de espetáculo -**2**. *(U)* [variety entertainment] teatro *m* de variedades.

musician [mju:'zɪʃn] *n* músico *m*, -ca *f*.

Muslim ['mʊzlɪm] ⬦ *adj* muçulmano(na). ⬦ *n* muçulmano *m*, -na *f*.

muslin ['mʌzlɪn] *n (U)* musselina *f*.

mussel ['mʌsl] *n* mexilhão *m*.

must [mʌst] ⬦ *modal vb* -**1**. [have to]

dever, ter que; **I ~ go** eu preciso ir **- 2.** [intend to] ter que **- 3.** [as suggestion] precisar, ter que **- 4.** [to express likelihood] dever. ◇ *n (U) inf* [necessity]: **the film is a ~** você tem que ver o filme.

mustache *n US* = moustache.

mustard ['mʌstəd] *n (U)* mostarda *f.*

muster ['mʌstə'] ◇ *vt* **- 1.** [assemble] reunir **- 2.** [summon - strength, energy] juntar; [- support] reunir. ◇ *vi* reunir-se.

mustn't ['mʌsnt] = must not.

must've ['mʌstəv] = must have.

musty ['mʌstɪ] (*compar* **-ier**, *superl* **-iest**) *adj* **- 1.** [gen] mofado(da) **- 2.** [smell] com cheiro de mofo.

mute [mju:t] ◇ *adj* mudo(da). *n* [person who cannot speak] mudo *m*, -da *f.*

muted ['mju:tɪd] *adj* **- 1.** [soft] suave **- 2.** [less strong - reaction] discreto(ta); [- feelings] contido(da).

mutilate ['mju:tɪleɪt] *vt* mutilar.

mutiny ['mju:tɪnɪ] (*pl* **-ies**, *pt & pp* **-ied**) ◇ *n* motim *m.* ◇ *vi* amotinar-se.

mutter ['mʌtə'] ◇ *vt* murmurar. ◇ *vi* resmungar; **to ~ to sb** sussurrar para alguém.

mutton ['mʌtn] *n (U)* (carne *f* de) carneiro *m.*

mutual ['mju:tʃuəl] *adj* **- 1.** [reciprocal] mútuo(tua) **- 2.** [common] comum.

mutually ['mju:tʃjuəlɪ] *adv* [reciprocally] mutuamente.

muzzle ['mʌzl] ◇ *n* **- 1.** [dog's nose and jaws] focinho *m* **- 2.** [wire guard] focinheira *f* **- 3.** [of gun] boca *f.* ◇ *vt* **- 1.** [put guard on] colocar focinheira em **- 2.** *fig* [silence] amordaçar.

MW (*abbr of* medium wave) onda *f* média.

my [maɪ] *poss adj* meu (minha); **~ books** os meus livros; **~ name is Joe** o meu nome é Joe.

myriad ['mɪrɪəd] *literary* ◇ *adj* incontável. ◇ *n* miríade *f.*

myself [maɪ'self] *pron* **- 1.** *(reflexive)* me; **I hurt ~** machuquei-me **- 2.** *(after prep)* mim **- 3.** *(stressed)* eu mesmo (eu mesma); **I did it ~** eu mesmo o fiz.

mysterious [mɪ'stɪərɪəs] *adj* misterioso(sa).

mystery ['mɪstərɪ] (*pl* **-ies**) *n* mistério *m.*

mystical ['mɪstɪkl] *adj* [spiritual] místico(ca).

mystified ['mɪstɪfaɪd] *adj* [puzzled] perplexo(xa), desconcertado(da).

mystifying ['mɪstɪfaɪɪŋ] *adj* [puzzling] desconcertante.

mystique [mɪ'sti:k] *n (U)* mística *f.*

myth [mɪθ] *n* mito *m.*

mythical ['mɪθɪkl] *adj* **- 1.** [imaginary]

mítico(ca) **- 2.** [untrue] falso(sa).

mythology [mɪ'θɒlədʒɪ] (*pl* **-ies**) *n* **- 1.** *(U)* [collection of myths] mitologia *f* **- 2.** [set of false beliefs] mito *m.*

N

n (*pl* **n's** OR **ns**), **N** (*pl* **N's** OR **Ns**) [en] *n* [letter] n, N *m.*

➤ **N** (*abbr of* north) N.

n/a, N/A - 1. (*abbr of* not applicable) não-aplicável **- 2.** (*abbr of* not available) n/d.

nab [næb] (*pt & pp* **-bed**, *cont* **-bing**) *vt inf* **- 1.** [arrest] pegar **- 2.** [claim quickly] pegar rapidamente.

nag [næg] (*pt & pp* **-ged**, *cont* **-ging**) ◇ *n inf UK* [horse] rocim *m.* ◇ *vt* [pester, find fault with] incomodar; **to ~ sb to do sthg/into doing sthg** incomodar alguém para fazer algo.

nagging ['nægɪŋ] *adj* **- 1.** [thought, doubt, pain] perturbador(ra), persistente **- 2.** [person] briguento(ta).

nail [neɪl] ◇ *n* **- 1.** [for fastening] prego *m* **- 2.** [of finger, toe] unha *f.* ◇ *vt* [fasten]: **to ~ sthg to sthg** pregar algo em algo.

➤ **nail down** *vt sep* **- 1.** [fasten] pregar **- 2.** *fig* [person]: **to ~ sb down to a date** pressionar alguém a fixar uma data.

nail brush *n* escova *f* de unhas.

nail clippers *npl* cortador *m* de unhas.

nail file *n* lixa *f* de unha.

nail polish *n (U)* esmalte *m* de unhas.

nail scissors *npl* tesoura *f* para unhas.

nail varnish *n (U)* esmalte *m* de unhas.

nail varnish remover [-rɪ'mu:və'] *n (U)* removedor *m* de esmalte.

naive, naïve [naɪ'i:v] *adj* ingênuo(nua).

naked ['neɪkɪd] *adj* **- 1.** [nude] nu (nua), pelado(da) **- 2.** [exposed] descoberto(ta); **~ truth** verdade *f* nua e crua; **~ flame** chama *f* sem proteção; **with the ~ eye** a olho nu **- 3.** [obvious, blatant - emotions] óbvio(via); [- aggression] aberto(ta).

name [neɪm] ◇ *n* nome *m*; **what's your ~?** como você se chama?; **by ~** pelo nome; **in the ~ of** em nome de; **in my/his ~** em meu/seu nome; **to call sb ~s** chamar alguém de tudo. ◇ *vt* **- 1.** [christen] batizar; **to ~ sb after sb** *UK*, **to ~ sb for sb** *US* dar nome a alguém em homenagem a alguém; **to ~ sthg after sthg** *UK*, **to ~ sthg for sthg** *US* dar um nome a algo em homenagem a algo **-2.** [reveal identity of] dizer o nome de **-3.** [choose] escolher.

nameless ['neɪmlɪs] *adj* **-1.** [unknown - person] anônimo(ma); [- disease] desconhecido(da) **- 2.** [indescribable] indescritível.

namely ['neɪmlɪ] *adv* a saber.

namesake ['neɪmseɪk] *n* [with same name] xará *mf*.

nanny ['nænɪ] (*pl* -ies) *n* [childminder] babá *f*.

nap [næp] (*pt* & *pp* -ped, *cont* -ping) <> *n* [sleep] soneca *f*, cochilo *m*; **to take** OR **have a ~** tirar uma soneca OR um cochilo. <> *vi* [sleep] cochilar; **to be caught napping** *inf* ser pego de surpresa.

nape [neɪp] *n*: **~ (of the neck)** nuca *f*.

napkin ['næpkɪn] *n* [serviette] guardanapo *m*.

nappy ['næpɪ] (*pl* -ies) *n UK* fralda *f*.

nappy liner *n* espécie de papel descartável que mantém o bebê seco quando o restante da fralda está molhada.

narcissi [nɑːˈsɪsaɪ] *pl* ▷ **narcissus**.

narcissus [nɑːˈsɪsəs] (*pl* -**cissuses** OR -**cissi**) *n* narciso *m*.

narcotic [nɑːˈkɒtɪk] *n* narcótico *m*.

narrative ['nærətɪv] <> *adj* narrativo(va). <> *n* narrativa *f*.

narrator [UK nəˈreɪtəʳ, US ˈnæreɪtər] *n* [speaker] narrador *m*, -ra *f*.

narrow ['nærəʊ] <> *adj* **-1.** [thin, not wide] estreito(ta) **- 2.** [limited, restricted] limitado(da) **- 3.** [marginal, close - victory, majority] apertado(da); [- escape]: **to have a ~ escape** escapar por um triz. <> *vt* **-1.** [eyes] apertar **-2.** [difference] diminuir, reduzir. <> *vi* **-1.** [road, river] estreitar-se **-2.** [eyes] estreitar-se **-3.** [difference] diminuir, reduzir.

◆ **narrow down** *vt sep* [restrict] diminuir, reduzir.

narrowly ['nærəʊlɪ] *adv* **-1.** [win, lose, miss] por muito pouco **-2.** [escape, miss] por um triz.

narrow-minded [-ˈmaɪndɪd] *adj* de visão limitada.

nasal ['neɪzl] *adj* nasal.

nasty ['nɑːstɪ] (*compar* -ier, *superl* -iest) *adj* **-1.** [unkind, unpleasant] mal-intencionado(da) **-2.** [disgusting, unattractive] horrível, desagradável; **cheap and ~** barato(ta) e de mau gosto **-3.** [tricky] complicado(da) **- 4.** [serious - injury, disease] sério(ria); [- fall, accident] feio (feia).

nation ['neɪʃn] *n* [country] nação *f*.

national ['næʃənl] <> *adj* nacional. <> *n* cidadão *m*, -dã *f*.

national anthem *n* hino *m* nacional.

national curriculum *n*: **the ~** o currículo nacional do ensino na Inglaterra e no País de Gales.

national dress *n* (U) roupas *fpl* típicas (de um país).

National Front *n UK* Frente *f* Nacional, partido político minoritário de extrema direita na GrãBretanha.

National Health Service *n* (U) *UK*: **the ~** o Serviço Nacional de Saúde, órgão britânico gestor da saúde pública.

National Insurance *n* (U) *UK* **-1.** [system] ≃ Instituto Nacional de Seguro Social **- 2.** [payments] contribuição *f* para a previdência social.

nationalism ['næʃnəlɪzm] *n* (U) nacionalismo *m*.

nationalist ['næʃnəlɪst] <> *adj* [pro-independence] nacionalista. <> *n* [supporter of independence movement] nacionalista *mf*.

nationality [ˌnæʃəˈnælətɪ] (*pl* -ies) *n* nacionalidade *f*.

nationalize, -ise ['næʃnəlaɪz] *vt* [company, industry] nacionalizar.

national park *n* parque *m* nacional.

national service *n* (U) *UK* MIL serviço *m* militar.

National Trust *n* (U) *UK*: **the ~** organização britânica que promove a preservação o o acesso público a edifícios de interesse histórico ou arquitetônico e a locais de beleza natural, ≃ o Patrimônio Nacional.

nationwide ['neɪʃənwaɪd] <> *adj* em âmbito nacional. <> *adv* **-1.** [travel] por todo o país **-2.** [being shown] em todo o país **-3.** [being broadcast] para todo o país.

native ['neɪtɪv] <> *adj* **-1.** [country, area] natal **-2.** nativo(va); [- language] língua *f* materna; **~ to** nativo(va) de. <> *n* **-1.** [person born in area, country] natural *mf* **- 2.** *offensive* [original inhabitant] nativo *m*, -va *f*.

Nativity [nəˈtɪvətɪ] *n*: **the ~** a Natividade.

NATO ['neɪtəʊ] (*abbr of* **North Atlantic Treaty Organization**) *n* OTAN *f*.

natural ['nætʃrəl] *adj* **-1.** [gen] natural **- 2.** [inborn, instinctive] nato(ta).

natural gas *n* (U) gás *m* natural.

naturalize, -ise ['nætʃrəlaɪz] *vt* [make citizen] naturalizar; **to be ~d** naturalizar-se.

naturally ['nætʃrəlɪ] *adv* **- 1.** [as expected, understandably] naturalmente **-2.** [unaffectedly] com naturalidade **-3.** [instinctively] por natureza.

natural wastage n demissão f voluntária.

natural yoghurt n iogurte m natural.

nature ['neɪtʃər] n natureza f; **by** ~ por natureza.

nature reserve n reserva f natural.

naughty ['nɔːtɪ] (compar -ier, superl -iest) adj -1. [badly behaved] malcriado(-da) -2. [rude, indecent] obsceno(na), atrevido(da).

nausea ['nɔːsjə] n (U) náusea f.

nauseam ['nɔːzɪæm] ⊳ ad nauseam.

nauseating ['nɔːsɪeɪtɪŋ] adj -1. [sickening] enjoativo(va) -2. fig [disgusting] repugnante.

nautical ['nɔːtɪkl] adj náutico(ca).

naval ['neɪvl] adj naval.

nave [neɪv] n nave f (da igreja).

navel ['neɪvl] n umbigo m.

navigate ['nævɪgeɪt] ⋄ vt -1. [steer - plane] pilotar; [- ship] comandar -2. [travel safely across] navegar por. ⋄ vi -1. [ship] comandar -2. [car] ser co-piloto(-ta) -3. [plane] pilotar.

navigation [ˌnævɪ'geɪʃn] n (U) [piloting, steering - plane] pilotagem f; [- ship] navegação.

navigator ['nævɪgeɪtər] n -1. [on a ship] navegador m, -ra f -2. [on a plane] comandante mf.

navvy ['nævɪ] (pl -ies) n UK inf operário m (em escavações).

navy ['neɪvɪ] (pl -ies) ⋄ adj [in colour] azul-marinho. ⋄ n -1. [armed force] marinha f (de guerra) -2. = navy blue.

navy blue ⋄ adj azul-marinho. ⋄ n azul-marinho m.

Nazi ['nɑːtsɪ] (pl -s) ⋄ adj nazista. ⋄ n nazista mf.

NB (abbr of nota bene) NB.

near [nɪər] ⋄ adj -1. [in space] perto -2. [in time, relationship] próximo(ma); **in the** ~ **future** em breve; **the nearest thing to sthg** o mais próximo de algo -3. [almost happened] quase; **it was a** ~ **thing** faltou pouco. ⋄ adv -1. [in space] perto; **come** ~ **er!** chegue mais perto! -2. [in time] próximo(ma) -3. [almost] quase; **we're nowhere** ~ **finding a solution** não estamos nem perto de encontrar uma solução. ⋄ prep -1. : ~ **(to)** perto de; **phone** ~ **er the time** ligue quando chegar a hora -2. [on the point of]: ~ **(to)** à beira de -3. [similar to]: ~ **(to)** próximo(ma) de. ⋄ vt aproximar-se de. ⋄ vi aproximar-se.

nearby [nɪə'baɪ] ⋄ adj próximo(ma). ⋄ adv perto, nas redondezas.

nearly ['nɪəlɪ] adv [almost] quase; **I** ~ **cried** quase chorei; **not** ~ nem de longe; **not** ~ **enough** muito pouco

you don't make ~ **enough effort** você não se esforça o suficiente OR o bastante; **he doesn't study** ~ **enough** ele não estuda o suficiente.

near miss n [nearly a collision] quase-colisão f.

nearside ['nɪəsaɪd] n lado m oposto ao do condutor.

nearsighted [ˌnɪə'saɪtɪd] adj US míope.

neat [niːt] adj -1. [tidy] arrumado(da) -2. [skilful] hábil -3. [undiluted] puro(ra) -4. US inf [very good] ótimo(ma), maravilhoso(sa).

neatly ['niːtlɪ] adv -1. [tidily] com capricho -2. [skilfully] habilmente.

nebulous ['nebjʊləs] adj fml nebuloso(-sa).

necessarily [UK 'nesəsrəlɪ, ˌnesə'serəlɪ] adv inevitavelmente, necessariamente; **not** ~ não necessariamente.

necessary ['nesəsrɪ] adj -1. [required] necessário(ria) -2. [inevitable] inevitável.

necessity [nɪ'sesətɪ] (pl -ies) n necessidade f; **of** ~ por necessidade.

neck [nek] ⋄ n -1. ANAT pescoço m -2. [of shirt, dress] gola f -3. [of bottle] gargalo m. ⋄ vi inf agarrar-se.

➡ **neck and neck** adj -1. [horses] cabeça a cabeça -2. [competitors] emparelhado(da).

necklace ['neklɪs] n colar m.

neckline ['neklaɪn] n decote m.

necktie ['nektaɪ] n US gravata f.

nectarine ['nektərɪn] n [fruit] nectarina f.

need [niːd] ⋄ n necessidade f; ~ **for sthg** necessidade por algo; ~ **to do sthg** necessidade de fazer algo; **to be in** OR **have** ~ **of sthg** necessitar de algo; **if** ~ **be** se necessário for; **in** ~ em necessidade. ⋄ vt precisar de, necessitar de; **to** ~ **to do sthg** precisar fazer algo. ⋄ modal vb: ~ **we go?** precisamos ir mesmo?; **it** ~ **not happen** não tem que ser assim.

needle ['niːdl] ⋄ n agulha f. ⋄ vt inf alfinetar, importunar.

needless ['niːdlɪs] adj desnecessário(-ria); ~ **to say** ... desnecessário dizer que ...

needlework ['niːdlwɜːk] n (U) -1. [work produced] bordado m -2. [activity] costura f.

needn't ['niːdnt] = need not.

needy ['niːdɪ] (compar -ier, superl -iest) adj necessitado(da), carente.

negative ['negətɪv] ⋄ adj negativo(-va). ⋄ n -1. PHOT negativo m -2. LING negação f; **to answer in the** ~ dizer não.

neglect [nɪ'glekt] ⋄ n -1. [of duty]

não-cumprimento *m* -**2**. [of work, children] desleixo *m*, descuido *m*; **in a state of** ~ num estado de total abandono. <> *vt*-**1**. [not take care of] abandonar -**2**. [not do - duty] não cumprir com; [- work] não fazer; **to** ~ **to do sthg** deixar de fazer algo.

neglectful [nɪ'glektfʊl] *adj* negligente.

negligee ['neglɪʒeɪ] *n* chambre *m*.

negligence ['neglɪdʒəns] *n* (U) negligência *f*.

negligible ['neglɪdʒəbl] *adj* insignificante.

negotiate [nɪ'gəʊʃɪeɪt] <> *vt*-**1**. [obtain through negotiation] negociar -**2**. [get over] transpor -**3**. [get around - obstacle] contornar; [- bend] tomar. <> *vi* negociar; **to** ~ **with sb for sthg** negociar algo com alguém.

negotiation [nɪ,gəʊʃɪ'eɪʃn] *n (U)* [talking, discussion] negociação *f*.
➤ **negotiations** *npl* negociações *fpl*.

neigh [neɪ] *vi* relinchar.

neighbor *etc n US* = **neighbour** *etc*.

neighbour *UK*, **neighbor** *US* ['neɪbə[r]] *n* vizinho *m*, -nha *f*.

neighbourhood *UK*, **neighborhood** *US* ['neɪbəhʊd] *n* -**1**. [of town] vizinhança *f* -**2**. [approximate area]: **in the** ~ **of** [approximately] por volta de.

neighbouring *UK*, **neighboring** *US* ['neɪbərɪŋ] *adj* vizinho(nha).

neighbourly *UK*, **neighborly** *US* ['neɪbəlɪ] *adj* de boa vizinhança; **to be** ~ ser um bom vizinho.

neither ['naɪðə[r], 'niːðə[r]] <> *adj* nenhum(ma). <> *adv* nem; ~ **... nor ...** nem ... nem ...; **that's** ~ **here nor there** isso não importa. <> *pron* nenhum(ma) dos dois; ~ **of us** nenhum de nós dois. <> *conj*: ~ **do I** nem eu.

neon ['niːɒn] *n (U)* neônio *m*.

neon light *n* lâmpada *f OR* luz *f* de néon.

nephew ['nefjuː] *n* sobrinho *m*.

Neptune ['neptjuːn] *n* [planet] Netuno *m*.

nerd *n* pessoa estúpida e ridícula.

nerve [nɜːv] *n* -**1**. *ANAT* nervo *m* -**2**. [courage] coragem *f*; **to lose one's** ~ perder a coragem -**3**. [cheek] petulância *f*.
➤ **nerves** *npl* nervos *mpl*; **to get on sb's** ~**s** dar nos nervos de alguém.

nerve-racking [-,rækɪŋ] *adj* angustiante.

nervous ['nɜːvəs] *adj* nervoso(sa); **to be** ~ **of sthg/of doing sthg** ter medo de algo/de fazer algo; **to be** ~ **about sthg** ficar nervoso(sa) por algo.

nervous breakdown *n* crise *f* nervosa.

nest [nest] <> *n* -**1**. [gen] ninho *m* -**2**. [of ants] formigueiro *m* -**3**. [of wasps] vespeiro *m* -**4**. [of tables] conjunto *m*. <> *vi* [make a nest] fazer um ninho, aninhar-se.

nest egg *n* pé-de-meia *m*.

nestle ['nesl] *vi* -**1**. [make o.s. comfortable] aconchegar-se -**2**. [be sheltered] estar abrigado(da).

net [net] (*pt* & *pp* -**ted**, *cont* -**ting**) <> *adj* -**1**. [gen] líquido(da) -**2**. [final] final. <> *n* -**1**. [type of fabric] malha *f*. <> *vt* -**1**. [catch] enredar -**2**. *fig* [acquire because of skill] alcançar -**3**. [bring in as profit] render.
➤ **Net** *n*: **the Net** *COMPUT* a Rede.

netball ['netbɔːl] *n (U)* esporte feminino semelhante ao basquete, bola-ao-cesto *m*.

net curtains *npl* cortinas *fpl* de voile.

Netherlands ['neðələndz] *npl*: **the** ~ os Países Baixos.

netiquette ['netɪket] *n COMPUT* netiqueta *f*.

net profit *n* lucro *m* líquido.

net revenue *n* receita *f* líquida.

nett *adj* = **net**.

netting ['netɪŋ] *n (U)* -**1**. [of metal, plastic] tela *f* -**2**. [fabric] voile *m*.

nettle ['netl] *n* urtiga *f*.

network ['netwɜːk] <> *n* -**1**. [gen] rede *f* -**2**. [group of people] grupo *m*; **a** ~ **of contacts** uma rede de contatos. <> *vt* *RADIO* & *TV* [broadcast] transmitir em rede.

neurosis [,njʊə'rəʊsɪs] (*pl* -**ses** [-siːz]) *n* neurose *f*.

neurotic [,njʊə'rɒtɪk] <> *adj* [person] neurótico(ca). <> *n* neurótico *m*, -ca *f*.

neuter ['njuːtə[r]] <> *adj* -**1**. *GRAM* neutro(tra) -**2**. [sexless] castrado(da). <> *vt* castrar.

neutral ['njuːtrəl] <> *adj* -**1**. [non-allied] [pale grey-brown & *ELEC*] neutro(tra) -**2**. [inexpressive] indiferente -**3**. [colourless] incolor. <> *n* -**1**. *(U)* *AUT* ponto *m* morto -**2**. [*POL* - country] país *m* neutro; [- person] pessoa *f* neutra.

neutrality [nju'trælətɪ] *n (U)* *POL* neutralidade *f*.

neutralize, -ise ['njuːtrəlaɪz] *vt* [effects] neutralizar.

never ['nevə[r]] *adv* -**1**. [at no time] nunca; ~ **ever** jamais -**2**. *inf* [in surprise, disbelief] nunca; you ~ **did!** não (me diga)! -**3**. *phr*: **well I** ~! não acredito!

never-ending *adj* interminável.

nevertheless [,nevəðə'les] *adv* contudo, todavia.

new [njuː] *adj* novo(va); **as good as** ~ como se fosse novo.
➤ **news** *n (U)* -**1**. [information] notícia *f*;

the ~s as notícias; **a piece of** ~s uma notícia; **that's** ~s **to me** isto é novidade para mim **- 2.** *RADIO & TV* noticiário *m*.

newborn ['nju:bɔ:n] *adj* recém-nascido(da).

newcomer ['nju:,kʌmə*ʳ*] *n*: ~ **(to sthg)** novato *m*, -ta *f* (em algo); ~ **(to somewhere)** recém-chegado *m*, -da *f* (em algum lugar).

newfangled [,nju:'fæŋgld] *adj inf pej* modernoso(sa).

new-found *adj* recém-descoberto(ta); ~ **friend** amigo *m* recente.

newly ['nju:lɪ] *adv* recém-.

newly-weds *npl* recém-casados *mpl*, -das *fpl*.

new moon *n* lua *f* nova.

news agency *n* agência *f* de notícias.

newsagent *UK* ['nju:zeɪdʒənt], **newsdealer** *US* ['nju:zdi:lər] *n* [person] jornaleiro *m*, -ra *f*; ~**'s (shop)** banca *f* de jornais.

newscaster ['nju:zkɑ:stə*ʳ*] *n* **- 1.** [television] apresentador *m*, -ra *f* de jornal **- 2.** [radio] locutor(ra).

newsdealer *n US* = newsagent.

newsflash ['nju:zflæʃ] *n* plantão *m* de notícias.

newsgroup ['nju:zgru:p] *n COMPUT* grupo *m* de notícias.

newsletter ['nju:z,letə*ʳ*] *n* boletim *m* de notícias.

newspaper ['nju:z,peɪpə*ʳ*] *n* jornal *m*.

newsprint ['nju:zprɪnt] *n* (*U*) papel *m* jornal.

newsreader ['nju:z,ri:də*ʳ*] *n* **- 1.** [TV] apresentador *m*, -ra *f* de jornal **- 2.** [radio] locutor(ra).

newsreel ['nju:zri:l] *n* cinejornal *m*.

news-stand *n* banca *f* de revistas.

newt [nju:t] *n* tritão *m*.

new town *n UK* cidade *f* planejada.

New Year *n* Ano *m* Novo; **Happy** ~! Feliz Ano Novo!

New Year's Day *n* dia *m* de Ano Novo, primeiro *m* do ano.

New Year's Eve *n* véspera *f* de Ano Novo.

New York [-'jɔ:k] *n* **- 1.** [city] Nova Iorque; ~ **(City)** (cidade *f* de) Nova Iorque **- 2.** [state]: ~ **(State)** (Estado *m* de) Nova Iorque.

New Zealand [-'zi:lənd] *n* Nova Zelândia; **in** ~ na Nova Zelândia.

New Zealander [-'zi:ləndə*ʳ*] *n* neozelandês(esa).

next [nekst] ◇ *adj* **- 1.** [in time] próximo(ma); ~ **week** semana que vem; **the** ~ **week** na semana que vem; **the day after** ~ depois de amanhã; **the week after** ~ sem ser a próxima semana, na outra **- 2.** [in space - turning, page,

street] próximo(ma); [- room] ao lado. ◇ *adv* **- 1.** [afterwards] depois; **when are you** ~ **going to Brazil?** quando você irá novamente ao Brasil? **- 2.** [next time] da próxima vez (que); **when we** ~ **meet** da próxima vez que nos encontrarmos **- 3.** (*with superlatives*): ~ **best/biggest** o segundo melhor/maior. ◇ *prep US* ao lado de. ◇ *n* próximo *m*, -ma *f*.

◈ **next to** *prep* **- 1.** [physically near] ao lado de, junto a **- 2.** (*in comparisons*) próximo(ma) de **- 3.** [almost] quase; ~ **to nothing** quase nada.

next-door ◇ *adj*: ~ **neighbour** vizinho *m*, -nha *f* do lado. ◇ *adv* ao lado.

next of kin *n* parente *m* mais próximo.

NF *n* (*abbr of* **National Front**) *pequeno partido político britânico de extrema direita*.

NHS (*abbr of* **National Health Service**) *n* *órgão estatal britânico de saúde pública*.

NI *n* (*abbr of* **National Insurance**) *sistema britânico de seguridade social*, ≃ INSS *m*.

nib [nɪb] *n* pena *f* (de caneta).

nibble ['nɪbl] *vt* **- 1.** [subj: person, caterpillar] beliscar ; [subj: rodent, goat, sheep] roer **- 2.** [playfully] mordiscar.

Nicaragua [,nɪkə'ræɡjuə] *n* Nicarágua.

nice [naɪs] *adj* **- 1.** [expressing approval - dress, picture] belo(la); [- day, weather] agradável; [- car, food] bom (boa) **- 2.** [kind, pleasant] gentil; **it was** ~ **of you to help** foi muita gentileza de sua parte ajudar.

nice-looking [-'lʊkɪŋ] *adj* [attractive] bonito(ta); ~ **person** pessoa *f* atraente.

nicely ['naɪslɪ] *adv* **- 1.** [well, attractively, satisfactorily] bem; **that will do** ~ será o suficiente **- 2.** [politely] educadamente.

niche [ni:ʃ] *n* **- 1.** [gen] nicho *m* **- 2.** [in life] boa colocação *f*.

nick [nɪk] ◇ *n* **- 1.** [cut] talha *f*, corte *m* **- 2.** *inf* [condition]: **in good/bad** ~ *UK* em bom/mau estado **- 3.** *phr*: **in the** ~ **of time** em cima da hora. ◇ *vt* **- 1.** [cut] talhar, cortar **- 2.** *UK inf* [steal] passar a mão em **- 3.** *UK inf* [arrest] enjaular.

nickel ['nɪkl] *n* **- 1.** (*U*) [metal] níquel *m* **- 2.** *US* [coin] moeda *f* de 5 centavos.

nickname ['nɪkneɪm] ◇ *n* apelido *m*. ◇ *vt* apelidar.

nicotine ['nɪkəti:n] *n* (*U*) nicotina *f*.

niece [ni:s] *n* sobrinha *f*.

Nigeria [naɪ'dʒɪərɪə] *n* Nigéria.

niggle ['nɪgl] *vt* **- 1.** [worry] preocupar **- 2.** [criticize] incomodar.

night [naɪt] *n* **- 1.** [not day] noite *f*; **at** ~ à *OR* de noite **- 2.** *phr*: **to have an early/a**

late ~ ir dormir cedo/tarde.
 ◆ **nights** adv **-1.** US [at night] à OR de noite **-2.** UK [night shift]: **to work ~s** trabalhar durante a noite.

nightcap ['naɪtkæp] n [drink] bebida que se toma antes de se ir dormir.

nightclub ['naɪtklʌb] n casa f noturna, nightclub m.

nightdress ['naɪtdres] n camisola f.

nightfall ['naɪtfɔːl] n (U) anoitecer m.

nightgown ['naɪtgaʊn] n camisola f.

nightie ['naɪtɪ] n inf camisola f.

nightingale ['naɪtɪŋgeɪl] n rouxinol m.

nightlife ['naɪtlaɪf] n (U) vida f noturna.

nightly ['naɪtlɪ] <> adj noturno(na). <> adv à noite.

nightmare ['naɪtmeəʳ] n lit & fig pesadelo m

night porter n porteiro m, -ra f do turno da noite.

night school n (U) escola f noturna.

night shift n [period] turno m da noite.

nightshirt ['naɪtʃɜːt] n camisolão m.

night-time n (U) noite f.

nil [nɪl] n (U) **-1.** [nothing] nada m **-2.** UK SPORT zero m.

Nile [naɪl] n: **the ~** o Nilo.

nimble ['nɪmbl] adj ágil.

nine [naɪn] num nove; see also **six**.

nineteen [ˌnaɪn'tiːn] num dezenove; see also **six**.

ninety ['naɪntɪ] num noventa; see also **sixty**.

ninth [naɪnθ] num nono(na); see also **sixth**.

nip [nɪp] (pt & pp **-ped**, cont **-ping**) <> n **-1.** [pinch] beliscão m **-2.** [bite] mordiscada f **-3.** [of drink] trago m. <> vt **-1.** [pinch] beliscar **-2.** [bite] mordiscar.

nipple ['nɪpl] n **-1.** [of breast] mamilo m **-2.** [of baby's bottle] bico m.

nit [nɪt] n **-1.** [in hair] lêndea f **-2.** UK inf [idiot] idiota mf.

nit-picking inf n (U) detalhismo m.

nitrogen ['naɪtrədʒən] n (U) nitrogênio m.

nitty-gritty [ˌnɪtɪ'grɪtɪ] n inf: **to get down to the ~** ir ao que interessa.

no [nəʊ] (pl **-es**) <> adv [gen] não; **~, thanks** não obrigado(da). <> adj nenhum(ma), algum(ma); **I have ~ money left** não tehno mais um tostão. <> n não m.

No., no. (abbr of **number**) no.

nobility [nə'bɪlətɪ] n **-1.** [aristocracy]: **the ~** a nobreza **-2.** (U) [nobleness] nobreza f.

noble ['nəʊbl] <> adj [aristocratic, distinguished] nobre. <> n nobre mf.

nobody ['nəʊbədɪ] (pl **-ies**) <> pron ninguém. <> n pej [insignificant person] joão-ninguém m:

no-claim(s) bonus n bonificação f de seguro.

nocturnal [nɒk'tɜːnl] adj noturno(na).

nod [nɒd] (pt & pp **-ded**, cont **-ding**) <> vt [in agreement]: **to ~ one's head** assentir com a cabeça; [as greeting] cumprimentar com a cabeça. <> vi **-1.** [in agreement] assentir com a cabeça **-2.** [to indicate sthg] indicar com a cabeça **-3.** [as greeting]: **to ~ to sb** cumprimentar alguém com a cabeça.
 ◆ **nod off** vi cabecear.

noise [nɔɪz] n [sound] barulho m.

noisy ['nɔɪzɪ] (compar **-ier**, superl **-iest**) adj barulhento(ta).

no-man's-land n (U) terra f de ninguém.

nom de plume n pseudônimo m.

nominal ['nɒmɪnl] adj **-1.** [in name only] apenas no nome; **a ~ Catholic** um católico só no nome; **a ~ leader** um líder de fachada **-2.** [very small] simbólico(ca).

nominate ['nɒmɪneɪt] vt **-1.** [propose]: **to ~ sb (for/as sthg)** designar alguém (para algo) **-2.** [appoint]: **to ~ sb (sthg)** nomear alguém (algo); **to ~ sb (to sthg)** nomear alguém (para algo).

nominee [ˌnɒmɪ'niː] n nomeado m, -da f.

non- [nɒn] prefix [not] não-.

non-alcoholic adj não alcoólico(ca).

non-aligned adj não-alinhado(da).

nonchalant [UK 'nɒnʃələnt, US ˌnɒnʃə'lɑːnt] adj indiferente.

non-committal adj evasivo(va).

nonconformist [ˌnɒnkən'fɔːmɪst] <> adj inconformista. <> n inconformista mf.

nondescript [UK 'nɒndɪskrɪpt, US ˌnɒndɪ'skrɪpt] adj desinteressante.

none [nʌn] pron nehum m, -ma f; **there's ~ left** não resta nada; **~ of this is your fault** nada disso foi culpa sua.

nonentity [nɒ'nentətɪ] (pl **-ies**) n nulidade f, zero mf à esquerda.

nonetheless [ˌnʌnðə'les] adv contudo, não obstante.

non-event n decepção f, fracasso m.

non-existent adj inexistente.

non-fiction n (U) não-ficção f.

no-nonsense adj prático(ca).

non-payment n (U) inadimplência f, não-pagamento m.

nonplussed, nonplused US [ˌnɒn'plʌst] adj perplexo(xa).

non-returnable adj [bottle] não-retornável, sem retorno.

nonsense ['nɒnsəns] <> n (U) **-1.** [meaningless words] bobagem f, asneira f **-2.** [foolish idea] besteira f; **it is ~ to suggest that ...** é um absurdo sugerir

que ... -**3.** [foolish behaviour] idiotice *f*;
stop this ~ at once pára com essas
criancices agora mesmo; to make (a)
~ of sthg ridicularizar algo. ◇ *excl*
bobagem!, que nada!
nonsensical [nɒn'sensɪkl] *adj* sem sentido, absurdo(da).
non-smoker *n* não-fumante *mf*.
non-stick *adj* antiaderente.
non-stop ◇ *adj* -**1.** [gen] contínuo(-
nua), incessante -**2.** [flight] sem esca-
las. ◇ *adv* sem parar, continuamente.
noodles ['nu:dlz] *npl* talharim *m*.
nook [nʊk] *n* [of room] canto *m*; **every** ~
and cranny todos os cantos.
noon [nu:n] *n (U)* meio-dia *m*.
no one *pron* = **nobody**.
noose [nu:s] *n* [lasso] nó *m* corrediço.
no-place *adv US* = **nowhere**.
nor [nɔ:ʳ] *conj* -**1.** ▷ **neither** -**2.** [and
not] nem; **I don't smoke -** ~ **do I** eu não
fumo - nem eu; **I don't know,** ~ **do I care**
não sei, nem quero saber.
norm [nɔ:m] *n* norma *f*; **the** ~ o normal.
normal ['nɔ:ml] *adj* normal.
normality [nɔ:'mælɪtɪ], **normalcy** *US*
['nɔ:mlsɪ] *n (U)* normalidade *f*.
normally ['nɔ:məlɪ] *adv* normalmente.
Normandy ['nɔ:məndɪ] *n* Normandia;
in ~ na Normandia.
north [nɔ:θ] ◇ *adj* norte; **North London** o norte de Londres. ◇ *adv* para
o norte; ~ **of** ao norte de. ◇ *n* [direc-
tion] norte *m*.
North Africa *n* África do Norte.
North America *n* América do Norte;
in ~ na América do Norte.
North American ◇ *adj* -**1.** da América do Norte -**2.** [of USA] norte-ame-
ricano(na). ◇ *n* -**1.** pessoa *f* da
América do Norte -**2.** [of USA] norte-
americano *m*, -na *f*.
North Country *n*: **the** ~ *UK* a *região
norte da Inglaterra.*
northeast [nɔ:θ'i:st] ◇ *adj* nordeste.
◇ *n* [direction] nordeste *m*. ◇ *adv*
para o nordeste; ~ **of** ao nordeste de.
northerly ['nɔ:ðəlɪ] *adj* -**1.** [towards
north, in north] ao norte -**2.** [from north]
do norte.
northern ['nɔ:ðən] *adj* do norte.
Northern Ireland *n* Irlanda do Norte.
northernmost ['nɔ:ðənməʊst] *adj* mais
setentrional, mais ao norte.
North Korea *n* Coréia do Norte; **in** ~
na Coréia do Norte.
North Pole *n*: **the** ~ o Pólo Norte.
North Sea *n*: **the** ~ o Mar do Norte.
northward ['nɔ:θwəd] ◇ *adj* para o
norte. ◇ *adv* = **northwards**.

northwards ['nɔ:θwədz] *adv* para o
norte.
northwest [,nɔ:θ'west] ◇ *adj* -**1.** [in
the northwest, facing the northwest]
noroeste -**2.** [from the northwest] do
noroeste. ◇ *n* [direction] noroeste *m*.
◇ *adv* para noroeste; ~ **of** a noroeste de.
Norway ['nɔ:weɪ] *n* Noruega.
Norwegian [nɔ:'wi:dʒən] ◇ *adj*
norueguês(esa). ◇ *n* -**1.** [person] norueguês *m*, -esa *f* -**2.** [language] norueguês *m*.
nose [nəʊz] *n* ANAT nariz *m*; **to keep one's**
~ **out of sthg** não meter o nariz em
algo; **to look down one's** ~ **at sb/sthg** *fig*
olhar de cima para alguém/algo; **to**
poke OR **stick one's** ~ **into sthg** *inf* meter
o nariz em algo; **to turn up one's** ~ **at**
sthg torcer o nariz para algo.
◆ **nose about, nose around** *vi* bisbilhotar.
nosebleed ['nəʊzbli:d] *n* hemorragia *f*
nasal.
nosedive ['nəʊzdaɪv] ◇ *n* [of plane]
mergulho *m*. ◇ *vi* -**1.** [plane] mergulhar -**2.** *fig* [prices, popularity] despencar.
nose ring *n* argola *f* de nariz.
nose stud *n* piercing *m* de nariz.
nosey ['nəʊzɪ] *adj* = **nosy**.
nostalgia [nɒ'stældʒə] *n (U)*: ~ **(for
sthg)** nostalgia *f* (de algo).
nostril ['nɒstrəl] *n* narina *f*.
nosy ['nəʊzɪ] (*compar* -**ier**, *superl* -**iest**)
adj curioso(sa), abelhudo(da).
not [nɒt] *adv* não; ~ **a** nem um (uma);
~ **all/every** nem todos(das); ~ **always**
nem sempre; **it's** ~ **every day we get**
sunshine não é todo dia que tem sol;
it's ~ **that I'm jealous, but ...** não que eu
seja ciumento, mas ...; ~ **at all** em
absoluto, de maneira nenhuma; [to
acknowledge thanks] de nada.
notable ['nəʊtəbl] *adj* notável; **to be** ~
for sthg destacar-se por algo.
notably ['nəʊtəblɪ] *adv* -**1.** [in particular]
especialmente -**2.** [noticeably] claramente, obviamente.
notary ['nəʊtərɪ] (*pl* -**ies**) *n*: ~ **(public)**
notário *m*, -ria *f*.
notch [nɒtʃ] *n* -**1.** [cut] corte *m*, entalhe
m -**2.** *fig* [on scale] ponto *m*.
note [nəʊt] ◇ *n* -**1.** [gen] nota *f* -**2.**
[written reminder, record] anotação *f*,
nota *f*; **to take** ~ **of sthg** prestar
atenção em algo -**3.** [short letter] bilhete *m* -**4.** [tone] tom *m*. ◇ *vt* -**1.** [observe]
notar, observar -**2.** [mention] apontar,
mencionar.
◆ **notes** *npl* [in book] anotações *fpl*.
◆ **note down** *vt sep* anotar.
notebook ['nəʊtbʊk] *n* -**1.** [for writing in]

caderno *m* - **2.** *COMPUT* notebook *m*.

noted ['nəʊtɪd] *adj* conhecido(da), destacado(da); ~ **for sthg** conhecido(da) por algo.

notepad ['nəʊtpæd] *n* bloco *m* de notas.

notepaper ['nəʊtpeɪpə'] *n (U)* papel *m* de carta.

noteworthy ['nəʊt,wɜːðɪ] (*compar* -**ier**, *superl* -**iest**) *adj* digno(na) de menção.

nothing ['nʌθɪŋ] <> *pron* nada; ~ **new/interesting** nada de novo/interessante; **she did** ~ ela não fez nada; **for** ~ [free] de graça; [in vain] para nada.

notice ['nəʊtɪs] <> *n* - **1.** *(U)* [attention] atenção *f*; **to take** ~ **(of sb/sthg)** dar bola (para alguém/algo); **to take no** ~ **(of sb/sthg)** não dar bola para (alguém/algo), fazer pouco caso (de alguém/algo) - **2.** *(U)* [warning, announcement] aviso *m*; **at short** ~ em cima da hora; **until further** ~ até segunda ordem - **3.** *(U)* [at work]: **to be given one's** ~ receber aviso prévio; **to hand in one's** ~ apresentar pedido de demissão. <> *vt* perceber, notar; **to** ~ **sb doing sthg** ver que alguém está fazendo algo.

noticeable ['nəʊtɪsəbl] *adj* notável, digno(na) de nota.

notice board *n* quadro *m* de avisos.

notify ['nəʊtɪfaɪ] (*pt & pp* -**ied**) *vt*: **to** ~ **sb (of sthg)** notificar alguém (de algo).

notion ['nəʊʃn] *n* [concept, idea] noção *f*. ⇒ **notions** *npl US* [haberdashery] aviamentos *mpl*.

notorious [nəʊ'tɔːrɪəs] *adj* notório(ria).

notwithstanding [,nɒtwɪθ'stændɪŋ] *fml* <> *prep* não obstante. <> *adv* no entanto, não obstante.

nought [nɔːt] *num* zero *m*; ~ **s and crosses** jogo *m* da velha.

noun [naʊn] *n* substantivo *m*.

nourish ['nʌrɪʃ] *vt* [feed] nutrir.

nourishing ['nʌrɪʃɪŋ] *adj* nutritivo(va).

nourishment ['nʌrɪʃmənt] *n (U)* alimento *m*.

novel ['nɒvl] <> *adj* original. <> *n* romance *m*.

novelist ['nɒvəlɪst] *n* romancista *mf*.

novelty ['nɒvltɪ] (*pl* -**ies**) *n* - **1.** *(U)* [quality] originalidade *f* - **2.** [unusual object, event] novidade *f* - **3.** [cheap object] bugiganga *f*.

November [nə'vembə'] *n* novembro *m*; *see also* **September**.

novice ['nɒvɪs] *n* - **1.** [inexperienced person] novato *m*, -ta *f*, principiante *mf* - **2.** *RELIG* noviço *m*, -ça *f*.

now [naʊ] <> *adv* - **1.** [at this time] agora; **from** ~ **on** I'm in charge de agora em diante eu estou no comando; **any**

day ~ qualquer dia destes; **any time** ~ a qualquer momento; ~ **and then** *OR* **again** de vez em quando - **2.** [already, before this time] já; **they should be here by** ~ eles já deveriam ser estar aqui; **he's been away for two weeks** ~ já faz duas semanas que ele foi embora - **3.** [at a particular time in the past] então; **we were all singing** ~ estavámos todos cantando naquele momento - **4.** [to introduce statement] agora - **5.** [nowadays] atualmente; ~ **many people use computers to work** atualmente muitas pessoas usam computadores para trabalhar. <> *conj*: ~ **(that)** agora que.

nowadays ['naʊədeɪz] *adv* hoje em dia, atualmente.

nowhere *UK* ['nəʊweə'], **no-place** *US* *adv* em nenhum lugar; ~ **near** nem de longe; **to be getting** ~ indo a lugar nenhum.

nozzle ['nɒzl] *n* bocal *m*, bico *m*.

nuance [nju:'ɑːns] *n* [of word, meaning] nuança *f*.

nuclear ['nju:klɪə'] *adj* nuclear.

nuclear bomb *n* bomba *f* nuclear.

nuclear disarmament *n (U)* desarmamento *m* nuclear.

nuclear energy *n (U)* energia *f* nuclear.

nuclear power *n (U)* energia *f* nuclear.

nuclear reactor *n* reator *m* nuclear.

nuclear war *n* guerra *f* nuclear.

nucleus ['nju:klɪəs] (*pl* -**lei** [-lɪaɪ]) *n* núcleo *m*.

nude [nju:d] <> *adj* nu (nua). <> *n* [figure, painting] nu *m*; **in the** ~ em pêlos.

nudge [nʌdʒ] *vt* - **1.** [with elbow] cutucar - **2.** *fig* [to encourage] empurrar; **to** ~ **sb's memory** puxar a memória de alguém.

nudist ['nju:dɪst] <> *adj* nudista. <> *n* nudista *mf*.

nugget ['nʌgɪt] *n* - **1.** [of gold] pepita *f* - **2.** *fig* [valuable piece] pérola *f*.

nuisance ['nju:sns] *n* - **1.** [annoying thing, situation] chatice *f* - **2.** [annoying person] chato *m*, -ta *f* de galocha; **to make a** ~ **of o.s.** amolar.

nuke [nju:k] *inf* <> *n* arma *f* nuclear. <> *vt* bombardear com armas nucleares.

null [nʌl] *adj*: ~ **and void** nulo e sem valor.

numb [nʌm] <> *adj* [shoulder, hand] adormecido(da); [person] paralisado(da); **to be** ~ **with cold** estar congelado(da) de frio. <> *vt* [subj: cold, anaesthetic] paralisar.

number ['nʌmbə'] *n* - **1.** [gen] número *m*; **a** ~ **of** vários(as); **I've told you**

any ~ **of times** ... já te disse um milhão de vezes ... **- 2.** [of car] placa *f* **- 3.** [song] música *f.* ◇ *vt* **- 1.** [amount to] chegar a **- 2.** [give a number to] numerar **- 3.** [include]: **to be ~ ed among** figurar entre.

number one ◇ *adj* [main] número um, principal. ◇ *n inf* [oneself]: **to look after ~** cuidar de si mesmo(ma).

numberplate ['nʌmbəpleɪt] *n* placa *f* do carro.

Number Ten *n*: **~ (Downing Street)** *a casa número 10 de Downing Street, residência oficial do primeiro ministro britânico; fig* o governo britânico.

numeral ['nju:mərəl] *n* algarismo *m*.

numerate ['nju:mərət] *adj UK* que sabe fazer cálculos elementares.

numerical [nju:'merɪkl] *adj* numérico(-ca).

numerous ['nju:mərəs] *adj* inúmero(-ra).

nun [nʌn] *n* freira *f*.

nurse [nɜ:s] ◇ *n* enfermeiro *m*, -ra *f.* ◇ *vt* **- 1.** MED [care for] cuidar de, atender **- 2.** [harbour, foster] nutrir **- 3.** [breast-feed] amamentar.

nursery ['nɜ:sərɪ] (*pl* **-ies**) *n* **- 1.** [for children] creche *f* **- 2.** [for plants, trees] viveiro *m* **- 3.** [at home] quarto *m* das crianças.

nursery rhyme *n* cantiga *f* infantil.

nursery school *n* pré-escola *f*.

nursery slopes *npl* SKIING pista *f* para principiantes.

nursing ['nɜ:sɪŋ] *n* **- 1.** [profession] enfermagem *f* **- 2.** [care] cuidados *mpl*.

nursing home *n* **- 1.** [for old people] clínica *f* de repouso **- 2.** [for childbirth] maternidade *f (privada)*.

nurture ['nɜ:tʃə'] *vt* **- 1.** [children, plants] criar **- 2.** [hope, desire, plan] alimentar.

nut [nʌt] *n* **- 1.** [to eat] noz *f* **- 2.** TECH porca *f* **- 3.** *inf* [mad person] maluco *m*, -ca *f.* ◆ **nuts** *inf* ◇ *adj*: **to be ~ s** estar louco(ca). ◇ *excl US* maldito seja!

nutcrackers ['nʌt,krækəz] *npl* quebra-nozes *m*.

nutmeg ['nʌtmeg] *n (U)* noz-moscada *f*.

nutritious [nju:'trɪʃəs] *adj* nutritivo(va).

nutshell ['nʌtʃel] *n* casca *f* de noz; **in a ~** em poucas palavras.

nuzzle ['nʌzl] ◇ *vt* [with nose] fuçar. ◇ *vi* [nestle]: **to ~ (up) against sb/sthg** aconchegar-se em alguém/algo.

NVQ (*abbr of* National Vocational Qualification) *n na Inglaterra e no País de Gales, certificado de qualificação vocacional obtido pelos estudantes de 15 a 16 anos,* ≃ *diploma m de segundo grau.*

nylon ['naɪlɒn] ◇ *n (U)* [fabric] náilon *m.* ◇ *comp* de náilon.

O

o (*pl* **o's** OR **os**), **O** (*pl* **O's** OR **Os**) [əʊ] *n* **- 1.** [letter] o, O *m* **- 2.** [zero] zero *m*.

oak [əʊk] ◇ *n*: **~ (tree)** carvalho *m.* ◇ *comp* de carvalho.

OAP (*abbr of* old age pensioner) *n UK idoso que recebe pensão do estado.*

oar [ɔ:'] *n* remo *m*.

oasis [əʊ'eɪsɪs] (*pl* **oases** [əʊ'eɪsi:z]) *n* **- 1.** [in desert] oásis *m inv* **- 2.** *fig* [pleasant place] oásis *m inv*.

oatcake ['əʊtkeɪk] *n* biscoito *m* de aveia.

oath [əʊθ] *n* **- 1.** [promise] juramento *m*; **on** OR **under ~** sob juramento **- 2.** [swearword] blasfêmia *f*.

oatmeal ['əʊtmi:l] *n* [food] farinha *f* de aveia.

oats [əʊts] *npl* [grain] aveia *f*.

obedience [ə'bi:djəns] *n (U)*: **~ (to sb)** obediência *f* (a alguém).

obedient [ə'bi:djənt] *adj* obediente.

obese [əʊ'bi:s] *adj* obeso(sa).

obey [ə'beɪ] ◇ *vt* obedecer a. ◇ *vi* obedecer.

obituary [ə'bɪtʃʊərɪ] (*pl* **-ies**) *n* obituário *m*.

object [*n* 'ɒbdʒɪkt, *vb* əb'dʒekt] ◇ *n* **- 1.** [gen] objeto *m* **- 2.** [aim] objetivo *m* **- 3.** GRAMM objeto *m*, complemento *m.* ◇ *vt*: **to ~ (that)** objetar (que). ◇ *vi* objetar; **to ~ to sthg/to doing sthg** opor a algo/a fazer algo.

objection [əb'dʒekʃn] *n* [argument against] objeção *f*; **to have no ~ to sthg/ to doing sthg** não ter nenhuma objeção a algo/a fazer algo.

objectionable [əb'dʒekʃənəbl] *adj* desagradável.

objective [əb'dʒektɪv] ◇ *adj* objetivo(va). ◇ *n* objetivo *m*.

obligation [,ɒblɪ'geɪʃn] *n* obrigação *f*.

obligatory [ə'blɪgətrɪ] *adj* obrigatório(-ria).

oblige [ə'blaɪdʒ] *vt* **- 1.** [force]: **to ~ sb to do sthg** obrigar alguém a fazer algo **- 2.** *fml* [do a favour to] fazer um favor a.

obliging [ə'blaɪdʒɪŋ] *adj* prestativo(va).

oblique [ə'bli:k] ◇ *adj* **- 1.** [indirect - look] enviesado(da); [- reference, hint, compliment] indireto(ta) **- 2.** [slanting] oblíquo(qua). <> *n TYPO* barra f.

obliterate [ə'blɪtəreɪt] *vt* [destroy] obliterar.

oblivion [ə'blɪvɪən] *n (U)* **- 1.** [unconsciousness] inconsciência f **- 2.** [state of being forgotten] esquecimento m.

oblivious [ə'blɪvɪəs] *adj* inconsciente; **to be ~ to** *OR* **of sthg** não ter consciência de algo.

oblong ['ɒblɒŋ] <> *adj* oblongo(ga). <> *n* retângulo m.

obnoxious [əb'nɒkʃəs] *adj* repulsivo(va), repugnante.

oboe ['əʊbəʊ] *n* oboé m.

obscene [əb'si:n] *adj* obsceno(na).

obscure [əb'skjʊəʳ] <> *adj* **- 1.** [not well-known] desconhecido(da) **- 2.** [difficult to see/understand] obscuro(ra). <> *vt* **- 1.** [make difficult to understand] obscurecer **- 2.** [hide] esconder.

observance [əb'zɜ:vns] *n (U)* observância f, cumprimento m.

observant [əb'zɜ:vnt] *adj* observador(ra).

observation [ˌɒbzə'veɪʃn] *n* observação f.

observatory [əb'zɜ:vətrɪ] *(pl* -ies) *n* observatório m.

observe [əb'zɜ:v] *vt* observar.

observer [əb'zɜ:vəʳ] *n* **- 1.** [gen] observador m, -ra f **- 2.** [political commentator] analista mf.

obsess [əb'ses] *vt* obsedar, obcecar; **to be ~ ed by** *OR* **with sb/sthg** estar obcecado(da) com *OR* por alguém/algo.

obsessive [əb'sesɪv] *adj* obsessivo(va).

obsolescent [ˌɒbsə'lesnt] *adj* antiquado(da).

obsolete ['ɒbsəli:t] *adj* obsoleto(ta).

obstacle ['ɒbstəkl] *n* obstáculo m.

obstetrics [ɒb'stetrɪks] *n (U)* obstetrícia f.

obstinate ['ɒbstənət] *adj* **- 1.** [stubborn] obstinado(da), teimoso(sa) **- 2.** [persistent] persistente.

obstruct [əb'strʌkt] *vt* **- 1.** [road, path, traffic] obstruir, bloquear **- 2.** [progress, justice] impedir.

obstruction [əb'strʌkʃn] *n* **- 1.** [blockage, obstacle] obstrução f, obstáculo m **- 2.** *(U)* [act of impeding] impedimento m **- 3.** *SPORT* obstrução f.

obtain [əb'teɪn] *vt* [get] obter.

obtainable [əb'teɪnəbl] *adj* disponível.

obtrusive [əb'tru:sɪv] *adj* **- 1.** [person, behaviour] inconveniente **- 2.** [smell] penetrante **- 3.** [colour] gritante.

obtuse [əb'tju:s] *adj* obtuso(sa).

obvious ['ɒbvɪəs] *adj* **- 1.** [evident] óbvio(via) **- 2.** [unsubtle] evidente.

obviously ['ɒbvɪəslɪ] *adv* **- 1.** [of course]

evidentemente, obviamente; **~ not** claro que não **- 2.** [clearly] evidentemente; **he's ~ lying** é óbvio que ele está mentindo.

occasion [ə'keɪʒn] <> *n* **- 1.** [circumstance, time] ocasião f; **to rise to the ~** mostrar-se à altura da ocasião **- 2.** *fml* [reason, motive] razão f. <> *vt fml* [cause] ocasionar.

occasional [ə'keɪʒənl] *adj* ocasional.

occasionally [ə'keɪʒnəlɪ] *adv* de vez em quando, ocasionalmente.

occult [ɒ'kʌlt] *adj* oculto(ta).

occupant ['ɒkjʊpənt] *n* ocupante mf.

occupation [ˌɒkjʊ'peɪʃn] *n* **- 1.** [job] ocupação f, emprego m **- 2.** [pastime] passatempo m **- 3.** *(U)* MIL ocupação f.

occupational disease *n* MED doença f ocupacional.

occupational hazard *n* risco m da profissão.

occupational therapy *n (U)* terapia f ocupacional.

occupier ['ɒkjʊpaɪəʳ] *n* ocupante mf.

occupy ['ɒkjʊpaɪ] *(pt & pp* -ied) *vt* **- 1.** [gen] ocupar **- 2.** [keep busy]: **to ~ o.s.** ocupar-se.

occur [ə'kɜ:ʳ] *(pt & pp* -red, *cont* -ring) *vi* **- 1.** [happen] ocorrer **- 2.** [exist] existir **- 3.** [be found] ser encontrado(da) **- 4.** [come to mind]: **to ~ to sb** ocorrer a alguém.

occurrence [ə'kʌrəns] *n* [event] acontecimento m.

ocean ['əʊʃn] *n* oceano m.

oceangoing ['əʊʃnˌgəʊɪŋ] *adj* de grande autonomia.

ochre UK, **ocher** US ['əʊkəʳ] *adj* [colour] ocre.

o'clock [ə'klɒk] *adv*: **five ~** cinco horas; **it's four ~** são quatro horas; **it's one ~** é uma hora.

octave ['ɒktɪv] *n* MUS oitava f.

October [ɒk'təʊbəʳ] *n* outubro m; *see also* **September**.

octopus ['ɒktəpəs] *(pl* -puses *OR* -pi [-paɪ]) *n* polvo m.

OD <> *n inf (abbr of* **overdose**) overdose f. <> *vi* **- 1.** *inf (abbr of* **overdose**) tomar uma overdose **- 2.** *fig, hum* exagerar. <> *adj (abbr of* **overdrawn**) no negativo, referente a conta bancária.

odd [ɒd] *adj* **- 1.** [strange] estranho(nha) **- 2.** [not part of pair] sem par **- 3.** [number] ímpar **- 4.** [leftover] avulso(sa) **- 5.** [occasional] ocasional **- 6.** *inf* [approximately]: **20 ~ years** 20 e tantos anos.

◆ **odds** *npl* **- 1.** [probability] probabilidades *fpl*; **the ~ s are that ...** as previsões são de que ...; **against the ~ s** apesar de todas as dificuldades **- 2.** [bits]: **~ s and ends** miudezas *fpl* **- 3.**

phr: **to be at ~s with sb/sthg** discordar de algo/alguém.

oddity ['ɒdɪtɪ] (*pl* -ies) *n* -1. [strange person, thing] esquisitice *f* -2. *(U)* [strangeness] estranheza *f*.

odd jobs *npl* biscates *mpl*.

oddly ['ɒdlɪ] *adv* [strangely] estranhamente; ~ **enough, I didn't care** surpreendentemente, não me importei.

oddments ['ɒdmənts] *npl* retalhos *mpl*.

odds-on ['ɒdz-] *adj inf*: **the ~ favourite** o grande favorito.

odometer [əʊ'dɒmɪtə^r] *n* [in car] velocímetro *m*.

odor *n US* = **odour**.

odour *UK*, **odor** *US* ['əʊdə^r] *n* odor *m*.

of [ɒv] *prep* -1. [belonging to] de; **the colour ~ the car** a cor do carro. -2. [expressing amount] de; **a piece ~ cake** uma fatia de bolo; **a fall ~ 20%** uma queda de 20%; **lots ~ people** muita gente. -3. [containing, made from] de; **a glass ~ beer** um copo de cerveja; **a house ~ stone** uma casa de pedra; **it's made ~ wood** é de madeira. -4. [regarding, relating to, indicating cause] de; **fear ~ spiders** medo de aranhas; **he died ~ cancer** ele morreu de câncer. -5. [referring to time] de; **the summer ~ 1969** o verão de 1969; **the 26th ~ August** o 26 de agosto. -6. [with cities, countries] de; **the city ~ San Francisco** a cidade de San Francisco. -7. [on the part of] de; **that was very kind ~ you** foi muito amável da sua parte. -8. *US* [in telling the time] menos, para; **it's ten ~ four** são dez para as quatro.

off [ɒf] <> *adv* -1. [away]: **to drive/ walk ~** ir-se embora; **to get ~** [from bus, train, etc] descer; **we're ~ to Austria next week** vamos para a Áustria na próxima semana. -2. [expressing removal]: **to take sthg ~** tirar algo. -3. [so as to stop working]: **to turn sthg ~** [TV, radio, engine] desligar algo; [tap] fechar algo. -4. [expressing distance or time away]: **it's a long way ~** [in distance] é muito longe; [in time] ainda falta muito; **it's two months ~** é daqui a dois meses. -5. [not at work] de folga; **I'm taking a week ~** vou tirar uma semana de férias. <> *prep* -1. [away from]: **to get ~ sthg** descer de algo; **~ the coast** ao largo da costa; **just ~ the main road** perto da estrada principal. -2. [indicating removal]: **take the lid ~ the jar** tire a tampa do frasco; **we'll take $20 ~ the price** descontaremos 20 dólares do preço. -3. [absent from]: **to be ~ work** não estar trabalhando. -4. *inf* [from] a; **I bought it ~ her** eu comprei isso dela. <> *adj* -1. [TV, radio, light]

apagado(da), desligado(da); [tap] fechado(da); [engine] desligado(da). -2. [cancelled] cancelado(da).

offal ['ɒfl] *n (U)* vísceras *fpl (do animal abatido)*.

off-chance *n*: **he called on the ~ of seeing her** ele ligou com a remota esperança de vê-la.

off-colour *adj* -1. [ill] indisposto(ta) -2. [rude, offensive] ofensivo(va).

off duty *adv*: **when do you get ~?** quando você fica de folga?
◆ **off-duty** *adj* de folga.

offence *UK*, **offense** *US* [ə'fens] *n* -1. [crime] infração *f*, delito *m* -2. [displeasure, hurt] insulto *m*, ofensa *f*; **to take ~** ofender-se.

offend [ə'fend] *vt* [upset] ofender.

offender [ə'fendə^r] *n* -1. [criminal] transgressor *m*, -ra *f* -2. [culprit] infrator *m*, -ra *f*.

offense [*sense 2* 'ɒfens] *n US* -1. = **offence** -2. *SPORT* ataque *m*.

offensive [ə'fensɪv] <> *adj* -1. [causing offence] ofensivo(va) -2. [aggressive] agressivo(va). <> *n MIL* ofensiva *f*.

offer ['ɒfə^r] <> *n* -1. [something offered] oferta *f*; **on ~** [available] em oferta -2. [bid, proposal] proposta *f*. <> *vt* -1. [present, give] oferecer; **to ~ sthg to sb, to ~ sb sthg** oferecer algo a alguém -2. [propose]: **to ~ to do sthg** oferecer-se para fazer algo. <> *vi* oferecer-se.

offering ['ɒfərɪŋ] *n* -1. [something offered] oferta *f* -2. *RELIG* [sacrifice] oferenda *f*.

off guard *adv* desprevenido(da).

off-hand <> *adj* [unfriendly] brusco(ca). <> *adv* [at this moment] de imediato.

office ['ɒfɪs] *n* -1. [room] escritório *m*, gabinete *m* -2. [building] edifício *m* de escritórios -3. [staff] pessoal *m* -4. [government department] departamento *m* -5. [distribution point - for tickets] bilheteria *f*; [- for information] guichê *m*; [- for enquiries] serviço *m* de informações -6. [position of authority] cargo *m*; **in ~** no poder; **to take ~** tomar posse.

office automation *n* automatização *f*.

office block *n* prédio *m* de escritórios.

office hours *npl* horário *m* de expediente.

officer ['ɒfɪsə^r] *n* -1. *MIL* oficial *mf* -2. [in organization] diretor *m*, -ra *f* -3. [in police force] (agente) policial *m*.

office worker *n* funcionário *m*, -ria *f* de escritório.

official [ə'fɪʃl] <> adj oficial. <> n [public] funcionário m, -ria f; SPORT oficial mf.

officialdom [ə'fɪʃəldəm] n (U) burocracia f.

offing ['ɒfɪŋ] n: **in the ~** num futuro próximo.

off-licence n UK loja f de bebidas alcoólicas.

off-line adj COMPUT off-line, desconectado(da).

off-peak adj de tarifa reduzida.

off-putting [-,pʊtɪŋ] adj desconcertante.

off season n: **the ~** a baixa temporada.

offset ['ɒfset] (pt & pp offset, cont -ting) vt contrabalançar.

offshoot ['ɒfʃu:t] n [spin-off] ramificação f; **to be an ~ of sthg** ser uma ramificação de algo.

offshore ['ɒfʃɔ:ʳ] <> adj -1. [in or on the sea] em alto mar -2. [near coast] costeiro(ra). <> adv -1. [out at sea] ao largo -2. [near coast] a pouca distância da costa.

offside [adj & adv ,ɒf'saɪd, n 'ɒfsaɪd] <> adj -1. [part of vehicle] do lado do motorista -2. SPORT impedido(da). <> n [of vehicle] lado m do motorista.

offspring ['ɒfsprɪŋ] (pl inv) n -1. fml or hum [of people] descendência f -2. [of animals] prole f.

offstage [,ɒf'steɪdʒ] <> adj dos bastidores. <> adv nos bastidores.

off-the-cuff <> adj improvisado(da). <> adv de improviso.

off-the-peg adj UK pronto(ta), confeccionado(da).

off-the-record <> adj extra-oficial. <> adv extra-oficialmente.

off-white adj de cor não totalmente branca.

often ['ɒfn, 'ɒftn] adv -1. [many times] muitas vezes; **how ~?** quantas vezes?; **how ~ do you visit her?** com que freqüência você a visita? -2. [in many cases] freqüentemente.
➤ **as often as not** adv geralmente.
➤ **every so often** adv de vez em quando.
➤ **more often than not** adv freqüentemente.

ogle ['əʊgl] vt pej comer com os olhos.

oh [əʊ] excl -1. [to introduce comment] ah!; **~ really?** é mesmo? -2. [expressing emotion] ah!; **~ no!** essa não!

oil [ɔɪl] <> n -1. [gen] óleo m -2. (U) [petroleum] petróleo m -3. (U) [olive oil] azeite m. <> vt [lubricate] lubrificar.

oilcan ['ɔɪlkæn] n almotolia f.

oilfield ['ɔɪlfi:ld] n campo m petrolífero.

oil filter n filtro m de óleo.

oil-fired [-,faɪəd] adj a óleo.

oil painting n -1. [art] pintura f a óleo -2. [picture] quadro m a óleo.

oilrig ['ɔɪlrɪg] n plataforma f petrolífera.

oilskins ['ɔɪlskɪnz] npl capa f de oleado.

oil slick n mancha f de óleo.

oil tanker n -1. [ship] petroleiro m -2. [lorry] caminhão m -tanque.

oil well n poço m de petróleo.

oily ['ɔɪlɪ] (compar -ier, superl -iest) adj [covered in oil] gorduroso(sa).

ointment ['ɔɪntmənt] n pomada f.

OK (pl OKs, pt & pp OKed, cont OKing), **okay** [,əʊ'keɪ] inf <> adj: **are you ~?** você está bem?; **to be ~ with** OR **by sb** estar tudo bem com alguém. <> adv [well] bem. <> excl -1. [asking for, expressing agreement] está bem!, tá bem/bom)! -2. [fair enough] certo! -3. [to introduce new topic] bom! <> vt aprovar.

old [əʊld] <> adj -1. [aged, ancient, long-standing] velho(lha) -2. [referring to age]: **how ~ are you?** quantos anos você tem? -3. [former, ancient, out-of-date] antigo(ga) -4. inf [for emphasis]: **any ~ clothes will do** qualquer roupa serve; **any ~ how** de qualquer jeito. <> npl: **the ~** os idosos.

old age n (U) velhice f.

old age pensioner n UK aposentado m, -da f por idade.

Old Bailey [-'beɪlɪ] n: **the ~** o prédio do Tribunal Criminal (de Londres).

old-fashioned [-'fæʃnd] adj -1. [outmoded] antiquado(da) -2. [traditional] tradicional.

old people's home n lar m de idosos.

O level (abbr of ordinary level) n UK até há pouco tempo, primeira etapa do GCE, exame prestado pelos estudantes britânicos aos 16 anos, agora substituído pelo GCSE.

olive ['ɒlɪv] <> adj da cor de oliva. <> n [fruit] azeitona f.

olive green adj verde-oliva.

olive oil n (U) azeite m de oliva.

Olympic [ə'lɪmpɪk] adj olímpico(ca).
➤ **Olympics** npl: **the ~s** as Olimpíadas.

Olympic Games npl: **the ~** os Jogos Olímpicos.

ombudsman ['ɒmbʊdzmən] (pl -men [-mən]) n ombudsman mf.

omelet(te) ['ɒmlɪt] n omelete f.

omen ['əʊmen] n presságio m.

ominous ['ɒmɪnəs] adj -1. ominoso(sa) -2. [threatening] ameaçador(ra).

omission [əˈmɪʃn] n omissão f.

omit [əˈmɪt] (pt & pp **-ted**, cont **-ting**) vt omitir; **to ~ to do sthg** deixar de fazer algo.

omnibus [ˈɒmnɪbəs] n **-1.** [book] antologia f **-2.** UK RADIO & TV programa f de variedades.

on [ɒn] ⬦ prep **-1.** [expressing position, location] em, sobre; **it's ~ the table** está na mesa, está sobre a mesa; **put it ~ the table** ponha-o na OR sobre a mesa; **~ my right** à minha direita; **~ the right** à direita; **a picture ~ the wall** um quadro na parede; **the exhaust ~ the car** o cano de descarga do carro; **we stayed ~ a farm** ficamos numa fazenda. **-2.** [with forms of transportation]: **~ the plane** no avião; **to get ~ a bus** subir num ônibus. **-3.** [expressing means, method] em; **~ foot** a pé; **~ the radio** no rádio; **~ TV** na televisão; **paid ~ an hourly basis** pago por hora. **-4.** [using] a; **it runs ~ unleaded gas** funciona com gasolina sem chumbo; **to be ~ drugs** drogar-se; **to be ~ medication** estar tomando medicamentos. **-5.** [about] sobre; **a book ~ Germany** um livro sobre a Alemanha. **-6.** [expressing time]: **~ arrival** ao chegar; **~ Tuesday** na terça-feira; **~ August 25th** no dia 25 de agosto. **-7.** [with regard to] em, sobre; **a tax ~ imports** um imposto sobre as importações; **the effect ~ the country** o impacto no país. **-8.** [describing activity, state]: **~ vacation** de férias; **~ sale** à venda. **-9.** [in phrases]: **do you have any money ~ you?** inf você tem dinheiro?; **the drinks are ~ me** as bebidas são por minha conta. ⬦ adv **-1.** [in place, covering]: **to put one's clothes ~** vestir-se; **to put the lid ~** tapar. **-2.** [movie, play, programme]: **the news is ~** está passando o telejornal; **what's ~ at the movies?** o que é que está passando no cinema? **-3.** [with transportation]: **to get ~** subir. **-4.** [functioning]: **to turn sthg ~** [TV, radio, light] ligar OR acender algo; [tap] abrir algo; [engine] pôr algo para trabalhar. **-5.** [taking place]: **how long is the festival ~?** quanto tempo dura o festival?; **the game is already ~** o jogo já começou. **-6.** [farther forward]: **to drive ~** continuar a dirigir. **-7.** [in phrases]: **I already have something ~ tonight** já tenho planos para esta noite. ⬦ adj [TV, radio, light] ligado(da), aceso(sa); [tap] aberto(ta); [engine] funcionando.

once [wʌns] ⬦ adv **-1.** [on one occasion] uma vez; **~ again** OR **more** [one more time] outra vez; [yet again] novamente; **~ and for all** de uma vez por todas; **~ in a while** de vez em quando; **~ or twice** uma vez ou duas; **for ~** ao menos uma vez **-2.** [previously, formerly] outrora; **~ upon a time** era uma vez. ⬦ conj assim que, quando.
➤ at once adv **-1.** [immediately] imediatamente **-2.** [at the same time] ao mesmo tempo; **all at ~** de repente.

oncoming [ˈɒnˌkʌmɪŋ] adj **-1.** [traffic, vehicle] em sentido contrário **-2.** [danger] iminente.

one [wʌn] ⬦ num um (uma); **thirty-~** trinta e um; **~ fifth** um quinto. ⬦ adj [only] único(ca); **~ day** um dia. ⬦ pron [referring to a particular thing or person] um m, uma f; **the green ~** o verde; **that ~** aquele m, aquela f.

one-armed bandit n caça-níqueis m.

one-man adj individual, solo.

one-man band n [musician] homem m -orquestra.

one-off inf ⬦ adj único(ca). ⬦ n **-1.** [unique event, person] único m, -ca f **-2.** [unique product] exemplar m único.

one-on-one adj US = **one-to-one**.

one-parent family n família f que possui apenas um dos pais.

oneself [wʌnˈself] pron fml **-1.** (reflexive) se **-2.** (after prep) si próprio(pria), si mesmo(ma).

one-sided [-ˈsaɪdɪd] adj **-1.** [unequal] desigual, unilateral **-2.** [biased] parcial.

one-to-one UK, **one-on-one** US adj **-1.** [discussion] entre dois **-2.** [tuition] individual.

one-touch dialling UK, **one-touch dialing** US n discagem f automática.

one-upmanship [ˌwʌnˈʌpmənʃɪp] n (U) capacidade de parecer ser melhor que os outros.

one-way adj **-1.** [moving in one direction] de mão única **-2.** [for outward travel only] só de ida.

ongoing [ˈɒnˌgəʊɪŋ] adj em andamento, atual.

onion [ˈʌnjən] n cebola f.

online [ˈɒnlaɪn] COMPUT adj & adv on-line.

online banking n serviço m de banco on-line.

online shopping n compras fpl on-line.

onlooker [ˈɒnˌlʊkəʳ] n espectador m, -ra f.

only [ˈəʊnlɪ] ⬦ adj único(ca); **an ~ child** um filho único. ⬦ adv **-1.** [exclusively] só **-2.** [merely, just] apenas **-3.** [for emphasis] só; **I was ~ too willing to help** eu queria tanto ajudar; **it's ~ natural you should be upset** é bastante natural que você fique perturbado;

not ~ ... **but also** não apenas ... mas também; ~ **just** por pouco. <> *conj* só que.

onset [ˈɒnset] *n* começo *m*.

onshore [ˈɒnʃɔːʳ] <> *adj* -**1.** [on land] terrestre -**2.** [moving towards land] em direção à costa. <> *adv* -**1.** [on land] em terra -**2.** [towards land] para a praia.

onslaught [ˈɒnslɔːt] *n* investida *f*.

onto [*unstressed before consonant* ˈɒntə, *unstressed before vowel* ˈɒntʊ, *stressed* ˈɒntuː] *prep* ⊳ **on**.

onus [ˈəʊnəs] *n* ônus *m*.

onward [ˈɒnwəd] <> *adj* [advancing - in time] para a frente; [- in space] adiante, para a frente. <> *adv* = **onwards**.

onwards [ˈɒnwədz] *adv* [forwards - in space] para a frente; [- in time] em diante.

ooze [uːz] <> *vt fig* exalar. <> *vi* exsudar; **to** ~ **from** OR **out of sthg** transpirar por algo; **sweat** ~d **from every pore** o suor transpirava-lhe por todos os poros.

opaque [əʊˈpeɪk] *adj* -**1.** [not transparent] opaco(ca) -**2.** *fig* [obscure] obscuro(ra).

OPEC [ˈəʊpek] (*abbr of* **Organization of the Petroleum Exporting Countries**) *n* OPEP *f*.

open [ˈəʊpn] <> *adj* -**1.** [gen] aberto(-ta); **to be** ~ **to sthg** [ready to accept] ser aberto(ta) a algo; **to be** ~ **to sb** [opportunity, choice] estar aberto(ta) a alguém -**2.** [frank] franco(ca) -**3.** [unfastened] descoberado(da) -**4.** [meeting, competition, invitation] aberto(ta) a todos -**5.** [unconcealed] manifesto(ta). <> *n*: **in the** ~ [in the fresh air] ao ar livre; **to bring sthg out into the** ~ pôr algo para fora. <> *vt*-**1.** [gen] abrir -**2.** [inaugurate] inaugurar. <> *vi* abrir.

♦ **open on to** *vt fus* [subj: room, door] dar para.

♦ **open up** <> *vt* [unlock door] destrancar a porta. <> *vi*-**1.** [gen] abrir-se -**2.** [shop, house] abrir.

opener [ˈəʊpnəʳ] *n* abridor *m*.

opening [ˈəʊpnɪŋ] <> *adj* [first] primeiro(ra). <> *n* -**1.** [beginning] lançamento *m* -**2.** [gap] abertura *f* -**3.** [opportunity] oportunidade *f*; ~ **for sthg** oportunidade para algo -**4.** [job vacancy] vaga *f*.

opening hours *npl* horário *m* de funcionamento.

openly [ˈəʊpnlɪ] *adv* abertamente.

open-minded [-ˈmaɪndɪd] *adj* compreensivo(va), sem preconceitos.

open-plan *adj* sem divisórias.

Open University *n* UK: **the** ~ universidade britânica para alunos adultos que estudam em casa, através de uma combinação de programas de rádio e televisão e ensino à distância.

opera [ˈɒpərə] *n* ópera *f*.

opera house *n* teatro *m* lírico.

operate [ˈɒpəreɪt] <> *vt* -**1.** [cause to work] operar -**2.** COMM [manage] dirigir. <> *vi* -**1.** [function] funcionar -**2.** COMM dirigir -**3.** MED operar; **to** ~ **on sb/sthg** operar alguém/algo.

operating theatre UK, **operating room** US [ˈɒpəreɪtɪŋ-] *n* sala *f* de operações.

operation [ˌɒpəˈreɪʃn] *n* -**1.** [gen] operação *f* -**2.** MIL manobra *f* -**3.** COMM administração *f* -**4.** (*U*) [functioning] funcionamento *m*; **in** ~ [machine, device] em funcionamento; [law, system] em vigor -**5.** MED operação *f*, cirurgia *f*; **to have an** ~ **on one's knee** ser operado(da) no joelho; **to perform a kidney transplant** ~ fazer uma cirurgia de transplante renal.

operational [ˌɒpəˈreɪʃənl] *adj* operacional.

operative [ˈɒprətɪv] <> *adj* [law] em vigor; [system] vigente. <> *n* [in factory] operário *m*, -ria *f*.

operator [ˈɒpəreɪtəʳ] *n* -**1.** TELEC telefonista *mf* -**2.** [technician] operador *m*, -ra *f* -**3.** COMM [person in charge] encarregado *m*, -da *f*.

opinion [əˈpɪnjən] *n* opinião *f*; **to be of the** ~ **that** ser da opinião de que; **in my** ~ na minha opinião.

opinionated [əˈpɪnjəneɪtɪd] *adj pej* teimoso(sa), cabeça-dura.

opinion poll *n* pesquisa *f* de opinião.

opponent [əˈpəʊnənt] *n* adversário *m*, -ria *f*.

opportune [ˈɒpətjuːn] *adj* oportuno(-na).

opportunist [ˌɒpəˈtjuːnɪst] *n* oportunista *mf*.

opportunity [ˌɒpəˈtjuːnətɪ] (*pl* -**ies**) *n* oportunidade *f*; **to take the** ~ **to do** OR **of doing sthg** aproveitar a oportunidade de para fazer algo.

oppose [əˈpəʊz] *vt* opor-se a.

opposed [əˈpəʊzd] *adj* oposto(ta); **to be** ~ **to sthg** opor-se a algo; **as** ~ **to** em oposição a, em vez de; **I like beer** ~ **wine** prefiro vinho e não cerveja.

opposing [əˈpəʊzɪŋ] *adj* oposto(ta), contrário(ria).

opposite [ˈɒpəzɪt] <> *adj* -**1.** [facing] em frente; **the** ~ **side (of the street/ house/door)** o outro lado (da rua/ casa/porta) -**2.** [very different]: ~ **(to sthg)** oposto(ta) (a algo). <> *adv* (lá) em frente. <> *prep* [facing] em frente a. <> *n* [contrary] contrário *m*.

opposite number n número m equivalente.

opposition [‚ɒpə'zɪʃn] n -1. (U) [gen] oposição f-2. [opposing team] adversário m, -ria f.
➤ **Opposition** n UK POL: **the Opposition** a Oposição.

oppress [ə'pres] vt -1. [tyrannize] oprimir -2. [subj: anxiety, atmosphere] deprimir.

oppressive [ə'presɪv] adj -1. [gen] opressivo(va) -2. [heat, weather] sufocante.

opt [ɒpt] ⟨⟩ vt: to ~ to do sthg optar por OR preferir fazer algo. ⟨⟩ vi: to ~ for sthg optar por OR escolher algo.
➤ **opt in** vi: to ~ in (to sthg) optar por participar de (algo).
➤ **opt out** vi: to ~ out (of sthg) optar por não participar (de algo); [give up] abrir mão (de algo).

optical ['ɒptɪkl] adj -1. [relating to light] óptico(ca) -2. [visual] visual.

optician [ɒp'tɪʃn] n oculista mf; ~'s óptica f.

optimist ['ɒptɪmɪst] n otimista mf.

optimistic [‚ɒptɪ'mɪstɪk] adj otimista.

optimum ['ɒptɪməm] adj ótimo(ma).

option ['ɒpʃn] n [choice] opção f; **to have the ~ to do** OR **of doing sthg** ter a opção de fazer algo.

optional ['ɒpʃənl] adj opcional.

or [ɔːʳ] conj -1. [gen] ou -2. [after negative] nem; **he can't read ~ write** ele não sabe ler nem escrever -3. [otherwise] senão; **I'd better go now ~ I'll miss my plane** acho melhor eu ir logo, senão vou perder o vôo.

oral ['ɔːrəl] ⟨⟩ adj -1. [spoken] oral -2. [relating to the mouth] bucal. ⟨⟩ n exame m oral.

orally ['ɔːrəlɪ] adv -1. [in spoken form] oralmente -2. [via the mouth] por via oral.

orange ['ɒrɪndʒ] ⟨⟩ adj [colour] laranja. ⟨⟩ n -1. [fruit] laranja f-2. (U) [colour] laranja m inv.

orange juice n suco m de laranja.

orator ['ɒrətəʳ] n orador m, -ra f.

orbit ['ɔːbɪt] ⟨⟩ n órbita f. ⟨⟩ vt orbitar.

orbital road n UK estrada que circunda uma cidade.

orchard ['ɔːtʃəd] n pomar m.

orchestra ['ɔːkɪstrə] n orquestra f.

orchestral [ɔː'kestrəl] adj orquestral.

orchid ['ɔːkɪd] n orquídea f.

ordain [ɔː'deɪn] vt -1. fml [decree] ordenar, decretar -2. RELIG: **to be ~ed** ser ordenado(da).

ordeal [ɔː'diːl] n experiência f traumática, provação f.

order ['ɔːdəʳ] ⟨⟩ n -1. [gen] ordem f; **to be under ~s to do sthg** receber ordens para fazer algo; **in ~** em ordem; **in working ~** em funcionamento; **to be out of ~** [not working] estar fora de operação, não estar funcionando; [in meeting, debate] agir de forma inaceitável; [behaviour] ser improcedente -3. COMM [request] pedido m; **to place an ~ with sb for sthg** encomendar algo com alguém; **to ~** sob encomenda -3. US [portion] porção f. ⟨⟩ vt -1. [command] ordenar; **to ~ sb to do sthg** ordenar alguém a fazer algo; **to ~ that** ordenar que -2. [request - drink, food, shopping item] pedir; [- taxi] chamar.
➤ **in the order of** UK, **on the order of** US prep da ordem de.
➤ **in order that** conj a fim de que, para que.
➤ **in order to** conj para.
➤ **order about, order around** vt sep: **he's always ~ing people about** ele está sempre mandando nas pessoas.

order form n formulário m de encomenda.

orderly ['ɔːdəlɪ] (pl -ies) ⟨⟩ adj -1. [person] obediente -2. [room, office] ordenado(da). ⟨⟩ n [in hospital] assistente mf.

ordinarily ['ɔːdənrəlɪ] adv [normally] geralmente.

ordinary ['ɔːdənrɪ] ⟨⟩ adj -1. [normal] comum, normal -2. pej [unexceptional] medíocre. ⟨⟩ n: **out of the ~** fora do comum.

ordnance ['ɔːdnəns] n -1. [military supplies] arsenal f bélico -2. [artillery] artilharia f.

ore [ɔːʳ] n minério m.

oregano [‚ɒrɪ'gɑːnəʊ] n (U) orégano m.

organ ['ɔːgən] n -1. [gen] órgão m -2. fig [mouthpiece] órgão m.

organic [ɔː'gænɪk] adj orgânico(ca).

organization [‚ɔːgənaɪ'zeɪʃn] n organização f.

organize, -ise ['ɔːgənaɪz] vt organizar.

organizer ['ɔːgənaɪzəʳ] n [person] organizador m, -ra f.

orgasm ['ɔːgæzm] n orgasmo m.

orgy ['ɔːdʒɪ] (pl -ies) n orgia f.

Orient ['ɔːrɪənt] n: **the ~** o Oriente.

oriental [‚ɔːrɪ'entl] adj oriental.

orienteering [‚ɔːrɪən'tɪərɪŋ] n (U) esporte no qual as pessoas utilizam um mapa e uma bússola para se orientar, corrida f de orientação.

origami [‚ɒrɪ'gɑːmɪ] n (U) origami m.

origin ['ɒrɪdʒɪn] n origem f; **country of ~** país m de origem.
➤ **origins** npl origens fpl.

original [ɒ'rɪdʒənl] ◇ *adj* original. ◇ *n* original *m*.

originally [ə'rɪdʒənəlɪ] *adv* [initially] originalmente.

originate [ə'rɪdʒəneɪt] ◇ *vt* originar, produzir. ◇ *vi*: **to ~ (in)** originar-se (em), surgir (de); **to ~ from** originar-se de.

Orkney Islands ['ɔːknɪ-], **Orkneys** ['ɔːknɪz] *npl*: **the ~** as Ilhas Órcadas.

ornament ['ɔːnəmənt] *n* ornamento *m*.

ornamental [ˌɔːnə'mentl] *adj* ornamental.

ornate [ɔː'neɪt] *adj* ornado(da).

ornithology [ˌɔːnɪ'θɒlədʒɪ] *n* (U) ornitologia *f*.

orphan ['ɔːfn] ◇ *n* órfão *m*, -fã *f*. ◇ *vt*: **to be ~ed** ficar órfão(fã).

orphanage ['ɔːfənɪdʒ] *n* orfanato *m*.

orthodox ['ɔːθədɒks] *adj* ortodoxo(xa).

orthopaedic [ˌɔːθə'piːdɪk] *adj* ortopédico(ca).

orthopedic *etc* [ˌɔːθə'piːdɪk] *adj* = **orthopaedic** *etc*.

oscillate ['ɒsɪleɪt] *vi* **-1.** [from side to side] oscilar **-2.** *fig* [vacillate]: **to ~ between** oscilar entre.

Oslo ['ɒzləʊ] *n* Oslo; **in ~** em Oslo.

ostensible [ɒ'stensəbl] *adj* ostensivo(va).

ostentatious [ˌɒstən'teɪʃəs] *adj* ostentoso(sa).

osteopath ['ɒstɪəpæθ] *n* osteopático *m*, -ca *f*.

ostracize, -ise ['ɒstrəsaɪz] *vt* condenar ao ostracismo.

ostrich ['ɒstrɪtʃ] *n* avestruz *mf*.

other ['ʌðəʳ] ◇ *adj* **-1.** [gen] outro(tra); **the ~ one** o outro, a outra **-2.** *phr*: **the ~ day** no outro dia; **the ~ week** na outra semana. ◇ *adv*: **~ than** a não ser; **to be none ~ than** ser nem mais nem menos que. ◇ *pron*: **the ~** o outro, a outra; **~s** outros(tras); **the ~s** os outros, as outras; **one after the ~** um atrás do outro, uma atrás da outra; **one or ~ of you** must help me um de vocês dois deve me ajudar.

➡ **something or other** *pron* uma coisa ou outra.

➡ **somehow or other** *adv* de um jeito ou de outro.

otherwise ['ʌðəwaɪz] ◇ *adv* **-1.** [apart from that] de resto, tirando isso **-2.** [differently, in a different way] de outra maneira; **deliberately or ~** intencionalmente ou não. ◇ *conj* [or else] senão, do contrário.

otter ['ɒtəʳ] *n* lontra *f*.

ouch [aʊtʃ] *excl* ai!

ought [ɔːt] *aux vb* dever; **I really ~ to go** eu realmente deveria ir; **you ~ not to** have done that você não deveria ter feito isso; **she ~ to pass her exam** ela tem chance de passar no exame.

ounce [aʊns] *n* **-1.** [unit of measurement] onça *f* **-2.** *fig* [small amount]: **an ~ of**, um pouco de.

our ['aʊəʳ] *poss adj* nosso(a); **~ books** os nossos livros.

ours ['aʊəz] *poss pron* o nosso (a nossa); **a friend of ~** um amigo nosso; **those shoes are ~** estes sapatos são (os) nossos; **~ are here - where are yours?** os nossos estão aqui - onde estão os seus?

ourselves [aʊə'selvz] *pron pl* **-1.** (*reflexive*) nos **-2.** (*after prep*) nós mesmos(mas), nós próprios(prias); **we did it ~** nós mesmos *OR* próprios o fizemos.

oust [aʊst] *vt fml*: **to ~ sb (from sthg)** expulsar alguém (de algo).

out [aʊt] ◇ *adj* [light, cigarette] apagado(da); [not in fashion] fora de moda; **cargo pants are so ~** as calças cargo estão tão fora de moda. ◇ *adv* **-1.** [outside] fora; **to get/go ~ (of)** sair (de); **it's cold ~ today** está frio lá fora hoje; **he looked ~** ele olhou para fora. **- 2.** [not at home, work] fora; **to be ~** não estar em casa; **to go ~** sair. **-3.** [so as to be extinguished]: **to turn sthg ~** apagar algo; **put your cigarette ~** apague o cigarro. **- 4.** [expressing removal]: **to pour sthg ~** despejar algo, jogar algo fora; **to take money ~** [from cashpoint] retirar dinheiro; **to take sthg ~ (of)** tirar algo (de). **-5.** [outwards]: **to stick ~** sobressair. **-6.** [expressing distribution]: **to hand sthg ~** distribuir algo. **-7.** [in phrases]: **to get enjoyment ~ of sthg** divertir-se com algo; **stay ~ of the sun** não se exponha ao sol; **made ~ of wood** (feito) de madeira; **five ~ of ten women** cinco em cada dez mulheres; **I'm ~ of cigarettes** não tenho cigarros.

out-and-out *adj* completo(ta), absoluto(ta).

outback ['aʊtbæk] *n*: **the ~** o *interior da Austrália*.

outboard (motor) ['aʊtbɔːd-] *n* motor *m* de popa.

outbreak ['aʊtbreɪk] *n* **-1.** [of crime, violence] explosão *f* **-2.** [of disease] surto *m* **-3.** [of war] deflagração *f*.

outburst ['aʊtbɜːst] *n* **-1.** [of emotion] manifestação *f* **-2.** [sudden occurrence] explosão *f*.

outcast ['aʊtkɑːst] *n* rejeitado *m*, -da *f*.

outcome ['aʊtkʌm] *n* resultado *m*.

outcrop ['aʊtkrɒp] *n* afloramento *m*.

outcry ['aʊtkraɪ] (*pl* -ies) *n* protestos *mpl*.

outdated [ˌaʊt'deɪtɪd] *adj* ultrapassado(da), fora de moda.

outdid [ˌaʊt'dɪd] *pt* ▷ outdo.

outdo [ˌaʊt'duː] (*pt* -did, *pp* -done [-dʌn]) *vt* ultrapassar, superar.

outdoor ['aʊtdɔːʳ] *adj* ao ar livre.

outdoors [aʊt'dɔːz] *adv* ao ar livre; **let's eat ~** vamos comer fora.

outer ['aʊtəʳ] *adj* externo(na); **Outer London** a Grande Londres.

outer space *n (U)* espaço *m* exterior.

outfit ['aʊtfɪt] *n* -1. [clothes] vestimenta *f*; [fancy dress] traje *m* -2. *inf* [organization] agrupamento *m*, grupo *m*.

outfitters ['aʊtˌfɪtəz] *n UK dated* confecção *f*.

outgoing ['aʊtˌgəʊɪŋ] *adj* -1. [leaving] de partida -2. [friendly, sociable] extrovertido(da), aberto(ta).

➡ **outgoings** *npl UK* despesas *fpl*.

outgrow [ˌaʊt'grəʊ] (*pt* -grew, *pp* -grown) *vt* -1. [grow too big for]: **he has ~n his shirts** as camisas ficaram pequenas para ele -2. [grow too old for] ser muito grande para.

outhouse ['aʊthaʊs, *pl* -haʊzɪz] *n* dependência *f*.

outing ['aʊtɪŋ] *n* [trip] excursão *f*.

outlandish [aʊt'lændɪʃ] *adj* estranho(nha), extravagante.

outlaw ['aʊtlɔː] ◇ *n* fora-da-lei *mf*. ◇ *vt* [make illegal] declarar ilegal.

outlay ['aʊtleɪ] *n* despesa *f*, desembolso *m*.

outlet ['aʊtlet] *n* -1. [for feelings] escape *m* -2. [hole, pipe] saída *f* -3. [shop] ponto *m* de venda -4. *US ELEC* tomada *f*.

outline ['aʊtlaɪn] ◇ *n* -1. [brief description] linhas *fpl* gerais, esboço *m*; **in ~** em linhas gerais -2. [silhouette] contorno *m*. ◇ *vt* [describe briefly] resumir, esboçar.

outlive [ˌaʊt'lɪv] *vt* [subj: person] viver mais que.

outlook ['aʊtlʊk] *n* -1. [attitude, disposition] postura *f*, atitude *f* -2. [prospect] perspectiva *f*.

outlying ['aʊtˌlaɪŋ] *adj* distante, remoto(ta).

outmoded [ˌaʊt'məʊdɪd] *adj* antiquado(da), fora de moda.

outnumber [ˌaʊt'nʌmbəʳ] *vt* exceder em número.

out-of-date *adj* -1. [passport, season ticket] expirado(da) -2. [clothes, belief] antiquado(da).

out of doors *adv* ao ar livre.

out-of-the-way *adj* [isolated] remoto(ta).

outpatient ['aʊtˌpeɪʃnt] *n* paciente *mf* ambulatorial.

outpost ['aʊtpəʊst] *n fig* [bastion] posto *m* avançado.

output ['aʊtpʊt] *n* -1. [production] produção *f* -2. [COMPUT - printing out] saída *f*; [- printout] cópia *f* impressa.

outrage ['aʊtreɪdʒ] ◇ *n* -1. *(U)* [anger, shock] indignidade *f* -2. [atrocity] atrocidade *f*, ultraje *m*. ◇ *vt* ultrajar.

outrageous [aʊt'reɪdʒəs] *adj* -1. [offensive, shocking] ultrajante -2. [extravagant, wild] extravagante.

outright [*adj* 'aʊtraɪt, *adv* ˌaʊt'raɪt] ◇ *adj* -1. [categoric, direct] claro(ra), categórico(ca) -2. [total, complete - disaster] completo(ta); [- victory, winner] indiscutível. ◇ *adv* -1. [ask] abertamente, francamente -2. [win, fail] indiscutivelmente, completamente -3. [deny] categoricamente.

outset ['aʊtset] *n*: **at the ~** no princípio; **from the ~** desde o princípio.

outside [*adv* ˌaʊt'saɪd, *adj*, *prep* & *n* 'aʊtsaɪd] ◇ *adj* -1. [gen] externo(na) -2. [unlikely] remoto(ta). ◇ *adv* [lá] fora; **to look ~** olhar para fora; **to run ~** correr lá fora; **to go ~** ir lá fora. ◇ *prep* -1. [not inside] fora de; **we live half an hour ~ London** moramos a meia hora de Londres -2. [beyond] além de. ◇ *n* [exterior] exterior *m*.

➡ **outside of** *prep US* [apart from] exceto.

outside lane *n AUT* -1. [in UK] faixa *f* da direita -2. [in mainland Europe, US, Brazil etc] faixa *f* da esquerda.

outside line *n* linha *f* externa.

outsider [ˌaʊt'saɪdəʳ] *n* -1. *SPORT* azarão *m* -2. [from outside social group] estranho *m*, -nha *f*, desconhecido *m*, -da *f*.

outsize ['aʊtsaɪz] *adj* -1. [book, portion] enorme -2. [clothes] extra-grande.

outskirts ['aʊtskɜːts] *npl*: **the ~** os arredores.

outsource ['aʊtsɔːs] *vt COMM* terceirizar.

outsourcing ['aʊtsɔːsɪŋ] *n COMM* terceirização *f*.

outspoken [ˌaʊt'spəʊkn] *adj* franco(ca).

outstanding [ˌaʊt'stændɪŋ] *adj* -1. [excellent] destacado(da), notável -2. [very obvious, important] notável -3. [pending] pendente.

outstay [ˌaʊt'steɪ] *vt*: **to ~ one's welcome** abusar da hospitalidade de alguém.

outstretched [ˌaʊt'stretʃt] *adj* estendido(da).

outstrip [ˌaʊt'strɪp] (*pt* & *pp* -ped, *cont*-ping) *vt* -1. [do better than] superar -2. [run faster than] ultrapassar, deixar para trás.

out-tray *n* bandeja *f* de saída.

outward ['aʊtwəd] <> *adj* **-1.** [going away] de ida **-2.** [apparent] aparente **-3.** [visible] visível.

outwardly ['aʊtwədlɪ] *adv* [apparently] aparentemente.

outweigh [,aʊt'weɪ] *vt* pesar mais que.

outwit [,aʊt'wɪt] (*pt* & *pp* **-ted**, *cont* **-ting**) *vt* ser mais esperto(ta) que.

oval ['əʊvl] <> *adj* oval. <> *n* oval *m*.

Oval Office *n*: the ~ o Salão Oval.

ovary ['əʊvərɪ] (*pl* **-ies**) *n* ANAT ovário *m*.

ovation [əʊ'veɪʃn] *n* ovação *f*; a standing ~ ovação com o público de pé.

oven ['ʌvn] *n* [for cooking] forno *m*.

ovenproof ['ʌvnpruːf] *adj* refratário(-ria).

over ['əʊvər] <> *prep* **-1.** [gen] sobre; put your coat ~ that chair ponha o seu casaco naquela cadeira; to rule ~ a country governar um país **-2.** [directly above] sobre, em cima de **-3.** [on the far side of] ao outro lado de **-4.** [across the surface of] por; she walked ~ the lawn ela caminhou pelo gramado **-5.** [across the top or edge of] por cima de **-6.** [more than] mais de; ~ and above bem acima de **-7.** [by means of] por **-8.** [concerning, due to] por; it was a fight ~ a woman, I think era uma disputa por uma mulher, acho eu **-9.** [during] durante **-10.** [recovered from] recuperado(da) (de). <> *adv* **-1.** [distance away] lá; ~ here/there por aqui, lá **-2.** [across]: to cross ~ cruzar; they flew ~ to America eles voaram para a América; ~ at mum's na casa da minha mãe; to ask sb ~ convidar alguém para ir lá em casa **-3.** [to face a different way]: to turn sth ~ virar algo **-4.** [more] mais **-5.** [remaining]: that leaves £2 ~ isso nos sobra £2; I ate the piece of cake left ~ comi o pedaçao de bolo que sobrou **-6.** RADIO câmbio; ~ and out! câmbio e desligo! **-7.** [involving repetitions]: (all) ~ again (tudo) novamente; ~ and ~ (again) várias e várias vezes. <> *adj* [finished] acabado(da); the meeting was ~ by seven a reunião acabou às sete horas.

◆ **all over** <> *adv* [everywhere] por todas as partes. <> *adj* [finished] acabado(da).

overall [*adj* & *n* 'əʊvərɔːl, *adv* ,əʊvər'ɔːl] <> *adj* [total] global, total. <> *adv* **-1.** [in total] no geral **-2.** [in general] normalmente, em geral. <> *n* **-1.** [coat] avental *m*, guarda-pó *m* **-2.** US [with trousers] macacão *m*.

◆ **overalls** *npl* macacão *m*.

overawe [,əʊvər'ɔː] *vt* intimidar.

overbalance [,əʊvə'bæləns] *vi* perder o equilíbrio.

overbearing [,əʊvə'beərɪŋ] *adj pej* arrogante.

overboard ['əʊvəbɔːd] *adv* NAUT: to fall ~ cair ao mar.

overbook [,əʊvə'bʊk] *vi* ter mais reservas que lugares; the plane was ~ deu overbook no avião.

overcame [,əʊvə'keɪm] *pt* ▷ overcome.

overcast ['əʊvəkɑːst] *adj* carregado(-da), nublado (da).

overcharge [,əʊvə'tʃɑːdʒ] *vt*: to ~ sb (for sthg) cobrar de alguém em excesso (por algo).

overcoat ['əʊvəkəʊt] *n* sobretudo *m*.

overcome [,əʊvə'kʌm] (*pt* **-came**, *pp* **-come**) *vt* **-1.** [control, deal with] superar, vencer **-2.** [overwhelm]: to be ~ (by OR with sthg) [emotion] estar tomado(da) (por algo); [smoke, fumes] estar asfixiado(da) (por algo).

overcrowded [,əʊvə'kraʊdɪd] *adj* **-1.** [room, building] superlotado(da) **-2.** [city, country] superpovoado(da).

overcrowding [,əʊvə'kraʊdɪŋ] *n* **-1.** (U) [of room, building] superlotação *f* **-2.** (U) [of city, country] superpovoamento *m*.

overdo [,əʊvə'duː] (*pt* **-did** [-dɪd], *pp* **-done**) *vt* **-1.** *pej* [exaggerate] exagerar **-2.** [do too much]: to ~ the walking caminhar demais; the doctor told her not to ~ it o médico disse para ela pegar leve OR não exagerar **-3.** [overcook] cozinhar demais.

overdone [,əʊvə'dʌn] <> *pp* ▷ overdo. <> *adj*: it's ~ cozinhou demais.

overdose ['əʊvədəʊs] *n* overdose *f*.

overdraft ['əʊvədrɑːft] *n* saldo *m* negativo.

overdrawn [,əʊvə'drɔːn] *adj* **-1.** [person]: to be ~ ter saldo negativo **-2.** [account] no negativo.

overdue [,əʊvə'djuː] *adj* **-1.** [gen] atrasado(da); I'm ~ for a dental checkup já está na hora de eu fazer a revisão no dentista **-2.** [needed, awaited]: (long) ~ (há muito) esperado(da).

overestimate [,əʊvər'estɪmeɪt] *vt* superestimar.

overflow [*vb* ,əʊvə'fləʊ, *n* 'əʊvəfləʊ] <> *vi* transbordar; to be ~ing (with sthg) estar transbordando (de algo). <> *n* ladrão *m*.

overgrown [,əʊvə'grəʊn] *adj* coberto(-ta) de mato.

overhaul [*n* 'əʊvəhɔːl, *vb* ,əʊvə'hɔːl] <> *n* revisão *f*. <> *vt* **-1.** [service] fazer a revisão de **-2.** [revise] revisar.

overhead [*adv* ,əʊvə'hed, *adj* & *n*

'əʊvəhedl ◇ *adj* aéreo(rea). ◇ *adv* por cima, pelo alto. ◇ *n US* despesas *fpl* gerais, gastos *mpl* gerais.

➡ **overheads** *npl UK* despesas *fpl* gerais, gastos *mpl* gerais.

overhead projector *n* retroprojetor *m*.

overhear [ˌəʊvəˈhɪəʳ] (*pt* & *pp* **-heard** [-hɜ:d]) *vt* entreouvir.

overheat [ˌəʊvəˈhi:t] ◇ *vt* superaquecer. ◇ *vi* superaquecer-se.

overjoyed [ˌəʊvəˈdʒɔɪd] *adj*: to be ~ (at sthg) estar contentíssimo(ma) (com algo).

overkill [ˈəʊvəkɪl] *n (U)* exagero *m*.

overladen [ˌəʊvəˈleɪdn] ◇ *pp* ▷ **overload**. ◇ *adj* sobrecarregado (da).

overland [ˈəʊvəlænd] ◇ *adj* terrestre. ◇ *adv* por terra.

overlap [*n* ˈəʊvəlæp , *vb* ˌəʊvəˈlæp] (*pt* & *pp* **-ped**, *cont* **-ping**) *vi* **-1.** [cover each other] sobrepor-se **-2.** [be similar] coincidir; to ~ (with sthg) coincidir em parte (com algo).

overleaf [ˌəʊvəˈli:f] *adv* no verso.

overload [ˌəʊvəˈləʊd] (*pp* **-loaded** OR **-laden**) *vt* sobrecarregar; to be ~ed (with sthg) estar sobrecarregado(da) de algo.

overlook [ˌəʊvəˈlʊk] *vt* **-1.** [look over] dar para **-2.** [disregard, miss] fazer vista grossa para **-3.** [excuse] desculpar.

overnight [*adj* ˈəʊvənaɪt, *adv* ˌəʊvəˈnaɪt] ◇ *adj* **-1.** [stay, guest, parking] por uma noite **-2.** [clothes] para uma noite **-3.** [journey] de uma noite; ~ **bag** bolsa *f* de viagem **-4.** [very sudden] da noite para o dia. ◇ *adv* **-1.** [for all of night] durante a noite **-2.** [very suddenly] da noite para o dia.

overpass [ˈəʊvəpɑ:s] *n US* viaduto *m*.

overpower [ˌəʊvəˈpaʊəʳ] *vt* **-1.** [in fight] subjugar **-2.** *fig* [overwhelm] vencer, sobrepujar.

overpowering [ˌəʊvəˈpaʊərɪŋ] *adj* **-1.** [desire, feeling] dominante **-2.** [smell] asfixiante **-3.** [heat, sensation] sufocante **-4.** [personality] opressor(ra).

overran [ˌəʊvəˈræn] *pt* ▷ **overrun**.

overrated [ˌəʊvəˈreɪtɪd] *adj* superestimado(da).

override [ˌəʊvəˈraɪd] (*pt* **-rode**, *pp* **-ridden**) *vt* **-1.** [be more important than] passar por cima de, não fazer caso de **-2.** [overrule] desautorizar.

overriding [ˌəʊvəˈraɪdɪŋ] *adj* predominante.

overrode [ˌəʊvəˈrəʊd] *pt* ▷ **override**.

overrule [ˌəʊvəˈru:l] *vt* **-1.** [person, decision] desautorizar **-2.** [objection] negar.

overrun [ˌəʊvəˈrʌn] (*pt* **-ran**, *pp* **-run**, *cont* **-running**) ◇ *vt* **-1.** MIL [occupy] invadir **-2.** *fig* [cover, fill]: to be ~ with sthg estar repleto(ta) de algo. ◇ *vi* passar do tempo previsto.

oversaw [ˌəʊvəˈsɔ:] *pt* ▷ **oversee**.

overseas [*adj* ˈəʊvəsi:z, *adv* ˌəʊvəˈsi:z] ◇ *adj* **-1.** [market] exterior **-2.** [network, branches] no exterior **-3.** [sales, aid] para o exterior **-4.** [from abroad] estrangeiro(ra). ◇ *adv* **-1.** [travel, sell] para o exterior **-2.** [study, live] no exterior.

oversee [ˌəʊvəˈsi:] (*pt* **-saw**, *pp* **-seen** [-ˈsi:n]) *vt* supervisionar.

overseer [ˈəʊvəˌsi:əʳ] *n* supervisor *m*, -ra *f*.

overshadow [ˌəʊvəˈʃædəʊ] *vt* **-1.** [make darker] fazer sombra em **-2.** *fig* [outweigh, eclipse]: to be ~ed by sb/sthg ser eclipsado(da) por alguém/algo **-3.** *fig* [mar, cloud]: to be ~ed by sthg ser ofuscado(da) por algo.

overshoot [ˌəʊvəˈʃu:t] (*pt* & *pp* **-shot**) *vt* passar.

oversight [ˈəʊvəsaɪt] *n* deslize *m*, descuido *m*.

oversleep [ˌəʊvəˈsli:p] (*pt* & *pp* **-slept** [-ˈslept]) *vi* dormir demais, ficar dormindo.

overspill [ˈəʊvəspɪl] *n (U)* excesso *m* de população.

overstep [ˌəʊvəˈstep] (*pt* & *pp* **-ped**, *cont* **-ping**) *vt* passar por cima de; to ~ the mark passar dos limites.

overt [ˈəʊvɜ:t] *adj* aberto(ta), manifesto(ta).

overtake [ˌəʊvəˈteɪk] (*pt* **-took**, *pp* **-taken** [-ˈteɪkn]) ◇ *vt* **-1.** AUT ultrapassar **-2.** [subj: disaster, misfortune] surpreender, pegar de surpresa. ◇ *vi* AUT ultrapassar.

overthrow [*n* ˈəʊvəθrəʊ, *vb* ˌəʊvəˈθrəʊ] (*pt* **-threw**, *pp* **-thrown**) ◇ *n* deposição *f*, destituição *f*. ◇ *vt* [government, president] depor, destituir.

overtime [ˈəʊvətaɪm] ◇ *n* **-1.** [extra time worked] hora *f* extra **-2.** *US* SPORT prorrogação *f*. ◇ *adv*: to work ~ fazer hora extra.

overtones [ˈəʊvətəʊnz] *npl* insinuações *fpl*.

overtook [ˌəʊvəˈtʊk] *pt* ▷ **overtake**.

overture [ˈəʊvəˌtjʊəʳ] *n* MUS abertura *f*.

overturn [ˌəʊvəˈtɜ:n] ◇ *vt* **-1.** [turn over] virar **-2.** [overrule] invalidar **-3.** [overthrow] depor. ◇ *vi* **-1.** [boat] virar **-2.** [lorry, car] capotar.

overweight [ˌəʊvəˈweɪt] *adj* obeso(sa), gordo(da).

overwhelm [ˌəʊvəˈwelm] *vt* **-1.** [make helpless] subjugar **-2.** MIL [gain control of] dominar, passar a controlar.

overwhelming [,əʊvə'welmɪŋ] adj -**1.** [feeling, quality] impressionante -**2.** [victory, defeat, majority] esmagador(ra).

overwork [,əʊvə'wɜːk] ◇ n (U) trabalho m excessivo. ◇ vt [give too much work to] fazer trabalhar demais.

overwrought [,əʊvə'rɔːt] adj muito nervoso(sa).

owe [əʊ] vt: to ~ sthg to sb, to ~ sb sthg dever algo a alguém.

owing ['əʊɪŋ] adj que se deve.
➤ **owing to** prep por causa de, devido a.

owl [aʊl] n coruja f.

own [əʊn] ◇ adj [indicating possession] próprio(pria); **my/your** ~ **car** meu/teu próprio carro; **he doesn't need a lift, he has his** ~ **car** ele não precisa de carona, tem seu próprio carro; **she has her** ~ **style** ela tem um estilo próprio. ◇ pron [indicating possession]: **my** ~ o(a) meu(minha); **your** ~ o(a) seu(sua); **a house of my** ~ minha própria casa; **the city has a special atmosphere of its** ~ a cidade tem uma atmosfera especial que lhe é própria; **on one's** ~ [alone] sozinho(nha); **to get one's** ~ **back** dar o troco, vingar-se. ◇ vt possuir, ter.
➤ **own up** vi: to ~ up (to sthg) confessar (algo), admitir (algo).

owner ['əʊnə'] n proprietário m, -ria f, dono m, -na f.

ownership ['əʊnəʃɪp] n (U) posse f, propriedade f.

ox [ɒks] (pl oxen) n boi m.

Oxbridge ['ɒksbrɪdʒ] n (U) as universidades de Oxford e Cambridge.

oxen ['ɒksn] pl ⊳ ox.

oxtail soup ['ɒksteɪl-] n (U) rabada f.

oxygen ['ɒksɪdʒən] n (U) oxigênio m.

oxygen mask n máscara f de oxigênio.

oxygen tent n tenda f de oxigênio.

oyster ['ɔɪstə'] n ostra f.

oz. abbr of ounce.

ozone ['əʊzəʊn] n ozônio m.

ozone-friendly adj não-prejudicial à camada de ozônio.

ozone layer n camada f de ozônio.

P

p¹ (pl p's OR ps), **P** (pl P's OR Ps) [piː] n [letter] p, P m.

p² -**1.** (abbr of page) p. -**2.** abbr of penny, pence.

P45 n documento oficial que o empregado recebe do empregador na Grã-Bretanha ao deixar o emprego e repassa ao próximo empregador, contendo informações salariais.

P60 n documento oficial fornecido pelo empregador ao empregado na Grã-Bretanha com informações sobre salário recebido e impostos pagos durante aquele ano, ≈ declaração f de rendimentos.

pa [pɑː] n inf esp US pai m.

p.a. (abbr of per annum) p.a.

PA n -**1.** UK (abbr of personal assistant) assessor m, -ra f pessoal -**2.** (abbr of public address system) sistema m de alto-falantes.

pace [peɪs] ◇ n -**1.** (U) [speed, rate] ritmo m, andamento m; **to keep** ~ **(with sb/sthg)** acompanhar o ritmo (de alguém/algo) -**2.** [step] passo m. ◇ vi andar de um lado para o outro.

pacemaker ['peɪs,meɪkə'] n -**1.** MED marca-passo m -**2.** [in race] competidor que estabelece o ritmo da corrida.

Pacific [pə'sɪfɪk] ◇ adj do Pacífico. ◇ n: **the** ~ **(Ocean)** o (Oceano) Pacífico.

pacifier ['pæsɪfaɪə'] n US bico m.

pacifist ['pæsɪfɪst] n pacifista mf.

pacify ['pæsɪfaɪ] (pt & pp -ied) vt -**1.** [person] acalmar -**2.** [country, region] pacificar.

pack [pæk] ◇ n -**1.** [rucksack] mochila f -**2.** [bundle] pacote m, embrulho m -**3.** [of cigarettes] maço m -**4.** esp US [washing powder, tissues] caixa f -**5.** [of cards] baralho m -**6.** [of animals - dogs] matilha f; [- wolves] alcateia f; [- of thieves] quadrilha f. ◇ vt -**1.** [bag, suitcase] fazer -**2.** [clothes, etc] colocar na mala -**3.** [put in container, parcel] embalar -**4.** [crowd into] lotar; **to be** ~ **ed into sthg** estar socado(da) em algo. ◇ vi [for journey, holiday] fazer as malas.

pack in ◇ *vt sep UK inf* [job, boyfriend, smoking] deixar; **~ it in!** [stop annoying me] pare com isso!, chega!; [shut up] boca fechada! ◇ *vi inf* pifar.

pack off *vt sep inf* enviar, mandar.

package ['pækɪdʒ] ◇ *n* **-1.** [gen] pacote *m* **-2.** [box] caixa *f* **-3.** *US* [of cigarettes] maço *m*, carteira *f OR m* **-4.** [set, group] pacote *m* ◇ *vt* embalar, empacotar.

package deal *n* pacote *m* de acordo.

package tour *n* pacote *m* turístico.

packaging ['pækɪdʒɪŋ] *n* (*U*) embalagem *f*.

packed [pækt] *adj* **-1.** [place]: **~ (with)** lotado(da) (de) **-2.** [magazine, information pack]: **~ with** repleto(ta) de.

packed lunch *n UK* **-1.** [for school] *f* merenda **-2.** [for work] marmita *f*.

packet ['pækɪt] *n* **-1.** [gen] pacote *m* **-2.** [box] caixa *f* **-3.** [of cigarettes] maço *m*, carteira *f*.

packing ['pækɪŋ] *n* (*U*) **-1.** [protective material] embalagem *f* **-2.** [for journey, holiday]: **to do the ~** fazer as malas.

packing case *n* caixote *m* de embalagem.

pact [pækt] *n* pacto *m*.

pad [pæd] (*pt & pp* **-ded**, *cont* **-ding**) ◇ *n* **-1.** [for clothes, body]: **shoulder ~** ombreira *f*, **knee ~** joelheira *f*; **shin ~** tornozeleira *f* **-2.** [notepad] bloco *m* de anotações **-3.** [for absorbing liquid - cotton wool] chumaço *m*; [- sanitary] absorvente *m* higiênico **-4.** *SPACE*: **(launch) ~** plataforma *f* (de lançamento) **-5.** [of cat or dog] almofadinha *f* **-6.** *inf dated* [home] casa *f*. ◇ *vt* **-1.** [clothing, furniture] revestir, forrar **-2.** [wound] cobrir. ◇ *vi* andar com suavidade.

padding ['pædɪŋ] *n* (*U*) **-1.** [in jacket] revestimento *m* **-2.** [in shoulders] ombreira *f* **-3.** [in chair] enchimento *m* **-4.** [in. speech, essay, letter] enrolação *f*.

paddle ['pædl] ◇ *n* **-1.** [for canoe, dinghy] remo *m* **-2.** [wade]: **to have a ~** patinhar na água. ◇ *vi* **-1.** [in canoe, dinghy] remar **-2.** [wade] patinhar.

paddle boat, paddle steamer *n* vapor *m* movido a rodas.

paddling pool ['pædlɪŋ-] *n* **-1.** [in park] piscina *f* infantil **-2.** [inflatable] piscina *f* inflável.

paddock ['pædək] *n* **-1.** [small field] manejo *m* **-2.** [at racecourse] paddock *m*.

paddy field ['pædɪ-] *n* arrozal *m*.

padlock ['pædlɒk] ◇ *n* cadeado *m*. ◇ *vt* fechar com cadeado.

paediatrics [,piːdɪ'ætrɪks] *n* = **pediatrics**.

pagan ['peɪɡən] ◇ *adj* pagão(gã). ◇ *n* pagão *m*, -gã *f*.

page [peɪdʒ] ◇ *n* página *f*. ◇ *vt* chamar (pelo alto-falante).

page [peɪdʒ] *vt* [using pager]: **to be ~ d** receber chamadas pelo pager; **to ~ sb** chamar alguém pelo pager.

pageant ['pædʒənt] *n* desfile *m*, cortejo *m* cívico.

pageantry ['pædʒəntrɪ] *n* (*U*) fausto *m*, pompa *f*.

page break *n COMPUT* quebra *f* de página.

paid [peɪd] ◇ *pt & pp* ▷ **pay**. ◇ *adj* pago(ga).

pail [peɪl] *n* balde *m*.

pain [peɪn] *n* **-1.** dor *f*; **to be in ~** sentir dor **-2.** (*U*) [mental suffering] sofrimento *m*, pena *f* **-3.** *inf* [annoyance]: **it's such a ~!** é tão chato!; **he is a real ~!** ele é um saco!

pains *npl* esforços *mpl*; **to be at ~ s to do sthg** empenhar-se para fazer algo; **to take ~ s to do sthg** esforçar-se para fazer algo.

pained [peɪnd] *adj* aflito(ta), consternado(da).

painful ['peɪnfʊl] *adj* **-1.** [sore] dolorido(da) **-2.** [causing pain] doloroso(sa) **-3.** [distressing] penoso(sa), doloroso(sa).

painfully ['peɪnfʊlɪ] *adv* **-1.** [distressingly] dolorosamente **-2.** [for emphasis] terrivelmente.

painkiller ['peɪnˌkɪləʳ] *n* analgésico *m*, calmante *m*.

painless ['peɪnlɪs] *adj* indolor, fácil.

painstaking ['peɪnzˌteɪkɪŋ] *adj* meticuloso(sa), minucioso(sa).

paint [peɪnt] ◇ *n* tinta *f*. ◇ *vt* pintar; **to ~ the wall white** pintar o teto de branco. ◇ *vi* pintar.

paintbrush ['peɪntbrʌʃ] *n* **-1.** [of artist] pincel *m* **-2.** [of decorator] broxa *f*.

painter ['peɪntəʳ] *n* pintor *m*, -ra *f*.

painting ['peɪntɪŋ] *n* **-1.** [picture] pintura *f*, quadro *m* **-2.** (*U*) *ACTIVITY* pintura *f*.

paint stripper *n* (*U*) removedor *m* (de tinta).

paintwork ['peɪntwɜːk] *n* (*U*) pintura *f*.

pair [peəʳ] *n* par *m*; **a ~ of idiots** uma dupla de idiotas; **a ~ of scissors** uma tesoura; **a ~ of trousers** uma calça; **a ~ of spectacles** um óculos.

pajamas [pə'dʒɑːməz] *npl US* = **pyjamas**.

Pakistan [*UK* ˌpɑːkɪ'stɑːn, *US* ˌpækɪ'stæn] *n* Paquistão.

Pakistani [*UK* ˌpɑːkɪ'stɑːnɪ, *US* ˌpækɪ'stænɪ] ◇ *adj* paquistanês(esa). ◇ *n* paquistanês, -esa *f*.

pal [pæl] *n inf* **-1.** [friend] camarada *mf*, companheiro *m*, -ra *f* **-2.** [as term of address]: **now wait a minute, ~, I was first!**

espera um pouco, meu chapa, eu cheguei primeiro!

palace ['pælɪs] n palácio m.

palatable ['pælətəbl] adj **-1.** [pleasant to taste] saboroso(sa) **-2.** [acceptable] aceitável, admissível.

palate ['pælət] n **-1.** ANAT palato m **-2.** [sense of taste] paladar m.

palaver [pə'lɑ:vəʳ] n inf **-1.** [talk] palavrório m **-2.** [fuss] bagunça f, rebuliço m.

pale [peɪl] adj **-1.** [colour] fosco(ca) **-2.** [light] ênue **-3.** [clothes] claro(ra) **-4.** [face, complexion] pálido(da).

Palestine ['pælɪˌstaɪn] n Palestina f; in ~ na Palestina.

Palestinian [ˌpælə'stɪnɪən] <> adj palestino(na). <> n palestino m, -na f.

palette ['pælət] n paleta f.

palings ['peɪlɪŋz] npl cerca f.

pall [pɔ:l] <> n **-1.** [of smoke] nuvem f, cortina f **-2.** US [coffin] caixão m. <> vi perder a graça.

pallet ['pælɪt] n palete m, plataforma f de carga.

pallor ['pæləʳ] n palor m.

palm [pɑ:m] n **-1.** [tree] palmeira f **-2.** [of hand] palma f.
  ➤ **palm off** vt sep inf: to ~ sthg off on sb empurrar algo para alguém; to ~ sb off with sthg enganar alguém com algo.

Palm Sunday n Domingo m de Ramos.

palmtop ['pɑ:mtɒp] n COMPUT palmtop m.

palm tree n palmeira f.

palpable ['pælpəbl] adj palpável.

paltry ['pɔ:ltrɪ] (compar -ier, superl -iest) adj irrisório(ria).

pamper ['pæmpəʳ] vt mimar.

pamphlet ['pæmflɪt] n panfleto m.

pan [pæn] (pt & pp -ned, cont -ning) <> n **-1.** [for frying] frigideira **-2.** [for boiling] panela f **-3.** US [for baking] assadeira f **-4.** [of scales] prato m **-5.** [of toilet] vaso m sanitário. <> vt inf esculachar.

panacea [ˌpænə'sɪə] n fig: a ~ (for sthg) uma panacéia (para algo).

panama n: ~ (hat) panamá m.

Panama ['pænəˌmɑ:] n Panamá.

Panama Canal n: the ~ o Canal do Panamá.

pancake ['pænkeɪk] n panqueca f.

Pancake Day n UK ≃ Terça-feira f de Carnaval.

Pancake Tuesday n = Pancake Day.

panda ['pændə] (pl inv OR -s) n panda m.

Panda car n UK patrulha f policial.

pandemonium [ˌpændɪ'məʊnjəm] n (U) pandemônio m.

pander ['pændəʳ] vi: to ~ to sb/sthg fazer concessões a alguém/algo.

pane [peɪn] n vidraça f, vidro m de vidraça.

panel ['pænl] n **-1.** [group of people] equipe f **-2.** TECH painel m.

panelling UK, **paneling** US ['pænəlɪŋ] n (U) apainelamento m.

pang [pæŋ] n acesso m (de fome, de culpa etc).

panic ['pænɪk] (pt & pp -ked, cont -king) <> n (U) pânico m. <> vi entrar em pânico.

panicky ['pænɪkɪ] adj **-1.** [person] aterrorizado(da) **-2.** [feeling] aterrorizante.

panic-stricken adj em pânico.

panorama [ˌpænə'rɑ:mə] n panorama m.

pansy (pl -ies) n **-1.** [flower] amorperfeito m **-2.** inf pej [man] veado m.

pant [pænt] vi ofegar.
  ➤ **pants** npl **-1.** UK [underpants] calcinha f **-2.** US [trousers] calças fpl.

panther ['pænθəʳ] (pl inv OR -s) n pantera f.

panties ['pæntɪz] npl inf calcinha f.

pantihose ['pæntɪhəʊz] npl = panty hose.

pantomime ['pæntəmaɪm] n UK peça de teatro para crianças realizada no Reino Unido no Natal.

pantry ['pæntrɪ] (pl -ies) n despensa f.

panty hose ['pæntɪ-] npl US meia-calça f.

papa [UK pə'pɑ:, US 'pæpə] n papá m.

paper ['peɪpəʳ] <> n **-1.** (U) [material] papel m; a piece of ~ uma folha de papel; on ~ [written down] no papel; [in theory] teoricamente **-2.** [newspaper] jornal m **-3.** [in exam] trabalho m **-4.** [essay] ensaio m **-5.** [at conference] apostila f, polígrafo m. <> adj **-1.** [cup, napkin, hat] de papel **-2.** [theoretical] no papel. <> vt empapelar.
  ➤ **papers** npl **-1.** [identity papers] documentos mpl (de identidade) **-2.** [documents] documentação f.

paperback ['peɪpəbæk] n: ~ (book) brochura f.

paper bag n saco m de papel.

paper clip n clipe m.

paper handkerchief n lenço m de papel.

paper knife n abridor m de cartas.

paper shop n UK banca f de jornais.

paperweight ['peɪpəweɪt] n peso m para papel.

paperwork ['peɪpəwɜ:k] n (U) papelada f.

paprika ['pæprɪkə] n (U) páprica f.

par [pɑ:ʳ] n **-1.** [parity]: on a ~ with sb/ sthg no mesmo nível que alguém/algo **-2.** (U) GOLF par m **-3.** [good health]: below OR under ~ indisposto(ta) **-4.** FIN valor m (ao par).

parable ['pærəbl] *n* parábola *f*.

parachute ['pærəʃuːt] ◇ *n* pára-quedas *m inv*. ◇ *vi* saltar de pára-quedas.

parade [pə'reɪd] ◇ *n* **-1.** [procession] desfile *m* **-2.** MIL parada *f* **-3.** [street, path] passeio *m* público. ◇ *vt* **-1.** [MIL - soldiers] fazer desfilar; [- prisoners] apresentar **-2.** [object] exibir **-3.** *fig* [flaunt] fazer alarde de, mostrar-se com. ◇ *vi* desfilar.

paradise ['pærədaɪs] *n* paraíso *m*.
➡ **Paradise** *n* Paraíso *m*.

paradox ['pærədɒks] *n* paradoxo *m*.

paradoxically [,pærə'dɒksɪklɪ] *adv* paradoxalmente.

paraffin ['pærəfɪn] *n* (U) querosene *m*.

paragliding ['pærə,glaɪdɪŋ] *n* vôo *m* de paraglider.

paragon *n* modelo *m*.

paragraph ['pærəgrɑːf] *n* parágrafo *m*.

Paraguay ['pærəgwaɪ] *n* Paraguai.

parallel ['pærəlel] (*pt* & *pp* **-led**, *cont* **-ling**) ◇ *adj* [gen] paralelo(la); ~ to OR **with** sthg paralelo(la) a algo. ◇ *n* paralelo *m*; **to have no** ~ não ter precedente OR paralelo.

paralyse UK, **paralyze** US ['pærəlaɪz] *vt* paralisar.

paralysis [pə'rælɪsɪs] (*pl* **-lyses** [-lɪsiːz]) *n* **-1.** MED paralisia *f* **-2.** [of industry, traffic] imobilidade *f*.

paralyze *vt* US = paralyse.

paramedic [,pærə'medɪk] *n* paramédico *m*, -ca *f*.

parameter [pə'ræmɪtər] *n* parâmetro *m*.

paramount ['pærəmaʊnt] *adj* vital, fundamental; **of** ~ **importance** de suma importância.

paranoid ['pærənɔɪd] *adj* **-1.** [person] paranóico(ca) **-2.** [disorder] paranóico(ca).

paraphernalia [,pærəfə'neɪljə] *n* (U) parafernália *f*.

parascending [,pærə'sendɪŋ] *n* vôo *m* de parapente.

parasite ['pærəsaɪt] *n* parasita *m*.

parasol ['pærəsɒl] *n* sombrinha *f*.

paratrooper ['pærətruːpər] *n* pára-quedista *mf* (*do exército*).

parcel ['pɑːsl] (UK *pt* & *pp* **-led**, *cont* **-ling**, US *pt* & *pp* **-ed**, *cont* **-ing**) *n* pacote *m*, encomenda *f*.
➡ **parcel up** *vt sep* empacotar.

parched [pɑːtʃt] *adj* **-1.** [grass, plain] seco(ca) **-2.** [throat, lips] ressecado(da) **-3.** *inf* [very thirsty] seco(ca).

parchment ['pɑːtʃmənt] *n* (U) pergaminho *m*.

pardon ['pɑːdn] ◇ *n* **-1.** JUR indulto *m* **-2.** (U) [forgiveness] perdão *m*; **I beg your**

~ **?** [showing surprise or offence] como é?, o que foi?; [what did you say?] como?, o que você disse?; **I beg your** ~ **!** [to apologize] perdão!, desculpe! ◇ *vt* **-1.** JUR indultar **-2.** [forgive] perdoar; **to** ~ **sb for sthg** perdoar alguém por algo; ~ **me!** me desculpe!

parent ['peərənt] *n* **-1.** [mother] mãe *f* **-2.** [father] pai *m*.
➡ **parents** *npl* pais *mpl*.

parental [pə'rentl] *adj* dos pais.

parenthesis [pə'renθɪsɪs] (*pl* **-theses** [-θɪsiːz]) *n* parêntese *m*.

Paris ['pærɪs] *n* Paris; **in** ~ em Paris.

parish ['pærɪʃ] *n* **-1.** [of church] paróquia *f* **-2.** UK [area of local government] distrito *m*.

Parisian [pə'rɪzjən] ◇ *adj* parisiense. ◇ *n* parisiense *mf*.

parity ['pærətɪ] *n* (U) igualdade *f*; ~ **with** igualdade com; ~ **between** paridade *f* de OR entre.

park [pɑːk] ◇ *n* **-1.** [public] parque *m* **-2.** US AUT posição da alavanca de carro hidramático usada para estacionar. ◇ *vt* & *vi* estacionar.

parking ['pɑːkɪŋ] *n* (U) estacionamento *m*; **I find** ~ **very difficult** acho muito difícil estacionar; **'no** ~**'** 'proibido estacionar'.

parking lot *n* US área *f* de estacionamento.

parking meter *n* parquímetro *m*.

parking ticket *n* multa *f* por estacionamento proibido.

parlance ['pɑːləns] *n* (U): **in common/legal** ~ em linguagem coloquial/legal.

parliament ['pɑːləmənt] *n* **-1.** [gen] parlamento *m* **-2.** [session] legislatura *f*.

parliamentary [,pɑːlə'mentərɪ] *adj* parlamentar.

parlour UK, **parlor** US ['pɑːlər] *n* **-1.** *dated* [in house] sala *f* de visitas **-2.** [cafe]: **ice cream** ~ sorveteria *f*.

parochial [pə'rəʊkjəl] *adj pej* provinciano(na).

parody ['pærədɪ] (*pl* **-ies**, *pt* & *pp* **-ied**) ◇ *n* paródia *f*. ◇ *vt* parodiar.

parole [pə'rəʊl] *n* (U) liberdade *f* condicional; **on** ~ em liberdade condicional.

parrot ['pærət] *n* papagaio *m*.

parry ['pærɪ] (*pt* & *pp* **-ied**) *vt* **-1.** [blow] desviar **-2.** [question] esquivar-se de.

parsley ['pɑːslɪ] *n* (U) salsa *f*.

parsnip ['pɑːsnɪp] *n* chirivia *f*.

parson ['pɑːsn] *n* pároco *m*.

part [pɑːt] ◇ *n* **-1.** [gen] parte *f*; **for the most** ~ em sua maioria; **the best** OR **better** ~ da maior parte de **-2.** [component] peça *f* **-3.** [acting role] papel *m* **-4.** [involvement]: ~ **in sthg** participação

f em algo; **to take** ~ **in sthg** participar de algo; **to play an important** ~ **in sthg** ter um papel importante em algo; **for my/your** etc ~ por minha/sua parte - **5.** *US* [hair parting] linha *f.* ◇ *adv* em parte. ◇ *vt* - **1.** [separate] separar - **2.** [move apart, open] abrir - **3.** [hair] repartir. ◇ *vi* - **1.** [leave one another] separar-se - **2.** [move apart, open] abrir-se.
➤ **parts** *npl* terras *fpl.*
➤ **part with** *vt fus* desfazer-se de.

part exchange *n* - **1.** [deal] *negociação em que se paga parte do valor de um produto com um artigo usado* - **2.** (*U*) [system] *sistema através do qual se paga parte do valor do produto com um artigo usado;* in ~ como parte do pagamento.

partial ['pɑːʃl] *adj* - **1.** [gen] parcial - **2.** [fond]: ~ **to sthg** afeiçoado(da) a algo.

participant [pɑːˈtɪsɪpənt] *n* participante *mf.*

participate [pɑːˈtɪsɪpeɪt] *vi* participar; **to** ~ **in sthg** participar de algo.

participation [pɑːˌtɪsɪˈpeɪʃn] *n* (*U*) participação *f.*

participle ['pɑːtɪsɪpl] *n* particípio *m.*

particle ['pɑːtɪkl] *n* partícula *f.*

parti-coloured *adj* multicor, matizado(da).

particular [pəˈtɪkjʊləʳ] *adj* - **1.** [gen] especial - **2.** [fussy] exigente.
➤ **particulars** *npl* particularidades *fpl.*
➤ **in particular** *adv* em especial, em particular.

particularly [pəˈtɪkjʊləlɪ] *adv* - **1.** [in particular] especialmente - **2.** [very] muito.

parting ['pɑːtɪŋ] *n* - **1.** (*U*) despedida *f* - **2.** *UK* [in hair] repartição *f.*

partisan [ˌpɑːtɪˈzæn] ◇ *adj* partidário(ria). ◇ *n* guerrilheiro *m,* -ra *f.*

partition [pɑːˈtɪʃn] ◇ *n* - **1.** [wall] divisória *f* - **2.** [screen] separação *f.* ◇ *vt* - **1.** [room] separar com divisórias - **2.** [country] dividir.

partly ['pɑːtlɪ] *adv* em parte.

partner ['pɑːtnəʳ] ◇ *n* parceiro *m,* -ra *f.* ◇ *vt* ser parceiro de.

partnership ['pɑːtnəʃɪp] *n* parceria *f.*

partridge ['pɑːtrɪdʒ] (*pl inv* OR -**s**) *n* perdiz *f.*

part-time ◇ *adj* de meio período. ◇ *adv* em meio período.

party ['pɑːtɪ] (*pl*-**ies**, *pt* & *pp*-**ied**) ◇ *n* - **1.** *POL* partido *m* - **2.** [social gathering] festa *f* - **3.** [group] grupo *m* - **4.** *JUR, COMM* [individual] parte *f.* ◇ *vi inf* festejar.

party line *n* - **1.** *POL* linha *f* (política) do partido - **2.** *TELEC* extensão *f* de linha telefônica.

pass [pɑːs] ◇ *n* - **1.** [gen] passe *m* - **2.**

UK [successful result] aprovação *f*; **to get a** ~ ser aprovado *m,* -da *f* em algo - **3.** [route between mountains] desfiladeiro *m* - **4.** *phr*: **to make a** ~ **at sb** *inf* passar-se com alguém. ◇ *vt* - **1.** [gen] passar; **to** ~ **sthg to sb, to** ~ **sb sthg** passar algo a alguém - **2.** [move past] passar por - **3.** *AUT* [overtake] ultrapassar - **4.** [exceed] passar de - **5.** [exam, test] passar em - **6.** [approve] aprovar - **7.** [express - opinion, judgment] formular; [- sentence] ditar. ◇ *vi* - **1.** [gen] passar - **2.** *AUT* [overtake] ultrapassar - **3.** *SPORT* fazer passes.
➤ **pass as** *vt fus* passar por.
➤ **pass away** *vi* falecer.
➤ **pass by** ◇ *vt sep fig* passar desapercebido(da) por. ◇ *vi* passar.
➤ **pass for** *vt fus* = **pass as**.
➤ **pass on** ◇ *vt sep* - **1.** [object]: **to pass sthg on (to sb)** passar algo adiante (para alguém) - **2.** [characteristic, tradition, information] transmitir. ◇ *vi* - **1.** [move on]: **to** ~ **on to the next question** passar para a próxima questão - **2.** = **pass away**.
➤ **pass out** *vi* - **1.** [faint] desmaiar - **2.** *UK MIL* graduar-se.
➤ **pass over** *vt fus* passar por cima.
➤ **pass up** *vt sep* deixar passar.

passable ['pɑːsəbl] *adj* - **1.** [satisfactory] passável, aceitável - **2.** [not blocked] livre.

passage ['pæsɪdʒ] *n* - **1.** [gen] passagem *f* - **2.** *ANAT* trato *m* - **3.** [sea journey] travessia *f.*

passageway ['pæsɪdʒweɪ] *n* passagem *f,* corredor *m.*

passbook ['pɑːsbʊk] *n* caderneta *f* de conta bancária.

passenger ['pæsɪndʒəʳ] *n* passageiro *m,* -ra *f.*

passerby [ˌpɑːsəˈbaɪ] (*pl* **passersby** [ˌpɑːsəzˈbaɪ]) *n* passante *mf,* transeunte *mf.*

passing ['pɑːsɪŋ] *adj* passageiro(ra).
➤ **in passing** *adv* de passagem.

passion ['pæʃn] *n* (*U*) paixão *f*; ~ **for sthg** paixão por algo.
➤ **passions** *npl* paixões *fpl.*

passionate ['pæʃənət] *adj* apaixonado(da).

passive ['pæsɪv] *adj* passivo(va).

Passover ['pɑːsˌəʊvəʳ] *n*: **(the)** ~ a Páscoa Judia.

passport ['pɑːspɔːt] *n* [document] passaporte *m.*

passport control *n* controle *m* de passaportes.

password ['pɑːswɜːd] *n* senha *f.*

past [pɑːst] ◇ *adj* - **1.** [former] passado(da) - **2.** [last] último(ma); **over the** ~

week durante a última semana **-3.** [finished] terminado(da), passado(da); **our problems are now ~** nossos problemas terminaram. <> *adv* **-1.** [telling the time]: **it's ten ~ eleven** são onze e dez **-2.** [by] por; **to walk ~** passar por; **to run ~** passar correndo por; **he didn't see me as I drove ~** ele não me viu quando passei por ele de carro. <> *n* **-1.** [time]: **the ~** o passado; **in the ~** no passado **-2.** [personal history] passado *m*. <> *prep* **-1.** [telling the time]: **at five ~ nine** às nove e cinco; **it's half ~ eight** são oito e meia **-2.** [by] pela frente de **-3.** [beyond] além de; **the post office is ~ the bank** o correio é passando o banco.

pasta [ˈpæstə] *n (U)* massa *f*, macarrão *m*.

paste [peɪst] <> *n* **-1.** [smooth mixture] pasta *f* **-2.** *(U)* CULIN patê *m* **-3.** *(U)* [glue] cola *f*. <> *vt* colar.

pastel [ˈpæstl] <> *adj* pastel. <> *n* pastel *m*.

pasteurize, -ise [ˈpɑːstʃəraɪz] *vt* pasteurizar.

pastille [ˈpæstɪl] *n* pastilha *f*.

pastime [ˈpɑːstaɪm] *n* passatempo *m*.

pastor [ˈpɑːstəʳ] *n* pastor *m*.

past participle *n* particípio *m* passado.

pastry [ˈpeɪstrɪ] *(pl* -ies*) n* **-1.** *(U)* [mixture] massa *f* **-2.** [cake] torta *f*.

past tense *n* passado *m*.

pasture [ˈpɑːstʃəʳ] *n* pasto *m*.

pasty¹ [ˈpeɪstɪ] *(compar* -ier, *superl* -iest*) adj* pálida(da).

pasty² [ˈpæstɪ] *(pl* -ies*) n* UK CULIN pastelão *m* de carne.

pat [pæt] *(compar* -ter, *superl* -test, *pt & pp* -ted, *cont* -ting*)* <> *adv*: **to have sthg off ~** ter algo na ponta da língua. <> *n* **-1.** [light stroke] palmadinha *f* **-2.** [small portion] porção *f* pequena. <> *vt* **-1.** [surface] bater de leve em **-2.** [dog] acariciar **-3.** [back, shoulder, hand] dar uma palmadinha em.

patch [pætʃ] <> *n* **-1.** [piece of material] remendo *m* **-2.** [to cover eye] venda *f* **-3.** [small area] área *f* **-4.** [of land] pedaço *m* **-5.** [period of time] período *m*.
⬥ **patch up** *vt sep* **-1.** [mend] consertar, remendar **-2.** fig [resolve] resolver.

patchwork [ˈpætʃwɜːk] *n* **-1.** colcha *f* de retalhos **-2.** fig [mixed collection - of fields] mosaico *m*; [- cultures, religions] mistura *m*; inf [hotchpotch] salada *m*.

patchy [ˈpætʃɪ] *(compar* -ier, *superl* -iest*) adj* **-1.** [gen] irregular **-2.** [incomplete] incompleto(ta).

pâté [ˈpæteɪ] *n* patê *m*.

patent [UK ˈpeɪtənt, US ˈpætəntl] <> *adj*

evidente. <> *n* patente *f*. <> *vt* patentear.

patent leather *n (U)* couro *m* envernizado.

paternal [pəˈtɜːnl] *adj* **-1.** [love, attitude] paternal **-2.** [relation] paterno(na).

path [pɑːθ, *pl* pɑːðz] *n* **-1.** [track] trilha *f* **-2.** [way ahead] caminho *m* **-3.** [trajectory] trajetória *f* **-4.** [course of action] curso *m*.

pathetic [pəˈθetɪk] *adj* **-1.** [causing pity] patético(ca) **-2.** [useless] inútil, infeliz.

pathological [ˌpæθəˈlɒdʒɪkl] *adj* patológico(ca).

pathology [pəˈθɒlədʒɪ] *n (U)* patologia *f*.

pathos [ˈpeɪθɒs] *n (U)* patos *m*.

pathway [ˈpɑːθweɪ] *n* caminho *m*.

patience [ˈpeɪʃns] *n (U)* paciência *f*.

patient [ˈpeɪʃnt] <> *adj* paciente. <> *n* paciente *mf*.

patio [ˈpætɪəʊ] *(pl* -s*) n* pátio *m*.

patriotic [UK ˌpætrɪˈɒtɪk, US ˌpeɪtrɪˈɒtɪk] *adj* patriótico(ca).

patrol [pəˈtrəʊl] *(pt & pp* -led, *cont* -ling*)* <> *n* patrulha *f*. <> *vt* patrulhar.

patrol car *n* radiopatrulha *f*.

patrolman [pəˈtrəʊlmən] *(pl* -men [-mən]*) n* US patrulheiro *m*, policial *m*.

patron [ˈpeɪtrən] *n* **-1.** [gen] patrono *m*, -nesse *f* **-2.** fml [customer] cliente *mf*.

patronize, -ise [ˈpætrənaɪz] *vt* **-1.** *pej* [talk down to] tratar com condescendência **-2.** fml [be a customer of] ser cliente de **-3.** fml [back financially] patrocinar.

patronizing [ˈpætrənaɪzɪŋ] *adj pej* condescendente.

patter [ˈpætəʳ] <> *n* **-1.** [sound of feet] passinhos *mpl* **-2.** fig: **the ~ of raindrops on the roof** o barulhinho da chuva no telhado **-3.** [talk] arenga *f*. <> *vi* **-1.** [dog] dar passinhos rápidos **-2.** [rain] tamborilar.

pattern [ˈpætən] *n* **-1.** [gen] padrão *m* **-2.** [for sewing, knitting] molde *m* **-3.** [model] modelo *m*.

paunch [pɔːntʃ] *n* pança *f*, barriga *f*.

pauper [ˈpɔːpəʳ] *n* indigente *mf*.

pause [pɔːz] <> *n* **-1.** [short silence] pausa *f* **-2.** [break, rest] interrupção *f*. <> *vi* fazer uma pausa.

pave [peɪv] *vt* pavimentar; **to ~ the way for sb/sthg** preparar o terreno para alguém/algo.

pavement [ˈpeɪvmənt] *n* **-1.** UK [at side of road] calçada *f* **-2.** US [roadway] rua *f*.

pavilion [pəˈvɪljən] *n* pavilhão *m*.

paving [ˈpeɪvɪŋ] *n (U)* **-1.** [material] material *m* para pavimentação **-2.** [paved surface] pavimento *m*, calçamento *m*.

paving stone n paralelepípedo m.
paw [pɔː] n pata f.
pawn [pɔːn] ⬦ n -1. [chesspiece] peão m -2. [unimportant person] joguete m, marionete f. ⬦ vt empenhar.
pawnbroker ['pɔːn,brəʊkəʳ] n penhorista mf.
pawnshop ['pɔːnʃɒp] n casa f de penhores.
pay [peɪ] (pt & pp paid) ⬦ vt -1. [gen] pagar; **to ~ sb/sth for sthg** pagar alguém/algo por algo -2. UK [into bank account]: **to ~ sthg into sthg** depositar algo em algo -3. [be profitable to] ser rentável para; **it won't ~ you to sell just now** não vale a pena vender agora -4. [be advantageous to] ser proveitoso(sa) para; **it will ~ you not to say anything** é melhor você não dizer nada -5. [compliment, respects, attention] prestar; [visit, call] fazer. ⬦ vi -1. [gen] pagar; **to ~ for sthg** pagar algo; **the work ~s well** o trabalho é bem remunerado; **crime doesn't ~** o crime não compensa -2. fig [suffer] pagar; **to ~ dearly for sthg** pagar caro por algo. ⬦ n -1. [wage] paga f -2. [salary] salário m.
⬧ pay back vt sep -1. [return loan of money to] devolver -2. [revenge o.s. on]: **to ~ sb back (for sthg)** pagar a alguém na mesma moeda (por algo).
⬧ pay off ⬦ vt sep -1. [repay] saldar, liquidar -2. [dismiss] despedir com indenização -3. [bribe] subornar, comprar. ⬦ vi obter êxito.
⬧ pay up vi saldar dívida.
payable ['peɪəbl] adj -1. [to be paid] a pagar -2. [on cheque]: **~ to sb** para crédito de alguém.
pay-as-you-go n [for mobile phone, Internet, etc] sistema de pagamento por tempo de uso.
paycheck ['peɪtʃek] n US [cheque] contracheque m; [money] salário m.
pay cheque n UK contracheque m.
payday ['peɪdeɪ] n (U) dia m de pagamento.
payee [peɪ'iː] n beneficiário m, -ria f.
pay envelope n US envelope m de pagamento.
payment ['peɪmənt] n pagamento m.
pay packet n UK -1. [envelope] envelope m de pagamento -2. [wages] pagamento m.
pay-per-view ⬦ adj [channel] pay-per-view. ⬦ n pay-per-view m.
pay phone, pay station US n telefone m público.
payroll ['peɪrəʊl] n folha f de pagamento.
payslip UK ['peɪslɪp], **paystub** US n contracheque m.

pay station n US = pay phone.
paystub ['peɪstʌb] n US = payslip.
pc (abbr of per cent) por cento.
PC ⬦ n -1. (abbr of personal computer) PC m -2. (abbr of police constable) policial mf.
PDA (abbr of personal digital assistant) n COMPUT PDA m.
PDF (abbr of portable document format) n COMPUT PDF m.
PE (abbr of physical education) n UK ≃ Ed.Fis.
pea [piː] n CULIN ervilha f.
peace [piːs] n (U) -1. [gen] paz f; **to make (one's) ~ with sb/sth g** fazer as pazes com alguém/algo -2. [law and order] paz f, ordem f.
peaceable ['piːsəbl] adj pacífico(ca).
peaceful ['piːsfʊl] adj -1. [tranquil] tranqüilo(la) -2. [non-violent] pacífico(ca).
peacetime ['piːstaɪm] n (U) tempo m de paz.
peach [piːtʃ] ⬦ adj da cor de pêssego. ⬦ n -1. [fruit] pêssego m -2. [colour] cor f de pêssego.
peacock ['piːkɒk] n pavão m.
peak [piːk] ⬦ adj -1. [time] de pico -2. [productivity, condition] máximo(ma). ⬦ n -1. [mountain top] pico m -2. [highest point] cume m, apogeu m -3. [of cap] viseira f. ⬦ vi atingir o máximo.
peaked [piːkt] adj com viseira; **~ cap** boné m (com viseira).
peak hour n hora f de pico.
peak period n período m de pico.
peak rate n tarifa f máxima.
peal [piːl] ⬦ n -1. [of bells] repique m -2. [of thunder] estrondo m; **~ (of laughter)** gargalhada f. ⬦ vi repicar.
peanut ['piːnʌt] n amendoim m.
peanut butter n (U) manteiga f de amendoim.
pear [peəʳ] n pêra f.
pearl [pɜːl] n pérola f.
peasant ['peznt] n [in countryside] camponês m, -esa f.
peat [piːt] n (U) turfa f.
pebble ['pebl] n cascalho m, seixo m.
peck [pek] ⬦ n -1. [with beak] bicada f -2. [kiss] bicota f. ⬦ vt -1. [with beak] bicar -2. [kiss] dar uma bicota.
pecking order ['pekɪŋ-] n hierarquia f.
peckish ['pekɪʃ] adj UK inf esfomeado(da).
peculiar [pɪ'kjuːljəʳ] adj -1. [odd] esquisito(ta) -2. [slightly ill] estranho(nha) -3. [characteristic]: **to be ~ to sb/sth g** ser característico(ca) de alguém/algo.
peculiarity [pɪ,kjuːlɪ'ærətɪ] (pl -ies) n -1. [strange habit] peculiaridade f -2. [individual characteristic] singularidade f -3. [oddness] excentricidade f.

pedal ['pedl] (*UK pt* & *pp* -**led**, *cont* -**ling**, *US pt* & *pp* -**ed**, *cont* -**ing**) ◇ *n* pedal *m*; **brake** ~ freio *m*. ◇ *vi* pedalar.

pedal bin *n* lixeira *f* com pedal.

pedantic [pɪ'dæntɪk] *adj pej* pedante.

peddle ['pedl] *vt* -**1.** [sell] traficar -**2.** [spread] espalhar.

pedestal ['pedɪstl] *n* pedestal *m*.

pedestrian [pɪ'destrɪən] ◇ *adj pej* enfadonho(nha). ◇ *n* pedestre *mf*.

pedestrian crossing *n UK* faixa *f* para pedestres.

pedestrian precinct *UK*, **pedestrian zone** *US n* área *f* só para pedestres.

pediatrics [,pi:dɪ'ætrɪks] *n (U)* pediatria *f*.

pedigree ['pedɪgri:] ◇ *adj* com pedigree. ◇ *n* -**1.** [of animal] pedigree *m* -**2.** [of person] linhagem *f*.

pedlar *UK*, **peddler** *US* ['pedlə'] *n* vendedor *m*, -ra *f* ambulante.

pee [pi:] *inf* ◇ *n* xixi *m*; **to have a** ~ fazer xixi. ◇ *vi* fazer xixi.

peek [pi:k] *inf* ◇ *n* espiadela *f*. ◇ *vi* espiar.

peel [pi:l] ◇ *n (U)* casca *f*. ◇ *vt* & *vi* descascar.

peelings ['pi:lɪŋz] *npl* cascas *fpl*.

peep [pi:p] ◇ *n* -**1.** [look] espiada *f* -**2.** *inf* [sound] pio *m*. ◇ *vi* dar uma espiada em.

➡ **peep out** *vi* surgir.

peephole ['pi:phəʊl] *n* vigia *f* (*em porta*).

peer [pɪə'] ◇ *n* -**1.** [noble] nobre *m* -**2.** [equal] par *m*. ◇ *vi*: **to** ~ **at** observar; **to** ~ **through the clouds** observar por entre as nuvens.

peerage ['pɪərɪdʒ] *n* pariato *m*; **the** ~ o pariato.

peer group *n* grupo de mesma faixa etária ou classe social.

peeved [pi:vd] *adj inf* aborrecido(da).

peevish ['pi:vɪʃ] *adj* irritadiço(ça), mal-humorado(da).

peg [peg] (*pt* & *pp* -**ged**, *cont* -**ging**) ◇ *n* -**1.** [hook] cabide *m* -**2.** [for washing line] prendedor *m* (de roupa) -**3.** [for tent] pino *m*. ◇ *vt* [price, increase] fixar.

pejorative [pɪ'dʒɒrətɪv] *adj* pejorativo(-va).

pekinese (*pl inv OR* -**s**) *n* [dog] pequinês *m*.

Peking [pi:'kɪŋ] *n* Pequim; **in** ~ em Pequim.

pekingese (*pl inv OR* -**s**) *n* = pekinese.

pelican ['pelɪkən] (*pl inv OR* -**s**) *n* pelicano *m*.

pelican crossing *n UK* faixa *f* de segurança (*com semáforo acionado pelo pedestre*).

pellet ['pelɪt] *n* -**1.** [small ball - of paper] bolinha *f*; [- of food, mud] bolo *m* -**2.** [for gun] chumbinho *m*.

pelmet ['pelmɪt] *n UK* bandô *m*.

pelt [pelt] ◇ *n* [animal skin] pele *f*. ◇ *vt*: **to** ~ **sb with sthg** arremessar algo em alguém. ◇ *vi* -**1.** [rain] chover a cântaros -**2.** [run very fast] correr a toda.

pelvis ['pelvɪs] (*pl* -**vises** *OR* -**ves** [-vi:z]) *n* pélvis *f inv*.

pen [pen] (*pt* & *pp* -**ned**, *cont* -**ning**) ◇ *n* -**1.** [for writing] caneta *f* -**2.** [enclosure] curral *m*. ◇ *vt* [enclose - livestock] cercar; [- people] encurralar.

penal ['pi:nl] *adj JUR* penal.

penalize, ise ['pi:nəlaɪz] *vt* -**1.** [gen] penalizar -**2.** [put at a disadvantage] prejudicar.

penalty ['penltɪ] (*pl* -**ies**) *n* -**1.** [punishment] penalidade *f*; **to pay the** ~ (**for sthg**) *fig* pagar pena (por algo) -**2.** [fine] pena *f* -**3.** *SPORT* pênalti *m*; ~ (**kick**) pênalti.

penance ['penəns] *n (U)* penitência *f*.

pence [pens] *UK pl* ▷ **penny**.

penchant [*UK* pãʃã, *US* 'pentʃənt] *n*: **to have a** ~ **for sthg/for doing sthg** ter uma queda por algo/por fazer algo.

pencil ['pensl] (*UK pt* & *pp* -**led**, *cont* -**ling**, *US pt* & *pp* -**ed**, *cont* -**ing**) ◇ *n* lápis *m inv*; **in** ~ a lápis. ◇ *vt* escrever a lápis.

➡ **pencil in** *vt sep* -**1.** [person] inscrever provisoriamente -**2.** [date] marcar provisoriamente.

pencil case *n* estojo *m* (de canetas).

pencil sharpener *n* apontador *m* de lápis.

pendant ['pendənt] *n* pendente *m*.

pending ['pendɪŋ] *fml* ◇ *adj* -**1.** [about to happen] iminente -**2.** [waiting to be dealt with] pendente. ◇ *prep* à espera de.

pendulum ['pendjʊləm] (*pl* -**s**) *n* pêndulo *m*.

penetrate ['penɪtreɪt] *vt* -**1.** [get through - subj: person, object] penetrar em, adentrar-se em; [- rain] infiltrar-se em -**2.** [infiltrate - party] entrar sorrateiramente em; [- terrorist group, spy ring] infiltrar-se em.

penfriend ['penfrend] *n* amigo *m*, -ga *f* por correspondência.

penguin ['peŋgwɪn] *n* pingüim *m*.

penicillin [,penɪ'sɪlɪn] *n (U)* penicilina *f*.

peninsula [pə'nɪnsjʊlə] (*pl* -**s**) *n* península *f*.

penis ['pi:nɪs] (*pl* **penises** ['pi:nɪsɪz]) *n* pênis *m inv*.

penitentiary [,penɪ'tenʃərɪ] (*pl* -**ies**) *n US* penitenciária *f*.

penknife ['pennaɪf] (*pl* -**knives** [-naɪvz])

n canivete *m*, navalha *f*.

pen-name *n* pseudônimo *m*.

pennant ['penəntl *n* bandeirola *f*.

penniless ['penɪlɪs] *adj* sem dinheiro.

penny ['penɪ] (*pl senses 1 & 2* -**ies**, *pl sense 3* **pence**) *n* -**1.** *UK* [coin] pêni *m* -**2.** *US* [coin] centavo *m* -**3.** *UK* [value] centavo *m*.

pen pal *n inf* amigo *m*, -ga *f* por correspondência.

pension ['penʃn] *n* -**1.** *UK* [on retirement - state scheme] pensão *f*; [- private scheme] previdência *f* privada -**2.** [for disability] pensão *f* por invalidez.

pensioner ['penʃənə^r] *n UK:* **(old-age) ~** pensionista *mf*.

pensive ['pensɪv] *adj* pensativo(va).

pentagon ['pentəgən] *n* pentágono *m*.
➤ **Pentagon** *n US:* **the Pentagon** o Pentágono.

pentathlete [pen'tæθliːt] *n* pentatleta *mf*.

Pentecost ['pentɪkɒst] *n* Pentecostes *m inv*.

penthouse ['penthaʊs, *pl* -haʊzɪz] *n* cobertura *f*.

pent up ['pent-] *adj* contido(da), reprimido(da).

penultimate [pe'nʌltɪmət] *adj* penúltimo(ma).

people ['piːpl] <> *n* [nation, race] povo *m*. <> *npl* -**1.** [gen] pessoas *fpl*; **~ say that …** dizem que … -**2.** [inhabitants] habitantes *mpl* -**3.** *POL:* **the ~** o povo. <> *vt:* **to be ~d by** *OR* **with** ser povoado(da) por.

people carrier *n* monovolume *m*.

pep [pep] (*pt & pp* -**ped**, *cont* -**ping**) *n inf* vigor *m*, vitalidade *f*.
➤ **pep up** *vt sep* -**1.** [person] revigorar -**2.** [party, event] animar.

pepper ['pepə^r] *n* -**1.** (*U*) [spice] pimenta *f* -**2.** [vegetable] pimentão *m*.

pepperbox *n US* = **pepper pot**.

peppermint ['pepəmɪnt] *n* -**1.** [sweet] menta *f* -**2.** (*U*) [herb] hortelã-pimenta *f*.

pepper pot *UK*, **pepperbox** *US* ['pepəbɒks] *n* pimenteira *f*.

pep talk *n inf* palavras *fpl* de ânimo *OR* incentivo.

per [pɜː^r] *prep* por; **~ hour/day/kilo/person** por hora/dia/quilo/pessoa; **as ~ instructions** conforme/segundo as instruções.

per annum *adv* por ano.

per capita [pə'kæpɪtə] *adj, adv* per capita.

perceive [pə'siːv] *vt* -**1.** [see] distinguir -**2.** [notice, realize] perceber, ver -**3.** [conceive, consider]: **to ~ sb/sthg as** ver alguém/algo como.

per cent *adv* por cento.

percentage [pə'sentɪdʒ] *n* porcentagem *f*.

perception [pə'sepʃn] *n* -**1.** (*U*) [gen] distinção *f* -**2.** (*U*) [insight, understanding] percepção *f*, perspicácia *f*.

perceptive [pə'septɪv] *adj* perspicaz.

perch [pɜːtʃ] (*pl sense 3 only inv OR* -**es**) <> *n* -**1.** [for bird] poleiro *m* -**2.** [high position] posição *f* elevada -**3.** [fish] perca *f*. <> *vi:* **to ~ (on sthg)** [bird] pousar (em algo); [person] empoleirar-se (em algo).

percolator ['pɜːkəleɪtə^r] *n* cafeteira *f*.

percussion [pə'kʌʃn] *n* (*U*) *MUS* percussão *f*.

perennial [pə'renjəl] <> *adj* perene. <> *n BOT* planta *f* perene.

perfect [*adj & n* 'pɜːfɪkt, *vb* pə'fekt] <> *adj* perfeito(ta); **it makes ~ sense** é perfeitamente lógico (ca). <> *n GRAMM:* **~ (tense)** o perfeito. <> *vt* aperfeiçoar.

perfection [pə'fekʃn] *n* perfeição *f*; **to ~** à perfeição.

perfectionist [pə'fekʃənɪst] *n* perfeccionista *mf*.

perfectly ['pɜːfɪktlɪ] *adv* perfeitamente; **~ honest/ridiculous** totalmente honesto/ridículo, totalmente honesta/ridícula.

perforate ['pɜːfəreɪt] *vt* perfurar.

perforations [,pɜːfə'reɪʃnz] *npl* perfurações *fpl*.

perform [pə'fɔːm] <> *vt* -**1.** [carry out] realizar, levar a cabo -**2.** [in front of audience - play] representar, interpretar; [- music, dance] apresentar. <> *vi* -**1.** [function - car, machine] funcionar; [- person, team] sair-se -**2.** [in front of audience] apresentar-se, atuar.

performance [pə'fɔːməns] *n* -**1.** (*U*) [carrying out, doing] execução *f*, realização *f* -**2.** [show] apresentação *f* -**3.** [rendition] performance *f*, desempenho *m* -**4.** (*U*) [of car, engine] desempenho *m*, rendimento *m*.

performer [pə'fɔːmə^r] *n* performer *mf*.

perfume ['pɜːfjuːm] *n* -**1.** [for woman] perfume *m* -**2.** [pleasant smell] aroma *f*.

perfunctory [pə'fʌŋktərɪ] *adj* superficial, feito(ta) às pressas.

perhaps [pə'hæps] *adv* talvez; **~ you're right** talvez você esteja certo; **~ so/ not** talvez sim/não; **~ you should go and see her?** quem sabe você vai dar uma olhada nela?

peril ['perɪl] *n* (*U*) *literary* perigo *m*.

perimeter [pə'rɪmɪtə^r] *n* perímetro *m*; **~ fence/wall** alambrado *m*, cerca *f*.

period ['pɪərɪəd] <> *n* -**1.** [gen] período *m*; **free ~** período livre -**2.** *HISTORY* era *f*

- 3. [menstruation] período *m* menstrual
- 4. *US* [full stop] ponto *m*. ◇ *comp* [dress, furniture] de época.

periodic [ˌpɪərɪˈɒdɪk] *adj* periódico (ca).

periodical [ˌpɪərɪˈɒdɪkl] ◇ *adj* = **periodic**. ◇ *n* periódico *m*.

peripheral [pəˈrɪfərəl] ◇ *adj* **-1.** [of little importance] secundário(ria) **-2.** [at edge] periférico(ca). ◇ *n COMPUT* periférico *m*.

perish [ˈperɪʃ] *vi* **-1.** [die] perecer **-2.** [decay] deteriorar-se.

perishable [ˈperɪʃəbl] *adj* perecível.

◆ **perishables** *npl* produtos *mpl* perecíveis.

perjury [ˈpɜːdʒərɪ] *n (U) JUR* perjúrio *m*.

perk [pɜːk] *n inf* mordomia *m*, regalia *f*.

◆ **perk up** *vi* animar-se.

perky [ˈpɜːkɪ] (*compar* **-ier**, *superl* **-iest**) *adj inf* animado(da), alegre.

perm [pɜːm] *n* permanente *m*.

permanent [ˈpɜːmənənt] ◇ *adj* **-1.** [not temporary - job] fixo(xa); [- damage, feature] permanente **-2.** [continuous, constant] permanente, constante. ◇ *n US* permanente *m*.

permeate [ˈpɜːmɪeɪt] *vt* permear.

permissible [pəˈmɪsəbl] *adj* permissível.

permission [pəˈmɪʃn] *n (U)* permissão *f*.

permissive [pəˈmɪsɪv] *adj* permissivo(va), tolerante.

permit [*vb* pəˈmɪt, *n* ˈpɜːmɪt] (*pt & pp* **-ted**, *cont* **-ting**) ◇ *n* autorização *f*. ◇ *vt* permitir; **to ~ sb to do sthg** permitir que alguém faça algo; **my mother won't ~ me to go out** minha mãe não vai me deixar sair; **to ~ sb sthg** permitir algo a alguém.

pernicious [pəˈnɪʃəs] *adj fml* pernicioso(sa).

pernickety *UK*, **persnickety** *US* [pəˈ(s)nɪkətɪ] *adj inf* meticuloso(sa).

perpendicular [ˌpɜːpənˈdɪkjʊləʳ] ◇ *adj* **-1.** *MATH* perpendicular; **~ to sthg** perpendicular a algo **-2.** [upright] vertical. ◇ *n MATH* perpendicular *f*.

perpetrate [ˈpɜːpɪtreɪt] *vt fml* perpetrar.

perpetual [pəˈpetʃʊəl] *adj* **-1.** *pej* [continuous] constante **-2.** [everlasting - darkness] perpétuo(tua); [- hunger] eterno(na).

perplex [pəˈpleks] *vt* desconcertar, deixar perplexo(xa).

perplexing [pəˈpleksɪŋ] *adj* desconcertante.

persecute [ˈpɜːsɪkjuːt] *vt* perseguir, oprimir.

perseverance [ˌpɜːsɪˈvɪərəns] *n (U)* perseverança *f*.

persevere [ˌpɜːsɪˈvɪəʳ] *vi* **-1.** [with difficulty] perseverar; **to ~ with sthg** persistir em algo **-2.** [with determination]: **to ~ in doing sthg** insistir em fazer algo.

Persian [ˈpɜːʃn] *adj* persa.

Persian cat *n* gato *m*, -ta *f* persa.

persist [pəˈsɪst] *vi* **-1.** [problem, situation, rain] persistir **-2.** [person]: **to ~ in doing sthg** insistir em fazer algo.

persistence [pəˈsɪstəns] *n (U)* **-1.** [continuation] persistência *f* **-2.** [determination] obstinação *f*, determinação *f*.

persistent [pəˈsɪstənt] *adj* **-1.** [constant] constante **-2.** [determined] obstinado(da) determinado(da).

person [ˈpɜːsn] (*pl* **people** OR **persons** *fml*) *n* **-1.** [man or woman] pessoa *f*; **in ~** pessoalmente, em pessoa **-2.** [body]: **about one's ~** em seu corpo **- 3.** *GRAMM* pessoa *f*.

personable [ˈpɜːsnəbl] *adj* bem-apessoado(da).

personal [ˈpɜːsənl] *adj* **-1.** [gen] pessoal **-2.** [letter, message] particular **-3.** *pej* [rude] ofensivo (va).

personal assistant *n* assistente *mf* particular.

personal column *n* seção *f* de recados *(em jornal)*.

personal computer *n* computador *m* pessoal.

personality [ˌpɜːsəˈnælətɪ] (*pl* **-ies**) *n* personalidade *f*.

personally [ˈpɜːsnəlɪ] *adv* pessoalmente; **to take sthg ~** levar algo para o lado pessoal.

personal organizer *n* agenda *f* pessoal.

personal property *n (U) JUR* bens *mpl* móveis.

personal stereo *n* walkman *m*.

personify [pəˈsɒnɪfaɪ] (*pt & pp* **-ied**) *vt* personificar.

personnel [ˌpɜːsəˈnel] ◇ *n (U)* [in firm, organization] equipe *f*. ◇ *npl* [staff] funcionários *mpl*.

perspective [pəˈspektɪv] *n* perspectiva *f*.

Perspex® [ˈpɜːspeks] *n UK* plexiglás® *m*.

perspiration [ˌpɜːspəˈreɪʃn] *n* transpiração *f*.

persuade [pəˈsweɪd] *vt* persuadir; **to ~ sb to do sthg** persuadir alguém a fazer algo; **to ~ sb that** convencer alguém de que; **to ~ sb of sthg** convencer alguém de algo.

persuasion [pəˈsweɪʒn] *n* **-1.** *(U)* [act of persuading] persuasão *f* **-2.** [belief] crença *f*.

persuasive [pə'sweɪsɪv] *adj* persuasivo(va).

pert [pɜːt] *adj* [person, reply] vivo(va), atrevido(da).

pertain [pə'teɪn] *vi fml*: ~ing to sb/sthg relacionado(da) a alguém/algo.

pertinent ['pɜːtɪnənt] *adj* pertinente, relevante.

perturb [pə'tɜːb] *vt fml* perturbar.

Peru [pə'ruː] *n* Peru.

peruse [pə'ruːz] *vt* -1. [read thoroughly] ler com atenção -2. [read quickly] ler por cima.

pervade [pə'veɪd] *vt* impregnar.

perverse [pə'vɜːs] *adj* perverso(sa).

perversion [*UK* pə'vɜːʃn, *US* pə'vɜːrʒn] *n* perversão *f*.

pervert [*n* 'pɜːvɜːt, *vb* pə'vɜːt] <> *n* pervertido *m*, -da *f*. <> *vt* -1. [distort] distorcer -2. [corrupt morally] perverter.

pessimist ['pesɪmɪst] *n* pessimista *mf*.

pessimistic [,pesɪ'mɪstɪk] *adj* pessimista.

pest [pest] *n* [gen] praga *f*, peste *f*.

pester ['pestə'] *vt* importunar, incomodar.

pet [pet] (*pt & pp* **-ted**, *cont* **-ting**) <> *adj* [favourite] predileto(ta), preferido(da). <> *n* -1. [domestic animal] animal *m* de estimação -2. [favourite person] preferido *m*, -da *f*. <> *vt* acariciar, afagar. <> *vi* acariciar-se.

petal ['petl] *n* pétala *f*.

peter ['piːtə'] ◆ **peter out** *vi* -1. [food, interest] esgotar-se -2. [path] desaparecer.

petite [pə'tiːt] *adj* diminuto(ta).

petition [pɪ'tɪʃn] <> *n* -1. [supporting campaign] abaixo-assinado *m* -2. *JUR* petição *f*. <> *vt* peticionar.

petrified ['petrɪfaɪd] *adj* petrificado(da).

petrol ['petrəl] *n (U) UK* gasolina *f*.

petrol bomb *n UK* coquetel *m* molotov.

petrol can *n UK* lata *f* de gasolina.

petrol cap *n UK* tampa *f* do tanque de combustível.

petroleum [pɪ'trəʊljəm] *n (U)* petróleo *m*.

petrol pump *n UK* bomba *f* de gasolina.

petrol station *n UK* posto *m* de gasolina.

petrol tank *n UK* tanque *m* de gasolina.

pet shop *n* pet shop *f*, loja *f* de produtos para animais de estimação.

petticoat ['petɪkəʊt] *n* anágua *f*.

petty ['petɪ] (*compar* **-ier**, *superl* **-iest**) *adj* -1. [small-minded] mesquinho(nha) -2. [trivial] insignificante.

petty cash *n (U)* dinheiro *m* para pequenas despesas, trocado *m*.

petty officer *n* suboficial *mf*.

petulant ['petjʊlənt] *adj* petulante.

pew [pjuː] *n* banco *m (de igreja)*.

pewter ['pjuːtə'] *n (U)* peltre *m*.

pH (*abbr of* **potential of hydrogen**) *n CHEM* ph.

phantom ['fæntəm] <> *adj* [imaginary] ilusório(ria). <> *n* [ghost] fantasma *m*.

pharmaceutical [,fɑːmə'sjuːtɪkl] *adj* farmacêutico(ca).

pharmacist ['fɑːməsɪst] *n* farmacêutico *m*, -ca *f*.

pharmacology [,fɑːmə'kɒlədʒɪ] *n (U)* farmacologia *f*.

pharmacy ['fɑːməsɪ] (*pl* **-ies**) *n* farmácia *f*.

phase [feɪz] *n* fase *f*.
◆ **phase in** *vt sep* introduzir gradualmente.
◆ **phase out** *vt sep* retirar gradualmente.

PhD (*abbr of* **Doctor of Philosophy**) *n (titular de) doutorado em ciências humanas*.

pheasant ['feznt] (*pl inv OR* **-s**) *n* faisão *m*.

phenomena [fɪ'nɒmɪnə] *pl* ⊳ **phenomenon**.

phenomenal [fɪ'nɒmɪnl] *adj* fenomenal.

phenomenon [fɪ'nɒmɪnən] (*pl* **-mena**) *n* fenômeno *m*.

phial ['faɪəl] *n* frasco *m*.

philanthropist [fɪ'lænθrəpɪst] *n* filantropo *m*.

philately [fɪ'lætəlɪ] *n (U)* filatelia *f*.

Philippine ['fɪlɪpiːn] *adj* filipino(na).
◆ **Philippines** *npl*: the ~ s as Filipinas.

philosopher [fɪ'lɒsəfə'] *n* filósofo *m*, -fa *f*.

philosophical [,fɪlə'sɒfɪkl] *adj* filosófico(ca).

philosophy [fɪ'lɒsəfɪ] (*pl* **-ies**) *n* filosofia *f*.

phlegm [flem] *n (U)* fleuma *f*.

phlegmatic [fleg'mætɪk] *adj* fleumático(ca).

phobia ['fəʊbjə] *n* fobia *f*.

phone [fəʊn] <> *n* telefone *m*; **to be on the** ~ [speaking] estar no telefone; *UK* [connected to network] ter telefone. <> *comp* telefônico(ca). <> *vt* telefonar, ligar para. <> *vi* telefonar, ligar.
◆ **phone back** *vt sep & vi* ligar de volta.
◆ **phone up** *vt sep & vi* ligar.

phone book *n* lista *f* telefônica.

phone booth *n US* cabine *f* telefônica.

phone box *n UK* cabine *f* telefônica.

phone call *n* ligação *f*, chamada *f*

telefônica; **to make a** ~ fazer uma ligação.

phonecard ['fəʊnkɑːd] *n* cartão *m* telefônico.

phone-in *n RADIO, TV programa para o qual as pessoas ligam e suas perguntas ou opiniões vão para o ar.*

phone number *n* número *m* de telefone.

phonetics [fə'netɪks] *n* (U) fonética *f.*

phoney *UK*, **phony** *US* ['fəʊnɪ] (*compar* -ier, *superl* -iest, *pl* -ies) <> *adj* falso(-sa). <> *n* farsante *mf.*

phosphorus ['fɒsfərəs] *n* (U) fósforo *m.*

photo ['fəʊtəʊ] *n* foto *f*; **to take a** ~ (**of sb/sthg**) tirar *OR* bater uma foto (de alguém/algo).

photocopier ['fəʊtəʊ,kɒpɪər] *n* fotocopiadora *f.*

photocopy ['fəʊtəʊ,kɒpɪ] (*pl* -ies, *pt* & *pp* -ied) <> *n* fotocópia *f.* <> *vt* fotocopiar.

photograph ['fəʊtəgrɑːf] <> *n* fotografia *f*; **to take a** ~ (**of sb/sthg**) tirar *OR* bater uma fotografia (de alguém/algo). <> *vt* fotografar.

photographer [fə'tɒgrəfər] *n* fotógrafo *m*, -fa *f.*

photography [fə'tɒgrəfɪ] *n* (U) fotografia *f.*

photovoltaic cell [,fəʊtəʊvɒl'teɪɪk-] *n* célula *f* fotovoltaica.

phrasal verb ['freɪzl-] *n combinação de um verbo e de uma preposição ou um advérbio, que juntos possuem sentido único.*

phrase [freɪz] <> *n* -1. [part of sentence] frase *f* - 2. [expression] expressão *f.* <> *vt* [express - letter] redigir; [- apology, refusal] expressar; **sorry, I've** ~**d that badly** desculpe, eu me expressei mal.

phrasebook ['freɪzbʊk] *n* manual *m* de conversação.

physical ['fɪzɪkl] <> *adj* físico(ca). <> *n* exame *m* médico.

physical education *n* (U) *SCH* educação *f* física.

physically ['fɪzɪklɪ] *adv* fisicamente.

physically handicapped <> *adj* portador(ra) de deficiência física. <> *npl*: **the** ~ os portadores de deficiência física.

physician [fɪ'zɪʃn] *n* médico *m*, -ca *f.*

physicist ['fɪzɪsɪst] *n* físico *m*, -ca *f.*

physics ['fɪzɪks] *n* (U) física *f.*

physiotherapy [,fɪzɪəʊ'θerəpɪ] *n* (U) fisioterapia *f.*

physique [fɪ'ziːk] *n* físico *m.*

pianist ['pɪənɪst] *n* pianista *mf.*

piano [pɪ'ænəʊ] (*pl* -s) *n* piano *m*; **to play the** ~ tocar piano.

pick [pɪk] <> *n* -1. [tool] picareta *f* - 2.

[selection]: **to take one's** ~ escolher o que quiser - 3. [best]: **the** ~ **of** o melhor de. <> *vt* -1. [select, choose] escolher - 2. [gather] colher - 3. [remove] tirar - 4. [nose]: **to** ~ **one's nose** pôr o dedo no nariz - 5. [teeth]: **to** ~ **one's teeth** palitar os dentes - 6. [provoke] provocar; **to** ~ **a fight (with sb)** arranjar briga (com alguém) - 7. [lock] forçar (*com instrumento ou ferramenta*).

◆ **pick on** *vt fus* meter-se com.

◆ **pick out** *vt sep* -1. [recognize] reconhecer - 2. [select, choose] escolher.

◆ **pick up** <> *vt sep* -1. [lift up] pegar, apanhar - 2. [collect] pegar - 3. [acquire] adquirir; **to** ~ **up speed** pegar velocidade - 4. *inf* [start relationship with] dar em cima de - 5. [detect, receive] captar - 6. [resume] retomar. <> *vi* -1. [improve] melhorar - 2. [resume] retomar.

pickaxe *UK*, **pickax** *US* ['pɪkæks] *n* picareta *f.*

picket ['pɪkɪt] <> *n* [at place of work - person] piqueteiro *m*, -ra *f*; [- instance of picketing] piquete *m.* <> *vt* fazer piquete em.

picket line *n* piquete *m* de grevistas.

pickle ['pɪkl] <> *n* -1. [food] picles *m inv* - 2. *inf* [difficult situation]: **to be in a** ~ estar numa enrascada. <> *vt* fazer conserva de.

pickpocket ['pɪk,pɒkɪt] *n* batedor *m*, -ra *f* de carteiras.

pick-up *n* -1. [of record player] pickup *f* - 2. [truck] picape *f.*

picnic ['pɪknɪk] (*pt* & *pp* -ked, *cont* -king) <> *n* piquenique *m.* <> *vi* fazer piquenique.

pictorial [pɪk'tɔːrɪəl] *adj* ilustrado(da).

picture ['pɪktʃər] <> *n* -1. [painting, drawing] quadro *m* - 2. [photograph] fotografia *f* - 3. [image] imagem *f* - 4. [movie] filme *m* - 5. [prospect] cenário *m* - 6. *phr*: **to get the** ~ *inf* entender; **to put sb in the** ~ colocar alguém a par. <> *vt* -1. [in mind] imaginar - 2. [in photo] fotografar - 3. [in painting, drawing] retratar.

◆ **pictures** *npl UK*: **the** ~**s** o cinema.

picture book *n* livro *m* ilustrado.

picturesque [,pɪktʃə'resk] *adj* pitoresco(ca).

pie [paɪ] *n* -1. [sweet] torta *f* - 2. [savoury] pastelão *m.*

piece [piːs] *n* -1. [gen] pedaço *m*; **to fall to** ~**s** ficar em pedaços; **to take sthg to** ~**s** desmontar algo; **in** ~**s** em pedaços; **in one** ~ [intact] sem um arranhão, intacto(ta); [unharmed] são e salvo, sã e salva - 2. [of food] pedaço *f* - 3. (*with uncountable noun*) [gen] peça *f*; ~ **of paper** folha *f* de papel; ~ **of luck** golpe *m* de

sorte; ~ **of information** informação *f*
- **4.** [of journalism] artigo *m* - **5.** [coin]
moeda *f.*
➠ **piece together** *vt sep* reunir.

piecemeal ['pi:smi:l] ◇ *adj* pouco
sistemático(ca). ◇ *adv* aos poucos,
gradualmente.

piecework ['pi:swз:k] *n (U)* trabalho *m*
por tarefas.

pie chart *n* gráfico *m* circular.

pier [pɪəʳ] *n* píer *m.*

pierce [pɪəs] *vt* - **1.** [subj: bullet, needle]
furar; **to have one's ears** ~**d** furar as
orelhas - **2.** [subj: noise, light, pain] romper.

piercing ['pɪəsɪŋ] ◇ *adj* - **1.** [sound,
voice] agudo(da), estridente - **2.** [wind]
cortante - **3.** [look, eyes] penetrante.
◇ *n* piercing *m.*

pig [pɪg] (*pt & pp* -**ged**, *cont* -**ging**) *n* - **1.**
[animal] porco *m*, -ca *f* - **2.** *inf pej* [greedy
eater] glutão *m*, -ona *f* - **3.** *inf pej* [unkind
person] grosseirão *m*, -rona *f.*

pigeon ['pɪdʒɪn] (*pl inv OR* -**s**) *n* pomba *f.*

pigeonhole ['pɪdʒɪnhəʊl] ◇ *n* [com-
partment] escaninho *m.* ◇ *vt* [classify]
classificar.

piggybank ['pɪgɪbæŋk] *n* porquinho *m*
(de moedas).

pig-headed *adj* cabeçudo(da).

pigment ['pɪgmənt] *n* pigmento *m.*

pigpen *n US* = pigsty.

pigskin ['pɪgskɪn] *n (U)* couro *m* de
porco.

pigsty ['pɪgstaɪ] (*pl* -**ies**), **pigpen** *US*
['pɪgpen] *n* chiqueiro *m.*

pigtail ['pɪgteɪl] *n* trança *f.*

pike [paɪk] (*pl sense 1 only inv OR* -**s**) *n* - **1.**
[fish] lúcio *m* - **2.** [spear] pique *m.*

pilchard ['pɪltʃəd] *n* sardinha *f.*

pile [paɪl] ◇ *n* - **1.** [heap] monte *m*; **a** ~
OR ~**s of sthg** *inf* um monte de algo - **2.**
[neat stack] pilha *f* - **3.** [of carpet, fabric]
felpa *f.* ◇ *vt* empilhar; **to be** ~**d with**
sthg estar entulhado(da) de algo.
➠ **piles** *npl MED* hemorróidas *fpl.*
➠ **pile into** *vt fus inf* amontoar-se.
➠ **pile up** ◇ *vt sep* amontoar, empilhar. ◇ *vi* acumular-se.

pile-up *n* engavetamento *m.*

pilfer ['pɪlfəʳ] ◇ *vt*: **to** ~ **sthg (from)**
furtar algo (de). ◇ *vi*: **to** ~ **(from)**
furtar (de), surrupiar (de).

pilgrim ['pɪlgrɪm] *n* peregrino *m*, -na *f.*

pilgrimage ['pɪlgrɪmɪdʒ] *n* peregrinação *f.*

pill [pɪl] *n* - **1.** MED pílula *f* - **2.** [contracep-
tive]: **the** ~ a pílula anticoncepcional;
to be on the ~ tomar pílula (anticoncepcional).

pillage ['pɪlɪdʒ] *vt* pilhar.

pillar ['pɪləʳ] *n* - **1.** ARCHIT pilar *m* - **2.** *fig*

[of community, church etc] bastião *m*; **to be**
a ~ **of strength** ser uma fortaleza; **to be**
a ~ **of the church** ser um bastião da
igreja.

pillar box *n UK* caixa *f* coletora *(do*
correio).

pillion ['pɪljən] *n* assento *m* traseiro; **to**
ride ~ ir na garupa.

pillow ['pɪləʊ] *n* - **1.** [for bed] travesseiro
m - **2.** *US* [on sofa, chair] almofada *f.*

pillowcase ['pɪləʊkeɪs], **pillowslip**
['pɪləʊslɪp] *n* fronha *f.*

pilot ['paɪlət] ◇ *n* piloto *m.* ◇ *comp*
[trial] piloto; ~ **project** projeto-piloto *m.*
◇ *vt* - **1.** [gen] pilotar - **2.** [bill] pôr em
prática - **3.** [scheme] aplicar.

pilot light, pilot burner *n* [on gas ap-
pliance] piloto *m.*

pilot study *n* estudo *m* -piloto.

pimp [pɪmp] *n inf* cafetão *m.*

pimple ['pɪmpl] *n* espinha *f.*

pin [pɪn] (*pt & pp* -**ned**, *cont* -**ning**) ◇
n - **1.** [for sewing] alfinete *m*; **to have** ~**s**
and needles *fig* estar com formigamen-
to - **2.** [drawing pin] percevejo *m* - **3.**
[safety pin] alfinete *m* de segurança
- **4.** [of plug, grenade] pino *m* - **5.** *TECH* pino
m, cavilha *f* - **6.** *US* [brooch] broche *m*;
[badge] bottom *m.* ◇ *vt* - **1.** [attach]: **to**
~ **sthg to** *OR* **on sthg** prender *OR*
colocar algo em algo - **2.** [immobilize]:
to ~ **sb against** *OR* **to sthg** prender
alguém contra/em algo - **3.** [apportion]:
to ~ **sthg on sb** botar a culpa de algo
em alguém, culpar alguém de algo.
➠ **pin down** *vt sep* - **1.** [identify] determinar, identificar - **2.** [force to make a de-
cision] obrigar a se decidir.

pinafore ['pɪnəfɔːʳ] *n* - **1.** [apron] aventall
m - **2.** *UK* [dress] jardineira *f.*

pinball ['pɪnbɔːl] *n (U)* fliperama *f.*

pincers ['pɪnsəz] *npl* - **1.** [tool] torquês *f*
- **2.** [front claws] pinças *fpl.*

pinch [pɪntʃ] ◇ *n* - **1.** [nip] beliscão *m*
- **2.** [small quantity] pitada *f.* ◇ *vt* - **1.** [nip]
beliscar - **2.** *inf* [steal - money, clothes]
passar a mão em; [- car] pegar.
➠ **at a pinch** *UK*, **in a pinch** *US adv* em
último caso.

pincushion ['pɪnˌkʊʃn] *n* alfineteira *f.*

pine [paɪn] ◇ *n* - **1.** [tree] pinheiro *m*
- **2.** *(U)* [wood] pinho *m.* ◇ *vi*: **to** ~ **for**
sb/sthg suspirar por alguém/algo.
➠ **pine away** *vi* consumir-se (de desgosto).

pineapple ['paɪnæpl] *n* abacaxi *m.*

pine tree *n* pinheiro *m.*

ping [pɪŋ] *n* tinido *m.*

Ping-Pong® [-pɒŋ] *n (U)* ping-pong *m.*

pink [pɪŋk] ◇ *adj* - **1.** [in colour] cor-de-
rosa - **2.** [with embarrassment] verme-
lho(lha); **to turn** ~ ficar vermelho(lha).

◇ *n* [colour] rosa *m*.

pink pound *UK*, **pink dollar** *US n*: **the**
~ poder aquisitivo da comunidade
gay.

pinnacle ['pɪnəkl] *n* **-1.** *fig* [of career, suc-
cess] auge *m* **-2.** [mountain peak] topo *m*
-3. ARCHIT [spire] pináculo *m*.

pinpoint ['pɪnpɔɪnt] *vt* **-1.** [difficulty,
cause] determinar, identificar **-2.** [posi-
tion, target, leak] identificar.

pin-striped [-ˌstraɪptl] *adj* riscado(da).

pint [paɪnt] *n* **-1.** *UK* [unit of measurement]
quartilho *m (0,568 litro)* **-2.** *US* [unit of
measurement] pint *m (0,473 litro)* **-3.**
UK [beer] cerveja *f*.

pioneer [ˌpaɪə'nɪəʳ] ◇ *n* **-1.** [first set-
tler] pioneiro *m*, -ra *f* **-2.** [innovator]
pioneiro *m*, -ra *f*. ◇ *vt* lançar, ser
pioneiro(na) de.

pious ['paɪəs] *adj* **-1.** [religious] piedoso(-
sa) **-2.** *pej* [sanctimonious] devoto(ta).

pip [pɪp] *n* **-1.** [seed] semente *f* **-2.** *UK*
[bleep] sinal *m*.

pipe [paɪp] ◇ *n* **-1.** [for gas, water] tubo
m, cano *m* **-2.** [for smoking] cachimbo *m*.
◇ *vt* canalizar.

➤ **pipes** *npl* MUS [bagpipes] gaita *f* de
foles.

➤ **pipe down** *vi inf* fechar a matraca.

➤ **pipe up** *vi inf*: **there was silence and
then she** ~**d up with a suggestion** fez-se
silêncio e então ela saiu com uma
sugestão.

pipe cleaner *n* limpador *m* para
cachimbo.

pipe dream *n* castelo *m* no ar, sonho
m impossível.

pipeline ['paɪplaɪn] *n* **-1.** [for oil] oleoduto *m* **-2.** [for gas] gasoduto *m*.

piper ['paɪpəʳ] *n* MUS tocador *m*, -ra *f* de
gaita de foles.

piping hot ['paɪpɪŋ-] *adj* extremamente quente.

pique [piːk] *n (U)* ressentimento *m*.

pirate ['paɪrət] ◇ *adj* [illegally copied]
pirateado(da). ◇ *n* **-1.** [sailor] pirata
m **-2.** [illegal copy] cópia *f* pirata. ◇ *vt*
piratear.

pirate radio *n UK* rádio *f* pirata.

pirouette [ˌpɪrʊ'et] ◇ *n* pirueta *f*. ◇
vi fazer pirueta.

Pisces ['paɪsiːz] *n* [sign] peixes *m*.

piss [pɪs] *vulg* ◇ *n* [urine] mijo *m*. ◇ *vi*
[urinate] mijar.

pissed [pɪst] *adj vulg* **-1.** *UK* [drunk]
mamado(da) **-2.** *US* [annoyed] puto(ta)
da cara.

pissed off *adj vulg* de saco cheio.

pistol ['pɪstl] *n* pistola *f*.

piston ['pɪstən] *n* pistom *m*.

pit [pɪt] *(pt & pp* -ted, *cont* -ting) ◇ *n*
-1. [large hole] cova *f* **-2.** [small, shallow

hole] marca *f* **-3.** [for orchestra] fosso *m*
da orquestra **-4.** [mine] mina *f* **-5.** *US*
[of fruit] caroço *m*. ◇ *vt*: **to be** ~**ted
against sb** ser incitado(da) contra
alguém.

➤ **pits** *npl* [in motor racing]: **the** ~**s** o
box.

pitch [pɪtʃ] ◇ *n* **-1.** SPORT campo *m* **-2.**
MUS tom *m* **-3.** *(U)* [level, degree] grau *m*
-4. [street vendor's place] ponto *m* **-5.** *inf*
[spiel]: **sales** ~ papo *m* de vendedor **-6.**
[of slope, roof] (grau *m* de) inclinação *f*.
◇ *vt* **-1.** [throw] arremessar **-2.** [set level of - price] estabelecer um preço
para; [- speech] dar um tom a **-3.**
[camp, tent] armar. ◇ *vi* **-1.** [fall over]
despencar; **to** ~ **forward** precipitar-
se para frente **-2.** [ship, plane] arfar.

pitch-black *adj* preto(ta) como carvão.

pitched battle [ˌpɪtʃt-] *n* batalha *f*
campal.

pitcher ['pɪtʃəʳ] *n US* **-1.** [jug] jarro *m* **-2.**
[in baseball] lançador *m*.

pitchfork ['pɪtʃfɔːk] *n* forcado *m*.

piteous ['pɪtɪəs] *adj* lastimável, comovente.

pitfall ['pɪtfɔːl] *n* armadilha *f*, perigo *m*.

pith [pɪθ] *n (U)* parte branca da casca
de uma fruta.

pithy ['pɪθɪ] *(compar* -ier, *superl* -iest)
adj denso(sa), contundente.

pitiful ['pɪtɪfʊl] *adj* **-1.** [arousing pity]
lastimável **-2.** [arousing contempt] lasti-
moso(sa).

pitiless ['pɪtɪlɪs] *adj* impiedoso(sa).

pit stop *n* pit stop *m*.

pittance ['pɪtəns] *n* miséria *f*.

pity ['pɪtɪ] *(pt & pp* -ied) ◇ *n* **-1.** [sym-
pathy, sorrow] compaixão *f*; **to take** OR
have ~ **on sb** ficar com pena de
alguém **-2.** [shame] pena *f*; **what a** ~!
que pena! ◇ *vt* sentir pena de.

pivot ['pɪvət] *n* **-1.** TECH eixo *m* **-2.** *fig*
[crux] centro *m*, eixo *m*.

pizza ['piːtsə] *n* pizza *f*.

pl. *abbr of* **please**.

placard ['plækɑːd] *n* cartaz *m*.

placate [plə'keɪt] *vt* aplacar, acalmar.

place [pleɪs] ◇ *n* **-1.** [gen] lugar *m*; ~
of birth local de nascimento **-2.** [suita-
ble occasion] momento *m* **-3.** [home] casa
f; **decimal** ~ MATH casa decimal **-4.**
[post, vacancy] vaga *f* **-5.** [role, function]
papel *m* **-6.** [rank] posição *f*. **7.** [in-
stance]: **why didn't you say so in the first**
~**?** por que você não disse isso logo?;
in the first ~ **...**, **and in the second** ~ **...**
em primeiro lugar ..., e em segundo
lugar ... **-8.** *phr*: **the market takes** ~ **every
Sunday** a feira acontece todos os
domingos; **the events that took** ~ **that**

day became infamous os acontecimentos que tiveram lugar naquele dia tornaram-se notórios; **to take the ~ of sb/sthg** tomar o lugar de alguém/algo, substituir alguém/algo. ◇ *vt* -**1**. [position, put] colocar -**2**. [lay, apportion]: **to ~ blame on sb/sthg** colocar a culpa em alguém/algo; **to ~ emphasis on sb/sthg** dar ênfase a alguém/algo; **to ~ pressure on sb/sthg** exercer pressão sobre alguém/algo; **to ~ responsibility on sb/sthg** pôr a responsabilidade em alguém/algo -**3**. [identify] identificar -**4**. [make]: **to ~ an order** COMM fazer um pedido; **to ~ a bet** fazer uma aposta -**5**. [situate] situar; **how are we ~d for money?** como estamos de dinheiro? -**6**. [in race]: **to be ~d** classificar-se.
 all over the place *adv* por todo lado.
 in place *adv* -**1**. [in proper position] no lugar -**2**. [established, set up] estabelecido(da).
 in place of *prep*: **in ~ of me** em meu lugar.
 out of place *adv* -**1**. [in wrong position] fora do lugar -**2**. [unsuitable] fora de propósito.

place mat *n* toalha *f* de mesa individual.

placement ['pleɪsmənt] *n* -**1**. (U) [positioning] disposição *f* -**2**. [work experience] estágio *m*.

placid ['plæsɪd] *adj* -**1**. [even-tempered] plácido(da) -**2**. [peaceful] sereno(na).

plagiarize, -ise ['pleɪdʒəraɪz] *vt* plagiar.

plague [pleɪg] ◇ *n* praga *f*. ◇ *vt*: **to ~ sb with sthg** importunar alguém com algo; **to be ~d by sthg** ser/estar atormentado(da) por algo.

plaice [pleɪs] (*pl inv*) *n* linguado *m*.

plaid [plæd] *n* (U) tecido *m* em xadrez da Escócia.

Plaid Cymru [ˌplaɪd'kʌmrɪ] *n* UK POL Plaid Cymru *(partido nacionalista galês)*.

plain [pleɪn] ◇ *adj* -**1**. [not patterned] liso(sa) -**2**. [simple, not fancy] simples; **~ yoghurt** iogurte *m* natural -**3**. [clear] claro(ra) -**4**. [blunt] direto(ta) -**5**. [absolute] absoluto(ta) -**6**. [not pretty] sem atrativos. ◇ *adv inf* [completely] claramente. ◇ *n* GEOGR planície *f*.

plain chocolate *n* UK chocolate *m* meio amargo.

plain-clothes *adj* à paisana.

plain flour *n* UK farinha *f* sem fermento.

plainly ['pleɪnlɪ] *adv* -**1**. [upset, angry] completamente -**2**. [remember, hear] claramente -**3**. [frankly] francamente,

abertamente -**4**. [simply] de forma simples.

plaintiff ['pleɪntɪf] *n* querelante *mf*.

plait [plæt] ◇ *n* trança *f*. ◇ *vt* trançar.

plan [plæn] (*pt* & *pp* -**ned**, *cont* -**ning**) ◇ *n* -**1**. [strategy] plano *m*; **to go according to ~** sair de acordo com o planejado -**2**. [outline] esboço *m* -**3**. [diagram, map - of garden, building] planta *f*; [- of inside of a machine] esquema *m* de montagem. ◇ *vt* -**1**. [organize] planejar -**2**. [intend] pretender; **to ~ to do sthg** pensar em fazer algo -**3**. [design, devise] projetar. ◇ *vi* fazer planos; **to ~ for sthg** fazer planos para algo.
 plans *npl* planos *mpl*; **to have ~s for** ter planos para.
 plan on *vt fus*: **to ~ on doing sthg** pretender fazer algo.

plane [pleɪn] ◇ *adj* plano(na). ◇ *n* -**1**. [aircraft] avião *m* -**2**. GEOM plano *m* -**3**. *fig* [level] patamar *m* -**4**. [tool] plaina *f* -**5**. [tree] plátano *m*.

planet ['plænɪt] *n* planeta *f*.

plank [plæŋk] *n* -**1**. [piece of wood] tábua *f* -**2**. POL [main policy] item *m*.

planning ['plænɪŋ] *n* planejamento *m*.

planning permission *n* (U) autorização *f* para construir.

plant [plɑːnt] ◇ *n* -**1**. BOT planta *f* -**2**. [factory] fábrica *f*; **nuclear ~** usina *f* nuclear -**3**. (U) [heavy machinery] maquinários *mpl*. ◇ *vt* -**1**. [seed, tree] plantar; [field, garden] semear -**2**. [blow, kiss] dar -**3**. [place - oneself] plantar-se; [- object] fincar -**4**. [spy] infiltrar -**5**. [bomb, microphone] colocar secretamente -**6**. [thought, idea] incutir.

plantation [plæn'teɪʃn] *n* plantação *f*.

plaque [plɑːk] *n* placa *f*.

plaster ['plɑːstəʳ] ◇ *n* -**1**. [gen] gesso *m* -**2**. UK [for cut]: **(sticking) ~** esparadrapo *m*, Band-Aid® *m*. ◇ *vt* -**1**. [put plaster on] revestir com gesso -**2**. [cover]: **to ~ sthg with sthg** cobrir algo com algo.

plaster cast *n* molde *m* de gesso.

plastered ['plɑːstəd] *adj inf* [drunk] de porre.

plasterer ['plɑːstərəʳ] *n* rebocador *m*, -ra *f*.

plaster of paris *n* gesso *m* de Paris.

plastic ['plæstɪk] ◇ *adj* de plástico. ◇ *n* [material] plástico *m*.

Plasticine® UK ['plæstɪsiːn], **play dough** US *n* (U) plasticina *f*.

plastic surgery *n* (U) cirurgia *f* plástica.

plastic wrap *n* US filme *m* de PVC transparente.

plate [pleɪt] ◇ *n* -**1**. [gen] prato *m* -**2**.

[on wall, door or surgical] placa f - **3.** (U) [gold, silver etc] baixela f - **4.** [photograph] chapa f - **5.** [in dentistry] dentadura f - **6.** [in baseball] base f. ⬦ vt: **to be ~d (with sthg)** ser banhado (a algo).

plateau ['plætəʊ] (pl -s OR -x [-z]) n - **1.** GEOGR planalto m - **2.** fig [steady level] nível m estável.

plate-glass adj de vidro laminado.

platform ['plætfɔ:m] n - **1.** [gen] plataforma f - **2.** [for speaker, performer] palanque m.

platform ticket n UK bilhete m de plataforma.

platinum ['plætɪnəm] n platina f.

platoon [plə'tu:n] n pelotão m.

platter ['plætə'] n travessa f.

plausible ['plɔ:zəbl] adj [reason, excuse] plausível; [person] convincente.

play [pleɪ] ⬦ n - **1.** (U) [amusement] brincadeira f; **children at ~** crianças brincando - **2.** [piece of drama] peça f - **3.** [pun]: **~ on words** trocadilho - **4.** TECH folga f. ⬦ vt - **1.** [gen] jogar; **to ~ hide-and-seek** brincar de esconde-esconde - **2.** [opposing player or team] jogar contra - **3.** [joke, trick] pregar - **4.** [perform] desempenhar, representar; **to ~ a part OR role in sthg** fig desempenhar um papel em algo - **5.** [MUS - instrument, CD] tocar; [- tune] executar - **6.** [pretend to be] fingir. ⬦ vi - **1.** [amuse o.s.] brincar; **to ~ with sb/sthg** brincar com alguém/ algo - **2.** SPORT jogar; **to ~ for sb** jogar para alguém; **to ~ against sb** jogar contra alguém - **3.** PERFORM: **to ~ in sthg** atuar em algo - **4.** [music] tocar - **5.** phr: **to ~ safe** não se arriscar.
➡ **play along** vi: **to ~ along (with sb)** fazer o jogo (de alguém).
➡ **play down** vt sep menosprezar.
➡ **play up** ⬦ vt sep enfatizar. ⬦ vi - **1.** [cause problems] dar trabalho - **2.** [misbehave] descomportar-se.

play-act vi fazer fita.

playboy ['pleɪbɔɪ] n playboy m.

play dough n US = **Plasticine®**.

player ['pleɪə'] n - **1.** [of game, sport] jogador m, -ra f - **2.** MUS músico m, -ca f; **guitar ~** guitarrista mf; **saxophone ~** saxofonista mf - **3.** dated & THEATRE ator m, atriz f.

playful ['pleɪfʊl] adj - **1.** [good-natured] divertido(da) - **2.** [frisky] brincalhão (lhona).

playground ['pleɪgraʊnd] n [at school] pátio m de recreio; [in park] parque m de diversões.

playgroup ['pleɪgru:p] n jardim-de-infância m.

playing card ['pleɪŋ-] n carta f de baralho.

playing field ['pleɪŋ-] n quadra f de esportes.

playmate ['pleɪmeɪt] n amigo m, -ga f de infância.

play-off n partida f de desempate.

playpen ['pleɪpen] n cercadinho m para crianças, chiqueirinho m.

playschool ['pleɪsku:l] n jardim-de-infância m.

plaything ['pleɪθɪŋ] n - **1.** [toy] brinquedo m - **2.** fig [person] joguete m.

playtime ['pleɪtaɪm] n (U) (hora f do) recreio m.

playwright ['pleɪraɪt] n dramaturgo m, -ga f.

plc (abbr of public limited company) UK companhia f pública limitada.

plea [pli:] n - **1.** [appeal] apelo m - **2.** JUR contestação f.

plead [pli:d] (pt & pp -ed OR pled) ⬦ vt - **1.** JUR defender; **to ~ insanity** alegar insanidade mental; **to ~ guilty** declarar culpado(da) - **2.** [give as excuse] alegar. ⬦ vi - **1.** [beg] implorar; **to ~ with sb to do sthg** implorar a alguém que faça algo; **to ~ for sthg** implorar algo - **2.** JUR responder a uma acusação.

pleasant ['pleznt] adj agradável.

pleasantry ['plezntrɪ] (pl -ies) n: **to exchange pleasantries** trocar amabilidades.

please [pli:z] ⬦ adv por favor. ⬦ vt agradar; **to ~ o.s.** fazer o que se deseja; **~ yourself!** como queira! ⬦ vi - **1.** [give satisfaction] agradar - **2.** [choose]: **to do as one ~s** fazer como quiser.

pleased [pli:zd] adj contente, feliz; **to be ~ about sthg** estar satisfeito(ta) com algo; **to be ~ with sb/sthg** estar satisfeito(ta) com alguém/algo; **~ to meet you!** prazer em conhecê-lo(-la)!

pleasing ['pli:zɪŋ] adj agradável.

pleasure ['pleʒə'] n - **1.** (U) [feeling of happiness] alegria f; **with ~** com (muito) prazer - **2.** [enjoyment] prazer m; **it's a ~ OR my ~!** é um prazer!, não tem de quê!

pleat [pli:t] ⬦ n prega f. ⬦ vt fazer prega em.

pled [pled] pt & pp ⊳ **plead**.

pledge [pledʒ] ⬦ n - **1.** [promise] promessa f - **2.** [token] símbolo m - **3.** [as a security] garantia f. ⬦ vt - **1.** [promise to provide] prometer - **2.** [commit]: **to be ~d to sthg** estar comprometido(da) com algo; **to ~ o.s. to sthg** comprometer-se com algo - **3.** [pawn] penhorar.

plentiful ['plentɪfʊl] adj abundante.

plenty ['plentɪ] ⬦ n (U) fartura f. ⬦ pron bastante; **~ of** bastante; **~ of time** bastante tempo; **~ of reasons**

inúmeras razões. ⬦ *adv US* [very] muito.

pliable ['plaɪəbl], **pliant** ['plaɪənt] *adj* -1. [supple] flexível -2. [adaptable] dócil.

pliers ['plaɪəz] *npl* alicate *m*.

plight [plaɪt] *n* péssima situação *f*; **in a ~ em apuros**.

plimsoll ['plɪmsəl] *n UK* calçados *mpl* para prática de esportes.

plinth [plɪnθ] *n* plinto *m*.

PLO (*abbr of* Palestine Liberation Organization) *n* OLP *f*.

plod [plɒd] (*pt & pp* -ded, *cont* -ding) *vi* -1. [walk slowly] arrastar-se -2. [work slowly] trabalhar vagarosamente.

plodder ['plɒdəʳ] *n pej* trabalhador *m* lerdo e pouco criativo.

plonk [plɒŋk] *n UK inf* vinho *m* fajuto.
➡ **plonk down** *vt sep inf* deixar cair.

plot [plɒt] (*pt & pp* -ted, *cont* -ting) ⬦ *n* -1. [conspiracy] compô *m* -2. [story] enredo *m*, trama *f* -3. [of land] lote *m*. ⬦ *vt* -1. [conspire] tramar; **to ~ to do sthg** tramar para fazer algo -2. [chart] traçar -3. *MATH* traçar, plotar. ⬦ *vi* conspirar; **to ~ against sb** conspirar contra alguém.

plotter ['plɒtəʳ] *n* [schemer] conspirador *m*, -ra *f*.

plough *UK*, **plow** *US* [plaʊ] ⬦ *n* arado *m*. ⬦ *vt* -1. *AGR* arar, lavrar -2. [invest]: **to ~ money into sthg** investir muito dinheiro em algo. ⬦ *vi*: **to ~ into sthg** colidir contra algo.

ploughman's ['plaʊmənz] (*pl inv*) *n UK*: **~ (lunch)** refeição que consiste em pão, queijo, cebola e picles.

plow etc *n & vt US* = plough etc.

ploy [plɔɪ] *n* estratagema *f*.

pluck [plʌk] ⬦ *vt* -1. [flower, fruit] colher -2. [pull] apanhar; **the helicopter ~ed the survivors off the ship** o helicóptero resgatou os sobreviventes do navio -3. [chicken] depenar -4. [eyebrows] depilar -5. [musical instrument] dedilhar. ⬦ *n (U) dated* [courage] garra *f*.
➡ **pluck up** *vt fus*: **to ~ up the courage to do sthg** criar coragem para fazer algo.

plucky ['plʌkɪ] (*compar* -ier, *superl* -iest) *adj dated* valente.

plug [plʌg] (*pt & pp* -ged, *cont* -ging) ⬦ *n* -1. [socket] tomada *f*; [socket] plugue *m* -2. [for bath or sink] tampa *f*, válvula *f*. ⬦ *vt* -1. [block] tampar -2. *inf* [advertise] fazer propaganda de.
➡ **plug in** *vt sep* ligar.

plughole ['plʌghəʊl] *n* ralo *m*.

plum [plʌm] ⬦ *adj* -1. [colour] da cor de ameixa -2. [choice]: **a ~ job** uma jóia de emprego. ⬦ *n* [fruit] ameixa *m*.

plumb [plʌm] ⬦ *adv* -1. *UK* [exactly] exatamente -2. *US* [completely] totalmente. ⬦ *vt*: **to ~ the depths of sthg** atingir o auge de algo.

plumber ['plʌməʳ] *n* encanador *m*, -ra *f*.

plumbing ['plʌmɪŋ] *n (U)* -1. [fittings] encanamento *m* -2. [work] trabalho *m* do encanador.

plume [plu:m] *n* -1. [on bird] pluma *f* -2. [on hat, helmet] penacho *m* -3. [column]: **a ~ of smoke** um penacho de fumaça.

plummet ['plʌmɪt] *vi* -1. [dive] mergulhar (*em direção ao solo*) -2. [decrease rapidly] despencar.

plump [plʌmp] ⬦ *adj* roliço(ça). ⬦ *vi*: **to ~ for sthg** optar por algo.
➡ **plump up** *vt sep* afofar.

plum pudding *n* pudim *m* de passas.

plunder ['plʌndəʳ] ⬦ *n* -1. [pillaging] pilhagem *f* -2. [booty] saque *m*. ⬦ *vt* saquear.

plunge [plʌndʒ] ⬦ *n* -1. [rapid decrease] caída *f* -2. [dive] mergulho; **to take the ~** mergulhar de cabeça, dar um passo decisivo. ⬦ *vt* -1. [immerse]: **to ~ sthg into sthg** mergulhar algo em algo -2. *fig* [thrust]: **to ~ sthg into sthg** enfiar algo em algo; **the room was ~d into darkness** a sala mergulhou na escuridão. ⬦ *vi* -1. [dive, throw o.s.] mergulhar -2. [decrease rapidly] despencar.

plunger ['plʌndʒəʳ] *n* desentupidor *m*.

pluperfect [,plu:'pɜ:fɪkt] *n*: **the ~** (tense) o (tempo) mais-que-perfeito.

plural ['plʊərəl] ⬦ *adj* plural. ⬦ *n* plural *m*.

plus [plʌs] (*pl* -es *OR* -ses) ⬦ *adj* mais; **thirty-five ~** trinta e cinco ou mais. ⬦ *n* -1. *MATH* sinal *m* de adição, sinal *m* de mais -2. *inf* [bonus] vantagem *f*. ⬦ *prep* mais. ⬦ *conj* [moreover] além disso.

plush [plʌʃ] *adj* suntuoso(sa).

plus sign *n* sinal *m* de mais.

Pluto ['plu:təʊ] *n* Plutão.

plutonium [plu:'təʊnɪəm] *n (U)* plutônio *m*.

ply [plaɪ] (*pt & pp* plied) ⬦ *n* espessura. ⬦ *vt* -1. [work at] trabalhar em -2. [supply, provide]: **to ~ sb with sthg** prover alguém com algo. ⬦ *vi* [travel] navegar em.

-ply *adj* de espessura.

plywood ['plaɪwʊd] *n (U)* compensado *m*.

p.m., pm (*abbr of* post meridiem): **at three ~** às três da tarde.

PM (*abbr of* prime minister) *n* primeiro-ministro *m*, primeira-ministra *f*.

PMT (*abbr of* premenstrual tension) *n* TPM *f*.

pneumatic [nju:'mætɪk] *adj* **-1.** [air-powered] pneumático(ca) **-2.** [air-filled] de ar.

pneumatic drill *n* perfuratriz *f*.

pneumonia [nju:'məʊnjə] *n (U)* pneumonia *f*.

poach [pəʊtʃ] <> *vt* [hunt illegally] caçar ilegalmente **-2.** [copy] plagiar **-3.** [CULIN - salmon] escaldar; [- egg] escalfar. <> *vi* caçar ilegalmente.

poacher ['pəʊtʃə'] *n* [person] caçador *m* furtivo, caçadora *f* furtiva.

poaching ['pəʊtʃɪŋ] *n (U)* caça *f* ilegal.

PO Box (*abbr of* **Post Office Box**) *n* caixa *f* postal.

pocket ['pɒkɪt] <> *n* **-1.** [in clothes] bolso *m*; **the deal left us £10 out of** ~ o negócio nos deu um prejuízo de £10; **to pick sb's** ~ roubar do bolso de alguém **-2.** [in car door etc] porta-mapas *m* **-3.** [small area] foco *m* **-4.** [of snooker, pool table] caçapa *f*. <> *adj* [pocket-sized] de bolso. <> *vt-***1.** [place in pocket] pôr no bolso **-2.** [steal] embolsar **-3.** [in snooker, pool] encaçapar.

pocketbook ['pɒkɪtbʊk] *n* **-1.** [notebook] livro *m* de bolso **-2.** *US* [handbag] carteira *f*.

pocketknife ['pɒkɪtnaɪf] (*pl* **-knives** [-naɪvz]) *n* canivete *m*.

pocket money *n (U)* mesada *f*.

pockmark ['pɒkmɑ:k] *n* sinal *m* de varíola.

pod [pɒd] *n* **-1.** [of plants] vagem *f* **-2.** [of spacecraft] módulo *m*.

podgy ['pɒdʒɪ] (*compar* **-ier**, *superl* **-iest**) *adj inf* atarracado(da).

podiatrist [pə'daɪətrɪst] *n US* podiatra *mf*.

podium ['pəʊdɪəm] (*pl* **-diums** OR **-dia** [-dɪə]) *n* pódio *m*.

poem ['pəʊɪm] *n* poema *f*.

poet ['pəʊɪt] *n* poeta *mf*, poetisa *f*.

poetic [pəʊ'etɪk] *adj* poético(ca).

poetry ['pəʊɪtrɪ] *n (U)* [poems] poesia *f*.

poignant ['pɔɪnjənt] *adj* comovente.

point [pɔɪnt] <> *n* **-1.** [gen] ponto *m*; **to make a** ~ fazer uma observação; **to make one's** ~ dar sua opinião **-2.** [tip] ponta *f* **-3.** [essence, heart] parte *f* essencial; **to get** OR **come to the** ~ ir ao ponto principal; **beside the** ~ irrelevante; **to the** ~ objetivo(va) **-4.** [feature, characteristic] característica *f* **-5.** [purpose] propósito *m*, razão *f* **-6.** [of compass] ponto *m* cardeal **-7.** *UK ELEC* ponto *m* **-8.** *US* [full stop] ponto *m* final **-9.** *phr*: **to make a** ~ **of doing sthg** fazer questão de fazer algo. <> *vt*: **to** ~ **sthg (at sb/sthg)** apontar algo (para alguém/algo); **to** ~ **the way (to sthg)** mostrar a direção (para algo). <> *vi*

apontar; **to** ~ **at sb/sthg, to** ~ **to sb/sthg** apontar para alguém/algo.

➤ **points** *npl UK* RAIL pontos *mpl*.

➤ **up to a point** *adv* até certo ponto.

➤ **on the point of** *prep* prestes a.

➤ **point out** *vt sep* **-1.** [indicate] indicar **-2.** [call attention to] salientar.

point-blank *adv* **-1.** [directly] categoricamente **-2.** [at close range] à queima-roupa.

pointed ['pɔɪntɪd] *adj* **-1.** [sharp] pontiagudo(da) **-2.** [meaningful] sugestivo(va).

pointer ['pɔɪntə'] *n* **-1.** [tip, hint] dica *f* **-2.** [needle on dial] agulha *f* **-3.** [stick] indicador *m* **-4.** COMPUT ponteiro *m*.

pointless ['pɔɪntlɪs] *adj* inútil.

point of view (*pl* **points of view**) *n* ponto *m* de vista.

poise [pɔɪz] *n (U)* compostura *f*.

poised [pɔɪzd] *adj* **-1.** [ready] pronto(ta), preparado(da); **to be** ~ **to do sthg** estar pronto(ta) para fazer algo; **to be** ~ **for sthg** estar pronto(ta) para algo **-2.** [calm and dignified] equilibrado(da).

poison ['pɔɪzn] <> *n* veneno *m*. <> *vt* **-1.** [gen] envenenar **-2.** [pollute] poluir **-3.** *fig* [spoil, corrupt] corromper.

poisoning ['pɔɪznɪŋ] *n (U)* envenenamento *m*, intoxicação *f*.

poisonous ['pɔɪznəs] *adj* **-1.** [gas, chemical] tóxico (ca) **-2.** [snake, mushroom, plant] venenoso(sa).

poke [pəʊk] <> *vt-***1.** [prod, jab] remexer, cutucar **-2.** [stick, thrust] enfiar em **-3.** [fire] atiçar, remexer. <> *vi* projetar-se; **his head** ~**d round the corner** a cabeça dele apareceu na esquina.

➤ **poke about, poke around** *vi inf* escarafunchar.

poker ['pəʊkə'] *n* **-1.** [game] pôquer *m* **-2.** [for fire] atiçador *m*.

poker-faced [-,feɪst] *adj* de rosto inexpressivo.

poky ['pəʊkɪ] (*compar* **-ier**, *superl* **-iest**) *adj pej* apertado(da).

Poland ['pəʊlənd] *n* Polônia *f*.

polar ['pəʊlə'] *adj* GEOGR polar.

Polaroid® ['pəʊlərɔɪd] *n* polaróide® *f*.

pole [pəʊl] *n* **-1.** [gen] pólo *m* **-2.** [rod, post] poste *m*.

Pole [pəʊl] *n* polonês *m*, -esa *f*.

poleaxed ['pəʊlækst] *adj* atordoado(da).

pole vault *n*: **the** ~ o salto com vara.

police [pə'li:s] <> *npl* **-1.** [police force]: **the** ~ a polícia **-2.** [policemen, policewomen] policial *mf*. <> *vt* policiar.

police car *n* rádio-patrulha *f*.

police constable *n UK* policial *mf*.

police force *n* força *f* policial.

policeman [pə'li:smən] (*pl* **-men** [-mən]) *n* policial *m*.

porch

police officer n oficial mf de polícia.
police record n ficha f policial.
police station n UK delegacia f.
policewoman [pə'li:ş,wumən] (pl -women [-,wimɪn]) n policial f.
policy ['pɒləsɪ] (pl -ies) n -1. [plan, practice] política f - 2. [document, agreement] apólice f.
polio ['pəuliəu] n (U) poliomelite f, paralisia f infantil.
polish ['pɒlɪʃ] <> n -1. [cleaning material] polidor m - 2. [shine] polimento m - 3. fig [refinement] requinte m. <> vt -1. polir - 2. fig [perfect]: to ~ sthg (up) refinar algo.
➡ **polish off** vt sep inf -1. [meal] comer/beber rapidamente - 2. [job, book] dar um fim rápido em.
Polish ['pəulɪʃ] <> adj polonês(esa). <> n [language] polonês m. <> npl: the ~ os poloneses.
polished ['pɒlɪʃt] adj -1. [gen] polido(da) - 2. [performer, performance] elegante.
polite [pə'laɪt] adj [person, remark] educado(da), cortês(tesa).
politic ['pɒlətɪk] adj fml prudente.
political [pə'lɪtɪkl] adj político(ca).
politically correct [pə,lɪtɪklɪ-] adj politicamente correto(ta).
politician [,pɒlɪ'tɪʃn] n político m, -ca f.
politics ['pɒlətɪks] <> n política f. <> npl [of a person, group] política f.
polka ['pɒlkə] n polca f; to do the ~ dançar a polca.
polka dot n bolinhas fpl (em um padrão de tecido).
poll [pəul] <> n -1. [election] eleição f - 2. [survey] pesquisa f. <> vt -1. [people] entrevistar - 2. [votes] receber, obter.
➡ **polls** npl: to go to the ~s ir às urnas.
pollen ['pɒlən] n (U) pólen m.
polling booth ['pəulɪŋ-] n cabine f de votação.
polling day ['pəulɪŋ-] n UK dia f de eleição.
polling station ['pəulɪŋ-] n zona f eleitoral.
pollute [pə'lu:t] vt poluir.
pollution [pə'lu:ʃn] n poluição f.
polo ['pəuləu] n (U) pólo m.
polo neck n UK -1. [collar] gola f alta - 2. [jumper] blusão m de gola alta.
polo shirt n camisa f pólo.
polyethylene n US = polythene.
Polynesia [,pɒlɪ'ni:ʒə] n Polinésia f.
polystyrene [,pɒlɪ'staɪri:n] n (U) poliestireno m, isopor m.
polytechnic [,pɒlɪ'teknɪk] n UK politécnica f.
polythene UK ['pɒlɪθi:n], **polyethy-**

lene US ['pɒlɪ'eθɪli:n] n (U) polietileno m.
polythene bag n UK saco m de polietileno.
pomegranate ['pɒmɪ,grænɪt] n romã f.
pomp [pɒmp] n (U) pompa f.
pompom ['pɒmpɒm] n pompom m.
pompous ['pɒmpəs] adj [pretentious - speech, style] pomposo(sa); [- person] pretensioso(sa).
pond [pɒnd] n lago m (natural ou artificial); the ~ inf o Atlântico.
ponder ['pɒndəʳ] vt ponderar.
ponderous ['pɒndərəs] adj -1. [dull, solemn] ponderoso(sa) - 2. [large and heavy] pesado(da).
pong [pɒŋ] UK inf n fedor m.
pontoon [pɒn'tu:n] n -1. [bridge] barcaça f - 2. UK [game] vinte-e-um m.
pony ['pəunɪ] (pl -ies) n pônei m.
ponytail ['pəuniteɪl] n rabo-de-cavalo m.
pony-trekking [-,trekɪŋ] n (U) excursão f em pôneis.
poodle ['pu:dl] n poodle m.
pool [pu:l] <> n -1. [natural] lago m - 2. [swimming pool] piscina f - 3. [of liquid, light] poça f - 4. [of workers, cars, talent] grupo m - 5. (U) SPORT bilhar m. <> vt juntar.
➡ **pools** npl UK: the ~s ≃ a loteria esportiva.
poor [pɔ:ʳ] <> adj pobre. <> npl: the ~ os pobres.
poorly ['pɔ:lɪ] <> adj UK inf [ill] mal. <> adv mal.
pop [pɒp] (pt & pp -ped, cont -ping) <> n -1. (U) [music] pop m - 2. (U) inf [fizzy drink] gasosa f - 3. esp US inf [father] pai m - 4. [noise] estouro m. <> vt -1. [burst] estourar - 2. [put quickly] pôr rapidamente. <> vi -1. [burst] estourar - 2. [spring, fly off] soltar-se - 3. [eyes] arregalar.
➡ **pop in** vi entrar por um momento.
➡ **pop up** vi aparecer de repente.
pop concert n concerto m pop.
popcorn ['pɒpkɔ:n] n (U) pipoca f.
pope [pəup] n papa m.
pop group n grupo m pop.
poplar ['pɒpləʳ] n choupo m.
poppy ['pɒpɪ] (pl -ies) n papoula f.
Popsicle® ['pɒpsɪkl] n US picolé m.
populace ['pɒpjuləs] n: the ~ o populacho.
popular ['pɒpjuləʳ] adj popular.
popularize, -ise ['pɒpjuləraɪz] vt popularizar.
population [,pɒpjʊ'leɪʃn] n população f.
porcelain ['pɔ:səlɪn] n (U) porcelana f.
porch [pɔ:tʃ] n -1. [entrance] átrio m - 2.

US [veranda] alpendre *m*.

porcupine ['pɔ:kjʊpaɪn] *n* porco-espinho *m*.

pore [pɔ:ʳ] *n* poro *m*.

➡ **pore over** *vt fus* examinar minuciosamente.

pork [pɔ:k] *n (U)* carne *f* de porco.

pork pie *n* pastelão *m* de porco.

pornography [pɔ:'nɒgrəfɪ] *n (U)* pornografia *f*.

porous ['pɔ:rəs] *adj* poroso(sa).

porridge ['pɒrɪdʒ] *n (U)* mingau *m* com cereais.

port [pɔ:t] *n* **-1.** [gen] porto *m* **-2.** *(U)* NAUT bombordo *m* **-3.** *(U)* [drink] vinho *m* do Porto **-4.** COMPUT porta *f*.

portable ['pɔ:təbl] *adj* portável.

portent ['pɔ:tənt] *n literary* prognóstico *m*.

porter ['pɔ:təʳ] *n* **-1.** *UK* [doorman] porteiro *m*, -ra *f* **-2.** [for luggage] carregador *m*, -ra *f* **-3.** *US* [on train] cabineiro *m*, -ra *f*.

portfolio [,pɔ:t'fəʊljəʊ] *(pl* -s) *n* **-1.** [case] pasta *f* **-2.** [sample of work] portfólio *m* **-3.** FIN carteira *f*.

porthole ['pɔ:θəʊl] *n* vigia *mf*.

portion ['pɔ:ʃn] *n* **-1.** [part, share] porção *f* **-2.** [set amount of food] parte *f*.

portly ['pɔ:tlɪ] *(compar* -ier, *superl* -iest) *adj* corpulento(ta).

portrait ['pɔ:trɪt] *n* retrato *m*.

portray [pɔ:'treɪ] *vt* **-1.** [in a play, film] interpretar **-2.** [describe, represent] descrever **-3.** [subj: artist] retratar.

Portugal ['pɔ:tʃʊgl] *n* Portugal.

Portuguese [,pɔ:tʃʊ'gi:z] *(pl inv)* <> *adj* português(guesa). <> *n* [language] português *m*. <> *npl*: **the** ~ os portugueses.

pose [pəʊz] <> *n* **-1.** [position, stance] pose *f* **-2.** *pej* [pretence, affectation] pose *f*. <> *vt* **-1.** [problem, danger, threat] constituir **-2.** [question] fazer. <> *vi* **-1.** [model] posar **-2.** *pej* [behave affectedly] fazer-se **-3.** [pretend to be]: **to** ~ **as** sb/sthg fazer-se passar por alguém/algo.

posh [pɒʃ] *adj inf* **-1.** [hotel, clothes] chique **-2.** [upper-class] chique.

position [pə'zɪʃn] <> *n* **-1.** [gen] posição *f* **-2.** [job] cargo *m* **-3.** [state, situation] posição *f*, situação *f* **-4.** [stance, opinion]: ~ **on sthg** posição sobre algo. <> *vt* posicionar.

positive ['pɒzətɪv] *adj* **-1.** [gen] positivo(va); **to be** ~ **about sthg** ser positivo(va) sobre algo; **be** ~ **about the exam!** seja otimista em relação à prova! **-2.** [irrefutable] irrefutável **-3.** [for emphasis]: **a** ~ **joy** uma ótima brincadeira; **a** ~ **nightmare** um pesadelo terrível.

posse ['pɒsɪ] *n* **-1.** [of sheriff] *US* destacamento *m* **-2.** *inf* [gang] bando *m* armado.

possess [pə'zes] *vt* **-1.** [gen] possuir **-2.** [subj: emotion] levar a.

possession [pə'zeʃn] *n (U)* posse *f*.

➡ **possessions** *npl* posses *fpl*, bens *mpl*.

possessive [pə'zesɪv] <> *adj* **-1.** *pej* [clinging] possessivo(va) **-2.** GRAMM possessivo(va). <> *n* GRAMM possessivo *m*.

possibility [,pɒsə'bɪlətɪ] *(pl* -ies) *n* possibilidade *f*.

possible ['pɒsəbl] <> *adj* possível; **as soon as** ~ o mais cedo possível; **as much as** ~ o máximo possível. <> *n* possível *m*.

possibly ['pɒsəblɪ] *adv* **-1.** [perhaps, maybe] possivelmente **-2.** [conceivably]: **I'll do all I** ~ **can** vou fazer tudo que estiver ao meu alcance; **how could he** ~ **do that?** como ele foi capaz de fazer isso?; **I can't** ~ **take the money!** simplesmente não posso aceitar o dinheiro!

post [pəʊst] <> *n* **-1.** [mail service]: **the** ~ o correio; **by** ~ pelo correio **-2.** *(U)* [letters etc] correio *m* **-3.** [delivery] mala *f* postal **-4.** *UK* [collection] coleta *f* **-5.** [pole] poste *m* **-6.** [position, job] posto *m* **-7.** MIL guarnição *f*. <> *vt* **-1.** [by mail] postar, pôr no correio **-2.** [transfer] transferir.

post [pəʊst] *vt* COMPUT [message, query] enviar.

postage ['pəʊstɪdʒ] *n (U)* franquia *f*; ~ **and packing** despesas *fpl* de envio.

postal ['pəʊstl] *adj* postal.

postal order *n* vale *m* postal.

postbox ['pəʊstbɒks] *n UK* caixa *f* de correio.

postcard ['pəʊstkɑ:d] *n* cartão *m* postal.

postcode ['pəʊstkəʊd] *n UK* código *m* (de endereçamento) postal.

post-date *vt* pós-datar.

poster ['pəʊstəʳ] *n* cartaz *m*, pôster *m*.

poste restante [,pəʊst'resta:nt] *n (U) esp UK* posta-restante *f*.

posterior [pɒ'stɪərɪəʳ] <> *adj* posterior. <> *n hum* traseiro *m*.

postgraduate [,pəʊst'grædʒʊət] <> *adj* pós-graduado(da). <> *n* pós-graduado *m*, -da *f*.

posthumous ['pɒstjʊməs] *adj* póstumo(ma).

postman ['pəʊstmən] *(pl* -men [-mən]) *n* carteiro *m*.

postmark ['pəʊstmɑ:k] <> *n* carimbo *m (postal)*. <> *vt* carimbar.

postmaster ['pəʊst,mɑ:stəʳ] *n* agente *m* de correio.

postmortem [,pəʊst'mɔ:təm] *n* **-1.** [autopsy] autópsia *f* - **2.** *fig* [analysis] análise *f* detalhada.

post office *n* - **1.** [organization]: **the Post Office** a Agência dos Correios - **2.** [building] correio *m*.

post office box *n* caixa *f* postal.

postpone [pəs'pəʊn] *vt* adiar.

postscript ['pəʊstskrɪpt] *n* - **1.** [to letter] pós-escrito *m* - **2.** *fig* [additional information] adendo *m*.

posture ['pɒstʃə^r] *n* postura *f*.

postwar [,pəʊst'wɔ:^r] *adj* pós-guerra.

posy ['pəʊzɪ] (*pl* -ies) *n* ramalhete *m*.

pot [pɒt] (*pt* & *pp*-ted, *cont*-ting) <> *n* - **1.** [for cooking] panela *f*; **to go to ~** ir para o brejo; **the ~ calling the kettle black** rir-se o roto do esfarrapado - **2.** [for tea, coffee] bule *m* - **3.** [for paint, jam] frasco *m* - **4.** [flowerpot] vaso *m* - **5.** (*U*) *drugs sl* [cannabis] maconha *f*. <> *vt* - **1.** [plant] plantar *(em vaso)* - **2.** [billiards ball] encaçapar.

potassium [pə'tæsɪəm] *n* (*U*) potássio *m*.

potato [pə'teɪtəʊ] (*pl* -es) *n* batata *f*.

potato peeler [-,pi:lə^r] *n* descascador *m* de batatas.

potent ['pəʊtənt] *adj* - **1.** [argument] forte - **2.** [drink, drug] de alto teor, poderoso(-sa) - **3.** [virile] potente, viril.

potential [pə'tenʃl] <> *adj* potencial, em potencial. <> *n* [of person] potencial *m*; **to have ~** ter potencial.

potentially [pə'tenʃəlɪ] *adv* potencialmente.

pothole ['pɒthəʊl] *n* buraco *m*.

potholing ['pɒt,həʊlɪŋ] *n UK* espeleologia; **to go ~** explorar cavernas.

potion ['pəʊʃn] *n* poção *f*.

potluck [,pɒt'lʌk] *n*: **to take ~** [at meal] contentar-se com o que houver para comer; [in choice] arriscar *OR* tentar a sorte.

potshot ['pɒt,ʃɒt] *n*: **to take a ~ (at sthg)** atirar a esmo (em algo).

potted ['pɒtɪd] *adj* - **1.** [grown in pot] de vaso - **2.** [preserved] em conserva.

potter ['pɒtə^r] *n* oleiro *m*, -ra *f*.

◆ **potter about, potter around** *vi UK* ocupar-se em trabalhos pequenos.

pottery ['pɒtərɪ] (*pl* -ies) *n* - **1.** [gen] cerâmica *f* - **2.** [factory] olaria *f*.

potty ['pɒtɪ] (*compar*-ier, *superl*-iest, *pl* -ies) *UK inf* <> *adj* doido(da); **to be ~ about sb/sthg** ser doido(da) por alguém/algo. <> *n* [for children] penico *m*.

pouch [paʊtʃ] *n* bolsa *f*.

poultry ['pəʊltrɪ] <> *n* (*U*) [meat] carne *f* de aves *(domésticas)*. <> *npl* [birds] aves *fpl* domésticas.

pounce [paʊns] *vi* - **1.** [subj: animal, bird]:

to ~ (on *OR* **upon sthg)** agarrar (algo) - **2.** [subj: person, police]: **to ~ (on** *OR* **upon sb)** lançar-se (sobre alguém).

pound [paʊnd] <> *n* - **1.** *UK* [unit of money] libra *f* - **2.** *UK* [currency system]: **the ~** a libra - **3.** [unit of weight] libra *f* - **4.** [for dogs] canil - **5.** [for cars] depósito *m (para automóveis apreendidos)*. <> *vt* - **1.** [strike loudly] esmurrar - **2.** [pulverize] pulverizar. <> *vi* - **1.** [strike loudly]: **to ~ on sthg** esmurrar algo - **2.** [beat, throb - heart] palpitar; [- head] latejar.

pound coin *n* moeda *f* de libra.

pound sterling *n* libra *f* esterlina.

pour [pɔ:^r] <> *vt* [cause to flow] despejar; **to ~ sthg into sthg** despejar algo em algo; **to ~ sb a drink, to ~ a drink for sb** servir um drinque a alguém. <> *vi* - **1.** [flow quickly] fluir, correr - **2.** *fig* [rush] correr. <> *v impers* [rain hard] chover a cântaros.

◆ **pour in** *vi* vir em enxurrada.

◆ **pour out** *vt sep* - **1.** [empty] esvaziar - **2.** [serve] servir.

pouring ['pɔ:rɪŋ] *adj* [rain] torrencial.

pout [paʊt] *vi* fazer beiço.

poverty ['pɒvətɪ] *n* (*U*) - **1.** [hardship] miséria *f*.

poverty-stricken *adj* carente, necessitado(da).

powder ['paʊdə^r] <> *n* [tiny particles] pó *m*; **face ~** pó-de-arroz *m*; **gun~** pólvora *f*; **washing ~** detergente *m*. <> *vt* [make-up] maquiar.

powder compact *n* estojo *m (de pó-de-arroz)*.

powdered ['paʊdəd] *adj* [in powder form] em pó.

powder puff *n* esponja *f* de pó-de-arroz.

powder room *n* toalete *m*.

power ['paʊə^r] <> *n* - **1.** (*U*) [control, influence] poder *m*; **to be in ~** estar no poder; **to come to ~** chegar ao poder; **to take ~** assumir o poder - **2.** [ability, capacity] força *f*; **mental ~s** poderes *mpl* mentais; **to be (with)in one's ~ to** do sthg competir a alguém fazer algo - **3.** [legal authority] autoridade *f*; **to have the ~ to do sthg** ter autoridade para fazer algo - **4.** [strength] força *f* - **5.** (*U*) *TECH* energia *f* - **6.** (*U*) [electricity] luz *f*. <> *vt* alimentar.

powerboat ['paʊəbəʊt] *n* powerboat *m*, *pequeno barco de corrida muito veloz*.

power cut *n* corte *m* de energia.

power failure *n* falha *f* no sistema elétrico.

powerful ['paʊəfʊl] *adj* - **1.** [influential] poderoso(sa) - **2.** [strong] poderoso(sa), forte **-3.** [very convincing, very moving] vigoroso(sa).

powerless ['pauəlıs] *adj* fraco(ca); **to be ~ to do sthg** ser impotente para fazer algo.

power point *n UK* ponto *m* de força, tomada *f*.

power station *n* estação *f* de força.

power steering *n* (*U*) direção *f* hidráulica.

pp (*abbr of* per procurationem) p/.

p & p (*abbr of* postage and packing) *n* postagem *f* e empacotamento.

PR <> *n* **-1.** (*abbr of* public relations) RP *mf* **-2.** (*abbr of* proportional representation) representação *f* proporcional. <> *abbr of* Puerto Rico.

practicable ['præktıkəbl] *adj* praticável.

practical ['præktıkl] <> *adj* **-1.** [gen] prático(ca) **-2.** [practicable] praticável. <> *n* prática *f*.

practicality [,præktı'kælətıl] *n* (*U*) praticabilidade *f*.

practical joke *n* peça *f*, trote *m*.

practically ['præktıklı] *adv* praticamente.

practice ['præktıs], **practise** *US* *n* **-1.** (*U*) [gen] prática *f*; **to be out of ~** estar destreinado(da); **the athlete is out of ~** estar fora de forma **-2.** (*U*) [implementation]: **to put sthg into ~** pôr algo em prática; **in ~** [in fact] na prática **-3.** [training session] sessão *f* de treino.

practicing *adj US* = **practising**.

practise, practice *US* ['præktıs] <> *vt* praticar. <> *vi* **-1.** [train] treinar **-2.** [professional] exercer.

practising, practicing *US* ['præktısıŋ] *adj* **-1.** [doctor, lawyer] que exerce **-2.** [Christian, Catholic] praticante **-3.** [homosexual] assumido(da).

practitioner [præk'tıʃnəʳ] *n MED*: **a medical ~** um profissional da área médica.

Prague [prɑ:g] *n* Praga.

prairie ['preərıl *n* pradaria *f*.

praise [preız] <> *n* **-1.** (*U*) [commendation] elogio *m* **-2.** *RELIG* louvor *m*; **~ be to God!** louvado seja Deus! <> *vt* **-1.** [commend] elogiar **-2.** *RELIG* louvar.

praiseworthy ['preız,wɜ:ðı] *adj* louvável.

pram [præm] *n UK* carrinho *m* de bebê.

prance [prɑ:ns] *vi* empinar-se.

prank [præŋk] *n* peça *f*.

prawn [prɔ:n] *n* pitu *m*.

pray [preı] *vi RELIG* rezar; **to ~ to sb** rezar para alguém; **to ~ for sthg** rezar por algo.

prayer [preəʳ] *n* **-1.** (*U*) [act of praying] prece *f* **-2.** [set of words] oração *f* **-3.**

fig [strong hope] pedido *m*.

prayer book *n* missal *m*.

preach [pri:tʃ] <> *vt* pregar. <> *vi* **-1.** *RELIG* pregar; **to ~ to sb** fazer sermões a alguém **-2.** *pej* [pontificate] dar sermões em; **to ~ at sb** dar sermões em alguém.

preacher ['pri:tʃəʳ] *n* pregador *m*, -ra *f*.

precarious [prı'keərıəs] *adj* precário(ria).

precaution [prı'kɔ:ʃn] *n* precaução *f*.

precede [prı'si:d] *vt* **-1.** [gen] preceder **-2.** [walk in front of] adiantar-se.

precedence ['presıdəns] *n*: **to take ~ over sthg** ter prioridade sobre algo; **to take ~ over sb** ter precedência sobre alguém.

precedent ['presıdənt] *n* precedente *m*.

precinct ['pri:sıŋkt] *n* **-1.** *UK* [shopping area] zona *f* comercial **-2.** *US* [district] distrito *m*.

precincts *npl* [around building] arredores *mpl*.

precious ['preʃəs] *adj* **-1.** [friendship, moment, time] precioso(sa), querido(da) **-2.** [jewel, object, material] precioso(sa) **-3.** *inf iro* [damned] maldito(ta) **-4.** [affected] afetado(da).

precipice ['presıpıs] *n* precipício *m*.

precipitate [*adj* prı'sıpıtət, *vb* prı'sıpıteıt] *fml* <> *adj* precipitado(da). <> *vt* precipitar.

precise [prı'saıs] *adj* preciso(sa), exato(ta).

precisely [prı'saıslı] *adv* exatamente; **to describe/explain sthg ~** descrever/ explicar algo com precisão.

precision [prı'sıʒn] *n* (*U*) precisão *f*.

preclude [prı'klu:d] *vt fml* impedir, evitar; **to ~ sb/sthg from doing sthg** impedir alguém/algo de fazer algo.

precocious [prı'kəuʃəs] *adj* precoce.

preconceived [,pri:kən'si:vd] *adj* preconcebido(da).

precondition [,pri:kən'dıʃn] *n fml* precondição *f*, condição *f* prévia.

predator ['predətəʳ] *n* **-1.** [animal, bird] predador *m*, -ra *f* **-2.** *fig* [exploitative person] explorador *m*, -ra *f*.

predecessor ['pri:dısesəʳ] *n* **-1.** [person] predecessor *m*, -ra *f*, antecessor *m*, -ra *f* **-2.** [thing] antecessor *m*, -ra *f*.

predicament [prı'dıkəmənt] *n* aperto *m*; **to be in a ~** estar num aperto.

predict [prı'dıkt] *vt* prever.

predictable [prı'dıktəbl] *adj* previsível.

prediction [prı'dıkʃn] *n* **-1.** [something foretold] previsão *f*, prognóstico *m* **-2.** (*U*) [foretelling] previsão *f*.

predispose [,pri:dıs'pəuz] *vt*: **to be ~d to sthg to do sthg** estar predisposto(ta) a algo/a fazer algo.

predominant [prɪ'dɒmɪnənt] *adj* predominante.

predominantly [prɪ'dɒmɪnəntlɪ] *adv* predominantemente.

pre-empt [-'empt] *vt* antecipar-se a.

pre-emptive [-'emptɪv] *adj* preventivo(va).

preen [pri:n] *vt* **-1.** [subj: bird] alisar com o bico **-2.** *fig* [subj: person]**: to ~ o.s.** arrumar-se, ajeitar-se.

prefab ['pri:fæb] *n inf* casa *f* pré-fabricada.

preface ['prefɪs] *n* [in book] prefácio *m*; **~ to sthg** [to text] prefácio a algo; [to speech] preâmbulo *m*.

prefect ['pri:fekt] *n UK* monitor *m*, -ra *f*, prefeito *m*, -ta *f (em escola).*

prefer [prɪ'fɜ:ʳ] (*pt* & *pp*-**red**, *cont*-**ring**) *vt* preferir; **to ~ sthg to sthg** preferir algo a algo; **to ~ to do sthg** preferir fazer algo.

preferable ['prefrəbl] *adj*: **to be ~ (to sthg)** ser preferível(a algo).

preferably ['prefrəblɪ] *adv* preferivelmente.

preference ['prefərəns] *n*: **~ (for sthg)** preferência *f*(por algo); **to give sb/sthg ~, to give ~ to sb/sthg** dar preferência a alguém/algo.

preferential [,prefə'renʃl] *adj* preferencial.

prefix ['pri:fɪks] *n GRAMM* prefixo *m*.

pregnancy ['pregnənsɪ] (*pl* -**ies**) *n* gravidez *f*.

pregnant ['pregnənt] *adj* [carrying unborn baby - human] grávido(da); [- animal] prenho(ha).

prehistoric [,pri:hɪ'stɒrɪk] *adj* pré-histórico(ca).

prejudice ['predʒʊdɪs] <> *n* **-1.** [bias] preconceito *m*; **~ in favour of sb/sthg** tendência *f* de favorecer alguém/algo; **~ against sb/sthg** preconceito contra alguém/algo **-2.** [harm] prejuízo *m*. <> *vt* **-1.** [bias] ter preconceito em relação a; **to ~ sb in favour of/against sthg** predispor alguém a favor de/contra algo **-2.** [jeopardize] prejudicar.

prejudiced ['predʒʊdɪst] *adj* preconceituoso(sa), parcial; **to be ~ in favour of sb/sthg** favorecer alguém/algo; **to be ~ against sb/sthg** ser preconceituoso(-sa) em relação a alguém/algo.

prejudicial [,predʒʊ'dɪʃl] *adj* prejudicial; **to be ~ to sb/sthg** ser prejudicial para alguém/algo.

preliminary [prɪ'lɪmɪnərɪ] (*pl* -**ies**) *adj* preliminar.

prelude ['prelju:d] *n*: **~ to sthg** prelúdio *m* de algo.

premarital [,pri:'mærɪtl] *adj* pré-marital, antes do casamento.

premature ['premə,tjʊəʳ] *adj* prematuro(ra).

premeditated [,pri:'medɪteɪtɪd] *adj* premeditado(da).

premenstrual syndrome, premenstrual tension [pri:'menstrʊəl-] *n* síndrome *f* pré-menstrual.

premier ['premjəʳ] <> *adj* principal, primeiro(ra). <> *n* [prime minister] primeiro-ministro *m*, primeira-ministra *f*.

premiere ['premɪeəʳ] *n* estréia *f*.

premise ['premɪs] *n* premissa *f*; **on the ~ that** com a premissa de que.
  premises *npl* [site] local *m*; **on the ~s** no local.

premium ['pri:mjəm] *n* [gen] prêmio *m*; **at a ~** [above usual value] *a um valor superior ao nominal*; [in great demand] muito disputado(da).

premium bond *n UK* obrigação emitida pelo governo que dá direito a prêmios mensais em dinheiro mediante sorteio.

premonition [,premə'nɪʃn] *n* premonição *f*.

preoccupied [pri:'ɒkjʊpaɪd] *adj* preocupado(da); **to be ~ with sthg** estar preocupado(da) com algo.

prep [prep] *n UK inf* [homework]**: to do one's ~** fazer o dever de casa.

prepaid ['pri:peɪd] *adj* com porte pago.

preparation [,prepə'reɪʃn] *n* **-1.** *(U)* [act of preparing] preparação *f* **-2.** [prepared mixture] preparado *m*.
  preparations *npl* [plans] preparativos *mpl*; **to make ~s for sthg** fazer preparativos para algo.

preparatory [prɪ'pærətrɪ] *adj* preparatório(ria).

preparatory school *n* **-1.** [in UK] colégio pago para crianças de 7 a 13 anos **-2.** [in US] *escola particular que prepara alunos para entrar na universidade.*

prepare [prɪ'peəʳ] <> *vt* preparar; **to ~ to do sthg** preparar-se para fazer algo. <> *vi*: **to ~ for sthg** preparar-se para algo.

prepared [prɪ'peəd] *adj* [organized, done beforehand] preparado(da); **to be ~ OR for sthg OR to do sthg** estar preparado(da) para algo/para fazer algo.

preposition [,prepə'zɪʃn] *n* preposição *f*.

preposterous [prɪ'pɒstərəs] *adj* absurdo(da).

prep school (*abbr of* **preparatory school**) *n escola particular primária para crianças de 7 a 12 anos na Grã-Bretanha.*

prerequisite [,pri:'rekwızıt] *n* pré-requisito *m*; ~ **of** OR **for sthg** pré-requisito para algo.

prerogative [prı'rɒgətıv] *n* prerrogativa *f*.

Presbyterian [,prezbı'tıərıən] ◇ *adj* presbiteriano(na). ◇ *n* presbiteriano *m*, -na *f*.

pre-school ◇ *adj* pré-escolar. ◇ *n* US pré-escola *f*.

prescribe [prı'skraıb] *vt* **-1.** MED prescrever **-2.** [order] ordenar, mandar.

prescription [prı'skrıpʃn] *n* [MED - written form] receita *f* (médica); [- medicine] prescrição *f*.

prescriptive [prı'skrıptıv] *adj* GRAMM prescritivo(va).

presence ['prezns] *n* presença *f*; **in the** ~ **of sb** na presença de alguém.

presence of mind *n* presença *f* de espírito.

present [*adj & n* 'preznt, *vb* prı'zent] ◇ *adj* **-1.** [gen] presente, atual **-2.** [in attendance] presente; **to be** ~ **at sthg** estar presente em algo. ◇ *n* **-1.**: **the** ~ o presente; **at** ~ atualmente **-2.** GRAMM: ~ **(tense)** presente *m*. ◇ *vt* **-1.** [gen] apresentar; **to** ~ **sb to sb** apresentar alguém para alguém **-2.** [give] presentear; **to** ~ **sb with sthg**, **to** ~ **sthg to sb** presentar alguém com algo **-3.** [provide, pose] deparar-se com; **to** ~ **sb with sthg**, **to** ~ **sthg to sb** representar algo para alguém **-4.** [arrive, go]: **to** ~ **o.s.** apresentar-se.

presentable [prı'zentəbl] *adj* apresentável.

presentation [,prezn'teıʃn] *n* **-1.** [gen] apresentação *f* **-2.** [ceremony] cerimônia *f* **-3.** [performance] representação *f*.

present day *n*: **the** ~ o momento atual.

➡ **present-day** *adj* atual, de hoje em dia.

presenter [prı'zentə'] *n* UK apresentador *m*, -ra *f*.

presently ['prezntlı] *adv* **-1.** [soon] em breve, daqui a pouco **-2.** [now] atualmente.

preservation [,prezə'veıʃn] *n* (U) **-1.** [gen] preservação *f* **-2.** [of food] conservação *f*.

preservative [prı'zɜ:vətıv] *n* **-1.** [for food] conservante *m* **-2.** [for wood] revestimento *m*.

preserve [prı'zɜ:v] ◇ *n* [jam] compota *f*, conserva *f*. ◇ *vt* **-1.** [gen] preservar **-2.** [food] conservar.

preset [,pri:'set] (*pt* & *pp* preset, *cont* **-ting**) *vt* programar.

president ['prezıdənt] *n* presidente *mf*.

President-elect *n* presidente *mf* eleito, -ta.

presidential [,prezı'denʃl] *adj* presidencial.

press [pres] ◇ *n* **-1.** [push] pressionamento *m* **-2.** [journalism]: **the** ~ a imprensa; **to get a bad** ~ ser criticado(da) na/pela imprensa, **-3.** [printing machine] imprensa *f* **-4.** [pressing machine] prensa *f*. ◇ *vt* **-1.** [push firmly - switch] ligar; [- accelerator] pisar em; **to** ~ **sthg against sthg** prensar algo contra algo **-2.** [squeeze] espremer **-3.** [iron] passar **-4.** [press person, button] pressionar; **he didn't need much** ~ **and readily agreed** ele não precisava de muita pressão e concordou prontamente; **to** ~ **sb to do sthg** OR **into doing sthg** pressionar alguém a fazer algo **-5.** [pursue] insistir em. ◇ *vi* **-1.** [push hard]: **to** ~ **(on sthg)** apertar (algo) com força **-2.** [surge] comprimir-se; **to** ~ **forwards** empurrar para frente.

➡ **press on** *vi* [continue] continuar; **to** ~ **on with sthg** continuar com algo.

press agency *n* assessoria *f* de imprensa.

press conference *n* entrevista *f* coletiva.

pressed [prest] *adj*: **to be** ~ **(for time/money)** estar meio apertado(da) (de tempo/dinheiro).

pressing ['presıŋ] *adj* urgente, premente.

press officer *n* acessor *m*, -ra *f* de imprensa.

press release *n* press-release *m*, comunicado *m* de imprensa.

press-stud *n* UK botão *m* de pressão.

press-up *n* UK flexão *f*, apoio *m* (como exercício).

pressure ['preʃə'] *n* pressão *f*; **to put** ~ **on sb (to do sthg)** pressionar alguém (a fazer algo OR para que faça algo), exercer pressão sobre alguém (para fazer algo).

pressure cooker *n* panela *f* de pressão.

pressure gauge *n* manômetro *m*.

pressure group *n* grupo *m* de pressão.

pressurize, -ise ['preʃəraız] *vt* **-1.** TECH pressurizar **-2.** UK [force]: **to** ~ **sb to do** OR **into doing sthg** pressionar alguém a fazer algo.

prestige [pre'sti:ʒ] *n* (U) prestígio *m*.

presumably [prı'zju:məblı] *adv* presumivelmente; ~ **you've read the book** suponho que você já tenha lido o livro.

presume [prı'zju:m] *vt* presumir, su-

prime

por; **to be ~ d** dead/innocent ser julgado(da) morto(ta)/inocente; **to ~ (that)** supor OR imaginar que.

presumption [prɪ'zʌmpʃn] n **-1.** [assumption] pressuposição f, suposição f **-2.** (U) [audacity] presunção f.

presumptuous [prɪ'zʌmptʃʊəs] adj presunçoso(sa).

pretence, pretense US [prɪ'tens] n fingimento m; **under false ~ s** com falsos pretextos.

pretend [prɪ'tend] <> vt **-1.** [make believe]: **to ~ to be/to do sthg** fingir ser/fazer algo; **to ~ (that)** fingir (que), fazer de conta (que) **-2.** [claim]: **to ~ to do sthg** fingir fazer algo. <> vi fingir.

pretense n US = pretence.

pretension [prɪ'tenʃn] n pretensão f.

pretentious [prɪ'tenʃəs] adj pretencioso(sa).

pretext ['pri:tekst] n pretexto m; **on** OR **under the ~ that** com o pretexto de que; **on** OR **under the ~ of doing sthg** com o pretexto de estar fazendo algo.

pretty ['prɪtɪ] (compar -ier, superl -iest) <> adj bonito(ta). <> adv [quite, rather] bastante; **~ much** OR **well** mais ou menos.

prevail [prɪ'veɪl] vi **-1.** [be widespread] prevalecer, predominar **-2.** [triumph] prevalecer; **to ~ over sb/algo** prevalecer sobre alguém/algo **-3.** [persuade]: **to ~ (up)on sb to do sthg** persuadir alguém a fazer algo OR para que faça algo.

prevailing [prɪ'veɪlɪŋ] adj predominante.

prevalent ['prevələnt] adj predominante, prevalecente.

prevent [prɪ'vent] vt evitar, impedir; **to ~ sb (from) doing sthg** impedir alguém de fazer algo; **to ~ sthg (from) doing sthg** evitar que algo faça algo; **they tried to ~ any pain to the animal** eles tentaram não causar nenhuma dor ao animal.

preventive [prɪ'ventɪv] adj preventivo(-va).

preview ['pri:vju:] n **-1.** [early showing] pré-estréia f **-2.** [trailer] trailer m.

previous ['pri:vjəs] adj **-1.** [earlier, prior] anterior, prévio(via); **~ convictions** antecedentes mpl criminais; **it was the ~ President who did it** foi o ex-presidente que fez isso **-2.** [days and dates] anterior.

previously ['pri:vjəslɪ] adv **-1.** [formerly] anteriormente, antes **-2.** [with days and dates] antes.

prewar [,pri:'wɔ:'] adj anterior à guerra.

prey [preɪ] n (U) presa f, vítima f.

➤ **prey on** vt fus **-1.** [live off] caçar, alimentar-se de **-2.** [trouble]: **to ~ on sb's mind** atormentar alguém.

price [praɪs] <> n preço m. <> vt pôr preço em; **it was ~ d highly** seu preço era muito elevado.

priceless ['praɪslɪs] adj **-1.** [very valuable] inestimável, que não tem preço **-2.** inf [funny] impagável.

price list n lista f de preços.

price tag n **-1.** [label] etiqueta f de preço **-2.** [sacrifice] fig preço m.

pricey ['praɪsɪ] (compar -ier, superl -iest) adj inf caro(ra).

prick [prɪk] <> n **-1.** [scratch, wound] picada f **-2.** vulg [penis] cacete m, caralho m **-3.** vulg [stupid person] pau-no-cu m. <> vt **-1.** [jab, pierce] espetar **-2.** [sting] arder.

➤ **prick up** vt fus: **to ~ up one's ears** [subj: animal] levantar as orelhas; [subj: person] aguçar os ouvidos.

prickle ['prɪkl] <> n **-1.** [thorn] espinho m **-2.** [sensation] formigamento m, comichão f. <> vi formigar, comichar.

prickly ['prɪklɪ] (compar -ier, superl -iest) adj **-1.** [thorny] espinhoso(sa), espinhento(ta) **-2.** fig [touchy] suscetível.

prickly heat n (U) brotoeja f.

pride [praɪd] <> n orgulho m; **to take ~ in sthg/in doing sthg** sentir-se orgulhoso(sa) em algo/ao fazer algo. <> vt: **to ~ o.s. on sthg** orgulhar-se de algo.

priest [pri:st] n **-1.** [Christian] padre m, sacerdote m **-2.** [non-Christian] homem m religioso.

priestess ['pri:stɪs] n sacerdotisa f.

priesthood ['pri:sthʊd] n (U) **-1.** [position, office]: **the ~** o sacerdócio **-2.** [priests collectively]: **the ~** o clero.

prig [prɪg] n moralista mf, puritano m, -na f.

prim [prɪm] (compar -mer, superl -mest) adj afetado(da), empertigado(da).

primarily ['praɪmərɪlɪ] adv primeiramente, principalmente.

primary ['praɪmərɪ] (pl -ies) <> adj primário(ria). <> n US POL prévias fpl.

primary school n escola f primária.

primary teacher n [in UK] professor m primário, professora f primária.

primate ['praɪmeɪt] n **-1.** ZOOL primata m **-2.** RELIG primaz m.

prime [praɪm] <> adj **-1.** [main] primeiro(ra) principal **-2.** [excellent] excelente, de primeira. <> n [peak] auge m, plenitude f; **in one's ~** na flor da idade. <> vt **-1.** [inform]: **to ~ sb about sthg** instruir alguém sobre algo **-2.** [paint] imprimir, preparar para pintura **-3.** [make ready - gun] carregar; [-

machine] aprontar; [- pump] escorvar.

prime minister *n* primeiro-ministro *m*, primeira-ministra *f*.

primer ['praɪməʳ] *n* -1. [paint] imprimadura *f* -2. [textbook] manual *m*.

primeval [praɪ'miːvl] *adj* primitivo(va).

primitive ['prɪmɪtɪv] *adj* -1. [not civilized, of an early type] primitivo(va) -2. [simple, basic] rudimentar.

primrose ['prɪmrəʊz] *n* prímula *f*.

Primus stove® ['praɪməs-] *n* fogareiro *m*.

prince [prɪns] *n* príncipe *m*.

princess [prɪn'ses] *n* princesa *f*.

principal ['prɪnsəpl] ⋄ *adj* principal. ⋄ *n* -1. [of school] diretor *m*, -ra *f* -2. [of college] reitor *m*, -ra *f*.

principle ['prɪnsəpl] *n* -1. princípio *m* -2. (U) [integrity] princípios *mpl*; **he lacks ~** ele não tem princípios; **(to do sthg) on ~** OR **as a matter of ~** fazer algo por (uma questão de) princípios.
➡ **in principle** *adv* em princípio.

print [prɪnt] ⋄ *n* -1. (U) [type] caracteres *mpl* (de imprensa); **the book is still in ~** o livro ainda está disponível *(não esgotado)*; **he saw his name in ~** ele viu seu nome impresso; **to be out of ~** estar esgotado(da) -2. ART gravura *f* -3. [photograph] cópia *f* -4. [fabric] estampado *m* -5. [footprint] pegada *f*; [fingerprint] impressão *f* digital. ⋄ *vt* -1. [produce by printing] imprimir -2. [publish] publicar -3. [on fabric] estampar -4. [write clearly] escrever em letra de forma ⋄ *vi* [printer] imprimir.
➡ **print out** *vt sep* COMPUT imprimir.

printed matter ['prɪntɪd-] *n* (U) impresso *m*.

printer ['prɪntəʳ] *n* -1. [person, firm] impressor *m*, -ra *f* -2. COMPUT impressora *f*.

printing ['prɪntɪŋ] *n* impressão *f*.

printout ['prɪntaʊt] *n* saída *f* de impressora, impressão *f*.

prior ['praɪəʳ] ⋄ *adj* -1. [previous] prévio(via), anterior -2. [more important] mais importante. ⋄ *n* [monk] prior *m*.
➡ **prior to** *prep* antes de; **~ to doing sthg** antes de fazer algo.

prioress ['praɪəres] *n* prioresa *f*.

priority [praɪ'ɒrətɪ] (*pl* -ies) *n* prioridade *f*; **to have** OR **take ~ (over sthg)** ter prioridade (sobre algo).

prise [praɪz] *vt*: **to ~ sthg open** abrir algo com força; **to ~ sthg away** separar algo usando força.

prison ['prɪzn] *n* prisão *f*.

prisoner ['prɪznəʳ] *n* prisioneiro *m*, -ra *f*.

prisoner of war (*pl* **prisoners of war**) *n* prisioneiro *m*, -ra *f* de guerra.

privacy [UK 'prɪvəsɪ, US 'praɪvəsɪ] *n* privacidade *f*.

private ['praɪvɪt] ⋄ *adj* -1. [confidential, not for the public] privado(da) -2. [not state-controlled] privado (da), particular -3. [personal] privado(da), pessoal -4. [secluded] afastado(da), retirado(da) -5. [reserved] reservado(da). ⋄ *n* -1. [soldier] soldado *m* raso -2. [secrecy]: **(to do sthg) in ~** fazer algo em particular.

private enterprise *n* (U) empresa *f* privada.

private eye *n* detetive *mf* particular.

private limited company *n* COMM companhia *f* privada limitada.

privately ['praɪvɪtlɪ] *adv* -1. [not by the state] de forma privada; **~ owned** de propriedade privada; **~ educated** educado(da) em escola particular -2. [confidentially] privadamente, em particular -3. [personally] no fundo.

private property *n* propriedade *f* privada.

private school *n* escola *f* particular.

privatize, -ise ['praɪvətaɪz] *vt* privatizar.

privet ['prɪvɪt] *n* (U) alfena *f*.

privilege ['prɪvɪlɪdʒ] *n* -1. [special advantage] privilégio *m* -2. [honour] privilégio *m*, honra *f*.

privy ['prɪvɪ] *adj*: **to be ~ to sthg** *fml* inteirar-se de algo.

Privy Council *n* UK: **the ~** conselho privado que aconselha o monarca em questões políticas.

prize [praɪz] ⋄ *adj* -1. [prizewinning] premiado(da) -2. [perfect] perfeito(ta) -3. [valued] de estimação. ⋄ *n* prêmio *m*. ⋄ *vt* apreciar, valorizar.

prize-giving [-,gɪvɪŋ] *n* UK entrega *f* de prêmios.

prizewinner ['praɪz,wɪnəʳ] *n* premiado *m*, -da *f*.

pro [prəʊ] (*pl* -s) *n* -1. *inf* [professional] profissional *mf* -2. [advantage]: **the ~s and cons** os prós e os contras.

probability [,prɒbə'bɪlətɪ] (*pl* -ies) *n* probabilidade *f*.

probable ['prɒbəbl] *adj* provável.

probably ['prɒbəblɪ] *adv* provavelmente.

probation [prə'beɪʃn] *n* (U) -1. [of prisoner] liberdade *f* condicional; **to put sb on ~** colocar alguém em liberdade condicional -2. [trial period] período *m* de experiência; **to be on ~** estar em período de experiência.

probe [prəʊb] ⋄ *n* -1. [investigation] sindicância *f*, investigação *f*; **~ into sthg** sindicância sobre algo -2. MED,

TECH sonda *f.* ⬦ *vt* **-1.** [investigate] investigar **-2.** [prod] explorar.

problem ['prɒbləm] ⬦ *n* problema *f*; **no ~ !** *inf* sem problema!⬦ *comp* problemático(ca).

problem page *n* página *f* com perguntas dos leitores *(em revistas, jornais)*.

procedure [prə'si:dʒə'] *n* procedimento *m.*

proceed [*vb* prə'si:d, *npl* 'prəusi:dz] ⬦ *vt* [do subsequently]: **to ~ to do sthg** passar a fazer algo. ⬦ *vi* **-1.** [continue] prosseguir, continuar; **to ~ with sthg** prosseguir com algo **-2.** *fml* [go, advance] dirigir-se para.

➧ **proceeds** *npl* proventos *mpl.*

proceedings [prə'si:dɪŋz] *npl* **-1.** [series of events] ação *f* **-2.** [legal action] processo *m.*

process ['prəuses] ⬦ *n* processo *m*; **in the ~** no decorrer; **to be in the ~ of doing sthg** estar em vias de fazer algo. ⬦ *vt* processar.

processing ['prəusesɪŋ] *n* processamento *m.*

procession [prə'seʃn] *n* **-1.** [ceremony] cortejo *m* **-2.** [demonstration] passeata *f* **-3.** [continuous line] procissão *f.*

proclaim [prə'kleɪm] *vt* **-1.** [declare] proclamar, declarar **-2.** [law] promulgar.

procrastinate [prə'kræstɪneɪt] *vi* procrastinar, protelar.

procure [prə'kjuə'] *vt* conseguir, obter.

prod [prɒd] (*pt & pp* **-ded**, *cont* **-ding**) *vt* [push, poke] cutucar, empurrar.

prodigal ['prɒdɪgl] *adj* pródigo(ga).

prodigy ['prɒdɪdʒɪ] (*pl* **-ies**) *n* prodígio *m.*

produce [*n* 'prɒdju:s, *vb* prə'dju:s] ⬦ *n* **-1.** [goods] produtos *mpl* **-2.** [fruit and vegetables] produtos *mpl* agrícolas. ⬦ *vt* **-1.** [gen] produzir **-2.** *BIOL* gerar **-3.** [yield - raw materials, crop] produzir; [- interest, profit] gerar **-4.** [present, show] apresentar.

producer [prə'dju:sə'] *n* **-1.** [gen] produtor *m*, -ra *f* **-2.** [theatre] diretor *m*, -ra *f.*

product ['prɒdʌkt] *n* [thing manufactured or grown] produto *m.*

production [prə'dʌkʃn] *n* produção *f.*

production line *n* linha *f* de produção.

productive [prə'dʌktɪv] *adj* produtivo(va).

productivity [,prɒdʌk'tɪvətɪ] *n (U)* produtividade *f.*

profane [prə'feɪn] *adj* obsceno(na).

profession [prə'feʃn] *n* **-1.** [career] profissão *f*; **by ~** por profissão **-2.** [body of people] categoria *f (profissional).*

professional [prə'feʃənl] ⬦ *adj* profissional. ⬦ *n* profissional *mf.*

professor [prə'fesə'] *n* **-1.** *UK* [head of department] chefe *mf* de departamento **-2.** *US & Can* [teacher, lecturer] professor *m (universitário)*, professora *f (universitária).*

proficiency [prə'fɪʃənsɪ] *n (U)* proficiência *f*; **~ in sthg** proficiência em algo.

profile ['prəufaɪl] *n* perfil *m.*

profit ['prɒfɪt] ⬦ *n* **-1.** [financial gain] lucro *m*; **to make a ~** ter lucro **-2.** *(U)* [advantage] proveito *m*, benefício *m.* ⬦ *vi*: **to ~ (from OR by sthg)** tirar proveito (de algo).

profitability [,prɒfɪtə'bɪlətɪ] *n (U)* lucratividade *f*, rentabilidade *f.*

profitable ['prɒfɪtəbl] *adj* **-1.** [making a profit] lucrativo(va), rentável **-2.** [beneficial] proveitoso(sa).

profiteering [,prɒfɪ'tɪərɪŋ] *n (U)* especulação *f.*

profound [prə'faund] *adj* profundo(da).

profusely [prə'fju:slɪ] *adv* **-1.** [abundantly] abundantemente **-2.** [generously, extravagantly] profusamente.

profusion [prə'fju:ʒn] *n* profusão *f.*

progeny ['prɒdʒənɪ] (*pl* **-ies**) *n fml* progênie *f.*

prognosis [prɒg'nəusɪs] (*pl* **-noses** [-'nəusi:z]) *n* prognóstico *m.*

program ['prəugræm] (*pt & pp* **-med** OR **-ed**, *cont* **-ming** OR **-ing**) ⬦ *n* **-1.** *COMPUT* programa *m* **-2.** *US* = **programme**. ⬦ *vt* **-1.** *COMPUT* programar **-2.** *US* = **programme.**

programer *n US* = **programmer.**

programme *UK*, **program** *US* ['prəugræm] ⬦ *n* programa *m.* ⬦ *vt* programar; **to ~ sthg to do sthg** programar algo para fazer algo OR para que faça algo.

programmer *UK*, **programer** *US* ['prəugræmə'] *n* *COMPUT* programador *m*, -ra *f.*

programming ['prəugræmɪŋ] *n COMPUT* programação *f.*

progress [*n* 'prəugres, *vb* prə'gres] ⬦ *n* **-1.** [gen] progresso *m*; **to make ~** [improve] fazer progresso; **to make ~ in sthg** [get on] progredir em algo; **in ~** em andamento **-2.** [physical movement] avanço *m.* ⬦ *vi* [gen] progredir.

progressive [prə'gresɪv] *adj* **-1.** [forward-looking] progressista **-2.** [gradual] progressivo(va).

prohibit [prə'hɪbɪt] *vt* proibir; **to ~ sb from doing sthg** proibir alguém de fazer algo.

project [*n* 'prɒdʒekt, *vb* prə'dʒekt] ⬦ *n* **-1.** [plan, idea] projeto *m* **-2.** *SCH* projeto *m,* estudo *m;* ~ **on sthg** projeto estudo sobre algo. ◇ *vt* **-1.** [gen] projetar **-2.** [estimate] projetar, estimar **-3.** [present] apresentar, dar uma imagem de. ◇ *vi* projetar.

projectile [prə'dʒektaıl] *n* projétil *m.*

projection [prə'dʒekʃn] *n* **-1.** [gen] projeção *f* **-2.** [protrusion] saliência *f.*

projector [prə'dʒektə] *n* projetor *m.*

proletariat [ˌprəʊlı'teərıət] *n* proletariado *m.*

prolific [prə'lıfık] *adj* prolífico(ca).

prologue, prolog *US* ['prəʊlɒg] *n* **-1.** [introduction] prólogo *m* **-2.** *fig* [preceding event]: ~ **to sthg** preâmbulo *m* para algo.

prolong [prə'lɒŋ] *vt* prolongar.

prom [prɒm] *n* **-1.** *UK inf* (*abbr of* **promenade**) [at seaside] *caminho junto ao mar* **-2.** *US* [ball] *baile de gala estudantil* **-3.** *UK inf* (*abbr of* **promenade concert**): **the Proms** *concertos que acontecem no Albert Hall, em Londres, no verão.*

promenade [ˌprɒmə'nɑːd] *n UK* [at seaside] calçadão *m.*

promenade concert *n UK concerto sinfônico ao qual boa parte das pessoas assiste de pé.*

prominent ['prɒmınənt] *adj* **-1.** [important - person, politician] destacado(da); [- ideas, issues] proeminente **-2.** [noticeable - building, landmark] em evidência; [- cheekbones] saliente.

promiscuous [prə'mıskjʊəs] *adj* promíscuo(cua).

promise ['prɒmıs] ◇ *n* promessa *f.* ◇ *vt* **-1.** [pledge]: to ~ **(sb) sthg** prometer algo (a alguém); **to** ~ **(sb) to do sthg** prometer (a alguém) fazer algo **-2.** [indicate]: **to** ~ **sthg** prometer algo; **it** ~**s to be a wonderful day** promete ser um dia maravilhoso. ◇ *vi* prometer.

promising ['prɒmısıŋ] *adj* promissor(ra).

promontory ['prɒməntrı] (*pl* **-ies**) *n* promontório *m.*

promote [prə'məʊt] *vt* **-1.** [foster] promover, fomentar **-2.** [push, advertise] promover **-3.** [in job]: **to** ~ **sb (to sthg)** promover alguém (a algo) **-4.** *SPORT*: **to be** ~ **d to the First Division** subir para a Primeira Divisão.

promoter [prə'məʊtə] *n* **-1.** [organizer] patrocinador *m,* -ra *f* **-2.** [supporter] defensor *m,* -ra *f.*

promotion [prə'məʊʃn] *n* promoção *f.*

prompt [prɒmpt] ◇ *adj* **-1.** [quick] pronto(ta), rápido(da) **-2.** [punctual] pontual. ◇ *adv* pontualmente. ◇ *n* [*THEATRE* - line] deixa *f;* [- person] ponto *m.*

◇ *vt* **-1.** [provoke, persuade]: **to** ~ **sb (to do sthg)** levar alguém (a fazer algo) **-2.** *THEATRE* dar a deixa.

promptly ['prɒmptlı] *adv* **-1.** [quickly] prontamente, rapidamente **-2.** [punctually] pontualmente.

prone [prəʊn] *adj* **-1.** [susceptible]: **to be** ~ **to sthg/to do sthg** ser propenso(sa) a algo/a fazer algo **-2.** [lying flat] [deitado(da)] de bruços.

prong [prɒŋ] *n* dente *m (de garfo).*

pronoun ['prəʊnaʊn] *n* pronome *m.*

pronounce [prə'naʊns] ◇ *vt* **-1.** [say aloud] pronunciar **-2.** [declare, state] declarar. ◇ *vi*: **to** ~ **on sthg** pronunciar-se sobre algo.

pronounced [prə'naʊnst] *adj* pronunciado(da), marcado(da).

pronouncement [prə'naʊnsmənt] *n* pronunciamento *m.*

pronunciation [prəˌnʌnsı'eıʃn] *n* pronúncia *f.*

proof [pruːf] *n* **-1.** [gen] prova *f* **-2.** [of alcohol] teor *m* alcoólico.

prop [prɒp] (*pt & pp* **-ped**, *cont* **-ping**) ◇ *n* **-1.** [physical support] escora *f,* estaca *f* **-2.** *fig* [supporting thing, person] apoio *m* **-3.** *RUGBY* pilar *m.* ◇ *vt*: **to** ~ **sthg against sthg** apoiar algo em OR contra algo.

➽ **props** *npl* [in film, play] acessórios *mpl.*

➽ **prop up** *vt sep* **-1.** [support physically] escorar, sustentar **-2.** *fig* [sustain] apoiar.

propaganda [ˌprɒpə'gændə] *n* (*U*) propaganda *f.*

propel [prə'pell] (*pt & pp* **-led**, *cont* **-ling**) *vt* **-1.** [drive forward] impulsionar **-2.** *fig* [urge] impelir.

propeller [prə'pelə] *n* hélice *f.*

propelling pencil [prə'pelıŋ-] *n UK* lapiseira *f.*

propensity [prə'pensətı] (*pl* **-ies**) *n fml:* ~ **for** OR **to sthg** propensão *f* a algo; ~ **to do sthg** propensão para fazer algo.

proper ['prɒpə] *adj* **-1.** [real] verdadeiro(ra) **-2.** [correct] correto(ta), exato(ta) **-3.** [decent] decente, apropriado(da).

properly ['prɒpəlı] *adv* **-1.** [satisfactorily] adequadamente, bem **-2.** [correctly] direito **-3.** [decently] adequadamente.

proper noun *n* nome *m* próprio.

property ['prɒpətı] (*pl* **-ies**) *n* **-1.** [gen] propriedade *f* **-2.** (*U*) [buildings] imóveis *mpl* **-3.** (*U*) [land] terrenos *mpl.*

property owner *n* proprietário *m,* -ria *f* de um imóvel.

prophecy ['prɒfısı] (*pl* **-ies**) *n* profecia *f.*

prophesy ['prɒfısaı] (*pt & pp* **-ied**) *vt* profetizar.

prophet ['prɒfıt] *n* profeta *mf.*

proportion [prə'pɔːʃn] *n* **-1.** [part] parte *f* **- 2.** [ratio, comparison] proporção *f* a **- 3.** *(U) ART:* in ~ proporcional; out of ~ fora de proporção; **a sense of** ~ *fig* senso *m* de proporção.

proportional [prə'pɔːʃənl] *adj* proporcional, em proporção a; **to be** ~ **to** sthg ser proporcional a algo.

proportional representation *n (U)* representação *f* proporcional.

proportionate [prə'pɔːʃnət] *adj* proporcional; ~ **to** sthg proporcional a algo.

proposal [prə'pəʊzl] *n* proposta *f*; **marriage** ~ proposta *f (de casamento)*.

propose [prə'pəʊz] ◇ *vt* **-1.** [suggest] propor **- 2.** [introduce] apresentar **- 3.** [toast] brindar a **- 4.** [intend]: **to** ~ **doing** *OR* **to do sthg** ter a intenção de fazer algo. ◇ *vi* [make offer of marriage] pedir em casamento; **to** ~ **to sb** pedir a mão de alguém em casamento.

proposition [,prɒpə'zɪʃn] *n* **-1.** [statement of theory] proposição *f* **- 2.** [suggestion] proposta *f*.

proprietor [prə'praɪətə^r] *n* proprietário *m*, -ria *f*.

propriety [prə'praɪətɪ] *n (U) fml* retidão *f*.

pro rata [-'rɑːtə] *adj* & *adv* pro rata.

prose [prəʊz] *n (U)* prosa *f*.

prosecute ['prɒsɪkjuːt] ◇ *vt JUR* processar; **to be** ~ **d for sthg** ser processado(da) por algo. ◇ *vi* **-1.** [bring a charge] promover ação penal **- 2.** [represent in court] sustentar acusação em juízo.

prosecution [,prɒsɪ'kjuːʃn] *n* **-1.** [criminal charge] acusação *f* **- 2.** [lawyers]: **the** ~ a acusação.

prosecutor ['prɒsɪkjuːtə^r] *n* promotor *m*, -ra *f*.

prospect [*n* 'prɒspekt, *vb* prə'spekt] ◇ *n* **-1.** [hope] possibilidade *f* **- 2.** [probability] perspectiva *f*. ◇ *vi* prospectar; **to** ~ **for sthg** prospectar algo.

  ➤ prospects *npl* [chances of success]: ~**s (for sthg)** perspectivas *fpl* (de algo).

prospecting [prə'spektɪŋ] *n (U)* prospecção *f*.

prospective [prə'spektɪv] *adj* provável, possível.

prospector [prə'spektə^r] *n* prospector *m*, -ra *f*.

prospectus [prə'spektəs] *(pl* **-es)** *n* prospecto *m*, folheto *m* informativo.

prosper ['prɒspə^r] *vi* prosperar.

prosperity [prɒ'sperətɪ] *n (U)* prosperidade *f*.

prosperous ['prɒspərəs] *adj* próspero(ra).

prostitute ['prɒstɪtjuːt] *n* prostituta *f*; **male** ~ prostituto *m*.

prostrate ['prɒstreɪt] *adj* prostrador(-ra).

protagonist [prə'tægənɪst] *n* protagonista *mf*.

protect [prə'tekt] *vt* proteger; **to** ~ **sb/sthg from sth, to** ~ **sb/sthg against** proteger alguém/algo de/contra.

protection [prə'tekʃn] *n (U)* proteção *f*; ~ **from sb/sthg,** ~ **against sb/sthg** proteção de *OR* contra alguém/algo.

protective [prə'tektɪv] *adj* protetor(ra).

protein ['prəʊtiːn] *n (U)* proteina *f*.

protest [*n* 'prəʊtest, *vb* prə'test] ◇ *n* protesto *m*. ◇ *vt* **-1.** [state] protestar, declarar **- 2.** *US* [protest against] protestar contra. ◇ *vi* [complain] protestar; **to** ~ **about/against sthg** protestar por/contra algo.

Protestant ['prɒtɪstənt] ◇ *adj* protestante. ◇ *n* protestante *mf*.

protester [prə'testə^r] *n* manifestante *mf*.

protest march *n* marcha *f* de protesto, manifestação *f*.

protocol ['prəʊtəkɒl] *n (U)* protocolo *m*.

prototype ['prəʊtətaɪp] *n* protótipo *m*.

protracted [prə'træktɪd] *adj* prolongado(da).

protrude [prə'truːd] *vi* salientar-se, sobressair-se; **to** ~ **from sthg** sobressair-se em algo.

protuberance [prə'tjuːbərəns] *n* protuberância *f*.

proud [praʊd] *adj* **-1.** [gen] orgulhoso(-sa); **to be** ~ **of sb/sthg** estar orgulhoso(sa) de alguém/algo **- 2.** *pej* [arrogant] orgulhoso(sa), arrogante.

prove [pruːv] *(pp* **-d** *OR* **proven)** *vt* **-1.** [show to be true] provar, demonstrar **- 2.** [show o.s. to be]: **to** ~ **(to be) sthg** demonstrar ser algo; **to** ~ **o.s. to be** sthg mostrar-se algo.

proven ['pruːvn, 'prəʊvn] ◇ *pp* ▷ **prove.** ◇ *adj* comprovado(da).

proverb ['prɒvɜːb] *n* provérbio *m*.

provide [prə'vaɪd] *vt* fornecer, prover; **to** ~ **sb with sthg** proporcionar algo a alguém; **to** ~ **sthg for sb** oferecer algo a alguém.

  ➤ provide for *vt fus* **-1.** [support] sustentar, manter **- 2.** *fml* [make arrangements for] prever, tomar medidas para.

provided [prə'vaɪdɪd] **➤ provided (that)** *conj* desde que, contanto que.

providing [prə'vaɪdɪŋ] **➤ providing (that)** *conj* desde que.

province ['prɒvɪns] *n* **-1.** [part of country] província *f* **- 2.** [specialist subject] campo *m*, ramo *m* do conhecimento; [area of responsibility] alçada *f*.

provincial [prə'vɪnʃl] adj -1. [of a province] da província -2. pej [narrow-minded] provinciano(na).

provision [prə'vɪʒn] n -1. (U) [act of supplying] provisão f -2. (U) [arrangement] providência f; **to make ~ for/sthg** tomar providências para algo; **to make ~ for/sb** garantir o sustento de alguém -3. [in agreement, law] cláusula f.

◆ **provisions** npl [supplies] provisões fpl.

provisional [prə'vɪʒənl] adj provisório(ria).

proviso [prə'vaɪzəʊ] (pl -s) n condição f; **with the ~ that** com a condição de que.

provocative [prə'vɒkətɪv] adj -1. [controversial] provocativo(va) -2. [sexy] provocante.

provoke [prə'vəʊk] vt provocar.

prow [praʊ] n proa f.

prowess ['praʊɪs] n (U) fml façanha f.

prowl [praʊl] <> n: **on the ~** de ronda, rondando. <> vt rondar por. <> vi fazer a ronda.

prowler ['praʊləʳ] n gatuno m, -na f.

proxy ['prɒksɪ] (pl -ies) n: **by ~** por procuração.

prudent ['pruːdnt] adj prudente.

prudish ['pruːdɪʃ] adj pudico(ca).

prune [pruːn] <> n ameixa f seca. <> vt podar.

pry [praɪ] (pt & pp pried) vi bisbilhotar; **to ~ into sthg** intrometer-se em algo.

PS (abbr of postscript) n PS.

psalm [sɑːm] n salmo m.

pseudonym ['sjuːdənɪm] n pseudônimo m.

psyche ['saɪkɪ] n psique f.

psychiatric [ˌsaɪkɪ'ætrɪk] adj psiquiátrico(ca).

psychiatrist [saɪ'kaɪətrɪst] n psiquiatra mf.

psychiatry [saɪ'kaɪətrɪ] n (U) psiquiatria f.

psychic ['saɪkɪk] <> adj -1. [clairvoyant] paranormal -2. [mental] psíquico(ca). <> n paranormal mf, médium mf.

psychoanalysis [ˌsaɪkəʊə'næləsɪs] n (U) psicanálise f.

psychoanalyst [ˌsaɪkəʊ'ænəlɪst] n psicanalista mf.

psychological [ˌsaɪkə'lɒdʒɪkl] adj psicológico(ca).

psychologist [saɪ'kɒlədʒɪst] n psicólogo m, -ga f.

psychology [saɪ'kɒlədʒɪ] n psicologia f.

psychopath ['saɪkəpæθ] n psicopata mf.

psychotic [saɪ'kɒtɪk] <> adj psicótico(ca). <> n psicótico m, -ca f.

pt -1. abbr of **pint -2.** (abbr of **point**) pt.

PT (abbr of **physical training**) n treinamento m físico.

PTO (abbr of **please turn over**) vide verso.

pub [pʌb] n pub m, bar m.

puberty ['pjuːbətɪ] n (U) puberdade f.

pubic ['pjuːbɪk] adj pubiano(na).

public ['pʌblɪk] <> adj [gen] público(ca); **to go ~ on sthg** inf levar a público. <> n: **the ~** o público; **in ~** em público.

public-address system n sistema m de auto-falantes.

publican ['pʌblɪkən] n UK dono m, -na f de um pub.

publication [ˌpʌblɪ'keɪʃn] n publicação f.

public company n sociedade f anônima (com ações na Bolsa).

public convenience n UK sanitário m público.

public holiday n feriado m nacional.

public house n UK fml bar m, pub m.

publicity [pʌb'lɪsɪtɪ] n publicidade f.

publicize, -ise ['pʌblɪsaɪz] vt divulgar.

public limited company n sociedade f anônima (com ações na Bolsa).

public opinion n (U) opinião f pública.

public prosecutor n promotor m público, promotora f pública.

public relations <> n (U) relações fpl públicas. <> npl relações f públicas.

public school n -1. UK [private school] escola f particular -2. US & Scot [state school] escola f pública.

public-spirited adj com espírito cívico.

public transport n (U) transporte m público.

publish ['pʌblɪʃ] vt -1. [gen] publicar -2. [make known] divulgar, tornar público(ca).

publisher ['pʌblɪʃəʳ] n -1. [company] editora f -2. [person] editor m, -ra f.

publishing ['pʌblɪʃɪŋ] n (U) setor m editorial.

pub lunch n almoço servido em um pub.

pucker ['pʌkəʳ] vt franzir.

pudding ['pʊdɪŋ] n -1. [food - sweet] pudim m; [- savoury] pastelão m -2. (U) UK [part of meal] sobremesa f.

puddle ['pʌdl] n poça f.

puff [pʌf] <> n -1. [of cigarette, pipe] baforada f -2. [of air, smoke] golfada f. <> vt baforar. <> vi -1. [smoke]: **to ~ at** or **on sthg** dar tragadas em algo -2. [pant] ofegar.

◆ **puff out** vt sep -1. [chest, cheeks]

inflar - **2.** [feathers] eriçar.

puffed [pʌftl] adj [swollen]: ~ **up** incha-do(da)

puffin ['pʌfɪn] n papagaio-do-mar m.

puff pastry, puff paste US n (U) massa f folhada.

puffy ['pʌfɪ] (compar -ier, superl -iest) adj inchado(da).

pugnacious [pʌg'neɪʃəs] adj fml belico-so(sa).

pull [pʊl] <> n - **1.** [tug with hand] puxão m - **2.** [influence] prestígio m. <> vt - **1.** [gen] puxar; **to ~ sthg to pieces** despe-daçar algo - **2.** [curtains - open] abrir; [- close] puxar - **3.** [take out - cork, tooth] arrancar; [- gun] sacar; **she ~ed her-self out of the water** ela se afastou da água - **4.** [muscle, hamstring] distender - **5.** [attract] atrair. <> vi [tug with hand] puxar.

◆ **pull apart** vt sep desmontar.

◆ **pull at** vt fus puxar, dar puxões em.

◆ **pull away** vi - **1.** [from roadside]: **to ~ away (from)** afastar-se (da margem da estrada) - **2.** [in race]: **to ~ away (from)** disparar na frente (de).

◆ **pull down** vt sep demolir.

◆ **pull in** vi [vehicle] encostar.

◆ **pull off** vt sep - **1.** [take off] tirar rapidamente - **2.** [succeed in] conseguir levar a cabo.

◆ **pull out** <> vt sep retirar. <> vi - **1.** [train] partir - **2.** [vehicle] entrar na estrada - **3.** [withdraw] retirar.

◆ **pull over** vi [vehicle, driver] encostar.

◆ **pull through** vi [patient] restabele-cer-se, recuperar-se.

◆ **pull together** vt sep: **to ~ o.s. to-gether** acalmar-se.

◆ **pull up** <> vt sep - **1.** [raise] levantar - **2.** [move closer] aproximar. <> vi parar, deter.

pulley ['pʊlɪ] (pl pulleys) n roldana f.

pullover ['pʊl,əʊvəʳ] n pulôver m.

pulp [pʌlp] <> adj barato(ta), de má qualidade. <> n - **1.** [soft mass] pasta f - **2.** [of fruit] polpa f - **3.** [of wood] cerne m.

pulpit ['pʊlpɪt] n púlpito m.

pulsate [pʌl'seɪt] vi - **1.** [heart] pulsar, palpitar - **2.** [air, sound] vibrar; **pulsating rhythm** ritmo m vibrante.

pulse [pʌls] <> n - **1.** [in body] pulso m - **2.** TECH impulso m. <> vi [throb - blood] pulsar; [- music, room] vibrar.

◆ **pulses** npl [food] grãos mpl.

puma ['pju:mə] (pl inv OR -s) n puma m.

pumice (stone) ['pʌmɪs-] n (U) pedra-pomes f.

pummel ['pʌmll] (UK pt & pp -led, cont-ling, US pt & pp -ed, cont -ing) vt esmurrar.

pump [pʌmp] <> n bomba f. <> vt - **1.** [convey by pumping] bombear - **2.** inf [in-terrogate] sondar. <> vi - **1.** [machine] bater - **2.** [person] arfar - **3.** [heart] palpi-tar.

◆ **pumps** npl [shoes] sapatilhas fpl.

pumpkin ['pʌmpkɪn] n abóbora f.

pun [pʌn] n jogo m de palavras.

punch [pʌntʃ] <> n - **1.** [blow] soco m - **2.** [tool] punção m - **3.** (U) [drink] ponche m. <> vt - **1.** [hit] esmurrar, soquear - **2.** [perforate - paper, ticket] picar; [- hole] perfurar.

Punch-and-Judy show [-'dʒu:dɪ-] n teatro de fantoches para crianças apresentado normalmente na praia.

punch ball n saco m de pancadas.

punch(ed) card [pʌntʃ(t)-] n cartão m perfurado.

punch line n frase f final, arremate m (de uma história).

punch-up n UK inf briga f.

punchy ['pʌntʃɪ] (compar -ier, superl -iest) adj inf incisivo(va).

punctual ['pʌŋktʃʊəl] adj pontual.

punctuation [,pʌŋktʃʊ'eɪʃn] n (U) pon-tuação f.

punctuation mark n sinal m de pontuação.

puncture ['pʌŋktʃəʳ] <> n furo m. <> vt - **1.** [tyre, ball] furar - **2.** [lung, skin] perfurar.

pundit ['pʌndɪt] n especialista mf, autoridade f (em algum assunto).

pungent ['pʌndʒənt] adj - **1.** [strong-smelling] forte, penetrante - **2.** fig [powerful] pujente.

punish ['pʌnɪʃ] vt punir; **to ~ sb for sthg/for doing sthg** punir alguém por algo/por fazer algo.

punishing ['pʌnɪʃɪŋ] adj penoso(sa).

punishment ['pʌnɪʃmənt] n [gen] puni-ção f, castigo m.

punk [pʌŋk] <> adj punk. <> n - **1.** (U) [music]: ~ **(rock)** rock m punk - **2.** [per-son]: ~ **(rocker)** roqueiro m, -ra f punk - **3.** US inf [lout] rebelde mf.

punt [pʌnt] n - **1.** [boat] barco m a remo - **2.** [Irish currency] libra f irlandesa.

punter ['pʌntəʳ] n - **1.** [someone who bets] apostador m, -ra f - **2.** UK inf [customer] cliente mf.

puny ['pju:nɪ] (compar -ier, superl -iest) adj - **1.** [person] raquítico(ca) - **2.** [limbs] fraco(ca) - **3.** [effort] débil.

pup [pʌp] n - **1.** [young dog] cachorrinho m, -nha f - **2.** [young seal, otter] filhote m.

pupil ['pju:pll] n - **1.** [student] aluno m, -na f - **2.** [of eye] pupila f.

puppet ['pʌpɪt] n - **1.** [string puppet] marionete f - **2.** [glove puppet] fantoche m - **3.** pej [person, country] fantoche mf.

puppy ['pʌpɪ] (pl -ies) n cachorrinho m, -nha f.

purchase ['pɜːtʃəs] fml ◇ n -1. (U) [act of buying] compra f, aquisição f - 2. [thing bought] aquisição f - 3. [grip] apoio m. ◇ vt comprar, adquirir.

purchaser ['pɜːtʃəsəʳ] n comprador m, -ra f.

purchasing power ['pɜːtʃəsɪŋ-] n (U) poder m de compra.

pure [pjʊəʳ] adj -1. [gen] puro(ra) - 2. [clear] cristalino(na) - 3. literary [chaste] puro(ra) - 4. [for emphasis] mero(ra), puro(ra).

puree ['pjʊəreɪ] n purê m.

purely ['pjʊəlɪ] adv puramente.

purge [pɜːdʒ] ◇ n POL expurgo m. ◇ vt -1. POL purgar - 2. [rid]: to ~ sthg (of sthg) livrar algo (de algo); to ~ o.s. (of sthg) livrar-se (de algo).

purify ['pjʊərɪfaɪ] (pt & pp -ied) vt purificar.

purist ['pjʊərɪst] n purista mf.

puritan ['pjʊərɪtən] ◇ adj puritano(-na). ◇ n puritano m, -na f.

purity ['pjʊərɪtɪ] n (U) -1. pureza f - 2. literary [chastity] pureza f.

purl [pɜːl] ◇ n laçada f. ◇ vt dar uma laçada.

purple ['pɜːpl] ◇ adj purpúreo(rea). ◇ n púrpura f.

purport [pəˈpɔːt] vi fml: to ~ to do/be sthg pretender fazer/ser algo.

purpose ['pɜːpəs] n -1. [objective, reason] objetivo m, propósito m - 2. [use] propósito m; to no ~ em vão - 3. [determination] determinação f.

on purpose adv de propósito.

purposeful ['pɜːpəsfʊl] adj determinado(da), resoluto(ta).

purr [pɜːʳ] vi -1. [gen] roncar - 2. [cat] ronronar.

purse [pɜːs] ◇ n -1. [for money] carteira f - 2. US [handbag] bolsa f. ◇ vt franzir (em desagrado).

purser ['pɜːsəʳ] n comissário m, -ria f de bordo.

pursue [pəˈsjuː] vt -1. [follow] perseguir - 2. [hobby] dedicar-se a - 3. [interest, aim] buscar, ir atrás de - 4. [take further] aprofundar-se em.

pursuer [pəˈsjuːəʳ] n perseguidor m, -ra f.

pursuit [pəˈsjuːt] n -1. [gen] perseguição f - 2. [of happiness, security etc] fml busca f - 3. [occupation, activity] atividade f.

pus [pʌs] n (U) pus m.

push [pʊʃ] ◇ n -1. [shove] empurrão m - 2. [on button, bell] pressionamento m - 3. [campaign] pressão f. ◇ vt -1. [press, move - door, person] empurrar; [-

button] apertar - 2. [encourage] incitar; to ~ sb to do sthg incitar alguém a fazer algo - 3. [force] impelir; to ~ sb into doing sthg impelir alguém a fazer algo - 4. inf [promote] promover. ◇ vi -1. [shove] empurrar; to ~ through abrir caminho aos empurrões em - 2. [on button, bell] apertar - 3. [campaign]: to ~ for sthg fazer pressão por algo.

push around vt sep inf fig [bully] mandar.

push in vi [in queue] furar.

push off vi inf [go away] largar-se.

push on vi [continue] seguir em frente sem parar.

push through vt sep [force to be accepted] conseguir que se aprove.

pushchair ['pʊʃtʃeəʳ] n UK carrinho m de bebê.

pushed [pʊʃt] adj inf: to be ~ for sthg andar meio curto(ta) de algo; to be hard ~ to do sthg estar com dificuldades para fazer algo.

pusher ['pʊʃəʳ] n drugs sl traficante mf, vendedor m, -ra f de drogas.

pushover ['pʊʃˌəʊvəʳ] n inf otário m, -ria f.

push-up n US flexão f.

pushy ['pʊʃɪ] (compar -ier, superl -iest) adj pej agressivo(va).

puss [pʊs], **pussy (cat)** ['pʊsɪ-] n inf gatinho m, bichano m.

put [pʊt] (pt & pp put, cont -ting) vt -1. [gen] colocar, pôr - 2. [express] colocar, expressar - 3. [ask] colocar, perguntar - 4. [cause to be] colocar; to ~ sb out of work deixar alguém sem trabalho - 5. [estimate]: to ~ sthg at avaliar algo em - 6. [invest]: to ~ sthg into sthg investir algo em algo, colocar algo em algo - 7. [apply - responsibility]: to ~ pressure on sb/sthg pressionar alguém/algo; to ~ tax on sthg colocar impostos sobre algo - 8. [write] escrever.

put across vt sep expor.

put away vt sep -1. [tidy away] colocar no lugar, organizar - 2. inf [lock up] encerrar (na prisão).

put back vt sep -1. [replace] repor no lugar - 2. [postpone] adiar - 3. [clock, watch] atrasar.

put by vt sep [money] poupar.

put down vt sep -1. [lay down] largar, pôr no chão - 2. [quell] sufocar - 3. [write down] apontar - 4. UK [kill] sacrificar.

put down to vt sep atribuir a.

put forward vt sep -1. [propose] apresentar, propor - 2. [advance] adiar - 3. [clock, watch] adiantar.

put in vt sep -1. [spend] dedicar - 2. [submit] apresentar.

put off vt sep -1. [postpone] adiar

- **2.** [switch off - radio, light] desligar; [- brake] soltar **-3.** [cause to wait] fazer esperar **- 4.** [discourage] desanimar, dissuadir **- 5.** [disturb] distrair **- 6.** [cause to dislike] desanimar, desestimular; **to ~ sb off sthg** desestimular alguém de algo.

◆ **put on** *vt sep* **-1.** [wear - trousers, hat] vestir;[- shoes] calçar **-2.** [arrange] montar **-3.** [gain in weight]: **to ~ on weight** engordar **- 4.** [switch on - radio, light] ligar; [- brake] acionar **-5.** [play] tocar, pôr **- 6.** [start cooking] colocar no fogo **-7.** [pretend] fingir **-8.** [bet] apostar **- 9.** [add] acrescentar.

◆ **put out** *vt sep* **-1.** [place outside] colocar OR pôr para fora **-2.** [issue] tornar público(ca) **-3.** [extinguish] apagar **- 4.** [switch off] desligar **-5.** [extend] espichar **- 6.** [annoy, upset]: **to be ~ out** ficar chateado(da) **-7.** [inconvenience] importunar, incomodar.

◆ **put through** *vt sep* TELEC transferir.

◆ **put up** ⟨ *vt sep* **-1.** [build] erguer **- 2.** [raise and open - umbrella] abrir; [- flag] hastear **-3.** [fix to wall] afixar **- 4.** [provide] pôr **-5.** [propose] indicar **- 6.** [increase] aumentar **-7.** [provide accommodation for] hospedar. ⟨ *vt fus* [offer, present] manifestar.

◆ **put up with** *vt fus* suportar, agüentar.

putrid ['pju:trɪd] *adj fml* putrefato(ta).

putt [pʌt] ⟨ *n* tacada *f* leve *(no golfe).* ⟨ *vt* dar uma tacada leve em. ⟨ *vi* dar uma tacada leve.

putting green ['pʌtɪŋ-] *n* minicampo *m* sem obstáculos *(para jogar golfe).*

putty ['pʌtɪ] *n (U)* massa *f* de vidraceiro.

puzzle ['pʌzl] ⟨ *n* **-1.** [toy, game] quebra-cabeça *m* **-2.** [mystery] enigma *m.* ⟨ *vt* deixar perplexo(xa). ⟨ *vi*: **to ~ over sthg** quebrar a cabeça com algo.

◆ **puzzle out** *vt sep* decifrar.

puzzling ['pʌzlɪŋ] *adj* desconcertante.

pyjamas [pə'dʒɑːməz] *npl* pijama *m.*

pylon ['paɪlən] *n* ELEC torre *f (de eletricidade).*

pyramid ['pɪrəmɪd] *n* pirâmide *f.*

Pyrenees [ˌpɪrə'niːz] *npl*: **the ~** os Pireneus.

python ['paɪθn] *(pl inv* OR **-s)** *n* píton *m.*

Q

q *(pl* **q's** OR **qs),** **Q** *(pl* **Q's** OR **Qs)** [kjuː] *n* [letter] q, Q *m.*

quack [kwæk] *n* **-1.** [noise] grasnido *m* **- 2.** *inf pej* [doctor] curandeiro *m* charlatão, curandeira *f* charlatona.

quad [kwɒd] *n (abbr of quadrangle) pátio cercado por edifícios, em geral em escola ou universidade.*

quadrangle ['kwɒdræŋgl] *n* **-1.** [figure] quadrângulo *m* **-2.** [courtyard] pátio *m.*

quadruple [kwɒ'druːpl] ⟨ *adj* quadruplicado (da). ⟨ *vt & vi* quadruplicar.

quadruplets ['kwɒdrʊplɪts] *npl* quadrigêmeos *mpl,* -meas *fpl.*

quads [kwɒdz] *npl inf* quadrigêmeos *mpl,* -meas *fpl.*

quagmire ['kwægmaɪə˄] *n* pântano *m.*

quail [kweɪl] *(pl inv* OR **-s)** ⟨ *n* codorna *f.* ⟨ *vi literary* amedrontar-se.

quaint [kweɪnt] *adj* pitoresco(ca), singular.

quake [kweɪk] ⟨ *n (abbr of earthquake) inf* terremoto *m.* ⟨ *vi* tremer.

Quaker ['kweɪkə˄] *n* quacre *m.*

qualification [ˌkwɒlɪfɪ'keɪʃn] *n* **-1.** [examination, certificate] qualificação *f,* título *m* **-2.** [quality, skill] qualificação *f* **-3.** [qualifying statement] restrição *f,* ressalva *f.*

qualified ['kwɒlɪfaɪd] *adj* **-1.** [trained] qualificado(da) **-2.** [able]: **to be ~ to do sthg** estar qualificado(da) para fazer algo **-3.** [limited] com ressalvas.

qualify ['kwɒlɪfaɪ] *(pt & pp* **-ied)** ⟨ *vt* **-1.** [modify] restringir **-2.** [entitle]: **to ~ sb to do sthg** qualificar alguém para fazer algo. ⟨ *vi* **-1.** [pass exams] habilitar-se **-2.** [be entitled]: **to ~ (for sthg)** qualificar-se(para algo) **-3.** SPORT classificar-se.

quality ['kwɒlətɪ] *(pl* **-ies)** ⟨ *n* qualidade *f.* ⟨ *comp* de qualidade.

qualms [kwɑːmz] *npl* receio *m,* escrúpulos *mpl.*

quandary ['kwɒndərɪ] *(pl* **-ies)** *n* dilema *m;* **to be in a ~ about** OR **over sthg** estar num dilema sobre algo.

quantify ['kwɒntɪfaɪ] (*pt* & *pp* -**ied**) *vt* quantificar.

quantity ['kwɒntətɪ] (*pl* -**ies**) *n* quantidade *f*.

quantity surveyor *n* calculista *mf* de obra.

quarantine ['kwɒrəntiːn] ⋄ *n* quarentena *f*. ⋄ *vt* pôr em quarentena.

quark [kwɑːk] *n* -**1.** PHYSICS quark *m* -**2.** CULIN queijo *m* tipo quark.

quarrel ['kwɒrəl] (*UK pt* & *pp* -**led**, *cont*-**ling**, *US pt* & *pp* -**ed**, *cont* -**ing**) ⋄ *n* discussão *f*. ⋄ *vi* discutir; **to ~ with sb** discutir com alguém; **to ~ with sthg** não estar de acordo sobre algo.

quarrelsome ['kwɒrəlsəm] *adj* briguento(ta).

quarry ['kwɒrɪ] (*pl* -**ies**, *pt* & *pp* -**ied**) *n* -**1.** [place] pedreira *f* -**2.** [prey] presa *f*.

quart [kwɔːt] *n* -**1.** UK [unit of measurement] quarto *m* de galão *(1,14 litro)* -**2.** US [unit of measurement] quarto *m* de galão *(0,95 litro)*.

quarter ['kwɔːtər] *n* -**1.** [fraction] quarto *m* -**2.** [in telling time]: **it's a ~ past two** UK, **it's a ~ after two** US são duas e quinze; **it's a ~ to two** UK, **it's a ~ of two** US faltam quinze para as duas -**3.** [of year] trimestre *m* -**4.** US [coin] moeda *f* de 25 centavos -**5.** [four ounces] quarto *m* de libra *(113,396 gr)* -**6.** [area in town] quarteirão *m* -**7.** [direction] lugar *m*, parte *f*; **they came from all ~s of the globe** eles vieram de todos os cantos da terra.
◆ **quarters** *npl* [rooms] alojamentos *mpl*.
◆ **at close quarters** *adv* de perto.

quarter-final *n* quarta-de-final *f*.

quarterly ['kwɔːtəlɪ] (*pl* -**ies**) ⋄ *adj* trimestral. ⋄ *adv* trimestralmente. ⋄ *n* revista *f* trimestral.

quartermaster ['kwɔːtəˌmɑːstər] *n* MIL quartel-mestre *m*.

quartet [kwɔːˈtet] *n* quarteto *m*.

quartz [kwɔːts] *n* (U) quartzo *m*.

quartz watch *n* relógio *m* de quartzo.

quash [kwɒʃ] *vt* -**1.** [reject] revogar, anular -**2.** [quell] sufocar, reprimir.

quasi- ['kweɪzaɪ] *prefix* quase-.

quaver ['kweɪvər] ⋄ *n* -**1.** MUS colcheia *f* -**2.** [in voice] tremor *m*. ⋄ *vi* tremer.

quay [kiː] *n* cais *m*.

quayside ['kiːsaɪd] *n* cais *m*.

queasy ['kwiːzɪ] (*compar* -**ier**, *superl* -**iest**) *adj* enjoado(da).

Quebec [kwɪˈbek] *n* Québec *m*.

queen [kwiːn] *n* -**1.** [gen] rainha *f* -**2.** [playing card] dama *f*.

queen bee *n* (abelha *f*) rainha *f*.

queen mother *n*: **the ~** a rainha-mãe.

queer [kwɪər] ⋄ *adj* [odd] esquisito(ta), estranho(nha). ⋄ *n inf pej* [homosexual] veado *m*, bicha *f*.

quell [kwel] *vt* -**1.** [rebellion] sufocar, reprimir -**2.** [unease, anger] dominar, conter.

quench [kwentʃ] *vt*: **to ~ one's thirst** matar a sede.

querulous ['kwerʊləs] *adj fml* lamuriante.

query ['kwɪərɪ] (*pl* -**ies**, *pt* & *pp* -**ied**) ⋄ *n* pergunta *f*, dúvida *f*. ⋄ *vt* pôr em dúvida.

quest [kwest] *n literary* busca *f*; **~ for sthg** busca por algo.

question ['kwestʃn] ⋄ *n* -**1.** [gen] questão *f* -**2.** [query] pergunta *f*; **to ask (sb) a ~** fazer uma pergunta a alguém -**3.** [doubt] dúvida *f*; **to OR call sthg into ~** por OR colocar algo em dúvida; **to OR bring sthg into ~** colocar algo em questão; **beyond ~** sem nenhuma dúvida -**4.** *phr*: **there's no ~ of ...** não há dúvida de (que) ... ⋄ *vt* -**1.** [interrogate] interrogar -**2.** [express doubt about] questionar.
◆ **in question** *adv*: **the matter in ~** o assunto em questão.
◆ **out of the question** *adj* fora de questão.

questionable ['kwestʃənəbl] *adj* questionável.

question mark *n* ponto *m* de interrogação.

questionnaire [ˌkwestʃəˈneər] *n* questionário *m*.

queue [kjuː] UK ⋄ *n* fila *f*. ⋄ *vi* fazer fila; **to ~ (up) for sthg** fazer fila para algo.

quibble ['kwɪbl] *pej* ⋄ *n* chorumela *f*. ⋄ *vi* queixar-se por bobagem, lamuriar-se; **to ~ over OR about sthg** queixar-se por bobagem sobre algo.

quiche [kiːʃ] *n* quiche *f*.

quick [kwɪk] ⋄ *adj* rápido(da). ⋄ *adv* depressa, rápido.

quicken ['kwɪkn] ⋄ *vt* [make faster] apressar, acelerar. ⋄ *vi* [get faster] acelerar(-se).

quickly ['kwɪklɪ] *adv* -**1.** [rapidly] rapidamente -**2.** [without delay] depressa, rápido.

quicksand ['kwɪksænd] *n* areia *f* movediça.

quick-witted [-ˈwɪtɪd] *adj* arguto(ta).

quid [kwɪd] (*pl inv*) *n* UK *inf* libra *f* *(esterlina)*.

quiet ['kwaɪət] ⋄ *adj* -**1.** [gen] quieto(ta); **in a ~ voice** numa voz baixa; **to keep ~ about sthg** guardar silêncio sobre algo; **be ~!** fique quieto(ta)! -**2.** [tranquil] tranqüilo(la) -**3.** [not busy] parado(da) - **4.** [discreet] suave, discreto(ta); **to have a ~ word with sb** falar discretamente com alguém - **5.** [intimate] íntimo(ma). <> *n (U)* tranqüilidade *f*, silêncio *m*; **on the ~** *inf* na surdina, às escondidas. <> *vt US* acalmar, tranqüilizar.

➧ **quiet down** <> *vt sep US* acalmar, tranqüilizar. <> *vi* acalmar-se, tranqüilizar-se.

quieten ['kwaɪətn] *vt* acalmar, tranqüilizar.

➧ **quieten down** <> *vt sep* acalmar, tranqüilizar. <> *vi* acalmar-se, tranqüilizar-se.

quietly ['kwaɪətlɪ] *adv* - **1.** [without noise] sem fazer barulho - **2.** [without excitement] tranqüilamente - **3.** [without fuss] discretamente.

quilt [kwɪlt] *n* acolchoado *m*, edredom *m*.

quinine [kwɪ'ni:n] *n (U)* quinina *f*.

quins *UK* [kwɪnz], **quints** *US* [kwɪnts] *npl inf* quíntuplos *mpl*, -plas *fpl*.

quintet [kwɪn'tet] *n* quinteto *m*.

quints *npl US* = **quins**.

quintuplets [kwɪn'tju:plɪts] *npl* quíntuplos *mpl*, -plas *fpl*.

quip [kwɪp] (*pt* & *pp* -**ped**, *cont* -**ping**) <> *n* gracejo *m*. <> *vi* gracejar.

quirk [kwɜ:k] *n* - **1.** [habit] mania *f*, esquisitice *f* - **2.** [strange event] estranha coincidência *f*; **by a ~ of fate** por um capricho do destino.

quit [kwɪt] (*UK pt* & *pp* **quit** *OR* -**ted**, *cont* -**ting**, *US pt* & *pp* **quit**, *cont* -**ting**) <> *vt* - **1.** [resign from] abandonar, deixar - **2.** [stop]: **to ~ smoking** deixar de fumar. <> *vi* - **1.** [resign] demitir-se - **2.** [give up] desistir.

quite [kwaɪt] *adv* - **1.** [completely] completamente, totalmente - **2.** [fairly] bem; **~ a lot of people** bastante gente; **~ a few times** várias vezes - **3.** [after negative]: **I don't ~ understand** não entendo muito bem; **this room is not ~ big enough** essa sala não é tão grande quanto deveria ser - **4.** [for emphasis]: **she's ~ a singer** ela é uma cantora e tanto - **5.** [to express agreement]: **~ (so)!** exatamente!

quits [kwɪts] *adj inf*: **to be ~ (with sb)** estar quite(com alguém); **to call it ~** ficar quite.

quiver ['kwɪvə'] <> *n* - **1.** [shiver] estremecimento *m* - **2.** [for arrows] aljava *f*. <> *vi* estremecer.

quiz [kwɪz] (*pl* -**zes**, *pt* & *pp* -**zed**, *cont* -**zing**) <> *n* - **1.** [competitions, game] jogo *m* de perguntas e respostas - **2.** *US SCH* exame *m*. <> *vt*: **to ~ sb (about sthg)** interrogar alguém (sobre algo).

quizzical ['kwɪzɪkl] *adj* interrogativo(-va).

quota ['kwəʊtə] *n* cota *f*.

quotation [kwəʊ'teɪʃn] *n* - **1.** [citation] citação *f* - **2.** *COMM* cotação *f*.

quotation marks *npl* aspas *fpl*; **in ~** entre aspas.

quote [kwəʊt] <> *n* - **1.** [citation] citação *f* - **2.** *COMM* cotação *f*. <> *vt* - **1.** [cite] citar - **2.** *COMM* cotar; **she ~d £100** ela fixou um preço de £100. <> *vi* - **1.** [cite] citar; **to ~ from sthg** citar de algo - **2.** *COMM*: **to ~ for sthg** estabelecer um preço para algo.

quotient ['kwəʊʃnt] *n* quociente *m*.

R

r (*pl* **r's** *OR* **rs**), **R** (*pl* **R's** *OR* **Rs**) [ɑ:'] *n* [letter] **r**, R *m*.

rabbi ['ræbaɪ] *n* rabino *m*.

rabbit ['ræbɪt] *n* - **1.** [animal] coelho *m*, -lha *f* - **2.** (U) [food] coelho *m*.

rabbit hutch *n* coelheira *f*.

rabble ['ræbl] *n* - **1.** [disorderly crowd] povaréu *m* - **2.** [riffraff] gentalha *f*.

rabies ['reɪbi:z] *n (U)* raiva *f*.

RAC (*abbr of* **Royal Automobile Club**) *n* automóvel clube britânico.

race [reɪs] <> *n* - **1.** [ethnicity] raça *f* - **2.** [competition] corrida *f*; **a ~ against time** uma corrida contra o tempo. <> *vt* competir com (*em corrida*). <> *vi* - **1.** [compete]: **to ~ against sb** bater uma corrida com alguém - **2.** [rush] ir correndo - **3.** acelerar.

race car *n US* = **racing car**.

racecourse ['reɪskɔ:s] *n* hipódromo *m*.

race driver *n US* = **racing driver**.

racehorse ['reɪshɔ:s] *n* cavalo *m* de corrida.

racetrack ['reɪstræk] *n* autódromo *m*.

racial ['reɪʃl] *adj* racial.

racial discrimination *n (U)* discriminação *m* racial.

racing ['reɪsɪŋ] *n (U)* *SPORT* corrida *f*.

racing car *UK*, **race car** *US n* carro *m* de corrida.

racing driver *UK*, **race driver** *US n* piloto *m* de corrida.

racism ['reɪsɪzm] *n (U)* racismo *m*.

racist ['reɪsɪst] <> *adj* racista. <> *n* racista *mf*.

rack [ræk] *n* - **1.** [frame - for plates]

escorredor *m* de louça; [- for toast] prateleira *f*; [- for bottles] porta-garrafas *m inv* -**2.** [for luggage] porta-bagagens *m inv*.

racket ['rækɪt] *n* -**1.** [noise] algazarra *f*, zoeira *f* -**2.** [illegal activity] golpe *m*, fraude *f* -**3.** SPORT raquete *f*.

racquet ['rækɪt] *n* raquete *f*.

racy ['reɪsɪ] (*compar* -**ier**, *superl* -**iest**) *adj* vivaz.

radar ['reɪdɑːʳ] *n (U)* radar *m*.

radiant ['reɪdjənt] *adj* -**1.** [happy] radiante -**2.** *literary* [brilliant] brilhante.

radiate ['reɪdɪeɪt] <> *vt* irradiar. <> *vi* -**1.** [be emitted] irradiar -**2.** [spread from centre] sair, partir do centro.

radiation [,reɪdɪ'eɪʃn] *n* radiação *f*.

radiator ['reɪdɪeɪtəʳ] *n* -**1.** [in house] aquecedor *m* -**2.** AUT radiador *m*.

radical ['rædɪkl] <> *adj* radical. <> *n* POL radical *mf*.

radically ['rædɪklɪ] *adv* radicalmente.

radii ['reɪdɪaɪ] *pl* > **radius**.

radio ['reɪdɪəʊ] (*pl* -**s**) <> *n* -**1.** [gen] rádio *m* -**2.** [station] rádio *f*. <> *comp* de rádio. <> *vt* transmitir por rádio.

radioactive [,reɪdɪəʊ'æktɪv] *adj* radioativo(va).

radioactivity [,reɪdɪəʊæk'tɪvətɪ] *n (U)* radioatividade *f*.

radio alarm *n* rádio-relógio *m*.

radio-controlled [-kən'trəʊld] *adj* de controle remoto.

radiography [,reɪdɪ'ɒgrəfɪ] *n (U)* radiografia *f*.

radiology [,reɪdɪ'ɒlədʒɪ] *n (U)* radiologia *f*.

radiotherapy [,reɪdɪəʊ'θerəpɪ] *n (U)* radioterapia *f*.

radish ['rædɪʃ] *n* rabanete *m*.

radius ['reɪdɪəs] (*pl* **radii**) *n* -**1.** MATH raio *m* -**2.** ANAT rádio *m*.

RAF [ɑːreɪ'ef, ræf] (*abbr of* **Royal Air Force**) *n* força aérea real britânica.

raffle ['ræfl] <> *n* rifa *f*. <> *vt* rifar.

raffle ticket *n* bilhete *m* de rifa.

raft [rɑːft] *n* -**1.** [of wood] jangada *f* -**2.** [of rubber, plastic] bote *m*.

rafter ['rɑːftəʳ] *n* viga *f*.

rag [ræg] *n* -**1.** [piece of cloth] trapo *m* -**2.** *pej* [newspaper] jornaleco *m*.
 rags *npl* [clothes] trapos *mpl*.

rag-and-bone man *n* pessoa que compra e vende roupas e móveis velhos na rua.

rag doll *n* boneca *f* de pano.

rage [reɪdʒ] <> *n* -**1.** [fury] fúria *f*; **to fly into a ~** ficar enraivecido(da) -**2.** *inf* [fashion]: **all the ~** a última moda. <> *vi* -**1.** [person] enfurecer-se -**2.** [storm, argument] recrudescer.

ragged ['rægɪd] *adj* -**1.** [wearing torn

clothes] maltrapilho(lha) -**2.** [torn] esfarrapado(da) -**3.** [wavy] irregular -**4.** [poor-quality] pobre.

rag week *n* UK semana em que as universidades britânicas organizam atividades divertidas para fins beneficentes.

raid [reɪd] *n* -**1.** MIL [attack] incursão *f* -**2.** [forced entry - by robbers] assalto *m*; [- by police] batida *f*. <> *vt* -**1.** MIL [attack] atacar de surpresa -**2.** [enter by force - robbers] assaltar; [- police] fazer uma batida em.

raider ['reɪdəʳ] *n* -**1.** [attacker] invasor *m*, -ra *f* -**2.** [thief] ladrão *m*, -dra *f*, assaltante *mf*.

rail [reɪl] <> *n* -**1.** [on staircase] corrimão *m* -**2.** [on walkway] ferro *m* de proteção -**3.** [on bridge] parapeito *m* -**4.** [on ship] amurada *f* -**5.** [bar] barra *f* -**6.** [of railway line] trilho *m* -**7.** *(U)* [form of transport] trem *m*. <> *comp* ferroviário(a).

railcard ['reɪlkɑːd] *n* UK cartão *m* de desconto (*no trem*).

railing ['reɪlɪŋ] *n* -**1.** [round basement] grade *f* -**2.** [on walkway] ferro *m* de proteção -**3.** [on ship] amurada *f* -**4.** [on bridge] parapeito *m*.

railway UK ['reɪlweɪ], **railroad** US ['reɪlrəʊd] *n* -**1.** [track] estrada *f* de ferro -**2.** [company] companhia *f* ferroviária -**3.** [system] sistema *m* ferroviário.

railway line *n* -**1.** [route] linha *f* de trem -**2.** [track] via *f* férrea, trilhos *mpl*.

railwayman ['reɪlweɪmən] (*pl* -**men** [-mən]) *n* UK ferroviário *m*.

railway station *n* estação *f* de trem.

railway track *n* via *f* férrea, trilhos *mpl*.

rain [reɪn] <> *n (U)* chuva *f*. <> *v impers* METEOR chover. <> *vi* [fall like rain] cair como chuva.

rainbow ['reɪnbəʊ] *n* arco-íris *m*.

rain check *n* US: **to take a ~** (on sthg) deixar(algo) para outra hora OR para a próxima.

raincoat ['reɪnkəʊt] *n* capa *f* de chuva.

raindrop ['reɪndrɒp] *n* pingo *m* de chuva.

rainfall ['reɪnfɔːl] *n (U)* precipitação *f*.

rain forest *n* floresta *f* tropical.

rainy ['reɪnɪ] (*compar* -**ier**, *superl* -**iest**) *adj* chuvoso(sa).

raise [reɪz] <> *n* US aumento *m*. <> *vt* -**1.** [gen] levantar -**2.** [lift up] levantar, erguer; **to ~ o.s.** levantar-se -**3.** [increase] aumentar; **to ~ one's voice** levantar a voz -**4.** [improve] elevar -**5.** [evoke] evocar -**6.** [child, animals] criar -**7.** [crop] cultivar -**8.** [build] erguer.

raisin ['reɪzn] *n* passa *f (de uva)*.

rake [reɪk] <> *n* -**1.** [implement] rastelo

m **-2.** dated & *literary* [immoral man] devasso *m*, libertino *m*. ◇ *vt* **-1.** [smooth] rastelar **-2.** [gather] juntar com o rastelo.

rally ['rælɪ] (*pl* **-ies**, *pt* & *pp* **-ied**) ◇ *n* **-1.** [gen] rali *m* **-2.** [meeting] comício *m*. ◇ *vt* reunir. ◇ *vi* **-1.** [come together] reunir-se **-2.** [recover] recuperar-se.
➤ **rally round** ◇ *vt fus* mobilizar. ◇ *vi* mobilizar-se.

ram [ræm] (*pt* & *pp* **-med**, *cont* **-ming**) ◇ *n* carneiro *m*. ◇ *vt* **-1.** [crash into] bater contra *or* em **-2.** [force] enfiar.

RAM [ræm] (*abbr of* **random-access memory**) *n* RAM *f*.

ramble ['ræmbl] ◇ *n* passeio *m* no campo. ◇ *vi* **-1.** [walk] passear **-2.** [talk] divagar.

rambler ['ræmblə'] *n* excursionista *mf*.

rambling ['ræmblɪŋ] *adj* **-1.** [building] cheio (cheia) de voltas e curvas **-2.** [conversation, book] desconexo(xa).

ramp [ræmp] *n* **-1.** [slope] rampa *f* **-2.** *AUT* [in road] viaduto *m*.

rampage [ræm'peɪdʒ] *n*: **to go on the ~** sair em debandada, debandar-se.

rampant ['ræmpənt] *adj* desenfreado(-da).

ramparts ['ræmpɑːts] *npl* muralha *f*.

ramshackle ['ræm͵ʃækl] *adj* desmantelado(da).

ran [ræn] *pt* ▷ **run**.

ranch [rɑːntʃ] *n* fazenda *m*, rancho *m*.

rancher ['rɑːntʃə'] *n* fazendeiro *m*, -ra *f*.

rancid ['rænsɪd] *adj* rançoso(sa).

rancour *UK*, **rancor** *US* ['ræŋkə'] *n* (*U*) rancor *m*.

random ['rændəm] ◇ *adj* aleatório (ria). ◇ *n*: **at ~** aleatoriamente.

random access memory *n* (*U*) *COMPUT* memória *f* de acesso aleatório, memória *f* RAM.

R and R (*abbr of* **rest and recreation**) *n US* termo militar norte-americano para licença.

randy ['rændɪ] (*compar* **-ier**, *superl* **-iest**) *adj inf* tarado(da).

rang [ræŋ] *pt* ▷ **ring**.

range [reɪndʒ] ◇ *n* **-1.** [distance covered - of telescope, gun] alcance *m*; [- of ship, plane] autonomia *f*; **at close ~** à queima-roupa **-2.** [variety] variedade *f* **-3.** [bracket] faixa *f* **-4.** [of mountains, hills] cadeia *f* **-5.** [shooting area] linha *f* **-6.** *MUS* alcance *m*. ◇ *vt* [place in row] enfileirar. ◇ *vi* **-1.** [vary]: **to ~ from ... to ...** variar de ... a ...; **to ~ between ... and ...** oscilar entre ... e ... **-2.** [deal with, include]: **to ~ over sthg** passar por algo.

ranger ['reɪndʒə'] *n* guarda-florestal *mf*.

rank [ræŋk] ◇ *adj* **-1.** [utter, absolute - disgrace, stupidity] completo(ta); [- injustice, bad luck] total **-2.** [offensive] rançoso(sa). ◇ *n* **-1.** [in army, police] posto *m*; **the ~ and file** *MIL* soldados rasos; [of political party, organization] bases *fpl* **-2.** [social class] nível *m* **-3.** [row, line] fila *f*. ◇ *vt* [classify] classificar. ◇ *vi* classificar-se; **to ~ as/among** classificar-se como/entre.
➤ **ranks** *npl* **-1.** *MIL*: **the ~** os soldados rasos **-2.** *fig* [members] filas *fpl*.

rankle ['ræŋkl] *vi* causar dor; **it still ~s with me!** isso ainda me dói!

ransack ['rænsæk] *vt* **-1.** [plunder] saquear **-2.** [search] revistar.

ransom ['rænsəm] *n* resgate *m*; **to hold sb to ~** [keep prisoner] pedir resgate por alguém; *fig* [put in impossible position] chantagear alguém.

rant [rænt] *vi* falar asneira.

rap [ræp] (*pt* & *pp* **-ped**, *cont* **-ping**) ◇ *n* **-1.** [knock] batidinha *f* **-2.** *MUS* rap *m*. ◇ *vt* [knock] dar batidinhas em.

rape [reɪp] ◇ *n* **-1.** [gen] estupro *m* **-2.** *fig* [destruction] destruição *f* **-3.** (*U*) [plant] colza *f*. ◇ *vt* estuprar.

rapeseed *n* semente *f* de colza.

rapid ['ræpɪd] *adj* rápido(da).
➤ **rapids** *npl* corredeira *f*.

rapidly ['ræpɪdlɪ] *adv* rapidamente.

rapist ['reɪpɪst] *n* estuprador *m*, -ra *f*.

rapport [ræ'pɔː'] *n* afinidade *f*; **a ~ with/between** uma afinidade com/entre.

rapture ['ræptʃə'] *n* arrebatamento *m*.

rapturous ['ræptʃərəs] *adj* arrebatado(ra).

rare [reə'] *adj* **-1.** [gen] raro(ra) **-2.** *CULIN* [underdone] malpassado(da).

rarely ['reəlɪ] *adv* raramente.

raring ['reərɪŋ] *adj*: **to be ~ to go** estar ansioso(sa) para começar.

rarity ['reərətɪ] (*pl* **-ies**) *n* raridade *f*.

rascal ['rɑːskl] *n* patife *mf*, malandro *m*, -dra *f*.

rash [ræʃ] ◇ *adj* precipitado(da). ◇ *n* **-1.** *MED* erupção *f* **-2.** [spate] onda *f*.

rasher ['ræʃə'] *n* fatia *f* fina (*de bacon*).

rasp [rɑːsp] *n* rangido *m*.

raspberry ['rɑːzbərɪ] (*pl* **-ies**) *n* **-1.** [fruit] framboesa *f* **-2.** [rude noise]: **to blow a ~** debochar fazendo barulho com a boca.

rat [ræt] *n* **-1.** [animal] rato *m*, ratazana *f* **-2.** *pej* [person] tratante *mf*.

rate [reɪt] ◇ *n* **-1.** [speed] velocidade *f*; **at this ~** nesse ritmo **-2.** [ratio, proportion - birth, death, inflation] taxa *f*; [- unemployment] índice *m* **-3.** [price] tarifa *f*. ◇ *vt* **-1.** [consider]: **to ~ sb/sthg (as)**

considerar alguém/algo; **to ~ sb/sthg (among)** classificar alguém/algo (entre) - **2.** [deserve] merecer.

➨ **at any rate** *adv* pelo menos.

ratepayer [ˈreɪt,peɪəʳ] *n UK* contribuinte *mf*.

rather [ˈrɑːðəʳ] *adv* - **1.** [slightly, a bit] um pouco - **2.** [for emphasis] bem, bastante - **3.** [expressing a preference]: **I would ~ wait** eu preferiria esperar - **4.** [more exactly]: **or ~ ...** ou melhor ... - **5.** [on the contrary]: **(but) ~ ...** (senão) pelo contrário ...

➨ **rather than** *conj* em vez de.

ratify [ˈrætɪfaɪ] (*pt* & *pp* **-ied**) *vt* ratificar.

rating [ˈreɪtɪŋ] *n* [standing - high, low, popularity] índice *m*;[- opinion poll] posição *f*.

ratio [ˈreɪʃɪəʊ] (*pl* **-s**) *n* razão *f*, proporção *f*.

ration [ˈræʃn] ◇ *n* ração *f*. ◇ *vt* [goods] racionar.

➨ **rations** *npl* ração *f*.

rational [ˈræʃənl] *adj* racional.

rationale [,ræʃəˈnɑːl] *n* lógica *f*, fundamento *m* lógico.

rationalize, -ise [ˈræʃənəlaɪz] *vt* racionalizar.

rat race *n* competição *f* acirrada *(no mundo dos negócios)*.

rattle [ˈrætl] ◇ *n* - **1.** [noise] barulho *m*, ruído *m* - **2.** [toy] chocalho *m*. ◇ *vt* - **1.** [make rattling noise with] chacoalhar - **2.** [unsettle] desconcertar. ◇ *vi* [make rattling noise] chacoalhar.

rattlesnake [ˈrætlsneɪk], **rattler** *US* [ˈrætləʳ] *n* cascavel *f*.

raucous [ˈrɔːkəs] *adj* - **1.** [laughter, voice] rouco(ca) e estridente - **2.** [behaviour] escandaloso(sa).

ravage [ˈrævɪdʒ] *vt* devastar.

➨ **ravages** *npl* estragos *mpl*.

rave [reɪv] ◇ *adj* entusiasmado(da). ◇ *n UK inf* [party] rave *f*. ◇ *vi* - **1.** [talk angrily]: **to ~ at sb** xingar alguém; **to ~ against sthg** vociferar contra algo - **2.** [talk enthusiastically]: **to ~ about sthg** falar com entusiasmo sobre algo.

raven [ˈreɪvn] *n* corvo *m*.

ravenous [ˈrævənəs] *adj* - **1.** [person, animal] faminto(ta) - **2.** [appetite] voraz.

ravine [rəˈviːn] *n* ravina *f*.

raving [ˈreɪvɪŋ] *adj* [for emphasis] delirante; **~ lunatic** doido *m* varrido, doida *f* varrida.

ravioli [,rævɪˈəʊlɪ] *n (U)* ravióli *m*.

ravishing [ˈrævɪʃɪŋ] *adj* - **1.** [sight, beauty] extasiante - **2.** [person] belíssimo(ma).

raw [rɔː] *adj* - **1.** [uncooked] cru (crua) - **2.** [untreated] bruto(ta) - **3.** [painful] em carne viva - **4.** [inexperienced] inexpe-

riente - **5.** [cold] frio (fria).

raw deal *n*: **to get a ~** receber um tratamento injusto.

raw material *n* - **1.** [natural substance] matéria-prima *f* - **2.** *(U) fig* [basis] base *f*.

ray [reɪ] *n* - **1.** [beam] raio *m* - **2.** *fig* [glimmer] resquício *m*.

rayon [ˈreɪɒn] *n (U)* raiom *m*.

raze [reɪz] *vt* destruir completamente, arrasar.

razor [ˈreɪzəʳ] *n* - **1.** [electric] barbeador *m* elétrico - **2.** [disposable] barbeador *m*, aparelho *m* de barbear.

razor blade *n* lâmina *f* de barbear.

RC (*abbr of* **Roman Catholic**) *adj* católico romano, católica romana.

Rd (*abbr of* **Road**) estrada *f*.

R & D (*abbr of* **research and development**) *n* P & D.

re [riː] *prep* referente a.

RE *n* (*abbr of* **religious education**) educação *f* religiosa.

reach [riːtʃ] ◇ *n* [of arm, boxer] alcance *m*; **within (sb's) ~** [easily touched] ao alcance (de alguém); [easily travelled to] a pouca distância (de alguém); **out of** *OR* **beyond sb's ~** [not easily touched] fora/além do alcance de alguém; [not easily travelled to] fora/além do alcance de alguém. ◇ *vt* - **1.** [arrive at] chegar a, alcançar - **2.** [be able to touch] alcançar - **3.** [contact] contatar, entrar em contato com - **4.** [extend as far as] atingir - **5.** [attain, achieve] chegar a. ◇ *vi* - **1.** [person]: **to ~ out/across** alcançar; **to ~ down** abaixar-se - **2.** [land] alcançar, ir até.

react [rɪˈækt] *vi* - **1.** [rebel]: **to ~ against sthg** reagir contra algo - **2.** *CHEM*: **to ~ with sthg** reagir com algo.

reaction [rɪˈækʃn] *n* - **1.** reação *f* - **2.** [response]: **~ (to sthg)** reação *f* (a algo) - **3.** [rebellion]: **~ (against sthg)** reação *f* (contra algo).

reactionary [rɪˈækʃənrɪ] ◇ *adj* reacionário(ria). ◇ *n* reacionário *m*, -ria *f*.

reactor [rɪˈæktəʳ] *n* [nuclear reactor] reator *m*.

read [riːd] (*pt* & *pp* **read** [red]) ◇ *vt* - **1.** [gen] ler; **to ~ sb's mind** ler os pensamentos de alguém; **to ~ events** ver os acontecimentos; **the man came to ~ the electricity meter** o funcionário veio tirar a leitura da luz; **to be well ~ in a subject** conhecer bem um assunto - **2.** [subj: sign, notice] dizer; [subj: gauge, meter, barometer] marcar - **3.** *UK UNIV* estudar. ◇ *vi* - **1.** [person] ler; **to ~ (to sb)** ler (para alguém); **to ~ between the lines** ler nas entrelinhas; **to ~ sb like a**

book compreender alguém perfeitamente **-2.** [text]: **it ~s well/badly** isto está bem/mal escrito.

➣ **read out** vt sep ler em voz alta.

➣ **read up on** vt fus estudar.

readable ['ri:dǝbl] adj [book] interessante de se ler.

reader ['ri:dǝʳ] n leitor m, -ra f.

readership ['ri:dǝʃɪp] n público m leitor.

readily ['redɪlɪ] adv **-1.** [willingly] de boa vontade **-2.** [easily] facilmente.

reading ['ri:dɪŋ] n **-1.** [gen] leitura f **-2.** [recital] recital m **-3.** [from gauge, meter, thermometer] marcação f **-4.** POL [of bill] revisão f.

readjust [ˌri:ǝ'dʒʌst] ⬦ vt reajustar. ⬦ vi: **to ~ (to sthg)** reorganizar-se (para algo).

readout ['ri:daʊt] n COMPUT exibição f de dados.

ready ['redɪ] (pt & pp **-ied**) ⬦ adj **-1.** [prepared] pronto(ta); **to be ~ to do sthg** estar pronto(ta) para fazer algo; **to be ~ for sthg** estar pronto(ta) para algo; **to get ~** preparar-se; **to get sthg ~** preparar algo **-2.** [willing]: **to be ~ to do sthg** estar disposto(ta) a fazer algo **-3.** [in need of]: **to be ~ for sthg** precisar de algo **-4.** [likely]: **to be ~ to do sthg** estar prestes a fazer algo **-5.** [easily accessible] à mão. ⬦ vt preparar.

ready cash n (U) dinheiro m em mão.

ready-made adj pronto(ta).

ready money n (U) dinheiro m à vista.

ready-to-wear adj prêt-à-porter.

reafforestation ['ri:ǝˌfɒrɪ'steɪʃn] n (U) reflorestamento m.

real ['rɪǝl] ⬦ adj **-1.** [gen] real; **in ~ terms** em termos reais **-2.** [authentic - problem, situation] real; [- gold, jewels] legítimo(ma); **the ~ thing** a verdade; **a ~ job** um emprego de verdade; **it's for ~** é real **-3.** [for emphasis] verdadeiro(ra). ⬦ adv US bem.

real estate n (U) bens mpl imobiliários.

realign [ˌri:ǝ'laɪn] vt **-1.** POL reorganizar **-2.** [brakes] realinhar.

realism ['rɪǝlɪzm] n (U) **-1.** [common sense] bom senso m **-2.** [artistic style] realismo m.

realistic [ˌrɪǝ'lɪstɪk] adj realista; **~ chance** chance real; **to be ~ about sthg** ser realista em relação a algo.

reality [rɪ'ælǝtɪ] (pl **-ies**) n [gen] realidade f.

reality TV n (U) reality shows mpl.

realization [ˌrɪǝlaɪ'zeɪʃn] n (U) **-1.** [awareness, recognition] percepção f **-2.** [achievement] realização f.

realize, -ise ['rɪǝlaɪz] vt **-1.** [become aware of, understand] perceber, dar-se conta de **-2.** [achieve] concretizar **-3.** COMM atingir.

really ['rɪǝlɪ] ⬦ adv **-1.** [gen] realmente **-2.** [to reduce force of negative statements] na real. ⬦ excl **-1.** [expressing doubt]: **really?** é mesmo?, não é mesmo? **-2.** [expressing surprise, disbelief]: **really?** mesmo? **-3.** [expressing disapproval]: **really!** francamente!

realm [relm] n **-1.** [field] domínio m **-2.** [kingdom] reino m.

realtor ['rɪǝltǝr] n US corretor m, -ra f de imóveis.

reap [ri:p] vt colher; **you ~ what you sow** você colhe o que planta.

reappear [ˌri:ǝ'pɪǝʳ] vi reaparecer.

rear [rɪǝʳ] ⬦ adj **-1.** [door, window] dos fundos **-2.** [wheel] traseiro(ra). ⬦ n **-1.** [back - of building] fundos mpl; [- of vehicle] traseira f; **to bring up the ~** fechar a raia **-2.** inf [buttocks] bunda f. ⬦ vt [children, animals, plants] criar. ⬦ vi: **to ~ (up)** empinar, empinar-se.

rearm [ri:'ɑ:m] vt & vi rearmar.

rearmost ['rɪǝmǝʊst] adj último(ma).

rearrange [ˌri:ǝ'reɪndʒ] vt **-1.** [arrange differently] reorganizar **-2.** [reschedule] reajustar.

rearview mirror ['rɪǝvju:-] n espelho m retrovisor.

reason ['ri:zn] ⬦ n **-1.** [cause] razão f, motivo m; **~ for sthg** razão para algo; **for some ~** por alguma razão **-2.** (U) [justification]: **to have ~ to do sthg** ter razões para fazer algo **-3.** (U) [rationality, common sense] razão f; **to listen to ~** ouvir à razão; **it stands to ~** é lógico. ⬦ vt concluir. ⬦ vi raciocinar.

➣ **reason with** vt fus argumentar com.

reasonable ['ri:znǝbl] adj **-1.** [sensible] sensato(ta) **-2.** [acceptable] razoável **-3.** [fairly large] aceitável.

reasonably ['ri:znǝblɪ] adv **-1.** [quite] razoavelmente **-2.** [sensibly] sensatamente.

reasoned ['ri:znd] adj racional.

reasoning ['ri:znɪŋ] n (U) raciocínio m.

reassess [ˌri:ǝ'ses] vt reavaliar.

reassurance [ˌri:ǝ'ʃɔ:rǝns] n **-1.** (U) [comfort] reconforto m **-2.** [promise] nova garantia f.

reassure [ˌri:ǝ'ʃɔ:ʳ] vt tranqüilizar.

reassuring [ˌri:ǝ'ʃɔ:rɪŋ] adj tranqüilizador(ra).

rebate ['ri:beɪt] n restituição f.

rebel [n 'rebl, vb rɪ'bel] (pt & pp **-led**, cont **-ling**) ⬦ n rebelde mf. ⬦ vi **-1.** [revolt]: **to ~ (against sb/sthg)** rebelar-se (contra alguém/algo) **-2.** [not conform]: **to ~ (against sb/sthg)** revoltar-

rebellion

284

se (contra alguém/algo).

rebellion [rɪ'beljən] *n* **-1.** [armed revolt] rebelião *f* **-2.** [opposition] oposição *f* **-3.** (U) [nonconformity] revolta *f*.

rebellious [rɪ'beljəs] *adj* rebelde.

rebound [*n* 'ri:baʊnd, *vb* ,rɪ'baʊnd] ◇ *n*: **on the ~** [ball] no ricochete; [person] no impulso. *vi* **-1.** [ball] ricochetear.

rebuff [rɪ'bʌf] *n* recusa *f*.

rebuild [,ri:'bɪld] (*pt* & *pp* **-built**) *vt* reconstruir.

rebuke [rɪ'bju:k] ◇ *n* reprimenda *f*. ◇ *vt*: **to ~ sb (for sthg)** repreender alguém (por algo).

recalcitrant [rɪ'kælsɪtrənt] *adj* obstinado(da).

recall [rɪ'kɔ:l] ◇ *n* **-1.** (U) [memory] recordação *f* **-2.** [on faulty goods] recall *m*. ◇ *vt* **-1.** [remember] relembrar-se de **-2.** [summon back - parliament] reconvocar; [- ambassador] chamar de volta.

recant [rɪ'kænt] *vi* retratar-se.

recap ['ri:kæp] (*pt* & *pp* **-ped**, *cont* **-ping**) *inf* ◇ *n* recapitulação *f*. ◇ *vt* [summarize] recapitular. ◇ *vi* [summarize] recapitular.

recapitulate [,ri:kə'pɪtjʊleɪt] *vt* & *vi* recapitular.

recd, rec'd (*abbr of* **received**) recebido.

recede [ri:'si:d] *vi* **-1.** [move away] afastar-se **-2.** *fig* [disappear, fade] desaparecer.

receding [rɪ'si:dɪŋ] *adj* **-1.** [hair]: **~ hairline** entrada *f* (no cabelo) **-2.** [chin]: **~ chin** queixo *m* retraído.

receipt [rɪ'si:t] *n* **-1.** [piece of paper] recibo *m* **-2.** (U) [act of receiving] recebimento *m*.

➡ **receipts** *npl* receita *f*.

receive [rɪ'si:v] *vt* **-1.** [gen] receber **-2.** [welcome] recepcionar **-3.** [greet]: **to be well/badly ~d** ser bem/mal recebido(da).

receiver [rɪ'si:vəʳ] *n* **-1.** [of telephone] fone *m* **-2.** [radio, TV set] receptor *m* **-3.** [criminal] receptador *m*, **-ra** *f* **-4.** FIN [official] curador *m*, **-ra** *f*.

recent ['ri:snt] *adj* recente.

recently ['ri:sntlɪ] *adv* recentemente; **until ~**, no one knew of his existence até pouco tempo atrás, ninguém sabia da existência dele.

receptacle [rɪ'septəkl] *n* recipiente *m*.

reception [rɪ'sepʃn] *n* recepção *f*.

reception desk *n* recepção *f*.

receptionist [rɪ'sepʃənɪst] *n* recepcionista *mf*.

recess ['ri:ses, *UK* rɪ'ses] *n* **-1.** [vacation] recesso *m*; **to be in/go into ~** estar/entrar em recesso **-2.** [alcove] reentrância *f*, vão *m* **-3.** [of mind, memory]

refluxo *m* **-4.** *US* SCH recreio *m*, intervalo *m*.

recession [rɪ'seʃn] *n* recessão *f*.

recharge [,ri:'tʃɑ:dʒ] *vt* recarregar.

recipe ['resɪpɪ] *n* receita *f*.

recipient [rɪ'sɪpɪənt] ◇ *adj* recebedor(ra), receptor(ra). ◇ *n* **-1.** [of letter] destinatário(ria) **-2.** [of cheque] beneficiário(ria) **-3.** [of award] ganhador(ra).

reciprocal [rɪ'sɪprəkl] *adj* recíproco(ca).

recital [rɪ'saɪtl] *n* recital *m*.

recite [rɪ'saɪt] *vt* **-1.** [perform aloud] recitar **-2.** [list] enumerar.

reckless ['reklɪs] *adj* imprudente.

reckon ['rekn] *vt* **-1.** *inf* [think] achar **-2.** [consider, judge]: **he was ~ed to be too old for the job** ele foi considerado velho demais para o trabalho **-3.** [calculate] calcular.

➡ **reckon on** *vt fus* contar com.

➡ **reckon with** *vt fus* [expect] esperar.

reckoning ['rekənɪŋ] *n* cálculo *m*.

reclaim [rɪ'kleɪm] *vt* **-1.** [claim back] recuperar **-2.** [make fit for use] desbravar.

recline [rɪ'klaɪn] *vi* reclinar-se.

reclining [rɪ'klaɪnɪŋ] *adj* reclinável.

recluse [rɪ'klu:s] *n* recluso *m*, **-sa** *f*.

recognition [,rekəg'nɪʃn] *n* **-1.** [identification] reconhecimento *m*; **beyond OR out of all ~** irreconhecível **-2.** [acknowledgment] identificação *f*; **in ~ of** em reconhecimento a.

recognizable ['rekəgnaɪzəbl] *adj* reconhecível; **he was barely ~** mal dava para reconhecê-lo.

recognize, -ise ['rekəgnaɪz] *vt* reconhecer.

recoil [*vb* rɪ'kɔɪl, *n* 'ri:kɔɪl] ◇ *n* coice *m*. ◇ *vi* recuar; **to ~ from/at sthg** recuar diante de algo; **she ~ed at his suggestion** ela recuou diante da sugestão dele.

recollect [,rekə'lekt] *vt* recordar-se de, lembrar-se de.

recollection [,rekə'lekʃn] *n* recordação *f*, lembrança *f*.

recommend [,rekə'mend] *vt* **-1.** [commend, speak in favour of]: **to ~ sb/sthg (to sb)** recomendar alguém/algo (para alguém) **-2.** [advise] recomendar.

recompense ['rekəmpens] ◇ *n*: **~ (for sthg)** recompensa (por algo). ◇ *vt*: **to ~ sb (for sthg)** recompensar alguém (por algo).

reconcile ['rekənsaɪl] *vt* **-1.** [beliefs, ideas] conciliar; **to ~ sthg with sthg** conciliar algo com algo **-2.** [people] reconciliar **-3.** [resign]: **to ~ o.s. to sthg** resignar-se a algo.

reconditioned [,ri:kən'dɪʃnd] *adj* recondicionado(da).

reconnaissance [rɪ'kɒnɪsəns] *n (U)* reconhecimento *m*.

reconnoitre UK, **reconnoiter** US [ˌrekə'nɔɪtəʳ] <> *vt* reconhecer. <> *vi* fazer um reconhecimento.

reconsider [ˌriːkən'sɪdəʳ] *vt* & *vi* reconsiderar.

reconstruct [ˌriːkən'strʌkt] *vt* reconstruir.

record [*n* & *adj* 'rekɔːd, *vb* rɪ'kɔːd] <> *adj* recorde. <> *n* -**1.** [gen] registro *m*; off the ~ em off; on ~ [on file] em registro; [ever recorded] já registrado(-da) -**2.** [vinyl disc] disco *m* -**3.** [best achievement] recorde *m*. <> *vt* -**1.** [write down] registrar -**2.** [put on tape etc] gravar.

recorded delivery [rɪ'kɔːdɪd-] *n (U)*: to send sthg by ~ enviar algo como carta registrada.

recorder [rɪ'kɔːdəʳ] *n* -**1.** [machine] gravador *m*-**2.** [musical instrument] flauta *f* doce.

record holder *n* detentor *m*, -ra *f* do recorde.

recording [rɪ'kɔːdɪŋ] *n* gravação *f*.

record player *n* toca-discos *m*.

recount [*n* 'riːkaʊnt, *vt sense 1* rɪ'kaʊnt, *sense 2* ˌriː'kaʊnt] <> *n* recontagem *f*. <> *vt* -**1.** [narrate] relatar -**2.** [count again] recontar.

recoup [rɪ'kuːp] *vt* recuperar.

recourse [rɪ'kɔːs] *n (U) fml*: to have ~ to sthg recorrer a algo.

recover [rɪ'kʌvəʳ] <> *vt* -**1.** [stolen goods, money] recuperar; to ~ sthg (from sb/somewhere) recuperar algo (de alguém/algum lugar) -**2.** [consciousness, one's breath] recobrar. <> *vi* -**1.** [from illness, accident] [finances]: to ~ (from sthg) recuperar-se (de algo) -**2.** [from shock, setback, sb's death]: to ~ (from sthg) refazer-se (de algo).

recovery [rɪ'kʌvərɪ] (*pl* -ies) *n* -**1.**: ~ (from sthg) recuperação (de algo) -**2.** recuperação *f*.

recreation [ˌrekrɪ'eɪʃn] *n (U)* recreação *f*, divertimento *m*.

recrimination [rɪˌkrɪmɪ'neɪʃn] *n (U)* recriminação *f*.
  ➡ **recriminations** *npl* recriminações *fpl*.

recruit [rɪ'kruːt] <> *n* recruta *mf*. <> *vt* recrutar; to ~ sb (for sthg/to do sthg) recrutar alguém (para algo/para fazer algo). <> *vi* [take on new staff] recrutar gente.

recruitment [rɪ'kruːtmənt] *n (U)* recrutamento *m*.

rectangle ['rekˌtæŋgl] *n* retângulo *m*.

rectangular [rek'tæŋgjʊləʳ] *adj* retangular.

rectify ['rektɪfaɪ] (*pt* & *pp* -ied) *vt fml* retificar.

rector ['rektəʳ] *n* -**1.** [priest] pároco *m* -**2.** *Scot* [head - of school] diretor *m*, -ra *f*; [- of college, university] reitor *m*, -ra *f*.

rectory ['rektərɪ] (*pl* -ies) *n* residência *f* paroquial.

recuperate [rɪ'kuːpəreɪt] *vi fml*: to ~ (from sthg) restabelecer-se (de algo).

recur [rɪ'kɜːʳ] (*pt* & *pp* -red, *cont* -ring) *vi* repetir-se.

recurrence [rɪ'kʌrəns] *n fml* recorrência *f*.

recurrent [rɪ'kʌrənt] *adj* recorrente.

recycle [ˌriː'saɪkl] *vt* reciclar.

red [red] (*compar* -der, *superl* -dest) <> *adj* -**1.** [gen] vermelho(lha) -**2.** [hair] ruivo(va). <> *n (U)* [colour] vermelho *m*; to be in the ~ *inf* estar no vermelho.

red card *n* FTBL: to be shown the ~ , to get a ~ receber cartão vermelho.

red carpet *n*: to roll out the ~ for sb estender o tapete vermelho para alguém.
  ➡ **red-carpet** *adj*: to give sb the red-carpet treatment dar tratamento VIP para alguém.

Red Cross *n*: the ~ a Cruz Vermelha.

redcurrant ['redkʌrənt] *n* -**1.** [fruit] groselha *f*-**2.** [bush] groselheira *f*.

redden ['redn] <> *vt* [make red] avermelhar. <> *vi* [flush] ruborizar-se, ficar ruborizado(da).

redecorate [ˌriː'dekəreɪt] <> *vt* redecorar. <> *vi* redecorar a casa.

redeem [rɪ'diːm] *vt* -**1.** [save, rescue] redimir -**2.** [from pawnbroker] resgatar.

redeemer *n* RELIG: the Redeemer o Redentor.

redeeming [rɪ'diːmɪŋ] *adj* redentor, que redime.

redeploy [ˌriːdɪ'plɔɪ] *vt* remanejar.

red-faced [-'feɪst] *adj* -**1.** [after exercise, with heat] vermelho(lha) -**2.** [with embarrassment] corado(da).

red-haired [-'heəd] *adj* ruivo(va).

red-handed [-'hændɪd] *adj*: to catch sb ~ pegar alguém com a mão na massa.

redhead ['redhed] *n* ruiva *f*.

red herring *n fig* pista *f* falsa.

red-hot *adj* -**1.** [extremely hot] em brasa -**2.** [very enthusiastic] apaixonado(da) -**3.** *inf* [very good] supimpa.

redid [ˌriː'dɪd] *pt* ⊳ **redo**.

redirect [ˌriːdɪ'rekt] *vt* -**1.** [mail] redirecionar -**2.** [traffic, aircraft] desviar -**3.** [one's energies, money, aid] direcionar.

rediscover [ˌriːdɪs'kʌvəʳ] *vt* -**1.** [re-experience] redescobrir -**2.** [make popular, famous again]: to be ~ed ser redescoberto(ta).

red light n [traffic signal] luz f vermelha.
red-light district n zona f do baixo meretrício.
redo [,ri:'du:] (pt -did, pp -done) vt [do again] refazer.
redolent ['redələnt] adj literary -1. [reminiscent]: ~ of sthg rememorativo(va) de algo -2. [smelling]: ~ of sthg com aroma de algo.
redone pp ⊳ redo.
redouble [,ri:'dʌbl] vt: to ~ one's efforts (to do sthg) redobrar os esforços (para fazer algo).
redraft [,ri:'drɑːft] vt reescrever.
redress [rɪ'dres] fml ⬦ n (U) retificação f. ⬦ vt: to ~ the balance compensar.
Red Sea n: the ~ o Mar Vermelho.
red tape n (U) fig burocracia f.
reduce [rɪ'djuːs] ⬦ vt -1. [make smaller, less] reduzir; to ~ sthg to a pulp reduzir algo à essência -2. [force, bring]: to be ~d to doing sthg ser forçado(da) a fazer algo; to be ~d to sthg estar reduzido(da) a algo. ⬦ vi US [lose weight] emagrecer.
reduction [rɪ'dʌkʃn] n -1. [decrease]: ~ (in sthg) redução (em algo) -2. [amount of decrease]: ~ (of) redução de.
redundancy [rɪ'dʌndənsɪ] (pl -ies) n UK -1. [job loss] demissão f -2. (U) [jobless state] desemprego m.
redundant [rɪ'dʌndənt] adj -1. UK [jobless]: to be made ~ ficar desempregado(da) -2. [superfluous] supérfluo(a).
reed [riːd] n -1. [plant] junco m -2. [of musical instrument] palheta f.
reef [riːf] n recife m.
reek [riːk] ⬦ n fedor m. ⬦ vi: to ~ (of sthg) feder (a algo).
reel [riːl] ⬦ n -1. [roll] rolo m -2. [on fishing rod] molinete m. ⬦ vi [stagger] cambalear.
➧ **reel in** vt sep enrolar.
➧ **reel off** vt sep [list] enumerar.
re-enact vt reviver.
ref [ref] n -1. inf (abbr of referee) SPORT árbitro m -2. (abbr of reference) ADMIN ref.
refectory [rɪ'fektərɪ] (pl -ies) n -1. [in school, college] cantina f -2. [in monastery] refeitório m.
refer [rɪ'fɜːʳ] (pt & pp -red, cont -ring) vt -1. [person]: to ~ sb to sthg encaminhar alguém para algo -2. [report, case, decision]: to ~ sthg to sb/sthg encaminhar algo para alguém/algo.
➧ **refer to** vt fus -1. [mention, speak about] referir-se a -2. [apply to, concern] aplicar-se a -3. [consult] consultar.
referee [,refə'riː] ⬦ n -1. SPORT árbitro m, -tra f -2. UK [for job application

referência f. ⬦ vt & vi SPORT apitar.
reference ['refrəns] n -1. [gen] referência f -2. (U) [act of mentioning]: to make ~ to sb/sthg referência a alguém/algo; with ~ to fml com referência a -3. [mention]: ~ (to sb/sthg) menção a alguém/algo -4. (U) [for advice, information]: ~ (to sb/sthg) referência a alguém/algo -5. COMM [in letter] referências fpl.
reference book n livro m de consulta.
reference number n número m de referência.
referendum [,refə'rendəm] (pl -s OR -da [-də]) n POL plebiscito m.
refill [n 'riːfɪl, vb ,riː'fɪl] ⬦ n -1. [for pen, lighter] carga f nova -2. inf [drink] dose f extra. ⬦ vt [fill again - bottle, glass] encher novamente; [- petrol tank] reabastecer.
refine [rɪ'faɪn] vt -1. [purify] refinar -2. [details, speech] aprimorar.
refined [rɪ'faɪnd] adj refinado(da).
refinement [rɪ'faɪnmənt] n -1. [improvement]: ~ (on sthg) refinamento (de algo) -2. (U) [gentility] requinte m.
reflect [rɪ'flekt] ⬦ vt refletir; to ~ that ... refletir que ... ⬦ vi [think, consider]: to ~ (on OR upon sthg) refletir (sobre algo).
reflection [rɪ'flekʃn] n -1. [gen] reflexo m -2. [comment, thought] reflexão f; ~ on sthg reflexão sobre algo; on ~ pensando bem.
reflector [rɪ'flektəʳ] n refletor m.
reflex ['riːfleks] n: ~ (action) (ato) reflexo m.
reflexive [rɪ'fleksɪv] adj GRAMM reflexivo(va).
reforestation [riː,fɒrɪ'steɪʃn] n esp US = reafforestation.
reform [rɪ'fɔːm] ⬦ n reforma f. ⬦ vt -1. [change] reformar -2. [improve behaviour of] corrigir. ⬦ vi corrigir-se.
Reformation [,refə'meɪʃn] n: the ~ a Reforma.
reformer [rɪ'fɔːməʳ] n reformador m, -ra f.
refrain [rɪ'freɪn] ⬦ n refrão m. ⬦ vi fml: to ~ from doing sthg abster-se de fazer algo.
refresh [rɪ'freʃ] vt refrescar.
refreshed [rɪ'freʃt] adj revigorado(da).
refresher course [rɪ'freʃəʳ-] n curso m de aperfeiçoamento OR atualização.
refreshing [rɪ'freʃɪŋ] adj -1. [pleasantly different] reconfortante -2. [cooling, energy-giving] refrescante.
refreshments [rɪ'freʃmənts] npl comes mpl e bebes, lanche m.
refrigerator [rɪ'frɪdʒəreɪtəʳ] n geladeira f, refrigerador m.

refuel [,ri:'fjʊəl] *(UK pt & pp* -led, *cont* -ling, *US pt & pp* -ed, *cont* -ing) ◇ *vt* reabastecer. ◇ *vi* reabastecer-se *(de combustível)*.

refuge ['refju:dʒ] *n* -1. [place of safety] refúgio *m* -2. *(U)* [safety]: **to seek** OR **take ~** [hide] procurar refúgio, refugiar-se; **to seek** OR **take ~ in sthg** *fig* procurar OR buscar refúgio em algo, refugiar-se em algo.

refugee [,refjʊ'dʒi:] *n* refugiado *m*, -da *f*.

refund [*n* 'ri:fʌnd, *vb* rɪ'fʌnd] ◇ *n* reembolso *m*. ◇ *vt*: **to ~ sthg to sb**, **to ~ sb sthg** reembolsar algo a alguém.

refurbish [,ri:'fɜ:bɪʃ] *vt* -1. [shop, office] reformar -2. [building] restaurar.

refusal [rɪ'fju:zl] *n* recusa *f*; **her ~ to accept the conditions** o fato de ela não ter aceitado as condições; **to meet with ~** ser rechaçado(da).

refuse[1] [rɪ'fju:z] ◇ *vt* -1. [withhold, deny]: **to ~ sb sthg**, **to ~ sthg to sb** negar algo a alguém -2. [decline] recusar; **to ~ to do sthg** recusar-se a fazer algo, negar-se a fazer algo. ◇ *vi* negar-se, dizer que não.

refuse[2] ['refju:s] *n (U)* lixo *m*, refugo *m*.

refuse collection ['refju:s-] *n* coleta *f* de lixo.

refute [rɪ'fju:t] *vt fml* refutar.

regain [rɪ'geɪn] *vt* recuperar.

regal ['ri:gl] *adj* régio(gia).

regalia [rɪ'geɪljə] *n (U) fml* insígnias *fpl* reais.

regard [rɪ'gɑ:d] ◇ *n* -1. *(U) fml* [respect, esteem] respeito *m*, estima *f*; **~ (for sb/sthg)** respeito OR estima (por alguém/algo) -2. [aspect]: **in this/ that ~** a este respeito. ◇ *vt* considerar; **to ~ o.s. intelligent** considerar-se inteligente; **to be highly ~ed** ser muito bem considerado(da).
▸ **regards** *npl* [in greetings] lembranças *fpl*; **with my best ~s** cordialmente.
▸ **as regards** *prep* em relação a, no que se refere a.
▸ **in regard to, with regard to** *prep* a respeito de, em relação a.

regarding [rɪ'gɑ:dɪŋ] *prep* a respeito de, em relação a.

regardless [rɪ'gɑ:dlɪs] *adv* apesar de tudo.
▸ **regardless of** *prep* independentemente de; **~ the cost** custe o que custar.

regime [reɪ'ʒi:m] *n pej* regime *m*.

regiment ['redʒɪmənt] *n* MIL regimento *m*.

region ['ri:dʒən] *n* -1. [gen] região *f* -2. [range]: **in the ~ of** por volta de.

regional ['ri:dʒənl] *adj* regional.

register ['redʒɪstə'] ◇ *n* registro *f*. ◇ *vt* -1. registrar -2. [express] expressar, mostrar. ◇ *vi* -1. [enrol]: **to ~ as/for sthg** inscrever-se como/para algo -2. [book in] registrar-se -3. *inf* [be properly understood] assimilar.

registered ['redʒɪstəd] *adj* -1. [officially listed] oficialmente inscrito(ta) -2. [letter, parcel] registrado(da).

registered trademark *n* marca *f* registrada.

registrar ['redʒɪstrɑ:'] *n* -1. [keeper of records] escrivão *m*, -vã *f*, oficial *mf* de registro -2. UNIV [administrator] secretário *m*, -ria *f* geral -3. *UK* [doctor] médico *m*, -ca *f* em estágio de especialização.

registration [,redʒɪ'streɪʃn] *n* -1. [course enrolment] matrícula *f* -2. [of births, marriages and deaths] registro *m* -3. AUT = **registration number**.

registration number *n* AUT número *m* de licença.

registry ['redʒɪstrɪ] *(pl* -ies) *n* registro *m*.

registry office *n* registro *m* civil.

regret [rɪ'gret] *(pt & pp* -ted, *cont* -ting) ◇ *n* -1. *(U) fml* [sorrow] pesar *m* -2. [sad feeling]: **to have no ~a about sthg** não lamentar algo em absoluto. ◇ *vt*: **to ~ sthg/doing sthg** lamentar algo/ter feito algo; **we ~ to announce ...** lamentamos comunicar ...

regretfully [rɪ'gretfʊlɪ] *adv* pesarosamente; **~ we have to announce ...** lamentamos ter que anunciar ...

regrettable [rɪ'gretəbl] *adj fml* lamentável.

regroup [,ri:'gru:p] *vi* reagrupar-se.

regular ['regjʊlə'] ◇ *adj* -1. [gen] regular -2. [frequent - occurrence] freqüente; [- customer] habitual; [- visitor] assíduo(dua) -3. [usual] habitual, normal -4. *US* [in size] médio(dia) -5. *US* [pleasant] amigável -6. *US* [normal] normal. ◇ *n* [customer, client] cliente *mf* habitual.

regularly ['regjʊlǝlɪ] *adv* -1. [equally spaced] de maneira uniforme -2. [repeated at expected time] regularmente.

regulate ['regjʊleɪt] *vt* regular.

regulation [,regjʊ'leɪʃn] ◇ *adj* regulamentar. ◇ *n* -1. [rule] regra *f* -2. *(U)* [control] regulamento *m*, regulamentação *f*.

rehabilitate [,ri:ǝ'bɪlɪteɪt] *vt* -1. [convict, addict] reabilitar -2. [patient, invalid] recuperar.

rehearsal [rɪ'hɜ:sl] *n* ensaio *m*.

rehearse [rɪ'hɜ:s] ◇ *vt* ensaiar. ◇ *vi*: **to ~ (for sthg)** ensaiar (para algo).

reheat [,ri:'hi:t] *vt* reaquecer, esquentar de novo.

reign [rem] ◇ *n* reinado *m*. ◇ *vi*: to ~ **(over sb/sthg)** reinar (sobre alguém/algo).

reimburse [,ri:ɪm'bɜ:s] *vt*: to ~ sb (for sthg) reembolsar alguém (por algo).

rein [rem] *n fig*: to give (a) free ~ to sb, to give sb free ~ dar carta branca a alguém.

➡ **reins** *npl* [for horse] rédeas *fpl*.

reindeer ['rem,dɪə'] *(pl inv)* n rena *f*.

reinforce [,ri:ɪn'fɔ:s] *vt*: to ~ sthg (with sthg) reforçar algo (com algo).

reinforced concrete [,ri:ɪn'fɔ:st-] *n (U)* concreto *m* armado.

reinforcement [,ri:ɪn'fɔ:smənt] *n* reforço *m*.

➡ **reinforcements** *npl* reforços *mpl*.

reinstate [,ri:ɪn'steɪt] *vt* -1. [person - in job] readmitir; [- in position, office] reempossar, reintegrar -2. [payment, idea, policy] restabelecer.

reissue [ri:'ɪʃu:] ◇ *n* reedição *f*, reimpressão *f*. ◇ *vt* reeditar, reimprimir.

reiterate [ri:'ɪtəreɪt] *vt fml* reiterar.

reject [*n* 'ri:dʒekt, *vb* rɪ'dʒekt] ◇ *n* [in factory, shop] refugo *m*, rejeito *m*. ◇ *vt* -1. [not agree to] rejeitar, não concordar com -2. [dismiss, not accept] rejeitar -3. [for job] recusar.

rejection [rɪ'dʒekʃn] *n* -1. *(U)* [act of refusal] rejeição *f* -2. [for job] recusa *f*.

rejoice [rɪ'dʒɔɪs] *vi*: to ~ (at OR in sthg) regozijar-se OR alegrar-se (por algo).

rejuvenate [rɪ'dʒu:vəneɪt] *vt* rejuvenescer.

rekindle [,ri:'kɪndl] *vt fig* reacender, reavivar.

relapse [rɪ'læps] ◇ *n* recaída *f*. ◇ *vi*: to ~ into [coma] entrar novamente em; [drunken stupor, old ways] voltar a cair em; [crime] reincidir em.

relate [rɪ'leɪt] ◇ *vt* -1. [connect]: to ~ sthg to sthg relacionar algo a algo -2. [tell] contar. ◇ *vi* -1. [connect]: to ~ to sthg relacionar-se a algo -2. [concern]: to ~ to sthg referir-se a algo -3. [empathize]: to ~ (to sb/sthg) ter muito em comum(com alguém/algo).

➡ **relating to** *prep* sobre, acerca de.

related [rɪ'leɪtɪd] *adj* -1. [in same family] aparentado (da); to be ~ to sb ser aparentado(da) de alguém -2. [connected] relacionado(da).

relation [rɪ'leɪʃn] *n* -1. *(U)* [connection]: ~ (to/between) relação *f* (com/entre);to bear no ~ to não ter nada a ver com -2. [family member] parente *mf*, familiar *mf*.

➡ **relations** *npl* [relationship] relações

fpl; ~ **between/with** relações entre/com.

relationship [rɪ'leɪʃnʃɪp] *n* -1. [gen] relação *f* -2. [relations] relação *f*, relacionamento *m* -3. [connection] ligação *f*.

relative ['relətɪv] ◇ *adj* relativo(va). ◇ *n* parente *mf*, familiar *mf*.

➡ **relative to** *prep fml* -1. [compared to] em comparação com -2. [connected with] relativo(va) a, com relação a.

relatively ['relətɪvlɪ] *adv* relativamente.

relax [rɪ'læks] ◇ *vt* -1. [gen] relaxar -2. [loosen, free up] afrouxar. ◇ *vi* -1. [person] relaxar, descontrair-se; ~ ! It's OK! relaxe! Está tudo bem! -2. [grip] afrouxar-se.

relaxation [,ri:læk'seɪʃn] *n (U)* -1. [rest] relaxamento *m* -2. [of rule, discipline, regulation] afrouxamento *m*.

relaxed [rɪ'lækst] *adj* -1. [person] relaxado(da), descontraído(da) -2. [meeting, evening, mood] descontraído(da).

relaxing [rɪ'læksɪŋ] *adj* relaxante.

relay ['ri:leɪ] *(pt & pp senses 1 & 2 -ed, pt & pp sense 3 relaid)* ◇ *n* -1. SPORT: ~ **(race)** corrida *f* de revezamento; in ~ s *fig* em turnos -2. [broadcast] retransmissão *f*. ◇ *vt* -1. [broadcast] retransmitir -2. [message, news]: to ~ sthg (to sb) transmitir algo (a alguém).

release [rɪ'li:s] ◇ *n* -1. *(U)* [from captivity] soltura *f*, libertação *f* -2. *(U)* [from pain, suffering] liberação *f* -3. [statement] comunicado *m* -4. *(U)* [of gas, fumes] escapamento *m*, emissão *f* -5. *(U)* [of film, video, CD] lançamento *m* -6. [film, video, CD]: new ~ novo lançamento. ◇ *vt* -1. [set free] soltar, libertar; to ~ sb from prison/captivity libertar OR soltar alguém da prisão/do cativeiro; to ~ sb from sthg [promise, contract] liberar alguém de algo -2. [make available] liberar -3. [control, grasp, mechanism] soltar -4. [let out, emit]: heat is ~d from the liquid into the air o calor é liberado do líquido para o ar -5. [film, video, CD] lançar; [statement, news story] divulgar.

relegate ['relɪgeɪt] *vt* -1. [demote]: to ~ sb/sthg (to) relegar alguém/algo (a) -2. SPORT: to be ~d UK ser rebaixado(da).

relent [rɪ'lent] *vi* -1. [person] condescender -2. [wind, storm] abrandar-se, acalmar-se.

relentless [rɪ'lentlɪs] *adj* implacável.

relevant ['reləvənt] *adj* -1. [gen] relevante; ~ **(to sb/sthg)** relevante (a alguém/algo) -2. [important]: ~ **(to sb/sthg)** importante (a alguém/algo).

reliable [rɪ'laɪəbl] *adj* -1. [dependable]

confiável **- 2.** [correct, true] seguro(ra).

reliably [rɪ'laɪəblɪ] adv **-1.** [dependably] de forma confiável **- 2.** [correctly, truly]: **to be ~ informed that ...** saber de fonte segura que ...

reliant [rɪ'laɪənt] adj: **~ on sb/sthg** dependente de alguém/algo.

relic ['relɪk] n relíquia f.

relief [rɪ'liːf] n **-1.** [comfort] alívio m; **she sighed with ~** ela suspirou aliviada **- 2.** (U) [for poor, refugees] auxílio m **- 3.** US [social security] subsídio m.

relieve [rɪ'liːv] vt **-1.** [ease, lessen] aliviar; **to ~ sb of sthg** aliviar alguém de algo **- 2.** [take over from] substituir **- 3.** [give help to] auxiliar.

religion [rɪ'lɪdʒn] n religião f.

religious [rɪ'lɪdʒəs] adj religioso(sa).

relinquish [rɪ'lɪŋkwɪʃ] vt **-1.** [power, post, claim] renunciar a **- 2.** [hold] soltar.

relish ['relɪʃ] ◇ n **-1.** (U) [enjoyment]: **with (great) ~** com(grande)satisfação **- 2.** [pickle] picles mpl. ◇ vt desfrutar de; **to ~ the thought OR idea OR prospect of doing sthg** desfrutar de antemão da idéia OR da perspectiva de fazer algo.

relocate [ˌriːləʊ'keɪt] ◇ vt realocar, transferir. ◇ vi transferir-se.

reluctance [rɪ'lʌktəns] n (U) relutância f.

reluctant [rɪ'lʌktənt] adj relutante; **to be ~ to do sthg** estar pouco disposto(ta) a fazer algo.

reluctantly [rɪ'lʌktəntlɪ] adv relutantemente.

rely [rɪ'laɪ] (pt & pp -ied) ➠ **rely on** vt fus **-1.** [count on] contar com; **to ~ on sb/sthg to do sthg** estar certo(ta) de que alguém/algo fará algo **- 2.** [be dependent on]: **to ~ on sb/sthg for sthg** depender de alguém/algo para algo.

remain [rɪ'meɪn] vi **-1.** [stay] permanecer, ficar; **to ~ the same** continuar sendo igual **- 2.** [be left] ficar; **the problem ~ o** problema continua; **to ~ to be done** ficar para ser feito(ta). ➠ **remains** npl **-1.** [of meal, fortune, body] restos mpl **- 2.** [corpses] corpos mpl **- 3.** [of ancient civilization, buildings] ruínas fpl.

remainder [rɪ'meɪndə^r] n **-1.** [rest]: **the ~ o** resto **- 2.** MATH resto m; **three into ten goes three ~ one** dez (dividido) por três é igual a três e sobra um.

remaining [rɪ'meɪnɪŋ] adj restante; **it's my last ~ pound!** é a última libra que eu tenho!

remand [rɪ'mɑːnd] JUR ◇ n: **on ~** sob prisão preventiva. ◇ vt recolocar em prisão preventiva; **to be ~ed in custody** estar sob custódia.

remark [rɪ'mɑːk] ◇ n comentário m. ◇ vt: **to ~ (that)** comentar que.

remarkable [rɪ'mɑːkəbl] adj excepcional, extraordinário(ria).

remarry [ˌriː'mærɪ] (pt & pp -ied) vi casar-se de novo.

remedial [rɪ'miːdjəl] adj **-1.** [pupil] atrasado(da) **- 2.** [teacher, class] de reforço **- 3.** [corrective] corretivo (va).

remedy ['remədɪ] (pl -ies, pt & pp -ied) ◇ n **-1.** [for ill health]: **~ (for sthg)** remédio m (para algo) **- 2.** fig [solution]: **~ (for sthg)** OR solução f (para algo). ◇ vt remediar.

remember [rɪ'membə^r] ◇ vt lembrar-se de, lembrar; **to ~ doing sthg** lembrar-se de ter feito algo; **to ~ to do sthg** lembrar-se de fazer algo. ◇ vi lembrar(-se).

remembrance [rɪ'membrəns] n (U) fml: **in ~ of** em memória de.

Remembrance Day n na Grã-Bretanha, dia em memória das pessoas mortas nas duas guerras mundiais.

remind [rɪ'maɪnd] vt **-1.** [tell]: **to ~ sb (about sthg/to do sthg)** lembrar alguém (de algo/de fazer algo) **- 2.** [be reminiscent of]: **to ~ sb of sb/sthg** fazer alguém se lembrar de alguém/algo; **she ~s me of my sister** ela me faz lembrar a minha irmã.

reminder [rɪ'maɪndə^r] n **-1.** [to jog memory]: **~ of sthg/to do sthg** lembrança f de algo/de fazer algo **- 2.** [for bill, membership, licence] lembrete m.

reminisce [ˌremɪ'nɪs] vi: **to ~ (about sthg)** rememorar(algo).

reminiscent [ˌremɪ'nɪsnt] adj: **~ of sb/sthg** que faz lembrar alguém/algo.

remiss [rɪ'mɪs] adj descuidado(da), negligente.

remit ['riːmɪt] (pt & pp -ted, cont -ting) ◇ n UK alçada f; **that's outside my ~** isto está fora da minha alçada. ◇ vt remeter.

remittance [rɪ'mɪtns] n **-1.** [payment] remessa f **- 2.** COMM [settlement of invoice] remessa f de valores.

remnant ['remnənt] n **-1.** [of cloth] sobra f; [of beauty, culture] resto m.

remold n US = remould.

remorse [rɪ'mɔːs] n (U) remorso m.

remorseful [rɪ'mɔːsfʊl] adj cheio (cheia) de remorso.

remorseless [rɪ'mɔːslɪs] adj **-1.** [pitiless] desapiedado(da) **- 2.** [unstoppable] impiedoso(sa), implacável.

remote [rɪ'məʊt] adj **-1.** [gen] remoto(-ta) **- 2.** [unconnected, detached]: **~ from** distante de.

remote control n controle m remoto.

remotely [rɪ'məʊtlɪ] adv remotamente.

remould UK, **remold** US ['riːməʊld] n pneu m recauchutado.

removable [rɪ'muːvəbl] *adj* desmontável.

removal [rɪ'muːvl] *n* -1. *UK* [change of house] mudança *f* -2. *(U)* [act of removing] remoção *f*.

removal van *n UK* caminhão *m* de mudança.

remove [rɪ'muːv] *vt* -1. [gen]: to ~ sthg (from) remover algo (de) -2. [take off garment] tirar -3. [from a job, post]: to ~ sb (from) demitir alguém (de) -4. [injustice, difficulty] eliminar -5. [problem] resolver -6. [suspicion] dissipar.

remuneration [rɪˌmjuːnə'reɪʃn] *n fml (U)* remuneração *f*.

Renaissance [rə'neɪsəns] *n*: the ~ o Renascimento.

render ['rendəʳ] *vt* -1. [make, change] tornar; to ~ sthg useless tornar algo inútil; to ~ sb speechless deixar alguém boquiaberto(ta) -2. [give] dar, prestar; to ~ good services prestar bons serviços -3. *COMPUT* exibir.

rendering ['rendərɪŋ] *n* -1. [performance - of play] interpretação *f*; [- of song, piece of music] execução *f* -2. [translation] tradução *f* -3. *COMPUT* exibição *f*.

rendezvous ['rondɪvuː] *(pl inv)* *n* -1. [meeting] encontro *m* -2. [place] ponto *m* de encontro.

renegade ['renɪgeɪd] *n* renegado *m*, -da *f*.

renew [rɪ'njuː] *vt* -1. [gen] renovar -2. [start again] reiniciar.

renewable [rɪ'njuːəbl] *adj* renovável.

renewal [rɪ'njuːəl] *n* renovação *f*.

renounce [rɪ'naʊns] *vt* renunciar a.

renovate ['renəveɪt] *vt* renovar, reformar.

renown [rɪ'naʊn] *n (U)* renome *m*.

renowned [rɪ'naʊnd] *adj*: ~ (for sthg) renomado(da) (por algo).

rent [rent] <> *n* aluguel *m*. <> *vt* alugar.

rental ['rentl] <> *adj* de aluguel. <> *n* [money] aluguel *m*.

renunciation [rɪˌnʌnsɪ'eɪʃn] *n (U)* renúncia *f*.

reorganize, -ise [ˌriː'ɔːgənaɪz] *vt* reorganizar.

rep [rep] *n* -1. *(abbr of* representative*) inf* representante *mf* -2. *(abbr of* repertory*) apresentação de uma série de peças teatrais em seqüência por uma mesma companhia teatral em um mesmo teatro*.

repaid [riː'peɪd] *pt* & *pp* ⊳ repay.

repair [rɪ'peəʳ] <> *n* -1. *(U)* [act of mending] reparo *m*, conserto *m*; it's beyond ~ não tem conserto; ingood/bad ~ em bom/mau estado -2. [instance of mending] reparo *m*. <> *vt* reparar.

repair kit *n* caixa *f* de ferramentas *(de bicicleta)*.

repartee [ˌrepɑː'tiː] *n (U)* troca *f* de réplicas engenhosas.

repatriate [ˌriː'pætrɪeɪt] *vt* repatriar.

repay [riː'peɪ] *(pt* & *pp* repaid*) vt* -1. [money] reembolsar, devolver; to ~ sb sthg, to ~ sthg to sb reembolsar *OR* devolver algo a alguém -2. [favour] retribuir.

repayment [riː'peɪmənt] *n* -1. *(U)* [act of paying back] reembolso *m*, devolução *f* -2. [sum] pagamento *m*.

repeal [rɪ'piːl] <> *n* revogação *f*. <> *vt* revogar.

repeat [rɪ'piːt] <> *vt* -1. [gen] repetir -2. [broadcast] reprisar. <> *n* [broadcast] reprise *f*.

repeatedly [rɪ'piːtɪdlɪ] *adv* repetidamente.

repel [rɪ'pel] *(pt* & *pp* -led, *cont*-ling*) vt* -1. [disgust] repugnar -2. [drive away] repelir.

repellent [rɪ'pelənt] <> *adj* repugnante. <> *n* repelente *m*.

repent [rɪ'pent] <> *vt* arrepender-se de. <> *vi*: to ~ of sthg arrepender-se de algo.

repentance [rɪ'pentəns] *n (U)* arrependimento *m*.

repercussions [ˌriːpə'kʌʃnz] *npl* repercussões *fpl*.

repertoire ['repətwɑːʳ] *n* repertório *m*.

repertory ['repətrɪ] *n (U)* repertório *m*.

repetition [ˌrepɪ'tɪʃn] *n* repetição *f*.

repetitious [ˌrepɪ'tɪʃəs], **repetitive** [rɪ'petɪtɪv] *adj* repetitivo(va).

replace [rɪ'pleɪs] *vt* -1. [take the place of] substituir; to ~ sthg (with sthg) substituir *OR* trocar algo (por algo); to ~ sb (with sb) substituir alguém (por alguém); if I lose your book, I'll ~ it eu perder o teu livro, eu te dou outro -2. [put back] recolocar no lugar.

replacement [rɪ'pleɪsmənt] *n* -1. *(U)* [act of replacing] reposição *f*, substituição *f* -2. [new person, object]: ~ (for sthg) substituto *m*, -ta *f* (para algo); ~ (for sb) suplente *mf* (para alguém).

replay [*n* 'riːpleɪ, *vb* ˌriː'pleɪ] <> *n* -1. [recording] replay *m* -2. [game] partida *f* de desempate. <> *vt*-1. [match, game] jogar de novo -2. [film, tape] reprisar.

replenish [rɪ'plenɪʃ] *vt fml*: to ~ sthg (with sthg) reabastecer *OR* prover novamente algo (com algo).

replica ['replɪkə] *n* réplica *f*, cópia *f*.

reply [rɪ'plaɪ] *(pl* -ies, *pt* & *pp* -ied*)* <> *n* resposta *f*. <> *vt* responder; to ~ that responder que. <> *vi* responder; to ~ to sb/sthg responder a alguém/algo.

reply coupon *n* cupom *m* de resposta.

report [rɪ'pɔːt] ◇ *n* -1. [description, account] relatório *m* -2. PRESS reportagem *f* -3. UK SCH boletim *m* de avaliação. ◇ *vt* -1. [news, crime] informar, comunicar -2. [make known]: **to ~ that** informar que; **to ~ sthg (to sb)** relatar algo (a alguém) -3. [complain about]: **to ~ sb (to sb)** denunciar alguém (a alguém); **to ~ sb for sthg** denunciar alguém por algo. ◇ *vi* -1. [give account] relatar; **to ~ on sthg** fazer um relatório sobre algo -2. PRESS: **to ~ on sthg** fazer uma reportagem sobre algo -3. [present o.s.]: **to ~ to** apresentar-se a; **to ~ for sthg** apresentar-se para algo.

report card *n* US SCH boletim *m*, caderneta *f* escolar.

reportedly [rɪ'pɔːtɪdlɪ] *adv* segundo se diz; **he is ~ not intending to return to this country** sabe-se que ele não pretende voltar a este país.

reporter [rɪ'pɔːtə'] *n* repórter *mf*.

repose [rɪ'pəʊz] *n* (*U*) *literary* repouso *m*.

repossess [ˌriːpə'zes] *vt* retomar a posse de.

reprehensible [ˌreprɪ'hensəbl] *adj fml* repreensível.

represent [ˌreprɪ'zent] *vt* representar.

representation [ˌreprɪzen'teɪʃn] *n* (*U*) representação *f*.

   representations *npl fml*: **to make ~ s to sb** apresentar reclamações a alguém.

representative [ˌreprɪ'zentətɪv] ◇ *adj* representativo(va); **~ (of sb/sthg)** representativo(va) (de alguém/algo). ◇ *n* -1. [of company, organization, group] representante *mf* -2. COMM: (sales) **~** representante *mf* (de vendas) -3. US POL deputado *m*, -da *f*.

repress [rɪ'pres] *vt* reprimir.

repression [rɪ'preʃn] *n* (*U*) repressão *f*.

reprieve [rɪ'priːv] ◇ *n* -1. [of death sentence] indulto *m* -2. [respite] trégua *f*. ◇ *vt* indultar.

reprimand ['reprɪmɑːnd] ◇ *n* repri-menda *f*, repreensão *f*. ◇ *vt* repreender.

reprisal [rɪ'praɪzl] *n* retaliação *f*, represália *f*.

reproach [rɪ'prəʊtʃ] ◇ *n* -1. (*U*) [disapproval] censura *f*, repreensão *f* -2. [words of blame] acusação *f*. ◇ *vt*: **to ~ sb (for OR with sthg)** censurar OR repreender alguém (por algo).

reproachful [rɪ'prəʊtʃfʊl] *adj* de reprovação.

reproduce [ˌriːprə'djuːs] ◇ *vt* reproduzir. ◇ *vi* reproduzir-se.

reproduction [ˌriːprə'dʌkʃn] *n* reprodução *f*.

reproof [rɪ'pruːf] *n* -1. [words of blame] censura *f* -2. (*U*) [disapproval] reprovação *f*.

reprove [rɪ'pruːf] *vt*: **to ~ sb (for sthg)** reprovar alguém (por algo).

reptile ['reptaɪl] *n* réptil *m*.

republic [rɪ'pʌblɪk] *n* república *f*.

republican [rɪ'pʌblɪkən] ◇ *adj* republicano(na). ◇ *n* republicano *m*, -na *f*.
   ◆ **Republican** ◇ *adj* -1. [in USA] republicano(na); **the Republican Party** o Partido Republicano -2. [in Northern Ireland] independentista. ◇ *n* -1. [in USA] republicano *m*, -na *f* -2. [in Northern Ireland] independentista *mf*.

repudiate [rɪ'pjuːdɪeɪt] *vt fml* repudiar.

repulse [rɪ'pʌls] *vt* repelir.

repulsive [rɪ'pʌlsɪv] *adj* repulsivo (va).

reputable ['repjʊtəbl] *adj* de boa reputação.

reputation [ˌrepjʊ'teɪʃn] *n* reputação *f*.

repute [rɪ'pjuːt] *n* (*U*) *fml* [reputation]: **of good/ill ~** de boa/má reputação.

reputed [rɪ'pjuːtɪd] *adj* de renome; **to be ~ to be/do sthg** ter fama de ser/fazer algo.

reputedly [rɪ'pjuːtɪdlɪ] *adv* supostamente, segundo dizem.

request [rɪ'kwest] ◇ *n*: **~ (for sthg)** solicitação *f* (de algo); **on ~** através de solicitação. ◇ *vt* solicitar, pedir; **to ~ sb to do sthg** solicitar a alguém que faça algo.

request stop *n* UK parada *f* de ônibus não-obrigatória.

require [rɪ'kwaɪə'] *vt* -1. [need] requerer, necessitar de -2. [demand] exigir; **to ~ sb to do sthg** exigir que alguém faça algo; **employees are ~ d to wear a uniform** exige-se que os funcionários usem uniformes.

required [rɪ'kwaɪəd] *adj* necessário (ria); **formal dress is ~ d** exigem-se trajes formais.

requirement [rɪ'kwaɪəmənt] *n* -1. [need] necessidade *f* -2. [condition] requisito *m*, condição *f*.

requisition [ˌrekwɪ'zɪʃn] *vt* requisitar.

reran [ˌriː'ræn] *pt* ⊳ **rerun**.

rerun [*n* 'riːˌrʌn , *vb* riː'rʌn] (*pt* **reran**, *pp* **rerun**, *cont* **-ning**) ◇ *n* -1. [film, programme] reprise *f* -2. [similar situation] repetição *f*. ◇ *vt* -1. [race, competition] voltar a participar de -2. [film, programme] reprisar -3. [tape] pôr novamente.

resat [ˌriː'sæt] *pt* & *pp* ⊳ **resit**.

rescind [rɪ'sɪnd] *vt* [JUR - contract] rescindir; [- law] revogar.

rescue ['reskju:] ⟨⟩ *n* -**1.** [help] auxílio *f* -**2.** [successful attempt] resgate *m*, salvamento *m*. ⟨⟩ *vt* resgatar, salvar; **to ~ sb from sb/sthg** resgatar OR salvar alguém de alguém/algo; **to ~ sthg from sb/sthg** salvar algo de alguém/algo.

rescuer ['reskjʊə'] *n* resgatador *m*, -ra *f*.

research [rɪ'sɜ:tʃ] ⟨⟩ *n (U):* **~ (on** OR **into sthg)** pesquisa *f* (sobre algo); **~ and development** pesquisa e desenvolvimento. ⟨⟩ *vt* pesquisar, fazer uma pesquisa sobre.

researcher [rɪ'sɜ:tʃə'] *n* pesquisador *m*, -ra *f*.

resemblance [rɪ'zemblans] *n* semelhança *f*; **~ to sb/sthg** semelhança com alguém/algo; **~ between** semelhança entre.

resemble [rɪ'zembl] *vt* assemelhar-se a, parecer-se com.

resent [rɪ'zent] *vt* ofender-se com, ressentir-se de.

resentful [rɪ'zentfʊl] *adj* ressentido(-da).

resentment [rɪ'zentmənt] *n (U)* ressentimento *m*.

reservation [,rezə'veɪʃn] *n* -**1.** [gen] reserva *f*; **without ~** sem reserva -**2.** *US* [for Native Americans] reserva *f* (indígena).

◆ **reservations** *npl* [doubts] reservas *fpl*, dúvidas *fpl*.

reserve [rɪ'zɜ:v] ⟨⟩ *n* reserva *f*; **in ~** de reserva. ⟨⟩ *vt* -**1.** [keep for particular purpose]: **to ~ sthg for sb/sthg** reservar algo para alguém/algo -**2.** [retain]: **to ~ the right to do sthg** reservar-se o direito de fazer algo.

reserved [rɪ'zɜ:vd] *adj* reservado(da).

reservoir ['rezəvwa:'] *n* [lake] reservatório *m* natural.

reset [,ri:'set] (*pt & pp* **reset**, *cont* -**ting**) *vt* -**1.** [clock, meter, controls] reajustar -**2.** COMPUT reinicializar.

reshape [,ri:'ʃeɪp] *vt* reformar, remodelar.

reshuffle [,ri:'ʃʌfl] ⟨⟩ *n* POL reorganização *f*, reforma *f*; **cabinet ~** reforma *f* do gabinete. ⟨⟩ *vt* ADMIN & POL reformar.

reside [rɪ'zaɪd] *vi fml* residir; **happiness does not ~ in wealth** a felicidade não reside na riqueza.

residence ['rezɪdəns] *n* -**1.** [house] residência *f* -**2.** *(U)* [fact of residing]: **to apply for ~** solicitar visto de residência; **to take up ~** *fml* estabelecer residência (em), instalar-se -**3.** *(U)* UNIV: **writer in ~** escritor(ra) residente *(que atua temporariamente numa universidade)*.

residence permit *n* visto *m* de residência.

resident ['rezɪdənt] ⟨⟩ *adj* residente; **she's been ~ in france for two years** faz dois anos que ela está morando na França. ⟨⟩ *n* residente *mf*.

residential [,rezɪ'denʃl] *adj* em regime de internato.

residential area *n* zona *f* residencial.

residue ['rezɪdju:] *n* CHEM resíduo *m*.

resign [rɪ'zaɪn] ⟨⟩ *vt* -**1.** [give up - job] demitir-se de; [- post] renunciar a -**2.** [accept calmly]: **to ~ o.s. to sthg** resignar-se a algo. ⟨⟩ *vi* pedir demissão, demitir-se; **to ~ (from sthg)** pedir demissão OR demitir-se (de algo).

resignation [,rezɪg'neɪʃn] *n* -**1.** [from job] demissão *f* -**2.** [from post] renúncia *f* -**3.** *(U)* [calm acceptance] resignação *f*.

resigned [rɪ'zaɪnd] *adj:* **~ (to sthg)** resignado(da) (a algo).

resilient [rɪ'zɪliənt] *adj* -**1.** [rubber, metal] elástico(ca) -**2.** [person] que se recupera rapidamente, resistente.

resin ['rezɪn] *n (U)* resina *f*.

resist [rɪ'zɪst] *vt* -**1.** [gen] resistir a -**2.** [oppose] opor-se a.

resistance [rɪ'zɪstəns] *n (U)* -**1.** [to enemy, attack, infection] resistência *f*; **~ to sthg** resistência a algo -**2.** [to change, proposal, attempt] oposição *f*.

resit [*n* 'ri:sɪt, *vb* ,ri:'sɪt] (*pt & pp* **resat**, *cont* -**ting**) *UK* ⟨⟩ *n* exame *m* de recuperação. ⟨⟩ *vt* fazer de novo *(um exame)*.

resolute ['rezəlu:t] *adj* resoluto(ta), determinado(da).

resolution [,rezə'lu:ʃn] *n* -**1.** [gen] resolução *f* -**2.** [vow, promise] promessa *f*.

resolve [rɪ'zɒlv] ⟨⟩ *n (U)* resolução *f*. ⟨⟩ *vt* [solve] resolver; [vow, promise]: **to ~ that** prometer que; **to ~ to do sthg** resolver fazer algo.

resort [rɪ'zɔ:t] *n* -**1.** [for holidays] estância *f* de férias -**2.** [solution]: **as a last ~** como último recurso; **in the last ~** em última instância.

◆ **resort to** *vt fus* apelar para.

resound [rɪ'zaʊnd] *vi* -**1.** [noise] ressoar, retumbar -**2.** [place]: **the room ~ed with laughter** as risadas ressoavam em toda a sala.

resounding [rɪ'zaʊndɪŋ] *adj* -**1.** [gen] retumbante -**2.** [extremely loud] estrondoso(sa) -**3.** [unequivocal] clamoroso(sa).

resource [rɪ'sɔ:s] *n* recurso *m*.

resourceful [rɪ'sɔ:sfʊl] *adj* versátil, habilidoso(sa).

respect [rɪ'spekt] ⟨⟩ *n (U)* respeito *m*; **~ (for sb/sthg)** respeito *m* OR admiração *f* (por alguém/algo); **with ~, ...**

com todo o respeito, ...; **in this** ~ a este respeito; **in that** ~ quanto a isso. <> *vt* respeitar; **to** ~ **sb for sthg** respeitar alguém por algo.

➡ **respects** *npl* saudações *fpl*, cumprimentos *mpl*.

➡ **with respect to** *prep* com respeito a.

respectable [rɪ'spektəbl] *adj* respeitável.

respectful [rɪ'spektfʊl] *adj* respeitoso(sa).

respective [rɪ'spektɪv] *adj* respectivo(va).

respectively [rɪ'spektɪvlɪ] *adv* respectivamente.

respite ['respaɪt] *n* -**1.** [pause] descanso *m* - **2.** [delay] adiamento *m*, novo prazo *m*.

resplendent [rɪ'splendənt] *adj literary* resplandecente.

respond [rɪ'spɒnd] *vi*: **to** ~ **(to sthg)** responder (a algo); **to** ~ **by doing sthg** responder fazendo algo.

response [rɪ'spɒns] *n* resposta *f*.

responsibility [rɪ,spɒnsə'bɪlətɪ] (*pl* -**ies**) *n*: ~ **(for sthg)** responsabilidade *f* (por algo); ~ **(to sb)** responsabilidade *f* (diante de alguém).

responsible [rɪ'spɒnsəbl] *adj* -**1.** [gen]: ~ **(for sthg)** responsável (por algo) - **2.** [answerable]: ~ **to sb** que presta contas a alguém - **3.** [requiring sense] de responsabilidade.

responsibly [rɪ'spɒnsəblɪ] *adv* de forma responsável.

responsive [rɪ'spɒnsɪv] *adj* que responde muito bem; ~ **(to sthg)** sensível *or* atencioso(sa) (a algo).

rest [rest] <> *n* -**1.** [remainder]: **the** ~ o resto; **the** ~ **of** o resto de - **2.** (U) [relaxation] descanso *m* - **3.** [break] pausa *f*, descanso *m* - **4.** [support] apoio *m*. <> *vt* -**1.** [relax] descansar - **2.** [support, lean]: **to** ~ **sthg on/against sthg** apoiar *or* descansar algo em algo - **3.** *phr*: ~ **assured (that)** fique descansado(da) que. <> *vi* -**1.** [relax, be still] descansar - **2.** [depend]: **to** ~ **(up)on sb/sthg** depender de alguém/algo - **3.** [be supported]: **to** ~ **on/against sthg** apoiar-se em/contra algo.

restaurant ['restərɒnt] *n* restaurante *m*.

restaurant car *n UK* vagão-restaurante *m*.

restful ['restfʊl] *adj* tranqüilo(la), sossegado(da).

rest home *n* -**1.** [for the elderly] lar *m* de idosos - **2.** [for the sick] casa *f* de repouso.

restive ['restɪv] *adj* inquieto(ta).

restless ['restlɪs] *adj* -**1.** [bored, dissatisfied] impaciente - **2.** [fidgety] inquieto(ta), agitado(da) - **3.** [sleepless]: **a** ~ **night** uma noite em claro.

restoration [,restə'reɪʃn] *n* (U) restauração *f*.

restore [rɪ'stɔːʳ] *vt* -**1.** [reestablish, bring back] restabelecer; **the king was** ~**ed to power** o rei foi reconduzido ao poder; **I feel completely** ~**ed to health** sinto-me totalmente recuperado(da); **to** ~ **sthg to sb/sthg** devolver algo a alguém/algo - **2.** [renovate] restaurar - **3.** [give back] restituir.

restrain [rɪ'streɪn] *vt* -**1.** [gen] reprimir; **to** ~ **o.s. from doing sthg** conter-se para não fazer algo - **2.** [overpower, bring under control] controlar.

restrained [rɪ'streɪnd] *adj* comedido(da).

restraint [rɪ'streɪnt] *n* -**1.** [rule, check] restrição *f*, limitação *f* - **2.** (U) [control] controle *m*.

restrict [rɪ'strɪkt] *vt* restringir, limitar; **to** ~ **sb to sthg** restringir alguém a algo; **to** ~ **sthg to sb/sthg** restringir algo a alguém/algo.

restriction [rɪ'strɪkʃn] *n* -**1.** [limitation, regulation] restrição *f* - **2.** (U) [impediment, hindrance] limitação *f*.

restrictive [rɪ'strɪktɪv] *adj* restritivo(va).

rest room *n US* banheiro *m*.

result [rɪ'zʌlt] <> *n* resultado *m*; **as a** ~ como resultado, por conseguinte; **as a** ~ **of sthg** como resultado de algo. <> *vi*: **to** ~ **in sthg** ter algo como resultado; **to** ~ **from sthg** ser resultado de algo.

resume [rɪ'zjuːm] <> *vt* -**1.** [activity] recomeçar - **2.** *fml* [place, position] retomar. <> *vi* recomeçar, continuar.

résumé ['rezjuːmeɪ] *n* -**1.** [summary] resumo *m* - **2.** *US* [of career, qualifications] currículo *m*.

resumption [rɪ'zʌmpʃn] *n* (U) retomada *f*.

resurgence [rɪ'sɜːdʒəns] *n* (U) ressurgimento *m*.

resurrection [,rezə'rekʃn] *n* (U) ressurreição *f*.

resuscitation [rɪ,sʌsɪ'teɪʃn] *n* (U) ressuscitação *f*, reanimação *f*.

retail ['riːteɪl] <> *n* (U) varejo *m*. <> *adv* no varejo. <> *vi*: **to** ~ **at** ser vendido(da) no varejo.

retailer ['riːteɪləʳ] *n* varejista *mf*.

retail price *n* preço *m* no varejo.

retain [rɪ'teɪn] *vt* reter.

retainer [rɪ'teɪnəʳ] *n* [fee] adiantamento *m*.

retaliate [rɪ'tælɪeɪt] *vi* retaliar.

retaliation [rɪˌtælɪ'eɪʃn] n retaliação f.

retarded [rɪ'tɑːdɪd] adj mentalmente retardado(da).

retch [retʃ] vi fazer força para vomitar.

retentive [rɪ'tentɪv] adj retentivo(va).

reticent ['retɪsənt] adj reticente.

retina ['retɪnə] (pl -nas OR -nae [-niː]) n retina f.

retinue ['retɪnjuː] n séquito m.

retire [rɪ'taɪəʳ] vi -1. [from work] aposentar-se -2. fml [to another place] retirar-se -3. fml [to bed] recolher-se.

retired [rɪ'taɪəd] adj aposentado(da).

retirement [rɪ'taɪəmənt] n aposentadoria f.

retiring [rɪ'taɪərɪŋ] adj [shy] retraído(da), tímido(da).

retort [rɪ'tɔːt] ◇ n réplica f. ◇ vt: to ~ (that) retrucar (que).

retrace [rɪ'treɪs] vt: to ~ one's steps refazer o mesmo caminho.

retract [rɪ'trækt] ◇ vt -1. [take back] retratar -2. [draw in] recolher. ◇ vi [be drawn in] recolher-se.

retrain [ˌriː'treɪn] vt reabilitar.

retraining [ˌriː'treɪnɪŋ] n (U) reciclagem f.

retread ['riːtred] n pneu m recauchutado.

retreat [rɪ'triːt] ◇ n -1. MIL [withdrawal]: ~ (from) retirada f (de) -2. [refuge] refúgio m. ◇ vi: to ~ (to/from) retirar-se (para/de).

retribution [ˌretrɪ'bjuːʃn] n (U) castigo m merecido.

retrieval [rɪ'triːvl] n (U) COMPUT recuperação f.

retrieve [rɪ'triːv] vt -1. [get back] reaver -2. COMPUT recuperar -3. [rescue, rectify] reparar, remediar.

retriever [rɪ'triːvəʳ] n [dog] perdigueiro m; [of specific breed] labrador m.

retrograde ['retrəɡreɪd] adj fml retrógrado(da);a ~ step um passo para trás.

retrospect ['retrəspekt] n (U): in ~ em retrospecto.

retrospective [ˌretrə'spektɪv] adj -1. [mood, look] retrospectivo(va) -2. [law, pay rise] retroativo(va).

return [rɪ'tɜːn] ◇ n -1. (U) [arrival back] volta f, regresso m; ~ (to) regresso m (para); ~ to sthg fig volta a algo -2. [giving back] devolução f -3. TENNIS rebatida f -4. UK [ticket] passagem f de ida e volta -5. [profit] retorno m- 6. COMPUT [on keyboard] tecla f Return. ◇ vt -1. [gen] devolver -2. [reciprocate, give in exchange] retribuir -3. JUR dar -4. POL eleger. ◇ vi: to ~ (from/to) voltar (de/a).

➡ **returns** npl -1. COMM retorno m, rendimentos mpl -2. [on birthday]: **many**

happy ~ s (of the day)! que a data se repita por muitos e muitos anos!

➡ **in return** adv em troca.

➡ **in return for** prep em troca de.

return ticket n UK passagem f de ida e volta.

reunification [ˌriːjuːnɪfɪ'keɪʃn] n (U) reunificação f.

reunion [ˌriː'juːnjən] n reunião f.

reunite [ˌriːjuː'naɪt] vt reunir; **to be ~ d with sb/sthg** estar reunido com alguém/algo.

rev [rev] (pt & pp **-ved**, cont **-ving**) inf ◇ n (abbr of **revolution**) rotação f. ◇ vt: to ~ sthg (up) acelerar algo. ◇ vi: to ~ (up) acelerar o motor.

revamp [ˌriː'væmp] vt inf -1. [reorganize] reformar -2. [redecorate] redecorar.

reveal [rɪ'viːl] vt revelar.

revealing [rɪ'viːlɪŋ] adj -1. [clothes]: **a ~ dress** um vestido que mostra tudo -2. [comment] revelador(ra), esclarecedor(ra).

reveille [UK rɪ'vælɪ, US 'revəlɪ] n toque m de alvorada.

revel ['revl] (UK pt & pp **-led**, cont **-ling**, US pt & pp **-ed**, cont **-ing**) vi: to ~ in sthg desfrutar de algo, deleitar-se com algo.

revelation [ˌrevə'leɪʃn] n -1. [surprising fact] revelação f -2. [surprising experience] surpresa f.

revenge [rɪ'vendʒ] ◇ n (U) vingança f; **to take ~ (on sb)** vingar-se (de alguém). ◇ vt vingar; **to ~ o.s. on sb/sthg** vingar-se de alguém/algo.

revenue ['revənjuː] n -1. [income] receita f -2. [from investment] rendimento f -3. UK FIN: **the Inland Revenue** a Receita Federal.

reverberate [rɪ'vɜːbəreɪt] vi -1. [re-echo] ressoar, retumbar -2. [have repercussions] repercutir.

reverberations [rɪˌvɜːbə'reɪʃnz] npl -1. [echoes] reverberação f -2. [repercussions] repercussões fpl.

revere [rɪ'vɪəʳ] vt fml reverenciar, venerar.

reverence ['revərəns] n (U) fml reverência f.

Reverend ['revərənd] n reverendo m.

reverie ['revərɪ] n fml devaneio m.

reversal [rɪ'vɜːsl] n -1. [of trend, policy, decision] reviravolta f -2. [of roles, order, position] inversão f -3. [piece of ill luck] contratempo m.

reverse [rɪ'vɜːs] ◇ adj reverso(sa), inverso(sa). ◇ n -1. AUT: ~ (gear) marcha f a ré -2. [opposite]: **the ~** o contrário -3. [back, other side - of paper] verso m; [- of coin] outro lado m. ◇ vt -1. AUT dar marcha a ré em -2. [trend, policy, decision] reverter - **3**. [roles, order, position]"inverter - **4**. [turn over] virar - **5**. UK TELEC: to ~ the charges fazer uma ligação a cobrar. <> vi AUT dar marcha a ré.

reverse-charge call n UK chamada f a cobrar.

reversing light [rɪ'vɜːsɪŋ-] n UK luz f de ré.

revert [rɪ'vɜːt] vi: to ~ to sthg voltar a algo.

review [rɪ'vjuː] <> n - **1**. [examination] revisão f, reavaliação f - **2**. [critique] crítica f, resenha f. <> vt - **1**. [reassess] reavaliar - **2**. [write an article on] fazer resenha OR crítica de - **3**. [troops] passar em revista - **4**. US [study] revisar.

reviewer [rɪ'vjuːəʳ] n crítico m, -ca f.

revile [rɪ'vaɪl] vt literary insultar, injuriar.

revise [rɪ'vaɪz] <> vt - **1**. [reconsider] revisar - **2**. [rewrite] corrigir, alterar - **3**. UK [study] revisar. <> vi UK: to ~ (for sthg) fazer revisão (para algo).

revision [rɪ'vɪʒn] n - **1**. [alteration] alteração f, correção f - **2**. (U) [study] revisão f.

revitalize, -ise [ˌriː'vaɪtəlaɪz] vt revitalizar.

revival [rɪ'vaɪvl] n - **1**. COMM reativação f - **2**. [of interest, cultural activity] renovação f - **3**. [of play] revival m.

revive [rɪ'vaɪv] <> vt - **1**. [resuscitate] ressuscitar - **2**. [revitalize - plant, economy] revitalizar; [- interest, hopes] despertar - **3**. [bring back into use, being - tradition] restabelecer; [- musical, play] reviver; [- memories] trazer à baila. <> vi - **1**. [regain consciousness] voltar a si, recobrar os sentidos - **2**. [be revitalized - plant, economy] revitalizar-se; [- interest, hopes] renovar-se.

revolt [rɪ'vəʊlt] <> n revolta f, rebelião f. <> vt revoltar. <> vi: to ~ (against sb/sthg) revoltar-se OR rebeliar-se (contra alguém/algo).

revolting [rɪ'vəʊltɪŋ] adj revoltante, repugnante.

revolution [ˌrevə'luːʃn] n revolução f; ~ in sthg revolução em algo.

revolutionary [ˌrevə'luːʃnərɪ] (pl -ies) <> adj revolucionário(ria). <> n POL revolucionário m, -ria f.

revolve [rɪ'vɒlv] vi girar, dar voltas; to ~ (a)round sthg girar em torno de algo; to ~ (a)round sb girar em torno de alguém.

revolver [rɪ'vɒlvəʳ] n revólver m.

revolving [rɪ'vɒlvɪŋ] adj giratório(ria).

revolving door n porta f giratória.

revue [rɪ'vjuː] n teatro m de revista.

revulsion [rɪ'vʌlʃn] n (U) repugnância f, asco m.

reward [rɪ'wɔːd] <> n - **1**. [recompense] recompensa f - **2**. [sum of money] recompensa f, gratificação f. <> vt recompensar; to ~ sb for/with sthg recompensar alguém por/com algo.

rewarding [rɪ'wɔːdɪŋ] adj gratificante.

rewind [ˌriː'waɪnd] (pt & pp rewound) vt rebobinar.

rewire [ˌriː'waɪəʳ] vt trocar a fiação elétrica de.

reword [ˌriː'wɜːd] vt expressar com outras palavras.

rewound [ˌriː'waʊnd] pt & pp ⊳ rewind.

rewrite [ˌriː'raɪt] (pt rewrote [ˌriː'rəʊt], pp rewritten [ˌriː'rɪtn]) vt reescrever.

Reykjavik ['rekjəvɪk] n Reykjavik.

rhapsody ['ræpsədɪ] (pl -ies) n - **1**. MUS rapsódia f - **2**. [strong approval] entusiasmo m.

rhetoric ['retərɪk] n (U) retórica f.

rhetorical question [rɪ'tɒrɪkl-] n pergunta f retórica.

rheumatism ['ruːmətɪzm] n (U) reumatismo m.

Rhine [raɪn] n: the ~ o Reno.

rhino ['raɪnəʊ] (pl inv OR -s) n inf rino m.

rhinoceros [raɪ'nɒsərəs] (pl inv OR -es) n rinoceronte m.

rhododendron [ˌrəʊdə'dendrən] n rododendro m.

Rhone n: the (River) ~ o Rio Ródano.

rhubarb ['ruːbɑːb] n (U) ruibarbo m.

rhyme [raɪm] <> n - **1**. [word] rima f - **2**. [poem] poesia f, versos mpl. <> vi rimar; to ~ with sthg rimar com algo.

rhythm ['rɪðm] n ritmo m.

rib [rɪb] n - **1**. ANAT costela f - **2**. [of metal or wood] vareta f.

ribbed [rɪbd] adj canelado(da).

ribbon ['rɪbən] n fita f.

rice [raɪs] n (U) arroz m.

rice pudding n arroz-doce m, arroz-de-leite m.

rich [rɪtʃ] <> adj - **1**. [gen] rico(ca); to be ~ in sthg ser rico(ca) em algo - **2**. [indigestible] pesado(da). <> npl: the ~ os ricos.

⬦ **riches** npl - **1**. [natural resources] riquezas fpl - **2**. [wealth] riqueza f.

richly ['rɪtʃlɪ] adv [gen] ricamente.

richness ['rɪtʃnɪs] n (U) - **1**. [gen] riqueza f - **2**. [of food] peso m.

rickets ['rɪkɪts] n (U) raquitismo m.

rickety ['rɪkətɪ] adj instável, sem solidez.

rickshaw ['rɪkʃɔː] n jinriquixá m.

ricochet ['rɪkəʃeɪ] (pt & pp -ed OR -ted, cont -ing OR -ting) <> n ricochete m.

◇ *vi* ricochetear; **to ~ off sthg** ricochetear em algo.

rid [rɪd] (*pt* rid *OR* -ded, *pp* rid, *cont* -ding) *vt:* **to ~ sb/sthg of sthg** livrar alguém/algo de algo; **to ~ o.s. of sthg** livrar-se de algo; **to get ~ of sb/sthg** livrar-se de alguém/algo.

ridden [ˈrɪdn] *pp* ▷ **ride**.

riddle [ˈrɪdl] *n* -**1.** [verbal puzzle] adivinhação *f* -**2.** [mystery] enigma *m*.

riddled [ˈrɪdld] *adj* -**1.** [holes, errors] cheio (cheia) -**2.** [bullet holes] crivado(-da) -**3.** [woodworm] infestado(da).

ride [raɪd] (*pt* rode, *pp* ridden) ◇ *n* -**1.** [gen] passeio *m*; **to go for a** *OR* **horse/bike ~** dar um passeio a cavalo/de bicicleta; **to go for a car ~** dar uma volta de carro -**2.** *phr:* **to take sb for a ~** *inf* [trick] levar alguém no bico. ◇ *vt* -**1.** [horse] montar em -**2.** [bicycle, motorbike] andar de -**3.** [distance] percorrer -**4.** *US* [travel in] ir de. ◇ *vi* -**1.** [on horseback] montar -**2.** [on bicycle] andar de bicicleta -**3.** [on motorbike] andar de moto -**4.** [in car, bus]: **to ~ in sthg** andar de algo.

rider [ˈraɪdəʳ] *n* -**1.** [on horseback - male] jinete *m*; [- female] amazona *f* -**2.** [on bicycle] ciclista *mf* -**3.** [on motorbike] motoqueiro *m*, -ra *f*.

ridge [rɪdʒ] *n* -**1.** [on mountain] crista *f* -**2.** [on flat surface - in sand, of muscles] saliência *f*; [- in fabric] ruga *f*.

ridicule [ˈrɪdɪkjuːl] ◇ *n* (*U*) zombaria *f*. ◇ *vt* ridicularizar.

ridiculous [rɪˈdɪkjʊləs] *adj* ridículo(la).

riding [ˈraɪdɪŋ] *n* (*U*) equitação *f*.

riding school *n* escola *f* de equitação.

rife [raɪf] *adj* muito comum.

riffraff [ˈrɪfræf] *n* (*U*) gentalha *f*, ralé *f*.

rifle [ˈraɪfl] ◇ *n* rifle *m*. ◇ *vt* roubar.

rifle range *n* estande *m* de tiro ao alvo.

rift [rɪft] *n* -**1.** *GEOL* fenda *f* -**2.** [quarrel] desavença *f*; **~ between/in** desavença entre/em.

rig [rɪg] (*pt* & *pp* -ged, *cont* -ging) ◇ *n* [structure - onshore] torre *f* de perfuração; [- offshore] plataforma *f* petrolífera. ◇ *vt* manipular.

◆ **rig up** *vt sep* armar, construir.

rigging [ˈrɪgɪŋ] *n* -**1.** [of ship] (*U*) cordame *m* -**2.** [of votes] fraude *f* em uma votação.

right [raɪt] ◇ *adj* -**1.** [gen] certo(ta), correto(ta); **to be ~ about sthg** estar certo(ta) sobre algo, ter razão sobre algo; **to be ~ to do sthg** estar certo(ta) ao fazer algo -**2.** [going well] bem -**3.** [socially desirable, appropriate] apropriado(da) -**4.** [not left] direito(ta) -**5.** *UK inf* [complete] perfeito(ta). ◇ *adv* -**1.** [cor-

rectly] corretamente, bem -**2.** [not left] para a direita -**3.** [emphatic use]: **~ here** aqui mesmo; **~ down** bem para baixo; **~ in the middle** bem no meio -**4.** [immediately]: **I'll be ~ back** eu já volto; **~ after Christmas** logo depois do Natal; **~ now** [immediately] agora; [at this very moment] já **~ away** em seguida. ◇ *n* -**1.** (*U*) [moral correctness] certo *m*; **to be in the ~** ter razão -**2.** [entitlement, claim] direito *m*; **by ~s** por direito -**3.** [right-hand side] direita *f*; **on the ~** à direita. ◇ *vt* -**1.** [correct] corrigir -**2.** [make upright] endireitar. ◇ *excl* certo!

◆ **Right** *n POL:* **the Right** a direita.

right angle *n* ângulo *m* reto; **at ~s to** sthg em ângulo reto com algo.

righteous [ˈraɪtʃəs] *adj* -**1.** [anger, indignation] justo(ta) -**2.** [person] honrado(-da).

rightful [ˈraɪtfʊl] *adj* legítimo(ma).

right-hand *adj* direito(ta); **~ side** o lado direito.

right-hand drive *adj* com direção do lado direito.

right-handed [-ˈhændɪd] *adj* destro(-tra).

right-hand man *n* braço *m* direito.

rightly [ˈraɪtlɪ] *adv* -**1.** [gen] corretamente -**2.** [justifiably] com razão.

right of way *n* -**1.** *AUT* preferência *f* -**2.** [access] direito *m* de passagem.

right wing *n:* **the ~** a direita.

◆ **right-wing** *adj* de direita.

rigmarole [ˈrɪgmərəʊl] *n inf pej* -**1.** [process] ritual *m* -**2.** [story] ladainha *f*.

rigor *n US* = **rigour**.

rigorous [ˈrɪgərəs] *adj* rigoroso(sa).

rigour *UK*, **rigor** *US* [ˈrɪgəʳ] *n* (*U*) rigor *m*.

◆ **rigours** *npl* rigores *mpl*.

rile [raɪl] *vt* irritar.

rim [rɪm] *n* -**1.** [top edge of container] borda *f* -**2.** [outer edge of round object - of spectacles, glass] moldura *f*; [- of wheel] aro *m*.

rind [raɪnd] *n* casca *f*.

ring [rɪŋ] (*pt* rang, *pp vt senses* 1 & 2 & *vi* rung, *pt* & *pp vt senses* 3 & 4 *only* ringed) ◇ *n* -**1.** [telephone call]: **to give sb a ~** dar uma ligada para alguém -**2.** [sound of bell] toque *m* -**3.** [quality, tone] tom *m*; **it has a familiar ~** soa familiar -**4.** [circular object - ring, napkin] argola *f*; **napkin ~** argola *f* para guardanapo; [- hoop] aro *m* -**5.** [piece of jewellery] anel *m* -**6.** [of people, trees] círculo *m* -**7.** [for boxing] ringue *m* -**8.** [people working together] cartel *m*. ◇ *vt* -**1.** *UK* [phone] telefonar para, ligar para -**2.** [bell, doorbell] tocar -**3.** [draw a circle round] fazer um círculo ao redor de **- 4.** [surround] cercar, rodear; **to be ~ed with** sthg estar cercado(da) de algo. ◇ *vi* **-1.** *UK* [phone] telefonar, ligar **- 2.** [bell, doorbell] tocar **- 3.** [to attract attention]: **to ~ (for** sb/sthg) chamar (por alguém/algo) **- 4.** [resound]: **to ~ with** sthg ressoar com algo.

🔊 **ring back** *UK* ◇ *vt sep* voltar a ligar para. ◇ *vi* voltar a ligar.

🔊 **ring off** *vi UK* desligar.

🔊 **ring up** *vt sep UK* ligar.

ring binder *n* fichário *m* com aros de metal.

ringing ['rɪŋɪŋ] *n* **-1.** (U) [of bell] toque *m* **- 2.** (U) [in ears] zumbido *m*.

ringing tone *n UK* TELEC tom *m* de discagem.

ringleader ['rɪŋˌliːdəᵊ] *n* cabeça *m*.

ringlet ['rɪŋlɪt] *n* anel *m* de cabelo.

ring road *n UK* anel *m* rodoviário.

ring tone *n* [for mobile phone] toque *m* musical.

rink [rɪŋk] *n* rinque *m*.

rinse [rɪns] *vt* enxagüar; **to ~ one's mouth out** enxagüar a boca.

riot ['raɪət] ◇ *n* desordem *f*; **to run ~** descontrolar-se. ◇ *vi* amotinar-se.

rioter ['raɪətəᵊ] *n* desordeiro *m*, -ra *f*.

riotous ['raɪətəs] *adj* **-1.** [party] barulhento(ta) **- 2.** [behaviour, mob] desordeiro(ra).

riot police *npl* tropa *f* de choque.

rip [rɪp] (*pt* & *pp*-ped, *cont*-ping) ◇ *n* rasgão *m*. ◇ *vt* **-1.** [tear, shred] rasgar **- 2.** [remove] arrancar. ◇ *vi* rasgar.

RIP (*abbr of* rest in peace) descanse em paz.

ripe [raɪp] *adj* maduro(ra); **to be ~ (for** sthg) *fig* estar pronto(ta) (para algo).

ripen ['raɪpn] *vt* & *vi* amadurecer.

rip-off *n inf* **-1.** [swindle] assalto *m* **- 2.** [imitation] imitação *f* barata.

ripple ['rɪpl] ◇ *n* **-1.** [in water] ondulação *f* **- 2.** [of laughter, applause] onda *f*. ◇ *vt* ondular.

rise [raɪz] (*pt* rose, *pp* risen ['rɪzn]) ◇ *n* **-1.** *UK* [increase in amount] aumento *m*, subida *f* **- 2.** *UK* [increase in salary] aumento *m* **- 3.** [to power, fame] ascensão *f* **- 4.** [slope] ladeira *f* **- 5.** *phr*: **to give ~ to** sthg originar algo. ◇ *vi* **-1.** [gen] elevar-se **-2.** [sun, moon] nascer, sair **- 3.** *UK* [increase] aumentar, subir **- 4.** [stand up] levantar-se **- 5.** *literary* [get out of bed] levantar-se **- 6.** [to a challenge]: **to ~ to** sthg mostrar-se à altura de algo; **to ~ to the occasion** elevar-se à altura (de algo) **-7.** [rebel] sublevar-se **- 8.** [in status] ascender; **to ~ to** sthg ascender a algo **- 9.** [bread, soufflé] crescer.

rising ['raɪzɪŋ] ◇ *adj* **-1.** [gen] em ascensão **- 2.** [sloping upwards] em aclive **- 3.** [tide] que sobe. ◇ *n* [rebellion] levante *m*, rebelião *f*.

risk [rɪsk] ◇ *n* risco *m*; **to run the ~ of** sthg/of doing sthg correr o risco de algo/de fazer algo; **to take a ~** arriscar-se; **it's at your own ~** é por sua conta e risco; **at ~** em perigo. ◇ *vt* **-1.** [put in danger] arriscar **- 2.** [take the chance of]: **to ~ doing** sthg arriscar-se a fazer algo; **go on, ~ it!** vamos, arrisque-se!

risky ['rɪskɪ] (*compar* -ier, *superl* -iest) *adj* arriscado(da).

risqué ['riːskeɪ] *adj* picante.

rissole ['rɪsəʊl] *n UK* bolinho *m* de carne, rissole *m*.

rite [raɪt] *n* rito *m*.

ritual ['rɪtʃʊəl] ◇ *adj* ritual. ◇ *n* ritual *m*.

rival ['raɪvl] (*UK pt* & *pp*-led, *cont*-ling, *US pt* & *pp*-ed, *cont*-ing) ◇ *adj* **-1.** [gen] rival **- 2.** [company] concorrente. ◇ *n* **-1.** [gen] rival *mf* **- 2.** [company] concorrente *mf*. ◇ *vt* rivalizar OR competir com.

rivalry ['raɪvlrɪ] *n* rivalidade *f*.

river ['rɪvəᵊ] *n* rio *m*.

river bank *n* margem *f* do rio.

riverbed ['rɪvəbed] *n* leito *m* do rio.

riverside ['rɪvəsaɪd] *n*: **the ~** a margem do rio.

rivet ['rɪvɪt] ◇ *n* rebite *m*. ◇ *vt* **-1.** [fasten with rivets] rebitar **-2.** *fig* [fascinate]: **to be ~ed by** sthg estar fascinado(da) por algo.

Riviera [ˌrɪvɪˈeərə] *n*: **the French ~** a Riviera Francesa; **the Italian ~** a Riviera Italiana.

road [rəʊd] *n* **-1.** [major] estrada *f*; **by ~** por estrada; **on the ~ to** *fig* a caminho de **-2.** [minor] caminho *m* **-3.** [street] rua *f*.

roadblock ['rəʊdblɒk] *n* barreira *f* policial.

road hog *n inf pej* dono *m*, -na *f* da estrada.

road map *n* mapa *m* rodoviário.

road rage *n* raiva *f* no trânsito.

road safety *n* (U) segurança *f* no trânsito.

roadside ['rəʊdsaɪd] *n*: **the ~** a beira da estrada.

road sign *n* placa *f* de trânsito.

road tax *n* ≃ imposto *m* sobre veículos automotores, ≃ IPVA *m*.

roadway ['rəʊdweɪ] *n* pista *f* (da estrada).

road works *npl* obras *fpl* na pista.

roadworthy ['rəʊdˌwɜːðɪ] *adj* em condições de tráfego.

roam [rəʊm] ⬦ *vt* vagar por. ⬦ *vi* vagar.

roar [rɔːʳ] ⬦ *vi* -**1.** [lion] rugir -**2.** [traffic, plane, engine] roncar -**3.** [person] urrar; **to ~ with laughter** rir às gargalhadas -**4.** [wind] bramir. ⬦ *vt* bradar. ⬦ *n* -**1.** [of lion] rugido *m* -**2.** [of engine] ronco *m* -**3.** [of traffic] barulho *m* -**4.** [of wind] sopro *m* -**5.** [of person] urro *m*.

roaring [ˈrɔːrɪŋ] ⬦ *adj* -**1.** [traffic, wind] barulhento(ta) -**2.** [fire] crepitante -**3.** [for emphasis] estrondoso(sa);**a ~ success** um sucesso estrondoso; **to do a ~ trade** vender bem. ⬦ *adv* [for emphasis] completamente.

roast [rəʊst] ⬦ *adj* assado(da). ⬦ *n* assado *m*. ⬦ *vt* -**1.** [meat, potatoes] assar -**2.** [coffee beans, nuts] torrar.

roast beef *n* (U) rosbife *m*.

rob [rɒb] (*pt* & *pp* -**bed**, *cont* -**bing**) *vt* roubar; **to ~ sb of sthg** [of money, goods] roubar algo de alguém; *fig* [of opportunity, glory] privar alguém de algo.

robber [ˈrɒbəʳ] *n* ladrão *m*, -dra *f*.

robbery [ˈrɒbərɪ] (*pl* -**ies**) *n* roubo *m*.

robe [rəʊb] *n* -**1.** [of priest] túnica *f* -**2.** [judge] toga *f* -**3.** [monarch] manto *m* -**4.** *US* [dressing gown] robe *m*.

robin [ˈrɒbɪn] *n* pintarroxo *m*.

robot [ˈrəʊbɒt] *n* robô *m*.

robust [rəʊˈbʌst] *adj* [person] -**1.** robusto(ta) -**2.** [economy] forte -**3.** [health] de ferro -**4.** [criticism, defence] vigoroso(sa).

rock [rɒk] ⬦ *n* -**1.** (U)[substance] rocha *f* -**2.** [boulder] rochedo *m*, penhasco *m* -**3.** *US* [pebble] pedregulho *m* -**4.** (U) [music] rock *m* -**5.** (U) *UK* [sweet] barra *f* de caramelo. ⬦ *comp* [music] de rock. ⬦ *vt* -**1.** [cause to move] balançar -**2.** [shock] abalar. ⬦ *vi* balançar-se.

➤ **on the rocks** *adv* -**1.** [drink] com gelo, on the rocks -**2.** [marriage, relationship] que vai mal.

rock and roll *n* (U) rock and roll *m*.

rock bottom *n* (U) nível *m* baixíssimo; **to hit ~** atingir o fundo do poço.

➤ **rock-bottom** *adj* baixíssimo(ma).

rockery [ˈrɒkərɪ] (*pl* -**ies**) *n* jardim *m* de pedras.

rocket [ˈrɒkɪt] ⬦ *n* foguete *m*. ⬦ *vi* disparar.

rocket launcher [-ˌlɔːntʃəʳ] *n* lança-foguetes *m inv*.

rocking chair [ˈrɒkɪŋ-] *n* cadeira *f* de balanço.

rocking horse [ˈrɒkɪŋ-] *n* cavalinho *m* de balanço.

rock 'n' roll *n* = rock and roll.

rocky [ˈrɒkɪ] (*compar* -**ier**, *superl* -**iest**) *adj* -**1.** [full of rocks] rochoso(sa) -**2.** [unsteady] instável.

Rocky Mountains *npl*: **the ~** as Montanhas Rochosas.

rod [rɒd] *n* -**1.** [wooden] vara *f* -**2.** [metal] barra *f*.

rode [rəʊd] *pt* ⊳ ride.

rodent [ˈrəʊdənt] *n* roedor *m*.

roe [rəʊ] *n* ova *f (de peixe)*.

roe deer *n* corço *m*, -ça *f*.

rogue [rəʊg] *n* -**1.** [likable rascal] malandro *m*, -dra *f* -**2.** *dated* [dishonest person] vigarista *mf*.

role [rəʊl] *n* -**1.** [position, function] função *f*, papel *m* -**2.** *CINEMA, THEATRE* papel *m*.

roll [rəʊl] ⬦ *n* -**1.** [of material, paper, film] rolo *m* -**2.** [of banknotes] maço *m* -**3.** [of cloth] peça *f* -**4.** [of bread] pãozinho *m* -**5.** [list] lista *f* -**6.** [sound - of drum] rufar *m*; [- of thunder] estrondo *m*. ⬦ *vt* -**1.** [turn over] rolar -**2.** [make into cylinder] enrolar; **~ ed into one** *fig* tudo num só. ⬦ *vi* -**1.** [of a round object] rolar -**2.** [move] andar.

➤ **roll about, roll around** *vi* rolar.

➤ **roll over** *vi* virar-se.

➤ **roll up** ⬦ *vt sep* -**1.** [make into cylinder] enrolar -**2.** [sleeves] arregaçar. ⬦ *vi* -**1.** [vehicle] chegar -**2.** *inf* [person] pintar.

roll call *n* toque *m* de chamada.

roller [ˈrəʊləʳ] *n* -**1.** [cylinder] cilindro *m* -**2.** [curler] rolo *m*.

Rollerblades® [ˈrəʊləˌbleɪdz] *npl* patins *mpl* em linha.

rollerblading [ˈrəʊləˌbleɪdɪŋ] *n* patinação *f(com patins em linha)*; **to go ~** praticar patinação *(com patins em linha)*.

roller coaster *n* montanha-russa *f*.

roller skate *n* patim *m* de rodas.

rolling [ˈrəʊlɪŋ] *adj* -**1.** [undulating] ondulado(da) -**2.** *fig*: **to be ~ in it** *inf* estar nadando em dinheiro.

rolling pin *n* rolo *m* de massa.

rolling stock *n* (U) material *m* rodante.

roll-on *adj* de rolo, roll-on.

ROM [rɒm] (*abbr of* read-only memory) *n* ROM *f*.

Roman [ˈrəʊmən] ⬦ *adj* romano(na). ⬦ *n* romano *m*, -na *f*.

Roman candle *n* pistolão *m*.

Roman Catholic ⬦ *adj* católico (romano), católica (romana). ⬦ *n* católico *m* (romano), católica *f* (romana).

romance [rəʊˈmæns] *n* -**1.** [gen] romance *m* -**2.** (U) [romantic quality] romantismo *m*.

Romania [rəˈmeɪnjə] *n* Romênia *f*.

Romanian [rəˈmeɪnjən] ⬦ *adj* romeno(na). ⬦ *n* -**1.** [person] romeno *m*, -na *f* -**2.** [language] romeno *m*.

round

Roman numerals *npl* algarismos *mpl* romanos.

romantic [rəʊ'mæntɪk] *adj* romântico(-ca).

Rome [rəʊm] *n* Roma.

romp [rɒmp] <> *n* travessura *f.* <> *vi* brincar ruidosamente.

rompers ['rɒmpəz] *npl*, **romper suit** ['rɒmpəʳ-] *n* macacão *m* de criança.

roof [ru:f] *n* **-1.** [covering - of vehicle] capota *f;* [- of building] telhado *m;* **not under my ~** ! não na minha casa!; **to go through** OR **hit the ~** subir pelas paredes **-2.** [upper part - of cave] teto *m;* [- of mouth] céu *m* da boca.

roofing ['ru:fɪŋ] *n* (U) material *m* para cobertura.

roof rack *n* bagageiro *m* (*na capota do carro*).

rooftop ['ru:ftɒp] *n* telhado *m.*

rook [rʊk] *n* **-1.** [bird] gralha *f* **-2.** [chess piece] torre *f.*

rookie ['rʊkɪ] *n* US *inf* novato *m,* -ta *f.*

room [ru:m, rʊm] *n* **-1.** [in building] sala *f* **-2.** [bedroom] quarto *m* **-3.** (U) [space] espaço *m;* **to make ~ for sb/sthg** abrir espaço para alguém/algo **-4.** (U) [opportunity, possibility] possibilidade *f.*

rooming house ['ru:mɪŋ-] *n* US pensão *f.*

roommate ['ru:mmeɪt] *n* companheiro *m,* -ra *f* de quarto.

room service *n* serviço *m* de quarto.

roomy ['ru:mɪ] (*compar* -ier, *superl* -iest) *adj* espaçoso(sa), amplo(pla).

roost [ru:st] <> *n* o poleiro *m.* <> *vi* empoleirar-se.

rooster ['ru:stəʳ] *n* galo *m.*

root [ru:t] <> *n* [gen] raiz *f;* **to take ~** [plant] pegar; [idea] consolidar-se. <> *vi* remexer.

■ **roots** *npl* raízes *fpl.*

■ **root for** *vt fus esp* US *inf* torcer por.

■ **root out** *vt sep* arrancar até a raiz, extirpar.

rope [rəʊp] <> *n* corda *f;* **to know the ~s** estar por dentro do assunto. <> *vt* amarrar com corda.

■ **rope in** *vt sep inf* arrastar para.

rosary ['rəʊzərɪ] (*pl* -ies) *n* rosário *m.*

rose [rəʊz] <> *pt* ▷ **rise.** <> *adj* [pink] rosa, cor- de-rosa. <> *n* [flower] rosa *f;* **it's not a bed of ~s** não é feito de rosas.

rosé ['rəʊzeɪ] *n* (U) vinho *m* rosé.

rosebud ['rəʊzbʌd] *n* botão *m* de rosa.

rose bush *n* roseira *f.*

rose-coloured *adj* cor-de-rosa.

rosemary ['rəʊzmərɪ] *n* (U) alecrim *m.*

rose-tinted *adj*: **to look through ~ glasses** ver tudo cor-de-rosa.

rosette [rəʊ'zet] *n* roseta *f.*

roster ['rɒstəʳ] *n* lista *f.*

rostrum ['rɒstrəm] (*pl* -trums OR -tra [-trə]) *n* tribuna *f,* rostro *m.*

rosy ['rəʊzɪ] (*compar* -ier, *superl* -iest) *adj* **-1.** [pink] rosado(da) **-2.** [hopeful] promissor(ra).

rot [rɒt] (*pt* & *pp* -ted, *cont* -ting) <> *n* **-1.** [decay - of wood, food] putrefação *f;* [- in society, organization] decadência *f* **-2.** UK *dated* [nonsense] besteira *f,* bobagem *f.* <> *vt* [cause to decay] corroer, decompor. <> *vi* apodrecer.

rota ['rəʊtə] *n* lista *f* de turnos.

rotary ['rəʊtərɪ] <> *adj* rotatório(ria). <> *n* US [roundabout] rotatória *f.*

rotate [rəʊ'teɪt] <> *vt* **-1.** [gen] alternar **-2.** [turn] girar. <> *vi* [turn] girar, dar voltas.

rotation [rəʊ'teɪʃn] *n* [turning movement] rotação *f.*

rote [rəʊt] *n* (U): **by ~** de cor OR memória.

rotten ['rɒtn] *adj* **-1.** [decayed] podre **-2.** *inf* [poor-quality, unskilled] péssimo(ma) **-3.** *inf* [unpleasant, nasty] perverso(sa), ruim **-4.** *inf* [unenjoyable] detestável **-5.** *inf* [unwell]: **to feel ~** sentir-se péssimo(ma).

rouge [ru:ʒ] *n* (U) ruge *m.*

rough [rʌf] <> *adj* **-1.** [not smooth - surface] áspero(ra); [- road] acidentado(-da) **-2.** [violent] rude, grosseiro(ra) **-3.** [crude, basic - people, manners] rústico(-ca); [- shelter, conditions, situation] precário(ria) **-4.** [approximate - not detailed] rudimentar; [- not exact] aproximado(-da) **-5.** [unpleasant, tough - life, time] duro(ra), difícil; [- area, town etc] tumultuoso(sa) **-6.** [stormy - weather] tormentoso(sa); [- sea] agitado(da); [- crossing] movimentado(da); [- wind] violento(ta); [- day] tempestuoso(sa) **-7.** [sounding harsh] áspero(ra) **-8.** [tasting harsh] azedo(da). <> *adv*: **to sleep ~** dormir na rua. <> *n* **-1.** GOLF: **the ~** o rough **-2.** [undetailed form]: **in ~** em rascunho. <> *vt phr*: **to ~ it** viver sem comodidades.

roughage ['rʌfɪdʒ] *n* fibras *fpl.*

rough and ready *adj* rústico(ca), feito(ta) às pressas.

roughcast *n* (U) reboco *m* grosso.

roughen ['rʌfn] *vt* tornar áspero(ra).

roughly ['rʌflɪ] *adv* **-1.** [not gently] bruscamente **-2.** [crudely] rusticamente **-3.** [approximately] aproximadamente, mais ou menos.

roulette [ru:'let] *n* (U) roleta *f.*

round [raʊnd] <> *adj* **-1.** [gen] redondo(da) **-2.** [fat, curved - cheeks, hips] roliço(ça), redondo(da); [- bulge] redondo(da). <> *prep* **-1.** [surrounding] ao

redor de **- 2.** [near] em volta de; ~ here
por aqui **- 3.** [all over] por todo(da) **- 4.** [in
circular movement, in circumference] ao
redor de; **she measures 70 cm ~ the
waist** ela mede OR tem 70 cm de
cintura **- 5.** [to/on the other side of]: **to
drive ~ the corner** dobrar a esquina;
I live just ~ the corner eu moro logo ali
- 6. [so as to avoid - hole, obstacle]: **to go ~
an obstacle** contornar um obstáculo; [-
problem]: **to find a way ~ sthg** achar
um jeito de contornar algo. ⟨⟩ *adv* **-1.**
[surrounding]: **all ~** por toda a volta,
por todos os lados **- 2.** [near]: **~ about**
[in distance] por perto; [in number,
amount] aproximadamente **- 3.** [all over]:
to travel ~ viajar por aí **- 4.** [in circular
movement]: **~ (and ~)** em círculos; **to
go ~** circular; **to spin ~** girar **- 5.** [in cir-
cumference]: **it's at least 3 km ~** tem no
mínimo 3 km de circunferência **- 6.** [to
the other side or direction] ao redor; **to
turn ~** virar; **to go ~** dar a volta **- 7.**
[on a visit]: **come ~ sometime!** apareçam
uma hora dessas! ⟨⟩ *n* **-1.** [gen] rodada
f; **a ~ of applause** uma salva de palmas
- 2. [professional visit] percurso *m* **- 3.** [of
ammunition] cartucho *m* **- 4.** BOXING assalto *m* **- 5.** GOLF partida *f*. ⟨⟩ *vt* [turn]
dobrar, virar.

◆ **rounds** *npl* [professional visits] percurso *m*; **to do** OR **go the ~s** *fig* espalhar-se, propagar-se.

◆ **round off** *vt sep* encerrar, terminar.

◆ **round up** *vt sep* **-1.** [gather together]
reunir **- 2.** MATH arredondar.

roundabout [ˈraʊndəbaʊt] ⟨⟩ *adj* in-
direto(ta). ⟨⟩ *n* UK **-1.** [on road] rotatória *f* **- 2.** [at fairground] carrossel *m*.

rounders [ˈraʊndəz] *n* (U) UK bete *m*.

roundly [ˈraʊndlɪ] *adv* totalmente, terminantemente.

round-shouldered [-ˈʃəʊldəd] *adj* de
ombros caídos.

round trip *n* viagem *f* de ida e volta.

round-up *n* resumo *m*.

rouse [raʊz] *vt* **-1.** [wake up] despertar
- 2. [impel]: **to ~ sb to do sthg** animar
alguém a fazer algo; **to ~ o.s. to do
sthg** animar-se a fazer algo **- 3.** [excite]
estimular **- 4.** [give rise to] suscitar.

rousing [ˈraʊzɪŋ] *adj* estimulante.

rout [raʊt] ⟨⟩ *n* derrota *f* esmagadora.
⟨⟩ *vt* derrotar de forma esmagadora.

route [ruːt] ⟨⟩ *n* **-1.** [line of travel - of
journey] rota *f*; [- of or person, procession]
trajeto *m*, percurso *m* **- 2.** [of bus, train]
linha *f* **- 3.** [of plane, ship] rota *f* **- 4.** *fig* [to
achievement] caminho *m*. ⟨⟩ *vt* **-1.**
[flight, traffic] direcionar **- 2.** [goods] enviar.

route map *n* mapa *m* (*de localização*).

routine [ruːˈtiːn] ⟨⟩ *adj* **-1.** [normal] de
rotina **- 2.** *pej* [humdrum, uninteresting]
rotineiro(ra). ⟨⟩ *n* **-1.** (U) [normal pattern of activity] rotina *f* **- 2.** *pej* [boring re-
petition] rotina *f*.

rove [rəʊv] *literary* ⟨⟩ *vt* errar, vagar
por. ⟨⟩ *vi*: **to ~ around** vagar.

roving [ˈrəʊvɪŋ] *adj* itinerante; **~ eyes**
olhar *m* errante.

row[1] [rəʊ] ⟨⟩ *n* **-1.** [gen] fileira *f* **- 2.**
[succession] seqüência *f*, série *f*; **four in
a ~** quatro seguidos. ⟨⟩ *vt* **-1.** [boat]
remar **- 2.** [person] conduzir de barco
a remo. ⟨⟩ *vi* [in boat] remar.

row[2] [raʊ] ⟨⟩ *n* **-1.** [quarrel] briga *f* **- 2.**
inf [noise] alvoroço *m*, barulho *m*. ⟨⟩ *vi*
[quarrel] discutir, brigar.

rowboat [ˈrəʊbəʊt] *n* US barco *m* a
remo.

rowdy [ˈraʊdɪ] (*compar* **-ier**, *superl* **-iest**)
adj **-1.** [person] brigão(gona) **- 2.** [party,
atmosphere] barulhento(ta).

row house [rəʊ-] *n* US casa *f* geminada.

rowing [ˈrəʊɪŋ] *n* (U) remo *m*.

rowing boat *n* UK barco *m* a remo.

royal [ˈrɔɪəl] ⟨⟩ *adj* real. ⟨⟩ *n* *inf*
membro *m* da família real.

Royal Air Force *n* (U): **the ~** a Força
Aérea Britânica.

royal family *n* família *f* real.

royal jelly *n* (U) geléia *f* real.

Royal Mail *n* UK: **the ~** os Correios da
Grã-Bretanha.

Royal Navy *n*: **the ~** a Marinha Real
Britânica.

royalty [ˈrɔɪəltɪ] *n* (U) realeza *f*.

◆ **royalties** *npl* direitos *mpl* autorais.

rpm (*abbr of* **revolutions per minute**)
npl rpm.

RSPCA (*abbr of* **Royal Society for the
Prevention of Cruelty to Animals**) *n*
*sociedade britânica protetora de
animais.*

RSVP (*abbr of* **répondez s'il vous plaît**)
RSVP.

rub [rʌb] (*pt* & *pp* **-bed**, *cont* **-bing**) ⟨⟩
vt esfregar; **to ~ shoulders with** acotovelar-se com; **to ~ sthg in (to) sthg**
esfregar algo em algo; **to ~ sb up the
wrong way** UK, **to ~ sb the wrong way** US
ofender alguém sem intenção. ⟨⟩ *vi*:
to ~ (against OR **on sthg)** roçar (em
algo); **to ~ (together)** esfregar-se; **to ~
along** dar-se bem com.

◆ **rub off on** *vt fus* influir em.

◆ **rub out** *vt sep* apagar.

rubber [ˈrʌbəʳ] ⟨⟩ *adj* de borracha.
⟨⟩ *n* **-1.** (U) [substance] borracha *f* **- 2.**
UK [eraser] borracha *f* **- 3.** [in bridge]

rubber *m* - **4.** *US inf* [condom] camisinha
f.

rubber band *n* atilho *m*, borrachinha
f *(para papel)*.

rubber plant *n* goma-elástica f.

rubber stamp *n* carimbo *m*.

➡ **rubber-stamp** *vt* aprovar sem
questionar.

rubbish ['rʌbɪʃ] ⬦ *n* - **1.** [refuse] lixo *m*
- **2.** *inf fig* [worthless matter] porcaria f
- **3.** *inf* [nonsense] besteira f, bobagem
f. ⬦ *vt inf* rebaixar. ⬦ *excl* bobagem!

rubbish bag *n UK* saco *m* de lixo.

rubbish bin *n UK* lata f de lixo.

rubbish dump, rubbish tip *n UK*
depósito *m* de lixo.

rubble ['rʌbl] *n (U)* entulho *m*.

ruby ['ru:bɪ] *(pl -ies)* *n* rubi *m*.

rucksack ['rʌksæk] *n* mochila f.

ructions ['rʌkʃnz] *npl inf* alvoroço *m*,
tumulto *m*.

rudder ['rʌdə'] *n* leme *m*.

ruddy ['rʌdɪ] *(compar* -ier, *superl* -iest)
adj - **1.** [reddish] corado(da) - **2.** *UK dated*
[for emphasis] maldito(ta).

rude [ru:d] *adj* - **1.** [impolite] rude, gros-
seiro(ra) - **2.** [dirty, naughty - joke] sujo(-
ja); [- word] grosseiro(ra); [- noise]
violento(ta) - **3.** [unexpected] brusco(ca);
~ **awakening** um despertar brusco.

rudimentary [,ru:dɪ'mentərɪ] *adj* rudimentar.

rueful ['ru:fʊl] *adj* arrependido(da).

ruffian ['rʌfjən] *n* rufião *m*, -ona f.

ruffle ['rʌfl] *vt* - **1.** [mess up - hair, fur]
revolver; [- water] agitar - **2.** [upset]
enervar.

rug [rʌg] *n* - **1.** [carpet] tapete *m* *(pequeno)* - **2.** [blanket] manta f.

rugby ['rʌgbɪ] *n (U)* rúgbi *m*.

rugged ['rʌgɪd] *adj* - **1.** [rocky, uneven]
acidentado(da) - **2.** [sturdy] potente - **3.**
[roughly handsome] rústico(ca) e atraente.

rugger ['rʌgə'] *n (U) UK inf* rúgbi *m*.

ruin ['ru:ɪn] ⬦ *n* ruína f. ⬦ *vt* - **1.**
[spoil] arruinar, estragar - **2.** [bankrupt]
arruinar.

➡ **in ruin(s)** *adv* em ruínas.

rule [ru:l] ⬦ *n* - **1.** [regulation - SPORT]
regra f; [- SCH] norma f - **2.** [convention,
guideline] regra f; **as a** ~ **of thumb** por
experiência (própria) - **3.** [norm]: **the** ~
a regra, a norma; **as a** ~ via de regra
- **4.** *(U)* [control] domínio *m*. ⬦ *vt* - **1.**
[control, guide] comandar - **2.** [govern]
governar - **3.** [decide]: **to** ~ **that** ordenar OR decretar que. ⬦ *vi* - **1.** [give de-
cision] deliberar - **2.** *fml* [be paramount]
dominar - **3.** [govern] governar.

➡ **rule out** *vt sep* - **1.** [reject as unsuitable]
descartar - **2.** [prevent, make impossible -

possibility, circumstances] descartar; [-
event, decision] impedir.

ruled [ru:ld] *adj* pautado(da).

ruler ['ru:lə'] *n* - **1.** [for measurement]
régua f - **2.** [leader] soberano *m*, -na f.

ruling ['ru:lɪŋ] ⬦ *adj* no poder, dominante. ⬦ *n* sentença f, parecer *m*.

rum [rʌm] *(compar* -mer, *superl* -mest) *n*
(U) rum *m*.

Rumania [ru:'meɪnjə] *n* = **Romania**.

Rumanian [ru:'meɪnjən] *adj* & *n* =
Romanian.

rumble ['rʌmbl] ⬦ *n* [noise - of thun-
der] estrondo *m*; [- of stomach, train]
ronco *m*; [- of traffic] barulho *m*. ⬦ *vi*
- **1.** [thunder] trovejar - **2.** [stomach, train]
roncar - **3.** [traffic] fazer barulho.

rummage ['rʌmɪdʒ] *vi* escarafunchar.

rumour *UK,* **rumor** *US* ['ru:mə'] *n*
rumor *m*, boato *m*.

rumoured *UK,* **rumored** *US* ['ru:məd]
adj: **to be** ~ **ed that** comenta-se que.

rump [rʌmp] *n* - **1.** [of animal] anca f,
garupa f - **2.** *inf* [of person] nádegas *fpl*.

rump steak *n* filé *m* de alcatra.

rumpus ['rʌmpəs] *n inf* bafafá *m*, rolo
m.

run [rʌn] *(pt* ran, *pp* run, *cont* -ning) ⬦
n - **1.** [on foot] corrida f; **to go for a** ~ ir
dar uma corrida; **to break into a** ~ sair
em disparada; **to take the dog for a** ~
levar o cão para um passeio; **on the** ~
em fuga - **2.** [in car] passeio f - **3.** [series -
of luck] alternância f; [- of disasters, wins]
série f - **4.** *THEATRE* temporada f - **5.** [great
demand]: ~ **on sthg** procura f OR
demanda f por algo - **6.** [in tights] fio *m*
puxado - **7.** [in cricket, baseball] ponto *m*
- **8.** [sports track] pista f - **9.** [term, period]:
in the short/long ~ a curto/longo
prazo. ⬦ *vt* - **1.** [on foot] correr - **2.**
[manage, control] dirigir, administrar
- **3.** [machine] operar - **4.** [car] dirigir,
fazer andar - **5.** [water, bath, tap] abrir
- **6.** [publish] publicar - **7.** *inf* [drive] levar
- **8.** [move, pass]: **to** ~ **sthg along/over**
sthg passar algo em/sobre algo. ⬦
vi - **1.** [gen] passar - **2.** [on foot] correr - **3.**
US [in election]: **to** ~ **(for sthg)** concorrer
(a algo) - **4.** [progress, develop]: **to** ~
smoothly ir bem - **5.** [machine, factory,
engine] funcionar; **to** ~ **on** OR **off sthg**
funcionar com algo - **6.** [liquid, river]
escorrer - **7.** [nose] escorrer - **8.** [tap]
pingar - **9.** [colour] borrar - **10.** [continue]
continuar; **feelings are** ~ **ning high** os
ânimos estão exaltados.

➡ **run about** *vi* - **1.** [from place to place]
correr (de um lugar para outro) - **2.**
[associate] andar.

➡ **run across** *vt fus* encontrar-se com.

➡ **run around** *vi* = **run about**.

run away *vi* [flee]: **to ~ away (from sb/sthg)** fugir (de alguém/algo).

run down ⬦ *vt sep* **-1.** [in vehicle] atropelar **-2.** [criticize] falar mal de **-3.** [allow to decline] enfraquecer. ⬦ *vi* perder força.

run into *vt fus* **-1.** [encounter - problem] deparar-se com; [- person] topar com **-2.** [in vehicle] chocar-se com OR contra.

run off ⬦ *vt sep* [a copy] imprimir. ⬦ *vi* [abscond, elope]: **to ~ off (with sb/sthg)** fugir (com alguém/algo).

run out *vi* **-1.** [become used up] esgotar **-2.** [expire] vencer, caducar.

run out of *vt fus* ficar sem.

run over *vt sep* atropelar.

run through *vt fus* **-1.** [practise] ensaiar, praticar **-2.** [read through] passar os olhos em.

run to *vt fus* [amount to] chegar a.

run up *vt fus* contrair.

run up against *vt fus* deparar-se com.

runaway ['rʌnəweɪ] ⬦ *adj* [out of control - train, inflation] descontrolado(da); [- victory] fácil. ⬦ *n* fugitivo *m*, -va *f*.

rundown ['rʌndaʊn] *n* **-1.** [report] relatório *m* detalhado **-2.** [decline] desmantelamento *m* gradual.

run-down *adj* **-1.** [dilapidated] arruinado(da), em ruínas **-2.** [tired] esgotado(da).

rung [rʌŋ] ⬦ *pp* ▷ **ring**. ⬦ *n* degrau *m*.

runner ['rʌnər] *n* **-1.** [athlete] corredor *m*, -ra *f* **-2.** [smuggler - guns] contrabandista *mf*; [- drugs] traficante *mf* **-3.** [wood or metal strip - of sledge, skate] lâmina *f*; [- of drawer] corrediça *f*.

runner bean *n* UK feijão-trepador *m*.

runner-up (*pl* runners-up) *n* segundo colocado *m*, segunda colocada *f*.

running ['rʌnɪŋ] ⬦ *adj* **-1.** [continuous] constante **-2.** [consecutive] consecutivo(va) **-3.** [water - not stagnant] corrente; [- in pipes] encanado(da). ⬦ *n* **-1.** (U) SPORT corrida *f*; **she loves ~ in the park** ela gosta de correr no parque **-2.** [management, control] gestão *f*, direção *f* **-3.** [of machine] funcionamento *m* **-4.** *phr*: **to be in/out ofthe ~ (for sthg)** ter/não ter possibilidades (de algo).

runny ['rʌnɪ] (*compar* -ier, *superl* -iest) *adj* **-1.** [food - eggs] mal-passado(da); [- jam, honey] mole; [- butter, chocolate] derretido(da) **-2.** [nose] escorrendo **-3.** [eyes] lacrimejante.

run-of-the-mill *adj* corriqueiro(ra).

runt [rʌnt] *n* **-1.** [animal] filhote *m* mais fraco **-2.** *pej* [person] tampinha *mf*.

run-up *n* **-1.** [preceding time] período *m*

anterior **-2.** SPORT impulso *m*.

runway ['rʌnweɪ] *n* pista *f* (de pouso/decolagem).

rupture ['rʌptʃər] *n* **-1.** MED hérnia *f* **-2.** [of relationship] rompimento *m*.

rural ['rʊərəl] *adj* rural.

ruse [ru:z] *n* ardil *m*.

rush [rʌʃ] ⬦ *n* **-1.** [hurry] pressa *f* **-2.** [demand]: **~ (for OR on sthg)** procura *f* excessiva (por algo) **-3.** [busiest period] corre-corre *m* **-4.** [surge - physical] fluxo *m*; **~ of air** corrente *m* de ar; [- mental, emotional] torrente *f*. ⬦ *vt* **-1.** [hurry] apressar **-2.** [send quickly] levar com urgência **-3.** [attack suddenly] investir repentinamente contra. ⬦ *vi* **-1.** [hurry] apressar-se; **to ~ into sthg** entrar de cabeça em algo **-2.** [crowd] correr.

rushes *npl* BOT juncos *mpl*.

rush hour *n* hora *f* do rush.

rusk [rʌsk] *n* biscoito *m* seco.

Russia ['rʌʃə] *n* Rússia *f*.

Russian ['rʌʃn] ⬦ *adj* russo(sa). ⬦ *n* **-1.** [person] russo *m*, -sa *f* **-2.** [language] russo *m*.

rust [rʌst] ⬦ *n* (U) ferrugem *f*. ⬦ *vi* enferrujar.

rustic ['rʌstɪk] *adj* rústico(ca).

rustle ['rʌsl] ⬦ *vt* **-1.** [paper, leaves] farfalhar **-2.** US [cattle] roubar. ⬦ *vi* farfalhar.

rusty ['rʌstɪ] (*compar* -ier, *superl* -iest) *adj* enferrujado(da).

rut [rʌt] *n* **-1.** [furrow] sulco *m*; **to get into/be in a ~** tornar-se/ser escravo(va) da rotina **-2.** [animal] cio *m*.

ruthless ['ru:θlɪs] *adj* impiedoso(sa).

RV *n* (*abbr of* recreational vehicle) US motor-home *m*.

rye [raɪ] *n* (U) centeio *m*.

rye bread *n* (U) pão *m* de centeio.

S

s (*pl* ss OR s's), **S** (*pl* Ss OR S's) [es] *n* [letter] s, S *m*.

S (*abbr of* south) S.

Sabbath ['sæbəθ] *n*: **the ~** o sabá.

sabbatical [sə'bætɪkl] *n* período *m* sabático; **on ~** em período sabático.

sabotage ['sæbətɑːʒ] ⬦ *n* (U) sabotagem *f*. ⬦ *vt* sabotar.

saccharin(e) ['sækərɪn] *n* (U) sacarina *f*.

sachet ['sæʃeɪ] n sachê m.

sack [sæk] ⬦ n -1. [bag] saco m - 2. UK inf [dismissal]: **to get** OR **be given the ~** ser despedido(da). ⬦ vt UK inf [dismiss] despedir, mandar embora.

sacking ['sækɪŋ] n (U) linhagem f.

sacred ['seɪkrɪd] adj sagrado(da).

sacrifice ['sækrɪfaɪs] ⬦ n sacrifício m. ⬦ vt sacrificar.

sacrilege ['sækrɪlɪdʒ] n (U) sacrilégio m.

sacrosanct ['sækrəʊsæŋkt] adj sacrossanto(ta).

sad [sæd] (compar -der, superl -dest) adj triste.

sadden ['sædn] vt entristecer.

saddle ['sædl] ⬦ n -1. [for horse] sela f - 2. [of bicycle, motorcycle] selim m. ⬦ vt -1. [put saddle on] selar - 2. fig [burden]: **to ~ sb with sthg** encarregar alguém de algo.

saddlebag ['sædlbæg] n -1. [for horse] alforje m - 2. [for bicycle, motorcycle] bolsa f.

sadistic [sə'dɪstɪk] adj sádico(ca).

sadly ['sædlɪ] adv -1. [sorrowfully] tristemente -2. [regrettably] lamentavelmente.

sadness ['sædnɪs] n tristeza f.

s.a.e., sae (abbr of stamped addressed envelope) n envelope-resposta com porte pago.

safari [sə'fɑːrɪ] n safári m.

safe [seɪf] ⬦ adj -1. [not causing harm or danger] seguro(ra) -2. [not in danger] protegido(da); **to be ~ from attack** estar a salvo de ataques; **~ and sound** são e salvo, sã e salva -3. [not causing disagreement] pacífico(ca); **it's ~ to say that ...** pode-se dizer com segurança que ... -4. [not involving any risk] seguro(-ra); **to be on the ~ side** por precaução. ⬦ n cofre m.

safe-conduct n -1. [document giving protection] salvo-conduto m - 2. (U) [protection] salvaguarda f.

safe-deposit box n caixa-forte f.

safeguard ['seɪfgɑːd] ⬦ n salvaguarda f, proteção f; **~ against sthg** proteção contra algo. ⬦ vt: **to ~ sb/sthg (against sthg)** proteger OR salvaguardar alguém/algo (de algo).

safe keeping n (U) proteção f, custódia f; **in sb's ~** aos cuidados de alguém.

safely ['seɪflɪ] adv -1. [gen] com segurança -2. [unharmed] ileso(sa), a salvo -3. [for certain]: **I can ~ say (that) ...** posso dizer seguramente que ...

safe sex n (U) sexo m seguro.

safety ['seɪftɪ] n segurança f.

safety belt n cinto m de segurança.

safety pin n alfinete m de segurança.

saffron ['sæfrən] n (U) -1. [spice] açafrão m.

sag [sæg] (pt & pp -ged, cont -ging) vi [sink downwards] afundar, ceder.

sage [seɪdʒ] ⬦ adj [wise] sábio(bia). ⬦ n -1. (U) [herb] sálvia f - 2. [wise man] sábio m.

Sagittarius [ˌsædʒɪ'teərɪəs] n [sign] Sagitário m.

Sahara [sə'hɑːrə] n: **the ~ (Desert)** o (Deserto do) Saara.

said [sed] pt & pp ⊳ say.

sail [seɪl] ⬦ n -1. [of boat] vela f; **to set ~** zarpar - 2. [journey by boat]: **let's go for a ~** vamos velejar. ⬦ vt -1. [boat] governar - 2. [sea] cruzar. ⬦ vi -1. [to depart] zarpar - 2. [sport] velejar - 3. [to travel, move - person] navegar; [- boat] singrar - 4. fig [through air] voar.

➤ **sail through** vt fus passar fácil por.

sailboat n US = sailing boat.

sailing ['seɪlɪŋ] n -1. (U) SPORT navegação f a vela, vela f; **I like to go ~** eu gosto de (ir) velejar; **plain ~** sem maiores dificuldades - 2. [trip by ship] travessia f.

sailing boat UK, **sailboat** US ['seɪlbəʊt] n barco m a vela.

sailing ship n veleiro m.

sailor ['seɪlə'] n marinheiro m, -ra f.

saint [seɪnt] n -1. RELIG santo m, -ta f - 2. inf [very good person] santo m, -ta f.

saintly ['seɪntlɪ] (compar -ier, superl -iest) adj santo(ta), santificado(da).

sake [seɪk] n -1. [benefit, advantage]: **for the ~ of** para o bem de; **for my ~** por mim - 2. [purpose]: **for the ~ of** pelo bem de; **let us say, for the ~ of argument, that ...** digamos, só para argumentar, que ... - 3. phr: **for God's** OR **Heaven's ~!** pelo amor de Deus!

salad ['sæləd] n salada f.

salad bowl n saladeira f.

salad cream n (U) UK molho m para salada (à base de maionese).

salad dressing n (U) molho m para salada (à base de vinagre, óleo e ervas).

salami [sə'lɑːmɪ] n (U) salame m.

salary ['sælərɪ] (pl -ies) n salário m.

sale [seɪl] n -1. [gen] venda f; **on ~** à venda; **(up) for ~** à venda; **'for ~'** 'vende-se' - 2. [at reduced prices] liquidação f, saldo m - 3. [auction] leilão m.

➤ **sales** ⬦ npl -1. [quantity sold] vendas fpl - 2. [at reduced prices]: **the ~s** os saldos.

saleroom UK ['seɪlrʊm], **salesroom** US ['seɪlzrʊm] n sala f de leilão.

sales assistant ['seɪlz-], **salesclerk** US ['seɪlzklɜːrk] n balconista mf, vendedor m, -ra f (em loja).

salesman ['seɪlzmən] (pl -men [-mən]) n

[gen] vendedor m; [representative] representante m de vendas.

sales rep n inf representante mf de vendas.

salesroom n US = **saleroom**.

saleswoman ['seɪlz,wʊmən] (pl -women [-,wɪmɪn]) n vendedora f; [representative] representante f de vendas.

salient ['seɪljənt] adj fml evidente, notável.

saliva [sə'laɪvə] n (U) saliva f.

sallow ['sæləʊ] adj amarelado(da).

salmon ['sæmən] (pl inv OR -s) n salmão m.

salmonella [,sælmə'nelə] n (U) salmonela f.

salon ['sælɒn] n -1. [hairdresser's] salão m -2. [clothes shop] butique f.

saloon [sə'lu:n] n -1. UK [car] sedã m -2. US [bar] bar m -3. UK [in pub]: ~ **(bar)** em alguns pubs e hotéis, bar finamente decorado e de preços mais altos do que os do public bar -4. [on ship] salão m.

salt [sɔ:lt, sɒlt] <> n sal m. <> vt -1. [food] salgar -2. [roads] jogar sal em (para derreter o gelo).

◆ **salt away** vt sep inf guardar.

SALT [sɔ:lt] (abbr of Strategic Arms Limitation Talks/Treaty) n SALT m.

salt cellar UK, **salt shaker** US [-,ʃeɪkə^r] n saleiro m.

saltwater ['sɔ:lt,wɔ:tə^r] <> adj de água salgada. <> n (U) água f salgada, água f do mar.

salty ['sɔ:ltɪ] (compar -ier, superl -iest) adj salgado(da).

salutary ['sæljʊtrɪ] adj salutar.

salute [sə'lu:t] <> n -1. MIL [with hand] continência f -2. MIL [firing of guns] salva f -3. (U) [act of saluting] cumprimento m -4. [formal acknowledgment] saudação f. <> vt -1. MIL [with hand] fazer continência a -2. [acknowledge formally, honour] cumprimentar. <> vi MIL [with hand] fazer continência.

salvage ['sælvɪdʒ] <> n -1. [rescue of ship] salvamento m -2. [property rescued] objetos mpl recuperados. <> vt -1. [rescue]: to ~ sthg (from) salvar algo (de) -2. fig [gain from failure]: to ~ sthg (from) preservar algo (de).

salvation [sæl'veɪʃn] n salvação f.

Salvation Army n: the ~ o Exército da Salvação.

same [seɪm] <> adj [gen] mesmo(ma); at the ~ time [simultaneously] ao mesmo tempo; [yet] mesmo assim; one and the ~ o mesmo, a mesma. <> adv: the ~ o mesmo, a mesma. <> pron [unchanged, identical]: the ~ o mesmo, a

mesma; the hats they were wearing were the ~ os chapéus que eles estavam usando eram iguais; all OR just the ~ [nevertheless, anyway] mesmo assim; it's all the ~ to me para mim dá no mesmo, para mim tanto faz; it's not the ~ não é a mesma coisa.

sample ['sɑ:mpl] <> n amostra f. <> vt -1. [taste] provar -2. [try out, test] experimentar.

sanatorium (pl -riums OR -ria [-rɪəl]), **sanitorium** US (pl -riums OR -ria [-rɪə]) [,sænə'tɔ:rɪəm] n sanatório m.

sanctimonious [,sæŋktɪ'məʊnjəs] adj pej santarrão(rrona).

sanction ['sæŋkʃn] <> n sanção f. <> vt sancionar.

sanctity ['sæŋktətɪ] n (U) santidade f.

sanctuary ['sæŋktʃʊərɪ] (pl -ies) n -1. [gen] santuário m -2. [place of safety] abrigo m -3. (U) [safety, refuge] refúgio m.

sand [sænd] <> n (U) areia f. <> vt lixar.

sandal ['sændl] n sandália f.

sandalwood ['sændlwʊd] n (U) sândalo m.

sandbox n US = **sandpit**.

sandcastle ['sænd,kɑ:sl] n castelo m de areia.

sand dune n duna f.

sandpaper ['sænd,peɪpə^r] <> n (U) lixa f. <> vt lixar.

sandpit UK ['sændpɪt], **sandbox** US ['sændbɒks] n caixa f de areia.

sandstone ['sændstəʊn] n (U) arenito m.

sandwich ['sænwɪdʒ] <> n sanduíche m. <> vt fig: to be ~ed between ser prensado(da) entre.

sandwich course n UK curso universitário que inclui um certo tempo de experiência profissional.

sandy ['sændɪ] (compar -ier, superl -iest) adj -1. [made of sand] arenoso(sa) -2. [sand-coloured] cor-de-areia.

sane [seɪn] adj -1. [not mad] são(sã) -2. [sensible] sensato(ta).

sang [sæŋ] pt > **sing**.

sanitary ['sænɪtrɪ] adj -1. [connected with health] sanitário(ria) -2. [clean, hygienic] higiênico(ca).

sanitary towel, sanitary napkin US n absorvente m higiênico.

sanitation [,sænɪ'teɪʃn] n -1. [in streets] saneamento m -2. [in houses] instalações fpl sanitárias.

sanitorium n US = **sanatorium**.

sanity ['sænətɪ] n -1. [saneness] sanidade f -2. [good sense] sensatez f.

sank [sæŋk] pt > **sink**.

Santa (Claus) ['sæntə(,klɔ:z)] n Papai m Noel.

sap [sæp] (*pt* & *pp* **-ped**, *cont* **-ping**) <> *n (U)* [of plant] seiva *m*. <> *vt* enfraquecer, consumir.

sapling ['sæplɪŋ] *n* árvore *m* nova, arvorezinha *f*.

sapphire ['sæfaɪəʳ] *n* safira *f*.

sarcastic [sɑː'kæstɪk] *adj* sarcástico(ca).

sarcophagus [sɑː'kɒfəgəs] (*pl* **-gi** [-gaɪ], **-es**) *n* sarcófago *m*.

sardine [sɑː'diːn] *n* sardinha *f*.

Sardinia [sɑː'dɪnjə] *n* Sardenha.

sardonic [sɑː'dɒnɪk] *adj* mordaz.

SAS (*abbr of* **Special Air Service**) *n* unidade especial do exército britânico encarregada de operações de antiterrorismo e sabotagem.

SASE (*abbr of* **self-addressed stamped envelope**) *n US* envelope auto-endereçado e já selado.

sash [sæʃ] *n* faixa *f*.

sat [sæt] *pt* & *pp* ▷ **sit**.

SAT [sæt] *n* **- 1.** (*abbr of* **Standard Assessment Test**) *exames de aptidão que os estudantes da Inglaterra e do País de Gales prestam aos 7, 11 e 14 anos de idade* **- 2.** (*abbr of* **Scholastic Aptitude Test**) *exame prestado por estudantes no último ano da escola secundária nos Estados Unidos, importante ao se ingressar na universidade*.

Satan ['seɪtn] *n* Satã *m*, Satanás *m*.

satchel ['sætʃəl] *n* pasta *f*, mochila *f* escolar.

satellite ['sætəlaɪt] <> *n* satélite *m*. <> *comp* **- 1.** *TELEC* por satélite **- 2.** [dependent]: ~ **city** cidade-satélite *f*.

satellite dish *n* [for TV] antena *f* parabólica.

satellite TV *n* tevê *f* via satélite.

satin ['sætɪn] <> *n (U)* cetim *m*. <> *comp* **- 1.** [made of satin] de cetim **- 2.** [smooth] acetinado(da).

satire ['sætaɪəʳ] *n* sátira *f*.

satisfaction [ˌsætɪs'fækʃn] *n* **- 1.** [gen] satisfação *f* **- 2.** *(U)* [fulfilment of need] atendimento *m*, cumprimento *m*.

satisfactory [ˌsætɪs'fæktərɪ] *adj* satisfatório(ria).

satisfied ['sætɪsfaɪd] *adj* [happy] satisfeito(ta); **to be ~ with sthg** estar satisfeito(ta) com algo.

satisfy ['sætɪsfaɪ] (*pt* & *pp* **-ied**) *vt* **- 1.** [make happy] satisfazer **- 2.** [convince] convencer; **to ~ sb that** convencer alguém de que **- 3.** [fulfil] satisfazer, atender à.

satisfying ['sætɪsfaɪŋ] *adj* satisfatório(ria), agradável.

satsuma [ˌsæt'suːmə] *n* tipo de tangerina proveniente do Japão.

saturate ['sætʃəreɪt] *vt* **- 1.** [drench] ensopar, empapar; **to ~ sthg with sthg** ensopar OR empapar algo com algo **- 2.** [fill completely, swamp] inundar; **to ~ sthg with sthg** saturar algo com algo.

saturated *adj* **- 1.** [drenched] ensopado(da), empapado(da) **- 2.** [fat] saturado(da).

Saturday ['sætədɪ] <> *n* sábado *m*; **what day is it? - it's ~** que dia é hoje? - é sábado; **on ~** no sábado; **on ~s** aos sábados; **last ~** sábado passado; **this ~** este sábado; **next ~** sábado da semana que vem; **every ~** todos os sábados; **every other ~** um sábado sim, outro não; **the ~ before** no sábado anterior; **the ~ before last** há dois sábados; **the ~ after next**, **~ week, a week on ~** não no próximo sábado, no outro. <> *comp* aos sábados; **~ morning/afternoon/night** sábado de manhã/tarde/noite; **~ evening** no fim da tarde de sábado.

sauce [sɔːs] *n* CULIN molho *m*.

saucepan ['sɔːspən] *n* panela *f* com um cabo.

saucer ['sɔːsəʳ] *n* pires *m inv*.

saucy ['sɔːsɪ] (*compar* **-ier**, *superl* **-iest**) *adj inf* atrevido(da).

Saudi Arabia [ˌsaʊdɪə'reɪbjə] *n* Arábia Saudita.

Saudi (Arabian) ['saʊdɪ-] <> *adj* árabe-saudita. <> *n* árabe-saudita *mf*.

sauna ['sɔːnə] *n* sauna *f*.

saunter ['sɔːntəʳ] *vi* passear (tranqüilamente).

sausage ['sɒsɪdʒ] *n* **- 1.** *(U)* [meat] lingüiça *f* **- 2.** [shaped piece of meat] salsicha *f*.

sausage roll *n UK* enroladinho *m* de salsicha.

sauté [*UK* 'səʊteɪ, *US* səʊ'teɪ] (*pt* & *pp* **sautéed** OR **sautéd**) <> *adj* sauté. <> *vt* fritar levemente.

savage ['sævɪdʒ] <> *adj* selvagem. <> *n* selvagem *mf*. <> *vt* [attack physically] atacar ferozmente.

save [seɪv] <> *n SPORT* defesa *f*. <> *prep fml*: ~ **(for)** exceto. <> *vt* **- 1.** [gen] salvar; **to ~ sb from sthg/from doing sthg** salvar alguém de algo/de fazer algo; **to ~ sb's life** salvar a vida de alguém **- 2.** [prevent waste of] economizar **- 3.** [set aside] guardar **- 4.** [make unnecessary] poupar; **to ~ sb/sthg from doing sthg** poupar alguém/algo de fazer algo **- 5.** *SPORT* defender. <> *vi* economizar.

➤ **save up** *vi* economizar.

saving grace ['seɪvɪŋ-] *n* mérito *m*.

savings ['seɪvɪŋz] *npl* economias *fpl*.

savings account *n US* (caderneta *f* de) poupança *f*.

savings and loan association *n US*

sociedade f de empréstimos imobiliários.

savings bank n caixa f econômica, banco m só de cadernetas de poupança.

saviour UK, **savior** US ['seɪvjəʳ] n salvador m, -ra f.

savour UK, **savor** US ['seɪvəʳ] vt -1. [enjoy taste of] saborear -2. fig [enjoy greatly] saborear, aproveitar.

savoury UK (pl -ies), **savory** (pl -ies) US ['seɪvərɪ] <> adj -1. [not sweet] condimentado(da) -2. [respectable, pleasant] agradável. <> n tira-gosto m.

savoy (cabbage) n repolho m crespo.

saw [sɔː] (UK pt -ed, pp sawn, US pt & pp -ed) <> pt ⊳ see. <> n serra f. <> vt serrar.

sawdust ['sɔːdʌst] n (U) serragem f.

sawed-off shotgun n US = sawn-off shotgun.

sawmill ['sɔːmɪl] n serraria f.

sawn [sɔːn] pp UK ⊳ saw.

sawn-off shotgun UK, **sawed-off shotgun** US ['sɔːd-] n arma f de cano serrado.

say [seɪ] (pt & pp said) <> vt -1. [gen] dizer; **to ~ (that)** dizer que -2. [giving information] mostrar -3. [assume, suppose] supor -4. phr: that goes without ~ing nem precisa dizer isso; **it has a lot to be said for it** tem muitos pontos em seu favor; **what have you got to ~ for yourself?** o que você tem a dizer para se defender?; **you don't ~!** não diga!, não é verdade! <> n [power of decision]: **to have a/no ~ (in sthg)** ter/não ter voz nem vez (em algo); **let me have my ~** deixe-me dizer o que eu penso.

➤ **that is to say** adv quer dizer.

saying ['seɪɪŋ] n ditado m popular, dito m.

scab [skæb] n -1. [of wound] casca f, crosta f -2. pej [non-striker] fura-greve mf.

scaffold ['skæfəʊld] n -1. [frame] andaime m -2. [for executions] cadafalso m, patíbulo m.

scaffolding ['skæfəldɪŋ] n (U) andaime m.

scald [skɔːld] <> n escaldadura f. <> vt escaldar.

scale [skeɪl] <> n -1. [gen] escala f; **to ~ em escala** -2. [size, extent] tamanho m -3. [of fish, snake] escama f -4. US = scales. <> vt -1. [climb] escalar -2. [remove scales from] escamar.

➤ **scales** npl balança f.

➤ **scale down** vt fus reduzir.

scale model n maquete f.

scallop ['skɒləp] <> n [shellfish] vieira f.

<> vt [decorate edge of] guarnecer.

scalp [skælp] <> n -1. ANAT couro m cabeludo -2. [removed from head] escalpo m. <> vt escalpelar.

scalpel ['skælpəl] n bisturi m.

scamper ['skæmpəʳ] vi fugir rapidamente.

scampi ['skæmpɪ] n (U) camarão-castanho m.

scan [skæn] (pt & pp -ned, cont -ning) <> n MED & TECH exame m, escaneamento m. <> vt -1. [gen] escanear -2. [examine carefully] examinar cuidadosamente -3. [glance at] correr os olhos por.

scandal ['skændl] n escândalo m.

scandalize, ise ['skændəlaɪz] vt escandalizar.

Scandinavia [ˌskændɪ'neɪvjə] n Escandinávia.

Scandinavian [ˌskændɪ'neɪvjən] <> adj escandinavo(va). <> n escandinavo m, -va f.

scant [skænt] adj insuficiente, escasso(sa).

scanty ['skæntɪ] (compar -ier, superl -iest) adj -1. [dress] mínimo(ma) -2. [amount, resources] escasso(sa) -3. [meal] insuficiente.

scapegoat ['skeɪpgəʊt] n bode m expiatório.

scar [skɑːʳ] (pt & pp -red, cont -ring) n [physical] cicatriz f.

scarce ['skeəs] adj escasso(sa).

scarcely ['skeəslɪ] adv apenas.

scare [skeəʳ] <> n -1. [sudden fright] susto m -2. [public panic] ameaça f; **bomb ~** ameaça de bomba. <> vt assustar.

➤ **scare away, scare off** vt sep afugentar.

scarecrow ['skeəkrəʊ] n espantalho m.

scared ['skeəd] adj [very frightened] apavorado(da); **to be ~ stiff** OR **to death** estar morrendo de medo.

scarf [skɑːf] (pl -s OR scarves) n -1. [long - to keep warm] cachecol m; [- as accessory] echarpe f -2. [square] lenço m.

scarlet ['skɑːlət] <> adj escarlate. <> n escarlate m.

scarlet fever n (U) escarlatina f.

scarves [skɑːvz] pl ⊳ scarf.

scathing ['skeɪðɪŋ] adj mordaz.

scatter ['skætəʳ] <> vt espalhar. <> vi dispersar-se.

scatterbrained ['skætəbreɪnd] adj inf desmiolado(da), avoado(da).

scavenger ['skævɪndʒəʳ] n -1. [animal] animal que se alimenta de carniça -2. fig [person] catador m, -ra f de lixo.

scenario [sɪ'nɑːrɪəʊ] (pl -s) n cenário m.

scene [siːn] n -1. [gen] cena f; **behind the**

~ s nos bastidores **- 2.** [picture of place] paisagem *f*, cenário *m* **- 3.** [sight, impression] vista *f* **- 4.** [area of activity] área *f* **- 5.** [embarrassing fuss] cena *f*, escândalo *m* **- 6.** *phr:* **to set the ~** [for person] descrever a cena; [for event] preparar o cenário.

scenery ['si:nərɪ] *n (U)* **- 1.** [of countryside] paisagem *f* **- 2.** THEATRE cenário *m*.

scenic ['si:nɪk] *adj* **- 1.** [view] pitoresco(-ca) **- 2.** [tour] turístico(ca).

scent [sent] *n* **- 1.** [smell - of flowers] perfume *m*, fragrância *f*; [- of animal] cheiro *m*, odor *m* **- 2.** *(U)* [perfume] perfume *m*.

scepter *n US* = sceptre.

sceptic *UK*, **skeptic** *US* ['skeptɪk] *n* céptico(ca).

sceptical *UK*, **skeptical** *US* ['skeptɪkl] *adj* céptico(ca); **to be ~ about sthg** ser céptico(ca) em relação a algo.

sceptre *UK*, **scepter** *US* ['septə'] *n* cetro *m*.

schedule [*UK* 'ʃedju:l, *US* 'skedʒʊl] <> *n* **- 1.** [plan] plano *m*; **to be ahead of ~** estar adiantado(da); **to be behind ~** estar atrasado(da); **on ~** sem atraso **- 2.** [written list - of prices, contents] lista *f*; [- of times] horários *mpl*. <> *vt:* **to ~ sthg (for)** marcar algo(para).

scheduled flight [*UK* 'ʃedju:ld-, *US* 'skedʒʊld-] *n* vôo *m* regular.

scheme [ski:m] <> *n* **- 1.** [plan] projeto *m* **- 2.** *pej* [dishonest plan] esquema *f* **- 3.** [arrangement, decoration] disposição *f*; **colour ~** combinação *f* de cores. <> *vi pej* tramar.

scheming ['ski:mɪŋ] *adj* que faz intriga.

schism ['sɪzm, 'skɪzm] *n* cisma *m*.

schizophrenic [ˌskɪtsə'frenɪk] <> *adj* esquizofrênico(ca). <> *n* esquizofrênico *m*, -ca *f*.

scholar ['skɒlə'] *n* **- 1.** [expert]: **he's a Greek ~** ele é perito em grego **- 2.** *dated* [student] aluno *m*, -na *f* **- 3.** [holder of scholarship] bolsista *mf*.

scholarship ['skɒləʃɪp] *n* **- 1.** [grant] bolsa *f* **- 2.** *(U)* [learning] erudição *f*.

school [sku:l] *n* **- 1.** [place of education] escola *f*, colégio *m* **- 2.** [hours spent in school] escola *f* **- 3.** *UNIV* [department] faculdade *f* **- 4.** *US* [university] universidade *f* **- 5.** [group of fish] cardume *m* **- 6.** [of whales, dolphins] grupo *m*.

school age *n (U)* idade *f* escolar.

schoolbook ['sku:lbʊk] *n* livro *m* escolar.

schoolboy ['sku:lbɔɪ] *n* aluno *m*.

schoolchild ['sku:ltʃaɪld] (*pl* -children [-tʃɪldrən]) *n* aluno *m*, -na *f*.

schooldays ['sku:ldeɪz] *npl* tempos *mpl* de colégio OR escola.

schoolgirl ['sku:lgɜ:l] *n* aluna *f*.

schooling ['sku:lɪŋ] *n (U)* educação *f*, ensino *m*.

school-leaver [-ˌliːvə'] *n UK* jovem que concluiu o ensino obrigatório.

schoolmaster ['sku:lˌmɑːstə'] *n dated* mestre *m*.

schoolmistress ['sku:lˌmɪstrɪs] *n dated* mestra *f*.

school of thought *n* escola *f* de pensamento.

schoolteacher ['sku:lˌtiːtʃə'] *n* professor *m*, -ra *f*.

school year *n* ano *m* letivo.

schooner ['sku:nə'] *n* **- 1.** [ship] escuna *f* **- 2.** *UK* [sherry glass] caneca *f (para xerez)*.

sciatica [saɪ'ætɪkə] *en (U)* ciática *f*.

science ['saɪəns] *n* ciência *f*.

science fiction *n (U)* ficção *f* científica.

scientific [ˌsaɪən'tɪfɪk] *adj* científico(-ca).

scientist ['saɪəntɪst] *n* cientista *mf*.

scintillating ['sɪntɪleɪtɪŋ] *adj* brilhante.

scissors ['sɪzəz] *npl* tesoura *f*; **a pair of ~** uma tesoura.

sclerosis *n* ▷ **multiple sclerosis**.

scoff [skɒf] <> *vt UK inf* devorar, engolir. <> *vi* zombar; **to ~ at sb/sthg** zombar de alguém/algo.

scold [skəʊld] *vt* repreender, xingar.

scone [skɒn] *n* bolinho geralmente tomado à hora do chá com manteiga ou geléia.

scoop [sku:p] <> *n* **- 1.** [kitchen implement - for sugar] colher *f*; [- for ice cream] pá *f* **- 2.** [scoopful] concha *f*, colher *f* grande; **two ~ s of ice cream** duas bolas de sorvete **- 3.** [news report] furo *m*. <> *vt* **- 1.** [with hands] tirar com as mãos **- 2.** [with implement] tirar com colher.

➡ **scoop out** *vt sep* tirar com colher.

scooter ['sku:tə'] *n* **- 1.** [toy] patinete *f* **- 2.** [motorcycle] lambreta *f*.

scope [skəʊp] *n (U)* **- 1.** [opportunity] possibilidades *fpl* **- 2.** [range] escopo *m*.

scorch [skɔːtʃ] *vt* **- 1.** [clothes, food, skin] chamuscar **- 2.** [grass, fields] queimar.

scorching ['skɔːtʃɪŋ] *adj inf* escaldante.

score [skɔː'] <> *n* **- 1.** *SPORT* placar *m* **- 2.** [in test, competition] nota *f* **- 3.** *dated* [twenty] vintena *f* **- 4.** *MUS* partitura *f* **- 5.** [subject]: **on that ~** a esse respeito. <> *vt* **- 1.** *SPORT* marcar **- 2.** [achieve] conseguir, obter **- 3.** [win in an argument] ganhar **- 4.** [cut] gravar, entalhar. <> *vi* *SPORT* marcar.

➡ **score out** *vt sep UK* riscar.

scoreboard ['skɔːbɔːd] *n* placar *m*.

scorer ['skɔːrə'] *n* **- 1.** [official] anotador *m*, -ra *f* de pontos **- 2.** [player - football] goleador m, -ra f; [- basketball] cestinha mf; [- sports in general] jogador(ra) que marca mais pontos.

scorn [skɔːn] ◇ n (U) desdém m, menosprezo m. ◇ vt -1. [despise] desprezar - 2. fml [refuse to accept] desdenhar.

scornful ['skɔːnfʊl] adj desdenhoso(osa); to be ~ of sthg desdenhar de algo.

Scorpio ['skɔːpɪəʊ] (pl -s) n [sign] Escorpião m.

scorpion ['skɔːpjən] n escorpião m.

Scot [skɒt] n escocês m, -esa f.

scotch [skɒtʃ] vt -1. [idea] acabar com - 2. [rumour] desmentir.

Scotch [skɒtʃ] ◇ adj escocês(esa). ◇ n [whisky] uísque m escocês.

Scotch (tape)® n US fita f adesiva, durex® m.

scot-free adj inf: to get off ~ sair impune.

Scotland ['skɒtlənd] n Escócia.

Scots [skɒts] ◇ adj escocês(esa). ◇ n (U) [dialect] escocês m.

Scotsman ['skɒtsmən] (pl -men [-mən]) n escocês m.

Scotswoman ['skɒtswʊmən] (pl -women [-wɪmɪn]) n escocesa f.

Scottish ['skɒtɪʃ] adj escocês(esa).

scoundrel ['skaʊndrəl] n dated canalha mf.

scour [skaʊəʳ] vt -1. [clean] esfregar - 2. [search] esquadrinhar.

scourge [skɜːdʒ] n -1. [cause of suffering] flagelo m - 2. [critic] tormento m.

scout [skaʊt] n MIL batedor m, explorador m.

➤ **Scout** n escoteiro m.

➤ **scout around** vi: to ~ around (for sthg) explorar a área (em busca de algo).

scowl [skaʊl] ◇ n carranca f, cara f feia. ◇ vi franzir o cenho; to ~ at sb fazer cara feia para alguém.

scrabble ['skræbl] vi -1. [scramble] escalar com dificuldade; to ~ up/down subir/descer escalando - 2. [scrape]: to ~ at sthg arranhar algo - 3. [feel around] escarafunchar; to ~ around for sthg escarafunchar à procura de algo.

scraggy ['skrægɪ] (compar -ier, superl -iest) adj inf magricela.

scramble ['skræmbl] ◇ n briga f. ◇ vi -1. [climb] trepar em - 2. [move clumsily] caminhar cambaleando; she ~d for her handbag in the crush ela teve que brigar pela bolsa no meio do tumulto.

scrambled eggs ['skræmbld-] npl ovos mpl mexidos.

scrap [skræp] (pt & pp -ped, cont -ping) ◇ n -1. [small piece] pedaço m; ~ of

conversation trecho m; ~ of information uma informação; there isn't a ~ of evidence não há prova alguma - 2. [metal] sucata f - 3. inf [fight, quarrel] briga f. ◇ vt abandonar.

➤ **scraps** npl sobras fpl.

scrapbook ['skræpbʊk] n álbum m de recortes.

scrap dealer n ferro-velho m, sucateiro m, -ra f.

scrape [skreɪp] ◇ n -1. [scraping noise] rangido m, arranhão m - 2. dated [difficult situation] enrascada f. ◇ vt -1. [remove]: to ~ sthg off sthg raspar algo de algo - 2. [peel] raspar - 3. [rub against - car, bumper, glass] riscar; [- knee, elbow, skin] arranhar. ◇ vi [rub]: to ~ against/on sthg raspar contra/em algo.

➤ **scrape through** vt fus passar com as calças na mão.

scraper ['skreɪpəʳ] n raspador m.

scrap merchant n UK sucateiro m, -ra f.

scrap paper UK, **scratch paper** US n (U) papel m rascunho.

scrapyard ['skræpjɑːd] n ferro-velho m.

scratch [skrætʃ] ◇ n -1. [gen] arranhão m - 2. phr: to do sthg from ~ fazer algo começando do nada; to be up to ~ estar à altura. ◇ vt -1. [wound] arranhar - 2. [surface] riscar - 3. [rub] coçar. ◇ vi -1. [branch, knife, thorn]: to ~ at/against sthg roçar em algo - 2. [person, animal] coçar-se.

scratch paper n US = scrap paper.

scrawl [skrɔːl] ◇ n rabisco m. ◇ vt rabiscar.

scrawny ['skrɔːnɪ] (compar -ier, superl -iest) adj esquelético(ca).

scream [skriːm] ◇ n -1. [of person] grito m; ~s of laughter gargalhadas fpl. ◇ vt gritar. ◇ vi [person] gritar, vociferar.

scree [skriː] n (U) acúmulo de pedras soltas na encosta de uma montanha.

screech [skriːtʃ] ◇ n -1. [gen] guincho m - 2. [of person] grito m; a ~ of laughter gargalhadas fpl. ◇ vt berrar, gritar. ◇ vi -1. [gen] guinchar - 2. [person] gritar, berrar.

screen [skriːn] ◇ n -1. [viewing surface] tela f - 2. CINEMA: the (big) ~ a tela de cinema - 3. [protective or dividing panel] biombo m. ◇ vt -1. [gen] exibir - 2. [hide, shield] proteger; to ~ sb/sthg (from sb/sthg) proteger alguém/algo (de alguém/algo).

screening ['skriːnɪŋ] n -1. [in cinema] exibição f, projeção f - 2. [on TV] exibição f - 3. (U) [for security] triagem f - 4.

(U) MED [examination] exame *m* médico.
screenplay ['skri:npleɪ] *n* roteiro *m*.
screen print *n* serigrafia *f*.
screw [skru:] ◇ *n* parafuso *m*. ◇ *vt*
-1. [fix with screws]: **to ~ sthg to sthg**
aparafusar algo em algo **-2.** [twist]
enroscar **-3.** *vulg* [have sex with] trepar
com, foder. ◇ *vi* [fix together] enroscar.
➡ **screw up** *vt sep* **-1.** [crumple up]
amassar **-2.** [contort, twist] contrair **-3.**
inf [ruin] ferrar.
screwdriver ['skru:ˌdraɪvəʳ] *n* chave *f*
de fenda.
scribble ['skrɪbl] ◇ *n* rabisco *m*,
garrancho *m*. ◇ *vt* & *vi* rabiscar.
script [skrɪpt] *n* **-1.** [of play, film] script *m*,
roteiro *m* **-2.** [system of writing] escrita *f*
-3. [handwriting] letra *f*.
Scriptures ['skrɪptʃəz] *npl*: **the ~** as
Escrituras.
scriptwriter ['skrɪptˌraɪtəʳ] *n* roteirista
mf.
scroll [skrəʊl] ◇ *n* rolo *m* de papel OR
pergaminho. ◇ *vt* COMPUT rolar.
scrounge [skraʊndʒ] *inf vt*: **to ~ sthg**
(off sb) filar algo (de alguém).
scrounger ['skraʊndʒəʳ] *n inf* parasita
mf.
scrub [skrʌb] (*pt* & *pp* **-bed**, *cont* **-bing**)
◇ *n* **-1.** [rub] esfregação *f*; **give it a**
good ~ dá uma boa esfregada (nisso)
-2. (U) [undergrowth] moita *f*. ◇ *vt*
esfregar.
scruff [skrʌf] *n* ANAT: **by the ~ of the**
neck pelo cangote.
scruffy ['skrʌfɪ] (*compar* **-ier**, *superl*
-iest) *adj* **-1.** [gen] sujo(ja) **-2.** [room, part
of town] bagunçado(da).
scrum(mage) ['skrʌm(ɪdʒ)] *n* RUGBY disputa *f* de bola.
scrunchy ['skrʌntʃɪ] (*pl* **-ies**) *n* rabicó *m*.
scruples ['skru:plz] *npl* escrúpulos *mpl*.
scrutinize, -ise ['skru:tɪnaɪz] *vt* escru-
tinar.
scrutiny ['skru:tɪnɪ] *n (U)* escrutínio *m*.
scuff [skʌf] *vt* **-1.** [drag] arrastar **-2.** [da-
mage - shoes] gastar; [- surface] riscar.
scuffle ['skʌfl] *n* briga *f*.
scullery ['skʌlərɪ] (*pl* **-ies**) *n* copa *f*
(para lavar e guardar louça).
sculptor ['skʌlptəʳ] *n* escultor *m*, -ra *f*.
sculpture ['skʌlptʃəʳ] ◇ *n* escultura
f. ◇ *vt* esculpir.
scum [skʌm] *n* **-1.** [froth] espuma *f* **-2.** *v*
inf pej [worthless people] escória *f*.
scupper ['skʌpəʳ] *vt* **-1.** NAUT [sink] afundar **-2.** UK *fig* [ruin] arruinar.
scurrilous ['skʌrələs] *adj fml* difamató-
rio(ria).
scurry ['skʌrɪ] (*pt* & *pp* **-ied**) *vi*: **to ~ off**
escapulir-se.

scuttle ['skʌtl] ◇ *n* balde *m* para
carvão. ◇ *vi* correr.
scythe [saɪð] *n* foice *f*.
SDLP (*abbr of* Social Democratic and La-
bour Party) *n* partido político da
Irlanda do Norte que defende a
integração pacífica com a República
da Irlanda.
sea [si:] ◇ *n* mar *m*; **to be at ~** [ship,
sailor] estar no mar; **to be all at ~** *fig*
[person] estar totalmente perdido(da);
by ~ pelo mar; **by the ~** junto ao mar;
out to ~ [away from land] para alto mar.
◇ *comp* **-1.** [travel, voyage] marítimo(-
ma) **-2.** [animal] marinho(nha).
seabed ['si:bed] *n*: **the ~** o fundo do
mar.
seaboard ['si:bɔ:d] *n fml* litoral *m*.
sea breeze *n* brisa *f* do mar.
seafood ['si:fu:d] *n (U)* frutos *mpl* do
mar.
seafront ['si:frʌnt] *n* orla *f* marítima.
seagull ['si:gʌl] *n* gaivota *f*.
seal [si:l] (*pl sense 1 only inv* OR **-s**) ◇ *n*
-1. [gen] selo *m* **-2.** [animal] foca *f*. ◇ *vt*
-1. [stick down] selar **-2.** [block up] vedar.
➡ **seal off** *vt sep* interditar.
sea level *n (U)* nível *m* do mar.
sea lion (*pl inv* OR **-s**) *n* leão-marinho
m.
seam [si:m] *n* **-1.** SEWING costura *f* **-2.** [of
coal] veio *m*.
seaman ['si:mən] (*pl* **-men** [-mən]) *n*
marinheiro *m*.
seamy ['si:mɪ] (*compar* **-ier**, *superl* **-iest**)
adj sórdido(da).
séance ['seɪɒns] *n* sessão *f* espírita.
seaplane ['si:pleɪn] *n* hidroavião *m*.
seaport ['si:pɔ:t] *n* porto *m* de mar.
search [sɜ:tʃ] ◇ *n* **-1.** [for lost person,
object] procura *f*, busca *f*; **~ for sthg**
busca OR procura por algo; **in ~ of** à
procura de, em busca de **-2.** [of person,
luggage, house] procura *f*. ◇ *vt* **-1.** [gen]
procurar **-2.** [mind, memory] vascular
-3. [frisk] revistar. ◇ *vi* **-1.** [look for]
procurar; **to ~ for sb/sthg** procurar
(por) alguém/algo **-2.** [try to recall]: **to**
~ for sthg tentar lembrar algo.
search engine *n* COMPUT mecanismo *m*
de busca.
searching ['sɜ:tʃɪŋ] *adj* **-1.** [question]
perspicaz **-2.** [examination, review] mi-
nucioso(sa) **-3.** [look] penetrante.
searchlight ['sɜ:tʃlaɪt] *n* holofote *m*.
search party *n* equipe *f* de busca.
search warrant *n* mandado *m* de
busca.
seashell ['si:ʃel] *n* concha *f* (marinha).
seashore ['si:ʃɔ:ʳ] *n*: **the ~** o litoral.
seasick ['si:sɪk] *adj* mareado(da).
seaside ['si:saɪd] *n*: **the ~** a praia.

seaside resort *n* local *m* de veraneio (*na praia*).

season ['si:zn] <> *n* -**1.** [time of year] estação *f* -**2.** [for particular activity] período *m*, época *f* -**3.** [of holiday] temporada *f*; **out of** ~ fora de temporada -**4.** [of food]: **in** ~ da estação; **out of** ~ fora da estação -**5.** [series - of films] festival *m*; [- of lectures] série *f*. <> *vt* temperar.

seasonal ['si:zənl] *adj* sazonal.

seasoned ['si:znd] *adj* experiente.

seasoning ['si:znɪŋ] *n* tempero *m*.

season ticket *n* bilhete *m* para a temporada.

seat [si:t] <> *n* -**1.** [gen] assento *m* -**2.** [place to sit] banco *m* -**3.** [of clothing] fundilho *m* -**4.** POL [in parliament] cadeira *f*. <> *vt* [sit down] sentar.

seat belt *n* cinto *m* de segurança.

seating ['si:tɪŋ] *n* (U) acomodação *f*.

seawater ['si:ˌwɔ:təʳ] *n* (U) água *f* do mar.

seaweed ['si:wi:d] *n* (U) alga *f* marinha.

seaworthy ['si:ˌwɜ:ðɪ] *adj* em condições de navegar.

sec. (*abbr of* second) *n* seg.

secede [sɪ'si:d] *vi fml* separar-se; **to** ~ **from sthg** separar-se de algo.

secluded [sɪ'klu:dɪd] *adj* isolado(da), afastado(da).

seclusion [sɪ'klu:ʒn] *n* (U) isolamento *m*.

second ['sekənd] *n* -**1.** [gen] segundo *m* -**2.** UK UNIV diploma *m* com louvor -**3.** AUT: ~ **(gear)** segunda *f*. <> *num* segundo(da); ~ **only to Boris ...** perdendo apenas para Boris; **he is** ~ **to none** ele não perde para ninguém; *see also* **sixth**.

➤ **seconds** *npl* -**1.** COMM artigos *mpl* de segundalinha -**2.** [of food] repetição *f*.

secondary ['sekəndrɪ] *adj* secundário(ria); **to be** ~ **to sthg** ser secundário para algo.

secondary school *n* escola *f* secundária.

second-class ['sekənd-] *adj* -**1.** [gen] de segunda classe -**2.** *pej* [less important] de segunda classe -**3.** UK UNIV *tipo de grau universitário com louvor concedido por universidades britânicas.*

second-hand ['sekənd-] <> *adj* -**1.** [gen] de segunda mão -**2.** [shop] de objetos usados. <> *adv* [not new] de segunda mão.

second hand ['sekənd-] *n* ponteiro *m* dos segundos.

secondly ['sekəndlɪ] *adv* em segundo lugar.

secondment [sɪ'kɒndmənt] *n* UK transferência *f* temporária.

second-rate ['sekənd-] *adj pej* de segunda categoria.

second thought ['sekənd-] *n*: **to have** ~ **s about sthg** estar em dúvida sobre algo; **on** ~ **s** UK, **on** ~ US pensando bem.

secrecy ['si:krəsɪ] *n* (U) sigilo *m*.

secret ['si:krɪt] <> *adj* secreto(ta); **to keep sthg** ~ manter algo em segredo. <> *n* segredo *m*; **in** ~ em segredo.

secretarial [ˌsekrə'teərɪəl] *adj* -**1.** [course] de secretário -**2.** [staff] de secretários -**3.** [training] para secretariado.

secretary [UK 'sekrətrɪ, US 'sekrəˌterɪ] (*pl* -ies) *n* -**1.** [gen] secretário *m*, -ria *f* -**2.** POL [minister] ministro *m*, -tra *f*.

Secretary of State *n* -**1.** UK [minister]: ~ **(for sthg)** ministro *m* (de algo) -**2.** US [in charge of foreign affairs] secretário *m*, -ria *f* das relações exteriores.

secretive ['si:krətɪv] *adj* -**1.** [person] reservado(da) -**2.** [organization] secreto(ta).

secretly ['si:krɪtlɪ] *adv* secretamente, em segredo.

sect [sekt] *n* seita *f*.

sectarian [sek'teərɪən] *adj* sectário(ria).

section ['sekʃn] <> *n* seção *f*. <> *vt* -**1.** GEOM seccionar -**2.** *fml* [cut] seccionar.

sector ['sektəʳ] *n* setor *m*.

secular ['sekjʊləʳ] *adj* secular.

secure [sɪ'kjʊəʳ] <> *adj* -**1.** [tightly locked up] seguro(ra), protegido(da) -**2.** [fixed in place] seguro(ra), firme -**3.** [safe, not likely to change] garantido(da) -**4.** [strong, solid] firme -**5.** [free of anxiety, confident] confiante. <> *vt* -**1.** [obtain] conseguir, obter -**2.** [make safe] proteger -**3.** [fasten] fechar bem.

security [sɪ'kjʊərətɪ] (*pl* -ies) *n* -**1.** [gen] segurança *f* -**2.** (U) [legal protection] segurança *f*, garantia *f*; ~ **of tenure** cargo *m* vitalício.

➤ **securities** *npl* FIN papéis *mpl* negociáveis.

security guard *n* (guarda *mf* de) segurança *mf*.

sedan [sɪ'dæn] *n* US sedã *m*.

sedate [sɪ'deɪt] <> *adj* calmo(ma), sossegado(da). <> *vt* sedar.

sedation [sɪ'deɪʃn] *n* (U) sedação *f*.

sedative ['sedətɪv] *n* sedativo *m*.

sediment ['sedɪmənt] *n* sedimento *m*.

seduce [sɪ'dju:s] *vt* seduzir; **to** ~ **sb into doing sthg** persuadir alguém a fazer algo.

seductive [sɪ'dʌktɪv] *adj* sedutor(ra).

see [si:] (*pt* saw, *pp* seen) <> *vt* -**1.** [gen] ver; **we're going to** ~ **each other tonight** vamos nos ver hoje à noite; ~

you! até mais!; ~ **you soon/later/tomorrow!** até breve/mais tarde/amanhã! **- 2.** [friend, doctor] visitar **- 3.** [realize]: **to ~ (that)** perceber que **- 4.** [understand] entender **- 5.** [accompany] levar, acompanhar **- 6.** [find out, ascertain] descobrir **- 7.** [make sure]: **I'll ~ (that the work gets done)** vou providenciar (para que o trabalho fique pronto) **- 8.** [judge, consider] ver, considerar. <> vi **- 1.** [perceive with eyes] enxergar **- 2.** [understand] entender; **I ~** entendo; **you ~**, ... veja bem, ... **- 3.** [find out] ver; **let's ~**, let me ~ vamos ver, vejamos.

◆ **seeing as, seeing that** conj inf já que, como.

◆ **see about** vt fus **- 1.** [organize]: **I'll ~ about getting you some work** vou dar um jeito de te arrumar algum trabalho **- 2.** [think about] ver.

◆ **see off** vt sep **- 1.** [say goodbye to] despedir-se de **- 2.** UK [chase away] afugentar.

◆ **see through** <> vt fus [not be deceived by] não se deixar enganar por. <> vt sep [to conclusion] levar a termo.

◆ **see to** vt fus cuidar de.

seed [si:d] n **- 1.** [of plant] semente f **- 2.** SPORT pré-selecionado m, -da f.

◆ **seeds** npl fig [beginnings] semente f.

seedling ['si:dlɪŋ] n muda f.

seedy ['si:dɪ] (compar -ier, superl -iest) adj **- 1.** [person] maltrapilho(lha) **- 2.** [room, area] usado(da).

seek [si:k] (pt & pp sought) fml vt procurar; **to ~ to do sthg** procurar fazer algo.

seem [si:m] <> vi parecer; **it ~s too good to be true** parece bom demais para ser verdade; **I ~ to remember that ...** parece que eu me lembro de que ...; **I can't ~ to do that** por mais que eu tente, não consigo fazer isso. <> v impers: **it ~s (that)** parece que.

seemingly ['si:mɪŋlɪ] adv aparentemente.

seen [si:n] pp ▷ **see.**

seep [si:p] vi infiltrar-se, penetrar.

seesaw ['si:sɔ:] n gangorra f.

seethe [si:ð] vi fervilhar; **to be seething with sthg** estar fervilhando com algo.

see-through adj transparente.

segment ['segmənt] n **- 1.** [of market, report, audience] segmento m **- 2.** [of fruit] gomo m.

segregate ['segrɪgeɪt] vt segregar.

Seine [seɪn] n: **the (River) ~** o (Rio) Sena.

seize [si:z] vt **- 1.** [grab] agarrar, pegar **- 2.** [win, capture] tomar **- 3.** [arrest] prender, deter **- 4.** [take advantage of] aproveitar.

◆ **seize (up)on** vt fus valer-se de.

◆ **seize up** vi **- 1.** [body] enrijecer **- 2.** [engine] emperrar.

seizure ['si:ʒəˈ] n **- 1.** MED ataque m **- 2.** (U) [taking, capturing] tomada f.

seldom ['seldəm] adv raramente.

select [sɪ'lekt] <> adj **- 1.** [carefully chosen] selecionado(da) **- 2.** [exclusive] seleto(ta). <> vt selecionar.

selection [sɪ'lekʃn] n **- 1.** [gen] seleção f **- 2.** [range of goods] coleção f.

selective [sɪ'lektɪv] adj seletivo(va).

self [self] (pl selves) n: **she's her old ~** ela volta a ser ela mesma; **the ~** o eu.

self-assured adj confiante em si mesmo(ma), seguro(ra) de si.

self-catering adj sem refeições incluídas.

self-centred [-'sentəd] adj egocêntrico(ca).

self-confessed [-kən'fest] adj assumido(da).

self-confidence n autoconfiança f.

self-confident adj **- 1.** [person] seguro(ra) de si **- 2.** [remark, attitude] que passa segurança.

self-conscious adj inibido(da).

self-contained [-kən'teɪnd] adj **- 1.** [person] reservado(da) **- 2.** [flat] independente.

self-control n (U) autocontrole m.

self-defence n (U) legítima defesa f.

self-discipline n (U) autodisciplina f.

self-employed [-ɪm'plɔɪd] adj autônomo(ma), que trabalha por conta própria.

self-esteem n (U) amor-próprio m.

self-evident adj óbvio(via).

self-explanatory adj claro(ra), manifesto(ta).

self-government n (U) governo m autônomo.

self-important adj pej presunçoso(sa), convencido(da).

self-indulgent adj pej comodista, que se permite excessos.

self-interest n (U) pej interesse m pessoal OR próprio.

selfish ['selfɪʃ] adj egoísta.

selfishness ['selfɪʃnɪs] n (U) egoísmo m.

selfless ['selflɪs] adj desinteressado(da).

self-made adj que se fez por si mesmo(ma).

self-opinionated adj pej presunçoso(sa).

self-pity n (U) pej autocomiseração f.

self-portrait n auto-retrato m.

self-possessed [-pə'zest] adj dono de si mesmo, dona de si mesma.

self-preservation n autopreservação f.

self-raising flour UK [-ˌreɪzɪŋ-], **self-rising flour** US n (U) farinha f com fermento.

self-reliant adj independente.

self-respect n (U) amor m próprio.

self-respecting [-rɪsˈpektɪŋ] adj que se presta, digno(na).

self-restraint n (U) autocontrole m.

self-righteous adj pej hipócrita.

self-rising flour n US = self-raising flour.

self-sacrifice n (U) abnegação f.

self-satisfied adj pej convencido(da).

self-service n (U) auto-serviço m, self-service m.

self-sufficient adj: ~ (in sthg) auto-suficiente (em algo).

self-taught adj autodidata.

sell [sel] (pt & pp sold) <> vt -1. vender; to ~ sthg to sb, to ~ sb sthg vender algo para alguém; to ~ sthg for vender algo por; to ~ o.s. vender-se; to ~ o.s. short desmerecer-se -2. fig [make enthusiastic about]: to ~ sthg to sb, to ~ sb sthg vender algo para alguém; to ~ sb an idea vender uma idéia a alguém; I'm not really sold on the idea não consigo comprar essa idéia. <> vi vender; to ~ for OR at ser vendido(da) por OR a.

➡ **sell off** vt sep liquidar.

➡ **sell out** <> vt sep: to be sold out estar esgotado(da). <> vi -1. [shop, ticket office]: to ~ out (of sthg) vender todo o estoque (de algo) -2. [betray one's principles] vender-se.

sell-by date n UK prazo m de validade.

seller [ˈselər] n vendedor m, -ra f.

selling price [ˈselɪŋ-] n preço m de venda.

Sellotape® [ˈseləteɪp] n UK fita f adesiva, durex® m.

sell-out n -1. [performance, match] sucesso m de bilheteria -2. [of principles] traição f.

selves [selvz] pl ▷ self.

semaphore [ˈseməfɔːr] n (U) semáforo m.

semblance [ˈsembləns] n fml aparência f.

semen [ˈsiːmən] n (U) sêmen m.

semester [sɪˈmestər] n semestre m.

semicircle [ˈsemɪˌsɜːkl] n semicírculo m.

semicolon [ˌsemɪˈkəʊlən] n ponto-e-vírgula m.

semi-detached <> adj UK geminado(do). <> n UK casa f geminada.

semi-final n semifinal f.

seminar [ˈseminɑːr] n seminário m.

seminary [ˈseminəri] (pl -ies) n RELIG seminário m.

semi-skilled adj semi-especializado(-da).

semolina [ˌseməˈliːnə] n (U) semolina f.

Senate [ˈsenɪt] n POL: the ~ o Senado; the United States ~ o Senado dos Estados Unidos.

senator [ˈsenətər] n senador m, -ra f.

send [send] (pt & pp sent) vt -1. [letter, message, money] enviar, mandar; to ~ sb sthg, to ~ sthg to sb enviar OR mandar algo para alguém -2. [tell to go]: to ~ sb (to) mandar alguém (para); to ~ sb for sthg mandar alguém buscar algo -3. [into a specific state] deixar; to ~ sb mad deixar alguém louco(ca); to ~ sb to sleep dar sono em alguém; to ~ sb flying arremessar alguém longe.

➡ **send back** vt sep devolver; to ~ sb back fazer alguém voltar.

➡ **send for** vt fus -1. [person] mandar chamar -2. [by post] encomendar.

➡ **send in** vt sep -1. [visitor] fazer entrar -2. [troops, police] enviar, mandar -3. [submit] enviar.

➡ **send off** vt sep -1. [by post] enviar (pelo correio) -2. SPORT expulsar.

➡ **send off for** vt fus encomendar (pelo correio).

➡ **send up** vt sep inf UK [imitate] arremedar, imitar.

sender [ˈsendər] n remetente mf.

send-off n despedida f.

senile [ˈsiːnaɪl] adj senil.

senior [ˈsiːnjər] <> adj -1. [highest-ranking] superior(ra) -2. [higher-ranking]: ~ to sb superior a alguém -3. SCH [pupils, classes] veterano(na). <> n -1. [older person] mais velho(lha); I'm five years his ~ sou cinco anos mais velho do que ele -2. SCH & UNIV veterano m, -na f.

senior citizen n idoso m, -sa f.

sensation [senˈseɪʃn] n sensação f.

sensational [senˈseɪʃənl] adj -1. [causing a stir] sensacional -2. inf [wonderful] sensacional.

sensationalist [senˈseɪʃnəlɪst] adj pej sensacionalista.

sense [sens] <> n -1. [gen] sentido m; to make ~ [have clear meaning] fazer sentido; [be logical] ser lógico(ca) -2. [feeling, sensation - of guilt, terror, honour] sentimento m; [- of justice, duty, urgency] senso m -3. [natural ability]: ~ of direction senso m de direção; ~ of style idéia f de estilo -4. (U) [wisdom, reason] bom senso m, sabedoria f -5. phr: to come to one's ~s [be sensible again] recobrar o juízo; [regain consciousness] recobrar os sentidos; to be out of one's ~s perder o juízo. <> vt sentir; to ~ that sentir que.

in a sense adv de certo modo, em certo sentido.

senseless ['senslɪs] adj -1. [stupid] sem sentido, estúpido(da) -2. [unconscious] inconsciente; **to knock sb ~** bater em alguém até ficar inconsciente.

sensibilities [ˌsensɪ'bɪlɪtɪz] npl sensibilidade f.

sensible ['sensəbl] adj -1. [reasonable, practical] prático(ca) -2. [person] sensato(ta).

sensitive ['sensɪtɪv] adj -1. [eyes, skin]: **~ (to sthg)** sensível (a algo) -2. [understanding, aware]: **~ (to sthg)** compreensivo(va) (com algo) -3. [easily hurt, touchy]: **~ (to/about sthg)** sensível OR suscetível (a algo) -4. [controversial] delicado(da) -5. [instrument] sensível.

sensual ['sensjʊəl] adj sensual.

sensuous ['sensjʊəs] adj sensual.

sent [sent] pt & pp ⊳ send.

sentence ['sentəns] ◇ n -1. [group of words] frase f, oração f -2. JUR sentença f. ◇ vt: **to ~ sb (to sthg)** condenar alguém (a algo).

sentiment ['sentɪmənt] n -1. [feeling] sentimento m -2. [opinion] opinião f.

sentimental [ˌsentɪ'mentl] adj -1. pej [over-emotional] sentimental -2. [emotional] sentimental.

sentry ['sentrɪ] (pl -ies) n sentinela mf.

separate [adj & n 'seprət, vb 'sepəreɪt] ◇ adj -1. [not joined, apart] separado(da); **~ from sthg** separado(da) de algo -2. [individual] separado(da), diferente -3. [distinct] distinto(ta). ◇ vt separar; **to ~ sb/sthg from** separar alguém/algo de; **to ~ sb/sthg into** separar alguém/algo em; **to ~ sb/sthg from** separar alguém/algo de. ◇ vi -1. [gen] separar-se -2. [go different ways]: **to ~ (from sb/sthg)** separar-se (de alguém/algo).

separates npl UK peças fpl avulsas (de roupa).

separately ['seprətlɪ] adv separadamente.

separation [ˌsepə'reɪʃn] n separação f; **~ (from sb/sthg)** separação (de alguém/algo).

September [sep'tembər] n setembro; **in ~** em setembro; **last/this/next ~** em setembro do ano passado/deste ano/do ano que vem; **by ~** até setembro; **every ~** todos os anos em setembro; **during ~** em setembro, durante o mês de setembro; **at the beginning/end of ~** no início/fim de setembro; **in the middle of ~** em meados de setembro, no meio do mês de setembro.

septic ['septɪk] adj séptico(ca); **to go ~** infeccionar.

septic tank n fossa f séptica.

sequel ['siːkwəl] n -1. [book, film]: **~ to** sthg continuação f de algo -2. [consequence]: **~ to sthg** seqüela f de algo.

sequence ['siːkwəns] n -1. [gen] seqüência f -2. [series] seqüência f, sucessão f.

Serb adj & n = **Serbian**.

Serbia ['sɜːbjə] n Sérvia.

Serbian ['sɜːbjən], **Serb** [sɜːb] ◇ adj sérvio(via). ◇ n -1. [person] sérvio m, -via f -2. [language] sérvio m.

serene [sɪ'riːn] adj sereno(na).

sergeant ['sɑːdʒənt] n -1. MIL sargento m -2. POLICE tenente m.

sergeant major n primeiro-sargento m.

serial ['sɪərɪəl] n série f, seriado m.

serial number n número m de série.

series ['sɪəriːz] (pl inv) n -1. [sequence] série f -2. RADIO & TV série f, seriado m.

serious ['sɪərɪəs] adj -1. [gen] sério(ria); **are you ~?** fala sério? -2. [problem, illness] grave.

seriously ['sɪərɪəslɪ] adv -1. [earnestly] seriamente; **to take sb/sthg ~** levar alguém/algo a sério -2. [very badly] gravemente.

seriousness ['sɪərɪəsnɪs] n (U) -1. [of person, expression, voice] seriedade f -2. [of illness, situation, loss] gravidade f.

sermon ['sɜːmən] n -1. RELIG sermão m -2. fig & pej [lecture] sermão m.

serrated [sɪ'reɪtɪd] adj serrilhado(da), dentado(da).

servant ['sɜːvənt] n criado m, -da f, empregado m, -da f.

serve [sɜːv] ◇ n SPORT serviço m, saque m. ◇ vt -1. [gen] servir; **to ~ sthg to sb, to ~ sb sthg** servir algo a alguém -2. [have effect]: **to ~ to do sthg** servir para fazer algo; **to ~ a purpose** cumprir o propósito -3. [provide] abastecer; **which motorway ~s Birmingham** que rodovia atende à região de Birmingham? -4. JUR: **to ~ sb with sthg, to ~ sthg on sb** entregar algo a alguém -5. [complete, carry out] cumprir; **he's serving time** ele está cumprindo pena -6. SPORT servir, sacar -7. phr: **it ~s you right** bem feito! ◇ vi -1. [be employed as soldier] servir o exército -2. [function]: **to ~ as sthg** servir como algo -3. [in shop, bar etc] servir -4. SPORT sacar.

serve up, serve up vt sep servir.

service ['sɜːvɪs] ◇ n -1. [gen] serviço m; **in ~** em funcionamento; **out of ~** fora de serviço -2. (U) [in shop, bar etc] atendimento m -3. [mechanical check] revisão f -4. RELIG serviço m, culto m -5. [set of tableware] jogo m; **dinner ~** aparelho m de jantar -6. SPORT serviço m, saque m -7. [use, help]: **to be of ~ (to**

sb) servir (a alguém). ⬦ *vt* [car, machine] fazer a revisão de.

➤ **services** *npl* **-1.** [on motorway] estação *f* de serviços **-2.** [armed forces]: **the ~s** as forças armadas **-3.** [help] serviços *mpl*.

serviceable ['sɜːvɪsəbl] *adj* resistente, prático(ca).

service area *n* estação *f* de serviços.

service charge *n* taxa *f* de serviço.

serviceman ['sɜːvɪsmən] (*pl* **-men** [-mən]) *n* MIL militar *m*.

service provider *n* COMPUT provedor *m*.

service station *n* posto *m* de gasolina, posto *m* de serviços.

serviette [ˌsɜːvɪ'et] *n* guardanapo *m*.

sesame ['sesəmɪ] *n* (*U*) gergelim *m*, sésamo *m*; **open ~!** abre-te, sésamo!

session ['seʃn] *n* **-1.** [gen] sessão *f* **-2.** US [school term] período *m* letivo.

set [set] (*pt* & *pp* **set**, *cont* **-ting**) ⬦ *adj* **-1.** [specified, prescribed] estabelecido(-da) **-2.** [fixed, rigid] fixo(xa); **~ phrase** frase *f* feita **-3.** [ready] pronto(ta); **~ for sthg/to do sthg** pronto(ta) para algo/para fazer algo **-4.** [determined]: **to be ~ on sthg/on doing sthg** estar empenhado(da) em algo/em fazer algo; **to be dead ~ against sthg** ser completamente contra algo. ⬦ *n* **-1.** [collection, group - stamps] série *f*; [- chess, tea] jogo *m* (de); [- keys, tyres, saucepans] conjunto *m*; [- books] coleção *f* (de) **-2.** [apparatus] aparelhagem *f* **-3.** [of film, play] cenário *m* **-4.** TENNIS set *m*. ⬦ *vt* **-1.** [put in specified position, place] pôr, colocar **-2.** [fix, insert]: **to ~ sthg in(to) sthg** fixar algo em algo **-3.** [indicating change of state or activity] pôr; **to ~ sb free** pôr alguém em liberdade; **to ~ sb's mind at rest** tranqüilizar alguém; **to ~ sthg in motion** pôr algo em movimento; **to ~ sthg right** emendar algo; **to ~ sb thinking** fazer alguém pensar; **to ~ sthg on fire** pôr fogo em algo **-4.** [lay, prepare in advance] pôr, colocar **-5.** [adjust] ajustar, botar; **she ~ the meter at zero** ela ajustou o medidor para zero **-6.** [decide on] estabelecer, fixar **-7.** [establish, create - example] dar; [- precedent] abrir; [- trend] impor; [- record] estabelecer **-8.** [assign - target, problem] determinar; [- school work] passar; [- exam, test work] aplicar **-9.** MED [mend] recompor **-10.** [story] passar-se; **the film is ~ in Scotland** o filme se passa na Escócia **-11.** [hair] fazer mise-en-plis. ⬦ *vi* **-1.** [sun] pôr-se **-2.** [solidify - jelly] endurecer; [- glue, cement] secar.

➤ **set about** *vt fus*: **to ~ about sthg** começar algo; **to ~ about doing sthg**

pôr-se a fazer algo.

➤ **set aside** *vt sep* **-1.** [keep, save] guardar **-2.** [not consider] deixar de lado.

➤ **set back** *vt sep* [delay] atrasar.

➤ **set off** ⬦ *vt sep* **-1.** [initiate, cause] provocar **-2.** [ignite] fazer explodir. ⬦ *vi* pôr-se a caminho.

➤ **set out** ⬦ *vt sep* **-1.** [arrange, spread out] dispor **-2.** [clarify, explain] expor. ⬦ *vt fus*: **to ~ out to do sthg** propor-se a fazer algo. ⬦ *vi* pôr-se a caminho.

➤ **set up** *vt sep* **-1.** [gen] montar **-2.** [establish, arrange - company] montar, fundar; [- committee, organization] criar; [- interview, meeting] organizar **-3.** *inf* [make appear guilty] convencer; **to ~ sb up** armar contra alguém; **I was ~ up!** me armaram uma!

setback ['setbæk] *n* contratempo *m*.

set menu *n* cardápio *m* a preço fixo.

settee [se'tiː] *n* sofá *m*.

setting ['setɪŋ] *n* **-1.** [surroundings] cenário *m* **-2.** [of dial, control] posição *f*.

settle ['setl] ⬦ *vt* **-1.** [conclude, decide] resolver **-2.** [pay] saldar **-3.** [make comfortable] acomodar **-4.** [calm] acalmar, tranqüilizar. ⬦ *vi* **-1.** [go to live] instalar-se **-2.** [make o.s. comfortable] acomodar-se **-3.** [come to rest] depositar-se; **to ~ on sthg** pousar em algo.

➤ **settle down** *vi* **-1.** [give one's attention]: **to ~ down (to sthg/to doing sthg)** dedicar-se (a algo/a fazer algo) **-2.** [become stable] estabelecer-se **-3.** [make o.s. comfortable] acomodar-se; **to ~ down (for sthg)** preparar-se (para algo) **-4.** [become calm] acalmar-se.

➤ **settle for** *vt fus* conformar-se com.

➤ **settle in** *vi* **-1.** [new house] instalar-se **-2.** [in new job] adaptar-se.

➤ **settle on** *vt fus* decidir-se por.

➤ **settle up** *vi*: **to ~ up (with sb)** ajustar as contas (com alguém).

settlement ['setlmənt] *n* **-1.** [agreement] acordo *m* **-2.** [village] povoado *m* **-3.** [payment] pagamento *m*.

settler ['setlə^r] *n* colonizador *m*, -ra *f*.

set-up *n inf* **-1.** [system, organization] estrutura *f* **-2.** [deception to incriminate] armação *f*.

seven ['sevn] *num* sete; *see also* **six**.

seventeen [ˌsevn'tiːn] *num* dezessete; *see also* **six**.

seventeenth [ˌsevn'tiːnθ] *num* décimo sétimo, décima sétima; *see also* **sixth**.

seventh ['sevnθ] *num* sétimo(ma); *see also* **sixth**.

seventy ['sevntɪ] *num* setenta; *see also* **sixty**.

sever ['sevə^r] *vt* **-1.** [rope, limb] cortar **-2.** [relationship] romper.

several ['sevrəl] <> *adj* vários(rias). <> *pron* vários *mpl*, -rias *fpl*.

severance ['sevrəns] *n* (U) *fml* rompimento *m*.

severance pay *n* (U) indenização *m* por demissão.

severe [sɪ'vɪə^r] *adj* -1. [extreme, bad - shock] forte; [- weather] ruim; [- pain] agudo(da); [- injury, illness] grave -2. [stern] severo(ra).

severity [sɪ'verətɪ] *n* (U) -1. [seriousness] gravidade *f* -2. [strength] força *f* -3. [sternness] severidade *f*.

sew [səʊ] (*UK pp* sewn, *US pp* sewed OR sewn) *vt* & *vi* costurar.

◆ **sew up** *vt sep* [join] costura.

sewage ['suːɪdʒ] *n* (U) águas *fpl* residuais.

sewage works *n* estação *f* de tratamento de esgoto.

sewer ['sʊə^r] *n* esgoto *m*; **the city's** ~ **system** o sistema de esgotos da cidade.

sewing ['səʊɪŋ] *n* (U) -1. [activity] trabalho *m* de costura -2. [items] costura *f*.

sewing machine *n* máquina *f* de costura.

sewn [səʊn] *pp* ▷ sew.

sex [seks] *n* sexo *m*; **to have** ~ **(with sb)** fazer sexo (com alguém).

sexist ['seksɪst] <> *adj* sexista. <> *n* sexista *mf*.

sexual ['sekʃʊəl] *adj* sexual.

sexual discrimination *n* discriminação *f* sexual.

sexual harassment *n* (U) assédio *m* sexual.

sexual intercourse *n* (U) relações *fpl* sexuais.

sexually transmitted disease *n* doença *f* sexualmente transmissível.

sexy ['seksɪ] (*compar* -ier, *superl* -iest) *adj inf* sexy, sexualmente atraente.

shabby ['ʃæbɪ] (*compar* -ier, *superl* -iest) *adj* -1. [in bad condition - clothes, briefcase] em mau estado; [- street] abandonado(da) -2. [wearing old clothes] esfarrapado(da) -3. [mean] mesquinho(nha).

shack [ʃæk] *n* cabana *f*.

shackle ['ʃækl] *vt* -1. [chain] algemar -2. *literary* [restrict] impedir.

◆ **shackles** *npl* -1. [metal restraints] algemas *pl* -2. *literary* [restrictions] impedimentos *mpl*.

shade [ʃeɪd] <> *n* -1. (U) [shadow] sombra *f* -2. [lampshade] abajur *m*, quebra-luz *m* -3. [colour] tonalidade *f* -4. [nuance] tom *m*. <> *vt* -1. [from light] fazer sombra em, proteger do sol -2. [by drawing lines] sombrear.

◆ **shades** *npl inf* óculos *mpl* escuros.

shadow ['ʃædəʊ] *n* -1. [dark area] sombra *f* -2. [under eyes] olheiras *fpl* -3. *phr:* **there's not a** OR **the** ~ **of a doubt** não há sombra de dúvida.

shadow cabinet *n* gabinete-sombra *m*, gabinete do principal partido de oposição na Grã-Bretanha.

shadowy ['ʃædəʊɪ] *adj* -1. [dark] escuro(ra) -2. [unknown, sinister] obscuro(ra).

shady ['ʃeɪdɪ] (*compar* -ier, *superl* -iest) *adj* -1. [sheltered from sun] sombreado (da) -2. [providing shade] que dá sombra -3. *inf* [dishonest, sinister] suspeito (ta).

shaft [ʃɑːft] *n* -1. [vertical passage] poço *m* -2. [rod] haste *f* -3. [of light] feixe *m*.

shaggy ['ʃægɪ] (*compar* -ier, *superl* -iest) *adj* -1. [hair, beard] desgrenhado(da) -2. [dog] peludo(da) -3. [carpet, rug] felpudo(da).

shake [ʃeɪk] (*pt* shook, *pp* shaken ['ʃeɪkən]) <> *vt* -1. [gen] abalar -2. [move vigorously] sacudir; **to** ~ **sb's hand** apertar a mão de alguém; **to** ~ **hands** apertar as mãos; **to** ~ **one's head** [to say no] negar com a cabeça. <> *vi* tremer. <> *n* sacudida *f*.

◆ **shake off** *vt sep* livrar-se de.

◆ **shake up** *vt sep* abalar.

shaken ['ʃeɪkən] *pp* ▷ shake.

shaky ['ʃeɪkɪ] (*compar* -ier, *superl* -iest) *adj* -1. [unsteady - chair, table] frágil, instável; [- hand, writing, voice] trêmulo(la); [- person] abalado(da) -2. [weak, uncertain] débil.

shall [*weak form* ʃəl, *strong form* ʃæl] *aux vb* -1. [to express future tense]: **we** ~ **be in Scotland in June** estaremos na Escócia em junho; **I** ~ **ring next week** vou ligar semana que vem -2. [in questions]: ~ **we have our tea now?** vamos tomar nosso chá agora?; **where** ~ **I put this?** onde eu coloco isto?; ~ **I give her a ring, then?** ligo para ela, então?; **I'll do that,** ~ **I?** eu faço isso, pode ser? -3. [in orders]: **you** ~ **tell me what happened!** você deve me contar o que aconteceu!

shallow ['ʃæləʊ] *adj* -1. [in size] raso(sa) -2. *pej* [superficial] superficial.

sham [ʃæm] <> *adj* falso(sa), fingido(da). <> *n* farsa *f*.

shambles ['ʃæmblz] *n* -1. [disorder] confusão *f* -2. [fiasco] fiasco *m*.

shame [ʃeɪm] <> *n* -1. (U) [remorse] vergonha *f* -2. (U) [dishonour]: **to bring** ~ **(up)on sb** trazer desonra OR vergonha a alguém -3. [pity]: **it's a** ~ **(that)** é uma pena OR lástima que; **what a** ~ **!** que pena! <> *vt* -1. [fill with shame] envergonhar -2. [force by making ashamed]: **I** ~ **d him into telling the truth** eu o forcei a dizer a verdade ao fazê-lo sentir-se envergonhado por não dizer.

shamefaced [ˌʃeɪm'feɪst] *adj* envergonhado(da).

shameful ['ʃeɪmfʊl] *adj* vergonhoso(-sa).

shameless ['ʃeɪmlɪs] *adj* desavergonhado(da).

shampoo [ʃæm'puː] (*pl* -s, *pt* & *pp* -ed, *cont* -ing) ◇ *n* -1. [liquid - for hair] xampu *m*; [- for carpet] detergente *m* -2. [act of shampooing] lavada *f* com xampu. ◇ *vt* lavar.

shamrock ['ʃæmrɒk] *n (U)* trevo *m*.

shandy ['ʃændɪ] (*pl* -ies) *n* shandy *m*, *bebida preparada com limonada e cerveja*.

shan't [ʃɑːnt] = shall not.

shanty town *n* ≃ favela *f*.

shape [ʃeɪp] ◇ *n* -1. [form] forma *f*; to take ∼ tomar forma -2. [figure, silhouette] silhueta *f* -3. [form, health]: to be in good/bad ∼ estar em boa/má forma. ◇ *vt* -1. [mould physically]: to ∼ sthg (into) dar a algo forma (de); a birthmark ∼d like a strawberry uma marca de nascença com a forma de morango -2. [influence] influenciar.

➤ **shape up** *vi* desenvolver-se.

SHAPE [ʃeɪp] (*abbr of* **Supreme Headquarters Allied Powers Europe**) *n* quartel-general das potências aliadas na Europa.

-shaped ['ʃeɪpt] *suffix* com forma de; star ∼ em forma de estrela.

shapeless ['ʃeɪplɪs] *adj* sem forma.

shapely ['ʃeɪplɪ] (*compar* -ier, *superl* -iest) *adj* bem formado(da); ∼ legs pernas *fpl* bem torneadas.

share [ʃeə'] ◇ *n*: everyone must do his ∼ of the work todo mundo deve fazer a parte que lhe toca do trabalho; to have a ∼ in the profits ter participação nos lucros. ◇ *vt* -1. [gen] compartilhar -2. [reveal] revelar. ◇ *vi* dividir, compartilhar; to ∼ in sthg compartilhar algo.

➤ **shares** *npl* FIN ações *fpl*.

➤ **share out** *vt sep* dividir, compartilhar.

shareholder ['ʃeəˌhəʊldə'] *n* acionista *mf*.

shark [ʃɑːk] (*pl inv* OR -s) *n* [fish] tubarão *m*.

sharp [ʃɑːp] ◇ *adj* -1. [not blunt - teeth, pencil] apontado(da); [- needle] pontudo(da); [- knife, razor] afiado(da) -2. [well-defined] claro(ra), bem-definido(da) -3. [intelligent, keen - person, mind] inteligente, esperto(ta); [- eyesight] penetrante; [- hearing] atento(ta) -4.

[abrupt, sudden] abrupto(ta), brusco(ca) -5. [angry, severe] seco(ca) -6. [sound, pain] agudo(da) -7. [cold, wind] cortante -8. [bitter] acre -9. MÚS sustenido(da); C ∼ dó sustenido. ◇ *adv* -1. [punctually] pontualmente; at eight o'clock ∼ pontualmente às oito horas -2. [quickly, suddenly] de repente. ◇ *n* MÚS sustenido *m*.

sharpen ['ʃɑːpn] *vt* [make sharp - knife, tool] afiar; [- pencil] apontar.

sharpener ['ʃɑːpnə'] *n* -1. [for pencil] apontador *m* -2. [for knife] amolador *m*.

sharp-eyed [-'aɪd] *adj* perspicaz.

sharply ['ʃɑːplɪ] *adv* -1. [distinctly] claramente -2. [suddenly] de repente, repentinamente -3. [harshly] duramente.

shat [ʃæt] *pt* & *pp* ➤ shit.

shatter ['ʃætə'] ◇ *vt* -1. [glass, window] estilhaçar -2. *fig* [beliefs, hopes, dreams] destruir, arrasar. ◇ *vi* estilhaçar-se.

shattered ['ʃætəd] *adj* -1. [shocked, upset] arrasado(da) -2. *UK inf* [very tired] podre.

shave [ʃeɪv] ◇ *n*: to have a ∼ fazer a barba. ◇ *vt* -1. [with razor - face] barbear, fazer a barba de; [- body] depilar, raspar -2. [cut pieces off] cortar. ◇ *vi* barbear-se, fazer a barba.

shaver ['ʃeɪvə'] *n* barbeador *m*, aparelho *m* de barbear.

shaving brush ['ʃeɪvɪŋ-] *n* pincel *m* de barba.

shaving cream ['ʃeɪvɪŋ-] *n (U)* creme *m* de barbear.

shaving foam ['ʃeɪvɪŋ-] *n (U)* espuma *f* de barbear.

shavings ['ʃeɪvɪŋz] *npl* -1. [of wood] cavacos *mpl*, lascas *fpl* -2. [of metal] cisalha *f*.

shawl [ʃɔːl] *n* xale *m*.

she [ʃiː] *pers pron* ela; ∼'s tall ela é alta.

sheaf [ʃiːf] (*pl* sheaves) *n* -1. [of papers, letters] maço *m* -2. [of corn, grain] feixe *m*.

shear [ʃɪə'] (*pt* -ed, *pp* -ed OR shorn) *vt* tosquiar.

➤ **shears** *npl* -1. [for garden] tesoura *f* de podar -2. [for dressmaking] tesoura *f*.

➤ **shear off** ◇ *vt sep* romper. ◇ *vi* romper-se.

sheath [ʃiːθ] (*pl* -s) *n* -1. [for sword, dagger] bainha *f* -2. *UK* [condom] camisinha *f*.

sheaves [ʃiːvz] *pl* ➤ sheaf.

shed [ʃed] (*pt* & *pp* shed, *cont* -ding) ◇ *n* galpão *m*. ◇ *vt* -1. [lose naturally] perder -2. [discard, get rid of] desfazer-se de; the company decided to ∼ 100 employees a empresa decidiu despedir 100 funcionários; after a drink she ∼s any inhibition depois de um drinque, ela deixa de lado qualquer inibição **-3.** [tears, blood] derramar.

she'd [*weak form* ʃɪd, *strong form* ʃiːd] = she had, she would.

sheen [ʃiːn] *n* brilho *m*.

sheep [ʃiːp] *(pl inv)* *n* [animal] ovelha *f*.

sheepdog [ˈʃiːpdɒg] *n* cão *m* pastor.

sheepish [ˈʃiːpɪʃ] *adj* encabulado(da).

sheepskin [ˈʃiːpskɪn] *n (U)* pele *f* de carneiro.

sheer [ʃɪəʳ] *adj* **-1.** [absolute] puro(ra) **-2.** [very steep - cliff] escarpado(da); [- drop] vertical **-3.** [delicate] diáfano(na).

sheet [ʃiːt] *n* **-1.** [for bed] lençol *m* **-2.** [of paper] folha *f* **-3.** [of glass, metal, wood] lâmina *f*.

sheik(h) [ʃeɪk] *n* xeque *m*.

shelf [ʃelf] *(pl* shelves*)* *n* prateleira *f*.

shell [ʃel] <> *n* **-1.** [gen] casca *f* **-2.** [of tortoise] carapaça *f* **-3.** [on beach] concha *f* **-4.** [of building] estrutura *f* **-5.** [of boat] casco *m* **-6.** [of car] chassi *m* **-7.** MIL granada *f*. <> *vt* **-1.** [remove covering] descascar **-2.** MIL [fire shells at] bombardear.

she'll [ʃiːl] *cont* = she will, she shall.

shellfish [ˈʃelfɪʃ] *(pl inv)* *n* **-1.** [creature] molusco *m*, crustáceo *m* **-2.** *(U)* [food] marisco *m*.

shell suit *n* UK conjunto de calça e jaqueta de náilon à prova d'água.

shelter [ˈʃeltəʳ] <> *n* **-1.** [building, structure] abrigo *m*, refúgio *m* **-2.** *(U)* [cover, protection] abrigo *m*, proteção *f* **-3.** *(U)* [accommodation] abrigo *m*. <> *vt* **-1.** [from rain, sun, bombs]: **to be ~ed by/ from sthg** estar protegido(da) por/de algo **-2.** [give asylum to] abrigar. <> *vi*: **to ~ from/in sthg** abrigar-se de/em algo.

sheltered [ˈʃeltəd] *adj* **-1.** [protected] protegido(da) **-2.** [supervised] assistencial.

shelve [ʃelv] *vt* engavetar.

shelves [ʃelvz] *pl* ⊳ shelf.

shepherd [ˈʃepəd] <> *n* pastor *m*. <> *vt fig* acompanhar.

shepherd's pie [ˈʃepədz-] *n (U)* gratinado de carne moída temperada com ervas e coberto com purê de batatas.

sheriff [ˈʃerɪf] *n* **-1.** US [law officer] xerife *m* **-2.** Scot [judge] juiz *m*, -íza *f*.

sherry [ˈʃerɪ] *(pl -ies)* *n* xerez *m*.

she's [ʃiːz] = she is, she has.

Shetland [ˈʃetlənd] *n*: **~**, **the ~ Islands** as Ilhas Shetland.

shield [ʃiːld] <> *n* **-1.** [armour] escudo *m* **-2.** UK [sports trophy] troféu *m* (na forma de escudo) **-3.** [protection]: **~ against sthg** proteção *f* contra algo. <> *vt*: **to ~ sb (from sthg)** proteger alguém (de algo).

shift [ʃɪft] <> *n* **-1.** [gen] turno *m* **-2.** [slight change] mudança *f*. <> *vt* **-1.** [move, put elsewhere] mover, mudar de lugar **-2.** [change slightly] mudar de **-3.** US AUT [gear] trocar. <> *vi* **-1.** [move] mover-se **-2.** [change slightly] mudar **-3.** US AUT trocar de marcha.

shiftless [ˈʃɪftlɪs] *adj* folgado(da).

shifty [ˈʃɪftɪ] *(compar -ier, superl -iest)* *adj inf* matreiro(ra).

shilling [ˈʃɪlɪŋ] *n* UK xelim *m*.

shilly-shally [ˈʃɪlɪˌʃælɪ] *(pt & pp -ied)* *vi* vacilar, titubear.

shimmer [ˈʃɪməʳ] <> *n* reflexo *m* trêmulo, cintilação *f*. <> *vi* cintilar, tremeluzir.

shin [ʃɪn] *(pt & pp -ned, cont -ning)* *n* canela *f (na perna)*.

shin bone *n* tíbia *f*.

shine [ʃaɪn] *(pt & pp* shone*)* <> *n* brilho *m*. <> *vt* **-1.** [focus] direcionar **-2.** [polish] lustrar. <> *vi* [give out light] brilhar.

shingle [ˈʃɪŋgl] *n (U)* cascalhos *m*, pedrinhas *fpl*.

➤ **shingles** *n* MED herpes-zoster *m*.

shiny [ˈʃaɪnɪ] *(compar -ier, superl -iest)* *adj* brilhante.

ship [ʃɪp] *(pt & pp -ped, cont -ping)* <> *n* navio *m*, barco *m*. <> *vt* enviar por via marítima.

shipbuilding [ˈʃɪpˌbɪldɪŋ] *n (U)* construção *f* naval.

shipment [ˈʃɪpmənt] *n* carregamento *m*.

shipper [ˈʃɪpəʳ] *n* **-1.** [person] exportador(ra) **-2.** [company] empresa *f* exportadora.

shipping [ˈʃɪpɪŋ] *n (U)* **-1.** [transport] envio *m*, transporte *m* **-2.** [ships] navegação *f*.

shipshape [ˈʃɪpʃeɪp] *adj* em ordem.

shipwreck [ˈʃɪprek] <> *n* **-1.** [destruction of ship] naufrágio *m* **-2.** [wrecked ship] navio *m* naufragado. <> *vt*: **to be ~ed** naufragar.

shipyard [ˈʃɪpjɑːd] *n* estaleiro *m*.

shire [ʃaɪəʳ] *n* condado *m*.

shirk [ʃɜːk] *vt* escapar a.

shirt [ʃɜːt] *n* camisa *f*.

shirtsleeves [ˈʃɜːtsliːvz] *npl*: **to be in (one's) ~** estar em mangas de camisa.

shit [ʃɪt] *(pt & pp* shit *OR* -ted *OR* shat, cont -ting)* vulg <> *n* merda *f*. <> *vi* cagar. <> *excl* merda!

shiver [ˈʃɪvəʳ] <> *n* tremer. <> *vi*: **to ~ (with sthg)** tremer (de algo).

shoal [ʃəʊl] *n* cardume *m*.

shock [ʃɒk] <> *n* **-1.** [gen] choque *m* **-2.** *(U)* MED: **to be suffering from ~**, **to be in (a state of) ~** estar em estado de choque. <> *vt* **-1.** [upset] chocar **-2.** [offend] ofender.

shock absorber [-əb,zɔːbə^r] *n* amortecedor *m*.

shocking [ˈʃɒkɪŋ] *adj* -1. [very bad] péssimo(ma) -2. [scandalous] escandaloso(sa) -3. [horrifying] chocante.

shod [ʃɒd] ⬦ *pt & pp* ▷ **shoe**. ⬦ *adj* calçado(da).

shoddy [ˈʃɒdɪ] (*compar* -ier, *superl* -iest) *adj* -1. [badly done or made] de segunda qualidade -2. *fig* [poor, unworthy] inferior.

shoe [ʃuː] (*pt & pp* -ed *OR* shod, *cont* -ing) ⬦ *n* [for person] sapato *m*. ⬦ *vt* ferrar.

shoebrush [ˈʃuːbrʌʃ] *n* escova *f* para sapato.

shoehorn [ˈʃuːhɔːn] *n* calçadeira *f*.

shoelace [ˈʃuːleɪs] *n* cadarço *m*.

shoe polish *n* (U) graxa *f* de sapato.

shoe shop *n* sapataria *f*.

shoestring [ˈʃuːstrɪŋ] *n fig*: on a ~ com orçamento mínimo.

shone [ʃɒn] *pt & pp* ▷ **shine**.

shoo [ʃuː] ⬦ *vt* enxotar. ⬦ *excl* xô!

shook [ʃʊk] *pt* ▷ **shake**.

shoot [ʃuːt] (*pt & pp* shot) ⬦ *vt* -1. [fire gun at - killing] matar a tiros, balear; [- wounding] ferir a tiros, balear; **to ~ o.s.** [kill o.s.] dar-se um tiro, atirar em si mesmo(ma) -2. *UK* [hunt] caçar -3. [arrow, question] disparar -4. *CINEMA* filmar, rodar. ⬦ *vi* -1. [fire gun]: **to ~ (at sb/sthg)** atirar (em alguém/algo) -2. *UK* [hunt] caçar -3. [move quickly]: **to ~ in/out/past** entrar/sair/passar rapidamente; **to ~ ahead** sair na frente; **to ~ off** partir rapidamente -4. *CINEMA* filmar, rodar -5. [*SPORT* - football] chutar; [- basketball, netball etc] arremessar. ⬦ *n* -1. *UK* [hunting expedition] caçada *f* -2. [new growth] brote *m*.

➡ **shoot down** *vt sep* -1. [person] matar a tiros -2. [plane] derrubar.

➡ **shoot up** *vi* -1. [grow quickly] dar um pulo -2. [increase quickly] disparar.

shooting [ˈʃuːtɪŋ] *n* -1. [firing of gun] tiroteio *m* -2. (U) [hunting] caça *f*.

shooting star *n* estrela *f* cadente.

shop [ʃɒp] (*pt & pp* -ped, *cont* -ping) ⬦ *n* -1. [store] loja *f* -2. [workshop] oficina *f*, seminário *m*. ⬦ *vi* comprar; **to go shopping** fazer compras.

shop assistant *n UK* vendedor *m*, -ra *f* (de loja).

shop floor *n*: **the ~** o chão de fábrica, os operários.

shopkeeper [ˈʃɒpˌkiːpə^r] *n* lojista *mf*.

shoplifting [ˈʃɒpˌlɪftɪŋ] *n* (U) roubo *m* numa loja.

shopper [ˈʃɒpə^r] *n* comprador *m*, -ra *f*.

shopping [ˈʃɒpɪŋ] *n* compras *fpl*; **to go ~** fazer compras.

shopping bag *n* sacola *f* de compras.

shopping basket *n UK* -1. [in supermarket] cesta *f* -2. [for online shopping] cesta *f* de compras.

shopping cart *n US* -1. [in supermarket] carrinho *m* -2. [for online shopping] carrinho *m* de compras.

shopping centre *UK*, **shopping mall** *US*, **shopping plaza** *US* [-ˌplɑːzə] *n* shopping (center) *m*, centro *m* comercial.

shopsoiled *UK* [ˈʃɒpsɔɪld], **shopworn** *US* [ˈʃɒpwɔːn] *adj* deteriorado(da) por ficar exposto numa loja.

shop steward *n* representante *mf* sindical.

shopwindow [ˌʃɒpˈwɪndəʊ] *n* vitrina *f*.

shopworn *adj US* = **shopsoiled**.

shore [ʃɔː^r] *n* -1. [land by water] beira *f*, margem *f*; sea ~ litoral *m* -2. (U) [not at sea]: **on ~** em terra.

➡ **shore up** *vt sep* -1. [prop up] reforçar, sustentar -2. *fig* [sustain] sustentar.

shorn [ʃɔːn] ⬦ *pp* ▷ **shear**. ⬦ *adj* -1. [grass] cortado(da) -2. [hair] raspado(da); ~ of *fig* desprovido(da) de, despojado(da) de; **she was shorn of her responsibility** retiraram todo o poder dela.

short [ʃɔːt] ⬦ *adj* -1. [in length, distance] curto(ta) -2. [in height] baixo(xa) -3. [in time] curto(ta), breve; **in two ~ days we'll be in Spain!** em apenas dois dias, estaremos na Espanha! -4. [curt]: **to be ~ (with sb)** ser seco(ca) (com alguém) -5. [lacking]: **money is always ~ around Christmas** o dinheiro anda sempre curto no Natal; **we're a pound ~** falta (-nos) uma libra; **she's a bit ~ on brain power** falta a ela um pouco de agilidade mental; **to be ~ of sthg** andar mal de algo -6. [abbreviated]: **to be ~ for sthg** ser o diminutivo de algo. ⬦ *adv* -1. [lacking]: **we're running ~ of food** está acabando a comida -2. [suddenly, abruptly]: **to cut sthg ~** interromper algo antes do fim; **to stop ~** parar de repente. ⬦ *n* -1. *UK* [alcoholic drink] drinque *m* (bebida forte) -2. *CINEMA* [film] curta *f*.

➡ **shorts** *npl* -1. [short trousers] shorts *mpl* -2. *US* [underwear] cuecas *fpl*.

➡ **for short** *adv* para abreviar, para simplificar.

➡ **in short** *adv* enfim.

➡ **nothing short of** *prep*: **it was nothing ~ of madness** foi uma verdadeira loucura.

➡ **short of** *prep*: ~ **of doing sthg** a não ser fazendo algo.

shortage [ˈʃɔːtɪdʒ] *n* falta *f*, escassez *f*.

shortbread [ˈʃɔːtbred] n (U) biscoito m amanteigado.

short-change vt -1. [in shop, restaurant] dar mal o troco a -2. fig [reward unfairly] passar para trás.

short circuit n curto-circuito m, curto m.

shortcomings [ˈʃɔːtˌkʌmɪŋz] npl defeitos mpl.

shortcrust pastry [ˈʃɔːtkrʌst-] n (U) massa f podre.

short cut n -1. [quick route] atalho m -2. [quick method] método m rápido.

shorten [ˈʃɔːtn] ◇ vt encurtar; 'Robert' can be ~ ed to 'Bob' Bob é a forma reduzida de Robert. ◇ vi encurtar.

shortfall [ˈʃɔːtfɔːl] n déficit m; ~ in or of sthg déficit em or de algo.

shorthand [ˈʃɔːthænd] n (U) [writing system] taquigrafia f, estenografia f.

shorthand typist n UK taquígrafo m, -fa f, estenógrafo m, -fa f.

short list n UK -1. [for job] lista f de candidatos selecionados -2. [for prize] relação f dos finalistas.

shortly [ˈʃɔːtlɪ] adv [soon] em breve, logo; ~ before/after pouco antes/depois de.

shortsighted [ˌʃɔːtˈsaɪtɪd] adj -1. [myopic] míope -2. fig [lacking foresight] de visão curta.

short-staffed [-ˈstɑːft] adj: to be ~ estar com falta de pessoal.

short-stay adj: a ~ car park estacionamento para curtos períodos de tempo, geralmente 2-3 horas; ~ accommodation acomodação para poucos dias; a ~ patient paciente hospitalizado por três dias ou menos.

short story n conto m.

short-tempered [-ˈtempəd] adj irritadiço(ça).

short-term adj -1. [happening soon] a curto prazo -2. [of short duration] de curto prazo.

short wave n onda f curta.

shot [ʃɒt] ◇ pt & pp ▷ **shoot.** ◇ n -1. [gunshot] tiro m; like a ~ [quickly] como um raio -2. [marksman] atirador m, -ra f -3. SPORT chute m -4. [photograph] foto f -5. CINEMA tomada f -6. inf [try, go] tentativa f -7. [injection] injeção f.

shotgun [ˈʃɒtgʌn] n espingarda f.

should [ʃʊd] aux vb -1. [indicating duty, necessity]: we ~ leave now deveríamos ir agora -2. [seeking advice, permission]: ~ I go too? eu vou também? -3. [as suggestion]: I ~ deny everything eu negaria tudo -4. [indicating probability]: she ~ be home soon ela deve chegar em casa logo -5. [was or were expected to]: they ~ have won the match eles deveriam ter ganhado o jogo -6. (as conditional): I ~ like to come with you eu gostaria de ir com você; how ~ I know? como é que eu poderia saber?; ~ you be interested, ... caso você esteja interessado, ... -7. (in subordinate clauses): we decided that you ~ meet him decidimos que você deveria encontrá-lo -8. [expressing uncertain opinion]: I ~ think he's about 50 years old eu diria que ele tem uns 50 anos -9. (after who or what) [expressing surprise]: and who ~ I see but Ann! e então quem é que eu vejo? A Ann!

shoulder [ˈʃəʊldəʳ] ◇ n -1. [part of body] ombro m -2. [part of clothing] ombreira f -3. CULIN [joint] quarto m dianteiro. ◇ vt -1. [load] carregar nos ombros -2. [responsibility] arcar com.

shoulder blade n omoplata f.

shoulder strap n alça f.

shouldn't [ˈʃʊdnt] = should not.

should've [ˈʃʊdəv] = should have.

shout [ʃaʊt] ◇ n grito m. ◇ vt gritar. ◇ vi gritar; to ~ at sb [tell off] gritar com alguém.

◆ **shout down** vt sep calar com gritos.

shouting [ˈʃaʊtɪŋ] n (U) gritos mpl; a lot of ~ uma gritaria.

shove [ʃʌv] inf ◇ n: to give sb/sthg a ~ dar um empurrão em alguém/algo. ◇ vt empurrar; to ~ sb in colocar alguém para dentro aos empurrões; to ~ sb out tirar alguém aos empurrões.

◆ **shove off** vi -1. [in boat] afastar-se da costa -2. inf [go away] cair fora.

shovel [ˈʃʌvl] (UK pt & pp -led, cont -ling, US pt & pp -ed, cont -ing) ◇ n pá f. ◇ vt -1. [with a shovel] tirar com pá -2. fig [food, meal] devorar; they ~ led down their food and left eles engoliram a janta e saíram.

show [ʃəʊ] (pt -ed, pp shown or -ed) ◇ n -1. [piece of entertainment - theatre] espetáculo m; [- TV, radio] show m, programa m -2. CINEMA sessão f -3. [exhibition] exposição f -4. [display] demonstração f. ◇ vt -1. [gen] mostrar; to ~ sb sthg, to ~ sthg to sb mostrar algo para alguém -2. [reveal] mostrar, revelar; to ~ sb sthg demostrar algo por alguém -3. [escort]: to ~ sb to sthg levar or acompanhar alguém até algo -4. [broadcast] apresentar, passar -5. [profit, loss] registrar -6. [work of art, produce] mostrar, exibir. ◇ vi -1. [indicate, make clear] mostrar, indicar -2. [be visible] aparecer; **inside he was very angry but it didn't ~** por dentro ele estava muito bravo mas não aparentava **- 3.** CINEMA passar.

◆ **show off** ◇ *vt sep* exibir. ◇ *vi* exibir-se.

◆ **show up** ◇ *vt sep*: **to ~ sb up in public** fazer alguém passar vergonha em público. ◇ *vi* **-1.** [stand out] destacar-se **- 2.** [arrive] aparecer.

show business *n (U)* showbusiness *m*, mundo *m* dos espetáculos.

showdown ['ʃəʊdaʊn] *n*: **to have a ~ with sb** ter um acerto final de contas com alguém.

shower ['ʃaʊə'] ◇ *n* **-1.** [gen] chuva *f* **- 2.** [device] chuveiro *m* **- 3.** [wash]: **to have OR take a ~** tomar uma ducha **- 4.** [for a baby] chá *m* de fralda. ◇ *vt* **-1.** [sprinkle] jogar; **the newlyweds were ~ed with confetti** os recém-casados ganharam uma chuva de confetes **- 2.** [bestow]: **to ~ sb with sthg, to ~ sthg (up)on sb** encher alguém de algo. ◇ *vi* tomar banho.

shower cap *n* touca *f* de banho.

showing ['ʃəʊɪŋ] *n* sessão *f*.

show jumping [-ˌdʒʌmpɪŋ] *n (U)* concurso *m* hípico de saltos.

shown [ʃəʊn] *pp* ➣ **show**.

show-off *n inf* exibido *m*.

showpiece ['ʃəʊpiːs] *n* atração *f* principal.

showroom ['ʃəʊrʊm] *n* salão *m* de exposição.

shrank [ʃræŋk] *pt* ➣ **shrink**.

shrapnel ['ʃræpnl] *n (U)* metralha *f*.

shred [ʃred] ◇ *(pt & pp -ded, cont -ding)* ◇ *n* **-1.** [small piece] pedaço *m* **- 2.** *fig* [scrap]: **there was not a ~ of evidence that ...** não havia a mais remota evidência de que ...; **a ~ of truth** um pingo de verdade. ◇ *vt* **-1.** CULIN picar **- 2.** [paper] picar, rasgar.

shredder ['ʃredə'] *n* **-1.** CULIN [in food processor] triturador *m* **- 2.** [for documents] picadora *f* de papel.

shrewd [ʃruːd] *adj* perspicaz, astuto(ta).

shriek [ʃriːk] ◇ *n* grito *m*; **a ~ of laughter** uma gargalhada. ◇ *vi* : **to ~ with laughter** gargalhar.

shrill [ʃrɪl] *adj* agudo(da).

shrimp [ʃrɪmp] *n* camarão *m*.

shrine [ʃraɪn] *n* santuário *m*.

shrink [ʃrɪŋk] *(pt* **shrank**, *pp* **shrunk)** ◇ *vt* encolher. ◇ *vi* **-1.** [become smaller] encolher **- 2.** *fig* [contract, diminish] diminuir **- 3.** [recoil]: **to ~ away from sthg** recuar frente a algo **- 4.** [be reluctant]: **to ~ from sthg/from doing sthg** fugir de algo/de fazer algo. ◇ *n inf* [psychoanalyst] psicanalista *mf*.

shrinkage ['ʃrɪŋkɪdʒ] *n (U)* **-1.** [loss in size] encolhimento *m* **- 2.** *fig* [contraction] redução *f*.

shrink-wrap *vt* embalar com plástico termorretrátil.

shrivel ['ʃrɪvl] *(UK pt & pp -led, cont -ling, US pt & pp -ed, cont -ing)* ◇ *vt*: **to ~ (up)** secar, murchar. ◇ *vi*: **to ~ (up)** secar, murchar.

shroud [ʃraʊd] ◇ *n* mortalha *f*. ◇ *vt*: **to be ~ed in sthg** [darkness, fog] estar encoberto(ta) em algo; [mystery] estar envolto(ta) em algo.

Shrove Tuesday ['ʃrəʊv-] *n* terça-feira *f* de Carnaval.

shrub [ʃrʌb] *n* arbusto *m*.

shrubbery ['ʃrʌbərɪ] *(pl -ies) n* arbustos *mpl*.

shrug [ʃrʌg] *(pt & pp -ged, cont -ging)* ◇ *vt* encolher. ◇ *vi* dar de ombros, encolher os ombros.

◆ **shrug off** *vt sep* não dar bola para.

shrunk [ʃrʌŋk] *pp* ➣ **shrink**.

shudder ['ʃʌdə'] *vi* **-1.** [person]: **to ~ (with sthg)** estremecer-se (de algo) **- 2.** [machine, vehicle] tremer, balançar.

shuffle ['ʃʌfl] *vt* **-1.** [feet] arrastar **- 2.** [cards] embaralhar **- 3.** [papers] mudar de lugar.

shun [ʃʌn] *(pt & pp -ned, cont -ning) vt* evitar.

shunt [ʃʌnt] *vt* RAIL manobrar, trocar de via férrea.

shut [ʃʌt] *(pt & pp* **shut**, *cont -ting)* ◇ *adj* fechado(da). ◇ *vt & vi* fechar.

◆ **shut away** *vt sep* **-1.** [criminal] trancafiar **- 2.** [valuables] guardar.

◆ **shut down** *vt sep & vi* fechar.

◆ **shut out** *vt sep* [of building, room] não deixar entrar.

◆ **shut up** ◇ *vt sep* **-1.** [shop, factory] fechar **- 2.** [silence] calar, fazer calar. ◇ *vi* **-1.** *inf* [be quiet] calar a boca **- 2.** [close] fechar.

shutter ['ʃʌtə'] *n* **-1.** [on window] veneziana *f* **- 2.** [in camera] obturador *m*.

shuttle ['ʃʌtl] ◇ *adj*: **~ service** [of planes] ponte *f* aérea; [of buses, train] linha *f* regular. ◇ *n* **-1.** [train, bus] linha *f* regular **- 2.** [plane] avião *m* da ponte aérea.

shuttlecock ['ʃʌtlkɒk] *n* peteca *f*.

shy [ʃaɪ] *(pt & pp* **shied)** ◇ *adj* tímido(da); **to be ~ of doing sthg** não se atrever a fazer algo. ◇ *vi* espantar-se.

Siberia [saɪˈbɪərɪə] *n* Sibéria *f*.

sibling ['sɪblɪŋ] *n* irmão *m*, -mã *f*.

Sicily ['sɪsɪlɪ] *n* Sicília *f*.

sick [sɪk] *adj* **-1.** [unwell] doente **- 2.** [nauseous]: **to feel ~** sentir-se mal **- 3.** [vomiting]: **to be ~** *UK* vomitar **- 4.** [fed up]:

to be ~ of sthg/of doing sthg estar farto(ta) de algo/de fazer algo - **5.** [offensive] de mau gosto.

sickbay ['sɪkbeɪ] n enfermaria f.

sicken ['sɪkn] ◇ vt deixar doente. ◇ vi UK: to be ~ing for sthg estar ficando doente de algo.

sickening ['sɪknɪŋ] adj -**1.** [disgusting] repugnante - **2.** hum [infuriating] irritante, exasperante.

sickle ['sɪkl] n foice f.

sick leave n (U) licença f de saúde.

sickly ['sɪklɪ] (compar -ier, superl -iest) adj -**1.** [unhealthy] doentio(tia) - **2.** [nauseating] nauseante.

sickness ['sɪknɪs] n -**1.** (U) [general illness] doença f, enfermidade f - **2.** UK (U) [nausea, vomiting] náusea f, enjôo m - **3.** [specific illness] doença f.

sick pay n (U) espécie de auxílio-doença pago pelo empregador.

side [saɪd] ◇ n -**1.** [gen] lado m; on every ~, on all ~s por todos os lados; from ~ to ~ de um lado a outro; at or by sb's ~ ao lado de alguém; ~ by ~ lado a lado; on my mother's ~ por parte da minha mãe - **2.** [surface] lateral f - **3.** [of table, river] borda f, beira f - **4.** [slope] ladeira f, encosta f - **5.** [in sport] equipe f - **6.** [viewpoint] ponto m de vista; to take sb's ~ ficar do lado de alguém - **7.** [aspect] aspecto m; to be on the safe ~ por via das dúvidas. ◇ adj lateral.

◆ **side with** vt fus pôr-se ao lado de.

sideboard ['saɪdbɔːd] n armário m, guarda-louça m.

sideboards UK ['saɪdbɔːdz], **sideburns** US ['saɪdbɜːnz] npl suíças fpl, costeletas fpl.

side effect n efeito m colateral.

sidelight ['saɪdlaɪt] n luz f lateral.

sideline ['saɪdlaɪn] n -**1.** [extra business] ocupação f secundária - **2.** SPORT [painted line] linha f lateral.

sidelong ['saɪdlɒŋ] ◇ adj de lado. ◇ adv: to look ~ atsb/sthg olhar de lado para alguém/algo.

sidesaddle ['saɪd,sædl] adv: to ride ~ montar de silhão.

sideshow ['saɪdʃəʊ] n área de jogos ou de espetáculos paralelos numa feira ou num circo.

sidestep ['saɪdstep] (pt & pp -ped, cont -ping) vt -**1.** [step to one side to avoid] desviar, evitar - **2.** fig [problem, question] esquivar-se de.

side street n rua f secundária.

sidetrack ['saɪdtræk] vt: to be ~ed desviar (dos objetivos).

sidewalk ['saɪdwɔːk] n US calçada f.

sideways ['saɪdweɪz] ◇ adj -**1.** [movement] lateral - **2.** [look] de soslaio. ◇ adv -**1.** [move] de lado - **2.** [look] de soslaio.

siding ['saɪdɪŋ] n -**1.** UK [for shunting] via f morta - **2.** US [loop line] tapume m.

sidle ['saɪdl] ◆ **sidle up** vi: to ~ up to sb aprochegar-se furtivamente de alguém.

siege [siːdʒ] n cerco m.

sieve [sɪv] ◇ n peneira f. ◇ vt peneirar.

sift [sɪft] ◇ vt -**1.** [sieve] peneirar - **2.** fig [examine carefully] examinar cuidadosamente. ◇ vi: to ~ through sthg analisar algo minuciosamente.

sigh [saɪ] ◇ n suspiro m. ◇ vi suspirar.

sight [saɪt] ◇ n -**1.** visão f; his first ~ of the sea a primeira vez que ele viu o mar; in ~ à vista; out of ~ longe de vista; at first ~ à primeira vista - **2.** [spectacle] espetáculo m - **3.** [on gun] mira f; to set one's ~ on sthg botar algo na cabeça. ◇ vt avistar, divisar.

◆ **sights** npl pontos mpl turísticos.

sightseeing ['saɪt,siːɪŋ] n (U) turismo m; to do some ~ fazer turismo.

sightseer ['saɪt,siːəᴿ] n turista mf.

sign [saɪn] ◇ n -**1.** [gen] sinal m - **2.** [in music] símbolo m - **3.** [notice] placa f. ◇ vt [document] assinar.

◆ **sign on** vi -**1.** [enrol]: to ~ on (for sthg) [for course] inscrever-se (em algo); MIL alistar-se (em algo) - **2.** [register as unemployed] cadastrar-se para receber o seguro desemprego.

◆ **sign up** ◇ vt sep -**1.** [employee] contratar - **2.** [soldier] recrutar. ◇ vi [enrol]: to ~ up (for sthg) [for course] inscrever-se (em algo); MIL alistar-se (em algo).

signal ['sɪgnl] (UK pt & pp -led, cont -ling, US pt & pp -ed, cont -ing) ◇ n sinal m. ◇ vt -**1.** [send signals to] enviar sinais a - **2.** [indicate a turn] sinalizar; [a warning] indicar; to ~ sb (to do sthg) fazer sinal para alguém (fazer algo) - **3.** fig marcar, anunciar. ◇ vi -**1.** AUT sinalizar - **2.** [indicate]: to ~ to sb (to do sthg) fazer sinal para alguém (fazer algo).

signalman ['sɪgnlmən] (pl -men [-mən]) n sinaleiro m.

signature ['sɪgnətʃəᴿ] n assinatura f.

signature tune n tema m.

signet ring ['sɪgnɪt-] n anel m com sinete.

significance [sɪg'nɪfɪkəns] n (U) -**1.** [importance] importância f - **2.** [meaning] significado m.

significant [sɪg'nɪfɪkənt] adj significativo(va).

signify ['sıgnıfaı] (*pt* & *pp* **-ied**) *vt* significar.

signpost ['saınpəʊst] *n* placa *f* de sinalização.

Sikh [si:k] <> *adj* sique. <> *n* sique *mf*.

silence ['saıləns] <> *n* silêncio *m*. <> *vt* silenciar, calar.

silencer ['saılənsə'] *n* **-1.** [on gun] silenciador *m* **-2.** AUT silenciador *m*, silencioso *m*.

silent ['saılənt] *adj* **-1.** [gen] silencioso(-sa) **-2.** [taciturn] silencioso(sa), taciturno(na) **-3.** CINEMA & LING mudo(da).

silhouette [,sılu:'et] *n* silhueta *f*.

silicon chip [,sılıkən-] *n* chip *m* de silício.

silk [sılk] <> *n* (U) seda *f*. <> *comp* de seda.

silky ['sılkı] (*compar* **-ier**, *superl* **-iest**) *adj* sedoso(sa).

sill [sıl] *n* peitoril *m*.

silly ['sılı] (*compar* **-ier**, *superl* **-iest**) *adj* **-1.** [foolish] bobo(ba) **-2.** [comical] bobo(-ba), ridículo(la).

silo ['saıləʊ] (*pl* **-s**) *n* silo *m*.

silt [sılt] *n* (U) sedimento *m*, lodo *m*.

silver ['sılvə'] <> *adj* prateado(da). <> *n* (U) **-1.** [metal] prata *f* **-2.** [coins] moedas *fpl* **-3.** [silverware] prataria *f*. <> *comp* [made of silver] de prata.

silver-plated [-'pleıtıd] *adj* prateado(-da).

silversmith ['sılvəsmıθ] *n* prateiro *m*, -ra *f*.

silverware ['sılvəweə'] *n* **-1.** [objects made of silver] prataria *f* **-2.** US [cutlery] prataria *f*.

similar ['sımılə'] *adj* parecido(da), semelhante; ~ **to sthg** parecido(da) OR similar a algo.

similarly ['sımıləlı] *adv* igualmente, da mesma forma.

simmer ['sımə'] *vt* & *vi* cozinhar em fogo baixo.

simpering ['sımpərıŋ] *adj* **-1.** [person] que sorri com cara de bobo(ba) **-2.** [smile] bobo(ba).

simple ['sımpl] *adj* **-1.** [gen] simples **-2.** *inf* [mentally retarded] simplório(ria).

simple-minded [-'maındıd] *adj* simplório(ria).

simplicity [sım'plısətı] *n* simplicidade *f*.

simplify ['sımplıfaı] (*pt* & *pp* **-ied**) *vt* simplificar.

simply ['sımplı] *adv* **-1.** [gen] simplesmente; you ~ **must go and see the film** você só tem que ir ver o filme **-2.** [in an uncomplicated way] de forma simples.

simulate ['sımjʊleıt] *vt* **-1.** [feign] simular, fingir **-2.** [produce effect, appearance of] simular.

simultaneous [UK ,sıməl'teınjəs, US ,saıməl'teınjəs] *adj* simultâneo(nea).

sin [sın] (*pt* & *pp* **-ned**, *cont* **-ning**) <> *n* pecado *m*. <> *vi*: to ~ (against sb/sthg) pecar (contra alguém/algo).

since [sıns] <> *adv*: ~ (then) desde então. <> *prep* desde. <> *conj* **-1.** [in time]: it's ages ~ I saw him faz séculos que eu não o vejo **-2.** [because] já que, como.

sincere [sın'sıə'] *adj* sincero(ra).

sincerely [sın'sıəlı] *adv* sinceramente; Yours ~ [at end of letter] atenciosamente.

sincerity [sın'serətı] *n* (U) sinceridade *f*.

sinew ['sınju:] *n* tendão *m*.

sinful ['sınfʊl] *adj* **-1.** [guilty of sin] pecador(ra) **-2.** [wicked, immoral] pecaminoso(sa).

sing [sıŋ] (*pt* sang, *pp* sung) *vt* & *vi* cantar.

Singapore [,sıŋə'pɔ:'] *n* Cingapura.

singe [sındʒ] (*cont* singeing) *vt* chamuscar.

singer ['sıŋə'] *n* cantor *m*, -ra *f*.

singing ['sıŋıŋ] *n* canto *m*.

single ['sıŋgl] <> *adj* **-1.** [sole] único(-ca); to sweep up every ~leaf varrer todas as folhas, sem deixar nenhuma; every ~ day todo santo dia **-2.** [unmarried] solteiro(ra) **-3.** UK [one-way] de ida. <> *n* **-1.** UK [one-way ticket] passagem *f* de ida **-2.** MUS single *m*.

◆ **singles** *npl* TENNIS simples *f inv*.

◆ **single out** *vt sep*: to ~ sb out (for sthg) escolher alguém (para algo).

single bed *n* cama *f* de solteiro.

single-breasted [-'brestıd] *adj* não-trespassado(da).

single cream *n* (U) UK creme *m* leve.

single file *n*: in ~ em fila indiana.

single-handed [-'hændıd] *adv* sem ajuda.

single-minded [-'maındıd] *adj* determinado(da), resoluto(ta).

single parent *n* pai *m* solteiro, mãe *f* solteira.

single-parent family *n* família *f* em que falta um dos pais.

single room *n* quarto *m* simples.

singlet ['sıŋglıt] *n* camiseta *f* (sem mangas).

singular ['sıŋgjʊlə'] <> *adj* **-1.** GRAMM no singular **-2.** [unusual, remarkable] singular. <> *n* singular *m*.

sinister ['sınıstə'] *adj* sinistro(tra).

sink [sıŋk] (*pt* sank, *pp* sunk) <> *n* pia *f*. <> *vt* **-1.** [cause to go underwater] afundar **-2.** [cause to penetrate]: to ~ sthg into sthg cravar algo em algo. <> *vi* **-1.** [gen] afundar; to ~ without trace sumir sem deixar vestígio **-2.** [below ground - person] afundar-se; [- sun] pôr-se - **3.** [slump]: **he sank back into his chair** ele se afundou na cadeira; **she sank to her knees** ela caiu sobre os joelhos - **4.** *fig* [heart, spirits] congelar - **5.** [fall] baixar; **her voice sank to a whisper** sua voz foi baixando até ficar um sussurro - **6.** *fig* [slip]: **to ~ into sthg** [despair, poverty] cair em algo; [depression, coma] entrar em algo.

➤ **sink in** *vi*: **it hasn't sunk in yet** ainda não caiu a ficha.

sink unit *n* pia *f*.

sinner ['sɪnə'] *n* pecador *m*, -ra *f*.

sinus ['saɪnəs] (*pl* -es) *n* seio *m (paranasal)*.

sip [sɪp] (*pt* & *pp* -ped, *cont* -ping) ⬦ *n* gole *m*. ⬦ *vt* bebericar.

siphon ['saɪfn] ⬦ *n* sifão *m*. ⬦ *vt* -**1.** [draw off] tirar com sifão - **2.** *fig* [transfer] desviar.

➤ **siphon off** *vt sep* -**1.** [draw off] tirar com sifão - **2.** *fig* [transfer] desviar.

sir [sɜː'] *n* -**1.** [form of address] senhor *m* - **2.** [in titles] sir *m*.

siren ['saɪərən] *n* sirene *f*.

sirloin (steak) ['sɜːlɔɪn] *n* bife *m* de lombo de vaca.

sissy ['sɪsɪ] (*pl* -ies) *n inf* fresco *m*.

sister ['sɪstə'] *n* -**1.** [gen] irmã *f* - **2.** [nun] irmã *f*, freira *f* - **3.** *UK* [senior nurse] (enfermeira *f*) supervisora *f*.

sister-in-law (*pl* **sisters-in-law** OR **sister-in-laws**) *n* cunhada *f*.

sit [sɪt] (*pt* & *pp* **sat**, *cont* -ting) ⬦ *vt* -**1.** [place] sentar - **2.** *UK* [examination] fazer. ⬦ *vi* -**1.** [gen] sentar-se - **2.** [be member]: **to ~ on sthg** integrar algo, fazer parte de algo - **3.** [be in session] reunir-se.

➤ **sit about, sit around** *vi* ver o tempo passar.

➤ **sit down** *vi* sentar-se.

➤ **sit in on** *vt fus* estar presente (sem tomar parte).

➤ **sit through** *vt fus* agüentar até o final.

➤ **sit up** *vi* -**1.** [be sitting upright] sentar-se reto(ta); [move into upright position] endireitar-se - **2.** [stay up] ficar acordado(da).

sitcom ['sɪtkɒm] *n inf* comédia *f* de situação, sitcom *f*.

site [saɪt] ⬦ *n* -**1.** [piece of land - archaelogy] sítio *m*; [- building] lote *m*; [- missile] campo *m*; [- camp] área *f* - **2.** [location, place] local *m* - **3.** COMPUT site *m*. ⬦ *vt* localizar-se, situar-se.

sit-in *n* greve *f* branca.

sitting ['sɪtɪŋ] *n* -**1.** [serving of meal] turno *m* para as refeições - **2.** [session] sessão *f*.

sitting room *n* sala *f* de estar.

situated ['sɪtjʊeɪtɪd] *adj*: **to be ~** estar localizado(da), localizar-se.

situation [ˌsɪtjʊ'eɪʃn] *n* -**1.** [gen] situação *f* - **2.** [location] localização *f* - **3.** [job] emprego *m*, colocação *f*; **'Situations Vacant'** *UK* 'Empregos'.

six [sɪks] ⬦ *num adj* -**1.** [numbering six] seis - **2.** [referring to age]: **she's ~ (years old)** ela tem seis anos (de idade). ⬦ *num pron* seis; **I want ~** quero seis; **there were ~ of us** éramos seis; **groups of ~** grupos *mpl* de seis. ⬦ *num n* -**1.** [gen] seis; **two hundred and ~** duzentos e seis - **2.** [six o'clock] seis *(horas)*; **we arrived at ~** chegamos às seis - **3.** [in addresses]: **~ Peyton Place** Praça Peyton, casa OR número 6; **~-nil** seis a zero.

sixteen [sɪks'tiːn] *num* dezesseis; *see also* **six**.

sixteenth [sɪks'tiːnθ] *num* décimo sexto, décima sexta; *see also* **sixth**.

sixth [sɪksθ] ⬦ *num adj* sexto(ta). ⬦ *num adv* sexto. ⬦ *num pron* sexto(ta). ⬦ *n* -**1.** [fraction] sexto *m* - **2.** [in dates]: **the ~** o dia seis; **the ~ of September** o dia seis de setembro.

sixth form *n UK* SCH curso opcional de dois anos no ensino secundário britânico oferecido aos alunos de 16 anos a fim de ingressarem na universidade.

sixth form college *n UK* escola pública na Inglaterra para adolescentes de 16 a 18 anos na qual se preparam para ingressar na universidade ou para fazer testes de formação profissional.

sixty ['sɪkstɪ] (*pl* -ies) *num* sessenta; *see also* **six**.

➤ **sixties** *npl* -**1.** [decade]: **the sixties** os anos sessenta - **2.** [in ages]: **to be in one's sixties** estar na casa dos sessenta.

size [saɪz] *n* tamanho *m*; **an organization of that ~** uma organização daquele porte.

➤ **size up** *vt sep* -**1.** [situation] avaliar - **2.** [person] julgar.

sizeable ['saɪzəbl] *adj* considerável.

sizzle ['sɪzl] *vi* chiar.

skate [skeɪt] (*pl sense 2 only inv* OR -s) ⬦ *n* -**1.** [gen] patim *m* - **2.** [fish] raia *f*. ⬦ *vi* -**1.** [on ice skates] patinar no gelo - **2.** [on roller skates] patinar, andar de patins.

skateboard ['skeɪtbɔːd] *n* skate *m*.

skater ['skeɪtə'] *n* patinador *m*, -ra *f*.

skating ['skeɪtɪŋ] *n* (*U*) -**1.** [on ice] patinação *f* no gelo; **to go ~** patinar no gelo - **2.** [on roller skates] patinação *f*; **to go ~** andar de patins.

skating rink *n* [for ice skating] pista *f* de

patinação no gelo; [for roller skating]
rinque *m*, pista *f* de patinação.
skeleton ['skelɪtn] *n* esqueleto *m*.
skeleton key *n* chave-mestra *f*.
skeleton staff *n* contingente *m* mínimo de pessoal.
skeptic etc *n US* = **sceptic** etc.
sketch [sketʃ] ◇ *n* -1. [drawing] esboço
m, croqui *m* -2. [brief description] resumo *m* -3. [onTV, radio, stage] esquete *m*.
◇ *vt* -1. [draw] fazer um esboço de -2.
[describe] resumir.
sketchbook ['sketʃbuk] *n* caderno *m*
de desenhos.
sketchpad ['sketʃpæd] *n* bloco *m* de
desenhos.
sketchy ['sketʃɪ] (*compar* -ier, *superl*
-iest) *adj* incompleto(ta), pouco deta-
lhado(da).
skewer ['skjuəʳ] ◇ *n* espeto *m*. ◇ *vt*
espetar.
ski [skiː] (*pt & pp* skied, *cont* skiing) ◇
n esqui *m*. ◇ *vi* esquiar.
ski boots *npl* botas *fpl* de esqui.
skid [skɪd] (*pt & pp* -ded, *cont* -ding) ◇
n AUT derrapagem *f*; **to go into a** ~
derrapar. ◇ *vi* derrapar.
skier ['skiːəʳ] *n* esquiador *m*, -ra *f*.
skiing ['skiːɪŋ] *n* (*U*) esqui *m*; **to go** ~ ir
esquiar.
ski jump *n* -1. [slope] rampa *f* para
saltos de esqui -2. [sporting event] salto
m de esqui.
skilful, skillful *US* ['skɪlful] *adj* hábil.
ski lift *n* teleférico *m*.
skill [skɪl] *n* -1. (*U*) [expertise] experiência *f*, destreza *f* -2. [craft, technique]
habilidade *f*.
skilled [skɪld] *adj* -1. [skilful] habilido-
so(sa); **to be** ~ **in** OR **at doing sthg** ter
muito jeito para fazer algo -2. [trained]
especializado(da), qualificado(da).
skillful *adj US* = **skilful** .
skim [skɪm] (*pt & pp* -med, *cont* -ming)
◇ *vt* -1. [remove - cream] tirar a nata
de; [- fat] tirar a gordura de; [- sap]
extrair -2. [glide over] roçar. ◇ *vi* -1. :
to ~ **over sthg** [bird] dar uma rasante
em algo; [stone] ricochetear em algo
-2. [read]: **to** ~ **through sthg** ler algo
por cima.
skim(med) milk [skɪm(d)mɪlk] *n* (*U*)
leite *m* desnatado.
skimp [skɪmp] *vi*: **to** ~ **on sthg** [food,
material, time] restringir algo; [money]
economizar em algo; [work] fazer algo
correndo.
skimpy ['skɪmpɪ] (*compar* -ier, *superl*
-iest) *adj* -1. [meal] parco(ca) -2.
[clothes] justo(ta) -3. [facts] insuficiente.
skin [skɪn] (*pt & pp* -ned, *cont* -ning) ◇
n -1. (*U*) [gen] pele *f* -2. [of fruit, vegeta-

ble, on paint, pudding] casca *f* -3. [on milk]
nata *f*. ◇ *vt* -1. [remove skin from - fruit]
descascar; [- dead animal] pelar -2.
[graze] esfolar.
skin-deep *adj* superficial.
skin diving *n* (*U*): **to go** ~ praticar
mergulho *m* livre.
skinny ['skɪnɪ] (*compar* -ier, *superl* -iest)
adj inf magricela.
skin-tight *adj* muito justo(ta).
skip [skɪp] (*pt & pp* -ped, *cont* -ping) ◇
n -1. [little jump] pulinho *m* -2. *UK* [large
container] caçamba *f (para entulho)*.
◇ *vt* -1. [page] pular -2. [class] perder
-3. [meal] faltar a. ◇ *vi* -1. [move in little
jumps] ir pulando -2. *UK* [using rope]
pular.
ski pants *npl* calças *fpl* de esqui.
ski pole *n* bastão *m* de esqui.
skipper ['skɪpəʳ] *n* capitão *m*, -tã *f*.
skipping rope ['skɪpɪŋ-] *n UK* corda *f*
de pular.
skirmish ['skɜːmɪʃ] *n* -1. MIL escaramuça *f* -2. *fig* [disagreement] desavença
f.
skirt [skɜːt] ◇ *n* [garment] saia *f*. ◇ *vt*
-1. [go round] contornar -2. [avoid dealing
with] evitar.
◆ **skirt round** *vt fus* -1. [go round]: **to** ~
round sb/sthg desviar de alguém/algo
-2. [avoid dealing with]: **to** ~ **round sthg**
evitar algo.
skit [skɪt] *n*: ~ **on sthg** sátira *f* OR
paródia *f* sobre algo.
ski tow *n* ski lift *m*.
skittle ['skɪtl] *n UK* pino *m* de boliche.
◆ **skittles** *n* (*U*) *UK* boliche *m*.
skive [skaɪv] *vi UK inf*: **to** ~ (**off**) [at
school] matar aula; [at work] matar o
serviço.
skulk [skʌlk] *vi* esconder-se.
skull [skʌl] *n* -1. ANAT crânio *m* -2. [on
skeleton] caveira *f*.
skunk [skʌŋk] *n* gambá *m*.
sky [skaɪ] (*pl* skies) *n* céu *m*.
skylight ['skaɪlaɪt] *n* clarabóia *f*.
skyscraper ['skaɪˌskreɪpəʳ] *n* arranha-
céu *m*.
slab [slæb] *n* -1. [of concrete, stone] laje *f*
-2. [of meat, cake] fatia *f* -3. [of chocolate]
barra *f*.
slack [slæk] ◇ *adj* -1. [not tight] frou-
xo(xa) -2. [not busy] parado(da) -3. [not
efficient] desleixado(da), negligente.
◇ *n* (*U*) ponta *f* solta.
slacken ['slækn] ◇ *vt* -1. [make slower]
reduzir -2. [make looser] afrouxar. ◇
vi -1. [become slower] reduzir -2. [be-
come looser] afrouxar.
slag [slæg] *n* -1. (*U*) [waste material]
escombros *mpl* -2. *inf pej* [promiscuous
woman] vagabunda *f*.

slagheap ['slæghi:p] *n* monte *m* de entulho.

slain [sleɪn] *pp* ⊳ slay.

slam [slæm] (*pt* & *pp* -med, *cont* -ming) ⟨⟩ *vt* -1. [shut] bater -2. [place roughly]: to ~ sthg on (to) sthg jogar algo com violência sobre algo. ⟨⟩ *vi* [shut] bater.

slander ['slɑ:ndəʳ] ⟨⟩ *n* (U) calúnia *f*. ⟨⟩ *vt* caluniar.

slang [slæŋ] *n* (U) gíria *f*.

slant [slɑ:nt] ⟨⟩ *n* -1. [diagonal angle - of table, shelf] inclinação *f*; [- of land] declive *m* -2. [point of view] perspectiva *f*, enfoque *m*. ⟨⟩ *vt* [bias] distorcer. ⟨⟩ *vi* [slope] inclinar-se.

slanting ['slɑ:ntɪŋ] *adj* inclinado(da).

slap [slæp] (*pt* & *pp* -ped, *cont* -ping) ⟨⟩ *n* -1. [on face] bofetada *f* -2. [on back] tapa *m*. ⟨⟩ *vt* -1. [smack - on face] esbofetear; [- on back] dar um tapa em -2. [put]: to ~ sthg on dar uma retocada em. ⟨⟩ *adv inf* [exactly] em cheio; ~ in the middle of the city bem no meio da cidade.

slapdash ['slæpdæʃ], **slaphappy** ['slæp,hæpɪ] *adj* relaxado(da).

slapstick ['slæpstɪk] *n* (U) pastelão *m*; the film is pure ~ este filme é um pastelão só.

slap-up *adj UK inf* farto(ta); a ~ dinner um jantar formidável.

slash [slæʃ] ⟨⟩ *n* -1. [long cut] rasgão *m*, corte *m* -2. [oblique stroke] barra *f* oblíqua; forward ~ barra *f* (inclinada) -3. *UK inf* [pee]: to have a ~ fazer xixi. ⟨⟩ *vt* -1. [cut - material, tyres] rasgar; [- wrists] cortar -2. *inf* [reduce drastically] cortar.

slat [slæt] *n* ripa *f*, sarrafo *m*.

slate [sleɪt] ⟨⟩ *n* -1. (U) [material] ardósia *f* -2. [on roof] telha *f* de ardósia; to wipe the ~ clean sacudir a poeira; put it on the ~ põe na conta. ⟨⟩ *vt* [criticize] malhar.

slaughter ['slɔ:təʳ] ⟨⟩ *n* -1. [of animals] matança *f* -2. [of people] chacina *f*. ⟨⟩ *vt* -1. [animals] matar, carnear -2. [people] chacinar.

slaughterhouse ['slɔ:təhaʊs, *pl* -haʊzɪz] *n* matadouro *m*.

slave [sleɪv] ⟨⟩ *n* escravo *m*, -va *f*; to be a ~ to sthg ser escravo(va) de algo. ⟨⟩ *vi* [work hard]: to ~ (over sthg) trabalhar como um escravo em algo, trabalhar como uma escrava em algo.

slavery ['sleɪvərɪ] *n* (U) escravidão *f*.

slay [sleɪ] (*pt* slew, *pp* slain) *vt literary* assassinar.

sleaze *n* sujeira *f*.

sleazy ['sli:zɪ] (*compar* -ier, *superl* -iest) *adj* sujo(ja).

sledge [sledʒ], **sled** *US* [sled] *n* trenó *m*.

sledgehammer ['sledʒ,hæməʳ] *n* marreta *f*.

sleek [sli:k] *adj* -1. [hair] sedoso(sa) -2. [fur] brilhoso(sa) -3. [animal, bird] lustroso(sa) -4. [car, plane] vistoso(sa) -5. [person] polido(da).

sleep [sli:p] (*pt* & *pp* slept) ⟨⟩ *n* -1. (U) [rest] sono *m*; to go to ~ [doze off] adormecer; [go numb] ficar dormente -2. [period of sleeping] sono *m*. ⟨⟩ *vi* dormir.

➤ **sleep in** *vi* dormir até mais tarde.

➤ **sleep with** *vt fus euphemism* dormir com.

sleeper ['sli:pəʳ] *n* -1. [person]: to be a heavy/light ~ ter sono pesado/leve -2. [sleeping compartment] leito *m* -3. [train] trem-leito *m* -4. *UK* [on railway track] dormente *m*.

sleeping bag ['sli:pɪŋ-] *n* saco *m* de dormir.

sleeping car ['sli:pɪŋ-] *n* vagão-leito *m*.

sleeping pill ['sli:pɪŋ-] *n* pílula *f* para dormir.

sleepless ['sli:plɪs] *adj* em claro, sem dormir.

sleepwalk ['sli:pwɔ:k] *vi* sonambular.

sleepy ['sli:pɪ] (*compar* -ier, *superl* -iest) *adj* [person] sonolento(ta).

sleet [sli:t] ⟨⟩ *n* (U) granizo *m*. ⟨⟩ *v impers* chover granizo.

sleeve [sli:v] *n* -1. [of garment] manga *f* -2. [for record] capa *f*.

sleigh [sleɪ] *n* trenó *m*.

sleight of hand [,slaɪt-] *n* (U) -1. [skill with hands] prestidigitação *f* -2. *fig* [deception] artimanha *f*.

slender ['slendəʳ] *adj* -1. [thin - person, figure] esbelto(ta); [- legs] delgado(da) -2. [scarce] escasso(sa).

slept [slept] *pt* & *pp* ⊳ sleep.

slew [slu:] ⟨⟩ *pt* ⊳ slay. ⟨⟩ *vi*: the car ~ed off the road o carro rodopiou para fora da estrada.

slice [slaɪs] ⟨⟩ *n* -1. [gen] fatia *f* -2. [of lemon] rodela *f* -3. [proportion] parte *f* -4. *SPORT* cortada *f*. ⟨⟩ *vt* -1. [cut into slices] fatiar -2. *SPORT* cortar.

➤ **slice off** *vt sep* [sever] arrancar fora.

slick [slɪk] ⟨⟩ *adj* -1. [smoothly efficient - performance, teamwork] talentoso(sa); [- technique, crime] engenhoso(sa) -2. *pej* [glib] ardiloso(sa). ⟨⟩ *n* local *m* escorregadio.

slide [slaɪd] (*pt* & *pp* slid [slɪd]) ⟨⟩ *n* -1. *PHOT* eslaide *m* -2. [in playground] escorregador *m* -3. *UK* [for hair] passador *m* -5. [decline] declínio *m*. ⟨⟩ *vt* [move smoothly] deslizar. ⟨⟩ *vi* -1. [on ice, slippery surface] escorregar -2. [move quietly] deslizar -3. [decline gradually] sucumbir a.

sliding door [ˌslaɪdɪŋ-] n porta f de correr.

sliding scale [ˌslaɪdɪŋ-] n escala f móvel.

slight [slaɪt] ◇ adj -1. [minor] ligeiro(-ra); not in the ~est nem de leve; I haven't got the ~est interest in his car eu não tenho o menor interesse no carro dele -2. [slender] de aspecto frágil. ◇ n menosprezo m. ◇ vt [offend] menosprezar.

slightly [ˈslaɪtlɪ] adv [to small extent] ligeiramente, levemente.

slim [slɪm] (compar -mer, superl -mest, pt & pp -med, cont -ming) ◇ adj -1. [person] esbelto(ta) -2. [object] fino(na) -3. [chance, possibility] remoto(ta). ◇ vi emagrecer; I'm ~ming estou de dieta.

slime [slaɪm] n (U) muco m.

slimming [ˈslɪmɪŋ] ◇ n (U) emagrecimento m. ◇ adj -1. [magazine] de dieta -2. [product] para emagrecer.

sling [slɪŋ] (pt & pp slung) ◇ n -1. [for injured arm] tipóia f -2. [for carrying things] linga f. ◇ vt -1. [hang roughly] pendurar -2. inf [throw] atirar, jogar -3. [hang by both ends] pendurar.

slip [slɪp] (pt & pp -ped, cont -ping) ◇ n -1. [mistake] deslize m, descuido m; a ~ of the pen um erro de ortografia; a ~ of the tongue um lapso verbal -2. [form] formulário m -3. [of paper] folha f -4. [underwear] combinação f, anágua f -5. phr: to give sb the ~ inf safar-se de alguém. ◇ vt -1. [slide] enfiar, meter -2. [clothes]: to ~ sthg on vestir algo rapidamente; ~ your clothes off tira fora essas tuas roupas -3. [escape] fugir; it ~ped my mind me esqueci. ◇ vi -1. [lose balance] escorregar -2. [move unexpectedly] escapulir -3. [move gradually] entrar em -4. [decline] baixar -5. [move discreetly] escapulir-se; to ~ into/out of sthg [clothes] vestir/tirar algo -6. AUT [clutch] patinar.
➣ **slip away** vi [leave] ir embora.
➣ **slip on** vt sep [clothes, shoes] enfiar.
➣ **slip up** vi [make a mistake] cometer um deslize.

slipped disc [ˌslɪpt-] n hérnia f de disco.

slipper [ˈslɪpəʳ] n pantufa f.

slippery [ˈslɪpərɪ] adj -1. [surface, soap] escorregadio(dia) -2. pej [person] evasivo(va).

slip road n UK acesso m (na estrada).

slipshod [ˈslɪpʃɒd] adj desleixado(da).

slip-up n inf mancada f.

slipway [ˈslɪpweɪ] n carreira f (para navios).

slit [slɪt] (pt & pp slit, cont -ting) ◇ n

-1. [opening] fenda f -2. [cut] corte m. ◇ vt -1. [cut open] cortar -2. [cut through] fender.

slither [ˈslɪðəʳ] vi -1. [car, person] arrastar-se -2. [snake] rastejar.

sliver [ˈslɪvəʳ] n -1. [gen] caco f -2. [of ice, wood] lasca f.

slob [slɒb] n inf [disgusting person - in habits] porcalhão m, -lhona f; [- in appearance] porco m, -ca f.

slog [slɒg] (pt & pp -ged, cont -ging) inf ◇ n [tiring work] chatice f. ◇ vi [work]: to ~ (away) at sthg trabalhar sem descanso em algo.

slogan [ˈsləʊgən] n slogan m.

slop [slɒp] (pt & pp -ped, cont -ping) ◇ vt derramar. ◇ vi transbordar.

slope [sləʊp] ◇ n -1. [of roof, ground] inclinação f -2. [hill] encosta f. ◇ vi inclinar-se.

sloping [ˈsləʊpɪŋ] adj inclinado(da).

sloppy [ˈslɒpɪ] (compar -ier, superl -iest) adj [careless] desleixado(da), relaxado(da).

slot [slɒt] n -1. [opening] abertura f -2. [groove] ranhura f -3. [place in schedule] espaço m -4. COMPUT slot m.

slot machine n -1. [vending machine] máquina f automática (de bebidas, cigarros etc) -2. [arcade machine] caça-níqueis m inv.

slouch [slaʊtʃ] vi [in posture] ter má postura.

Slovakia [sləˈvækɪə] n Eslováquia.

slovenly [ˈslʌvnlɪ] adj -1. [person, work] desmazelado(da) -2. [appearance] desleixado(da) -3. [dress] desalinhado(da).

slow [sləʊ] ◇ adj -1. [not fast] lento(ta) -2. [clock, watch] atrasado(da) -3. [not intelligent] lerdo(da). ◇ adv: to go ~ [driver] ir devagar; [workers] fazer operação-tartaruga. ◇ vt retardar. ◇ vi ir mais devagar, desacelerar.
➣ **slow down, slow up** ◇ vt sep -1. [growth] retardar -2. [car] reduzir a velocidade de. ◇ vi -1. [car] reduzir a velocidade de -2. [walker] diminuir a marcha.

slowdown [ˈsləʊdaʊn] n desaceleração f.

slowly [ˈsləʊlɪ] adv devagar.

slow motion n (U) câmera f lenta.

sludge [slʌdʒ] n -1. [mud] lama f -2. [sediment] lodo m.

slug [slʌg] n -1. ZOOL lesma f -2. inf [of alcohol] trago m -3. US inf [bullet] bala f (de revólver).

sluggish [ˈslʌgɪʃ] adj -1. [lethargic] vagaroso(sa) -2. [reaction, business] moroso(sa).

sluice [sluːs] n [lock] comporta f.

slum [slʌm] *n* [area of poor housing] favela *f*, cortiço *m*.

slumber ['slʌmbəʳ] *literary* ◇ *n* (U) sono *m*. ◇ *vi* adormecer.

slump [slʌmp] ◇ *n* **-1.** [decline]: ~ (in sthg) queda *f* (em algo) **-2.** ECON crise *f* econômica. ◇ *vi* **-1.** [business, prices, market] cair **-2.** [person] afundar-se.

slung [slʌŋ] *pt & pp* ⊳ **sling**.

slur [slɜːʳ] (*pt & pp* -**red**, *cont* -**ring**) ◇ *n* [insult]: ~ (on sb/ sthg) ultraje *m* OR afronta *f* (a alguém/algo). ◇ *vt* [speech] balbuciar; **to** ~ **one's words** engolir as palavras.

slush [slʌʃ] *n* (U) neve *f* meio derretida.

slush fund, slush money US *n* caixa *m* dois.

slut [slʌt] *n* **-1.** *inf* [dirty or untidy woman] mulher *f* relaxada **-2.** *v inf* [sexually immoral woman] rameira *f*.

sly [slaɪ] (*compar* **slyer** OR **slier**, *superl* **slyest** OR **sliest**) *adj* **-1.** [look, smile, grin] dissimulado(da) **-2.** [cunning] astuto(ta).

smack [smæk] ◇ *n* **-1.** [slap] palmada *f* **-2.** [impact] batida *f*. ◇ *vt* **-1.** [slap] dar uma palmada em **-2.** [put] colocar bruscamente **-3.** [make sound]: **to** ~ **one's lips** estalar os lábios.

small [smɔːl] *adj* **-1.** [gen] pequeno(na) **-2.** [person] baixo(xa) **-3.** [importance] pouco(ca) **-4.** [matter, alteration] de pouca importância.

small ads [-ædz] *npl* UK classificados *mpl*.

small change *n* (U) trocado *m*.

smallholder ['smɔːlˌhəʊldəʳ] *n* UK minifundiário *m*, -ria *f*.

small hours *npl* primeiras horas *fpl* da manhã.

smallpox ['smɔːlpɒks] *n* (U) varíola *f*.

small print *n*: the ~ as letras miúdas (*de um contrato*).

small talk *n* (U): to make ~ conversar amenidades.

smarmy ['smɑːmɪ] (*compar* -**ier**, *superl* -**iest**) *adj inf* adulador(ra).

smart [smɑːt] ◇ *adj* **-1.** [elegant] elegante **-2.** [clever] inteligente **-3.** [fashionable, exclusive] chique, elegante **-4.** [rapid] rápido(da). ◇ *vi* **-1.** [sting] pungir, arder **-2.** [feel anger, humiliation] ofender-se.

smarten ['smɑːtn] ➠ **smarten up** *vt sep* arrumar; **to** ~ **o.s. up** arrumar-se.

smash [smæʃ] ◇ *n* **-1.** [sound] estilhaço *m* **-2.** *inf* [car crash] acidente *m* **-3.** TENNIS cortada *f*. ◇ *vt* **-1.** [break into pieces] quebrar **-2.** [hit, crash] bater em; **to** ~ **one's fist into sthg** dar um soco em algo **-3.** *fig* [defeat] derrotar. ◇ *vi* **-1.** [break into pieces] quebrar-se **-2.** [crash,

collide]: **to** ~ **through/into sthg** espatifar-se contra/em algo.

smashing ['smæʃɪŋ] *adj inf* fabuloso(-sa), fenomenal.

smattering ['smætərɪŋ] *n* noções *fpl*: **to have a** ~ **of Welsh** falar meia dúzia de palavras de galês.

smear [smɪəʳ] ◇ *n* **-1.** [dirty mark] mancha *f* (*de gordura*) **-2.** MED esfregaço *m* **-3.** [slander] calúnia *f*. ◇ *vt* **-1.** [smudge - page] manchar; [- painting] borrar **-2.** [spread]: **to** ~ **sthg onto sthg** espalhar algo sobre algo; **to** ~ **sthg with sthg** untar algo com algo **-3.** [slander] caluniar.

smell [smel] (*pt & pp* -**ed** OR **smelt**) ◇ *n* **-1.** [odour] cheiro *m*, odor *m* **-2.** (U) [sense of smell] olfato *m*. ◇ *vt* **-1.** [notice an odour of] sentir cheiro de **-2.** [sniff at] cheirar **-3.** *fig* [sense] pressentir. ◇ *vi* **-1.** [have sense of smell] sentir cheiro **-2.** [have particular smell]: **to** ~ **of sthg** cheirar a algo; **to** ~ **like sthg** cheirar como algo; **to** ~ **good/bad** cheirar bem/mal **-3.** [smell unpleasantly] feder.

smelly ['smelɪ] (*compar* -**ier**, *superl* -**iest**) *adj* fedorento(ta).

smelt [smelt] ◇ *pt & pp* ⊳ **smell**. ◇ *vt* TECH fundir.

smile [smaɪl] ◇ *n* sorriso *m*. ◇ *vi* sorrir.

smiley ['smaɪlɪ] *n* COMPUT smiley *m*.

smirk [smɜːk] *n* sorriso *m* afetado.

smock [smɒk] *n* avental *m*, guarda-pó *m*.

smog [smɒg] *n* (U) bruma *f*.

smoke [sməʊk] ◇ *n* (U) [from burning] fumaça *f*. ◇ *vt* **-1.** [cigarette, cigar] fumar **-2.** [fish, meat, cheese] defumar. ◇ *vi* **-1.** [chimney, engine, lamp] fumegar **-2.** [person] fumar.

smoked [sməʊkt] *adj* [food] defumado(-da).

smoker ['sməʊkəʳ] *n* **-1.** [person who smokes] fumante *mf* **-2.** *inf* RAIL [compartment] vagão *m* para fumantes.

smokescreen ['sməʊkskriːn] *n* *fig* cortina *f* de fumaça.

smoke shop *n* US tabacaria *f*.

smoking ['sməʊkɪŋ] *n* (U): ~ **is bad for you** fumar não te faz bem; **'no** ~' é proibido fumar'.

smoky ['sməʊkɪ] (*compar* -**ier**, *superl* -**iest**) *adj* **-1.** [full of smoke] enfumaçado(da) **-2.** [resembling smoke - taste] com gosto de fumaça; [- colour] cinzento(-ta).

smolder *vi* US = **smoulder**.

smooth [smuːð] ◇ *adj* **-1.** [surface - skin, fabric] macio(cia); [- stone] liso(sa); [- water, sea] calmo(ma) **-2.** CULIN [texture] uniforme **-3.** [flow, supply] fluido(da) **-4.**

[pace] tranqüilo(la) **- 5.** [taste, ride] suave **- 6.** [engine] macio(cia) **- 7.** *pej* [person, manner] lisonjeiro(ra) **- 8.** [trouble-free] tranqüilo(la), sem problemas. ◇ *vt* **-1.** [gen] alisar **- 2.** [rub] passar.

◆ **smooth out** *vt sep* **-1.** [gen] alisar **- 2.** *fig* [difficulties] resolver-se.

smother ['smʌðə'] *vt* **- 1.** [cover thickly]: **to ~ sthg in** OR **with sthg** cobrir algo de algo **- 2.** [suffocate] sufocar **- 3.** [extinguish] abafar **- 4.** *fig* [repress] reprimir **- 5.** [suffocate with love] mimar demais.

smoulder UK, **smolder** US ['sməʊldə'] *vi* **-1.** [fire] fumegar **- 2.** *fig* [feelings] arder.

SMS (*abbr of* short message service) *n* COMPUT SMS *m*, mensagens *fpl* curtas de texto.

smudge [smʌdʒ] ◇ *n* [dirty mark] borrão *m*. ◇ *vt* [spoil - by blurring] borrar; [- by dirtying] manchar.

smug [smʌg] (*compar* **-ger**, *superl* **-gest**) *adj pej* presunçoso(sa).

smuggle ['smʌgl] *vt* [across frontiers] contrabandear.

smuggler ['smʌglə'] *n* contrabandista *mf*.

smuggling ['smʌglɪŋ] *n (U)* contrabando *m*.

smutty ['smʌtɪ] (*compar* **-ier**, *superl* **-iest**) *adj pej* obsceno(na), indecente.

snack [snæk] ◇ *n* lanche *m*.

snack bar *n* lancheria *f*.

snag [snæg] (*pt & pp* **-ged**, *cont* **-ging**) ◇ *n* **- 1.** [small problem] dificuldade *f* **- 2.** [in nail, tights, fabric] ponta *f* saliente. ◇ *vi*: **to ~ (on sthg)** enganchar-se (em algo).

snail [sneɪl] *n* caracol *m*.

snail mail *n* correio *m* tradicional.

snake [sneɪk] *n* cobra *f*, serpente *f*.

snap [snæp] (*pt & pp* **-ped**, *cont* **-ping**) ◇ *adj* atropelado(da), repentino(na). ◇ *n* **-1.** [act or sound of snapping] estalo *m* **-2.** *inf* [photograph] foto *f* **-3.** [card game] *jogo de cartas semelhante ao burro mecânico*. ◇ *vt* **-1.** [break] partir (em dois) **-2.** [make cracking sound with]: **to ~ sthg open/shut** abrir/fechar algo com um golpe; **to ~ one's fingers** estalar os dedos **-3.** [speak sharply] falar bruscamente. ◇ *vi* **-1.** [break] partir (em dois) **-2.** [attempt to bite]: **to ~ (at sb/sthg)** tentar morder (alguém/algo) **-3.** [speak sharply]: **to ~ (at sb)** ficar brabo(ba) (com alguém).

◆ **snap up** *vt sep* não deixar escapar.

snap fastener *n esp* US botão *m* de pressão.

snappy ['snæpɪ] (*compar* **-ier**, *superl* **-iest**) *adj inf* **-1.** [stylish] chique **-2.** [quick] rápido(da); **make it ~!** anda logo!

snapshot ['snæpʃɒt] *n* instantânea *f*.

snare [sneə'] ◇ *n* armadilha *f*. ◇ *vt* pegar numa armadilha.

snarl [snɑːl] ◇ *n* rosnado *m*. ◇ *vi* **-1.** [animal] rosnar **- 2.** [person] resmungar.

snatch [snætʃ] ◇ *n* [fragment] trecho *m*. ◇ *vt* [grab] agarrar.

sneak [sniːk] (US *pt* **snuck**) ◇ *n* UK *inf* mexeriqueiro *m*, **-ra** *f*. ◇ *vt* levar escondido(da); **to ~ a look at sb/sthg** espiar alguém/algo. ◇ *vi* [move quietly] esgueirar-se.

sneakers ['sniːkəz] *npl* US tênis *m inv*.

sneaky ['sniːkɪ] (*compar* **-ier**, *superl* **-iest**) *adj inf* sorrateiro(ra).

sneer [snɪə'] ◇ *n* escárnio *m*. ◇ *vi* [smile unpleasantly] sorrir com escárnio.

sneeze [sniːz] ◇ *n* espirro *m*. ◇ *vi* espirrar.

snide [snaɪd] *adj* sarcástico(ca).

sniff [snɪf] ◇ *vt* **-1.** [smell] fungar **-2.** [drug] cheirar. ◇ *vi* [to clear nose] assoar.

snigger ['snɪgə'] ◇ *n* escárnio *m*. ◇ *vi* rir por dentro.

snip [snɪp] (*pt & pp* **-ped**, *cont* **-ping**) ◇ *n inf* [bargain] pechincha *f*. ◇ *vt* [cut] cortar (*em pedaços*).

sniper ['snaɪpə'] *n* franco-atirador *m*, **-ra** *f*.

snippet ['snɪpɪt] *n* fragmento *m*.

snivel ['snɪvl] (UK *pt & pp* **-led**, *cont* **-ling**, US *pt & pp* **-ed**, *cont* **-ing**) *vi* choramingar.

snob [snɒb] *n* esnobe *mf*.

snobbish ['snɒbɪʃ], **snobby** ['snɒbɪ] (*compar* **-ier**, *superl* **-iest**) *adj* esnobe.

snooker ['snuːkə'] *n (U)* snooker *m*.

snoop [snuːp] *vi inf* bisbilhotar.

snooty ['snuːtɪ] (*compar* **-ier**, *superl* **-iest**) *adj* presunçoso(sa).

snooze [snuːz] ◇ *n* cochilo *m*, soneca *f*; **to have a ~** tirar uma soneca OR um cochilo. ◇ *vi* cochilar.

snore [snɔː'] ◇ *n* ronco *m*. ◇ *vi* roncar.

snoring ['snɔːrɪŋ] *n (U)* roncos *mpl*.

snorkel ['snɔːkl] *n* (tubo *m*) snorkel *m*.

snort [snɔːt] ◇ *n* bufo *m*. ◇ *vi* bufar.

snout [snaʊt] *n* focinho *m*.

snow [snəʊ] ◇ *n (U)* neve *f*. ◇ *v impers* nevar.

snowball ['snəʊbɔːl] ◇ *n* bola *f* de neve. ◇ *vi fig* [increase rapidly] crescer como bola de neve.

snowboard ['snəʊbɔːd] *n* snowboard *m*.

snowboarding ['snəʊbɔːdɪŋ] *n* snowboard *m*; **to go ~** praticar snowboard.

snowbound ['snəʊbaʊnd] *adj* bloqueado(da) pela neve.

snowdrift ['snəʊdrɪft] *n* monte *m* de neve.

snowdrop ['snəʊdrɒp] *n* campainha *f* branca.

snowfall ['snəʊfɔːl] *n* -1. [fall of snow] nevada *f* - 2. [amount of snow over time] quantidade *f* de neve.

snowflake ['snəʊfleɪk] *n* floco *m* de neve.

snowman ['snəʊmæn] (*pl* -men [-men]) *n* boneco *m* de neve.

snowplough UK, **snowplow** US ['snəʊplaʊ] *n* [vehicle] limpa-neve *m*.

snowshoe ['snəʊʃuː] *n* raquete *f* de neve.

snowstorm ['snəʊstɔːm] *n* nevasca *f*.

SNP (*abbr of* **Scottish National Party**) *n* partido nacional escocês que prega a independência da Grã-Bretanha.

Snr, snr (*abbr of* **senior**) sênior.

snub [snʌb] (*pt* & *pp* -bed, *cont* -bing) ◇ *n* repulsa *f*. ◇ *vt* desprezar.

snuck [snʌk] *pt* US ▷ **sneak**.

snuff [snʌf] *n* (U) [tobacco] rapé *m*.

snug [snʌg] (*compar* -ger, *superl* -gest) *adj* -1. [person, feeling] agradável - 2. [place] confortável - 3. [close-fitting] cômodo(da).

snuggle ['snʌgl] *vi* aconchegar-se; **to ~ down** cobrir-se *(com coberta)*.

so [səʊ] ◇ *adv* -1. [emphasizing degree] tão; **don't be ~ stupid!** não seja tão idiota!; **it's ~ difficult (that ...)** é tão difícil (que ...); **~ much** tanto(ta); **~ many** tantos(tas). - 2. [referring back]: **I don't think ~** acho que não; **I'm afraid ~** receio que sim; **~ you knew already** então você já sabia; **if ~** nesse caso. - 3. [also] também; **~ do I** eu também. - 4. [in this way] deste modo, assim. - 5. [expressing agreement]: **~ there is** pois é, é verdade. - 6. [in phrases]: **or ~** mais ou menos; **~ as** para; **~ that** para. ◇ *conj* -1. [therefore] por isso; **I'm away next week ~ I won't be there** viajo na semana que vem, portanto não estarei lá. -2. [summarizing] então; **~ what have you been up to?** o que é que você tem feito? - 3. [in phrases]: **~ what?** *inf* e daí?; **~ there!** *inf* pronto!, nada a fazer!

soak [səʊk] ◇ *vt* -1. [leave immersed] pôr de molho - 2. [wet thoroughly] ensopar; **to be ~ ed with sthg** estar ensopado(da) de algo. ◇ *vi* -1. [become thoroughly wet]: **to leave sthg to ~**, **to let sthg ~** deixar algo de molho - 2. [spread]: **to ~ into sthg** espalhar-se por algo; **to ~ through (sthg)** infiltrar-se em algo.
  ➡ **soak up** *vt sep* [liquid] absorver.

soaking ['səʊkɪŋ] *adj* ensopado(da).

so-and-so *n inf* -1. [to replace a name] fulano *m*, -na *f* - 2. [annoying person] filho *m*, -lha *f* da mãe.

soap [səʊp] *n* -1. (U) [for washing] sabão *m* - 2. TV novela *f*.

soap dish *n* saboneteira *f*.

soap flakes *npl* sabão *m* em flocos.

soap opera *n* novela *f*.

soap powder *n* (U) sabão *m* em pó.

soapy ['səʊpɪ] (*compar* -ier, *superl* -iest) *adj* -1. [full of soap] ensaboado(da) - 2. [resembling soap] de sabão.

soar [sɔːʳ] *vi* -1. [bird] levantar vôo - 2. [rise into the sky] subir - 3. [increase rapidly] aumentar rapidamente.

sob [sɒb] (*pt* & *pp* -bed, *cont* -bing) ◇ *n* soluço *m*. ◇ *vi* [cry] soluçar.

sober ['səʊbəʳ] *adj* -1. [not drunk] sóbrio(bria) - 2. [serious] sério(ria) - 3. [plain] simples.
  ➡ **sober up** *vi* ficar sóbrio(bria).

sobering ['səʊbərɪŋ] *adj* que faz refletir.

so-called [-kɔːld] *adj* -1. [misleadingly named] suposto(ta) - 2. [widely known as] chamado(da).

soccer ['sɒkəʳ] *n* (U) futebol *m*.

sociable ['səʊʃəbl] *adj* sociável.

social ['səʊʃl] *adj* social.

social club *n* clube *m* social.

socialism ['səʊʃəlɪzm] *n* (U) socialismo *m*.

socialist ['səʊʃəlɪst] ◇ *adj* socialista. ◇ *n* socialista *mf*.

socialize, -ise ['səʊʃəlaɪz] *vi*: **to ~ (with sb)** socializar-se (com alguém).

social security *n* (U) previdência *f* social.

social services *npl* assistência *f* social.

social worker *n* assistente *mf* social.

society [sə'saɪətɪ] (*pl* -ies) *n* sociedade *f*.

sociology [ˌsəʊsɪ'ɒlədʒɪ] *n* (U) sociologia *f*.

sock [sɒk] *n* meia *f*.

socket ['sɒkɪt] *n* -1. ELEC tomada *f* - 2. [de lâmpada] soquete *m* - 3. [ANAT - of arm, hipbone] concavidade *f*; [- of eye] órbita *f*.

sod [sɒd] *n* -1. [of turf] torrão *m* - 2. *vinf* [person] sujeito *m*.

soda ['səʊdə] *n* -1. [gen] soda *f* - 2. US [fizzy drink] refrigerante *m*.

soda water *n* (U) soda *f*, água *f* com gás.

sodden ['sɒdn] *adj* encharcado(da).

sodium ['səʊdɪəm] *n* (U) sódio *m*.

sofa ['səʊfə] *n* sofá *m*.

Sofia ['səʊfjə] *n* Sofia.

soft [sɒft] *adj* -1. [gen] mole - 2. [to touch] macio(cia) - 3. [gentle] suave - 4. [kind, caring] meigo(ga), bondoso(sa) - 5. [not strict] flexível.

softball n SPORT espécie de beisebol que se joga com uma bola mais macia e maior.

soft drink n -1. [fruit juice] refresco m -2. [fizzy drink] refrigerante m.

soften ['sɒfn] <> vt -1. [substance] suavizar -2. [blow, impact, effect] amortecer -3. [attitude] enternecer. <> vi -1. [substance] amaciar -2. [attitude] amolecer -3. [eyes, voice, expression] suavizar.

softhearted [,sɒft'hɑːtɪd] adj de bom coração.

softly ['sɒftlɪ] adv -1. [gently, without violence] com delicadeza -2. [quietly] suavemente -3. [dimly] tenuamente -4. [fondly] carinhosamente.

soft return n COMPUT quebra f de linha condicional.

soft-spoken adj de voz suave.

software ['sɒftweəʳ] n (U) COMPUT software m.

soggy ['sɒgɪ] (compar -ier, superl -iest) adj empapado(da), encharcado(da).

soil [sɔɪl] <> n -1. [earth] terra f, solo m -2. fig [territory] solo m. <> vt [dirty] sujar.

soiled [sɔɪld] adj sujo(ja).

solace ['sɒləs] n literary consolo m.

solar ['səʊləʳ] adj solar.

solar energy n energia f solar.

solar power n energia f solar.

sold [səʊld] pt & pp ⊳ sell.

solder ['səʊldəʳ] <> n (U) solda f. <> vt soldar.

soldier ['səʊldʒəʳ] n soldado(da).

sold out adj esgotado(da).

sole [səʊl] (pl sense 2 only inv OR -s) <> adj -1. [only] único(ca) -2. [exclusive] exclusivo(va). <> n -1. [of foot] sola f -2. [fish] linguado m.

solemn ['sɒləm] adj solene.

solicit [sə'lɪsɪt] <> vt fml [request] solicitar. <> vi [prostitute] oferecer seus serviços.

solicitor [sə'lɪsɪtəʳ] n UK solicitador m, -ra f.

solid ['sɒlɪd] <> adj -1. [gen] sólido(da) -2. [of a single substance] maciço(ça) -3. [reliable, respectable] coerente -4. [unbroken, continuous] ininterrupto(ta). <> adv: to be packed ~ estar superlotado(da). <> n [not liquid or gas] sólido m. ⇒ solids npl [food] sólidos mpl; she can't eat ~s ela não pode comer nada sólido.

solidarity [,sɒlɪ'dærətɪ] n (U) solidariedade f.

solitaire [,sɒlɪ'teəʳ] n -1. [jewel] solitário m -2. [card game] paciência f.

solitary ['sɒlɪtrɪ] adj -1. [gen] solitário(ria) -2. [single] isolado(da).

solitary confinement n (U) solitária f.

solitude ['sɒlɪtjuːd] n (U) solidão f.

solo ['səʊləʊ] (pl -s) <> adj -1. MUS solo inv -2. [attempt, flight] único(ca). <> n MUS solo m. <> adv -1. MUS em solo -2. [fly, climb] sozinho(nha).

soloist ['səʊləʊɪst] n solista mf.

soluble ['sɒljʊbl] adj -1. [substance] solúvel -2. [problem] solucionável.

solution [sə'luːʃn] n -1. [to problem, puzzle]: ~ (to sthg) solução f (para algo) -2. [liquid] solução f.

solve [sɒlv] vt resolver.

solvent ['sɒlvənt] <> adj FIN solvente. <> n [substance] solvente m.

Somalia [sə'mɑːlɪə] n Somália.

sombre UK, **somber** US ['sɒmbəʳ] adj -1. [person, mood] lúgubre -2. [colour, place] sombrio(bria).

some [sʌm] <> adj -1. [certain, large amount of] algum (alguma); ~ meat um pouco de carne; ~ money um pouco de dinheiro; I had ~ difficulty getting here tive algumas dificuldades para chegar aqui. -2. [certain, large number of] alguns (algumas); ~ sweets alguns doces; ~ people algumas pessoas; I've known him for ~ years já o conheço há alguns anos. -3. [not all] alguns (algumas); ~ jobs are better paid than others alguns empregos são mais bem pagos que outros. -4. [in imprecise statements] um (uma) ... qualquer; ~ woman phoned telefonou uma mulher. <> pron -1. [certain amount] algum m, alguma f, parte f; can I have ~? posso ficar com uma parte?; ~ of the money algum dinheiro, parte do dinheiro. -2. [certain number] alguns mpl, algumas fpl; can I have ~? posso ficar com alguns?; ~ (of them) left early alguns (deles) foram embora cedo. <> adv [approximately] aproximadamente; there were ~ 7,000 people there havia umas 7.000 pessoas.

somebody ['sʌmbədɪ] pron alguém.

someday ['sʌmdeɪ] adv algum dia.

somehow ['sʌmhaʊ], **someway** US ['sʌmweɪ] adv -1. [by some action] de alguma maneira -2. [for some reason] por alguma razão; ~ I don't think he'll come tenho a impressão de que ele não virá.

someone ['sʌmwʌn] pron = somebody.

someplace adv US = somewhere.

somersault ['sʌməsɔːlt] <> n salto m mortal. <> vi dar um salto mortal.

something ['sʌmθɪŋ] <> pron -1. algo, alguma coisa; or ~ inf ou (qualquer) coisa parecida -2. phr: it's really ~! é demais! <> adv [in approximations]: ~ like uns(umas), qualquer coisa como.

sound card

sometime [ˈsʌmtaɪm] *adv*: ~ in June em junho.

sometimes [ˈsʌmtaɪmz] *adv* às OR por vezes.

someway *adv US* = somehow.

somewhat [ˈsʌmwɒt] *adv* um tanto.

somewhere UK [ˈsʌmweəʳ], **some-place** [ˈsʌmpleɪs] *adv* -1. [unknown place] em algum lugar, em alguma parte -2. [specific place] a alguma parte -3. [in approximations]: ~ around OR between aproximadamente.

son [sʌn] *n* filho *m*.

song [sɒŋ] *n* -1. [piece of music] música *f*; -2. *(U)* [act of singing]: **they burst into** ~ desataram a cantar -3. [of bird] canto *m*.

sonic [ˈsɒnɪk] *adj* sônico(ca).

son-in-law (*pl* sons-in-law OR son-in-laws) *n* genro *m*.

sonnet [ˈsɒnɪt] *n* soneto *m*.

sonny [ˈsʌnɪ] *n inf* filhinho *m*.

soon [su:n] *adv* -1. [in a short time] logo -2. [early] cedo; **how** ~ **can you finish it?** para quando você consegue terminar?; **as** ~ **as** assim que; **as** ~ **as possible** o quanto antes.

sooner [ˈsu:nəʳ] *adv* -1. [earlier] mais cedo; **no** ~ **did he arrive than** ... ele tinha acabado de chegar quando ...; ~ **or later** mais cedo ou mais tarde; **the** ~ **the better** quanto mais cedo, melhor -2. [expressing preference]: **I'd** ~ ... **prefeririía** ...

soot [sʊt] *n (U)* fuligem *f*.

soothe [su:ð] *vt* -1. [relieve] aliviar -2. [calm] acalmar.

sophisticated [səˈfɪstɪkeɪtɪd] *adj* -1. [stylish] sofisticado(da) -2. [intelligent] inteligente -3. [complicated] complicado(da).

sophomore [ˈsɒfəmɔ:ʳ] *n US* estudante do segundo ano de faculdade.

soporific [ˌsɒpəˈrɪfɪk] *adj* soporífero(ra).

sopping [ˈsɒpɪŋ] *adj*: ~ **(wet)** encharcado(da).

soppy [ˈsɒpɪ] (*compar* -ier, *superl* -iest) *adj inf pej* sentimentalóide.

soprano [səˈprɑ:nəʊ] (*pl* -s) *n* -1. [person] soprano *mf* -2. [voice] soprano *f*.

sorbet [ˈsɔ:beɪ] *n* sorbet *m*.

sorcerer [ˈsɔ:sərəʳ] *n* feiticeiro *m*.

sorceress *n* feiticeira *f*.

sordid [ˈsɔ:dɪd] *adj* sórdido(da).

sore [sɔ:ʳ] <> *adj* -1. [painful] dolorido(-da); **a** ~ **throat** uma dor de garganta -2. US inf [angry] zangado(da). <> *n* MED inflamação *f*.

sorely [ˈsɔ:lɪ] *adv literary* imensamente.

sorrow [ˈsɒrəʊ] *n* -1. *(U)* [feeling of sadness] mágoa *f* -2. [cause of sadness] desgosto *m*.

sorry [ˈsɒrɪ] (*compar* -ier, *superl* -iest) <> *adj* -1. [expressing apology]: **I'm** ~ **desculpe; to be** ~ **about sthg** lamentar algo; **to be** ~ **for sthg** estar arrependido(da) por algo; **to be** ~ **to do sthg** desculpar-se por fazer algo -2. [expressing disappointment]: **to be** ~ **(that)** lamentar que; **to be** ~ **about sthg** ficar sentido(da) por algo -3. [expressing regret]: **I'm** ~ **to have to say that** ... lamento ter que dizer que ...; **to be** ~ **to do sthg** estar triste por fazer algo -4. [expressing sympathy]: **to be** OR **feel** ~ **for sb** estar com/sentir pena de alguém -5. [expressing polite disagreement]: **I'm** ~, **but I think that** ... me desculpa, mas eu acho que ... -6. [poor, pitiable] lamentável. <> *excl* -1. [expressing apology] desculpe! -2. [asking for repetition] como! -3. [to correct o.s.]: **a boy,** ~, **a man** um garoto, quer dizer, um homem.

sort [sɔ:t] <> *n* -1. [gen] tipo *m*; **a** ~ **of** um tipo de, uma espécie de -2. [act of sorting out] escolha *f*. <> *vt* [classify, separate] classificar.

➡ **sort of** *adv* [rather] mais ou menos.

➡ **sort out** *vt sep* -1. [into groups] classificar -2. [tidy up] pôr em ordem -3. [solve] resolver -4. [work out] concluir.

sorting office [ˈsɔ:tɪŋ-] *n* centro *f* de triagem.

SOS (*abbr of* save our souls) *n* SOS *f*.

so-so *inf adj, adv* mais ou menos.

sought [sɔ:t] *pt* & *pp* ⊳ seek.

soul [səʊl] *n* -1. [gen] alma *f* -2. [emotional depth] sentimento *m* -3. [perfect example] exemplo *m* perfeito -4. *(U)* [music] (música *f*) soul *m*.

soul-destroying [-dɪˌstrɔɪŋ] *adj* [boring] massante; [discouraging] desmoralizador(ra).

soulful [ˈsəʊlfʊl] *adj* cheio (cheia) de sentimentos.

sound [saʊnd] <> *adj* -1. [healthy] sadio(dia) -2. [sturdy] sólido(da) -3. [reliable] confiável, seguro(ra) -4. [thorough] completo(ta). <> *adv*: **to be** ~ **asleep** estar num sono profundo. <> *n* -1. [particular noise] barulho *m* -2. *(U)* [in general] som *m* -3. *(U)* [volume] volume *m* -4. [impression, idea] tom *m*. <> *vt* [alarm, bell, horn] tocar. <> *vi* -1. [make a noise] fazer barulho; **to** ~ **like sthg** soar como algo -2. [seem] parecer; **to** ~ **like sthg** parecer algo.

➡ **sound out** *vt sep*: **to** ~ **sb out (on** OR **about sthg)** sondar alguém(sobre algo).

sound barrier *n* barreira *f* do som.

sound card *n* COMPUT placa *f* de som.

sound effects *npl* efeitos *mpl* sonoros.

sounding ['saʊndɪŋ] *n* -1. NAUT [measurement] prumada *f* -2. *fig* [investigation] sondagem *f*.

soundly ['saʊndlɪ] *adv* -1. [thoroughly] completamente -2. [deeply] profundamente.

soundproof ['saʊndpru:f] *adj* à prova de som.

soundtrack ['saʊndtræk] *n* trilha *f* sonora.

soup [su:p] *n* sopa *f*, caldo *m*.

soup plate *n* prato *m* fundo.

soup spoon *n* colher *f* de sopa.

sour [saʊəʳ] <> *adj* -1. [acidic] ácido(da) -2. [milk] azedo(da) -3. [ill-tempered] malhumorado(da). <> *vt & vi* [person, relationship] azedar.

source [sɔ:s] *n* -1. [gen] fonte *f* -2. [cause] origem *f* -3. [of river] nascente *f*.

sour grapes *n (U)* inf inveja *f* pura.

south [saʊθ] <> *adj* sul. <> *adv* para o sul; ~ of ao sul de. <> *n* -1. [direction] sul *m* -2. [region]: **the** ~ o sul.

South Africa *n* África *f* do Sul.

South African <> *adj* sul-africano(na). <> *n* [person] sul-africano *m*, -na *f*.

South America *n* América *f* do Sul.

South American <> *adj* sul-americano(na). <> *n* [person] sul-americano *m*, -na *f*.

south-east <> *adj* sudeste. <> *adv* para o sudeste; ~ of a sudeste de. <> *n* -1. [direction] sudeste *m* -2. [region]: **the** ~ o sudeste.

southerly ['sʌðəlɪ] *adj* -1. [in the south] ao sul -2. [towards the south] para o sul -3. [from the south] do sul.

southern ['sʌðən] *adj* sulista.

South Korea *n* Coréia *f* do Sul.

South Pole *n*: **the** ~ o Pólo Sul.

southward ['saʊθwəd] <> *adj* sul. <> *adv* = **southwards**.

southwards ['saʊθwədz] *adv* para o sul.

south-west <> *adj* sudoeste. <> *adv* para o sudoeste; ~ of a sudoeste de. <> *n* -1. [direction] sudoeste *m* -2. [region]: **the** ~ o sudoeste.

souvenir [ˌsuːvəˈnɪəʳ] *n* suvenir *m*, lembrança *f*.

sovereign ['sɒvrɪn] <> *adj* [state, territory] soberano(na). <> *n* -1. [ruler] soberano *m*, -na *f* -2. [coin] soberano *m*.

soviet *n* soviético(ca).
 <> **Soviet** <> *adj* soviético *m*, -ca *f*. <> *n* [person] soviético *m*, -ca *f*.

Soviet Union *n*: **the (former)** ~ a (antiga) União Soviética.

sow¹ [saʊ] (*pt* -ed, *pp* **sown** OR -ed) *vt* semear.

sow² [saʊ] *n* [pig] porca *f*.

sown [saʊn] *pp* ⊳ **sow¹**.

soya ['sɔɪə] *n (U)* soja *f*.

soy(a) bean ['sɔɪ(ə)-] *n* grão *m* de soja.

spa [spɑː] *n* -1. [mineral spring] termas *fpl* -2. [for health care] spa *m*.

space [speɪs] <> *n* -1. [gen] espaço *m* -2. [gap] lugar *m*, espaço *m* -3. [period of time] intervalo *m* -4. [seat, place] lugar *m*. <> *comp* espacial. <> *vt* espaçar.
 ⬤ **space out** *vt sep* [arrange] espaçar.

spacecraft ['speɪskrɑːft] (*pl inv*) *n* espaçonave *f*.

spaceman ['speɪsmæn] (*pl* -men [-men]) *n* inf [astronaut] astronauta *m*.

spaceship ['speɪsʃɪp] *n* nave *f* espacial, astronave *f*.

space shuttle *n* ônibus *m inv* espacial.

spacesuit ['speɪssuːt] *n* roupa *f* espacial.

spacing ['speɪsɪŋ] *n (U)* TYPO espaçamento *m*.

spacious ['speɪʃəs] *adj* espaçoso(sa).

spade [speɪd] *n* -1. [tool] pá *f* -2. [playing card] espada *f*.
 ⬤ **spades** *npl* espadas *fpl*.

spaghetti [spəˈgetɪ] *n (U)* espaguete *m*.

Spain [speɪn] *n* Espanha *f*.

spam [spæm] (*pt & pp* -med, *cont* -ming) COMPUT <> *n* spam *m*. <> *vt* enviar spam para.

Spaniard ['spænjəd] *n* espanhol *m*, -la *f*.

spaniel ['spænjəl] *n* cocker *m* spaniel.

Spanish ['spænɪʃ] <> *adj* espanhol(la). <> *n* [language] espanhol *m*. <> *npl*: **the** ~ os espanhóis.

spank [spæŋk] *vt* dar palmadas em.

spanner ['spænəʳ] *n* chave *f* inglesa.

spar [spɑːʳ] (*pt & pp* -red, *cont* -ring) *vi* BOXING treinar boxe.

spare [speəʳ] <> *adj* -1. [surplus] sobressalente, de sobra; **have you got a** ~ **pencil?** você tem um lápis sobrando? -2. [free] livre. <> *n* [surplus object] sobressalente *mf*. <> *vt* -1. [put aside, make available] dispor de; **to have sthg to** ~ [extra] ter algo de sobra -2. [not harm] preservar -3. [economize] poupar; **to** ~ **no expense** não poupar despesas -4. [save, protect from]: **to** ~ **sb sthg** poupar alguém de algo.

spare time *n (U)* tempo *m* livre.

sparing ['speərɪŋ] *adj*: **to be** ~ **with** OR

of sthg ser econômico(ca) em algo.

sparingly [ˈspeərɪŋlɪ] adv com moderação.

spark [spɑːk] n -1. [from fire] fagulha f - 2. [from electricity] faísca f - 3. fig [of interest, humour etc] lampejo m.

sparking plug [ˈspɑːkɪŋ-] n UK = spark plug.

sparkle [ˈspɑːkl] <> n [gen] brilho m. <> vi [gen] brilhar.

sparkling adj -1. [mineral water] com gás, gaseificado(da) - 2. [wit] brilhante.

sparkling wine [ˈspɑːklɪŋ-] n vinho m espumante.

spark plug n vela f (de ignição).

sparrow [ˈspærəʊ] n pardal m.

sparse [spɑːs] adj esparso(sa).

spasm [ˈspæzm] n -1. MED [muscular contraction] espasmo m - 2. [fit] acesso m.

spastic [ˈspæstɪk] MED n espasmofílico m, -ca f.

spat [spæt] pt & pp ▷ spit.

spate [speɪt] n série f, sucessão f.

spatter [ˈspætəʳ] vt & vi respingar.

spawn [spɔːn] <> n (U) [of frogs, fish] ovas fpl. <> vt fig [produce] gerar. <> vi ZOOL desovar.

speak [spiːk] (pt spoke, pp spoken) <> vt -1. [say] dizer - 2. [language] falar. <> vi -1. [say words] falar; to ~ to OR with sb falar com alguém; to ~ to sb about sthg falar com alguém sobre algo; to ~ about sb/sthg falar sobre alguém/ algo - 2. [make a speech] discursar; to ~ to sb discursar para alguém; to ~ on sthg falar OR discursar sobre algo - 3. [in giving an opinion]: generally ~ing falando em termos gerais; personally ~ing pessoalmente falando.

◆ **so to speak** adv por assim dizer.

◆ **speak for** vt fus [represent] falar em nome de.

◆ **speak up** vi -1. [say something] falar claro; to ~ up for sb/sthg sair em defesa de alguém/algo - 2. [speak louder] falar mais alto.

speaker [ˈspiːkəʳ] n -1. [person talking, of a language] falante mf - 2. [in lecture] orador m, -ra f, conferencista mf - 3. [loudspeaker] alto-falante m - 4. [in stereo system] caixa f de som.

◆ **Speaker** n UK [in House of Commons] Presidente mf da Câmara dos Comuns.

spear [spɪəʳ] <> n [weapon] lança f. <> vt lancear.

spearhead [ˈspɪəhed] <> n ponta-delança f. <> vt encabeçar.

spec [spek] n UK inf: to buy sthg on ~ comprar algo sem garantia; to go on ~ ir sem ter feito reserva.

special [ˈspeʃl] adj especial.

special delivery n (U) [service] entrega f especial.

specialist [ˈspeʃəlɪst] <> adj especializado(da). <> n [expert] especialista mf.

speciality [ˌspeʃɪˈælətɪ] (pl -ies), **specialty** US [ˈspeʃltɪ] (pl -ies) n especialidade f.

specialize, -ise [ˈspeʃəlaɪz] vi especializar-se; to ~ in sthg especializar-se em algo.

specially [ˈspeʃəlɪ] adv -1. [on purpose, specifically] especialmente - 2. [really] realmente; do you want to go? - not ~ quer ir? - na verdade não.

specialty n US = speciality.

species [ˈspiːʃiːz] (pl inv) n espécie f.

specific [spəˈsɪfɪk] adj [particular, precise] específico(ca); ~ to sb/sthg específico(ca) de alguém/algo.

specifically [spəˈsɪfɪklɪ] adv especificamente.

specify [ˈspesɪfaɪ] (pt & pp -ied) vt especificar.

specimen [ˈspesɪmən] n -1. [example] espécime m, exemplar m - 2. [sample] amostra f.

speck [spek] n -1. [small stain] mancha f pequena - 2. [small particle] partícula f.

speckled [ˈspekld] adj manchado(da); ~ with sthg pintado(da) de algo.

specs [speks] npl inf [glasses] óculos m inv.

spectacle [ˈspektəkl] n -1. [sight] visão f - 2. [event] espetáculo m.

◆ **spectacles** npl UK [glasses] óculos m inv.

spectacular [spekˈtækjʊləʳ] adj espetacular.

spectator [spekˈteɪtəʳ] n espectador m, -ra f.

spectre UK, **specter** US [ˈspektəʳ] n -1. fml [ghost] espectro m - 2. fig [frightening prospect]: the ~ of famine o fantasma da fome.

spectrum [ˈspektrəm] (pl -tra [-trə]) n ◆1. PHYS espectro m - 2. fig [range] gama f.

speculation [ˌspekjʊˈleɪʃn] n especulação f.

sped [sped] pt & pp ▷ speed.

speech [spiːtʃ] n -1. [gen] fala f - 2. [manner of speaking] maneira f de falar - 4. (U) [dialect] dialeto m, maneira f de falar - 5. GRAMM discurso m.

speechless [ˈspiːtʃlɪs] adj: to be ~ (with sthg) ficar emudecido(da) (de algo).

speed [spiːd] (pt & pp -ed OR sped) <> n -1. [rate, pace] velocidade f; at ~ a grande velocidade - 2. (U) [rapid rate] rapidez f - 3. [gear] marcha f. <> vi -1.

[move fast]: **to ~ (along/away/by)** ir/
acelerar/passar a toda velocidade
- 2. *AUT* [go too fast] exceder a velocidade.
◆ **speed up** ⬦ *vt sep* acelerar. ⬦ *vi*
acelerar.
speedboat ['spi:dbəʊt] *n* lancha *f*.
speed-dial button *n* [on phone, fax]
tecla *m* de discagem rápida.
speeding ['spi:dɪŋ] *n* (*U*) excesso *m* de
velocidade.
speed limit *n* limite *m* de velocidade.
speedometer [spɪ'dɒmɪtə**r**] *n* velocímetro *m*.
speedway ['spi:dweɪ] *n* **- 1.** *SPORT* corrida *f* de motos **- 2.** *US* [road] pista *f* de
corrida.
speedy ['spi:dɪ] (*compar* **-ier**, *superl*
-iest) *adj* rápido(da).
spell [spel] (*UK pt* & *pp* **spelt** *OR* **-ed**, *US*
pt & *pp* **-ed**) ⬦ *n* **- 1.** [period of time]
período *m* **- 2.** [enchantment] feitiço *m*,
encanto *m* **- 3.** [magic words] palavras
fpl mágicas. ⬦ *vt* **- 1.** [write] soletrar
- 2. *fig* [signify] significar. ⬦ *vi* escrever
corretamente.
◆ **spell out** *vt sep* **-1.** [read aloud]
soletrar **-2.** [explain]: **to ~ sthg out (for**
OR **to sb)** explicar algo em detalhes
(para alguém).
spellbound ['spelbaʊnd] *adj* encanta-
do(da).
spellcheck ['speltʃek] *vt* *COMPUT* passar
o corretor ortográfico em.
spellchecker ['speltʃekə**r**] *n* *COMPUT* corretor *m* ortográfico.
spelling ['spelɪŋ] *n* ortografia *f*.
spelt [spelt] *pt* & *pp* *UK* ⬦ **spell**.
spend [spend] (*pt* & *pp* **spent**) *vt* **- 1.** [pay
out] gastar; **to ~ sthg on sb/sthg** gastar
algo em alguém/algo **- 2.** [time, life]
passar **- 3.** [energy] gastar.
spendthrift ['spendθrɪft] *n* perdulário
m, -ria *f*.
spent [spent] ⬦ *pt* & *pp* ⬦ **spend**.
⬦ *adj* [consumed, burned out - matches,
ammunition] usado(da); [- force, patience,
energy] esgotado(da).
sperm [spɜ:m] (*pl inv* *OR* **-s**) *n* esperma
m.
spew [spju:] ⬦ *vt* [cause to flow, spread]
expelir, cuspir. ⬦ *vi* [flow, spread]: **to
~ (out) from sthg** lançar-se (para
fora) de algo; **flames ~ ed out of the volcano** o vulcão cuspia chamas.
sphere [sfɪə**r**] *n* esfera *f*.
spice [spaɪs] *n* tempero *m*.
spick-and-span [ˌspɪkən'spæn] *adj* as-
seado(da).
spicy ['spaɪsɪ] (*compar* **-ier**, *superl* **-iest**)
adj picante.
spider ['spaɪdə**r**] *n* aranha *f*.

spike [spaɪk] ⬦ *n* **-1.** [on railings] prego
m **- 2.** [on shoe] cravo *m* **- 3.** [on plant]
espigão *m* **- 4.** [of hair] corte *m* escovinha. ⬦ *vt* reforçar com mais álcool.
spill [spɪl] (*UK pt* & *pp* **spilt** *OR* **-ed**, *US* *pt*
& *pp* **-ed**) ⬦ *vt* derramar. ⬦ *vi* **-1.**
[liquid] derramar; **the wine ~ ed all over
the carpet** o vinho esparramou por
todo o carpete **- 2.** [salt, sugar, etc]
esparramar.
spilt [spɪlt] *pt* & *pp* *UK* ⬦ **spill**.
spin [spɪn] (*pt* **span** *OR* **spun**, *pp* **spun**,
cont **-ning**) ⬦ *n* **- 1.** [turn] giro *m*, volta
f **- 2.** *AERON* parafuso *m* **- 3.** *inf* [in car]
volta *f* **- 4.** *SPORT* [on ball] efeito *m*. ⬦ *vt*
- 1. [cause to rotate] rodar, girar **- 2.** [in
spin-dryer] centrifugar **- 3.** [thread, cloth,
wool] fiar **- 4.** *SPORT* [ball] fazer girar. ⬦
vi **-1.** [rotate] girar, dar voltas **- 2.** [spin-
ner] fiar **- 3.** [in spin-dryer] centrifugar.
◆ **spin out** *vt sep* **-1.** [story, explanation]
prorrogar **- 2.** [food, money] esticar.
spinach ['spɪnɪdʒ] *n* (*U*) espinafre *m*.
spinal column ['spaɪnl-] *n* coluna *f*
vertebral.
spinal cord *n* medula *f* espinhal.
spindly ['spɪndlɪ] (*compar* **-ier**, *superl*
-iest) *adj* longo e fino, longa e fina.
spin-dryer *n* *UK* centrifugadora *f* (*de
roupas*).
spine [spaɪn] *n* **- 1.** *ANAT* espinha *f* dorsal
- 2. [of book] lombada *f* **- 3.** [spike, prickle]
espinho *m*.
spinning ['spɪnɪŋ] *n* (*U*) fiação *f*.
spinning top *n* pião *m*.
spin-off *n* [by-product] subproduto *m*.
spinster ['spɪnstə**r**] *n* solteirona *f*.
spiral ['spaɪərəl] (*UK pt* & *pp* **-led**, *cont*
-ling, *US pt* & *pp* **-ed**, *cont* **-ing**) ⬦
adj espiral. ⬦ *n* **-1.** [curve] espiral *f*
- 2. [increase] escalada *f* **- 3.** [decrease]
queda *f*. ⬦ *vi* [move in spiral curve]
mover-se em espiral.
spiral staircase *n* escada *f* caracol.
spire [spaɪə**r**] *n* pináculo *m*.
spirit ['spɪrɪt] ⬦ *n* espírito *m*.
◆ **spirits** *npl* **-1.** [mood] astral *m*; **to be
in high/low ~ s** estar de alto/baixo
astral **- 2.** [alcohol] bebidas *fpl* destila-
das.
spirited ['spɪrɪtɪd] *adj* animado(da).
spirit level *n* nível *m* de pedreiro *OR*
bolha.
spiritual ['spɪrɪtʃʊəl] *adj* espiritual.
spit [spɪt] (*UK pt* & *pp* **spat**, *cont* **-ting**, *US
pt* & *pp* **spit**, *cont* **-ting**) ⬦ *n* **-1.** (*U*)
[saliva] cuspe *m* **- 2.** [skewer] espeto *m*.
⬦ *vi* [from mouth] cuspir. ⬦ *v impers*
UK [rain lightly] chuviscar.
spite [spaɪt] ⬦ *n* (*U*) rancor *m*. ⬦ *vt*
magoar.
◆ **in spite of** *prep* apesar de.

spiteful ['spaɪtfʊl] *adj* maldoso(sa), mal-intencionado(da).

spittle ['spɪtl] *n (U)* cuspe *m*.

splash [splæʃ] ◇ *n* -1. [sound] chape *m*, pancada *f* na água -2. [patch] mancha *f*. ◇ *vt* -1. [subj: person] respingar -2. [subj: water] molhar -3. [apply haphazardly] espalhar. ◇ *vi* -1. [person]: **to ~ about** OR **around** patinhar -2. [water, liquid]: **to ~ on/against sthg** espirrar em/contra algo.

◆ **splash out** *inf vi*: **to ~ out (on sthg)** gastar um dinheirão (em algo).

spleen [spli:n] *n* -1. ANAT baço *m* -2. *(U) fig* [anger] cólera *f*.

splendid ['splendɪd] *adj* -1. [very good] esplêndido(da) -2. [magnificent, beautiful] esplendoroso(sa).

splint [splɪnt] *n* tala *f*.

splinter ['splɪntə'] ◇ *n* lasca *f*. ◇ *vi* [glass, bone, wood] lascar.

split [splɪt] (*pt & pp* split, *cont*-ting) ◇ *n* -1. [crack] racha *f*, fenda *f*; **~ (in sthg)** fenda (em algo) -2. [tear] rasgão *m*; **~ in sthg** rasgão em algo -3. [division, schism] separação *f*; **~ in sthg** racha *m* em algo; **~ between** divisão *f* entre. ◇ *vt*-1. [crack] rachar, partir -2. [tear] rasgar -3. [divide - group, organization] rachar; [- road] dividir-se. ◇ *vi* -1. [crack] rachar-se -2. [tear] rasgar-se -3. [divide - group, organisation] rachar; [road] dividir-se.

◆ **split up** *vi* separar-se; **to ~ up with sb** romper com alguém.

split screen *n* -1. CINEMA & TV tela *f* múltipla -2. COMPUT divisão *f* de tela.

split second *n* fração *f* de segundo.

splutter ['splʌtə'] *vi* -1. [person] balbuciar -2. [car, engine] estalar -3. [spit] crepitar.

spoil [spɔɪl] (*pt & pp* -ed OR spoilt) *vt*-1. [ruin] estragar -2. [pamper] mimar; **to ~ sb** fazer um agrado a alguém.

◆ **spoils** *npl* butim *m*; **~ of war** despojos *mpl* de guerra.

spoiled [spɔɪld] *adj* = spoilt.

spoilsport ['spɔɪlspɔ:t] *n* desmancha-prazeres *mf inv*.

spoilt [spɔɪlt] ◇ *pt & pp* ▷ spoil. ◇ *adj* -1. [child] mimado(da) -2. [food, dinner] estragado(da).

spoke [spəʊk] ◇ *pt* ▷ speak. ◇ *n* raio *m (da roda)*.

spoken ['spəʊkn] *pp* ▷ speak.

spokesman ['spəʊksmən] (*pl* -men [-mən]) *n* porta-voz *m*.

spokeswoman ['spəʊks,wʊmən] (*pl* -women [-,wɪmɪn]) *n* porta-voz *f*.

sponge [spʌndʒ] (UK *cont* spongeing, US *cont* sponging) ◇ *n* -1. [for cleaning, washing] esponja *f* -2. [cake] pão--de-ló *m*. ◇ *vt* limpar com esponja. ◇ *vi inf*: **to ~ off sb** viver às custas de alguém.

sponge bag *n UK* nécessaire *m*.

sponge cake *n* pão-de-ló *m*.

sponsor ['spɒnsə'] ◇ *n* patrocinador *m*, -ra *f*. ◇ *vt*-1. patrocinar -2. [bill, appeal, proposal] dar o respaldo a.

sponsored walk [,spɒnsəd-] *n* marcha *f* beneficente.

sponsorship ['spɒnsəʃɪp] *n (U)* patrocínio *m*.

spontaneous [spɒn'teɪnjəs] *adj* espontâneo(nea).

spooky ['spu:kɪ] (*compar* -ier, *superl* -iest) *adj* -1. *inf* [place, house] assombrado(da) -2. *inf* [film] aterrorizante.

spool [spu:l] *n* -1. [of thread, tape, film] carretel *m* -2. COMPUT spool *m*.

spoon [spu:n] *n* -1. [piece of cutlery] colher *f* -2. [spoonful] colherada *f*.

spoon-feed *vt*-1. [feed with spoon] dar de comer com colher a -2. *fig* [give too much help to] dar mastigado OR de mão beijada a.

spoonful ['spu:nfʊl] (*pl* -s OR spoonsful ['spu:nzfʊl]) *n* colherada *f*.

sporadic [spə'rædɪk] *adj* esporádico(ca).

sport [spɔ:t] *n* -1. [gen] esporte *m* -2. *dated* [cheerful person] pessoa *f* amável.

sporting ['spɔ:tɪŋ] *adj* -1. [relating to sport] esportivo(va) -2. [generous, fair] nobre; **that's very ~ of you** é muita bondade sua.

sports car ['spɔ:ts-] *n* carro *m* esporte.

sports jacket ['spɔ:ts-] *n* jaqueta *f* esportiva.

sportsman ['spɔ:tsmən] (*pl* -men [-mən]) *n* esportista *m*.

sportsmanship ['spɔ:tsmənʃɪp] *n (U)* espírito *m* esportivo.

sportswear ['spɔ:tsweə'] *n (U)* roupas *fpl* esportivas.

sportswoman ['spɔ:ts,wʊmən] (*pl* -women [-,wɪmɪn]) *n* esportista *f*.

sporty ['spɔ:tɪ] (*compar* -ier, *superl* -iest) *adj inf* [person] aficcionado(da) por esportes.

spot [spɒt] (*pt & pp* -ted, *cont*-ting) ◇ *n* -1. [mark, dot] mancha *f* -2. [pimple] sinal *m* -3. *inf*: **a ~ of sleep** uma dormida; **a ~ of work** um pouco de trabalho; [- of milk, liquid] gole *m*; [- of rain] pingo *m*, gota *f* -4. [place] local *m*; **on the ~** no local; **to do sthg on the ~** fazer algo no ato -5. RADIO & TV espaço *m*. ◇ *vt* [notice] enxergar.

spot check *n* controle *m* aleatório.

spotless ['spɒtlɪs] *adj* [clean] impecável.

spotlight ['spɒtlaɪt] *n* [bright light] refletor *m*; **to be in the ~** *fig* ser o centro das atenções.

spotted ['spɒtɪd] adj de bolinhas.

spotty ['spɒtɪ] (compar -ier, superl -iest) adj UK [skin] sardento(ta).

spouse [spaʊs] n esposo m, -sa f.

spout [spaʊt] ◇ n -1. [of container] bico m -2. [of water - from fountain, geyser] jorro m; [- from whale] esguicho m. ◇ vi: to ~ from OR out of sthg jorrar de algo.

sprain [spreɪn] ◇ n torção f, distensão f. ◇ vt torcer, distender.

sprang [spræŋ] pt ⊳ spring.

sprawl [sprɔːl] vi -1. [person] estirar-se -2. [city, suburbs] expandir-se.

spray [spreɪ] ◇ n -1. (U) [droplets] borrifo m -2. [pressurized liquid] spray m -3. [insect] pulverizador m -4. [can, container] vaporizador m -5. [of flowers] ramo m. ◇ vt & vi -1. [treat] pulverizar -2. [apply] borrifar.

spread [spred] (pt & pp spread) ◇ n -1. (U) CULIN [paste] pasta f -2. [diffusion, growth] propagação f -3. [range] extensão f -4. US [bedspread] colcha f. ◇ vt -1. [open out, unfold - map, tablecloth, rug] estender; [- arms, legs, fingers] abrir -2. [apply - butter, jam] untar; to ~ sthg over sthg untar algo com algo; [- glue] passar; to ~ sthg over sthg passar algo em algo -3. [diffuse, disseminate] espalhar -4. [over an area] espalhar; the floor was ~ with straw o chão estava coberto de palha -6. [distribute evenly] expandir. ◇ vi [gen] espalhar-se; [disease, infection] alastrar-se.
➤ **spread out** vi [disperse] dispersar-se.

spread-eagled [-,iːgld] adj de braços e pernas abertos.

spreadsheet ['spredʃiːt] n COMPUT planilha f eletrônica.

spree [spriː] n farra f.

sprightly ['spraɪtlɪ] (compar -ier, superl -iest) adj ativo(va).

spring [sprɪŋ] (pt sprang, pp sprung) ◇ n -1. [season] primavera f; in ~ na primavera -2. [coil] mola f -3. [water source] fonte f. ◇ vi -1. [leap] saltar -2. [be released] soltar-se; to ~ shut/ open fechar/abrir rapidamente -3. [originate]: to ~ from sthg originar-se de algo.
➤ **spring up** vi -1. [get up] levantar-se -2. [grow in size, height] elevar-se -3. [appear] surgir de repente.

springboard ['sprɪŋbɔːd] n fig [launch pad]: ~ for/to sthg trampolim m para algo.

spring-clean vt fazer uma faxina geral em.

spring onion n UK cebolinha f verde.

springtime ['sprɪŋtaɪm] n (U): in (the) ~ na primavera.

springy ['sprɪŋɪ] (compar -ier, superl -iest) adj -1. [carpet, mattress, ground] flexível -2. [rubber] elástico(ca).

sprinkle ['sprɪŋkl] vt -1. salpicar; to ~ sthg over OR on sthg salpicar algo sobre OR em algo; to ~ sthg with sthg regar algo com algo -2. [powder] polvilhar -3. [liquid] borrifar.

sprinkler ['sprɪŋklə'] n -1. [for gardens] regador m -2. [for extinguishing fires] extintor m.

sprint [sprɪnt] ◇ n SPORT [race] corrida f de velocidade. ◇ vi correr a toda (velocidade).

sprout [spraʊt] ◇ n -1. CULIN: (brussels) ~s couve-de-bruxelas f -2. [shoot] broto m. ◇ vt -1. [germinate] germinar -2. [bud] brotar -3. [grow] crescer. ◇ vi -1. [germinate] germinar -2. [bud] brotar -3. [grow] crescer.

spruce [spruːs] ◇ adj alinhado(da). ◇ n [tree] abeto m.
➤ **spruce up** vt sep arrumar.

sprung [sprʌŋ] pp ⊳ spring.

spry [spraɪ] (compar -ier, superl -iest) adj ativo(va).

spun [spʌn] pt & pp ⊳ spin.

spur [spɜː'] (pt & pp -red, cont -ring) ◇ n -1. [incentive]: ~ (to sthg) estímulo m (a algo) -2. [on rider's boot] espora f. ◇ vt -1. [encourage]: to ~ sb to do sthg incentivar alguém a fazer algo -2. [horse] esporear.
➤ **on the spur of the moment** adv sem pensar duas vezes.
➤ **spur on** vt sep [encourage] estimular.

spurious ['spʊərɪəs] adj -1. [not genuine] espúrio(ria) -2. [based on false reasoning] falso(sa).

spurn [spɜːn] vt rejeitar, desprezar.

spurt [spɜːt] ◇ n -1. [of steam] jato m -2. [of water] jorro m -3. [of flame] labareda f -4. [of activity, energy] acesso m -5. [burst of speed] acelerada f. ◇ vi [water]: to ~ (out of OR from sthg) jorrar (de algo); [steam] sair um jato de vapor (de algo); [flame] sair uma labareda (de algo).

spy [spaɪ] (pl spies, pt & pp spied) ◇ n espião m, -ã f. ◇ vt inf espionar. ◇ vi -1. [work as spy] espionar -2. [watch secretly]: to ~ on sb espionar alguém.

spying ['spaɪɪŋ] n (U) espionagem f.

Sq., sq. (abbr of square) pça.

squabble ['skwɒbl] ◇ n rinha f, discussão f. ◇ vi: to ~ (about OR over sthg) discutir (sobre algo).

squad [skwɒd] n -1. [of police] esquadrão m -2. MIL pelotão m -3. [SPORT, group of players - of club] time m; [- of national team] seleção f.

squadron [ˈskwɒdrən] n esquadrão m.

squalid [ˈskwɒlɪd] adj -1. [filthy] esquálido(da), sórdido(da) -2. [base, dishonest] depreciável.

squall [skwɔːl] n [storm] tempestade f.

squalor [ˈskwɒləʳ] n (U) sordidez f, miséria f.

squander [ˈskwɒndəʳ] vt desperdiçar.

square [skweəʳ] <> adj -1. quadrado(-da) -2. [not owing money]: **we're ~ now** estamos quites agora. <> n -1. [shape] quadrado m -2. [in town, city] praça f -3. inf [unfashionable person] quadrado m, -da f. <> vt -1. MATH [multiply by itself] elevar ao quadrado -2. [balance, reconcile]: **to ~ sthg with sthg** conciliar algo com algo.
◆ **square up** vi [settle up]: **to ~ up with** sb acertar-se com alguém, acertar as contas com alguém.

squarely [ˈskweəlɪ] adv -1. [directly] exatamente -2. [honestly] honestamente, abertamente.

square meal n boa refeição f.

squash [skwɒʃ] <> n -1. (U) SPORT squash m -2. UK [drink]: **lemon/orange ~** refresco m de limão/laranja -3. US [vegetable] abóbora f. <> vt [squeeze, flatten] esmagar.

squat [skwɒt] (compar -ter, superl -test, pt & pp -ted, cont -ting) <> adj atarracado(da). <> vi [crouch]: **to ~ (down)** agachar-se.

squatter [ˈskwɒtəʳ] n UK [in empty building] posseiro m, -ra f.

squawk [skwɔːk] n [of bird] grasnado m.

squeak [skwiːk] n -1. [of animal] guincho m -2. [of door, hinge] rangido m.

squeal [skwiːl] vi [person, animal] gritar.

squeamish [ˈskwiːmɪʃ] adj apreensivo(-va).

squeeze [skwiːz] <> n [pressure] aperto m. <> vt -1. [press firmly] apertar -2. [extract, press out] espremer -3. [cram]: **to ~ sthg into sthg** [into place] espremer algo dentro de algo; [into time] virar-se para fazer algo em algo.

squelch [skweltʃ] vi chapinhar.

squid [skwɪd] (pl inv OR -s) n lula f.

squiggle [ˈskwɪgl] n rabisco m.

squint [skwɪnt] <> n MED estrabismo m. <> vi -1. MED ser estrábico(ca) -2. [half-close one's eyes]: **to ~ at sthg** olhar com os olhos semicerrados para algo.

squire [ˈskwaɪəʳ] n [landowner] proprietário m, -ria f rural.

squirm [skwɜːm] vi [wriggle] contorcer-se.

squirrel [UK ˈskwɪrəl, US ˈskwɜːrəl] n esquilo m.

squirt [skwɜːt] <> vt [force out] esguichar. <> vi: **to ~ (out of sthg)** esguichar (para fora de algo).

Sr (abbr of senior) forma utilizada após o nome de um homem para indicar que ele é pai de alguém com o mesmo nome.

Sri Lanka [ˌsriːˈlæŋkə] n Sri Lanka.

St (abbr of saint) Sto.

stab [stæb] (pt & pp -bed, cont -bing) <> n -1. [with knife] punhalada f -2. inf [attempt]: **to have a ~ (at sthg)** ter uma experiência (em algo) -3. [twinge] pontada f. <> vt -1. apunhalar, esfaquear -2. [jab] fincar.

stable [ˈsteɪbl] <> adj -1. [gen] estável -2. [solid, anchored] firme. <> n [building] estábulo m; [horses] cavalariça f.

stack [stæk] <> n [pile] pilha f. <> vt [pile up] empilhar.

stadium [ˈsteɪdjəm] (pl -diums OR -dia [-djə]) n estádio m.

staff [stɑːf] <> n [employees] pessoal m, quadro m. <> vt: **the shop was ~ed by women** a equipe da loja era composta de mulheres.

stag [stæg] (pl inv OR -s) n ZOOL veado m.

stage [steɪdʒ] <> n -1. [period, phase] etapa f, estágio m -2. [platform] palco m -3. [acting profession]: **the ~** o teatro. <> vt -1. THEATRE representar -2. [organize] organizar.

stagecoach [ˈsteɪdʒkəʊtʃ] n diligência f.

stage fright n (U) medo m do palco.

stage-manage vt -1. THEATRE dirigir -2. fig [orchestrate] orquestrar.

stagger [ˈstægəʳ] <> vt -1. [astound] abalar, chocar -2. [arrange at different times] escalonar. <> vi [totter] cambalear.

stagnant [ˈstægnənt] adj -1. [water, air] estancado(da) -2. [business, career, economy] estagnado(da).

stagnate [stægˈneɪt] vi -1. [water, air] estancar -2. [business, career, economy] estagnar-se.

stag night OR **party** n despedida f de solteiro.

staid [steɪd] adj sério(ria), recatado(-da).

stain [steɪn] <> n [mark] mancha f. <> vt [discolour] manchar.

stained glass [ˌsteɪnd-] n (U) vitral m.

stainless steel [ˌsteɪnlɪs-] n (U) aço m inoxidável.

stain remover [-rɪˌmuːvəʳ] n removedor m de manchas.

stair [steəʳ] n [step] degrau m.
◆ **stairs** npl [flight] escada f.

staircase [ˈsteəkeɪs] n escadas fpl.

stairway [ˈsteəweɪ] n escadas fpl, escadaria f.

stairwell [ˈsteəwel] n vão m OR poço m das escadas.

stake [steɪk] ⬦ *n* -1. [share]: **to have a ~ in sthg** ter interesses em algo -2. [wooden post] estaca *f* -3. [in gambling] aposta *f.* ⬦ *vt* -1. [risk]: **to ~ sthg (on** OR **upon sthg)** arriscar algo (com algo) -2. [in gambling] apostar.
➡ **at stake** *adv*: **to be at ~** estar em jogo.

stale [steɪl] *adj* -1. [food] passado(da) -2. [air] viciado(da) -3. [bread] amanhecido(da) -4. [breath] velho(lha).

stalemate ['steɪlmeɪt] *n* -1. [deadlock] impasse *m* -2. CHESS empate *m.*

stalk [stɔːk] ⬦ *n* -1. [of flower, plant] caule *m* -2. [of leaf] talo *m* -3. [of fruit] cabo *m.* ⬦ *vt* [hunt] tocaiar. ⬦ *vi* [walk] andar de forma irritada.

stall [stɔːl] ⬦ *n* -1. [table] estande *m*, banca *f* -2. [in stable] baia *f.* ⬦ *vt* AUT fazer morrer. ⬦ *vi* -1. AUT morrer -2. [delay] ganhar tempo.
➡ **stalls** *npl* UK platéia *f.*

stallion ['stæljən] *n* garanhão *m.*

stalwart ['stɔːlwət] *n* leal partidário *m*, -ia *f.*

stamina ['stæmɪnə] *n (U)* resistência *f.*

stammer ['stæmə^r] ⬦ *n* gagueira *f.* ⬦ *vi* gaguejar.

stamp [stæmp] ⬦ *n* -1. [postage stamp] selo *m* -2. [rubber stamp] carimbo *m* -3. *fig* [hallmark] selo *m.* ⬦ *vt* -1. [mark, word, sign] carimbar -2. [pattern] timbrar -3. [stomp]: **to ~ one's foot** bater com o pé no chão -4. *fig* [with characteristic quality] estampar. ⬦ *vi* -1. [walk] andar com passos pesados -2. [with one foot]: **to ~ on sthg** pisar em algo.

stamp album *n* álbum *m* de selos.

stamp-collecting *n (U)* filatelia *f.*

stamped addressed envelope ['stæmptə,drest-] *n* UK envelope selado e endereçado ao remetente, que o usa para enviar algo a si próprio através de outra pessoa.

stampede [stæm'piːd] *n* -1. [of animals] debandada *f* -2. [of people] fuga *f* em pânico.

stance [stæns] *n* -1. [posture] atitude *f*, postura *f* -2. [attitude]: **~ (on sthg)** postura (sobre algo).

stand [stænd] (*pt* & *pp* **stood**) ⬦ *n* -1. [stall] banca *f*, barraca *f* -2. [for umbrella, hat] cabide *m* -3. [for bicycle, lamp] suporte *m* -4. SPORT arquibancada *f* -5. MIL posição *f*; **to make a ~** resistir ao inimigo -6. [position] posição *f* -7. US JUR depoimento *m.* ⬦ *vt* -1. [place] colocar -2. [withstand] agüentar -3. [put up with] suportar. ⬦ *vi* -1. [be on one's feet] ficar em pé -2. [rise to one's feet] levantar-se -3. [be located] estar -4. [be left undisturbed] repousar -5. [be valid] seguir de

pé -6. [indicating current situation]: **as things ~ ...** do jeito que as coisas andam; **unemployment ~s at three million** o desemprego já atinge três milhões de pessoas -7. UK POL [be a candidate], candidatar-se (a) -8. US [stop]: **'no ~ing'** proibido parar e estacionar.
➡ **stand back** *vi* [get out of way] afastar-se.
➡ **stand by** ⬦ *vt fus* -1. [person] estar ao lado de -2. [promise, decision, offer] manter. ⬦ *vi* -1. [in readiness]: **to ~ by (for sthg/to do sthg)** estar preparado (da) (a algo/a fazer algo) -2. [not intervene] ficar de lado.
➡ **stand down** *vi* [resign] retirar-se.
➡ **stand for** *vt fus* -1. [signify] significar, representar -2. [tolerate] agüentar.
➡ **stand in** *vi*: **to ~ in (for sb)** substituir (alguém).
➡ **stand out** *vi* -1. [be clearly visible] sobressair -2. [be distinctive] destacar-se.
➡ **stand up** ⬦ *vt sep inf* [miss appointment with] deixar plantado(da). ⬦ *vi* -1. [be on one's feet, upright] ficar de pé -2. [rise to one's feet] levantar-se.
➡ **stand up for** *vt fus* sair em defesa de.
➡ **stand up to** *vt fus* -1. [weather, heat, bad treatment] resistir a -2. [person, boss] peitar.

standard ['stændəd] ⬦ *adj* -1. [gen] normal -2. [type, feature] comum -3. [size] padronizado -4. [text, work] -padrão; **~ practice** prática-padrão *f.* ⬦ *n* -1. [level] nível *m* -2. [point of reference] padrão *m*, critério *m* -3. [flag] estandarte *m.*
➡ **standards** *npl* [principles] valores *mpl* morais.

standard lamp *n* UK abajur *m* de pé.

standard of living (*pl* **standards of living**) *n* padrão *m* de vida.

standby ['stændbaɪ] (*pl* **standbys**) ⬦ *n* [substitute] reserva *f*; **to be on ~** estar a postos. ⬦ *comp* stand-by.

stand-in *n* -1. [replacement] suplente *mf*, -2. [stunt person] dublê *mf.*

standing ['stændɪŋ] ⬦ *adj* [permanent] permanente; **a ~ joke** uma piada manjada; **a ~ invitation** um convite em aberto. ⬦ *n* -1. [reputation] reputação *f* -2. [duration] duração *f*; **friends of 20 years' ~** amigos há mais de 20 anos.

standing order *n* débito *m* automático em conta.

standing room *n (U)* lugar *m* em pé.

standoffish [,stænd'ɒfɪʃ] *adj* reservado(da).

standpoint ['stændpɔɪnt] n ponto m de vista.

standstill ['stændstɪl] n: **at a ~** [not moving] parado(da); *fig* [not active] paralisado(da); **to come to a ~** [stop moving] parar; *fig* [cease] estancar.

stand-up adj: **~ comedian** comediante mf de platéia; **~ fight** briga f violenta.

stank [stæŋk] pt ⊳ **stink**.

staple ['steɪpl] ⟨⟩ adj [principal] básico(ca), de primeira necessidade. ⟨⟩ n -1. [for paper] grampo m -2. [principal commodity] produto m de primeira necessidade. ⟨⟩ vt grampear.

stapler ['steɪplə'] n grampeador m.

star [stɑ:'] (pt & pp -red, cont -ring) ⟨⟩ n [gen] estrela f. ⟨⟩ comp de estrela. ⟨⟩ vi [actor]: **to ~ (in sthg)** ser protagonista(de algo).

➡ **stars** npl [horoscope] horóscopo m.

starboard ['stɑ:bəd] ⟨⟩ adj de estibordo. ⟨⟩ n (U) estibordo m; **to ~ a** estibordo.

starch [stɑ:tʃ] n -1. [stiffening substance] goma f -2. [in food] amido m.

stardom ['stɑ:dəm] n (U) estrelato m.

stare [steə'] ⟨⟩ n olhar m fixo. ⟨⟩ vi: **to ~ (at sb/sthg)** olhar fixamente (para alguém/algo).

stark [stɑ:k] ⟨⟩ adj -1. [bare, bleak] desolado(da) -2. [rock] áspero(ra) -3. [decoration] desguarnecido(da) -4. [room] sem mobília -5. [contrast] duro(ra) -6. [reality] nua(e) e crua(s) -7. [fact] às claras. ⟨⟩ adv: **~ naked** em pêlo.

starling ['stɑ:lɪŋ] n estorninho m.

starry ['stɑ:rɪ] (compar **-ier**, superl **-iest**) adj estrelado(da).

starry-eyed [-'aɪd] adj [naive] iludido(da).

Stars and Stripes n: **the ~** a bandeira dos Estados Unidos.

start [stɑ:t] ⟨⟩ n -1. [beginning] início m, começo m -2. [jump] sobressalto m, susto m -3. *SPORT* saída f -4. [lead] vantagem f. ⟨⟩ vt -1. [begin] começar; **to ~ doing** OR **to do sthg** começar a fazer algo -2. [turn on] ligar -3. [set up - ger] criar, formar; [- business] montar -4. [initiate, instigate] iniciar. ⟨⟩ vi -1. [begin] começar; **to ~ with sb/sthg** começar com alguém/algo; **to ~ with, ...** [at first] para começar, ... -2. [car] pegar -3. [engine] pôr-se em funcionamento -4. [tape] ligar -5. [set out] sair -6. [jump] sobressair-se, assustar-se.

➡ **start off** ⟨⟩ vt sep [cause to start - person] pôr-se a caminho; **this should be enough work to ~ you off** com isso já tem trabalho suficiente para começar; [- meeting] começar; [- rumour, discussion] desencadear. ⟨⟩ vi -1. [begin] começar -2. [set out] sair.

➡ **start out** vi -1. [in life, career] começar -2. [set out] partir.

➡ **start up** ⟨⟩ vt sep -1. [set up - business] montar; [- shop] botar; [- women's group] criar, formar -2. [car, engine, machine] ligar. ⟨⟩ vi -1. [guns, music, noise] começar -2. [car, engine, machine] ligar -3. [set up business] estabelecer-se.

starter ['stɑ:tə'] n -1. *UK* [hors d'oeuvre] entrada f, primeiro prato m -2. *AUT* (motor m de) arranque m -3. [*SPORT* - official] juiz m, -íza f; [- competitor] corredor m, -ra f.

starting point ['stɑ:tɪŋ-] n ponto m de partida.

startle ['stɑ:tl] vt assustar.

startling ['stɑ:tlɪŋ] adj assustador(ra), surpreendente.

starvation [stɑ:'veɪʃn] n (U) fome f, inanição f.

starve [stɑ:v] ⟨⟩ vt [deprive of food] não dar comida para. ⟨⟩ vi -1. [have no food] passar fome -2. *inf* [be hungry]: **I'm starving to death!** estou morrendo de fome!

state [steɪt] ⟨⟩ n -1. [condition] estado m; **to be in a ~** estar com os nervos à flor da pele -2. [authorities]: **the ~** o Estado. ⟨⟩ comp de estado. ⟨⟩ vt [declare] afirmar, declarar; **to ~ that** afirmar que; [specify] estabelecer.

➡ **State** n [government]: **the State** o Estado.

➡ **States** npl [USA]: **the States** os Estados Unidos.

State Department n US ≃ Ministério m das Relações Exteriores.

stately ['steɪtlɪ] (compar **-ier**, superl **-iest**) adj [dignified] majestoso(sa).

statement ['steɪtmənt] n -1. [declaration] afirmação f, declaração f -2. *JUR* declaração f -3. [from bank] extrato m.

state of mind (pl states of mind) n estado m de espírito.

statesman ['steɪtsmən] (pl -men [-mən]) n estadista m, homem m de estado.

static ['stætɪk] ⟨⟩ adj [unchanging] estável. ⟨⟩ n (U) *ELEC* estática f.

static electricity n (U) eletricidade f estática.

station ['steɪʃn] ⟨⟩ n -1. [gen] estação f; **police ~** delegacia f; **fire ~** corpo m de bombeiros -2. [position] posto m -3. *fml* [rank] posição f. ⟨⟩ vt -1. [position] situar, colocar -2. *MIL* estacionar.

stationary ['steɪʃnərɪ] adj estacionário(ria).

stationer n dono m, -na f de papelaria; **~'s (shop)** papelaria f.

stationery ['steɪʃnərɪ] n (U) artigos mpl de escritório.

stationmaster ['steɪʃn,mɑːstə'] n chefe mf da estação.

station wagon n US perua f (camioneta).

statistic [stə'tɪstɪk] n [number] estatística f.

→ **statistics** n (U) [science] estatística f.

statistical [stə'tɪstɪkl] adj estatístico(ca).

statue ['stætʃuː] n estátua f.

stature ['stætʃə'] n (U) -1. [height, size] estatura f -2. [importance] categoria f.

status ['steɪtəs] n (U) -1. [legal or social position] condição f, estado m -2. [prestige] status m inv.

status bar n COMPUT barra f de status.

status symbol n símbolo m de status.

statute ['stætʃuːt] n estatuto m.

statutory ['stætjutrɪ] adj estatutário(ria).

staunch [stɔːntʃ] <> adj leal, fiel. <> vt estancar.

stave [steɪv] (pt & pp -d OR stove) n MUS pauta f.

→ **stave off** vt sep afastar temporariamente.

stay [steɪ] <> n [visit] estada f, estadia f. <> vi -1. [remain] ficar -2. [reside temporarily] ficar, permanecer -3. [continue to be] permanecer; **I don't want to ~ a teacher all my life** não quero ser professor toda a minha vida; **she ~ed awake till midnight** ficou acordada até a meia-noite.

→ **stay in** vi [stay at home] ficar em casa.

→ **stay on** vi ficar, permanecer.

→ **stay out** vi -1. [not come home] ficar fora -2. [not get involved]: **to ~ out of sthg** ficar fora de algo.

→ **stay up** vi -1. [not go to bed] ficar acordado(da) -2. [not fall] ficar de pé.

staying power ['steɪɪŋ-] n (U) resistência f.

stead [sted] n: **to stand sb in good ~** servir muito a alguém.

steadfast ['stedfɑːst] adj -1. [supporter] fiel -2. [resolve] resoluto(ta) -3. [gaze] fixo(xa).

steadily ['stedɪlɪ] adv -1. [gradually] gradualmente -2. [regularly] normalmente -3. [calmly - look, stare] fixamente; [- say] calmamente.

steady ['stedɪ] (compar -ier, superl -iest, pt & pp -ied) <> adj -1. [gradual] gradual -2. [regular, constant] constante -3. [not shaking] firme -4. [calm - voice] calmo(ma); [- stare] fixo(xa) -5. [stable - boyfriend, girlfriend] firme; [- relationship] sério(ria); [- job] estável -6. [sensi-

ble] sensato(ta). <> vt -1. [stabilize] estabilizar -2. [calm] controlar; **to ~ o.s.** acalmar-se, controlar os nervos.

steak [steɪk] n -1. (U) [meat] bife m -2. [piece of meat or fish] filé m.

steal [stiːl] (pt stole, pp stolen) <> vt roubar. <> vi [move stealthily] mover-se furtivamente.

stealthy ['stelθɪ] (compar -ier, superl -iest) adj furtivo(va).

steam [stiːm] <> n (U) vapor m. <> vt CULIN cozinhar no vapor. <> vi largar vapor.

→ **steam up** <> vt sep fig [get angry]: **to get ~ed up about sthg** soltar fumaça pelas ventas por causa de algo. <> vi [window, glasses] embaçar.

steamboat ['stiːmbəʊt] n barco m a vapor.

steam engine n máquina f a vapor.

steamer ['stiːmə'] n [ship] navio m a vapor.

steamroller ['stiːm,rəʊlə'] n rolo m compressor.

steamy ['stiːmɪ] (compar -ier, superl -iest) adj -1. [full of steam] cheio (cheia) de vapor -2. inf [erotic] quente.

steel [stiːl] n (U) aço m. <> comp de aço.

steelworks ['stiːlwɜːks] (pl inv) n [usina f] siderúrgica f.

steep [stiːp] <> adj -1. [hill, road] íngreme -2. [increase, fall] acentuado(da) -3. inf [expensive] abusivo(va). <> vt -1. [soak] embeber, molhar -2. [fruit] macerar.

steeple ['stiːpl] n agulha f (do campanário).

steeplechase ['stiːpltʃeɪs] n corrida f de obstáculos.

steer ['stɪə'] <> n [bullock] boi m. <> vt conduzir, guiar. <> vi conduzir; **the car ~s well** é um carro bom de dirigir; **the bus ~ed into the hedge** o ônibus foi direto para a cerca viva; **to ~ clear (of sb/sthg)** fig ficar longe (de alguém/algo).

steering ['stɪərɪŋ] n (U) AUT direção f.

steering wheel n volante m, direção f.

stem [stem] (pt & pp -med, cont -ming) <> n -1. [of plant] caule m -2. [of glass] pé m, base f -3. [of pipe] tubo m -4. GRAMM raiz f. <> vt [stop - flow] conter; [- blood] estancar.

→ **stem from** vt fus derivar-se de, ser o resultado de.

stench [stentʃ] n fedor m.

stencil ['stensl] (UK pt & pp -led, cont -ling, US pt & pp -ed, cont -ing) <> n [template] matriz f. <> vt reproduzir com matriz.

stenographer [stə'nɒgrəfəʳ] *n* estenógrafo *m*, -fa *f*.

step [step] (*pt* & *pp* **-ped**, *cont* **-ping**) ◇
n **-1.** [pace] passo *m*; **in ~ with** *fig* [in
touch with] em acordo com; **out of ~
with** *fig* [out of touch with] em desacordo
com **-2.** [action] medida *f* **-3.** [stage, de-
gree] grau *m*; **~ by ~** passo a passo **-4.**
[stair, ladder] degrau *m*. ◇ *vi* **-1.** [take a
single step] dar um passo; **to ~ forward**
dar um passo à frente; **watch where
you ~** olhe onde você pisa; **to ~ off**
sthg descer de algo; **to ~ over sthg**
pisar em algo **-2.** [put one's foot down]:
to ~ on sthg pisar em algo; **~ on it!**
[drive fast, hurry up] acelera!; **to ~ in sthg**
meter o pé em algo.
  ◆ **steps** *npl* **-1.** [stairs] escadas *fpl* **-2.**
UK [stepladder] escada *f* de mão.
  ◆ **step down** *vi* [resign] renunciar.
  ◆ **step in** *vi* [intervene] intervir.
  ◆ **step up** *vt sep* [increase] aumentar.

step aerobics *n* step *m*.

stepbrother ['step,brʌðəʳ] *n* meio-
irmão *m*.

stepdaughter ['step,dɔːtəʳ] *n* enteada *f*.

stepfather ['step,fɑːðəʳ] *n* padrasto *m*.

stepladder ['step,lædəʳ] *n* escada *f* de
mão.

stepmother ['step,mʌðəʳ] *n* madrasta
f.

stepping-stone ['stepɪŋ-] *n* **-1.** [in river]
passadeira *f* **-2.** *fig* [way to success]
trampolim *m*.

stepsister ['step,sɪstəʳ] *n* meia-irmã *f*.

stepson ['stepsʌn] *n* enteado *m*.

stereo ['steriəʊ] (*pl* **-s**) ◇ *adj* estéreo(-
rea). ◇ *n* **-1.** [stereo system] (aparelho
m de) som **-2.** (*U*) [stereo sound]
estéreo *m*.

stereotype ['steriətaip] *n* estereótipo
m.

sterile ['sterail] *adj* **-1.** [germ-free] este-
rilizado(da) **-2.** [unable to produce off-
spring] estéril.

sterilize, -ise ['sterəlaɪz] *vt* esterilizar.

sterling ['stɜːlɪŋ] ◇ *adj* **-1.** [of British
money] esterlino(na) **-2.** [excellent] excelente. ◇ *n* (*U*) libra *f* esterlina.

sterling silver *n* (*U*) prata *f* de lei.

stern [stɜːn] ◇ *adj* severo(ra). ◇ *n*
popa *f*.

steroid ['stɪərɔɪd] *n* esteróide *m*.

stethoscope ['steθəskəʊp] *n* estetoscópio *m*.

stew [stjuː] ◇ *n* ensopado *m*, refogado *m*. ◇ *vt* ensopar, refogar.

steward ['stjʊəd] *n* **-1.** *UK* [on plane]
comissário *m* de bordo **-2.** *UK* [ship,
train] camareiro *m* **-3.** *UK* [marshal] coor-
denador *m*, -ra *f* (*de uma corrida,
um desfile etc*).

stewardess ['stjʊədɪs] *n* comissária *f*
de bordo.

stick [stɪk] (*pt* & *pp* **stuck**) ◇ *n* **-1.**
[piece of wood] graveto *m* **-2.** [of chalk]
(pedaço *m* de) giz *m* **-3.** [of dynamite]
(banana *f*) de dinamite **-4.** [of celery]
talho *m* de aipo **-5.** [walking stick] bastão
m **-6.** *SPORT* taco *m*. ◇ *vt* **-1.** [jab]: **to ~
sthg in(to) sthg** fincar *OR* espetar algo
em algo **-2.** [with adhesive] colar; **to ~
sthg on** *OR* **to sthg** colar algo em algo **-3.**
inf [put] socar **-4.** *UK inf* [tolerate] agüentar. ◇ *vi* **-1.** [arrow, dart, spear]: **I've got
a splinter stuck in my finger** há uma
felpa enfiada no meu dedo **-2.** [ad-
here]: **to ~ (to sthg)** colar (em algo)
-3. [become jammed] emperrar.
  ◆ **stick out** ◇ *vt sep* **-1.** [extend]
colocar para fora; **to ~ one's tongue
out at sb** botar a língua (para alguém)
-2. *inf* [endure]: **to ~ it out** agüentar. ◇
vi **-1.** [protrude] sobressair **-2.** *inf* [be no-
ticeable] destacar-se, chamar a aten-
ção.
  ◆ **stick to** *vt fus* **-1.** [person, path] não
abandonar **-2.** [principles, decision] ser
fiel a; **if I were you, I'd ~ to French** se eu
fosse tu, ficaria apenas com o francês
-3. [promise] cumprir.
  ◆ **stick up** *vi* sobressair; **to be ~ ing up**
estar espetado(da).
  ◆ **stick up for** *vt fus* defender.

sticker ['stɪkəʳ] *n* [piece of paper] adesivo
m.

sticking plaster ['stɪkɪŋ-] *n* **-1.** (*U*) [ban-
daging material] esparadrapo *m* **-2.**
[bandage] curativo *m*.

stickler ['stɪkləʳ] *n*: **~ for sthg** obsessi-
vo(va) por algo.

stick shift *n* *US* [gear lever] alavanca *f* da
marcha *OR* mudança; [car] carro *m*
com câmbio manual.

stick-up *n* *inf* assalto *m* à mão armada.

sticky ['stɪkɪ] (*compar* **-ier**, *superl* **-iest**)
adj **-1.** [tacky] grudento(ta) **-2.** [adhesive]
adesivo(va) **-3.** *inf* [awkward] chato(ta).

stiff [stɪf] ◇ *adj* **-1.** [inflexible] duro(ra)
-2. [difficult to move] emperrado(da) **-3.**
[difficult to stir] consistente **-4.** [aching]
dolorido(da); **~ neck** torcicolo *m* **-5.**
[formal] formal **-6.** [severe] severo(ra)
-7. [difficult] duro(ra). ◇ *adv* *inf* [for em-
phasis] muito; **to be bored ~** estar
completamente entediado(da); **to be
scared/frozen ~** estar morrendo de
medo/de frio.

stiffen ['stɪfn] ◇ *vt* **-1.** [paper, fabric]
endurecer **-2.** [resistance, resolve] reforçar. ◇ *vi* **-1.** [tense up - people] ficar
tenso(sa); [- joints, muscles, back] enrijecer **-2.** [become difficult to move] emperrar **-3.** [become more severe, intense -

competition] ficar mais acirrado(da); [- resistance, resolve] fortalecer-se.

stifle ['staɪfl] ⟨⟩ *vt* -**1.** [suffocate] sufocar -**2.** [suppress] sufocar, reprimir. ⟨⟩ *vi* [suffocate] sufocar.

stifling ['staɪflɪŋ] *adj* sufocante.

stigma ['stɪgmə] *n* estigma *m*.

stile [staɪl] *n* escada para passar sobre uma cerca.

stiletto (heel) [stɪ'letəʊ-] *n UK* salto *m* alto.

still [stɪl] ⟨⟩ *adv* -**1.** [in time] ainda; **do you ~ live in ...?** você ainda mora em ...? -**2.** [all the same] ainda assim -**3.** (with comparatives) ainda; **more interesting ~, ...** ainda mais interessante que isso, ... -**4.** [motionless] sem se mover; **sit ~!** te senta e fica quieto! ⟨⟩ *adj* -**1.** [not moving] parado(da) -**2.** [calm, quiet] calmo(ma), tranquilo(la) -**3.** [not windy] sem vento -**4.** [not fizzy] sem gás. ⟨⟩ *n* -**1.** *PHOT* foto *f* fixa -**2.** [for making alcohol] alambique *m*.

stillborn ['stɪlbɔːn] *adj* nado-morto(ta).

still life (*pl* -**s**) *n* natureza-morta *f*.

stilted ['stɪltɪd] *adj* forçado(da).

stilts [stɪlts] *npl* -**1.** [for person] pernas *fpl* de pau -**2.** [for building] estacas *fpl*.

stimulate ['stɪmjʊleɪt] *vt* -**1.** [gen] estimular -**2.** [physically] excitar.

stimulating ['stɪmjʊleɪtɪŋ] *adj* estimulante.

stimulus ['stɪmjʊləs] (*pl* -**li** [-laɪ]) *n* estímulo *m*.

sting [stɪŋ] (*pt & pp* **stung**) ⟨⟩ *n* -**1.** [from bee] ferroada *f* -**2.** [from insect] picada *f* -**3.** [from nettle] urticária *f* -**4.** [part of bee, wasp, scorpion] ferrão *m*. ⟨⟩ *vt* [subj: bee, wasp, scorpion] picar; [subj: nettle] queimar; [subj: smoke, acid] irritar. ⟨⟩ *vi* -**1.** [bee, wasp, scorpion] picar; [nettle] queimar; [smoke, acid] irritar -**2.** [eyes, skin] arder.

stingy ['stɪndʒɪ] (*compar* -**ier**, *superl* -**iest**) *adj* -**1.** *inf* [person] sovina -**2.** *inf* [amount] escasso(sa).

stink [stɪŋk] (*pt* **stank** OR **stunk**, *pp* **stunk**) ⟨⟩ *n* fedor *m*. ⟨⟩ *vi* [smell] feder.

stinking ['stɪŋkɪŋ] *inf* ⟨⟩ *adj* -**1.** [smelly] fedorento(ta) -**2.** *fig* [for emphasis] maldito(ta).

stint [stɪnt] ⟨⟩ *n* [period of time] período *m*. ⟨⟩ *vi*: **to ~ on sthg** pechinchar algo.

stipulate ['stɪpjʊleɪt] *vt* estipular.

stir [stɜː'] (*pt & pp* -**red**, *cont* -**ring**) ⟨⟩ *n* [public excitement] agitação *f*, alvoroço *m*. ⟨⟩ *vt* -**1.** [mix] mexer, misturar -**2.** [move physically] mexer -**3.** [rouse, excite] instigar. ⟨⟩ *vi* -**1.** [move gently] mover-se, mexer-se -**2.** [awaken] despertar.

stir up *vt sep* -**1.** [dust, mud] levantar -**2.** [trouble, dissent, feelings, memories] provocar.

stirrup ['stɪrəp] *n* estribo *m*.

stitch [stɪtʃ] ⟨⟩ *n* -**1.** [gen] ponto *m* -**2.** [pain]: **to have a ~** sentir pontadas de dor. ⟨⟩ *vt* costurar.

stoat [stəʊt] *n* arminho *m*.

stock [stɒk] ⟨⟩ *n* -**1.** [gen] estoque *m*; **in ~** em estoque; **out of ~** esgotado(-da) -**2.** [FIN - of company] capital *m*; [- of government] títulos *mpl* do governo; **~s and shares** títulos *mpl* mobiliários, ações *fpl* -**3.** (U) [ancestry] estirpe *f*, linhagem *f* -**4.** CULIN caldo *m* -**5.** (U) [livestock] rebanho *m* -**6.** [of gun] coronha *f* -**7.** *phr*: **to take ~ (of sthg)** refletir (sobre algo). ⟨⟩ *adj* [typical] típico(ca). ⟨⟩ *vt* -**1.** COMM ter em estoque -**2.** [fill] encher (de); **to be ~ed with** estar cheio (cheia) de.

stock up *vi*: **to ~ up (on** OR **with sthg)** fazer estoque (de algo).

stockbroker ['stɒk,brəʊkə'] *n* corretor *m*, -ra *f* da bolsa.

stock cube *n UK* caldo *m* em cubo.

stock exchange *n* bolsa *f* de valores.

stockholder ['stɒk,həʊldə'] *n US* acionista *mf*.

Stockholm ['stɒkhəʊm] *n* Estocolmo; **in ~** em Estocolmo.

stocking ['stɒkɪŋ] *n* meia *f*.

stockist ['stɒkɪst] *n UK* varejista *mf*.

stock market *n* mercado *m* de ações.

stock phrase *n* frase *f* feita.

stockpile ['stɒkpaɪl] ⟨⟩ *n* estoque *m*. ⟨⟩ *vt* estocar, armazenar.

stocktaking ['stɒk,teɪkɪŋ] *n* (U) inventário *m*.

stocky ['stɒkɪ] (*compar* -**ier**, *superl* -**iest**) *adj* reforçado(da), corpulento(ta).

stodgy ['stɒdʒɪ] (*compar* -**ier**, *superl* -**iest**) *adj* [indigestible] pesado(da).

stoical ['stəʊɪkl] *adj* estóico(ca).

stoke [stəʊk] *vt* [keep burning] alimentar.

stole [stəʊl] ⟨⟩ *pt* ⊳ **steal**. ⟨⟩ *n* [shawl] estola *f*.

stolen ['stəʊln] *pp* ⊳ **steal**.

stolid ['stɒlɪd] *adj* impassível.

stomach ['stʌmək] ⟨⟩ *n* -**1.** [organ] estômago *m* -**2.** [abdomen] ventre *m*. ⟨⟩ *vt* [tolerate] tolerar.

stomach ache *n* dor *f* de estômago.

stomach upset [-'ʌpset] *n* indigestão *f*.

stone [stəʊn] (*pl sense 5 only inv* OR -**s**) ⟨⟩ *n* -**1.** [gen] pedra *f*; **a ~'s throw from** bem perto de -**2.** [in fruit] caroço *m* -**3.** [unit of measurement] *equivalent to 6,35kg*. ⟨⟩ *comp* de pedra. ⟨⟩ *vt* apedrejar.

stone-cold *adj* gelado(da) como pedra.

stonewashed ['stəunwɒʃt] *adj* estonado(da).

stonework ['stəunwɜːk] *n (U)* cantaria *f*.

stood [stud] *pt & pp* ▷ **stand**.

stool [stuːl] *n* [seat] mocho *m*, banquinho *m*.

stoop [stuːp] ◇ *n* [bent back]: **to walk with a** ~ caminhar encurvado(da). ◇ *vi* -1. [bend forwards and down] abaixar-se -2. [hunch shoulders] encurvar-se.

stop [stɒp] (*pt & pp* -**ped**, *cont* -**ping**) ◇ *n* -1. [gen] parada *f* -2. [end]: **to put a** ~ **to sthg** dar um basta em algo -3. [in punctuation] ponto *m* -5. *TECH* trava *f*, ferrolho *m*. ◇ *vt* -1. [gen] parar; **to** ~ **doing sthg** parar de fazer algo -2. [prevent] impedir; **to** ~ **sb/sthg from doing sthg** impedir alguém/algo de fazer algo -3. [hole, gap] tapar. ◇ *vi* -1. [gen] parar -2. [stay] ficar.
● **stop off** *vi* dar uma parada.
● **stop up** *vt sep* [block] entupir.

stopgap ['stɒpgæp] *n* quebra-galho *m*.

stopover ['stɒp,əuvə^r] *n* parada *f*.

stoppage ['stɒpɪdʒ] *n* -1. [strike] paralização *f* -2. *UK* [deduction] dedução *f*.

stopper ['stɒpə^r] *n* rolha *f*.

stop press *n* notícias *fpl* de última hora.

stopwatch ['stɒpwɒtʃ] *n* cronômetro *m*.

storage ['stɔːrɪdʒ] *n (U)* armazenamento *m*.

storage heater *n UK* aquecedor que acumula calor à noite, quando a eletricidade é mais barata, e libera calor durante o dia.

store [stɔː^r] ◇ *n* -1. *esp US* [shop] loja *f* -2. [supply] reserva *f*, provisão *f* -3. [storage place] depósito *m*. ◇ *vt* -1. [gen] armazenar -2. [details, address, ideas] guardar.
● **store up** *vt sep* -1. [objects] armazenar -2. [facts, information] guardar.

store card *n* cartão *m* de crédito *(de lojas)*.

storekeeper ['stɔː,kiːpə^r] *n US* lojista *mf*.

storeroom ['stɔːrom] *n* -1. [gen] almoxarifado *m* -2. [for food] despensa *f*.

storey *UK* (*pl* -**storeys**), **story** *US* (*pl* -**ies**) ['stɔːrɪ] *n* andar *m*.

stork [stɔːk] *n* cegonha *f*.

storm [stɔːm] ◇ *n* -1. [bad weather] temporal *m*, tempestade *f* -2. [violent reaction] torrente *f*. ◇ *vt* -1. *MIL* tomar de assalto -2. [say angrily] esbravejar. ◇ *vi* [go angrily]: **to** ~ **into/out of** entrar/sair intempestivamente.

stormy ['stɔːmɪ] (*compar* -**ier**, *superl* -**iest**) *adj* -1. [weather, sea] tempestuoso(sa) -2. *fig* [relationship, meeting] turbulento(ta).

story ['stɔːrɪ] (*pl* -**ies**) *n* -1. [tale] história *f*, conto *m* -2. *HIST & euphemism* história *f* -3. [article - newspaper] artigo *m*; [- TV, radio] reportagem *f* -4. *US* = **storey**.

storybook ['stɔːrɪbʊk] *adj* de novela.

storyteller ['stɔːrɪ,telə^r] *n* -1. [teller of story] contador *m*, -ra *f* de histórias -2. *euphemism* [liar] mentiroso *m*, -sa *f*.

stout [staut] ◇ *adj* -1. [corpulent] corpulento(ta) -2. [strong] forte, resistente -3. [brave] firme, forte. ◇ *n (U)* cerveja *f* escura, stout *f*.

stove [stəuv] ◇ *pt & pp* ▷ **stave**. ◇ *n* -1. [for cooking] forno *m* -2. [for heating] estufa *f*.

stow [stəu] *vt*: **to** ~ **sthg (away)** guardar algo.

stowaway ['stəuəweɪ] *n* clandestino *m*, -na *f*.

straddle ['strædl] *vt* -1. [subj: person] escarranchar-se em -2. [subj: bridge, town] atravessar, cruzar.

straggle ['strægl] *vi* -1. [buildings, hair, plant] espalhar-se -2. [person, group] ficar para trás.

straggler ['stræglə^r] *n* retardatário *m*, -ria *f*.

straight [streɪt] ◇ *adj* -1. [gen] reto(ta) -2. [not curly] liso(sa) -3. [honest, frank] direto(ta), franco(ca) -4. [tidy] arrumado(da) -5. [simple] fácil, simples -6. [undiluted] puro(ra) -7. *phr*: **to get something** ~ deixar uma coisa clara. ◇ *adv* -1. [in a straight line]: ~ **ahead** bem na frente; **I couldn't see** ~ não podia ver direito -2. [upright] reto(ta); **why won't that painting hang** ~ que aquele quadro não fica reto? -3. [directly, immediately] imediatamente; **I'll go** ~ **to bed** vou direto para a cama -4. [honestly, frankly] com toda a franqueza -5. [undiluted]: **I drink my whisky** ~ tomo meu uísque puro.
● **straight off** *adv* no ato.
● **straight out** *adv* sem rodeios.

straightaway *adv* em seguida.

straighten ['streɪtn] *vt* -1. [tidy] arrumar, organizar -2. [make straight] endireitar -3. [make level] pôr reto(ta), endireitar.
● **straighten out** *vt sep* [sort out - mess] arrumar; [- problem] resolver.

straight face *n*: **to keep a** ~ ficar sério(ria).

straightforward [,streɪt'fɔːwəd] *adj* -1. [easy] simples -2. [honest, frank - answer] direto(ta); [- person] aberto(ta), franco(ca).

strain [streɪn] ◇ n -1. [mental] tensão f
-2. MED [of muscle, back] distenção f -3.
[TECH - weight] peso m; [- pressure]
pressão f; [- force] força f. ◇ vt -1.
[work hard] forçar -2. MED [injure] distender -3. [overtax - resources, budget] esticar; [- enthusiasm] acabar; [- patience]
esgotar -4. [drain - vegetables] escorrer;
[- tea] coar -5. TECH [rope, girder, ceiling]
estirar. ◇ vi [try very hard]: to ~ to do
sthg esforçar-se para fazer algo.
➤ **strains** npl literary [of music] acordes
mpl.

strained [streɪnd] adj -1. [forced] força-
do(da) -2. [tense] tenso(sa) -3. MED
[sprained] distendido(da) -4. [CULIN -
liquid] coado(da); [- vegetables] escorri-
do(da).

strainer [ˈstreɪnəʳ] n coador m.

strait [streɪt] n GEOGR estreito m.
➤ **straits** npl: in dire OR desperate ~s
em sérios apuros.

straitjacket [ˈstreɪtˌdʒækɪt] n [garment]
camisa f de força.

straitlaced [ˌstreɪtˈleɪst] adj pej purita-
no(na).

strand [strænd] n -1. [of hair, cotton, wool]
mecha f; a ~ of hair um fio de cabelo
-2. [of story, argument, plot] linha f.

stranded [ˈstrændɪd] adj -1. [person]
preso(sa) -2. [car] atolado(da) -3. [boat]
encalhado(da).

strange [streɪndʒ] adj -1. [unusual, unex-
pected] estranho(nha) -2. [unfamiliar]
desconhecido(da), estranho(nha).

stranger [ˈstreɪndʒəʳ] n -1. [unknown
person] estranho m, -nha f -2. [person
from elsewhere] forasteiro m, -ra f.

strangle [ˈstræŋgl] vt -1. [kill - person]
estrangular; [- chicken] torcer o pescoço de -2. fig [stifle] sufocar.

stranglehold [ˈstræŋglhəʊld] n -1.
[round neck] gravata f -2. fig [strong influ-
ence]: ~ (on sb/sthg) controle m total
(sobre alguém/algo).

strap [stræp] (pt & pp -ped, cont -ping)
◇ n -1. [for carrying] correia f, tira f
-2. [for fastening] alça f -3. [of watch]
pulseira f. ◇ vt [fasten] prender
(com correia).

strapping [ˈstræpɪŋ] adj robusto(ta).

Strasbourg [ˈstræzbɜːg] n Estrasburgo;
in ~ em Estrasburgo.

strategic [strəˈtiːdʒɪk] adj estratégico(-
ca).

strategy [ˈstrætɪdʒɪ] (pl -ies) n estratégia f.

straw [strɔː] n -1. (U) [dried corn] palha f
-2. [for drinking] canudinho m.

strawberry [ˈstrɔːbərɪ] (pl -ies) n
[fruit] morango m. ◇ comp de morango.

stray [streɪ] ◇ adj perdido(da). ◇ vi
-1. [from group] perder-se -2. [from path]
desviar-se -3. [thoughts, mind]: to ~
from the point desviar-se do tema.

streak [striːk] ◇ n -1. [of grease] faixa
f -2. [of lightning] raio m -3. [in hair] listra
f -4. [in character] traço m. ◇ vi [move
quickly] passar como um raio.

stream [striːm] ◇ n -1. [brook] riacho
m -2. [of liquid] curso m -3. [of air]
corrente f -4. [of light] raio m, faixa f
-5. [of liquid, air, light] rio m -6. [of people,
traffic] torrente f -7. [of abuse, queries,
complaints, books] série f -8. UK SCH
grupo m. ◇ vt UK SCH agrupar de
acordo com o rendimento escolar.
◇ vi -1. [gen] jorrar -2. [air] fluir -3.
[people]: to ~ in/out entrar/sair em
massa -4. [traffic] mover-se rapidamente.

streamer [ˈstriːməʳ] n [for party] serpentina f, flâmula f.

streamlined [ˈstriːmlaɪnd] adj -1. [aero-
dynamic] aerodinâmico(ca) -2. [efficient]
racional.

street [striːt] n rua f.

streetcar [ˈstriːtkɑːʳ] n US bonde m.

street lamp, street light n lâmpada f
de rua.

street plan n mapa m viário.

strength [streŋθ] n -1. (U) [gen] força f
-2. (U) [power, influence] poder m -3.
[quality, ability] ponto m forte -4. (U) [so-
lidity] solidez f -5. [intensity - gen] intensidade f; [- of alcohol] teor m alcoólico;
[- of drug] potência f -6. FIN [of currency]
solidez f.

strengthen [ˈstreŋθn] vt -1. [gen] fortalecer -2. [reinforce] reforçar -3. [intensi-
fy] intensificar -4. [make braver, more
confident] encorajar.

strenuous [ˈstrenjʊəs] adj extenuante.

stress [stres] ◇ n -1. [emphasis]: ~ (on
sthg) ênfase f (em algo) -2. [tension, an-
xiety] estresse m -3. TECH [physical pres-
sure]: ~ (on sthg) pressão f (sobre
algo) -4. LING [on word, syllable] acento m
tônico. ◇ vt -1. [emphasize] enfatizar,
realçar -2. LING [word, syllable] acentuar
(na pronúncia).

stressful [ˈstresfʊl] adj estressante.

stretch [stretʃ] ◇ n -1. [area] extensão
f -2. [period of time] período m. ◇ vt -1.
[gen] esticar -2. [pull taut] estirar -3.
[rules, meaning, truth] distorcer -4. [chal-
lenge] fazer render ao máximo. ◇ vi
-1. [gen] esticar-se -2. [area]: to ~ over
estender-se por; to ~ from ... to estender-se de ... até -3. [person] espreguiçar-se.
➤ **stretch out** ◇ vt sep estender,
esticar. ◇ vi esticar-se (deitando).

stretcher ['stretʃəˡ] n maca f.

strew [struː] (pt -ed, pp strewn [struːn], -ed) vt: to be strewn with sthg estar coberto(ta) de algo.

stricken ['strɪkn] adj: to be ~ by OR with sthg [grief] estar abalado(da) por algo; [doubt, horror, panic] ser tomado(da) por algo; [illness, complaint] estar atacado(da) por algo.

strict [strɪkt] adj -1. [severe] rígido(da) -2. [exact, precise] exato(ta), preciso (sa).

strictly ['strɪktlɪ] adv -1. [severely] rigidamente -2. [rigidly, absolutely] estritamente -3. [precisely, exactly] exatamente, precisamente; ~ speaking a rigor -4. [exclusively] exclusivamente.

stride [straɪd] (pt strode, pp stridden ['strɪdn]) ⬦ n passada f; to take sthg in one's ~ fig encarar algo com tranqüilidade. ⬦ vi caminhar a passos largos.

strident ['straɪdnt] adj -1. [voice, sound] estridente -2. [demand] rigoroso(sa).

strife [straɪf] n (U) fml conflitos mpl.

strike [straɪk] (pt & pp struck) ⬦ n -1. [gen] greve f; to be (out) on ~ estar em greve; to go on ~ entrar em greve -2. MIL [attack] ataque m -3. [find] descoberta f. ⬦ vt -1. [hit - deliberately] bater, golpear; [- accidentally] atingir, pegar em -2. [subj: hurricane, disaster, lightning] atingir -3. [subj: thought] ocorrer; to ~ sb as sthg parecer algo a alguém -4. [reach, arrive at] fechar -5. [ignite] acender -6. [chime] bater. ⬦ vi -1. [stop working] entrar em greve -2. [hit accidentally]: to ~ against sthg bater em algo -3. [happen suddenly - hurricane, disaster] ocorrer; [- lightning] cair -4. [attack] atacar -5. [chime]: the clock struck seven o relógio bateu sete horas.

➤ **strike down** vt sep derrubar.

➤ **strike out** ⬦ vt sep rasurar. ⬦ vi -1. [head out] partir, pôr-se a caminho -2. [do sthg different] partir para outra.

➤ **strike up** ⬦ vt fus -1. [friendship, conversation] travar -2. [music] começar a tocar.

striker ['straɪkəˡ] n -1. [person on strike] grevista mf -2. FTBL atacante mf.

striking ['straɪkɪŋ] adj -1. [noticeable, unusual] impressionante, chocante -2. [attractive] que chama a atenção.

string [strɪŋ] (pt & pp strung) n -1. (U) [thin rope] cordão m, barbante m -2. [piece of thin rope] cordel m; to pull ~s mexer os pauzinhos -3. [row, chain - of beads, pearls] colar m -4. [series] série f, sucessão f -5. [for bow, tennis racket] corda f; to be highly strung fig ter o pavio curto -6. COMPUT string m.

➤ **strings** npl MUS: the ~s as cordas.

➤ **string out** vt sep: to be strung out estar disperso(sa).

➤ **string together** vt sep fig juntar.

string bean n vagem f.

stringed instrument ['strɪŋd-] n instrumento m de corda.

stringent ['strɪndʒənt] adj rigoroso(sa).

strip [strɪp] (pt & pp -ped, cont -ping) ⬦ n -1. [of fabric, paper, carpet] tira f -2. [of land, water, forest] faixa f -3. UK SPORT camiseta f (de time). ⬦ vt -1. [undress] despir; ~ped to the waist nu (nua) até o peito -2. [remove layer of] descascar. ⬦ vi [undress] despir-se.

➤ **strip off** vi despir-se.

strip cartoon n UK tira f em quadrinhos.

stripe [straɪp] n -1. [band of colour] lista f, faixa f -2. [sign of rank] galão m.

striped [straɪpt] adj listado(da).

strip lighting n (U) iluminação f fluorescente.

stripper ['strɪpəˡ] n -1. [performer of striptease] stripper mf -2. [tool, liquid] removedor m.

striptease ['striptiːz] n striptease m.

strive [straɪv] (pt strove, pp striven ['strɪvn]) vi fml: to ~ for sthg/to do sthg lutar por algo/para fazer algo.

strode [strəʊd] pt ▷ stride.

stroke [strəʊk] ⬦ n -1. MED derrame m cerebral -2. [of brush] pincelada f -3. [of pen] traço m -4. [in swimming - movement] braçada f; [- style] nado m -5. [movement in rowing] remada f -6. [in tennis] raquetada f -7. [in golf] tacada f -8. [of clock] batida f -9. [of bell] dobre m -10. UK TYPO [slash] barra f -11. [piece]: a ~ of genius um lance de gênio; a ~ of luck um golpe de sorte; at a ~ de um golpe só. ⬦ vt acariciar.

stroll [strəʊl] ⬦ n passeio m. ⬦ vi passear.

stroller ['strəʊləˡ] n US [for baby] carrinho m de bebê.

strong [strɒŋ] adj -1. [gen] forte; ~ point ponto forte; ~ nerves nervos mpl de aço -2. [solid, sturdy] reforçado(da) -3. [in number] de ... pessoas; the crowd was 2000 ~ a multidão tinha 2000 pessoas.

strongbox ['strɒŋbɒks] n caixa-forte f.

stronghold ['strɒŋhəʊld] n fig baluarte m.

strongly ['strɒŋlɪ] adv -1. [sturdily, solidly - built] solidamente; [- protected] fortemente -2. [in degree or intensity] intensamente; the kitchen smells ~ of onions tem um cheiro forte de cebola na cozinha -3. [very definitely] totalmente;

to feel ~ about sthg ter uma opinião firme sobre algo.

strong room n casa-forte f.

strove [strəʊv] pt ⊳ **strive**.

struck [strʌk] pt & pp ⊳ **strike**.

structure ['strʌktʃəʳ] n -1. [organization, arrangement] estrutura f -2. [building, construction] construção f.

struggle ['strʌgl] <> n -1. [gen]: ~ (for sthg/to do sthg) luta f (por algo/por fazer algo) -2. [fight] briga f. <> vi -1. [try hard, strive] esforçar-se; to ~ free lutar para ser solto(ta); to ~ (for sthg/to do sthg) lutar (por algo/por fazer algo) -2. [fight]: to ~ (with sb) brigar (com alguém).

strum [strʌm] (pt & pp -med, cont -ming) vt dedilhar.

strung [strʌŋ] pt & pp ⊳ **string**.

strut [strʌt] (pt & pp -ted, cont -ting) <> n CONSTR escora f. <> vi andar empertigado(da).

stub [stʌb] (pt & pp -bed, cont -bing) <> n -1. [of cigarette, pencil] toco m -2. [of ticket, cheque] canhoto m. <> vt : to ~ one's toe (on) dar uma topada com o dedo do pé (em).

➤ **stub out** vt sep apagar.

stubble ['stʌbl] n (U) -1. [in field] restolho m -2. [on chin] barba f curta.

stubborn ['stʌbən] adj -1. [person] teimoso(sa), cabeçudo(da) -2. [stain] persistente, difícil.

stuck [stʌk] <> pt & pp ⊳ **stick**. <> adj -1. [gen] preso(sa) -2. [window] emperrado(da) -3. [stumped]: can you help with this problem? I'm ~ pode me ajudar com esse problema? (eu) empaquei.

stuck-up adj inf pej convencido(da), metido(da).

stud [stʌd] n -1. [metal decoration] tachão m -2. [earring] pingente m -3. UK [on boot, shoe] taco m; -4. (U) [of horses] plantel m.

studded ['stʌdɪd] adj: ~ (with sthg) adornado(da) (com algo); a ~ jacket uma jaqueta adornada; ~ with precious stones cravejado(da) de pedras preciosas.

student ['stju:dnt] <> n -1. [at college, university] estudante mf -2. [scholar] estudioso m, -sa f. <> comp -1. [nurse, teacher] em estágio -2. [politics] estudantil -3. [lifestyle] de estudante -4. [disco] para estudantes.

student loan n UK crédito m educativo.

studio ['stju:dɪəʊ] (pl -s) n estúdio m.

studio flat UK, **studio apartment** US n (apartamento m) JK m.

studious ['stju:djəs] adj estudioso(sa).

studiously ['stju:djəslɪ] adv cuidadosamente.

study ['stʌdɪ] (pl -ies, pt & pp -ied) <> n -1. (U) [gen] estudo m -2. [room] sala f de estudos. <> vt -1. [learn] estudar -2. [examine] examinar, estudar. <> vi estudar.

➤ **studies** npl estudos mpl.

stuff [stʌf] <> n (U) inf -1. [matter, things] coisa f -2. [substance]: what's that ~ in your pocket? o que é isso aí no seu bolso? -3. [belongings] coisas fpl. <> vt -1. [push, put] enfiar -2. [fill, cram]: to ~ sthg (with sthg) encher algo (com algo) -3. CULIN rechear.

stuffed [stʌft] adj -1. [filled, crammed]: ~ with sthg atulhado(da) de algo -2. inf [with food] empanturrado(da) -3. CULIN recheado(da) -4. [animal] empalhado(da).

stuffing ['stʌfɪŋ] n (U) -1. [filling - for furniture] estofamento m; [- for toys] enchimento m -2. CULIN recheio m.

stuffy ['stʌfɪ] (compar -ier, superl -iest) adj -1. [room] abafado(da) -2. [formal, old-fashioned] retrógrado(da).

stumble ['stʌmbl] vi -1. [trip] tropeçar -2. [hesitate, make mistake] equivocar-se.

➤ **stumble across, stumble on** vt fus -1. [person] topar com -2. [objects] encontrar por acaso.

stumbling block ['stʌmblɪŋ-] n pedra f no caminho, obstáculo m.

stump [stʌmp] <> n -1. [of tree] toco m -2. [of limb] coto m. <> vt deixar perplexo(xa).

stun [stʌn] (pt & pp -ned, cont -ning) vt -1. [knock unconscious] deixar sem sentidos -2. [shock, surprise] atordoar.

stung [stʌŋ] pt & pp ⊳ **sting**.

stunk [stʌŋk] pt & pp ⊳ **stink**.

stunning ['stʌnɪŋ] adj -1. [very beautiful] imponente -2. [very shocking, surprising] espantoso(sa).

stunt [stʌnt] <> n -1. [for publicity] golpe m publicitário -2. CINEMA cena f arriscada, cena f perigosa. <> vt inibir.

stunted ['stʌntɪd] adj mirrado(da).

stunt man n dublê m.

stupefy ['stju:pɪfaɪ] (pt & pp -ied) vt -1. [tire, bore] entorpecer -2. [surprise] deixar estupefato(ta).

stupendous [stju:'pendəs] adj inf -1. [wonderful] estupendo(da) -2. [very large] enorme.

stupid ['stju:pɪd] adj -1. [foolish] estúpido(da) -2. inf [wretched, damned] idiota.

stupidity [stju:'pɪdətɪ] n (U) estupidez f.

sturdy ['stɜ:dɪ] (compar -ier, superl -iest) adj -1. [person] forte, robusto(ta) -2. [furniture, platform] sólido(da), firme.

stutter ['stʌtə'] *vi* gaguejar.

sty [staɪ] (*pl* **sties**) *n* chiqueiro *m*.

stye [staɪ] *n* terçol *m*.

style [staɪl] ◇ *n* -1. [manner] estilo *m*; **in the** ~ **of** ao estilo de -2. (*U*) [smartness, elegance] classe *f* -3. [fashion, design] modelo *m*. ◇ *vt* pentear de acordo com a moda.

stylish ['staɪlɪʃ] *adj* de estilo.

stylist ['staɪlɪst] *n* estilista *mf*.

suave [swɑːv] *adj* afável.

sub [sʌb] *n inf* -1. *SPORT* (*abbr of* **substitute**) reserva *mf* -2. (*abbr of* **submarine**) submarino *m* -3. *UK* (*abbr of* **subscription**) assinatura *f* -4. *UK* [advance payment] adiantamento *m*.

subconscious [ˌsʌb'kɒnʃəs] ◇ *adj* subconsciente. ◇ *n*: **the** ~ o subconsciente.

subcontract [ˌsʌbkən'trækt] *vt* subcontratar.

subdivide [ˌsʌbdɪ'vaɪd] *vt* subdividir.

subdue [səb'djuː] *vt* -1. [enemy, rioters, crowds] subjugar -2. [feelings, passions] conter, dominar.

subdued [səb'djuːd] *adj* -1. [person] desanimado(da) -2. [feelings] reprimido(da) -3. [light, sound, colour] fraco (ca).

subject [*adj, n* & *prep* 'sʌbdʒekt, *vt* səb'dʒekt] ◇ *adj*: ~ **(to sthg)** sujeito(ta) (a algo). ◇ *n* -1. [topic, person under consideration] assunto *m*, tema *m* -2. *GRAMM* sujeito *m* -3. *SCH* & *UNIV* cadeira *f* -4. [citizen] súdito *m*, -ta *f*. ◇ *vt* -1. [bring under strict control] sujeitar, dominar -2. [force to experience]: **to** ~ **sb to sthg** sujeitar alguém a algo.

➤ **subject to** *prep* sujeito(ta) a; ~ **to the budget** dependendo do orçamento.

subjective [səb'dʒektɪv] *adj* subjetivo(va).

subject matter ['sʌbdʒekt-] *n* (*U*) temática *f*, tema *m*.

subjunctive [səb'dʒʌŋktɪv] *n GRAMM*: ~ **(mood)** (modo *m*) subjuntivo *m*.

sublet [ˌsʌb'let] (*pt* & *pp* **sublet**, *cont* -**ting**) *vt* sublocar.

sublime [sə'blaɪm] *adj* sublime.

submachine gun [ˌsʌbmə'ʃiːn-] *n* metralhadora *f*.

submarine [ˌsʌbmə'riːn] *n* submarino *m*.

submerge [səb'mɜːdʒ] ◇ *vt* -1. [flood] inundar -2. [plunge into liquid] submergir. ◇ *vi* mergulhar.

submission [səb'mɪʃn] *n* (*U*) -1. [obedience, capitulation] submissão *f* -2. [presentation] apresentação *f*.

submissive [səb'mɪsɪv] *adj* submisso(sa).

submit [səb'mɪt] (*pt* & *pp* -**ted**, *cont* -

ting) ◇ *vt* submeter. ◇ *vi*: **to** ~ **(to sb)** render-se (a alguém); **to** ~ **(to sthg)** submeter-se (a algo).

subnormal [ˌsʌb'nɔːml] *adj* subnormal.

subordinate [sə'bɔːdɪnət] ◇ *adj fml*: ~ **(to sthg)** subordinado(da) (a algo). ◇ *n* subordinado *m*, -da *f*.

subpoena [sə'piːnə] (*pt* & *pp* -**ed**) *JUR* ◇ *n* intimação *f* (*para comparecimento em juízo*). ◇ *vt* intimar (*para comparecimento em juízo*).

subscribe [səb'skraɪb] *vi* -1. [to magazine, newspaper]: **to** ~ **(to sthg)** fazer assinatura (de algo) -2. [to view, belief]: **to** ~ **to sthg** concordar com algo.

subscriber [səb'skraɪbə'] *n* -1. [to magazine, newspaper] assinante *mf* -2. [to service] usuário *m*, -ria *f*.

subscription [səb'skrɪpʃn] *n* -1. [to newspaper, magazine] assinatura *f* -2. [to club, organization - monthly] mensalidade *f*; [- yearly] anuidade *f*.

subsequent ['sʌbsɪkwənt] *adj* subseqüente.

subsequently ['sʌbsɪkwəntlɪ] *adv* subseqüentemente, por conseguinte.

subservient [səb'sɜːvjənt] *adj* -1. [servile]: ~ **(to sb)** subserviente (a alguém) -2. [less important]: ~ **(to sthg)** subordinado(da) (a algo).

subside [səb'saɪd] *vi* -1. [storm, anger] acalmar; [pain, grief] passar -2. [floods] baixar; [swelling] diminuir -3. *CONSTR* ceder.

subsidence [səb'saɪdns, 'sʌbsɪdns] *n* (*U*) *CONSTR*: **the problems were caused by** ~ os problemas foram causados pelo fato de o terreno ter cedido.

subsidiary [səb'sɪdjərɪ] (*pl* -**ies**) ◇ *adj* subsidiário(ria). ◇ *n*: ~ **(company)** (empresa *f*) subsidiária *f*.

subsidize, -ise ['sʌbsɪdaɪz] *vt* subsidiar.

subsidy ['sʌbsɪdɪ] (*pl* -**ies**) *n* subsídio *m*.

substance ['sʌbstəns] *n* -1. [gen] substância *f* -2. [essence, gist] essência *f* -3. (*U*) [importance] importância *f*.

substantial [səb'stænʃl] *adj* -1. [large, considerable] substancial -2. [solid, wellbuilt] sólido(da).

substantially [səb'stænʃəlɪ] *adv* -1. [quite a lot] substancialmente, consideravelmente -2. [mainly] basicamente.

substantiate [səb'stænʃɪeɪt] *vt fml* fundamentar.

substitute ['sʌbstɪtjuːt] ◇ *n* -1. [replacement]: ~ **(for sb/sthg)** substituto *m*, -ta *f* (de alguém/algo) -2. *SPORT* reserva *mf*, suplente *mf*. ◇ *vt*: **to** ~ **sb for sb** substituir alguém por alguém; **to** ~ **sthg for sthg** substituir algo por algo.

subtitle ['sʌbˌtaɪtl] *n* subtítulo *m*.

➤ **subtitles** *npl* CINEMA legenda *f.*

subtle [ˈsʌtl] *adj* sutil.

subtlety [ˈsʌtltɪ] *n* -1. [gen] sutileza *f* -2. [delicacy, understatement] delicadeza *f.*

subtotal [ˈsʌbtəʊtl] *n* subtotal *m.*

subtract [səbˈtrækt] *vt*: to ~ sthg (from sthg) subtrair algo (de algo).

subtraction [səbˈtrækʃn] *n* subtração *f.*

suburb [ˈsʌbɜːb] *n* periferia *f.*

➤ **suburbs** *npl*: the ~s a periferia.

suburban [səˈbɜːbn] *adj* -1. [of suburbs] da periferia -2. *pej* [boring] suburbano(na).

suburbia [səˈbɜːbɪə] *n (U)* bairros *mpl* residenciais.

subversive [səbˈvɜːsɪv] ◇ *adj* subversivo(va). ◇ *n* subversivo *m*, -va *f.*

subway [ˈsʌbweɪ] *n* -1. UK [underground walkway] passagem *f* subterrânea -2. US [underground railway] metrô *m.*

succeed [səkˈsiːd] ◇ *vt* -1. [person] suceder a -2. [event, emotion]: to be ~ed by sthg ser sucedido(da) por algo. ◇ *vi* -1. [achieve desired result]: to ~ in sthg/in doing sthg conseguir algo/fazer algo -2. [work well, come off] dar bons resultados, sair-se bem -3. [go far in life] triunfar.

succeeding [səkˈsiːdɪŋ] *adj* seguinte.

success [səkˈses] *n* sucesso *m.*

successful [səkˈsesfʊl] *adj* -1. [attempt] bem-sucedido(da) -2. [film, book *etc*] de sucesso -3. [person] bem-sucedido(da), de sucesso.

succession [səkˈseʃn] *n* -1. [series] sucessão *f* -2. *(U) fml* [to high position] sucessão *f.*

successive [səkˈsesɪv] *adj* sucessivo(va).

succinct [səkˈsɪŋkt] *adj* sucinto(ta).

succumb [səˈkʌm] *vi*: to ~ (to sthg) sucumbir (a algo).

such [sʌtʃ] ◇ *adj* -1. [referring back] tal, semelhante; **I never heard ~ nonsense!** nunca ouvi tal absurdo! -2. [referring forward] assim; **have you got ~ a thing as a tin opener?** você teria algo como um abridor de latas?; ~ **words as 'duty' and 'honour'** palavras como dever e honra -3. [whatever]: **I've spent ~ as I had** gastei o pouco dinheiro que eu tinha -4. [so great, so extreme]: ~ ... **that** tal ... que; **the state of the economy is ~ that ...** tal é o estado da economia que ... ◇ *adv* tão; ~ **nice people** essas pessoas tão gentis; ~ **a lot of books** tantos livros; ~ **a long time** tanto tempo. ◇ *pron* [referring back]: **and ~ (like)** e coisas do gênero.

➤ **as such** *adv* propriamente dito(ta).

➤ **such and such** *adj*: **at ~ and ~ a time** de tal em tal hora.

suck [sʌk] *vt* -1. [by mouth] chupar -2. [draw in] aspirar, sugar.

sucker [ˈsʌkəʳ] *n* -1. [suction pad] ventosa *f* -2. *inf* [gullible person] trouxa *mf.*

suction [ˈsʌkʃn] *n (U)* -1. [drawing in] sucção *f* -2. [adhesion] adesão *f.*

Sudan [suːˈdɑːn] *n* Sudão *m.*

sudden [ˈsʌdn] *adj* -1. [quick] repentino(na); **all of a ~** de repente -2. [unforeseen] inesperado(da).

suddenly [ˈsʌdnlɪ] *adv* de repente.

suds [sʌdz] *npl* espuma *f* de sabão.

sue [suː] *vt*: to ~ sb (for sthg) processar alguém (por algo).

suede [sweɪd] *n (U)* camurça *f.*

suet [ˈsʊɪt] *n (U)* sebo *m.*

suffer [ˈsʌfəʳ] ◇ *vt* sofrer. ◇ *vi* -1. [feel physical pain] sofrer de; to ~ from sthg MED sofrer de algo -2. [experience difficulties or loss] sair prejudicado(da).

sufferer [ˈsʌfrəʳ] *n* paciente *mf.*

suffering [ˈsʌfrɪŋ] *n* sofrimento *m.*

suffice [səˈfaɪs] *vi fml* ser suficiente, bastar.

sufficient [səˈfɪʃnt] *adj* suficiente.

sufficiently [səˈfɪʃntlɪ] *adv* suficientemente.

suffocate [ˈsʌfəkeɪt] ◇ *vt* sufocar, asfixiar. ◇ *vi* sufocar-se, asfixiar-se.

suffrage [ˈsʌfrɪdʒ] *n (U)* sufrágio *m.*

suffuse [səˈfjuːz] *vt*: ~d with sthg banhado(da) de algo.

sugar [ˈʃʊgəʳ] ◇ *n (U)* açúcar *m.* ◇ *vt* adoçar.

sugar beet *n (U)* beterraba *f (açucareira).*

sugarcane [ˈʃʊgəkeɪn] *n (U)* cana-deaçúcar *f.*

sugary [ˈʃʊgərɪ] *adj* [high in sugar] açúcarado(da), muito doce.

suggest [səˈdʒest] *vt* -1. [propose] sugerir, propor; to ~ that sb do sthg sugerir que alguém faça algo -2. [imply] insinuar.

suggestion [səˈdʒestʃn] *n* -1. [gen] sugestão *f* -2. *(U)* [implication] insinuação *f.*

suggestive [səˈdʒestɪv] *adj* -1. [implying sexual connotation] insinuante, provocante -2. [implying a certain conclusion]: ~ (of sthg) indicativo(va) (de algo) -3. [reminiscent]: ~ of sthg evocativo(va) de algo.

suicide [ˈsuːɪsaɪd] *n* suicídio *m*; **to commit ~** cometer suicídio, suicidar-se.

suit [suːt] *n* -1. [of matching clothes - for man] terno *m*; [- for woman] conjunto *m* -2. [in cards] naipe *m*; **to follow ~** seguir no mesmo naipe; *fig* seguir o exemplo -3. *JUR* processo *m.* ◇ *vt* -1. [look attractive on] cair bem -2. [be convenient or agreeable to] convir -3. [be appropriate to]: **that job ~ s you perfectly!** este trabalho é a sua cara! <> *vi* [be convenient or agreeable]: **does that ~?** está bom para ti?

suitable ['su:təbl] *adj* adequado(da), apropriado(da); **the most ~ person** a pessoa mais indicada.

suitably ['su:təblɪ] *adv* adequadamente, apropriadamente.

suitcase ['su:tkeɪs] *n* mala *f*.

suite [swi:t] *n* **-1.** [of rooms] suíte *f* **-2.** [of furniture] conjunto *m*.

suited ['su:tɪd] *adj* **-1.** [suitable]: **~ to/ for sthg** adequado(da) para algo **-2.** [compatible]: **they are well ~** eles combinam muito bem.

suitor ['su:tə'] *n dated* pretendente *m*.

sulfur *n US* = sulphur.

sulk [sʌlk] *vi* emburrar-se.

sulky ['sʌlkɪ] (*compar* -ier, *superl* -iest) *adj* emburrado(da).

sullen ['sʌlən] *adj* mal-humorado(da), atacado(da).

sulphur *UK*, **sulfur** *US* ['sʌlfə'] *n (U)* enxofre *m*.

sultana [səl'tɑ:nə] *n UK* [dried grape] passa *f* branca.

sultry ['sʌltrɪ] (*compar* -ier, *superl* -iest) *adj* **-1.** [hot] abafado(da), mormacento(ta) **-2.** [sexy] quente.

sum [sʌm] (*pt* & *pp* -med, *cont* -ming) *n* soma *f*.
→ **sum up** *vt sep* [summarize] resumir. <> *vi* recapitular.

summarize, -ise ['sʌmaraɪz] *vt* resumir. <> *vi* resumir.

summary ['sʌmərɪ] (*pl* -ies) *n* resumo *m*.

summer ['sʌmə'] *n* verão *m*; **in ~** no verão. <> *comp* de verão.

summer house *n* **-1.** [in garden] quiosque *m* (*em jardim*) **-2.** [for holidays] casa *f* de veraneio.

summer school *n* escola *f* de verão.

summertime ['sʌmətaɪm] *n*: **(the) ~** o verão.

summit ['sʌmɪt] *n* **-1.** [mountaintop] topo *m*, cume *m* **-2.** [meeting] reunião *f* de cúpula.

summon ['sʌmən] *vt* convocar.
→ **summon up** *vt sep* armar-se de.

summons ['sʌmənz] (*pl* **summonses**) *JUR n* intimação *f*. <> *vt* intimar.

sump [sʌmp] *n AUT* cárter *m*.

sumptuous ['sʌmptʃʊəs] *adj* suntuoso(sa).

sun [sʌn] *n*: **the ~** o sol.

sunbathe ['sʌnbeɪð] *vi* tomar (banho de) sol.

sunbed ['sʌnbed] *n* câmara *f* de bronzeamento artificial.

sunburn ['sʌnbɜ:n] *n (U)* queimadura *f* de sol.

sunburned ['sʌnbɜ:nd], **sunburnt** ['sʌnbɜ:nt] *adj* queimado(da) de sol.

Sunday ['sʌndɪ] *n* domingo *m*; *see also* Saturday.

Sunday school *n* catequese *f*.

sundial ['sʌndaɪəl] *n* relógio *m* de sol.

sundown ['sʌndaʊn] *n (U)* crepúsculo *m*.

sundry ['sʌndrɪ] *adj fml* diversos(sas); **all and ~** todos(das) sem exceção.
→ **sundries** *npl fml* artigos *mpl* diversos.

sunflower ['sʌn,flaʊə'] *n* girassol *m*.

sung [sʌŋ] *pp* ▷ **sing**.

sunglasses ['sʌn,glɑ:sɪz] *npl* óculos *mpl* escuros *OR* de sol.

sunk [sʌŋk] *pp* ▷ **sink**.

sunlight ['sʌnlaɪt] *n (U)* luz *f* do sol *OR* solar.

sunny ['sʌnɪ] (*compar* -ier, *superl* -iest) *adj* **-1.** [full of sun] ensolarado(da) **-2.** *fig* [cheerful] luminoso(sa).

sunrise ['sʌnraɪz] *n* **-1.** [time of day] amanhecer *m* **-2.** [event] nascer *m* do sol.

sunroof ['sʌnru:f] *n* teto *m* solar.

sunset ['sʌnset] *n* **-1.** *(U)* [time of day] anoitecer *m* **-2.** [event] pôr-do-sol *m*, crepúsculo *m*.

sunshade ['sʌnʃeɪd] *n* guarda-sol *m*.

sunshine ['sʌnʃaɪn] *n (U)* (luz *f* do) sol *m*.

sunstroke ['sʌnstrəʊk] *n (U)* insolação *f*.

suntan ['sʌntæn] *n* bronzeado *m*. <> *comp* bronzeador(ra).

suntrap ['sʌntræp] *n* local *m* muito ensolarado.

super ['su:pə'] *adj inf* excelente. <> *n* [petrol] gasolina *f* premium.

superannuation ['su:pə,rænjʊ'eɪʃn] *n* **-1.** *(U)* [pension] aposentadoria *f*, pensão *f* **-2.** [contribution] contribuição *f* para a previdência.

superb [su:'pɜ:b] *adj* soberbo(ba).

supercilious [,su:pə'sɪlɪəs] *adj* convencido(da), arrogante.

superficial [,su:pə'fɪʃl] *adj* superficial.

superfluous [su:'pɜ:flʊəs] *adj* supérfluo(flua).

superhuman [,su:pə'hju:mən] *adj* sobre-humano(na).

superimpose [,su:pərɪm'pəʊz] *vt*: **to ~ sthg on sthg** sobrepor algo a algo.

superintendent [,su:pərɪn'tendənt] *n* **-1.** *UK* [of police] chefe *mf* de polícia **-2.** *fml* [of department] superintendente *mf*.

superior [su:'pɪərɪə'] *adj* **-1.** [gen] superior; **~ to sthg/sb** superior a algo/ alguém **-2.** *pej* [arrogant] arrogante. <> *n* superior *m*, -ra *f*.

superlative [su:'pɜ:lətɪv] *adj* [of the highest quality] excelente. <> *n* GRAMM superlativo *m*.

supermarket ['su:pə,mɑ:kɪt] *n* supermercado *m*.

supernatural [,su:pə'nætʃrəl] *adj* sobrenatural.

superpower ['su:pə,pauəʳ] *n* superpotência *f*.

supersede [,su:pə'si:d] *vt* suplantar.

supersonic [,su:pə'sɒnɪk] *adj* supersônico(ca).

superstitious [,su:pə'stɪʃəs] *adj* supersticioso(sa).

superstore ['su:pəstɔ:ʳ] *n* hipermercado *m*.

supertanker ['su:pə,tæŋkəʳ] *n* superpetroleiro *m*.

supervise ['su:pəvaɪz] *vt* supervisionar.

supervisor ['su:pəvaɪzəʳ] *n* supervisor *m*, -ra *f*.

supper ['sʌpəʳ] *n* **-1.** [main evening meal] jantar *m* **-2.** [snack before bedtime] lanche *m* antes de dormir.

supple ['sʌpl] *adj* flexível.

supplement [*n* 'sʌplɪmənt, *vb* 'sʌplɪment] *n* **-1.** [addition] acréscimo *m* **-2.** [in book] suplemento *m*; [of newspaper] suplemento *m*, encarte *m*. <> *vt* complementar.

supplementary [,sʌplɪ'mentərɪ] *adj* suplementar.

supplier [sə'plaɪəʳ] *n* fornecedor *m*, -ra *f*.

supply [sə'plaɪ] (*pl* -ies, *pt* & *pp* -ied) *n* **-1.** [store, reserve] estoque *m* **-2.** (*U*) [network] abastecimento *m* **-3.** (*U*) ECON oferta *f*. <> *vt*: to ~ sthg (to sb) fornecer algo (a alguém); if you ~ the food, I'll bring the drink se você entrar com a comida, eu trago a bebida; to ~ sb (with sthg) prover alguém (com algo); to ~ sthg with sthg abastecer algo com algo.
◆ **supplies** *npl* **-1.** [food] provisões *fpl* **-2.** [office equipment] material *m* **-3.** MIL apetrechos *mpl*.

support [sə'pɔ:t] *n* **-1.** [gen] apoio *m* **-2.** (*U*) [financial] ajuda *f* **-3.** [object, person] suporte *m*. <> *vt* **-1.** [physically] sustentar, apoiar **-2.** [back, back up] apoiar **-3.** [financially] ajudar **-4.** [theory] fundamentar **-5.** SPORT torcer para.

supporter [sə'pɔ:təʳ] *n* **-1.** [of person, plan] partidário *m*, -ria *f* **-2.** SPORT torcedor *m*, -ra *f*.

suppose [sə'pəuz] *vt* **-1.** [assume] supor **-2.** [concede reluctantly] supor, achar. <> *vi* **-1.** [assume] crer; I ~ (so) suponho que sim; I ~ not suponho que não **-2.** [admit] admitir; I ~ so/not admito que sim/que não.

supposed [sə'pəuzd] *adj* **-1.** [doubtful] suposto(posta) **-2.** [intended]: **you weren't ~ to be outside** não era para você estar na rua **-3.** [reputed]: **he was ~ to be here at eight** era para ele estar aqui às oito horas; **it's ~ to be very good** dizem que é muito bom.

supposedly [sə'pəuzɪdlɪ] *adv* supostamente.

supposing [sə'pəuzɪŋ] *conj*: ~ **we went out?** que tal *or* e se a gente saísse?

suppress [sə'pres] *vt* **-1.** [uprising, revolt] reprimir **-2.** [information, report] ocultar **-3.** [emotions] conter.

supreme [su'pri:m] *adj* **-1.** [highest in rank] supremo(ma) **-2.** [great] extraordinário(ria).

Supreme Court *n* [in US]: **the ~** a Suprema Corte.

surcharge ['sɜ:tʃɑ:dʒ] *n*: ~ **(on sthg)** sobretaxa *f* (a algo).

sure [ʃuəʳ] *adj* **-1.** [reliable] confiável, seguro(ra) **-2.** [certain] certo(ta); **to be ~ about sthg** ter certeza sobre algo; **to be ~ of sthg** estar certo de algo; **to be ~ of doing sthg** ter certeza de que vai fazer algo; **to make ~ (that)** ... certificar-se de que ...; **to be ~ (that)** ... tenho certeza de que ... **-3.** [confident]: **to be ~ of o.s.** estar seguro(ra) de si mesmo(ma). <> *adv* **-1.** *inf* [yes] com certeza, claro **-2.** *US* [really] realmente.
◆ **for sure** *adv* com (toda) certeza.
◆ **sure enough** *adv* de fato.

surely ['ʃuəlɪ] *adv* com certeza; ~ **you can't be serious!** você não pode estar falando a verdade!

surety ['ʃuərətɪ] *n* garantia *f*, fiança *f*.

surf [sɜ:f] *n* (*U*) espuma *f* (*das ondas do mar*).

surface ['sɜ:fɪs] *n* superfície *f*; **on the ~** à primeira vista. <> *vi* **-1.** [from water] emergir, vir à tona **-2.** [become generally known] vir à tona.

surface mail *n* correio *m* terrestre *or* marítimo.

surfboard ['sɜ:fbɔ:d] *n* prancha *f* de surfe.

surfeit ['sɜ:fɪt] *n fml* excesso *m*.

surfing ['sɜ:fɪŋ] *n* (*U*) surfe *m*; **to go ~** ir surfar.

surge [sɜ:dʒ] <> *n* **-1.** [gen] onda *f*; [of electricity] sobretensão *f* **-2.** [of water] torrente *f* **-3.** [of sales, applications] onda *f*, aumento *m*. <> *vi* **-1.** [people, vehicles] avançar em massa **-2.** [water] subir.

surgeon ['sɜ:dʒən] *n* cirurgião *m*, -giã *f*.

surgery ['sɜ:dʒərɪ] (*pl* -ies) *n* **-1.** (*U*) MED [activity, operation] cirurgia *f* **-2.** *UK* MED [place] consultório *m*.

surgical ['sɜ:dʒɪkl] *adj* **-1.** [connected

with surgery] cirúrgico(ca) **-2.** [worn as treatment] ortopédico(ca).

surgical spirit n (U) UK anti-séptico m.

surly ['sɜːlɪ] (compar -ier, superl -iest) adj ríspido(da).

surmount [sɜːˈmaʊnt] vt superar, vencer.

surname ['sɜːneɪm] n sobrenome m.

surpass [səˈpɑːs] vt fml ultrapassar, superar.

surplus ['sɜːpləs] adj excedente; **he was ~ to requirements** ele estava além do que se precisava. ⬦ n **-1.** [gen] excedente m **-2.** [in budget] superávit m.

surprise [səˈpraɪz] n surpresa f. ⬦ vt surpreender.

surprised [səˈpraɪzd] adj surpreso(sa).

surprising [səˈpraɪzɪŋ] adj surpreendente.

surprisingly [səˈpraɪzɪŋlɪ] adv surpreendentemente.

surrender [səˈrendər] n rendição f. ⬦ vi **-1.** [stop fighting]: **to ~ (to sb)** render-se (a alguém) **-2.** fig [give in]: **to ~ (to sthg)** sucumbir OR ceder (a algo).

surreptitious [ˌsʌrəpˈtɪʃəs] adj clandestino(na), furtivo(va).

surrogate ['sʌrəgeɪt] adj suplente. ⬦ n substituto m, -ta f.

surrogate mother n mãe f de aluguel.

surround [səˈraʊnd] vt **-1.** [encircle] circundar, rodear **-2.** [trap] cercar **-3.** fig [be associated with] rondar.

surrounding [səˈraʊndɪŋ] adj **-1.** [all around] circundante **-2.** [associated] relacionado(da).

◆ surroundings npl **-1.** [physical] arredores mpl **-2.** [social] ambiente m.

surveillance [sɜːˈveɪləns] n (U) vigilância f.

survey [n 'sɜːveɪ, vb səˈveɪ] n **-1.** [statistical investigation] pesquisa f, levantamento m **-2.** [physical examination - of land] medição f; [- of building] vistoria f, inspeção f. ⬦ vt **-1.** [contemplate] contemplar **-2.** [investigate statistically] fazer um levantamento de **-3.** [examine, assess - land] medir; [- building] vistoriar, inspecionar.

surveyor [səˈveɪər] n [of land] agrimensor m, -ra f; [of building] vistoriador m, -ra f.

survival [səˈvaɪvl] n (U) [continuing to live] sobrevivência f.

survive [səˈvaɪv] vt **-1.** [live through] sobreviver a **-2.** [live longer than] sobreviver. ⬦ vi **-1.** [gen] sobreviver **-2.** inf [cope successfully] sobreviver.

survivor [səˈvaɪvər] n **-1.** [gen] sobrevivente mf **-2.** fig [fighter] lutador m, -ra f.

susceptible [səˈseptəbl] adj **-1.** [likely to

be influenced]: **~ (to sthg)** suscetível (a algo) **-2.** MED: **~ (to sthg)** propenso(sa) (a algo).

suspect [adj & n 'sʌspekt, vb səˈspekt] adj suspeito(ta). ⬦ n suspeito m, -ta f. ⬦ vt **-1.** suspeitar; **I ~ corruption in the system** imagino que haja corrupção no sistema **-2.** [consider guilty]: **to ~ sb (of sthg)** suspeitar de alguém (em algo).

suspend [səˈspend] vt **-1.** [gen] suspender **-2.** [temporarily discontinue] suspender, interromper.

suspended sentence [səˈspendɪd-] n condenação f condicional.

suspender belt [səˈspendər-] n UK cinta-liga f.

suspenders [səˈspendəz] npl **-1.** UK [for stockings] cintas-ligas fpl **-2.** US [for trousers] suspensórios mpl.

suspense [səˈspens] n (U) suspense m.

suspension [səˈspenʃn] n suspensão f.

suspension bridge n ponte f suspensa.

suspicion [səˈspɪʃn] n suspeita f.

suspicious [səˈspɪʃəs] adj **-1.** [having suspicions] desconfiado(da) **-2.** [causing suspicion] suspeito(ta).

sustain [səˈsteɪn] vt **-1.** [gen] manter **-2.** [nourish spiritually] sustentar **-3.** [suffer] sofrer **-4.** [withstand] suportar.

sustenance ['sʌstɪnəns] n (U) fml subsistência f.

SW (abbr of short wave) OC f.

swab [swɒb] n (bucha f de) algodão m.

swagger ['swægər] vi andar com ar garboso.

Swahili [swɑːˈhiːlɪ] n [language] suaíli m.

swallow ['swɒləʊ] n **-1.** [bird] andorinha f **-2.** [of drink] gole m. ⬦ vt **-1.** [gen] engolir **-2.** fig [hold back] engolir em seco. ⬦ vi engolir.

swam [swæm] pt ⬤ **swim**.

swamp [swɒmp] n pântano m, brejo m. ⬦ vt **-1.** [flood] inundar **-2.** [overwhelm]: **to ~ sb/sthg (with sthg)** sobrecarregar alguém/algo (de algo).

swan [swɒn] n cisne m.

swap [swɒp] (pt & pp -ped, cont -ping) vt: **to ~ sthg (with sb)** trocar algo com alguém; **to ~ sthg (over OR round)** trocar algo; **to ~ sthg for sthg** trocar algo por algo.

swarm [swɔːm] n fig [of people] mundaréu m. ⬦ vi **-1.** fig [people] apinhar-se **-2.** fig [place]: **to be ~ing (with)** estar fervilhando de.

swarthy ['swɔːðɪ] (compar -ier, superl -iest) adj moreno(na).

swastika ['swɒstɪkə] n suástica f.

swat [swɒt] (pt & pp -ted, cont -ting) vt golpear.

sway [swei] *vt* [influence] persuadir, convencer. ◇ *vi* oscilar.

swear [sweəʳ] (*pt* swore, *pp* sworn) *vt* [gen] jurar; **to ~ to do sthg** jurar fazer algo *inf* [state emphatically] jurar. ◇ *vi* **-1.** [state emphatically] jurar **-2.** [use swearwords] praguejar.

swearword [ˈsweəwɜːd] *n* blasfêmia *f*, palavrão *m*.

sweat [swet] *n* (*U*) [perspiration] suor *m*. ◇ *vi* **-1.** [perspire] suar **-2.** *inf* [worry] preocupar-se com.

sweater [ˈswetəʳ] *n* suéter *m*.

sweatshirt [ˈswetʃɜːt] *n* moletom *m*.

sweaty [ˈsweti] (*compar* -ier, *superl* -iest) *adj* **-1.** [skin, clothes] suado(da) **-2.** [activity] exaustivo(va).

swede [swiːd] *n UK* rutabaga *f*.

Swede [swiːd] *n* sueco *m*, -ca *f*.

Sweden [ˈswiːdn] *n* Suécia.

Swedish [ˈswiːdɪʃ] *adj* sueco(ca). ◇ *n* [language] sueco *m*. ◇ *npl*: **the ~** os suecos.

sweep [swiːp] (*pt & pp* swept) *n* **-1.** [sweeping movement] movimento *m* (circular) **-2.** [with brush] varrida *f* **-3.** [chimneysweep] limpador *m*, -ra *f* de chaminé. ◇ *vt* **-1.** [gen] varrer **-2.** [with eyes] examinar **-3.** [spread through] disseminar.

➤ **sweep away** *vt sep* varrer do mapa.

➤ **sweep up** *vt sep & vi* escovar.

sweeping [ˈswiːpɪŋ] *adj* **-1.** [effect] radical **-2.** [statement] muito genérico(ca).

sweet [swiːt] *adj* **-1.** [gen] doce **-2.** [smell] doce, perfumado(da) **-3.** [sound] doce, melodioso(sa) **-4.** [gentle, kind] amável; **that's very ~ of you** é muita gentileza de sua parte **-5.** [attractive] meigo(ga). ◇ *n UK* **-1.** [candy] doce *m* **-2.** [dessert] sobremesa *f*.

sweet corn *n* (*U*) milho *m* verde.

sweeten [ˈswiːtn] *vt* adoçar.

sweetheart [ˈswiːthɑːt] *n* **-1.** [term of endearment] querido *m*, -da *f* **-2.** [boyfriend or girlfriend] namorado *m*, -da *f*.

sweetness [ˈswiːtnɪs] *n* (*U*) **-1.** [gen] doçura *f* **-2.** [of feelings] prazer *f* **-3.** [of smell] aroma *f* **-4.** [of sound] melodia *f*.

sweet pea *n* ervilha-de-cheiro *f*.

swell [swel] (*pt* -ed, *pp* swollen *OR* -ed) *vi* **-1.** [become larger]: **to ~ (up)** inchar **-2.** [fill with air] inflar **-3.** [increase in number] aumentar **-4.** [become louder] intensificar-se **-5.** [with pride] encher-se. ◇ *vt* aumentar. ◇ *n* elevação *f*; **sea ~** vaivém *m* do mar. ◇ *adj US* swell genial, excelente.

swelling [ˈswelɪŋ] *n* **-1.** (*U*) [swollenness] inchamento *m* **-2.** [swollen area] inchaço *m*.

sweltering [ˈsweltərɪŋ] *adj* **-1.** [weather] abafado(da) **-2.** [person] sufocado(da).

swept [swept] *pt & pp* ▷ sweep.

swerve [swɜːv] *vi* **-1.** [car, lorry] dar uma guinada **-2.** [person] desviar repentinamente.

swift [swɪft] *adj* **-1.** [fast] veloz **-2.** [prompt, ready] rápido(da). ◇ *n* [bird] andorinhão *m* preto.

swig [swɪg] *n inf* trago *m*.

swill [swɪl] *n* (*U*) lavagem *f*. ◇ *vt UK* enxaguar.

swim [swɪm] (*pt* swam, *pp* swum, *cont* -ming) *n* banho *m* (*de mar, de piscina*); **to have a ~** nadar; **to go for a ~** ir nadar *OR* tomar banho (*de mar, de piscina*). ◇ *vi* **-1.** [move through water] nadar; **can you ~?** você sabe nadar? **-2.** [feel dizzy] dar voltas; **my head was ~ming** minha cabeça estava girando.

swimmer [ˈswɪməʳ] *n* nadador *m*, -ra *f*.

swimming [ˈswɪmɪŋ] *n* [bathing] natação *f*; **to go ~** ir nadar.

swimming cap *n* touca *f* de natação.

swimming costume *n UK* traje *m* de banho.

swimming pool *n* piscina *f*.

swimming trunks *npl* sunga *m*.

swimsuit [ˈswɪmsuːt] *n* traje *m* de banho.

swindle [ˈswɪndl] *n* logro *m*, fraude *f*. ◇ *vt* lograr; **to ~ sb out of sthg** lograr alguém em algo.

swine [swaɪn] *n inf pej* [person] porco *m*, -ca *f*.

swing [swɪŋ] (*pt & pp* swung) *n* **-1.** [child's toy] balanço *m* **-2.** [change] virada *f*, mudança *f* **-3.** [swaying movement] rebolado *m* **-4.** *phr*: **to be in full ~** estar a todo vapor. ◇ *vt* **-1.** [move back and forth] balançar **-2.** [turn] virar bruscamente. ◇ *vi* **-1.** [move back and forth] balançar **-2.** [turn] girar; **to ~ open** abrir-se **-3.** [change] virar, mudar.

swing bridge *n* ponte *f* giratória.

swing door *n* porta *f* corrediça.

swingeing [ˈswɪndʒɪŋ] *adj* severo(ra).

swipe [swaɪp] ◇ *vt* **-1.** *inf* [steal] roubar **-2.** [plastic card] passar. ◇ *vi*: **to ~ at sthg** tentar golpear algo.

swirl [swɜːl] ◇ *n* **-1.** [swirling movement] rodopio *m* **-2.** [eddy] redemoinho *m*. ◇ *vi* girar.

swish [swɪʃ] ◇ *adj inf* [posh] bacana. ◇ *vt* [tail] balançar, agitar.

Swiss [swɪs] ◇ *adj* suíço(ça). ◇ *n* [person] suíço *m*, -ça *f*. ◇ *npl*: **the ~** os suíços.

switch [swɪtʃ] ◇ *n* **-1.** [control device] chave *f*, interruptor *m* **-2.** [change] mudança *f*, virada *f*. ◇ *vt* **-1.** [transfer] trocar; **to ~ one's attention to sthg**

dirigir a atenção a algo **-2.** [swap, exchange] trocar de; **to ~ sthg round** trocar algo de lugar.
◆ **switch off** vt sep desligar.
◆ **switch on** vt sep ligar.
Switch® [swɪtʃ] n UK cartão de débito automático Switch.
switchboard ['swɪtʃbɔːd] n mesa f telefônica.
Switzerland ['swɪtsələnd] n Suíça.
swivel ['swɪvl] (UK pt & pp -led, cont -ling, US pt & pp -ed, cont -ing) vt & vi girar.
swivel chair n cadeira f giratória.
swollen ['swəʊln] ◇ pp ▷ swell. ◇ adj **-1.** [ankle, arm] inchado(da) **-2.** [river] cheio (cheia).
swoop [swuːp] ◇ n [raid] ataque-surpresa m. ◇ vi **-1.** [fly downwards] precipitar-se, mergulhar **-2.** [pounce] atacar de surpresa.
swop [swɒp] n, vt & vi = swap.
sword [sɔːd] n espada f.
swordfish ['sɔːdfɪʃ] (pl inv OR -es) n peixe-espada m.
swore [swɔːʳ] pt ▷ swear.
sworn [swɔːn] ◇ pp ▷ swear. ◇ adj JUR sob juramento.
swot [swɒt] (pt & pp -ted, cont -ting) UK inf ◇ n pej cê-dê-efe mf. ◇ vi: **to ~ (for sthg)** matar-se de estudar (para algo).
swum [swʌm] pp ▷ swim.
swung [swʌŋ] pt & pp ▷ swing.
sycamore ['sɪkəmɔːʳ] n falso-plátano m.
syllable ['sɪləbl] n sílaba f.
syllabus ['sɪləbəs] (pl -buses OR -bi [-baɪ]) n programa m da disciplina.
symbol ['sɪmbl] n símbolo m.
symbolize, -ise ['sɪmbəlaɪz] vt simbolizar.
symmetry ['sɪmətrɪ] n (U) simetria f.
sympathetic [ˌsɪmpə'θetɪk] adj **-1.** [understanding] compreensivo(va) **-2.** [willing to support] favorável; **~ to sthg** favorável a algo.
sympathize, -ise ['sɪmpəθaɪz] vi **-1.** [feel sorry] compadecer-se; **to ~ with sb** solidarizar-se com alguém, compadecer-se de alguém **-2.** [understand] compreender; **to ~ with sthg** compreender algo **-3.** [support]: **to ~ with sthg** apoiar algo.
sympathizer, -iser ['sɪmpəθaɪzəʳ] n simpatizante mf.
sympathy ['sɪmpəθɪ] n **-1.** [understanding] empatia f; **~ for sb** empatia por alguém **-2.** [agreement] simpatia f; **in ~ (with sthg)** de acordo (com algo).
◆ **sympathies** npl **-1.** [approval] simpatias fpl **-2.** [condolences] pêsames mpl.

symphony ['sɪmfənɪ] (pl -ies) n sinfonia f.
symposium [sɪm'pəʊzjəm] (pl -siums OR -sia [-zjə]) n fml simpósio m.
symptom ['sɪmptəm] n sintoma m.
synagogue ['sɪnəgɒg] n sinagoga f.
syndicate ['sɪndɪkət] n sindicato m.
syndrome ['sɪndrəʊm] n síndrome f.
synonym ['sɪnənɪm] n sinônimo m; **~ for OR of sthg** sinônimo para OR de algo.
synopsis [sɪ'nɒpsɪs] (pl -ses [-siːz]) n sinopse f.
syntax ['sɪntæks] n LING sintaxe f.
synthesis ['sɪnθəsɪs] (pl -ses [-siːz]) n síntese f.
synthetic [sɪn'θetɪk] adj **-1.** [man-made] sintético(ca) **-2.** pej [insincere] artificial.
syphilis ['sɪfɪlɪs] n (U) sífilis f inv.
syphon ['saɪfn] n & vt = siphon.
Syria ['sɪrɪə] n Síria.
syringe [sɪ'rɪndʒ] n seringa f.
syrup ['sɪrəp] n (U) **-1.** [sugar and water] calda f **-2.** UK [golden syrup] melado m **-3.** [medicine] xarope m.
system ['sɪstəm] n **-1.** [gen] sistema m **-2.** [network, structure - road] rede f; [- railway] malha f **-3.** (U) [methodical approach] sistemática f.
systematic [ˌsɪstə'mætɪk] adj sistemático(ca).
system disk n COMPUT disco m de sistema.
systems analyst ['sɪstəmz-] n COMPUT analista mf de sistemas.

T

t (pl **t's** OR **ts**), **T** (pl **T's** OR **Ts**) [tiː] n t, T m.
ta [tɑː] excl UK inf brigado(da)!; **~ very much** brigado(da)!
tab [tæb] n **-1.** [of cloth] etiqueta f **-2.** [of metal] lingüeta f **-3.** US [bill] conta f; **to pick up the ~** pagar a conta **-4.** phr: **to keep ~s on sb** ficar de olho em alguém.
tabby ['tæbɪ] (pl -ies) n: **~ (cat)** gato m tigrado.
table ['teɪbl] ◇ n **-1.** [piece of furniture] mesa f **-2.** [diagram] tabela f. ◇ vt UK [propose] apresentar.
tablecloth ['teɪblklɒθ] n toalha f de mesa.
table football n pebolim m.
table lamp n luminária f.

table mat *n* descanço *m* para panelas.

table of contents *n* sumário *m*.

tablespoon ['teɪblspuːn] *n* -1. [spoon] colher *f* (*de sopa*) -2. [spoonful] colherada *f* de sopa.

tablet ['tæblɪt] *n* -1. [pill] comprimido *m*, pastilha *f* -2. [piece of stone] pedra *f* lascada -3. [piece of soap] barra *f*.

table tennis *n* (*U*) tênis *m inv* de mesa.

table wine *n* (*U*) vinho *m* de mesa.

tabloid ['tæblɔɪd] *n*: ~ (**newspaper**) tablóide *m*; **the** ~ **press** a imprensa sensacionalista.

tabulate ['tæbjʊleɪt] *vt* dispor em formato de tabela.

tacit ['tæsɪt] *adj fml* tácito(ta).

taciturn ['tæsɪtɜːn] *adj fml* taciturno(na).

tack [tæk] ◇ *n* -1. [nail] tacha *f* -2. NAUT rumo *m* -3. *fig* [course of action] tática *f*. ◇ *vt* -1. [fasten with nail] afixar (com tachas) -2. [in sewing] alinhavar. ◇ *vi* NAUT virar.

tackle ['tækl] ◇ *n* -1. FTBL entrada *f* -2. RUGBY obstrução *f* -3. [equipment, gear] apetrechos *mpl* -4. [for lifting] guincho *m*. ◇ *vt* -1. [job] lidar com -2. [problem] atacar -3. FTBL roubar a bola de -4. RUGBY derrubar -5. [attack] enfrentar.

tacky ['tækɪ] (*compar* -ier, *superl* -iest) *adj* -1. *inf* [cheap and nasty] barato (ta) -2. [sticky] grudento(ta), pegajoso(sa).

tact [tækt] *n* (*U*) tato *m*.

tactful ['tæktfʊl] *adj* discreto(ta); **that wasn't very** ~ **of you** você não agiu com muito tato.

tactic ['tæktɪk] *n* tática *f*.
 ◆ **tactics** *n* (*U*) MIL tática *f*.

tactical ['tæktɪkl] *adj* -1. [gen] estratégico(ca) -2. MIL tático(ca).

tactile *adj* tátil.

tactless ['tæktlɪs] *adj* indiscreto(ta); **he's so** ~ falta tato nele.

tadpole ['tædpəʊl] *n* girino *m*.

taffy ['tæfɪ] (*pl* -ies) *n US* puxa-puxa *m*.

tag [tæg] *n* etiqueta *f*.

tail [teɪl] ◇ *n* -1. [gen] rabo *m* -2. [of coat, shirt] fralda *f* -3. [of car] parte *f* traseira. ◇ *vt inf* ir atrás de.
 ◆ **tails** ◇ *adv* [when tossing a coin] coroa *f*. ◇ *npl* [coat] fraque *m*.
 ◆ **tail off** *vi* diminuir.

tailback ['teɪlbæk] *n UK* fila *f* (*de carros*).

tailcoat [ˌteɪlˈkəʊt] *n* fraque *m*.

tail end *n* final *m*, parte *f* final.

tailgate ['teɪlgeɪt] *n* tampa *f* traseira.

tailor ['teɪlə^r] ◇ *n* alfaiate *m*. ◇ *vt* adaptar.

tailor-made *adj fig* [role, job] sob medida.

tailwind ['teɪlwɪnd] *n* vento *m* de cauda.

tainted ['teɪntɪd] *adj* -1. [reputation] manchado(da) -2. *US* [food] estragado(da).

Taiwan [ˌtaɪˈwɑːn] *n* Taiwan.

take [teɪk] (*pt* took, *pp* taken) *vt* -1. [gen] levar -2. [accompany] levar, acompanhar -3. [capture, undergo, swallow, measure] tomar -4. [receive] receber -5. [rent] alugar -6. [object, hand, road, means of transport] pegar -7. [accept, take on] aceitar; ~ **my word for it** acredita em mim; **what batteries does it** ~? que pilha vai aí? -8. [contain] suportar -9. [bear] agüentar -10. [require] precisar; **it could** ~ **years** pode levar anos -11. [holiday] tirar; **to** ~ **a walk** dar uma caminhada; **to** ~ **a bath** tomar um banho; **to** ~ **a photo** *or* bater uma foto -12. [pity, interest] ter; **to** ~ **offence** ofender-se; **I** ~ **the view that ...** sou da opinião de que ...; **to** ~ **sthg seriously/badly** levar algo a sério/a mal -13. [wear as a particular size - shoe] calçar; [- dress] vestir -14. [consider] pensar em, considerar -15. [assume] **I** ~ **it (that) ...** presumo que ...
 ◆ **take after** *vt fus* parecer-se com.
 ◆ **take apart** *vt sep* desmontar.
 ◆ **take away** *vt sep* -1. [remove] levar embora -2. [deduct] subtrair, tirar.
 ◆ **take back** *vt sep* -1. [return] devolver -2. [accept] aceitar de volta -3. [statement, accusation] retirar.
 ◆ **take down** *vt sep* -1. [dismantle] desmontar -2. [write down] escrever, tomar nota de -3. [lower] baixar.
 ◆ **take in** *vt sep* -1. [deceive] enganar -2. [understand] compreender -3. [include] incluir -4. [provide accommodation for] acolher.
 ◆ **take off** ◇ *vt sep* -1. [remove] tirar -2. [have as holiday] tirar de folga; **she took the afternoon off** ela tirou a tarde de folga -3. *UK inf* [imitate] imitar. ◇ *vi* -1. [gen] decolar -2. [go away suddenly] mandar-se (embora), ir-se embora.
 ◆ **take on** *vt sep* -1. [accept - work, job] aceitar; [- responsibility] assumir -2. [employ] admitir -3. [confront] desafiar.
 ◆ **take out** *vt sep* -1. [from container] tirar -2. [go out with] convidar para sair.
 ◆ **take over** ◇ *vt sep* -1. [take control of] tomar o controle de, assumir -2. [job, role] assumir. ◇ *vi* -1. [take control] tomar o poder -2. [in job] assumir.
 ◆ **take to** *vt fus* -1. [feel a liking for - person] ter afeição especial por; [- activity]

gostar de **- 2.** [begin]: **to ~ to doing sthg** começar a fazer algo.

► **take up** *vt fus* **- 1.** [begin - acting, singing] começar a se dedicar a; [- post, job] assumir **- 2.** [use up - time] tomar; [- space] ocupar; [- effort] exigir.

► **take up on** *vt sep* [an offer] aceita.

takeaway *UK* ['teɪkə,weɪl, **takeout** *US* ['teɪkaʊt] <> *n* [food] comida *f* para levar. <> *comp* [food] para levar.

taken ['teɪkn] *pp* <> **take**.

takeoff ['teɪkɒf] *n* decolagem *f*.

takeout *n US* = **takeaway**.

takeover ['teɪk,əʊvə'] *n* **- 1.** [of company] aquisição *f* **- 2.** [of government] tomada *f* do poder.

takings *npl* féria *f*, arrecadação *f*.

talc [tælk], **talcum (powder)** ['tælkəm-] *n (U)* talco *m*.

tale [teɪl] *n* **- 1.** [fictional story] conto *m* **- 2.** [anecdote] história *f*.

talent ['tælənt] *n*: **~ (for sthg)** talento *m* (para algo).

talented ['tæləntɪd] *adj* talentoso(sa).

talk [tɔːk] <> *n* **- 1.** [conversation] conversa *f* **- 2.** *(U)* [gossip] boatos *mpl*, falatório *m* **- 3.** [lecture] palestra *f*. <> *vi* **- 1.** [gen] falar; **to ~ to sb** falar com alguém; **to ~ about** conversar com alguém; **to ~ about sb/sthg** falar sobre alguém/algo; **~ing of sb/sthg, ...** falando de alguém/algo, ..., por falar em alguém/algo, ... **- 2.** [gossip] fofocar **- 3.** [make a speech] dar palestra; **to ~ on** *OR* **about sthg** falar sobre algo. <> *vt* **- 1.** [discuss] tratar de **- 2.** [spout] falar.

► **talks** *npl* negociações *fpl*.

► **talk into** *vt sep*: **to ~ sb into sthg/ into doing sthg** convencer alguém de algo/a fazer algo.

► **talk out of** *vt sep*: **to ~ sb out of sthg/out of doing sthg** dissuadir alguém de algo/de fazer algo.

► **talk over** *vt sep* discutir.

talkative ['tɔːkətɪv] *adj* loquaz.

talk show *US n* programa *m* de entrevistas, talk-show *m*.

talk time *n (U)* [on mobile phone] tempo *m* de conversação.

tall [tɔːl] *adj* [in height] alto(ta); **she's two metres ~** ela mede dois metros (de altura); **how ~ are you?** qual é a sua altura?

tall story *n* história *f* fantasiosa.

tally ['tælɪ] *(pl* -ies, *pt & pp* -ied) <> *n* [record] conta *f*; **to keep ~ of sthg** manter registro de algo. <> *vi* [correspond] fechar.

talon ['tælən] *n* garra *f*.

tambourine [,tæmbə'riːn] *n* pandeiro *m*.

tame [teɪm] <> *adj* **- 1.** [animal, bird]

domesticado(da) **- 2.** *pej* [person] parado(da) **- 3.** *pej* [unexciting] monótono(na). <> *vt* **- 1.** [animal, bird] domesticar **- 2.** [person] dominar.

tamper ['tæmpə'] ► **tamper with** *vt fus* **- 1.** [gen] mexer em **- 2.** [lock] forçar.

tampon ['tæmpɒn] *n* absorvente *m* interno.

tan [tæn] *(pt & pp* -ned, *cont* -ning) <> *adj* castanho(nha). <> *n* bronzeado *m*; **to get a ~** bronzear-se. <> *vi* bronzear-se.

tang [tæŋ] *n* [smell] cheiro *m* forte; [taste] gosto *m* forte.

tangent ['tændʒənt] *n GEOM* tangente *f*; **to go off at a ~** *fig* sair pela tangente.

tangerine [,tændʒə'riːn] *n* tangerina *f*.

tangible ['tændʒəbl] *adj* tangível.

Tangier [tæn'dʒɪə'] *n* Tânger *f*.

tangle ['tæŋgl] *n* **- 1.** [mass] emaranhado *m* **- 2.** *fig* [mess] rolo *m*; **they got into a ~** eles se meteram num rolo.

tank [tæŋk] *n* tanque *m*.

tanker ['tæŋkə'] *n* **- 1.** [ship] navio-tanque *m*; **oil ~** petroleiro *m* **- 2.** [truck] caminhão-tanque *m* **- 3.** [train] vagão-tanque *m*.

tanned [tænd] *adj* bronzeado(da).

Tannoy® ['tænɔɪ] *n* alto-falante *m*.

tantalizing ['tæntəlaɪzɪŋ] *adj* tentador(ra).

tantamount ['tæntəmaʊnt] *adj*: **~ to sthg** equivalente a algo.

tantrum ['tæntrəm] *(pl* -s) *n* acesso *m* de fúria.

Tanzania [,tænzə'nɪə] *n* Tanzânia *f*.

tap [tæp] *(pt & pp* -ped, *cont* -ping) <> *n* **- 1.** [device] torneira *f* **- 2.** [light blow] batida *f* leve, palmadinha *f*. <> *vt* **- 1.** [knock] bater de leve; **to ~ one's fingers on sthg** tamborilar em algo **- 2.** [make use of] utilizar **- 3.** [listen secretly to] grampear.

tap dance *n* sapateado *m*.

tape [teɪp] <> *n* **- 1.** [gen] fita *f* **- 2.** [adhesive material] fita *f* adesiva. <> *vt* **- 1.** [record] gravar **- 2.** [fasten with adhesive tape] juntar com fita adesiva.

tape measure *n* fita *f* métrica.

taper ['teɪpə'] *vi* estreitar-se, afilar-se

tape recorder *n* gravador *m*.

tapestry ['tæpɪstrɪ] *(pl* -ies) *n* tapeçaria *f*.

tar [tɑː'] *n (U)* alcatrão *m*.

target ['tɑːgɪt] <> *n* **- 1.** [gen] alvo *m* **- 2.** *fig* [goal] meta *f*. <> *vt* **- 1.** [as object of attack] mirar **- 2.** [as customer] visar.

tariff ['tærɪf] *n* **- 1.** [tax] tarifa *f* **- 2.** *UK* [price list] tabela *f* de preços.

Tarmac® ['tɑːmæk] *n* alcatrão *m*.

► **tarmac** *n AERON*: **the tarmac** a pista.

tarnish ['tɑːnɪʃ] *vt* **- 1.** [make dull] embaciar **- 2. fig** [damage] manchar.

tarpaulin [tɑː'pɔːlɪn] *n* **- 1.** *(U)* [material] encerado *m* **- 2.** [sheet] lona *f* alcatroada.

tart [tɑːt] ⟷ *adj* **- 1.** [bitter-tasting] azedo(da) **- 2.** [sarcastic] mordaz. ⟷ *n* **- 1.** [sweet pastry] torta *f* **- 2.** *UK vinf* [prostitute] piranha *f*.

➡ **tart up** *vt sep UK inf pej* [smarten up]: **to ~ o.s. up** emperiquitar-se.

tartan ['tɑːtn] ⟷ *n* **- 1.** [pattern] xadrez *m* **- 2.** *(U)* [cloth] tartan *m*. ⟷ *comp* de tartan.

tartar(e) sauce ['tɑːtə^r-] *n (U)* molho *m* tártaro.

task [tɑːsk] *n* tarefa *f*.

task force *n* força-tarefa *f*.

tassel ['tæsl] *n* borla *f*.

taste [teɪst] ⟷ *n* **- 1.** [gen] gosto *m*; **in bad/good ~** de mau/bom gosto **- 2.** *fig* [liking, preference]: **~ (for sthg)** gosto (por algo) **- 3.** *fig* [experience]: **I've had a ~ of success** eu senti o gostinho do sucesso **- 4.** *(U)* [sense of taste] paladar *m* **- 5.** [try]: **have a ~** dá uma provada. ⟷ *vt* **- 1.** [gen] sentir o gosto de **- 2.** [test, try] provar. ⟷ *vi*: **it ~s horrible** tem um gosto horrível; **to ~ of/like sthg** ter gosto de algo.

tasteful ['teɪstfʊl] *adj* de bom gosto.

tasteless ['teɪstlɪs] *adj* **- 1.** [cheap and unattractive] sem graça **- 2.** [offensive] de mau gosto **- 3.** [without flavour] sem gosto.

tasty ['teɪstɪ] *(compar* **-ier**, *superl* **-iest)** *adj* saboroso(sa).

tatters ['tætəz] *npl*: **in ~** [clothes] em farrapos; *fig* [confidence, reputation] em frangalhos.

tattle-tale *n US* = **telltale**.

tattoo [tə'tuː] *(pl* **-s)** ⟷ *n* **- 1.** [design] tatuagem *f* **- 2.** *UK* [military display] parada *f* OR desfile *m* militar. ⟷ *vt* tatuar.

tatty ['tætɪ] *(compar* **-ier**, *superl* **-iest)** *adj UK inf pej* **- 1.** [clothes] surrado(da) **- 2.** [area] enxovalhado(da).

taught [tɔːt] *pt & pp* ⟹ **teach**.

taunt [tɔːnt] ⟷ *n* insulto *m*. ⟷ *vt* insultar.

Taurus ['tɔːrəs] *n* [sign] Touro *m*.

taut [tɔːt] *adj* retesado(da).

tawdry ['tɔːdrɪ] *(compar* **-ier**, *superl* **-iest)** *adj pej* de mau gosto.

tax [tæks] ⟷ *n* imposto *m*. ⟷ *vt* **- 1.** [gen] tributar **- 2.** [strain, test] esgotar.

taxable ['tæksəbl] *adj* tributável.

tax allowance *n* limite *m* de isenção fiscal.

taxation [tæk'seɪʃn] *n (U)* **- 1.** [system] sistema *m* tributário **- 2.** [amount] tributação *f*.

tax avoidance [-ə'vɔɪdəns] *n (U)* dedução *f* fiscal.

tax collector *n* cobrador *m*, -ra *f* de impostos.

tax disc *n UK* disco fixado no pára-brisa do veículo para mostrar que o imposto já foi pago.

tax evasion *n (U)* sonegação *f* de impostos.

tax-free *UK*, **tax-exempt** *US adj* isento(ta) de imposto.

taxi ['tæksɪ] ⟷ *n* táxi *m*. ⟷ *vi* taxiar.

taxi driver *n* motorista *mf* de táxi, taxista *mf*.

tax inspector *n* inspetor *m*, -ra *f* da Receita.

taxi rank *UK*, **taxi stand** *n* ponto *m* de táxi.

taxpayer ['tæks,peɪə^r] *n* contribuinte *mf*.

tax relief *n (U)* dedução *f* tributária.

tax return *n* declaração *f* de renda.

TB *(abbr of* **tuberculosis)** *n* tuberculose *f*.

tea [tiː] *n* **- 1.** [gen] chá *m* **- 2.** *UK* [afternoon meal] lanche *m* **- 3.** *UK* [evening meal] chá *m*.

teabag ['tiːbæg] *n* saquinho *m* de chá.

teach [tiːtʃ] *(pt & pp* **taught)** ⟷ *vt* **- 1.** [instruct] ensinar; **to ~ sb sthg**, **to ~ sthg to sb** ensinar algo a alguém; **to ~ sb to do sthg** ensinar alguém a fazer algo; **to ~ (sb) that** ensinar (a alguém) que **- 2.** [give lessons in] dar aulas de **- 3.** [advocate] preconizar. ⟷ *vi* lecionar.

teacher ['tiːtʃə^r] *n* professor *m*, -ra *f*.

teacher training college *UK*, **teachers college** *US n* curso *f* de licenciatura.

teaching ['tiːtʃɪŋ] *n* **- 1.** *(U)* [profession, work] magistério *m* **- 2.** [thing taught] ensinamento *m*.

tea cloth *n* **- 1.** [tablecloth] toalha *f* de mesa **- 2.** [tea towel] pano *m* de prato.

tea cosy *UK*, **tea cozy** *US n* abafador *m* (de chá).

teacup ['tiːkʌp] *n* xícara *f* de chá.

teak [tiːk] *n (U)* teca *f*.

team [tiːm] *n* **- 1.** *SPORT* time *m* **- 2.** [group] equipe *f*.

teammate ['tiːmmeɪt] *n* companheiro *m*, -ra *f* de equipe.

teamwork ['tiːmwɜːk] *n (U)* trabalho *m* em equipe.

teapot ['tiːpɒt] *n* bule *m* de chá.

tear[1] [tɪə^r] *n* lágrima *f*; **to burst into ~s** debulhar-se em lágrimas.

tear[2] [teə^r] *(pt* **tore**, *pp* **torn)** ⟷ *vt* **- 1.** [rip] rasgar **- 2.** [remove roughly] arrancar. ⟷ *vi* **- 1.** [rip] rasgar **- 2.** *inf* [move quickly] ir a toda. ⟷ *n* [rip] rasgão *m*.

➡ **tear apart** *vt sep* **- 1.** [rip up] destroçar -**2.** *fig* [disrupt greatly] desmantelar -**3.** [upset greatly] magoar.

◆ **tear down** *vt sep* -**1.** [demolish] demolir -**2.** [remove] remover.

◆ **tear up** *vt sep* despedaçar, fazer em pedaços.

teardrop ['tɪədrɒp] *n* lágrima *f*.

tearful ['tɪəfʊl] *adj* [person] choroso(rosa)

tear gas [tɪəˈ-] *n (U)* gás *m* lacrimogêneo.

tearoom ['ti:rʊm] *n* salão *f* de chá.

tease [ti:z] ◇ *n inf* -**1.** [joker] gozador *m*, -ra *f* -**2.** [sexually] provocador *m*, -ra *f*. ◇ *vt* : **to ~ sb (about sthg)** gozar de alguém (sobre algo).

teaspoon ['ti:spu:n] *n* colher *f* de chá.

teat [ti:t] *n* -**1.** [of animal] teta *f* -**2.** [of bottle] bico *m*.

teatime ['ti:taɪm] *n (U) UK* hora *f* do chá.

tea towel *n* pano *m* de prato.

technical ['teknɪkl] *adj* técnico(ca).

technical college *n UK* escola *f* técnica.

technicality [,teknɪˈkælətɪ] (*pl* -**ies**) *n* detalhe *m* técnico.

technically ['teknɪklɪ] *adv* tecnicamente.

technician [tekˈnɪʃn] *n* [worker] técnico *m*, -ca *f*.

technique [tekˈni:k] *n* técnica *f*.

techno ['teknəʊ] *n MUS* tecno *m*.

technological [,teknəˈlɒdʒɪkl] *adj* tecnológico(ca).

technology [tekˈnɒlədʒɪ] (*pl* -**ies**) *n* tecnologia *f*.

teddy ['tedɪ] (*pl* -**ies**) *n*: ~ **(bear)** ursinho *m* de pelúcia.

tedious ['ti:djəs] *adj* tedioso(sa).

tee [ti:] *n GOLF* -**1.** [area] tee *m*, ponto *m* de partida -**2.** [for ball] tee *m*.

teem [ti:m] *vi* -**1.** [rain] chover torrencialmente; **the rain ~ed down** caiu uma chuva torrencial -**2.** [be busy]: **to be ~ing with** estar inundado(da) de.

teenage ['ti:neɪdʒ] *adj* adolescente.

teenager ['ti:n,eɪdʒəʳ] *n* adolescente *mf*.

teens [ti:nz] *npl* adolescência *f*.

tee shirt *n* camiseta *f*.

teeter ['ti:təʳ] *vi* -**1.** [wobble] balançar, oscilar -**2.** *fig* [be in danger]: **to ~ on the brink of bankruptcy** estar à beira da falência.

teeth [ti:θ] *pl* ▷ **tooth**.

teethe [ti:ð] *vi* começar a ter dentes.

teething troubles ['ti:ðɪŋ-] *npl fig* dificuldades *fpl* iniciais.

teetotaler *UK*, **teetotaler** *US* [ti:ˈtəʊtləʳ] *n* abstêmio *m*, -mia *f*.

TEFL ['tefl] (*abbr of* **teaching of English**

as a foreign language) *n* ensino de inglês para estrangeiros.

tel. (*abbr of* **telephone**) tel. *m*.

telecommunications ['telɪkə,mju:nɪˈkeɪʃnz] *npl* telecomunicações *fpl*.

telegram ['telɪgræm] *n* telegrama *m*.

telegraph ['telɪgrɑ:f] ◇ *n* telégrafo *m*. ◇ *vt* telegrafar.

telegraph pole, telegraph post *UK* *n* poste *m* de telégrafo.

telepathy [tɪˈlepəθɪ] *n (U)* telepatia *f*.

telephone ['telɪfəʊn] ◇ *n (U)* telefone *m*; **to be on the ~** *UK* [have a telephone line] ter telefone; [be talking on the telephone] estar no telefone. ◇ *vt* telefonar. ◇ *vi* telefonar.

telephone banking *n* serviço *m* de banco por telefone.

telephone book *n* lista *f* telefônica.

telephone booth *n UK* telefone *m* público.

telephone box *n UK* cabine *f* telefônica.

telephone call *n* telefonema *m*.

telephone directory *n* lista *f* telefônica.

telephone line *n* linha *f* de telefone.

telephone number *n* número *m* de telefone.

telephonist [tɪˈlefənɪst] *n UK* telefonista *mf*.

telephoto lens [,telɪˈfəʊtəʊ-] *n* (lente *f*) teleobjetiva *f*.

telescope ['telɪskəʊp] *n* telescópio *m*.

teleshopping *n* telecompras *fpl*.

teletext ['telɪtekst] *n (U)* teletexto *m*.

televideo [telɪˈvɪdɪəʊ] *n* televisor *m* com videocassete.

televise ['telɪvaɪz] *vt* televisionar.

television ['telɪ,vɪʒn] *n* televisão *f*; **on ~** na televisão.

television set *n* (aparelho *m* de) televisão *f*.

teleworker ['telɪwɜ:kəʳ] *n* teletrabalhador *m*, -ra *f*.

telex ['teleks] ◇ *n* telex *m*. ◇ *vt* transmitir por telex.

tell [tel] (*pt* & *pp* **told**) ◇ *vt* -**1.** [gen] contar; **to ~ sb (that)** contar a alguém que; **to ~ sb sthg, to ~ sthg to sb** contar algo a alguém -**2.** [instruct, judge, reveal] dizer; **do as you're told!** faça como lhe disseram!; **to ~ sb to do sthg** dizer para alguém fazer algo; **to ~ sb (that)** dizer a alguém que; **to ~ what sb is thinking** saber o que alguém está pensando ◇ *vi* -**1.** [speak] falar -**2.** [judge] dizer -**3.** [have effect] surtir efeito.

◆ **tell apart** *vt sep* distinguir, diferenciar.

◆ **tell off** *vt sep* repreender.

telling ['telɪŋ] *adj* **-1.** [relevant] contundente **-2.** [revealing] revelador(ra).

telltale ['telteɪl] <> *adj* revelador(ra). <> *n* mexeriqueiro *m*, -ra *f*.

telly ['telɪ] (*pl* -ies) *n UK inf* televisão *f*; **on** ~ na televisão.

temp *UK* [temp] *inf* <> *n* (*abbr of* **temporary (employee)**) funcionário *m* temporário, funcionária *f* temporária. <> *vi* trabalhar em emprego temporário.

temper ['tempəʳ] <> *n* **-1.** [state of mind, mood] humor *m*; **to be in a good/bad** ~ estar de bom/mau humor; **to lose one's** ~ perder a cabeça; **-2.** [temperament] temperamento *m*. <> *vt fml* controlar, conter.

temperament ['temprəmənt] *n* temperamento *m*.

temperamental [,temprə'mentl] *adj* temperamental.

temperate ['temprət] *adj* temperado(-da).

temperature ['temprətʃəʳ] *n* temperatura *f*; **to have a** ~ ter febre.

tempestuous [tem'pestjʊəs] *adj* **-1.** *literary* [stormy] turbulento(ta) **-2.** *fig* [emotional] tempestuoso(sa).

template ['templɪt] *n* [of shape, pattern] molde *m*, modelo *m*.

temple ['templ] *n* **-1.** *RELIG* templo *m* **-2.** *ANAT* têmpora *f*.

temporarily [,tempə'rerəlɪ] *adv* temporariamente.

temporary ['tempərərɪ] *adj* temporário(ria).

tempt [tempt] *vt* tentar; **to** ~ **sb to do sthg** tentar alguém a fazer algo.

temptation [temp'teɪʃn] *n* tentação *f*.

tempting ['temptɪŋ] *adj* tentador(ra).

ten [ten] *num* dez; *see also* **six**.

tenable ['tenəbl] *adj* [reasonable, credible] sustentável.

tenacious [tɪ'neɪʃəs] *adj* tenaz.

tenancy ['tenənsɪ] (*pl* -ies) *n* **-1.** [period] aluguel *m* **-2.** (*U*) [possession] locação *f*.

tenant ['tenənt] *n* **-1.** [of a house] inquilino *m*, -na *f* **-2.** [of a pub] locatário *m*, -ria *f*.

tend [tend] *vt* **-1.** [have tendency]: **to** ~ **to do sthg** ter a tendência a fazer algo **-2.** [look after] cuidar.

tendency ['tendənsɪ] (*pl* -ies) *n* **-1.** [gen]: ~ **towards sthg/to do sthg** tendência *f* a algo/a fazer algo **-2.** [leaning, habit] tendência *f*.

tender ['tendəʳ] <> *adj* **-1.** [caring, gentle] terno(na), meigo(ga) **-2.** [meat] macio(cia) **-3.** [sore] dolorido(da). <> *n COMM* proposta *f*, oferta *f*. <> *vt fml* oferecer.

tendon ['tendən] *n* tendão *m*.

tenement ['tenəmənt] *n* cortiço *m*.

Tenerife *n* Tenerife.

tenet ['tenɪt] *n fml* dogma *m*.

tennis ['tenɪs] *n* (*U*) tênis *m*.

tennis ball *n* bola *f* de tênis.

tennis court *n* quadra *f* de tênis.

tennis racket *n* raquete *f* de tênis.

tenor ['tenəʳ] *n* [singer] tenor *m*.

tense [tens] <> *adj* tenso(sa). <> *n GRAMM* tempo *m* (verbal). <> *vt* tencionar, retesar.

tension ['tenʃn] *n* tensão *f*.
▶ **tensions** *npl* conflitos *mpl*.

tent [tent] *n* tenda *f*, barraca *f*.

tentacle ['tentəkl] *n* tentáculo *m*.

tentative ['tentətɪv] *adj* **-1.** [unconfident, hesitant - person] indeciso(sa); [- handshake] vacilante **-2.** [temporary, not final] provisório(ria).

tenterhooks ['tentəhʊks] *npl*: **to be on** ~ estar com os nervos à flor da pele.

tenth [tenθ] *num* décimo(ma); *see also* **sixth**.

tent peg *n* estaca *f* de barraca.

tent pole *n* mastro *m* de barraca.

tenuous ['tenjʊəs] *adj* **-1.** [argument] pouco convincente **-2.** [connection] de pouca importância **-3.** [thread] tênue.

tenure ['tenjəʳ] *n* (*U*) *fml* **-1.** [of property] posse *f* **-2.** [of job] estabilidade *f*.

tepid ['tepɪd] *adj* [liquid] tépido(da), morno(na).

term [tɜ:m] <> *n* **-1.** [word, expression] termo *m* **-2.** *SCH & UNIV* [third of school year] semestre *m* **-3.** [stretch of time] período *m*; **in the long/short** ~ a longo/curto prazo. <> *vt* designar.
▶ **terms** *npl* **-1.** [of contract, agreement] termos *mpl* **-2.** [conditions]: **in international/real** ~**s** em termos internacionais/reais **-3.** [of relationship]: **to be on good** ~**s (with sb)** dar-se bem (com alguém) **-4.** *phr*: **to come to** ~**s with sthg** aceitar algo.
▶ **in terms of** *prep* no que diz respeito a.

terminal ['tɜ:mɪnl] <> *adj* terminal. <> *n* terminal *m*.

terminate ['tɜ:mɪneɪt] <> *vt* **-1.** [agreement, discussion] *fml* pôr fim a, encerrar **-2.** [pregnancy] interromper **-3.** [contract] rescindir. <> *vi* **-1.** [bus, train]: **this bus** ~**s in the city centre** este ônibus pára no centro na cidade **-2.** [contract] terminar.

terminus ['tɜ:mɪnəs] (*pl* -ni *OR* -nuses) *n* terminal *m*.

terrace ['terəs] *n* **-1.** *UK* [of houses] fileira *f* de casas geminadas **-2.** [patio] terraço *m* **-3.** [on hillside] terraço *m*, socalco *m*.

➡ **terraces** *npl FTBL*: **the** ∼**s** as arquibancadas.

terraced ['terəst] *adj* escalonado(da).

terraced house *n UK* casa *f* geminada.

terrain [te'reɪn] *n (U)* terreno *m*.

terrible ['terəbl] *adj* terrível.

terribly ['terəblɪ] *adv* **-1.** [very badly] terrivelmente **-2.** [extremely] imensamente.

terrier ['terɪə'] *n* terrier *m*.

terrific [tə'rɪfɪk] *adj* **-1.** [wonderful] fabuloso(sa), maravilhoso(so) **-2.** [enormous] enorme.

terrified ['terɪfaɪd] *adj*: ∼ **(of sb/sthg)** aterrorizado(da) (com alguém/algo); **to be** ∼ **of sthg** ter horror a algo.

terrifying ['terɪfaɪŋ] *adj* aterrorizante.

territory ['terətrɪ] (*pl* **-ies**) *n* **-1.** [political area] território *m* **-2.** [terrain] terreno *m* **-3.** [area of knowledge] campo *m*, área *f*.

terror ['terə'] *n* **-1.** *(U)* [fear] terror *m* **-2.** [something feared] horror *m* **-3.** *inf* [rascal] pestinha *mf*.

terrorism ['terərɪzm] *n (U)* terrorismo *m*.

terrorist ['terərɪst] *n* terrorista *mf*.

terrorize, -ise ['terəraɪz] *vt* aterrorizar.

terry (cloth) *n (U)* tecido *m* atoalhado.

terse [tɜ:s] *adj* seco(ca).

Terylene® ['terəli:n] *n (U)* tergal® *m*.

test [test] ◇ *n* **-1.** [trial] teste *m* **-2.** [MED, examination of knowledge, skill] exame *m*; *SCH* prova *f*, teste *m*. ◇ *vt* **-1.** [try out] testar **-2.** [examine, check] examinar; **to** ∼ **sb on sthg** examinar algo de alguém.

testament ['testəmənt] *n* testamento *m*.

test-drive *vt* test-drive *m*.

testicles ['testɪklz] *npl* testículos *mpl*.

testify ['testɪfaɪ] (*pt* & *pp* **-ied**) ◇ *vt* declarar; **to** ∼ **that** testemunhar que. ◇ *vi* **-1.** *JUR* declarar sob juramento **-2.** [be proof]: **to** ∼ **to sthg** evidenciar algo.

testimony [*UK* 'testɪmənɪ, *US* 'testəməunɪ] *n (U) JUR* depoimento *m*, testemunho *m*; **to bear** ∼ testemunhar.

testing ['testɪŋ] *adj* [trying, difficult] duro(ra).

test match *n UK* partida *f* internacional.

testosterone *n* testosterona *f*.

test pilot *n* piloto *m* de prova.

test tube *n* tubo *m* de ensaio, proveta *f*.

test-tube baby *n* bebê *m* de proveta.

tetanus ['tetənəs] *n (U)* tétano *m*.

tether ['teðə'] ◇ *vt* **-1.** [horse] apear **-2.** [dog] amarrar. ◇ *n*: **to be at the**

end of one's ∼ estar no limite.

text [tekst] *n* texto *m*.

textbook ['tekstbʊk] *n* livro-texto *m*.

textile ['tekstaɪl] *n* tecido *m*.

texting ['tekstɪŋ] *n inf* mensagens *fpl* de texto.

text message *n* [on mobile phone] mensagem *m* de texto.

text messaging [-'mesɪdʒɪŋ] *n* [on mobile phone] mensagem *f* de texto.

texture ['tekstʃə'] *n* textura *f*.

Thai [taɪ] ◇ *adj* tailandês(esa). ◇ *n* **-1.** [person] tailandês *m*, -esa *f* **-2.** [language] tailandês *m*.

Thailand ['taɪlænd] *n* Tailândia.

Thames [temz] *n*: **the** ∼ o Tâmisa.

than [weak form ðən, strong form ðæn] *conj* que; **more** ∼ **ten** mais de dez; **I'd rather stay in** ∼ **go out** prefiro ficar em casa a sair.

thank [θæŋk] *vt*: **to** ∼ **sb (for sthg)** agradecer alguém (por algo); ∼ **God** *OR* **goodness** *OR* **heavens!** graças a Deus/aos céus!

➡ **thanks** ◇ *npl* agradecimento *m*. ◇ *excl* obrigado(da)!

➡ **thanks to** *prep* graças a.

thankful ['θæŋkfʊl] *adj* agradecido(da); ∼ **for sthg** agradecido(da) por algo.

thankless ['θæŋklɪs] *adj* ingrato(ta).

thanksgiving *n* ação *f* de graças.

➡ **Thanksgiving (Day)** *n* Dia *m* de Ação de Graças.

thank you *excl* obrigado(da); ∼ **for** obrigado(da) por.

that [ðæt, weak form of pron & conj ðət] (*pl* **those**) ◇ *adj* **-1.** [referring to thing, person mentioned] esse (essa); **I prefer** ∼ **book** prefiro esse livro. **-2.** [referring to thing, person farther away] aquele (aquela); ∼ **book at the back** aquele livro lá atrás; **I'll have** ∼ **one** quero aquele (ali) *OR* esse. ◇ *pron* **-1.** [referring to thing, person mentioned] esse *m*, essa *f*; [indefinite] isso; **what's** ∼ ? o que é isso?; **who's** ∼ ? [on the phone] quem fala?; e esse, quem é?; ∼ **'s interesting** que interessante. **-2.** [referring to thing, person farther away] aquele *m*, aquela *f*; [indefinite] aquilo; **is** ∼ **Lucy?** [pointing] aquela é a Lucy?; **I want those at the back** quero aqueles lá atrás; **what's** ∼ **on the roof?** o que é aquilo no telhado? **-3.** [introducing relative clause] que; **a shop** ∼ **sells antiques** uma loja que vende antiguidades; **the movie** ∼ **I saw** o filme que eu vi; **the room** ∼ **I slept in** o quarto onde *OR* em que dormi. ◇ *adv* assim tão; **it wasn't** ∼ **bad/good** não foi assim tão mau/bom; **it didn't cost** ∼ **much** não custou

tanto assim. <> *conj* que; **tell him** ~
I'm going to be late diga-lhe que vou
chegar atrasado.

thatched [θætʃt] *adj* com telhado de
palha.

that's [ðæts] = **that is.**

thaw [θɔ:] <> *vt* -**1.** [ice] derreter -**2.**
[frozen food] descongelar. <> *vi* -**1.**
[ice] derreter -**2.** [food] descongelar
-**3.** *fig* [people, relations] tornar-se um
pouco mais amistoso. <> *n* [warm spell]
degelo *m*.

the [weak form ðə, before vowel ðɪ, strong
form ði:] *definite article* -**1.** [gen] o (a),
os (as) *(pl)*; ~ **book** o livro; ~ **apple** a
maçã; ~ **girls** as meninas; ~ **Wilsons**
os Wilson; **to play** ~ **piano** tocar piano.
-**2.** [with an adjective to form a noun] o (a),
os (as) *(pl)*; ~ **British** os britânicos; ~
young os jovens; ~ **impossible** o
impossível. -**3.** [in dates]: ~ **twelfth** o
dia doze; ~ **forties** os anos quarenta.
-**4.** [in titles]: **Elizabeth** ~ **Second** Elizabeth Segunda.

theatre, theater *US* [ˈθɪətəʳ] *n* -**1.**
[building] teatro *m* -**2.** [art, industry]: **the**
~ o teatro -**3.** [in hospital] sala *f* de
cirurgia -**4.** *US* [cinema] cinema *m*.

theatregoer, theatergoer *US*
[ˈθɪətəˌgəʊəʳ] *n* aficionado *m*, -da *f* por
teatro.

theatrical [θɪˈætrɪkl] *adj* teatral.

theft [θeft] *n* roubo *m*.

their [ðeəʳ] *adj* seu (sua), deles (delas);
~ **house** a sua casa, a casa deles.

theirs [ðeəz] *pron* o/a deles (o/a delas);
a friend of ~ um amigo deles; **these
books are** ~ estes livros são (os) deles;
these are ours - where are ~? estes são
os nossos - onde estão os deles?

them [weak form ðəm, strong form ðem]
pron -**1.** *(direct)* os *mpl*, as *fpl*; **I know** ~
eu os conheço -**2.** *(indirect)* lhes; **send
this to** ~ mande-lhes isso; **tell** ~
diga-lhes -**3.** *(after prep)* eles *mpl*, elas
fpl; **Anna and Sam brought it with** ~ a
Anna e o Sam trouxeram-no com
eles.

theme [θi:m] *n* -**1.** [gen] tema *m* -**2.** [sig-
nature tune] sintonia *f*.

theme tune *n* música-tema *f*, tema *f*
musical.

themselves [ðemˈselvz] *pron* -**1.** *(reflexive)* se; **they hurt** ~ eles machucaram-
se -**2.** *(after prep)* eles *mpl* próprios,
elas *fpl* próprias, si *mpl* próprios, si *fpl*
próprias; **they blame** ~ eles culpam-se
a si próprios; **they did it** ~ fizeram-no
eles mesmos *OR* próprios.

then [ðen] <> *adv* -**1.** [later, as a result]
então; **if you help me out now,** ~ **I'll return the favour** se você me ajudar

agora, eu te devolvo o favor; **it starts
at eight - I'll see you** ~ começa às oito
- te vejo a essa hora -**2.** [next, after-
wards] depois -**3.** [in that case] então,
neste caso; **all right** ~ então, tudo
certo -**4.** [therefore] então, portanto
-**5.** [furthermore, also] além disso. <>
adj então.

theology [θɪˈɒlədʒɪl] *n* teologia *f*.

theoretical [θɪəˈretɪkl] *adj* teórico(ca).

theorize, -ise [ˈθɪəraɪz] *vi*: **to** ~ **(about
sthg)** teorizar (sobre algo).

theory [ˈθɪərɪ] *(pl* -**ies)** *n* teoria *f*; **in** ~
em teoria.

therapist [ˈθerəpɪst] *n* terapeuta *mf*.

therapy [ˈθerəpɪ] *n (U)* terapia *f*.

there [ðeəʳ] <> *pron* [indicating existence
of sthg]: ~ **is/are sb/sthg** tem/há; ~ **'s someone at the
door** tem alguém na porta <> *adv* -**1.**
[in existence, available] lá, alí; **is Sam** ~,
please? [when telephoning] o Sam está?
-**2.** [referring to place] lá; **I'm going** ~ **next
week** vou lá para a semana; **over** ~ ali;
it's right ~ **by the phone** está aí bem ao
lado do telefone.

➡ **there you are** *adv* handing sthg to sb]
aqui está.

thereabouts [ˌðeərəˈbaʊts], **there-
about** *US* [ˌðeərəˈbaʊt] *adv*: **or** ~ ou
por ali; **by 1998 or** ~ **mais ou menos**
em 1998.

thereafter [ˌðeərˈɑːftəʳ] *adv fml* conseqüentemente, depois disso.

thereby [ˌðeərˈbaɪ] *adv fml* desse modo.

therefore [ˈðeəfɔ:ʳ] *adv* portanto, por
isso.

there's [ðeəz] *cont* = **there is.**

thermal [ˈθɜ:ml] *adj* térmico(ca); ~
waters águas *fpl* termais.

thermometer [θəˈmɒmɪtəʳ] *n* termômetro *m*.

Thermos (flask)® [ˈθɜ:məs-] *n* garrafa *f*
térmica.

thermostat [ˈθɜ:məstæt] *n* termostato
m.

thesaurus [θɪˈsɔ:rəs] *(pl* -**es)** *n* tesauro
m.

these [ði:z] *pl* ▷ **this.**

thesis [ˈθi:sɪs] *(pl* **theses** [ˈθi:si:z]) *n* tese
f.

they [ðeɪ] *pers pron pl* eles *mpl*, elas *fpl*.

they'd [ðeɪd] = **they had, they would.**

they'll [ðeɪl] = **they shall, they will.**

they're [ðeəʳ] = **they are.**

they've [ðeɪv] = **they have.**

thick [θɪk] <> *adj* -**1.** [bulky] grosso(sa);
it's 6 cm ~ tem 6 cm de grossura; **how**
~ **is that wall?** qual é a espessura da
parede? -**2.** [dense] denso(sa) -**3.** *inf*
[stupid] estúpido(da) -**4.** [viscous] espes-
so(sa) -**5.** [voice - with anger] enraiveci-
do(da); [- with emotion] embar-

gado(da); [- with drink] enrolado(da). <> *n*: to be in the ~ of sthg estar no centro de algo.

thicken ['θɪkn] <> *vt* engrossar. <> *vi* **-1**. [become denser] ficar mais denso(sa) **-2.** [become more solid] engrossar.

thicket ['θɪkɪt] *n* moita *f*.

thickness ['θɪknɪs] *n* **-1**. [width, depth] espessura *f* **-2.** [density - of forest, hedge] densidade *f*; [- of hair] grossura *f* **-3.** [of soup, sauce] consistência *f*.

thickset [,θɪk'set] *adj* robusto(ta).

thick-skinned [-'skɪnd] *adj* insensível.

thief [θiːf] (*pl* **thieves**) *n* ladrão *m*, -dra *f*.

thieve [θiːv] <> *vt* roubar. <> *vi* roubar.

thieves [θiːvz] *pl* ⊳ **thief**.

thigh [θaɪ] *n* coxa *f*.

thimble ['θɪmbl] *n* dedal *m*.

thin [θɪn] (*compar* **-ner**, *superl* **-nest**, *pt* & *pp* **-ned**, *cont* **-ning**) *adj* **-1**. [in width, depth] fino(na) **-2.** [skinny] magro(gra) **-3.** [watery] ralo(la), aguado(da) **-4.** [sparse - crowd, vegetation] disperso(sa); [- hair] ralo(la) **-5.** [excuse] fraco(ca).
⬥ **thin down** *vt sep* diluir.

thing [θɪŋ] *n* **-1**. [gen] coisa *f*; you poor ~! coitadinho(nha); the next ~ on the list o próximo item da lista; the (best) ~ to do would be ... o melhor a fazer seria ...; the ~ is ... a questão é ..., acontece que ... **-2.** [anything]: not a ~ nada; I don't know a ~ (about) não sei nada (sobre *OR* de).
⬥ **things** *npl* **-1**. [clothes, possessions] coisas *fpl* **-2.** *inf* [life] coisas *fpl*.

think [θɪŋk] (*pt* & *pp* **thought**) <> *vt* **-1**. [believe]: to ~ (that) achar *OR* acreditar que; I ~ so acho que sim; I don't ~ so acho que não **-2.** [have in mind] pensar **-3.** [imagine] entender, imaginar **-4.** [in polite requests]: do you ~ you could help me? você acha que pode me ajudar? <> *vi* **-1**. [use mind] pensar **-2.** [have stated opinion]: what do you ~ of *OR* about his new film? o que você acha do novo filme dele? I don't ~ much of them/it não tenho uma opinião muito boa sobre eles/ele; to ~ a lot of sb/sthg ter alguém/algo em grande estima **-3.** *phr*: to ~ twice pensar duas vezes.
⬥ **think about** *vt fus* [consider] pensar em; I'll have to ~ about it vou ter que pensar sobre isso.
⬥ **think of** *vt fus* **-1**. [gen] pensar em; to ~ of doing sthg pensar em fazer algo **-2.** [remember] lembrar-se de.
⬥ **think over** *vt sep* refletir sobre.
⬥ **think up** *vt sep* imaginar, bolar.

think tank *n* assessoria *f* técnica.

third [θɜːd] <> *num* terceiro(ra). <> *n* **-1.** [fraction] terço *m* **-2.** *UK UNIV* ≃ nota *f* C (*num título universitário*); *see also* **sixth**.

thirdly ['θɜːdlɪ] *adv* em terceiro lugar.

third party insurance *n* seguro *m* contra terceiros.

third-rate *adj pej* de terceira categoria.

Third World *n*: the ~ o Terceiro Mundo.

thirst [θɜːst] *n* sede *f*; ~ for sthg *fig* sede de algo.

thirsty ['θɜːstɪ] (*compar* **-ier**, *superl* **-iest**) *adj* **-1.** [parched]: to be *OR* feel ~ estar *OR* sentir sede **-2.** [causing thirst] que dá sede.

thirteen [,θɜː'tiːn] *num* treze; *see also* **six**.

thirty ['θɜːtɪ] (*pl* **-ies**) *num* trinta; *see also* **sixty**.

this [ðɪs] (*pl* **these**) <> *adj* **-1**. [referring to thing, person] este (esta); **these chocolates are delicious** estes chocolates são deliciosos; ~ **morning/week** esta manhã/semana; I **prefer** ~ **book** prefiro este livro; I'll take ~ **one** quero este. **-2.** *inf* [used when telling a story]: **there was** ~ **man** ... havia um homem ... <> *pron* [referring to thing, person] este *m*, esta *f*; [indefinite] isto; ~ **is for you** isto é para você; **what are these?** o que é isto?, o que é que são estas coisas?; ~ **is David Gregory** [introducing someone] este é o David Gregory; [on telephone] aqui fala David Gregory. <> *adv*: **it was** ~ **big** era deste tamanho; I **don't remember it being** ~ **tiring** não me lembro de ser tão cansativo assim.

thistle ['θɪsl] *n* cardo *m*.

thong [θɒŋ] *n* **-1**. [piece of leather] correia *f*, tira *f* de couro **-2.** [bikini] tanga *f*.

thorn [θɔːn] *n* **-1**. [prickle] espinho *m* **-2.** [bush, tree] espinheiro *m*.

thorny ['θɔːnɪ] (*compar* **-ier**, *superl* **-iest**) *adj* **-1**. [prickly] espinhoso(sa), cheio (cheia) de espinhos **-2.** *fig* [tricky, complicated] espinhoso(sa).

thorough ['θʌrə] *adj* **-1**. [gen] completo(ta) **-2.** [meticulous] minucioso(sa).

thoroughbred ['θʌrəbred] *n* puro-sangue *m*.

thoroughfare ['θʌrəfeə'] *n fml* via *f* pública.

thoroughly ['θʌrəlɪ] *adv* **-1**. [fully, in detail] a fundo, exaustivamente **-2.** [completely, utterly] completamente, totalmente.

those [ðəʊz] *pl* ⊳ **that**.

though [ðəʊ] <> *conj* **-1**. [in spite of the fact that] embora **-2.** [even if] ainda que;

even ~ embora. ⬦ *adv* no entanto.
thought [θɔːt] ⬦ *pt & pp* ⊳ think.
⬦ *n* -1. [notion] idéia *f* -2. *(U)* [act of thinking] reflexão *f* -3. *(U)* [philosophy] pensamento *m* -4. [gesture] intenção *f*.
➡ **thoughts** *npl* -1. [reflections] opiniões *fpl*; **she keeps her ~ to herself** ela não expressa o que pensa -2. [views] opiniões *fpl*, idéias *fpl*.
thoughtful ['θɔːtfʊl] *adj* -1. [pensive] pensativo(va) -2. [considerate] atencioso(sa).
thoughtfulness ['θɔːtfʊlnɪs] *n (U)* -1. [pensiveness] ar *m* pensativo -2. [considerateness] atenção *f*, consideração *f*.
thoughtless ['θɔːtlɪs] *adj* indelicado(da).
thousand ['θaʊzn̩d] *num*: **a ~** mil; **two ~** dois mil; **~s of** milhares de.
thousandth ['θaʊzn̩tθ] *num* -1. milésimo(ma) -2. [fraction] milésimo(ma); *see also* sixth.
thrash [θræʃ] *vt* -1. [beat, hit] surrar, dar uma surra em -2. *inf* [trounce] dar uma surra em.
➡ **thrash about, thrash around** *vi* debater-se; **to be ~ing about in one's sleep** ter um sono agitado.
➡ **thrash out** *vt sep* esgotar *(um assunto)*.
thread [θred] ⬦ *n* -1. [of cotton, wool] fio *m* -2. [of screw] rosca *f* -3. *fig* [theme] fio *m* da meada. ⬦ *vt* [pass thread through] enfiar.
threadbare ['θredbeəʳ] *adj* -1. [clothes, carpet] surrado(da) -2. [argument, joke] manjado(da).
threat [θret] *n* -1. [warning] ameaça *f* -2. [menace]: **~ (to sb/sthg)** ameaça (a alguém/algo) -3. [risk]: **~ (of sthg)** ameaça (de algo).
threaten ['θretn̩] ⬦ *vt* -1. [issue threat]: **to ~ sb (with sthg)** ameaçar alguém (com algo); **to ~ to do sthg** ameaçar fazer algo -2. [endanger] ameaçar. ⬦ *vi* ameaçar.
three [θriː] *num* três; *see also* six.
three-dimensional [-dɪ'menʃn̩l] *adj* tridimensional.
threefold ['θriːfəʊld] ⬦ *adj* triplo(pla). ⬦ *adv* três vezes; **to increase ~** triplicar.
three-piece *adj* de três peças.
three-ply *adj* -1. [wood] com três espessuras -2. [wool] com três fios.
thresh [θreʃ] *vt* debulhar.
threshold ['θreʃhəʊld] *n* -1. [doorway] soleira *f* -2. [level] limiar *m*.
threw [θruː] *pt* ⊳ throw.
thrift shop *n US* loja *f* beneficente.
thrifty ['θrɪftɪ] (*compar* -ier, *superl* -iest) *adj* econômico(ca).

thrill [θrɪl] ⬦ *n* -1. [sudden feeling - of joy] vibração *f*; [- of horror] estremecimento *m* -2. [exciting experience] emoção *f*. ⬦ *vt* emocionar, entusiasmar.
thrilled [θrɪld] *adj*: **~ (with sthg/to do sthg)** encantado(da) (com algo/por fazer algo).
thriller ['θrɪləʳ] *n* suspense *m (enquanto obra)*.
thrilling ['θrɪlɪŋ] *adj* emocionante.
thrive [θraɪv] (*pt* -d OR throve, *pp* -d) *vi* -1. [person, plant] desenvolver-se -2. [business] prosperar.
thriving ['θraɪvɪŋ] *adj* -1. próspero(ra) -2. [plant] que se desenvolve.
throat [θrəʊt] *n* -1. [inside mouth] garganta *f* -2. [front of neck] pescoço *m*.
throb [θrɒb] (*pt & pp* -bed, *cont* -bing) *vi* -1. [beat - pulse, blood] pulsar; [- heart] palpitar; [- engine, machine] vibrar; [- music, drums] vibrar, ressoar -2. [be painful] latejar.
throes [θrəʊz] *npl*: **to be in the ~ of sthg** estar no meio de algo.
throne [θrəʊn] *n* -1. [chair] trono *m* -2. [position, authority]: **the ~** o trono.
throng [θrɒŋ] ⬦ *n* aglomeração *f*. ⬦ *vt* aglomerar.
throttle ['θrɒtl] ⬦ *n* -1. [valve] válvula *f* de estrangulamento -2. [lever] alavanca *f (da válvula de estrangulamento)*; [pedal] afogador *m*. ⬦ *vt* estrangular.
through [θruː] ⬦ *adj* [finished] terminado(da); **to be ~ with sthg** ter terminado algo; **to be ~ with sb** terminar com alguém. ⬦ *adv* -1. [from one end to another] até o fim; **they let us ~** nos deixaram passar -2. [until] até; **I slept ~ till ten** dormi até as dez. ⬦ *prep* -1. [from one side to another] através de; **to cut ~ sthg** cortar algo; **to get ~ sthg** passar por algo -2. [during, throughout] durante; **to go ~ an experience** passar por uma experiência -3. [because of] por; **to happen ~ sthg** acontecer devido a algo -4. [by means of] graças a -5. *US* [up till and including]: **Monday ~ Friday** de segunda a sexta.
➡ **through and through** *adv* -1. [completely] dos pés à cabeça -2. [thoroughly]: **to know sthg ~ and ~** conhecer algo de cima a baixo.
throughout [θruː'aʊt] ⬦ *prep* -1. [during] durante todo(da) -2. [everywhere in] por todo(da). ⬦ *adv* -1. [all the time] o tempo todo -2. [everywhere] por todo o lado.
throve [θrəʊv] *pt* ⊳ thrive.
throw [θrəʊ] (*pt* threw, *pp* thrown) ⬦ *vt* -1. [gen] atirar -2. [move suddenly]: **to ~ o.s.** jogar-se, atirar-se -3. [rider]

derrubar, desmontar **- 4.** *fig* [force into]: we were all thrown into confusion ficamos todos muito confusos; he was thrown into the job at short notice largaram o trabalho nas costas dele sem avisar **- 5.** *fig* [confuse] deixar confuso(-sa). ◇ *n* [toss, pitch] arremesso *m*, lançamento *m*.

→ **throw away** *vt sep* jogar fora.

→ **throw out** *vt sep* **- 1.** [discard] jogar fora **- 2.** *fig* [reject] rejeitar **- 3.** [force to leave] expulsar.

→ **throw up** *vi inf* [vomit] vomitar, botar para fora.

throwaway ['θrəʊə,weɪ] *adj* **- 1.** [disposable] descartável **- 2.** [casual] fortuito(ta), casual.

throw-in *n UK FTBL* arremesso *m* lateral.

thrown [θrəʊn] *pp* ▷ **throw**.

thru [θru:] *adj, adv & prep US inf* = **through**.

thrush [θrʌʃ] *n* **- 1.** [bird] tordo *m* **- 2.** *MED* cândida *f*.

thrust [θrʌst] (*pt & pp* **thrust**) ◇ *n* **- 1.** [forward movement - of knife, sword] golpe *m*; [- of army] investida *f*; [- of body] impulso *m* **- 2.** [main aspect] essência *f*. ◇ *vt* [shove, jab] empurrar.

thud [θʌd] (*pt & pp* **-ded**, *cont* **-ding**) ◇ *n* baque *m*. ◇ *vi* dar um baque seco.

thug [θʌg] *n* marginal *mf*.

thumb [θʌm] ◇ *n* [of hand] polegar *m*. ◇ *vt inf* [hitch]: to ~ a lift pedir carona (*com o dedo*).

→ **thumb through** *vt fus* folhear.

thumbs down [,θʌmz-] *n*: to get *OR* be given the ~ ser recebido(da) com desaprovação, não ser bem recebido(da).

thumbs up [,θʌmz-] *n* [go-ahead]: to give sb/sthg the ~ dar luz verde a alguém/algo.

thumbtack ['θʌmtæk] *n US* percevejo *m (para fixar)*.

thump [θʌmp] ◇ *n* **- 1.** [blow] soco *m* **- 2.** [thud] baque *m*. ◇ *vt* [punch] dar um soco em. ◇ *vi* [pound - heart] palpitar; [- head] latejar.

thunder ['θʌndə^r] ◇ *n* (*U*) **- 1.** *METEOR* trovão *m* **- 2.** *fig* [loud sound] estrondo *m*. ◇ *v impers METEOR* trovejar.

thunderbolt ['θʌndəbəʊlt] *n* **- 1.** *METEOR* raio *m* **- 2.** *fig* [shock] choque *m*.

thunderclap ['θʌndəklæp] *n* trovão *m*.

thunderstorm ['θʌndəstɔ:m] *n* temporal *m*.

thundery ['θʌndərɪ] *adj* carregado(da).

Thursday ['θɜ:zdɪ] *n* quinta-feira *f*; *see also* **Saturday**.

thus [ðʌs] *adv fml* **- 1.** [as a consequence]

assim, por isso **- 2.** [in this way] desse modo **- 3.** [as follows] assim.

thwart [θwɔ:t] *vt* frustrar, impedir.

thyme [taɪm] *n* (*U*) tomilho *m*.

thyroid ['θaɪrɔɪd] *n* tireóide *f*.

tiara [tɪ'ɑ:rə] *n* tiara *f*.

Tibet [tɪ'bet] *n* Tibete.

tic [tɪk] *n* tique *m*.

tick [tɪk] ◇ *n* **- 1.** [written mark] (sinal *m* de) visto *m* **- 2.** [sound] tiquetaque *m*; I shan't be a ~ não vou demorar **- 3.** [insect] carrapato *m*. ◇ *vt* marcar (*com sinal de visto*). ◇ *vi* [make ticking sound] fazer tiquetaque

→ **tick off** *vt sep* **- 1.** [mark off] marcar (*com sinal de visto*) **- 2.** [tell off]: to ~ sb off (for sthg) dar uma bronca em alguém (por algo).

→ **tick over** *vi* funcionar em marcha lenta.

ticket ['tɪkɪt] *n* **- 1.** [for entry, access - plane] bilhete *m*; [- bus, train] passagem *f*; [- for footbal match, concert] entrada *f*, ingresso *m* **- 2.** [label on product] etiqueta *f* **- 3.** [notice of traffic offence] multa *f*.

ticket collector *n UK* revisor *m*, -ra *f (no trem)*.

ticket inspector *n UK* revisor *m*, -ra *f (no trem)*.

ticket machine *n* máquina *f* automática que vende ingressos.

ticket office *n* **- 1.** [in theatre] bilheteria *f* **- 2.** [in station] guichê *m* de venda.

tickle ['tɪkl] ◇ *vt* **- 1.** [touch lightly] fazer cócegas em **- 2.** *fig* [amuse] divertir. ◇ *vi*: my feet are tickling sinto cócegas nos pés.

ticklish ['tɪklɪʃ] *adj* [sensitive to touch]: to be ~ sentir cócegas.

tidal ['taɪdl] *adj* da maré.

tidal wave *n* maremoto *m*.

tidbit *n US* = **titbit**.

tiddlywinks ['tɪdlɪwɪŋks], **tiddledywinks** *US* ['tɪdldɪwɪŋks] *n* (*U*) [game] jogo *m* da pulga.

tide [taɪd] *n* **- 1.** [of sea] maré *f* **- 2.** *fig* [trend] tendência *f*; the ~ of history o curso da história **- 3.** *fig* [large quantity] corrente *f*.

tidy ['taɪdɪ] (*compar* **-ier**, *superl* **-iest**, *pt & pp* **-ied**) ◇ *adj* **- 1.** [gen] arrumado(-da) **- 2.** [in habits] asseado(da). ◇ *vt* arrumar.

→ **tidy up** ◇ *vt sep* arrumar. ◇ *vi*: I'll have to ~ up before going out [objects] vou ter que arrumar tudo antes de sair; [hair, appearance] vou ter que me arrumar antes de sair.

tie [taɪ] (*pt & pp* **tied**, *cont* **tying**) ◇ *n* **- 1.** [necktie] gravata *f* **- 2.** [in game, competition] empate *m*. ◇ *vt* **- 1.** [attach]: to ~ sthg (on)to sthg amarrar algo (em algo); **to ~ sthg round sthg** amarrar algo em volta de algo; **to ~ sthg with sthg** amarrar algo com algo **-2.** [do up, fasten - shoelaces] atar, amarrar; [- knot] dar **-3.** *fig* [link]: **to be ~ d to sb/sthg** estar ligado(da) a alguém/algo. ◇ *vi* [draw]: **to ~ (with sb)** empatar (com alguém).

➤ **tie down** *vt sep fig* [restrict] prender; **to feel tied down by sthg** sentir-se preso(sa) a algo.

➤ **tie in with** *vt fus* concordar com, ajustar-se com.

➤ **tie up** *vt sep* **-1.** [secure with string, rope] amarrar **-2.** *fig* [restrict use of] limitar o uso de **-3.** *fig* [link]: **to be ~ d up with sthg** estar ligado(da) a algo.

tiebreak(er) ['taɪbreɪk(əʳ)] *n* **-1.** TENNIS tie-break *m* **-2.** [extra question] desempate *m*.

tiepin ['taɪpɪn] *n* alfinete *m* de gravata.

tier [tɪəʳ] *n* **-1.** [of seats, shelves] fileira *f* **-2.** [cake] camada *f*.

tiff [tɪf] *n* desavença *f*, briguinha *f*.

tiger ['taɪgəʳ] *n* tigre *m*.

tight [taɪt] ◇ *adj* **-1.** [gen] apertado(da); **a ~ fit** justo(ta) **-2.** [taut] esticado(da), teso(sa) **-3.** [close together] comprimido(da) **-4.** [strict] rigoroso(sa) **-5.** [at sharp angle] cerrado(da) **-6.** *inf* [drunk] bêbado(da) **-7.** *inf* [miserly] sovina. ◇ *adv* **-1.** [firmly, securely] com força; **to hold ~** segurar bem; **to shut** OR **close sthg ~** fechar bem algo **-2.** [tautly] bem esticado(da).

➤ **tights** *npl* meia-calça *f*.

tighten ['taɪtn] ◇ *vt* **-1.** [knot, belt, rules] apertar **-2.** [make tauter] esticar **-3.** [strengthen]: **to ~ one's hold** OR **grip on sthg** agarrar OR segurar algo com força **-4.** [security] intensificar. ◇ *vi* [make tighter] apertar.

tightfisted [,taɪt'fɪstɪd] *adj inf pej* pãoduro.

tightly ['taɪtlɪ] *adv* [firmly, securely] com força; [fasten, tie] bem.

tile [taɪl] *n* **-1.** [on roof] telha *f* **-2.** [on floor] piso *m* **-3.** [on wall] azulejo *m*.

tiled [taɪld] *adj* **-1.** [roof] telhado(da) **-2.** [floor] ladrilhado(da) **-3.** [wall] azulejado(da).

till [tɪl] ◇ *prep* até; **~ now** até agora. ◇ *conj* até; **wait ~ I come back** espere até eu voltar OR que eu volte. ◇ *n* caixa *f* (registradora).

tiller ['tɪləʳ] *n* cana *f* do leme.

tilt [tɪlt] ◇ *vt* inclinar. ◇ *vi* inclinar-se.

timber ['tɪmbəʳ] *n* **-1.** (U) [wood] madeira *f* (para a construção) **-2.** [beam - of ship] viga *f* mestra; [- of house] madeiramento *m*.

timbered ['tɪmbəd] *adj* revestido(da) com madeira.

time [taɪm] ◇ *n* **-1.** (U) [general measurement, spell] tempo *m*; **to take ~** levar tempo; **to have no ~ for sb/sthg** não ter tempo a perder com alguém/algo; **to pass the ~** passar o tempo; **to play for ~** tentar ganhar tempo; **it was a long ~ before he came** passou muito tempo antes que ele viesse; **for a ~** por um tempo **-2.** [as measured by clock, moment] hora *f*; **the ~ is three o'clock** são três horas; **what ~ is it?**, **what's the ~?** que horas são?, tem horas?; **in a week's/year's ~** daqui a uma semana/um mês; **to lose ~** atrasar; **to tell the ~** dizer as horas; **now would be a good ~ to ask** agora seria uma boa hora para perguntar **-3.** [point in time in past] época *f*; **at that ~** naquela época **-4.** [era] era *f*; **in ancient ~s** na antiguidade; **before my ~** [before I was born] antes de eu nascer; [before I worked here] antes de eu trabalhar ali **-5.** [occasion] vez *f*; **from ~ to ~** de vez em quando; **~ after ~**, **~ and again** uma e outra vez **-6.** [experience]: **we had a good ~** nos divertimos muito; **we had a terrible ~** foi uma situação horrível; **to have a hard ~ trying to do sthg** ter dificuldade tentando fazer algo **-7.** [degree of lateness]: **in good ~** na hora certa; **ahead of ~** cedo; **on ~** na hora **-8.** MUS compasso *m*. ◇ *vt* **-1.** [schedule] marcar **-2.** [measure duration, speed of] cronometrar **-3.** [choose appropriate moment for] escolher o momento certo para.

➤ **times** ◇ *npl*: **four ~s as much as me** quatro vezes mais do que eu. ◇ *prep* MATH: **four ~s five is twenty** quatro vezes cinco é vinte.

➤ **about time** *adv*: **it's about ~** já era hora.

➤ **at a time** *adv*: **for months at a ~** por meses seguidos; **one at a ~** um (uma) por vez; **I always read several magazines at a ~** sempre leio várias revistas ao mesmo tempo.

➤ **at times** *adv* às vezes.

➤ **at the same time** *adv* ao mesmo tempo.

➤ **for the time being** *adv* por enquanto.

➤ **in time** *adv* **-1.** [not late]: **in ~ (for sthg)** a tempo (para algo) **-2.** [eventually] com o tempo.

time bomb *n* bomba-relógio *f*.

time lag *n* intervalo *m*.

timeless ['taɪmlɪs] *adj* eterno(na).

time limit *n* prazo *m*, limite *m* de tempo.

timely ['taɪmlɪ] (*compar*-ier, *superl*-iest) *adj* oportuno(na).

time off *n* (U) (tempo *m* de) folga *f*; I'm owed ~ me devem alguns dias de folga.

time-out (*pl* time-outs OR times-out) *n* US SPORT intervalo *m*.

timer ['taɪmə[r]] *n* temporizador *m*.

time scale *n* escala *f* de tempo.

time-share *n* UK propriedade *f* comprada em sociedade.

time switch *n* temporizador *m* (*numa máquina*).

timetable ['taɪm,teɪbl] *n* -1. [gen] horário *m* -2. [schedule] programação *f*, programa *m*.

time zone *n* fuso *m* horário.

timid ['tɪmɪd] *adj* tímido(da).

timing ['taɪmɪŋ] *n* (U) -1. [of actor, musician, tennis player] timing *m* -2. [chosen moment]: **she made her comment with perfect** ~ ela fez seu comentário no momento certo -3. SPORT [measuring] cronometragem *f*.

timpani ['tɪmpənɪ] *npl* timbales *mpl*, tímpanos *mpl*.

tin [tɪn] *n* -1. (U) [metal] estanho *m*; ~ **plate** folha-de-fandres *f* -2. UK [for food, storage] lata *f*.

tin can *n* lata *f*.

tinfoil ['tɪnfɔɪl] *n* (U) papel *m* OR folha *f* de estanho.

tinge [tɪndʒ] *n* -1. [of colour] tom *m*, matiz *m* -2. [of feeling] rápida sensação *f*; **a** ~ **of guilt** uma ponta de culpa.

tinged [tɪndʒd] *adj* -1. [colour]: ~ **with sthg** com um toque de algo -2. [feeling]: ~ **with sthg** com uma pontinha de algo.

tingle ['tɪŋgl] *vi* formigar.

tinker ['tɪŋkə[r]] <> *n pej* [gipsy] cigano *m*, -na *f*. <> *vi* atamancar; **to** ~ **with sthg** fuçar em algo.

tinkle ['tɪŋkl] *vi* -1. [bell] tilintar -2. [phone] tocar.

tinned [tɪnd] *adj* UK enlatado(da), em conserva.

tin opener *n* UK abridor *m* de lata.

tinsel ['tɪnsl] *n* (U) lantejoula *f*, ouropel *m*.

tint [tɪnt] *n* matiz *m*.

tinted ['tɪntɪd] *adj* -1. [window, glass] colorido(da) -2. [hair] tingido(da).

tiny ['taɪnɪ] (*compar*-ier, *superl*-iest) *adj* minúsculo(la), diminuto(ta).

tip [tɪp] (*pt* & *pp*-ped, *cont*-ping) <> *n* -1. [end] ponta *f* -2. UK [dump]: **rubbish** ~ lixão *m*, depósito *m* de lixo -3. [gratuity] gorjeta *f* -4. [piece of advice] dica *f*. <> *vt* -1. [tilt] inclinar -2. [spill] derramar -3. [give a gratuity to] dar gorjeta a.

<> *vi* -1. [tilt] inclinar-se -2. [spill] derramar.

tip over *vt sep* & *vi* virar.

tip-off *n* informação *f* (*secreta*).

tipped [tɪpt] *adj* -1. [spear] com ponta de aço -2. [cigarette] com filtro -3. [pen]: **felt-**~ **pen** caneta *f* hidrográfica.

tipsy ['tɪpsɪ] (*compar*-ier, *superl*-iest) *adj inf* alto(ta) (*por ingerir bebida alcóolica*), tocado(da).

tiptoe ['tɪptəʊ] <> *n*: **on** ~ nas pontas dos pés. <> *vi* andar nas pontas dos pés.

tip-top *adj inf dated* ótimo(ma).

tire ['taɪə[r]] <> *n* US = tyre. <> *vt* cansar. <> *vi* -1. [get tired] cansar-se, ficar cansado(da) -2. [get fed up]: **to** ~ **of sb/sthg** cansar-se de alguém/algo.

tired ['taɪəd] *adj* -1. [sleepy] cansado(da) -2. [fed up]: ~ **of sthg/of doing sthg** cansado(da) de algo/de fazer algo.

tireless ['taɪəlɪs] *adj* incansável.

tiresome ['taɪəsəm] *adj* cansativo(va), enfadonho(nha).

tiring ['taɪərɪŋ] *adj* cansativo(va).

tissue ['tɪʃuː] *n* -1. [paper handkerchief] lenço *m* de papel -2. (U) BIOL tecido *m*.

tissue paper *n* (U) papel *m* de seda.

tit [tɪt] *n* -1. [bird] chapim *m* -2. *vulg* [breast] teta *f*.

titbit UK ['tɪtbɪt], **tidbit** US ['tɪdbɪt] *n* -1. [of food] petisco *m* -2. *fig* [of news]: **a** ~ **of gossip** uma pequena fofoca.

tit for tat [-'tæt] *n*: **it's** ~ é olho por olho.

titillate ['tɪtɪleɪt] *vt* excitar.

title ['taɪtl] *n* título *m*.

title deed *n* título *m* de propriedade.

title role *n* papel *m* principal.

titter ['tɪtə[r]] *vi* rir baixinho.

TM <> *abbr of* trademark.

to [unstressed before consonant tə, unstressed before vowel tʊ, stressed tuː] <> *prep* -1. [indicating direction] para; **to go** ~ **Brazil** ir ao Brasil; **to go** ~ **school** ir para a escola. -2. [indicating position] a; ~ **the left/right** à esquerda/direita. -3. [expressing indirect object] a; **to give sthg** ~ **sb** dar algo a alguém; **give it** ~ **me** dê-me isso; **to listen** ~ **the radio** ouvir rádio. -4. [indicating reaction, effect]: ~ **my surprise** para surpresa minha; **it's** ~ **your advantage** é em seu benefício. -5. [until] até; **to count** ~ **ten** contar até dez; **we work from nine** ~ **five** trabalhamos das nove (até) às cinco. -6. [in stating opinion] para; ~ **me, he's lying** para mim, ele está mentindo. -7. [indicating change of state]: **to turn** ~ **sthg** transformar-se em algo; **it could lead** ~ **trouble** pode vir a dar problemas. -8. UK [in expressions of time] para; **it's ten ~ three** são dez para as três; **at quarter ~ seven** às quinze para as sete. **-9.** [in ratios, rates]: **40 miles ~ the gallon** 40 milhas por galão. **-10.** [of, for]: **the answer ~ the question** a resposta à pergunta; **the key ~ the car** a chave do carro; **a letter ~ my daughter** uma carta para a minha filha. **-11.** [indicating attitude] (para) com; **to be rude ~ sb** ser grosseiro com alguém. <> *with infinitive* **-1.** [forming simple infinitive]: **~ walk** andar; **~ laugh** rir. **-2.** [following another verb]: **to begin ~ do sthg** começar a fazer algo; **to try ~ do sthg** tentar fazer algo. **-3.** [following an adjective]: **difficult ~ do** difícil de fazer; **pleased ~ meet you** prazer em conhecê-lo; **ready ~ go** pronto para partir. **- 4.** [indicating purpose] para; **we came here ~ look at the castle** viemos para ver o castelo.

toad [təʊd] *n* sapo *m*.

toadstool ['təʊdstu:l] *n* cogumelo *m* venenoso.

toast [təʊst] <> *n* **-1.** *(U)* [bread] torrada *f*, pão *m* torrado **-2.** [drink] brinde *m*. <> *vt* **-1.** [bread] tostar, torrar **-2.** [person] brindar a.

toasted sandwich [,təʊstɪd-] *n* misto-quente *m*.

toaster ['təʊstər] *n* torradeira *f*.

tobacco [tə'bækəʊ] *n* tabaco *m*.

tobacconist *n* charuteiro *m*, -ra *f*, vendedor *m*, -ra *f* de fumo OR tabaco; **~'s (shop)** tabacaria *f*.

toboggan [tə'bɒgən] *n* tobogã *m*.

today [tə'deɪ] <> *adv (U)* **-1.** [this day] hoje **-2.** [nowadays] de hoje, atual; **~'s technology** a tecnologia hoje em dia. <> *adv* **-1.** [this day] hoje **-2.** [nowadays] hoje (em dia).

toddler ['tɒdlər] *n* criança *f* pequena *(que começa a andar)*.

toddy ['tɒdɪ] *(pl* **-ies)** *n* ponche *m*.

to-do *(pl* **-s)** *n inf dated* tumulto *m*, alvoroço *m*.

toe [təʊ] <> *n* **-1.** [of foot] dedo *m (do pé)* **- 2.** [of sock] ponta *f* **-3.** [of shoe] biqueira *f*. <> *vt*: **to ~ the line** cumprir as normas.

toenail ['təʊneɪl] *n* unha *f* do pé.

toffee ['tɒfɪ] *n* **-1.** [sweet] tofe *m*, caramelo *m* **-2.** *(U)* [substance] tofe *m*.

toga ['təʊgə] *n* toga *f*.

together [tə'geðər] *adv* juntos(tas); **to go ~** combinar.

◆ **together with** *prep* junto com.

toil [tɔɪl] *fml* <> *n* trabalho *m* duro. <> *vi* trabalhar duro.

toilet ['tɔɪlɪt] *n* vaso *m* sanitário; **to go to the ~** ir ao banheiro.

toilet bag *n* nécessaire *m*.

toilet paper *n (U)* papel *m* higiênico.

toiletries ['tɔɪlɪtrɪz] *npl* artigos *mpl* de toalete.

toilet roll *n* **-1.** *(U)* [paper] papel *m* higiênico **-2.** [roll] rolo *m* de papel higiênico.

toilet water *n (U)* água-de-colônia *f*, colônia *f*.

token ['təʊkn] <> *adj* simbólico(ca). <> *n* **-1.** [voucher, disc - for machines] ficha *f*; [- for books, records] vale *m* **-2.** [symbol] símbolo *m*, mostra *f*.

◆ **by the same token** *adv* da mesma forma.

told [təʊld] *pt & pp* ⊳ **tell**.

tolerably ['tɒlərəblɪ] *adv* razoavelmente.

tolerance ['tɒlərəns] *n* tolerância *f*.

tolerant ['tɒlərənt] *adj* **-1.** [not bigoted]: **~ of sb/sthg** tolerante com alguém/algo **-2.** [resistant]: **~ to sthg** resistente a algo.

tolerate ['tɒləreɪt] *vt* **-1.** [put up with] suportar, tolerar **-2.** [permit] tolerar.

toll [təʊl] <> *n* **-1.** [number]: **death ~** número *m* de vítimas fatais **-2.** [fee] pedágio *m* **-3.** *phr*: **to take its ~** ter suas implicações. <> *vt* [bell] tocar, badalar.

toll-free *US adv*: **to call ~** telefonar OR ligar gratuitamente.

tomato [UK tə'mɑ:təʊ, US tə'meɪtəʊ] *(pl* **-es)** *n* tomate *m*.

tomb [tu:m] *n* túmulo *m*, tumba *f*.

tomboy ['tɒmbɔɪ] *n menina que gosta de jogos e brincadeiras de meninos*.

tombstone ['tu:mstəʊn] *n* lápide *f*.

tomcat ['tɒmkæt] *n* gato *m (macho)*.

tomorrow [tə'mɒrəʊ] <> *n* **-1.** [day after today] amanhã *m* **-2.** *fig* [future] futuro *m*. <> *adv* **-1.** [the day after today] amanhã; **~ week** uma semana a contar de amanhã **-2.** [in future] no futuro.

ton [tʌn] *(pl inv* OR **-s)** *n* **-1.** *UK* [imperial unit of measurement] tonelada *f* inglesa OR longa *(1016,05 kg)* **- 2.** *US* [unit of measurement] tonelada *f (907,19 kg)* **-3.** [metric unit of measurement] tonelada *f* métrica.

◆ **tons** *npl UK inf*: **~s (of)** um monte de.

tone [təʊn] *n* **-1.** [gen] tom *m* **-2.** *TELEC* sinal *m*; **dialling ~** linha *f* de discagem.

◆ **tone down** *vt sep* suavizar, moderar.

◆ **tone up** *vt sep* pôr em forma.

tone-deaf *adj* que não tem ouvido musical.

tongs [tɒŋz] *npl* **-1.** [for sugar] pinça *f* para açúcar **-2.** [for hair] pinças *fpl*.

tongue [tʌŋ] n -1. [gen] língua f; **to hold one's ~** fig fechar o bico -2. fml [language] língua f -3. [of shoe] lingüeta f.

tongue-in-cheek adj em tom de brincadeira.

tongue-tied [-ˌtaɪd] adj mudo(da) (por timidez ou nervosismo).

tongue twister [-ˌtwɪstəʳ] n trava-língua m.

tonic [ˈtɒnɪk] n -1. [gen] tônico m -2. (U) [tonic water] (água f) tônica f.

tonic water n (U) (água f) tônica f.

tonight [təˈnaɪt] ◇ n (U) esta noite f. ◇ adv hoje à noite, esta noite.

tonnage [ˈtʌnɪdʒ] n (U) NAUT -1. [weight] tonelagem f -2. [amount of cargo] tonelagem f (de arqueação).

tonne [tʌn] (pl inv OR -s) n tonelada f métrica.

tonsil [ˈtɒnsl] n amígdala f.

tonsil(l)itis [ˌtɒnsɪˈlaɪtɪs] n (U) amigdalite f.

too [tu:] adv -1. [also] também -2. [excessively]: ~ **much** demais; ~ **old** velho demais; ~ **many things** muitas e muitas coisas; ~ **long a book** um livro longo demais; all ~ **soon** cedo demais; **only ~ ...** muito ...; **I'd be only ~ happy to help** eu adoraria ajudar -3. (with negatives): **not ~ bad** nada mal; **I wasn't ~ impressed** não fiquei muito impressionado.

took [tʊk] pt ▷ take.

tool [tu:l] n -1. [implement] ferramenta f -2. fig [means] ferramenta f, instrumento m.

tool box n caixa f de ferramentas.

tool kit n jogo m de ferramentas.

toot [tu:t] ◇ n buzinada f. ◇ vi buzinar.

tooth [tu:θ] (pl teeth) n dente m.

toothache [ˈtu:θeɪk] n (U) dor f de dente.

toothbrush [ˈtu:θbrʌʃ] n escova f de dentes.

toothpaste [ˈtu:θpeɪst] n (U) pasta f de dentes.

toothpick [ˈtu:θpɪk] n palito m.

top [tɒp] (pt & pp -ped, cont -ping) ◇ adj -1. [highest] de cima, superior -2. [most important, successful] importante; **she got the ~ mark** ela tirou a melhor nota -3. [maximum] máximo(ma). ◇ n -1. [gen] topo m, parte f de cima; **at the ~ of one's voice** a toda voz -2. [highest point - of list, class] primeiro(ra); [- of tree] copa f; [- of hill] cume m; [- of page] topo m -3. [lid, cap] tampa f -4. [upper side] superfície f -5. [clothing - bikini, pyjama] parte f de cima; [- blouse] blusa f -6. [toy] pião m -7. [highest rank - of an organization] topo m; [- of a league, class]

primeiro(ra). ◇ vt -1. [to be first in - league, poll] liderar, estar em primeiro lugar em; [- table, chart] liderar, encabeçar -2. [better] superar -3. [exceed] passar de -4. [put on top of] cobrir.

➡ **on top of** prep -1. [in space] em cima de -2. [in addition to] além de; **on ~ of that** como se não bastasse.

➡ **top up** UK, **top off** US vt sep encher novamente.

top floor n último andar m.

top hat n cartola f.

top-heavy adj muito pesado(da) na parte de cima.

topic [ˈtɒpɪk] n tópico m.

topical [ˈtɒpɪkl] adj atual, da atualidade.

topless [ˈtɒplɪs] adj [barebreasted] topless; **to go ~** fazer topless.

top-level adj do mais alto nível.

topmost [ˈtɒpməʊst] adj mais alto(ta).

topping [ˈtɒpɪŋ] n cobertura f.

topple [ˈtɒpl] ◇ vt derrubar. ◇ vi vir abaixo.

top-secret adj ultra-secreto(ta).

topspin n (U) topspin m.

topsy-turvy [ˌtɒpsɪˈtɜ:vɪ] adj -1. [messy] de pernas para o ar -2. [haywire] louco(ca).

top-up card n [for mobile phone] cartão m de recarga.

torch [tɔ:tʃ] n -1. UK [electric] lanterna f -2. [flaming stick] tocha f.

tore [tɔ:ʳ] pt ▷ tear².

torment [n ˈtɔ:ment, vb tɔ:ˈment] ◇ n tormento m. ◇ vt atormentar.

torn [tɔ:n] pp ▷ tear².

tornado [tɔ:ˈneɪdəʊ] (pl -es OR -s) n tornado m.

torpedo [tɔ:ˈpi:dəʊ] (pl -es) n torpedo m.

torrent [ˈtɒrənt] n torrente f.

torrid [ˈtɒrɪd] adj tórrido(da).

tortoise [ˈtɔ:təs] n tartaruga f terrestre.

tortoiseshell [ˈtɔ:təʃel] ◇ adj [cat] escama-de-tartaruga. ◇ n (U) [material] tartaruga f.

torture [ˈtɔ:tʃəʳ] ◇ n tortura f. ◇ vt torturar.

Tory [ˈtɔ:rɪ] (pl -ies) ◇ adj tóri, do partido conservador britânico. ◇ n tóri mf, membro m do partido conservador britânico.

toss [tɒs] vt -1. [throw carelessly] atirar, jogar -2. [head] sacudir -3. [food] misturar -4. [coin] jogar (ao ar); **to ~ a coin** tirar no cara ou coroa -5. [throw about] jogar, arremessar.

➡ **toss up** vi disputar no cara ou coroa.

tot [tɒt] n -1. inf [small child] nenezinho f, -nha -2. [of drink] golinho m.

total ['təʊtl] (*UK pt* & *pp* -led, *cont* -ling, *US pt* & *pp* -ed, *cont* -ing) ⬦ *adj* total. ⬦ *n* total *m*. ⬦ *vt* -1. [add up] somar -2. [amount to] totalizar.

totalitarian [,təʊtælɪ'teərɪən] *adj* totalitário(ria).

totally ['təʊtəlɪ] *adv* totalmente.

totter ['tɒtə'] *vi* cambalear.

touch [tʌtʃ] ⬦ *n* -1. [gen] toque *m* -2. [contact]: **to get in ~ (with sb)** entrar em contato (com alguém); **to keep/in ~ (with sb)** manter contato (com alguém); **to lose ~ (with sb)** perder o contato (com alguém); **to be out of ~ with sthg** estar por fora de algo -3. [small amount]: **a ~ (of sthg)** um pouco (de algo) -4. *SPORT*: **in ~** na lateral -5. *(U)* [sense] tato *m*; **soft to the ~** suave ao toque; **the ~ of her lips** o toque de seus lábios. ⬦ *vt* -1. [make contact with] tocar -2. [move emotionally] tocar, comover -3. [eat] comer -4. [drink] beber. ⬦ *vi* -1. [make contact] tocar -2. [be in contact] tocar-se.

➡ **touch down** *vi* [plane] aterrissar.

➡ **touch on** *vt fus* tocar por cima.

touch-and-go *adj* incerto(ta), duvidoso(sa).

touchdown ['tʌtʃdaʊn] *n* -1. [on land, sea] aterrissagem *f* -2. [in American football] touchdown *m*.

touched [tʌtʃt] *adj* -1. [grateful] comovido(da), emocionado(da) -2. *inf* [slightly mad] tantã.

touching ['tʌtʃɪŋ] *adj* tocante, comovente.

touchline ['tʌtʃlaɪn] *n SPORT* linha *f* lateral.

touch screen *n* tela *f* tátil.

touchy ['tʌtʃɪ] (*compar* -ier, *superl* -iest) *adj* -1. [person] suscetível -2. [subject, question] delicado(da).

tough [tʌf] *adj* -1. [gen] duro(ra) -2. [person, character] forte -3. [material] resistente -4. [decision, life] difícil -5. [criminal, neighbourhood] da pesada.

toughen ['tʌfn] *vt* endurecer.

toupee ['tu:peɪ] *n* peruca *f*.

tour [tʊə'] ⬦ *n* -1. [trip] excursão *f*, viagem *f* -2. [of building, town, museum] visita *f*; **guided ~** visita *f* guiada -3. [official journey] turnê *f*. ⬦ *vt* -1. [visit] visitar -2. *SPORT* & *THEATRE* fazer uma turnê por.

touring ['tʊərɪŋ] *n (U)* viagens *fpl* turísticas; **to go ~** fazer turismo.

tourism ['tʊərɪzm] *n (U)* turismo *m*.

tourist ['tʊərɪst] *n* turista *mf*.

tourist (information) office *n* (serviço *m* de) informações *fpl* turísticas.

tournament ['tɔ:nəmənt] *n CHESS* & *SPORT* torneio *m*.

tour operator *n* agência *f* de viagens.

tousle *vt* -1. [hair] despentear -2. [fur, feathers] desarrumar.

tout [taʊt] ⬦ *n* cambista *mf*. ⬦ *vt* [tickets, goods] revender (*como cambista*). ⬦ *vi*: **to ~ for sthg** angariar algo; **to ~ for trade** tentar obter algo; **to ~ for clients** aliciar algo; **to ~ for investment** buscar algo.

tow [təʊ] ⬦ *n* reboque *m*; **on ~** *UK* a reboque. ⬦ *vt* rebocar.

towards *UK* [tə'wɔ:dz], **toward** *US* [tə'wɔ:d] *prep* -1. [in the direction of] para, em direção a -2. [indicating attitude] em relação a -3. [near in time, space] perto de -4. [as contribution to] para.

towel ['taʊəl] *n* toalha *f*.

towelling *UK*, **toweling** *US* ['taʊəlɪŋ] *n (U)* tecido *m* atoalhado.

towel rail *n* toalheiro *m*.

tower ['taʊə'] ⬦ *n* torre *f*. ⬦ *vi* destacar-se; **to ~ over sb** ser muito mais alto(ta) do que alguém; **to ~ over sthg** destacar-se por cima de algo.

tower block *n UK* prédio *m* alto de escritórios.

towering ['taʊərɪŋ] *adj* [very tall] altíssimo(ma).

town [taʊn] *n* -1. [population centre] cidade *f* -2. *(U)* [centre of town, city] centro *m* (da cidade); **to go out on the ~** ir divertir-se; **to go to ~** *fig* botar para quebrar.

town centre *n* centro *m* (da cidade).

town council *n* câmara *f* municipal.

town hall *n* -1. [building] prefeitura *f* -2. *(U) fig* [council] prefeitura *f*.

town plan *n* -1. [map] mapa *m* da cidade -2. [project, plan] projeto *m* de urbanização.

town planning *n (U)* -1. [study] urbanismo *m* -2. [practice] urbanização *f*.

township ['taʊnʃɪp] *n* -1. [in South Africa] zona urbana atribuída antigamente pelo governo à população negra -2. [in US] ≃ município *m*.

towpath ['təʊpɑ:θ, *pl* -pɑ:ðz] *n* caminho *m* de sirga.

towrope ['təʊrəʊp] *n* cabo *m* para reboque.

tow truck *n US* guincho *m*, reboque *m*.

toxic ['tɒksɪk] *adj* tóxico(ca).

toy [tɔɪ] *n* brinquedo *m*.

➡ **toy with** *vt fus* -1. [idea]: **to ~ with sthg** pensar em algo -2. [play]: **to ~ with sthg** brincar com algo.

toy shop *n* loja *f* de brinquedos.

trace [treɪs] ⬦ *n* -1. [evidence, remains] vestígio *m* -2. [small amount] vestígio *m*. ⬦ *vt* -1. [find] localizar -2. [follow progress of] traçar -3. [mark outline of] traçar; [with tracing paper] decalcar.

tracing paper ['treɪsɪŋ-] n (U) papel m de decalque.

track [træk] ⬦ n - 1. [path] trilha f - 2. SPORT pista f - 3. RAIL trilho m - 4. [mark, trace] pegada f - 5. [on record, tape, CD] faixa f - 6. phr: **to lose ~ of sb/sthg** perder alguém/algo de vista; **to be on the right/wrong ~** estar no caminho certo/errado. ⬦ vt [follow] seguir a pista de.

➤ **track down** vt sep localizar.

track record n histórico m (de reputação).

tracksuit ['træksu:t] n abrigo m esportivo.

tract [trækt] n - 1. [pamphlet] panfleto m - 2. [of land, forest] extensão f.

traction ['trækʃn] n (U) - 1. PHYSICS tração f - 2. MED tração f.

tractor ['træktər] n trator m.

trade [treɪd] ⬦ n - 1. (U) [commerce] comércio m - 2. [job] profissão f, ofício m; **by ~** por formação. ⬦ vt [exchange] negociar; **to ~ sthg for sthg** trocar algo por algo. ⬦ vi COMM [do business] negociar; **to ~ with sb** negociar com alguém.

➤ **trade in** vt sep [exchange] dar como entrada.

trade fair n feira f industrial.

trade-in n objeto ou artigo que se entrega como entrada ao se comprar um novo, base f de troca.

trademark ['treɪdmɑːk] n - 1. COMM marca f registrada - 2. fig [characteristic] marca f registrada.

trade name n COMM razão f social.

trader ['treɪdər] n comerciante mf.

tradesman ['treɪdzmən] (pl -men [-mən]) n [shopkeeper, trader] comerciante m.

trades union n UK = trade union.

Trades Union Congress n UK: **the ~** a associação britânica dos sindicatos.

trades unionist n UK = trade unionist.

trade union n sindicato m.

trade unionist n sindicalista mf.

trading ['treɪdɪŋ] n (U) comércio m.

trading estate n UK distrito m industrial.

tradition [trə'dɪʃn] n - 1. (U) [system of customs] tradição f - 2. [established practice] costume m.

traditional [trə'dɪʃənl] adj tradicional.

traffic ['træfɪk] (pt & pp -ked, cont -king) ⬦ n (U) - 1. [vehicles] trânsito m; **~ in sthg** tráfico de algo. ⬦ vi: **to ~ in sthg** traficar algo.

traffic circle n US rotatória f.

traffic jam n congestionamento m.

trafficker ['træfɪkər] n traficante mf; **~**

in sthg traficante de algo.

traffic lights npl semáforo m.

traffic warden n UK guarda mf de trânsito.

tragedy ['trædʒədɪ] (pl -ies) n - 1. (U) [ill fate, dramatic form] tragédia f - 2. [terrible event, play] tragédia f.

tragic ['trædʒɪk] adj trágico(ca).

trail [treɪl] ⬦ n - 1. [path] trilha f - 2. [traces] rastro m. ⬦ vt - 1. [drag behind, tow] arrastar - 2. [lag behind] estar atrás de. ⬦ vi - 1. [drag behind] arrastar - 2. [move slowly] andar lentamente - 3. SPORT [lose] perder.

➤ **trail away, trail off** vi apagar-se.

trailer ['treɪlər] n - 1. [vehicle for luggage] reboque m - 2. esp US [for living in] trailer m - 3. CINEMA trailer m.

train [treɪn] ⬦ n - 1. RAIL trem m - 2. [of dress] cauda f - 3. [connected sequence]: **~ of thought** linha f de raciocínio. ⬦ vt - 1. [teach] treinar; **to ~ sb to do sthg** treinar alguém para fazer algo; **to ~ sb in sthg** treinar alguém em algo - 2. [for job]: **to ~ sb as sthg** preparar OR formar alguém para ser algo - 3. SPORT treinar; **to ~ sb for sthg** treinar alguém para algo - 4. [gun, camera] apontar. ⬦ vi - 1. [for job] preparar-se; **to ~ as sthg** estudar para algo - 2. SPORT treinar; **to ~ for sthg** treinar para algo.

train driver n maquinista mf.

trained [treɪnd] adj - 1. [psychologist] formado(da) - 2. [singer] profissional - 3. [cartographer] qualificado(da) - 4. [doctor] especializado(da).

trainee [treɪ'niː] n estagiário m, -ria f, trainee mf.

trainer ['treɪnər] n - 1. [of animals] amestrador m, -ra f - 2. SPORT treinador m, -ra f.

➤ **trainers** npl UK [shoes] tênis m inv para a prática desportiva.

training ['treɪnɪŋ] n (U) - 1. [for job]: **~ in sthg** formação f em algo, treinamento m para algo - 2. SPORT treinamento m.

training college n UK escola f profissionalizante.

training shoes npl UK tênis m inv para a prática desportiva.

traipse [treɪps] vi vaguear.

trait [treɪt] n traço m.

traitor ['treɪtər] n traidor m, -ra f.

trajectory [trə'dʒektərɪ] (pl -ies) n TECH trajetória f.

tram [træm], **tramcar** ['træmkɑːr] n UK bonde m.

tramp [træmp] ⬦ n vagabundo m, -da f. ⬦ vi andar com passos pesados.

trample ['træmpl] vt esmagar com os pés, pisar em.

trampoline ['træmpəli:n] *n* trampolim *m*.

trance [trɑ:ns] *n* [hypnotic state] transe *m*.

tranquil ['træŋkwɪl] *adj literary* plácido(da).

transaction [træn'zækʃn] *n* transação *f*.

transcend [træn'send] *vt fml* [go beyond] transcender.

transcript ['trænskrɪpt] *n* [of speech, conversation] transcrição *f*.

transfer [*n* 'trænsfɜ:r, *vb* træns'fɜ:r] (*pt* & *pp* -red, *cont* -ring) ◇ *n* -1. [gen] transferência *f* -2. [design] decalcomania *f*. ◇ *vt* transferir. ◇ *vi* transferir-se.

transfix [træns'fɪks] *vt* [immobilize] paralisar.

transform [træns'fɔ:m] *vt* transformar; to ~ sb/sthg into sthg transformar alguém/algo em algo.

transfusion [træns'fju:ʒn] *n* transfusão *f*.

transient ['trænzɪənt] *adj fml* [fleeting] transitório(ria).

transistor [træn'zɪstər] *n* ELECTRON transistor *m*.

transistor radio *n* dated (rádio *m*) transistor *m*.

transit ['trænsɪt] *n*: in ~ de passagem.

transition [træn'zɪʃn] *n* -1. [change] transição *f* -2. (*U*) [act of changing] transição *f*; ~ from sthg to sthg transição de algo para algo.

transitive ['trænzɪtɪv] *adj* GRAMM transitivo(va).

transitory ['trænzɪtrɪ] *adj* transitório(ria).

translate [træns'leɪt] *vt* -1. [languages] traduzir -2. *fig* [transform]: to ~ sthg into sthg transformar algo em algo.

translation [træns'leɪʃn] *n* tradução *f*.

translator [træns'leɪtər] *n* tradutor *m*, -ra *f*.

transmission [trænz'mɪʃn] *n* transmissão *f*.

transmit [trænz'mɪt] (*pt* & *pp* -ted, *cont* -ting) *vt* transmitir.

transmitter [trænz'mɪtər] *n* ELECTRON transmissor *m*.

transparency [trans'pærənsɪ] (*pl* -ies) *n* transparência *f*.

transparent [træns'pærənt] *adj* -1. [gen] transparente -2. [obvious] óbvio(via).

transpire [træn'spaɪər] *fml* ◇ *vt*: it ~s that ... descobre-se que ... ◇ *vi* [happen] acontecer, ocorrer.

transplant [*n* 'trænsplɑ:nt, *vb* træns'plɑ:nt] ◇ *n* transplante *m*. ◇ *vt* [gen] transplantar.

transport [*n* 'trænspɔ:t, *vb* træn'spɔ:t]
◇ *n* transporte *m*. ◇ *vt* [goods, people] transportar.

transportation [trænspɔ:'teɪʃn] *n* (*U*) *esp US* = transport.

transport cafe ['trænspɔ:t-] *n UK* lanchonete *m* deestrada.

transpose [træns'pəʊz] *vt* [change round] inverter.

trap [træp] (*pt* & *pp* -ped, *cont* -ping)
◇ *n* -1. [for animal, bird] armadilha *f* -2. *fig* [trick] cilada *f*. ◇ *vt* -1. [animal, bird] apanhar em armadilha -2. *fig* [trick] armar uma cilada -3. [retain] guardar.

trapdoor [træp'dɔ:r] *n* alçapão *m*.

trapeze [trə'pi:z] *n* trapézio *m*.

trappings ['træpɪŋz] *npl* pompas *fpl*.

trash [træʃ] *n* (*U*) -1. *US* [refuse] lixo *m* -2. *inf pej* [sthg of poor quality] lixo *m*, porcaria *f*.

trashcan ['træʃkæn] *n US* lata *f* de lixo.

traumatic [trɔ:'mætɪk] *adj* traumático(ca).

travel ['trævl] (*UK pt* & *pp* -led, *cont* -ling, *US pt* & *pp* -ed, *cont* -ing) ◇ *n* (*U*) viagem *f*; I'm keen on ~ eu adoro viajar. ◇ *vt* -1. [place] viajar por -2. [distance] viajar. ◇ *vi* -1. [gen] viajar -2. [news] voar.

travel agency *n* agência *f* de viagens.

travel agent *n* agente *mf* de viagens; ~'s agência *f* de viagens.

travel brochure *n* catálogo *m* de viagens.

travel card *n* passe *m*.

traveller *UK*, **traveler** *US* ['trævlər] *n* -1. [gen] viajante *mf* -2. [sales representative] representante *mf* comercial.

traveller's cheque *n* cheque *m* de viagem, traveler's cheque *m*.

travelling *UK*, **traveling** *US* ['trævlɪŋ] *adj* -1. [itinerant] itinerante, ambulante -2. [portable, of travel] de viagem.

travelsick ['trævəlsɪk] *adj* enjoado(da) (*pela viagem*).

travesty ['trævəstɪ] (*pl* -ies) *n* paródia *f*.

trawler ['trɔ:lər] *n* traineira *f*.

tray [treɪ] *n* bandeja *f*.

treacherous ['tretʃərəs] *adj* -1. [person] traidor(ra) -2. [plan, behaviour] traiçoeiro(ra) -3. [dangerous] perigoso(sa).

treachery ['tretʃərɪ] *n* (*U*) traição *f*.

treacle ['tri:kl] *n* (*U*) *UK* melado *m*.

tread [tred] (*pt* trod, *pp* trodden) ◇ *n* -1. [on tyre] banda *f* de rodagem -2. [shoe] sola *f* -3. [sound or way of walking] passos *mpl*. ◇ *vi* [place foot]: to ~ on sthg pisar em algo.

treason ['tri:zn] *n* (*U*) traição *f*.

treasure ['treʒər] ◇ *n lit* & *fig* tesouro *m*. ◇ *vt* dar valor a.

treasurer ['treʒərər] *n* tesoureiro *m*, -ra *f*.

triplicate

treasury ['treʒərɪ] (pl -ies) n [room] sala f do tesouro.
➡ **Treasury** n: **the Treasury** ≃ o Ministério da Fazenda.

treat [tri:t] ◇ vt -1. [handle, deal with] tratar -2. [give sthg special]: **to ~ sb (to sthg)** invitar alguém (para algo) -3. [MED, process] tratar. ◇ n -1. [food] delícia f -2. [gift] prazer m.

treatise ['tri:tɪs] n fml: ~ **(on sthg)** tratado m (sobre algo).

treatment ['tri:tmənt] n tratamento m.

treaty ['tri:tɪ] (pl -ies) n [written agreement] tratado m.

treble ['trebl] ◇ adj -1. MUS de soprano -2. [with numbers]: **my phone extension is ~ 4** meu ramal é 444. ◇ n MUS soprano m. ◇ vt & vi triplicar.

treble clef n clave f de sol.

tree [tri:] n árvore f.

treetop ['tri:tɒp] n copa f (de árvore).

tree-trunk n tronco m (de árvore).

trek [trek] n expedição f.

trellis ['trelɪs] n treliça f.

tremble ['trembl] vi tremer.

tremendous [trɪ'mendəs] adj -1. [impressive, large] tremendo(da), enorme -2. inf [really good] fabuloso(sa).

tremor ['tremər] n tremor m.

trench [trentʃ] n -1. [narrow channel] vala f -2. MIL trincheira f.

trench coat n capa f de chuva.

trend [trend] n [tendency] tendência f.

trendy ['trendɪ] (compar -ier, superl -iest, pl -ies) inf adj -1. [person] moderno(na) -2. [clothes, music] da moda.

trepidation [,trepɪ'deɪʃn] n (U) fml: **in** OR **with ~** com ansiedade.

trespass ['trespəs] vi [on sb's land] invadir; **'no ~ ing'** 'entrada proibida'.

trespasser ['trespəsər] n invasor m, -ra f.

trestle ['tresl] n cavalete m.

trestle table n mesa f de cavalete.

trial ['traɪəl] n -1. JUR julgamento m; **to be on ~ (for sthg)** ser processado(da) (por algo) -2. [test, experiment] teste m; **on ~** em testes; **by ~ and error** por tentativa e erro -3. [unpleasant experience] suplício m.

triangle ['traɪæŋgl] n triângulo m.

tribe [traɪb] n [social group] tribo f.

tribunal [traɪ'bju:nl] n tribunal m.

tributary ['trɪbjutrɪ] (pl -ies) n GEOGR afluente m.

tribute ['trɪbju:t] n -1. [act of respect, admiration] tributo m; **to be a ~ to sb/sthg** ser um tributo para alguém/algo -2. [evidence] prova f -3. (U) [respect, admiration] homenagem f; **to pay ~ (to sb/sthg)** prestar homenagem (a alguém/algo).

trice [traɪs] n: **in a ~** num abrir e fechar de olhos.

trick [trɪk] ◇ n -1. [to deceive] trapaça f; **to play a ~ on sb** pregar uma peça em alguém -2. [to entertain] truque m -3. [ability, knack] hábito m; **to do the ~** dar resultado. ◇ vt enganar; **to ~ sb into sthg** enrolar alguém sobre algo; **to ~ sb into doing sthg** enrolar alguém para que faça algo.

trickery ['trɪkərɪ] n (U) trapaça f.

trickle ['trɪkl] ◇ n [of liquid] fio m. ◇ vi -1. [liquid] gotejar, pingar -2. [people, things]: **to trickle in/out** entrar/sair aos poucos.

tricky ['trɪkɪ] (compar -ier, superl -iest) adj [difficult] enrolado(da), complicado(da).

tricycle ['traɪsɪkl] n triciclo m.

tried [traɪd] adj: **~ and tested** testado e aprovado, testada e aprovada.

trifle ['traɪfl] n -1. CULIN sobremesa de biscoito feito com gelatina, creme, frutas e nata -2. [unimportant thing] ninharia f.
➡ **a trifle** adv fml ligeiramente, um pouco.

trifling ['traɪflɪŋ] adj pej insignificante.

trigger ['trɪgər] n [on gun] gatilho m.

trill [trɪl] n -1. MUS tremolo m -2. [of birds] trinado m.

trim [trɪm] (compar -mer, superl -mest, pt & pp -med, cont -ming) ◇ adj -1. [neat and tidy] bem cuidado(da) -2. [slim] esbelto(ta). ◇ n -1. [cut - hair] corte m; [- hedge] poda f. ◇ vt -1. [cut - hair, nails, lawn] cortar; [- hedge] podar; [- moustache] aparar -2. [decorate] enfeitar; **to ~ sthg with sthg** enfeitar algo com algo.

trimming n [on clothing] enfeite m.
➡ **trimmings** npl -1. CULIN guarnição f -2. [scraps] aparas fpl.

trinket ['trɪŋkɪt] n adorno m.

trio ['tri:əʊ] (pl -s) n trio m.

trip [trɪp] (pt & pp -ped, cont -ping) ◇ n -1. [journey] viagem f -2. drugs sl [experience] viagem f. ◇ vt [make stumble] fazer tropeçar, passar uma rasteira em. ◇ vi [stumble]: **to ~ (over)** tropeçar (em); **to ~ over sthg** tropeçar em algo.
➡ **trip up** vt sep [make stumble] fazer tropeçar.

tripe [traɪp] n (U) -1. CULIN dobradinha f -2. inf [nonsense] bobajada f.

triple ['trɪpl] ◇ adj triplo(pla). ◇ vt & vi triplicar.

triple jump n: **the ~** o salto triplo.

triplets ['trɪplɪts] npl trigêmeos mpl, -meas fpl.

triplicate ['trɪplɪkət] n: **in ~** em três vias.

tripod ['traɪpɒd] n tripé m.

trite [traɪt] adj pej banal.

triumph ['traɪəmf] <> n **-1.** [success] triunfo m **-2.** (U) [satisfaction] triunfo m. <> vi triunfar; **to ~ over** sb/sthg triunfar sobre alguém/algo.

trivia ['trɪvɪə] n (U) trivialidades fpl.

trivial ['trɪvɪəl] adj pej trivial.

trod [trɒd] pt ▷ tread.

trodden ['trɒdn] pp ▷ tread.

trolley ['trɒlɪ] (pl **trolleys**) n **-1.** UK [gen] carrinho m **-2.** US [vehicle] bonde m.

trolley case n mala f com rodinhas.

trombone [trɒm'bəʊn] n trombone m.

troop [tru:p] <> n [band] bando m, grupo m. <> vi [march] andar em bando; **to ~ in/out** entrar/sair em bando.

◆ **troops** npl MIL tropas fpl.

trophy ['trəʊfɪ] (pl **-ies**) n SPORT troféu m.

tropical ['trɒpɪkl] adj tropical.

tropics ['trɒpɪks] npl: **the ~** os trópicos.

trot [trɒt] (pt & pp **-ted**, cont **-ting**) <> n [of horse] trote m. <> vi [horse] trotar.

◆ **on the trot** adv inf: **four times on the ~** quatro vezes seguidas.

trouble ['trʌbl] <> n **-1.** (U) [difficulty] problema m; **to be in ~** [having problems] estar com problemas **-2.** [bother] incômodo m; **to take the ~ to do** sthg dar-se ao trabalho de fazer algo **-3.** (U) [pain, illness] problema m **-4.** (U) [fighting] confusão f **-5.** POL [unrest] agitação f. <> vt **-1.** [worry, upset] preocupar **-2.** [interrupt, disturb] importunar **-3.** [cause pain to] incomodar.

◆ **troubles** npl **-1.** [worries] problemas mpl, preocupações fpl **-2.** POL [unrest] conflitos mpl.

troubled ['trʌbld] adj **-1.** [worried, upset] preocupado(da) **-2.** [disturbed - sleep] agitado(da); [- life, place, time] tumultuado(da).

troublemaker ['trʌbl,meɪkə'] n agitador m, -ra f.

troubleshooter ['trʌbl,ʃu:tə'] n solucionador m, -ra f de problemas; **he's the ~ here** é ele quem resolve os problemas aqui.

troublesome ['trʌblsəm] adj problemático(ca).

trough [trɒf] n **-1.** [for animals] cocho m **-2.** [low point] baixa f.

troupe [tru:p] n trupe f.

trousers ['traʊzəz] npl calças fpl.

trout [traʊt] (pl inv OR **-s**) n truta f.

trowel ['traʊəl] n **-1.** [for the garden] pá f de jardim **-2.** [for cement, plaster] colher f de pedreiro.

truant ['tru:ənt] n [child] criança f que

mata às aulas; **to play ~** gazear OR matar aula.

truce [tru:s] n trégua f.

truck [trʌk] n **-1.** esp US [lorry] caminhão m **-2.** RAIL vagão m.

truck driver n esp US motorista mf de caminhão.

trucker ['trʌkə'] n US caminhoneiro m, -ra f.

truck farm n US chácara f.

truculent ['trʌkjʊlənt] adj truculento(-ta).

trudge [trʌdʒ] vi arrastar-se.

true [tru:] adj **-1.** [factual] verdadeiro(-ra); **I can't believe it's ~** não acredito que seja verdade; **to come ~** tornar-se realidade **-2.** [faithful, genuine] verdadeiro(ra); [- friend] de verdade **-3.** [precise, exact] exato(ta).

truffle ['trʌfl] n trufa f.

truly ['tru:lɪ] adv **-1.** [in fact] verdadeiramente **-2.** [sincerely] realmente; **~, I didn't do it** com toda sinceridade eu não fiz isso **-3.** [for emphasis] realmente **-4.** phr: **yours ~** [at end of letter] cordialmente; **and who do you think did that? - yours ~, of course!** e quem você acha que fez isso? - euzinho em pessoa, obviamente!

trump [trʌmp] n [card] trunfo m.

trumped-up ['trʌmpt-] adj pej forjado(da).

trumpet ['trʌmpɪt] n MUS trompete m.

truncheon ['trʌntʃən] n cassetete m.

trundle ['trʌndl] vi rodar lentamente.

trunk [trʌŋk] n **-1.** [gen] tronco m **-2.** [of elephant] tromba f **-3.** [box] baú m (de viagem) **-4.** US [of car] porta-malas m inv.

◆ **trunks** npl [for swimming] calção m de banho, sunga f.

trunk road n UK ≃ rodovia f nacional.

truss [trʌs] n MED funda f OR cinta f para hérnia.

trust [trʌst] <> vt **-1.** [have confidence in] confiar em; **to ~ sb to do sthg** confiar em alguém para fazer algo **-2.** [entrust]: **to ~ sb with sthg** confiar algo a alguém **-3.** fml [hope]: **to ~ (that)** esperar que. <> n **-1.** (U) [faith] confiança f; **~ in** sb/sthg confiança em alguém/algo **-2.** (U) [responsibility] confiança f **-3.** FIN fideicomisso m; **in ~** em fideicomisso **-4.** COMM truste m.

trusted ['trʌstɪd] adj de confiança.

trustee [trʌs'ti:] n **-1.** FIN & JUR fideicomissário m, -ria f **-2.** [of institution] curador m, -ra f.

trust fund n fundo m fiduciário.

trusting ['trʌstɪŋ] adj crédulo(la).

trustworthy ['trʌst,wɜ:ðɪ] adj (digno(-na)) de confiança.

truth [tru:θ] *n* -1. [gen]: **the** ~ a verdade; **to tell the ~, ...** para dizer a verdade,... -2. *(U)* [veracity] veracidade *f*; **in (all)** ~ em verdade, na realidade.

truthful ['tru:θful] *adj* -1. [person] sincero(ra), verdadeiro(ra) -2. [story] verídico(ca).

try [traɪ] *(pt & pp* -ied, *pl* -ies) <> *vt* -1. [attempt] tentar; **to** ~ **to do sthg** tentar fazer algo -2. [sample, test] experimentar -3. *JUR* levar a juízo -4. [tax, strain] cansar; **to** ~ **sb's patience** esgotar a paciência de alguém. <> *vi* tentar; **to** ~ **for sthg** tratar de conseguir algo. <> *n* -1. [attempt] tentativa *f*; **to give sthg a** ~ provar algo -2. *RUGBY* ato de levar a bola até a linha de fundo do adversário e posicioná-la no solo para se marcar pontos.

➡ **try on** *vt sep* [clothes] experimentar.

➡ **try out** *vt sep* -1. [car, machine] testar -2. [plan] pôr à prova.

trying ['traɪɪŋ] *adj* difícil, árduo(dua).

T-shirt *n* camiseta *f*.

T-square *n* régua-tê *f*.

tub [tʌb] *n* -1. [container - for ice cream, margarine] pote *m*; [- for water] tina *f* -2. *inf* [bath] banheira *f*.

tubby ['tʌbɪ] *(compar* -ier, *superl* -iest) *adj inf* rolha-de-poço, gorducho(cha).

tube [tju:b] *n* -1. [gen] tubo *m* -2. *UK* [underground train] metrô *m*; [underground system]: **the** ~ o metrô; **by** ~ de metrô.

tuberculosis [tju:ˌbɜ:kjʊ'ləʊsɪs] *n (U)* tuberculose *f*.

tubing ['tju:bɪŋ] *n (U)* tubulação *f*.

tubular ['tju:bjʊləʳ] *adj* tubular.

TUC (*abbr of* Trades Union Congress) *n* federação dos sindicatos na Grã-Bretanha, ≃ CUT *f*.

tuck [tʌk] *vt* [place neatly] enfiar, meter.

➡ **tuck away** *vt sep* [store] guardar.

➡ **tuck in** <> *vt sep* -1. [child, patient in bed] ajeitar na cama -2. [clothes] meter para dentro. <> *vi inf* comer com apetite.

➡ **tuck up** *vt sep* enfiar, meter.

tuck shop *n UK* confeitaria *f (perto de um colégio)*.

Tuesday ['tju:zdɪ] *n* terça-feira *f*; *see also* **Saturday**.

tuft [tʌft] *n* tufo *m*.

tug [tʌg] *(pt & pp* -ged, *cont* -ging) <> *n* -1. [pull] puxão *m* -2. [boat] rebocador *m*. <> *vt* dar um puxão em. <> *vi* dar um puxão; **to** ~ **at sthg** dar um puxão em algo.

tug-of-war *n* cabo-de-guerra *m*.

tuition [tju:'ɪʃn] *n (U)* ensino *m*; **private** ~ aulas *fpl* particulares.

tulip ['tju:lɪp] *n* tulipa *f*.

tumble ['tʌmbl] <> *vi* -1. [person] tombar -2. [water] jorrar -3. *fig* [prices] despencar. <> *n* tombo *m*.

➡ **tumble to** *vt fus UK inf* sacar, tocar-se de.

tumbledown ['tʌmbldaʊn] *adj* em ruínas.

tumble-dryer [-ˌdraɪəʳ] *n* secadora *f* (de roupa).

tumbler ['tʌmbləʳ] *n* [glass] copo *m*.

tummy ['tʌmɪ] *(pl* -ies) *n inf* barriga *f*.

tumour *UK*, **tumor** *US* ['tju:məʳ] *n* tumor *m*.

tuna [*UK* 'tju:nə, *US* 'tu:nə] *(pl inv OR* -s), **tuna fish** *(pl* tuna fish) *n* -1. [fish] atum *m* -2. *(U)* [food] atum *m*.

tune [tju:n] <> *n* [song, melody] melodia *f*. <> *vt* -1. *MUS* afinar -2. *RADIO & TV* sintonizar -3. [engine] ajustar, regular.

➡ **tune in** *vi RADIO & TV* sintonizar-se; **to** ~ **in to sthg** sintonizar-se em algo.

➡ **tune up** *vi MUS* afinar *OR* consertar os instrumentos.

➡ **in tune** <> *adj MUS* afinado(da). <> *adv* -1. *MUS* harmonicamente -2. [in agreement]: **in** ~ **with sb/sthg** em sintonia com alguém/algo.

➡ **out of tune** <> *adj MUS* desafinado(da). <> *adv* -1. *MUS* desarmonicamente -2. [not in agreement]: **out of** ~ **with sb/sthg** fora de sintonia com alguém/algo.

tuneful ['tju:nfʊl] *adj* melodioso(sa).

tuner ['tju:nəʳ] *n* -1. *RADIO & TV* sintonizador *m* -2. *MUS* afinador *m*.

tunic ['tju:nɪk] *n* [clothing] túnica *f*.

tuning fork ['tju:nɪŋ-] *n* diapasão *m*.

Tunisia [tju:'nɪzɪə] *n* Tunísia *f*.

tunnel ['tʌnl] *(UK pt & pp* -led, *cont* -ling, *US pt & pp* -ed, *cont* -ing) <> *n* túnel *m*. <> *vi*: **to** ~ **through sthg** atravessar um túnel por algo.

turban ['tɜ:bən] *n* [man's headdress] turbante *m*.

turbine ['tɜ:baɪn] *n* turbina *f*.

turbocharged ['tɜ:bəʊtʃɑ:dʒd] *adj* com turbo; ~ **car** carro-turbo *m*.

turbulence ['tɜ:bjʊləns] *n (U)* turbulência *f*.

turbulent ['tɜ:bjʊlənt] *adj* turbulento(ta).

tureen [tə'ri:n] *n* sopeira *f*.

turf [tɜ:f] *(pl* -s *OR* turves) <> *n* -1. *(U)* [grass surface] gramado *m* -2. [clod] turfa *f*. <> *vt* [with grass] gramar.

➡ **turf out** *vt sep UK inf* -1. [evict] chutar, dar patadas em -2. [throw away] jogar fora.

turgid ['tɜ:dʒɪd] *adj fml* [style, prose] empolado(da).

Turk [tɜ:k] *n* turco *m*, -ca *f*.

turkey ['tɜ:kɪ] *(pl* turkeys) *n* -1. [bird]

peru *m* - **2.** *(U)* [meat] peru *m*.

Turkey ['tɜːkɪ] *n* Turquia.

Turkish ['tɜːkɪʃ] <> *adj* turco(ca). <> *n* [language] turco *m*. <> *npl*: **the ~** os turcos.

Turkish delight *n (U)* doce feito de *substância gelatinosa em cubos com cobertura de açúcar ou chocolate*.

turmoil ['tɜːmɔɪl] *n (U)* desordem *f*.

turn [tɜːn] <> *n* - **1.** [in road, river] curva *f* - **2.** [revolution, twist] volta *f* - **3.** [change] reviravolta *f* - **4.** [in game]: **it's my ~** é a minha vez - **5.** [in order] vez *f*; **in ~** por vez - **6.** [performance] número *m*, apresentação *f* - **7.** MED ataque *m*, crise *f* - **8.** *phr*: **to do sb a good ~** fazer uma boa ação a alguém. <> *vt* - **1.** [cause to rotate] girar - **2.** [move round, turn over] virar - **3.** [go round] dobrar - **4.** [direct]: **to ~ sthg to sb/sthg** voltar algo para alguém/algo - **5.** [change]: **to ~ sthg into sthg** transformar algo em algo - **6.** [make, cause to become] deixar; **to ~ sthg inside out** virar algo pelo avesso. <> *vi* - **1.** [change direction] virar, dobrar; **to ~ to sb/sthg** voltar-se para alguém/algo - **2.** [rotate] girar - **3.** [move round] voltar-se - **4.** [in book]: **~ to page 102** vão até a página 102 - **5.** [for consolation]: **to ~ to sb/sthg** buscar consolo em alguém/algo - **6.** [become] tornar-se; **my hair's ~ing grey** meu cabelo está ficando branco; **to ~ into sthg** transformar-se em algo.

➡ **turn around** *vt sep* & *vi* = **turn round**.

➡ **turn away** <> *vt sep* [refuse entry to] não deixar entrar. <> *vi* distanciar-se.

➡ **turn back** <> *vt sep* - **1.** [force to return] fazer voltar - **2.** [fold back] dobrar. <> *vi* [return] voltar atrás.

➡ **turn down** *vt sep* - **1.** [reject] recusar - **2.** [heating, lighting] diminuir - **3.** [sound] abaixar.

➡ **turn in** *vi inf* [go to bed] ir dormir.

➡ **turn off** <> *vt fus* [road, path] sair de. <> *vt sep* [switch off - appliance, engine] desligar; [- gas, tap] fechar. <> *vi* [leave road, path] dobrar.

➡ **turn on** <> *vt sep* - **1.** [make work - appliance, engine] ligar; [- gas, tap] abrir; [- light] acender - **2.** *inf* [excite sexually] acender. <> *vt fus* [attack] avançar em.

➡ **turn out** <> *vt sep* - **1.** [switch off] apagar - **2.** [empty] esvaziar. <> *vt fus*: **to ~ out to be** acabar sendo, vir a ser; **it ~s out that ...** acontece que ... <> *vi* - **1.** [end up] acabar, terminar - **2.** [attend]: **to ~ out (for sthg)** comparecer (em algo).

➡ **turn over** <> *vt sep* - **1.** [playing card, stone, page] virar - **2.** [consider]: **I ~ ed his ideas over in my mind** fiquei com as idéias dele dando voltas na minha cabeça - **3.** [hand over] entregar; **to ~ sb/sthg over to sb** entregar alguém/algo para alguém. <> *vi* - **1.** [roll over] revirar-se - **2.** *UK* TV mudar de canal.

➡ **turn round** <> *vt sep* - **1.** [chair, picture] virar - **2.** [wheel] girar - **3.** [words, sentence] expressar de outra maneira - **4.** [quantity of work] aliviar. <> *vi* [person] virar-se.

➡ **turn up** <> *vt sep* [heat, lighting, radio, TV] aumentar. <> *vi inf* - **1.** [gen] aparecer - **2.** [opportunity, solution] surgir.

turning ['tɜːnɪŋ] *n* [side road]: **the first ~ to the left** a primeira (rua) à esquerda.

turning point *n* momento *m* decisivo.

turnip ['tɜːnɪp] *n* nabo *m*.

turnout ['tɜːnaʊt] *n* [attendance] comparecimento *m*, número *m* de participantes.

turnover ['tɜːnˌəʊvəʳ] *n (U)* - **1.** [of personnel] rotatividade *f* - **2.** FIN volume *m* de vendas.

turnpike ['tɜːnpaɪk] *n US* rodovia *f* com pedágio.

turnstile ['tɜːnstaɪl] *n* borboleta *f (em ônibus)*.

turntable ['tɜːnˌteɪbl] *n* [on record player] prato *m* (giratório).

turn-up *n UK* - **1.** [on trousers] bainha *f* - **2.** *inf* [surprise]: **a ~ for the books** *inf* uma surpresa total.

turpentine ['tɜːpəntaɪn] *n (U)* terebentina *f*.

turquoise ['tɜːkwɔɪz] <> *adj* turquesa. <> *n* - **1.** *(U)* [mineral, gem] turquesa *f* - **2.** [colour] turquesa *m*.

turret ['tʌrɪt] *n* [on castle] torre *f* pequena.

turtle ['tɜːtl] *(pl inv OR* -s) *n* tartaruga *f*.

turtleneck ['tɜːtlnek] *n* - **1.** [garment] blusa *f* de gola olímpica - **2.** [neck] gola *f* olímpica.

turves [tɜːvz] *UK pl* ▷ **turf**.

tusk [tʌsk] *n* [of animal] presa *f*.

tussle ['tʌsl] <> *n* briga *f*. <> *vi* brigar; **to ~ over sthg** brigar por algo.

tutor ['tjuːtəʳ] *n* - **1.** [private] professor *m*, -ra *f* particular - **2.** UNIV professor *m* universitário, professora *f* universitária.

tutorial [tjuːˈtɔːrɪəl] *n* aula *f* para grupos pequenos.

tuxedo [tʌkˈsiːdəʊ] *(pl* -s) *n US* smoking *m*.

TV (*abbr of* **television**) *n* [medium, industry, apparatus] TV *f*.

twang [twæŋ] *n* **-1.** [sound - of guitar] som *m* metálico; [- of string, elastic] som *m* vibrante **-2.** [accent] som *m* nasalado.

tweed [twiːd] *n (U)* tweed *m*.

tweezers ['twiːzəz] *npl* pinças *fpl*.

twelfth [twelfθ] *num* décimo segundo, décima segunda; *see also* **sixth**.

twelve [twelv] *num* doze; *see also* **six**.

twentieth ['twentiəθ] *num* vigésimo(-ma); *see also* **sixth**.

twenty ['twenti] (*pl* -ies) *num* vinte; *see also* **sixty**.

twice [twaɪs] *adv* duas vezes; ~ **a week** duas vezes por semana; **he earns** ~ **as much as me** ele ganha o dobro que eu.

twiddle ['twɪdl] <> *vt* girar (entre os dedos). <> *vi:* **to** ~ **with sthg** brincar com algo entre os dedos.

twig [twɪg] *n* graveto *m*.

twilight ['twaɪlaɪt] *n* [in evening] crepúsculo *m* vespertino.

twin [twɪn] <> *adj* **-1.** [child, sibling] gêmeo(mea) **-2.** [beds] duplo(pla) **-3.** [towns, towers] gêmeos(meas). <> *n* [sibling] gêmeos *mpl*, -meas *fpl*.

twin-bedded [-'bedɪd] *adj* com duas camas.

twine [twaɪn] <> *n (U)* barbante *m*. <> *vt:* **to** ~ **sthg round sthg** enrolar algo em algo.

twinge [twɪndʒ] *n* **-1.** [of pain] pontada *f* **-2.** [of guilt] remorso *m*.

twinkle ['twɪŋkl] *vi* **-1.** [star, light] cintilar **-2.** [eyes] brilhar.

twin room *n* quarto *m* com duas camas.

twin town *n* cidade-irmã *f*.

twirl [twɜːl] <> *vt* **-1.** [spin] girar **-2.** [twist] torcer. <> *vi* rodopiar.

twist [twɪst] <> *n* **-1.** [gen] volta *f* **-2.** *fig* [in plot] reviravolta *f*. <> *vt* **-1.** [gen] retorcer **-2.** [face, frame] torcer **-3.** [head] voltar **-4.** [lid, knob, dial] girar **-5.** [words, meaning] distorcer. <> *vi* **-1.** [road, river] dar voltas **-2.** [body, part of body] torcer.

twit [twɪt] *n UK inf* idiota *mf*, imbecil *mf*.

twitch [twɪtʃ] <> *n* espasmo *m*; **nervous** ~ tique *m* nervoso. <> *vi* contrair-se.

two [tuː] *num* dois (duas); **in** ~ em dois; *see also* **six**.

two-door *adj* [car] de duas portas.

twofaced [,tuː'feɪst] *adj pej* de duas caras.

twofold ['tuːfəʊld] <> *adj* duplo(pla). <> *adv:* **to increase** ~ duplicar-se.

two-piece *adj* [suit, swimsuit] de duas peças.

twosome ['tuːsəm] *n inf* dupla *f*.

two-way *adj* **-1.** [traffic] de mão dupla

-2. [discussion, debate] de duas vias **-3.** [cooperation] mútuo(tua).

tycoon [taɪ'kuːn] *n* magnata *mf*.

type [taɪp] <> *n* **-1.** [gen] tipo *m* **-2.** *(U) TYPO:* **in bold/italic** ~ em negrito/itálico. <> *vt & vi* **-1.** [on typewriter] datilografar **-2.** [on computer] digitar.

typecast ['taɪpkɑːst] (*pt & pp* **typecast**) *vt* escalar sempre para o mesmo tipo de papel; **to be** ~ **as sthg** ser sempre escalado(da) (para atuar) como algo.

typeface ['taɪpfeɪs] *n TYPO* tipo *m*, letra *f*.

typescript ['taɪpskrɪpt] *n* cópia *f* datilografada.

typeset ['taɪpset] (*pt & pp* **typeset**, *cont* -ting) *vt TYPO* compor.

typesetting *n* composição *f* (para impressão).

typewriter ['taɪp,raɪtə'] *n* máquina *f* de escrever.

typhoid (fever) ['taɪfɔɪd-] *n (U)* febre *f* tifóide.

typhoon [taɪ'fuːn] *n* tufão *m*.

typical ['tɪpɪkl] *adj* típico(ca); ~ **of sb/sthg** típico(ca) de alguém/algo.

typing ['taɪpɪŋ] *n* **-1.** *(U)* [on typewriter] datilografia *f* **-2.** *(U)* [on computer] digitação *f*.

typist ['taɪpɪst] *n* **-1.** [on typewriter] datilógrafo *m*, -fa *f* **-2.** [on computer] digitador *m*, -ra *f*.

typography [taɪ'pɒgrəfɪ] *n* **-1.** *(U)* [process, job] tipografia *f* **-2.** [format] composição *f* tipográfica.

tyranny ['tɪrənɪ] *n (U)* [of person, government] tirania *f*.

tyrant ['taɪrənt] *n* tirano *m*, -na *f*.

tyre *UK*, **tire** *US* ['taɪə'] *n* pneu *m*.

tyre pressure *n (U)* pressão *f* do pneu.

U

u (*pl* **u's** OR **us**), **U** (*pl* **U's** OR **Us**) [juː] *n* [letter] u, U *m*.

◆ **U** (*abbr of* **universal**) *filme de censura livre*.

U-bend *n* sifão *m*.

udder ['ʌdə'] *n* úbere *m*.

UFO (*abbr of* **unidentified flying object**) *n* OVNI *m*.

Uganda [juː'gændə] *n* Uganda *m*.

ugh [ʌg] *excl* puf!

ugly ['ʌglɪ] (*compar* -ier, *superl* -iest) *adj*

- 1. [unattractive] feio (feia) **- 2.** *fig* [unpleasant] desagradável.

UHF (*abbr of* **ultra-high frequency**) *n* UHF *m*.

UK (*abbr of* **United Kingdom**) *n* RU *m*.

UKAEA (*abbr of* **United Kingdom Atomic Energy Authority**) *n* órgão responsável pelo controle da energia atômica no Reino Unido.

Ukraine [juːˈkreɪn] *n*: **the ~** a Ucrânia.

ulcer [ˈʌlsəʳ] *n* **- 1.** [in stomach] úlcera *f* **- 2.** [in mouth] afta *f*.

ulcerated [ˈʌlsəreɪtɪd] *adj* ulcerado(da).

Ulster [ˈʌlstəʳ] *n* Irlanda *f* do Norte.

ulterior [ʌlˈtɪərɪəʳ] *adj*: **~ motive** motivo *m* ulterior.

ultimata [ˌʌltɪˈmeɪtə] *pl* ⊳ **ultimatum**.

ultimate [ˈʌltɪmət] ⟨⟩ *adj* **- 1.** [success, objetive] final, definitivo(va) **- 2.** [failure] último(ma) **- 3.** [most powerful] máximo(ma). ⟨⟩ *n*: **the ~ in sthg** a última palavra em algo.

ultimately [ˈʌltɪmətlɪ] *adv* **- 1.** [finally, in the long term] finalmente, por fim **- 2.** [fundamentally] no fundo.

ultimatum [ˌʌltɪˈmeɪtəm] (*pl* -tums OR -ta) *n* ultimato *m*.

ultrasound [ˈʌltrəsaʊnd] *n* (*U*) ultra-som *m*.

ultraviolet [ˌʌltrəˈvaɪələt] *adj* ultravioleta.

umbilical cord [ʌmˈbɪlɪkl-] *n* cordão *m* umbilical.

umbrella [ʌmˈbrelə] ⟨⟩ *n* **- 1.** [gen] guarda-chuva *m*; **- 2.** [fixed] guarda-sol *m*. ⟨⟩ *adj* guarda-chuva; **~ word** palavra guarda-chuva.

umpire [ˈʌmpaɪəʳ] ⟨⟩ *n* árbitro *m*. ⟨⟩ *vt* & *vi* arbitrar, apitar.

umpteen [ˌʌmpˈtiːn] *num adj inf*: **~ times** um milhão de vezes.

umpteenth [ˌʌmpˈtiːnθ] *num adj inf* enésimo(ma).

UN (*abbr of* **United Nations**) *n*: **the ~** a ONU.

unabated [ˌʌnəˈbeɪtɪd] *adj* incessante.

unable [ʌnˈeɪbl] *adj* incapaz; **to be ~ to do sthg** não poder fazer algo.

unacceptable [ˌʌnəkˈseptəbl] *adj* inaceitável.

unaccompanied [ˌʌnəˈkʌmpənɪd] *adj* **- 1.** [child] sozinho(nha) **- 2.** [luggage] desacompanhado(da) **- 3.** [song] sem acompanhamento.

unaccountably [ˌʌnəˈkaʊntəblɪ] *adv* [inexplicably] inexplicavelmente.

unaccounted [ˌʌnəˈkaʊntɪd] *adj*: **~ for** desaparecido(da).

unaccustomed [ˌʌnəˈkʌstəmd] *adj* [unused]: **to be ~ to sthg/to doing sthg** estar desacostumado(da) a algo/a fazer algo.

unadulterated [ˌʌnəˈdʌltəreɪtɪd] *adj* **- 1.** [unspoiled] não-adulterado(da) **- 2.** [absolute] puro(ra).

unanimous [juːˈnænɪməs] *adj* unânime.

unanimously [juːˈnænɪməslɪ] *adv* unanimemente.

unanswered [ˌʌnˈɑːnsəd] *adj* não-respondido(da).

unappetizing, -ising [ˌʌnˈæpɪtaɪzɪŋ] *adj* **- 1.** [food] pouco apetitoso(sa) **- 2.** [sight, thought] pouco apetecível.

unarmed [ˌʌnˈɑːmd] *adj* desarmado(-da).

unarmed combat *n* (*U*) combate *m* sem armas.

unashamed [ˌʌnəˈʃeɪmd] *adj* descarado(da).

unassuming [ˌʌnəˈsjuːmɪŋ] *adj* despretensioso(sa).

unattached [ˌʌnəˈtætʃt] *adj* **- 1.** [not fastened, linked] independente; **~ to sthg** separado(da) de algo **- 2.** [without partner] sem compromisso.

unattended [ˌʌnəˈtendɪd] *adj* **- 1.** [luggage, children] desacompanhado(da) **- 2.** [fire, shop] sem vigilância.

unattractive [ˌʌnəˈtræktɪv] *adj* **- 1.** [person, building, place] sem atrativos **- 2.** [idea, prospect] sem brilho.

unauthorized, -ised [ˌʌnˈɔːθəraɪzd] *adj* não-autorizado(da).

unavailable [ˌʌnəˈveɪləbl] *adj* que não está disponível.

unaware [ˌʌnəˈweəʳ] *adj* desconhecedor(ra); **to be ~ of sb/sthg** não estar consciente de alguém/algo.

unawares [ˌʌnəˈweəz] *adv*: **to catch** OR **take sb ~** pegar alguém desprevenido(da).

unbalanced [ˌʌnˈbælənst] *adj* **- 1.** [biased] parcial **- 2.** [deranged] desequilibrado(da).

unbearable [ʌnˈbeərəbl] *adj* insuportável, insustentável.

unbeatable [ˌʌnˈbiːtəbl] *adj* imbatível.

unbeknown(st) [ˌʌnbɪˈnəʊn(st)] *adv*: **~ to** sem o conhecimento de.

unbelievable [ˌʌnbɪˈliːvəbl] *adj* **- 1.** [amazing] incrível **- 2.** [not believable] inacreditável.

unbending [ˌʌnˈbendɪŋ] *adj* [intransigent] resoluto(ta).

unbia(s)sed [ˌʌnˈbaɪəst] *adj* imparcial.

unborn [ˌʌnˈbɔːn] *adj* [child] nascituro(-ra).

unbreakable [ˌʌnˈbreɪkəbl] *adj* inquebrável.

unbridled [ˌʌnˈbraɪdld] *adj* desenfreado(da).

unbutton [ˌʌnˈbʌtn] *vt* desabotoar.

uncalled-for [ˌʌnˈkɔːld-] *adj* injusto(-ta), desnecessário(ria).

uncanny [ʌnˈkænɪ] (compar -ier, superl -iest) adj sinistro(tra).

unceasing [ʌnˈsiːsɪŋ] adj fml incessante.

unceremonious [ˈʌnˌserɪˈməʊnjəs] adj [abrupt] abrupto(ta).

uncertain [ʌnˈsɜːtn] adj -1. [gen] incerto(ta) -2. [person] indeciso(sa); **in no ~ terms** sem meias palavras.

unchanged [ˌʌnˈtʃeɪndʒd] adj sem alterar.

unchecked [ˌʌnˈtʃekt] <> adj [unrestrained] desenfreado(da). <> adv [unrestrained] sem restrições.

uncivilized, -ised [ˌʌnˈsɪvɪlaɪzd] adj [barbaric] não-civilizado(da).

uncle [ˈʌŋkl] n tio m.

unclear [ˌʌnˈklɪəʳ] adj -1. [meaning, instructions] confuso(sa), pouco claro(ra) -2. [future] obscuro(ra) -3. [motives, details] confuso(sa) -4. [person]: **to be ~ about** sthg não ter algo claro.

uncomfortable [ˌʌnˈkʌmftəbl] adj -1. [giving discomfort] desconfortável -2. fig [awkward] desagradável -3. [person - in physical discomfort] desconfortável; [- ill at ease] incomodado(da).

uncommon [ʌnˈkɒmən] adj -1. [rare] raro(ra) -2. fml [extreme] fora do comum.

uncompromising [ʌnˈkɒmprəmaɪzɪŋ] adj resoluto(ta), inflexível.

unconcerned [ˌʌnkənˈsɜːnd] adj [not anxious] indiferente.

unconditional [ˌʌnkənˈdɪʃənl] adj incondicional.

unconscious [ʌnˈkɒnʃəs] <> adj -1. [gen] inconsciente -2. fig [unaware]: **to be ~ of** sthg não estar ciente de algo. <> n PSYCH: **the ~** o inconsciente.

unconsciously [ʌnˈkɒnʃəslɪ] adv inconscientemente.

uncontrollable [ˌʌnkənˈtrəʊləbl] adj incontrolável.

unconventional [ˌʌnkənˈvenʃənl] adj não-convencional.

unconvinced [ˌʌnkənˈvɪnst] adj não-convencido(da).

uncouth [ʌnˈkuːθ] adj grosseiro(ra).

uncover [ʌnˈkʌvəʳ] vt -1. [saucepan] destampar -2. [corruption, truth] revelar, expor.

undecided [ˌʌndɪˈsaɪdɪd] adj -1. [person] indeciso(sa) -2. [issue] pendente.

undeniable [ˌʌndɪˈnaɪəbl] adj inegável.

under [ˈʌndəʳ] <> prep -1. [beneath, below] embaixo de; **they walked ~ the bridge** passaram por baixo da ponte -2. [less than] menos de -3. [indicating conditions or circumstances]: **~ the circumstances** dadas as circunstâncias; **I'm ~ the impression that ...** tenho a impressão de que ... -4. [undergoing]:

~ discussion em discussão -5. [directed, governed by]: **he has ten people ~ him** tem dez pessoas trabalhando sob seu comando -6. [according to] de acordo com -7. [in classification, name, title]: **he filed it ~ 'D'** arquivou na letra D; **~ an alias** sob outro nome. <> adv -1. [beneath] embaixo; **to go ~** fracassar -2. [less]: **children of five years and ~** crianças de cinco anos ou menos.

underage [ˌʌndərˈeɪdʒ] adj -1. [person] menor de idade -2. [drinking, sex] para menor de idade.

undercarriage [ˈʌndəˌkærɪdʒ] n trem m de aterrissagem.

undercharge [ˌʌndəˈtʃɑːdʒ] vt cobrar menos que o estipulado.

underclothes [ˈʌndəkləʊðz] npl roupas fpl íntimas OR de baixo.

undercoat [ˈʌndəkəʊt] n [of paint] primeira demão f.

undercover [ˈʌndəˌkʌvəʳ] adj secreto(ta).

undercurrent [ˈʌndəˌkʌrənt] n fig [tendency] sentimento m oculto.

undercut [ˌʌndəˈkʌt] (pt & pp undercut, cont -ting) vt [in price] vender mais barato que.

underdeveloped [ˌʌndədɪˈveləpt] adj subdesenvolvido(da), em desenvolvimento.

underdog [ˈʌndədɒg] n: **the ~** os menos favorecidos.

underdone [ˌʌndəˈdʌn] adj [food] meio cru (crua).

underestimate [ˌʌndərˈestɪmeɪt] vt subestimar.

underexposed [ˌʌndərɪkˈspəʊzd] adj PHOT subexposto(ta).

underfoot [ˌʌndəˈfʊt] adv debaixo dos pés; **the ground is wet ~** o chão está molhado.

undergo [ˌʌndəˈgəʊ] (pt -went, pp -gone) vt -1. [change, difficulties] passar por -2. [operation, examination] submeter-se a.

undergraduate [ˌʌndəˈgrædʒʊət] n universitário m, -ria f (que ainda não colou grau).

underground [adj & n ˈʌndəgraʊnd, adv ˌʌndəˈgraʊnd] <> adj -1. [below the ground] subterrâneo(nea) -2. fig [secret, illegal] clandestino(na). <> adv: **to go ~** passar à clandestinidade; **to be forced ~** ter de passar à clandestinidade. <> n -1. UK [transport system] metrô m -2. [activist movement] resistência f.

undergrowth [ˈʌndəgrəʊθ] n (U) vegetação f rasteira (numa floresta).

underhand [ˌʌndəˈhænd] adj clandestino(na).

underline [ˌʌndə'laɪn] vt -1. [draw line under] sublinhar -2. fig [stress] salientar.

underlying [ˌʌndə'laɪŋ] adj subjacente.

undermine [ˌʌndə'maɪn] vt fig [weaken] minar.

underneath [ˌʌndə'niːθ] <> prep debaixo de. <> adv -1. [beneath] por baixo -2. fig [within oneself] por dentro, no fundo. <> adj inf de baixo. <> n [underside]: **the** ~ a parte de baixo; **on the** ~ **of the box** na parte de baixo da caixa.

underpaid ['ʌndəpeɪd] adj mal pago(-ga).

underpants ['ʌndəpænts] npl cueca f.

underpass ['ʌndəpɑːs] n passagem f subterrânea.

underprivileged [ˌʌndə'prɪvɪlɪdʒd] adj [children] desamparado(da).

underrated [ˌʌndə'reɪtɪd] adj subestimado(da).

undershirt ['ʌndəʃɜːt] n US camiseta f.

underside ['ʌndəsaɪd] n: **the** ~ a parte de baixo.

underskirt ['ʌndəskɜːt] n anágua f.

understand [ˌʌndə'stænd] (pt & pp -stood) <> vt -1. entender, compreender -2. fml [believe]: **to** ~ **that** acreditar que. <> vi entender, compreender.

understandable [ˌʌndə'stændəbl] adj compreensível.

understanding [ˌʌndə'stændɪŋ] <> n -1. [knowledge, insight] compreensão f, entendimento m -2. (U) [sympathy] compreensão f mútua -3. [interpretation, conception]: **it is my** ~ **that** ... tenho a impressão de que ... -4. [informal agreement] entendimento m <> adj [sympathetic] compreensivo(va).

understated adj [elegance, clothes] sóbrio(bria).

understatement [ˌʌndə'steɪtmənt] n -1. [inadequate statement] atenuação f -2. (U) [quality of understating] atenuação f; **he is a master of** ~ ele é o rei dos eufemismos.

understood [ˌʌndə'stʊd] pt & pp [> understand.

understudy ['ʌndəˌstʌdɪ] (pl -ies) n ator m substituto, atriz f substituta.

undertake [ˌʌndə'teɪk] (pt -took, pp -taken) vt -1. [take on - responsibility, control] assumir; [- task] incumbir-se de -2. [promise]: **to** ~ **to do sthg** comprometer-se a fazer algo.

undertaker ['ʌndəˌteɪkə'] n agente mf funerário, -ria.

undertaking [ˌʌndə'teɪkɪŋ] n -1. [task] incumbência f -2. [promise] promessa f.

undertone ['ʌndətəʊn] n -1. [quiet voice]

voz f baixa -2. [vague feeling] traço m; **an** ~ **of sadness** um traço de tristeza.

undertook [ˌʌndə'tʊk] pt [> undertake.

underwater [ˌʌndə'wɔːtə'] <> adj submarino(na). <> adv debaixo d'água.

underwear ['ʌndəweə'] n (U) roupa f íntima OR de baixo.

underwent [ˌʌndə'went] pt [> undergo.

underwired adj [bra] com suporte.

underworld ['ʌndəˌwɜːld] n [criminal society]: **the** ~ o submundo.

underwriter ['ʌndəˌraɪtə'] n segurador m, -ra f.

undid [ˌʌn'dɪd] pt [> undo.

undies ['ʌndɪz] npl inf roupas fpl íntimas OR de baixo.

undisputed [ˌʌndɪ'spjuːtɪd] adj indiscutível.

undistinguished [ˌʌndɪ'stɪŋgwɪʃt] adj sem graça.

undo [ˌʌn'duː] (pt -did, pp -done) vt -1. [knot] desfazer, desatar -2. [buttons] desabotoar -3. [garment] desamarrar -4. [good work, efforts] anular.

undoing [ˌʌn'duːɪŋ] n (U) fml ruína f, perdição f.

undone [ˌʌn'dʌn] <> pp [> undo. <> adj -1. [coat] desabotoado(da) -2. [shoe] desamarrado(da) -3. fml [not done] por fazer.

undoubted [ʌn'daʊtɪd] adj indubitável.

undoubtedly [ʌn'daʊtɪdlɪ] adv indubitavelmente.

undress [ˌʌn'dres] <> vt despir. <> vi despir-se.

undue [ˌʌn'djuː] adj fml desmedido(da).

undulate ['ʌndjʊleɪt] vi fml ondular.

unduly [ˌʌn'djuːlɪ] adv fml demasiadamente.

unearth [ˌʌn'ɜːθ] vt -1. [dig up] desenterrar -2. fig [discover] descubrir.

unearthly [ʌn'ɜːθlɪ] adj inf [time of day]: **at an** ~ **hour in the morning** num horário absurdo da manhã.

unease [ʌn'iːz] n (U) inquietação f, apreensão f.

uneasy [ʌn'iːzɪ] (compar -ier, superl -iest) adj -1. [troubled] apreensivo(va) -2. [embarrassed] constrangido(da); **an** ~ **silence** um silêncio constrangedor -3. [peace, truce] duvidoso(sa).

uneconomic [ˌʌnˌiːkə'nɒmɪk] adj pouco rentável.

uneducated [ˌʌn'edjʊkeɪtɪd] adj -1. [person] inculto(ta), sem instrução -2. [behaviour, manners, speech] em que se percebe falta de instrução.

unemployed [ˌʌnɪm'plɔɪd] <> adj [out-of-work] desempregado(da). <>

npl: the ~ os desempregados.

unemployment [ˌʌnɪmˈplɔɪmənt] *n* desemprego *m*.

unemployment benefit *UK*, **unemployment compensation** *US* *n* (*U*) ≃ seguro-desemprego *m*.

unerring [ˌʌnˈɜːrɪŋ] *adj* infalível.

uneven [ˌʌnˈiːvn] *adj* - **1.** [surface] irregular - **2.** [road] acidentado(da) - **3.** [performance, coverage *etc*] desigual, desparelho(lha) - **4.** [competition] injusto(ta).

unexpected [ˌʌnɪkˈspektɪd] *adj* inesperado(da).

unexpectedly [ˌʌnɪkˈspektɪdlɪ] *adv* inesperadamente.

unfailing [ʌnˈfeɪlɪŋ] *adj* [loyalty, support, good humour] infalível.

unfair [ˌʌnˈfeəʳ] *adj* injusto(ta).

unfaithful [ˌʌnˈfeɪθfʊl] *adj* [sexually] infiel.

unfamiliar [ˌʌnfəˈmɪljəʳ] *adj* - **1.** [not well-known] desconhecido(da) - **2.** [not acquainted]: **to be ~ with** sb/sthg desconhecer alguém/algo.

unfashionable [ˌʌnˈfæʃnəbl] *adj* ultrapassado(da).

unfasten [ˌʌnˈfɑːsn] *vt* - **1.** [garment, buttons] desabotoar - **2.** [rope] desamarrar.

unfavourable *UK*, **unfavorable** *US* [ˌʌnˈfeɪvrəbl] *adj* desfavorável.

unfeeling [ʌnˈfiːlɪŋ] *adj* insensível.

unfinished [ˌʌnˈfɪnɪʃt] *adj* inacabado(da).

unfit [ˌʌnˈfɪt] *adj* - **1.** [not in good shape] fora de forma - **2.** [not suitable]: ~ **(for** sthg) inadequado(da) (para algo).

unfold [ʌnˈfəʊld] <> *vt* [open out] desdobrar. <> *vi* [become clear] esclarecer-se.

unforeseen [ˌʌnfɔːˈsiːn] *adj* imprevisto(ta).

unforgettable [ˌʌnfəˈgetəbl] *adj* inesquecível.

unforgivable [ˌʌnfəˈgɪvəbl] *adj* imperdoável.

unfortunate [ʌnˈfɔːtʃnət] *adj* - **1.** [unlucky] azarento(ta) - **2.** [regrettable] lamentável.

unfortunately [ʌnˈfɔːtʃnətlɪ] *adv* infelizmente.

unfounded [ˌʌnˈfaʊndɪd] *adj* infundado(da).

unfriendly [ˌʌnˈfrendlɪ] (*compar* -ier, *superl* -iest) *adj* hostil.

unfurnished [ˌʌnˈfɜːnɪʃt] *adj* desmobiliado(da), sem móveis.

ungainly [ʌnˈgeɪnlɪ] *adj* desajeitado(da).

ungodly [ˌʌnˈgɒdlɪ] *adj inf* [unreasonable]: **why are you phoning me at this ~ hour?** por que você está me ligan-

do nesta hora da madrugada?

ungrateful [ʌnˈgreɪtfʊl] *adj* mal-agradecido(da).

unhappy [ʌnˈhæpɪ] (*compar* -ier, *superl* -iest) *adj* - **1.** [sad] triste - **2.** [uneasy]: **to be ~ (with** OR **about** sthg) estar descontente(com algo) - **3.** *fml* [unfortunate] lamentável, infeliz.

unharmed [ˌʌnˈhɑːmd] *adj* ileso(sa).

unhealthy [ʌnˈhelθɪ] (*compar* -ier, *superl* -iest) *adj* - **1.** [in bad health] doentio(tia) - **2.** [causing bad health] insalubre - **3.** *fig* [undesirable] prejudicial.

unheard-of [ʌnˈhɜːd-] *adj* - **1.** [unknown, completely absent] inaudito(ta) - **2.** [unprecedented] sem precedente.

unhook [ˌʌnˈhʊk] *vt* - **1.** [unfasten hooks of] desenganchar - **2.** [remove from hook] desprender.

unhurt [ˌʌnˈhɜːt] *adj* ileso(sa).

unhygienic [ˌʌnhaɪˈdʒiːnɪk] *adj* anti-higiênico(ca).

uni (*abbr of* **university**) *n UK inf* universidade *f*.

unidentified flying object *n* objeto *m* voador não-identificado.

unification [ˌjuːnɪfɪˈkeɪʃn] *n* (*U*) unificação *f*.

uniform [ˈjuːnɪfɔːm] <> *adj* uniforme. <> *n* uniforme *m*.

unify [ˈjuːnɪfaɪ] (*pt & pp* -ied) *vt* unificar.

unilateral [ˌjuːnɪˈlætərəl] *adj* unilateral.

unimportant [ˌʌnɪmˈpɔːtənt] *adj* insignificante, sem importância.

uninhabited [ˌʌnɪnˈhæbɪtɪd] *adj* desabitado(da).

uninjured [ˌʌnˈɪndʒəd] *adj* ileso(sa).

unintelligent [ˌʌnɪnˈtelɪdʒənt] *adj* pouco inteligente.

unintentional [ˌʌnɪnˈtenʃənl] *adj* involuntário(ria).

union [ˈjuːnjən] <> *n* - **1.** [trade union] sindicato *m* - **2.** [alliance] união *f*. <> *comp* sindical.

unionized, -ised *adj* sindicalizado(da).

Union Jack *n*: the ~ *a* bandeira do Reino Unido.

unique [juːˈniːk] *adj* - **1.** [unparalleled] incomparável, único(ca) - **2.** *fml* [peculiar, exclusive]: ~ **to** sb/sthg peculiar a alguém/algo.

unison [ˈjuːnɪzn] *n* (*U*) [agreement] harmonia *f*; **in ~** [simultaneously] em uníssono.

unit [ˈjuːnɪt] *n* - **1.** [gen] unidade *f* - **2.** [piece of furniture] módulo *m*.

unite [juːˈnaɪt] <> *vt* unificar. <> *vi* unir-se, unificar-se.

united [juːˈnaɪtɪd] *adj* - **1.** [in harmony] unido(da) - **2.** [unified] unificado(da).

United Kingdom *n*: the ~ o Reino Unido.

United Nations *n*: the ~ as Nações Unidas.

United States *n*: the ~ (of America) os Estados Unidos (da América); in the ~ nos Estados Unidos.

unit trust *n UK* fundo *m* de investimento.

unity [ˈjuːnətɪ] *n* -1. [union] união *f*, unidade *f*-2. [harmony] união *f*.

universal [ˌjuːnɪˈvɜːsl] *adj* [belief, truth] universal.

universe [ˈjuːnɪvɜːs] *n ASTRON* universo *m*.

university [ˌjuːnɪˈvɜːsətɪ] (*pl* -ies) <> *n* universidade *f*. <> *comp* universitário(ria); ~ **student** estudante *m* universitário, -ria *f*.

unjust [ˌʌnˈdʒʌst] *adj* injusto(ta).

unkempt [ˌʌnˈkempt] *adj* [hair, beard, appearance] desajeitado(da).

unkind [ʌnˈkaɪnd] *adj* [gen] indelicado(-da).

unknown [ˌʌnˈnəʊn] *adj* desconhecido(da).

unlawful [ˌʌnˈlɔːfʊl] *adj* ilegal.

unleaded [ˌʌnˈledɪd] *adj* sem chumbo.

unleash [ˌʌnˈliːʃ] *vt literary* desencadear.

unless [ənˈles] *conj* a menos que; ~ **I'm mistaken, ...** a não ser que eu esteja enganado, ...

unlike [ˌʌnˈlaɪk] *prep* -1. [different from] diferente de -2. [in contrast to] ao contrário de -3. [not typical of] atípico(-ca); **it's very** ~ **you to complain** você não é de reclamar.

unlikely [ʌnˈlaɪklɪ] *adj* -1. [not probable] improvável -2. [bizarre] estranho(nha).

unlisted [ʌnˈlɪstɪd] *adj US* [phone number] fora da lista.

unload [ˌʌnˈləʊd] *vt* [gen] descarregar.

unlock [ˌʌnˈlɒk] *vt* destrancar, abrir (com chave).

unlucky [ʌnˈlʌkɪ] (*compar* -ier, *superl* -iest) *adj* -1. [unfortunate] infeliz -2. [bringing bad luck] de mau agouro.

unmarried [ˌʌnˈmærɪd] *adj* solteiro(ra).

unmistakable [ˌʌnmɪˈsteɪkəbl] *adj* inconfundível.

unmitigated [ʌnˈmɪtɪgeɪtɪd] *adj* completo(ta), absoluto(ta); **he's talking** ~ **nonsense!** ele não está dizendo coisa com coisa!

unnatural [ʌnˈnætʃrəl] *adj* -1. [unusual, strange] estranho(nha) -2. [affected] pouco natural.

unnecessary [ʌnˈnesəsərɪ] *adj* desnecessário(ria).

unnerving [ˌʌnˈnɜːvɪŋ] *adj* enervante.

unnoticed [ˌʌnˈnəʊtɪst] *adj* desapercebido(da).

unobtainable [ˌʌnəbˈteɪnəbl] *adj* inacessível.

unobtrusive [ˌʌnəbˈtruːsɪv] *adj* discreto(ta).

unofficial [ˌʌnəˈfɪʃl] *adj* não-oficial.

unorthodox [ˌʌnˈɔːθədɒks] *adj* não-ortodoxo(xa).

unpack [ˌʌnˈpæk] <> *vt* -1. [bag, suitcase] desfazer -2. [clothes, books, shopping] desembrulhar. <> *vi* desfazer as malas.

unpalatable [ʌnˈpælətəbl] *adj* -1. [unpleasant to taste] intragável -2. *fig* [difficult to accept] desagradável.

unparalleled [ʌnˈpærəleld] *adj* sem paralelo.

unpleasant [ʌnˈplezntl] *adj* desagradável.

unplug [ʌnˈplʌg] (*pt & pp* -ged, *cont* -ging) *vt ELEC* desligar.

unpopular [ˌʌnˈpɒpjʊləʳ] *adj* impopular.

unprecedented [ʌnˈpresɪdəntɪd] *adj* sem precedente.

unpredictable [ˌʌnprɪˈdɪktəbl] *adj* imprevisível.

unprofessional [ˌʌnprəˈfeʃənl] *adj* não-profissional.

unqualified [ˌʌnˈkwɒlɪfaɪd] *adj* -1. [not qualified] desqualificado(da) -2. [total, complete] absoluto(ta).

unquestionable [ʌnˈkwestʃənəbl] *adj* inquestionável.

unquestioning [ʌnˈkwestʃənɪŋ] *adj* incondicional.

unravel [ʌnˈrævl] (*UK pt & pp* -led, *cont* -ling, *US pt & pp* -ed, *cont* -ing) *vt* -1. [undo] desembaraçar -2. *fig* [solve] elucidar.

unreal [ˌʌnˈrɪəl] *adj* [strange] irreal.

unrealistic [ˌʌnrɪəˈlɪstɪk] *adj* pouco realista.

unreasonable [ʌnˈriːznəbl] *adj* -1. [unfair, not sensible] injusto(ta) -2. [not justifiable] absurdo(da), irracional.

unrelated [ˌʌnrɪˈleɪtɪd] *adj*: **to be** ~ **(to sthg)** não estar relacionado(da) (a algo).

unrelenting [ˌʌnrɪˈlentɪŋ] *adj* -1. [pressure] contínuo(nua) -2. [questions] implacável.

unreliable [ˌʌnrɪˈlaɪəbl] *adj* inconfiável.

unremitting [ˌʌnrɪˈmɪtɪŋ] *adj* incessante.

unrequited [ˌʌnrɪˈkwaɪtɪd] *adj* não-correspondido(da).

unresolved [ˌʌnrɪˈzɒlvd] *adj* sem solução.

unrest [ˌʌnˈrest] *n* (U) agitação *f*.

unrivalled *UK*, **unrivaled** *US* [ʌnˈraɪvld] *adj* incomparável.

unroll [ˌʌnˈrəʊl] *vt* [unfold] desenrolar.

unruly [ʌn'ruːlɪ] (*compar* -ier, *superl* -iest) *adj* -1. [wayward] indisciplinado(da) -2. [untidy] desarrumado(da).

unsafe [ˌʌn'seɪf] *adj* -1. [dangerous] perigoso(sa) -2. [in danger] inseguro(ra).

unsaid [ˌʌn'sed] *adj*: to leave sthg ~ não falar algo.

unsatisfactory ['ʌnˌsætɪs'fæktərɪ] *adj* insatisfatório(ria).

unsavoury, unsavory US [ˌʌn'seɪvərɪ] *adj* -1. [behaviour, person, habits] (*moralmente*) ofensivo(va) -2. [smell] repugnante.

unscathed [ˌʌn'skeɪðd] *adj* ileso(sa), são e salvo, sã e salva.

unscrew [ˌʌn'skruː] *vt* -1. [lid, bottle top] desenroscar -2. [sign, mirror] desparafusar.

unscrupulous [ʌn'skruːpjʊləs] *adj* inescrupuloso(sa).

unseemly [ʌn'siːmlɪ] (*compar* -ier, *superl* -iest) *adj* inconveniente.

unselfish [ˌʌn'selfɪʃ] *adj* desinteressado(da).

unsettled [ˌʌn'setld] *adj* -1. [unstable - person] inquieto(ta); [- weather] instável -2. [unfinished, unresolved - argument] incerto(ta); [- issue] vago(ga) -3. [account, bill] duvidoso(sa) -4. [area, region] despovoado(da).

unshak(e)able [ʌn'ʃeɪkəbl] *adj* inabalável.

unshaven [ˌʌn'ʃeɪvn] *adj* [face, chin] com a barba por fazer.

unsightly [ʌn'saɪtlɪ] *adj* de péssima aparência.

unskilled [ˌʌn'skɪld] *adj* não-especializado(da).

unsociable [ʌn'səʊʃəbl] *adj* [person, place] anti-social.

unsocial [ˌʌn'səʊʃl] *adj*: to work ~ hours trabalhar fora de hora.

unsound [ˌʌn'saʊnd] *adj* -1. [based on false ideas] equivocado(da) -2. [in poor condition] inseguro(ra).

unspeakable [ʌn'spiːkəbl] *adj* terrível.

unstable [ˌʌn'steɪbl] *adj* instável.

unsteady [ˌʌn'stedɪ] (*compar*-ier, *superl* -iest) *adj* -1. [person, step, voice] inseguro(ra) -2. [chair, ladder] pouco seguro(ra).

unstoppable [ˌʌn'stɒpəbl] *adj* inevitável.

unstuck [ˌʌn'stʌk] *adj*: to come ~ [notice, stamp, label] descolar-se; *fig* [plan, system] degringolar; *fig* [person] dar-se mal.

unsuccessful [ˌʌnsək'sesfʊl] *adj* malsucedido(da).

unsuccessfully [ˌʌnsək'sesfʊlɪ] *adv* em vão.

unsuitable [ʌn'suːtəbl] *adj* inconveniente; to be ~ for sthg ser inapropriado(da) para algo.

unsure [ˌʌn'ʃɔː'] *adj* -1. [not confident]: to be ~ (of o.s.) não ser seguro(ra) (de si) -2. [not certain]: to be ~ (about/of sthg) não ter certeza (sobre/de algo).

unsuspecting [ˌʌnsə'spektɪŋ] *adj* insuspeitável.

unsympathetic ['ʌnˌsɪmpə'θetɪk] *adj* [unfeeling] insensível.

untangle [ˌʌn'tæŋgl] *vt* [disentangle] desemaranhar.

untapped [ˌʌn'tæpt] *adj* [unexploited] inexplorado(da).

untenable [ʌn'tenəbl] *adj* insustentável.

unthinkable [ʌn'θɪŋkəbl] *adj* [inconceivable] inconcebível.

untidy [ʌn'taɪdɪ] (*compar* -ier, *superl* -iest) *adj* -1. [gen] desarrumado(da) -2. [person, work] desleixado(da).

untie [ˌʌn'taɪ] (*cont* untying) *vt* [string, knot, bonds] desatar; [prisoner] soltar.

until [ən'tɪl] *prep* -1. [up to, till] até -2. (*after negative*) antes de; I can't come ~ tomorrow eu não posso vir antes de amanhã. *conj* -1. [up to, till] até; we were told to wait ~ he arrived pediram-nos para esperar até que ele chegasse OR até ele chegar -2. (*after negative*) antes de, até; they never help ~ I tell them to eles só ajudam quando eu peço; don't sign ~ you've checked everything não assine nada antes de ter verificado tudo.

untimely [ʌn'taɪmlɪ] *adj* -1. [premature] prematuro(ra) -2. [inopportune] inoportuno(na).

untold [ˌʌn'təʊld] *adj* [incalculable, vast] inimaginável.

untoward [ˌʌntə'wɔːd] *adj* [unfortunate] inconveniente.

untrue [ˌʌn'truː] *adj* [inaccurate] falso(sa).

unused [sense 1 ˌʌn'juːzd, sense 2 ʌn'juːst] *adj* -1. [new] novo(va) -2. [unaccustomed]: to be ~ to sthg/to doing sthg não estar acostumado(da) a algo/a fazer algo.

unusual [ʌn'juːʒl] *adj* [rare] raro(ra).

unusually [ʌn'juːʒəlɪ] *adv* [exceptionally] excepcionalmente.

unveil [ˌʌn'veɪl] *vt* -1. [remove covering from] desvelar -2. *fig* [reveal, divulge] expor.

unwanted [ˌʌn'wɒntɪd] *adj* indesejado(da).

unwavering [ʌn'weɪvərɪŋ] *adj* firme.

unwelcome [ʌn'welkəm] *adj* -1. [news, experience] desagradável -2. [visitor] desconfortável.

unwell [ˌʌn'wel] *adj*: to be/feel ~

estar/sentir-se indisposto(ta).

unwieldy [ʌn'wi:ldɪ] (*compar* **-ier,** *superl* **-iest**) *adj* **-1.** [cumbersome] pesado(da) **-2.** *fig* [inefficient] ineficiente.

unwilling [ʌn'wɪlɪŋ] *adj* [reluctant] relutante; **to be ~ to do sthg** estar relutante para/em fazer algo.

unwind [ʌn'waɪnd] (*pt* & *pp* **-wound**) ◇ *vt* desenrolar. ◇ *vi fig* [person] relaxar.

unwise [ˌʌn'waɪz] *adj* imprudente.

unwitting [ʌn'wɪtɪŋ] *adj fml* inadvertido(da), impremeditado(da).

unworkable [ˌʌn'wɜːkəbl] *adj* impraticável.

unworthy [ʌn'wɜːðɪ] (*compar* **-ier,** *superl* **-iest**) *adj* [undeserving]: **to be ~ of sb/sthg** ser indigno(na) de alguém/algo.

unwound [ˌʌn'waʊnd] *pt* & *pp* ▷ **unwind.**

unwrap [ˌʌn'ræp] (*pt* & *pp* **-ped,** *cont* **-ping**) *vt* desembrulhar.

unwritten law [ˌʌn'rɪtn-] *n* lei *f* não-escrita.

unzip [ˌʌn'zɪp] *vt* descompactar.

up [ʌp] ◇ *adv* **-1.** [toward higher position, level] para cima; **we walked ~ to the top** subimos até o topo **-2.** [in higher position]: **she's ~ in her bedroom** está lá em cima no seu quarto; **~ there** ali *or* lá em cima. **-3.** [into upright position]: **to stand ~** pôr-se em *or* de pé; **to sit ~** [from lying position] sentar-se; [sit straight] sentar-se direito. **-4.** [northward]: **~ in Canada** no Canadá. **-5.** [in phrases]: **to walk ~ and down** andar de um lado para o outro; **to jump ~ and down** dar pulos; **~ to six weeks** até seis semanas; **~ to ten people** até dez pessoas; **are you ~ to travelling?** você está em condições de viajar?; **what are you ~ to?** o que você está tramando?; **it's ~ to you** depende de você; **~ until ten o'clock** até às dez horas. ◇ *prep* **-1.** [toward higher position]: **to walk ~ a hill** subir um monte; **I went ~ the stairs** subi as escadas. **-2.** [in higher position] no topo de; **~ a hill** no topo de um monte; **~ a ladder** no topo de uma escada. **-3.** [at end of]: **they live ~ the block from us** eles vivem no final da nossa rua. ◇ *adj* **-1.** [out of bed] levantado(da); **I got ~ at six today** levantei-me às seis hoje. **-2.** [at an end]: **time's ~** acabou-se o tempo. **-3.** [rising]: **the ~ escalator** a escada rolante ascendente. ◇ *n:* **~s and downs** altos e baixos *mpl.*

up-and-coming *adj* promissor(ra).

upbringing ['ʌpˌbrɪŋɪŋ] *n (U)* educação *f.*

update [ˌʌp'deɪt] *vt* [bring up-to-date] atualizar.

upheaval [ʌp'hiːvl] *n* convulsão *f.*

upheld [ʌp'held] *pt* & *pp* ▷ **uphold.**

uphill [ʌp'hɪl] ◇ *adj* **-1.** [rising] íngreme **-2.** *fig* [difficult] árduo(dua). ◇ *adv* para cima.

uphold [ʌp'həʊld] (*pt* & *pp* **-held**) *vt* [support] apoiar.

upholstery [ʌp'həʊlstərɪ] *n (U)* estofamento *m.*

upkeep ['ʌpkiːp] *n (U)* manutenção *f.*

uplifting [ʌp'lɪftɪŋ] *adj* [cheering] extasiante, edificante.

up-market *adj* de alta categoria.

upon [ə'pɒn] *prep fml* **-1.** [gen] sobre; **the weekend is ~ us** o final de semana já está em cima da gente; **summer is ~ us** o verão está chegando **-2.** [when] após.

upper ['ʌpər] ◇ *adj* **-1.** [gen] superior **-2.** *GEOGR* [inland] alto(ta). ◇ *n* [of shoe] gáspea *f.*

upper class *n:* **the ~** a alta classe. ↪ **upper-class** *adj* de alta classe.

upper-crust *adj* da alta roda.

upper hand *n:* **to have the ~** ter a palavra final; **to gain** *OR* **get the ~** obter o controle.

Upper House *n UK POL* Câmara *f* dos Lordes.

uppermost ['ʌpəməʊst] *adj* **-1.** [highest] mais alto(ta) **-2.** [most important]: **to be ~ in one's mind** ser o mais importante na cabeça de alguém.

upright [*adj* ˌʌp'raɪt, *n* 'ʌpraɪt] ◇ *adj* **-1.** [erect] vertical **-2.** *fig* [honest] honesto(ta). ◇ *adv* verticalmente. ◇ *n* **-1.** [of door] marco *m* **-2.** [of bookshelf] pilar *m* **-3.** [of goal] poste *m.*

uprising ['ʌpˌraɪzɪŋ] *n* revolta *f* rebelião *f.*

uproar ['ʌprɔːr] *n* **-1.** [commotion] algazarra *f* **-2.** [protest] protesto *m.*

uproot [ʌp'ruːt] *vt* **-1.** [force to leave] arrancar; **to ~ o.s.** desarraigar-se **-2.** *BOT* [tear out of ground] arrancar.

upset [ʌp'set] (*pt* & *pp* **upset,** *cont* **-ting**) ◇ *adj* **-1.** [distressed] descontrolado(da); [offended] chateado(da) **-2.** *MED:* **to have an ~ stomach** ter um estômago fraco. ◇ *n* **-1.** *MED:* **to have a stomach ~** ficar com dor de estômago **-2.** [surprise result] surpresa *f.* ◇ *vt* **-1.** [distress] deixar nervoso(sa), irritar **-2.** [mess up] atrapalhar **-3.** [overturn, knock over] virar.

upshot ['ʌpʃɒt] *n* desfecho *m.*

upside down [ˌʌpsaɪd-] ◇ *adj* [inverted] invertido(da), ao contrário. ◇ *adv* de cabeça para baixo; **to turn**

sthg ~ *fig* [disorder] virar algo de pernas para o ar.

upstairs [ˌʌpˈsteəz] <> *adj* de cima. <> *adv* -**1.** [not downstairs] em cima -**2.** [on one of the floors above] de cima. <> andar *m* de cima.

upstart [ˈʌpstɑːt] *n* novo-rico *m*, novarica *f*.

upstream [ˌʌpˈstriːm] <> *adj*: the bridge is a few miles ~ (from here) a ponte fica poucas milhas rio acima (a partir daqui). <> *adv* correnteza acima.

upsurge [ˈʌpsɜːdʒ] *n*: ~ of/in sthg aumento *m* de/em algo.

uptake [ˈʌpteɪk] *n*: to be quick/slow on the ~ ter um raciocínio rápido/lento.

uptight [ʌpˈtaɪt] *adj inf* nervoso(sa).

up-to-date *adj* -**1.** [machinery, methods] moderno(na) -**2.** [news, information] atualizado(da); to keep ~ with sthg manter-se a par de algo.

upturn [ˈʌptɜːn] *n*: ~ (in sthg) melhoria *f* (em algo).

upward [ˈʌpwəd] *adj* [movement, trend] para cima.

uranium [jʊˈreɪnjəm] *n* (U) urânio *m*.

urban [ˈɜːbən] *adj* urbano(na).

urbane [ɜːˈbeɪn] *adj* gentil.

Urdu [ˈʊəduː] *n* (U) urdu *m*.

urge [ɜːdʒ] <> *n* impulso *m*; to have an ~ to do sthg ter um impulso de fazer algo. <> *vt* -**1.** [try to persuade]: to ~ sb to do sthg incitar alguém a fazer algo -**2.** [advocate] defender.

urgency [ˈɜːdʒənsɪ] *n* (U) urgência *f*.

urgent [ˈɜːdʒənt] *adj* -**1.** [pressing] urgente -**2.** [desperate] insistente.

urinal [jʊəˈraɪnl] *n* [receptacle] urinol *m*; [room] mictório *m*.

urinate [ˈjʊərɪneɪt] *vi* urinar.

urine [ˈjʊərɪn] *n* (U) urina *f*.

URL (*abbr of* uniform resource locator) *n* COMPUT URL *f*.

urn [ɜːn] *n* -**1.** [for ashes] urna *f* funerária -**2.** [for tea, coffee] chaleira *f*.

Uruguay [ˈjʊərəgwaɪ] *n* Uruguai *m*.

us [ʌs] *pers pron* (direct) nos; they know ~ conhecem-nos; it's ~ somos nós; send it to ~ envie-nos isso; tell ~ diga-nos; we brought it with ~ trouxemo-lo conosco.

US (*abbr of* United States) *n*: the ~ os EUA.

USA *n* (*abbr of* United States of America): the ~ os EUA.

usage [ˈjuːzɪdʒ] *n* -**1.** (U) [use of language] uso *m* -**2.** [meaning] sentido *m* -**3.** (U) [handling, treatment] uso *m*.

USB (*abbr of* Universal Serial Bus) *n* COMPUT USB *m*.

USB port *n* COMPUT porta *f* USB.

use [*n* & *aux vb* juːs, *vt* juːz] <> *n* -**1.** [gen] uso *m*; to be in ~ estar em uso; to be out of ~ estar fora de uso; to make ~ of sthg fazer uso de algo; to let sb have the ~ of sthg deixar que alguém utilize algo -**2.** [purpose, usefulness] utilidade *f*; to be of ~ ser útil; to be no ~ ser inútil; what's the ~ (of doing sthg)? qual é a utilidade(de se fazer algo)? <> *aux vb* costumar; I ~ d to live in London eu morava em Londres; there ~ d to be a tree here havia uma árvore aqui. <> *vt* -**1.** [utilize] usar, utilizar -**2.** [exploit] usar.

➡ **use up** *vt sep* esgotar.

used [*sense 1* juːzd, *sense 2* juːst] *adj* -**1.** [object, car *etc*] usado(da) -**2.** [accustomed]: to be ~ to sthg/to doing sthg estar acostumado(da) a algo/a fazer algo; to get ~ to sthg acostumar-se a algo.

useful [ˈjuːsfʊl] *adj* útil.

useless [ˈjuːslɪs] *adj* -**1.** [gen] inútil -**2.** *inf* [hopeless] incorrigível.

user [ˈjuːzəʳ] *n* usuário *m*, -ria *f*.

user-friendly *adj* de fácil utilização.

usher [ˈʌʃəʳ] <> *n* -**1.** [at wedding] recepcionista *m* -**2.** [at theatre, concert] lanterninha *m*. <> *vt* conduzir.

usherette [ˌʌʃəˈret] *n* -**1.** [at wedding] recepcionista *f* -**2.** [at theatre, concert] lanterninha *f*.

USSR (*abbr of* Union of Soviet Socialist Republics) *n*: the (former) ~ a (ex-) URSS.

usual [ˈjuːʒəl] *adj* usual, habitual; as ~ [as normal] como de costume; [as often happens] como sempre.

usually [ˈjuːʒəlɪ] *adv* geralmente, normalmente.

usurp [juːˈzɜːp] *vt fml* usurpar.

utensil [juːˈtensl] *n* utensílio *m*.

uterus [ˈjuːtərəs] (*pl* -ri [-raɪ], -ruses) *n* útero *m*.

utility [juːˈtɪlətɪ] (*pl* -ies) *n* -**1.** (U) [usefulness] utilidade *f* -**2.** [public service] serviço *m* público -**3.** COMPUT utilitário *m*.

utility room *n* área *f* de serviços.

utilize, -ise [ˈjuːtəlaɪz] *vt* utilizar.

utmost [ˈʌtməʊst] <> *adj* máximo(ma), supremo(ma). <> *n* -**1.** [best effort]: to do one's ~ fazer o impossível -**2.** [maximum] máximo *m*; to the ~ ao máximo, até não poder mais.

utter [ˈʌtəʳ] <> *adj* total, completo(ta). <> *vt* -**1.** [sound, cry] emitir -**2.** [word] proferir.

utterly ['ʌtəlɪ] *adv* totalmente, completamente.

U-turn *n* -1. [turning movement] retorno *m* -2. *fig* [complete change] guinada *f* de 180 graus.

v¹ (*pl* **v's** *OR* **vs**), **V** (*pl* **V's** *OR* **Vs**) [vi:] *n* [letter] v, V *m*.

v² -1. (*abbr of* **verse**) v -2. (*abbr of* **vide**) [cross-reference] vide -3. (*abbr of* **versus**) versus -4. (*abbr of* **volt**) v.

vacancy ['veɪkənsɪ] (*pl* **-ies**) *n* -1. [job, position] vaga *f* -2. [room available] quarto *m* livre; **'vacancies'** 'há vagas'; **'no vacancies'** 'lotação esgotada'.

vacant ['veɪkənt] *adj* -1. [gen] vago(ga) -2. [look, expression] distraído(da).

vacant lot *n* lote *m* disponível.

vacate [vəˈkeɪt] *vt* -1. [give up, resign] deixar vago(ga) -2. [leave empty, stop using] desocupar.

vacation [vəˈkeɪʃn] *n* -1. *UNIV* [period when closed] férias *fpl* -2. *US* [holiday] férias *fpl*.

vacationer [vəˈkeɪʃənəʳ] *n US* veranista *mf*.

vaccinate ['væksɪneɪt] *vt*: **to ~ sb (against sthg)** vacinar alguém (contra algo).

vaccine [*UK* 'væksi:n, *US* væk'si:n] *n* vacina *f*.

vacuum ['vækjʊəm] ⋄ *n* -1. [gen] vácuo *m* -2. [machine]: **~ (cleaner)** aspirador *m* (de pó). ⋄ *vt* aspirar, passar o aspirador em.

vacuum cleaner *n* aspirador *m* de pó.

vacuum-packed *adj* embalado(da) a vácuo.

vagina [vəˈdʒaɪnə] *n* vagina *f*.

vagrant ['veɪɡrənt] *n* vagabundo *m*, -da *f*.

vague [veɪɡ] *adj* -1. [imprecise] vago(ga), impreciso(sa) -2. [feeling] leve -3. [evasive] evasivo(va) -4. [absent-minded] distraído(da) -5. [indistinct] vago(ga).

vaguely ['veɪɡlɪ] *adv* -1. [imprecisely] vagamente -2. [slightly, not very] levemente -3. [absent-mindedly] distraidamente -4. [indistinctly]: **I could ~ make out a ship on the horizon** mal dava para distinguir um navio no horizonte.

vain [veɪn] *adj* -1. *pej* [conceited] vaidoso(sa) -2. [futile, worthless] vão (vã). ◆ **in vain** *adv* em vão.

valentine card ['væləntaɪn-] *n* cartão *m* de dia dos namorados.

Valentine's Day ['væləntaɪnz-] *n*: **(St) ~ Dia** *m* dos Namorados.

valet ['væleɪ, 'vælɪt] *n* [manservant] camareiro *m*.

valiant ['væljənt] *adj* valente.

valid ['vælɪd] *adj* válido(da).

valley ['vælɪ] (*pl* **valleys**) *n* vale *m*.

valour *UK*, **valor** *US* ['væləʳ] *n* (*U*) *fml* & *literary* valor *m*.

valuable ['væljʊəbl] *adj* valioso(sa). ◆ **valuables** *npl* objetos *mpl* de valor.

valuation [ˌvæljʊˈeɪʃn] *n* avaliação *f*.

value ['vælju:] ⋄ *n* -1. (*U*) [gen] valor *m* -2. [financial] valor *m*; **to be good ~** estar com o preço muito bom; **to be ~ for money** estar bem em conta. ⋄ *vt* -1. [estimate price of] avaliar -2. [cherish] valorizar. ◆ **values** *npl* [morals] valores *mpl* morais, princípios *mpl*.

value added tax *n* ≃ imposto *m* sobre circulação de mercadorias e serviços.

valued ['vælju:d] *adj* estimado(da).

valve [vælv] *n* válvula *f*.

van [væn] *n* -1. *AUT* caminhonete *f*, van *f* -2. *UK RAIL* vagão *m* de carga.

vandal ['vændl] *n* vândalo *m*, -la *f*.

vandalism ['vændəlɪzm] *n* (*U*) vandalismo *m*.

vandalize, -ise ['vændəlaɪz] *vt* destruir.

vanguard ['vænɡɑ:d] *n* vanguarda *f*; **in the ~ of sthg** na vanguarda de algo.

vanilla [vəˈnɪlə] *n* (*U*) baunilha *f*.

vanish ['vænɪʃ] *vi* desaparecer.

vanity ['vænətɪ] *n* (*U*) *pej* vaidade *f*.

vanity unit *n* armário *m* de banheiro.

vantage point ['vɑ:ntɪdʒˌpɔɪnt] *n* -1. [for view] ponto *m* de observação -2. *fig* [advantageous position] posição *f* vantajosa.

vapour *UK*, **vapor** *US* ['veɪpəʳ] *n* (*U*) vapor *m*.

variable ['veərɪəbl] *adj* variável.

variance ['veərɪəns] *n fml*: **at ~ with sthg** em desacordo com algo.

variation [ˌveərɪˈeɪʃn] *n* -1. (*U*) [fact of difference] variação *f*; **~ in sthg** variação em algo -2. [degree of difference] variação *f*; **~ in sthg** variação em algo -3. [different version & *MUS*] variação *f*.

varicose veins ['værɪkəʊs-] *npl* varizes *fpl*.

varied ['veərɪd] *adj* variado(da).

variety [vəˈraɪətɪ] (*pl* **-ies**) *n* -1. (*U*) [difference in type] variedade *f* -2. [selection] variedade *f* -3. [type] tipo *m* -4. (*U*)

THEATRE (teatro *m* de) variedades *fpl*.
variety show *n* programa *m* de variedades.
various ['veərɪəs] *adj* **-1.** [several] vários(rias) **-2.** [different] variados(das).
varnish ['vɑːnɪʃ] ◇ *n* **-1.** [for wood] verniz *m* **-2.** [for nails] esmalte *m*. ◇ *vt* **-1.** [wood] envernizar **-2.** [nails] pintar.
vary ['veərɪ] (*pt* & *pp* **-ied**) ◇ *vt* variar. ◇ *vi*; **to ~ in sthg** variar em algo; **to ~ with sthg** variar de acordo com algo.
vase [*UK* vɑːz, *US* veɪz] *n* vaso *m*.
Vaseline® ['væsəliːn] *n (U)* vaselina® *f*.
vast [vɑːst] *adj* enorme, imenso(sa).
vat [væt] *n* tina *f*.
Vatican ['vætɪkən] *n*: **the ~** o Vaticano.
vault [vɔːlt] ◇ *n* **-1.** [in bank] caixa-forte *f* **-2.** [in church] cripta *f* **-3.** [roof] abóbada *f*. ◇ *vt* saltar. ◇ *vi*: **to ~ over sthg** pular por cima de algo.
veal [viːl] *n (U)* vitela *f*.
veer [vɪəʳ] *vi* **-1.** [vehicle, road, wind] virar **-2.** *fig* [conversation, mood] alternar-se.
vegan ['viːgən] ◇ *adj* vegan. ◇ *n* vegan *mf*.
vegetable ['vedʒtəbl] ◇ *n* **-1.** *BOT* vegetal *m* **-2.** [food] hortaliças *fpl*, legume *m*. ◇ *adj* **-1.** [protein] vegetal **-2.** [soup] de legumes.
vegetarian [ˌvedʒɪ'teərɪən] ◇ *adj* vegetariano(na). ◇ *n* vegetariano *m*, -na *f*.
vegetation [ˌvedʒɪ'teɪʃn] *n (U)* vegetação *f*.
vehement ['viːəmənt] *adj* **-1.** [gesture, attack] violento(ta) **-2.** [person, denial] veemente.
vehicle ['viːəkl] *n* **-1.** [for transport] veículo *m* **-2.** *fig* [medium]: **a ~ for sthg** um meio para algo.
veil [veɪl] *n* **-1.** [for face] véu *m* **-2.** *fig* [obscuring thing] manto *m*.
vein [veɪn] *n* **-1.** *ANAT* veia *f* **-2.** [of leaf] nervura *f* **-3.** [of mineral] veio *m*.
velocity [vɪ'lɒsətɪ] (*pl* **-ies**) *n PHYSICS* velocidade *f*.
velvet ['velvɪt] *n (U)* veludo *m*.
vendetta [ven'detə] *n* vendeta *f*.
vending machine ['vendɪŋ-] *n* máquina *f* de venda automática.
vendor ['vendɔːʳ] *n* vendedor *m*, -ra *f*.
veneer [və'nɪəʳ] *n* **-1.** *(U)* [of wood] compensado *m* **-2.** *fig* [appearance] aparência *f*.
venereal disease [vɪ'nɪərɪəl-] *n (U)* doença *f* venérea.
venetian blind *n* persiana *f*.
Venezuela [ˌvenɪz'weɪlə] *n* Venezuela.
vengeance ['vendʒəns] *n (U)* vingança *f*; **it started raining with a ~** começou a chover para valer.
venison ['venɪzn] *n (U)* carne *f* de veado.
venom ['venəm] *n (U)* **-1.** [poison] veneno *m* **-2.** *fig* [spite, bitterness] veneno *m*.
vent [vent] ◇ *n* saída *f* de ar, abertura *f* de ar; **to give ~ to sthg** dar vazão a algo. ◇ *vt* [express] descarregar; **to ~ sthg on sb/sthg** descarregar algo em alguém/algo.
ventilate ['ventɪleɪt] *vt* ventilar.
ventilator ['ventɪleɪtəʳ] *n* ventilador *m*.
ventriloquist [ven'trɪləkwɪst] *n* ventríloquo *m*, -qua *f*.
venture ['ventʃəʳ] ◇ *n* empreendimento *m*. ◇ *vt* [proffer] arriscar; **to ~ to do sthg** arriscar-se a fazer algo. ◇ *vi* **-1.** [go somewhere dangerous] aventurar-se **-2.** [embark]: **to ~ into sthg** lançar-se em algo.
venue ['venjuː] *n* local *m* (*em que se realiza algo*).
veranda(h) [və'rændə] *n* varanda *f*.
verb [vɜːb] *n* verbo *m*.
verbal ['vɜːbl] *adj* verbal.
verbatim [vɜː'beɪtɪm] ◇ *adj* literal. ◇ *adv* literalmente, palavra por palavra.
verbose [vɜː'bəʊs] *adj fml* prolixo(xa).
verdict ['vɜːdɪkt] *n* **-1.** *JUR* veredito *m* **-2.** [opinion] parecer *m*; **~ on sthg** parecer sobre algo.
verge [vɜːdʒ] *n* **-1.** [edge, side] acostamento *m* **-2.** [brink]: **on the ~ of sthg** à beira de algo; **on the ~ of doing sthg** a ponto de fazer algo.
◆ **verge (up)on** *vt fus* beirar.
verify ['verɪfaɪ] (*pt* & *pp* **-ied**) *vt* **-1.** [check] verificar **-2.** [confirm] confirmar.
veritable ['verɪtəbl] *adj fml or hum* legítimo(ma).
vermin ['vɜːmɪn] *npl* **-1.** [*ZOOL* - rodents] bichos *mpl*; [- insects] insetos *mpl* nocivos **-2.** *pej* [people] parasita *mf*.
vermouth ['vɜːməθ] *n (U)* vermute *m*.
versa ▷ **vice versa**.
versatile ['vɜːsətaɪl] *adj* **-1.** [multitalented] versátil **-2.** [multipurpose] multifuncional.
verse [vɜːs] *n* **-1.** *(U)* [poetry] versos *mpl*, poesia *f* **-2.** [stanza] estrofe *m* **-3.** [in Bible] versículo *m*.
versed [vɜːst] *adj*: **to be well ~ in sthg** ser bem versado(da) em algo.
version ['vɜːʃn] *n* [gen] versão *f*.
versus ['vɜːsəs] *prep* **-1.** *SPORT* contra **-2.** [as opposed to] em oposição a.
vertebra ['vɜːtɪbrə] (*pl* **-brae** [-briː]) *n* vértebra *f*.
vertical ['vɜːtɪkl] *adj* vertical.
vertigo ['vɜːtɪgəʊ] *n (U)* vertigem *f*.

verve [vɜ:v] n (U) vivacidade f, entusiasmo m.

very ['verɪ] <> adv -1. [for emphasis] muito; **to like sthg ~ much** gostar muito de algo -2. [as euphemism]: **he's not ~ intelligent** ele não é muito inteligente. <> adj mesmíssimo(ma); **the ~ book I've been looking for** justo o livro que eu estava procurando; **the ~ thought make me bad** só de pensar eu já fico mal; **fighting for his ~ life** lutando por sua própria vida; **the ~ best** o melhor de todos; **a house of my ~ own** minha própria casa.

⁂ **very well** adv muito bem; **you can't ~ well stop him now** é um pouco tarde para impedi-lo.

vessel ['vesl] n fml -1. [boat] embarcação f -2. [container] recipiente m, vasilha f.

vest [vest] n -1. UK [undershirt] camiseta f -2. US [waistcoat] colete m.

vested interest ['vestɪd-] n capital m investido; **~ in sthg** capital investido em algo.

vestibule ['vestɪbju:l] n fml [entrance hall] vestíbulo m.

vestige ['vestɪdʒ] n fml vestígio m.

vestry ['vestrɪ] (pl -ies) n sacristia f.

vet [vet] (pt & pp -ted, cont -ting) <> n UK (abbr of **veterinary surgeon**) veterinário m, -ria f. <> vt UK [check] submeter a uma investigação.

veteran ['vetrən] <> adj [experienced] veterano(na). <> n veterano m, -na f.

veterinarian [ˌvetərɪ'neərɪən] n US veterinário m, -ria f.

veterinary surgeon ['vetərɪnrɪ-] n UK fml veterinário m, -ria f.

veto ['vi:təʊ] (pl -es, pt & pp -ed, cont -ing) <> n -1. (U) [power to forbid] veto m -2. [act of forbidding] veto m. <> vt vetar.

vex [veks] vt fml [annoy] importunar.

vexed question [ˌvekst-] n pomo m de discórdia.

via ['vaɪə] prep -1. [travelling through] via; **they flew to China ~ Karachi** eles viajaram para a China (passando) por Karachi -2. [by means of] através de; **~ satellite** via satélite.

viable ['vaɪəbl] adj viável.

vibrate [vaɪ'breɪt] vi vibrar.

vicar ['vɪkə'] n vigário m, pároco m.

vicarage ['vɪkərɪdʒ] n casa f paroquial.

vicarious [vɪ'keərɪəs] adj indireto(ta).

vice [vaɪs] n -1. (U) [immorality] vício m -2. [moral fault] vício m -3. [tool] torno m de mesa.

vice-chairman n vice-presidente m.

vice-chancellor n UK UNIV reitor m, -ra f.

vice-president n vice-presidente mf.

vice versa [ˌvaɪsɪ'vɜ:sə] adv vice-versa.

vicinity [vɪ'sɪnətɪ] n -1. [neighbourhood] proximidades fpl, redondezas fpl; **in the ~ (of)** nas proximidades OR redondezas(de) -2. [approximate figures]: **in the ~ of** cerca de.

vicious ['vɪʃəs] adj -1. [attack, blow] violento(ta) -2. [person, gossip] cruel -3. [dog] feroz, brabo(ba).

vicious circle n círculo m vicioso.

victim ['vɪktɪm] n vítima f.

victimize, -ise ['vɪktɪmaɪz] vt vitimar.

victor ['vɪktə'] n vencedor m, -ra f.

victorious [vɪk'tɔ:rɪəs] adj [winning] vitorioso(sa).

victory ['vɪktərɪ] (pl -ies) n -1. (U) [act of winning] vitória f -2. [win] vitória f; **~ over sb/sthg** vitória sobre alguém/algo.

video ['vɪdɪəʊ] (pl -s, pt & pp -ed, cont -ing) <> n -1. (U) [medium] vídeo m -2. [recording, machine] vídeo m -3. [cassette] videocassete m. <> comp de vídeo. <> vt -1. [using videorecorder] gravar em vídeo -2. [using camera] gravar um vídeo de.

video camera n câmera f de vídeo.

video cassette n videocassete m, vídeo m.

video game n video game m.

videorecorder ['vɪdɪəʊrɪˌkɔ:də'] n videocassete m, vídeo m.

video shop n videolocadora f.

videotape ['vɪdɪəʊteɪp] n -1. [cassette] videoteipe m -2. (U) [ribbon] fita f.

vie [vaɪ] (pt & pp vied, cont vying) vi: **to ~ for sthg** competir por algo; **to ~ with sb (for sthg/to do sthg)** competir com alguém (por algo/para fazer algo).

Vienna [vɪ'enə] n Viena.

Vietnam [UK ˌvjet'næm, US ˌvjet'nɑ:m] n Vietnã.

Vietnamese [ˌvjetnə'mi:z] <> adj vietnamita. <> n [language] vietnamita m. <> npl: **the ~** os vietnamitas.

view [vju:] <> n -1. [opinion] visão f, opinião f; **in my ~** na minha opinião -2. [vista] vista f -3. [ability to see] visão f; **to come into ~** aparecer. <> vt -1. [consider] ver -2. fml [house] visitar -3. [solar system] observar.

⁂ **in view of** prep em vista de.

⁂ **with a view to** conj com o intuito de.

viewer ['vju:ə'] n -1. [person] telespectador m, -ra f -2. [apparatus] visor m.

viewfinder ['vju:ˌfaɪndə'] n visor m.

viewpoint ['vju:pɔɪnt] n -1. [opinion] ponto m de vista -2. [place] mirante m.

vigil ['vɪdʒɪl] n vigília f.

vigilante [,vɪdʒɪ'læntɪ] n vigilante mf.

vigorous ['vɪgərəs] adj -1. [gen] vigoroso(sa) -2. [attempt] enérgico(ca) -3. [person, animal] vivaz -4. [plant] viçoso(sa).

vigour UK, **vigor** US ['vɪgər] n (U) vigor m.

vile [vaɪl] adj -1. [person] vil -2. [mood] muito ruim -3. [act] desprezível -4. [food] repugnante.

villa ['vɪlə] n casa f de campo, chalé m.

village ['vɪlɪdʒ] n vilarejo m povoado m.

villager ['vɪlɪdʒər] n população f de um vilarejo.

villain ['vɪlən] n -1. [of film, book, play] vilão m, -lã f -2. dated [criminal] criminoso m, -sa f.

vindicate ['vɪndɪkeɪt] vt [confirm] vindicar; [justify] justificar.

vindictive [vɪn'dɪktɪv] adj vingativo(va).

vine [vaɪn] n [grapevine] videira f, parreira f.

vinegar ['vɪnɪgər] n (U) vinagre m.

vineyard ['vɪnjəd] n vinhedo m.

vintage ['vɪntɪdʒ] <> adj -1. [wine] de boa safra -2. fig [classic] clássico(ca). <> n [wine] safra f.

vintage wine n vinho m de uma boa safra.

vinyl ['vaɪnɪl] n (U) vinil m.

viola [vɪ'əʊlə] n -1. MUS viola f -2. BOT violeta f.

violate ['vaɪəleɪt] vt -1. [disregard] violar -2. [disrupt] invadir -3. [break into] profanar.

violence ['vaɪələns] n (U) -1. [physical force] violência f -2. [of words, reaction] violência f.

violent ['vaɪələnt] adj -1. [gen] violento(ta) -2. [emotion, colour] intenso(sa).

violet ['vaɪələt] <> adj violeta. <> n -1. [flower] violeta f -2. (U) [colour] violeta f.

violin [,vaɪə'lɪn] n violino m.

violinist [,vaɪə'lɪnɪst] n violinista mf.

viper ['vaɪpər] n víbora f.

virgin ['vɜːdʒɪn] <> adj literary -1. [sexually] virgem -2. [forest, snow, soil] virgem. <> n virgem mf.

Virgo ['vɜːgəʊ] (pl -s) n [sign] Virgem m.

virile ['vɪraɪl] adj viril.

virtually ['vɜːtʃʊəlɪ] adv [almost] praticamente.

virtual reality n realidade f virtual.

virtue ['vɜːtjuː] n -1. (U) [goodness] virtude f -2. [merit, quality] virtude f -3. [benefit] vantagem f; ~ in sthg vantagem em algo.

➡ **by virtue of** prep fml em virtude de.

virtuous ['vɜːtʃʊəs] adj virtuoso(sa).

virus ['vaɪrəs] n vírus m inv.

visa ['viːzə] n visto m.

vis-à-vis [,viːzɑː'viː] prep fml em relação a.

viscose ['vɪskəʊs] n (U) -1. [solution] viscose f -2. [material] viscose f.

visibility [,vɪzɪ'bɪlɪtɪ] n visibilidade f.

visible ['vɪzəbl] adj visível.

vision ['vɪʒn] n -1. (U) [ability to see] visão f, vista f -2. (U) fig [foresight] visão f -3. [impression, dream] visão f.

visit ['vɪzɪt] <> n visita f; on a ~ to numa visita a. <> vt visitar.

visiting hours ['vɪzɪtɪŋ-] npl hora f de visita.

visitor ['vɪzɪtər] n -1. [to person] visita mf -2. [to place] visitante mf.

visitors' book n livro m de visitantes.

visitor's passport n UK passaporte m temporário.

visor ['vaɪzər] n [on helmet] viseira f.

vista ['vɪstə] n [view] vista f, perspectiva f.

visual ['vɪʒʊəl] adj -1. [gen] visual -2. [examination] de vista.

visual aids npl recursos mpl visuais.

visual display unit n monitor m.

visualize, -ise ['vɪʒʊəlaɪz] vt visualizar; to ~ (sb) doing sthg imaginar (alguém) fazendo algo.

vital ['vaɪtl] adj -1. [essential] vital, essencial -2. [full of life] cheio (cheia) de vida.

vitally ['vaɪtəlɪ] adv extremamente.

vital statistics npl inf [of figure] medidas fpl (do corpo de uma mulher).

vitamin [UK 'vɪtəmɪn, US 'vaɪtəmɪn] n vitamina f.

vivacious [vɪ'veɪʃəs] adj vivaz, animado(da).

vivid ['vɪvɪd] adj -1. [bright] vivo(va) -2. [clear] vívido(da).

vividly ['vɪvɪdlɪ] adv -1. [brightly] com cores muito vivas -2. [clearly] vividamente.

vixen ['vɪksn] n raposa f (fêmea).

VLF (abbr of very low frequency) n VLF f.

V-neck n -1. [sweater, dress] decote m em V -2. [neck] gola f em V.

vocabulary [və'kæbjʊlərɪ] (pl -ies) n vocabulário m.

vocal ['vəʊkl] adj -1. [outspoken] sincero(ra) -2. [of the voice] vocal.

vocal cords npl cordas fpl vocais.

vocation [vəʊ'keɪʃn] n [calling] vocação f.

vocational [vəʊ'keɪʃənl] adj vocacional.

vociferous [və'sɪfərəs] adj fml vociferante.

vodka ['vɒdkə] n vodca f.

vogue [vəʊg] n moda f; **in ~** na moda, em voga.

voice [vɔɪs] <> n [gen] voz f. <> vt [opinion, emotion] manifestar.

void [vɔɪd] <> adj **-1.** [invalid] inválido(da) ▷ **null -2.** fml [empty]: **~ of sthg** desprovido(da) de algo. <> n literary vazio m.

volatile [UK 'vɒlətaɪl, US 'vɒlətl] adj [unpredictable - situation] imprevisível; [- person] volúvel; [- market] volátil.

volcano [vɒl'keɪnəʊ] (pl **-es** OR **-s**) n vulcão m.

volition [və'lɪʃn] n fml: **of one's own ~** por vontade própria.

volley ['vɒlɪ] (pl **volleys**) <> n **-1.** [of gunfire] rajada f, saraivada f **-2.** fig [rapid succession] torrente f **-3.** SPORT voleio m. <> vt dar de voleio em.

volleyball ['vɒlɪbɔːl] n (U) voleibol m, vôlei m.

volt [vəʊlt] n volt m.

voltage ['vəʊltɪdʒ] n voltagem f.

voluble ['vɒljʊbl] adj fml loquaz.

volume ['vɒljuːm] n (U) volume m.

voluntarily [UK 'vɒləntrɪlɪ, US ,vɒlən'terəlɪ] adv voluntariamente.

voluntary ['vɒləntrɪ] adj voluntário(ria); **~ organization** organização f beneficente.

voluntary work n trabalho m voluntário.

volunteer [,vɒlən'tɪəʳ] <> n voluntário m, -ria f. <> vt **-1.** [offer of one's free will]: **to ~ to do sthg** oferecer-se (de livre e espontânea vontade) para fazer algo **-2.** [information, advice] oferecer. <> vi **-1.** [freely offer one's services]: **to ~ (for sthg)** oferecer-se (para algo) **-2.** MIL alistar-se como voluntário(ria).

vomit ['vɒmɪt] <> n (U) vômito m. <> vi vomitar.

vote [vəʊt] <> n **-1.** [individual decision] voto m; **~ for sb/sthg** voto em alguém/algo; **~ against sb/sthg** voto contra alguém/algo **-2.** [session, ballot] votação f; **to put sthg to the ~** levar algo à votação **-3.** [result of ballot]: **the ~** a votação **-4.** [section of voters] eleitorado m **-5.** [suffrage] voto m. <> vt **-1.** [declare, elect] eleger **-2.** [choose in ballot] votar em; **they ~ed to return to work** eles votaram pela volta ao trabalho **-3.** [suggest] votar. <> vi [express one's choice] votar; **to ~ for/against sb** votar em/contra alguém; **to ~ for/ against sthg** votar a favor de/contra algo.

vote of thanks (pl **votes of thanks**) n: **to give a ~** fazer um discurso de agradecimento.

voter ['vəʊtəʳ] n votante mf.

voting ['vəʊtɪŋ] n votação f.

vouch [vaʊtʃ] **vouch for** vt fus **-1.** [take responsibility for] responsabilizarse por **-2.** [declare belief in] dar testemunho de.

voucher ['vaʊtʃəʳ] n [for restaurant, purchase, petrol] vale m.

vow [vaʊ] <> n **-1.** juramento m, promessa f solene **-2.** RELIG voto m. <> vt: **to ~ to do sthg** jurar fazer algo; **to ~ (that)** jurar que.

vowel ['vaʊəl] n vogal f.

voyage ['vɔɪdʒ] n viagem f.

vs (abbr of **versus**) vs.

VSO (abbr of **Voluntary Service Overseas**) n organização britânica de voluntários para ajuda a países em desenvolvimento.

vulgar ['vʌlgəʳ] adj **-1.** [common] comum **-2.** [rude] vulgar, baixo(xa).

vulnerable ['vʌlnərəbl] adj **-1.** [easily hurt] vulnerável; **~ to sthg** [to being hurt] vulnerável a algo **-2.** [easily influenced]: **~ (to sthg)** facilmente influenciável (por algo).

vulture ['vʌltʃəʳ] n **-1.** [bird] abutre m, urubu m **-2.** fig [exploitative person] abutre m.

w (pl **w's** OR **ws**), **W** (pl **W's** OR **Ws**) ['dʌblju:] n w, W m.

W -1. (abbr of **west**) O. **-2.** (abbr of **watt**) W m.

wad [wɒd] n **-1.** [of cotton wool] chumaço m; [of paper, bank notes, documents] pilha f; [of tobacco] masca f **-2.** [of chewing gum] pedaço f.

waddle ['wɒdl] vi caminhar se balançando.

wade [weɪd] vi patinhar. **wade through** vt fus fig: **he was wading through the documents** ele penava muito para ler os documentos.

wading pool ['weɪdɪŋ-] n US piscina f para crianças.

wafer ['weɪfəʳ] n [thin biscuit] wafer m.

waffle ['wɒfl] <> n **-1.** CULIN waffle m **-2.** (U) UK inf [vague talk] lengalenga f, ladainha f. <> vi inf enrolar.

waft [wɑːft, wɒft] vi flutuar.

wag [wæg] (pt & pp **-ged**, cont **-ging**)

want

◇ *vt* sacudir. ◇ *vi* [tail] abanar.

wage [weɪdʒ] ◇ *n* salário *m*. ◇ *vt* : **to ~ war against sb/sthg** guerrear com alguém/algo.

wages *npl* [of worker] pagamento *m*, salário *m*; **I always get my ~s at the end of the week** eu recebo sempre nos finais de semana.

wage earner [-,ɜ:nəʳ] *n* assalariado *m*, -da *f*.

wage packet *n* -1. [envelope] envelope *m* de pagamento -2. [pay] pagamento *m*.

wager ['weɪdʒəʳ] *n* aposta *f*.

waggle ['wægl] *inf vt* & *vi* balançar.

wagon ['wægən], **waggon** *UK n* -1. [horse-drawn vehicle] carroça *f* -2. *UK* RAIL vagão *m*.

wail [weɪl] ◇ *n* lamento *m*, gemido *m*. ◇ *vi* -1. [baby] choramingar -2. [person] gemer.

waist [weɪst] *n* cintura *f*.

waistcoat ['weɪskəʊt] *n* colete *m*.

waistline ['weɪstlaɪn] *n* cintura *f*.

wait [weɪt] ◇ *n* espera *f*. ◇ *vi* esperar; **to ~ and see** esperar para ver. ◇ *vt* **I/he etc couldn't ~ to do sthg** eu/ele mal podia esperar para fazer algo.

wait for *vt fus* esperar; **to ~ for sb to do sthg** esperar que alguém faça algo.

wait on *vt fus* [serve food to] servir; **she ~s on her family hand and foot** ela responde a todas as necessidades da família.

wait up *vi* ficar acordado(da) esperando.

waiter ['weɪtəʳ] *n* garçom *m*.

waiting list ['weɪtɪŋ-] *n* lista *f* de espera.

waiting room ['weɪtɪŋ-] *n* sala *f* de espera.

waitress ['weɪtrɪs] *n* garçonete *f*.

waive [weɪv] *vt* -1. *fml* [rule] não aplicar -2. *fml* [entrance fee] abrir mão de.

wake [weɪk] (*pt* woke *OR* -d, *pp* woken *OR* -d) ◇ *n* [of ship, boat] esteira *f*. ◇ *vt* acordar. ◇ *vi* acordar-se.

wake up ◇ *vt sep* acordar. ◇ *vi* [wake] acordar-se.

waken ['weɪkən] *fml* ◇ *vt* despertar. ◇ *vi* despertar-se.

Wales [weɪlz] *n* País de Gales.

walk [wɔ:k] ◇ *n* -1. [stroll] passeio *m*, caminhada *f*; **to go for a ~** dar um passeio -2. [gait] jeito *m* de andar. ◇ *vt* -1. [escort] acompanhar -2. [take out for exercise] levar para passear -3. [cover on foot] caminhar. ◇ *vi* caminhar, andar.

walk out *vi* -1. [leave suddenly] sair

-2. [go on strike] entrar em greve branca.

walk out on *vt fus* deixar, abandonar.

walker ['wɔ:kəʳ] *n* [for pleasure, sport] caminhante *mf*.

walkie-talkie [,wɔ:kɪ'tɔ:kɪ] *n* walkie-talkie *m*.

walking ['wɔ:kɪŋ] *n* [for pleasure, sport] caminhada *f*; **to go ~** dar uma caminhada.

walking shoes *npl* sapatos *mpl* de caminhada.

walking stick *n* bengala *f*.

Walkman® ['wɔ:kmən] *n* walkman® *m*.

walk of life (*pl* walks of life) *n* -1. [job] profissão *f* -2. [social position] posição *f* social.

walkout ['wɔ:kaʊt] *n* [of members, spectators, workers] greve *f* branca.

walkover ['wɔ:k,əʊvəʳ] *n UK inf* [victory] barbada *f*, vitória *f* fácil.

walkway ['wɔ:kweɪ] *n* passadiço *m*, passagem *f*.

wall [wɔ:l] *n* -1. [interior] parede *f* -2. [exterior] muro *m* -3. ANAT parede *f*.

wallchart ['wɔ:ltʃɑ:t] *n* mural *m*.

walled [wɔ:ld] *adj* cercado(da) (com muros).

wallet ['wɒlɪt] *n* carteira *f*.

wallflower ['wɔ:l,flaʊəʳ] *n* -1. [plant] aleli *m* -2. *inf fig* [person] azeite *m*.

wallop ['wɒləp] *inf vt* [hit] surrar.

wallow ['wɒləʊ] *vi* -1. [in water] mergulhar -2. [in mud] chafurdar.

wallpaper ['wɔ:l,peɪpəʳ] ◇ *n* (U) papel *m* de parede. ◇ *vt* forrar com papel de parede.

Wall Street *n* Wall Street; **on ~** em Wall Street.

wally ['wɒlɪ] (*pl* -ies) *n UK inf* pateta *mf*.

walnut ['wɔ:lnʌt] *n* -1. [nut] noz *m* -2. [tree, material] nogueira *f*.

walrus ['wɔ:lrəs] (*pl inv OR* -es) *n* morsa *f*.

waltz [wɔ:ls] ◇ *n* valsa *f*. ◇ *vi* [dance] dançar uma valsa.

wan [wɒn] (*compar* -ner, *superl* -nest) *adj* abatido(da).

wand [wɒnd] *n* varinha *f* mágica.

wander ['wɒndəʳ] *vi* -1. [person] perambular -2. [mind, thoughts] divagar.

wane [weɪn] *vi* -1. [influence, interest] declinar -2. [moon] minguar.

wangle ['wæŋgl] *vt inf* arranjar, conseguir.

want [wɒnt] ◇ *n* -1. [need] necessidade *f* -2. [lack] falta *f*; **for ~ of** por falta de -3. (U) [deprivation] penúria *f*; **to be in ~** passar necessidades. ◇ *vt* -1. [desire] querer; **to ~ to do sthg** querer fazer algo; **to ~ sb to do sthg**

querer que alguém faça algo - **2.** *inf* [need] precisar.

wanted ['wɒntɪd] *adj*: to be ~ (by the police) ser procurado(da) (pela polícia).

wanton ['wɒntən] *adj fml* [malicious] gratuito(ta), sem motivo.

WAP [wæp] (*abbr of* **wireless application protocol**) *n* WAP *m*.

WAP phone *n* telefone *m* WAP.

war [wɔːʳ] *n* guerra *f*; at ~ em guerra.

ward [wɔːd] *n* - **1.** [in hospital] ala *f* - **2.** *UK POL* distrito *m* eleitoral - **3.** *JUR* tutelado *m*, -da *f*.

➡ **ward off** *vt fus* proteger-se de.

warden ['wɔːdn] *n* - **1.** [of park] guarda *mf* - **2.** *UK* [of youth hostel, hall of residence] diretor *m*, -ra *f* - **3.** *US* [prison governor] diretor *m*, -ra *f*.

warder ['wɔːdəʳ] *n* [in prison] carcereiro *m*, -ra *f*.

wardrobe ['wɔːdrəʊb] *n* - **1.** [piece of furniture] guarda-roupa *m*, armário *m* - **2.** [collection of clothes] guarda-roupa *m*.

warehouse ['weəhaʊs, *pl* -haʊzɪz] *n* armazém *m*, depósito *m*.

wares [weəz] *npl literary* mercadorias *fpl*.

warfare ['wɔːfeəʳ] *n* combate *m*; gang ~ disputa *f* entre gangues.

warhead ['wɔːhed] *n MIL* ogiva *f*.

warily ['weərɪlɪ] *adv* com desconfiança.

warm [wɔːm] <> *adj* - **1.** [gen] quente; I'm ~ estou com calor; are you ~ enough? não está com frio, certo? - **2.** [clothing, blanket] que protege do frio - **3.** [sound] cálido(da) - **4.** [person] afetuoso(sa), caloroso(sa) - **5.** [friendly - congratulations] efusivo(va); [- attitude, smile, handshake] caloroso(sa). <> *vt* [heat gently] aquecer.

➡ **warm to** *vt fus* tomar simpatia por.

➡ **warm up** <> *vt sep* - **1.** [heat] esquentar - **2.** [audience] esquentar. <> *vi* - **1.** [get warmer - gen] esquentar; [- person] esquentar-se - **2.** [prepare - for exercise] aquecer, aquecer-se; [- for performance] preparar-se.

warm-hearted [-'hɑːtɪd] *adj* afetuoso(sa).

warmly ['wɔːmlɪ] *adv* - **1.** [in warm clothes]: to dress ~ agasalhar-se bem - **2.** [in a friendly way] calorosamente, efusivamente.

warmth [wɔːmθ] *n* (U) - **1.** [of temperature] calor *m* - **2.** [of welcome, smile, support] cordialidade *f*.

warn [wɔːn] *vt* - **1.** [advise] advertir, prevenir; to ~ sb of *OR* about sthg advertir alguém de/sobre algo; to ~ sb not to do sthg avisar a alguém para que não faça algo - **2.** [inform] avisar.

warning ['wɔːnɪŋ] *n* - **1.** [official caution] advertência *f* - **2.** [prior notice] aviso *m*.

warning light *n* luz *f* de advertência.

warning triangle *n UK* triângulo *m* luminoso (*do carro*).

warp [wɔːp] <> *vt* - **1.** [wood] empenar - **2.** [personality, mind] desvirtuar; [judgement] distorcer. <> *vi* [wood] empenar.

warrant ['wɒrənt] <> *n JUR* [written order] mandado *m* (judicial). <> *vt fml* [justify] merecer.

warranty ['wɒrəntɪ] (*pl* -ies) *n* garantia *f*.

warren ['wɒrən] *n* [of rabbit] toca *f*.

warrior ['wɒrɪəʳ] *n literary* guerreiro *m*, -ra *f*.

Warsaw ['wɔːsɔː] *n* Varsóvia; in ~ em Varsóvia; the ~ Pact o Pacto de Varsóvia.

warship ['wɔːʃɪp] *n* navio *m* de guerra.

wart [wɔːt] *n* verruga *f*.

wartime ['wɔːtaɪm] *n* (U) tempos *mpl* de guerra; in ~ em tempos de guerra.

wary ['weərɪ] (*compar* -ier, *superl* -iest) *adj* receoso(sa); ~ of sthg/of doing sthg receoso(sa) de algo/de fazer algo.

was [weak form wəz, strong form wɒz] *pt* ⊳ be.

wash [wɒʃ] <> *n* - **1.** [act of washing] lavada *f*; to have a ~ lavar-se; to give sthg a ~ dar uma lavada em algo - **2.** [clothes to be washed] roupa *f* para lavar *OR* suja - **3.** [from boat] esteira *f*. <> *vt* [clean] lavar. <> *vi* [clean o.s.] lavar-se.

➡ **wash away** *vt sep* levar, arrastar.

➡ **wash up** <> *vt sep UK* [dishes] lavar. <> *vi* - **1.** *UK* [wash the dishes] lavar os pratos - **2.** *US* [wash o.s.] lavar-se.

washable ['wɒʃəbl] *adj* lavável.

washbasin *UK* ['wɒʃ,beɪsn], **washbowl** *US* ['wɒʃbəʊl] *n* lavatório *m*.

washcloth ['wɒʃ,klɒθ] *n US* toalha *f* de rosto.

washer ['wɒʃəʳ] *n* - **1.** *TECH* arruela *f* - **2.** [washing machine] lavadora *f* (de roupa).

washing ['wɒʃɪŋ] *n* (U) - **1.** [act] lavagem *f* - **2.** [clothes] roupa *f* para lavar *OR* suja.

washing line *n* varal *m*.

washing machine *n* lavadora *f* (de roupa).

washing powder *n* (U) *UK* sabão *m* em pó.

Washington ['wɒʃɪŋtən] *n* [city]: ~ D.C. Washington D.C.

washing-up *n* - **1.** *UK* [crockery, pans *etc*] louça *f* para lavar *OR* suja - **2.** [act]: to do the ~ lavar a louça.

washing-up liquid *n UK* detergente *m*.

washout ['wɒʃaʊt] *n inf* fracasso *m*, desastre *m*.

washroom ['wɒʃrʊm] n US lavabo m.

wasn't [wɒznt] = was not.

wasp [wɒsp] n [insect] vespa f.

wastage ['weɪstɪdʒ] n desperdício m.

waste [weɪst] ◇ adj -1. [material, fuel] de sobra - 2. [area of land] improdutivo(-va). ◇ n -1. [misuse] desperdício m; a ~ of time uma perda de tempo - 2. [refuse] resíduos mpl. ◇ vt [misuse] desperdiçar; it would be ~ d on me eu não saberia aproveitar isso.

➤ **wastes** npl literary [wastelands] desertos mpl.

wastebasket n US cesto m de lixo.

waste disposal unit n triturador m de lixo.

wasteful ['weɪstfʊl] adj: to be very ~ to do sthg ser muito desperdício fazer algo.

waste ground n (U) terra f improdutiva, descampados mpl.

wastepaper basket [,weɪst'peɪpəʳ-], **wastepaper bin** [,weɪst'peɪpəʳ-], **wastebasket** US ['weɪst,bɑːskɪt] n cesto m para papel.

watch [wɒtʃ] ◇ n -1. [timepiece] relógio m - 2. [act of guarding]: to keep ~ ficar de guarda; to keep ~ on sb/sthg vigiar alguém/algo - 3. [guard] guarda mf. ◇ vt -1. [look at - television, programme, match] ver; [- scene, activity] contemplar - 2. [spy on] vigiar - 3. [be careful about] cuidar; ~ what you're doing presta atenção no que você está fazendo. ◇ vi [observe] observar.

➤ **watch for** vt fus esperar.

➤ **watch out** vi -1. [be careful]: to ~ out (for sthg) ter cuidado (com algo); ~ out! cuidado! - 2. [keep a lookout]: to ~ out for sthg prestar atenção em algo.

watchdog ['wɒtʃdɒg] n -1. [dog] cão m de guarda - 2. fig [organization] comissão que fiscaliza as empresas e impede que realizem ações ilegais ou irresponsáveis.

watchful ['wɒtʃfʊl] adj [vigilant] atento(-ta).

watchmaker ['wɒtʃ,meɪkəʳ] n relojoeiro m, -ra f.

watchman ['wɒtʃmən] (pl -men [-mən]) n segurança m, vigia m.

water ['wɔːtəʳ] ◇ n [gen] água f. ◇ vt [plants, soil] regar. ◇ vi -1. [eyes] lacrimejar - 2. [mouth]: it makes my mouth ~ fico com água na boca.

➤ **waters** npl águas fpl.

➤ **water down** vt sep -1. [dilute] diluir - 2. usu pej [moderate] suavizar, moderar.

water bottle n garrafa f d'água, cantil m.

water closet n dated w.c. m.

watercolour ['wɔːtə,kʌləʳ] n aquarela f.

watercress ['wɔːtəkres] n (U) agrião m.

waterfall ['wɔːtəfɔːl] n queda-d'água f, cachoeira f.

water heater n aquecedor m de água.

waterhole ['wɔːtəhəʊl] n cacimba f.

watering can ['wɔːtərɪŋ-] n regador m.

water level n nível m de água.

water lily n nenúfar m.

waterline ['wɔːtəlaɪn] n NAUT linha-d'água f.

waterlogged ['wɔːtəlɒgd] adj -1. [land] alagado(da) - 2. [vessel] inundado(da).

water main n adutora f.

watermark ['wɔːtəmɑːk] n -1. [in paper] marca f d'água - 2. [showing water level] linha-d'água f.

watermelon ['wɔːtə,melən] n melancia f.

water polo n (U) pólo m aquático.

waterproof ['wɔːtəpruːf] ◇ adj à prova d'água. ◇ n capa f impermeável; ~ s roupa f à prova d'água.

watershed ['wɔːtəʃed] n -1. GEOGR linha f divisória das águas - 2. fig [turning point] divisor m de águas.

water skiing n (U) esqui m aquático.

water tank n caixa f d'água.

watertight ['wɔːtətaɪt] adj -1. [waterproof] hermético(ca) - 2. fig [faultless] infalível.

waterway ['wɔːtəweɪ] n via f navegável, canal m.

waterworks ['wɔːtəwɜːks] (pl inv) n [building] instalações fpl para a distribuição de água.

watery ['wɔːtərɪ] adj -1. [food, drink] aguado(da) - 2. [light, sun, moon] pálido(-da).

watt [wɒt] n watt m.

wave [weɪv] ◇ n -1. [gen] onda f - 2. [of people] leva f - 3. [in hair] ondulação f - 4. [gesture] aceno m. ◇ vt -1. [brandish - hand, flag] agitar; [- baton] manejar; [- stick, pistol, gun] empunhar - 2. [gesture to] fazer sinal para. ◇ vi -1. [with hand] abanar; to ~ at OR to sb abanar para alguém - 2. [flag] tremular - 3. [tree] balançar - 4. [hair] ondular.

wavelength ['weɪvleŋθ] n comprimento m de onda; to be on the same ~ fig estar em sintonia.

waver ['weɪvəʳ] vi -1. [gen] vacilar - 2. [light, temperature] oscilar - 3. [flame] tremer.

wavy ['weɪvɪ] (compar -ier, superl -iest) adj -1. [hair] ondulado(da) - 2. [line] sinuoso(sa).

wax [wæks] n [gen] cera f. ◇ vt -1. [floor, table] encerar; [skis] passar cera em - 2. [legs] depilar com cera. ◇ vi [moon] crescer.

wax paper *n US* papel *m* encerado.
waxworks ['wæksw3:ks] (*pl inv*) *n* [museum] museu *m* de cera.
way [weɪ] ◇ *n* **-1.** [means, method] maneira *f*, modo *m* **-2.** [manner, style] jeito *m*, maneira *f*; **in the same ~** da mesma forma; **this/that ~** dessa/daquela forma; **in a ~** de certa forma OR maneira; **to fall for sb in a big ~** apaixonar-se loucamente por alguém **-3.** [thoroughfare, path] caminho *m*; **'give ~'** *UK AUT* dê passagem **-4.** [route leading to a specified place] caminho *m*; **do you know the ~ to the cathedral?** sabe como se faz para chegar na catedral?; **to lose one's ~** perder-se; **out of one's ~** [place] fora do caminho de alguém; **can you post this letter on the OR one's ~ (to the shops)** quando você for (fazer compras), pode colocar esta carta no correio?; **to be under ~** [ship] estar navegando; [project, meeting] estar em andamento; **to get under ~** [ship] zarpar; [project, meeting] estar em andamento; **to be in the ~** estar na passagem OR frente; **if you put your suitcase over there, it will be out of the ~** se colocar sua mala lá, ela não vai ficar atrapalhando; **to go out of one's ~ to do sthg** não poupar esforços para fazer algo; **to keep out of sb's ~** não cruzar o caminho de alguém; **keep out of the ~!** saia do caminho!; **to make ~ for sb/sthg** abrir espaço para alguém/algo; **to stand in sb's ~** *fig* ficar no caminho de alguém **-5.** [route leading in a specified direction]: **come this ~** vem por aqui; **~ in** entrada; **~ out** saída **-6.** [side] lado *m*; **the right/wrong ~ round** do jeito certo/errado; **the right/wrong ~ up** com o lado certo/errado para cima **-7.** [distance]: **all the ~** todo o caminho; **a long ~** um longo caminho **-8.** *phr*: **to give ~** [under weight, pressure] ceder; **no ~!** de maneira alguma! ◇ *adv inf* [by far] muito; **it's ~ too big!** é enorme de grande!
● **ways** *npl* [customs, habits] costumes *mpl*, hábitos *mpl*.
● **by the way** *adv* a propósito, aliás.
waylay [ˌweɪ'leɪ] (*pt & pp* -laid) *vt* abordar.
wayward ['weɪwəd] *adj* incorrigível.
WC (*abbr of* water closet) *n* WC *m*.
we [wi:] *pers pron pl* nós **~'re young** (nós) somos jovens.
weak [wi:k] *adj* **-1.** [gen] fraco(ca) **-2.** [lacking knowledge, skill]: **to be ~ on sthg** ser fraco(ca) em algo).
weaken ['wi:kn] ◇ *vt* **-1.** [gen] enfraquecer; *FIN* [devalue] desvalorizar **-2.** [debilitate] debilitar. ◇ *vi* **-1.** [person -

physically] debilitar-se; [- morally] desgastar-se; **no signs of ~ing** nenhum sinal de desgaste **-2.** [influence, power] diminuir **-3.** [structure] enfraquecer-se **-4.** *FIN* [dollar, mark] desvalorizar-se.
weakling ['wi:klɪŋ] *n pej* fraco *m*, -ca *f* (de corpo e mente).
weakness ['wi:knɪs] *n* **-1.** *(U)* [of person - physical] fraqueza *f*; [- moral] ponto *m* fraco **-2.** [of government, structure, plan] debilidade *f* **-3.** *FIN* [of currency] fragilidade *f*.
wealth [welθ] *n* **-1.** *(U)* [riches] riqueza *f* **-2.** [abundance]: **a ~ of sthg** uma profusão de algo.
wealthy ['welθɪ] (*compar* -ier, *superl* -iest) *adj* rico(ca).
wean [wi:n] *vt* [from mother's milk] desmamar.
weapon ['wepən] *n* arma *f*.
weaponry ['wepənrɪ] *n (U)* armamento *m*.
wear [weə^r] (*pt* wore, *pp* worn) ◇ *n* **-1.** [type of clothes] roupa *f* **-2.** [damage] desgaste *m*; **~ and tear** desgaste **-3.** [use] uso *m*. ◇ *vt* **-1.** [gen] usar **-2.** [clothes] vestir **-3.** [shoes] calçar **-4.** [damage - gen] danificar; [- holes] abrir. ◇ *vi* **-1.** [deteriorate] gastar **-2.** [last]: **to ~ well/badly** durar bastante/pouco.
● **wear away** ◇ *vt sep* desgastar. ◇ *vi* desgastar-se.
● **wear down** *vt sep* **-1.** [reduce size of] gastar **-2.** [weaken] esgotar.
● **wear off** *vi* passar.
● **wear out** ◇ *vt sep* **-1.** [clothing, machinery] usar até estragar **-2.** [patience, strength, reserves] esgotar **-3.** [person] ficar esgotado(da). ◇ *vi* [clothing, shoes] gastar.
weary ['wɪərɪ] (*compar* -ier, *superl* -iest) *adj* **-1.** [exhausted] exausto(ta) **-2.** [fed up]: **to be ~ of sthg/of doing sthg** estar farto(ta) de algo/de fazer algo.
weasel ['wi:zl] *n* doninha *f*.
weather ['weðə^r] ◇ *n* tempo *m*; **to be under the ~** estar se sentindo um pouco indisposto(ta). ◇ *vt* [survive] superar.
weather-beaten [-ˌbi:tn] *adj* [face, skin] desgastado(da) pelo tempo.
weathercock ['weðəkɒk] *n* cata-vento *m* (em forma de galo).
weather forecast *n* previsão *f* do tempo.
weatherman ['weðəmæn] (*pl* -men [-men]) *n* meteorologista *m*.
weather vane [-veɪn] *n* cata-vento *m*.
weave [wi:v] (*pt* wove, *pp* woven) ◇ *vt* [using loom] tecer. ◇ *vi* [move]: **to ~ in and out** ziguezaguear.
weaver ['wi:və^r] *n* tecelão *m*, -lã *f*.

web [web] n **-1.** [cobweb] teia f **- 2.** fig [of lies, intrigue] rede f **- 3.** COMPUT Web f, Rede f.

web browser n COMPUT navegador m.

webcam ['webkæm] n câmera f web, webcam f.

webcast ['webkɑːst] n transmissão f ao vivo pela Internet.

web designer n web designer mf.

web page n página f da Web.

webphone ['webfəʊn] n webphone m.

website ['websaɪt]n site m da Web.

wed [wed] (pt & pp **wed** OR **-ded**) literary <> vt [marry] desposar. <> vi casar.

we'd [wiːd] = **we had**, **we would**.

wedding ['wedɪŋ] n casamento m (cerimônia).

wedding anniversary n aniversário m de casamento.

wedding cake n bolo m de casamento.

wedding dress n vestido m de noiva.

wedding ring n aliança f.

wedge [wedʒ] <> n **-1.** [gen] cunha f **- 2.** [of cheese, cake, pie] fatia f, porção f. <> vt **-1.** [make fixed or steady] calçar com cunha **- 2.** [squeeze, push] enfiar; she sat ~d between us ela se sentou enfiada entre nós.

Wednesday ['wenzdɪ] n quarta-feira f; see also **Saturday**.

wee [wiː] <> adj Scot pequenino(na). <> n inf xixi m. <> vi inf fazer xixi.

weed [wiːd] <> n **-1.** [wild plant] erva f daninha **- 2.** UK inf [feeble person] fracote m, -ta f. <> vt capinar.

weedkiller ['wiːd͵kɪləʳ] n herbicida m.

weedy ['wiːdɪ] (compar **-ier**, superl **-iest**) adj UK inf [feeble] fracote(ta).

week [wiːk] n [gen] semana f; during the ~ durante a semana; in three ~ s' time dentro de três semanas; a ~ last Saturday uma semana antes de sábado.

weekday ['wiːkdeɪ] n dia m da semana.

weekend [͵wiːk'end] n fim m de semana; at the ~ no fim de semana.

weekly ['wiːklɪ] (pl **-ies**) <> adj semanal. <> adv semanalmente. <> n semanário m.

weep [wiːp] (pt & pp **wept**) <> vt derramar. <> vi chorar.

weeping willow [͵wiːpɪŋ-] n salgueiro-chorão m.

weigh [weɪ] <> vt **-1.** [gen] pesar **- 2.** [raise]: to ~ **anchor** levantar âncora. <> vi [have specific weight] pesar.

➡ **weigh down** vt sep **-1.** [physically] sobrecarregar **- 2.** [mentally]: to be ~ed down by OR with sthg estar prostrado(da) por algo.

➡ **weigh up** vt sep [situation, pros and cons] pesar; [person, opposition] fazer uma idéia de.

weight [weɪt] n **-1.** [gen] peso m; to put on OR gain ~ engordar; to lose ~ perder peso **- 2.** fig [power, influence]: the ~ of public opinion a opinião pública em peso.

weighted ['weɪtɪd] adj: to be ~ in favour of/against sb pesar a favor de/contra alguém; to be ~ in favour of/against sthg pesar a favor de/contra algo.

weighting ['weɪtɪŋ] n (U) pagamento adicional por se viver numa cidade com alto custo de vida.

weight lifting n (U) levantamento m de peso.

weighty ['weɪtɪ] (compar **-ier**, superl **-iest**) adj [serious, important] de peso.

weir [wɪəʳ] n represa f.

weird [wɪəd] adj estranho(nha), esquisito(ta).

welcome ['welkəm] <> adj **-1.** [gen] bem-vindo(da) **- 2.** [free]: to be ~ to do sthg ter toda a liberdade para fazer algo **- 3.** [in reply to thanks]: you're ~ de nada. <> n acolhida f. <> vt [gen] acolher. <> excl bem-vindo(da)!

weld [weld] <> n solda f. <> vt soldar.

welfare ['welfeəʳ] <> adj de assistência social. <> n **-1.** [state of wellbeing] bem-estar m **- 2.** US [income support] assistência f social (do governo).

welfare state n estado m de bem-estar social.

well [wel] (compar **better**, superl **best**) <> adj bem; to get ~ ficar bem; all is ~ está tudo bem; just as ~ ainda bem que. <> adv **-1.** [gen] bem; to go ~ ir bem; ~ done! muito bem!; ~ and truly completamente **- 2.** [definitely, certainly] certamente, definitivamente; it was ~ worth it claro que valeu a pena; she's ~ over 40 ela tem muito mais de 40 **- 3.** [easily, possibly] (muito) bem. <> n [water, oil] poço m. <> excl **-1.** [in hesitation] bem!, bom! **- 2.** [to correct o.s.] bem **- 3.** [to express resignation]: oh ~! enfim! **- 4.** [in surprise] quem diria!, olha só!

➡ **as well** adv [in addition] também; you may/might as ~ **tell the truth** e por que você não conta a verdade?

➡ **as well as** conj além de.

➡ **well up** vi brotar.

we'll [wiːl] = **we shall**, **we will**.

well-advised [-əd'vaɪzd] adj prudente; he/you would be ~ to do sthg seria prudente que ele/você fizesse algo.

well-behaved [-bɪ'heɪvd] adj bem-comportado(da).

wellbeing [͵wel'biːɪŋ] n (U) bem-estar m.

well-built adj [person] robusto(ta), fornido(da).

well-done adj [thoroughly cooked] bem passado(da).

well-dressed [-'drest] adj bem vestido(da).

well-earned [-'ɜ:nd] adj merecido(da).

well-heeled [-hi:ld] adj inf rico(ca).

wellington (boot) n bota f impermeável.

well-kept adj -1. [garden, village] bem cuidado(da) -2. [secret] bem guardado(da).

well-known adj conhecido(da).

well-mannered [-'mænəd] adj: to be ~ ter boas maneiras.

well-meaning adj bem-intencionado(da).

well-nigh [-naɪ] adv quase.

well-off adj -1. [financially] rico(ca), próspero(ra) -2. [in a good position]: to be ~ for sthg estar bem de algo.

well-read [-'red] adj instruído(da), culto(ta).

well-rounded [-'raundɪd] adj [varied] variado(da).

well-timed adj oportuno(na).

well-to-do adj abastado(da), de dinheiro.

well-wisher n simpatizante mf.

Welsh [welʃ] ◇ adj galês(esa). ◇ n (U) [language] galês m. ◇ npl: the ~ os galeses.

Welshman ['welʃmən] (pl -men [-mən]) n galês m.

Welshwoman ['welʃ,wʊmən] (pl -women [-,wɪmɪn]) n galesa f.

went [went] pt ▷ go.

wept [wept] pt & pp ▷ weep.

were [wɜ:ʳ] vb ▷ be.

we're [wɪəʳ] = we are.

weren't [wɜ:nt] = were not.

west [west] ◇ n -1. [direction] oeste m; the ~ o oeste -2. [region]: the ~ o Oeste. ◇ adj oeste. ◇ adv para o oeste; ~ of ao oeste de.
◆ West n POL: the West o Ocidente.

West Bank n: the ~ a Cisjordânia.

West Country n: the ~ o sudoeste da Inglaterra.

westerly ['westəlɪ] adj -1. [towards the west]: in a ~ direction para o oeste -2. [in the west] ocidental -3. [from the west] oeste.

western ['westən] ◇ adj -1. [part of country, continent] ocidental -2. POL [relating to the West] do Ocidente. ◇ n [book, film] western m.

West German ◇ adj da Alemanha Ocidental. ◇ n [person] alemão m, -mã f ocidental.

West Germany n: (former) ~ a (antiga)Alemanha Ocidental.

West Indian ◇ adj antilhano(na). ◇ n [person] antilhano m, -na f.

West Indies [-'ɪndi:z] npl: the ~ as Antilhas.

Westminster ['westmɪnstəʳ] n -1. [area] Westminster -2. fig [British parliament] parlamento m britânico.

westward ['westwəd] ◇ adj para o oeste. ◇ adv = westwards.

westwards ['westwədz] adv para o oeste.

wet [wet] (compar -ter, superl -test, pt & pp wet OR -ted, cont -ting) ◇ adj -1. [damp] úmido(da) -2. [soaked] molhado(da) -3. [rainy] chuvoso(sa) -4. [ink, concrete] fresco(ca) -5. UK inf pej [weak, feeble] fraco(ca). ◇ n inf UK POL político conservador moderado. ◇ vt -1. [soak] molhar -2. [dampen] umedecer -3. [bed]: to ~ the bed fazer xixi na cama.

wet blanket n inf pej desmancha-prazeres mf inv.

wet suit n roupa f de mergulho.

we've [wi:v] = we have.

whack [wæk] inf ◇ n -1. [hit] pancada f -2. inf [share]: one's ~ of the profits a sua parte nos lucros. ◇ vt dar pancadas em.

whale [weɪl] n [animal] baleia f.

wharf [wɔ:f] (pl -s OR wharves [wɔ:vzl) n cais m inv.

what [wɒt] ◇ adj -1. [in questions] que; ~ colour is it? de que cor é?; he asked me ~ colour it was ele perguntou-me de que cor era. -2. [in exclamations] que; ~ a surprise! mas que surpresa!; ~ a beautiful day! mas que dia lindo! ◇ pron -1. [in questions] o que; ~ is going on? o que é que está acontecendo?; ~ is that? o que é isso?; ~ is that thing called? como é que se chama aquilo?; ~ is the problem? qual é o problema?; she asked me ~ had happened ela perguntou-me o que é que tinha acontecido; she asked me ~ I had seen ela perguntou-me o que é que eu tinha visto. -2. (in questions: after prep) que; ~ are they talking about? de que é que eles estão falando?; ~ is it for? para que é isso?; she asked me ~ I was thinking about ela me perguntou em que eu estava pensando. -3. [introducing relative clause] o que; I didn't see ~ happened não vi o que aconteceu; you can't have ~ you want você não pode ter o que quer. -4. [in phrases]: ~ for? para quê?; ~ about going out for a meal? que tal irmos comer fora? ◇ excl o quê!

whatever [wɒt'evəʳ] ◇ adj qualquer;

eat ~ **food you find** come o que encontrar; **no chance** ~ nem a mais remota chance; **nothing** ~ absolutamente nada. ◇ *pron* **-1.** [no matter what] o que quer que; ~ **they may offer** ofereçam o que oferecerem **-2.** [indicating surprise]: ~ **did you say?** o que foi que você disse? **-3.** [indicating lack of precision]: ~ **that is** seja lá o que for; **or** ~ ou o que seja.

what's-her-name *n inf* a tal fulana.

what's-his-name *n inf* o tal fulano.

whatsit *n inf* treco *m*.

whatsoever [,wɒtsəʊ'evəʳ] *adj* absolutamente.

wheat [wi:t] *n* trigo *m*.

wheedle ['wi:dl] *vt*: **to** ~ **sb into doing sthg** bajular alguém para que faça algo; **to** ~ **sthg out of sb** conseguir algo de alguém por bajulação.

wheel [wi:l] ◇ *n* **-1.** [of bicycle, car, train] roda *f* **-2.** AUT [steering wheel] direção *f* (do carro). ◇ *vt* empurrar *(algo com rodas).* ◇ *vi* [turn round]: **to** ~ **round** dar a volta.

wheelbarrow ['wi:l,bærəʊ] *n* carrinho *m* de mão.

wheelchair ['wi:l,tʃeəʳ] *n* cadeira *f* de rodas.

wheel clamp *n* grampo posto nas rodas de veículo estacionado em lugar proibido.

➤ **wheel-clamp** *vt* grampear a roda *(de veículo mal estacionado).*

wheeze [wi:z] ◇ *n* [sound of wheezing] respiração *f* ofegante. ◇ *vi* resfolegar.

whelk [welk] *n* caramujo *m*.

when *adv* & *conj* quando.

whenever [wen'evəʳ] ◇ *conj* sempre que. ◇ *adv* **-1.** [indicating surprise] quando é que **-2.** [indicating lack of precision]: **or** ~ ou quando quiser.

where [weəʳ] *adv* & *conj* onde.

whereabouts [*adv* ,weərə'baʊts, *n* 'weərəbaʊts] ◇ *adv* por onde. ◇ *npl* paradeiro *m*.

whereas [weər'æz] *conj* enquanto que, ao passo que.

whereby [weə'baɪ] *conj* fml através do (da) qual, pelo(la) qual.

whereupon [,weərə'pɒn] *conj* fml depois do que.

wherever [weər'evəʳ] ◇ *conj* **-1.** [no matter where, everywhere] em todo o lugar que **-2.** [anywhere, in whatever place] onde quer que; **sit** ~ **you like** senta onde quiser **-3.** [in any situation] sempre que **-4.** [indicating ignorance]: ~ **that is** seja lá onde for. ◇ *adv* **-1.** [indicating surprise] onde é que **-2.** [indicating lack of precision] em qualquer lugar.

wherewithal ['weəwɪðɔ:l] *n fml*: to have the ~ to do sthg dispor dos meios necessários para fazer algo.

whet [wet] *(pt & pp* -ted, *cont* -ting) *vt*: **to** ~ **sb's appetite (for sthg)** despertar o interesse de alguém (por algo).

whether ['weðəʳ] *conj* **-1.** [indicating choice, doubt] se **-2.** [no matter if]: ~ **I want to or not** queira ou não queira.

which [wɪtʃ] ◇ *adj* [in questions] qual, que; ~ **room do you want?** qual é o quarto que você quer?, que quarto você quer?; ~ **one?** qual (deles)?; **she asked me** ~ **room I wanted** ela perguntou-me qual de que quarto eu queria ◇ *pron* **-1.** [in questions] qual; ~ **one is the cheapest?** qual é o mais barato?; ~ **one do you prefer?** qual (é o que) você prefere?; **he asked me** ~ **one I preferred** ele perguntou-me qual é que eu preferia **-2.** [introducing relative clause: subject]: **I can't remember** ~ **was better** não me lembro qual era o melhor **-3.** [introducing relative clause: object, after prep] que; **the sofa on** ~ **I'm sitting** o sofá em que estou sentado **-4.** [to refer back to a clause] o que; **he's late,** ~ **annoys me** ele está atrasado, o que me aborrece; **he's always late,** ~ **I don't like** ele está sempre atrasado, coisa que eu detesto

whichever [wɪtʃ'evəʳ] ◇ *adj* **-1.** [no matter which]: ~ **route you take** por qualquer dos caminhos que você for **-2.** [the one which]: ~ **colour you prefer** a cor que preferir. ◇ *pron* **-1.** [the one which] o (a) que, as (as) que **-2.** [no matter which one] qualquer um(ma).

whiff [wɪf] *n* [smell] cheirinho *m*.

while [waɪl] ◇ *n* algum tempo *m*; **it's a long** ~ **since I did that** faz muito tempo que não faço isso; **for a** ~ por algum tempo; **after a** ~ depois de algum tempo. ◇ *conj* **-1.** [as long as, during the time that] enquanto **-2.** [whereas] enquanto (que), ao passo que.

➤ **while away** *vt sep* passar o tempo *(de forma agradável).*

whilst [waɪlst] *conj* = **while**.

whim [wɪm] *n* capricho *m*.

whimper ['wɪmpəʳ] ◇ *vt* lamuriar-se. ◇ *vi* choramingar.

whimsical ['wɪmzɪkl] *adj* **-1.** [idea, story] fantasioso(sa) **-2.** [look] estranho(nha) **-3.** [remark] esquisito(ta).

whine [waɪn] *vi* **-1.** [child] gemer **-2.** [dog] ganir **-3.** [siren] gritar **-4.** [engine] zunir.

whinge [wɪndʒ] *(cont* whingeing) *vi UK*: **to** ~ **(about sb/sthg)** queixar-se (de alguém/algo).

whip [wɪp] *(pt & pp* -ped, *cont* -ping) ◇ *n* **-1.** [for hitting] chicote *m* **-2.** UK

POL membro do partido político responsável por fazer com que seus correligionários compareçam a votações importantes no parlamento. ◇ *vt* -1. [beat with whip] chicotear -2. [take quickly]: **to ~ sthg out/off** arrancar algo de -3. CULIN bater.

whipped cream [wɪpt-] *n* creme *m* batido.

whip-round *n UK inf*: **to have a ~** fazer uma vaquinha.

whirl [wɜːl] ◇ *n* -1. [rotating movement] redemoinho *m* -2. *fig* [flurry, round] turbilhão *m*, agitação *f*. ◇ *vt*: **to ~ sb/sthg round** rodopiar alguém/algo. ◇ *vi* -1. [move around] rodopiar -2. *fig* [be confused, excited] dar voltas.

whirlpool [ˈwɜːlpuːl] *n* redemoinho *m*.

whirlwind [ˈwɜːlwɪnd] *n* furacão *m*.

whirr [wɜːʳ] *vi* zumbir.

whisk [wɪsk] ◇ *n* CULIN batedeira *f*. ◇ *vt* -1. [put or take quickly - away]: **to ~ sb/sthg away** levar alguém/algo rapidamente; [- out]: **to ~ sthg out** tirar algo rapidamente -2. CULIN bater.

whisker [ˈwɪskəʳ] *n* [of animal] bigode *m*.
➠ **whiskers** *npl* [of man] suíças *fpl*.

whisky *UK* (*pl* -ies), **whiskey** *US* & *Irish* (*pl* -s) [ˈwɪskɪ] *n* uísque *m*.

whisper [ˈwɪspəʳ] ◇ *vt* sussurrar, cochichar. ◇ *vi* sussurrar, cochichar.

whistle [ˈwɪsl] ◇ *n* -1. [gen] apito *m* -2. [through lips] assobio *m* -3. [of bird] piado *m*, pio *m* -4. [of kettle] chiar *m*. ◇ *vt* assobiar. ◇ *vi* -1. [gen] assobiar -2. [using whistle] apitar -3. [bird] piar -4. [kettle] chiar.

white [waɪt] ◇ *adj* -1. [gen] branco(ca) -2. [milky] com leite. ◇ *n* -1. [gen] branco *m* -2. [person] branco *m*, -ca *f* -3. [of egg] clara *f*.

white-collar *adj* de colarinho branco.

white elephant *n fig* elefante *m* branco.

Whitehall [ˈwaɪthɔːl] *n* Whitehall.

white-hot *adj* incandescente.

White House *n*: **the ~** a Casa Branca.

white lie *n* mentira *f* branca.

whiteness [ˈwaɪtnɪs] *n* (U) brancura *f*.

white paper *n* POL relatório *m* oficial do governo.

white sauce *n* (U) molho *m* branco.

white spirit *n* (U) UK aguarrás *f inv*.

white trash *n US pej* [people] branquelo *m*, -la *f*.

whitewash [ˈwaɪtwɒʃ] ◇ *n* -1. (U) [paint] (água *f* de) cal *f* -2. *pej* [cover-up] disfarce *m*. ◇ *vt* [paint] caiar, pintar com cal.

whiting [ˈwaɪtɪŋ] (*pl inv OR* -s) *n* merlúcio *m*.

Whitsun [ˈwɪtsn] *n* [day] Pentecostes *m inv*.

whittle [ˈwɪtl] *vt*: **to ~ sthg away** OR **down** reduzir algo gradualmente.

whiz (*pt* & *pp* -zed, *cont* -zing), **whizz** [wɪz] *vi* passar zunindo.

whiz(z) kid *n inf* (menino *m*) prodígio *m*, (menina ~) prodígia *f*.

who [huː] *pron* -1. (in direct, indirect questions) quem -2. (in relative clauses) que.

who'd [huːd] = who had, who would.

whodu(n)nit [ˌhuːˈdʌnɪt] *n inf* romance *m* policial.

whoever [huːˈevəʳ] *pron* -1. [gen] quem quer que; **I don't like him, ~ he is** não gosto dele, quem quer que ele seja -2. [indicating surprise] quem será que; **~ can that be?** quem poderá ser?

whole [həʊl] ◇ *adj* -1. [entire, complete] inteiro(ra) -2. [for emphasis]: **a ~ lot of** muitos e muitos, muitas e muitas, ; **a ~ lot bigger** muitíssimo maior. ◇ *adv* [for emphasis] totalmente. ◇ *n* -1. [all, entirety]: **the ~ of the summer** o verão todo -2. [unit, complete thing] todo *m*.
➠ **as a whole** *adv* como um todo.
➠ **on the whole** *adv* em geral.

wholefood [ˈhəʊlfuːd] *n UK* comida *f* integral.

whole-hearted [-ˈhɑːtɪd] *adj* sincero(ra).

wholemeal *UK* [ˈhəʊlmiːl], **whole wheat** *US* *adj* integral.

wholesale [ˈhəʊlseɪl] ◇ *adj* -1. [bulk] por atacado -2. *pej* [excessive - slaughter] exagerado(da); [- destruction] em massa, em grande escala; [- theft] indiscriminado(da). ◇ *adv* -1. [in bulk] por atacado -2. *pej* [excessively] indiscriminadamente.

wholesaler [ˈhəʊlˌseɪləʳ] *n* atacadista *mf*.

wholesome [ˈhəʊlsəm] *adj* saudável.

whole wheat *adj US* = wholemeal.

who'll [huːl] = who will.

wholly [ˈhəʊlɪ] *adv* totalmente, completamente.

whom [huːm] *pron fml* -1. (in direct, indirect questions) quem -2. (in relative clauses) que; **to ~** a quem.

whooping cough [ˈhuːpɪŋ-] *n* (U) coqueluche *f*.

whopping [ˈwɒpɪŋ] *inf* ◇ *adj* tremendo(da), enorme. ◇ *adv*: **a ~ great lie** uma mentira enorme.

whore [hɔːʳ] *n pej* puta *f*, vagabunda *f*.

who're [ˈhuːəʳ] = who are.

whose [huːz] ◇ *pron* de quem ◇ *adj* -1. (in direct, indirect questions) de quem; **~ book is this?** de quem é este livro?

- 2. (in relative clauses) cujo(ja).

who's who [huːzˈl] n [book] quem é
quem m, livro contendo informações
sobre as pessoas mais ricas e famo-
sas do mundo.

who've [huːv] = **who have**.

why [waɪ] ⬦ adv & conj porque; ~
not? porque não?; **I know** ~ **Tom isn't
here** eu sei porque é que o Tom não
está; **tell me** ~ (diga-me) porquê.

wick [wɪk] n pavio m.

wicked [ˈwɪkɪd] adj **- 1.** [evil] malvado(-
da) **- 2.** [mischievous, devilish] perverso(-
sa).

wicker [ˈwɪkəʳ] adj de vime.

wickerwork [ˈwɪkəwɜːk] n (U) trabalho
m em vime.

wicket [ˈwɪkɪt] n CRICKET **- 1.** [stumps] meta
f **- 2.** [pitch] wicket m **- 3.** [dismissal]
demissão f do batedor.

wide [waɪd] ⬦ adj **- 1.** [gen] largo(ga);
it's 6 metres ~ tem 6 metros de
largura; **how** ~ **is the room?** qual é a
largura da sala? **- 2.** [coverage, selection]
amplo(pla) **- 3.** [implications, issues] mai-
or. ⬦ adv **- 1.** [as far as possible] amplamente; open ~! abra bem! **- 2.** [off-
target]: **to go** ~ desviar-se.

wide-angle lens n PHOT (objetiva f)
grande-angular f.

wide-awake adj desperto(ta), bem
acordado(da).

widely [ˈwaɪdlɪ] adv **- 1.** [gen] muito; ~
known amplamente conhecido(da) **- 2.**
[considerably] bastante.

widen [ˈwaɪdn] vt **- 1.** [make broader]
alargar **- 2.** [increase scope or variety
of] ampliar **- 3.** [gap, difference] aumentar.

wide open adj **- 1.** [window, door] escan-
carado(da) **- 2.** [eyes] arregalado(da).

wide-ranging [-ˈreɪndʒɪŋ] adj de amplo alcance.

widescreen TV [ˈwaɪdskriːn-] n tv f
widescreen.

widespread [ˈwaɪdspred] adj dissemi-
nado(da), geral.

widow [ˈwɪdəʊ] n viúva f.

widowed [ˈwɪdəʊd] adj viúvo(va).

widower [ˈwɪdəʊəʳ] n viúvo m.

width [wɪdθ] n **- 1.** [breadth] largura f; **in**
~ de largura **- 2.** [in swimming pool]
largura f; **she swam 20** ~ **s** ela nadou
20 piscinas.

wield [wiːld] vt **- 1.** [weapon] manejar **- 2.**
[power] controlar, exercer.

wife [waɪf] (pl **wives**) n esposa f.

wig [wɪg] n peruca f.

wiggle [ˈwɪgl] inf vt balançar, agitar.

wild [waɪld] adj **- 1.** [animal, land] selvagem **- 2.** [person, dog, attack] violento(ta)
- 3. [plant] silvestre **- 4.** [scenery, land-

scape] agreste **- 5.** [sea] revolto(ta) **- 6.**
[weather] turbulento(ta) **-7.** [laughter,
crowd, applause] frenético(ca); **the crowd
went** ~ a multidão foi à loucura **- 8.**
[eyes, features] inquieto(ta) agitado(ta)
- 9. [dream, scheme] maluco(ca) **-10.** [esti-
mate]: **a** ~ **guess** uma vaga idéia.
➤ **wilds** npl: **the** ~ **s** as regiões selva-
gens.

wilderness [ˈwɪldənɪs] n **- 1.** [barren land]
sertão m **- 2.** [overgrown land] matagal m
- 3. fig [unimportant place]: **in the political**
~ no ostracismo político.

wild-goose chase n inf busca m
infrutífera.

wildlife [ˈwaɪldlaɪf] n (U) fauna f.

wildly [ˈwaɪldlɪ] adv **- 1.** [enthusiastically,
fanatically] freneticamente **- 2.** [without
reason or control] inadvertidamente **-3.**
[very] extremamente.

wilful UK, **willful** US [ˈwɪlfʊl] adj **- 1.**
[determined] que sempre apronta das
suas **- 2.** [deliberate] proposital, intencional.

will¹ [wɪl] n **- 1.** [wish, desire] vontade f;
against my ~ contra a minha vontade
- 2. [document] testamento m.

will² [wɪl] aux vb **- 1.** [expressing future
tense]: **it** ~ **be difficult to repair** vai
ser difícil de consertar; ~ **you be here
next Friday?** você vai estar aqui na
próxima sexta?; **I** ~ **see you next week**
vejo-lhe para a semana; **yes I** ~ sim;
no I won't não. **- 2.** [expressing willing-
ness]: **I won't do it** recuso-me a fazê-
lo. **- 3.** [expressing polite question]: ~ **you
have some more tea?** você quer mais
um chá? **- 4.** [in commands, requests]: ~
you please be quiet! pode ficar calado,
por favor!; **close that window,** ~ **you?**
feche a janela, por favor.

willful adj US = wilful.

willing [ˈwɪlɪŋ] adj **- 1.** [prepared] dispos-
to(ta); **to be** ~ **to do sthg** estar dispos-
to(ta) a fazer algo **- 2.** [eager]
prestativo(va).

willingly [ˈwɪlɪŋlɪ] adv de bom grado.

willow (tree) [ˈwɪləʊ-] n salgueiro m.

willpower [ˈwɪlˌpaʊəʳ] n (U) força f de
vontade.

willy-nilly [ˌwɪlɪˈnɪlɪ] adv **- 1.** [at random]
ao acaso **- 2.** [wanting to or not] quer
queria quer não.

wilt [wɪlt] vi **- 1.** [plant] murchar **- 2.** fig
[person] definhar.

wily [ˈwaɪlɪ] (compar **-ier**, superl **-iest**) adj
ardiloso(sa).

wimp [wɪmp] n inf pej bunda-mole mf.

win [wɪn] (pt & pp **won**, cont **-ning**) ⬦
n vitória f. ⬦ vt **- 1.** [gen] ganhar **- 2.**
[game, fight, competition] vencer. ⬦ vi
ganhar.

➤ **win over, win round** *vt sep* convencer.

wince [wɪns] *vi* contrair-se; **to ~ at sthg** perturbar-se com algo; **to ~ with sthg** retrair-se de algo.

winch [wɪntʃ] *n* guindaste *m*.

wind¹ [wɪnd] ⬦ *n* -**1.** METEOR vento *m* -**2.** (U) [breath] fôlego *m* -**3.** (U) [in stomach] gases *mpl*. ⬦ *vt* [knock breath out of] ficar sem fôlego.

wind² [waɪnd] (*pt & pp* wound) ⬦ *vt* -**1.** [string, thread] enrolar -**2.** [clock] dar corda em. ⬦ *vi* [river, road] serpentear.

➤ **wind down** ⬦ *vt sep* -**1.** [car window] baixar -**2.** [business] fechar aos poucos. ⬦ *vi* [relax] espairecer.

➤ **wind up** *vt sep* -**1.** [finish - meeting] encerrar; [- business] fechar, liquidar -**2.** [clock] dar corda em -**3.** [car window] levantar -**4.** UK *inf* [deliberately annoy] azucrinar -**5.** *inf* [end up]: **to ~ up doing sthg** acabar fazendo algo.

windfall [ˈwɪndfɔːl] *n* [unexpected gift] dinheiro *m* que caiu do céu.

wind farm [wɪnd-] *n* parque *m* eólico.

winding [ˈwaɪndɪŋ] *adj* sinuoso(sa).

wind instrument [wɪnd-] *n* instrumento *m* de sopro.

windmill [ˈwɪndmɪl] *n* moinho *m* de vento.

window [ˈwɪndəʊ] *n* -**1.** [gen] janela *f* -**2.** [of shop] vitrina *f* -**3.** [free time] tempo *m* livre.

window box *n* floreira *f* de janela.

window cleaner *n* limpador *m* de vidros.

window ledge *n* parapeito *m*.

windowpane *n* vidraça *f*.

window sill *n* parapeito *m*.

windpipe [ˈwɪndpaɪp] *n* traquéia *f*.

windscreen UK [ˈwɪndskriːn], **windshield** US [ˈwɪndʃiːld] *n* pára-brisa *m*.

windscreen washer *n* lavador *m* de pára-brisa.

windscreen wiper *n* limpador *m* de pára-brisa.

windshield *n* US = **windscreen**.

windsurfing [ˈwɪndˌsɜːfɪŋ] *n* (U) windsurfe *m*; **to go ~** praticar windsurfe.

windswept [ˈwɪndswept] *adj* [scenery] varrido(da) ao vento.

wind turbine [wɪnd-] *n* turbina *f* eólica.

windy [ˈwɪndɪ] (*compar* -ier, *superl* -iest) *adj* -**1.** [weather, day] de muito vento; **it's ~** está ventando -**2.** [place] exposto(ta) ao vento.

wine [waɪn] *n* vinho *m*; **red/rosé/white ~** vinho tinto/rosé/branco.

wine bar *n* UK cantina *f*.

wine cellar *n* adega *f*.

wineglass [ˈwaɪnɡlɑːs] *n* copo *m* de vinho.

wine list *n* carta *f* de vinhos.

wine merchant *n* UK mercador *m*, -ra *f* de vinhos.

wine rack *n* suporte *m* para vinhos.

wine tasting [-ˌteɪstɪŋ] *n* (U) degustação *f* de vinhos.

wine waiter *n* sommelier *m*.

wing [wɪŋ] *n* -**1.** [gen] asa *f* -**2.** [of car] flanco *m* -**3.** [of building, organization] ala *f*.

➤ **wings** *npl* THEATRE: **the ~s** os bastidores.

winger [ˈwɪŋəʳ] *n* SPORT ala *f*; **left-~** ponta-esquerda *mf*; **right-~** ponta-direita *mf*.

wink [wɪŋk] ⬦ *n* [of eye] piscada *f*. ⬦ *vi* [eye] piscar, pestanejar; **to ~ at sb** piscar para alguém.

winkle [ˈwɪŋkl] *n* caramujo *m*.

➤ **winkle out** *vt sep* -**1.** [remove] arrancar -**2.** *fig* [extract]: **to ~ sthg out of sb** arrancar algo de alguém.

winner [ˈwɪnəʳ] *n* [person] vencedor *m*, -ra *f*, ganhador *m*, -ra *f*.

winning [ˈwɪnɪŋ] *adj* [victorious, successful] vencedor(ra), vitorioso(sa).

➤ **winnings** *npl* ganhos *mpl* (*de aposta*).

winning post *n* meta *f*.

winter [ˈwɪntəʳ] ⬦ *n* inverno *m*; **in ~** no inverno. ⬦ *comp* de inverno.

winter sports *npl* esportes *mpl* de inverno.

wintertime [ˈwɪntətaɪm] *n* (U) inverno *m*.

wint(e)ry [ˈwɪntrɪ] *adj* invernal, de inverno.

wipe [waɪp] ⬦ *n* [clean]: **to give sthg a ~** dar uma limpada em algo. ⬦ *vt* -**1.** [rub to clean] limpar, passar um pano em -**2.** [rub to dry] secar.

➤ **wipe out** *vt sep* -**1.** [erase] limpar -**2.** [kill] aniquilar -**3.** [eradicate] erradicar.

➤ **wipe up** ⬦ *vt sep* -**1.** [dirt, mess] limpar -**2.** [water] secar. ⬦ *vi* limpar.

wire [waɪəʳ] ⬦ *n* -**1.** (U) [metal] cabo *m*, fio *m* -**2.** [length of wire] fio *m* -**3.** US [telegram] telegrama *m*. ⬦ *vt* -**1.** ELEC ligar à rede elétrica; **he ~d the whole house himself** ele mesmo fez a instalação elétrica da casa -**2.** US [send telegram to] passar um telegrama para.

wireless [ˈwaɪəlɪs] *n dated* radiofone *m*.

wiring [ˈwaɪərɪŋ] *n* (U) instalação *f* elétrica.

wiry [ˈwaɪərɪ] (*compar* -ier, *superl* -iest) *adj* -**1.** [hair] eriçado(da) -**2.** [body, man] esguio(guia).

wisdom [ˈwɪzdəm] *n* (U) sabedoria *f*.

wisdom tooth *n* dente *m* do juízo.

wise [waɪz] *adj* sábio(bia).

wisecrack ['waɪzkræk] *n pej* gafe *f*, mancada *f*.

wish [wɪʃ] ◇ *n* **-1.** [desire] desejo *m*; **to do sthg** desejo de fazer algo; **~ for sthg** [magic request] desejo por algo **-2.** [magic request] pedido *m*. ◇ *vt* **-1.** [want]: **to ~ to do sthg** *fml* desejar fazer algo; **to ~ (that)** esperar que **-2.** [desire, request by magic]: **to ~ (that)** desejar que; **I ~ I were rich** ah, se eu fosse rico **-3.** [in greeting]: **to ~ sb sthg** desejar algo a alguém. ◇ *vi* [by magic]: **to ~ for sthg** pedir algo.

➤ **wishes** *npl*: **best ~ es** cumprimentos *mpl*, parabéns *mpl*; **(with) best ~ es** [at end of letter] com os cumprimentos.

wishful thinking [ˌwɪʃful-] *n* (*U*) fantasia *f*, ilusão *f*.

wishy-washy ['wɪʃɪ,wɒʃɪ] *adj inf pej* [vague] sem graça.

wisp [wɪsp] *n* **-1.** [tuft - of hair] mecha *f*, tufo *m*; [- of grass] bola *f* **-2.** [small cloud] nuvem *f*.

wistful ['wɪstful] *adj* melancólico(ca), triste.

wit [wɪt] *n* **-1.** (*U*) [humour] presença *f* de espírito, graçejo *m* **-2.** [intelligence]: **to have the ~ to do sthg** ter astúcia para fazer algo.

➤ **wits** *npl* [intelligence, mind]: **to have** *OR* **keep one's ~ s about one** manter-se alerta.

witch [wɪtʃ] *n* bruxa *f*.

with [wɪð] *prep* **-1.** [in company of] com; **come ~ me/us** venha comigo/conosco; **can I go ~ you?** posso ir com você?; **we stayed ~ friends** ficamos em casa de amigos. **-2.** [in descriptions] com; **a man ~ a beard** um homem de barba; **a room ~ a bathroom** um quarto com banheiro. **-3.** [indicating means, manner] com; **I washed it ~ detergent** lavei-o com detergente; **they won ~ ease** ganharam com facilidade. **-4.** [indicating emotion] de; **to tremble ~ fear** tremer de medo. **-5.** [regarding] com; **be careful ~ that!** tenha cuidado com isso! **-6.** [indicating opposition] com; **to argue ~ sb** discutir com alguém. **-7.** [indicating covering, contents]: **to fill sthg ~ sthg** encher algo com *OR* de algo; **packed ~ people** cheio de gente; **topped ~ cream** coberto com creme.

withdraw [wɪð'drɔ:] (*pt* **-drew**, *pp* **-drawn**) ◇ *vt* **-1.** [remove] afastar; **to ~ sthg from sthg** remover algo de algo **-2.** *fml* [money] sacar **-3.** [troops, statement, offer] retirar. ◇ *vi* **-1.** [gen] retirar-se; **to ~ from** retirar-se de; **to ~ to** retirar-se para **-2.** [quit, give up] afastar-se; **to ~ from sthg** afastar-se de algo.

withdrawal [wɪð'drɔ:əl] *n* **-1.** (*U*) [gen] retirada *f*; **~ from sthg** afastamento *m* de algo **-2.** (*U*) [removal] remoção *f* **-3.** (*U*) [retraction] retratação *f* **-4.** *FIN* saque *m*.

withdrawal symptoms *npl* síndrome *f* de abstinência.

withdrawn [wɪð'drɔ:n] ◇ *pp* ▷ **withdraw**. ◇ *adj* [shy, quiet] retraído(da).

withdrew [wɪð'dru:] *pt* ▷ **withdraw**.

wither ['wɪðə'] *vi* **-1.** [dry up] murchar **-2.** [become weak] debilitar-se.

withhold [wɪð'həʊld] (*pt & pp* **-held** [-'held]) *vt* reter.

within [wɪ'ðɪn] ◇ *prep* **-1.** [gen] dentro de **-2.** [less than - distance]: **~ 5 quilometers of London** a menos de 5 quilômetros de Londres; [- time] em menos de. ◇ *adv* dentro.

without [wɪð'aʊt] ◇ *prep* sem; **~ doing sthg** sem fazer algo. ◇ *adv*: **to go** *OR* **do ~ (sthg)** ficar sem (algo).

withstand [wɪð'stænd] (*pt & pp* **-stood** [-'stʊd]) *vt* resistir a, agüentar.

witness ['wɪtnɪs] ◇ *n* **-1.** testemunha *f* **-2.** (*U*) [testimony]: **to bear ~ to sthg** [give testimony of] dar testemunho de algo; [be proof of] testemunhar algo. ◇ *vt* **-1.** [see] testemunhar **-2.** [countersign] assinar como testemunha.

witness box *UK*, **witness stand** *US n* banco *m* das testemunhas.

witticism ['wɪtɪsɪzm] *n* sagacidade *f*.

witty ['wɪtɪ] (*compar* **-ier**, *superl* **-iest**) *adj* espirituoso(sa).

wives [waɪvz] *pl* ▷ **wife**.

wizard ['wɪzəd] *n* **-1.** [man with magic powers] feiticeiro *m*, mago *m* **-2.** *fig* [skilled person] gênio *m*.

wobble ['wɒbl] *vi* **-1.** [chair] cambalear **-2.** [hands] tremer **-3.** [aeroplane] balançar.

woe [wəʊ] *n literary* lamúria *f*, infortúnio *m*.

woke [wəʊk] *pt* ▷ **wake**.

woken ['wəʊkn] *pp* ▷ **wake**.

wolf [wʊlf] (*pl* **wolves**) *n* **-1.** [animal] lobo *m* **-2.** [man] gavião *m*, paquerador *m*.

woman ['wʊmən] (*pl* **women**) ◇ *n* mulher *f*. ◇ *comp*: **a ~ doctor** uma doutora; **a ~ governor** uma governadora; **a ~ teacher** uma professora; **a ~ footballer** uma jogadora de futebol; **a ~ prime minister** uma primeira-ministra.

womanly ['wʊmənlɪ] *adj* feminino(na).

womb [wu:m] *n* ventre *m*.

women ['wɪmɪn] *pl* ▷ **woman**.

women's lib [-'lɪb] *n inf* libertação *f* da mulher.

women's liberation *n* **-1.** [aim] libertação *f* da mulher **-2.** [movement] mo-

vimento *m* pela libertação da mulher.
won [wʌn] *pt* & *pp* ▷ **win**.
wonder ['wʌndə'] ◇ *n* -1. (U) [amazement] espanto *m* -2. [cause for surprise]: **it's a ~ (that) ...** é de se admirar que ...; **no** OR **little** OR **small ~** não é de se admirar -3. [amazing thing, person] maravilha *f*. ◇ *vt* -1. [speculate] perguntar-se; **to ~ if** OR **whether** perguntar-se a si próprio(pria) se -2. [in polite requests]: **I ~ whether you would mind shutting the window?** será que você se importaria de fechar a janela? ◇ *vi* [speculate] perguntar; **why did you ask? - oh, I just ~ed** por que você perguntou isso? - ah, foi só por perguntar; **to ~ about sthg** pensar sobre algo.
wonderful ['wʌndəfʊl] *adj* maravilhoso(sa).
wonderfully ['wʌndəfʊlɪ] *adv* maravilhosamente.
won't [wəʊnt] = **will not**.
woo [wuː] *vt* -1. *literary* [court] cortejar -2. *fig* [try to win over] persuadir.
wood [wʊd] ◇ *n* -1. (U) [timber] madeira *f* -2. [group of trees] bosque *m*, floresta *f* ◇ *comp* de madeira.
➤ **woods** *npl* floresta *f*.
wooded ['wʊdɪd] *adj* arborizado(da).
wooden ['wʊdn] *adj* -1. [of wood] de madeira -2. *pej* [actor] sem expressão.
woodpecker ['wʊd,pekə'] *n* pica-pau *m*.
woodwind ['wʊdwɪnd] *n*: **the ~** os instrumentos doces.
woodwork ['wʊdwɜːk] *n* -1. [wooden objects] obra *f* de madeira -2. [craft] carpintaria *f*.
woodworm ['wʊdwɜːm] *n* caruncho *m*.
wool [wʊl] *n* -1. [gen] lã *f* -2. *phr*: **he is pulling the ~ over your eyes** *inf* ele está te vendendo gato por lebre.
woollen UK, **woolen** US ['wʊlən] *adj* [garment] de lã.
➤ **woollens** *npl* produtos *mpl* de lã.
woolly ['wʊlɪ] (*compar* -ier, *superl* -iest, *pl* -ies) *adj* -1. [woollen] de lã, lanoso(sa) -2. *inf* [fuzzy, unclear] desatinado(da).
word [wɜːd] ◇ *n* -1. [gen] palavra *f*; **~ for ~** ao pé da letra; **in other ~s** em outras palavras; **in a ~** em uma palavra; **too ... for ~s** ser extremamente ...; **to have a ~ (with sb)** ter uma palavra (com alguém), falar (com alguém); **she doesn't mince her ~s** ela não tem papas na língua; **I couldn't get a ~ in edgeways** eu não pude entrar na conversa; **to give sb one's ~** dar a palavra a alguém -2. (U) [news] notícias *fpl*. ◇ *vt* redigir.

wording ['wɜːdɪŋ] *n* (U) palavreado *m*.
word processing *n* (U) processamento *m* de texto.
word processor [-'prəʊsesə'] *n* processador *m* de texto.
wore [wɔː'] *pt* ▷ **wear**.
work [wɜːk] ◇ *n* -1. (U) [employment] emprego *m*; **in/out of ~** empregado/desempregado -2. (U) [activity, tasks] trabalho *m*; **at ~** em atividade -3. [something made, created, composed] obra *f*. ◇ *vt* -1. [person, staff] fazer trabalhar -2. [machine] operar -3. [shape, manipulate] trabalhar em -4. [cultivate] cultivar. ◇ *vi* -1. [do a job] trabalhar -2. [function, succeed] funcionar -3. [gradually become] tornar-se; **to ~ loose** soltar-se; **to ~ into a tangle** entrelaçar-se.
➤ **works** ◇ *n* [factory] usina *f*. ◇ *npl* -1. [mechanism] mecanismo *m* -2. [digging, building] obras *fpl*.
➤ **work on** *vt fus* -1. [concentrate on] dedicar-se a -2. [take as basis] basear-se em -3. [try to persuade] tentar persuadir.
➤ **work out** ◇ *vt sep* -1. [formulate] elaborar -2. [calculate] calcular. ◇ *vi* -1. [figure, total]: **to ~ out at** totalizar; **the bill ~s out at £5 a head** a conta dá 5 libras para cada um -2. [turn out] surtir efeito -3. [be successful] dar certo -4. [train, exercise] treinar.
➤ **work up** *vt sep* -1. [excite]: **to ~ o.s. up into a frenzy** excitar-se de tal forma -2. [generate] gerar.
workable ['wɜːkəbl] *adj* viável.
workaholic [,wɜːkə'hɒlɪk] *n* burro *m* de carga, workaholic *mf*.
workday ['wɜːkdeɪ] *n* [not weekend] dia *m* útil.
worked up [,wɜːkt-] *adj* exaltado(da).
worker ['wɜːkə'] *n* trabalhador *m*, -ra *f*, operário *m*, -ria *f*.
workforce ['wɜːkfɔːs] *n* força *f* de trabalho.
working ['wɜːkɪŋ] *adj* -1. [in operation] em operação; **to be ~** estar funcionando -2. [having employment - mothers, children] que trabalha; [- population] ativo(va) -3. [relating to work] de trabalho.
➤ **workings** *npl* [of system, machine] operação *f*.
working class *n*: **the ~** a classe operária.
➤ **working-class** *adj* da classe operária.
working order *n* (U): **in ~** em funcionamento.
workload ['wɜːkləʊd] *n* carga *f* de trabalho.
workman ['wɜːkmən] (*pl* -men [-mən]) *n*

wound

trabalhador *m*, operário *m*.

workmanship ['wɜ:kmənʃɪp] *n (U)* acabamento *m*.

workmate ['wɜ:kmeɪt] *n* colega *mf* de trabalho.

work permit [-,pɜ:mɪt] *n* visto *m* de trabalho.

workplace ['wɜ:kpleɪs] *n* local *m* de trabalho.

workshop ['wɜ:kʃɒp] *n* -**1.** [room] oficina *f* -**2.** [building] fábrica *f* -**3.** [discussion] oficina *f*, workshop *f*.

workstation ['wɜ:k,steɪʃn] *n* COMPUT estação *f* de trabalho.

worktop ['wɜ:ktɒp] *n* UK superfície *f* de trabalho.

work-to-rule *n* UK paralisação *f* de trabalho extra.

world [wɜ:ld] <> *n* -**1.** [gen] mundo *m*; the ~ o mundo -**2.** [great deal]: **to think the ~ of sb** ter grande afeição por alguém; **a ~ of difference** toda uma diferença. <> *comp* mundial.

world-class *adj* muito superior(ra).

world-famous *adj* famoso(sa) no mundo todo.

worldly ['wɜ:ldlɪ] *adj* mundano(na).

World Service *n* serviço da BBC que transmite programas de rádio e TV em inglês e em vários idiomas para o mundo todo.

worldwide ['wɜ:ldwaɪd] <> *adj* mundial. <> *adv* no mundo inteiro.

worm [wɜ:m] *n* [animal - in stomach] lombriga *f*, verme *m*; [- earthwork] minhoca *f*.

worn [wɔ:n] <> *pp* ▷ **wear**. <> *adj* -**1.** [threadbare] surrado(da) -**2.** [tired] exausto(ta).

worn-out *adj* -**1.** [old, threadbare] usado(da), gasto(ta) -**2.** [tired] exausto (ta).

worried ['wʌrɪd] *adj* preocupado(da).

worry ['wʌrɪ] (*pl* -**ies**, *pt* & *pp* -**ied**) <> *n* -**1.** (*U*) [feeling] preocupação *f* -**2.** [problem] problema *m*. <> *vt* [cause to be troubled] preocupar. <> *vi* preocupar-se; **to ~ about sb/sthg** preocupar-se com alguém/algo; **not to ~!** nada com o que se preocupar!

worrying ['wʌrɪɪŋ] *adj* preocupante.

worse [wɜ:s] <> *adj* pior; **to get ~** piorar. <> *adv* pior; **~ off** em pior situação. <> *n* pior *m*; **for the ~** para o pior.

worsen ['wɜ:sn] *vt* & *vi* agravar, piorar.

worship ['wɜ:ʃɪp] (*UK* *pt* & *pp* -**ped**, *cont* -**ping**, *US* *pt* & *pp* -**ed**, *cont* -**ing**) <> *vt* -**1.** RELIG adorar -**2.** [admire, adore] admirar, adorar. <> *n* (*U*) adoração *f*.

Worship *n*: **Your/Her/His Worship** Vossa Excelência.

worst [wɜ:st] <> *adj* & *adv* pior. <> *n*: **the ~** o pior; **if the ~ comes to the ~** se o pior acontecer.

at (the) worst *adv* na pior das hipóteses.

worth [wɜ:θ] <> *prep* -**1.** [having the value of] valor *m*; **it's ~ £50** vale £50 -**2.** [deserving of]: **it's ~ going to Brazil** vale a pena ir para a Brasil; **it's a ~ visit** vale a visita; **to be ~ doing sthg** valer a pena fazer algo. <> *n* -**1.** [value] valor *m* -**2.** [supply] provisão *f*.

worthless ['wɜ:θlɪs] *adj* -**1.** [object] sem valor -**2.** [person] inútil.

worthwhile [,wɜ:θ'waɪl] *adj* que vale a pena.

worthy ['wɜ:ðɪ] (*compar* -**ier**, *superl* -**iest**) *adj* -**1.** [deserving of respect] respeitável -**2.** [deserving]: **to be ~ of sthg** ser merecedor(ra) de algo -**3.** *pej* [good but unexciting] adequado(da).

would [wʊd] *modal vb* -**1.** [in reported speech]: **she said she ~ come** ela disse que viria; **he promised he ~ help me** ele prometeu que me ajudaria -**2.** [indicating likely result]: **what ~ you do if he phoned?** o que você faria se ele ligasse?; **I doubt she ~ have noticed** duvido que ela percebesse; **if he had lost, he ~ have resigned** se tivesse perdido, ele teria renunciado -**3.** [indicating willingness]: **she ~ n't go** ela não queria ir embora; **he ~ do anything for her** ele faria qualquer coisa por ela; **she ~ n't give an answer even if ...** ela não teria respondido mesmo que ... -**4.** [in polite questions]: **~ you like a drink?** você gostaria de tomar um drinque?; **~ you mind closing the window?** você poderia fechar a janela, por favor?; **help me shut the door, ~ you?** me ajuda a fechar a porta, por favor? -**5.** [indicating inevitability]: **he ~ say that** não me surpreende que ele tenha dito isso; **I said yes - well, you ~** eu disse sim - bem, era o esperado -**6.** [expressing opinions]: **I ~ have thought that she'd be pleased** eu pensava que ela tivesse gostado; **I ~ prefer a blue one** eu preferia um azul -**7.** [in giving advice]: **I'd report it if I were you** no teu lugar, eu denunciaria -**8.** [describing habitual past actions]: **I ~ go for a walk every evening** eu costumava dar uma caminhada todas as tardes; **we ~ meet and he ~ say ...** a gente se encontrava e ele dizia ...

would-be *adj* aspirante.

wouldn't ['wʊdnt] = **would not**.

would've ['wʊdəv] = **would have**.

wound[1] [wu:nd] <> *n* ferida *f*, ferimento *m*. <> *vt* ferir.

wound² [waʊnd] pt & pp ▷ **wind** ².
wove [wəʊv] pt ▷ **weave**.
woven ['wəʊvn] pp ▷ **weave**.
WP n -1. (abbr of **word processing**) processamento m de textos -2. (abbr of **word processor**) processador m de textos.
wrangle ['ræŋgl] ◇ n disputa f, briga f. ◇ vi brigar; **to ~ with sb (over sthg)** discutir com alguém (sobre algo).
wrap [ræp] (pt & pp **-ped**, cont **-ping**) ◇ vt [cover in paper or cloth] embrulhar; **to ~ sthg in sthg** enrolar algo em algo; **to ~ sthg (a)round sthg** enrolar algo ao redor de algo. ◇ n [garment] xale m.
◆ **wrap up** ◇ vt sep [cover in paper or cloth] embrulhar. ◇ vi [put warm clothes on]: **~ up well** OR **warmly!** agasalhe-se bem!
wrapper ['ræpə'] n embalagem f.
wrapping ['ræpɪŋ] n embrulho m, invólucro m.
wrapping paper n (U) papel m de embrulho.
wrath [rɒθ] n (U) literary ira f.
wreak [riːk] vt causar.
wreath [riːθ] n coroa f (de flores).
wreck [rek] ◇ n -1. [car, plane] destroços mpl -2. [ship] restos mpl -3. inf [person] caco m. ◇ vt -1. [break, destroy] destruir -2. NAUT [cause to run aground] naufragar -3. [spoil, ruin] arruinar.
wreckage ['rekɪdʒ] n -1. [of plane, car] restos mpl -2. [of building] escombros mpl.
wren [ren] n garriça f.
wrench [rentʃ] ◇ n [tool] chave f inglesa. ◇ vt -1. [pull violently] arrancar -2. [twist and injure] torcer, distender -3. [force away] arrebatar; **to ~ sthg away from sthg** varrer algo para longe de algo.
wrestle ['resl] vi -1. [fight] lutar; **to ~ with sb** lutar com alguém -2. fig [struggle]: **to ~ with sthg** lutar contra algo.
wrestler ['reslə'] n lutador m, -ra f de luta livre.
wrestling ['reslɪŋ] n (U) luta f livre.
wretch [retʃ] n [unhappy person] desgraçado m, -da f.
wretched ['retʃɪd] adj -1. [miserable] infeliz -2. inf [damned] maldito(ta).
wriggle ['rɪgl] ◇ vt mexer. ◇ vi [move about] mexer-se.
wring [rɪŋ] (pt & pp **wrung**) vt [squeeze out water from] torcer.

wringing ['rɪŋɪŋ] adj: **~ (wet)** encharcado(da), ensopado(da).
wrinkle ['rɪŋkl] ◇ n -1. [on skin] ruga f -2. [in cloth] prega f. ◇ vt [screw up] enrugar. ◇ vi [crease] dobrar-se.
wrist [rɪst] n pulso m.
wristwatch ['rɪstwɒtʃ] n relógio m de pulso.
writ [rɪt] n mandado m judicial.
write [raɪt] (pt **wrote**, pp **written**) ◇ vt -1. [gen] escrever -2. US [person] escrever para -3. [cheque, prescription] preencher -4. COMPUT gravar. ◇ vi -1. [gen] escrever -2. COMPUT gravar.
◆ **write back** vi responder.
◆ **write down** vt sep anotar.
◆ **write into** vt sep [contract] acrescentar.
◆ **write off** vt sep -1. [project] cancelar -2. [debt, investment] cancelar, reduzir -3. [person] descartar -4. UK inf [vehicle] destroçar.
◆ **write up** vt sep [notes] redigir.
write-off n [car] perda f total.
writer ['raɪtə'] n escritor m, -ra f.
writhe [raɪð] vi contorcer-se.
writing ['raɪtɪŋ] n -1. [gen] escrita f; **I couldn't see the ~** não conseguia ler o que estava escrito; **in ~** por escrito -2. [handwriting] caligrafia f; **I can't read your ~** não consigo ler o que você escrevu.
writing paper n (U) papel m de carta.
written ['rɪtn] ◇ pp ▷ **write**. ◇ adj -1. [not oral] escrito(ta) -2. [official] por escrito.
wrong [rɒŋ] ◇ adj -1. [gen] errado(da); **to be ~ to do sthg** enganar-se ao fazer algo -2. [morally bad] feio (feia). ◇ adv [incorrectly] errado; **to get sthg ~** enganar-se sobre algo; **to go ~** [make a mistake] errar; [stop functioning] funcionar mal. ◇ n erro m; **to be in the ~** estar equivocado(da). ◇ vt literary ofender.
wrongful ['rɒŋfʊl] adj injusto(ta).
wrongly ['rɒŋlɪ] adv -1. [unsuitably] inadequadamente -2. [mistakenly] erroneamente.
wrong number n número m errado.
wrote [rəʊt] pt ▷ **write**.
wrought iron [rɔːt-] n (U) ferro m forjado.
wrung [rʌŋ] pt & pp ▷ **wring**.
wry [raɪ] adj -1. [amused] entretido(da) -2. [displeased] desgostoso(sa).

x (*pl* **x's** OR **xs**), **X** (*pl* **X's** OR **Xs**) [eks] *n* **- 1.** [letter] x, X *m* **- 2.** [unknown name] X *m* **- 3.** [unknown quantity] x *m* **- 4.** [in algebra] x *m* **- 5.** [at end of letter] beijos *mpl*.

xenophobia [,zenə'fəʊbjə] *n (U)* xenofobia *f*.

Xmas ['eksməs] *n (U)* Natal *m*.

X-ray ⟨⟩ *n* **- 1.** [ray] raio *m* X **- 2.** [picture] raio-X *m*. ⟨⟩ *vt* tirar um raio-X de, tirar uma radiografia de.

xylophone ['zaɪləfəʊn] *n* xilofone *m*.

y (*pl* **y's** OR **ys**), **Y** (*pl* **Y's** OR **Ys**) [waɪ] *n* [letter] y, Y *m*.

yacht [jɒt] *n* iate *m*.

yachting ['jɒtɪŋ] *n (U)* iatismo *m*.

yachtsman ['jɒtsmən] (*pl* **-men** [-mən]) *n* iatista *m*.

Yank [jæŋk] *n UK inf pej* ianque *mf*.

Yankee ['jæŋkɪ] *n UK inf pej* [American] ianque *mf*.

yap [jæp] (*pt* & *pp* **-ped**, *cont* **-ping**) *vi* [dog] ganir, latir.

yard [jɑːd] *n* **- 1.** [unit of measurement] jarda *f* **- 2.** [walled area] pátio *m* **- 3.** [place of work] oficina *f* **- 4.** US [attached to house] jardim *m*.

yardstick ['jɑːdstɪk] *n* padrão *m* de medida.

yarn [jɑːn] *n (U)* [thread] fio *m*.

yawn [jɔːn] ⟨⟩ *n* [when tired] bocejo *m*. ⟨⟩ *vi* [when tired] bocejar.

yd *abbr of* **yard**.

yeah [jeə] *adv inf* sim; **bring us something to drink - ~ , ~ !** traz algo para a gente beber - tá, já trago!

year [jɪəʳ] *n* ano *m*; **all (the) ~ round** durante todo o ano.

years *npl* [ages] séculos *mpl*.

yearly ['jɪəlɪ] ⟨⟩ *adj* anual. ⟨⟩ *adv* anualmente.

yearn [jɜːn] *vi*: **to ~ for sthg/to do sthg** ansiar por algo/para fazer algo.

yearning ['jɜːnɪŋ] *n* ânsia *f*; **~ for sb/ sthg** ânsia por alguém/algo.

yeast [jiːst] *n (U)* levedura *f*.

yell [jel] ⟨⟩ *n* grito *m*. ⟨⟩ *vi* gritar. ⟨⟩ *vt* gritar.

yellow ['jeləʊ] ⟨⟩ *adj* [in colour] amarelo(la). ⟨⟩ *n* amarelo *m*.

yellow card *n FTBL* cartão *m* amarelo.

yelp [jelp] *vi* latir.

Yemen ['jemən] *n*: **(the) ~** o Iêmen.

yeoman of the guard (*pl* **-men of the guard**) *n* membro *m* da guarda real.

yes [jes] ⟨⟩ *adv* sim; **~ , please** sim, por favor; **to say ~ to sthg** dizer sim para algo. ⟨⟩ *n* [vote in favour] sim *m*.

yesterday ['jestədɪ] ⟨⟩ *n* ontem *m*; **the day before yesterday** anteontem. ⟨⟩ *adv* **- 1.** [day before today] ontem **- 2.** [the past] passado.

yet [jet] ⟨⟩ *adv* **- 1.** [gen] ainda; **not ~** ainda não **- 2.** [up until now] já; **as ~** até agora **- 3.** [in the future] até **- 4.** [to emphasize number, frequency] mais; **~ again** mais uma vez. ⟨⟩ *conj* porém.

yew [juː] *n* teixo *m*.

yield [jiːld] ⟨⟩ *n* lucro *m*, rendimento *m*. ⟨⟩ *vt* **- 1.** [produce - fruit, answer, clue] produzir; [- profits, result] gerar **- 2.** [give up] ceder. ⟨⟩ *vi* **- 1.** [open, give way, break] ceder **- 2.** *fml* [give up, surrender] render-se; **to ~ to sb/sthg** ceder a alguém/algo.

Y2K (*abbr of* **year two thousand**) *n* ano *m* 2000.

YMCA (*abbr of* **Young Men's Christian Association**) *n* ≈ ACM *f*.

yoga ['jəʊgə] *n (U)* ioga *f*.

yoghourt, yoghurt, yogurt [UK 'jɒgət, US 'jəʊgərt] *n* iogurte *m*.

yoke [jəʊk] *n* **- 1.** [for oxen] junta *f* **- 2.** *literary* [burden, suffering] jugo *m*.

yokel ['jəʊkl] *n pej* caipira *mf*.

yolk [jəʊk] *n* gema *f*.

you [juː] *pron* **- 1.** [subject: singular] você, tu; [subject: singular polite form] o senhor (a senhora); [subject: plural] vocês; [subject: plural polite form] os senhores (as senhoras); **do ~ speak Portuguese?** [singular] você fala português?; [polite form] (o senhor) fala português?; **~ Brazilians** vocês brasileiros. **- 2.** [direct object: singular] o (a), te; [direct object: singular polite form] o senhor (a senhora); [direct object: plural] os (as), vos; [direct object: plural polite form] os (as), os senhores (as senhoras); **I saw ~** [singular] eu o vi; **can I help ~?** [polite form: singular] em que posso ajudá-lo?; [polite form: plural] em que posso ajudá-los?; **I'll see ~ later** [plural] vejo-os mais tarde. **-3.** [indirect object: singular] lhe, te; [indirect object: singular polite form] lhe; [indirect object: plural] lhes, vos; **I would like to ask ~ something** [polite form: singular] gostaria de perguntar algo a você; **didn't I tell ~ what happened?** [polite form: plural] não lhes contei o que aconteceu? **-4.** [after prep: singular] você, ti; [after prep: singular polite form] o senhor (a senhora), si; [after prep: plural] vocês; [after prep: plural polite form] os senhores (as senhoras), vós; **this is for ~** isto é para você/o senhor, etc; **with ~** [singular] com você, contigo; [singular: polite form] com o senhor (a senhora); [plural] com vocês; [plural: polite form] com os senhores (as senhoras). **-5.** [indefinite use: subject]: **the coffee ~ get in Brazil is very strong** o café que se bebe no Brasil é muito forte; **~ never know** nunca se sabe. **-6.** [indefinite use: object]: **exercise is good for ~** exercício faz bem (para a saúde).

you'd [juːd] **= you had**, **you would**.

you'll [juːl] **= you will**.

young [jʌŋ] <> adj **-1.** [person] jovem **-2.** [plant, wine, animal] novo(va). <> npl **-1.** [young people]: **the ~** a juventude **-2.** [baby animals] filhotes mpl.

younger adj mais novo(va); **Pitt the Younger** Pitt Júnior.

youngster ['jʌŋstə'] n **-1.** [child] filho m, -lha f **-2.** [young person] jovem mf.

your [jɔ:r] adj **-1.** [singular subject] o seu (a sua), o teu (a tua); [singular subject: polite form] o/a do senhor (da senhora); [plural subject] o vosso (a vossa); [plural subject: polite form] o/a dos senhores (das senhoras); **~ dog** o seu/teu/ vosso cão, o cão do senhor (da senhora), o cão dos senhores (das senhoras); **~ house** a sua/tua/vossa casa, etc; **~ children** os seus/teus/ vossos filhos, etc. **-2.** [indefinite subject]: **it's good for ~ health** é bom para a saúde.

you're [jɔ:'] **= you are**.

yours [jɔ:z] pron [singular subject] o seu (a sua), o teu (a tua); [plural subject] o vosso (a vossa); [formal - singular subject] o/a do senhor (da senhora); [- plural subject] o/ a dos senhores (das senhoras); **a friend of ~** um amigo seu/teu/vosso/ do senhor/da senhora/dos senhores/ das senhoras; **these shoes are ~** estes sapatos são (os) teus/seus/vossos, etc; **these are mine – where are ~?** estes são os meus – onde estão os seus/ teus/vossos, etc?

yourself [jɔ:r'self] pron **-1.** [reflexive: singular] se, te; [reflexive: plural] se; **did you hurt ~?** [singular] você se machucou? **-2.** [after prep: singular] você mesmo(ma), tu mesmo(ma); [after prep: plural] vocês mesmos(mas); [after prep: plural polite form] os senhores mesmos (as senhoras mesmas), vós mesmos(mas); **did you do it ~?** [singular] você fez isso sozinho?; [polite form] foi o senhor mesmo que o fez?; **did you do it yourselves?** vocês fizeram isso sozinhos?; [polite form] foram os senhores mesmos que o fizeram?

youth [juːθ] n **-1.** [gen] juventude f **-2.** [boy, young man] mocidade f **-3.** (U) [young people] mocidade f, juventude f.

youth club n clube m da juventude.

youthful ['juːθfʊl] adj juvenil.

youth hostel n albergue m da juventude.

you've [juːv] **= you have**.

Yugoslav adj & n **= Yugoslavian**.

Yugoslavia [ˌjuːgəˈslɑːvɪə] n Iugoslávia f.

Yugoslavian [ˌjuːgəˈslɑːvɪən], **Yugoslav** [ˌjuːgəˈslɑːv] <> adj iugoslavo(va). <> n iugoslavo m, -va f.

yuppie, yuppy ['jʌpɪ] (pl -ies) (abbr of young urban professional) n yuppie mf.

YWCA (abbr of Young Women's Christian Association) n ≃ ACM f.

Z

z (pl z's OR zs), **Z** (pl Z's OR Zs) [UK zed, US ziː] n [letter] z, Z m.

Zambia ['zæmbɪə] n Zâmbia f.

zany ['zeɪnɪ] (compar -ier, superl -iest) adj inf bobo(ba).

zap [zæp] (pt & pp -ped, cont -ping) inf vi [rush] correr; **to ~ off to** correr para; **to ~ through sthg** passar os olhos por algo.

zeal [ziːl] n (U) fml zelo m.

zealous ['zeləs] adj fml zeloso(sa).

zebra [UK 'zebrə, US 'ziːbrə] (pl inv OR -s) n zebra f.

zebra crossing n UK faixa f de segurança.

zenith [UK 'zenɪθ, US 'ziːnəθ] n **-1.** ASTRON zênite m **-2.** fig [highest point] apogeu m.

zero [*UK* 'zɪərəʊ, *US* 'ziːrəʊ] (*pl* -s *OR* -es, *pt* & *pp* -ed, *cont* -ing) ◇ *adj* zero. ◇ *n* zero *m*.

zest [zest] *n* -1. [excitement] entusiasmo *m* - 2. *(U)* [eagerness] vivacidade *f* - 3. *(U)* [of orange, lemon] sabor *m*.

zigzag [ˈzɪgzæg] (*pt* & *pp* -ged, *cont* -ging) *vi* ziguezaguear.

Zimbabwe [zɪmˈbɑːbwɪ] *n* Zimbábue.

zinc [zɪŋk] *n (U)* zinco *m*.

zip [zɪp] (*pt* & *pp* -ped, *cont* -ping) ◇ *n UK* [fastener] fecho *m* ecler, zíper *m*.

➤ **zip up** *vt sep* fechar o zíper de.

zip code *n US* ≃ CEP *m*.

Zip disk® *n COMPUT* disco *m* Zip®.

Zip drive® *n COMPUT* unidade *f* Zip®.

zip fastener *n UK* = zip.

zipper [ˈzɪpəʳ] *n US* = zip.

zodiac [ˈzəʊdɪæk] *n*: **the** ~ o zodíaco.

zone [zəʊn] *n* [district] zona *f*.

zoo [zuː] *n* zoológico *m*.

zoology [zəʊˈɒlədʒɪ] *n (U)* zoologia *f*.

zoom [zuːm] *vi inf* [move quickly] arrancar-se.

➤ **zoom off** *vi inf* arrancar-se.

zoom lens *n* (lentes *fpl* de) zum *m*.

zucchini [zuːˈkiːnɪ] (*pl inv OR* -s) *n US* abobrinha *f* italiana.